HANS F. NÖHBAUER

Die Chronik Bayerns

Übersichtsartikel von
Prof. Dr. Ludwig Hüttl, Hannes S. Macher,
Dr. Rudolf Reiser, Werner A. Widmann

Abbildungen auf dem Umschlag

Vorderseite (oben links beginnend)
Blick auf München um 1761 (Gemälde von Bernardo Bellotto, genannt Canaletto)
Biergarten in München
Selbstbildnis im Pelzrock, 1500 (Gemälde von Albrecht Dürer; Bayerische Staatsgemälde-
    sammlungen, München)
Fußball-Weltmeisterschaft 1974, bei der die Bundesrepublik Deutschland Holland im Endspiel in München 2:1 besiegte
    (Mannschaftskapitän Franz Beckenbauer schwenkt den Pokal, links Helmut Schön, rechts Paul Breitner)
Kurfürst Max Emanuel von Bayern, 1706 (Gemälde von Joseph Vivien; Residenz München)
Franz-Josef-Strauß-Flughafen im Erdinger Moos
Bauern aus Oberbayern, Gegner der kommunistisch gelenkten Räterepublik, marschieren 1919 in München ein
Karl Valentin als Mimiker (aus Blödsinn-Verse, Fagottcouplet, um 1915)
Titelblatt des Simplicissimus (1/1906) mit Zeichnung von Thomas Theodor Heine (»Dies ist das Hundevieh«)
Kaiserburg in Nürnberg
Eisenbahnstrecke München–Augsburg, die 1840 dem Verkehr übergeben wurde (zeitgenössische Darstellung)
Schloß Neuschwanstein
König Ludwig II. im Gewand eines Großmeisters des Sankt-Georg-Ordens

Buchrücken (oben beginnend)
Bavaria auf der Theresienwiese in München
Erstes Pferderennen auf der Theresienwiese, 1810
Dachkonstruktion des Olympiastadions in München
Schloß Nymphenburg

Rückseite (oben links beginnend)
Walhalla bei Donaustauf
Hitler-Truppen in München (1923)
Goldsiegel mit Kaiser Ludwig dem Bayern auf der Vorderseite (Staatliche Münzsammlung, München)
Granzerhof im Leitzachtal (Oberbayern)
Rott am Inn (Innenraum der Pfarrkirche)
Holzskulptur der Maria, 1490 (Schnitzfigur von Veit Stoß)
Theaterplakat zu »Tristan und Isolde« von Richard Wagner; Premiere am 10. Juni 1865 im Königl.
    Hof- und Nationaltheater
Blaues Pferd, 1911 (Gemälde von Franz Marc; Lenbachhaus, München)
Halle für Luft- und Raumfahrt im Deutschen Museum (München)
Der königliche Kaufmann und sein Kontor (Jakob II. Fugger und sein Buchhalter Schwarz), um 1525 (Herzog-Anton-
    Ulrich-Museum, Braunschweig)
Altstadt von Passau mit Dom St. Stephan
Pfalzgraf Otto von Wittelsbach rettet das Reichsheer in der Veroneser Klause (Bildteppich, 1609, Residenz München)
Das Plönlein in Rothenburg ob der Tauber

Impressum

© Chronik Verlag im Bertelsmann Lexikon Verlag GmbH, Gütersloh/München 1994
3., überarbeitete und aktualisierte Auflage 1994

Idee, Konzeption und Realisation: Harenberg Verlag, Dortmund
Textredaktion: Thomas Bertram, Martina Boden, Helga Born, Dr. Peter Hammans, Christoph Hünermann, Ekkehard
Kruse, Jutta Lemcke, Dr. Harry Olechnowitz, Bernhard Pollmann *(Kalendarien),* Beate Schindler, Bernd Uhlmannsiek,
Georg Galle, Britta Kruse, Dorothee Merschhemke
Bildredaktion: Margit Schramm, Traute Schürmann-Baetzel
Herstellung: Barbara Pietsch, Annette Retinski
Satz: Hermann Hagedorn GmbH, Braunschweig
Druck: Mohndruck Graphische Betriebe GmbH, Gütersloh

ISBN 3-570-14430-5

Inhalt

Vorwort

Bayerns Geschichte wird aufgeblättert. In einer noch urtümlichen, von wenigen Handelswegen durchzogenen Landschaft, in der die Kelten ihr Eisen schmieden und das Glas schmelzen, beginnt diese Chronik der laufenden bayerischen Ereignisse, und sie endet rund zweieinhalb Jahrtausende später mit der Einweihung des Großflughafens im Erdinger Moos, der Eröffnung des Rhein-Main-Donau-Kanals und den eindrucksvollen Lichterketten gegen Ausländerhaß.

Der lange Gang durch die Zeiten und die Vielfalt der Ereignisse geben natürlich immer wieder Möglichkeiten zu Interpretation, Kommentar und Ausdeutung, zur Frage und zur Suche nach dem Sinn aller Geschichte. Leopold von Ranke, der bedeutende Berliner Historiker, meinte 1854 in einem der Vorträge, die er in Berchtesgaden für und vor König Max II. von Bayern gehalten hat: »Der Historiker hat ... die großen Tendenzen der Jahrhunderte auseinanderzunehmen und die große Geschichte der Menschheit aufzurollen, welche eben der Komplex dieser verschiedenen Tendenzen ist. Vom Standpunkte der göttlichen Idee kann ich mir die Sache nicht anders denken, als daß die Menschheit eine unendliche Mannigfaltigkeit von Entwicklungen in sich birgt, welche nach und nach zum Vorschein kommen, und zwar nach Gesetzen, die uns unbekannt sind, geheimnisvoller und größer als man denkt.«

»Die Chronik Bayerns« hat natürlich nicht den anmaßenden Ehrgeiz, über diese unbekannten, geheimnisvollen und so großen Gesetze der bayerischen Geschichte zu spekulieren. So fragt sie nicht: »Was bedeutet?«, sondern sie will wissen: »Was war?« Erzählt wird knapp (und frei nach Ranke), »wie es eigentlich gewesen ist«. Dabei muß der Verfasser dieses Buches aufgrund der Konzeption der »Chronik« darauf verzichten, hinzuweisen auf die vielen Autoren, denen er verpflichtet ist: den Chronisten der frühen Zeiten, den Dechiffrierern alter Urkunden, den Herausgebern von Dokumenten und den Ausgräbern des keltischen wie des römischen Bayern. »Die Chronik Bayerns« ist einer umfänglichen Zeitung vergleichbar, die Nachrichten aus zweieinhalb Jahrtausenden bayerischer Geschichte gesammelt hat.

Natürlich wird in diesem Buch von den Herrschenden berichtet, die so viel mehr Spuren hinterlassen haben als jene Ungezählten, die ihnen Paläste bezahlen und bauen mußten und die, von ihnen angetrieben, in die Kriege zogen. Geschrieben wird von den gerade in Bayern so zahlreichen Baumeistern und Malern, doch auch von jenem Abt, der den Franken die Silvaner-Rebe bringt; vom unglücklichen Fräulein von Ickstatt, das vom nördlichen Frauenturm stürzt; vom Chamer Wirtssohn Nikolaus Luckner, den sie zum Marschall der französischen Armee ernennen und köpfen, als er sich in Paris seine Soldatenrente holen will; vom Henker Franz aus Bamberg; von einem Kößlarner Bauernknecht, der sich um 1800 sein Stubenberger Liederbuch schreibt; von der Uraufführung der »Carmina Burana«; von Sigi Sommer und vom Herrn Hirnbeiß; von den Münchner Republikanern, denen die Erben der französischen Revolution im Jahre 1800 eine große Enttäuschung bereiten; und schließlich ist hier auch zu lesen vom Mühlhiasl, der den Bayern finstere Zeiten vorhergesagt hat.

Die Bayern, das sind seit dem frühen 19. Jh. die drei Stämme der Franken, der Schwaben und der Altbayern (= Baiern). Jedes dieser kleinen Völker hat seine eigene Geschichte und seine Geschichten. Die »Chronik« versucht, auch die Franken und Schwaben, die häufig in der bayerischen Geschichtsschreibung ausgeklammert werden, in die Darstellung einzubeziehen.

Gleichsam um die in Geschichten und Anekdoten aufgelöste Historie zu strukturieren und um Zäsuren zu markieren, sind an entscheidenden Schnitt- und Wendepunkten Übersichtsartikel eingeschoben. Dem Verfasser der rund 1800 Kapitel langen Wanderung durch Bayerns Geschichte schien es ein guter Gedanke, diese zusammenfassenden Beiträge von anderen sachkundigen Autoren schreiben zu lassen. Der Dank des »Chronisten« gilt den Kollegen, die diese Aufsätze lieferten. Natürlich geben diese Essays nicht immer seine Ansicht wieder – doch gerade um dieser Differenzierung in Inhalt und Darstellung willen sind sie willkommen in diesem Buch über Bayerns Vergangenheit und Gegenwart.

München, März 1994   Hans F. Nöhbauer

◁ *Die Wieskirche in Steingaden/Oberbayern, ein Hauptwerk des Rokoko*

Von Steinzeithöhlen zu Keltenstädten

»Wiege der bayerischen Menschheit«

Die Vorgeschichte des Menschen im Gebiet des heutigen Bayern begann in den vier Eiszeiten, benannt nach den Flüssen Günz, Mindel, Riß und Würm, an denen die Phänomene der jeweiligen Eiszeit am besten zu erkennen waren. Die vier Eiszeiten kamen und gingen, brachten immer wieder Kälte, Schnee und bis zu 1000 m mächtige Gletscher aus dem Gebirge im Süden bis fast in den heutigen Raum München, schickten von Norden und Osten her, aus den Mittelgebirgen, kleinere Gletscher ins Land vor. Zwischen den Eiszeiten lagen drei Warm- oder Zwischeneiszeiten. Dieses Auf und Ab von Kälte und Wärme formte im wesentlichen die Landschaft des heutigen Bayern, ließ am Ende der letzten Eiszeit auch jenen Staub anfliegen, der sich als Löß beispielsweise im »Gäuboden« um Straubing niederließ und den dortigen Bauern zu hervorragenden Bonitäten des Bodens verhalf, ihr Land zur Kornkammer Bayerns machte.

Das mittelmeerische Altertum suchte die Wiege der Menschheit, ja das Paradies, im Zweistromland von Euphrat und Tigris. Die »Wiege der bayerischen Menschheit« kann man in einer Art »Dreistromland« suchen, in den Flußgebieten von Donau, Altmühl und Main. Im Gebiet zwischen Donau und Main entstand während der Eiszeiten immer wieder eine Art grüner Korridor, den im Süden die Gletschermassen der Alpen und im Norden und Osten die kleineren Gletscher der Mittelgebirge begrenzten.

Der älteste Bayer

Auf diesen grünen Inseln der Eiszeiten fand der Ur-Bayer eine Art Paradies. Er, der von der Jagd leben mußte, war hier von geradezu beneidenswerter Beute umgeben, wurden doch auch die Wildtiere in diesem Korridor zusammengedrängt.

Der älteste Bayer war ein Franke. Dies ergaben Ausgrabungen am Fuß des Würzburger Schalksberges im Jahr 1976. Man fand zwar keine menschlichen Knochen, wohl aber Artefakte in Form von primitiven Steinwerkzeugen. Diese waren genauso zugerichtet wie jene der »Heidelberger Kultur«. Der Benützer dieser Werkzeuge muß demnach etwa gleichzeitig mit dem »homo erectus heidelbergensis«, dem Heidelbergmenschen, gelebt haben, also vor etwa 500 000 bis 700 000 Jahren. Er war somit einer der ältesten Menschen dieser Erde überhaupt. Freilich, gemessen an jener »Lucy«, die amerikanische Forscher vor einigen Jahren in Äthiopien ausgegraben haben, ist dieser erste Bayer sehr spät daran, soll doch jene äthiopische Frau vor drei Millionen Jahren gelebt haben.

Der erste Mensch Bayerns kam also aus der Kälte (beziehungswei-

se aus einem langfristigen Wechselbad von Kälte und Wärme). Aus den Anfängen der Altsteinzeit, der Periode des Acheuléen (benannt nach dem Fundort Saint-Acheul bei Amiens, Frankreich) tauchte 1961 ein weiteres Zeugnis für die frühe menschliche Besiedlung des bayerischen Raumes auf: Ein Bauer fand beim Pflügen bei Pösing im oberpfälzischen Landkreis Cham einen Faustkeil, der nach wissenschaftlichen Erkenntnissen aus der Riß-Würm-Warmzeit stammen muß. Dieser steinerne Keil, Waffe oder Werkzeug, muß also vor rund 150 000 Jahren von den dort lebenden Menschen benützt worden sein.

Wo in Bayern in vorgeschichtlicher Zeit überall Menschen gelebt haben, wird man mit Vollständigkeit nie erfassen können, die meisten Funde beruhen auf Zufall. Freilich, die altbayerischen Gebirgstäler nach altsteinzeitlichen Funden umgraben zu wollen wäre vergebliche Mühe. Hier herrschten Eis und Kälte, und auch in den Warmzeiten war das Alpen- und Voralpenland dem damaligen Menschen viel zu unwirtlich, schon von der kargen Vegetation her. Die Gletscher zogen sich erst endgültig vor 10 000 Jahren, am Beginn der Mittleren Steinzeit (ca. 8000 bis 4000 v. Chr.), ins Hochgebirge zurück und überließen die Alpenlandschaft, vor allem das Voralpenland, den Ureinwohnern Bayerns.

Steinzeithöhlen in felsigen Flußufern

Aus dem Zufall der altsteinzeitlichen Fundstellen ergibt sich aber doch eine höchst gewichtige Tatsache: Die Funde häufen sich in den Flußtälern des heutigen mittleren und nördlichen Bayern, eben in jenem bereits genannten »grünen Korridor« zwischen Donau und Main. Besonders häufig sind Funde im Donautal, im unteren Altmühltal, im Maintal und im Ries bei Nördlingen gemacht worden, dazu auch in der Frankenalb und in der Fränkischen Schweiz. Die Menschen der Altsteinzeit fanden in diesen Flußtälern nicht nur genügend Nahrung, sondern auch die zweite dringende Notwendigkeit: Wohnungen. In den felsigen Ufern kamen sie in Höhlen unter, die von den einst höher fließenden Gewässern gebildet worden waren. Eine der eindrucksvollsten »vorgeschichtlichen Wohnanlagen« sind die Klausenhöhlen, gegenüber dem Markt Essing im Altmühltal, unweit der Stadt Kelheim gelegen. Hier liegen gleich vier Höhlen übereinander. Weitere wichtige Höhlen mit reichen vorgeschichtlichen Funden sind die Ofnethöhlen und der Hohlenstein im Ries, die Weinbergshöhlen bei Mauern (nahe Neuburg an der Donau) und einige der vielen Höhlen in der Fränkischen Schweiz. Höhlen wie diejenigen von Essing gaben dem Steinzeitmenschen nicht nur Schutz vor den Unbilden der Witterung, sondern auch vor Feinden. Aus der Landschaft herausragende Berge mögen den Menschen damaliger Zeit ähnliche Sicherheit bedeutet haben. Ein gutes Beispiel dafür ist der Speckberg bei Zell an der Speck (nahe Nassenfels im Landkreis

Eichstätt). Hier haben reiche Funde bewiesen, daß dieser Berg seit den ältesten Abschnitten der Steinzeit immer menschliche Siedlungsstätte gewesen ist. Sein natürlicher Vorzug ist sein spornförmiger Rücken, von dem aus der vorgeschichtliche Mensch nicht nur das als Ernährungsgrundlage lebensnotwendige Wild, sondern auch seine Feinde beobachten konnte.

Kultischer Kannibalismus

Faßbarer wird der Ur-Bayer für die letzten Jahrtausende der Altsteinzeit, also für das Jungpaläolithikum (bis ca. 10 000 v. Chr.). Die schönsten Funde aus dieser Periode zeigt die Prähistorische Staatssammlung in München. Aus den bereits genannten Klausenhöhlen beim Markt Essing im Altmühltal stammen dabei nicht nur Gebrauchsgegenstände des täglichen Lebens, sondern auch schon erster Schmuck, angefertigt vor etwa 12 000 Jahren, im sog. Magdalènien (nach dem französischen Fundort La Madeleine, Gemeinde Tursac, Dordogne). Man war schon kreativ in diesen Höhlen, ritzte in ein Stück Mammut-Elfenbein das primitive Bild des Mammuts ein und fertigte auch einen »Kommandostab« mit einem gehörnten und bocksbärtigen Tierkopf, offenbar ein kultischer Gegenstand. Kultische Verwendung dürfte auch die »Rote von Mauern« gehabt haben, eine rötliche Kalkstein-Statuette, die in den Weinberghöhlen bei Mauern gefunden wurde. Das Figürchen ist nur sieben Zentimeter hoch, hat keinen Oberkörper, zeigt aber sowohl männliche als auch weibliche Merkmale, ist halb Frau, halb Mann, je nach dem Blickwinkel, aus dem man die Statuette betrachtet.

Der Kult damaliger Zeit konnte offenbar auch kannibalisch sein: Man aß Mensch, freilich nicht aus Heißhunger, sondern aus rituellen Gründen. 1913 fand man in einer der Essinger Klausenhöhlen die Knochen eines etwa 30 Jahre alten Mannes, der zweifelsohne vor etwa 18 000 Jahren aufgefressen worden sein muß. Für das heute bayerische Franken gibt es ein Parallelbeispiel, sogar noch 15 000 Jahre jünger. Bei Tiefenellen im Landkreis Bamberg fanden sich in der Jungfernhöhle die einwandfreien Beweise, daß hier zur Jungsteinzeit (ca. 4500–1800 v. Chr.) zwei Männer und 36 Mädchen dem Kult geopfert wurden.

Die erste »dörfliche Idylle«

Als Gegensatz zu diesen Gruselszenen in den Höhlen von Essing und Tiefenellen gab es im bayerischen Alt-Neolithikum, also in der frühen Neusteinzeit, eine erste »Dorfidylle« (wenn es eine solche war). Die ersten Bauern waren da, hatten sich unter die reinen Jäger gemischt. Bei Hienheim im Landkreis Kelheim, also wiederum im Donauraum, ist in den 60er Jahren des 20. Jh. von Archäologen ein erstes »Bauernhaus« ausgegraben worden, das allerdings nur im Grundriß erhalten ist. Der rechteckige Grundriß mißt in der Länge an die 30 m. Mit dem Beginn des vierten vorchristlichen Jahrtausends müssen aus den Löß- und Schwarzerdgebieten donauaufwärts nach Südbayern und aus dem heutigen Thüringen in das heutige Franken bäuerliche Familienverbände eingewandert sein, die den ansässigen Jägern in der Lebensweise weit überlegen waren. Sie bearbeiteten den Boden und siedelten in Dorfgemeinschaften. Die Wände ihrer Häuser waren aus lehmverputztem Flechtwerk hochgezogen. Das Getreide mahlten sie zwischen flachen Reib- und Quetschsteinen, also allerersten Handmühlen. Sie hatten steinerne Klingen, die, in Holzschäfte eingesetzt, als Sicheln bei der Ernte dienen konnten, und beherrschten die Töpferei,

wenn auch noch ohne Drehscheibe. So konnten sie sich brauchbare Gefäße für die Vorratshaltung schaffen.

Die bäuerlichen Menschen der Jungsteinzeit haben ihre Töpferware bereits verziert. Nach den Mustern, die sie dabei anwendeten, teilt sie heute die Wissenschaft in Kulturbereiche ein. So spricht man von den Bandkeramikern, die sich in Linearband- und Stichbandkeramiker aufteilen, und von Schnurkeramikern, die ihre Verzierungen mit Hilfe von Schnüren anbrachten. Eine Besonderheit für das bayerische Gebiet bildete die »Münchhöfener Kultur« (benannt nach dem Fundort Münchhöfen bei Straubing, im Gäuboden). Diese Menschen verzierten ihre Keramik mit Flechtbandornamenten. Eine bedeutende Stufe ist die »Altheimer Kultur« (benannt nach dem Dorf Altheim bei Landshut). Die Angehörigen dieses Kulturkreises lebten in mehrfach umwallten Dörfern. Ihrer Epoche entsprechen im fränkischen Raum die Angehörigen der »Michelsberger Kultur« (benannt nach dem Fundort Michelsberg bei Bruchsal) und es ging weiter voran: Die »Pollinger Gruppe« (nach dem Klosterort Polling bei Weilheim benannt) ritzte ihre Töpfereiverzierungen mit feinen, schon textilhaften Mustern, und die Leute der »Chamer Gruppe« (in der Oberpfalz) waren schon so raffiniert, daß sie die Keramik-Ornamente mit Hilfe eines Stempels, einer Art Model, anbrachten. Sollte das gar schon erste »Fließbandarbeit« bedeutet haben?

Beginn der Bronzezeit

Am Ende der Jungsteinzeit, also um 1800 v. Chr., tauchten im Bereich der Altheimer Kultur die ersten Kupfergeräte auf. Das muß eine sensationelle Neuerung gewesen sein! (Man darf allerdings nicht vergessen, daß um diese Zeit im viel weiter entwickelten Mittelmeerraum die ägyptischen Könige sich schon seit 800 Jahren in mächtigen Pyramiden zur letzten Ruhe betten ließen. Immerhin, auch in unseren Breitengraden lief die Zeit nun immer rascher, immer kürzer wurden die einzelnen Abschnitte der Zivilisation.) Das Kupfer erwies sich jedoch sehr bald als zu weich für Waffen und Geräte, und so mengte man, etwa ab 1800 v. Chr., Zinn bei und erhielt so das viel härtere Bronzematerial. Die Bronzezeit begann; sie dauerte bis etwa 1250 v. Chr. Mit dieser Epoche setzte fast schon industrielles Leben ein. Die Kupfergruben im (heute salzburgischen) Pongau beschäftigten an die 2000 Menschen! Staunend hat man in unseren Tagen auch ganze Horte von Bronzebarren ausgegraben, nicht nur Rohware, sondern auch das, was wir heute »Halbprodukte« nennen würden: Streifen von Bronzeblech, auch dünne Bronzestangen, die rasch weiterverarbeitet werden konnten. In diesen Horten fanden sich auch kleine Arsenale fertiger Beile, die nur noch des Stiels bedurft hätten, sowie Schmuckstücke für Frauen, sog. Tutuli (Bronzehütchen), die sogar aus Bronzedraht gemacht wurden. Einer dieser Horte wurde bei Langquaid im Landkreis Kelheim ausgegraben. Er enthielt auch eine größere Menge von Armreifen sowie Gewand- und Nähnadeln. Zur mittleren Bronzezeit tauchen archäologisch auch der Raum der heutigen Stadt München und ihre nähere Umgebung auf. Die Ausstattung eines Mannes aus der Zeit um 1600 v. Chr. läßt sich aus Grabfunden rekonstruieren. Ihm wurde das ins Grab mitgegeben, was er im Leben besaß: Dolch oder Beil, sehr selten ein Schwert, Pfeil und Bogen und die Lanze. Auf Schmuck verzichtete zur Bronzezeit auch der Mann nicht: Man fand Schmucknadeln, Arm- und Fingerringe, ja sogar einen einfachen Anhänger mit einer Bernsteinperle, und damit er auch im Jenseits der Bartpflege nicht entbehren müsse, gab man ihm Rasiermesser und Bartpinzette mit ins Grab. Das Schwert aber war ganz offensichtlich den Vornehmen vorbehalten. Man muß sich das vorstellen, was so ein mit dem Schwert gegürteter Mann für Eindruck machen konnte, wenn er unter nur leicht oder gar nicht Bewaffneten einherschritt!

Vom Grabhügel zum Urnenfeld

Die Menschen der mittleren und hohen Bronzezeit setzten ihre Toten in ebenerdigen Grabkammern bei, die mit Steinen umwölbt und mit Erde bedeckt wurden, so daß jene Grabhügel entstanden, die heute den Archäologen reiche Funde und wertvolles Wissen um jene Zeit vermitteln. Solche Grabhügel haben sich am besten in den Wäldern erhalten. Um 1200 v. Chr. ändern sich die Bestattungssitten. Vom westlichen Europa her muß ein Volk von Ackerbauern ins heutige bayerische Gebiet vorgedrungen sein, die ihre Toten verbrannten und in Urnenfeldern bestatteten (weshalb man diese Epoche auch »Urnenfelderzeit« nennt). Mit den Urnenfelderleuten kam auch erstmals die Fibel in unser Gebiet, eine meist kunstvoll gearbeitete Gewandspange. Urnenfelder aus jener Zeit hat man vor allem im Donaubogen zwischen Kelheim und Straubing, aber auch im Münchner Raum ausgegraben. In Nordbayern hat es Abweichungen von diesen Begräbnissitten der Urnenfelderzeit gegeben. Dort hat man die Toten mitunter immer noch in großen Grabhügeln beigesetzt. Im Raum Erlangen – Forchheim läßt sich sogar eine Besonderheit feststellen: die »Zeichensteine«. Die Prähistorische Staatssammlung in München hat in ihrer Abteilung für die Urnenfelderzeit so ein Hügelgrab im Modell aufgestellt. Neben originalen Zeichensteinen, deren Symbolik noch nicht enträtselt ist, kann man sehen, wie diese Steine kreisförmig um den Hügel angeordnet waren. Möglicherweise war diese Begräbnissitte auch nur die Laune und Gepflogenheit einer einzigen Sippe.

Das früheste bayerische Wagenrad

Für den bayerischen Raum hat man zur Erforschung der Urnenfelderzeit einem Schulbuben viel zu verdanken, dessen große Lust zum Graben von Löchern Wertvolles an den Tag gebracht hat. Der Bub aus Hart an der Alz, sozusagen unfreiwilliger Mini-Archäologe, grub 1953 in seinem Garten ein Loch, stieß dabei auf für ihn seltsame Bronzestücke und zeigte diese seiner Lehrerin, die darauf die zuständigen Archäologen verständigte. Sie gruben aus, was heute in der Prähistorischen Staatssammlung in München als »Wagengrab von Hart an der Alz« in Überresten zu besichtigen ist. In dem Grabhügel, auf den der Bub gestoßen war, hatte man offenbar einen hochrangigen Mann, einen Fürsten, mit vielen Grabbeigaben beigesetzt. Größte Grabbeigabe war ein mehrere Meter langer vierrädriger Wagen, auf dem der Tote verbrannt worden war. Aus den aufgefundenen Bronzeteilen konnten die Wissenschaftler das erste bayerische Rad rekonstruieren. Man kann annehmen, daß dieser Wagen vorher nicht dem Alltagsgebrauch gedient hat, dafür wären die Verkehrswege auch völlig ungeeignet gewesen. Der Wagen muß also eigens zur würdigen Feuerbestattung des Fürsten gebaut worden sein.
Ein zweiter Wagen aus der Urnenfelderzeit – vollständig erhalten – steht in einer Vitrine des Mainfränkischen Museums zu Würzburg. Er ist allerdings nur 18 cm lang und 12 cm hoch. Daß er ans Licht unserer Tage kam, ist der Aufmerksamkeit einer Bäuerin zu Acholshausen (Gemeinde Gaukönigshofen im Landkreis Würzburg) zu verdanken. Beim Erdaushub für ihren Aussiedlerhof erkannte sie das Brandgrab, in welchem man dann neben Schmuck und alltäglichen Werkzeugen den »Kultwagen von Acholshau-

sen« fand. Vier Rädchen und eine einfache Karosserie tragen ein Kesselchen, das die Form einer auf den Kopf gestellten Glocke hat. Das Wagengestell selbst endet in vier Wasservogelköpfen. Ähnliche »Kesselwagen« haben sich in Mittel- und Nordeuropa schon in mehreren Gräbern der Urnenfelderzeit gefunden. Man nimmt an, daß diese kleinen Wagen Nachbildungen großer Kultwagen sind. Ein solcher Wagen ist z. B. auf Münzen der griechischen Stadt Krannon zu sehen. Der antike Schriftsteller und Erzgießer Antigonos von Karystos berichtet im dritten vorchristlichen Jahrhundert, daß die Leute von Krannon in Dürrezeiten den Wagen in Schwingungen versetzten und dabei den zuständigen Gott um Wasser anflehten. Offenbar simulierte man mit dem dröhnenden Kessel ein Gewitter und hoffte, daß sich das kesselartige Gefäß nun bald mit dem ersehnten Wasser füllen werde.

Eisenverarbeitung in der Hallstattzeit

Bald folgte ein weiterer Fortschritt: Das Eisen, zunächst so kostbar, daß man es zur Bronzezeit nur für Einlagen in Bronzegegenstände verwendete, gewann zur Hallstattzeit (700–500 v. Chr.) die Oberhand. Man lernte, wie man das Eisen aus dem Erz im sog. Rennfeuerverfahren (durch glühende Holzkohle und natürliche Luft in Gruben oder einfachen Schachtöfen) ausschmelzen und daß man es durch Abschrecken mit kaltem Wasser und Ausschmieden reiner und härter machen konnte. Der große mitteleuropäische Fundort der Älteren Eisenzeit ist das oberösterreichische Hallstatt am gleichnamigen See. Dort fand 1846 der österreichische Bergrat Georg Ramsauer bei Öffnung einer Schottergrube ein vorgeschichtliches Gräberfeld, das am Ende der Ausgrabungen an die 2000 Gräber umfaßte. Dieser große Fund hat der Epoche den Namen gegeben.
Hallstatt, entstanden gewiß durch seine reichen Salzvorkommen, war nicht Ausgangspunkt dieser neuen Kultur. Sie kam vielmehr aus jenem Gebiet der Ostalpen, in dem nach Berichten antiker Schriftsteller das Volk der Illyrer wohnte. Diese Illyrer müssen die Träger der neuen Kultur, zumindest aber ihre Vermittler gewesen sein. Auf das Illyrische gehen auch einige Orts- und Flußnamen in Bayern und Österreich zurück. So vermutet man im Aenus (Inn) einen illyrischen Namen, mit Gewißheit aber sind die Namen Foetibus (Füssen), Umiste (Imst), Scarbia (Scharnitz) und Parthanum (Partenkirchen) illyrischen Ursprungs. Ein Hauptmerkmal der Hallstattzeit: Die Toten wurden nun wieder in fast allen Fällen unverbrannt bestattet, mit dem Gesicht nach Süden schauend, zum Mittagspunkt der Sonne oder möglicherweise in Richtung einer mythischen südlichen Heimat.
Eine so großartige Fundstelle für die Hallstattzeit wie zu Hallstatt gibt es im heutigen Bayern nicht. Immerhin aber wurden in den Jahren 1964 bis 1975 in Schirndorf bei Kallmünz in der Oberpfalz 224 Gräber untersucht. Damit ist diese Stätte bei Kallmünz der bisher einzige große, vollständig erforschte Bestattungsplatz aus der Hallstattzeit in Bayern. Die Grabkammern in den Hügeln (bis zu 14 m Durchmesser!) wiesen sowohl Brand- als auch Körperbestattungen auf. Auffallend ist, daß den Toten ganze Sätze von Geschirr aller Art mitgegeben wurden. Nahm man an, daß es im Jenseits große Gelage gebe, zu denen man sein Geschirr selbst mitbringen müsse? Verstorbenen Kindern wurden Rasselkugeln als himmlisches Spielzeug mitgegeben, ebenso kleine, doppelbödige Speiseschüsselchen. In deren doppeltem Boden waren Tonkügelchen eingesetzt, mit denen man lustig klappern konnte. Da muß es zur Zeit der Illyrer also Mütter gegeben haben, die ihren Kindern das Essen durch einen Klapperspaß schmackhafter machten! Viel-

leicht waren die Hallstattleute ein besonders glücklicher und friedlicher Menschenschlag. Dafür spricht die Tatsache, daß in den 224 Gräbern von Kallmünz nur fünf Schwerter als Beigabe gefunden wurden. Und die besonders kunstvollen Grabbeigaben aus Hallstatt bezeugen, daß die Illyrer, die vor allem auch im Balkan saßen, der Welt nördlich der Alpen Verbindung zur Kultur des Mittelmeerraumes, zur Kunst der Griechen und Etrusker brachten.

Ursprünge der Kelten

Ist es schon nicht immer leicht, für geschichtliche Perioden exakte Zäsuren zu finden, so ist dies für den vorgeschichtlichen Zeitraum noch weit weniger möglich. So muß man sich die Übergänge von einer vorgeschichtlichen Kulturstufe zur anderen fließend vorstellen. Das trifft besonders zu, wenn man jene Epoche beschreiben will, die man die »Keltenzeit« nennt. Manche Wissenschaftler sind geneigt, die Kelten bereits als ein Volk der Jungsteinzeit zu betrachten, andere setzen sie spätestens ab der Urnenfelderzeit an, und allgemein wird man nichts Falsches sagen, wenn das, was den Begriff »keltisch« für uns heute ausmacht, spätestens in der Hallstattzeit (also 700–500 v. Chr.) emporgekommen ist.

Wer waren die Kelten, und woher sind sie gekommen? Die wahrhaftigste Antwort wäre lakonisch: »Die Herkunft der Kelten liegt im Dunkeln.« Freilich wird nicht ohne gute Gründe angenommen, daß ihre Urheimat im Osten lag, wo sie durch den Druck des Reitervolkes des Skythen, die sich in der russischen Steppe ausbreiteten, nach Westen weichen mußten und sich in Mittel- und Westeuropa fächerförmig ausbreiteten. Andere Vermutungen gehen dahin, die Urheimat der Kelten an den Oberläufen der Donau, des Rheins und der Mosel zu suchen. Dem Stand unseres Wissens ist es aber wohl am ehesten angemessen, die Frage nach der Herkunft der Kelten einfach offenzulassen.

Aufblühen der keltischen Kultur

Fest steht, daß spätestens mit Beginn der La-Tène-Zeit (ca. 500–15 v. Chr., benannt nach dem Fundort am Neuenburger See in der Schweiz) jene Kultur zu blühen beginnt, die wir seit den Schriftstellern des Altertums als »keltisch« bezeichnen. Anhand archäologischer Befunde läßt sich der keltische Kern bis ins fünfte vorchristliche Jahrhundert etwa zwischen Seine und Elbe, Alpen und Variskischem Gebirge (Mittelgebirgsschwelle vom französischen Zentralplateau bis zu den Sudeten) nachweisen. Getrennt davon, doch in Sprache und Lebensweise verwandt, gab es die »Kelt-Iberer« auf der Iberischen Halbinsel. Ab dem späten 5. Jh. v. Chr. breiteten sich die Kelten über das ganze heutige Frankreich aus und besetzten das südliche England sowie in der späten La-Tène-Zeit auch Irland und Schottland. Die »Gallier«, wie die Römer sie bald nannten, zogen auch nach Osten, wo das polnische Galizien nach ihnen benannt ist. Über den Balkan (Galatz in Rumänien) erreichten sie sogar Kleinasien, wo sie im Namen der Stadt Galata und in den biblischen Galatern auftauchen.

Keltische Kontakte zum Mittelmeerraum

Die Kelten, sicher kein »Volk«, sondern eher ein »Volk von Völkern«, waren höchst dynamische Leute und von großer Neugier erfüllt, die man freilich auch als Aufgeschlossenheit gegenüber allem Neuen oder Fremden bezeichnen kann. Sie werden gewiß nicht, wie mitunter vermutet wird, mit den in Italien sitzenden Etruskern verwandt sein (man weiß ja auch heute noch kaum etwas über die Herkunft der Etrusker), wohl aber haben sie durch Handel und Raubzüge mit den mittelmeerischen Kulturen Fühlung aufgenommen. Als Geschenk oder im Tauschhandel ist so manches etruskische Luxusstück an einen keltischen Stammesfürsten nördlich der Alpen gelangt, und mit der griechischen Welt kamen die Kelten zunächst über die griechischen Handelssiedlungen an der Riviera (Massilia = Marseille) in Berührung.

Bald lernte der bereits hochkultivierte Mittelmeerraum die Kelten fürchten. Ab dem vierten vorchristlichen Jahrhundert hallte oft durch manche Stadt der Schreckensruf: »Die Kelten kommen.« So eroberten die Kelten 396 v. Chr. das etruskische Melpum (Mailand), zerstörten es und bauten es als Mediolanum wieder auf. Die Kelten eroberten auch das etruskische Felsina, das heutige Bologna, und 387/86 fiel ihnen das damals noch ziemlich kleinstädtische Rom in die Hände. Nur der Hügel des Capitols wurde gerettet, da die legendären Gänse rechtzeitig zum Alarm geschrieen hatten. Die Kelten hielten Rom für sieben Monate besetzt und die Römer mußten sich damals beim Keltenführer Brennus dem Älteren für 1000 Pfund Gold freikaufen. Die Kelten legten dabei ihr eigenes, schwereres Gewicht auf die Waage, und als die Römer dagegen protestierten, soll Brennus sein Schwert mit großer Geste noch dazugelegt und jenen berühmten Satz gesprochen haben: »Vae victis« – »Wehe, den Besiegten!«. Dies war die schwerste Erniedrigung, die Rom jemals in seiner Geschichte ertragen mußte. Bis zum Jahr 283 v. Chr. fielen die Kelten noch sechsmal in Mittelitalien ein und konnten von Rom erst 222 v. Chr. endgültig zurückgeschlagen werden.

Kelten auf der Wanderschaft

Was hat nun die Kelten in die Ferne geschickt? Der Hauptgrund muß wohl die Übervölkerung gewesen sein. Der römische Geschichtsschreiber Titus Livius (59 v. Chr.–17. n Chr.) berichtet in seinen Annalen Roms von Ambigatus, einem König, der keltischen Bituriger, die ein Drittel Galliens besetzt hielten und das führende Volk waren. »Unter seiner Regierung war Gallien so reich an Erträgen und Menschen, daß er meinte, er könne diese übergroße Volksmenge kaum regieren. Nun wollte er sein Reich von diesem lästigen Überschuß befreien, und außerdem war er schon sehr alt. Er ließ also bekanntgeben, er wolle die Söhne seiner Schwester, Bellovesus und Sigovesus, recht unternehmungslustige junge Leute, in die Länder schicken, die ihnen die Götter durch den Vogelflug zur Heimat bestimmen würden. Sie sollten beliebig viele Menschen mitnehmen, damit niemand ihren Einzug verhindern könne. Ein göttlicher Wink teilte dem Sigovesus die hercynischen Wälder (das Variskische Gebirge) zu; dem Bellovesus beschieden die Götter einen viel günstigeren Weg, nämlich nach Italien.«

Die Kelten waren ein kriegs- und kampfesfreudiges Volk, »ein unbekannter Gegner, der von den Küsten des Ozeans und von den letzten Grenzen der Welt den Krieg nach Italien brachte,« wie wiederum Livius berichtet. Sie fehlten ab dem 4. Jh. v. Chr. auf kaum einem Kriegsschauplatz und waren auch beim berühmten Alpenübergang Hannibals dabei. Im Jahr 279 v. Chr. kamen sie unter ihrem Führer Brennus dem Jüngeren sogar bis zum Orakelort Delphi. Von diesem Ereignis ist überliefert, daß Brennus lauthals lachte, als er in den Tempeln die Götterbilder sah, die dem Menschenbild nachgeschaffen waren. So etwas lag offenbar außerhalb der keltischen Denkweise, keltische Götter traten häufig in der Gestalt von Tieren auf.

Blonde, gutgebaute Kelten

Wie sahen die Kelten aus? Die geographisch-historischen Schriften des Poseidonis von Apameia (135–51 v. Chr.) geben darüber Auskunft: »Sie sind von schöner Körpergröße, aber ihre Haut ist fast krankhaft weiß. Ihre Haare sind nicht nur von Natur blond, sondern diese Besonderheit der Haarfarbe heben sie noch durch die Behandlung heraus. Sie bleichen es auch noch auf künstliche Weise, waschen es in Kalklauge und kämmen es von der Stirn zurück nach oben. Daher ähnelt ihr Anblick den Satyrn oder Panen. Das Kopfhaar wird durch diese spezielle Wäsche auch noch dick und schwer, so daß es sich von der Mähne der Pferde nicht unterscheidet. Manche rasieren sich, andere, vor allem die Vornehmen, lassen sich bei glattgeschabten Wangen einen Schnurrbart lang herabwachsen, so daß ihr Mund verdeckt ist und beim Essen wie beim Trinken als ein Seiher wirkt.« Der griechische Geschichtsschreiber Diodor, ein Zeitgenosse Cäsars, schreibt in seiner Weltgeschichte über die Kelten: »Ihr Aussehen ist furchterregend, ihre Stimmen klingen tief und allgemein rauh. Bei ihren Zusammenkünften sind sie von kurzer Rede, sie sprechen in Rätseln und Andeutungen. Vieles drücken sie in Übertreibungen aus, wobei sie sich selber erhöhen und andere dabei herabsetzen. Sie drohen gern, reden hochfahrend und theatralisch.«

Bei solcher Beschreibung mag mancher Bayer, wenn er ehrlichen Herzens ist, gern an das keltische Erbe glauben – freilich nicht nur der bayerische Mensch, sondern all jene Bewohner von Irland, Schottland, Wales und der Bretagne, die heute mit den Bayern als die deutlichsten Träger keltischen Erbgutes gelten und darüber auch alles andere als beleidigt sind. Die Charaktereigenschaften der Kelten können ja höchst positiv gewertet werden, wenn der große und erfolgreiche Gegner der keltischen Gallier, Julius Cäsar, in seinem Bericht über den Gallischen Krieg vermerkt: »Die einzigartigen Leistungen unserer Soldaten stießen auf alle möglichen Gegenmaßnahmen der Gallier, wie denn diese überhaupt ein überaus anstelliger Menschenschlag und geschickt darin sind, alles nachzumachen und auszuführen, was man ihnen zeigt.«

Nun soll niemand glauben, diese Kelten seien nichts als draufgängerische Raufbolde gewesen, wenn sie auch von den antiken Schriftstellern immer nur als »Barbaren« bezeichnet werden. Die Römer bezeichneten mit diesem Schimpfwort ja alle Menschen, die außerhalb des griechisch-römischen Kulturkreises lebten, auch wenn jene eine eigene, hohe Kultur hatten. Es steht fest, daß die Kelten auf ihren offenbar notgedrungenen Wanderzügen am liebsten Land suchten, das ohne großen Widerstand besetzt werden konnte. Hatten sie ein geeignetes Gebiet gefunden, so handelten sie wie in ihrer alten Heimat. Sie gründeten kleine Dörfer, kaum größer als heutige Weiler, rodeten den Wald, verschafften dem mitgebrachten Vieh Weideflächen und nahmen ihre handwerkliche Produktion wieder auf. Der Prähistoriker Ludwig Pauli stellt fest, daß die Kelten »bis dahin weitgehend unbewohntes Land in Besitz nahmen und die volkreichen Gegenden am Südausgang der Alpentäler zunächst mieden«.

Keltische Stämme in Bayern

Auf dem Gebiet des heutigen Bayern siedelten hauptsächlich zwei keltische Stämme, die Vindeliker (westlich des Inns und über den Lech hinaus) und die Noriker (östlich des Inns, etwa im Gebiet des heutigen Österreichs, aber auch im östlichen Bayern).
In der Prähistorischen Staatssammlung in München gibt es viele herrliche Exponate, die bei den jüngsten großen Ausgrabungen des keltischen Oppidums von Manching bei Ingolstadt zutage kamen, einer vermutlichen Hauptstadt der Vindeliker. Von besonderer Schönheit ist auch der »Weltenburger Stier«, eine kleine Bronzeplastik, die 1948 von einem kleinen Mädchen auf der Flur beim Klosterort Weltenburg, nahe Kelheim, gefunden wurde. Zahlreiche Heimatmuseen im bayerischen Land besitzen auch Keltisches, vor allem das Archäologische Museum in der Stadt Kelheim und natürlich auch große fränkische Sammlungen wie das »Mainfränkische Museum« auf der Marienfeste in Würzburg.

Man muß sich nicht darüber streiten, ob die keltische Kultur schon zur Hallstattzeit oder noch früher in Bayern anwesend war. Mit Sicherheit läßt sie sich für die La-Tène-Zeit festlegen. Was für die Kelten im allgemeinen gilt, stellt sich auch für Bayern nicht anders dar: Die Kelten bildeten viele Stämme und sogar Familienverbände, was ganz ihrem großen Unabhängigkeitsbedürfnis entsprach, ja sogar einer gewissen Disziplinlosigkeit durch Individualität. Von diesen Familienverbänden lassen sich noch heute Parallelen zu den immer noch bestehenden Clans der von den Kelten abstammenden Schotten herstellen.

Sozialordnung der Kelten

Die gesellschaftliche Ordnung der Kelten war dreigeteilt in die Ritter aus den angesehenen Familien, die Druiden (der sehr mächtige Priesterstand, der zugleich in allen Dingen zum Richter aufgerufen war) und das einfache Volk, das laut Cäsar kaum besser als Sklaven lebte. Die Druiden spielten eine Sonderrolle, waren vom Heeresdienst, von den Steuern und allen sonstigen Gemeinschaftsleistungen befreit, sie waren die absolute Autorität. Sie gaben ihr Wissen nur mündlich weiter, beschränkten sich keineswegs auf Fragen der Religion und Ethik und waren auch an den wirtschaftlichen und politischen Vorgängen gut beteiligt.

Sichere Zuflucht in Höhenburgen

Neben ihren kleinen Dörfern bauten die Kelten ab etwa 400 v. Chr. an markanten Stellen Höhenburgen mit großem Fassungsvermögen. Diese bildeten Kontrollpunkte für Handel und Verkehr und boten in unruhigen Zeiten den Umwohnern Zuflucht. Die heute bekanntesten Höhensiedlungen der Kelten in Bayern sind der Marienberg in Würzburg, der Staffelberg bei Staffelstein im Obermaintal, die Ehrenbürg (»Walberla«) bei Forchheim, die Houbirg bei Hersbruck und die Vogelsburg bei Volkach an der Mainschleife. Von diesen Höhenburgen sind heute nur noch die umlaufenden Erdwälle zu erkennen. Sicherheit und Zuflucht waren den Kelten offenbar bei aller Lust zum Kampf ein großes Bedürfnis. Dies äußert sich höchst poetisch in dem Schwur des irischen Keltenkönigs Conchobar: »Der Himmel ist zu unseren Häuptern, die Erde zu unseren Füßen, und uns umgibt das Meer. Wenn nicht der Himmel mit seinen Sternenschauern auf das Antlitz der Erde fällt, wenn nicht die Erde sich bebend auftut, wenn nicht das Meer mit seinen graublauen, einsamen Weiten die bewachsene Stirn des Lebens überdeckt, werde ich, Conchobar, siegreich in Kämpfen und Schlachten, die Kühe in ihre Ställe und die Frauen in ihre Häuser heimführen.« Sicherheit ja, Furcht nein – das scheint eine keltische Devise gewesen zu sein: Als Alexander der Große balkanische Kelten danach fragte, was sie wohl am meisten fürchteten und dabei so gern gehört hätte, daß sie ihn, Alexander, am meisten fürchteten, antworteten diese: »Daß der Himmel auf die Erde fällt«.

Keltische Oppida

In der späten La-Tène-Zeit (Ende des 2. Jh. bis 15 v. Chr.) änderten sich die Lebensgewohnheiten der Kelten. Germanischer Druck aus dem Norden und die mittlerweile große Vertrautheit mit mittelmeerischer und vor allem römischer Kultur ließen die Kelten nun Städte bauen, in denen Ritter und Druiden ihren Sitz hatten und Handel und Gewerbe sich konzentrierten. Mittlerweile war auch die schnell drehende Töpferscheibe eingeführt. Auch wurden nun Münzen geprägt, die uns als sog. Regenbogenschüsselchen in großer Zahl aus Funden erhalten sind. Den Namen »Regenbogenschüsselchen« gaben ihnen Bauern, die beim Pflügen diese konkaven Münzen fanden und meinten, der Regenbogen habe beim Berühren seiner Enden mit der Erde Gold hinterlassen. Cäsar hat für diese keltischen Städte der Spätzeit den Begriff »oppidum« eingeführt. In Bayern entstanden solche Oppida oft wieder an den Stellen einstiger Höhenburgen, doch wurden auch neue Anlagen geschaffen. Alkimoennis auf dem Michelsberg bei Kelheim war dabei eine Art früher Industrieort, dessen Überreste in Form zahlreicher kleiner Gruben für Erzabbau und Eisengewinnung heute noch im Wald hinter der Kelheimer Befreiungshalle zu sehen sind.

Manching – Hauptstadt der Vindeliker

Das größte Oppidum auf bayerischem Boden dürfte aber dasjenige von Manching bei Ingolstadt gewesen sein, vermutlich die Hauptstadt der Vindeliker.

Für die Umwallung des rund 380 ha großen Areals wurden an die 7000 m »murus Gallicus«, also keltische Mauer, angelegt. Die besondere Art dieser Mauer aus Holzstämmen, Steinen und Erdreich machte das Fällen von 60 000 großen Baumstämmen nötig. Außerdem mußten zur Stabilisierung der unteren Stammlagen 25 bis 30 cm lange Nägel geschmiedet werden – 18 000 Stück! Insgesamt hat der Mauerbau des Manchinger Oppidums rund 500 000 Arbeitstage notwendig gemacht.

Die späten keltischen Oppida lagen vornehmlich im nördlichen Bayern; das Oppidum Cambodunum (Kempten) bildet eine der wenigen Ausnahmen. Im südlichen Bayern finden sich hingegen zahlreiche sog. Viereckschanzen. Nahm man früher an, daß es sich dabei um eine Art Fliehburgen handelte, so hat eine genaue Untersuchung der Viereckschanze bei Holzhausen, nahe Straßlach im Landkreis München, ergeben, daß es sich dabei um eine kultische Anlage handeln muß. Man stellte fest, daß in der Nordwestecke der Schanze (diese umfassen meistens rund 100 m im Geviert) ein Tempel gestanden haben muß. Außerdem fand man drei Schächte mit Tiefen zwischen 6 und 35 m, dabei handelt es sich vermutlich um Opferschächte und nicht, wie früher angenommen wurde, um Brunnen; denn es fanden sich darin Lagen aus Brandresten, Fleischopfern und sterilen Erdschüttungen.

Die vermutliche Hauptstadt der keltischen Vindeliker bei Manching ist kurz vor der Zeitenwende untergegangen. Entweder wurde sie von Germanen zerstört, oder die römischen Legionen, die 15 v. Chr. unter der Führung von Drusus und Tiberius, zweier Stiefsöhne des Kaisers Augustus, in Südbayern einbrachen, haben diesem Stadtgebilde ein Ende bereitet. Die Kelten waren ja in ihrer Spätzeit von den Römern und von den Germanen in gleicher Weise bedroht, und nicht jeder keltische Fürst besaß die diplomatische Stärke des Königs der Noriker, der einem Germanenfürsten eine seiner Töchter zur Heirat schickte, was gleichbedeutend mit einem Bündnis, zumindest mit einer Art Nichtangriffspakt war. Noricum war nach dem Einzug der Römer in Raetien und Vindelicien im Jahr 15 v. Chr. das einzige keltische Stammesgebiet, das noch friedlich und frei weiterleben konnte. Erst im 1. Jh. n. Chr. wurde auch Noricum (etwa das heutige Österreich) dem Römerreich unkriegerisch eingegliedert.

Das keltische Erbe

Was blieb von den Kelten? Zu nennen sind sicherlich eine Menge wunderschöne Funde, die heute die Vitrinen der Museen zieren, einige Schanzenwälle im bayerischen Gelände, viele Flußnamen wie Donau, Main, Isar, Ilz, Glonn, Amper, Vils und Zusam, viele Ortsnamen wie Kempten (Cambodunum) oder Straubing (Sorviodurum), auch wenn diese Namen von den Römern aus dem Keltischen übernommen und latinisiert wurden. Geblieben ist auch so manche Charaktereigenschaft des bayerischen Menschen aus dem keltischen Erbe, vor allem das ungestüme und aufbrausende, manchmal hitzige Temperament.

Bayern gehört heute mit der Bretagne, Irland, Schottland und Wales zu den letzten deutlichen Trägern keltischen Erbes. Die Keltenforschung hat nicht erst jetzt begonnen, doch wird sie vermutlich in der Zukunft noch so viel an den Tag bringen, daß man eigentlich sagen kann, sie stehe noch am Anfang. Die Neugier nach der Vergangenheit, in diesem Fall die Archäologie, hat sich zunächst mit ruhmbringenden Grabungen auf römischem, griechischem und ägyptischem Boden befaßt und hat dabei im wesentlichen alles schon ans Tageslicht gebracht, was man der Verborgenheit zu entreißen hoffte. Man denke dabei nur an eine der größten Taten, die Entschlüsselung der ägyptischen Hieroglyphen durch Jean François Champollion im Jahre 1822, eine »Ausgrabung« durch reine Anstrengung des Geistes. Nun aber, da längst die großen Stätten der Archäologie zu vielbesuchten Freilichtmuseen geworden sind und die besten Stücke in landesfremden Museen bewundert werden können, wendet sich die Altertumsforschung Aufgaben zu, bei denen man keine Königsburgen und Tempelanlagen ans Tageslicht bringen kann. Dazu gehört die Erforschung der keltischen Kultur. Wer hätte früher gedacht, daß es je eine »Alpen-Archäologie« geben könne? Es gibt sie. Und der bereits zitierte Ludwig Pauli, noch jung an Jahren, leistet mit einigen Kollegen darin Erstaunliches. Und ein Vorteil liegt in diesen neueren archäologischen Bestrebungen: es wird nichts weggeschleppt, die Funde bleiben im Lande, wenn auch nicht immer am Fundort selbst. Allein die Tatsache aber, daß 1980 etwa eine Salzburger Landesausstellung »Die Kelten in Mitteleuropa« nicht in Wien oder Salzburg, sondern am keltischen Hauptfundort Hallein stattfand, läßt einen großes Wohlwollen für diese heutigen Wissenschaftler empfinden. Sie sind in gewisser Weise »Heimatforscher«, da sie heutigen Menschen im wahrsten Sinne des Wortes anschauliche Kunde über die einstigen Bewohner ihrer heutigen Heimat geben.

Der erste ernsthafte bayerische Geschichtsforscher, der Abensberger Johannes Aventinus (eigentlich Johann Turmair, 1477–1534), schreibt in seiner »Bayerischen Chronik« über den Bayern, daß er von Ackerbau und Viehzucht lebe und seine Abgaben entrichte: »Tut sonst, was er will, sitzt Tag und Nacht bei dem Wein, schreit, singt, tanzt, kartet, spielt, mag Wehr tragen, Schweinsspieß und lange Messer. Große und überflüssige Hochzeiten, Totenmahle und Kirchweihen zu haben ist ehrenhaft und unsträflich, gereicht keinem zum Nachteil, bekommt keinem übel«. Da wird Aventinus ganz gewiß keltisches Erbe beschrieben haben.

Werner A. Widmann

400

Um 400. Der Raum des späteren Bayerns wird von den Kelten besiedelt. Die Kelten sind vor rund 100 Jahren in diese Region gekommen. →

Während der frühen La-Tène-Zeit, einer Kulturperiode der vorrömischen Eisenzeit, die von etwa 450 bis 400 v. Chr. dauert und nach der Fundstelle La Tène am Ausfluß der Zihl aus dem Neuenburger See in der Westschweiz benannt ist, entwickelt sich eine selbständige, auf Expansion ausgerichtete keltische Nationalkultur mit eigenständiger Religion.

Grundlage der eigenständigen Kultur der Kelten sind der Fortschritt in der Landwirtschaft mit der Erfindung des schweren Pfluges aus Eisen und der Sense sowie die Beeinflussung durch die Mittelmeervölker aufgrund von Handelsbeziehungen.

Während die Griechen die Kelten als »keltoi« bezeichnen, heißen sie bei den Römern »galli« (Gallier).

400–300. Die keltischen Stämme verhindern das Vordringen der Germanen in ihren Siedlungsraum. Die Grenze zwischen den Gebieten der Kelten und Germanen verläuft an den deutschen Mittelgebirgen, im Osten an der unteren Weichsel und im Westen in den nördlichen Niederlanden. →

Die Kelten sind ausgezeichnete Waffen- und Werkzeugschmiede. Mit Hilfe von sog. Rennöfen sind sie in der Lage, aus Erz Eisen zu schmelzen. →

Die zweischneidigen Eisenschwerter der Kelten, zwischen 80 und 95 cm lang, tragen oft eine Fabrikationsmarke als Qualitätssiegel.

Die Kelten treiben rege Milchwirtschaft; die Almwirtschaft setzt zu ihrer Zeit ein. →

Neben den Freien gibt es bei den Kelten auch Unfreie, meist Kriegsgefangene, die am Leben gelassen wurden, aber auch Angehörige des eigenen Volkes, die sich – z. B. durch Verschuldung beim überaus beliebten Würfelspiel – in Knechtschaft begeben mußten.

In der zweiten Periode der La-Tène-Zeit, die von etwa 400 bis ca. 250 v. Chr. dauert, löst sich die kulturelle Einheit des Keltentums auf, und die Kelten beginnen zu wandern. →

Trotz ihrer Wanderung behalten die keltischen Stämme weitgehend ihre einheitlichen religiösen Riten, darunter auch Menschenopfer, bei.

Die etwa 10 000 Einwohner der keltischen Stadt Manching verdienen ihren Lebensunterhalt mit Handwerk, Handel und Landwirtschaft. →

Keltische Stämme siedeln in Bayern

Um 400. Die Kelten, des Schreibens unkundig, geben keine Nachricht über ihr Herkommen. Allerdings scheint sicher, daß sie mit den Menschen der vorausgegangenen Hallstatt-, der älteren Eisenzeit also, eng verwandt sind und von ihnen vielleicht sogar abstammen.

Zwischen diesen beiden Kulturen gibt es keinen Bruch. Der liegt einige Jahrhunderte früher, beim Übergang von der Urnenfelder- zu der nach einem Ort im Salzkammergut benannten Hallstattzeit, also etwa um 750 v. Chr.

Wie die Menschen der Hallstattzeit, bestatten auch die Kelten in ihrer Frühzeit die Toten in Grabhügeln, häufig sogar in solchen, die schon von den Vorgängern aufgeschüttet worden waren.

Die Heimat des neuen Volkes ist das Gebiet zwischen Ostfrankreich und Niederösterreich und somit auch Bayern. Hier wiederum siedeln sie vor allem in Oberfranken, in der Oberpfalz, im östlichen Mittelfranken und im Ries. Dabei werden die befestigten Siedlungen bevorzugt auf Anhöhen angelegt.

Auf Bergen entstehen später auch die durch Lage und Mauern geschützten keltischen Städte, die sog. Oppida: Auf dem Staffelberg nördlich von Bamberg, auf der Houbirg bei Hersbruck, auf dem Michelsberg über Kelheim und auf der Fentbach-Schanze bei Valley, südlich von München. Nur das fünfte und größte keltische Oppidum im Flachland wird angelegt, in Manching bei Ingolstadt.

Die kunsthandwerklichen und die handwerklichen Fähigkeiten der Kelten sind bereits hoch entwickelt. Schmuck wird angefertigt, der vor allem aus Bronze besteht und meist reich verziert wird.

Auf der Töpferscheibe, die sie nördlich der Alpen einführen, formen sie Krüge und Schalen, wobei die in der Oberpfalz und in Oberfranken erzeugten Waren den südbayerischen Erzeugnissen qualitativ deutlich überlegen sind.

Auch in der Eisenerzeugung und Eisenverarbeitung sind die Kelten den Handwerkern der Hallstattzeit überlegen. Der eiserne Pflug und die Sense werden von ihnen eingeführt. Von ihren eisernen Schwertern freilich heißt es später gelegentlich, sie seien aus zu weichem Material hergestellt worden und hätten sich bei heftigem Gebrauch während des Kampfes verbogen.

Ihre kulturelle Eigenart besitzen die Kelten auch dank ihrer Handelsbeziehungen zum Mittelmeerraum.

Gegen Ende des Jahrhunderts, als die großen Wanderungen beginnen, wird es unruhig im Lande. Die mit weniger Muße gefertigte Keramik verliert an Eleganz, ähnliches gilt auch für den keltischen Schmuck.

Die Maskenfibel aus Parsberg in der Oberpfalz gilt als ein Meisterwerk der keltischen Kunst aus der frühen La-Tène-Zeit, dem 5. vorchristlichen Jahrhundert. Die bronzene Spange hat eine Originallänge von 10 cm und zeigt Menschen- und Tierdarstellungen, harmonisch verfeinert durch geometrische Figuren (Vor- und frühgeschichtliche Sammlung, Germanisches Nationalmuseum Nürnberg)

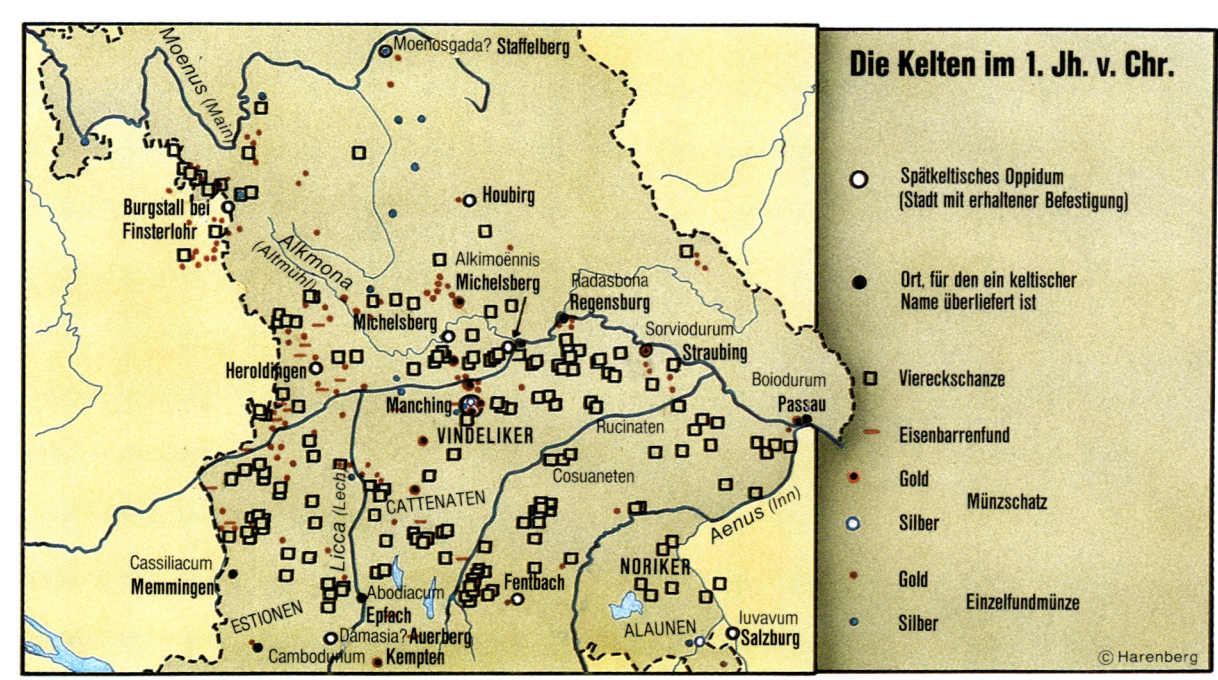

Die Kelten im 1. Jh. v. Chr.

○ Spätkeltisches Oppidum (Stadt mit erhaltener Befestigung)

● Ort, für den ein keltischer Name überliefert ist

▫ Viereckschanze

— Eisenbarrenfund

● Gold
○ Silber — Münzschatz

● Gold
● Silber — Einzelfundmünze

© Harenberg

Kaum Kontakt von Kelten zu Germanen

Keltenwanderung durch ganz Europa

400 bis 300. Die Kelten orientieren sich zum Süden. Dort sind, auch wenn es von Bayern aus keine sehr umfangreichen Geschäftsverbindungen gibt, die Handelspartner, dort ist die fortschrittliche Zivilisation, von dort importiert man Güter wie etwa den Wein und Techniken, den Gebrauch der zunächst noch langsam sich drehenden Töpferscheibe und den Umgang mit landwirtschaftlichen Geräten. Manche Anzeichen deuten überdies darauf hin, daß die Kelten mit den südlich der Alpen wohnenden Etruskern vielleicht sogar verwandt sind.

Die Nordgrenze der keltischen Provinzen liegt beim deutschen Mittelgebirge; jenseits dieser Grenze wohnen die Germanen, in denen die vergleichsweise reichen und fortschrittlichen Süddeutschen kaum anderes als Barbaren sehen, bei denen sich nichts gewinnen läßt. Man ist sich in den keltischen Fürstensitzen des Süd-Nord-Gefälles zwischen den beiden Volksgruppen mit Sicherheit bewußt.

Germanische Stämme im Norden

An ihrer Nordgrenze stehen den Kelten germanische Stämme und Völker gegenüber, die ihre Wohnsitze häufig wechseln und deren Namen dadurch in verschiedenen Regionen anzutreffen sind. Als wichtigste Nachbarn (von denen manche sicher mit den Kelten verwandt sind) kennt man:

▷ Die Markomannen, die »Grenzmänner«, deren ursprüngliche Heimat das Land am Obermain ist und die später nach Böhmen wandern

▷ Die Quaden, deren Wohnsitze zeitweise in Mähren, aber auch nördlich des Mains zu finden sind

▷ Die Hermunduren, die ursprünglich an den beiden Seiten der Elbe, später weiter südwärts siedeln.

Auch wenn die »keltoi« bzw. »galli« von den griechischen und römischen Autoren als faszinierende Exoten mit verwirrenden Sitten und Bräuchen dargestellt werden, sind die keltischen Stämme bei aller Eigenständigkeit von Kunst und Kultur doch auf die mediterrane Kultur hin ausgerichtet: Entsprechend verläuft die Grenze zwischen der antiken und der germanischen Welt nicht bei den Alpen, sondern an der keltischen Nord- und Ostgrenze. Es gibt keinen kulturellen Austausch mit den Germanen. Und da sich die Kelten nie zu einem Reich zusammenschließen, sondern unter Führung ihrer Fürsten gleichsam in Clans zusammenleben, werden auch keine politischen Verbindungen geschlossen.

Als gegen Ende des Jahrhunderts die große Wanderbewegung beginnt, von der schließlich ein großer Teil Europas betroffen ist, ziehen die Kelten west-, südost- und südwärts, die Nordgrenze aber wird nicht überschritten. Das Land der Germanen mag ihnen klimatisch zu unwirtlich erscheinen, warum soll man dorthin gehen, wenn es möglich ist, günstigere, reichere Länder zu erobern.

400 bis 300. Die Kelten sitzen im Herzen Europas, und von hier aus erweitern sie ihr Reich – das freilich aus vielen Fürstentümern besteht und nie einen gemeinsamen Führer besitzt – über den ganzen Kontinent. Am Ende aller Wanderungen sitzen die Kelten in Schottland und Irland, in Südportugal und Nordspanien, in Frankreich und in großen Teilen Italiens, auf dem Balkan, ja man findet sie sogar in Kleinasien, in der Gegend von Ankara, wo sie von den Einheimischen Galater genannt werden.

Eine der bekanntesten Episoden des Keltenzuges ist die Eroberung Roms durch den Feldherrn Brennus im Jahr 387. Die Einnahme des Capitols mißlingt allerdings, da die schnatternden Gänse die Verteidiger auf die Gefahr hinweisen. Etwa 100 Jahre später, im Jahr 279, bedrohen die Kelten das griechische Apollonheiligtum von Delphi. Schneestürme, Bergstürze und das Eingreifen Apollons, so wird überliefert, retten den geweihten Ort.

Geschickte Hände fertigen eiserne Werkzeuge und Waffen

Bei den Hethitern hat das Eisenzeitalter begonnen. Als sie anderthalb Jahrtausende vor der Zeitrechnung das erste Erz schmolzen, ging es in Bayern noch bronzezeitlich zu. Über den Balkan kamen Kunde und Kenntnis der neuen Fertigkeit, und als sich etwa um das Jahr 500 v. Chr. die Kelten in dem Land südlich der Donau (doch auch in Franken und Schwaben) niederließen, kannte man hier das Eisen bereits 300 Jahre. Die Neuankömmlinge setzen die noch junge Tradition fort; ihre Zeit wird einmal Eisenzeit genannt werden.

Um das Metall zu gewinnen, werfen sie die mit Holzkohle gemischten Erzbrocken in sog. Rennöfen, aus denen schließlich das geschmolzene Eisen läuft. Was sich in den Auffanggruben findet, sind Eisenstücke, die stark mit Schlacke durchsetzt sind. Die Schmiede bearbeiten dieses Roheisen so lange im Feuer, bis die Verunreinigungen abfallen und brauchbares Metall daraus entsteht.

Mit dem so gewonnenen Eisen aber können die keltischen Schmiede hervorragend umgehen. Sie fertigen Hämmer, Messer, Scheren, Schlüssel, Schaufeln, Äxte, Sensen, Sicheln und Hacken; nach einiger Zeit ist ihre Geschicklichkeit so groß, daß sie sogar zierliche Schmuckstücke aus Eisen herstellen können.

Wie zuvor schon die Bronze, so wird auch jetzt das Eisen vor allem von Waffenschmieden verarbeitet, zu Schwertern etwa, die zunächst 50 bis 60, zuletzt aber auch 80 und gar 100 cm lang sind. Sie entstehen dadurch, daß durch eine dem Schweißen ähnliche Technik mehrere Blechstreifen fest miteinander verbunden werden.

Der mit keltischen Gebräuchen wohlvertraute Schriftsteller Diodor weiß freilich, daß man die Waffen gelegentlich präpariert, z.B. Lanzenspitzen von Fall zu Fall wie Schrauben windet und ringsum mit Zacken spickt. So fügen sie dem Feind größere Wunden zu und vergrößern beim Herausreißen die Wunde.

Die Keltenschwerte vereinen Härte mit Elastizität. Gelegentlich übertreibt man diese Elastizität ein wenig denn es ist überliefert, daß sich die Schwerter im Kampfe biegen. Ehe der Keltenkrieger seine Waffe wieder in kampffähigen Zustand versetzt und seinen krummen Säbel wieder gerade biegt, mag sein ruhmloses, schnelles Ende schon gekommen sein.

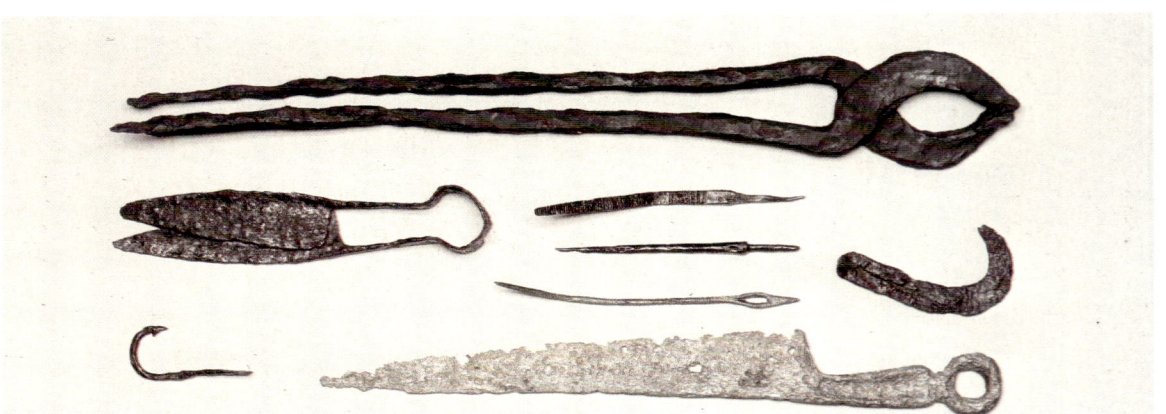

Keltisches Werkzeug aus Eisen – dem Material, das später ihrer Epoche den Namen gibt: Eisenzeit

Viehhaltung im keltischen Manching

Die befestigte keltische Stadt Manching umgibt ein langer, hoher Wall, hinter dem ein breiter Streifen Weideland liegt. Auf solche Weise nutzt man den feuchten Boden, auf dem ohnedies nicht gebaut werden kann, und hat überdies die Gewißheit, auch in Zeiten der Belagerung das Vieh füttern zu können.

Zwar machen die Handwerker und die Händler den Reichtum dieser etwa 10 000 Einwohner zählenden Stadt aus, doch es gibt auch Landwirte. Man schätzt später, daß in Manching zeitweise 2000 Rinder, 1000 Schweine, 1500 Ziegen und Schafe sowie 200 Pferde und 150 Hunde gehalten werden.

Da die Kelten glauben, die Götter könnten in die Gestalt eines Tieres schlüpfen, erweisen sie Eber, Hund und Pferd besondere Ehrung. Schmiede schaffen kleine Tierplastiken; drei sollen später berühmt werden: der Stier von Weltenburg sowie Eber und Widder aus der Gegend von Ebersberg.

Almwirtschaft und Export von Käse

400 bis 300. Die Bearbeitung des Bodens mit dem Holzpflug war ein mühseliges Geschäft, denn das Gerät war nur mit hohem Kraftaufwand einzusetzen und nutzte sich auch schnell ab. Da die Kelten eiserne Pflüge besitzen, können sie größere, bis dahin ungenutzte Gebiete für den Ackerbau erschließen.

Freilich ist auch dieser Pflug noch unzulänglich, und so müssen die Bauern ihre Felder in der Regel zweimal pflügen, zunächst der Länge nach und dann noch einmal quer. Auf solche Weise entstehen kleine Rechtecke und häufig auch Rauten (gelegentlich wird angenommen, das bayerische Rautenmuster könnte so entstanden sein).

Die Kelten sind ein eifrig Landwirtschaft treibendes Volk; sie erfinden (angeblich) die Sense, die künstliche Düngung, das Silo und das Faß. Besonders intensiv betreiben sie auch schon die Almwirtschaft, und Wörter wie »Alp«, »Alm« oder »Senn« sollen aus dem Keltischen kommen. Besonders berühmt ist der keltische Käse, der angeblich sogar nach Rom, der aufstrebenden Stadt am Tiber, exportiert wird.

Bronzerelief mit kultischen Gestalten der Kelten, M. l. eine gehörnte Gottheit, die eine Schlange und einen Halsring hält, außerdem verschiedene Fabeltiere, z. B. zwei Wesen mit Pferdeköpfen, Tatzen und langen Schwänzen.

Götter, Kulte und Opfergaben der Kelten

Die Götter der Kelten bewohnen keinen Himmel, und sie leben auf keinem Olymp. Da ihre Namen nicht aufgeschrieben werden (weil die ihnen Huldigenden des Schreibens nicht kundig oder willens sind), ist von ihnen später nur wenig bekannt. Es sind zwar – beispielsweise bei römischen Autoren – die Namen von etwa 400 keltischen Gottheiten überliefert, doch da drei Viertel von ihnen nur ein einziges Mal genannt werden, nimmt man an, daß die in viele »Clans« aufgesplitterten Kelten vor allem ihren jeweiligen Stammesgöttern huldigen.

Nur wenige Gottheiten sind auch in größeren Regionen allgemein bekannt. Zu ihnen gehören die auf einem Pferde reitende Epona und Artio, die Göttin mit dem Bären. Große Verehrung genießt auch Cernunnos, der gehörnte Gott der Unterwelt, des Totenreiches.

Die sehr abergläubischen Kelten glauben, daß alles, was den Menschen an Widerwärtigkeiten passiert, von mißgünstigen Göttern gesandt wird, die nur durch Opfergaben zu versöhnen sind. Und das größte Opfer ist der Mensch. Wenn möglich, dann werden Verbrecher als Gottesopfer dargebracht; wenn kein Missetäter zur Verfügung steht, werden auch Unschuldige als Opfer dargebracht.

Gegen Krankheiten hilft den Kelten der Gott Grannus, dem sie häufig an Quellen ihre Opfer weihen. Mit ihm zusammen wird oft auch eine Fruchtbarkeitsgöttin mit dem Namen Sirona verehrt.

Neben den häufiger auftauchenden Göttern Esus, Taranis, Teutates und Lug gibt es in der Religion der Kelten einen Kult für drei Frauengottheiten, die stets gemeinsam auftreten, und auch einen Gott mit drei Gesichtern.

Da die Kelten – im Gegensatz zu anderen Religionen – keine heiligen Schriften besitzen, ist die Überlieferung der wohl sehr animistischen Glaubenslehren und die Feier der religiösen Zeremonien den Druiden übertragen. Sie, die keltischen Priester, lehren, daß die Gottheiten auch in Gestalt von Tieren – vor allem von Eber und Stier – auftreten können.

Religiöse Opferzeremonie eines Druiden (keltischer Priester)

Ab 300. Die dritte Periode der La-Tène-Zeit, die von etwa 250 bis 100 v. Chr. dauert, ist durch eine Vermischung der keltischen mit Eingeborenenkulturen der oberitalienischen Alpen gekennzeichnet.

Nach 300. Die keltischen Stämme beginnen damit, Münzen zu prägen. →

In der Dietersberghöhle bei Egloffstein (Landkreis Forchheim) und in der Schachthöhle im Staatsforst Veldenstein (Landkreis Bayreuth) werden Menschen geopfert. →

Bei München-Obermenzing wird ein Mann bestattet, dem nicht nur Schwert und Lanze, sondern auch ein medizinisches Besteck mit ins Grab gegeben werden. →

Ein Nationalsport der Kelten ist das Reiten ohne Sattel und Bügel vermittels Trense mit einem kurzen Sporn, der an der linken Ferse befestigt ist.

Die Kelten bauen Weizen, Gerste, Hirse und Flachs an, aber auch Saubohnen, Erbsen, Linsen und Rüben und gehen zur Düngung ihrer Äcker mit Mergel über.

Das keltische Bier besteht aus Hirse, Weizen oder Gerste ohne Zusatz von Hopfen, dafür aber mit bitteren Kräutern. →

Berühmt sind der keltische Schinken und das keltische Rauchfleisch. →

Als Haustiere halten die Kelten den Torfspitz (eine Schakalabstammung) und von Wölfen gezüchtete Jagd- und Schäferhunde.

Die Kelten werden meist als groß, blond und blauäugig geschildert und sollen eine helle Haut haben. Menschen, die aus Mischehen zwischen Kelten und den südlicher wohnenden Ligurern stammen, versuchen, sich ihre Haare zu bleichen mit einer als »saipo« bezeichneten Paste. Saipo dient auch zum rituellen Rotfärben der Haare vor dem Kampf (saipo = später »Seife«).

Die Keltenfrauen tragen das Haupthaar lang und kämmen es nach hinten, seltener als die Germaninnen schlingen sie es zu einem Knoten. Die Kleidung besteht aus grobem Wollstoff, den die Frauen mit der eisernen Klemmschere von den Schafen nehmen und dann spinnen, weben und färben.

Um 250. Armringe und Ringperlen aus Glas, die in einheimischer Produktion hergestellt werden, erfreuen sich bei den keltischen Frauen großer Beliebtheit. Dieser Schmuck wird den Toten auch ins Grab mitgegeben.

Kelten opfern Menschen

Nach 300. Auf einem Berg in der Fränkischen Schweiz, südlich von Egloffstein, finden die Kelten rund 20 m unter dem Gipfel eine Höhle, durch deren schmalen Eingang sie Menschen, Tiere und Keramik sowie Schmuckgegenstände wie Armspangen oder Fußringe werfen. Wahrscheinlich wird die Höhle, deren Öffnung nach Osten zeigt, zunächst in einem feierlichen Zeremoniell durch ein in den Schacht geworfenes Feuer gereinigt und geweiht. Erst dann folgt das Menschenopfer, wobei nicht bekannt ist, ob tote oder lebendige Menschen dargebracht werden.

In der Höhle (die zu keiner Zeit bewohnt war) liegen die verschiedenen Knochen wahllos durcheinander; wahrscheinlich haben sich die Körper der Erwachsenen, der Kinder und der Tiere beim Sturz durch den engen Schacht an vorspringenden Felsen verfangen, so daß die Knochen erst nach der Verwesung der Leichen auf den Höhlenboden gefallen sind.

In Manching bringen die Kelten ebenfalls Menschenopfer dar. Vor dem Osttor zum Beispiel wird ein sechsjähriges Mädchen vergraben – wohl damit die Götter freundlich gestimmt werden.

In dieser großen, südlich der Donau gelegenen Stadt gibt es freilich auch noch eine andere Form des mitmenschlichen Umgangs – die Bewohner Manchings verspeisen nämlich ihresgleichen (Anzeichen deuten jedenfalls darauf hin, die dazugehörigen Beweise sind aber nicht erbracht worden).

Nirgends wird überliefert, ob der keltische Kannibalismus Teil eines religiösen Zeremoniells ist oder der kulinarischen Ergötzung dient. Daß Menschenopfer gebracht werden, gilt als sicher. Der 64 vor Beginn der Zeitrechnung geborene griechische Geograph Strabon weiß davon (und sei es auch nur von seinem Kollegen Poseidonios). Strabon schreibt: »Auch andere Arten von Menschenopfern werden erwähnt [bei den Kelten]. Manche nämlich erschossen sie mit Pfeilen und kreuzigten sie in den Tempeln; auch verfertigten sie riesige Gebilde aus Heu und Holz, steckten Hausvieh und allerlei Tiere und Menschen hinein und verbrannten alles zusammen.«

Eßgebräuche mit tödlichem Ausgang

Nach 300. »Beim Essen sitzt man im Kreis, der Erlauchteste bekommt den Platz in der Mitte. Neben ihm sitzt der Gastgeber, und dann folgen zu beiden Seiten ihrem Rang entsprechend die anderen. Hinter ihnen stehen die Schildträger, während die Speerwerfer auf der gegenüberliegenden Seite im Kreis sitzen.« So beschreibt der Schriftsteller Athenaios die Eßgebräuche der Kelten.

Die aufgetragenen Speisen sind regional unterschieden. Die Belgae verzehren vornehmlich Schweinefleisch, teils frisch, teils eingepökelt. In Manching findet man später mehrere hunderttausend Knochen, die es erlauben, den Speiseplan der hier wohnenden Kelten zu rekonstruieren: 42% der Knochen stammen vom Rind, 32,5% vom Schwein, 20% von Schafen und Ziegen. Zur Jagd ist man hier selten gegangen; nur 0,2% der Knochen stammen von Wildtieren.

Von den Tischsitten heißt es: »Wenn das Hinterviertel aufgetragen wird, nimmt der Tapferste das Schenkelstück.« Gelegentlich streitet man darum bis zum Tode.

Medizinisches Besteck als Grabbeilage eines Arztes

Nachdem der Mann irgendwann zwischen 320 und 150 vor Beginn unserer Zeitrechnung, also in der mittleren Keltenzeit, verbrannt worden ist, verstreut man seine Asche auf dem Boden des Grabes. Obwohl sich der Tote auf solche Weise im wahrsten Sinne des Wortes in Asche aufgelöst hat, bedenkt man ihn reich mit Beigaben: Er erhält ein 85 cm langes Schwert, dazu einen Schild, ein 14 cm langes Klappmesser, eine 11,6 cm lange Eisensonde, die sich zum Abtasten von tiefen

Wunden eignet, einen Schaber mit einer Schleife am Ende – man verwendet dergleichen Gerät zum Säubern tiefer Wunden – sowie ein kleines Sägeblatt mit Griff, das offensichtlich zum Öffnen der Schädeldecke verwendet wird.

Es ist also aller Wahrscheinlichkeit nach das Grab eines Arztes, das hier in München-Obermenzing angelegt wird; zusammen mit dem Mann wird sein Handwerkszeug (Abb.) bestattet.

In Bayern kommen Münzen in Umlauf

Nach 300. Mit den Kelten kommt das Geld ins Land. In den vorausgegangenen Zeiten wurden Geschäfte im Tauschhandel abgewickelt. Man hatte wenig zu geben und konnte entsprechend wenig einführen: Die zivilisierte Welt war weit weg, tief im Süden, im Mittelmeerraum.

Im 3. Jh. v. Chr. bringen Handelsleute und Söldner aus Griechenland und Byzanz Münzen mit nach Hause. Und mit Eifer, so scheint es, werden diese Mitbringsel nun nachgeahmt; da man keine eigene Münztradition kennt, hält man sich meist sehr eng an die Vorbilder und gießt in den keltischen Münzstätten die goldenen mazedonischen Statere, wie sie in der Zeit Philipps und Alexander des

Keltische Münzwerkstätten

Die keltischen Geldmacher kopieren antike Münz-Vorbilder, doch wer gibt ihnen für ihren »Clan« das Recht? Wer wacht darüber, daß die Münzen das rechte Gewicht haben und daß kein billiges Metall daruntergemischt wird (was gelegentlich vorkommt)? Auch die Namen der Münzstätten sind nicht überliefert. Hier hat freilich die Archäologie mancherlei Spuren gesichert.

In den Überresten der großen Stadt Manching fand man etwa hundert Fragmente von Tonplatten, die gleichartige Vertiefungen hatten. In diesen sog. Tüpfelplatten, so meint man, wurde Goldstaub mit einem durch ein Blasrohr angefachten Feuer geschmolzen und dann zu Münzen verarbeitet.

Wahrscheinlich wurden auch in anderen Keltenstädten Münzen geprägt. Sicher scheint dies für Altendorf bei Bamberg zu sein. Aber auch in Nordwestbayern/Nordwürttemberg hat man wohl gemünzt. Während zumeist Regenbogenschüsselchen mit einem Vogelkopf oder einer Schlange in Umlauf waren, gab es in Nordwestbayern auch glatte Regenbogenschüsselchen.

Großen in Umlauf gebracht wurden. Die Kelten zahlen freilich auch in kleiner Münze, und so prägen sie ½, ¼, ¹⁄₂₄ und vielleicht auch ¹⁄₇₂ Stater. Freilich, wie die Kelten die Geldstücke nennen und was dafür gekauft werden kann, ist nicht bekannt. Auch weiß man nicht, ob es in

Goldmünzen aus keltischen Prägestätten, sog. Regenbogenschüsselchen

Keltische Schüsselstater, nach dem Volksglauben sollen sie vom Regenbogen abgetropft sein

den Jahrhunderten vor der Zeitenwende in Bayern ein organisiertes Finanzsystem gibt.

Neben Gold wird bei der Münzprägung auch Potin verwendet, eine Mischung aus Kupfer, Zinn und Blei. Für das Münzbild entwerfen die keltischen Geldmacher schwungvoll bewegte Ornamente, aber auch Darstellungen von Köpfen oder Pferden. Gelegentlich übernehmen sie von den Vorbildern sogar Schriftzeichen (die sie aber möglicherweise gar nicht zu deuten verstehen und die damit rein dekorativ wären).

Obwohl es in späterer Zeit nicht gelingen wird, die keltischen Münzen in ein System einzuordnen, gibt man den einzelnen Münzen je nach ihrer Art und Größe Namen (die von antiken Münzen abgeleitet sind). So spricht man von Silbernen Quinaren oder von Sequanern.

Die berühmtesten keltischen Münzen sind die sog. Regenbogenschüsselchen, von denen das Volk später glaubt, sie seien vom Himmel herabgefallen. Der älteste große Fund dieser zumeist schüsselartig gewölbten kleinen Geldstücke wird 1751 in Gaggers bei Odelzhausen gemacht. Der Fund dieser mehr als 1400 Münzen ist so sensationell, daß man ihn in einem eigens gedruckten Flugblatt bekanntmacht. Ein weiterer großer Fund von mehr als 900 Regenbogenschüsselchen glückt im April 1858 bei Irsching in der Nähe von Manching.

Mit dem Einmarsch der Römer in das keltische Land endet die eigenständige Münzgeschichte dieser frühen Bewohner Bayerns.

Goldmünzfund im Jahr 1858

Zuerst können es der Hintermeier und der Eder nicht fassen, aber schließlich gibt es keinen Zweifel mehr – sie sind an einem Apriltag des Jahres 1858 bei Drainagearbeiten in Knodorf, etwa zwei Kilometer südlich von Irsching, mit ihrer Schaufel tatsächlich auf einen Schatz gestoßen, auf 917 merkwürdig geformte kleine Goldmünzen, die zusammen 14 Pfund wiegen.

Zuerst tun die beiden recht heimlich, doch dann gehen sie zum Gutsbesitzer Weinzierl, um reinen Tisch zu machen. Zwei arme Handlanger könnten doch nicht plötzlich so viel Geld haben, das falle doch auf, und unrecht Gut gedeihe ja ohnedies nicht. Aber auch der Weinzierl weiß nicht, was man mit einem solchen Batzen Gold anfangen soll, und so verständigt er den Landrichter von Ingolstadt, den Ritter von Grundner. Und der protokolliert den ganzen Vorgang.

Auf solche Weise erfährt man auch in München von dem Schatz aus Irsching und verlangt einen Großteil für die kgl. bayr. Staatskasse. Zwei Drittel sollen nach München an die Landeshauptstadt gehen, ein Drittel soll Irsching bekommen. Schließlich erhält das Finanzministerium 85 Goldstücke, ein Teil wird verkauft; drei Münzen kauft sich Victor von Scheffel, zwölf Albert, der Gemahl von Königin Viktoria. Der Rest aber, 530 Goldmünzen, wird eingeschmolzen. Vom Erlös bekommen die beiden Finder 4035 Gulden, das ist in dieser Zeit eine ganze Menge Geld.

Erst später erkennt man, was die beiden Arbeiter gefunden haben: Es sind keltische Münzen, die man – sie sind nicht plattgepreßt, sondern haben eine kleine Vertiefung – »Regenbogenschüsselchen« nennt.

Wahrscheinlich ist der Schatz von einem reichen Mann aus dem knapp fünf Kilometer südwestlich des Fundortes gelegenen keltischen Oppidum Manching vergraben und nicht mehr abgeholt worden.

Trinkfreudiges Keltenvolk

Nach 300. Das Klima in Vindelicien ist rauh und für den Weinanbau kaum geeignet; so müssen die keltischen Bewohner ihren Wein importieren. Diodorus Siculus, ein Schriftsteller der Zeit um 40 v. Chr., schreibt von den in Frankreich sitzenden Kelten: »Dem Wein sind sie über die Maßen ergeben. Den von Kaufleuten eingeführten Wein trinken sie unvermischt. Sie trinken ihn in ihrer Gier so reichlich, daß sie berauscht in Schlaf oder wahnsinnsähnliche Zustände verfallen.«

Von den italienischen Weinhändlern berichtet der Autor, sie würden sich an der keltischen Trunksucht bereichern; ihre Preise wären »unverschämt hoch«. So verlangten sie – was freilich recht unglaubwürdig klingt – für einen Krug Wein einen Sklaven zum Tausch: »Sie geben einen Trunk und erhalten einen Mundschenk dafür.«

Der Wein ist das Getränk der wohlhabenden Kelten. Das einfache Volk muß sich an einheimische Getränke halten, etwa an das Wasser, mit dem sie die Honigwaben ausspülen, oder an das aus Gerste und auch aus Hirse gebraute Bier. Die untere Schicht, so heißt es, trinkt Weizenbier, das mit Honig vermischt wird. »Aber die meisten trinken es ohne Honig, es wird corma genannt.« Das Trinken ist bei den Kelten hauptsächlich ein Gemeinschaftserlebnis; um dies zu betonen, genügt ihnen ein einziger Becher, den ein Sklave weiterreicht, von Mund zu Mund – und immer von links, nie von rechts. Diodorus Siculus beschreibt die Trinkgewohnheiten der Kelten mit den folgenden Worten: »Sie trinken nur wenig auf einmal, kaum einen Mund voll, aber sie tun es ziemlich oft.« Dieser hastige Umgang mit dem Alkohol garantiert, was offensichtlich geschätzt wird, gewaltige Räusche.

Fragmente römischer Amphoren, die als Wein- oder Ölgefäße dienen

Wein, den die Kelten reichlich konsumieren, müssen sie auf Grund des rauhen Klimas in ihrem Siedlungsgebiet aus dem Mittelmeerraum importieren

Um 200. Im Voralpenland und beiderseits der Donau siedeln die Vindeliker, deren Hauptort im Oppidum bei Manching vermutet wird.

193. Nach einer Niederlage gegen die Römer und nach der Eroberung ihrer Hauptstadt Bononia ziehen die Bojer über die Alpen und lassen sich in dem nach ihnen benannten Böhmen (»Boiohaemum«) nieder.

Ab etwa 150. Ausdruck für die Blütezeit der keltischen Kultur sind die von den Römern als »oppida« bezeichneten Stadtburgen. Die bekanntesten Oppida sind die von Manching und Kelheim. →

Ab etwa 150. Auf dem Michelsberg bei Kelheim bestehen zahlreiche Schürfgruben zum Abbau von Eisenerzen. →

Ab etwa 150. Die Kelten beherrschen den Bronzeguß und die Verarbeitung von Glas und stellen Schmuckwaren her. →

Ab etwa 150. Die aus dem makedonisch-griechischen Kulturkreis übernommene Prägung von Münzen in Gold und Silber ist Ausdruck für den Reichtum der Kelten.

Ab etwa 150. Die Kelten errichten sog. Viereckschanzen als Kultstätten. →

Vor 113. Unter der Führung der in Kärnten und der Steiermark ansässigen Noriker schließen sich zwölf Keltenstämme zum Königreich Noricum zusammen. Zu diesem Königreich gehören auch Gebiete östlich des Innbogens.

113. Die germanischen Kimbern und Ambronen schlagen die Römer unter ihrem Feldherrn Gnaeus Papirius Carbo vernichtend bei Noreia (Kärnten). Sie dringen aber nicht nach Italien vor, sondern wenden sich nach Westen in Richtung Süddeutschland und Gallien.

113. Bis zum Einbruch der germanischen Kimbern war die Donauzone zwischen Alpen und Mitteldeutscher Gebirgsschwelle unbestritten keltisch. Nun werden die Kelten von den Germanen bedrängt.

102. Der römische Feldherr Gajus Marius besiegt die Kelten- und Germanenstämme vernichtend bei Aquae Sextiae (Aix-en-Provence) und versperrt ihnen den Weg nach Rom.

30.7.101. Die Kimbern, Germanen- und Helvetierstämme, die auf ihrem Zug vom Brenner bis zum Po vorgedrungen sind, werden von dem römischen Feldherrn Gajus Marius auf dem Raudischen Feld bei Vercellae entscheidend geschlagen. Die Kelten- und Germanengefahr ist für Rom gebannt.

Eisenschürfgebiet am Michelsberg

Ab etwa 150. Der Platz ist gut gewählt: Auf dem Michelsberg über Kelheim, einer spitz zulaufenden Landzunge, die nach Nordosten zur Altmühl und nach Südwesten zur Donau steil abfällt – auf ihr wird König Ludwig I. seine Befreiungshalle errichten lassen –, bauen die Kelten die befestigte Siedlung Alkimoennis. Nur im Westen gibt es für dieses Oppidum keinen natürlichen Schutz.

Schürfgruben als Fallen?

Im 19. Jh. glaubten Forscher, die vielen im Land erhaltenen Schürfgruben seien Teile der keltischen Verteidigungsanlagen gewesen.

Durch diese Gruben, die teilweise einen Durchmesser von zwölf und eine Tiefe von drei Metern erreichten, sollten die anstürmenden feindlichen Reiterheere aufgehalten werden. Sie hätten wie Fallen gewirkt, in die Ross und Reiter hineingestürzt wären – meinte man vor 100 und mehr Jahren.

Hier werden im Laufe von Jahrhunderten, in keltischer wie in nachkeltischer Zeit, immer wieder neue Wälle aus Holz, Stein und Erde hochgezogen; insgesamt wird so ein Areal von rund 580 ha gegen feindliche Angriffe abgesichert.

Wieviele Häuser hier stehen und wie groß die Einwohnerzahl ist, läßt sich später nicht mehr feststellen. Bekannt ist aber, daß innerhalb dieser keltischen »Stadtmauer« nach Eisen gegraben wird.

Im Gelände bleiben die Überreste von vielen der verschieden großen, runden Schürfgruben über 2000 Jahre hinweg sichtbar. Mit einer Ausdehnung von ca. 1600 x 800 m gehört das Eisenschürfgebiet vom Michelsberg zu den größten der bisher bekannten keltischen Eisenproduktionsplätze.

Südlich des Oppidum von Manching, in unmittelbarer Nähe des Tores, lassen sich 40 Stellen nachweisen, wo Rasenerz (ein vom sumpfigen Gewässer ausgeschiedenes Eisenerz) gewonnen wird.

Für den Michelsberg läßt sich durch Messungen mit der atomphysikalischen C-14-Methode herausfinden, daß das Eisen im letzten Jahrhundert vor Beginn unserer Zeitrechnung abgebaut wird.

Keramik aus der späten La-Tène-Zeit, bemalt bzw. mit feinem Kammstrich verziert (Fundort: Manching)

Handels- und Gewerbezentrum Manching

Ab 150. In Manching, der großen keltischen Siedlung im Donautal, blühen Handwerk und Handel. Hier, wo sich eine Nord-Süd- mit einer Ost-West-Straße kreuzt, läßt sich gut verdienen. So überrascht es nicht, daß in der 380 (nach anderen Berechnungen 360) ha großen Stadt auch Gold gemünzt wird. Den Beweis liefern sog. Tüpfelplatten, die bei späteren Ausgrabungen gefunden werden. Bei ihnen handelt es sich um Tonplatten mit mehreren kleinen, kreisrunden Vertiefungen,

in denen – über glühender Holzkohle und mit Hilfe eines Blasrohres – der Goldstaub zu Schrötlingen gegossen wird; diese werden dann zu den bekannten »Regenbogenschüsselchen« (→nach 300) geprägt. Manching gehört sicher zu den ältesten bayerischen Münzstätten; erst in der keltischen Zeit findet hier der Übergang vom Natural- zum Geldverkehr statt. Neben den Handwerkern, die mit den kostbaren Metallen Gold und Silber arbeiten, gibt es auch Schmiede, die Gebrauchsge-

genstände herstellen, zum Beispiel Gabeln, Messer, Scheren und auch Türschlösser.
Die Eisenschmelzer üben ihre Tätigkeit vor den Stadttoren aus: Man hat Angst, daß es zu Bränden kommen könnte. Ähnlich geht man mit den Geschirrmachern um – es finden sich später im Manchinger Schutt zwar viele Keramikreste (ein Viertel davon Graphitkeramik), doch nirgends zeigen sich Spuren eines Brennofens. Bis zum Jahr 1986 werden etwa zwei Prozent des Manchinger Oppidum-Geländes erforscht. Insgesamt werden die Scherben von etwa 12000 Keramikgefäßen gefunden. Daraus schließen die Archäologen, daß während des Bestehens dieser Stadt etwa eine halbe Million Krüge, Töpfe und Kannen in Gebrauch waren.
Neben dem Gewerbe blüht der Handel. Über die weitreichenden Geschäftsverbindungen geben die fremden Münzen Auskunft, die in den Überresten von Manching gefunden werden. Von der Ostsee bringt man Bernstein hierher, aus Italien kommen u. a. Bronzegeschirr, Glas und Wein. Die Liebe zu dem Getränk ist so groß, daß man – angeblich – für eine Amphore Wein einen Sklaven gibt. Das Oppidum ist zweifellos das Zentrum von Handel und Gewerbe und Handwerkskunst im keltischen Bayern.

Sog. Tüpfelplatten, in denen aus Goldstaub Metallstücke zum Prägen von Münzen gegossen werden (bei Ausgrabungen in Manching gefunden)

Schmuckwaren von den Kelten

Die Kelten lieben das Ornament, die geschwungenen und ineinander verwobenen Linien, ein Spiel von Masken und Mustern. Da sie den Bronzeguß und (als erste Bewohner Bayerns) die Verarbeitung von Glas beherrschen, gibt es in der La-Tène-Zeit bereits eine Schmuckindustrie.
Besonders die farbigen Glasarmreife und die in unterschiedlichen Formen gearbeiteten Fibeln, Fußringe sowie Gürtelhaken zeigen den künstlerischen Sachverstand und die beträchtlichen handwerklichen Fähigkeiten der Kelten.

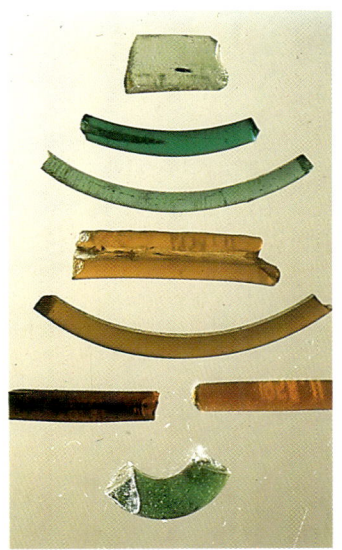

Fragmente von Glasringen

Fibeln und Bronzering

Keltische Viereckschanzen in Bayern

Ab etwa 150. Warum bauen sich die Kelten vor allem im bayerischen Oberland an vielen Stellen viereckige Wallanlagen? Um sich vor Feinden hierher flüchten zu können? Sind die sog. Viereckschanzen also Wehranlagen? Umgeben sie mit den mehr als mannshohen Erdwällen Bauernhöfe? Oder versammelt man sich in ihnen zu speziellen, kultischen Veranstaltungen?

Bei einer ersten Bestandsaufnahme 1958 schätzt man, daß es im südlichen Bayern etwa 250 dieser Anlagen gibt. Später werden vor allem durch die Luftbildarchäologie die Spuren zahlreicher weiterer Viereckschanzen entdeckt.

zeigt, daß die Schanze im Laufe der Zeit umgebaut wird. Sie ist zunächst mit einem Holzzaun umgeben; in der Westecke, vier Meter vom Zaun

---

Keltische Stämme in Bayern

Südlich der Donau wohnen die Vindeliker, südlich des Inn die Noriker. Zu den Vindelikern gehören die Estionen im Allgäu, die Likatier am Lech, die Cattenaten im Gebiet Starnberger See – Burghausen, die Rucinaten zwischen Donau und Isar (nördliches Niederbayern) und die Cosuaneten zwischen Isar und Inn (südliches Niederbayern).

entfernt, befindet sich ein Haus von 6,5 x 7 m, das offensichtlich in Zusammenhang mit kultischen Handlungen steht – ebenso wie ein Schacht von mehr als 18 m Tiefe; in dem zunächst ein Feuer abgebrannt und wahrscheinlich in einer Opferhandlung Blut oder Fleisch niedergelegt werden. Später wird der Zaun von den Kelten durch Wall und Graben ersetzt.

Irgendwann in diesem ersten vorchristlichen Jahrhundert werden noch zwei weitere Schächte gegraben, einer mit 6,5 m Tiefe und ein anderer (der in der oberen Hälfte mit Holzwänden abgesichert ist) mit einer Tiefe von 35,6 m.

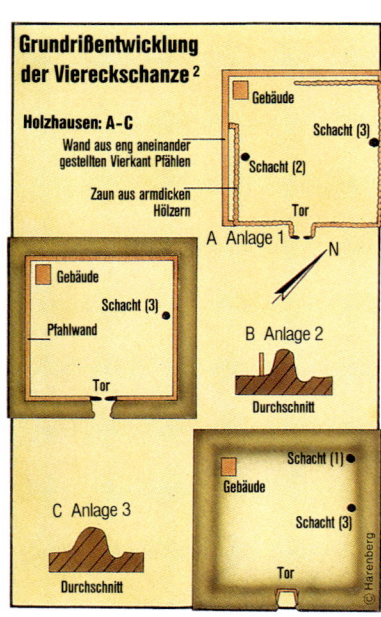

Grundrißentwicklung der Viereckschanze [2]

Holzhausen: A–C

A Anlage 1 — Gebäude, Schacht (3), Schacht (2), Wand aus eng aneinander gestellten Vierkantpfählen, Zaun aus armdicken Hölzern, Tor, N

B Anlage 2 — Gebäude, Schacht (3), Pfahlwand, Tor, Durchschnitt

C Anlage 3 — Gebäude, Schacht (1), Schacht (3), Tor, Durchschnitt

© Harenberg

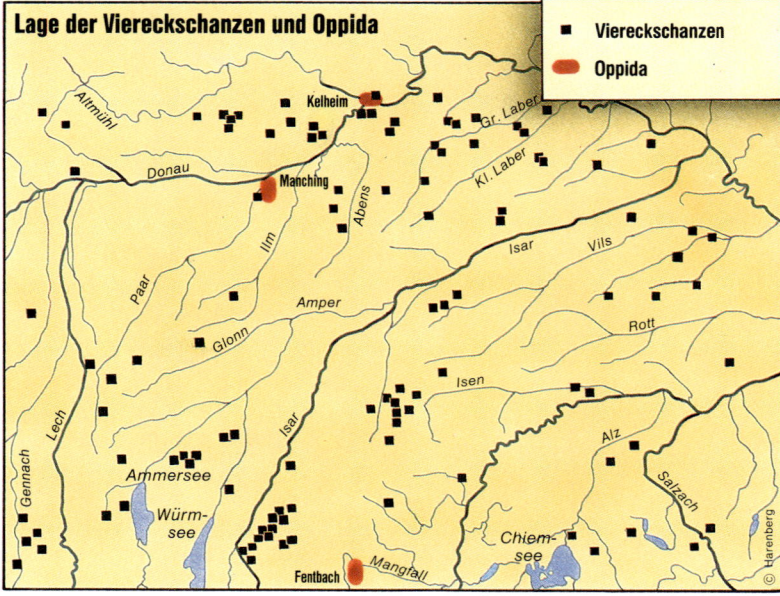

Lage der Viereckschanzen und Oppida

■ Viereckschanzen
🔴 Oppida

Altmühl, Kelheim, Gr. Laber, Kl. Laber, Donau, Manching, Abens, Ilm, Isar, Vils, Paar, Amper, Rott, Glonn, Isen, Gennach, Lech, Isar, Alz, Ammersee, Würmsee, Salzach, Chiemsee, Fentbach, Mangfall

© Harenberg

Sie sind über das Land verteilt, doch an einigen Stellen fällt eine Häufung auf, etwa in der Gegend von Erding, im Köschinger Forst, bei Kelheim, Fürstenfeldbruck oder Kaufbeuren. Besonders gehäuft sind die Viereckschanzen aber südlich von München zu finden, wo etwa in der Gegend zwischen Wolfratshausen und Sauerlach mehr als ein Dutzend von ihnen gefunden werden.

Eine Viereckschanze wird später genau erforscht; dabei entdeckt man, daß es sich bei diesen keltischen Wallbauten um kultische Stätten handelt: In Holzhausen, einem Dorf bei Dingharting, liegen zwei spätkeltische Viereckschanzen im Abstand von nur 90 m; die eine Schanze mit den Seitenlängen 130 x 150 m, die andere mit den Maßen 85 x 90 m. Eine Untersuchung der kleineren Anlage

Spätkeltische Viereckschanzen von Holzhausen während der Ausgrabung. Die erste der beiden beidseits des Weges nach Attenham gelegenen Schanzen liegt im leicht nach Westen ansteigenden Hang (Abb.), die andere 90 m gegen Osten versetzt auf der flachen Sohle eines Trockentales (Blick von Südosten)

1. Jh. Ein unbekannter Schreiber – vermutlich kein Kelte, sondern ein Fremder – ritzt in Manching auf eine Scherbe das älteste schriftliche Zeugnis aus Bayern: »Boios«.→

Um 100. Die Langobarden wandern von Gotland bzw. Schonen zur südlichen Ostseeküste aus und stoßen dort mit den Vandalen zusammen. Die elbgermanischen Sweben wandern nach Hessen, in das Maingebiet und nach Süddeutschland. In das von den Sweben geräumte Gebiet rücken die Vandalen nach.

Um 100–10. In der vierten (letzten) Periode der La-Tène-Zeit erliegen die Kelten dem Druck der germanischen Invasoren aus dem Norden und dem Druck der Römer im Süden.

Um 50. Die größte frühgeschichtliche Siedlung in Europa, die Keltensiedlung Manching, wird möglicherweise bereits um diese Zeit zerstört.→

16–13. Während seines dreijährigen Aufenthalts in Gallien ordnet der römische Kaiser Augustus die Verwaltung dieses Landes neu. Es entstehen die neuen Provinzen Raetien und Belgica.

15. Die römischen Feldherrn Tiberius Claudius Nero und Nero Claudius Drusus, Stiefsöhne von Kaiser Augustus, unterwerfen die Raeter.→

13/12. Der römische Feldherr Nero Claudius Drusus wird Statthalter der drei gallischen Provinzen. Während seiner Amtszeit läßt er eine Kette von 50 Kastellen am linken Rheinufer errichten (darunter wahrscheinlich auch Linderhof in Zürich und Münsterhügel in Basel).

11–9. Der römische Feldherr Nero Claudius Drusus besiegt die Chatten, Sweben und Markomannen und verwüstet das Land der Cherusker bis zur Elbe. Der Markomannenfürst Marbod führt sein Volk nach Böhmen. In dem freigewordenen Raum Mitteldeutschlands und Frankens (Nordbayern) lassen sich daraufhin die Hermunduren nieder.

Um 7. Lucius Domitius Ahenobarbus, der römische Legat von Illyrien, siedelt den germanischen Stamm der Hermunduren in den Gebieten Mitteldeutschlands und Frankens (Nordbayerns) an, in denen vor dem Feldzug von Nero Claudius Drusus die Markomannen siedelten.

Um 5. Im späteren Augsburg-Oberhausen, einem strategisch wichtigen Punkt in der Nähe des Zusammenflusses von Lech und Wertach, errichten die Römer ein Militärlager.→

Größte keltische Siedlung zerstört

Um 50. Obwohl der Ort im Donautal vielleicht die größte frühgeschichtliche Siedlung Europas ist, wird er von keinem antiken Autor genannt. Da also nicht einmal sein Name überliefert ist, muß man sich damit begnügen, ihn Manching zu nennen; so heißt eine an ihrem Rande und nur zum Teil auf ihrem Grunde errichtete, im frühen Mittelalter erstmals genannte Siedlung.

Entgegen ihrer Gewohnheit, befestigte Städte auf Bergen zu bauen – wie in Alesia und Bibracte in Frankreich und auf dem Michelsberg über Kelheim – siedeln die Kelten hier wahrscheinlich seit etwa 300 v. Chr. im Flachland, in unmittelbarer Nähe zur Donau und deren Nebenfluß Paar, einige Kilometer südlich von Ingolstadt. Die Siedlung liegt am Kreuzweg wichtiger Handelsstraßen und ist im großen Stil gebaut: 7 km lang und 4 m hoch ist der Befestigungswall, durch den ein Gebiet von 360 bis 380 ha kreisförmig eingeschlossen wird.

In dieser Siedlung, die größer ist als die mittelalterlichen Städte (das älteste München beispielsweise ist 17 ha groß) leben freilich nur etwa 10 000 bis 15 000 Menschen. Das Gebiet ist nämlich nur zum Teil bebaut. Ein breiter, unmittelbar hinter der Mauer liegender Streifen wird offensichtlich als Grünland genutzt. Er erlaubt die Viehhaltung, auch wenn der Feind vor den Toren steht. Es ist nicht bekannt, wann dieser Feind gekommen und wie das keltische Manching gefallen ist. Lange glaubt man, die Stadt sei während des römischen Sommerfeldzuges im Jahre 15 v. Chr. gefallen und dem Erdboden gleichgemacht worden. Diese Meinung wird später – ohne daß sichere Gegenbeweise vorzuzeigen sind – revidiert. Man geht nun davon aus, daß die Hauptstadt Vindeliciens (denn das könnte Manching gewesen sein) bereits um das Jahr 50 vor der Zeitrechnung zerstört worden ist, möglicherweise durch die hier vorbeiziehenden Bojer.

Daß das Ende gewaltsam gekommen ist, verraten mehrere hundert erschlagene Männer und zerstörte Waffen, die bei den Ausgrabungen gefunden werden.

Bei den archäologischen Erkundungen, die kurz vor dem Zweiten Weltkrieg beginnen und in den 50er Jahren fortgeführt werden, entdeckt man die Dimensionen, in denen hier gebaut wurde. Allein für den Wall, den legendären »murus Gallicus«, mußten 420 000 m³ Erdreich bewegt werden, man verbaute 17 000 m³ Holz, brauchte 8,4 t Nägel und dazu noch 7 000 m³ behauene und 70 000 m³ unbehauene Steine.

Da rings um Manching vor allem sumpfiges Wiesenland liegt, mußten die zur Verstärkung und Stabilisierung der Mauer notwendigen Steine wahrscheinlich mit dem Schiff herbeigeschafft werden.

◁ *Rekonstruktionszeichnung einiger Häuser des Oppidums Manching, vorn ein Wohnhaus; die Vorratshütten stehen zum Schutz vor Nässe, Kälte und wilden Tieren auf Pfählen*
▽ *Rekonstruktion eines der Haupteingänge von Manching; das zurückgesetzte Tor ist durch die nach innen gezogenen Enden der Mauer zusätzlich geschützt, zur besseren Verteidigung ist an der Innenseite ein Erdwall angeschüttet, die Zinnen dienen als Brustwehr*

Tonscherbe aus Manching mit dem eingeritzten Wort »Boios«

Ältestes schriftliches Zeugnis aus Bayern

1. Jh. Auf den Gedanken, das Alphabet zu importieren, sind die Kelten offensichtlich nicht gekommen. Während rings um das Mittelmeer eifrig geschrieben wird, lebt man nördlich der Alpen schriftlos durch die Jahrhunderte und muß es so ertragen, von den zivilisierteren Griechen und Römern »Barbaren« genannt zu werden.

Bei aller Kunstfertigkeit in den technischen Handwerken, in der Herstellung eiserner Werkzeuge und Waffen oder von Schmuck aus Glas u.a. – auf das Verfertigen von Buchstaben und Texten lassen sich die Kelten nicht ein: Man sieht wohl keinen Nutzen darin.

Die Kelten können nicht ahnen, daß sich sehr viel später einmal Menschen für ihre Geschichte und ihre Kultur interessieren werden und daß diese dann auf das zurückgreifen müssen, was Fremde über sie, die Kelten aufgeschrieben haben.

Unter den unendlich vielen Scherben, die auf dem Gelände der im ersten vorchristlichen Jahrhundert zerstörten Stadt Manching (→ um 50) zu finden sind, ist auch eine Tonscherbe – grau, unscheinbar und nicht sehr groß –, in die das Wort »Boios« eingeritzt ist.

Dieses kurze Wort ist wahrscheinlich das älteste schriftliche Zeugnis aus Bayern; daß es noch dazu der Name ist, den dieses Bayern früher getragen haben soll, ist dabei ein sinnfälliger Zufall. Freilich bleibt die Frage, wer das Wort geschrieben hat: ein Kelte oder ein Fremder.

Römer erobern keltisches Vindelicien

15. Die beiden kaiserlichen Stiefsöhne Tiberius Claudius Nero und Nero Claudius Drusus haben zwei Wege und ein Ziel: Vindelicien.

Im Frühjahr des Jahres 15 v. Chr. marschieren sie in Norditalien los: Der 27jährige Tiberius wählt die westliche Route, kommt zum Bodensee, wo er (angeblich) eine Seeschlacht führt, und zieht dann weiter zur Donauquelle und zum nächsten Gefecht, mit dem dieser Eroberungskrieg eigentlich auch schon wieder zu Ende ist.

Der 23jährige Drusus nimmt die Ostroute. Er kommt durchs Gebirge, das Inntal entlang. Ihm wird der Sieg schwerer gemacht: Der Geschichtsschreiber Florus berichtet, die keltischen Frauen würden beim Anmarsch der römischen Legionäre ihre Kinder töten und deren Leichen den Angreifern entgegenschleudern. Zu heftig ist aber der Widerstand auch hier wohl nicht, denn am 15. August ist die letzte Schlacht geschlagen und die keltische Provinz Vindelicien erobert. Das Gebiet von der Donau südwärts ins Gebirge hinein wird römisch.

In La Turbie aber, hoch überm Mittelmeer bei Cannes, setzen die Sieger

»Gemmea Augusta«, eine Onyx-Kamee aus dem 1. Jh. v. Chr.; in der Mitte Kaiser Augustus, links, aus dem Triumphwagen steigend, Tiberius

ihrer Armee ein Denkmal, auf dem sie die Namen von 45 unterworfenen Keltenstämmen in Stein meißeln lassen; darunter sind die Cosuaneten (sie wohnen zwischen Isar und Inn), die Rucinaten (sie siedeln südlich von Regensburg bis in die Gegend von Manching), die Likatier (am Lech) und die Cattenaten (im südlichen Oberbayern).

Die Besatzungstruppen interessieren sich wahrscheinlich nicht besonders für das Land: Sie dringen so zunächst auch kaum in die Region östlich des Lechs vor – es ist für die Römer ja Barbarenland.

Römisches Militärlager nahe dem späteren Augsburg

Um 5. Etwa im siebten, vielleicht auch erst im zehnten Besatzungsjahr, also zwischen 8 und 5 v. Chr., kommen die römischen Militärs und errichten in der Nähe des Zusammenflusses von Lica (Lech) und Virda (Wertach) eine Garnison – das einzige Standlager Raetiens in dieser Zeit.

Möglicherweise sind hier (im späteren Augsburg-Oberhausen) zeitweise sogar zwei Legionen stationiert, die XXI. und die XIII. (oder XVI. Gallica) Legion mit insgesamt etwa 12 000 Mann.

Im dünnbesiedelten und daher auch kaum mit Truppen belegten Raetien ist dieses Legionslager ein wichtiger Stützpunkt, der neben der Sicherung des Territoriums vor allem dem Nachschub dient.

Daß die Befehlshaber ihre Truppe nach Augsburg verlegen – die Anzeichen deuten darauf hin, daß sie aus dem um diese Zeit aufgelösten oberrheinischen Lager Dangstet-

ten kommen – hat strategische Gründe: Straßen führen aus den verschiedensten Richtungen zu diesem Punkt, der Lech ist ein zusätzlicher Verkehrsweg und eine Verbindung zur Donau. Die Soldaten (sie leben zumindest zeitweise

in Lederzelten) ziehen etwa in den Jahren 15 bis 17 n. Chr. wieder ab. Von der XIII. Legion ist bekannt, daß sie nach Vindonissa (Windisch an der Aare) verlegt wird. Das Legionslager am linken Wertachufer aber wird aufgelöst.

Die älteste Niederlassung der Römer in Bayern gerät nach ihrer Aufgabe in Vergessenheit. Viele, viele Jahrhunderte später entdeckt man ihre Spuren in einer Kiesgrube; unmittelbar vor dem Ersten Weltkrieg kommen die Archäologen.

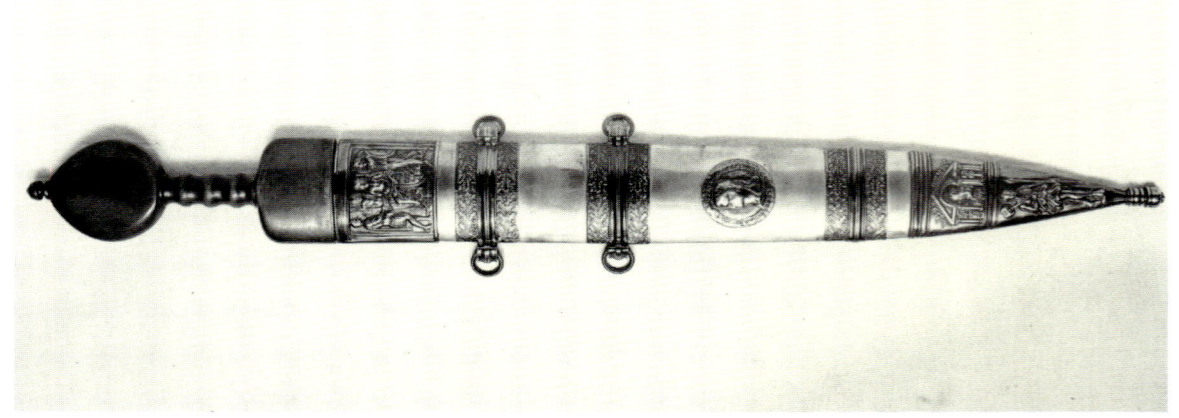

Schwert des Tiberius, der im Jahr 15 v. Chr. entscheidenden Anteil an der Unterwerfung Bayerns unter die Herrschaft des Römischen Reiches hat und 14 n. Chr. die Nachfolge des Kaisers Augustus antritt

Bayern als Provinz des Römischen Reiches

Von Rom aus betrachtet, war es 15 v. Chr. höchste Zeit für Kaiser Augustus, seine beiden Stiefsöhne Drusus und Tiberius über das große Gebirge zu schicken. Cäsar hatte 30 Jahre vorher die keltische Drohung in Gallien beseitigt, nun mußte folgerichtig auch der Ostalpenraum mit dem Alpenvorland zwischen der Donau und den Bergen von Rom kontrolliert werden, wobei dieser militärische Schachzug weitere Operationen in ganz Germanien nach sich ziehen sollte. Dieses größere Ziel wurde nie erreicht. Die Gründe waren die katastrophale Niederlage des Varus im Teutoburger Wald (9 n. Chr.) und innenpolitische Schwierigkeiten Roms. Wie sehr erstrebenswert die Besetzung Germaniens hätte sein müssen, erhellt die Tatsache, daß die Kräfte, die schließlich das Ende des Römerreichs herbeiführten, zu einem großen Teil aus diesem Norden kamen. Freilich läßt sich darüber hinaus auch nicht verkennen, daß zu diesem Zeitpunkt, im 5. Jh., auch Roms Eigenkraft am Ende war.

Die jungen Feldherren Drusus und Tiberius – letzterer wurde 14 n. Chr. Nachfolger von Kaiser Augustus – führten ihre Heere auf getrennten Wegen über die Alpen. Drusus nahm den »klassischen« Weg durch das Etsch- und Eisacktal über den Brennerpaß, Tiberius kam über die Ostschweiz zum Bodensee, schlug die einzige Seeschlacht in der Geschichte dieses »Schwäbischen Meeres« und gelangte, nach eigenen Berichten, zu den Quellen der Donau. Im Alpenvorland vereinigten sich die beiden Heere und besiegten die im heutigen Südbayern ansässigen keltischen Vindeliker. Ob Drusus und Tiberius dabei auch die vermutliche Hauptstadt dieses Stammes, das große Oppidum bei Manching, zerstörten, oder ob dies vorher schon einbrechende Germanen besorgt hatten, konnte bis jetzt nicht geklärt werden.

Die Römer richteten zwei Hauptorte für ihre neue Provinz Raetien ein: das heutige Chur in Graubünden und das heutige Augsburg. Auf dem Gelände von Augsburg-Oberhausen wurden zwei Legionen stationiert, die aber bald von kleineren Einheiten abgelöst wurden. Augusta Vindelicum, so der erste Name für Augsburg, erhielt bald große Bedeutung. Hier, am Lech, kreuzten sich wichtige Römerstraßen, und hier endete vor allem die unter Kaiser Claudius (41–54) angelegte Via Claudia Augusta, die von Italien über den Reschen- und Fernpaß und Füssen nach Augsburg führte. Später wurde Augsburg zur Hauptstadt ganz Raetiens erhoben und glanzvoll ausgebaut. Unter Kaiser Hadrian (117–138) wurde Augsburg sogar zum »municipium«, rechtlich also zur römischen Stadt erhoben. Zu dieser Zeit blühte in Augusta Vindelicum schon das Tuchmachergewerbe, das später die Reichsstadt Augsburg, besonders zur Fuggerzeit, so reich machen sollte. So betrachtet, hat der südbayerische Raum durch den Einmarsch der Römer, die auch den Garten- und Weinbau mitbrachten, durchaus hinzugewonnen. Nachdem es im ersten Anlauf nicht gelungen war, ganz Germanien unter Kontrolle zu bringen, wollte man das neue, von der Donau begrenzte Gebiet besser schützen. Unter Kaiser Vespasian (69–79) begann man damit, die Grenzlinie zwischen Donau und Rhein zu verkürzen, den Limes als Grenzwall anzulegen. Zu Zeiten Vespasians blieb dieses Vorhaben noch mehr oder weniger Plan, seine Nachfolger von Titus (79–81) bis Hadrian (117–138) bauten dann die neuen Kastelle an der Donau, so auch ein erstes in Regensburg-Kumpfmühl und das Kastell Boiodurum in Passau (dem 139/40 noch das von Batavern belegte kleinere Kastell Batavis beigesellt wurde). Ab etwa 117 wurde der Limes zur Grenzbefestigung ausgebaut, wobei er zunächst eine Art geflochtener Palisadenzaun gewesen ist, wie er an der Trajanssäule zu Rom dargestellt ist.

Der Obergermanische Limes begann am Rhein bei Rheinbrohl und drang durch den Taunus an den Main vor, der bis Miltenberg als »nasser Limes« diente. Durch den Odenwald führte er weiter nach Lorch an der Rems (Württemberg). Von dort schwenkte er als Raetischer Limes scharf nach Osten ab und erreichte hinter Aalen das heutige Bayern. Hier verlief er über die Wörnitz bei Weiltingen, am Hesselberg vorbei über Gnotzheim (Kastell Mediana), Gunzenhausen, Ellingen (Überquerung der Schwäbischen Rezat), Kipfenberg (Altmühlüberquerung) nach Hienheim an das Donauufer. Gegenüber lag das (heute gut ausgegrabene) Kastell Abusina bei Eining, wo donauabwärts wieder der »nasse Limes«, von Kastellen geschützt, begann. Im Hinterland des Raetischen Limes entstanden befestigte römische Siedlungen und Stützpunkte, so vor allem Biriciana (Weißenburg) und der Handelsplatz Vicus Scuttarensium, das heutige Nassenfels.

Der Nachfolger Hadrians, Kaiser Antoninus Pius (138–161), ließ den Limes durch weitere Kastelle sowie durch Wall und Graben verstärken, wobei der Raetische Limes sogar eine Mauer bekam. Am Ende stand ein 548 km langer Grenzwall mit gut 1000 Wachtürmen und etwa 100 Kastellen.

Kaiser Mark Aurel (161–180) gab nach mehr als 150 Jahren der Provinz Raetien notgedrungen wieder eine eigene Legion, die III. Italische. In Regensburg, gegenüber der taktisch bedeutenden Mündung des Regen in die Donau, baute er für sie die Festung Castra Regina, das »Lager am Regen«, den bedeutendsten Militärstützpunkt Süddeutschlands. Wuchtige Mauerreste und einen Teil des Nordtors, der »Porta Praetoria«, kann man noch heute in Regensburg besichtigen.

Die Markomannen waren an der Nordgrenze Roms gefährlichste Gegner in den beiden ersten Jahrhunderten nach Christi Geburt. In den zwei folgenden Jahrhunderten traten die Alamannen und ab 357 die Juthungen als unerbittliche Feinde auf. Diese beiden Germanenstämme fielen mitunter in das Land ein und zerstörten Kempten und andere Orte. Rom reagierte darauf defensiv, verkleinerte die Kastelle, verringerte deren Zahl und verlor schließlich das ganze Gebiet hinter dem »trockenen Limes« zwischen Rhein und Donau. Das unter Kaiser Konstantin dem Großen (306–337) zweigeteilte Römische Reich zog seine Truppen ab 402 aus Raetien zurück. Ein Weltreich hatte verspielt und wartete auf

Odoaker, einen germanischen Söldnerführer im Dienste Roms, der 476 den letzten weströmischen Kaiser Romulus Augustulus absetzte und erklärte, er verwalte nun Italien als »Patricius« des Kaisers von Ostrom. Ein anderer Germane, der Ostgotenkönig Theoderich der Große, besiegte 493 Odoaker und ließ ihn ermorden. Theoderich, der als »Dietrich von Bern« in die deutsche Heldensage einging, etablierte nach dem Ende des Römischen Reiches nun das Reich der Ostgoten.

Was blieb von der Römerzeit in Bayern? Viele römische Ortsgründungen, Städte oder Kastelle, haben ihren Gründer, das Römische Reich, überlebt, voran die bedeutenderen Niederlassungen Augsburg, Regensburg, Weißenburg, Passau, Kempten oder Günzburg. Salzburg darf man auch nicht unerwähnt lassen, gehörte es doch zunächst als geistliche Metropole zu Bayern, ehe es Residenzstadt eines eigenen Fürsterzbistums wurde.

Die Kelten, die Urbevölkerung, waren von den römischen Besatzern nicht ausgerottet worden. Sie hatten vielmehr von den Römern das angenommen, was ihnen nützlich und gut erschien. Hatten die Kelten Mauerwerk nur für ihre Befestigungen genommen, so sah man nun die großen Steinbauten der Römer in den Städten und Kastellen, bei deren Bau die Einheimischen gewiß als Arbeitskräfte herangezogen wurden. Ebenso werden sie in den römischen Ziegeleien beschäftigt gewesen sein, und wenn auch die großen Standbilder von Göttern und Kaisern aus Italien geholt wurden, so blieb den Einheimischen gewiß mancher einfachere Auftrag für Grabmäler oder häusliche Weihealtäre. Einen Fortschritt bedeutete auch die hartgebrannte Terra sigillata. Luxus wurde sogar auf dem flachen Lande eingerichtet, wo die römischen Gutshöfe als Selbstverständlichkeit geräumige Bäder hatten und der Fußboden der repräsentativen Räume mit farbenreichem Mosaik ausgelegt war.

Den alten keltischen Glaubensgewohnheiten gegenüber erwiesen sich die Römer als tolerant, gab es doch in ihrem Reich – und also auch in ihren Heeren und Beamtenscharen – viele Religionen. Freilich duldete man die Druiden und ihre Geheimbündelei nicht, doch die keltischen Götter konnten bleiben und wurden sogar in die eigene Götterschar mit aufgenommen. In der Römischen

Sammlung Cambodunum zu Kempten zeigt man einen Reliefstein mit der keltischen Pferdegöttin Epona, und die römische Siedlung Bedaium, das heutige Seebruck am Chiemsee, nannte sich nach dem keltischen Wassergott Bid, der von den Römern in Jupiter-Bedaius umgewandelt wurde.

Weit weniger tolerant standen die Römer dem Christentum gegenüber; wenn es auch einige Christen in den raetischen Niederlassungen gab, so gehörte doch Mut dazu, sich zu diesem Glauben zu bekennen, denn die Christen wurden häufig verfolgt, wie die Legende von der Heiligen Afra zeigt.

Die rein militärischen Posten der Römer sind nach ihrem Abzug meist sofort verödet. Wo es aber eine zivile Siedlung gab, ging das Leben weiter. Salzburg und Passau, Regensburg und Augsburg – bis auf Freising übrigens die ersten bayerischen Bischofssitze – überlebten und blühten bald auf. Das große Regensburger Legionslager, von einer römischen Handwerker- und Handelssiedlung vor den Kastellmauern begleitet, konnte darauf warten, ab dem 6. Jh. erste Residenzstadt eines bayerischen Herzogtums zu werden und unter den Karolingern für lange Zeit bevorzugter Regierungsort für das ganze Reich zu sein. Von welchem Ort in Bayern hätte um 1050 der Mönch Otloh schon schreiben können, was er über Regensburg schrieb: »Die Stadt Ratisbona [keltischer Name von Regensburg] ist alt und neu zugleich ... Es gibt keine berühmtere Stadt in Deutschland. Ihre Schätze an Gold, Silber und anderen Metallen, von Leinwand, Purpur und Waren aller Art, ihre Einnahmen aus Schiffahrt und Zoll, ihr Überfluß an allen Reichtümern erheben sie weit über alle anderen Städte. Noch wertvoller und köstlicher aber als dies alles ist es, daß sie mit der Fülle ihrer Stifte sowie Männer- und Frauenklöster über alle Maßen herrlich dem Lob Gottes dient. Sieh dort die Pfalz! Hier ist der Wohnsitz der Kaiser, dort erhebt sich die mächtige königliche Halle ... Ringsum ist der Königshof von Stiften und Nonnenklöstern und den prächtigen Häusern der einheimischen und auswärtigen Bischöfe umgeben ...« Dies alles kann Otloh nur deshalb berichten, weil der römische Kaiser und Philosoph Mark Aurel im Jahre 179 das Lager Castra Regina errichten ließ.

Werner A. Widmann

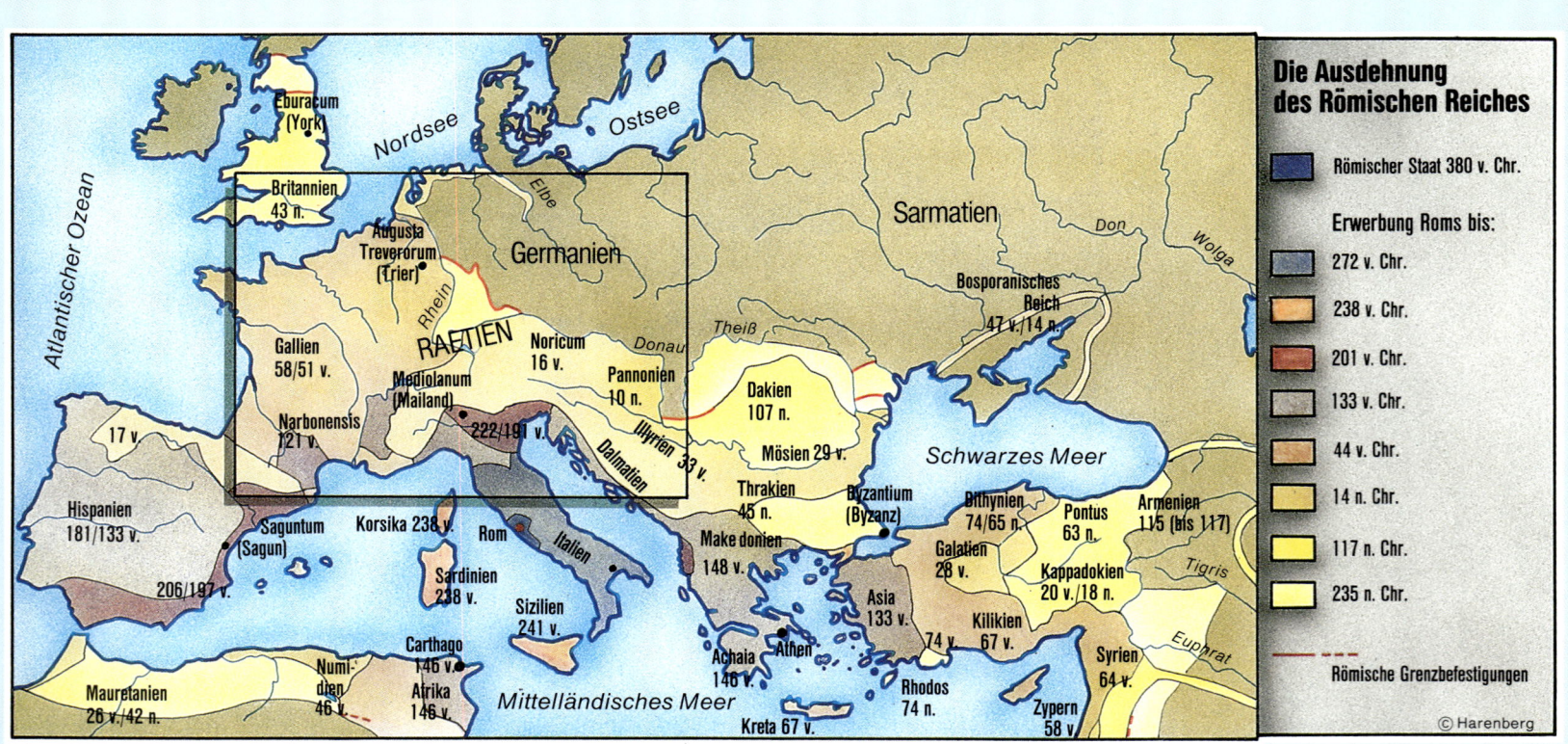

Die Ausdehnung des Römischen Reiches

Römischer Staat 380 v. Chr.

Erwerbung Roms bis:

272 v. Chr.
238 v. Chr.
201 v. Chr.
133 v. Chr.
44 v. Chr.
14 n. Chr.
117 n. Chr.
235 n. Chr.

Römische Grenzbefestigungen

© Harenberg

1. Jh. Die römische Besatzungsmacht ergreift nur langsam Besitz vom Land nördlich der Alpen. Die Grenzen werden anfangs nur leicht befestigt, später aber verstärkt. →

Herbst 9. Der Cheruskerfürst Arminius vernichtet in der Schlacht im Teutoburger Wald drei römische Legionen unter dem Feldherrn Varus. Die Römer geben Germanien östlich des Rheins auf.

10. Nach der Niederlage des Varus übernimmt Tiberius, der designierte Nachfolger des römischen Kaisers Augustus, erneut das Kommando am Rhein. Germanien wird in die Militärbereiche Unter- und Obergermanien eingeteilt.

Um 15–17. Der erste namentlich bekannte römische Präfekt im Voralpenland (»Praefectus Raetis, Vindelicis, vallis Poeninae et levis armaturae«) ist Sextus Pedius.

Um 17. Das Römerlager Augsburg Oberhausen wird aufgegeben und die XIII. Legion nach Vindonissa (Windisch im schweizerischen Kanton Aargau) verlegt. →

Um 17. Aus einer kleinen Siedlung in der Nähe des Lagers Augsburg-Oberhausen entsteht das römische Zentrum Augusta Vindelicium (Augsburg). →

Ab 41. Der römische Kaiser Claudius läßt die Donaulinie mit Kastellen bestücken und das von den Vindelikern und Raetern besiedelte Alpenvorland durch Straßen erschließen. Die Befestigungen sind nicht als Stützpunkte in einer Verteidigungslinie gedacht, sie dienen als Ausgangsbasen für neue Feldzüge. Zwischen 41 und 45 gründet Claudius die prokuratorische Provinz Raetia et Vindelica mit der Hauptstadt Augusta Vindelicum (Augsburg).

46. Thrakien wird prokuratorische römische Provinz: Das gesamte Gebiet südlich der Donau ist römisches Territorium.

Um 47. Kaiser Claudius gibt den Befehl zum Bau eines befahrbaren Weges über die Alpen. →

Um 50. In Oberstimm an der Donau wird das östlichste Römerkastell in Bayern gegründet. Da das nächstgelegene südliche Kastell entlang der Donau bei Linz liegt (Entfernung ca. 230 km), hat Oberstimm die Aufgabe einer Nachschubstation. Es verfügt neben Vorratskammern auch über ein Lazarett. →

Um 50. Danubius, der keltische Name der oberen Donau bis etwa Wien, bürgert sich als Bezeichnung für den ganzen Flußlauf ein. Bis dahin nannte man die untere Donau Ister bzw. Istros.

Um 50. Der Inn bildet die Grenze zwischen den Stämmen der Raeter und der Noriker, zwischen zwei römischen Provinzen, aber auch zwei kulturell verschiedenen Regionen.

64. Auf einem Bronzetäfelchen wird bestätigt, daß der Helvetier Cattaus

am 15. Juni des Jahres – dies ist das erste genaue Datum der bayerischen Geschichte – aus der römischen Armee ausscheidet und zugleich römischer Bürger wird. →

Sommer 69. Während der innenpolitischen Auseinandersetzungen im Römischen Reich im Vier-Kaiser-Jahr 69 stehen sich am Inn raetische und norische Truppen feindlich gegenüber, da die jeweiligen Präfekten zu verschiedenen Kaisern halten.

69/70. Die nach Mainz verlegten Bataverkohorten unternehmen einen Aufstand gegen die Römer. Friesen, Usipeter, Chatten und andere germanische Stämme schließen sich an. Die norische Heeresabteilung, die an der Niederschlagung des Aufstands beteiligt ist, durchzieht Raetien und richtet schwere Verwüstungen an u.a. in Augsburg und Kempten.

Ab 70. Nach den Wirren der Jahre 69/70 werden viele zerstörte Kastelle wiederhergestellt bzw. neu gebaut. Mit den Maßnahmen des römischen Kaisers Vespasian (69–79) endet die Expansionsphase des Römischen Reichs im Voralpenland. Es folgen nur mehr Maßnahmen zum Ausbau und zur Sicherung der vorhandenen Einrichtungen.

80. Die römische Garnison von Oberstimm wird nach Germanicum (Kösching) verlegt.

80/85. Während der Regierungszeit des römischen Kaisers Domitian wird am Südufer des Inn die Zollstation Castellum Boiodurum errichtet (Passau-Innstadt). →

83. Der römische Kaiser Domitian unternimmt einen Feldzug gegen die Chatten zwischen Lahn und Main, um die Germanen vom Rhein zurückzudrängen. Der Chattenfeldzug bringt Rom erhebliche Gebietsgewinne. – Um das Jahr 85 wird zwischen dem Einfluß der Kinzig in den Main und dem Einfluß des Vinxtbaches ein Limes errichtet und mit Auxiliarkohorten belegt (Germanischer Limes).

Um 90. Bei Regensburg-Kumpfmühl wird ein römisches Holz-Erde-Lager zum Schutz des Donauübergangs errichtet.

Um 90. Die römischen Heeresbezirke Ober- und Untergermanien werden in Provinzen umgewandelt: Germania superior (Obergermanien) und Germania inferior (Untergermanien).

Um 90. Um die große Distanz zwischen den Kastellen Oberstimm und Linz besser überbrücken zu können, legen die Römer an der Donau das Kastell Quintana (Künzing, Landkreis Deggendorf) an. Die Gebäude bestehen aus Holz. →

98. Der römische Geschichtsschreiber Publius Cornelius Tacitus veröffentlicht das geographisch-ethnographische Werk »Über Ursprung und Wohnsitz der Germanen« (»Germania«). Tacitus rühmt u.a. die Provinzstadt Augsburg.

Römisches Zentrum Augsburg

Um 17. Die Soldaten des römischen Lagers Augsburg-Oberhausen (→ um 5 v. Chr.) ziehen nach etwa zwei Jahrzehnten wieder ab. Dieses Legionslager war bislang ein wichtiger Stützpunkt, der neben der Sicherung des Territoriums vor allem dem Nachschub diente. Südöstlich der aufgelassenen Garnison wächst jetzt Augusta Vindelicum, das spätere Augsburg.

Die Legionäre hatten ihr Camp auf dem linken Wertachufer, nahe dem Zusammenfluß mit dem Lech, errichtet. Schon um diese Zeit entstand auf der geschützten Landspitze zwischen Wertach und Lech eine kleine Zivilsiedlung aus Holzbauten. Sie war freilich so unbedeutend, daß die zeitgenössischen Schriftsteller von ihr ebensowenig Notiz nahmen wie von der nahen Garnison. Während sich aber um das Militärlager nach dem Truppenabzug um 17 niemand kümmert, wird in der Siedlung weiter gebaut, und aus der kleinen Ortschaft wird bald eines der römischen Zentren in Raetien und schließlich die Hauptstadt der ganzen Provinz. Sie überflügelt das ältere und lange Zeit bedeutendere Cambodunum (Kempten).

Zum Schutz der Stadt wird eine Reiterkohorte stationiert.

Fragment eines römischen Grabmals für ein unbekanntes Ehepaar aus der zweiten Hälfte des 2. Jahrhunderts (Fundort: Augsburg)

Römer gründen das Kastell Oberstimm

Um 50. Den Osten sparen die Römer bei ihren Eroberungsfeldzügen zunächst aus. Nach ihrem Einmarsch in Bayern bauen sie in den 30er und 40er Jahren Kastelle am Oberlauf der Donau bis hin zur Lechmündung. Weiter donauabwärts ist auf bayerischem Boden nur das 1,43 ha große Auxiliarkastell von Oberstimm sicher nachweisbar. Das nächste Kastell liegt in Linz, 230 km donauabwärts.

Daß sich die Legionäre in Oberstimm niederlassen, mag damit zu tun haben, daß der Platz südlich der Donau nur etwa 3 km westlich des ehemaligen Kelten-Oppidums Manching an wichtigen Handelsstraßen liegt. Zu den Bauten, deren Spuren später gefunden werden, gehören ein Lazarett und zwei (1982 ausgegrabene) Hallen in einer Größe von jeweils 46 x 24 m, die wahrscheinlich als Versorgungsmagazine für die zwischen Oberstimm und Linz operierenden Soldaten dienen.

Grenzbefestigungen des Römerreiches

1. Jh. Niemand in Rom weiß, wie man die Nordgrenze schützen soll. Das Land nördlich der Alpen ist dünn besiedelt, und so liegt es beinahe wie ein Niemandsland zwischen dem Römischen Kaiserreich im Süden und den germanischen Stämmen nördlich der Donau. Zunächst geht das römische Militär nicht allzu tief in das neueroberte Gebiet. Die Truppen werden am Oberrhein stationiert, in Kempten, auf dem Auersberg bei Schongau, in Rederzhausen bei Augsburg und in Gauting.

Ungefähr 50 Jahre nach der Unterwerfung des keltischen Bayern wird die Grenze an die Donau vorverlegt, und da von jenseits des Flusses offensichtlich keine Gefahr droht, wird diese natürliche Grenze nur leicht befestigt.

Die Verhältnisse ändern sich, und so wird – nachdem die Expansionspläne aufgegeben sind – die inzwischen weiter in den Norden verlegte Grenze verstärkt.

Späteres Passau römische Zollstation

80/85. Die Kelten hatten den Siedlungsplatz gut gewählt, sie bauten ihre Stadt auf einer Landzunge: links die Donau, rechts der Inn und an der dritten Seite eine ihrer legendären, von Cäsar gerühmten Mauern. Sie nannten die Siedlung, die einmal Passau heißen wird, Boiodurum, die Stadt des Boio. Trotz der geschützten Lage geht Boiodurum beim Einmarsch der Römer im Feuer unter.

Auch die Römer lassen sich am Zusammenfluß von Donau, Inn und Ilz nieder – hier grenzen die Provinzen Raetien und Noricum aneinander, und an der Donau endet das römische Imperium. So dient das spätere Passau als Handelsplatz und einträgliche Zollstation.

Da sie nicht auf dem keltischen Brandschutt bauen wollen, errichten die Römer um 80/85 ihr Kleinkastell Boiodurum zunächst am Südufer auf der rechten Innseite (später Passau-Innstadt).

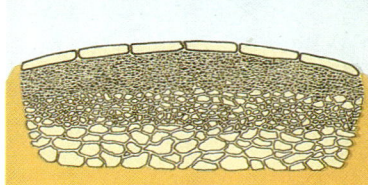

Querschnitt durch die Via Claudia mit mehreren Schichten aus Kies

Erster befahrbarer Weg über die Alpen

Um 47. Schon Drusus, der über die Alpen nach Bayern marschierte, hatte die 350 Meilen lange Straße von Altio (bei Venedig) bis zur Donau nördlich des späteren Augsburg anlegen lassen.

Sein Sohn, Kaiser Claudius, gibt um das Jahr 47 den Befehl zum Ausbau dieser Straße. Auf einem Meilenstein aus dieser Zeit ist zu lesen, daß sie hinfort Via Claudia heißt.

Dieser erste mit Wagen befahrbare Weg über die Alpen führt von Altio in einem weiten Bogen über Cesio nach Trient, wo er mit einer aus Rom bzw. Florenz kommenden Straße zusammentrifft. Die Via Claudia verläuft nun über Meran zum Reschenpaß, zum Fernpaß und über Füssen nach Augusta Vindelicum. Später wird östlich eine kürzere Trasse angelegt. Sie führt über Bozen, Brenner und Innsbruck bis nach Augsburg.

Die einspurige Römerstraße – für den Gegenverkehr gibt es Ausweichstellen – wird zumeist aus Kies gebaut. Dabei werden diese Fernstraßen für eine Spurweite von etwa 1,07 m projektiert.

Auf dem gut ausgebauten römischen Straßennetz legt ein Reiter pro Tag durchschnittlich etwa 70 km zurück. Es wird aber auch berichtet, daß Botschaften mit einer Geschwindigkeit von 200 km pro Tag übermittelt werden können. Allerdings werden in diesem Fall die Reiter und die Pferde mehrfach an Relaisstationen gewechselt.

Militärdiplom für ausscheidenden Soldaten

64. Für den Helvetier Cattaus, einen einfachen Soldaten in der von Quintus Pomponius Rufus kommandierten Ala Gemilliana, ist der 15. Juni ein großer Tag: Nach 25 Dienstjahren scheidet er – noch immer ein gemeiner Mann – aus der römischen Armee aus. Gleichzeitig werden er und seine Familie – seine Frau Sabina und die Kinder Vindelicus und Materiona – zu römischen Bürgern erhoben.

Auf einem massiven, 17,5 cm breiten Bronzetäfelchen, deren eine Hälfte man 1846 in Geiselprechting bei Traunstein finden wird, ist die Bestätigung für die Familie Cattaus zu lesen. Wahrscheinlich ist er der erste römische Soldat, dessen Name bekannt ist, und der 15. Juni 64 ist das erste genaue Datum der bayerischen Geschichte.

Die kaiserlich-römische Militärbürokratie ist sehr genau und schreibt jedem Entlassenen auf sein Täfelchen, in welcher Einheit und unter welchem Kommandanten er zuletzt gedient hat und wer an seinem Entlassungstag die Konsuln waren. Auf der Tafel des Cattaus werden die Konsuln Gajus Laecanius Bessus und Marcus Licinius Crassus Frugi genannt. Diese Einbürgerungsurkunden sind wichtige Dokumente für die spätere historische Forschung.

Am 30. Juni 107 wird ein ähnliches Militärdiplom im Lager Biricana (Weißenburg) für den Boier Mogetissa ausgestellt. Aus ihm ist zu erfahren, daß die römische Streitmacht aus vier Alen und elf Kohorten besteht.

Militärdiplom für den aus der röm. Armee ausscheidenden Cattaus

Tacitus rühmt Augsburg

98. Der Geschichtsschreiber Tacitus nennt Augusta Vindelicum im 41. Kapitel seiner »Germania« nicht beim Namen, doch mit der Nachricht, daß es den Hermunduren als einzigem germanischen Stamm erlaubt sei, nicht nur am Donauufer, sondern auch in der »glanzvollen raetischen Provinzstadt« (»splendidissima Raetiae provinciae colonia«) ihre Geschäfte zu betreiben, hat er zweifellos Augsburg gemeint. Eine rechtlich herausgehobene Position, etwa als Provinzhauptstadt oder als Mittelpunkt der Militärregion, ist der Stadt am Lech mit diesem Titel nicht angewiesen. Die rühmenden Worte des Tacitus zeigen aber, daß dieser Ort von besonderer Bedeutung ist und daß hier der Handel offensichtlich besser blüht als in anderen Siedlungen.

Dabei ist es eigenartig, daß Augusta Vindelicum bei ihrer ersten Nennung den Namen eines Kaisers trägt, der zu dieser Zeit bereits tot ist. Es ist nicht bekannt, warum der im Jahr 14 n. Chr. verstorbene Kaiser Augustus ihr Namenspatron ist. Vielleicht soll dadurch an den Mann erinnert werden, in dessen Regierungszeit die ersten Legionäre hierher geschickt wurden. Möglicherweise hat aber noch Augustus selbst den Plan gehabt, diesen Ort zu gründen; der Name Augusta Vindelicum würde dann die Erinnerung daran wachhalten.

Kastell Quintana gegründet

Um 90. Das Kastell Quintana (Künzing), für die 360 Infanteristen und 120 Reiter der 3. Thrakerkohorte bestimmt, wird angelegt; es ist zunächst nur mit einem einfachen Erdwall umgeben und durch einen Graben geschützt. Nach einigen Jahrzehnten wird ein zweiter Graben gezogen und eine feste Mauer gebaut. Als die Thraker an dem Jüdischen Krieg teilnehmen und Quintana verlassen, folgt mit großem zeitlichen Abstand die Bracaraugustanerkohorte; die Portugiesen werden später durch Mazedonier abgelöst.

Viermal wird das Lager umgebaut, erneuert und verstärkt; zuletzt ist es – was sonst nur aus dem römischen Britannien bekannt ist – von fünf Gräben geschützt.

Und doch überrennen die Alamannen in den Jahren 242 bis 244 die nahe der Donau gelegene Festung. In den Trümmern findet man 1962 die Waffenkammer mit Dolchen, Haumessern, Schwertern, Zeltpflöcken und 26 Handschellen mit Vorhängeschlössern und Ketten: Gefangene, für die sie bestimmt waren, hat man nicht gemacht.

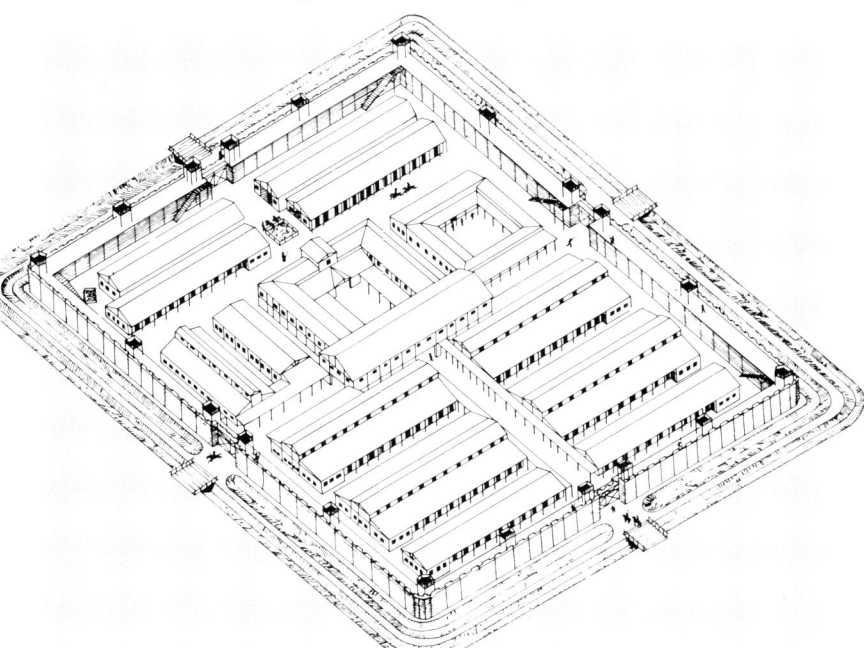

Grundriß des Kastells Quintana, das zunächst nur mit Erdwall und Graben, später mit einem zweiten Graben und einer Mauer geschützt ist

2. Jh. Die in Raetien stationierten römischen Soldaten bringen ihre Kultur, etwa Eßsitten, mit nach Bayern. →

11. 8. 117. Nach dem Tod des römischen Kaisers Trajan ruft das syrische Heer Hadrian, den kaiserlichen Statthalter von Syrien, zum neuen Kaiser aus. Während seiner Herrschaft (bis 138) erfährt das Voralpenland eine Zeit höchster wirtschaftlicher und kultureller Blüte.

Ab 117. Zwischen 117 und 138 wird der Limes mit einem hölzernen Palisadenzaun weiter befestigt. →

121. Während einer Reise nach Gallien und Germanien besucht Kaiser Hadrian auch Raetien. →

10. 7. 138. Nach dem Tod des römischen Kaisers Hadrian wird dessen Adoptivsohn Antoninus Pius Kaiser. Während seiner Herrschaft – sie dauert bis 161 – wird die militärische Grenzsicherung verstärkt, fast alle raetischen Lager werden in Steinkastelle umgebaut.

139/40. An der Stelle eines ehemaligen keltischen Oppidums wird das Kastell Batavis erbaut (Gründung der späteren Stadt Passau). →

Um 148. Nach einem Krieg mit den Germanen läßt der römische Kaiser Antoninus Pius den obergermanischen Limes nach Osten vorverlegen und stellt bei Lorch an der Rems die Verbindung zum raetischen Limes her. Der Kastellverlauf im Süden ist festgelegt auf die Linie Schirenhof-Pförring und Eining-Passau.

Um 150. Die Goten wandern von der Weichselmündung an die Nordküste des Schwarzen Meeres ab und lösen dadurch die Erste Germanische Völkerwanderung aus. Durch die Wanderung der Goten werden die zwischen Oder und Weichsel siedelnden Burgunder nach Westen gedrängt; die Vandalen weichen nach Süden aus.

Um 150. Die größeren Städte im Voralpenland werden großzügig ausgebaut. Amphitheater, Thermen u. a. öffentliche Bauten entstehen; auch das Wasserleitungssystem wird erweitert.

Um 150. Bewohner des Voralpenlandes versehen im römischen Heer Dienst, römische Staatsbürger in den Legionen, Nichtbürger in den Hilfstruppen. Besonders die Raeter sind als Soldaten bei den Römern sehr geschätzt. →

Um 150. Zeugen zunehmender Romanisierung der Bevölkerung Raetiens sind Grabsteine, auf denen die Eltern noch keltische, die Söhne jedoch römische Namen tragen.

7. 3. 161. Nach dem Tod des römischen Kaisers Antoninus Pius tritt dessen Adoptivsohn und designierter Nachfolger Mark Aurel die Herrschaft an und erhebt seinen Adoptivbruder Lucius Verus zum Mitkaiser.

162. Die Chatten (Hessen) durchbrechen den Limes und unternehmen Plünderungszüge in Obergermanien und Raetien. →

166. Die aus dem Partherkrieg zurückkehrenden Soldaten schleppen die Pest in das Römische Reich ein. Die Seuche, die auch im Voralpenland viele Menschenleben fordert, lähmt die Kampfkraft des römischen Heeres und begünstigt Anstürme der Germanen.

Winter 166/67. Unter König Ballomarius überschreiten die Markomannen die Donau: Der Erste Markomannenkrieg des römischen Kaisers Mark Aurel beginnt. Die Zeit friedlicher Entwicklung im Voralpenland ist vorbei.

172. Der römische Feldherr und spätere Kaiser Publius Helvius Pertinax vertreibt Chatten und Markomannen und stellt die römische Herrschaft in Raetien wieder her.

177. Die schweren Friedensbedingungen nach dem Ersten Markomannenkrieg veranlassen die Markomannen erneut zu einer Erhebung gegen die Römer. Der Zweite Markomannenkrieg des römischen Kaisers Mark Aurel beginnt.

179. Gegenüber der Mündung des Regen in die Donau läßt der römische Kaiser Mark Aurel das feste Steinlager castra Regina (Regensburg) errichten. →

Vor 180. Der römische Kaiser Mark Aurel erlaubt erstmals freien Germanen in größerem Umfang den Dienst im römischen Heer. Germanische Kriegsgefangene werden in den durch die Pest entvölkerten Gebieten angesiedelt.

17. 3. 180. Nach dem Tod des römischen Kaisers Mark Aurel wird dessen bereits 176 zum Mitkaiser erhobener Sohn Commodus Alleinherrscher. Seine Herrschaft verläuft außenpolitisch relativ friedlich. Noch im Jahr 180 schließt er Frieden mit den Markomannen und Quaden gegen Zugeständnis eines Klientelverhältnisses. Mit diesem Friedensschluß gehen die Markomannenkriege zu Ende.

Um 180. In allen Provinzen des Römischen Reichs gibt es Christengemeinden.

Um 180. Nach dem Ende der Markomannenkriege blüht der Handel im Voralpenland wieder.

Um 180. Die Legionsziegeleien von Bad Abbach vertreiben ihre gestempelten Erzeugnisse bis Eining, Pförring und Augsburg.

Um 180. In Westheim bei Augsburg bestehen keramische Werkstätten.

9. 6. 193. Nach Thronwirren wird Septimius Severus neuer römischer Kaiser. Er begründet die Dynastie der Severer (bis 235). Während der Herrschaft der Severer erfahren orientalische Kulte im römischen Heer starke Verbreitung. In vielen Garnisonsstädten finden sich Mithras, Dolichenus, Isis u. a., Gottheiten geweihte Heiligtümer.

Römische Grenzlinie wird befestigt

Ab 117. Seit den 80er Jahren des 1. Jh. sicherten die Römer ihren territorialen Besitz gegen die Germanen. Zunächst bauten sie ihren Limes in Obergermanien, vom Taunus den Untermain entlang durch den Odenwald. Um das Jahr 90 verlief diese Grenzlinie bereits über Heidenheim, Gunzenhausen und Weißenburg bis Kösching; später wird sie über Kipfenberg, Denkendorf (unmittelbar nördlich der späteren Autobahnausfahrt) und Altmannstein nach Hienheim fortgesetzt, wo sie südwestlich von Weltenburg an der Donau endet.

Wahrscheinlich legte man zuerst zwischen den hölzernen Wachtürmen Trampelpfade an, auf denen die Patrouillen ihre Streifengänge machen konnten. Vermutlich unter Kaiser Hadrian (der auch zwischen Schottland und England den Hadrianswall bauen läßt) wird zwischen 117 und 138 ein hölzerner Palisadenzaun gezogen.

Da die Unruhen an der Grenze ständig zunehmen, ersetzt man bald die Holz- durch zumeist dreistöckige Steintürme: Im Parterre bewahrt man Vorräte auf; durch eine Leiter, die im Notfall hochgezogen werden kann, erreicht man das mittlere Geschoß, in dem sich die dienstfreien Soldaten aufhalten. Im Stock darüber stehen die Wachhabenden und beobachten (möglicherweise von einer umlaufenden Veranda aus), was sich jenseits der Grenze tut.

Der Palisadenzaun, hinter dem Raetien und vor dem Germanien liegt, muß freilich immer wieder repariert werden, und da er wohl ohnedies vor Angreifern nur wenig Schutz bietet, reißt man ihn vermutlich in der Regierungszeit des Caracalla, zwischen 211 und 217, nieder und errichtet an seiner Stelle eine mehr als 1 m breite und 3 bis 4 m hohe Steinmauer.

Der Limes ist nun fertig, er hat seine endgültige Gestalt. Es besteht eine durchgehende Verteidigungslinie vom Schwarzen Meer bis zur Nordsee. Die eigentliche Wachfunktion am Limes nehmen weitgehend einheimische Auxiliartruppen und aufgenommene Barbaren wahr. Die römischen Legionen sind im Hinterland stationiert und treten bei größeren Angriffen in Aktion. Nach 150 Jahren wird diese Mauer quer durch Germanien zerstört.

Kaiser Hadrian auf der Löwenjagd (Hadriansdenkmal in Rom)

Kaiser Hadrian auf Reise durch Raetien

121. Im Gegensatz zu seinem Vorgänger und Adoptivvater Trajan will Kaiser Hadrian das Römische Reich nicht mehr vergrößern. Sein Ziel ist die Sicherung des Bestehenden sowie der Ausbau und die Verbesserung der Verwaltung. Da er sich dabei nicht nur auf die Informationen verlassen will, die ihm aus den Provinzen gemeldet werden, macht er sich mehrmals auf Reisen durch sein weites Imperium.

So kommt er im Jahr 121 – er ist seit vier Jahren Kaiser – von Gallien aus über den Rhein. Er besucht zunächst Obergermanien und dann auch Raetien, wo er Augusta Vindelicum (Augsburg) das Stadtrecht verleiht. Er gibt den Auftrag, den Limes zu verstärken, und ist darum bemüht, daß sich die Soldaten aus den Provinzen, in denen sie stationiert sind, selbst ernähren können.

Der römische Herrscher besichtigt die zivilen und militärischen Anlagen und gibt vermutlich seine Befehle. Dann reist er wieder ab, in eine andere Provinz.

Die Sage will es allerdings anders: Kaiser Hadrian sei beim Besuch in Hienheim gestorben. Seine Soldaten hätten ihn in einem goldenen Sarg donauaufwärts gerudert und in der Nähe des Lagers Abusina (Eining) unter einer Eiche begraben. In Wirklichkeit starb Hadrian 17 Jahre später bei Neapel. Oder vielleicht doch nicht? Bei Hienheim gibt es den Ort Haderfleck: Erinnert der Name an Kaiser Hadrian?

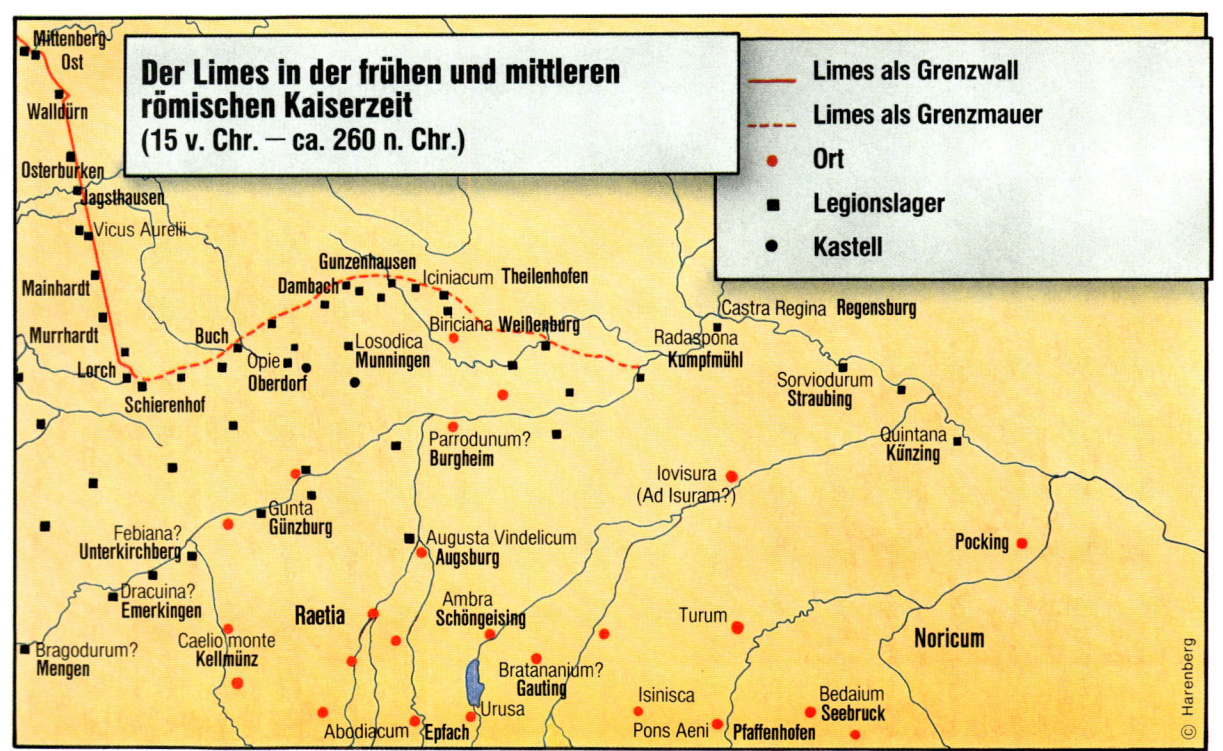

Truppen des römischen Heeres am raetischen Limes, der Grenze zwischen Raetien und Germanien, bestehend aus einer 3 bis 4 m hohen Steinmauer

Der Limes in der frühen und mittleren römischen Kaiserzeit (15 v. Chr. — ca. 260 n. Chr.)

— Limes als Grenzwall
--- Limes als Grenzmauer
● Ort
■ Legionslager
● Kastell

Mittenberg Ost
Walldürn
Osterburken
Jagsthausen
Vicus Aurelii
Mainhardt
Murrhardt
Buch
Lorch
Schierenhof
Opie · Oberdorf
Gunzenhausen
Dambach
Iciniacum · Theilenhofen
Losodica · Munningen
Biriciana · Weißenburg
Castra Regina · Regensburg
Radaspona · Kumpfmühl
Sorviodurum · Straubing
Quintana · Künzing
Parrodunum? · Burgheim
Iovisura (Ad Isuram?)
Febiana? · Unterkirchberg
Gunta · Günzburg
Augusta Vindelicum · Augsburg
Pocking
Dracuina? · Emerkingen
Caelio monte · Kellmünz
Ambra · Schöngeising
Turum
Noricum
Bragodurum? · Mengen
Bratananium? · Gauting
Urusa
Isinisca
Bedaium · Seebruck
Abodiacum · Epfach
Pons Aeni · Pfaffenhofen
Raetia

© Harenberg

Unruhen erschüttern das Alpenland

162. Mehrfach wird Bayern in seinen Jahrhunderten unter römischer Herrschaft von Unruhen erschüttert, erstmals in den Wirren des Vierkaiserjahres 68/69.

Nachdem Kaiser Nero im Jahr 68 seinem Leben durch Selbstmord ein ruhmloses Ende bereitet hatte, stritten und mordeten sich die Nachfolger: Galba wurde durch Otho abgelöst und ermordet, Otho starb im Kampf gegen Vitellius, dieser wiederum fand im Kampf gegen Vespasian den Tod.

Während all dieser Auseinandersetzungen gehörten die benachbarten Provinzen Raetien und Noricum verschiedenen Lagern an – am Inn stand man sich feindlich gegenüber. Als auch nach dem Sieg Vespasians, der die Kaiserwürde ab 69 trug und das Amt für die nächsten zehn Jahre bekleidete, die Unruhen am Niederrhein weitergingen, wurden die auf der Seite des Kaisers stehenden Noriker zur Hilfe gerufen. Sie marschierten quer durch Raetien und verhielten sich dabei, als zögen sie durch Feindesland. Sie zerstörten Augsburg, Kempten und Bregenz sowie mehrere Donaukastelle.

Im Herbst 70 herrschte Friede, und Vespasian konnte beginnen, die zerstörten Städte und Kastelle wieder aufzubauen. Um die Grenze aber sicherer zu machen, ließ er in Eining,

Römersieg durch Regenwunder

Während einer Schlacht im Krieg gegen die Markomannen sind die Römer der Erschöpfung, dem Verschmachten nahe, als ein wolkenbruchartiger Regen ihnen Stärkung bringt. Unter den Feinden freilich stiftet das Unwetter eine so große Verwirrung, daß die Römer schließlich siegen können.

Kaiser Mark Aurel schreibt dem Senat in Rom von der Schlacht und vom Regenwunder. Er meint, diese glückhafte Wendung in der Schlacht, die der Regen gebracht habe, sei göttlichem Eingreifen zu danken gewesen.

Regensburg und Straubing neue Kastelle anlegen.

Die Provinz erfreute sich hinfort wachsenden Wohlstandes. Im Jahr 162 aber fallen die Chatten im Nordwesten ein, die Markomannenkriege haben begonnen. Sechs Jahre später taucht der Feind im Grenzgebiet der Provinz neuerlich auf, doch erst 172/73 setzt er zum großen Sturm an und dringt auf der Linie Regensburg–Pfünz–Gunzenhausen über die Grenze ins Hinterland. Er kann zwar besiegt werden, doch gelegentlich, so scheint es, werden weitere Überfälle unternommen. Ein Grund ist, daß man den Markomannen harte Friedensbedingungen auferlegt hat, auf die sie nicht anders zu antworten wissen als durch einen Kriegszug.

Für Raetien kommen diese Überfälle in einer besonders schwierigen Zeit, denn die aus dem Orient eingeschleppte Pest hat die Bevölkerung in großen Teilen des Landes dezimiert und damit auch die Kraft des römischen Heeres geschwächt.

Venusstatuetten

Einem Keramikhändler in Bratananium, dem späteren Gauting, brennt im 2. Jh. sein Lagerschuppen ab. Unter den Trümmern findet man später die Reste von 200 Tonkrügen. In Gauting werden auch Venusstatuetten (Abb.) gefunden.

Römische Soldaten in Raetien aus allen Teilen des Reiches

Die in den Garnisonen Raetiens stationierten Soldaten kommen aus den unterschiedlichsten Provinzen des Römischen Reiches. So dienen beispielsweise die vom Niederrhein stammenden Batater in Batavis (Passau), thrakische Reiter in Quintana (Künzing), syrische Bogenschützen in Sorviodurum (Straubing) und die aus Kroatien stammende Breukerkohorte auf der Fränkischen Alb. In Bayern sind daneben auch Portugiesen und Männer aus den Bergdörfern der Pyrenäen eingesetzt.

Je länger aber die römische Herrschaft dauert, desto häufiger werden auch Raeter in die Armee aufgenommen. Gegen Ende der Römerzeit stammt beispielsweise bei der in Castra Regina (Regensburg) stationierten Legio III nur noch eine Minderheit der Soldaten aus Italien, und von den 1000 Mann der in Rom kasernierten Kaiserreiter ist bekannt, daß um die Mitte des 2. Jh. sehr viele aus Raetien stammen.

Die Grenzen zwischen den römischen Soldaten und den vielen Hilfstruppen verwischen sich zu-

sehends. Den Anfang macht eine Abordnung des Septimius Severus, der im Jahr 193 als Nachfolger von Commodus Kaiser wird: Er erlaubt nämlich den zum Dienst am Limes abkommandierten Legionären, abends zu ihren Frauen und Kindern heimzugehen.

Der Neffe des Kaisers, Alexander

Severus, gibt den Soldaten auch noch Grund und Boden, damit sie ihr eigenes kleines Äckerchen bestellen können und sich somit noch fester an das Land gebunden fühlen, dessen Verteidigung ihnen anvertraut ist.

Mit der Ansiedlung von Militärpächtern kann das Ende, der Un-

tergang des Römerreiches, aber nicht mehr abgewendet werden; vielleicht wurde er durch diese Einrichtung sogar gefördert.

Um das Jahr 180 stehen an der raetischen Nordgrenze, am Limes, etwa 16 500 Mann und 3 000 Pferde. Zu ihrer Versorgung tragen auch die Bauernsoldaten bei.

Angehörige einer römischen Legion (v. l.): Standartenträger mit Legionsadler, Zenturienhauptmann, Legionskommandeur, Standartenträger mit Kaiserbildnis, Legionsbläser, Legionär auf dem Marsch, einfacher Soldat

Bauinschrift des Legionslagers Castra Regina (Regensburg), derzufolge unter Mark Aurel und Commodus »die Mauer mit Toren und Türmen« erbaut wurde

Neues Legionslager in Regensburg wird eingeweiht

179. Die Römer fingen in Regensburg klein an. Mit einem 2,2 ha großen Kohortenkastell und einer dazugehörigen kleinen Zivilsiedlung, die sie um das Jahr 80 im Südwesten des späteren Stadtzentrums, in Kumpfmühl, errichteten.

Die Regensburger Soldaten wurden 162 in einen fernen Krieg geschickt, doch 167 kehrten sie wieder zurück, und mit ihnen kam Verstärkung. Für sie wird ein mit Toren und Türmen bewehrtes Kastell aus Sandstein gebaut. Als diese Garnison der 3. Itali-

schen Legion im Jahr 179 eingeweiht wird, läßt man zum Gedenken daran eine etwa 8 m lange Inschriftentafel über einem der Tore anbringen.

Keiner der vielen Titel, keiner der ruhmreichen Verwandten, keiner der Siege darf vergessen werden, und wenn die Steinmetze auch eifrig abkürzen, so füllt der in den Kalkstein gemeißelte, orthographisch nicht immer ganz einwandfreie Text zuletzt wohl an die fünf Zeilen, also eine Länge von rund 40 m.

Zwei Fragmente, gut 3 m lang, wer-

den erhalten bleiben und nach ihrer Entdeckung 1873 davon künden, daß Mark Aurel und Commodus das Lager erbauten.

Die beiden Bauherrn können sich ihres an der Donau, gegenüber der Regenmündung gelegenen Werkes rühmen: Mit einer Länge von 540 m und einer Breite von 450 m ist es mehr als zehnmal so groß wie das ursprünglich nur aus Holz und Erde errichtete Lager von Kumpfmühl. Außer dicken Mauern und 11 m hohen Türmen – mindestens 30 000 m³

Stein werden verbaut! – schützt das Legionslager auch noch ein umlaufender, knapp 7 m breiter und 3 m tiefer Graben. Auf dem sumpfigen Boden sind die Bauarbeiten zunächst schwierig. Man zieht Entwässerungsgräben, schüttet Kies auf und errichtet dann das Lager. Die Germanen am anderen Ufer sind von dieser Festung beeindruckt. Was sie vor allem sehen, ist das große Doppeltor im Norden, die Porta Praetoria, von der Teile mehr als 2000 Jahre überdauern werden.

Keimzelle des späteren Passau gegründet

139/40. Auf der Anhöhe, die einmal Domhügel heißen wird, wächst Gras über den verkohlten Trümmern der Keltenstadt Boiodurum. Die Römer sitzen auf dem anderen Innufer und wachen über Grenze und Handel. Daß auf dem Inn der italienische Wein transportiert wird, läßt der Grabstein eines aus der Gegend von Trient stammenden Weinhändlers vermuten, den ein Baggerführer 1981 aus dem Inn fischen wird.

Etwa 139/40 – das Römerlager am rechten Ufer besteht seit etwa 60 Jahren – werden die Grenzbefestigungen des Limes verstärkt, und nun kommt auch an den Zusammenfluß von Donau und Inn Verstärkung. Man verlegt die vom Niederrhein stammende 9. Bataverkohorte hierher, vielleicht 500, möglicherweise aber auch bis zu 1000 Mann. Und diese Einheit baut über dem ehemaligen keltischen Oppidum oder

nahe dabei das Kastell Batavis. Aus Batavis wird einmal Passau werden. Man nimmt an, daß die aus dem Holländischen hierher abkommandierten Legionäre, wie früher auch die Kelten, ihre Bauten auf dem hochwassersicheren Hügel errichten.

Grabungen um das Jahr 1978 werden freilich zeigen, daß die näher

beim Zusammenfluß der beiden Flüsse gelegene Klosterkirche Heilig Geist über Resten des Kastells oder einer dazugehörigen Zivilsiedlung errichtet wurde. Gegenstände aus der Mitte des 1.Jh., die gefunden werden, lassen überdies vermuten, daß das Kastell 100 Jahre älter ist, als es bisher angenommen wurde.

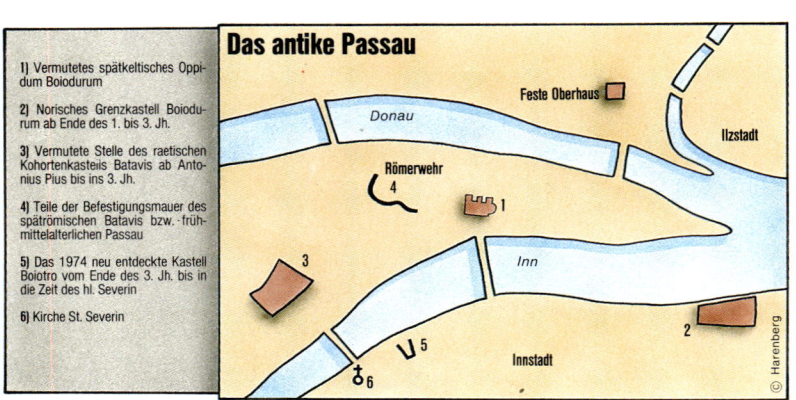

Das antike Passau

1) Vermutetes spätkeltisches Oppidum Boiodurum

2) Norisches Grenzkastell Boiodurum ab Ende des 1. bis 3. Jh.

3) Vermutete Stelle des raetischen Kohortenkasteils Batavis ab Antonius Pius bis ins 3. Jh.

4) Teile der Befestigungsmauer des spätrömischen Batavis bzw. -frühmittelalterlichen Passau

5) Das 1974 neu entdeckte Kastell Boiotro vom Ende des 3. Jh. bis in die Zeit des hl. Severin

6) Kirche St. Severin

Donau

Feste Oberhaus

Ilzstadt

Römerwehr

Inn

Innstadt

© Harenberg

Römische Eßsitten auch in Raetien

2. Jh. Die in Raetien stationierten Römer versuchen, so weit wie möglich das Leben in der ihnen vertrauten Weise fortzuführen. Leicht fällt das nicht, denn sie wohnen in einem, gemessen an Italien, klimatisch wenig begünstigten Entwicklungsland.

Die Legionäre in ihren Baracken werden den Unterschied zu den Militärlagern Italiens oder der orientalischen Provinzen weniger drückend empfinden. Hier wie dort kochen sie sich ihre Mahlzeit – was gekocht wird, ist freilich regional verschieden – auf dem Rost oder in einem über der Feuerstelle aufgehängten Kessel.

In den Offiziers- und Zivilhaushalten kann man die Speisen nobler servieren, etwa in Importgeschirr. So benutzt man auch in Bayern das rote, u.a. aus Arezzo importierte Tongeschirr, Terra Sigillata genannt.

Römische Villa mit Mosaikfußboden

Etwa 8 km hinter dem raetischen Limes (nach späteren geographischen Begriffen: zu Westerndorf, nördlich von Ingolstadt, in einer Lichtung des Köschinger Forstes) baut Anfang des 3. Jh. ein Römer eine Villa im großen, noblen Stil. Das um einen rechteckigen Innenhof errichtete Gebäude mißt 36 x 22,5 m. Sein gesamter Besitz ist mit einer rechteckigen Mauer von etwa 250 m Seitenlänge umgeben; das Grundstück ist also insgesamt mehr als 60000 m² groß.

Der Bewohner dieser Villa gehört zweifellos zu den wichtigsten, reichsten Männern im Lande: Das Haus ist mit Heizungen gut versorgt und besitzt mehrere Bäder sowie einen knapp 70 m² großen Mosaikfußboden (Abb.), der um einen kleinen, Brunnen verlegt ist.

In der Mitte, rings um das Wasserbecken, zeigen vier Felder je eine Nereide (Tochter des Meeresgottes Nereus) oder einen Triton (Sohn Poseidons), während die nach außen sich anschließenden Felder mit Ornamenten sowie mit Delphin-Darstellungen, Jagd- und Stierkampfszenen geschmückt sind.

Das Mosaik läßt darauf schließen, daß die Villa, zu der noch einige Nebengebäude gehören, für die Jagdaufenthalte und das ländliche Vergnügen ihres Besitzers errichtet wurde. Vielleicht ist das Gebäude die Sommerresidenz des für die Provinz Raetien zuständigen Gouverneurs. Unter allen Villen, die später einmal aus Bayerns römischen Jahrhunderten bekannt werden, ist sie die vornehmste. Hier ist ein Aufwand betrieben, wie er sonst in diesem Lande kaum bekannt ist.

Aus etwa der gleichen Zeit wie die zerstörte, später in ihren Grundrissen freigelegte Villa von Westerndorf dürften die Fresken stammen, die 1966/68 beim Bau der Tegelbergbahn in den spärlichen Überresten zweier römischer Häuser gefunden wurden. Die Bilder zeigen u. a. zwei Jünglinge; einer von ihnen trägt einen Krug, dazu Fischschwanz-Fabelwesen und zwei schwungvoll sich tummelnde Delphine. Daneben gibt es Fische auf grünem Grund. Die andere römische Wandmalerei in Bayern beschränkt sich sonst meist darauf, schlichte Ornamente zu pinseln.

3. Jh. Die durchschnittliche Lebenserwartung eines Bauern liegt bei etwa 25 Jahren. In den höheren Ständen wird man – statistisch gesehen – knapp 37 Jahre alt. →

Um 200. Semnonen wandern aus dem Havelgebiet nach Süddeutschland und verschmelzen am unteren Main mit germanischen Stämmen (Bildung der Alamannen).

212. Der römische Kaiser Caracalla besucht während einer Reise durch Raetien auch den raetischen Limes. In Faimingen sucht er das Heiligtum des Apollo Grannus auf. →

11. 7. 212. Durch die »Constitutio Antoniniana« verleiht der römische Kaiser Caracalla allen freien Reichsangehörigen das römische Bürgerrecht.

213. Der römische Kaiser Caracalla unternimmt von Raetien aus einen Feldzug gegen die Alamannen. Zur Abwehr der Alamannengefahr hat er die Palisaden am raetischen Limes durch eine Steinmauer ersetzen lassen. Die Alamannen siedeln im Vorfeld des Limes.

Um 230. Der römische Kaiser Septimius Severus beginnt mit der planmäßigen Ansiedlung germanischer Grenzsoldaten der Rhein-Donau-Grenze in der Nähe ihrer Garnisonen. Der Übergang von der Soldverteilung zur Landverteilung in den Grenzgebieten verwandelt die römischen Grenzlegionen in bäuerliche Milizen.

Ab 231. Der römische Kaiser Severus Alexander bricht zu einem Feldzug gegen die Perser auf und zieht Truppen von Rhein und Donau ab. Die dadurch mangelhaft bewehrte Grenze provoziert neue Germaneneinbrüche.

233. Die Alamannen durchbrechen den obergermanisch-raetischen Limes und dringen bis in das Unterelsaß bzw. das Allgäu vor. Der Limes als Grenze des Römischen Reichs muß faktisch aufgegeben werden, nur einige Stützpunkte können noch bis 260 gehalten werden. →

Ab 233. Um ihr Vermögen vor den Alamannen zu retten, verstecken viele Bürger Geld und Schmuck. Aus der Zeit 233/34 datieren 19 Münzschätze im bayerischen Teil Raetiens. Hinzu kommen Verstecke mit Sachgütern, darunter die berühmten Funde von Weißenburg und Straubing. →

22. 3. 235. Mit der Ermordung des römischen Kaisers Severus Alexander erlischt die Dynastie der Severer. In den folgenden Jahrzehnten ist die römische Innenpolitik durch Thronkämpfe bestimmt, kein Kaiser stirbt mehr eines natürlichen Todes. Die äußeren Grenzen des Reiches sind gefährdet durch die auf allen Seiten anstürmenden Germanen.

Ab 248. Die Rheingermanen zerstören die Reste des obergermanisch-raetischen Limes. Die letzten römischen Kastelle werden kurze Zeit später vernichtet.

258/59. Die Alamannen überrennen Raetien und dringen bis Mailand vor. Dort schlägt der römische Mitkaiser Gallienus sie vernichtend.

Um 258. Die Inflation im Römischen Reich erreicht ihren Höhepunkt, Folge ist eine Finanzkatastrophe. Wegen ständig steigender Militärausgaben wurde der Edelmetallgehalt der römischen Münzen gesenkt und auf diese Weise mehr Geld in Umlauf gebracht. Die durch die Wertverschlechterung der Münzen ausgelöste Inflation zwingt den Staat, zur Deckung seiner Einnahmen auf Naturalsteuern auszuweichen. Diese Steuern heben u. a. die berufliche Freizügigkeit auf.

259/60. Cambodunum (Kempten) wird verwüstet und von den Römern endgültig aufgegeben.

Um 260. Die Alamannen durchbrechen im Bereich der römischen Kastelle Osterburken/Öhringen den Limes und erobern das zwischen Rhein, Neckar und Main gelegene Dekumatland und die Gebiete zwischen Rhein, Main, Bodensee, Donau und Iller. Nach den schweren Germaneneinbrüchen können die Römer den obergermanisch-raetischen Limes nicht mehr halten. Die obergermanische Grenze wird auf die Rheinlinie, die raetische Grenze auf die Donaulinie zurückverlegt.

Um 279. Der römische Kaiser Probus schlägt am Lech Vandalen unter der Führung eines Semno.

284. Mit dem Regierungsantritt des römischen Kaisers Diokletian beginnt wieder eine Periode relativer Ruhe und Sicherheit im Römischen Reich.

289. Der römische Kaiser Diokletian unternimmt von Raetien aus einen großangelegten Feldzug gegen die Alamannen und schiebt die Grenze des Römischen Reichs bis an die Donauquellen vor.

Um 289. Kaiser Diokletian teilt Raetien in Raetia prima mit der Hauptstadt Chur und Raetia Secunda mit Augusta Vindelicum (Augsburg) als Mittelpunkt. →

1. 3. 293. Im Römischen Reich wird wegen der zunehmenden Grenzkriege die Tetrarchie (Viererherrschaft) eingeführt: Kaiser Diokletian und sein Mitkaiser Maximian Herculius adoptieren ihre Gardepräfekten Galerius Maximianus und Constantius Chlorus und ernennen sie zu Caesaren (Unterkaiser). Konstantius Chlorus erhält Gallien und macht Trier zu seiner Residenz und zum Verwaltungssitz der gallischen Präfektur.

298. In der Schlacht bei Vindonissa (Windisch) besiegt der römische Kaiser Diokletian die Alamannen vernichtend.

GESTORBEN:

12. 10. 284. Maximilian (* ?), angeblich Bischof von Lorch und Märtyrer, einer der Hauptpatrone des Bistums Passau.

Alamannen stürmen Raetien

233. Die Provinz Raetien ist auf den Angriff nicht vorbereitet, und so können die von Norden kommenden Alamannen mordend, plündernd und brandschatzend durchs Land ziehen. Niemand, so scheint es, hat zunächst bemerkt, daß sich zu Beginn des 3. Jh. vor dem Limes ein bis dahin nicht bekannter Stamm, die Alamannen, sammelte. Als nicht mehr zu übersehen war, daß sie das

Das Volk der Alamannen
Am oberen und mittleren Rhein, wo die Semnonen im Jahr 177 letztmals genannt wurden, bildete dieser suebische Stamm zusammen mit verwandten oder benachbarten Gruppen einen neuen Stamm, der später den Namen Alamannen erhält.
Die Alamannen ließen sich zunächst im Vorfeld des Limes nieder, schließlich sind sie diejenigen, die als erster Stamm diesen gegen Germanien errichteten römischen Schutzwall überwinden. Ihre Kriegszüge – der erste erfolgt 233 – führen sie bis in die Gegend von Lyon und Mailand.

römische Bayern bedrohten, führte Kaiser Caracalla im August 213, während seines Aufenthaltes in Raetien, einen siegreichen Angriffskrieg. Der Friede schien danach gesichert, die Nachbarn nördlich der Grenze verhielten sich ruhig.
Den Besiegten von 213 entging freilich nicht, daß die Befestigungsanlagen des Limes, die Caracalla noch

verstärkt hatte, einem großen Ansturm zunehmend weniger standhalten konnten: Das Römerreich war an seinen entfernten Rändern in Bedrängnis geraten, Truppen wurden hin und her geschoben, und hatte man eine Grenze gestärkt, so war dadurch gleichzeitig eine andere geschwächt. Außerdem waren die römischen Heerführer untereinander vielfach zerstritten.
Als die Alamannen nun 20 Jahre nach Caracallas Feldzug zum ersten gewaltigen Sturm ansetzen, gibt es niemanden, der sich ihnen erfolgreich entgegenstellen könnte. Ein Teil des ursprünglich in Raetien stationierten Heeres kämpft mit Kaiser Severus Alexander im Orient; überdies kommt der Angriff so überraschend, daß beispielsweise die Wachen am Kastell Vetoniana (Pfünz) nicht einmal Zeit haben, ihre Schilde zu ergreifen.
Vielfach kann vor der Ankunft der Feinde wertvoller Besitz vergraben werden, doch nach dem Abzug der Marodeure gibt es häufig niemanden mehr, der die Verstecke kennt und die Schätze bergen könnte.
Heimgesucht von den anstürmenden Alamannen wird vor allem das Land zwischen Limes und Donau sowie die Region zwischen Bodensee und Lech; Cambodunum (Kempten), die wohl älteste sowie eine der größten und wichtigsten Römerstädte nördlich der Alpen, wird zerstört; von Feinden bedroht wird aber auch die Gegend von Manching und Straubing.

Römischer Offiziersdolch, wie er vermutlich auch im Kampf gegen die Alamannen verwendet wird (Fundort: Oberammergau)

Lebenserwartung steigt langsam an

3. Jh. Es hat sich im Laufe der Jahrtausende nicht allzuviel gebessert. In den frühen Zeiten der Menschheit, vor einigen hunderttausend Jahren, ging das Leben eines Menschen, statistisch gesehen, mit etwa 13 Jahren zu Ende. In der Steinzeit, vor rund 10 000 Jahren, mußte ein Mensch damit rechnen, nur wenig mehr als 20 Jahre alt zu werden.

Nun, in der römischen Kaiserzeit, sind einem Bauern im Durchschnitt nur etwa 25 Lebensjahre gegönnt. Damit geht es ihm freilich besser als einem Sklaven, der eine Lebenserwartung von 17,5 Jahren hat. In den höheren Ständen wird man normalerweise doppelt so alt, nämlich knapp 37 Jahre.

Die Statistik über die durchschnittliche Lebenserwartung berücksichtigt die hohe Kindersterblichkeit, bezieht den Seuchentod ein, registriert Mord und Selbstmord. Wer von alledem nicht betroffen ist, kann auch im antiken Rom ein hohes Alter erreichen: Der Staatsmann Cato war 85 Jahre alt, als er im Jahr 149 vor Beginn der Zeitrechnung starb; Cicero war bei seinem Tod 63, Kaiser Augustus 77 Jahre alt; sein Stiefsohn Kaiser Tiberius, der Eroberer Bayerns, starb mit 79 Jahren; Kaiser Galba schließlich wurde nach einer Regierungszeit von wenigen Tagen im Alter von 74 Jahren ermordet.

Raetien in zwei Provinzen geteilt

Um 289. Kaiser Diokletian weiß, wie gefährdet sein Reich ist. Um die Verwaltung und Verteidigung zu erleichtern, teilt er die Provinzen. Für Raetien bedeutet dies (wie unter anderem auch für Noricum) die Teilung in ein Raetia prima mit der Hauptstadt Chur und in ein Raetia secunda mit Augusta Vindelicum (Augsburg) als Mittelpunkt.

Die Trennungslinie zwischen den beiden Provinzen verläuft von Brigantium (Bregenz) nach Cambodunum (Kempten) und von dort, die Iller entlang bis Febiana, das etwa in der Gegend von Ulm liegt.

Der Teilung vorausgegangen war ein Besuch Diokletians in Raetien. Da er bei dieser Gelegenheit feindliche Angriffe abwies, feierte ihn Augusta Vindelicum als »Begründer des ewigen Friedens«.

Bronzestatuette aus dem Weißenburger Schatzfund, den Hausgott Lar darstellend

Römische Statuette des Gottes Merkur (Gott der Kaufleute) aus dem Schatzfund von Weißenburg

Raetier vergraben Schätze vor Alamannen

Ab 233. Die Alamannen sind aufgebrochen und überrennen den Limes. An allen Ecken und Enden der Provinz Raetien werden Schätze – Geld, Schmuck und Sachgüter – in der Erde vergraben. 19 der später im bayerischen Teil Raetiens gefundenen Münzschätze datieren aus der Zeit 233/34. Man will sein Hab und Gut in Sicherheit bringen.

In Straubing ist es beispielsweise eine kostbare Paraderüstung, die unter einem umgekehrt in die Erde vergrabenen Kupferkessel versteckt wird. Neben Bronzestatuetten und Eisengerät sind es Beinschienen, Knieschutz und Gesichtshelme für Reiter sowie Kopfschutzplatten für Pferde.

Etwa zur gleichen Zeit bringt man auch weiter westlich, in dem hinter dem Limes gelegenen Biriciana (Weißenburg), einen Schatz in Sicherheit. In der Nähe des römischen Bades werden der Erde wertvolle Gegenstände anvertraut: Silberne Votivbleche, 16 Götterstatuetten aus Bronze, Teile einer Paraderüstung und dazu noch Kannen, Eimer, Kessel, Beschläge und weitere Gebrauchsgegenstände.

Die Besitzer können diese für sie kostbaren Gegenstände später nicht mehr bergen. Wie anderswo (beispielsweise in Eining, Manching oder Faimingen) werden diese Schätze erst viel später durch Zufall entdeckt.

△ *Palmettenförmiges Silber-Votiv mit Göttertrias (v. l.: Apollo, Minerva und Merkur) aus dem Weißenburger Schatzfund (l.); Silbernes Votiv an Merkur aus dem Schatzfund von Weißenburg, der Gott mit seinen Attributen als Gott der Kaufleute und Götterbote: Geldbeutel, Heroldstab, Flügelhut, Flügelschuhen und Hahn*
◁ *Maske eines Helms mit Gesichtsschutz von orientalischem Typ aus dem Schatzfund von Straubing*

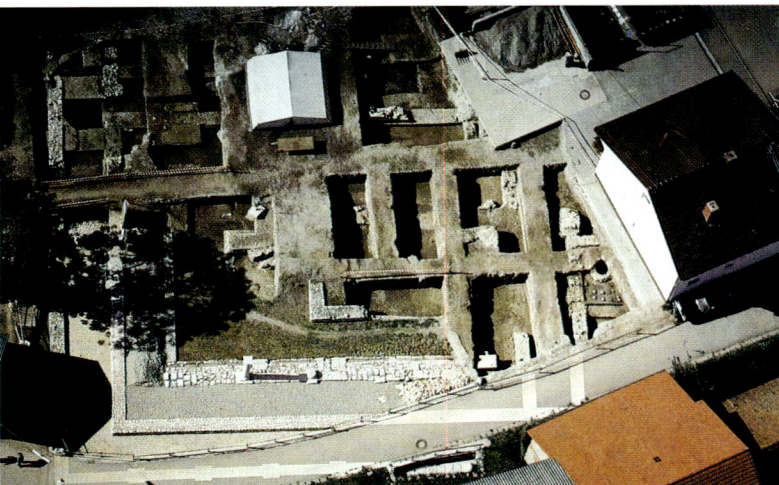

Luftbild der im 20. Jh. ausgegrabenen römischen Siedlung Faimingen (Phoebiana), an der Stelle eines keltischen Quellenheiligtums

Kaiserbesuch in Faimingen

212. Das in den späten 30er Jahren des 1. Jh. n. Chr. errichtete Lager zu Aislingen überstand die Unruhen des Vierkaiserjahres von 68/69 nicht, und da die Grenze ohnedies über die Donau hinweg nach Norden verschoben wurde, suchte man einen neuen Standort. Er wurde 7 km weiter nördlich gefunden, im keltischen Quellenheiligtum Faimingen, das die Römer (wie ein Fund des Jahres 1981 zweifelsfrei beweisen wird) Phoebiana nannten.

Sie errichteten hier, in unmittelbarer Nähe zur Donau, ein Lager, das aber zwischen 110 und 120 aufgegeben wurde. Die angrenzende Zivilsiedlung blieb dabei freilich erhalten.

In der zweiten Hälfte des Jahres 212 erhält der Ort hohen Besuch. Kaiser Caracalla kommt, um in dem mit 1000 m² größten römischen Tempel nördlich der Alpen dem Gott Apollo Grannus zu huldigen und neue Straßen zu bauen.

Ursprünglich war das Heiligtum dem keltischen Heilgott Grannus geweiht; da die Römer fanden, daß er die gleichen Aufgaben zu erfüllen habe wie ihr Apollo, weihten sie den Tempel, um keine Verstimmungen im Götterhimmel zu verursachen, der Doppelgottheit Apollo Grannus. Mit den Römern verläßt auch Apollo Grannus den Ort. Über seinem Tempelbezirk entsteht ein bäuerliches Anwesen, das in den frühen 80er Jahren des 20. Jh. abgerissen wird, damit die Archäologen forschen können.

Wahrscheinlich von Faimingen aus organisiert Caracalla während seines Aufenthalts in der Provinz den Krieg gegen die Alamannen.

Porträtbüste des römischen Kaisers Caracalla. Caracalla wurde 186 in Lugdunum (Lyon) geboren. 196 wurde er zum Caesar, 198 zum Augustus erhoben. Seit 211 ist Caracalla römischer Kaiser. 212 verleiht er allen freien Reichsbewohnern in den Provinzen das römische Bürgerrecht.

300

300–399

4. Jh. Weniger die städtische Siedlungsform als vielmehr der Gutshof, die sog. Villa rustica, ist typisch für das römische Bayern. →

Anfang des 4. Jh. In Raetien gibt es erste Spuren christlichen Glaubens. →

Anfang des 4. Jh. Folge der Wirtschaftskrise im Römischen Reich ist eine steigende Landflucht. Die Armen ziehen in die Stadt, weil sie glauben, dort seien die Erwerbsmöglichkeiten besser; die Reichen überlassen ihre Landgüter Verwaltern.

301. Der römische Kaiser Diokletian stabilisiert die römische Wirtschaft durch die Festsetzung von Höchstpreisen für Waren und Dienstleistungen. Vorausgegangen sind eine Steuer- und eine Münzreform.

302/03. Die Alamannen zerstören das Kastell Vemania bei Isny.

Ab 303. Im Römischen Reich kommt es unter Kaiser Diokletian zu einer großen Christen- und Manichäerverfolgung. Diokletian will die »Vätersitte« wiederherstellen, läßt die Christen aus dem Staatsdienst entfernen, enteignet die Gemeinden und bestraft die Geistlichkeit; es kommt zu zahlreichen Martyrien.

307. Im Römischen Reich wird eine Münzreform durchgeführt. Der Solidus wird Währungseinheit.

30. 4. 311. Galerius Maximianus, an Krebs erkrankter Kaiser in der Osthälfte des Römischen Reichs, läßt in der oströmischen Hauptstadt Nikomedia ein Toleranzedikt für die Christen veröffentlichen und erklärt das Christentum zur erlaubten Religion (»religio licita«). Das Edikt beendet die seit 303 andauernde Christenverfolgung im Römischen Reich. In der Westhälfte des Reichs war sie bereits 306 mit dem Tod von Konstantius Chlorus beendet.

Februar 313. Im sog. Toleranzedikt von Mailand vereinbaren der weströmische Kaiser Konstantin der Große und sein Mitkaiser Licinius allgemeine Religionsfreiheit. Nach der Beseitigung des oströmischen Kaisers Maximinus Daia soll das Christentum auch im Orient Toleranz genießen. Licinius bricht zum Krieg gegen Maximinus Daia auf.

Um 320. Die »Notitia dignitatum«, ein zur Zeit des römischen Kaisers Konstantin des Großen entstandenes Hof- und Staatshandbuch, gibt Aufschluß über die Grenzsicherung in der Spätantike.

321. Der römische Kaiser Konstantin der Große läßt den Sonntag zum allgemeinen Ruhetag erklären.

20. 5. 325. Der römische Kaiser Konstantin der Große eröffnet das Konzil von Nizäa, auf dem das arianische Christentum verdammt wird und das Nizänum, das altchristliche ökumenische (Glaubens-)Bekenntnis abgefaßt und beschlossen wird. Auf dem Konzil wird auch der Osterfeststreit entschieden: Als Termin für das Auferstehungsfest wird der erste Sonntag nach dem ersten Frühlingsvollmond festgesetzt.

Ab 350. Die Alamannen ziehen sich nach ihren Einfällen nicht mehr wieder zurück, sondern lassen sich vermehrt in Raetien nieder.

Um 350. Vornehme Frauen, aber auch modisch bewußte Männer versuchen, ihr Aussehen durch Schmuck mehr zur Geltung zu bringen. Man trägt Ohrringe und Ohrgehänge, Haarnadeln, Halsketten, Arm- und Beinringe, verzierte Gürtel, Broschen, Fingerringe u. a.

354. Das Weihnachtsfest wird auf den 25. Dezember gelegt.

357/58. Die germanischen Juthungen brechen über die Donau nach Raetien ein, werden jedoch zurückgeschlagen.

3. 5. 369. Der römische Kaiser Valentinian I. erläßt eine Verfügung über die Verproviantierung der Grenzkastelle.

375. Die Hunnen fallen nach ihrer Vertreibung aus China in Südrußland ein und vernichten das Ostgotenreich Ermanarichs. Die Zweite Germanische Völkerwanderung beginnt.

1. 5. 381. In Konstantinopel wird das von dem oströmischen Kaiser Theodosius dem Großen einberufene Zweite Ökumenische Konzil eröffnet (= Erstes Konzil von Konstantinopel). Auf diesem Konzil wird die Errichtung der orthodoxen katholischen Staatskirche faktisch vollzogen. – 382 legt der weströmische Kaiser Gratian den Titel »Pontifex maximus« ab und entzieht den heidnischen Kulten und Priesterschaften in Rom die staatliche Unterstützung.

Ab 388. Spätere Funde römischer Münzen im bayerischen Raum aus der Zeit nach 388 sind äußerst selten.

8. 11. 392. Der oströmische Kaiser Theodosius der Große läßt jeglichen heidnischen Götterkult verbieten; das Christentum wird Staatsreligion.

6. 9. 394. In der Schlacht am Frigidus bei Aquileja schlägt der oströmische Kaiser Theodosius der Große den weströmischen Usurpator Eugenius, dessen Heerführer Arbogast Selbstmord begeht. Das Römische Reich ist zum letzten Mal in einer Hand vereinigt. Theodosius der Große ernennt den Vandalen Stilicho zum Oberbefehlshaber im Westen.

17. 1. 395. Nach dem Tod des letzten gesamtrömischen Kaisers Theodosius des Großen wird das Römische Reich unter seinen beiden Söhnen in ein West- und ein Ostreich geteilt. Der Vandale Stilicho hat die Vormundschaft für den Westkaiser Honorius, der germanenfeindliche Flavius Rufinus übernimmt für Arcadius die Regierung im Osten.

GESTORBEN:

7. 8. 304. Augsburg: Afra (* ?, Zypern), Heilige, Märtyrerin, Mitpatronin des Bistums Augsburg. →

Stadtsiedlungen und Gutshöfe in Raetien

4. Jh. Im Land zwischen Alpen und Donau gibt es nur wenige Städte. Raetien ist eine Militär- und Bauernprovinz mit Augusta Vindelicum (Augsburg) als Mittelpunkt.

In den ersten Jahren der römischen Besatzungszeit wurde die ganze Militärregion offensichtlich von dem schon während der keltischen Zeit bedeutenden Cambodunum (Kempten) aus verwaltet. Die Stadt – sie lag auf dem Lindenberg, einem Hochplateau über dem rechten Illerufer – wurde in den Wirren, die dem Selbstmord Kaiser Neros im Jahr 68 folgten, zerstört, doch dann größer und prachtvoller wiederaufgebaut: Mit Forum und Tempel, mehrstöckigen Häusern, Verwaltungsgebäuden, einer großen und einer kleineren Therme, einer 10 m breiten Forums- und einer kaum weniger eindrucksvollen Thermenstraße sowie einem heiligen Bezirk mit einem Brandopferaltar.

Knapp 200 Jahre nach der ersten folgte um 259/60 eine weitere, endgültige Zerstörung. Der Platz wurde nun aufgegeben, die Römer zogen sich auf das linke Illerufer zurück, auf einen isoliert gelegenen Bergkegel. Dort entstand auf sehr viel kleinerem, doch leichter zu schützendem Gelände eine neue Niederlassung. Unter dieser sog. Burghalde errichtete man eine neue Siedlung, die künftige Stadt Kempten.

Typisch für das Bayern der Römerzeit ist nicht der große Ort, sondern der Gutshof, die sog. Villa rustica, zu der mehrere einzelstehende, von einer Mauer umschlossene Gebäude gehören und die ein bis zu 100 ha

großes Gelände umfassen kann. Häufig liegt nahe beim Eingangstor die Wohnung des Verwalters und des Rechnungsführers. In ihrer Nähe wiederum sind das Gesinde und die landwirtschaftlichen Geräte untergebracht. Daneben gibt es eine große Küche, die zugleich der Aufenthaltsraum der Landarbeiter ist.

In der Mitte des Gutshofes sind der Brunnen und die Vorratsräume zu finden, während man das Backhaus, um die Feuergefahr zu verringern, etwas weiter abseits gebaut hat.

Einer der etwa 200 bekannten raetischen Gutshöfe liegt südöstlich von Regensburg, in Burgweinting. Er besteht aus zehn Steingebäuden, die von einer gut 400 m langen Mauer umgeben sind. Das Hauptgebäude verfügt über zwei mit Fußbodenheizung versehene Räume und ein drittes, unterkellertes Zimmer. Hinzu kommen noch ein Nebengemach und eine Säulenvorhalle.

In einer südlich von Wassertrüdingen gelegenen, deutlich weniger luxuriösen Villa rustica fehlen Heizung und Bad, die Nebengebäude sind nur aus Holz.

Zu Beginn des 3. Jh. zeichnet ein Kartograph das ganze römische Weltreich auf, von Schottland bis hinab zum Euphrat, von Raetien im Norden bis Ägypten im Süden – und das alles auf einer Pergamentrolle, die zwar 7 m lang, doch nur gut 30 cm hoch ist. Die Erde wird also so lange gedehnt, bis das römische Straßennetz (denn das will der Zeichner darstellen) mit seinen Stationen und Entfernungen auf die Rolle gebracht ist.

Das geht nicht ohne große Verzerrungen: Die Adria zum Beispiel liegt über dem Tyrrhenischen Meer, der Abstand Florenz-Pisa ist auf der Karte sehr viel länger als die Distanz Pisa-Augsburg; die Entfernung Augsburg-Pisa wiederum ist nicht einmal halb so lang wie die zwischen Augsburg und Regensburg. Da der antike Landkartenmaler aber neben den Routen auch die Entfernungen angibt, kann sich der Reisende trotzdem ein genaues Bild machen.

Die Karte bleibt nur in einer Kopie des 12. oder 13. Jh. (Abb.) erhalten, die nach dem Augsburger Humanisten Konrad Peutinger, der sie im 16. Jh. besitzt, »Tabula Peutingeriana« genannt wird.

Einen handlicheren Wegweiser für Reisende erstellt im frühen 3. Jh. der Römer Antoninus Augustus.

Rekonstruktion der großzügig ausgebauten Thermenstraße in Cambodunum (Kempten); an der rechten Seite der Eingang zum Forum

Erste christliche Zeugnisse aus Bayern

Anfang des 4. Jh. Das Christentum kommt heimlich ins Land. Während den römischen Göttern Tempel errichtet und Opfer dargebracht werden, feiern die Anhänger der Lehre Christi ihren Gottesdienst im Verborgenen. Nur aus Heiligenlegenden, wie etwa der des heiligen Florian, der in Noricum stationiert ist und dort auch getötet wird, weiß man, daß es unter den Soldaten des Kaisers auch Christen gibt.

Erst die Toleranzedikte von 311 und 313 erlauben es auch den Christen, sich in einem einzigen Gott öffentlich zu bekennen.

Eine der ältesten Nachrichten über das Christentum in Raetien ist die Legende der heiligen Afra, die eben-

so wie der heilige Florian während der Christenverfolgung unter Kaiser Diokletian für ihren Glauben 304 den Märtyrertod stirbt. Zu ihrer Grabstätte pilgern die Gläubigen, Christen lassen sich neben der Heiligen beisetzen.

Augsburg, die Stadt Afras ist – ohne daß der Beweis erbracht werden kann – bereits in früher Zeit Bischofssitz, möglicherweise zusammen mit Passau der erste in Raetien. Daß es auch außerhalb der Provinzhauptstadt Augsburg Anhänger des neuen Glaubens gibt, zeigt ein Regensburger Grabstein aus dem 4. Jh., in den neben das Zeichen Christi die Worte gemeißelt sind: »In b(eatam) m(emoriam) Sarmann(i)ne quies-

centi in pace martiribus sociatae« – »Zum seligen Gedächtnis der Sarmannina, die in Frieden ruht, mit den Märtyrern vereint.«

Ein weiteres christliches Zeugnis aus dieser Zeit ist der Boden eines sog. Goldglases, das in eingeschmolzenem Blattgold zwei bärtige Männer zeigt, die durch eine Inschrift als Petrus und Paulus zu erkennen sind. Gläser dieser Art sind aus dem Rom des 3. und 4. Jh. überliefert.

Die bedeutendste Figur aus der Anfangszeit des Christentums in Bayern ist zweifellos Severin, der »Seher aus Noricum«. Er wirkt im 5. Jh. vor allem im späteren Österreich, doch sind seine Aufenthalte in Ostraetien, vor allem in Künzing und Passau, durch seinen Biographen Eugippius nachgewiesen.

Auf dem rechten Passauer Innufer, in Boiotro, baut Severin zusammen mit einem kleinen Kloster auch eine Kirche, die es in veränderter Form – doch etwa über den gleichen Fundamenten – auch nach anderthalb

▷ Reliefdarstellung des Kaisers Theodosius des Großen, des letzten Herrschers über ein ungeteiltes Römisches Reich, mit seinen Söhnen. Theodosius, von 379 bis 395 römischer Kaiser, läßt sich im Jahr 380 taufen.
▽ Grabstein aus Regensburg »zum seligen Gedächtnis der Sarmannina«, Christin (4. Jh.)

Frühe christliche Stätten in Bayern:
Bald nach der offiziellen Anerkennung des Christentums geht die Römerzeit in Bayern zu Ende. Es gibt daher nur wenige Stätten, die an die Anfänge erinnern. Auf dem Lorenzberg bei Epfach baut man im 4. Jh. eine Kirche, über deren Fundamenten später eine Lorenzkapelle errichtet wird. In Augsburg wird offensichtlich über dem ursprünglichen Grab der heiligen Afra der Nordteil der St. Ulrich und Afra-Kirche gebaut. Ebenfalls bis in die spätrömische Zeit zurückverfolgen läßt sich die Severinskapelle in der Passauer Innstadt.

Alle anderen religiösen Stätten im Bayern des 4., 5. und 6. Jh. gehen mit dem Römerreich unter.

Jahrtausend noch gibt: Die von einem Friedhof umgebene Severinskirche aus der Zeit um 470 ist ein einschiffiger, etwa 19 m langer Saalbau, dessen Apsis ebenso breit ist wie das Kirchenschiff.

Auch das älteste schriftliche Zeugnis aus der Römerzeit verrät, daß es in Bayern Anhänger der neuen Religion gibt – es sind zwei Teile eines christlichen Grabsteins, den sich eine vornehme Familie um 400 in Augsburg setzen läßt.

Die zum Christentum bekehrte Afra auf dem Scheiterhaufen

Venusdienerin Afra wird verbrannt

7. August 304. Die Dame, in deren Haus sich die Männer vergnügten, endet als Märtyrerin. Da sie sich zum Christentum hat bekehren lassen, wird Afra auf einer Lechinsel bei Augsburg an einen Pfahl gebunden und verbrannt.

So grausam endet eine Frau, die – so sagt die Legende – als Tochter des Königs von Zypern geboren wurde. Ihren Vater haben seine Gegner ermordet, und um ihr Leben zu retten, flohen Afra und ihre Mutter Hilaria daraufhin nach Rom. Da Aphrodite an Zyperns Küste aus dem Schaum geboren wurde, weihte Afra dem Dienst an dieser Göttin (die bei den Römern Venus heißt) ihr künftiges Leben.

Ein Traum sagte ihr, sie solle nach Augusta Vindelicum (Augsburg) ziehen, um dort ein der Göttin Venus wie den Männern gefälliges Leben zu führen. Die Gäste kamen und gingen, und eines Tages kehrte einer in ihr Etablissement ein, der sich von den anderen Männern unterschied: Es war der vor seinen Verfolgern fliehende spanische Bischof Narzissus. Der fromme Mann bekehrte Afra und die in ihrem Hause dienenden drei Damen Digna, Eumenia und Euprepia zum Christentum.

Das Schicksal, dem Narzissus entfloh, ereilt nun die vormaligen Venusdienerinnen.

Bis zum 5. Jh. Die in Raetien stationierten römischen Legionen ernähren sich weitgehend nach dem hier vorgefundenen Speiseplan. Wichtigster Posten ist 1 kg Weizen, das jedem Soldaten pro Tag zusteht. →

5. Jh. Die Franken, noch im 3. Jh. ein unbedeutender germanischer Stamm zwischen Weser und Niederrhein, verschaffen sich im 4. und 5. Jh. einen beträchtlichen Zuwachs ihres Siedlungsgebietes. Durch geschickte Ausnutzung der Schwäche Roms erweitern sie ihren Besitzstand in Belgien und Nordfrankreich und bemächtigen sich eines Großteils des römischen Erbes. →

Um 400. Der Hauptteil der Markomannen verläßt Böhmen und wandert nach Süden. Viele Markomannen lassen sich in Pannonien nieder.

406/07. Nach dem Abzug römischer Truppen nach Italien überschreiten Alanen, Vandalen, Sweben, Burgunder und Franken den Rhein und unterwerfen Teile Galliens. Die Römer geben nach der Donau- auch die Rheingrenze auf.

436. Der römische Reichsfeldherr Aetius zerschlägt im Bund mit den Hunnen das Burgunderreich (historischer Kern des Nibelungenlieds). 435 hatte der Burgunderkönig Gundikar den 413 mit dem weströmischen Kaiser Honorius geschlossenen Vertrag gebrochen und war in die römische Provinz Belgica I eingefallen.

Um 445. Attila, seit 434 König der Hunnen, ermordet seinen Bruder und Mitkönig Bleda und wird Alleinherrscher. Sein Reich umfaßt neben dem Kernland Ungarn zahlreiche Völker vom Kaukasus bis zum Rhein.

451. In der Schlacht auf den Katalaunischen Feldern (Ebene in der Gegend des späteren Troyes an der Heerstraße nach Sens) besiegen unter der Führung des römischen Reichsfeldherrn Aetius vereinigte römische, burgundische, westgotische und fränkische Truppen die Hunnen unter Attila. Auf seiten Attilas kämpfen auch Markomannen.

Nach 453. Der heilige Severin nimmt seine Missionstätigkeit in Noricum auf. Der Legende nach gründet er ein Kloster in Passau. Nach der »Vita Severini«, der Lebensbeschreibung des heiligen Severin, gibt es Kirchen in Passau, Künzing, Salzburg u. a. Orten.

23. 8. 476. Odoaker, Führer germanischer Söldner in römischen Diensten, setzt Kaiser Romulus Augustulus ab und wird vom Heer zum König ausgerufen. Dies ist das Ende des Weströmischen Reiches und die erste germanische Reichsgründung in Italien.

486. Der Merowingerkönig Chlodwig I. besiegt Syagrius, den römischen Statthalter des Gebiets um Soissons. Damit sind die letzten Reste der Römerherrschaft in Gallien beseitigt.

15. 3. 493. Der Ostgotenkönig Theoderich der Große erschlägt Odoaker, den germanischen König in Italien, und begründet das Ostgotenreich mit der Hauptstadt Ravenna. Zum Herrschaftsbereich Theoderichs des Großen gehören vermutlich auch Teile Bayerns.

Ende des 5. Jh. In Bayern steht einem relativ geringen Fruchtland viel unbebautes Land gegenüber. Das Erscheinungsbild ist vor allem durch die Wälder bestimmt, meist Laubwälder (Eiche und Buche).

Ende des 5. Jh. Der Norden Bayerns ist von Urwäldern bedeckt. Südlich schließen sich Fruchtland und Siedlungsgebiete längs der Donau an. Durch Urwälder von der Donau getrennt, erstreckt sich ein weiteres Siedlungsgebiet am mittleren Lech, an Iller, Isar, Inn, Salzach und Traun.

Ende des 5. Jh. Der Wald wird genutzt als Lieferant für Bau- und Brennholz, für Viehzucht, als Waldweide und zur Schweinemast sowie für Waldfeldbau und Jagd.

GESTORBEN:

Um 425. Mais bei Meran: Valentin (*?), Missionar im Alpengebiet, Bischof von Passau und später Stadtpatron von Passau.

8. 1. 482. Mautern: Severin von Noricum (*?), Heiliger, Mönch, Missionar, Gründer von Klöstern (u. a. Passau-Innstadt, Lorch/Enns, Mautern). →

Römische Ortsnamen in Bayern

Abodiacum	Epfach
Abusina	Eining
Alkimoennis	Michelsberg bei Kelheim
Augusta Vindelicum	Augsburg
Batavis	Passau
Bedaium	Seebruck am Chiemsee
Biriciana	Weißenburg
Boiodurum/ Boiotro	Passau-Innstadt
Bratananium	Gauting
Caelius Mons	Kellmünz
Cambodunum	Kempten
Castra Regina	Regensburg
Celeusum	Pförring
Coviliaca	Moosberg/ Murnau
Febiana	Gegend von Ulm
Foetes	Füssen
Germanicum	Kösching
Guntia	Günzburg
Parthanum	Partenkirchen
Pinianis	Gundremmingen
Pons Aeni	Pfaffenhofen bei Rosenheim
Quintana	Künzing
Rostrum Nemaviae	Türkheim
Sorviodurum	Straubing
Vallatum	Gegend von Manching
Vetoniana	Pfünz
Venaxamodurum	Neuburg/ Donau (?)
Vicus Scuttarensium	Nassenfels

Heiliger Severin ist tot

8. Januar 482. Die am Sterbebett des Abtes Severin zu Favinis (nahe Krems) versammelten Mönche singen Psalmen. Als sie, vom Schmerz überwältigt, in ihrem Gebet stocken, stimmt der Sterbende selbst den Gesang an, und mit den Worten: »Lobet den Herrn … ein jeglicher Geist lobe den Herrn« stirbt er.

Diese Szene beschreibt Severins Schüler Eugippius in seiner um das Jahr 511 verfaßten Gedenkschrift »Vita Severini« (Das Leben Severins). In den 46 Kapiteln des Buches wird das Wirken des Gottesmannes im Noricum des 5. Jh. erzählt.

In den Jahren um 460, als die nördlich der Alpen gelegenen römischen Provinzen »in einem dauernden Zustand der Verwirrung« waren, kam Severin aus dem Orient nach Noricum Ripense, dessen Ausdehnung etwa den südlich der Donau gelegenen Teilen von Ober- und Niederösterreich entspricht.

Die missionarische und soziale Arbeit führt den von Christen wie Heiden hoch verehrten Mönch auch in das an Noricum grenzende, von den Germanen bedrängte Raetien, in die Römersiedlungen von Quintana (Künzing) und Batavis (Passau) sowie in das in dieser Zeit zu Noricum gehörende, später aber bayerische Boiotro (Passau-Innstadt).

Die Römerzeit nähert sich hier dem Ende, und der Bericht des Eugippius ist das einzige literarische Zeugnis dieser Epoche, das überliefert ist.

Im 27. Kapitel wird erzählt, wie die Bewohner der Stadt Quintana, »die infolge der unaufhörlichen Einfälle der Alamannen schon ganz erschöpft waren«, nach Batavis flüchteten. Die Feinde folgten ihnen aber, und Severin prophezeite, daß die Römer in der nächsten Schlacht zwar siegreich sein würden, daß aber »diejenigen nach dem Siege umkommen würden, die seine Mahnung mißachteten«, Batavis zu verlassen und in das weiter donauabwärts gelegene Lauriacum (Lorch) zu ziehen.

Als Severin seinen Tod nahen fühlte, warnte er seine Freunde: »Wisset, meine Brüder, so wie bekanntlich die Söhne Israels aus dem Lande Ägypten errettet wurden, so muß die gesamte Bevölkerung dieses Landes von der ungerechten Herrschaft der Barbaren befreit werden.

Und so werden denn alle mit ihren Habseligkeiten aus diesen Städten auswandern und ohne den geringsten Verlust in eine römische Provinz gelangen.«

Im Jahr 488 ist die von Severin vorhergesagte Stunde gekommen: Hunwulf überbringt allen Romanen den Befehl seines Bruders, des Königs Odoaker, »nach Italien auszuwandern. Und wie aus dem Hause der ägyptischen Knechtschaft, so wurden damals alle Bewohner aus der tagtäglich sich wiederholenden Ausplünderung durch die Barbaren herausgeführt.«

Mit sich führen die Romanen die Leiche des heiligen Severin, der ihnen den Untergang der römischen Provinz Noricum prophezeit hatte, und dessen Mahnung sie befolgen.

Szene aus dem Leben des heiligen Severin: Der Gottesmann besucht eine Kapelle in Künzing, in der die Leiche des gerade verstorbenen Priesters Silvinus aufgebahrt ist. Severin erweckt den Toten durch sein Gebet wieder zum Leben; dieser bittet den Mönch jedoch, ihm den ewigen Frieden zu lassen und stirbt endgültig

Rekonstruktion der spätrömischen Landschaft um das etwa 270 erbaute Kastell Boiotro (Passau-Innstadt), wo Severin u. a. wirkte

Eugippius über ein Wunder Severins

Der heilige Missionar Severin tat manche Wunder. Wie er in Quitana (Künzing) die Donau besänftigte, erzählt Eugippius in seiner »Vita Severini«:

»Quintana hieß eine am Donauufer gelegene Stadt in Oberraetien; in ihrer Nähe, auf der anderen Seite, floß ein Flüßchen namens Businca vorbei. Dieses trat infolge der häufigen Überschwemmungen der Hochwasser führenden Donau aus seinen Ufern und überflutete dann einige Teile des Kastells, weil dieses in der Ebene angelegt worden war. Auch eine Kirche hatten die Ortsbewohner außerhalb der Mauern aus Holz erbaut, die sich freischwebend auf eingerammten Pfählen und Gabelhölzern erhob. Statt eines Fußbodens war eine Lage gehobelter Bretter gelegt, die das Hochwasser bei jeder Überschwemmung überflutete. Nun war der heilige Severin von den Einwohnern von Quintana vertrauensvoll eingeladen worden.

Da er zur Zeit der Trockenheit ankam, fragte er, warum denn die Dielen ohne Belag wären. Die Einwohner antworteten, daß infolge der häufigen Überschwemmung jeder Bodenbelag stets zugrundeginge. Er aber sprach: ›So legt denn jetzt in Christi Namen über die Dielen einen Estrich; ihr werdet schon sehen, daß der Fluß von jetzt ab auf himmlisches Geheiß ferngehalten wird.‹ Als der Estrich fertig war, begab er sich zu Schiff unter die Kirche, ergriff ein Beil, schlug nach einem Gebet in die Pfähle das ehrwürdige Kreuzzeichen und sprach zum Wasser des Flusses: ›Es erlaubt dir nicht mein Herr Jesus Christus, dieses Kreuzeszeichen zu überschreiten.‹ Wenn nun der Fluß wie gewöhnlich hoch anschwoll und die Umgebung wie sonst einschloß, so war er seitdem im Bereich der Kirche um so vieles niedriger, daß er niemals das heilige Kreuzeszeichen überschritt, welches der Mann Gottes angebracht hatte.«

Franken als Erben Roms

5. Jh. Als sie im Jahr 258 erstmals genannt wurden, waren die Franken nichts weiter als einer von vielen germanischen Stämmen, einer, der zwischen Weser und Niederrhein lebte, und sich aus einem Zusammenschluß von kleineren Völkerschaften gebildet hatte.

Mit Rücksichtslosigkeit, Beharrlichkeit und viel politischem Geschick nutzten die Führer dieses Stammes die zunehmende Schwäche Roms. So erweiterten sie ihren Besitzstand in der Gegend des späteren Belgiens und Nordfrankreichs und verschafften sich im 4. und 5. Jh. einen Großteil des römischen Erbes.

Noch vor dem Jahr 500 werden die Alamannen besiegt, wenige Jahre später erobern die Franken auch noch das westgotische Gallien. Der im Jahr 466 geborene und 496 getaufte König Chlodwig I. (Ludwig) wird auf solche Weise zum Gründer des fränkischen Reiches. Die bisher bestehenden fränkischen Teilkönigreiche – eines hatte auch er einst besessen – werden durch Chlodwig beseitigt. Durch seine Taufe wird der römischen Kirche der Weg zu ihrer Rolle als Staats- bzw. Reichskirche im Mittelalter geebnet.

In seinem Reich, dessen Ausdehnung bis zum Mittelmeer gestoppt wird, wahrt Chlodwig die römischen Traditionen, etwa durch die Übernahme der römischen Verwaltungsmethoden und des römischen Staatsbesitzes.

Nach seinem Tod wird das Frankenreich unter seine Söhne Theuderich I., Chlodomer, Childebert I. und Chlothar I. geteilt.

Frankenkönig Chlodwig I. heiratet Clothilde von Burgund

Eßgewohnheiten in Raetien

Bis zum 5. Jh. Das römische Reich ist groß, und die Legionäre lernen im Laufe ihres soldatischen Daseins viele Länder sowie die Küchen der Welt kennen. Eine Stationierung im unwirtlichen Raetien gehört sicher nicht zu den Kommandos, die sich ein Soldat wünscht. Da sich die Truppe aus der Region ernähren muß, unterscheidet sich das, was im Lager auf den Tisch kommt, wohl kaum von dem, was die Einheimischen essen. Sie aber sind – aus der Sicht der zivilisierten Römer – Barbaren.

Der wichtigste Posten auf dem Speisezettel ist das Kilogramm Weizen, das jedem Soldaten am Tage zusteht (plus Fett und Gemüse). Hinzu kommen Fleischspeisen; vor allem werden Rindfleisch (60 %) und Schweinefleisch (20 %) serviert, überraschend selten Wild.

Gelegentlich kommt freilich Nachschub aus dem Süden, vor allem natürlich Wein, mit dessen Anbau man nördlich der Alpen ja erst in der Römerzeit vorsichtig beginnt.

Trotz der langen Transportwege und obwohl es sich um höchst verderbliche Waren handelt, bringt man auch Weinbergschnecken, Austern, Frösche sowie Amseln und Drosseln nach Raetien. In ihren Genuß kommen aber sicher nur die höheren Chargen unter den Legionären.

Schwarze Firnisbecher mit weißer Schrift (Fundorte bei München)

Die Bajuwaren und ihre ersten Herrscher

Wer sind die Bayern? Mit Leidenschaft und Sachverstand haben in den letzten Jahrhunderten Historiker und Archäologen die Frage diskutiert, ob es sich bei den Bajuwaren (so werden sie in den ersten schriftlichen Quellen genannt) um eine Urbevölkerung handelt oder um einen Stamm, der zur Zeit der allgemeinen Völkerwanderung in das Land zwischen Alpen und Bayernwald eingedrungen ist. Dabei war die Anzahl der Gelehrten, die von einer Invasion um 500 n. Chr. ausging, deutlich in der Mehrzahl. Doch in neuerer Zeit häufen sich die Indizien und Stimmen, die besagen, daß die Bayern nichts anderes als die Nachkommen der keltischen Boier sind. Zunächst einmal machte der Münchner Historiker Karl Bosl zu Anfang der 70er Jahre des 20. Jh. darauf aufmerksam, daß es nicht einen einzigen Befund dafür gebe, daß die Bayern um 500 eingewandert seien, nicht einmal einen archäologischen. Ein Blick in die Quellen zeigt jedoch das Gegenteil.

Erstens einmal weisen zwei antike Schriftsteller darauf hin, daß die Boier exakt dort siedelten, wo später die Bayern zu finden sind. So charakterisiert der Geograph Strabon, der um die Zeitenwende lebte, die Vindeliker im Siedlungsgebiet von Augsburg als die Nachbarn der Boier. Tacitus wird kurz darauf noch präziser. In seiner »Germania« liest man: »So wohnten zwischen dem Hercynischen Bergland [= deutsches Mittelgebirge] sowie Rhein und Main die Helvetier, weiter ostwärts die Boier, beides gallische [= keltische] Stämme.« Weiter berichtet der römische Historiker, daß es zu seiner Zeit zwar den Namen »Boihaemum« noch gab, doch stellte er auch klar, daß »die heutigen Bewohner keine Boier mehr sind«. Sie seien längst vor seiner Zeit (er starb um 115 n. Chr.) von den Markomannen vertrieben worden.

Zweitens beweisen Fundstücke, daß die Boier hierzulande noch fast bis zum Ende der Römerzeit lebten. Ein in Weißenburg gefundenes Militärdiplom, das aus dem Jahr 107 stammt, ist auf einen Boier ausgestellt, auf Mogetissa. 278 begegnet uns weiter ein Oberbefehlshaber am Limes, der Boius hieß. Um 300 bekleidete diese Stelle ein Boier mit dem Namen Bonus.

Drittens überdauerten die Namen der Flüsse die äußerst schwierigen Zeiten um 500. Immerhin heißen damals wie heute die altbayerischen Flüsse genauso wie die Gewässer, an deren Ufern die keltischen Boier siedelten. Da gibt es die Isére in Frankreich, den Isarco in Norditalien, die Iser in Böhmen und die Isar in Bayern. Eine Abwanderung oder Verdrängung der Boier hätte unweigerlich den Verlust der keltischen Namen zur Folge gehabt.

Große Bedeutung kommt viertens der Lebensbeschreibung des heiligen Columban zu, der 615 gestorben ist. In ihr behauptet der um 600 geborene Abt Jonas von Bobbio, daß die Boier jetzt Bayern genannt werden (»Boiae, qui nunc Baioarii vocantur«). Das sagt nicht irgendein Italiener oder ungebildeter Kleriker. Jonas war vielmehr Vorsteher des Klosters Bobbio, das die Agilolfingerin Theodolinde eben gegründet hatte. Dort waren also mit Bestimmtheit die wahren Zusammenhänge bekannt. Ungefähr zu dieser Zeit

wurden die Bayern in der Lex Ripuaria, dem frühen Gesetzbuch der Franken, ebenfalls Boier genannt.

Schließlich ist in diesem Zusammenhang noch an eine Scherbe zu erinnern, die vor kurzem in der ehemaligen Keltenstadt Manching gefunden wurde. Auf ihr ist das älteste Schriftdenkmal Deutschlands eingeritzt, das Wort »Boios«, das man aber auch als »Baios« lesen kann. Höchstwahrscheinlich deutet sich bereits hier eine Lautumwandlung an.

Ebenso kontrovers wie über die Herkunft der Bayern wurde in der Vergangenheit über die Herkunft der Agilolfinger, des ersten bayerischen Herrschergeschlechts, diskutiert. Die einen sagten, sie seien Einheimische gewesen, andere behaupteten, es habe sich um eine burgundische Familie gehandelt, und eine weitere Gruppe deutete nach Franken. Dabei ist besonders in diesem Punkt die Quellenlage ziemlich eindeutig. Die Agilolfinger stammen aus der fränkischen Königsdynastie.

In der Lex Baiuvariorum, dem ersten Gesetzeswerk der Bayern (um 630), heißt es nämlich klipp und klar, daß die Merowingerkönige in Bayern einen Angehörigen »aus ihrem Geschlecht zum Herzog einsetzten«. Weiter zählte nach Darstellung des langobardischen Chronisten Paulus Diaconus der Merowingerherrscher Theudebald (†555) den ersten bayerischen Herzog Garibald I. zu »einem der Seinen« (»uni ex suis«). Die sog. Fredegarchronik, die um 650 entstand, sagt von den Kindern dieses Garibald, sie seien »aus dem Geschlecht der Franken« (»ex genere Francorum«). Diese Bezeichnung kann sich nur auf den Vater beziehen. Von der Mutter weiß man nämlich, daß sie Langobardin war. In gleicher Weise bezeichnete Frankenkönig Chlothar (†561) eine Enkelin von Garibald I., die Gundeberga, als »eine Verwandte der Franken«, wie der Fredegarchronik weiter zu entnehmen ist. Da wir wissen, daß Gundebergas Vater und Großvater Langobarden waren, bedeutet eine solche Aussage, daß ihre, Gundebergas, Mutter Theodolinde und wiederum deren Vater Garibald I. genau wie Chlothar aus dem Geschlecht der Merowinger stammen.

Für Paulus Diaconus war Garibald I. prinzipiell der König (»rex«). Seinen Sohn Tassilo I. bezeichnet er bei der Schilderung der Amtseinsetzung ebenfalls als König, bei seinem Tod dann als Herzog. Der Titel »rex« aber ist unmißverständlich ein Indiz dafür, daß der erste Bayernherzog aus dem Königshaus stammt.

Einer der gewichtigsten Punkte, die für die Abstammung des bayerischen Herzogs vom fränkischen Merowingerhaus sprechen, ist aber die Tatsache, daß Garibald vom Frankenkönig Chlothar, der als großer Freund der Langobarden bekannt ist, die langobardische Königstochter Waldrada zur Frau erhielt. Wäre Garibald I. nicht königlichen Geblüts gewesen, so hätten die Langobarden diese Heirat als eine unverzeihliche Brüskierung aufgefaßt. Es ist aber undenkbar und paßt überhaupt nicht in die Quellenlage, daß Chlothar seine Verbündeten und Freunde derart vor den Kopf gestoßen hätte. Schließlich liest man in keiner einzigen Quelle, daß

Garibald I. den Franken tributpflichtig war. Während in vielen Überlieferungen von Zahlungen der besiegten Völker die Rede ist, unterbleibt für Bayern diese Aussage. Man konnte ja auch schlecht von einem Verwandten, den man als Herzog mit enormen Aufgaben in eine problematische Grenzprovinz des Reiches schickte, einen Tribut verlangen.

Damit ist eigentlich schon die wichtigste Aufgabe der Agilolfinger angedeutet. Sie und ihr Volk hatten nach den Maximen der fränkischen Außenpolitik ein Bollwerk gegen die östlichen Stämme zu bilden. Insofern kam auf Garibald, der mit der Langobardin Waldrada verheiratet war, bald eine Belastungsprobe zu. Im Zuge einer sich allmählich anbahnenden Freundschaft zwischen Franken und Langobarden entschied sich das Herzogspaar nämlich für eine Allianz mit den Langobarden. Sichtbaren Ausdruck fand dieses Bündnis in der Ehe zwischen der bayerischen Herzogstochter Theodolinde und dem Langobardenkönig Authari 589. Als Königin setzte sich die Agilolfingerin unermüdlich für die Katholisierung der arianischen Langobarden ein. »Treffliche Tochter« nannte sie deshalb Papst Gregor der Große.

In Bayern übernahm indes (um 592) Tassilo I. die Herrschaft, unter dem sogar Säben bei Brixen besiegt wurde, wie die jüngsten Ausgrabungen beweisen. 610 allerdings erlitt er bei Agunt gegen die Slawen eine vernichtende Niederlage. Mit seinem Nachfolger Garibald II. reißt dann der erste Teil der Genealogie der Agilolfinger ab. Allerdings gibt es Hinweise, daß dieser Garibald einen Sohn Agilolf hatte, der dem Geschlecht schließlich den Namen gab. Sein Name – verbunden mit dem Herzogstitel »illuster« – taucht nämlich in der Lex Baiuvariorum auf.

Deutlichere Konturen nimmt der Stammbaum wieder mit Herzog Theodo I. an, der nach Darstellung des Freisinger Bischofs Arbeo ein zorniger Mann und »von ungezähmter Sucht nach weltlicher Ehre beseelt« war. Sein Sohn Lantpert ermordete (nach der Regensburger Tradition 652) den heiligen Emmeram, weil er angeblich die Herzogstochter Uta geschwängert hatte. Wahrscheinlich ein Neffe dieses Herzogs war Theodo II., den Arbeo als »einen frommen Herzog« darstellt, der durch »Macht und Tüchtigkeit ausgezeichnet und mit Söhnen geziert« war. Dieser Herrscher teilte um 715 sein Land unter seinen vier Söhnen Theodolt, Theodebert, Tassilo II. und Grimoald auf.

Besonders gut informiert sind wir über die Teilherzogtümer Salzburg, wo der heilige Rupert wirkte, und Freising, wo sich Grimoald mit dem heiligen Korbinian stritt. Als der Gottesmann vor den Nachstellungen der Herzogin fliehen mußte, marschierte 725 Karl Martell in Bayern ein. Nachdem im Verlauf dieser Intervention Grimoald gestorben war, übernahm sein Neffe Hucbert († 736/737) das wieder vereinigte Herzogtum.

Die letzten beiden Agilolfingerherzöge waren dann Odilo und sein Sohn Tassilo III. Unter dem Vater wurde Bayern 739 vom heiligen Bonifatius in die vier Bischofssprengel Regensburg, Passau, Freising und Salzburg aufgeteilt. Weiter verhandelte er mit dem heiligen Willibald und führte mit dem heiligen Virgil (der behauptete, die Erde sei eine Kugel) die erste naturwissenschaftliche Diskussion in Deutschland.

Vielfältige Erfahrungen machte Odilo auch mit den Franken, die sogar gegen die Bayern Krieg führten. Als er in den ersten Monaten des Jahres 741 für kurze Zeit im fränkischen Reich weilte, lernte er Karl Martells Tochter Hiltrud kennen und lieben. Nach dem Tod Martells im Oktober 741 floh die Prinzessin dann gegen den Willen ihrer beiden Brüder Pippin d. J. und Karlmann nach Bayern, wo sie kurz darauf einem Sohn Odilos das Leben schenkte. Es war Tassilo III., der durch seine Mutter ein Cousin des Frankenkönigs Karls des Großen wurde.

Der Knabe war gerade sechs Jahre alt, als Vater Odilo Anfang 748 starb. So wuchs er unter der Vormundschaft seiner Mutter Hiltrud und des Onkels Pippin auf, dem er schließlich nach dem Tod der Mutter im Jahr 754 total ausgeliefert war. Schon im Mai 755 mußte der jetzt 13jährige Knabe zum Maifeld, der fränkischen Reichsversammlung, reisen. Ein Jahr später hatte er seinen Onkel auf dem Langobardenfeldzug zu begleiten. Hier erlebte er augenscheinlich mit, was es heißt, ein Feind der Franken zu sein.

Als sich Tassilo dann 757 mit einem stattlichen Gefolge zum Maifeld von Compiègne aufmachte, wußte er, daß dort der Vasalleneid von ihm verlangt wurde. Wie Chronist Einhard mitteilt, begab sich der junge Agilolfinger »nach fränkischem Brauch, indem er seine Hände zwischen die Hände des Königs streckt, in die Dienstbarkeit des Königs und gelobt durch einen Eid über dem Leib des heiligen Dionysius dem König Pippin und seinen Söhnen Karl [= Karl der Große] und Karlmann Treue«.

Genau in dieser Zeit seiner Frankreichreise und des Treueeides berief Tassilo III. die erste Synode, eine Landesversammlung von Adel und Geistlichen, nach Aschheim bei München ein. Es war ein außergewöhnlicher Vorgang, denn von allen Stämmen des Frankenreiches kannte nur Bayern Zusammenkünfte der Großen des Landes. Insgesamt wurden hier 15 Beschlüsse gefaßt, die im großen und ganzen auf eine Stärkung der Kirche hinausliefen. Doch man befaßte sich auch mit den Sorgen der Unterschichten. Einige Teilnehmer beklagten nämlich, daß die Witwen und Waisen wie auch arme Männer und Frauen von einzelnen Großen schikaniert würden. Deshalb sollte sich der Herzog die Beschwerden der Unterdrückten anhören und an jedem ersten Sonntag im Monat im Beisein eines Geistlichen einen Gerichtstag halten. In Aschheim wurde also das erste deutsche Gesetz zur Verbesserung der sozialen Gerechtigkeit verabschiedet.

Es war eine Zeit relativer Ruhe, in den Quellen sind keine bemerkenswerten Ereignisse enthalten. Da traf wie ein Blitz aus heiterem Himmel 763 der Einberufungsbefehl Pippins zum Feldzug gegen die Aquitanier in der Regensburger Herzogspfalz ein. Tatsächlich zog Tassilo gehorsam zu seinem Onkel und reihte sich in das Heer der Franken ein. Doch plötzlich kehrte der nunmehr 21jährige Agilolfinger dem Frankenkönig den Rücken und verließ das Heer. Chronist Einhard berichtet dazu: »Von diesem Feldzug begibt sich der Herzog Tassilo von Bayern unter dem falschen Vorwand einer Krankheit nach Hause mit dem festen Entschluß abzufallen und nie wieder vor dem König zu erscheinen«.

König Pippin wollte bald darauf Rache nehmen, doch konnte er seinen Plan nicht mehr in die Tat umsetzen. Auch sein Sohn und Nachfolger Karl der Große, der 768 die Regierung antrat, schien sich zunächst nicht um den Cousin zu kümmern. So konnte Tassilo in seinem Herzogtum schalten und walten, wie ihm beliebte. Unter anderem berief er Synoden nach Dingolfing und Neuching (wo das erste deutsche Schulgesetz verabschiedet wurde) ein und gründete die Klöster Innichen und Kremsmünster (wo noch heute der von ihm gestiftete und nach ihm benannte »Tassilokelch« aufbewahrt wird). Seine Frau Liutbirga (Liutpirc) holte er aus der langobardischen Königsfamilie.

Höchstwahrscheinlich war es diese Frau auch, die Tassilo bestärkte, gegenüber Karl dem Großen, der 774 ihren Vater Desiderius absetzte, ein eigenes politisches Profil zu zeigen. Jedenfalls ließ der Karolinger seinen Cousin mehrmals an den Treueid von Compiègne erinnern. Als er aber erfuhr, daß Tassilo ein Bündnis mit den Hunnen geschlossen hatte, lud er ihn 788 vor die Reichsversammlung in Ingelheim, setzte ihn gefangen und steckte ihn in das Kloster Jumièges.

Rudolf Reiser

Ab etwa 500. Zwischen Lech und Enns, Donau und Alpen sind die Bajuwaren nachgewiesen.

508. Der sagenhaften Überlieferung nach kehren die Bajuwaren in ihr Heimatland Bayern zurück. Allen Stammessagen gemeinsam ist der Gedanke der Rückkehr der Bajuwaren in ein Land, aus dem sie einmal vertrieben worden sind.

Die Führung des Stammes der Bajuwaren liegt in frühester Zeit beim Geschlecht der Agilolfinger, die das erbliche Recht auf die Herrschaft über die Bayern besitzen.

510. Der Ostgotenkönig Theoderich d. Gr. verheiratet seine Nichte Amalaberga mit Herminafried, dem König des Thüringerreichs. Diese Verbindung zwischen Thüringern und Ostgoten läßt den Schluß zu, daß auch Bayern unter dem Einfluß der Ostgoten steht.

Um 511. Der aus Noricum stammende Abt und Schriftsteller Eugippius, Schüler und Gefährte des hl. Severin, verfaßt seine »Vita Severini«. Die Bayern erwähnt Eugippius darin jedoch nicht.

30. 8. 526. Theoderich d. Gr., König der Ostgoten, Begründer des Ostgotenreiches in Italien, stirbt in Ravenna. Um seine Gestalt entstehen zahlreiche Sagen (Dietrich von Bern). Nach dem Tod Theoderichs übernimmt seine Tochter Amalasuntha, eine Nichte des Frankenkönigs Chlodwig I., die Herrschaft im Ostgotenreich. In der Folgezeit geht der Einfluß der Ostgoten nördlich der Alpen stark zurück.

531. In der Schlacht an der Unstrut besiegen die mit den Sachsen verbündeten Frankenkönige Theuderich I. und Chlothar I. die Thüringer unter König Herminafried. Diese Niederlage bedeutet das Ende des selbständigen Thüringerreichs.

534. Die Franken schließen die Eroberung des Burgunderreichs ab.

Um 543. Von Marseille aus verbreitet sich die Beulenpest über weite Teile Europas.

548. Theudebert I., König des fränkischen Teilreichs mit Hauptstadt Reims, stirbt. Unter seiner Herrschaft hat die fränkische Expansion im Osten ihren Höhepunkt erreicht. Seinen eigenen Angaben zufolge hat sich seine Herrschaft von der Donau und der Grenze Pannoniens bis an die Küsten des Ozeans erstreckt.

551. Der westgotische Geschichtsschreiber Jordanes (Jordanis) erwähnt in seiner Geschichte der Goten die »Baibari« bzw. »Baiobari« als östliche Nachbarn der Alamannen. Dies ist die erste schriftliche Erwähnung der Bayern. →

Um 555. Der Frankenkönig Chlothar I., der das gesamte Frankenreich noch einmal vereinigt, trennt sich von seiner Gattin Waldrada, der Tochter des Langobardenkönigs Waho, weil die Kirche wegen zu naher Verwandtschaft Einspruch gegen diese Ehe erhoben hat. Chlothar gibt Waldrada Garibald I. zur Frau, dem ersten namentlich bekannten Bayernherzog. →

29. 11. 561. Nach dem Tod von König Chlothar I. teilen sich seine Söhne das Frankenreich. Es entstehen drei Teilreiche mit den Hauptstädten Orléans, Reims/Metz und Soissons. In der Folgezeit bilden sich die fränkischen Reiche Austrien, Neustrien und Burgund heraus. Nach dem Tod Chlothars verlieren die Franken ihre oberitalienischen Besitzungen, so daß Bayern aus dem direkten Interesse der fränkischen Politik rückt.

562. Sigibert I., fränkischer König des Teilreichs mit Hauptstadt Reims/Metz, schlägt bei Regensburg die Awaren zurück, ein nomadisierendes Reitervolk, das die Türken aus Zentralasien vertrieben haben. Die slawischen Awaren lassen sich nach ihrer Niederlage in Pannonien (Ungarn) nieder (→ um 595).

Um 565. Die zweite schriftliche Erwähnung der Bayern stammt von dem Priester und späteren Bischof Venantius Fortunatus. Er beschreibt ihr Herrschaftsgebiet und schildert sie als ein Volk von Straßenräubern.

568. Die Langobarden verlassen aufgrund des Awarendrucks Pannonien, fallen unter ihrem König Alboin in Italien ein, besetzen die nach ihnen benannte Lombardei und gründen das bis 774 bestehende Langobardenreich mit seiner Hauptstadt Pavia (→ 595).

575. Der Bayernherzog Garibald verheiratet eine seiner Töchter mit dem Langobardenherzog Ewin von Trient. (→ um 555).

15. 5. 589. Theodolinde (Theudelinde), die Tochter des Bayernherzogs Garibald, heiratet den Langobardenkönig Authari. Die Hochzeit findet vermutlich auf dem Campo Sardi vor den Toren Veronas statt (→ 591).

589. Die Franken unternehmen einen Kriegszug nach Bayern.

5. 9. 590. Nach der Ermordung des Langobardenkönigs Authari heiratet seine Gattin Theudelinde, die Tochter des bayerischen Herzogs Garibald, Agilulf, den langobardischen Herzog von Turin, (→ 591).

591. Franken und Langobarden schließen einen Frieden, in den auch Bayern einbezogen wird. →

592. Der Frankenkönig Childebert II. ernennt Tassilo I. zum König der Bayern; über das weitere Schicksal Garibalds, des ersten namentlich bekannten Bayernherzogs, ist nichts weiter überliefert.

592. Der Bayernkönig Tassilo I. unternimmt einen Kriegszug gegen die Slawen und kehrt mit reicher Beute zurück (→ um 595).

Um 595. Ein zweiter Kriegszug der Bayern gegen die Slawen endet mit einer völligen Niederlage. 2000 Bayern kommen ums Leben. →

Erster Bayernherzog Garibald

Um 555. Die Geschichte der Agilolfinger, des ältesten bayerischen Herrschergeschlechtes, beginnt mit einer fremdbestimmten Eheschließung: Herzog Garibald erhält von Frankenkönig Chlothar I. seine Frau zugeteilt, die langobardische Königstochter Waldrada.

Die Herzogin von Bayern war zunächst mit dem merowingischen Frankenkönig Theudebald verheiratet. Nach dessen Tod im Jahr 555 führte sie Chlothar, der Onkel des Verblichenen, als Gemahlin an seinen Hof. Die Kirche legte aber gegen diese Verwandtenehe ihren Widerspruch ein und so gab Chlothar, um den Fall alsbald aus der Welt zu schaffen, Waldrada »einem der Seinen, der Garibald genannt wird – uni ex suis, qui dicebatur Garipald«.

Woher dieser Garibald mit seiner Familie kam, ist nicht bekannt. Waren die Agilolfinger, zu denen er gehört, ein nobles fränkisches Geschlecht? Waren sie Burgunder? Vielleicht Langobarden? Oder Thüringer? Indizien weisen in all diese Richtungen und doch auch wieder nirgendwohin.

Doch wo Agilolf auch herkommt, in seiner Hauptstadt Regensburg – in den Resten des römischen Legionslagers – muß er Rücksicht nehmen auf die Wünsche der Franken, unter deren Herrschaft das Land seit etwa 540 steht. Franken ist die »Schutzmacht«, und in der Umgebung des Herzogs leben, als Berater oder Kontrolleure, fränkische Herren aus vornehmer Familie.

Trotz der engen Bindung an Franken ist Garibald aber doch unumstrittener Herr im Lande. Diese Position wird später seiner Familie in der »Lex Baiuvariorum«, dem Bayerischen Stammesrecht, ausdrücklich bestätigt: Der Herzog, so heißt es, sei »immerdar aus dem Geschlecht der Agilolfinger«. Seine besondere, herrschaftliche Stellung wird dadurch unterstrichen, daß Verbrechen, die an ihm oder gegen ihn begangen werden, mit besonders harten und strengen Strafen geahndet werden.

Herzogshof in Regensburg, der schon 988 erstmals erwähnt wird

Vermutungen über die Herkunft der Bayern

Die Völker wandern, die Welt ist vom 3. Jahrhundert an in Bewegung. Die Spuren und die Wege der Stämme lassen sich nachzeichnen, die alten wie die neuen Quartiere sind zu finden. Doch um die Mitte des 6. Jahrhunderts taucht ein Name auf, den bisher niemand gekannt hat: Die Bayern treten in die Geschichte ein.

Darüber, woher diese Bajuwaren kommen, wird spekuliert und argumentiert. Viele, zum Teil recht phantastische Theorien werden dazu aufgestellt.

Die Bayern stammen aus Armenien heißt es einmal, ein andermal glaubt man, sie seien Angehörige des Hunnen-Stammes der Awaren (die sich ein »B« vor ihren Namen gesetzt hätten); ihre Vorväter sucht man bei den keltischen Boiern wie auch bei den Markomannenstämmen.

Überzeugender ist freilich die These, daß die Bayern ein Völkergemisch seien. Römer und Soldaten aus den römischen Kolonien hätten Kelten geheiratet. Die auf solche Weise entstandene keltoromanische Bevölkerung sei nur zum Teil mit den Legionären abgezogen. In das dünn besiedelte Land aber ziehen Einwanderer aus Nordböhmen, hinzu kommen Donausweben, Alamannen und daneben ostgermanische Kleinstämme. Neuerdings wird versucht, den Anteil der Alamannen besonders zu betonen.

Frieden zwischen Langobarden und Franken

591. Die Franken schließen Frieden mit den Langobarden, gegen die sie schon mehrmals in den Krieg gezogen waren. Da aber die Agilolfinger, die bayerischen Herrscher, ihren südlichen Nachbarn beigestanden hatten, bezieht man sie auch in diesen Frieden ein.

Die Verbindungen zwischen Bayern und Langobarden waren seit langem schon eng und wurden 575 noch bekräftigt, als der Langobardenherzog Ewin von Trient, der eben einen Angriff der Franken erfolgreich zurückgeschlagen hatte, eine Tochter des Bayernherzogs Garibald (→um 555) heiratete.

Auf solche Weise versicherte er sich eines Verbündeten, den die Langobarden dringend brauchten. Wenige Jahre vor der Hochzeit Ewins war der Stamm von Pannonien nach Oberitalien gezogen und hatte damit ein Gebiet besetzt, für das sich auch die Franken besonders interessierten und um das diese auch zu kämpfen bereit waren.

Das Bündnis zwischen der bayerischen Hauptstadt Regensburg und der Langobardenresidenz Pavia gestaltete sich noch enger, als der Langobardenkönig Authari die bayerische Herzogstochter Theodolinde zur Ehefrau nahm.

Es wird erzählt, daß der Langobarde selbst über die Alpen nach Regensburg zog, um – er gibt sich als ein Abgesandter Autharis' aus – die Auserwählte sich ungestört ansehen zu können. Theodolinde, die bei der Überreichung eines Weinbechers

Die bayerische Herzogstochter Theodolinde (l.) mit ihrem zweiten Gatten Agilulf, dem Herzog von Turin und König der Langobarden

erkennt, wer ihr gegenübersteht, zieht nach Italien und wird am 15. Mai 589 auf dem Sardischen Feld vor Verona dem Langobardenkönig feierlich angetraut.

Der Bräutigam muß freilich bald schon wieder in den Krieg ziehen. Er verliert dabei einige wichtige Städte und findet schon am 5. September 590 den Tod allerdings nicht im Feld, sondern durch Gift.

Die Langobarden machen daraufhin die bayerische Herzogstochter (die ja durch ihre Mutter Waldrada Enkelin eines Langobardenkönigs ist) zu ihrer Herrin – wer von ihr zum Mann gewählt würde, so sagen

sie, der solle im Lande König sein. Noch in Autharis' Todesjahr trifft sie die Entscheidung: Herzog Agilulf von Turin wird Nachfolger des so verdächtig schnell verstorbenen Königs Authari.

Die Agilolfingerin gibt die Regierungsaufgaben ab; den Krieg gegen die Franken, der bald nach der Eheschließung beendet wird, führt ihr Mann. Sie selbst aber sorgt dafür, daß aus den Langobarden Katholiken werden und diese ihren bisherigen arianischen Glauben ablegen, nach dem Christus nicht wesensgleich mit Gott ist, sondern nur dessen vornehmstes Geschöpf.

Die Wanderschaft der »Langbärtigen«, der swebischen Langobarden, beginnt im 4. Jh., als sie ihre Heimat an der Unterelbe verlassen und südostwärts nach Ungarn ziehen. Sie besiegen zu Beginn des 6. Jh. die Heruler, triumphieren wenig später auch über die Gepiden und geben dann doch bereits 568 ihren pannonisch-norischen Besitz wieder auf, um unter König Alboin (der wenig später ermordet wird) in Oberitalien ein neues Langobardenreich aufzubauen.

Mit diesem Eroberungszug in die nach ihnen benannte Lombardei stören sie freilich die Interessen der Franken, die gegen die Eindringlinge mehrfach zu Felde ziehen. Die Neuankömmlinge geraten, da sie sich zum arianischen Christentum bekennen, auch mit dem Papst in Konflikt.

In ihren Auseinandersetzungen haben die Langobarden in den Bayern, vor allem aber im agilolfingischen Herzogshaus, zuverlässige Verbündete, was wahrscheinlich auf verwandtschaftliche Verbindungen zurückgeht. Bayern und Langobarden, schreibt Paulus Diaconus, können ohne Dolmetscher miteinander sprechen, und einer der Langobardenherrscher trägt den Namen Agilolf.

L. Stirnplatte eines langobardischen Kriegshelms (Museo de Bargelo, Florenz); r. Henne und sieben Küken: aus vergoldetem Silber hergestelltes Geschenk Papst Gregors des Großen an Königin Theodolinde als Dank für die Bekehrung ihrer Untertanen zum katholischen Glauben

Slawen bereiten Bayern schwere Niederlage

Um 595. Eine Schlacht gegen die Slawen geht ruhmlos verloren und 2000 Bayern verlieren ihr Leben. Als wollte man die Erinnerung an diese Niederlage für alle Zeit vergessen, wird weder der Name des unterlegenen bayerischen Heerführers noch der Schauplatz des Kampfes irgendwo vermerkt.

Vier Jahre zuvor noch hatte Herzog Tassilo I. (von dem der Langobarde Paulus Diaconus behauptet, er sei in Wirklichkeit König gewesen) das Vordringen der Slawen aufhalten können, und 592 war sogar er siegreich und mit reicher Beute von einem Feldzug im Pustertal in die Heimat zurückgekehrt.

Der Abzug germanischer Stämme hatte den Weg für Völkerschaften aus dem Osten freigemacht. So waren die Awaren auf ihren kleinen Pferden aus dem Ural gekommen und hatten sich einen Platz gesucht, an dem sie bleiben könnten. In den Jahren 561/62 und 565/66 waren sie dabei bis Thüringen vorgestoßen. Aber sie erwartete neues Land.

In Bayern gefundene Goldmünze der langobardischen Herrscher

Bei ihrem Abzug im Jahr 568 machten die Langobarden in dem Gebiet zwischen Donau und Theiß den Awaren Platz. Offensichtlich erfolgte diese Geste aus Dankbarkeit dafür, daß ihnen die Neuankömmlinge einige Jahre zuvor beim Kampf gegen die Gepiden überaus tapfer beigestanden waren.

Die Übergabe der fruchtbaren Region war allerdings an die Zusage der Awaren gebunden, das Land wieder zu räumen, wenn die langobardische Italienfahrt unerwarteterweise fehlschlagen sollte.

Einmal Herr auf eigenem Grund, drängten die Awaren und vor allem die von ihnen abhängigen Slawen in den Gebirgstälern weiter nach Westen vor. Auf solche Weise trieben sie gleichsam einen Keil zwischen das agilolfingische Herzogtum und das in Oberitalien gelegene Reich der Langobarden.

In der Auseinandersetzung mit den aus Pannonien andrängenden Feinden wurden weiterhin Schlachten geschlagen, doch zuletzt konnte stets verhindert werden, daß die Verbindung von Bayern und Italien unterbrochen wurde. Der Brenner blieb als Verbindungsweg zwischen beiden Gebieten stets offen.

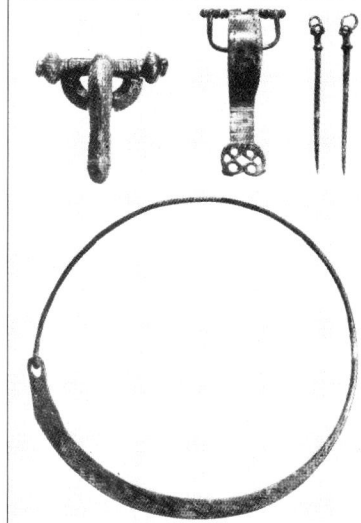

Grabbeigaben

Die archäologischen Funde aus der frühen Agilolfingerzeit und den vorausgehenden Jahrzehnten sind rar. In einem Frauengrab des berühmten Bajuwarenfriedhofs von Erding-Klettham fand man diesen Frauenschmuck aus dem frühen 6. Jh.

Dürftige Berichte und Kenntnisse über frühe Bajuwaren

In den Jahren um 540 schildert der Frankenkönig Theudebert Kaiser Justinian die Lage und die Ausdehnung seines Reiches, zu dem – so schreibt er – Norditalien, Pannonien, das Meer und Gallien gehören. Bayern ist eingeschlossen, doch es wird nicht genannt!

Im 55. Kapitel der »Gotengeschichte« des Jordanes wird Bayern um 551 zum erstenmal erwähnt. Jordanes beschreibt das Alamannenreich und nennt Bayern als dessen östlichen Nachbarn: »... nam regio illa Suavorum ab oriente Baibaros habet«.

Um 565 weiß auch der Priester (und spätere Bischof) Venantius Fortunatus von den Bayern. Er beschreibt in einem Gedicht die Stationen seiner Pilgerreise von Verona zum Grab des heiligen Martin in Tours und warnt im Vorwort vor den Bayern: »Wandre hin über die Alpen, wenn dir der Bayer nicht den Weg versperrt – necque te Baioarius obstet ...«

Für das Jahr 589 vermerkt Paulus Diaconus in seiner »Geschichte der Langobarden«, daß die Bayern die Provinz Noricum bewohnen, die von Pannonien, Alemannien, Italien und der Donau begrenzt wird: »Noricum siquidem provincia, quam Baioariorum populus inhabitat...« Dabei wirft der Autor Noricum mit dem angrenzenden Bayern zusammen. Die Kenntnisse über Bayern sind noch dürftig. Man kennt das Land nur aus der Ferne vom Hörensagen.

Um 611 schreibt der Mönch Jonas von Bobbio (bei Pavia), Columban sei »zu den Boiern gekommen, die jetzt Bayern heißen – ad Boias, qui nunc Baioarii vocantur«.

Mit einer ähnlich dürftigen Quellenlage müssen sich auch die Archäologen abfinden.

Die frühesten bajuwarischen Zeiten sind arm an Grabbeigaben, die den Forschern nähere Aufschlüsse über Leben, Sitten und Gebräuche der Bayern geben könnten.

Mönch beim feinsäuberlichen Abschreiben eines Buches: So wurden im Mittelalter Texte vervielfältigt

Das 7. Jh. ist das quellenärmste in der bayerischen Geschichte. Dies spricht für eine gewisse Unabhängigkeit vom Frankenreich und eine selbständige Ost- und Südwestpolitik der Bayern.

Um 600. Der irische Wandermönch Columban d. J. entsendet seinen Schüler, den Abt Eustasius von Luxeuil, zur christlichen Missionierung nach Bayern.

Um 620. Die Abtei Weltenburg, das älteste bayerische Kloster, wird bei Kelheim gegründet. →

Um 630. Die wesentlichen Teile des bajuwarischen Stammesrechts, der »Lex Baiuvariorum«, entstehen. Viele Teile sind älter, manche jünger.

630/31. Etwa 9000 Bulgaren suchen nach einer Niederlage gegen die Awaren um Aufnahme in das Frankenreich nach. Der Frankenkönig Dagobert I. weist ihnen die Gehöfte der Bayern zum Überwintern zu. Dort werden sie auf Befehl des Königs von den Bayern in einer einzigen Nacht erschlagen. Nur 700 Bulgaren überleben das Massaker. →

632. In der Schlacht bei Wogastisburg besiegt der fränkische Fernkaufmann und Slawenführer Samo den Frankenkönig Dagobert I. und entzieht sein Reich dem Einfluß der Franken. Der Sieg bei Wogastisburg begründet die Unabhängigkeit des Mährischen Reichs. Um 623 hatte sich Samo an die Spitze der Wenden und anderer slawischer Stämme gestellt und dieses Reich im Osten Bayerns gegründet, das nach seinem Tod um 660 wieder zerfällt.

Um 660/70. Der fränkische Wanderbischof Emmeram kommt nach Regensburg und missioniert im Gebiet Bayerns. →

Um 680. Der langobardische Geschichtsschreiber Paulus Diaconus berichtet von einem bayerischen »comes« (Graf), der in Bozen, im Grenzraum zum Langobardenreich, herrscht. Zu dieser Zeit verfügt Bayern über eine starke Stellung in Kärnten und bis ins Etsch- und Eisacktal hinein.

Um 680 (um 700?). An der Enns kommt es zu einer Schlacht zwischen Bayern und Awaren.

Nach 680. Theodo ist Herzog von Bayern. Seine Herrschaft dauert bis etwa 725/28. →

687. In der Schlacht bei Tertry besiegt der austrische Hausmeier Pippin II. König Theuderich III., den offiziellen Herrscher des fränkischen Gesamtreiches. Dieser Sieg bildet die Basis für das machtpolitische Übergewicht des austrischen Adels über den neustrischen Adel und die Voraussetzung für den Aufstieg der Pippiniden oder Karolinger. Die Macht im Frankenreich liegt bei dem Hausmeier Pippin II.

688/91. Die »Metzer Annalen« berichten von kriegerischen Unternehmungen der Franken »gegen verschiedene Völker, die einst den Franken unterworfen waren«. Auch die Bayern werden erwähnt.

696. Der bayerische Herzog Theodo beruft Rupert, der zu dieser Zeit vermutlich Diözesanbischof von Worms ist, nach Regensburg. Der Legende nach tauft Rupert den Herzog und christianisiert Bayern. →

GESTORBEN:

Um 689. Würzburg: Kilian (*?), irischer Wanderbischof, Heiliger, Patron des Bistums Würzburg und Patron der Winzer.

15. 11. 697. Irschenberg/Miesbach: Marinus (*?), irischer Mönch, Missionar und Eremit in Bayern, Heiliger, wird von einer Räuberbande überfallen, mißhandelt und auf dem Scheiterhaufen verbrannt.

15. 11. 697. Irschenberg/Miesbach: Anianus (*?), irischer Mönch, Missionar und Eremit in Bayern, Heiliger, stirbt, als er vom Martyrium des hl. Marinus hört.

Ende 7. Jh. Regensburg: Erhard (*?), aus Südfrankreich stammender Bischof von Regensburg, Heiliger.

Zitat:

Im 37. Kapitel der »Vita Haimrhammi« erzählt Bischof Arbeo von einem Mann, der auf einer Pilgerfahrt zum Grab des heiligen Emmeram unter die Räuber fiel und nach drei Jahren durch ein Wunder des Heiligen zur Flucht bewegt wurde. So kommt er schließlich doch noch zu Emmerams Grab in Regensburg:

»…Und in fünfzehn Tagen ständiger Märsche führte ihn der himmlische Schöpfer mit solchem Glück und so sicher…zum Ziel seiner Fahrt, daß er in der dritten Stunde des fünfzehnten Tages mit müden Gliedern auf dem Berg oberhalb der Weinpflanzungen stand, zwischen Donau und Regen, wo sie zusammenfließen. Von diesem Gipfel erblickte er die Kirche von Gottes heiligem Märtyrer und die weit ausgedehnte, mit Mauern und Turmbauten bewehrte Stadt. Als er sie erkannte, pries er Gott und stieg den Pfad zum Anlegeplatz am Fluß hinab. Es war aber ein Sonntag, zu dessen feierlichem Meßgottesdienst die Einwohner mit großer Andacht zur Kirche des heiligen Märtyrers gingen. Ihrem Zuge schloß sich der fromme alte Mann unbemerkt an, und als sie an den Anlegeplatz kamen, stieg er auf das Schiff, setzte nach dem schutzgewährenden Hafen auf der Stadtseite über den Strom und ging weiter bis zur Kirche von Gottes heiligem Märtyrer – wie der Mann, der zu nächtlicher Zeit vor seinem Bett stand, es ihm in Gottes Namen befohlen hatte. Dort trat er ein, warf sich zu Boden und brachte unter Tränen Gott die höchsten Lobpreisungen dar, der den auf ihn Hoffenden um der Verdienste seines heiligen Märtyrers willen gnädig solchen Nöten entriß.«

In den Auseinandersetzungen der frühen Jahrhunderte ein notdürftiger Schutz: Mit vergoldetem Silber überzogener Eisenhelm eines Römers

Massaker an 9000 Bulgaren

630/31. Der Frankenkönig Dagobert I. befiehlt den Bayern, die in ihren Gehöften untergebrachten rund 9000 bulgarischen Flüchtlinge in einer einzigen Nacht zu ermorden – und die Bayern gehorchen. Nur 700 Bulgaren können fliehen.

Awaren und Bulgaren hatten in guter Nachbarschaft in Pannonien (im späteren Ungarn) zusammengelebt, bis ein Aware und ein Bulgare um die Thronfolge stritten. Aus dem Zank von Zweien wurde ein Krieg der beiden Völker. Die Bulgaren unterlagen und wurden nach Bayern vertrieben. Dagobert sagte, sie sollten einstweilen in den Häusern der Bayern überwintern, bis bleibende Wohnsitze gefunden seien.

Während sich die Flüchtlinge einrichten, erläßt Dagobert I. »nach dem Rat der Franken« den Befehl an die Bayern, sie sollten, jeder in seinem Haus, die Bulgaren mit Weibern und Kindern umbringen. »Und das«, schreibt ein Chronist, »wurde von den Bayern auch sofort ausgeführt: nur Alciocus mit 700 Männern, Weibern und Kindern blieb von den Bulgaren am Leben…«

Unklarheit über den Herzog Theodo

Nach 680. Der vierte Agilolfingerherzog tut mehr als jeder seiner Vorgänger, damit aus den heidnischen Bayern fromme Christen werden. Doch in der bayerischen Geschichtsschreibung wird dieser Fürst eine große Verwirrung hinterlassen: Über Theodo und seine Regierungszeit bleibt so wenig und dabei so widerspruchsvolles Material erhalten, daß die Historiker zunächst an die Existenz von vier, zuletzt aber – bei Johannes Aventinus im 16. Jh. – gar an sieben Theodos glauben.

Diese Siebenteilung des Herzogs Theodo ist inzwischen rückgängig gemacht, die Zahl seiner Söhne aber bleibt noch immer umstritten. Wahrscheinlich waren ihrer vier: Grimoald, Theodebert, Tassilo und Theodold (→ 715/16).

Bischof Emmeram missioniert Bayern

Um 660/70. Emmeram (oder Haimeran), der Bischof von Poitiers, macht sich um 660/70 (vielleicht aber auch – die Datierung ist nicht gesichert – einige Zeit später) auf den Weg, um bei den Awaren zu missionieren. In Regensburg, gleichsam auf der Durchreise, wird er von Herzog Theodo gebeten, die Missionsfahrt abzubrechen und bei den Bayern das Bekehrungswerk zu tun. Im Gegensatz zum katholischen Herrscherhaus sind die Landeskinder noch immer heidnisch. Und frühere Bekehrungsversuche hatten keinen nachhaltigen Erfolg.

Emmeram, so heißt es, beeindruckt die Menschen, obwohl er die Landessprache nicht beherrscht und ständig seinen Dolmetscher Vitalis bei sich haben muß.

Bayern erhalten die »Lex Baiuvariorum«

Um 630. Von den Frankenkönigen erhalten die Bayern ihr Gesetzbuch, die 23 Paragraphen der »Lex Baiuvariorum«. König Theuderich gab um 540 zu Chalons den Auftrag, es niederzuschreiben, und seine Nachfolger bis hin zu dem 639 verstorbenen König Dagobert liefern Ergänzungen und Neufassungen.

Neben Bestimmungen aus dem fränkischen Recht werden vielfach auch alte bajuwarische Rechtsgebräuche aufgenommen, beispielsweise die Sitte, daß Zeugen vor Gericht am Ohr gezupft werden.

Die »Lex Baiuvariorum« ist Straf-, Zivil- und Prozeßrecht zugleich. Ausführlich werden Stellung und Recht des Herzogs, seiner Familie, des Klerus und des Hochadels (bestehend aus fünf großen Familien) festgeschrieben. Eigene Abschnitte befassen sich mit den Freien, den Freigelassenen und den Knechten. Die Bestimmungen dieses Gesetzbuches geben einen guten Einblick in die Lebensverhältnisse im alten frühmittelalterlichen Bayern.

Titelblatt der »Lex Baiuvariorum«, des ältesten bayerischen Gesetzbuches, das in 23 Artikeln alle Rechtsangelegenheiten der Bayern regeln will

Missionare führen gefährliches Leben

In Bayern und Franken den katholischen Glauben zu lehren, ist häufig lebensgefährlich. Zumindest die Heiligenlegenden erzählen recht grausame Geschichten.

So kommt etwa im Jahr 695 der irische Einsiedler Marinus mit seinem Diakon Anianus als Regionalbischof in die Gegend von Aibling. Ihre Missionsarbeit wird schon bald beendet, da sie von plündernden Vandalen ermordet und anschließend verbrannt werden.

Etwa in der gleichen Gegend und ungefähr zur gleichen Zeit wird der Regensburger Bischof Emmeram vom Herzogssohn Lantpert wegen einer Familienangelegenheit getötet. Wenige Jahre zuvor hatte die Herzogin Geilana den irischen Bischof Kilenna (oder Kilian) zusammen mit seinen Begleitern ermorden und an der Stelle, wo man die Leichen verscharrte, einen Pferdestall bauen lassen. Der Heilige hatte vom Herzog mit Nachdruck verlangt, daß er sich von Geilana trenne.

Kloster Weltenburg in der Nähe von Kelheim gegründet

Um 620. Im 7. Jahrhundert ist die christkatholische Religion den Bayern noch weitgehend fremd. Etwa um 620 wird am Beginn des Donaudurchbruchs vor Kelheim das Kloster Weltenburg gegründet – wahrscheinlich das erste des Landes. Die Geschichte dieser Stiftung verliert sich freilich im Dunkel. »Thessalo dux fundator«, Herzog Tassilo sei der Gründer, heißt es später, und da Tassilo III. erwiesenermaßen mehrere Klöster in Bayern gegründet hat, wird ihm gelegentlich von späteren Geschichtsschreibern auch die Stiftung von Kloster Weltenburg zugeschrieben.

Mehr Wahrscheinlichkeit spricht für eine andere Tradition: Weltenburg, heißt es dort, sei von der fränkischen Abtei Luxeuil aus gegründet worden. Der Columban-Schüler Eustasius, der das Kloster zunächst leitete, setzte Agilus als seinen Nachfolger ein. Dieser aus Luxeuil stammende Mönch (er stirbt 650) war möglicherweise – sein Name deutet darauf hin – mit den Agilolfingern verwandt. Tassilo III. kann demnach am Bau des Benediktinerklosters nicht beteiligt gewesen sein, möglicherweise aber einer seiner Vorgänger, der um 610 verstorbene Tassilo I., der in dem nahe bei Weltenburg gelegenen Regensburg, der früheren Castra Regina, seinen Herrschaftssitz hatte.

Außenansicht des Klosters Weltenburg, 5 km südwestlich von Kelheim am Durchbruch der Donau: vom hl. Bonifatius, dem von Papst Gregor II. mit der Germanenmission beauftragten »Apostel der Deutschen«, erhielt das wohl älteste Kloster Bayerns die Benediktinerregel; Tassilo III. stattete es mit Schenkungen aus

Der hl. Rupert (3. v. r.), Patron der Berg- und Salinenarbeiter und vor seiner Missionstätigkeit in Bayern Diözesanbischof in Worms, bei der Taufe

Rupert Missionar in Bayern

696. Die Missionare aus dem Westen haben mit den Bayern ihre liebe Not; es bedarf etlicher Anläufe und kostet einigen Predigern das Leben, bis der Stamm schließlich katholisch wird. Einer, der sich redlich müht, ist der aus einer vornehmen und wohlhabenden Wormser Familie stammende Rupert, den Herzog Theodo nach Regensburg ruft.

In der Residenzstadt bekehrt Rupert den Agilolfinger (der doch eigentlich schon katholisch sein müßte) »ad veram Christi fidem«, zum wahren christlichen Glauben.

Die bayerischen Adeligen folgen diesem Beispiel nicht, da der neue Glaube nach ihrer Meinung nichts für Männer und den Kriegern sogar widerwärtig sei.

Da ihm der weitere Erfolg versagt bleibt, zieht Rupert auf Empfehlung des Agilolfingerfürsten nach Salzburg, wo er in den Ruinen der alten Römerstadt Iuvavum unter einer Bevölkerung, die noch aus Romanen besteht, eine bald schon wachsende Gemeinde gründet. Der Herzog, erfreut über das Wirken des Missionars in diesem Teil seines Landes, schenkt ihm alles Land im Umkreis von zwei Meilen, dazu die Burg, einen Anteil am Reichenhaller Salzwerk, den zehnten Teil des Reichenhaller Zolls und 80 Höfe mit Zinspflichtigen. Durch Zukauf wird der Besitzstand weiter vermehrt. Mittelpunkt des neugegründeten Bistums wird der Petersdom, mit dessen Errichtung Rupert beginnt.

Darstellung der Legende um den heiligen Marinus, der während des Kampfes mit seinen Mördern (angeblich am 15. 11. 697) noch für seine Peiniger betet; der Missionar, von Papst Eugen I. zum Bischof geweiht, kam mit seinem Neffen Anianus um 640 als Missionar nach Bayern

Um 700. Rupert wird der erste Bischof von Salzburg (→696).

Um 700. Nach dem Zeugnis von Bischof Arbeo ist Freising Burg und Residenz der bayerischen Herzöge.→

706. Die Marienkapelle ist der älteste Bauteil der heutigen Festung Marienberg in Würzburg und angeblich der älteste erhaltene Kirchenbau rechts des Rheins.→

Um 715/16. Herzog Theodo von Bayern tritt kurz vor seinem Tod eine Reise nach Rom an. Er teilt das Herzogtum in vier Teile unter seine Söhne Theodebert, Theodolt, Tassilo II. und Grimoald. Zentren der Teilherzogtümer sind wahrscheinlich Regensburg, Freising, Passau und Salzburg.→

715/16. Erstmals wird der bayerische Adel erwähnt im Zusammenhang mit einer Synode, die abgehalten werden soll mit Priestern, Richtern und den »primarii gentis«.

Um 716. Der Wanderbischof Korbinian kommt nach Freising, wo er sich auf dem Domberg neben der Burg Herzog Grimoalds niederläßt. Er macht sich die Herzogin Pilitrud zur Feindin wegen seines Vorwurfs, ihre Ehe entspreche nicht dem kanonischen Recht (sie hatte den Bruder ihres verstorbenen Mannes geheiratet), und flieht vor ihrem Zorn nach Mais bei Meran.

725. Der fränkische Hausmeier Karl Martell überschreitet den Rhein, zieht gegen Alamannen und Sweben, überschreitet die Donau und fällt in Bayern ein. Von diesem Feldzug kehrt er zurück mit Herzogin Pilitrud, der Witwe des vermutlich zu dieser Zeit einem Meuchelmord zum Opfer gefallenen Teilherzogs Grimoald, und ihrer Nichte Swanahild (→um 728).

Um 728. Nach der Ermordung des Teilherzogs Grimoald beherrscht Herzog Hucbert ganz Bayern. Hucbert ist mit dem Langobardenkönig Liutprand verschwägert. Er holt den Wanderbischof Korbinian wieder an den bayerischen Hof.→

Um 736. Nach dem Tod von Hucbert wird Odilo Herzog von Bayern.

737. Nach dem Tod des Schattenkönigs Theuderich IV. regiert der Hausmeier Karl Martell als Alleinherrscher über das Frankenreich.

739. Der Missionsbischof Bonifatius (eigentlich Winfrid) ordnet mit Zustimmung des Herzogs Odilo und der Großen des Landes die Kirche in Bayern. Als erste werden die vier Diözesen Regensburg, Passau, Salzburg und Freising errichtet.→

Um 740. In Regensburg wird die Ringkrypta um das Grab des hl. Emmeram erbaut. Darüber entsteht im wesentlichen die heutige Kirche Sankt Emmeram (vollendet 780/90).

741. Der fränkische Hausmeier Karl Martell teilt vor seinem Tod das Frankenreich unter seine Söhne Karlmann und Pippin den Jüngeren auf. Während Karlmann im Osten über Austrien, Thüringen und die Alamannen herrschen soll, erhält Pippin im Westen Neustrien, Burgund und die Provence.

741/42. Der Missionsbischof Bonifatius gründet das Bistum Würzburg. Erster Bischof wird der Angelsachse Burchard (→739).

743. Die fränkischen Hausmeier Karlmann und Pippin d. J. besiegen den Bayernherzog Odilo, zu dessen Truppen auch Sachsen, Alamannen und Slawen gehören.

744. Die Burg (castrum) Freising wird erstmals urkundlich erwähnt.

Um 744. Das Bistum Eichstätt wird durch Bonifatius gegründet.

746. Der Missionsbischof Bonifatius weiht die erste Kirche in dem um 740 gegründeten Benediktinerkloster Benediktbeuren.

746. Der Leichnam des hl. Valentin wird auf Betreiben des späteren Herzogs Tassilo III. nach Passau übergeführt.

746. Die beiden Huosibrüder Adelbert und Oather gründen das Kloster Tegernsee.

748. Nach dem Tod Herzog Odilos von Bayern verdrängt Grifo, der Halbbruder des fränkischen Hausmeiers Pippin d. J., Odilos unmündigen Sohn Tassilo III. von der Herrschaft. Da er durch seine Mutter Swanahild selbst agilolfingischer Abstammung ist, findet er in seinem andauernden Kampf gegen die Franken in Bayern, Unterstützung.

748. Altötting/Autingas wird als »Villa publica« Tassilos III. erstmals urkundlich erwähnt.

749. Der fränkische Hausmeier Pippin d. J. unterwirft die Bayern, die sich unter seinem Halbbruder Grifo erhoben haben.

GESTORBEN:

Um 685/706. Bei Aibling: Emmeram (*?), Missionsbischof.→

Um 720. Salzburg: Rupert von Salzburg (*um 650), erster Bischof von Salzburg, Heiliger.

725/28. (?): Theodo (*?), Herzog von Bayern.

725/30. Freising: Korbinian (*um 670, im Gebiet von Melun), Wanderbischof, Gründer eines Klosters in Freising (heute Weihenstephan) und bei Meran.→

Um 728. (?): Grimoald (*?), Herzog von Bayern.→

Um 736. (?): Hucbert (*?), Herzog von Bayern.

748. (?): Odilo (*?), Herzog von Bayern seit 736, Gründer zahlreicher Klöster.→

GEBOREN:

Um 741. (?): Tassilo III. (†11. 12. nach 794?), Herzog von Bayern.

2. 4. 747. Bei Gauting (?): Karl der Große (†28. 1. 814, Aachen), König der Franken (seit 768), Römischer Kaiser (seit 800).→

Herzog Theodo teilt Bayern in vier Gebiete

715/16. Herzog Theodo ist ein alter Mann, als er zum Grab des heiligen Petrus nach Rom pilgert und bei dieser Gelegenheit auch mit dem Papst zusammentrifft. Vor der Reise teilt er, wie es bei den Germanen Brauch ist, sein Land unter seinen vier Söhnen auf: Bayern wird erstmals in seiner Geschichte geteilt.

Bischof Arbeo überliefert zwar die Nachricht von der Zerstückelung des Herzogtums, doch er nennt weder die vier von ihrem Vater bedachten Agilolfinger noch deren Residenzen. Aus anderen Aufzeichnungen ist aber bekannt, daß Theodos Söhne die Namen Theodebert, Grimoald, Theodold und Tassilo tragen. Und aus verschiedenen Berichten läßt sich folgern, daß die Hauptstädte und Residenzen der vier Teilherzogtümer Regensburg, Passau, Freising und Salzburg sein könnten.

Bayern und seine Herzogsfamilie sind in der Welt des frühen Mittelalters nicht so bekannt und nicht so interessant, daß es sich für die Autoren lohnte, darüber in ihren Büchern zu schreiben. Am Herzogshof selbst aber hat man noch keine Schreiber, die in Urkunden über die Vorgänge im Land berichten und über die bayerischen Angelegenheit Buch führen.

Von Herzog Grimoald weiß man, daß er mit seiner schönen Frau Pilitrud auf dem Freisinger Domberg residiert, über seine Brüder läßt sich nur spekulieren. So könnte Tassilo Herr in Passau, Theodold zu Regensburg und Theodebert in Salzburg sein. Danach hätte sich also Vater Theodo seines gesamten bayerischen Besitzes entäußert.

Wahrscheinlich regiert er aber weiter in der Agilolfingerhauptstadt Regensburg an der Seite seines Sohnes Theodold, und möglicherweise achtet er als Oberherzog darauf, daß die vier bayerischen Teile nicht allzu weit auseinanderdriften und daß die Zusammengehörigkeit der Gebiete nie verlorengeht.

Die von Herzog Theodo, dem vierten aus der Familie der Agilolfinger, getroffene Regelung der bayerischen Erbschaft verrät, daß zuvor eine andere Familienangelegenheit geregelt wurde: Unter den Beschenkten fehlt der Herzogssohn Lantpert; er und seine Schwester Uta sind offensichtlich aus der Erbfolge ausgestoßen. Man spricht nicht mehr von ihnen. Angeblich hat man sie in die Verbannung nach Italien geschickt. Dort soll Uta den Langobardenkönig Grimoald geheiratet und somit der Biographie der Herzogstochter doch noch eine standesgemäße Wendung gegeben haben.

Auf solche Weise ist ein Schlußstrich unter eine Affäre gezogen worden, in die Lantpert wie Uta verwickelt waren und die mit der grausamen Ermordung des Regensburger Bischofs Emmeram in Kleinhelfendorf ihr Ende gefunden hatte (→um 685/706).

So wenig wie über die beiden verstoßenen Kinder hört man später auch über die Teilung des bayerischen Landes in vier Herzogsgebiete. Wenn sie überhaupt wirksam wurde – was keineswegs bewiesen ist –, so hat sie doch ganz offensichtlich die Einheit des Herzogtums nicht berührt (→um 728).

Herzog Grimoald und seine Gattin Pilitrud knien vor Bischof Korbinian

Arbeo von Freising über Bayern um 700

Um 700. Erstmals schildert ein Schriftsteller das Land Bayern. Bischof Arbeo von Freising erzählt in seiner »Vita Haimhrammi« (Das Leben Emmerams) die Geschichte des Missionars, der zwischen 685 und 706 (vielleicht aber sogar erst um 715) ermordet wurde (→um 685/706). In diesem Buch, das erst viele Jahrzehnte nach Emmerams Tod entsteht, heißt es über das Bayern der Zeit: »Das Land war sehr gut, lieblich anzusehen, reich an Hainen, wohlversehen mit Wein. Es besaß Eisen in Fülle und Gold, Silber und Purpur im Überfluß…Das Erdreich war fruchtbar und brachte üppig Saaten hervor, und der Erdboden schien von Vieh und Herden aller Art fast bedeckt zu sein: Honig und Bienen waren wahrlich in reichlicher Menge vorhanden. In Seen und Flüssen gab es Fische in großer Zahl; das Land war von klaren Quellen und Bächen bewässert und besaß an Salz, soviel es bedurfte. Die Stadt, nämlich Regensburg, war uneinnehmbar, aus Quadern erbaut, mit hochragenden Türmen, und mit Brunnen reichlich versehen…«

Marienkapelle wird in Würzburg geweiht

706. *Der englische Bischof Willibrord wird in dem auf dem rechten Mainufer gelegenen »castello Virteburh« freundlich empfangen. Heden II., der fränkisch-thüringische Herzog, hatte ihm 704 Besitz in Thüringen geschenkt und erlaubt zwei Jahre später die Weihe einer hoch über der Siedlung Würzburg gelegenen Marienkirche. Sie wird auf dem Gelände einer frühgeschichtlichen Wehranlage gebaut, wahrscheinlich an der Stelle einer heidnischen Kultstätte.*

Über die Anfänge dieses christlichen Gotteshauses berichtet später nur die Legende. Nach ihr aber ist die Marienkapelle (Abb.), ein zweigeschossiger, über einen Absatz zurückspringender Rundbau mit mehr als 3 m dicken Mauern, die älteste Kirche Deutschlands.

Bischof Korbinian stirbt in Freising

725/30. Mit Bischof Korbinian, dem ersten Oberhirten auf dem (späteren) Freisinger Domberg, stirbt zwischen 725 und 730 ein sehr streitbarer, cholerischer Mann.

Etwa zehn Jahre zuvor war er, ein Franke mit keltischer Mutter, aus der Gegend von Melun an der Seine nach Bayern gekommen, an den Hof des in Freising residierenden Herzogs Grimoald.

Für die Missionsarbeit war ihm offensichtlich nur kurze Zeit verblieben, da er sich schon bald mit dem Herzogspaar zerstritt:

Grimoald hatte gegen das damals geltende Kirchenrecht verstoßen und die Witwe seines Bruders Theodold geheiratet; sie war »schön, am Maßstab unseres vergänglichen Fleisches gemessen«. 40 Tage blieb der erzürnte Korbinian dem herzoglichen Hofe fern, doch täglich schickte er seine Mahn- und Drohbriefe in die nahegelegene Burg.

Die Herzogin Pilitrud versuchte, den lästigen Nachbarn durch Gift loszuwerden. Der Bischof entging diesem Anschlag und konnte nach Mais bei Meran entkommen. Er kehrte erst wieder zurück, als sich die politischen Verhältnisse in Bayern verändert hatten: Im Kampf um die Herrschaft war Grimoald seinem mit fränkischer Unterstützung Krieg führenden Neffen Hugibert (oder Hucbert) unterlegen. Grimoald war tot, Korbinian kehrte nach Freising zurück. Doch auch er lebte nur noch kurze Zeit.

Herzog Grimoald meuchlings ermordet

Um 728. Herzog Grimoald regiert sein Freisinger Land ein gutes Dutzend Jahre, als die Herrschaft recht abrupt endet – er wird ermordet. Meuchlings, wie es heißt. Die Quellen sind zwar ungenau, doch sicher scheint, daß der Agilolfinger das Opfer eines Familienstreites wird.

Zunächst, von etwa 715/16 an, regierte Grimoald ein Viertel des bayerischen Landes; der Rest gehörte seinen drei Brüdern und seinem Vater Theodo. Als die Mitregenten vor ihm starben, ging der Freisinger Herzog davon aus, hinfort der Alleinherrscher im Lande zu sein.

Sein Neffe Hucbert, Sohn des Salzburger Herzogs Theodebert, sah den Erbschaftsfall freilich anders. Er reklamierte das Vater-Land für sich; Bayern blieb damit weiterhin geteilt, die Herrscher unter sich zerstritten. Diese Situation nutzte der fränkische Hausmeier Karl Martell. Hier sah er eine Gelegenheit, den beiden Bayern zu zeigen, daß die Grenzen ihrer Macht durch fränkische Herrscher gezogen werden.

Karl Martell kam erstmals 725 mit seinen Soldaten, und er kommt noch einmal 728. Beim ersten Feldzug, so heißt es, machte der Franke eine private Kriegsbeute – er nahm die agilolfingische Prinzessin Swanahild mit heim in sein Reich und heiratete sie. Auch Swanahilds Tante, die bayerische Herzogin Pilitrud, zog mit ihm. Sie wird (wahrscheinlich 728) Witwe, als Herzog Grimoald während des Krieges auf eine nicht überlieferte Weise, doch angeblich meuchlings, ermordet wird.

Herzog Hucbert kann nun über das ungeteilte, ganze Bayern herrschen, auch wenn er die fränkische Oberhoheit anerkennen muß. Doch zehn Jahre später ist auch er tot.

Ansicht von Freising, unter Herzog Grimoald Hauptstadt des von ihm beherrschten Landesteils (Kupferstich von Michael Wening, um 1700)

Karl der Große

2. April 747. *König Pippin führt man eine falsche Braut zu. Das Unrecht wird aufgedeckt und in der Reismühle bei Gauting findet er die ihm Vorbestimmte: »Und der edle Kunig Pipinus hatte die Nacht mancherley zu kosen…« Warum dann das Kind, Karl der Große (Abb.), in der Mühle geboren wird, weiß nur die Sage.*

Erzbischof Bonifatius gründet vier Diözesen in Bayern

739. Versehen mit dem Titel eines »Germanischen Legaten des Heiligen Stuhles« verläßt Erzbischof Bonifatius den Papst und besucht auf der Rückreise von seinem dritten Romaufenthalt das Herzogtum Bayern. Hier gründet er die vier Bistümer Regensburg, Passau, Freising und Salzburg.

Dem Papst hatte Bonifatius noch erklärt, er habe Bayern außerhalb der kirchlichen Ordnung gefunden, doch als er nun – vor allem auch auf Wunsch von Herzog Odilo, – die vier Diözesen gründet und deren Grenzen festlegt, wählt er als Mittelpunkte jene Orte, die bereits früher Bischofssitze waren.

In Passau gibt es zu dieser Zeit mit Vivilo sogar einen vom Papst geweihten Bischof, für die übrigen Diözesen wählt und weiht Bonifatius die Oberhirten: Gaubald für Regensburg, Ermbert für Freising und Johannes für Salzburg.

Einige Jahrzehnte vor Bonifatius – einem Engländer, der eigentlich Winfrid heißt – hatte es bereits einen Versuch gegeben, die Kirche in Bayern zu organisieren.

Im Jahr 715 oder 716 besuchte Herzog Theodo die Stadt Rom. Er kam, so heißt es in einer Chronik, »mit anderen seines Stammes zum Grab des seligen Apostels Petrus, mit dem Wunsch, dort zu beten als der erste seines Volkes«. Der Bayernfürst hatte während seines Aufenthaltes sicher mit Papst Gregor II. die religiösen Zustände in Bayern besprochen, denn am 15. Mai 716 gab Gregor die Anweisung, daß man die Priester in Bayern mit Zustimmung des Landesherrn auf ihre Rechtgläubigkeit überprüfen solle. Außerdem wünschte der Papst, daß entsprechend den bayerischen Teilherzogtümern Bistümer errichtet würden.

Die politischen Verhältnisse im Lande Bayern gerieten allerdings kurze Zeit später etwas außer Kontrolle; Herzog Theodo starb 717, es gab Streit, und die Pläne des Papstes konnten daher nur teilweise und dann auch nur unzulänglich verwirklicht werden.

Mit der in den Zeiten Theodos geplanten und unter Odilo endgültig durchgeführten Bistumsgliederung verfolgten die bayerischen Herzöge vor allem auch eine politische Absicht – durch die Gründung der ersten rechtsrheinischen Landeskirche (einer Kirche, die nach Rom orientiert war), hofften sie, mehr Freiheit vom Frankenreich zu gewinnen.

Die alten bayerischen Kirchenprovinzen

Bischof Emmeram findet grausamen Tod

Um 685/706. Nach mehreren Jahren Missionarsarbeit bei den Bayern kommt das Leben des Regensburger Bischofs Emmeram (oder Haimeran) an ein jähes Ende – er wird zwischen 685 und 706 von Lantpert, einem Sohn Herzog Theodos, auf grausame Art ermordet.

Vorausgegangen war dieser Tat eine heimliche Liebesaffäre, die für die Herzogstochter Uta unübersehbare Folgen hatte: »Ob'gnante junkfrau Uta vergaß sich mit ainem ritter mit nam Segebosch. Da ir der pauch wuechs, ziech sie solchs auf sant Haimeran…«. Doch der Bischof war, als der Vorwurf erhoben wurde, seit drei Tagen unterwegs nach Rom. Vor der Abreise hatte Emmeram dem Mädchen, das sich ihm offenbarte, gesagt, sie solle den Eltern ihren Fehltritt gestehen und statt des Ritters Segebosch ihn, den Bischof Emmeram, als Vater angeben. Bis er zurückkomme werde der Zorn der Eltern abgeklungen sein und sie könne dann die wahren Umstände offenlegen – und den Vater ihres Kindes heiraten.

Von dieser Absprache weiß Lantpert, ein Sohn Herzog Theodos, allerdings nichts. Er springt aufs Pferd und reitet mit »einer nicht geringen Schar von Kriegern« dem (vermeintlich) Flüchtigen hinterher. In Kleinhelfendorf, einem Ort zwischen München (das es noch nicht gibt) und Aibling, holen die Rächer Emmeram ein und foltern ihn auf die grausamste Weise: Dem Bischof werden die Augen aus dem Kopf gerissen, man schneidet ihm die Nase und beide Ohren ab, zuletzt

reißen ihm die Folterer auch noch die Zunge aus dem Mund.

Freunde bringen den Sterbenden auf einem Ochsenkarren nach Aschheim, wo er – nachdem er unterwegs in Feldkirchen gestorben ist – an der Kirche beigesetzt wird. Vierzig Tage später wird er, nachdem Herzog Theodo den wahren Sachverhalt erfahren hat, nach Regensburg überführt und dort feierlich begraben.

Miniatur aus dem 12. Jahrhundert vom grausamen Martertod des heiligen Emmeram, der auf einer Reise von seinem Bischofssitz in Regensburg zum Papst nach Rom bei Kleinhelferdorf in Oberbayern gefoltert und ermordet wird: Lantpert, ein Sohn des bayerischen Herzogs Theodo, verdächtigt den Bischof und Missionar fälschlicherweise, seine Schwester Uta geschwängert zu haben; Emmeram selbst soll Uta zu der Notlüge geraten haben, um den Kindsvater zu schützen.

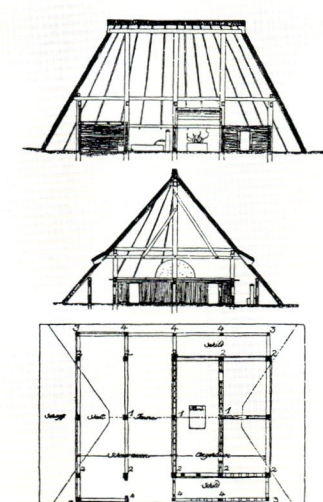

Modell eines Bauernhauses nach der Lex Baiuvariorum

Bauernhäuser in der Agilolfingerzeit

Die Bajuwaren der Agilolfingerzeit nehmen sich an den römischen Vorbewohnern ihres Herzogtums kein Beispiel. Hatten diese doch in Augsburg und Regensburg sowie bei vielen Bauernhöfen in Stein gebaut, kehren die Bayern nun wieder – und niemand weiß warum – zur Holzbauweise zurück.

Aus Hinweisen, die im bayerischen Gesetzbuch, der Lex Baiuvariorum, zu finden sind, läßt sich das Bauernhaus etwa des 7./8. Jh. (wenn auch mit einigen Mühen) rekonstruieren: Stall und Haus sind unter einem einzigen hochgiebeligen, bis nahe zum Boden herabgezogenen Dach untergebracht. Dabei hat das Anwesen Abmessungen von etwa 20 m x 6 m, aber es kann auch, wie Ausgrabungen zeigen, bis zu 40 m lang sein.

Vieles deutet darauf hin, daß das Bad und auch die Küche in einem eigenen, freistehenden Gebäude untergebracht sind. Neben dem Haus mit seinen Wänden aus lehmverkleidetem Flechtwerk zwischen den Stützbalken befinden sich häufig ein Schuppen und ein kleiner, in den Boden eingelassener Vorratsraum zur Aufbewahrung von Lebensmitteln, der durch ein zeltartiges Dach vor der Witterung geschützt ist.

Den bajuwarischen Häuserbauern (sehr viel mehr Zimmerleute als Maurer) begegneten die Archäologen vor allem in Kirchheim bei München, wo die Reste einer Siedlung aus der Zeit des 7./8. Jahrhunderts aufgedeckt wurden.

Klostergründer Herzog Odilo gestorben

748. Die Karolinger sind sicher nicht traurig, als ihnen die Nachricht überbracht wird, daß der Agilolfingerherzog Odilo gestorben ist. Denn er gehörte zu denen, die nach dem Tode Karl Martells im Jahr 741 gegen dessen Söhne und Erben Karlmann und Pippin den Jüngeren aufbegehrten. Aber auch er konnte die Merowinger nicht mehr in ihr Königsamt zurückbringen.

Bereits im Jahr 743, bei einer Schlacht am Lech, siegten die neuen karolingisch-fränkischen Herren und zogen nahezu zwei Monate lang durch Bayern. Im Gegensatz zu anderen Rebellen behandelte man Odilo mit Milde und Nachsicht; vielleicht weil er ja durch seine Heirat mit Hiltrud ein Schwager der beiden fränkischen Sieger und damit ihnen verwandschaftlich verbunden war. Schon in seinem dritten Regierungsjahr, 739, hatte der Agilolfinger der Einteilung seines Herzogtums in vier Bistümer zugestimmt, und in dem knappen Jahrzehnt, das ihm bis zu seinem Tode noch blieb, wurde er

zu einem der großen Klostergründer des Benediktinerordens in Bayern. Seine bekannteste Stiftung wird das 741 entstandene Kloster Niederaltaich, für das er Benediktiner und als ersten Abt den Mönch Eberswind von der Insel Reichenau holte.

Herzog Odilo; Bild aus der Ahnengalerie in der Münchner Residenz

In diesem Kloster, das für die Kolonisierung des Bayerischen und Böhmischen Waldes wichtig wird, schrieben die Mönche auch das bayerische Stammesrecht, die »Lex Baiuvariorum« nieder. Daß in der Vorrede die Merowingerkönige aufgezählt werden, mag einen guten Grund haben: Möglicherweise, so wird vermutet, läßt Odilo die noblen Herren nennen, um den Karolingern zu zeigen, wer die wahren, angestammten und damit auch eigentlich rechtmäßigen Könige der Franken wären.

Von Odilo begründet wurden auch die Klöster in Kufstein, Zell am See, Mondsee und Chammünster. Als Bonifatius, der aus dem englischen Königreich Wessex stammende Missionsbischof, am 22. Oktober 742 das von den Huosibrüdern Landfried, Waldram und Eliland gestiftete Benediktbeuren weihte, nahm der Herzog daran teil.

In Osterhofen-Altenmarkt – einem Kloster, das wahrscheinlich auch von ihm gegründet wurde – soll man Herzog Odilo begraben haben.

Um 750. Auf das Geschlecht der Huosi gehen zahlreiche Klostergründungen in Bayern zurück: Benediktbeuren (gegründet von den Huosi-Brüdern Landfried, Eliland und Waldram), Schlehdorf am Kochelsee, Tegernsee, Ilmmünster, vielleicht auch Schäftlarn u.a.

Um 750. Der angelsächsische Mönch Sola gründet in Husen eine Einsiedelei (aus ihr wird später der Ort Solnhofen).

November 751. Der fränkische Hausmeier Pippin d.J. läßt sich in Soissons von dem Missionsbischof Bonifatius nach alttestamentlichem Vorbild zum König salben. Damit beginnt die Königsherrschaft der Karolinger. Der letzte Merowingerkönig Chilperich III. ist ins Kloster geschickt worden.

756. Die Synode von Aschheim bestimmt, daß an jedem Sonnabend oder zumindest wenigstens einmal im Monat ein öffentliches Gericht stattzufinden hat.

757. Auf dem Reichstag von Compiègne leistet Herzog Tassilo III. von Bayern König Pippin d.J. den Vasalleneid (→8.6.788).

763. Herzog Tassilo III. von Bayern bricht seinen Vasalleneid und errichtet eine weitgehend selbständige Herrschaft.

Um 765. Auf Veranlassung des Bischofs Arbeo von Freising entsteht das »Abrogans«, die deutsche Bearbeitung einer lateinischen Synonymensammlung. Es ist das älteste bekannte Literaturdenkmal der deutschen Sprache.→

765. Die Gebeine des hl. Korbinian werden nach Freising überführt.

9.10.768. Nach dem Tod von König Pippin d.J. treten dessen Söhne Karl d.Gr. und Karlmann die Herrschaft als Könige des Frankenreichs an. Bayern bleibt bei der Teilung der Herrschaft unerwähnt.

Um 770. Herzog Tassilo III. von Bayern gründet auf der Chiemseeinsel Frauenwörth ein Benediktinerkloster und eine Frauenabtei desselben Ordens.

771. In Neueching findet eine Landessynode statt. Sie erläßt das erste deutsche Schulgesetz. Vorsitzender solcher Landessynoden, die vermutlich mit Landtagen verbunden sind, ist der Herzog.

772. Herzog Tassilo III. von Bayern erobert das slowenische Herzogtum Karantanien (Kärnten).

777. Tassilo III. gründet das Kloster Kremsmünster.

23.6.778. Die Nonne Hugeburc beginnt in Eichstätt mit der Niederschrift der »Vita Willibaldi«, der Lebensbeschreibung des ersten Bischofs von Eichstätt.

781. Herzog Tassilo III. von Bayern erneuert in Worms seinen Vasalleneid gegenüber König Karl d.Gr.

782. Suapinga/Schwabing wird erstmals erwähnt.→

787. König Karl d.Gr. unterwirft Bayern. Herzog Tassilo III. legt bei Augsburg einen neuen Vasalleneid ab und erhält danach das Land als Lehen zurück.

8.6.788. Auf dem Reichstag zu Ingelheim läßt König Karl d.Gr. Herzog Tassilo III. von Bayern wegen eines angeblichen Bündnisses mit den Awaren zu lebenslänglicher Klosterhaft verurteilen. Bayern wird dem Frankenreich voll eingegliedert. Es wird nicht mehr von den Agilolfingern beherrscht, sondern von einem Grafen verwaltet, den der König ernennt.→

788. Nach der Absetzung von Herzog Tassilo III. von Bayern übernehmen die Karolinger den bayerischen Fiskalbesitz der Stadt Regensburg, die dadurch größere Bedeutung gewinnt. König Karl d.Gr. erhebt den Herzogshof von Regensburg zur wichtigsten Königspfalz im süddeutschen Raum. Von Regensburg aus sichert er die bayerischen Grenzen gegen die Awaren.

Um 790. Nach dem Übergang der Macht in Bayern an den fränkischen König Karl d.Gr. werden zahlreiche Güterverzeichnisse aufgestellt, welche die vor 788 erfolgten Schenkungen ausweisen. Erhalten sind der sog. Niederaltaicher Güterbeschrieb und die Salzburger Aufzeichnungen.

793. Karl d.Gr. läßt einen Kanal zwischen Altmühl und Schwäbischer Rezat errichten, um eine Verbindung zwischen Donau und Rhein herzustellen. Die Arbeiten müssen jedoch wegen technischer Schwierigkeiten abgebrochen werden.→

798. Salzburg wird zum Erzbistum erhoben.

799 (?). König Karl d.Gr. ordnet während der Kämpfe gegen die Awaren die Grenzorganisation im Osten neu. Das Ostland, die spätere »Ostmark«, gehört zu Bayern.

2. Hälfte 8. Jh. In Altötting wird die Heilige Kapelle errichtet.

Ende 8. Jh. In Bayern entsteht das »Wessobrunner Gebet«.→

GESTORBEN:

2.2.753 (754?). Burchard von Würzburg (*?), Bischof.

18.12.761. Heidenheim: Wunibald (*um 701), Mitbegründer von Kloster Heidenheim und dessen erster Abt, Heiliger.

25.2.779. Heidenheim: Walburga (*um 710), angelsächsische Benediktinerin, Beschützerin der Wöchnerinnen vor Hexen, Heilige.

4.5.783. Arbeo (*um 723, bei Meran?), Bischof von Freising; Klostergründer; Urheber des deutschen »Abrogans«; Verfasser von Biographien der Heiligen Emmeram und Korbinian (älteste bayerische Geschichtsquellen).

11.12. nach 794. Lorsch: Tassilo III. (*um 741), Herzog von Bayern 748/49–788.

Adel in der Agilolfingerzeit

Die mächtigste Familie im Lande sind die Agilolfinger. Die Lex Baiuvariorum, das Stammesrecht der Bayern, hebt sie auf verschiedene Art besonders heraus, vor allem auch durch die Höhe der Strafe, mit der ein gegen sie begangenes Verbrechen verfolgt wird.

Diese erste Familie scheint ziemlich unumstritten in ihrem Herzogtum zu regieren; mit einem starken, auf Ausweitung der eigenen Macht bedachten Adel muß sie sich nicht auseinandersetzen. Es vergehen ja mehr als 150 Jahre agilolfingischer Herrschaft, bis um das Jahr 715 erstmals in Urkunden von »primarii gentis«, den hervorragenden (also wohl adeligen) Familien des Herzogtums geschrieben wird.

Wer diese Vornehmen sind und was ihren Rang ausmacht, wird freilich nicht gesagt. Sie bleiben namenlos. Namentlich angeführt werden in der Lex allerdings fünf Geschlechter, die durch das Gesetz besonders geschützt werden (wenn auch lange nicht so nachdrücklich wie die Herzogsfamilie) – die Huosi, die Drozza, die Fagana, die Hahilinga und die Anniona.

Die Stellung dieser Geschlechter im alten Bayern ist ebensowenig bekannt wie ihr genauer Wohnort. Es gibt die Meinung, daß es sich bei ihnen um fünf Fürstengeschlechter handle, die möglicherweise vor den Agilolfingern in den verschiedenen Regionen des Landes herrschten – vielleicht als Kleinkönige. Nun aber, zur Zeit der Abfassung der Lex Baiuvariorum, sind sie dem Herzogsgeschlecht der Agilolfinger untergeordnet.

Nur bei den Huosi glaubt man sicher zu wissen, wo sie ihren Besitz hatten und haben. Alte Freisinger Urkunden beweisen, daß sie aus dem Gebiet zwischen Isar und Lech, also aus dem Westen des Herzogtums stammen, aus einem Gebiet, das man auch sehr viel später noch den Huosigau nennen wird und dessen Zentrum die reizvolle Landschaft zwischen dem Starnberger See und dem Kochelsee ist.

Die Fagana stammen wahrscheinlich aus der Gegend um Isar, Vils und Rott, bei den Hahilinga vermuten die Forscher, daß ihr Herrschaftsgebiet die Gegend um Regensburg sei (und daß sie vielleicht sogar Vorläufer der Agilolfinger sind), andere weisen ihnen das Gebiet bei München – das Hachinger Tal – zu. Die alten Geschlechter Drozza und Anniona aber könnten in Niederösterreich ihre Heimat haben.

Das bayerische Stammesherzogtum 788

Herzogliche Pfalzorte und große Herzogshöfe
Bischofssitz
Kloster
Stammesgrenzen

Tassilo III. wird abgesetzt und verbannt

8. Juni 788. In seinem 40. Regierungsjahr verliert Herzog Tassilo III. sein Amt und sein Land: Auf dem Reichstag von Ingelheim wird er zum Tode verurteilt, dann aber von Karl (der später »der Große« genannt wird) begnadigt und in ein Kloster verbannt. Das gleiche harte Schicksal erleiden auch Tassilos Frau und seine Kinder. Sie sehen sich nie mehr wieder. So endet, nach sieben Generationen, die Herrschaft der Agilolfinger, deren bedeutendster Vertreter Tassilo III. war.

Beim Tode Herzog Odilos (→ 748) schien die Erbfolge gesichert, denn der siebenjährige Sohn Tassilo sollte Herzog werden, auch wenn zunächst noch seine Mutter Hiltrud als Vormund regierte.

Doch an der Nordostgrenze Bayerns saß Grifo, ein verbannter Halbbruder des Frankenkönigs Pippin und der Herzogswitwe Hiltrud. Er glaubte, Anspruch auf Landbesitz und hohe Ehren zu haben, und so fiel er in Bayern ein, setzte Hiltrud und ihren Sohn gefangen und machte sich selbst zum bayerischen Herzog.

Pippin rückte an, vertrieb den Usurpator, gab Tassilo seine Herzogswürde zurück und machte sich, da Hiltrud starb, zum neuen Vormund. Damit war der Agilolfinger mitsamt seinem Land fest in karolingischer Hand. Um dies allen sichtbar zu machen, mußte Tassilo 757 nach Compiègne reisen, um, knapp 16jährig, in heiligen Eiden seine Vasallentreue zu schwören.

Einige Jahre später wurde ihm deren Einhaltung abverlangt – zusammen mit seinen bayerischen Soldaten mußte er 763 zu einem Frankenkrieg ins ferne Aquitanien ziehen.

Statt dem Vormund jedoch tapfer beizustehen, sagte Tassilo, daß ihn eine Krankheit hindere, weiter an den Kämpfen teilzunehmen; er kehrte heim nach Bayern, wo er Klöster gründete – z. B. Polling, Mattsee, Thierhaupten, Frauenchiemsee – und auf mehreren Synoden fortschrittliche Gesetze erließ. Darunter war ein (für die damalige Zeit) emanzipatorisches Gesetz, das unter bestimmten Voraussetzungen den Frauen die Scheidung erlaubte. Auf einer dieser Landesversammlungen, 771 zu Neuching, entstand das älteste deutsche Schulgesetz.

Zu dieser Zeit war Pippin bereits tot und dessen Sohn Karl Alleinherrscher des Frankenreichs (nachdem sein Bruder Karlmann an Nasenbluten gestorben war und dessen Kinder aus dem Erbe verdrängt waren).

Bei allen streitbaren Gegensätzen zwischen dem Franken und dem Bayern gab es etwas Gemeinsames, Verbindendes: Im Jahr 769 heiratete Tassilo die langobardische Königstochter Liutpirc, ein Jahr später wurde sein Vetter Karl auch noch sein Schwager, denn er heiratete Liutpircs Schwester Desiderata. In dieser Zeit der schnellen Allianzen und der schroffen Vertragsbrüche endete das fränkisch-langobardische Bündnis jedoch bereits 772, als Karl seine Frau dem Schwiegervater zurückschickte. Die Mehrung von Macht und Besitz kannte keine Rücksichten – die Franken marschierten ins Langobardenreich ein.

Und Tassilo, der treu zu seiner Liutpirc stand, blieb abseits. Er konnte dem Schwiegervater nicht helfen, doch er wollte keinesfalls gegen ihn streiten. Auch das wird ihm der Vetter später nicht verzeihen.

Auf der Rückreise von seiner Brautfahrt hatte Tassilo 769, »damit das ungläubige Volk der Slaven auf den Weg der Wahrheit geführt werde«, das Kloster Innichen gegründet. Acht Jahre später stiftete er, ebenfalls für die Slavenmission gedacht (doch sicher auch aus wirtschaftlichen Gründen), das Kloster Kremsmünster: »Ich Tassilo, Herzog von Bayern, habe im 30. Jahr meiner Regierung erwogen, von dem Besitz, dessen mich der Herr gewürdigt hat, Gott selbst etwas wieder darzubringen…«.

Zu dieser Zeit waren die Beziehungen zu den Karolingern bereits tief gestört. Im Jahr 781 erneuerte Tassilo zwar zu Worms den Vasalleneid. Gleichzeitig aber regierte dieser Bayer sein Herzogtum wie ein König, selbstbewußt und auf Unabhängigkeit bedacht.

Ein freies, stolzes Bayern paßte nicht in Karls Plan, und da zu Tassilos Feinden auch der Freisinger Bischof Arbeo und zuletzt sogar der Papst gehörten, zog sich der Ring immer enger. Ein Vermittlungsersuchen, das der Herzog an den Papst in Rom schickte, hatte keinen Erfolg (und der Papst, auf seiten Karls, wünschte dem Bayern ja ohnedies in recht unchristlicher Weise alle Greuel des Krieges an den Hals).

In einer kriegerischen Auseinandersetzung mußte Tassilo vor Augsburg um Gnade bitten. Sie wurde zwar gewährt, aber im darauffolgenden Jahr fällt Karl dann zu Ingelheim das Schmachurteil über den Vetter.

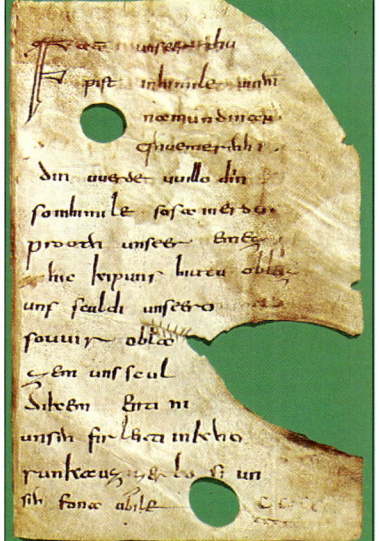

»Buch Abrogans«

Um 765. *Der gelehrte Schreiber auf dem Freisinger Domberg ahnt nicht, daß der Text, den er zu Pergament bringt (Abb.), später als das älteste deutsche Buch gelten wird. Dabei macht er nichts anderes, als lateinische Wörter und ihre Übersetzung zu sammeln. Mit »Abrogans« beginnt er, und daneben schreibt er »dheomodi« (demütig). Diesem ersten folgen noch etwa 3600 weitere Wörter.*

Der sogenannte Tassilo-Kelch aus dem Benediktinerkloster Kremsmünster (Oberösterreich); der Überlieferung nach ließ der Bayernherzog das Gefäß zur Hochzeit mit Liutpirc anfertigen und stiftete es später dem Kloster oder aber seine Getreuen retteten es nach der Entmachtung Tassilos III. zusammen mit seinem Zepter dorthin; der 25 cm hohe, teilweise vergoldete Kupferkelch, vermutlich um 777 bei Salzburg entstanden

Suapinga/Schwabing erstmals erwähnt

782. Der Edelfreie Alpolt und sein Sohn Huasuni wollen für ihr Seelenheil ein Opfer bringen und trennen sich deshalb von ihren Besitzungen Suapinga und Sentilinga. In der Urkunde über diesen Vorgang wird erstmals Suapinga, das spätere Schwabing, genannt.

In Neuching wird diese Schenkung an das seit etwa 20 Jahren bestehende Dionysuskloster Schäftlarn aktenkundig gemacht. Nach Sentilinga (Sendling), das seit 760 urkundlich nachweisbar ist, wird mit dieser gleichsam notariellen Beglaubigung einer frommen Stiftung zum zweiten Mal ein späterer Ortsteil Münchens schriftlich erwähnt.

Von dem Mann, der Suapinga seinen Namen gab, einem Herrn Suapo, darf angenommen werden, daß er ein Zugereister aus Schwaben war und daß er oder einer seiner Erben den Besitz an Alpolt verkauft oder vererbt hat.

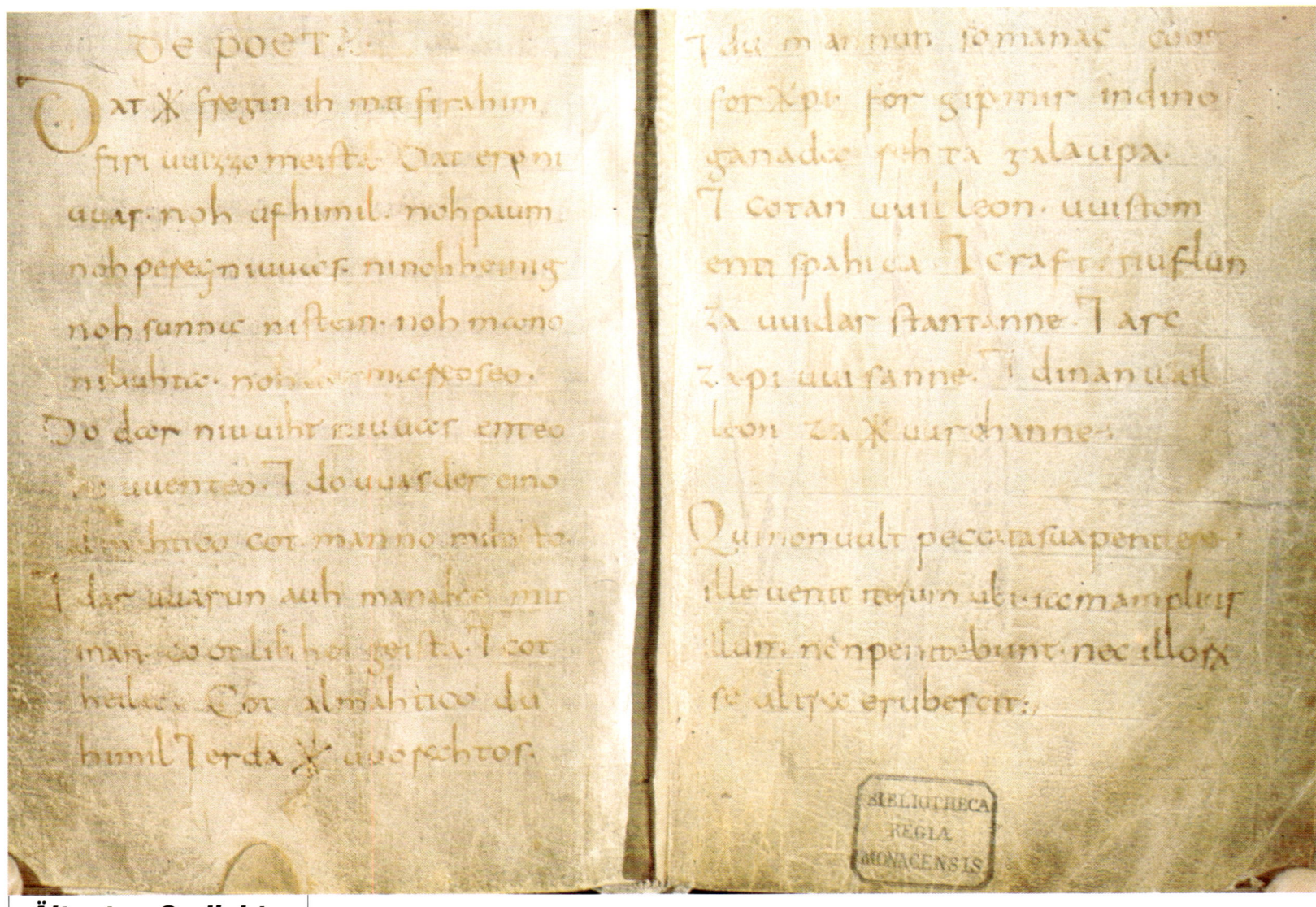

Ältestes Gedicht

Ende 8. Jh. *In ein nur taschenbuchgroßes und knapp 100 Seiten starkes Büchlein lateinischer Texte schreibt ein Mönch Ende des 8. Jh., vielleicht aber auch erst um 814, eine kleine Dichtung, in der in althochdeutscher Sprache die Weltschöpfung erzählt wird: »Dat gafregin ih mit firahim firiuuizzo meista… Das erfuhr ich bei den Menschen als das erstaunlichste Wissen: daß Erde nicht war, noch das Firmament, weder Baum noch Berg, kein Stern und auch die Sonne nicht…« Noch ehe das Schöpfungswerk getan ist, bricht dieses älteste Gedicht in deutscher Sprache ab. Dem nachfolgenden Gebet verdankt diese im Kloster Wessobrunn gefundene Dichtung ihren Namen: Es heißt »Das Wessobrunner Gebet« (Abb.).*

Rhein-Main-Donau-Kanalprojekt scheitert

793. Experten treten auf, »etliche, welche die Sache zu verstehen behaupteten« und empfehlen König Karl, zwischen Schwäbischer Rezat und Altmühl einen Kanal zu graben; würde man die beiden kleinen Flüsse auf solche Weise miteinander verbinden, könnte man von der Nordsee zum Schwarzen Meer auf Wasserstraßen reisen (wobei der untere Teil der Donau zu dieser Zeit in unzugänglichem Feindesland liegt).

Die kleine, nur etwa 2000 m lange künstliche Wasserstraße würde den Handelsverkehr im großen Karolingerreich erleichtern, und auch die Soldaten ließen sich dann leichter, vor allem schneller und bequemer von einem Kriegsschauplatz zum anderen transportieren.

Der Karolingerkönig, kurz zuvor von einem Awarenkrieg zurückgekehrt, greift die Anregung auf und im Herbst 793 kann er von Regensburg aus mit dem Schiff »zu dem großen Graben zwischen Altmühl und Rezat« fahren.

Dort, bei dem zwischen Weißenburg und Treuchtlingen gelegenen Graben, buddeln Tausende von Arbeitern – jedoch umsonst: »Bei anhaltendem Regen und da das sumpfige Erdreich schon von Natur aus zu viel Nässe hatte, konnte die Arbeit keinen Halt und Bestand gewinnen.« Was bei Tage herausgeschafft wird, sinkt bei Nacht wieder in das Flußbett zurück.

König Karl der Große, Herrscher über das riesige Frankenreich, gibt resigniert das Projekt auf. Er läßt sich zur Rezat bringen und fährt zu Schiff nach Würzburg.

Arbeiter beim Bau des geplanten Kanals zwischen Altmühl und Rezat

Von den Karolingern zu den Welfen

Recht wohl war Karl dem Großen nach der Absetzung von Herzog Tassilo III. auf der Reichsversammlung in Ingelheim nicht. Er begab sich nämlich unverzüglich nach Regensburg, der Residenzstadt des letzten Agilolfingers. Und das war auch dringend notwendig. »Die Hunnen in Friaul und in Bayern«, notierte lapidar ein Chronist zum Jahr 788 in die Regensburger Annalen. Das östliche Volk hat demnach seine Bündnisverpflichtung gegenüber dem abgesetzten Tassilo getreulich erfüllt. Doch es richtete nichts aus. Im Gegenteil: Karl besiegte die Hunnen in zwei Schlachten. Als neuen bayerischen Herrscher setzte der Karolinger seinen Schwager, den Grafen Gerold, in Regensburg ein, der sich aber offensichtlich nicht so recht durchsetzen konnte. So ist es auch zu verstehen, daß Karl der Große 791 abermals mit Heeresmacht nach Regensburg zog, wo er dann nahezu drei Jahre blieb. In der Donaustadt hielt er auch eine Reichsversammlung und ein »feierliches Konzil« ab. Durch einen reinen Zufall entkam er in seiner Residenz einem Mordanschlag.

Als Karl der Große dann 793 aus Regensburg abreiste, ging ihm ein ungewöhnlicher Plan durch den Kopf. Tassilo III. sollte sein Klostergefängnis im nordfranzösischen Jumièges verlassen und noch einmal in aller Öffentlichkeit auf sein Herzogtum verzichten. Tatsächlich wurde der Gefangene nach Frankfurt am Main geschleppt, wo er vor der dortigen Synode seine Treulosigkeit gegenüber den Karolingern zu bedauern hatte. Weiter wurde er gezwungen, auf alle Besitzungen »im Herzogtum Bayern für sich und seine Söhne und Töchter«, die er der Barmherzigkeit des Königs empfahl, zu verzichten.

All diese Aktivitäten Karls des Großen verraten, daß auch nach dem Tribunal von Ingelheim in Bayern eine starke Opposition bestand, zu der sicher viele Klöster, Klosterbauern, Krieger und Angehörige der Oberschichten gehörten. Auffallend ist in diesem Zusammenhang, daß in den späteren Urkunden noch lange die Namen der Agilolfingerherzöge, ihrer Frauen und Kinder auftauchen. Ohne Unterlaß gedachten schließlich die Klöster am 11. Dezember eines jeden Jahres des unglücklichen Herzogs Tassilo, der sie wohlwollend unterstützt hatte.

Daß man auf das Land zwischen Krems und Lech, Tirol und Bayerwald ein wachsames Auge werfen müsse, beherzigten auch die Nachfolger Karls des Großen. Gerade das hatte aber zur Folge, daß Bayern bald ins Rampenlicht der europäischen Politik rückte. Symbol für diese Entwicklung ist der fast märchenhafte Aufstieg der herzoglichen Metropole Regensburg, die im 9. Jh. gar die Haupt- und Residenzstadt des gesamten ostfränkischen Reiches wurde. So weilte unter anderem der Enkel Karls des Großen, Ludwig der Deutsche, oft und lange an der Donau. Er war mit der Welfin Hemma verheiratet, die sich des Regensburger Stiftes Obermünster annahm und in der größten Kirche der Stadt ihre letzte Ruhe fand: in St. Emmeran, wo noch heute ihre Grabinschrift zu bewundern ist.

Wie für König Ludwig II. den Deutschen war dann auch für dessen Enkel, Kaiser Arnulf, Regensburg unbestritten Residenzstadt, der Ort, den »er von allen Städten seines Reiches am meisten liebte«, wie der bedeutendste Geschichtsschreiber des deutschen Mittelalters, Otto von Freising, berichtet. Arnulf, dessen herausragende Tat der Sieg über die Normannen war, stellte in Regensburg ein Drittel seiner Urkunden aus. Sein Sohn Ludwig IV. das Kind, der 900 in Forchheim zum deutschen König gewählt wurde, beurkundete hier 12 Mal. Beide, Arnulf und Ludwig, wurden ebenfalls in der Regensburger St.-Emmeram-Kirche bestattet. Mit Ludwig dem Kind endet 911 in Deutschland die einst mächtige Dynastie der nach Karl dem Großen benannten Karolinger.

St. Emmeram war aber nicht nur die Hof- und Begräbniskirche der letzten Karolinger, sondern auch die Arnulfs des Bösen, des ersten bayerischen Herzogs aus dem Geschlecht der Luitpoldinger. Und dieser Herrscher lieferte der deutschen Krone einen erbitterten Kampf. So belagerte der 911 in Forchheim zum König gewählte Konrad I. wiederholt die bayerische Herzogsstadt. Um seine Rechte auf Bayern auch nach außen zu dokumentieren, heiratete er sogar die schon betagte Mutter Herzog Arnulfs, Kunigunde. Einen nachhaltigen Erfolg brachte freilich auch das nicht. Am 23. Dezember 918 wurde König Konrad während der Belagerung Regensburgs tödlich verwundet.

Den Kampf um Bayern setzte auch Konrads Nachfolger auf dem Königsthron, der Sachse Heinrich I., verbissen fort. Doch auch ihm machte es Herzog Arnulf nicht leicht. Ja, er schreckte nicht einmal davor zurück, sich 919 von bayerischen und schwäbischen Adeligen zum »König im Reich der Deutschen« wählen zu lassen. Der Bayer war damit der erste deutsche Gegenkönig. Als Heinrich I. mit seinem Heer nach Regensburg marschierte, erlitt er eine schwere Niederlage und mußte sich zu Verhandlungen bereit finden. König und Gegenkönig schlossen damals einen folgenreichen Vertrag. Der Bayer verzichtete auf die Königskrone, erhielt dafür aber mehrere Privilegien, die der König anderen Landesherren vorenthielt. Unter anderem durfte Arnulf der Böse Bischöfe ernennen.

Seine liebe Not mit Bayern hatte dann anfangs auch Kaiser Otto I., der Große. Als er 947 seinen Bruder Heinrich als neuen bayerischen Herzog einsetzte, glaubte er an ein Ende der Zwistigkeiten. Doch der Bruder konnte sich nur allmählich durchsetzen. Grausam ging er gegen seine Widersacher vor. So ließ er den Patriarchen von Aquileja (das damals kurz zu Bayern gehörte) entmannen und den Erzbischof von Salzburg blenden, berichtet Thietmar von Merseburg. Kaum saß Heinrich dann fest im Sattel, starb er 955 nach einer nur achtjährigen Regierungszeit. Bestattet wurde er in der Regensburger Niedermünsterkirche.

Sein Sohn Heinrich II., der »Zänker«, trumpfte dann gegen Kaiser und Reich auf wie vor und nach ihm kein anderer bayerischer Herrscher. Unmittelbar nach dem Tod Otto I. (973) schloß er ein

Bündnis mit Böhmen und Polen, das eindeutig gegen den neuen Herrscher Otto II. gerichtet war. Dieser machte aber kurzen Prozeß und arretierte den Rivalen in Ingelheim, der Schicksalsstadt Tassilo III. Doch im Gegensatz zu dem Agilolfinger konnte sich der »Zänker« befreien. Unverzüglich zog der König daraufhin nach Regensburg, wo sich der Rebell verschanzte. Als dieser sah, daß er dem großen königlichen Heer nicht gewachsen war, floh er weiter nach Böhmen.

Aus dieser Treulosigkeit des Herzogs zog König Otto II. sofort einschneidende Konsequenzen. Er ernannte nicht nur Otto von Schwaben zum neuen Herzog, sondern trennte vom Herzogtum Bayern ganz Kärnten (wurde eigenes Herzogtum) und die italienischen Marken Verona und Aquileja samt Istrien ab. Zudem wurde die Ostmark, das spätere Österreich, an die Babenberger verliehen. Kurz darauf gelang es Otto II. auch, den flüchtigen »Zänker« zu fassen und ihn in Utrecht zu inhaftieren.

Als aber nach sechs Jahren Gefangenschaft der Utrechter Bischof den Häftling wieder frei ließ, mobilisierte der »Zänker« noch einmal all seine Kräfte gegen das Reich. Er bekam auf abenteuerliche Weise den neuen König Otto III., der noch ein Knabe war, in seine Gewalt. Doch die Fürsten des Reiches standen in dieser einmaligen Situation fest und unerschütterlich zum König und ließen sich nicht erpressen. Auf massiven Druck des Kölner Erzbischofs gab der »Zänker« dann den Buben wieder frei.

Im Gegenzug erhielt der Bayer dafür 985 sein Herzogtum im Süden des Reiches wieder zurück. Er war von nun an ein gerechter Herrscher und machte dem König keinerlei Schwierigkeiten mehr. Kurz vor seinem Tod (995) bereute er seine aufsehenerregenden Putschversuche und ermahnte seinen Sohn Heinrich IV., sich in jedem Fall loyal gegenüber dem jeweiligen König zu verhalten. »Ziehe schnell heim, ordne die Regierung und widersetze dich niemals deinem König und Herrn. Ich fühle tiefe Reue, daß ich einst es getan habe,« soll er nach Darstellung Thietmars von Merseburg gesagt haben. Sein Epitaph in St. Emmeram in Regensburg zeigt ihn mit mädchenhaften Gesichtszügen. In der rechten Hand hält er fest – so als wäre überhaupt nichts gewesen – die Lehensfahne seines Herzogtums.

Entsprechend den Ermahnungen des Vaters hielt sich der Sohn gegenüber dem König sehr zurück. In Rom half er dem jungen Otto III. sogar einmal aus einer mißlichen Situation. Doch als Heinrich 1002 vom Tod des kinderlosen Otto erfuhr, beschlagnahmte er handstreichartig die Reichsinsignien. Dazu verhaftete er den Kölner Erzbischof und ließ ihn erst nach der Herausgabe der Heiligen Lanze wieder frei. In einer Hektik ohnegleichen ließ er sich dann in Mainz zum König wählen und krönen. Jeglichen Widerspruch erstickte der neue Herrscher, der als Kaiser Heinrich II., der Heilige, in die Geschichte einging, bereits im Keim. Das Krönungsverfahren verlief so blitzschnell, daß der Chronist der Quedlinburger Jahrbücher ausdrücklich anmerkt, diese Krönung sei sogar »ohne Wissen der Sachsen« erfolgt. Auch andere Stämme seien ausgeschaltet gewesen.

Als zwei Monate später Heinrichs Frau Kunigunde in Paderborn zur Königin gekrönt und seine Schwester Sophie zur Äbtissin von Gandersheim geweiht wurde, kam es zu einem Vorfall, der die Gereiztheit aller Parteien zum Ausdruck brachte. Chronist Thietmar von Merseburg interpretiert die Vorgänge auf seine parteiliche Weise folgendermaßen: »Darauf erhob sich eine allgemeine Freude, die aber – o der Schande! – durch die unersättliche Habsucht der Bayern gar sehr getrübt ward. Denn diese, die daheim sich stets mit wenigem begnügen, außer Landes aber beinahe unersättlich sind, verheerten die Feldfrüchte ihrer Nachbarn und erschlugen dieselben, als sie ihr Eigentum verteidigten«.

Ungeachtet dieser wenig schmeichelhaften Schilderung war Bayern zu dieser Zeit das mit Abstand bedeutendste Herzogtum im Deutschen Reich. »Jetzt triumphiert Bayern, es dient das tapfere Franken, Schwaben beugt den Rücken«, schrieb ein italienischer Kleriker. In seiner 22jährigen Regierungszeit als deutscher Herrscher war Heinrich II. in Polen genauso gefürchtet wie in römischen und böhmischen Landen. Bei seiner Kaiserkrönung 1014 in Rom überreichte ihm Papst Benedikt VIII. eine goldene Kugel mit einem Kreuz (»Reichsapfel«), die von jetzt an bis zum Ende des Reiches zu den kaiserlichen Reichsinsignien gehörte und den jeweiligen Herrscher an den mächtigen Bayern kurz nach der Jahrtausendwende erinnerte.

Nach dem Tod des kinderlosen Kaisers wählten die Fürsten 1024 Konrad II. zum deutschen König, dessen Dynastie (Salier) genau 101 Jahre das Reich regierte. König Konrads Sohn und Enkel, die Kaiser Heinrich III. und Heinrich IV., waren zeitweilig auch Herzöge von Bayern. Aber auch in der Zeit der Salierkaiser herrschte ein gespanntes Verhältnis zwischen dem Reich und Bayern. So wurde dem 1061 als Herzog eingesetzten sächsischen Grafen Otto von Northeim schon nach kurzer Regierung der Vorwurf gemacht, auf König Heinrich IV. ein Attentat geplant zu haben. Als er zu dem Zweikampf, zu dem man ihn aufforderte, nicht erschien, setzte man ihn nach Jahren wieder ab.

Sein Nachfolger wurde Welf I., »der als erster unseres Geschlechts das Herzogtum Bayern erlangte« (Historia Welforum). Und auch er konnte sich der Krone nicht unterordnen und mußte sein Amt in Bayern ebenfalls bald wieder aufgeben. Bayern aber wurde kurzerhand zum Kronland erklärt.

Im 12. Jh. standen dann drei der bedeutendsten Welfen dem Herzogtum Bayern vor. Während Heinrich IX., der Schwarze, die Wahl Lothars von Supplinburg zum König begrüßte und dafür später seinen Sohn (Heinrich X., dem Stolzen) die Königstochter Gertrud als Frau zuführen konnte, stürzte nach ihm sein Haus in eine der größten Katastrophen in der langen Geschichte der Welfen. Dabei begann alles so verheißungsvoll. Heinrich der Stolze konnte sich nämlich berechtigte Hoffnungen auf die Krone machen. Da König Lothar keinen Sohn hatte, glaubte Herzog Heinrich, daß die deutschen Fürsten wenigstens ihn, den Schwiegersohn, zum Reichsoberhaupt wählen würden. Als Lothar 1137 starb, riß er (wie einst Kaiser Heinrich II.) sofort die Reichsinsignien an sich und meldete seinen Anspruch auf den Thron an. Doch anstatt seiner wurde Konrad III. gekürt. Der Welf gab zwar die Reichsinsignien heraus, weigerte sich aber, dem neuen Herrscher zu huldigen. Das hatte seine Ächtung und Absetzung zur Folge. Neuer Herzog in Bayern wurde der Österreicher Leopold, ein Halbbruder des neuen Königs.

Nicht viel besser erging es schließlich dem Sohn Heinrichs des Stolzen, Heinrich dem Löwen, der 1156 neu mit dem Herzogtum Bayern belehnt wurde, nachdem es seinem Vater entzogen worden war. Er wollte von Reichstreue und Solidarität überhaupt nichts wissen, schloß zum Entsetzen vieler auf die Einheit des Heiligen Römischen Reiches deutscher Nation bedachten Fürsten, Verträge mit Dänemark, Schweden und Rußland, als sei er ein souveräner Fürst und ließ schließlich Kaiser Friedrich I. Barbarossa so bösartig auf dessen Italienfeldzügen im Stich, daß er den Konflikt mit der Krone geradezu provozierte. Seine Niederlage von Legnano ärgerte den Staufer Barbarossa schließlich so sehr, daß er den Welfen 1179 in Magdeburg ächtete und im Jahr darauf die Oberacht über ihn aussprach. Damit war für lange Zeit der fast schon zur Tradition gewordene Konflikt zwischen der Krone und dem Herzogtum Bayern ausgestanden.

Rudolf Reiser

800

9. Jh. Ein unbekannter Verfasser schreibt in bayerischer Mundart das Weltuntergangsgedicht »Muspilli«. →

Anfang des 9. Jh. Auf einer Insel im Chiemsee besteht ein Kloster für Benediktinermönche. →

25. 12. 800. Der Frankenkönig Karl d. Gr. wird von Papst Leo III. in Rom zum Kaiser gekrönt.

805/06. Kaiser Karl d. Gr. läßt drei Heeresabteilungen, darunter eine mit bayerischen Soldaten, nach Böhmen einrücken. Böhmen wird abhängig von Bayern und damit vom Frankenreich.

Um 810. Während der Amtszeit von Bischof Hanto (809–815) entsteht im Augsburger Skriptorium ein Purpurevangeliar.

28. 1. 814. Nach dem Tod von Kaiser Karl d. Gr. wird sein Sohn Ludwig I., der Fromme, Alleinherrscher im Frankenreich. Karl hatte 813 Ludwig ohne Hinzuziehung des Papstes in Aachen zum Mitkaiser gekrönt. 816 krönt Papst Stephan V. Ludwig in Reims noch einmal zum Kaiser.

Juli 817. Kaiser Ludwig der Fromme erläßt das Reichsteilungsgesetz »Ordinatio Imperii«. Ludwigs ältester Sohn Lothar I. wird Mitkaiser, die anderen Söhne, Ludwig der Deutsche und Pippin I., erhalten als Unterkaiser Bayern bzw. Aquitanien. Da Ludwig der Deutsche noch minderjährig ist, wird Bayern weiter von einem Grafen, Audulf, verwaltet.

819. Kaiser Ludwig der Fromme heiratet nach dem Tod seiner ersten Frau Irmgard in zweiter Ehe Judith, genannt Judith von Bayern, die Tochter des Grafen Welf.

Um 824. In Freising entsteht das älteste erhaltene Traditionsbuch, eine Abschrift von Urkunden. →

825. Ludwig der Deutsche tritt seine Herrschaft als König von Bayern an.

826. König Ludwig der Deutsche von Bayern richtet in Regensburg eine eigene Hofhaltung ein. →

829. Unter Umgehung des Reichsteilungsgesetzes von 817 schafft Kaiser Ludwig der Fromme für seinen Sohn Karl den Kahlen ein viertes Teilreich (Schwaben, Raetien und das Elsaß). Folge sind Erhebungen seiner Söhne Lothar I. (Mitkaiser), Pippin I. (Aquitanien) und Ludwig des Deutschen (Bayern).

Ab 830. König Ludwig der Deutsche unterzeichnet offizielle Urkunden mit »Ludwig von Gottes Gnaden König der Bayern«.

Um 830. Während der Amtszeit des Freisinger Bischofs Hitto (811–836) entstehen im Freisinger Skriptorium mehr als 40 Handschriften.

832. Altötting wird erstmals als Königspfalz (»palatium regium«) erwähnt mit dem Namen »Otinga«. →

833/34. Im Sommer 833 wird Kaiser Ludwig der Fromme in der Schlacht auf dem Lügenfeld bei Colmar von seinen Söhnen Lothar I. (Mitkaiser), Pippin I. (Aquitanien) und Ludwig dem Deutschen (Bayern) besiegt und gefangengenommen. Aus Furcht vor dem übermächtigen Lothar erkennen Pippin und Ludwig der Deutsche 834 ihren Vater wieder als Kaiser an: Mitkaiser Lothar I. bleibt weiter König von Italien, Ludwig der Deutsche König von Bayern, nun aber unter Einschluß Alamanniens, und Pippin I. König von Aquitanien.

Ab 834. Ludwig der Deutsche unterzeichnet offizielle Urkunden nicht mehr mit »Ludwig von Gottes Gnaden König von Bayern«, sondern nur noch mit »König«.

30. 5. 839. Nach dem Tod von König Pippin I. von Aquitanien wird dessen Reichsteil zwischen dem Mitkaiser Lothar I. von Italien und König Karl dem Kahlen aufgeteilt. Der bei dieser Reichsteilung übergangene Ludwig der Deutsche erhält den Befehl, Bayern nicht zu verlassen.

20. 6. 840. Nach dem Tod von Kaiser Ludwig dem Frommen wird sein Sohn Lothar I. Kaiser. Lothar unternimmt Kriegszüge gegen seine Brüder Ludwig den Deutschen (Bayern/ Ostfranken) und Karl den Kahlen (Westfranken).

13. 5. 841. Der ostfränkische König Ludwig der Deutsche besiegt mit Hilfe bayerischer Truppen seinen Bruder, Kaiser Lothar I., im schwäbischen Riesgau.

14. 2. 842. In den Straßburger Eiden bestätigen der westfränkische König Karl der Kahle und der ostfränkische König Ludwig der Deutsche ihr Bündnis gegen Kaiser Lothar I. Die Straßburger Eide sind der älteste Beleg für die Verwendung des Deutschen als Urkundensprache.

10. 8. 843. Im Vertrag von Verdun wird das Frankenreich endgültig dreigeteilt: Ludwig der Deutsche erhält Ostfranken, Karl der Kahle erhält Westfranken (»Frankreich«), Lothar I. bleibt Kaiser und erhält neben Italien das Gebiet von der Nordsee über Burgund und die Provence bis zur Mündung der Rhone.

13. 1. 845. In Regensburg lassen sich 14 böhmische Herzöge taufen.

846. Moimir I., der Gründer des Großmährischen Reiches, wird von dem ostfränkischen König Ludwig dem Deutschen abgesetzt.

GESTORBEN:

Um 824. Welf (I., *?), bayerischer Graf, Stifter der älteren welfischen Linie.

19. 4. 843. Tours: Judith, gen. Judith von Bayern (*um 800), Kaiserin, zweite Frau von Kaiser Ludwig dem Frommen, Tochter des bayerischen Grafen Welf.

GEBOREN:

Um 830. Karlmann von Bayern († September 880, Öting/Altötting), König in Bayern, ältester Sohn König Ludwigs des Deutschen.

Ludwig König von Bayern

826. Der Kaisersohn Ludwig war etwa 13 Jahre alt, als ihm auf dem Aachener Hoftag von 817 bei der sog. »Ordinatio Imperii« das Land Bayern sowie die Karanten, Böhmen, Awaren und Slawen zugewiesen wurden: »Item Hludowicus volumus ut habeat Baioariam et Carantanos et Beheimos et Avaros atque Sclaves…«, hieß es in der Urkunde. Außerdem erhielt er die 806 von Bayern abgetrennten Königshöfe Lauerhofen und Ingolstadt.

Und Ludwig ist wenig über 20, als er, ein hochgebildeter Jüngling, im Jahr 826 Regensburg zu seiner Hauptstadt macht. Zum Leiter seiner königlichen Kanzlei beruft er den Erzkaplan des heiligen Palastes, Abt Gozebald von Niederaltaich.

Der Karolinger ist sich der Bedeutung seines Amtes und der Würde seines Teil-Reiches bewußt und so nennt er sich gelegentlich »König von Bayern und der angrenzenden Gebiete« und unterzeichnet von 830 bis 834 offizielle Urkunden mit »Ludwig von Gottes Gnaden König von Bayern«. Danach nennt er sich nur noch »König«.

Durch die »Ordinatio« hoffte Kaiser Ludwig der Fromme, die Erbschaftsverhältnisse so geregelt zu haben, daß das Reich, das er drei Jahre zuvor von seinem Vater Karl dem Großen geerbt hatte, einst auch wieder ungeteilt weitergegeben werde. Drei Söhne waren freilich zu bedenken:

Lothar, der älteste, wurde zum Mitkaiser gekrönt und später einmal Herr im kaiserlichen Hause. Ludwig, etwa im Jahr 804 geboren, sollte dem Bruder vollkommen untergeordnet sein und in Bayern residieren. Später wird er den Namen Ludwig der Deutsche tragen.

Dem dritten Sohn, Pippin, wurde der äußerste Südwesten zugewiesen, außerdem das Land Aquitanien sowie Besitzungen in Burgund.

Sechs Jahre nach dieser Regierungs- und Erbregelung, anno 823, gab es im Kaiserhaus ein freudiges Ereignis: Judith, die zweite, welfische Frau Kaiser Ludwig des Frommen, wurde von einem Sohn entbunden, der – auf den Namen Karl getauft – einmal den Beinamen »der Kahle« tragen wird.

Die Mutter war ehrgeizig, der 45jährige Vater glücklich über die Geburt des Spätgeborenen – die drei älteren Söhne beobachteten mit Mißtrauen das Elternglück am Kaiserhofe. Sie fragten sich sehr früh schon, wie der Nachzügler einmal in den Erbschaftsvertrag eingepaßt werden soll und wie der Vater seinen Benjamin bedenken will. Solange der Knabe aber noch klein war, übten die drei Karolinger gemeinsam mit ihrem Vater – so wie es die »ordinatio« vorsah – die Herrschaft aus.

Unter Ludwig dem Deutschen, der bis 876 regiert, wird die Einheit Bayerns gewahrt.

Ludwig der Deutsche, der 817 als noch minderjähriger Knabe von seinem Vater, dem Römischen Kaiser Ludwig dem Frommen, Bayern als Unterkönigtum erhielt und das Land ab 825 bis zu seinem Tod am 28. August 876 selbst regierte und dabei seine Einheit innerhalb des Ostfränkischen Reiches bewahrte (Gemälde von Carl Trost im Frankfurter Römer)

Muspilli – Dichtung vom Ende der Welt

9. Jh. Der Schreiber läßt allen Respekt vermissen. Obwohl das 122 Blatt starke Buch etwa um 830 dem bayerischen Herzog und späteren König Ludwig dem Deutschen gehörte, bedeckt er die Ränder mit seinem eigenen Text, einer Dichtung von Weltende und Jüngstem Gericht, die man »Muspilli« nennt.

Auf der ersten Seite hatte der Salzburger Erzbischof Adalram mit plumpen Buchstaben seine lateinische Widmung geschrieben: »Nimm hin, erhabener Jüngling Ludwig, das kleine Büchlein…«. Darunter aber setzt der unbekannte Autor recht sorglos fünf stabreimende Zeilen seiner Dichtung. Insgesamt 103 Zeilen über Endzeitliches sind gleich einer Konterbande in der Pergamenthandschrift untergebracht.

Mit einer Schilderung dessen, was die Seele nach dem Tod erwartet, wenn himmlische Engelsscharen oder satanische Helfer sie zu Gott oder zum Teufel führen, beginnt das Werk: »… sein Tag komme, daß er sterben soll./Wenn sich da die Seele auf den Weg erhebt/und sie des Lei-

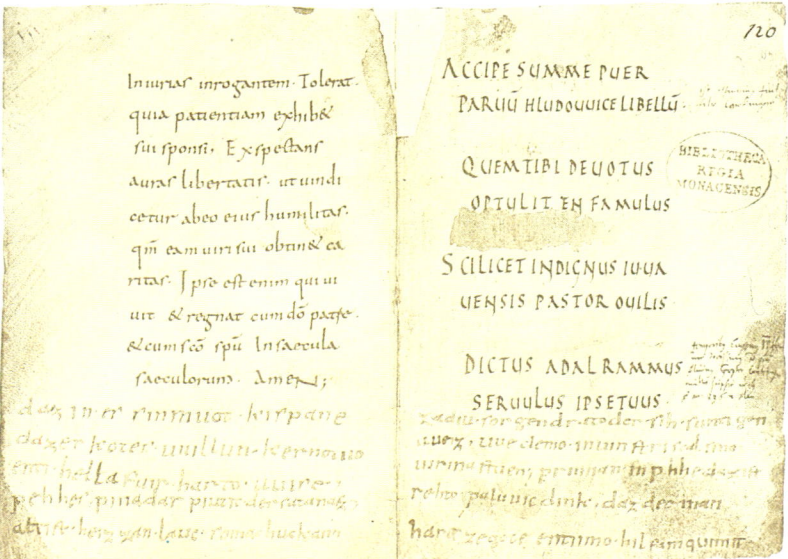

Doppelseite aus der im Kloster St. Emmeram verwahrten »Muspilli«-Handschrift; der althochdeutsche Text ist in den lateinischen Codex eingefügt

bes Hülle liegen läßt…« Im Althochdeutschen liest sich das so: »sin tac piqueme daz er touuan scal./uuanta sâr sô sih diu sêla in den sind arhevit/enti si den lîhamun likkan lâzzit«.

Das nur als Bruchstück erhaltene Gedicht ist vorwiegend noch in der germanischen Stabreimform abgefaßt, auch wenn sich bereits einige Endreime finden.

Bayernherzog Tassilo III. gründet Kloster auf Chiemsee-Insel

Auf einer Insel im Chiemsee – sie wird später Frauenwörth oder Frauenchiemsee genannt werden – bestehen das Kloster Augia S. Salvatoris für Benediktinermönche und eine Abtei für Nonnen. Überlieferungen zufolge wurde das Kloster bereits 766 gegründet, und 788 wurde danach angeblich die erste Kirche geweiht. Aus den frühesten Zeiten von Frauenchiemsee gibt es

nur einige archäologische Zeugnisse. Skulpturfragmente verraten in ihrer Ornamentik eine Ähnlichkeit mit den Verzierungen des Tassilokelches und weisen auf Herzog Tassilo III. als Gründer hin. Al fresco gemalte Engel im Torbau der Michaelskapelle zählen zu den ältesten romanischen Wandmalereien des Landes (um 860, Abb.).

Altötting beliebte königliche Pfalz

832. Fünf Urkunden läßt König Ludwig der Deutsche zu (Alt-)Ötting ausstellen, und im ältesten dieser Dokumente, geschrieben im Jahr 832, wird der Ort erstmals königliche Pfalz genannt, »actum Otinga palatio nostro«.

Die bayerischen Herrscher hatten hier schon in den Agilolfingerzeiten Besitz, der 748 – als Tassilo III. einen Hof aus der Grundherrschaft um Altötting (Autingas) verschenkte – erstmals genannt wurde. Vierzig Jahre später, mit dem Sturz der Agilolfinger, wurde aus dem herzoglichen Hof ein königliches Krongut der fränkischen Karolinger.

Nach Ludwig dem Deutschen, dem ersten Karolinger, dessen Aufenthalte auf diesem Königshof (»curtis regia«) nachweisbar sind, kommt vor allem dessen Sohn Karlmann häufig hierher. Altötting wird seine Lieblingspfalz, auf der ihn auch im September 880 der Tod ereilt.

Mittelpunkt des Besitzes ist der 1,7 ha große Platz, auf dem später die Kapelle gebaut wird.

Auftrag für ein Traditionsbuch

Um 824. Bischof Hitto von Freising gibt seinem Notar Cozroh den Auftrag, die Schenkungs-, Erwerbs- und Tauschurkunden des Bistums in einem Buch zu sammeln. Als der Priester Cozroh im Skriptorium das Schreibzeug aus der Hand legt, sind etwa 400 Blatt Pergament mit seiner Handschrift gefüllt.

Die älteste Schenkung, von der Cozroh im bischöflichen Archiv eine Urkunde findet, stammt aus dem Jahr 744, die letzte dieser notariellen Eintragungen aber erfolgt um die Mitte des 9. Jh. Sie wird von einem anderen Schreiber gefertigt; Cozroh wird aller Wahrscheinlichkeit nach kurz zuvor gestorben sein.

Die gesammelten Urkunden-Abschriften des Geistlichen Cozroh bleiben der Nachwelt erhalten und sind später das älteste der bisher entdeckten und erforschten Traditionsbücher. Diese Traditionsbücher – vom lateinischen traditiones, gleich Schenkungsurkunde – werden vor allem in Klöstern und Stiften des bajuwarischen Raumes geführt und zur Sicherung ihrer Rechtsansprüche aufbewahrt.

854. Der Ostmarkpräfekt Graf Radbod empört sich gegen den ostfränkischen König Ludwig den Deutschen (→826). Der Aufstand wird jedoch niedergeworfen.

855. Der ostfränkische König Ludwig der Deutsche unternimmt einen Kriegszug nach Mähren, sein Statthalter Graf Ernst fällt in Böhmen ein (→850–874).

29. 9. 855. Nach dem Tod von Lothar I. wird sein Sohn Ludwig II. Kaiser. Bisher war er Mitkaiser und König von Italien.

856. Nach der Niederschlagung des Aufstands des Ostmarkpräfekten Graf Radbod verleiht der ostfränkische König Ludwig der Deutsche seinem ältesten Sohn Karlmann die Ostmark (»marca orientalis«, in diesem Jahr erstmals so bezeichnet).

861. Karlmann, der Beherrscher der Ostmark, erhebt sich im Einverständnis mit den Fürsten Rastislav von Mähren gegen seinen Vater, den ostfränkischen König Ludwig den Deutschen, und besetzt Bayern bis zum Inn (→850–874).

863. Der ostfränkische König Ludwig der Deutsche besiegt seinen aufständischen Sohn Karlmann, der in Regensburg inhaftiert wird. 864 gelingt Karlmann die Flucht in die Ostmark (→850–874).

869. Der Mährenfürst Rastislav besiegt ein größeres ostfränkisches Aufgebot. Dieser Sieg ermutigt auch die Böhmen zu Raubzügen nach Bayern (→850–874).

Um 870. Der »Codex Aureus aus St. Emmeram« entsteht. →

Juni/Juli 874. Ludwig der Deutsche schließt in Forchheim Frieden mit dem Mährerfürsten Swatopluk I. Diesem Frieden schließt sich auch Böhmen an (→850–874).

875. Karlmann, der Beherrscher der Ostmark, zieht mit bayerischen Truppen nach Italien, um sich nach dem Tod von Kaiser Ludwig II. die Kaiserkrone zu sichern; sein Onkel, der westfränkische König Karl der Kahle, kann ihn dann jedoch zum Rückzug bewegen.

25. 12. 875. Der westfränkische König Karl der Kahle, der Halbbruder des ostfränkischen Königs Ludwig der Deutsche, wird in Rom von Papst Johannes VIII. feierlich zum Römischen Kaiser gekrönt.

28. 6. 876. Nach dem Tod König Ludwigs des Deutschen wird das Ostfrankenreich unter seinen Söhnen geteilt. König Karlmann, der bisherige Beherrscher der Ostmark, erhält Bayern und die südöstlichen Marken, König Ludwig d. J. erhält Mainfranken, Thüringen und Sachsen, König Karl der Dicke bekommt Alamannien.

Nach 876. König Karlmann von Bayern ernennt seinen unehelichen Sohn Arnulf zum Markgrafen in Kärnten und Pannonien.

September 880. Nach dem Tod König Karlmanns von Bayern tritt sein Bruder Ludwig d. J., der König von Mainfranken, Thüringen und Sachsen, die Nachfolge an.

Januar 882. Nach dem Tod von Ludwig d. J. setzt sich sein 881 zum Kaiser gekrönter Bruder Karl III., der Dicke, der König von Alamannien und Italien, auch in Bayern durch.

Anfang 885. Kaiser Karl III., der Dicke, wird auch König des Westfrankenreichs. Karl der Dicke vereinigt noch einmal das Reich Karls des Großen mit Ausnahme Niederburgunds.

11. 11. 887. Auf dem Reichstag zu Tribur zwingen die ostfränkischen Großen Kaiser Karl III., den Dicken, zur Abdankung und wählen Markgraf Arnulf von Kärnten zum König von Ostfranken.

891. Die Königsresidenz Regensburg samt ihren Kirchen wird durch einen Brand zerstört. Nur die Klosterkirche St. Emmeram und die Kassianskirche bleiben erhalten. →

Juli 895. Auf dem Reichstag zu Regensburg unterwerfen sich die böhmischen Herzöge nach dem Tod des aufständischen Swatopluk I. per Handschlag dem ostfränkischen König Arnulf.

22. 3. 896. Der ostfränkische König Arnulf von Kärnten erobert Rom und wird von Papst Formosus zum Kaiser gekrönt.

18. 5. 898. Nördlingen wird erstmals in einer Urkunde erwähnt. →

Um 900. Das »Petruslied«, das erste Kirchenlied in deutscher Sprache, wird von einem unbekannten Geistlichen in eine Freisinger Handschrift eingetragen. →

GESTORBEN:

Um 16. 7. 866. Frauenwörth: Irmengard (* um 831), Äbtissin des Benediktinerinnenklosters auf der Chiemsee-Insel Frauenwörth. →

874/877. Ermanrich (* ?), Bischof von Passau, sowie Gelehrter und Schriftsteller.

28. 8. 876. Frankfurt a. M.: Ludwig der Deutsche (* um 805), König von Bayern ab 817/25 bzw. König des Ostfrankenreichs (ab 843).

22. 3. 880. (Alt-)ötting: Karlmann von Bayern (* um 830), König von Bayern; Sohn König Ludwigs des Deutschen. →

Januar 882. Ludwig d. J. (* um 830), ostfränkischer (Teil-)König seit 876, König von Bayern seit 880; Sohn König Ludwigs des Deutschen.

8. 12. 899. Regensburg: Arnulf von Kärnten (* um 850), ostfränkischer König seit 887 und römischer Kaiser seit 896; unehelicher Sohn König Karlmanns von Bayern.

GEBOREN:

890. Augsburg: Ulrich von Augsburg (* 4. 7. 973, Augsburg), Bischof von Augsburg, Heiliger.

893. (Alt-)ötting: Ludwig IV., das Kind (†24. 9. 911), König von Ostfranken, Sohn Kaiser Arnulfs.

Unruhige Zeiten in Bayern

850 bis 874. Seit im Winter 822 böhmische und mährische Abgesandte beim Kaiser in Frankfurt erschienen und sich in loser Abhängigkeit dem Reich verbanden, waren die Beziehungen zwischen Deutschen und Slawen offensichtlich ruhig. Am 13. Januar 845 ließen sich in Regensburg sogar 14 böhmische Hauptleute taufen. Doch kurze Zeit später begannen neue und recht lange währende Feindseligkeiten.

Zunächst versuchte der heidnische Herzog Moimir das von ihm geeinte Großmährische Reich zu erweitern. Nach dem Tod dieses »Dux Maravorum« zog Ludwig der Deutsche 846 ostwärts, um »Ordnung zu schaffen und die Verhältnisse zu regeln«. Nachdem Ludwig das Land Moimirs Neffen Rastislav übertragen hatte, kehrte er nach Deutschland zurück. Doch Rastislav, eben reich beschenkt, will die Vorherrschaft der Deutschen abschütteln. Es gibt Krieg, 853 marschiert Ludwig gegen Rastislav, der Mährenfürst aber zieht sich in seine Festung zurück und kann später selbst zum Angriff gegen Bayern übergehen.

Das Herzogtum erlebt unruhige Zeiten; während der König versucht, den Streit mit Rastislav doch noch für sich zu entscheiden, schließt sein auf den eigenen Vorteil bedachter Sohn Karlmann einen Waffenstillstand und läßt 861 seine Soldaten sogar gegen seinen eigenen Vater aufmarschieren. Allerdings ohne Erfolg – er wird gefangen und inhaftiert. Rastislav freilich versucht weiterhin, sich ein eigenes Reich aufzubauen.

Ludwig der Deutsche, König des Ostfränkischen Reiches und Streiter gegen die Slawen

Sein Reich ist Einflußgebiet der Diözese Salzburg und somit der fränkischen Reichskirche. Um auch hier einen selbständigen Weg zu gehen, erbittet er Unterstützung von Byzanz (Oströmisches Reich).

Doch 870 kommt Rastislavs Ende. Der aus der Haft entflohene und inzwischen mit dem Vater versöhnte Karlmann verbündet sich mit Swatopluk, der – um Mähren zu gewinnen – seinen Onkel Rastislav an die Deutschen ausliefert. Aber auch Swatopluk fällt von den Deutschen ab. Erst im Frieden von Forchheim wird 874 der Streit beendet. Mähren ist damit frei.

Belagerung einer Burg durch Gepanzerte; Miniatur aus karolingischer Zeit

König Karlmann in Ötting gestorben

22. März 880. Auf Karlmann, der in jungen Jahren viel in Mähren kämpfte und paktierte sowie 861 gegen den eigenen Vater Ludwig den Deutschen ins Feld zog, wartete schließlich die höchste deutsche Würde. Sein Vetter, Kaiser Ludwig II. (der Sohn Lothars) versprach ihm nämlich die Krone.

Als aber der Erblasser 875 starb, lud der Papst Karlmanns Onkel Karl den Kahlen zur Krönung. Im darauffolgenden Jahr 876 erbte der abgewiesene Kaiser zwar Bayern, Kärnten und Pannonien, den Anspruch auf die römische Krone gab er deswegen aber nicht auf, und als der gekrönte (doch nur vom Papst als Kaiser anerkannte) Onkel geschlagen wurde, zog Karlmann schnell nach Italien, romwärts. In Pavia wurde er 877 als erster Deutscher zum italienischen König gewählt. Krankheit zwang ihn, die Romfahrt abzubrechen und heimzukehren. Auf einer Sänfte trug man die Majestät nach Ötting. Ein Schlaganfall wenig später – die Karolingerkrankheit Arteriosklerose – beraubte ihn der Sprache. Schon zu Lebzeiten nahm ihm sein Bruder Ludwig Bayern. Am 22. März 880 stirbt Karlmann.

Tochter des Kaisers stirbt als Heilige

16. Juli 866. Hundert Jahre nach der Gründung (oder Wiedergründung) des Doppelklosters auf der Insel Frauenchiemsee, angeblich durch Herzog Tassilo III., stirbt die Äbtissin Irmengard im Ruf der Heiligkeit.

Seit wann Irmengard, eine Tochter Kaiser Ludwigs des Deutschen, den Benediktinerinnen von Frauenchiemsee vorstand, ist nicht bekannt. Im Jahr 857 lebte sie, damals 25 Jahre alt, als Äbtissin im Kloster Buchau am Federsee.

Ihre letzte Ruhe findet die Königstochter nach einer Umbettung in der Zeit um 1000 in der nach ihr benannten Kapelle. Deren ältester Teil ist die Torkapelle am Nordrand des Friedhofs. In der im Obergeschoß gelegenen Michaelskapelle wird wahrscheinlich schon zu Irmengards Zeit die Wand mit sechs hohen Engelsfiguren bemalt. Diese rötlichen Pinselzeichnungen werden einmal die ältesten romanischen Wandmalereien des Landes sein (→Anfang 9. Jh.).

Codex Aureus: Evangeliar in einem Buchdeckel aus Gold

870. Kaiser Karl der Kahle greift tief in seine Schatztruhe, als er die von den Brüdern Luithard und Berengar an seiner Hofschule geschriebenen Blätter eines reich illustrierten Evangeliums zum Buche binden läßt. Für den Umschlag werden getriebene Goldreliefs angefertigt: Im Mittelpunkt thront Christus, umgeben von Evangelisten und Szenen aus den Evangelien. Geschmückt ist dieser Goldbuchdeckel mit Smaragden, Saphiren und Perlen. Dem Umschlag (Abb.) verdankt das Werk seinen Titel: Gold-Codex (Codex Aureus). Jede der in zwei Textkolumnen unterteilten Seiten wird durch Ornamentbänder gerahmt, hinzu kommen dann noch mehrere Zierseiten, Miniaturen der Evangelisten und der Göttlichen Majestät.

Brand vernichtet alte Residenzstadt

891. Die bayerische Residenzstadt »Regenisburh« brennt; wahrscheinlich wird dabei auch die Königspfalz zerstört, da der Chronist des Klosters Fulda schreibt, nur die außerhalb der Stadtmauer gelegenen, dem heiligen Cassian und dem heiligen Emmeram geweihten Kirchen seien erhalten geblieben.

Die Stadt brennt nieder, obwohl sie als wohl einzige Stadt im alten Bayern aus Quadersteinen erbaut und mit Brunnen reichlich versehen ist. Nach dem Abzug der Römer hatten nämlich die Agilolfingerherzöge ihre Hauptstadt innerhalb des ehemaligen Legionslagers errichtet.

Nördlingen erstmals urkundlich erwähnt

18. Mai 898. König Arnulf bekennt sich zu seinem außerehelichen Sohn Zwentibold und schenkt ihm um 888 Immobiles, einen Königshof im Ries mitsamt den Hintersassen.

Da Zwentibold bald schon höhere Ehren gewährt werden – er wird Herzog und schließlich König – kann er den Hof seiner Mutter Winpurc schenken, die ihn zusammen mit zwei Kirchen und den Leibeigenen dem Bistum Regensburg vermacht. Arnulf, seit zwei Jahren Kaiser, gibt am 18. Mai 898 seine Zustimmung, und so erscheint Nördlingen, der »curtis qui dicitur Nordilinga«, erstmals in einer Urkunde.

Ältestes erhaltenes Kirchenlied entsteht

Um 900. Ans Ende einer 158 Blatt starken Handschrift, der Kopie eines von Hrabanus Maurus verfaßten Kommentars zum ersten Buch Moses, setzt der unbekannte, wahrscheinlich in Freising lebende geistliche Schreiber ein nur 12 Zeilen langes, dreistrophiges, mit notenähnlichen Neumen versehenes Gedicht – das älteste uns überlieferte deutsche Kirchenlied:

»Unsar trohtin hat farsalt/sancte Petre giuualt,//daz er mac ginerian/ze imo dingenten man.//Kyrie eleyson,/Christe eleyson…«

Unser Herr hat dem heiligen Petrus Macht verliehen, den zu retten, der auf ihn hofft. Kyrie eleyson, Christe eleyson lautet die Übersetzung.

900

4. 2. 900. Nach dem Tod von Kaiser Arnulf erheben die ostfränkischen Großen Arnulfs Sohn Ludwig das Kind zum König. Ludwig ist der letzte karolingische König. Die Schwäche des noch unmündigen Herrschers begünstigt die Entwicklung starker Stammesherzogtümer im Ostfränkischen Reich: Bayern, Sachsen, Thüringen, Schwaben, Lothringen und Franken.

900. Die Ungarn fallen erstmals nach Bayern ein. Sie dringen bis über die Enns vor. Auch in den folgenden Jahren kommt es zu Einfällen der Ungarn.

902. Die Babenberger Fehde beginnt. Die Grafengeschlechter der Babenberger (Bamberg) und der rheinfränkisch-hessischen Konradiner kämpfen um die Vorherrschaft in Franken.

Um 904. Der bayerische Markgraf Luitpold läßt die Zollordnung von Raffelstetten zusammenstellen. →

9. 9. 906. Mit der Enthauptung des Babenbergers Adalbert endet die Babenberger Fehde. Konrad (ostfränkischer König ab 911), wird Herzog von Franken.

4. 7. 907. In der Schlacht bei Preßburg vernichten die Ungarn ein bayerisches Heer unter Markgraf Luitpold, der – neben zahlreichen Adligen, Grafen und Bischöfen – im Kampf fällt. →

907. Arnulf der Böse, der Sohn des im Kampf gegen die Ungarn gefallenen Markgrafen Luitpold, übernimmt – ohne Ermächtigung durch die Karolinger – das bayerische Stammesherzogtum.

Der bayerische Herzog Arnulf der Böse erweitert die Stadtmauer um Regensburg. Regensburg ist vor 1000 die einzige Stadt östlich des Rheins, die eine neue (nachrömische) Stadtmauer erhält.

11. 8. 909. Der bayerische Herzog Arnulf der Böse – den Beinamen verdankt er den umfangreichen Säkularisationen bayerischer Kirchengüter – schlägt die Ungarn an der Rott (→917).

910. Auf dem Lechfeld wird ein Reichsheer unter dem ostfränkischen König Ludwig dem Kind von den Ungarn vernichtend geschlagen.

10. 11. 911. Nach dem Tod von Ludwig dem Kind, dem letzten karolingischen König, wählen in Forchheim die ostfränkischen Großen Konrad I., bisher Herzog von Franken, zum König. Der Tod Ludwigs bedeutet das Ende der Karolinger-Dynastie im Ostfrankenreich.

913/14. Nach einem neuerlichen Sieg über die Ungarn lehnt sich der bayerische Herzog Arnulf der Böse gegen den ostfränkischen König Konrad I. auf, unterliegt und flieht nach Ungarn.

917. Der aus Ungarn zurückgekehrte Arnulf der Böse erobert sein Herzogtum Bayern zurück. →

920. Der bayerische Herzog Arnulf der Böse wird Gegenkönig. König Konrad I. hatte kurz vor seinem Tod Herzog Heinrich von Sachsen als Nachfolger empfohlen. →

Der Begriff »regnum theutonicum« (Deutsches Reich) wird erstmals auf die unter König Heinrich I. im Ostfränkischen Reich vereinigten Stämme angewendet.

7. 11. 921. Im Vertrag zu Bonn erkennen König Heinrich I. als »rex Francorum orientalium« (König der Ostfranken) und Karl der Einfältige als »rex Francorum occidentalium« (König der Westfranken) die Unabhängigkeit des west- und ostfränkischen Reichs an.

921. Herzog Arnulf der Böse von Bayern söhnt sich bei Regensburg mit dem römisch-deutschen König Heinrich I. aus.

930. Der Ritter Hans Dollinger besiegt den Ungarn Craco. →

15. 3. 933. Der römisch-deutsche König Heinrich I. besiegt in der Schlacht bei Riade (an der Unstrut?) die Ungarn entscheidend.

933. Bischof Adalbero I. von Metz reformiert das Kloster Gorze im Sinne einer Erneuerung des Benediktinerordens. →

934. Die Grafen von Sempt gründen ein Chorherrenstift, woraus sich das Kloster Ebersberg entwickelt.

Der Regensburger Markt wird erstmals urkundlich erwähnt.

7. 8. 936. Nach dem Tod von König Heinrich I. wird dessen Sohn Otto I. zum König gewählt und in Aachen gekrönt.

14. 7. 937. Nach dem Tod von Arnulf dem Bösen wird sein Sohn Eberhard Herzog von Bayern. Es kommt zum Zerwürfnis zwischen Eberhard und dem römisch-deutschen König Otto I.

Herbst 938. Der römisch-deutsche König Otto I. unterwirft Bayern, schickt Herzog Eberhard in die Verbannung und setzt Berthold, den Bruder des verstorbenen Herzogs Arnulf der Böse, zum neuen Herzog ein. Berthold muß auf die Kirchenhoheit verzichten.

12. 8. 943. Herzog Berthold von Bayern besiegt die Ungarn in der Schlacht bei Wels.

947. Der Liudolfinger Heinrich, der jüngere Bruder des römisch-deutschen Königs Otto I., wird nach dem Tod von Herzog Eberhard mit dem Herzogtum Bayern belehnt. Die Herrschaft gelangt an einen Sachsen, einen Stammesfremden. →

GESTORBEN:

24. 9. 911. Regensburg: Ludwig das Kind (*Herbst 893, Ötting), letzter karolingischer König im Ostfrankenreich 900–911.

14. 7. 937. Regensburg: Arnulf der Böse (*?), Herzog von Bayern seit 907–937, erster Gegenkönig.

23. 11. 947. Berthold (*?), Herzog von Bayern seit 938–947.

Zollverkehr auf der Donau neu geregelt

Um 904. In der Kanzlei von König Ludwig dem Kind häufen sich die Klagen, denn wer immer donauabwärts reist – ob Kaufmann, Geistlicher oder Adeliger – muß ungerechten Zoll und ungerechtfertigte Maut zahlen. Um den Mißständen entgegenzuwirken erhält der zuständige Markgraf vom dazumal etwa zwölfjährigen König den Auftrag, zusammen mit den ostmärkischen Richtern (cum iudicibus orientalium) das Zollrecht und die Zollgebräuche zu überprüfen und eine neue Ordnung festzulegen.

In Raffelstetten, einer Donauüberfahrt etwa 15 km südlich von Linz,

König Ludwig (IV.) (893–911)

wird in neun Kapiteln der Geschäfts- und Zollverkehr auf der Donau festgeschrieben. Erstmals ist hier der Fernhandel zwischen Bayern und dem slawischen Osten und Südosten in einer Urkunde erwähnt. Man schickt Salz donauabwärts und bezieht Sklaven, Pferde, Rinder und Wachs.

Die Bestimmung sagt, daß Russen und Böhmen, die am Donauufer, im Mühlviertel oder Innkreis Handelsplätze finden, »für eine Saumtierlast vom Wachs zwei Klumpen abliefern … wenn einer aber Sklaven oder Pferde verkaufen will: für eine Magd 1 Tremise (das ist ⅓ Goldschilling), für einen Hengst ebensoviel, für einen Knecht 1 Saige (½ Goldschilling), ebensoviel für eine Stute.« Bischöfe, Adelige und selbst der König erheben keine Einwände gegen den Menschenhandel.

Vernichtende Niederlage bei Preßburg

4. Juli 907. Zuerst schickte der ungarische Großfürst seine Unterhändler, die mit den Bayern einen Vertrag aushandeln sollten, in Wirklichkeit aber das Land auskundschafteten. Und dann, nur wenig später, sprengten die Magyaren auf ihren kleinen Pferden heran und verwüsteten das Land bis herauf zur Enns. Dieser erste ungarische Einfall begab sich im Jahr 900, und Jahr für Jahr wurden diese schnellen Überfälle in der bayerischen Ostmark nun wiederholt und bedeuteten für die Bewohner eine andauernde Plage.

Dabei waren die Ungarn noch im vorausgegangenen Jahrzehnt auf der Seite des im Dezember 899 verstorbenen Königs Arnulf Verbündete der Deutschen in den Kriegszügen gegen Mähren gewesen. Das Un-

recht, zu dem man sie eingeladen hatte, verüben sie nun also bei denen, die sie einstmals für ihre eigenen kriegerischen Verbrechen mißbraucht hatten.

Im Jahr 907 soll den ungarischen Einfällen ein Ende gemacht werden. Der König selbst reist in das gefährdete Land und besichtigt, wie es scheint, die versammelten Krieger. Die Schlacht bei Preßburg, dem alten Brezalauspurc, wird aber zur großen Katastrophe. Zusammen mit Markgraf Luitpold, Erzbischof Theotmar von Salzburg sowie den Bischöfen von Freising und Säben fällt offensichtlich der größte Teil des bayerischen Heeres. »Der bayerische Stamm ist beinahe vernichtet worden«, schreibt ein zeitgenössischer Chronist.

Sein Bericht ist eines der wenigen Zeugnisse aus diesen Jahren. Es ist, als wäre mit dem bayerischen Heer auch das kulturelle Leben im Land zwischen Alpen und Donau untergegangen. Keine Nachricht überliefert, wie es zu der Niederlage gekommen ist. Es gibt offensichtlich niemanden, der in der Heimat erzählen kann, was sich an der Grenze zwischen der bayerischen Ostmark und Ungarn begeben hat.

Für die ungarische Reiterei ist es nach der Schlacht bei Preßburg leicht, plündernd westwärts zu ziehen, durch Bayern hinweg bis Sachsen oder ins Elsaß. In Deutschland regiert Ludwig das Kind, und der knapp vierzehnjährige König ist nicht stark genug, den Widerstand gegen diese Feinde zu organisieren.

Arnulf der Böse zurück in Bayern

917. Der Markgraf war gefallen, das Heer aufgerieben. Die Bayern konnten die ungarischen Reiterscharen nicht mehr abwehren. Die Lage änderte sich jedoch, denn in Arnulf, Sohn des toten Markgrafen Luitpold, hatte das Land einen selbstbewußten, selbstsicheren Herzog. Wahrscheinlich schon bald nach der Schlacht von Preßburg (→ 4. 7. 907) trat er (dessen Geburtsjahr nicht bekannt ist) das Erbe seines Vaters an, und die Großen im Lande standen ihm zur Seite. Sie bekamen ihren Lohn sehr schnell, als Arnulf etwa von 907/08 bis 914 eine große Säkularisation durchführte und die adeligen Familien des Herzogtums mit den konfiszierten Kirchengütern reich beschenkte.

Es heißt, das klösterliche Leben in Bayern, das unter den Ungarneinfällen ohnedies stark gelitten hatte, sei unter Arnulf an sein Ende gekommen. Die Tegernseer Mönche zum Beispiel behaupteten (sicherlich stark übertreibend), sie hätten 11000 Bauernhöfe besessen, nun aber seien ihnen nur noch 114 verblieben. Ähnlich erging es angeblich auch Wessobrunn, Polling, Niederaltaich oder Kremsmünster, und das Kloster Schäftlarn, heißt es, verödete unter diesem Herzog.

Die Geschädigten rächten sich, indem sie Arnulf den Beinamen »der Böse« gaben. Doch vielleicht enteignete der Luitpoldinger die Klöster,

Darstellung der Schlacht bei Preßburg vom 4. Juli 907 gegen die Ungarn: Markgraf Luitpold und ein Großteil des bayerischen Heeres fallen dort

um zusammen mit seinen Adeligen ein Heer aufstellen und gegen die wieder einmal nach Bayern anrückenden Ungarn Widerstand leisten zu können.

Im Jahr 909 galoppierten die Magyaren wieder einmal durchs Land. Sie plünderten in Schwaben und ritten, wieder durch Bayern, zurück in ihre Heimat. Arnulf versperrte ihnen aber den Weg und schlug sie am 11. August an der Rott. Im darauffolgenden Jahr besiegte er sie in der Gegend von Freising, bei Neuching, und 913 am Inn. Dies war für eine längere Zeit die letzte Schlacht gegen ungarische Horden, die auf bayerischem Boden geschlagen wurde. Arnulf und die anderen süddeut-

schen Fürsten konnten im Kampf gegen Ungarn vom Reich und von dem 893 geborenen Kind-König Ludwig kaum Hilfe erwarten. Dem 911 gewählten Nachfolger Konrad aber wollten sich die Stämme, die durch ihren Kampf Selbstbewußtsein gewonnen hatten, nicht bedingungslos unterordnen.

Obwohl der König Arnulfs Stiefvater wurde – Konrad heiratete Luitpolds Witwe – kam es zu Kämpfen zwischen den beiden Fürsten. Arnulf unterlag und mußte 914 zu den Ungarn fliehen. Er kehrte zurück, unterlag neuerlich und floh ein zweites Mal zu den ehemaligen Feinden. Erst 917 gelingt es ihm, das Land zurückzuerobern.

Herzog Arnulf wird zum König gewählt

920. Der Herzog, dem es zu danken ist, daß die Ungarn das Land meiden, regiert sein Bayern wie ein König. Und zum Herrscher in Deutschland wählen ihn die Bayern nach dem Tode König Konrads, »regnare eum fecerunt in regno teutonicorum«. (Erstmals wird hier das Deutsche Reich genannt!)

In Fritzlar war freilich Heinrich I., der Vogeler, in dieses Amt gewählt worden. Arnulf wird so zum ersten deutschen Gegenkönig.

Nach einer Aussprache vor Regensburg verzichtet der Bayer bereits 921 auf den Königstitel, allerdings nur gegen die Zusicherung, daß ihm in seinem Lande alle Sonderrechte erhalten bleiben, so darf er z. B. auch Bischöfe für Bayern ernennen.

Gorzer Reformen setzen sich durch

933. Im 9. Jh. und nach einer kurzen Blütezeit erlebte das im Jahr 749 in der Nähe von Metz gegründete Benediktinerkloster Gorze einen tiefen Niedergang, dem die Mönche mit verstärkter Askese und weiteren Reformen entgegentreten.

Unabhängig von der Erneuerungsbewegung, die vom burgundischen Cluny aus Europa erfaßt, beginnt 933 auch in Gorze eine Reform des klösterlichen Lebens. Ihre Anhänger unterstellen sich der Rechtsprechung durch den Bischof, sie treten für die freie Abtwahl durch den Konvent, eine strenge Befolgung der Regeln und die Beibehaltung des Vogteiwesens ein.

Gefördert von Königen, Bischöfen und vom Adel wird die Lothringische oder Gorzer Reform – eine den Bedingungen des Reiches angepaßte Variante von Cluny – nahezu 200 Klöster erfassen. Zunächst, vermittelt durch das Trierer Kloster St. Maximin, schließt sich der um die Förderung der Kultur bemühte Gorzer Klosterreform St. Emmeram in Regensburg an. Es folgen in Bayern unter anderem Niederaltaich und das zu dieser Zeit beinahe verfallene Tegernsee, von dem aus Benediktbeuern, St. Ulrich und Afra zu Augsburg und Ebersberg für die Bewegung gewonnen werden. Gleichzeitig werden neue Klöster gegründet: Prüll zum Beispiel, Seeon und das kärntnerische Millstatt.

Hans Dollinger (l.) im Kampf mit Craco (Plastik, Dollingersaal/Regensburg)

Bayer besiegt fremden Hünen

930. Der Obrist Craco – ein Ungar, sagen die einen, ein Sarazene, meinen die anderen – will in der bayerischen Hauptstadt Regensburg seine Kraft zeigen. Hans Dollinger nimmt die Herausforderung an, und was niemand für möglich gehalten hat, gelingt ihm – er besiegt den starken Mann und verschafft sich damit bleibenden Ruhm.

Eine eindrucksvolle, furchterregende Erscheinung tritt dem Hans Dollinger entgegen: Craco ist gut zehn Werkschuh groß und so stark, daß er sich einen Helm von 20 Pfund aufsetzen kann. Dazu trägt er noch einen Rock aus Elefantenhaut, auf den eiserne Schuppen genäht sind. Sein Schild schließlich zeigt ein Bild des Teufels und ist so blank poliert, daß es wie ein Spiegel blendet und damit den Gegner irritiert.

In Regensburg »auf der Haid« (zweifellos dem späteren Haidplatz), stehen sich die beiden Männer im Turnier gegenüber.

Der fremde Hüne verliert dabei nicht nur seine Ehre, sondern auch seine eigenwillige Uniform, die im Niedermünster über dem Grab des heiligen Erhard aufgehängt wird. Der starke Bayer aber, der gegenüber dem Regensburger Rathaus wohnt – dorthin war die wohlhabende, in der Gegend von Vohburg begüterte Familie während der Ungarneinfälle geflohen –, wird vom Kaiser ehrenvoll zum Ritter geschlagen.

Erstmals regiert ein Sachse die Bayern

947. Kaiser Otto I. der Große hatte 938 gegen das geltende Erbrecht den Luitpoldinger Berthold zum Herzog in Bayern gemacht, dessen älteren erbberechtigten Bruder aber aus dem Lande verjagt.

Als der kaisertreue Berthold 947 stirbt, gibt es zwar einen Sohn, der Anspruch auf das Land hätte. Die Majestät will aber den Stamm im Süden nicht zu stark werden lassen und ihn unter Kontrolle behalten. So gibt er das traditionsreiche Land seinem Bruder Heinrich, der mit Judith, der Tochter eines ehemaligen bayerischen Herzogs verheiratet ist. Ein Sachse, ein Stammesfremder also, regiert nun Bayern.

Kaiser Otto I., Elfenbeintafel am Altar des Magdeburger Doms

950
950–999

952. König Otto I. unterstellt die Markgrafschaften Verona und Friaul dem Herzogtum Bayern.

952/54. Der luitpoldingische Adel in Bayern unter Führung von Pfalzgraf Arnulf, dem Sohn des früheren Herzogs Arnulf des Bösen, erhebt sich gegen den sächsischen Herzog Heinrich I. von Bayern und gegen dessen Vater, den römisch-deutschen König Otto I. Otto belagert vergeblich die Residenz Regensburg.

1. 5. 955. Der römisch-deutsche König Otto I. zerschlägt mit seinem Sieg in der Schlacht bei Mühldorf endgültig den Aufstand in Bayern.

10. 8. 955. In der Schlacht auf dem Lechfeld besiegt der römisch-deutsche König Otto I. die Ungarn. →

1. 11. 955. Nach dem Tod von Heinrich I. wird sein vierjähriger Sohn Heinrich II., später genannt der Zänker, Herzog von Bayern. Die Regentschaft führen seine Mutter Judith und Bischof Abraham von Freising (→28. 8. 995).

2. 2. 962. Der römisch-deutsche König Otto I. wird von Papst Johannes XII. in Rom zum Kaiser gekrönt.

Um 970. In Regensburg gibt es eine große Judenkolonie. An der Synagoge wirken bedeutende Lehrer.

971. Der aus dem bayerischen Uradel, der Sippe der Aribonen, stammende Pilgrim wird durch Kaiser Otto I. zum Bischof von Passau ernannt. Pilgrim gilt als einer der tatkräftigsten Kirchenfürsten in der bayerischen Geschichte (→21.5.991).

972. Der aus Nordschwaben stammende Wolfgang wird zum Bischof von Regensburg erhoben. Während seiner Amtszeit gibt es zahlreiche Anstöße zu Reformen im Sinne der Regel des Klosters Gorze (der sog. Gorzer Reform). →

7. 5. 973. Nach dem Tod von Kaiser Otto I. folgt sein bereits 967 zum Kaiser gekrönter Sohn Otto II. in der Herrschaft nach.

974. Herzog Heinrich II. von Bayern erhebt sich gegen Kaiser Otto II.

Juli 976. Der aufständische bayerische Herzog Heinrich der Zänker flieht nach Böhmen, Kaiser Otto II. ordnet in Regensburg den deutschen Südosten neu: Herzog Otto von Schwaben erhält zusätzlich das Herzogtum Bayern, der Luitpoldinger Heinrich erhält das neugeschaffene Herzogtum Kärnten, die Ostmark wird den Babenbergern übertragen.

977. Kaiser Otto II. schlägt einen neuen Aufstand des abgesetzten bayerischen Herzogs Heinrich des Zänkers, der im Bund mit Herzog Heinrich von Kärnten steht, nieder. Passau wird während der Auseinandersetzungen zerstört. Herzog Heinrich von Kärnten wird verbannt, Heinrich der Zänker inhaftiert.

Mai 983. Nach dem Tod Herzog Ottos von Bayern und Schwaben wird auf dem Reichstag von Verona Bayern dem ehemaligen Herzog Heinrich von Kärnten aus dem Geschlecht der Luitpoldinger übertragen (= Heinrich III.).

Juni 985. Auf dem Reichstag von Frankfurt a. M. erhält Heinrich II., der Zänker, zum zweiten Mal Bayern als Herzogtum. Der bisherige Herzog Heinrich III. verzichtet auf Bayern und erhält sein früheres Herzogtum Kärnten. Damit sind die innenpolitischen Wirren beendet.

5. 10. 989. Nach dem Tod Herzog Heinrichs von Kärnten erhält der bayerische Herzog Heinrich II., der Zänker, auch das Herzogtum Kärnten.

3. 2. 993. Bischof Ulrich von Augsburg wird durch Papst Johannes XV. heilig gesprochen. Es ist die erste Heiligsprechung in der Geschichte der Kirche (→4. 7. 973).

994. Die Westteile des unter Bischof Ulrich errichteten Augsburger Doms stürzen ein. Unter Bischof Liutold wird der Dom wiederhergestellt.

Vor 995. Der bayerische Herzog Heinrich II., der Zänker, erläßt die »Ranshofener Gesetze«.

995. Nach dem Tod von Heinrich II., dem Zänker, wird sein Sohn Heinrich IV. (der spätere Kaiser) Herzog von Bayern.

995. Der ungarische Herzog Wejk wird zu Passau auf den Namen Stephan getauft und heiratet die bayerische Herzogstochter Gisela. →

21. 6. 996. Der römisch-deutsche König Otto III. wird in Rom von Papst Gregor V. zum Kaiser gekrönt. Gregor V. ist ein Vetter von Otto und von diesem als Papst eingesetzt worden.

996. Kaiser Otto III. verleiht Bischof Gottschalk von Freising einen Tagesmarkt und das Regensburger Münzrecht. Auch der Zoll wird dem Bischof übertragen.

996. Reichenhall wird als Münzstätte erwähnt.

999. Abt Gozbert von Tegernsee berichtet von einer Glasmalerwerkstatt im Tegernseer Kloster. →

Ende des 10. Jh. In der Klosterkirche von Füssen wird die Magnuskrypta errichtet.

GESTORBEN:

1. 11. 955. Regensburg: Heinrich I. von Bayern (* 919/22), Herzog von Bayern seit 948.

4. 7. 973. Augsburg: Ulrich von Augsburg (* 890, Augsburg), Bischof von Augsburg. →

21. 5. 991. Passau: Pilgrim (* ?), Bischof von Passau seit 971. →

28. 8. 995. Gandersheim: Heinrich II., der Zänker (* 951), Herzog von Bayern. →

GEBOREN:

6. 5. 973. Bad Abbach: Heinrich II., der Heilige († 13. 7. 1024), Herzog von Bayern, römisch-deutscher König und Kaiser.

Darstellung einer Kampfszene der Schlacht auf dem Lechfeld, in der die Ungarn vernichtend besiegt werden

Ungarisches Heer vernichtend geschlagen

10. August 955. Die Ungarn glauben, die Zeit für einen neuen Kriegszug nach Deutschland sei günstig. Vor Augsburg werden sie aber in der großen Schlacht auf dem Lechfeld völlig aufgerieben.

In der Vergangenheit hatte das Heer der Magyaren einige schwere Niederlagen erlitten, bis in ihre Heimat waren sie aus Deutschland zurückgetrieben worden. Nun aber hören sie, daß König Otto I. mit seinem Sohne zerstritten sei, die Stunde der Rache scheint gekommen. Im Sommer 955 fallen sie mit 100 000 Mann in Bayern ein. Sie wissen offensicht-

lich nicht, daß der Familienzwist im Königshaus seit Dezember 954 beigelegt ist. Bis ins Tegernseer Tal und zum Achensee zieht das hunnische Heer und wendet sich dann nordwärts, Augsburg zu.

Nach Augsburg zieht aber auch, von Ulm kommend, König Otto mit seinen Sachsen. Der Haufen wird bald verstärkt durch Bayern und Franken, Böhmen und Schwaben. Und so marschieren sie dann in acht Haufen dem Treffen entgegen, voran drei Haufen der Bayern; da es um ihr Land geht und weil dies ihr traditioneller Platz ist, stehen sie an der Spit-

ze. Es folgen die Franken und eine Schar von Adeligen, die den Monarchen und die Reichsfahne schützen, dahinter reiten die zwei schwäbischen Trupps und den Abschluß des Reichsheeres bilden die Böhmen mit den Wagen des Trosses.

Der in Verbannung lebende Sohn des im Vorjahr gefallen luitpoldingischen Pfalzgrafen Arnulf kennt den Marschweg und verrät ihn an die Ungarn, deren Anführer daraufhin die Belagerung Augsburgs abbrechen und ihre Reiter dem Königsheer entgegenschicken.

Im Rauhen Forst überfallen sie, aus dem Hinterhalt kommend, den böhmischen Heerhaufen, der mit seinen Fahrzeugen nur wenig beweglich ist. Im Schuttertal beginnt dann der Kampf, den die Ungarn durch den Überfall aus dem Hinterhalt schon fast für sich entschieden glaubten. Doch nun, in der Gegend von Königsbrunn, Graben, Haunstetten, Klosterlechfeld und Bobingen, wendet sich das Blatt.

Die Ungarn werden geschlagen und ihr Anführer Buscun, der in Gefangenschaft gerät, wird in Regensburg gehängt. Otto I. wird dagegen von seinem Heer als »Imperator« (Kaiser) gefeiert. Der Sieg wird scheinbar als Beweis für die Huld Gottes gegenüber dem König genommen und damit für die Rechtmäßigkeit der ottonischen Herrschaft.

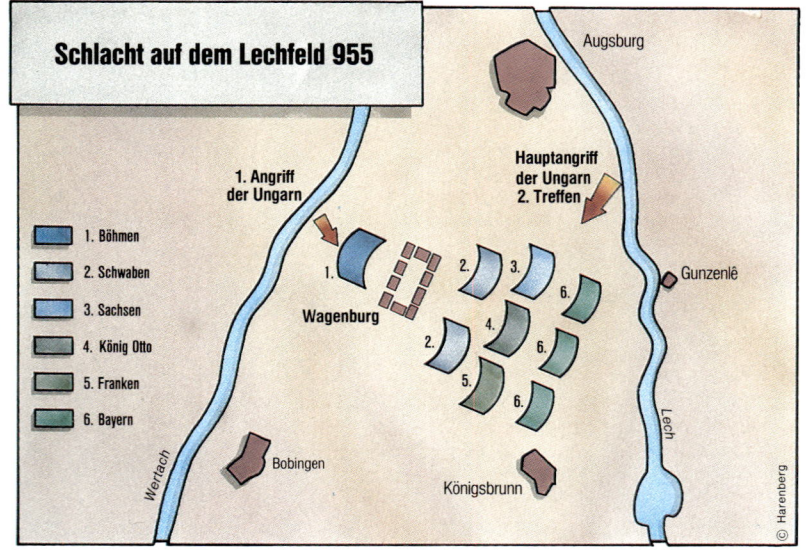

Schlacht auf dem Lechfeld 955

Augsburg

1. Angriff der Ungarn

Hauptangriff der Ungarn
2. Treffen

Wagenburg

Gunzenlê

1. Böhmen
2. Schwaben
3. Sachsen
4. König Otto
5. Franken
6. Bayern

Werttach

Bobingen

Königsbrunn

Lech

© Harenberg

Geschichte der Ungarn-Kriege

Auf dem Lechfeld findet eine unruhige Epoche ihr Ende; die Ungarn sind geschlagen und fallen hinfort nicht mehr in Deutschland ein.

Im Jahr 895 waren die Magyaren in das zuvor von den Awaren bewohnte Ungarn eingezogen. Sie kamen aus der Gegend um Odessa und galoppierten von ihren neuen Wohnsitzen aus auf kleinen, flinken Pferden immer wieder westwärts – sie zogen 899 bereits nach Italien und kamen früh auch schon bis Südfrankreich. Markgraf Luitpold konnte sie zwar in den Jahren 900 und 901 aufhalten, doch 906 fiel das Mährerreich unter ihrem Ansturm; am →4. Juli 907 vernichteten die Magyaren bei Preßburg fast das gesamte bayerische Kriegsheer.

Ein Dutzend Jahre später trieben sie König Heinrich in seine Pfalz Werla im Harz zurück, wo sich die deutsche Majestät nur durch die Freilassung eines bedeutenden ungarischen Heerführers und die Zahlung eines hohen Tributes einen neunjährigen Waffenstillstand teuer erkaufen konnte.

Der König hatte nun zwar Frieden, doch Lothringen und Schwaben wurden von den Feinden auch jetzt noch heimgesucht. Die Ungarn zu schlagen gelang Heinrich I. erst am 15. März 933 an der Unstrut.

Mit ihren wendigen Pferden konnten aber die Magyaren den schwerfälligen deutschen Panzerreitern entkommen. Die ungarische Gefahr blieb also weiter bestehen. Freilich, das vom König aufgestellte Heer war für die Eindringlinge eine tödliche Bedrohung.

Die Gefahr aus dem Südosten wurde erst abgewendet, als am St. Laurentiustag des Jahres 955 die Ungarn und das deutsche Heer bei Augsburg gegeneinander zu Felde zogen. Der König hatte versprochen, dem Heiligen in Merseburg ein Bistum zu stiften, wenn er ihm zum Sieg verhelfe. Und der Sieg dieser Lechfeldschlacht war so groß, daß die ungarische Armee nie mehr in Deutschland einfiel.

Wolfgang Bischof von Regensburg

972. Zu Weihnachten überreicht ihm Otto II., seit 967 neben seinem Vater Otto dem Großen Mitkaiser, zu Frankfurt am Main den Bischofsstab. Damit ist Wolfgang, der gerne einfacher Mönch geblieben wäre, Oberhirte der Diözese Regensburg.

Etwa zehn Jahre zuvor schon hatte Bischof Heinrich von Trier seinen Schulfreund Wolfgang dem Kaiser für ein hohes Amt empfohlen. Statt eine Karriere im Umkreis der Majestät einzuschlagen, geht der fromme Schwabe Wolfgang ins Kloster Einsiedeln, wo er den als Retter vor der Ungarngefahr berühmten Bischof Ulrich von Augsburg kennenlernt. Dieser weihte ihn zum Priester und riet ihm, bei den heidnischen Ungarn Missionsarbeit zu leisten.

Dort hatte freilich Bischof Pilgrim von Passau seine eigenen territorialen Interessen und so schlug er 972 aus sehr persönlichen Gründen vor, man solle Wolfgang zum Bischof von Regensburg machen.

Nach seiner Berufung bemüht sich Wolfgang erfolgreich um die Reform der Klöster Tegernsee und Niederaltaich sowie des Klerus nach dem Vorbild des Klosters Gorze (→933). Sein besonderes Interesse gilt dem Schulsystem und nicht zuletzt den Büchern, für die er in St. Emmeram einen eigenen Saal bauen läßt.

28. 8. 995. *Nach 40 Regierungsjahren stirbt Herzog Heinrich II. (Abb.), den die Nachwelt aus gutem Grunde »den Zänker« nennt. Beim Tod von Herzog Heinrich I. am 1. November 955 war der Erbe gerade vier Jahre alt und so regierte an seiner Stelle Mutter Judith. Aber der junge Herr aus hohem sächsischen Hause – sein Onkel ist Kaiser Otto I. – lernte seine Lektion, und so war auch er bald schon darauf bedacht, Macht und Besitz zu mehren, beispielsweise als 973 der kaiserliche Onkel starb. Statt seinem Vetter Otto II. zu huldigen, wollte er, Herzog Heinrich II. von Bayern, selbst König werden. Die Verschwörung, an der auch die Herzöge von Böhmen und Polen beteiligt waren, mißlang. Heinrich floh nach Böhmen, wurde gefangengenommen, konnte entkommen und wurde neuerlich besiegt.*

Statt ein Reich zu gewinnen, verlor er so zweimal sein Herzogtum. Bayern, das eben noch von der Adria zum Fichtelgebirge reichte, verlor während dieser Auseinandersetzung 976 Kärnten.

Im Jahr 985 die Aussöhnung: Heinrich erhielt Bayern zurück und 989 auch Kärnten.

Bischof Ulrich von Augsburg stirbt

4. Juli 973. Bischof Ulrich von Augsburg, Teilnehmer der siegreichen Ungarnschlacht von 955, stirbt im Alter von 83 Jahren (→10.8.955).

Der aus dem wohlhabenden schwäbischen Geschlecht der Grafen von Dillingen stammende, 890 geborene Oberhirte hatte seine Bischofsstadt gegen die ungarischen Belagerer verteidigt, bis der König sie entsetzte. In die Schlacht ritt Ulrich in seinem Priestergewand, da Harnisch und Waffen seinem Stande nicht angemessen gewesen wären. Nach dem Kampf, dessen glücklichen Ausgang ihm die heilige Afra im Traum vorhergesagt hatte, fand der Bischof auf dem Schlachtfeld die Leichen seines Bruders Diepold und des Neffen Reginbald. Bis ins hohe Alter hat sich Ulrich um sein Bistum gekümmert und noch mit 81 Jahren seine vierte und letzte Romreise unternommen.

Das Bistum Passau verliert Oberhirten

21. Mai 991. Die Diözese Passau verliert ihren Oberhirten, einen Mann, der sich um die Ungarnmission verdient gemacht und Kaiser Otto II. in der Auseinandersetzung mit den Herzogen von Bayern und Kärnten tatkräftig beigestanden hat. In der »Nibelungen Klage« wird berichtet, daß Pilgrim es war, der das »Nibelungenlied« aufschreiben ließ.

Der aus dem noblen Aribonengeschlecht stammende, im Kloster Niederaltaich erzogene Kirchenmann hat freilich auch andere Schreibaufträge erteilt: Der Kanzlist Willigis fälschte in Pilgrims Auftrag päpstliche und kaiserliche Urkunden aus verschiedenen Epochen. Mit ihrer Hilfe wollte er sein Passau auf Kosten von Salzburg erhöhen. Dabei war er ausgerechnet durch Fürsprache des Salzburger Erzbischofs in sein Amt berufen worden.

Ungar heiratet eine Tochter Heinrichs II.

995. Der ungarische Herzogssohn Wejk erhält einen neuen Namen. In Passau tauft ihn der Bischof von Prag auf den Namen Stephan, und ein Jahr später ist Hochzeit: Stephan heiratet die wahrscheinlich erst elf Jahre alte Gisela, eine Tochter Herzog Heinrich des Zänkers.

Ungarn hat damit dem Heidentum abgeschworen und sich, ein halbes Jahrhundert nach der Lechfeldschlacht (→ 10. 8. 955), endgültig für den Westen entschieden.

Die mit den Jungvermählten ins Ungarnreich gereisten Geistlichen und Edelleute organisieren die Kirche und Verwaltung nach deutschem Vorbild. Stephan aber, der 997, nach dem Tode seines Vaters Geza, Herzog von Ungarn wird, gründet zur Festigung des gerade erst übernommenen Christentums zwei Erzbistümer und acht Bistümer.

Abt Gozbert liefert bunte Glasfenster

999. Die Fenster der Tegernseer Klosterkirche sind mit Tüchern verhängt. Als ein Adeliger farbige Glasfenster stiftet, ist die Freude, nunmehr in einer hellen Kirche beten zu können, so groß, daß die Mönche nun allen Eifer daran setzen, selbst solches Glas herzustellen.

Der in St. Emmeram erzogene Gozbert ist seit 982 Abt am Tegernsee, und er richtet beim »Bauer in der Au« eine Glashütte ein, die ihre bunten Glasfenster – so eine Nachricht aus dem Jahr 999 – an viele Kirchen liefern kann.

Während hoch über Wiessee die Glasbläser arbeiten, sitzen drunten im Kloster die Schreiber über ihren Handschriften, und Tegernseer Brüder sind mit dem Guß von Bronzen beschäftigt. Unter Abt Gozbert ist das Kloster ein kulturelles Zentrum des bayerischen Landes.

Kulturelle Blüte Bayerns beginnt um die Jahrtausendwende

Geistes- und naturwissenschaftliche Leistungen, bildende Künste, Literatur und technische Erfindungen 800 bis 1800

Im Schatten der enormen Schwierigkeiten, die im Früh- und Hochmittelalter bayerische Herzöge wie Tassilo III., Arnulf der Böse und Heinrich der Zänker den Königen machten, wuchs Bayern seit der Agilolfingerzeit kontinuierlich zu einer festen politischen Einheit zusammen. Sieht man einmal davon ab, daß vor der Jahrtausendwende für kurze Zeit Kärnten und die italienischen Marken Verona und Aquileja zu Bayern gehörten, haben sich die Grenzen innerhalb der zehn Jahrhunderte von 800 bis 1800 relativ bescheiden und nur sehr langsam geändert. Die Markierungen im Westen, Norden und Nordosten (Lech, Oberpfalz, Bayerischer Wald) blieben im großen und ganzen durch die Wirren der Zeit sogar konstant. Zurückgenommen wurden die Grenzverläufe in diesem einen Jahrtausend lediglich im Süden und Südosten (um jeweils rund 70 km).

Diese Stabilität und Geschlossenheit des Herzogtums korrespondiert mit einer Kulturblüte und einem Erfindungsgeist von europäischem Rang. Gerade dies haben die Historiker über all den Streitigkeiten der Herzöge mit der Krone total vergessen. In den Bischofshöfen, Klostertrakten und den Palazzi der Städte herrschte nämlich (insbesondere zwischen dem 8. und 15. Jh.) eine Emsigkeit, auf der nicht nur die gesamte deutsche Kultur des ausgehenden Mittelalters und der frühen Neuzeit basierte, sondern ebenso der technische Fortschritt. Die Wurzeln der Mathematik und Physik sind – was Deutschland betrifft – eindeutig in Bayern zu finden.

Den Anstoß zu dem einmaligen Schaffen und Forschen gaben zunächst die Geistlichen und Mönche, die über die Theologie und Religion das bayerische Volk zu Glanzleistungen führten. »Klug sind die Bayern, töricht sind die Welschen.« So schwärmte um 770 der Schreiber des »Kasseler Glossars« vom Südosten des fränkischen Reiches.

Das war genau die Zeit, in der in Freising der dortige Bischof Arbeo (der sich auch Heres nannte) das erste Buch Deutschlands ver-faßte, ein lateinisch-althochdeutsches Wörterbuch (»Abrogans«), sowie ein uns unbekannter Landsmann von ihm die erste christliche Dichtung in althochdeutschen Stabreimen (»Wessobrunner Gebet«) schrieb und in der im Kloster Benediktbeuern die erste uns bekannte christliche Predigtensammlung der Welt auflag und in Gebrauch war.

Im 9. Jahrhundert wurden dann in der Herzogstadt Regensburg die heute ältesten Musiknotationen und in einem Rechtskodex die ältesten erhaltenen slawischen Worte geschrieben. In Freising entstand das älteste Kirchenlied in deutscher Sprache (»Petruslied«).

Im 10. Jahrhundert bauten in Regensburg Architekten und Arbeiter die früheste und größte nachantike Stadtmauer, die dann Vorbild für zahlreiche Neubefestigungen im Neureich war.

Im 11. Jahrhundert arbeiteten in Regensburg der erste deutsche Autobiograph, Bestsellerautor und Gesellschaftskritiker, Otloh von St. Emmeram, einer der geistigen Väter des Investiturstreites, des ersten großen mittelalterlichen Kirchenkonflikts, und sein Konfrater Wilhelm (der spätere Abt von Hirsau), der Verfasser eines fundamentalen Werkes über die mittelalterliche Musik und Konstrukteur einer Flöte. Zu ihrer Zeit wurde in Regensburg auch die erste deutsche Urkunde mit dem später so beliebten Fürstensiegel ausgestellt. In Tegernsee entstand die größte deutsche Glossenhandschrift und der erste deutsche Roman, der gleichzeitig der älteste Ritterroman der Weltliteratur ist (»Ruodlieb«). Aus Freising stammt schließlich der erste deutsche Schauspieltext (»Magierspiel«).

Im 12. Jahrhundert wurde dann in Regensburg die Steinerne Brücke gebaut und vollendet, der kühnste Brückenbau der Welt. Das war für die Menschen der Zeit eine so unfaßbare Ingenieurleistung, daß man an eine Beteiligung des Teufels glaubte.

Fast zur selben Zeit lag im nahen Kloster Prüll das allererste naturwissenschaftliche Werk in deutscher Sprache vor, ein Buch über Gestirne und ein Traktat über Kräuter. Ein unbekannter Regensburger Geistlicher saß über dem ersten Geschichtswerk in deutscher Sprache und der ersten europäischen Chronik in Versen (»Kaiserchronik«). In Freising begann der dortige Bischof Otto I., ein Onkel Kaiser Friedrich I. Barbarossa, mit der Niederschrift der bedeutendsten Chronik des deutschen Mittelalters (»Weltchronik«), und unter Bischof Albert I. nahm der Bau der größten deutschen Domkrypta, einer architektonischen Meisterleistung, seinen Anfang.

Im 13. Jahrhundert benutzte der Regensburger Dominikaner Hugo von Lerchenfeld als erster Deutscher arabische Zahlenzeichen und legte damit – gewollt oder ungewollt – den Grundstein für die moderne Mathematik. In Passau schrieb damals der dortige Domdekan Albert Behaim als erster Deutscher auf Papier (nicht mehr auf Pergament). In seiner unmittelbaren Nachbarschaft wurde das berühmteste mittelhochdeutsche Heldenepos, das Nibelungenlied, vollendet. Und nicht zu vergessen, in Passau stellten bayerische Schreiber die einzige Urkunde über den größten deutschen Dichter des Mittelalters, Walther von der Vogelweide, aus.

Im 14. Jahrhundert stellte der in Regensburg tätige Geistliche Konrad von Megenberg das erste Physik- und Astronomiebuch in deutscher Sprache (»Deutsche Sphaera«) und die erste deutsche naturwissenschaftliche Enzyklopädie (»Buch der Natur«) zusammen. In München setzte der Wittelsbacher Kaiser Ludwig der Bayer mit seinem Landrecht den großen Wendepunkt in der deutschen Rechtsgeschichte, indem er das bis dahin mündlich überlieferte Recht systematisch zusammenfassen ließ. An seinem Hof wirkte schließlich noch der weitsichtige Marsilius von Padua, der als erster Philosoph und Politologe der Welt die Idee der Volkssouveränität im modernen Sinne wissenschaftlich begründete.

Erst **im 15. Jahrhundert** übernahm dann Nürnberg (später holte Augsburg auf) die Führung in der Natur-, Geistes- und Wirtschaftswissenschaft. Doch der Anteil Altbayerns blieb beträchtlich. So war der Regensburger Friedrich Gerhart der Autor des ersten deutschen Algebrabuches. Matthäus Roritzer verfaßte in der Donaustadt die erste Architekturlehre in deutscher Sprache (»Büchlein von der Fialen Gerechtigkeit«). In Nabburg ist in diesem Jahrhundert erstmals in Deutschland ein Rechenunterricht nachweisbar, und in Ingolstadt erfand der Buchdrucker Ulrich Han den Musiknoten-Typendruck, eine Neuerung, die bald die Welt eroberte.

Im 16. Jahrhundert, dem Zeitalter der großen Erfindungen und Entdeckungen, war dann Bayern den anderen Ländern klar unterlegen. Zu vermelden ist aber trotzdem, daß in Ingolstadt der Pädagoge Nikolaus Wynmann das erste Schwimmlehrbuch der Welt schrieb, Peter Apian die Schweifachsen der Kometen (immer von der Sonne abgekehrt) einordnete, sein Sohn Philipp Apian das erste exakte Kartenwerk der Welt druckte (»Baierische Landtafeln«), Aventinus das erste Geschichtswerk auf Quellenbasis schrieb (»Baierische Chronik«) und Architekten und Bauleute in St. Michael in München das zweitgrößte (nach St. Peter in Rom) Tonnengewölbe der Welt einzogen.

Im 17. und in der ersten Hälfte des 18. Jahrhunderts dominierten die bildenden Künste (die herrlichen Barockschlösser und -kirchen entstehen), der Fortschritt der Wissenschaften gelangte jedoch an einen Tiefpunkt. Rund einhundert Jahre später, noch in der Zeit des Kurfürstentums, kann sich das Land Bayern aber wieder erholen und an den alten Forschergeist anknüpfen. So wurden am Ende des alten Reiches u. a. die erste meteorologische Gesellschaft der Welt gegründet und die Grundlagen der Wärmelehre gelegt.

Dies sind nur einige Impressionen bayerischer Schaffenskraft, die im Laufe der Geschichte ein besonderes Selbstbewußtsein und Selbstverständnis entstehen ließ, aber auch Stolz, Einbildung und Selbstüberschätzung.

1000

25. 12. 1000. Der ungarische Großfürst Stephan läßt sich mit der ihm vom römisch-deutschen Kaiser Otto III. übersandten Apostelkrone zum ersten König von Ungarn krönen. Stephan ist vermählt mit der bayerischen Herzogstochter Gisela. Während seiner Herrschaft kommen zahlreiche bayerische Siedler nach Ungarn (→995).

7. 6. 1002. Herzog Heinrich IV. von Bayern, der Sohn Heinrichs des Zänkers, setzt sich nach dem Tod von Otto III. gegen alle Konkurrenten um die Königskrone durch und wird von Erzbischof Willigis von Mainz als Heinrich II. zum König gekrönt.

Ab 1002. Nach seiner allgemeinen Anerkennung als Herrscher verleiht der römisch-deutsche König Heinrich II., der zugleich Herzog von Bayern ist, zahlreiche geistliche Ämter im Reich Angehörigen des bayerischen Stammes: Sein Bruder Brun wird Bischof von Augsburg; ein Halbbruder Arnold Erzbischof von Ravenna; der Regensburger Tagino wird Erzbischof von Magdeburg; der Bayer Pilgrim wird Erzbischof von Köln usw.

1003. Der römisch-deutsche König Heinrich II. führt einen erfolgreichen Feldzug gegen den Babenberger Markgrafen Heinrich von Schweinfurt im bayerischen Nordgau. Der umfangreiche Herrschaftsbereich der Grafen von Schweinfurt wird aufgelöst.

21. 3. 1004. Der römisch-deutsche König Heinrich II. tritt als Herzog von Bayern zurück und verleiht das Herzogtum seinem Schwager Heinrich (V.) von Lützelburg.

15. 5. 1004. Während seines ersten Italienzugs läßt sich der römisch-deutsche König Heinrich II. in Pavia zum König von Italien krönen.

1004/05. Der römisch-deutsche König Heinrich II. führt einen Feldzug gegen den aufständischen Herzog Boleslaw I. Chrobry von Polen.

6. 5. 1007. Der römisch-deutsche König Heinrich II. gründet das Bistum Bamberg. →

1009. Der römisch-deutsche König Heinrich II. nimmt seinem Schwager Heinrich (V.) von Lützelburg das Herzogtum Bayern, weil er sich an einem Aufstand beteiligt hat. Heinrich II. übernimmt das Herzogtum nun wieder selbst.

GESTORBEN:

Um 1008. Froumund von Tegernsee (*um 960), Schriftsteller, Benediktinermönch des Klosters Tegernsee. →

Bistum Bamberg gegründet

6. Mai 1007. An seinem 34. Geburtstag schenkt König Heinrich II. der Kirche zu Bamberg seine Besitzungen im Rednitz- und Volkfeldgau. Ein halbes Jahr später, am 1. November, wird auf einer Synode zu Frankfurt noch weiteres Land hinzugeschenkt – Würzburg und Eichstätt müssen gegen ihren Willen (doch gegen Entschädigung) Teile ihrer Bistümer abtreten. Auf diesem waldreichen, noch wenig erschlossenen Territorium (das etwa dem späteren Oberfranken entspricht) gründet der König und spätere Kaiser (Krönung in Rom → 14. 2. 1014) »um das Heidentum der Slawen zu zerstören«, die Diözese Bamberg.

Auf solche Weise zeichnet der wahrscheinlich in Abbach bei Regensburg geborene Heinrich jenen Ort aus, dem er seit seinen Kindertagen besonders zugeneigt ist.

Einst saßen in der Burg zu Bamberg die Babenberger – und nach ihnen heißt die Niederlassung bei ihrer ersten Erwähnung im Jahr 902 »Babenberh« –, doch sie verloren gegen die Konradiner, und so war nun der König Herr auf dem Besitz, den er im Jahr 973 – man nennt ihn jetzt »Papinperc« – an Herzog Heinrich den Zänker schenkte. Dessen Sohn wiederum vermachte Bamberg 997 seiner frischangetrauten Kunigunde als Morgengabe.

Heinrich II. (r.) mit seiner Frau und dem hl. Stephan (Bamberger Dom)

Die Gründung des Bistums zehn Jahre später wird von mehr als 30 Bischöfen dadurch bestätigt, daß sie auf der Stiftungsurkunde neben oder über ihrem Namen eigenhändig ein Kreuzchen zeichnen. Hinter dem Namen des Bischofs von Köln fehlt diese »Unterschrift«. Er hat sich offensichtlich geweigert, dieser Stiftung zuzustimmen, da ja seinem Bruder, dem Bischof von Würzburg (der wahrscheinlich in Frankfurt gar nicht erschienen ist) das größte Opfer abverlangt wurde.

Tegernseer Pater Froumund gestorben

Um 1008. Der Tegernseer Pater Froumund ist wohl noch keine 50 Jahre alt, als er um das Jahr 1008 stirbt. Die Liebe des erst 1005 zum Priester geweihten Mannes galt den Büchern. Schon die erste Mission, mit der man ihn beauftragte, führte ihn nach Köln, wo er antike Autoren kopierte. Von den Handschriften ließ er auch nicht, als man ihn nach Feuchtwangen schickte, damit er das Kloster reformiere. Aus Briefen weiß man, wie schwierig die Aufgabe war (die er dann ja auch nicht erfüllen konnte): Durch das Kirchendach fiel der Schnee und durch Fensterhöhlen pfiff der Wind.

In Tegernsee widmete sich Froumund anschließend seiner liebsten Arbeit, dem Abschreiben von Büchern. Außerdem verfaßte er ein Musterbuch, seine »Tegernseer Briefsammlung«, in die er 40 eigene Gedichte einstreute.

Die Korrespondenz des Mönchs gibt einen für diese Zeit einmaligen Einblick in das Tegernseer Leben: Froumund schreibt über den Glockenguß, preist den Sommer und klagt über den Winter, er spricht von Nahrungssorgen und von den gemalten Fenstern, er erbittet sich Handschriften und wehrt sich vehement gegen den ehrenrührigen Vorwurf, ein Bücherdieb zu sein.

»Apostelabschied«: Tafelbild (1483) mit der ältesten Ansicht von Bamberg mit Dom, Michelsberg und Altenburg

19. 4. 1010. Das Kloster Passau-Niedernburg erhält reiche Schenkungen von Heinrich II.; um 1010 wird die Kirche Hl. Kreuz errichtet. →

1012. Das Kanonikerstift St. Ulrich und Afra zu Regensburg wird in ein bischöfliches Eigenkloster umgewandelt.

1012. Heinrich II. stiftet das »Perikopenbuch«. Es ist ein Hauptwerk der ottonischen Buchmalerei aus der Schule von Reichenau. →

6. 5. 1012. Der Bamberger Dom wird geweiht. →

Pfingsten 1013. Im Frieden von Merseburg erhält Herzog Boleslaw I. Chrobry von Polen das Milzener Land und die Lausitz als deutsche Lehen und erkennt die Oberhoheit von König Heinrich II. an.

1014. Bischof Berngar von Passau beginnt mit der Pfarrorganisation der babenbergischen Mark und errichtet auf passauischem Besitz fünf Mutterpfarren: Herzogenburg, Krems, Tulln, Sigwarswerde (Kirchberg am Wagram) und Stockerau, alle in Niederösterreich gelegen.

1014. Bischof Burchard von Worms vollendet das »Decretum collectarium«, eine Zusammenstellung des in Deutschland geltenden Kirchenrechts.

Januar 1014. Auf seinem zweiten Italienzug überträgt der römisch-deutsche König Heinrich II. Deutschen die italienischen Bistümer.

14. 2. 1014. Der römisch-deutsche König Heinrich II., von 995 bis 1004 und 1009 bis 1018 auch Herzog von Bayern, wird in Rom von Papst Benedikt VIII. zum Kaiser gekrönt. →

1015. Kaiser Heinrich II. führt erneut einen erfolglosen Krieg gegen Herzog Boleslaw I. Chrobry von Polen.

Januar 1018. Der Frieden von Bautzen beendet die Kriege von Kaiser Heinrich II. gegen Herzog Boleslaw I. Chrobry von Polen. Die Abmachungen von 1013 werden erneuert.

Juni 1018. Kaiserin Kunigunde führt in Regensburg ihren Bruder Heinrich (V.) von Lützelburg zum zweiten Mal feierlich als Herzog von Bayern ein. 1017 ist Kaiser Heinrich II. als Herzog von Bayern zurückgetreten.

1019. Der Mönch und Einsiedler Gunther kolonisiert den Bayerischen Wald. →

GEBOREN:

28. 10. 1017. Heinrich III. († 5. 10. 1056, Pfalz Bodfeld, Herzog von Bayern, römisch-deutscher König und Kaiser.

Heinrich II. in Rom zum Kaiser gekrönt

14. Februar 1014. Heinrich II. war seit elf Jahren deutscher König, als er im Herbst 1013 mit großem kriegerischem Gefolge zu einer Italienfahrt aufbrach, deren Höhepunkt nun in Rom die Krönung zum deutschen Kaiser durch den Papst ist.

Nach dem Tod von Otto III. im Januar 1002 hatte Heinrich die Chance genutzt: Als man den Leichnam des in Italien verstorbenen Kaisers zur Bestattung nach Aachen überführte, erwartete er den Trauerzug in Polling und gab ihm bis Neuburg an der Donau das Geleit; gleichzeitig aber brachte er die Reichsinsignien in seinen Besitz. Und am 7. Juni des gleichen Jahres wurde Heinrich IV., Herzog von Bayern, als Heinrich II. zum deutschen König gewählt (wobei sich der Monarch gegen die Herrschaftsansprüche des Herzogs von Schwaben und des Markgrafen von Meißen durchsetzen mußte).

Sein Anrecht auf das Königsamt leitete Heinrich daraus ab, daß er ein Urenkel von Kaiser Heinrich I. war und gleichzeitig der älteste männliche Erbe der Liudolfinger.

Für Bayern war es ehrenvoll, den Kaiser zu stellen, doch das Land mußte zahlen, ohne entschädigt zu werden. Dafür, daß er bei der Königswahl nicht gegen Heinrich antrat, erhielt nämlich Otto von Worms die Markgrafschaft Kärnten.

Heinrich IV., 973 wahrscheinlich in Bad Abbach geboren, wird 995 zum Herzog von Bayern und 1002 als Heinrich II. zum deutschen König gewählt; zu den bedeutendsten Leistungen des mehrfach in Kriege verwickelten Herrschers gehört die Gründung des Bistums Bamberg. Der 1024 kinderlos Verstorbene, ist der einzige bayerische Herrscher, den die Kirche heilig spricht.

Dieses Gebiet war damit für Bayern endgültig verlorengegangen.

Nachdem er die Königswürde errungen hatte, ließ sich Heinrich II. im Jahr 1004 in Pavia mit der Eisernen Krone zum König von Italien krönen – gegen den Widerstand des Markgrafen Arduin von Ivrea.

Zehn Jahre nach dieser zweiten Königskrone erhält Heinrich II. auch noch die Kaiserkrone. Papst Benedikt VIII. übergibt dabei dem 40jährigen Monarchen jene goldene Kugel mit einem Kreuz, die seither als Reichsapfel zu den Insignien der deutschen Kaiserwürde gehört.

Geschenke an Kloster Passau-Niedernburg

19. April 1010. Das seit dem 8. Jh. bestehende Benediktinerinnenkloster Passau-Niedernburg – ehemals eine agilolfingische Pfalz – wird reichsunmittelbar und erhält durch Heinrich II. reiche Stiftungen, etwa die einträgliche Kontrolle des Salzhandels auf dem Inn sowie Ländereien, die von Passau bis zur böhmischen Grenze reichen.

Etwa in dieser Zeit baut das Kloster an der Stelle einer älteren Kirche die im Stil der Gorzer Reform gestaltete Heiligkreuz-Kirche, eine dreischiffige Pfeilerbasilika mit einem Querschiff im Osten und zwei Türmen im Westen. In der neuerbauten romanischen Kirche wird die Äbtissin Helika beigesetzt, unter der das Kloster Niedernburg vom römisch-deutschen König Heinrich II. (der möglicherweise ihr Neffe war) so reich beschenkt wurde.

Maria mit Kind; Ausschnitt aus dem spätromanischen Freskenzyklus in der ehemaligen Marienkirche des Klosters Niedernburg in Passau

Dom zu Bamberg feierlich geweiht

6. Mai 1012. Herzog Heinrich IV. von Bayern war eben erst unter dem Namen Heinrich II. auch deutscher König geworden, als er etwa von 1003 an auf dem Burgberg der Babenberger in Bamberg einen Dom bauen ließ, dessen Westchor dem heiligen Petrus, dessen Ostchor aber dem heiligen Georg geweiht ist. Während hier noch gearbeitet wurde – nebenan auf dem Michelsberg entstand zur selben Zeit die Kirche des Benediktinerklosters – gründete König Heinrich II. das von ihm üppig ausgestattete Bistum Bamberg (→6. 5. 1007). Und am 6. Mai 1012, an seinem 39. Geburtstag, ist das große Bauwerk vollendet: In Gegenwart von 45 Bischöfen wird der Dom zu Bamberg als erster deutscher Kaiserdom feierlich geweiht und seiner Bestimmung übergeben. Heinrich II., der zwei Jahre später in Rom zum deutschen Kaiser gekrönt wird, läßt in der Nähe des Domes, vor seinem Palast, einen sog. »umbilicus« aufstellen. Diese Säule, für die es Vorbilder in Rom und Byzanz gibt, soll die Mitte, den Nabel seines großen Reiches anzeigen.

Der Heinrichsdom brennt nach knapp 70 Jahren bis auf die Grundmauern nieder; nur Teile der Westkrypta des romanischen Bauwerks bleiben erhalten.

Gunther kolonisiert Bayerischen Wald

1019. Bischof Berngar von Passau reist tief in den Wald hinein, um in Rinchnach eine vom Eremiten Gunther gebaute Kirche einzuweihen. Dabei hatte sich der Niederaltaicher Mönch Gunther ganz von der Welt zurückziehen wollen. Eine erste Einsiedelei, drei Meilen vom Heimatkloster entfernt, gab er auf, als er von immer mehr Gläubigen aufgesucht wurde. Aber auch tiefer im Bayerischen Wald fand man zu ihm. Zusammen mit einigen Mönchen gründete er daraufhin ein kleines Kloster, in dem die Regeln so streng waren, daß zum Beispiel kein anderes Getränk als Wasser den Brüdern gereicht werden durfte.

Von Rinchnach aus setzte die Kolonisierung des Bayerischen Waldes ein. Dazu gehörte der Bau einer Straße nach Böhmen, des späteren »Goldenen Steig«.

König Heinrich II. stiftet Perikopenbuch

1012. Zur Gründung des Bistums Bamberg 1007 oder zur Weihe des Bamberger Domes 1012 stiftet Heinrich II. das 206 Blatt starke Perikopenbuch – das bedeutendste Werk der Reichenauer Malschule und zugleich eine der kostbarsten und schönsten Handschriften des gesamten Mittelalters.

Das Widmungsbild, das am Anfang dieser Sammlung der Evangelientexte steht, zeigt die Krönung Heinrichs und seiner Frau Kunigunde durch Christus, dem Petrus und Paulus, die Schutzheiligen des Bamberger Domes zur Seite stehen. Daneben sind allegorische Gestalten als Versinnbildlichung von Rom, Gallien und Germanien auf der Krönungsdarstellung zu sehen. Außerdem enthält das Werk Bilder der vier Evangelisten, dazu im Text zehn ganzseitige Initialen, 184 kleine Initialen und 23 ganzseitige Bilder zu kirchlichen Festtagen, etwa Heiligdreikönig, mit Szenen aus dem Neuen Testament.

Der kunstvollen Gestaltung dieses 42,5 x 32 cm großen Bandes entspricht der mit edlen Metallen und wertvollen Steinen gestaltete Umschlag. In seinem Mittelpunkt steht ein Kreuzigungselfenbein, das noch aus der Zeit Karls des Kahlen, also etwa aus den Jahren um 860 stammt. Möglicherweise bildete diese Schnitzerei ursprünglich den Rückdeckel des in der zweiten Hälfte des 9. Jahrhunderts (→870) entstandenen »Codex Aureus«. Umgeben ist die Kreuzigungsszene von kleinen Emails mit Christus und den Aposteln. Sie waren ehemals Teil einer byzantinischen Frauen- oder Votivkrone und dürften aus dem Erbe Kaiser Otto III. an Heinrich II. gekommen sein, der sie für den Umschlag des Evangelienbuches stiftete und in die Werkstätte nach Regensburg oder Bamberg sandte, wo die Prachthandschrift hergestellt wurde.

Heinrich II. schenkt seiner Lieblingsgründung Bamberg neben dieser bekanntesten Handschrift auch noch andere wertvolle Codices: Das Evangeliar Heinrichs II., ein 257 Blatt starker Band, stammt etwa aus der gleichen Zeit wie das Perikopenbuch und kommt ebenfalls aus der berühmten Malschule der Insel Reichenau.

Das Eingangsbild zeigt Christus als Heiland der Welt im Lebensbaum, umgeben von den vier Elementen und Evangelistensymbolen. Kostbarer noch ist der ebenfalls auf der Insel Reichenau entstandene Umschlag, eine Goldschmiedearbeit mit einem eingearbeiteten Kreuz, in dessen Mittelpunkt ein großer ovaler Achat eingelassen ist. Die getriebenen Tiere in den vier Kreuzecken werden als Symbole des Paradieses gedeutet.

Das Sakramentar Heinrichs II. enthält auf 358 Blättern alle Texte der Messe, die der Priester alleine liest. Das im Regensburger Kloster St. Emmeram geschriebene Werk ist stark vom »Codex Aureus« beeinflußt.

Eingeleitet wird das Sakramentar durch ein Bild des heiligen Gregor. Eine ganzseitige Miniatur zeigt den Stifter: Heinrich II. als König, gekrönt von Christus, ihm zur Seite St. Ulrich und St. Emmeram. Der Schutzumschlag, eine Elfenbeinschnitzerei, zeigt die Kreuzigung Christi und, im unteren Feld, den Gang der Frauen zum Grab.

Zu den Handschriften, die Heinrich an Bamberg vermacht, gehört auch das Evangeliar Kaiser Otto III., entstanden um 1000 ebenfalls auf Reichenau.

Das wohl bekannteste Bild des 283-Blatt-Bandes ist ein jugendlicher Herrscher – wahrscheinlich Otto III. – zu dem vier weibliche Gestalten, Roma, Gallia, Germania und Sclavinia kommen – eine symbolische Huldigung der Provinzen an den Herrscher.

Ganzseitiges Bild aus dem Perikopenbuch

Darstellung der Geburt Jesu Christi im Perikopenbuch

Ostern 1020. Papst Benedikt VIII. sucht Kaiser Heinrich II. in Bamberg auf und bittet ihn um Unterstützung gegen das oströmische Byzanz.

1021/22. Auf seinem dritten Italienzug stoppt Kaiser Heinrich II. das Vordringen der Byzantiner in Unteritalien.

1.3.1022. Auf der Synode zu Pavia verfügen Kaiser Heinrich II. und Papst Benedikt VIII. bei schweren Strafen, daß Geistliche bis zum Subdiakonat unverheiratet leben müssen.

August 1023. Kaiser Heinrich II. und König Robert II. von Frankreich vereinbaren die Abhaltung eines Konzils, auf dem die gesamte deutsche, französische und italienische Geistlichkeit über eine Reform der Kirche beraten soll.

4.9.1024. Nach dem Tod von Kaiser Heinrich II. kommt mit Konrad II. die Dynastie der Salier an die Macht. An der Wahl bei Kamba am Rhein beteiligen sich auch die Bayern.

Februar 1026. Der römisch-deutsche König Konrad II. designiert seinen Sohn Heinrich (III.), den späteren Herzog von Bayern und Kaiser, zum König und bricht zu einem Zug in die Lombardei auf. Die Regentschaft für Heinrich führt Bischof Brun von Augsburg.

1026/27. Während der Abwesenheit von Kaiser Konrad II. beteiligt sich der in Bayern begüterte Graf Welf (II.) an einem Aufstand Herzog Ernsts von Schwaben gegen den Kaiser. Nach dem Scheitern des Aufstands 1027 verliert Welf einen Teil seiner Besitzungen.

26.3.1027. König Konrad II. wird in Rom von Papst Johannes XIX. zum Kaiser gekrönt.

Juli 1027. Auf einem Landtag in Regensburg läßt Kaiser Konrad II. seinen zehnjährigen Sohn Heinrich (III.), den designierten römisch-deutschen König, als Heinrich VI. zum Herzog von Bayern wählen.

14.4.1028. Herzog Heinrich VI. von Bayern wird in Aachen von Erzbischof Pilgrim von Köln als Heinrich III. zum König gekrönt.

GESTORBEN:

13.7.1024. Pfalz (Göttingen-) Grone: Heinrich II., der Heilige (*6.5.973, Bad Abbach bei Kelheim), Herzog von Bayern 995–1004 und 1009–18 römisch-deutscher König seit 1002, König von Italien seit 1004, Kaiser seit 1014. →

27.2.1026. Heinrich von Lützelburg (*?), als Heinrich V. Herzog von Bayern 1004–1009 und seit 1018.

Heinrich II. in der Pfalz Grone gestorben

13. Juli 1024. In seiner bei Göttingen gelegenen Pfalz Grone stirbt 51jährig Kaiser Heinrich II., der letzte Ottone im Mannesstamme. Und wie das in seiner Regierungszeit gestärkte und gefestigte Reich den Kaiser, so verliert Bayern mit ihm einen ehemaligen Herzog. Im Bamberger Dom, den er erbauen ließ, wird Heinrich beigesetzt (→6.5.1012).

Dem Vater, Heinrich II., dem Zänker, hatte man 974 das Herzogtum Bayern weggenommen, und da der dazumal einjährige Sohn recht schwächlich war, dachten seine Eltern daran, ihm eine kirchliche Pfründe zu verschaffen; zu Erziehern bestimmte man zunächst Bischof Abraham von Freising und Bischof Wolfgang von Regensburg, später aber wurde das Kind auf die angesehene Schule von Hildesheim zur Ausbildung geschickt.

Das Herzogtum fiel 985 wieder an die Familie zurück und der 12jährige Heinrich wurde zum künftigen Erben bestimmt, doch schon zu Lebzeiten des Vaters zum Mitregenten ernannt. Als der Zänker dann 995 zu Gandersheim starb, folgte ihm sein Sohn als Heinrich IV. von Bayern nach. Zur bayerischen kam sieben Jahre später noch die deutsche und wiederum zwei Jahre später auch die italienische Herrscherwürde hinzu. Am →14. Februar 1014 krönte Papst Benedikt VIII. den Mächtigen schließlich auch noch zum Kaiser. Für Bayern, sein Geburtsland, hatte Heinrich II. nur wenig Zeit – er kämpfte im Nordosten gegen den Polenfürsten Boleslav Chrobry, er zog einige Male auch nach Italien, wo er unter anderem den Papst – der ihn zuvor in Bamberg aufgesucht hatte – erfolgreich gegen das vordringende Byzanz unterstützte.

Da er sich um Bayern wenig kümmern konnte, setzte er zwischen 1004 und 1009 sowie ab 1018 seinen luxemburgischen Schwager Heinrich V. als Herzog in Bayern ein. Wegen seiner Verdienste um die Verbreitung des Glaubens wird Heinrich II. 1146 heiliggesprochen.

Kaiser Heinrich II., Relief vom Stiftergrab im Dom zu Bamberg

Heinrich II. – Kaiser, König und Herzog

Die Aussichten, daß Heinrich einst Herzog in Bayern würde, waren gering. Er war hineingeboren in die erste Familie des Reiches – Kaiser Heinrich I. war sein Urgroßvater –, doch der Vater, Heinrich II., der Zänker, hatte an einer Verschwörung gegen den Kaiser teilgenommen und sein Land verspielt.

Dem Vertriebenen wurde verziehen und mit 22 Jahren wurde der Sohn des Zänkers als Heinrich IV. Herzog von Bayern.

Nun aber, da er mehr erhalten hatte, als er in seiner Kindheit erwarten durfte, war ihm Bayern zu wenig, und als sein kaiserlicher Vetter Otto III. ohne Erben starb, sicherte er sich mit schnellem Zugriff die deutsche Königskrone, auf die auch einige andere Adelige Ansprüche anmelden konnten. In seinem Ehrgeiz nahm Heinrich wenig Rücksichten. So versprach er etwa dem babenbergischen Markgrafen Heinrich von Schweinfurt das Herzogtum Bayern, wenn er ihn in seinem Streben nach der Königskrone unterstützte.

Als der Markgraf aber den Lohn einforderte, meinte König Heinrich, er habe nicht die Möglichkeit, das Land zu vergeben, dagegen stehe das Wahlrecht der bayerischen Großen. Freilich, einige Jahre später, 1004, machte er seinen luxemburgischen Schwager Heinrich V. zum Herrscher Bayerns (wobei die Mächtigen im Lande um ihre Zustimmung gefragt wurden).

Der um seinen Preis betrogene Markgraf verbündete sich mit dem Polenfürsten Boleslav Chrobry gegen den König. Ohne Erfolg – bei Creussen und Kronach wurde er von Heinrich II. geschlagen.

Den Bayern mochte es schmeicheln, daß ihr Herzog König und zuletzt gar Kaiser wurde, doch das Land hat ihn nur selten gesehen, auch wenn er von 1002 bis 1004 und dann wieder von 1009 bis 1018 gleichzeitig König und Herzog war. Und wenn ein Zeitgenosse meinte: »Jetzt triumphiert Bayern«, so galt das wohl nur für einige der mächtigen Familien, die Söhne für Bischofsthrone im Reich stellen durften. Denn dies ist eines der ganz wenigen Zeichen für Heinrichs Anhänglichkeit an Bayern: Er übertrug Landsleuten (oder Verwandten) die Bistümer von Magdeburg, Aquileja, Ravenna, Köln, Mainz und auch Augsburg.

Zu den bedeutendsten Taten Heinrichs zählte die Gründung des Bistums Bamberg im Jahr 1007 (→6.5.1007). Die Kirche hat ihn vor allem dafür heiliggesprochen. Im Bemühen, seine Macht zu festigen, hatte er freilich die Frömmigkeit, wenn es ihm nutzte, hintangestellt und beispielsweise mit Heiden gegen die katholischen Polen paktiert.

1030. Kaiser Konrad II. unternimmt einen erfolglosen Feldzug gegen Ungarn. Seit dem Tod von Kaiser Heinrich II. (1024) haben sich die Beziehungen zwischen Bayern bzw. dem römisch-deutschen Reich und Ungarn schrittweise verschlechtert (→1036).

1031. König Heinrich III. schließt als Herzog von Bayern Frieden mit König Stephan I. von Ungarn. Ungarn erhält von Bayern das Gebiet zwischen Fischa und Leitha.

1032. Die Würzburger Stiftskirche St. Stephan wird geweiht.

Juli 1033. Im Frieden zu Merseburg verzichtet Mieszko II. von Polen auf die Königswürde und gibt die Lausitz und das Milzener Land an den römisch-deutschen Kaiser Konrad II zurück.

1035. Auf einem Hoftag in Bamberg läßt Kaiser Konrad II. Adalbero von Eppenstein als Herzog von Kärnten absetzen. Ihm werden hochverräterische Verbindungen zu Kroaten und Ungarn vorgeworfen, die aber unbewiesen bleiben. Der Kaiser trennt die Kärntnermark vom Herzogtum Kärnten und verleiht sie dem im Traungau begüterten Grafen Arnold von Lambach-Wels. Das Herzogtum Kärnten selbst erhält der kaiserliche Vetter Konrad d. J.

1036. König Heinrich III., der Herzog von Bayern, heiratet Gunhild, die Tochter König Knuts d. Gr. von England und Dänemark. →

29. 5. 1037. Kaiser Konrad II. erläßt während seines zweiten Italienzugs die »Constitutio de feudis«: Den Ministerialen (Valvassoren) wird die Erblichkeit ihrer Lehen zugesichert.

4. 6. 1039. Nach dem Tod von Kaiser Konrad II. tritt sein Sohn Heinrich III., als Heinrich VI. zugleich Herzog von Bayern, unangefochten die Herrschaft als König an.

1039–1041. König Heinrich III., als Heinrich VI. zugleich Herzog von Bayern, unternimmt mehrere Feldzüge nach Böhmen, um den aufständischen Herzog Bretislav I. zu besiegen und zu unterwerfen.

Um 1040. Während seiner Kämpfe gegen Herzog Bretislav I. von Böhmen richtet König Heinrich III., der als Heinrich VI. zugleich Herzog von Bayern ist, auf dem bayerischen Nordgau zwei Markgrafschaften um Cham und um Nabburg ein. →

GEBOREN:

Um 1130. Ernst († 10.6.1075, Schlacht bei Homburg an der Unstrut), Markgraf der bayerischen Ostmark.

Markgrafschaften Cham und Nabburg

Um 1040. Der seit 1034 in Böhmen regierende Przemyslidenherzog Bretislav I. betreibt eine ehrgeizige, für das Reich gefährliche Politik. Um in dieser Situation die Grenze gegen Osten besser zu sichern, gründet Heinrich III. die Markgrafschaften Cham und Nabburg.

Der böhmische Fürst war in Polen eingefallen, und als die Gefahr besteht, daß er ein großes slawisches Reich gründet, kommt es 1039 zum Krieg zwischen dem Reich und Böhmen. Kaiser Heinrich erleidet zunächst bei der Further Senke eine schwere Niederlage, doch zwei Jahre später zieht er bis gegen Prag – Bretislav muß kapitulieren.

Nun, da die Grenze wieder sicher ist, verlieren wohl auch die beiden Markgrafschaften ihre eigentliche Funktion. Denn die Aufgabe von Markgrafschaften ist es ja, gefährdete Grenzgebiete zu schützen und gegen anstürmende Feinde zu verteidigen. Aus diesem Grunde werden sie mit zahlreichen Burgen und Wehranlagen versehen, der Markgraf aber erhält, der Lage seiner Region angemessene, besondere Vollmachten, vor allem natürlich das militärische Kommando.

Heinrich III. wirbt um Königstochter

1036. Der 19jährige Heinrich, deutscher König und bayerischer Herzog, wirbt um Gunhild, die Tochter von Knut dem Großen, dem König von Dänemark und England.

Die erste Würde hatte der Sohn Konrads II. früh erhalten. Er war noch nicht zehn Jahre alt, als ihn die Großen des Landes 1027 in Regensburg als Heinrich VI. zum Herzog von Bayern wählen – zum Ärger des Ungarnkönigs Stephan, der seinem Sohn Emmerich dieses Amt verschaffen wollte; denn schließlich war Gisela, die Mutter des Jungen, eine Tochter des bayerischen Herzogs Heinrich II.

Daß man in Regensburg darauf keine Rücksicht nahm, führte später zu kriegerischen Auseinandersetzungen. Und 1030 zu einer Niederlage König Konrads. Im darauffolgenden Jahr machte der eben vierzehnjährige Sohn dem Streit ein Ende und schloß, ohne Wissen des Vaters, einen Frieden.

1042. König Heinrich III. verleiht dem Lützelburger Heinrich VII. das Herzogtum Bayern (→14. 10. 1047).

1042. Die Kirche St. Burkard in Würzburg wird geweiht.

1042/43. König Heinrich III. und Herzog Heinrich VII. von Bayern unternehmen gemeinsam Feldzüge gegen Ungarn.

1043. König Heinrich III. erhält das Land zwischen Fischa und Leitha zurück und erkennt dafür Aba als König von Ungarn an.

November 1043. König Heinrich III. heiratet in zweiter Ehe Agnes von Poitou (ab 1055 Herzogin von Bayern).

11. 11. 1045. Herzog Heinrich VII. überläßt der Bamberger Kirche einige Eigengüter. Darüber berichtet die älteste im Original erhaltene bayerische Herzogsurkunde.

20./23. 12. 1046. Auf den Synoden in Sutri und Rom setzt König Heinrich III. die rivalisierenden Päpste Benedikt IX., Silvester III. und Gregor VI. ab und läßt Bischof Suitger von Bamberg als Klemens II. zum neuen Papst erheben.

25. 12. 1046. König Heinrich III. wird in Rom von Papst Klemens II. zum Kaiser gekrönt.

Um 1046. Die sog. Heidentaufe der Pfarrkirche von Großbirkach in Oberfranken entsteht, ein Sandsteinrelief mit Johannes dem Täufer zwischen zwei Laien, deren Schwurgeste als Absage an das Heidentum gedeutet wird.

7. 6. 1047. Graf Welf (II.) erhält das Herzogtum Kärnten mit der Markgrafschaft Verona.

14. 10. 1047. Nach dem Tod des Lützelburgers Heinrich VII. übernimmt Kaiser Heinrich III. wieder selbst das Herzogtum Bayern. →

12. 2. 1049. Kaiser Heinrich III. läßt Bruno Graf von Egisheim und Dagsburg, seit 1026 Bischof von Toul, zum Papst erheben. Als Leo IX. leitet Bruno die gregorianische Reform ein. →

1049. Kaiser Heinrich III. verleiht Konrad von Zütphen das Herzogtum Bayern.

GESTORBEN:

13. 8. 1040. Eberhard von Bamberg (*?), erster Bischof von Bamberg seit 1007, Reichskanzler unter Kaiser Heinrich II.

1045. Günther (*?), Mönch und Missionar, Gründer des Klosters Rinchnach.

9. 10. 1047. Thomaskloster bei Pesaro: Clemens II., vorher Suitger (*?), Papst, vorher Bischof von Bamberg.

Bayernherzog stirbt auf der Brautfahrt

14. Oktober 1047. Der Lützelburger Heinrich VII. – einer von vielen bayerischen Landesherren in diesem Jahrhundert, deren Spuren sich im Dunkel der Geschichte verlieren – kann sich der bayerischen Herzogswürde nur fünf Jahre erfreuen. Er stirbt auf seiner Brautfahrt und wird in der alten Römerstadt Trier feierlich beigesetzt.

Kaiser Heinrich III. (1017–1056)

Sein Vorgänger, Herzog Heinrich VI., war seit dem Sommer 1039 als Heinrich III. auch deutscher König. Und da er seit dieser Zeit in ständige Kämpfe mit Böhmen und Ungarn verwickelt wurde, gab er in der Fastenzeit von 1042 zu Basel das bayerische Herzogsamt ab. Er übertrug es dem aus der luxemburgischen Familie stammenden Grafen Heinrich vom Moselgau, einem Neffen der Kaiserin Kunigunde, der als Heinrich VII. regierte, ohne daß die Großen im Lande seiner Berufung zugestimmt hatten.

Nach seinem Tod wird der Vorgänger auch zum Nachfolger. Heinrich III., seit dem Weihnachtstag des Jahres 1046 auch deutscher Kaiser, wird wieder Herzog. Er hegt die Hoffnung, daß er noch einen Sohn erhalte, dem er das Land dann übertragen könne. Als aber seine Frau von einer Tochter entbunden wird, verliert der Plan für ihn seinen Sinn und so gibt er nach fünfviertel Jahren am 2. Februar 1049 das Herzogtum Bayern zu Regensburg an Konrad von Zütphen, der freilich bald wieder abgesetzt wird, nämlich 1053.

Urkunde über die älteste Brauerei

Der Notar Arsacius Prunner kopiert im Auftrag des Weihenstephaner Abtes Eberhard zwischen 1416 und 1448 eine Urkunde, in der Bischof Otto von Freising den Benediktinern von Weihenstephan erlaubt, das seit 1040 in der Stadt Freising ausgeübte Braurecht ins Kloster zu verlegen.

Auf diese 1046 datierte Urkunde wird man sich später berufen: Durch sie, so heißt es, wird die Bayerische Staatsbrauerei Weihenstephan zur »ältesten Brauerei der Welt«, oder auch sogar: »Mit Weihenstephan fängt das Bier an«.

Blick auf das 725 gegründete Kloster Weihenstephan

Die 18 x 11 cm große Geburtsurkunde hat freilich einen Makel: Sie ist eine Fälschung aus der Zeit zwischen 1616 und 1640. Als sie 1723 erstmals in einer Streitsache verwendet wird, hat man wohl sogar an die Echtheit des Pergaments geglaubt.

Dem Mann, der den Brauern mit verstellter Hand zur langen Tradition verhilft, sind jedoch entlarvende Irrtümer unterlaufen. Aber in einer (nicht gefälschten) Urkunde von 768 wird vom Hopfenanbau bei dem 725 gegründeten Kloster Weihenstephan geschrieben. Also ist die Brauerei vielleicht doch sehr alt und möglicherweise sogar vor 1040 gegründet.

Heinrich III. fördert Kirchenreform in Rom

20./23. Dezember 1046. Zwischen seinen beiden bayerischen Herzogszeiten, also zwischen den Jahren 1027/42 und 1047/49, zieht König Heinrich III. von Augsburg aus über die Alpen nach Rom. Seine Hauptaufgabe ist es, die Reformierung der Kirche zu fördern und gleichzeitig seine Königsherrschaft zu stärken.

Die von Cluny ausgehende Reformbewegung macht auf den aus der Salierfamilie stammenden Herrscher zweifellos einen tiefen Eindruck, und noch ehe der Gottesfriede, der Pax Dei, von den Kanzeln gepredigt wird, gibt er schon Zeichen seines Friedenswillens. So etwa 1043, als er in der Kirche zu Konstanz zum Frieden aufruft und später einige Male all jene begnadigt, die sich gegen ihn vergangen haben.

Der Gottesfriede ist religiös motiviert, er hat aber auch eine politische Bedeutung, da er – woran dem Herrscher des Reiches liegen muß – für Ruhe und Ordnung eintritt und da er gegen das Faustrecht der Stärkeren wirken will. Das gelingt natürlich nur zum Teil, und da nicht alles zu erreichen ist, verlangt die »treuga Dei« (der Waffenstillstand Gottes), daß wenigstens bestimmte Tage der Woche und die hohen Feiertage wie Ostern oder Weihnachten von der Fehde ausgenommen werden.

In seinem Amte sieht sich der König – seit 1040 nennt er sich auch Rex Romanorum, Römischer König – als Vertreter der weltlichen Macht und als Gesalbter Christi. Den priesterlichen Charakter seiner Stellung zeigt er durch die (bei ihm erstmals nachweisbare) Investitur der Reichsäbte und Bischöfe mit Ring und Mitra.

Auf seinem Romzug wendet sich Heinrich III. auf einer Synode zu Pavia gegen jegliche Käuflichkeit von Kirchenämtern und auch geistlichen Diensten.

Zwei Monate später, im Dezember 1046, wird auf der Synode von Sutri eine erste Konsequenz gezogen und Papst Gregor VI. abgesetzt. Er übte sein Amt zwar im Geiste der Reformen aus, doch ausgerechnet dieser persönlich untadelige Mann war durch eine Geldzahlung in den Besitz der höchsten geistlichen Würde gekommen: Um Gregor VI. zu werden, hatte er seinem Vorgänger Benedikt IX., der wegen eines Streites mit einem rivalisierenden Gegenpapst resignierte, eine hohe Abfindung ausgezahlt.

Papst Klemens II., Deckplatte seines Grabes im Dom zu Bamberg; der aus sächsischem Adel stammende ehemalige Domkanoniker mit Namen Suitger wurde 1040 Bischof von Bamberg; Heinrich III. machte ihn am 25. Dezember 1046 zum Nachfolger dreier untereinander rivalisierender Päpste, Klemens II. krönt Heinrich III. noch am selben Tag zum Kaiser

Heinrich III. (l.) und seine Frau Agnes (r.), Bild aus dem Evangeliar für den Dom zu Speyer, entstanden zwischen 1043 und 1046; der römisch-deutsche Kaiser und König, von 1027 bis 1049 mit fünfjähriger Unterbrechung (1042–1047) auch Herzog von Bayern, stärkte durch einen energischen Ausbau des Reichs- und Hausguts die Position der Salier

In Rom angekommen, schlägt König Heinrich den Römern auf einer Synode die Wahl des Bamberger Bischofs Suitger vor. Mit ihm, der sich Klemens II. nennt, weiß er einen seiner engsten Vertrauten auf dem päpstlichen Stuhl. Suitger krönt Heinrich zum Kaiser und stirbt wenig später, nach einem Pontifikat von wenigen Monaten (→1046/57). Als der Kaiser im Dezember 1048 den Bischof von Toul, einen elsässischen Adeligen, zum Nachfolger von Papst Damasus II. macht, will dieser, der den Namen Leo IX. wählt, das hohe Amt nur annehmen, wenn die Geistlichen und das Volk von Rom ihn einstimmig wählen. Damit handelt er ganz im Geiste der Reformen und somit auch des deutschen Kaisers. Dadurch beginnt er freilich auch, dessen Macht zu schmälern.

Um 1050/59. Wahrscheinlich im Kloster Tegernsee entsteht der Ritterroman »Ruodlieb«. →

Um 1050. Die Bronzetür des Augsburger Doms mit 35 Reliefs wird gegossen. →

Um 1050. Die Burgkapelle von Donaustauf wird errichtet.

Um 1050. Das Relief des thronenden Christus in St. Emmeram in Regensburg entsteht.

1050. Nürnberg wird erstmals erwähnt. Kaiser Heinrich III. hält hier in diesem Jahr einen Hoftag ab und stellt eine Urkunde über die Freilassung einer Hörigen aus. →

Dezember 1053. Kaiser Heinrich III. verleiht seinem 1050 geborenen Sohn Heinrich, dem späteren König und Kaiser Heinrich IV., als Heinrich VIII. das Herzogtum Bayern, nachdem er Konrad von Zütphen – u. a. auf Betreiben des Bischofs Gebhard von Regensburg – abgesetzt hat.

1053–1055. Der abgesetzte Bayernherzog Konrad von Zütphen versucht mit ungarischer Hilfe, sich des Herzogtums Kärnten zu bemächtigen.

Juni 1054. Kaiser Heinrich III. verleiht das Herzogtum Bayern seinem zweiten, 1052 geborenen Sohn Konrad. Der bisherige Herzog Heinrich VIII. wird in diesem Jahr als Heinrich IV. in Aachen zum römisch-deutschen König gekrönt. Die Regentschaft für Konrad führt Bischof Gebhard von Eichstätt, der spätere Papst Viktor II.

10. 4. 1055. Herzog Konrad von Bayern stirbt. Nachfolgerin wird Kaiserin Agnes, die Frau von Kaiser Heinrich III.

5. 10. 1056. Nach dem Tod von Kaiser Heinrich III. übernimmt Kaiserinwitwe Agnes, seit 1055 Herzogin von Bayern, die Regentschaft für den unmündigen König Heinrich IV.

28. 7. 1057. Mit dem Tod von Papst Viktor II., endet die Serie der deutschen Päpste und die kaiserliche Führung in der Kirchenreform (→ 1046/57).

20. 9. 1058. Auf dem niederösterreichischen Marchfeld trifft Agnes, die Herzogin von Bayern und Witwe von Heinrich III., in ihrer Eigenschaft als Regentin für den unmündigen König Heinrich IV. mit König Andreas I. von Ungarn zusammen und gibt die Oberhoheit über Ungarn auf.

GESTORBEN:

5. 10. 1056. Pfalz Bodfeld im Harz: Heinrich III. (* 28. 10. 1017), Herzog von Bayern 1027–1042 und 1047–1049, römisch-deutscher König seit 1028, Kaiser seit 1046.

Nürnberg erstmals urkundlich erwähnt

1050. Die erste Erwähnung Nürnbergs erfolgt eher beiläufig: In einer zu Freilassing ausgestellten Urkunde des Jahres 1050 wird festgehalten, Kaiser Heinrich III. habe auf einem Hoftag zu Nörenberc die Freilassung der Leibeigenen Sigena durch den sog. Schatzwurf (»denarius ecussus«) vorgenommen.

Wahrscheinlich soll durch diese kaiserliche Entscheidung dem Adeligen Richolf die Möglichkeit gegeben werden, die bis dahin unfreie Sigena zu heiraten und von ihr Kinder zu bekommen, die einmal vollberechtigt das Erbe ihres adeligen Vaters antreten können.

Eine Gründungsurkunde Nürnbergs ist das Pergament freilich nicht. Da der König in Nörenberc einen Hoftag abhält, muß es hier ja bereits eine Siedlung geben. Die Burg ist wahrscheinlich im vorausgegangenen Jahrzehnt erbaut worden, anschließend entstand zu ihren Füßen und unter ihrem Schutz eine schnell an Größe und Bedeutung zunehmende Ortschaft. Deren Mittelpunkt ist ein bei St. Jakob, am Südufer der Pegnitz gelegener Königshof. Möglicherweise ist Richolf, dem der König die Gunst erweist, der Burghauptmann oder ein hoher Beamter. Warum sonst sollte der König auf sein Recht verzichten? Beweisen läßt sich dies allerdings nicht.

Bronzereliefs für den Augsburger Dom

Um 1050. *Während der Mariendom von Augsburg wiederaufgebaut wird, sitzt irgendwo (vielleicht sogar in Italien oder Byzanz) ein Handwerker und gießt Bronzeplatten für das Eingangsportal (Abb.). Auf zwei verschieden breiten, 4½ m hohen Holztüren der Südseite werden die 35 Tafeln später befestigt. Da man offensichtlich aus zwei Doppeltüren eine einzige macht, wird das Programm nicht mehr zu erkennen sein: Illustrationen zum Alten Testament wechseln mit Tierszenen sowie Motiven der vier Jahreszeiten und der Mythologie.*

Drei Bayern werden zu Päpsten gewählt

1046/57. Innerhalb eines Jahrzehnts werden drei Bayern zu Päpsten bestellt. Doch alle drei sterben jeweils kurz nach ihrer Berufung. Insgesamt finden zwischen dem 9. Oktober 1047 und dem 28. Juli 1057 fünf kirchliche Oberhirten den Tod.

Im Oktober 1045 wird König Heinrich krank; während die Fürsten bereits über seinen Nachfolger beraten, wird der Monarch wieder gesund und kann schon ein Jahr später mit einem großen Heer von Augsburg aus nach Italien ziehen, wo er von reformwilligen Geistlichen erwartet wird. Auf einer Synode, die er am 20. Dezember in dem nördlich von Rom gelegenen Sutri abhält, setzt er die drei Päpste Benedikt IX., Sylvester III. sowie Gregor VI. ab und schlägt einen Mann aus seiner Begleitung als neuen Papst vor: Den Bamberger Bischof Suitger, der sich

Klemens II. nennt und der am 25. Dezember Heinrich III. zum Kaiser sowie dessen Frau Agnes zur Kaiserin krönt. Er behält, um für sein Reformwerk finanziell gesichert zu sein, das Bistum Bamberg als Bischof. Doch er muß beide Ämter bald verlassen, denn am 9. Oktober 1047 stirbt er. Sein Nachfolger wird Benedikt IX. (der von Heinrich III. in Sutri abgesetzt worden war, da er seine Papstwürde für 2000 Silberpfund an den Erzpriester Johannes Gratianus verkauft hatte). Erst nach einem halben Jahr gelingt es, ihn durch Bischof Poppo von Brixen, einen gebürtigen Bayern, zu ersetzen. Am 17. Juli 1048 wird er als Damasus II. inthronisiert, aber nach wenigen Wochen, am 9. August, stirbt er an Malaria.

Ihm folgt Bruno, der Bischof von Toul. Sechseinhalb Jahre kann er, Papst Leo IX., sein Amt versehen,

dann stirbt auch er. Nun wählt Kaiser Heinrich einen Mann, der ihm als Kanzler diente und der sein Vertrauen hat, den Eichstätter Bischof Gebhard. Am 13. April 1055 wird er, der aus dem Geschlecht der Grafen von Kregling und Dollnstein im bayerischen Nordgau stammt, zu Regensburg in das höchste kirchliche Amt berufen und nimmt den Namen Viktor II. an. Als er bereits am 28. Juli 1057 stirbt, trifft dieser Verlust die Kirche wie das Reich: Nach dem Tod vom Kaiser Heinrich III. im Oktober 1056 war er nämlich der einflußreiche Ratgeber von Kaiserin Agnes geworden. Nach seinem Tod scheiterte sie (die zu dieser Zeit auch Herzogin von Bayern war) mit dem Versuch, das Werk ihres Mannes fortzusetzen. Der Kaiserin, die leicht zu beeinflussen war, fehlten weitsichtige und loyale Ratgeber.

Roman über Ritter Ruodlieb

Um 1050/59. Eifrig reiht der Schreiber seine lateinischen Verse, und als er nach etwa 4000 Zeilen ans Ende kommt, hat er – was er nicht weiß – den ersten Roman der deutschen Literatur verfaßt. Man wird ihm den Titel »Ruodlieb« geben. So heißt nämlich der ritterliche Held dieser Geschichte (und übrigens die einzige Figur des Versromans, die einen Namen hat).

Der junge Mann aus hohem Hause, »quidam prosapia vir progenitus generosa«, hat den reichen Herren treu gedient, den erwarteten, gerechten Lohn aber nicht erhalten. Enttäuscht verläßt er daraufhin die Heimat und zieht in die Welt hinaus, wo ihm ein Jäger begegnet, der mit seinem königlichen Herrn bessere Erfahrungen gemacht hat. Er erzählt Ruodlieb so viel Gutes, daß dieser wandernde Ritter ihm folgt. Gleichsam zum Einstand führt er dem König ein Kunststück vor: Aus dem Kraut Buglossa und aus Mehl dreht er Kügelchen, nach deren Genuß die Fische aus dem Wasser springen und durch die Luft rudern und damit Ruodliebs neuen Herrn erfreuen.

Den Spielen folgt bald der Krieg. Ruodliebs Herr wird vom benachbarten Markgrafen überfallen. Der Schlacht folgt ein Sieg, der für den König nicht Anlaß zur Rache, sondern zu versöhnender Milde ist: Der siegreiche Große König, der Rex Maior, lädt den unterlegenen Kleinen König, den Rex Minor, zu einem Treffen ein und beschenkt den Besiegten überaus großzügig.

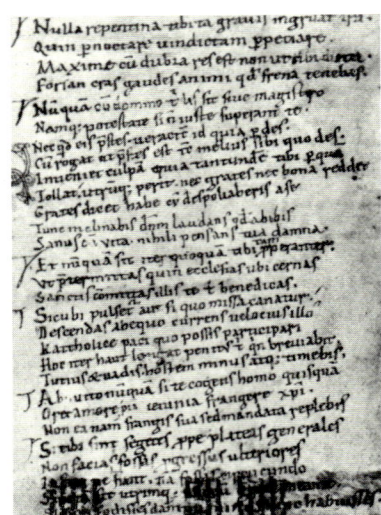

Seite aus der Ruodlieb-Handschrift

Aus dieser Welt, in der seine Majestät so gottgefällig regiert, wie der heilige Augustinus es sich einmal gewünscht hat, kehrt Ruodlieb, durch einen Brief seiner Mutter gerufen, zurück in die Heimat. In diesem Roman, wo stets das Gute über das Böse siegt, verlangt der Scheidende nicht Geld und Gut, sondern weisen Rat (der dann, wie im Märchen, mehr wert ist als der größte Schatz).

Wie die Geschichte des Ruodlieb, dieses Musters eines christlichen Rittersmannes, endet, ist nicht bekannt. Der Roman, geschrieben in leonidischen Hexametern 100 Jahre vor Beginn der ritterlichen Dichtung, ist nur als Fragment erhalten geblieben. Sicher aber wird es gut enden für den Guten.

Abenteuerliche Entdeckung des Ruodlieb

Das ritterliche Buch lag wohl unbeachtet in der Tegernseer Klosterbibliothek herum, und da es niemand mehr lesen wollte, schnitt sich ein Buchbinder irgendwann einmal die einzelnen Seiten dieses »Ruodlieb« zurecht, um mit den Schnipseln die hölzernen Einbände neuer Bücher zu tapezieren und zu verschönern. Erst zu Beginn des 19. Jh., als durch die Säkularisation auch die Tegernseer Bibliothek nach München gebracht wird, entdeckt man diesen zweckentfremdeten Roman aus der Zeit um 1050/59. Sorgfältig werden die Überreste von ihrer hölzernen Unterlage ge-

löst und wieder zusammengesetzt. Von den 4000 Versen, die das Buch einst gehabt haben mag, sind so, auf 18 Doppelblättern, nur noch 2306 erhalten.

Johann Andreas Schmeller, der Sprachforscher und Kenner der bayerischen Literatur, veröffentlicht 1838 die ihm vorliegenden und von ihm geordneten Teile der Handschrift und gibt ihr den Titel »Ruodlieb«. Später wird noch ein 19. Blatt im Stift St. Florian entdeckt. Außerdem findet Schmeller auch noch in einem Dachauer Nachlaß ein Doppelblatt und kann damit die Erzählung weiter vervollständigen.

Um 1060. Die »Bamberger Dienstrechte« verzeichnen Rechte und Pflichten der Ministerialen, eines Standes, dessen Bedeutung unter den Saliern stark gestiegen ist.

Herbst 1060. Der Versuch der Kaiserwitwe Agnes, die Regentin für den unmündigen König Heinrich IV. und zugleich Herzogin von Bayern ist, König Andreas I. von Ungarn gegen die Angriffe seines Bruders Bela zu verteidigen, schlägt fehl. Andreas fällt im Kampf, Bela wird neuer König von Ungarn.

Anfang 1061. Agnes, die Witwe Heinrich III. und Regentin für den unmündigen König Heinrich IV., verzichtet – vermutlich auf einem Reichstag in Regensburg – auf das Herzogtum Bayern und verleiht es dem aus sächsischem Hochadel stammenden Otto von Northeim.

1062. Nürnberg erhält von König Heinrich IV. das von seinem Vater Heinrich III. Fürth übertragene Marktrecht mit Zoll und Münze zurück.

April 1062. Erzbischof Anno II. von Köln entführt – vielleicht im Bund mit Herzog Otto von Bayern – den unmündigen König Heinrich IV. und beendet mit diesem Staatsstreich die Regentschaft der Kaiserwitwe Agnes, die sich anschließend nach Italien zurückzieht. →

1063. Erzbischof Adalbert von Bremen-Hamburg macht Erzbischof Anno II. von Köln die Regentschaft für den unmündigen König Heinrich IV. streitig. Er setzt sich als alleiniger Regent im Reich durch.

1064. Bischof Gunther von Bamberg, Wilhelm von Utrecht, Erzbischof Siegfried von Mainz u. a. kirchliche Würdenträger und Adlige unternehmen einen Pilgerzug in das Heilige Land. Es ist einer der größten Pilgerzüge dieser Zeit.

Vor 1065. Der Bamberger Priester und Kanoniker Ezzo dichtet das nach ihm benannte »Ezzolied«. Es markiert den Anfang der frühmittelhochdeutschen Dichtung. →

1065. König Heinrich IV. wird mündig und übernimmt selbst die Regierung.

8. 11. 1065. Der Augsburger Dom in seiner heutigen Gestalt wird geweiht. →

28. 5. 1069. Wilhelm, bisher Mönch in St. Emmeram in Regensburg, wird Abt des Klosters Hirsau. Er begründet die sog. Hirsauer Reform. →

GEBOREN:

1060/62. Otto von Bamberg (†30. 6. 1139), Bischof von Bamberg, Heiliger.

König Heinrich wird nach Köln entführt

April 1062. Unter der Regentschaft von Agnes, der Witwe von Heinrich III., sieht Erzbischof Anno II. von Köln das Reich in Gefahr. Um Rettung zu bringen, verschwört er sich mit anderen Fürsten und entführt den siebenjährigen Thronerben mitsamt den Reichsinsignien von der Insel Kaiserwerth.

Nach dreizehn Ehejahren war Kaiser Heinrich III. im Oktober 1056 gestorben, und seine Witwe Agnes, eine französische Grafentochter von etwa 30 Jahren, wurde Vormund ihres Sohnes Heinrich (der 1053, mit drei Jahren, zum deutschen König gewählt worden war) und übernahm damit die Regentschaft im Reich wie auch im Herzogtum Bayern.

Als diese Frau schon ein Jahr später mit Papst Viktor II. ihren tüchtigsten Berater verlor, entwickelten sich die Verhältnisse

Heinrich IV.

im Lande zusehends schlechter. Das kaiserliche Ansehen verfiel, in Ungarn, wo der deutschfreundliche König in Bedrängnis geriet, wurden Bayern und Thüringer äußerst blamabel geschlagen.

Offensichtlich aus der Erkenntnis, daß ihr die politischen Verhältnisse über den Kopf wuchsen, gab Agnes im Jahre 1061 das Herzogtum Bayern an den Grafen Otto von Northeim und zog sich bald darauf nach Rom zurück.

Vor allem Kölns Erzbischof Anno, der ehrgeizige, zielstrebige Nachkomme eines kleinen schwäbischen Adelsgeschlechtes, tritt zur Rettung des – wie er glaubt – bedrohten Reiches an. Er verschwört sich mit anderen Fürsten – darunter auch mit dem Herzog von Bayern –, und mit ihrer Zustimmung bemächtigt er sich des königlichen Kindes. Auf einem Schiff rheinabwärts fährt man den entführten König nach Köln. Als Vormund und Erzieher Heinrichs ist Erzbischof Anno nun der mächtigste Mann in Deutschland.

Aber schon im darauffolgenden Jahr beginnt ihn sein Amtsbruder Adalbert, Erzbischof von Bremen-Hamburg, aus der Gunst des jungen Monarchen zu verdrängen.

Mönch Wilhelm wird Hirsauer Reformabt

28. Mai 1069. Der gelehrte Mönch Wilhelm vom Regensburger Kloster St. Emmeram erhält einen ehrenvollen Ruf – er soll Abt des bei Calw gelegenen Klosters Hirsau werden. Wilhelm – er wird beschrieben als ein hochgewachsener, hagerer, kahlköpfigen Bayer – reist nach Hirsau, läßt sich aber nicht weihen, da er davon ausgeht, daß der bisher amtierende Abt des Benediktinerklosters zu Unrecht abgesetzt wurde. Schon nach zwei Jahren kann die Zeremonie nachgeholt werden, da der Vorgänger stirbt.

Vor allem nach Kontakten mit dem französischen Reformkloster Cluny wird Wilhelms Kloster Hirsau ein Zentrum der religiösen Erneuerung in Deutschland. Der »Hirsauer Reform« schließen sich schließlich mehr als 100 Klöster an. Ihnen allen gemeinsam ist die strenge Befolgung der Regeln. Im Investiturstreit stehen sie im scharfen Gegensatz zum Kaiser. Großen Einfluß hat Hirsau auch auf den Kirchenbau.

Bamberger Domherr dichtet das Ezzolied

Vor 1065. Der Bamberger Domherr Ezzo gibt der fast 200 Jahre lang verstummten Literatur in deutscher Sprache einen neuen Anfang. Doch das, was er vor 1065 dichtet – es wird einmal das »Ezzolied« genannt – bleibt nur in Umdichtungen und Fragmenten erhalten.

Die im Steiermärker Kloster Vorau gefundene Fassung nennt in dem wohl für diese Version hinzugedichteten Anfang die Entstehungsgeschichte des Liedes:

»Der guote bishop guntere uone babenberch / der hiez machen ein vier guot werch«, und dieses gute Werk des Babenbergers war der Auftrag an den »phaphen« Ezzo, dieses Buch zu schreiben, für das dann »wille uant die wise«, was heißt, daß Wille, der Abt des Bamberger Klosters Michelsberg, dazu die Weise, also die Melodie erfand.

Dieses älteste Zeugnis der frühmittelhochdeutschen Literatur ist ein sehr frommes, 37strophiges Gedicht, in dem den immer wieder angesprochenen Zuhörern die Gewißheit der Erlösung anhand der Heilsgeschichte aus dem Johannes-Evangelium verkündet wird.

Krypta des Augsburger Doms, einer der ältesten Teile der erstmals um 807 geweihten Bischofskirche

Romanische Kirchenbauten in Bayern

8. November 1065. Die Kaiserswitwe Adelheit gab Geld, damit die Augsburger 995 beginnen konnten, ihren Mariendom, dessen Westteil im vorausgegangenen Jahr eingestürzt war, wieder aufzubauen. Es vergehen aber noch 70 Jahre, bis Bischof Embriko das fertige Gotteshaus weihen kann. Die ältesten Teile des Domes sind die Krypta, die Bronzetür (→ um 1050), und ein im Westchor stehender, von zwei Löwen gestützter Bischofsstuhl aus Kalkstein.

Etwa zur gleichen Zeit wie in Augsburg, baut man auch in Eichstätt im Altmühltal am frühromanischen, dreischiffigen Dom.

Sechs Jahre vor der Fertigstellung des Augsburger Domes brennt die Freisinger Bischofskirche nieder. Sie wird, mit Unterstützung von Kaiser Barbarossa und Kaiserin Beatrix, als dreischiffige, hochromanische Pfeilerbasilika mit zwei Türmen wieder aufgebaut und 1205 geweiht.

Auch in Passau brennt die Bischofskirche, und auch sie wird im Stil der Zeit, also romanisch, wieder aufgebaut.

Der Bamberger Dom war 1012, nach einer Bauzeit von acht Jahren, konsekriert worden. Der spätottonische Bau brennt aber bereits 1081 vollständig nieder. Den Nachfolgebau trifft gut 100 Jahre später das gleiche Schicksal, er wird 1185 durch Feuer zerstört. Der von dem

Bronzetürrelief, Augsburger Dom

Andechs-Meranier Bischof Ekbert errichtete spätromanisch-frühgotische Dom wird 1237 geweiht.

In den früheren Zeiten hat man mit Holz gebaut (was die vielen Brände erklärt). Seit der Zeit der Salier, ab etwa 1024, werden zunächst die Kirchen, vor allem natürlich die Bischofsdome aus Stein errichtet. Erst später verwendet man bei Burgen und schließlich auch bei Wohnhäusern Steine. Die Möglichkeit dazu ergibt sich durch die Einführung der Ziegelsteinbrennerei im 12. Jh. So ist aus dem Bistum Passau bekannt, daß es bis tief in die Zeiten des 1065 geweihten Bischofs Altmann hinein nur Holzkirchen gibt.

Bischofsthron aus dem zum zweiten Mal geweihten Augsburger Dom

Um 1070. Nach einem Bericht über Wunder am Grab des Sebaldus, des Stadtpatrons von Nürnberg, beginnen die Wallfahrten zum Sebaldus-Grab. →

1070. Otto von Northeim, Herzog von Bayern, wird unter der Anklage des Hochverrats von König Heinrich IV. für geächtet erklärt und abgesetzt. →

1070. König Heinrich IV. belehnt Welf IV. mit dem Herzogtum Bayern. Welf schickt seine Frau Ethelinde, die Tochter des abgesetzten Bayernherzogs Otto von Northeim, zu ihrem Vater zurück und heiratet 1071 Judith, die Tochter des Grafen Balduin IV. von Flandern. →

1073. Die »Annales Altahenses« gelten als das bedeutendste Geschichtswerk in Bayern vor dem Investiturstreit. →

13. 6. 1075. König Heinrich IV. besiegt die aufständischen sächsischen Fürsten entscheidend in der Schlacht bei Homburg an der Unstrut. Auf seiten des siegreichen Königs kämpft auch Herzog Welf I. von Bayern.

24. 1. 1076. Auf einer Synode in Worms unter dem Vorsitz von König Heinrich IV. wird Papst Gregor VII. für abgesetzt erklärt. Der Papst antwortet mit der Bannung Heinrichs.

Oktober 1076. Die deutsche Fürstenopposition – vor allem die süddeutschen Herzöge Welf I. von Bayern, Rudolf von Schwaben und Berthold von Kärnten – fordert von König Heinrich IV. die Lösung des päpstlichen Banns vor Jahresfrist. Andernfalls soll ein neuer König gewählt werden.

28. 1. 1077. König Heinrich IV. unterwirft sich auf der Burg Canossa im Büßergewand Papst Gregor VII. und erreicht so die Lösung des Kirchenbannes.

15. 3. 1077. Obwohl sich König Heinrich IV. dem Papst unterworfen hat, wählt die deutsche Fürstenopposition Rudolf von Schwaben zum Gegenkönig.

Mai 1077. Nach seiner Rückkehr nach Deutschland entzieht König Heinrich IV. auf dem Reichstag in Ulm seinen gregorianischen Gegnern ihre Herzogtümer. Das Herzogtum Bayern übernimmt er selbst; Rudolf wird als Herzog von Schwaben abgesetzt, 1079 belehnt er den Staufer Friedrich mit Schwaben.

GESTORBEN:

Um 1070. Regensburg: Otloh (* um 1010, im Bistum Freising), Schriftsteller, Mönch in St. Emmeram. →

10. 6. 1075. Homburg/Unstrut: Ernst (* um 1130), Markgraf der bayerischen Ostmark.

Welfen übernehmen Herrschaft in Bayern

1070. König Heinrich IV. hat es wohl immer bedauert, daß seine Mutter 1061 aus einer momentanen Verzweiflung heraus das Herzogtum Bayern an den Grafen Otto von Northeim verschenkt hat.

Heinrich IV., seit 1054 römisch-deutscher König und von 1053 bis 1054 sowie von 1077 bis 1095 als Heinrich VIII. Herzog von Bayern (Ausschnitt aus dem Karlsschrein im Aachener Domschatz); der spätere Kaiser (ab 1084) belehnt den mit dem fränkischen Königshaus verwandten Welf IV. unter dem Namen Welf I. mit dem Herzogtum Bayern

Doch nun kann er den Fehler der Kaiserin Agnes korrigieren und Welf IV. mit dem Land belehnen.
Für die Transaktion benutzt der König einen dubiosen Zeugen, und er beruft sich auf eine Geschichte, die weit zurückliegt. Der im Sächsischen reich begüterte Otto von Northeim, heißt es im Juni 1070, habe dem König nach dem Leben getrachtet. Otto leugnet zwar, doch wird ihm Bayern abgesprochen, da er sich nur auf Zusicherung freien Geleites dem Verfahren stellen will, dieses aber nicht gewährt wird. Sechs Monate später ist der 30 oder 40jährige Welf IV. der glückliche Nachfolger in der Herzogswürde.
Der freilich hat vorher seinen Preis bezahlt. Er war mit Ethelinde von Northeim, der Tochter des vormaligen Herzogs, verheiratet; als aber nun der große Gewinn winkt, schickt er die Angetraute geschwind zu ihrem Vater zurück und verspricht dem König, sie nie mehr wieder bei sich aufzunehmen. Und gleich, als wollte er den Schwur noch bekräftigen, heiratet er (ohne daß es ihm die Kirche verbietet) die flandrische Herzogstochter Judith.
Die Bayern sind mit diesem Herrscherwechsel zunächst nicht zufrieden. Zwar ist Welf ein Besitzender aus ihrem Lande – und der norddeutsche Otto hat sich um sie nicht gekümmert –, doch die Art, wie der neue Herr das Herzogsamt und damit das Land erwirbt, mißfällt ihnen.

Die Herkunft der Dynastie der Welfen

Die Welfen waren aus Troja gekommen und hatten sich nach einem Kampf mit den Römern am Rhein niedergelassen – so ist es in der »Welfenchronik« von 1170 jedenfalls aufgeschrieben und für die Nachwelt festgehalten.
In Wirklichkeit beginnt die Familiengeschichte erst lange nach dem Trojanischen Krieg, im Jahr 746, als in Bayern der Agilolfingerherzog Odilo regiert.
Zu dieser Zeit schickte König Karlmann den im Elsaß und in Lothringen begüterten Welfengrafen Ruthard als Reichskommissar nach Schwaben, in die Gegend von Weingarten. Damit begann eine der faszinierendsten Karrieren des Mittelalters.
Die erste entscheidende Tat war ein doppelter Ehebund, den der vor 825 verstorbene Graf Welf I. stiftete. Er, gleichsam der Gründervater der Dynastie, verheiratete seine

beiden Töchter in die karolingische Königsfamilie – Judith wurde die Gemahlin Ludwigs des Frommen, ihre Schwester Emma verband sich mit Ludwigs Sohn aus er-

Wappenstein der Welfendynastie

ster Ehe (und damit Judiths Stiefsohn) Ludwig dem Deutschen.
Graf Konrad der Ältere zog aus dem Ansehen, das die Ehen seiner beiden Schwestern der Familie brachten, offensichtlich Nutzen. Sein Sohn Konrad heiratete eine Gräfin von Auxere und wurde dadurch zum Stammvater der hochburgundisch-welfischen Königsfamilie, die von 888 bis zu ihrem Aussterben 1032 regierte.
Ein anderer Sohn des Grafen Konrad, Welf I., Graf in dem nördlich des Bodensees gelegenen Argengau, wurde zum Stammvater des Welfengeschlechtes. Sein Enkel Heinrich mit dem goldenen Wagen erwarb der Familie durch Heirat mit einer bayerischen Adeligen Besitz in der Gegend von Weilheim – die Welfen sind damit auch Grundherrn im Herzogtum Bayern, das ihnen einige Generationen später als Herzogtum zufällt.

Darstellung des heiligen Sebaldus

Grab des Sebaldus als Wallfahrtsort

Um 1070. Das Volk strömt nach Nürnberg, zum Grab des Eremiten Sebaldus. Die Kunde von den Wundern verbreitet sich schnell. In den »Augsburger Annalen« heißt es zum Jahr 1070: »In Nürnberg wurde der heilige Sebald erstmals berühmt«. Um etwa die gleiche Zeit wissen auch bereits der Mönch Lampert aus Hersfeld und ein Chronist im Elsaß von den Wundertaten.

Eine der etwa 20 Sebald-Legenden erzählt, der Heilige sei ein dänischer Königssohn gewesen, der in der Brautnacht die französische Königstochter verlassen habe und nach Rom gezogen sei, wo man ihn mit dem Auftrag, als Missionsprediger zu wirken, nach Deutschland sandte. Sein Leben habe er daraufhin als Eremit im Reichswald verbracht, nahe der Stelle, wo etwa um diese Zeit die Stadt Nürnberg entstand. (→1050).

Es heißt aber auch, Sebald sei in Wirklichkeit der Bamberger Domherr Sigibald gewesen, der um die Mitte des 11. Jh. in den kleinen Ort Poppenreuth gezogen sei und dort als Seelsorger gewirkt habe.

Nach seinem Tod wurde Sebald vor 1070 in einer kleinen, auf der südlichen Terrasse des Nürnberger Burgfelsen erbauten Petruskapelle zur letzten Ruhe gebettet.

Zu den bekanntesten Sebaldus-Wundern gehört die Heilung eines geblendeten Mannes. Tief beeindruckt hat der Heilige seine Mitmenschen, als er einen Eiszapfen zum Brennen brachte.

Schön- und Vielschreiber Otloh gestorben

Um 1070. Das Regensburger Kloster St. Emmeram verliert mit Otloh einen bedeutenden Schulleiter und den wohl berühmtesten Schön-Schreiber des Früh- und Hochmittelalters.

Der um 1010 im Bistum Freising geborene Otloh hatte als Schüler des Klosters Tegernsee nichts so sehr bewundert wie die Schreibkünste der Mönche. So geschickt wollte auch er die Buchstaben aufs Pergament malen können. Um nicht warten zu müssen, bis man ihn in dieser Kunstfertigkeit unterrichte, brachte er sie sich selber bei, und obwohl er sich dabei eine nach den Regeln der Kalligraphie fehlerhafte Haltung der Rohrfeder angewöhnte, wurde er zum berühmten und gesuchten, vielfach auch bewunderten Schreiber.

In der Tegernseer Klosterschule nannte man ihn ein Wunderkind und gab ihm bald schon dicke, kostbare Bücher zum Abschreiben. Mit zwölf Jahren bereits holte man ihn auch an andere Klöster, Otloh kam nach Hersfeld und nach Würzburg, doch zuletzt kehrte er wieder nach Tegernsee zurück, wo man seine geliebte Schreibkunst pflegte. Als er sich in einem Gedicht über einen des Lateinischen nicht sonderlich kundigen Freisinger Prälaten lustig machte, mußte er sich jedoch ein neues Quartier und ein neues Auskommen suchen.

Und in Regensburg, wo man sich über diesen Neuzugang freute, hatte er im Jahr 1032 sein Bleiben gefunden – als Benediktiner. Denn Otloh entsagte nach einer schweren Krankheit seinem bisherigen Leben und wurde ein frommer Mann (was ihn dann freilich nicht hinderte, mit geschickter Hand zu Gunsten seines Klosters eine wichtige Kaiserurkunde zu fälschen).

Bücher nur abzuschreiben befriedigte den bayerischen Pater nicht, er wollte auch selber dichten. In seiner Jugend hatte er die antiken Autoren geliebt, nun aber, nach der Bekehrung, hielt er sich an fromme Themen, beispielsweise an die Geschichten von Heiligen. So schrieb er Legenden über Nikolaus, Alto, Magnus, Bischof Wolfgang von Regensburg und, auf Wunsch der Mönche von Fulda, über den Missionar und Bistumsgründer Bonifatius, der eigentlich Winfried hieß und aus Wessex stammte.

Daneben verfaßte Otloh ein Buch über seine religiösen Visionen, das »Liber visionum«, und legte mit dem Buch seiner Versuchungen die erste deutsche Autobiographie vor, allerdings in lateinischer Sprache geschrieben.

In seiner strengen, angespannten Frömmigkeit machte der fleißige Otloh – man nennt ihn später einmal den »ersten deutschen Vielschreiber« – sich, seinen Klosterbrüdern und Oberen das Leben schwer. Dabei vertrug man sich zeitweise so schlecht, daß Otloh nach Fulda und Amorbach ging. Zuletzt aber kehrte er in seine Wahlheimat Regensburg zurück und verlebte dort im Kloster St. Emmeram seine letzten Jahre.

Eintragungen der Annales Altahenses enden

1073. Wahrscheinlich nutzte der Hildesheimer Mönch Wolfhere um das Jahr 1033 einen Aufenthalt im Kloster Niederaltaich, um aus den Jahrbüchern anderer Klöster für seine niederbayerischen Ordensbrüder ein Geschichtsbuch zusammenzustellen.

Er begann die »Altaicher Jahrbücher«, die in lateinischer Sprache verfaßten »Annales Altahenses«, mit der Eintragung zum Jahr 708: »Pipinus dominatur«; unter der Jahreszahl 741 meldete er Tassilos Geburt und die Gründung des Klosters Altaich (»Monasterium Altah construitur divo Mauricio«). In Stichworten folgt so Jahr auf Jahr, bis hin zu Wolfheres Tagen, dem Jahr 1033.

Von da an wurde genauer Buch geführt über das, was im Reich vorging, und die Sympathien des Autors gehörten Kaiser Heinrich III. Zu dieser Zeit saß Wolfhere bereits wieder in seiner Hildesheimer Schreibstube, die Buch-Führung zu (Nieder-)Altaich lag in den Händen eines Bayern, der vor allem über die Vorgänge in Ungarn gut informiert war.

Um das Jahr 1060 übernahm wohl ein neuer Schreiber die Aufgabe, Jahr für Jahr die Ereignisse fest-

Bücherschreiben im Mittelalter

zuhalten. Mit dem Jahr 1073 enden die »Altaicher Jahrbücher«. Das bis zu dieser Zeit wichtigste bayerische Geschichtsbuch bricht hier unvermittelt und ohne einen erkennbaren Grund ab.

Das Buch, in dem Aventin noch gelesen hat, geht irgendwann verloren. Der Historiker Friedrich Wilhelm von Giesebrecht, den König Max II. 1862 nach München berufen wird, rekonstruiert das Jahrbuch aus Zitaten, die er bei alten Autoren findet.

Das im Jahr 1841 vorgelegte Werk bringt Giesebrecht, zu der Zeit noch Gymnasiallehrer, großes Ansehen in der Zunft, doch es wird bald überflüssig, da 1867 die Abschrift der »Annales Altahenses« gefunden wird, die Johannes Aventinus (eigentl. J. Turmair) im 16. Jh. angefertigt hat. Der bayerische Hofhistoriograph stützt sich in seinem Hauptwerk, den 1519 entstandenen »Annales ducum Boiariae«, für die frühe Zeit auf das Niederaltaicher Buch.

7. 3. 1080. Papst Gregor VII. bannt König Heinrich IV., der als Heinrich VIII. zugleich Herzog von Bayern ist, zum zweiten Mal. Wegen einer Verschärfung des Investiturstreits stellen sich die meisten deutschen und lombardischen Bischöfe nun aber auf die Seite Heinrichs. Am 25. Juni wird Wibert von Ravenna – seit 1054 am deutschen Hof und 1072 von Heinrich IV. mit dem Erzbistum Ravenna belehnt – zum Gegenpapst erhoben und nimmt den Namen Klemens (III.) an.

6. 8. 1081. Auf Betreiben des abgesetzten Herzogs Welf I. von Bayern und der anderen Gegner von König Heinrich IV., der als Heinrich VIII. zugleich Herzog von Bayern ist, kommt es zur Wahl des Gegenkönigs Hermann von Salm.

31. 3. 1084. König Heinrich IV. hat Rom erobert und wird von dem Gegenpapst Klemens (III.) zum Kaiser gekrönt. →

Juni 1084. Kaiser Heinrich IV., der als Heinrich VIII. zugleich Herzog von Bayern ist, startet von Regensburg aus einen Feldzug gegen den abgesetzten bayerischen Herzog Welf I. und besetzt Augsburg.

Um 1085. In den Bistümern Passau und Salzburg sowie in Würzburg gibt es jeweils zwei rivalisierende Bischöfe, einen papsttreuen und einen kaisertreuen. →

Um 1085. Im Kloster Siegburg verfaßt wahrscheinlich ein bayerischer Geistlicher das »Annolied«. →

1085. Auf der Synode von Mainz verkündet Kaiser Heinrich IV., der als Heinrich VIII. zugleich Herzog von Bayern ist, einen Gottesfrieden für das gesamte Reich.

August 1086. Der Gegenkönig Hermann von Salm besiegt Kaiser Heinrich IV., der als Heinrich VIII. zugleich Herzog von Bayern ist, in der Schlacht von Pleichfeld bei Würzburg, ein Sieg, an dem der abgesetzte bayerische Herzog Welf I. großen Anteil hat. Welf bringt dafür Augsburg wieder in seine Gewalt.

1089. Papst Urban II. vermittelt die Ehe zwischen dem 17jährigen Welf (V., später als Herzog von Bayern Welf II.) und der 43jährigen Markgräfin Mathilde von Tuszien. →

GESTORBEN:

11. 1. 1083. Otto von Northeim (*?), Herzog von Bayern 1061–1070.

5. 1. 1085. Williram (* um 1000–1010), Abt von Ebersberg.

Kaiser Heinrich IV. gekrönt

31. März 1084. Klemens III., ein Papst, den er im Juni 1080 selbst ernannt hatte, krönt Heinrich IV. (seit Mai 1077 auch wieder Herzog in Bayern) zum deutschen Kaiser. Damit erreicht der seit einem Dutzend Jahren zwischen Papst und König ausgetragene Investiturstreit einen neuen Höhepunkt.

Der äußere Anlaß der Auseinandersetzung ist die Einsetzung, die Investitur des Hofkaplans Tedald zum Erzbischof von Mailand durch König Heinrich im Jahr 1075. Papst Gregor VII. erhebt scharfen Widerspruch, weltliche und geistliche Macht treten gegeneinander an. Im Frühjahr 1076 setzt der Papst den deutschen König ab und bannt ihn. Die deutschen Fürsten – und der Bayernherzog Welf ist einer der eifrigsten Sprecher – verlangen im Oktober 1076, daß sich Heinrich im Laufe eines Jahres aus dem Bann lösen müsse, sonst verliere er seine Krone. Der Bußgang nach Canossa im Januar 1077 ändert nichts mehr: Im März 1077 wählen die Fürsten zu Forchheim den Schwabenherzog Rudolf zum Gegenkönig (die Krone war bereits heimlich in einem Kloster angefertigt worden). Unter denen, die für diese Wahl besonders engagiert eintreten, befindet sich Welf aus Bayern, der → 1070 mit Heinrichs Hilfe auf recht dubiose Art Herzog von Bayern geworden war.

Doch die Bayern selbst, mit dem Herzog wohl ohnedies nicht sehr zufrieden, stehen treu zu Heinrich, ebenso die Bischöfe, mit Ausnahme der Oberhirten von Passau, Salzburg und Würzburg (→um 1085).

Wachssiegel von König Heinrich IV., Papstgegner im Investiturstreit

Kampf um die Macht in den Bistümern

Um 1085. Der Investiturstreit, dieser Kampf zwischen der weltlichen und geistlichen Macht um die Einsetzung von Bischöfen und Äbten, ist im Herzogtum Bayern auch ein Bürgerkrieg. Die entschiedenen Gegner des Kaisers sind, neben dem 1077 abgesetzten Herzog Welf I., der aus Westfalen stammende Bischof Altmann von Passau, Bischof Gebhard von Salzburg, ein Schwabe, und Bischof Adalbero von Würzburg, ein Bajuware – alle drei müssen ihr Bistum verlassen und sowohl Altmann wie Adalbero sterben im Exil. Nach Gegenpapst, Gegenkönig und Gegenherzog gibt es in diesen drei Diözesen auch Gegenbischöfe.

Die drei antikaiserlich gesinnten Oberhirten sind Anhänger der von Papst Gregor VII. vertretenen Reformen von Kirche und Klerus. Sie treten gegen die Käuflichkeit der geistlichen Ämter und für den Zölibat ein, der vielfach nicht mehr beachtet wird. Als Bischof Altmann 1074 – drei Jahre vor seiner Vertreibung aus Passau – verlangt, die Geistlichen sollten sich von ihren Frauen trennen, wird er von den aufgebrachten Priestern beinahe getötet.

Mathilde von Tuszien heiratet Welf V.

1089. Papst Urban II. wünscht die Ehe und so heiratet die 43jährige Mathilde von Tuszien (Toskana) den 17jährigen Welf V., einen Sohn des von Kaiser Heinrich IV. abgesetzten Bayernherzogs Welf I.

Zumindest zwei der beteiligten Parteien glauben, mit diesem Bunde den eigenen Interessen zu dienen und ein gutes Geschäft zu machen. Der Bayer sieht die riesigen Ländereien in Mittelitalien und eine Braut, die lange zu überleben (und zu beerben) der Bräutigam gute Aussichten hat. Überdies steht die Braut als treue, opferbereite Anhängerin auf der Seite des Papstes. Der aber ist ein erbitterter Gegner des deutschen Kaisers, der den Welfen zwölf Jahre zuvor das Herzogtum Bayern aberkannt hatte, weil Welf I. sich in der Auseinandersetzung zwischen Heinrich IV. und Papst Gregor VII. auf die Seite des kirchlichen Oberhauptes gestellt hatte.

Papst Urban wiederum glaubt, mit dem Herzog außer Diensten jenseits der Alpen einen Verbündeten im Kampf gegen Heinrich IV. gefunden zu haben.

Heinrich IV. (M.) bei Mathilde von Tuszien (r.); (Vita Mathildis)

Mathilde aber, so scheint es, verfolgt kein persönliches Interesse. Sie, die sich schon unter Papst Gregor VII. in den Dienst der Kirche gestellt und 1077 auf ihrer Burg Canossa die Begegnung zwischen dem deutschen Kaiser und dem geistlichen Oberhaupt möglich gemacht hatte, fügt sich neuerlich dem Wunsch des Papstes.

Dabei hat die Italienerin bereits bittere Eheerfahrungen. Mit 24 Jahren hatte sie Gottfried III., den Buckligen, von Lothringen geheiratet. Damit war ein Wunsch der Mutter erfüllt, die zuvor den Vater Gottfrieds geheiratet hatte – Mathildes Ehemann war also zugleich ihr Stiefbruder.

Die Toskanerin verließ den ihr in doppelter Weise verbundenen Mann bereits im darauffolgenden Jahr. Als Gottfried 1076 starb, war der Weg frei für eine neuerliche Bindung der papsttreuen und begüterten Markgräfin.

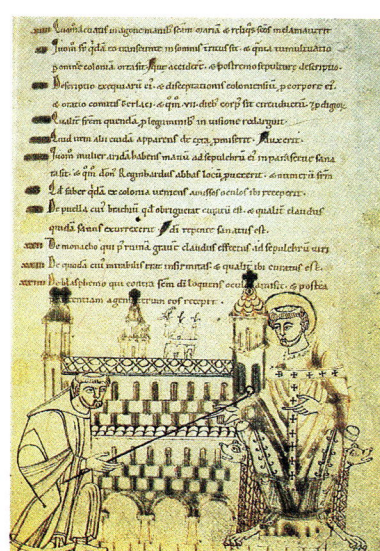

Auszug aus dem »Annolied«; unten Anno II. (r.) und Abt Erpho

Dichtung über die Geschichte der Welt

Um 1085. Ein Mönch des rheinischen Benediktinerklosters Siegburg feiert in fast 900 Versen das Andenken des Kölner Erzbischofs Anno. Mit seinem Gedicht, dem sog. »Annolied«, hofft er die Heiligsprechung des am 4. Dezember 1075 verstorbenen und in Siegburg begrabenen Oberhirten zu fördern. (Die Fürsprache ist nötig, denn ein Jahr vor seinem Tod hatte Anno die Kölner grausam dafür bestraft, daß sie ihn stürzen wollten.)

Der Poet des »Annoliedes«, wahrscheinlich ein Bayer, den es ins Rheinland verschlagen hat, holt in seinem Werk weit aus: Er beginnt mit der Schöpfungsgeschichte, kommt bis in die Regierungszeit des Kaisers Augustus und schlägt einen Bogen von Petrus zu Anno, der Erzbischof, zugleich aber auch Reichsverweser und Erzieher Heinrich IV. gewesen ist (→April 1062). Der Weg, den der Dichter ausschreitet, ist lang und so bleibt schließlich für Anno selbst nur wenig Platz.

In seinen weltgeschichtlichen Betrachtungen vergißt der Mönch seine Landsleute nicht. Die Bayern, meint er, kämen aus der biblischen Welt: »Aus Armien kommend, dem bergigen Land,/Wo Noah aus der Arche ging,/Als den Ölzweig er von der Taube empfing…«. Im Originalton heißt die entsprechende Textstelle: »Dere geslehte dare quam wilin ere/Von Armenie der herin,/Da Noe uz der arkin ging,/Dur diz olizui von der tuvin intfieng…«

1090

1090–1099

Um 1090. In Bayern entsteht das frühmittelhochdeutsche Gedicht »Merigarto«, die älteste deutsprachige Beschreibung der Erde.→

1090. Kaiser Heinrich IV., der als Heinrich VIII. zugleich Herzog von Bayern ist, bricht wegen der Ehe zwischen Markgräfin Mathilde von Tuszien und Welf (V.) von Bayern zu seinem zweiten Italienzug auf.

1092. Kaiser Heinrich IV., der als Heinrich VIII. zugleich Herzog von Bayern ist, erleidet bei Canossa eine Niederlage gegen Papst Urban II.; die lombardischen Städte schließen sich gegen den Kaiser zusammen, der Krieg wendet sich zugunsten der päpstlichen Partei.

1095. Die Ehe zwischen Markgräfin Mathilde von Tuszien und Welf (V.) von Bayern wird aufgelöst, als bekannt wird, daß Welf die großen Besitzungen der Markgräfin nicht erben wird (→1089).

1095. Die romanische Wallfahrtskirche in Bergen bei Neuburg an der Donau wird feierlich geweiht.→

27.11.1095. Papst Urban II. ruft zum Kreuzzug gegen die Seldschuken auf, die 1092 Jerusalem erobert haben.

Sommer 1096. Kaiser Heinrich IV., der als Heinrich VIII. zugleich Herzog von Bayern ist, versöhnt sich in Verona mit dem abgesetzten bayerischen Herzog Welf I. und belehnt ihn wieder mit dem Herzogtum Bayern, das Welf schon von →1070 bis 1077 besessen hatte.

15.8.1096. An diesem Tag beginnt unter Führung Gottfried von Bouillons der Erste Kreuzzug. Auch Herzog Welf I. von Bayern zieht mit nach Palästina.

1099. Heimkehrende Kreuzfahrer bringen Zucker mit.

GESTORBEN:

5.7.1091. Hirsau: Wilhelm von Hirsau (* ?), Abt des Klosters Hirsau, Begründer der Hirsauer Reform, vorher Mönch in St. Emmeram in Regensburg.

8.8.1091. Zeiselmauer bei Wien: Altmann (* zwischen 1013–1020), Bischof von Passau, Hofkaplan der Kaiserswitwe Agnes, Förderer der Reformbewegungen von Gorze und Cluny; Gründer des Augustiner-Chorherrenstiftes St. Nikola bei Passau.

GEBOREN:

1093. Polling: Gerhoh von Reichersberg (†27.6.1169, Reichersberg/Oberösterreich), Theologe und Kirchenschriftsteller.

Wallfahrtskirche zu Bergen eingeweiht

1095. *In ihrem 29. Witwenjahr stiftete Herzogin Wiltrudis um 976 das Benediktinerinnenkloster zu Bergen, etwa 15 km nördlich von Neuburg an der Donau. Sie war auch erste Äbtissin des Klosters. Zunächst entstand eine provisorische Kirche, doch bereits zu dieser Zeit wurde die archaisch anmutende dreischiffige Krypta (Abb.) mit ihren ursprünglich 12 Säulen angelegt. Die zweite romanische Kirche wird im Jahre 1095 eingeweiht.*

Wunderdinge von der Welt

Um 1090. Ein Mönch des Klosters Prüll weiß Wunderdinge von der Welt zu berichten. Von seiner Erdbeschreibung bleiben aber nur zwei Pergamentblätter erhalten. Sie erzählen von den Meeren und der Erde und werden unter dem Titel »Merigarto« (Der vom Meer umschlossene Garten, also die Erde) bekannt und 1834 erstmals publiziert.

Zu den Kuriositäten, die der Mönch aufzählt – er kennt sie alle nur vom Hörensagen –, gehört eine Quelle, aus der zwei Wasser fließen: Das Wasser der einen Quelle bewirke ein schlechtes, das der anderen ein gutes Gedächtnis; in der Sprache des »Merigarto«: »zeinem ursprünge chuît man zuêne rinnen./suer des einin gisuppha, daz der ibilo gihukka;/der ava des anderen gileche, daz der niehtes irgezze.«

Gott bei der Erschaffung der Welt: mit einem Stechzirkel plant er die Gestalt der Erde, die sich die mittelalterlichen Gelehrten – wie es verbindliche Bibelauslegung der kirchlichen Theologen war – als eine Scheibe vorstellten (Illustration aus einer französischen Bibel des Hochmittelalters); dieser Vorstellung folgt auch der Autor des »Merigarto«: für ihn ist das in der Mitte der Scheibe gelegene Land vom Meer umspült

Um 1100. Der steinerne Bischofsthron im Westchor des Augsburger Doms entsteht.

Nach 1100. Das Kruzifix der Pfarrkirche Neufahrn bei Freising, eine der ältesten Plastiken Bayerns, entsteht.→

1. 4. 1101. Unter Führung von Welf I. beginnt in Regensburg der erste deutsche Kreuzzug.→

9. 11. 1101. Nach dem Tod seines Vaters Welf I. (IV.) folgt ihm Welf V. als Herzog Welf II. von Bayern.→

1102. Papst Paschalis II. bannt erneut Kaiser Heinrich IV., den früheren Herzog Heinrich VIII. von Bayern.

1103. Kaiser Heinrich IV., der frühere Herzog Heinrich VIII. von Bayern, gelobt einen Kreuzzug für den Fall, daß er vom Kirchenbann gelöst wird. Gleichzeitig verkündet er einen Reichsfrieden.

1104. Die Wallfahrt auf dem Bogenberg entsteht.→

1105. König Heinrich V. verbündet sich mit den kaiserfeindlichen Kräften des Adels in Bayern – vor allem im bayerischen Nordgau – und Sachsen und nimmt seinem Vater Kaiser Heinrich IV., den früheren Herzog Heinrich VIII. von Bayern, gefangen und zwingt ihn zum Thronverzicht.

1107. Verhandlungen zwischen König Heinrich V. und Papst Paschalis II. in Chalons-sur-Marne unter Vermittlung des französischen Königs Ludwig VI. scheitern an der Frage der Investitur. Herzog Welf II. von Bayern ist auf der Seite des Königs an dieser Gesandtschaft beteiligt.

1109. Bischof Otto von Bamberg gründet vor den Toren von Regensburg das Benediktinerkloster Prüfening und stattet es mit Gütern der Alten Kapelle in Regensburg aus (→12. 5. 1119).

GESTORBEN:

9. 11. 1101. Paphos auf Zypern: Welf IV. (*?), als Welf I. Herzog von Bayern 1070–1077 und 1096–1101.→

Um 1106. Benno (*?), Bischof von Meißen, Patron des Bistums Meißen, Altbayerns und Münchens, Heiliger. Die Erhebung seiner Gebeine 1524 veranlaßt Luther zur Abfassung der Schrift »Wider den neuen Abgott und alten Teufel, der in Meißen soll erhoben werden«.

7. 8. 1106. Lüttich: Heinrich IV. (*11. 11. 1050, Goslar?), Herzog von Bayern 1053/54 und 1077–1095 (als Heinrich VIII.), König seit 1056, Kaiser seit 1084. Während seiner Herrschaft erreichte der Investiturstreit seinen Höhepunkt.

Christusfigur für Neufahrn

Nach 1100. *Es ist kein großer Meister, der im frühen 12. Jh. für die Kirche von Neufahrn bei Freising einen Christus in dreiviertel Lebensgröße schnitzt. Die sehr statuarische Figur – eines der ältesten bayerischen Bildwerke – ist mit einem langen Gewand bekleidet; Gürtel, Halsausschnitt und Ärmel zieren gefaßte wertvolle Steine.*
Die Figur wird später als heilige Kümmernis oder Wilgefortis umgedeutet (Abb.).

Wallfahrt zum Bogenberg

1104. *Die Legende erzählt von einem Wunder: Im Jahr 1104 treibt ein steinernes Marienstandbild (Abb.) die Donau aufwärts. Graf Aswin von Bogen birgt die Plastik und stellt sie in die Kapelle seines Schlosses auf dem Bogenberg.*
Als die Zahl der Pilger ständig zunimmt (und so eine der alten bayerischen Wallfahrten entsteht), schenkt Aswin den oberen Teil des Bogenbergs und die Kapelle den Benediktinern von Oberaltaich.

Welf I. auf Zypern gestorben

9. November 1101. An der Spitze des ersten deutschen Kreuzzugsheeres bricht der alte Herzog Welf I. (IV.) am 1. April 1101 in seiner Hauptstadt Regensburg auf, und gut sieben Monate später, nach einer langen und von Mißerfolgen gezeichneten Reise, ist er tot, gestorben zu Paphos auf Zypern.

Glückliche Umstände verhalfen dem jungen Mann im Jahre 1055 zu einem großen Erbe und 1070 auch noch zum Herzogtum Bayern: Welf III. starb, und da er keine Kinder hinterließ, vermachte er seinen Besitz dem von ihm gegründeten Kloster Weingarten.

Imiza, die Mutter Welfs III., fand das untragbar, und so rief sie ihren in Oberitalien lebenden Enkel (den Sohn ihrer verstorbenen Tochter Cuniza) nach Deutschland und setzte ihn als Erben ein. Dabei hätte Welf von seinem Vater Albert-Azzo II. ohnedies großen Landbesitz in Oberitalien erwarten dürfen.

Der Erbe heiratete die Tochter des Bayernherzogs Otto von Northeim, ließ sich aber geschwind von ihr scheiden, als der Schwiegervater Bayern verlor. Zum Lohn für diese Trennung wurde Welf selbst nun mit dem Herzogtum belehnt, das ihm allerdings zwischen 1077 und 1096, während des Investiturstreites, wieder weggenommen wurde (→1089). In zweiter Ehe – er vermählte sich mit einer Judith aus Flandern – wurde Herzog Welf IV. (er hieß nun, in bayerischer Zählung, Welf I.) Vater zweier Söhne – von Welf II., ab 1101 Herzog von Bayern, und von Heinrich dem Schwarzen, ab 1120 Herzog von Bayern.

Bitteres Ende des ersten Kreuzzuges

1. April 1101. Von Regensburg aus ziehen sie los zu ihrem langen Marsch durch den Balkan in die heilige Stadt Jerusalem. An der Spitze des ersten deutschen Kreuzzuges stehen Herzog Welf I. und die Bischöfe von Passau und Salzburg, dazu der Abt von Admont, etliche Grafen und eine Schar von Frauen.

Der Kreuzzugsaufruf hatte in Bayern keine besondere Aufmerksamkeit gefunden. Als aber, vielbewundert, das Pilgerheer unter Gottfried von Bouillon durchs Land zog, wollte man auch dabeisein.

Der deutsche Zug macht aber weder dem Reich noch der Christenheit Ehre: Ein verkommener, zerlumpter Haufen marschiert, von allen gemieden, seinem Ziel entgegen – und kommt in Elend um.

1110

Um 1110. Die Klosterkirche von Neustadt am Main in Unterfranken entsteht.

1110. Die romanische Klosterkirche in Fischbachau und die romanische Kirche der Regensburger Karthaus-Prüll werden geweiht.

12. 2. 1111. In der Peterskirche in Rom kommt es zu Tumulten bei der öffentlichen Verlesung eines Geheimvertrags zwischen König Heinrich V. und Papst Paschalis II. Anwesend ist auch der bayerische Herzog Welf II.

13. 4. 1111. König Heinrich V. wird in Rom von Papst Paschalis II. zum Kaiser gekrönt.

1112. Nürnberg wird neben anderen Orten als Zollstätte erwähnt, an der den Wormsern der Zoll erlassen ist.

1112. Die Ostkrypta von St. Jakob in Bamberg wird geweiht. Die Kirche selbst ist um 1109 vollendet worden.

1113. Graf Otto IV. von Scheyern nennt sich nach seiner neuerbauten Burg Wittelsbach (nordöstlich von Aichach).

1114. Erminold, Mönch aus dem Kloster Hirsau, wird erster Abt des Klosters Prüfening bei Regensburg, des ersten Hirsauer Klosters in Altbayern. Der Widerstand der Mönche gegen Erminolds strenge und unbeugsame Durchsetzung der Reform ist groß (→ 12. 5. 1119).

24. 7. 1115. Markgräfin Mathilde von Tuszien, die 1095 geschiedene Frau des jetzigen Herzogs Welf II. von Bayern, stirbt. Im folgenden Jahr zieht Kaiser Heinrich V. mit dem späteren bayerischen Herzog Heinrich dem Schwarzen nach Italien und sichert sich seine Erbschaft; die Welfen gehen leer aus. Mathilde hatte ihren Besitz ursprünglich Papst Urban II. vermacht, mit dem sie enge Beziehungen unterhielt. Nach dem Tod Urbans und einer Niederlage gegen die Truppen Heinrichs im Jahr 1111 hatte sie Heinrich zum Erben eingesetzt. Der Streit zwischen Papst- und Kaisertum um die Mathildischen Güter dauert bis zum Ende der Stauferzeit. →

1117. Ein Erdbeben zerstört in Bamberg die Michaelskirche.

12. 5. 1119. Die Kirche des Benediktinerklosters Prüfening bei Regensburg wird geweiht. Sie ist die erste romanische Pfeilerbasilika der Hirsauer Schule auf bayerischem Boden. →

GEBOREN:

Um 1111/14. Otto von Freising († 22. 9. 1158, Kloster Morimond/Frankreich), Bischof von Freising, Geschichtsschreiber.

Scheyerer nun Wittelsbacher

1113. Graf Otto IV. von Scheyern gibt den Stammsitz auf und zieht mit seiner Familie in eine kleine Burg, die auf einer Anhöhe östlich von Aichach liegt. Nach dem neuen Wohnsitz nennt sich die Familie, die seit 1045 den Titel ›Grafen von Scheyern‹ führte, nun ›von Wittelsbach‹ Graf Otto begründet damit ein Geschlecht, das später lange Zeit über Bayern herrschen wird.

Die Burg Scheyern wird 1119 zum Sitz eines Benediktinerklosters, das Gräfin Haziga von Scheyern im Jahr 1077 mitbegründet hatte. Haziga stattete zwei adelige Eremiten, Otto und Adalpreth, mit Besitz aus und diese bauten in Helingerswang (Bayrischzell) einen Orden nach der Hirsauer Reform auf (→ 28. 5. 1069). Das erste Kloster entstand in Fischbachau. Später zog der Orden auf Burg Glaneck (Eisenhofen) ein, von wo die Mönche wiederum nach Scheyern umsiedelten. Das Kloster ist das sog. Hauskloster der Grafen von Scheyern bzw. Wittelsbach, dort befindet sich auch über viele Generationen die Gruft des Geschlechts. In Wittelsbach finden die Scheyerer eine kleine, am nordwestlichen Ende des Berges gelegene Burg vor, die sie abreißen und in dreifacher Größe neu wieder aufbauen.

Neben einer ovalen Vorburg errichten sie auf einer Fläche von 3000 m² eine sehr langgestreckte, dreieckige Hauptburg. Die Anlage ist durch ihre Lage auf einem nach mehreren Seiten zum Teil steil abfallenden Höhenrücken und durch künstlich angelegte Gräben gut gesichert.

Um das Jahr 1120 wird Otto von Wittelsbach (vorm. Otto IV. von Scheyern) wegen seiner Leistungen und seiner Treue zum Königshaus mit der Pfalzgrafenwürde ausgezeichnet. Sein Sohn wird am →16. 9. 1180 von Kaiser Friedrich I. Barbarossa mit dem Herzogtum Bayern belehnt.

Erbschaftsstreit um Mathildische Güter

24. Juli 1115. Die an Ländereien reiche Markgräfin Mathilde von Tuszien (Toskana) stirbt, und damit tritt der Erbfall ein, der die Phantasie einiger hochgestellter Herren seit Jahrzehnten beschäftigt. Gewinner im Streit um die Mathildischen Güter, die eigentlich der Papst erhalten sollte, wird der seit 1111 als Erbe eingesetzte Kaiser Heinrich V.

Niemand spricht jetzt oder später, wenn ein Streit um diese Ländereien ausbricht, von Welf II. (V.) in Bayern. Ihn hatte die Markgräfin 1089 auf Empfehlung des Papstes geheiratet; die Braut war 43, der Bräutigam 17 Jahre alt (→1089).

Als sich freilich zeigte, daß der welfische Besitz durch diese Heirat nicht in der erhofften Weise gemehrt werden konnte, da Mathilde ihre Eigengüter ja 1079 bereits dem Papst vermacht hatte, zog Welf V. im Jahr 1095 wieder heim nach Bayern.

»Ecclesia«-Maria (1130–1160), Sinnbild christlicher Gemeinde und Kirche (Gewölbeausmalung in der Klosterkirche St. Georg zu Prüfening)

Wandmalerei in der Klosterkirche, M. u. Stifter Otto von Bamberg

---

Kirche des Klosters Prüfening geweiht

12. Mai 1119. Die zweitürmige Kirche des Klosters Prüfening – die erste romanische Pfeilerbasilika der Hirsauer auf bayerischem Boden – wird von den Bischöfen Otto aus Bamberg und Hartwig aus Regensburg geweiht. Sie besitzt drei Apsiden, und weder Langhaus noch Seitenschiff sind gewölbt, wohl aber – um den Unterschied zwischen Laien und Priestern zu betonen – der Chor. Den Grafen von Bogen, die zu Vögten des Klosters berufen werden, erklärt man, daß sie sich keine materiellen Vorteile erwarten dürften, sondern sich mit Gotteslohn und ein Paar Winterschuhen begnügen müßten.

Der Schwabe Otto war seit sechs Jahren Bischof von Bamberg, als er 1109 mit Gütern der Alten Kapelle in Regensburg das Benediktinerkloster Prüfening stiftete. Fünf Jahre vergingen, bis mit dem ehemaligen Hirsauer Mönch Erminold der erste Abt kam – ein streng auf Einhaltung der Regeln bedachter Mann, der sogar dem gebannten Kaiser Heinrich V. den Zutritt zur Kirche verwehrte.

Um 1120. Die Wittelsbacher erhalten das Pfalzgrafenamt für Bayern. →

24. 9. 1120. Herzog Welf II. von Bayern stirbt kinderlos in Burg Kaufering bei Landsberg am Lech. Neuer Herzog wird sein Bruder Heinrich IX., der Schwarze.

1121. Das Benediktinerkloster Ensdorf bei Amberg wird vom wittelsbachischen Pfalzgrafen Otto V. gestiftet. →

23. 9. 1122. Das Wormser Konkordat beendet den Investiturstreit zwischen Kaiser- und Papsttum: Die Bischöfe und Äbte werden frei gewählt, nicht mehr vom Kaiser eingesetzt. Sie sind nicht mehr Reichsbeamte, sondern werden Reichsfürsten gleichgestellt.

23. 5. 1125. Mit dem Tod von Kaiser Heinrich V. erlischt die Salierdynastie.

13. 12. 1126. Der frühere bayerische Herzog Heinrich IX., der Schwarze, stirbt in Ravensburg, nachdem er als Laienmönch in das Kloster Weingarten eingetreten ist. Neuer Herzog von Bayern wird sein Sohn Heinrich X., der Stolze. Dieser beschwört 1126/27 in Regensburg einen allgemeinen Landfrieden.

1127. Der bayerische Herzog Heinrich X., der Stolze, heiratet in Merseburg Gertrud, die einzige Tochter von König Lothar III. Der Gegensatz zwischen Staufern und Welfen verschärft sich.

1127. Vor Würzburg wird erstmals ein Turnier ausgetragen. →

Sommer 1127. König Lothar III. und der bayerische Herzog Heinrich X., der Stolze, belagern vergeblich Nürnberg, den Hauptstützpunkt der Staufer in Franken.

GESTORBEN:

24. 9. 1120. Burg Kaufering bei Landsberg am Lech: Welf V. (* 1072), als Welf II. Herzog von Bayern (1101–1120).

6. 1. 1121. Regensburg–Prüfening: Erminold (* ?), erster Abt von Prüfening. Er stirbt an den Folgen der Schläge, die ihm ein erboster Mönch verpaßt hat.

13. 12. 1126. Ravensburg: Heinrich IX., der Schwarze (* ?), Herzog von Bayern 1120–1126, zuletzt Laienmönch im Kloster Weingarten.

GEBOREN:

Um 1120. Kelheim (?): Otto I. von Wittelsbach († 11.7.1183, Pfullendorf), erster Wittelsbacher Herzog von Bayern.

Um 1129. Heinrich der Löwe († 6.8.1195, Braunschweig), Herzog von Bayern und Sachsen.

Ritterliche Kampfspiele: die Ritter führen den vornehmen Damen ihre Tapferkeit vor, z. B. heben sie sich mit Lanzen gegenseitig aus dem Sattel

Kampfspiele als Zeitvertreib

1127. Zehn Wochen liegt König Lothar III. von Supplinburg mit seinen Verbündeten (darunter seinem Schwiegersohn, dem Bayernherzog Heinrich X., dem Stolzen) schon vor der Stadt Nürnberg. Doch die Staufer, die sich hinter der Stadtmauer befinden, kapitulieren nicht.

Als schließlich zu ihrer Entlastung auch noch Verstärkung anrückt, zieht sich der Sachse Lothar Mitte August unverrichteter Dinge nach Würzburg zurück. Die Stauferbrüder Friedrich II. und Konrad aber reiten geschwind hinterher, und so wie Lothar eben noch Nürnberg belagert hatte, so belagern sie nun ihrerseits Würzburg.

Um sich die Zeit zu vertreiben, veranstalten sie »mit ihren Rittern ein Kampfspiel, das man jetzt gewöhnlich »Turnier« nennt, quod vulgo nunc turnoimentum dicitur«. Der Geschichtsschreiber Otto von Freising berichtet dies später in seinem Buch über die Taten Kaiser Barbarossas, das er im Jahre 1157 verfaßt, und liefert damit die erste Nachricht von einem Turnier auf deutschem Boden. In Frankreich kennt man diese ritterlichen Kampfspiele wohl schon seit dem 11. Jh.

Pfalzgrafenamt geht an Wittelsbacher

Um 1120. Den Grafen von Wittelsbach wird irgendwann zwischen 1116 und 1120 eine Auszeichnung gewährt, durch die sie zu den ersten Geschlechtern Bayerns aufsteigen – ihnen wird das Pfalzgrafenamt übertragen. Der Pfalzgraf, der »comes palatinus«, war in merowingischer Zeit der oberste Urkundsbeamte. Ihm waren Notare zur Ausfertigung der Gerichtsurkunden unterstellt. Später ist er Gehilfe des Königs in Gerichtsverfahren sowie Richter in Prozessen zwischen dem König und den Reichsfürsten.

Seit dem 10. Jh. gibt es – neben den Herzögen und als Vertreter der königlichen Rechte – Pfalzgrafen in Bayern, Lothringen (Pfalzgraf bei Rhein), Sachsen und Schwaben.

Benediktinerkloster Ensdorf gestiftet

1121. Daß Pfalzgraf Otto V. von Wittelsbach als Stifter des im cluniazensischen Geiste errichteten oberpfälzischen Benediktinerklosters Ensdorf genannt wird, ist beinahe Zufall. Denn ursprünglich hatte Graf Friedrich von Lengenfeld dieses Kloster südlich von Amberg errichten wollen. Als dieser aber stirbt, bevor das Werk getan ist, erfüllt sein wittelsbachischer Schwiegersohn Otto (der in diesem Nordgau viele Besitzungen hat) im Jahr 1121 den letzten Willen des Verstorbenen.

Bischof Otto von Bamberg, der selbst an der Stiftung von Ensdorf beteiligt ist, weiht 1123 eine erste, provisorische Holzkirche. Es heißt, Graf Otto und seine Frau Heilica seien hier begraben.

Um 1130. Der Theologe Gerhoh von Reichersberg verfaßt in Regensburg sein »Liber de aedificio Dei«, eine Streitschrift gegen die Verweltlichung des Klerus und den kirchlichen Feudalisierungsprozeß.

1130. Das staufische Nürnberg wird erobert und fällt an den bayerischen Herzog Heinrich X., den Stolzen.

1132. Die Grafen von Andechs sind die stärksten Konkurrenten der Wittelsbacher Grafen in Westbayern. →

1137. Kaiser Lothar III. und Herzog Heinrich X., der Stolze, von Bayern erobern Apulien und Kalabrien. Heinrich X., der Stolze, erhält von Papst Innozenz II. die Markgrafschaft Tuszien und das private Gut der früheren Markgräfin Mathilde von Tuszien als Lehen.

4. 12. 1137. Kaiser Lothar III. stirbt. Der bayerische Herzog Heinrich X., der Stolze, ist von ihm zum Nachfolger designiert worden. Heinrich fällt auch Lothars Herzogtum Sachsen zu. Er ist damit der mächtigste Mann im Reich.

1138. In Regensburg ist mit der Bezeichnung »inter latinos« der erste deutsche Straßenname nachgewiesen.

1138. Otto, Sohn von Markgraf Leopold III. von Österreich und Abt des Klosters Morimond, wird zum Bischof von Freising berufen. →

August 1138. Auf einem Reichstag in Würzburg wird Herzog Heinrich X., dem Stolzen, von Bayern und Sachsen das Herzogtum Sachsen aberkannt.

Dezember 1138. Auf einem Reichstag in Goslar wird Heinrich X., dem Stolzen, das Herzogtum Bayern aberkannt.

Frühjahr 1139. Der Babenberger Markgraf Leopold IV. von Österreich erhält das Herzogtum Bayern.

20. 10. 1139. Nach dem Tod des abgesetzten Herzogs Heinrich X. des Stolzen, nimmt sein Bruder Graf Welf VI. den Kampf gegen König Konrad III. und Herzog Leopold IV. von Bayern-Österreich auf.

GESTORBEN:

Nach 1137. Bei Regensburg: Honorius Augustodunensis (* 1080), Schottenmönch, Philosoph und Theologe.

30. 6. 1139. Bamberg: Otto von Bamberg (* 1060/62?), Bischof von Bamberg, »Apostel der Pommern«, Heiliger.

20. 10. 1139. Quedlinburg: Heinrich X., der Stolze (* um 1108), Herzog von Bayern 1126–1138, Herzog von Sachsen 1137–1138. →

Glück und Elend Heinrichs des Stolzen

20. Oktober 1139. Der Tod rafft Herzog Heinrich X., den Stolzen, im besten Mannesalter hin. Damit endet ein Leben, das an seinem tiefsten Punkt angekommen ist.

Für eine kurze Zeit hatte der Welfe glauben können, der mächtigste Mann im Reich zu sein: Er war mit seinem kaiserlichen Schwiegervater, Lothar III., nach Italien gereist, hatte zu seinem bayerischen Herzogtum auch noch die Markgrafenschaft Tuszien erhalten, und ehe der Kaiser auf seinem zweiten Italienzug am 4. Dezember 1137 in Breitenwang (Tirol) starb, übergab er Heinrich auch noch die Reichsinsignien und das Herzogtum Sachsen.

Der so reich Beschenkte mochte hoffen, daß er damit die Zeichen seiner künftigen Würde bereits in Händen habe. Er war freilich nicht beliebt, und der Bischof von Trier machte fast überfallartig und sicher auch außerhalb der Legalität den Staufer Konrad III. zum König. Heinrich händigte ihm zwar – nach einiger Zeit – die Insignien aus, aber er verweigerte ihm die Huldigung – und so verlor er seine Herzogtümer.

Segnung Heinrichs des Löwen und seiner Gemahlin Mathilde; links Heinrichs Vater, der bayerische Herzog Heinrich X., der Stolze

Aufstieg der Grafen von Burg Andechs

1132. Zwischen Ammersee und Benediktbeuren, im Huosigau also, in der Nachbarschaft von Welfen und Wittelsbachern, hatte im 10. Jh. der Aufstieg der Andechser begonnen, unter anderem durch Zugewinn bei der Säkularisation Herzog Arnulfs um das Jahr 914.

Die Familie trat erst im 11. Jh. mit Graf Friedrich I. von Diessen in Urkunden auf. Dessen Linie stirbt 1157 aus, und die Erbschaft tritt ein anderer, seit etwa 950 nachweisbarer, vom Grafen Arnold I. abstammender Zweig an.

Da die Familie früh schon reich begütert war, traten die Andechser in der Frühzeit unter verschiedenen Namen auf, als Grafen von Wolfratshausen (beziehungsweise Thanning), von Amras (bei Innsbruck), von Gilching und schließlich – vor allem – als Grafen von Diessen.

Im Jahr 1132 überläßt die Familie ihr Schloß den Augustinerchorherrn und nennt sich hinfort nach ihrer neuerbauten Burg Andechs. Ab Ende des 12. Jh. wird die Burgkapelle Ziel vieler Wallfahrer (→1182).

Kämpfe und Kriege erschüttern Bayern

Die regierenden Herren, bedacht auf die Mehrung von Besitz und Macht, nehmen keine Rücksicht auf Verwandte, Standesgenossen oder gar Untertanen. So stehen hinter jeder Herrscherbiographie das Elend und die Not des Volkes. Denn Herrschen heißt in diesen Zeiten vor allem: Kriege führen. Für die Regierungszeit Heinrichs des Stolzen von Bayern (1126–1138) heißt das zum Beispiel:

▷ Mai 1127: Hochzeit mit der zwölfjährigen Kaisertochter in Mering; vom Brautlager weg zur – erfolglosen – Belagerung der Stauferstadt Nürnberg
▷ Frühjahr 1129: Heinrich überfällt Friedrich von Staufen im Kloster Zwiefalten; der Überfallene entkommt
▷ Sommer 1129: Heinrich ist in Regensburg, seiner Hauptstadt; er führt Krieg gegen Friedrich von Bogen, bisher Vogt von Regensburg (dabei geht es dem Welfen darum, das einträgliche Amt selbst zu erhalten); Belage-

Kaiser Lothar III., der Schwiegervater Heinrichs des Stolzen

rung von Burg Falkenstein, dazwischen schneller Kriegszug zur Unterstützung seines Schwiegervaters in Speyer

▷ August 1130: Eroberung von Burg Falkenstein, Friedrich von Bogen entkommt
▷ Frühwinter 1130: Nürnberg kapituliert vor Heinrich
▷ Ostern 1131: Heinrich unternimmt eine private Reise nach Paris; nach der Heimkehr wieder Krieg: Die Staufer haben welfisches Land verwüstet und u. a. Memmingen niedergebrannt; Heinrich nimmt Rache
▷ 1132: Heinrich von Wolfratshausen wird Bischof von Regensburg, der Bogener erhält wieder die Vogtei; der Welfenherzog antwortet mit Krieg: Er erobert Donaustauf und zieht gegen Wolfratshausen im Inntal; nach Rückkehr nach Regensburg auch dort wieder Kämpfe; Zug gegen Wolfratshausen, in letzter Minute vermittelt Otto von Wittelsbach ...

So geht es durch die Jahre, und für die Bayern wird es erst ruhiger, als Heinrich mit seinem Schwiegervater Lothar III. nach Italien zieht.

Otto zum Bischof von Freising berufen

1138. Der babenbergische Markgraf Leopold III. setzte seinen um 1111/14 geborenen Sohn Otto – eines seiner 18 Kinder – bereits im frühesten Alter als Probst des Stiftes von Klosterneuburg ein. Statt sich in dieser Pfründe bequem einzurichten, zog Otto nach Paris, studierte mit Eifer die aristotelische Scholastik und trat 1133, auf dem Heimweg in sein österreichisches Stift, ins burgundische Zisterzienserkloster Morimond ein – tief beeindruckt von der asketischen Frömmigkeit, die er dort erlebte. Nach etwa fünf Jahren wird er Abt seines Klosters und nur wenig später, im Jahre 1138, der 20. Bischof von Freising.

In dieses Amt beruft ihn sein Stiefbruder, der Staufer Konrad III., der am 7. März desselben Jahres zum deutschen König gewählt worden war. Im darauffolgenden Jahr ernennt Konrad Ottos Bruder, den Markgrafen Leopold IV., zum Herzog von Bayern – nachdem er vorher dem seit zwölf Jahren regierenden Welfenherzog Heinrich X. das Land weggenommen hatte.

Um 1140. Der Augsburger Dom erhält die Prophetenfenster. Sie sind der älteste Glasmalereizyklus der Welt. →

1140. Graf Welf VI., die zentrale Gestalt des Widerstands gegen die Babenberger in Bayern, besiegt in der Schlacht bei Valley an der Mangfall Herzog Leopold von Bayern.

1140. König Konrad III. bewilligt Freising einen Jahrmarkt.

1141. Propst Eberhard von Windberg wird wegen seiner »ungezügelten Sitten« aus seinem Amt entlassen.

Frühjahr 1141. In Regensburg kommt es zu einem Aufstand der Bevölkerung gegen den unbeliebten Herzog Leopold von Bayern. →

18. 10. 1141. Herzog Leopold von Bayern stirbt in Niederaltaich oder Regensburg. König Konrad III. übernimmt selbst das Herzogtum Bayern.

Mai 1142. Auf dem Fürstentag zu Frankfurt am Main wird Heinrich der Löwe, der Sohn des 1138 abgesetzten bayerischen und sächsischen Herzogs Heinrich X., des Stolzen, mit Sachsen belehnt. – Der Babenberger Markgraf Heinrich Jasomirgott von Österreich heiratet Gertrud (†1143), die Witwe Heinrichs des Stolzen.

1143. Markgraf Heinrich Jasomirgott von Österreich wird mit dem Herzogtum Bayern belehnt, nachdem der sächsische Herzog Heinrich der Löwe darauf verzichtet hat. Graf Welf VI. führt den Kampf gegen die Babenberger weiter. →

1146. In Regensburg wird die Steinerne Brücke über die Donau fertiggestellt. →

11. 9. 1146. Der bayerische Herzog Heinrich Jasomirgott, der zugleich Markgraf von Österreich ist, erleidet an der Fischa eine schwere Niederlage gegen die Ungarn. Der Ungarneinfall erfolgte, nachdem einige bayerische Grafen sich der ungarischen Grenzfestung Preßburg bemächtigt hatten.

Spätestens 1149. Die Klosterkirche in Heilsbronn in Mittelfranken wird geweiht. 1333 wird sie Grablege der hohenzollerischen Burggrafen.

1149. Der Zweite Kreuzzug geht erfolglos zu Ende. →

GESTORBEN:

18. 10. 1141. Niederaltaich oder Regensburg: Leopold IV. (*um 1110), Herzog von Bayern 1139–1141, Markgraf von Österreich 1136–1141.

Um 1146/50. Paul von Bernried (*um 1080), Theologe und Geschichtsschreiber.

Aufstand gegen den Herzog

Frühjahr 1141. Der Babenberger Leopold ist seit etwa zwei Jahren als Nachfolger des um Weihnachten 1138 abgesetzten Welfen Heinrich X., des Stolzen, Herzog in Bayern. In der Hauptstadt Regensburg freilich ist er nicht beliebt, und während eines Gerichtstages stehen die Bürger gegen ihn auf.

Schon bisher hat sich Leopold seines Besitzes nicht ungetrübt erfreuen können, viele bayerische Adelige sehen nach wie vor in den Welfen ihre wahren Herren.

Zu denen, die gegen den Babenberger rebellieren, gehören die beiden Grafen Gebhard und Konrad aus der Wittelsbachischen Familie. Am 13. August 1140 kam es zur Auseinandersetzung, in deren Verlauf Herzog Leopold die beiden Wittelsbacher Brüder in ihrer Burg Valley im Mangfalltal belagerte.

Doch während er noch darauf hoffte, sie zu fangen, rückte Welf VI. mit seinen Soldaten an. Gegen ihn, den Bruder des abgesetzten (und inzwischen verstorbenen) Herzogs Heinrich, hatten die Babenbergischen keine Chance. Sie mußten abziehen, geprügelt und unter Hinterlassung von Gefangenen und Toten.

Der Aufstand in der Hauptstadt etwa ein halbes Jahr später nimmt ein so bedrohliches Ausmaß an, daß der Herzog keine andere Rettung sieht, als Feuer zu legen.

Während einige Stadtteile niederbrennen, flüchten die Anhänger Leopolds, das allgemeine Getümmel nutzend, aus der Stadt, verwüsten in ihrer hilflosen Wut zunächst die umliegenden Ortschaften und belagern schließlich die eigene Hauptstadt. Regensburg muß kapitulieren und Strafe zahlen.

Die Schuld an dieser Rebellion schiebt man dem Pfalzgrafen Otto von Wittelsbach zu, der nebenan, in Kelheim, residiert. Und seine Verwandten von der Linie Scheyern-Valley und Scheyern-Dachau haben ja im Vorjahr ihre antibabenbergische Gesinnung gezeigt.

Von Welf VI. aber weiß man, daß er an einer Auseinandersetzung zumindest im Augenblick kein Interesse hat, da er bald nach seinem Sieg von Valley bei Weinsberg vom königlichen Heer geschlagen wurde. In Regensburg bleibt Leopold Sieger über seine Untertanen. Aber bereits im Oktober des Jahres stirbt der Babenberger, wahrscheinlich erst knapp über 30 Jahre alt. Er hinterläßt keine Erben, und so übernimmt zunächst einmal König Konrad III. selbst für einige Zeit das durch den Tod seines Halbbruders verwaiste Herzogtum Bayern.

Heinrich Jasomirgott, neuer Herzog von Bayern (Glasfenster, 13. Jh.)

Heinrich Jasomirgott Herzog von Bayern

1143. Das Herzogtum Bayern bleibt in der Familie: Nach dem Tod von Herzog Leopold IV. verleiht König Konrad das Land seinem anderen Halbbruder, dem Markgrafen Heinrich Jasomirgott (so benannt nach einem Lieblingsspruch dieses Babenbergers). Ehe er zum Herzog bestellt wird, muß er allerdings noch Gertrud, die Witwe seines welfischen Vorvorgängers, heiraten.

Steinerne Brücke über die Donau bei Regensburg fertig

1146. *Das Unternehmen ist beispiellos, denn als 1135 der Grundstein gelegt wurde, gab es noch keine steinernen Brücken in Europa. Der ungewöhnlich trockene Sommer dieses Jahres begünstigte die Arbeiten an dem Bau, der zuletzt über 16 Rundbögen und eine Länge von 336 m die Donau überspannt. Nach elf Jahren ist das Werk getan (Abb.). Zuletzt aber kann niemand mehr sagen, ob die Steinerne Brücke zu Regensburg vom Bischof oder vom Herzog in Auftrag gegeben wurde. Vielleicht haben auch beide zusammengearbeitet.*

Zweiter Kreuzzug endet erfolglos

1149. In Regensburg sammelte sich das Heer, um unter Führung von König Konrad III. den im Jahr 1144 von den Seldschuken (Moslems) eroberten Kreuzfahrerstaat Edessa zurückzuerobern.

Am Weihnachtsabend des Jahres 1146 war der König durch eine Predigt, die Bernhard von Clairvaux im Dom zu Speyer hielt, für diesen Kreuzzug begeistert worden. In der gleichen Nacht beschloß Welf VI. in seiner Burg Peißenberg, daß er ins Heilige Land ziehen wolle, und auch Herzog Heinrich Jasomirgott nahm

Bernhard von Clairvaux, Initiator des zweiten Kreuzzuges

das Kreuz. Zuletzt waren es an die 250 000 recht unterschiedliche Menschen, die durch den Balkan ihrem Ziel entgegenzogen: Die Bischöfe von Regensburg und Freising waren darunter, Pfalzgraf Otto von Wittelsbach mit seinem Sohn, Vertreter aller großen bayerischen Familien, Angehörige des Klerus, Arme und Reiche, Herren und Knechte.

Mit frommer Begeisterung wurde der Zug begonnen – viele Teilnehmer hatten vorher noch ihren Besitz verkauft –, doch verfolgt von Unglücksfällen, dezimiert durch die Ungunst der Verhältnisse und durch die Feinde, scheitert das Unternehmen. Wer überlebt – und es sind nicht sehr viele – kehrt heim.

Herzog Heinrich freilich bringt Kostbares mit zurück: Er hatte Zeit gefunden, Theodora, die Nichte des byzantinischen Kaisers, zu heiraten. Am 29. Mai 1149 ist er wieder in Regensburg.

Glasmalereizyklus im Augsburger Dom

Um 1140. *Der Augsburger Mariendom ist seit 70 bis 80 Jahren geweiht, als er seine farbigen Prophetenfenster erhält. Fünf von ihnen werden späteren Generationen an der Hochwand des Langhauses als ältester Glasmalereizyklus der Welt erhalten bleiben.*

Nach einer Bauzeit von etwa 70 Jahren konnte Bischof Embriko 1065 den Augsburger Mariendom weihen, aber die Arbeit an diesem Gotteshaus erwies sich als ein Werk, an dem viele Generationen arbeiten mußten und bei dem es immer wieder Rückschläge gab. So kam es im August 1132 eher zufällig und durch Mißverständnisse im und um den Dom zu einem Kampf zwischen den Anhängern König Lothars von Supplinburg und Parteigängern des Bischofs. Die schweren Schäden am Gotteshaus, die während dieser Auseinandersetzung entstanden – der König meinte sogar, die ganze Stadt sei ausgelöscht – werden in der Folgezeit behoben, und vielleicht setzt man bei dieser Gelegenheit auch die farbigen, 2 m hohen Prophetenfenster ein (von denen gelegentlich auch angenommen wird, daß sie bereits aus dem späten 11. Jh. stammen).

Hergestellt hat sie möglicherweise das Kloster Tegernsee, wo der Erzguß und die Glasmalerei mit großer handwerklicher Fertigkeit ausgeübt werden.

Zu den Figuren, die alle in jüdischer Tracht dargestellt (und auf halber Höhe geteilt) sind, gehört der bärtige Moses mit einem grünen Mantel, Gesetzestafeln in der rechten und einem Spruchband in der linken Hand: »Höre, Israel, die Gebote des Herrn«.

Daniel, ein Mann in mittlerem Alter, trägt einen goldenen Mantel und das Spruchband: »Zeige, Herr, Dein Angesicht über Deinem Heiligtum« (Abb.).

König David, in rotem Königsmantel mit Perlenbordüre und Krone, trägt in seiner Linken das Zepter, in der Rechten das Spruchband: »Glücklich, die in Deinem Haus wohnen, o Herr«.

Hosea weist auf die Inschrift: »Ich werde alle züchtigen, spricht der Herr«. Jonas, der als Greis dargestellt ist, schließt diesen Zyklus ab.

1150

1150–1159

Um 1150. In Regensburg entsteht die »Kaiserchronik«, ein mehr als 17 000 Verse umfassendes Geschichtswerk von wahrscheinlich mehreren, unbekannten Verfassern. →

Um 1150. Ein Spielmann verfaßt in Bayern das Spielmannsepos »König Rother«. →

Juni 1152. Graf Welf VI. wird auf dem Reichstag zu Regensburg mit dem Herzogtum Spoleto und der Markgrafschaft Tuszien abgefunden. Daß Graf Konrad von Dachau den Titel eines Herzogs von Meranien (Dalmatien) erhält, macht deutlich, daß König Friedrich I. Barbarossa auch nach Ungarn expandieren will.

Juni 1154. König Friedrich I. Barbarossa entzieht auf dem Reichstag zu Goslar dem abwesenden Heinrich Jasomirgott das Herzogtum Bayern und überträgt es Herzog Heinrich dem Löwen von Sachsen. →

18. 6. 1155. König Friedrich I. Barbarossa wird von Papst Hadrian IV. in der Peterskirche in Rom zum Kaiser gekrönt. Bayerische Ritter und Herzog Heinrich der Löwe von Bayern und Sachsen begleiten den Kaiser auf seinem ersten Italienzug.

Sommer 1155. In der Veroneser Klause rettet Otto von Wittelsbach Kaiser Friedrich I. Barbarossa vor Wegelagerern. →

Oktober 1155. Kaiser Friedrich I. Barbarossa weist Herzog Heinrich den Löwen von Sachsen in Regensburg in das Herzogtum Bayern ein.

10. 2. 1156. Der Bischof von Würzburg spricht von seinem »Herzogtum«. →

21. 6. 1156. Kaiser Friedrich Barbarossa erläßt das erste Augsburger Stadtrecht. →

September 1156. Durch das »privilegium minus« wird die Mark Österreich von Bayern abgetrennt. →

8. 9. 1156. Heinrich Jasomirgott verzichtet auf den Wiesen von Barbing östlich von Regensburg auf das Herzogtum Bayern, der bayerische und sächsische Herzog Heinrich der Löwe verzichtet auf Österreich. →

14. 6. 1158. Im sog. Augsburger Schied, einer von Kaiser Friedrich I. Barbarossa auf einem Reichstag in Augsburg ausgestellten Urkunde, wird München erstmals erwähnt. →

GESTORBEN:

15. 2. 1152. Bamberg: Konrad III. (*1093/94), römisch-deutscher König.

22. 9. 1158. Kloster Morimond/ Frankreich: Otto von Freising (* um 1111/14), Bischof von Freising seit 1138. →

Herzog Heinrich der Löwe

Juni 1154. Die Welfen hatten Bayern 1138 verloren, und bis der Welfe Heinrich XII., der Löwe, es nach rund anderthalb Jahrzehnten auf dem Reichstag zu Goslar übertragen erhält, regierten die Babenberger, deren Markgrafschaft Österreich ja ein Teil Bayerns war.

Sachsen hatte Heinrich X., der Stolze, vor seinem Tod für den Sohn Heinrich den Löwen retten können (und 1142 wurde es ihm offiziell verliehen), Bayern aber blieb verloren. Dort regierte Leopold IV., sodann – für kurze Zeit – König Konrad III. selbst, dem sein Halbbruder Heinrich Jasomirgott folgte.

Der hatte, ehe er Herzog wurde, Gertrud, die Witwe von Heinrich dem Stolzen, geheiratet und war dadurch zum Stiefvater des etwa 13jährigen Heinrich XII. geworden.

Als dem Herzog die Frau im Frühjahr 1143 nach kurzer Ehe im Kindbett starb, meinten die Welfen, daß Bayern nun wieder an sie übergehen sollte. Vor allem der streitbare Graf Welf VI. wollte sich nicht mit dem Verlust abfinden. Aber König Kon-

König Friedrich I. Barbarossa auf der Goldbulle für Heinrich den Löwen

rad III. weigerte sich, seinen babenbergischen Verwandten abzusetzen, und auch Friedrich Barbarossa, der 1152 König wurde, hatte Schwierigkeiten, dem jungen Welfen zu seinem Land zu verhelfen – er ist ja mit beiden Familien verwandt.

Jetzt endlich, auf dem Reichstag zu Goslar, kann er zwei Jahre nach seiner Krönung dem Welfen das Herzogtum übertragen. Damit ist Heinrich der Löwe aber noch nicht in sein Amt eingeführt (→8.9.1156).

Bayern endgültig in welfischer Hand

8. September 1156. Nach mühseligen Verhandlungen hat Kaiser Friedrich I. Barbarossa den Babenberger Heinrich Jasomirgott dazu gebracht, auf Bayern zu verzichten (→September 1156). Erst jetzt, mehr als zwei Jahre nach dem Reichstag von Goslar, ist Heinrich der Löwe, Herzog von Sachsen, auch Herr in Bayern.

Die Goslarer Entscheidung vom → Juni 1154 anzuerkennen, hatte sich Herzog Heinrich Jasomirgott heftig gewehrt, und auch viele Adelige waren mit dieser Entscheidung unzufrieden. Doch zum Schlichten blieb Barbarossa zunächst keine Zeit, da er bereits im Herbst nach Italien reiste – u. a., um sich zum Kaiser krönen zu lassen. In seiner Begleitung reisten damals Heinrich der Löwe sowie die beiden Wittelsbacher Grafen Otto V. und Otto VI.

Heinrich Jasomirgott aber saß verärgert daheim und unterschrieb seine Urkunden selbstbewußt (und ein wenig außerhalb der Legalität) als Herzog von Bayern und Markgraf von Österreich.

Otto von Wittelsbach beweist Kaisertreue

Sommer 1155. Daß er sich auf den Pfalzgrafen Otto von Wittelsbach verlassen kann, erfährt Kaiser Friedrich I. Barbarossa in der Veroneser Klause, wo der Bayer ihn und seine Soldaten durch ein kühnes Unternehmen rettet.

Barbarossa (mit Otto durch eine gemeinsame ungarische Urgroßmutter verwandt) befindet sich auf dem Rückmarsch von Italien, wo er in Rom von Papst Hadrian IV. zum Kaiser gekrönt worden war, nach Deutschland. Bei Volargne und Ceraino, wo die Berge so nahe aneinanderrücken, daß nur ein schmaler Durchgang bleibt, versperrt eine Räuberbande den Weg der Kaiserlichen. Hoch vom Berg herab fordert ihr Anführer Alberich einen reichen Wegzoll.

Da ein direkter Angriff nicht möglich ist, bezwingt Pfalzgraf Otto mit zweihundert ausgesuchten Kriegern auf Umwegen das Massiv: Einer steigt auf die Schultern des andern, aus Lanzen bildet man Leitern, und zuletzt sind die bayerischen Alpinisten auf einem

Otto von Wittelsbach rettet in der Veroneser Klause das Reichsheer (Bildteppich von Peter Candid, 1609; Münchner Residenz)

Bergkegel über den Wegelagerern. Denen aber bleiben nun noch Flucht oder Kapitulation. Etliche Räuber stürzen die steile Felswand hinab in den Tod, alle anderen werden gehängt.

Einen weiteren Beweis seiner Treue liefert der streitbare, cholerische Wittelsbacher seinem Kaiser

zwei Jahre später auf dem Reichstag zu Besançon.

Als der Legat aus Rom den Eindruck erweckt, die Kaiserkrone sei ein Lehen des Papstes, stürzt sich der bayerische Pfalzgraf mit dem Schwert auf ihn. Nur das Eingreifen des Kaisers rettet dem Gottesmann das Leben.

Augsburg erhält erstes Stadtrecht

21. Juni 1156. Die Rechtsverhältnisse in Augsburg sind um die Mitte des 12. Jh. unklar. Um die Zuständigkeiten von Bischof, Vogt und Burggraf gegeneinander abzugrenzen und jedem seine Rechte und Pflichten anzuweisen, stellt Kaiser Friedrich I. Barbarossa zu Nürnberg eine Urkunde aus, mit der er das erste Stadtrecht von Augsburg erläßt. Stadtherr ist, und daran läßt das Dokument keinen Zweifel, der Bischof – dessen Macht allerdings auch ihre Grenzen hat.

Er besitzt zwar die Zollfreiheit, ist zuständig für die Sicherheit der Stadttore, überwacht die Maße und Gewichte, kann auch Geld- und Haftstrafen verhängen, doch sein Amt erlaubt es ihm nicht, auch die Todesstrafe auszusprechen.

Während der Vogt den Bischof in den Gerichtsverfahren vertritt, ist für die kleine, alltägliche Kriminalität der Burggraf, der »comes urbanus«, zuständig. Seine Einsetzung wie auch die des Münzmeisters erfolgt auf Bitten der Ministerialen, der Bürger (»urbani«) und des übrigen Volkes.

Muß hier der geistliche Stadtherr die Macht teilen, so hat er doch die Möglichkeit, den Vogt wie auch den Burggrafen abzusetzen.

Bayern getrennt von Österreich

September 1156. Heinrich Jasomirgott betritt die Hauptstadt nicht mehr. Er lagert draußen vor Regensburg, bei Barbing, und dort erhält er die Markgrafschaft Österreich, als Lehen, die vom Herzogtum Bayern abgetrennt wird.

Um seine Bereitschaft zu zeigen, nach 13 Jahren das Herzogtum Bayern wieder zurückzugeben, überreicht der Babenberger dem Kaiser sieben Fahnenlanzen, die von Barbarossa an den neuen Herzog als Zeichen der bayerischen Würde weitergegeben werden. Der Empfänger aber gibt zwei Fahnen wieder zurück – sie versinnbildlichen Österreich und drei Grafschaften, das Land also, in dem Jasomirgott regiert. Dessen Markgrafschaft wird in ein Herzogtum umgewandelt. In dem sog. Privilegium minus (wahrscheinlich einer Fälschung) wird u.a. die Erbfolge zugesichert.

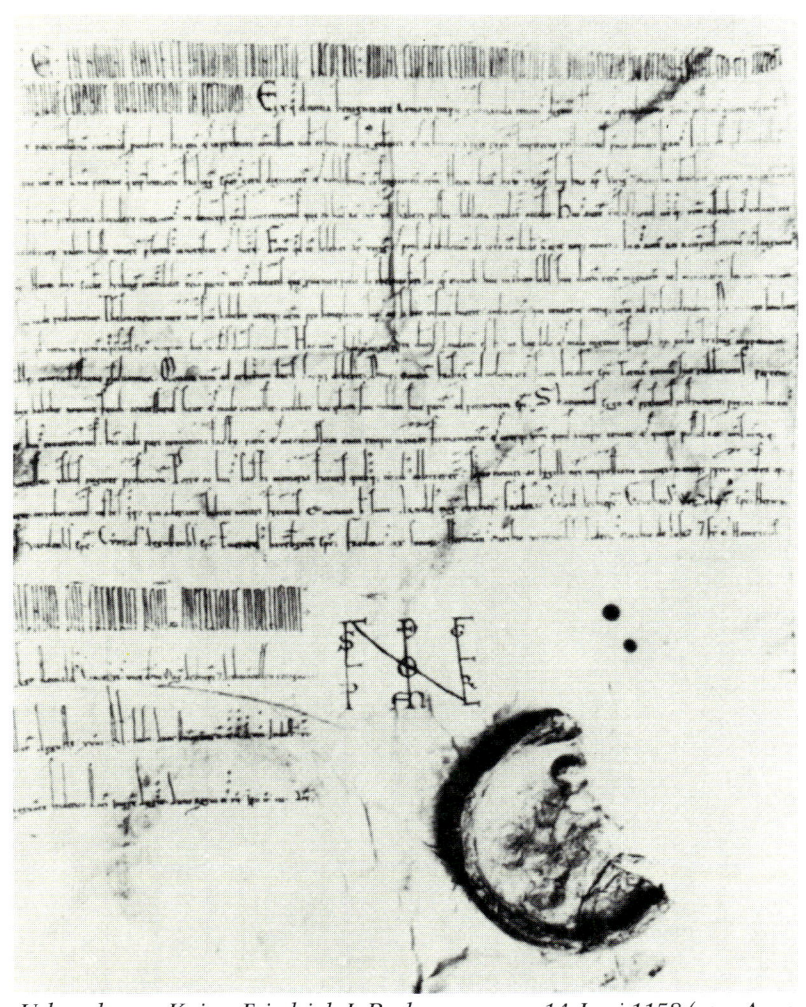

Urkunde von Kaiser Friedrich I. Barbarossa vom 14. Juni 1158 (sog. Augsburger Schied), in der zum ersten Mal Munichen (München) genannt wird

München erstmals erwähnt

14. Juni 1158. Der Bischof von Freising besitzt eine gute und sichere Einnahmequelle: die Brücke bei Oberföhring. Dort überqueren die von Berchtesgaden kommenden, nach Norden und nach Westen fahrenden Salzwägen die Isar – der bischöflich-freisingische Zöllner braucht nur seine Hand aufzuhalten und kassiert viel Geld.

Die Fahrzeuge sind lange auf herzoglich-bayerischen Straßen unterwegs, ehe sie, kurz vor Passieren der Brücke, ins freisingische Gebiet überwechseln, das sie dann, nach Entrichtung des Zolls, auch bald wieder verlassen.

Daß der Bischof kassiert, meint Heinrich der Löwe, sei nicht gerechtfertigt. Der Einsicht folgt die Tat: Heinrich, seit noch nicht einmal zwei Jahren im Besitz Bayerns, schickt Soldaten los und läßt die Brücke bei Feringa (Oberföhring) zerstören. Die Salzhändler aber lotst er auf einer wenige Kilometer weiter südlich gelegenen Trasse zu einer anderen Brücke – einer Brücke, die sich in seinem Besitz befindet.

Der Bischof klagt bei der Majestät, und Kaiser Barbarossa muß nun in einer kniffligen Frage entscheiden: Soll er seinem Onkel, Bischof Otto von Freising, recht geben, oder dem mächtigen Landesfürsten, seinem Vetter Heinrich?

Am 14. Juni 1158, auf einem Reichstag zu Augsburg, läßt er sein salomonisches Urteil auf einem 43 x 45 cm großen Pergament protokollieren: Feringa verliert Markt, Zollbrücke und Münze, Munichen, wo Heinrichs Brücke steht, muß von den Zolleinnahmen, die es erwirbt, ein Drittel nach Freising überweisen. Der Streit ist damit beigelegt.

Die Zeilen, in denen dieser sog. Augsburger Schied festgehalten ist, sind das älteste Dokument, in dem Munichen (München) genannt wird.

Weltgeschichte in der »Kaiserchronik«

Um 1150. Auf Originalität legt der Autor in seiner »Kaiserchronik« keinen Wert, und so übernimmt er recht unbesorgt, was er in verschiedenen Handschriften findet.

Er holt sich viele Verse aus dem »Annolied«, kopiert Legenden und macht unlautere Anleihen bei anderen Chronisten. So schreibt er in Regensburg seine weltgeschichtlichen Betrachtungen und versteckt sich selbst dabei so sehr, daß nie mehr zu erfahren ist, ob er sein Werk alleine oder mit Hilfe einiger gelehrter Herren verfaßt hat.

In 17 283 Reimpaaren wird die Geschichte von der Gründung Roms bis zur Kreuzzugspredigt des Bernhard von Clairvaux im Jahr 1147 behandelt. Dann bricht das Werk ab. In seiner Gesamtkonzeption folgt das Werk der Tradition lateinisch-christlicher Geschichtsschreibung, in der Geschichte als Kaisergeschichte dargestellt wird. Diese wird aber zugleich in den göttlichen Heilsplan einbezogen und der Idee von der Verwirklichung des Gottesreiches untergeordnet: Kaisergeschichte wird Heilsgeschichte. Um diesen religiösen Bezug herzustel-

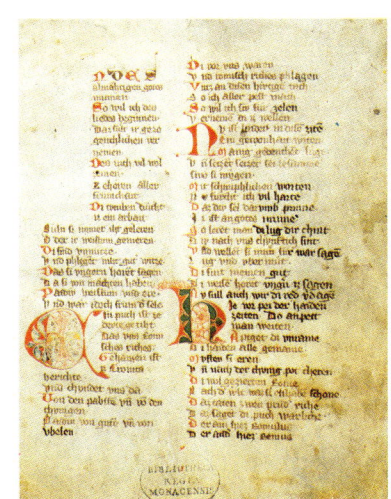

Seite aus der »Kaiserchronik« (vermutlich mehrere Autoren)

len, wird der historische Bericht von zahlreichen Erzählungen und Legenden unterbrochen, die über die Wirklichkeit hinaus auf eine höhere, auf die Realität des Gottesreiches weisen. Ihm zu dienen erscheint als oberstes Gesetz auch für den weltlichen Herrscher; das Ideal ist die Einordnung der »civitas terrena« in die »civitas Dei«.

Otto von Freising – Bischof und Weltdeuter

22. September 1158. Bischof Otto von Freising kehrt an den Ort zurück, an dem er 1133 in den asketischen Orden der Zisterzienser eingetreten war. Und während dieses Aufenthaltes in dem burgundischen Kloster Morimond (dessen Abt er früher einmal gewesen war) stirbt Otto, noch nicht 50 Jahre alt. Die Berufung auf den Freisinger Bischofsstuhl 20 Jahre zuvor konnte dem babenbergischen Markgrafensohn – einem Bruder der bayerischen Herzöge Leopold IV. und Heinrich Jasomirgott – das Wissen um die Hinfälligkeit allen menschlichen Tuns nicht nehmen, und so trug er auch als Oberhirte und bis zu seinem frühen Tod das Ordenskleid der Zisterzienser.

Von dieser Überzeugung zeugt auch ein Buch, das ihn zu einem der bedeutendsten Geschichtsschreiber des deutschen Mittelalters gemacht hat: die »Chronica sive Historia de duabus civitatibus«, (Chronik oder Geschichte der zwei Reiche).

In diesem wahrscheinlich auf Bitten des Abtes von Ottobeuren in der Zeit zwischen 1143 und 1147 verfaßten und von Augustinus beeinflußten Werk wird die Weltgeschichte gedeutet als der Kampf zwischen zwei Reichen – dem Reich des himmlischen Jerusalem

Federzeichnung aus einer Abschrift der »Chronica sive Historia de duabus civitatibus« (Chronik oder Geschichte der zwei Reiche) von Otto von Freising, sie stellt den römischen Kaiser Augustus auf seinem Thron sitzend dar (aus einer Abschrift der Chronik Anfang des 13. Jh., Elsaß oder Italien)

und dem Reich des vom Teufel beherrschten Babylon. Die Zeit, meint Otto von Freising, nähere sich nun ihrem Ende, und der Blick auf diese wohl letzte irdische Epoche ist voller Pessimismus.

Nach der Fertigstellung dieser philosophischen Weltdeutung erbittet sich der Freisinger Oberhirte 1156 Unterlagen aus der Kanzlei seines seit vier Jahren regierenden Neffen, Friedrich I. Barbarossa. Da er selbst aus hohem Hause stammt – der markgräfliche Vater wird hei-

liggesprochen, die Mutter ist eine Tochter von Kaiser Heinrich IV. – kann er, mit vielen wichtigen Dokumenten ausgestattet, kundig und kenntnisreich über die Anfänge von Barbarossas Regierungszeit schreiben – über eine Zeit, von der Otto, der Pessimist, viel Gutes für das Reich erwartet. Das Buch »Gesta Friderici imperatoris« (Die Taten Kaiser Friedrichs) kann der Kaiseronkel nicht mehr zu Ende schreiben. Diese Aufgabe besorgt sein Sekretär Rahewin.

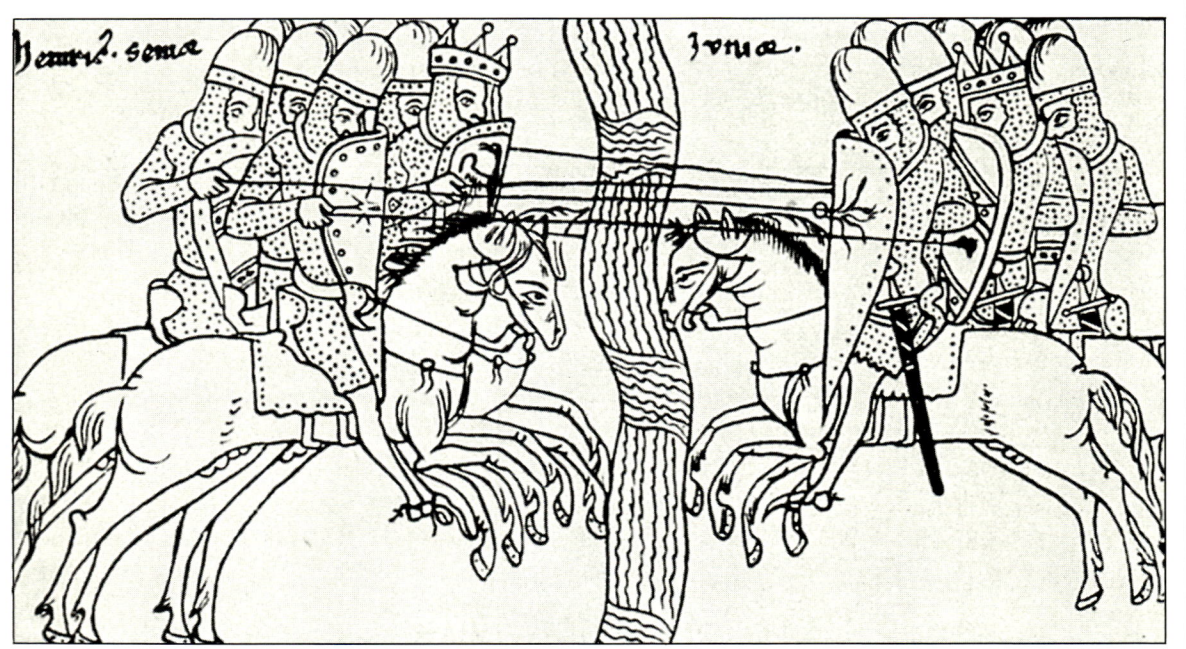

Miniatur aus der »Weltchronik« von Otto von Freising: Begegnung zwischen König Heinrich IV. und seinem abtrünnigen Sohn, dem späteren Heinrich V.: »…Vater und Sohn lagen sich am Regen feindlich gegenüber…«

Rittergeschichte von »König Rother«

Um 1150. Ein norddeutscher Spielmann, ein nach Bayern zugewanderter literarischer Gastarbeiter, erzählt irgendwann zwischen 1140 und 1160 den beim Waginger See ansässigen Grafen von Tengling die recht anachronistisch zubereitete, 75 Pergamentseiten füllende Geschichte vom »König Rother«: Er, der Herr von Bari, will die byzantinische Königstochter heiraten. Vor dem Happy-End sind natürlich in den 4869 Verszeilen viele abenteuerliche Hindernisse zu überwinden – alles in allem eine Geschichte so recht nach Rittersart.

Seite aus dem Spielmannsepos »König Rother« (Pergament)

Würzburger Bischof will mehr Macht

10. Februar 1156. In der Urkunde, mit der er Schwäbisch-Hall das Marktrecht verleiht, schreibt Bischof Gebhard von Würzburg von seinem »Herzogtum«. Der Anspruch ist nicht neu, denn schon der vor zehn Jahren verstorbene Bischof Embricho hatte sich auf Münzen »dux«, also Herzog nennen lassen. Nun freilich · ist dieser Titel mit kaiserlicher Zustimmung aktenkundig gemacht. In der politischen Wirklichkeit gewinnt er allerdings keine Bedeutung, auch nicht unter Bischof Herold, dessen Gebiet Kaiser Barbarossa 1168 – angeblich – »Bistum und Herzogtum Würzburg« (»per episcopatum et ducatum Wirceburgensem«) nennt.

1160

Um 1160. Ein unbekannter Verfasser, vielleicht aus Kloster Tegernsee, schreibt das »Spiel vom Antichrist«. →

Um 1160. Der später in die Pfarr- und Wallfahrtskirche Heilig Kreuz in München-Forstenried übergeführte Kruzifixus entsteht.

Nach 1160. Ein Unbekannter, der sich Metellus nennt, verfaßt die »Quirinalia«, eine sechsteilige hagiographische Dichtung zu Ehren des Tegernseer Klosterpatrons. Vielleicht verbirgt sich hinter diesem Metellus Abt Rupert I. von Tegernsee.

1161. Bischof Konrad von Passau vereinigt die beiden rechtlich getrennten Stadtkomplexe von Passau, Domburg und Niedernburg.

Um 1164. Die vierschiffige Krypta des Doms zu Freising wird vollendet, eine der bedeutendsten des deutschen Hochmittelalters. Die Inschrift »LIVTPREHT« an einer der Säulen – darunter eine sog. Bestiensäule – nennt vermutlich den Namen des Steinmetzen. →

Nach 1164. Graf Siboto IV. läßt im »Falkensteiner Codex« seinen Besitz aufschreiben. →

Mai 1165. Auf dem Reichstag zu Würzburg veranlaßt Kaiser Barbarossa alle weltlichen und geistlichen Fürsten zu dem Eid, Papst Alexander III. dürfe nicht anerkannt werden. Herzog Heinrich der Löwe legt als erster den Eid ab.

29. 3. 1166. Kaiser Friedrich I. Barbarossa hält in Laufen, das 1041 erstmals als »urbs« (Stadt) erwähnt worden ist, einen Hoftag ab. →

August 1167. Bei einer Seuche im kaiserlichen Heer während des vierten Italienzugs von Kaiser Friedrich I. Barbarossa kommen der bayerische Graf Welf VII. u. a. ums Leben.

1168. Herzog Heinrich der Löwe von Bayern und Sachsen heiratet die englische Königstochter Mathilde. Der Löwe steht auf dem Höhepunkt seiner Macht.

Um 1169. Pfalzgraf Otto von Wittelsbach heiratet Agnes, die Tochter des Grafen Ludwig II. von Loon (oder Loos).

GESTORBEN:

3. 11. 1162. Erbo I. (* ?), Abt von Prüfening; während seiner Amtszeit begann die Blütezeit der Buchmalerei, für die Prüfening berühmt ist.

27. 6. 1169. Reichersberg/Oberösterreich: Gerhoh von Reichersberg (* 1092/93, Polling/Oberbayern), katholischer Theologe. →

Hoftag verurteilt Konrad von Salzburg

29. März 1166. Papst Alexander III. hat in seinem Kampf gegen Kaiser Friedrich I. Barbarossa und die von ihm unterstützten Gegenpäpste einen treuen Gefährten – Erzbischof Konrad von Salzburg. Nachdem alle Versuche des Kaisers, den Oberhirten in sein Lager zu holen, gescheitert sind, findet am 29. März 1166 auf Konrads Gebiet, in der durch Salzhandel reich gewordenen Stadt Laufen, ein letzter Versuch statt, die Angelegenheit zu regeln. Der Erzbischof erscheint aber nicht zu dem Hoftag. So wird er von den versammelten Fürsten – darunter Heinrich der Löwe, der Herzog von Bayern – in Acht getan. Die Besitzungen der Salzburger Kirche werden den kaisertreuen Adeligen zur Beute vorgeworfen.

Bestiensäule im Freisinger Dom

Um 1164. *Am Palmsonntagmorgen des Jahres 1156 brach im Osten Freisings ein Brand aus, der Stadt und Dom zerstörte. Der Wiederaufbau begann sehr schnell; um 1164 (vielleicht sogar schon 1161), lange vor dem Dom, wird die vierschiffige Krypta geweiht. Insgesamt 28 Tuffsteinsäulen tragen das Gewölbe, und bei jeder ist das Kapitell anders gestaltet. Einer der Steinmetze will nicht nur den oberen Abschluß bearbeiten, und so meißelt er aus dem Säulenschaft Menschen und Dämonen. Mit dieser 2,30 m hohen »Bestiensäule« (Abb.) schafft er eines der bedeutendsten, aber auch rätselhaftesten Kunstwerke der bayerischen Romanik.*

Vermögensverzeichnis »Falkensteiner Codex«

Nach 1164. Graf Siboto IV. von Neuburg-Falkenstein, Herr über große Besitzungen im Chiemgau, um Mangfall und Inn sowie in Niederösterreich, ist ein gewissenhafter Herr, und so läßt er in einem Verzeichnis alles festhalten, was ihm gehört und was seine beiden unmündigen Söhne erben sollen. Neben den Ländereien und Einkünften, die den Wohlstand der Familie ausmachen, wird in der um 1164/70 (vielleicht aber auch erst 1170/90) im Kanonikerstift Herrenchiemsee geschriebenen Vermögensliste auch Beiläufiges registriert:

Auf dem Besitz Neuburg gab es demnach zum Beispiel: »6 silberne Becher mit Deckel und 5 Silberschalen ohne Deckel, 3 silberne Trinkgefäße mit Deckel und 4 ohne Deckel, 2 silberne Löffel, 15 Harnische, 8 eiserne Beinschienen, 60 Lanzen oder Spieße, 4 Helme, 6 Trompeten, 20 Federbetten, 3 Spielbretter« und vieles andere mehr.

Die 40 Blatt dieses »Falkensteiner Codex« bilden das erste Vermögensverzeichnis einer adeligen Familie; sie sind eine wertvolle historische Quelle.

Unter den 25 zum Teil kolorierten Federzeichnungen findet sich auch eine Miniatur, die den Grafen, seine aus Niederösterreich stammende Frau und seine zwei Söhne zeigt. Sie gilt als das älteste deutsche Familienbild.

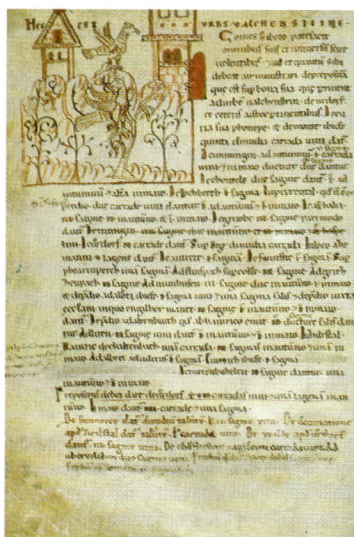

Drei Seiten des »Falkensteiner Codex«, eine Vermögensliste, die Graf Siboto IV. von Neuburg-Falkenstein über seine Besitzungen im Chiemgau, Mangfall, Inn sowie in Niederösterreich anfertigen ließ (Mitte 12. Jh.)

Theologe Gerhoh von Reichersberg tot

27. Juni 1169. Die vielen Schriften, in denen er gegen die Verweltlichung des Klerus kämpfte, haben den im oberösterreichischen Kloster Reichersberg verstorbenen Gerhoh zu einem der großen Theologen seiner Zeit gemacht.

Als Augsburger Domherr wollte sich der zu Polling geborene Gerhoh nicht damit abfinden, daß Geistliche an weltlichen Gütern Gefallen finden. Da er damit auch seinen Bischof Hermann angriff, mußte er sich 1121 – er war 28 Jahre alt – in das Kloster Rottenbuch flüchten.

Einige Jahre später kam es zwar zu einer Versöhnung, doch Gerhohs Weg war vorgezeichnet. Im Jahr 1124 trat er ins Kloster Rottenbuch ein, 1126 wurde er Seelsorger in Cham. Immer aber blieb Gerhoh der Streiter gegen Mißbräuche des geistlichen Amtes. Seine Kritik verärgerte die Oberen, man wollte ihn verurteilen, doch Gönner verhalfen ihm zur Flucht. 1132 vermachte ihm der Salzburger Erzbischof die Propstei Reichersberg.

Tegernseer Mönch verfaßt Weltendrama

Um 1160. Der Dichter, wahrscheinlich ein Tegernseer Mönch, hat eine sehr hohe Meinung vom Rang des römisch-deutschen Kaisers. Im »Spiel vom Antichrist«, dem »Ludus de Antichristo«, das` er um 1160 schreibt (und das später einmal im Kloster Tegernsee gefunden wird) setzt er ihn über die anderen Herrscher der Welt.

Das Spiel beginnt mit einer Regieanweisung: »Der Tempel des Herrn und sieben Königsthrone sollen zuerst errichtet werden…«

Der Kaiser, »imperator Romanus«, sitzt auf einem dieser Stühle; am Ende des ersten Teils ist er der Herr der Welt. Aber er verzichtet auf diese Würde: Krone und Zepter legt er am Altar nieder – Christus ist der wahre Herrscher über die Welt.

Im zweiten Teil dieses gesungenen apokalyptischen Weltendramas – dem wohl bedeutendsten Schauspiel des Mittelalters – tritt der Antichrist auf, und die Welt scheint ihm zu folgen. Auf dem Höhepunkt aber, am Ende der insgesamt etwa 400 Versezeilen, stürzt er unter Donnergrollen, das Gute siegt.

1170
1170–1179

Um 1170. Die erste Münchner Stadtmauer entsteht. Sie umschließt die »Heinrichsstadt«. →

Um 1170. Bei einer Schenkung zu Wörnbrunn werden erstmals Münchner Bürger namentlich genannt. →

Um 1172. Der Pfaffe Konrad übersetzt – vermutlich in Regensburg – das altfranzösische »Rolandslied« ins Deutsche. →

1172. Herzog Heinrich der Löwe von Bayern und Sachsen unternimmt eine Pilgerfahrt nach Jerusalem. Am byzantinischen Kaiserhof wird er glänzend empfangen.

1172. Der Priester Wernher verfaßt in bayerischer Mundart seine Dichtung »Driu liet von der maget«. Das mehr als 4900 Verse umfassende Werk, untergliedert in drei Teile (»liet«), ist die erste erhaltene Mariendichtung deutscher Sprache.

1173/74. Für Nürnberg ist ein Schultheiß bezeugt und damit das Bestehen eines Stadtgerichts erkennbar.

1174. Graf Welf VI. verkauft seine italienischen Lehen (Markgrafschaft Tuszien und Herzogtum Spoleto) an Kaiser Friedrich I. Barbarossa.

Um 1175. Die Regensburger Burggrafen gehören zu den frühesten Dichtern des deutschen Minnesangs. →

1176. Die romanische Kirche zu Steingaden wird geweiht. →

Frühjahr 1176. Herzog Heinrich der Löwe von Bayern und Sachsen verweigert in Chiavenna Kaiser Friedrich I. Barbarossa die Waffenhilfe. →

29. 5. 1176. Kaiser Friedrich I. Barbarossa wird bei Legnano von einem Heer des lombardischen Städtebunds geschlagen.

Januar 1179. Herzog Heinrich der Löwe muß sich vor einem Reichstag in Worms einem Rechtsverfahren stellen. →

GESTORBEN:

25. 3. nach 1173: Wolfger von Prüfening (*?), Chronist, Archivar, Schatzmeister, Bibliothekar und Schreiber in Regensburg-Prüfening; Hauptwerke: »Regensburger Annalen«, »De scriptoribus ecclesiasticis«.

GEBOREN:

Um 1170. Eschenbach bei Ansbach: Wolfgram von Eschenbach (†um 1220, Eschenbach), mittelhochdeutscher Dichter.

23. 12. 1174. Kelheim: Ludwig I., der Kelheimer (†15. 9. 1231, Kelheim), Herzog von Bayern.

1175/77. Burg Bodenlauben?/ Bad Kissingen: Otto von Botenlauben (†1244), Minnesänger.

Heinrich demütigt Kaiser

Frühjahr 1176. Der in Oberitalien von den Lombarden bedrängte Kaiser Friedrich I. Barbarossa bittet seinen Vetter, den mächtigen Herzog Heinrich von Bayern und Sachsen, um Soldaten. Doch Heinrich der Löwe lehnt ab.

Die Begegnung der beiden hohen Herren findet im Frühjahr 1176 in der nördlich des Comer Sees gelegenen Burg von Chiavenna statt. (Es gibt allerdings auch einen Bericht, der dies für die künftige bayerische Geschichte so bedeutsame Zusammentreffen zwischen Kaiser und Herzog in Garmisch stattfinden läßt.)

Nach dem Vorfrieden, der mit den lombardischen Städten im April 1175 in Montebello geschlossen

die Krone des Reiches zu euren Füßen liegen, eines Tages wird sie auf euer Haupt kommen.«

Dieses Treffen von Chiavenna und die Anekdote werden allerdings von keinem Zeitgenossen überliefert, doch wenn die Aufzeichnung auch aus einer etwas späteren Zeit stammt – das Zusammentreffen mag so oder ähnlich tatsächlich stattgefunden haben.

Kaiser Barbarossa, von seinem Herzog verlassen, wird einige Monate später, am 29. Mai, in der Schlacht bei Legnano von einem Heer des lombardischen Städtebunds besiegt. Der Welfenherzog aber verliert die kaiserliche Gunst. Kaiser Friedrich war bisher seinem etwa sieben Jahre

Heinrich der Löwe (l.; Stich nach dem Standbild im Braunschweiger Dom), Herzog von Bayern und Sachsen, und Kaiser Friedrich I. Barbarossa

wurde, hatte der Kaiser einen Teil der Truppen heimgeschickt. Diese Soldaten aber fehlten, als der Krieg von neuem ausbrach.

Die Majestät, berichtet eine Chronik, sei vor Heinrich auf die Knie gefallen und habe gebeten, er möge ihm in dieser verzweifelten Lage helfen. Doch der Herzog – ein mächtiger, sehr selbstbewußter und wohl auch überheblicher Landesfürst – weigert sich, angeblich weil ihm Goslar nicht zugesprochen wurde. Nach einer anderen Darstellung sagt er dem Kaiser, er sei zu erschöpft, um in den Krieg zu ziehen.

Als Barbarossa vor seinem jüngeren Vetter kniet, soll ein welfischer Adliger den Herzog davon abgehalten haben, Barbarossa mit einer Geste zu sich hochzuheben: »Laßt, Herr,

jüngeren Vetter immer wohlgesonnen gewesen. So hatte er mit dem Herzogtum Bayern belehnt, das die Welfen 1138 verloren hatten (→Mai 1154; 8. 9. 1156); außerdem war er – seine kaiserlichen Interessen hintanstellend – einverstanden gewesen, daß der Löwe in einigen Bistümern Norddeutschlands die Bischofsinvestitur ausübte. Und als dann einige Fürsten gegen Heinrichs aggressive Politik antraten, stand die römisch-deutsche Majestät auf der Seite des welfischen Vetters.

Der wurde auf solche Weise immer mächtiger. Er dehnte Macht und Besitz im Norden weiter aus (während er sich um Bayern nur wenig kümmerte) und glaubte schließlich, auf niemanden mehr Rücksicht nehmen zu müssen.

München erhält seine erste Stadtmauer

Um 1170. Vom Südosten her kommen die Salzfuhren, von Westen bringt man den Wein in die Stadt. München ist ein Handelsplatz, an dem gute Geschäfte gemacht werden. Doch der Wohlstand will gesichert sein, und wie andere Städte, so umgibt sich auch München mit einer Mauer.

Der Kreis, der um 1170 (oder vielleicht auch schon früher) gezogen wird, gerät nicht ganz rund; er gleicht eher einem überdimensionierten Hühnerei, das gut 400 m in der einen, aber nur knapp 400 m in der anderen Richtung mißt.

Auf einer Fläche von 17 ha beginnt rund um den späteren Marienplatz die Münchner Stadtgeschichte. (Das römische Augsburg z. B. war etwa doppelt so groß, die Stadtmauer von Nördlingen umschließt 50 ha).

Der Mauer allein, so massiv sie auch gebaut und mit so vielen Wachtürmen sie auch versehen ist, wollen die Münchner nicht vertrauen, und so ziehen sie rings um die Mauer noch einen tiefen Graben, den sie mit der etwa 1000 m entfernt vorbeifließenden Isar verbinden.

An fünf Stellen – jeweils über eine Brücke und durch ein Tor – kann man dieses alte Munichen betreten. Jeder Himmelsrichtung ist ein solcher Aus- und Einlaß zugeteilt, im Osten das Talbrucktor (beim späteren Alten Rathaus), im Westen der Blauententurm (in der Sendlingergasse etwa auf Höhe des Rindermarktes) und im Süden das Kufringertor (auf der Kaufingerstraße, Höhe Augustinerstraße).

Nur im Norden macht man eine Ausnahme und baut zwei Tore und zwei Brücken: den Schäfflerturm an der Kreuzung Wein-/Schäfflerstraße und den Krumbleinsturm an der Diener-/Schrammerstraße.

Der Grund, daß man hier einem größeren baulichen Aufwand treibt, mag die Residenz sein, die in unmittelbarer Nähe zu diesen beiden Aus- und Einlässen liegt.

In dieser sog. Heinrichsstadt (benannt nach Heinrich dem Löwen) wohnen wahrscheinlich an die 2500 Einwohner. Die Siedlung Munichen, wird zunächst noch »villa«, also Dorf genannt.

Die Einlaßtore erlauben es, unerwünschte Besucher abzuweisen. Sie sind aber auch Kontrollstellen. Niemand kann an ihnen vorbei Waren in die Stadt bringen, ohne den fälligen Zoll zu entrichten.

Besonderes Ansehen in Munichen genießt ein Mann Namens Ortolf. Von ihm heißt es, daß er der Verwalter der Mauer sei (»qui preest muro«), also im öffentlichen Dienst

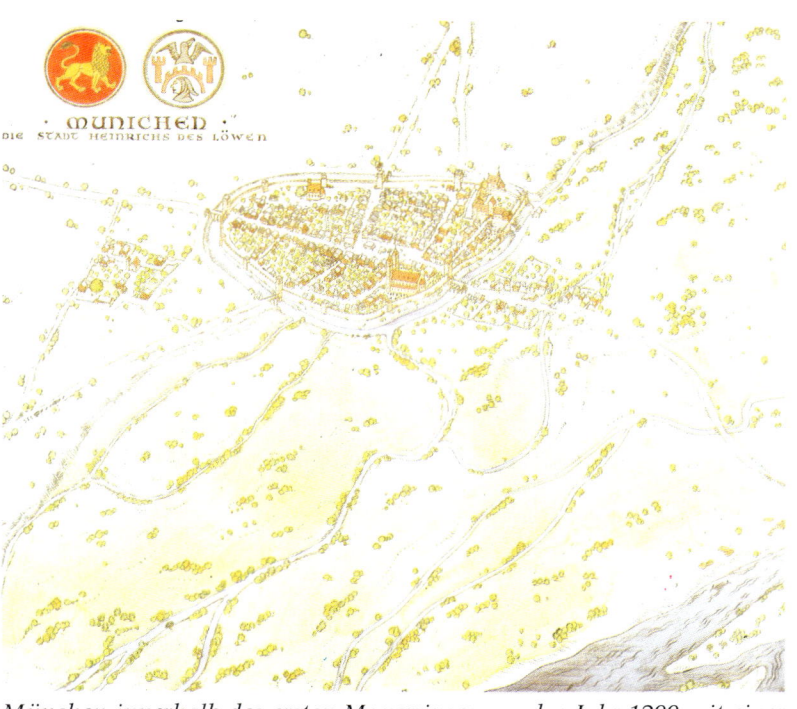

München innerhalb des ersten Mauerringes um das Jahr 1200 mit einer – ovalen – Ausdehnung von rund 400 x 400 m und etwa 2500 Einwohnern

Münchner Bürger bestätigen Schenkung

Um 1170. In Munichen, das seit gut einem Jahrzehnt bekannt ist, wird wenig aufgeschrieben. Man geht seinen einträglichen Geschäften nach, die Salzfuhren kommen und gehen wieder ab, der Weinhandel floriert, und auch von den Münchner Tuchmachern ist früh schon zu hören.

All diese geschäftigen Bürger bleiben zunächst ohne Namen. Nur von einem Mann weiß man, daß er Ortolf heißt und daß er »preest muro«, was bedeutet: Er ist der Münchner Mauerverwalter.

Zeitgenossen dieses städtischen Bediensteten sind wahrscheinlich der Dekan Heribort de Munichen und ein Richter Hainricus. So haben die

irdischen und die geistlichen Dinge in der Siedlung nahe der Isarbrücke von Anfang an ihre Ordnung.

Zwischen 1160 und 1170, vielleicht auch erst im Jahr 1173, schenkt der wittelsbachische Graf Konrad von Valley dem Kloster Schäftlarn einen Bauernhof zu Wörnbrunn bei Gründwald.

Für diese Transaktion von »Werbrehtesbrunnen« holt man sich nicht weniger als 16 Zeugen, die namentlich angeführt werden: Bertholdus de Ezenhusen, Wernhart monetarius, Wernherus der Mammingare, Wernherus der Govman und sein Sohn Wernherus, Hainrich der Scongoware usw.

Die Namen einiger dieser Männer verraten, daß sie zugereist, d.h. wohl keine gebürtigen Münchner sind. Aus Etzenhausen bei Dachau stammt der eine, aus Memmingen ein anderer, ein dritter kommt aus Schongau.

Einige der Zeugen werden mit ihren Berufen vorgestellt. Es gibt einen Wernherus thelonearius – er ist Zöllner und gehört wohl zu denen, die vom Augsburger Schiedsspruch des Jahres 1158 (→ 14.6. 1158) direkten Nutzen ziehen.

Ein anderer der hier genannten ist Fischer, und von einem Friedrich heißt es, er sei »pellifex«, also ein Fellverarbeiter, ein Kürschner.

Verhandlung gegen Heinrich den Löwen

Januar 1179. Auf dem Reichstag zu Speyer hörte sich Kaiser Friedrich I. Barbarossa am 11. November 1178 die Klagen an, die Heinrich der Löwe gegen seine Feinde vortrug; und er hörte auch, was diese Gegner, allen voran der Erzbischof von Köln, wider Heinrich, dem Herzog von Bayern und Sachsen, anführten. Früher war der Kaiser seinem Vetter stets beigestanden, jetzt aber, nach den Erfahrungen von Chiavenna (→ Frühjahr 1176), schlichtet er nicht, sondern eröffnet ein offizielles Rechtsverfahren. Auf dem Reichstag, der für Mitte Januar 1179 nach Worms einberufen wird, soll der Welfe sich rechtfertigen.

Burggrafen dichten empfindsame Verse

Um 1175. Der Burggraf von Regensburg und sein Bruder, der Burggraf von Rietenburg, gehören wahrscheinlich zu den frühen Dichtern des deutschen bzw. des sog. donauländischen Minnesangs.

Die Verse, die den beiden Brüdern zugeschrieben werden, bringen einen neuen, bis dahin kaum gekannten poetisch-empfindsamen Ton in die Literatur – so etwa, wenn ein Liebender seine Abschiedsklage schließt: »...sanfter waere mir der tôt/danne deich [daß ich] ir diene vil/und si des niht wizzen wil«. Nur wenige Verse werden der Nachwelt überliefert, die genaue Identität der adligen Dichter aber bleibt ungeklärt.

Kirchenweihe in Kloster Steingaden

1176. Nahezu 30 Jahre nach der Gründung des Prämonstratenserklosters Steingaden kann die dreischiffige, flachgedeckte Kirche mit den zwei wuchtigen Westtürmen geweiht werden.

Als der 31jährige Graf Welf VI. im Jahr 1147 dieses Hauskloster inmitten des reichen welfischen Besitzes stiftete, hatte er die Hoffnung, daß sein Sohn dieses Werk einmal fortsetzen würde.

Doch neun Jahre vor der Fertigstellung des Gotteshauses starb Welf in Italien. Mit ihm endete auch seine welfische Linie. In Steingaden wurde er beigesetzt.

Konrad dichtet das Rolandslied

Um 1172. *Die Geschichte vom tapferen Roland, die den Franzosen um das Jahr 1100 erzählt wurde, kommt nun auch in den deutschsprachigen Raum. Ein Geistlicher schreibt das »Rolandslied« zu Regensburg in mehr als 9000 Versen auf.*

Bis etwa in die Zeit um 1150 hat man im römisch-deutschen Reich Geistliches gedichtet. Erst in dieser Zeit entstehen, vom Ausland stark beeinflußt, Dichtungen über historische Themen – die »Kaiserchronik« (→ um 1150), das »Alexanderlied« oder das »Rolandslied«. Die Autoren dieser vorhöfischen Epen sind aber noch Geistliche (denn sie sind des Lesens und Schreibens kundig).

Ein Geistlicher ist es auch, der das »Rolandslied« schreibt, und im 9079. Vers, kurz vor Ende seiner Geschichte, nennt er schnell noch seinen Namen:

»Ob iu daz liet gevalle/ sô gedenkket ir mîn alle:/ ich heize der phaffe Chunrat«.

Dieser Pfaffe Konrad, der um gute Nachrede bittet, ist wahrscheinlich ein herzoglich-bayerischer Hofbeamter: ein gelehrter Mann in der Soutane, der sich in der bayerischen Geschichte gut auskennt und sich nicht darauf beschränken muß, das französische Original in seinem Mittelhochdeutsch zu kopieren.

Das Werk ist dem Kleriker aus Regensburg zu weltlich. Er liest darin, wie Roland beim Abzug seines kaiserlichen Onkels, Karl dem Großen, im Sommer 778 die Nachhut bildet und dabei im Tal von Roncevaux in einen vom Stiefvater Genelun gelegten Hinterhalt gerät und im Kampf gegen die heidnischen Sarazenen stirbt.

Die Franzosen haben diese Geschichte als eine Heldensage vom spanischen Kriegsschauplatz niedergeschrieben. Der Pfaffe Konrad sieht darin mehr: Er geht ins Grundsätzliche und sieht in dem, was sich im nordspanischen Roncevaux begeben hat, den Kampf des Christentums gegen die Heiden. Diese Deutung stellt er in den 360 Versen dar, mit denen er sein »Rolandslied« beginnt. (Abb.: Roland in der Schlacht, Miniatur aus dem Rolandslied)

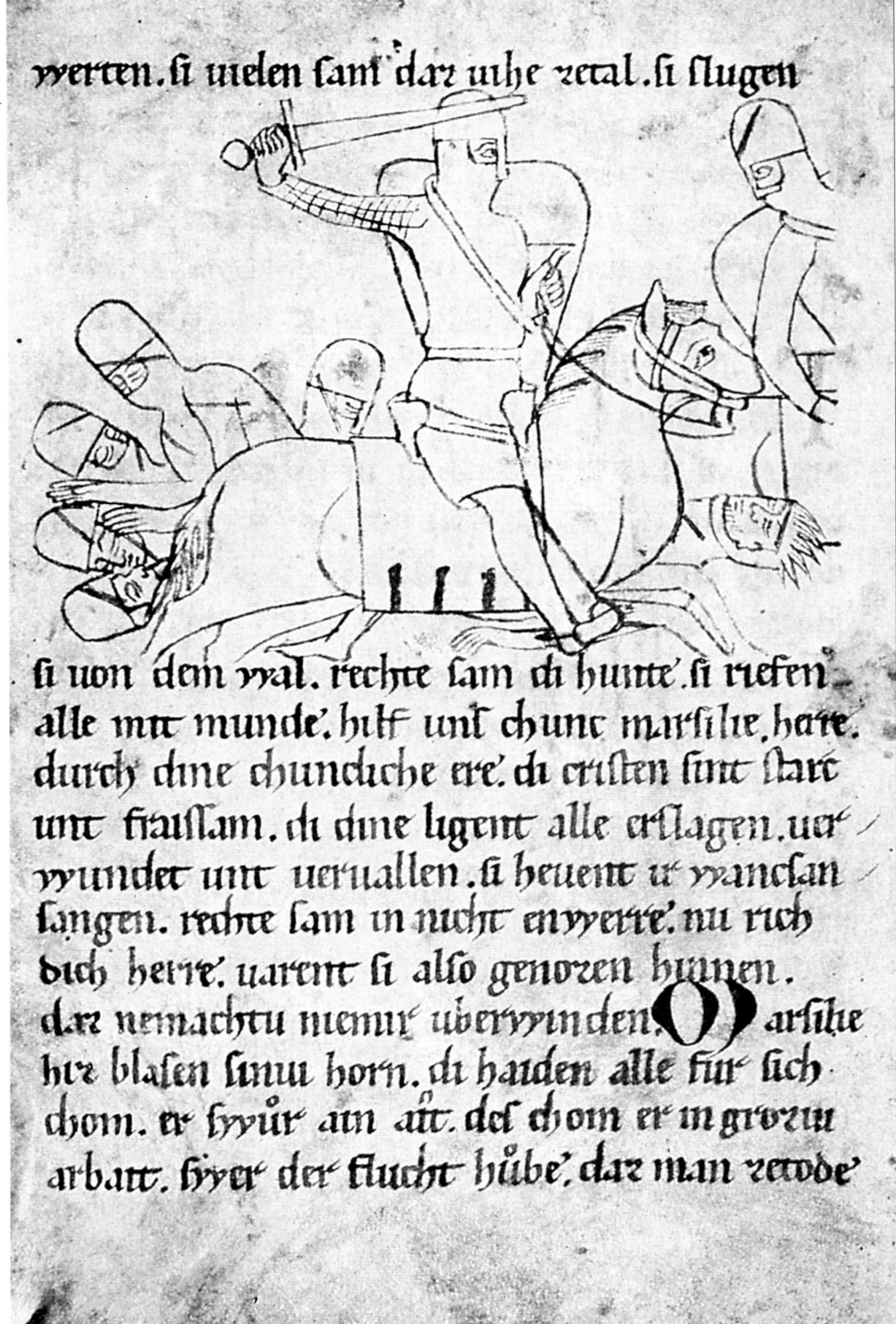

Bayern unter den ersten Wittelsbachern

In den gut zwei Jahrhunderten zwischen der Krönung von König Otto II. (973) und der Bestellung der Wittelsbacher (1180) fehlte in Bayern jegliche Kontinuität im Herzogsamt. Die jeweiligen Herrscher kamen aus insgesamt sechs Dynastien (Schwaben, Luxemburger, Sachsen, Salier, Babenberger, Welfen). Zeitweilig wurde das Herzogtum kommissarisch vom König mitregiert. Von 1056 bis 1061 stand das Land sogar unter der Regentschaft der Kaiserin Agnes. Nach einer Zeit relativ guter Beziehungen zwischen Krone und Herzogshof machten dann im 12. Jh. die Welfen, die für sich mehrfach die Königskrone beanspruchten, wieder enorme Schwierigkeiten. Der Ärger mit ihnen war schließlich so unerträglich, daß Kaiser Friedrich I. Barbarossa an einen gänzlichen Neubeginn dachte. Er setzte Heinrich den Löwen ab und an seiner Statt in Altenburg (Thüringen) den Grafen Otto von Wittelsbach ein. Die Belehnung fand am 16. September 1180 statt. Dieses für Bayern so wichtige Datum (immerhin regierten die Wittelsbacher das Land ununterbrochen bis 1918) überliefert als einziger Chronist der Regensburger Domkanoniker Hugo von Lerchenfeld.

Die Wittelsbacher nannten sich zunächst Grafen von Scheyern und waren alles andere als beliebt. So hatte der Freisinger Bischof und Geschichtsschreiber Otto kein einziges gutes Wort für sie übrig. Unter den Grafen von Scheyern, so schreibt er in seiner Weltchronik, »waren viele, die ihre Macht mißbrauchten«. Zu seiner Zeit »überbietet Pfalzgraf Otto, Sohn eines treulosen und ungerechten Vaters, noch alle seine Vorgänger an Bosheit und läßt bis auf den heutigen Tag nicht nach, die Kirche und ihre Diener zu verfolgen«. Und der Freisinger Bischof fährt fort: »Ich weiß nicht, warum der allmächtige Gott es zugelassen hat, daß fast die ganze Nachkommenschaft des Grafen von Scheyern mißraten und kaum ein Mann oder eine Frau darunter ist – ganz gleich was für ein Gewerbe sie treiben oder welchem Stand sie angehören –, die nicht offene Gewalttätigkeit üben, oder, jedes kirchlichen und weltlichen Ehrenamtes unwürdig, von Diebstahl und Straßen leben oder durch das Betteln ihr trauriges Dasein fristen.« Dieser Auffassung des Freisinger Bischofs, der ja immerhin der bedeutendste Geschichtsschreiber des Mittelalters ist, konnte sich sein Neffe, Kaiser Friedrich I. Barbarossa, nicht anschließen. Sein Gefolgsmann Otto von Wittelsbach, ein Sohn des vom Freisinger Oberhirten so gescholtenen Pfalzgrafen gleichen Namens, hatte ihm nämlich ständig Ergebenheitsbeweise geliefert. Vor allem war ihm unvergeßlich, wie dieser Diplomat und Draufgänger aus Bayern 1155 den sicheren Rückzug des Reichsheeres aus Italien organisierte. Damals ließen ihm Räuberhorden in der Veroneser Klause die Nachricht übermitteln, man werde ihn überfallen, wenn er kein Lösegeld bezahle. Darauf stürmte Otto sogleich »mit einer Schar besonders tüchtiger Leute mit verhüllter Fahne unter Umgehung des Tales unbemerkt den Berggipfel und drückte die Wegelagerer, indem er sie auf ein gegebenes Zeichen hin vom Rücken her mit viel Geschrei überraschend angriff, in den Abgrund«,

wie Abt Otto von Blasien in seiner Chronik berichtet. So gelang es dem Wittelsbacher, Barbarossa freie Bahn zu verschaffen. Herr und Heer zogen damals »im Triumph als Sieger durch das Tal von Trient«, wie der Chronist weiter erzählt.

Schon im Jahr darauf konnte Otto von Wittelsbach als Schwertträger des Kaisers seine Treue und Anhänglichkeit erneut und mit einer spektakulären Geste unter Beweis stellen. Als er sich nämlich zusammen mit Barbarossa in Besançon aufhielt, beleidigten päpstliche Gesandte seinen Herrn. Sie hielten ihm vor, einzig und allein dem Heiligen Vater in Rom sei es zu verdanken, daß er Kaiser geworden sei. Darauf zückte Otto von Wittelsbach das Schwert gegen einen der lautesten Kardinäle, der buchstäblich in letzter Sekunde vor der Attacke gerettet werden konnte.

1158 – im selben Jahr, als in München ein Markt gegründet wurde – bereitete Otto dann einen Kriegszug seines Herrn nach Italien vor. Tatsächlich gingen er und Kanzler Rainald von Dassel mit so viel Geschick vor, daß ihnen eine große Anzahl von Städten versprach, für den Kaiser Partei zu ergreifen. »Sie hielten sogar in Cremona mit den Bischöfen und anderen Fürsten Italiens Reichstage ab«, schreibt Abt Otto von Blasien.

Im Jahr darauf weilte Otto dann abermals in Italien. Er wollte diesmal die anstehende Papstwahl im Sinne des Kaisers organisieren. Allerdings hatte er diesmal überhaupt kein Glück. Sein Kandidat unterlag im Konklave. Freilich mußte der Sieger sofort nach Frankreich fliehen.

Als Barbarossa dann 1180 vor der schweren Entscheidung stand, einen Nachfolger für Heinrich den Löwen zu finden, also das bayerische Herzogtum neu zu besetzen, holte er sich offensichtlich ohne Zaudern den treuen Wittelsbacher, der unter den bayerischen Edelmännern gewiß nicht zu den stärksten zählte. Im Gegensatz zu den Grafen von Andechs oder von Bogen war er nur ein unbedeutender Herr. Doch so ganz schien der Kaiser seinem relativ armen Favoriten auch nicht getraut zu haben: Er schwächte bei der Belehnung Ottos Bayern mit der Abtrennung der Steiermark derart, daß er eine Wiedererstarkung bayerischer Partikularinteressen für ausgeschlossen halten konnte.

Tatsächlich kümmerten sich die Wittelsbacher zunächst mehr um ihre Hausmacht als um das Reich. Dabei war ihnen ein unglaublicher Erfolg beschieden: Nach dem Tod von Herzog Otto I. im Jahr 1183 (der erste Wittelsbacher regierte nur drei Jahre) bereitete nämlich dessen Sohn Ludwig der Kelheimer planmäßig die Vergrößerung seines bescheidenen Hausbesitzes vor. Als erstes kassierte er durch seine Heirat mit der Gräfin Ludmilla von Bogen, die eben Witwe geworden war, weite Teile des Bayerischen und des Böhmerwaldes und ein großes Stück des niederbayerischen Tieflandes, wo er bald die Städte Landshut, Straubing, Bad Abbach und Landau auf- und ausbaute.

Kaum war der ehemalige Besitz der Grafen von Bogen einigermaßen unter Dach und Fach, kam es im Herzogshaus zu einem peinlichen Vorfall. Ausgerechnet ein Wittelsbacher beging den ersten Königsmord in der deutschen Geschichte. Pfalzgraf Otto von Wittelsbach, ein Cousin des Herzogs, tötete in Bamberg 1208 Philipp von Schwaben, den »edlen König« (Walther von der Vogelweide). Erst als im Jahr darauf der Attentäter bei Regensburg entdeckt und sofort erschlagen wurde, beruhigten sich die aufgebrachten Gemüter allmählich wieder.

Indes fuhr Herzog Ludwig der Kelheimer mit seiner Machterweiterung fort. Bereits 1214 tat sich für ihn wieder eine Möglichkeit auf, sein Territorium erheblich auszuweiten. In diesem Jahr starb nämlich der rheinische Pfalzgraf Heinrich II. ohne Kinder. Erben waren seine Schwestern Irmgard und Agnes. Ludwig bemühte sich sofort um Agnes und gab sie seinem Sohn Otto zur Frau. Nach der Hochzeit zog das Paar in die Pfalz, die schließlich durch glückliche Umstände ganz an Bayern fiel (und dort bis 1918 blieb).

Seine innenpolitischen Erfolge verleiteten Ludwig zu einem Schritt in die Reichspolitik. Und das war sein Verhängnis: Als er nämlich 1226, nach dem Tod des ermordeten Erzbischofs Engelbert von Köln, Reichsverweser und Vormund des 15jährigen Kaisersohnes Heinrich (VII.) wurde, verstrickte er sich in den politischen Alltagskampf zwischen Kaiser und Papst und geriet somit – ob begründet oder unbegründet – schnell in den Verdacht, mit der geistlichen Macht in Rom zu paktieren. 1229 kam es zu einem Scharmützel mit Anhängern von Kaiser Friedrich II. an der Donau. 1231 wurde Ludwig dann auf der Donaubrücke in Kelheim ermordet. Man nahm an, daß die Staufer selbst den oder die Täter gedungen hatten.

Ludwigs Sohn und Nachfolger, Otto II., und seine pfälzische Frau Agnes konnten sich zwar auch nicht ganz aus dem Streit im Reich heraushalten, doch sie kümmerten sich mehr um ihr eigenes Haus. Als erstes holten sie sich 1238 die Grafschaft Valley, die nach dem Aussterben dieser Seitenlinie der Wittelsbacher frei geworden war. Das bedeutete, daß zum Hausbesitz der Wittelsbacher auch das Gebiet zwischen Mangfall und Kufstein samt Besitzungen am Starnberger See und jenseits des Brenners kam.

Den spektakulärsten Zugewinn machte Herzog Otto II. aber 1248 mit der Übernahme des Territoriums der Grafen von Andechs, die in diesem Jahr ausstarben. Zu der großen Erbmasse zählten u.a. der ganze Landstrich südlich von München, verschiedene Gebiete um die Innmündung und vor allem die großen und wohlhabenden Abteien Tegernsee, Benediktbeuern und Attel.

Doch selbst mit diesem Coup gab sich Otto nicht zufrieden. Er vertrieb noch den Grafen von Wasserburg und verleibte so die linke Innseite bis Freising und Teile des Chiemgaus seinem Besitz ein. Schließlich holte er sich noch die Grafschaft Kirchberg-Mallersdorf, ein großes Gebiet zwischen Regensburg und Landshut.

Mit dem ungeheuren territorialen Gewinn wurde die einst unbedeutende Dynastie der Wittelsbacher nicht nur zum größten Grundbesitzer in Bayern, sondern zu einem der mächtigsten und einflußreichsten Geschlechter im Heiligen Römischen Reich. Mit Recht konnte Tannhäuser singen, daß sich Herzog Otto II. »mit Königen wohl vergleichen mag«.

Nach dem Tod des Landesherren im Jahr 1253 stürzte das jetzt so renommierte Haus Wittelsbach in seine erste große Krise. Man liest in Annalen, Berichten und Chroniken von häßlichen Szenen, von Bruderkrieg und Gattenmord, von Erbstreitigkeiten und Verpfändungen, Kleingeist und Verschwendung und vor allem von den für die Bevölkerung so schlimmen Landesteilungen, die bis 1506 anhielten. Wittelsbach und Bayern waren in der Folge so geschwächt, daß sie saft- und kraftlos dahinvegetierten.

Nur einmal in diesen 250 Jahren der ständigen Teilungen und der daraus resultierenden Kriege und Übergriffe erhob sich die Dynastie zu einem Höhenflug, der den ganzen Kontinent in Atem hielt. In einer Doppelwahl wurde 1314 vor den Toren Frankfurts Ludwig der Bayer zum deutschen König gewählt. Sein Rivale war der Habsburger Friedrich der Schöne. Den sich abzeichnenden Kampf gewann schließlich Ludwig in der Schlacht bei Ampfing (bei Mühldorf), in der letzten Ritterschlacht auf deutschem Boden. Seiner Truppe gelang sogar noch ein zusätzlicher Erfolg: Friedrich der Schöne geriet in bayerische Gefangenschaft.

Während sich beide Könige aber allmählich anfreundeten, begann jetzt Ludwigs Kampf mit den Päpsten in Avignon. Johannes XXII. ließ ihm mitteilen, daß er den Königstitel zu Unrecht führe. Sollte er ihn nicht binnen dreier Monate ablegen, werde er gebannt. Da Ludwig nicht daran dachte abzutreten, wurde er tatsächlich aus der Kirche ausgeschlossen.

Dessen ungeachtet machte sich der Bayer drei Jahre später zu seinem Kaiserzug nach Rom auf. In Mailand setzten ihm mehrere italienische Bischöfe die eiserne Krone der Langobarden auf, in der Ewigen Stadt wurde er zunächst von zwei gebannten Bischöfen gesalbt und dann von Kardinal Sciarra Colonna mit der Kaiserkrone gekrönt – Wittelsbach am Höhepunkt seiner Macht!

Wieder zu Hause in seiner Residenzstadt München, die seit den Tagen Ludwigs die Reichsfarben Schwarz und Gold im Stadtemblem führt, baute der Wittelsbacher dann eine Akademie auf, die seine politischen Argumente auf ein theoretisches Fundament setzten. Die bedeutendsten Kämpfer an seiner Seite waren die von der Kurie verfolgten Wilhelm von Ockham und Marsilius von Padua. Da der Heilige Stuhl den Abtrünnigen brutale Verfolgung ausrichten ließ, rief Wilhelm von Ockham dem Herrscher den inzwischen klassisch gewordenen Satz zu: »O Kaiser verteidige mich mit deinem Schwert, und ich verteidige dich mit meinem Wort«.

Als Papst Johannes XXII. 1334 in Avignon starb, verlor der Kampf zwischen weltlicher und geistlicher Macht erheblich an Schärfe. Diese relativ ruhige Zeit nutzte Ludwig der Bayer zu einem revolutionären Akt: Im Kurverein von Rhens (bei Koblenz) wurde 1338 bestimmt, daß der von den deutschen Kurfürsten gewählte Fürst auch dann König bleibt, wenn der jeweilige Papst mit ihm nicht einverstanden sein sollte.

Ludwig schuf auch eine der wenigen und zugleich bemerkenswertesten Rechtskodifikationen des deutschen Mittelalters: das Landrecht von 1346. In diesem Gesetzestext, der lange Zeit hauptsächlich in Oberbayern Anwendung fand, sind im Vergleich zu älteren Fassungen besondere Fortschritte im Prozeß- und Liegenschaftsrecht festzustellen, darüber hinaus wurden auch Pfand- und Schuldrecht, Eherecht und Gemeinderecht näher ausgestaltet.

Ludwig, dessen Regierungszeit zu den längsten unter allen deutschen Herrschern gehörte und der zum Schluß im Luxemburger Karl IV. einen Gegenkönig erhielt, starb 1347 ohne eine einzige Niederlage. Trotz des Kirchenbanns wurde er in der Münchner Frauenkirche bestattet, dem Vorgängerbau des heutigen Doms, wo sich auch sein Grabmal befindet. Den Beinamen »der Bayer« hatte ihm einst verächtlich der Papst entgegengeschleudert.

Kaum hatte das bayerische Herrscherhaus eine Macht von europäischer Geltung erreicht, stürzte das Land abermals in tiefe Bedeutungslosigkeit. Die sechs Söhne des Kaisers teilten bald nach dessen Tod das einst so schlagkräftige Herzogtum. Kurz vor 1400 gab es die Teilherzogtümer Oberbayern-München, Oberbayern-Ingolstadt, Niederbayern-Landshut und Niederbayern-Straubing, zu dem auch noch Holland gehörte. Manche dieser ohnehin schon kleinen Territorien wurde von mehreren Teilherzögen regiert. Da jeder von ihnen Wert auf ein standesgemäßes Leben legte, wurde die bayerische Bevölkerung mit oft argen Lasten belegt.

Rudolf Reiser

1180

Um 1180. Das Epos »Herzog Ernst« entsteht, ein von einem rheinischen Geistlichen verfaßter Versroman, dessen Inhalt die Zeitgenossen auf den aktuell schwelenden Konflikt zwischen Kaiser Friedrich I. Barbarossa und Herzog Heinrich dem Löwen von Bayern und Sachsen beziehen.

1180. Berthold IV. von Andechs-Plassenburg erhält die Herzogswürde von Dalmatien und Kroatien. Er nennt sich Herzog von Meranien.→

13. 1. 1180. Herzog Heinrich dem Löwen werden die Herzogtümer Bayern und Sachsen aberkannt. →

16.9.1180. Kaiser Friedrich I. Barbarossa belehnt zu Altenburg in Thüringen den Grafen Otto I. von Wittelsbach aus dem Haus der Grafen von Scheyern mit dem Herzogtum Bayern, das um die Steiermark verkleinert wird.→

November 1180. Herzog Otto I. von Bayern hält in Regensburg seinen ersten Landtag ab.→

November 1181. Der abgesetzte Herzog Heinrich der Löwe von Bayern und Sachsen unterwirft sich in Erfurt Kaiser Friedrich I. Barbarossa. Er erhält seinen Allodialbesitz Braunschweig und Lüneburg zurück.

1182. Die drei hl. Hostien, die in diesem Jahr auf die Burg Andechs gelangen, werden bald Ziel einer Wallfahrt, der ältesten bekannten Wallfahrt in Deutschland.→

Sommer 1182. Der abgesetzte Herzog Heinrich der Löwe von Bayern und Sachsen geht in die Verbannung zu seinem Schwiegervater, König Heinrich II. von England.

11. 7. 1183. Nach dem Tod von Otto I. wird sein Sohn Ludwig I. Herzog von Bayern.→

1188. Mit dem Tod des Grafen Gebhard von Sulzbach erlischt das angesehene Geschlecht der Sulzbacher, dem die bambergischen Lehen auf dem Nordgau und im Donaugau gehört haben.

11. 5. 1189. In Regensburg bricht ein rund 100 000 Mann zählendes deutsches Kreuzfahrerheer nach Palästina zum Dritten Kreuzzug auf.→

GESTORBEN:

11. 7. 1183. Pfullendorf: Otto I. (*um 1120, Kelheim?), erster Wittelsbacher Herzog von Bayern 1180–1183.→

GEBOREN:

Um 1180. Neidhart von Reuental (†um 1245), mittelhochdeutscher Minnesänger, bayerischer Ritter.

Graf Otto von Wittelsbach erhält Bayern

16. September 1180. Der Text, in dem die Übernahme des Herzogtums Bayern durch Otto von Wittelsbach überliefert wird, ist knapp und präzise formuliert:
»Im Jahre 1180: Kaiser Friedrich enthebt den Herzog Heinrich seiner Herzogswürde in Bayern und Sachsen. Und im gleichen Jahr, am 16. September, setzt er den Pfalzgrafen Otto in Bayern als Herzog ein. Dies ist geschehen in Altenburg.«
Dieser (lateinische) Text – in dem übrigens bei der Jahreszählung erstmals arabische statt römischer Ziffern verwendet werden – steht in einer knapp über 100 Seiten starken Sammelhandschrift, die später in der Bibliothek des Regensburger Reichsstiftes St. Emmeram gefunden wird. Sie ist die einzige Quelle, die den genauen Tag der Verleihung nennt, in ihr wird eines der wichtigsten Daten der bayerischen Geschichte bewahrt. Eine Urkunde zur Verleihung ist nicht bekannt.
Die Bayern nehmen also wenig Notiz davon, daß ihnen Kaiser Friedrich I. Barbarossa im sächsisch-thüringischen Altenburg einen neuen Landesherrn gibt.
Der Kaiser freilich weiß sehr wohl, warum er sich nach den Auseinandersetzungen mit seinem Vetter Heinrich dem Löwen für den etwa 63jährigen Wittelsbacher entschei-

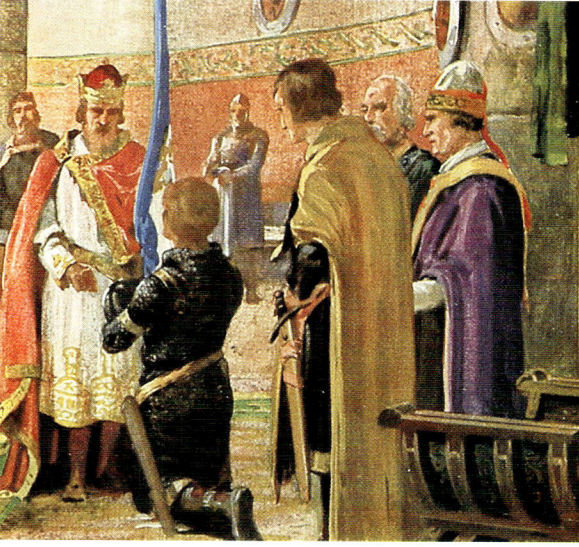

Graf Otto I. von Wittelsbach wird von Kaiser Friedrich I. Barbarossa mit dem Herzogtum Bayern belehnt, das dieser wenige Monate zuvor dem Welfen Heinrich dem Löwen aberkannt hatte. Die Dynastie der Wittelsbacher, die mit Otto erstmals einen bayerischen Herzog stellt, regiert bis 1918

det, mit dem er über eine ungarische Urgroßmutter verwandt ist: Der schneidige Bayer ist ihm in den nahezu 30 Regierungsjahren treu zur Seite gestanden und hat sich für ihn im wahrsten Sinn des Wortes tapfer geschlagen (auch wenn der Handstreich bei der Veroneser Klause inzwischen ein Vierteljahrhundert zurückliegt; →Sommer 1155).
Für den Wittelsbacher aus Kelheim spricht aber auch, daß er in dem Land, das er nun empfängt, ansässig ist und daß er dort zu den Großen gehört, ohne daß er freilich so mächtig

wäre, daß er dem Kaiser gefährlich werden könnte.
Überdies ist er auch nicht mehr jung, und das Land, in dem er als Herzog regieren wird (gegen den Widerstand vieler mächtiger Adeliger wie Berthold von Andechs) ist auch nicht mehr so groß, seit ihm 1156 die Ostmark sowie das Dreigrafschaftsgebiet um Mautern, Wels und Lorch – das Herzogtum Österreich also – weggenommen wurde. Nun, 1180, verliert – aus machtpolitischen Erwägungen des Kaisers – Bayern zusätzlich auch noch die Steiermark.

Heinrich der Löwe verliert alle Herzogtümer

13. Januar 1180. Der Welfe Heinrich hat zu hoch gepokert, und so treffen die deutschen Fürsten auf dem Reichstag zu Würzburg einstimmig ihre Entscheidung: Heinrich dem Löwen, Herzog von Bayern und Sachsen, werden seine beiden Länder abgesprochen, darüber hinaus verliert er auch alle seine Reichslehen.
In Bayern, so scheint es, trauert man ihm nicht nach. Er war ja in nahezu zweieinhalb Jahrzehnten immer (im Sprachgebrauch späterer Zeiten) ein »Preuße« geblieben, der sich für sein Sachsen so viel mehr interessierte als für Bayern.
Im September 1156 (→8.9.1156) hatte ihm der kaiserliche Vetter Friedrich I. Barbarossa – dessen Mutter Judith war eine Schwester von Heinrichs Vater – das im Jahr

1138 den Welfen verlorengegangene Herzogtum Bayern zurückgegeben (die Ostmark allerdings vorher noch abgetrennt).
Heinrich ist noch nicht zwei Jahre Herr im Lande, als Kaiser Barbarossa einen Streit schlichten muß, den offensichtlich der Vetter begonnen hat. Da er den Salzzoll kassieren wollte, der bisher dem Bischof von Freising in Föhring entrichtet wurde, schuf er sich zu München eine Zollstation und zerstörte die freisingische Brücke (→14.6.1158). So wurde Heinrich der Löwe wohl nicht zum Gründer, sicher aber zum großen Förderer Münchens.
Um den Salzhandel noch besser kontrollieren zu können, baute der Herzog um 1162 am Lechübergang der Salzstraße, beim Dorf Petten,

eine Burg, die bald zu einer Siedlung und schließlich zur Stadt Landsberg wurde.
Im Jahr 1157, ein Jahr nach der Belehnung, hatte der Welfe in Regensburg einen Landtag abgehalten, in den darauffolgenden zehn Jahren hat man ihn dann in Bayern freilich selten gesehen. Die Urkunden dieser Zeit entfallen nur etwa zu einem Sechstel auf Bayern.
Da er sich so selten in seinem Herzogtum vor den Bergen aufhielt – er führte lieber oben in den an Sachsen grenzenden Gebieten Krieg –, wird von manchen Forschern angenommen, daß er in München keine Burg besaß. Andere Autoren freilich gehen davon aus, daß der Herzog an der östlichen Stadtmauer, an der Stelle des Alten Hofes, Besitz hatte.

Herkunft und Aufstieg der Wittelsbacher

Der Familienname ist jung: Im Jahr 1113 überlassen die Grafen von Scheyern ihren Stammsitz in der Nähe von Pfaffenhofen den Benediktinern und ziehen westwärts, in die bei Aichach gelegene Burg von Wittelsbach. Und von 1115 an tragen sie einen neuen und für sie eigentlich fremden, einen angenommenen Namen. Denn Wittelsbach, das ehemalige Wittelinespach, bedeutet: Bach, an dem Vitilis Grund besaß.

Die Frage nach der Herkunft der Grafen von Wittelsbach, vormals Scheyern, hat den Forschern zu vielen Theorien und phantastischen Spekulationen verholfen. Da hieß es, etwa 1500, der Stammvater sei Norix gewesen, ein Enkel des legendären Herkules. Ein andermal fand man den Urvater im fernen Troja. Der Mann hieß Anteor, und hätte man auf diesen Ur-Wittelsbacher gehört, wäre der Trojanische Krieg ausgefallen. Anteor hatte nämlich seinen Landsleuten geraten, die schöne Helena ungeprüft wieder heimzuschicken in ihr Griechenland.

Die Historiker haben durch die wabernden Nebel von Sagen hindurch nach den wirklichen, in Urkunden faßbaren Vorvätern gesucht und glauben, sie in der alten bayerischen Herzogsfamilie der Luitpoldinger gefunden zu haben, vor allem aber in jenem unseligen Berthold, der angeblich die Ungarn ins Land geholt hat. Aber gelegentlich wird auch angenommen, diese Familiengeschichte beginne bereits früher, etwa bei den alten bayerischen Geschlechtern der Huosi und Aribonen.

Die Wittelsbacher selbst präsentieren später gelegentlich einen sehr noblen Vorfahren – sie stellen Karl den Großen in ihre Ahnengalerie. Da man aber zu dieser verwandtschaftlichen Beziehung keine genauen Auskünfte geben kann, lassen sich die Historiker auf solche Spekulationen nicht ein, sondern suchen, festen Boden unter die Füße zu bekommen. Den aber glauben sie um das Jahr 1000 und mit einem Grafen Otto I. von Scheyern (comes de Skyrun) erreicht zu haben. Die auf alte Genealogien spezialisierten Forscher operieren mit einigen Herren, die in diese Zeit und in die Familie passen, so beispielsweise mit einem Otto I., der um 1014 Graf im Kelsgau ist.

Die Auskünfte bleiben dürftig und unpräzise. Erst im späten 12. Jh. werden die Konturen scharf. Ahnenreihen und Zählweisen sind hinfort gesichert.

Der Sohn, Graf Otto II., soll vier Söhne gehabt haben; einer von

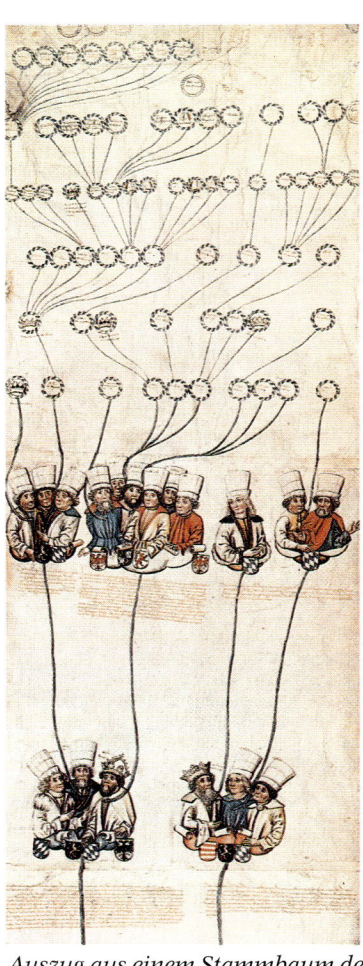

berg. Der Vater des späteren Herzogs heiratete die Tochter des Grafen Friedrich von Lengenfeld, und diese Heilika brachte Landbesitz unter anderem in Burglengenfeld und Kronach in die Familie, deren großartiger Aufstieg nun beginnt: Von den acht Kindern Otto V. wird Sohn Konrad VIII. Herzog von Bayern, Sohn Konrad Kardinal

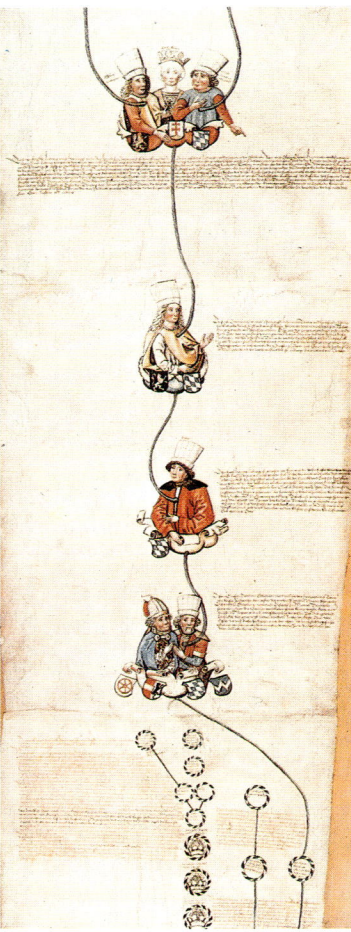

Auszug aus einem Stammbaum des bayerischen Herrschergeschlechts der Wittelsbacher, deren genauer Herkunft nie gänzlich geklärt werden konnte

ihnen, Arnold, begründete die Linie Dachau-Valley, ein anderer, Eckhard I., hatte selbst wieder einen Sohn, der Otto hieß und meist als Otto V. in den Genealogien geführt wird. Dessen Enkel aber, Otto VIII. (nach anderer Zählweise aber auch Otto V. genannt), empfängt 1180 die höchste bayerische Würde – aus Pfalzgraf Otto VIII. wird Herzog Otto I.

Die Familie hatte Besitzungen vor allem im Raume Dachau, Aichach-Wittelsbach, Weyarn und Warten-

und Erzbischof von Mainz und Salzburg, Sohn Friedrich Pfalzgraf, und auch Sohn Otto IX. erhält vom Kaiser diesen Titel.

Die Familie der Wittelsbacher hat sich innerhalb einer einzigen Generation einen herausragenden (wenn auch nicht den ersten) Platz unter den großen Familien Bayerns gesichert. Dabei wurde sie freilich von den Mitgliedern anderer bayerischer und beutscher Adelshäuser stets mit Neid und Mißgunst beobachtet.

Neuer Bayernherzog beruft Landtag ein

November 1180. Der vormalige Pfalzgraf Otto von Wittelsbach ist nun Herzog, und um sich in dem neuen Amte zu zeigen und huldigen zu lassen, beruft er schon bald nach der Rückkehr aus Altenburg einen Landtag nach Regensburg ein.

Auf den ersten folgt schnell ein zweiter Landtag in Pleinting bei Vilshofen und dann ein dritter in Amberg: Der Herzog will in den verschiedenen Regionen seines Landes demonstrieren, daß er die Verantwortung in Bayern übernommen hat und daß er sie ernst nimmt.

Zu den Regierungsgeschäften gehört es in dieser Zeit auch, daß der Landesherr von Fall zu Fall Gerichtstag hält. Und auch diese Aufgabe nimmt Otto von Wittelsbach gewissenhaft wahr. Gewissenhafter als viele seiner Vorgänger: Bereits auf der Rückreise von seiner Belehnung zieht Herzog Otto zunächst nach Eichstätt, um dort seines Amtes zu walten, erst dann kehrt er, versehen mit der neuen Würde, zurück zu seiner Familie.

So ist der Herzog viel unterwegs. Er weiß ja, daß man vielfach mit Neid und Mißgunst seinen Aufstieg verfolgt, und wenn er einen Landtag abhält, so tut er das sicher mit dem Wunsch, den Rat der Großen in seinem Herzogtum zu hören und die Zusammengehörigkeit des Landes zu betonen. Eine andere Absicht ist sicher auch, den bayerischen Adel auf solche Weise gleichsam unter Kontrolle zu halten.

So betreibt Otto gewissenhaft seine bayerischen Geschäfte und muß daneben doch auch immer wieder dem Kaiser zur Verfügung stehen; schließlich ist der 58jährige Barbarossa ein Freund des einige Jahre älteren Bayern, und ihm ist ja auch die hohe Gunst zu danken.

Diese Gunst braucht er auch weiterhin, denn er hat das Herzogtum zwar verliehen bekommen, doch jetzt muß er es noch gewinnen. Otto scheut nötige Auseinandersetzung nicht. Freilich, er ist ein Mann von etwa 60 Jahren, und die Strapazen, denen er sich unterziehen muß, sind nicht gering. Der Preis, den er für die Belehnung bezahlen muß, ist also groß, größer als er bei seinen Vorgängern gewesen ist, die aus den höchsten Adelskreisen – und sehr oft ja sogar aus dem deutschen Königshaus – gekommen sind.

Aufbruch zu einem weiteren Kreuzzug

11. Mai 1189. Viele Adelige und hohe Geistliche brechen von Regensburg aus zum Dritten Kreuzzug auf, um das 1187 von Sultan Saladin eroberte Jerusalem zu befreien.

Es ist ein vornehmes Heer von etwa 100 000 Mann, das sich, dem Aufruf von Kaiser Friedrich I. Barbarossa folgend, in der bayerischen Hauptstadt versammelt.

Im Frühjahr 1188 hatte der Staufer auf dem Hoftag von Mainz den Zug angekündigt und gleichzeitig bestimmt, daß nur Männer zugelassen würden, die ein Pferd besäßen und im Waffendienst geübt seien. Außerdem müsse jeder Teilnehmer genügend Geld besitzen, um zwei Jahre davon leben zu können.

Zu denen, die diese Bedingungen erfüllen und mitziehen, gehören auch Bischöfe (darunter Konrad III. von Regensburg und Diepold von Passau), drei Markgrafen (darunter Berthold von Vohburg und Berthold IV. von Andechs-Meranien) und 29 Grafen (sechs davon aus Bayern). Der bayerische Herzog Ludwig I., der Kelheimer, kann nicht mit nach Jerusalem ziehen, da er mit seinen 14 Jahren noch zu jung ist.

Im bayerischen Aufgebot reist auch ein Dichter, der aus Niederbayern stammende Albrecht von Johansdorf. Während des Kriegszuges lernt er wahrscheinlich die Lieder seiner provençalischen Waffen- und Glaubensbrüder kennen; sie üben großen Einfluß auf seine Dichtung aus, in der er auch vom Kreuzzug singt: »Ich hân dur got daz kriuze an mich genomen…«

Als das Heer während des Marsches durch den Balkan in vier Gruppen geteilt wird, gewährt man den Bayern, wie es heißt, »das alte Vorrecht«, den ersten Haufen zu stellen – unter der Führung eines schwäbischen Herzogs und mit einem Zähringer Bannenträger.

Die Kreuzfahrt endet im Desaster. Der Kaiser ertrinkt im Flusse Saleph, das Ziel wird nicht erreicht, viele, darunter einige der nobelsten Bayern sterben. Immerhin wird aber mit Saladin ein Vertrag über den freien Zugang nach Jerusalem geschlossen.

Predigt und Aufruf zum Kreuzzug

Der Zisterzienserabt Bernhard von Clairvaux ruft in seinen Predigten die Deutschen zur Teilnahme am Kreuzzug auf:
»Weil euer Land an tapferen Männern fruchtbar ist und kräftig durch die Fülle seiner Jugend – wie denn durch alle Welt euer Preis geht und der Ruhm eures Heldentums die ganze Erde erfüllt hat –, so gürtet auch ihr euch mannhaft und ergreift die glücklichen Waffen im Eifer für Christi Namen. Nehmt das Kreuzeszeichen, und für alles, was ihr reuigen Herzens beichtet, werdet ihr Ablaß erlangen.«

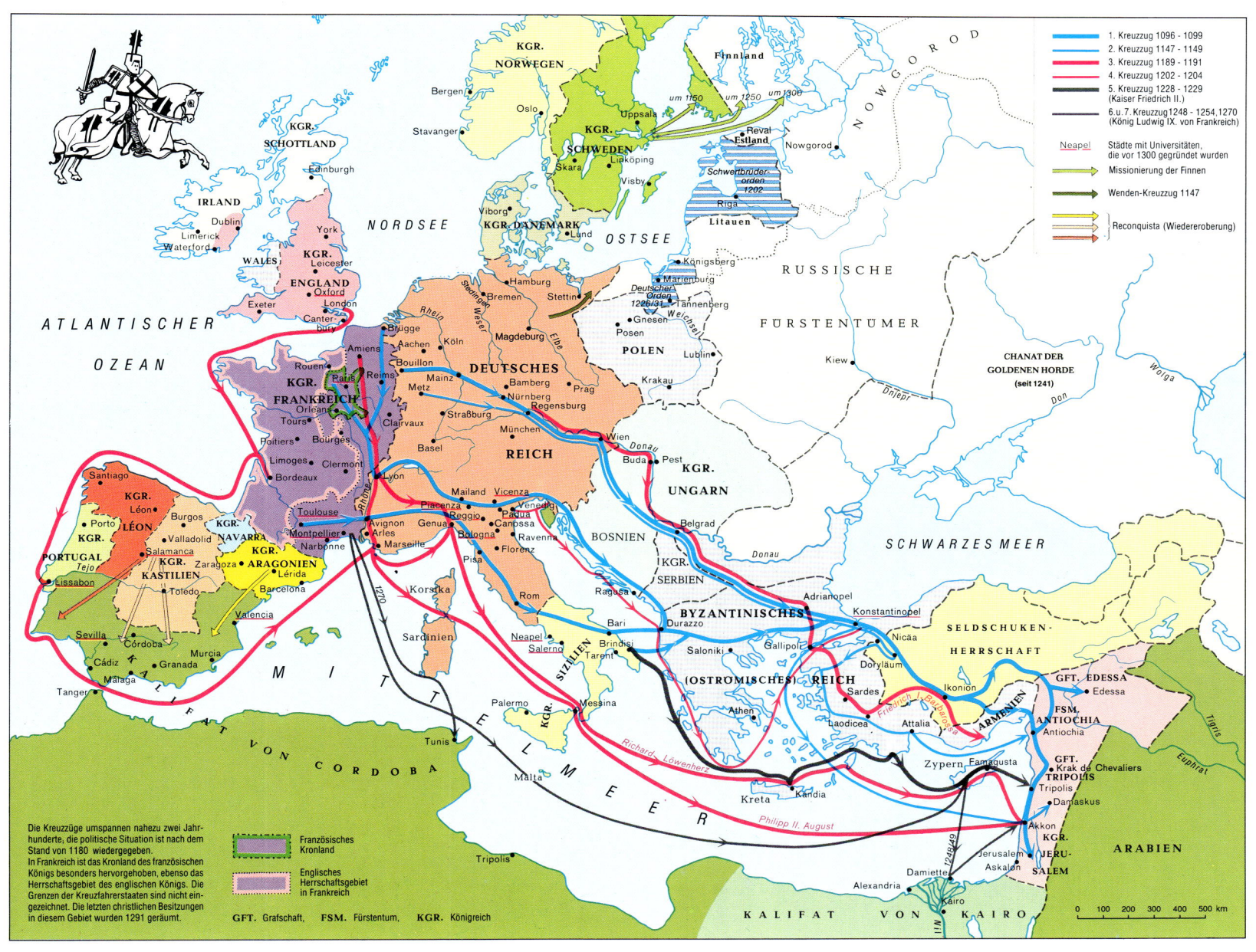

Gefahr für Herzogswürde nach Ottos Tod

11. Juli 1183. Otto I. kann sich der Herzogswürde nur kurze Zeit erfreuen. Knapp drei Jahre nach seiner Belehnung stirbt er auf der Rückreise vom Konstanzer Reichstag in der Burg Pfullendorf einen schnellen Tod. Er ist etwa 65 Jahre alt.

Der Wittelsbacher war wohl immer ein feuerköpfiger, hitziger Mann gewesen, leicht erregbar und unberechenbar in seinem jähen Zorn – ein

Apoplektiker, den zuletzt wohl ein Schlaganfall niederstreckte. Ein zeitgenössischer italienischer Schriftsteller beschrieb Otto als stämmigen, dunkelhaarigen Mann, der (und das hinzuzufügen schien ihm wichtig) einen hochroten Kopf hatte.

Nach der Übernahme des Landes war Otto nur wenig Zeit geblieben, sich gegen Widerstände in der Macht und in seinem Amte einzu-

Herzog Otto I. von Wittelsbach, der erste bayerische Herrscher dieser Dynastie, stirbt im Alter von etwa 65 Jahren. Er wurde als Sohn des Pfalzgrafen Otto V. von Bayern und Heilikas von Lengenfeld geboren. 1156 wurde er als Nachfolger Pfalzgraf von Bayern und 1180 von Kaiser Friedrich I. Barbarossa mit dem Herzogtum Bayern belehnt.

richten. Anders als sein Vorgänger Heinrich der Löwe, der Bayern von Braunschweig aus gleichsam mit der linken Hand regierte, nahm der Wittelsbacher seine Aufgabe ernst (und mag sich dabei auch überanstrengt haben). Er hielt bald nach seiner Ernennung in Regensburg einen Landtag ab (→ November 1180) und reiste häufig durch das Herzogtum, um Gericht zu halten.

Solch eifriger Einsatz des Herzogs war notwendig, wenn die wittelsbachische Herrschaft nicht nur eine Episode sein sollte, wie es deren in der bayerischen Geschichte schon viele gegeben hat.

Und doch ist die Herzogswürde nun in Gefahr, denn Ottos einziger lebender Sohn Ludwig (ein erstgeborener Sohn starb früh) ist noch nicht einmal neun Jahre alt.

Trotzdem überträgt ihm Kaiser Friedrich I. Barbarossa das bayerische Land, das allerdings in der Folgezeit von Vormündern regiert wird: von Ludwigs Onkel Konrad, dem Erzbischof von Mainz, von Onkel Otto, dem Pfalzgrafen, und von Onkel Friedrich, einem Mönch.

Die Adeligen sind damit offensichtlich einverstanden, denn bei einem Landtag, der einige Zeit nach dem Tod Herzog Ottos zu Wörnsmühl im Mangfalltal abgehalten wird, gibt es kein Aufbegehren.

Aventinus über Bayernherzog Otto

Im VII. Buch, Kapitel 2, seiner »Bairischen Chronik« schreibt Johannes Aventinus über die Belehnung Ottos von Wittelsbach mit Bayern.

Er beschreibt das Herkommen des Fürsten und seine Taten im Dienste des Kaisers. Dabei vertritt der Geschichtsschreiber die Ansicht, Kaiser Otto I. habe den Wittelsbachern 948 das Herzogtum Bayern weggenommen. Aventin schreibt:

»…Von des alles wegen, dieweil er so vleissig dem kaiser und reich mit leib und guet lange zeit gedient und auch ein rechter natürlicher erb zum Bairnland was, der kaiser Friderich herzog Hainrichen den zwelften aus Bairn vertribn het, verlieh er das herzogtumb Bairn Oten, dem fünften dieses namens lantgrafen von Witelspach und phalzgrafen von Scheirn, als man zelt von Christi unsers herrn gepurt tausend ainhundert und achzik jar, zur Regenspurg im heumonat an sant Hainrich des heiligen kaisertag, davon sein vorfordern vor zwaihundert und zweiunddreissig jarn von kaiser Oten dem ersten entsetzt warn worden.«

Otto von Wittelsbach – Sein Leben, seine Taten, sein Wirken

Um 1117/18: Otto VIII. von Wittelsbach – wahrscheinlich in Kelheim – geboren. Vater: Otto V., Pfalzgraf von Bayern; Mutter: Heilika von Lengenfeld

1147. Mit seinem Vater nimmt Otto am Zweiten Kreuzzug teil. Zu den wenigen deutschen Teilnehmern, die zurückkehren, gehören die beiden Wittelsbacher.

1150. Graf Otto, Vogtherr der Freisinger Kirche – und als solcher häufig in Streit mit dem Bischof –, gerät während eines Gottesdienstes in handgreifliche Auseinandersetzungen mit dem Oberhirten Otto von Freising.

1151: Die Kelheimer Burg der Wittelsbacher wird vom Stauferkönig Konrad III. belagert (da die Wittelsbacher auf Seiten der Welfen stehen). Nach der Kapitulation wird

Otto VIII. Geisel des Königs, in dieser Zeit Freundschaft zwischen Otto und Königssohn Friedrich (Barbarossa)

September 1155: Otto von Wittelsbach rettet in der Veroneser Klause Kaiser Friedrich I. Barbarossa

4. August 1156: Nach dem Tod seines Vaters Otto V. wird Otto VIII. Pfalzgraf von Bayern

Oktober 1157: Auf dem Reichstag von Besançon (Bisanz) stürzt sich Otto von Wittelsbach, um seinen Kaiser zu verteidigen, mit seinem Schwert auf den päpstlichen Legaten Kardinal Orlando Bandinelli

1160: Otto von Wittelsbach streitet für den Kaiser in der oberitalienischen Stadt Crema

1166: Otto von Wittelsbach besucht als Gesandter Barbarossas Kaiser Manuel I. von Byzanz

Um 1169: Der etwa 50jährige Otto von Wittelsbach heiratet die etwa 19jährige Agnes, Tochter von Graf Ludwig II. von Looss/Looz

1171: Herzog Heinrich der Löwe macht Otto vor seinem Kreuzzug zum Stellvertreter in Bayern

11. September 1180: Belehnung des Pfalzgrafen Otto von Wittelsbach mit dem Herzogtum Bayern durch Friedrich I. Barbarossa

November 1180: Landtag zu Regensburg

1182: Die Grafschaft Dachau fällt nach dem kinderlosen Tod des wittelsbachischen Grafen Konrad II. durch Kauf an Herzog Otto von Wittelsbach

1183: Herzog Otto feiert mit dem Kaiser in Regensburg das Pfingstfest, anschließend begleitet er Barbarossa zum Friedensschluß mit

den lombardischen Städten nach Konstanz

11. Juli 1183: Auf der Rückreise von Konstanz stirbt Herzog Otto I. in der Burg Pfullendorf. Seinem Wunsche entsprechend wird er in der wittelsbachischen Familiengruft zu Scheyern begraben.

Seine Frau Agnes stirbt am 26. März 1191 zu Wartenberg oder Kelheim und wird neben ihrem Mann beigesetzt.

Herzog Otto I. war Vater von neun Kindern:

Otto XI. (1170–1179/80), Sophie (um 1171–1238), Heilika I. (um 1171), Agnes (um 1172–um 1200), Richardis (um 1173–1231), Ludwig I., sein Nachfolger (1174–1231), Heilika II. (um 1176), Elisabeth (um 1178), Mechthilde (um 1180–um 1231).

Berg und Burg der Grafen von Andechs

1182. Von Diessen am Ammersee, wo sie seit 1080 wohnten, zogen die Grafen 1132 den nahen Berg hinauf und bauten dort ihre Burg, nach der sie sich Grafen von Andechs nennen (Abb.).
Die Burgkapelle wurde bald berühmt, da in ihr kostbare Reliquien zur Verehrung aufgestellt sind. Die lehenspflichtigen Gemeinden, heißt es, müssen jeden Herbst mit Kreuz und Kerze zur Verehrung hierher pilgern. 1182 erhält die Kapelle drei heilige Hostien, die Papst Leo IX. Bischof Otto von Bamberg, einem Andechser, geschenkt hatte.

Macht der Andechser Grafen

1180. Die Wittelsbacher, aufgestiegen zur höchsten bayerischen Würde, haben mancherlei mächtige Neider, die ihnen den Lehenseid verweigern. Vor allem sind dies die Grafen von Andechs, die unfern der wittelsbachischen Stammburg sitzen. Ihre Ländereien – größer wohl als die des Hauses Wittelsbach – sind weit verstreut. Sie reichen hinab über Innsbruck und den Brenner bis in die Gegend von Bozen; Fränkisches wie etwa das Land um Bayreuth und Kulmbach mit der Plassenburg kommt hinzu; man beerbt die Vornbacher Grafen und ist reich begütert im Westen des Herzogtums.

Im Jahr 1173 wurden Macht und Ansehen der Familie noch weiter gestärkt, als Graf Berthold III. die Markgrafschaft Istrien erhielt. Dieser Andechser ist schließlich Herr von sieben Grafschaften. Und der Aufstieg dieses bayerischen Adelsgeschlechtes geht weiter, als etwa 1180 Berthold IV. durch Kaiser Barbarossa zum (Titular-)Herzog von Meranien (Kroatien und Dalmatien) ernannt wird, zum Herren eines Landes also, das fernab vom wittelsbachischen Herzogtum liegt.
Ursprünglich war dieses in der Gegend von Fiume gelegene, ans Adriatische Meer grenzende Herzogtum (so benannt nach dem slawischen Wort »morje« für Meer) ein Teil der bayerischen Mark Istrien gewesen. Die Anfänge des hoch auf einem Berg überm Ammersee sitzenden Andechser Grafengeschlechts reichen bis in das 9. Jh. zurück.

Wappen der Grafen von Andechs, der schärfsten Gegner der Wittelsbacher

Spätes 12. Jh./Anfang des 13. Jh. Die Wittelsbacher können durch verschiedene Erbschaften ihren Besitz beträchtlich erweitern. →

Um 1191. Friedrich I. von Zollern wird mit der Burggrafschaft Nürnberg belehnt; damit beginnt der Aufstieg der Hohenzollern. →

20. 4. 1192. Auf einer Versammlung der bayerischen Großen in Laufen kann sich Herzog Ludwig I. gegen den Adel nicht durchsetzen. – Graf Albert III. von Bogen eignet sich widerrechtlich die bambergischen Lehen der Sulzbacher im Donauraum an und weigert sich, sie herauszugeben.

24. 5. 1192. Die Vormundschaft endet; Ludwig I. übernimmt die Regierung.

August 1192. Es kommt zum Krieg zwischen Ludwig I. und dem Grafen Albert III. von Bogen, der sich mit Böhmen verbündet hat.

Januar/Juli 1193. Auf den Reichstagen zu Regensburg und zu Worms wird der aufständische Graf Albert III. von Bogen zum Reichsfeind erklärt. – Mit dieser Entscheidung rettet Kaiser Heinrich VI. für die Wittelsbacher das bedrohte bayerische Herzogtum. Herzog Ludwig I. wird ein treuer Gefolgsmann der Staufer.

1194. Kaiser Heinrich VI. bestätigt dem Stift Berchtesgaden Rechte, die es angeblich von Kaiser Barbarossa erhalten hat, die aber in Wirklichkeit gefälscht sind.

1195. Der Bau der Klosterkirche St. Peter in Kastl in der Oberpfalz wird vollendet.

1196. Erzbischof Adalbert von Salzburg überfällt Reichenhall, brandschatzt den Ort und läßt auf dem Gruttenstein unmittelbar über dem Salzbrunnen die Hallburg errichten.

Ende des 12. Jh. In Straubing entsteht der Neubau der Pfarrkirche St. Peter. →

Ende des 12. Jh. In Reichenhall entsteht der Kreuzgang von St. Zeno. →

Ende des 12. Jh. Das Westportal der Kirche St. Castulus in Moosburg wird errichtet. →

GESTORBEN:

15. 12. 1191. Memmingen: Welf VI. (*?), Graf, Zentrum des Widerstands gegen die Babenberger in Bayern ab 1138, Herzog von Spoleto und Markgraf von Tuszien 1152–1174.

6. 8. 1195. Braunschweig: Heinrich der Löwe (*um 1129), Herzog von Bayern 1156–1180 und von Sachsen 1142–1180. →

Beginn des Aufstiegs der Hohenzollern

Um 1191. Der Aufstieg der Hohenzollern beginnt mit einer Hochzeit: Graf Friedrich de Zolre – ein Mann, der in Urkunden von Kaiser Friedrich Barbarossa und Kaiser Heinrich VI. öfter als Zeuge angeführt wird, ein Adeliger im zweiten, dritten Glied also – heiratet die aus dem österreichischen Geschlecht der Rätz oder Raabs stammende Gräfin Sophie, die Erbin des Nürnberger Burggrafenamtes.
Es ist nicht viel, was aus der Zeit vor dieser Hochzeit über die Familie der Zollern bekannt ist. Die erste Nach-

Stadtansicht von Nürnberg aus der Schedelschen Weltchronik

richt ist grausam: Sie berichtet von Burchard und Wezel von Zolre, die 1061 erschlagen wurden. Es gab dann einen Adalbertus de Zolre, der zu den Stiftern des Klosters Alpirsbach gehörte, um 1100 wurde ein Fridericus de Zolre genannt, später um 1125 wieder ein Burchardus de Zolre.
Einer dieser beiden Zollern hatte einige Söhne, und einer von ihnen, Friedrich, schließt den für die künftige Geschichte seiner Familie so entscheidenden, so erfolgreichen Ehebund – der aus schwäbischem Geschlechte stammende Mann wird Burggraf von Nürnberg.
Die Grafen von Rätz/Raabs waren knapp 100 Jahre zuvor mit diesem Amte betraut worden. Mit dem Niedergang der Königsmacht ist ihrer Familie die Würde eines Burggrafen von Nürnberg als erbliches Amt überlassen worden.

Kreuzgang von St. Zeno, Reichenhall

Kunstvolles Säulenkapitell in der Kirche von St. Zeno

Kirchenbauten im romanischen Stil

In der zweiten Hälfte des 12. Jh. entstehen in Bayern bedeutende romanische Kirchen. Nur einige von ihnen werden ohne größere Veränderungen durch die Jahrhunderte erhalten bleiben, so z.B. das kleine Kirchlein von Urschalling im Chiemgau mit seinen berühmten Fresken oder die Kirchen in Altenstadt bei Schongau und auf dem Petersberg bei Dachau.

Zu den besonders eindrucksvollen Baudenkmälern dieser Zeit gehört die Kirche von St. Zeno in Reichenhall. Mit einer Länge von 90 m und einer Breite von 30 m gehört sie zu den größten Gotteshäusern der Romanik in Bayern. Die Kirche des 1136 gegründeten Augustinerchorherrenstifts St. Zeno wird erst 1208 vollendet. Aus der Frühzeit ist das Hauptportal aus rotem und grauem Marmor erhalten.

Etwa zur gleichen Zeit wie St. Zeno in Reichenhall entsteht in Moosburg das Castulus-Münster. Auch hier bleibt ein Stufenportal aus der frühesten Zeit erhalten.

Gegen Ende des 12. Jh. wird in dem alten Ort Strupinga (Straubing) über einer alten Karolingerkirche eine dreischiffige, flachgedeckte Kirche zu Ehren des heiligen St. Peter errichtet. Charakteristisches Merkmal des Gebäudes werden die zunächst unterschiedlich hohen Kirchentürme. Das gesamte Gotteshaus ist in Haustein (Kalkstein) ausgeführt und durch Rundbogenfriese und Deutsche Bänder sparsam geschmückt.

Portal der dreischiffigen Kirche St. Peter in Straubing, die gegen Ende des 12. Jh. entsteht (Baumaterial Kalkstein)

Kunstvoll gearbeitetes aber schlichtes romanisches Stufenportal am Castalus-Münster in Moosburg

Erbschaften für Haus Wittelsbach

Spätes 12 Jh./Anfang des 13 Jh. Die Anfänge sind schwer, doch mit Beharrlichkeit kann das Haus Wittelsbach seine Position festigen; durch die Gunst der Umstände erwirbt es viel Besitz hinzu.

Dem Herzogtum der Wittelsbacher gaben die Großen wohl wenig Chancen, vor allem als Herzog Otto nach drei Jahren starb und einen Sohn von noch nicht neun Jahren als Erben hinterließ. Neben der Mutter wurden die drei Onkel zum Vormund bestellt: Konrad, der Erzbischof von Salzburg (und damit einer der einflußreichen Männer im Reich), Friedrich und Otto.

Widerstand gegen Wittelsbacher

Zu den Adeligen, die mit der Erhebung des wittelsbachischen Pfalzgrafen Otto in den Herzogsstand nicht einverstanden waren (weil sie diese Würde für sich gewünscht oder erhofft hatten), gehörten neben Markgraf Berthold vom Nordgau und Markgraf Ottokar von Steiermark auch Markgraf Berthold von Istrien, ein Andechser.

Schon kurz nach der Übernahme des Herzogsamtes gab es den ersten Zugewinn: Die Dachauer Linie der Wittelsbacher starb 1182 aus, und für 10 Mark Gold und 800 Pfund ging der Besitz an Otto. Einige Zeit später stirbt Ottos Bruder Friedrich – die Herzogsfamilie erbt. Wiederum vergehen etliche Jahre, dann wird die Stammburg zerstört, deren Besitzer getötet (wegen Königsmord) – die Herzogsfamilie erbt. Und als schließlich 1238 auch die Linie der Grafen von Valley ausstirbt, erbt wiederum die Herzogsfamilie. Der zerstreute wittelsbachische Besitz ist damit vereint.

In diesem späten 12. und frühen 13. Jh. sterben aber auch viele bayerische Adelsgeschlechter aus, vor allem die Italien- und die Kreuzzüge verlangen ihre Opfer. Und als Erben treten zumeist die mit der herzoglichen Gewalt im Lande versehenen Wittelsbacher an.

Das große Erben begann 1179, als die Grafen von Roning ausstarben. Andere Geschlechter folgten. Unter den ersten drei bayerischen Herzögen können die Wittelsbacher ihren Besitz verdreifachen.

Heinrich der Löwe ist tot

6. August 1195. Bei seinem Tode ist Heinrich der Löwe mit dem Kaiser zwar wieder versöhnt, in seinen früheren Rang als Herzog von Bayern und Sachsen war er freilich nicht wieder erhoben worden. Einst hatte er ein Reitersiegel mit der Umschrift »Heinrich von Gottes Gnaden Herzog von Bayern« geführt. Nach 1180, als nur noch wenige Urkunden in seinem Namen ausgestellt wurden, nannte man ihn nur noch Herzog, ohne jeden Zusatz.

Der Mann, der in Braunschweig bestattet wird – er mag 65 Jahre alt sein –, hat seine Tage sicher nicht in Armut beschlossen, denn auch nach seiner Absetzung war ihm das große Privatvermögen verblieben. Doch er war entmachtet. Er war an seinen Ansprüchen gescheitert.

Heinrich, der mächtigste Landesfürst seiner Zeit, hatte die kaiserliche Macht und das kaiserliche Ansehen herausgefordert. Zuletzt aber, nachdem alle seine Lehen verloren waren, mußte er für drei lange Jahre zu seinem königlichen Schwiegervater ins Exil gehen.

Zu Pfingsten 1184 nahm er an einer kaiserlichen Feier in Mainz teil. Er mag gehofft haben, zumindest Bayern zurückzubekommen – Herzog Otto von Wittelsbach war ja im vorangegangenen Jahr verstorben –, aber die Nachfolgefrage war längst entschieden worden.

Im Herbst 1185 konnte der entmachtete Fürst aus dem Haus der Welfen in seine Braunschweiger Residenz zurückkehren. An den Vorgängen im Reich hat er aber bis zu seinem Tod keinen Anteil mehr.

Heinrich war der Förderer der späteren Landeshauptstadt München.

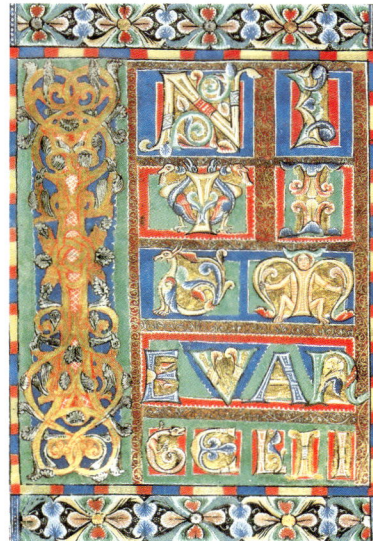

Zierseite aus dem Evangeliar von Heinrich dem Löwen (Initiale »I«)

Gefälschtes Recht zum Salzabbau

1194. Kaiser Heinrich VI. bestätigt dem Stift Berchtesgaden den von Graf Berengar geschenkten Forst mit den Salz- und Bergrechten. Was die Majestät nicht weiß: Man legt ihm eine gefälschte Urkunde vor. Der Betrug trägt Zinsen.

Um das Jahr 1102 gründete die aus dem Geschlecht der Grafen von Sulzbach stammende Irmengart zusammen mit ihrem Sohn Berengar das Augustinerchorherrenstift Berchtesgaden. Von Rottenbuch kamen vier Mönche und vier Laienbrüder, die das unwirtliche Land aber schnell wieder verließen und stattdessen in Baumburg eine Zelle errichteten.

Etwa 1120 zog man aber wieder nach Berchtesgaden zurück, und da das Kloster den Salzbergbau betrieb, kam es sehr bald zu materiellem Wohlstand.

Kaiser Friedrich Barbarossa hatte den Mönchen in einer Urkunde die Forstrechte bestätigt, doch das war den Beschenkten zu wenig: Sie änderten das Dokument und schrieben sich das Recht des Salzabbaus zusätzlich hinein.

Der Berchtesgadener Salzbergbau wird ausgerechnet in diesem gefälschtem Dokument erstmals urkundlich genannt.

Die Urkunde die auch die freie Vogtwahl und die Immunität gewährt, ist die Grundlage, auf der Berchtesgaden zum geistlichen Reichsfürstentum erhoben wird. Um ihrer Fälschung Authentizität und Autorität zu verleihen, wurde an ihr mit roter Seidenschnur eine kaiserliche Goldbulle befestigt, die man von einer anderen, einer echten kaiserlichen Urkunde genommen hat.

Später wird dieses Siegel die älteste Goldbulle sein, die das Bayerische Hauptstaatsarchiv in München aufbewahrt.

Um 1200. Das Nürnberger Stadtrecht ist so weit ausgebildet, daß es auch auf andere Gemeinden übertragen wird.→

Um 1200. Im Donauraum entsteht das »Nibelungenlied«.→

Anfang des 13. Jh. Wahrscheinlich am Hof des Bischofs von Seckau werden die »Carmina Burana« zusammengestellt.→

12. 11. 1203. In einem Reisetagebuch findet sich das einzige gesicherte Datum in der Biographie Walthers von der Vogelweide.→

Um 1204/08. Das Haus Andechs-Meranien gelangt zu hohem Ansehen.→

1204. Der bayerische Herzog Ludwig I. heiratet Ludmilla, die Witwe des 1198 verstorbenen Grafen Albert III. von Bogen.→

1204. Ein Schreiber aus dem Kloster Reichenbach spricht von der »bayerischen Monarchie«.→

1204. Der bayerische Herzog Ludwig I. verlegt die Isarbrücke bei der regensburgischen Straßburg isaraufwärts und läßt hier zu ihrem Schutz Burg und Stadt Landshut errichten.→

1205. Der Freisinger Dom St. Maria und St. Korbinian wird geweiht.→

21. 6. 1208. Graf Otto VIII. von Wittelsbach, ein Vetter von Ludwig I., ermordet in Bamberg aus Privatrache König Philipp von Schwaben.→

15. 11. 1208. König Otto IV. bestätigt Ludwig I. die Erblichkeit des Herzogtums Bayern und spricht ihm die Reichslehen des Andechser Pfalzgrafen und des Markgrafen zu.→

1209. Graf Otto VIII. von Wittelsbach, der Mörder König Philipps von Schwaben, wird in einer Scheune in Oberndorf bei Regensburg entdeckt und an Ort und Stelle hingerichtet. Die Burg Wittelsbach wird geschleift (→21. 6. 1208).

Um 1209. Wirnt von Grafenberg beendet seinen Artusroman »Wigalois oder Der Ritter mit dem Rad«.

GEBOREN:

Um 1200. Lauingen an der Donau: Albertus Magnus (†15. 11. 1280, Köln), Naturforscher, Philosoph und Theologe.

Um 1200. Augsburg (?): David von Augsburg (†15. 11. 1272, Augsburg), Schriftsteller und Prediger.

Nach 1200. Tannhäuser (†nach 1266), mittelhochdeutscher Dichter.

7. 4. 1206. Kelheim: Otto II., der Erlauchte (†29. 11. 1253, Landshut), Herzog von Bayern, Pfalzgraf bei Rhein.

Nürnberg als Vorbild für andere Städte

Um 1200. Die deutschen Könige haben seit der Regierungszeit von Heinrich III. an der Stadt Nürnberg großes Interesse gefunden. Sie haben ihr Wachstum gefördert, und die Verwaltung war schließlich so weit ausgebildet, daß um das Jahr 1200 das Nürnberger Stadtrecht anderen Städten als Vorbild dienen kann.

Bereits bei der ersten Erwähnung Nürnbergs wird auch der Name des Königs mitgenannt, und da die Majestäten in der Stadt wohl reichen Besitz hatten, werden die Könige auch weiterhin häufig nach Nürnberg kommen und sich um Nürnbergs Angelegenheiten kümmern (gele-

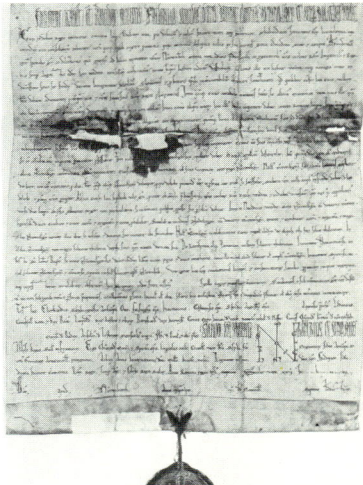

»Großer Freiheitsbrief« von Friedrich II. für Nürnberg (8. 11. 1219)

gentlich freilich auch um die Stadt Nürnberg Krieg führen).

Die Bedeutung dieses Ortes zeigt sich darin, daß hier zumindest seit 1062 Münzen geprägt wurden und Friedrich I. Barbarossa Nürnberg zur Pfalzstadt erhob.

Mächtiger Mann war der Burggraf. Er war auch zum Richter bestellt. Als die Hohenzollern 1191 durch Einheirat des Grafen Friedrich von Zolre das Amt erwarben (→ um 1191), berief die Majestät für das Reichsgut einen eigenen Beamten. Für die Stadt aber ist als Richter und Verwalter ein Schultheiß eingesetzt; 1173 ist er erstmals bezeugt.

Das Nürnberger Stadtrecht, das wohl in diesen Jahrzehnten entsteht, hat einen Vorläufer – das später auch in Amberg und Bamberg eingeführte Recht der Nürnberger Kaufleute von 1163.

Ludwig I. heiratet Bogener Grafenwitwe

1204. Der Herzog von Bayern mußte auf der Hut sein, denn seine Feinde besaßen Macht im Lande, und sie wollten sich nicht damit abfinden, daß ein Wittelsbacher regiert. Zu diesen unversöhnlichen Gegnern gehörte vor allem Graf Albrecht III. von Bogen.

Seine Familie, die mit einem Grafen Aschwinus um 1080 erstmals auftrat, war mit den Babenbergern und den Burggrafen von Regensburg verwandt. In den 30er Jahren des 12. Jh. zog sie von Windberg auf den Bogenberg (daher der Name).

Der große Besitz des Geschlechts lag im Bayerischen Wald. Er reichte bis über den Regen hinaus und hinein ins Böhmische. Albrecht wollte aber

Legende vom Heiratsversprechen

Die Legende berichtet, Gräfin Ludmilla habe sich das Heiratsversprechen Ludwigs auf recht schlaue Weise verschafft:

Der um die Gunst der 34jährigen Witwe werbende Herzog Ludwig war schon öfters im Schloß zu Bogen gewesen, seine Schwüre aber waren immer unverbindlich. Um dies zu ändern und die Affäre zu einem soliden Ende zu führen, ließ Ludmilla auf einem Vorhang in ihrem Zimmer drei Ritter malen.

Als Ludwig wiederkam und seine schönen Worte sprach, meinte die Umworbene, ob es ihm so ernst sei, daß er seine Eide bei den drei gemalten Männern schwören könne. Die Hand war gehoben, die Worte beschworen, als Ludmilla den Vorhang zur Seite zog – dahinter standen drei leibhaftige Ritter, die nun ihrerseits das Heiratsversprechen des Herzog Ludwig beeiden konnten.

noch mehr, und so schreckte er nicht davor zurück, auch Land zu annektieren, auf das er keinen Anspruch hatte. Statt es, wie verlangt, wieder herauszugeben, griff er im August 1192 Herzog Ludwig an. Dazu verbündete er sich mit einem Onkel seiner Frau Ludmilla, dem eben erst zum Herzog von Böhmen erhobenen Ottokar I.

Bis in die Gegend von Mühldorf trieben die beiden Verbündeten den Wittelsbacher vor sich her, und hätte nicht zuletzt sogar Kaiser Heinrich VI. eingegriffen, so wäre Ludwig in diesem Sommer um sein Herzog-

Herzog Ludwig I., der Kehlheimer, und seine Frau Ludmilla, die Witwe des 1198 gestorbenen Grafen Albrecht III. von Bogen (Kloster Seligenthal)

tum gebracht worden. Ottokar wurde seine eben erworbene Würde aberkannt, der Graf von Bogen zum Reichsfeind erklärt, da er »das barbarische Volk der Böhmen« für diesen Krieg nach Bayern gelockt habe. In den folgenden Jahren war der junge Bayernherzog mit dem Kaiser mehrfach in Italien unterwegs, und im Jahr 1198 zeichnete sich im Streit mit den Bogenern für ihn eine Wendung zum Guten ab: Sein Widersacher Graf Albrecht starb.

Der endgültige Friede mit der Familie auf dem Bogenberg kommt später: Sechs Jahre später, 1204, heiratet der knapp 30jährige Herzog Ludwig I. die aus Böhmen stammende Bogener Grafenwitwe Ludmilla.

Noch gibt es Söhne aus der ersten Ehe. Sie sind aber keine Gefahr mehr für die Wittelsbacher. Es ist nur mehr eine Frage der Zeit, bis der Bogener Besitz und das Bogener Wappen – das berühmte Rautenmuster – ihm als Erbe zufällt.

Otto IV. bestätigt Erblichkeit Bayerns

15. November 1208. Auf dem Reichstag zu Frankfurt wird dem wittelsbachischen Herzog, dem »comes de Witlingispahc«, offiziell bestätigt, was wohl vorher schon gegolten hat: Daß das Herzogtum Bayern in seiner Familie erblich sei.

Damit (und mit Ländereien) bedankt sich der Welfenkönig Otto IV. dafür, daß ihn der Bayer einige Tage zuvor als erster deutscher Fürst anerkannt hat.

Das Amt war für Otto nicht neu, da er ja schon lange deutscher König war – der Gegenkönig des ermordeten Staufers Philipp. Nun ist er Alleinherrscher im Reich.

Bayern wird als Monarchie tituliert

1204. Der Schreiber, der im Namen seines Herzogs – »Ego Ludewicus diuina fauente gratia Bauarie dux« – dem Kloster Reichenbach ein Vogteirecht gibt, wird am Schluß der Urkunde von patriotischem Stolz getragen, und so schreibt er von der Monarchie Bayern: »Monarchiam Bauarie tenente glorioso Duce Ludewico«.

Erinnert der Schreiber hier eigenmächtig an eine legendäre kgl. bayr. Vergangenheit? Oder stammt diese Formel, was wenig wahrscheinlich ist, vom Herzog, der es mit den Adeligen seines Landes so schwer hat? Soll vergangener Rang der Gegenwart Glanz verleihen?

Ruhm und Ansehen für die Andechser

Um 1204/08. Viel Ruhm für das Haus Andechs-Meranien:
▷ Graf Otto heiratet Beatrix, die Pfalzgräfin von Burgund
▷ Bruder Heinrich ist Markgraf von Istrien
▷ Bruder Berthold wird Patriarch von Aquileia
▷ Bruder Egbert ist Bischof von Bamberg
▷ Schwester Agnes heiratet König Philipp August von Frankreich
▷ Schwester Gertrud wird Gattin des Ungarnkönigs Andreas (und Mutter der heiligen Elisabeth)
▷ Schwester Hedwig, Frau Herzog Heinrichs von Schlesien, wird heiliggesprochen.

Brückenverlegung führt zur Gründung der Stadt Landshut

1204. *Dem Paar sind Flitterwochen nicht gegönnt. Denn zur gleichen Zeit, da Herzog Ludwig die Bogener Witwe Ludmilla heiratet, liegt er in kriegerischem Streit mit Bischof Konrad von Regensburg. Ehe im darauffolgenden Jahr 1205 ein für den Wittelsbacher nicht befriedigender Vergleich geschlossen wird, trotzt er seinem Widersacher einen Gewinn ab – eine regensburgische Isarbrücke wird weiter flußaufwärts, in her-*

zogliches Gebiet verlegt, in eine Siedlung, die seit etwa 1150 bekannt ist und die nun gleichsam neu gegründet wird und Landshut heißt. Während Ludwig oben auf dem Berg seine Burg Trausnitz aufbaut, entsteht unten, zwischen zwei Isararmen, zu beiden Seiten einer seit römischen Zeiten bestehende Überlandstraße, die Stadt. (Abb.: Ludwig von Wittelsbach [zu Pferd] gründet Landshut, Bildteppich 1611)

Dom zu Freising wiederaufgebaut

1205. Bischof Albert begann den Wiederaufbau des abgebrannten Freisinger Domes voller Eifer, doch seine Fertigstellung konnte er nicht mehr erleben. Erst nach einer Bauzeit von 45 Jahren wird das Gotteshaus nun geweiht.

Die aus dem frühen 8. Jh. stammende, der heiligen Maria geweihte Pfalzkapelle der Agilolfinger war – nach Um- und Neubau – zweimal abgebrannt, zuerst im Jahr 903, dann noch einmal 1159.

Nach dem zweiten Brand entstand das Gotteshaus größer und schöner, als es je gewesen war, mit zwei massiven, quadratischen Türmen im Westen. Zu denen, die ihren Beitrag zum Bau leisteten, gehörte auch Kaiser Barbarossa. Aus Dankbarkeit hat man ihn (wenn auch ziemlich klein) an der linken, seine Frau Beatrix an der rechten Seite des romanischen Portals in einem Relief abgebildet.

Trotz vieler Veränderungen in späteren Jahrhunderten bleibt der Grundriß der dreischiffigen Kirche von 1205 erhalten.

Portal des nach dem Brand von 1159, dem zweiten in der Geschichte des Gotteshauses, in 45 Jahren wiederaufgebauten Domes zu Freising

Königsmord auf Hochzeitsfeier

21. Juni 1208. Zur Hochzeit seiner Nichte Beatrix kommt der Stauferkönig Philipp von Schwaben nach Bamberg und steigt in der Alten Hofhaltung ab.

Festlich wird die Trauung zwischen der Erbin der Pfalzgrafschaft Burgund und Otto, dem Herzog von Andechs und Meranien, vollzogen. Der 31jährige König geleitet die Neuvermählten noch ein Stück Weges, läßt sich zur Ader und zieht sich dann mit Bischof Konrad von Speyer sowie seinem Truchseß Heinrich von Waldburg in seine Gemächer zur Mittagsruhe zurück.

Die Siesta wird freilich gestört. Der bayerische Pfalzgraf Otto VIII. von Wittelsbach, ein Cousin des regierenden Herzogs Ludwig, macht unangemeldet seine Aufwartung. Nun ist der Graf ein gern gesehener Gast – zwar jähzornig, auch als grausam verrufen, doch für König Philipp allzeit ein treuer Waffengefährte und überdies ein unterhaltsamer Mann, der mit dem Schwert mancherlei trickreiche Spielchen kennt.

Diesmal geht es ihm freilich nicht um Späße. Er stürzt sich auf den Herrscher und durchschlägt ihm mit einem Streich die Halsschlagader. Heinrich von Waldburg will dazwischentreten, aber ein Schwerthieb verletzt ihn, und so kann der Herr von Wittelsbach durchs Fenster springen und zu Pferd entkommen. Über das Motiv wird gerätselt. Der König, so heißt es, habe ihm eine seiner Töchter versprochen und sie später einem anderen zugesichert. Andere meinen, der Staufer hätte Otto, der zur Brautwerbung nach Schlesien fuhr, ein Empfehlungsschreiben mitgegeben, in dem vor dem Bayern gewarnt wurde. Da er ihm also zweimal den Weg zum Traualtar versperrte, habe der Pfalzgraf den König getötet.

Im März 1209 wird der flüchtige, vogelfreie Otto in Obernburg bei Kelheim durch den Reichsmarschall von Kalden aufgespürt. Man schlägt ihm den Kopf ab und wirft ihn in die Donau. Mönche des von Wittelsbachern gegründeten Klosters Indersdorf entführen den Leichnam des Pfalzgrafen in einem gepichten Faß und beerdigen ihn in ihrer Kirche.

Mit der Ermordung des Staufers Philipp endet der seit 1198 dauernde Streit um den deutschen Königsthron zugunsten des Welfen Otto IV.

Bedeutendste mittelalterliche Dichtung

Um 1200. Am Ende der »Nibelungen Klage«, einer mehr als 4000 Verse langen, literarisch nicht sehr gewichtigen Fortsetzung des »Nibelungenliedes« steht:

»Von Pazzouwe der bischof Pilgerin durh liebe der neven sin hiez scriben ditzen maere…« Es ist aber sehr wahrscheinlich Wolfger von Erla – seit 1191 Bischof von Passau –, der die 2376 Strophen des »Nibelungenliedes« durch seinen Notar Konrad aufschreiben läßt. Die bedeutendste und bekannteste Dichtung des deutschen Mittelalters ist also in Passau entstanden.

Es ist wohl Verehrung für den Vorgänger, daß Wolfger dem 991 verstorbenen Bischof Pilgrim das Verdienst zuschreibt, diese Dichtung in Auftrag gegeben zu haben, und daß er ihn als Onkel der Kriemhild in die Geschichte einführen läßt. Ein ähnlicher Anachronismus findet sich auch in der Dichtung: In 39 Kapiteln, den »aventiuren«, wird eine Geschichte aus den lange vergangenen Merowingertagen erzählt, doch die Figuren tragen die Kostüme des frühen 13. Jh., sie sind Zeitgenossen der Minnesänger. Und der berühmteste dieser Poeten, Walther von der Vogelweide, könnte den Schreiber dieses Epos gekannt haben.

Es gibt sogar die (nicht sehr überzeugende) Theorie, Walther selbst

Seite aus der Handschrift des Nibelungenliedes (Fassung A) (Bayerische Staatsbibliothek)

könnte der unbekannte Dichter des »Nibelungenliedes« sein. Sehr viel mehr Indizien sprechen freilich dafür, daß hier ein Anonymus aus vielen, möglicherweise 20 alten Heldenliedern, die fahrende Sänger von Generation zu Generation überliefert hatten, ein neues, großes Werk schuf:

»Uns ist in alten maeren/wunders vil geseit//von heleden lobebaeren,/von grôzer arebeit,//von freude und hôch gezîten,//von weinen unde klagen,//von küener recken strîten/muget ir nu wunder hoeren sagen…«

Was so beginnt, endet mehr als 2000 Strophen später in einem Gemetzel am Hof des Hunnenkönigs. Der Auftakt ist – trotz eines bedrohlichen Traumes – festlich und freudig, denn Siegfried, der jugendliche Held, freit um Kriemhild, die Königstochter aus Worms. Und weil er ein so strahlender, starker Jüngling ist, muß er mit einem zauberischen Trick (verborgen unter einer Tarnkappe) auch noch für seinen Schwager, den Burgunderkönig Gunther, eine Frau heimführen und die Brautnacht – stellvertretend – bestehen. Doch die Betrogene Brünhild wird erfahren, wie sie gefreit worden ist – und es wird eine Rache geben: Hagen tötet Siegfried, dessen Witwe aber heiratet den Hunnenkönig Etzel (Attila). Sie lädt die Burgunder aus Worms zum Fest an ihren Hof und läßt sie allesamt ermorden. Zuletzt bleiben nur Etzel und Dietrich über, sie beklagen die vielen Toten. In diese Dichtung sind verschiedene Ereignisse der Völkerwanderungszeit mit poetischer Freiheit hineinverwoben. So gab es zum Beispiel seit 413 in der Gegend von Worms das Burgunderreich unter König Gundahari, und 453 heiratete Etzel (Attila) die Germanin Hildiko, starb aber – ermordet? – in der Hochzeitsnacht.

Das »Nibelungenlied« ist in mehr als 30 Handschriften überliefert, doch die Passauer Version von 1200 ist nicht erhalten. Der Urfassung am nächsten dürfte die sog. Donaueschinger Handschrift C kommen. Die Bayerische Staatsbibliothek besitzt seit 1810 die auf Schloß Hohenems aufgefundene Fassung A.

Burgunderzug durch Bayern

Im hohen Norden findet sich der Mann nur schwer zurecht. Wenn er, der Schreiber des »Nibelungenliedes«, die Burgunder aber durch Bayern und gen Wien ziehen läßt, kann er Weg und Steg beschreiben. Der Burgunderzug beginnt in Worms. Er führt ostwärts und überschreitet in der Nähe von Miltenberg die (spätere) Grenze nach Bayern. Die noblen Herren kommen nach Würzburg und ziehen dann südostwärts – über Weißenburg erreichen sie einige Kilometer hinter Ingolstadt, bei Großmehring, schließlich die Donau.

Die Burgunderfahrt, sagen andere Deuter, nahm einen südlicheren Weg: Zwischen Dinkelsbühl und Rothenburg hätten danach die Reisenden bayerischen Boden betreten, doch auch diese Fahrt führte über Weißenburg zur Donau bei Großmehring.

Vor der Überfahrt, die große Schwierigkeiten bereitet, wird Hagen von den zauberkundigen Wasserfrauen gekündet, »daß ihr sterben müsset in des Etzels Land«.

Von der Donau – und nun sind sich alle einig – zieht die adelige Gesellschaft nach Passau, sodann zur Burg des Markgrafen Rüdiger in Bechelaren (Pöchlarn) und übers Tullnerfeld nach Wien. Die Burg des Etzel aber liegt weiter weg, im ungarischen Estergom.

Allerdings gibt es auch noch ganz andere Vorstellungen, etwa die, daß die Schauplätze »des Nibelungenliedes« zwischen Soest und Zülpich liegen.

12. November 1203. Der Sekretär des Passauer Bischofs Wolfger von Erla schreibt in das Reisejournal seines Herrn: »Am darauffolgenden Tag (nach dem Martinstag) bei Zeiselmauer dem Sänger Walther von der Vogelweide für einen Pelzmantel fünf Schillinge.«

Diese buchhalterische Notiz ist die einzige zeitgenössische Nachricht, in der vom bedeutendsten Minnesänger und Dichter des deutschen Mittelalters berichtet wird.

Der Geburtsort ist nicht bekannt. Vielleicht kam er irgendwann um 1170 im Südtiroler Eisacktal, am Hof »Zur Innervogelweid«, zur Welt? Oder bei Feuchtwangen? Oder etwa in Frankfurt, als Sohn von Wolfram und Gisela Fugelwedere? Wahrscheinlich stammt er aber aus Österreich, wo seine Familie als wenig begütertes Ministerialengeschlecht gelebt haben könnte.

Er selbst gibt in einem Vers Auskunft über seine poetischen Anfänge und mögliche Herkunft: »ze Osterriche lernt ich singen und sagen.«

Österreich war Wien und die Babenberger Residenz. Und sein Lehrer ist Reinmar. Der auf die Bewahrung alter Dichtformen bedachte Lehrer und sein Schüler, der eine neue, frische Weise suchte, haben sich sehr bald schon getrennt. Bis zum Tod von Herzog Friedrich I. im Jahr 1198 blieb Walther in Wien, dann mußte er einen neuen Herrn suchen. Walther stirbt im Jahr 1230 wahrscheinlich in Würzburg.

Walther von der Vogelweide in der sog. Manessischen Handschrift

Illustrierte Seite aus den »Carmina Burana«, einer Anfang des 13 Jh. zusammengestellten Sammlung mittelalterlicher Lieder und Verse

Die Lieder »Carmina Burana«

Anfang des 13. Jh. Dem Auftraggeber – wahrscheinlich dem Bischof von Seckau – müssen die Lieder der fahrenden Sänger sehr viel bedeuten, da er sie sammeln und irgendwann Anfang des 13. Jh. von drei Schreibern in einem Buch zusammenstellen läßt (was ihn sicher sehr viel Geld kostet).

Der Anfang der Sammlung geht später verloren und auch ihr Schluß, es bleiben aber immer noch 318, zumeist in mittellateinischer Sprache verfaßte Lieder erhalten. Es sind moralisch-satirische Verse, in denen vor allem die Käuflichkeit von geistlichen Ämtern getadelt wird, Liebeslieder (sie sind in der großen Überzahl), Trink- und Spielmannslieder sowie ein paar geistliche Spiele.

Bei der zu dieser Zeit üblichen Laxheit in Fragen des geistigen Eigentums steht unter den in frühgotischen Minuskeln niedergeschriebenen Versen kein Autor. Es muß später einmal viel Philologenfleiß auf-gewandt werden, ehe es möglich ist, wenigstens einen Teil der Verse ihren Dichtern zuzuweisen. Die Verfasser sind zwar zumeist anonym, aber unter ihnen sind doch auch, wie sich zeigt, Walther von der Vogelweide, Reinmar von Hagenau, Heinrich von Morungen, Neidhart von Reuental, der Archipoeta, Philipp der Kanzler, Godefried von Winchester und Walther von Châtillon.

Zwei Fünftel der Sammlung, die nach ihrem Fundort, dem Kloster Benediktbeuern, »Carmina Burana« genannt wird, sind auch in anderen Liederbüchern dieser Zeit zu finden. Neben den lateinischen und den deutschen Gedichten sind auch Verse in deutsch-lateinischer Mischform aufgeschrieben: »Ich was ein chint so wolgetan,/virgo dum florebam,/do brist mich div werlt al,/omnibus placebam.//Hoy et oe!/maledicantur tilie/iuxta viam posite…« 1937 wird ein Teil der »Carmina Burana« von Carl Orff vertont.

Um 1210. Der mittelhochdeutsche Dichter Wolfram von Eschenbach vollendet den Versroman »Parzival«. →

1210/20. In der 1204 vom bayerischen Herzog Ludwig I. in Bau gegebenen Burg Trausnitz in Landshut wird die spätromanische Burgkapelle St. Georg vollendet. →

1211. Mit dem Bergwerk Schellenberg wird erstmals eine Berchtesgadener Saline in den Urkunden genannt. →

September 1211. Die deutsche Opposition gegen Kaiser Otto IV. wählt in Nürnberg den Staufer Friedrich II. zum König.

Pfingsten 1212. Auf einem Hoftag zu Nürnberg wird Otto der Erlauchte, der einzige Sohn des bayerischen Herzogs Ludwig I., mit Agnes verlobt, einer Tochter des Pfalzgrafen Heinrich des Langen.

Herbst 1212. Der Staufer Friedrich II. wird anstelle des 1210 von Papst Innozenz III. gebannten Kaisers Otto IV. deutscher König.

Februar 1213. König Friedrich II. empfängt auf dem Reichstag zu Regensburg die Huldigung der bayerischen Großen und des Erzbischofs Eberhard II. von Salzburg, des Primas der bayerischen Kirche und der die Erlaubnis zur Gründung des Bistums Chiemsee erhält.

Oktober 1214. König Friedrich II. überträgt den Wittelsbachern die Pfalzgrafschaft bei Rhein. Der bayerische Herzog Ludwig I. und sein unmündiger Sohn Otto der Erlauchte werden Pfalzgrafen bei Rhein. →

30. 12. 1217. Das Bistum Chiemsee wird gegründet. →

1218. Herzog Ludwig I. gründet die Stadt Straubing. →

1218/19. Die Grafen von Peilstein sterben aus. Als Hauptvögte des Erzstifts besitzen sie auch die salzburgische Vogtei »ze Halle« (in Reichenhall), auf die nun der bayerische Herzog Ludwig I. und der Salzburger Erzbischof Eberhard II. Anspruch erheben. Ludwig erobert die salzburgische Hallburg und läßt eine Gegenfestung errichten; Reichenhall bleibt lange Streitobjekt.

8. 11. 1219. Im sog. Großen Freiheitsbrief gewährt König Friedrich II. den Bürgern von Nürnberg eine Reihe wirtschaftlicher Garantien und münz-und zollpolitischer Rechte.

GEBOREN:

Um 1210 – um 1220. Regensburg: Berthold von Regensburg (†13./14. 12. 1272, Regensburg), franziskanischer Wanderprediger.

Bistum Chiemsee wird gegründet

30. Dezember 1217. Vier Jahre verhandelte der Salzburger Erzbischof mit König und Papst, ehe er nun das Bistum Chiemsee gründen und damit seinen eigenen Machtbereich schmälern darf.

Das Bistum ist nicht groß, reicht etwa von Prien hinab bis hinter Kitzbühel und ist ringsum vom Bistum Salzburg eingeschlossen, aus dem es (ebenso wie die Bistümer Gurk, Sekkau und Lavant) aus seelsorgerischen Gründen herausgelöst wurde. Der neu eingesetzte Bischof von Chiemsee residiert auch in Salzburg, wo er dem Erzbischof unterstellt ist und wo er häufig das Amt des Generalvikars versieht.

Ludwig I. läßt Burg Trausnitz ausbauen

1210/20. Obwohl drunten im Tal gerade die Stadt Landshut entsteht (→ 1204), baut Herzog Ludwig I. zur gleichen Zeit auch seine Burg Trausnitz im großen Stil aus. Wahrscheinlich hat schon Herzog Otto I. hier eine kleine Residenz besessen.

Der hölzerne Blockbau seines Vorgängers wird jetzt durch einen Steinbau ersetzt. Der wuchtig-trutzige Wittelsbacherturm ist bereits fertiggestellt, auch der Torbau sowie die Dürnitz und der Palas. Zwischen diesen beiden Trakten läßt Ludwig die zweigeschossige, flachgedeckte Georgskapelle mit der Altar- und Fürstenempore errichten.

Burg Trausnitz (Lithographie von C. A. Lebschée, 1844; Privatbesitz)

Ludwig I. erhält Pfalzgrafschaft bei Rhein

Oktober 1214. Wie Otto I. das Herzogsamt, so gewinnt dessen Sohn Ludwig I. für seine Familie die Rheinpfalz und den Titel Pfalzgraf bei Rhein. Ermöglicht wird dieser Zuwachs an Land und Würde durch die Verlobung des Ludwig-Sohnes Otto mit der Pfalzerbin Agnes.

Die beiden Hauptbetroffenen werden vermutlich nicht verstanden, ja vielleicht gar nicht gewußt haben, was man zu Pfingsten 1212 auf dem Hoftag zu Nürnberg über sie beschloß: Man verlobte den sechsjährigen Otto von Wittelsbach mit der etwa elfjährigen Welfin Agnes.

Der Vater des minderjährigen Bräutigams hat Anlaß zur Freude, da die Kind-Braut, eine Nichte von Kaiser Otto IV., gute Aussichten hat, der bayerischen Herzogsfamilie eines Tages die Pfalzgrafschaft bei Rhein einzubringen. Sie aber ist eines der angesehensten, höchsten Ämter im Reich. Der bedeutendste unter den Pfalzgrafen ist einst der von Lothringen gewesen, der den Titel Pfalzgraf bei Rhein annahm.

Der Sitz dieser Adeligen war ur-

Zu Bayern gehörende Territorien

Die Pfalz, dieses ausgefranste, aus etlichen kleinen und kleinsten Territorien bestehende Land um Heidelberg und Mannheim, ist die größte Erwerbung Bayerns.

Wenn man sich das Gebiet anschaut, dann mag es so wirken, als sei damit das Herzogtum für jene Gebiete entschädigt, die im Süden und Südosten verlorengegangen sind.

Im 10. Jh. reichte Bayern noch hinab bis ans Mittelmeer: 952 war die Markgrafschaft Verona – mit Verona, Trient, Vicenza, Aquileja und dem Gardasee – zum Herzogtum gekommen; die Grenze verlief unmittelbar bei Venedig.

Zu dieser Zeit waren auch der Vintschgau und ein Teil des Engadins in bayerischem Besitz.

Der Besitz ging bald verloren, ebenso die Mark Krain und die Windische Mark – Bayerns Grenze verlief in der Gegend von Zagreb –, dazu Kärnten und später auch noch die Ostmark und die Steiermark.

sprünglich Aachen gewesen, seit Mitte des 11. Jh. aber verlagerte er seine Macht in die Moselgegend, und um 1080 führte Heinrich von Laach, der Gründer des Klosters Maria Laach, als erster Pfalzgraf den Titel »bei Rhein«.

Im Jahr 1155 erhielt Barbarossas Halbbruder Konrad das Amt, er gab es, territorial vergrößert, an seinen Schwiegersohn Welf den Ältesten von Braunschweig. Dessen Tochter heiratete Heinrich den Langen, einen Sohn von Heinrich dem Löwen. Dessen Sohn wiederum starb kinderlos; 1214 überträgt Friedrich II. die Pfalzgrafschaft an Ludwig I. von Bayern, den künftigen Schwiegervater von Agnes. Weil die Majestät Anlaß hat, dem Wittelsbacher seine Gunst zu zeigen, wird gleichsam ein Vorgriff auf die künftige Erbschaft vorgenommen.

Der Beschenkte aber schreibt den neuen Titel am 6. Oktober 1214 erstmals in eine Urkunde: »Dei gratias comes palatinus Reni et dux Bavariae« – von Gottes Gnade Pfalzgraf bei Rhein und Herzog von Bayern.

Salzgewinnung, wie sie auch in Berchtesgaden betrieben wird

Urkunde über Saline in Berchtesgaden

1211. Mit dem Salzbergwerk in Schellenberg wird erstmals eine Berchtesgadener Saline in den Urkunden genannt.

Die Salzgewinnung in der Fürstpropstei Berchtesgaden ist aber zweifellos älter. So heißt es, die Mönche hätten um die Wende vom 12. zum 13. Jh. am Tuval eine Saline betrieben und ein Berchtesgadener Propst habe um 1174 mit seinem Salz Handelsgeschäfte betrieben.

Nach Salzburg und Reichenhall ist Berchtesgaden der dritte – und auch der schwächste – Salzproduzent im bayerischen Lande.

Ludwig I. gründet neues Straubing

1218. Das Augsburger Domkapitel ist sicher verärgert, als Herzog Ludwig I. etwa 1 km westlich von der bischöflich-augsburgischen Siedlung Strupinga (Straubing) sein eigenes Straubing gründet – einen Ort mit breiter, 600 m langer Marktstraße, auf die im rechten Winkel die Seitenstraßen münden.

So entwickeln sie sich nun nebeneinander, die neue, im Grundriß typisch wittelsbachische Stadt und das rund um die alte Peterskirche, nahe der keltischen und römischen Siedlung Sorviodurum gebaute Straubing, das 897 erstmals in einer Urkunde erwähnt ist und das 1029 dem Domkapitel von Augsburg übergeben wurde.

Wolfram vollendet sein Epos »Parzival«

Um 1210. Das große Werk ist getan und die Geschichte des »Parzival« in 24 812 Versen erzählt. Der Autor dieser – neben dem »Nibelungenlied« – bedeutendsten Dichtung des deutschen Mittelalters, Wolfram von Eschenbach, ist zu dieser Zeit um die 40 Jahre alt und arbeitet schon an einem neuen Epos, dem »Willehalm«.

Wolfram, dessen Namen keine Urkunde nennt, hat in seiner Dichtung Motive aus zwei großen Sagenkreisen auf großartige (oft aber auch schwer deutbare) Weise vereint: Parzivals Vater Gahumundi stammt aus der Welt der Artussage, seine Mutter Herzeloyde aber kommt aus der Gralssage.

Die Geschichte von dem »tumben Tor«, der in die Welt hinauszieht und – Leid verbreitend, Leid erduldend – den Lauf der Welt erkennt, ist in einem bayerisch eingefärbten Fränkisch abgefaßt, in einer bilderreichen Sprache, die gelegentlich dunkel ist und den Deutern einige Rätsel aufgibt.

Der Autor ist vor allem von Chrétien de Troyes beeinflußt. Dieser altfranzösische Epiker hatte vor 1190 den – unvollendeten – Versroman »Perceval« verfaßt. Wo Wolfram das Werk niederschrieb, ist nicht bekannt. Ein Teil könnte am Herzogshof in Landshut entstanden sein. Der nahe der bairisch-fränkischen Sprachgrenze geborene Wolfram nennt sich im »Parzival« einen Bayern: »…ein prîs den wir Beier tragen«.

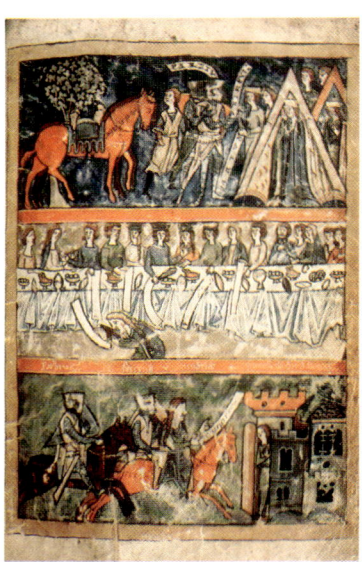

Seite aus dem Versepos »Parzival« von Wolfram von Eschenbach

Seite aus Wolframs Geschichte von dem »tumben Tor« Parzival

1220

Um 1220. Kaiser Friedrich II. verleiht dem Dichter Walther von der Vogelweide ein Lehen bei Würzburg.

Um 1220. Ein unbekannter Meister schnitzt die Madonna von Ruhpolding.→

1220/22. Der Wittelsbacher Otto der Erlauchte, der spätere Herzog von Bayern und Pfalzgraf bei Rhein, heiratet die Welfin Agnes von der Pfalz.

22. 11. 1220. König Friedrich II. wird in Rom zum Kaiser gekrönt.

April 1221. Von Tarent aus führt Herzog Ludwig I. ein Kreuzfahrerheer nach Damiette in Ägypten. Er ist zeitweise Geisel beim Sultan.→

1223. Papst Honorius III. bestätigt die Gründung des Ordens der Franziskaner. Bereits 1220 ist der Dominikanerorden bestätigt worden. Die Ausbreitung der Bettelorden über ganz Europa beginnt.

1224. Der bayerische Herzog Ludwig I. läßt die Stadt Landau an der Isar errichten.→

2. 7. 1226. Der bayerische Herzog Ludwig I. wird nach der Ermordung des Erzbischofs Engelbert I. von Köln Reichsgubernator und Vormund von König Heinrich VII.

August 1227. Kaiser Friedrich II. bricht zum Fünften Kreuzzug auf, kehrt jedoch wegen einer Seuche im Heer um und wird von Papst Gregor IX. gebannt.

Juni 1228. Trotz des päpstlichen Banns bricht Kaiser Friedrich II. erneut zum Kreuzzug auf. Im März 1229 zieht er in Jerusalem ein und krönt sich zum König von Jerusalem.

1229. Der erste namentlich bekannte Jude in München heißt Abraham de Municha.

Sommer 1229. König Heinrich VII. fällt in Bayern ein und zwingt seinen früheren Vormund, den bayerischen Herzog Ludwig I., die Lehen der Andechser herauszugeben.

November 1229. Der bayerische Herzog Ludwig I. schließt Frieden mit König Heinrich VII. Ludwig ist in seiner Politik gegenüber den Andechsern gescheitert.

GESTORBEN:

Um 1220. Eschenbach bei Ansbach: Wolfram von Eschenbach (*um 1170, Eschenbach), Dichter, Werke: »Parzival«, »Willehalm«, »Titurel«, Minnelieder.

GEBOREN:

Um 1220. Würzburg: Konrad von Würzburg (†31. 8. 1287, Basel), mittelhochdeutscher Dichter.

Erfolglose Kreuzfahrt von Herzog Ludwig

April 1221. Als Herzog von Bayern und Pfalzgraf bei Rhein ist Ludwig I. nach Kaiser Friedrich II. der bedeutendste deutsche Fürst. So gibt der Staufer auch ihm den ehrenvollen Auftrag, an seiner Stelle das Heer von 500 Rittern nach Damiette an der Nilmündung zu führen. Von Tarent fährt die Truppe ab. Ihr Auftrag lautet, die seit längerem bereits gegen den Sultan kämpfenden Kreuzfahrer zu entlasten.

Aller Eifer – und auch eine Expedition in Richtung Kairo – ist vergeblich. Das Unternehmen scheitert kläglich. Damiette muß im August 1221 an die Araber übergeben werden. Im Herbst des Jahres ist der Herzog wieder daheim.

Vorher freilich muß er eine unangenehme Erfahrung machen – Sultan Al Malik al Kalim verlangt, daß der Bayer (den ein arabischer Chronist »König« nennt) zusammen mit etwa 20 anderen Adeligen als Geisel in seine Burg Mansurah komme, nur so werde der Abzug aus Damiette genehmigt. Ganz neu ist dieses Erlebnis für Herzog Ludwig nicht, denn 1214 war er, als Teilnehmer eines Kriegszuges nach Brabant, gefangen und auf einer Burg im Jülichschen interniert worden.

Herzog Ludwig I. von Bayern zieht in den Kreuzzug (Ölgemälde von Hans Werl, nach 1601; München, Bayerische Staatsgemäldesammlung)

Auf der Rückreise vom Kreuzzug stirbt einer der vornehmsten Teilnehmer, der Bischof von Passau. Viele andere sind bereits vorher ums Leben gekommen, so Ludwigs Stiefsohn Berthold von Bogen.

Nach der Heimkehr kann sich der Wittelsbacher endlich auch einer lange ausstehenden Familienangelegenheit annehmen und seinen mittlerweile 16jährigen Sohn mit der Enkelin Heinrich des Löwen verheiraten; die große Mitgift – die Pfalz – ist bereits seit einiger Zeit in der Hand der Herzogsfamilie. Nach der Hochzeit, die den goldenen Löwen auf schwarzem Grund ins bayerische Wappen bringt, macht Otto als erster Wittelsbacher das Heidelberger Schloß zu seiner Residenz.

Ludwig I. gründet Landau an der Isar

1224. Auf einer Anhöhe über der Isar gründet Herzog Ludwig I. die Stadt Landau. Damit hat er, 20 Jahre nach dem Baubeginn in Landshut, (→1204), erstmals auch an der unteren Isar einen Stützpunkt.

Hier, wo die Herren von Zulling begütert waren, läßt der Herzog zunächst eine Burg bauen (Hermann von Altaich schreibt vom »oppidum Landaw«). In ihrer Nachbarschaft entsteht, vielleicht an der Stelle einer älteren, kleinen Ortschaft, die von einer Mauer umgebene, nahezu quadratische Siedlung.

Nach wittelsbachischer Manier wird sie durch zwei senkrecht zueinander verlaufende Straßen geteilt. Die Hauptstraße führt von Nord nach Süd, von einem Stadttor zum anderen. Schon sehr bald wird der Handelsplatz Landau zum herzoglichen Amtssitz.

Später wächst die obere Stadt mit einem tiefer gelegenen Fischerdorf zusammen.

Madonna von Ruhpolding fertiggestellt

Um 1220. *Kaum beachtet, dick mit Farbe übermalt, steht in der Ruhpoldinger Filialkirche St. Valentin im Zell eine der kostbarsten Madonnen der Spätromanik (Abb.) Erst 1955 wird die aus Lindenholz geschnitzte Statue in den Originalzustand versetzt und in die von Gunetzrhainer geplante Ruhpoldinger Rokokokirche überführt – in die, wie es heißt, schönste Dorfkirche Bayerns.*

Um 1230. Das erste bayerische Herzogsurbar wird aufgezeichnet. →

15. 9. 1231. Der bayerische Herzog und Pfalzgraf bei Rhein Ludwig I. wird auf der Donaubrücke bei Kelheim von einem Unbekannten erdolcht. Nachfolger wird sein Sohn Otto II., der Erlauchte. →

1232. Der Ritter und Dichter Otto von Botenlauben verkauft seinen Besitz. →

1232. Ludmilla von Kelheim, die Witwe Ludwigs I., des Kelheimers, des ermordeten bayerischen Herzogs und Pfalzgrafen bei Rhein, gründet bei Landshut das Kloster Seligenthal. Viele Wittelsbacher Herzöge werden hier begraben. →

1232. Papst Gregor IX. betraut den Orden der Dominikaner mit der Inquisition. Otto II. läßt die Dominikaner als Hexengeistliche nach Bayern.

Frühjahr 1233. Otto II. fällt in Oberösterreich ein und besetzt Wels. König Heinrich VII. rückt daraufhin von Schwaben aus über den Lech bis nach Regensburg vor und zwingt den Herzog, ihm seinen Sohn Ludwig als Geisel zu stellen.

Juni 1235. Kaiser Friedrich II. entthront auf dem Reichstag zu Augsburg seinen Sohn Heinrich VII. und läßt ihn gefangensetzen. Der Kaiser bekräftigt die wittelsbachisch-staufische Freundschaft, indem er seinen Sohn Konrad mit einer Tochter von Otto II. verlobt →

1237. Der Bamberger Dom wird geweiht.

7. 4. 1238. Der bayerische Herzog und Pfalzgraf bei Rhein Otto II., der Erlauchte, verbündet sich mit dem König von Böhmen und dem Herzog von Österreich gegen Kaiser Friedrich II., der vom Papst erneut gebannt worden ist.

2. 2. 1239. Der päpstliche Legat Albert Behaim erwirkt in Rom das Verbot, den bayerischen Herzog und Pfalzgrafen bei Rhein Otto II. ohne Zustimmung der Kurie zu bannen oder mit Kirchenstrafen zu belegen. Grund ist die Haltung der bayerischen Bischöfe, die sich weigern, den Bann gegen Kaiser Friedrich II. zu verkünden (→Juni 1235).

GESTORBEN:

Um 1230. Würzburg (?): Walther von der Vogelweide (*?, Österreich?), mittelhochdeutscher Dichter. →

15. 9. 1231. Kelheim: Ludwig I., der Kelheimer (*23. 12. 1174, Kelheim), Herzog von Bayern 1183–1231, Pfalzgraf bei Rhein 1214–1231. →

Herzog Ludwig I. von Unbekanntem erdolcht

15. September 1231. Die Tat wird nie geklärt: Als der 56jährige Herzog Ludwig I. auf der Donaubrücke zu Kelheim oder in deren unmittelbarer Nähe von einem unbekannten Mann durch einen Messerstich ermordet wird, stürzen sich die Zeugen auf den Attentäter und lynchen ihn. Der tote Wittelsbacher wird neben seinem Vater im Hauskloster Scheyern beigesetzt. Nach seinem Todesort wird er hinfort »Ludwig der Kelheimer« genannt.

Der Mörder ist tot, und so kann über ihn und seine Motive hinterher nur noch spekuliert werden. Da der Herzog nach einer Zeit freundschaftlichen und vertrauten Umgangs mit dem Kaiser zeitweise in Feindschaft gelebt hat, glaubt man, die Majestät habe den Mörder gedungen. Dabei ist aber zur Zeit der Tat das Verhältnis zwischen den beiden Herren einigermaßen ausgeglichen (auch wenn vielleicht die alte Wunde, die der Verrat des Wittelsbachers geschlagen hatte, noch immer ein wenig schmerzt).

Und wenn Kaiser Friedrich II. den Anschlag ausgedacht hätte – was wäre der Gewinn für ihn gewesen? Wie hätte sich seine Position durch den Tod Herzog Ludwigs verändert? Nein, es gibt kein sinnvolles Motiv für den Stauferkaiser. Überdies sind die regierenden Fürsten in diesen Zeiten daran gewöhnt, daß sich die

Herzog Ludwig I., der Kelheimer, wird von unbekannter Hand erstochen (Fürstenzyklus der Kapitelkirche der Benediktinerabtei Scheyern)

Allianzen oft über Nacht ändern und aus dem Freund sehr schnell ein Feind werden kann.

Zeugen des Mordes behaupten, daß der Mörder anders aussah als die Leute in Kelheim – mit seiner dunklen Haut, sagen sie, wirkte er exotisch. Ein Fremder war es demnach also, einer, der aus irgend einem fernen Land gekommen sein muß. Den Fall erklärt man sich dann so: Im Libanon sitzt das »Oberhaupt vom Gebirge«, Herr über die ihm treu ergebenen Assassinen. Da dieser geheimnisvolle Herrscher mit dem deutschen Kaiser verbündet ist, schickte er einen der Seinen mit dem Mordplan auf die lange Reise vom Orient bis nach Kelheim.

Es wäre also großer Aufwand getrieben worden, nur um einen einzigen Menschen zu beseitigen, dessen Tod dann freilich doch nichts ändert. Der Fall bleibt also ungeklärt, und vielleicht hat Aventin recht, der meint, es sei ein Geistesgestörter gewesen, der den Herzog tötete.

Der Sohn des Ermordeten, Herzog Otto II. (der später ohne rechte Begründung »der Erlauchte« genannt wird) läßt an der Stelle, wo das Entsetzliche geschah, ein Steinkreuz errichten und eine kleine Kapelle bauen, die dann nicht den Namen des Toten, sondern den des Stifters trägt und Ottokapelle heißt.

Die Witwe Ludmilla aber läßt ein Jahr nach der Ermordung Herzog Ludwigs auf einem von Bächen durchflossenen Gelände vor der Stadt Landshut das Kloster Seligenthal errichten, in das sie Zisterzienserinnen aus dem schlesischen Kloster Trebnitz – einer Gründung der Andechserin Hedwig – beruft (→1232).

Ludwig I. wußte Chancen stets zu nutzen

Der Vater hat das Herzogtum erworben, der Sohn aber befestigte es. Er arrondierte seinen Besitz durch Erbschaften und hatte das Glück, nicht weniger als sieben Schwestern in einflußreiche Familien einheiraten zu sehen: Sophie erhielt einen Landgrafen von Thüringen, Heilica I einen Hallgrafen von Wasserburg, Agnes einen Grafen von Plain, Richarde einen Grafen von Geldern und Zütphen, Heilica II einen Grafen von Dillingen, Elisabethe einen Grafen von Vohburg und Mechthilde schließlich einen Grafen von Ortenburg.

Jede dieser Verbindungen bedeutete ein Bündnis, jede ein Stück mehr Sicherheit.

Und dann war da noch des Herzogs eigene Ehe mit einer Verwandten des böhmischen Königshauses der Přemysliden – auch hier eine Gefahr gebannt.

Ludwig I. wußte die Chance stets zu nutzen, und wie andere Herrscher seiner Zeit, so war auch er bereit, um eines Vorteils willen das Lager zu wechseln und Verbündete zu verraten. So war er nach der Ermordung des Stauferkönigs Philipp 1208 der erste deutsche Fürst, der für den welfischen (Gegen-)König Otto IV. votierte.

Und doch war er schon 1212 wieder auf der staufischen Seite. Und Friedrich II., den er mitgewählt hatte, belehnte ihn 1214 mit der Pfalz; 1226 aber macht er ihn zum Reichsgubernator und Vormund des minderjährigen Kaisersohnes, König Heinrich VII. – ein Amt, das Ehre, freilich auch Ärger brachte.

Spannungen zwischen Otto und dem Kaiser

Juni 1235. Der Sohn, König Heinrich VII., empört sich gegen seinen Vater, den zumeist in Italien lebenden römisch-deutschen Kaiser Friedrich II. Um den Rebellen niederzuzwingen, kommt die Majestät über die Alpen gezogen, und der bayerische Herzog Otto II. tritt an seine Seite. Heinrich wird gefangen und dem Bayern zur Internierung in Heidelberg und im Ries übergeben. Damit ist freilich in Deutschland und Bayern keine Ruhe eingekehrt, denn der Babenbergerherzog Friedrich unterstützt Gegner des Kaisers und tyrannisiert seine Untertanen. Als der Staufer Friedrich im Sommer 1236 über den österreichischen Namensvetter die Acht verhängt, betraut er vor allem Otto II. mit deren Exekution.

Und Herzog Otto sieht darin eine Chance, das babenbergische Land, das einst ja zu Bayern gehörte, für sich zurückzugewinnen. Er zieht mit Verbündeten bis Wien – und wird enttäuscht. Denn Kaiser Friedrich, der etwa zu dieser Zeit seinen Sohn Konrad zum deutschen König wählen läßt, unterstellt Österreich und die Steiermark dem Reich.

Verärgert leitet der Bayernherzog nun den Frontwechsel ein. Er versöhnt sich mit den Bischöfen seines Landes und geht auf Distanz zum Kaiser. In Rom wird das genau beobachtet, und der päpstliche Legat Albert Behaim wird beauftragt, die antikaiserliche Stimmung am Herzoghof zu schüren.

Unruhestifter Albert Behaim

Der um 1180 wohl in der Gegend von Cham geborene Albert Behaim (oder Beham) wurde 1212 Domherr zu Passau. In Rom erkannte man seine Fähigkeiten und berief ihn zum Anwalt der Kurie. In dieser Zeit mag er zu jenem fanatischen und fanatisierten Parteigänger des Papstes geworden sein, der in Bayern – seit 1239 als päpstlicher Legat – die ohnehin bestehenden Konflikte zwischen weltlicher und geistlicher Herrschaft noch verstärkt.

Vom Herzoghof in Landshut aus straft er alle kaisertreuen Geistlichen – und die Bischöfe vorneweg – mit dem Kirchenbann. Doch sein Wirken wird schließlich so unerträglich, daß man den Herzog nachdrücklich dazu überredet, den eifernden, gehässigen Kleriker auszuweisen.

Albert, inzwischen Archidiakon von Passau, versteckt sich im Bayerischen Wald. Er ist mit seiner Mission gescheitert.

In Oberitalien hatte Friedrich den lombardischen Städtebund bezwungen – Papst Gregor IX. sieht eine Gefahr für seine Macht und seinen Besitz. Von einer Schwächung des Staufers hätte er den Nutzen. Ab etwa 1237 bestimmt Albert Behaim weitgehend die Richtlinien der bayerischen Politik gegenüber Kaiser und Reich. Und während die bayerischen Bischöfe die Seite des Kaisers wählen – so weigern sie sich, den 1239 ausgesprochenen Kirchenbann über Friedrich zu verkünden –, vertritt Herzog Otto II. den Standpunkt Roms.

Von der Burg Trausnitz aus schleudert Behaim nun den Kirchenbann in die Residenzen der widerspenstigen bayerischen Bischöfe. Die Parteien streiten sich, und keine Aussöhnung ist in Sicht, als die Schreckensmeldung durchs Land läuft, daß die Mongolen im Anmarsch seien und bei Liegnitz im April 1241 die vom schlesischen Herzog Heinrich kommandierten Truppen vernichtend geschlagen hätten.

Erst jetzt läßt sich Otto dazu überreden, den bösen Geist aus seiner Nähe zu verbannen. Im Mai 1241 muß Albert Behaim, der »Störenfried von ganz Bayern«, wie er genannt wird, das Land verlassen.

Die Rückkehr des Wittelsbachers ins kaiserliche Lager nimmt damit seinen Anfang. Ihn feierlich und demonstrativ zu vollziehen wird nachgeholt, was früher bereits geplant worden war: Die Tochter Herzog Ottos, Elisabeth, die bereits im Frühjahr 1235 mit dem Kaisersohn verlobt worden war, heiratet am 1. September 1246 zu Vohburg König Konrad IV.

Aus dieser Ehe wird am 25. März 1252 auf der Burg Wolfstein bei Landshut Konradin geboren, der einmal den Beinamen »der letzte Staufer« tragen soll.

Grab Walthers von der Vogelweide im Lusamgärtchen in Würzburg

Walther von der Vogelweide tot

Um 1230. Im ehemaligen Kreuzgang des Würzburger Neumünsters, im Lusamgärtchen, wird irgendwann zwischen 1229 und 1237 der mittelhochdeutsche Dichter Walther von der Vogelweide begraben.

Die letzten anderthalb Jahrzehnte seines Lebens wird Walther, der sich so leidenschaftlich in den Auseinandersetzungen seiner Zeit engagiert und der für den König (doch wenn's sein mußte, auch für den Gegenkönig) gesungen hatte, in beschaulicher Zurückgezogenheit verbracht haben. Denn Kaiser Friedrich II. hat den Dichter, der zuvor als fahrender Sänger durch das Land gezogen war, mit einem Lehen bei Würzburg entlohnt. Und Walther dankte in einem aufjubelnden Lied:

»Ich han min lehen, al die werlt, ich han min lehen« – ich hab mein Lehen, ich ruf es der ganzen Welt zu, ich hab mein Lehen…

Um 1220 hatte Walther damit einen Herrn gefunden, der seine Kunst bezahlte. Das war nicht immer so gewesen. Der Wiener Herzog Friedrich I. scheint ihn geschätzt zu haben, doch er starb, und der Nachfolger sah keinen Sinn darin, den Sänger am Hof zu halten. Walther zog übers Land, sang für diesen, dann für jenen. Er pries den Staufer Philipp und nach dessen Ermordung dessen ehemaligen welfischen Gegner. Als der nicht zahlte, wechselte er die Fronten und ging zum Gegenkönig Friedrich. Der Sänger Walther war angewiesen auf die Gunst der Großen.

Stadtansicht von Landshut (»Historico-topographica descriptio Bavariae« von Michael Wening, 1701–1726)

Nonnenkloster Seligenthal

1232. *Um das Andenken ihres ermordeten Mannes Ludwig I. zu ehren, stiftet Herzogin Ludmilla seitab der Stadt Landshut das Nonnenkloster Seligenthal oder vallis felix. Die Zisterzienserinnen kommen aus dem schlesischen Kloster Trebnitz. Da zu dieser Zeit aber weder Kirche noch Klostergebäude fertig sind, errichtet man zunächst ein kleines Haus (später angeblich das älteste Wohnhaus Süddeutschlands), für den Gottesdienst wird während der Bauarbeiten zwischen 1232 und 1259 die kleine Afrakapelle (Abb.) benutzt.*

Burg Botenlaube verkauft

1232. *Der Ritter Otto von Botenlauben, ein junger Mann aus reichem fränkischem Hause und Minnesänger mit kleinem, doch hochgeschätztem Werk, zog 1197 mit dem Kaiser gegen Jerusalem. Die Kreuzfahrt scheiterte, doch Otto machte sein Glück: Er heiratete Beatrix, die Tochter des wohlhabenden Seneschalls von Jerusalem. 20 Jahre lebte er im Heiligen Land, dann kommt der große Bruch – er veräußert allen Besitz in Syrien, kehrt heim, gründet Kloster Frauenroth und verkauft auch seine Stammburg Botenlaube (Abb.).*

Herzog Otto II. läßt ein Urbar anfertigen

Um 1230. Zu den wichtigsten Aufgaben der Herrschaftskanzleien gehört es seit alters, Buch zu führen über Vermögen und Einkommen. Das heißt aber auch, daß die Abgabepflichtigen mit ihrer »Steuerschuld« registriert werden.

Wie andere Landesherren, beispielsweise die Habsburger oder die Přemislyden, so will auch Herzog Otto II. von Bayern den schnellen, den genauen Überblick, und so läßt er irgendwann um 1230 oder 1237 (nach anderer Meinung vielleicht auch schon ein paar Jahre früher) seine Güter und die ihm zustehenden Abgaben von Höfen in einer einzigen Handschrift, in einem sog. Urbar zusammenstellen.

Urbare, aber auch Sal-, Zins- oder Giltbücher heißen die Einkünfte und deren Verzeichnis; Urbar nennt man aber auch ein ertragbringendes Geschäft oder Grundstück. Die Verzeichnisse, seit dem 9./10. Jh. bekannt, werden im 12/13. Jh. überall zahlreicher. Sie sind von großem historischen Quellenwert. Das 104 Blatt starke Buch des Herzogs Otto

ist nach 35 Ämtern gegliedert, die zwischen Gastein und Bad Reichenhall im Süden und Cham, Velburg und Schwandorf im Norden liegen. Der herzogliche Schreiber gibt sich sehr viel Mühe mit dieser Vermö-

Mönch im Skriptorium, Zentrum mittelalterlicher Schreibkultur

gens- und Steuerliste seines Herrn. Er malt die Initialen wie die Überschriften rot und setzt mit großer Akribie dann Buchstaben neben Buchstaben. Im Gegensatz zu den meisten Kanzlisten seiner Zeit schreibt er in deutscher Sprache. Das Buch beginnt im Amt Gastein, in der Sprache des 13. Jh. liest sich das so: »Daz ampte ze Chastvne. Vnder berge div sweige giltit zwe hundert Kese. Leidratingen zwei hundert. Haizingen sechshundert kese…« Insgesamt muß dieses Amt 5400 Stück Käse und 150 Ellen graues Tuch liefern.

Im Amt Oetting zum Beispiel beginnt diese mittelalterliche Steuerliste so: »Heinrich Metnaer der git von einr halben hvobe einen halben mvtte weitzen und ein swin, ze werchart zweneunzweinzic pfennige…« Daß Otto II. die ihm gehörenden Immobilien und die regelmäßigen Einkünfte in einem einzigen Buch unterbringen konnte, beweist, daß der Besitz noch überschaubar ist. Später werden die Wittelsbacher dafür mehrere Bücher brauchen.

Um 1240. Ein unbekannter bayerisch-österreichischer Dichter verfaßt – vielleicht in Regensburg – das Heldenepos »Kudrun«.

Um 1240. Der Kreuzgang von St. Emmeram in Regensburg wird vollendet.→

Juni 1240. In München findet ein Landtag der bayerischen Großen statt.

25. 7. 1240. Die älteste erhaltene Königsurkunde in deutscher Sprache ist von König Konrad IV. ausgestellt.→

1241. Nach dem Tod des ortenburgischen Grafen Heinrich I. fällt der bayerische Herzog und Pfalzgraf bei Rhein Otto II., der Erlauchte, in Niederbayern ein und besetzt Vilshofen und den Natternberg.

1242. Otto II., zieht nach dem Tod des kinderlosen Grafen Albert IV. von Bogen dessen reiche Ländereien ein.→

1245. Die Stadt Regensburg scheidet aus dem bayerischen Herzogtum aus und wird reichsunmittelbar.→

1. 9. 1246. Die Hochzeit von Konrad IV., dem Sohn des gebannten Kaisers Friedrich II., mit der bayerischen Herzogstochter Elisabeth markiert den Bruch zwischen Bayern und der Kurie (→ 1235).

November 1247. Otto II. erobert die für unbezwinglich gehaltene Stadtfeste Wasserburg des Grafen Konrad.→

Juni 1248. Kaiser Friedrich II. belehnt in Parma Otto II. mit der andechsischen Grafschaft Neuburg-Schärding. Im selben Monat stirbt Graf Otto VIII. von Andechs-Meranien kinderlos.→

Juni/Juli 1248. Kaiser Friedrich II. setzt Otto II. zum Statthalter von Österreich ein. – Bei den bayerischen Bischöfen verliert Otto nun jeden Rückhalt.

1248. Mit dem Tod des kinderlosen ortenburgischen Grafen Rapoto III. erlischt das bayerische Pfalzgrafenamt. Otto II. zieht die Grafschaft im Chiemgau als Herzogslehen ein.

GESTORBEN:

Um 1240. Neidhart von Reuental (* um 1180), bayerischer Ritter, mittelhochdeutscher Minnesänger, Begründer der höfischen Dorfpoesie.→

5. 8. 1240. Seligenthal: Ludmilla von Kelheim (* um 1170, Olmütz), Herzogin von Bayern als Frau von Ludwig I., dem Kelheimer.

1244. Otto von Botenlauben (* 1175/77, Burg Bodenlauben?/Bad Kissingen), Minnesänger.

Freiheitsprivileg für Regensburg

1245. Die Regensburger Bürger wollen weder den Bischof noch den Herzog als Herren – sie wollen selbst über das Schicksal ihrer Stadt entscheiden dürfen.

Die Stadtherrn haben bisher einander abgelöst: Den Agilolfingerherzögen folgte der König, diesem 918 wieder der Herzog und dann 970 abermals der König.

Um 1200 war dann wohl der König Stadtregent von Regensburg, doch auch der Bischof und der Herzog (als Nachfolger des Burggrafen) besaßen eigene Rechte.

Den verwirrenden Rechtsverhältnissen in der Stadtherrschaft macht Kaiser Friedrich II. nun durch ein Freiheitsprivileg, das sog. zweite Fridericianum, ein Ende.

Der erstmals 1243 in Urkunden nachweisbare Bürgermeister ist nun der politische und militärische Führer der Stadtgemeinde, deren Rat die volle Autonomie hat. Die zu dieser Zeit sehr reiche Handelsstadt hat ihr Ziel erreicht, Regensburg ist unmittelbar dem Reich unterstellt.

Der bayerische Herzog behält seinen Herzogshof und zusätzlich auch Rechte an der Münze, die Rolle als Hauptstadt Bayerns hat Regensburg nun aber endgültig verloren.

Kreuzgang im Kloster St. Emmeram

Um 1240. *Möglicherweise ist es ein französischer Meister, ein Zisterzienser, der zum Bau des Kreuzganges (Abb.) in das Regensburger Kloster St. Emmeram geholt wurde. Nach dem Klosterbrand von 1166 begann etwa 1220 die Arbeit am Nordflügel, die später im Westteil fortgeführt wurde. Etwa 1240 wird eine längere Pause eingelegt. In dem, was bis dahin entstanden ist, sind erstmals Stilmerkmale der frühen Gotik zu entdecken. Eine große Epoche der Kunstgeschichte beginnt.*

Wasserburg geht an Wittelsbacher über

November 1247. Im Jahr 1242 machte es Graf Konrad von Wasserburg aktenkundig:

Herzog Otto II. von Bayern, ein Neffe seiner Mutter, sollte ihn eines Tages beerben. Die Übernahme Wasserburgs im Jahr 1247 erfolgt freilich anders, als Graf Konrad es sich vorgestellt hatte.

Es ist eine Zeit vielfachen Frontwechsels, und zu denen, die zwischen Kaiser und Papst ihre Position immer wieder neu suchen, gehört der Bayernherzog. Er steht auf der Seite des Kaisers, sucht dann den Profit beim Papst und kehrt schließlich wieder zum Staufer zurück. Rom reagiert schnell und belegt Otto mit dem Kirchenbann. Da der Graf von Wasserburg auf der päpstlichen Seite steht und den aus Bayern ausgewiesenen römischen Legaten Albert Behaim bei sich in der Stadt aufnimmt, muß der Wittelsbacher fürchten, daß er aus der Erbschaft verdrängt wird.

Während Otto außer Landes weilt, zieht sein Sohn Ludwig vor die Stadt und belagert sie 119 Tage lang – mit Erfolg. Mitten in der Nacht muß Konrad im November 1247 heimlich fliehen. Die Wittelsbacher sind jetzt Herren in Wasserburg.

Älteste deutsche Königsurkunde

25. Juli 1240. *In einer Urkunde (Abb.) wird festgehalten, daß König Konrad IV. in einer Streitsache zwischen Volkmar von Kemnaten und der Stadt Kaufbeuren einen Vergleich erzielt hat.*

Der Vorgang erscheint eigentlich als eine Allerweltsangelegenheit. Und doch sind die Zeilen, in denen der Fall dargelegt wird, ein bedeutendes Dokument.

Sie sind die älteste Königsurkunde in deutscher Sprache und zugleich auch die älteste genau datierte deutschsprachige Urkunde.

Sie beginnt: »Namen gotes Amen. Wir Cuonrat im Romschen Kunc erwelt von der gotes gnade. Vnde erbe des Kunicriches ze Jerusalem. Tvn kunt allen den die disen brief immer gesehent...« Bisher war die Urkundensprache das Latein gewesen.

111

Bogener Grafen sterben aus

1242. Mit dem Tod des Grafen Albrecht IV. von Bogen stirbt das Geschlecht – ein Seitentrieb der Babenberger – aus, das um das Jahr 1080 mit einem Grafen Aschwinus erstmals auftrat. Wittelsbach erbt.

Bayr. Herzog mit Pfälzer Löwen und Bogener Rauten im Wappen

Dem Umzug ging eine gute Tat voraus: In der Nähe der Burg Windberg starb um das Jahr 1000 ein im Rufe der Heiligkeit stehender Mann. Graf Albrecht I. ließ über dem Grab eine Kapelle bauen und wandelte schließlich zwei Jahrzehnte später seine Burg in ein Kloster um. Die Grafen von Windberg, dazumal bereits sehr vermögend, zogen einige Kilometer weiter südwestlich auf den Bogenberg und nannten sich hinfort Grafen von Bogen.

Ihr Ruf war nicht gut; sie stifteten zwar die Klöster Windberg und Oberaltaich, doch in ihrer Gier nach Ländereien und nach Macht waren sie rücksichtslos. Und doch müssen sie sehr bald schon alles verlassen. Erben sind ihre früheren Feinde, die Wittelsbacher. Sie erben den Besitz und das Bogener Rautenwappen (→1204). Die älteste bekannte Urkunde, die sie damit siegeln, stammt vom 1. Dezember 1247.

Wittelsbach erbt Andechser Besitz

Juni 1248. In Parma überträgt Kaiser Friedrich II. Herzog Otto die bisher andechsischen Grafschaften Schärding und Neuburg/Inn.

Die Andechser, die bis zuletzt und schließlich ohne Erfolg gegen die Wittelsbacher gekämpft haben, berührt der Verlust kaum noch. Am 19. Juni 1248 stirbt nämlich mit dem Grafen Otto der letzte männliche Andechser. Wahrscheinlich hat er unmittelbar vor seinem Tod noch von dem Verlust seines Landbesitzes am Inn erfahren.

Herzog Otto II., der Erlauchte, der Erbe des Andechser Besitzes

Bayerischer Poet bei Wien gestorben

Um 1240. Zwischen 1237 und 1250 stirbt auf seinem Bauernhof bei Wien Neidhart von Reuental. Ehe er gen Österreich zog, dichtete er in Landshut für Ludwig I. und Otto II. Berühmt geworden ist er freilich durch seine »dörfliche Lyrik«, durch das Lob der niederbayerischen Mädchen und die Verspottung der Bauern. Der aus der Gegend von Landshut (oder der Oberpfalz?) stammende Dichter brachte mit seinen Tanzliedern einen eigenen Ton in den Minnesang.

Neidhart von Reuental in der sog. Manessischen Liederhandschrift

1250

Um 1250. Der Bau der Regensburger Dompfarrkirche St. Ulrich wird vollendet.

1250. Die Augsburger Bürger erheben sich gegen den Bischof und erzwingen den Besitz der Stadtbefestigung für sich.

20. 12. 1250. Der bayerische Herzog und Pfalzgraf bei Rhein Otto II., der Erlauchte, zieht zusammen mit dem Stauferkönig Konrad IV. nach Regensburg und unterwirft die päpstliche Partei. Bischof Albert wird vertrieben.

Nach 1250. In Regensburg wird der Goldene Turm errichtet. Der Hausturm überragt die Altstadt. →

1251. Regensburger Ratsherren werden erstmals in einer Urkunde genannt. →

1252. In einem Vertrag mit dem bayerischen Herzog und Pfalzgrafen bei Rhein Otto II., dem Erlauchten, verpflichtet sich die Bamberger Kirche, ihre Lehen von Passau donauaufwärts bis nach Regensburg nicht in eigene Verwaltung zu nehmen, sondern sie dem Herzog zu übertragen.

29. 11. 1253. Nach dem Tod von Otto II., des Erlauchten, wird sein Sohn Ludwig II., der Strenge, Herzog von Bayern und Pfalzgraf bei Rhein. Mitregent wird sein Bruder Heinrich XIII.

28. 3. 1255. Der bayerische Herzog und Pfalzgraf bei Rhein Ludwig II. teilt das Herzogtum Bayern mit seinem Bruder Heinrich XIII., der Niederbayern mit Residenz in Landshut erhält. Ludwig behält Oberbayern mit Residenz in München und Rheinpfalz. →

28. 3. 1255. München wird Residenzstadt von Oberbayern. →

18. 1. 1256. Der bayerische Herzog und Pfalzgraf bei Rhein Ludwig II. ermordet seine Frau wegen angeblicher Untreue. →

August 1257. König Ottokar II. von Böhmen fällt in Bayern ein und dringt bis Landshut vor. Von den bayerischen Herzögen Ludwig II., dem Strengen, und Heinrich XIII. wird er zurückgeschlagen. →

1257. In einer Urkunde werden erstmals Augsburger Ratsherren (»consules«) genannt. →

GESTORBEN:

29. 11. 1253. Landshut: Otto II., der Erlauchte (*7. 4. 1206, Kelheim), Herzog von Bayern 1231–1253, Pfalzgraf bei Rhein 1214–1253.

GEBOREN:

25. 3. 1252. Wolfstein bei Landshut: Konradin (†29. 10. 1268, Neapel), letzter Staufer.

Wahlenstraße in Regensburg mit dem 42 m hohen Goldenen Turm

Regensburg erhält Goldenen Turm

Nach 1250. Die weitgereisten, wohlhabenden Regensburger Kaufleute – man nennt sie gerne »die Venediger« – bringen aus Italien die Anregungen für ihre Wohnhäuser mit. Man wohnt beengt in der Stadt an der Donau, der Platz ist kostbar, und so finden die Handelsherren, daß sie es den Bürgern von San Gimignano gleichtun und turmartige Wohnbauten errichten sollten. So entstehen im 13. Jh. jene Geschlechtertürme, die für Regensburgs Silhouette charakteristisch werden.

Einer macht es dem anderen nach, und so entstehen schließlich 60 dieser burgartigen Gebäude. Nach 1250 will einer seine Mitbürger besonders tief beeindrucken, und so wird der (nach einem Wirtshaus benannte) Goldene Turm gebaut. Mit seinen neun Stockwerken und 42 m ist er höher als alle anderen Wohntürme. Oben mauert man ihm einen Zinnenkranz auf, damit er besonders ritterlich aussieht.

Zu den Regensburger Wohntürmen, die alle mit angrenzenden Wohnbauten verbunden sind, gehören auch der nach 1250 gebaute Baumburgerturm mit seiner Hauskapelle im Erdgeschoß, der Bräunelturm oder der Turm des Hauses zum »Blauen Hecht«. Bekannt sind auch die beiden Türme des Gravenreutherhauses sowie der gedrängte Turm jenes Goliathhauses, das mit dem Fresko des gleichnamigen biblischen Riesen und des kleinen David geschmückt ist.

Bayerische Herzöge teilen ihr Land auf

28. März 1255. Erstmals verfallen bayerische Herzöge auf die unselige Idee, das Land zu teilen: Ludwig II. erhält Oberbayern, einen Teil des Nordgaus (der späteren Oberpfalz) und die Rheinpfalz. Der jüngere Bruder Heinrich XIII. zieht nach Landshut und wird Herr über Niederbayern.

Dem Sarg von Herzog Otto II., der am 29. November 1253 plötzlich gestorben war – er sei an Wein erstickt, schrieb ein gehässiger Chronist –, folgten zwei Söhne, der 24jährige Ludwig und der 17jährige Heinrich. Zunächst regierten sie beide gemeinsam den großen Besitz. Wahrscheinlich glauben sie sich aber dann doch übervorteilt und beschließen daher jetzt die Teilung; die Vorfahren haben ja so viele Ländereien geerbt und gekauft, daß sich mühelos zwei Herzogtümer daraus machen lassen. Und so wird, was das Reichsrecht eigentlich verbietet, eine Trennungslinie durchs Land gezogen.

Dabei haben die Brüder zunächst die besten Absichten. Bayern, so meinen sie, solle weiterhin ein Land bleiben, nur die Nutzung (also der Ertrag) soll aufgeteilt werden. Auf solche Weise bleibt ihnen beiden das Recht, sich Herzog von Bayern und Pfalzgraf bei Rhein zu nennen.

Durch die Teilung wird München, das bisher in der Geschichte noch keine große Rolle spielt, zur Hauptstadt eines bayerischen Teilherzogtums. Gleichzeitig entstehen durch diesen Verwaltungsakt Ober- und Niederbayern.

Alter Hof und Bau mit Erker in München; der Alte Hof dient den Wittelsbachern als Stadtresidenz und heißt im Mittelalter »Ludwigsburg«

München wird zur Residenzstadt

28. März 1255. Die Siedlung München ist (offiziell) 96 Jahre alt, als sie zu einer bayerischen Residenzstadt wird. Seit dem 28. März 1255 hat das Land zwei Herzöge, und während Heinrich XIII., der Junior bei der Landesteilung, auf der Landshuter Burg Trausnitz bleibt, zieht der 26jährige Ludwig II. mit seiner Frau Maria nach München.

Wahrscheinlich hatte schon Heinrich der Löwe hier eine Burg oder einen Gutshof besessen, ohne daß er freilich seiner Schöpfung viel Interesse entgegengebracht hätte. So wird der Bau auch nicht sonderlich vornehm ausgestattet gewesen sein. In diesen herzoglichen Besitz zieht der neue Herr nun ein. Das Schloß liegt an der Nordostecke der Heinrichsstadt und ist an zwei Seiten von der Stadtmauer begrenzt – der Bauherr hat darauf geachtet, daß ihm seine Bürger nicht zu nahe kommen können. Diese Münchner Residenz, später »Alter Hof« genannt, wird von den Wittelsbachern einige Jahrhunderte lang bewohnt werden.

Herzog Ludwig II. tötet in rasender Eifersucht seine Frau

18. Januar 1256. Die Ehe von Herzog Ludwig II. mit Maria von Brabant und Lothringen nimmt nach knapp anderthalb Jahren ein jähes, blutiges Ende: Der Wittelsbacher tötet seine hübsche, etwa 30jährige Frau mit dem Schwert – Tatmotiv: Eifersucht.

Die Tat ist erwiesen, der Tathergang aber läßt sich nur ungenau rekonstruieren. Der Herzog, so berichten Chronisten, ist im Rheinland unterwegs, während sich daheim auf Burg Mangoldstein über Donauwörth seine Frau nach ihm sehnt. Sie schickt mit einem reitenden Boten die Bitte, er möge schnell zu ihr zurückkehren. Gleichzeitig schreibt sie auch einem der herzoglich-bayerischen Begleiter einen Brief. Sein Inhalt: Der junge Herr möge seinen Herzog überreden, bald nach Donauwörth zu reiten; sollte er Erfolg haben, wolle sie ihm die so lange schon erbetene Gunst gewähren (des Ritters Wunsch war es angeblich, daß ihn seine Herrin mit dem vertrauten Du anrede).

Der Bote, zweifellos ein Analphabet wie vielleicht auch der Empfänger, verwechselt die Briefe und kann den Irrtum auch nicht mehr korrigieren, da ihn Ludwigs schnelles Schwert durchbohrt (ohne daß er wohl ahnt, warum er stirbt).

Getötete Maria von Brabant

Und nun kehrt der Herzog tatsächlich heim, in gestrecktem, fünf Tage währenden Galopp durch das winterliche Deutschland. Um Mitternacht trifft er, erschöpft und von Eifersucht gebeutelt, auf der Burg über Donauwörth ein, ersticht zunächst den Burgvogt und ein Burgfräulein, die ihn freudig begrüßen wollen, stürzt daraufhin die Zofe über des Turmes Zinnen hinab in den Abgrund und schleift sodann die Herzogin, die sich so sehr auf die Heimkehr ihres Mannes gefreut hat, zur Donaubrücke, wo er sie mit dem Schwert richtet. Vielleicht überträgt er diese Aufgabe aber auch einem Henker, die Chronisten widersprechen sich in dieser speziellen Frage.

Daß er in seinem jähen Zorn eine unschuldige Gattin sowie mehrere unschuldige Personen seines Hofes tötete, hat Ludwig bald gemerkt. Er verspricht tätige Reue (denn eine Strafe für den Herzog ist in den Rechtsbüchern offensichtlich nicht vorgesehen). Papst Klemens IV. nennt den Sühne-preis: Der Bayernherzog muß mit einem seinem Range angemessenen Gefolge auf einen Kreuzzug gehen oder ein Kloster für zwölf Mönche bauen lassen.

Herzog Ludwig entscheidet sich für die Stiftung und läßt, sicher gegen die päpstliche Absicht, seine Beamten eifrig dafür spenden. Nach etlichen Umzügen finden die Zisterzienser westlich von München, auf dem bei der Ortschaft Bruck gelegenen Fürstenfeld einen Platz, der ihnen entspricht.

Die Mordtat des rabiaten Fürsten macht wenig Eindruck auf die Zeitgenossen, und so heiratet der durch eigene Schuld und Mitwirkung verwitwete 31jährige Herzog Ludwig bereits im August 1260 eine schlesische Herzogstochter, die nach elfjähriger Ehe eines wohl natürlichen Todes stirbt. So ist der Herzog aus München frei für eine dritte Ehe, die ihn zum Schwiegersohn des deutschen Königs macht – er heiratet Mechtilde, die Tochter des soeben gewählten und gekrönten Rudolf I. von Habsburg.

Reitersiegel des böhmischen Königs Ottokar II., Verlierer in der Auseinandersetzung mit den Herzögen von Bayern, Ludwig II. und Heinrich XIII.

Herzöge besiegen Ottokar

August 1257. Die Gier nach Ländern ist bei Ottokar von Böhmen schier grenzenlos, und wahrscheinlich leitet er aus der Tatsache, daß die Witwe des Grafen von Bogen und Herzogs von Bayern aus dem böhmischen Königshaus stammte, Erbansprüche ab. Um sie von dem jüngst noch mit ihm verbündeten niederbayerischen Herzog Heinrich einzufordern, marschiert er nach Landshut. In dieser Situation steht freilich der oberbayerische Herzog Ludwig II. seinem Bruder bei. Als er mit seinen Kriegern anrückt, erbittet Ottokar einen Waffenstillstand und flieht südwärts, dem mit ihm ver-

bündeten Erzbistum Salzburg zu. Die Innbrücke in Mühldorf ist freilich zu schwach, die vielen Fliehenden zu tragen. Sie stürzt ein und reißt einen Gutteil des böhmischen Expeditionsheeres in den Inn. Da der König offensichtlich allen anderen voran geflüchtet ist, hat er das rettende Ufer bereits erreicht. Die noch auf mühldorfischer Seite stehenden Böhmen retten sich beim Herannahen der nachfolgenden Bayern in einen der Stadttürme.
Ludwig läßt infolge eines »plötzlichen Zornanfalles« den Turm anzünden – die darin Eingeschlossenen verbrennen allesamt.

Augsburger Stadtrat erstmals genannt

1257. Eine juristische Angelegenheit, wie es deren viele gab: Für die Stadt Augsburg aber hat der Vergleich, der 1257 zwischen ihren Vertretern und dem bischöflichen Ministerialen Heinrich Kämmerer von Wellenburg protokolliert wird, große Bedeutung.
In dieser Urkunde wird nämlich erstmals der Stadtrat genannt. Die Ratsherren, die »consules« haben zwar noch nicht viel zu entscheiden, doch ihr Auftreten manifestiert die neuen Freiheiten der Bürger.
Im Jahr 1256 waren sie erstmals in Nürnberg, Würzburg und Landshut genannt worden. Die Ratsherren der Stadt München werden 30 Jahre später Bürgerinteressen vertreten.

Regensburger Rat urkundlich erwähnt

1251. Der Rat der Stadt Regensburg mit seinen 16 Mitgliedern tritt erstmals in einer Urkunde auf.
Mögen Bischof und Kaiser auch große Rechte haben – wichtiger für das seit 1245 reichsfreie Regensburg sind doch die Fernkaufleute. Wenn der Ort mit seinen 103 ha beispielsweise auch nur ein Viertel der Größe Kölns hat, so ist hier doch mehr Wohlstand gesammelt als in den meisten anderen Städten des Heiligen Römischen Reiches.
Da die 10000 Einwohner wissen, wer den Wohlstand mehrt und erhält, fügen sie sich darein, daß die Ratsfähigkeit nur den mehr an ihren Geschäften als an der Politik interessierten Kaufleuten zusteht.

1260

1260–1269

Um 1260. Wernher der Gartenaere schreibt die Geschichte vom »Meier Helmbrecht«. →

Um 1260. Konrad von Würzburg dichtet die Versnovelle »Der Welt Lohn«.

Um 1260. Der Volksprediger Berthold von Regensburg begründet in seinen »Predigten« die Notwendigkeit von Strafen in der Erziehung. →

1260. Albertus Magnus wird Bischof von Regensburg (bis 1262). →

1260. Augsburg besitzt ein Rathaus neben der Kirche St. Peter.

1264. Papst Urban IV. erhebt Fronleichnam zu einem offiziellen Fest.

24. 7. 1266. König Ottokar II. von Böhmen schließt mit einer von Bürgermeister Albrecht Portner geführten Abordnung Regensburger Bürger einen Vertrag gegen die bayerischen Herzöge Ludwig II., den Strengen, und Heinrich XIII. sowie gegen den Regensburger Bischof.

Herbst 1266. Ein Feldzug des böhmischen Königs Ottokar II. scheitert vor Regensburg.

29. 10. 1268. Konradin, der letzte Staufer, wird in Neapel hingerichtet. →

Um 1269. In Amberg, wo man Erzbergbau betreibt, werden auch Münzen geprägt. →

1269. Nach dem Tod des letzten Staufers Konradin erben seine Oheime, die bayerischen Herzöge Ludwig II., der Strenge, und Heinrich XIII. Floß, Parkstein, Weiden und Adelnburg (Heinrich) sowie Amberg, Hohenstein, die Vogtei Vilseck, Auerbach, Plech, Hersbruck, Neumarkt und Berngau (Ludwig).

GESTORBEN:

20. 2./18. 6. 1260. Passau: Albert Behaim bzw. Beham (* um 1180), Domdekan von Passau, päpstlicher Legat.

Um 1266. Der Tannhäuser (* nach 1200), mittelhochdeutscher Dichter. →

16. 8. 1267. München: Agnes von der Pfalz (* um 1201), Herzogin von Bayern und Pfalzgräfin bei Rhein als Frau von Otto II., dem Erlauchten.

29. 10. 1268. Neapel: Konradin (* 25. 3. 1252, Wolfstein bei Landshut), letzter Staufer. →

GEBOREN:

11. 2. 1261 (?): Otto III. († 9. 9. 1312, Landshut), Herzog von Niederbayern und König von Ungarn.

9. 10. 1269. Landshut (?): Ludwig III. († 13. 5. 1296, Landshut), Herzog von Niederbayern.

Albertus Magnus zum Bischof gewählt

1260. Obwohl er bittet, man möge ihm die Ehre ersparen, wird der Dominikaner Albertus zum Bischof von Regensburg gewählt.
Zwei Jahre erfüllt er seinen Auftrag, dann gibt er sein Amt wieder ab: Der größte Gelehrte seiner Zeit, der einzige Wissenschaftler, dem man den Beinamen »Magnus, Der Große« gibt, wird Kreuzzugsprediger und muß, obwohl er sich wahrscheinlich lieber seinen gelehrten Studien widmen würde, immer wieder politische Aufgaben erfüllen.
Von seiner Geburtsstadt Lauingen aus war der Sohn eines kaiserlichen Beamten (und nicht, wie fälschlich behauptet wird, des Grafen von Bollstädt) an die Universitäten von Oberitalien und Paris gegangen. Daß er sich für seine Studien viel, sehr viel Zeit nahm und erst mit etwa 45 Jahren promovierte, hatte einen guten Grund: Der bayerische Schwabe Albertus, seit 1225 Angehöriger des Dominikanerordens, wurde von den Oberen schon während seiner Studienzeit an verschiedenen Orten als Lehrer eingesetzt. Im Jahr 1248 holte man ihn nach Köln, und dort fand er um 1250 seinen berühmtesten Schüler – Thomas von Aquin.
Trotz seiner vielen Reisen schuf Albertus ein reiches wissenschaftliches Werk. Dem Abendland erschloß er, gleichermaßen erfahren in Theologie wie in Botanik, Mineralogie und Zoologie, die Werke des Philosophen Aristoteles.

Albertus Magnus (Mitte), Bischof von Regensburg von 1260 bis 1262

Konradin in Neapel hingerichtet

29. Oktober 1268. Konradin, der Sohn von König Konrad IV., war gerade fünfzehneinhalb Jahre alt, als er im Herbst 1267 aufbrach, um die ihm zustehende Krone Siziliens zu erwerben, die Papst Klemens IV. zu Unrecht und gegen den Willen der Sizilianer Karl von Anjou übertragen hatte. Doch Konradin scheitert: Zusammen mit zwölf Freunden wird er in Neapel enthauptet.

Mit (angeblich) 12 000 Mann war der junge Staufer über die Alpen gezogen, bis Verona begleitet von seinem Onkel, Herzog Ludwig II. von Bayern. Der Wittelsbacher hatte ihn zu diesem Zuge ermuntert und auch einen großen Teil der hohen Kosten übernommen.

Die Königsfahrt verlief zunächst erfolgreich, auch wenn Konradin, um seine Soldaten bezahlen zu können, bald schon Waffen und Pferde verkaufen mußte. Er besiegte die Franzosen am Arno und zog im Juli 1268 in Rom ein; am 23. August wurde er jedoch von Karls Truppen bei Tagliacozzo geschlagen.

Es gelang Konradin zwar zu entfliehen, doch noch ehe er in der Nähe

Konradin (r.), Sohn des Stauferkönigs (Manesse-Handschrift)

Roms ein Schiff besteigen konnte, das ihn nach Sizilien bringen sollte – die Sizilianer erwarteten ihn –, wurde er verraten.

Statt ihn wie einen Kriegsgefangenen zu behandeln, sprach Karl von Anjou über ihn das Todesurteil.

Nach Konradins Tod erben seine beiden Oheime, die bayerischen Herzöge Heinrich und Ludwig seinen großen Landbesitz.

Zehntausende hören Bertholds Predigten

Um 1260. Predigend zieht der Franziskanerpater Berthold von Regensburg durch das Land, dabei hat er gelegentlich 60 000, ja 100 000 Zuhörer in einer einzigen Predigt. Im Jahr 1263 betraut der Papst ihn und Albertus Magnus (→1260) mit der Kreuzpredigt gegen die Waldenser. 1226, im Todesjahr des heiligen Franziskus, tritt Berthold zu Regensburg in dessen Ordensgemeinschaft ein. Es vergehen zweieinhalb Jahrzehnte, bis er hinauszieht, um predigend für den rechten Glauben zu werben, vor den Ketzern zu warnen, die Armen zu preisen und die Reichen (gar jene, die von ihren Zinsen leben) zu verdammen.

Berthold zieht nach Konstanz und Zürich, ins Elsaß, nach Schlesien und Ungarn.

Gelegentlich steigt er auf einen eigens für ihn erbauten Holzturm; eine aufgezogene Fahne zeigt die Richtung des Windes und weist dem Auditorium so die Seite, auf der es die »honigsüßen, heilbringenden Worte« am besten hören kann.

Keiner, sagt man, habe seit den Aposteln so wortgewaltig gepredigt.

Geschichte vom »Meier Helmbrecht«

Um 1260. In 1933 Versen wird die Geschichte vom »Meier Helmbrecht« aufgeschrieben, und erst in einer 1934. und letzten Zeile nennt der Autor seinen Namen: Wernher der Gartenaere, Werner der Gärtner. Er, der sonst nicht bekannt ist, erzählt eine Geschichte, die sich wirklich zugetragen hat, wahrscheinlich im Weilharder Forst östlich von Burghausen:

»Ein meier der hiez Helmbreht/des sun was der selbe kneht/von dem daz maere ist erhaben/samt den vater nante man den knaben:/sie bêde hiezen Helmbreht…«

Der Meier Helmbrecht meint, sein Sohn solle daheim auf dem Hofe bleiben, ihm sei der Pflug aufgesetzt. Der Sohn aber, den Kopf voller Phantastereien, will ein Ritter werden, will sich fein kleiden, will mit den Noblen speisen.

Statt bei den feinen Herren endet er bei den Raubrittern und wird selbst einer der wildesten. »Slintzegau«, nennen sie ihn, »Verschling das Land«. Zuletzt endet es böse für den jungen Helmbrecht. Er wird gefangen und geblendet.

Fahrender Sänger Tannhäuser tot

Um 1266. Unbeachtet von seinen Zeitgenossen stirbt der fahrende Sänger Tannhäuser im Alter von etwa 70 Jahren. Was von ihm bleibt, sind 16 Gedichte, deren Wert von ihrem Verfasser selbst nicht sehr hoch angesetzt wird: »Ich verstehe mich nicht auf die rechte Melodie.« Im Wien des 1246 gefallenen letzten Babenbergerherzogs war für Tannhäuser gut leben, der Fürst schenkte ihm großzügig Immobiles, das der Sänger, offensichtlich ein Freund des Weines und der Frauen, jedoch bald wieder verlor.

Unter Friedrichs Nachfolger gab es für den wahrscheinlich aus der Oberpfalz stammenden Barden nichts mehr zu erwerben, und so zog er weiter nach Bayern, zu Herzog Otto II.: »Der aus Bayern kann sich mit Königen vergleichen…« sang er. Der Lohn für das Preislied blieb aus. So zog er weiter, nordwärts. Irgendwo in Schlesien, Sachsen oder Brandenburg verliert sich seine Spur; im Hörselberg, wird man später sagen, bei Frau Venus.

Erzbergbau und Münzprägung in Amberg

Um 1269. Das oberpfälzische Amberg ist eine alte, mit mancherlei Privilegien ausgestattete Handelsstadt. Nun aber ist in einem Herzogsurbar aufgeschrieben, daß man hier die reichen Eisenerzlager in bergmännischer Art abbaue.

Die Lage des Ortes hat für den Ausbau dieser frühen Industrie zahlreiche Vorteile. Die großen Wälder der Umgebung liefern das Holz für die Schmelzöfen, die vielen kleinen Flüsse treiben die Hämmer, und auf den Straßen, die sich in Amberg seit alters kreuzen, läßt sich das Roheisen leicht abtransportieren; außerdem ist die Vils von Amberg ab schiffbar.

Neben dem Eisen schmiedet man ein edleres Metall: Man prägt Münzen. Unter Herzog Ludwig II., in den Jahren um 1269, wird das Amberger Geld zu einer Konkurrenz für die Regensburger Münzen. Um seinen Bruder dadurch nicht zu schädigen, schließt Ludwig 1274 die Amberger Münzstätte.

Die Eisengewinnung, von der angenommen wird, daß es sie in Amberg vielleicht schon seit 931 gibt, floriert weiter, und später wird die

Oberpfalz – mit Amberg, Sulzbach, Rosenberg, Waldeck, Kemnath und Floß – sozusagen zum »Ruhrgebiet des Mittelalters«.

Arbeit einer Münzstätte vom Metallschmelzen bis zur Münzaufsicht

1270

1270–1279

Um 1270. Albrecht von Scharfenberg dichtet den »Jüngeren Titurel«, eine Fortführung von Wolfram von Eschenbachs Epos »Parzival«. →

1273. Der oberbayerische Herzog und Pfalzgraf bei Rhein Ludwig II., der Strenge, heiratet in dritter Ehe Mechthild, die Tochter von König Rudolf I. →

1273. Der Regensburger Dom wird durch einen Brand zerstört (→ 1275).

Anfang 1273. Herzog Heinrich XIII. von Niederbayern schließt Frieden mit dem böhmischen König Ottokar II.

11. 9. 1273. Nach dem Tod von König Richard von Cornwall wählen die deutschen Kurfürsten in Frankfurt a. M. den Grafen Rudolf (I.) von Habsburg zum König (→24. 10. 1273).

15. 5. 1274 König Rudolf I. macht Rothenburg o. d. T. zur reichsunmittelbaren Stadt. →

Um 1275. Ein Augsburger Franziskaner verfaßt den »Schwabenspiegel«, das meistverbreitete Rechtsbuch im außersächsischen Deutschland. →

1275. Der Neubau des Regensburger Doms in seiner heutigen Gestalt beginnt mit dem südlichen Nebenchor. Er wird erst um 1525 vollendet. →

1275. In Nürnberg beginnt der Bau der St. Lorenz-Kirche (vollendet 1477).

29. 5. 1276. Der Vergleich zu Regensburg beendet die Auseinandersetzungen zwischen dem oberbayerischen Herzog und Pfalzgrafen bei Rhein Ludwig II., dem Strengen, und seinem Bruder, dem niederbayerischen Herzog Heinrich XIII.

26. 8. 1278. In der Schlacht auf dem Marchfeld bei Dürnkrut besiegt König Rudolf I. den aufständischen König Ottokar II. von Böhmen.

17. 8. 1279. Herzog Heinrich XIII. bestätigt Landshut seine Stadtrechte. →

GESTORBEN:

19. 12. 1272. bzw. 15. 12. 1271 Augsburg: David von Augsburg (*um 1200), Franziskaner, Wanderprediger und mystischer Schriftsteller, Inquisitor der Waldenser in Bayern.

13./14. 12. 1272. Regensburg: Berthold von Regensburg (*zwischen 1210–1220), franziskanischer Wanderprediger.

31. 12. 1275. Hermann von Altaich (*um 1201/02), Abt und Geschichtsschreiber. →

GEBOREN:

14. 3. 1271. Landshut (?): Stephan I. (†10. 12. 1310, Landshut), Herzog von Niederbayern.

Rothenburg ob der Tauber, von 1274 bis 1803 Reichsstadt: Marktplatz mit Rathaus und angebauten Läden; im Vordergrund die St. Jakobs-Kirche

Rothenburg Reichsstadt

15. Mai 1274. Die Wahl eines Habsburgers zum deutschen König bringt Rothenburg Glück, da Rudolf I. die Stadt durch eine Urkunde reichsunmittelbar und zum Mittelpunkt einer Reichsgüterverwaltung macht. Im staufischen 12. Jh. war Rothenburg bereits Mittelpunkt von Reichsgüterkomplexen gewesen und eine offensichtlich vermögende Stadt dazu, denn im Reichssteuerverzeichnis von 1242 war ihr aufgetragen, doppelt so viele Abgaben aufzubringen wie etwa die Stadt Nördlingen oder auch Weißenburg.

Zwar lag die Stadt an der Pilgerstraße, die von Skandinavien nach Rom führte, und war dabei auch als Etappenort ausgewiesen, doch Buchprüfer wollen gefunden haben, daß der Transitverkehr von Pilgern und von Waren die Bilanzen nicht sonderlich stark beeinflußt habe. Der Wohlstand, so meint man, kam von den am Ort ansässigen grundbesitzenden Patriziern, der Oberschicht.

Während des Interregnums, das der Wahl König Rudolfs vorausging, war Rothenburg (von dem die Königssöhne früher den Titel der Grafen von Rothenburg ableiteten) durch Konrad IV. an den Grafen von Hohenlohe verpfändet worden (er verpfändete übrigens 1251 »Rotheburgum et Judaeos«, also Rothenburg mit seinen Juden). Im Zusammenhang mit der sog. »Revindikation«, der Rückforderung, holte Rudolf I. die um 1079 erstmals genannte Stadt wieder in den Reichsbesitz zurück.

Neben der sog. Vorderburg, die zeitweise auch »castrum imperiale«, Kaiserburg, genannt wurde, war die Hinterburg seit etwa 1144 Sitz der Reichsgutverwaltung.

Erster Habsburger deutscher König

24. Oktober 1273. In Aachen wird Rudolf als erster Habsburger zum deutschen König gekrönt. Am Abend dieses für ihn so festlichen Tages verheiratet er seine 22jährige Tochter Mechthilde mit dem 44jährigen Herzog Ludwig II., der zweifacher Witwer ist (einmal freilich durch eigenes Zutun; →18. 1. 1256). Bei der Königswahl vom 11. September war er Rudolfs wichtigster Fürsprecher gewesen.

Ursprünglich hatte man nach dem Tode König Richards von Cornwall dem Wittelsbacher Chancen eingeräumt, die Krone für sich zu gewinnen – sein Haus war das älteste und ehrwürdigste. Doch er war andererseits der Mörder seiner Frau. Als sich zeigte, daß er die Wahl nicht für sich würde entscheiden können, machte er Rudolf von Habsburg zu seinem Kandidaten. Und so groß war Ludwigs Ansehen, immerhin, daß ihm die anderen Kurfürsten sagten, sie wollten dem Manne die Krone zusprechen, für den er sich entscheide. Zur bayerischen Kurstimme hatte das Herzogtum mit der Rheinpfalz eine weitere Stimme hinzugewonnen. Entsprechend dem Ergebnis der Landesteilung gaben die Brüder ihre Stimmen: Ludwig anderthalb Stimmen, Heinrich – der selbst nicht anwesend war und sich vertreten ließ – eine halbe Stimme.

Herzog bestätigt Landshuter Rechte

17. August 1279. Der Stadt Landshut bestätigt Herzog Heinrich XIII., daß ihr als Residenzstadt größere Rechte und Freiheiten als anderen Städten zustehen.

Nach mancherlei allgemeinen Zusicherungen, mit denen das Dokument eröffnet wird, zählt das Stadtrecht detailliert und wie in einem Kataloge auf, was erlaubt und – vor allem – was verboten ist; und jedes dieser Ver- und Gebote beginnt mit einem »item…« (ebenso).

Es ist verboten, Vieh aufzukaufen und aus dem Lande wegzubringen, Kälber unter zwei Jahren dürfen nicht verkauft werden, der Müller darf nur ein Dreißigstel des gemahlenen Getreides als Lohn behalten, untersagt ist auch das Würfel- und Glücksspiel, Dirnen und Geächtete haben Stadtverbot…

Ludwig II. schließt seine dritte Ehe

1273. Sein gacher Zorn hat Ludwig II. zum Witwer gemacht (→18. 1. 1256). Man nennt ihn nun zwar »den Strengen«, doch damit scheint der Fall für die Mitwelt erledigt. Im hohen August 1260, viereinhalb Jahre nach der Mordtat von Donauwörth, führte er eine neue Frau heim, eine Anna, Herzogstochter aus Schlesien-Glogau. Schon am 24. November 1256 – noch im Todesjahr der gemordeten Maria – hatte er sich mit einer englischen Prinzessin verlobt. Ein Lebensbund ist nicht daraus geworden. Seine zweite Frau Anna starb 1271.

1273 heiratet Ludwig die 22jährige Mechthild, die Tochter von König Rudolf I., am Tag der Krönung ihres Vaters zum ersten römisch-deutschen König aus dem Hause Habsburg (→24. 10. 1273). Der 44jährige Ludwig II., Herzog von Oberbayern und Pfalzgraf bei Rhein, erhält seine dritte Ehefrau gewissermaßen als Dank dafür, daß er sich für Rudolfs Wahl zum König eingesetzt hatte.

Albrecht dichtet »Jüngeren Titurel«

Um 1270. Ein halbes Jahrhundert nach dem Tod Wolfram von Eschenbachs macht sich einer die Mühe, im Stil des verblichenen Meisters zu schreiben. Für sein literarisches Verkleidungs- und Versteckspiel nimmt er ein Fragment Wolframs, die 170 erhaltenen Strophen des »Titurel«, und macht daraus ein Werk voller Phantastereien – und das alles unter Wolframs Namen.

Erst ganz spät, in der 5883. Strophe (von insgesamt 6200 siebenzeiligen Stophen), lüftet er die Maske und sagt, er, der dies dichte, sei Albrecht. Aber welcher Albrecht? Es bedarf großen Spürsinns, ehe entdeckt wird, daß der Mann ein Bayer ist, der die erste Hälfte seines in verwirrend-dunkler Sprache abgefaßten Werkes Herzog Ludwig II., dem Strengen, widmet, und daß sein Name mit hoher Wahrscheinlichkeit Albrecht von Scharfenberg ist.

Von Titurel, dem Ahnen des Gralsgeschlechts, spricht der Dichter kaum, viel aber von Schionatulan-

Seite mit Buchmalereien aus dem »Jüngeren Titurel« (Handschrift)

der, seiner Sigune und dem Hund mit dem Brakenseil. In das Seil ist der Beginn einer Geschichte gewebt, deren Anfang Sigune liest – dann entkommt der Hund. Der Geliebte jagt ihm hinterher und wird getötet… Lohengrin kommt noch vor, die Gralsburg und Parzival.

Regensburger Dom wird neu erbaut

1275. Man baut in Regensburg gerade an einer romanischen Peterskirche, als 1273 ein Brand den Dombezirk verwüstet. Wie nach den zwölf vorangegangenen Feuerstürmen wird auch jetzt schnell mit dem Wiederaufbau begonnen, und weil Bischof Leo kurz zuvor die ersten Kirchen der französischen Gotik gesehen hat, wird der neue Regensburger Dom von 1275 an (entgegen der ursprünglichen Planung) im gotischen Stil gebaut.

Die Bauleute, an das romanische Bauen gewöhnt, haben zunächst offensichtlich Schwierigkeiten. Als man aber einen französischen Meister holt (möglicherweise aus Burgund), schreitet der Regensburger Dombau voran. Man will, wie es scheint, in der ersten Begeisterung ein wenig mehr, als die Fähigkeiten und Mittel erlauben. Dadurch wächst der Bau zuletzt nur noch langsam und wird zu einer Jahrhunderte währenden Aufgabe für viele Generationen.

Bayern verliert Geschichtsschreiber

31. Dezember 1275. Mit dem Tode des knapp 75jährigen ehemaligen Abtes Hermann von Altaich verliert Bayern einen seiner frühen Geschichtsschreiber.

Es war kein leichtes Erbe, das Hermann 1242 antrat – er wurde Abt eines durch die Agilolfinger gegründeten Benediktinerklosters, das die Vorgänger heruntergewirtschaftet hatten. Doch der neue Abt kam zu einer günstigen Stunde. Die Grafen von Bogen, bisher die (ungeliebten) Vögte des Klosters, waren ausgestorben, die Wittelsbacher folgten.

Hermann hatte mit seinem Aufbauprogramm Erfolg, (Nieder-)Altaich wurde wieder eine blühende Abtei, die sich in dem schwierigen, unruhigen Grenzgebiet zwischen Bayern, Österreich und Böhmen geschickt einzurichten wußte.

Den Nachruhm sicherte sich Hermann durch seine historischen Bücher, etwa seinen Rechenschaftsbericht (»De rebus sua gestis«), eine Gründungsgeschichte des Klosters, ein kleines genealogisches Werk über die Herzogsfamilie und vor allem die bis 1273 geführten Jahrbücher, die »Annales«.

Rechte im »Schwabenspiegel« kodifiziert

Um 1275. Ein Minoritenmönch, von dem später niemand etwas weiß, protokolliert in Augsburg und gleichsam auf eigene Verantwortung, die gebräuchlichen Rechtssätze, also das Gewohnheitsrecht. Er benutzt für seine gelehrte Arbeit den »Sachsenspiegel«, wandelt ihn aber für Oberdeutschland ab und mischt Sätze aus dem römischen und kanonischen Recht in seinen Text. Zuletzt ist sein Werk so eigenständig, daß es auch einen eigenen Namen erhält und »Schwabenspiegel« heißt. Zunächst wird es als »Land- und Lehnsrechtsbuch« oder »Kaiserbuch« bezeichnet, im 17. Jh. setzt sich der neue Name durch.

Die Richter der frühen bayerischen Zeiten werden vielfach nach dem mündlich tradierten Recht ihren Spruch gefällt haben. Doch immer wieder wurde das Recht auch aufgeschrieben (und das älteste bayerische Rechtsbuch, die »Lex Baiuwariorum«, entstand ja bereits im Frühmittelalter (→um 630).

Als die Städte wuchsen und an Macht wie Selbstbewußtsein zunahmen, erhielten sie im 13./14. Jh. ihr eigenes Stadtrecht, z. B. Regensburg, Passau, Landshut und Mühldorf (→17. 8. 1269).

Das Buch des Augsburger Mönchs hat, wiewohl es ein privates Unternehmen ist, die Rechtsprechung in Bayern stark beeinflußt. Wie sehr, das zeigt die Verbreitung des Textes: Vom »Schwabenspiegel«, den sich beispielsweise der Freisinger Ruprecht zum Vorbild für sein Rechtsbuch nimmt, sind später noch 20 verkürzte und sogar 300 erweiterte Fassungen bekannt. Das Original aber ging verloren.

Seite aus einem Exemplar des Schwabenspiegels von 1287, geschrieben von Konrad von Lützelnheim. Das von einem Pater verfaßte Gesetzbuch war einst weit verbreitet; während Abschriften erhalten blieben, ging das Originalschriftstück aus der Zeit um 1275 verloren.

1280

1280–1289

Um 1280. Der Meister des Erminoldgrabes in Regensburg-Prüfening schafft für den Regensburger Dom einen Verkündigungsengel, der zu den Glanzleistungen der gotischen Plastik dieser Zeit zählt (→1283).

Um 1280. In St. Emmeram in Regensburg entsteht die Grabplatte der Königin Hemma (†876), der Frau von König Ludwig dem Deutschen.

1280. In einer Münchner Urkunde werden erstmals »braxatores« (Brauer) genannt.→

März 1280. Heinrich XIII. von Niederbayern muß das ihm zugesicherte Land ob der Enns wieder zurückgeben.→

1282. Der oberbayerische Herzog und Pfalzgraf bei Rhein Ludwig II., der Strenge, übernimmt die aus dem Erbe der Landgrafen von Stefling stammenden Rechte des Landgerichts und des Geleits im bayerischen Nordgau.

1283. Ein namentlich nicht bekannter Bildhauer schafft für St. Georg in Regensburg-Prüfening das Hochgrab des Abts Erminold.→

Um 1285. Das zweite herzoglich bayerische Urbar wird aufgezeichnet. Im Vergleich zum ersten von 1231–1237 zeigt es deutlich die Erweiterung des wittelsbachischen Machtbereichs.

12. 10. 1285. Münchner Pöbel stürmt die Synagoge.→

März 1287. Auf dem Reichstag in Würzburg führen Gerüchte, der päpstliche Legat wolle den Kurfürsten das Wahlrecht nehmen, zu stürmischen Protesten und zum Abzug des Legaten.

1288. Die Stadt Augsburg legt ihr ältestes Bürgerbuch an.→

4. 3. 1289. König Rudolf I. sichert König Wenzel II. von Böhmen die zwischen Böhmen und Bayern umstrittene Kurwürde zu.→

18. 1. 1289. 13 Bischöfe verleihen von Rom aus der Leonhardskirche in Inchenhofen Ablässe; dies ist der offizielle Beginn der großen Wallfahrt.

GESTORBEN:

15. 11. 1280. Köln: Albertus Magnus (* um 1200, Lauingen an der Donau), Naturforscher, Philosoph und Theologe.

31. 8. 1287. Basel: Konrad von Würzburg (* zwischen 1220–1230), Dichter.

GEBOREN:

Um 1283. München: Ludwig IV., der Bayer (†11. 10. 1347, Puch bei Fürstenfeldbruck), Herzog von Bayern, König und Kaiser.

Münchner Pöbel stürmt Synagoge

12. Oktober 1285. Man hat die Frau wohl so lange gefoltert, bis sie gestand, was man hören wollte: Die Münchner Juden hätten ein getauftes Christenkind getötet und sein Blut getrunken.

Obwohl Herzog Ludwig der Strenge die Juden schützen will, stürmt der Münchner Pöbel zur Synagoge und zündet sie an: 180 jüdische Männer und Frauen, die sich in den ersten Stock geflüchtet haben, kommen in den Flammen um. Zwei Jahre nach dem Morden dürfen Juden wieder in die Stadt zurückkehren.

Hochgrab des Abts Erminold geschaffen

1283. Erminold, der erste Abt des Benediktinerkloster Regensburg-Prüfening, war ein strenger Herr. Seine Mönche haben ihn deswegen 1121 erschlagen. Mehr als 60 Jahre später gestaltet ein wohl an französischen Vorbildern geschulter Künstler seine Grabplastik (Abb.). Der gleiche Bildhauer, benannt »Meister des Erminoldgrabes«, erschuf bereits um 1280 die archaisch-heitere Figur des Verkündigungsengels im Regensburger Dom – eine Glanzleistung der gotischen Plastik.

Otto III. verliert die zugesagte Mitgift

März 1280. Das Land ob der Enns sollte das Heiratsgut sein, mit dem König Rudolf seine Tochter für die Hochzeit mit Herzog Heinrichs Sohn Otto III. ausstaffieren wollte. Dieses Landgewinns wegen war der Niederbayer von Ottokars auf Rudolfs Seite gewechselt und hatte sich das damals vom Böhmen besetzte Land selbst erstritten. Nun muß er es (wenn er Frieden will) zurückgeben, denn ganz so fest zugesagt war es nicht – sagt der König.

Augsburger Bürger werden registriert

1288. In Augsburg will man den Überblick nicht verlieren. Zwar ist der Erwerb des Bürgerrechtes an Regeln gebunden – beispielsweise an den Nachweis eines Vermögens und die Leistung des Bürgereides –, doch dem Augsburger Rat reicht dies nicht aus und so läßt er Neubürger von nun an in einem Buche registrieren. Gleichsam als Gegenstück zu diesem Bürgerbuch wird wenig später ein zweites Buch angelegt, in dem die aus der Stadt Verbannten genannt und damit auch für die Nachwelt festgehalten werden.

Brauer von München erstmals genannt

1280. Die Stadt lebt vornehmlich von den Salz- und Weinhändlern. Schon ein paar Jahrzehnte nach der ersten Nennung der Siedlung Munichen wird auch von Tuchhändlern gesprochen. Im Salbuch von Herzog Ludwig II. wird nun auch noch ein anderer Berufsstand genannt – es sind die »braxatores«, die Brauer, die damit erstmals offiziell in München auftreten. Die Erlaubnis zur Ausübung des Berufes haben sie vom bayerischen Herzog.

Rudolf I. brüskiert die Bayernherzöge

4. März 1289. Kein Dank: Mit ihren zwei Kurstimmen verhalfen Ludwig II. und Heinrich XIII. dem Habsburger Rudolf zur deutschen Königswürde. Nun aber, gut anderthalb Jahrzehnte später, entscheidet er zu Eger, daß Bayerns Kurstimme an Böhmen falle, an den Schwiegersohn Wenzel (→24. 10. 1273). Vergessen ist alles, was Ludwig für den König getan hat. Wann immer die Majestät rief – der Bayer war zur Stelle. Er besuchte die Hoftage, reiste mit Rudolf durchs Land, zog mit ihm gegen aufständische Adelige.

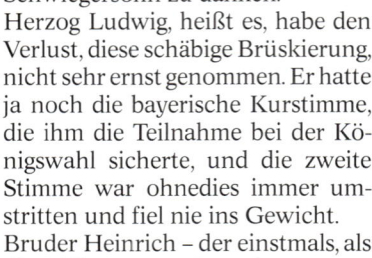

König Rudolf I. aus dem Haus Habsburg; Grabplatte in Speyer

Wenn sich der aus einfachen adeligen Verhältnissen kommende Habsburger in seinem Amte so fest einrichten konnte, daß die Königswürde schließlich in der Familie blieb, so war dies nicht am wenigsten dem Schwiegersohn zu danken.

Herzog Ludwig, heißt es, habe den Verlust, diese schäbige Brüskierung, nicht sehr ernst genommen. Er hatte ja noch die bayerische Kurstimme, die ihm die Teilnahme bei der Königswahl sicherte, und die zweite Stimme war ohnedies immer umstritten und fiel nie ins Gewicht.

Bruder Heinrich – der einstmals, als die Allianzen noch anders waren, dem Böhmen diese Stimme gewünscht hatte – das eigentliche Opfer dieses Stimmen-Raubes. Doch er, dessen Sohn Otto III. mit einer Tochter Rudolfs I. verheiratet war, lebt mit dem deutschen König in unfriedlichem Verhältnis und stirbt ohnedies ein Jahr später.

1290

1290. Stephan (I.), der Sohn von Herzog Heinrich XIII. und spätere Herzog von Niederbayern, wird zum Erzbischof von Salzburg gewählt, von der Kurie jedoch nicht bestätigt.

3. 2. 1290. Nach dem Tod von Heinrich XIII. wird sein Sohn Otto III. Herzog von Niederbayern (→ 1290/94).

23. 11. 1290. Ludwig Elegans, Sohn von Herzog Ludwig II., wird in einem Turnier getötet.→

5. 5. 1292. Nach dem Tod von König Rudolf I. wählen die deutschen Kurfürsten Adolf von Nassau zum König.

1293. In der »Vilshofener Hofordnung« werden Privilegien der Adligen begrenzt.→

1293. Die Herzöge Ludwig und Otto verbieten das Bierbrauen für ein Jahr.→

2. 2. 1294. Nach dem Tod von Ludwig II., dem Strengen, werden seine Söhne Rudolf I. und Ludwig IV., der Bayer, Herzöge von Oberbayern und Pfalzgrafen bei Rhein. Rudolf ist Vormund für Ludwig IV. (→ 1290/94).

2. 2. 1294. Ludwig III. und Stephan I. werden Mitregenten ihres Bruders Otto III., des Herzogs von Niederbayern.

19. 9. 1294. Herzog Rudolf läßt das Münchner Stadtrecht protokollieren.→

1298. Juden haben angeblich Hostien geschändet. In Franken werden Tausende von Juden ermordet, die Judengemeinden in Nürnberg, Bamberg, Würzburg u. a. werden vernichtet.

2. 7. 1298. Der abgesetzte König Adolf von Nassau fällt in der Schlacht bei Göllheim westlich von Worms im Kampf gegen den Habsburger König Albrecht I. Die bayerischen Herzöge, die auf der Seite Adolfs von Nassau gekämpft haben, erleiden schwere Verluste.

GESTORBEN:

3. 2. 1290. Burghausen: Heinrich XIII. (* 19. 11. 1235), Herzog von Niederbayern 1255–1290 (→ 1290/94).

2. 2. 1294. Heidelberg: Ludwig II., der Strenge (* 13. 4. 1229, Heidelberg), Herzog von Oberbayern und Pfalzgraf bei Rhein 1255–1294 (→ 1290/94).

13. 5. 1296. Landshut: Ludwig III. (* 9. 10. 1269, Landshut?), Herzog von Niederbayern 1294–1296.

GEBOREN:

Um 1291. Donauwörth: Margareta Ebner (†20. 6. 1351, Kloster Maria-Mödingen bei Dillingen), Dominikanerin, Mystikerin.

Herzogsbrüder Heinrich und Ludwig tot

1290/94. Die beiden Herzogsbrüder Heinrich und Ludwig sterben im Abstand von nur vier Jahren, am 3. Februar 1290 der eine, am 2. Februar 1294 der andere. Aber auch nach ihrem Tod wird Bayern, das sie 1255 geteilt haben (→ 28. 3. 1255), nicht wieder vereint.

Der jüngere der beiden Brüder, Heinrich XIII., ist auch im Leben stets nur ein abgeschlagener Zweiter gewesen, einer, dem nichts zum Glück ausschlug, und wo immer er den Erfolg suchte – zuletzt ging er leer aus und mußte klein beigeben. Während der Münchner seinen Besitz mehrte (wenn auch oft durch riskante Transaktionen), konnte sich der Landshuter nichts erwerben als eine Kinderschar von zehn Köpfen. Sein Fehler mag es gewesen sein, daß er zu sehr darauf fixiert war, auf Kosten von Habsburg nach Südosten zu expandieren. Daß er dafür eine Allianz mit Ottokar von Böhmen einging, der ihn doch im Jahr 1257 lebensgefährlich bedroht hat-

te, brachte Heinrich eher Nachteile als den gewünschten Erfolg.

Aber auch die beiden Wittelsbacher selbst standen sich oft feindlich gegenüber. Daß der mit den Habsburgern verbündete Ludwig die Rheinpfalz alleine besaß, sah Heinrich mit Mißgunst. Aber auch hier mußte er

bei einem Schlichtungsversuch, in dem die Brüder ihre Beziehungen zu stabilisieren versuchten, im Januar 1262 auf seine Ansprüche verzichten. Ludwig, so hieß es, werde Alleinherrscher der Pfalz bleiben, aber sollte man neues Land erwerben, so werde man gewissenhaft teilen.

Herzog Ludwig II. (1229–1294)

Herzog Heinrich XIII. (1235–1290)

Gratisessen für die Adligen gestrichen

1293. In der »Vilshofener Hofordnung« wird der herzogliche Aufwand auf ein überschaubares Maß zurückgestutzt (auch wenn er, mit drei Herzögen, immer noch groß und sehr kostenträchtig ist).

Aus ist es jetzt mit den Vergünstigungen der Adligen, die bisher, wenn sie bei Hofe weilten, zum Gesinde gezählt und kostenlos verpflegt wurden. Auch über die Abrechnungen wird jetzt genauer gewacht. Die Bücher werden sorgfältiger geführt und gründlicher geprüft.

Ludwig Elegans bei Turnier getötet

23. November 1290. Beim Hoftag zu Nürnberg vertreiben sich die adligen Herren die Zeit »mit stechen, turnieren und rennen gar herlich«. Dem 23jährigen künftigen Herzog von Bayern – einem wohlerzogenen, frommen Mann, den sie Ludwig Elegans nennen – wird dabei von der scharfen »gleve«, der Lanze des Gegners die Schlagader aufgerissen.

Zwei Jahre zuvor hatte dieser Sohn Ludwig des Strengen versprochen, das Herzogtum einstens mit den Stiefbrüdern zu teilen.

Bierbrauen für ein Jahr verboten

1293. Wahrscheinlich befürchten Ludwig II. und Otto III., das Getreide in ihrem Land könne knapp werden, und so beschließen sie nach Rücksprache mit dem Bischof von Regensburg, daß ein Jahr lang kein Bier gebraut werden darf. Nur für die Regensburger Brauer wird eine Ausnahme gemacht.

Die Bayern wird das Verbot nicht sonderlich schmerzen. Sie trinken ja sowieso lieber Wein. Er wächst zum Beispiel in den Gegenden von München und Landshut.

An Kleidung und Haltung erkennbar: Adlige Tischgesellschaft

Stadtrechte der Münchner

19. September 1294. Auf daß die Münchner auch in Zukunft wissen, was ihre Rechte und Pflichten seien, läßt Herzog Rudolf in seinem fünften Regierungsmonat alle gültigen Bestimmungen, »alliu diu reht und alle die saetzze, die in von unsern vordern her verschriben sint«, von seiner Kanzlei in diesem »Rudolfinum« genannten Rechtsbuch protokollieren (→ um 1275).

In 22 Abschnitten werden die Rechte erneuert. Die meisten und die wichtigsten Grundrechte sind zwar

im Besitz der Bürgervertretung, man hat aber dennoch seine Nöte mit den Herzögen. Bereits der erste Paragraph dieser »Rudolfinischen Handfeste« nennt das, was den Gesetzgeber wohl vor allem interessiert: die Steuer. Vor ihr, heißt es in umständlicher, nebensatzreicher Sprache, seien alle Münchner gleich, »die sin in der stat oder auzzerhalb, aept oder broebest, arm oder reich, die in der stat oder darumbe... haus und hof, aigen oder lehen, ez si gartte, pomgartte, hofstat ... habent.«

1300

1300–1309

Um 1300. Immer mehr Städte richten eigene Schulen ein. →

1300. Hugo von Trimberg, Schulrektor am Stift St. Gangolf in der Theuerstadt in Bamberg, vollendet das Lehrgedicht »Der Renner«, einen satirischen Sittenspiegel, der als moralisch-enzyklopädisches Hausbuch weite Verbreitung findet. →

20. 7. 1301. Im Frieden von Bensheim unterwirft sich der oberbayerische Herzog und Pfalzgraf bei Rhein Rudolf I. König Albrecht I. →

2. 1. 1302. Der oberbayerische Adel schließt auf einem Rittertag zu Snaitpach eine Einigung gegen jede weitere Steuererhebung von Herzog Rudolf I. →

1304/07. Die Nürnberger Kaufmannsfamilie Holzschuher legt ein Handlungsbuch für ihren Betrieb an. Es ist eines der ältesten Beispiele kaufmännischer Buchführung. →

1305. Krönender Abschluß der wittelsbachischen Erwerbungen im bayerischen Nordgau ist der Anfall des Erbes der Grafen von Hirschberg (Eggersberg, Sulzbach, Werdenstein, Pfaffenhofen, Ammertal u. a.).

6. 12. 1305. Herzog Otto III. von Niederbayern wird in Stuhlweißenburg als Bela V. zum König von Ungarn gekrönt (→ nach 1305).

1306. Der Nürnberger Waffenschmied Rudolf erfindet die Drahtziehmaschine, die für die Herstellung von Ringelpanzern (Ritterrüstungen) besondere Bedeutung erlangt.

1307. Bei dem Versuch, sein Königtum in Ungarn durchzusetzen, wird der niederbayerische Herzog Otto III. gefangengenommen (→ nach 1305).

1309. Nach dem Tod König Albrechts zieht der niederbayerische Herzog Otto III. gegen Albrechts Söhne Leopold und Friedrich und beginnt mit der Belagerung der Feste Neuburg, des österreichischen Brückenkopfs am unteren Inn.

GESTORBEN:

13. 1. 1302. Augsburg: Wolfhard von Roth (*?), Bischof von Augsburg seit 1288/90.

GEBOREN:

29. 9. 1305. Landshut (?): Heinrich XIV. (†1. 9. 1339, Landshut), Herzog von Niederbayern.

8. 8. 1306. Wolfratshausen: Rudolf II. (†4. 10. 1353, Neustadt an der Weinstraße), Kurfürst von der Pfalz.

9. 6. 1309. Wolfratshausen: Ruprecht I. (†16. 2. 1390, Neustadt an der Weinstraße), Kurfürst von der Pfalz.

Krönung von Otto III., dem seit 1290 regierenden Herzog von Niederbayern, zum König von Ungarn unter dem Namen Bela V. (Rathaussaal, Straubing)

Otto III. aus Ungarn zurück

Nach 1305. Am 6. Dezember 1305 krönten die Ungarn ihren König aus Niederbayern – Otto III. wurde zu Bela V. Da er nun ihr Herr war, wollten sie, daß der Witwer Bela eine von ihnen heirate, die Tochter eines siebenbürgischen Magnaten. Auf der Reise zur künftigen Königin entführt der Brautvater den König. Mit Mühe kann der Verschleppte entkommen und auf langem Umweg nach Bayern heimkehren.

Der Herzog zu Landshut hatte abgewunken, als ihm die Ungarn die Krone antrugen. Zwar war seine Mutter die Tochter eines Arpadenkönigs, doch der Papst wünschte den 13jäh-rigen Karl von Anjou auf dem Thron. Den wiederum wollten die Ungarn nicht. Einer lehnte ab, den anderen lehnten sie ab. So wurde der 12jährige Wenzel aus Böhmen Herrscher. Der holte aber nur den Kronschatz ab und fuhr dann wieder heim zum königlichen Papa.

In dieser Not entschloß sich Otto nun doch zu einer Reise ins Ungarland; unterwegs nahm er gleich noch die Preziosen aus Böhmen mit. Da er aber auch als Bela vor allem ein patriotischer Bayer blieb, war man froh, als er wieder außer Landes war. Im Februar 1308 kehrte er auf seine Trausnitz zurück.

Ein Juniorpartner für Herzog Rudolf

20. Juli 1301. Der 26jährige Herzog Rudolf verliert die Schlacht und die Alleinherrschaft über Oberbayern. Nach der Niederlage von Bensheim muß er seinen 19jährigen Bruder Ludwig in München mitregieren lassen. Damit nicht genug, verliert er auch noch einen Großteil der im Nordgau gelegenen konradinischen Erbschaft.

Die Mitregierung war testamentarisch vorgesehen. Aber die beiden jungen Herren, denen das von ihrem Vater Ludwig II. hinterlassene Herzogtum zugefallen war, standen in verschiedenen Lagern. Der Junior in dieser Erbengemeinschaft, beim Tod des Vaters 12 Jahre alt, wurde von seiner habsburgischen Mutter ganz im Sinne Habsburgs erzogen – in Wien, zusammen mit den Königssöhnen, seinen Vettern.

Rudolf aber hatte, noch von seinem Vater beeinflußt, die Tochter König Adolfs von Nassau geheiratet. Er war so zum Schwiegersohn jenes Mannes geworden, der dem Habsburger Albrecht den Weg zum Thron versperrt hatte.

Der Sohn des Habsburger-Königs Rudolf erkämpfte sich schließlich doch die Krone. Als sie ihm am 23. Juli 1298 aufgesetzt wurde, war der nassauische Gegenspieler bereits tot. Der Bayernherzog Rudolf freilich blieb, trotz einer kurzen Versöhnung, antihabsburgisch gesinnt. Es kam zu Kämpfen — im Mai begann die Belagerung Heidelbergs.

Arm und reich im Bauernland Bayern

Schon die erste Beschreibung zeigt Bayern als ein Bauernland. In seinem Bericht nennt Bischof Arbeo das mit Türmen versehene Regensburg als einzige Stadt. Es vergehen einige hundert Jahre bis München und andere Städte hinzukommen. Die Wittelsbacher, und vor allem Otto II., gründen nahezu 30 Städte, deren Wachsen und Gedeihen durch einige Privilegien gefördert wird. Sie sind zumeist sehr klein; von 3000 Städten, die es zu Ende des Mittelalters in Deutschland gibt, haben etwa 2800 weniger als 1000 Einwohner.

Die meisten Bewohner des Herzogtums leben also auf dem Lande

Mittelalterliche Darstellung eines Kaufmanns mit Handelsgütern

und aus dem Lande. Gewerbe und gar die frühen Formen der Industrie sind kaum bekannt (abgesehen von der Eisengewinnung in der Oberpfalz und dem Bergbau bei Kitzbühel, Kufstein und auch bei Rattenberg).

Der Handel – auch der über Brenner und Reschen führende Transithandel – wird gepflegt; vor allem natürlich der Vertrieb des Salzes füllt die Kassen, doch mehr die der Händler als etwa der Fuhrleute.

Bayern ist kein reiches Land, und die wittelsbachischen Querelen sorgen dafür, daß die Untertanen zudem immer wieder ausgiebig geschröpft werden.

Nürnberger Kaufmannsbuch

1304/07. Die Nürnberger Familie der Holzschuher, reich geworden vor allem im Tuchhandel, führt Buch über ihre Kunden und Außenstände. Von diesem ältesten deutschen Handlungsbuch sind 51 Blätter erhalten. Auf den mit Tinte gezogenen Zeilen werden insgesamt 445 Konten (mit 2225 Eintragungen) ausgewiesen. Den Anfang in dem nach Ständen geordneten Schuldenbuch macht am 25. Juli 1304 Seifridus de Tuschelkinnen (Dunstelkingen bei Neresheim). Seine Schuld wird mit »lib. et 5 hall.« angegeben, was heißt: 1 Pfund und 5 Heller. Als Bürge ist ein gewisser H. de Kunenstain (Konstein bei Eichstätt) genannt.

Der eifrigste Kreditnehmer des Hauses Holzschuher ist Graf Ulrich von Truhendingen, dem für seine 101 Posten ein eigenes Sonderkonto eingerichtet ist. Sein Vetter, ein Kanonikus, folgt übrigens mit 97 Posten dicht auf. Für die vielen flandrischen Tuche, die von den Holzschuhern nach Nürnberg eingeführt und dann weiterverkauft werden – andere Waren werden nur gelegentlich, wohl eher aus Gefälligkeit geliefert –, gibt es meist Bargeld; gelegentlich müssen die Kaufleute freilich auch Naturalien entgegennehmen, ehe sie die Schulden in dem nur 23,5 x 17 cm großen Buch ausstreichen oder durch den Zusatz »persolvi« als bezahlt abbuchen können.

Lehrer Hugo über Laster und Tugend

1300. Mit erhobenem Zeigefinger predigt Lehrer Hugo 24 600 Verse lang Moral. Er ist etwa 70 Jahre alt, als sein Werk über Laster und Tugend im Jahr 1300 vollendet ist. Weil in ihm etwas sprunghaft erzählt wird, nennt man das Lehrgedicht »Der Renner«. Sein Verfasser Hugo von Trimberg, der seit 40 Jahren am Bamberger St. Gangolf Stift lehrt, macht kein Hehl daraus, daß er die Dichtung und die moralischen Ansichten des eben vergangenen höfischen Zeitalters nicht mag. Das Hausbuch des Schulrektors scheint eine Marktlücke zu füllen.

Seite aus »Der Renner«, dem Hausbuch Hugo von Trimbergs

Rittertag stimmt neuer Viehsteuer zu

2. Januar 1302. Die oberbayerischen Herzöge sind in großer Verlegenheit: ihre Kasse ist leer. Eine Viehsteuer soll der Not abhelfen. Gleichsam im Schatten der (zerstörten) wittelsbachischen Stammburg, in Snaitpach, dem späteren Oberschneitbach bei Aichach, versammeln sich die Adligen und stimmen der Abgabe zu – wenn die Herzöge Rudolf und Ludwig bei Eid versprechen, es bei dieser »gemainen viechstewr« zu belassen und in Zukunft auf ähnliche Notsteuern zu verzichten. Den Betroffenen, »vnsern lieben getrewen grafen, freyen, dienstläwten und allen edeln« wird erlaubt, sich zur Sicherung des Versprechens zusammenzuschließen.

Städtische Schulen neben Klöstern

Um 1300. Zu den Aufgaben, die von den an Größe und Bedeutung wachsenden Städten übernommen werden, gehört die Errichtung von eigenen Schulen. Bisher war der Unterricht Geistlichen, vor allem aber den Klöstern anvertraut gewesen.
Um die Wende vom 13. zum 14. Jh. beschäftigen bereits viele Städte ihre eigenen Lehrer, zum Beispiel: München 1239 (Schulmeister Konrad), Regensburg 1245, Wasserburg 1250, Nördlingen 1285, Geisenfeld 1281, Rothenburg 1293, Günzburg 1298, Weilheim 1305, Nürnberg 1320, Fürstenfeldbruck 1321, Herzogenaurach 1347. Daneben gibt es aber auch weiterhin viele Schulen unter kirchlicher Aufsicht.

1. 10. 1310. Herzog Ludwig IV., der Bayer, erzwingt von seinem Bruder Rudolf I. die Teilung des Herzogtums Oberbayern. →

15. 6. 1311. Um eine Steuer erheben zu können, überläßt Herzog Otto III. von Niederbayern in Landshut in der sog. Ottonischen Handfeste den Betroffenen die Niedergerichtsbarkeit und verpflichtet sich, vor jeder weiteren Steuererhebung eine Einwilligung einzuholen. Dies ist der Beginn ständischer Freiheit in Bayern. →

9. 9. 1312. Nach dem Tod von Otto III. wird sein in diesem Jahr geborener Sohn Heinrich XV. Herzog von Niederbayern als Mitregent der minderjährigen Herzöge Heinrich XIV. und Otto IV. →

15. 5. 1313. Die niederbayerischen Städte Landshut und Straubing verbünden sich mit dem oberbayerischen Herzog und Kurfürsten von der Pfalz Rudolf I. gegen dessen Bruder Ludwig IV. wegen dessen österreichfreundlicher Politik.

21. 6. 1313. Im Frieden zu München söhnen sich die oberbayerischen Herzöge und Pfalzgrafen bei Rhein Rudolf I. und sein Bruder Ludwig IV., der Bayer, aus und machen die Landesteilung von 1310 rückgängig. Die Kurwürde verbleibt Rudolf (→ 1. 10. 1310).

1. 9. 1313. Die niederbayerische Herzoginwitwe Judith überträgt die Vormundschaft für ihre Söhne Heinrich XIV. und Otto IV. dem österreichischen Herzog Friedrich I. →

9. 11. 1313. In der Schlacht bei Gammelsdorf bei Landshut besiegt Ludwig IV., der Bayer, den Habsburger Herzog Friedrich I., den Schönen. →

20. 10. 1314. Einen Tag nach der Wahl des Habsburgers Friedrich, des Schönen wird der oberbayerische Herzog und Pfalzgraf bei Rhein Ludwig IV., der Bayer, von vier Kurstimmen in Frankfurt a. M. ebenfalls zum König gewählt. →

1315. Die zweite Münchner Stadtmauer wird vollendet. →

GESTORBEN:

10. 12. 1310. Landshut: Stephan I. (* 14. 3. 1271, Landshut?), Herzog von Niederbayern 1294–1310.

9. 9. 1312. Landshut: Otto III. (* 11. 2. 1261?), Herzog von Niederbayern 1290–1312, als Bela V. König von Ungarn 1305–1307/08.

13. 8. 1319. England (?): Rudolf I. (* 4. 10. 1274, Basel?), Herzog von Oberbayern und Kurfürst von der Pfalz 1294–1317.

Streit führt zu der Teilung Oberbayerns

1. Oktober 1310. Eigentlich will Herzog Rudolf selber deutscher König werden. Der Plan scheitert, und um das Beste aus dieser Situation zu machen, schließt er sich geschwind dem aussichtsreicheren Kandidaten an und verlobt schließlich seinen 12jährigen Sohn mit der Tochter des neuen Königs Heinrich VII. Und um dieses alles fest und sicher zu machen, verschreibt er der künftigen Schwiegertochter pfälzischen Besitz, an dem auch sein Bruder Ludwig beteiligt ist.
Der ist verärgert und fordert nun die Trennung des gemeinsamen Besitzes – er will künftig seinen Anteil an der Macht; er will nicht zusehen, wie Rudolf auch mit seinem Besitz schaltet und waltet. So wird Oberbayern am 1. Oktober 1310 durch neun adlige Herren, die gleichsam als unparteiische Schiedsrichter fungieren, geteilt: Rudolf erhält den Südosten mit der Residenzstadt München, Ludwig den Nordwesten mit Ingolstadt. Aber schon 1313 versöhnen sich die Brüder wieder.

Kampf um Vormacht in Niederbayern

9. September 1312. Herzog Ludwig hat sich mit den niederbayerischen Verwandten gut vertragen und so bestellt man ihn, als Vetter Stephan 1310 stirbt, zum Vormund für dessen Söhne, für den fünfjährigen Heinrich und den dreijährigen Otto. Als im September 1312 auch Vetter Otto III. stirbt, übernimmt Ludwig zusätzlich noch die Vormundschaft über dessen 13 Tage alten Sohn Heinrich.
Dem Bruder Rudolf mißfällt es natürlich, daß sein Gegenspieler hinfort in Niederbayern die Richtlinien der Politik bestimmen soll. Man zieht gegeneinander ins Feld, und Ludwig schließt mit den Habsburger Vettern, die diese Pflegschaft wie sein Bruder Rudolf auch nicht gerne sehen, ein Bündnis.
Mißtrauen, Mißgunst auf allen Seiten, und unversehens werden die Fronten gewechselt – Ludwig paktiert im Juni 1313 mit Rudolf (und nimmt die Landesteilung zurück), in Niederbayern aber macht man aus Angst, Oberbayern könnte zu mächtig werden, gemeinsame Sache mit Friedrich dem Schönen.

Vormundschaft geht an Haus Habsburg

1. September 1313. Die beiden Brüder Rudolf und Ludwig sind versöhnt, und gemeinsam stehen sie nun gegen das ihnen verwandte Haus Habsburg und die vielen mit Habsburg verbündeten niederbayerischen Ritter. Die Gefahr, daß das Herzogtum Landshut den Wittelsbachern verlorengeht, ist groß. So besetzen die Oberbayern Landshut und Straubing und entführen überdies Heinrich XIV. und Otto IV., die beiden minderjährigen Söhne des toten Herzogs Stephan.

Jetzt greifen die beiden niederbayerischen Witwen in den Streit ein. Sie übertragen, den letzten Willen ihrer Männer mißachtend, Herzog Friedrich dem Schönen von Österreich die Vormundschaft und rufen ihn zu Hilfe. Und Friedrich kommt. In Landau an der Isar begegnet er seinem Vetter Ludwig. Die Aussprache ist hitzig, droht tätlich zu werden. Friedrich verläßt das Treffen, aber beim Verlassen des Raumes murmelt er, kaum hörbar, daß er zurückkehren werde. Damit ist das Signal gegeben. Beide Seiten rüsten sich nunmehr für eine Begegnung auf dem Schlachtfeld (→9. 11. 1313).

Ludwig IV. besiegt die Österreicher

9. November 1313. Die Österreicher haben einen sicheren Plan: Sie wollen zusammen mit ihren ungarischen und niederbayerischen Verbündeten von Osten her, aus dem Salzburgischen und durchs Vilstal gegen Herzog Ludwig marschieren; von Westen her aber, aus Vorarlberg, wird ihr zweiter Heerhaufen anrücken. So soll der 30jährige Bayer mitsamt den Verbündeten, die er in Schwaben und Franken gefunden hat, in die Zange genommen und zerrieben werden.

Aus der Gegend von Aichach-Altomünster zieht Ludwig ostwärts, den Feinden entgegen, und vor Gammelsdorf, etwas mehr als 10 km nordöstlich von Moosburg, treffen die Heere im Nachmittagsnebel des 9. November aufeinander.

Die Österreicher, obwohl (angeblich) viermal so stark, werden in einer kurzen, heftigen Schlacht besiegt. Eine Stunde lang schien der Ausgang unsicher, doch dann fliehen die Ungarn, die Front gerät ins Wanken, und als der oberpfälzische Ritter Rudiger von Pinzing die österreichische Fahne erobert, ist der Kampf schon fast entschieden. Die

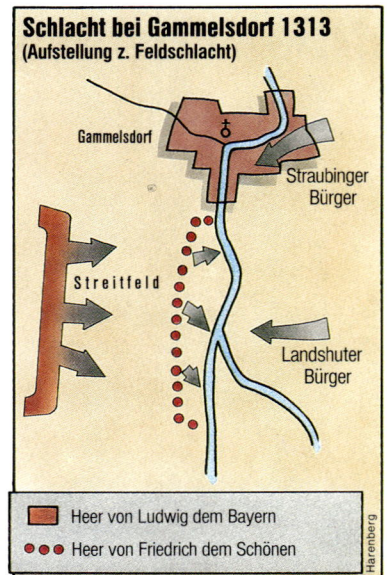

Schlacht bei Gammelsdorf 1313 (Aufstellung z. Feldschlacht)

Gammelsdorf · Straubinger Bürger · Streitfeld · Landshuter Bürger

☐ Heer von Ludwig dem Bayern
●●● Heer von Friedrich dem Schönen

Habsburgischen haben zu spät bemerkt, daß Ludwig seinen Heerhaufen bereits formiert hatte und sie schließlich von einem Teil seiner Streiter auch noch von hinten attackieren ließ. In ihren schweren Rüstungen waren die Anhänger Friedrichs so unbeweglich, daß zuletzt nur noch die Kapitulation blieb. Die Beute – vor allem für die mit Ludwig verbündeten niederbayerischen Städte – ist groß.

Ludwig der Bayer zum König gewählt

20. Oktober 1314. Seit dem Tode Heinrich VII. im August 1313 suchen die deutschen Kurfürsten nach einem König, und sie finden schließlich diesen jungen Bayernherzog Ludwig, von dem man seit dem Tag von Gammelsdorf (→9. 11. 1313) voller Bewunderung spricht. Mancherlei Gründe empfehlen seine Wahl: Er ist nicht mächtig und hat also keine Hausmacht, er ist antihabsburgisch und drängt sich überdies nicht zur Macht; als man ihn fragt, ob er König werden wolle, nennt er die Gründe, die gegen seine Wahl sprechen: Ihm fehle das Geld und alles, was eigentlich zur Königswürde gehöre.

Trotzdem wird er auf dem traditionellen Wahlplatz vor der Frankfurter Stadtmauer von vier Kurfürsten zum deutschen König gewählt. Nebenan, in Sachsenhausen, war am Tage zuvor sein Vetter, Friedrich der Schöne von Österreich, mit nur zwei Kurstimmen in das gleiche Amt gewählt worden. Der erste Fürst, der dabei für den Habsburger votiert hatte, war Ludwigs eigener Bruder, der oberbayerische Herzog und pfälzische Kurfürst Rudolf.

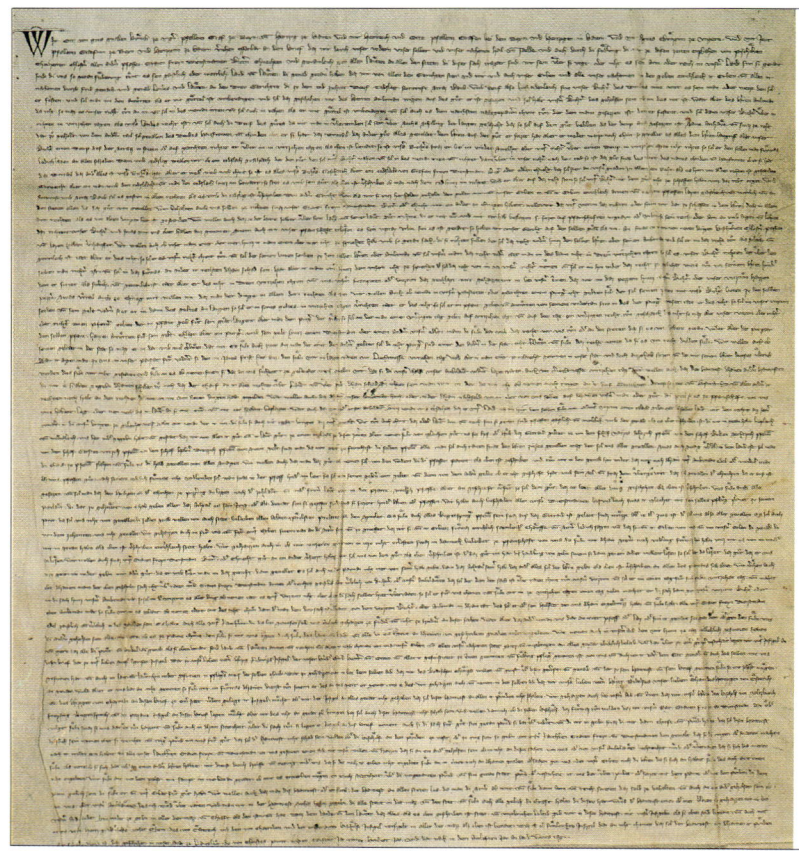

Gegenleistung für Ottos Notsteuer

15. Juni 1311. *Auf abenteuerlichem, langem Umweg kehrte Herzog Otto III. im Februar 1308 von Ungarn nach Landshut zurück (→nach 1305). Er nannte sich zwar noch immer »von gots genaden konig zu Hungern«, aber alles, was ihm von dieser Würde verblieb, waren unermeßlich hohe Schulden.*

Sie zu begleichen gibt es nur ein Mittel: eine zusätzliche Steuer. Sie ist um so notwendiger, als Otto 1308/11 wiedereinmal (und erfolglos) gegen die Habsburger in den Krieg zog.

Die Notsteuer wird gewährt, die Geschröpften verlangen aber eine Gegenleistung, und sie wird ihnen in der »Ottonischen Handfeste« (Abb.) gewährt – alle, die diese Abgabe bewilligen, erhalten die niedere Gerichtsbarkeit. Erstmals treten die niederbayerischen Stände dem Herzog geschlossen gegenüber, eine wichtige Entwicklung zur Einschränkung herzoglicher Macht.

Neue Stadtmauer für München fertig

1315. Die Stadt München wächst, und da die alte Heinrichsmauer nach 100 Jahren ohnedies baufällig ist, errichtet Herzog Ludwig der Strenge von 1271 an im Abstand von 300 bis 400 m zur alten eine neue und größere Mauer.

Was der Vater begann, führt König Ludwig nahezu 50 Jahre später zu Ende. Und er baut im großen Stil. Eine mit 40 (später freilich sehr viel mehr) großen und kleinen Türmen bestückte Doppelmauer läßt er hochziehen, wobei der Abstand zwischen der inneren und der etwas höheren äußeren Mauer groß genug ist, daß ein kleiner Trupp dazwischen patrouillieren kann. Vor den beiden Backsteinmauern aber ist noch eigens ein schützender Wassergraben angelegt.

München ist zwar jetzt mit 93 ha fünfmal so groß wie in den Tagen Heinrichs des Löwen, doch die Stadt an der Isar ist immer noch kleiner als Nürnberg, Frankfurt am Main oder etwa auch Mainz.

1320

28. 9. 1322. In der Schlacht bei Mühldorf besiegt König Ludwig IV., der Bayer, den Habsburger Gegenkönig Friedrich I., den Schönen. →

1324. Die Reichsinsignien kommen nach München.

25. 2. 1324. König Ludwig IV. heiratet die Grafentocher Margarete von Holland. →

23. 3. 1324. Papst Johannes XXII. bannt König Ludwig IV., den Bayern. – Die bayerischen Domkapitel und viele Bischöfe stehen größtenteils weiter auf der Seite Ludwigs.

24. 6. 1324. König Ludwig IV. belehnt seinen ältesten Sohn Ludwig V. mit der Mark Brandenburg. →

5. 9. 1325. König Ludwig IV., der Bayer, schließt mit dem früheren Gegenkönig Friedrich I., dem Schönen, den Vertrag zu München: Er erkennt Friedrich als Mitkönig an. Dadurch soll eine Verbindung zwischen den Habsburgern und dem Papsttum verhindert werden.

Ab 1327. Nördlingen erhält seine Stadtmauer.

23. 10. 1327. Papst Johannes XXII. verurteilt König Ludwig IV., den Bayern, als Ketzer.

17. 1. 1328. König Ludwig IV., der Bayer, läßt sich in Rom von dem städtischen Beamten und Kardinal Sciarra Colonna »im Namen des Volks von Rom« zum Kaiser krönen (→1327/28).

21. 1. 1328. Der in Avignon residierende Papst Johannes XXII. ruft zum Kreuzzug gegen Kaiser Ludwig IV., den Bayern, auf.

1328. Radikale Franziskaner, darunter Marsilius von Padua und Wilhelm von Ockham, fliehen zu Kaiser Ludwig IV. nach Italien und kehren mit ihm nach München zurück. →

12. 5. 1328. Kaiser Ludwig IV., der Bayer, erklärt, kein Papst dürfe ständig von Rom abwesend sein, und läßt den Franziskaner Petrus Rainalucci von Corvaro als Nikolaus V. vom römischen Volk zum Papst wählen. Nikolaus V. ist der letzte kaiserliche Gegenpapst.

1329. Durch die »Trienter Urkunde« verordnet Kaiser Ludwig IV., der Bayer, einen generellen Steuererlaß und umfassende Schutzmaßnahmen für die bayerischen Klöster.

4. 8. 1329. Im Vertrag zu Pavia tritt Kaiser Ludwig IV., der Bayer, die Rheinpfalz und den größeren Teil der nordgauischen Lande (später Oberpfalz genannt) an die Pfalzgrafen Rudolf II. bei Rhein und seinen Bruder Ruprecht I. sowie dessen Neffen Ruprecht d. J. ab. →

Entscheidungsschlacht bei Mühldorf um die Reichskrone: Ludwig IV. besiegt den Habsburger Friedrich den Schönen

Ludwig IV. schlägt Friedrich den Schönen

28. September 1322. Die Partie steht Remis – weder Ludwig IV. noch Friedrich der Schöne können sich der königlichen Würde erfreuen. Man belauert einander, bekriegt sich, ohne entscheidende Siege zu erringen, sucht Vorteile zu gewinnen und Bundesgenossen zu sammeln. Im Herbst 1322 aber rüstet man sich für die entscheidende Schlacht.

Friedrich setzt wieder, wie 1313 (→9. 11. 1313), auf die Zange, in die er (aus dem Südosten kommend) und Bruder Leopold (von Westen anrückend) den Bayern und seine Mannen zu nehmen gedenken.

In der Gegend zwischen Mühldorf und Ampfing rücken das österreichische Ostheer und Ludwigs Krieger – je etwa 5000 Mann – aufeinander zu. Obwohl Leopold mit den Seinen nicht in Sicht (in Wirklichkeit sogar drei Tagesmärsche entfernt) ist, nimmt Friedrich Ludwigs Angebot an, am 28. September die große Schlacht zu schlagen.

Taktisch geschickt läßt der Bayer seine Soldaten gegen die in ihren Rüstungen schwer beweglichen Österreicher angreifen, und am Ende der Schlacht ist Friedrich gefangen, seine Armee geschlagen.

Auf der Seite von König Ludwig hat sich bei dieser letzten Ritterschlacht der Geschichte einer besonders ausgezeichnet: Jeder Mann bekommt beim Siegesmahl ein Ei, der fromme und tapfere Schweppermann aber erhält zwei.

Unerwartete Hilfe für König Ludwig

1328. *In seiner Auseinandersetzung mit dem Papst in Avignon erhält König Ludwig IV., den Johannes XXII. verächtlich »der Bayer« nennt, unerwartete Hilfe. Zunächst kommen die gelehrten Pariser Theologen Marsilius von Padua und Johannes von Jandun an seinen Münchner Hof, und 1328 fliehen einige Franziskaner zu ihm: Der Ordensgeneral Michael von Cesena zum Beispiel und der Philosoph Wilhelm von Ockham. Das um 1284 bezogene Franziskanerkloster in München (Abb.) wird ein Zentrum der Opposition gegen den Papst.*

Ludwig der Bayer heiratet Holländerin

25. Februar 1324. Ein 50jähriger Witwer, Vater von sechs Kindern, kräftig gebaut (stiernackig, sagt man), das rötlichblonde Haar schon etwas gelichtet, heiratet am 25. Februar 1324 zu Köln die etwa 30jährige holländische Grafentochter Margarete: Das deutsche Reich hat wieder eine Königin, Ludwig der Bayer wieder eine Frau.

Seine erste Frau Beatrix war am 24. August 1322, ein Monat vor der Schlacht von Mühldorf, verstorben. Mit der zweiten Ehe erheiratet sich König Ludwig auch territoriale Ansprüche in Holland.

Kaiser Ludwig der Bayer und seine zweite Frau Margarete von Holland

Mark Brandenburg für Ludwigs Sohn

24. Juni 1324. Andere deutsche Könige hatten es ihm vorgemacht und nun nutzt auch Ludwig die Gunst der Stunde.

Im August 1319 starb Markgraf Woldemar von Brandenburg, ein Jahr später Markgraf Heinrich – das Land war damit herrenlos und fiel ans Reich. Der König aus Bayern handelte nun, als wäre das zurückgefallene Lehen sein Hab und Gut. Er speiste die Luxemburger, die sich das ungeteilte Land erhofft hatten, mit einem kleinen territorialen Happen ab und belehnte seinen etwa neunjährigen Sohn Ludwig mit Brandenburg. Im März 1323 wurde der Knabe in sein Amt gesetzt, am 24. Juni aber wird jetzt die Annektion verbrieft und damit offiziell besiegelt.

Eiserne Langobardenkrone: edelsteinbesetzter Goldreif mit Eisenstützband

Ludwig zum Kaiser gekrönt

1327/28. Mit einer kleinen Schar von etwa 100 Rittern bricht Ludwig der Bayer am 14. März 1327 in Trient zu seinem Marsch nach Rom auf. Der Papst hat ihn zwar gebannt und ihm seinen Besitz aberkannt, doch nun will er, der König, auch die ihm zustehende Kaiserkrone, und am 17. Januar 1328 setzt sie ihm Sciarra Colonna in Gegenwart von 5000 Rittern und 56 berittenen Bannerträgern aufs Haupt. (Zuvor war er in Mailand mit der eisernen Langobardenkrone bereits zum König von Italien gekrönt worden.)

Die Auseinandersetzung mit Papst Johannes XXII. aber geht weiter. In einem Schauprozeß wird er abgesetzt, am Pfingstsonntag des Jahres 1328 aber setzt Kaiser Ludwig dem braven Franziskaner Petrus Rainalucci das rote Käppi auf – er hat sich damit seinen eigenen Papst gewählt, der nun seinerseits, als Papst Nikolaus V., den bereits gekrönten Kaiser neuerlich krönt.

Der römische Aufenthalt endet im Chaos. Am 4. August muß die Majestät unter Steinwürfen und Verwünschungen die Stadt verlassen.

Pfalz von Bayern getrennt

4. August 1329. Auf einem großen Pergament, im Format von 62 x 56 cm, wird »an dem Freytag vor Oswaldi«, dem 4. August 1329 zu Pavia der Streit zwischen den beiden wittelsbachisch-oberbayerischen Linien beendet. In mehrfacher Ausfertigung, damit jeder der Beteiligten sein Exemplar bekommt, legen die Schreiber den langen Text vor, durch den (Ober-)Bayern und die Pfalz endgültig getrennt werden: Ludwig, der Kaiser, behält Oberbayern (und später wird auch noch Niederbayern hinzukommen), die Erben Herzog Rudolfs aber sind nunmehr auch offiziell die Herren der Pfalz und der Oberen-Pfalz um Amberg, Nabburg und Weiden. Die Kurstimme, so heißt es, soll zunächst an die Pfalz fallen, bei der darauffolgenden Königswahl soll das Recht dann an Oberbayern gehen, und so vom einen Mal zum anderen zwischen beiden Ländern pendeln.

Seit der Königswahl von 1314, als Rudolf nicht seinem Bruder die Stimme gab, sondern dessen Gegenkandidaten, war Streit in der Familie gewesen, den der erfolgreichere Junior entschied. Er wies Bruder Rudolf im Februar 1317 die Pfalz als Regierungs-Bezirk an. Schon im

Auszug aus dem Vertrag zu Pavia

»Wir Ludowig von Gots gnaden Römischer cheiser ze allen zeiten merer dez richs verjehen…daz wir mit verdahtem mut, mit gutem willen und rat unser lant bi dem rein, ze Baiern, ze Swaben und ze Österrich freuntlich und lieplich geteilt haben mit unsern lieben vettern Rudolfen, Ruprechten und Ruprechten pfalentzgraven bi dem Rein…«

August 1319 ist Rudolf, 44jährig, vermutlich in Basel gestorben.

Seine Witwe hat sich allen Versöhnungsversuchen widersetzt, doch als Ludwig 1327 gen Rom zog, begleiteten ihn zwei seiner Neffen.

23. 4. 1330. Kaiser Ludwig IV., der Bayer, erläßt das Hofmarkenprivileg. Die niedere Gerichtsbarkeit im Klosterbereich wird den Prälaten übertragen, die Blutgerichtsbarkeit jedoch den Klöstern entzogen und dem bayerischen Herzog übertragen.

28. 4. 1330. Kaiser Ludwig IV., der Bayer, gründet Kloster Ettal im Graswangtal als bayerisches Landeskloster. →

6. 8. 1330. Nach dem Tod von König Friedrich I., dem Schönen, schließt Kaiser Ludwig IV., der Bayer, in Landau einen Vertrag mit den Habsburgern, der die Feindschaft zwischen den Häusern Wittelsbach und Habsburg beendet.

12. 7. 1331. Das Herzogtum Niederbayern wird zwischen den Teilherzögen geteilt. Heinrich XIV. erhält Landshut, Straubing, Schärding und Pfarrkirchen. Heinrich XV. erhält Cham, Dingolfing, Landau, Vilshofen und Deggendorf. Otto IV. erhält Burghausen, Ötting, Traunstein, Hall und das Salzburger Land.

14. 3. 1334. Nach dem Tod von Otto IV. bemächtigt sich Heinrich XIV. auch dieses Landesteils und vereint ganz Niederbayern unter seiner Herrschaft.

2. 5. 1335. Nach dem Tod von Herzog Heinrich von Kärnten belehnt Kaiser Ludwig IV., der Bayer, die Habsburger mit Kärnten, Südtirol und Krain und provoziert dadurch den Bruch mit dem Luxemburger König Johann I. von Böhmen. →

16. 7. 1338. Im Rhenser Kurverein erklären die deutschen Kurfürsten, der von ihnen bzw. ihrer Mehrheit gewählte König bedürfe nicht der Approbation durch den Heiligen Stuhl.

11. 8. 1338. Die bayerischen und pfälzischen Wittelsbacher einigen sich in der Frage der Ausübung des Kurrechts im Sinne der Abmachungen des Hausvertrags von Pavia (alternierende Ausübung). →

GESTORBEN:

13. 1. 1330. Schloß Gutenstein in Niederösterreich: Friedrich I., der Schöne (* 1289), König, als Friedrich II. Herzog von Österreich (seit 1306). →

18. 6. 1333. Schloß Natternberg bei Deggendorf: Heinrich XV. (* 1312), Herzog von Niederbayern 1312–1333.

14. 3. 1334. München: Otto IV. (* 3. 1. 1307), Herzog von Niederbayern 1310–1334.

1. 9. 1339. Landshut: Heinrich XIV. (* 29. 9. 1305, Landshut?), Herzog von Niederbayern 1310–1339.

König Friedrich I., der Schöne, tot

13. Januar 1330. Auf der Rückreise von seiner Krönung erreicht Kaiser Ludwig in Trient die Nachricht, daß Friedrich der Schöne auf Schloß Gutenstein im Wienerwald verstorben sei. Später wird in einer Chronik zu lesen sein, Läuse hätten den 41jährigen Habsburger aufgefressen.

Zweimal war Friedrich, der im Oktober 1314 zum deutschen König gewählt worden war, gegen seinen Vetter, König Ludwig IV., in einer Schlacht angetreten, zuletzt im Herbst 1322 zwischen Mühldorf und Ampfing.

Der Gegenkönig aus Österreich geriet in Gefangenschaft und wurde auf der bei Nabburg gelegenen Burg Trausnitz im Tal interniert. Nach 28 Monaten schlossen König und Gegenkönig einen Vertrag: Friedrich verzichtete (auch im Namen seiner Brüder) auf die Krone und erhielt dafür die Freiheit. In Wien war man aber damit nicht einverstanden und so kehrte Friedrich freiwillig in seine

König Friedrich I., genannt der Schöne aus dem Hause Habsburg

Gefangenschaft zurück. Vetter Ludwig, gerührt von so viel Ehrlichkeit, machte Friedrich zu seinem Mitregenten. Die beiden Vettern nannten sich gegenseitig »Bruder« und teilten, so heißt es, angeblich sogar Schlafgemach und Mahl.

Historischer Lageplan des Klosters Ettal, einer Stiftung Ludwigs des Bayern; 12 Ritter und ihre Frauen sowie 20 Benediktinermönche leben hier

Kloster Ettal wird gegründet

28. April 1330. Auf der Rückreise von der so unglücklich verlaufenen Kaiserkrönung zu Rom, so heißt es, blieb das Pferd Ludwig des Bayern im Graswangtal stehen und sank in die Knie. Die Majestät deutete dies als Zeichen des Himmels und so gelobte er, hier, wo er wieder bayerischen Boden betrat, »got ze lob und unser frawen zu eren« eine Ritter-

akademie für insgesamt 12 Ritter und deren Frauen sowie ein Kloster für 20 Mönche des Benediktinerordens zu gründen.

Am 28. April 1330 wird das Gelübde erfüllt. Das zwölfeckige Gotteshaus, das nun – an strategisch günstiger Stelle – entsteht, erinnert an den Gralstempel und die Kirchen des Templerordens.

Der Streit um die Kärntner Erbschaft

2. Mai 1335. Herzog Heinrich von Kärnten, Herr von Kärnten und Tirol, starb im April 1335; an seinem Sarge standen seine Tochter Margarete Maultasch (angeblich so benannt nach einer überproportionierten Unterlippe) und deren Mann Johann Heinrich, ein Sohn des böhmischen Königs Johann.

Kaiser Ludwig, seit dem Sommer 1330 mit Habsburg ausgesöhnt, belehnt die Wiener nun mit Kärnten (wie es wohl schon lange abgesprochen war). König Johann, der dadurch den Anspruch von Sohn und Schwiegertochter mißachtet sieht, antwortet mit Krieg.

Während in Niederbayern und Oberösterreich die Heere hin und her ziehen, wechselt Ludwig die Front und streitet nun gegen Habsburg. Das aber verbündet sich im Oktober 1336 mit König Johann. Zuletzt kriegt die Maultasch Tirol, Habsburg behält Kärnten und Wittelsbach geht leer aus.

Kurvertrag zwischen Bayern und Pfalz

11. 8. 1338. Nach neun Jahren ist der Vertrag von Pavia (→4.8.1329) revisionsbedürftig und wird nun zu Frankfurt den neu entstandenen Verhältnissen angepaßt.

Zu Pavia hatte sich Kaiser Ludwig im Sommer 1329 mit seinen drei pfälzischen Neffen Rudolf, Rupprecht I. und Rupprecht II. unter anderem darauf geeinigt, daß das Recht zur Teilnahme an der Königswahl zwischen den beiden Linien wechseln soll. Bei der nächsten Wahl (also nach dem Tode Ludwig des Bayern) steht sie den Pfälzern zu, bei der darauffolgenden Wahl dürfen die Erben Ludwigs ihre Stimme abgeben, dann wieder die Pfälzer und so fort: »und so soll di wechslung der wal dez richs zwischen in und iren erben und unsern chinden und iren erben furbaz ewiglich beleiben«.

In der Wirklichkeit hieß das: Nach Herzog Rudolf aus der Pfalz steht Ludwig dem Brandenburger (als ältestem Sohn) die Kurstimme zu. Inzwischen hat dieser Erstgeborene aber die Kurstimme Brandenburgs erhalten. Der revidierte Vertrag bestimmt nun, daß an seiner Stelle Kaiser Ludwigs Zweitgeborener die Stimme der Pfälzer übernehme.

Um 1340. Das von Philipp Groß erbaute zweite Nürnberger Rathaus wird fertiggestellt. →

20. 12. 1340. Nach dem Tod des niederbayerischen Herzogs Johann I., das Kind, vereinigt Kaiser Ludwig IV., der Bayer, die Herzogtümer Oberbayern und Niederbayern in seiner Hand.

10. 2. 1342. Der brandenburgische Markgraf Ludwig V., der Ältere, der Sohn von Kaiser Ludwig IV., dem Bayern, heiratet Gräfin Margarete Maultasch von Tirol. →

7. 1. 1346. Kaiser Ludwig IV., der Bayer, erläßt das oberbayerische Landrecht.

15. 1. 1346. Nach dem Tod seines Schwagers Wilhelm von Hennegau-Holland belehnt Kaiser Ludwig IV., der Bayer, in Frankfurt a. M. seine Frau Margarete mit den Grafschaften Holland, Seeland und Hennegau. Das wittelsbachische Bayern erreicht seine größte Ausdehnung (→1340/49).

11. 7. 1346. Papst Klemens VI. fordert die deutschen Kurfürsten zur Wahl eines neuen Königs auf, nachdem alle Verhandlungen mit dem gebannten Kaiser Ludwig IV., dem Bayern, gescheitert sind. Gewählt wird in Rhens als Karl IV. der böhmische Thronfolger, ein früherer Schüler von Papst Klemens VI. →

26. 5. 1349. Nach der Belehnung des falschen Woldemar mit der Mark Brandenburg (→1349) unternehmen die Wittelsbacher einen letzten Versuch, König Karl IV. die Herrschaft streitig zu machen. →

13. 9. 1349. Die sechs Wittelsbacher Herzöge von Bayern teilen im Landsberger Vertrag ihr Territorium (→1347/49).

GESTORBEN:

20. 12. 1340. Landshut: Johann I., das Kind (*29. 11. 1329), Herzog von Niederbayern 1339/40.

11. 10. 1347. Puch bei Fürstenfeldbruck: Ludwig IV., der Bayer (*um 1283, München), Herzog von Oberbayern 1292–1347 und Pfalzgraf bei Rhein 1294–1329, Herzog ganz Bayerns 1340–1347, König 1314–1347, Kaiser 1328–1347. →

Nach 1347: München: Wilhelm von Ockham (*um 1285, Ockham), englischer Theologe und Philosoph.

GEBOREN:

9. 2. 1344. Landshut: Meinhard III. (†13. 1. 1363, Schloß Tirol), Herzog von Oberbayern und von Tirol.

Bayern hat seine größte Ausdehnung

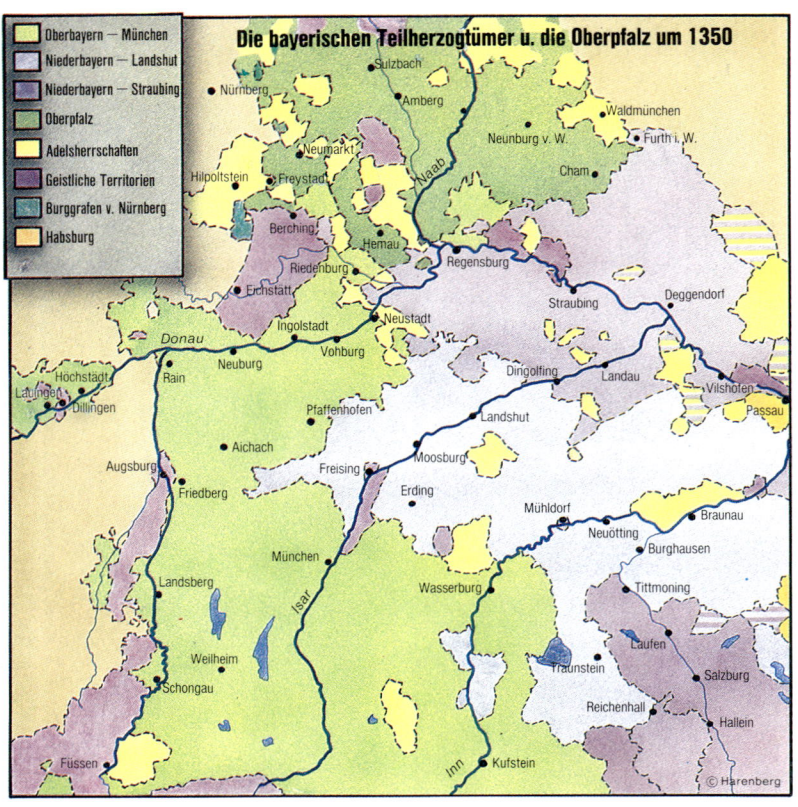

Die bayerischen Teilherzogtümer u. die Oberpfalz um 1350

- Oberbayern – München
- Niederbayern – Landshut
- Niederbayern – Straubing
- Oberpfalz
- Adelsherrschaften
- Geistliche Territorien
- Burggrafen v. Nürnberg
- Habsburg

1340/49. Der Kaiser hat für seine Familie gesorgt, und so reicht Wittelsbach schließlich von Berlin und von Holland bis hinab nach Tirol. Nie ist Bayern größer gewesen.

Ludwigs Stamm-Land ist nicht sehr groß, wenn die künftige Erbschaft bedacht wird – die Majestät hat insgesamt 16 Kinder, darunter 6 Söhne, die einmal ihre territorialen Ansprüche stellen werden.

Als Kaiser hat der Wittelsbacher die Macht (wenn auch nicht den Anspruch), die Besitz- und Erbschaftsverhältnisse zu verbessern. Er folgt dem schlechten Beispiel seiner Vorgänger und vergibt die freiwerdenden Reichslehen an seine Angehörigen. Zunächst profitiert 1323 der erstgeborene Ludwig, dem die Marken Brankenburg (mit der dazugehörigen Kurstimme) sowie Landsberg und Lausitz überschrieben werden. 20 Jahre später verschafft er diesem Sohn die Grafschaft Tirol. Nach dem Tod des Grafen Wilhelm von Hennegau-Holland belehnt der Kaiser 1346 seine Frau Margarete mit großen Besitztümern.

Der deutsche (Gegen-)König Karl IV. mit Sohn (l.) und Gefolgsleuten

Papst beeinflußt Wahl von König Karl

11. Juli 1346. Kaiser Ludwig IV., der Bayer, bietet Entschädigung für die tirolische Schmach, Luxemburg aber lehnt dies ab.

Für den am französischen Hof erzogenen Karl wird sich die Gegenposition zu Kaiser Ludwig lohnen. Sein ehemaliger Lehrer ist nämlich inzwischen Papst geworden, und er, Klemens VI., empfiehlt den deutschen Kurfürsten, seinen Zögling zu wählen. Nachdem er auch selbst ein wenig in die Vorbereitung der Prozedur eingegriffen hat, wird der Luxemburger am 11. Juli 1346 in Rhens als Karl IV. zum deutschen (Gegen-)König gewählt.

Nürnberg erhält ein neues Rathaus

Um 1340. Am Salzmarkt, nahe dem Ostchor von St. Sebald, erwarb der Nürnberger Rat vom Kloster Heilsbronn 1332 ein Grundstück, auf dem Stadtbaumeister Philipp Groß das neue, nun endgültig fertiggestellte Rathaus errichtete.

Das alte, aus der Zeit um 1250/55 stammende zweistöckige Rat- und Gerichtshaus an der Tuchgasse hat nun, da die nördlich und südlich der Pegnitz gelegenen Stadtteile vereint werden, ausgedient.

Der wichtigste Raum im neuen Bau ist der große Saal im Obergeschoß mit seinen hohen gotischen Fenstern an der Südseite und der spitzbogigen Holzdecke.

In einem kleinen Relief, das im Saal angebracht wird, ist Kaiser Ludwig der Bayer dargestellt, der die Stadt durch Privilegien förderte.

Für seine Auftraggeber errichtete Groß ein Mehrzweckgebäude, das im Erdgeschoß Läden enthält (einen von ihnen wird Vater Dürer für seine Goldschmiede mieten); eine Etage tiefer aber, im Keller, installierte Groß – wie der Rat es wünschte – ein Gefängnis mit Folterkammer.

Zweite Ehe der Maultasch

10. Februar 1342. Ludwig V., der Brandenburger, ist etwa 30 Jahre alt und seit knapp zwei Jahren Witwer, als ihn sein kaiserlicher Vater Ludwig der Bayer im Februar 1342 mit einer großen Erbschaft verheiratet, mit Margarete Maultasch, die zwar Herrin von Tirol ist, aber ungewöhnlich häßlich sein soll.

Diesem Erwerb haftet freilich ein Makel an. Margarete ist nämlich nach kirchlichem Recht seit 1330 verheiratet, und daß sie 1341 ihrem Mann, einem Sohn des Böhmenkönigs Johann, eines Tages, als er von der Jagd zurückkehrte, das Schloßtor nicht mehr öffnete, hat zwar handfeste Tatsachen aber keineswegs eine neue eherechtliche Situation geschaffen.

Als nun die neue Ehe geschlossen wird, tobt der Vater des Ausgesperrten, schwört dessen Bruder Karl (der spätere Karl IV.) finstere Rache, und auch die Kurie, mit der die Wittelsbacher ohnedies in Hader leben, mag ihre Zustimmung nicht geben. Daran ändert auch die Einlassung der Maultasch nichts, ihr Mann Johann Heinrich habe die Ehe nicht vollzo-

seine Ehefrau so abgrundhäßlich und abstoßend war).

So hat nun Kaiser Ludwig der Bayer das so sehr ersehnte, für ihn strategisch günstige Land Tirol, doch er hat sich auch die Feindschaft mit der Familie der Luxemburger (oder Lützelburger) eingehandelt.

Margarete Maultasch, zweite Frau Ludwigs V., des Brandenburgers

Oberbayern erhält neues Gesetzbuch

7. 1. 1346. Durch vier seiner Söhne läßt Kaiser Ludwig IV., der Bayer, das geltende Recht »auz allen gerichten, steten und maergten« zusammenfassen. In der Vorbemerkung zu dem etwa 55 Blatt starken Werk heißt es: »Daz ist daz rechtspuoch also ganz alt gepezzert und auch new artickel gesaemmet…«

Mit seinen 350 Kapiteln ist es eines der ältesten deutschen Territorialrechte; eine Sammlung von alten Rechtsvorschriften und neuen Bestimmungen. Das neu vorgelegte Gesetzbuch, in dem nun das Privat- und Strafrecht sowie das Prozeßrecht zusammengefaßt sind, gilt allerdings nur in Oberbayern.

Ludwig IV., der Bayer, stirbt bei Bärenjagd

11. Oktober 1347. Der Kaiser reitet zur Bärenjagd, und fern seiner Residenz, in der Nähe von Fürstenfeldbruck, bei der Ortschaft Puch, sinkt er vom Pferd. In den Armen eines Bauern stirbt er. Die letzten Worte aus dem Munde des vom Papst gebannten Monarchen sind ein Gebet: »Süzze kunigin, unser fraue, bis pei meiner schidung.«

Der Aufstieg war imponierend. Über ein halbes Herzogtum hatte Ludwig in seinen frühen Jahren regiert, der Papst zu Avignon, das Haus Habsburg und sein eigener Bruder standen gegen ihn. Doch als er mit etwa 65 Jahren stirbt, reicht der Besitz seiner Familie von Holland und von Berlin bis hinab nach Tirol. Im Alten Hof zu München werden zwar immer noch die Reichsinsignien aufbewahrt, sie sind aber für Wittelsbach nur noch Dekorationsstücke, denn das Reich hat seit einem Jahr einen Gegenkönig, und zwar den Luxemburger Karl IV.

Der Wunsch Ludwig IV., des Bayern, die Erblichkeit der Königswürde für seine Familie zu gewinnen, ist nicht

Kaiser Ludwig IV., der Bayer (Relief der Grabtumba im Münchner Liebfrauendom, um 1490): Ludwig der Bayer, Röm. König (1314–1347) und Kaiser (1328–1347), wird von den Bayern als einer ihrer größten Regenten verehrt. Unter ihm erreichte Bayern seine größte Ausdehnung

gelungen. Im Gegenteil. »Unter dir, Bayer«, heißt es, »ist das Reich heruntergekommen, daß man sich wohl hüten muß, es wieder einem Bayern zu übertragen.«

Es ist diesem Monarchen in der Tat vieles mißglückt, doch wie wäre es auch anders möglich gewesen, da er

doch in seinem mehr als dreißig Regierungsjahren vom ersten bis zum letzten Tag gegen mächtige Feinde anzukämpfen hatte. Was wäre wohl aus dem Reich, aus Bayern und auch aus Ludwig selbst geworden, wenn Wien und Avignon nicht gegen ihn gestanden hätten.

Bewegte Geschichte nach Tod Ludwig IV.

1347/49. Sechs Söhne tragen Kaiser Ludwig IV. bei der Münchner Marienkirche zu Grabe, sechs Erben tranchieren anschließend das ihnen hinterlassene Land.

Zunächst hält man sich noch an den Wunsch des Verblichenen und regiert gemeinsam. In diesen schwierigen Zeiten, da Wittelsbach sich gegen Luxemburgs Anspruch zur Wehr setzt, ist es vor allem Ludwig der Brandenburger – er ist beim Tod des Vaters etwa 32 Jahre alt –, der die Entscheidungen trifft. Er ist der älteste Sohn und so handelt er auch im Sinn Kaiser Ludwigs, der 1338 angeordnet hatte, daß einzig der älteste Sohn eine Landesteilung fordern dürfe; wünsche er sie nicht, bleibe das Herzogtum ungeteilt. Später fügte er noch eine einschränkende Klausel hinzu und meinte, zumindest 20 Jahre lang sollte der gesamte Besitz vereint bleiben.

Nach knapp zwei Jahren galt aber des Vaters Wort nichts mehr. Am 13. September 1349 setzten sich die sechs jungen Herren (Alter zwischen sieben und 32 Jahre) mit ihren Räten in Landsberg zusammen und beschlossen – zum fünften Mal in

der Geschichte Wittelsbachs –, den Besitz zu teilen: Ludwig V., der Brandenburger, Ludwig VI., der Römer und Otto V., der Faule, erhielten Oberbayern, Tirol sowie die Mark Brandenburg mit der Lausitz; das zweite Trio aber, die Herzöge Stephan II. mit der Hafte, Wilhelm I.

Siegel von Herzog Ludwig V., ältester Sohn von Kaiser Ludwig IV.

und Albrecht I. regierte hinfort in Niederbayern und in Holland.

Für die unmündigen Kaisersöhne Wilhelm, Albrecht und Otto unterschrieb Mutter Margarete die Urkunde. Wahrscheinlich mit schwerem Herzen, denn mit der Landesteilung begann die Zerstörung des Territoriums, das ihr Mann aufgebaut hatte. Dabei hätte der Zusammenhalt not getan, um den Ansprüchen des ehrgeizigen, auf Ausweitungen seines Territoriums bedachten Karl IV. entgegenzutreten.

Mit dem Vertrag vom Herbst 1349 war auch Bayern wieder geteilt, obwohl es durch Kaiser Ludwig IV. anders versprochen war. Am 11. Januar 1341, als mit dem elfjährigen Johann die niederbayerische Linie des Herzoghauses ausstarb, hatte er der niederbayerischen Landschaft feierlich zugesichert, daß das nunmehr wieder vereinigte Ober- und Niederbayern »furbas ein Land haizzen sol vnd sol ungeteilt ewiglich bleiben.« Dieses Versprechen des verstorbenen Kaisers wird nun durch den Landsberger Vertrag gebrochen. Die Ewigkeit hatte nicht länger als acht Jahre gedauert.

Falscher Woldemar wird fallengelassen

1349. Die Brandenburger, ihres bayerischen Herrn überdrüssig, jubelten, als 1348 ein Mann auftauchte und behauptete Markgraf Woldemar zu sein. Er sei vor 28 Jahren nicht gestorben, sondern, eine kleine inzestuöse Affäre büßend, gen Jerusalem gepilgert.

Der vorgebliche Heimkehrer gerät in die Auseinandersetzungen zwischen Ludwig dem Brandenburger und Karl IV., der ihn anerkennt.

Die beiden Fürsten arrangieren sich jedoch schließlich, und der angebliche Woldemar – ist er der Müllersbursche Jakob Rehbock oder der Bäckergeselle Meinecke? – wird daraufhin endgültig fallengelassen. Ein betrogener Betrüger.

Der falsche Markgraf Woldemar, er wird als Betrüger entlarvt

Karl IV. wird als König anerkannt

26. Mai 1349. Kurz war der Königstraum des Grafen Günther von Schwarzburg. Die Wittelsbacher hatten ihn in dieses Amt gebracht, zu Eltville aber muß er in aussichtsloser militärischer wie politischer Lage resignieren. Er bekommt 20 000 Mark Silber und stirbt.

Damit endet der dritte Versuch, den Luxemburger durch einen Gegenkönig aus dem Amt zu drängen: Der englische König und der Markgraf von Meissen kassierten Abfindungen von dem Mann, gegen den sie antreten sollten. Nun geben die Wittelsbacher Brüder auf. Sie lassen sich ihre Lehen bestätigen und erkennen – ungern – Karl IV. als König an.

Um 1350. Der seit 1348 in Regensburg wirkende Theologe Konrad von Megenberg verfaßt das naturgeschichtliche »Buch der Natur«.→

16. 2. 1350. König Karl IV. belehnt den oberbayerischen Herzog Ludwig V., den Älteren, mit der Markgrafschaft Brandenburg sowie mit Tirol und Kärnten, nachdem er von ihm als König anerkannt worden ist.

12. 3. 1350. Der oberbayerische Herzog und Kurfürst von Brandenburg Ludwig V., der Ältere, liefert die seit 1323 in München aufbewahrten Reichskleinodien an König Karl IV. aus.→

19. 4. 1350. Berlin, Cölln, Köpenick u. a. gegen die Wittelsbacher eingestellte märkische Städte bitten König Karl IV. vergeblich, ihnen einen anderen Landesherren zu geben.

1353. König Karl IV. läßt sich von Kurfürst Ruprecht I. von der Pfalz umfangreiche Gebiete im bayerischen Nordgau verpfänden. 1355 erklärt Karl diese Gebiete unter dem Namen »Neuböhmen« als für immer mit der Krone Böhmens vereinigt (→1355).

3. 6. 1353. Herzog Stephan II. von Niederbayern überläßt seinen Brüdern Wilhelm I. und Albrecht I. die Lehen Hennegau, Holland, Seeland, Friesland sowie einen kleinen Teil Niederbayerns mit Straubing als Hauptstadt.→

4. 10. 1353. Nach dem Tod von Rudolf II. wird sein Sohn Ruprecht I. Kurfürst von der Pfalz.→

Ostern 1355. König Karl IV. wird in Rom vom Kardinallegaten des Papstes Innozenz VI. zum Kaiser gekrönt.

Nach 1356. Für die Nürnberger Liebfrauenkirche wird der »Männleinlauf« angefertigt.→

10. 1. 1356. Auf dem Reichstag zu Nürnberg erläßt Kaiser Karl IV. die Goldene Bulle, ein Reichsgesetz zur Königswahl.→

GESTORBEN:

20. 6. 1351. Kloster Maria-Mödingen bei Dillingen: Margareta Ebner (* um 1291, Donauwörth), Dominikanerin, Mystikerin.→

4. 10. 1353. Neustadt an der Weinstraße: Rudolf II. (* 8. 8. 1306, Wolfratshausen), Pfalzgraf bei Rhein ab 1327, Kurfürst von der Pfalz 1329–1353.

GEBOREN:

5. 5. 1352. Amberg: Ruprecht von der Pfalz († 18. 5. 1410, Burg Landskron/Oppenheim am Rhein), Kurfürst von der Pfalz, König.

Reichskleinodien an Karl IV. überbracht

12. März 1350. *Nach 28 Jahren verlassen die Reichskleinodien München. König Karl IV. (Abb. l.) besitzt nun die ehrwürdigen Symbole seines Amtes. Eine Abordnung bringt sie ihm nach Prag.*
Vorher freilich spielte der Luxemburger falsch. Er bestätigte im Mai 1349 zu Eltville Herzog Ludwig die Mark Brandenburg und sagte gleichzeitig den Brandenburgern, ihr Herr sei Woldemar. Das Doppelspiel bedeutete Krieg, und der endete mit einer Niederlage für Wittelsbach. Das Ergebnis der Friedensverhandlungen im Februar 1350 in Bautzen: Der König ließ Woldemar fallen und erhielt im März die Krone.

Ruprecht I. wird Kurfürst der Pfalz

4. Oktober 1353. Kurfürst Rudolf II. von der Pfalz ist tot! Es lebe Kurfürst Ruprecht I.!
In Pavia waren dem 1309 in Wolfratshausen geborenen Ruprecht, dessen älterem Bruder Rudolf und dem Neffen Ruprecht II. die Pfalz und Teile des Nordgaus zugesprochen worden. Gemeinsam wurde regiert, gemeinsam stand man auf der Seite des kaiserlichen Vetters. Als das Land, dem bayerischen Beispiele folgend, geteilt wurde, war diese Harmonie gestört. Rudolf, blind und ohne männlichen Erben, setzte 1342 die Söhne des Kaisers als seine Nachfolger ein, Ruprecht aber – in der Nachfolgefrage von seinem eigenen Bruder über- und hintergangen – meinte nun, seine Ansprüche an das niederbayerische Erbe geltend machen zu können.
So wie Ruprecht, wechselte später, als nach Kaiser Ludwigs Tod und Karl IV. Aufstieg für Wittelsbach ohnedies nichts mehr zu holen war, auch Rudolf die Front. Er wurde Schwiegersohn des Luxemburgers und stieß außerdem sein Testament aus dem Jahr 1342 um.

Teil der Oberpfalz wird zu Neuböhmen

1355. Die Angelegenheit war fein eingefädelt und mit viel Silber abgesichert. Nun aber wird protokolliert: Ein Großteil des pfälzischen Nordgaus, der Oberpfalz, wird durch Karl IV. zu Böhmen geschlagen und Neuböhmen genannt.
Zunächst hatte sich der König im März 1349 recht überraschend mit dem einzigen Kind von Kurfürst Rudolf II. verlobt und am gleichen Tag auch noch Hochzeit gefeiert, er hat sodann dem Schwiegervater Geld geliehen, dessen Neffen aus der Gefangenschaft freigekauft und schließlich die Rechnung präsentiert: 93 000 Gulden.
Statt Geld, das man nicht hatte, gab man oberpfälzisches Land (und handelte damit genau so, wie Karl es geplant hatte). Weiden, Neustadt, Vohenstrauß, Auerbach, Grafenwöhr, Hersbruck und andere Orte fielen an Böhmen. Sulzbach wurde Mittelpunkt der Neuerwerbungen. Am westlichsten Punkt, in dem bei Nürnberg gelegenen Lauf, ließ Karl ein Schloß bauen, dessen berühmten Wappensaal er mit Wappen Böhmens schmücken ließ.

Konrad verfaßt »Buch der Natur«

Um 1350. Die wissenschaftliche Laufbahn des Konrad von Megenberg beginnt an der Sorbonne zu Paris. Da er, ein sehr engagierter junger Mann, in den Streit zwischen Kaiser und Papst gerät (und dabei vor allem gegen Wilhelm von Ockham wettert), muß er ziehen.
Der aus Mäbenberg bei Schwabach stammende Geistliche kehrt in das Land seiner von ihm so hoch geschätzten Muttersprache zurück. Er wird 1342 Vorsteher der Schule von St. Stephan zu Wien und von 1348 bis zu seinem Tode 1374 Pfarrer zu St. Ulrich in Regensburg. Doch wo immer er ist, welches Amt er auch ausübt – er schreibt.
Unter seinen vielen Werken hat vor allem sein »Buch von der Natur« großen Einfluß. Konrad benutzt als Vorlage das lateinische »Buch von den natürlichen Dingen« des Thomas Cantipratensis aus der Zeit um 1240. Er übersetzt es ins Deutsche, bereichert es um seine eigenen Erfahrungen, Ansichten und Einsichten und versammelt in diesem Werk einen Großteil des naturwissenschaftlichen Wissens des 14. Jh.
Über die Kometen schreibt er z. B.: »Der geschopfte Stern heißt lateinisch ›cometa‹ und ist kein richtiger Stern: er ist eine Flamme und ein Feuer, das in den höchsten Bereichen der Luft brennt. Du sollst darum wissen, daß dieses hitzige Gestirn am Himmel irdischen Dunst aus der Erde zieht und wässrigen aus dem Wasser...«

Illustrierte Seite aus dem »Buch der Natur« von Konrad von Megenberg

Der Nürnberger »Männleinlauf« an der Liebfrauenkirche

Nach 1356. *Die Nürnberger reagieren schnell auf den Erlaß der Goldenen Bulle: Im Januar 1356 wird das Gesetz erlassen, und noch im gleichen Jahr erhalten der Kunstschlosser Heuß und der Kupferschmied Lindenast den Auftrag, unter einer Uhr an der Liebfrauenkirche die sieben Kurfürsten aufziehen zu lassen. Sie sollen auf diese Weise dem auf seinem Stuhle sitzenden Kaiser Reverenz und Ehrerbietung erweisen.*

Als das Kunstwerk, der sog. Nürnberger »Männlein-

lauf« (Abb.), fertig ist, schreibt der Chronist: »Anno 1361. In diesem Jahr ist das Urwerk an unserer Frauen Kirch gemacht, daran seyn 7 Churfürsten, die gehen herumb und neigen sich vor dem Kaiser.«

Der Nürnberger »Männleinlauf« ist bei seiner Installation ein von vielen Leuten bestauntes technisches Wunderwerk, da die Räderuhr zu dieser Zeit ja noch kaum bekannt ist; die erste bekannte Gewichtsräderuhr wurde um das Jahr 1300 gebaut.

Weitere Teilungen des Bayernlandes

3. Juni 1353. Die drei Niederbayern teilen, auf daß keiner zu kurz komme, ihren Landbesitz. Hatten sie 1349 bei der Aufteilung der Hinterlassenschaft Kaiser Ludwigs etwa die Hälfte erhalten, so halbieren sie jetzt diese Hälfte: Stephan II. mit der Hafte (ein Beiwort, das sich wahrscheinlich auf eine besonders feine Gürtelschließe bezieht) behält Niederbayern, aus dem für seine Brüder Wilhelm und Albrecht das kleine Gebiet um Straubing abgeteilt und mit Holland vereint wird.

In der oberbayerisch-brandenburgisch-tirolischen Landschaft hatte bereits etwas früher eine Umschichtung der Besitz- und Kompetenzverhältnisse stattgefunden. Zum Heiligen Abend 1351 teilte Ludwig der Brandenburger die beiden weit auseinanderliegenden Regionen. Er behielt sich Oberbayern und Tirol, Ludwig der Römer und Otto der Faule erhielten das schwer zu regierende Brandenburg; das aufständische Berlin zum Beispiel hatte man im Sommer sogar belagern müssen.

Tod der Mystikerin Margareta Ebner

20. Juni 1351. Nach einem Leben, das sie ihren Visionen geweiht hat, stirbt Margareta Ebner im Alter von etwa 60 Jahren in dem nördlich von Dillingen gelegenen Dominikanerinnenkloster Maria Mödingen.

Seit 1344 gibt sie in einem geistlichen Tagebuch Bericht und Rechenschaft von ihren Erscheinungen. Diese Aufzeichnungen werden zu einem der wichtigsten Zeugnisse der deutschen Mystik.

Die Anregung, dieses Journal zu führen, liefert Heinrich von Nördlingen, ein Geistlicher und Mystiker, der Margareta in religiösen Fragen zum Freund und Berater wird. Über die frühe Geschichte der Mystikerin, die durch Mechthild von Magdeburg beeinflußt ist, wird wenig überliefert. Sie wurde um 1291 aus vermögender Donauwörther Familie geboren und war in der Jugend häufig krank. Im Jahr 1312, schreibt sie, »erzeigte mir Gott eine große väterliche Treue ... und gab mir große Siechtage und Hilflosigkeit. Aber das Jahr davor, da hatte ich allzeit innere Mahnung von Gott, daß ich mich nach seinem Willen richte.«

Bayern von Königswahl ausgeschlossen

10. Januar 1356. In das Königs-Wahlrecht war einige Unordnung gekommen. So traten verschiedentlich mehrere Vertreter eines Kurhauses an, um ihre Stimme abzugeben. Karl IV., seit Ostern des vergangenen Jahres gekrönter Kaiser, beendete diesen Zustand und erläßt

auf dem Reichstag zu Nürnberg ein in 23 Kapitel gegliedertes, in lateinischer Sprache abgefaßtes Gesetz, das nach dem angehängten goldenen Siegel »Goldene Bulle« heißt. Am 25. Dezember werden in Metz noch acht weitere (unwichtige) Kapitel nachgeschoben.

Illustrierte Seite aus der Niederschrift der Goldenen Bulle

Die 1400 entstandene Handschrift enthält 46 kostbare Miniaturen

Allein die Kurfürsten oder deren Vertreter, so sagt das Gesetz, sind zur Königswahl berechtigt. Als Erzkanzler beruft der Erzbischof von Mainz zur Wahl nach Frankfurt a. M. ein: Die geistlichen Herren von Trier (ihm steht das Erststimmrecht zu) und von Köln sowie die Kurfürsten von Böhmen, der Pfalz, von Sachsen und von Brandenburg. Zusammen mit Mainz ist damit die inzwischen traditionelle Siebenzahl erreicht – Bayern aber gehört nicht mehr dazu, die Wittelsbacher von München und Landshut hat Karl IV. ausgesperrt. Der größte Staat des Reiches hat kein Stimmrecht bei der Wahl des deutschen Königs! Unberücksichtigt blieb die Bestimmung des im Jahr 1329 geschlossenen Hausvertrages von Pavia (→ 4. 8. 1329), daß die Kur immer zwischen den pfälzischen und bayerischen Wittelsbachern wechseln soll.

Auf daß diese Bestimmungen auch in Zukunft ihre Geltung behalten und nicht durch neue Entwicklungen entwertet werden, legt das Gesetz fest, daß die Kurstaaten hinfort unteilbar seien und daß in ihnen das Erstgeburtsrecht gelte.

28. 9. 1361. Der junge Herzog Meinhard III. von Oberbayern-Tirol (seit dem 18. 9. 1361) gründet auf Anraten von 55 bayerischen Adligen eine sog. Turniergesellschaft. Politisches Ziel dieser Gesellschaft ist eine pro-habsburgische Beeinflussung des Herzogs (→ 13. 1. 1363).

13. 1. 1363. Nach dem frühen Tod von Herzog Meinhard III. bringt Herzog Stephan II. von Niederbayern-Landshut auch Oberbayern in seinen Besitz.

26. 1. 1363. Nach dem Tod von Herzog Meinhard III. läßt sich Herzog Rudolf IV. Tirol überschreiben. →

17. 5. 1365. Der frühere bayerische Herzog Ludwig VI., der Römer, seit 1351 Markgraf und Kurfürst von Brandenburg, stirbt in Berlin. Nachfolger wird sein 18jähriger Bruder Otto V., der Faule.

1366. Kaiser Karl IV. verheiratet seine Tochter Katharina mit dem brandenburgischen Markgrafen und Kurfürsten Otto V., dem Faulen. Der 19jährige Kurfürst lebt meist an Karls Hof. →

1367. Die Familie Fugger wandert aus Graben am Lech nach Augsburg ein. →

29. 9. 1369. Der Friede von Schärding am Inn in Oberösterreich beendet den 1363 ausgebrochenen Tiroler Erbfolgekrieg zwischen den Wittelsbachern und Habsburgern. Die Habsburger behalten Tirol. →

GESTORBEN:

18. 9. 1361. Zorneding bei München: Ludwig V., der Ältere (* 1315), Markgraf und Kurfürst von Brandenburg 1323–1351, Graf von Tirol 1342–1361, Herzog von Bayern 1347–1349, Herzog von Oberbayern 1349–1361.

13. 1. 1363. Schloß Tirol: Meinhard III. (* 9. 2. 1344, Landshut), Herzog von Oberbayern und Graf von Tirol 1361–1363. →

17. 5. 1365. Berlin: Ludwig VI., der Römer (* 12. 5. 1330, Rom), Herzog von Bayern 1347–1349, Herzog von Oberbayern 1349–1351, Markgraf und Kurfürst von Brandenburg 1351–1365.

3. 10. 1369. bei Wien: Margarete Maultasch (* 1318, Schloß Maultasch bei Terlan?), Gräfin von Tirol bis 1363, Herzogin von Bayern sowie Markgräfin und Kurfürstin von Brandenburg als Frau von Ludwig V., dem Älteren.

GEBOREN:

15. 2. 1368. Nürnberg: Sigismund (†9. 12. 1437, Znaim), Kaiser.

Von Herzog Rudolf IV. aufgesetzte Urkunde, die am 26. 1. 1363 nach dem Tode Meinhard III. unterzeichnet, regelt die Abtretung Tirols an Österreich

Maultasch setzt Erben ein

26. Januar 1363. Meinhard ist tot. Der habsburgische Herzog Rudolf IV. setzt sich geschwind aufs Pferd und reitet, angeblich unter Lebensgefahr, über die Berge nach Schloß Tirol, um die Erbschaftsverhältnisse in seinem Sinne zu regeln. Die beiden bayerischen Tiroler Ludwig der Brandenburger und dessen Sohn Meinhard sind im Abstand von nur 16 Monaten gestorben, Margarete Maultasch verlor Mann und Sohn.

Der Habsburger findet bei seiner Ankunft einen neunköpfigen Regentschaftsrat vor, der mit hastigem Eifer die Situation zur Mehrung des eigenen Wohlstands nutzt. Rudolf zeigt den Herren zwei im Jahr 1359 ausgestellte Urkunden, in denen ihn Margarete zum Erben für den Fall bestellt, daß Mann und Sohn ohne Nachkommen sterben; zwei Wochen nach Meinhards Tod, wird Tirol habsburgisch.

Machtkämpfe vor Meinhard III. Tod

13. Januar 1363. Zuerst der Vater, Ludwig der Brandenburger, der am 18. September 1361 in Zorneding vor München tot vom Pferd sinkt (und somit den selben Tod findet wie sein Vater), und nun auch der einzige Sohn Meinhard, der nach kurzer Krankheit wenige Wochen vor seinem 19. Geburtstag stirbt. Kein Wunder, daß man Margarete Maultasch nachsagt, Mann und Sohn ermordet zu haben.

Die kurze Zeit zwischen dem Tod des Vaters und dem eigenen Sterben war für den kränkelnden jungen Mann recht strapaziös gewesen, da sich zu viele Interessenten um ihn drängten: Die Adeligen in Bayern schwätzten ihm nach dem Tod seines Vaters die Gründung einer Turniergesellschaft auf, deren einziger Zweck es wohl war, Einfluß auf den Wittelsbacher zu gewinnen.

Allianzen wurden geschlossen, ein Krieg geführt und Meinhard schließlich sogar gefangen – und alles nur, um aus der Unerfahrenheit des jungen Herzogs Vorteile zu ziehen. Sogar die eigene Mutter machte das schäbige, verlogene Spiel mit: Man sprach vom Schutze Meinhards und verfolgte private Interessen.

Im Oktober 1362 floh Meinhard auf Einladung der Tiroler Stände von München, das ihm als Aufenthaltsort angewiesen war, nach Tirol.

Otto der Faule heiratet Kaisertochter

1366. Kaiser Karl IV. hat einen Traum: Er wünscht sich ein Land, das von der Adria bis zur Ostsee reicht, und die seit dem Jahr 1323 wittelsbachische Mark Brandenburg soll dazugehören.

Ein Erbschaftsstreit in der bayerischen Herrscherfamilie – die beiden Brandenburger Ludwig der Römer und Otto V., der Faule, werden durch den Landshuter Herzog, ihren Bruder Stephan, um Oberbayern betrogen – macht die zwei leer ausgegangenen Fürsten geneigter, sich mit dem Kaiser zu assoziieren.

Um diese Bindung zu vertiefen und auf solche Weise den Erwerb Brandenburgs für sein Haus vorzubereiten, verheiratet Karl IV. im Jahr 1366 seine Tochter Katharina mit Otto V., der seit dem Tode Bruder Ludwigs im vorausgegangenen Jahr das Land um Berlin alleine regiert.

Prag, Sitz des kaiserlichen Hofs, wo Kurfürst Otto V., der Faule, nach seiner Heirat mit Katharina, Tochter von Kaiser Karl IV., die meiste Zeit lebt

1370

Hans Fugger kommt nach Augsburg

1367. Im Steuerbuch der Stadt Augsburg taucht er im Jahr 1367 erstmals und ganz kurz auf: »fucker advenit«, Fugger ist gekommen. Damals hat sich der aus dem südlich von Augsburg gelegenen Dorf Graben zugezogene Hans Fucker alias Fugger im Haus des Rühmühl niedergelassen. Sein Steuersatz beträgt zu der Zeit ganze 44 denar.

Der Weber Hans Fugger zieht in einer günstigen Stunde zu, denn zu der herkömmlichen Leinenweberei kommt etwa um diese Zeit die Barchentweberei: Aus dem Orient importierte Baumwolle wird zusammen mit Leinengarn zu Barchent verwoben. Die Einführung der Barchentweberei, heißt es, sei die industrielle Revolution des Spätmittelalters, und Fugger hat daran früh schon seinen guten Gewinn.

Der zugezogene Weber geht konsequent seinen Weg nach oben und so heiratet er ein paar Jahre nach seiner Ankunft die reiche Klara Widolf. Fugger wird damit zu einem Bürger der Stadt Augsburg.

Bayern fechten die Erbschaft an

29. September 1369. Durch eine »Schenkung unter Lebenden« geht das Land Tirol den wittelsbachischen Herzögen nach gut 20 Jahren wieder verloren. Die Bayern wollen sich freilich damit nicht abfinden. Es gibt Krieg. Zusammen mit Verbündeten zieht Herzog Stephan II. im Spätherbst des Jahres 1363 zunächst einmal innaufwärts, andere Truppen kämpfen etwa zu der gleichen Zeit am unteren Inn.

Man ist erbittert bei der Sache, schließt aber immer wieder, da kein Sieg zu erringen ist, Waffenstillstände. Obschon Karl IV. im Februar 1364 der Erbangelegenheit die entscheidende Wendung gibt – er belehnt Habsburg offiziell mit Tirol –, zieht man bald schon wieder und noch mehrmals zu Felde, ehe am 29. September 1369 zu Schärding ein Friede geschlossen wird, der gegen eine Entschädigung die tirolischen Hoffnungen des Hauses Wittelsbach endgültig begräbt.

Vier Tage nach der Unterzeichnung des Friedens von Schärding stirbt 51jährig die Veranlasserin des Streites, die Herzogin Maultasch.

Sommer 1371. Kaiser Karl IV. bemächtigt sich der Kurmark durch Gewalt und besetzt das von den Wittelsbachern regierte Brandenburg.

18. 8. 1373. Im Vertrag von Fürstenwalde verzichtet Otto der Faule zugunsten von Kaiser Karl IV. auf Brandenburg.→

25. 11. 1374. Durch den »Großen Brandbrief« wird für Gesamtbayern einschließlich Niederbayern-Straubing und dem Land vor dem Wald ein Landfrieden erlassen.→

19. 5. 1375. Nach dem Tod von Stephan II. werden seine Söhne Stephan III., der Kneißel, Friedrich und Johann II. sowie Otto V., der Faule, gemeinsam Herzöge von Niederbayern-Landshut und Oberbayern.

24. 3. 1376. Die vier Herzöge von Niederbayern-Landshut und Oberbayern halten weiter an der Gesamtregierung ihres Territoriums fest, vereinbaren jedoch eine Zweiteilung der Verwaltung.→

4. 7. 1376. Unter der Führung von Ulm schließen sich 14 schwäbische Städte zum Schwäbischen Städtebund zusammen und verweigern König Wenzel die Huldigung. Kaiser Karl IV. eröffnet einen Reichskrieg gegen den Städtebund. Dem Bund treten auch Augsburg, Nürnberg, Regensburg u. a. bayerische, fränkische und schwäbische Städte bei.

1378. Der Augsburger Stückgießer Hans Aarau gießt Kanonenkugeln aus Eisen und Kupfer.→

29. 11. 1378. Kaiser Karl IV. stirbt in Prag. Nachfolger wird sein 1376 zum römisch-deutschen König gewählter Sohn Wenzel (König von Böhmen seit 1363).

GESTORBEN:

14. 4. 1374. Regensburg: Konrad von Megenberg (*um 1309, Mäbenberg/Kreis Schwabach), Naturforscher und Theologe.

19. 5. 1375. Landshut: Stephan II. (* 22. 12. 1319), Herzog von Niederbayern-Landshut 1349–1375 und von Oberbayern 1363–1375.

15. 11. 1379. Schloß Wolfstein bei Landshut: Otto V., der Faule (*1341/42, München), Herzog von Bayern 1347–1349, Herzog von Oberbayern 1349–1351, Markgraf und Kurfürst von Brandenburg 1351–1373, Herzog von Niederbayern-Landshut und Oberbayern 1375–1379.

GEBOREN:

1375. München: Wilhelm III. (†12. 9. 1435, München), Herzog von Bayern-München.

Brandenburg fällt an Kaiser Karl IV.

18. August 1373. Mit viel Schläue hat sich Kaiser Karl IV. in das wittelsbachische Brandenburg eingeschlichen. Stückchen um Stückchen versuchte er das Land mit seiner wertvollen Kurstimme an sich zu bringen. Als Schwiegersohn Otto die Absichten durchschaute, gab es Krieg. Die Auseinandersetzung von 1371 endete mit Waffenstillstand, dem 1373 ein neuer Krieg folgte und der Sieg Kaiser Karls. Im Frieden von Fürstenwalde verzichtete Otto V. am 18. August 1373 gegen eine ungewöhnlich hohe Entschädigung auf seinen Besitz. Er zieht dann in die Nähe Landshuts und lebt fortan mit einer Müllerin namens Gretl.

Kanonenkugeln aus Eisen und Kupfer

1378. Die Technik des Kriegführens (und damit des Mordens und Vernichtens) ist stetig weiter entwickelt worden. So auch durch den Augsburger Metallgießer Hans Aarau, der als einer der allerersten damit beginnt, Kanonenkugeln aus Eisen und aus Kupfer zu fertigen.

Zuvor hatte man mit Steinkugeln, glühenden Eisenstücken und sogar mit Leichen aufeinander geschossen. In welchen Dimensionen die Kanonenbauer dabei dachten, zeigt die »Pumhart von Steyr« – eine der großen Kanonen des Mittelalters –, mit der Steinkugeln von 700 kg Gewicht auf eine Entfernung von 600 m gefeuert werden konnten.

»Großer Brandbrief« besiegelt Frieden

25. November 1374. *Sechs Herzöge und die Landstände beschwören den Frieden in Bayern, und an das Pergament, auf dem dies geschrieben steht – dem »Großen Brandbrief« (Abb.) – werden 142 Siegel gehängt. Das neue Gesetz will die »großssen gebrechen vnd schäden« abstellen, »di lang czeit in vnsern lannden zu Bayer bis her mit grozzem brant, strassraub vnd deuf [Diebstahl]… gewesen sindt.«*

Bayern wird wieder geteilt

24. März 1376. Das alte, böse Spiel in neuer Auflage: Ein Herzog stirbt und die Erben machen sich daran, seinen Nachlaß aufzuteilen.

Herzog Stephan mit der Hafte, ein solider, nicht unebener Herr, war am 19. Mai 1375 zu Landshut gestorben. Für einige Zeit scheint es, als sollte diesmal dem Volk die Landesteilung (die ja stets mit neuen Kosten und oft auch mit Streitereien verbunden ist) erspart bleiben, denn die Söhne Stephan III., Friedrich und Johann II. regieren gemeinsam. Am 29. September nehmen sie sogar ihren aus Berlin zugezogenen Onkel Otto in die Erbengemeinschaft auf (allerdings muß er den oberpfälzischen Besitz, den er vom Kaiser erhalten hat, in den Regierungsbund einbringen).

Für den 24. März 1376 aber wird dann doch die Trennung angesagt: Stephan III. und Johann II. regieren Oberbayern, Friedrich und Otto V. nehmen Niederbayern-Landshut und das »Land vor dem Walde«.

1380

1380–1389

2. 9. 1381. Regensburg wird in den Schwäbischen Städtebund aufgenommen (→1380/89).

1384. Nürnberg schließt sich dem Schwäbischen Städtebund an (→1380/89).

1385. Die Münchner Herzöge bauen sich eine neue Residenz, die Neu-Veste. →

1385. Hans Fugger versteuert 1500 Gulden; seine Macht und sein Einfluß wachsen. →

1385. Die oberbayerischen Herzöge regeln die Rechte fremder Kaufleute auf den Märkten im Land. →

1385. In Ingolstadt wird das Hl. Kreuztor errichtet, eines der reizvollsten deutschen Stadttore des Mittelalters (→um 1385).

10. 7. 1385. Die vermutlich in München geborene Isabella, die 15jährige Tochter von Herzog Stephan III., dem Kneißel, von Niederbayern-Landshut und Oberbayern, heiratet in Amiens den französischen König Karl VI., den Wahnsinnigen. →

1386. Der Westbau der Pfarrkirche St. Peter in München erhält seine heutige Gestalt (→um 1385).

25. 7. 1387. Die Städte des Schwäbischen Städtebunds schließen mit Erzbischof Pilgrim von Salzburg in Nürnberg ein Bündnis gegen die bayerischen Herzöge (→1380/89).

1388. Das Topplerschlößchen in Rothenburg ob der Tauber wird vollendet (→um 1385).

8. 1. 1388. König Wenzel erklärt den Reichskrieg gegen Bayern, nachdem Herzog Friedrich von Niederbayern-Landshut und Oberbayern den Salzburger Erzbischof Pilgrim gefangengenommen hat.

1389. Sophie, die Tochter des Herzogs Johann II. von Niederbayern-Landshut und Oberbayern, heiratet den römisch-deutschen und böhmischen König Wenzel.

1389. Die erste Papiermühle in Deutschland, die Gleismühle bei Nürnberg, stellt Feinpapier aus Lumpen her. →

5. 5. 1389. Da im Städtekrieg kein allgemeiner Friedensschluß zustandekommt, erläßt der römisch-deutsche und böhmische König Wenzel den Reichslandfrieden von Eger. Die Städte müssen auf ihre Bündnisse verzichten (→1380/89).

GEBOREN:

Um 1383. Neunburg vorm Wald/Oberpfalz: Johann von Neumarkt (†13. 3. 1443, Kastl/Oberpfalz), Pfalzgraf von Neunburg.

Elisabeth von Bayern-Ingolstadt (l.), die Gattin Karl VI. von Frankreich, in ihrem Gemach mit der Schriftstellerin de Pisan (mit Buch) und Hofdamen

Bayerin heiratet König Karl

10. Juli 1385. Der letzte Wunsch des französischen Königs Karl V. wird erfüllt, sein Sohn Karl VI. heiratet eine bayerische Prinzessin. In Amiens finden die prächtigen Hochzeitsfeierlichkeiten statt und aus Elisabeth von Bayern-Ingolstadt wird Isabeau von Frankreich.

Bei einem gemeinsamen Feldzug hatten Bayern und Franzosen die Angelegenheit 1381 beraten. Es gab indes einige Verwicklungen, etwa als die französischen Hofdamen verlangten, daß sich ihnen die 1371 geborene und somit noch minderjährige Braut-Anwärterin nackt präsentiere; nur so könne man sich ein Urteil über ihre künftige Gebärfähigkeit bilden. Elisabeths Vater, der stolze Herzog Stephan der Kneißel, wollte dem nicht zustimmen. Es war auch nicht mehr notwendig.

Unabhängig voneinander doch zur gleichen Zeit brachte man die 14jährige Elisabeth und den 16jährigen Karl zu einer Wallfahrt nach Amiens. Der Prinz sah die Bayerin und heiratete sie zwei Tage später! Er war von seiner schönen Frau so angetan, daß er auf die Aussteuer der Braut verzichtete und sie dem Vater wieder zurückgab.

Städtebund führt zu Streit und Krieg

1380/89. Aus gegebenem Anlaß – um durch den Kaiser nicht übervorteilt und ausgenützt zu werden – schlossen sich 16 schwäbische Reichsstädte im Sommer 1376 zum »Schwäbischen Städtebund« zusammen, dem auch bayerische Städte beitreten. Nachdem die bayerischen Herzöge zunächst noch in einem Krieg zwischen Kaiser und Bund schlichten, geraten sie schließlich selbst – durch eigene Schuld – auf eine für das Land verhängnisvolle Weise in den Streit.

Als Herzog Friedrich 1381 vom Kaiser die Erlaubnis erhält, von den Regensburger Juden eine Sondersteuer zu verlangen, nimmt die Stadt ihre Juden in Schutz und tritt, um sich zu sichern, dem Städtebund bei. Später folgen auch Augsburg und Nürnberg diesem Beispiel.

Der Steuerstreit wird friedlich beigelegt, auch wenn die Herzöge der Stadt wo immer es möglich war, durch zusätzliche Zölle das Leben schwer machten. Als aber 1387 auch Erzbischof Pilgrim von Salzburg (der böse Erfahrungen mit den Wittelsbachern gemacht hat) dem Bunde beitritt, nimmt ihn Herzog Friedrich auf heimtückische Weise in Raitenhaslach gefangen. Große Teile Bayerns werden daraufhin 1388 vom Heer des Städtebunds verwüstet und versehrt.

Am 2. Mai 1389 befiehlt der König die Auflösung des Städtebunds.

Die Erfolgskarriere des Webers Hans Fugger

1385. Eine der größten Erfolgskarrieren der europäischen Geschichte begann mit dem Zuzug des Hans Fugger nach Augsburg (→1367). Schon nach wenigen Jahrzehnten ist er reich, sehr reich. Als er in der Freien Reichsstadt ankam, versteuerte er 44 denar, knapp 20 Jahre später beträgt das versteuerte Vermögen bereits 1500 Gulden. Und das Vermögen wächst…

Drei Jahre nach seiner Ankunft heiratete der Weber Hans Fugger die Tochter des Zunftmeisters der Weber; er wurde dadurch Bürger der Stadt, Mitglied der Weberzunft und erhielt eine große Aussteuer seiner Frau ausgezahlt. Noch hatte Fugger kein eigenes Haus. Er wohnte mit seiner Clara bei den Schwiegereltern hinterm Heilig Kreuz-Stift.

Hans Fugger mit seinen beiden Ehefrauen Clara (l.) und Elisabeth (r.)

Clara Fuggerin, die Hans das Entree in die besseren Weberkreise verschafft hatte, starb, und 1382 heiratete der Witwer Elisabeth Gevattermann, die ihm sechs Kinder zur Welt bringt, darunter auch seine Söhne Andreas und Jakob.

Unabhängig von Familienfreud und Familienleid geht Hans Fugger seinen Weg nach oben, und dazu gehört die Aufnahme in den »Zwölferausschuß« der Weber – in Augsburg, wo die Tuchmacher und Tuchhändler zu den wichtigsten Steuerzahlern gehören, ist dies eine einträgliche Funktion: Hans Fugger ist unter den wohlhabenden Bürgern Augsburgs die Nummer 41. Er ist so sehr mit sich und seinem Glück beschäftigt, daß er seinen Bruder Ulrich vergißt, der so viel weniger Erfolg hat.

Verordnungen regeln den rechten Handel

1385. Die oberbayerischen Herzöge bestimmen, daß »kain gaßt oder auslennder keinerlei tuech nicht schneiden, hingeben noch verkhauffen soll auf die jarmarckht«. Dieses Gesetz, das auswärtigen Textilhändlern nur den en gros-Verkauf erlaubt und den Detailhandel (zugunsten der einheimischen Gewerbetreiber) verbietet, ist eine von vielen Verordnungen, die erlassen werden, um auf diese Weise den Handel und Wandel auf Bayerns Märkten bis in die kleinsten Einzelheiten zu regeln.

Andere Gesetze beschäftigen sich etwa mit dem Geleitschutz, mit dem Markt- und Stapelrecht oder den Privilegien, die gewährt werden.

In Nürnberg wird Papier hergestellt

1389. Stolz über das Erreichte spricht aus dem Satz, den der 60jährige Nürnberger Unternehmer und Ratsherr Ulman Stromer in sein »Puechel von mein geslechet und von abenteuer« schreibt: »Ich Ulman Stromeir hub an mit dem ersten papier zu machen.«

Auf solche Weise wird die vor der Stadt gelegene Gleißmühle zur ersten Papiermühle Deutschlands. Papier gemacht hat man in Deutschland allerdings schon früher, in Ravensburg 1290, in Kaufbeuren 1312 und in der Münchner Au 1347.

Herzöge bauen neue Burg in München

1385. Seit 130 Jahren ist der Alte Hof die wittelsbachische Residenz zu München. Doch das Quartier ist gefährlich geworden. Die Stadt ist nämlich gewachsen und die Bürger, die man sich einst durch die Lage des Hofes an der Stadtmauer vom Leibe gehalten hat, sind nahe herangerückt und haben sich rund um den Alten Hof niedergelassen.

Um mehr Sicherheit und Distanz von den selbstsicher gewordenen, rebellischen Untertanen zu gewinnen, räumen die Herzöge ihr Schloß und bauen sich von 1385 an eine neue Burg, gute 300 m nördlich des Alten Hofes. Die neue Residenz, die hier entsteht, ist eine Wasserburg, die an ihrer Ostseite zwei Türme der Stadtmauer einbezieht.

Jakobskirche in Rothenburg ob der Tauber; mit dem Bau wurde 1373 begonnen; Weihe im Jahr 1464

Das Heilige-Kreuz-Tor – fertiggestellt 1385 – eines der Haupttore der Ingolstädter Stadtmauer

Kirch- und Torbauten im gotischen Stil

Um 1385. Kurz vor der Wende vom 14. zum 15. Jh., in den gotischen Zeiten, wird eifrig gebaut – das Land ist voller großer Baustellen: In Laufen errichtete man bereits 1332 über wenigen Resten einer romanischen Basilika eine schlichte Mariae Himmelfahrt-Kirche mit steilem Satteldach. Sie ist in Bayern die erste jener Hallenkirchen, die nun in großer Zahl entstehen.

Um 1380 wird der Grundstein für ein Hauptwerk dieses Stils gelegt, für die Martinskirche in Landshut. Das Backsteinbauwerk erhält einen 131 m hohen Turm und zählt zu den bedeutendsten Werken der Spätgotik. Wenige Jahre später, 1386, wird in dieser Stadt (nach langer Bauzeit) die Dominikanerkirche St. Blasius geweiht.

Im gleichen Jahr entsteht der Westchor von St. Peter in München. Mit dem Wiederaufbau der Kirche im gotischen Stil war im Jahre 1327, nach einem großen Stadtbrand, begonnen worden.

In Ingolstadt läßt Herzog Ludwig der Bärtige in seine Stadtbefestigung das bäurisch-behäbige Kreuztor setzen; 1385 ist es fertig. Das Tore- und Mauern-Bauen ist offensichtlich Mode. In der freien Reichsstadt Rothenburg zum Beispiel baut man 1388 in die rund zweieinhalb Kilometer lange Stadtmauer das Würzburger-Tor (als eines von mehreren Toren). Um 1390 schließen auch die Dinkelsbühler nach einer Bauzeit von

St. Peter in München (ab 1327)

mehr als 70 Jahren den Ring ihrer Stadtmauer. Kurz zuvor sind auch die Tore vollendet worden: 1384 das Baldringer-, 1388 das Löpsinger- und 1389 das Deiningertor. Während die Rothenburger ihre Stadt mit einer Mauer umgaben und den Bau ihrer Jakobskirche beginnen, zieht Bürgermeister Toppler vor die Tore und baut sich das wehrhaft und doch auch heimelig wirkende Topplerschlößchen. Und obwohl er der bedeutendste Bürgermeister ist, den die Stadt ob der Tauber bisher hatte (und in Zukunft haben wird), endet er 1405 im Gefängnis.

Das mächtige Münster St. Martin in Landshut (Baubeginn: Um 1380) zählt zu den kunsthistorisch bedeutendsten Bauwerken der Spätgotik

1392. Im Münchner Alten Hof werden die Andechser Reliquien, die »Heiltümer«, gezeigt. →

1392. Der französische König Karl VI. wird wahnsinnig. Seine bayerische Gattin Isabella (Isabeau), die Tochter des Herzogs Stephan III., des Kneißel, von Bayern-Ingolstadt, wird zusammen mit ihrem Schwager, dem Herzog von Orléans, und mit dem Herzog von Burgund Regentin Frankreichs.

19. 11. 1392. Das mit Oberbayern vereinigte Herzogtum Niederbayern-Landshut wird geteilt (dritte bayerische Landesteilung). →

4. 12. 1393. Nach dem Tod von Friedrich – ihm verdanken die Landshuter die Einführung des Weinbaus – wird sein minderjähriger Sohn Heinrich XVI., der Reiche, Herzog von Bayern-Landshut.

Weihnachtsabend 1394. Mit einem mißlungenen Handstreich Ludwigs des Bärtigen von Bayern-Ingolstadt gegen Freising beginnt der Erste Bayerische Hauskrieg.

15. 11. 1395. Der Erste Bayerische Hauskrieg endet mit der Versöhnung der oberbayerischen Höfe.

1396. In Nürnberg wird der »Schöne Brunnen« vollendet. →

16. 6. 1397. Nach dem Tod von Johann II. werden seine Söhne Ernst und Wilhelm III. Herzöge von Bayern-München.

1397/98. In München kommt es zu einem Aufstand der Handwerker, Bürger und abtrünnigen Patrizier. →

Ende 14. Jh. Das gotische Rathaus von Sulzbach-Rosenberg wird errichtet.

GESTORBEN:

16. 2. 1390. Neustadt an der Weinstraße: Ruprecht I. (* 9. 6. 1309, Wolfratshausen), Pfalzgraf bei Rhein 1327–1353, Kurfürst von der Pfalz 1353–1390, Gründer der Ruprecht-Karl-Universität Heidelberg.

4. 12. 1393. Budweis: Friedrich (* um 1339), Herzog von Niederbayern-Landshut und Oberbayern 1375–1392, Herzog von Bayern-Landshut 1392/93.

21. 1. 1397. Kelheim: Albrecht II. (* 1368), Herzog von Niederbayern-Straubing und den Niederlanden als Mitregent seines Vaters Albrecht I. († 1404). Er ließ in Straubing die Straßen pflastern.

16. 6. 1397. Landshut: Johann II. (* 1340), Herzog von Niederbayern-Landshut und Oberbayern 1375–1392, Herzog von Bayern-München 1392–1397.

Landesteilung und Krieg

19. November 1392. Wieder wird ein Scheidungsbrief ausgestellt: »Wir Stephan, Fridrich und Johannes, gepruder, von gotes genaten pfallentzgrauen bey Rein vnd hertzogen in Beyrn etc. bechennen vnd tun chont offentlich mit dem brif…« das wir…überein worden sein, vnserew lannd zu obern vnd nydern Beyrn miteinander ze tailen…«

Der Anstoß kommt von Johann in München, der nicht hinnehmen will, daß er und seine Münchner den großen Aufwand mitzahlen sollen, den Stephan und Friedrich treiben.

So finden die Enkel Ludwig des Bayern diese Lösung: Stephan III. der Kneißel wird Herr des neugeschaffenen, aus Oberbayern herausgeschnittenen Herzogtums Ingolstadt (mit Kitzbühel und anderen Städten im Süden), Friedrich bekommt Niederbayern-Landshut und Johannes erhält schließlich den südlichen Teil Oberbayerns mit München und den dazugehörigen oberpfälzischen Besitzungen.

Damit ließe sich leben. Als aber Friedrich ein Jahr nach der Teilung, im Dezember 1393, stirbt und einen erst siebenjährigen Sohn Heinrich zurückläßt, gibt es Streit um die Vormundschaft. Zunächst treten Räte und Vermittler auf, doch im Dezember 1394 ziehen die Brüder mit Waffen gegeneinander. Und an diesem Krieg nehmen nun auch schon die Großenkel Ludwig des Bayern teil. Zwischen Ingolstadt und Freising wird vor allem gekämpft. Städte brennen. Zuletzt dann, im Sommer 1495, arrangiert man sich.

Bürgeraufstand in München

1397/98. Die 300 Münchner (Stadt-)Räte sind mißtrauisch. Sie wollen wissen, wo in den vergangenen sieben Jahren das Geld der Stadt hingekommen ist und verlangen eine Revision der Kassenbücher. Sie wird ihnen gewährt, und nach zwei Wochen erhalten die Kassenwarte die Entlastung – alles war korrekt. Nun aber fordern die 300 eine stärkere Teilnahme am Stadtregiment, das bisher von den im Innern Rat vertretenen Angehörigen der großen Familien ausgeübt wurde – die Handwerker verlangen die Gleichstellung mit den Patriziern und Beteiligung an der Regierung der Stadt.

Zu dieser städtischen Revolution kommt noch ein wittelsbachischer Erbschaftsstreit. In der »Vierherzogzeit« stehen zwei Herzöge gegen zwei Herzöge, und jede der beiden Münchner Parteien wählt sich ihr herzogliches Duo.

Ein Krieg kann in letzter Minute verhindert werden, doch schon wenige Wochen später, am 14. April 1398, stürmen die Handwerker unter Ulrich Tichtl das Rathaus. Die Unruhen gehen weiter, es gibt Hinrichtungen, der Alte Hof wird erobert, einflußreiche Männer müssen fliehen. Nach mehrjährigem Auf und Ab kehren die Patrizier zurück.

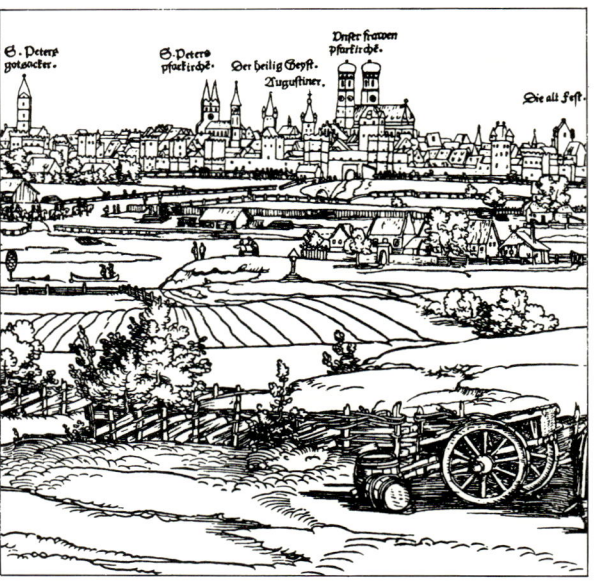

Blick auf die Stadt München – von der Ostseite über die Isar – in der es Ende des 14. Jh. zu einem Aufstand der Handwerker, Bürger und abtrünnigen Patrizier kommt; der 1493 entstandene Holzschnitt zeigt in sehr feiner Zeichnung die einzelnen Kirchen und Gebäude mit ihren markanten Türmen

Schöner Brunnen

1396. *Die Stadt Nürnberg zahlt 4500 Gulden und erhält dafür den reich vergoldeten, bunt bemalten »Schönen Brunnen« (Abb.) mit vielen Figuren. Der Hauptmarkt, auf dem der Brunnen steht, war ursprünglich das Judenviertel. Karl IV. hat es 1349 rücksichtslos abbrechen lassen.*

Reliquien ziehen viele Gläubige an

1392. In der Kapelle von Andechs bewahrte man kostbare Reliquien auf, darunter drei heilige Hostien. Nach der Zerstörung des Schlosses im frühen 13. Jh. waren die frommen Gegenstände verloren, bis ein Teil 1388 auf mirakulöse (und vielleicht auch etwas zweifelhafte) Weise wieder gefunden wurde.

Die Reliquien (ein Stück der Dornenkrone und der Lanze des Longinus) werden vom Frühjahr bis nach Jakobi 1392 in der Lorenzkirche des Alten Hofes in München zur Verehrung ausgestellt. Die Gläubigen müssen, wenn sie den Ablaß dieses »Gnadenjahres« erlangen wollen zur Freude der Münchner Gastronomie sieben Tage in der Stadt bleiben und täglich in vier Kirchen gehen, dort ihr Gebet verrichten und eine Spende hinterlegen. Der Andrang ist groß, bis zu 60 000 Menschen kommen in einer Woche.

1400

1400–1409

Um 1400. Herzog Ludwig der Bärtige von Ingolstadt macht einträgliche Besuche bei seiner Schwester, der französischen Königin Isabeau. →

Um 1400. In München findet die Jakobi-Dult statt. →

Um 1400. Die Westfassade von St. Lorenz in Nürnberg wird vollendet. →

Um 1400. Das Grabmal des Bischofs Gerhard von Schwarzburg im Würzburger Dom und die Madonna in St. Maria im Hage im unterfränkischen Schmerlenbach sind Zeugnisse des gotischen Weichen Stils. →

21. 8. 1400. Der Wittelsbacher Kurfürst Ruprecht III. von der Pfalz wird in Rhens von den Kurfürsten von Mainz, Köln, Sachsen und Pfalz als Ruprecht I. zum römisch-deutschen König gewählt. →

18. 9. 1401. Der Nürnberger Burggraf Friedrich VI. von Hohenzollern heiratet die niederbayerische Herzogstochter Elisabeth, »die schöne Els«. →

Dezember 1402. Würzburg erhält eine Universität. →

13. 12. 1404. Nach dem Tod von Albrecht I. wird sein Sohn Wilhelm II. Herzog von Niederbayern-Straubing und den Niederlanden.

1405. Ludwig der Bärtige, der spätere Herzog von Bayern-Ingolstadt, erhält vom französischen König Karl VI., dem Wahnsinnigen, das »Goldene Rößl« verpfändet, eine französische Goldschmiedearbeit aus der Zeit um 1400. →

1405. Der aus Eichstätt stammende Enzyklopädist Konrad Kyeser erwähnt in seinem Buch »Bellifortis« erstmals Sprenggeschosse. Das Werk steht am Beginn der illustrierten Enzyklopädien der Kriegskunst. →

14. 9. 1405. Die Gegner des römisch-deutschen Königs Ruprecht (Wittelsbach) schließen sich im Marbacher Bund zusammen, dem auch Ludwig der Bärtige von Bayern-Ingolstadt beitritt.

GESTORBEN:

13. 12. 1404. Den Haag: Albrecht I. (*25. 7. 1336), Herzog von Bayern 1347–1349. Herzog von Niederbayern-Straubing und den Niederlanden 1349–1404.

Um 1408. Augsburg: Hans Fugger (*?), Kaufmann, Begründer des Reichtums des Hauses Fugger.

GEBOREN:

27. 3. 1401. München: Albrecht III., der Fromme (†29. 2. 1460, München), Herzog von Bayern-München.

Ein Gewürzkrämer bietet seine kostbare und teure Ware feil

Die Jakobi-Dult in München

Um 1400. Seit dem Jahr 1310 stellen die Händler auf dem Anger, draußen vor der Münchner Stadtmauer, an drei Tagen um Jakobi, den 25. Juli, ihre Stände auf. Die Jakobi-Dult ist gut eingeführt, an einem Handelsplatz wie der oberbayerischen Herzogsstadt lassen sich gute Geschäfte machen, das spricht sich herum. Zur bedeutendsten Messe Süd- und Mitteldeutschlands wird diese Dult aber dennoch nicht, Frankfurt ist immer noch um einiges erfolgreicher.

Ursprünglich war die Dult in Hochmutting abgehalten worden. Der Ort lag freilich zu weit ab im Norden von München und so zog man mit den Buden näher heran, bis an die Stadtmauer. Aus Freude an den Handelsschaften und deren Gewinn hat man in der Frühzeit auf die Dauer nicht immer genau geachtet, einmal dauerte die Dult vier Wochen, dann wieder eine Woche. Zuletzt waren es drei Tage, und dazu gehörte auch noch ein Pferderennen.

»Die schöne Els« heiratet Burggrafen

18. September 1401. Für die Hochzeit des Nürnberger Burggrafen Friedrich VI. mit der 19jährigen niederbayerischen Herzogstochter Elisabeth, genannt »die schöne Els«, bleibt nur sehr wenig Zeit – sie findet nämlich in einem Heerlager statt, in Gegenwart einer großen Schar adliger Kriegsherrn.

Im Herbst 1401 zog König Ruprecht III. Klem, ein Wittelsbacher der Pfälzer Linie, von Augsburg aus zur Kaiserkrönung nach Rom (wobei er sein angestrebtes Ziel aus Geldmangel nicht erreichen wird). Auf einer sehr frühen Etappe dieser Heerfahrt, in Schongau, findet am 18. September die Trauung statt. Die Braut ist eine Tochter des in Landshut residierenden Herzog Friedrich und seiner Mailänder Frau Magdalena Visconti. »Die schöne Els« wird die Stammutter der preußischen Hohenzollern.

Die niederbayerische Herzogstochter Elisabeth, genannt »die schöne Els«, heiratet Burggraf Friedrich VI.

Ruprecht III. wird zum König gewählt

21. August 1400. Die deutschen Fürsten sind mit ihrem König Wenzel und dessen Italienpolitik unzufrieden. Um den Ärger zu enden, setzen sie am 20. August 1400 den trinksüchtigen, gewalttätigen Monarchen ab. Zum Nachfolger wählen drei geistliche Kurfürsten am darauffolgenden Tag den 48jährigen Pfälzer Kurfürsten Ruprecht III., der den Zunamen »Klem« trägt, dessen Bedeutung man sich später nicht mehr erklären kann.

König Ruprecht I. – nach Ludwig dem Bayern der zweite deutsche Herrscher aus dem Hause Wittelsbach – kann sich der neuen Würde nicht erfreuen. Noch während seine Soldaten in der Oberpfalz Krieg führen, wird die Krönung vorbereitet. Sie muß am 6. Januar 1401 in Köln erfolgen, da ihm Aachen seine Tore verschließt. Als die Majestät dann im Herbst 1401 zur Kaiserkrönung nach Rom zieht, scheitert die Expedition vor allem an Geldmangel. Geschlagen von den Truppen Viscontis, schuldenbeladen und ohne Krone kehrt Ruprecht heim; am 2. Mai 1402 trifft er in München ein. Der Papst erklärt sich zwar später bereit, den Wittelsbacher in seinem Amte anzuerkennen, doch die Macht der Majestät bleibt klein und bescheiden.

Französisches Geld für Herzog Ludwig

Um 1400. Die kleingewachsene Elisabeth auch Isabeau de Bavière oder Ysabel, sorgt dafür, daß von ihrem königlichen Glanz auch für den Bruder Ludwig etwas abfällt. Sechsmal besucht er sie in Frankreich, und nie muß er mit leeren Taschen in sein Herzogtum Ingolstadt zurückreisen. Sie verschafft ihm das Einkommen eines Marschalls von Frankreich und dazu noch eine reiche, schöne Witwe aus dem französischen Königshaus. Als ihn der Tod dieser Witwe zum Witwer macht, heiratet er ein zweites Mal eine vermögende, noble Französin, und alles zusammen bringt ihm großen Reichtum, den er nach Ingolstadt transferiert. Während der so nutzbringenden Aufenthalte in Frankreich läßt sich der gerne auftrumpfende, verschwenderische Herzog einen Bart wachsen, dem er den Beinamen »der Bärtige« verdankt.

Der »Weiche Stil« hält Einzug in Bayern

Um 1400. Würzburg und sein Bischof Gerhard von Schwarzburg tun sich schwer miteinander, doch als der Oberhirte im November 1400 stirbt, erhält er ein prachtvolles Grabmal aus Sandstein, 2,45 m hoch und 1 m breit. Die fast vollplastische Figur ist (neben der etwa zur gleichen Zeit entstandenen Grabplatte Herzog Albrecht II. in Straubing) ein frühes Beispiel des »Weichen Stils« in Bayern. Für ihn charakteristisch sind vor allem die sanften, fließenden Linien des Faltenwurfes.

Die lieblichsten Werke dieses ursprünglich aus Böhmen kommenden Stiles sind aber die »Schönen Madonnen«, zarte Mariendarstellungen mit weichen Linien und anmutigen Gebärden. Vom böhmischen Krumau aus haben sie sich ausgebreitet und in Salzburg die vollendetste Gestalt erhalten. Bedeutende Beispiele finden sich auch in bayerischen Kirchen, etwa am Hochaltar der Frauenkirche in Wasserburg, in Winhöring und in Schmerlebach bei Aschaffenburg (diese »Schöne Madonna« stammt allerdings vom Niederrhein).

Konsolbüste einer unbekannten Frau im »Weichen Stil« (um 1390)

Die »Schöne Madonna« in anmutig-zarter Haltung mit ihrem Kind

Maria mit dem Leichnam Jesu im Stil des 14. Jhs. (St. Peter, Straubing)

△ *Grabplatte Herzog Albrechts II. (✝ 1397) in der Karmelitenkirche in Straubing; das Werk aus Rotmarmor gehört zu den herausragendsten Schöpfungen deutscher Plastik; der Herzog trägt einen weiten Mantel, der die Grabplatte wie ein Bahrtuch bedeckt*

◁ *Trauerszene vor dem Leichnam Jesu: die Figuren tragen die für den »Weichen Stil« typischen fließenden und faltenreichen Gewänder*

»Bellifortis« – das älteste Kriegsbuch

1405. Konrad Kyeser, der Sohn eines Eichstätter Lebensmittelprüfers, hat etlichen Herren als Kriegsmann gedient. So nahm er auch 1396 am Feldzug des ungarischen Königs Sigismund gegen die Türken teil und findet sich nach dessen Niederlage bei Nikopol im böhmischen Exil. Dort entschließt er sich im Alter von 30 Jahren, seine militärtechnischen Kenntnisse auf 150 Blättern niederzuschreiben. Er gibt seinem Buch den Titel »Bellifortis«, was »der Kampfstarke« heißt, und widmet es am 23. Juni 1405 König Ruprecht von der Pfalz.

In zehn Kapiteln und in lateinischen Hexametern, die der Poesie etlichen Tort antun, beschreibt der streitbare Eichstätter in diesem ältesten erhaltenen Kriegsbuch mancherlei martialische Geräte: Streitkarren, Belagerungsgerät, Armbrüste, aber auch einen Drachenballon mit Warmluftfüllung und – einen Keuschheitsgürtel. Außerdem gibt Kyeser, der kurz vor Vollendung des Werkes stirbt, Zeichnungen hinzu.

Erste Universität für Stadt Würzburg

Dezember 1402. Der Papst erfüllt den Wunsch des Würzburger Bischofs Johann I. von Egloffstein und genehmigt nach den Privilegien von Bologna das studium generale Herbipolens (dies ist der lateinische Name der Stadt Würzburg). Damit ist in der Bischofsstadt eine der ersten deutschen Universitäten gegründet (Prag, Wien, Heidelberg, Köln und Erfurt sind vorausgegangen).

Da der Oberhirte zuvor schon die Zustimmung König Ruprechts von der Pfalz eingeholt hat, kann nun der Lehrbetrieb in der Theologie, im kanonischen und im Zivilrecht sowie allen gängigen Fakultäten beginnen. Für den Unterricht und die Unterbringung stehen der Große Löwenhof (so genannt nach einem Löwenrelief über dem Portal), der Katzenwickerhof und der Dechanteihof des Neumünsters zur Verfügung.

Diese Hohe Schule muß freilich schon sehr bald mit wirtschaftlichen Schwierigkeiten kämpfen.

Als im Dezember 1411 ein Student den Rektor Johann Zantfurt ermordet, kommt diese erste Würzburger Universität an ihr Ende.

St. Lorenz-Kirche vollendet

Um 1400. Die beiden Türme haben ihre Spitze, und damit ist die eindrucksvolle Schauseite der Nürnberger St. Lorenz-Kirche nun vollendet. Schon einige Jahre zuvor war das Portal mit der großen, spätgotischen Rose und mit der Marienfigur fertiggestellt worden. Man baut nun bereits mehr als 100 Jahre an dieser zweiten Pfarrkirche in Nürnberg. Denn

Die St. Lorenz-Kirche in Nürnberg; nach einer Bauzeit von mehr als 100 Jahren wurde sie um 1400 fertiggestellt

kurz nachdem die Sebalduskirche geweiht war und St. Lorenz eine eigene Pfarrei wurde, begannen hier 1275 die Arbeiten (wobei der Neubau über den Resten einer romanischen Kirche entstand).

Das Tympanon ist ungewöhnlich hoch angelegt und so ist Platz und Gelegenheit, es üppig mit Figuren zu schmücken. Was in der Kirche gepredigt wird, die ganze Heilsgeschichte, ist hier dargestellt.

»Goldenes Rößl« für Bayern

1405. Die aus Ingolstadt stammende französische Königin Isabeau schenkte ihrem Mann Karl VI. zum Neujahrsfest 1404 eine juwelenbesetzte Kostbarkeit, eine Madonna mit Jesuskind im Rosenhag, ihr zu Füßen die kniende Majestät mit ihrem Lieblingshund sowie dem Hofmarschall und den Patronen der königlichen Kinder. Eine Etage tiefer steht ein Knappe mit dem Pferd des Königs – und all dies in allerfeinster Goldschmiedearbeit.

Bereits im Jahr 1405 geht das Meisterwerk als Pfand nach Ingolstadt. Ludwig der Bärtige, der spätere Herzog von Bayern-Ingolstadt, erhält es von dem französischen König. 1509 kommt die Goldschmiedearbeit – wieder als Pfand – nach Altötting.

Das »Goldene Rößl« kommt 1405 als Pfand nach Bayern

Ostern 1410. Eine Bürgerverschwörung in Landshut wird verraten. Herzog Heinrich XVI., der Reiche, von Bayern-Landshut hält ein strenges Strafgericht (Hinrichtungen, Blendungen, Landesverweisungen, Konfiskationen usw.).→

18. 5. 1410. Nach dem Tod des Wittelsbacher Kurfürsten Ruprecht III., der als Ruprecht I. römisch-deutscher König war, wird sein Sohn Ludwig III. Kurfürst von der Pfalz.

8. 7. 1411. Der römisch-deutsche und ungarische König Sigismund überträgt dem Burggrafen Friedrich VI. von Nürnberg aus dem Geschlecht der Hohenzollern die Verwaltung des Kurfürstentums Brandenburg.→

26. 9. 1413. Nach dem Tod von Stephan III., dem Kneißel, wird sein Sohn Ludwig VII., der Bärtige, Herzog von Bayern-Ingolstadt.

8. 7. 1415. Herzog Heinrich XVI., der Reiche, von Bayern-Landshut gründet die Konstanzer Liga zur Bekämpfung von Herzog Ludwig dem Bärtigen von Bayern-Ingolstadt.

31. 5. 1417. Nach dem Tod von Wilhelm II. wird sein Sohn Johann III. Herzog von Niederbayern-Straubing und den Niederlanden.

20. 10. 1417. Herzog Heinrich XVI., der Reiche, von Bayern-Landshut verübt auf dem Konstanzer Konzil einen Mordanschlag auf Herzog Ludwig den Bärtigen von Bayern-Ingolstadt.→

2. 10. 1418. Der römisch-deutsche und ungarische König Sigismund ernennt den Kurfürsten Friedrich I. von Brandenburg zum Statthalter im Reich. Friedrich gilt als Anwärter auf die Königskrone.

GESTORBEN:

18. 5. 1410. Burg Landskron/Oppenheim am Rhein: Ruprecht von der Pfalz (* 5. 5. 1352, Amberg/Oberpfalz), als Ruprecht III. Kurfürst von der Pfalz 1398–1410, als Ruprecht I. deutscher König 1400–1410.

26. 9. 1413. Niederschönenfeld: Stephan III., der Kneißel (* um 1338), Herzog von Niederbayern-Landshut und Oberbayern 1375–1392, Herzog von Bayern-Ingolstadt 1392–1413.

31. 5. 1417. Schloß Bouchain: Wilhelm II. (* 5. 4. 1365, Den Haag?), Herzog von Niederbayern-Straubing und den Niederlanden (Graf von Holland, Hennegau und Seeland) 1404–1417, stirbt an den Folgen eines Hundebisses.

Bürgerrevolte endet auf grausame Art

Ostern 1410. Die Landshuter wissen, daß ihr Herzog Heinrich ein heimtückisch-grausamer Herr ist und so nennen sie seine Burg auch »Trau sin nit«. Einen weiteren blutigen Beweis liefert er nach der Aufdeckung einer Bürgerverschwörung in der Karfreitagnacht.

Wahrscheinlich konnte der Herzog nicht vergessen, was seinen Münchner Vettern widerfahren ist. Auf daß er in seiner selbstbewußten, reichen Residenzstadt nicht durch eine ähnliche Bürgerrevolte überrascht werde, setzte er ein Exempel:

Als er erfuhr, die Landshuter Räte wollten sich beim Kaiser darüber beschweren, daß er ihnen die alten Stadtrechte nicht erneuerte, lud er die Herren am 24. August 1408 auf seine Burg; er wolle sich, da er in den Krieg ziehe, von ihnen verabschieden. So sagte er jedenfalls.

Die Räte kamen – und wurden verhaftet. Ein Teil von ihnen konnte sich freikaufen, andere wiederum wurden mit der Verbannung aus der Stadt bestraft.

Heimlich traf man sich freilich, um gegen den Tyrann auf der Trausnitz zu konspirieren. Hätte nicht die Frau des Dietrich Röckl in der Karfreitagnacht einen Liebhaber empfangen, vielleicht wäre sogar eine Revolution daraus geworden.

Die Röckels wohnten in einem der Türme der Stadtmauer, und die Röcklin erzählte dem heimlichen Gast, daß auch anderswo im Turm Leute heimlich beisammen seien. Sie redete und redete, der Galan aber – ein Bediensteter des Herzogs – lief schnell hinauf zur Burg und berichtete, was ihm erzählt worden war.

Der Wittelsbacher schickte seine Leute hinab zum Röckelturm. Von den etwa 50 Verschwörern konnten einige über die Mauer springen, die anderen wurden gefangen. Mit großer Grausamkeit nahm nun der kleine, schwarzhaarige Fürst seine Rache. Männer wurden geköpft oder geblendet, andere verloren eine Hand oder wurden verbannt.

Der Herzog aber wurde der Stadt und ihren Bürgern ein noch strengerer Herr. Ein Tyrann, wie sein italienischer Großvater Barnabas Visconti von Mailand einer gewesen war. Und seinen Beinamen »der Schwarze« verdankt dieser Bruder der »Schönen Els« sicher nicht allein seiner dunklen Haarfarbe.

Burggraf Friedrich VI. von Nürnberg; der Hohenzoller erhält die Mark Brandenburg von dem römisch-deutschen und ungarischen König Sigismund

Hohenzoller Herr der Mark

8. Juli 1411. Ein wahrhaft kaiserliches Geschenk für den 38jährigen Hohenzollern Friedrich VI.: Nach dem Tode des Markgrafen Jobst von Mähren verleiht ihm der neue König Sigismund die Mark Brandenburg. Die Bayern hatten zwar Berlin und Umgebung nach einer Herrschaft von 50 Jahren wieder verloren, doch mit der Frau des neuen Landesherren, der »Schönen Els« aus Landshut (→18. 9. 1401), zieht wieder ein Mitglied des Hauses Wittelsbach in Richtung Norden.

Der Hohenzoller war ungeliebt als Burggraf von Nürnberg und er wird nicht geliebt als Herr von Brandenburg: »Und wenn es ein ganzes Jahr Nürnberger regnete«, sagten einvernehmlich die Brandenburger Adligen, »so wollten wir die Schlösser doch für uns behalten.«

Sie hatten Grund für ihre Ablehnung. Ehe nämlich der Süddeutsche belehnt wurde, ging es anarchisch zu in der Mark, und etliche Adelsfamilien konnten daraus ihren Nutzen ziehen und sich bereichern.

Auch wenn Friedrich zunächst nur einen Vertreter schickt, ist doch die Zeit der Freiheiten und des raubritterlichen Treibens vorbei. Gar als der Hohenzoller 1415 die Mark erblich und mit der Kur erhält.

Mordanschlag nach Konzil

20. Oktober 1417. Dem lange währenden Streit folgt auf dem Konstanzer Konzil der offene Bruch: Als Herzog Ludwig der Bärtige vom Abendessen heimreitet, überfallen ihn Bedienstete seines Vetters, Herzog Heinrich des Reichen, und prügeln ihn beinahe zu Tode.

Den unmittelbaren Anlaß lieferte Ludwig, der vor den versammelten Konzilsgästen den Niederbayern verspottete. Der Landshuter hätte wenig Anlaß, so stolz zu sein, meinte er, schließlich wisse man ja, daß sein Vater nicht Herzog Friedrich sondern vielmehr dessen Koch sei.

Das war im Ärger hingesprochen. Auf dem Konzil war nämlich der Ingolstädter kurz zuvor in dem von ihm angestrengten Schiedsverfahren abgewiesen worden. In dem Prozeß war es darum gegangen, ob der Ingolstädter Herzog Stephan bei der Landesteilung von 1392 tatsächlich benachteiligt worden war.

Es mag so gewesen sein, und vor allem den Niederbayern glaubte Ludwig den Mehrgewinn genau vorrechnen zu können: Zehn Festen, sieben Städte und Märkte sowie sechs Landgerichte. Doch der streitsüchtige, anmaßende Herzog mit dem Barte vertrat seinen Anspruch so rabiat, daß sich zuletzt fast alle Fürsten gegen ihn verbündeten. In dieser Zeit der schnellen Allianzen kreiste Heinrich seinen Vetter ein und schuf auf diese Art und Weise eine schier aussichtslose Lage für den Herren aus Ingolstadt.

1420
1420–1429

1420. Der Bau der Stiftskirche in Polling bei Weilheim wird vollendet.

1. 3. 1420. Papst Martin V. ruft zum Kreuzzug gegen die Hussiten auf (→ab 1422).

Juli 1420/1422. Der Große Bayerische Krieg (bis 1422) beginnt. →

Ab 1422. Die Hussiten fallen unter Prokop dem Großen und Prokop dem Kleinen nach Franken, Bayern, Schlesien und Brandenburg ein. Besonders betroffen ist die Oberpfalz. →

2. 10. 1422. Der Waffenstillstand von Regensburg beendet den Großen Bayerischen Krieg.

6. 1. 1423. Der römisch-deutsche, ungarische und böhmische König Sigismund belehnt den Markgrafen Friedrich den Streitbaren von Meißen mit dem Kurfürstentum Sachsen. Es kommt zur Entzweiung zwischen dem Hohenzoller Kurfürsten Friedrich I. von Brandenburg (als Friedrich VI. Burggraf von Nürnberg), der sich Hoffnungen auf Kursachsen gemacht hat, und dem König.

22. 3. 1424. Der römisch-deutsche, ungarische und böhmische König Sigismund läßt die Reichskleinodien wegen der Hussitenkriege von Burg Karlstein bei Prag nach Nürnberg überführen. →

21. 5. 1425. Der Bau des Ingolstädter Marienmünster beginnt. →

13. 1. 1426. Kurfürst Friedrich I. (als Friedrich VI. Burggraf von Nürnberg) hält sich zum letztenmal in der Mark auf und übergibt die Regentschaft endgültig seinem ältesten Sohn Johann (der Alchimist).

1427. Die Hohenzollern verkaufen ihre burggräflichen Rechte an die Stadt Nürnberg, die damit volle Selbständigkeit erlangt. →

26. 4. 1429. Der Preßburger Spruch des römisch-deutschen und ungarischen Königs Sigismund beendet den seit 1425 andauernden Streit der bayerischen Teilherzöge um das Straubinger Erbe. Er lautet auf Vierteilung.

GESTORBEN:

6. 1. 1425. Den Haag: Johann III. (* 1373?, Le Quesney), Herzog von Niederbayern-Straubing und den Niederlanden 1417–1425; stirbt an den Folgen eines Giftanschlags.

26. 9. 1425. Preßburg: Sophie (* 1376), römisch-deutsche und böhmische Königin als Frau von Wenzel; Tochter von Herzog Johann II. von Niederbayern-Landshut bzw. Bayern-München.

Der Große Krieg in Bayern beginnt

Juli 1420 bis 1422. Jahrelang geht nun schon das Debattieren und Streiten darüber, ob Ludwigs Ingolstadt an Heinrichs Landshut aus dem Teilungsvertrag von 1392 (→19. 11. 1392) Ansprüche stellen kann. Gleichzeitig formieren sich aber bereits die Bündnisse, und sie sind fast ausnahmslos gegen den rabiaten Ludwig mit dem Barte gerichtet. Und der zieht zunächst gegen Herzog Heinrichs Schwager, den Nürnberger Burggrafen und Brandenburger Markgrafen Friedrich aufs Schlachtfeld.

Äußerer Anlaß: Friedrich hatte für den Kaiser gebürgt, als der vom Ingolstädter Geld lieh.

Herzöge Ernst, Wilhelm III. und Albrecht III. (Hoflacher Kapelle)

Der Große Krieg beginnt langsam. Nürnberg und Öttingen sind die ersten Ziele, Niederbayern folgt im Frühjahr 1421, und dann kündigt München Ludwig den Frieden.

Es steht nicht gut um den Ingolstädter, denn erringt er einen kleinen Sieg, folgt eine große Niederlage. So im September 1421, als er seine Leute heimlich gegen München ziehen läßt. Die Ingolstädter brennen Gauting, Germering sowie etliche andere Orte nieder, und der Rauch zeigt den Münchnern die Gefahr. Sie bewaffnen sich und können die Angreifer verjagen. Bei Alling und Hoflach kommt es zur Schlacht, in der sich Herzog Albrecht III. durch seine Tapferkeit auszeichnet. Am 2. Oktober 1422 wird in Regensburg Frieden geschlossen.

Straubinger Linie durch Gift beendet

6. Januar 1425. Sein ehemaliger Hofmarschall mischt Herzog Johann III. von Bayern-Straubing und Holland das tödliche Gift. Mit ihm als dem letzten männlichen Erben endet die vom Kaisersohn Albrecht I. abgeleitete Straubinger Linie.

Bruder Wilhelm hatte den Besitz geerbt, und da er keinen Sohn hinterließ (die Tochter Jakobäa aber das Erbe nicht antreten durfte), folgte nach seinem Tod 1417 Johann nach. Der freilich war seit 28 Jahren der ungeweihte Bischof von Brüssel, wo man ihn Jean sans pitié, Johann ohne Gnade, nannte. Nun, da er Herzog wird, resigniert und heiratet er. Am Ende aber, nach acht Regierungsjahren, tritt auch er ohne Erben ab. Den holländischen Besitz vermacht er dem Burgunderherzog Philipp dem Guten, dem Sohn seiner Schwester, Straubing aber wird unter den Wittelsbachern aufgeteilt.

Als seine Nachfolger treten an: Die Herzöge Ernst und Wilhelm III. von München, Heinrich der Reiche von Niederbayern und Ludwig der Bärtige von Ingolstadt.

Nürnberger kaufen sich ihre Freiheit

1427. Da sich zwei streiten, freut sich ein Dritter. Die Auseinandersetzungen Herzog Ludwigs des Bärtigen mit Markgraf Friedrich von Brandenburg, dem Nürnberger Burggrafen, bringen der Stadt endlich die so lange ersehnte und durch kleine Schritte vorbereitete Selbständigkeit.

Der Burggraf thronte über der Stadt, als aber der Rat 1385 das Schultheißenamt erhielt, war ein erster Sieg errungen. Und weitere Erfolge kamen hinterher. So 1388, als der Rat das Grundzinsrecht des Burggrafen in der Stadt ablöste, und 1391, als beim Ausbau der Stadtmauer der Burggraf zu Zugeständnissen gezwungen wurde. Vollends zum Besseren wendeten sich die Dinge für Nürnberg, als Herzog Ludwig im Oktober 1420 durch seinen Pfleger Christoph Laiminger die Burg der Hohenzollern zerstören ließ.

Da die Herren in Brandenburg zur Niederwerfung des Adels aber ohnedies Geld brauchten, waren sie 1427 bereit, die Burgruine und das Forstamt im nahen Reichswald an Nürnberg zu verkaufen.

Wagenburg der Hussiten; gut ausgerüstet ziehen sie plündernd und mordend durch die Lande und fallen immer wieder in der Oberpfalz ein

Hussiten wüten in Bayern

Ab 1422. Der Papst rief am 1. März 1420 zum Kreuzzug gegen die Hussiten auf und im Sommer zog König Sigismund, der seine eigene Rechnung mit dem hussitischen Böhmen aufmachen wollte, gegen Prag; die bayerischen Herzöge Heinrich und Ludwig an seiner Seite. Aber bei Wyschehrad wurde das deutsche Heer geschlagen und nun gehen die Hussiten zum Gegenangriff über. Plündernd und mordend ziehen sie unter den Feldherren Prokop der Kleine und Prokop der Große durch die Lande und fallen vor allem immer wieder in die Oberpfalz ein. Im Februar 1422 etwa überfallen sie

Eschelkam und Neunkirchen, ein andermal ziehen sie ins Straubinger Land oder gar bis gegen Nürnberg. Es fehlt nicht an Versuchen, dem Feind, der vor allem von 1424 an häufig einbricht, mit Truppen entgegenzutreten. Doch für die deutschen Krieger gibt es nur schmähliche, ruhmlose Niederlagen. Ihre Flucht beginnt häufig, noch ehe die Hussiten zum Sturm ansetzen.

Die Herzöge im geteilten Bayern, zumeist in eigene Streitereien verwickelt, leisten wenig im Kampf gegen die Eindringlinge. Ganz im Gegenteil zu ihren Oberpfälzer Verwandten Johann und Otto.

Reichskleinodien in Nürnberg verwahrt

22. März 1424. Um sie vor den Hussiten in Sicherheit zu bringen, läßt Kaiser Sigismund die Reichskleinodien – vier Jahre zuvor die hehren Symbole bei der eigenen Krönung – von seiner Burg Karlstein bei Prag »unwiderruflich und ewig« nach Nürnberg bringen, wo die Stadt sie in der Heilig-Geist-Kirche verwahrt und nur zur Krönung übergibt.

Die auf einem beinahe dreijährigen Umweg über Ungarn nach Nürnberg geretteten Symbole des Heiligen Römischen Reiches sind die Krone, der Reichsapfel mit dem Kreuz, das Zepter, das Reichs- und Zeremonienschwert, das Reichskreuz sowie der Behälter für die Reichsreliquien (die Heilige Lanze, Partikel des Heiligen Kreuzes).

Genau 100 Jahre vor der Überführung nach Nürnberg, unter König Ludwig dem Bayern, war der Kronschatz in München aufbewahrt worden. Über das Tiroler Kloster Stams kam er 1350 in den Prager Veitsdom und 1365 auf die Burg Karlstein.

Von Visegrad in Ungarn, wo Sigismund die Reichskleinodien nach dem Hussitenaufstand verwahrte, holten Georg Pfinzing und Sigmund Stromer von der Rosen sie gegen Zahlung einer Kanzleigebühr von 1000 Gulden auf einem Fuhrwerk, verborgen unter einer Ladung Fische, in aller Heimlichkeit nach Nürnberg. Nicht einmal der Fuhrmann soll gewußt haben, welch wertvolle Fracht er transportierte.

Baubeginn des Ingolstädter Doms

21. Mai 1425. *Mit dem vielen Geld, das er aus Frankreich mitbrachte, kann der 60jährige Herzog Ludwig von Ingolstadt nun das Werk beginnen – den Bau einer 87 m langen, 31 m breiten und 27,5 m hohen gotischen Hallenkirche, für die ihm möglicherweise Hans Stethaimer die Pläne lieferte. Sicher auf Wunsch des Fürsten weicht man an einer Stelle vom vertrauten Schema ab: Französischen Beispielen folgend stellt man die beiden wuchtigen Türme über Eck. »Zur Schönen Unserer Lieben Frau« (Abb. Innenansicht) wird als Grabkirche des Auftraggebers gebaut.*

1430

1430–1439

1431. Der Augsburger Dom wird geweiht.

1432. Der Bau des Neuen Schlosses in Ingolstadt wird vollendet. →

1432. An der Südseite der Landshuter Martinskirche befindet sich eine Büste des Baumeisters Hans Stethaimer. →

21. 9. 1433. Ein Hussitenheer, das bis vor Nabburg gezogen ist, wird in der Schlacht bei Hiltersried besiegt. →

1436. Der Bau des Alten Rathauses in Lindau am Bodensee wird vollendet. →

7. 6. 1437. Kurfürst Friedrich I. teilt seine brandenburgischen und fränkischen Lande. →

Um 1438. In Nürnberg werden Handspritzen zum Feuerlöschen verwendet.

1438. Es kommt zu einem fast fünf Jahre dauernden Krieg zwischen Herzog Ludwig VII., dem Bärtigen, von Bayern-Ingolstadt und seinem Sohn Ludwig VIII., dem Buckligen. Ludwig der Bucklige fürchtet, von der Erbfolge ausgeschlossen zu werden.

2. 7. 1438. Nach dem Tod von Ernst wird sein Sohn Albrecht III. Herzog von Bayern-München.

Nach 1439. Hans Multscher schnitzt die Landsberger Muttergottes (Landsberg, Stadtpfarrkirche). →

1439/40. Die böhmischen Stände wählen Herzog Albrecht III., den Frommen, von Bayern-München zum König von Böhmen; Albrecht verzichtet jedoch. →

GESTORBEN:

10. 8. 1432. Landshut: Hans Stethaimer, eigentlich Hans von Burghausen (* um 1350/60, Burghausen), Architekt, Steinmetz und Maler. →

12. 9. 1435. München: Wilhelm III. (* 1375, München), Herzog von Bayern-München 1397–1435.

12. 10. 1435. Straubing: Agnes Bernauer (*?), nicht standesgemäße Frau des späteren Herzogs Albrecht III. von Bayern-München, wird in der Donau ertränkt. →

2. 7. 1438. München: Ernst (* 1373), Herzog von Bayern-München 1397–1438.

GEBOREN:

1434. Nürnberg: Michael Wolgemut († 30. 11. 1519, Nürnberg), Maler und Zeichner für den Holzschnitt.

26. 7. 1439. Straubing (?): Sigmund († 1. 2. 1501, Schloß Blutenburg bei München), Herzog von Bayern-München.

Agnes Bernauer in der Donau ertränkt

12. Oktober 1435. Der Landshuter Herzog Heinrich der Reiche schickt seinem Vetter Albrecht in Straubing eine Einladung zur herbstlichen Jagd. Während der junge Herzog dem Vergnügen entgegenreitet, wird daheim in Straubing seine Frau, die Agnes Bernauer, aus dem Schloß geholt, durch Herzog Ernst vor Gericht gestellt, zum Tode verurteilt, nach der Verkündigung des Urteils in die Donau gestoßen und ertränkt.

Ein dynastisches Problem ist damit im wahrsten Sinn des Wortes aus der Welt geschafft und die Angst der Münchner gebannt. Sie hatten nämlich befürchtet, nach dem Tode von Herzog Ernst an den Landshuter

Das Gefängnis der Agnes Bernauer in Straubing (Stahlstich 1854)

Stahlstich der Sühnekapelle für Agnes Bernauer (München 1854)

Heinrich zu fallen, wenn der Nachfolger in einer nicht standesgemäßen Ehe lebe.

Die Liebesgeschichte soll im Fasching 1428 während eines Turniers in Augsburg angefangen haben. Damals lernte der 27jährige Münchner Prinz Albrecht die Baderstochter Agnes Bernauer kennen.

Wie fanden sie zueinander? Wann und wo sahen sie sich wieder? Nichts ist über die Anfänge dieser Liebe bekannt, doch im Frühjahr 1432 lebte sie auf Schloß Vohburg, und dort heirateten sie in aller Heimlichkeit. Im Jahre nach ihrer Hochzeit zogen die beiden Liebesleute nach Straubing, und alle Welt konnte nun sehen, daß die ehemalige Badmagd und der Erbe des Herzogtums Bayern-München als Frau und Mann zusammenlebten.

Grabplatte für Agnes Bernauer in der Straubinger Gedächtniskapelle

Der herzogliche Vater hatte seinen Sohn in das Schloß zu Straubing geschickt, damit er dort jenen Landesteil verwalte, der beim Tod von Johannes III. an die Münchner gefallen war. Herzog Ernst mochte hoffen, daß sich die Leidenschaft seines Sohnes im täglichen Umgang ablebe und verflüchtige.

Doch Agnes und Albrecht ließen nicht voneinander, auch nicht, als man den jungen Herzog – sonst doch einer der angesehensten Männer – 1434 zu Regensburg wegen seiner Agnes vom Turnier zurückwies.

Als Herzog Wilhelm, der Bruder und Mitregent von Herzog Ernst, am 12. September 1435 starb, war Albrecht der nächste Anwärter auf das Herzogtum (denn der Sohn von Herzog Wilhelm war erst ein Jahr alt). Doch dieses Herzogtum konnte einem, der in morganatischer Ehe lebte, nicht verliehen werden. In dieser Situation – und nachdem gutes Zureden keine Änderung brachte – entschloß sich Vater Ernst, um des Landes willen dem Glück der Liebenden ein Ende zu machen: Die Bernauerin mußte sterben!

Nach der Ermordung seiner Herzogin flüchtet Albrecht in seinem Zorn zum Ingolstädter Vetter Ludwig, der mit allen Wittelsbachern im Streit lebt. Diesem zweifelhaften Verbündeten hält er freilich nicht lange die Treue. Nach ein paar Monaten treffen der Vater und der Sohn wieder zusammen, und am 6. November 1436, ein Jahr und drei Wochen nach der Hinrichtung der Herzogin Agnes, heiratet Albrecht in standesgemäßer Ehe die Tochter des Herzogs von Braunschweig. Und sie gebiert ihm zehn standesgemäße Kinder. München und das Bayernland sind zufrieden.

Herzog Ernst aber errichtet 1436 im Straubinger Friedhof von St. Peter eine Gedächtniskapelle für seine ermordete Schwiegertochter. Der Gedenkstein aus rotem Marmor zeigt das Bild der toten Herzogin.

Herzog Ernst schreibt seinem Sohn

Am 20. Mai 1435 schreibt Herzog Ernst seinem Sohn Albrecht einen Brief, in dem er ihn einlädt, zu ihm zu kommen und »all sach« (was wohl heißt: die bernauerische Angelegenheit) zu besprechen:

»Hochgeborner furste, lieber sun... So sein wir eu auch von gotlicher gesaze und vaterlichet treuen wegen schuldig, das wir eur wirde nuz und fromen stäticlich betrachten und bewaren, das wir auch als ain getreuer vatter gern tun wellen, und darinn gen eur lieb gar nichtz sparen: so seit ir uns von sönlicher undertenikeit wegen schuldig, in allen sachen gevolgig und gehorsam ze sein. Darumb, lieber sün, so trauen wir eu wol, ir kompt zu uns herauf, so wellen wir alle sach, die unßer und eur notdurft, auch wird und frommen antreffen sind, mit eu treulich und vaterlich reden und darauf eur antwort guetlich hören...«

Neues Schloß Ingolstadt

1432. An den Höfen fragt man sich natürlich, ob der bärtige Herzog Ludwig aus Ingolstadt seinen großen Wohlstand rechtmäßig erworben hat. Sicher, er hat zweimal in reiche französische Familien eingeheiratet, und seine Schwester ist Königin von Frankreich. Aber er muß mehr erhalten haben, als ihm rechtens zukommt, sonst könnte er nicht in so großem Stile auftreten. Denn dieser Herzog Ludwig baut an dem großen Liebfrauenmünster, er führt Krieg, er zahlt Bestechungsgelder, und neben all dem baut er seit 1417 am Ostrand seiner Residenzstadt, nahe der Donau, das Neue Schloß, das 1432 fertiggestellt wird – einen altbayerisch-wuchtigen, zunächst vierstöckigen Bau mit gotischen Türmen, deren mächtigster nach französischer Manier übers Eck gestellt ist.

Der Fahnensaal des Bayerischen Armeemuseums, das 1972 im Neuen Schloß in Ingolstadt eröffnet wird

Porträt von Stethaimer

1432. Mit der Schreibung seines Namens gibt man sich wenig Mühe. Man nennt ihn Stethaimer, Stettenheimer oder Stetthamer, spricht von Hans dem Älteren, Meister Hans und Hans von Burghausen. Auf seinem Grabstein aber steht: »Anno dni MCCCCXXXII starb hanns stainmetz…«
Wie der Mann aussah, dessen Name so wenig gesichert ist, soll die Nachwelt erfahren: An der Südseite der Kirche St. Martin in Landshut ist auf einer Konsole über dem Grab die Büste des Baumeisters angebracht – das (vielleicht von Hans Stethaimer selbst geschaffene) Porträt eines hageren, kahlköpfigen alten Mannes mit eingefallenen Wangen und verkniffenem Mund. Von dem um 1350/60 zu Burghausen geborenen Baumeister, Steinmetz und Maler sind sieben spätgotische Hallenkirchen bekannt, wahrscheinlich hat er aber vornehmlich in 40 oder 50 Gotteshäusern Niederbayerns geschaffen.

Büste des Architekten und Steinmetzen Hans Stethaimer an der Südseite der Landshuter St. Martinskirche

Das Neue Schloß in Ingolstadt wurde von 1418 bis 1432 von Herzog Ludwig dem Bärtigen erbaut. Der wehrhafte Charakter des dreigeschossigen Schlosses, das teilweise noch von einem Graben umfaßt wird, erklärt sich aus seiner Lage an der südöstlichen Ecke der erweiterten Befestigungsanlagen. Die Innenräume zählen zu den schönsten Leistungen der spätgotischen, weltlichen Architektur. Im Zweiten Weltkrieg wird das Schloß schwer beschädigt. Ab 1963 restauriert, beherbergt es danach das Bayerische Armeemuseum.

Baumeister Hans Stethaimer tot

10. August 1432. Obwohl Hans Stethaimer – sein eigentlicher Name ist Hans von Burghausen – 70 oder 80 Jahre alt wird, ist an seinem Todestag keine seiner großen Kirchen vollendet. Überall wird noch gebaut, in Straubing an der Karmeliter- und der Jakobskirche (seinem letzten Werk), in Salzburg, in Neuötting und in Wasserburg.

Am Hauptwerk des Architekten, dem Landshuter Martinsmünster, arbeitet man bereits seit 45 Jahren; in Stethaimers Todesjahr ist das westliche Hauptportal fertiggestellt, die Bauleute werden noch viel Zeit brauchen, ehe sie das Gewölbe mauern können.

Markgraf teilt seine Ländereien

7. Juni 1437. Da sie sich mit den Nürnbergern immer schwer taten, wichen die Hohenzollern sehr früh schon aus und sammelten große Ländereien ringsum.

Der Besitz ist schließlich so groß, daß Kurfürst Friedrich I. vier Söhne beschenken und so vier Herrscherlinien begründen kann.

Johann der Alchimist erhält das Oberland mit Bayreuth, Kulmbach und Erlangen, Albrecht Achilles erbt das Unterland um Ansbach.

Die brandenburgischen Landesteile fallen an seine Söhne Friedrich II. und Friedrich III.

Nobles Rathaus für Reichsstadt Lindau

1436. Das alte Rathaus am Lindauer Marktplatz brannte 1262 ab, und es verging sehr viel Zeit, ehe nun zwischen dem Brot- und dem Fischmarkt, an der Stelle eines Rebgartens, ein neues, gotisches Rathaus fertiggestellt ist – das später Altes Rathaus genannt wird.

Man baut nobel, schließlich ist Lindau seit 1396 eine Reichsstadt, und ein Großteil des deutschen Italienhandels wird hier abgewickelt. Der breite, großbürgerlich wirkende Bau mit dem Treppengiebel wird oft verändert. Charakteristisch bleibt der Verkünder-Erker, von dem aus den Bürgern die Verordnungen verlesen wurden. Zu ihm empor führt eine überdachte Außentreppe.

Hussiten-Schlacht bei Hiltersried

21. September 1433. Die Hussiten rücken wieder an. Im September 1433 zieht ein Heerhaufen aus den böhmischen Wäldern in Richtung Waldmünchen. In der Kirche seiner kleinen Residenzstadt Neunburg vorm Wald wirft sich Pfalzgraf Johann auf den Boden und bittet um Gottes Hilfe. Und das Gebet wird erhört: Die Oberpfälzer sind zwar nur mit Sensen und Dreschflegeln bewaffnet, doch sie siegen. Auf dem »Hussitenbühl« bei Hiltersried liegen nach der Schlacht vom 21. September nahezu anderthalbtausend tote Hussiten. Hier, zwischen Rötz und Waldmünchen, verloren sie erstmals eine Schlacht.

Albrecht lehnt Königskrone ab

1439/40. Albrecht III. ist etwa anderthalb Jahre Herzog von Oberbayern, als man ihm die Krone Böhmens anträgt. Die Einladung zu dieser Standeserhöhung gefällt ihm. Aber bald schon plagen ihn Zweifel. Er ist bei einer Tante in Prag aufgewachsen und spricht Tschechisch, die Voraussetzungen wären also gut. Doch dem Böhmenkönig Albrecht war nach dem Tode ein Sohn Ladislaus geboren worden, und ihm, meint der Bayer, stehe die Krone zu. Außerdem ist für ihn die Bedingung unannehmbar, daß Bayern an Böhmen angeschlossen werde. Albrecht lehnt ab und wird für so viel Edelsinn gepriesen.

Multscher schnitzt Landsberger Madonna

Nach 1439. *Der aus dem Allgäu stammende Maler und Bildhauer Hans Multscher schnitzt aus elf Lindenholzstücken eine Madonna mit Kind und Krone, die zunächst für einen privaten Hausaltar bestimmt ist und später in dem von Dominikus Zimmermann geschaffenen Landsberger Rosenkranzaltar aufgestellt wird (Abb.).*

Die Zeit der »Schönen Madonnen« geht zu Ende, als in Multschers Ulmer Werkstatt diese Figur entsteht. Sie vereint die Merkmale des »Weichen Stils« mit einer neuen, realistischeren Kunstauffassung.

Christoph III., König von Dänemark, Norwegen und Schweden

Wittelsbacher wird König Skandinaviens

10. April 1440. Christoph, das jüngste Kind des wittelbachischen Pfalzgrafen Johann (genannt »der Neumarkter«), wird zum König von Dänemark und wenig später auch von Norwegen und Schweden gewählt. Zuvor hatten die Skandinavier seinen unfähigen Onkel Erich aus ihren Ländern vertrieben.

Der in der Oberpfalz geborene Wittelsbacher macht Kopenhagen zur Hauptstadt und erläßt das erste schwedische Landrecht. Keine acht Jahre nach seinem Regierungsantritt, am 5. Januar 1448, stirbt Christoph III. mit knapp 32 Jahren.

Ingolstädter Familienkrieg

4. Oktober 1443. Wieder ein Wittelsbachischer Erbschaftskrieg – in Ingolstadt ziehen Vater und Sohn gegeneinander zu Feld. Zuletzt aber gibt es keinen Sieger. Die Bühne wird geräumt für ein neues Kapitel. Von seinen vier Kindern aus zwei Ehen ist Ludwig dem Bärtigen nur der Erstgeborene, Ludwig, am Leben geblieben, ein schlauer Bub mit spindeldürren, langen Beinen und einem Buckel, der ihm den Beinamen »der Höckrige« oder »der Bucklige« einbringt.

Zu diesem einen kam freilich noch ein zweiter, vielgeliebter, mit Geschenken verwöhnter Sohn zur linken Hand (eines von vielen unehelichen Kindern, wie es heißt). Die

Ludwig der Bärtige Bayern-Ingolstadt, Vater Ludwigs des Buckligen

Mutter, Canetta Swelher, wird vom Herzog mit einem Herrn von Freiberg verheiratet, und nach diesem Stiefvater heißt der Bastard Wieland von Freiberg.

Der 1403 in Paris geborene Ludwig mit dem Buckel sieht mit Mißtrauen und Unbehagen, wie sein Stiefbruder bevorzugt auf Wunsch von Herzog Ludwig dem Bärtigen vom Papst legitimiert wird. Das Erbe scheint ihm in Gefahr, und der einzige Weg, es zu retten, scheint ihm ein Krieg gegen den künftigen Erblasser, gegen den eigenen Vater.

Zunächst heiratet der ungeliebte Herzogssohn die Tochter von Vater Ludwigs ärgstem Feind, dem Markgrafen Friedrich von Brandenburg, dann sammelt er Verbündete – die wittelsbachischen Verwandten sind zur Stelle –, und am 27. Januar 1439 beginnt der Krieg.

Es vergehen fast fünf Jahre, bis der Bärtige am 4. Oktober 1443 zu Neuburg/Donau gefangen wird.

Mit dem Krieg endet aber auch schon fast die Geschichte jener Linie Bayern-Ingolstadt, die sich bis zum Krieg zerstritten hat: Wieland von Freiberg, dessentwegen alles begonnen wurde, stirbt bereits im November 1439, Ludwig der Bucklige folgt im April 1445, und das Leben des Bärtigen endet in der Nacht vom 1. zum 2. Mai 1447 in der Gefangenschaft seines Vetters, Herzog Heinrichs des Reichen, auf der Veste Burghausen. Bis zuletzt hat er es abgelehnt, sich freizukaufen.

Bandschärpe des Ordens vom heiligen Hubertus mit Bruststern

Orden des heiligen Hubertus gegründet

26. März 1445. Die Belehnung mit dem Herzogtum Jülich-Geldern war dem Grafen Gerhard von Ravensberg nicht vergönnt. Mit seinen Soldaten rückte der Graf von Egmont an, um sich das Land zu erobern. Am Hubertustag 1444, dem 31. November, gelang dem Ravensberger der für unmöglich gehaltene Sieg.

Aus Dankbarkeit für diesen Erfolg stiftet er ein knappes halbes Jahr später eine Bruderschaft für Herren und Damen hohen Standes, den Orden des heiligen Hubertus. Aus dieser Gemeinschaft wird später der wittelsbachische Hausorden.

Beginn der Meistersinger mit Rosenplüt

1447. Eigentlich ist Hans Rosenplüt ein Waffenschmied. Man nennt ihn Rot-, dann wieder einen Goldschmied und sagt auch, er sei Panzerhemden- und Büchsenmacher, ein Zulieferer also für die händelsüchtigen Zeitgenossen. Sein Gewerbe läßt ihm aber doch die Zeit, neben dem Eisen auch noch Verse zu schmieden – recht grobianische Verse zum Teil, ganz im Stil der Zeit.

Im Jahr 1447 – er ist wahrscheinlich knapp unter 50 Jahre alt – schreibt er einen »Spruch von der Stadt Nürnberg«, ein Loblied auf jene Stadt, in der er seit 1426 lebt und 1427 das Meisterrecht erhielt.

Rosenplüts literarisches Programm ist vielfältig. Er verfaßt geistliche Reden, politische Sprüche, schwankhafte und ernste Erzählungen sowie Fastnachtsspiele, deren Nürnberger Tradition mit Rosenplüt – dem, wie es oft heißt, ersten Meistersinger – um die Mitte des 15. Jh. einsetzt.

Der Meistersang, die zunftmäßig betriebene Liedkunst, hat seinen Ursprung in Mainz. 1449 entsteht die älteste bayerische Meistersingergesellschaft in Augsburg.

Titelblatt des 1447 entstandenen »Spruch von der Stadt Nürnberg«; das Loblied auf die Stadt verfaßt Hans Rosenplüt, ein Schmied mit literarischer Ader

Astronomie-Buch von Regiomontanus

1448. Mit zwölf Jahren geht Johannes Müller von seinem Geburtsort Königsberg bei Haßfurt zum Studium der Alten Sprachen und der Mathematik nach Leipzig.

Schon in seinem ersten Studienjahr berechnet Müller ein astronomisches Jahrbuch, und da es für ihn (der sich nach dem lateinischen Namen seines Geburtsortes Regiomontanus nennt) in Leipzig nicht viel zu lernen gibt, zieht er bald schon nach Wien, zu Georg von Feuerbach, einem der großen Mathematiker seiner Zeit.

Mit Feuerbach zusammen beobachtet Regiomontanus in Melk eine Mondfinsternis. Damit, so heißt es, beginne die moderne Astronomie.

Fenster für Kirche zu Jenkofen gespendet

1447. Herzog Heinrich der Reiche von Landshut sieht streng darauf, daß das Geld im Kasten bleibt, doch als in seiner Residenzstadt ein Dom gebaut wird, spendet er großzügig, und er hat auch eine offene Hand, als für das kleine, spätgotische Kirchlein zu Jenkofen, etliche Kilometer östlich von Landshut, Fenster gebraucht werden.
Auf einem von ihnen ließ sich der Spender darstellen; als armer Sünder, in Ritterrüstung mit weißblau rautetem Überwurf, kniet er auf einem kantigen Stück Holz. So erbittet er Gnade von den heiligen Damen Barbara, Elisabeth, Margareta und Katharina. Die Umschrift enthält Name und Motto: »h. (Heinrich) wult got« (Abb.)

Bücher des Arztes Hartlieb

1448. Der Ingolstädter Herzog Ludwig der Bärtige hat ihn studieren lassen, und seither lebt dieser Johannes Hartlieb im Umkreis der hohen Herrschaften. Von 1440 an ist er sogar Leibarzt bei Herzog Albrecht III. in München.
Man sagt, der Fürst sei zugleich der Schwiegervater des Medicus: Hartlieb soll nämlich Sibilla Neufarer, eine Tochter aus der Ehe Albrechts mit der Bernauerin, geheiratet haben.
Der Leibarzt, übrigens einer der Hauptschuldigen an der Münchner Judenvertreibung von 1442, muß viel freie Zeit haben, denn er schreibt und übersetzt mit großem Eifer Bücher über die unterschiedlichsten Themen, über die »Kunst des gedächtnüsz«, über die Handlesekunst, über den Einfluß der Sterne …

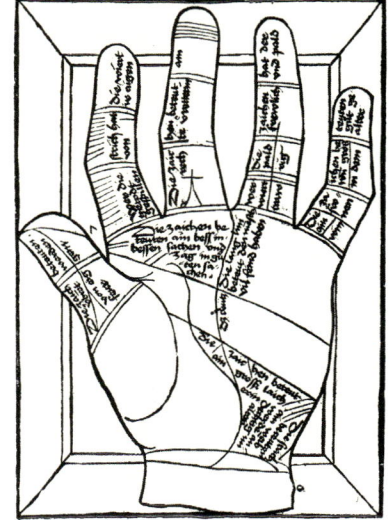

Seite aus dem Buch des Medicus J. Hartlieb über die Handlesekunst, das er im Jahr 1448 veröffentlicht

1450

1450–1459

Um 1450. Das Augsburger Ratsmitglied Sigmund Gossembrot gründet in Augsburg einen Humanistenkreis.→

Um 1450. Die Madonnenfigur von St. Severin in Passau wird geschaffen.

30. 7. 1450. Nach dem Tod von Heinrich XVI., dem Reichen, wird sein Sohn Ludwig IX., der Reiche, Herzog von Bayern-Landshut und Bayern-Ingolstadt.

16. 12. 1450. Im Erdinger Vertrag gesteht Herzog Ludwig IX. seinem Vetter Herzog Albrecht III. von Bayern-München eine Entschädigung für Bayern-Ingolstadt zu.→

18. 4. 1451. Markgraf Albrecht III. Achilles von Brandenburg versucht seit 1449 im 1. Markgräflerkrieg, sein Territorium in Franken zu erweitern. Er scheitert am Widerstand der Stadt Nürnberg.→

September 1451. Der Wittelsbacher Friedrich I., der Siegreiche, wird Kurfürst von der Pfalz.

1455. Herzog Albrecht III., der Fromme, von Bayern-München wandelt das Kanonikerstift Andechs in ein Benediktinerkloster um.→

1456. Die Wallfahrt von Tuntenhausen ist erstmals bezeugt.→

Um 1458. Erster deutscher Buchdrucker außerhalb von Mainz ist Albrecht Pfister, der in Bamberg zu drucken beginnt.→

GESTORBEN:

Um 1450. Hans Schiltberger (* September 1380, bei Schiltberg bei Aichach?), Orientreisender und Schriftsteller, Kämmerer des Herzogs Albrecht III. von Bayern-München.→

30. 7. 1450. Landshut: Heinrich XVI., der Reiche (* 1386), Herzog von Bayern-Landshut 1393–1450.

1457. Augsburg: Andreas Fugger (»Fugger vom Reh«), der Reiche (*?), Kaufmann.

GEBOREN:

5. 6. 1450. München: Christoph der Kämpfer († 15. 8. 1493, auf Rhodos), bayerischer Herzog.

Vor 15. 8. 1455. Landshut: Georg der Reiche († 1. 12. 1503, Ingolstadt), Herzog von Bayern-Landshut.

1. 2. 1459. Wipfeld bei Schweinfurt: Konrad Celtis († 4. 2. 1508, Wien), Humanist.

6. 3. 1459. Augsburg: Jakob II. Fugger, der Reiche († 30. 12. 1525, Augsburg), Handelsherr und Bankier.

Gossembrot fördert den Humanismus

Um 1450. Am Augsburger Bischofshof des Peter von Schaumburg wird der aus Italien kommende Humanismus interessiert aufgegriffen, später beschäftigen sich damit auch einige Augsburger Bürger, allen voran Sigmund Gossembrot. Er sammelt um sich einen Humanistenkreis, zu dem etwa der Stadtarzt Hermann Schedel und der Stadtschreiber Valentin Eber gehören. In ihren Briefen zeigen sie ihre Kenntnis in der römischen wie auch in der modernen, der humanistischen Literatur Italiens.
Die Gossembrots gehören zu den großen Augsburger Kaufmannsgeschlechtern. Und Sigmund, ausgebildet an der Universität Wien, wird den ihm vorbestimmten Weg einschlagen: Er wird Kaufmann und heiratet in die reiche Augsburger Kaufmannsfamilie der Artzt ein. Doch mehr als die Bilanzen faszinieren ihn die antiken Autoren und die Alte Geschichte. Dem Benediktinerpater Meisterlin gibt er daher den Auftrag, eine Geschichte der Stadt Augsburg zu schreiben – im Jahr 1456 kann er dem Bischof die »Chronographia Augustensium« überreichen.
Mit 24 Jahren war Gossembrot Mitglied des Rates geworden, mit 40 sitzt er im exklusiven Kleinen Rat und ein Jahr später, 1458, ist er Bürgermeister. Dieses Amt gibt er 1461 auf und tritt in ein Kloster ein.

Die Abenteuer des Hans Schiltberger

Um 1450. Es gab zu seinen Zeiten wohl niemanden im Herzogtum, der mehr von der Welt erzählen konnte als Hans Schiltberger, der um 1450 als Kämmerer von Herzog Albrecht III. stirbt: Mit knapp 16 Jahren war er als Knappe anno 1396 auf Kreuzfahrt gegangen und bei der Niederlage von Nikopolis in Gefangenschaft geraten. Sultan Bajasid ließ 1000 seiner Gefangenen hinrichten, doch da Schiltberger so jung war, schenkte man ihm das Leben. Er wurde Leibsklave, Läufer und schließlich berittener Diener. Er war einem Krieg entkommen, um anschließend in viele andere Kriege zu ziehen, immer tiefer in den Orient hinein, bis Sibirien.
Erst 1427 gelang ihm die Flucht, heim nach Bayern.

Erdinger Vertrag sanktioniert Unrecht

16. Dezember 1450. Im Januar 1447 starb in seiner Burghauser Gefangenschaft der 81jährige Ingolstädter Herzog Ludwig der Bärtige. Bis zuletzt hatte er alle Angebote, sich freizukaufen, hartnäckig, stolz und bestimmt zurückgewiesen.

Da Herzog Ludwigs einziger ehelicher Sohn bereits im April 1445 verstorben war, stand das Herzogtum Ingolstadt nun zur Disposition. Der Münchner Herzog Albrecht III. hoffte, der Kaiser werde ihm seinen gerechten Anteil zuweisen. Er wollte nicht vorschnell handeln und niemanden provozieren.

Während er also auf noble Weise zauderte, nutzte der reiche Vetter Heinrich aus Landshut die Gunst der Stunde. Obwohl die Ingolstädter lieber Albrecht als neuem Herzog huldigen wollten, wurde das Teilherzogtum durch schnellen Zugriff niederbayerisch. Und der Kaiser stimm-

Ludwig IX. von Bayern-Landshut und Bayern-Ingolstadt, der Nutznießer des Erdinger Vertrages

te dem nachträglich zu. Gewalt siegte hier über das Recht.

Lange konnte sich freilich Heinrich der Reiche des unrechten Gutes nicht erfreuen. Am 30. Juli 1450 starb er an der Pest, und sein Sohn Ludwig der Reiche setzt sich schon wenige Monate später, am 16. Dezember 1450, in Erding mit seinem Münchner Verwandten zusammen, um in die Ingolstädter Angelegenheit Recht und Ordnung zu bringen. Doch im Erdinger Vertrag wird das getane Unrecht nur verbrieft und der friedliebende Albrecht mit ein paar kleinen Ländereien und etwas Geld abgespeist.

Der Herzog von Bayern-München verzichtet auf seine berechtigten Ansprüche und gibt darüber hinaus noch, gegen eine finanzielle Entschädigung, seine in der Wachau gelegenen Landgüter an den reichen Vetter Ludwig in Landshut.

Bamberg nach Mainz zweite Druckerstadt

Um 1458. Nachdem Gutenberg sein Werk getan und 1445 die Bibel als erstes Buch mit beweglichen Lettern 42zeilig gedruckt hatte, präsentierte sein Kreditgeber Fust die Rechnung. Und Gutenberg mußte ihm, da er nicht zahlen konnte, den Druckapparat überlassen. Für seine um 1458 gedruckte 36zeilige Bibel findet er in Albrecht Pfister aus Bamberg einen neuen Partner. So wird Bamberg nach Mainz zur zweiten deutschen Druckerstadt.

Wie die beiden Männer zueinander finden ist nicht bekannt; möglicherweise arbeitet Pfister zunächst als Formschneider für Gutenberg, und da in Mainz Johann Fust mit seiner Druckmaschine sitzt, könnte es sein,

Einführung des Buchdrucks in Bamberg, der nach Mainz zweiten Druckerstadt im Hl. Römischen Reich

daß Gutenberg und Pfister die 36er Bibel in Bamberg drucken. Wenig später, 1461, bringt Pfister in seiner Heimatstadt den »Ackermann aus Böhmen« und ein Fabelbuch, »Boners Edelstein«, heraus, ein Jahr später folgen »Die vier Historien«.

Die Kenntnis des neuen Druckverfahrens verbreitet sich schnell: In Augsburg wird sie seit 1468 von Günther Zainer angewandt, um das Jahr 1470 ist in Nürnberg der ehemalige Gutenberggehilfe Johann Sensenschmidt als Drucker nachweisbar, von 1480 an druckt Albert Kunne in Memmingen. Etwa zur gleichen Zeit steht auch in Passau eine Druckpresse.

Nürnberg siegt im 1. Markgräflerkrieg

18. 4. 1451. Im Jahr 1440 übernahm der 26jährige Albrecht III. Achilles, ein Sohn des Markgrafen Friedrich von Brandenburg und der wittelsbachischen »schönen Els«, von Ansbach aus die Herrschaft über den ihm zugeteilten, territorial zerfaserten fränkischen Besitz.

Der Ehrgeiz des brandenburgischen Fürsten ist groß, denn er will unter Berufung auf sehr vage Rechte für seine Hohenzollernfamilie ein Herzogtum Franken schaffen.

Diesem Ansinnen Albrechts stehen vor allem das Hochstift Würzburg und die Reichsstadt Nürnberg mit Entschiedenheit entgegen.

Im 1. Markgräflerkrieg von 1449 bis 1451 scheitert der Versuch, Nürnberg zu unterwerfen. Mehrere Siege machten Albrecht zwar Hoffnung, zuletzt aber, am 11. März 1450, unterlag er. Die Schlacht, in der Nürnbergs Reiterei die Hoffnungen des Hohenzollern zunächst zerstörte, heißt der »Streit bei Weier«,

da die Nürnberger Patrizier am Schlachtort Pillenreuth, am Rande des Reichswaldes (südwestlich von Nürnberg-Langwaser), zahlreiche Fischteiche angelegt hatten.

Der am 18. April 1451 geschlossene Frieden von Laufen bringt keine territorialen Veränderungen – der Traum vom fränkischen Herzogtum wird nicht erfüllt.

Markgraf Albrecht III. Achilles aber erhält aber trotz der Niederlage von Nürnberg 25 000 Gulden.

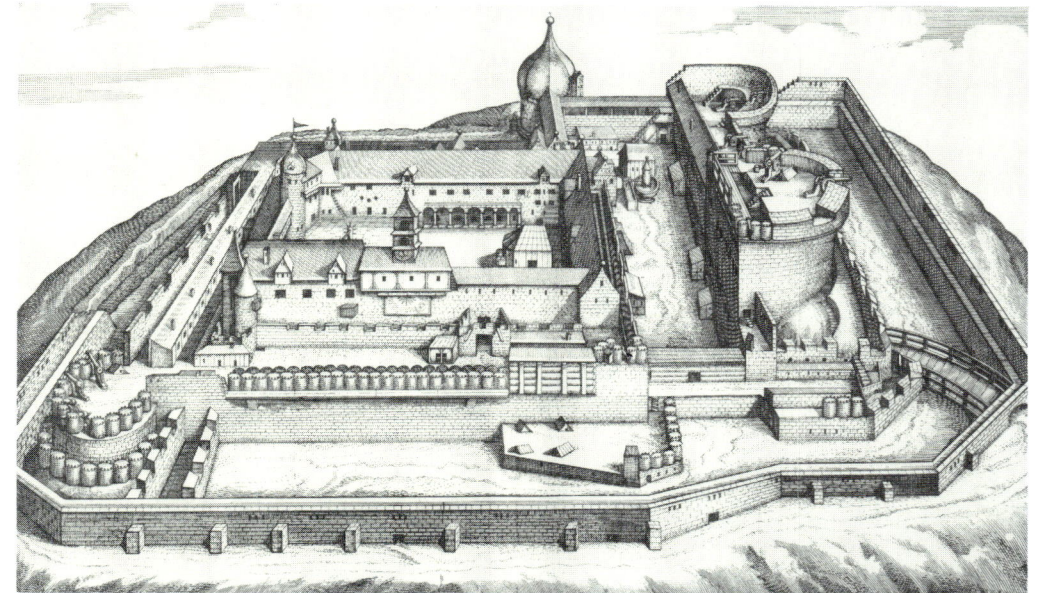

Schloß Plassenburg bei Kulmbach (Kupferstich nach Matthäus Merian, 1648). Die Plassenburg, die schon im 12. Jh. existiert haben muß, kam 1340 mit Kulmbach an die (Hohen-) Zollern. 1397 wurde die fürstliche Hofhaltung in die Festung verlegt, wo sie bis 1602 (Übersiedlung nach Bayreuth) bleibt

Wunderbare Heilung in Tuntenhausen

1456. Die Kirche von Tuntenhausen – Toutinhusa hieß es einst – war schon 1221 den Augustinerchorherrn von Beyharting übergeben worden. Als eine Bäuerin aus dem Weiler Brettschleipfen nach einem Gebet vor dem Marienbild von Tuntenhausen auf wunderbare Weise geheilt wird, entsteht hier eine der ersten großen Wallfahrten Bayerns. Und zugleich eine der bedeutendsten: Nach Tuntenhausen werden neben Bürgerlichen und Adligen bald auch die Wittelsbacher pilgern und stiften. Die auf einer Anhöhe im Dorf stehende Mariä Himmelfahrt-Kirche erlebt mehrere Umbauten.

Benediktinerkloster auf dem »Heiligen Berg« in Andechs, gegr. 1455

Benediktinerkloster Andechs gegründet

1455. Seit die Heiltümer wieder in Andechs waren, nahm die Schar der Pilger ständig zu. Daher beschloß Herzog Ernst von München, auf dem »Heiligen Berg« – zu dieser Zeit wurde der Name gebräuchlich – an der Stelle der verfallenen Nikolauskapelle eine größere Kirche zu bauen und ein Chorherrenstift für Weltpriester zu errichten.

Was Ernst begann, setzt sein Sohn Albrecht III. fort. Als dieser aber sieht, daß die geistlichen Herren des Stifts ihren Pflichten nur unzulänglich nachkommen, wandelt er 1455 das Stift nach Rücksprache mit seinem Freund Nicolaus Cusanus in ein Benediktinerkloster um.

1460

1460–1469

29. 2. 1460. Nach dem Tod von Albrecht III., dem Frommen, werden seine Söhne Johann IV. und Sigmund Herzöge von Bayern-München.

22. 8. 1463. Der Friede zu Prag beendet den seit 1457/61 andauernden Krieg zwischen Herzog Ludwig IX., dem Reichen, von Bayern-Landshut und Bayern-Ingolstadt und dem Markgrafen Albrecht III. Achilles von Brandenburg sowie Kaiser Friedrich III. Bayern behauptet seine Gerichtshoheit gegenüber den Nürnberger Burggrafen.

Um 1465. Der Neubau des Bamberger Rathauses auf der Oberen Brücke wird vollendet. →

1465. Michael Wolgemut und Hans Pleydenwurff malen den Altar der Hofer Michaels- bzw. der Trinitatskirche. →

10. 9. 1465. Albrecht IV., der Weise, wird Mitregent seines Bruders Sigmund als Herzog von Bayern-München.

3. 9. 1467. Herzog Sigmund verzichtet zugunsten seines Bruders Albrecht IV., des Weisen, auf das Herzogsamt. →

18. 1. 1469. Wien wird als Bistum von Passau abgetrennt.

GESTORBEN:

29. 2. 1460. München: Albrecht III., der Fromme (* 27. 3. 1401, München), Herzog von Bayern-München 1438–1460. →

5. 7. 1461. Reichenbach/Oberpfalz: Otto I. von Mosbach (* 24. 8. 1390, Mosbach/Pfalz), Begründer der Linie Pfalz-Mosbach der Wittelsbacher.

18. 11. 1463. München: Johann IV. (* 4. 10. 1437, München), Herzog von Bayern-München 1460–1463.

16. 11. 1464. Baiersdorf bei Erlangen: Johann der Alchimist (* 1406), Markgraf von Brandenburg.

1469. Augsburg: Jakob Fugger d. Ä., »Fugger von der Lilie« (*?), Kaufmann.

GEBOREN:

Um 1460. Augsburg: Ulrich Apt d. Ä. († 1532, Augsburg), Maler.

Um 1460. Nürnberg: Adam Krafft (* 1508/09, Schwabach), Bildhauer.

1460/61. Memmingen: Bernhard Strigel († vor 4. 5. 1528, Memmingen), Maler.

1460/62. Vornbach/Niederbayern: Angelus Rumpler von Vornbach († 6. 3. 1513, Vornbach), Abt von Vornbach, Dichter, Historiker, Humanist.

Um 1465. Augsburg: Hans Holbein d. Ä. († 1524, am Oberrhein), Maler und Zeichner.

Altar für die Hofer Michaelskirche

1465. Der Meister signiert sein Werk nicht, und so streiten sich hinterher die Gelehrten, wer den Altar für die Hofer Michaelskirche (Abb.) gemalt hat. Zunächst wird Michael Wolgemut genannt, später will man das Werk dann aber doch lieber dem um 1420 in Bamberg geborenen Hans Pleydenwurff zuschreiben; Wolgemut hätte an den etwa 1,77 x 1,12 m großen Tafeln mit Darstellungen aus dem Leben Jesu nur ein wenig mitgemalt. Aus der Michaelskirche wird der Altar in die Trinitatskirche gebracht. 1810 schenkt ihn die Stadt Hof König Max I., durch ihn gelangt er schließlich in die Alte Pinakothek München.

Der friedliebende Herzog Albrecht III.

29. Februar 1460. Herzog Albrecht III. stirbt an der Podagra, die ihn so lange schon geplagt hat, und mit ihm geht ein ungewöhnlicher Fürst. In einer Zeit ständiger kriegerischer Streitereien war er stets darauf bedacht gewesen, den Frieden zu retten – auch wenn es Opfer kostete. Zweimal hätte er seinen Besitzstand mehren können; er sah aber kein Recht und keinen Gewinn darin, die böhmische Krone zu erwerben, und als das Teilherzogtum Ingolstadt frei wurde, wartete er, ob der Kaiser ihn freiwillig bedenke (währenddessen marschierte Vetter Heinrich ein).

Albrecht war wohl ein Grübler, einer der nachdachte, ehe er handelte. Der große Philosoph Nikolaus von Kues wußte dies und das Eintreten Herzog Albrechts für die Klosterreform zu schätzen.

Doch ausgerechnet dieser in so vielem vorbildliche Herr ließ sich durch Berater, allen voran sein Leibarzt und (wahrscheinlich auch) Schwiegersohn Dr. Johannes Hartlieb, dazu überreden, die Juden zu verfolgen und sie beispielsweise 1442 aus München zu vertreiben.

Albrecht IV. regiert in Oberbayern

3. September 1467. Herzog Sigmund gibt auf und überläßt – die »Blödigkeit meines Leibes« vorschützend – dem jüngeren Bruder Albrecht IV. die Herrschaft in Oberbayern.

Während Sigmund sich in die Blutenburg zu einem bequemen Leben zurückzieht, beginnt ein ganz neues Regieren und Reformieren. Bruder Christoph stört es freilich auf empfindlichste Weise.

Herzog Albrecht III., der Fromme, gestorben am 29. Februar 1460

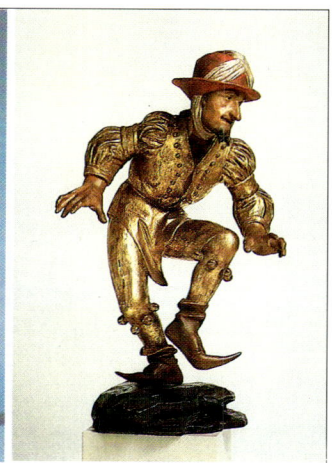

mehrfach »Vierer« seiner Zunft und schließlich auch Mitglied des Äußeren Rates. Und wie in München, so wird er auch anderswo geschätzt. Als man ihn einige Jahre nach der Fertigstellung der Morisken-Tänzer als Architekt für das Kloster Mariaberg bei Rorschach holt, nennt man ihn in den Papieren »ain wolberümten und bewerten mayster semlicher buwen im lannd zu Payern«. Grasser baut dann zwar noch die Pfarrkirche in Schwaz/Tirol, arbeitet auch an einer Münchner Brücke, doch das »buwen« ist nicht seine Haupttätigkeit, sein besonderes Talent liegt im gekonnten Umgang mit dem Schnitzmesser.

Freilich, was der Schnitzer in seiner Werkstatt schafft, ist nur zum Teil bekannt, von etlichen Bildwerken kann nur angenommen werden, daß sie von Erasmus Grasser stammen. So wird etwa das Chorgestühl der Münchner Frauenkirche dem aus der Schwandorfer Gegend stammenden Meister zugeschrieben. Anderes wieder, wie ein Freisinger Sakramentshäuschen (Grasser hat dafür 328 Gulden erhalten), ist verlorengegangen.

Die Morisken-Tänzer sind das bedeutende – an Bekanntheit nie mehr übertroffene – Frühwerk eines Künstlers, von dem außerdem u. a. folgende Kunstwerke stammen: der Grabstein des Ulrich Aresinger in der Münchner Peterskirche, eine Beweinung Christi aus dem Freisinger Dom, das Grabdenkmal des Grafen Seiz von Törring in Andechs und ein Altarschrein aus Tegernsee. Die Zeitgenossen schätzen ihn offenbar auch als versierten Techniker, denn die Reichenhaller lassen sich beim Bau des Salzbrunnens von Grasser beraten, und um das Jahr 1500 ernennt man ihn gar zum Churfürstlichen Obersten Brunnenmeister. Auch die Stadt München und der Bischof von Freising engagieren ihn als sachverständigen Experten in Fragen des Wasserbaus.

Augsburger Zunftbürgermeister Schwarz

1476. Die Zeit, da Patrizier den Rat der Stadt Augsburg beherrschten, scheint vorbei, und siebenmal wird Ulrich Schwarz, vormals Weinschenk, zum Bürgermeister gewählt. Der zu so hohen Ehren aufgestiegene Mann merkt freilich nicht, daß seine Macht Grenzen hat. So endet er zuletzt mit 56 Jahren am Galgen. Begonnen hatte der Aufstieg des Zimmermannssohnes nach den sog. Ungeldunruhen von 1466. Die Weber und die Bäcker hatten in einem Aufstand erreicht, daß die Abgaben auf Barchent und Getreide nachgelassen wurden.

Während dieser Rebellion war Schwarz als Sprecher der ärmeren Zünfte hervorgetreten und hatte dabei so großen Eindruck gemacht, daß man ihn schließlich zum Bürgermeister berief. Zu den Änderungen, die er durchsetzt, gehört 1476 die Einführung eines Kollegiums der Zunftmeister, das den bisherigen, aus 13 Patriziern bestehenden »Geheimen Rat« ablöst.

Daß sie nun ihre Macht mit den unteren Schichten teilen sollen, mißfällt natürlich den Patriziern. Und einer von ihnen, Altbürgermeister

Hans Vittel, nutzt Verhandlungen in Wien, um dem Kaiser seinen Ärger über Ulrich Schwarz zu klagen. Der stellt den alten Mann nach seiner Rückkehr vor Gericht und läßt das Todesurteil sprechen. Als Vittels Bruder Leonhard seine Meinung über dieses Urteil sagt, wird er wegen Schmähung der städtischen Amtspersonen ebenfalls hingerichtet. Nun aber greift der Kaiser ein. Aus einer Ratssitzung heraus wird Schwarz verhaftet. Nach wenigen Tagen wird das Todesurteil gesprochen, am 18. April 1478 knüpft man ihn am Galgen auf.

Bäcker mit den Produkten seines Handwerks (Darstellung aus dem Jahr 1465; Hausbuch der Mendelschen Zwölfbrüderstiftung zu Nürnberg)

Ehebüchlein

1. Januar 1472. *Ein merkwürdiges Neujahrsgeschenk, das Albrecht von Eyb der Stadt Nürnberg macht: Er überreicht ihr ein Buch von 57 Blättern, in dem er auf die Frage antwortet, »ob einem mane sey zunemen ein eeliches weyb oder nicht«. Es ist zu nehmen, sagt Eyb im »Ehebüchlein« (Abb.), weil die von Gott geschaffene Welt sonst zu Ende wäre.*

Eine Hochzeit, die man nicht vergessen soll

14. November 1475. Herzog Ludwig der Reiche von Niederbayern, ein Mann so dick und von der Gicht so sehr geplagt, daß ihn vier Männer aus der Kutsche heben und beim Gehen stützen müssen, will den deutschen Fürsten zeigen, daß er die Gulden nicht sparsam umdrehen muß:

Er richtet für seinen 20jährigen Sohn Georg und dessen Braut, die polnische Königstochter Jadwiga (oder Hedwig), in Landshut eine große Hochzeit aus, von der man lange sprechen und die man nicht so schnell vergessen soll.

Die notwendigen Formalitäten werden vorweg erledigt. Am 29. Dezember 1474 gibt man am polnischen Hof (in Abwesenheit des Bräutigams) die Verlobung bekannt und verspricht eine reiche Mitgift von 32000 Gulden.

Zwei Tage später bereits unterschreiben die Emissionäre des niederbayerischen Herzogs den Ehevertrag, doch erst am 16. September des darauffolgenden Jahres begibt sich die Braut mit ihren zahlreichen Begleiterinnen und Begleitern und einem Troß von 640 Pferden auf die Reise nach Landshut. In Wittenberg, so ist verabredet, soll sie an ihrem Namenstag, dem 17. Oktober, den Niederbayern übergeben werden.

Da aber der Bräutigam die Eskorte seiner Abgesandten nicht nach Sachsen begleitet hat, gibt es Komplikationen. Die Abreise verzögert sich, und damit muß auch der Hochzeitstermin in Landshut um einige Tage verschoben werden. So gehen Einladungsschreiben mit dem neuen Termin an die vielen vornehmen Gäste: Dienstag, 14. November.

Am Morgen dieses Tages reist die Braut von Moosburg ab, in Kronwinkl wird sie von einigen hundert Reitern Herzog Ludwigs empfangen und zur herzoglichen Residenzstadt geleitet. Die Neugier des Bräutigams hält sich offensichtlich in Grenzen, er erwartet seine künftige Frau zusammen mit seinem Vater, dem deutschen Kaiser und vielen Fürsten erst am Stadtrand, auf der späteren Festwiese. In einem goldenen Wagen wird Jadwiga in die Stadt, zum Martinsdom gefahren, wo ihr Onkel, Kaiser Friedrich III., die unglückliche, die leise vor sich hinschluchzende Braut zur feierlichen Trauung führt.

Das Festmahl der Hochzeit

Die Hochzeitsgäste verzehrten u.a.: 232 Ochsen, 285 Brüh-Schweine, 1133 ungarische Schafe, 625 junge Schafe, 1537 Lämmer, 490 Kälber, 684 Spanferkel, 11500 Gänse, 40000 Hühner, 194345 Eier, 220 Zentner Schmalz, 6 Tonnen Heringe, 5,6 Zentner Mandeln, 5 Zentner Reis, 730 Pfund Feigen, 140 Pfund Rosinen, 1,5 Zentner Safran, 18390 Maß Hefewein, 5616 Eimer und 24 Maß bayerischen Wein.

Allein das Festmahl besteht aus 32 Gängen. Zunächst gibt es in Schmalz gebackene Eier, ein gehacktes Vogelgericht, ein Mandelgemüse, gefüllte Oblaten, sodann: Hühner in einer weißen Brühe, heißen Fisch, weißes Gemüse, drei Pasteten mit dreierlei Füllung, braunes Gemüse, Wildschweinbraten, Fisch in Sülze, Hühner in Rosinen, frische Forellen in Essigsoße, Schweinskopf...

Obwohl Herzog Ludwig über der Stadt die große Burg Trausnitz hat, quartiert er seine Gäste drunten in Landshut ein – bei den Bürgern. Der Peter Oberndorfer muß in seinem Haus Platz für die Braut schaffen, der Hans Altdorfer muß den Bräutigam aufnehmen und auch das Zimmer zur Verfügung stellen, in dem nach der für die Braut offensichtlich etwas traurigen Trauung das Beilager stattfindet, unmittelbar nach der langen, strapaziösen Reise und der Hochzeitszeremonie!

In Landshut ist in dieser Woche kein Zimmer frei. Die Fürsten sind mit 6500 Begleitern angereist, weitere 3000 Personen zählt der herzogliche Hofstaat. Alle aber, Gäste wie Landshuter Bürger, werden vom Brautvater eine Woche lang freigehalten. Und das alles kostet 60766 Gulden und 73 Pfennige (was vielen, vielleicht sogar 25 Millionen Mark entspricht).

So wie bei diesem königlichen Festmahl zu Nürnberg im Jahr 1491 ging es wohl auch bei der Hochzeit von Georg und Jadwiga in Landshut zu

Neue Landshuter Kleiderordnung

29. April 1470. Bisher haben sich die Landshuter Stadträte selbst darum gekümmert, was ihre Bürger anziehen dürfen. Nun aber schreibt es ihnen Herzog Ludwig vor.

Der Stadtherr bleibt dabei allerdings sehr allgemein und unterscheidet zwei Gruppen, die Räte und die Wohlhabenden mit ihren Kindern auf der einen und die einfachen Leute auf der anderen Seite.

Eine hohe Obrigkeit hat seit langem darauf gesehen, daß sich jeder so kleide, wie es seinem Stande und Vermögen angemessen ist. Hoch soll sich von Nieder unterscheiden, keiner soll mehr scheinen, als er ist. Mit den sog. Kleiderordnungen – sie sind seit der Mitte des 14. Jh. nachgewiesen – betreibt der Gesetzgeber Gesellschafts- und Wirtschaftspolitik. So will er etwa durch das zeitweilige Verbot allzu aufwendiger Kleidung den Import teurer Stoffe und Garne reduzieren und die (nach neuerem Sprachgebrauch) »Außenhandelsbilanz« verbessern.

»Pfeiferhänsle« endet im Feuer

19. Juli 1476. Auf dem Würzburger Schottenanger, im Feuer, das der Bischof hatte anzünden lassen, endet das kurze Leben des Hans Böhm, genannt »Pfeiferhänsle« oder »Pauker von Niklashausen«.

Nicht einmal vier Monate sind vergangen, seit der Hirt Hans Böhm, der bisher den Leuten im Taubergrund zum Tanz aufgespielt hat, in der Pfarrkirche von Niklashausen seine Pauke verbrannte. Das war am 24. März 1476 gewesen, und von diesem Tag an predigte Hans Böhm den Menschen, die schließlich aus Bayern und dem Elsaß, von Thüringen und Sachsen zu der kleinen Wallfahrtskirche kamen. Das Reich Gottes komme, rief er ihnen zu, dann aber gebe es keinen Herrn und keine Stände mehr, niemand müsse Abgaben entrichten und Jagd wie Fischfang seien jedem erlaubt.

Als der »Pfeiferhänsle« am 7. Juli die Männer aufforderte, in sechs Tagen ohne ihre Frauen zu kommen, läßt der Bischof von Würzburg den Unruhestifter verhaften und nach Würzburg bringen. 12000 Männer ziehen zum Gefängnis, können aber Hans Böhm nicht mehr retten.

1480

1480–1489

1480/90. Das Mortuarium im Eichstätter Dom wird errichtet. →

1482. Hans Schauer druckt in München das erste Buch, einen Romführer.

1482. Am Münchner Hof wird eine Vokalkapelle eingerichtet.

1483. Der Bau von St. Martin in Amberg wird mit der Schließung der Gewölbe vollendet. →

1483. Die Birgittenkirche in Gnadenberg in der Oberpfalz wird vollendet.

1484. Bei der Firma Tucher in Nürnberg wird die doppelte Buchführung eingeführt. →

1484/85. Jan Polack malt den Weihenstephaner Hochaltar mit einer Ansicht Freisings. →

6. 7. 1486. Die Reichsstadt Regensburg unterwirft sich der Landeshoheit von Herzog Albrecht IV., dem Weisen, von Bayern-München.

Um 1487. Venedig verlagert seinen Markt von Bozen nach Mittenwald. →

1487. Der aus Wipfeld bei Schweinfurt stammende Konrad Celtis wird als erster Deutscher von Kaiser Friedrich III. in Nürnberg zum Dichter gekrönt. →

1487. Das Sandsteingrabmal von Eberhard von Grumbach in der Pfarrkirche im unterfränkischen Rimpar ist das früheste bekannte Werk von Tilman Riemenschneider.

2. 1. 1487. Herzog Albrecht IV., der Weise, von Bayern-München heiratet in Innsbruck Kunigunde, die Tochter von Kaiser Friedrich III. →

GESTORBEN:

25. 10. 1482. Melk: Johann Schlitpacher (*4. 7. 1403, Schongau), Reformtheologe, einer der Hauptvertreter der Melker Reformbewegung.

11. 3. 1486. Frankfurt a. M.: Albrecht III. Achilles (*24. 11. 1414, Tangermünde), Markgraf und Kurfürst von Brandenburg 1470–1486.

GEBOREN:

Um 1480. Regensburg (?): Albrecht Altdorfer (†12. 2. 1538, Regensburg), Maler, Baumeister, Zeichner, Kupferstecher und Zeichner für den Holzschnitt.

Um 1480. Würzburg (?): Matthias Grünewald, eigentlich Mathis Gothart, genannt Nithart (†1528?, Halle an der Saale), Maler und Baumeister.

25. 6. 1484 (?). Memmingen: Bartholomäus Welser (†28. 3. 1561, Amberg im Unterallgäu), Handelsherr.

Handelsplatz Mittenwald

Um 1487. Herzog Sigmund von Tirol ist von seinen herzoglich-bayerischen Freunden schlecht beraten, als er 1487 auf dem Bozener Markt 130 venezianische Kaufleute verhaften läßt und der Republik Venedig gar noch den Krieg erklärt. Denn hinfort schlagen die venezianischen Händler ihre Kaufstände weiter nordwärts auf, im bischöflich-freisingischen Mittenwald.

Hier ist man seit alten Zeiten an den Handel gewöhnt, und schon vor der Verlegung des Bozener Marktes hatte sich – wie auch an anderen Handelsorten – eine »Rott« gebildet, eine Vereinigung bürgerlicher Fuhrleute, der das ausschließliche Recht auf die Beförderung der Waren und die Erhebung der Stapelgebühren zusteht. Ein Großteil des Warenhandels von und nach Italien wird nach 1487 in Mittenwald abgewickelt, das neben der bereits in der Römerzeit nachweisbaren Straße auch seinen eigenen »Hafen« besitzt. Die Floßschifffahrt auf der Isar ist u.a. 1450 und 1462 in eigenen Rottordnungen fest-

Venezianische Kaufleute in ihrer Heimatstadt, am Canale Grande

gelegt worden. Der Wohlstand Mittenwalds wächst durch diese Marktverlagerung; der trotz seines Beinamens »der Münzreiche« finanziell bedrängte Herzog Sigmund aber gerät nach dem venezianischen Abenteuer nur noch tiefer in Schulden und Abhängigkeiten.

Tucher führt neue Kontoführung ein

1484. Bei der Tucherschen Handelsgesellschaft in Nürnberg führt man – und das ist neu im Heiligen Römischen Reich – die doppelte Buchführung ein. Damit ist man auf der Höhe der Zeit und ihr vielleicht sogar ein bißchen voraus, denn die Theorie der doppelten oder italienischen Buchhaltung, das von Fra Luca Pacioli de Borgo verfaßte Werk »Summa de arithmetico geometria…«, erscheint erst zehn Jahre später.

Die Handelsgesellschaft der Tucher steht 1471 erstmals in den Akten, doch die Firma war zu dieser Zeit längst schon eingeführt. Die erste Geschäftsabwicklung wird aus dem Jahr 1350 überliefert, als ein Konrad Tucher 239½ Pfund Pfeffer liefert. Um ihr Handwerk zu lernen, werden die jungen Tucher jeweils für längere Zeit ins Ausland geschickt, vor allem natürlich nach Venedig. Dort, in der Lagunenstadt am Adriatischen Meer, könnte Anton II. Tucher die moderne Form der Kontoführung gelernt haben.

Jan Polack malt Weihenstephaner Hochaltar

1484/85. Als Jan Polack für einen Flügel des Weihenstephaner Hochaltars das Sterben des heiligen Korbinian malt – auf einem anderen Flügel ist Korbinians Bärenwunder sein Thema –, will er historisch genau sein und wählt Freising und Weihenstephan als Hintergrund. So steht ein Zugereister, ein Mann aus Polen, am Anfang der Münchner Landschaftsmalerei.

Woher dieser bedeutendste Meister der spätgotischen Malerei in München genau kam, hat niemand aufgeschrieben. Daß er um 1450 in Polen, vielleicht auch in Krakau, geboren wurde, nimmt man an. Im Jahr 1479 bekam er in München seinen ersten Auftrag, einen Freskenzyklus im Pippinger Kirchlein. Kurz nach Fertigstellung der Weihenstephaner Altarbilder wird im Münchner Steuerbuch vermerkt, daß er in der Äußeren Schwabinger Gasse (Theatinerstraße) wohnt. Die Münchner Kollegen anerkennen seine Meisterschaft und machen ihn etliche Male zu ihrem »Vierer«, dem ersten Mann der Zunft.

Tod des heiligen Korbinian (Gemälde von Jan Polack; 1484/85) vom spätgotischen Hochaltar der Klosterkirche in Weihenstephan bei Freising

Blutenburger Schloßkapelle mit Hochaltar von Jan Polack

Als herzoglich bayerischer Frührentner zog sich der 28-jährige Sigmund 1467 in das Schloß Blutenburg zurück. Elf Jahre nach seinem Einzug kommen die Bauleute vom Münchner Frauendom – sie haben eben die Türme vollendet – und errichten in seinem Auftrag eine Schloßkapelle zu Ehren des heiligen Sigismund. Den Altar läßt sich der Herzog von Jan Polack, einem

gebürtigen Krakauer malen – einen dreiflügeligen Hochaltar mit der Dreifaltigkeit in der Glorie (Abb.). Die Bilder Polacks, die zwölf Figuren des »Meisters der Blutenburger Apostel« und die 32 Glasfenster machen das Kirchlein im Westen Münchens zu einer Kostbarkeit der Spätgotik. Polack hatte auch den Hochaltar in der Klosterkirche von Weihenstephan gemalt (→1484/1485).

Konrad Celtis wird »poeta laureatus«

1487. Der Autor ist erst 28 Jahre alt und sein Werk noch nicht sehr umfangreich. Dennoch würdigt ihn Kaiser Friedrich III. einer Ehre, wie sie bisher noch keinem deutschen Dichter zuteil geworden ist: Auf der Nürnberger Burg krönt er Konrad Celtis zum »poeta laureatus«.

Noch im gleichen Jahr reist der so hoch Geehrte nach Italien, in das Land also, aus dem zur Freude der Humanisten die Dichterkrönung übernommen wurde.

Um zu Wipfeld bei Würzburg nicht in den elterlichen Weinbergen arbeiten zu müssen, ging Celtis, der eigentlich Konrad Pickel hieß, 1478 zum Studium nach Köln. Von dort zog er nach Heidelberg, weitere Stationen waren Erfurt, Rostock, Leipzig, Krakau, Ofen und Lübeck.

Von den Erfahrungen, Eindrücken und Erlebnissen dieser Zeit erzählt Konrad Celtis – Professor in Ingolstadt zunächst und dann zu Wien – in den »Quatuor libri Amorum…«, vier an lateinischen Vorbildern geschulten, autobiographisch eingefärbten Liebesgedichten.

Herzog Albrecht raubt seine Braut

2. Januar 1487. Herzog Albrecht spinnt Fäden, um Tirol zu erwerben, er besetzt Regensburg und hat daneben doch noch Zeit, seine Heirat vorzubereiten.

Zunächst läßt er mit dem Hof zu Mailand verhandeln, doch der Bräutigam will zu viel Mitgift. Nun fragen die bayerischen Emissäre beim Kaiser an. Die Verhandlungen gehen hin und her, doch als auch dieses Projekt trotz Verlobung und obwohl die Heiratspapiere bereits ausgestellt sind, zu scheitern droht, übernimmt der 39jährige Herzog Albrecht die Initiative und holt sich die 21jährige Kaisertochter Kunigunde am 2. Januar 1487 gleichsam im Handstreich aus Innsbruck.

Und die Braut, so hat es den Anschein, ist glücklich, diesen schon etwas in die Breite gehenden Bayernfürsten zu erhalten.

Sieben Tage nach der Hochzeit zieht das Paar in München ein. Die Braut darf der Herzog behalten, Regensburg aber, das er aus wirtschaftlichen Bedrängnissen herausführen wollte, muß er später zurückgeben.

Amberger Kirche wird vollendet

1483. Der Eisenbergbau, der Handel und Privilegien, die vor allem Kaiser Ludwig der Bayer gewährte, hatten Amberg reich gemacht. So war man vielleicht gar nicht allzu unglücklich, als 1356 die Martinskirche (zusammen mit der ganzen Stadt) niederbrannte, denn nun konnte man von 1421 an neu und groß bauen, ein Gotteshaus, wie es der Hauptstadt der Oberen Pfalz angemessen ist – die größte Kirche des Landes. Marsilius Poltz hatte den Bau der gotischen Hallenkirche begonnen, Hans Flurschütz führt ihn 1483 zu Ende. Der Turm freilich kommt erst einige Jahre später hinzu.

Martinskirche in Amberg, eine Hallenkirche, in gut 60 Jahren erbaut

Eichstätter Dom erhält Mortuarium

1480/90. Der Baumeister wird nirgends genannt, er hinterläßt aber eine kleine Spur – sein Bild und die Initialen »h. p.« an einer Wandkonsole. Die beiden Buchstaben lassen vermuten, daß es Hans Paur ist, der zwischen 1480 und 1490 an der Südseite des Eichstätter Domes die zweischiffige Grablegung der Domherrn, das sog. Mortuarium errichtet.
Am Anfang und Ende des acht Joch langen Raumes – einem der eindrucksvollsten Räume der deutschen Sondergotik – stehen geschraubte Pfeiler; einer von ihnen ist die »Schöne Säule«.
Für das Mortuarium liefert Hans Holbein d. Ä. Glasfenster.

1490
1490–1499

Um 1490. Altötting wird zur bedeutendsten Wallfahrt in Bayern.→

1491/92. Die Bauern der Klostergrundherrschaft Kempten versammeln sich gegen ihren Abt, der die Leibeigenschaft auszudehnen versucht.→

1492. Der Kaufmann Martin Behaim aus Nürnberg vollendet den ältesten erhaltenen Erdglobus.→

1492. Die Kesselbergstraße zwischen Mittenwald und München wird vollendet.→

1493. Hans Holbein d. Ä. malt die Tafelbilder für Nebenaltäre im Augsburger Dom.

18. 3. 1494. Die Brüder Ulrich, Georg und Jakob Fugger schließen einen formellen Gesellschaftsvertrag, der die rechtliche Gleichstellung der drei im Fuggerschen Familienunternehmen garantiert.→

14. 4. 1494. Die Frauenkirche in München wird geweiht.→

23. 12. 1495. In Nürnberg erscheint die deutsche Fassung der »Schedelschen Weltchronik«.→

1497. Der Inquisitor und Hexenjäger Heinrich Institoris ist in Bayern tätig.→

1498. Der Augsburger Kaufmann Anton Welser d. Ä. gründet mit seinem Schwager Konrad Vöhlin die Augsburger Handelsgesellschaft.

1498. Albrecht Dürer, der in Nürnberg eine Werkstatt errichtet hat, veröffentlicht seinen ersten Grafikzyklus, 15 Holzschnitte zur Apokalypse.→

GESTORBEN:

15. 8. 1493. Rhodos: Christoph der Kämpfer (*5. 6. 1450, München), bayerischer Herzog.→

8. 4. 1499. Neumarkt: Otto II. von Mosbach (*2. 6. 1435), Pfalzgraf.

GEBOREN:

17. 5. 1490. Ansbach: Albrecht d. Ä. (†20. 3. 1568, Tapiau/Ostpreußen), Markgraf von Brandenburg-Ansbach, letzter Hochmeister des Deutschen Ordens, erster Herzog in Preußen.

1492 (?). Staffelstein: Adam Riese (†30. 3. 1559, Annaberg), Rechenmeister.

10. 6. 1493. Augsburg: Anton Fugger (†14. 9. 1560, Augsburg), Reichsgraf, Handelsherr.

5. 11. 1494. Nürnberg: Hans Sachs (†19. 1. 1576, Nürnberg), Meistersinger und Dichter.

18. 9. 1495. Grünwald: Ludwig X. (†22. 4. 1545, Landshut), Herzog von Bayern.

1497/98. Augsburg: Hans Holbein d. J. (†1543, London), Maler.

Tod nach unruhigem Leben

15. August 1493. Herzog Christoph von Bayern-München, ein ungewöhnlich starker, rauflustiger Sohn von Albrecht III., wollte in Bayern mitregieren – vor allem der Einnahmen wegen. Denn Christoph brauchte viel Geld. Das wiederum nutzte sein älterer Bruder Albrecht IV. im Mai 1469 geschickt aus. Er bot jährlich 3000 Gulden und das Schloß Pähl, wenn sich der Juniorpartner fünf Jahre von den Regierungsgeschäften fernhalten würde. Der Friede war kurz, und Christoph dachte sogar daran, zusammen mit einigen Adelsleuten den Bruder zu ermorden. Albrecht kam der Verschwörung zuvor; im Thürlbad ließ er 1471 den streitsüchtigen Bruder gefangennehmen. 19 Monate saß der junge Fürst in dem nach ihm benannten Christophturm der Neuveste, ehe er gegen ein neues Abkommen freigelassen wurde: Er erhielt jetzt, für den Preis politischer Abstinenz, die Ortschaften Landsberg, Weilheim und Pähl.
Unruhige Jahre folgten. Berichtet wird von Christophs Turnier auf der Landshuter Hochzeit von 1475 (→14.11. 1475), vom Dienst beim ungarischen König und von ständig steigenden Schulden. Als man ihm im Februar 1485 seine drei Besitzungen nahm, rächte er sich an dem bei dieser Exekution beteiligten Grafen von Abensberg – er lauerte ihm vor Freising auf, und ein Spießgeselle Christophs brachte den Grafen um. Damit war auch eine andere Rechnung beglichen, denn es war Graf Nikolaus von Abensberg gewesen, der den Wittelsbacher im Thürlbad gefangennahm.
Reuevoll zog Herzog Christoph nun nach Jerusalem. Auf der Rückreise stirbt er auf Rhodos.

Herzog Christoph der Kämpfer von Bayern-München, bekannt für seine ungewöhnliche Stärke und Rauflust

Bauernunruhen in Kempten

1491/92. Obwohl Hungersnot und Teuerung herrschen, läßt Johannes von Riedheim in seiner kleinen Fürstabtei Kempten eine neue Steuer ausschreiben und rücksichtslos eintreiben. Den Bauern bleibt in ihrer Not nur der Aufstand.
Und diese Rebellion beginnt, als Hugo von Untrasried die Bauern am 15. November 1491 an der alten Malstätte von Leubas versammelt. In einer Bittschrift wird dem Schwäbischen Bund die Klage vorgetragen. Zusätzlich schwören die Bauern eine Woche später in Durach, sie wollten erst wieder auseinandergehen, wenn ihre Forderungen erfüllt seien. Doch der Fürstabt denkt nicht daran, in dieser kritischen Situation einzulenken. Für kurze Zeit scheint es, als könnte der Bund einen Frieden vermitteln. Aber steht denn dieser Schwäbische Bund nicht auf seiten der Regierenden?
Im Gefühl, sie seien betrogen worden, schicken die Bauern einen der ihren als Bittsteller zum Kaiser. Der Fürstabt sorgt dafür, daß der Mann an seinem Ziel nicht ankommt und für alle Zeit verschwindet.
Eine zweite Mission hat mehr Erfolg, und das Hofgericht gibt den Bauern recht. Ihre Ansprüche werden jedoch auch jetzt nicht erfüllt. Erst nach einem für die Bauern ungünstigen Feldzug kommt es am 14. Oktober 1492 zum Frieden. Die Verhältnisse aber ändern sich nicht.

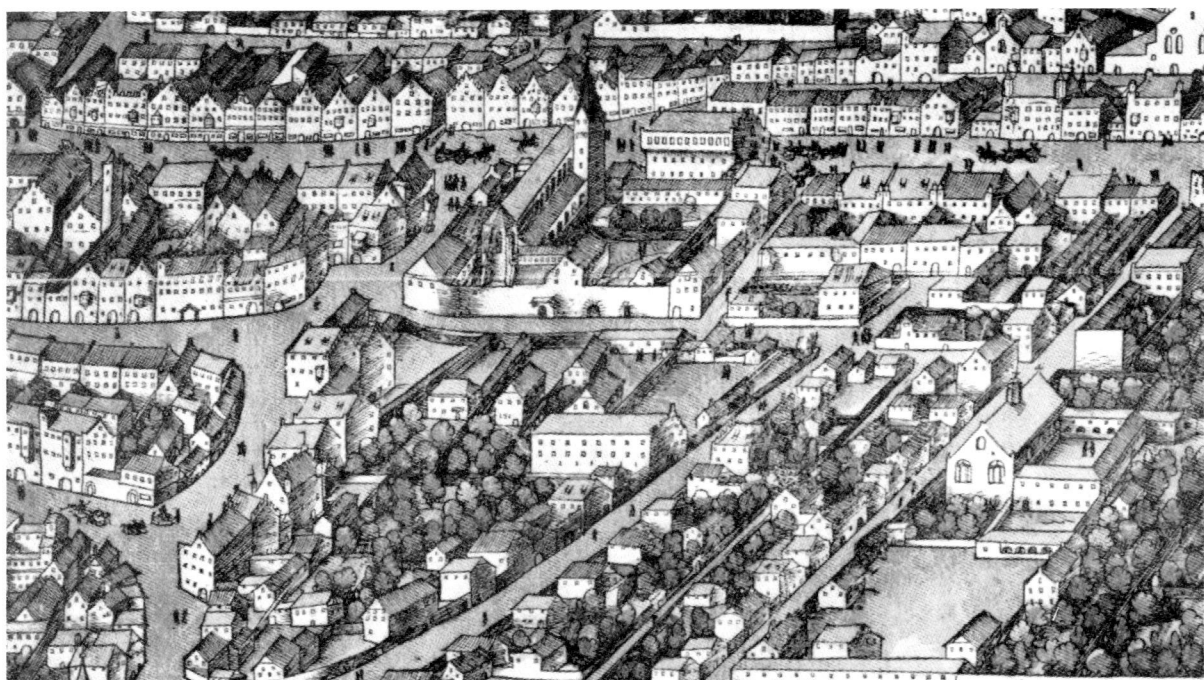

Augsburger Innenstadt (westliche Mitte), u. a. mit den Fuggerhäusern am Weinmarkt (rechts von St. Moritz)

Fugger schließen Gesellschaftsvertrag

18. März 1494. Jakob, der jüngste der Fuggerbrüder, tritt wenige Tage nach seinem 35. Geburtstag als gleichberechtigter Partner von Ulrich und Georg in die Firma ein. Seit 1469 lenken die Enkel des Hans Fugger deren Geschick.

Zu dieser Zeit ist Jakob, der vormalige Kanonikus des Klosters Herrieden bei Eichstätt, längst schon ein emsiger, finten- und erfindungsreicher Kaufmann, der schnell erkannt hat, daß der Erzbergbau erheblich mehr Geld abwirft als der traditionelle Handel mit Tuchen.

Nach dem Tod von dreien seiner Brüder verließ er auf Bitten seines Bruders Ulrich 1478 das Kloster und trat in die Firma ein. Er sah sich zunächst in Venedig um, wo die deutschen Handelshäuser ihre großen Transaktionen abwickelten und wo Jakob die Kunst der Buchführung kennenlernte (→ 1484). Nach der Rückkehr trug man sein Vermögen erstmals in die Steuerbücher ein. Es betrug ganze 60 Gulden. Noch waren die Brüder sehr viel reicher.

Das freilich ändert sich nun schnell, da Jakob mit seinem klaren rechnerischen Verstand nun immer mehr den Kurs des Familienunternehmens bestimmt und als »der rechte Schaffierer« den Besitzstand mehrt.

Im Salzburgischen und in Tirol sammelt er die ersten Erfahrungen (und verdient er das erste große Geld) im Montangeschäft. Dort machen die Fugger in den Jahren 1487/94 allein am Silber einen geschätzten Gewinn von 400 000 Gulden.

Mit Hilfe des in Bergbautechnik erfahrenen Johannes Thurzo aus Krakau wird das Geschäft auf die Slowakei ausgedehnt.

Durch geschickt ausgehandelte Verträge soll die eigene Position gesichert und gefährliche Konkurrenz verhindert werden.

Als der 42jährige Jakob Fugger die Patriziertochter Sybille Arzt heiratet, ist er bereits ein reicher Mann und das eigentliche Haupt des weitverzweigten und weiter expandierenden Familienbetriebes.

Die Brüder herrschen über ein großes Wirtschaftsreich, schon 1473 konnten sie den in finanzielle Bedrängnis geratenen Kaiser Friedrich III. auslösen. Die Fugger schließen Verträge mit den bedeutendsten Handelshäusern Europas, sie besitzen ein Wappen mit blauen und goldenen Lilien…

Und doch gehören sie – im Gegensatz zu den Welsern – nicht zu den vornehmsten Augsburger Familien, zu den sog. Geschlechtern oder Herren. Aber die Familie Fugger ist noch lange nicht am Ziel ihrer Wünsche und Pläne angelangt.

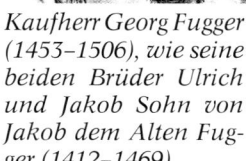

Jakob der Reiche Fugger, 1459 geboren, Kaufherr wird zu einer herausragenden Gestalt des Frühkapitalismus

Kaufherr Georg Fugger (1453–1506), wie seine beiden Brüder Ulrich und Jakob Sohn von Jakob dem Alten Fugger (1412–1469)

Ulrich Fugger (1441–1510), Kaufherr seit 1479 verheiratet mit Veronica Lauginger (erste patrizische Ehe der Fugger)

Die Vermehrung des Reichtums…

Die Fugger sind reich, und neben den ausgedehnten Handelsgeschäften gehört auch das Ausleihen von Geld zu ihren Erwerbsquellen. Mit viel Phantasie und Verschlagenheit verstehen sie es – und keiner ist darin so geschickt wie der 1459 geborene Jakob –, die verschiedenen Zweige des Unternehmens miteinander zu verbinden.

Von den frühen 80er Jahren an engagiert sich die Familie im Montangeschäft. Einen Zugang zu den reichen Tiroler Bergwerken verschafft Herzog Sigmund, der zwar »der Münzreiche« genannt wird, dem aber der Beiname »der mit der leeren Tasche« besser passen würde. Er braucht viel Geld, und unter denen, die es ihm verschaffen, steht Jakob Fugger bald schon ganz vorne. Als Gegenleistung läßt er sich die herzoglichen Einkünfte aus den Tiroler Silbergruben verpfänden. Ende 1488, so heißt es, ist er – obwohl noch gar nicht einmal gleichberechtigter Partner im Familienunternehmen – bereits der heimliche Herr von Tirol.

Die ersten Erfahrungen in solchen Bergwerksgeschäften hatte Jakob Fugger in Salzburg gesammelt: Er gab den finanziell bedrängten kleinen Bergwerksunternehmern Kredite und ließ sich dafür Beteiligungen gutschreiben. Zuletzt erhielt er auf solche Weise immer größere Anteile am Silberbergbau im Salzburgischen, in Gastein, Schladming und Rauris.

Er nahm Silber ein, um es zu verleihen und dafür wieder neues Silber einzunehmen…

Neben der Silbergewinnung hat die Fugger von Anfang an auch der Kupferbergbau interessiert. Ihre Beteiligung daran verdanken sie vor allem dem Krakauer Ratsherrn Johannes Thurzo, der sich in den slowakischen Bergwerken einkaufte.

Das Geld dafür kam, was zunächst verborgen blieb, von Jakob Fugger. Durch diesen an den Geschäften nobel beteiligten Strohmann baute der Augsburger Kaufherr sein Imperium weiter aus.

Kesselbergstraße – neue Nord-Süd-Route

1492. Der holprige Weg vom Walchensee hinab zum Kochelsee ist zwar schon 1120 als »Königspfad« bekannt, doch der Name verspricht mehr, als der Weg dann hält. Es vergehen einige hundert Jahre, bis der wenig einladende Saumpfad auf Anregung des Münchner Ratsherrn Heinrich Barth zu einer Straße ausgebaut wird, die in neun Kehren die beiden Seen verbindet.

Auf der Suche nach reichen Erzadern ist Barth in diese Gegend gekommen und hat auch gleich in den bei Kochel gelegenen Altjoch einen Schmelzofen gebaut. Als sich aber herausstellt, daß er nicht so fündig wird, wie er insgeheim gehofft hat, will er statt dessen das für die Handels- und Fuhrleute wichtige Straßenprojekt verwirklichen.

Wenige Jahre zuvor haben die Venezianer ihren Bozener Markt nach Mittenwald verlegt (→ um 1487), und vor allem dieser Ort wird von der neuen Route profitieren. Die neue Straße führt nämlich von dem aufblühenden Markt aus direkt nach München. Bisher mußten die Fuhren entweder die häufig überschwemmte Straße durchs Murnauer Moos und das Loisachtal nehmen, oder sie waren auf das enge Tal der Isar angewiesen.

In einer in Marmor gemeißelten (später in Erz abgegossenen) In-

Gedenktafel für Bau der Kesselbergstraße (Mittenwald–München)

schrift wird Heinrich Barth, dem Erbauer der über 200 Höhenmeter überwindenden Kesselbergstraße, gedacht. Im Text auf der Gedenktafel heißt es:

»Nach dem Maria Christum gepar anno domini 1492 jar
albrecht der durchleuchtig erkorn
pfalzgraf pey rein herzog geporn
in ober und nieder peyren landt
durch den kestperg also genandt

hat er den weg und auch dy strassen um seine kostung machn lassen von münchen hainrich part erdacht den sin da durch er hard gemacht.« Herzog Albrecht IV. hat dieses Projekt also finanziert. Der tirolische Vetter Sigmund, der inzwischen abgedankt hat, mag das mit Kummer hören: Es war ja doch der Münchner Herzog Albrecht gewesen, der ihn zum Einschreiten gegen die Venezianer in Bozen – die daraufhin ihren Markt nach Mittenwald verlegten – ermuntert hat. Nun aber zieht der gleiche Fürst den Nutzen daraus.

Nach dem Bau wird in einem eigenen Vertrag der Unterhalt des Weges zwischen Herzog Albrecht und dem Kloster Benediktbeuern geregelt. Von Königsdorf südwärts bis Kochel untersteht die Straße den Mönchen; von Kochel an, den steilen Berg hinan, trägt der Herzog die Verantwortung; das Kloster hat ihm in Kochel ein Zollhausgütl überlassen und erhält seinerseits dafür eine Zoll- und Weggeldbefreiung.

Mit der Kesselbergstraße hat der Nord-Süd-Verkehr, der bisher fast ausschließlich auf den Trassen der alten Römerstraßen ablief, eine wichtige Route erhalten. Zunächst ist diese als technische Meisterleistung gefeierte Straße allerdings nur beschränkt benutzbar. Sie ist noch schmal und steil.

»Die Marter des Evangelisten Johannes« (Holzschnitt aus »Apokalypse«)

»Apokalypse« in Holz geschnitten

1498. Mit 27 Jahren schneidet Albrecht Dürer Endzeitliches ins Holz. Dem Titelblatt mit Johannes und der Muttergottes läßt er unter dem Titel »Apocalipsis cum figuris« 15 Holzschnitte folgen. Die »Apokalypse«, deren Text sein Taufpate Koberger auf die Rückseite der Bilder druckt, wird Albrecht Dürers größte Holzschnittfolge bleiben.

Der junge, seit vier Jahren verheiratete Meister mag sich ja (was Forscher ihm später nachweisen wollen) ein paar ähnliche Bücher angesehen haben, was er dann aber schuf, ist eigenständig und übertrifft die Vorbilder so weit, daß ein Vergleich nicht mehr möglich ist.

Die Folge beginnt mit dem Martyrium des heiligen Johannes, es folgt ein Blatt, auf dem Johannes die sieben Leuchter erblickt. Ein weiterer, sehr bekannter Schnitt zeigt, wie die vier apokalyptischen Reiter über Kaiser und Bürger hinwegjagen. In der Darstellung der vier Euphratengel, dem achten Blatt der »Apokalypse«, sieht Gott in majestätischer Gelassenheit zu, wie Papst und Kaiser, Ritter und Bürger mit dem Schwerte gerichtet werden.

Nach der dramatisch bewegten Darstellung des apokalyptischen Geschehens – ein Thema, das die Zeit bewegte – ist das Schlußblatt, »Der Engel mit dem Schlüssel zum Abgrund«, beinahe idyllisch: Die Stadt im Hintergrund liegt im Sonnenschein, nur ein Turm des Stadttores ist ramponiert.

Den Walchensee und den Kochelsee verbindet seit 1492 nicht mehr bloß ein Pfad sondern eine Handelsstraße

Beginn der Altöttinger Wallfahrt

Um 1490. Vielleicht haben schon Agilolfingerherzöge an dieser Stelle gebetet, spätestens aber seit dem Jahr 877 ist die achteckige Altöttinger Kapelle nachgewiesen. Dieses Gotteshaus, eines der ältesten im Heiligen Römischen Reich, wird etwa 500 Jahre später zum Mittelpunkt der Wallfahrt zu »Unserer lieben Frau auf der grünen Matten«.

Da das alte, möglicherweise noch vom heiligen Rupert im 8. Jh. gestiftete Madonnenbild vom Holzwurm zerstört ist, wird es zu Ende des 13. Jh. durch eine 65 cm hohe, aus Lindenholz geschnitzte Muttergottesstatue ersetzt. Der Abt von Raitenhaslach, so nimmt man an, hat sie gestiftet.

Später dunkelt sie durch den Einfluß des Kerzenrauchs und chemischer Reaktionen so sehr nach, daß das gläubige Volk von der »Schwarzen Madonna« spricht.

Aus allen Ecken des Landes kommen die Wallfahrer, 1492 zum Beispiel ziehen 1500 Landshuter nach Altötting, aus dem Oberland und Tirol fahren die Pilger auf Flößen den Inn herab.

Am Verzeichnis der Schenkungen zeigt sich, wie eifrig die Wallfahrer bereits in den ersten Jahren hierher pilgern. So werden einmal in einem einzigen Jahr der Altöttinger Muttergottes neben vielen Geldspenden 59 860 Pfund Flachs, 3 698 Hühner, 24 Pferde und 40 Stück Großvieh gestiftet. Der Geldschatz kann bald in fünf wuchtigen Eisentruhen aufbewahrt werden.

»Schwarze Muttergottes« von Altötting, so benannt aufgrund ihres Nachdunkelns unter dem Einfluß von Kerzenrauch und chemischen Reaktionen

Behaim verfertigt den ersten Globus

1492. Aus Nürnberg ist der Kaufmannssohn Martin Behaim in die Welt gereist – nach Flandern vor allem und nach Portugal, wo man ihn, da er mit modernstem nautischen Gerät wie dem »Jakobsstab« gut umgehen kann, bei Hofe einführt und in die »Junta de matematicos« aufnimmt.

Während eines Aufenthaltes in seiner Geburtsstadt bastelt er 1492 – Kolumbus ist unterwegs, Amerika zu entdecken – auf Wunsch dreier Ratsherren aus Pappmasse eine Erdkugel. Sie wird mit Gips überzogen und mit bemalten Papiersegmenten beklebt – der erste Globus ist fertig.

Keine Hilfe bei Hexenverfolgung

1497. Durch die päpstliche Bulle »Summis desiderantis« im Dezember 1484 und das bald in vielen Auflagen verbreitete Buch »Malleus maleficarum« (Hexenhammer) der beiden Dominikaner Institoris und Sprenger wird die Hexenjagd institutionalisiert. In Bayern gibt Herzog Albrecht IV. dafür keine Unterstützung. So taucht der Inquisitor Heinrich Institoris 1497 auch nur kurz in Bayern, im Kloster Rohr auf. Aber auch hier, so scheint es, hat er keine Chance zu seinem bösen Tun. Er bestellt den Propst Heimstöckl zu seinem Kommissär, der aber kümmert sich nur wenig um die hexerischen Angelegenheiten.

Nachrichten von den wunderbaren Erhörungen zu Altötting

Um das Jahr 1488 schreibt der Altöttinger Stiftpropst Johannes Mayr von zwei Wundern:

»Das erste: Ein dreyjähriges knäblein, als es zu Alten Oetting in das wasser, die Mehren [d. i. Mörnbach], gefallen, und ein halbe stund dahin gerunnen, ist es endlich gantz tod herauß gezogen worden. Die mutter auß grossem vertrauen zu der Mutter Gottes trägt das tote kind zu der h. Capell, und legt es auf den Altar, fällt sambt andern auf die knye nider und bittet umb erlangung des kinds leben flehentlich. Alsbald wird das kind lebendig...

Das zweyte: Ein baur zu Alten Oetting führte ein fueder haber zu hauß, setzte sein söhnlein sechs jahr alt auf das handroß, der fallet von dem pferd unter den wagen, wird dermaßen zertruckt, daß seines lebens kein hoffnung mehr vorhanden.

Man tut ein gelübd und ruft die Mutter Gottes an, folgenden tag ist der knab widerumb gantz frisch und gesund.«

Daß sich die Nachricht von den wunderbaren Erhörungen zu Altötting schnell verbreitet, zeigt sich am Beispiel des seit 1471 regierenden Herzogs Heinrich VII., des Mittleren von Braunschweig-Lüneburg, der zu den frühesten Stiftern der Altöttinger Wallfahrt gehört. Bereits 1508 gibt er seinen Harnisch in die Oberhut der Muttergottes von Altötting.

Zehn Jahre später, nach der Errettung aus Seenot, stiftet Heinrich ein silbernes Segelschiff von 29 cm Länge, wahrscheinlich die Nachbildung jenes Gefährts, mit dem er in so lebensgefährliche Lage gekommen war.

Ein Jahr nach dem Harnisch erhält Altötting – allerdings nicht als Stiftung, sondern als ein Pfand, für das Wallfahrtsspenden gegeben werden – seinen kostbarsten Besitz, das zu Beginn des 15. Jh. in Frankreich gefertigte »Goldene Rößl«, eine mit Edelsteinen reich geschmückte Goldschmiedearbeit.

Altötting wird zur bedeutendsten Wallfahrt Bayerns. Mit kleinen Gaben und mit Votivbildern kommt das Volk hierher, um sich von »unserer lieben Frau auf der grünen Matten« Hilfe zu erbitten oder für erwiesene Hilfe zu danken.

Von früh an gehören die Adelsfamilien und vor allem auch die Wittelsbacher zu den Pilgern, die der »Schwarzen Muttergottes« Geschenke bringen.

Frauenkirche in München geweiht

14. April 1494. Obwohl den beiden Türmen die abschließende Kuppel noch fehlt, wird die Münchner Frauenkirche geweiht. Die Bauarbeiten kommen damit nach einem Vierteljahrhundert zu ihrem vorläufigen Abschluß.

München hatte ursprünglich aus einer einzigen, der St. Peterspfarrei bestanden. Im November 1271 wurde sie durch den Freisinger Bischof geteilt, da sie »durch die Gnade Gottes sich so ins Unermeßlich vermehrt hat«.

Auf dem Gebiet der neuen Pfarrei, im Kreuz- und Graggenauerviertel, gab es seit 30 oder 40 Jahren ein dreischiffiges romanisches, der heiligen Maria geweihtes Gotteshaus mit zwei Türmen, in dessen Schatten Kaiser Ludwig der Bayer und dessen Frau beigesetzt waren.

Da der Bau ohnedies baufällig war, legte Herzog Sigmund am 9. Februar 1468, nachmittags zwischen zwei und drei Uhr, den Grundstein für eine neue Marienkirche. Sie sollte 109 m lang und 40 m breit werden. Den Auftrag, dieses Gotteshaus zu bauen, erhielt der neue Münchner Stadtbaumeister Jörg von Halsbach (oft auch Jörg Ganghofer oder Gangkoffen genannt), und für den Dachstuhl holte man sich 1470 den Meister Heinrich aus Straubing.

Der gotische Dom wurde so groß, daß die Münchner offensichtlich alles Maß verloren, und so schrieben sie, das Holz für den Dachstuhl sei mit 1400 Flößen zu je 15 oder 16 Bäumen aus dem Oberland gekommen – dabei hatten sie der Zahl der Flöße allerdings eine Null zu viel angehängt.

Für ein Jahresgehalt von acht Pfund Pfennigen (angeblich 160 Goldmark der Vorweltkriegszeit) bei freier Wohnung und mit einem zusätzlichen Taggeld von 28 Pfennigen im Sommer und 24 Pfennigen im Winter hat Meister Jörg gearbeitet. Er legte den ersten, den mittleren und den letzten Stein für diesen Backsteinbau, die Fertigstellung hat er dann aber doch nicht mehr erlebt. Sechs Jahre vor der Weihe des Liebfrauendomes ist er gestorben. Lukas Rottaler hat sein Werk beendet.

▷ *Liebfrauendom zu München, ein Bau von 109 m Länge und 40 m Breite, rund 26 Jahre Bauzeit*

»Schedelsche Weltchronik« ist vollendet

23. Dezember 1495. Fast auf den Tag genau vier Jahre sind seit der Vertragsausfertigung am 29. Dezember 1491 vergangen, und nun liegt das erste Exemplar des »buchs der croniken und geschichten mit figuren und pildnussen wu anbegin der welt bis auf dise unsere Zeit« vor. Die lateinische Ausgabe dieser »Schedelschen Weltchronik« liegt bereits seit Juli 1493 vor.

Der vor allem durch Silberbergbau und Schmuckhandel zu Reichtum gekommene Nürnberger Kaufmann Sebald Schreyer und dessen Schwager Sebastian Kammermeister hatten bei Michael Wolgemut und dessen Stiefsohn Wilhelm Pleydenwurff die Holzschnitte für dieses

Buch bestellt und vertraglich dafür 1000 Gulden bezahlt. Die vier Vertragspartner schlossen ein Vierteljahr später gemeinsam einen weiteren Vertrag, er verpflichtete den berühmten Nürnberger Drucker Koberger, das Buch herzustellen.

Von einem wird in den Verträgen allerdings nicht gesprochen – von dem »Unter den Vesten Nº 19« wohnenden Nürnberger Stadtphysikus, dem großen Büchersammler Dr. Hartmann Schedel, der die »Chroniken« schreiben sollte.

Später wird das Werk aber – ausgleichende Gerechtigkeit – unter seinem Namen bekannt werden.

Es beginnt mit Gottvater und der Weltschöpfung, die fortgeführt wird

durch die Weltgeschichte, die Schedel, den Tagen der Woche entsprechend, in sieben Weltalter einteilt. Deren vorletztes beginnt mit Leben und Sterben Christi und führt herauf bis zu dem Tag, an dem dieses Buch abgeschlossen wird, dem 10. Juni 1495. Mit dem, was bis zum Weltende folgt, schließt diese Zeitenschau.

Zu den Kostbarkeiten des Werkes gehören die 1809 Holzschnitte von Gott und den Kaisern, von Himmelsgestirnen und Städten. Unter diesen aber findet sich auch die erste Ansicht der Stadt München. Abgebildet sind aber auch die bayerischen Städte Augsburg, Bamberg, Nürnberg, Passau, Regensburg und Würzburg.

Mittelalterliches Augsburg an der Mündung der Wertach in den Lech

Regensburg mit Stadtbefestigung und Zollbrücke über den Regen

Holzschnitt von Nürnberg mit seiner turmbewehrten Stadtmauer

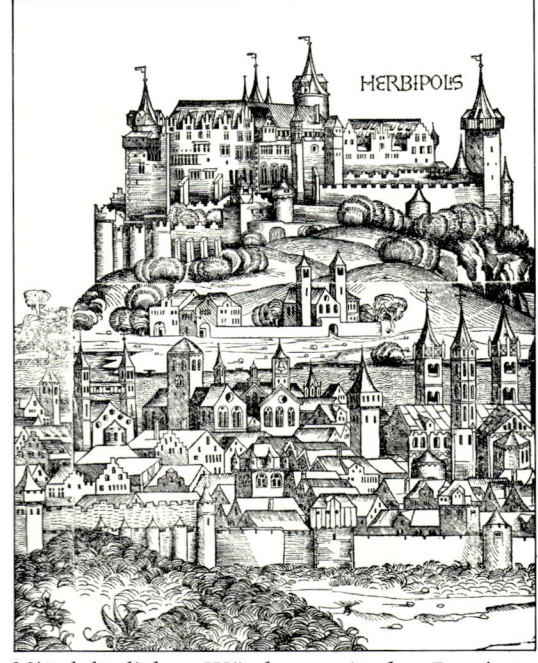

Mittelalterliches Würzburg mit der Burgfeste hoch über der Stadt

Stadtansicht von München mit der Frauenkirche (l.), wie die anderen Holzschnitte von Michael Wolgemut und seinem Stiefsohn Wilhelm Pleydenwurff für die Schedelsche Weltchronik erstellt

Von der Teilung zur dauerhaften Einheit

Im Jahr 1506 erließ Bayernherzog Albrecht IV., dem man den Beinamen »der Weise« gegeben hat, was aber mehr im Sinne von »der Gewitzte« oder »der Scharfsinnige« zu verstehen ist, das Primogeniturgesetz. Danach sollte künftig immer der älteste Sohn das Land erben und regieren, eine Teilung sollte unmöglich sein. Es sei gleich gesagt, daß das Gesetz seinen Zweck voll erfüllt hat, auch wenn die Söhne Albrechts zunächst schlecht damit zurechtkamen. Bis zum Ende der Ära Wittelsbach blieb Bayern jedenfalls von da an immer in einer Hand.

Die Landstände beschworen das Primogeniturgesetz. Diese Landstände, mitunter auch »Landschaft« genannt, waren die genossenschaftlich zusammengeschlossene, ständisch gegliederte Vertreterschaft der bayerischen Oberschicht. Man kann sie bereits als eine Art Parlament oder Senat verstehen, wenn die Mitglieder der Landschaft auch keineswegs vom Volk gewählt wurden. Drei Stände waren vertreten: der Adel des Landes, die Prälaten von besitzenden Klöstern, also der Benediktiner, Zisterzienser, Prämonstratenser und Augustinerchorherren, und die Bürgerschaft der Städte und Märkte. Die Landstände hatten seit dem frühen 14. Jh. das Recht der Steuerbewilligung und der Mitwirkung bei wichtigen Landesangelegenheiten und bei Gesetzen. Das soll nun nicht heißen, daß der Landschaft diese Rechte nicht hin und wieder von starken Herzogspersönlichkeiten geschmälert wurden.

Herzog Albrecht der Weise hatte zum Erlaß des Primogeniturgesetzes Grund genug: Es bildete einen Schlußstrich unter – fast auf das Jahr genau – 250 Jahre ständiger Teilungen im Herzogtum Bayern durch das Haus Wittelsbach. Wie einfach war das am Anfang der Wittelsbacher Herrschaft im Herzogtum gewesen! Als Otto von Wittelsbach 1180 die Herzogswürde erhielt, regierte er durchaus allein, ebenso sein Sohn Ludwig der Kelheimer und sein Enkel Otto II., den man auch »den Erlauchten« nannte. Mit dessen Tod zeichneten sich die ersten Schwierigkeiten ab. Seine beiden Söhne, Ludwig II., der Strenge, und Heinrich, hatten gleiche Rechte. Zwei Jahre lang regierten sie mehr oder weniger gemeinsam. 1255 wurde dann die »1. Landesteilung«, wie sie heute in der Rückschau genannt wird, vollzogen.

Damals gehörte den bayerischen Wittelsbachern neben dem Herzogtum Bayern auch die Pfalzgrafschaft bei Rhein. Dieses nahm sich nun der ältere der beiden Brüder, Ludwig der Strenge. Das Herzogtum aber teilte man etwa auf der Linie Kelheim–Moosburg–Erding–Rosenheim. Den östlichen Teil Bayerns bekam Heinrich, der sich von nun an »von Niederbayern« nannte; den westlichen Teil des Landes erhielt Ludwig, dazu bekam er aber auch die nur noch nominalen Herzogsrechte in Regensburg (das gerade am Übergang zur Reichsstadt war), den wittelsbachischen Besitz im »Nordgau« und die damals noch bayerischen Ämter Kufstein, Rattenberg und Kitzbühel.

Schon diese erste Teilung Bayerns hatte für das Land negative Auswirkungen. Ludwig der Strenge konzentrierte sich in seinem politischen Handeln zu sehr auf seine Eigenschaft als Pfalzgraf bei Rhein, widmete sich vor allem der großen Reichspolitik und degradierte damit sein Oberbayern zu einer Art Nebenland. Heinrich von Niederbayern, an Tatkraft und Willen der Schwächere, stellte sich mitunter gegen den Bruder, konnte auch seine politischen Ziele, vor allem den Zugewinn der Steiermark, nicht dauerhaft verfolgen. Abgesehen von einem gemeinsam erlassenen Landfrieden für beide bayerischen Landesteile haben die beiden Brüder nur wenig Gemeinsamkeit bewiesen. Ihre Ziele strebten auseinander, wenn sie auch in vielen Fragen trotz der Trennung Gemeinsamkeiten nicht völlig aus den Augen verloren.

Die bedeutendste Diskrepanz zwischen Ludwig II. und Heinrich entstand um die Königswahl. Ludwig der Strenge hielt zwar treu zu seinem Neffen und Mündel Konradin, dem letzten Staufer, bis dieser 1268, im Alter von 16 Jahren in Neapel hingerichtet wurde, doch lehnte er für sich selbst die Königswürde in der »kaiserlosen« Zeit zwischen 1254 und 1273 ab. Im Gegensatz zu seinem Bruder Heinrich stellte er sich 1273 bei der Königswahl auf die Seite des bis dahin unbekannten Grafen Rudolf von Habsburg und machte ihn mit seiner entscheidenden Stimme zum König. Heinrich hingegen war Gegner des Habsburgers, und, wie die spätere Geschichte zeigte, hatte er damit recht; denn die Habsburger waren bis ins 18. Jh. hinein – trotz verwandtschaftlicher Bande – immer wieder die politischen Gegner der bayerischen Wittelsbacher und sahen den fortwährenden Teilungen des bayerischen Herzogtums nicht nur mit Genugtuung zu, sondern zogen daraus auch noch ihren Vorteil.

Der bayerische Geschichtswissenschaftler Andreas Kraus wirft in seiner »Geschichte Bayerns« die wichtige Frage auf, ob man bei der Teilung des bayerischen Herzogtums von einem Verstoß gegen das Reichsrecht sprechen könne. Er meint, das strenge Lehensrecht sei zunächst gegen die Teilung eines Reichsfürstentums, »aber wenn ein solches Fürstentum ständig wachsen konnte, ohne sein Wesen zu verlieren, dann konnte man es auch verkleinern oder teilen. Der Prozeß der Territorienbildung war also auch umkehrbar.« Kraus stellt aber auch fest, daß die Folgen für die Politik der wittelsbachischen Herzöge äußerst nachteilig waren, zumal die Teilungen der späteren Zeit noch viel weiter gingen als die »1. Teilung Bayerns« von 1255.

Nun gab es also eine oberbayerische Linie der Wittelsbacher, die in München regierte, und eine niederbayerische mit dem Sitz in Landshut. Dies sollte so bleiben, bis Kaiser Ludwig der Bayer, der als Herzog von Oberbayern Ludwig IV. hieß, nach dem Aussterben der niederbayerischen Linie im Jahr 1340 wieder beide Landesteile vereinen konnte. Als er 1347 auf der Jagd bei Fürstenfeldbruck eines jähen Todes starb, hinterließ er zwar seinen Söhnen die Auflage, Bayern nicht zu teilen, doch waren sich seine Söhne schon ab 1349 nicht mehr einig und nahmen eine zweite Landesteilung vor. Der zweitälteste Sohn Ludwigs, Stephan II., konnte zwar ab 1363 noch einmal den Zusammenschluß von Ober- und Niederbayern durchsetzen, doch folgte 1392 bereits die dritte und letzte Teilung des Herzogtums.

Ins 15. Jh. ging Bayern als viergeteiltes Fürstentum. Es entstanden 1392 die selbständigen Herzogtümer Oberbayern–München, Oberbayern–Ingolstadt und Niederbayern–Landshut. Dazu gab es das seit 1353 bestehende Straubing–Holland, das seine niederländischen Besitzungen durch die Heirat Kaiser Ludwigs des Bayern (in zweiter Ehe) mit Margarethe, der ältesten Tochter des Grafen Wilhelm III. von Holland-Hennegau, erlangt hatte. Die Beinamen mancher Herzöge in den vier Teilregionen sind mitunter recht merkwürdig: Ludwig der Römer (weil zu Rom geboren), Stephan mit der Hafte (weil mit Vorliebe eine modische Spange am Gewand tragend), Otto der Faule (weil ohne politischen Ehrgeiz), Wilhelm »de dolle Graf« (weil in unheilbaren Wahnsinn verfallen). Da ist man dann richtig froh, wenn es in Niederbayern ab 1392 einen Friedrich den Weisen gibt, der freilich schon ein Jahr später stirbt, immerhin aber seinem Sohn Heinrich, seinem Enkel Ludwig und seinem Urenkel Georg (dem Bräutigam der »Landshuter Fürstenhochzeit« von 1475) die Voraussetzungen hinterläßt, sich jeweils den Beinamen »der Reiche« zulegen zu können.

Wer sich weniger an Geschichtszahlen als an »Geschichten« erwärmen kann, dem sei empfohlen, die vier bayerischen Teilherzogtümer mit jeweils einem besonderen Frauenschicksal zu verbinden, mit Hofgeschichten sozusagen, wenn auch nicht sehr erheiternden. Da ist zum Beispiel Herzog Stephan III., »der Kneissl« oder auch »der Prächtige« (was dasselbe bedeutet) genannt. Er regierte zuerst in München und ab 1392 in Bayern–Ingolstadt. Seine Tochter Elisabeth heiratete im Alter von 14 Jahren den 17 Jahre alten König Karl VI. von Frankreich, der von ihr schon beim ersten Anblick so begeistert war, daß er jede Mitgift zurückwies. Elisabeth wurde stürmisch gefeiert als »Lilienkönigin von Paris«, wo sie ihren Namen in »Isabeau de Baviere« ändern mußte. Lebenslust waren ihre Tage, bis nach sieben Jahren mehr und mehr der Wahnsinn des Gemahls durchbrach. Sie mußte bald das politische Heft selbst in die Hand nehmen, wurde damit im Hundertjährigen Krieg zur Gegnerin der »Jungfrau von Orleans«, was ihr Friedrich von Schiller in seinem Drama doch zu sehr ankreidet. Die wirkliche Isabeau de Baviere der Johanna-Zeit war eine einsame Witwe, Mutter von zwölf Kindern, durch Krankheit gezeichnet und an einen Rollstuhl gefesselt.

Bei holländischen Blumenfesten, besonders jenen in der Stadt Leyden, reitet noch heutzutage eine schöne, junge Frauengestalt mit: die »Frouwe Jakob« oder die »Dame Jacques«. Sie ist eben in Holland noch unvergessen, die »Jakobäa von Bayern« aus der Linie Straubing-Holland, die mit fünf Jahren mit dem Dauphin von Frankreich (einem Sohn der Isabeau de Baviere) verlobt wurde, ihn mit 14 heiratete und mit 16 Jahren Witwe war. Nie wurde sie glücklich, nur ganz am Ende, als sie auf ihre fürstlichen Rechte verzichtete und mit dem Mann ihrer Liebe letzte helle Tage auf Schloß Teilingen, zwischen Haarlem und Leyden, verbringen konnte, ehe sie 1436 im Alter von 35 Jahren starb.

Das Schicksal der ungewöhnlichen Frau der Linie Oberbayern–München muß man nicht erzählen, da genügen der Name und ein Satz: Die schöne Augsburger Baderstochter Agnes Bernauer heiratete den Herzog Albrecht, und ihr Schwiegervater ließ sie als Hexe in der Donau bei Straubing ertränken. Bleibt noch die Dame für Niederbayern–Landshut: Sie heißt Jadwiga oder Hedwig, ist die Tochter des polnischen Königs, und wer sie sehen will, muß nur zum alle paar Jahre stattfindenden Fest der »Landshuter Fürstenhochzeit von 1475« kommen. Da winkt sie fröhlich an der Seite ih-

res jungen Herzogs Georg Tausenden von Zuschauern zu, obwohl die wirkliche Jadwiga damals gar nicht viel zu lachen hatte. Weil sie, Jadwiga, ihrem Herzog Georg keinen Sohn schenken konnte, der am Leben blieb, kam es zum Landshuter Erbfolgekrieg und gleich danach zur heilsamen Primogenitur Albrechts des Weisen.

Aus den vier Teilherzogtümern Bayerns am Anfang des 15. Jh. wurden innerhalb von 50 Jahren zwei: Straubing–Holland endete mit der »Frouwe Jakob«, und das Straubinger Ländchen wurde unter den übrigen drei Herzögen aufgeteilt. Oberbayern–Ingolstadt kassierte mit Gewalt der liebe niederbayerische Vetter (der dafür 1472 zu Ingolstadt die erste bayerische Universität gründete, für die es höchste Zeit war). Also blieben noch Niederbayern–Landshut und Oberbayern–München, Herzog Georg der Reiche und Herzog Albrecht der Weise. Diese beiden machten untereinander aus, daß einer des anderen Land haben solle, falls dieser keinen erbberechtigten Sohn habe. Dies war nun bei Herzog Georg der Fall, als er 1503 starb. Nur, er hatte sich nicht an die Abmachung gehalten und seine Herrschaft dem Gemahl seiner Tochter Elisabeth, dem (ebenfalls wittelsbachischen) Ruprecht von der Pfalz zugeschrieben. Das war gegen alle wittelsbachischen Hausverträge, und so gab es kriegerische Auseinandersetzungen um die Erbschaft, den »Baierischen Krieg« oder auch »Landshuter Erbfolgekrieg« (1504). Die »falschen Erben«, Elisabeth und Ruprecht, starben übrigens beide während dieses Krieges.

Den Landshuter Erbfolgekrieg gewann die Partei Albrechts des Weisen, zu der auch sein Schwager, Kaiser Maximilian I., gehörte. Der Kaiser nahm wenig Rücksicht mit seinen Soldaten im niederbayerischen Land, und als eigentlich alles schon entschieden war, nutzte er die Situation und forderte von Albrecht die Gegenleistung, die er zuvor für den Fall verlangt hatte, daß er für ihn Partei ergreife. Und so wandte sich Maximilian diesem »Interesse« zu: den bisher niederbayerischen Städten und Ämtern Kitzbühel, Rattenberg und Kufstein, die alle drei mit gewinnbringenden Bergwerken gesegnet waren. Der Kaiser belagerte Kufstein, die wackeren Verteidiger unter Hans von Pienzenau ergaben sich und wurden wie Verbrecher hingerichtet.

Das Haus Wittelsbach stand nun ab 1505 für alle Zeiten vereint da. Nur: Das Land war etwas zusammengeschrumpft. Der Kaiser hatte seine »Interessen« alle drei kassiert, die Stadt Heidenheim an der Brenz wurde Württemberg zugeschlagen, und die Ämter Lauf an der Pegnitz, Altdorf und Hersbruck gelangten als Entschädigung für geleistete Waffenhilfe an die Freie Reichsstadt Nürnberg. Wenn zwei sich streiten, freut sich mitunter nicht nur der dritte, sondern auch noch der vierte und fünfte. Im Jahr darauf, 1506, ließ Albrecht der Weise dann jenes Primogeniturgesetz aufschreiben und verkünden, das künftighin keine Teilherzogtümer in bayerischen Landen mehr zuließ.

Herzog Albrechts Söhne Wilhelm IV. und Ludwig hätten das eben geschaffene Gesetz der Primogenitur beinahe schon wieder über den Haufen geworfen. Ludwig, der Zweitgeborene, meinte, man könne dieses Gesetz auf ihn noch nicht anwenden, da er schon vor dessen Erlaß geboren sei. Und da gab es gleich gute Freunde, die ihm beipflichteten. Die Landstände gaben dem jüngeren Bruder recht. Und siehe da: Kaiser Maximilian bot wiederum nicht uneigennützig seine Vermittlerdienste an. Da erwiesen sich die beiden Brüder doch als Söhne des weisen Albrecht, versöhnten sich und regierten gemeinsam, der eine in München, der andere in Landshut. Das war gut für Landshut; denn dort baute der lebensfrohe Junggeselle den ersten Renaissance-Palazzo auf deutschem Boden, die »Stadtresidenz«. Und daß er Junggeselle blieb, war sehr gut, zumindest für die Primogenitur.

Werner A. Widmann

1500

Um 1500. Die Familie Taxis beginnt mit dem systematischen Ausbau des Postverkehrs. →

Um 1500. Zwischen Füssen bzw. Schongau und Venedig gibt es jeweils 24 Rottstationen. – Neben der Landrott gibt es auch eine Wasserrott für den Gütertransport auf den Flüssen und Strömen.

1500. Mit ihrem Geschlechtertanz präsentieren die Augsburger Bürger dem Kaiser ihren Wohlstand und ihre Vornehmheit. →

10. 4. 1500. Der Reichstag zu Augsburg wird eröffnet. König Maximilian I. gesteht den Reichsständen das Reichsregiment zu.

1502. Hans Beheim d. Ä. vollendet den Bau der Markthalle als Kornhaus bei St. Sebald in Nürnberg.

1. 12. 1503. Nach dem Tod von Herzog Georg dem Reichen von Bayern-Landshut und Bayern-Ingolstadt kommt es zum Landshuter Erbfolgekrieg zwischen Rheinpfalz und Bayern-München (→ 1504/05).

1504. Tilman Riemenschneider schnitzt den Hl. Blutaltar für St. Jakob in Rothenburg ob der Tauber.

1505. Der sächsische Kurfürst Friedrich III., der Weise, beruft den aus Kronach stammenden Maler Lucas Cranach d. Ä. nach Wittenberg. →

1505. Der Bau der Kirche St. Georg in Nördlingen wird vollendet.

30. 7. 1505. Der Kölner Schiedsspruch des römisch-deutschen Königs Maximilian I. beendet den Landshuter Erbfolgekrieg. Das Landshuter Erbe wird geteilt zwischen dem Pfalzgrafen, den bayerischen Herzögen und König Maximilian I. Das Fürstentum Pfalz-Neuburg wird gebildet (→1504/05).

8. 7. 1506. Herzog Albrecht IV., der Weise, von Bayern legt die Unteilbarkeit Bayerns fest. →

1506/07. Veit Stoß modelliert die Kreuzigungsgruppe für St. Sebald in Nürnberg.

1507. Johann von Schwarzenberg, Hofmeister der Fürstbischöfe von Bamberg, verfaßt unter Mitarbeit von Bamberger Hofrichtern, vor allem Sebastians von Rothenhan, die »Bambergische Halsgerichtsordnung«, die beispielgebend für die Rechtsprechung und Gesetzgebung in ganz Deutschland wird. →

1507. Der Augsburger Fernhandelskaufmann und Bankier Jakob Fugger, der Reiche, erwirbt die Grafschaft Kirchberg u. a. kleinere Herrschaften. Dies ist die Grundlage des später ausgedehnten Landbesitzes der Fugger.

1508. Balthasar Sprenger veröffentlicht mit Holzschnitten von Hans Burgkmair d. Ä. einen Bericht über eine Indienreise der portugiesischen Flotte (→1509).

6. 2. 1508. König Maximilian I. nimmt im Dom von Trient mit päpstlicher Zustimmung den Titel »Er-

wählter Römischer Kaiser« an. Venedig hat dem König den Weg nach Rom versperrt.

28. 2. 1508. Nach dem Tod des Wittelsbachers Philipp wird sein Sohn Ludwig V. Kurfürst von der Pfalz.

18. 3. 1508. Nach dem Tod von Albrecht IV. wird sein minderjähriger Sohn Wilhelm IV. Herzog von Bayern unter der Vormundschaft seines Onkels Wolfgang. →

11. 9. 1508. Die bayerische »Landesfreiheitserklärung« vermehrt die ständischen Rechte gegenüber dem Fürsten. Auf dem Landshuter Landtag wird das Verfahren für künftige bayerische Landtage festgelegt. →

1509. Herzog Wilhelm IV. gewinnt das Reichenhaller Salzmonopol. →

Nach 1509. Der Abt Angelus Rumpler schreibt eine Geschichte des Landshuter Erbfolgekrieges. →

GESTORBEN:

1. 2. 1501. Blutenburg bei München: Sigmund (*26. 7. 1439, Straubing?), Herzog von Bayern-München 1460–1467.

1. 12. 1503. Ingolstadt: Georg der Reiche (*vor 15. 8. 1445, Landshut), Herzog von Bayern-Landshut 1479–1503.

20. 8. 1504. Landshut: Ruprecht von der Pfalz, gen. Virtuosus bzw. der Tugendreiche (*14. 5. 1481, Heidelberg), Bischof von Freising 1495/96–1498.

29. 7. 1506 (oder 1507). Lissabon: Martin Behaim (*6. 10. 1459, Nürnberg), Schöpfer des ersten Globus.

4. 2. 1508. Wien: Konrad Celtis (*1. 2. 1459, Wipfeld bei Würzburg), Humanist.

18. 3. 1508. München: Albrecht IV., der Weise (*15. 12. 1447, München), Herzog von Bayern-München 1465/67–1508, Herzog von ganz Bayern 1505–1508. →

GEBOREN:

12. 4. 1500. Bamberg: Joachim Camerarius (†17. 4. 1574, Leipzig), Humanist.

1500. Nürnberg: Hans Sebald Beham (†22. 11. 1550, Frankfurt am Main), Kupferstecher und Zeichner für den Holzschnitt.

1500–1510. Christoph Amberger (†1561/62, Augsburg), Maler.

Um 1500. Nürnberg: Georg Pencz (†11. 10. 1550, Leipzig), Maler und Kupferstecher.

24. 2. 1501. Augsburg: Sixt Birk (†19. 6. 1554, Augsburg), Dichter und Pädagoge.

10. 4. 1502. Amberg: Ottheinrich (†12. 2. 1559, Heidelberg), Kurfürst von der Pfalz.

1502. Nürnberg: Barthel Beham (†1540, Italien), Maler und Kupferstecher.

1. 6. 1503. Rimpar bei Würzburg: Wilhelm von Grumbach (†18. 4. 1567, Gotha), Reichsritter.

Im Zuge des Landshuter Erbfolgekrieges von 1504/05 wird eine Burg erstürmt; als 1505 Frieden geschlossen wird, ist das ganze Land verwüstet

Landshuter Erbfolgekrieg

1504/05. Dem Landshuter Brautpaar von 1475 (→14. 11. 1475) werden in einer nicht sehr glücklichen Ehe fünf Kinder geboren. Von diesen aber bleibt zuletzt, die Linie fortzusetzen, nur die Tochter Elisabeth. Ihrer Ansprüche wegen kommt es schließlich zum Landshuter Erbfolgekrieg von 1504/05.

Die wittelsbachischen Hausverträge sehen vor, daß das Land beim Fehlen eines männlichen Erben an die andere Linie falle und das seit 1392 geteilte Herzogtum auf solche Weise wieder vereinigt werde.

Im Herbst 1496 ließ Georg der Reiche von Landshut ein Testament ausfertigen, das die alten Abmachungen mißachtete und das Teilherzogtum Niederbayern seiner

Tochter, dem »Fräulein Elisabeth« vermachte. Der Herzog in München sollte leer ausgehen.

Im Jahr 1499 wurde die Landshuter Prinzessin mit Ruprecht, einem Wittelsbacher der Pfälzer Linie, verheiratet, vier Jahre später starb Herzog Georg, und König Maximilian verlieh Bayern-Landshut, den Verträgen gemäß, seinem Schwager Herzog Albrecht zu München.

Es kommt zum Krieg, Wittelsbach steht gegen Wittelsbach. Das Land wird verheert, und erst als Elisabeth und ihr Mann im Sommer 1504 sterben, kann Friede geschlossen werden. Im Kölner Schiedsspruch von 1505 wird das Land unter dem Pfalzgrafen, den bayerischen Herzögen und König Maximilian geteilt.

Georg der Reiche (l.) und seine Frau Jadwiga (r.) beim Gebet: Lindenholz-Relief am Altar der Schloßkapelle in Burghausen, entstanden 1480; der Herzog von Bayern-Landshut (1479–1503) ist der Nachwelt wegen des Landshuter Erbfolgekrieges im Gedächtnis geblieben, aber auch wegen der im Jahr 1475 gefeierten prachtvollen Hochzeit

Herrschen soll hinfort ausschließlich der Erstgeborene

8. Juli 1506. Vier Dutzend Siegel werden mit Schnüren an jener Urkunde befestigt, die nach zweieinhalb Jahrhunderten den bayerischen Landesteilungen ein Ende bereitet: Das Primogeniturgesetz bestimmt, daß in Zukunft der erstgeborene Herzogssohn das ungeteilte Land regieren solle.

Mit dem »Kölner Spruch« vom 30. Juli 1505 ist der Landshuter Erbfolgekrieg beendet worden. König Maximilian sicherte sich seinen Anteil – Kitzbühel, Rattenberg, Kufstein sowie das Gebiet am Mondsee – und gab dem Münchner Herzog Albrecht IV. sowie dessen Bruder Wolfgang das Herzogtum Niederbayern, aus dem er freilich ein kleines Territorium herausschnitt, das er dann Ottheinrich und Philipp, den beiden überlebenden Enkeln Herzog Georg des Reichen, überschrieb. Der Mittelpunkt dieses Landes, das zunächst vom pfälzischen Großvater der beiden Prinzen verwaltet wurde, war Neuburg an der Donau. Und so hieß das neue Herzogtum auch Pfalz-Neuburg oder Junge Pfalz. Zu ihm gehörten, mit Ausnahme von Ingolstadt, die nördlich der Donau, vor allem in der Oberpfalz gelegenen Besitzungen der Niederbayern; insgesamt, so war festgelegt, sollte Pfalz-Neuburg seinen Herren jährlich 24 000 Gulden einbringen.

Die Münchner haben nach dem Schiedsspruch von 1505 den größten Teil des alten Herzogtums in ihrem Besitz. Nun freilich will Herzog Albrecht dafür sorgen, daß dieser Besitz nie wieder geteilt werde. Er erreicht, daß Herzog Wolfgang am 8. Juli 1506 »aus brüderlicher Liebe und Treue« (doch auch gegen eine gute Abfindung) für sich und seine Erben auf eine Mitregierung in Bayern verzichtet. Herrschen soll im

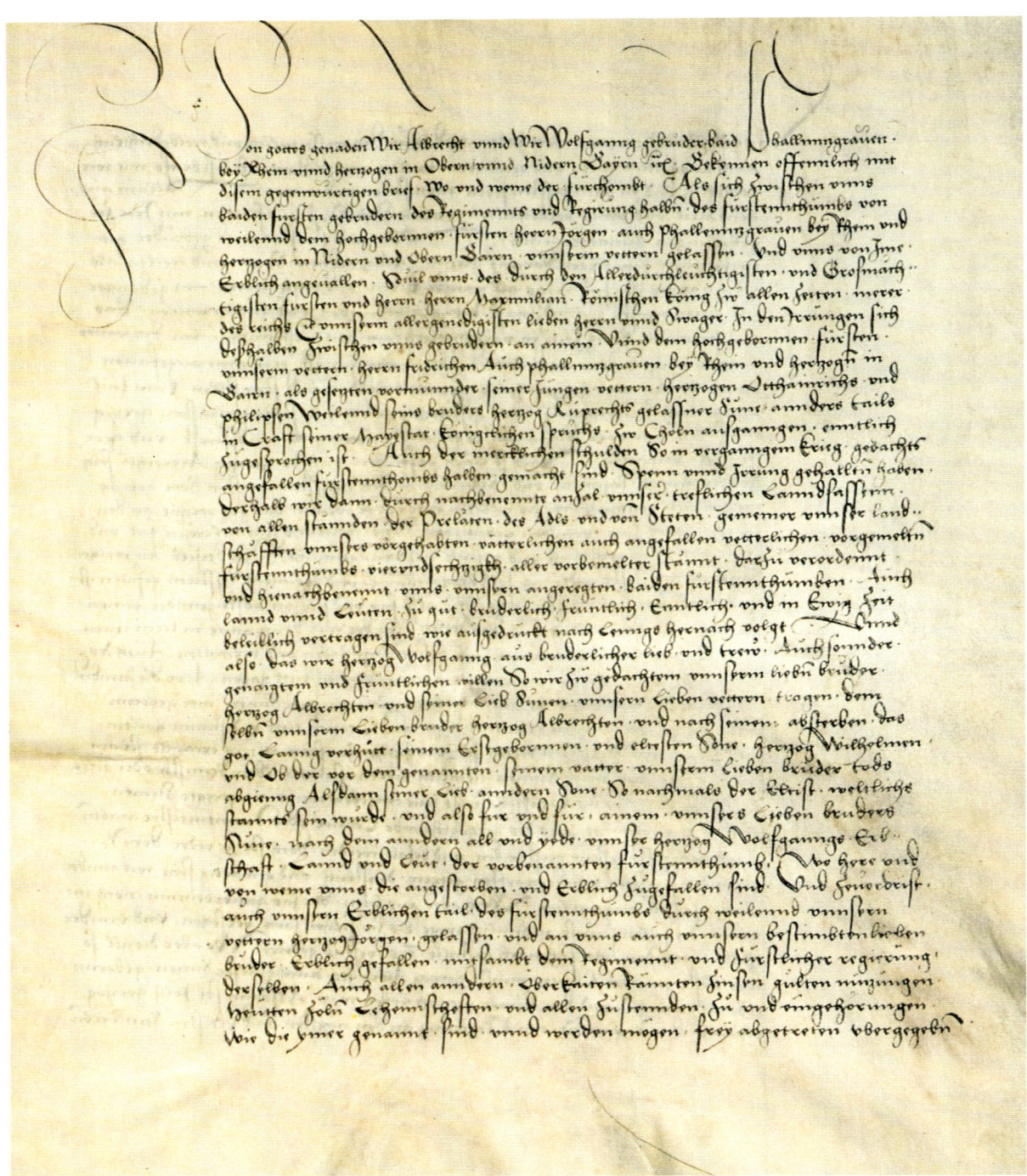

Soll die Einheit Bayerns sichern: Urkunde mit vier Dutzend Siegeln über das Primogeniturgesetz vom 8. Juli 1506

Bayerische Landesteilungen

Mit dem Primogeniturgesetz endet die unselige Sitte, das Bayernland bei Erbschaftsfällen zu teilen. Achtmal war diese Prozedur vollzogen worden.

▷ **28. 3. 1255:** Teilung in Ober- und Niederbayern

▷ **1. 10. 1310:** Oberbayern wird nochmals geteilt

▷ **4. 8. 1329:** Trennung von Oberbayern und Rheinpfalz

▷ **7. 8. 1331:** Niederbayern wird geteilt in die Linien Landshut, Burghausen und Deggendorf

▷ **13. 9. 1349:** Teilung in Oberbayern, Brandenburg, Tirol, Niederbayern und Holland

▷ **3. 6. 1353:** Niederbayern wird wieder geteilt. Die Landesteile fallen an die Linien Landshut und Straubing-Holland

▷ **24. 3. 1376:** Neuerliche Teilung in Ober- und Niederbayern

▷ **19. 11. 1392:** Es erfolgt eine erneute Teilung und Aufsplitterung Bayerns in die Linien Bayern-München, Bayern-Landshut, und Bayern-Ingolstadt.

Lande hinfort der Erstgeborene, während den jüngeren Söhnen Titel und Rang von Grafen erteilt wird und eine jährliche Rente Gulden zustehen soll.

Das Gesetz, häufig die »Magna Charta Bavariae« genannt, entsteht mit »Rat und Zutun der Landschaft«, einer frühen Form des Parlaments. Den Ständen wird in dem Gesetz zugesichert, daß ihnen künftig jeder Herzog bei der Erbhuldigung die alten, überlieferten Freiheiten bestätige. Festgelegt wird auch, daß das Recht, einen Krieg zu führen, nur Herzog Albrecht zusteht, daß er dazu aber die Zustimmung der Stände braucht. Der König wird um Zustimmung zu der Erbregelung gebeten. Bereits sechs Wochen später wird sie gegeben.

Herzog Albrecht IV. in München gestorben

18. März 1508. Herzog Albrecht IV. ist knapp über 60 Jahre alt, als er, zuletzt ein unförmiger und recht dikker Herr, zu München stirbt. Er, der die bayerische Einheit wieder herstellte und kurz vor seinem Tod durch das Primogeniturgesetz sicherte (→8. 7. 1506), hatte, um Herzog von Bayern zu werden, in seinen frühen Jahren selbst den Bestimmungen dieses Gesetzes zuwidergehandelt. Denn er, der drittgeborene Prinz, der für ein geistliches Amt bestimmt war und in Rom studierte, drängte sich mit entschiedener Vehemenz in die Mitregierung: Seinem Vater Albrecht III. waren 1460 Johann IV. und Sigmund als Herzöge von Bayern nachgefolgt. Johann starb 1463 und Sigmund regierte nun alleine, bis er am 10. September 1465 seinen noch nicht 18jährigen Bruder Albrecht als Mitregenten zulassen mußte. Und zwei Jahre später, 1467, war Albrecht IV. der Alleinherrscher.
Die Teilhabe an der Macht, die er sich einst erkämpft hatte, verweiger-

te er nun seinen beiden jüngeren Brüdern Christoph und Wolfgang. Bei all seinem Gespür für das Regierungsgeschäft und für die Macht blieb Albrecht doch immer auch ein Büchermensch, den der Philosoph

Nikolaus von Kues so hoch schätzte, daß er ihn in einen seiner Dialoge einführte. Der Sieger im Landshuter Erbfolgekrieg (→1504/05) verhalf in München der Renaissance zu ihrem endgültigen Durchbruch.

Albrecht IV., der Weise, Herzog von Bayern-München 1465/67 bis 1508 und Herzog des geeinten Bayern 1505 bis 1508; dem bedeutendsten Förderer von Kunst und Wissenschaft gelang 1504/05 die Wiedervereinigung von Oberbayern und Niederbayern; durch das sog. Primogeniturgesetz von 1506, nach dem der erstgeborene männliche Erbe Nachfolger in der Herzogswürde wird, konnte er die Einheit des Landes sichern

Die Bambergische Halsgerichts-Ordnung

1507. Der fürstbischöflich-bambergische Hofmeister Johann Freiherr von Schwarzenberg und Hohenlandsberg – ein Mann, der nie an einer Universität die Jurisprudenz studiert hat – wird zum Schöpfer eines der wichtigsten Bücher der deutschen Rechtsgeschichte, der im Jahr 1507 bei Hans Pfeill zu Bamberg erschienenen »Bambergischen Peinlichen Halsgerichts-Ordnung«. Mit diesem Werk beginnt die deutsche Strafrechtslehre und die erste große Strafrechtsreform.
Der aus angesehenem fränkischem Adel stammende, im Jahr 1463 (oder 1465) geborene Herr von Schwarzenberg hat wohl nichts anderes gelernt als zu Reiten und zu Fechten. Nach einer ausgelassenen turnier- und sauflustigen Jugend entdeckt er aber seine Liebe zu Cicero, den ihm seine gebildeteren Freunde übersetzen müssen, da er des Lateinischen nicht mächtig ist.
Über die Poesie verliert er freilich nicht den Blick auf das, was um ihn herum vorgeht. Er sieht die um ihr Recht streitenden Bauern und verfolgt mit Anteilnahme den Kampf Luthers, dessen Anhänger er ist; dabei treibt er sein Engagement so weit,

daß er – der hohe bischöfliche Beamte – sogar seine Tochter aus einem Bamberger Kloster entführt, in dem sie als Priorin lebt.
Sein Dienstherr, der Bischof von Bamberg, ist ihm deswegen nicht sonderlich böse, zuletzt muß sich der Freiherr von Schwarzenberg zwar einen neuen Arbeitgeber su-

chen, aber er bleibt dem Bischof weiterhin als Ratgeber verbunden.
Zu dieser Zeit liegt das große Gesetzeswerk bereits seit vielen Jahren vor. In ihm hat Johann von Schwarzenberg zusammen mit rechts- und sprachgelehrten Freunden das von italienischen Rechtslehrern fortentwickelte römische Strafrecht weitergeführt und vor allem mit den überarbeiteten fränkischen Rechtstraditionen und Rechtsgebräuchen des 15. Jh. kombiniert. Einer seiner wichtigsten Mitarbeiter ist dabei Sebastian von Rothenhan.
Der in hohem Amt wirkende, vermögende Schwarzenberg hat Verständnis für die Not der Armen und Angeklagten. Es sollen, schreibt er z. B. in der für Laienrichter bestimmten »Peinlichen Halsgerichts-Ordnung«, »die Gefencknüss zu behaltung und nit zu schwerer geferlicher peynigung der gefangen gemacht und zugericht seyn.«
Nach Schwarzenbergs Tod 1528 hat dieses (trotz immer noch grausamer Strafen) von christlicher Nächstenliebe und sozialem Mitgefühl geprägte Rechtsbuch auf die kommende Entwicklung der Gesetzgebung einen sehr großen Einfluß.

Johann Freiherr von Schwarzenberg (nach Vorlage von Albrecht Dürer)

Salzmonopol nun in staatlichen Händen

1509. Die bayerischen Herzöge hatten seit langem darauf hingearbeitet, und da die Umstände für sie günstig waren, ist schließlich Herzog Wilhelm IV. am Ziel – er besitzt die Reichenhaller Salzsiedestellen und verfügt über das einträgliche Monopol für die Salzgewinnung. An der Wende vom 15. zum 16. Jh. sind das etwa 180 000 Zentner im Jahr.
Die privaten Salzsieder hatten sich schon seit einiger Zeit schwer getan. Für notwendige Investitionen fehlte ihnen das Geld, gleichzeitig drängten aber die Österreicher mit ihrem Salz als starke Konkurrenten vehement auf die Märkte.
Seit Ende des 15. Jh. begann der Landesherr die bürgerlichen Sieden aufzukaufen, da vorausgegangene Verordnungen – etwa das Transitverbot für fremde Salze – nicht ausgereicht hatten, die Reichenhaller Produktion erfolgreich und dauerhaft wieder anzukurbeln.
Schritt für Schritt erreichten die Herzöge auf solche Weise Einfluß, und zuletzt waren sie Besitzer dieser für die bayerischen Steuereinnahmen so wichtigen Gewerbebetriebe. Durch Verordnungen wird die verstaatlichte Salzproduktion und der Salzhandel nun, um der Konkurrenz gewachsen zu sein, straffer organisiert, und bald zeigen sich Erfolge. Die Stadt selbst hat freilich darunter zu leiden, denn die reichen Salzherren hatten das Geld in der Stadt auch wieder ausgegeben, während es nun in die Staatskasse fließt.

Salztransport zu Wasser und Lande (Museum Bad Reichenhall)

Familie Taxis baut ihren Postverkehr aus

Um 1500. An den großen Gewinnen der Augsburger Handelshäuser haben auch jene Männer Anteil, die ständig mit den vertraulichen Nachrichten zwischen den einzelnen, weitverstreuten Außenposten als Boten unterwegs sind.

Vor der Einführung eines zuverlässigen, schnellen, die Wahrung des Briefgeheimnisses garantierenden Postsystems müssen die einzelnen Firmen ihre eigenen Informationswege aufbauen. Der zeitliche Vorsprung, mit dem die Nachricht über Entwicklungen auf fremden Märkten eintrifft, entscheidet häufig über Gewinn oder Verlust. Schneller zu sein als die Konkurrenz gehört zu den Aufgaben eines Boten.

Neben der Einführung einer präzisen Buchhaltung ist auch der Ausbau des privaten, gleichsam firmenbezogenen Postverkehrs für rasante Umsatz- und damit auch Gewinnsteigerungen im 15. und 16. Jh. mit verantwortlich. Der Übergang zu einem öffentlichen Postverkehr hat sich langsam vollzogen, und im Heiligen Römischen Reich ist die Familie Taxis von Anfang an daran entscheidend beteiligt.

Einst hatte diese Familie – unter dem Namen Turriani/Torriani – in Mailand und der Lombardei großen politischen Einfluß. Sie dehnte ihr Gebiet bis gegen Bergamo aus, und da es

Mittelalterlicher Reichsbote; nach einer Spielkarte aus dem 15. Jh.

in den Wäldern dieser Gegend viele Dachse gab, erhielten sie auch noch zusätzlich den Namen Tassis (von tasso, der Dachs).

Ein Roger de Tassis übernimmt in der zweiten Hälfte des 15. Jh. den Kurierdienst von Kaiser Friedrich III., und diesem Metier bleibt die Familie hinfort verbunden.

Als Franz von Taxis am 1. März 1500 von Philipp dem Schönen in Gent zum Chef der Post ernannt wird, legt man wenig später fest, welche Leistungen der Auftraggeber erwarten darf: Ein Brief von Brüssel nach Innsbruck, so heißt es, solle nach 5½ Tagen am Ziel sein (im Winter einen Tag später). Ein Reisender, der die Strecke mit seinem Pferd zurücklegen, der also gleichsam sein eigener Postbote sein will, bräuchte dazu immerhin bestimmt 13 Tage.

In Augsburg hatte Taxis bereits 1496 eine Eilpost für die Strecke über den Fernpaß nach Tirol eingerichtet. Für die im Tiroler Silber- und Kupfergeschäft engagierten Kaufleute war dies zweifellos eine nützliche und viel genutzte Einrichtung.

In dem mit Relaisstationen versehenen Netz von Postverbindungen ist Augsburg ein wichtiger Ort; besonders wenn der Kaiser sich zu einem Reichstag in der Stadt aufhält.

Vom Ausbau der Taxis-Post, die für beförderte Güter gewisse Garantien übernimmt, profitieren natürlich bald auch die Kaufleute. Eine Depesche, die sie an ihren Repräsentanten in Venedig senden, ist nun acht Tage, ein Brief nach Mailand sechs Tage unterwegs. Um diese Zeiten einhalten zu können, errichten die Taxis im Abstand von jeweils 38 km Stationen, an denen Bote und Pferd gewechselt werden. Für seine Dienste erhält der Hauptpostmeister eine feste Jahresvergütung, gleichzeitig aber auch das Monopolrecht.

Kommunikation und Botendienste

Die ersten Botschaften auf Bayerns Straßen wurden von Römern transportiert – das Land zwischen Donau und Alpen war durch einige große Straßen erschlossen und in das große römische Imperium einbezogen. Manche der mit großem technischen Geschick ausgebauten Trassen mögen dabei über die alten, keltischen Handelspfade gelegt worden sein.

Da es notwendig war, militärische Befehle und Informationen möglichst schnell von Rom aus in den Provinzen bekanntzumachen, führte man berittene Boten ein. An dieses Beispiel hat man sich auch im Mittelalter gehalten, auch wenn die Klöster für ihre Kurierdienste häufig Mönche einsetzten, die ihre Nachricht an andere Klöster zu Fuß überbrachten.

Natürlich organisierten die Könige und Herzöge des Mittelalters einen der Post ähnlichen Botendienst. Doch System in dieses Hin und Her der Briefträger bringt erst Ludwig XI. von Frankreich. Nach seinem Vorbild (Dekret von 1664) wird auch in Deutschland ein Postsystem eingeführt.

Der Augsburger Geschlechtertanz

1500. *Seit dem 2. März ist der Kaiser in der Stadt – beim Kaufmann Adler hat er Logis genommen –, und die großen Augsburger Familien wollen der habsburgischen Majestät ihre Vornehmheit und ihren Wohlstand präsentieren, zum Beispiel im Geschlechtertanz, einer traditionellen Selbstdarstellung der vornehmsten Familien in der Stadt, der patrizischen Geschlechter.*

Ein anonymer Maler, ein Bildberichterstatter aus dem 16. Jh., hat die feierlich gewandete Gesellschaft festgehalten, wie sie stolz und der eigenen Würde eingedenk im Tanzhaus auf dem Weinmarkt promeniert oder in gemessenem Schrittanz mehr auf die Bewunderung anderer als das eigene Vergnügen achtet (Abb.).

Gesetz bestätigt Landesfreiheiten

11. September 1508. Nach dem Primogeniturgesetz von 1506 (→8. Juli 1506) wird mit der zu Landshut unterzeichneten Landesfreiheitserklärung der zweite wichtige Schritt zur Wiedervereinigung und Verschmelzung der bis vor kurzem noch verfeindeten Landesteile von Ober-und Niederbayern getan. Das 14 Blatt starke Dokument ist für lange Zeit ein Grundgesetz des bayerischen Staates und darüber hinaus das erste Gesetz, das gedruckt wird.

Die bayerischen Landstände, also die adeligen Landsassen, die Prälatenklöster, die Städte und Märkte, erhalten mit dem Gesetz die Bestätigung ihrer Freiheiten. Die Verhandlungen waren schwierig verlaufen und Herzog Albrecht IV. hat ihren Abschluß auch nicht mehr erlebt. Die Vormünder des noch minderjährigen Herzogs Wilhelm – dessen Onkel Wolfgang und sechs Vertreter der Landstände – handelten den Kontrakt aus, in dem es vor allem um Gerichtsfragen geht.

Der Vertrag war für die Stände nicht ungünstig, den Landesherrn wurde nämlich vorgeschrieben, sie müßten bei ihrer Amtsübernahme die Landesfreiheitserklärung bestätigen und könnten erst dann die traditionelle Erbhuldigung fordern.

Das Dokument mit der Aufschrift »Erclärung der Landsfreyhait des Herzogthumbs Bayren« ist das erste Gesetz des vereinten Landes.

»Ruhe auf der Flucht« (Gemälde von Lucas Cranach dem Älteren, 1504, Berlin-Dahlem): Die heilige Familie in idyllischer Landschaft

Bilder und Holzschnitte von Burgkmair

1509. Mit gut 15 Jahren verläßt der Augsburger Malerssohn Hans Burgkmair 1488 seine Heimat. Er geht zu Martin Schongauer in Colmar und reist anschließend nach Oberitalien. Nach der Rückkehr übernimmt er 1498 die väterliche Werkstatt, und nun zeigt sich (beispielsweise in den drei 1501 für das Katharinenkloster gemalten Bildern von römischen Basiliken und in der »Maria im Rosenhag« von 1509), wie sehr er von der Malerei der italienischen Renaissance beeinflußt ist. Neben den großen Bildern liefert Burgkmair früh auch schon Holzschnitte, im Jahr 1508 etwa für ein Buch, das sein Augsburger Landsmann Balthasar Sprenger über seine Fahrt von Antwerpen um Afrika nach Indien geschrieben hatte.

Szene aus einem Ritterturnier: farbige Miniatur aus der Prunkhandschrift »Das Turnier-Buch« von Hans Burgkmair, für vermögende Auftraggeber

Lucas Cranach zum Hofmaler berufen

1505. Im Jahr 1505 nimmt das Leben des Lucas Sunder (oder Müller) eine große, ehrenvolle Wende: Er, der sich Cranach nennt – nach seiner oberfränkischen Geburtsstadt Kronach –, wird vom sächsischen Kurfürsten Friedrich dem Weisen als Hofmaler nach Wittenberg berufen. Etwa fünf Jahre hatte Cranach zuvor in Wien gelebt und während dieser Zeit Bilder geschaffen, in denen die Landschaft, was noch ungewöhnlich war, in das Geschehen einbezogen wurde – selbst in Porträts wie denen des Johannes Cuspian und des Rektors Reuss.

In dem mit der Jahreszahl 1503 datierten Gemälde »Christus am Kreuz« hat Cranach die drei eigenwillig angeordneten Kreuze von Christus und den beiden Schächern in eine Gebirgslandschaft, vor dramatisch bewegte Wolken gestellt. Die frühen Werke, wie zum Beispiel die beiden Altarflügel mit dem heiligen Valentin und dem heiligen Franziskus oder das Kreuzigungsbild, sind nicht von ihm signiert.

Das erste vom Meister mit seinem Namen gezeichnete Bild ist eine im Jahr 1504 entstandene »Ruhe auf der Flucht«: In einer idyllischen Landschaft mit liebevoll gemalten Bergen macht Maria mit dem Jesuskind und mit Joseph Rast. Während einige Engel musizieren, bringen andere Beeren und Wasser, um die heilige Familie zu erquicken.

Rumpler schreibt Kriegsgeschichte

Nach 1509. Der Benediktinerabt Angelus Rumpler steht dem Kloster seines Geburtsortes Vornbach am Inn seit 1501 vor. Als humanistisch gebildeten Ordensmann reizt es ihn, die Geschichte seiner 1094 gegründeten Abtei aufzuzeichnen; als Schüler des Dichters Konrad Celtis schreibt er den Text natürlich in lateinischer Sprache.

Während er die vergangenen Zeiten schildert, begibt sich blutige Geschichte in seiner nächsten Umgebung – der Landshuter Erbfolgekrieg erreicht auch Vornbach. Als Friede geschlossen ist, verfaßt er darüber ein Klagelied »Carmen de calamitatibus Bavariae« und eine sechsbändige Geschichte dieses grausamen Streites (→1504/05).

1510

Um 1510. Der Nürnberger Schlossermeister Peter Henlein ersetzt bei der Uhr das Gewicht durch die Feder und stellt die ersten Taschenuhren her. →

Nach 1510. Albrecht Altdorfer malt die ersten Landschaftsbilder. →

1512. Auf dem Reichstag zu Köln wird die Reichskreiseinteilung beschlossen. Das Reich wird in zehn Kreise eingeteilt (bayerischer, fränkischer, schwäbischer Kreis usw.).

1513. Herzogin Kunigunde von Bayern entlarvt die angebliche Wundertäterin Anna Lamenit, die wegen ihrer anscheinend totalen Abstinenz Aufsehen erregt hat. Anna Lamenit wird aus Augsburg ausgewiesen.

1514. Herzog Wilhelm IV. von Bayern beschließt zusammen mit seinem Bruder Ludwig X., Bayern trotz des Primogeniturgesetzes von 1506 gemeinsam zu regieren. Wilhelm residiert in München, Ludwig in Landshut.

1514. Hans Leinberger vollendet den Hochaltar in der Kirche St. Castulus in Moosburg in Oberbayern, einen der bedeutendsten spätgotischen Schnitzaltäre Süddeutschlands. →

1516. Der bayerische Landtag von 1516 regt Rechtskodifikationen an (Landesordnung von 1516, Reform der bayerischen Landrechte 1518, Gerichtsordnung von Ober- und Niederbayern 1520).

1516. Am Übergang von der Spätgotik zur Renaissance malt Hans Holbein d. Ä. zahlreiche Bilder für Altäre. →

8. 4. 1516. Hieronymus von Stauf, der früher einflußreiche Rat und Hofmeister des bayerischen Herzogs Wilhelm IV., wird nach einem Hochverratsprozeß auf dem Salzmarkt in Ingolstadt hingerichtet.

24. 4. 1516. Auf dem Landständetag zu Ingolstadt wird ein Reinheitsgebot für Bier erlassen. →

1517. Das allegorische Versepos »Theuerdank« von Kaiser Maximilian I. mit Holzschnitten von Leonhard Beck, Hans Burgkmair d. Ä. und Hans Schäuflin erscheint. →

16. 5. 1517 Der Augsburger Kaufmann Hans Paumgartner kauft für 83 000 Gulden den Besitz der Schwazer Bergwerksgesellschaft. Paumgartner wird in den folgenden Jahren nach Jakob Fugger zum reichsten Mann in Deutschland. →

1518. Albrecht Altdorfer malt die »Schöne Maria« für die Kirche St. Johann in Regensburg.

1518. Die 1509 von Anton Fugger gestiftete Fuggerkapelle in der Kirche St. Anna in Augsburg wird geweiht.

1518. Jörg Lederer vollendet den Hochaltar der St.-Blasius-Kapelle in Kaufbeuren, eines der Hauptwerke der oberschwäbischen Spätgotik.

17. 6. 1518. Der Bildhauer Veit Stoß vollendet für die Nürnberger Sankt-Lorenz-Kirche den »Englischen Gruß«, eine freiplastische Darstellung der Verkündigung an Maria. →

7. – 20. 10. 1518. Martin Luther hält sich in Augsburg auf und wird von dem päpstlichen Legaten Thomas de Vio Cajetan verhört. Am 20./21. Oktober flieht Luther aus Augsburg. →

1519. Herzog Wilhelm IV. von Bayern macht Leonhard von Eck zu seinem Kanzler. Eck bleibt drei Jahrzehnte lang Leiter der bayerischen Politik. →

1519. Das »Sebaldusgrab« des Erzgießers Peter Vischer d. Ä. wird vollendet. →

1519. Herzog Wilhelm IV. von Bayern unternimmt einen siegreichen Feldzug gegen den in die Reichsacht erklärten Herzog Ulrich von Württemberg. Bei den Kämpfen nimmt er auch Götz von Berlichingen gefangen.

28. 5. 1519. Nach dem Tod von Maximilian I. wird der spanische König Karl mit der Finanzhilfe der Fugger und Welser zum neuen Kaiser gewählt (Karl V.). →

4. 7. 1519. Die Leipziger Disputation beginnt. Martin Luther diskutiert mit dem Ingolstädter Theologen Johannes Eck und dem wittenbergischen Theologen Karlstadt.

GESTORBEN:

6. 3. 1513. Vornbach/Niederbayern: Angelus Rumpler von Vornbach (* um 1460/62, Vornbach), Abt von Vornbach, Dichter und Historiker, Humanist (→nach 1509).

28. 11. 1514. Nürnberg: Hartmann Schedel (* 13. 2. 1440, Nürnberg), Humanist und Chronist (»Schedelsche Weltchronik« → 23. 12. 1495).

Um 1515. Nürnberg: Hans Folz, genannt der Barbier (* um 1450, Worms?), Meistersinger.

13. 12. 1516. Würzburg: Johannes Trithemius (* 1. 2. 1462, Trittenheim bei Trier), Benediktiner, Verfasser von naturwissenschaftlichen, biographischen und historischen Werken.

1518. Augsburg: Anton Welser (* 1451, Augsburg?), Kaufmann. →

1518. Erasmus Grasser (* um 1450, Schmidmühlen bei Burglengenfeld), Bildhauer und Baumeister.

1519. München: Jan Polack (* um 1435, Krakau?), Maler.

30. 11. 1519. Nürnberg: Michael Wolgemut (* 1434, Nürnberg), Maler und Zeichner für den Holzschnitt. →

GEBOREN:

1511. Hubelschmeiß bei Straubing: Thomas Naogeorgus († 29. 12. 1563, Wiesloch/Baden), Dichter.

Um 1514. Rothenburg ob der Tauber: Hieronymus Ziegler († 28. 1. 1562, Ingolstadt), Herausgeber und Übersetzer, Dichter und Dramatiker.

1516. München: Hans Muelich († 10. 3. 1573, München), Maler.

Alte Stadtansicht von Augsburg: Künstler, Gewerbetreibende und Fernhändler (vor allem Fugger und Welser) bringen der Reichsstadt Weltgeltung

Martin Luther in Augsburg

7. bis 20. Oktober 1518. Der Ablaßprediger Johann Tetzel meint schon wenige Wochen nach der Veröffentlichung von Luthers 95 Thesen, »der Ketzer soll… ins Feuer geworfen werden«. Der Wunsch geht nicht in Erfüllung, und nachdem es auch nicht opportun erscheint, den unter dem Schutz des sächsischen Kurfürsten stehenden Dr. Martinus nach Rom zu zitieren, wird er im Herbst 1518 zum päpstlichen Legaten Kardinal Thomas de Vio Cajetan auf den Reichstag nach Augsburg zur Anhörung und Erläuterung seiner neuen Ideen und Überlegungen geladen. Obwohl man ihm zusichert, daß ihm nichts widerfahre, meint Luther skeptisch: »Nun mußt du sterben… Ach, welch ein Schand werde ich meinen Eltern sein.«

Am 7. Oktober trifft er, durch ein Magenleiden geschwächt, in Augsburg ein und findet bei den Karmelitern Quartier. Noch vor den Unterredungen mit Cajetan wird dem Reformator bedeutet, er brauche nur sechs Buchstaben zu sprechen, nur ein »revoco«, ich widerrufe, und alles wäre gut. Doch Luther lehnt ab. So finden zwischen dem 12. und 14. Oktober im Fuggerhaus (wo Kardinal Cajetan wohnt), jene Gespräche statt, die nichts anderes als Verhöre sind; eine Disputation, wie Luther sie wünscht, findet nicht statt. Die Standpunkte nähern sich also nicht, und zuletzt enden die Begegnungen mit Cajetans Satz: »Geh, und erscheine nicht wieder vor mir, du willst denn widerrufen.«

Da er nicht gehört wird, läßt der Wittenberger Augustinermönch am 22. Oktober an der Tür des Augsburger Domes eine Appellation anschlagen, in der »von dem nicht gut unterrichteten an den besser zu unterrichtenden Papst« eine Wiederaufnahme des Falles verlangt wird. Als die Augsburger das lesen, ist Luther bereits abgereist. Aus Angst, man könne ihn verhaften, verläßt er am Abend des 20. Oktober heimlich die Stadt. Später zeigt man sich ein kleines Tor in der Stadtmauer, durch das Martin Luther angeblich entwischte. Über Nürnberg reitet er auf einem »hart trabenden Klepper« heim nach Wittenberg in Sachsen.

Martin Luther (Gemälde von Lucas Cranach dem Älteren, 1523)

Fuggers Geld entscheidet die Kaiserwahl

Reichsgraf Jakob II. Fugger, der Reiche (r.), mit Buchhalter Schwarz in seinem Kontor (um 1525, Herzog Anton Ulrich-Museum, Braunschweig)

28. Mai 1519. Geld regiert die Welt, und an diesem Tage ist Jakob Fugger der Finanzier. Von den 851 918 Gulden, die bei der Wahl Karl V. zum deutschen Kaiser als Bestechungsgelder in die kurfürstlichen Taschen geschoben werden, stammen 541 585 Gulden von den Fuggern, 143 000 von den Welsern sowie etwa 165 000 von italienischen Bankiers in Genua und Florenz.

Die Chancen für den französischen König Franz I. aus dem Hause Valois stehen zunächst günstig; die deutschen Kurfürsten wissen ja, daß Franz ein sehr reicher Mann ist, der sie reichlich für ihre Stimme entlohnen könnte. Die Habsburger dagegen können in ihren Schatztruhen bis auf den Boden hinabsehen.

Das alles ist natürlich dem Jakob Fugger bekannt, und er läßt auch, um nicht zuletzt zu den Verlierern zu gehören, die Fäden nach Frankreich knüpfen; sehr vorsichtig, sehr diskret, denn aus einem naheliegenden Grunde muß man für den in Spanien residierenden Karl eintreten, seit dieser, 17jährig, im August 1517 seine Kandidatur angemeldet hat: Die Fugger sind die Hausbankiers der Habsburger. Verlieren sie die deutsche Krone, sind die vielen, vielen Schuldscheine Makulatur.

So investiert Jakob Fugger aus privatwirtschaftlichen Gründen sein Geld in die Wahl des Habsburgers, eine zu dieser Zeit riskante Geldanlage, doch die einzige Möglichkeit – die Fugger sind im Zugzwang. Dem ohnedies an Karls Familie schon ausgeliehenen Geld wird eine weitere halbe Million Gulden hinterhergeschickt. Und die Kurfürsten honorieren die Barzuwendung, der 60jährige Jakob Fugger aber kann sagen, er habe einen König gemacht.

Ein Kaufmann mit sicherem Gespür

1518. Der Kaufmann Anton Welser gehörte zu jenen Männern, die frühzeitig erkannten, daß Vasco da Gamas Entdeckung des Seeweges nach Indien in den Jahren 1497/99 neue Möglichkeiten bot. Er ließ in Portugal Schiffe bauen, die mit portugiesischer Besatzung nach Indien segelten. Vollbeladen mit Spezereien und Gewürzen kehrten sie zurück. Der Gewinn für Welser war beträchtlich. Als Anton Welser 1518 stirbt, hat das Geschäft seine Attraktivität schon wieder verloren. In Venezuela sind jetzt größere Gewinne zu machen.

L. Eck (1480–1550), Kanzler des bayerischen Herzogs Wilhelm IV.

Leonhard Eck wird zum Kanzler berufen

1519. Der aus kleinem bayerischen Adel stammende Leonhard Eck, ein Landrichterssohn aus Kelheim, wird Kanzler von Herzog Wilhelm IV. und bestimmt somit in den Zeiten, da das Land zwischen Katholizismus und Protestantismus wählen muß, die Richtlinien der Politik. Nicht zuletzt ihm ist es zu danken, wenn Bayern entschieden Stellung für den alten Glauben bezieht.

Mit scharfem, kaltem Intellekt und seinem Herzog treu ergeben, versucht er, die Macht der Stände zurückzudrängen und die Steuergesetze wirkungsvoller zu machen. Der Mann mit dem asketisch-scharfen Profil ist ein Realpolitiker, dem freilich sein Einfluß nie Selbstzweck wird. In dem bescheidenen Rahmen seiner Position und seines Landes versucht er durchaus nach den Prinzipien zu wirken, die Machiavelli in seinem »Fürsten« niederschrieb.

Der steile Aufstieg des Hans Paumgartner

16. Mai 1517. Das Geschäft kostet ihn 83 000 Gulden. Doch mit der Schwazer Bergwerksgesellschaft, die er dafür erwirbt, zählt der 59jährige Hans Paumgartner wohl endgültig zu den mächtigsten Bürgern Augsburgs und den schärfsten Konkurrenten der Fugger.

Seine ausgedehnten Geschäfte und vor allem der Tiroler Silberhandel haben den 1485 aus Nürnberg zugereisten Paumgartner so reich gemacht, daß er in seinen Finanzgeschäften selbst den Herzog Sigmund und den Kaiser Maximilian einbeziehen kann – als Darlehensnehmer. Diese Verbindung mit hohen und höchsten Würdenträgern (die ja allzeit eine offene und leere Hand haben) bringt Würden, Paumgartner wurde 1502 kaiserlicher Rat und zusammen mit Lukas Gassner Finanzverwalter des Kaisers.

Der Aufstieg des Nürnberger Patrizierssohnes, der eng mit seinem Bruder Franz zusammenarbeitet, ist in den Steuerbüchern nachzulesen. Paumgartner, der sich durch die Heirat mit Felizitas Rehlinger das Augsburger Bürgerrecht erwarb, zahlte 1490 eine Vermögenssteuer von 40 Gulden. Ein Vierteljahrhundert später beträgt sie 425 Gulden. Als Paumgartner zehn Jahre nach dem Schwazer Geschäft stirbt, hinterläßt er seinen Erben – allen voran seinem Sohn Hans – eines der größten Privatvermögen in Deutschland, nämlich 138 000 Gulden.

Veit Stoß vollendet »Englischen Gruß«

17. Juni 1518. Veit Stoß schnitzt seinen 5 m hohen »Englischen Gruß« aus grünem Holz: Am 12. März 1517 gab der Nürnberger Patrizier Anton Tucher den Auftrag, im Sebalder Forst eine Linde zu fällen, aus der Stoß ein »Mariapilld« schneiden sollte, und eineinhalb Jahre später bereits hängt dieses Meisterwerk der späten Gotik an der ihm zugedachten Stelle, in der Nürnberger St. Lorenz-Kirche.

Hauptwerke von Veit Stoß
1477/89: Altar in der Marienkirche Krakau
1492: Grabmal König Kasimir IV., Krakau, Dom auf dem Wawel
1496: Grabmal Erzbischof Olesnicki, Gnesen
1499: Passionsrelief (Volckamer-Stiftung) St. Sebald, Nürnberg
1500/03: Altar in St. Marien, Schwaz/Tirol (1805 zerstört)
1504: Riemenschneiders Münnerstädter Altar in Farbe gefaßt
1517/18: »Englischer Gruß«, St. Lorenz, Nürnberg
1510/20: Heiliger Andreas, St. Sebald, Nürnberg
1520/23: Marienaltar, Dom zu Bamberg (unvollendet)

Zu dieser Zeit lebt Stoß, der von 1477 bis 1496 als Wit Stosz mit großem Erfolg in Krakau gearbeitet hatte, lange schon wieder in Nürnberg, freilich unter entwürdigenden Umständen. Im Jahr 1503 hatte er, um ihm zustehendes Geld einzutreiben, eine Urkunde gefälscht. Auf Fürsprache des Bischofs von Würzburg wird ihm die Todesstrafe zwar erlassen, doch man brennt Stoß die Wangen und verbietet ihm (woran er sich nicht hält), die Stadt je zu verlassen. Der Kaiser empfängt den Bildschnitzer 1507 und setzt sich für ihn ein. Doch der temperamentvolle Stoß, zu dieser Zeit ein Mann von 60 oder gar 70 Jahren, scheint sich nicht damit abfinden zu können, daß man ihn so schwer bestraft hat.

◁ Darstellung der Verkündigung an Maria: »Der Englische Gruß« (Veit Stoß, St. Lorenz, Nürnberg)
▷ Das Jesuskind im Tempel (Teil des Marienaltars in Bamberg von Veit Stoß, früher in der Karmeliterkirche Nürnberg)

P. Henlein erfindet erste Taschenuhr

Um 1510. Wie der Nürnberger Schlosser Georg Glaser in der Nacht vom 7. zum 8. September 1504 ermordet wurde, wird nie richtig aufgeklärt. Der Tat dringend verdächtig sind aber Glasers Kollegen Georg Heuß, Paul Tafler und Peter Henlein. Im Jahr 1508 kommt es zu einer Aussöhnung zwischen den Beschuldigten und der Familie des Toten. Aber noch im Januar 1510 (und somit mehr als fünf Jahre nach dem Vorfall) wird das Schlosser-Trio vor Gericht gestellt. Den zu dieser Zeit wohl 30jährigen Peter Henlein verurteilt man zu einer Strafe von 21 Gulden, die freilich erst im Jahr 1515 bezahlt werden.

Warum aber, wenn Henlein der Beteiligung an einem Mord oder Totschlag verdächtigt wird, macht man ihn ein Vierteljahr vor der Verhandlung zum »Meister im Schlosserhandwerk«? Und wie lange hat er im Nürnberger Barfüßer-Kloster gelebt, in das er nach der Tat, asylsuchend, geflüchtet ist?

Angeblich hier, hinter den schützenden Klostermauern, erfindet Peter Henlein (den sie auch Heinlein oder Hele nennen) die erste Taschenuhr der Welt, einen kleinen Apparat, der zunächst freilich nicht in der Tasche, sondern an einem Band um den Hals getragen wird.

Um 1510 wird diese Uhr bekannt und 1511 schreibt der Nürnberger Humanist Johannes Cochlaeus: »Es

Bisamapfeluhr: In die durchbrochene Kugel aus vergoldetem Blech montiert P. Henlein statt des um 1500 beliebten Geruchsschwamms ein Uhrwerk

werden tagtäglich subtilere Dinge erfunden; so machte Peter Hele … aus wenig Eisen Uhren mit sehr viel Rädern, welche, wie man sie auch legen mag, und ohne alles Gewicht, 40 Stunden zeigen und schlagen, gleichviel, ob sie im Busen oder in der Geldbörse getragen werden.«

Da Henleins kugelrunde Uhr so klein ist, nennt man sie »orrlei«, was zu der irreführenden Bezeichnung »Ei« und »Nürnberger Ei« führt. Dabei ist die Bezeichnung vom lateinischen Wort »hora«, die Stunde, oder »horologia«, die Uhr, abgeleitet und nicht von der Dialektbezeichnung für das Ei.

Bald stellt der Nürnberger Schlossermeister seine Hals- oder Sackuhren, trommel- oder würfelförmige Zeitmesser, serienmäßig her.

Ehe Henlein das Uhrgewicht durch eine Feder ersetzte, waren die Uhren unhandliche Geräte. Außer mit den großen, immobilen Stand- und Kirchenuhren wurde die Zeit auch mit Kerzen gemessen, an denen Striche das Zifferblatt ersetzten.

»Theuerdank« von Kaiser Maximilian

1517. Kaiser Maximilian I. denkt sich eine allegorische Geschichte mit autobiographischen Bezügen aus, und der Nürnberger Propst Melchior Pfinzing bringt sie mit Hilfe des kaiserlichen Sekretärs Treitzsauerwein in (nicht sehr anspruchsvolle) Reime. Als Privatdruck von 40 auf Pergament und 500 auf Papier gedruckten Exemplaren erscheint der »Theuerdank«, mit 118 Holzschnitten versehen, im Jahr 1517: Erzählt wird, wie Theuerdank (Maximilian) auf seiner Brautfahrt zu Ehrenreich (Maria von Burgund) durch des Teufels Helfer Fürwittig, Unfallo und Neidelhart Versuchungen ausgesetzt wird und wie der Ritter alle Gefahren überwindet und schließlich sein Ziel erreicht.

Ritterlicher Zweikampf zu Pferde: Holzschnitt von Leonhard Beck aus dem allegorischen Versepos »Theuerdank«, das auf Anregungen des römisch-deutschen Kaisers Maximilian I. zurückgeht, den man als »letzten Ritter« bezeichnet; das bei Hans Schönsperger d. Ä. ausgestattete Werk gilt als ein Höhepunkt der Buchkultur des 16. Jh.

Reinheitsgebot für bayerisches Bier

24. April 1516. Die Bayern trinken zwar vornehmlich Wein, er wächst ihnen ja in Sendling wie in Landshut, aber die Herzöge meinen, daß man dennoch den Bierbrauern auf die flinken Finger schauen sollte, da sich die Herstellungskosten ja senken ließen, wenn man nur die rechten Zusätze beimenge.

Der Rat der Haupt- und Residenzstadt München hatte schon 1447 seine Brau-Anweisung herausgegeben und diese etliche Male erneuert und bekräftigt, ehe dann am 24. April 1516 Herzog Wilhelm IV. zusammen mit seinem Bruder Ludwig X. (der drei Wochen später offiziell zum Mitregenten bestellt wird) auf dem Landständetag zu Ingolstadt ein Biergesetz erläßt, das sog. »Reinheitsgebot«.

In diesem Gesetz, das die Herstellung von Bier auf Gerste, Hopfen und Wasser beschränkt, heißt es: »Wir woellen auch sonderlichen, das fueran allenthalben in unseren Stetten, Märckthen und auff dem Lande zue kainem Pier merer stückh dann allain Gersten, Hopfen und wasser genommen und gepraucht solle werden.«

Wer gegen dieses herzogliche Gebot verstoße, dem solle, »so offt es geschicht«, das nicht vorschriftsgemäß hergestellte Bier weggenommen werden. Dieses Gesetz – 1987 noch gültig – wird einmal das älteste geltende Lebensmittelgesetz der Welt.

Hans Holbein d. Ä. malt Stephansaltar

1516. Kurz vor der Reformation, am Übergang von der Spätgotik zur Renaissance, der in seinem Werke zu beobachten ist, gab es für den Augsburger Maler Hans Holbein noch viele Altar-Aufträge: Er war noch nicht 30 Jahre alt, als er 1493 einen Altar für das Kloster Weingarten malte; es folgten 1502 die berühmten 16 Altarbilder für das Kloster Kaisheim bei Donauwörth, 1509 der Hohenburger Altar und 1512 der Augsburger Katharinenaltar; 1516 schließlich malt er den Stephansaltar. Acht Jahre später stirbt Hans Holbein irgendwo am Oberrhein. Zu der Zeit arbeitet sein Sohn Hans – der von den naturalistischen und warm kolorierten Bildern seines Vaters beeinflußt ist – in Basel.

Hochaltar von St. Castulus in Moosburg

1514. *Wahrscheinlich hat Propst Theoderich Mair den Moosburgern das Geld hinterlassen, für das sie bei Hans Leinberger einen Altar aus Lindenholz bestellen konnten, 14,40 m hoch und 4,29 m breit (Abb.). Daheim in seiner Landshuter Werkstatt arbeitet der Meister seit 1511 an dem Auftrag, ehe er von Ostern 1513 bis Ostern 1514 in Moosburg mit der Vollendung und Aufstellung beschäftigt ist. In der Mitte dieses hochaufragenden spätgotischen Meisterwerkes steht Maria, gerahmt von St. Castulus und Kaiser Heinrich II. Hinzu kommen noch die Figuren von Johannes dem Täufer und Johannes dem Evangelisten. Mit einem Kruzifix schließt der Altar von »Hannsen Leynnperger« ab.*

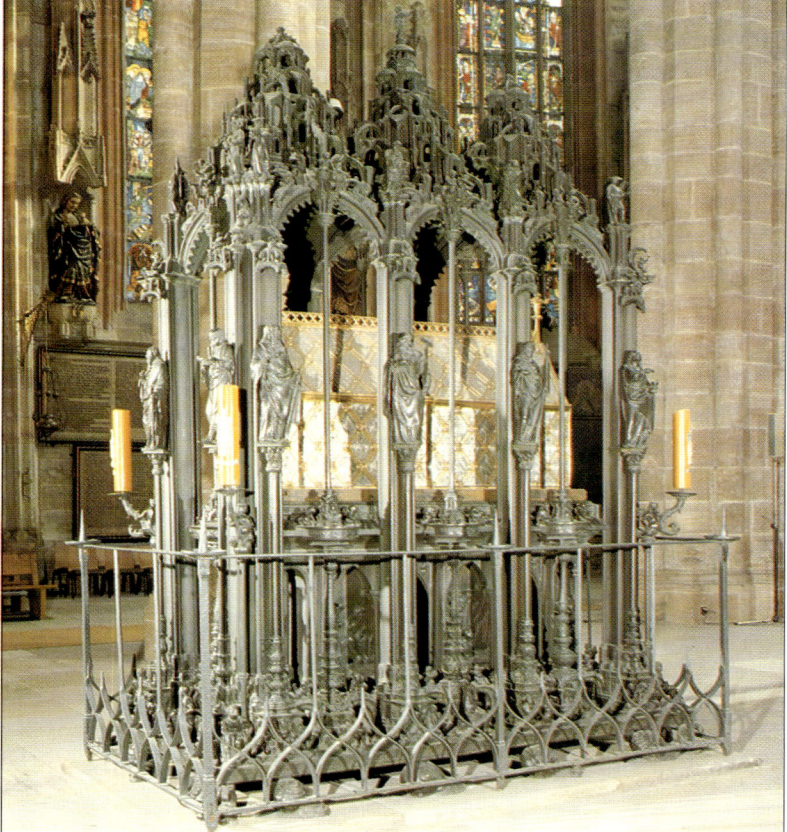

Peter Vischer vollendet Sebaldusgrab

1519. *Als Peter Vischer 1488 den Auftrag für das 4,71 m hohe Sebaldusgrab erhielt, hatte er den Meisterbrief noch nicht erworben. Nun aber, da das erzene Monument (Abb.) aufgestellt wird, zeigt sich den Nürnbergern ein Meisterwerk des um 1460 geborenen Erzgießers.*
Das Grabmal, in dem der Reliquienschrein des Stadtheiligen nun ruht, zeigt noch mancherlei gotische Merkmale, doch mit seinen vielen Figuren, mit den Aposteln, der Sebalduslegende etc. gilt das Sebaldusgrab als der bedeutendste Erzguß der Renaissance.

Michael Wolgemut stirbt in Nürnberg

30. November 1519. Da ihm das Geld fehlte, konnte sich Michael Wolgemut den Wunsch nach einer eigenen Malwerkstatt lange nicht erfüllen. Er arbeitete als Geselle bei anderen Meistern, bei Mäleßkircher in München (der ihm die Hand seiner Tochter verweigerte) und bei seinem Nürnberger Landsmann Pleydenwurff, dessen Witwe er heiratete.

Als er sein eigener Herr wurde, konnte er selbst Gesellen aufnehmen – den Albrecht Dürer zum Beispiel, der von 1486 bis 1489 in seiner Werkstatt arbeitete und 1516 seinen Lehrherrn malte. Am 30. November 1519 stirbt Wolgemut, zu dessen bekanntesten Werken die Holzschnitte der Schedelschen Weltchronik gehören, in Nürnberg.

Landschaftsbild von Albrecht Altdorfer

Nach 1510. Weder Anlaß noch Zeitpunkt sind bekannt, doch eines Tages – vielleicht um 1510, möglicherweise 1522 – läßt der Regensburger Maler Albrecht Altdorfer den Menschen aus einem Bild verschwinden. Zurück bleibt eine Landschaft mit einem Baum links, einem Baum rechts, mit Wald und Burg und Berg und viel Himmel – das erste Bild der deutschen Kunstgeschichte mit einer genau identifizierbaren Landschaft entsteht: »Donaulandschaft bei Regensburg mit Schloß Wörth und dem Scheuchenberg«.

Bei den Malern der Donauschule war dieser kühne Schritt vorbereitet worden. Das erste Beispiel ist noch klein, Altdorfer malt das Bild im Format 30 x 22 cm.

1520. Der aus Thüringen stammende Bildhauer und Bildschnitzer Tilman Riemenschneider, seit 1485 Bürger von Würzburg, wird zum Bürgermeister der Stadt am Mittelmain gewählt.

24. 10. 1520. Die päpstliche Bannandrohungsurkunde gegen den Reformator Martin Luther wird im Bistum Eichstätt verkündet. Johannes Eck, der Kanzler der Universität Ingolstadt, hat sie vom Papst aus Rom mitgebracht.

Nach 1520. Der Nürnberger Pfarrer Johannes Werner beginnt seine meteorologischen Beobachtungen. →

1521. Der reformatorische Prediger und Schriftsteller Johann Eberlin von Günzburg veröffentlicht sein kirchliches Erneuerungsprogramm in der Schrift »Die Fünfzehn Bundesgenossen«, die er Kaiser Karl V. widmet.

Mai 1521. Der Geschichtsschreiber Johannes Aventinus beendet die Arbeit an seinen »Annales ducum Boiariae« (Annalen der bayerischen Herzöge), die er im Auftrag der bayerischen Herzöge Wilhelm IV. und Ludwig X. geschrieben hat. →

1522. Der Münchner Nikolaus Kratzer wird Lehrer für Mathematik und Astronomie am Corpus Christi College in Oxford (England). →

Februar 1522. Auf der Grünwalder Konferenz entscheiden sich die bayerischen Herzöge Wilhelm IV. und Ludwig X. gegen die Lehren Martin Luthers. →

1523. Johannes Aventinus legt eine bayerische Landkarte vor. →

1523. Der Nürnberger Dichter Hans Sachs veröffentlicht das Gedicht »Die wittenbergisch Nachtigall«, in dem er für den Reformator Martin Luther Partei ergreift. →

3. 1. 1523. Auf dem Reichstag zu Nürnberg legt der päpstliche Nuntius Francesco Chieregati ein Schuldbekenntnis der Kurie über zahlreiche Mißstände vor (Ablaßwesen u. a.) und stellt eine durchgreifende Reform in Aussicht. Gleichzeitig fordert er die Reichsstände auf, das Wormser Edikt unverzüglich durchzuführen. Martin Luther war in Worms in die Acht erklärt, die Verbreitung seiner Schriften verboten worden.

23. 8. 1523. Die Augsburger Fuggerei, eine Wohnsiedlung für arme Bürger, wird ihrer Bestimmung übergeben (→30. 12. 1525).

Um 1524/25. Matthias Grünewald malt den Aschaffenburger »Maria-Schnee-Altar«, von dem noch die »Beweinung Christi« erhalten ist (Aschaffenburg, Stiftskirche).

Um 1525. Die Arbeiten am Regensburger Dom kommen zum Erliegen. →

1525. Albrecht Dürer, Vinzenz Röckner und Johann Georg Neudörffer in Nürnberg führen die Frakturschrift oder »deutsche« Druckschrift ein. →

1525. Die Münchner Frauenkirche erhält ihre »welschen Hauben«. →

Frühjahr 1525. Der Aufstand der Bauern in Süddeutschland führt zum Bauernkrieg. →

27. 8. 1526. Nach einem Kompromiß auf dem Reichstag in Speyer bleibt jedem Landesherrn die Duldung oder das Verbot der Reformation freigestellt. Dies ist der Ausgangspunkt des landesherrlichen Kirchenregiments in Deutschland.

1526. Der Rat der Stadt Nürnberg gründet unter beratender Mitwirkung des Humanisten und Reformators Philipp Melanchthon in den Räumen des ehemaligen Egidienklosters ein Gymnasium (Lateinschule). →

August 1527. Die Augsburger Märtyrersynode der Täufer findet statt. Die führenden Teilnehmer werden wenig später hingerichtet. →

1529. Albrecht Altdorfer vollendet das Gemälde »Alexanderschlacht«, das er im Auftrag des Herzogs Wilhelm IV. von Bayern gemalt hat. →

GESTORBEN:

1524. Basel (?): Hans Holbein d. Ä. (*um 1465, Augsburg), Maler und Zeichner.

10. 6. 1525. Rimpar bei Würzburg: Florian Geyer (*um 1490, Giebelstadt bei Ochsenfurt), deutscher Reichsritter und Bauernführer, wird nach einer Niederlage der Bauern von Bauern ermordet.

30. 12. 1525. Augsburg: Jakob Fugger, der Reiche (*6. 3. 1459, Augsburg), Handelsherr und Bankier. →

20. 5. 1527. Leipzig: Hans Hergot (*?, Nürnberg?), Buchdrucker; wird wegen Verbreitung seiner utopisch-revolutionären Schrift »Von der newen wandlung eynes christlichen lebens« enthauptet.

6. 4. 1528. Nürnberg: Albrecht Dürer (*21. 5. 1471, Nürnberg), deutscher Maler, Zeichner, Graphiker und Kunstschriftsteller. →

Vor 4. 5. 1528. Memmingen: Bernhard Strigel (*um 1460/61, Memmingen), spätgotischer Maler.

20. 8. 1528. Mindelburg: Georg von Frundsberg (*24. 9. 1473, Mindelburg), Landsknechtsführer. →

4. 12. 1528. Ingolstadt: Jakob Locher, gen. Philomusus (*23./31. 7. 1471, Ehingen), Humanist und Dichter.

7. 1. 1529. Nürnberg: Peter Vischer d. Ä. (*um 1460), Erzgießer.

GEBOREN:

5. 2. 1520. Augsburg: Christoph Fugger (†2. 4. 1579), Kaufmann.

28. 3. 1522. Ansbach: Albrecht Alcibiades (†8. 1. 1557, Pforzheim), Markgraf von Brandenburg-Kulmbach.

29. 2. 1528. München: Albrecht V., der Großmütige (†24. 10. 1579, München), Herzog von Bayern.

Entscheidung gegen Luther

Februar 1522. Die beiden Herzöge Wilhelm IV. und Ludwig X. machen sich die Entscheidung in der Sache Luther nicht leicht. Schließlich haben ja auch sie ihre großen Vorbehalte gegen die römischen Zustände. Doch dann, im Februar 1522 – man hat den Wormser Reichstag noch abgewartet – setzen sich die Brüder zusammen. Und jetzt, in der Grünwalder Konferenz, fällt die Entscheidung. Und sie fällt gegen Luther und seine Lehre, der damit die Kirche zu der Beschränkung auf religiöse Fragen zurückführen will.

Eine Auswirkung ist wenig später das Erste bayerische Religionsmandat, das am 5. März 1522 hinausgeht ins Land. Die Lehren Luthers seien als »verfürisch, argwonisch, verdechtlich und ketzerisch und der heiligen christlichen kirchen widerwartig erkant, verworfen, verdampt und verpoten«. So sei es ihre, der Herzoge Pflicht, solche Irrtümer in ihrem Lande zu verbieten. Deswegen sei es verboten, die Schriften des Wittenbergers und seiner Gefolgsleute zu lesen oder zu diskutieren. Wer sich unterstehe, dem Gebote zuwiderzuhandeln, »sie seien geistlich oder weltlich, edl oder unedl«, müsse in Gewahrsam genommen werden.

Damit ist die Entscheidung gefallen: Bayern verharrt im römischen Glauben. Später wird es heißen, die Herzöge hätten diese Entscheidung mit Blick auf ihren eigenen wirtschaftlichen Gewinn getroffen.

»Wittenbergisch Nachtigall« von Hans Sachs

1523. *Ein Jahr bevor man in Nürnberg die deutsche Messe einführt, legt der Meistersinger Hans Sachs mit der »Wittenbergisch Nachtigall/Die man yetz höret überall« sein Bekenntnis zu Luther vor.*
Die in Augsburg gedruckte Schrift muß schnell und mehrfach nachgedruckt werden. Das Gedicht macht den 29jährigen »Schuchmacher« berühmt. Der Titelholzschnitt (Abb.) illustriert den Inhalt.

Bedrohung eines Ritters durch aufständische Bauern, die unter dem Zeichen des Bundschuh rebellieren

Bauernkrieg in Schwaben und Franken

Frühjahr 1525. Die Unruhen begannen im Mai 1524 zu Bamberg und wenig später – verstärkt – in Stühlingen, nordwestlich von Schaffhausen. Langsam zunächst, vom Frühjahr 1525 an aber immer schneller breitet sich der Aufstand der Bauern aus. Die Rebellion erfaßt das Bodenseegebiet, wenig später das Allgäu und schließlich, neben anderen deutschen Regionen, vor allem auch viele der fränkischen Herrschaften. In Bayern, östlich des Lechs, bleibt es dagegen ruhig.

Ist es Gottes Wille und Gesetz, daß die Bauern um ihre Rechte betrogen werden und immer neue Steuern zahlen müssen? Die neue, von Wittenberg ausgehende Religion gibt die Argumente und den Mut, diese Fragen zu stellen.

Die Bauern wären bereit zu disputieren, doch in den Schlössern und Residenzen weigert man sich (von ganz wenigen Ausnahmen abgesehen), die Forderungen anzuhören.

Am 7. März schließen sich daher zu Memmingen der Allgäuer Bund, der aus Lindau kommende See- und der Baltringer Haufe, die bisher getrennt auftraten, zur »Christlichen Vereinigung« zusammen. In den »Zwölf Artikeln«, die man verfaßt, werden die Rechte der Bauern formuliert und eingefordert.

Vor allem der bayerische Kanzler Leonhard Eck (→ 1519) tritt dafür ein, daß die Herrschenden keinen Schritt von ihren althergebrachten Positionen zurückweichen.

Am 26. März geht die Burg Schemmerberg bei Biberach in Flammen auf – der Krieg hat begonnen, und besonders die Schreibstuben, in denen die Steuerbücher liegen, werden nun ausgeräuchert und meist gleich auch noch die Burg oder das Amtshaus dazu.

Die Forderungen der Bauern

Aus den »Zwölf Artikeln« der Memminger Bauern, verfaßt zwischen dem 24. Februar und 3. März 1525: »Ist der Brauch bisher gewesen, daß man uns für Leibeigene gehalten hat, welches zum Erbarmen ist, weil Christus alle mit seinem kostbaren Blutvergießen erlöset hat, den Hirten gleich wie den Höchsten, keinen ausgenommen. Darum ergibt sich aus der Heiligen Schrift, daß wir frei sind. Und daher wollen wir es auch sein.«

In einem anderen Punkt schreiben die Bauern, daß sie »bisher tungenlich gehalten worden seien, den Zehenden zu geben.« Dazu sollten sie nun nicht mehr verpflichtet sein, »dieweil uns das hailig Neu Testament nit darzu verbindt«.

Die fränkische Bauernschaft fordert im Mai darüber hinaus:

»…Item es sollen auch schedliche Schloß, Wasserheuser und Bevestigung, daraus gemainem Mann bisher hohe merkliche Beschwerung zugestanden sein, eingeprochen oder ausgeprannt werden…«

Nach den Allgäuern stehen auch die fränkischen Bauern auf. Den Anfang macht Rothenburg, wo die Handwerker sich den Rebellen anschließen und am 12. April den aus Patriziern bestehenden Rat absetzen. Das ganze Taubertal ist in Händen der Aufständischen, und so wie der Taubertäler Haufe, der die Vorrechte von Adel und Klerus abschaffen will, gibt es im Grabfeld bald einen Bildhäuser Haufe (so benannt nach einem Kloster). Anhänger sammeln sich aber auch in Winsheim, sie kommen aus dem Odenwald gezogen, und in Weinsberg geschieht am 16. April – aber das ist die Ausnahme – ein Mord.

Zu dieser Zeit sind die Herrschenden längst dabei, ein Heer aufzustellen. Georg Truchseß von Waldburg wird es führen und mit unvorstellbarer Brutalität gegen die Bauern wüten lassen.

Die Bauernführer Florian Geyer und der am 27. April zum Anführer gewählte Götz von Berlichingen scheitern an der Aufgabe, ihre Aufständischen zur zum Sieg zu führen. Aschaffenburg wird zwar erobert, in Miltenberg ein Vertrag mit dem Erzbischof von Mainz geschlossen, und die Würzburger – Tilman Riemenschneider ist unter ihnen – schließen sich den Bauern an, doch bei Königshofen und in Giebelstadt schlägt man die Aufständischen.

Am 7. Juni kapituliert Würzburg. Der Krieg ist aus. Die Sieger nehmen überaus blutige Rache.

Der Krieg war sein Beruf und Leben

20. August 1528. Oft hat er seine Soldaten für den Krieg begeistert. Als sie im März 1527 zu Bologna meutern und ohne Löhnung nicht gegen Rom ziehen wollen, tritt Georg von Frundsberg in ihre Mitte, um sie umzustimmen und für den Feldzug zu begeistern. Doch ein Schlaganfall streckt ihn nieder. Langsam nur erholt er sich, und als man ihn nach knapp anderthalb Jahren endlich auf seine Mindelburg bringen kann, hat er noch acht Tage zu leben. Bei seinem Tod ist Frundsberg, der »Vater der Landsknechte«, 55 Jahre alt. Der Krieg war sein Beruf und sein Leben gewesen, dem Kaiser zu dienen seine große Aufgabe. Vor allem in Italien hat er mit seinem Fußvolk für Habsburg einige entscheidende Schlachten siegreich geschlagen, so 1522 zu Bicocca und 1525 bei Pavia, wo der mit einem großen Heer anrückende König von Frankreich geschlagen wurde.

Im darauffolgenden Jahr war seine Hilfe wieder in Italien gefordert. Da aber der Kaiser den Kriegszug der Landsknechte nicht zahlen konnte, lieh Georg von Frundsberg auf seine Herrschaft Mindelheim und die Güter in Tirol Geld, verpfändete sein Silber, dazu den Schmuck seiner Frau und warb dafür 12 000 Söldner an. Der militärische Erfolg blieb ihm jedoch versagt, und zuletzt drohte das ganze Unternehmen zu scheitern. Dieser Feldzug war es, der Frundsberg um Gesundheit und Vermögen brachte.

Georg von Frundsberg (aus Kriegsmemorial Konrad von Bemelbergs)

Erneut Baustopp am Regensburger Dom

Um 1525. Die Arbeiten am Regensburger Petersdom, die nun schon seit etwa 1254 andauern, werden wieder einmal unterbrochen – die unruhigen Zeiten erfordern es; 1514 war Dombaumeister Roritzer hingerichtet worden, 1525 muß sich der Klerus der städtischen Obrigkeit unterwerfen, von Südosten her drohen schließlich dazu noch die Türken. Man hat beim Bau von Anfang an nichts überstürzt und war darüber sicher froh, denn so konnten die Bauleute nach einem Brand → 1275 noch einmal ganz von vorne anfangen, und diesmal ganz modern, im Stil der französischen Gotik. Langsam gehen die Arbeiten voran.

Egidiengymnasium in Nürnberg gegründet

1526. Der mit großem Eifer dem Reformator Luther anhängende Stadtschreiber Lazarus Spengler und der gelehrte Philipp Melanchthon erreichen, daß im ehemaligen Nürnberger Egidienkloster ein Gymnasium eingerichtet wird. Die dem Humanismus wie der Reformation verpflichteten Herren holen hervorragende Lehrkräfte: Zum Rektor und Griechischlehrer wird der hochangesehene Joachim Camerarius berufen, außerdem unterrichten auch einer der besten Kenner des Lateinischen, der Dichter Helius Eobanus Hessus, sowie Johann Schöner, der Nürnberg zu einem Zentrum der Astronomie macht.

Philipp Melanchthon, Humanist und Reformator. Mitgründer des Nürnberger Egidiengymnasiums

Hinrichtungen nach der Märtyrersynode

August 1527. Die Obrigkeit droht den Wiedertäufern mit strengen Strafen. Als in Augsburg die Anhänger dieses Glaubens heimlich zu einer sog. Märtyrersynode zusammentreffen, greift der Stadtrat zu und verhaftet alle, deren er habhaft werden kann. Die Strafen sind Kerker und Folter; viele, die ihrer Überzeugung nicht abschwören wollen, werden mit Ruten aus der Stadt verjagt. In Augsburg, wo es 800 bis 1100 Wiedertäufer gibt, und in Schwaben werden aber auch Todesurteile gefällt. In Kaufbeuren enthauptet man fünf, in Augsburg müssen u.a. Hans Leupold und der radikale Anführer Hans Hut ihr Leben lassen.

Jakob Fugger – als Kaufmann und Bankier Herrschern gleich

30. Dezember 1525. Seine sechs Brüder sind ihm lange schon vorausgegangen, und seit 1510 der letzte von ihnen gestorben war, leitete er alleine das Imperium. Als Jakob Fugger nun mit 67 Jahren an einer »Geschwulst unterhalb des Nabels« stirbt, sind die Verhältnisse geordnet. Da er keine Kinder hat, setzt er seine Neffen als Erben ein: Anton wird hinfort die Geschäfte führen, Raymund als Herr über den Landbesitz wachen und Hieronymus, von dem in der Leitung des Unternehmens nichts zu erwarten ist, wird ausbezahlt.

Für seine Frau Sybille setzt Jakob eine Jahresrente von 2000 Gulden aus; sie heiratet bereits sieben Wochen nach seinem Tod ihren Liebhaber Konrad Rehlinger, einen Freund des Hauses.

Seit nahezu einem halben Jahrhundert hatte Jakob Fugger, dem man – wie sonst nur Königen – den Beinamen »der Reiche« gab, den Besitz gemehrt; die erste Aufstellung des Nachlasses ergibt ein Vermögen von über 2 Millionen Gulden. Der Kaufmann hat Herrschern Geld geliehen und damit auch Wahlen beeinflußt (→ 28. 5. 1519),

mit der Kurie im Ablaßhandel verdient und riesige Märkte gelenkt. Seine Beteiligungen am Bergbau und Metallhandel sicherten ihm eine Monopolstellung auf dem europäischen Kupfermarkt.

In seiner buchhalterischen Art sorgte er in gleicher Weise fürs Diesseits wie fürs Jenseits: Er stiftete 1509 die Fuggerkapelle in St. Anna und erwarb 1511 von Kaiser Maximilian I. die Herrschaft Kirchberg an der Iller, dazu Weißenhorn und andere Besitzungen.

Fünf Jahre später – der Kaufmann war inzwischen geadelt – ließ Jakob

Fugger in seinem und im Namen der verstorbenen Brüder Ulrich und Georg in der Augsburger Jakobervorstadt eine Siedlung für arme Bürger errichten, die aus 67 Häusern bestehende »Fuggerei«.

Die Jahresmiete für die 147 Wohnungen betrug für jeweils drei Zimmer, Küche und Garten einen Rheinischen Gulden und wurde später auf 1,72 Mark festgelegt.

Einer der Bewohner dieser ältesten Sozialsiedlung der Welt war der Maurer Franz Mozart, der Urgroßvater des Komponisten Wolfgang Amadeus Mozart.

Jakob Fugger errichtete in Augsburg die »Fuggerei« als Siedlung für arme Bürger

Wappen der Fugger, am Wohnsitz der einflußreichen Kaufleute und Bankiers in Augsburg

Jakob Fugger, der Reiche (Gemälde von Albrecht Dürer, Schaezlerpalais, Augsburg)

Aventinus beendet »Bairische Chronik«

Mai 1521. Kreuz und quer war Johannes Turmair auf der Suche nach alten Urkunden durchs Land gezogen; seit 1519 saß er daheim in seinem Abensberg und schrieb. Im Mai 1521 ist sein siebenbändiges lateinisches Werk fertig, und er notiert sich in seinen Kalender: »Finivi historiam Boiorum«, ich habe meine Geschichte der Bayern beendet.
Angefangen hatte er die Arbeit an diesen »Annales ducum Boiariae« im Februar 1517, als ihn die Wittelsbacher für 60 Gulden Jahresgehalt zum Geschichtsschreiber bestellten.

Aventinus über die Bayern

In seiner »Bairischen Chronik« gibt Aventinus eine berühmt gewordene Beschreibung der Bayern in der Sprache des Bayern von 1522:
»Das baierisch volk (gemeinlich davon zu reden) ist geistlich, schlecht und gerecht, gêt, läuft gern kirchferten, hat auch vil kirchfart; legt sich mêr auf den ackerpau und das viech dan auf die krieg, denen es nit vast (= sehr) nachläuft; pleibt gern dahaim, raist nit vast auß in frembde land; trinkt ser, macht vil kinder; ist etwas unfreundlicher und ainmüetiger als die nit vil auß kommen, gern anhaims eralten, wenig hantierung treiben, fremde lender und gegent haimsuechen ...
Der gemein man, so auf dem gä und land sitzt, gibt sich auf den ackerpau und das viech, ligt demselbigen allain ob, darf sich nicht on geschaft der öbrigkait understên, wird auch in kainen rat genomen oder landschaft ervordert; doch ist er sunst frei, mag auch frei ledig aigen guet haben, dient seinem herren, der sunst kain gewalt über ihn hat, ... sitzt tag und nacht bei dem wein, schreit singt tanzt kart spilt ...«

In der Einleitung zur »Bairischen Chronik« – der deutschen Fassung seines Werkes – hat er später beschrieben, wie er »nach meinem ganzen vermügen gearbeit, tag und nacht kein rue gehabt, winter und sumer erlitten, das ganz Baierland durchschritten, alle stift und clöster durchfaren, pueckamer (= Bibliotheken), kästen fleissig durchsuecht, allerlai handschriften, alte freihait, übergab, briefe, chronica, rüef, reimen, sprüch, lieder, abenteuer, gesang, petpüecher, messpüecher, sal-

püecher, kalender, totenzedel, register, der heiligen leben durchlesen und abgeschriben...«
Turmair, der Sohn eines wohlhabenden Abensberger Wirtes und Bräus, der sich nach seinem Geburtsort Aventinus nennt, hat auf seinen Reisen alles gesammelt, was ihm für sein Geschichtswerk wichtig erschien. Dabei sah er gelegentlich Dokumente, die später verlorengingen.
Am 1. März 1517 hat Johannes Turmair – ein dürrer, hochaufgeschossener Mann mit rotem Bart - seine große bayerische Tour begonnen

und in ihrem Verlauf insgesamt wohl an die 90 Dörfer und Städte aufgesucht. Er lernte das Land so gut kennen, daß er →1523 eine Landkarte, eine wenig detaillierte »Baierische mappa« im Maßstab von (ca.) 1:800 000 vorlegen kann.
Die lateinischen »Annales« sind abgeschlossen, als der Abensberger Historiker in dem zu Nürnberg gedruckten »Bayrischer Chroniken kurzer Auszug« von dem erzählt, was er in seinem Buche ausführlich aufgeschrieben hat. Das große Werk erscheint allerdings erst 1554.

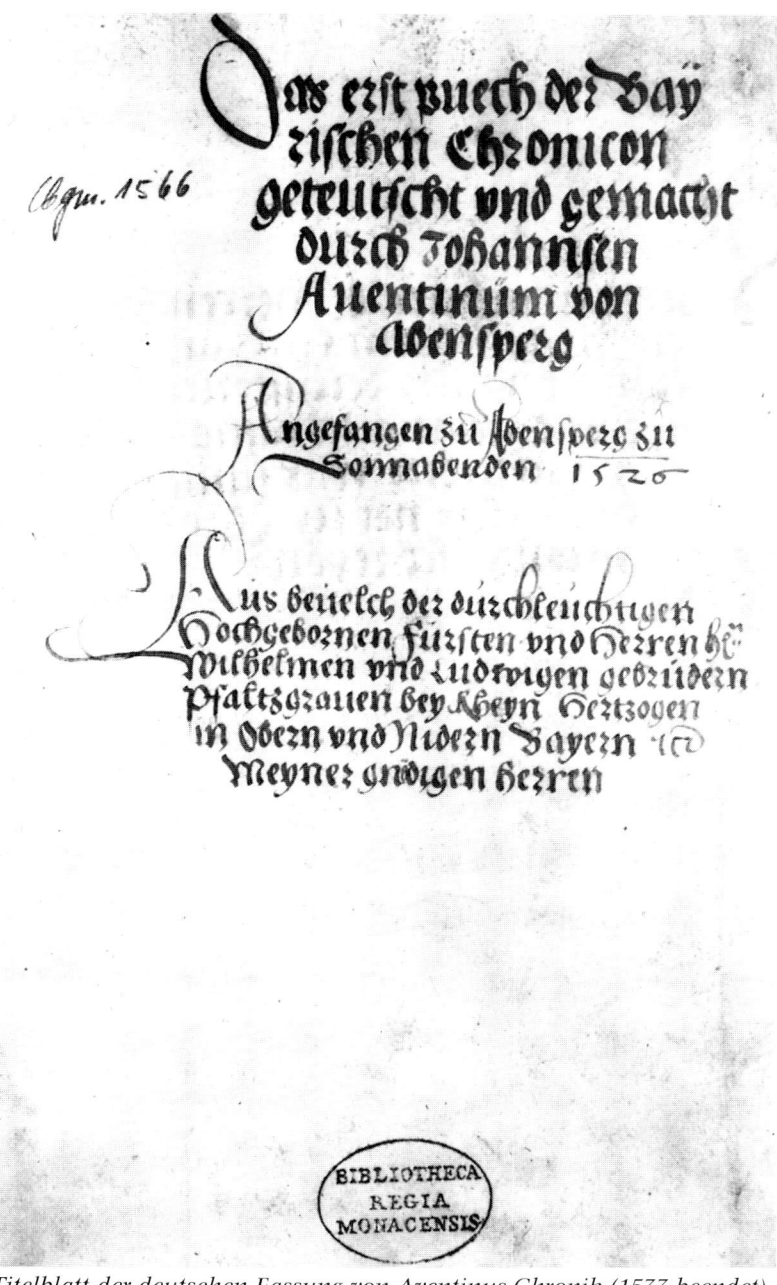

Titelblatt der deutschen Fassung von Aventinus Chronik (1533 beendet), das Werk wurde von den Wittelsbacher Herzögen in Auftrag gegeben

Nürnberger Pfarrer beobachtet Wetter

Nach 1520. Der Nürnberger Pfarrer Johannes Werner – sein Sprengel liegt um den berühmten Friedhof von St. Johannis – hat eine große Leidenschaft: die Mathematik. Über den Rechnereien vergißt er freilich nicht, regelmäßig das Wetter zu beobachten und darüber Buch zu führen. Das Ergebnis dieser eifrig betriebenen Himmels-Schau (es trägt einen sehr langen lateinischen Titel und vermischt noch, wie zu dieser Zeit üblich, die Wetterkunde mit der Astrologie) liegt bei seinem Tod im Jahr 1528 als Manuskript vor. Es erscheint unter dem Verfassernamen Johannes Vernerus und ist ein Anfang der modernen Meteorologie.
Zu den mathematischen Aufgaben, die sich der geistliche Herr stellte, gehörte das Studium von Kurven der zweiten Ordnung und die Frage, wie man einen Würfel unter Beibehaltung seiner Gestalt verdoppeln könne. Zumindest einmal brachten ihm seine Kenntnisse reichen Lohn: Ein reicher Glockengießer beschenkte ihn für die Übersetzung des Euklid.

Frakturschrift von Johann Neudörffer

Frakturschrift aus »Theuerdank«

1525. Die vielen Buchstaben kommen von Johann Neudörffer. Er entwirft für Albrecht Dürers »Unterweysung der messung mit dem Zirckel« eine Frakturschrift, die von Hieronymus Andreae geschnitten wird und in Deutschland bald viele Nachahmer findet.
Während sich von Italien aus die runden Formen der Antiqua in großen Teilen Europas verbreiten, hängen die Deutschen den Ecken und Kanten ihrer Schrift an. Nirgendwo wird sie besser gepflegt als in Nürnberg, wo Johann Neudörffer der bekannteste aller Schönschreiber, der sog. »Modisten«, wird. Einer seiner Schüler ist Vinzenz Rockner, Hofsekretär beim Kaiser.

Maler Albrecht Dürer tot

6. April 1528. Mehr als 30 Jahre war der Humanist Willibald Pirckheimer mit Albrecht Dürer befreundet. Nun, da der Maler, knapp 57jährig, an einem Fieber plötzlich verstorben ist, dichtet Pirckheimer eine bewegende Elegie auf den toten Freund: Alles habe der Tod hinweggerafft, schreibt er, der Ruhm Dürers aber sei geblieben und er werde dauern, solange die Erde bestehe.

Auch der Dichter Helius Eobanus Hessus, der Dürer in dessen letzten Lebensjahren gekannt hat, schreibt ein Trauergedicht. Darin rühmt er die Sicherheit, mit der dieser Maler die Linien geführt, wie er Weltall, Wind, Meer, Nebel, Flammen und

Selbstbildnis im Pelzrock (Gemälde von Albrecht Dürer, 1500)

Bildnis der Elsbeth Tucher (Gemälde von Albrecht Dürer, 1499)

sogar die Vorgänge der menschlichen Seele wiedergegeben habe. Mit großer Hochachtung spricht er von ihm aber auch als Mathematiker und Festungsbauer.

Der Vater dieses so hoch gerühmten Künstlers, Albrecht Dürer d. Ä. war im ungarischen Gyula geboren. Im Jahr 1444 wurde er erstmals in Nürnberg genannt, 1467 erhielt er das Bürgerrecht und heiratete. Als drittes von 18 Kindern wurde am 21. Mai 1471 sein Sohn Albrecht geboren, der, wie Vater und Großvater, Goldschmied werden sollte.

Mit 15 Jahren aber wechselte der Sohn auf eigenen Wunsch aus der väterlichen Werkstatt in das Atelier des Nürnberger Malers und Holzschnitzers Michael Wolgemut.

Nach drei Jahren war im Spätjahr 1489 die Lehrzeit zu Ende, und der noch nicht 19jährige Albrecht Dürer begab sich, die Spuren des Bildschnitzers und Malers Martin Schongauer suchend, auf Wanderschaft an den Oberrhein.

Im Mai 1494 war diese Reise zu Ende, der Maler kehrte nach Nürnberg zurück, heiratete zwei Monate später eine Kaufmannstochter und brach bereits einige Monate später zur ersten Italienreise auf (eine zweite Italienreise, eine Schweiz- und eine Hollandreise folgten zwischen 1505 und 1521).

Das älteste erhaltene Gemälde Albrecht Dürers – ein Bild seines Vaters – stammt aus dem Jahr 1490. Bereits damals, eben aus Wolgemuts Werkstatt kommend, erwies er sich als ein großer Meister; die Kunst der Renaissance erreichte in diesem Holzschneider, Maler und Graphiker ihre Vollendung.

1498 erschienen die Holzschnitte der »Apokalypse«, im gleichen Jahr malte Dürer den Paumgartner-Altar und das Selbstbildnis mit der Landschaft (eines seiner vielen Selbstporträts). Im Jahr 1505 folgte dann das Bildnis einer Venezianerin, 1511 die »Große Passion«, die »Kleine Passion« und das »Marienleben«, 1513/14 »Ritter, Tod und Teufel«, »Hieronymus im Gehäuse« und »Melencolia I«, 1526 schließlich die »Vier Apostel«. Der Wittenberger Rechtsprofessor Christoph Scheurl schrieb 1508: »Was soll ich über Albrecht Dürer aus Nürnberg sagen? Nach Meinung der ganzen Welt ist er… in unserer Zeit der hervorragendste Künstler.«

Bildnis des Michael Wolgemut (Gemälde auf Lindenholz von Albrecht Dürer, 1516; Germanisches Nationalmuseum, Nürnberg)

Das große Rasenstück (Aquarell von Albrecht Dürer, ohne Monogramm, Datierung in die Zeit um 1503; Graphische Sammlung Albertina, Wien)

Melencolia I (Kupferstich von Albrecht Dürer, 1514): die Zahl I weist die Melancholie als die bewegende Kraft des Geistes aus

Anbetung der Könige (Gemälde von Albrecht Dürer, 1504; Uffizien, Florenz); das Bild ist wahrscheinlich die Mitteltafel eines Altars

Das Weiherhaus (Aquarell von Albrecht Dürer, um 1496/97; British Museum, London); dargestellt ist das Weiherhaus von Linhardt Angerer

Maria mit dem Kinde (Gemälde von Albrecht Dürer, 1512; Kunsthistorisches Museum, Wien); das Motiv wurde von Dürer oft variiert

ALEXANDER M DARIVM VLT SVPERAT
CA SIS IN ACIE PERSAR PEDIT C M EQVIT
VERO X M INTERFECTIS MATRE QVOQVE
CONIVGE LIBERIS DARII REGOVM M HAVD
AMPLIVS EQVITIB FVGA DILAPSI CAPTIS

Altdorfer vollendet »Alexanderschlacht«

1529. Der Regensburger Rat möchte den Maler Albrecht Altdorfer 1529 zum Bürgermeister, zum Cammerer machen. Der Meister, ein Mann von etwa 50 Jahren, lehnt ab, da er für Herzog Wilhelm IV. in München die »Alexanderschlacht« von 333 bei Issus malen soll. Dies erscheint ihm wohl ehrenvoller als die Ausübung eines politischen Amtes.

Das Bild fordert seine ganze Zeit, denn Hunderte, vielleicht gar Tausende kleiner Krieger müssen mit feinem Pinselstrich in die Schlacht geschickt werden. Sie findet in einer heroischen Landschaft statt, Altdorfer malt Meer, Gebirge, Städte sowie einen tiefblauen Himmel mit blutrot-golden aufgehender Sonne.

Das 158 x 120 cm große, auf Lindenholz gemalte Bild ist für das Lusthaus im Hofgarten bestimmt – als eines von 20 Bildern mit Figuren der Antike, des Alten Testaments und der frühen Christenzeit. Altdorfer gibt den in Landsknechtskostümen gemalten Figuren Standarten in die Hand, mit der Stärke der Truppen und ihren Verlusten: »Alexande het an Fuesvolck 3200. Daraus ist erschlage nit mer 300…«

◁ »Alexanderschlacht«: das berühmteste Bild von A. Altdorfer

Ausschnitt aus der »Alexanderschlacht« (Gemälde von Albrecht Altdorfer, 1529, Alte Pinakothek, München): Kampf der Griechen gegen die Perser

Die »Alexanderschlacht« auf Wanderschaft

Der Maler Albrecht Altdorfer ist sicher stolz, daß er auf einer Fläche von nur 167 x 179 cm die große Schlacht von Issus geschlagen hat: Der Perserkönig Darius flieht dreispännig in Richtung des zunehmenden Mondes, verfolgt von dem kühnen Reiter Alexander mit einer unhandlich langen Lanze.

Währenddessen sind freilich die beiden Heere, beritten und zu Fuß, so heftig ineinander verkeilt, daß es sicher schwer fällt, den Feind zweifelsfrei und eindeutig vom Freund zu unterscheiden.

Als die vielen Krieger vor dramatischer Kulisse gemalt sind, liefert der von seinem Werke offensichtlich hoch beglückte Altdorfer das Bild gleich mit zwei Signaturen versehen nach München: Links unten setzt er sein Monogramm und die Jahreszahl 1529, oben aber, über der Schlachtenlandschaft,

malt er eine Tafel, in der er das Geschehen beschreibt, und auf ihrem Rahmen steht: »ALBRECHT ALTDORFER ZV REGENS-BVRG FECIT«.

Das Gemälde ist für das Lusthaus von Herzog Wilhelm IV. bestimmt. Im Jahr 1567 – der Maler ist seit beinahe 30 Jahren tot – wird das Bild in die Kunstkammer (die spätere Münze) überführt. Von hier kommt die »Alexanderschlacht« 1729 in die Galerie des neuerbauten Schlosses zu Schleißheim. Nach etlichen Jahrzehnten will man die Kostbarkeit aber wieder in München haben, und so bringt man Altdorfers Bild 1781 in die Hofgartengalerie.

Dort könnte es Goethe im Herbst 1786 gesehen haben – erwähnt hat er es nicht: »In der Bildergalerie fand ich mich nicht einheimisch; ich muß meine Augen erst wieder

an Gemälde gewöhnen. Es sind treffliche Sachen.«

Der Citoyen Neveau hat sein Auge offensichtlich schneller daran gewöhnt, denn als er im Jahr 1800 die Galerie inspiziert, wählt er 270 (nach anderen Angaben 72) Bilder aus, die er nach Paris bringen läßt. Unter den beschlagnahmten Werken ist auch die »Alexanderschlacht«. Napoleon, der in sich selbst einen neuen Alexander sieht, nimmt das Gemälde in seinen persönlichen Gewahrsam und hängt es – so heißt es – in das Badezimmer seines Schlosses St. Cloud.

1815 kommt Altdorfers Bild zusammen mit 26 anderen geraubten Gemälden nach München zurück, seit 1836 hängt es in der Alten Pinakothek. Auf der langen Wanderschaft hat man irgendwann das Schlachtenbild auf das Format 158 x 120 cm beschnitten.

Frauenkirche erhält »welsche Hauben«

1525. Endlich, mehr als 30 Jahre nach der Weihe der Münchner Frauenkirche, bekommen die beiden Türme ihren Abschluß. Mit den runden, behäbigen »welschen Hauben« wählt man eine originelle, unverwechselbare Lösung. Die Vorbilder hat man wahrscheinlich in Venedig oder im Orient gefunden.

Auf der ältesten Darstellung Münchens, einem Holzschnitt in der Schedelschen Weltchronik von 1493, enden die beiden Frauentürme noch abrupt mit einer Plattform. Es ist, als wäre man sich noch nicht einig, wie man den Bau abschließen und bekrönen solle.

Münchner Astronom als Lehrer in Oxford

1522. Der Gründer des Corpus Christi College in Oxford holt sich den Lehrer für Mathematik und Astronomie aus dem fernen Bayern.

Zwar wird Nikolaus Kratzer aus München nie ein besonders gutes Englisch sprechen, aber durch seine Arbeit findet er selbst bei König Heinrich VIII. Anerkennung. Der Sterngucker von der Isar muß eine interessante Figur sein, da Erasmus ihn zu seinen Freunden zählt, Dürer ihn 1520 zeichnet und Holbein acht Jahre später – Kratzer ist 41 Jahre alt – ein Bild von ihm malt, einen ernsten Mann, umgeben von astronomischem Gerät.

Erste Landkarte des Herzogtums Bayern

1523. Niemand hat eine rechte Vorstellung, wie das Herzogtum Bayern aussieht. Johannes Turmair, alias Aventinus, der bei der Arbeit an seiner bayerischen Geschichte viel im Lande herumfuhr (→Mai 1521), zeichnet Bayern und läßt die von 45 Wappen eingerahmte, kolorierte Karte bei Johann Weyssenburger in Landshut drucken.

Die Proportionen sind bei dieser ersten Karte Bayerns noch ein wenig verschoben (die Donau z.B. läuft zwischen Regensburg und Passau west-östlich), doch die Konturen stimmen. Als Humanist verwendet Aventinus neben den zeitgenössischen auch noch die alten keltischen Stammesnamen.

1530

1530–1539

Um 1530. Die Nürnberger Goldschmiedekunst erlebt ihre größte Blüte. →

1530. Auf dem Augsburger Reichstag erhebt der Reichsfiskal Monopolklage gegen sechs große Augsburger Handelsgesellschaften.

Ab 1530. Das Landshuter Stadtschloß wird erbaut. →

16. 4. – 5. 10. 1530. Martin Luther hält sich auf der Veste Coburg auf. →

10. – 14. 6. 1530. Kaiser Karl V. hält sich in München auf und wird festlich empfangen. →

25. 6. 1530. Philipp Melanchthon legt auf dem Reichstag zu Augsburg die »Confessio Augustana« (Augsburger Bekenntnis) vor, die zur wichtigsten Bekenntnisschrift der reformatorischen Kirche wird. Als die katholischen Reichsstände die »Confessio Augustana« zurückweisen, verlassen die evangelischen den Reichstag. →

27. 2. 1531. Die evangelischen Reichsstände schließen sich im Schmalkaldischen Bund zusammen. Ihm tritt auch Memmingen bei.

24. 10. 1531. Aus Protest gegen die Wahl des Habsburgers Ferdinand I. zum römisch-deutschen König schließt das katholische Bayern in Saalfeld mit einem Teil des evangelischen Schmalkaldischen Bundes ein antihabsburgisches Bündnis. →

1532. Das Schauspiel »Die History von der frommen gottesförchtigen Frouwen Susanna« des Augsburger Pädagogen und Dichters Xystus Betuleius (Sixt Birk) wird uraufgeführt. Das Stück begründet das deutschsprachige Schuldrama.

1532. Der Nürnberger Apollobrunnen wird errichtet.

26. 5. 1532. Herzog Wilhelm IV. von Bayern schließt in Scheyern ein gegen Habsburg gerichtetes Bündnis mit dem französischen König Franz I., der Hilfsgelder in München deponiert. →

23. 7. 1532. Der römisch-deutsche Kaiser Karl V. schließt mit den evangelischen Reichsständen den Nürnberger Religionsfrieden. Die evangelischen Reichsstände dürfen gegen Zahlung einer Türkenhilfe ihre Religion vorläufig frei ausüben.

25. 7. 1532. Auf einem Reichstag in Regensburg erhebt der römisch-deutsche Kaiser Karl V. die »Constitutio Criminalis Carolina« (Peinliche Halsgerichtsordnung) zum Reichsgesetz. Dieses letzte große Gesetzgebungswerk des Heiligen Römischen Reichs ist das erste allgemeine Strafgesetz mit Strafprozeßordnung. Sie bleibt bis zur Mitte des 18. Jh. in Kraft, in Norddeutschland bis 1871. →

1533. Johannes Turmair, genannt Aventinus, beendet seine »Bairische Chronik«. →

1533. Die Stadt Nürnberg erläßt die Nürnberg-Brandenburgische Kirchenordnung, die für andere evangelische Länder Vorbild wird.

1534. Der »Pfinzing-Pokal«, eines der bedeutendsten Werke der Nürnberger Goldschmiedekunst, entsteht (→um 1530).

Januar 1534. Der 1488 gegründete Schwäbische Bund löst sich auf seinem Bundestag in Augsburg auf.

1535. Ulrich Schmidl aus Straubing fährt an den La Plata. →

1537. Der Münchner Stadtpoet, Stadtschreiber und Stadtunterrichter Simon Felix Schaidenreißer veröffentlicht die erste deutsche Übersetzung von Homers Epos »Odyssee«. →

10. 6. 1538. Die Herzöge von Bayern, der österreichische Erzherzog und römisch-deutsche König Ferdinand I. sowie die Landesfürsten von Sachsen, Braunschweig, Mainz und Salzburg schließen sich im Nürnberger Bund gegen den evangelischen Schmalkaldischen Bund zusammen.

1538. Die Laubengänge des Schlosses von Neuburg an der Donau, das 1530–1545 unter Pfalzgraf Ottheinrich errichtet wird, werden vollendet. Stilistisch stellen sie den Beginn der deutschen Renaissance-Architektur dar. →

GESTORBEN:

22. 12. 1530. Nürnberg: Willibald Pirckheimer (* 5. 12. 1470, Eichstätt), Humanist. →

Nach 1530. Landshut: Hans Leinberger (* 1480/85, Landshut?), Bildhauer und Bildschnitzer.

7. 7. 1531. Würzburg: Tilman Riemenschneider (* um 1460), deutscher Bildschnitzer und Bildhauer, Hauptmeister der deutschen Spätgotik. Hauptwerke: Creglinger Marienaltar, Rothenburger Heiligblutaltar, Tumbengrab für Kaiser Heinrich II. und Kunigunde, Grabmal Rudolfs von Scherenberg. →

1531. Augsburg: Hans Burgkmair d. Ä. (* 1473, Augsburg), führender Maler der Augsburger Renaissance und Zeichner für den Holzschnitt (Prunkhandschriften »Theuerdank«, »Weißkunig«).

1533. Nürnberg: Veit Stoß (* um 1488, Horb am Neckar?), Bildhauer, Kupferstecher und Maler, bedeutender Künstler der Spätgotik.

9. 1. 1534. Regensburg: Johannes Aventinus (* 4. 7. 1477, Abensberg), Geschichtsschreiber.

1537. Augsburg: Jörg Breu d. Ä. (* um 1475, Augsburg), Maler und Zeichner für Holzschnitte und Glasgemälde.

12. 2. 1538. Regensburg: Albrecht Altdorfer (* um 1480, Regensburg?), deutscher Maler, Hauptmeister der Donauschule und der altdeutschen Malerei.

GEBOREN:

14. 9. 1531. Ingolstadt: Philipp Apian († 14. 11. 1589, Tübingen), Mathematiker und Geograph.

»Confessio Augustana«

25. Juni 1530. Auf dem Augsburger Reichstag fällt dem sächsischen Kanzler Dr. Beyer die ehrenvolle Aufgabe zu, im Auftrag der protestantischen Reichsstände Kaiser Karl V. die deutsche Fassung der »Confessio Augustana« (Augsburger Bekenntnis) vorzulegen.

Die Protestanten hatten zunächst gemeint, es werde in Augsburg nur über kultische und kirchliche Mißstände verhandelt. Aus diesem Grunde führten sie ihre »Torgauer Artikel« im Reisegepäck. Nur vorsichtshalber waren auch die »Schwabacher Artikel« von 1529 eingepackt worden.

Da aber der Ingolstädter Theologieprofessor Johannes Eck nicht weniger als 404 Irrtümer Luthers zusammengestellt hatte und damit auftrat, mußte Philipp Melanchthon aus den beiden Artikel-Sammlungen der Protestanten einen neuen Text verfassen, jene erste »Augsburger Konfession«, die am 11. Mai zur Begutachtung an Luther in Coburg gesandt wird. Und der Reformator gibt eine schnelle Antwort: »... ich weiß nichts daran zu bessern noch zu ändern, würde sich auch nicht schicken, denn ich so sanft und leise nicht treten kann«.

Anders als der Mann auf der Veste Coburg weiß aber Melanchthon sehr wohl etwas zu bessern und zu ändern. Bis zur Erschöpfung arbeitet er an seiner Schrift, von der er sich sehnlichst wünscht, daß sie niemanden verletze und die Kraft habe, Frieden zu stiften.

Dort, wo die Fragen strittig sind (wie beispielsweise nach dem Amt des Papstes oder der Autorität der Bischöfe), wird sehr behutsam formuliert, oder das Thema wird gänzlich ausgeklammert.

Dem Kaiser soll bewiesen werden, daß die Anhänger Luthers nichts anderes vertreten als die alten Lehren der Kirche, daß sie also eigentlich die wahren Katholiken seien und daß sie den Wunsch hätten, die Mißstände abzustellen. Und der bayerische Herzog Wilhelm hätte es so auch gesehen, wenn der von ihm überlieferte Ausspruch authentisch ist: »So höre ich wohl, die Lutherischen sitzen in der Schrift und wir daneben.«

Von den Anhängern Zwinglis und von den Täufern distanzierte sich Melanchthon, und als Zwingli sein eigenes Bekenntnis nach Augsburg schickt, meint der Verfasser der »Confessio« dazu: »Man sollte schwören, er wäre ganz verrückt«.

Drei Tage nach der Verlesung vor dem Kaiser trifft die Bekenntnisschrift bei Luther ein. Er vermißt in Melanchthons Werk die Verwerfung des Fegfeuers, des Heiligenkultes und des Papsttums.

Verlesung der »Augsburger Konfession«, der von Philipp Melanchthon verfaßten, wichtigsten Bekenntnisschrift der reformatorischen Kirche

Veste Coburg, von wo aus Luther den Auftritt seiner protestantischen Freunde in Augsburg verfolgt

Martin Luther auf der Veste Coburg

16. April bis 5. Oktober 1530. In Torgau waren die Theologen zusammengesessen und hatten für ihren kursächsischen Herrn Johann den Beständigen sorgfältig aufgeschrieben, was der gegen »papistische« Mißbräuche kämpfenden Protestanten »Gutdünken, Opinion und Meinung« sei.

Martin Luther, als Geächteter vom Reichstag ausgeschlossen, bleibt in der zwei Tagereisen entfernten Veste Coburg zurück. Die Enttäuschung über den Ausschluß hält lange an, quält ihn aber nicht sehr. Luther widmet sich ausgiebig schwerem Essen und dem Wein. Da ihm beides nicht bekommt, ist er über weite Strecken seines Aufenthalts krank

Mit diesen »Torgauer Artikeln« in der Tasche brechen Luther und seine Freunde nach Augsburg auf. Der Reformator kann als Geächteter freilich nicht zum Reichstag reisen, und so verabschiedet er sich in Coburg von seinen Kollegen. Während sie weiterziehen, richtet er sich am 16. April in zwei Räumen der Veste ein. Von hier, vom südlichsten Zipfel Sachsens aus will er den Verlauf des Augsburger Reichstages verfolgen und seine Glaubensbrüder durch Briefe beraten.

Die Freunde und der Kurfürst sind wahrscheinlich gar nicht unglücklich, daß sie den wortgewaltigen Dr. Martinus zurücklassen mußten, denn sie wollen, um des Friedens willen, versöhnliche Worte sprechen und geduldig argumentieren. Das aber ist Luthers Sache nicht. Er sitzt hoch auf seiner Burg: Coburg, schreibt er, sei »wirklich ganz reizend gelegen und zum Studieren sehr geeignet«, und so habe er sich vorgenommen, drei Hütten zu bauen, »dem Psalter eine, dem Propheten eine und dem Aesop eine«.

Und diese Arbeit beginnt bereits am 4. Mai, als er seinem Famulus, dem 23jährigen Magister Veit Dietrich die ersten Seiten seiner Psalter in die Feder diktiert.

Von Ohnmachten geplagt, mit einem gelegentlichen »Gesäuse und Donner im Kopf« schreibt sich der 46jährige durch die Monate dieses unfreiwilligen Aufenthaltes. Der »Sendbrief vom Dolmetsch« entsteht, die Propheten Jeremias und Ezechiel werden übersetzt.

Und während seine Freunde beim Reichstag in Augsburg die »Confessio Augustana« überreichen, wächst Luther der Bart.

Saalfelder Bündnis gegen Habsburg

24. Oktober 1531. Die Brüder Wilhelm IV. und Ludwig X. sind verärgert und besorgt, denn Habsburg baut seine Machtstellung gegen Sitte und Recht aus.

Im Herbst 1526 hatten die beiden Bayern gute Chancen, auf den böhmischen Thron gewählt zu werden; in letzter Minute erwiesen sich die Bestechungsgelder des Kaiserbruders Ferdinand als größer, und so wurde er König von Böhmen.

Man fühlte sich in München und Landshut, den beiden Regierungssitzen, brüskiert und konnte dem Habsburger doch nicht in offener Feindschaft gegenübertreten. Und am 5. Januar 1531 wurde Bayern auch bei der deutschen Königswahl übergangen. Obwohl die »Goldene Bulle« dagegen sprach, wurde Ferdinand gekürt, der Bruder von Kaiser Karl V. (der wieder mehr Geld bot als Wilhelm). Dabei hatte der Wittelsbacher dem Kaiser zuvor gesagt,

Herzog Ludwig X., einer der Unterzeichner des Saalfelder Bündnisses

sein bayerisches Haus hätte ein Anrecht, seien doch Mitglieder der Familie Könige von Ungarn und Dänemark, ja selbst Kaiser gewesen.

Da sie zweimal gekränkt wurden und die Macht Habsburgs ständig zunimmt, schließen »Wilhelm vnd Ludwig Gebruder Pfaltzgrauen bei Rhein, Hertzogen in Ober- vnnd Niddern Beyern«, wiewohl katholisch, am 24. Oktober 1531 zu Saalfeld ein antihabsburgisches Bündnis mit den protestantischen Ständen des Schmalkaldischen Bundes.

Reichseinheitliche Strafprozeßordnung

25. Juli 1532. Mehr als 30 Jahre sind vergangen, bis »Kaiser Karl V. und des Heiligen Römischen Reiches peinliche Halsgerichtsordnung«, die sog. »Constitutio Criminalis Carolina«, genehmigt und publiziert wird. Das Reich hat damit eine einheitliche Strafprozeßordnung, deren Einfluß einige Jahrhunderte überdauern wird. Der Kaiser, dessen Name dem Gesetz vorangestellt ist, hat das geringste Verdienst an seinem Entstehen. Auf dem Lindauer Reichstag von 1496/97 war das Gutachten des neu geschaffenen Reichskammergerichts über die Notwendigkeit einer Reform der Strafrechtspflege eingereicht worden. Ein Jahr später, in Tübingen, wurde der Wunsch nach einer reichseinheitlichen Strafprozeßordnung vorgetragen, und nun begann ein langes Verhandeln und Debattieren.

Es gab bisher kein verbindliches Recht, viele kleine Herren konnten nach Willkür Gnade oder Strenge walten lassen, und bei den Diskussionen über das neue Gesetz war denn auch eine der strittigsten Fragen, ob – nach späterem Sprachgebrauch – hinfort durch das neue Reichsrecht das alte Landesrecht gebrochen werde.

Eine »salvatorische Klausel« bringt die Lösung. Sie verspricht ausdrücklich, daß Landesherren »an jrem alten wohlhergebrachten rechtmessigen und billichen gebreuchen nicht benommen« seien.

Von 1496 bis 1532 war an dem Gesetz gearbeitet worden, doch zuletzt zeigt sich, daß die Hälfte des Textes wörtlich aus der Bambergischen Halsgerichtsordnung (→1507) abgeschrieben ist.

»Constitutio Criminalis Carolina«

Die vom römisch-italienischen und kanonischen Recht beeinflußte »Constitutio Criminalis Carolina« legt Wert auf die Beachtung des Schuldmoments.

Außerdem unterscheidet diese »peinliche Halsgerichtsordnung«, was bisher nicht üblich war, zwischen Vorsatz und Fahrlässigkeit. Obwohl sie ein für ihre Zeit fortschrittliches Gesetz ist, kennt sie, die in der Strafe eine Vergeltung sieht, noch grausame Urteile.

Die Vollstreckung der Todesstrafe wird vollzogen durch Verbrennung, Enthaupten, Vierteilen, Rädern, Hängen, Ertränken und Lebendbegraben.

Die ohnedies schwerste Strafe kann noch verschärft werden, nämlich durch Schleifen zur Richtstätte und durch Reißen mit glühenden Zangen.

Außerdem kann die Leiche des Hingerichteten den Flammen überantwortet, geviertelt oder aufs Rad geflochten werden.

An Verstümmelungsstrafen kennt man noch: Handabschlagen, Abschlagen des Schwurfingers, Ausreißen der Zunge, Ohrabschneiden und Blendung.

Ferdinand I., von Wittelsbach bekämpfter Habsburgerkönig

Mit Frankreich gegen Habsburg

26. Mai 1532. Die Partner des Saalfelder Bündnisses (→ 24. Oktober 1531) suchen von Anfang an Verstärkung im Ausland. In England fragt man an, in Dänemark oder Venedig. Vor allem der französische Hof ist schnell bereit, sich in diesem gegen Habsburg gerichteten Bündnis zu engagieren.

Eigentlich will man in München beraten. Aber man sieht ein, daß das Geheimnis dort nicht lange gewahrt werden könne. So zieht man sich an eine historische Stätte zurück, in die vormalige Stammburg des Hauses Wittelsbach, in das Kloster Scheyern. Und am 26. Mai 1532 protokollieren dort die Länder Bayern, Sachsen, Hessen und Frankreich ihre Übereinstimmung. Dabei geht es zunächst vor allem um die Einsetzung des katholischen Herzogs Christoph in dem von den Österreichern besetzten Württemberg.

In dem Vertrag verspricht Frankreich, für die Rüstung gegen den habsburgischen Gegner, König Ferdinand I., in München 100 000 Taler zu hinterlegen.

Das gegenseitige Versprechen zeigt freilich wenig Wirkung. Zu unterschiedlich sind die Interessen der Beteiligten, und Bayern beginnt bald schon seinen vorsichtigen Rückzug ins Lager des Kaisers. Karl V. hat den ersten Schritt getan, und zwar bereits 1531, noch ehe also die Gegner Habsburgs in Scheyern verhandelten. Die Verbindung wird von da an nie mehr ganz abreißen.

Schmidl auf großer Reise nach Südamerika

1535. Seit der ersten Amerikafahrt des Christoph Kolumbus ist noch kein halbes Jahrhundert vergangen, als sich der etwa 27jährige Straubinger Bürgermeisterssohn Ulrich Schmidl aufmacht zur großen Reise nach Südamerika. Mit dem nach seiner Rückkehr geschriebenen Buch über seine Abenteuer wird er zum Chronisten der Erschließung des Landes um den Parana und den Paraquay durch die Spanier.

Als Landsknecht schließt sich der Straubinger der Expedition von Pedro de Mendoza an, der mit zwölf Schiffen (Schmidl meint, es seien 14) von dem bei Cadiz gelegenen Hafen Sanlucar de Barrameda ausläuft, um in Südamerika das legendenumwobene »Reich des weißen oder versilberten Königs« zu erobern. Eines der Schiffe, berichten Schmidls Aufzeichnungen, »zugehört den Herren Neithart und Jakoben Welser zu Nürnberg, so ihren Faktor Heinrich Paimen mit Kaufmannschaft nach Rio-de-la-Plata geschickt.«.

Von Argentinien aus, wo Buenos Aires gegründet wird, fährt die Truppe – 2500 Spanier sowie etwa 150 Süddeutsche, Sachsen und Niederländer – den Parana-Fluß hinauf und gründet die Stadt Asunción als Ausgangspunkt für weitere Eroberungszüge durch das Land.

Freilich ziehen auch von Peru aus goldgierige Konquistadoren durchs Land, und 1549 vereinigen sie sich mit den aus Argentinien kommen-

Kaufmann Jakob Welser, Mitbesitzer eines der Expeditionsschiffe

den Eroberern. Schmidl ist dabei und berichtet später von dieser Begegnung. Und von dem, was er alles sieht, z. B. daß die Machkaysis »ein solch fruchtpar lanndt habenn, dergleichen ich zuvor nit gesehen, nemlich wann ein Indianer hinaus ins holz oder walt gehet unnd machet in den nechsten paum darzu er nahet, ein loch mit der hackhenn, so rint ein fünff oder ein 6 maß honig heraus, so lautter wie ein meht; dieselbenn imen sein gar klein und stechen nicht. Solches ir henig, welches vonn der güet [ist], mag man essen mit prott oder in annder speis, sie machenn auch draus guetten wein, als hie zu lanndt der meht…«

Er kann sich nicht lange mehr daran erfreuen, denn 1552 erreicht Schmidl in Asunción ein Brief, der ihn nach Deutschland zurückruft. Als er dort 1554, nach einer Abwesenheit von mehr als 20 Jahren, eintrifft, bekehrt er sich zum Protestantismus und muß deswegen Straubing verlassen. Er zieht nach Regensburg und schreibt dort seine »Wahrhafftige und liebliche Beschreibung etlicher fürnemen Indianischen Landtschafften und Insulen…«

Laubengänge des Schlosses von Neuburg an der Donau fertiggestellt

1538. Pfalzgraf Ottheinrich war drei Jahre alt, als im Juli 1505 für ihn und seinen noch nicht zweijährigen Bruder Philipp das Herzogtum Neuburg an der Donau, das sog. Pfalzneuburg, geschaffen wurde (das dann allerdings beinahe 20 Jahre lang von Vormündern regiert wurde).

Es gab in Neuburg zwar ein Schloß, das Ludwig der Bärtige von 1418 an hatte bauen lassen. Ottheinrich wollte freilich ein anderes, ein größeres Schloß. Bei einigen Baumeistern wie etwa Paul Behaim in Nürnberg holte man Rat und Anregung ein, und von 1527 an errichtete Hans Knotz an

der Stelle des alten »gesloz« eine nach Osten hin offene Dreiflügelanlage mit den charakteristischen zweigeschossigen Laubengängen, die den Beginn der deutschen Renaissance-Architektur darstellen (Abb.).

Die Arbeiten begannen im Westen, der südliche Trakt schloß sich an, und mit dem Nordflügel wird der Bau im Jahr 1538 vorerst abgeschlossen. Das Renaissanceschloß ist noch nicht vollendet, die Innenausstattung wird viel Zeit in Anspruch nehmen; die Schulden des wittelsbachischen Bauherrn aber sind bereits jetzt unendlich groß.

Prunkvoll ausgestatteter Saal in der Landshuter Stadtresidenz, die Ludwig X. zwischen 1530 und 1543 gegenüber dem Rathaus der Stadt errichten ließ

Landshuter Stadtschloß

Ab 1530. Das Geburtsdatum ist dem Wittelsbacher Ludwig wichtig. Da er im Herbst 1495 als Sohn von Herzog Albrecht IV. zur Welt kam und das Primogeniturrecht – das Erbfolgerecht des Erstgeborenen – erst 1506 erlassen wurde, hat es für ihn keine Gültigkeit – ihm steht also das Recht zu, Bayern mitzuregieren.

Der ältere Bruder ist einverstanden, und so hat das Land von 1516 an zwei Herren, Wilhelm IV. in der Residenz zu München und Ludwig X., der auf der Burg Trausnitz bei Landshut wohnt und die niederbayerischen Rentämter Landshut und Straubing verwaltet.

Dem recht kompakt gebauten Herrn, der es trotz vieler Verlobungen zu keiner Ehefrau bringt, mag es auf seiner Burg langweilig geworden sein, und weil es ohnehin in vielen europäischen Adelshäusern Mode ist, sich eine Stadtresidenz zu bauen, läßt er drunten in Landshut im Mai 1530 gegenüber dem Rathaus vier Häuser abreißen und an ihrer Stelle

durch Niclas Überreiter ein Palais errichten: den Deutschen Bau.

Während die Maurer tätig sind, reist der Herzog nach Mantua zu seinen Verwandten, den Gonzagas. Sie haben sich eben eine Renaissance-Residenz bauen lassen, den Palazzo de Tè. Begeistert von dieser neuen Architektur ändert Ludwig, nach Landshut zurückgekehrt, den Plan seiner Stadtresidenz. Er läßt Bauleute aus Mantua kommen und hinter dem Deutschen ab Mai 1537 einen Italienischen Bau errichten. Die beiden Gebäudeflügel, die eigentlich nicht ganz zusammenpassen, werden durch zwei schmale Trakte verbunden, so daß eine Vierflügelanlage entsteht.

Der Herzog kann sich an dem schönen Bau mit den bemalten Räumen – wie Italienischer Saal, Sternenzimmer, Arachnezimmer – nicht lange freuen. Zwei Jahre nach der Fertigstellung seiner Stadtresidenz in Landshut stirbt er, knapp 50 Jahre alt, im April 1545.

Riemenschneider, Bildhauer der Spätgotik

7. Juli 1531. Tilman Riemenschneider stirbt und wird auf dem Friedhof der Würzburger Dompfarrei zu seiner letzten Ruhe gebettet. Das wahre Leben dieses bedeutenden Bildhauers der Spätgotik, des Schöpfers so vieler Altäre in Franken, hat freilich schon mehr als ein halbes Jahrzehnt früher geendet, im Frühsommer von 1525, nach dem Ende des Bauernkrieges.

Wie die anderen Würzburger, hatte sich auch Riemenschneider auf die Seite der Aufständischen gestellt. Die Rebellion wurde grausam niedergeschlagen. Meister Til hat man »hart gewogen« (was heißt, daß man ihn folterte), für zwei Monate in den Kerker geworfen, vom Rat ausgeschlossen – wenige Jahre zuvor, 1520/21, war er noch Bürgermeister gewesen – und einen Teil seines Vermögens eingezogen.

Christus als Schmerzensmann, Detail aus dem Heilig-Blut-Altar

Über die Jahre, die nun noch folgen, ist fast nichts mehr aufgeschrieben. Ein großes Künstlerleben verlischt, wird erstickt.

Dabei hatte es so eindrucksvoll angefangen. Aus dem Thüringischen war der etwa 23jährige Sohn eines Münzmeisters nach Würzburg zugezogen. Am 7. Dezember 1483, als er darum nachsucht, als »Malerknecht« in die Lukasgilde aufgenommen zu werden, ist er erstmals nachgewiesen, und schon zwei Jahre später besitzt er die Meisterwürde (nachdem er zuvor eine Meisterswitwe geheiratet hat).

Und bald schon ist er Herr einer Werkstatt, wie sie größer keiner seiner Kollegen hat; allein von 1501 bis 1517 sind 12 Lehrjungen nachgewiesen.

Riemenschneider braucht die vielen Mitarbeiter, um alle Aufträge ausführen zu können, die aus ganz Franken kommen.

Zuerst stellen sich die Münnerstädter ein, die am 24. Juni 1490 mit ihm, »Tieln Rymensneider zu Wirczpurgk«, den Vertrag für einen Altar – das erste sicher datierte Werk – abschließen. Der Meister erhält 145 Gulden; an Veit Stoß, der ihnen 1502/03 die Figuren faßt, zahlen sie 220 Gulden.

Wenig später modelliert Riemenschneider in Sandstein die wohl berühmtesten Würzburger, den Adam und die Eva für das Südportal der Marienkapelle.

Sechs Jahre nach dem Münnerstädter Altar entsteht das Grabmal des Würzburger Bischofs Rudolf von Scherenberg und, mit einem Vertrag vom 15. April 1501, der 9 m hohe Heilig Blut-Altar in der Jakobskirche zu Rothenburg o. d. T., der mit 60 Gulden recht schäbig bezahlt wird. Dabei waren darin bereits 10 Gulden Erfolgshonorar enthalten. (Vielleicht sind deswegen, wie manche Kritiker meinen, einige kleinere »Schnitzer« unterlaufen.)

Es folgen u. a. das Marmorgrabmal von Kaiser Heinrich II. und seiner Frau Kunigunde im Bamberger Dom, der Marienaltar in Creglingen und, als eines der letzten Werke, die Volkacher Rosenkranzmadonna von 1521/24.

In Lindenholz und Sandstein hat Riemenschneider (kräftig unterstützt von seiner Werkstatt) die spätgotischen Figuren für mindestens zwölf Altäre geschaffen. Trotz gelegentlicher Mängel (der Busen der Eva vor der Marienkapelle z. B. ist nach Meinung von Kritikern zu hoch angesetzt, die Schultern des Adam sind zu schmal) – nie hat in Mainfranken ein Künstler Größeres, Schöneres geschaffen.

In der Gestaltung seiner zahlreichen Werke verzichtete Riemenschneider auf den in der Spätgotik häufig angestrebten Naturalismus zugunsten einer idealisierenden, vergeistigten Darstellungsweise.

Heilig Blut-Altar in der Rothenburger St. Jakobskirche, dessen Skulpturen 1501 in Auftrag gegeben und zwischen 1502 und 1505 geliefert wurden

Jünger am Heilig Blut-Altar in der St. Jakobskirche in Rothenburg o. d. T., berühmt für die Individualität und Gefühlsintensität in der Darstellung

Der Hohepriester Kaiphas und seine Soldaten beim Anblick des gekreuzigten Jesus, aus dem Schrein des sog. »Wiblinger Altares«, (Fürstlich Oettingen-Wallerstein'sche Kunstsammlung); der Tilman Riemenschneider als Frühwerk zugeschriebene Altar zeigt Darstellungen aus der Leidensgeschichte Christi

Nürnberger Humanist Pirckheimer ist tot

22. Dezember 1530. Vor gut zweieinhalb Jahren hat er noch auf den Tod seines Freundes Albrecht Dürer eine lateinische Elegie gedichtet, und nun ist auch er selber tot: Willi-

Der große Nürnberger Humanist Willibald Pirckheimer, porträtiert von seinem Freund Albrecht Dürer

bald Pirckheimer, einer der großen Männer des Humanismus und nach dem Urteil Kaiser Maximilians I. der »gelehrtiste Doctor, der im Reich ist«, stirbt mit 60 Jahren.

Während seiner Studienzeit in Padua und Pavia hatte der in Eichstätt geborene Pirckheimer die antiken Autoren entdeckt, und nach seiner Rückkehr, als die Stadt Nürnberg ihn in ihren Rat nahm, ist es sein größtes Anliegen, das Erbe der Antike neu zu erwecken.

Franken wurde zu einem Mittelpunkt dieser Auseinandersetzung mit den lateinischen und griechischen Schriftstellern, und Willibald Pirckheimer war – neben Albrecht von Eyb, Konrad Celtis, Johannes Werner, Christoph Scheurl und anderen – einer der eifrigsten und gebildetsten Vertreter dieses Humanismus, hochgeachtet in der ganzen gelehrten Welt.

Erasmus von Rotterdam z. B. hatte an der Wand seiner Studierstube ein Bild Pirckheimers hängen. Das Porträt – es zeigt das Halbprofil eines korpulenten Herren von 53 Jahren –

war 1524 von Dürer in Kupfer gestochen worden, und der Dargestellte hatte es an seinen berühmten Kollegen nach Basel gesandt.

Im Dienste Nürnbergs hat Pirckheimer seinen besonderen Eifer den Schulen gewidmet, denn dort, so meinte er, könne der Mensch nach den Idealen der Antike erzogen werden. Seine Stadt versah ihn freilich auch mit anderen Aufträgen, vor allem war er häufig ihr Abgesandter bei Verhandlungen. Und einmal, 1499, mußte er auch Nürnbergs Truppen anführen. Der Krieg gegen die Schweiz, an dem auch der junge Georg von Frundsberg teilnahm, ging allerdings schnell verloren.

In den letzten Lebensjahren geriet Pirckheimer in die Unruhen der Reformation, und in der 1521 erlassenen Bannbulle wird er zusammen mit Luther namentlich genannt.

Der laute Streit war nicht seine Sache, und lieber widmete er sich der verdienstvollen Aufgabe, Platon, Xenophon und Plutarch sowie alte Kirchenväter aus dem Griechischen ins Lateinische zu übersetzen.

Titelblatt der ersten deutschen Homer-Übersetzung von Schaidenreißer

Erste deutsche Homer-Übersetzung

1537. Odysseus spricht zum ersten Mal deutsch. In München wird nämlich »Homeri Odyssee mit hohem fleiß erstlich tranßferiert«.

Verfasser der nur spärlich mit Reimen durchsetzten Prosafassung des altgriechischen Epos ist der um 1500 geborene Simon Schaidenreißer, Stadtschreiber zu München.

Simon Schaidenreißer – er latinisiert seinen Namen und nennt sich Simon Minervius – kommt aus Sachsen und machte Karriere in München. Von seiner Heimat Bautzen zog er auf dem Umweg über Schwaz in die herzogliche Residenzstadt, wurde dort Stadtpoet, Lehrer für Dichtkunst und offensichtlich eine oberste Instanz in literarischen Angelegenheiten.

Man ernannte ihn zum Stadtschreiber von München und 1537 zum Stadtunterrichter.

Im gleichen Jahr läßt er bei Alexander Weissenhorn seine deutsche Homer-Übersetzung erscheinen: »Odysea/das seind die aller zierlichsten vnd lustigsten vier vnd zwanzig buecher des eltisten kunstreichesten Vatters aller Poeten Homeri von der zehenjärigen irrfart des weltweisen Kriechischen Fürsten Vlysissis...«

Diese »Odyssee« beginnt:
»Gottin des gesangs dich ruff ich an/ Hilff preisen mir den thewren man/ Der land vnd stadt durchreyset hat/ Geübt darzumang gefaerlich that/ Da er sein weißlose gefertt/Auß noeten gern erettet het/Welch doch all verdorben synd...«

Goldene Zeit für Nürnberger Goldschmiede

Um 1530. Die Gold- und Silberschmiede wissen, daß sie für ihre Kunst in den reichen Handelsstädten die besten Bedingungen finden. Nicht zufällig erlebt ihr Gewerbe nach der Eroberung Südamerikas mit seinen reichen Gold- und Silberschätzen die größte Blüte.

In Nürnberg ist der aus Ungarn zugewanderte und 1502 verstorbene Albrecht Dürer sen. ein angesehener Meister. Von ihm stammt eines der frühesten und kostbarsten Werke der Nürnberger Goldschmiedekunst, das 79 cm hohe »Schlüsselfelder Schiff«.

Die Nürnberger Goldschmiede, deren älteste erhaltene Ordnung aus dem Jahr 1515 stammt, haben sicher auch Schmuck und sakrale Geräte angefertigt, erhalten sind aber vor allem viele Trinkgefäße, beispielsweise der 17 cm hohe »Pfinzing-Pokal« aus dem Jahr 1534 und der vor 1540 entstandene, 53,5 cm hohe »Holzschuher-Pokal«.

Zu den Großen der Nürnberger Goldschmiedezunft gehören u. a. Ludwig Krug, Melchior Baier und der nach 1520 aus Wien zugezogene Wenzel Jamnitzer.

Goldschmied aus dem Hausbuch der Mendelschen Zwölfbrüderstiftung zu Nürnberg; dieses Handwerk erlebt im Nürnberg des 16. Jh. eine Blütezeit

Festlicher Empfang für Kaiser Karl V.

10. bis 14. Juni 1530. Dem Kaiser, der so sehr aufs fuggerische Geld angewiesen ist, zeigen die Münchner Herzöge, daß bei ihnen kein Mangel herrscht (zumindest erwecken sie diesen Eindruck beim Habsburger). Als Karl V. auf seiner Fahrt von Innsbruck zum Augsburger Reichstag in die bayerische Residenzstadt kommt, bereiten sie ihm einen prunkvollen Empfang.

Schon weit vor München begrüßen sie ihn mit einer festlich aufgeputzten Schar von Rittern, dann führen sie ihm ihre Soldaten in Aktion vor, in einem Manöverspiel, für das sie eigens eine hölzerne Burg errichten, die im Gefecht unter Kanonendonner zerstört wird.

An zwei Tagen geht man zur Hirschjagd, und am 12. Juni bereitet man die Tafel zum festlichen Mahl. Um Mitternacht, nach dem 32. Gang – und dabei erst auf halber Höhe des Diners –, muß die Majestät passen. Im Anschluß an das üppige Mahl zu Ehren des Gastes findet noch ein Tanz im Rathaussaale statt.

»Bairische Chronik« von Aventinus

1533. Die bayerische Geschichte hat den Johannes Turmair, genannt Aventinus, nicht mehr losgelassen. Mit 40 Jahren beriefen ihn die Herzöge 1517 zum Historiographen, und nachdem er 1521 die lateinische Fassung beendet hat (→ Mai 1521), setzt er sich bald schon hin und schreibt eine deutsche Fassung. In der Fastenzeit 1533 beendet er die »Bairische Chronik«. Noch nicht ein Jahr später, am 9. Januar 1534, stirbt er mit 56 Jahren.

Die Übersetzung hat er aus freien Stücken, ohne Auftrag begonnen, und erst 1526 bekam er den offiziellen Auftrag (und eine Gehaltsaufbesserung von 60 auf 100 Gulden im Jahr). Ehe er zum Geschichtsschreiber wurde, hatte Aventinus – nach seinen Studien in Ingolstadt, Krakau und Paris – eine oft aufgelegte lateinische Grammatik verfaßt, eine Landkarte Bayerns angefertigt (→ 1523) sowie als Erzieher der Prinzen Ludwig und Ernst in München und Burghausen gelebt. Im Oktober 1528 wurde er wegen seiner Sympathien für Luther elf Tage lang eingesperrt.

Eine Hofjagd auf Hirsche, Schweine und Füchse; Gemälde von Lucas Cranach d. J., Vertreter der »Donauschule«

Landschaftsmalerei aus der »Donauschule«

An der Stelle, wo das Mittelalter in die Neuzeit übergeht, also etwa um 1500, entdecken junge Maler die Landschaft als Bildmotiv.

Was bisher kaum mehr war als Hintergrund und Kulisse für religiöse und antike Motive, erhält jetzt einen eigenen Rang.

Da sich dieser Wandel vor allem in der Gegend von Regensburg, Passau und Wien vollzieht, spricht man (freilich erst von der Wende des 19./20. Jh. an) von einer »Donauschule«. Diese Bezeichnung darf aber nicht vergessen machen, daß auch die Gegend von Salzburg und Innsbruck ihren Anteil an der »Donauschule« hat.

Zu den jungen Meistern dieser Kunstrichtung gehören beispielsweise der Augsburger Jörg Breu d. Ä. und Lucas Cranach, die beide einige Zeit in Wien arbeiten, und der in Passau lebende Vorarlberger Wolf Huber.

Einen hohen Rang nimmt der Regensburger Albrecht Altdorfer ein, der 1510 den »Laubwald mit dem Drachenkampf des heiligen Georg« malt, in dem der Heilige mit seinem Pferd in einem so üppig grünenden Gehölz steht, daß er kaum noch zu erkennen ist. Wenig später (vielleicht auch erst um 1522) malt Altdorfer dann das erste Landschaftsbild der Kunstgeschichte.

Laubwald mit dem Drachenkampf des heiligen Georg (Gemälde von Albrecht Altdorfer, 1510; München, Bayerische Staatsgemäldesammlungen)

1540. Der aus Kassel stammende Arzt Valerius Cordus veröffentlicht auf Verlangen des Nürnberger Rats die erste »Pharmakopöe«, das erste in Deutschland benutzte Arzneibuch. Es wird in Nürnberg gedruckt.

1541/46. Der deutsche Konquistador Philipp von Hutten unternimmt im Auftrag des Augsburger Handelshauses Welser Entdeckungszüge im nördlichen Südamerika, um das sagenhafte Goldland Eldorado zu entdecken. →

5. 4.–29. 7. 1541. Auf dem Reichstag zu Regensburg finden erneut Religionsgespräche statt. Nach ihrem Scheitern wird der Nürnberger Religionsfrieden (1532) erneuert.

1542. Die Reichsstadt Regensburg wird evangelisch.

1542. Pfalzgraf Ottheinrich führt in Pfalz-Neuburg die Reformation durch.

1542. Der in Tübingen lehrende bayerische Botaniker und Arzt Leonhard Fuchs, einer der Väter der Botanik, unternimmt in seiner »Historia stirpium« erste Versuche einer botanischen Nomenklatur. →

1543. Hans Bocksberger d. Ä. malt die Fresken in der Schloßkapelle in Neuburg an der Donau; dies ist das früheste Zeugnis evangelischer Monumentalmalerei. Die 1540 baulich fertiggestellte Schloßkapelle ist eine der ältesten evangelischen Kirchen Deutschlands.

1544. Der Mathematiker und Kompaßmacher Georg Hartmann entdeckt in Nürnberg die Neigung der Magnetnadel zum Horizont hin (sog. Inklination).

1544/46. Im Auftrag des Pfalzgrafen Friedrich II. wird in Amberg in der Oberpfalz eine Regierungskanzlei errichtet. →

16. 3. 1544. Nach dem Tod des Wittelbachers Ludwig V. wird sein Bruder Friedrich II., der Weise, Kurfürst von der Pfalz.

8. 5. 1544. Sabine, (»edle Sabine von Bayern«), Tochter des wittelsbachischen Grafen Johann II. von Simmern-Sponheim, heiratet Lamoraal, Graf von Egmond, Fürst von Gavere

24. 2. 1545. Die Regensburgerin Barbara Blomberg wird von einem Sohn des Kaisers Karl V. entbunden: Don Juan d'Austria. →

13. 12. 1545. Das 19. Allgemeine Konzil in Trient wird eröffnet. Das Konzil formuliert die Glaubensinhalte der römisch-katholischen Kirche und fordert die Rückkehr der reformierten Glaubensgemeinschaften zu diesen Lehren.

1546. Pankraz von Freyberg errichtet in Aschau einen Schmelzofen (Eisenhütte) mit angegliedertem Hammerwerk. →

1546/47. Im Schmalkaldischen Krieg versucht Kaiser Karl V. mit der Hilfe Bayerns u. a. katholische Territorien, die evangelischen Reichsstände zu zerschlagen. →

24. 4. 1547. In der kriegsentscheidenden Schlacht bei Mühlberg besiegt während des Schmalkaldischen Kriegs Kaiser Karl V. den protestantischen sächsischen Kurfürsten Johann Friedrich den Großmütigen und nimmt ihn gefangen (→1546/47).

15. 5. 1548. Auf dem sog. Geharnischten Reichstag diktiert Kaiser Karl V. den Reichsständen das Augsburger Interim: Den Protestanten werden lediglich Priesterehe und Laienkelch zugestanden (= Gläubige dürfen beim Abendmahl aus dem Kelch Wein trinken).

1549. Das Collegium des hl. Hieronymus, aus dem die Universität Dillingen hervorgeht, wird gegründet. →

1549. Wilhelm IV. übergibt den Jesuiten die Theologische Fakultät der Universität Ingolstadt. Damit beginnt der gegenreformatorische Einfluß der Jesuiten in Bayern und Deutschland (→13. 11. 1549).

13. 11. 1549. Auf Bitten Herzog Wilhelm IV. kommen Jesuiten nach Bayern. →

GESTORBEN:

Um 1540. Augsburg: Gregor Erhart (* um 1465/70, Ulm), Bildhauer.

1540. Italien: Barthel Beham (* 1502, Nürnberg), Maler und Kupferstecher, stirbt während einer Italienreise, die von Herzog Wilhelm IV. von Bayern finanziert ist.

1./14. 9. 1542: Nürnberg: Peter Henlein (* um 1485, Nürnberg), deutscher Mechaniker, Erfinder der sog. Sack- oder Taschenuhr.

1543. München: Ludwig Senfl (* um 1486, Basel), Komponist und Kapellmeister. →

10. 2. 1543. Ingolstadt: Johannes Eck (* 13. 11. 1486, Egg an der Günz), katholischer Theologe.

29. 11. 1543. London: Hans Holbein d. J. (* Winter 1497/98, Augsburg), Maler und Zeichner vor allem von Porträts, Hofmaler des englischen Königs Heinrich VIII., stirbt in London an der Pest. →

22. 4. 1545. Landshut: Ludwig X. (* 18. 9. 1495, Grünwald), Herzog von Bayern 1514–1545, wird als letzter regierender Herzog in Seligenthal beigesetzt.

16. 1. 1547. Nürnberg: Johannes Schöner (* 16. 1. 1477, Karlstadt), Astronom und Geograph, Hersteller von Globen, Herausgeber der Schriften des Mathematikers und Astronomen Regiomontanus.

GEBOREN:

18. 3. 1545. Schloß Mespelbrunn/Unterfranken: Julius Echter von Mespelbrunn (†13. 9. 1617, Würzburg), Fürstbischof von Würzburg. →

Um 1548. München: Christoph Schwarz (†15. 4. 1592, München), Maler.

29. 9. 1548. Landshut: Wilhelm V., der Fromme (†7. 2. 1626, Schleißheim), Herzog von Bayern.

Schmalkaldischer Krieg

1546/47. Kaiser Karl V. will das protestantische Ärgernis aus der Welt schaffen, in einem Krieg, für den er – neben Moritz von Sachsen – vor allem die Bayern gewinnen will. Die Majestät siegt in diesem Schmalkaldischen Krieg, aber die Bayern an seiner Seite gehen leer aus.

Ehe der Habsburger Kaiser seine Truppen aufmarschieren läßt, schließt er im Juni 1546 einen streng geheimen Vertrag, der ihm die (zunächst) verdeckte Unterstützung des nach außen hin neutralen Bayern sichert: Herzog Wilhelm IV., der heimtückisch auch mit der Gegenseite verhandelt, verspricht, seine Artillerie zur Verfügung zu stellen und die durchziehenden kaiserlichen Soldaten zu verköstigen. Bei Kriegsende soll Bayern dann belohnt werden mit der pfälzischen Kur und dem Fürstentum Neuburg. Das Fell des Bären wird verteilt…

Die im Schmalkaldischen Bund vereinten Protestanten erkennen, daß die Majestät gegen sie rüstet und schicken einen ihrer Feldherrn zur Ehrenberger Klause bei Füssen, damit den aus dem Süden anrückenden kaiserlichen Truppen der Weg versperrt werde.

Am 20. Juli erklärt Karl V. die Reichsacht gegen Landgraf Philipp von Hessen und Kurfürst Johann Friedrich von Sachsen – der Krieg beginnt, zunächst vor Ingolstadt, und hier wird den Protestanten endgültig klar, daß die Bayern auf der gegnerischen Seite stehen.

Die beiden Heere gehen sich eher aus dem Weg, als daß sie die Schlacht suchen. Das ändert sich, als Moritz von Sachsen auf kaiserlicher Seite auftritt. Er marschiert, um sich vom Vetter Johann Friedrich die Kur zu rauben, in das Land seines so nahen Verwandten. Der zieht vom Krieg schnell heim, um den Angreifer wieder zu vertreiben.

Durch die Errichtung des sächsischen Nebenkriegsschauplatzes ist die schmalkaldische Front geschwächt, Karl V. kann nun zuschlagen. Die oberdeutschen Städte werden unterworfen, der Kölner Erzbischof muß abdanken, und am 24. April 1547 wird Johann Friedrich bei Mühlberg geschlagen. Der Schmalkaldische Bund ist an sein Ende gekommen. Es folgt der »Geharnischte Reichstag« zu Augsburg, auf dem die endgültige Entscheidung im Glaubensstreit aber wieder nicht gefällt wird.

Bayern, das sich Zugewinn an Ansehen und Macht erhofft hat, geht leer aus. Der Vertrag von Regensburg vom Juni 1546 war so verklausuliert abgefaßt, daß der Kaiser zur Einhaltung des Versprechens nun nicht verpflichtet ist.

Gegen den Kurfürsten Johann Friedrich von Sachsen wird die Reichsacht erklärt (Gemälde von L. Cranach d. Ä., 1526; Kunstsammlungen, Weimar)

Jesuiten kommen nach Bayern

13. November 1549. Der Herzog und die Bischöfe sind machtlos – die Mehrzahl der Geistlichen ist verludert und verlottert, die Theologische Fakultät zu Ingolstadt erweist sich als unfähig, ihre Aufgabe zu erfüllen. Als Wilhelm IV. im Jahr 1540 den Jesuiten Petrus Faber kennenlernte, war er so beeindruckt, daß er den Generaloberen Ignatius von Loyola bat, Mitglieder seines Ordens nach Bayern zu schicken.

Im Jahr 1542 kamen so die beiden Savoyer Claudius Le Jay und Petrus Faber ins Herzogtum und errichteten 1544 – zehn Jahre nach der Gründung des Ordens – die erste Niederlassung in Deutschland. Sie reisten aber bald wieder ab.

Die Zustände hatten sich nicht gebessert, und so bat Herzog Wilhelm den Papst sehr dringend, Jesuiten als Lehrer der Theologie nach Ingolstadt zu entsenden.

Am 13. November 1549 kommen dann die drei ersten Patres an die Universität: Claudius Le Jay, Alfons Salmeron und Petrus Canisius. Der zuletzt genannte sagt: »Der Käfig ist fertig, nun sollen von allen Seiten die Küchlein reinfliegen.«

Was ihm und seinen Mitbrüdern zunächst zufliegt, sind ganze 14 Schüler, von denen nicht weniger als zehn ohne jede Vorbildung sind.

Regierungskanzlei in Amberg errichtet

1544/46. Amberg hat etwa 4000 Einwohner, als der 61jährige Friedrich II. im März 1544 Kurfürst der Pfalz wird und noch im gleichen Jahr eine Regierungskanzlei errichten läßt. An der Fassade (Abb.) dieses Renaissancebaues (der später noch etliche kunsthistorische Anbauten erhält) feiert der Wittelsbacher sich selbst: An dem mehr als zwei Stockwerk hohen Erker über dem Eingang läßt er in einem Medaillon sich selbst und in einem zweiten Medaillon seine dänische Frau Dorothea abbilden. Den Fürst und die Fürstin trennen 38 Jahre.

Dillingen erhält eine Universität

1549. Otto Truchseß von Waldburg gründet das Collegium des heiligen Hieronymus. Wenige Zeit später, im Jahr 1551, gibt der Papst und am 6. April 1553 gibt auch Kaiser Karl V. die Erlaubnis, daß Otto Truchseß von Waldburg, der zu Dillingen im Exil lebende Bischof von Augsburg, sein Studienkolleg in eine Universität umwandeln kann. Als im darauffolgenden Jahr 1554 das erste Studienjahr beginnt, unterrichten vor allem Professoren der Universität Löwen und aus Spanien; der berühmteste unter ihnen ist Pedro de Soto vom Dominikanerorden, der ehemalige Beichtvater von Kaiser Karl. Die neugegründete Universität genießt bald den Ruf, daß an ihr strenge Zucht herrscht.

Dillingen ist zu dieser Zeit eine kleine Landstadt, in die Bischof Christoph von Stadion mit seinem Domkapitel gezogen war, als Augsburgs Kleiner und Großer Rat im Januar des Jahres 1537 beschlossen hatten, die »päpistische Abgötterei« aus der Stadt zu vertreiben.

Bischof Christophs Nachfolger, der spätere Kardinal Otto Truchseß von Waldburg, fühlt sich in dieser kleinen Residenz wohl. An den bayerischen Herzog schreibt er, daß er »auf Erdreich an keinem Ort lieber sein will als zu Dillingen«.

Ein unehelicher Sohn für Kaiser Karl V.

24. Februar 1545. Der Regensburger Gürtlerstochter Barbara Blomberg wird ein Sohn geboren, der einst als Don Juan d'Austria Berühmtheit erlangen wird. Der Vater des Knaben, Kaiser Karl V., feiert an diesem Tage fern von Regensburg seinen 47. Geburtstag.

Die Majestät war am 10. April des Vorjahres zum Reichstag in die Stadt gekommen – von körperlichen Gebrechen gequält und von tiefer Melancholie befallen, wie es hieß. Um ihn zu erfreuen, führten ihm die Regensburger eine ihrer schönen Töchter zu, ein noch nicht 20jähriges Kind aus einfachen Verhältnissen. Auch wenn sich der Kaiser des Heiligen Römischen Reiches hinterher, wie's bei ihm Sitte war, um die ihm zugeführte Dame nicht mehr viel kümmert, so legitimiert er doch wenigstens die Folgen des Beisammenseins. Er nimmt ihn als seinen Sohn

Kaiser Karl V., Gemälde von Tizian, 1548, (München, Alte Pinakothek)

an, nicht aber als möglichen Erben. Dafür hatte er den von einer standesgemäßen, angeheirateten Frau geborenen Philipp II.

Ein Jahr nach der Regensburger Entbindung wird das Kind der Mutter weggenommen und dem Hofmusiker Francisco Massi übergeben. Erst von 1556 an erhält der Kaisersohn zur linken Hand eine dem Herkommen angemessene Erziehung. Mit 21 Jahren überträgt man ihm den Befehl über ein Galeerengeschwader, und 1571 siegt er mit der von ihm kommandierten Flotte über die Türken bei Lepanto.

Die Mutter des Helden heiratet 1551 einen kaiserlichen Musterungskommissär. Sie lebt zunächst in Gent und später in Spanien. Von der kaiserlichen Gunst, die sie einmal für kurze Zeit genossen hat (oder genießen mußte), bleibt ihr zuletzt immerhin eine kleine Rente.

Freyberg größter Eisenproduzent

1546. Mit der Errichtung eines Schmelzofens und eines Eisenwerkes in seinem Besitz Hohenaschau beginnt Pankraz von Freyberg seine Karriere als Montanherr.

In der Gegend war früher schon Erz geschürft worden, so von dem Chiemseer Fischmeister Teschinger, der vor gut 30 Jahren die seit längerem eingestellte Eisengewinnung wieder aufgenommen hatte. Den Erfolg, der ihm versagt blieb, hat Freyberg. Er kann auch noch das Eisenwerk Au bei Siegsdorf sowie die Gruben am Kressenberg bei Traunstein erwerben. Nachdem er auch noch das Eisenschmelzwerk in Bergen gründet, ist Freyberg der größte Eisenproduzent Bayerns – und ein für seine Zeit ungewöhnlich sozialer Arbeitgeber. Sein Eintreten für die Reformation bringt ihn zuletzt ins Gefängnis (→ Oktober 1563).

Hans Holbein d. J., Die Frau des Künstlers mit den beiden älteren Kindern (um 1528; Basel, Kunstmuseum)

Bildnis des Charles de Solier von Hans Holbein d. J. (1497/98–1543) (Dresden, Große Gemäldegalerien)

Porträtmaler H. Holbein d. J. stirbt in London

29. November 1543. Von Erasmus von Rotterdam ermuntert, war der zu Augsburg geborene Maler Hans Holbein d. J. nach England gereist, wo man ihn mit Porträtaufträgen überhäufte und König Heinrich VIII. ihn 1537 zum Hofmaler berief. London wird die letzte Station seines Lebens – im November 1543 stirbt Hans Holbein d. J. hier, 46 Jahre alt, an der Pest.

Die Geburtsstadt und die Maler-Werkstatt seines Vaters hat Hans Holbein bereits mit 16 Jahren verlassen. Die Lehr- und Wanderzeit endete dann freilich sehr schnell in Basel, wo man ihn mit 22 Jahren in die Malerzunft aufnahm und zum Meister machte. Er erhielt das Bürgerrecht und heiratete eine Witwe, die er 1528 mit den beiden Holbein-Söhnen in einem berühmten Porträt malte.

Und seine Porträts machten ihn berühmt: Erasmus, der große Freund und Förderer, der Kaufmann Georg Gisze, die beiden »Gesandten«, Thomas Morus (an den ihn Erasmus 1526 empfohlen hat), König Heinrich VIII., die unglückliche Anne Boleyn und etliche Damen des europäischen Hochadels, die sich Heinrich VIII. malen ließ, um daraus dann eventuell eine Braut zu wählen.

Hans Holbein d. J., Der Kaufmann Georg Gisze (1532; Berlin, Staatliches Museum), eine der Glanzleistungen der altdeutschen Porträtkunst

Auf der Suche nach Eldorado

1541/46. Den Dienst am Hofe von Kaiser Karl V. hat Philipp von Hutten 1534 quittiert, um für die Welser in Südamerika Glück, Gold und Macht zu suchen. Insgesamt elf Jahre bringt er in den Kolonien zu, wurde 1540 sogar Generalkapitän der Provinz Venezuela, ehe er am 1. August 1541 mit etwa 130 Mann und 100 Pferden von der Hafenstadt Coro aus aufbricht, um im Süden das legendäre Goldland Eldorado zu finden. Das Häufchen, bald schon dezimiert, wird das Ziel nicht erreichen. Im April 1546 läßt sein Rivale Juan de Caravajal ihn und Bartholomäus Welser köpfen.

Pflanzenkunde von Leonhard Fuchs

1542. Da er, wie viele bayerische Gelehrte, der Lehre Luthers anhängt, mußte der aus Wemding stammende 31jährige Leonhard Fuchs 1533 die Universität Ingolstadt verlassen. Der Professor für Medizin und erste Anthropologe Deutschlands ging nach Tübingen und beschäftigte sich dort intensiv mit der Pflanzenkunde. 1542 erscheint sein Werk »Historia Stirpium« (deutsch: »New Kreuterbuch«).

200 Jahre vor Carl von Linné wird hier die erste Nomenklatur der Botanik gegeben. Nach dem bayerischen Schwaben Leonhard Fuchs ist die Fuchsie benannt.

Musiker Ludwig Senfl ist tot

1543. Bei der Hochzeit von Herzog Wilhelm IV. spielte er deutsche Lieder, und ein Jahr später, 1523, wurde er »musicus intonator« der Münchner Hofkapelle. Der Ruhm des um 1486 zu Zürich geborenen Ludwig Senfl reichte bald über München hinaus, und 1531 bestellte sogar Luther bei ihm, dem Katholiken, eine Komposition (und schreibt in dem Bestellbrief sein berühmtes Lob der Musik).

Senfl, der bei Heinrich Isaac gelernt und als Kind bereits in Kaiser Maximilians Hofkapelle gespielt hat, stirbt wahrscheinlich um 1543. Dieser »musicus primarius« des Bayernherzogs ist der bedeutendste Musiker des deutschen Spätmittelalters.

1550

Um 1550. In der Oberpfalz werden jährlich rund 10 000 t Eisenerz gefördert (in Deutschland 30 000 t).

1550. Der Jesuit Petrus Canisius, der »zweite Apostel der Deutschen«, wird zum Rektor der Universität Ingolstadt gewählt. 1552 wechselt er nach Wien. 1559–1566 ist er Domprediger in Augsburg. →

6. 3. 1550. Nach dem Tod von Wilhelm IV. wird sein Sohn Albrecht V., der Großmütige, Herzog von Bayern.

23. 12. 1551. Der bayerische Herzog Albrecht V., der Großmütige, läßt die Juden aus Bayern ausweisen. →

2. 8. 1552. Mit der Unterzeichnung des Passauer Vertrages, der am 15. August von Kaiser Karl V. in München ratifiziert wird, durch Kurfürst Moritz von Sachsen endet die sog. Fürstenverschwörung gegen den Kaiser.

1553. Der Augsburger Großkaufmann Bartholomäus Welser zieht sich aus den Geschäften zurück. →

1553. Der bayerische Herzog Albrecht V., der Großmütige, erläßt die »Große Landesordnung«.

9. 7. 1553. Markgraf Albrecht Alcibiades von Brandenburg-Kulmbach, der seit 1552 sein Territorium auf Kosten Bambergs, Würzburgs und Nürnbergs zu vergrößern versucht (Zweiter Markgräflerkrieg), erleidet in der Schlacht bei Sievershausen eine schwere Niederlage gegen Kurfürst Moritz von Sachsen. →

Ab 1554. Philipp Apian beginnt mit den Arbeiten an einer neuen Bayernkarte. →

25. 9. 1555. Der Augsburger Religionsfriede beendet die Glaubenskriege der Reformationszeit und erkennt die »Evangelischen« reichsrechtlich an (Täufer und Anhänger Huldrych Zwinglis bleiben von den Bestimmungen ausgeschlossen): Über die Konfession der Untertanen entscheidet der Landesherr. Der Augsburger Religionsfriede schreibt die konfessionelle Spaltung Deutschlands fest. →

26. 2. 1556. Pfalzgraf Ottheinrich von Pfalz-Neuburg wird nach dem Tod von Friedrich II., dem Weisen, auch Kurfürst von der Pfalz. Er führt die Reformation systematisch auch in der Oberpfalz durch. →

1557. Der bayerische Herzog Albrecht V., der Großmütige, schafft einen Religionsrat, um die konfessionelle Einheit des Landes besser kontrollieren zu können. Albrechts gegenreformatorische Maßnahmen dienen auch dem Aufbau einer absolutistischen Herrschaft.

1557. Kurfürst Ottheinrich von der Pfalz tritt das Fürstentum Pfalz-Neuburg dem Zweibrücker Pfalzgrafen Wolfgang ab, der ebenfalls streng lutherisch ist.

1557. Nach dem Staatsbankrott Spaniens brechen in Augsburg mehrere Dutzend Firmen zusammen.

1558. Der bayerische Herzog

Albrecht V., der Großmütige, beginnt in München mit dem Aufbau der herzoglichen Bibliothek. →

15. 4. 1558. Die Ermordung des Würzburger Fürstbischofs Melchior Zobel von Giebelstadt am Fuß des Marienbergs in Würzburg löst die sog. Grumbachschen Händel aus. Der Reichsritter Wilhelm von Grumbach versucht, Ansprüche gegen das Hochstift mit Waffengewalt durchzusetzen. →

1559. Der bayerische Herzog Albrecht V., der Großmütige, gründet in München ein Jesuitenkolleg.

GESTORBEN:

7. 3. 1550. München: Wilhelm IV. (* 13. 11. 1493), Herzog von Bayern 1508–1550. →

17. 3. 1550. München: Leonhard von Eck (* 1480, Kelheim), Rat des bayerischen Herzogs Wilhelm IV.; einer der größten Grundbesitzer Bayerns.

11. 10. 1550. Leipzig: Georg Pencz (* um 1500, Nürnberg), Maler und Kupferstecher.

22. 11. 1550. Frankfurt am Main: Hans Sebald Beham (* 1500, Nürnberg), Kupferstecher und Zeichner für den Holzschnitt.

21. 4. 1552. Ingolstadt: Peter Apian (* 16. 4. 1495, Leisnig/Sachsen), Geograph und Astronom.

3. 6. 1553. Passau: Wolf Huber (* um 1485, Feldkirch/Vorarlberg), Maler; einer der Hauptvertreter der Donauschule. →

16. 10. 1553. Weimar: Lucas Cranach d. Ä. (* 1472, Kronach), Maler, Zeichner und Kupferstecher. →

19. 6. 1554. Augsburg: Sixt Birk (* 24. 2. 1501, Augsburg), Dichter und Pädagoge.

8. 1. 1557. Pforzheim: Albrecht Alcibiades (* 28. 3. 1522, Ansbach), Markgraf von Brandenburg-Kulmbach.

28. 3. 1557. Regensburg: Johann Albrecht Widmannstetter (* 1506, Nellingen), Orientalist und Diplomat; seine kostbare Bibliothek bildet einen der Grundstöcke der späteren Bayerischen Staatsbibliothek (→1558).

30. 3. 1559. Annaberg/Erzgebirge: Adam Ries bzw. Riese (* 1492?, Staffelstein), Rechenmeister.

12. 5. 1559. Heidelberg: Ottheinrich (* 10. 4. 1502, Amberg), Pfalzgraf in Neuburg 1505–1559, Kurfürst von der Pfalz 1556–1559. →

GEBOREN:

17. 12. 1554. München: Ernst (†17. 2. 1612, Arnsberg), Bischof von Freising, Bischof von Hildesheim, Erzbischof und Kurfürst von Köln, Bischof von Münster.

10. 10. 1556. Amberg: Christoph Gewold (†17. 6. 1621, Ingolstadt), bayerischer Hofrat, Archivar und Gelehrter.

Jesuit Petrus Canisius

1550. Der aus Holland stammende, 26jährige Jesuitenpater Petrus Canisius ist erst einige Monate als katholischer Reformator und als Lehrer in Ingolstadt, als ihm das Rektorat der dortigen Universität übertragen wird.

Mit großem Optimismus ist der geistliche Herr nach Bayern gekommen. Aber die Zustände sind offensichtlich nicht so, wie er sie gewünscht hat, und so reist er bereits 1552 wieder ab, nach Wien zuerst und dann nach Prag. Aber schon 1556 gründet er in Ingolstadt ein Jesuitenkollegium und wird erster Provinzial der neuerrichteten oberdeutschen Provinz des Jesuitenordens.

Petrus Canisius (1521–1597), Jesuit und bedeutender kath. Erneuerer

Juden werden ausgewiesen

23. Dezember 1551. Die Landstände fordern es dringend, der Kaiser stimmt zu, und so erläßt Herzog Albrecht V. ein Aufenthaltsverbot für Juden. Zwei Jahre später wird es dann noch einmal schriftlich fixiert: Juden dürfen im Herzogtum nicht wohnen, für Reisen durch das Land brauchen sie einen Passierschein, dabei ist ihnen auferlegt, daß sie an keinem Ort öfter als einmal übernachten dürfen.

Die Verordnung von 1551 ist nur eine von vielen Diskriminierungen der Juden. Es ist bisher kaum ein Jahrhundert vergangen, in dem sie nicht verfolgt wurden. 1519 wies man sie in Regensburg aus der Stadt.

Herzog Albrecht V. von Bayern (1528 –1579), genannt der Großmütige

Augsburger Religionsfriede

25. September 1555. Mit der Verkündigung eines Reichsgesetzes gehen die Verhandlungen zwischen Kaiser und Reichsständen zu Ende. Die 144 Paragraphen dieses »Augsburger Religionsfriedens« kennen keine Sieger und keine Besiegten; neun Jahre nach Luthers Tod sind nun die Konfessionen gleichberechtigt. Den Landesfürsten wird u. a. das Recht eingeräumt, eine der beiden Konfessionen zu wählen; die Untertanen müssen sich dieser Entscheidung anschließen – die Formel »Cius regio eius religio« (Wessen das Land, dessen die Religion) wird sprichwörtlich. Eine andere Bestimmung: Geistliche Fürsten verlieren ihr Amt und Land, wenn sie zum Protestantismus übertreten.

Urkunde des Konfessionskompromisses zu Augsburg

Bayernherzog Wilhelm IV. tot

7. März 1550. Herzog Wilhelm IV. war früh gealtert, und als die Wassersucht seinem Leben ein Ende macht, ist er 56 Jahre alt. Wenige Tage nach ihm stirbt Leonhard Eck, der ihm als eifernder Ratgeber lange zur Seite gestanden hat. Sie beide hatten die Entscheidung getroffen, daß Bayern den neuen, lutherischen Glauben nicht annehme.

Für den Herzog, der seine Residenz vom Alten Hof in die Neuveste verlegte, war das sicher auch ein Rechenexempel. Er hat zwar darauf gesehen, daß ihm das Verbleiben auf der päpstlichen Seite bezahlt wurde (u.a. mit Bischofssitzen für nachgeborene Bayernprinzen), aber er war doch auch allzeit gut römisch gesinnt, und in seinen letzten Lebensjahren holte er darum auch die Jesuiten nach Bayern.

Wilhelm war der erste Wittelsbacher, für den das Primogeniturrecht von 1506 galt, dennoch mußte er seinen Bruder Ludwig als einen an der Macht nicht sonderlich interessierten Mitregenten hinnehmen.

Wilhelm IV., 1508 bis 1511 Regent unter der Vormundschaft seines Onkels Wolfgang, muß ab 1514 die Herrschaft mit seinem Bruder Ludwig teilen

Morde und Brandschatzungen in Franken

9. Juli 1553. Der Kulmbacher Markgraf Albrecht, den Schmeichler Alcibiades nennen (der ursprüngliche Träger dieses Namens war Feldherr im alten Athen), ist stets darauf bedacht, seine Macht zu mehren. Im Schmalkaldischen Krieg (→ 1546/47) kämpfte er, der 19jährige Protestant, auf kaiserlich-katholischer Seite, um dann aber bald schon ins andere Lager zu wechseln.

Dieser Mann mit dem langen Spitzbart und dem kleinen Land hat großen Ehrgeiz. Wie einst schon sein Urgroßvater Albrecht Achilles, so will nun auch er der Herr in ganz Franken werden. Er zieht von 1552 an gegen die Stadt Nürnberg, gegen Würzburg und Bamberg. Die Angegriffenen müssen zahlen und Land hingeben, um sich vor weiteren Verwüstungen zu schützen; Bamberg allein verliert dabei mehr als die Hälfte seines Bistums. Aber bereits 1553 kehrt Albrecht brandschatzend und mordend zurück. Bamberg wird nun besetzt, 90 Schlösser und 170 Dörfer brennen, Städte leiden unter Verwüstungen.

In dieser großen Not kommen König Ferdinand und einige Fürsten den bedrängten Franken zu Hilfe. Der Hohenzoller, der vom Kaiser verurteilt, dann wieder hofiert und schließlich in Acht getan wird, weicht aus, verwüstet das Fürstentum Braunschweig und wird am 9. Juli 1553 zu Sievershausen – der blutigsten Schlacht der Reformationszeit – geschlagen: 40 000 Mann marschieren gegeneinander, 300 Adlige und 4000 Soldaten werden auf dem Schlachtfeld getötet.

Nach einer weiteren Niederlage am 1. Dezember 1553 flieht Albrecht Alcibiades. Am 8. Januar 1557 stirbt der Kulmbacher im Exil.

Markgraf Albrecht Alcibiades (1522–1557); er galt als zügellos und verwegen und versuchte vergeblich im Zentrum des obergebirgischen Teils der Hohenzollernschen Besitzungen in Franken ein fränkisches Herzogtum zu gründen, 1554 mußte er kapitulieren, seine Plassenburg bei Kulmbach wird von seinen Gegnern zerstört

Würzburger Bischof wird ermordet

15. April 1558. Auf einem Flugblatt hat ein Nürnberger Holzschneider die Tat wie auf einem Bilderbogen dargestellt und darunter »zum ewigen Monument vnd gedächtnus des Hochwirdigen Fürsten vnd Herren, Herrn Melchior Zobeln, weylandt Bischoffen zu Würtzburg« geschrieben: »Jämerlich vnverschuldet wider Gott Ehr und Recht« wurde Bischof Melchior Zobel von Giebelstadt »vor mittag zwischen neun vnd zehen, zu Würtzburg ober den Mayn, von einem bösen, entwichten, Gottlosen Menschen, Kretzer genand, durch einen schuß ermordet. Vnd bald hernach, wie er krafftloß worden, von einem der seinen auß noch gefraget: Ob er allen seinen Feinden willig verzeyhen vnd vergeben wölle. Darauff er sennfttigklich geantwortet: Ja...«

Der 53jährige Bischof sollte wegen der durch Wilhelm von Grumbach erhobenen Rückerstattungsforderungen (→ 1563/67) entführt werden. Gleichsam aus Versehen wurde er dabei ermordet.

Ottheinrich stirbt in Heidelberg

12. Mai 1559. Der vormalige Herr des Fürstentums Pfalz-Neuburg, seit drei Jahren pfälzischer Kurfürst, stirbt in Heidelberg, wo sein Name durch das von ihm erbaute Schloß und seine »Bibliotheca Palatina« in Erinnerung bleiben wird.

Für den jungen, mit zweieinhalb Jahren verwaisten Wittelsbacher und seinen Bruder Philipp schuf Kaiser Maximilian nach dem Landshuter Erbfolgekrieg das kleine Herzogtum Neuburg/Donau.

Der breit angelegte Fürst – Brustumfang 2,20 m – trat 1542 als erster Wittelsbacher zum Protestantismus über und führte die Lehre gleich auch in seinem Fürstentum ein. Während des Schmalkaldischen Krieges (→ 1546/47) mußte Otto Heinrich (meist nur Ottheinrich genannt) fliehen, Neuburg wurde wieder katholisch. Als der Fürst 1552 zurückkehrte, wurde es wieder protestantisch. Es begann nun ein großes Bauen, doch 1556 erbte er die Pfalz, das für ihn gestiftete Fürstentum überließ er seinem Vetter Wolfgang, dem er ohnedies 170 000 Gulden schuldete.

Rückzug aus dem Handelsgeschäft

1553. Mit 65 Jahren zieht sich der Augsburger Großkaufmann Bartholomäus Welser aus den Geschäften zurück. Hinter ihm liegen die übergroßen Gewinne aber auch schmerzliche Verluste.

Verloren ist seit 1546 Venezuela, das man »der Welser Land« genannt hat und das von der Augsburger Familienfirma der Welser wie eine Kolonie geführt worden war.

Als Bankier von Karl V. gehörte Bartholomäus Welser zu den mächtigen Männern in Europa, doch die Zeiten haben sich geändert, und 1557 kommt der spanische Staatsbankrott. In seinem Austrag wird Welser erkennen, daß der Niedergang der Firma schon begonnen hat.

Rechenmeister Adam Riese tot

30. März 1559. Der große Rechenmeister Adam Riese stirbt zu Annaberg im Erzgebirge.

Zu dieser Zeit sind seine an der alltäglichen Praxis orientierten Rechenbücher im ganzen Land bekannt. Eines davon, die »Rechnung nach der lenge/auff den Linien und Feder«, erschienen 1550, zeigt den aus dem fränkischen Staffelstein stammenden Rechner als korpulenten, grimmig blickenden Mann mit Vollbart. Riese, zu dieser Zeit 58 Jahre alt, hat in seinem Leben keine neuen Lehrsätze gefunden. Aber er, geboren etwa zur Zeit, da Christoph Kolumbus Amerika entdeckte, hat den Deutschen das Rechnen beigebracht.

Landschaftsmaler Wolf Huber stirbt

3. Juni 1553. Anderthalb Jahrzehnte nach Albrecht Altdorfer stirbt mit Wolf Huber der zweite Meister der sog. Donauschule.

Es mag sein, daß der um 1485 in Feldkirch/Vorarlberg geborene Wolfgang Huber (dessen Vorname meist auf Wolf verkürzt wird) einige Zeit bei dem nur wenig älteren Altdorfer gearbeitet hat. Seine Meisterschaft zeigte er, der seit etwa 1510 in Passau lebte, bald schon in seinen Landschaftsbildern und Holzschnitten. Die Zeitgenossen schätzten diese Werke, Huber wurde 1482 bischöflicher Hofmaler, und die vielen Aufträge erlaubten es ihm, viele Gesellen und Lehrlinge in seiner Werkstatt zu beschäftigen.

Haupttreppe der Bayerischen Staatsbibliothek, in welche die Hofbibliothek von Albrecht V. später eingeht

Herzog Albrecht V. kauft Bibliothek

1558. Ein Schatz steht zum Verkauf, und Herzog Albrecht V. greift zu: Ein Jahr nach dem Tod des gelehrten Johann Albrecht Widmanstetter kauft er dessen umfangreiche Bibliothek mit seltenen und kostbaren Werken und begründet damit seine bald schon weitgerühmte Hofbibliothek. Der Herzog selbst wird von den Handschriften (die auch Erzherzog Maximilian gerne gekauft hätte) keinen großen Gebrauch machen können, da Widmanstetter vornehmlich orientalische Bücher gesammelt hat. So gehörten zu seinem Nachlaß beispielsweise eine Sammelhandschrift des späten 15. Jh. in hebräischer Sprache oder ein zweibändiger maghribinischer Koran aus dem Jahr 1306.

Der Schwabe Widmanstetter hat diese Sprachen beherrscht und selbst eine syrische Grammatik verfaßt. Daneben verstand er sich auch auf die Astronomie und dürfte Papst Paul III., dessen Sekretär er war, 1533 das Weltsystem des Kopernikus erklärt haben.

Sechs Jahre später – er ist inzwischen 36 Jahre alt – verläßt er Rom, um als Rat in die Dienste von Herzog Ludwig X. zu treten, dessen Schwiegersohn er zudem wird (er heiratete Anna von Leonsberg, eine Tochter des Junggesellen Ludwig). Nach dem Tod des Wittelsbachers arbeitet er für andere hohe Herren, ehe er, nach dem Tod seiner Frau, Domherr zu Regensburg wird.

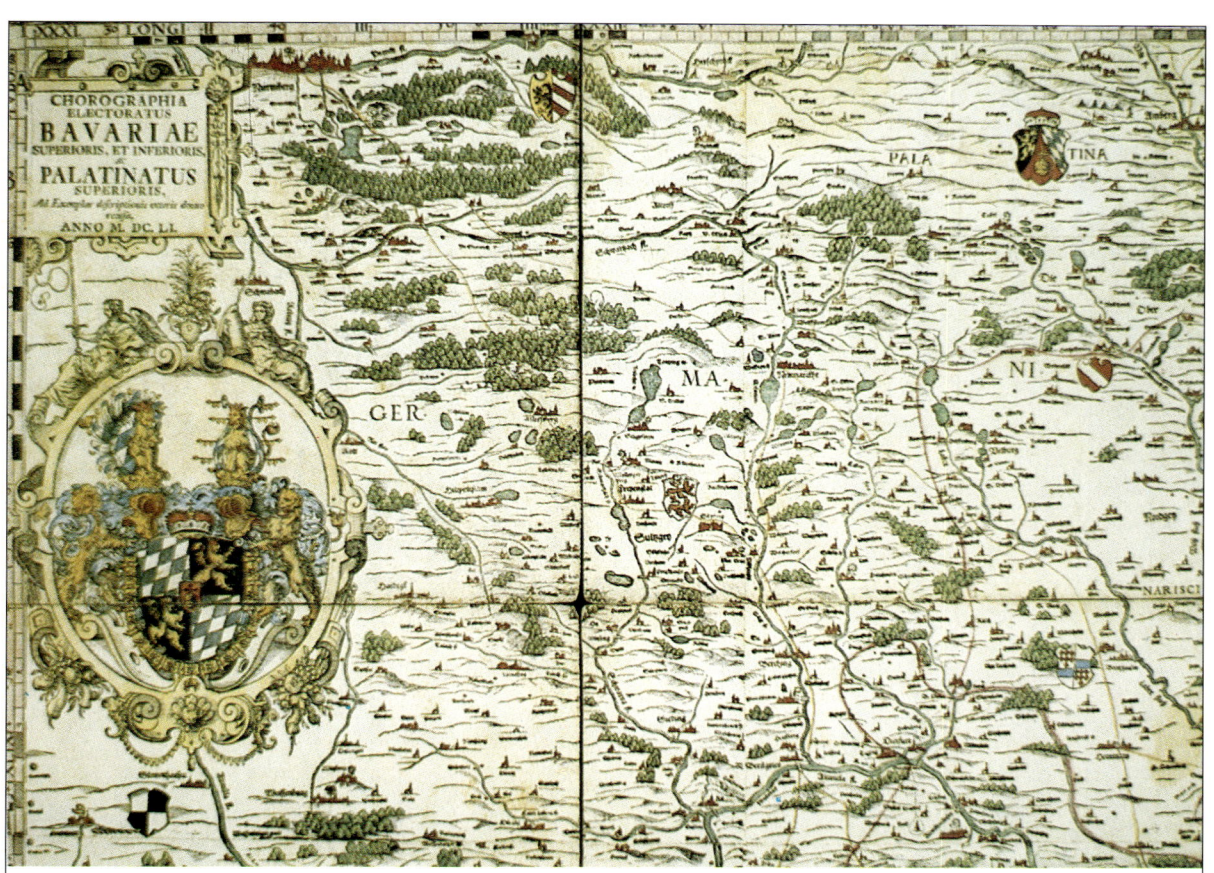

Mathematiker Philipp Apian zeichnet neue Bayernkarte

Ab 1554. An der Universität Ingolstadt hat Herzog Albrecht V. einen Professor, der ihm seinen Wunsch nach einer Landkarte Bayerns erfüllen kann – Philipp Apian, der Sohn des 1552 verstorbenen Mathematikers Peter Apian (eigentlich Bienewitz). Der Sohn und Lehrstuhlerbe zieht nun bei verdoppeltem Gehalt, mit Bruder und Helfer kreuz und quer durchs Land. Wenn die Vermessungs- und die sich daran anschließende Zeichenarbeit nach neun Jahren abgeschlossen ist,

kann sich der Herzog sein koloriertes Bayern in seine Bibliothek in der Neuveste hängen.

Auf der etwa 6 x 6 m großen Karte (Abb.) fehlen zwar die Straßen, aber alle größeren Orte, Brücken, Seen und Wälder sind eingezeichnet. Dieses unhandliche Bayern im Maßstab von etwa 1 : 40 000 wird von Apian auf ca. 1 : 145 000 verkleinert und auf 24 Landtafeln dargestellt. Im Gegensatz zur Herzogskarte werden diese Holzstiche 1568 als Buch herausgegeben.

Venus mit Cupido als Honigdieb (Gemälde des Kupferstechers und Malers Lucas Cranach d. Ä., 16. Jh., Ausschnitt; National Gallery, London)

Maler der Eva und Venus

16. Oktober 1553. Lucas Cranach, der große Maler der Reformation und treue Freund Martin Luthers, ist tot. Der Tod ereilt ihn bei seinem Schwiegersohn zu Weimar. Der Maler, Holzschnittzeichner und Kupferstecher Lucas Cranach d. Ä. war ein angesehener und hochgeehrter Mann sowie der meistbeschäftigte Porträtist der Luther-Zeit; daß er vor allem den Reformator immer wieder malte, ist nicht verwunderlich, da sich die beiden Männer sehr nahe standen: Lucas Cranach war Luthers Brautwerber, Trauzeuge und 1526 der Pate des ersten Luthersohnes; Martin Luther wiederum war Taufpate der 1520 geborenen Cranachtochter.

1505 wurde Cranach Hofmaler des sächsischen Kurfürsten Friedrich des Weisen in Wittenberg. Obwohl er ein umfangreiches Werk schuf, hatte Cranach aber auch Zeit, auf anderen Gebieten Ansehen und Einkommen zu mehren. Er, der mit einer Tochter des Bürgermeisters von Gotha verheiratet war, wurde in Wittenberg selbst für einige Zeit Bürgermeister, von 1513 an betrieb er eine Weinstube, und 1520 erwarb er ein Apothekenprivileg.
Neben den Männern der Reformation waren unverhüllte Damen das bevorzugte Thema seiner routiniert gemalten Bilder: 31mal findet sich in seinem Werk die Eva, 32mal die Venus und 35mal die Lucrezia.

1560

1560–1569

1563/67. Die sog. Grumbachschen Händel sorgen in Franken für viel Unruhe. Wilhelm von Grumbach gilt als der Hauptschuldige an der Ermordung des Würzburger Bischofs Melchior Zobel und wird für diese Tat von dessen Nachfolger verfolgt.→

1563/67. Wilhelm Egkl vollendet das Marstallgebäude in München. Der als Turnierplatz genutzte Arkadenhof gilt als einer der schönsten Renaissancehöfe in Deutschland.→

1563. Kurfürst Friedrich III. von der Pfalz wechselt vom Katholizismus zum Calvinismus.

Oktober 1563. Der bayerische Herzog Albrecht V., der Großmütige, läßt die reichsunmittelbare Grafschaft Ortenburg besetzen, nachdem dort die Reformation durchgeführt worden ist. Den reformatorischen Adligen wird der Prozeß gemacht.→

13. 10. 1563. Der Reichsritter Wilhelm von Grumbach, der Schwager des früheren Bauernführers Florian Geyer, wird in die Reichsacht erklärt, nachdem er zum zweiten Mal Würzburg überfallen hat (→ 1563/67).

4. 12. 1563. Das Konzil von Trient, auf dem die Jesuiten großen Einfluß gewonnen haben, wird beendet. Die Gegenreformation beginnt. Der bayerische Herzog Albrecht V., der Großmütige, gilt als der entschiedendste und einflußreichste Vertreter der Gegenreformation unter den deutschen katholischen Fürsten.

Um 1564. Der niederländische Komponist Orlando di Lasso wird Hofkapellmeister des bayerischen Herzogs Albrecht V., des Großmütigen, in München.→

1564. Markgraf Georg Friedrich von Brandenburg-Ansbach und -Bayreuth bezieht den Neubau der Plassenburg in Kulmbach in Oberfranken.→

25. 7. 1564. Nach dem Tod von Ferdinand I. wird sein Sohn Maximilian II. Kaiser. Ferdinand hatte ihn 1562 zum Nachfolger wählen lassen, nachdem sich Maximilian verpflichtet hatte, am katholischen Glauben festzuhalten.

1565. Der Kistler Hans Wisreutter stellt die Renaissancedecke des Dachauer Schlosses fertig.→

1565. Johann Jakob Fugger tritt als Hofkammerpräsident in den Dienst von Herzog Albrecht V.

1566. Auf dem Reichstag zu Augsburg nehmen Kaiser Maximilian II. und die katholischen Fürsten die Beschlüsse des Konzils von Trient an.

1566. Im Zuge einer Reichsmünzreform wird durch einen in Augsburg verabschiedeten Beschluß der Gold-und Silbergulden (Taler) als allgemeine Währungseinheit eingeführt.

1566. Das »Turnierbuch« des in Nürnberg ansässigen Malers und Grafikers Jost Amman erscheint (→ 1568).

18. 10. 1566. Der zwölfjährige Ernst von Bayern, der Sohn von Herzog Albrecht V., dem Großmütigen, wird zum Bischof von Freising gewählt.→

1568. Der in Nürnberg ansässige Maler und Grafiker Jost Amman veröffentlicht sein »Ständebuch« mit Versen von Hans Sachs.→

22. 2. 1568. In München findet die prunkvolle Hochzeit zwischen dem späteren bayerischen Herzog Wilhelm V. und Renata von Lothringen statt.→

1569. Der bayerische Herzog Albrecht V., der Großmütige, führt die Kirchenvisitation ein und erläßt eine gegenreformatorische Schulordnung.

1569. Die Umbauarbeiten an der Wasserburg Mespelbrunn in Unterfranken zu einem Renaissanceschloß werden vollendet.→

11. 6. 1569. Nach dem Tod des Pfalzgrafen Wolfgang von Zweibrücken und Pfalz-Neuburg wird die junge Pfalz von Zweibrücken getrennt. Wolfgangs Sohn Philipp Ludwig tritt die Herrschaft in Neuburg an. Für zwei weitere Söhne werden im oberpfälzischen Raum Deputatherrschaften geschaffen.

GESTORBEN:

14. 9. 1560. Augsburg: Anton Fugger (* 10. 6. 1493, Augsburg), Reichsgraf, Handelsherr.

28. 3. 1561. Amberg im Unterallgäu: Bartholomäus Welser (* 25. 6. 1484, Memmingen), Handelsherr.

28. 1. 1562. Ingolstadt: Hieronymus Ziegler (* um 1514, Rothenburg ob der Tauber), Herausgeber und Übersetzer, Dichter und Dramatiker (»Isaak«, »Schöpfung«).

12. 11. 1563. Nürnberg: Johann Neudörffer d. Ä. (* 1497, Nürnberg), Schreib- und Rechenmeister, einer der Schöpfer und Begründer der deutschen Schönschreibkunst.→

29. 12. 1563. Wiesloch/Baden: Thomas Naogeorgus (* 1511, Hubelschmeiß bei Straubing), Dichter, führender Vertreter des neulateinischen Reformationsdramas.

9. 4. 1564. Nürnberg: Georg Hartmann (* 9. 2. 1489, Eggolsheim bei Forchheim), Mathematiker und Kompaßmacher.

24. 12. 1565. Hohenaschau im Chiemgau: Pankraz von Freyberg (* 28. 11. 1508, Hohenaschau), Politiker und Unternehmer.

18. 4. 1567. Gotha: Wilhelm von Grumbach (* 1. 6. 1503, Rimpar bei Würzburg), Reichsritter (→ 1563/67).

20. 3. 1568. Tapiau/Ostpreußen: Albrecht (* 17. 5. 1490, Ansbach), Markgraf von Brandenburg-Ansbach, erster Herzog in Preußen.

GEBOREN:

1564. München: Hans Rottenhammer († 14. 8. 1625, Augsburg), Maler.

26. 10. 1564 (getauft). Nürnberg: Hans Leo Haßler († 8. 6. 1612, Frankfurt am Main), Komponist.

Die Heirat von Prinz Wilhelm und Renata von Lothringen wird mit einem Hochzeitsmahl in der Neuveste gefeiert (Eisenradierung von Nikolaus Solis)

Prunkvolle Hochzeit des Herzogssohnes

22. Februar 1568. Herzog Albrecht, der große Sammler, zeigt gerne seinen Reichtum (auch wenn kein Geld in der Kasse ist). Nie aber war er so spendabel wie bei der Hochzeit seines Sohnes, des künftigen Herzogs Wilhelm V., mit der lothringischen Herzogstochter Renata. Die Ladschreiben gehen in alle Welt; selbst dem Papst in Rom wird eines zugestellt, und wenn er selbst auch nicht kommt, so ist an hohen weltlichen und geistlichen Herren kein Mangel. Erzherzog Ferdinand zum Beispiel, der sich neuerdings zu seiner welserischen Ehefrau Philippine bekennen darf, kommt allein mit 700 Pferden angereist.

Und dann die Braut: Am Tag der Trauung wird sie von 3500 Reitern in Dachau abgeholt und unter dem Salutschießen der Artillerie in die Residenzstadt geführt.

Mit der Hochzeit beginnt ein großes Feiern. Selbst in Landshut war man seinerzeit, 1475, bescheidener gewesen – 14 Tage dauert das Fest in München: Auf dem Marienplatz werden Turniere veranstaltet, es gibt zahlreiche Theateraufführungen, vielfältige Volksbelustigungen, ein Schauessen und eine große Jagd.

Münchner wollen Renata

Die lothringische Herzogswitwe Christine würde ihre Tochter Dorothea gerne nach München verheiraten. Sie sei jünger, sagt man den bayerischen Vertretern, habe mehr Verständnis für Deutschland und bekomme auch noch mehr Mitgift als ihre Schwester.

Allerdings verschweigt man, daß sie – wie Herzog Albrecht es formuliert – »einen Mangel an einem Schenkel« habe.

So bestehen die Münchner auf Renata, auch wenn sie mehr als vier Jahre älter ist als Prinz Wilhelm. Im Sommer 1567 wird der Heiratsvertrag ausgehandelt, und ein halbes Jahr später findet die Hochzeit statt.

Daß die Münchner und ihre Gäste bei aller Geschäftigkeit das Essen nicht vergessen, zeigt die Zahl von 521 ungarischen Ochsen, die gekocht und gebraten werden.

Für die Hochzeit sind von den Ständen (einem Vorläufer des Parlaments) stattliche 100 000 Gulden bewilligt worden. Bei der Schlußabrechnung geht es dann allerdings um eine höhere Summe, wahrscheinlich sogar um einen etwa doppelt so hohen Betrag. Allein die Dienerschaft der vornehmen Gäste, die in Münchner Wirtshäusern untergebracht ist, muß mit mehr als 30 000 Gulden ausgelöst werden.

Der Aufwand und das Gepränge ist bei der Münchner Fürstenhochzeit so groß und so unvergleichlich, daß gleich mehrere Autoren darüber einen Bericht niederschreiben. In München, so heißt es später, habe es nach der prunkvollen Hochzeit zwischen Prinz Wilhelm und Renata von Lothringen nie ein größeres Fest gegeben.

Bayernprinz zum Bischof gewählt

18. Oktober 1566. Für Ernst, den im Dezember 1554 geborenen Sohn von Herzog Albrecht V., muß eine Pfründe geschaffen werden, da ihm das Primogeniturgesetz von 1506 eine Teilhabe an der Herrschaft verbietet. Das Amt für den Bayernprinzen ist schnell gefunden, und im Alter von noch nicht ganz zwölf Jahren wird Ernst von Bayern zum Bischof von Freising gewählt.

Die Berufung erfolgt, obwohl das Konzil von Trient erst wenige Jahre zuvor entschieden hat, daß künftig keiner das Bischofsamt übernehmen könne, der nicht mindestens 30 Jahre alt ist.

Der Papst muß die bayerische Bischofswahl dulden, da ja der Herzog in München in den religiös unruhigen Zeiten ein Vorkämpfer der katholischen Sache ist. Daß der junge Wittelsbacher noch nicht einmal zum Priester geweiht worden ist, kann an der getroffenen Bischofswahl nichts ändern.

Herzog Albrecht besetzt Ortenburg

Oktober 1563. Der bayerische Herzog sieht mit Ärger und Sorge, daß Joachim von Ortenburg in seiner reichsunmittelbaren niederbayerischen Grafschaft die Reformation einführt. Der Adelige bekennt sich, von pfälzischen Wittelsbachern dazu bekehrt, zum Calvinismus. Auf diesem Weg wollen ihm seine Ortenburger nicht folgen; sie bekennen sich zu Luthers Lehre.

Im März und April 1563 forderte eine Fraktion von etwa 50 adeligen Familien unter Führung des Ortenburgers auf dem Ingolstädter Landtag die Zulassung der Augsburger Konfession. Ein Geheimbericht, der Herzog Albrecht zuging, ließ – fälschlich – vermuten, daß die Gruppe dieser »Konfessionisten« eine Verschwörung zum politischen und religiösen Umsturz plane und daß an ihr neben Joachim von Ortenburg vor allem Wolf Dietrich von Maxlrain und Pankraz von Freyberg beteiligt seien.

Als einige Monate später in Ortenburg die Reformation eingeführt wird, besetzt Albrecht die Grafschaft, deren seit 1521 bestehende Reichsunmittelbarkeit den Wittelsbachern ohnedies ein Ärgernis war, muß aber 1566 wieder abziehen.

Markgraf bezieht die wiederhergestellte Plassenburg

1564. Mehr als 400 Jahre alt war die hoch über Kulmbach gelegene Plassenburg, als sie im Jahre 1553, im 2. Markgräflerkrieg (→ 1552/54), zerstört wurde.

Die Grafen von Andechs-Meranien hatten sie um 1130 errichtet, 1248 fiel sie an die Grafen von Orlamünde (deren »Weiße Frau« angeblich immer noch unheilverkündend durch die nächtlichen Gänge wandelt), und 1340 erbten die zollerschen Burggrafen von Nürnberg. Sie machten die Burg zum Mittelpunkt ihres Besitzes »ob dem Gebürg« (ehe sie später nach Bayreuth ziehen). Im Jahr 1559 ließ Markgraf Georg Friedrich, ein Vetter des vormaligen Markgrafen Albrecht Alcibiades, die zerstörte Burg wieder aufbauen, 1564 kann er sie beziehen. Vor allem durch den von Caspar Vischer geschaffenen »Schönen Hof« (Abb.) mit seinen vielen Reliefs ist sie ein bedeutender Beitrag zur deutschen Renaissance. 1585 wird mit der Hohen Bastei der Gesamtbau beendet; ab 1608 wird die Wehr der Ostseite verstärkt.

Münchner Marstall wird errichtet

1563/67. Wilhelm Egkl ist seit vier Jahren Hofbaumeister, als ihm Herzog Albrecht V. den Auftrag für ein zwischen Neuveste und Altem Hof gelegenes Marstallgebäude gibt (dieser Marstall wird später die Münze). Und Egkl baut ab 1563 in der modernen, hier noch nicht bekannten italienischen Manier, im Stil der Renaissance. Vielleicht liegt es an dem leicht abschüssigen Gelände oder am sorglosen Umgang mit den Vorbildern, daß die drei übereinanderliegenden Laubengänge unterschiedlich ausfallen: gedrungene Säulen im Erdgeschoß, noch kürzere im ersten, höhere, schlanke im zweiten Stock. Der 35 m lange und 12 m breite Hof wirkt dadurch etwas bäurisch-kompakt.

In den oberen Etagen dieses Baus, der zu den großen Leistungen der Frührenaissance in Deutschland gehört, ist die Kunst gesammelt, im Parterre stehen die Pferde.

Fürstlicher Marstall zu München, entstanden 1563/67, zwischen Altem Hof und Neuveste gelegen; seit dem 19. Jh. als Staatliche Münze genutzt

Grumbach sorgt für Unruhe in Franken

1563/67. In einem Prozeß will Friedrich von Wirsberg, der neue Bischof von Würzburg, die Ermordung seines Vorgängers (→ 15. 4. 1558) rächen. Wilhelm von Grumbach, der als Hauptschuldiger gilt, geht zum Gegenangriff über. Er sammelt um sich 500 Reiter und 800 Mann Fußvolk. So gerüstet erobert er am 4. Oktober 1563 Würzburg.

Nun kann er zwar die Rückgabe seiner Güter und eine Entschädigung verlangen, doch der Kaiser ist mit diesem Handel nicht einverstanden – Wilhelm von Grumbach wird geächtet. In Gotha, bei Herzog Johann Friedrich von Sachsen, findet der Rebell Unterschlupf und Unterstützung. Doch am 13. April 1567 wird die Stadt erobert und Wilhelm von Grumbach bei lebendigem Leibe geviertelt. Damit finden die sog. Grumbachschen Händel, die in Franken so viel Unruhe verursacht haben, ihr Ende.

Schloß Mespelbrunn wird ausgebaut

1569. Peter III. Echter von Mespelbrunn baut den von seinen Vorfahren ererbten Besitz im Spessart zu einem dreiflügeligen Wasserschloß im Renaissancestil aus. Als 1551 die Arbeiten begannen, war Peters Sohn Julius sechs Jahre alt. Als sie 18 Jahre später abgeschlossen werden, ist er bereits Domdekan in Würzburg.

Der Vizedom und Forstmeister Hamann Echter erhielt am 1. Mai 1412 von seinem Dienstherrn, dem Fürstbischof zu Mainz, »die Wüstung und Hofstätte genannt der Espelborn«. Sieben Jahre später wurde hier, im Seitental der Elsava, ein bescheidenes Haus gebaut, dem 1430 ein Turm hinzugefügt wurde.

Die Echters hatten sich längst schon den Namen »zu Mespelbrunn« beigelegt, als der große Ausbau begann. Dabei wurde unter anderem auch der eindrucksvolle, mit seinen wenigen, schmalen Fenstern recht wehrhaft wirkende Rundturm um zwei Stockwerke erhöht.

Die Aufmerksamkeit des Bauherrn galt vor allem dem Nordtrakt mit dem großen Rittersaal und einem runden Turm, in dessen Erdgeschoß 1566 eine Kapelle untergebracht wurde; der Süd- und der Westtrakt sind im Verhältnis bescheiden ge-

Schloß Mespelbrunn, Stammsitz des odenwäldischen Geschlechtes Echter, 1551 bis 1569 als dreiflügeliges Wasserschloß im Renaissancestil errichtet

halten. Obwohl viel gebaut wurde, besaß Peter Echter noch genug Geld, um 1564 eigens für den Gobelinsaal einen kostbaren Familienteppich weben zu lassen.

Am Portal des Treppenturms erinnert Peter III. Echter von Mespelbrunn an sich und seine Frau Gertrud von Adelsheim: Er läßt zwei Porträtbüsten sowie etliche Wappen anbringen und darüber den folgenden Spruch setzen:

»Ehrlich Lieb in Got und stete Treu
Bringt Glück und Segen an alle Reu
Mit Ernst und Fleiß haben wir in Got vertraut
den unsern zu Guet dis Haus gebaudt«.

Schönschreiber Neudörffer ist tot

12. November 1563. In seiner Geburtsstadt Nürnberg stirbt 60jährig der erfolgreiche Lehrer und hochangesehene Schönschreiber Johann Neudörffer. Auf Vorarbeiten von

Besuch eines Auftraggebers am Arbeitsplatz des Schreibkünstlers

Albrecht Dürer aufbauend, hatte er die deutsche Schrift weiterentwickelt. Ein Beispiel seiner auch vom Kaiser bewunderten und mit einem Titel belohnten eleganten Schreibkunst gab Neudörffer mit der Unterschrift zu Dürers »Aposteln«. Zu seinen Werken gehört auch ein Buch über Nürnberger Künstler.

Renaissancedecke für Dachauer Schloß

1565. Herzog Wilhelm IV. war mit dem Bau des Dachauer Schlosses nicht mehr sehr weit gekommen, 1546 hatte er die Maurer losgeschickt, vier Jahre später starb er. Sein Sohn Albrecht V. baut eifrig weiter, und von der Vierflügelanlage, die entsteht, heißt es, sie habe 108 bewohnbare Zimmer und 400 Fenster, von denen einige so groß seien, daß man mit einem Fuder Heu durchfahren könne.

Eine besondere Kostbarkeit gibt Albrecht 1564 beim Kistler Hans Wisreutter aus München in Auftrag, eine 12 x 34 m große Renaissance-Holzdecke für den Saal im ersten Stock. Bereits 1565 liefert der Meister die 22 t schwere, aus Nadelhölzern, Eiche, Linde und Ahorn gefertigte Prunkdecke.

Sieben Wappen zieren die Decke im Dachauer Schloß. In die Mitte setzt Wisreutter das Wappen von Kaiser Ludwig dem Bayern.

Decke des Saales im ersten Stock des Dachauer Schlosses, ein 12 x 34 m großes Prunkstück im Renaissancestil; 1564 in Auftrag gegeben von Herzog Albrecht V., 1565 geliefert von dem Kistler Hans Wisreutter aus München

Holzschnitzer Jost Amman

1568. Während seine Kollegen die Mächtigen und die Reichen in Ölbildern porträtieren, schaut sich Jost Amman in den Nürnberger Werkstätten der Handwerker um. Was er sieht, wird dann in Holz geschnitten. Sein »Ständebuch« aus dem Jahr 1568, zu dem Hans Sachs die Verse verfaßt, wird eine illustrierte Beschreibung der Berufe an der Wende vom Mittelalter zur Neuzeit.

Patrizierin

Aus Zürich, wo er die Glasmalerei erlernt hatte, zog der Professorensohn Jost Amman in den frühen 60er Jahren über Augsburg und Basel nach Nürnberg, wo er bei Virgil Solis in die Lehre ging. Als der Zeichner und Kupferstecher wenig später an der Pest stirbt, wird Amman, noch jung, sein Nachfolger. Die Nürnberger wußten, was sie an dem Schweizer gewonnen hatten, und so verlieh man ihm, der eine Goldschmiedswitwe aus Nürnberg geheiratet hatte, das Bürgerrecht, weil er »mit seiner Kunst so berühmt und trefflich« sei.

Augsburg. Magd

Fränkische Frau

Ein Schüler Ammans meint nach dem Tod des Meisters 1591, er habe so viele Holzschnitte hinterlassen, daß man zu ihrem Transport einen Heuwagen bräuchte. Viele dieser Blätter sind vom Künstler in Büchern gesammelt worden, etwa im »Turnierbuch«, im »Kriegsbuch«, »Frauentrachtenbuch« oder im »Kartenspielbuch«.

Mit Fleiß und mit Meisterschaft hat Jost Amman seine Zeit und die Zeitgenossen im Bild festgehalten. Und doch ist seine Hinterlassenschaft bescheiden. Ganze 338 Gulden sind es, die er vererben kann.

Orlando di Lasso wird Hofkapellmeister am Hof von Albrecht V.

Um 1564. *Für die festlichen Gottesdienste und die fürstlichen Tafelmusiken holt sich Herzog Albrecht V. den bedeutendsten Musiker der Zeit, Orlando di Lasso, an seinen fürstlichen Hof und bestellt ihn zum Hofkapellmeister.*

Mit zwölf Jahren bereits hatte Orlando di Lasso seine Geburtsstadt Mons verlassen. Er kam nach Mantua, nach Mailand und zur päpstlichen Kapelle nach Rom (wo schließlich Palestrina sein Nachfolger wurde). Von Antwerpen aus, wohin er 1553 kam, engagierte ihn der bayerische Herzog als Tenorist für die Hofkapelle. Er heiratete 1558 die Regina Wekhinger und blieb nun für immer in München, auch als man ihm ehrenvolle Angebote machte. (Abb.: Seite aus den Bußpsalmen-Bänden, vertont von Orlando di Lasso und im Auftrag von Herzog Albrecht V. 1565 bis 1570 illustriert von Hofmaler Hans Mielich; der Höhepunkt der deutschen Buchmalerei der Renaissance)

1570

1570. Unter der Vormundschafts-regierung des bayerischen Herzogs Albrecht V. wird in der Markgrafschaft Baden-Baden die Gegenreformation durchgeführt.

1570. Jakob Sandtner bastelt das Münchner Stadtmodell. →

1571. Der 18jährige Ernst von Bayern – seit 1566 Bischof von Freising – wird auch Bischof von Hildesheim.

1571. Der in Nürnberg ansässige Maler und Grafiker Jost Amman veröffentlicht Leonhard Fronspergers »Kriegsbuch« (→ 1568).

1571. Das von Wilhelm Egkl erbaute Antiquarium der Münchner Residenz wird fertiggestellt. →

1572. Nikolaus Hofmann aus Halle vollendet den Bau des Renaissance-Rathauses in Schweinfurt.

1573. Julius Echter von Mespelbrunn wird zum Fürstbischof von Würzburg gewählt als Vertreter der von der Kurie und von Bayern geförderten Kirchenreform. Er betreibt in Würzburg und in den Hochstiften Fulda und Bamberg die Gegenreformation.

1573. In Augsburg nimmt die erste deutsche Zuckerraffinerie die Produktion auf.

1573. Der Augsburger Feuerwerker Samuel Zimmermann beschreibt in einem Buch über Kriegswesen die Kartätsch-Granate, das spätere Schrapnell.

1573. In München wird eine ständige Nuntiatur eingerichtet, die jedoch zehn Jahre später wieder erlischt.

1574. Der bayerische Herzog Albrecht V., der Großmütige, richtet in München das von den Jesuiten geleitete Collegium Gregorianum ein, das den Gesang- und Musikdienst in St. Michael versieht.

29. 6. 1575. Das 1526 in Nürnberg gegründete Gymnasium eröffnet in Altdorf neu. 1578 erhält es den Rang einer Akademie. →

27. 10. 1575. Erzherzog Rudolf von Österreich, König von Ungarn und Böhmen, wird auf dem deutschen Kurfürstentag in Regensburg zum römisch-deutschen König gewählt.

1576. Papst Gregor XIII. gibt der Ehe Philippine Welsers mit Erzherzog Ferdinand seinen Segen. →

12. 10. 1576. Rudolf II., im Vorjahr zum römisch-deutschen König gewählt, folgt seinem in Regensburg gestorbenen Vater Kaiser Maximilian II. auf dem Thron nach.

26. 10. 1576. Nach dem Tod des Wittelsbachers Friedrich III. wird sein Sohn Ludwig VI. Kurfürst von der Pfalz.

1577. Erasmus Braun vollendet den Ratsstubenbau der Bamberger Hofhaltung nach überarbeiteten Plänen Caspar Vischers.

1578. Franz Schmidt wird Scharfrichter in Nürnberg. →

1578. Die deutsche Reichsritterschaft schließt sich in einem Ritter-verband zusammen, um ihre Rechte und die Reichsunmittelbarkeit zu verteidigen. Der Verband ist in drei Kreise gegliedert, den fränkischen, schwäbischen und rheinischen.

1578. Der Neubau des Rathauses in Rothenburg ob der Tauber wird vollendet, ebenso das Rothenburger Spital zum Heiligen Geist.

1578. Der Italiener Alessandro Scalzi, genannt Padovano, malt die Narrentreppe in der Landshuter Burg Trausnitz. →

1578. Der Augsburger Kaufmann und Mäzen Marx Fugger schreibt ein Werk über Pferdezucht und Gestütskunde.

24. 10. 1579. Nach dem Tod von Albrecht V., dem Großmütigen, wird sein Sohn Wilhelm V., der Fromme, Herzog von Bayern.

GESTORBEN:

10. 3. 1573. München: Hans Mielich (* 1516, München), Maler.

17. 4. 1574. Leipzig: Joachim Camerarius (* 12. 4. 1500, Bamberg), Humanist.

19. 1. 1576. Nürnberg: Hans Sachs (* 5. 11. 1494, Nürnberg), deutscher Meistersinger und Dichter. →

1. 10. 1578. Namur: Juan d'Austria (* 24. 2. 1545, Regensburg), Sohn von Barbara Blomberg und Kaiser Karl V.

2. 4. 1579. Christoph Fugger (* 5. 2. 1520, Augsburg), Kaufmann, Stifter des Augsburger Jesuitenkollegs.

24. 10. 1579. München: Albrecht V. (* 29. 2. 1528, München), Herzog von Bayern 1550–1579, Begründer des Aufstiegs von München zur Kunststadt. →

GEBOREN:

Um 1570. Schongau: Hans Reichle († 1642, Brixen), Bildhauer.

1571 (?). Bamberg: Jakob Wolff d. J. († 25. 2. 1620, Nürnberg), Baumeister.

1572. Rain am Lech: Johann Bayer († 7. 3. 1625, Augsburg), Astronom.

8. 1. 1573. Gunzenhausen: Simon Marius († 26. 12. 1624, Ansbach), Astronom.

28. 2. 1573. Augsburg: Elias Holl († 6. 1. 1646, Augsburg), Baumeister.

17. 4. 1573. München: Maximilian I. († 27. 9. 1651, Ingolstadt), Kurfürst von Bayern.

5. 3. 1574. Amberg: Friedrich IV. († 19. 9. 1619, Heidelberg), Kurfürst von der Pfalz.

25. 7. 1575. Markt Wald bei Mindelheim: Christoph Scheiner († 18. 7. 1650, Neisse/Schlesien), Mathematiker, Physiker und Astronom.

6. 10. 1577. München: Ferdinand († 13. 9. 1650, Arnsberg), Kurfürst von Köln.

4. 11. 1578. Neuburg an der Donau: Wolfgang Wilhelm († 20. 3. 1653), Pfalzgraf von Pfalz-Neuburg.

ALBERTVS V. COM: PALAT. RHENI VTRI: BAVARIÆ DVX ÆTA: L. AN: M·D·LXXVIII.

Herzog Albrecht V., der Großmütige, bayerischer Herzog von 1550 bis 1579, unvergessen vor allem wegen seiner Förderung von Kunst und Wissenschaft

Herzog Albrecht V. ist tot

24. Oktober 1579. Der Herzog kann sich seiner vielen Schätze nicht lange erfreuen – mit 51 Jahren stirbt Albrecht V., der Großmütige, an einem Nieren- und Magenleiden.

Die Bayern hatten unter ihm kein gutes Leben. Die Protestanten wurden aus dem Land getrieben, und selbst die Bauern litten Hunger. Die Kanzlisten aber mußten in die Schuldbücher immer neue und immer größere Zahlen schreiben.

Es war, als hätte sich dieser Wittelsbacher das Motto gewählt: Nur der Not keinen Schwung lassen. Obwohl die Hälfte der Staatseinnahmen verbraucht wurden, um die Schuldzinsen zu zahlen, kaufte er doch noch immer weiter ein. Er konnte nicht genug kriegen an Schmuck, an Münzen, Gemmen, Bildern, Plastiken und Büchern.

Das alles wird ihm eine gute Nachrede sichern: Er war es, der die Grundlagen für die Bayerische Staatsbibliothek (→ 1558) legte, der die Schatzkammer gut bestückte, für die künftige Staatsgemäldesammlung wichtige Erwerbungen machte und das erste Museum nördlich der Alpen baute.

Währenddessen regierte er das Land mit strenger Hand. Die Toleranz seiner frühen Jahre, als er durchaus auch protestantische Gesinnung zeigte, wich 1563, nach dem Tridentinischen Konzil, einem rigiden Katholizismus. Davon hat er auch nicht gelassen, als durch die erzwungene Auswanderung der Lutheraner aus seinem Herzogtum die Steuereinnahmen rapide zurückgingen und die Immobilienpreise stürzten. Albrecht wußte sich keine andere Abhilfe, als immer neue Steuererhöhungen. Zuletzt waren die Abgaben viermal so hoch wie bei seinem Regierungsbeginn im März 1550.

Titelholzschnitte zu Spruchgedichten von Hans Sachs (l. vom 14. März 1559, r. vom 11. Juni 1539)

Meistersinger Sachs in Nürnberg gestorben

19. Januar 1576. Der Schreiber setzt ins Nürnberger Ratstotenbuch den Satz: »Gestorben ist Hannß Sachs, der alte teutsche Poet. Gott verley im und uns ein frölicher urstet.«

Am Anfang dieses schließlich gut 81 Jahre währenden Lebens stand die Absicht des Vaters, seinem Sohn eine gute Ausbildung zukommen zu lassen. So schickte der wahrscheinlich aus Zwickau zugewanderte Schneidermeister Jörg Sachs den kleinen, am 5. November 1494 geborenen Hans auf die Nürnberger Lateinschule. Statt ihn aber bei den gelehrten Herren zu belassen, gab er den 15jährigen in eine Schuhmacherlehre.

Anschließend ging Hans Sachs für fünf Jahre auf Wanderschaft durch Süddeutschland (und in München stolperte er dabei fast in eine Ehe); 1516 kehrte er in seine Heimatstadt zurück, heiratete 1519 die Kunigunde Kreutzer und wurde ein Jahr später Meister.

Der Schuhmacher Hans Sachs war ein Mann, der es zu Wohlstand brachte: Im Sommer 1522 kaufte sich das Ehepaar Sachs am Weißen Turm ein neugebautes Haus, 20 Jahre später kam ein weiteres, in der Spitalgasse gelegenes Anwesen hinzu – in ihm wohnte Sachs, und hier stirbt er auch.

Bekanntgemacht haben den Schuster Sachs freilich nicht die feinen Lederwaren. Er war zwar Schuhmacher, doch er war auch noch »Poet dazu«.

Der Leinweber Lienhard Nunnenbeck hatte ihn bereits während der Lehrzeit in die seit etwa 1400 zu Nürnberg gepflegte Kunst des Meistergesangs eingeführt. Weithin bekanntgemacht hatte sich der Schuster Sachs aber erst 1523, als er in seiner »Wittenbergisch Nachti-

Hans Sachs (1494–1576), Nürnberger Dichter und Schuhmacher

gall« für Martin Luther eintrat. Im darauffolgenden Jahr legte er vier Prosadialoge vor, in denen er die neue Glaubenslehre in volkstümlicher Sprache bekanntmachte. Darunter war auch die autobiographische »Disputation zwischen einem Chorherren und Schuchmacher darinn das wort gottes vnnd ein recht Christlich wesen verfochten wiirt«.

Im Jahr 1558 begann Hans Sachs, seine Werke in mehreren Bänden zu sammeln. Er alterte früh; in der Vorrede zum 14. Band seiner handschriftlich niedergeschriebenen Werke klagt er über »das schwach, geprechlich Alter«, das »nach seinem prawch, ie lenger ie herter schwechet meine Sin, vernunft, gedechtnis, gehör und gesicht«.

Den Abschluß seiner Werkausgabe erlebte Hans Sachs nicht mehr. Doch konnte freilich ohnedies nur ein Bruchteil dessen vorgestellt werden, was der fleißig reimende Meistersinger im Laufe seines Lebens niedergeschrieben hatte: weit über 4000 geistliche und weltliche Meisterlieder, knapp 2000 Spruchgedichte, mehr als 100 Tragödien und Komödien sowie 85 Fastnachtsspiele. In seinem Werk faßte Sachs die melodische und formale Gestaltungskraft des Meistergesangs zusammen.

Gymnasium und Akademie Altdorf

29. Juni 1575. Der »ehrenfeste, fürsichtige und weise Rat der Stadt Nornberg« ist mit seinem 1526 gegründeten Gymnasium St. Ägidien nicht zufrieden (es gibt zu viele Schulen in der Stadt), und so läßt er zu Altdorf ein neues Gymnasium »introducirn«.

Von hier, so hofft man in der lutherischen Reichsstadt, würden künftighin die großen Ärzte, Juristen und Prediger kommen.

Im Verzeichnis der »Adolescentes vnd Studiosen« (Heranwachsende und Studierende) steht Georgius Volckhammerus aus der bekannten Nürnberger Patrizierfamilie an der ersten Stelle, ihm folgt mit Carolus Löffelholtzius ein weiterer Patriziersohn, und so geht es weiter: Melchior Baumgartnarius, Bernhardus Baumgartnarius … das vornehme Nürnberg schickt seine Söhne in diese Schule.

Der erste Rektor dieser mit großem Ehrgeiz betriebenen Schule, der Straßburger Professor Valentin Erythräus stirbt zwar bereits im März 1576, doch der Aufstieg des Gymnasiums Altdorf zur Akademie und schließlich zur Universität vollzieht sich Schritt für Schritt.

Genugtuung für Philippine Welser

1576. Die Zeit der Demütigungen wegen ihrer Herkunft hat für Philippine Welser ein Ende, denn nun gibt auch Papst Gregor XIII. der Ehe mit Erzherzog Ferdinand seinen Segen. Schon 1567 war ihr Vater Franz Welser samt Nachkommen in den Freiherrnstand erhoben worden.

Erzherzog Ferdinand hatte die 29jährige Augsburger Patriziertochter 1556 auf dem böhmischen Schloß Brzesnic kennengelernt und 1557 heimlich geheiratet. Kaiser Ferdinand I. hatte diese Ehe seines Sohnes nicht anerkannt und auf Eid verlangt, daß sie auf alle Ewigkeit geheimgehalten werde; die Kinder aus dieser unstandesgemäßen Ehe sollten den Namen »von Österreich« erhalten, doch gleichzeitig wie Findelkinder behandelt werden.

Erst der Tod des Kaisers 1564 machte den Weg zur Legalisierung der Ehe frei. Ferdinand wurde Regent von Tirol und zog mit Philippine nach Schloß Ambras.

Antiquarium der Residenz mit 17 Fenstern, deren Stichkappen in das Tonnengewölbe greifen; an den Seiten die Sammlung antiker Skulpturen

Egkl baut Antiquarium für die Residenz

1571. Hofbaumeister Wilhelm Egkl beendet die 1569 begonnenen Arbeiten am Antiquarium für die herzogliche Büchersammlung; er hatte eben den Marstall fertiggestellt, als Herzog Albrecht V. ihm den neuen Auftrag gab (→ 1563/67).

Nachdem die Kunstsammlungen unter Dach waren, sollte auch für die Bibliothek ein Haus gebaut werden. Der Herzog beriet sich mit seinem Hofkammerpräsidenten Johann Jakob von Fugger (der ihm, von Schulden getrieben, seine vielen Bücher verkauft hatte), er befragte den aus Mantua stammenden Kunstexperten Jacopo Strada (der wohl den Bau entwarf) sowie seinen Hofbaumeister Wilhelm Egkl.

1568 wurde zwischen dem Marstallgebäude und der Neuveste, auf dem Jägerbühl, der geeignete Bauplatz gefunden. Wo sich früher die Ritter gelegentlich zum Turnier versammelt hatten, sollten hinfort die Kostbarkeiten des Fürsten aufbewahrt werden. Herzog Albrecht, so meinte

man, habe sich für diese Stelle entschieden, weil das Gebäude – das erste Museum nördlich der Alpen – hier freistehe und somit vor Feuer besser geschützt sei.

Im ersten Stock, in getäfelten Räumen, werden die kostbaren Bücher

Schatzkammer der Residenz

Herzog Albrecht und seine Frau, die österreichische Kaiserstochter Anna, stiften am 19. März 1565 die Schatzkammer der Residenz. Sie verlangen, »das dise erb unnd haus clainoder nach unserm tödtlichen abgang in ymmerwerennde zeit unverruckht bei unnserm fürstlichen haus der neuen veste beleiben«. Den Erben wird verboten, die Kostbarkeiten zu verkaufen oder ohne »unvermeidenliche not zuversetzen«.

Zur ersten Ausstattung gehören zunächst 17 Gegenstände; wenige Jahre später werden zehn weitere Schmuckstücke hinzugegeben.

aufgestellt, für deren Katalogisierung bereits einige Kanzlisten bestellt worden sind.

Das Erdgeschoß des Antiquariums besteht aus einem 69 m langen Raum – dem bedeutendsten und größten profanen Renaissanceraum auf deutschem Boden –, der von einem weiten Tonnengewölbe überspannt wird. In diesem Saal werden die vielen antiken Porträtplastiken aufgestellt, die Herzog Albrecht vor allem in Rom durch seine Agenten hatte kaufen lassen. Dabei belieferte man den hochgestellten Kunstfreund häufig auch mit Werken, die Zeitgenossen mit viel Geschick im Stil der Alten hergestellt hatten.

Die für den Bayernherzog erworbenen Köpfe waren zum Teil ramponiert durch die Jahrhunderte gekommen. In München werden sie wieder komplettiert; Fehlendes wird aus bunten Steinarten hinzugefügt. Einem Caesar setzt man gar einen ganz neuen Kopf auf, und ähnlich verfährt man mit Titus.

Albrecht V. hält berühmte Künstler

Nur der Not keinen Schwung lassen, meint Herzog Albrecht und mißachtet alle Ratschläge zum sparsamen Umgang mit dem Geld. Den Künstlern, die er an seinen Hof holt, ist es zu danken, daß er als einer der großen Mäzene des Hauses Wittelsbach verehrt wird.

Der große Orlando di Lasso folgt 1556 dem Ruf des Herzogs von Bayern. Die Münchner Hofkapelle, in der zeitweise mehr als 60 Musiker spielen, ist zu dieser Zeit in ganz Europa bekannt. Unter den Malern bekommen vor allem Hans Mielich, Johann Melchior Bocksberger und Nikolaus Solis zahlreiche Aufträge.

Nach Leonhard Halder und Hans Schöttl (dem Erbauer der Josephsspitalkirche) ist Wilhelm Egkl der von Albrecht bevorzugte Baumeister.

Detail der Narrentreppe im Italienischen Anbau der Landshuter Residenz Burg Trausnitz von Alessandro Scalzi

Narrentreppe auf der Burg Trausnitz

1578. Im Frühjahr 1568 hatte der Herzogssohn Wilhelm die Lothringerin Renata geheiratet (→ 22. 2. 1568), und noch bis zum Frühsommer ließ sich das junge Paar Zeit, ehe es zu Schiff nach Landshut fuhr, in seine Residenz, die seit zweieinhalb Jahrzehnten offiziell den Namen Trausnitz trägt. Der 20jährige Erbprinz und seine Frau führen ein sorgloses, ausgelassenes, kostspieliges Leben. Sie laden Musiker zu sich und geben den Baumeistern und den Malern allerhand zu tun: Der alte Wasserturm wird in ein Lusthaus verwandelt, man läßt ein Vogelhaus errichten, wunderschöne Gärten werden angelegt, und im Nordwesten entsteht der Italienische Anbau mit der Narrentreppe.

Der große Herr bei diesen Unternehmungen wurde bald schon der Italiener Friedrich Sustris, der 1573 auf die Trausnitz kam. Unter den Künstlern, die er mitbrachte, war auch sein Schwager Alessandro Scalzi, genannt Padovano. Den Auftrag, ein Treppenhaus mit Figuren der Commedia dell'arte auszumalen, führt er 1578 mit viel Schwung und frechem Witz aus, eine närrische Welt treppauf und treppab.

Narrentreppe von Alessandro Scalzi, genannt Padovano, auf Burg Trausnitz, ausgemalt mit Figuren aus der Commedia dell'arte (Detail)

Sandtner fertigt Stadtmodelle an

1570. Herzog Albrecht V. gibt den Auftrag, und innerhalb von sieben Jahren, zwischen 1568 und 1574, entstehen fünf Städte – allerdings in verkleinertem Maßstab. Baumeister ist Jacob Sandtner, Drechslermeister aus Straubing, und sein Baumaterial sind millimeterdünne Lindenholzblättchen, die zurechtgeschnitten und verleimt werden.

So wird 1568 auf einer Holzplatte von 0,8 x 0,6 m Sandtners Heimatstadt Straubing errichtet.

Zwei Jahre später entsteht auf einer Fläche von 1,99 x 1,89 m und im Maßstab 1:616 die gotische Stadt München mit all ihren Gebäuden und Plätzen.

Der Drechslermeister, über dessen Biographie nur wenige Nachrichten vorliegen, bastelt außerdem noch Modelle von Landshut, Ingolstadt und Burghausen.

Der Herzog, der eben erst Apians Landkarte erhalten hat, kann nun jederzeit seine fünf schönsten Städte besichtigen.

Meister Franz wird Henker in Nürnberg

1578. Anno 1573 schrieb Franz Schmidt zu Bamberg sein Tagebuch (»für meinem Vatter!«), und das Journal beginnt:

»1) Den 5. Juny. Leonhardt Ruß, von Ceyern, ein Dieb zu Statt Steinach, mit dem Strang gericht, Ist mein erstes richten gewest.

2) Wolff Weber, von Guntzendorff, Barthel Dochende, vom wiesterfels, beede miteinander zu Statt Cronach, den Woelffla, so ein Dieb gewesen, mit dem Strang, den Barthel, so ein Mördter, welcher mit seinen Gesellen drey Moerdt begangen, mit dem Rath gericht…«

In diesem Jahr richtete Franz noch zwei weitere Mörder und zog dann Bilanz: »Summa 5. Persohnen.« In den beiden folgenden Jahren waren es jeweils drei Exekutionen, die er ausführte, wie sein Beruf es verlangt. Denn Meister Franz ist Scharfrichter, und er übt sein Amt mit Umsicht (und sogar ein wenig Humanität) aus. Die Nürnberger jedenfalls machen ihn 1578 zu ihrem Henker. Zu der Zeit hat Franz bereits 27 Urteile vollstreckt. Und er wird weiter richten und über die Arbeit lakonisch Buch führen.

1580

16. 6. 1580. Bischof Benno wird zum Stadtheiligen von München erhoben; seine Reliquien, die zuvor im sächsischen Meißen aufbewahrt wurden, werden in die Frauenkirche übertragen. →

25. 6. 1580. Das von 47 evangelischen Reichsfürsten und 38 Städten unterschriebene »Konkordienbuch« wird veröffentlicht. Diese Sammlung lutherischer Bekenntnisschriften wird eine der wichtigsten Grundlagen der lutherischen Orthodoxie.

1582. Nach dem Vorbild von Sachsen erhält auch Bayern einen Geheimen Rat als oberste Regierungsbehörde unter dem Herzog.

2. 1. 1582. Die vom Würzburger Fürstbischof Julius Echter von Mespelbrunn gegründete Universität Würzburg wird eröffnet.

Juni 1582. Der spätere Kurfürst Joachim Friedrich von Brandenburg will auf dem Augsburger Reichstag in seiner Funktion als Administrator des Erzstiftes Magdeburg Sitz und Stimme im Fürstenrat erhalten. Dieser Versuch scheitert am Widerstand der im Reichstag dominierenden katholischen Stände.

4./15. 10. 1582. Die von Papst Gregor XIII. verkündete und nach ihm benannte Gregorianische Kalenderreform tritt in Kraft. Auf den 4. folgt unmittelbar der 15. Oktober. Die Kalenderreform wird von den meisten evangelischen Reichsständen abgelehnt, so daß bis 1700 außer nach der Gregorianischen weiterhin nach der Julianischen Zeitrechnung datiert wird.

1583. Der vermutlich aus Italien stammende Architekt und Maler Friedrich Sustris, 1580 nach München berufen, wird Maler und oberster Baumeister im Hofdienst. 1581–1586 leitet er den Bau der Sommerresidenz des bayerischen Herzogs Wilhelm V., 1586 beginnt er mit dem Bau des Antiquariums.

1583. Bartel Grolock und Georg Rössner vollenden den Bau der Altdorfer Akademie, der späteren Universität.

23. 5. 1583. Der Kölner Kurfürst und Erzbischof Gebhard zu Waldburg versucht von seiner Heirat mit Agnes von Mansfeld, das Erzstift Köln zu säkularisieren. Domkapitel und Stadt erklären Gebhard für abgesetzt und wählen den Wittelsbacher Ernst von Bayern zum Erzbischof. Dies ist der Beginn des Kölnischen Kriegs (bis 1589). →

22. 10. 1583. Nach dem Tod des Wittelsbachers Ludwig VI. wird sein Sohn Friedrich IV. Kufürst von der Pfalz unter der Vormundschaft des Pfalzgrafen Johann Casimir von Lautern.

1585. Der seit 1575 in Ingolstadt lehrende katholische Theologe Gregor de Valencia veröffentlicht sein Hauptwerk, die »Analysis fidei catholicae«, eine Zusammenstellung von Texten der katholischen Glaubenslehre.

1585. Jakob Eschau vollendet das von Hans Fugger in Auftrag gegebene Fugger-Stammschloß in Kirchheim an der Mindel.

1585/86. Wiguläus von Hund, zu Zeiten von Herzog Albrecht V. einer der einflußreichsten Berater der bayerischen Politik, veröffentlicht sein »Bayrisch Stammen-Buch«, eine genealogische Beschreibung des bayerischen Adels. →

1586. Der in Nürnberg ansässige Maler und Grafiker Jost Amman veröffentlicht das »Frauentrachtenbuch« (→1568).

1586. Herzog Wilhelm V. beruft den Maler Peter Candid an seinen Hof.

1587. Pfalzgraf Johann Casimir, der Schwede, läßt als Administrator der Kurpfalz in der Oberpfalz den calvinischen Kultus einführen.

1587. In Bayern wird das landesherrliche Handelsmonopol für Reichenhaller Salz eingeführt. – Die Münchner Salzsenderzunft löst sich auf, die städtischen Salzlegeämter werden herzogliche Salzämter. Die 400 Jahre dauernde Periode des bürgerlich-städtischen Salzhandels ist zu Ende. →

1588. Herzog Wilhelm V., der Fromme, von Bayern eröffnet dem Landtag, daß sein Schuldenberg auf mehr als 1 900 000 Gulden angestiegen ist. →

1588. Der in Nürnberg ansässige Maler und Grafiker Jost Amman veröffentlicht das »Kartenspielbuch« (→1568).

27. 9. 1589. Herzog Wilhelm V., der Fromme, von Bayern gründet in München das Hofbräuhaus zur Versorgung von Hof und Gesinde. →

1589. Der Wittelsbacher Ernst von Bayern wird als Kurfürst und Erzbischof von Köln anerkannt, der rheinische Katholizismus bleibt erhalten.

1589. Der in Nürnberg ansässige Maler und Grafiker Jost Amman veröffentlicht das »Wappen- und Stammbuch« (→1568).

1589. In Schongau wird der erste und größte bayerische Hexenprozeß veranstaltet. Für 63 Frauen endet er mit der Enthauptung. →

1589. Der Erzgießer und Bildhauer Benedikt Wurzelbauer errichtet den Tugendbrunnen bei Sankt Lorenz in Nürnberg.

1589. Der Neubau des Rathauses von Memmingen wird vollendet.

GESTORBEN:

8. 10. 1580. Augsburg: Hieronymus Wolf (* 13. 8. 1516, Öttingen), Humanist.

14. 11. 1589. Tübingen: Philipp Apian (* 14. 9. 1531, Ingolstadt), Mathematiker und Geograph.

GEBOREN:

15. 8. 1581. Augsburg: Jeremias Drexel († 19. 4. 1638, München), Jesuit, Prediger und Schriftsteller.

Bayer Erzbischof von Köln

23. Mai 1583. Der kindliche Bischof Ernst von Freising wächst heran, und mit den Jahren kommen die geistlichen Ämter. Mit 18 wurde er Bischof von Hildesheim, mit 26 auch noch Bischof von Lüttich, und nun wählen ihn Domkapitel und Stadt einstimmig zum Erzbischof und Kurfürsten von Köln. Dabei ist dieser vierfache Bischof nie zum Priester geweiht worden.

Das Amt in Köln übernimmt er nur ungern, da seine Geliebte, mit der er in Bayern lebt, zunächst nicht an den Rhein ziehen will. Das Opfer muß aber gebracht werden, da der Kölner Erzbischof Gebhard Truchseß von Waldburg aus seiner Diözese gedrängt werden muß.

Er ist nämlich zum Protestantismus übergetreten, um seine Freundin Agnes von Mansfeld heiraten zu können. Bleibt Gebhard Truchseß von Waldburg Herr in Köln, besteht die Gefahr, daß das Land zum neuen Glauben abfällt und die Kurstimme zum protestantischen Lager zählt. Wie lange könnte dann der Kaiser

Ernst von Bayern, Bischof von Hildesheim, Lüttich und Köln

noch aus den Reihen der Katholiken gewählt werden?

Es gibt Krieg. Die Bayern erobern im Januar 1584 unter anderem die Stadt Bonn. Zuletzt muß Bischof Gebhard fliehen, Köln gehört nun Ernst und bleibt katholisch.

Herzoglicher Schuldenberg

1588. Zum Nachlaß des Vaters Albrecht gehörten Schulden von mehr als 3 Mrd Gulden, die er 1579 der Landschaft (einer Frühform des Parlaments) und seinem Erben hinterließ. Der Sohn, Herzog Wilhelm V., muß damit leben. Und er erweist sich in Geldangelegenheiten seines Vaters würdig.

Seit seiner Landshuter Prinzenzeit ist er daran gewöhnt, Schuldscheine zu unterschreiben. So muß er beispielsweise 1588 die Landschaft bitten, seine Schulden in Höhe von 1,9 Mio Gulden zu übernehmen. Das Land hat zu dieser Zeit Jahreseinnahmen von etwa 190 000 und Ausgaben von 635 000 Gulden. Das Geld braucht der gegenreformatorische, fromme Herzog vor allem für die Kirche – er baut den Jesuiten ein riesiges Kloster und die Michaelskirche noch dazu. Für sich selbst errichtet er gleich nebenan die Maxburg. Und allein der Krieg um das Amt des Erzbischofs von Köln von 1583/84 (→ 23. 5. 1583) kostete ihn 700 000 Gulden.

Was hilft es da, wenn er selbst ein asketisch bescheidenes Leben führt? Während die Schulden immer weiter wachsen, sucht der Fürst

sein Heil beim Goldmacher Marco Bragadino, der aber 1591, als Hochstapler entlarvt, auf dem Münchner Marienplatz hingerichtet wird.

Zuletzt bleibt dem 45jährigen Herzog Wilhelm nur, das Land gegen die stattliche Jahresapanage von 60 000 Gulden an seinen Sohn Maximilian abzutreten.

Wilhelm V., der Fromme, verschuldeter Herzog von Bayern

Hofbräuhaus wird in München gebaut

27. September 1589. Beim Blick in die leeren Kassen fragt der herzoglich bayerische Oberrechner seinen Herrn, warum er das Bier für seinen Hof aus Einbeck im hohen deutschen Norden beziehe, statt sich die 442 Eimer Winter- und die 1443 Eimer Sommerbier, die in der Residenz alljährlich getrunken werden, selbst zu brauen.

Den von seinen Schulden geplagten Wilhelm V. überzeugt der Vorschlag, und am 27. September 1589 läßt er in der Nähe des Alten Hofes ein Haus niederreißen – an seiner Stelle entsteht ein Hofbräuhaus.

Der Bau des Hofbräuhauses kostet 1477,5 Gulden, und nach zwei Jahren kann der Braumeister Haimeran Pongraz aus Geisenfeld das erste Bier für den Hof sieden.

Dies geschieht zum Ärger der Münchner Brauer, die befürchten, daß ihnen da eine gefährliche Konkurrenz entsteht. Um sie zu beruhigen, wird bestimmt, daß das Bier des Herzogs nur den Hofbediensteten eingeschenkt werden darf.

Münchner Hofbräuhaus; der erste Bau wird 1589 errichtet, 1896/97 entsteht ein neues Gebäude nach Plänen von Max Littmann und Georg von Maxon

In Schongau findet Hexenprozeß statt

1589. Der Prozeß von Schongau dauert drei Jahre, in seinem Verlauf werden 63 Frauen wegen Hexerei enthauptet; ihre Leichen verbrennt man. Mit dem von Herzog Ferdinand (einem Bruder von Wilhelm V.) eingeleiteten Verfahren beginnt nun auch in Bayern der Hexenwahn und erreicht damit zugleich auch seinen Höhepunkt.

Am Anfang des Schongauer Hexenprozesses steht eine Alltäglichkeit: Einem Mann stirbt ein Kind, wenig später verendet ein Schwein; der Mann geht zum Scharfrichter und fragt, wie solches wohl habe geschehen können. Er kommt heim und bezichtigt eine Bäuerin der Zauberei. Der Angelegenheit schenkt man keine große Beachtung. Zwölf Jahre später wird die Frau neuerlich bezichtigt; zwei Pferden soll sie den Tod angehext haben.

Der Prälat von Steingaden will, daß man die Sache auf sich beruhen läßt. Der Schongauer Stadtrichter Lidl aber schickt die Akten nach München – der Prozeß beginnt.

»Stammen-Buch« des Wiguläus von Hund

1585/86. Wiguläus von Hund ist gerade um die 70 Jahre alt, als er bei David Sartorius in Ingolstadt eine »weitläuffige mühsame« Arbeit in Druck gibt, das »Bayrisch Stammen-Buch ... Von den Abgestorbenen Fürsten, Pfaltz-, March-, Landt- und Burgrauen, Grauen, Landt vnd Freyherrn, auch andern alten Adelichen Thurnier Geschlechten deß löblichen Fürstenthumbs Bayrn etc.«

Zwei Teile umfaßt das Werk (und ein dritter wird posthum noch folgen). Die lange Liste des Titels meint jene 120 ausgestorbenen und 55 noch bestehenden Geschlechter, die der Hofratspräsident von Hund – unter Herzog Albrecht V. war er der einflußreichste Beamte Bayerns – in mühseliger Arbeit ausgeforscht hat.

Durch seine hohe Stellung und seine amtliche Tätigkeit waren ihm viele rare Dokumente zugänglich, die später durch Krieg oder Feuer zum Teil verloren gehen und die nur im »Bayrisch Stammen-Buch« überliefert sind.

In dem Werk – das in seiner Art für Deutschland einmalig ist – kann man auch Gereimtes zur Geschichte des Hochadels lesen:
»Am Anfang hochgenannt
Die Hertzogen von Bayrlandt

Seite aus dem Geschlechterbuch, Wappen der Herren von Abensperg

Die Landtgrauen von Leichtenberg
Vnd die grauen von Halß
Kennt man lang vormalß
Danach die grauen wolgebornen
von Orttenberg schon außerkoren
Von Abensperg die Freyen Herren
Die Freyen von Laber ohn alles wehren
Auch daß ich die Herren meldt
Von Gundlfingen zu Seeueldt
Danach die strengen Vesten
Im Bayrlandt die besten...«
Etwa fünf Jahre vor dem genealogischen »Stammen-Buch« legte der aus der Dachauer Gegend stammende Wiguläus von Hund mit der »Metropolis Salisburgensis« ein Werk vor, in dem er von den Klostergründungen berichtet und die Geschichte der Bischöfe in Bayern erzählt.

Wiguläus von Hund stammt aus altbayerischem Adel. Er studierte in Ingolstadt und Bologna und wurde 1537 Dr. jur. und Professor der Jurisprudenz in Ingolstadt; 1540 wurde er Hofrat in München und 1552 Hofratspräsident.

Bischof Benno wird zum Stadtheiligen

16. Juni 1580. Im sächsischen Meißen besteht jetzt, in den lutherischen Zeiten, kein Bedarf mehr an Heiligen, und so wird der bayerische Herzog Albrecht V. mit dem Domdechant der Bischofsstadt handelseinig – die im Dom zu Meißen ruhenden Überreste des 1106 verstorbenen und als Heiliger verehrten Bischofs Benno werden (soweit sie nicht schon nach Hildesheim gegeben wurden) in die Münchner Neuveste überführt.

Der Slavenmissionar Benno stand im Kampf Heinrichs IV. zuletzt nicht mehr auf päpstlicher Seite und starb im Kirchenbann. Nun aber, da dieser Makel vergessen wurde, erweist man ihm hohe Ehren. Am 16. Juni 1580 werden seine Reliquien von der herzoglichen Residenz in die Frauenkirche übertragen, und Bischof Benno, der offiziell noch gar nicht heiliggesprochen ist und der ja auch die Stadt München in seinen Lebenszeiten nie gesehen hat, wird zum Stadtheiligen erhoben.

Auf solche Weise, so der Herzog, könne man den Protestanten zeigen, wie man mit Heiligen umgehe.

Zunftwappen mit Handwerkssymbolen, gebräuchlich im 15./16. Jh.

Salzhändlerzunft wird aufgelöst

1587. Herzog Wilhelm V. hat in seiner unsäglichen finanziellen Bedrängnis einen Strohhalm entdeckt, an dem er sich festhalten will. Nach dem Monopol für die Salzproduktion, das sein Großvater 1509 errang, bringt er das Monopol für den Salzhandel an sein Haus.

Zu dieser Zeit werden in München jährlich etwa 160 000 Zentner Salz umgesetzt. Die traditionsreiche Münchner Salzhändlerzunft löst sich nun jedoch auf.

Das Salzgeschäft stand am Anfang der Münchner Stadtgeschichte, und weil hier das Wohl und Weh mit dem »weißen Gold« zusammenhing, gewährte Kaiser Ludwig der Bayer am 6. November 1332 in einer Goldenen Bulle das Privileg, daß zwischen Landshut und Reichenhall das Salz nur in München über die Isar gebracht werden dürfe. Vor dem Weitertransport aber mußte es drei Tage lang in der Stadt gelagert werden. Der Kaiser hielt also schützend seine Hand über die Salzsender, und unter diesem Schutz wurden große Vermögen gemacht. Die Salzhändlerfamilien gaben in München schon sehr bald den Ton an.

Damit sich nicht schließlich zu viele dieses einträgliche Geschäft teilen mußten, achteten die Salzsender darauf, daß ihre Zunft die Exklusivität bewahrte. Es mußte schon einer Besitz haben, ehe er in jenen Stand aufgenommen wurde, der die Mehrung des Besitzes und ein entsprechendes Ansehen versprach.

1590
1590–1599

1590. Zahlreiche Hexenprozesse finden statt, u. a. 65 Hinrichtungen in Ellingen, 12 in Spalt. Auch in den folgenden Jahren hält der Hexenwahn an. 1591 verbrennt man in Nürnberg 8, 1592 in Schwabach 7 Hexen. Prozesse finden auch in Mittenwald, Tölz, Kaufbeuren, Donauwörth und Nördlingen statt.

1590. In Vohenstrauß in der Oberpfalz wird der Bau von Schloß Friedrichsburg als neuer Regierungssitz der Weidener Seitenlinie des Hauses Pfalz-Zweibrücken Veldenz fertiggestellt.

1591. Der Augsburger Rat errichtet ein Pfandhaus, das Notleidenden gegen Pfänder Geld zu einem Zinssatz von 5 % gibt.

1591. Der Nürnberger Hans Leo Haßler komponiert das vier- bis zwölfstimmige Motettenwerk »Cantiones sacrae«.

1591. Georg Robyn vollendet den Bau der Würzburger Universitätskirche.

24. 4. 1591. Der venezianische Goldmacher Marco Bragadino, von dem sich Herzog Wilhelm V. eine Besserung seiner finanziellen Verhältnisse erhofft hatte, wird wegen Betruges in München hingerichtet.

1593. Die Druckerei des fürstäbtlichen Stiftes Kempten wird gegründet. Sie ist – seit Beginn des 19. Jh. unter dem Namen Kösel – das älteste Verlagsunternehmen Bayerns, das zweitälteste Deutschlands.

1593. Der Würzburger Fürstbischof Julius Echter von Mespelbrunn kauft Schloß Rimpar, das er in den folgenden Jahren prunkvoll ausbauen läßt.

1594. Der Augustusbrunnen auf dem Ludwigsplatz gegenüber dem Augsburger Rathaus wird vollendet. Die Figuren modellierte der im Dienst der Fugger stehende niederländische Bildhauer Hubert Gerhard.

1594. Gideon Bacher errichtet die markgräfliche Kanzlei in Ansbach.

11. 1. 1594. Einer Aufforderung des bayerischen Herzogs Wilhelm V. entsprechend, huldigen die bayerischen Landstände seinem ältesten Sohn Maximilian (I.), der von nun an Dekrete unterzeichnet.

1594/95. Anton Fugger d. J. geht mit Schulden von 223 774 Gulden in Konkurs. Ein Fluchtversuch mißlingt.

1595. Der Wittelsbacher Erzbischof und Kurfürst von Köln, Ernst von Bayern, der Sohn des bayerischen Herzogs Wilhelm V., setzt seinen Neffen Ferdinand von Bayern als Koadjutor (Vertreter) für Kurköln ein, nachdem er wegen seines ausschweifenden Lebenswandels von der katholischen Reformpartei heftig angefeindet worden ist.

1. 1. 1595. Herzog Wilhelm V., der Fromme, von Bayern überträgt seinem ältesten Sohn Maximilian (I.) die Regierung, ohne jedoch abzudanken.

1596. In München gründet Hans Mayr ein Schuhhaus, das unter dem Namen Ed. Meier bis zum heutigen Tag besteht.

1597. Der Regenstaufer Pfarrer Christophorus Vogel beginnt im Auftrag der Regierung von Pfalz-Neuburg mit der kartographischen Beschreibung der Nordgauämter Pfalz-Neuburg.

6. 7. 1597. Die Jesuitenkirche St. Michael in München, Hauptwerk des niederländischen Baumeisters Friedrich Sustris, wird geweiht. →

15. 10. 1597. Herzog Wilhelm V. erklärt den Bankrott und dankt ab. →

1598. Der niederländische Kaufmann Philipp van Oyl läßt in Nürnberg das Fembohaus errichten, das spätere Altstadtmuseum.

4. 2. 1598. Nach der Abdankung seines Vaters Wilhelm V. übernimmt Maximilian I. die Regierung als Herzog von Bayern. Er baut die Schulden seines Vaters ab und läßt München zugleich zu einer der prächtigsten Residenzen in Europa ausbauen (→ 15. 10. 1597).

GESTORBEN:

17. 3. 1591 (begraben). Nürnberg: Jost Amman (getauft 13. 6. 1539, Zürich), schweizerischer Maler, Radierer und Holzschneider, seit 1561 in Nürnberg.

15. 4. 1592. München: Christoph Schwarz (* um 1548, München), Maler, Stadt- und Hofmaler in München, nach Venedig-Aufenthalt Vermittler von Tizian und Veronese in Süddeutschland.

14. 6. 1594. München: Orlando di Lasso (* um 1532, Mons), niederländischer Komponist.

4. 8. 1597. Nürnberg: Nicolas Juvenel d. Ä. (* vor 1540, Dünkirchen), Maler.

18. 12. 1597. Ambrosero/Spanien: Barbara Blomberg (* 1527/28, Regensburg), Mutter von Don Juan d'Austria.

5. 11. 1598. Augsburg: Abraham de Hel (* um 1534, Antwerpen?), Maler.

1599. München: Friedrich Sustris (* um 1540, Italien?), Architekt und Maler.

GEBOREN:

29. 5. 1594. Pappenheim: Gottfried Heinrich zu Pappenheim († 17. 11. 1632, Leipzig), Feldmarschall.

4. 1. 1595 (getauft). Nürnberg: Johann Hautsch († 20. 1. 1670, Nürnberg), Zirkelschmied und Erfinder.

Juli 1595. München: Heinrich Wangnereck († 11. 11. 1664, Dillingen), Jesuit, katholischer Theologe.

26. 8. 1596. Schloß Deinschwang: Friedrich V., der »Winterkönig« († 29. 11. 1632, Mainz), Kurfürst von der Pfalz, König von Böhmen.

St. Michaelskirche wird geweiht

6. Juli 1597. Mehr als 14 Jahre hat Herzog Wilhelm V. auf den Tag warten müssen, an dem in seiner Residenzstadt die St. Michaelskirche geweiht wird. Mit diesem Gotteshaus hat er ein Monument der Gegenreformation geschaffen und, nach dem Urteil vieler Spätgeborener, zugleich das bedeutendste Renaissancebauwerk in Deutschland.

Ehe am 18. April 1583 der Grundstein gelegt werden konnte, mußte Platz geschaffen werden, und da neben der Kirche das große Jesuitenkloster mit seinen vier Innenhöfen entstehen sollte, brauchte der Bauherr viel Platz: insgesamt 50 000 m² (und das bedeutete etwa 6 % der Fläche Münchens).

Die Arbeiten schritten langsam voran. Einmal, im Mai 1590, stürzte ein Turm ein und zerstörte viel von dem, was bereits gebaut war. Ein andermal mußten die Handwerker entlassen werden, da kein Geld mehr in der Kasse lag.

Schließlich war aber diese erste Renaissancekirche Bayerns fertiggestellt, eine einschiffige Hallenkirche mit einem gewaltigen Tonnengewölbe von 20 m Spannweite.

Die hohe, dreistöckige Fassade der wahrscheinlich von Friedrich Sustris entworfenen Kirche hat der Herzog genutzt, um – neben Gott – auch der eigenen Familie zu huldigen. Neben einer Michaelsgruppe und einem Erlöser im Giebel zierte der Herzog die Wand mit Standbildern bayerischer Herrscher.

Jesuitenkirche St. Michael, München, erste Renaissancekirche Bayerns

Allegorie auf den bayerischen Kuranspruch mit Herzog Maximilian als Herkules (Miniatur von Johann König, 1616; München, Miniaturenkabinett)

Maximilian I. wird Herzog

15. Oktober 1597. Endlich leistet Herzog Wilhelm V. jene Unterschrift, die ihm seine Ratgeber schon lange nahelegten – er setzt wenige Wochen nach seinem 49. Geburtstag seinen Namen unter die Abdankungsurkunde. Herr in Bayern ist hinfort sein Sohn Maximilian.
Da dieser bereits seit knapp drei Jahren als Mitregent eingesetzt ist, weiß er, daß er mit dem Lande auch 1,6 Mio Gulden Schulden erbt und daß dieser Betrag, der Wilhelm in die nächste Nähe des Generalanstandes (sprich: Konkurses) gebracht hat, noch jährlich um jene 60 000 Gulden aufgestockt wird, die er dem herzoglichen Pensionär als Ruhegeld zahlen muß. Allerdings verzögert der seinen Abschied von der Macht, und so werden die Beamten erst am 4. Februar 1598 auf den neuen Herzog vereidigt.
Und während sich nun Vater und Mutter in die neuerbaute Wilhelminische Veste (die spätere Maxburg) zurückziehen, um dort den frommen Werken und der Beschaulichkeit zu leben, sucht der Sohn, das tiefe Schuldenloch zuzuschütten.
Das gelingt schneller als es zu erwarten war, und nach einem Dutzend Jahren wird sogar ein Überschuß in die Staatsbücher eingetragen werden. Bayern hat nach vielen regierenden Bankrotteuren endlich ein Finanzgenie an seiner Spitze, einen Mann, von dem man bald auch im Ausland meint, er könne die Herrscher lehren, wie ein Fürst mit seinen Einnahmen wirtschaften müsse.

Der neue Herzog von Bayern ist ein harter Arbeiter, der sein Tagewerk morgens um vier beginnt. Ein Pfennigfuchser und ein Moralist. In seinem Bemühen, der Staatskasse neue Einnahmen zu verschaffen, läßt er die Rechnungskammer durchstöbern, ob es noch irgendwo Außenstände gebe. Dabei müssen seine Buchprüfer bis in die Tage von Ludwig dem Bayern zurückgreifen. Gleichzeitig sorgt er sich aber auch darum, daß das Gewerbe floriere und reichlich Steuer abwerfe. Er sieht natürlich auf den Salzhandel, gründet Manufakturen und prüft auch, ob vielleicht die Goldwäscherei einen Gewinn bringen könne.

Maximilian I., Herzog von Bayern, ab 1623 bayerischer Kurfürst

Um 1600. Rund ein Drittel des deutschen Eisenerzes kommt aus der Oberpfalz. Es wird in Nürnberg, Regensburg und Ulm weiterverarbeitet.

Um 1600. Die Kassettendecke des im mittleren 16. Jh. fertiggestellten Schlosses Ortenburg in Niederbayern mit ihren prachtvollen Intarsien wird vollendet.

Um 1600. Das Deutsche Haus in Dinkelsbühl in Mittelfranken, das Stammhaus der Grafen von Drechsel-Deufstetten, ist eine der hervorragendsten Leistungen des süddeutschen Fachwerkbaus der Spätrenaissance. →

1601. Das für eine Gerberei errichtete Siebendächerhaus in Memmingen hat eine in Bayern und Deutschland einmalige Dachform. →

1602. Der Augsburger Kaufmann, Stadtpfleger und Historiker Markus Welser veröffentlicht die ersten fünf Bände seiner »Bayerischen Geschichte« (»Rerum Boicarum libri quinque«).

1602. Der Herkulesbrunnen in Augsburg, gestaltet von dem niederländischen Bronzebildhauer Adriaen de Vries, wird vollendet. Dieser größte unter den drei Monumentalbrunnen der Stadt versinnbildlicht den Wasserreichtum von Augsburg. →

3. 7. 1602. Das Drama »Cenodoxus« des Jesuiten und Barockdramatikers Jacob Bidermann, uraufgeführt auf der Collegienbühne in Augsburg, gilt als eines der bedeutendsten Jesuitendramen. →

1603. In seinem Sternatlas »Uranometria« führt der aus Rain am Lech stammende Astronom Johann Bayer die seitdem gültigen Helligkeitsbezeichnungen der Sterne mit griechischen Buchstaben ein (Alpha Zentauris usw.).

1603. Der aus Markt Wald bei Mindelheim stammende Christoph Scheiner erfindet den Pantographen, ein Gerät zur maßstäblichen Vergrößerung und Verkleinerung von Zeichnungen.

1604. Johannes Degler gestaltet den Hochaltar der Kirche St. Ulrich und Afra in Augsburg, wobei er einen gotischen Schreinaltar mit antikischen Gliedern und frühbarocker Pracht zu verbinden versucht.

1605. Der Jesuit Konrad Vetter, langjähriger Domprediger in Regensburg, veröffentlicht die Kirchenliedsammlung »Rittersporn«.

1607. Das im Auftrag des Kaufmanns Martin Peller nach Plänen von Jakob Wolff d. Ä. in Nürnberg errichtete Pellerhaus ist das bedeutendste Nürnberger Bürgerhaus und eines der markantesten Beispiele der deutschen Spätrenaissance. →

1607. Elias Holl vollendet den Um- und Neubau des Zeughauses in Augsburg. Die frühbarocke Ostfassade entwarf Joseph Heintz.

Ende 1607. Kaiser Rudolf II. verhängt über die Reichsstadt Donau-

wörth die Reichsacht, nachdem Evangelische am Markustag die Prozession von Hl. Kreuz gestört haben.

1608. Herzog Maximilian I. von Bayern vollstreckt die Exekution der Reichsacht gegen Donauwörth.

1608. Der Reichstag zu Regensburg wird handlungsunfähig nach heftigen Auseinandersetzungen zwischen Evangelischen und Katholiken wegen der Reichsstadt Donauwörth und in der Frage der Wahrung des Religionsfriedens.

1608. Herzog Maximilian I. von Bayern nimmt nicht ganz erfüllte Verträge zum Vorwand, um die prosperierenden Eisenhüttenwerke in Aschau zur Hälfte zu verstaatlichen.

14. 5. 1608. Die Kurpfalz, Pfalz-Neuburg, Ansbach-Bayreuth, Kulmbach u. a. evangelische Reichsstände schließen sich in Auhausen zur protestantischen Union zusammen unter der Direktorat des Kurfürsten Friedrich V. von der Pfalz.

Um 1609. Die Willibaldsburg bei Eichstätt wird von Johann Alberthal nach Plänen von Elias Holl zum Residenzschloß des Bischofs von Eichstätt umgebaut.

1609. Nach dem Tod des letzten Herzogs aus dem Haus Kleve kommt es zum Jülich-Kleveschen Erbfolgestreit zwischen Sachsen, Brandenburg und Pfalz-Neuburg (bis 1614), der sich zu einem internationalen Politikum ausweitet.

1609. Die Pfarrkirche von Haunsheim im bayerischen Schwaben ist eine der wenigen in Deutschland errichteten und erhaltenen Renaissance-Kirchen.

1609. Das Rathaus von Sulzfeld in Unterfranken wird vollendet.

10. 7. 1609. Unter der Führung von Herzog Maximilian I. von Bayern schließen sich in München die Bistümer Würzburg, Augsburg, Konstanz, Regensburg und Passau sowie die Abteien Kempten und Ellwangen zur katholischen Liga zusammen, der in der Folgezeit fast alle katholischen Reichsstände außer Österreich und Salzburg beitreten. →

GEBOREN:

Um 1600. München: Ulrich Loth († 1662, München), Maler.

1600. München: Albert Curtz († 19. 12. 1671, München), Jesuit, Dichter und Astronom.

1601/02. Weilheim/Oberbayern: Georg Petel († 1634, Augsburg), Bildhauer.

1604. Karlstadt am Main/Unterfranken: Johann Rudolf Glauber (begraben 10. 3. 1670, Amsterdam), Chemiker.

1605/06. Moosach bei München: Johannes Kuen bzw. Khuen († 14. 11. 1675, München), Priester, Dichter und Komponist.

1. 11. 1607. Fischbach bei Nürnberg: Georg Philipp Harsdörffer († 17. 9. 1658, Nürnberg), Dichter.

Maximilian I. gründet katholische Liga

Jakob Bidermann zeigt »Cenodoxus«

10. Juli 1609. Zusammen mit seinem Oberstkanzler Joachim von Donnersberg hat Herzog Maximilian den Text für ein katholisches Defensivbündnis ausgearbeitet, das er in München den Vertretern der Bistümer Würzburg, Augsburg, Konstanz, Regensburg und Passau sowie der Abteien Kempten und Ellwangen zur Unterschrift vorlegt.

Das auf neun Jahre geschlossene Bündnis, so sagen die Artikel 1 bis 6, habe sich die Aufgabe gegenseitiger Hilfe gestellt, Bundesoberst ist nach Artikel 13 der bayerische Herzog, der auch das Recht hat, Verhandlungen über die Erweiterung des Bundes zu führen.

Den zunächst gewählten Namen »Union« ersetzt man schnell durch den Begriff »Liga«, da es ja seit dem 14. Mai 1608 bereits eine protestantische »Union« gibt, von der man

sich natürlich unterscheiden will. Die im Kapitelsaal des ehemaligen Klosters von Auhausen bei Nördlingen geschlossene protestantische Union, zu der u.a. die Fürsten der Pfalz, von Ansbach, Kulmbach, Pfalz-Neuburg und Sachsen-Anhalt gehören, war eine Antwort auf die von Bayernherzog Maximilian in kaiserlichem Auftrag durchgeführte Exekution der Reichsacht gegen die Reichsstadt Donauwörth.

Die protestantischen Bürger der Stadt hatten die Katholiken bei Prozessionen so gewalttätig behindert, daß Kaiser Rudolf II. den Bayern mit dem Vollzug der Reichsacht beauftragte; und mit 6000 Mann war der Herzog Maximilian am verschneiten Morgen des 16. Dezember 1608 einmarschiert.

Bereits seit 1603 hatten die katholischen Reichsstände über ein De-

fensivbündnis verhandelt. Es gab freilich viele Bedenken, die einem Vertragsabschluß entgegenstanden. Vielleicht hätte auch die Gründung der Union die katholischen Partner noch nicht zusammengeführt. Als aber der Kurfürst der Pfalz, ein Wittelsbacher also, dem Bischof von Speyer zunächst ein paar Dörfer und schließlich auch Bruchsal raubte, waren die Katholiken zum Abschluß des Paktes bereit.

Die protestantische Intoleranz in Donauwörth wird mit dem Einmarsch der katholischen Truppen beantwortet; die protestantische Reaktion – die Gründung der Union – kontern die Katholiken mit der Gründung ihrer Liga (der sich später auch die rheinischen Bistümer Köln und Mainz sowie Trier anschließen) – die Spirale dreht sich, der Konflikt eskaliert.

3. Juli 1602. An der Augsburger Jesuitenschule hat Jakob Bidermann sein Latein gelernt. Als er im Jahr 1600 zurückkehrte, um nun selbst Latein zu lehren, hatte er offensichtlich viel Zeit, denn er begann eifrig zu schreiben, Prosa zunächst und dann ein Stück »Cenodoxus«, das seine Schüler 1602 uraufführen.

Die Geschichte vom gelehrten Doktor aus Paris, der zwar ein frommes Leben führt, doch von seinem Hochmut besessen ist und deswegen im Jenseits (und im 5. Akt) von Christus gerichtet wird, beeindruckt die Zuschauer zutiefst.

Im Jahr 1606 wird Bidermann nach München berufen, und auch hier zeigt er sein Stück. Nach einer »Cenodoxus«-Aufführung ziehen sich 14 adelige Herren in die klösterliche Einsamkeit zurück.

Siebendächerhaus

1601. *Die Gerber zu Memmingen lösen das Problem, Trockenplätze für die Häute und Felle zu schaffen, auf architektonisch überzeugende und für sie sehr bequeme, rationelle Weise: Sie unterbrechen an dem ihnen gehörenden Eckhaus Lindentorstraße 7 (Abb.) mehrfach die hohe Dachfläche und schaffen dadurch die Möglichkeit, aus den so auf beiden Hausseiten entstehenden jeweils drei Fensterreihen heraus ihre Waren auf dem Dache auszubreiten.*

Die Datierung ist möglich, da ein Zimmermann an einem Balken seine Initialen MH und die Jahreszahl 1601 einkerbt.

Deutsches Haus

Um 1600. *Im Jahr 1556 wurden die Drechslers in Dinkelsbühl geadelt, aus der Patrizierfamilie das gräfliche Geschlecht derer von Drechsel-Deufstetten. Zur öffentlichen Kundgabe dieser Würde baut oder erneuert man vermutlich bald danach das Stammhaus gegenüber der Dinkelsbühler Georgskirche zu einem der schönsten Wohnhäuser der deutschen Spätrenaissance (Abb.).*

Das Erdgeschoß wird unsymmetrisch angelegt; der rechte Teil ist zurückgewinkelt. Über dem gemauerten Erdgeschoß gibt es zwei mit Schnitzwerk reich verzierte Etagen und, zum Abschluß, einen dreigeschossigen Giebel.

Herkulesbrunnen

1602. *Mit der Fertigstellung des Herkulesbrunnens des Niederländers Adriaen de Vries vollenden die Augsburger (um einige Jahre verspätet) ihr Jubiläumsprogramm. Zum 1600. Geburtstag der Stadt, den sie 1589 feierten, hatten sie nämlich drei Brunnen in Auftrag gegeben: einen Augustusbrunnen, der an den Stadtgründer erinnern sollte, einen Merkurbrunnen, der dem für Augsburg so segensreichen Handel huldigte, und einen Herkulesbrunnen (Abb.), der die Beherrschung der Naturkräfte feierte. Zwischen 1589 und 1602 wurden diese Brunnen in Betrieb genommen.*

1610

1610–1619

Um 1610. In München setzt eine rege Bautätigkeit ein. →

1610. Simon Marius, seit 1606 Hofastronom in Ansbach, entdeckt – gleichzeitig mit Galileo Galilei – die vier Jupitermonde und beschreibt sie. Zwischen Galilei und Marius entsteht ein erbitterter Streit um die Priorität. →

9. 9. 1610. Nach dem Tod des Wittelsbachers Friedrich IV. wird sein 14jähriger Sohn Friedrich V. Kurfürst von der Pfalz. Die Vormundschaft führt bis 1613 entgegen den Bestimmungen der Goldenen Bulle nicht der lutherische Pfalzgraf Philipp Ludwig von Neuburg, sondern dessen jüngerer kalvinistischer Bruder, Pfalzgraf Johann von Zweibrücken.

24. 10. 1610. Katholische Liga und protestantische Union treffen in München einen Vergleich, durch den bewaffnete Auseinandersetzungen vermieden werden sollen.

12. 3. 1612. Nach dem Tod von Ernst von Bayern wird sein Neffe Ferdinand von Bayern, der Sohn des bayerischen Herzogs Wilhelm V., Bischof von Lüttich, Münster und Hildesheim sowie Erzbischof und Kurfürst von Köln. 1618 erwirbt er auch noch Paderborn.

1613. Der lutherisch erzogene Pfalzgraf Wolfgang Wilhelm von Pfalz-Neuburg tritt in München zum Katholizismus über. Während seiner langen Herrschaft (bis 1653) führt er Pfalz-Neuburg mit starkem Druck, aber ohne größere Kämpfe, zum alten Glauben zurück.

1613–1617. Herzog Maximilian I. von Bayern läßt in München den Hofgarten anlegen.

1614. Das Gewölbe der Bamberger Michaelskirche wird mit etwa 600 verschiedenen Blumen ausgemalt. →

1. 7. 1614. Das Augsburger Handelshaus der Welser bricht zusammen. →

1. 7. 1614. Georg Ridinger vollendet den Bau des Renaissanceschlosses in Aschaffenburg, einen der frühesten strengen Vierflügelbauten in Deutschland.

12. 11. 1614. Im Vertrag von Xanten wird der Jülich-Klevesche Erbfolgestreit beendet. Brandenburg erhält Kleve, Mark und Ravensberg und erweitert damit beträchtlich seine Stellung in Nordwestdeutschland; Pfalzgraf Wolfgang Wilhelm von Pfalz-Neuburg gewinnt Jülich und Berg hinzu.

1615. Matthias Rader beginnt mit der Veröffentlichung seiner »Bavaria Sancta«, einer Beschreibung des Lebens der bayerischen Heiligen.

1615. Die Westfassade der Münchner Residenz mit Skulpturen von Hans Krumper entsteht.

1616. Der »Codex Maximilianeus« kodifiziert das öffentliche und private Recht in Bayern. →

1616. Elias Holl vollendet den Perlachturm in Augsburg. Zusammen mit dem gleichzeitig entstehenden Rathaus (vollendet 1620) bildet er eine charakteristische Gruppe, die zum Wahrzeichen der Stadt wird.

14. 1. 1616. Herzog Maximilian I. von Bayern legt nach Auseinandersetzungen in der katholischen Liga sein Bundesoberstenamt nieder. Die Liga ist dadurch praktisch aufgelöst.

27. 5. 1617. Herzog Maximilian I. von Bayern gründet mit Würzburg, Bamberg, Eichstätt und Ellwangen eine neue katholische Liga.

1618. In Taxa wird die Wallfahrtskapelle Maria-Stern gebaut.

23. 5. 1618. Nach einer Versammlung der böhmischen Stände in Prag werden zwei katholische kaiserliche Ratsherren demonstrativ aus einem Fenster des Prager Hradschin geworfen. Dies ist der Auslöser für den Dreißigjährigen Krieg.

1619. Um die Reichenhaller Salinenwälder zu schonen, läßt Herzog Maximilian I. von Bayern die Tochtersaline Traunstein errichten und sie über eine 31 km lange Rohrleitung mit der 1613 neu entdeckten Solequelle in Reichenhall verbinden. →

26./27. 8. 1619. Die böhmischen Stände wählen den evangelischen, in der Oberpfalz geborenen Kurfürsten Friedrich V. von der Pfalz zum König, nachdem sie den katholischen Kaiser Matthias als König von Böhmen für abgesetzt erklärt haben. Wegen seiner kurzen Regierungszeit geht Friedrich als »Winterkönig« in die Geschichte ein.

28. 8. 1619. Nach dem Tod von Matthias wird sein Vetter Ferdinand II. zum Kaiser gewählt. Die böhmischen Stände verweigern Ferdinand die Huld.

8. 10. 1619. Kaiser Ferdinand II. schließt mit Herzog Maximilian I. von Bayern und der katholischen Liga ein Bündnis gegen Böhmen bzw. die Kurpfalz.

10./11. 11. 1619. René Descartes, Soldat der Tilly-Armee, hat im Winterlager vor Neuburg/Donau einen Traum, der ihm den Weg zu seiner Philosophie weist. →

GESTORBEN:

2. 9. 1610. Ingolstadt: Heinrich Canisius (*um 1555, Nimwegen), Kanonist (»Summa iuris canonici«).

9. 9. 1610. Heidelberg: Friedrich IV. (* 5. 3. 1574, Amberg), Kurfürst von der Pfalz 1583–1610.

17. 2. 1612. Arnsberg: Ernst von Bayern (* 17. 12. 1554, München), Bischof von Freising, Bischof von Hildesheim, 1583–1612 Erzbischof und Kurfürst von Köln, ab 1585 auch Fürstbischof von Münster.

8. 6. 1612. Frankfurt am Main: Hans Leo Haßler (getauft 26. 10. 1564, Nürnberg), Komponist.

13. 9. 1617. Würzburg: Julius Echter von Mespelbrunn (* 18. 3. 1545, Schloß Mespelbrunn/Unterfranken), Fürstbischof von Würzburg. →

Bankrott der Firma Welser

1. Juli 1614. Matthäus schrieb »Bedenken des Münzwesens halber«, Paulus verfaßte einen «Politischen Discurs vom Münz-Wesen», alle theoretischen Kenntnisse in Geldangelegenheiten sind aber für die beiden Welser-Brüder ohne Nutzen – sie machen mit ihrer weltberühmten Firma Konkurs.

Die Schwierigkeiten hatten sich schon früh, in den Tagen des Großvaters Bartholomäus, angezeigt, und die Mitfinanzierung des Schmalkaldischen Krieges hat das Ende beschleunigt. Matthäus, offensichtlich der Hauptakteur, muß für sieben Jahre ins Gefängnis und wird dann unter der Bedingung entlassen, daß er sein Haus lebenslänglich nicht mehr verlasse.

Bruder Markus, der bekannteste aus dieser Welser-Generation, hat den Niedergang des Hauses noch erlebt, dessen endgültigen Zusammenbruch aber mußte er nicht mehr mit ansehen, kurz vor dem Bankrott ist er mit 56 Jahren gestorben.

Der im Dienste Augsburgs stehende Markus Welser – er war dort zuletzt Stadtpfleger – hat Bücher zur Geschichte Augsburgs und des Landes Bayern verfaßt.

Blumen-Gewölbe für Bamberger Kirche

1614. *Die Maler dürfen botanische Kenntnisse zeigen und das Gewölbe der Bamberger St. Michaelskirche mit Blumen ausmalen (Abb.) – mit rund 600 verschiedenen Arten.*

Das im Jahr 1021 geweihte Gotteshaus wurde 1121 durch ein Erdbeben zerstört. Die im Hirsauer Stil wiederaufgebaute Kirche brannte 1610 nieder, wurde aber innerhalb weniger Jahre, ebenso wie das dazugehörige Benediktinerkloster, wiederaufgebaut.

Hofastronom Marius contra Galilei

1610. Vom Ansbacher Schloßturm aus entdeckt der 38jährige Hofastronom Simon Marius die vier Jupitermonde. Mit Galilei, der sie zur gleichen Zeit findet, entsteht deswegen ein heftiger Prioritätenstreit.

Dem studierten Mediziner Marius (er heißt eigentlich Maier und stammt aus Gunzenhausen) gelingt es 1612, mit seinem Fernrohr auch den Andromedanebel zu entdecken; später lebende Kollegen werden ihn M-31 nennen. Zu weiteren Funden am nächtlichen Himmel, so heißt es, fehlt das Geld.

Wendepunkt in der Philosophie

10./11. November 1619. Der 23jährige René Descartes, seit kurzem Soldat der Tilly-Armee, liegt im Winterlager vor Neuburg/Donau, als ihm in der Nacht vom 10. zum 11. November 1619 in einem Traum jener philosophische Weg gewiesen wird, der schließlich zu seinem »Discours de la méthode…« und damit zu einem Wendepunkt der Philosophiegeschichte führt – freilich auch dazu, daß der junge Franzose das bayerische Heer bald wieder verläßt, um sich ganz seiner, der rationalistischen Philosophie zu widmen.

Pipeline führt zur Saline Traunstein

1619. Das »gute Salzflüssel« strömt durch hölzerne und bleierne Rohre, 31 km weit, von Reichenhall zur neu errichteten Saline Traunstein. Diese wohl älteste Pipeline der Welt, die mit ihren sieben Pumpwerken eine der technischen Meisterleistungen ihrer Zeit ist, ließ Herzog Maximilian bauen, da die Wälder um Reichenhall den Bedarf der Salzsieder (bis zu 240 000 Festmeter im Jahr) auf Dauer nicht hätten decken können. Die vier Traunsteiner Sudpfannen übernehmen etwa ein Viertel der Reichenhaller Produktion.

Gesetzeswerk regelt alle Rechtsfälle

1616. Seit 1599 sitzen in herzoglichem Auftrag die Rechtskundigen zusammen, 1605 zog man auch die Landschaft zu, und 1616 erscheint dann das Ergebnis aller Beratungen: der »Codex Maximilianeus«, ein Gesetzbuch betreffend »Landrecht, Polizei-, Gerichts-, Malefiz- und andere Ordnungen der Fürstentumen Obern- und Niederbayern«.

Knapp 100 Jahre nach der Kodifizierung durch Wilhelm IV. hat Bayern damit ein neues Gesetzeswerk.

Die am römischen Recht geschulten Räte des Herzogs haben darauf gesehen, daß in dem Buche alle Rechtsfälle berücksichtigt werden. Vor allem ist darauf geachtet, daß das Laster und die Leichtfertigkeit bestraft werde. Gegenüber der »Carolina« werden Strafen milder angesetzt, ohne daß auf Abschreckung verzichtet wird.

Wallfahrtskapelle Maria-Stern in Taxa

1618. Von dem, was sich in seiner Hofmark begab, ist der kaiserliche und kurfürstliche Rat Johann Wilhelm von Hund so beeindruckt, daß er an der Stelle der wundersamen Begebenheit eine Kapelle Maria-Stern bauen läßt.

In Taxa (viel später wird man sagen: unmittelbar bei der Autobahnausfahrt Odelzhausen) legt eine Henne des Sebastian Schädl ein Ei, auf dem man inmitten eines strahlenden Sternes die heilige Maria zu erkennen glaubte. Das Kirchlein wird zu einer berühmten Wallfahrt.

Viel Arbeit für die Münchner Bauleute

Um 1610. Die Wittelsbacher haben immer gebaut, auch wenn sie sich das Geld dazu borgen mußten. Doch nun regiert einer, der seine Finanzen streng unter Kontrolle hält – und dennoch baut. Die lange Westfassade der Residenz und der Hofgarten sind Maximilians Werk. Vater Wilhelm hatte noch für seine Jesuiten die Michaelskirche (mit dem nach St. Peter in Rom größtem Tonnengewölbe) bauen lassen, dazu das Jesuitenkolleg und die Maxburg, dann war er bankrott.

Den Sohn scheint das nicht abzuschrecken. Auch er gibt den Bauleuten reichlich zu tun; und dabei, so heißt es, ist er bei der Residenz sogar sein eigener Architekt, fachmännisch unterstützt von Hans Reiffenstuel und vor allem Heinrich Schoen d. Ä.

So entstehen 1601 die Hofkapelle, 1607 die Reiche Kapelle, 1610 der Brunnenhof, 1611/19 die renaissancehaft-eindrucksvolle, 33 Achsen lange Schauseite der Residenz, 1612 der Residenzturm, 1613/17 der Hofgarten, 1614 der Kaiserhof und die beiden Portale an der Residenzstraße, 1615 der Hofgartentempel mit der Bavaria von Hubert Gerhard, 1616 ein kleines Gartenschlößchen am östlichen Ende des Hofgartens, die Kaisertreppe in

Herzog Maximilian I. läßt die Residenz in München ausbauen

der Residenz und Hans Krumpers Patrona Boiariae an der Fassade, 1617 die Steinzimmer in der Residenz und 1619 – die Stadtbefestigung. Allein der Ankauf von Grundstücken, die für den Bau dieser Anlage gebraucht werden, kostet den bayerischen Herzog fast 26 000 Gulden.

Die Angst vor einem feindlichen Angriff scheint groß zu sein, denn der Herzog läßt die Arbeiten an der Stadtbefestigung noch im Winter 1619/20 beginnen. An die 2000 Personen, darunter Frauen, Bettler und Landstreicher, müssen sich plagen, damit die Stadt zur zweiten Landesfestung (neben Ingolstadt) ausgebaut wird.

Sehr viel haben diese Bauarbeiten nicht gebracht, und München – in der Stadt leben knapp 20 000 Einwohner – hat auch sein Aussehen dadurch nur wenig verändert; eine türmereiche Stadtmauer gab es ja schon seit den Tagen von Kaiser Ludwig dem Bayern.

Der älteste, in den Tagen Maximilians geschaffene Stadtplan zeigt die Topographie Münchens; der Salzburger Kupferstecher Tobias Volckmer legt ihn 1613 unter dem Titel »Monachium Bavariae« vor. Das Werk wird dem Herzog gewidmet, doch dessen Residenz fehlt auf dieser Vogelschau, die 120 Jahre nach der ersten, in der Schedelschen »Weltchronik« abgedruckten Ansicht Münchens veröffentlicht wird.

Obwohl der Wittelsbacher so eifrig baut – vor allem in seiner Residenz –, hat er, dessen Staat eben noch bankrott war, genug Geld in der Kasse, um die katholische Sache in der Gegenreformation großzügig zu unterstützen.

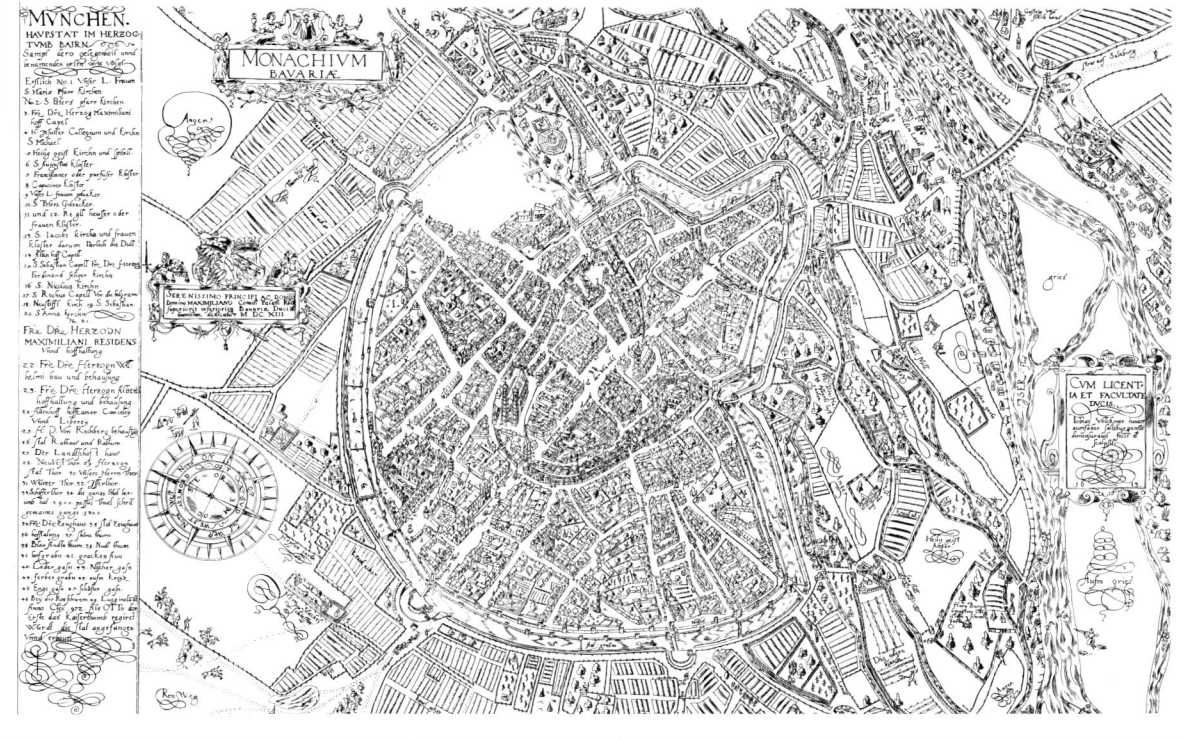

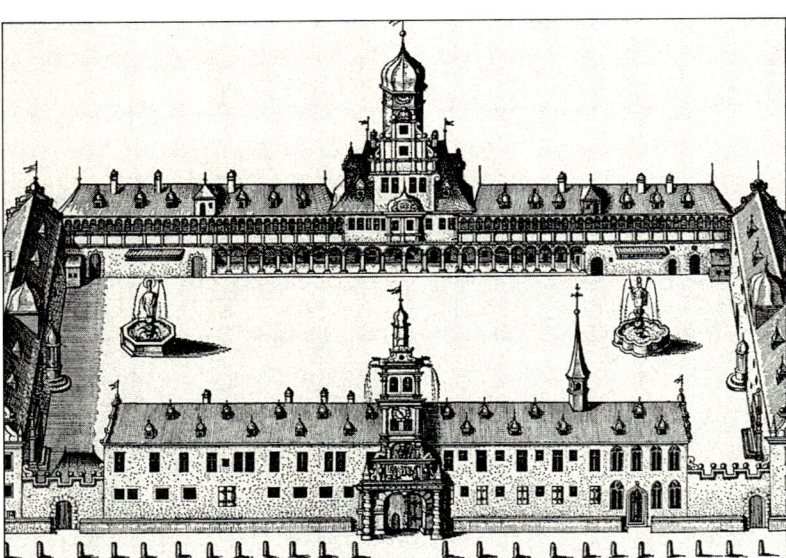

Juliusspital in Würzburg, auf Initiative von Fürstbischof Julius Echter von Mespelbrunn durch Georg Robin angelegt (Kupferstich von M. Merian)

Würzburger Bischof stirbt

13. September 1617. Nach 44 Regierungsjahren stirbt der Würzburger Fürstbischof Julius Echter von Mespelbrunn. Er, der schon in jungen Jahren zu kirchlichen Würden gekommen und 28jährig mit elf von 22 Stimmen zum Oberhirten gewählt worden war, hat seine Diözese wohl mehr geprägt als irgendeiner seiner Vorgänger: In gegenreformatorischem Eifer baute dieser fromme Kirchenmann zahlreiche Gotteshäuser im sog. Juliusstil, stiftete 1575 die Würzburger Universität und 1579 das Juliusspital (dem er Weinberge vermachte). Der strenge Herr sorgte sich um die Armen und Kranken, gleichzeitig aber erreichte die Hexenverfolgung unter ihm einen ihrer Höhepunkte.

J. Echter von Mespelbrunn, Fürstbischof von Würzburg 1573–1617

Blick in den Innenhof der von Bischof Julius Echter von Mespelbrunn gestifteten Alten Universität in Würzburg (Kupferstich von Johannes Leypolt)

1620

1620–1629

August 1620. Elias Holl vollendet den Bau des Augsburger Rathauses. →

8. 11. 1620. Die von Herzog Maximilian I. von Bayern und dem Feldherrn Johann Tserclaes von Tilly geführten Truppen des römisch-deutschen Kaisers Ferdinand II. und der katholischen Liga besiegen in der Schlacht am Weißen Berg vernichtend das Heer der böhmischen Stände. Friedrich V. von der Pfalz flieht in die Niederlande. →

1621. In Nürnberg wird der Banco publico gegründet, eine öffentliche Bank.

29. 1. 1621. Kurfürst Friedrich V. von der Pfalz wird in die Acht erklärt.

1622. Jakob Wolff d. J. stellt den Um- und Neubau des Nürnberger Rathauses fertig.

3. 10. 1622. Kaiser Ferdinand II. verleiht der Akademie in Altdorf bei Nürnberg zum philologischen auch das juristische und medizinische Promotionsrecht. Altdorf ist faktisch eine Volluniversität.

25. 2. 1623. Als Dank für die Hilfe im Kampf gegen Böhmen verleiht Kaiser Ferdinand II. Herzog Maximilian I. von Bayern die pfälzische Kurwürde. →

17. 4. 1625. Das Revisorium wird als zentrales oberstes Landesgericht Bayerns eingerichtet.

Mai 1625. König Christian IV. von Dänemark greift zugunsten der protestantischen Fürsten Norddeutschlands in den Dreißigjährigen Krieg ein. Damit beginnt der Niedersächsisch-Dänische Krieg. Kaiser Ferdinand II. ernennt Albrecht von Wallenstein zum oberstkommandierenden General.

15. 5. 1625. Der bayerische Statthalter im Land ober der Enns, Adam Graf Herberstorff, läßt 36 evangelische Bauernführer um ihr Leben würfeln und 16 von ihnen hängen. Dies löst den oberösterreichischen Bauernkrieg aus. →

1626. In der Schlacht bei Dessau reibt Albrecht von Wallenstein, der oberstkommandierende General der Truppen von Kaiser Ferdinand II., das Heer des protestantischen Feldherrn Ernst II. von Mansfeld völlig auf. Am 27. August schlägt Johann Tserclaes von Tilly, Feldherr der katholischen Liga, die Truppen der protestantischen Dänen bei Lutter am Barenberg.

26. 6. 1626. Kurfürst Maximilian I. erläßt eine Kleiderordnung. →

5. 7. 1626. Der oberösterreichische Bauernführer Stefan Fadinger stirbt vor Linz im Kampf gegen die bayerische Pfandschaftsbesetzung und ihre gegenreformatorischen Maßnahmen. Der ehemalige Landsknecht und Hofbesitzer Fadinger ist der Initiator des seit 1625 andauernden Aufstandes der oberösterreichischen Bauern. Nach seinem Tod werden die Bauern im November von den bayerischen Truppen endgültig geschlagen.

1627. Hans Alberthal vollendet den Bau der Hofkirche in Neuburg an der Donau. Sie war 1607 als evangelische Hofkirche gegründet worden, als »Trutzmichael« gegen die Jesuitenkirche St. Michael in München. Da Pfalzgraf Wolfgang Wilhelm 1613 zum Katholizismus übergetreten ist, wird sie nun katholisch-jesuitisch.

21. 1. 1627. Ein kaiserliches Dekret verbietet katholischen Ärzten die Behandlung von Protestanten.

1628. Kurfürst Maximilian I. von Bayern erhält die Kurwürde erblich übertragen (bisher nur auf Lebenszeit). Außerdem werden ihm Ober- und Unterpfalz übertragen.

1628. Der Um- und Neubau der Stiftskirche in Polling bei Weilheim wird abgeschlossen.

22. 2. 1628. Kurfürst Maximilian I. von Bayern verzichtet auf den Pfandbesitz des Landes ober der Enns.

6. 3. 1629. Kaiser Ferdinand II. erläßt das Restitutionsedikt, an dem Kurfürst Maximilian I. von Bayern maßgeblich beteiligt ist: Alle seit 1552 von den Protestanten eingezogenen geistlichen Güter müssen rekatholisiert werden.

GESTORBEN:

25. 2. 1620. Nürnberg: Jakob Wolff d. J. (* 1571?, Bamberg), Baumeister.

9. 3. 1620. München: Aegidius Albertinus (* 1560, Deventer/Holland), katholischer Erbauungsschriftsteller, Hofbibliothekar in München.

17. 6. 1621. Ingolstadt: Christoph Gewold (* 10. 10. 1556, Amberg), bayerischer Hofrat, Archivar und Gelehrter.

18. 11. 1624. Nürnberg: Bartholomäus Viatis (* 18. 5. 1538, Venedig), Großkaufmann.

26. 12. 1624. Ansbach: Simon Marius (* 8. 1. 1573, Gunzenhausen), Astronom.

29. 1. 1625. Ingolstadt: Jakob Gretser (* 27. 3. 1562, Markdorf/Baden), Jesuit, Späthumanist, Gräzist und Dramatiker.

7. 3. 1625. Augsburg: Johann Bayer (* 1572, Rain am Lech), Astronom.

14. 8. 1625. Augsburg: Hans Rottenhammer (* 1564, München), Maler und Zeichner.

7. 2. 1626. Schleißheim: Wilhelm V., der Fromme (* 29. 9. 1548, Landshut), Herzog von Bayern 1579–1597.

1628. München: Peter Candid (* um 1548, Brügge), Maler.

GEBOREN:

20. 12. 1626. Herzogenaurach bei Erlangen: Veit Ludwig Seckendorf († 18. 12. 1692, Halle), Staatsmann und Gelehrter.

Schlacht am Weißen Berg bei Prag

8. November 1620. Auf dem nur 38 m hohen Weißen Berg westlich von Prag entscheidet sich am Nachmittag das Schicksal zweier Wittelsbacher – Herzog Maximilian von Bayern besiegt mit seinem niederländischen Feldherrn Tilly das Heer des pfälzischen Kurfürsten Friedrich, den die böhmischen Protestanten am 26./27. August 1619 an Stelle des wenige Tage zuvor abgesetzten Habsburgers Ferdinand II. zu König Friedrich V. gewählt haben.

Da die Protestanten mit Armbinden in den wittelsbachischen Farben weißblau in die Schlacht ziehen, erhalten die Soldaten auf Maximilians Seite zur Unterscheidung weiße Abzeichen. Mit der Tageslosung »Sancta Maria« stürmen sie den niederen, doch an zwei Seiten steil abfallenden Hang hinauf, voran der Karmelitenpater Dominicus a Jesu Maria auf seinem weißen Pferd. Innerhalb von zwei Stunden ist die Schlacht entschieden, und am Mittag des darauffolgenden Tages zieht der Bayernherzog in Prag ein.

Sein königlicher Verwandter, der eben noch mit seiner Frau (einer

Die Schlacht am Weißen Berge am 8. November 1620 (Ölgemälde von Pieter Snayers / 1592–1667; München, Bayerische Staatsgemäldesammlungen)

englischen Königstochter) und einigen Herren auf dem Hradschin gespeist hat, kann bei der überhasteten Flucht zwar noch die gut gefüllte Schmuckschatulle mitnehmen, doch die Kanzlei mit den brisanten politischen Korresponden-

zen fällt in die Hände der siegreichen katholischen Liga.

Der protestantische Wittelsbacher flieht zunächst nach Breslau. Seiner kurzen, ruhmlosen Regierung in Böhmen wegen erhält er den Namen »Winterkönig«.

Grausames »Frankenberger Würfelspiel«

15. Mai 1625. Weder Kaiser noch Kurfürst wollen dulden, daß es in dem an Bayern verpfändeten Land ober der Enns weiterhin Protestanten gibt. Die Versuche des Statthalters Adam von Herberstorff, Oberösterreich zu rekatholisieren, haben trotz aller Strenge – oder auch gerade wegen ihr – keinen Erfolg.

Vor allem im Hausruckviertel widersetzen sich die Bauern. Als es in Frankenberg bei Vöcklabruck zu Unruhen kommt und der herrschaftliche Pfleger in seinem Schloß belagert wird, greift Herberstorff (der selbst einst Protestant war) mit grausamer Härte durch: Er fordert die Bauern auf, sich zu versammeln

und läßt, als etwa 6000 beisammen sind, ihre 36 Anführer auf einem ausgebreiteten Mantel um ihr Leben würfeln – 17 werden gehängt und dann an der Straße aufgespießt. Dieses »Frankenberger Würfelspiel« wird im Frühjahr 1626 zum Anlaß des Bauernaufstandes unter Führung von Stefan Fadinger.

Abgabe des Pachtzinses, den die Bauern an ihren Grundherren zahlen müssen; die Abschaffung des sog. Zehnten, der ursprünglich in Naturalien, seit dem 13. Jh. auch in Geld geleistet wird, ist eine Forderung vieler Bauern

Herzog Maximilian wird Kurfürst

25. Februar 1623. Der Kaiser hat sich viel Zeit gelassen, doch nun löst er im Rittersaal des Regensburger Rathauses das vor mehr als drei Jahren gegebene Versprechen ein und macht aus dem Herzog einen Kurfürsten Maximilian von Bayern. Diese Erhöhung wird festlich inszeniert: Kaiser Ferdinand, der in seinem prunkvollen Ornat auf dem Thron sitzt, läßt in Gegenwart zahlreicher Fürsten durch den Reichsvizekanzler verkünden, daß Maximilian, der im Waffenrock vor den Kaiser tritt, mit der Kurwürde belehnt sei. Bei der folgenden Festtafel reicht der neue Kurfürst dem Kaiser die erste Schüssel.

Damit werden die bayerischen Wittelsbacher wieder in jenen Rang eingesetzt, den sie früher schon einmal besessen und den ihnen Karl IV. genommen hatte.

Diese Wiederbelehnung war möglich geworden, da Ferdinand II. dem wittelsbachischen »Winterkönig« Friedrich V. nach der böhmischen Affäre seine pfälzische Kurwürde abgesprochen hatte.

Maximilian erläßt neue Kleiderordnung

26. Juni 1626. Auf daß jeder seinen Rang in der Gesellschaft kenne, erläßt Kurfürst Maximilian I., wie schon etliche seiner Vorgänger, eine Kleiderordnung.

Die Kleiderordnung teilt die Bevölkerung in sieben Gruppen ein: Bauern, Bürger, Kauf- und Gewerbeleute, Geschlechter, Ritterschaft und Adel, Doktoren, Grafen.

Das Landvolk darf nur inländische Stoffe tragen; alle kostbaren Tücher sind ihm verboten, ebenso jeder Schmuck außer einem silbernen Ehering. Dem Bürger wiederum ist es gestattet, bis zu zwei Ringe ohne Steine zu tragen. Der Wert der Ringe darf allerdings 10 bis 12 Gulden nicht übersteigen.

Der Adel hat das Privileg, Schmuck und Edelsteine im Wert von 500 bis 600 Gulden anzulegen.

Die Vorschriften des Gesetzes gehen bis ins kleinste Detail. Luxusverbote wie dieses von 1626 gibt es seit Jahrhunderten. Sie sollen den Standesunterschied sichern und verfolgen häufig auch wirtschaftliche Absichten.

Das Rathauß sampt dem Perleg thurn zu Augspurg.

Baumeister Elias Holl vollendet Renaissance-Rathaus in Augsburg

August 1620. *Nach einer Bauzeit von genau fünf Jahren kann der Augsburger »Stadtwerkmeister« Elias Holl den Repräsentanten seiner Geburtsstadt das von ihm entworfene und gebaute Rathaus übergeben.*
Bei der ersten Ratssitzung wird der Baumeister geehrt: Als Zeichen der Anerkennung für das Werk – eine der bedeutendsten architektonischen Leistungen der deutschen Renaissance – überreichten sie ihm einen mit 600 Gulden gefüllten vergoldeten Becher.
Wer am 25. August 1615 an der Grundsteinlegung teilnehmen wollte, mußte früh aufstehen. Morgens um 7 Uhr wurde nämlich der erste Stein gesetzt. Damit war die Entscheidung für das neue Rathausgebäude endgültig und unwiderruflich gefallen.
Zunächst hatten die Augsburger gemeint, es genüge, das alte Rathaus umzubauen. Nach ein paar Jahren, in denen immer neue Vorschläge gemacht und Varianten entwickelt wurden, fiel 1614 aber die Entscheidung: Das alte Gebäude sollte abgerissen werden und die Stadt einen prachtvollen Neubau bekommen.
Fünf Entwürfe und drei Modelle lieferte Holl, dann stand fest, daß dieser 32jährige Augsburger, der Nachkomme einer guteingeführten Baumei-

sterfamilie und seit 1602 Werkmeister, den Zuschlag bekam. Zum wichtigsten und schönsten Raum, zu einem Symbol Augsburger Wohlstands und reichsstädtischen Stolzes, wurde der über drei Stockwerke gehende Goldene Saal, dessen weitgespannte Holzdecke Holl mit 27 Ketten am Dachstuhl aufhängen ließ.
Der Prachtraum ist bei der ersten Ratssitzung noch nicht fertig, ihn wird der amtlich bestallte Stadtmaler Johann Matthias Kager erst in den kommenden Jahren ausstatten.
Für Holl ist das Rathaus (Abb.) eine der letzten Arbeiten, die er im Auftrag der Stadt ausführen darf. Er erhält zwar noch den Auftrag, das Heilig Geist-Spital zu bauen, dann aber trifft ihn der Bannstrahl – als Protestant, der seinem Glauben nicht abschwören will, wird er 1631 nach nahezu 20 Jahren aus dem Amt des Stadtbaumeisters entlassen. Er, der das Stadtbild Augsburgs durch seine Bauten so eindrucksvoll geprägt hat, darf keine öffentlichen Bauten mehr errichten. Erhalten bleibt freilich, was er geschaffen hat, etwa das Zunfthaus der Bäcker von 1602, das Zeughaus, die Stadtmetzgerei, der Perlachturm (Abb.), der Oberbau des Wertachbrugger- und des Roten Turmes.

1630

1630. Der Bau der Klosterkirche Oberaltaich in Niederbayern nach Plänen des Abts Vitus Möser wird vollendet.

1630. Der Bau der Pfarr- und Wallfahrtskirche Mariä Himmelfahrt in Tuntenhausen in Oberbayern wird vollendet.

3. 7. 1630. Der Kurfürstentag zu Regensburg wird eröffnet; auf Druck des bayerischen Kurfürsten Maximilian I. entläßt Kaiser Ferdinand II. Albrecht von Wallenstein als oberkommandierenden General. →

6. 7. 1630. König Gustav II. Adolf von Schweden landet in Pommern und greift zugunsten der Protestanten in den Dreißigjährigen Krieg ein. Der Schwedische Krieg beginnt, die dritte Phase des Dreißigjährigen Kriegs.

30. 5. 1631. Kurfürst Maximilian I. von Bayern schließt mit Frankreich den antihabsburgischen Vertrag von Fontainebleau, einen Defensiv- und Nichtangriffspakt auf acht Jahre.

17. 9. 1631. In der Schlacht bei Breitenfeld in der Gegend von Leipzig besiegen die schwedischen und kursächsischen Truppen vernichtend Johann Tserclaes von Tilly, den Feldherrn der katholischen Liga. Der schwedische König Gustav II. Adolf stößt nach Süddeutschland vor. Die Schlacht bei Breitenfeld bildet im Dreißigjährigen Krieg die Wende zugunsten der Protestanten.

10. 11. 1631. Tilly erobert Rothenburg; durch den Meistertrunk – so die Überlieferung – rettet Bürgermeister Nusch die Stadt. →

31. 3. 1632. Der schwedische König Gustav II. Adolf stößt nach Nürnberg vor.

15. 4. 1632. Der schwedische König Gustav II. Adolf besiegt in der Schlacht bei Rain am Lech das Heer der katholischen Liga unter Johann Tserclaes von Tilly, der während der Schlacht verwundet wird und am 30. April in Ingolstadt stirbt (→30. 4. 1632).

11. 5. 1632. Die Dinkelsbühler Kinder bitten die Schweden um Schonung der Stadt; daran erinnert die Kinderzeche. →

17. 5. 1632. Der schwedische König Gustav II. Adolf zieht in München ein. →

Juli 1633. Der evangelische Herzog Bernhard von Sachsen-Weimar wird von den Schweden mit dem Herzogtum Franken belehnt. →

Winter 1633/34. In Oberbayern kommt es zu einem Aufstand der Bauern, die unzufrieden sind mit den drückenden Kriegslasten und den Übergriffen der im Winterquartier liegenden kaiserlich-ligistischen und spanischen Armee.

Um 1634. In München fordert die Pest 10 000 bis 15 000 Menschenleben. Auch in anderen bayerischen, fränkischen und schwäbischen Städten wütet die Pest. →

1634. Im bayerischen Oberammergau wird erstmals das Passionsspiel aufgeführt. →

18. 9. 1635. Kaiser Ferdinand II. erklärt dem mit Schweden verbündeten Frankreich den Krieg. Damit beginnt der Französisch-Schwedische Krieg, die grausamste Phase des Dreißigjährigen Kriegs (bis 1648).

1636. Wegen der schweren Verwüstungen während des Dreißigjährigen Kriegs bleiben die Oberpfalz und das Rentamt München – das sind 58% der Fläche Bayerns – steuerfrei.

1636. Kaspar Schoppe, Ratgeber von Papst, Kaiser und Kurfürst, muß ins Exil von Padua fliehen. →

September 1636. Bayerische und kaiserliche Truppen dringen unter Johann von Werth bis nach Paris vor. →

8. 11. 1638. In München wird die Mariensäule geweiht. →

GESTORBEN:

15. 11. 1630. Regensburg: Johannes Kepler (* 27. 12. 1571, Weil der Stadt), Astronom.

23. 2. 1631. München: Jakob Keller (* 1568, Säckingen), Jesuit, Kontroverstheologe.

30. 4. 1632. Ingolstadt: Johann Tserclaes von Tilly (* 1559, Schloß Tilly/Brabant), kaiserlicher Feldherr. →

29. 11. 1632. Mainz: Friedrich V. (* 26. 8. 1596, Deinschwang), Kurfürst von der Pfalz 1610–1620, König von Böhmen 1619/20.

16. 7. 1633. Coburg: Johann Casimir (* 12. 6. 1564, Veste Grimmenstein zu Gotha), Herzog von Sachsen-Coburg; ließ Coburg zur Residenzstadt ausbauen.

22. 12. 1634. München: Matthäus Rader (* 1561, Innichen/Tirol), Historiker und Philologe.

1634. Augsburg: Georg Petel (* 1601/02, Weilheim in Oberbayern), Bildhauer.

19. 4. 1638. München: Jeremias Drexel (* 15. 8. 1581, Augsburg), Jesuit, Prediger und Schriftsteller.

1. 6. 1639. Coburg: Melchior Franck (* um 1580, Zittau bei Dresden), Komponist, seit 1603 Hofkapellmeister des Herzogs Johann Casimir von Sachsen-Coburg in Coburg.

GEBOREN:

31. 10. 1636. München: Ferdinand Maria († 26. 5. 1679, Schleißheim), Kurfürst von Bayern.

1. 5. 1637. Nürnberg: Johann Andreas Graff († 6. 12. 1701, Nürnberg), Maler, Zeichner, Kupferstecher, Verleger.

2. 11. 1639. Nürnberg: Johann Trost († 2. 7. 1700, Nürnberg), Architekt und Ingenieur.

Maximilian gegen den Kaiser

3. Juli 1630. Kaiser Ferdinand II. und die Kurfürsten haben, als der Regensburger Kurfürstentag eröffnet wird, verschiedene Interessen: Der Kaiser wünscht, daß seinem Sohn Ferdinand die Nachfolge in der deutschen Königswürde gesichert wird, die Kurfürsten aber hoffen – und Bayerns Maximilian ist ihr Wortführer –, daß Wallenstein als Oberbefehlshaber abgelöst wird. Ehe schließlich nach drei Wochen die Entlassungsurkunde ausgestellt wird, gibt es zähe Verhandlungen.

Der Habsburger hört die Klagen: Daß der böhmische Generalissimus Wallenstein sich einen viel zu aufwendigen Hofstaat halte, daß die Zahl seiner hohen Offiziere jedes vernünftige Maß übersteige, daß er jeweils viel zu hohe Kontributionen erpresse und daß, nicht zuletzt, der Oberbefehlshaber doch ein Deutscher sein müßte.

Der Zeitpunkt für einen Kommandowechsel ist äußerst ungünstig gewählt, denn drei Tage nach Beginn des Regensburger Treffens ist der Schwedenkönig Gustav Adolf in Pommern gelandet.

Doch der Druck auf den Kaiser hält an, und auch der Papst verlangt die Absetzung. So fällt zuletzt die Entscheidung: Albrecht von Wallenstein, Herzog von Friedland und Mecklenburg, wird – ohne daß man seiner Ehre Schaden zufügt und seinen großen Besitz schmälert – von seinem Posten abberufen. Zum Nachfolger wird Mitte Oktober der

Albrecht W. E. von Wallenstein, umstrittener Oberbefehlshaber, wird im Juli 1630 vom Kaiser entlassen

71jährige Johann Tserclaes Graf von Tilly bestimmt.

Für den bayerischen Kurfürsten ist dies nur ein halber Sieg, da seine erlauchten Kollegen den Oberbefehl ja ihm übertragen wollten.

Tilly, der sich lieber auf sein Altenteil zurückgezogen hätte, ist nun Herr über eine Armee von etwa 70 000 Soldaten. Wallenstein aber begibt sich ohne großes Murren auf seine böhmischen Besitzungen. Man wird ihn bald schon wieder holen…

Graf von Tilly tödlich verwundet

30. April 1632. Seit seiner Landung in Deutschland am 6. Juli 1630 ist König Gustav Adolf von Schweden immer tiefer ins Land eingedrungen, und als er sich nach der Eroberung von Donauwörth anschickt, den Lech zu überschreiten und Bayern zu erobern, stellt sich ihm der kaiserliche Oberkommandierende Johann Tserclaes Graf von Tilly vergeblich mit seinem Heer entgegen.

Am Vormittag des 15. April 1632 überschreiten die Schweden den Fluß. In der anschließenden sechsstündigen Schlacht bei Rain wird Tilly schwer verwundet. Eine Kugel zerschmettert ihm den rechten Oberschenkel. In Ingolstadt stirbt er, 73jährig, am 30. April.

Johann Tserclaes Graf von Tilly, Führer der katholischen Truppen gegen Gustav Adolf von Schweden

König Gustav II. Adolf besetzt München

17. Mai 1632. Der Sieg von Rain am Lech am 15. April des Jahres öffnete dem schwedischen Heer den Weg nach Bayern.

Die Belagerung Ingolstadts – König Gustav Adolf wurde bei einem Erkundungsritt das Pferd erschossen – mußte zwar ergebnislos abgebrochen werden, doch Moosburg und Landshut wurden besetzt.

Nun ist auch der Weg nach München frei, und am 16. Mai, während des Sonntagsgottesdienstes, rückt die erste schwedische Eskadron in die Residenzstadt ein.

Am Mittag des darauffolgenden Tages reitet, von Ismaning kommend, König Gustav durchs Isartor in die Hauptstadt Bayerns ein, eskortiert von etlichen hohen adeligen Herren, darunter auch der »Winterkönig« Friedrich V., der dem Schweden empfiehlt, die Residenz seines Verwandten Maximilian in die Luft zu sprengen.

Unterhändler waren Gustav Adolf nach Freising entgegengeritten und hatten die Stadt für 300 000 Reichstaler – dem halben Steueraufkommen Schwedens in einem Jahr – von Plünderung und Brandschatzung freigekauft. Die Eroberer halten sich an dieses Abkommen, und bereits zwei Stunden nach dem Einmarsch werden die Läden wieder geöffnet, und viele Münchnerinnen flanieren

Gustav II. Adolf, seit 1611 König von Schweden, fällt auf dem Schlachtfeld von Lützen am 16. November 1632; nur etwas mehr als zwei Jahre hat sein Kriegszug durch Deutschland gedauert, doch diese Zeit genügte, große Teile des Landes zu brandschatzen, zu plündern und zu verwüsten

Arm in Arm mit den fremden Soldaten durch die Stadt.

Die Majestät aus dem hohen Norden soll beim Ritt gen München den – später legendären – Spruch getan haben, daß die Stadt einem goldenen Sattel auf einer dürren Mähre gleiche. Beim Anblick der erst seit wenigen Jahren fertiggestellten Residenz tat Gustav Adolf einen zweiten Spruch, der später zum bayerischen Zitatenschatz gehören sollte: Stünde der Bau auf Rädern, er wollte ihn nach Stockholm rollen.

Da der Abtransport nicht möglich ist, hält sich der »König von Mitternacht« an die mobilen Details. Er läßt Bilder und Bücher zusammentragen und in seine Heimat schicken (darunter auch Gemälde aus dem Zyklus, zu dem Altdorfers »Alexanderschlacht« gehört).

Am Vormittag des 7. Juni ziehen die Schweden aus München wieder ab. Da die Stadt nur etwa die Hälfte der Kontribution zahlen kann, werden 42 Geiseln mitgeführt, die Hälfte davon Geistliche.

Übergabe des Münchner Stadtschlüssels an den schwedischen König Gustav Adolf vor dem Panorama der Stadt

Bayern stehen kurz vor Paris

September 1636. Mit Feldmarschalleutnant Johann von Werth ziehen die Bayern durch die Pfalz und durch Lothringen gegen Lüttich. Dort bekommen sie im Juni 1636 von Kaiser Ferdinand II. den Auftrag, nach Süden abzuschwenken und zusammen mit kaiserlichen Truppen und Spaniern des Kardinalinfanten von Savoyen nach Frankreich zu marschieren, voran die bayerische Reiterei, und hinterdrein der Rest des 35 000 Mann-Heeres. Bis nach Compiègne sind sie schon vorgedrungen.

Der Kardinalinfant will aber zunächst die Stützpunkte im Hinterland sichern, und die Franzosen haben Zeit, 50 000 Mann zu sammeln. Ende September und Anfang Oktober wird so der Sieg verspielt.

Im Mai 1635, mit dem Frieden von Prag, hatte man schon gehofft, daß der Krieg ein Ende finde: Am 6. September 1634 hatten die Schweden bei Nördlingen eine entscheidende Niederlage erlitten, in Prag wurde ein Friede für Deutschland geschlossen. Aus Angst, der Habsburger Kaiser könnte nun zu mächtig werden, erklärte daraufhin Frankreichs Kardinal Richelieu den Krieg. Der katholische Kirchenfürst kämpfte an der Seite der protestantischen Schweden.

Bernhard erhält Herzogtum Franken

Juli 1633. Als elfter Sohn hat Bernhard von Sachsen-Weimar geringe Aussichten auf ein großes Erbe. So nimmt er seine Zukunft selbst in die Hand – ein paar Monate Studium in Jena und dann in die Armee, wechselnde Heere und wechselndes Kriegsglück. 1631 schlägt er sich auf die Seite Gustav Adolfs. Mit ihm zusammen kämpft er bei Lützen; nach dessen Tod übernimmt er das Oberkommando. Der Schwedenkanzler Axel Oxenstierna überträgt ihm als Lehen das aus den Fürstbistümern Würzburg und Bamberg geschaffene Herzogtum Franken. Vollauf mit dem Krieg beschäftigt, überläßt Bernhard das Land seinem Bruder Ernst, der vor allem mit den Bambergern großen Ärger hat. Er muß ihn nicht lange ertragen, mit dem Prager Frieden von 1635 wird das Herzogtum wieder aufgelöst.

Die große Pest wütet in ganz Bayern

Um 1634. Die Pest kehrt zurück und wütet in dem vom Krieg ohnedies versehrten Land schlimmer als je zuvor. In München wird der erste Todesfall der neuen Epidemie am 12. August 1634 registriert, den Höhepunkt erreicht sie Anfang November, als in einer einzigen Nacht 213 Menschen sterben. Mitte Februar 1635 werden die letzten Toten begraben. Insgesamt fordert diese Pestepidemie in München zwischen 10 000 und 15 000 Opfer.

Betroffen ist das ganze Land. In Augsburg z. B. sterben 11 903 Menschen; damit ist die Zahl der Todesfälle etwa achtmal so hoch wie die der Geburten. In Landshut weiß man von 800 Opfern des Schwarzen Todes, in Schweinfurt sind es 4 882, in Dillingen 1 236, in Nördlingen 1 200, in Kulmbach 1 899, in Haßfurt 298, in Rosenheim 500 …

Die Angaben über die Gesamtzahl der Pestopfer schwanken vielfach; im Allgäu sind nach Schätzungen (die aber wohl zu hoch sind) zwei Drittel der Bevölkerung der Epidemie erlegen. Es gibt in Bayern

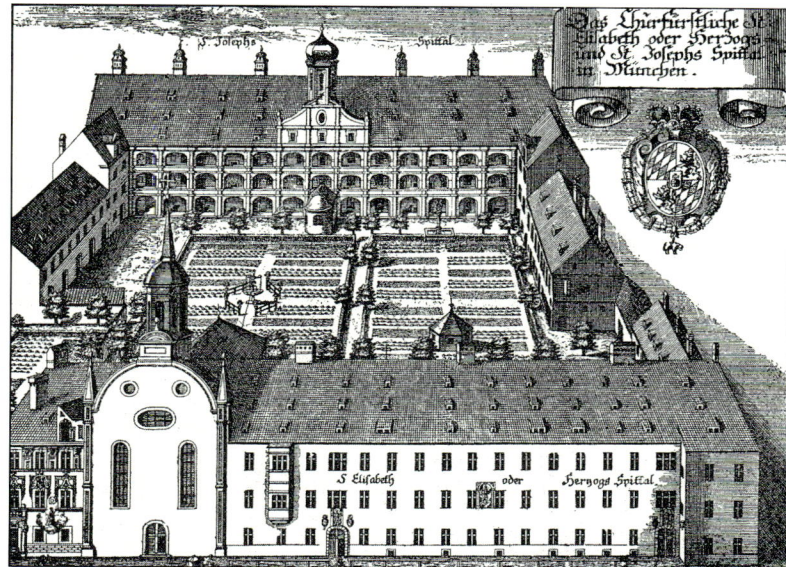

St. Elisabeth- und St. Josephshospital in München; viele Pestkranke werden auch in eigens eingerichteten Pesthäusern untergebracht

aber Regionen, wo wahrscheinlich vier Fünftel der Einwohner sterben. Im Verlauf der Epidemie von 1634 ändert sich endlich auch die Ansicht über die Herkunft der Seuche: Im kurfürstlichen Mandat vom 16. August 1634 wird erstmals der Ursprung nicht mehr im Treiben der Hexen, sondern in natürlichen Gründen gesehen.

Rothenburg durch Trinkwette gerettet

10. November 1631. Der Krieg hat für Tilly, den Feldherrn der katholischen Liga, im Jahr 1631 eine schlimme Wendung genommen, denn am 17. September ist er in dem bei Leipzig gelegenen Breitenfeld von schwedischen und kursächsischen Truppen vernichtend geschlagen worden; nun zieht er mit den zerlumpten, ausgemergelten Soldaten, die diese Schlacht überlebten, weiter südwärts.

Obwohl dieser Marsch mehr einer Flucht als einem Feldzug gleicht und man besser täte, sich zunächst einmal zu sammeln und neue Kräfte zu schöpfen, attackiert man die protestantischen Städte, und am 10. November fällt so nach einer heftigen Beschießung die Freie Reichsstadt Rothenburg ob der Tauber.

Um seine Stadt vor den marodierenden katholischen Truppen zu retten, geht Bürgermeister Nusch zu Tilly und schlägt ihm eine Wette vor: Er, Nusch, wolle versuchen, einen Humpen mit 3¼ Litern Wein in einem Zuge auszutrinken. Sollte ihm der große Schluck gelingen, möge der Feldmarschall die Stadt schonen. Tilly ist einverstanden –

und Nusch leert den Krug tatsächlich in einem Zug. Rothenburg ist gerettet. So jedenfalls überliefert es die Legende, und in einem Festspiel feiern die Rothenburger später den trinkfesten Bürgermeister.

Zusammen mit dem Andenken ihres Bürgermeisters Nusch ehren die Rothenburger auch ihre Schäfer. Nachweislich seit 1397 dürfen sie am Bartholomäustag, dem 24. August, auf dem Marktplatz einen Tanz abhalten. Drei Tage lang vergnügen sie sich in der Stadt, essen und trinken ausgiebig, ehe sie wieder zu ihren Tieren zurückkehren.

Bürgermeister Nusch leert den Humpen in einem, dem rettenden Zug

Passionsspiele in Oberammergau

1634. Seit mehr als anderthalb Jahrzehnten herrscht Krieg, und nun geht im Oberland auch noch die Pest um. Die Oberammergauer stellen Späher auf, die darauf achten sollen, daß niemand die Krankheit ins Dorf einschleppen kann.

Trotzdem gelingt es dem Kaspar Schißler, der irgendwo als Erntehelfer arbeitet, sich in sein Elternhaus heimzuschleichen – und mit ihm kommt der Tod. Innerhalb von drei Wochen, heißt es, sterben 84 Ammergauer an der Pest.

In dieser Not macht der Gemeindevorstand am 27. Oktober 1633 das Gelübde, hinfort alle zehn Jahre die Tragödie vom Sterben Christi aufzuführen, wenn Gott sie vor der Pest schütze. Schon im darauffolgenden Jahr finden zu Pfingsten dann die ersten Passionsspiele statt.

Für die Geschichte vom Schißler Kaspar wird man bei späteren Nachforschungen keine Beweise finden; die Kirchenbücher weisen aus, daß die 84 Ammergauer im Laufe des ganzen Jahres gestorben sind.

Kinder erbitten milde Behandlung

11. Mai 1632. Die Geschichte wird von vielen Orten erzählt: Kinder ziehen heranrückenden feindlichen Truppen entgegen, um durch ihr Bitten zu erreichen, daß ihre Stadt verschont wird.

Auch die Dinkelsbühler Kinder, angeführt von der Kinderlore, sollen vor den Schweden niedergefallen sein, um Schonung zu erbitten. Sicher ist nur, daß der schwedische Obrist Sperrnuth am 11. Mai in die alte Reichsstadt eingezogen ist und daß Dinkelsbühl dabei nicht zerstört und gebrandschatzt wurde.

Die Kinderzeche freilich, bei der man später alljährlich der mutigen Kinder gedenkt, ist wohl nicht sehr viel mehr als die lokal eingefärbte Variante einer Wandersage. Der Ursprung dieses historischen Spiels ist wahrscheinlich das im Jahre 1581 erstmals erwähnte Schulfest. Drei Jahre nach dem Einmarsch des Oberst Sperrnuth in Dinkelsbühl lautet die Eintragung in einem alten Ausgabenbuch wie folgt: »Herrn Magister und Cantori als die Kinder gezecht, altem Herkommen nach 4 Gulden.«

Mariensäule von Hubert Gerhard geweiht

8. November 1638. *Aus Dankbarkeit dafür, daß Landshut und München von den Schweden nicht niedergebrannt wurden, gelobte Kurfürst Maximilian I. 1635, auf dem Schrannenplatz seiner Residenz eine Mariensäule zu errichten. Zwei Jahre später beginnen die Arbeiten und am achtzehnten Jahrestag der Schlacht am Weißen Berg wird die 11 m hohe Säule mit der Marienfigur (Abb.) des Hubert Gerhard geweiht.*

Ratgeber muß ins Exil gehen

1636. Nun sitzt Gasparo Scioppius (der eigentlich Kaspar Schoppe heißt und aus Neumark/Opf. stammt) in Padua und ist darauf angewiesen, daß ihn die Republik Venedig schützt.

Dabei ließen sich vor kurzem noch der Papst, der Kaiser und der bayerische Kurfürst von ihm beraten, und vielleicht hat der hochgebildete Altphilologe tatsächlich, wie er behauptet, die Anregung zur Bildung der katholischen »Liga« gegeben.

Über seinen Büchern war der Protestant Scioppius 1597 zur Ansicht gekommen, daß der katholische der einzig richtige Glaube sei. Und eifernd hat er sich hinfort in die Glaubensstreitigkeiten eingemischt. Daß er aber auch gegen die Jesuiten wetterte, war zuviel.

Papst Urban VIII., zu dessen Ratgebern Kaspar Schoppe gehörte

1640

1640–1649

15. 7. 1640. Mit den Hofkammerinstruktionen legt Kurfürst Maximilian I. die Grundlagen für eine moderne, zentrale Finanzverwaltung. →

1640/41. Auf dem Reichstag zu Regensburg beschließen die Reichsstände, daß mit Schweden und Frankreich Friedensverhandlungen aufgenommen werden sollen.

1641. Johannes Holl vollendet den Bau der Jesuitenkirche St. Ignatius in Landshut.

Januar 1641. Ein schwedischer Überfall auf Regensburg, wo der Reichstag tagt, scheitert.

24. 11. 1643. Das bayerische Heer unter Franz von Mercy besiegt die Franzosen in der Schlacht bei Tuttlingen.

1644. Die Topographie Bayerns des in Frankfurt am Main ansässigen Kupferstechers und Buchhändlers Matthäus Merian d. Ä. erscheint in der Zeit der Fastenmesse. →

1644. Die Nürnberger Literaten Georg Philipp von Harsdörffer und Johann Klaj d. J. gründen die Dichtergesellschaft »Löblicher Hirten- und Blumenorden an der Pegnitz« (Pegnesischer Blumenorden).

August 1645. Franzosen und Schweden fallen nach Schwaben und Bayern ein.

3. 8. 1645. Nach dem Tod Franz von Mercys in der Schlacht bei Alerheim wird General Johann von Werth Oberbefehlshaber der bayerischen Truppen.

1646. Der Neubau der Pfarrkirche St. Peter in München wird geweiht.

14. 3. 1647. Kurfürst Maximilian I. von Bayern schließt für Bayern und Kurköln in Ulm einen Waffenstillstand mit Frankreich, Schweden und Hessen-Kassel, den er jedoch bereits im September schon wieder aufkündigt.

19. 11. 1647. Johann Philipp von Schönborn, 1642 zum Fürstbischof von Würzburg gewählt, wird auch Erzbischof und Kurfürst von Mainz. Durch seine Territorialpolitik und seinen Nepotismus schafft er die Grundlagen für den Aufstieg des Hauses Schönborn zu einem der führenden in der Reichskirche.

1648. Der Bamberger Fürstbischof Otto Melchior Voit von Salzburg läßt das bischöfliche Seminar in Bamberg, die »Gelehrte Schule«, durch päpstliches und kaiserliches Privileg zur Akademie erheben.

17. 4. 1648. Nach ihrem Sieg bei Zusmarshausen bei Augsburg dringen die Schweden und Franzosen bis zum Inn vor.

6. 10. 1648. Der kaiserliche Feldmarschall Ottavio Piccolomini besiegt die Schweden und Franzosen bei Dachau.

24. 10. 1648. Der Westfälische Frieden zwischen Kaiser Ferdinand III. und den Reichsständen mit Schweden und Frankreich beendet den Dreißigjährigen Krieg. →

24. 10. 1648. Der Westfälische Frieden beendet die Regentschaft des bayerischen Kurfürsten Maximilian I. in der Kurpfalz. Karl I. Ludwig, der Sohn des 1632 verstorbenen Winterkönigs Friedrich V., erhält die Unterpfalz und die für ihn neugeschaffene achte Kurwürde.

1649. Auf der Meistersingerbühne in Memmingen wird das Drama »Das friedewünschende Deutschland« von Johann Rist erstmals aufgeführt. Dieses volkstümlichste Stück des norddeutschen Dichters Rist, der auch Mitglied des Nürnberger Dichterkreises ist, findet beim Publikum starken Widerhall.

1649. Der achte und letzte Teil der »Frauenzimmer-Gesprächsspiele« des Nürnberger Literaten Georg Philipp Harsdörffer erscheint. Dieses illuminierte Werk dient gebildeten Frauen als Konversationslexikon und Enzyklopädie des zeitgenössischen Wissens.

1649. Der Nürnberger Zirkelschmied Johann Hautsch, Erbauer eines durch Handantrieb fahrbaren Sessels (1640), konstruiert einen durch die Muskelkraft des Lenkers angetriebenen »Triumphwagen«, mit dem man »2000 Schritt in der Stunde« fahren kann.

Mai 1649. Der Nürnberger Exekutionstag wird eröffnet. Seine Aufgabe ist es, mit Schweden die Durchführung der Bestimmungen des Westfälischen Friedens zu regeln. →

GESTORBEN:

1642. Brixen: Hans Reichle (*um 1570, Schongau), Bildhauer und Architekt.

3. 8. 1645. Schlacht bei Alerheim bei Nördlingen: Franz Freiherr von Mercy (*um 1580/88, Longwy/Lothringen), Generalfeldmarschall, Oberbefehlshaber des vereinigten kaiserlich-bayerischen Heeres.

6. 1. 1646. Augsburg: Elias Holl (*28. 2. 1573, Augsburg), Stadtbaumeister.

GEBOREN:

13. 5. 1642 (getauft). Wessobrunn/Oberbayern: Johann Schmuzer (†1701, Wessobrunn), Baumeister und Stukkator.

1643. Bad Aibling: Georg Dientzenhofer (†2. 2. 1689, Waldsassen/Oberpfalz), Baumeister.

27. 7. 1644. Bayreuth: Christian Ernst (†10. 12. 1712, Erlangen), Markgraf von Brandenburg-Bayreuth.

16. 3. 1648 (getauft). Bad Aibling: Wolfgang Dientzenhofer (†18. 5. 1706, Amberg/Oberpfalz), Baumeister.

26. 2. 1649. Nürnberg: Johann Philipp Krieger (†6. 2. 1725, Weißenfels), Komponist.

10. 10. 1649. Rott am Inn/Oberbayern: Hans Georg Asam (†7. 3. 1711, Sulzbach/Oberpfalz), Maler und Stukkator.

Das Friedensmahl im Nürnberger Rathaus am 25. September 1649 (Gemälde von Joachim Sandrart, 1608 bis 1688)

Vertrag beendet Dreißigjährigen Krieg

24. Oktober 1648. Mit 27 Unterschriften wird zu Münster der Friede mit Frankreich besiegelt. Zur gleichen Zeit setzen 35 Herren zu Osnabrück ihre Signatur unter den mit Schweden ausgehandelten Friedensvertrag. Nach 30 Jahren ist der Krieg zu Ende. Kurfürst Maximilian von Bayern hat sein Ziel erreicht: Die Oberpfalz sowie die Grafschaft Cham darf er nun endgültig behalten, und er wird den Vertrag auch so interpretieren, daß die bisher in der Oberpfalz so eifrig betriebene Rekatholisierung akzeptiert wird. Au-

ßerdem gesteht der Vertrag Maximilians Familie, der wilhelminischen Linie im Mannesstamme, die pfälzische Kur endgültig zu.

Damit die Verwandtschaft dadurch aber nicht allzu sehr geschädigt werde, gibt man die Pfalz an Karl Ludwig, den ältesten Sohn des 1632 verstorbenen »Winterkönigs« zurück. Gleichzeitig verleiht man ihm auch noch eine achte, neu geschaffene Kurwürde. Und um des Tröstenden noch mehr zu tun, versprechen die Vertragspartner, die Oberpfalz würde mitsamt der Kurwürde an die

Pfälzer zurückfallen, wenn die wilhelminische Linie aussterben sollte. Der Kurfürst in München muß allerdings einen kleinen Preis für den großen Gewinn zahlen – es wird von ihm verlangt, daß er auf alle Ansprüche an den Kaiser verzichte. 13 Millionen Gulden sind damit verloren. Der Westfälische Frieden wird zum Ewigen Grundgesetz des Reiches erklärt, doch vier Wochen nach der Ratifizierung erklärt der Papst in einer Bulle, daß er dieses Dokument nicht anerkenne: Es sei null und nichtig und damit nicht bindend.

Städtebilder von Matthäus Merian

1644. Der aus Basel stammende und in Frankfurt lebende Kupferstecher Matthäus Merian ist 50 Jahre alt, als er zur Fastenmesse 1644 in seiner Buchreihe mit deutschen Städtebildern die »Topographia Bavariae« vorlegt. Mehr als hundert bayerische Ansichten hat er darin zusammengestellt, und die meisten sind von ihm selbst gestochen worden. Den Text ließ er sich von dem weitgereisten Martin Zeiler aus Ulm schreiben. Der zählt in Bayern unter anderem: 34 Städte, 75 Klöster, 229 adelige Schlösser, 2874 Kirchen und Kapellen, 4700 Dörfer und sogar etwa 12 700 Flüsse.

Rothenburg ob der Tauber (Kupferstich von Matthäus Merian d. Ä.); eine der vielen wegen ihrer Exaktheit berühmten Stadtansichten

Finanzverwaltung wird zentralisiert

15. Juli 1640. Auf daß in der Kasse Ordnung und Überblick herrsche, läßt Kurfürst Maximilian in einer Hofkammerinstruktion protokollieren, wie die für Einnahmen und Ausgaben zuständigen Behörden zu verfahren haben. Dadurch wird die Grundlage für eine zentrale Finanzverwaltung gelegt.

Als die für alle Geldangelegenheiten zuständige Behörde hatte Herzog Albrecht V. am 18. Oktober 1550 die Hofkammer nach österreichischem Vorbild gegründet – ausgerechnet dieser spendierfreudige Albrecht!

Dabei war der Gedanke, eine zentrale Landes-Finanzbehörde einzurichten, sehr gut. Bisher wußte die steuereinnehmende Rechte oft nicht, was die Steuergelder ausgebende Linke tat. Viele Finanzgeschäfte in der Provinz liefen ohne Wissen der herzoglichen Verwaltung ab.

Albrechts Enkel Maximilian, der einen bankrotten Staat geerbt hat, ist von Anfang an auf eine genaue Finanzverwaltung bedacht. So gründet er 1612 eine Art Obersten Rechnungshof und erläßt, nach verschiedenen anderen Anordnungen, die Hofkammerinstruktion: Die Kammer hat u.a. Rechnungen zu prüfen, muß in allen Streitsachen gehört werden, die Interessen des Fürsten betreffen, und ist mit der Oberaufsicht über kurfürstliche Güter und Rechte betraut. Selbst die Arbeitszeit der Hofkammerbeamten ist geordnet: Nach der täglichen Messe beträgt sie sechs Stunden.

Exekutionstag in Nürnberg eröffnet

Mai 1649. Der Westfälische Frieden ist geschlossen, aber die Ausführungsbestimmungen müssen noch ausgehandelt werden. Dazu treffen sich im Mai 1649 die deutschen und ausländischen Parteien in Nürnberg. Am 1. September unterzeichnen die Delegationen den »Interims-Exekutionsrezeß«.

Zum Vertragsabschluß lädt Fürst Piccolomini die 150 Kongreßteilnehmer zu einem Bankett ins Nürnberger Rathaus. Höhepunkt des Festes, bei dem vier Kapellen spielen, ist – geschmackloserweise – ein Kriegsspiel, an dem die anwesenden Generäle beteiligt sind.

1650

1650–1659

Um 1650. Das Handelshaus Fugger bricht zusammen. →

26. 6. 1650. Der Nürnberger Exekutionstag verabschiedet den Friedens-Exekutions-Hauptrezeß, durch den die noch in Deutschland stehenden schwedischen Truppen aufgelöst werden bzw. abmarschieren. Holländische und spanische Truppen bleiben weiter in Deutschland.

13. 9. 1650. Nach dem Tod von Ferdinand von Bayern wird Max Heinrich von Bayern Erzbischof und Kurfürst von Köln.

1651. Der italienische Festungsbaumeister Antonio Petrini wird fürstbischöflicher Hofbaumeister in Würzburg. Seine Bauten geben der fränkischen Architektur der letzten Jahrzehnte des 17. Jh. den Namen (Petrini-Stil).

1651. Der aus Karlstadt am Main in Unterfranken stammende Chemiker Johann Rudolf Glauber liefert die erste chemische Analyse von Meteoriten.

27. 9. 1651. Nach dem Tod von Maximilian I. wird sein Sohn Ferdinand Maria Kurfürst von Bayern. →

1. 1. 1652. Der Schweinfurter Stadtphysikus Johann Lorenz Bausch u. a. Schweinfurter Ärzte gründen die Academia naturae curiosum zur Förderung der Heilkunde und der Naturwissenschaften. Es ist die älteste naturwissenschaftlich-medizinische Gesellschaft.

25. 6. 1652. Kurfürst Ferdinand Maria von Bayern heiratet Henriette Adelaide von Savoyen. →

1653. Die Uraufführung von »L'arpa festante« von Giovanni Battista Maccioni im Georgssaal der Münchner Residenz markiert den Beginn der Münchner Operntradition. →

1653. Georg Philipp Harsdörffers »Nürnberger Trichter« erscheint. →

1653. Johann Jakob Krauss vollendet den Bau der evangelischen Pfarrkirche Hl. Kreuz in Augsburg.

20. 3. 1653. Nach dem Tod von Wolfgang Wilhelm wird sein Sohn Philipp Wilhelm Pfalzgraf von Pfalz-Neuburg.

24. 5. 1653. Ferdinand, der Sohn von Kaiser Ferdinand III., wird auf dem Reichstag zu Augsburg zum römisch-deutschen König gewählt und nimmt den Namen Ferdinand IV. an. Er stirbt bereits ein Jahr später.

30. 6. 1653–17. 5. 1654. Auf dem Reichstag zu Regensburg wird die Durchsetzung der Reichsverfassungs-Bestimmungen von 1648 geregelt. Verabschiedet wird der »Jüngste Reichsabschied«, der letzte Vertrag zwischen dem Kaiser und den Reichsständen.

15. 12. 1653. Die Kurfürsten von Trier und Köln (Max Heinrich von Bayern), der Fürstbischof von Münster und der Pfalzgraf von Pfalz-Neuburg (Philipp Wilhelm) schließen sich in der Rheinischen Allianz zusammen.

16. 2. 1654. Am Salvatorplatz eröffnet Münchens erstes Operntheater.

17. 5. 1654. Die auf dem Regensburger Reichstag versammelten Stände verabschieden die erste umfassende Zivilprozeßordnung für das Heilige Römische Reich deutscher Nation.

1656. Nach seinem Übertritt zum Katholizismus erreicht Pfalzgraf Christian August von Sulzbach im Neuburger Hauptvergleich die Unabhängigkeit des Fürstentums Sulzbach von Pfalz-Neuburg.

2. 4. 1657. Kaiser Ferdinand III. stirbt. Der Frankfurter Reichsdeputationstag, der seit Herbst 1655 tagt, hat sich noch nicht auf einen Nachfolger einigen können. Als aussichtsreichste Kandidaten für die Kaiserkrone werden der französische König Ludwig XIV. und Kurfürst Ferdinand Maria von Bayern gehandelt.

18. 7. 1658. Der ungarische und böhmische König Leopold I. wird zum neuen römisch-deutschen Kaiser gewählt als Nachfolger seines Vaters Ferdinand III.

14. 8. 1658. Johann Philipp von Schönborn, Reichserzkanzler, Fürstbischof von Würzburg und Erzbischof von Mainz, gründet den antihabsburgischen Rheinbund.

GESTORBEN:

18. 7. 1650. Neisse/Schlesien: Christoph Scheiner (*1575, Wald bei Mindelheim), Mathematiker und Astronom.

13. 9. 1650. Arnsberg: Ferdinand von Bayern (*7. 10. 1577, München), Erzbischof und Kurfürst von Köln 1612–1650.

27. 9. 1651. Ingolstadt: Maximilian I. (*17. 4. 1573, München), Herzog von Bayern ab 1597, erster Kurfürst von Bayern 1623/28–1651. →

20. 3. 1653. Wolfgang Wilhelm (*29. 10. 1578, Neuburg an der Donau), Pfalzgraf von Pfalz-Neuburg 1614–1653.

16. 2. 1656. Kitzingen: Johann Klaj d. J. (*1616?, Meißen), Dichter.

17. 9. 1658. Nürnberg: Georg Philipp Harsdörffer (*1. 11. 1607, Fischbach bei Nürnberg), Dichter.

GEBOREN:

13. 8. 1651 (getauft). Kammer bei Traunstein: Balthasar Permoser (†20. 2. 1732, Dresden), Bildhauer.

1652. Sameister bei Roßhaupten/Allgäu: Johann Jakob Herkomer (†27. 10. 1717, Füssen), Bildhauer und Baumeister.

1. 9. 1653. Nürnberg: Johann Pachelbel (†3. 3. 1706, Nürnberg), Komponist und Organist.

11. 12. 1654 (getauft). Laufen/Oberbayern: Johann Michael Rottmayr (†25. 10. 1730, Wien), Maler.

7. 7. 1655. St. Margarethen bei Rosenheim: Christoph Dientzenhofer (†20. 6. 1722, Prag), Baumeister.

Kurfürst Maximilian I. tot

27. September 1651. Bayerns Großer Kurfürst ist tot. Bei einer Wallfahrt in das bei Ingolstadt gelegene Bettbrunn hatte sich der 79jährige Fürst erkältet, im Schloß zu Ingolstadt, wo man ihm neben seinem Bett einen Altar errichtet, findet Maximilian um 3.30 Uhr morgens einen sanften Tod.

Sechs Tage später, abends um 20.00 Uhr, legt man ihn in St. Michael zur letzten Ruhe. Seinem Wunsche entsprechend wird keine Lobrede gehalten: »Mein Madensack soll man nicht lang auf Erden lassen, noch viel Grandezza und Zeremonie, sondern die Spesa auf die Armen wenden und keinen Pomp machen.«

Er ist bis zuletzt genügsam gewesen, ein pflichttreuer, ernster, frommer und wohl auch freudloser Mann; ein erster Diener seines Staates, der seine Ziele nie aus dem Auge verlor.

Die erste Aufgabe, vor die er sich gestellt sah, war die Sanierung der heillos verkommenen bayerischen Finanzen – er hat sie bravourös gelöst. Er wollte sodann seinem Hause die Kurwürde und die Oberpfalz zurückgewinnen – er starb als Kurfürst und Herr der (unter seiner Regierung rekatholisierten) Oberpfalz.

Er glaubte an die Gnade Gottes und daran, daß man den Menschen auf dem Verordnungswege zum Heil und Wohl verhelfen könne; eine Unzahl von Anordnungen und Bestimmungen überschwemmte das Land. Wie sehr er immer das Wohl der Untertanen suchte, zeigen die 1639 für seinen Sohn niedergeschriebenen »Väterlichen Ermahnungen«:

»Ein Fürst soll nichts unternehmen, was nicht recht und erlaubt ist ... Die Welt der Untertanen und des Gemeinwesens soll Dein großes Gesetz sein und ihm sollst Du Deinen eigenen Nutzen hintanstellen.

Gott hat den Fürsten den Schutz und nicht die Gewaltherrschaft über seine Untertanen gegeben als einem Vater und Hirten über sie; denn der Fürst ist von Gott um der Untertanen willen bestellt und nicht sie um des Fürsten willen ...

Strafen, Steuern und Auflagen sollen nur zum Nutzen des Gemeinwesens ... auferlegt werden.«

Gnadenpfennig des Kurfürsten Maximilian I. von A. Abondio

Belehnung von Maximilian I. durch Kaiser Ferdinand II. mit der pfälzischen Kurwürde am 25. Februar 1623 (Kloster Scheyern, Kapitelkirche)

Handelshaus Fugger erklärt Bankrott

Um 1650. 1614 mußten die Welser ihre Zahlungsunfähigkeit erklären, allein bei den Fuggern standen sie mit 125 069 Gulden in den Schuldenbüchern. Doch nach dem Dreißigjährigen Krieg sind auch die Fugger am Ende.

Bei ihnen summieren sich die Schulden, doch auch die gewaltigen, einziehbaren Außenstände, bei der spanischen Krone 4 Mio Dukaten, in den Niederlanden 2,6 Mio Gulden ... Die Erben des einst so bedeutenden Handels- und Bankhauses Fugger liquidieren ihr Geschäft und ziehen sich auf jene Besitzungen zurück, die man in besseren Zeiten aufgekauft hatte.

Wie die Fugger geraten auch andere Augsburger Kaufmannsfamilien in Schwierigkeiten. Der Krieg fordert nun noch einmal seinen Preis. Die Einwohnerzahl der Stadt sank von 40 000 zu Beginn des großen Krieges auf knapp 20 000, das Vermögen der Einwohner schrumpfte auf etwa ein Viertel, das der wohlhabenden Familien sogar noch stärker – um mehr als 90 %.

Fuggerei in Augsburg (Stiftung von Jakob Fugger dem Reichen); eine Wohnanlage für arme Handwerker, errichtet in den Jahren 1516 bis 1525

»Poetischer Trichter« von Harsdörffer

1653. Der 47jährige Georg Philipp Harsdörffer aus Nürnberg, Gerichtsassessor, Ratsherr und, zusammen mit Johann Klaj, Begründer des »Pegnesischen Hirten- und Blumenordens«, veröffentlicht »Prob und Lob der Teutschen Wolredenheit«, den dritten, abschließenden Teil eines theoretischen Werkes mit dem Titel: »Poetischer Trichter/die teutsche Dicht- und Reimkunst/ohne Behuf der lateinischen Sprache/in VI Stunden einzugiessen«.

So ernst wird es der vornehme Nürnberger Patrizier mit seinen Unterrichtsstunden nicht meinen, eher geht es in dem mit vielen Beispielen aus der eigenen Dichterwerkstatt angereicherten Buche wohl darum, nach so viel Humanistisch-Lateinischem Wert und Ehre der deutschen Poeterei zu beweisen. Dichten, so meint Georg Philipp Harsdörffer, sei die »Nachahmung dessen, was ist oder seyn könnt«, dabei soll der Leser – unter Wahrung der Regeln von Sitte und Religion – »mit schön Worten und Gedancken« unterhalten werden.

Junge Savoyardin wird Kurfürstin

25. Juni 1652. *Der bayerische Hof trägt nach dem Tod von Kurfürst Maximilian noch Trauer, und so findet die Eheschließung durch den Jesuitenpater Vervaux in aller Stille statt. Die Braut Henriette Adelaide von Savoyen (r.) ist 15 Jahre, 5 Monate und 14 Tage alt, ihr Mann, der Bayernkurfürst Ferdinand Maria (l.) nur wenige Tage älter. Das Mädchen aus Turin wird nie vergessen, daß es zeitweise gute Chancen gehabt hätte, den späteren Sonnenkönig Ludwig XIV. zu heiraten – für Henriette Adelaide, eine Enkelin von König Henri IV., eine angemessene Verbindung; aber nun ist es doch nur das kleine Bayern geworden ...*

Sie wird ihre Heimat in München nie vergessen – italienische Musiker werden geholt und italienische Baumeister, und wenn München, wie es oft heißt, die nördlichste Stadt Italiens ist, dann darf die kleine Fürstin aus Savoyen sich rühmen, dafür den Grundstein gelegt zu haben.

Erste Münchner Opernaufführung

1653. Dem Harfenlehrer der Kurfürstin Henriette Adelaide wird ein großer Auftrag erteilt: Für den Besuch von Kaiser Ferdinand III. soll er eines jener modernen musikalischen Theaterstücke verfassen und komponieren, die es seit etwa einem halben Jahrhundert gibt und die man Oper nennt.

Signor Giovanni Battista Maccioni gedenkt seines Instruments, das ihn zu solchen Ehren geführt hat, und schreibt »L'arpa festante«, die jubilierende Harfe.

Da man in München noch kein eigenes Theater besitzt, wird die Oper in einem der Residenz-Säle aufgeführt. Ein halbes Jahr später könnte man dem Kaiser das Spiel an angemessenerem Orte vorführen. Im ehemaligen Kornstadel am Salvatorplatz wird eine Bühne eingebaut, und am 16. Februar 1654 wird dieses unpassenderweise direkt neben einem Friedhof gelegene Etablissement – das erste Hofopernhaus Deutschlands – mit einer Aufführung der Schäferszenen »La ninfa ritrosa«, die spröde Nymphe, eingeweiht.

1660

1660–1669

1660. Das während des Dreißigjährigen Kriegs zerstörte Westentor in Memmingen wird wiederhergestellt.

1661. Der seit 1656 in Ingolstadt lehrende Pathologe Franz Ignaz Thiermair führt den anatomischen Unterricht ein.

1661. Auf Anordnung von Kurfürst Ferdinand Maria erhält die Hofbibliothek von jedem in Bayern gedruckten Buch ein Exemplar. Dies ist das älteste Pflichtexemplar-Gesetz der Welt.

1662. In Nürnberg wird eine Kunstakademie eröffnet.

27. 4. 1662. Das Langhaus des Passauer Doms und große Teile der Stadt brennen nieder. →

Juli 1662. Die Englischen Fräulein lassen sich in Augsburg nieder und eröffnen eine Mädchenschule.

1663. Kurfürst Ferdinand Maria von Bayern beruft den italienischen Baumeister Agostino Barelli nach München, der mit dem Bau der Theatinerkirche beginnt. Die 1690 vollendete Theatinerkirche ist der erste Bau des italienischen Barocks in Süddeutschland und wird prägend für den bayerischen Barock.

Juni 1663. Das kurfürstliche Lustschiff »Bucentaur« läuft in Starnberg vom Stapel. →

26. 9. 1663. Die Osmanen erobern die österreichische Grenzfeste Neuhäusel. Bayern, Brandenburg, Sachsen und der Rheinbund – einschließlich des französischen Königs Ludwig XIV. – senden Kaiser Leopold I. Hilfstruppen.

1664. Der von Kaiser Leopold I. einberufene Reichstag in Regensburg wird eröffnet. Er löst sich bis zum 1. August 1806 nicht mehr auf und tagt permanent als Gesandtenkongreß (»Immerwährender Reichstag«). →

1664. Die Stadt Nürnberg verbietet die Textilproduktion revolutionierende Bandstühle, die auf heftigen Widerstand der Zünfte gestoßen sind.

1664. Unterhändler des bayerischen Kurfürsten wollen von den Holländern Manhattan kaufen. →

1665. Abt Alberich führt in Franken die Silvaner-Rebe ein. →

1666. Pfalzgraf Christian August von Sulzbach erteilt Juden Niederlassungsgenehmigungen für Sulzbach. →

1667. Caspar von Schmid wird Kanzler des bayerischen Geheimen Rats. Die folgenden 20 Jahre bestimmt er maßgeblich die bayerische Politik (Annäherung Bayerns an Frankreich). →

1668. Die Wallfahrtskirche St. Maria in Maria Birnbaum bei Aichach in Oberbayern wird vollendet. Baumeister war Konstantin Bader, die Stuckdekoration stammt von Matthias Schmuzer.

1669. Johann Philipp von Schönborn, der Fürstbischof von Würzburg und Erzbischof und Kurfürst von Mainz, läßt die Hexenprozesse auf seinem Territorium verbieten.

1669. Der Chemiker und Kameralist Johann Joachim Becher, seit 1664 Leibarzt des bayerischen Kurfürsten Ferdinand Maria, stellt in seinem Werk »Physica subterranea« ein System zur chemischen Klassifizierung von Mineralien auf.

1669. Kurfürst Ferdinand Maria beruft einen Landtag ein – den letzten Landtag im alten Bayern. →

1669. Antonio Petrini vollendet den Bau der Kirche der Unbeschuhten Karmeliten, der sog. Reuererkirche. Sie gilt als erste Barockkirche Frankens.

1669. In München werden die ersten Mietshäuser gebaut.

GESTORBEN:

1662. München: Ulrich Loth (*um 1600, München), Maler.

11. 11. 1664. Dillingen: Heinrich Wangnereck (*Juli 1595, München), Jesuit, katholischer Theologe.

1666/67. Freising: Christoph Paudiss bzw. Pauditz (*um 1618, Niedersachsen?), Maler, Hofmaler des Bischofs von Freising und Regensburg Albrecht Sigmund von Bayern.

9. 8. 1668. Neuburg an der Donau: Jakob Balde (*4. 1. 1604, Ensisheim/Oberelsaß), Dichter, Professor und Hofprediger in München, Hofhistoriograph. →

19. 8. 1668. Bamberg: Hans Rottenhammer (?), Maler.

GEBOREN:

1660. Deining bei München: Ludwig Babenstuber (†5. 4. 1726, Ettal), katholischer Theologe.

20. 3. 1660. St. Margarethen bei Rosenheim: Johann Leonhard Dientzenhofer (†26. 11. 1707, Bamberg), Baumeister.

21. 10. 1660. Ansbach: Georg Ernst Stahl (†14. 5. 1734, Berlin), Arzt und Chemiker.

11. 7. 1662. München: Maximilian II. Emanuel (†26. 2. 1726, München), Kurfürst von Bayern.

27. 3. 1663. Oberviechtach/Oberpfalz: Johann Andreas Eisenbarth (†11. 11. 1727, Hannoversch-Münden), Wundarzt.

9. 9. 1664. München: Johann Christoph Pez (†25. 9. 1716, Stuttgart), Musiker, Kapellmeister und Komponist.

12. 5. 1665. St. Margarethen bei Rosenheim: Johann Dientzenhofer (†20. 7. 1726, Bamberg), Baumeister.

15. 1. 1669. Regensburg: Johann Georg Gölgl (†15. 7. 1732, Regensburg), Jurist und Historiker.

29. 5. 1669. Oberdorf/Allgäu: Karl Meichelbeck (†2. 4. 1734, Benediktbeuern), Historiker.

Auffahrt der Gesandtschaften vor dem Alten Rathaus in Regensburg, dem Sitz des Immerwährenden Reichstages (Darstellung aus dem frühen 17. Jh.)

Immerwährender Reichstag

1664. Als der Kaiser für Anfang 1664 zu einem Reichstag nach Regensburg einlädt, sind die Beteiligten der Meinung, es werde hier ein Fürstentreffen veranstaltet, wie es deren seit Karl dem Großen in dieser Stadt etwa 60 bis 70 gegeben hat. Niemand kommt auf den Gedanken, daß daraus eine nimmerendende Veranstaltung werden könnte.

Angesagt sind die üblichen Reichsgeschäfte – diese Versammlung ist ja die Institution, die den locker vereinigten Reichsverband zusammenhält –, außerdem soll über die Türkengefahr verhandelt werden.

Kaiser Leopold verläßt den Reichstag aber schon bald nach seinem Einzug in die Stadt und überträgt seine Aufgabe dem Prinzipalkommissar. Die Fürsten nehmen sich an der Majestät ein Beispiel und reisen, nachdem sie ihre Funktion an Gesandte delegiert haben, auch aus Regensburg ab.

So wird aus der Fürstenversammlung ein Diplomatenkongreß mit etwa 70 Gesandtschaften, der bis zum Ende des Reiches 1806 in Permanenz tagen wird. Die Sitzungen finden im traditionsreichen Regensburger Reichssaal statt.

Caspar von Schmid Kanzler

1667. Caspar von Schmid, um 1622 in Schwandorf geboren, seit 1651 Hofrat in München, hat allzeit die Vergrößerung Bayerns und die Erhöhung des Hauses Wittelsbach im Sinn. Kurfürst Ferdinand Maria dankt es ihm – 1662 wird Schmid Vizekanzler des Geheimen Rats, 1667 aber Kanzler und damit der einflußreichste Mann bei Hof.

Da Schmid 1658/60 bei Verhandlungen in Wien gesehen hat, wie wenig Habsburg die bayerischen Interessen unterstützt, setzt er auf Frankreich, das ja in seiner antihabsburgischen Einstellung für ein starkes Bayern eintreten muß.

So manövriert Caspar von Schmid das Land behutsam und mit diplomatischem Geschick aus dem österreichischen ins französische Lager.

Caspar von Schmid, Freiherr auf Haselbach und Pirnbach

Bayern wollen Manhattan kaufen

1664. Mit dem Speyrer Predigersohn Johann Joachim Becher kommt eine schillernde, phantasievolle, in vielen Wissenschaften agierende Figur an den Hof in München. Der Autodidakt schlägt 1664 Kurfürst Ferdinand Maria vor, in Amerika eine bayerische Kolonie zu gründen. Die weißblaue Fahne soll nach Bechers Vorschlag über der Halbinsel Manhattan gehißt werden.

Während Johann Joachim Becher aber noch als bayerischer Emissionär mit den Holländern über den Kauf verhandelt, besetzen die Engländer das Land.

Der Unterhändler des Bayernfürsten will daraufhin Guinea erwerben, doch auch diese Pläne zerschlagen sich. Inzwischen ist aber Bechers Stellung in München ohnedies unhaltbar geworden, seine merkantilistischen Vorstellungen (etwa das vorgeschlagene Einfuhrverbot für fremde Seide) mißfällt den Münchner Kaufleuten. Becher muß die Stadt verlassen.

Feuer vernichtet die Stadt Passau

27. April 1662. Um die Mittagszeit bricht im Johannisspital, nahe dem Paulusbogen, ein Feuer aus, das sich schnell ausbreitet und zuletzt etwa drei Viertel der gesamten Stadt Passau vernichtet.

Es brennen die Häuser rund um den Domplatz, die Flammen greifen über auf den bereits 1181 einmal abgebrannten Dom und die bischöfliche Residenz. Bald brennt die Stadt auf der Donau- wie auf der Innseite, bis hinab zum Kloster Niedernburg. Der Wind trägt Funken über den Fluß in die Innstadt, wo nun ebenfalls ein Brand ausbricht. Das Kapuzinerkloster wird zerstört, und auch noch die auf den Mariahilfberg führende Treppe wird von den zerstörerischen Flammen erfaßt.

Als das Feuer gelöscht ist, zeigt sich das Ausmaß des Schadens: Viele Menschen fanden den Tod, 569 Häuser, 3 Klöster, 13 Kirchen und Kapellen, 26 Türme und 10 Tore sind zerstört. Nur 247 Gebäude sind erhalten geblieben.

Zehn Brände haben die Stadt Passau seit dem 9. Jh. heimgesucht, keiner aber hat so großen Schaden angerichtet wie der Brand von 1662.

Jüdische Druckerei in Sulzbach erlaubt

1666. Dem Interesse des Pfalzgrafen Christian August an Mystik und orientalischen Sprachen hat es Isaak Kohen ben Jehuda Jüdel zu danken, daß er in Sulzbach eine hebräische Druckerei errichten kann, die bald weithin bekannt wird für religiöse Erbauungsliteratur und wissenschaftliche Veröffentlichungen.

Ein Zeichen religiöser Toleranz hatte der Wittelsbacher, der selbst vom Protestantismus zum Katholizismus konvertierte, im Jahr 1654 gegeben, als er erlaubte, daß beide Konfessionen in der gleichen Pfarrkirche ihre Gottesdienste abhalten dürfen. Unter dem Namen Simultaneum bleibt diese Einrichtung bis 1958 bestehen.

Letzter Landtag im alten Bayern

1669. Kurfürst Maximilian wollte sich in den schweren Zeiten nicht noch dadurch größere Schwierigkeiten aufbürden, daß er die Landstände beim Regieren (vor allem aber in Steuer- und Finanzangelegenheiten) mitreden ließ. So verzichtete er darauf, nach 1612 noch einen Landtag einzuberufen.

Erst nach mehr als einem halben Jahrhundert ist Kurfürst Ferdinand Maria bereit, wieder einen Landtag einzuberufen – und er wird zugleich der letzte Landtag im alten Bayern. Danach wird der Kurfürst nur noch mit einem Ausschuß der Stände, der sog. Landschaftsverordnung, zusammenarbeiten.

Jesuitenpater Balde stirbt in Neuburg

9. August 1668. Der allzeit kränkelnde Jesuitenpater Jakob Balde wurde Hofprediger, Prinzenerzieher und für kurze Zeit Geschichtsschreiber, und er war am Münchner Hof hoch geschätzt. Der aus dem Elsaß stammende Professor der alten Sprachen und Rhetorik liebte es, in der Umgebung von München zu wandern und in seinen vielen lateinischen Gedichten auch davon zu berichten. Mitten im Dreißigjährigen Krieg war er bei Protestanten und Katholiken als bedeutendster Dichter Deutschlands anerkannt.

In Neuburg, wohin er sich aus gesundheitlichen Gründen zurückzog, stirbt er 64jährig.

Wiederaufbau im »armen Bairland« beginnt

Der Krieg ist aus. Städte und Dörfer sind zerstört, und Bayern hat nur noch etwa halb so viele Einwohner wie 1618. Ein Großteil des Bauernlandes liegt brach, weil die Leute fehlen, es zu bestellen. Bereits 1632 hatte Maximilian seinem Bruder in Köln geschrieben: »Waß aber das arme Bairland belangt, würden Euer Liebden es nit mehr khennen und ohne Mitleiden nit ansehen khinnen; dergleichen Crudeltet ist in diesem Krieg nit erhört worden…« Und es vergehen noch mehr als anderthalb Jahrzehnte,

bis der Westfälische Frieden (→ 24. 10. 1648) geschlossen wird. Trotz der unvorstellbaren Armut beginnt der Wiederaufbau, und Bayern entdeckt dabei einen neuen Stil: Die Zeit der spitzen gotischen Türme ist nun endgültig zu Ende, die Zwiebeltürme kommen. Das Land wird barock.

Einen Anfang macht 1651 der Kemptener Fürstabt Giel von Gielsberg mit der St. Lorenz-Kirche, die im Dreißigjährigen Krieg zerstört worden war und die er nun, unter ungeheuren

Opfern für die Bevölkerung, im neuen Stil wieder aufbauen läßt. Von seinem Bauwahn besessen, schikaniert er seine Untertanen so sehr, daß ihn der Papst, um die Kemptener von dieser Last zu befreien, nach Rom holt.

Die Architekten und die Stukkateure holt man zunächst von auswärts, aus dem Tessin und vor allem aus Italien, aber bald beherrschen auch einheimische Meister den neuen Stil, und sie geben ihm seinen eigenständigen, süddeutschen Akzent. Überall in Altbayern, in Franken und Schwaben beginnt nun ein großes Bauen. So entstehen z. B.:

1660: Westtor in Memmingen
1660: Reuererkirche Würzburg
1663: Theatinerkirche München
1668: Maria Birnbaum bei Aichach
1670: Westerndorf bei Aibling
1677: Heilig Blut in Erding
1678: Passauer Dom
1682: Veitshöchheim
1683: Benediktbeuern
1684: Schleißheim-Lustheim
1684: Kappel bei Waldsassen
1689: Klosterkirche Tegernsee
1691: Altes Schloß Bayreuth
1692: Vilgertshofen
1692: Weyarn
1693: St. Martin in Bamberg
1695: Schloß Seehof bei Bamberg.
Und dies ist erst der Anfang, der Beginn einer glanzvollen Bau-Zeit der Barockarchitektur.

Schloß Seehof, der erste barocke Schloßbau im Bambergischen

Prunkschiff »Bucentaur« des Kurfürsten Ferdinand Maria auf dem Starnberger See (Ausschnitt aus einem Gemälde von Franz Joachim Beich, 1663)

Stapellauf des »Bucentaur«

Juni 1663. Zehn Jahre hat man auf die Geburt eines Kurprinzen warten müssen. Am 11. Juli 1662 war es dann endlich soweit: In München erblickt Maximilian II. Emanuel das Licht der Welt.

Die Freude war grenzenlos, und in seiner Begeisterung über den Stammhalter bestellte sich Kurfürst Ferdinand Maria ein großes Schiff für den Starnberger See, eines, das sich mit dem legendären venezianischen »Bucintoro« vergleichen läßt und das auch »Bucentaur« heißen soll.

Aus Venedig holte man sich für viel Geld drei Experten – am 1. Dezember 1662 begannen die Arbeiten, und schon im Juni 1663 wird das nahezu 30 m lange, 7,5 m breite und 5 m hohe Schiff zu Wasser gelassen. Es wird noch einige Zeit vergehen, und der Fürst wird nahezu 20 000 Gulden zahlen müssen, ehe die etwa 80 Ruder bedient werden und die »Bucentaur« fahrbereit ist.

Zu dem in den Farben Weiß und Blau sowie Rot und Gold gehaltenen Prachtschiff gehört noch eine kleine Flotte von Begleitschiffen.

Abt pflanzt Silvaner-Rebe

1665. In der berühmten Weinberglage »Würzburger Stein« pflanzt Alberich Degen, der Abt des Klosters Ebrach, erstmals die aus Österreich stammende Silvaner-Rebe – eine Tat mit weitreichenden Folgen, denn die Silvaner-Rebe wird zur typisch fränkischen Rebe.

Abt Alberich, 1625 in Zeil am Main geboren, ist ein gelehrter Mann, den sich der Bischof von Würzburg zum Ratgeber wählt, und er ist überdies ein guter Wirtschafter. Er zahlt die letzten vom Krieg verbliebenen Schulden zurück, kauft für 100 000 Gulden neuen Grund hinzu und stattet seine Klosterkirche mit barocker Pracht neu aus. Ein Jahr vor der Pflanzung der ersten Silvaner-Rebe wird er Generalvikar der Oberdeutschen Kongregation seines Ordens, der Zisterzienser.

Silvaner-Rebe, die später zur typisch fränkischen Rebsorte wird

1670

1670. Abraham a Santa Clara beginnt seine Laufbahn als größter süddeutscher Prediger des Barock in Taxa bei Dachau.

1670. Der Glasschneider Heinrich Schwanhard in Nürnberg erfindet das Glasätzen.

17. 2. 1670. Kurfürst Ferdinand Maria von Bayern und König Ludwig XIV. von Frankreich schließen eine Allianz. Der bayerische Kurfürst soll zum römisch-deutschen König, Ludwig XIV. soll zum römisch-deutschen Kaiser gewählt werden im Fall des Erlöschens der spanischen und österreichischen Habsburger.

1672. Herzog Ernst der Fromme von Sachsen-Gotha erbt Sachsen-Coburg.

1672. Der Münchner Volksprediger Geminianus Monacensis gibt den »Geistlichen Wegweiser gen Himmel« heraus, eine Sammlung seiner Predigten.

20. 1. 1672. Durch ein Patent von Kurfürst Ferdinand Maria wird der heilige Cajetan zum besonderen Schutzpatron Bayerns ernannt.

1673. Die Heilig Kreuz-Kirche in Westerndorf/Oberbayern wird nach fünfjähriger Bauzeit fertiggestellt. →

1673. Sigmund von Birken, einer der Vertreter der Nürnberger Schäferdichtung, veröffentlicht »Pegnesis oder der Pegnitz Blumengenoß Schäfere Feld Gedichte in neun Tageszeiten«.

1674. Französische Truppen unter Marschall Henri de La Tour d'Auvergne, Vicomte de Turenne, verwüsten die Pfalz.

1674. Der schweizerische Baumeister Enrico Zuccalli übernimmt den Weiterbau der Theatinerkirche in München. 1663 hat Kurfürst Ferdinand Maria von Bayern den italienischen Architekten Agostino Barelli nach München berufen, der mit dem Bau der Theatinerkirche begonnen hat. Sie ist der erste Bau des italienisierenden Barocks in Süddeutschland und wird bestimmend für den bayerischen Barock. Enrico Zuccalli schafft auch die Innenausstattung und die Freitreppe des Nymphenburger Schlosses in München sowie Schloß Lustheim in Schleißheim und entwirft den Barockumbau der Klosterkirche in Ettal.

8. 4. 1674. Durch eine Unachtsamkeit der ersten Hofdame Mademoiselle de la Perouse bricht in der Münchner Residenz der erste große Brand aus.

24. 5. 1674. Auf dem Reichstag zu Regensburg wird gegen die Stimmen von Bayern und Hannover der Krieg gegen Frankreich beschlossen.

1675. Der im Jahr zuvor von Augsburg nach Nürnberg übergesiedelte Maler, Radierer, Kunstschriftsteller und Sammler Joachim Sandrart d. Ä. veröffentlicht seine »Teutsche Academie der edlen Bau-, Bild- und Mahlerey-Künste«.

1675. Der Rohbau der Münchner Theatinerkirche wird vollendet.

1677. Der Theosoph und Dichter Christian Knorr von Rosenroth, Kanzler des Pfalzgrafen Christian August von Sulzbach, veröffentlicht seine »Cabbala denudata« mit Übersetzungen der kabbalistischen Hauptwerke ins Lateinische.

1677. Hans Kogler vollendet den Neubau der Wallfahrtskirche Hl. Blut in Erding in Oberbayern in ihrer heutigen Gestalt.

Ab 1677. Die Verbote des bayerischen Kurfürsten Ferdinand Maria für bayerische Landeskinder, fremde Hochschulen zu besuchen, häufen sich.

1678. Der Neubau des 1662 niedergebrannten Passauer Doms wird vollendet. Die Innenausstattung in schwerem Stuck stammt von Giovanni Battista Carlone und Paolo D'Aglio. →

5. 2. 1678. Der Frieden von Nimwegen beendet den Krieg zwischen dem römisch-deutschen Reich, Frankreich und Schweden.

1679. In München wird eine erste Tuchmanufaktur eingerichtet.

1679. Der Oberaltaicher Benediktiner Balthasar Regler ist der Verfasser des »Bogenberger Mirakelbuchs«.

26. 5. 1679. Nach dem Tod von Ferdinand Maria wird sein Sohn Maximilian II. Emanuel Kurfürst von Bayern. →

GESTORBEN:

20. 1. 1670. Nürnberg: Johann Hautsch (getauft 4. 1. 1595, Nürnberg), Zirkelschmied und Erfinder.

10. 3. 1670 (begraben). Amsterdam: Johann Rudolf Glauber (* 1604, Karlstadt am Main/Unterfranken), Chemiker.

19. 12. 1671. München: Albert Curtz (* 1600, München), Jesuit, Dichter und Astronom.

12. 2. 1673. Würzburg: Johann Philipp von Schönborn (* 6. 8. 1605, Eschbach/Westerwald), Fürstbischof von Würzburg und Erzbischof von Mainz.

10. 11. 1673. Ebersberg: Michael Staudacher (* 1613, Hall/Tirol), Prediger.

14. 11. 1675. München: Johannes Kuen bzw. Khuen (* 1605/06, Moosach bei München), Priester, Dichter und Komponist.

15. 4. 1678. München: Gasparo Zuccalli (* 1629?, Roveredo/Graubünden), Baumeister.

26. 5. 1679. Schleißheim: Ferdinand Maria (* 31. 10. 1636, München), Kurfürst von Bayern 1651–1679. →

GEBOREN:

23. 2. 1671 (getauft). Kronach: Maximilian von Welsch († 15. 10. 1745, Mainz), Baumeister.

5. 12. 1671. München: Joseph Klemens († 12. 11. 1723, Bonn), Erzbischof und Kurfürst von Köln.

Heilig Kreuz-Kirche zu Westerndorf wird fertiggestellt

1673. Der Pfarrer von Pang bei Rosenheim zeigt Mut und Ausdauer. Obwohl die vorgesetzten Behörden zunächst nicht einverstanden sind, besteht er darauf, daß seine Filialkirche zu Westerndorf als Rundkirche erbaut wird und daß sich über dem Gotteshaus eine große, runde Kuppel wölbt.

Das kreisrunde Kirchlein (Abb.) verlangt auch eine eigenwillige, vom üblichen Schema abweichende Gestaltung des Innenraumes. Der Architekt (möglicher-weise Georg Zwerger, wahrscheinlich aber Konstantin Pader) löst die Aufgabe dadurch, daß er den Kreis in vier Dreiviertelkreise teilt – sie bilden, »in forma crucis« (lat.; in Kreuzform), vier Kirchenschiffe: Vorraum, Altarraum und zwei Seitenschiffe.

Die Heilig Kreuz-Kirche mit ihrem Johannisaltar entsteht zwischen 1668 und 1673; sie ist eines der frühen und zugleich eines der originellsten barocken Gotteshäuser in Bayern.

Passauer Dom wird im Rohbau vollendet

1678. Zehn Jahre nach Beginn des Wiederaufbaus ist der im Feuer von 1662 zerstörte gotische Dom von Passau (→27.4.1662) im Rohbau fertiggestellt, nun im barocken Stil.

Für die Aufgabe, dieses Gotteshaus zu errichten, verpflichtete Fürstbischof Wenzeslaus von Thun den seit längerem schon in Prag arbeitenden italienischen Baumeister Carlo Lurago, der vom Vorgängerbau nur den Ostchor in sein barockes Werk einbringen kann.

Für die Innenausstattung holt man den Stukkateur Giovanni Battista Carlone, der seine Arbeit nach der Fertigstellung des Rohbaus aufnimmt. Er schmückt – nachdem die Schäden eines weiteren Brandes beseitigt sind – das dem heiligen Stephan geweihte Gotteshaus mit Figuren und schwerem Stuck aus Arkanthusranken, Fruchtschnüren und Laubwerk. Neben Carlone und seinem Mitarbeiter Paolo d'Aglio arbeitete in der Kirche der Freskant Carpoforo Toncalla.

Blick auf den Passauer Dom St. Stephan von der Domgasse; das Gotteshaus wird 1678 nach zehnjähriger Bauzeit im Rohbau fertiggestellt

»Friedensfürst« Ferdinand Maria tot

26. Mai 1679. Kurfürst Ferdinand Maria, ein Mann, von dem seine Frau einmal gesagt hat, er sei sehr melancholisch, überlebt den frühen Tod der Kurfürstin nur um etwa drei Jahre, dann stirbt auch er, im Alter von nur 42 Jahren.

Er war noch nicht 15 Jahre alt gewesen, als er seinen Vater Maximilian verlor (→ 27. 9. 1651). Seine Mutter übernahm zunächst die Vormundschaftsregierung, und auf das, was andere ihm rieten, hat er auch gerne gehört, nachdem er am 31. Oktober 1654 selbst das Herrscheramt antrat. Keiner hatte dabei größeren Einfluß als sein Kanzler Caspar von Schmid (→1667).

Ferdinand Maria, bayerischer Kurfürst von 1651 bis 1679

In seinen knapp 25 Regierungsjahren suchte er immer nur das Mögliche zu erreichen, und als Franzosen und Schweden 1657 wissen ließen, daß sie ihn gerne als deutschen Kaiser sehen würden, winkte er ab. Habsburg sollte nicht verärgert werden. Ein gutes Dutzend Jahre später wurde freilich in aller Heimlichkeit ein Vertrag mit Frankreich – und das hieß auch: gegen Habsburg – geschlossen. Der absolutistische, im persönlichen Umgang eher phlegmatische Ferdinand Maria, in dessen Regierungszeit das Barock nach Bayern kam, hat wenig bewegt. Dazu fehlten ihm, trotz mancherlei merkantilistischer Experimente, die Mittel. Aber er hat seinem Land den Frieden bewahrt und sich dadurch um Bayern verdient gemacht.

1680

1680–1689

1680. Nach dem Tod des pfälzischen Kurfürsten Karl I. Ludwig folgt sein Sohn Karl II. in der Herrschaft. Er stimmt seine Politik enger mit Frankreich ab.

1682. Heinrich Zimmer vollendet den Bau von Schloß Veitshöchheim in Unterfranken als »Sommerhaus« des Würzburger Fürstbischofs Peter Philipp von Dernbach.

1683. Kurfürst Maximilian II. Emanuel von Bayern, der anders als sein Vater Ferdinand Maria einen antifranzösischen und habsburgfreundlichen Kurs vertritt, entläßt den langjährigen Kanzler Caspar von Schmid.

1683. Antonio Riva vollendet den Neubau der Klosterkirche in Benediktbeuern in Oberbayern. Die Gewölbemalereien stammen von Hans Georg Asam.

12. 9. 1683. In der Schlacht am Kahlenberg besiegt ein Heer aus kaiserlichen, bayerischen u. a. Reichskreistruppen die Türken und entsetzt das von den Türken belagerte Wien.

1684. Johann Eisenbarth – der spätere Doktor Eisenbarth – liefert beim Bruch- und Steinschneider Alexander Biller sein Probierstück.→

15. 8. 1684. Im Regensburger Stillstand erkennen Kaiser Leopold I. und das Heilige Römische Reich alle von dem französischen König Ludwig XIV. vor dem 1. August 1681 annektierten Gebiete für die Dauer von 20 Jahren als französische Besitzungen an.

26. 5. 1685. Nach dem Tod des kinderlosen Kurfürsten Karl II. von der Pfalz wird Philipp Wilhelm, Pfalzgraf von Neuburg seit 1653, Kurfürst von der Pfalz.

15. 7. 1685. Kurfürst Maximilian II. Emanuel von Bayern heiratet Maria Antonia Theresia Josepha von Österreich, die Tochter von Kaiser Leopold I. Durch ihre Mutter Margarita Theresia, eine Tochter von König Philipp IV. von Spanien, ist sie Erbin Spaniens.

1686. Die katholisch-konservative »Augspurgische Ordinari-Postzeitung« wird gegründet.→

17. 5. 1686. Markgraf Christian Ernst von Brandenburg-Bayreuth ruft aus Frankreich geflohene Hugenotten in sein Land. Er siedelt sie vor allem in Erlangen an.→

9. 7. 1686. Um die Territorialansprüche des französischen Königs Ludwig XIV. abzuwehren, verbündet sich Kaiser Leopold I. mit Spanien, Schweden, Bayern, dem Fränkischen und dem Bayerischen Reichskreis in der Augsburger Allianz.→

1687. Der »Chur-Bayerische Atlas« des aus München stammenden Kartographen Anton Wilhelm Ertl erscheint.→

19. 7. 1688. Nach dem Tod des Kölner Erzbischofs und Kurfürsten Max Heinrich von Bayern kommt es zu einer Doppelwahl. Mit Hilfe französi-

scher Truppen übernimmt Wilhelm Egon von Fürstenberg die Herrschaft; sein Gegenkandidat Joseph Klemens, der Bruder des bayerischen Kurfürsten Maximilian II. Emanuel, wird vom Papst und vom Kaiser unterstützt.

6. 9. 1688. Kurfürst Max Emanuel von Bayern erobert als Oberkommandierender der kaiserlichen Truppen das von den Türken besetzte Belgrad.→

15. 2. 1689. Der Reichstag in Regensburg beschließt den Reichskrieg gegen Frankreich. König Ludwig XIV. von Frankreich hatte diesen Pfälzischen Erbfolgekrieg im Vorjahr eröffnet.→

15. 3. 1689. Kurfürst Max Emanuel gründet ein Kommerzkollegium zur Belebung der Wirtschaft.→

1689. Antonio Riva vollendet den Umbau der Klosterkirche Tegernsee in Oberbayern. Fresken und Stuck stammen von Hans Georg Asam.

GESTORBEN:

1682/83. Augsburg: Johann Heinrich Schönfeld (* 23. 3. 1609, Biberach/Riß), Maler, Zeichner und Radierer.

28. 6. 1688. Regensburg: Wolfger Helmhard von Hohberg (* 20. 10. 1612, Lengenfeld bei Krems/Niederösterreich), Schriftsteller (»Georgica curiosa oder Adeliges Land- und Feldleben«).

14. 10. 1688. Nürnberg: Joachim von Sandrart (* 12. 5. 1606, Frankfurt am Main), deutscher Kunstschriftsteller, Kupferstecher und Maler.

2. 2. 1689. Waldsassen/Oberpfalz: Georg Dientzenhofer (* 1643, Bad Aibling), Baumeister.

4./8. 5. 1689. Groß-Albershof bei Sulzbach/Oberpfalz: Christian Knorr von Rosenroth (* 15./16. 7. 1636, Altraudten bei Wohlau/Schlesien), Kanzler von Sulzbach, Theosoph und Dichter.

GEBOREN:

3. 1. 1680. Gaispoint bei Wessobrunn/Oberbayern: Johann Baptist Zimmermann (†2. 3. 1758, München), Stukkator und Maler.

11. 5. 1680. Landsberg/Lech: Ignaz Kögler (†30. 3. 1746, Peking), Jesuit, Missionar.

13. 2. 1682 (getauft). Gaispoint bei Wessobrunn/Oberbayern: Joseph Schmuzer († 19. 3. 1752, Wessobrunn), Baumeister und Stukkator.

30. 6. 1685. Gaispoint bei Wessobrunn/Oberbayern: Dominikus Zimmermann (†16. 11. 1766, Wies bei Steingaden), Baumeister.

28. 9. 1686. Benediktbeuern/Oberbayern: Cosmas Damian Asam (†10. 5. 1739, München), Maler und Baumeister.

4. 2. 1687 (?). Dachau: Joseph Effner (†23. 2. 1745, München), Baumeister.

Defensivbündnis Augsburger Allianz

9. Juli 1686. Die pfälzisch-wittelsbachische Linie Simmern starb 1685 mit Kurfürst Karl II. aus, und Ludwig XIV. von Frankreich erhob für seine Schwägerin Liselotte, die Schwester des Toten, unberechtigte territoriale Ansprüche.

Zur Abwehr dieser Ansprüche schließen sich Kaiser Leopold, Kurfürst Max Emanuel von Bayern, etliche Landesherren sowie die Könige von Spanien und Schweden in der sog. Augsburger Allianz zu einem Defensivbündnis zusammen.

Die Partner wollen ein Heer von 434 000 Mann aufstellen und für die Erhaltung des von Frankreich gefährdeten Westfälischen Friedens (→ 24. 10. 1648) eintreten.

Reichstag erklärt Franzosen den Krieg

15. Februar 1689. Es wird schon lange Krieg geführt, die französischen Truppen sind bereits bis Schwaben und Franken marschiert, dann aber wieder zurückgedrängt worden, ehe der Reichstag nun in Regensburg dem Aggressor König Ludwig XIV. von Frankreich den Krieg erklärt. Spanien und England schließen sich der Kriegserklärung an.

Frankreich hatte geglaubt, die kaiserlichen Soldaten seien im Türkenkrieg so sehr gebunden, daß man ohne größere Mühen das zu Unrecht beanspruchte, den Wittelsbachern zustehende pfälzische Erbe an sich bringen und in Köln einen frankreichhörigen Bischof einsetzen könne.

Empfang der Osmanen durch Kurfürst Max Emanuel (im berühmten blauen Rock) nach dem Sturm auf Belgrad (Gemälde v. J. Amigoni, 1723)

Max Emanuel schlägt Türken

6. September 1688. Fünfmal war Kurfürst Max Emanuel bereits gegen die Türken ins Feld gezogen, bis sich endlich sein Wunsch erfüllte: Weil der Herzog von Lothringen, dem das Kommando zustand, krank war, wurde er im neuen Kriegszug zum Oberbefehlshaber erklärt.

Mit 33 500 Mann zog der Bayer den Balkan hinab, und am Morgen des 6. September gibt er nach einer Belagerung von vier Wochen den Befehl, die Stadt und Festung Belgrad zu stürmen. Und er, den die Muselmanen wegen seiner Uniform »Marvi Kral«, den Blauen König nennen, ist mit gezogenem Degen mitten unter den Soldaten und wird zweimal leicht verwundet. Von fünf Seiten her wird der Sturm unternommen, und nach vier Stunden ist der Sieg errungen. Der Kurfürst verliert zwar nahezu 5000 Mann – 7000 Tote zählen die Türken –, aber am Abend dieses Tages ist der 26jährige Max Emanuel ein berühmter Mann, von der Heldentat des »Blauen Kurfürsten« spricht man bald in Europa. Ersten Kriegsruhm hatte der Fürst bereits am 12. September 1683 erworben, als er zusammen mit dem Polenkönig Jan Sobieski das belagerte Wien befreite und die Türken verjagte.

Hugenotten fliehen nach Erlangen

17. Mai 1686. Für den toleranten Markgrafen Christian Ernst von Brandenburg-Bayreuth, der die Finanzen seines Landes überstrapaziert hat, sind die aus Frankreich vertriebenen Hugenotten eine Hoffnung. Er schickt Emissionäre aus, die Flüchtlinge in die Markgrafschaft holen sollen.

Am 17. Mai 1686 treffen die ersten fünf Kaufmannsfamilien aus Vitry le François ein. Man will sie in Neustadt an der Aisch ansiedeln, denkt auch an Baiersdorf, zuletzt aber, da niemand die »réfugiés« haben will, baut man nach großen anfänglichen Schwierigkeiten gut 200 m südlich von Erlangen die rechtwinkelige Stadt Neu-Erlangen.

Eisenbarth beendet chirurgische Lehre

1684. Beim Bruch- und Steinschneider Alexander Biller in Bamberg ist der im Jahr 1663 zu Viechtach geborene Johann Andreas Eisenbarth in die chirurgische Lehre gegangen. Sie hat nicht lange gedauert, denn 1684, also mit 21 Jahren, liefert er sein Probierstück. Obwohl er nun frei praktizieren könnte, bleibt er zunächst noch bei seinem Lehrmeister. Im Jahr 1686 aber zieht er – wahrscheinlich weil er Protestant ist – nach Norddeutschland. Hinfort reist er mit großem, lautem Reklameaufwand durchs Land und kuriert die Leut' nach seiner Art. Nach Bayern kehrt der spätere Doktor Eisenbarth nicht mehr zurück.

Doktor Eisenbarth, als Quacksalber und Kurpfuscher verschrieen

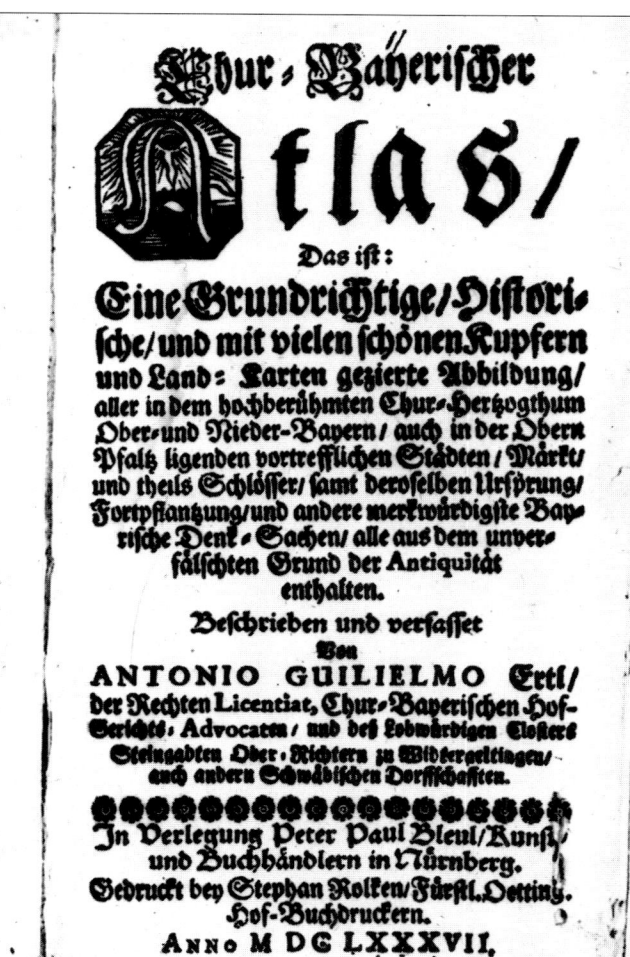

»Chur-Bayerischer Atlas« erscheint

1687. *Den Münchner Hofgerichtsadvokatensohn Anton Wilhelm Ertl verschlägt es in die bayerische Provinz. Dort aber hat der Dr. iur. neben all seiner Juristerei noch Zeit, Abhandlungen und Bücher zu schreiben. Im Jahr 1687 – er wechselt als Hofmarksrichter vom Kloster Rottenbuch mit gleicher Amtsbezeichnung nach Steingaden – erscheint sein bekanntestes Werk, der »Chur-Bayerische Atlas« (Abb.: Titelseite), dem er drei Jahre später einen zweiten Band folgen läßt. Die Landesbeschreibung, der – trotz des Titels – nur zwei kleine Landkarten beigegeben sind, stellt 140 ober- und niederbayerische Orte vor und bringt im zweiten Band 104 Stifte und Klöster.*

Die Stiche, die das Buch enthält (59 im ersten, 79 im zweiten Band), orientieren sich an den Vorbildern von Matthäus Merian d. Ä.

1685, zwei Jahre vor dem »Chur-Bayerischen Atlas«, erschien Ertls Werk »Relationes curiosae Bavaricae«. Ertl wird 1705 Rat und Syndikus des Kaisers und der Reichsritterschaft in Schwaben.

Handel soll belebt werden

15. März 1689. Die Bayern geben sich mit Ackerbau und Viehzucht zufrieden, Handel und Gewerbe werden ohne großen Schwung betrieben. Einen Versuch, letztere zu beleben, unternimmt Kurfürst Max Emanuel durch die Gründung eines Kommerzkollegiums.

Die Aufgaben dieser Behörde sind vielfältig. Die Herren machen Vorschläge für wirtschaftliche Verbesserungen, sie beraten Betriebe, hören sich Beschwerden an (und versuchen, ihre Ursachen abzustellen), liefern Gutachten, wachen über Ein- und Ausfuhren, inspizieren Fabriken, erteilen Handels- und Gewerbeprivilegien…

Nichts, so scheint es, wird in der bayerischen Wirtschaft hinfort ohne das Kommerzkollegium laufen. Es hat freilich seit 1613, seit den Tagen von Maximilian I., Versuche gegeben, ein solches Aufsichts- und Dirigierkollegium zu installieren, aber über Ansätze und Anfänge sind diese Versuche bislang kaum je hinausgegangen.

Auch das neue Kollegium beginnt seine Arbeit unter ungünstigen Voraussetzungen: Es besteht allein aus Juristen ohne wirtschaftliche Erfahrungen. Und die Bayern selbst haben nicht sehr viel Interesse an den Plänen des Kollegiums.

Feldarbeit, Landwirtschaft ist beliebter als Handel und Gewerbe

Nachrichtenfluß über Postzeitungen

1686. Daß sich der Augsburger Drucker Jacob Koppmayer mit seinem katholischen Gesellen August Sturm streitet, führt zur Gründung der zunächst wöchentlich erscheinenden »Augspurgischen Ordinari-Postzeitung«. Damit hat der Meister, in dessen Druckerei seit 1676 die »Wöchentliche Ordinari-Post-Zeitung« (die spätere »München-Augsburger Abendzeitung«) erscheint, die Konkurrenz am Platz.

Augsburg mit seinen vielen Handelshäusern und deren Verbindungen zur weiten Welt war ein günstiger Platz für Nachrichtensammler und Nachrichtenverbreiter, und so erschien die erste Augsburger Zeitung bereits 1593 beim Drucker Michael Manger. In Passau druckte man zwar 1593 eine Einblattzeitung, aber sie war der Nachdruck einer Wiener Zeitung. München kam 1627 mit den »Gewissen und Warhafften Wochentlichen Ordinari Zeitungen Anno 1627«, Nürnberg 1614 und Nördlingen 1632.

1690

1690–1699

1690. Mit der Fertigstellung der Türme ist die Münchner Theatinerkirche vollendet. →

24. 1. 1690. Auf dem Kurfürstentag zu Augsburg setzt Kaiser Leopold I. die Wahl seines Sohnes Joseph I. zum römisch-deutschen König durch.

2. 9. 1690. Nach dem Tod von Philipp Wilhelm wird Johann Wilhelm Kurfürst von der Pfalz.

1691. Der Um- und Neubau des Alten Schlosses in Bayreuth wird vollendet. Die letzten Baumeister sind Charles Philippe Dieussart und Leonhard Dientzenhofer.

12. 12. 1691. Kurfürst Maximilian II. Emanuel von Bayern wird auch Generalstatthalter der spanischen Niederlande. →

1692. Johann Schmuzer vollendet den Neubau der Wallfahrtskirche zur Schmerzhaften Maria in Vilgertshofen in Oberbayern.

1692. Lorenzo Sciasca stellt den Neubau der Stiftskirche St. Peter und Paul in Weyarn in Oberbayern fertig.

1693. Nach Plänen von Georg Dientzenhofer wird die Kirche St. Martin in Bamberg fertiggestellt, vermutlich von Johann Leonhard Dientzenhofer.

1694. Der Pfarrer Andreas Strobl, der sich die »schwarze Bauernamsel« nennt, veröffentlicht unter dem Titel »Ovum Pascale Novum« eine Sammlung seiner berühmten Osterpredigten.

1695. Antonio Petrini vollendet den Bau von Schloß Seehof bei Bamberg für Fürstbischof Marquard Sebastian von Stauffenberg.

1695. Die Wallfahrtskirche St. Rasso in Grafrath in Oberbayern wird geweiht, ein Werk von Michael Thumb.

1695. Der Komponist und Organist Johann Pachelbel kehrt in seine Geburtsstadt Nürnberg zurück. →

2. 1. 1695. Kurfürst Max Emanuel heiratet die polnische Königstochter Therese Kunigunde. →

30. 3. 1695. Nach dem Tod von Anselm Franz von Ingelheim wird der Bamberger Fürstbischof Lothar Franz von Schönborn Erzbischof und Kurfürst von Mainz.

1696. Hans Widmann vollendet den Neubau von Schloß Offenstetten in Niederbayern. Der mittelalterliche Bau war während des Dreißigjährigen Kriegs zerstört worden.

23. 3. 1697. Auf Initiative des Markgrafen Ludwig Wilhelm I. von Baden schließen sich der bayerische, fränkische, schwäbische, oberrheinische, kurrheinische und westfälische Reichskreis zur Frankfurter Assoziation gegen Frankreich zusammen.

20. 9. 1697. Der Friede von Rijswik zwischen Frankreich, England, den Niederlanden und Spanien beendet den Pfälzischen Erbfolgekrieg. Am 30. September treten Kaiser Leopold I. und das Heilige Römische Reich dem Frieden bei: Der französische König Ludwig XIV. muß auf alle rechtsrheinischen Gebiete verzichten, behält jedoch Straßburg und linksrheinische Gebiete.

14. 11. 1698. König Karl II. von Spanien, der letzte Habsburger der spanischen Linie, bestimmt seinen Enkel Joseph Ferdinand, den Sohn des bayerischen Kurfürsten Maximilian II. Emanuel aus dem Geschlecht der Wittelsbacher, testamentarisch zum Universalerben. Auf diese Weise soll eine Machtkonzentration in habsburgischer bzw. französischer Hand vermieden werden.

6. 2. 1699. Der bayerische Kurprinz Joseph Ferdinand stirbt. Die spanische Erbfolgefrage wird erneut Streitthema der europäischen Fürstenhäuser. →

Vor 1700. Die Ingolstädter Sternwarte wird errichtet.

GESTORBEN:

12. 6. 1690. Regensburg: Johann Ludwig Prasch (* 4. 4. 1637, Regensburg), Sprachforscher. →

18. 10. 1692. Augsburg: Johann Melchior Caesar (* um 1648, Zabern/Elsaß), Komponist.

13. 2. 1693. München: Johann Kaspar von Kerll (* 9. 4. 1627, Adorf/Vogtland), Komponist, Hofkapellmeister.

8. 9. 1693. Schönbrunn bei Dachau: Caspar von Schmid (* 1622, Schwandorf?), Jurist und Staatsmann.

2. 10. 1693. Nürnberg: Heinrich Schwanhard (* ?), Glasschneider, Erfinder des Glasätzens.

GEBOREN:

5. 5. 1690. Mückhausen bei Schwabmünchen: Ignaz Schwarz (†29. 10. 1763, Augsburg), Jesuit, Historiker und Naturrechtslehrer.

18. 2. 1692. Burglengenfeld/Oberpfalz: Johann Michael Fischer (†6. 5. 1766, München), Baumeister.

3./4. 5. 1692. München: Johann Baptist Gunetzrhainer (†23. 11. 1763, München), Baumeister.

1. 9. 1692 (getauft). Tegernsee: Egid Quirin Asam (†29. 4. 1750, Mannheim), Stukkator, Bildhauer und Baumeister.

15. 12. 1692. Bibermühle bei Bad Tölz/Oberbayern: Eusebius Amort (†5. 2. 1775, Polling/Oberbayern), katholischer Theologe, Aufklärer.

31. 3. 1696 (getauft). Bamberg: Joseph Matthias Götz (†7. 8. 1760, München), Bildhauer und Ingenieur.

10. 6. 1697. Kitzingen: Johann Kaspar Barthel (†8. 4. 1771, Würzburg), katholischer Theologe.

15. 3. 1699. Amberg/Oberpfalz: Anselm Desing (†17. 12. 1772, Ensdorf/Oberpfalz), Universalgelehrter, Abt von Ensdorf.

31. 7. 1698. München: Ignaz Gunetzrhainer (†12./15. 11. 1764, München), Baumeister.

Kurfürst Maximilian II. Emanuel (Gemälde von Ferdinand K. Bruni)

Therese Kunigunde, polnische Königstochter (Gemälde v. J. Tricius)

Hochzeit des Kurfürsten

2. Januar 1695. Nach dem Tod seiner ersten Frau am 24. Dezember 1692 dachte der Kurfürst Max Emanuel daran, eine hannoveranische Prinzessin zu heiraten. Doch Kaiser Leopold meinte, das Mädchen sei zu französisch erzogen, das aber sei politisch bedenklich. So riet er Max Emanuel, die Tochter des polnischen Königs Johann III. Sobieski zu nehmen. Vielleicht ließe sich durch diese Heirat eines Tages auch noch die polnische Krone erwerben. Die Braut, noch keine 19 Jahre alt, ist attraktiv und bringt die ansehnliche Mitgift von 500 000 Talern in die zweite Ehe des Kurfürsten ein. Als Therese Kunigunde den um 14 Jahre älteren Bräutigam in Wesel am Rhein erstmals sieht, ist sie so enttäuscht, daß sie am liebsten auf der Stelle umkehren würde (obwohl sie per procuram mit Max Emanuel bereits verheiratet ist).

Jahre später, nach der Schlacht bei Höchstädt (→13. 8. 1704), flieht Therese Kunigunde mit ihrem Beichtvater nach Venedig.

Sechsjähriger Kurprinz tot

6. Februar 1699. Mit dem Tod des sechsjährigen Kurprinzen Joseph Ferdinand sind für Max Emanuel die Hoffnungen endgültig geschwunden, das große spanische Erbe an seine Familie zu bringen. Am 28. Oktober 1692, wenige Wochen vor ihrem Tod, hatte ihm seine kaiserlich-österreichische Frau den Sohn geboren. Die Aussicht, daß er die spanischen Habsburger beerben könnte, waren gering. Als aber einige europäische Höfe ihre Aussichten auf diese Erbschaft öffentlich diskutierten, zog der künftige Erblasser Konsequenzen und ernannte seinen am Hofe zu Wien lebenden Großneffen Joseph Ferdinand am 14. November 1698 zum Prinzen von Asturien. Unmittelbar vor der Abreise nach Spanien stirbt der Universalerbe. An Pocken, heißt es. Durch Gift aus Wien, sagen die Franzosen.

Der jungverstorbene Kurprinz Joseph Ferdinand (gemalt um 1698 in Brüssel von Joseph Vivien)

Sprachforscher Prasch gestorben

12. Juni 1690. Der im Alter von 54 Jahren verstorbene Johann Ludwig Prasch hatte in seiner Geburtsstadt Regensburg hohe Ämter bekleidet und war sogar zum Bürgermeister berufen worden. Daneben hatte er, der sich eifrig für die Verständigung der Religionen einsetzte, auch Zeit für Sprachforschungen.
In einem 1689 erschienenen Buch vertrat er – in lateinischer Sprache – die Ansicht, das Deutsche sei die europäische Ursprache. Im Anhang zu diesem Werk lieferte Prasch das erste bayerische Wörterbuch mit etwa 500 Eintragungen. Dieses »Glossarium Bavaricum« sollte seine Theorie beweisen.

Johann Pachelbel wieder in Nürnberg

1695. Johann Pachelbel, ein Zeitgenosse von Henry Purcell und Arcangelo Corelli, ist weit herumgekommen und hat es nirgends lange ausgehalten. Er war, 1653 geboren, ab 1673 Organist in Wien, 1677 dann am Hof zu Eisenach und ein Jahr später bereits in Erfurt. Nach etlichen anderen Stationen kehrt er, gerühmt als Komponist von Choralbearbeitungen, im Jahr 1695 als Organist von St. Sebald in seine Geburtsstadt Nürnberg zurück.

Ehrenvolles Amt für Max Emanuel

12. Dezember 1691. Der Kurfürst von Bayern erhält ein neues Amt und einen neuen Titel – er wird vom spanischen König Karl II. zum Generalstatthalter und Generalkapitän der spanischen Niederlande ernannt. Damit, glaubt Max Emanuel, sei er der spanischen Erbschaft ein gutes Stück näher gekommen.
Um das Amt und das damit verbundene monatliche Gehalt von 15 000 Talern zu erhalten, hatte der Fürst zuvor der Großen Allianz gegen Frankreich beitreten müssen.
Die Verordneten der bayerischen Landschaft bitten ihren Kurfürsten, das ehrenvolle Angebot abzulehnen und im Land zu bleiben, das vor einer Hungersnot stehe. Aber sie finden beim Kurfürsten kein Gehör: Am 26. März 1692 trifft Max Emanuel in Brüssel ein.

Blick in das Innere der Theatiner-Kirche mit ihrem hohen Mittelschiff und der alles überragenden Kuppel

Theatiner-Kirche wird fertiggestellt

1690. Die werdende Mutter hatte offensichtlich keine Zweifel, daß ihr endlich der in zehn Ehejahren ersehnte Erbe geboren würde. Sie ließ nämlich schon vor der Geburt gegenüber der Residenz einige Häuser aufkaufen und niederreißen, denn an ihrem Standort sollte das Gelübde erfüllt werden: Aus Dankbarkeit für den Sohn sollte nach dem Willen seiner Mutter Henriette Adelaide eine Kirche gebaut werden, die »schönste und die wertvollste ... wie keine andere in der Stadt«.

Theatiner-Kirche St. Kajetan mit der von François Cuvilliés d. Ä. gestalteten Fassade zum Odeonsplatz; die Kuppel und die beiden eigenwilligen Türme, deren verschwenderische barocke Gestaltung ihresgleichen sucht, wurden von Enrico Zuccalli erbaut, der 1694 die Leitung von A. Barelli übernommen hatte.

Am 11. Juli 1662 wurde der Erbe Max Emanuel geboren und im April des darauffolgenden Jahres der Grundstein für die gelobte Kirche gelegt. Eigentlich sollte der berühmte italienische Baumeister Guarino Guarini engagiert werden, da er aber nicht frei war, holte man Agostino Barelli (dem später Antonio Spinelli und Enrico Zuccalli folgten).
Auf jeden Fall mußte der Architekt, der dieses Gotteshaus für die Theatiner baute, ein Italiener sein, denn (so meinte die aus Turin stammende Kurfürstin), die Bayern seien zu dumm, »piu idioti«, ein solch wichtiges Gebäude zu errichten.
Es ging freilich langsam voran – nicht nur, weil sich Barelli so gründlich verrechnete, daß man die Planungen umstoßen mußte. Aber 1675 war der Rohbau vollendet, und die Theatinerkirche wurde geweiht, 1688 wurden die Arbeiten an der Kuppel und im Innenraum abgeschlossen und zwischen den Jahren 1676 und 1690 auch die (ursprünglich gar nicht vorgesehenen) Türme fertiggestellt. Die Stadt München hat damit einen ersten bedeutenden barocken Akzent erhalten.

1700

1700–1709

Um 1700. In Bayern gibt es 33 Städte, 77 Märkte sowie 83 Prälatenklöster und Stifte. →

Um 1700. Mathias Klotz führt in Mittenwald den Geigenbau ein. →

3. 10. 1700. König Karl II. von Spanien, der letzte spanische Habsburger, setzt Philipp (V.) von Bourbon, den Herzog von Anjou und Enkel des französischen Königs Ludwig XIV., zum Universalerben ein, nachdem der bayerische Kurprinz Joseph Ferdinand 1699 verstorben ist. Der Tod Karls am 1. November bildet den Auftakt zum spanischen Erbfolgekrieg (→ 9. 3. 1701).

9. 3. 1701. Kurfürst Maximilian II. Emanuel von Bayern schließt im Spanischen Erbfolgekrieg ein Bündnis mit Frankreich. – Ebenfalls auf der Seite Frankreichs steht Erzbischof und Kurfürst Joseph Klemens von Köln, der Bruder von Maximilian II. Emanuel. →

14. 4. 1701. Der Grundstein für Schloß Schleißheim wird gelegt. →

7. 9. 1701. Kaiser Leopold I., England und die Niederlande verbünden sich in der Großen Haager Allianz gegen Frankreich. Der Allianz treten bei Pfalz-Neuburg, Würzburg u. a. (→ 9. 3. 1701).

30. 9. 1702. Das Heilige Römische Reich erklärt Frankreich den Krieg.

1704. Johann Leonhard Dientzenhofer vollendet den Um- und Neubau der Bamberger Residenz in ihrer heutigen Gestalt (→ 26. 11. 1707).

1704. Kloster und Kirche von Waldsassen in der Oberpfalz werden vollendet. Die Klosterbibliothek zählt zu den schönsten des Barock.

2. 7. 1704. Die bayerischen und französischen Truppen werden am Schellenberg von der antifranzösischen Großen Allianz geschlagen.

13. 8. 1704. In der Schlacht bei Höchstädt an der Donau besiegen das kaiserliche Heer unter dem Prinz Eugen von Savoyen-Carignan und das britische Heer unter dem Herzog John Churchill von Marlborough vernichtend die bayerischen und französischen Truppen. →

7. 11. 1704. Durch den Vertrag von Ilbesheim wird Bayern der österreichischen Verwaltung unterstellt. Kurfürst Maximilian II. Emanuel von Bayern flieht in die Niederlande.

1705. Das Fürstentum Mindelheim wird an den Herzog von Marlborough verliehen. →

5. 5. 1705. Nach dem Tod von Leopold I. wird sein Sohn Joseph I. neuer Kaiser.

25. 12. 1705. In der Sendlinger Mordweihnacht werden etwa 1100 Sendlinger Bauern, die sich gegen die österreichische Besatzung erhoben haben, umgebracht. →

1706. Gottfried von Gedeler vollendet den Bau der Orangerie beim Schloß in Erlangen. Das auf dem Reißbrett entworfene Erlangen ist eine der frühesten barocken Planstädte.

23. 5. 1706. Eine britisch-niederländische Armee unter dem Herzog John Churchill von Malborough besiegt in der Schlacht bei Ramillies-Offus Franzosen und Bayern. Die Franzosen räumen die spanischen Niederlande, Ex-Kurfürst Maximilian II. Emanuel von Bayern, der Statthalter der spanischen Niederlande, flieht.

GESTORBEN:

2. 7. 1700. Nürnberg: Johann Trost (* 2. 11. 1639, Nürnberg), Architekt und Ingenieur.

1701. Wessobrunn/Oberbayern: Johann Schmuzer (getauft 13. 5. 1642, Wessobrunn), Baumeister und Stukkator.

8. 4. 1701. Würzburg (?): Antonio Petrini (* um 1625, Italien), führender Barockbaumeister in Würzburg.

6. 12. 1701. Nürnberg: Johann Andreas Graff (* 1. 5. 1637, Nürnberg), Maler, Zeichner, Kupferstecher, Verleger; verheiratet mit Maria Sibylla Merian.

1705. Augsburg: Johann Georg Melchior Schmittner bzw. Schmidtner oder Schmiedtmer (* 1625), Maler.

3. 3. 1706. Nürnberg: Johann Pachelbel (* 1. 9. 1653, Nürnberg), Komponist und Organist.

18. 5. 1706. Amberg/Oberpfalz: Wolfgang Dientzenhofer (getauft 16. 3. 1648, Bad Aibling), Baumeister.

26. 11. 1707. Bamberg: Johann Leonhard Dientzenhofer (* 20. 2. 1660, St. Margarethen bei Rosenheim), Baumeister. →

GEBOREN:

21. 4. 1700. Wessobrunn/Oberbayern: Johann Georg Üblherr († 27. 4. 1763, Steinbach bei Memmingen), Stukkator.

19. 8. 1703 (getauft). Bamberg: Johann Jakob Michael Kuechel († 2. 6. 1769, Bamberg), Baumeister und Ingenieur.

10. 12. 1705. Wessobrunn-Haid/Oberbayern: Franz Xaver I. Feichtmayr bzw. Feuchtmayer († vor dem 28. 4. 1764, Augsburg), Stukkator.

17. 5. 1706. München: Felix Andreas Oefele († 24. 2. 1780, München), Bibliothekar und Historiker.

14. 12. 1706. München: Wiguläus Xaverius Aloysius von Kreittmayr († 27. 10. 1790, München), Geheimer Ratskanzler, Rechtsreformer.

28. 12. 1708. München: Johann Sigmund Ferdinand Joseph von Haimhausen († 16. 1. 1793, München), Präsident des bayerischen Münz- und Bergkollegiums, erster Präsident der Bayerischen Akademie der Wissenschaften.

1709/10. Wessobrunn-Haid/Oberbayern: Johann Michael Feichtmayr bzw. Feuchtmayr († 4. 6. 1772, Augsburg), Stukkator.

Die Fronten formieren sich

9. März 1701. Der große Gewinn ist für den Kurfürsten von Bayern nicht mehr zu machen. Sein Sohn ist gestorben (→ 6. 2. 1699), und das spanische Erbe fiel an Philipp von Anjou, der ein Enkel von Ludwig XIV. von Frankreich ist, aber auch ein Neffe Max Emanuels.

Da er im Kampf um die spanische Erbschaft keine direkte Rolle mehr spielen kann, muß er sehen, daß er in den absehbaren Auseinandersetzungen die richtige Seite wählt: Er entscheidet sich für Frankreich; am 9. März 1701 schließt er mit Ludwig XIV. das Bündnis.

Von Max Emanuel, dem Statthalter der Niederlande, wird die Rückkehr

Philipp von Anjou, Erbe der spanisch-habsburgischen Gebiete

nach Bayern verlangt. Dort soll er versuchen, die anderen deutschen Länder zur Neutralität zu überreden; außerdem soll er ein Heer von 15 000 Mann aufstellen, das – im Ernstfall – dem Kaiser den Durchzug nach Frankreich verwehrt.

Belohnt wird dieses Engagement mit Geld und dem Versprechen, daß alles Land, das dem Kaiser im kommenden Krieg abgenommen werde, Bayern zufalle.

Aber auch auf der Gegenseite sammelt man sich, und am 7. September 1701 schließt Kaiser Leopold mit England und den Generalstaaten zu Haag ein Bündnis, die Große oder Haager Allianz. Und diesem Block werden sich – Max Emanuels Neutralitätsangebot mißachtend – Preußen, Braunschweig, Hessen-Kassel, der Fränkische und der Schwäbische Reichskreis sowie die anderen deutschen Lande anschließen. Nur der Fürstbischof von Köln, Max Emanuels Bruder Joseph Klemens, ist noch auf der französisch-bayerischen Seite.

Im Frühjahr 1702 überprüft der Bayer noch einmal seine Position. In einer Unterredung mit dem Kaiser fordert er eine Vergrößerung seines Landes und die Königskrone. Wien lehnt ab. Damit ist die letzte Entscheidung gefallen.

Und im Herbst des Jahres erklärt der Kaiser den Reichskrieg gegen Philipp V. Schon vorher, am 8. September, hatte Kurfürst Max Emanuel mit der Einnahme Ulms die Kampfhandlungen eröffnet.

Flugblattdarstellung des Zusammentreffens der beiden wittelsbachischen Kurfürsten Max Emanuel (vorne) und Joseph Klemens

Schlacht bei Höchstädt; rechts vorne auf dem Pferd Prinz Eugen, im Hintergrund die Kämpfe um Blindheim (Ölgemälde von Jan van Huchtenburgh)

Niederlage in der Schlacht bei Höchstädt

13. August 1704. Von Holland aus war der Herzog von Marlborough gen Bayern gezogen, und am 2. Juli 1704 schlug er am Schellenberg bei Donauwörth die Soldaten des Kurfürsten Max Emanuel. Nach dieser Niederlage fädelte der Wittelsbacher ganz vorsichtig Friedensgespräche ein, die er aber sogleich abbrach, als seine Armee mit den Truppen des französischen Marschalls Tallard bei Augsburg zusammentraf: Zusammen ist man stark, vereint kann man dem vereinigten englisch-österreichischen Heer unter Marlborough und dem Prinzen Eugen von Savoyen-Carignan entgegentreten. Nicht zu schnell, meint Tallard; möglichst bald, sagt Max Emanuel. Und am Morgen des 13. August stehen sich die Armeen bei Höchstädt, nördlich der Donau gegenüber – etwa 56 000 bayerische und französische Soldaten treffen auf eine Armee von 52 000 Mann. Die Schlacht beginnt mit einer Überraschung, denn noch ehe sich die Franzosen zum Kampfe bereitgemacht haben, greift der am linken Flügel postierte Herzog John Churchill von Marlborough mit seiner

Infanterie an. Er überschreitet den Nebelbach und schlägt die Truppen Camille de Tallards auf dem sumpfigen Gelände beim Dorf Blindheim in die Flucht. Während sich die Soldaten von Ludwig XIV. westwärts, in Richtung Höchstädt, zurückziehen, verliert der kurzsichtige

Prinz Eugen von Savoyen-Carignan, siegreicher Heerführer

Marschall Tallard die Orientierung. Verwundet gerät er in die Hände des Feindes.

Nun, da der rechte Flügel zusammengebrochen ist, gibt es für den verbissen gegen Prinz Eugen kämpfenden bayerischen Kurfürsten keine Hoffnung mehr, den Sieg noch zu erringen. Nun muß auch er weichen. Am Ende der sechs Stunden dauernden Schlacht beklagt jede der beiden Seiten etwa 12 000 Gefallene und Verwundete. Viele der Flüchtenden sind in der Donau ertrunken. Beide Seiten erkennen, daß mit dieser Schlacht eine entscheidende Wende eingetreten ist. Frankreich, das die Vorherrschaft in Europa anstrebt, wird erstmals seit anderthalb Jahrhunderten geschlagen. Ludwig XIV. befiehlt, das Land rechts des Rheines zu räumen, und Kurfürst Maximilian schreibt am Abend nach der Schlacht an seine Frau: »Wir haben heute alles verloren. Gott sei bei Ihnen. Mit mir geht's dem Rhein zu.«

Am 7. November 1704 wird Bayern österreichischer Verwaltung unterstellt. Kurfürst Maximilian Emanuel flieht in die Niederlande.

Chronologie der Kriegsereignisse

8. 9. 1702: Mit dem Überfall auf Ulm beginnt Max Emanuel den Spanischen Erbfolgekrieg.

Februar 1703: Max Emanuel siegt bei Neuburg/Donau.

8. 4. 1703: Max Emanuel erobert Regensburg.

Juni 1703: Max Emanuel marschiert in Tirol ein.

22. 7. 1703: Rückzug aus Tirol.

20. 9. 1703: Max Emanuel und Marschall Villar schlagen in der ersten Schlacht von Höchstädt die kaiserlichen Truppen.

Ende Mai 1704: Der Herzog von Marlborough zieht von Holland aus zur Donau.

2. 7. 1704: Der Herzog von Marlborough schlägt die bayerischen Truppen unter Graf Arco.

13. 8. 1704: In die Schlacht von Höchstädt ziehen auf britisch-österreichischer Seite 66 Bataillone Infanterie, 166 Schwadrone Kavallerie und 52 Geschütze; auf bayerisch-französischer Seite 81 Bataillone Infanterie, 139 Schwadrone Kavallerie und 90 Geschütze.

Bauernschlacht in Sendlingen vor den Toren Münchens am Morgen des 25. Dezember 1705; im Hintergrund ist die Sendlinger Kirche zu erkennen

Sendlinger Mordweihnacht – Bauernaufstand scheitert

25. Dezember 1705. Der Kurfürst, bei Höchstädt geschlagen (→ 13. 8. 1704), sitzt im Exil, und daheim in Bayern führen die Österreicher ein so hartes Regiment, daß sich die Bauern in ihrer Not zusammenrotten. Tausende von ihnen müssen die Rebellion mit dem Leben bezahlen, an die 1100 werden am Heiligen Abend 1705 beim Sendlinger Kirchhof hingemetzelt, etwa 4000 erschlägt man am 8. Januar 1706 bei Aidenbach in Niederbayern.

Der Aufruhr beginnt im Rottal, in Eggenfelden sowie in den Dörfern Schönau und Gern, wo im September und Oktober ein österreichisches Rekrutierungskommando Bauernburschen ausheben will und damit blamabel scheitert.

Wenig später schon gibt es auch in Pfarrkirchen Unruhen. Unter Führung von Sebastian Plinganser, Mitterschreiber am Pfleggericht Pfarrkirchen, werden Braunau und Burghausen erobert, am 22. November deklariert sich der Aufstand als »Churbairische Defension«.

Inzwischen ist auch längst schon das Oberland aufgestanden. Seinen Höhepunkt erreicht hier der Widerstand gegen das verhaßte Besatzungsregime, als sich die Bauern am 22. Dezember aufmachen und gegen München marschieren. Dort, so ist verabredet, sollen ihnen die Tore geöffnet werden.

Die beiden Weinwirte Johann Jäger und Johann Georg Küttler (oder Khidler) sowie der Bierbrauer Georg Hallmayr haben zusammen mit dem Anzinger Postmeister Hierner die Vorbereitungen getroffen; am Franziskanerkloster und am Hofbräuhaus sollen sich die aufrührerischen Münchner treffen und ge-

Erstürmung des Roten Turmes in München durch die Oberländer Bauern in der Weihnachtsnacht des Jahres 1705; in der Sendlinger Mordweihnacht bricht der Aufstand gegen die österreichische Besatzungsmacht zusammen, 1031 Bauern werden hingemetzelt.

meinsam mit den in die Stadt eindringenden Bauern die Garnison zur Kapitulation zwingen.

Die Niederbayern kommen von Osten, von Anzing her, die Oberländer aber ziehen aus Schäftlarn heran – um die 20 000 Mann insgesamt, meinen die in der Stadt liegenden Kaiserlichen, die diese beiden Bauernheere erspähen.

Am 24. Dezember um zehn Uhr abends erreichen die Oberländer Bauern Thalkirchen, und hier teilen sie das kleine Heer in drei Trupps von je etwa 700 Mann. Zwei Gruppen marschieren die Isar entlang, die dritte bleibt in Sendling.

Das Unternehmen scheitert. In München bleibt es ruhig. Kein Tor wird geöffnet. Am darauffolgenden Morgen findet dann in Sendling das letzte Gefecht statt. Obwohl die Bauern kniend, mit den Rosenkränzen in der Hand um ihr Leben betteln, werden sie von den Soldaten des Generalwachtmeisters von Kriechbaum (und gegen dessen Willen) niedergemetzelt.

Geigenbauer Klotz zurück in Mittenwald

Um 1700. Ein Geigenbauerlehrling konnte keine bessere Werkstätte finden als die der Amati zu Cremona. Dort, wo auch Stradivari und Guarneri lernen – möglicherweise sogar mit ihnen –, fand Mathias Klotz aus Mittenwald eine Lehrstelle.

Anschließend, ab 1672, arbeitete er in Padua, in der Werkstatt von Johann Railich, und dort erhielt er auch seinen Lehrbrief.

An die zwei Jahrzehnte trieb er sich noch in der Welt herum, ehe er heimkehrt und ab etwa 1700 den Geigenbau betreibt.

Daß der Schneidermeisterssohn Klotz zum Geigenmacher wird, ist nicht so sehr verwunderlich, denn im Allgäu gibt es zu dieser Zeit allenthalben Instrumentenbauer, vor allem die weithin gerühmten Füssener Lautenmacher.

Schloß Schleißheim, von Enrico Zucalli entworfene barocke Vierflügelanlage, nur der Ostflügel wurde ausgeführt

Belohnung für Herzog Marlborough

1705. John Churchill – seit 1702 Herzog von Marlborough – wird für den Sieg bei Höchstädt (→ 13. 8. 1704) fürstlich belohnt. In England erhält der 54jährige Feldmarschall ein Schloß, das nach dem Schlachtort Blenheim Castle heißt (denn die Engländer sprechen nicht von Höchstädt, sondern von Blindheim/Blenheim). Kaiser Joseph aber gibt dem Briten 1705 das kleine Fürstentum Mindelheim, das Marlborough bis 1714 behält.

Herzog J. Churchill v. Marlborough, Sieger in der Schlacht von Höchstädt

Grundsteinlegung für Schloß Schleißheim

14. April 1701. Neun Jahre lebte der Kurfürst als Statthalter in den Niederlanden. Nun aber ist er zurückgekehrt, und am 14. April 1701 wird der Grundstein für Schloß Schleißheim gelegt. Wahrscheinlich schon zwei Wochen später gibt Max Emanuel den Auftrag, daß auch Schloß Nymphenburg ausgebaut werde.

Das Schloß war lange unbeachtet geblieben. Im Juli 1663, ein Jahr nach der Geburt des Kurprinzen Max Emanuel, hatte Kurfürst Ferdinand Maria seiner Frau Henriette Adelaide die Hofmark Kemnathen und das Schloßgut Menzing »in die Kindbett« verehrt. Die Kurfürstin ließ eine fünfgeschossige Villa im römischen Stil errichten, doch noch ehe das Schloß bezugsfertig war, starb die Bauherrin im März 1676.

Jetzt, nach mehr als einem Vierteljahrhundert, soll das Werk von Agostino Barelli und Enrico Zuccalli zu Ende geführt werden. Zuerst entstehen von 1702 an die inneren Pavillons, die durch Zwischentrakte mit dem Hauptbau verbunden werden.

Dann geht man noch weiter in die Breite und errichtet die äußeren Pavillons. Zusätzlich entsteht ein Marstall für 40 Pferde. Da der 40jährige Kurfürst den großen barocken Stil liebt, werden kostbare Möbel in Paris bestellt. Aber im Sommer 1704 werden die Arbeiten wieder einmal unterbrochen: Der Kurfürst muß aus seinem Lande fliehen.

Der Ostflügel wird im wesentlichen bis 1727 fertiggestellt; das Treppenhaus wird erst unter König Ludwig I. nach alten Plänen vollendet.

Baumeister Dientzenhofer

26. November 1707. Der bambergische Hofbaumeister Johann Leonhard Dientzenhofer ist 47 Jahre alt, als er stirbt. Ein Bau wird ihm zu immerwährendem Ruhme gereichen: die dem Dom gegenüberliegende Neue Hofhaltung zu Bamberg.

Der Fürstbischof Lothar Franz von Schönborn hatte es sehr eilig: Er war gerade zwei Wochen in seinem Amt, als er sich Anfang Dezember 1693 mit Dientzenhofer über den Umbau der Oberen Hofhaltung besprach (obwohl er ja vor seiner Wahl ausdrücklich versprochen hatte, sich beim Bauen zurückzuhalten).

Gut anderthalb Jahre später, im Juli 1695, wurde dann der Baukontrakt geschlossen. Der zu Beginn des Jahrhunderts entstandene Gebsattelbau sollte ausgebaut werden, mehr war nicht vorgesehen. Und sehr viel mehr wurde zunächst auch nicht begonnen; nur ein kleiner Westflügel wurde angebaut.

Der Baueifer des geistlichen Herren ließ sich nicht lange zähmen, und da der Papst ohnehin erklärte, daß die dem Fürstbischof gemachte Auflage nicht rechtens sei, durfte Dientzenhofer nun im großen Stile planen und bauen. Im März 1697 fiel die Entscheidung für eine repräsentative Residenz, einen langen, gewinkelten Bau mit dem abschließenden viergeschossigen Vierzehnheiligen-Pavillon. Wenige Jahre nach der Fertigstellung stirbt Dientzenhofer.

Bevölkerung in Bayern um 1700

Um 1700. Der genaue Überblick fehlt, und sicher wissen nicht einmal der Kurfürst und seine Beamten, wie viele Einwohner Bayern hat.

Für die Zeit um 1700 schätzt man später, daß die vier Rentämter München, Landshut, Burghausen und Straubing 700 000 Einwohner zählen; 102 000 Familien auf dem Lande und 30 000 Familien in den Städten. Es gibt zu dieser Zeit in Bayern 33 Städte, 77 Märkte sowie 83 Prälatenklöster und Stifte.

Zum Hof, so nimmt man an, gehören 1000 Personen, die Zahl der Beamten im Lande beträgt vielleicht 2800. Dem landständischen Adel gehören etwa 300 Familien an.

Maria Birnbaum in der Nähe von Dachau, Wallfahrtskirche zu den Sieben Schmerzen Mariens, erbaut zwischen 1661 und 1665 von Konstantin Pader

Innenraum der 1766 geweihten Klosterkirche in Ottobeuren, in dem drei hintereinanderliegende Kuppelräume mit Kapellen zum Altarraum hinführen

Empore über der Westseite des Domes St. Stephan in Passau; hier befindet sich seit 1928 die mit über 16 000 Pfeifen größte Kirchenorgel der Welt

Kirche des Benediktinerklosters in Ottobeuren, mit deren Bau Simpert Kramer 1736 beginnt; der Bau wird von Johann Michael Fischer zu Ende geführt

St. Lorenz-Kirche (Kempten), der erste barocke Kirchenbau nach dem Dreißigjährigen Krieg

Kloster Banz auf der Uferhöhe des Mains über Staffelstein (Kirche erbaut von 1710 bis 1713)

Wallfahrtskirche Vierzehnheiligen (Grundsteinlegung 1743) mit Blick auf Gnaden- und Hochaltar

Bayern im Zeichen barocker Bautätigkeit

Am Ende des Dreißigjährigen Krieges war Bayern verheert und versehrt. An die 900 Dörfer und Städte waren zerstört, das Land hatte nur noch die Hälfte seiner ursprünglichen Einwohnerzahl.

Bereits 1632, anderthalb Jahrzehnte vor Ende der Kämpfe, schrieb der Kurfürst Maximilian an seinen Bruder: »Waß aber das arme Bairland belangt, würde Euer Liebden es nit mehr khennen und ohne Mitleiden nit ansehen können…«

Nach all den Verwüstungen setzt jedoch ein Bauen ein, wie das Land es bis dahin nicht gekannt hat. Bis in die fernsten Winkel des Kurfürstentums ist die Freude an einer neuen Kunst zu spüren. Nach all den Entbehrungen und der Not herrscht nun die Freude am Dekor.

Freskanten überziehen die Kirchengewölbe mit ihren großen, farbigen Himmelslandschaften, es wird geprunkt mit Stuck und Schnitzereien, alles leuchtet in Gold und Silber und Weiß.

Berühmte italienische Baumeister schaffen für dieses Prunken und Protzen den Rahmen.

Im Jahr 1652, drei Jahre nach Kriegsende, erhält Bayern mit Henriette Adelaide eine neue Herzogin; ein Mädchen von 15 Jahren, das aus Turin nach München heiratet. Die Fürstin kommt nicht gerne, und sie wird hier auch ihre Heimat nicht vergessen – sie wird stets Italienisch sprechen, und als sie Bauleute braucht, holt sie diese aus Savoyen und Graubünden. Sie aber bringen aus dem Süden einen neuen Stil mit: das den Schnörkel, die Prachtentfaltung und die große architektonische Gestik liebende Barock, den Stil des Absolutismus.

Dieses Barock wird mehr sein, als eine neue Art zu bauen. Es erweist sich schließlich als Ausdruck eines neuen Lebensgefühls, und es wird die Zeit kommen, in der man glaubt, die Bayern nicht besser charakterisieren zu können als durch die Bezeichnung »barock«.

Den ersten großen Auftrag in der Zeit Henriette Adelaides erhält Agostino Barelli, der ab 1663, wie schon in seiner Heimatstadt Bologna, nun auch in München den Theatinern eine Kirche baut und bald auch noch in kurfürstlichem Auftrag das Schloß Nymphenburg. Zu all dem erhält der vielbeschäftigte Meister den Auftrag, die Räume der Kurfürstin in der Residenz (später die Päpstlichen Zimmer genannt) neu auszugestalten – natürlich im italienischen Stil.

Während in München eine neue, die für Bayern wohl fruchtbarste kunstgeschichtliche Epoche beginnt, baut man auch anderswo nach der neuen Art. Im Fürststift Kempten hat Abt Roman Giel von Gielsberg bereits 1652 begonnen, die im Dreißigjährigen Krieg zerstörte St. Lorenz-Kirche und das Stiftsgebäude durch den Vorarlberger Michael Beer (den bald ein Graubündner ablöste) neu bauen zu lassen, natürlich im neuen Stil des Barock.

Dabei hat der Abt seine Untertanen allerdings so sehr ausgebeutet, daß man ihm schließlich die Herrschaft wegnehmen mußte.

Diesem ersten barocken Bau folgen bald schon weitere nach, etwa die 1660 von Antonio Petrini in italienischer Art geschaffene Würzburger Karmeliterkirche, die zwischen 1661 und 1665 entstandene Wallfahrtskirche Maria Birnbaum mit ihren vielen kleinen Kuppeln (Baumeister: Konstantin Pader), der 1668 begonnene Dom St. Stephan zu Passau oder die Kirche von Westerndorf, die im August 1671 geweiht werden kann.

Innenraum der Klosterkirche in Fürstenfeld (Grundsteinlegung 1701)

Blick in die Hofkirche der Würzburger Residenz in Richtung Chor

Zisterzienserkirche Mariä Himmelfahrt in Aldersbach (Vilstal)

1710

1710–1719

1710. Der Umbau der Karmelitenkirche in Straubing im Barockstil wird abgeschlossen.

1710. Der Dillinger Heinrich Scherer legt seinen „Atlas novus" mit Karten von Johann Baptist Homann vor.

1711. Georg Peimbl vollendet den Bau der Wallfahrtskirche Maria Hilf in Amberg in der Oberpfalz nach Plänen von Wolfgang Dientzenhofer. Die bedeutenden Fresken mit Szenen aus der Geschichte der Wallfahrt schafft 1717 der Maler und Baumeister Cosmas Damian Asam.

12. 10. 1711. Der Habsburger Karl wird nach dem Tod von Joseph I. zum Kaiser gewählt (Karl VI.). Da er als Karl III. auch Anspruch auf den spanischen Thron erhebt, tritt eine Wende im Spanischen Erbfolgekrieg ein. Die europäischen Mächte befürchten eine Machtkonzentration auf seiten der Habsburger.

1712. Maria Anna Lindmayr tritt in München in das Dreifaltigkeitskloster des Karmelitenordens ein. →

Um 1712. In Bayern herrschen Hunger und Not. →

1713. Das Böttingerhaus in der Bamberger Judengasse, das Stadtwohnhaus des Geheimrats Johann Ignaz Tobias Böttinger, zählt zu den reichsten Bürgerhäusern des 18. Jh.

6. 3. 1714. Der Friede von Rastatt beendet auf der Grundlage des Friedens von Utrecht (11. 4. 1713) den spanischen Erbfolgekrieg zwischen Frankreich und Kaiser Karl VI. Die 1706 geächteten Kurfürsten von Bayern und von Köln werden in ihre alten Rechte wieder eingesetzt.

10. 4. 1715. Kurfürst Max Emanuel kehrt aus dem Exil zurück. →

Nach 1715. Schloß Schleißheim, mit dessen Errichtung 1701 begonnen worden war, wird weitergebaut. →

1716. Johann Dientzenhofer vollendet den Bau von Schloß Weißenstein in Pommersfelden, erbaut für den Mainzer Erzbischof Lothar Franz von Schönborn, der zugleich Bischof von Bamberg ist.

18. 6. 1716. Nach dem Tod von Johann Wilhelm wird sein Bruder Karl III. Philipp Kurfürst von der Pfalz.

1717. Der Bau von Kloster Ebrach in Oberfranken nach Plänen von Johann Leonhard Dientzenhofer, Johann Balthasar Neumann und Joseph Greising ist im wesentlichen vollendet.

1717. Der Neubau der Klosterkirche St. Jakob in Ensdorf in der Oberpfalz, erbaut von Martin Funk und Christoph Grantauer, vermutlich nach Plänen von Wolfgang Dientzenhofer, wird geweiht.

1717. Der Neubau der Benediktinerklosterkirche St. Mang in Füssen, errichtet nach Plänen von Johann Jakob Herkomer, wird geweiht.

1717. Wolf Högler vollendet den Bau der Stiftskirche St. Maria in Au am Inn in Oberbayern.

Nach 1717. Matthias Diesel legt sein dreibändiges Garten- und Schlösserbuch vor. →

1718. Die Münchner Dreifaltigkeitskirche wird geweiht, ein Werk von Johann Georg Ettenhofer und Enrico Zuccalli nach Plänen von Giovanni Antonio Viscardi.

1718. Johann Christoph Volckamer legt den abschließenden Band der »Nürnberger Hesperiden« vor. →

1718. Der Neubau der Kirche St. Egidien in Nürnberg wird feierlich geweiht.

19. 10. 1718. Cosmas Damian Asam vollendet den Neubau der Klosterkirche Weltenburg. →

1719. Joseph Effner vollendet den Bau der Pagodenburg in München-Nymphenburg.

1719. Seit seiner Rückkehr aus dem Exil wächst der Schuldenberg des bayerischen Kurfürsten Max Emanuel. →

GESTORBEN:

7. 3. 1711. Sulzbach/Oberpfalz: Hans Georg Asam (* 10. 10. 1649, Rott am Inn/Oberbayern), Maler und Stukkator.

10. 12. 1712. Erlangen: Christian Ernst (* 27. 7. 1644, Bayreuth), Markgraf von Brandenburg-Bayreuth.

9. 9. 1713. München: Giovanni Antonio Viscardi (getauft 27. 12. 1645, San Vittore bei Roverdo/Graubünden), Architekt.

25. 9. 1716. Stuttgart: Johann Christoph Pez (* 9. 9. 1664, München), Musiker, Kapellmeister und Komponist.

27. 10. 1717. Füssen: Johann Jakob Herkomer (* 1652, Sameister bei Roßhaupten/Allgäu), Bildhauer und Baumeister.

28. 2. 1718. Regensburg: Anton Kleinbrodt (* 5. 6. 1668, Öhningen am Bodensee), Jesuit, katholischer Theologe, Philosoph, Vertreter der atomistischen Philosophie (»Mundus elementaris«).

18. 4. 1718. München: Michael Wening (* 11. 7. 1645, Nürnberg), Kupferstecher. →

GEBOREN:

18. 11. 1711. München: Franz Töpsl († 12. 3. 1796, München), Propst in Polling.

10. 1. 1714. Viechtach/Niederbayern: Johann Georg Dominicus Linprun († 14. 6. 1787, München), Mitbegründer der Bayerischen Akademie der Wissenschaften.

3. 4. 1714. Schongau: Georg Kraz († 20. 8. 1766, München), Mathematiker und Astronom.

2. 7. 1714. Erasbach/Oberpfalz: Christoph Willibald von Gluck († 15. 11. 1787, Wien), Komponist.

14. 11. 1719. Augsburg: Leopold Mozart († 28. 5. 1787, Salzburg), Komponist.

Max Emanuel kehrt zurück

10. April 1715. Der Friede von Rastatt hatte am 6. März 1714 den Spanischen Erbfolgekrieg beendet; Kurfürst Max Emanuel erhielt zwar Bayern zurück, doch es gab keinen Zugewinn, keinen Profit. Der Fürst, finanziell bedrängt, läßt mehr als ein Jahr vergehen, bis er aus seinem Exil in Saint Cloud nach München zurückkehrt. Vor dem Wittelsbacher trifft dort freilich seine Steuerforderung von 1,2 Millionen Gulden ein. Der Landesvater kommt nachts. Wie ein Dieb stiehlt er sich in seine Residenzstadt, die er mitsamt dem dazugehörigen Land so gerne vertauscht hätte.

Der Fahrt nach München war ein Familientreffen vorausgegangen. Aus Tirol kamen die drei ältesten Söhne des Kurfürsten – sie waren dort vom Kaiser während des Krieges interniert worden – und trafen den Vater im Kloster Elchingen; aus Venedig, wo sie während der Besatzungsjahre gelebt hatte, reiste Kurfürstin Theresia Kunigunde nach Schloß Lichtenberg am Lech. Dorthin begab sich auch die 21jährige Kurfürstentochter Maria Anna Carolina, die als einziges Familienmitglied während der österreichischen Jahre in der Residenz gelebt hatte.

Gemeinsam reist man in die Stadt, in der bis zum 25. Januar noch kaiserliches Militär stationiert war. Es ist nicht bekannt, daß der Kurfürst sich für die Anhänglichkeit so vieler Bayern bedankt oder ein Wort der Trauer und des Mitgefühls für die vielen Opfer findet.

Er lebt nun wieder, wie er immer gelebt hat – über seine Verhältnisse. Die Steuerforderungen sind daher auch so hoch, daß man Militär einsetzen muß, um sie in dem von Krieg und Besatzung ruinierten Land eintreiben zu können.

In Saint Cloud hatte Max Emanuel vor der Abreise seinem illegitimen, knapp 20jährigen Sohn Emanuel Franz Joseph, genannt Comte de Bavière, eine Villa vermacht; zurückgekehrt gilt sein Interesse u. a. der Heirat, die er für den Kurprinzen Karl Albrecht stiften will. Er, 1697 in Brüssel geboren, soll einmal die vier Jahre jüngere Kaisertochter Amalia heiraten. Auf solche Weise kann die Annäherung an die Habsburger demonstrativ vollzogen werden.

Das Pendel schlägt wieder in die andere Richtung aus. Nachdem die französische Karte nicht gestochen hat, setzt der Kurfürst wieder auf die österreichische.

„Allegorie auf die Wiedervereinigung Max Emanuels mit seiner Familie" (Ölgemälde von J. Vivien, 1733, Bayer. Staatsgemäldesammlungen, München)

Blick auf das Neue Schloß Schleißheim und den dazugehörigen Garten mit vier achteckigen Brunnenbecken (Kupferstich von Matthias Diesel um 1720)

Schloß Schleißheim wird weitergebaut

Nach 1715. Mehr als ein Jahrzehnt lang hat sich niemand für den Bau interessiert, der halbfertig draußen in Schleißheim stand, 20 km nördlich von München. Das ändert sich, als Kurfürst Max Emanuel aus dem Exil zurückkehrt. Er läßt das Schloß, mit dessen Bau 1701 begonnen worden war, endlich vollenden.

In Schleißheim hatte sich schon sein Urgroßvater Wilhelm V. nach seinem ruhmlosen Abgang 1598 ein großes Herrenhaus errichten lassen, das in der darauffolgenden Generation dann erweitert und zum Alten Schloß ausgebaut wurde.

In unmittelbarer Nähe und vielleicht sogar in Zusammenhang damit wollte Max Emanuel ein weiteres, ein prunkvolles Barockschloß bauen. Seit 1695 hatte Enrico Zuccalli Pläne gezeichnet, am → 14. April 1701 erfolgte schließlich die Grundsteinlegung.

Aber der Architekt hatte sich wohl den Baugrund nicht genau genug angesehen, er projektierte zu hoch, und 1702 stürzte der Osttrakt ein. Die Pläne wurden umgezeichnet, der Bauherr stimmte zu, daß auf ein drittes Obergeschoß verzichtet werde… Man wäre wohl überdies nicht mehr damit fertig geworden, denn nach der Schlacht von Höchstädt (→ 13. 8. 1704) lebte der Auftraggeber, entgegen seinem Willen, außerhalb Bayerns.

Jetzt aber, heimgekehrt, läßt Max Emanuel weiterbauen. Josef Effner, der als Sohn eines Hofgärtners im nahegelegenen Dachau geboren wurde, übernimmt die Aufgabe, das 330 m lange Schloß weiterzubauen.

Fertigstellen wird auch er es nicht. Bereits zwischen 1683 und 1689 war östlich des Neuen Schlosses das kleine Schlößchen Lustheim entstanden und zwischen den beiden Bauten ein barocker Garten.

Das Alte Schloß (im Vordergrund) und das neuerbaute Barockschloß Schleißheim (Kupferstich von Matthias Diesel, um 1720)

Gartenarchitekt Matthias Diesel

Nach 1717. Matthias Diesel weiß, worauf es bei den Gärten ankommt; so kann er von ihnen sehr zuverlässige Bilder liefern, die dann für seine dreibändige »Erlustierende Augen-Weyde in Vorstellung herrlicher Gärten und Lustgebäude« in Kupfer gestochen werden.

Kurfürst Max Emanuel hatte Matthias Diesel und Josef Effner 1706 zum Studium nach Paris geschickt. Während sich sein Reisebegleiter als Architekt ausbilden läßt, ist Diesel, als er 1710 nach München zurückkehrt, an der französischen Gartenarchitektur geschult.

In seinen Bilder-Büchern zeigt der vormalige kurbayerische Stipendiat, wie die Gärten im geometrischen französischen Stil angelegt sind. Er zeigt Gesamtansichten, Details (wie: Heckentheater, Kaskaden etc.) und Grundrißpläne.

Neben den Schloßgärten von Nymphenburg, Fürstenried, Schleißheim sowie der Münchner Residenz zeichnet Diesel auch die Gärten bayerischer Landsitze, etwa einen Schloßgarten aus Alteglofsheim und den Garten des Sommerschlosses Hacklberg bei Passau.

Maria Lindmayr geht ins Kloster

1712. Aus der lebensfrohen Tochter Maria Anna des hzgl. bayr. Kammerdieners Lindmayr ist eine Seherin geworden, und im Jahr 1712 erfüllt sich endlich ihr großer Wunsch (den man ihr vorher wohl wegen fehlender »Mitgift« mehrfach abgeschlagen hatte): Maria Anna Lindmayr tritt als Nonne in den strengen Karmelitenorden ein.

Acht Jahre zuvor hatte die Münchnerin kommendes Unheil, die Schrecken des aufziehenden Krieges, vorausgesehen. Am 5. Juli 1704 ließ der Bischof von Freising sie zu sich kommen, drei Tage später hatte sie ihre große Vision, in der sie das Ende Münchens voraussah. Die Stadt werde zerstört, wenn man nicht zu Ehren der Dreifaltigkeit eine Kirche erbaue.

Am 17. Juli bereits leisteten die Geistlichen, der Adel und die Bürgerschaft in der Frauenkirche den Eid, das Gotteshaus zu errichten. Dem Eifer, mit dem die Münchner das Versprechen abgelegt hatten, folgten aber nur langsam Taten.

Kupferstecher Wening tot

18. April 1718. Der Kupferstecher Michael Wening kann den Abschluß seines großen Werkes nicht mehr erleben: Als er im April 1718 fast erblindet stirbt, liegt erst einer der vier Bände seiner »Historico-topographica descriptio Bavariae« vor.

Der Nürnberger Metzgerssohn, der im Frühjahr 1668 wegen einer Vaterschaftsangelegenheit aus seiner Heimatstadt nach München floh, war zunächst bei Hofe als Fourier oder Türsteher, aber kaum als Kupferstecher gefragt. Schließlich erhielt er jedoch kleine Aufträge, und im Juni 1696 konnte Wening dem in Brüssel residierenden Kurfürsten Max Emanuel einen Vertrag für die Darstellung aller Orte in den vier Rentämtern München, Burghausen, Landshut und Straubing vorlegen.

Am 12. November 1696 zog der Kupferstecher, mit einem kurfürstlichen Patent versehen (das freilich nicht viel wert war), von Dachau aus ins Land; bis zum Januar hatte er bereits 131 Orte aufgenommen. Die Arbeit, deren Risiko vor allem er selber tragen mußte, ging weiter, und am 2. November 1701 war der erste Band – nämlich das Rentamt München – fertiggestellt.

Insgesamt hat Wening an die tausend Orte in Kupfer gestochen – das Bayern der Max Emanuel-Jahre wurde durch ihn für alle Zeiten festgehalten. Die Texte für diese Bayerische Topographie schrieb der Jesuitenpater Ferdinand Schönwetter von St. Michael in München. Erst 1726 ist das Werk mit dem Erscheinen des vierten Bandes vollendet.

Porträt des kurfürstlichen Kupferstechers Michael Wening, 1698

In Bayern herrschen Hunger und Not

Um 1712. Die Kaiserlichen herrschen, und da sie für den Krieg viel Geld brauchen, holen sie es aus dem besetzten Bayern. Mit Folter und Exekution regieren sie, und die Bauern leiden bitterste Not, da man ihnen oft auch das Saatgetreide und das Zugvieh wegnimmt.

Der Zustand verschlimmert sich, als in den Jahren zwischen 1709 und 1714 langanhaltende Regenfälle zu katastrophalen Mißernten führen, die Besatzung aber trotzdem Geld- und Naturalabgaben erpreßt. Erst 1714, nach zehn Jahren, ziehen die Truppen ab. Sie verlassen ein Land, das wirtschaftlich erschöpft ist.

Schuldenberg von Max Emanuel wächst

1719. Der große Schuldenmacher Max Emanuel ist wieder im Land. Das Hofzahlamt nimmt jährlich etwa 1,3 Mio Gulden ein und gibt 2,1 Mio aus. Da die Ausgaben den Einnahmen nicht angepaßt werden, wächst der ohnedies schon hohe Schuldenberg zwischen der Rückkehr des Kurfürsten 1715 und dem Ende des Jahrzehnts um weitere 4,5 Mio Gulden.

Zu den Ausgaben gehören u.a.: »für den Kurprinzen und seine Reise nach Italien 254 586 Gulden, … für die Generalstaaten wegen versetzter Juwelen 280 404 Gulden, dem Maler Vivien 3758 Gulden…«

Gartenbuch von Volckamer vollendet

1718. Sechs Jahre nach dem ersten legt Johann Christoph Volckamer den zweiten, abschließenden Band der »Continuation der Nürnberger Hesperiden« vor. Der Autor verspricht seinen Lesern die »gründliche Beschreibung der Edlen Citronat-, Citronen- und Pommeranzen-Früchte« und dazu »einen ausführlichen Bericht, wie solche am besten zu warten und zu erhalten seyn«.

Volckamer, der Erbe einer reichen Nürnberger Kaufmannsfamilie, kann aus seiner eigenen Erfahrung berichten, denn draußen vor der Stadt liegt sein großartiger Garten (den er wie andere Nürnberger Patriziergärten) in seinem bald schon berühmten Buch vorstellt.

Kirchenweihe im Kloster Weltenburg nach dem Wiederaufbau

19. Oktober 1718. *Weltenburg, wahrscheinlich das älteste Kloster Bayerns, steht mehr als 1000 Jahre nach seiner Gründung vor dem Ruin. Der 1713 gewählte Abt Maurus Bächl ist freilich ein erfahrener Mann, und er wagt das Sanierungswerk. Er läßt die baufälligen Klostergebäude neu errichten (dafür erhält er mehr als 10000 Gulden aus der Weißbiersteuer), gleichzeitig baut er die St. Georgskirche (dafür bekommt er 6000 Gulden vom Regensburger Bischof).*

Und da der Oberpfälzer Schmiedsohn Maurus ein couragierter Mann ist, gibt er 1716 den Bauauftrag an den 30jährigen Cosmas Damian Asam, der hier erstmals als Architekt arbeitet. Das Wagnis gelingt und Weltenburg mit seinem ovalen Raum wird zu einem Triumph des bayerischen Barock. Die Arbeiten, zu denen auch Bruder Egid Quirin herangezogen wird, sind noch lange nicht abgeschlossen, als am 19. Oktober 1718 die Weihe der Kirche (Abb.) erfolgt.

1720

1720. Der Bau der Bibliothek des Benediktinerklosters in Metten in Niederbayern wird vollendet. Die Stukkaturen stammen von Franz Joseph Ignaz Holzinger. →

1720. Der barocke Umbau des Würzburger Neumünsters unter Leitung von Joseph Greising wird abgeschlossen. Die 1716 fertiggestellte Westfassade zählt zu den prächtigsten Fassaden in Franken.

Um 1720. In Donauwörth wird die erste bekannte Pedalharfe gebaut.

1721. Um mehr Steuern einzunehmen, erläßt Kurfürst Max Emanuel eine Steuerrevisions-Instruktion. →

1721/22. Dominikus Zimmermann besorgt die Ausgestaltung der Fassade und die Stuckierung der Innenräume des Rathauses von Landsberg am Lech.

1722. Die Klosterkirche Rohr in Niederbayern wird geweiht. Der Entwurf der Architektur und die Ausstattung stammen von Egid Quirin Asam.

1722. Drei geistliche Herren – Eusebius Amort, Agnellus Kandler und Gelasius Hieber – gründen die Zeitschrift »Parnassus Boicus«. →

12. 11. 1723. Nach dem Tod von Joseph Klemens von Bayern wird Klemens August, ein Sohn von Kurfürst Maximilian II. Emanuel von Bayern, Erzbischof und Kurfürst von Köln.

1724. Der Architekt und Dekorationskünstler François Cuvilliés d. Ä. wird neben Josef Effner Hofbaumeister in München. Der später als Hauptgestalt des »bayerischen Rokoko« bezeichnete Künstler trat schon 1706 im Alter von 11 Jahren in die Dienste des bayerischen Kurfürsten Maximilian II. Emanuel, der sich zu der Zeit im Exil in Frankreich befand.

15. 5. 1724. Die Kurfürsten von Bayern, Trier, Köln und der Pfalz schließen sich in der Wittelsbachischen Hausunion zusammen.

1726. In seinem in Ingolstadt erschienenen Werk »Planetolabium novum« bekennt sich der in Ingolstadt lehrende Astronom Nicasius Grammatici als einer der ersten zu Nicolaus Copernicus.

1726. Der Bau der Klosterkirche in Niederaltaich ist im wesentlichen abgeschlossen.

26. 2. 1726. Nach dem Tod von Maximilian II. Emanuel wird sein Sohn Karl Albrecht Kurfürst von Bayern. →

1727. Der Bau des Neuen Schlosses in Schleißheim in Oberbayern nach Plänen von Enrico Zuccalli wird endgültig abgeschlossen.

1728. Unter dem Baumeister Karl Friedrich von Zocha entsteht im Stil des französischen Klassizismus die Ansbacher Orangerie.

1728. Joseph Effner vollendet den Bau des Palais Preysing in München als Stadtpalais für den Grafen Johann Nepomuk von Preysing-Hohenaschau. Es gilt als schönstes Adelspalais in München.

1728. Der Maschikuli-Turm von Johann Balthasar Neumann ist das letzte Bauwerk der Festung Marienberg in Würzburg.

1729. Pater Karl Meichelbecks »Historia Frisigensis« ist vollständig erschienen. Der herausragende bayerische Historiker des 18. Jh. kann damit seine 1724 begonnene, auf breiter Quellenarbeit fußende Edition abschließen.

1729. Das Lindauer Patrizierhaus der Kawatzen wird gebaut.

3. 3. 1729. Kurfürst Karl Albrecht stiftet den Hausritterorden vom Heiligen Georg. →

GESTORBEN:

12. 12. 1721. Würzburg: Joseph Greising (* 9. 1. 1664, Hohenweiler bei Bregenz), Baumeister.

20. 6. 1722. Prag: Christoph Dientzenhofer (* 7. 7. 1655, St. Margarethen bei Rosenheim), Baumeister.

12. 11. 1723. Bonn: Joseph Klemens (* 5. 12. 1671, München), Erzbischof und Kurfürst von Köln 1688–1723.

8. 3. 1724. München: Enrico Zuccalli (* um 1642, Roveredo/Graubünden), Baumeister.

6. 2. 1725. Weißenfels: Johann Philipp Krieger (* 26. 2. 1649, Nürnberg), Komponist.

26. 2. 1726. München: Maximilian II. Emanuel (* 11. 7. 1662, München), Kurfürst von Bayern 1679–1706, 1714–1726. →

5. 4. 1726. Ettal: Ludwig Babenstuber (* 1660, Deining bei München), katholischer Theologe (»Philosophia Thomistica Salisburgensis«).

20. 7. 1726. Bamberg: Johann Dientzenhofer (* 12. 5. 1665, St. Margarethen bei Rosenheim), Baumeister.

11. 11. 1727. Hannoversch-Münden: Johann Andreas Eisenbarth (* 27. 3. 1663, Oberviechtach/Oberpfalz), Wundarzt.

GEBOREN:

1722. Augsburg (?): Johann Heinrich von Schüle († 1811, Augsburg), Kaufmann.

16. 6. 1723. Gründl bei Steingaden: Johann Georg von Lori († 23. 3. 1786, Neuburg an der Donau), Jurist und Historiker.

22. 11. 1725. Altmannstein/Oberpfalz: Ignaz Günther († 28. 6. 1775, München), Bildhauer.

28. 3. 1727. München: Maximilian III. Joseph († 30. 12. 1777, München), Kurfürst von Bayern.

6. 10. 1727 (getauft). Griesbach im Rottal/Niederbayern: Christian Jorhan d. Ä. (begraben 8. 10. 1804, Landshut), Bildhauer.

25. 9. 1729. Furth im Wald: Johann Caspar von Lippert († 10. 4. 1800, München), Geheimer Rat.

Der Blaue Kurfürst ist tot

26. Februar 1726. Immer wieder Magenübel, Erbrechen und Schluckbeschwerden. Als sich sein Zustand weiter verschlechtert, läßt er geistliche Bücher in sein Krankenzimmer schleppen. An die 150 der frommen und erbaulichen Schriften umgeben Kurfürst Max Emanuel, als er stirbt. Bayern verliert einen großen Fürsten und ist zugleich eine Last los. Als der noch nicht 17jährige Max Emanuel im Mai 1679 die Regierung übernahm, war die Staatskasse ge-

Stationen im Leben Max Emanuels

1679/80: Übernahme der Regierung
1683: Max Emanuel kommt mit einem bayerischen Heereskontingent den von Türken bedrängten Österreichern zu Hilfe
12. 9. 1683: Befreiung Wiens, zusammen mit Jan Sobieski
1685: Heirat mit der Kaisertochter Maria Antonie
1688: Eroberung Belgrads, Ruhmestitel »Blauer Kurfürst«; Teilnahme an insgesamt 12 Türkenfeldzügen
1691: Statthalter der Spanischen Niederlande
1699: Sohn Joseph Ferdinand stirbt
1704: Niederlage bei Höchstädt, Flucht
1715: Rückkehr Max Emanuels
26. 2. 1726: Max Emanuel stirbt.

Stadt in Baiern cediren würde, um nur außer Landes bleiben zu dürfen.« Niemand war zu einem Tausch mit dem Bankrotteur bereit, und so saß er in seinem von Frankreich finanzierten Exil. Er umgab sich (wie sein ganzes Leben lang) mit Mätressen, verlor Geld beim Spiel und vertrieb sich die Zeit gern an der Drechselbank. Und zuletzt, weil es gar keine andere Wahl mehr gab, kehrte er dann doch schließlich wieder nach München zurück.

Maximilian II. Emanuel, Kurfürst von Bayern (Gemälde von J. Vivien)

füllt. Nun aber, nahezu ein halbes Jahrhundert später, hinterläßt er seinem Erben Karl Albrecht Schulden in Höhe von 26 Mio. Gulden; Bayern wird bis ins 19. Jh. hinein daran zu zahlen haben.

Diese Millionen sind der Preis, den die Bayern für den Wahn und die Träume eines verschwenderischen barocken Landesherrn zahlen müssen, der immer mehr gewinnen wollte, als ihm die Geschichte und das Schicksal zuteilten.

Er war Kurfürst, doch er wollte König sein; ein König irgendwo in Europa. Auf Bayern wäre da leicht zu verzichten gewesen. Und nur weil man ihn anderswo nicht haben wollte, kehrte er schließlich heim.

Wie wenig ihm das angestammte Land bedeutete, hat 1714 sein Bruder Joseph Clemens, der Fürstbischof von Köln, in einem Brief geschrieben: Max Emanuel, meinte er, »hat allzu große aversion wieder in Baiern zu wohnen, daher um eine Scheune aus Niederland er eine

Mit Schulden kam er, neue Schulden machte er. Im Jahre 1720 z. B. betrugen die Einnahmen 1,3 Mio Gulden, aber 2,12 Mio Gulden wurden ausgegeben, beispielsweise beim Bauen in Schleißheim und in Nymphenburg. Die Herzogin von Orléans (die berühmte Liselotte von der Pfalz) schrieb 1718 in einem Brief: »Ihr betrügt Euch sehr, wenn Ihr meint, daß Kur-Baiern froh ist, wieder in seinem Land und Ehren zu sein; er regrettieret alle Tage das Luderleben so er hier geführt.«

Die Untertanen, denen die viel zu ehrgeizige Politik Max Emanuels so große Opfer abverlangt hat – vor allem auch in den österreichischen Besatzungsjahren –, nahmen seine Herrschaft hin. In einem Brief an seine Tochter hatte der barocke Max Emanuel einmal geschrieben, es sei ein »Vergnügen, absoluter Herr zu sein und ein so angenehmes Land zu haben wie das unsrige« – Ein Land, das es geduldig erträgt, nur Einsatz zu sein in einem riskanten Spiel.

Neue Bestimmungen für die Landsteuer

1721. Die Landsteuer ist seit 1594 festgeschrieben; um sie den seither eingetretenen Veränderungen anzupassen (und mehr Geld in die Kasse zu bekommen), erläßt der Kurfürst eine Steuerrevisions-Instruktion. Bisher war das Vermögen der Bauern mit 5% besteuert worden. Ausgenommen hatte das Gesetz vor allem die landwirtschaftlichen Geräte und den Hausrat. An dem festgesetzten Betrag änderte sich nichts, auch wenn das Geld weniger wert wurde und die Lebensmittelpreise (und somit auch die bäuerlichen Einkommen) stiegen.

Die Landsteuer – sie ist die gängigste Steuer in Bayern – wird nun umgestellt: Statt des Besitzes wird bei den Bauern der Ertrag mit einer Abgabe belegt. Die Veranlagung erfolgt auf der Basis eines mittleren Jahres; berücksichtigt wird aber auch, ob der Grund Eigentum oder gepachtet und wie die Qualität der Böden ist. Zur Landsteuer werden auch die Dienstboten, Taglöhner, Handwerker und Rentiers herangezogen.

Der Hausritterorden vom Heiligen Georg

30. März 1729. Kurfürst Karl Albrecht erfüllt einen Wunsch seines Vaters und stiftet den Hausritterorden vom Heiligen Georg; drei Wochen später, am Georgstag, werden die ersten Ordensmitglieder in der Frauenkirche feierlich ernannt. Es sind drei bayerische Prinzen im Range von Großprioren, sieben Großkreuzherren, ein Komtur und schließlich noch sechs Ritter.

Der Großmeister aber – natürlich ist dieser Rang dem Kurfürsten vorbehalten – stiftet das Geld; 70 000 Gulden für Garderobe und Mobiliar, hinzu kommen jährlich zusätzliche 8 000 Gulden und wenig später noch (aus einer Extra-Getränkesteuer) weitere 2 500 Gulden.

In den Türkenkriegen hatte Max Emanuel großes Glück gehabt, und da er dies vor allem dem heiligen Georg zu verdanken glaubte, wollte er dem Heiligen einen Orden stiften. In den etwa 40 Lebensjahren, die ihm noch verblieben, fand er aber offensichtlich keine Gelegenheit, sein Gelübde einzulösen.

Eine Zeitschrift für geistige Anregung

1722. Drei geistliche Herren wollten 1719 eine wissenschaftliche Akademie gründen. Die Zeiten waren aber in Bayern für solch aufklärerisches Tun noch nicht reif. Der Augustinerchorherr Eusebius Amort aus Polling sowie die Augustinereremiten Agnellus Kandler und Gelasius Hieber gaben aber nicht auf; statt der Akademie gründen sie 1722 nach dem Vorbild des »Journal de Savants« in Paris und der »Acta Eruditorum« zu Leipzig eine gelehrte Zeitschrift, die – anders als bis dahin üblich – in deutscher Sprache geschrieben ist: »Parnassus Boicus oder Neu-Eröffneter Musen-Berg…« Die Absicht der Herausgeber ist es, »daß man hierdurch suche so vile darnider ligende schöne Ingenia auffzumuntern…«

Die Autoren beschäftigen sich mit der Pflege der deutschen Sprache und vornehmlich mit bayerischer Geschichte. Obwohl Politik und Theologie nicht diskutiert werden, wird der »Parnassus« dennoch mehrfach verboten.

Cosmas Damian und Egid Quirin Asam

An zwei bayerischen Klosterorten, wo Vater Georg Asam als begabter Freskenmaler beschäftigt war, sind die Brüder Asam geboren worden: Cosmas Damian um den 28. September 1686 in Benediktbeuern, Egid Quirin am 1. September 1692 in Tegernsee. Und vor allem bayerische Klöster sind später auch die Auftraggeber dieser großen Meister des bayerischen Spätbarock.

Der Abt des Oberpfälzer Klosters Ensdorf – einer alten wittelsbachischen Stiftung – läßt 1714 den eben von römischen Studien heimgekehrten Cosmas Damian das Kuppelbild malen, 1715 die Fresken. In diesem Jahr entstehen aber auch das Kuppelfresko in der Münchner Dreifaltigkeitskirche und ein Hochaltarblatt für das Kloster Metten.

Schon in dieser frühen Zeit beginnt das lebenslängliche Reisen von Kirche zu Kirche. Cosmas Damian arbeitet im schlesischen Wahlastatt und im oberschwäbischen Meßkirch, in Friedberg und Amberg sowie in Ettlingen und Bruchsal.

Die Arbeit in Ensdorf ist kaum abgeschlossen, als er 1716 für das Kloster Weltenburg als Architekt für Kirche und Klostergebäude engagiert wird. Etwa zur gleichen Zeit beauftragen ihn die Benediktiner von Michelfeld, die Deckenbilder für das neuerbaute Gotteshaus zu malen; Egid Quirin aber übertragen sie die Stuckarbeiten und den Figurenschmuck.

In Zukunft werden die beiden Brüder als Freskant und Stukkator noch oft zusammenarbeiten, und gemeinsam schaffen sie Werke, die zu den feinsten, nobelsten Schöpfungen des bayerischen Barock gehören: Kloster Weltenburg, die Kirchen in Aldersbach, Fürstenfeld, Einsiedeln (in der Schweiz), Gotteszell, Osterhofen-Altenmarkt, der Dom zu Freising, die St. Anna-Kirche im Münchner Lehel. Gemeinsam arbeiten sie auch an der Barockausstattung von St. Emmeran.

Das Ansehen wie das Selbstverständnis der Asams zeigt sich deutlich darin, daß Egid Quirin mehrere Häuser in der Münchner Sendlingerstraße kauft und dort von 1734 an seine eigene Kirche baut – ein wohl einmaliger Vorgang in der Kunstgeschichte. Eigentlich Sankt Johannes von Nepomuk geweiht, nennt das Volk sie Asamkirche.

Neue Bibliotheken für die Klöster Metten und Waldsassen

1720. Die Bibliotheken sind in den Klöstern ein Schatzhaus für das in Folianten gesammelte Wissen. Ihnen gilt daher bei der Neuausstattung im Barock die ganz besondere Sorgfalt.
Für das Benediktinerkloster Metten baut Johann Nablas die Bibliothek (Abb. l.) in Form einer Folge von drei niedrigen, ineinandergehenden Räumen, deren geringe Höhe den unvergleichlichen Eindruck des Büchergewölbes entstehen läßt. Franz Joseph Ignaz macht daraus mit seinen Stuckarbeiten zwischen 1706 und 1720 eine der schönsten Bibliotheken Deutschlands.

Die Deckenbilder, deren Leitthema das Verhältnis der Kirchenlehrer zu den Schriften ist, stammen von I. Warathi. Die einzelnen Darstellungen beziehen sich direkt auf die jeweiligen Abteilungen der Bibliothek. Für den Bibliothekssaal des Zisterzienserklosters Waldsassen liefert Andreas Witt 1724/25 die über zwei Etagen verteilten Bücherschränke; Karl Stilp schnitzt zehn zu gescheiten Analysen einladende, die Galerie tragende Figuren. Wen oder was sie darstellen sollen, ist nicht eindeutig geklärt. Der langgestreckte Saal ist versehen mit Stuckarbeiten von Peter Appiani (Abb. r.)

Prunkvoller Baldachin über der Kanzel der Klosterkirche Osterhofen-Altenmarkt

Klosterkirche Osterhofen-Altenmarkt, Figuren und Ornamente schmücken das Gewölbe

Mariä Himmelfahrt (Stuckskulptur in der Kirche des Augustinerchorherrenklosters Rohr, 1722)

Das um 1720 entstandene Hauptdeckenfresko von Cosmas Damian Asam in der Klosterkirche Aldersbach mit Szenen zur Geburt Christi

Deckenansicht (Klosterkirche Osterhofen-Altenmarkt), sie erweitert das Gewölbe optisch ins Unendliche

Deckenfresko über das Leben des hl. Johannes von Nepomuk von Cosmas Damian Asam in der dem Heiligen geweihten Münchner Asamkirche, 1735

1730. Der Bau der Klosterkirche in Holzkirchen nach Plänen von Balthasar Neumann wird fertiggestellt.

1730. Die neue bischöfliche Residenz in Passau wird vollendet.

1731. François Cuvilliés d. Ä. vollendet den Bau des Grottenhofs der Münchner Residenz. 1729–1734 stattet er auch die Reichen Zimmer der Residenz aus. Auch die Ahnengalerie der Residenz wird 1731 eingerichtet (→ 1730/37).

3. 7. 1731. Die Augsburger Gold-und Silberschmiede, bekannt für ihre hohe Handwerkskunst in ganz Europa, erhalten von Preußenkönig Friedrich Wilhelm I. einen Großauftrag für die Anfertigung von Silberwaren. →

16. 8. 1731. Der Reichstag in Regensburg erläßt die Reichshandwerksordnung. Die weitgehende Autonomie der Zünfte wird eingeschränkt, der Zugang zum Handwerk erleichtert und das Lehrlings- und Gesellenwesen neu geordnet.

1732. Johann Georg Seitz vollendet im Auftrag des Grafen Rudolf Franz Erwein von Schönborn nach Plänen Johann Balthasar Neumanns die Kirche St. Mauritius in Wiesentheid in Unterfranken.

1./2. 1732. Gegen die Stimmen Bayerns und Sachsens setzt Kaiser Karl VI. auf dem Reichstag zu Regensburg die Garantie der Pragmatischen Sanktion durch.

1733. Nach dem Tod von Theodor Eustach und Johann Christian wird Johann Christians minderjähriger Sohn Karl Theodor Pfalzgraf von Sulzbach unter der Vormundschaft des pfälzischen Kurfürsten Karl III. Philipp. →

1733. Der Neubau der Markgräflichen Residenz in Ansbach wird vollendet.

1734. Kurfürst Karl Albrecht macht seiner Frau Amalia die Amalienburg zum Geschenk. →

1737. François Guvilliés d. Ä. vollendet den Bau des Erzbischöflichen Palais in München.

1737. Der Regensburger Apotheker und Stadtgerichtsassessor Johann Wilhelm Weinmann gibt das vierbändige, prachtvoll illustrierte Foliowerk »Phythanthoza iconographia« heraus.

4. 11. 1737. Zum Namenstag des Kurfürsten Karl Albrecht werden in der Münchner Residenz die Reichen Zimmer eingeweiht, die nach dem Brand von 1729 von dem Bildhauer und Stukkateur François Cuvilliés im Rokoko-Stil ausgestattet wurden. (→ 1730/37).

28. 4. 1738. Papst Klemens XII. erläßt die erste antifreimaurerische Bulle. Darin beschuldigt er die Freimaurer, das »Heil der Seele« und das »Herz der Einfältigen« zu bedrohen und die »Ruhe des Staates« zu untergraben. Den Katholiken wird die Zugehörigkeit zu den Freimaurern verboten, über alle Freimaurer

wird der Kirchenbann mit Exkommunikation verhängt wegen des eidlich geschützten Geheimnisses ihres Wirkens »und anderer Uns bekannter, gerechter und vernünftiger Gründe«.

1739. François Cuvilliés d. Ä. vollendet den Innenausbau der Amalienburg in München-Nymphenburg für die Kurfürstin Amalia (→ 1734).

1739. Die Stiftskirche in Dießen am Ammersee wird geweiht, ein Werk Johann Michael Fischers. Bedeutende Künstler wurden für die Innenausstattung gewonnen: Franz Xaver und Johann Michael Feichtmayr, Johann Georg Übelherr, François Cuvilliés d. Ä. u. a.

1739. Die nach Plänen von Balthasar Neumann errichtete Pfarr- und Wallfahrtskirche in Gößweinstein in Oberfranken wird geweiht.

GESTORBEN:

25. 10. 1730. Wien: Johann Michael Rottmayr (getauft 11. 12. 1654, Laufen/Oberbayern), Maler.

20. 2. 1732. Dresden: Balthasar Permoser (getauft 13. 8. 1651, Kammer bei Traunstein), Bildhauer.

15. 7. 1732. Regensburg: Johann Georg Gölgl (* 15. 1. 1669, Regensburg), Jurist und Historiker.

2. 4. 1734. Benediktbeuern: Karl Meichelbeck (* 26. 5. 1669, Oberdorf/Allgäu), Historiker (»Historia Frisingensis«, »Geschichte des Klosters Benediktbeuern«).

14. 5. 1734. Berlin: Georg Ernst Stahl (* 21. 10. 1660, Ansbach), Arzt und Chemiker.

17. 9. 1736. Regensburg: Nicasius Grammatici (* 22. 2. 1684, Trient), Astronom und katholischer Theologe.

10. 5. 1739. München: Cosmas Damian Asam (* 28. 9. 1686, Benediktbeuern/Oberbayern), Maler, Stukkator und Baumeister.

GEBOREN:

24. 10. 1731. München: François Cuvilliés d. J. († 10. 1. 1777, München), Architekt und Kupferstecher.

17. 2. 1732. Trostberg/Oberbayern: Heinrich Braun (†9. 11. 1792, München), Schulreformer.

6. 10. 1732. Neudrossenfeld bei Kulmbach: Johann Friedrich Esper (†16. 7. 1781, Wunsiedel), Naturforscher.

15. 8. 1733. München: Michael Adam von Bergmann (†20. 5. 1783, München), Jurist und Archivar.

8. 12. 1733. Schongau: Franz Xaver Epp (†25. 12. 1789, München), Naturwissenschaftler.

17. 10. 1735 (getauft). Augsburg: Franz Xaver II. Feichtmayr bzw. Feuchtmayer (†6. 1. 1803, München), Stukkator.

21. 6. 1738. Kulmbach: Gottlieb Christoph Harleß (†2. 11. 1815, Erlangen?), Literarhistoriker und Philologe.

Augsburger Goldschmiede

3. Juli 1731. Obwohl der Preußenkönig Friedrich Wilhelm I. sein Geld am liebsten für die Soldaten verwendet, erhalten die Augsburger Gold- und Silberschmiede den Auftrag, für 605165 Gulden Silberwaren nach Berlin zu liefern.

In diesem Jahrzehnt erreicht die Zahl der Gold- und Silberschmiede in der Stadt mit 275 Meistern ihren höchsten Stand. Dabei sind natürlich die barocken Höfe Europas die besten Abnehmer, und hat einer der Meister Glück, so kann er sogar in den Adel aufsteigen. Dem aus Biberach zugewanderten Johann Adam Liebert ist es z. B. gelungen – als Lieferant von Silberwaren brachte er es zu Reichtum und zur Nobilitierung. Wie wohlhabend diese Handelsherren seit langem sind, zeigen die Steuerbücher. So besaßen die Silberhändler 1688, also nur wenige Jahre nach dem Dreißigjährigen Krieg, knapp über die Hälfte des Großkapitals, das sich im Besitz der Augsburger befindet, und der Anteil stieg noch weiter an und erreicht im frühen 18. Jh. nahezu 70 Prozent.

Ihr Ansehen, sagten die Goldschmiede 1681, reiche 100 Jahre zurück. Seit dem späten 16. Jh. senden sie ihre kostbaren Waren nach Frankreich, Polen, Dänemark und in alle kaiserlichen Lande.

Bald schon eröffnen die erfolgreichsten und finanziell potentesten Meister Filialen in den großen Residenzstädten; Christian Rad und sein Partner Bartholomäus Hößlin besitzen Läden in Wien und Warschau, ein anderer Augsburger Goldschmied hat eine Filiale in der Messestadt Leipzig (ein Haupthandelsplatz für Schmuck und Silbergeschirr), wieder ein anderer in Köthen.

Der erste große Augsburger Goldschmied war Jörg Seld, ein im Jahre 1527 verstorbener Verwandter der Fugger. Zu den bekanntesten Werken dieses Meisters, den Hans Holbein d. Ä. gezeichnet hat, gehört das kunsthistorisch bedeutsame Eichstätter Altärchen von 1492, die Fassung der St. Ulrich-Reliquien sowie ein detailreicher Vogelschauplan der Stadt Augsburg.

Der große Ruhm der Augsburger Gold- und Silberschmiede setzt freilich erst im Jahr 1575 ein, als Philipp Warnberger seine Kreationen sowohl an den Wiener Kaiser- wie den Münchner Herzogshof lieferte. Zu dieser Zeit arbeitete auch bereits David Altenstetter, von dem die Kaiserkrone Rudolf II. aus dem Jahr 1602 stammt. Knapp 50 Jahre später erhielt der Augsburger, Abraham Dewenter, den Auftrag, einen silbernen Thronstuhl für Königin Christina von Schweden anzufertigen.

Zusammen mit Paris ist die Freie Reichsstadt am Lech der Mittelpunkt des Goldschmiedehandwerks in Europa.

Nur ein Teil des in Augsburg angelieferten Edelmetalls geht in die Werkstätten, ein großer Rest wird im wahrsten Sinn des Wortes zu Geld gemacht. Mehrere Staaten kaufen hier das Gold und das Silber, aus dem sie die Münzen prägen.

Silberne Tischuhr, z. T. vergoldet, gefertigt in Augsburg vor 1611

Kaiserkrone von Rudolf II., hergestellt von D. Altenstetter, Augsburg

Schloß Nymphenburg in München; 1739 weitgehend fertiggestelltes »Lusthauß«; Baubeginn 1664 unter dem Kurfürsten Ferdinand Maria und seiner Frau

Kurfürst schenkt seiner Frau Amalienburg

1734. Im zwölften Ehejahr bereitet Kurfürst Karl Albrecht seiner Frau Amalia ein wahrhaft fürstliches Präsent: Er schenkt ihr die Amalienburg, ein kleines, im Nymphenburger Park gelegenes, pavillonartiges Jagd- und Lustschlößchen.

Der Name steht offensichtlich von Anfang an fest: »Ihre Churfürstliche Durchlaucht haben mindlichen gnedigist anbefolchen, ein Neues Lusthaus, genant Amalienburg vnd einen Neuen Fahsongartten ... zuerpauen.« Der Auftrag ergeht an »der Hofpaumeister Couvili«, besser bekannt unter dem Namen François Cuvilliés. Vom 1. April 1734 an wird das Material »zu dem Neugepau ammaliaburg« geliefert und im späten Oktober ist bereits der Rohbau fertiggestellt.

Wie einige Jahre zuvor bei den Reichen Zimmern der Residenz arbeitet Cuvilliés auch hier mit dem Stukkator Johann Baptist Zimmermann und dem Hofbildhauer Johann Joachim Dietrich zusammen – die Amalienburg, ein Ensemble von neun Räumen, wird zu einer der vollendeten Schöpfungen des Rokoko.

Mit dem ebenerdigen Schlößchen, von dessen Dach aus die hohen

Herrschaften nach Fasanen schießen, sind die wichtigsten Bauarbeiten in Nymphenburg 1739 abgeschlossen. Nach mehr als sieben Jahrzehnten ist das Werk vollendet. Der Mittelpunkt des inmitten eines kleinen (später abgeholzten) Eichenwäldchens errichteten Lustschlosses ist der kreisrunde, in mattem Weiß, Taubengrau und Silber gehaltene Silbersaal. An ihn grenzt links das Ruhezimmer – Hauptfarbe: Zitronengelb – mit einem Bild des Bauherrn und der Namensgeberin im Jagdkostüm. Rechts vom Silbersaal liegt das etwa quadratische Jagdzimmer mit vielen, in zwei Reihen angeordneten Bildern.

Bauphasen von Nymphenburg

Drei Kurfürsten sind die Auftraggeber, drei wittelsbachische Generationen wirken zusammen, damit in Nymphenburg, westlich der Residenzstadt München, eine der schönsten europäischen Schloßanlagen entsteht: Kurfürst Ferdinand Maria stiftet das Grundstück, und ab 1664 baut Agostino Barelli (1674 abgelöst durch Enrico Zuccalli) das Schloß. Ab 1702 wird es unter Kurfürst Max II. Emanuel durch G. A. Viscardi erweitert. 1717/19 erhält Josef Effner den Auftrag, für Max Emanuel (und nach dessen Entwurf) die Pagodenburg zu errichten. 1718/21 entsteht unter Effners Aufsicht die Badenburg, das erste heizbare Hallenbad Europas, vielleicht gar der Welt. 1725/28 baut Effner die Magdalenenklause. 1734/39 läßt Kurfürst Karl Albrecht durch Cuvilliés die Amalienburg bauen. Errichtet werden diese Bauten in einem seit 1701 angelegten, etwa 200 ha großen Park.

Jagd- und Lustschloß Amalienburg, erbaut im ehemaligen Fasanengehege des Nymphenburger Schloßgartens nach Plänen von François Cuvilliés

Die Residenz: Von der Neuveste zur »Stadt von Palästen«

Die Residenz in München hat nach fünf, sechs großen Bauphasen ihre große, repräsentative Gestalt erreicht. Zwar wird Ludwig I. seinen Baumeister Klenze noch einmal heftig werkeln lassen, doch abgesehen vom Königsbau am Max-Joseph-Platz und der Allerheiligen Hofkirche wird bedeutsam Neues nicht mehr hinzugefügt; der in seiner langen Fassade etwas klassizistisch-langweilige Festsaalbau entsteht dort, wo vorher ein pittoreskes Ensemble von verschiedenen kleineren Bauten stand.

Ein kleines, kompaktes Schloß und darum herum ein Wassergraben, der Schutz gab oder zumindest vortäuschte – sehr viel mehr war die Neuveste nicht, als die wittelsbachischen Herzöge Ende des 14. Jh. dort einzogen.

Sie haben aber wohl bald schon damit angefangen, neue Trakte anzubauen; hier einen Turm, dort einen langgestreckten Bau…, und in der zweiten Hälfte des 16. Jh. war die Neuveste eine verwinkelte, nicht sehr große Burg mit etlichem martialischen Zubehör, wie etwa einer Wehrmauer, einer Eckbastion, einem Geschütz- und dem Christophturm (so benannt, weil Herzog Christoph nach der Gefangennahme im Thürlbad hier in diesem Turm gefangen saß).

Als erster Wittelsbacher wagte Herzog Albrecht V. den Sprung über den Graben. Er ließ sich nach 1560 an der Südwestecke seiner Residenz – also der Stadt zu – ein langgestrecktes Ballhaus und in geringem Abstand, senkrecht dazu, das Antiquarium bauen. Die Neuveste war nämlich zu klein, die vielfältigen Sammlungen des Fürsten aufzunehmen.

Albrechts Sohn, Herzog Wilhelm V., ging auf noch größere Distanz zur Residenz; er gab 1580 den Auftrag zum Bau einer Wohnung für die verwitwete Mutter. Dieser sog. Witwenstock grenzte an die Residenzstraße und erreichte damit die auch späterhin eingehaltene westliche Grenzlinie der Residenz.

Daneben baute der seinem finanziellen Ruin entgegenwirtschaftende Herzog zwischen Witwenstock und Antiquarium den Grottenhof, den Schwarzen Saal und, an der Residenzstraße gelegen, den prächtigen sog. Erbprinzentrakt. Ein neuer Herr und neue Pläne. Wilhelms Sohn Maximilian, Bayerns Großer Kurfürst, ließ seine Residenz im großen Stil ausbauen. Unter ihm erreichte sie ungefähr jene Umrisse, die sie bis ins 19. Jh. hinein behält, die leicht unsymmetrische Anlage erhält ihre geschlossene Form.

Die augenfälligste Schöpfung dieses Wittelsbachers ist die lange West- und die Nordfront mit dem zur Neuveste führenden Großen Hirschgang.

In den maximilianischen Jahrzehnten, von 1597 bis 1651, in die der Dreißigjährige Krieg fiel, entstanden vor allem die Hofkapelle, der Trakt mit den Charlottenzimmern (ungefähr zwischen Brunnenhof und Neuveste) sowie Kaiser- und Apothekenhof.

Dem Enkel Max Emanuel blieb nicht allzuviel Zeit in der Residenz. Er, der ja zunächst freiwillig, dann unfreiwillig in Holland und Frankreich lebte, hatte an dem alten Gemäuer wenig Interesse. Er schuf sich, seinem barocken Selbstverständnis entsprechend, seine eigenen Residenzen außerhalb der Stadt, in Nymphenburg und Schleißheim und starb dann doch in der Residenz, in der während seiner Regierungszeit der Grottenhof ein wenig verändert wurde. Mehr als den Maurern gab er den Stukkateuren, den Schreinern und Malern zu tun, die ihm seine Räume prunkvoll ausgestalten mußten.

Das Areal war bebaut, es blieb wenig Platz, noch Neues hinzuzufügen. Karl Albrecht ließ in den 30er Jahren des 18. Jh. noch eine Galerie aufbauen und befaßte sich ansonsten, wie sein Vater, vor allem mit der Innenausstattung.

Der Sohn, Kurfürst Max III. Joseph, hätte der Residenz zwar gerne ein neues Gesicht gegeben. Er ließ sich Pläne zeichnen, wollte alte Trakte abreißen und neue an ihrer Stelle errichten lassen, und beließ es zuletzt bei einem einzigen, einem allerdings besonders kostbaren Werk – bei dem von den Zeitgenossen gar nicht so sehr geschätzten Hoftheater des François Cuvilliés. Der nächste und zugleich letzte große Bauherr an dem inzwischen weiten Residenzareal ist König Ludwig I.

Mehr als 500 Jahre lang haben die Wittelsbacher ihr Münchner Schloß erweitert und umgebaut. Bereits in den Zeiten von Kurfürst Maximilian I. gehörte es zu den eindrucksvollsten Bauwerken Europas. Bekannt ist der Ausspruch König Gustav Adolfs, der meinte, er würde die Residenz nach Stockholm rollen, wenn sie auf Rädern stünde. Und gut 30 Jahre später, 1667, schrieb Ranuccio Pallavicini in der ersten Beschreibung der Residenz, der Bau gleiche einer »Stadt von Palästen«.

Das Leben in der Münchner Residenz um 1740 – der Hofstaat

Ob das Hofzahlamt eine volle Kasse besitzt oder ob es, was sehr viel häufiger vorkommt und eigentlich die Regel ist, im Geldschrank nur Schuldscheine stapelt – an Bediensteten und Höflingen ist in der Residenz kein Mangel; die Hofausgaben betragen 35 % aller bayerischen Staatsausgaben: 760 000 von 2,13 Mio Gulden.

In den Hofkalendern wird die Personnage des Jahres jeweils vorgestellt: Die Abteilung ist dem Obrist-Hofmeister Reichsgraf Maximilian von Törring-Seefeld, General Feldzeugmeister, Erbland-Jägermeister, in Ober- und Niederbayern, unterstellt. Zu seinem Stab gehören folgende Personen:

▷ Der Stabs-Commissarius von Triva, der kurfürstliche Beichtvater P. Joseph Falck S. J. und sieben Hofkapläne. Dazu noch: Fünf Kurfürstliche Leib-Medici, drei Hof-Medici, sechs Hof-Apotheker, die Hof-Archtectores Effner und Guillet sowie fünf Hof- und Cabinet-Couriers

▷ Die Hof- und Cammer-Music unter Capell-Meister Johann Porter mit dem Concert-Diener Evaristus dal Abaco, dem Cammer. Music-Director Alloprandi, dem Vice-Concert-Meister Simon Schnepaur, 17 Virtuosen und Musici, Hof- und Cammer-Virtuosinnen und sechs Accesisten

▷ Das Kurfürstliche Hof-Festin unter dem Ober-Intendanten Reichsgrafen zu Lodron, General-Wachtmeister und 1. Trabanten-Lieutenant, Unter-Intendant Herr Perrozzo de Perozzi, drei Pallet- und Hof-Dantzmeister, Maler, Dekorateure, Schneider, Handwerker und deren Gehilfen

▷ Die Kurfürstliche Leib-Guardia-Hartschier unter Hartschier-Hauptmann Graf Maximilian Joseph Fugger-Kirchberg, Cammerer und General Wachtmeister, drei Lieutenants, nämlich Cammerer und Obrist zu Pferd Freiherr Joseph von Stain und Cammerer und Kuchenmeister Pfleger zu Friedberg Graf Hieronymus von Spreti. Cornet: Cammerer Graf Balthasar von Wündischgrätz und Obrist-Wachtmeister und Cammerer Graf Maximilian von Fugger. Dazu Wachtmeister, Quartiermeister, Pfeifer, Corporale, Vice-Corporale, Feldscheerer, Musterschreiber, Fahnenjunker, Fahnenschmied und 85 Hartschiere

▷ Kurfürstliche Trabanten-Guardia: 1. Lieutenant der Intendant des Hof-Festin Graf von Lodron, 2. Lieutenant Cammerer und Pfleger zu Mattighofen Johann Claudi Sessel d'Aix, ein Unterlieutenant, Fourier, Rottmeister und Vice-Rottmeister und 60 Trabanten

▷ Kurfürstliche Hauß-Cammerey: Hofschneiderei, Mobilien, Hof-Tapezierer, Bixenspanner

▷ Kurfürstliches Hof-Bauamt unter Josef Effner als Ober-Baumeister und Franz Gunetzrhainer als Unter-Baumeister

▷ Sechs Kurfürstliche Burg- und Residenz-Pfleger. Kurfürstliche Hof-Künstler: Wilhelm de Groff, Bildgießer, dazu viel Unterpersonal, Grottenmeister, Maurermeister, Geometer, Buchdrucker, Uhrenmeister, Baader, Bixenmeister, Kistler, Eisendrächsler, Fronteure, Vergolter, Seidensticker.

Und dies ist nur die Abteilung I, das dem Obrist-Hofmeister unterstellte Personal. Es gibt noch eine Abteilung II, den Obrist-Cämmerer-Stab, eine Abteilung III., den Obrist-Hofmarschall-Stab, eine Abteilung IV., den Obrist-Stallemeister-Stab, und eine Abteilung V., das Obrist-Jägermeister-Amt. Titel, Ämter … und Kosten.

Grotte mit Neptunstatue, eingefaßt von einer halbrunden Galerie im Residenzgarten (Kupferstich M. Diesel)

Regelmäßig gegliederte Barockfassade der Münchner Residenz mit zwei verzierten Eingangspforten aus Marmor (Kupferstich von Matthias Diesel, um 1720 entstanden)

Kaisersaaltrakt der kurfürstlichen Residenz in München; im Vordergrund der sorgsam gestaltete Hofgarten (Kupferstich von Matthias Diesel, um 1720)

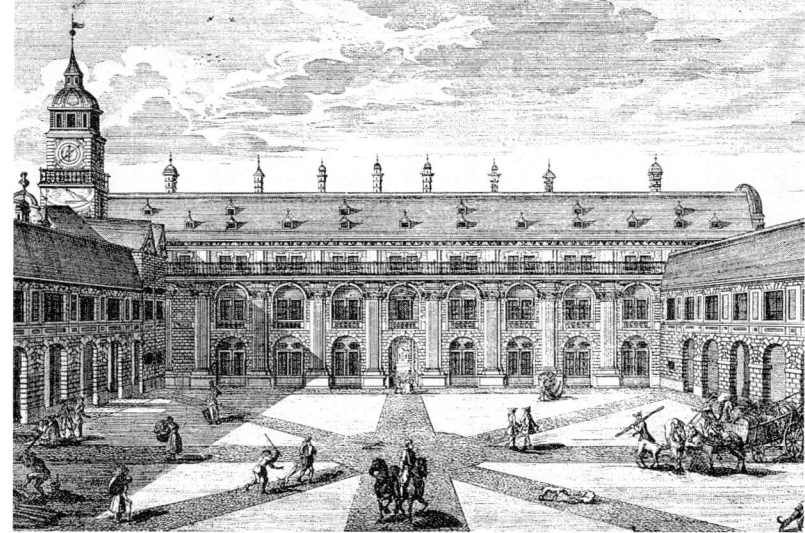

Blick auf den Küchenhof der Münchner Residenz (heute: Apothekenhof) mit Wohnungen für die Bediensteten (Kupferstich von Matthias Diesel, um 1720)

Cuvilliés in der Münchner Residenz tätig

1730/37. Eben war der Oberhofbaumeister Josef Effner noch mit der Ausstattung der Reichen Zimmer in der Münchner Residenz beschäftigt; nun muß er den Arbeitsplatz für den acht Jahre jüngeren Kollegen François Cuvilliés räumen. Kurfürst Karl Albrecht verlangt es.

Den Auftrag, die Zimmer im Ost- und Südflügel des Grottenhofes neu einzurichten, hatte Effner am 25. Januar 1725 noch von Kurfürst Max Emanuel erhalten; es war wohl sein letzter Bauauftrag, bevor er am 26. Februar 1726 starb.

Unter seinem Nachfolger führte Effner sein Werk weiter fort, bis das Malheur eintrat, über das Karl Al-

brecht in sein Tagebuch schrieb: »Den 14. Dezember 1729 ist um 6 Uhr in der fruhe ein grausambe brunst in meinen neu angebauten zimmern in der Residenz entstanden, bey welcher trey zimmer völlig verbrunnen...« (und mit ihnen u. a. die Mitteltafel von Albrecht Dürers Heller-Altar).

Der Wiederaufbau wird schnell begonnen, doch Effner ist nicht mehr gefragt; jetzt darf der 34jährige Cuvilliés (vielleicht ein illegitimer Stiefbruder Karl Albrechts?) die Räume im Stil des frühen Rokoko ausstatten. Dabei steht ihm, wie draußen in der Amalienburg, Johann Baptist Zimmermann zur Seite.

Am 4. November 1737, dem Namenstag des Kurfürsten, wird die Flucht der sieben Reichen Zimmer eingeweiht. In den Räumen, die acht Jahre zuvor ausbrannten, sind 2000 Kerzen angezündet (hat niemand Angst, daß sich das Unglück wiederholt?). In diesem Lichte, das sich in Spiegeln und goldenen Stukkaturen vielfach bricht, präsentiert sich an diesem Tage eine der bedeutendsten Schöpfungen des Rokoko.

Etwa gleichzeitig mit den Reichen Zimmern baut Cuvilliés die zum Residenzgarten orientierte Grüne Galerie mit der prunkvollen (ein paar Jahrzehnte später bereits wieder abgerissenen) Treppe.

Karl Theodor wird zum Pfalzgrafen

1733. Karl Philipp Theodor, ein Wittelsbacher der pfälzischen Linie Sulzbach, ist noch keine neun Jahre alt, als er im Jahr 1733 den Vater und den Großvater verliert. Er ist nun, da ringsum in der Familie nur noch Damen am Leben sind, der Chef der Sulzbacher.

Kurfürst Karl Philipp holt den verwaisten Neffen – die Mutter war gestorben, als er viereinhalb Jahr alt war – an seinen Mannheimer Hof. Er sorgt dafür, daß das künstlerisch begabte Kind eine ausgezeichnete Erziehung erhält. Es soll vorbereitet werden für die Aufgaben, die es erwarten (→ 16. 2. 1799).

1740

1740–1749

20. 10. 1740. Nach dem Tod von Kaiser Karl VI. übernimmt Maria Theresia gemäß der Pragmatischen Sanktion von 1713 das österreichische Erbe, auf das Bayern, Spanien, Preußen, Sachsen u. a. Anspruch erheben (→ 1741).

1741. Dominikus Zimmermann vollendet den Neubau der Frauenkirche in Günzburg.

31. 7. 1741. Bayerische Truppen erobern Passau. Damit beginnt der Krieg um die österreichische Erbfolge (→ 1741).

19. 9. 1741. Sachsen schließt sich während des Österreichischen Erbfolgekriegs Bayern an (→ 1741).

14. 10. 1741. Bayerische Truppen rücken bis St. Pölten vor und zwingen den österreichischen Hof zur Flucht (→ 1741).

26. 11. 1741. Die bayerischen Truppen erobern zusammen mit französischen und sächsischen Einheiten Prag (→ 1741).

19. 12. 1741. Kurfürst Karl Albrecht von Bayern wird in Prag zum König von Böhmen gekrönt (→ 1741).

1742. Markgräfin Wilhelmine läßt in Bayreuth ein Opernhaus errichten und gründet eine Akademie, aus der die Universität Erlangen hervorgeht. →

12. 2. 1742. Kurfürst Karl Albrecht von Bayern aus dem Hause Wittelsbach wird in Frankfurt am Main als Karl VII. zum römisch-deutschen Kaiser gekrönt. Seit 1438 ist er der einzige Kaiser, der nicht aus dem Hause Habsburg stammt. →

24. 2. 1742. Österreichische Truppen besetzen München.

31. 12. 1742. Nach dem Tod von Karl III. Philipp wird der Sulzbacher Pfalzgraf Karl IV. Theodor auch Kurfürst von der Pfalz und Herzog von Neuburg.

27. 6. 1743. In der Niederschönenfelder Konvention wird Bayern unter österreichische Verwaltung gestellt.

1744. Der Bau der Würzburger Residenz wird vollendet. Sie gilt als schönster und bedeutendster Schloßbau des deutschen Barock.

23. 10. 1744. Kurfürst Karl Albrecht von Bayern, der als Karl VII. zugleich römisch-deutscher Kaiser ist, kehrt nach der Vertreibung der Österreicher nach München zurück (→ 20. 1. 1745).

20. 1. 1745. Nach dem Tod von Kurfürst Karl Albrecht von Bayern, der als Karl VII. zugleich römisch-deutscher Kaiser war, wird sein Sohn Maximilian III. Joseph Kurfürst von Bayern. →

22. 4. 1745. Nach dem Tod des bayerischen Kurfürsten und römisch-deutschen Kaisers Karl VII. schließen Bayern und Österreich im Österreichischen Erbfolgekrieg den Frieden von Füssen. Bayern verzichtet auf alle österreichischen Erbansprüche und die Kaiserwürde. →

13. 9. 1745. Nach dem Tod des Wittelsbachers Karl VII. wird Franz I., der Gemahl der österreichischen Erzherzogin Maria Theresia, zum römisch-deutschen Kaiser gewählt.

1747. Der Töpfer Franz Ignaz Niedermayr gründet mit Unterstützung des bayerischen Kurfürsten Maximilian III. Joseph in dem Lustschloß Neudeck in der Au (bei München) die Nymphenburger Porzellanmanufaktur. →

1747. Der Neubau der Abteikirche in Amorbach in Unterfranken, ein Werk von Maximilian von Welsch, wird geweiht.

1748. Der Neubau der Klosterkirche Mariä Himmelfahrt in Fürstenzell in Niederbayern wird geweiht. Er entstand nach den Plänen von Joseph Matthias Götz und Johann Michael Fischer.

1748. Alexander Ferdinand von Thurn und Taxis siedelt als Prinzipalkommissar des Kaisers am Immerwährenden Reichstag nach Regensburg um. →

23. 9. 1748. Das Opernhaus in Bayreuth wird eröffnet (→ 1742).

18. 10. 1748. Der Friede von Aachen beendet den Österreichischen Erbfolgekrieg. Preußen erhält endgültig Schlesien.

21. 6. 1749. In Würzburg wird die Nonne Maria Renata Sängerin als Hexe verbrannt. →

GESTORBEN:

20. 1. 1745. München: Karl VII. Albrecht (* 6. 8. 1697, Brüssel), Kurfürst von Bayern 1726–1745, römisch-deutscher Kaiser 1742–1745.

23. 2. 1745. München: Josef Effner (* 4. 2. 1687?, Dachau), Baumeister.

15. 10. 1745. Mainz: Maximilian von Welsch (getauft 23. 2. 1671, Kronach), Baumeister.

30. 3. 1746. Peking: Ignaz Kögler (* 11. 5. 1680, Landsberg/Lech), Jesuit, Missionar, Astronom.

25. 7. 1746. Würzburg: Friedrich Karl von Schönborn (* 3. 3. 1674, Mainz), Reichsvizekanzler, Fürstbischof von Bamberg und Würzburg.

GEBOREN:

2. 6. 1742. Wunsiedel: Eugen Johann Christoph Esper († 27. 7. 1810, Erlangen), Zoologe.

11. 1. 1746. München: Anton von Bucher († 7. 1. 1817, München), Schriftsteller.

24. 8. 1746. Ingolstadt: Ludwig Fronhofer († 9. 11. 1800, München), Schulreformer.

6. 2. 1748. Ingolstadt: Adam Weishaupt († 18. 11. 1830, Gotha), Gründer des Illuminatenordens.

1. 8. 1748. München: Lorenz von Westenrieder († 15. 3. 1829, München), Schriftsteller und Historiker.

23. 12. 1748. München: Andreas Zaupser († 1. 7. 1795, München), Publizist und Dichter.

Krieg um die Thronfolge

1741. In Wien stirbt Kaiser Karl VI. und kein Sohn folgt seinem Sarg. Daß die 34jährige Maria Theresia ihrem Vater nachfolgt (wie die sog. »Pragmatische Sanktion« es vorsieht), will der bayerische Kurfürst Karl Albrecht nicht akzeptieren. Ende Juli 1741, neun Monate nach dem Tod des Kaisers, marschiert er in Österreich ein. Der Österreichisch-Bayerische Erbfolgekrieg beginnt.

Der Wittelsbacher stützt seinen Thronanspruch darauf, daß er mit einer Tochter Kaiser Joseph I. (einem Bruder Karls VI.) verheiratet ist, und überdies, sagt er, gebe es einen beinahe 200 Jahre alten Vertrag, der ihm in diesem Falle das Erbe einräumt. Verbündete finden sich (weil sie Österreich schädigen wollen): Frankreich, Spanien, Sachsen, Kurköln, Schweden und Neapel; im Schlesischen kämpft ohnedies Preußen gegen die Habsburger.

Karl Albrecht marschiert siegreich donauabwärts. Der Wiener Hof sieht sich bedroht und flieht nach Preßburg. Die Bayern aber kehren, vom verbündeten Franzosengeneral gedrängt, ohne ersichtlichen Grund um und ziehen gegen Prag, das am 26. November erobert wird. Am 19. Dezember huldigt man Karl Albrecht als dem König von Böhmen. Von Prag geht es nun nach Frankfurt zur Kaiserkrönung!

Es gibt Gegenkandidaten. Gewählt werden will der sächsische Kurfürst und auch der Gemahl Maria Theresias, Franz Stephan von Lothringen. Er hat zunächst sogar die besten Aussichten. Zuletzt aber einigt man sich auf den Wittelsbacher, und der Reichsmarschall von Pappenheim kann schließlich dem bayerischen Kurfürsten berichten, daß er einstimmig gewählt worden sei – zu Kaiser Karl VII.

Der Krieg aber, der mit Erfolgen begann, hat längst eine Wende zum Schlechteren genommen. Zwar gelingt es, Bayern für kurze Zeit zurückzuerobern, doch in diesem Krieg der wechselnden Fronten und der immer wieder wackelnden Allianzen bleibt das Land am Ende bis zum Herbst 1744 besetzt. Für das Kurfürstentum endet der Krieg dann im April 1745.

Königin Maria Theresia (um 1745, Kunsthistorisches Museum, Wien)

»Kurfürst Karl Albrecht und Kurfürstin Maria Amalia mit Hofgesellschaft bei der Falkenbeize« (Gemälde von Peter Jakob Horemans, 1739)

Krönung Karl VII. zum römisch-deutschen Kaiser im Dom zu Frankfurt am Main (Stich von Joh. Andreas Steislinger)

Kaiser Karl VII. in Frankfurt gekrönt

12. Februar 1742. Von Prag zieht der 44jährige König Karl über Dresden und München zu seiner Krönung nach Frankfurt am Main. Am 25. Januar war er einstimmig zum deutschen Kaiser gewählt worden, und nun setzt ihm sein Bruder Clemens August, seit etwa 20 Jahren Kurfürst von Köln, im Dom zu Frankfurt die Krone auf (→ 1741).

In seinem Tagebuch beschreibt der neugekrönte Kaiser das Fest: »Ich selbst würde nun sagen, daß nach allgemeinem Urteil niemals eine Krönungszeremonie glanzvoller und prächtiger war als meine, wo Luxus und Überfluß in jeder Hinsicht die Vorstellungskraft überboten haben. Als ich mich so auf dem höchsten Gipfel menschlichen Glanzes angelangt sah, konnte ich nicht umhin, über die Macht der Hand Gottes nachzusinnen…

Nachdem ich am Portal des Domes von den geistlichen Kurfürsten empfangen worden war, führten sie mich zu dem Platz, der für die Krönungsfeierlichkeiten hergerichtet war. Die Römische Königin, eine unendliche Menge von Fürsten und Fürstinnen, die Gesandten, kurzum alle richteten die Augen auf mich, der ich zum einen die Herrlichkeiten der Kaiserwürde, zum anderen aber die lange Zeremonie und die schmerzhaften Nierensteine zu tragen hatte. Gerade in diesem erhabenen Moment

fühlte ich mich, mehr denn je zuvor, als ein gebrechlicher Mensch, wie kein anderer den Schwächen einer Welt ausgeliefert, die mir dem Scheine nach untertan war…«

Seinem Feldmarschall Graf Törring, der am 17. Januar bei Schärding durch den österreichischen Feldherrn Bärenklau recht unrühmlich geschlagen worden war, schreibt er am Tag nach dem Fest:

»Meine Krönung ist gestern vor sich gegangen, mit einer Pracht und einem Jubel ohne gleichen, aber ich

Karl Albrecht, Kurfürst in Bayern, unter dem Namen Karl VII. Kaiser

sah mich zur gleichen Zeit von Stein- und Gichtschmerzen angefallen – krank, ohne Land, ohne Geld kann ich mich wahrlich mit Hiob, dem Mann der Schmerzen, vergleichen.«

Der Krieg geht weiter, und zwei Tage nach der Frankfurter Zeremonie rücken die Österreicher kampflos in München ein.

Es bleiben der kaiserlichen Majestät unter diesen Umständen wenige Regierungsaufgaben. Er verlegt den Immerwährenden Reichstag von Regensburg nach Frankfurt, bemüht sich erfolgreich darum, seinem jüngsten, 1703 geborenen Bruder Theodor Johann – dem Bischof von Regensburg und Freising – auch noch die Würde eines Bischofs von Lüttich zu verschaffen.

Angewiesen auf die Großzügigkeit von Verbündeten und Freunden (vor allem seines Oberpostmeisters, des Fürsten von Taxis) und schwer erkrankt, hat der wittelsbachische Kaiser resigniert: »Das Unglück«, sagt er, »wird mich nicht verlassen, bis ich es verlasse.«

Während der so elenden Frankfurter Tage verleiht Kaiser Karl mancherlei ehrenvolle Titel. Ein Empfänger ist der 32jährige Frankfurter Johann Caspar Goethe, der 1742 den Titel eines Wirklichen Kaiserlichen Rates erhält. Sieben Jahre später wird dem Geehrten ein Sohn geboren: Johann Wolfgang.

Kaiser Karl VII. kehrt heim und stirbt

20. Januar 1745. Kaiser Karl VII. sitzt arm und krank im Exil; seine kleine Residenz – er bewohnt sie gleichsam in Untermiete – ist das Backhausensche Palais auf der Frankfurter Zeil. Es vergehen drei Jahre, bis die Verhältnisse den Abzug der Österreicher erzwingen. Am 23. Oktober 1744 kann der Kaiser in München einziehen. Schon knapp drei Monate später stirbt er aber, mit 48 Jahren, an der Gicht (→ 1741).

Glanzvoll hatte er einst regiert, ein Rokokofürst, der den Bauleuten Arbeit gab: Die Reichen Zimmer der Residenz und die Grüne Galerie entstanden, dazu die Amalienburg in Nymphenburg für seine (gelegentlich recht unsanft behandelte) Frau und die Bauten am Schloßrondell; das Palais Portia wurde gebaut, das noble Geschenk für eine Geliebte, die Freiin Morawitzki, vom Kurfürst verheiratet mit einem Fürsten Topor; das Palais Holnstein für den illegitimen Sohn Franz Ludwig, den ihm das Fräulein von Ingenheim

Kaiser Karl VII. Albrecht, 1697–1745 (Gemälde von G. Desmarée)

1723 zur Welt brachte und den er zum Grafen Holnstein machte.

In seinen Regierungsjahren, von 1726 an, entstanden in München aber auch die folgenden Bauten – gleich als nähme man sich an dem Fürsten ein Beispiel –: Das Palais Preysing (1723 begonnen, aber erst 1728 vollendet), das Gunetzrhainerhaus (1726), Johann Michael Fischers St. Annakirche im Lehel (1727/33), St. Michael in Berg am Laim, ebenfalls von Fischer (ab 1737), Gunetzrhainers Damenstiftskirche St. Anna (ab 1732), die Kirche der Brüder Cosmas Damian und Egid Quirin Asam in der Sendlingergasse (1746 geweiht).

Es ist eine große Zeit für die Baukunst – ihr Meister heißt François Cuvilliés –, doch wie unzulänglich wurden gleichzeitig die Staatsgeschäfte betrieben. Wieder, wie in den Max Emanuel-Tagen, wurde auf Frankreich gesetzt, und wieder konnte (oder wollte) Frankreich nicht helfen, als Karl Albrecht in eine bedrohliche Lage geriet, als er zum Kaiser ohne Land wurde.

In dem europäischen Spiel der Allianzen ließ er sich treiben, ohne die Lage richtig einzuschätzen. Er mußte einen hohen Preis für seine Irrtümer und Fehler zahlen.

Friede von Füssen beendet Erbfolgekrieg

22. April 1745. Der neue Kurfürst Max III. Joseph spricht am 18. April 1745 das entscheidende Wort: »Wenn niemand den Frieden will, so will ich ihn haben!« Und vier Tage später hat er ihn, und mit diesem Frieden von Füssen geht der Österreichische Erbfolgekrieg (→ 1741) für Bayern zu Ende.

Als Kaiser Karl VII., der Vater des jungen Fürsten, in München starb (→ 20. 1. 1745), standen die Österreicher in der Oberpfalz. Sie marschierten zur Donau und gegen Landshut; als sie aber am 15. April bei Pfaffenhofen siegten, war auch die Residenzstadt München bedroht.

Die habsburgische Mutter des Kurfürsten, eine Cousine Maria Theresias, riet zum schnellen Frieden, das Lager der Franzosenfreunde wünschte die Fortsetzung des aussichtslosen Kampfes.

Der Friede wird unter diesen widrigen Umständen von den Bayern etwas hastig ausgehandelt, doch die Kaiserin in Wien zeigt Mäßigung im Siege, und so erhält Max III. Joseph Zugeständnisse, wie er sie nicht hatte erhoffen können: Die Österreicher garantieren die bayerischen Grenzen von 1741, verzichten auf Reparationen und versprechen den

Abzug ihrer Truppen. Und Maria Theresia macht noch eine noble Geste und bestätigt die Kaiserwürde des verstorbenen Wittelsbachers.

Der bayerische Kurfürst muß als Gegenleistung dem Anspruch auf das österreichische Erbe abschwören, die Pragmatische Sanktion anerkennen und versprechen, Franz von Lothringen, dem Gemahl Maria

Theresias, seine Stimme bei der anstehenden Kaiserwahl zu geben.

In einem geheimen Zusatzvertrag muß sich Max III. Joseph verpflichten, Hilfstruppen gegen Frankreich zu stellen. Für diesen Beitritt in die gegen Frankreich gerichtete Allianz erhält Bayern Geld, zunächst die stattliche Summe von 400000 Gulden als Vorauszahlung.

Auszug aus einem Zusatz zum Friedensvertrag von Füssen, in dem sich Max III. Joseph zur Stimmabgabe für den Ehemann Maria Theresias verpflichtet

---

In Bayern endet der Hexenwahn

21. Juni 1749. Allmählich verglimmen die Scheiterhaufen. Auf dem Würzburger Hexenrichtplatz vor dem Höchberger Wald ist das letzte Opfer ausgerechnet eine Nonne, die vor der Verbrennung enthauptete Maria Renata Sängerin (oder Singer), die 71jährige Subpriorin des Klosters Unterzell.

Die Zeremonie begleitet der Jesuit und Domprediger Georg Gaar mit einer Predigt, in der er meint, Gott habe das Verbrechen der Hexerei wahrscheinlich zugelassen, weil es Leute gebe, die weder an Hexen, noch an Teufel und Gott glauben.

In Bayern ist der Irr- und Wirrglauben an das zaubrische Treiben der Hexen zu dieser Zeit allerdings noch nicht ganz überwunden. Zwar hatte sich im Kurfürstentum der Wahn erst später als anderswo in die Köpfe vieler Leute gesetzt, und bereits um das Jahr 1600 waren die Juristen der Universität Ingolstadt gegen diese gefährlichen Phantastereien angetreten, doch noch 1754 wird in Landshut die erst 13jährige Bortenmachertochter Veronika Zerritschin ins Feuer geworfen; zwei Jahre später muß an gleicher Stelle die Maria Kloßnerin eines grausamen Todes sterben.

Daß ihre Prozeßakten später nicht mehr gefunden werden, ist vielleicht ein Zeichen dafür, daß man sich dieser beiden Fälle bald schämt und sie aus dem Gedächtnis tilgen will.

Die Veronika Zerritschin und die Maria Kloßnerin sind, soweit bekannt, die beiden letzten Opfer des Hexenwahns im Kurfürstentum Bayern. In München hatte das letzte Hexenfeuer 1721 gebrannt.

Das letzte Opfer auf dem (späteren) bayerischen Staatsgebiet wird 1775 in der Fürstabtei Kempten auf den Scheiterhaufen gezerrt. Es ist Anna Maria Schwägelin aus Lachen.

Zu dieser Zeit gibt es in München bereits seit mehr als 15 Jahren jene Bayerische Akademie der Wissenschaften, die sich mit Eifer gegen den tödlichen Wahn wendet.

Einzug des Markgrafen von Bayreuth in die von Wilhelmine gegründete Universität Erlangen (Kupferstich, 1747)

Innenraum des Opernhauses in Bayreuth, einer Mischung aus Rokoko und Barock (fertiggestellt 1748)

Eine Churfürstliche Porcelain-Fabrique

1747. Knapp 40 Jahre nach der Gründung der Meißner Porzellanmanufaktur behauptet der Münchner Hafnermeister Franz Ignaz Niedermayr, er habe die geheimgehaltene Rezeptur gefunden.

Kurfürst Max III. Joseph gewährt Privilegien, und mit der Hoffnung auf künftige Gewinne entsteht im Renaissanceschlößchen Neudeck in der Au die »Churfürstliche Porcelain-Fabrique«.

Der Kurfürst wartet zunächst freilich vergeblich auf Porzellan und Gewinn. Der Hafnermeister aus der Münchner Schäfflergasse, der einige Jahre lang mit Eifer experimentiert, kann sein Versprechen nicht halten.

Wilhelmine läßt Bayreuther Oper erbauen

1742. Für Wilhelmine, die Tochter des preußischen Soldatenkönigs Friedrich Wilhelm, die im späten November 1731 mit dem Markgrafen von Bayreuth verheiratet wird, ist die Residenzstadt ein »Düngerhaufen« und ein »Schwalbennest«. Um sich dennoch wohlzufühlen (soweit das bei den widrigen Ehe- und Finanzverhältnissen möglich ist), richtet sie sich in dieser deutschen Provinzwelt nach ihrem – vom Stil des Rokoko geprägten – Geschmack herrschaftlich ein.

Zunächst wünscht sie sich ein Opernhaus, wie Knobelsdorff es 1741 in Berlin gebaut hat. Sie läßt sich die Pläne schicken, empfängt auch den Architekten, zuletzt aber werden dann doch die Bühnenbildner und Baumeister Giuseppe Galli da Bibiena und dessen Sohn aus Wien nach Bayreuth geholt.

Der Bauplatz wird am Fuße des Schloßhanges gefunden, und nachdem die dort stehenden Häuser gekauft und abgerissen sind, entsteht ein Barocktheater mit drei Rängen, das am 23. September 1748 mit einer Opernaufführung eröffnet wird. Die Bauherrin verfolgt die Premiere von der Hofloge aus; sie liegt in der Mitte des untersten Ranges und ist durch zwei gegenläufige Treppen zu erreichen. Über die Bühnenöffnung hat Wilhelmine neben den markgräflichen Wappen auch die preußische Königskrone anbringen lassen. Den meergrün ausgemalten, ganz aus Holz errichteten barocken Theaterraum von Galli da Bibiena & Sohn

gestaltet der zu dieser Zeit, nach drei Probejahren, zum Hofbauinspektor berufene Joseph Saint-Pierre.

Die Markgräfin interessiert sich für alle Details ihres Theaters, und als es fertig ist, wird aus der assistierenden Architektin eine amtierende Prinzipalin. Sie, die Cembalo, Flöte, Laute und Violine spielt, engagiert die Sänger und komponiert auch für ihre Bühne. So wird bereits 1740, zum Geburtstag des Markgrafen, die von ihr komponierte Oper „Argenore" uraufgeführt.

Noch ehe die Planung des Theaterbaus so recht beginnt, gründet die an der Philosophie interessierte Wilhelmine 1742 in Bayreuth eine Fried-

richsakademie, die im darauffolgenden Jahr in eine Universität verwandelt und kurzerhand nach Erlangen verlegt wird.

Zur Eröffnung der Universität im November 1743 – in Gegenwart des Markgrafen und der Markgräfin – findet eine Disputation statt, deren Themen die aufgeklärte Fürstin stellt: »Es ist nicht widersprechend, daß eine Materie denken kann« und »Es ist nicht schlechterdings notwendig, daß die zusammengesetzten Dinge aus Einheiten bestehen müssen«. Zu den von der Markgräfin gestellten Bedingungen gehört es, daß die Gelehrten in deutscher Sprache diskutieren.

Markgräfin Wilhelmine, die Lieblingsschwester Friedrich des Großen, kommt am 22. Januar 1732, abends gegen 6 Uhr, in ihrer künftigen Residenzstadt an; vielseitig begabt als Schriftstellerin, Komponistin und Bauherrin wird sie zur Schöpferin und maßgeblichen Förderin des sog. »Bayreuther Rokoko«

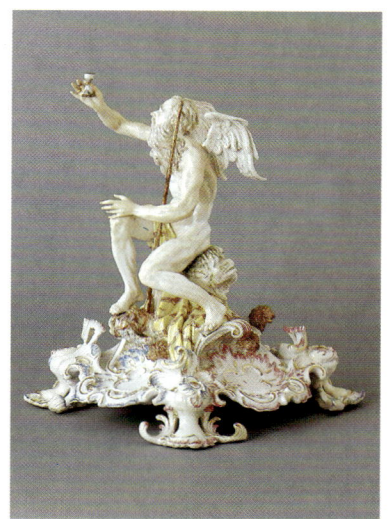

»Chronos« aus der späteren Nymphenburger Porzellan-Manufaktur

Bestätigung für Thurn und Taxis

1748. Kaiser Franz I. bestätigt, was sein glückloser Vorgänger Karl VII. fünf Jahre früher durch Hofdekret bereits bestimmt hat: Alexander Ferdinand von Thurn und Taxis ist zum Prinzipalkommissar am Immerwährenden Reichstag in Regensburg bestellt. Der Fürst, dessen Familie seit dem 15. Jh. den Postdienst versieht und seit 1615 den Generalpostmeister stellt, zieht nun, um sein neues Amt erfüllen zu können, von Frankfurt nach Regensburg.

Im Jahr 1744 war das Reichs-General-Erbpostmeisteramt der Taxis zum erblichen Reichsthronlehen erhoben worden. 1702 war die Familie nach Frankfurt übergesiedelt.

Wallfahrtskirche St. Maria mit Doppelturmfassade auf dem Nikolausberg in Würzburg (»Das Käppele«), erbaut 1747 bis 1750 von B. Neumann

Gartenfront des Kaisersaal-Pavillons der Würzburger Residenz, 1730 von Balthasar Neumann entworfen und um 1742 unter seiner Leitung vollendet

Der Barockbaumeister Balthasar Neumann

Balthasar Neumann (Gemälde von Markus F. Kleinert, 1727)

Mit dem Lehrbrief eines »Büchsenmeisters der Ernst- und Lustfeuerwerkerey« zieht im Jahr 1711 der 24jährige Tuchmacherssohn Balthasar Neumann von seiner Geburtsstadt Eger nach Würzburg. Er läßt sich dort noch in Geometrie, Geodäsie sowie in der Zivil- und Militärbaukunst ausbilden, um schon bald danach als Fähnrich in die fürstliche »Schloß-Leibkompagnie« aufgenommen zu werden.

Während Neumann eine militärische Karriere macht und beispielsweise 1719 mit der Armee des Prinz Eugen an der Eroberung Belgrads teilnimmt, arbeitet er auch als Baumeister, und bereits 1720, mit 33 Jahren, wird der Grundstein für sein bedeutendstes Werk gelegt – für die im Auftrag von Fürstbischof Johann Philipp Franz von Schönborn geplante Würzburger Residenz. An ihr arbeitet Neumann (mit Unterbrechungen) bis zum Jahr 1744 – zusammen übrigens mit anderen bedeutenden Architekten, die sich freilich seinen Planungen und Entwürfen anpassen müssen.

Nachdem er schon 1715 einen Würzburger Stadtplan gezeichnet hat, erhält er sieben Jahre später vom Fürstbischof den Auftrag für die gesamte Stadtplanung.

Als der Auftraggeber der Residenz im Sommer 1724 stirbt, werden die Arbeiten an der großen Dreiflügelanlage mit dem großen Ehrenhof unterbrochen. Doch schon 1729 wird wieder ein Schönborn als Fürstbischof von Würzburg inthronisiert, und er führt das Werk fort.

Neben der Residenz plant Neumann, dieser größte Baumeister des fränkischen Barock, auch viele Kirchen – Vierzehnheiligen ist die berühmteste –, nimmt Aufträge an fremden Höfen an (beispielsweise für den Bau von Schloß Augustusburg bei Brühl) und entdeckt 1737 eher beiläufig eine der Kissinger Heilquellen. Darüber hinaus entstehen unter seiner Leitung – Neumann ist in seltener Verbindung gleichzeitig Organisator, Konstrukteur und Künstler – technische Nutzbauten, vor allem Festungswerke, Brücken und Brunnen.

Insgesamt 42 Jahre steht Neumann im Dienst der Würzburger Fürstbischöfe; für sie baut er, außer der Residenz, den Maschikuliturm der Festung Marienberg, die Sommerresidenz Werneck, die Erweiterung von Schloß Veitshöchheim und die Wallfahrtskirche »Käppele«.

Nach seinem Tod am 19. August 1753 wird er als Obrist der Fränkischen Kreisartillerie mit militärischen Ehren begraben.

Schloß Augustusburg in Brühl nordwestlich von Bonn; seit 1740 arbeitete J. B. Neumann am Ausbau des Barockschlosses mit; nach seinen Entwürfen entstehen 1743–1748 das berühmte Treppenhaus und die Decke

Fassade der von B. Neumann erbauten Kirche Vierzehnheiligen

Innenhof von Schloß Bruchsal im rheinisch-fränkischen Barock

Kaisersaal in der Würzburger Residenz (der Plan stammt von Balthasar Neumann, die reichen Stuckarbeiten hat Antonio Giuseppe Bossi geschaffen, die Malereien Giovanni Battista Tiepolo)

Schloß Werneck bei Schweinfurt, erbaut von Balthasar Neumann, 1737 ist das Hauptgebäude vollendet; der Wassergraben, im Mittelalter noch zum Schutz angelegt, dient lediglich als Schmuck

Vierzehnheiligen, Innenraum der im Rokoko-Stil gestalteten Kirche

1750

1750–1759

1750. Der geistliche Dichter Ferdinand Rosner verfaßt für die Oberammergauer Passion den Text mit dem Titel »Bitteres Leyden, Obsiegender Todt und Glorreiche Auferstehung deß Eingefleischten Sohn Gottes«. Damit erreicht der Oberammergauer Passionstext nunmehr seine Vollendung.→

1750. Der Neubau der Wallfahrtskirche St. Maria (»Das Käppele«) in Würzburg nach Plänen von Balthasar Neumann wird vollendet.

Um 1750. Der Büchsenmacher Johannes Jakobus Kuchenreuter in Steinweg (Regensburg) begründet den Weltruhm der Kuchenreuter-Pistolen.

7. 10. 1751. Der »Codex Maximilianeus Bavaricus criminalis« vereinheitlicht das Straf- und Prozeßrecht in Bayern (→ ab 1751).

1751. Johann Sigmund Ferdinand Joseph von Haimhausen wird Leiter des neu eingerichteten Münz- und Bergkollegiums in München.

1751. Der Neubau der Wallfahrtskirche Maria Schnee bei Ruhpolding nach Plänen von Johann Michael Fischer wird vollendet.

1751. Die Hofkirche St. Michael in München-Berg am Laim, errichtet nach Plänen von Johann Michael Fischer, wird geweiht.

1752. Der Neubau der Klosterkirche in Ettal ist im wesentlichen vollendet. Die Kirche wird wieder benutzt.

1752/53. Mit der Ausschmückung des Deckengewölbes über dem Treppenhaus wird die Würzburger Residenz nach mehr als 20jähriger Bauzeit vollendet.→

1753. Nach Plänen von Joseph Saint-Pierre wird die Orangerie in der Eremitage von Bayreuth vollendet. Ein Brandschaden im Alten Schloß im selben Jahr ist für Markgraf Friedrich und seine Frau Wilhelmine, die Schwester des preußischen Königs Friedrich d. Gr., Anlaß zum Bau des Neuen Schlosses, das 1755 vollendet wird. Baumeister ist wiederum Saint-Pierre.

17. 9. 1753. Durch ein kurfürstliches Mandat wird das Landesdefensionswesen (Heerwesen) in Bayern neu organisiert.

12. 10. 1753. Mit einer Aufführung der Oper »Catone in Utica« von Giovanni Battista Ferrandini wird das Alte Residenztheater in München (Cuvilliés-Theater) feierlich eingeweiht.→

14. 12. 1753. Der »Codex iuris Bavarici iudicarii« vereinheitlicht das Zivilprozeß- und Konkursrecht in Bayern (→ ab 1751).

1754. Die von Dominikus Zimmermann errichtete Wallfahrtskirche in Wies bei Steingaden in Oberbayern wird geweiht.

Ab 1754. Unter Leitung von Johann Sigmund Ferdinand Joseph von Haimhausen, dem Leiter des Münz- und Bergkollegiums in München, beginnt im Schlößchen Neudeck die

erste bayerische Porzellanproduktion. Sie wird 1761 nach Nymphenburg verlegt.→

1755. Lorenz Sappl gibt der Wallfahrtskirche Andechs ihr heutiges Aussehen. Die Stuckarbeiten stammen von Johann Baptist Zimmermann und Johann Georg Üblherr.

1756. Johann Jakob Michael Kuechel vollendet den Umbau des Bamberger Rathauses auf der Oberen Brücke.→

2. 1. 1756. Der »Codex Maximilianeus Bavaricus civilis« (Kurbayerisches Landrecht) vereinheitlicht das Privatrecht in Bayern (→ ab 1751).

26. 7. 1756. Kurz vor Ausbruch des Siebenjährigen Kriegs schließt Bayern in Compiègne ein Bündnis mit Frankreich, das Subsidienzahlungen gegen Österreich zusichert.

29. 3. 1757. Bayern verpflichtet sich in einem geheimen Militärvertrag mit Frankreich zur Stellung von Truppen während des Siebenjährigen Kriegs.

28. 3. 1759. In München wird auf Initiative des Juristen Johann Georg Lori die Bayerische Akademie der Wissenschaften gegründet.→

GESTORBEN:

29. 4. 1750. Mannheim: Egid Quirin Asam (getauft 1. 9. 1692, Tegernsee), Stukkator, Bildhauer und Baumeister.→

19. 3. 1751. Wessobrunn/Oberbayern: Joseph Schmuzer (getauft 13. 2. 1683, Gaispoint bei Wessobrunn), Baumeister und Stukkator.

19. 8. 1753. Würzburg: Johann Balthasar Neumann (getauft 30. 1. 1687, Eger/Böhmen), Baumeister.

2. 3. 1758. München: Johann Baptist Zimmermann (*3. 1. 1680, Gaispoint bei Wessobrunn/Oberbayern), Stukkator und Maler.

27. 3. 1759. Nürnberg: August Johann Rösel von Rosenhof (* 30. 3. 1705, Augustenburg bei Arnstadt), Kupferstecher, Aquarell- und Miniaturmaler, Insektenforscher.→

GEBOREN:

17. 11. 1751. Aresing bei Schrobenhausen: Johann Michael Sailer (†20. 5. 1832, Regensburg), Pädagoge, Bischof von Regensburg.

1. 12. 1753. München: Josef August von Törring (†9. 4. 1826, München). Dramatiker, Staatsminister.

20. 9. 1755. München: Johann Nepomuk von Triva (†8. 4. 1827), General und Staatsminister der Armee.

17. 4. 1756. Altdorf bei Nürnberg: Conrad Mannert (†27. 9. 1834, München?), Historiker.

12. 9. 1759. München: Maximilian von Montgelas (†14. 6. 1838, München), Politiker.

12. 12. 1759. Grüngiebing bei Schwindkirchen/Oberbayern: Johann Georg von Dillis (†28. 9. 1841, München), Maler und Radierer.

Neuordnung der Gesetze

Ab 1751. Selbst die Rechtskundigen haben große Schwierigkeiten, sich in den geltenden Gesetzen zurecht zu finden. Eine Neuordnung ist längst überfällig, aber erst als Kurfürst Max III. Joseph dafür sorgt, daß Bayern in keine Kriege mehr verwickelt wird, sind die Voraussetzungen zu einer Neuordnung günstig. Der Kanzler Wiguläus Kreittmayr ist dafür der rechte Mann – gebildet, lebenserfahren, mit den Rechtsgeschäften vertraut, dazu unendlich fleißig und belesen. So sitzt er in seiner Wohnung gegenüber der Peterskirche, umgeben von seinen 12 000 Büchern, und schreibt und schreibt…

Am 7. Oktober 1751 wird das von ihm verfaßte Strafgesetzbuch, der Codex Maximilianeus Bavaricus criminalis, eingeführt, ein Jahr später der dazugehörige Kommentar; 1753 folgt die Prozeßordnung, im darauffolgenden Jahr der Kommentar, 1756 das Zivilrecht, und schließlich erscheint auch dazu ein fünfbändiger Kommentar.

Der zu höchsten bayerischen Beamtenehren aufgestiegene Hofgerichtsadvokatensohn, ausgebildet an Universitäten in Deutschland und Holland, ist kein Revolutionär. Er zeigt der Juristerei keine neuen Wege (und kennt noch für 33 Delikte die Todesstrafe mit allen Grausamkeiten der Exekution). Aber er schafft Ordnung in den Pandekten und damit ein kleines Stückchen Rechtssicherheit und Rechtsgleichheit.

Titelblatt der Prozeßordnung von Kreittmayr aus dem Jahr 1753

Kreittmayrs Gesetzes-Kommentare

Der Mann mit dem wohlklingenden Namen Wiguläus Xaverius Aloysius Kreittmayr, versehen mit dem nicht minder wohlklingenden Titel eines Geheimen Rats-Vize-Kanzlers und Konferenz-Ministers (mehr kann man in Bayerns Ministerialbürokratie nicht werden), schreibt Kommentare zu seinen Gesetzesbüchern. Er weiß, wie man mit den Bayern reden muß, und so sind seine Bücher voller Lebensweisheiten sowie köstlicher Einsichten und Formulierungen, z. B.:

Zum Baurecht: »Jeder kan regulariter in dem Seinigen thun und machen was er will, folglich auch bis in die Höll hinunter graben oder bis an den Himmel hinauf bauen.«

Zur Morgengabe: »Morgen-Gab ist das Geschenk, welches die Braut ihrer Jungferschaft halber bekommt … Bey Manns-Personen schätzt man die Jungferschaft … nicht so hoch wie bey Weibs-Leuten, derowegen auch kein Junggesell bey Ehelichung einer Wittib die Morgen-Gab nicht von ihr verlangen kann.«

Über Rechtsgelehrte: »Ein in der Praxis ungeübter Rechtsgelehrter ist nichts als ein elender Gesatznager und im Gegentheil ein halboder gar nicht studierter Praktiker nichts als ein Rabulist und Zungendrescher. Jener ziehet das Recht auf die Geschicht, dieser die Geschicht auf das Recht, beedes bey den Haaren.«

Zur Rechtssprechung: »Deutliche Gesätz und Ordnungen leiden keine Auslegung. Man soll die Wort nicht drehen und foltern, sondern in gewöhnlich und landläufigem Stand nehmen. Denn der gemeine Brauch ist der sicherste Ausleger und man pflegt sich der Worten wie der Münzen zu bedienen.«

Über die alten Römerinnen und die deutschen Frauen: »Jene dienten nur zum Staat oder Wollust und überließen ihren Ehemännern die völlige Last des Hauswesens, diese hingegen tragen solche auf gleichen Schultern mit.«

Bamberger Rathaus wird barockisiert

1756. Das 1467 mitten in die Regnitz gebaute gotische Bamberger Rathaus soll durch Jakob Michael Küchel ein neues, barockes Aussehen erhalten. Die für diese Aufgabe berufenen Handwerker gehen behutsam zu Werk. Sie lassen die ursprüngliche Substanz (beispielsweise die Kreuzrippen-Einwölbung im Turm) bestehen und geben so ein frühes Beispiel von Denkmalschutz. Die Bamberger halten sich dabei an einen Spruch, der 1456 an dem zum Rathaus gehörenden Rottmeisterhäuschen angebracht wurde: »Merket ihr lieben Herren gut / Behalt den Bau in treuer Hut…«

Der über die Brücke gebaute Turm wird für 12 Thaler von Josef Bonaventura Mutschelle reich in barokken Stuck gehüllt und mit Balkönchen sowie Wappen geziert.

Für das schiffartig in den Fluß gebaute Rathaus verzichtet man wahrscheinlich wegen der exponierten Lage auf Stuck und läßt den aus der Gegend von Mindelheim stammenden Johann Anwander die drei Seiten (an der vierten Seite steht der Torturm) mit Scheinarchitektur, mit Huldigungen an Bamberger Bischöfe und allegorischen Darstellungen bemalen.

Die Aufgabe, die Außenwände zu schmücken, erfüllt Anwander auf eindrucksvolle, farbenkräftige Weise. Der Meister erhält auch noch den Auftrag, Gemälde für den neugeschaffenen Sitzungssaal im ersten Obergeschoß zu malen.

Die Eremitage, etwa 4 km nordöstlich von Bayreuth, unter Markgräfin Wilhelmine von Joseph Saint-Pierre erweitert

Wilhelmine läßt die Eremitage erweitern

1753. Nach dem Tod des tyrannischen, dem Alkohol verfallenen Markgrafen Georg Friedrich Karl von Bayreuth wurde sein Sohn Friedrich am 17. Mai 1735 Herr im Lande. Schon am 3. Juli machte er seiner Markgräfin zu deren 26. Geburtstag ein angemessenes Geschenk: Er verdreifachte ihre (bis dahin sehr kleine) Apanage und schenkte ihr die etwa vier Kilometer nordöstlich der Residenzstadt gelegene, 47 ha große Parklandschaft der Eremitage und das darin liegende Schloß.

Die in der Architektur wie auch in anderen Künsten mit großem Talent sich versuchende Markgräfin, die Lieblingsschwester Friedrichs des Großen, erhält hier eine Gelegenheit, sich ihre Träume zu erfüllen.

Die um 1716 angelegte Eremitage wurde Wilhelmines Lieblingsaufenthalt. Sie erweiterte das Schloß, ließ neue Wege ziehen und im Stil der Zeit ein bizarres Ruinentheater errichten.

Nach der Fertigstellung des Bayreuther Opernhauses schickte Wilhelmine Hofbauinspektor Saint-Pierre 1749 in die Eremitage, damit er eine in der Nähe des Schlosses liegende Menagerie zu einem zweiten Schloß umbaue. Unter weitgehender Beibehaltung des vorgegebenen Grundrisses entsteht bis zum Jahr 1753 eine halbkreisförmige Anlage, zwischen deren Flügeln – also in der Mitte zwischen den zwei halbkreisförmigen Trakten – der sog. Sonnentempel seinen Platz hat, ein freistehender achteckiger Bau, der von einer Apollogruppe gekrönt wird.

Einen befremdenden, exotischen Reiz erhält dieser Bau durch die verschiedenfarbigen Glasstücke, die in das Mauerwerk eingelassen sind.

Vor dem in seiner Form ungewöhnlichen, an Orangeriebauten erinnernden Schloß wird ein großes Bassin mit 58 springenden Fontänen angelegt. Dem Kupferstecher Johann Thomas Köppl, der 1755 ein Bild des Schlosses liefert, beeindrucken die Wasserspiele so sehr, daß er das Schloß selbst in der Bildunterschrift gar nicht erwähnt.

Schon vor dem Bau des Schlosses ließ Wilhelmine 1745/49 bei Zwernitz den Park Sanspareil im Stil der englischen Gärten anlegen; 1755 läßt sie auch in der Stadt ein Neues Schloß mit Park errichten, und einige Monate vor ihrem Tod legt sie, im Sommer 1758, den Grundstein für Schloß Fantaisie in Donndorf.

Parkanlagen der Eremitage bei Bayreuth, die von Markgräfin Wilhelmine ausgebaut und erweitert wird; im Hintergrund das alte Schloß

Bamberger Rathaus, 1744 bis 1756 im Stil des Spät-Barock umgestaltet

▷ *St. Michael in Berg am Laim bei München, deren doppeltürmige Fassade, die von Gebäudeflügeln für die Bruderschaft eingefaßt wird, zum größten Teil auf den Palier Philipp Jakob Köglsperger zurückgeht; zur Zeit ihrer Errichtung war die Michaelskirche keine Stadtkirche, sie lag östlich außerhalb der Stadt und war mit ihr durch einen von der alten Isarbrücke ausgehenden Weg verbunden*

▽ *Die Rotunde der Ettaler Klosterkirche geht auf einen hochgotischen Bau zurück, der sich jedoch mit den barocken Umbauten zu einer Einheit fügt; das niedrige gotische Sterngewölbe wird nach einem Brand im Jahr 1744 durch eine gewaltige Kuppel, errichtet von Joseph Schmuzer aus Wessobrunn, ersetzt: Die großen Fenster, die in den Kuppelring eingelassen sind, bewirken im Innern der Kirche ein faszinierendes Lichtspiel*

Prachtentfaltung in Barockkirchen

Die Freude am barocken Bauen ist ungebrochen, und etwa in den 50er Jahren des 18. Jh. erreicht es in Bayern wohl seinen Höhepunkt. Die italienischen Baumeister, die den neuen Stil eingeführt hatten, sind durch bayerische Baumeister und Stukkatoren abgelöst worden, durch Männer wie Dominikus Zimmermann, Johann Michael Fischer oder Joseph Schmuzer.

In Ettal hatte der Münchner Hofbaumeister Enrico Zuccalli im zweiten Jahrzehnt des 18. Jh. die alte, von Kaiser Ludwig dem Bayern gegründete Kirche im Stil der Zeit erneuert. Doch 1744 wird sie durch einen Brand vernichtet. Der Wessobrunner Joseph Schmuzer baut sie von 1745 bis 1752 wieder auf und errichtet dabei die gewaltige Kuppel mit einer Spannweite von 26 m.

Als Schmuzer die Kuppel wölbt und der Tiroler Johann Jakob Zeiller sie mit seinen Gehilfen figurenreich ausmalt, ist auch der Bau der Michaelskirche zu Berg am Laim weit fortgeschritten. Klemens August, der wittelsbachische Kurfürst von Köln, hatte schon 1723 den Auftrag zum Bau gegeben, doch offensichtlich war sich der Bauherr nicht ganz sicher, ob der erfahrene Johann Michael Fischer, mit dem der Vertrag zunächst geschlossen war, oder der Palier Philipp Köglsperger die in der Nähe Münchens gelegene Kirche errichten sollte.

Zuletzt überträgt man die Arbeiten dem aus der Oberpfalz stammenden Fischer. Und er, der Schöpfer von Osterhofen und St. Anna in München-Lehel, baut hier eines seiner genialsten und schönsten Gotteshäuser, ein überaus beeindruckendes Beispiel barocker Baukunst.

Etwa zur gleichen Zeit wie die Michaelskirche entsteht in der Nähe zu Steingaden auf freiem Feld die Wallfahrt zum gegeißelten Heiland. Um ihr den angemessenen Raum und Rahmen zu geben, errichtet der Wessobrunner Baumeister Dominikus Zimmermann von 1745 an ein lichtdurchflutetes Gotteshaus, das vielen der Inbegriff bayerischen Barocks und bayerischen Rokokos werden wird: Die Wieskirche, ein Zentralbau von genialer Einfachheit und reiner Schönheit, ein Juwel der puttoseligen, jubilierenden bayerischen Frömmigkeit.

Mit bemalten Holzschnitzereien prachtvoll verzierter Prospekt der 1757 fertiggestellten Barockorgel auf der Empore der 1745 bis 1754 erbauten Wieskirche

Deckenfresko, mit dem Motiv der Wiederkunft des Herrn in Herrlichkeit, im Hauptraum der Wieskirche in der Nähe von Steingaden, gestaltet von Johann Baptist Zimmermann

Blick in den Altarraum mit dem reichgeschmückten, von zwei Säulen umfaßten Hochaltar; links im Bild die in verschwenderischem Barock üppig verzierte Kanzel

Die Wies, das Kirchenjuwel Oberbayerns, wurde zwischen 1745 und 1754 von Dominikus Zimmermann erbaut und stellt den Höhepunkt seines Lebenswerkes dar: Ein in größter Stilreinheit des Barock errichteter Bau mit einem großen Mittelraum als Zentrum, dem auf der einen Seite eine Halle in Halbkreisform vorgelagert ist und dem sich auf der anderen Seite ein langgestreckter Chor anschließt; dem Turm der von außen eher schlicht wirkenden Kirche ist ein hufeisenförmiger Bau vorgelagert

Das linke Seitenschiff der Wieskirche mit einem Nebenaltar und den von dem Füssener Bildhauer Anton Sturm geschaffenen Skulpturen zweier Kirchenväter, im Hintergrund (l. neben der Kanzel) ein Beichtstuhl

Neuer Passionstext für Oberammergau

1750. Die Oberammergauer führen seit mehr als 100 Jahren im Zehnjahresabstand ihr Passionsspiel auf. Der Text ist immer wieder verändert worden, doch nun, zu den Vorstellungen des Jahres 1750, schreibt ihnen der Ettaler Benediktinerpater Ferdinand Rosner in einer stilisierten bayerischen Hochsprache eine neue, 9145 Verse lange Fassung: »Bitteres Leyden, Obsiegender Todt und Glorreiche Auferstehung deß Eingefleischten Sohn Gottes. Einer christlichen Versammlung Vorgestellt«. Damit erreicht der Oberammergauer Passionsspiel-Text seine Vollendung.

In neun Akten stellt der in Wien geborene Ferdinand Rosner die Passion als Teil des Heilsgeschehens dar; um die Zuschauer zu beeindrucken, treten auch allegorische Figuren wie Neid und Sünde sowie Tod und Teufel auf. Der Text, der 93 Spieler vorsieht, wird auch an anderen Orten nachgespielt, beispielsweise in Dachau, Tölz und Kiefersfelden.

Längsschnitt durch das Alte Residenztheater in München, errichtet von Hofbaumeister François Cuvilliés d. Ä.

Großer Meister des Spätbarock ist tot

29. April 1750. Noch einmal nahm Egid Quirin Asam, der seit dem Tod seines Bruders Cosmas Damian nur noch wenige Werke schuf, einen Auftrag an. In Mannheim wollte er für die vom wittelsbachischen Kurfürsten Karl Philipp gestiftete Jesuitenkirche den Stuck und die Fresken gestalten. Im Jahr 1749 begann er die Arbeit (für die er 10 500 Gulden erhielt), und er ist damit fast fertig, als er am 29. April 1750 im Alter von 57 Jahren stirbt.

Egid Q. Asam

Mit ihm, dem Baumeister und Hausherren der Münchner Asamkirche, stirbt einer der großen Meister des bayerischen Spätbarocks. In Italien hat er, wie sein sechs Jahre älterer Bruder, die entscheidenden Anregungen erhalten, die er – der die weißgefaßten Figuren in Bayerns Kirchen einführte – u. a. in Aldersbach, Rohr, Freising, Sandizell und Osterhofen anwenden konnte.

Residenztheater von Cuvilliés eröffnet

12. Oktober 1753. Eigentlich stünde der Auftrag dem Oberhofbaumeister Gunetzhainer zu, da aber der kleine François Cuvilliés eben in Kassel ein Theater gebaut hat, wird ihm auch der Bau des Residenztheaters in seiner Heimatstadt München übertragen. Am 9. Juli 1750 wurde der Grundstein gelegt, und nach drei Jahren und drei Monaten können am 12. Oktober 1753 die Komödianten dieses Cuvilliés-Theater mit der italienischen Oper »Catone in Utica« des Komponisten Giovanni Battista Ferrandini eröffnen.

Im Umgang mit Feuer und Licht hatte man in der Münchner Residenz keine sehr geschickte Hand. Ein Brand wütete im April 1674, dann wieder im Dezember 1729 und schließlich in der Nacht vom 4. zum 5. März 1750. Zusammen mit mehreren herrschaftlichen Räumen brannte damals auch der St. Georgssaal aus, den der Architekt Giovanni Gaspari eben erst in ein »Neues Französisches Comödianten Theater« umgebaut hatte.

Der Kurfürst wünschte, daß an anderer Stelle ein neues Theater errichtet werde, und er drängte zur Eile. 50 Maurer wurden engagiert, und die Lieferanten der Steine, so wird überliefert, konnten gelegentlich das Tempo, mit dem hier gearbeitet wurde, nicht mithalten. François Cuvilliés, der wohl ebenfalls Mühe hatte, die Pläne rechtzeitig fertigzustellen, übertrug die Bauleitung seinem Sohn und seinem Schüler Karl Albert Lespilliez.

Im Juli 1752, zum Richtfest, feierten die Handwerker in Nymphenburg, und nun begannen Johann Baptist Straub, Anton Pichler, Joachim Dietrich und andere Bildhauer die Innenausstattung des Logentheaters mit kostbarem, feinstem Rokokoschnitzwerk. Giovanni Gaspari war für die Theatermaschinerie zuständig, wobei er einen Hebemechanismus installierte, der es möglich machte, das ansteigende Parkett horizontal zu stellen.

Spielplan des neuen Cuvilliés-Theaters

Ehe das festliche Ereignis über die (neue) Bühne geht, schickt man den kurfürstlichen Kammermusikdirektor Giovanni Ferrandini nach Italien, damit er ein paar Sänger für das Theater engagiere. Zurückgekehrt kann der Musikdirektor die von ihm zur Theatereröffnung komponierte Oper »Catone in Utico« inszenieren.

Es gibt in Cuvilliés' Theater auch in Zukunft viel Hausgemachtes. Besonders eifrig ist Andrea Bernasconi, der als Vizekapellmeister angestellt und nach dem Tod von Hofkapellmeister Porta der erste Mann am Pult wird. Er schreibt für München elf Opern.

Es geht auf der Bühne italienisch zu: »Diana placata«, »Alessandro nell' Indie«, »Il Trionfo della Constanza«. Text und Musik einer Oper des Jahres 1760 – »Talestri, regina delle Amazona« – stammen von Ermelinda Taléa sowie Pastorella Arcada. Dem hohen Publikum sind beide Personen unter einem einzigen Namen bekannt: Hinter den Pseudonymen verbirgt sich Maria Antonia, Kurfürstin von Sachsen und Schwester von Kurfürst Max III. Joseph.

Porzellan-Figuren »Die vier Jahreszeiten« von A. Bustelli, um 1760 in der Nymphenburger Manufaktur entstanden

Nymphenburger Porzellanmanufaktur

Ab 1754. Der Hafnermeister Niedermayr hat, all seinen Versprechungen zum Trotz, aus den beiden Brennöfen in Neudeck kein Porzellan herausgeholt (→ 1747).
Graf Sigmund Ferdinand von Haimhausen, seit 1751 der erste Mann in Bayern für Münzen, für Bergwerke und nun auch für die »Churfürstliche Porcelain-Fabrique«, gibt nicht auf, und als Josef Jakob Ringler, bisher Direktor in Ludwigsburg, zu ihm kommt und das Arcanum, das Geheimnis aller Porzellanmacher, mitbringt, ist das Projekt gerettet. Seit 1754 kann auch in München dieses weiße Gold hergestellt werden.

Dabei hat Haimhausen das große Glück, daß bereits im ersten Porzellan-Jahr mit Franz Anton Bustelli einer der größten Meister der Porzellanplastik in die Münchner Manufaktur eintritt.
Die sehr höfische Kunst der Porzellanherstellung (von Anfang an von den Fürsten gefördert und betrieben) soll in einer angemessenen Umgebung angesiedelt sein; von dem kleinen Schloß Neudeck zieht man daher 1761 näher zum Kurfürsten, nach Nymphenburg. In einem der Kavaliershäuser am Schloßrondell werden die Verwaltung und das Magazin untergebracht, die Fabrikationsräume und

das Mühlwerk versteckt man, für den Schloßbesucher nicht sichtbar, am Kanal.
Während der Graf von Haimhausen dies alles organisiert, beteiligt er sich mit großem Engagement an der Gründung der Bayerischen Akademie der Wissenschaften, deren erster Präsident er 1759 wird. Und daneben ist er doch auch immer noch der Münzmeister und Oberbergwerksdirektor des Kurfürsten, ein erfolgreicher und loyaler Beamter, ein Mann von Noblesse und Intelligenz.
Die von Haimhausen hatten sich Viepöck genannt, ehe Karl V. ihnen den Adelstitel verlieh und Herzog Wilhelm V. 1594 die Hofmark Haimhausen als Lehen hinzugab. Sigmund von Haimhausen, am 28. November 1708 in München geboren, studierte in Salzburg, Prag und Leyden, der Bruder aber war dabei stets an seiner Seite. Als Sigmund vom Großvater große Güter erbte und der Bruder mit einem Legat abgefunden wurde, ließ er den Besitz teilen und den Bruder eine Hälfte wählen.
Da zum Erbe auch Kupferbergwerke gehörten, erwarb sich Sigmund von Haimhausen Kenntnisse in den einschlägigen Wissenschaften. Kurfürst Max III. Joseph, der Haimhausen die Leitung des neugeschaffenen Münz- und Bergkollegiums übertrug, hatte den Nutzen, denn seine Erfahrungen machten es dem Adeligen möglich, die bayerischen Bergwerke zu modernisieren und größere Gewinne zu erzielen.

Kurz vor seinem Tod fertigt Franz Anton Bustelli, der seit 1754 als »Figurist« in der Nymphenburger Manufaktur tätige Meister der Porzellanplastik, eine 55 cm hohe Porträtbüste des Grafen Sigmund von Haimhausen (1708–1793). Haimhausen ist der Schöpfer und jahrzehntelang auch Leiter der Porzellanmanufaktur.

Bayerische Akademie der Wissenschaften

28. März 1759. Nach den Österreichern, den Preußen und den Sachsen erhalten nun auch die Bayern eine Akademie der Wissenschaften. An seinem 32. Geburtstag setzt Kurfürst Max III. Joseph seinen Namen auf den Stiftungsbrief.
Die Gründung dieser Vereinigung von Gelehrten ist vor allem das Werk des Hofrats Johann Georg Lori, der hier die aufklärerische Arbeit des bis 1740 erschienenen »Parnassus Boicus« fortsetzen will.
Bis 1760 leitet Lori die historische Klasse der neuen Akademie.

Insekten-Bücher von August Rösel

27. März 1759. Eines Tages hat August Johann Rösel von Rosenhof es satt, immer nur Gesichter zu malen, und so beschließt er, »die Insekten von nun an mit einem aufmerksa-

R. v. Rosenhof

meren Auge zu betrachten«. Das Ergebnis solcher Aufmerksamkeit legt der Nürnberger Meister, bunt koloriert, in Büchern vor. Der erste Band seiner »Insecten-Belustigung« erscheint 1746, ein zweiter 1749, ein

dritter 1755, und als Rösel am 27. März 1759 stirbt, hinterläßt er genügend Material, um 1761 einen vierten Band zu füllen.

Entwicklung der Maulwurfsgrille (Gryllotalpa gryllotalpa Linnaeus) aus R. v. Rosenhofs Insektenbuch

Würzburger Residenz wird vollendet

1752/53. Um das große Werk der Würzburger Residenz nach einer Bauzeit von mehr als 20 Jahren zu vollenden, steigt Giovanni Battista Tiepolo 1752 auf sein Gerüst und malt in nur 14 Monaten zusammen mit fünf Gehilfen (und für stattliche 12 000 Gulden) das Deckengewölbe über dem von Balthasar Neumann geschaffenen Treppenhaus. Tiepolo malt auf einer Fläche von knapp 700 m² Allegorien der vier zu seiner Zeit bekannten Erdteile und porträtiert am unteren Bildrand von Europa, salopp auf ein Kanonenrohr gestützt und in der Obristenuniform der Fränkischen Kreisartillerie, den Schöpfer dieser großen und großartigen Residenz, den Architekten Balthasar Neumann.

Der 1719 gewählte Fürstbischof Johann Philipp Franz von Schönborn hatte den Würzburgern versprochen, seine Residenz vom Marienberg in die Stadt zu verlegen. Die Schönborns schickten ihre Architekten, vor allem Maximilian von Welsch und Lucas von Hildebrandt, die Anregungen gaben und Vorschläge machten; zuletzt aber war die Residenz, an der vier Bischöfe bauten (und für die insgesamt rund 4 Mio Gulden gezahlt wurden) das Werk eines Mannes: Balthasar Neumann. Dieses Schloß ist sein Hauptwerk.

◁ Detail aus dem Deckengemälde im Treppenhaus der Würzburger Residenz, das der Italiener Giovanni Battista Tiepolo in den Jahren 1752/53 in der lichten Art der Maler Venedigs schafft

▷ Gesamtansicht des aufwendigen Treppenhauses der Würzburger Residenz, das ein bautechnisches Meisterstück Balthasar Neumanns ist

◁ Deckenfresko von Giovanni Battista Tiepolo im Kaisersaal

▽ Würzburger Residenz, deren Rohbau in 24jähriger Bauzeit fertiggestellt wird; bis zur fertigen Ausstattung vergehen weitere 36 Jahre

1760

1760–1769

1760. Der Neubau der Klosterkirche Schäftlarn wird geweiht.

1760. Der Bau von Kloster Zell in Unterfranken nach Plänen von Balthasar Neumann wird vollendet.

1760/69. In den zurückliegenden rund 150 Jahren sind in Bayern zahlreiche barocke Gärten angelegt worden. →

April/Mai 1760. Peter Jakob Horemans malt die kurbayerische Familie vor Schloß Ismaning. →

5. 10. 1762. Die Oper »Orfeo ed Euridice« des Oberpfälzers Christoph Willibald Gluck wird in Wien uraufgeführt.

1763. Der Park von Veitshöchheim bei Würzburg wird neu angelegt. →

1763. Der »Gekachelte Saal« im Ansbacher Schloß wird fertiggestellt. →

9. 9. 1763. Carl Gottlob Beck kauft in Nördlingen eine Druckerei (später C. H. Beck). →

12. 10. 1763. Die Bayerische Akademie der Wissenschaften beginnt die Veröffentlichung der Urkundensammlung »Monumenta Boica«. →

1764. Günzburg wird österreichische Münzstätte. →

1765. Der Regensburger Prediger und Naturforscher Jakob Christian Schäffer erfindet das holzhaltige Papier, das er aus Sägespänen und Pflanzen herstellt.

1765. In Altötting wird die »Kurbayerische Landes-Ökonomie-Gesellschaft in Oberbayern« gegründet. →

1765/70. Das Schaezler-Haus in Augsburg, errichtet nach einem Entwurf von Karl Albert von Lespilliez, wird erbaut. →

1766. Franz Seraph Kohlbrenner gibt das »Churbaierische Intelligenzblatt« heraus. →

September 1766. Der Neubau der Klosterkirche in Ottobeuren, errichtet nach den Plänen von Simpert Kraemer, Joseph Effner und Johann Michael Fischer, wird geweiht. →

22. 9. 1766. Kurfürst Maximilian III. Joseph von Bayern und der pfälzische Kurfürst Karl Theodor schließen eine »Erbverbrüderungs-Erneuerung«, in der die Pfalz und Kurbayern erstmals als Gesamtbesitz des Hauses Wittelsbach bezeichnet werden. →

20. 8. 1768. Das Reformmandat auf die Neuordnung des Geistlichen Rats ist die erste von mehreren kirchenpolitischen Maßnahmen, die Kurfürst Maximilian III. Joseph von Bayern in den folgenden Jahren im Rahmen der sog. katholischen Aufklärung durchführt.

16. 2. 1769. In Bayern wird das Kurfürstliche Bücherzensurkollegium eingerichtet.

GESTORBEN:

7. 8. 1760. München: Joseph Matthias Götz (getauft 31. 3. 1696, Bamberg), Bildhauer und Ingenieur.

18. 4. 1763. München: Franz Anton Bustelli (* 11. 4. 1723, Locarno), Porzellanmodelleur. →

27. 4. 1763. Steinbach bei Memmingen: Johann Georg Üblherr (* 21. 4. 1700, Wessobrunn/Oberbayern), Stukkator.

29. 10. 1763. Augsburg: Ignaz Schwarz (* 5. 5. 1690, Mückhausen bei Schwabmünchen), Jesuit, Historiker und Naturrechtslehrer.

23. 11. 1763. München: Johann Baptist Gunetzrhainer (* 3./4. 5. 1692, München), Baumeister.

12./15. 11. 1764. München: Ignaz Gunetzrhainer (* 31. 7. 1698, München), Baumeister.

Vor dem 28. 4. 1765. Augsburg: Franz Xaver I. Feichtmayr bzw. Feuchtmayer (* 10. 12. 1705, Wessobrunn-Haid/Oberbayern), Stukkator.

6. 5. 1766. München: Johann Michael Fischer (* 18. 2. 1692, Burglengenfeld/Oberpfalz), Baumeister.

20. 8. 1766. München: Georg Kraz (* 3. 4. 1714, Schongau), Mathematiker und Astronom.

16. 11. 1766. Wies bei Steingaden: Dominikus Zimmermann (* 30. 6. 1685, Gaspoint bei Wessobrunn/Oberbayern), Baumeister.

14. 4. 1768. München: François Cuvilliés d. Ä. (* 23. 10. 1695, Soignies/Hennegau), Architekt und Dekorationskünstler.

2. 6. 1769. Bamberg: Johann Jakob Michael Kuechel (* 19. 8. 1703, Bamberg), Baumeister und Ingenieur.

GEBOREN:

9. 12. 1761. Adlfurt (?): Johann Nepomuk Peyerl († 21. 8. 1800, München), Hofschauspieler, Theatersänger und Opernregisseur.

24. 12. 1762. München: Franz von Krenner († 27. 9. 1819, München), Historiker und Staatsmann.

2. 3. 1763. Rieden: Joseph Utzschneider († 23. 1. 1840, München), Volkswirt.

21. 3. 1763. Wunsiedel: Jean Paul († 14. 11. 1825, Bayreuth), Dichter.

18. 12. 1764. Bamberg: Nikolaus Thaddäus von Gönner († 18. 4. 1827, München), Jurist.

23. 3. 1765. München: Benedikt Franz Xaver von Baader († 23. 5. 1841, München), katholischer Theologe und Philosoph.

18. 9. 1766. München: Aloys Graf von Rechberg und Rothenlöwen († 10. 3. 1849, Donzdorf/Württemberg), Politiker.

21. 10. 1768. Lichtenfels/Oberfranken: Johann Andreas Röschlaub († 7. 7. 1835, Oberdischingen), Arzt.

24. 8. 1769. Ingolstadt: Johann Adam Aretin († 16. 8. 1822, Schloß Haidenburg/Niederbayern), bayerischer Staatsmann.

Erbverbrüderung erneuert

22. September 1766. Man hat sich schon einige Male versprochen, daß die wittelsbachischen Lande auch wittelsbachisch bleiben sollen, wenn eine der Linien aussterbe. In München, so meint man, wird der Erbfall eines Tages eintreten, denn in nahezu 20 Ehejahren ist die Wiege leer geblieben, und Habsburg denkt bereits darüber nach, wie es nach dem Tod von Kurfürst Max III. Joseph die Annektion begründen könne. Um diesen unerwünschten Erbgang auszuschließen, unterzeichnen der 39jährige Kurfürst von Bayern und sein 41jähriger Verwandter, Kurfürst Karl Theodor von der Pfalz, eine Erbverbrüderungs-Erneuerung.

Die bayerisch-pfälzischen Erbgespräche haben eine Tradition, die bis ins 16. Jh. zurückreicht (doch nicht immer erfolgreich war).

Nun aber hat man mit Schutz- und Trutzbündnissen weitergehende Verträge vorbereitet, und bald wird auch die wittelsbachische Linie Zweibrücken-Birkenfeld mit einbezogen, da Karl Theodor keine erbberechtigten Nachkommen hat.

Bayern und Pfalz werden erstmals als unteilbarer Gesamtbesitz behandelt, und die Chancen stehen günstig, daß Karl August von Zweibrücken-Birkenfeld in diesem großen Lande einmal herrschen wird; sein Vater stirbt 1767, der einzige Onkel lebt in morganatischer Ehe mit einer französischen Tänzerin, und sein Bruder Maximilian Joseph ist zehn Jahre jünger.

Schaezler-Palais entsteht in Augsburg

1765/70. Der soeben mit einem Adelsbrief versehene Augsburger Silberhändler und Bankier Benedikt Adam Freiherr Liebert von Liebertshofen will ein standesgemäßes Quartier, und so holt er sich den Münchner Hofbaumeister Karl Albert von Lespilliez, einen Schüler des François Cuvilliés. Das Rokokopalais (Abb.) mit seinem berühmten Treppenhaus und dem festlichen Saal entsteht zwischen 1765 und 1770. Den Festsaal bereichern feine Stukkaturen von Franz Xaver Feichtmayr d. J. und hervorragende Rahmenwerke von Placidus Verhelst. Das Palais wird später unter dem Namen von Lieberts Schwiegersohn, dem Bankier Johann Lorenz von Schaezler, bekannt.

Horemans malt Fürstenfamilien

April/Mai 1760. *Der Maler Peter Jakob Horemans versammelt die kurbayerische und die während des Siebenjährigen Krieges zeitweise im Münchner Exil lebende kurfürstlich-sächsische Familie zu einem Gruppenbild vor der Sommerresidenz Ismaning.*

Die hohen und höchsten Herrschaften arrangiert der Künstler so, daß sie auf dem Gemälde – es trägt den Titel »Konversationsstück« – drei Gruppen bilden: Familienkonzert, Kartenrunde und Kaffeepartie (Abb.: Ausschnitt mit dem kartenspielenden Kurfürsten Max III. Joseph).

Peter Jakob Horemans ging 1716/17 in seinem Geburtsort Antwerpen bei seinem Bruder Jan Josef in die Lehre. Während seiner Gesellenwanderung ließ er sich in München nieder, wo er seit 1725 bezeugt ist. Wahrscheinlich nach seiner Hochzeit 1727 wurde er hofbefreiter Maler; 1769 wird er Hofmaler. Obwohl ab 1765 regelmäßig besoldet, stirbt Horemans 1776 in ärmlichen Verhältnissen, da sich seine Bilder in den letzten Lebensjahren nicht mehr gut verkaufen. Der Rokokomaler widmet sich besonders dem Porträt- und Gruppenbild, vor allem im Umkreis von höfischen Festen und Veranstaltungen. Er gilt als Hauptmeister dieser Bildgattungen in München um die Mitte des 18. Jahrhunderts.

Günzburger Münzen für die Habsburger

1764. Die Augsburger Silberschmiede bekommen eine gute Kundschaft, als auf Anordnung von Kaiserin Maria Theresia in der Stadt Günzburg eine habsburgische Münzstätte errichtet wird. Schon im ersten Jahr werden Geldstücke im Wert von 15,5 Mio Gulden geprägt. Die Günzburger Münzmeister liefern neben dem Levante-Taler die legendären Maria-Theresia-Taler.

Günzburg gehört, wie die gesamte schwäbische Markgrafschaft Burgau, seit 1301 zu Vorderösterreich. Von 1609 bis 1618 regierte hier, wie zuvor sein Bruder Andreas, der Heerführer Karl von Burgau, ein Sohn der Philippine Welser.

Landwirtschaftlicher Verein gegründet

1765. In Altötting machen sie den Anfang und gründen mit Unterstützung des für die Bildung seiner Untertanen aufgeschlossenen Landesherren Max III. Joseph den ersten landwirtschaftlichen Verein Süddeutschlands, die »Kurbayerische Landes-Ökonomie-Gesellschaft in Oberbayern«. Dieser Verein wird später nach Burghausen verlegt.

Die Idee, daß man die neuesten Erkenntnisse in der Landwirtschaft verbreiten und sich zur Wahrung gemeinsamer Interessen zusammenschließen sollte, kam aus Schottland. Dort, in den sog. Highlands, wurde 1715 der erste landwirtschaftliche Verein gegründet.

Gluck dirigiert »Orfeo ed Euridice«

5. Oktober 1762. Ein denkwürdiger Abend für den aus Erasbach bei Neumarkt in der Oberpfalz stammenden Förstersohn Christoph Willibald Gluck: Er dirigiert im Wiener Burgtheater die Uraufführung seiner Oper »Orfeo ed Euridice«.

Vom Librettisten Raniero da Calzabigi stammt der Gedanke, daß sich in der Oper die Musik nach der Handlung richten müsse (was bis dahin nicht üblich war). Gluck, der als Wandermusikant begonnen, durch eine reiche Heirat aber Unabhängigkeit gewonnen hat, griff den Gedanken auf und schrieb nach Calzabigis Text mit seinem »Orfeo« die erste Reformoper der Musikgeschichte.

Carl Gottlob Beck kauft Druckerei

9. September 1763. Seit genau 100 Jahren besteht die Druckerei in Nördlingen, als G. G. Mundbach im April 1763 ohne Erben stirbt. Ein halbes Jahr später kauft der aus Sachsen zugewanderte 30jährige Carl Gottlob Beck das Unternehmen. Eigentlich sollte Carl Beck Goldschmied werden. Das Blei der Drucker interessierte ihn aber offensichtlich mehr, und so brach er seine Lehrzeit ab und ging zu einem Buchdruckermeister nach Wittenberg. Das Schicksal Mundbachs bleibt ihm erspart – bis zum heutigen Tag sind die von ihm erworbene Druckerei und der dazugehörige Verlag Beck'scher Familienbesitz.

Bedeutendste Epoche der bayerischen Kunst geht zu Ende

Das Zeitalter des Barock geht zu Ende. Eine der großen Epochen der europäischen und die wohl bedeutendste, fruchtbarste der bayerischen Kunst klingt aus.

Allenthalben werden zwar noch Kirchen geweiht – Berg am Laim z. B. 1751, die Wies 1754, Schäftlarn 1760, Ottobeuren 1766 –, doch das Programm ist vollendet.

In den 60er Jahren des 18. Jh. gibt es nur noch wenige neue Projekte und Künstleraufträge:

▷ Die einst weltberühmte Wallfahrtskirche von Inchenhofen, nördlich von Aichach, wird 1763 durch Ignaz Baldauf im Stil des Rokoko ausgestattet (wobei die Stukkaturen bezeichnenderweise nur noch gemalt werden)

▷ Für Johann Michael Fischers genial konzipierte Kirche von Rott am Inn liefert Ignaz Günther in den frühen 60er Jahren des 18. Jh. seine großartigen Figuren: Kaiser Heinrich, Kaiserin Kunigunde, Korbinian und Benno sowie Petrus Damianus und Notburga.

▷ Zwischen 1763 und 1765 erhält die Kirche des Augustinerchorherrenstifts Weyarn von Günther den Tabernakel, eine Maria vom Siege – zweifellos eines der bekanntesten Werke des bayerischen Rokoko –, eine Verkündigungsgruppe und ein Prozessionskreuz.

Ignaz Günther, der einst bei Johann Baptist Straub gelernt hat, ist einer der letzten Meister des Barock. Als er 1754 von seiner Wan-

Scheinarchitektur neben dem Grottensaal in Schloß Weißenstein

derschaft nach München zurückkehrt, beginnt mit ihm das glanzvolle Schlußkapitel des bayerischen Barock.

Es ist dies die Zeit, in der die Meister sterben: Egid Quirin Asam 1750 (er hat seinen Bruder Cosmas Damian um elf Jahre überlebt), Balthasar Neumann 1753, Dominikus Zimmermann 1766. Im gleichen Jahr stirbt auch Johann Michael Fischer, der Schöpfer von 32 Kirchen und 20 Klöstern.

Das zu Ende gehende Barock ist – auch wenn noch die fernste, kleinste Dorfkirche in ihm ausgestattet wird – ein Stil des Absolutismus.

Geistliche und weltliche Fürsten sind die Auftraggeber: Die Kunst hat der Selbstdarstellung und der größeren Ehre Gottes zu dienen. Neue Gedanken und Ideen breiten sich in Europa aus. Seit 1751 erscheint die von Diderot, d'Alembert, Voltaire und anderen herausgegebene »Enzyklopädie«, 1759 legt Voltaire »Candide« vor, Jean-Jacques Rousseau veröffentlicht 1762 seinen »Emile« und den »Contrat social« – die Aufklärung beginnt.

Mit der Gründung der Bayerischen Akademie der Wissenschaften im Jahr 1759 (dem Jahr, in dem die Innenausstattung der Wieskirche abgeschlossen wird!) haben Barock und Rokoko in Bayern wohl ihr Ende erreicht. Am 4. Oktober 1770 wird eine kurfürstliche Verordnung dieses Ende dekretieren: Es verbietet »bei neu zu errichtenden Landkirchen jede Willkür«, ordnet die Einhaltung bestimmter Grundrißnormen an und untersagt »das Anbringen aller ‹lächerlichen ‹Zierraten‹«, um den Altären, Kanzeln und Bildnissen eine der Verehrung des Heiligtums angemessene edle Simplizität zu geben.

Baumeisterfamilien des Barock

Es sind vornehmlich Handwerker, die Bayern das Barock bringen, die Kirchen und Residenzen bauen. Bei guten Lehrmeistern haben sie ihre Kunst gelernt, und häufig betreiben sie das Gewerbe als einen Familienbetrieb, in dem Vater und Sohn zusammenarbeiten und Brüder sich ergänzen.

So ist es beispielsweise bei einer der bedeutendsten Baumeisterfamilien des bayerischen und böhmischen Barock, bei den Dientzenhofers, deren Geschichte in der Gegend von Bad Aibling und auf dem Haus zum Gugg in St. Margarethen bei Brannenburg beginnt, und zwar mit Georg Dientzenhofer dem Älteren, der zwischen 1614 und 1673 lebt.

Fünf seiner Söhne ziehen in die Welt hinaus und werden berühmt:

▷ Georg (1643–1689) war Gehilfe beim Bau des Klosters Waldsassen, von ihm stammen die Wallfahrtskirche Trautmannshofen bei Amberg, die Wallfahrtskirche Kappel bei Waldsassen sowie die Pläne für St. Martin in Bamberg

▷ Wolfgang (1648–1706) baut u. a. Kloster und Kirche Michelsfeld, Kirche und Kloster in Weißenohe in Amberg die Salesianerinnenkirche und das Paulanerkloster sowie die Prämonstratenserkirche in Speinshart

▷ Christoph (1655–1722) ist am Bau von mehreren Prager Kirchen beteiligt, so bei der Dominikanerkirche, der Jesuitenkirche St. Nikolaus und der Lorettokirche am Hradschin

▷ Johann Leonhard (1660–1707)

arbeitet zunächst als Polier beim Kloster Waldsassen, liefert dann Pläne für das Kloster Ebrach, führt die Oberaufsicht beim Bau des Gartenflügels von Schloß Gaibach und baut die bischöfliche Residenz zu Bamberg, außerdem die Abtei und das Konventsgebäude von Kloster Banz und Kloster und Kirchenfassade auf dem Michelsberg in Bamberg

▷ Johann (1663–1726) ist erstmals nachgewiesen als Polier beim Klosterbau auf dem Michelsberg, später baut er den Dom zu Fulda und die fürstäbtliche Residenz; von 1711 bis 1718 entsteht sein Hauptwerk, das Schloß Weißenstein ob Pommersfelden.

In der nächsten Generation ist Christoph Dientzenhofers Sohn Kilian Ignaz (1689–1751) vor allem in Prag und Schlesien tätig. Johann Dientzenhofers Sohn Justus Heinrich (1702–1744) ist mehrfach in Bamberg als Baumeister nachgewiesen, außerdem stammt von ihm das Rathaus in Lichtenfels.

Die Liste der barocken Künstlerfamilien ist lang. In ihr stehen außer den Dientzenhofers auch noch: Vater Georg Asam mit seinen Söhnen Cosmas Damian und Egid Quirin; die aus Gaisbrunn bei Wessobrunn stammenden Brüder Johann Baptist und Dominikus Zimmermann; die großen Wessobrunner Familien der Schmuzer und Feichtmayr; die aus Dachau stammende Familie Effner; die Brüder Ignaz und Johann Baptist Gunetzrhainer; Vater François Cuvilliés und der gleichnamige Sohn …

Schloß Weißenstein bei Pommersfelden (erbaut von Johann Dientzenhofer)

»Churbaierisches Intelligenzblatt«

1766. Obwohl er eigentlich von der kurfürstlichen Salzverwaltung kommt und erst vor zwei Jahren die »Geographische Mauthcharte von Bayern« veröffentlichte, wird Franz Seraph Kohlbrenner Publizist. Der Mann der Salz- und Forstverwaltung – ein Autodidakt ohne höhere Schulbildung – wird Herausgeber des »Churbaierischen Intelligenzblattes«, des führenden kritisch-aufklärerischen Organs des 18. Jh. in Bayern. Kohlbrenner erweist sich als eine gute Wahl, denn der gebürtige Traunsteiner ist ein wacher Geist und wird ein rühriger Journalist. Vielleicht hat er seine Berufung dem Hofkammerrat Franz Xaver Stubenrauch zu verdanken, der ja neben einigen anderen Ämtern auch das eines Mautrates verwaltet; die Veröffentlichung eines Intelligenzblattes durch die Bayerische Akademie ist seine Idee. Im Jahr 1762 hat Stubenrauch sie entwickelt, und drei Jahre später gibt Peter von Osterwald, Direktor des geistlichen Rates, das »Intelligenz- oder Commerzien-Communicationsblatt der Churbaierischen Lande« heraus.

Titelblatt der ersten Ausgabe des »Churbaierischen Intelligenzblattes«, hrsg. von F. Kohlbrenner

Er merkt freilich bald, daß es sein einflußreiches politisches Amt nicht zuläßt, gleichsam im Nebenberuf auch noch eine Zeitschrift zu redigieren, und so tritt Kohlbrenner seine Nachfolge an. Das »Intelligenzblatt« hat zunächst wohl nur um die 400 Abonnenten, doch die Zahl der Leser ist sehr viel höher und das Ansehen der Zeitschrift groß.

Als Publizist setzt sich der Herausgeber (von dem es heißt, er sei ein unverheirateter Sonderling) für die unterschiedlichsten Themen ein, z.B. für die Trockenlegung von Sümpfen, die Aufhebung der Leibeigenschaft sowie für die Einführung meteorologischer Beobachtungen und des deutschen Kirchengesangs. Was das letztere betrifft, so spricht er in eigener Sache, denn er selbst dichtet Kirchenlieder, und für eine Sammlung dieser Werke wird er vom Papst während seines Münchenbesuches beglückwünscht.

Vor dem »Intelligenzblatt«, dem Kohlbrenner großes Ansehen verschafft, erschienen in München von 1764 an die »Baierischen Sammlungen und Auszüge zum Unterricht und zum Vergnügen«. Sie werden 1768 abgelöst durch den »Patriot in Bayern«, dessen patriotische Existenz freilich schon 1769 erlischt. Vorbilder für diese frühe bayerische Publizistik sind vor allem die englischen Wochenblätter, besonders die Zeitschrift »The Spectator«.

Pfeffel ediert die »Monumenta Boica«

12. Oktober 1763. Christian Friedrich Pfeffel, vormals französischer Gesandter am Immerwährenden Reichstag zu Regensburg, ein Elsässer und Protestant, wird 1761 zum Leiter der historischen Klasse der Bayerischen Akademie der Wissenschaften berufen. Seine wichtigste Aufgabe wird die Herausgabe von bayerischen Klosterurkunden in den »Monumenta Boica«.

Der Auftrag zu einer Edition von alten Dokumenten stand seit 1759 in den Statuten, und nun reist der französische Diplomat a. D. zusammen mit dem Regensburger Benediktinerpater Ildefons Kennedy von Abt zu Abt, von den Augustinerchorherrn in Gars zu denen von Au und sodann weiter zu den Benediktinern in Attl und in Rott.

Am 12. Oktober 1763, dem Gründungsjubiläum der Akademie, kann Pfeffel dem Kurfürsten den ersten Band der (etwas überhastet edierten) »Monumenta« überreichen. Eine verdienstvolle Arbeit hat begonnen; bis 1768 werden dem ersten noch neun weitere Bände folgen.

Nachfolger für Bustelli gefunden

18. April 1763. Nach neun Jahren an der Neudecker und späteren Nymphenburger Porzellanmanufaktur stirbt der Porzellanmodelleur Franz Anton Bustelli. Zu seinem Vermächtnis gehören rund 150 Figuren: Putti, dazu volkstümliche Gestalten wie Eiergretl und Kraxntrager, Maria und Johannes unterm Kreuz; am bekanntesten aber sind jene buntbemalten, 20 cm hohen Damen und Herren, die der Neudecker Porzellankatalog verzeichnet als »16 Stukh Pantomin Figuren«. Neben den religiösen Schnitzwerken Ignaz Günthers sind die um den venezianischen Kaufmann Pantalone und seine Tochter Isabella gruppierten Figuren Capitano Columbine, Pierrot, Mezzetin usw. die bekanntesten Vertreter des bayerischen Rokoko.

Die Nymphenburger Manufaktur hat das Glück, im Jahr von Bustellis Tod in dem böhmischen Figuristen Dominikus Auliczek einen weiteren großen (wenn auch nicht gleichrangigen) Künstler engagieren zu können. Seine bekanntesten Schöpfungen werden die Tierhatzgruppen.

Kirche des Reichsstiftes Ottobeuren

September 1766. *Das 1000-Jahr-Jubiläum wäre eigentlich schon 1764 in Ottobeuren zu feiern gewesen. Da aber der große Neubau noch nicht fertig war, wartete man lieber noch zwei Jahre und hat dann doppelten Anlaß zu jubilieren, denn die Benediktiner dieses Reichsstiftes können eine Kirche einweihen, wie sie schöner, eindrucksvoller und stolzer in weitem Umkreis nicht zu finden ist (Abb.).*
Für die Ausstattung des Gotteshauses holte sich der Architekt Johann Michael Fischer, der die Kirche von 1748 an fertigstellte, neben Franz Anton und Johann Jakob Zeiller vor allem den bedeutenden Bildhauer und Stukkateur Johann Michael Feichtmayr.

»Gekachelter Saal« im Ansbacher Schloß

1763. Die Ansbacher Fayencemanufaktur erhält einen Großauftrag aus der markgräflichen Residenz: Der für den weiteren Ausbau des Schlosses verantwortliche Johann David Steingruber ordert für ein nordwestlich der Galerie gelegenes Zimmer 2800 quadratische »Fliesen von guter Erde zu machen ... sonach mit Vögeln, Thieren, Figuren und Landschaften zumahlen«.

Mit ihnen wird das »Ordinaire Tafelzimmer« vom Boden bis zur Decke ausgelegt; der Raum erhält den Namen »Gekachelter Saal«. Es entsteht ein buntes Bild, da die grün, gelb, blau und manganfarben bemalten Fliesen eine große Zahl von Motiven enthalten: Pflanzen, Blütensträuße, Wirtshäuser, Fischer, die Ansbacher St. Gumbertskirche, Segelboote und Friedrich den Großen (dessen Schwester Hausherrin ist).

Die Ausgestaltung des Tafelzimmers gehört zu den letzten Arbeiten am Ansbacher Schloß, das seine endgültige, barocke Form von 1694 an erhielt, als Gabriel de Gabrieli mit den Um- und Neubauarbeiten begann.

Barocke Gartenbaukunst in Bayern

1760/69. Das Selbstverständnis der absolutistischen barocken Herren verlangt, daß die Residenzen durch kunstvoll angelegte Gärten geschmückt werden. Sie sind Teil der höfischen Selbstinszenierung wie des »divertissement«. Das französische Beispiel wird dabei nach-

geahmt; unerreichtes und unerreichbares Vorbild ist der Park von Versailles. Die Anlage war von André Le Nôtre entworfen worden; ihr Grundprinzip ist die auf das Schloß ausgerichtete Axialität.

Die Bedingungen in Deutschland, vor allem auch im klimatisch etwas

rauheren Bayern, sind der Nachahmung der italienischen Renaissance- und französischen Barockgärten nicht günstig. Es bedarf einer sorgfältigen Pflege (etwa mit Hilfe von Orangerien) und einer überlegten Wahl der Pflanzen.

Begünstigter ist Franken, wo in den Nürnberger Patriziergärten der Volckamers und anderer die deutsche Gartenbaukunst ihren Anfang genommen hat. Später entstehen in Würzburg und Veitshöchheim zwei der schönsten deutschen Schloßgärten.

Nach ein paar Jahrzehnten, in der Zeit von Rosseaus »Zurück zur Natur«, kommen die artifiziellen französischen Anlagen außer Mode. Man legt jetzt englische Gärten an, die dem deutschen Klima angemesseneren Landschaftsparks, etwa Sanspareille, Nymphenburg, Schönbusch bei Aschaffenburg und den Englischen Garten in München.

Bayerische Garten- und Parkanlagen im Stil des Barock

Kleinere Lust-, Zier- oder Minnegärten gibt es seit langem, erst im 16.Jh. wird aber über die Anlage von Gärten – wenn auch noch spärlich – berichtet: Um 1560 legte der Bischof von Eichstätt bei seiner Burg einen der ersten botanischen Gärten Deutschlands an, im Jahr 1578 ließ der spätere Herzog Wilhelm V. bei der Landshuter Burg Trausnitz durch den Gärtner Mathurin Morin einen Garten pflanzen.

Die große, wahre Gartenlust beginnt freilich erst im 17./18.Jh..

Folgende Gärten werden angelegt:
1613: Hofgarten zu München
1680: Veitshöchheim
1688: Schloßpark Schleißheim
1713: Garten Pommersfelden
1720: Residenzgarten Würzburg
1724: Allee des Ansbacher Hofgartens
1733: Rosengarten Bamberger Residenz
1735: Hofgarten Eichstätt
1736: Eremitage Bayreuth
1749: Park von Sanspareil
1756: Veitshöchheim.

Veitshöchheim

1763. *Ein Werk, das seine Vorgänger begonnen haben, vollendet der Würzburger Fürstbischof Adam Friedrich von Seinsheim von 1763 an – er verwandelt den 15 ha großen Park seiner Sommerresidenz Veitshöchheim in den letzten und wohl schönsten Rokokogarten Deutschlands (Abb.).*

An das vor dem kleinen Schlößchen angelegte Parterre mit den Figuren Wolfgang von der Auweras schließen sich, durch Hecken klar voneinander getrennt, eine Seen-, Laub- und eine Waldregion an.

Zu der feingegliederten französischen Gartenlandschaft in Veitshöchheim gehört auch der auf einem einst sumpfigen Gelände angelegte See mit der Pegasusgruppe des Bamberger Hofbildhauers Ferdinand Tietz, der für die Parklandschaft verspielte Figuren fertigt.

1770

Um 1770. Ideen der Aufklärung gewinnen auch in Bayern an Einfluß. →

3. 9. 1770. Die von Heinrich Braun verfaßte »Kurfürstliche Schulordnung« gilt mit dem Schulmandat von 1771 als Markstein der bayerischen Schulgeschichte. →

6. 9. 1771. Der Räuber- und Wildschützenhauptmann Matthias Klostermayer, genannt der bayerische Hiasl, wird in Dillingen hingerichtet. →

14./15. 9. 1772. Die Wallfahrtskirche Vierzehnheiligen wird eingeweiht. →

21. 7. 1773. Papst Klemens XIV. hebt den Jesuitenorden auf. In Bayern sind 238 Patres, 149 Laienbrüder und über 100 Novizen von diesem Verbot betroffen. →

1774. In Markt Schwaben kommt es zum sog. Komödienkrieg, einem Aufstand der Bürger gegen die Regierung, die das Spiel vom hl. Johannes Nepomuk verbieten will. →

1775. In Kempten wird zum letzten Mal in Deutschland eine Frau als Hexe verbrannt.

13. 1. 1775. Wolfgang Amadeus Mozarts Opera buffa »Die Gärtnerin aus Liebe« wird in München uraufgeführt. →

1. 5. 1776. Der Ingolstädter Kirchenrechtsprofessor Adam Weishaupt gründet den Geheimbund der Illuminaten. →

1777. Andreas Zaupsers »Ode auf die Inquisition« erregt großes Aufsehen; 1780 wird sie verboten. →

3. 3. 1777. Ansbacher Soldaten werden an England verkauft und müssen in Amerika kämpfen. →

30. 9. 1777. Kurfürst Max III. Joseph lehnt eine Anstellung Mozarts in seinem Hoforchester ab. →

19. 12. 1777. Emanuel Schikaneder spielt in der ersten Münchner »Hamlet«-Aufführung die Titelrolle. →

30. 12. 1777. Mit dem Tod von Kurfürst Maximilian III. Joseph von Bayern erlischt die jüngere Hauptlinie des Hauses Wittelsbach. Neuer Kurfürst von Bayern wird der pfälzische Kurfürst Karl IV. Theodor, der seine Residenz von Mannheim nach München verlegt. →

3. 1. 1778. Kurfürst Karl IV. Theodor von Bayern erklärt sich in der Wiener Konvention gegenüber Kaiser Joseph II. bereit, auf Niederbayern, Teile der Oberpfalz, Leuchtenberg und Mindelheim zu verzichten (→ 5. 7. 1778).

5. 7. 1778. Preußische und sächsische Truppen marschieren in Böhmen ein. Der Bayerische Erbfolgekrieg beginnt. →

3. 5. 1779. Die Bauernbefreiung in Bayern beginnt. Allen Bauern, deren Grundherr der Landesherr ist, wird die Möglichkeit geboten, durch Ablösungszahlungen ein erbrechtliches Miteigentum an ihren Höfen zu erwerben. →

13. 5. 1779. Der Friede von Teschen zwischen Österreich und Preußen beendet den Bayerischen Erbfolgekrieg (→ 5. 7. 1778).

GESTORBEN:

8. 4. 1771. Würzburg: Johann Kaspar Barthel (* 10. 6. 1697, Kitzingen), katholischer Theologe.

4. 6. 1772. Augsburg: Johann Michael Feichtmayr bzw. Feuchtmayer (* 1709/10, Wessobrunn-Haid/Oberbayern), Stukkator.

5. 2. 1775. Polling/Oberbayern: Eusebius Amort (* 15. 11. 1692, Bibermühle bei Bad Tölz/Oberbayern), katholischer Theologe, Vertreter der bayerischen Aufklärung, Mitbegründer der Bayerischen Akademie der Wissenschaften.

28. 6. 1775. München: Ignaz Günther (* 22. 11. 1725, Altmannstein/Oberpfalz), Bildhauer. →

17. 8. 1776. Waldsassen/Oberpfalz: Johann Adam von Ickstatt (* 6. 1. 1702, Vockenhausen bei Eppstein/Hessen), Rechtsgelehrter, Bahnbrecher der katholischen Aufklärung und Reformpolitik in Bayern.

10. 1. 1777. München: François Cuvilliés d. J. (* 24. 10. 1731, München), Architekt und Kupferstecher.

30. 12. 1777. München: Maximilian III. Joseph (* 28. 3. 1727, München), Kurfürst von Bayern 1745–1777. →

19. 1. 1778. München: Peter von Osterwald (* 25. 12. 1718, Weilburg/Hessen), Staatsmann, Initiator der staatskirchenrechtlichen Reformen in Bayern.

GEBOREN:

30. 1. 1770. Würzburg: Heinrich Aloys von Reigersberg (†4. 11. 1865, München), Politiker.

1. 6. 1770. Nürnberg: Siegmund Frank (†16. 1. 1847, München), Porzellan- und Glasmaler.

1. 10. 1770. Schalkhausen bei Ansbach: Karl von Altenstein (†14. 5. 1840, Berlin), Politiker.

14. 9. 1772. Burghausen: Carl Sebastian Heller von Hellersberg (†5. 7. 1818, Landshut), Jurist.

15. 5. 1774. Mattenzell/Bayerischer Wald: Johann Nepomuk von Fuchs (†5. 3. 1856, München), Chemiker und Mineraloge.

16. 7. 1776. Georgenhof bei Feuchtwangen/Mittelfranken: Johann Georg Soldner (†13. 5. 1833, München), Erdvermesser und Astronom.

28. 12. 1776. Warzenried/Landkreis Kötzting: Siegmund Adam (†14. 7. 1849, München), Physiker und Mechaniker.

24. 6. 1777. Würzburg: Johann Martin von Wagner (†8. 8. 1858, Rom), Maler und Bildhauer.

16. 11. 1778. Ingolstadt: Maximilian Emanuel von Lerchenfeld (†14. 10. 1843, Heinersreuth bei Bamberg), Politiker.

Erleichterungen für Bauern

3. Mai 1779. Das Generalmandat, das der Kurfürst Karl Theodor erläßt, trägt die Nummer 80 und handelt »von den Grundgutsveränderungen und Mayrschaftsfristen bei landesherrlichen Grunduntertanen ad Publicanda gebracht«. Karl Theodor macht damit als erster deutscher Landesherr einen Anfang mit der »Bauernbefreiung«.

Von dem Gesetz sind freilich nur jene Bauern betroffen, deren Obereigentümer der wittelsbachische Kurfürst ist, und das sind gut 10000 oder etwa 15% der Anwesen in Bayern; bei 50% ist die Kirche Obereigentümer und bei 30% der Adel. Der Wittelsbacher hofft freilich, daß Kirche wie Adel seinem Beispiel folgen.

Das neue Gesetz ist vor allem bei der Übergabe eines Hofes wirksam. Bisher mußte der Erbe eine Abgabe, das Laudemium, in Höhe von 5% des Wertes an den Grundherrn bezahlen. Unter dieser Erbschafts- und Vermögenssteuer litten die Bauern, weil – wie es im Text heißt – »dieselben gleich bey Anstand des Gutes auf die erlangte Mayrschaft als Laudemien ... nach Verschiedenheit der im Lande üblichen Grundbarkeiten so viele Baarschaft verwenden müssen, daß sie demnächst der Mittel, Gebäude, Viehestand, Ackergeräth und den sonstigen Gutsbeschlag in bessern Stand zu bringen, größtentheils entblößet sind«. Der Kurfürst sah sehr deutlich, daß der große, beim Erbschaftsfall zu bezahlende Betrag (meist um die 100 Gulden) den neuen Bauern daran hinderte, in seinen Betrieb zu investieren. Hinzu kam, daß daneben oft auch noch andere Abgaben aufzubringen waren, etwa das Heiratsgut für Geschwister. Und von den Erträgen mußte ja ohnedies ein spürbarer Betrag an die Finanzbehörde abgeführt werden.

Statt der 50%, die bisher an einem einzigen Termin zu bezahlen waren, wird der Betrag durch das neue Generalmandat in 20 gleich große Jahresraten aufgeteilt. Damit bleibt mehr Geld beim Hof, um beispielsweise Geräte anschaffen zu können. Da durch sie wiederum der Ertrag gesteigert wird, profitiert zuletzt auch wieder der Grundherr.

Getreidemahd durch eine sog. Schnitterkolonne

Getreideverarbeitung auf einem Gutshof

Die Einführung des Erbrechts bei den dem Kurfürsten unterstellten Höfen trifft nur 1347 Bauern, bei allen anderen gilt es bereits. Obwohl also nur ein vergleichsweise kleiner Teil der bayerischen Bauern direkten Nutzen aus dem Mandat zieht, geht von ihm eine große Wirkung aus. Andere Länder – darunter Österreich unter Kaiser Joseph II. – ziehen erst später nach.

Max III. Joseph von Bayern ist tot

30. Dezember 1777. Kurfürst Maximilian III. Joseph, der letzte männliche Nachkomme von Kaiser Ludwig dem Bayern, stirbt mit 50 Jahren an Pocken. Das Volk trauert um diesen Mann, der im Geiste jener Aufklärung, die er förderte, das Beste für seine Untertanen wünschte.

Man nennt ihn den »guten Max« und den »Vielgeliebten«, und Lessing rühmt, er hätte in Max III. Joseph von Bayern einen Mann gefunden, den »eine helle Denkart, gesunder Verstand und vor allem ein unverbesserliches Herz« auszeichneten. Freilich mochte für ihn das alte bayerische Sprichwort gelten: »Allzu gut ist liederlich«, denn während er – bei aller Liebe für das Theater und die Musik – bescheiden lebte, trieben an seinem Hofe die Verschwender und Intriganten ihr Spiel. In seinem Eifer, die Menschen zu bessern, vertraute er seinen Ratgebern auch darin, daß nur die Abschreckung die Menschen bessere; und so unterschrieb er (schweren Herzens) wohl mehr Todesurteile als irgendeiner seiner Vorgänger.

Kurfürst Maximilian III. Joseph von Bayern (mit Graf Joseph Anton von Seeau). Max III. Joseph wurde von dem durch die Aufklärung geprägten Juristen Johann Adam Freiherr von Ickstatt erzogen. Als Kurfürst versuchte er, die Armut seiner Untertanen durch Bildung und Wissenschaften zu beheben. 1759 gründete er die Bayerische Akademie der Wissenschaften. Maximilian III. Joseph stirbt kinderlos

Ansbacher Legionäre kämpfen in Amerika

3. März 1777. Die Markgrafschaft Ansbach ist hoch verschuldet. Als es sich herumspricht, daß England Söldner für den Krieg gegen die aufständischen Amerikaner sucht, schickt Markgraf Carl Alexander seinen Minister von Seckendorff mit einer Offerte nach London. Die Briten aber lehnen zunächst ab, kaufen dann aber doch von den Ansbachern zwei Regimenter Infanterie, eine Kompanie Jäger und etwas Artillerie. Am 1. Februar 1777 wurde der Vertrag unterzeichnet, und am 3. März marschieren 2354 Mann aus Ansbach in Richtung Neue Welt ab. In Ochsenfurt verlädt man sie auf Mainkähne, und nach der Übergabe an die Briten – in Gegenwart des Markgrafen – fährt man die Ansbacher in zwölf Wochen über den Atlantik. Am 2. August 1783 kehren von Long Island aus 1379 müde Krieger heim nach Franken. Ein Drittel ist gefallen oder gestorben, drei Offiziere und 676 Mann desertierten. Der Markgraf aber kassierte für seine Soldaten 1 750 000 Gulden.

Bayerischer Erbfolgekrieg bricht aus

5. Juli 1778. Der Tod des bayerischen Kurfürsten Max III. Joseph überrascht die Verhandlungspartner. Sie reagieren hastig-überhastet, und so kommt es schließlich zum Bayerischen Erbfolgekrieg.

Der Schacher ist im Gange: Karl Theodor will, wenn der Erbfall eintritt, das Bayernland hingeben und dafür von Habsburg die spanischen Niederlande übernehmen, die zusammen mit seiner Pfalz ein geschlossenes Territorium ergäben; das Kurfürstentum Bayern aber soll ein Teil Österreichs werden.

In Wien verhandelte man seit dem 17. Dezember 1777 über das Projekt und war über die Vorgespräche noch nicht hinausgekommen, als die Todesnachricht aus München eintraf. Die kaiserliche Partei diskutierte nun nicht mehr lange. Sie setzte einen Vertrag auf, die »Wiener Konvention«, und am 3. Januar 1778 mußte der Abgesandte des neuen bayerischen Kurfürsten unterschreiben, daß sein Herr einverstanden sei, daß das ehemalige Straubing-Niederbayern, die böhmischen Lehen in der Oberpfalz, die Stadt Mindelheim, die Landgrafschaft Leuchtenberg und andere kleine Gebiete gegen etliches wertloses Land in den Niederlanden getauscht werden. Noch ehe Karl Theodor das Diktat in München gegenzeichnen konnte, ließ Kaiser Joseph II. die annektierten Gebiete besetzen.

Mit dem Kurfürsten wäre in der Angelegenheit zu reden gewesen, doch Pfalzgraf Karl von der Linie Zweibrücken-Birkenfeld, der designierte Nachfolger Karl Theodors, protestierte gegen die Schmälerung seines künftigen Erbes, und Preußens Friedrich, besorgt, daß Habsburg noch mächtiger werde, stellte sich auf die Seite bayerischer Patrioten. Am 5. Juli läßt er seine Truppen in Böhmen einmarschieren. Es gibt einiges Hin und Her von kleinen Armeen, und ehe es noch zu einer richtigen Schlacht kommt, ist dieser »Kartoffelkrieg« (so nennen ihn die Preußen) und »Zwetschgenrummel« (so heißt er bei den Österreichern) auch schon wieder zu Ende. Der Friede von Teschen am 13. Mai 1779 bringt Österreich das Innviertel und Preußen den Anspruch auf Ansbach und Bayreuth.

Kurfürst Karl Theodor

Kaiser Joseph II.

Friedrich II., der Große

Ländertausch kann vereitelt werden

Bayern ist in Gefahr, verschachert zu werden. Während der Kurfürst in aller Heimlichkeit mit Österreich verhandelt, sitzt seine Schwägerin Maria Anna, die Witwe eines Enkels von Max Emanuel, in ihrem Gartenhäuschen vor der Münchner Stadtmauer – dort, wo später der Justizpalast gebaut wird – und verhandelt, nicht minder heimlich, mit den Verwandten in der Pfalz als den künftigen Erben Bayerns und mit dem Abgesandten von Friedrich dem Großen, der ein großes Interesse hat, daß Österreich nicht mächtiger wird.

Maria Anna

Maria Anna hilft auf diese Weise mit, Bayerns Selbständigkeit zu retten – der geplante Ländertausch wird vereitelt.

Bayerischer Hiasl zu Dillingen hingerichtet

6. September 1771. An seinem 35. Geburtstag, dem 3. September 1771, wird dem Matthias Klostermayr, genannt »der Bayerische Hiaßl«, das Urteil gesprochen, und drei Tage später richten sie ihn zu Dillingen hin: Er wird in eine frische

I bin d' boarisch Hiasl,
Koa Kugel geht mir ei',
Drum fürcht i a koan Jaga
Und sollts der Teufel sei!

Im Wald drauß is mei Hoamat
Im Wald drauß is mei Leb'n:
Da schieß ich d'Reh und Hirschen
Und Wildschwein a daneb'n!

Es gibt koa schöners Leben,
Als i führ' auf der Welt,
Die Bauern geb'n mir z'essen,
und wenn ich's brauch, noch Geld.

Drum tu i d' Felder schützen
Mit meine tapfern Leut,
Und wo i nur grad hi'komm,
Ui Gott, is dös a Freud!

Und kommt die letzte Stunde
Und mach' i d' Augen zu,
Soldaten, Scherg'n und Jaga,
Erst dann habt's vor mir Ruh!

Da wird si' 's Wild vermehren
Und springen kreuzwohlauf,
Und d' Bauern wer'n oft rufen:
Geh, Hiasl, steh' doch auf!

Herr Zeigt sich in großer Statur
Der Bayrische Hiasl nach der Natur.

Matthias Klostermayr alias Bayerischer Hiasl (Mitte) vor seiner Aburteilung. Im Urteilstext heißt es u. a., »daß er wegen seiner vielfältigen Wilddiebereyen, offentlichen Gewaltthaten, Landesfriedbrüchen, Raubereyen, und fürsetzlichen Todschlägen, den ... Gesetzen, auf die vermessenste und ärgerlichste Weise zu widergehandelt, und dahero das Leben verwirket habe«

Kuhhaut gewickelt, zur Donaubrükke geschleift, erdrosselt und mit dem Rade zerschmettert.

Mit zehn Jägern und vier Amtsknechten war der Dillingische Premiereleutnant Schedl am 14. Januar 1771 in Buchloe ausgerückt, um den Hiasl zu fangen, der bereits an die zehn Jahre als Wildschütz und Räuber durchs Land zog. Morgens um 7 Uhr umstellten die Soldaten das Wirtshaus in Oberzell. Es kam zu einem heftigen Feuergefecht, zwei Soldaten und zwei Spießgesellen des Hiasl starben; dann war die Räuberlaufbahn zu Ende: Matthias Klostermayr wurde in Ketten nach Dillingen gebracht.

Damit war das Ende schon besiegelt, denn die Obrigkeit hatte eine lange Rechnung zu begleichen. Angefangen hatte das räuberische Leben, als der Hiasl im April 1761 den Soldatenwerbern davonlief. Schon als Knecht beim Seheransbauer in Kissing, südlich von Augsburg, wo der Matthias geboren worden war, hatte er gerne gejagt. Nun aber, auf der Flucht, machte er die Wilddieberei zum Beruf. Und die Bauern dankten es ihm, denn er schoß das Wild weg, das ihnen die Felder und Wiesen verwüstete und das zu jagen ihnen verboten war.

Aus dem Wildschütz wurde freilich schnell ein gewalttätiger Krimineller, der beispielsweise ein Rathaus überfiel, die dort Arbeitenden mißhandelte und mit der Kasse floh oder der mitten in einem Dorf zwei Soldaten niederschoß.

Als man dem – so der Urteilstext – »Erzbösewicht« Matthias Klostermayr schließlich sein grausames Handwerk gelegt hat und das Urteil gesprochen ist, erteilt man dem Hiasl das Schlußwort. Es ist sehr kurz und lautet: »In fuffz'g Jahr seids ös aa hi. Und da Kurfirscht aa!«

Transport des Matthias Klostermayr in das Zuchthaus zu Buchloe

Orden der Jesuiten wird verboten

21. Juli 1773. Es weht ein aufklärerischer Wind durch das Bayern von Kurfürst Max III. Joseph, und als der Papst Klemens XIV. den Jesuitenorden verbietet, ist man überzeugt, einen wichtigen Schritt nach vorne getan zu haben.

Klemens XIV.

Der Einfluß der Kirche war zuvor schon durch Gesetze zurückgedrängt worden: Der im 16. Jh. zur Wahrung staatskirchlicher Interessen gegründete Geistl. Rat erhielt einen weltlichen Leiter, das Kirchenvermögen kam unter staatliche Oberaufsicht, der Erwerb von Liegenschaften durch die Kirche wurde 1764 verboten, die kirchlichen Pfründen in Bayern waren bayerischen Untertanen reserviert, das Eheverlöbnis vor einem weltlichen Gericht wurde zur Pflicht gemacht.

Wallfahrtskirche Vierzehnheiligen

14./15. September 1772. *Über das Aussehen der neuen Wallfahrtskirche von Vierzehnheiligen (Abb.) kann man sich lange nicht einigen. Zwei Architekten liefern Entwürfe, zuletzt aber holt man Balthasar Neumann. Er baut eine Barockkirche, die nun eingeweiht wird.*

Illuminatenorden wird gegründet

1. Mai 1776. Der 28jährige, aufgeklärte und recht anti-jesuitisch eingestellte Johann Adam Weishaupt, Ordinarius für Kirchenrecht an der Universität Ingolstadt, sammelt Gleichgesinnte um sich und gründet den Illuminatenorden. Der Geheimorden ist den Logen der Freimaurer nachempfunden.

Obwohl nichts weniger gewünscht wird als eine republikanische Welt, in der alle Menschen gleich sind, gehören dieser elitären Vereinigung bald schon Landesherren wie die Herzöge von Braunschweig, Sachsen-Weimar oder Hessen an, dazu hochgestellte Hofbedienstete aus München und Angehörige der Domkapitel von Eichstätt und Freising. Hinzu kommen Männer wie Friedrich Gottlieb Klopstock, Johann Wolfgang von Goethe und – als eifriger Streiter für die aufklärerische Sache – der Freiherr von Knigge.

Ein Teil der Illuminaten nutzt die Kontakte nach Wien, um die Vereinigung Bayerns mit dem habsburgischen Österreich zu unterstützen.

Aufklärung auch in Bayern

Johann Freiherr von Ickstatt, Vermittler aufklärerischen Denkens

Um 1770. Der Sieg scheint errungen und die Aufklärung auch in Bayern angekommen. Etwa seit den 20er Jahren des 18. Jh. hat es (beispielsweise im Augustinerchorherrenstift Polling) Bemühungen um eine gemäßigte katholische Aufklärung gegeben; der »Parnassus Boicus« war ein Ergebnis. Ein erster großer, lange nachwirkender Erfolg war dann im Jahr 1741 die Berufung des 39jährigen Würzburger Rechtsprofessors Johann Adam Freiherr von Ickstatt zum Erzieher des Kurprinzen Max Joseph. Fünf Jahre später berief der Schüler – er ist inzwischen Kurfürst Max III. Joseph – den Lehrer als Juraprofessor und Direktor an die Universität Ingolstadt.

Der (katholische) Rechtsgelehrte Ickstatt war Schüler und Freund des (protestantischen) Aufklärungsphilosophen Christian Wolff; mit der Berufung Ickstatts im Jahr 1741 kamen die für die deutsche Philosophie so folgenreichen Ideen Wolffs auch nach Bayern. Der Rückstand des katholischen Süden gegenüber dem protestantischen Norden wurde dadurch etwas geringer.

Ickstatt nutzte die Gunst der Stunde und sammelte einen Kreis Gleichgesinnter um sich: Johann Georg Weishaupt, Johann Georg Lori und Joseph Eucharius Obermayer.

Kritisches Gedicht über die Inquisition

1777. Unter dem braven Kurfürsten Max III. Joseph werden dem Hofkriegsrathssecretarius Andreas Zaupser keine Vorhaltungen gemacht, wenn er etwa seine kritischen Gedanken über die Macht der Kirche und des Papstes äußert.

1777 veröffentlicht Zaupser ein Ge-

Zaupsers »Ode«

dicht über die Wiedereinführung der Inquisition in Spanien: »Fährt wieder prasselnd auf dein kaum erstorbenes Feuer/ Megäre Inquisition,/Des Orkus und der Dummheit Tochter, Ungeheuer,/Pest der Vernunft und der Religion!...« Drei Auflagen erlebt die »Ode auf die Inquisition«, dann wird sie unter dem neuen Kurfürsten Karl Theodor verboten. In Bayern, das der Aufklärung eine Tür geöffnet hatte, weht wieder ein schärferer Wind.

Pater Heinrich Braun setzt sich für Schulreformen ein

3. September 1770. Der Benediktinerpater Heinrich Braun sieht, daß man seine Anregungen ernst nimmt – am 3. September 1770 veröffentlicht Max III. Joseph die »Kurfürstliche Schulordnung« (die Braun verfaßt hat), und am 5. Februar 1771 wird ein »Schulmandat« hinterhergeschickt. Freilich, was hier als Reformprogramm für Bayerns Schulen vorgelegt wird, sind vornehmlich Wünsche und Absichtserklärungen; die Opposition gegen Brauns Pläne ist stark. Matthäus Braun, der Bäckerssohn aus Trostberg (der sich als Pater Heinrich nennt), wird zunächst Theologieprofessor und Bibliothekar im Kloster Tegernsee, später beruft man ihn an die Münchner Frauenkirche und in den kurfürstlichen Geistlichen Rat. 1770 aber erhält Heinrich Braun das Amt und den Titel eines »Churfürstlichen Schulkommissars«.

Damit ist die Arbeit des Paters für eine Verbesserung des Schulsystems anerkannt. Wie ein Motto für seine Bemühungen liest sich der Titel seiner Akademierede aus dem Jahr 1768: »Von der Wichtigkeit einer guten Einrichtung im deutschen Schulwesen«.

Gut eingerichtet ist für den Benediktiner Heinrich Braun eine Schule, die sich in ihrem Unterricht der

Titelseite der »Churfürstlich-Baierischen hoher und niederer Schulen-Ordnung«. Die prägende Gestalt des bayerischen Schulwesens in der zweiten Hälfte des 18. Jh. ist der Benediktinerpater Heinrich Braun. 1770 bis 1773 ist Braun Landeskommissar für das bayerische Volksschulwesen

klassischen Bildungsideale erinnert und die junge Menschen im weltbürgerlichen Geiste erzieht.

Am Anfang steht »die Aufklärung der Vernunft. Das Hauptmittel ist ein gründlicher Unterricht, der fleißig ›Warum‹ fragt«. Das schreibt

Braun 1774. Zu dieser Zeit liegt seine Tätigkeit als »Schulkommissar« bereits ein Jahr zurück; von 1777 bis 1782 wird er zwar noch einmal als Landeskommissar der Stadt- und Landschulen sowie aller bayerischen Lyzeen und Gymnasien arbeiten, dann aber resigniert er.

Die Verwirklichung seiner Forderungen – z.B. allgemeine Schulpflicht, staatliche Schulaufsicht, Besserstellung der Lehrer – wird Pater Braun nicht mehr erleben.

In seinem pädagogischen Programm legt der Benediktinerpater besonderen Nachdruck auf den Deutschunterricht. Bereits 1765 vertrat er in seiner »Deutschen Sprachkunst« die Ansicht, daß nichts besser geeignet sei, das Stilempfinden zu verbessern, als die Lektüre der zeitgenössischen Autoren. Er selbst verfaßt Bücher über Orthographie, Grammatik und Briefkunst. Vor allem ist es Brauns Verdienst, das erste Lesebuch für Volksschulen geschaffen zu haben, in dem Texte deutscher Dichter abgedruckt sind.

Bildschnitzer Ignaz Günther

28. Juni 1775. *Mit dem erst 50jährigen Ignaz Günther stirbt ein Bildschnitzer, der das bayerische Rokoko zu seiner Vollendung geführt hat. Das wird man freilich erst anderthalb Jahrhunderte später erkennen; zunächst vergißt man ihn. Der Schreinerbub aus Altmannstein hatte Glück, als er 1774, mit 18 Jahren, in die Werkstätte des Hofbildhauers Johann Baptist Straub aufgenommen wurde. Es folgten Wanderjahre mit Aufenthalten in Salzburg, Mannheim und Wien, wo er in der Akademie einen 1. Preis errang. Mit 30 Jahren kehrte er nach München zurück, heiratete eine Silberhändlerstochter aus Huglfing, kaufte sich das Doppelhaus Oberanger 30 / Unteranger 2 und schaffte innerhalb weniger Jahre ein gro-*

Bildhauer I. Günther (1725–1775)

ßes Werk von expressiv stilisierten, überfeinerten Heiligen, mit dem er den Ruhm seines Lehrers noch zu überflügeln vermochte:

▷ *1760 schnitzte er die Figuren für Johann Michael Fischers Kirche in Rott – Kaiser Heinrich II. und Kunigunde, die heilige Notburga, die Dreifaltigkeitsgruppe am Hochaltar*

▷ *Ab 1763 arbeitete er für die Klosterkirche in Weyarn einen Tabernakel (den ihm Nikolaus Nepaur in Gold und Silber faßte), die Verkündigung, die Maria vom Siege, die Pieta*

▷ *Im gleichen Jahr schnitzte er die Schutzengelgruppe im Münchner Bürgersaal (Abb.).*

Mozarts »La finta giardiniera« uraufgeführt

»Komödienkrieg« in Markt Schwaben

13. Januar 1775. Für den Fasching bestellt der Kurfürst bei Wolfgang Amadeus Mozart eine dreiaktige Oper, die unter dem Titel »La finta giardiniera« – in der deutschen Übersetzung heißt sie »Die Gärtnerin der Liebe« – im Redoutensaal an der Prannerstraße uraufgeführt wird. Kurfürst Max Joseph und seine Frau sitzen in der Loge und applaudieren dem kleinen, harmlosen Liebes-Verwirrspiel, an dessen Ende die Paare sich finden. Im Theater sitzt der sächsische Gesandte, und er notiert in seinem Tagebuch, daß man der Musik im Redoutensaal »allgemein Beifall gespendet« habe.

Bei Mozart selbst liest man's anders. »Gottlob«, schreibt er am Tag nach der Premiere, »meine Opera ... in Szena gegangen und so gut ausgefallen, daß ich der Mama den Lärmen unmöglich beschreiben kann. Erstens war das ganze Theater so gestrotzt voll, daß viele Leute wieder zurück haben müssen. Nach einer jeden Aria war allzeit ein erschreckliches Getös mit Klatschen und viva Maestro Schreien ...«

Wolfgang Amadeus Mozart (am Klavier) mit seiner Schwester Nannerl (l.) und seinem Vater Leopold; auf dem Bild über dem Klavier Mozarts Mutter

Es gibt zwei Wiederholungen, eine am 2. Februar, eine am 2. März, dann packen Vater Leopold Mozart und sein Sohn Wolfgang Amadeus ihre Koffer. In München wohnten sie im Haus des Kanonikus von Pernat an der nördlichen Seite des Domplatzes, nun fahren sie, nach einem Aufenthalt von drei Monaten, wieder heim nach Salzburg.

Mozart wird noch ein paar Mal in die bayerische Residenzstadt zurückkehren beispielsweise am 23. September 1777, als er auf seiner Parisreise im »Schwarzen Adler« in der Kaufingergasse Station macht.

1774. Einer Theateraufführung wegen kommt es in dem östlich von München gelegenen Markt Schwaben zum sog. Komödienkrieg.

Seit 1770 ist die Aufführung der frommen österlichen Spiele verboten – ein Hauch von Aufklärung weht durchs Land. Wie anderswo, so will man aber auch in Markt Schwaben vom Komödienspielen nicht ablassen; wenn die Leidensgeschichte Christi nicht aufgeführt werden darf, dann hat man ja immer noch das Textbuch eines Nepomuk-Spieles ...

Die Komödianten von Schwaben – darunter der Bürgermeister – stellen auf dem Marktplatz ihre Bühne auf. Da aber fährt der kurfürstliche Pflegkommissär Jansson von Stock auf Wörth energisch dazwischen. Die Schwabener schert es nicht. Der Beamte läßt 500 Bauern mit Prügeln anrücken – doch sie solidarisieren sich mit den Schwabenern.

Die Hohe Behörde in München wird von Jansson mit Eingaben bombardiert, doch auch sie läßt die Komödianten gewähren.

Emanuel Schikaneder spielt Hamlet

19. Dezember 1777. Vom Hamlet des Emanuel Schikaneder, einem Schauspieler der Moserschen Truppe zu Augsburg, spricht man, und so erhält er eine Einladung, die große Shakespeare-Rolle am Münchner Hoftheater zu spielen. Schikaneder beeindruckt auch hier sein Publikum, und niemand

E. Schikaneder (Wiener Almanach für Theaterfreunde von 1791)

scheint es ihm zu verübeln, daß es bei ihm mit dem Prinzen von Dänemark ein gutes, ein Happy-End nimmt. Der Hoftheaterintendant Joseph Anton Graf von Seeau bietet dem Mimen ein festes Engagement an, das Schikaneder nach Ablauf seines Augsburger Vertrages anzutreten verspricht.

Dazu kommt es freilich nicht mehr. Elf Tage nach Schikaneders Gastspiel stirbt Kurfürst Max III. Joseph (→ 30. 12. 1777), und kurz danach, im Januar 1778, gibt der Theaterdirektor Moser auf; nach dem Tod seiner Frau hat er die Lust am Komödienspielen verloren und Schikaneder die Nachfolge angeboten.

Für den am 1. September 1751 zu Straubing geborenen Emanuel Schikaneder – im Taufregister eingetragen als Johann Joseph Schikeneder – wird die Stadt am Lech nur eine Zwischenstation. Er zieht nach Neuburg, spielt in Nürnberg und in Salzburg, wo er die Familie Mozart kennenlernt. Bei der Uraufführung der »Zauberflöte« 1791 spielt er die Rolle des Papageno.

Keine Anstellung am Hof für Mozart

30. September 1777. Mozart will den unwürdigen Salzburger Verhältnissen entfliehen, seine Hoffnung ist München, wo man – in Gegenwart des Kurfürsten Maximilian III. Joseph – seine Oper »La finta giardiniera« uraufgeführt hatte (→ 13. 1. 1775).

Tatsächlich werden jetzt, zweieinhalb Jahre später, die Fäden gezogen, und irgendwann hatte es ja auch schon einmal das Gerücht gegeben, der junge Compositeur werde in den bayerischen Hofdienst treten. Max III. Joseph hatte aber gemeint, der junge Mann sollte erst noch in Italien seine Kenntnisse vervollständigen.

Nun, im Herbst 1777, unternimmt man einen neuen Versuch, und der Theaterintendant Joseph Anton Graf von Seeau selbst arrangiert das Treffen. Wie beiläufig, allzu beiläufig, treffen der Fürst mit seiner Begleitung und Wolfgang Amadeus Mozart aufeinander, gleichsam im Vorbeigehen. Der Kurfürst, ein guter Gambenspieler, müßte doch – so jedenfalls hoffen Mozarts Gönner – das Genie

Mozart im Alter von 21 Jahren mit dem Orden vom Goldenen Sporn

erkennen, das in seinen Dienst treten will. Doch Max III. Joseph hat nur ein kurzes, bedauerndes Achselzucken: »Mein Kind, wenn nur eine vaccatur wäre ...«

Mozart reist weiter über Augsburg nach Mannheim. Im März 1778 setzt er seine Reise nach Paris fort, wo er den Sommer über bleibt.

Die ersten Pfälzer Regenten in München

»Weilst nur grad da bist, Maxl!« – Begrüßungsworte des Münchner Kalteneggerbräus aus der Karmelitergasse für Maximilian Joseph, als dieser am 12. März 1799 seinen offiziellen Einzug in die Landeshauptstadt des Kurfürstentums Bayern hielt. Die Hand soll der Kalteneggerbräu dem neuen Kurfürsten übrigens auch noch gegeben haben. Max IV. Joseph war bis dahin Herzog von Pfalz–Zweibrücken–Birkenfeld gewesen und erbte nun alles Wittelsbachische, das Pfälzische und das Bayerische. Der »Maxl« war der zweite Pfälzer auf dem Münchner Kurfürstenthron, doch der erste, den man freudig begrüßte – so freudig wie den Tod des ersten Pfälzer Regenten Karl Theodor. Der war am 16. Februar 1799 an den Folgen eines Schlaganfalls verschieden, der ihn vier Tage vorher beim Kartenspiel ereilt hatte.

Wie kam es zu dieser Verbindung von Bayern und der Pfalz? Der Name der letzteren leitet sich vom römischen Regierungshügel ab, dem »palatium«. Daraus wurden dann der »Palast« und die »Pfalz«, Begriffe für eine Residenz schlechthin. In merowingischer und karolingischer Zeit gab es den hohen Hofbeamten, den Pfalzgrafen, der die Funktion eines Hofrichters und einer Art Aufsicht über die Stammesherzöge innehatte. Solche Pfalzgrafen gab es in Bayern, Kärnten, Lothringen, Sachsen und Schwaben. So waren die Wittelsbacher, ehe sie 1180 Herzöge von Bayern wurden, schon bayerische Pfalzgrafen.

Größere Bedeutung, bedingt durch umfangreichen, ständig wachsenden territorialen Besitz, konnten nur die Pfalzgrafen von Lothringen erhalten. Deren Schwerpunkt war zunächst die Kaiserpfalz zu Aachen mit dem umliegenden niederrheinischen Gebiet, verlagerte sich aber bald an den Mittelrhein und die Mosel. So bildete sich der Begriff der »Pfalzgrafschaft bei Rhein« heraus. Den Titel eines Pfalzgrafen bei Rhein gebrauchte erstmals Heinrich von Laach (1085–1095), der Gründer der berühmten Abtei Maria-Laach in der Eifel. Ab dem 13. Jh. verband sich auch das Kurrecht mit dieser Pfalzgrafschaft. Eine Handschrift von 1207 spricht vom Pfalzgrafen als »dem Ersten bei der Kaiserwahl«.

Die Wittelsbacher gelangten 1214 in die Würde des Pfalzgrafen bei Rhein und behielten diese Stellung ohne Unterbrechung bis 1803. In einer Schaukelpolitik zwischen konkurrierenden Kaisern, dem Welfen Otto IV. von Braunschweig und dem Staufer Friedrich II., erreichte Bayernherzog Ludwig I., der Kelheimer, bei Kaiser Otto die Verlobung der welfischen Pfalzgrafen-Erbtochter Agnes mit seinem Sohn Otto und bei Kaiser Friedrich II. schließlich die direkte Belehnung (für seinen noch unmündigen Sohn Otto) mit der Pfalzgrafschaft bei Rhein. Am 6. Oktober 1214 zeichnete Ludwig erstmals eine Urkunde als »Dei gratia comes palatinus Rheni et dux Bavariae«, also als »von Gottes Gnaden Pfalzgraf bei Rhein und Herzog von Bayern«. Damit hatten die Wittelsbacher die bedeutendste weltliche Kurwürde errungen.

Die Trennung zwischen dem alten Herzogtum Bayern und der Pfalzgrafschaft bei Rhein erfolgte endgültig 1329 im Hausvertrag von Pavia. Kaiser Ludwig der Bayer hatte nach jahrelangen Streitereien mit seinem älteren Bruder Rudolf I. diesem die zunächst gemeinsam regierte Pfalz weggenommen, die von Rudolf finanziell fast auf den Ruin abgewirtschaftet war. Zehn Jahre nach Rudolfs Tod bereitete nun Kaiser Ludwig den Erbstreitigkeiten des Hauses Wittelsbach ein Ende. Mit dem Vertrag von Pavia erhielten die beiden Söhne Rudolfs I., Rudolf II. und Ruprecht I., für sich und ihre Nachkommen die Pfalzgrafschaft sowie ertragreiche Bergbaugebiete auf dem Nordgau um Amberg, Sulzbach und Neumarkt. Diese Gebiete nannte man bald die »Obere Pfalz« (»Oberpfalz«) zur Unterscheidung von den Besitzungen in der »Unteren«, der rheinischen Pfalz. Für sich und seine Erben behielt Ludwig Oberbayern (das er ab 1340 vorübergehend mit Niederbayern wieder vereinen konnte) und die Nordgau-Ämter Lengenfeld, Schwandorf und Kallmünz sowie die Burggrafenrechte zu Regensburg. Die mit der Pfalzgrafschaft verbundene Kurwürde sollte zwischen der pfälzischen und der bayerischen Linie wechseln. In der »Goldenen Bulle« von 1356 bestimmte Kaiser Karl IV., Nachfolger und Gegner von Ludwig, daß das Kurrecht dauernd bei der Pfalz bleiben solle. Was im Herzogtum Bayern schon Brauch war, setzte nun auch in den wittelsbachischen Pfalz-Landen ein: Es wurde geteilt, und das noch schlimmer als im alten Bayern. Mit seinem Bruder Ruprecht I. regierte Rudolf II. nur bis 1338 gemeinsam. Rudolf erhielt den größeren Teil der Rheinpfalz und die Obere Pfalz, dazu die Kurwürde, der Bruder gemeinsam mit einem gleichnamigen Neffen den Rest. Nach dem Tod von Rudolf II. im Jahre 1353 übernahm Ruprecht I. die Nachfolge. In seinem langen Leben – er starb erst 1390 im Alter von 81 Jahren – wuchs er zu einer der bedeutendsten politischen Persönlichkeiten seiner Zeit heran. Seine größte Tat war zweifellos die Gründung der Universität Heidelberg 1386, nach Prag (1348) und Wien (1365) die dritte Hochschule des deutschen Sprachraums. Heidelberg hatte sich damals schon zur Residenz der Pfalzgrafen herausgebildet, nachdem bereits die ersten wittelsbachischen Pfalzgrafen der Stadt den Vorzug gegeben hatten. So ist etwa der bayerische Herzog Ludwig der Strenge in Heidelberg geboren und dort auch gestorben. Kurfürst Ottheinrich (1502–1559) krönte den Ausbau der Heidelberger Residenz mit dem prachtvollen, von den Franzosen im Pfälzischen Erbfolgekrieg 1689 zerstörten Ottheinrichsbau, dessen Ruine heute noch die damalige Schönheit ahnen läßt.

Mit Ruprecht III., der ab 1400 deutscher König war, erreichte die wittelsbachische Kurpfalzlinie ihren ersten politischen Höhepunkt. Nach dessen Tod 1410 teilte man sich zunächst in die Linien Heidelberg (auch »alte Kurpfalz« genannt) und Simmern. Letztere teilte sich bald in die Nebenlinien Pfalz-Zweibrücken (bis 1799), Pfalz-Mosbach (bis 1499) und Pfalz-Neumarkt in der Oberpfalz (bis 1443). Die Nebenlinie Zweibrücken erzeugte im 16. Jh. die weitere Nebenlinie Birkenfeld, aus der schließlich jener »Maxl« stammen sollte, den der Kalteneggerbräu zu München 1799 so freundlich empfing. Nach dem Landshuter Erbfolgekrieg von 1504/05 wurde für die Kinder der pfälzischen Verlierer die »Junge Pfalz« mit der Residenz in Neuburg an der Donau gegründet, die sich 1569 in die »Junge Kurlinie« umwandelte und ab 1614 noch die Nebenlinie Neuburg–Sulzbach entstehen ließ.

Aus Pfalz-Neuburg stammte Kurfürst Johann Wilhelm (1658–1716), der in Düsseldorf geboren wurde und dort auch residierte. Die Stadt war von 1614 bis 1716 Residenz für die Grafschaft Jülich-Berg, die den Pfälzern zugesprochen worden war. Kurfürst »Jan Wellem«, wie ihn die Düsseldorfer nannten, war ein großer Kunstfreund. Seine Düsseldorfer Sammlung, besonders von Meisterwerken der niederländischen Malerei, ist heute ein bedeutender Bestandteil der Alten Pinakothek in München. Fast als Kuriosität kann man es bezeichnen, daß aus der Nebenlinie Kleeburg der Linie Zweibrücken zwischen 1654 und 1718 drei schwedische Könige hervorgingen. Der erste, Karl X. Gustav, hatte im Dreißigjährigen Krieg als schwedischer General gekämpft und wurde 1654, nach dem Verzicht der berühmten Königin Christine, zu deren Nachfolger gewählt. Das abenteuerlichste Leben der drei Pfälzer Schwedenkönige war Karl XII. beschieden, der in den Nordischen Krieg (1700–1721) verwickelt war, den Sachsenkurfürsten und Polenkönig August den Starken bekämpfte und 1709 sogar auf türkisches Gebiet fliehen mußte.

Eine bemerkenswerte Person aus dem Hause Pfalz-Simmern war Pfalzgraf Johann Casimir (1543–1592). Als drittgeborener Sohn des Kurfürsten Friedrich III. hatte er kaum Aussicht, an die Regierung zu gelangen. Vielleicht gestaltete er sich deshalb ein Leben, das von der Leidenschaft zur Jagd und Fischerei geprägt war. So ist er mit ziemlicher Sicherheit jener »Jäger aus Kurpfalz«, von dem das berühmte Volkslied berichtet, daß er hin und her reite durch den grünen Wald, »gleich wie es ihm gefallt«. Der gastfreundliche Fürst war auch ein getreuer Erzieher seines Neffen, des Kurfürsten Friedrich IV. Dieser gründete 1606 Mannheim, das nach der Zerstörung Heidelbergs durch die Truppen des französischen Sonnenkönigs Ludwig XIV. die neue Hauptstadt der Kurpfalz wurde.

Schließlich darf eine Frau aus dem kurpfälzischen Hause nicht vergessen werden: Elisabeth Charlotte, 1652 in Heidelberg geboren, 1722 in St. Cloud bei Paris gestorben. Jedermann kennt sie als »Liselotte von der Pfalz«. Aus politischen Gründen wurde sie 1671 mit Herzog Philipp von Orléans, einem Bruder des Sonnenkönigs, verheiratet. Sie hat das Leben am Hofe Frankreichs mit ganz besonderen Augen betrachtet und ihre Eindrücke, Erlebnisse und Meinungen in über 4000 Briefen an Verwandte und Gelehrte weitergegeben. Diese Briefe sind ein ebenso kostbares wie köstliches Dokument jener Zeit.

So wenig die beiden Wittelsbacher Linien in Bayern und der Pfalz auch nach dem Hausvertrag von Pavia noch miteinander zu tun hatten, so sehr blieben sie doch immer in gewisser Weise miteinander verbunden. Die Pfälzer nannten sich stets auch »Herzöge von Bayern«, und die Bayern setzten zu ihren Titeln immer den des »Pfalzgrafen bei Rhein« dazu. In Erkenntnis der Tatsache, daß die drittgrößte Macht (neben Österreich-Habsburg und Preußen-Hohenzollern) im 18. Jh. zwischen den beiden großen Machtblöcken zugrunde gehen könnte, näherte man sich gegenseitig und schloß mehrere Familienverträge, deren Quintessenz die gegenseitige Erbfolge im Falle des Aussterbens einer Linie war. Dieser Fall trat dann eher ein, als man dachte: Als 1777 der letzte bayerische Wittelsbacher, Kurfürst Max III. Joseph, ohne männliche Erben starb, wurde sein Nachfolger der Pfälzer Kurfürst Karl Theodor. Der neue bayerische Kurfürst kam aus der nicht sehr bedeutenden Linie Pfalz–Sulzbach (Oberpfalz). Er war der große Erbe; schon 1742, im Alter von 18 Jahren, fiel ihm die Kurpfalz zu, er wurde

Kurfürst. Seine Residenz war Mannheim; sein Hof war den Künsten aufgeschlossen. Mozart gastierte hier, und auch das Theaterwesen blühte. Es herrschte hier auch ein freierer Geist als etwa im benachbarten Württemberg. So konnte Friedrich von Schiller seine »Räuber« nicht im heimatlichen Stuttgart aufführen, sondern im offensichtlich liberaleren Mannheim, das noch heute auf sein (neuerbautes) Nationaltheater stolz ist. Karl Theodors Lieblingsaufenthalt (auch noch zur Münchner Zeit) war das von ihm ausgebaute Schloß Schwetzingen mit seinem großartigen Park, heute Schauplatz weitberühmter sommerlicher Musikfestspiele.

Die Verträge wollten es, daß Karl Theodor, um das Erbe in Bayern anzutreten, seine Residenz nach München verlegen mußte. Er ging nicht gern von Mannheim weg und war – vielleicht schon deshalb – auch in München nicht gern gesehen. Man kann dies eigentlich kaum begreifen, denn im Grunde tat er – für München – fast nur Gutes. Er ließ den Englischen Garten anlegen, ein Geschenk an die Münchner, die vorher in diesem Teil des kurfürstlichen Jagdreviers nichts zu suchen hatten. Durch seinen Grafen Sir Benjamin Thompson von Rumford – den Erfinder der »Rumford-Suppe«, die an Arme und Arbeitslose verteilt wurde – ließ er recht bedeutende soziale Reformen vornehmen, und er begann auch, die Münchner Stadtbefestigung niederzulegen und damit die Voraussetzungen für ein vergrößertes und großzügigeres München zu schaffen.

Freilich, seine Außenpolitik war katastrophal. Er erkannte die Habsburger Erbansprüche auf Bayern an, war damit einverstanden, Teile Bayerns an Österreich zu geben, und wäre am Ende bereit gewesen, ganz Bayern gegen die habsburgischen Niederlande zu tauschen. König Friedrich der Große von Preußen konnte diese Machtvergrößerung Habsburgs nicht dulden und verhinderte 1779 diese Pläne. Lediglich das Innviertel (heute beim österreichischen Bundesland Oberösterreich) wurde abgetreten. Die bayerischen Patrioten hatten also im Preußenkönig ihren großen Helfer. Kurfürst Karl Theodor aber blieb ungeliebt bis zu seinem Tod im Februar 1799.

Da auch Karl Theodor keine legitimen leiblichen Erben hinterließ – obwohl er, meist mit Mannheimer Schauspielerinnen, Kinder genug gezeugt hatte –, kam nun die Linie Pfalz–Zweibrücken–Birkenfeld an die Reihe: Der zweitgeborene Sohn des Pfalzgrafen Friedrich Michael erbte alle wittelsbachischen Lande in Bayern und der Pfalz und vereinte in seiner Person nach fast 500 Jahren die beiden Wittelsbacher Fürstentümer. Von Max IV. Joseph kommen alle Bayernkönige des 19. und 20. Jh.

Eigentlich hätte ein anderer 1799 in München als Kurfürst einziehen sollen: Herzog Karl II. August, Max IV. Josephs älterer Bruder. Er, der sich mit großem Ernst auf die Regierung in Bayern vorbereitet hatte, starb aber schon 1795. Große Pläne hatte er für sich in München. Nymphenburg wollte er noch gewaltiger ausbauen, als er das mit seinem eigenen Schloß auf dem Karlsberg bei Homburg (mit einer 1200 m langen Gebäudeflucht!) schon getan hatte und das ihm die französische Revolutionsarmee verbrannt hatte. In den Machenschaften zwischen Kurfürst Karl Theodor und den Habsburgern blieb er standhaft und verzichtete, trotz aller Entschädigungsangebote, nicht auf sein bayerisches Erbe. So wird an Karl August das größte Verdienst der Pfälzer Wittelsbacher für Bayern deutlich: daß sie es durch ihre Existenz im späten 18. Jh. Habsburg unmöglich gemacht haben, Bayern als Kurfürstentum aus der Welt zu schaffen. So konnte sein jüngerer Bruder Max Joseph 1799 Bayern übernehmen und sich am Neujahrstag 1806 den Gratulanten als König Maximilian I. vorstellen – mit der Bemerkung: »Es freut mich, Euch zu sehen. Ich wünsche Euch allen ein gutes neues Jahr. Und wir bleiben die alten!«

Werner A. Widmann

1780. Das Drama »Agnes Bernauerin, ein vaterländisches Trauerspiel« des Münchner Dramatikers Josef August von Törring erregt Aufsehen in ganz Deutschland und markiert den Beginn des vaterländischen Schauspiels in Bayern.

10. 7. 1780. Die Ansbacher Hof-Bank (später Bayerische Staatsbank) wird gegründet. →

19. 8. 1780. Der aus Franken stammende General Johann Kalb wird im Amerikanischen Unabhängigkeitskrieg tödlich verwundet. →

29. 1. 1781. Wolfgang Amadeus Mozarts große heroische Oper »Idomeneo, Ré di Creta« wird im Münchner Residenztheater unter Leitung des Komponisten uraufgeführt. →

1782. Mit dem Roman »Leben des guten Jünglings Engelhof« legt Lorenz von Westenrieder, der Herausgeber der »Baierischen Beiträge zur schönen und nützlichen Literatur«, den bedeutendsten Roman eines bayerischen Autors im 18. Jh. vor. →

26. 4.–2. 5. 1782. Papst Pius VI. besucht München. →

5. 8. 1782. Kurfürst Karl IV. Theodor übereignet dem Malteserorden alle ehemaligen Jesuitergüter in Kurbayern und Neuburg-Sulzbach.

1784. Franz Xaver Zwink malt die Fassade des Oberammergauer »Pilatushauses« und schafft damit eines der berühmtesten Beispiele der Lüftlmalerei. →

1784. Die »Reisen durch den Baierschen Kreis« von Johann Pezzl erscheinen. →

1785. Benjamin Thompson, später Graf von Rumford, wird Kammerherr von Kurfürst Karl Theodor. →

14. 1. 1785. Das Fräulein Fanny von Ickstatt stürzt sich vom Turm der Frauenkirche. →

2. 3. 1785. Kurfürst Karl IV. Theodor von Bayern erklärt die Logen der »sogenannten Freimaurer und Illuminaten« für landesverräterisch und religionsfeindlich. →

September 1786. Auf dem Weg nach Italien kommt Johann Wolfgang von Goethe durch Bayern. →

15. 12. 1789. Die Kurie genehmigt die Gründung eines Münchner »Hofbistums«.

GESTORBEN:

24. 2. 1780. München: Felix Andreas Oefele (* 17. 5. 1706, München), Bibliothekar und Historiker.

15. 7. 1784. München: Johann Baptist Straub (* 1704, Wiesensteig bei Göppingen), Bildhauer.

28. 7. 1785. Regensburg: Johann Jakob Lanz (* 1735), Naturwissenschaftler, Illuminat, Freimaurer; wird während eines Spaziergangs mit dem Illuminatengründer Adam Weishaupt vom Blitz erschlagen.

23. 3. 1786. Neuburg an der Donau: Johann Georg von Lori (* 16. 6. 1723, Gründl bei Steingaden), Jurist

und Historiker, Gründer der Bayerischen Akademie der Wissenschaften.

10. 5. 1787. Augsburg: Joseph Mangold (* 2. 3. 1716, Rehling/Schwaben), Jesuit, Theologe und Philosoph, Vertreter der cartesianischen Philosophie (»Philosophia rationalis et experimentalis«).

28. 5. 1787. Salzburg: Leopold Mozart (* 14. 11. 1719, Augsburg), Komponist, Vater von Wolfgang Amadeus Mozart.

14. 6. 1787. München: Johann Georg Dominicus Linprun (* 10. 1. 1714, Viechtach/Niederbayern), Mitbegründer der Bayerischen Akademie der Wissenschaften.

15. 11. 1787. Wien: Christoph Willibald von Gluck (* 2. 7. 1714, Erasbach/Oberpfalz), Opernkomponist.

25. 12. 1789. München: Franz Xaver Epp (* 8. 12. 1733, Schongau), Naturwissenschaftler.

GEBOREN:

13. 12. 1780. Bug bei Hof: Johann Wolfgang Döbereiner († 24. 3. 1849, Jena), Chemiker.

30. 9. 1781. Regensburg: Ludwig von Wirschinger († 17. 3. 1840, München), bayerischer Finanzminister.

18. 4. 1782. Thurnau/Oberfranken: Georg August Goldfuß († 2. 10. 1848, Bonn-Poppelsdorf), Zoologe und Paläontologe.

17. 3. 1783. Regensburg: August von Gise († 4. 10. 1850, München), bayerischer Außenminister.

2. 1. 1784. Coburg: Ernst I. († 29. 1. 1844, Gotha), Herzog von Sachsen-Coburg und Gotha.

16. 5. 1785. Schwarzhofen/Oberpfalz: Johann Nepomuk Ringseis († 22. 5. 1880, München), Arzt.

6. 8. 1785. Tirschenreuth/Oberpfalz: Johann Andreas Schmeller († 2. 7. 1852, München), Germanist.

1. 1. 1786 (1787?). München: Domenico Quaglio († 9. 4. 1837, Hohenschwangau), Architektur- und Theatermaler, Lithograph und Radierer.

10. 1. 1787. Breitenbrunn: Anton von Gumppenberg († 5. 4. 1855, München), bayerischer Kriegsminister.

28. 2. 1787. Kötzting/Niederbayern: Joseph Ludwig von Armansperg († 3. 4. 1853, München), bayerischer Staatsmann.

6. 3. 1787. Straubing: Joseph von Fraunhofer († 7. 6. 1826, München), Optiker und Physiker.

16. 5. 1788. Schweinfurt: Friedrich Rückert († 31. 1. 1866, Neuses), Orientalist und Dichter.

9. 2. 1789. München: Franz Xaver Gabelsberger († 4. 1. 1849, München), Stenograph.

16. 3. 1789. Erlangen: Georg Simon Ohm († 6. 7. 1854, München), Physiker.

Begrüßung von Papst Pius VI. durch Kurfürst Karl Theodor vor der Loretto Kapelle in Ramsau bei Haag anläßlich des Besuches des Heiligen Vaters 1782

Papst besucht München

26. April bis 2. Mai 1782. Alle Glocken läuten und Böller krachen, als Papst Pius VI. in die kurbayerische Residenzstadt einfährt; der Jubel aber fällt bescheiden aus. Nur wenige Münchner mögen nämlich bei dem strömenden Regen aus ihren Häusern gehen, um den hohen, in ein rotes Mäntelchen gekleideten Gast zu sehen. Von den wenigen Frommen und Neugierigen, die sich trotzdem am Wege aufstellen, beugen nur die Mönche das Knie.

Zwei Tage später, am Sonntagmittag, versammeln sich dann zwar 50 000 Menschen auf dem Schrannenplatz, um den Papst zu sehen, doch als er

von einem aus Holz gezimmerten Podium aus den Segen spendet, kniet nur der Kurfürst nieder.

Pius VI., den Karl Theodor von einem Romaufenthalt bereits kennt, kommt von Wien, wo er Kaiser Joseph II. – allerdings ohne Erfolg – zu einer kirchenfreundlicheren Politik überreden wollte. In Bayern hat er mehr Erfolg. Während nämlich die habsburgische Majestät 800 von 2000 Klöstern säkularisiert, wird die Enteignung von Kirchengut im Kurfürstentum, von ein paar Beispielen abgesehen, noch hinausgeschoben. Der Kurfürst erhält dafür etwas später seinen Lohn: Am 7. Juni 1784 wird in München eine päpstliche Nuntiatur eingerichtet; nach dem Kaiser ist der Wittelsbacher hinfort der einzige deutsche Fürst, an dessen Hof ein persönlicher Vertreter des Papstes akkreditiert ist (ein Nuntius, den freilich niemand im Heiligen Römischen Reich anerkennen mag). Karl Theodor ist geehrt, der Papst aber hofft, dadurch die teilweise sehr selbstbewußten, nationalkirchlich gesinnten Bischöfe unter Kontrolle halten zu können.

Als Pius VI., dem man die sog. Päpstlichen Zimmer der Residenz angewiesen hat, München wieder verläßt, begleitet ihn Kurfürst Karl Theodor bis Schwabhausen bei Dachau. Zum Abschied überreicht er dem in Begleitung zweier Bischöfe, eines Sekretärs, eines Zeremonienmeisters, eines Beichtvaters, eines Leibarztes und eines Dieners reisenden Papst einen goldenen Kelch.

Pius VI., bis 1980 das einzige Oberhaupt der römisch-katholischen Kirche, das München besucht

Herrscherstil von Karl IV. Theodor

2. März 1785. Die Nachricht, daß er Bayern geerbt habe, erreichte den pfälzischen Kurfürsten während des Jahresabschlußgottesdienstes von 1777. Seine ersten Worte, zu sich selbst gesprochen, waren: »Nun sind deine guten Zeiten vorbei«.

Dies war ein Ausruf des Selbstmitleids, aber sehr viel mehr sollte der Satz, wie sich zeigte, für Bayern gelten. Denn der Kurfürst Karl IV. Theodor und seine Untertanen kommen nicht sehr gut miteinander aus.

Bei seiner Ankunft in München ging ihm der Ruf voraus, ein vergleichsweise aufgeklärter Mann zu sein (der sogar mit Voltaire korrespondierte). Dazu paßt, daß er in den Jahren nach 1780 den Nymphenburger Park und seine Gemäldegalerie für das Volk öffnet oder einen öffentlichen Park im neuen, englischen Stil anlegen läßt, den Englischen Garten. Die Anregung dazu verdankt er dem aus Amerika zugewanderten Benjamin Thompson, der zum großen Reformer wird, zu einem Mann, der sich um die Armen und die Armee kümmert. Der Fürst gibt Zeichen seiner aufgeklärten Gesinnung – und führt doch auch ein starres Regime, das z. B. am 2. März 1785 den Illuminatenorden oder die Lektüre freisinniger Zeitschriften verbietet.

»Banco« Ansbach gegründet

10. Juli 1780. Der Bankbuchhalter Joachim Finck öffnet den in weißes Schweinsleder gebundenen Band und schreibt: »Cassabuch, angefangen den 10ten Julius 1780. Zur Hochfürstl. Hof-Banco in Ansbach«. Gleichzeitig geht ein Rundschreiben hinaus, das alle Interessierten in deutscher, französischer und italienischer Sprache von der Gründung der »Banco« unterrichtet.

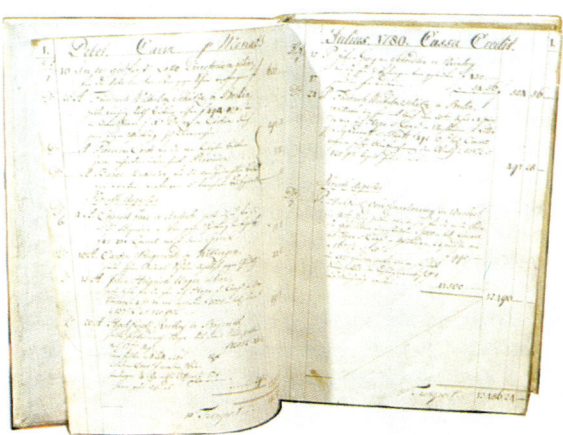

Kassabuch der Ansbach-Bayreuthischen Hof-Banco mit der ersten Eintragung des Bankbuchhalters J. Finck

Markgraf Alexander wurde von seinem ersten Minister von Benkendorff überzeugt: Am 2. März 1780 hielt er ihm einen Vortrag »über die Errichtung eines mercantilistischen Instituts allhier«, und schon am 29. März kam der Auftrag, mit Johann Conrad Feuerlein in Nürnberg über die Gründung zu verhandeln. Der Fürst und sein Berater, Anhänger des Merkantilismus, erhoffen sich durch die »Banco« für die etwa 6500 km² große Markgrafschaft Ansbach–Bayreuth eine Verbesserung der wirtschaftlichen Verhältnisse. Zwar ist das Unternehmen Handelshaus, Sparbank, Wechsel- und Leihbank in einem, doch allzu üppige Geschäfte erwartet man sich zunächst offensichtlich nicht, denn man zahlt dem Direktor Feuerlein jährlich nur 800 Gulden (ein Minister bekommt 6200, ein Regierungsrat 1050 Gulden). Dabei muß Feuerlein die Arbeit alleine versorgen, erst 1786 erhält er einen Buchhalter zugeteilt. 1806 wird aus Feuerleins Etablissement die Bayerische Staatsbank.

US-General aus Franken gefallen

19. August 1780. Die Soldaten von General Gates sind übermüdet, und so rät Johann Kalb, Oberkommandierender der Delaware- und Maryland-Einheiten, die Schlacht bei Camden nicht zu beginnen. Auf den in vielen europäischen Feldzügen erfahrenen General wird nicht gehört, und im anschließenden Gefecht flieht Gates mit seinen amerikanischen Einheiten bei der ersten englischen Attacke. Kalbs rechter Flügel hält stand, doch der Kommandeur wird von einer Kugel getroffen und stirbt drei Tage später.

So endet ein Leben, das am 29. Juni 1721 in einem kleinen Bauernanwesen zu Hüttendorf bei Erlangen begonnen hat. Als Kellner, so heißt es, verließ Johann Kalb die Heimat, mit 26 Jahren war er bereits Leutnant, mit 36 Hauptmann der französischen Armee. Und 1761, mit 40 Jahren, führte er den Titel eines General-Quartiermeisteradjutanten der Armee am Oberrhein und auch den eines Baron de (der ihm nicht zustand). Bereits 1767 reiste er in offiziellem Auftrag erstmals über den Atlantik. Zehn Jahre später, nach Ausbruch des Bürgerkrieges, segelte Johann Kalb ein weiteres Mal nach Amerika; in seiner Begleitung befand sich der junge Lafayette.

Lüftlmalerei von Franz Xaver Zwink

1784. *Wahrscheinlich weil einer aus der Familie bei den Oberammergauer Passionsspielen den Pilatus gespielt hat, malt Franz Xaver Zwink 1784 diese biblische Figur zusammen mit einem auferstehenden Christus und viel ornamentalem Zierwerk an die Wand des Hauses der Familie Lang.*

Mit dem »Pilatushaus« in Oberammergau (Abb.; der Pilatus ziert die Gartenseite des Anwesens) schafft Zwink, den sie »den Lüftlmaler« nennen, sein bekanntestes Werk und zugleich die berühmteste Lüftlmalerei des ganzen bayerischen Oberlandes.

Neben Franz Xaver Zwink ist vor allem der aus Mittenwald stammende Franz Karner als Lüftlmaler bekannt. Sein berühmtestes Werk ist das Neunerhaus in seinem Geburtsort.

Echter Abris iener schaudervollen begeben-heit, die sich am 14⁹ Janu-ary 1785. zwischen 2 und 3. uhr nachmittags in der kurbairischen Haupt und Residenz Stadt München an der 17.järigen Freule Maria Francisca von Ickstatt zugetragen hat.

A. Der Aufsturz.
B. Der erste Auffall.
C. Das Dach welches Sie durch auffallen durch geschlagen.
Die Thurm höhe 336 Schue.

Liebeskummer

14. Januar 1785. *Die unglückli-che, aussichtslose Liebe zum Leutnant Franz von Vincenti, sa-gen die Leute, sei schuld, daß sich das schöne, reiche und gebildete Fräulein Fanny von Ickstatt nach-mittags um zwei vom nördlichen Turm der Münchner Frauenkir-che in den Tod stürzt (Abb.: Flug-blatt mit der Todesnachricht).*
In Wirklichkeit waren aber alle Widerstände beiseitegeräumt, und zu der Stunde, in der Fanny zusammen mit dem Dienstmäd-chen ihrer Eltern den Turm be-stieg, bat der Leutnant seinen Va-ter in einem Brief, er möge für ihn um Fannys Hand anhalten.
Die Mutter der Fanny von Ickstatt (von der Klatschmäuler sagen, sie selbst habe ein Auge auf den ele-ganten Leutnant geworfen) meint, ihre Tochter sei ausge-rutscht und durch die offene Turmluke gestürzt. Andere sagen, daß es die Lektüre von Goethes »Werther« gewesen sei, die das Kind in den Tod getrieben habe.

J. W. von Goethe reist durch Bayern

September 1786. Während eines Badeaufenthaltes in Karlsbad stiehlt sich Johann Wolfgang von Goethe am 3. September 1786, morgens um 3 Uhr, heimlich und unter falschem Namen fort nach Italien. Auf die-ser Reise, die ihn auch durch Bayern führt, schreibt er für Frau von Stein ein Tagebuch: »… In Bayern stößt einem so-gleich das Stift Waldsassen ent-gegen – köstliche

J. W. von Goethe

Besitztümer der geistlichen Herren, die früher als andere Menschen klug waren. Es liegt in einer Teller- um nicht zu sagen Kesseltiefe, in einem schönen Wiesengrunde …
Regensburg liegt gar schön. Die Ge-gend mußte eine Stadt herlocken; auch haben sich die geistlichen Her-ren wohlbedacht. Alles Feld um die

Kurfürst rühmt Mozarts Opern

29. Januar 1781. Der Münchner Hof hat bei Mozart eine Oper für den Fa-sching 1781 bestellt. Nach der Uraufführung von »Idomeneo« am 29. Januar 1781 rühmt Kurfürst Karl Theodor: »Man sollte nicht meinen, daß in einem so kleinen Kopf etwas so Großes stecke!«

Anton Raaff, Sänger der Titelrolle in der »Idomeneo«-Uraufführung

Ein Amerikaner in München

1785. Eine merkwürdige, schnelle Karriere im kurfürstlichen Bayern: Im Jahr 1784 trat der eben aus Eng-land zugewanderte, 32jährige Benja-min Thompson als Oberst in den Dienst von Kurfürst Karl Theodor, 1785 wird er der Leibadjutant, zum Kammerherrn ernannt.
Zu dieser Zeit hat der in Woburn/ Massachusetts geborene Mr. Thomp-son bereits ein bewegtes Leben hin-ter sich. Er hat eine Kaufmannslehre absolviert, ist Commis zu Boston ge-wesen, anschließend folgte ein kur-zes Physik- und Medizinstudium so-wie, 1773, die Gründung einer Ele-mentarschule in Rumford. Der Ame-rikanische Unabhängigkeitskrieg unterbrach diese Arbeit; Lehrer Thompson zog auf britischer Seite in den Krieg. Seine Heimat, die sich von ihrem Mutterland England lossagte, war damit für ihn verloren.
In Großbritannien nahm man den Exilierten in den Staatsdienst auf und ernannte ihn zum Mitglied der Royal Society. Trotz dieser Auszeich-nung verließ er das Land und wurde Adjutant des Kurfürsten Karl Theo-dor von Bayern und Pfalz, bei dem er rasch zu hohem Ansehen gelangt.

Die Wissenschaften haben ihn auch weiterhin interessiert, aber sein In-teresse galt den Reformen im rück-ständigen Lande Bayern. Er führt die Kartoffel und den Sparofen ein, mo-dernisiert das Heer und kreiert aus billigen Zutaten die sog. Rumford-suppe. 1792 wird er in den Reichs-grafenstand erhoben.

B. Thompson, der spätere Graf von Rumford, als britischer Oberst

Goethes Stationen in Bayern
3./5. September 1786: Karlsbad – Waldsassen – Tirschenreuth – Wei-den – Regensburg.
6./7. September: München – Wolf-ratshausen – Benediktbeuern – Ko-chelsee – Walchensee (kurz vorher bittet ein Harfner, der Herr möge sei-ne kleine Tochter im Wagen mitneh-men, »ein artiges ausgebildetes Ge-schöpf, in der Welt schon ziemlich bewandert«) – Scharnitz.

Stadt gehört ihnen, in der Stadt steht Kirche gegen Kirche, Stift gegen Stift …
Den fünften September halb ein Uhr Mittag reiste ich von Regensburg ab … Um sechs Uhr morgens war ich in München, und nachdem ich mich zwölf Stunden umgesehen, will ich nur weniges bemerken. In der Bil-dergalerie fand ich mich nicht ein-heimisch; ich muß mein Auge erst wieder an Gemälde gewöhnen. Es sind treffliche Sachen … Den ganzen Tag blies der Wind sehr kalt vom Ti-roler Gebirge …
Mittenwald, den 7. September, abends. Es scheint, mein Schutzgeist sagt Amen zu meinem Kredo, und ich danke ihm, der mich an einem so schönen Tag hierher geführt hat.«

»Das Leben des guten Jünglings Engelhof« von Westenrieder

1782. Der Münchner Jesuitenpater und ehemalige Poetikprofessor Lorenz von Westenrieder veröffentlicht seinen Roman »Das Leben des guten Jünglings Engelhof«; das Buch war drei Jahre zuvor als Fortsetzungsroman in den von ihm herausgegebenen »Baierischen Beyträgen zur schönen und nützlichen Literatur« erschienen. Der geistliche Herr hat Goethes »Werther« wohl gut gekannt, denn dessen Schluß erinnert an »Engelhofs« Anfang: »Ich stand im Jahre X den 1. Dezember in unserem großen Kirchhof außer der Stadt ... Vier Träger trugen einen Sarg, setzten ihn nieder, nahmen ein farbloses Baartuch herab, banden die Stricke los und gingen davon. Ein halbfinsterer Mann nahm den Sarg mit aller möglichen Gleichgültigkeit, ließ ihn eilfertig durch das Bret, das schief lag, hinabrollen...« Der Erzähler fragt den Totengräber, wer da so lieblos beerdigt worden sei, und erfährt, daß man einen jungen, mittellosen, gelehr-

ten Mann begraben habe, der zuletzt kümmerlich in einer Dachwohnung gelebt hätte und an Auszehrung gestorben sei.
Der Roman wird zur Suche nach dem Leben und dem Schicksal des Toten: Als der gute Jüngling Privat-

Lorenz von Westenrieder

lehrer bei einem Grafen war, hatte sich die vornehme Schülerin in ihn verliebt, er wies die Zuneigung zurück, geriet dennoch in Verdacht, wurde vor Gericht gezerrt, und da es den ihm zustehenden Freispruch nicht geben durfte (der Herr Graf wäre ja blamiert), verwies man Engelhof des Landes. Später kehrte er zwar zurück, aber in diesem Land gab es für ihn keine Chance mehr ...
Der aufgeklärte Geistliche aus der Münchner Kaufinger-Gasse Nr. 78 hat einen empfindsamen, aufgeklärten Roman geschrieben, in dem die Rückständigkeit Bayerns, gegen die Westenrieder stets ankämpfte, kritisiert wird. Vor allem ist »Das Leben des guten Jünglings Engelhof« ein offener, harter Angriff gegen die Verderbtheit der bayerischen Justiz.
Der kränkliche 33jährige Westenrieder läßt in dem Roman einen Schweizer Buchhändler seine Meinung über Bayern sagen – und in diesem Urteil steckt auch die Kritik

des Dichters an seiner Heimat: Bayern, sagt der Eidgenosse, sei ein Land, »von welchem man noch nichts als Legenden, Bauernkalender, Casuisten und Theses gesehen hätte; wo man von allen Orten zur Erhaltung der ältesten Barbarey gearbeitet und von dem Werth der Künste und Wissenschaften noch keinen mittelmäßigen Begriff erhalten hätte, wo man die Aufklärung für gefährlich erklärte und die Gelehrten Ketzer, unruhige Köpfe schälte, ... wo unter den ansehnlichsten Städten nicht die geringste Lectür, nicht die geringste Aufmunterung, aber desto mehr plumper, armseliger Ahnenstolz und Ceremonial des Lebens wäre«.
Lorenz von Westenrieder, 1748 in München geboren, wurde 1771 zum Priester geweiht und 1773 Professor für Poetik und Rhetorik am Gymnasium Landshut. Neben seiner Lehrtätigkeit unternahm er erste Versuche als Dramatiker. Nach 1779 begann er auch, historische Werke zu schreiben.

Reisebericht aus einem rückschrittlichen Bayernland

1784. Der Mallersdorfer Klosterbäckersohn Johann Pezzl ist ein rebellischer Geist, der sich im Bayern des Kurfürsten Karl Theodor nicht wohlfühlt. Von der Zensur wird er schon bald auf den Index gesetzt, obwohl er seine »Briefe aus dem Noviziat« anonym erscheinen läßt. Später schreibt der 1756 geborene Niederbayer über »Möncherey und Preßzwang« und über »Aberglauben, Fanatismus, Pfaffentrug, Despotendruck und Verfolgungsgeist«.
Nach etlichen, nicht immer freiwillig unternommenen Wanderfahrten kommt Pezzl in jenem Jahr 1784 nach Wien, in dem (wieder anonym) seine »Reise durch den Baierschen Kreis« – und übrigens auch Immanuel Kants »Was ist Aufklärung?« – erscheint.
Ein aufklärerischer, rebellischer Mann von 28 Jahren beschreibt seine Reise von Passau über Straubing, Regensburg, Landshut, Freising, Augsburg, München und Burghausen nach Salzburg.

Dieses Fahrten-Buch von Johann Pezzl, eine frische, freche Landesbeschreibung, ist der amüsante, polemische Bericht über ein rückschrittliches Bayern.
Über die politischen Zustände heißt es gleich zu Beginn: »Die politische Lage Baierns, folglich auch die moralische, muß in kurzem gewaltsame Revolutionen erwarten. Sie wissen, man raunt sich an einigen bedeutenden Plätzen neuerdings etwas von einem wichtigen Ländertausch in die Ohren...«
Nach diesem Hinweis auf Karl Theodors Tauschprojekt (Bayern gegen die Niederlande) schreibt Pezzl zum Beispiel über die Passauer: »Die Passauer sind übrigens lebhaft und guten Humors. Wäre die Stadt nicht so sehr mit Pfaffen angefüllt, die es bekanntlich noch immer für nöthig halten, die natürlichsten Dinge in heiligen Nebel einzuhüllen, so würde sie kein unwitziges Völklein beherbergen.«
Gegen Ende des Buches heißt es über die Bayern: »Patriotismus,

Liebe zu seinem Fürsten und Vaterland, sind Züge, die dem Baier Niemand streitig macht. In den Kriegen unter Maximilian Emanuel und Karl VII. haben die Baiern eine Anhänglichkeit an ihre Landesherren gezeigt, und Dinge

Titelblatt der Erstausgabe der »Reise durch den Baierschen Kreis«

gethan, die ihrer Vaterlandsliebe Ehre machen.«
Das Buch endet mit einem Aufruf zur Behebung der Mißstände: »Man mag mit meinem Büchlein verfahren, und selbes verketzern und verläumden, wie man will, so weiß ich doch, daß man es der allgemeinen Publizität nimmermehr aus den Händen reissen kann, und ist mein einziger Wunsch, daß derjenige, der es widerlegen will, es dadurch widerlege, daß er die Mißbräuche verbessere, die darin geahndet worden sind.«
Das Buch von Pezzl, den man gelegentlich mit dem französischen Philosophen und Schriftsteller Voltaire vergleicht, erscheint in Salzburg und Leipzig; in Bayern wird es umgehend verboten.
Johann Pezzl hatte in Salzburg Jura studiert und lebte danach in der Schweiz. Im Jahr 1785 wird er Sekretär und Bibliothekar bei Staatskanzler Fürst Wenzel Anton von Kaunitz-Rietberg im Wiener Außenministerium.

1790. Auf Anregung von David Heinrich Hoppe wird die »Regensburgische Botanische Gesellschaft« gegründet. →

1791/92. Bayern besetzt Teile des Nürnberger Territoriums.

18. 3. 1791. Am Neuhausertor beginnt die Entfestigung Münchens. →

2. 12. 1791. Preußen erwirbt die Fürstentümer Ansbach und Bayreuth als Erbe des kinderlosen Markgrafen Karl Alexander von Brandenburg zu Ansbach–Bayreuth. →

1. 4. 1792. Der Englische Garten in München wird öffentlich zugänglich gemacht. →

1793. Jean Pauls »Leben des vergnügten Schulmeisterlein Maria Wuz in Auenthal« erscheint. →

8. 10. 1793. Der Braugehilfe Joseph Pschorr heiratet die Bierbrauertochter Maria Theresia Hacker. →

1794. Das Donaumoos südlich von Neuburg und Ingolstadt wird auf Anordnung von Kurfürst Karl Theodor trockengelegt. →

3. 1. 1794. Der aus Cham stammende französische Marschall Nikolaus Graf von Luckner wird in Paris hingerichtet. →

1796. Alois Senefelder erfindet die Lithographie. →

1796. Im niederbayerischen Kößlarn wird das »Stubenberger Liederbuch« aufgeschrieben. →

7. 9. 1796. Kurfürst Karl IV. Theodor von Bayern schließt in dem seit 1792 andauernden sog. Ersten Koalitionskrieg mit Frankreich den Waffenstillstand von Pfaffenhofen, in dem er den Franzosen freies Durchzugsrecht durch Bayern zusichert. →

30. 9. 1796. Der spätere bayerische Staatsminister des königlichen Hauses und des Äußern Maximilian Graf von Montgelas legt in Ansbach dem späteren König Maximilian I. Joseph ein Programm für künftige innere Reformen in Bayern vor, das sog. Ansbacher Memorial. →

1797. In München finden wegen der Armut der Bevölkerung Massenspeisungen mit Rumfordsuppe statt.

17. 10. 1797. Der Friede von Campoformio beendet den Ersten Koalitionskrieg.

9. 12. 1797. Der Friedenskongreß von Rastatt beginnt. Hier beraten das Heilige Römische Reich und Frankreich über die Konsequenzen des Ersten Koalitionskriegs. Vertreten sind neben Kurbayern auch Würzburg und Augsburg und weitere Vertreter der Reichsstände aus dem bayerischen, fränkischen und schwäbischen Kreis.

1798. Karl August Fürst von Hardenberg, seit 1792 Leiter der preußischen Provinzen Ansbach und Bayreuth, wechselt nach Berlin. →

21. 2. 1799. Maximilian Graf von Montgelas wird Geheimer Staats- und Konferenzminister des Departements des Äußern. Während seiner Amts-

zeit schafft er die Grundlagen für den modernen bayerischen Staat.

12. 3. 1799. Der neue Kurfürst von Bayern, der Pfalzgraf Maximilian IV. Joseph von Birkenfeld-Zweibrücken, zieht in München ein. →

GESTORBEN:

5. 1. 1790. Regensburg: Jakob Christian Schäffer (* 30. 6. 1718, Querfurt/Thüringen), Naturforscher.

27. 10. 1790. München: Wiguläus Xaverius Aloysius von Kreittmayr (* 14. 12. 1706, München), Geheimer Ratskanzler, Rechtsreformer.

9. 11. 1792. München: Heinrich Braun (* 17. 2. 1732, Trostberg/Oberbayern), Schulreformer.

16. 1. 1793. München: Johann Sigmund Ferdinand Joseph von Haimhausen (* 28. 12. 1708, München), Präsident des bayerischen Münz- und Bergkollegiums, erster Präsident der Bayerischen Akademie der Wissenschaften.

1. 7. 1795. München: Andreas Zaupser (* 23. 12. 1748, München), Publizist und Dichter.

12. 3. 1796. München: Franz Töpsl (* 18. 11. 1711, München), Propst in Polling, Vertreter der katholischen Aufklärung in Bayern.

1. 2. 1799. München: Ferdinand Kobell (* 7. 6. 1740, Mannheim), Maler und Radierer.

16. 2. 1799. München: Karl IV. Theodor (* 11. 12. 1724, Droogenbosch bei Brüssel), Pfalzgraf in Sulzbach ab 1733, Kurfürst von der Pfalz ab 1742, Kurfürst von Bayern 1777–1799. →

GEBOREN:

31. 1. 1791. Wallerstein/Ries: Ludwig zu Oettingen-Wallerstein († 22. 6. 1870, Luzern), bayerischer Innenminister.

30. 11. 1793. Bamberg: Johann Lukas Schönlein († 23. 1. 1864, Bamberg), Mediziner.

17. 4. 1794. Erlangen: Karl von Martius († 13. 12. 1868, München), Naturforscher und Ethnograph.

5. 2. 1795. Dinkelsbühl/Mittelfranken: Friedrich Benedikt von Hermann († 23. 11. 1868, München), Nationalökonom.

24. 10. 1796. Ansbach: August von Platen († 5. 12. 1835, Syrakus/Sizilien), Dichter.

19. 4. 1797. Neunburg vorm Wald: Johann Michael Söltl († 14. 4. 1888, München), Historiker und Schriftsteller.

28. 2. 1799. Bamberg: Ignaz von Döllinger († 10. 1. 1890, München), katholischer Theologe und Kirchenhistoriker.

10. 8. 1799. München: Ernst von Moy de Sons († 1. 8. 1867, Mühlau bei Innsbruck), Jurist.

20. 8. 1799. Bayreuth: Heinrich von Gagern († 22. 5. 1880, Darmstadt), Politiker.

Ansbach–Bayreuth wird preußisch

2. Dezember 1791. Die Ansbacher haben keine Ahnung, daß ihr Markgraf Alexander in Bordeaux einen Vertrag unterzeichnet, der das Land an Preußen überführt. Mit einer jährlichen Leibrente von 300 000 Gulden und in Begleitung seiner ihm soeben angetrauten zweiten Frau Elizabeth Craven segelt der Markgraf a. D. ins freiwillig gewählte und hoch dotierte englische Exil. Daheim in Ansbach aber sitzt bereits seit Juli 1790 Karl August von Hardenberg als preußischer Abgesandter und regelt den reibungslosen Übergang der Herrschaft.

Ansbacher Mémoire über Bayerns Zukunft

30. September 1796. Maximilian I. Joseph, der Kurfürst von Zweibrücken, sitzt nach seiner Flucht vor den Franzosen im Ansbacher Exil und wartet, daß sich sein Schicksal wende und aus dem heimatlosen Pfälzer ein Kurfürst von Bayern werde. Der in Max Josephs Diensten stehende Maximilian Graf von Montgelas bereitet sich darauf besonders intensiv vor. Am 30. September 1796 überreicht er seinem Herrn ein 28 Seiten starkes Dokument, das »Ansbacher Mémoire«, in dem die künftige, moderne Gestaltung Bayerns bereits programmatisch festgelegt wird.

Kurfürst Karl IV. Theodor während eines Zusammentreffens mit Kaiser Franz II. bei dessen Durchreise auf dem Weg nach Frankfurt zur Krönung

Karl IV. Theodor ist tot

16. Februar 1799. Beim Kartenspiel hat den 74jährigen Karl IV. Theodor der Schlag gerührt. Einige Tage liegt der Kurfürst zwischen Leben und Tod. Das Volk, schreibt Lorenz von Westenrieder, könne aus Angst, »daß es wieder besser gehen könnte, nicht essen, nicht schlafen und nicht denken«. Als dann die Todesglocken läuten, jubeln die Münchner.

Daß aus dem Fürsten, an dessen Mannheimer Theater 1782 Schillers »Räuber« – mit der Widmung »in tyrannos« – uraufgeführt wurde, schließlich selbst ein Tyrann geworden war, schreibt man vor allem seinen pfälzischen Ratgebern zu.

Für diesen Wandel verantwortlich war aber auch die Angst, die Französische Revolution könne auf sein

Land übergreifen. Karl Theodor hatte einst Ziele der Aufklärung unterstützt, doch Veränderungen wünschte er sich in Form von Reformen, die er gewähren oder verweigern könne. Die Bayern hatten ihn wohl von Anfang an nicht von seinen allerbesten Seiten kennengelernt – trotz etlicher bedeutender Reformen –; seit dem Sturm auf die Bastille aber, seit dem 14. Juli 1789, war Karl Theodor ein harter Regent.

Der Fürst, Vater einer schier unüberschaubaren Zahl unehelicher Kinder (mehr als 60, sagen die einen, weit über 200, meinen andere) stirbt ohne Erben. Auch seine zweite Ehe mit der 52 Jahre jüngeren Habsburgerin Maria Leopoldine war kinderlos geblieben.

Empfang des neuen Kurfürsten Maximilian IV. Joseph, Nachfolger seines Onkels Karl Theodor, mit seiner Familie in München am 12. März 1799

Max IV. Joseph wird neuer Kurfürst

12. März 1799. Der Kaltenegger Bräu (andere sagen, der Joseph Pschorr) wird unsterblich durch einen einzigen Satz: Als der neue Kurfürst Max IV. Joseph mit Frau Caroline und seinen Kindern in München einzieht, stürzt er auf die Kutsche zu, ergreift die Hand des neuen Herrschers und seufzt erleichtert: »Weist nur grad da bist, Maxl!«

Ein Mann mit Fortune erbt Bayern: Onkel Christian heiratete eine französische Tänzerin und verlor dadurch die Rechte an der Pfalzgrafschaft Zweibrücken-Birkenfeld und Rappoltstein an seinen jüngeren Bruder Friedrich Michael. Diesem wiederum folgte sein ältester Sohn Karl August. Doch der, genannt der »wilde Karl«, starb 1795, und sein Bruder Max Joseph wurde Pfalzgraf und ein paar Jahre später, beim Tod seines Onkels Karl Theodor, auch noch Kurfürst von Bayern und der Pfalz.

Etliche Herren mußten sterben, damit die Erbfolge jene Sprünge machen konnte, die den 42jährigen Max Joseph in die höchsten wittelsbachischen Höhen beförderten. Der neue Kurfürst hatte seinen Vater früh verloren, und da an eine große Erbschaft nicht zu denken war, erwirkte man 1770 für ihn ein Offizierspatent im französischen Regiment Royal Alsace zu Straßburg. Dem lustigen Junggesellenleben mit Affären und Spielschulden bereitete die Familie ein jähes Ende – sie verheiratete Max Joseph.

Die Revolution kam, Max Joseph floh mit seiner Frau sowie den Kindern Ludwig und Augusta über den Rhein, und dann, in der tiefen Not, die glückhafte Wende – das große Erbe. Anders als sein Vorgänger Karl Theodor wird Max Joseph ein populärer Herrscher.

Kurfürst Maximilian IV. Joseph, ab 1806 als Maximilian I. König von Bayern. Der im Volk beliebte Regent überträgt während seiner Herrschaft gemeinsam mit seinem Minister Maximilian von Montgelas die Prinzipien der Französischen Revolution auf bayerische Verhältnisse. So hebt er u. a. Steuervorteile des Adels auf

Geschichte der pfälzischen Linie

Der Bruderzwist endete 1317 mit der Teilung; Ludwig, der König, blieb in Oberbayern, sein älterer Bruder Rudolf mußte in die Pfalz. Und dort wurde er zum Stammvater jener rudolfinischen Linie, die 1777 als Erbe Bayerns nach München zurückkehrte – sie war einst in mehrere Zweige zersplittert:

▷ Kurlinie Heidelberg (sie endete 1559 mit Ottheinrich und hat die Seitenlinie der Fürsten und Grafen von Löwenstein-Wertheim)

▷ Linie Neuburg–Oberpfalz (sie endete 1448 mit Christoph, König von Dänemark)

▷ Linie Simmern–Zweibrücken–Veldenz (sie überlebt bis zum heutigen Tag)

▷ Linie Mosbach (sie endete mit Otto Mathematicus im Jahr 1499).

Die Linie Simmern–Zweibrücken–Veldenz hat verschiedene Seitenlinien, u. a. Kleeburg (mit Karl XII. von Schweden) und Birkenfeld, Bischweiler sowie Rappoltstein.

Graf Luckner in Paris hingerichtet

3. Januar 1794. Da seine Rente in Straßburg nicht eintrifft, macht sich der seit Juli 1793 seines Amtes enthobene Marschall Nikolaus Graf von Luckner auf den Weg ins revolutionäre Paris. Dort macht man einen kurzen Prozeß und guillotiniert den 72jährigen ehemaligen Befehlshaber der Rheinarmee.

So endet das Leben des Gastwirts- und Hopfenhändlerssohnes Nikolaus Luckner aus Cham. Mit 15 Jahren hatte er das elterliche Wirtshaus »Zur Gans« verlassen, war mit den Bayern gegen die Türken gezogen, hatte in vielen Armeen gedient, hatte Karriere gemacht und war 1763 als Generallieutenant in die französische Armee eingetreten.

Am 25. April des Jahres 1792 widmete ihm der in seinem Armeekorps dienende Genie-Lieutenant Rouget de l'Isle den »Chant de guerre pour l'armée du Rhin«, später bekannt als die Marseillaise.

Pschorr heiratet Bierbrauerstochter

8. Oktober 1793. In der Münchner Peterskirche heiratet der 23jährige Braugehilfe Joseph Pschorr, ein Bauerssohn aus Kleinhadern, die Bierbrauerstochter Maria Theresia Hacker. Der Bräutigam hatte das Handwerk beim Oberkandlerbräu in der Neuhauserstraße gelernt. Den Wechsel in eine andere Brauerei

Joseph Pschorr

vollzieht er in Form einer großen Transaktion: Mit seinem Heiratsgut (und sicherlich etlichen Schulden) kauft er für 34 000 Gulden seinem Schwiegervater die an der Ecke Hacken-/Sendlingerstraße gelegene Brauerei ab. Nun ist auch er ein Münchner Brauherr.

Der Hackerbräu hätte sich keinen besseren Nachfolger wünschen können. Joseph Pschorr baut nämlich das traditionsreiche, aber altmodische Unternehmen aus, führt technische Neuerungen wie etwa ein neues Darrverfahren ein und macht den Hackerbräu für einige Zeit zum ersten Brauhaus am Platz.

München reißt Festungswall ab

18. März 1791. Eine kurfürstliche Verordnung, an deren Abfassung zweifellos Graf Rumford entscheidenden Anteil hat (→ 1785), bestimmt, daß am Neuhausertor der Festungswall niedergerissen und an seiner Stelle ein Platz angelegt werde. Nach Kurfürst Karl Theodor wird er Karlsplatz, im Volksmund aber Stachus heißen.

Mit der Schleifung des Neuhausertores beginnt die Entfestigung Münchens – zum Unwillen der Münchner. Sie meinen nämlich, auch wenn die Wallanlage keine große, moderne Armee abhalten könne, zum Schutz vor kleinen Attacken wäre sie noch immer gut.

Die beim Kurfürsten eingereichte Petition erreicht ihren Zweck nicht – in München werden Wall und Graben eingeebnet. In Regensburg hatte man bereits im Jahr 1779, bei der Anlage einer Allee, mit der Beseitigung der Schanzen begonnen.

Besiedlung nach Trockenlegung

1794. Als der Kurfürst Karl Theodor zu Besuch nach Karlskron kommt, wird über der Tür des Rathauses eine Gedenktafel angebracht: »Nach ausgetrocknetem grosem Sumpfe/ übernachtete hier/Der Vatter des Vatterlandes/Churfürst Carl Theodor/den 26. Maimonats 1794«.

Die Idee, eine »Donaumooskultursoziätet« zu gründen, war vom geheimen Kabinettssekretär Stephan von Stengel und vom Salinendirektor Joseph von Utzschneider gekommen: Durch eine Trockenlegung des knapp 60 000 ha großen, zwischen Neuburg und Ingolstadt gelegenen Donaumooses könnte neues Bauern- und Siedlungsland gewonnen werden.

Am 1. November 1790 wurde die Donaumoos Aktiengesellschaft gegründet. Jeder Siedler erhält neun Tagwerk Grund, 450 Gulden Handgeld und eine Steuerfreiheit von 15 bis 25 Jahren.

Ansbach-Bayreuth zahlt an Preußen

1798. Für Karl August von Hardenberg ist die Berufung ins preußische Kabinett eine Auszeichnung; Ansbach-Bayreuth freilich verliert mit ihm einen großen Reformer.

Als Minister war er 1790 in die beiden Markgrafentümer gekommen, und nach deren Übernahme durch Preußen hat er sie verwaltet. Dabei gelang ihm, was in dem seit langem hochverschuldeten Land unvorstellbar schien – er erwirtschaftete Überschüsse, die für Verbesserungen etwa des Schul- und Gesundheitswesens, der Straßen und der Justiz verwendet wurden.

Preußen benutzt die Berufung Hardenbergs in die Hauptstadt, um Ansbach-Bayreuth der preußischen Finanzverwaltung zu unterstellen und überschüssige Gelder nach Berlin zu leiten. Zu den Verdiensten Hardenbergs in den beiden Markgrafentümern gehörte auch die Ausbildung von tüchtigen Beamten.

Niederbayerische Liedersammlung

1796. Zu dem bescheidenen Hab und Gut, mit dem ein Knecht von Kößlarn zu einem Bauern nach Stubenberg zieht, gehört ein handgeschriebenes Büchlein von 288 Seiten: »Der Erste Theil worinnen die Gesänger zu finden seind: Anno 1796« (Abb.: Seite aus dem »Stubenberger Liederbuch«).

Diese niederbayerische Sammlung, wahrscheinlich in Kößlarn von einem Geistlichen niedergeschrieben, enthält die Texte von 702 geistlichen und weltlichen Liedern, darunter auch sehr vielen Liebesliedern.

Ihr Sammler, unbekannt wie der Knecht, dem sie gehört, schätzt das Alte und nimmt beispielsweise Oster- und Pfingstrufe auf, deren Tradition bis ins 12. Jh. zurückreicht. Aber er hat auch Interesse am Neuen, Zeitgenössischen, etwa an Liedern über die Napoleonischen Kriege.

Der Bauernknecht bringt daneben noch ein zweites handgeschriebenes Liederbuch nach Stubenberg. Bei dieser Handschrift handelt es sich um eine mit 19 Abbildungen versehene Sammlung geistlicher Lieder.

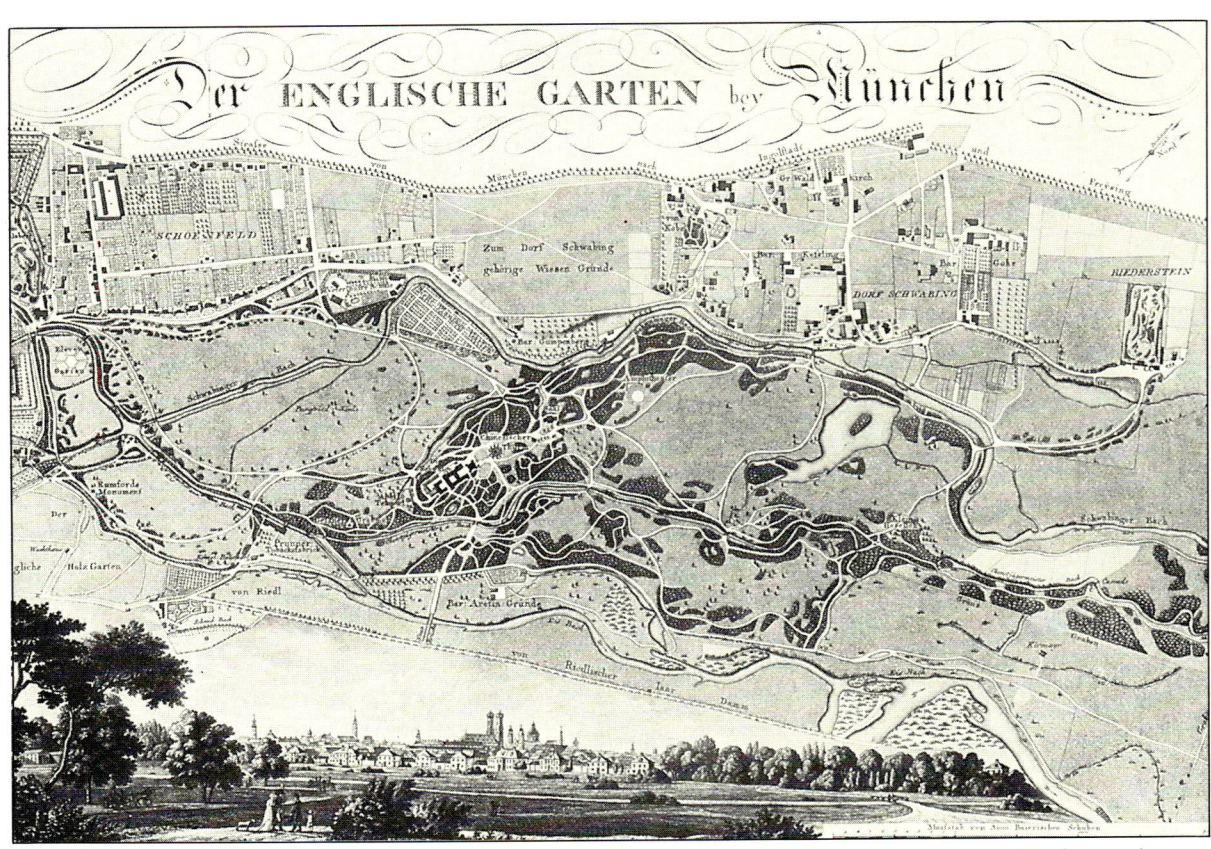

Englischer Garten in München (Zustand im Jahr 1806), angeregt von Graf von Rumford, Ratgeber des Kurfürsten

Englischer Garten in München angelegt

1. April 1792. Der große Englische Garten in München ist fertiggestellt und kann der Öffentlichkeit zugänglich gemacht werden.

Der Kurfürst, verärgert über die Aufmüpfigkeit des Münchner Magistrats, saß in Mannheim und entschloß sich im Frühjahr 1789, in der fernen bayerischen Residenzstadt einen Militärgarten anzulegen; die Soldaten sollten ihre Freizeit vernünftig zubringen.

Am 16. Juni traf der mit den Münchnern wieder versöhnte Karl Theodor zusammen mit seinem Ratgeber, dem Generalmajor Benjamin Thompson, in der Residenz ein, und mit Eifer wurde nun das Projekt durchgeführt. Freilich, auf Thompsons Vorschlag verwandelte sich der Militär- sehr bald in einen Volksgarten, für dessen Anlage man den Hofgärtner Friedrich Ludwig Sckell aus Schwetzingen holte.

Während in Frankreich die Revolution begann, entstand nordöstlich der Residenz ein Garten im modernen Stil der englischen Landschaftsarchitektur. Er ist zunächst 1000 m lang, 250 m breit und heißt ursprünglich Karl-Theodor-, bald aber schon Englischer Garten.

Zu dieser Anlage gehören unter anderem ein Elevengarten für die Zöglinge der Militärakademie, eine »Vihearzneyschule«, elf Brücken, eine Schäferei, eine Ackerbau- und eine Baumschule sowie jener Militärgarten, mit dessen Planung ursprünglich alles begonnen hat.

Die Bäume holt man bis aus Schwetzingen. Der Kurfürst unterschreibt ein Dokument, daß er »den hiesigen Hirsch-Anger zur allgemeinen Ergötzung für dero Residenz-Stadt München herstellen zu lassen und diese schönste Anlage der Natur dem Publikum in ihren Erholungs-Stunden nicht länger vorzuenthalten gnädigst gesonnen« sei.

Chinesischer Turm im Englischen Garten, 1789/90 errichtet von Joseph Frey nach einem Vorbild aus dem Jahr 1757/62 im Botanischen Garten von Kew (südlich von London). Neben dem Chinesischen Turm befinden sich im Englischen Garten weitere Gebäude und Denkmäler, so das Ökonomiegebäude (1790)

Wegemarkierung mit Spazierstock

Ein Volkspark soll entstehen, doch was verstehen der Kurfürst und sein Ratgeber Benjamin Thompson Graf von Rumford vom Gartenbau?

Die beiden Herren entscheiden, daß Friedrich Ludwig Sckell, der 39jährige Schwetzinger Hofgärtner, »in Beratung gezogen werde«. Am 7. August 1789 – drei Wochen zuvor stürmten die Franzosen die Bastille – wird der Gartenarchitekt nach München geholt; Sckell, der mit einem Stipendium des Kurfürsten (zu dessen Besitzungen ja auch Schwetzingen gehört) in Frankreich und England Gartenarchitektur studiert hat, zieht den ersten Weg.

Die Zeit der französischen Gärten mit ihren abgezirkelten Wegen und geometrischen Anlagen ist vorbei, und so legt Sckell den Weg auch nicht am Reißbrett fest. Er nimmt vielmehr einen langen Stock und geht mit ihm etwa von der Stelle des späteren Prinz Carl Palais aus los; sein Ziel ist die Baustelle des Chinesischen Turms.

Ungezwungen wie ein Spaziergänger wandert er vor sich hin, weicht hier einem Stein, dort einem Baum oder Strauch aus, und der überdimensionierte Spazierstock ritzt dabei eine Spur, die später zu einem Weg, zum ersten Weg des Englischen Gartens erweitert wird.

Denkmal für den Architekten Friedrich Ludwig Sckell

Pflanzenliebhaber gründen Vereinigung

1790. Der aus dem deutschen Norden zugewanderte David Heinrich Hoppe von der Regensburger »Elephantenapotheke« liebt die Pflanzen, und so gründet er im Jahr 1790 mit dem Arzt Johann Jacob Kohlhaas als ihrem Präsidenten eine botanische Vereinigung – die erste auf der ganzen Welt.

Die »Regensburger Botanische Gesellschaft«, die eine ihrer Aufgaben in der Anlage eines großen Herbariums sieht, zählt zu ihren Mitgliedern oder Förderern bald auch Johann Wolfgang von Goethe, Alexander von Humboldt, Justus von Liebig und Adelbert von Chamisso.

Jean Pauls erster Roman erschienen

1793. Johann Paul Friedrich Richter, der sich Jean Paul nennt, veröffentlicht seinen ersten großen, 54 Kapitel langen und doch noch immer unvollendeten Roman »Die unsichtbare Loge«, dem das »Leben des vergnügten Schulmeisterlein Maria Wuz in Auenthal« gleichsam als Anhang »beigeleimt« wird.

Als der Dichter 1791 unter den armseligsten äußeren Umständen diese »Art Idylle« – wie der »Wuz« im Untertitel genannt wird – schrieb, mag es ihm wohl ähnlich ergangen sein wie dem liebenswürdig-beschränkten Sonderling Wuz, der sich – da ihm das Geld zum Bücherkaufen fehlt – seine Bücher selber schreibt.

Senefelder entdeckt die Lithographie

1796. Da kein Verleger seine Stücke verlegen will, sucht Alois Senefelder eine Möglichkeit, die Texte selbst zu vervielfältigen. Dabei entdeckt er zufällig, daß sich Steinplatten, in der rechten Weise behandelt, zum Druck von Bild und Schrift eignen; der beispielsweise mit fetthaltigem Stift geschriebene Text bleibt erhalten, wenn der Stein mit Säure abgewaschen wird.

Senefelder, Sohn eines Münchner Schauspielers (und während eines Gastspiels 1771 in Prag geboren), hat damit eine Erfindung gemacht, die ihm schließlich soviel Geld einbringt, daß er auf das Schreiben von Stücken verzichten kann.

Die Lage Bayerns um die Jahrhundertwende

Das 18. Jh., das mit der Niederlage bei Höchstädt und dem Sendlinger Bauernmorden so traurig begonnen und die Bayern auch in den folgenden Jahrzehnten nicht verwöhnt hat, endet mit einem Versprechen: Der ungeliebte Kurfürst Karl Theodor war im Februar 1799 und somit gerade noch rechtzeitig vor der Jahrhundertwende gestorben. Das Volk jubelte und begrüßte seinen Nachfolger Max IV. Joseph aus der wittelsbachischen Linie Zweibrücken-Birkenfeld voller Hoffnungen, und das »Weilst nur grad da bist!«, mit dem er bei seinem Einzug in München begrüßt wurde, war wie ein Salut an das neue Jahrhundert und an eine neue Zeit. Für einen Mann wie den finsteren Johann Caspar von Lippert, den unseligen, zutiefst reaktionären Ratgeber von Karl Theodor, gab es nun keine Verwendung mehr, er wurde – und auch das ein Symbol – in den Ruhestand geschickt. Der neue Kurfürst brachte seinen Ratgeber mit, den aufgeklärten, für die Staatsgeschäfte genial begabten Grafen Maximilian von Montgelas, einen gebürtigen Münchner, der wegen seiner aufklärerischen Gesinnung zeitweise im Exil leben mußte.

Der bei der Rückkehr in seine Geburtsstadt 39jährige Montgelas hatte seinen Herren für die Amtsübernahme vorbereitet und die künftigen reformerischen Aufgaben im »Ansbacher Mémoire« vom 30. September 1796 protokolliert. Die Gegenreformation, die Bayern so vieles bewahrt und gleichzeitig doch auch von so vielem abgeschnitten hat, geht jetzt, an der Wende vom 18. zum 19. Jh. endgültig zu Ende. Daß dieser Übergang häufig zu überhastet vorgenommen wird, ist zu verstehen als eine Reaktion auf die Versäumnisse der Vergangenheit.

Wie aber sieht dieses Land aus, das Kurfürst Max IV. Joseph übernimmt: Bayern, der drittgrößte Staat des Reiches, im Westen und im Norden von einer Vielzahl kleiner und kleinster Staaten (und einer entsprechend großen Zahl von Zollschranken) umgeben und eingeschnürt, hat 1,2 Mio Einwohner und einen Schuldenberg in Höhe von 28 Mio Gulden.

Im Lande aber stehen 109 000 österreichische Soldaten, bereit zum Kampf gegen die Franzosen. Die Sympathien des neuen Kurfürsten gehören Frankreich; bei der ersten Audienz, die er dem französischen Geschäftsträger d'Alquier in München gewährt, erklärte er, vormals Oberst des Regiments d'Alsace: »Ich bin in Frankreich geboren, ich bitte Sie, mich für einen Franzosen zu halten ... Bei jedem Erfolg der französischen Waffen habe ich es gefühlt, daß ich Franzose bin.« Wenig später aber mußte er d'Alquier ausweisen: »Die Österreicher sind die Herren, was kann

Damenmode um die Jahrhundertwende: Kleid von weißem Atlas mit hoher Taille, die Puffärmel mit wellenförmigen Faltenbügen in Gold gestickt

ich da machen ...« Die Umstände verlangen von Kurfürst Max IV. Joseph, daß er im Zweiten Koalitionskrieg auf seiten Österreichs kämpft – und mit Österreich verliert. Die Residenzstadt wird am 28. Juli 1800 von den Franzosen besetzt, das Land muß dem Sieger 6 Mio Gulden an Kontributionen zahlen; das aber entspricht mehr als den Steuereinnahmen eines ganzen Jahres.

Bayern hat sich von seinem neuen Herren viel versprochen, und wenn es auch, verborgen in der Anonymität, jakobinisch gesinnte Bürger gibt, die das Kurfürstentum lieber als Republik sähen, so hält

die Mehrheit doch zu Max Joseph, der gegen seinen Willen in einen Krieg gezogen wird.

Mehrfach muß der Kurfürst im Jahr 1800 vor den anrückenden Franzosen nach Landshut und Straubing flüchten, zuletzt aber wird er die Schwierigkeiten immer wieder wenden. Denn dieser Wittelsbacher ist ein Meister in der Kunst des Überlebens; ein Taktierer, der stets den richtigen Zeitpunkt findet, um das Lager zu wechseln und in auswegloser Lage doch noch zu gewinnen.

Vollauf mit dem Lavieren zwischen den Fronten beschäftigt, haben der Kurfürst und sein Minister Montgelas zunächst kaum eine Chance, ihr Reformprogramm durchzusetzen. Unmittelbar nach dem Einzug in München wurden zwar die obersten Behörden und das Schulwesen neu geregelt, außerdem ordnete Max IV. Joseph am 25. November 1799 an, daß die Universität von Ingolstadt nach Landshut verlegt werden solle – doch damit kam auch schon ein vorläufiges Ende für alle großen Pläne.

Das Land aber, von fremden Heeren überzogen, leidet Not: Im Jahr 1800 kommen in München, das knapp 30 000 Einwohner zählt, auf eine Geburt zwei Todesfälle.

1800

1800–1804

Um 1800. München hat etwa 30 000 Einwohner.

Um 1800. Die Zeitungscafés erfreuen sich besonders in München großer Beliebtheit.

27. 6. 1800. Theophile Malo de Latour d'Auvergne, der »premier grenadier des armées de la Republique«, fällt bei Neuburg an der Donau.

15. 7. 1800. Bayern läßt sich im Subsidienvertrag zu Amberg von Großbritannien seinen Besitzstand garantieren.

3. 12. 1800. Während des 2. Koalitionskriegs besiegen die Franzosen die österreichischen Truppen bei Hohenlinden im Osten der Stadt München.→

Nach 1800. Die bayerischen Jakobiner fordern vergeblich die Abschaffung der Monarchie.→

1801. Bayern hat Staatseinnahmen von 5 Mio Gulden. Diesem Betrag steht eine Staatsschuld von 28 Mio Gulden gegenüber.

9. 2. 1801. Der Friede von Lunéville beendet den Kriegszustand zwischen Frankreich und Österreich im 2. Koalitionskrieg. Alle linksrheinischen Gebiete fallen damit an Frankreich.

21. 7. 1801. Nach einem Unglücksfall kümmert sich der Kurfürst um die Ausbildung Joseph Fraunhofers zum Optiker.→

24. 8. 1801. Im Vertrag zu Paris sichert Frankreich Bayern Entschädigung für den Verlust seiner linksrheinischen Gebiete zu.

Um 1802/06. Der Mühlhiasl aus dem Bayerischen Wald prophezeit Krieg und Unheil.→

1802/03. Die bayerischen Klöster werden säkularisiert.

1802. Das Opernhaus am Münchner Salvatorplatz wird wegen Baufälligkeit abgebrochen.

23. 12. 1802. Grundlegend für die Entwicklung der Volksschule in Bayern ist die Verordnung vom 23. Dezember 1802, die den allgemeinen Schulzwang festlegt.→

1803. Siegmund Adam, bis zum Jahr 1803 Professor für Physik und Mechanik im Augustinerkloster St. Zeno bei Reichenhall, erfindet die Liniermaschine.

Ab 1803. Karl von Fischer baut das Palais Salabert in München, das spätere Prinz-Karl-Palais.

19. 1. 1803. Im Regierungsblatt erscheint das »Edict die Religionsfreiheit in den churfürstlichen Herzogthümern Franken und Schwaben betreffend«: Nichtkatholiken erhalten das Niederlassungsrecht in Bayern.→

24. 3. 1803. Die außerordentliche Reichsdeputation nimmt den Reichsdeputationshauptschluß an, einen Beschluß über die Entschädigung der Fürsten, die 1801 im Frieden von Lunéville zwischen Frankreich und Österreich linksrheinische Ge-

biete verloren haben. 112 Reichsstände verschwinden. Gebietsvergrößerungen erfahren Bayern, Preußen, Baden und Württemberg.→

28. 4. 1803. Der bayerische Staatsminister des königlichen Hauses und des Äußern Maximilian Graf von Montgelas wird auch Staatsminister der Finanzen.

21. 6. 1803. Durch kurfürstliche Verordnung können Bauern, die bis zur Säkularisation Grundholden eines Klosters gewesen waren, das vom Kloster auf den Staat übergegangene Obereigentum an dem von ihnen bewirtschafteten Hof ablösen.

August 1803. Der Ingenieur und Erfinder Georg Friedrich von Reichenbach gründet mit Joseph Utzschneider und Joseph Liebherr in München ein optisch-mathematisches Institut, das bahnbrechend für den Aufbau der optisch-feinmechanischen Industrie Münchens wird.→

1804. Der Nürnberger Porzellan- und Glasmaler Siegmund Frank entdeckt die in Vergessenheit geratenen Glasmaltechniken neu.

1804. Minister von Montgelas läßt in Bogenhausen die zweite Münchner Isarbrücke bauen.→

GESTORBEN:

10. 4. 1800. München: Johann Caspar von Lippert (* 25. 9. 1729, Furth im Wald), Geheimer Rat.

21. 8. 1800. München: Johann Nepomuk Peyerl (* 9. 12. 1761, Adlfurt?), Hofschauspieler, Theatersänger, Opernregisseur.

9. 11. 1800. München: Ludwig Fronhofer (* 24. 8. 1746, Ingolstadt), Schulreformer.

6. 1. 1803. München: Franz Xaver II. Feichtmayr bzw. Feuchtmayer (getauft 17. 10. 1735, Augsburg) Stukkator.

22. 6. 1803. Aschaffenburg: Johann Jakob Wilhelm Heinse (* 15./16. 2. 1746, Langewiesen/Thüringen), Roman- und Kunstschriftsteller, Übersetzer und Aphoristiker.

8. 10. 1804. (begraben) Landshut: Christian Jorhan d. Ä. (getauft 6. 10. 1727, Griesbach/Rott/Niederbayern), Bildhauer.

GEBOREN:

16. 1. 1802. München: Friedrich Julius Stahl († 10. 8. 1861, Bad Brückenau), Rechtsphilosoph und Politiker.

26. 8. 1802. München: Ludwig von Schwanthaler († 14. 11. 1848, München), Bildhauer.

23. 12. 1803. München: Josef Petzl († 23. 4. 1871, München), Maler.

28. 7. 1804. Landshut: Ludwig Feuerbach († 14. 9. 1872, Rechenberg/Nürnberg), Philosoph.

17. 8. 1806. Wetterfeld bei Cham/Oberpfalz: Karl von Schrenck von Notzing († 10. 9. 1884, Wetterfeld), Jurist und Politiker.

Schlacht bei Hohenlinden

3. Dezember 1800. Im Ebersberger Forst bei Hohenlinden fällt die Entscheidung. Bei Schneetreiben und kaltem Wind geht die kaiserliche Armee unter Erzherzog Johann im Kampf gegen die Franzosen Marschall Moreaus ruhmlos unter. Die Bayern, die ungern mit den Österreichern marschierten, werden in das Debakel hineingezogen.

Kurfürst Max Joseph wäre in diesem 2. Koalitionskrieg gerne neutral geblieben. Die Interessen Englands, Österreichs und Rußlands, die Angst vor einer Übermacht Frankreichs hatten, sind nicht seine Interessen.

In Bayern stehen aber mehr als 100 000 österreichische Soldaten, und gegen sie ist mit der kleinen bayerischen Armee von 15 000 Mann nichts auszurichten.

Wie wenig Rücksicht die Kaiserlichen auf das Kurfürstentum nehmen, zeigt sich, als ihr Feldmarschall Kray nach mehreren Niederlagen im Sommer 1800 in Parsdorf und Hohenlinden zweimal einen Waffenstillstand schließt, die Bayern aber den Franzosen ausliefert. Sie müssen 6 Mio Gulden an Moreau zahlen und in Hohenlinden wieder auf Kaisers Seite kämpfen.

Bayerisch-pfälzische Kavallerie auf dem Marsch gegen die Franzosen im 2. Koalitionskrieg; die Schlacht bei Hohenlinden endet mit einer Niederlage

Niederlassungsrecht für Nichtkatholiken

19. Januar 1803. Bayern ist ein katholischer Staat, doch mit dem Reichsdeputationshauptschluß von 1803 erhält er auch protestantische Gebiete zugesprochen. Die Niederlassungsfreiheit für Protestanten läßt sich nun nicht mehr länger hinauszögern, und am 19. Januar wird das »Edict die Religionsfreyheit in den churfürstlichen Herzogthümern Franken und Schwaben betreffend« veröffentlicht.

Gewissens- und Kultusfreiheit sind nun gewährt; die Juden freilich müssen darauf noch bis 1813 warten.

Was hier durch ein Gesetz festgelegt wird, war am 30. Juli 1801 dem Weinwirt Johann Balthasar Michel gewährt worden. Der Mannheimer erhielt als erster Protestant das Münchner Bürgerrecht.

Schulpflicht für Kinder eingeführt

23. Dezember 1802. Am Tag vor Heiligabend gibt es eine ungewöhnliche Bescherung für alle bayerischen Kinder – der Schulbesuch wird Pflicht, »das ganze Jahr hindurch, von Mitte des Julius bis 8ten September, als der gewöhnlichen Aerndtezeit ausgenommen«.

Sechs Jahre dauert künftig die Schule – wofür wöchentlich 2 Kreuzer zu zahlen sind –; an diese Grundschulzeit schließt sich für die 13–18jährigen eine Sonntagsschule an, in der ihnen der Katechismus und Grundwissen gelehrt wird.

Die neue Schule braucht bessere Lehrer, und so richtet der Staat, der nun für die Erziehung verantwortlich ist, eigene Lehrerseminare ein. Die lokale Schulaufsicht liegt freilich auch weiterhin bei den Pfarrern.

Landgewinn und Säkularisation der Klöster

Jakobiner in Bayern fordern Republik

24. März 1803. Die Reichsdeputationshauptschluß-Akte wird in Regensburg angenommen, und unterm Strich bleibt für Bayern ein Überschuß. Viel Land war 1801, im Frieden von Lunéville, verlorengegangen: die Pfalz, Jülich und Berg, Besitzungen in Belgien und den Niederlanden – insgesamt 200 Quadratmeilen mit 730 000 Einwohnern. Jetzt, in Regensburg, wird man dafür entschädigt mit 288 Quadratmeilen und 834 000 Einwohnern. Bei dieser Gelegenheit erhält das moderne Bayern seine Grenzen.

Maximilian von Montgelas hatte schon 1797 die Vorstellungen von einem künftigen Bayern entworfen und dabei vorweggenommen, was seinem Kurfürsten am 3. Juni 1802 versprochen und knapp zehn Monate später auch tatsächlich zugestanden wird. Bei dieser Neuverteilung zeigt sich neben Rußland vor allem Frankreich großzügig, da es wieder einmal davon ausgeht, daß eine Stärkung Bayerns einer Schwächung Österreichs gleichkomme.

Und so werden im § 2 des Reichsdeputationshauptschlusses auf Bayern die Fürstbistümer Augsburg, Bamberg, Freising und Würzburg, außerdem Teile von Eichstätt, Passau und Salzburg, dazu noch 15 Reichsstädte und 13 Reichsabteien überschrieben. Franken und Schwaben sind damit, von einigen wenigen kleinen Regionen abgesehen, Teil des Kurfürstentums Bayern.

Weit hinten im Regensburger Vertrag, in den §§ 35 und 42, stellt man die Klöster zur Disposition der Landesherren, und der bayerische Fürst, dessen Abgesandte besonders engagiert für die Aufnahme dieser Paragraphen gearbeitet haben, greift schnell und beherzt zu. Vorgemacht hat man es ihm in Frankreich und einige Jahre zuvor erst in Österreich unter Kaiser Joseph II.

Am 25. März wird der Vertrag ratifiziert, schon am 17. Februar aber (genau sieben Tage bevor die Schlußakte beschlossen wurde) waren die Vorbereitungen zur Klosterauflösung bereits abgeschlossen worden, und am 11. März hatte der Kurfürst die »Instruktion für die zur Besitznahme der Güter und des Vermögens sämmtlicher ständischer Manns- und Frauenklöster der obern alten Churlanden … bestimmten Churfürstlichen Kommissarien« drucken lassen.

Im Zuge der Säkularisation werden auch Franziskanerkloster und -kirche auf dem Max-Joseph-Platz in München abgerissen; meistens werden Glocken und Kirchengerät eingeschmolzen, Bibliotheken verkauft oder weggeschafft

Eine bayerische Kulturrevolution findet nun statt. Mit den 131 betroffenen Klosterniederlassungen wird Tradition zerstört und eine alte Kulturlandschaft vernichtet. Eine fällige Reform wird mit Blick auf den erwarteten Gewinn allzu hastig und rücksichtslos durchgeführt. Kirchen werden niedergerissen, Glocken und kostbares Kirchengerät eingeschmolzen, Bibliotheken eingepackt und nach München gefahren oder als Makulatur verkauft.

Die Hof- und Staatsbibliothek erhält durch diese Säkularisation einige der kostbarsten Stücke ihrer Sammlung, z. B. das Wessobrunner Gebet, und die Carmina burana.

Nach 1800. Die bayerischen Jakobiner finden bei den im Lande stehenden Erben der Französischen Revolution keine Unterstützung.

In anonymen Flugschriften fordern die bayerischen Rebellen, Max Joseph möge sich vom Einfluß der Kirche und des Adels befreien. Andere sind radikaler und verlangen, daß das Kurfürstentum in eine Republik umgewandelt werde. Von den Franzosen erwartet man Unterstützung: »… Werfen sie einen ernsten Blick auf den Körper von Süddeutschland als neue Republik, wie warm würde sie diese neue Schwester umarmen.« Doch die Franzosen (inzwischen selbst bereits mit der Liquidation ihrer Revolution beschäftigt) haben kein Interesse an einer Republik Bayern. Deren Anhänger sind eine verschwindende Minderheit, und mit einigen deutschen Monarchien läßt sich leichter manövrieren als mit einer möglicherweise größeren süddeutschen Republik.

»Der Kardinal«, Gemälde von F. Simm, auf dem die zwiespältige Situation des hohen Klerus zur Zeit der Säkularisation dargestellt ist; ein Teil der Gesellschaft zeigt ihre Ehrerbietung, ein anderer Skepsis bzw. Ablehnung

Mühlhiasl sagt Weltuntergang voraus

Um 1802/06. Es zieht einer herum im Bayerischen Wald und erzählt den Leuten von künftigen Dingen. Niemand wird später noch sicher sagen können, wie er eigentlich hieß und woher er kam.

Dieser Prophet, wird man sagen, sei der Mühlhiasl gewesen. Er habe in Wirklichkeit Matthias Lang geheißen, sei am 16. September 1753 in Apoig bei Bogen zur Welt gekommen und im Jahr 1799 Müller des Klosters Windberg gewesen. Drei Jahre später habe er sich mit dem Abt gestritten und daraufhin sein Amt verloren. Von da an bis zu seinem Tod im Jahr 1806 sei er durch den Wald gestreunt und habe schreckliche Dinge über die kommenden Zeiten erzählt.

Dieser Mühlhiasl, meinen andere, habe in Wirklichkeit Matthias Stormberger geheißen. Als Hirt und Aschenbrenner lebte er – und das ist urkundlich nachgewiesen – zu Rabenstein bei Zwiesel (dem Sterbeort des Lang Matthias). Gestorben sein soll er im Mai 1806.

Wer immer auch zu ihnen gesprochen hat, die Leute haben es sich sehr genau gemerkt, und von Generation zu Generation wurde weitererzählt, was ihnen der Waldprophet um 1802/06 für die Zukunft voraussagte. Die mündlich überlieferten Prophezeiungen hat man gelegentlich auch einmal aufgeschrieben:

»Wird ein großer Krieg kommen. Ein Kleiner fangt ihn an, und ein Großer, der übers Wasser kommt, macht ihn aus.

Da wird aber zuerst eine Zeit sein, die dem großen Krieg vorausgeht und ihn herbeiführt.

Die roten Hausdächer kommen und die schwarzen Kopftücher kommen ab.

Die Donau herauf werden eiserne Hunde bellen.

Im Vorwald wird eine eiserne Straße gebaut, und wenn sie fertig ist, geht es los.

Die Hoffart wird die Menschen befallen. Sie werden Kleider in allen Farben tragen, und die Weiberleut werden daherkommen wie die Gäns und Spuren hinterlassen wie die Geißen.

Männlein und Weiblein wird man schließlich nicht mehr auseinander kennen.

Die Bauern werden mit den gewichsten Stiefeln in der Miststatt stehen.

Aber es wird ihnen noch einmal schlecht gehen, wenn alles drunter und drüber geht.

Dann werden sie sich Zäune ums Haus machen und auf die Leut schießen.

Und dann werden sie Steine zu Brot backen und Brennesseln essen.

In den Städten wird alles drunter und drüber gehen. Die feinen Leu-

Der Waldprophet Mühlhiasl, der eine düstere Zukunft voraussagt

te werden zu den Bauern aufs Land kommen und werden sagen: Laß mich ackern. Man wird sie an den feinen Händern erkennen und sie erschlagen.

Alles nimmt seinen Anfang, wenn ein großer weißer Vogel oder ein Fisch über den Wald fliegt. Dann kommt der Krieg und noch einer, und dann wird der letzte kommen. Wann es kommt? Eure Kinder werden es nicht erleben, aber eure Kindskinder bestimmt.

Vom Osten her wird es kommen und im Westen aufhören.

Der letzte Krieg wird der Bankabräumer sein. Er wird nicht lange dauern. Es wird so schnell gehen, daß kein Mensch es glauben kann, aber es gibt viel Blut und Leichen. Es wird so schnell gehen, daß einer, der beim Rennen zwei Laib Brot unterm Arm hat und einen davon verliert, sich nicht darum zu bükken braucht, weil er mit einem Laib auch langt.

Zuvor werden viele Häuser gebaut wie Paläste, für die Soldaten, und dann werden einmal die Brennesseln aus den Fenstern wachsen.

Das Geld aber wird zu Eisen, wenn die Not kommt, und man wird sich dafür nichts kaufen können. Wenn die Fledermaus auf dem Geld erscheint, dann geht es zum zweiten großen Krieg.

In dieser Zeit wird das Gold so knapp, daß man sich um einen Goldgulden einen Bauernhof kaufen kann.

Kommt aber auch wieder eine gute Zeit, und die Leute werden fressen und saufen vom Überfluß.

Da aber wird ein strenger Herr kommen und ihnen die Haut abziehen und ein strenges Regiment führen.

Aber die Kleinen werden groß und die Großen klein …

Dann wird es wieder losgehen, und es wird schrecklich.

Jeder wird einen anderen Kopf aufhaben, und eins wird das andere nicht mehr mögen …

Gesetze werden gemacht, die niemand mehr achtet, und Recht wird nimmer Recht sein.

Aber aus Krieg und Not wird keiner sich etwas merken. Wieder wächst der Übermut.

Der Glaube wird so klein werden, daß man ihn unter den Hut hineinbringt. Den Herrgott werden sie von der Wand reißen und im Kasten einsperren.

Kommt aber eine Zeit, da werden sie ihn wieder hervorholen, aber es wird zu spät sein, weil die Sach ihren Lauf nimmt …

Die Rotjankerl werden auf den neuen Straßen hereinkommen. Aber über die Donau kommen sie nicht.

Soviel Feuer und soviel Eisen hat noch kein Mensch gesehen …

Man wird Sommer und Winter nicht mehr auseinander kennen, und die Sonne wird nicht mehr scheinen.

Denn alles hat ein End, auch diese Welt.«

Kurfürst kümmert sich um Fraunhofer

21. Juli 1801. Unter großem Gepolter stürzen in der Tirschgasse, nahe der Münchner Frauenkirche, zwei Hinterhäuser ein. Kurfürst Max Joseph eilt zur Unglücksstelle und erlebt, wie ein 14jähriger Glasschleiferlehrling aus den Trümmern gerettet wird. Er heißt Joseph Fraunhofer, ist ein Waisenkind und stammt aus der Stadt Straubing.

Der Kurfürst und vor allem der einflußreiche Joseph von Utzschneider, »geheimer Referendar« im Finanzministerium, kümmern sich hinfort um die Ausbildung Fraunhofers. Er wird später zu den bekanntesten deutschen Physikern gehören.

Optische Geräte in München entwickelt

August 1803. Das »Mathematisch-mechanische Institut Reichenbach und Liebherr« hat einen großen Mangel – es fehlt an Kapital, um astronomische Geräte und Meßinstrumente in der gewünschten Zahl und Präzision herzustellen. So nehmen die beiden Fabrikbesitzer Joseph von Utzschneider in ihr Unternehmen auf. Er stellt das Geld, Georg Reichenbach leitet die Entwicklung der Instrumente, Joseph Liebherr sorgt für die Ausbildung. Das ist der Anfang für Münchens optische Industrie. Nun muß man nur noch jemanden finden, der gutes Glas herstellen kann …

Montgelas läßt Isarbrücke bauen

1804. Es heißt, Herr von Montgelas wolle den Bogenhausenern mit einer Holzbrücke den langen Weg flußaufwärts bis zur Ludwigsbrücke ersparen. Eher ist es aber wohl so, daß sich der mächtige und vielbeschäftigte Minister auf solche Weise den Weg zu seinem Bogenhausener Sommersitz erleichtern will.

Allerdings kommt schon nach zwei Jahren das Verhängnis. Die österreichischen Besatzungstruppen brechen die Brücke teilweise ab, weil sie hoffen, Napoleons Soldaten dadurch am Vormarsch hindern zu können. Die Brücke wird bald schon wieder aufgebaut und erhält nach etlichen Veränderungen schließlich den Namen Max Joseph-Brücke.

Die Begründung des bayerischen Königtums

Mit dem Regierungswechsel des Jahres 1799 begann eine neue Epoche der bayerischen Geschichte. Durch das Erlöschen verschiedener wittelsbachischer Linien in den vergangenen Jahrhunderten waren in der Person Maximilian Josephs nun erstmals alle wittelsbachischen Lande wieder in einer Hand vereint. Diese Machtposition im Reich war jedoch durch die französische Besetzung des linken Rheinlandes stark beeinträchtigt. Während Kurfürst Karl Theodor (1777–1799) in Bayern äußerst unbeliebt gewesen war, wurde sein Nachfolger Maximilian IV. Joseph zeit seines Lebens von der Bevölkerung hochgeschätzt und verehrt, obwohl unter seiner Regierung die seit langem einschneidendsten politischen, gesellschaftlichen, wirtschaftlichen und kirchlichen Reformmaßnahmen durchgeführt wurden. Nur die oberen Schichten der Gesellschaft nahmen wegen dieser Reformen, die ihre bisherigen Vorrechte in Frage stellten und zum Teil sogar abschafften, gegenüber dem neuen Herrscher bald eine äußerst kritische Haltung ein. Maximilian Graf Montgelas war seit 1799 als Außenminister, von 1803 bis 1806 gleichzeitig als Finanzminister und ab 1806 gleichzeitig als Innen- und Kultusminister die eigentliche Seele der bayerischen Politik.

Die Bedingungen für Reformen waren keineswegs verheißungsvoll. Bayern lag inmitten des gesamteuropäischen Spannungsfeldes. Die Folgen der Französischen Revolution waren noch nicht abzusehen. Das Alte Reich ging seiner Auflösung entgegen; das Legitimitätsprinzip wurde sowohl von den Revolutionären als auch von alteingesessenen Dynastengeschlechtern unterhöhlt, die auf eine Stärkung ihrer Macht zielten. Was bisher Bestand hatte, war in Frage gestellt. Graf Montgelas hatte schon im Ansbacher Mémoire von 1796 die Grundkonzeption für die künftige Reformpolitik in Bayern gelegt: Gleichheit vor dem Gesetz, Gleichheit der Besteuerung und des Zugangs zu öffentlichen Ämtern, religiöse Toleranz. Angesichts der Lage in Europa konzentrierten sich Maximilian Joseph und Außenminister Graf Montgelas zunächst jedoch auf die außenpolitische Absicherung Bayerns.

Da nach der Errichtung der Cisalpinischen, Ligurischen, Römischen und Helvetischen Republiken und der Eroberung Maltas (Mai 1798) der Ägyptenfeldzug Napoleons die englische Vorherrschaft im Mittelmeerraum bedrohte, traten Großbritannien, Österreich, Neapel und Rußland in einer 2. Koalition den französischen Hegemoniebestrebungen entgegen. Italien, die Schweiz und das Oberrheingebiet wurden Kriegsschauplätze eben zu jener Zeit, als Maximilian Joseph die Regierung in Bayern antrat. Frankreich gefährdete nun auch die wittelsbachischen Besitzungen der rechtsrheinischen Kurpfalz und des Herzogtums Berg. Auf der anderen Seite standen über 100 000 österreichische Soldaten in Bayern, um gegen die Franzosen zu marschieren. Die etwa 15 000 bayerischen Soldaten waren auf verschiedene kaiserliche Verbände aufgeteilt. Der neue Kurfürst hatte seiner eigenen Armee indes wenig zu befehlen. Das Heer zu verstärken, war vor allem eine Finanzfrage, und die finanziellen Verhältnisse des bayerischen Kurstaates waren katastrophal. Weder von Frankreich noch von Österreich hatte Bayern unter diesen Umständen politische Vorteile zu erwarten. Nur Rußland trat für Bayern ein.

Der Friede von Lunéville (9. 2. 1801) beendete den 2. Koalitionskrieg; Kaiser Franz II. und das Römische Reich mußten endgültig auf das linke Rheinufer verzichten. Im diplomatischen Ringen um die Entschädigungsfrage konnte Montgelas, der sich seit dem Friedensschluß um eine allmähliche Annäherung an Frankreich bemüht hatte, einen großen Erfolg verbuchen. Bayern, dessen territoriale Integrität noch vor kurzem durch österreichische Ansprüche gefährdet war, erhielt im Gefolge des Reichsdeputationshauptschlusses von 1803 die Hochstifte Augsburg und Freising, Bamberg und Würzburg (bis 1805, wieder ab 1814), einen Teil der Hochstifte Eichstätt und Passau, die ehemals salzburgische Enklave Mühldorf am Inn sowie dreizehn Reichsabteien und fünfzehn Reichsstädte in Franken und Schwaben.

Napoleon nahm die traditionelle französische Deutschlandpolitik der Kardinäle Richelieu und Mazarin sowie Ludwig XIV. wieder auf: Starke deutsche Mittelstaaten vermochten den Einfluß Wiens auf das Reich zurückzudrängen und dessen Opposition gegen den Kaiser zu aktivieren. Das Bestreben Wiens nach einer Angliederung Bayerns an Österreich war bekannt. Frankreich hatte also ein genuines Interesse an der Selbständigkeit Bayerns. Eine Stärkung Bayerns verlangte Arrondierung, wofür Montgelas bereits im Jahr 1797 einen Plan entworfen hatte.

Die Situation war in jedem Fall schwierig. Ein Sieg der sich abzeichnenden 3. Koalition über Frankreich würde Bayern isolieren und der Willkür seiner Gegner ausliefern. Zu weit lag Frankreich, geographisch gesehen, von Bayern entfernt, um rechtzeitig seine Truppen zu Hilfe senden zu können. Die österreichischen Truppen standen dagegen in nächster Nähe. Eine offene Allianz Bayerns mit Frankreich würde Kaiser Franz II. als Verrat auffassen. Neutral zu bleiben, bildete, theoretisch gesehen, einen Ausweg. Doch wer immer siegen mochte, er würde Bayern, das sich nicht rechtzeitig für ihn entschied, keineswegs schonen. Berlin ließ wissen, daß sich Preußen außerhalb der norddeutschen Neutralitätszone nicht engagieren würde. Die Errichtung einer dritten Partei im Reich unter Einschluß Süddeutschlands war somit aussichtslos. Ein Anschluß Bayerns an die Koalition wiederum würde, davon war Montgelas überzeugt, die Gegnerschaft Napoleons hervorrufen. Und ihn hielt er für den Sieger auch in den bevorstehenden Auseinandersetzungen. Die Ratifikation des Geheimvertrags, den Montgelas am 25. August 1805 in Bogenhausen mit Vertretern des napoleonischen Frankreich abschloß, zögerte Kurfürst Max Joseph allerdings hinaus. Zu groß waren seine Bedenken. Sich mit dem revolutionären Frankreich – auch wenn Napoleon sich inzwischen zum Kaiser der Franzosen gekrönt hatte – gegen alteingesessene europäische Dynasten zu verbünden, fiel ihm äußerst schwer, und wie am Ende die Würfel in diesem Krieg fallen würden, war nicht mit Sicherheit vorherzusehen.

Die österreichische Armee marschierte bereits an der bayerischen Ostgrenze auf. Wien verlangte Münchens Unterstützung der 3. Koalition zwischen England und Rußland, der Schweden und jüngst (9. August) auch Österreich beigetreten waren. Als Hauptkriegsschauplatz sahen die Alliierten Italien vor, doch Napoleon trat diesem Plan durch einen Blitzfeldzug nördlich der Donau entgegen. Am 8. September 1805 marschierten österreichische Truppen in Bayern ein. Um eine Entscheidung hinauszuzögern, begab sich der Kurfürst nach Würzburg. Am 23. September erklärte Napoleon Österreich den Krieg; zwei Tage später überschritt die französische Hauptarmee den Rhein. Bei Ulm wurde die von General Mack befehligte österreichische Armee eingeschlossen und mußte am 19. Oktober kapitulieren. Der Weg nach Wien war für Napoleon frei. Bereits fünf Tage später marschierte er in der bayerischen Haupt- und Residenzstadt München ein.

Da Erzherzog Karl mit seinen Truppen nicht rechtzeitig aus Italien zurückkehren konnte, besetzte Napoleon am 13. November 1805 die österreichische Hauptstadt Wien kampflos. Die Dreikaiserschlacht bei Austerlitz am 2. Dezember brachte die Entscheidung. Im Frieden von Preßburg (26. Dezember) festigte Napoleon seine Vorherrschaft in Mitteleuropa. Der österreichische Einfluß in Süddeutschland wurde völlig zurückgedrängt. Kaiser Franz I. mußte den bayerisch-französischen Vertrag von Brünn, der am 10. Dezember geschlossen worden war, anerkennen. Entgegen den Wünschen Talleyrands, der Württembergs Ansprüche favorisierte, erhielt Bayern die Markgrafschaft Burgau, sieben Herrschaften in Vorarlberg, die Grafschaften Hohenems und Königsegg-Rothenfels, die Herrschaften Tettnang und Argen am Bodensee, die Reichsstädte Augsburg und Lindau, die restlichen Gebiete der ehemaligen Hochstifte Eichstätt und Passau und im Tausch gegen das Herzogtum Berg, das an Frankreich kam, die Markgrafschaft Ansbach, die ehedem dem Haus Hohenzollern gehörte. Würzburg kam an den Großherzog von Toskana, wofür Bayern als Entschädigung Tirol und die Hochstifte Brixen und Trient erhielt. Salzburg und Berchtesgaden wurden Österreich zugeschlagen. Baden und Württemberg konnten sich ebenfalls im Gefolge des Preßburger Friedensvertrags vergrößern.

Im Vertrag von Schönbrunn (15. 12. 1805) verpflichtete sich Preußen, das Hannover erhielt, aber Ansbach, Kleve und Neuchâtel verlor, die neuen Königreiche anzuerkennen. Im bereits erwähnten Frieden von Preßburg anerkannte Österreich die Kurfürsten von Bayern und Württemberg als Könige.

Damit war die Voraussetzung für die künftige Einheit des unter staatsmännischer Nutzung der sich bietenden Möglichkeiten errichteten neubayerischen Staates geschaffen. Die Rangerhöhung Bayerns und Württembergs dokumentierte die Einheit der am Konferenztisch der Diplomaten entstandenen neuen Staaten. Dem Kurfürsten von Bayern sich zu beugen, mochte den bisherigen Herrschaftsträgern, deren Gebiete säkularisiert und mediatisiert wurden, schwer fallen; einem König sich unterzuordnen, der Symbol einer neuen staatlichen Einheit war, konnte die Integration erleichtern. Die Plenitudo potestatis war notwendig, um die seit langem geplanten Reformen im Inneren zum Erfolg zu führen. Die Interdependenz von Innen- und Außenpolitik im Rahmen der Montgelas'schen Gesamtkonzeption ist evident.

Die feierliche Proklamation des bayerischen Kurfürsten zum ersten bayerischen König der Neuzeit am 1. Januar 1806 berief sich ebenso auf die Tradition wie die Gegenwart: »Da durch die Vorsehung Gottes es dahin gediehen ist, daß das Ansehen und die Würde des Herrschers in Baiern seinen alten Glanz und seine vorige Höhe zur Wohlfahrt des Volks, und zum Flor des Landes wieder erreicht, so wird der Allerdurchlauchtigste und Großmächtigste Fürst und Herr, Herr Maximilian Joseph, als König von Baiern, und allen dazu gehörigen Ländern hiermit feyerlich ausgerufen, und dieses seinen Völkern allenthalben kund und zu wissen gemacht«. Die Berufung auf Gottes Vorsehung knüpfte an das traditionelle Gottesgnadentum an, das gerade in dieser Zeit außerordentlich gefährdet war, und schloß einen König von Volkes Gnaden aus. Die Absage an die Theorie der Volkssouveränität ist deutlich. Der Bezug der Rangerhöhung auf die Wohlfahrt des Volkes und den Flor des Landes umfaßte typische Merkmale des aufgeklärten Absolutismus. Die Berufung auf die Wiederherstellung der monarchischen Würde knüpfte an Bayerns früheste Geschichtsepoche unter den Agilolfingern an.

Häufiger als auf den Agilolfinger Garibald (554–594) wurde im Rahmen der Diskussion um das bayerische Königtum Rekurs auf das regnum Bavariae unter dem Luitpoldinger Arnulf (907–937) genommen. Denn weder von einer Ernennung durch den (letzten) karolingischen König Ludwig IV. noch von einer Wahl durch das Volk ist bei seinem Herrschaftsantritt in den uns überlieferten und bekannten Quellen die Rede.

Freiherr von Löwenthal nahm die Ausrufung des Königreichs Bayern zum Anlaß, Max Joseph als »würdigsten Sproß der Agilolfinger« zu feiern und ihn mit Arnulf zu vergleichen, der vor den Toren Regensburgs die Königswürde erkämpft habe. Auch Max Joseph habe den bayerischen Königstitel an der Seite des Helden Napoleon wieder errungen und dadurch den »Baiern das alte königliche Gesetz, daß über sie ein Agilolfinger herrschen müsse, für immer befestigt«. Freiherr von Löwenthal brachte zwar die Genealogie der Agilolfinger, Luitpoldinger und Wittelsbacher durcheinander, von Interesse aber ist sein Gedanke einer Aussöhnung mit den Franken, sprich Franzosen; das Königtum Bayern bilde eine Vormauer »gegen gemeinsame Feinde«.

Viel zu wenig beachtet wurde ohnehin die Tatsache, daß Otto III. von Niederbayern, Sohn einer ungarischen Prinzessin, von 1305 bis 1307 König von Ungarn war. Christoph, Sohn des Pfalzgrafen Johann von Neumarkt, war 1440/42 – 1448 König von Dänemark, Schweden und Norwegen; der Pfälzer Wittelsbacher Friedrich V. von 1618–1620 (Gegen-)König von Böhmen. Karl X. Gustav aus dem Hause Wasa–Pfalz–Zweibrücken–Kleeburg und seine Nachfolger Karl XI. und Karl XII. hatten von 1654 bis 1718 den schwedischen Thron inne. Ludwig IV. der Bayer war von 1314 bzw. 1328 bis 1347 römisch-deutscher König bzw. Kaiser. Auch Ruprecht von der Pfalz trug von 1400 bis 1410 die römisch-deutsche Königskrone, und der bayerische Kurfürst Karl Albrecht war von 1742 bis 1745 deutscher Kaiser gewesen. Eine Rangerhöhung war aus der Gesamtsicht der Geschichte des Hauses Wittelsbach somit keineswegs ein einmaliger Vorgang.

Napoleon vereinte nach Überwindung etlicher Schwierigkeiten in Paris am 12. Juli 1806 sechzehn Reichsstände zum Rheinbund. Bayern hatte künftig bei den napoleonischen Feldzügen jeweils 30.000 Soldaten zu stellen. Die Abhängigkeit der Rheinbundstaaten von Napoleon war drückender als sie es jemals von seiten des habsburgisch-deutschen Kaisers gewesen war. Am 1. August kündigten die Rheinbundstaaten ihre Zugehörigkeit zum Heiligen Römischen Reich deutscher Nation. Auf Druck Napoleons legte Franz II. daraufhin am 6. August die Reichskrone nieder. Außenpolitisch bis 1813 mit Frankreich weitgehend von Napoleon abhängig, gelang in dieser Zeit innenpolitisch die Konsolidierung des neu geschaffenen bayerischen Staates. Die Krone war Garant der Einheit. Angesichts der napoleonischen Kriege fand allerdings niemals eine Krönung statt.

Ludwig Hüttl

1805

1805. In Bayern wird die allgemeine Wehrpflicht eingeführt.

25. 8. 1805. Der bayerische Staatsminister des Äußern Maximilian Graf von Montgelas unterzeichnet den Vertrag von Bogenhausen, in dem der französische Kaiser Napoleon I. den Besitzstand Bayerns garantiert und verspricht, sich für eine Vergrößerung Bayerns einzusetzen. →

8. 9. 1805. Mit dem Einmarsch österreichischer Truppen in Bayern beginnt der 3. Koalitionskrieg zwischen Bayern/Frankreich/Spanien/Württemberg/Baden und Großbritannien/Rußland/Österreich/Schweden (→ 1805).

24. 10. 1805. Der französische Kaiser Napoleon I. zieht in München ein. Er hält sich insgesamt drei Tage in der Hauptstadt auf. →

2. 12. 1805. Der französische Kaiser Napoleon I. besiegt unter Mitwirkung bayerischer Truppen die Armeen des römisch-deutschen und österreichischen Kaisers Franz und des russischen Zaren Alexander I. in der Dreikaiserschlacht bei Austerlitz (→ 1805).

10. 12. 1805. Der französische Kaiser Napoleon I. belohnt Bayern im Vertrag zu Brünn für seine Hilfe beim 3. Koalitionskrieg mit der Erweiterung seines Territoriums (um Augsburg, Lindau u. a.) und erhebt es zum Königreich.

26. 12. 1805. Der Friede von Preßburg zwischen Frankreich und Österreich beendet den 3. Koalitionskrieg. Österreich muß Venetien, Istrien und Dalmatien an das Königreich Italien abtreten; das restliche Vorderösterreich erhalten Bayern, Baden und Württemberg; Bayern erhält darüber hinaus Tirol, Vorarlberg und die Bistümer Brixen, Trient, Eichstätt und Passau und tauscht Würzburg gegen das Kurfürstentum Salzburg.

1806. Die Wechsel- und Zahlungstage auf der Augsburger Kaufleutestube werden erstmals als Börse bezeichnet. →

1. 1. 1806. Das Kurfürstentum Bayern wird feierlich zum Königreich proklamiert. →

12. 7. 1806. In der Rheinbundakte schließen sich 16 westdeutsche Reichsstände – darunter Bayern – in Paris unter dem Protektorat des französischen Kaisers Napoleon I. zum Rheinbund zusammen.

1. 8. 1806. Auf dem Reichstag zu Regensburg erklären sämtliche Rheinbundstaaten den Austritt aus dem Heiligen Römischen Reich deutscher Nation.

1807. Der in Bayern eingeführte Malzaufschlag, eine indirekte Steuer, verteuert das Bier. Der Malzaufschlag wird zur Tilgung der Staatsschuld verwendet.

26. 8. 1807. Bayern führt als erstes Land die Schutzimpfung gegen die Pocken ein. →

1808. Der Stuttgarter Georg Wilhelm Friedrich Hegel wird Rektor des Nürnberger Gymnasiums (bis zum Jahr 1816).

1. 1. 1808. In Bayern tritt der »Code de Commerce«, eine französische Handelskodifikation, in Kraft.

1. 1. 1808. Die neue bayerische Zollorganisation tritt in Kraft. Sie wurde ausgearbeitet von Finanzminister Johann Wilhelm Freiherr von Hompesch-Bollheim.

1. 3. 1808. Der Fürst von Thurn und Taxis verzichtet auf das Postregal. →

13. 5. 1808. Die Münchner Kunstakademie wird eröffnet. →

25. 5. 1808. König Maximilian I. Joseph von Bayern und der bayerische Staatsminister des königlichen Hauses und des Äußern Maximilian Graf von Montgelas beschließen eine Verfassung für Bayern, in der die Reformen zusammengefaßt sind. →

1809. Der Arzt und Naturwissenschaftler Samuel Thomas von Soemmering, seit 1805 als bayerischer Geheimrat und Mitglied der Bayerischen Akademie der Wissenschaften in München ansässig, erfindet den elektrolytischen Telegraphen und wendet dabei erstmals Elektrizität technisch an.

24. 3. 1809. Das »Edikt über die äußeren Rechtsverhältnisse des Königreiches Bayern in bezug auf Religion und kirchliche Gesellschaften« bestätigt die Religionsfreiheit und verankert die Parität der Konfessionen.

9. 4. 1809. Mit dem Einmarsch österreichischer Truppen in Bayern beginnt der Krieg Österreichs gegen Frankreich.

22. 4. 1809. Der französische Kaiser Napoleon I. wirft während des Feldzugs von Regensburg die Österreicher nach seinem Sieg bei Eggmühl über die Donau zurück. →

14. 10. 1809. Der Friede von Schönbrunn beendet die Erhebung Österreichs gegen Napoleon.

1. 11. 1809. Nach mehreren Niederlagen besiegt Bayern in der entscheidenden fünften Schlacht am Berg Isel die Tiroler Freiheitskämpfer. Andreas Hofer fordert seine Landsleute daraufhin zur Unterwerfung auf.

GESTORBEN:

26. 8. 1806. Braunau am Inn: Johann Philipp Palm (* 18. 12. 1766, Schondorf an der Rems/Württemberg), Buchhändler; wird von den Franzosen erschossen. →

GEBOREN:

11. 10. 1805. München: Gustav von Struve († 21. 8. 1870, Wien), Politiker.

21. 11. 1806. Nürnberg: Adolf von Harleß († 5. 9. 1879, München), lutherischer Theologe.

7. 3. 1807. München: Franz von Pocci († 7. 5. 1876, München), Dichter.

5. 2. 1808. München: Carl Spitzweg († 23. 9. 1885, München), Maler.

Blick auf München; in Bogenhausen vor den Toren der Hauptstadt unterzeichnet Graf Montgelas in seiner Sommervilla den Vertrag mit Frankreich

Bündnis mit Frankreich

25. August 1805. In aller Heimlichkeit, bei herabgelassenen Rollos, hat der bayerische Staatsminister des Äußeren, Graf Montgelas, weit außerhalb der Stadt, in seiner Bogenhausener Sommervilla mit dem französischen Abgesandten verhandelt, und zuletzt kann er unter die neun Paragraphen des Bogenhausener Vertrages seine Unterschrift setzen. Er hat sein Ziel erreicht und Bayern ins französische Lager geführt. In einem Separatvertrag hat er sich für das Land eine gute Entschädigung garantieren lassen. Der Kurfürst will freilich noch warten; er gibt die Unterschrift erst, wenn die Franzosen tatsächlich eingetroffen sind.

Seit 1803 formieren sich die Allianzen für einen neuen Krieg. Hier Frankreich, dort England, Rußland, Österreich und Schweden. Und zwischen den Fronten: Bayern. Neutralität, so sagen die Österreicher und die Franzosen, ist nicht möglich. Die kurfürstliche Familie rät zum Bündnis mit Österreich, der Kurfürst, ein Großteil des Adels, die Bürger und Bauern, vor allem aber Graf Montgelas favorisieren Frankreich. Das Bündnis von Bogenhausen wird zunächst geheimgehalten.

Napoleon befreit Bayern

1805. Österreich und Frankreich wollen das Kurfürstentum Bayern zum Verbündeten. Max Joseph muß wählen. Österreich hat an einem starken Bayern kein Interesse und würde sicher jede Chance nutzen, das Land zu annektieren. Frankreich allerdings wünscht – damit Österreich nicht zu stark werde – ein mächtiges Bayern. Der Kurfürst wählt die französische Seite. Am 9. August 1805 beginnt Österreich den 3. Koalitionskrieg – es marschiert in Bayern ein. Die Entscheidung, so hofft man in Wien und den verbündeten Städten, werde in Oberitalien fallen.

Kaiser Napoleon

Napoleon, seit dem 2. Dezember 1804 selbsternannter Kaiser, vereitelt die Pläne. Er erklärt Österreich den Krieg, marschiert über den Rhein, besiegt am 20. Oktober den österreichischen General Mack in Ulm, befreit am 24. Oktober München und zieht drei Tage später gen Wien. Am 13. November wird die Kaiserstadt kampflos besetzt. Danach geht es nordwärts, der Entscheidungsschlacht entgegen. Bei Austerlitz, östlich von Brünn, treffen die 75 000 französischen Soldaten auf 89 000 Mann der Koalition. Am zweiten Jahrestag seiner Kaiserkrönung beendet Napoleon mit einem glorreichen Sieg den Krieg.

Der französische Kaiser Napoleon Bonaparte zieht in München ein, wo er sich insgesamt drei Tage aufhält

Napoleon Bonaparte zieht in München ein

24. Oktober 1805. Sechsspännig kommt der Kaiser aus Augsburg angefahren. Neben seiner Karosse reiten Marschall Bernadotte »nebst noch einigen H. H. Reichsmarschallen«. Die Majestät, vier Tage zuvor siegreich in Ulm, kommt abends um halb acht in der taghell erleuchteten Stadt München an.

»Unter dem Donner der Kanonen und dem Zusammenläuten aller Glocken« fährt Napoleon Bonaparte durch ein Spalier des Garderegiments vom Stachus, die Neuhauser- und Kaufingerstraße entlang zur Residenz, wo er »unter fröhlichem Zusammenrufen alles Volkes« absteigt. Der Hausherr ist nicht unter denen, die den Kaiser begrüßen; Max Joseph hatte München in der Nacht vom 8. zum 9. September verlassen: Der bayerische Kurfürst war von den Österreichern mit der Forderung, ihrem Bündnis gegen Frankreich beizutreten, recht handfest bedrängt worden. Max Joseph hielt sie hin – obwohl der Vertrag von Bogenhausen schon unterzeichnet war (→ 25.8.1805) –, machte Vorbehalte, spielte mit gezinkten Karten und setzte sich schließlich heimlich in die Kutsche, um in Würzburg den Ausgang dieses gefährlichen Abenteuers abzuwarten. Erst am 29. Oktober kehrt er wieder in seine Haupt- und Residenzstadt zurück. Zu dieser Zeit ist Napoleon bereits in Mühl-

dorf, unterwegs nach Wien und zur Dreikaiserschlacht bei Austerlitz.

In München hält sich Napoleon drei Tage auf. Am ersten Tag empfängt er die Herren des Diplomatischen Corps und die wichtigsten Persönlichkeiten der Stadt.

Am zweiten Tag, dem 26. Oktober, jagt die Majestät in Nymphenburg, anschließend nimmt sie in der Kaufingerstraße eine Parade ab, und abends besucht sie im Cuvilliéstheater eine Aufführung der Oper »Das unterbrochene Opferfest«.

Am 27. Oktober wird in der Frauenkirche ein Dankgottesdienst für die Befreiung mit anschließender Segnung der französischen und bayerischen Waffen abgehalten; Napoleon ist allerdings nicht anwesend, er hört eine Messe in der Hofkapelle. Am 28. Oktober erfolgt dann die Abreise. Das erste Tagesziel ist Haag, wo der Franzosenkaiser im Wirtshaus zum Schwan übernachtet.

Im Anschluß daran reist Napoleon Bonaparte nach Mühldorf und dann weiter nach Altötting.

Ansprache Napoleons an bayerische und württembergische Soldaten mit deren Hilfe er eine schlagkräftige europäische Armee aufbauen will

Auf seinen kriegerischen Missionen, die ihn bis Ägypten und Moskau führen, kommt Kaiser Napoleon auch mehrfach nach Bayern. Erstmals am 6. Oktober 1805, als er, von Schwäbisch-Gmünd kommend, um 15 Uhr in Nördling eintrifft. Am nächsten Tag erläßt er einen Befehl: »Bayerische Soldaten, ich habe mich an die Spitze meiner Armee gesetzt, um euer Vaterland von ungerechten Aggressoren zu befreien …«

Stationen dieses Befreiungs-Zuges sind u.a.: Donauwörth, Zusmarshausen, Augsburg, Burgau, Günzburg, Oberelchingen (bei Ulm), wieder Günzburg und Augsburg, am 24. Oktober München. Danach folgen Haag, Mühldorf, Altötting, und von dort geht es nach Österreich.

Am 29. Dezember ist Napoleon in Passau, sodann in Deggendorf, Landshut und am 31. Dezember wieder in München, das er am 17. Januar 1806 mit seiner Frau wieder verläßt.

Zwischen dem 2. und 9. Oktober 1806 reist er von Aschaffenburg über Würzburg, Bamberg, Kronach und Nordhalben in den 4. Koalitionskrieg; bereits am 9. Oktober wird die Schlacht bei Schleiz geschlagen.

Im Frühjahr 1809 marschiert Österreich in Bayern ein; Napoleon kommt aus Spanien: Am 17. April erreicht er Dillingen. Donauwörth, Neuburg, Vohburg, Abensberg, Rohr, Landshut, Eggmühl und am 24. April Einzug in Regensburg – nach einer Woche ist der Feldzug entschieden. Wieder Landshut, Mühldorf. Am 30. April verläßt der Kaiser Bayern.

Am 18. Oktober 1809 trifft Napoleon, aus Melk kommend, in Passau ein. Er reist über Schärding, Pfarrkirchen und Landshut nach München.

1812 ist Napoleon in Aschaffenburg, Würzburg und Bayreuth (13. bis 15. Mai), 1813 noch einmal in Würzburg und Bayreuth (3. August); nach einer Truppenparade verläßt Napoleon Bayern. Er wird dieses Land, das er zum Königreich gemacht hat, nie mehr wiedersehen.

»Lange und glücklich lebe unser allergnädigster König!«

1. Januar 1806. Dem Reichsherold Stürzer in seinem Waffenrock ist die Ehre widerfahren: Er darf in Begleitung einer Abordnung der Bürgermiliz durch München reiten und eine Proklamation verlesen:

»Da durch die Vorsehung Gottes es dahin gediehen ist, daß das Ansehen und die Würde des Herrschers in Baiern seinen alten Glanz und seine vorige Höhe zur Wohlfahrt des Volkes, und zum Flor des Landes wieder erreicht, so wird der Allerdurchlauchtigste und Großmächtigste Fürst und Herr, Herr Maximilian Joseph, als König von Baiern, und allen dazu gehörigen Ländern hiemit feyerlich ausgerufen, und dieses seinen Völkern allenthalben kund und zu wissen gemacht. Lange und glücklich lebe Maximilian Joseph,

Hochzeitsfeier anläßlich der Trauung der bayerischen Prinzessin Auguste mit Napoleons Stiefsohn Eugène Beauharnais

Der Wittelsbacher Maximilian Joseph wird König von Bayern

unser allergnädigster König! Lange und glücklich lebe Karoline, unsere allergnädigste Königin!«

Ein selbsternannter Kaiser der Franzosen macht den wittelsbachischen Kurfürsten zum König von Bayern. Der aber muß seinen Preis zahlen. Seine Tochter Auguste wird gezwungen, Napoleons Stiefsohn Eugène Beauharnais zu heiraten. Der Mann aus Korsika hat damit den familiären Anschluß an Europas Hochadel vollzogen.

Am Weihnachtstag 1805 hatte Napoleon von Schloß Schönbrunn aus in einem Brief für Eugène, den Vize-

könig von Italien, um die Hand der Prinzessin angehalten (ohne daß der Brautvater eine Möglichkeit hatte, den Antrag abzulehnen). Am 3. Januar 1806 – Bayern ist seit drei Tagen Königreich – schickt die französische Majestät einen kurzen Brief an den Bräutigam mit der Aufforderung, er möge sich unverzüglich in die Residenzstadt München begeben.

Und zehn Tage später, am 13. Januar, unterzeichnen Minister Montgelas und der französische Gesandte Otto die Heiratsabrede, wenig später findet in der Grünen Galerie der Münchner Residenz die Zivil- und am darauffolgenden Tag, abends um 19 Uhr, in der Hofkapelle dann die in kleinem Kreis vollzogene kirchliche Trauungszeremonie statt.

Schon am 5. Dezember 1805 war Kaiserin Josephine in München eingetroffen, am 31. Dezember, nachts um 1 Uhr, kam auch der Kaiser. Beide nehmen an der Trauung teil.

Die 17jährige Braut ist mit einem Prinzen aus Baden glücklich verlobt gewesen; um Bayerns und ihrer Familie willen mußte sie das Verlöbnis lösen und den Franzosen heiraten.

Stationen auf dem Weg zum Königreich

Bayern, so heißt es in der Königsproklamation, hat »seinen alten Glanz und seine vorige Höhe« wieder zurückerlangt.

Mit diesem Satz will man an eine Tradition anknüpfen, die wissenschaftlich nicht belegt ist. Bayern, so wird unterstellt, war in agilolfingischer Zeit ein Königreich, und die Wittelsbacher sind die direkten Nachfolger jener Herrscher des 6. bis 8. Jahrhunderts.

Sicher ist: Die Wittelsbacher gehören zum bayerischen Uradel. Sie waren Grafen, Pfalzgrafen, und ab 1180 Herzöge in Bayern, später auch Kurfürsten. Ein paarmal wurden Mitglieder dieser Familie zum

Kurfürst Max Emanuel

König oder sogar Kaiser ernannt. Im Kriegsjahr 1623 erhielt Bayern die verlorene Kurwürde wieder zurück, und die Wittelsbacher gehörten damit endgültig zu den großen deutschen Dynastien.

Die Königswürde 1806 kommt wohl etwas überraschend, und daher meint der König im Regierungsblatt und auch bei einer Audienz am 1. Januar 1806: »Unsere feyerliche Krönung und Salbung haben wir auf eine günstigere Zeit vorbehalten«. In Paris werden die Kroninsignien bestellt, im März 1807 treffen sie ein. Eine Krönung findet weder bei Max Joseph noch bei seinen Nachfolgern statt.

Bayern erhält einheitliche Verfassung

Graf von Montgelas

Der in München geborene Savoyarde Maximilian von Montgelas (Abb.) hatte als Mitglied des Illuminatenordens aus Bayern fliehen müssen. Bei den Wittelsbachern in Zweibrücken findet Montgelas eine Anstellung. Er wird Ratgeber des künftigen Kurfürsten Max Joseph und bereitet noch vor dem Erbfall große Reformen für Bayern vor. 1799 kommt er nach München und wird hier zum »Vater des modernen bayerischen Staates«.

25. Mai 1808. Seit 1799 wird Bayern durch Maximilian von Montgelas mit Eifer reformiert. In einer Konstitution soll dieses Erneuerungswerk zusammengefaßt werden. Als das Werk schließlich vorliegt, setzt der König seine Unterschrift unter die 45 Paragraphen dieses vom 1. Oktober 1808 an geltenden Gesetzes, das die erste Verfassung in einem der großen deutschen Staaten ist.

In sechs einzelne Artikel ist der Gesetzestext gegliedert – den »Haupt-Bestimmungen« folgen die Abschnitte »von dem königlichen Hauß«, von der »Verwaltung des Reichs«, »von der National-Repräsentation«, »von der Justiz« und »von dem Militär-Stand«.

Die Arbeit an diesem nur acht Blatt starken handschriftlichen Dokument hätte der Adel gern unterstützt, doch Minister Montgelas wollte den Bock nicht zum Gärtner machen und der bayerischen »Nomenklatura« ein Mitspracherecht bei der Neufassung (und das heißt: bei der Einschränkung) ihrer Rechte einräumen. Die Verfassung verspricht ja eine Gesamtrepräsentation, die allein auf Grundbesitz beruhen soll und politische Vorrechte des Adels ausdrücklich ablehnt.

Nach der Auflösung des Deutschen Reiches und dem großen Gebietszu-

Die Verfassung für das Königreich Bayern, die am 1. Oktober 1808 in Kraft tritt; der Gesetzestext ist in 6 Artikel und 45 Paragraphen untergliedert

wachs war es notwendig, das Recht zu vereinheitlichen und die Rechtsgleichheit in den verschiedenen Teilen des Landes herzustellen.

Die Konstitution und die zu ihr gehörenden Durchführungsbestimmungen, die »Organischen Edikte«, garantieren die Gleichheit aller vor dem Gesetz und den Steuerbehörden sowie beim Zugang zu den Staatsämtern. Die Sicherheit des Eigentums wird gewährleistet, ebenso die Gewissens- und die (durch Gesetze allerdings teilweise eingeschränkte) Pressefreiheit; das Ge-

setz sieht u.a. auch ein stehendes Volksheer und eine Bürgermiliz vor. Für die Verschmelzung der vielen ehemals selbständigen Territorien zu einem einheitlichen bayerischen Staat ist jener Abschnitt wichtig, der die Neueinteilung der Verwaltungs- und Rechtsbehörden festlegt.

Durch die Einführung der Konstitution verhindert Montgelas, daß der im Juli 1806 auf Napoleons Drängen geschlossene Rheinbund (dem Bayern nur sehr ungern beitrat), die Souveränität des Bayerischen Königreichs zu sehr einschränkte.

Entscheidungsschlacht bei Eggmühl – Napoleon Bonaparte besiegt die Österreicher

22. April 1809. Napoleon Bonaparte hat südlich von Eggmühl eine entscheidende Schlacht gegen die Österreicher (Abb.) gewonnen.
Um zwei Uhr nachmittags ist er, von Landshut kommend, in Lindach bei Eggmühl eingetroffen, eine halbe Stunde später gibt er den Angriffsbefehl, und schon um vier Uhr ist die Bataille entschieden.

Ein paar Tage zuvor noch war die Lage für Bayern und die Franzosen gefährlich gewesen. Am 17. April aber kam der Kaiser bei Donauwörth zu seinen Truppen, und nun begann der Siegeszug: Hausen und Pfaffenhofen (19. April), Abensberg, Kirchdorf, Siegenburg und Pfeffenhausen (20. April), Landshut (21. April) und die Entscheidung bei Eggmühl.

Augsburger Börse – eine Belohnung

1806. Der Augsburger Rat protestierte, als Specialkommissär Peter von Windmann mit der Erklärung, die Reichsstadt habe aufgehört zu bestehen, Augsburg am 21. Dezember 1805 für Bayern in Besitz nahm. Weil sich aber die Handelsleute bayernfreundlich zeigen, erhalten die in ihrer Kaufleutestube vollzogenen Wechselgeschäfte den Titel »Börse von Augsburg« verliehen.

Die »Börse von Augsburg« erhielt 1806 offiziell ihren Titel

Schutzimpfung für Pocken verbindlich

26. August 1807. Alle haben Angst vor den Pocken. Die Möglichkeit, sich freiwillig dagegen impfen zu lassen, nutzen aber doch nur so wenige, daß man schließlich »die Kinsblattern-Seuche für die Zukunft durch eine allgemeine und gesetzliche Einführung der Schutzpocken-Impfungen gänzlich aus unseren Staaten zu verbannen« versucht.

Daß Bayern als erstes Land der Welt die Pockenschutzimpfung einführt – Baden folgt 1815, England 1857, das Deutsche Reich 1874 –, ist das Verdienst von Franz Xaver Häberl, einem der bedeutendsten Mediziner seiner Zeit. Ihm auch ist zu danken, daß zwischen 1808 und 1813 (gegen große Widerstände) vor dem Sendlinger Tor in München das Allgemeine Krankenhaus entsteht. Es wird zu einem Vorbild für den Krankenhausbau in Deutschland. Häberls Pläne werden vom König gefördert.

Buchhändler Palm exekutiert

26. August 1806. Nachmittags um zwei Uhr erschießt in der Garnison zu Braunau am Inn ein französisches Peloton den 39jährigen Nürnberger Buchhändler Philipp Palm. Bis zur letzten Stunde weigert er sich, den Autor der von ihm verlegten antinapoleonischen Schmähschrift »Deutschland in seiner tiefen Erniedrigung« zu nennen.

In Augsburg waren Exemplare der Schrift konfisziert worden, und schnell fanden die Agenten heraus, daß sie aus der Steinschen Buchhandlung in Nürnberg stammten, daß sie also jener Johann Philipp Palm verlegte, den man schon zweimal wegen der Verbreitung antifranzösischer Pamphlete verhaftet hat. Palm erfährt von der Gefahr und reist, um einer möglichen neuerlichen Verhaftung zu entgehen, am 24. Juli 1806 zur Jakobidult nach München. Doch er kehrt, Warnungen mißachtend, nach Nürnberg zurück. Dort versteckt er sich, wird durch einen Spitzel verraten und schließlich zusammen mit einigen anderen Buchhändlern verhaftet.

Der Verleger Philipp Palm wird auf Veranlassung Napoleons exekutiert

Am 5. August gibt Napoleon die Ordre: »Es ist mein Wille, daß sie (die Buchhändler) vor ein Kriegsgericht gezogen und in 24 Stunden erschossen werden …« Während man den anderen Inhaftierten das Leben schenkt, wird Palm hingerichtet.

Kunstakademie in München eröffnet

13. Mai 1808. Bei der Eröffnung der Münchner Kunstakademie darf deren Generalsekretär Friedrich Wilhelm Schelling die Eröffnungsrede »Über das Verhältnis der bildenden Kunst zu der Natur« halten und eine Gründungsurkunde verfassen.

Es hatte seit 1777 bereits eine Zeichenschule gegeben, doch sie galt als provinziell und war den Ansprüchen nicht gewachsen. Einer ihrer Schüler hat es gleichwohl zu großem Ansehen gebracht: Johann Georg von Dillis. Er war zum Zeichenlehrer der kurfürstlichen Edelknaben und schließlich zum Inspektor der Hofgartengalerie berufen worden, nun aber ernennt man ihn zum Lehrer an der Akademie.

Deren Leitung übernimmt Johann Peter von Langer, ein Düsseldorfer, der zu einem der Professoren seinen eigenen Sohn beruft. Der 67jährige Christian Mannlich aber, der sich um die kurfürstliche Gemäldesammlung und um die Gründung der Akademie großen Verdienst erworben hat, geht leer aus.

Die bayerische Post wird verstaatlicht

1. März 1808. Ein schwarzer Tag für Karl Alexander von Thurn und Taxis – er verzichtet (allerdings gegen eine gute Abfindung) auf das Postregal in Bayern. Die Post geht in staatliche Verwaltung über.

Der Verlust war vorhersehbar gewesen, auch wenn der Regensburger Reichsdeputationshauptschluß (→ 24. März 1803) noch ein paar Jahre zuvor im § 13 die Reichspost der Taxis dem Schutz des Kaisers und des kurfürstlichen Kollegiums empfahl.

Kurfürst Max IV. Joseph begann gar schon 1803 damit, vorsichtig am Taxis-Monopol zu rütteln; im November 1805 erklärte er, die Taxis-Post bringe Nachteile, weswegen die Landeskommissariate München, Augsburg, Neuburg und Ulm die Post in den Staatsbesitz führen sollten.

Das Recht war nicht auf seiner Seite. Er machte dem Fürsten ein Zugeständnis, verlieh ihm die Post für zehn Jahre als Thronlehen und den Titel »Königlich Bayerischer Erbland-Postmeister«.

Als aber Napoleon die Einführung einer Bundespost plante, wurde die Abmachung gelöst, denn nur so konnte Bayern seine eigene kgl. bayer. Post aufbauen. Karl Alexander von Thurn und Taxis, der das Privileg in jedem Fall verloren hätte, gab es freiwillig an König Max zurück und erhielt dafür eine angemessene Entschädigung.

Eine Postkutsche des Fürsten Karl Alexander von Thurn und Taxis; er kontrollierte die bayerische Post bis zu ihrer Verstaatlichung

1810. In Augsburg erscheint die »Augsburger Allgemeine Zeitung«, die größte bayerische Zeitung. →

1810. E. T. A. Hoffmann wird Kapellmeister am Bamberger Theater. →

28. 2. 1810. Durch einen bayerisch-französischen Vertrag fallen Regensburg und die Markgrafschaft Bayreuth an Bayern, der südliche Teil Tirols fällt an Italien. →

17. 10. 1810. Auf der Theresienwiese in München findet erstmals das Oktoberfest statt. →

16. 12. 1810. Der französische Kaiser Napoleon I. erhebt die Länder des Fürstprimas des Rheinbundes und ehemaligen Mainzer Kurfürsten Karl Theodor von Dalberg (Frankfurt am Main, Amt Aschaffenburg, Wetzlar), vergrößert um Fulda und Hanau, zum Großherzogtum Frankfurt. Am 16. August erläßt Karl Theodor eine Verfassung für das Großherzogtum.

9. 12. 1811. In München gründen Mitglieder des Hoforchesters die Musikalische Akademie. →

Um 1812. Die Münchner Gemäldesammlung wird um zahlreiche kostbare Stücke erweitert. →

1812. Der Botanische Garten in München wird angelegt. →

24. 6. 1812. Die französische Armee überschreitet ohne vorherige Kriegserklärung die Memel und dringt in Rußland ein. Damit beginnt der Rußlandfeldzug des französischen Kaisers Napoleon I. Bayern stellt 33 000 Mann. →

26.–28. 11. 1812. Beim Übergang über die Beresina erleidet die bereits schwer dezimierte französische Armee erneut große Verluste. Der französische Kaiser Napoleon I. kehrt nach Paris zurück. Nur einige tausend Bayern sehen die Heimat wieder. – Nach dem Scheitern des französischen Rußlandfeldzugs bilden sich in Bayern und ganz Europa Befreiungsbewegungen gegen die Napoleonische Fremdherrschaft.

27. 3. 1813. Preußen erklärt Frankreich den Krieg. Damit beginnen die Befreiungskriege (Freiheitskriege) zur Beseitigung der französischen Hegemonie und Fremdherrschaft in Europa.

7. 4. 1813. Preußen verlangt den sofortigen Anschluß Bayerns an die antifranzösische Koalition.

1. 10. 1813. Das vereinheitlichte Strafgesetzbuch für das Königreich Bayern tritt in Kraft. →

8. 10. 1813. Im bayerisch-österreichischen Vertrag von Ried verläßt das Königreich Bayern den Rheinbund und schließt sich der Koalition gegen Frankreich an. Den Oberbefehl über die bayerischen Truppen übernimmt Österreich. →

14. 10. 1813. Bayern erklärt Frankreich den Krieg.

19. 10. 1813. Die Völkerschlacht bei Leipzig endet mit dem Einzug der verbündeten Preußen und Russen in Leipzig. Die französische Herrschaft in Deutschland bricht zusammen.

26. 10. 1813. Der bayerische General Karl Philipp Wrede erobert Würzburg (→ 30. 10. 1813).

Um 1814. Der Optiker Joseph von Fraunhofer entdeckt in Benediktbeuren die nach ihm benannten Absorptionslinien im Sonnenspektrum (Fraunhofer-Linien). →

1814. Unter dem Namen »Konföderierte« schließen sich prominente Katholiken Bayerns zusammen als Verein zur Aufrechterhaltung, Verteidigung und Auslegung der römisch-katholischen Religion. Die Konföderierten sind die erste katholische Organisation mit politischer Zielsetzung in Deutschland.

1. 2. 1814. Der bayerische General Karl Philipp Wrede schlägt die Franzosen bei Brienne-sur-Aube, am 26./27. bei Bar-sur-Aube und am 20. März bei Arcis-sur-Aube.

4. 2. 1814. Der bayerische Kronprinz Ludwig (I.) läßt ein Preisausschreiben veröffentlichen zum Bau der Münchner Glyptothek. →

26. 2. 1814. Der Architekt Leo von Klenze wird Kronprinz Ludwig von Bayern vorgestellt. →

30./31. 3. 1814. Die Truppen der antifranzösischen Alliierten marschieren in Paris ein.

2./3. 6. 1814. Die bayerisch-österreichischen Verträge von Paris sehen vor, daß Tirol und Vorarlberg an Österreich, Würzburg und Aschaffenburg an Bayern fallen.

18. 9. 1814. Der Wiener Kongreß beginnt. Auf ihm wird über die Neuordnung Europas nach dem Sturz des französischen Kaisers Napoleon I. verhandelt.

GESTORBEN:

23. 1. 1810. Johann Wilhelm Ritter (* 16. 12. 1776, Samitz bei Haynau), Physiker und Chemiker, Entdecker der ultravioletten Strahlung.

27. 7. 1810. Erlangen: Eugen Johann Christoph Esper (* 2. 6. 1742, Wunsiedel), Zoologe.

1811. Augsburg (?): Johann Heinrich von Schüle (* 1722, Augsburg?), Kaufmann, Begründer der deutschen Kattundruckerei.

23. 8. 1812. bei Polck/Rußland: Bernhard Erasmus von Deroy (* 11. 12. 1743, Mannheim), General, Mitschöpfer der bayerischen Armee.

GEBOREN:

21. 12. 1810. Nürnberg: Johann von Hofmann († 20. 12. 1877, Erlangen), evangelischer Theologe.

28. 11. 1811. München: Maximilian II. († 10. 3. 1864, München), König von Bayern.

30. 3. 1813. Burk/Mittelfranken: Friedrich Bürklein († 4. 12. 1872, Werneck/Unterfranken), berühmter Baumeister.

Neue Gemälde für München

Um 1812. Die kurze Zeit von 1809 bis 1815, in der Tirol bayerisch ist, wird von den (ohnedies ungeliebten) Besatzern zum Raub genutzt – der Kirchenväteraltar von Michael Pacher wird aus dem säkularisierten Brixener Neustift entfernt und nach München gebracht; gleiches geschieht mit Teilen des Laurentiusaltars. Die Münchner Gemäldesammlung ist wieder einmal um einige kostbare Stücke reicher.

Im Jahr 1598 hatten die Wittelsbacher bereits 778 Gemälde zusammengetragen. Und sie sammelten weiter; Kurfürst Maximilian z. B. erwarb Dürer, sein Enkel Max Emanuel brachte aus den Niederlanden viele Niederländer. Kurfürst Karl Theodor rettete 1798 vor den anrückenden Franzosen die 758 Bilder seiner Mannheimer Sammlung nach München, und wenig später bringt hier auch sein Nachfolger Max IV. Joseph die 1000 Bilder seiner Zweibrücker Galerie in Sicherheit. Auch die 348 Gemälde von Jan Wellems Düsseldorfer Sammlung – eine Kollektion besonders erlesener Stücke, die Max Joseph geerbt hat – kommen nach München.

Zu den Münchner Neuzugängen gehören u. a.: Ein Rafael, mehrere Bilder von Rubens, Rembrandt (»Kreuzaufrichtung«), van Dyck sowie Bouchers »Ruhendes Mädchen«.

»Ruhendes Mädchen« (Bildnis der 14jährigen Louise O'Murphy) von François Boucher, eine der Kostbarkeiten der Münchner Sammlung

Territorialer Zugewinn

28. Februar 1810. Der Aufstand, mit dem die Tiroler gegen die seit 1805 im Land stehende bayerische Besatzung protestieren, ist niedergeschlagen, und während Andreas Hofer am 20. Februar in Mantua hingerichtet wird, geht man in Paris daran, die Beute zu verteilen.

Bayern erhält Salzburg, Berchtesgaden, das Innviertel und Teile des Hausruckviertels, muß dafür aber u. a. Südtirol und Ulm abtreten. An Bayern geht aber auch Bayreuth (für das 11,2 Mio Gulden gezahlt werden müssen) und Regensburg (für das an Dalbergs Verwandtschaft Renten in einer Höhe von insgesamt 400 000 Francs zu entrichten sind).

Schon die am 12. Juli 1806 von König Max Joseph so widerwillig gewährte Unterschrift unter die Rheinbundakte hatte territorialen Zugewinn gebracht. Bayern mußte, wie 15 andere deutsche Staaten, dem pro-französischen Bündnis beitreten und ein Kontingent von 30 000 Soldaten bereitstellen. Dafür erhielt es u. a. die Reichsstadt Nürnberg und deren Territorien, die in Bayern liegenden Teile der Fürstentümer der Fugger, Hohenlohe, Oettingen, Schwarzenberg sowie Thurn und Taxis, außerdem die der Grafen von Castell, Pappenheim, Schönborn, Ortenburg, die Deutschordenskomtureien Rohr sowie Waldstetten und außerdem auch noch die Heerstraße von Memmingen nach Lindau am Bodensee.

Bayern mit Napoleon im Rußlandfeldzug

24. Juni 1812. So weit seine Macht reicht, verbietet Napoleon die Einfuhr englischer Waren. Diese Kontinentalsperre hat aber von Anfang an Lücken; als Rußland sich schließlich weigert, das Einfuhrverbot noch länger aufrecht zu halten, ist der Krieg unvermeidlich. Im Jahr 1811 wird gerüstet, und im Sommer des darauffolgenden Jahres überschreitet Napoleon den Njemen – es ist Krieg. Unter den 450 000 Soldaten der Großen Armee sind auch 30 249 bayerische Soldaten, kommandiert von den Generälen Wrede und Deroy; zum bayerischen Aufgebot gehören 6807 Pferde und 66 Kanonen.

Nur 2997 Mann dieses bayerischen Expeditionsheeres werden im darauffolgenden Jahr unversehrt in ihre Heimat zurückkehren. Viele Bayern sind gefallen, die meisten aber starben wohl an Krankheiten, Strapazen oder Hunger. Von den 130 000 Soldaten der Rheinbundstaaten hatte das Königreich Bayern das größte Kontingent gestellt.

Soldaten auf dem Schlachtfeld von Moyaisk im Rußlandfeldzug (Zeichnung: Faber du Faur)

Soldaten der Großen Armee beim Angriff während des Rußlandfeldzugs (Zeichnung aus dem Skizzenbuch von Faber du Faur)

Bayern geht Bündnis mit Österreich ein

8. Oktober 1813. Zu Ried in Oberösterreich setzt General Wrede seine Unterschrift unter einen Vertrag, der nach langen Zeiten der Ungewißheit klare Verhältnisse schafft: Bayern steht hinfort auf der antinapoleonischen, der österreichischen Seite. Wieder hatte Bayern in kritischer Lage eine Wahl treffen müssen.

Bleibt es, treu dem gegebenen Worte, bei Napoleon, dessen Stern sinkt? König Max wollte seinen französischen Freund und Gönner vergangener Tage nicht verraten. Wechselt man zu Österreich, noch ehe es den Sieg über Napoleon erringt? Kronprinz Ludwig und Montgelas meinten, nur in diesem Bündnis läge Bayerns Rettung; nur der rechtzeitige, von Metternich geforderte Übertritt würde es erlauben, den Besitzstand zu wahren.

Preußen hatte den Wechsel im März vollzogen, der Freiheitskrieg begann. Aus Frankreich kam eine neue Armee, die wieder siegte, den großen, alles entscheidenden Sieg jedoch nicht erringen konnte.

Der Frontwechsel Bayerns, sieben Monate nach dem der Preußen, erfolgt dann (wieder einmal) heimlich. Im zweiten der elf Artikel des Rieder Vertrages erklärt Bayern seinen Austritt aus dem Rheinbund von 1806, und in einem 5. Geheimartikel verspricht es, mit mindestens 36 000 Mann die Koalition im Kampf gegen Frankreich zu unterstützen.

Versprochen erhält das Königreich Bayern dafür die volle Souveränität und die Wahrung seines Besitzes. Für jene Regionen, die es an Österreich zurückgeben muß, erhält es gleichwertigen Ersatz.

Die Bayern haben die letzte Chance zum Umstieg genutzt. Acht Tage nach der Vertragsunterzeichnung findet die Völkerschlacht bei Leipzig statt. Das Königreich Bayern steht – wie erhofft – auf der Seite der Sieger.

Die große Völkerschlacht bei Leipzig endet mit einer Niederlage für Frankreich; Bayern war kurz zuvor auf die Seite der Sieger gewechselt

Wrede zieht gegen Franzosen ins Feld

30. Oktober 1813. Zwei Tage nach der Ratifizierung des Vertrags von Ried (→ 8. 10. 1813) zog Wrede am 10. Oktober wieder in den Krieg, diesmal mit 28 000 Bayern und 24 000 Österreichern; der Verbündete von gestern ist nun der Feind. Und bei Hanau, wo der bayerische General den von der Völkerschlacht abziehenden Franzosen auflauert, kommt es zu einer Schlacht. Die Armee von Wrede verliert 9087 Mann und 194 Offiziere, der General selbst wird schwer ver-

General Wrede

wundet. Doch wenn er auch nicht gewinnt – er hat den neuen Verbündeten immerhin bewiesen, daß er fest auf ihrer Seite steht. Zuvor hatte Wrede seine Truppen nach Würzburg geführt und die Stadt erobert. Als sich die Franzosen auf die Festung Marienberg zurückzogen, ließ er eine kleine Einheit zurück und marschierte nach Hanau.

Pferderennen auf Theresens Wiese

17. Oktober 1810. *Kronprinz Ludwig hatte sich seine Braut Therese aus dem kleinen Sachsen-Hildburghausen geholt; am späten Nachmittag des 12. Oktober wird das Paar getraut. Zu den Feierlichkeiten, die sich einige Tage hinziehen, gehört auch ein Pferderennen (Abb.) »vor dem Sendlinger Thore, seitwärts der Straße, die nach Italien führt«. Organisiert wird es vom Bankier Andreas Dall'Armi, Major der Nationalgarde 3. Klasse.*

Für das junge Paar errichtet man einen Pavillon, in dem es zunächst die Huldigung von 16 Kinderpaaren entgegennimmt. Die »unzähligen Schaaren« von Zuschauern lagern auf einem Hang über der Wiese, die mit königlicher Genehmigung »Theresens Wiese« und schon bald darauf »Theresienwiese« genannt wird.

Planungen für neue Bauten in München

4. Februar 1814. Der Kronprinz beginnt sein Bau-Werk gleich im großen Stil. Er erläßt ein Preisausschreiben für ein Invalidenhaus, eine Ruhmeshalle für große Deutsche, die Walhalla, und ein »Antikengebäude« für Plastiken, die Glyptothek.

»Das schönste Kaufbare in Rom zu erwerben ist mein Wille«, hatte Ludwig im Oktober 1813 an seinen Kunstagenten Johann Martin Wagner geschrieben. Und da ohnedies bereits seit längerem für den bayerischen Thronfolger eingekauft wird, stapeln sich die Götter und Heroen. In Malta aber liegt, wegen Pest und Krieg im Augenblick überhaupt nicht zu erreichen, die kostbarste Erwerbung, der Ägineten-Fries.

An der Straße von der Residenz nach Nymphenburg liegt rechter Hand ein Grundstück, 300 bayerische Fuß breit, auf dem der Bau entstehen soll. Der Einsendeschluß des Wettbewerbs – 1. Januar 1815 – wird verlängert, damit sich auch der krank in Konstantinopel liegende Architekt Haller von Hallerstein, der Entdecker der Ägineten, beteiligen kann. Zuletzt wird aber Leo von Klenze das Museum bauen dürfen; allerdings mit der Auflage, Anregungen aus den Entwürfen Karl von Fischers und Haller von Hallersteins zu übernehmen. Am 23. April 1816 wird der Grundstein gelegt – es ist das erste große Bauwerk des künftigen Königs Ludwig I. und der erste bedeutende Auftrag, den Klenze in München ausführen darf.

Noch während der Arbeiten auf der Baustelle am späteren Königsplatz werden am Plan Veränderungen vorgenommen. Statt am 12. Oktober 1821, wie geplant, kann Klenze dem Bauherrn erst am 5. Oktober 1830 den Schlüssel zur Glyptothek übergeben. Das von Klenze errichtete Gebäude verbindet griechische Formen mit einem römischen Kuppelbau, der eine prächtige und zweckmäßige Ausstattung der Innenräume ermöglicht. Viele Skulpturen von Göttern aus der griechischen Mythologie schmücken Vorderfront und Innenräume. Die zentrale Figur einer Giebelgruppe über der Eingangshalle zeigt die Pallas Athena. Zehn Tage nach der Eröffnung der neuen Glyptothek, am Namenstag der Königin Therese, dürfen die Münchner einen ersten Besuch bei den Griechen und Römern machen.

Kunstfreund Kronprinz Ludwig

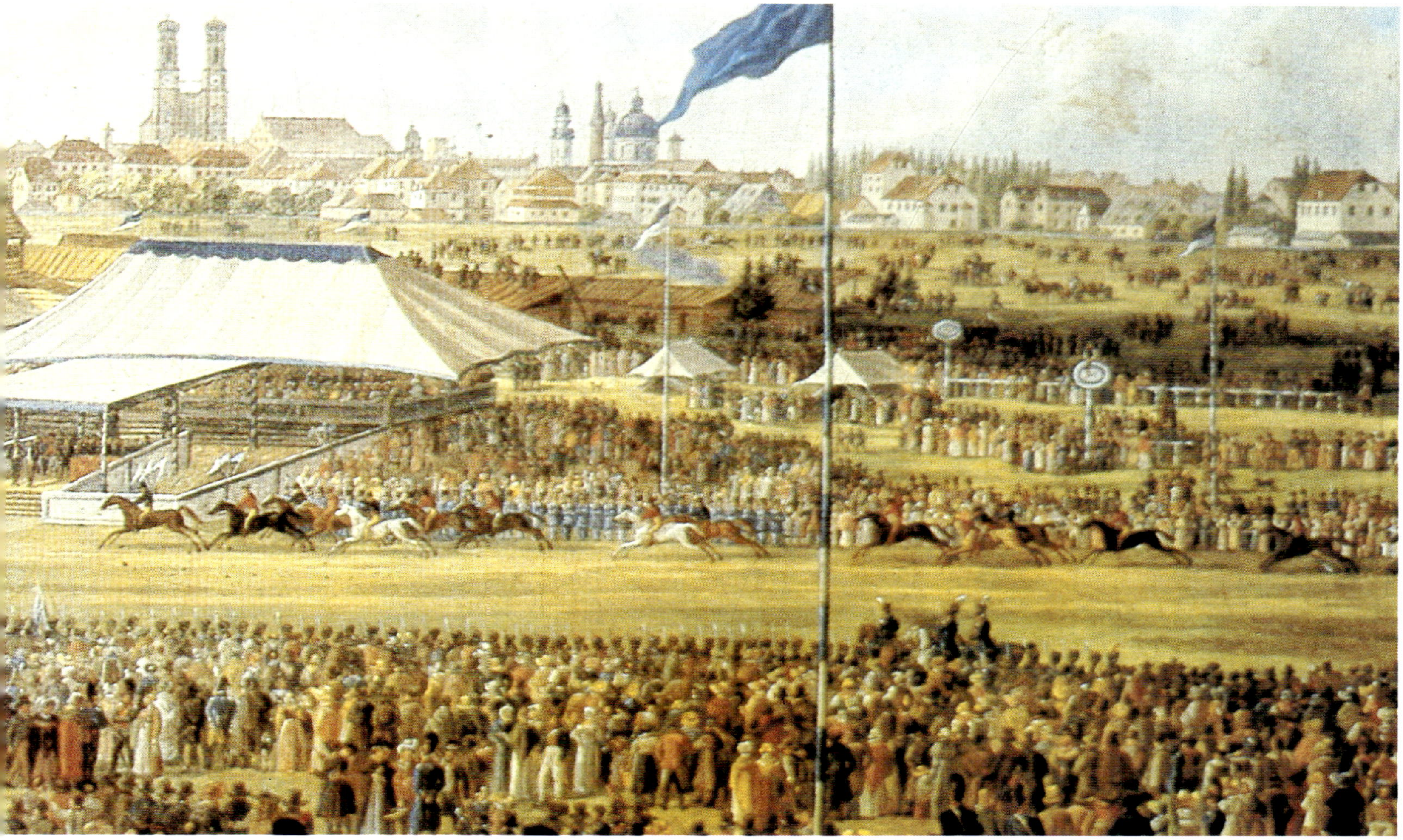

Eingangstor des Botanischen Gartens in München, der von Friedrich Ludwig von Sckell kunstvoll gestaltet wurde

Botanischer Garten Münchens angelegt

1812. Auf kleinem Raum zeigt Hofgartenintendant Friedrich Ludwig von Sckell noch einmal seine Kunst. Er, der den Englischen Garten in München geschaffen und den Nymphenburger Park im englischen Stil neu gestaltet hat, legt im Auftrag des Königs außerhalb der Stadt München einen 5 ha großen Botanischen Garten an. Unterstützt wird er von dem Naturforscher Franz Schrank. Karl von Fischer und Nikolaus Schedel von Greiffenstein liefern Entwürfe für das Eingangsportal, zuletzt darf aber Emanuel von Herigoyen – ein Portugiese in bayerischen Diensten – sein Portal bauen, ein etwas kompakt geratenes Bauwerk, das antikisches Empfinden zeigt. Die Inschrift bestellt man beim Größten – Goethe variiert Lukrez-Verse; das Ergebnis (im Original lateinisch): »Der Blumen zerstreute Familien der Bildnerin Erde wurde auf Geheiß des Königs Maximilian Joseph vereinigt 1812.«

Neues Strafgesetzbuch tritt in Kraft

1. Oktober 1813. Das von Anselm Feuerbach neu verfaßte Allgemeine Strafgesetzbuch tritt in Kraft; wenn der Reformer darin auch nicht alle Vorstellungen durchsetzen konnte, so ist es doch so fortschrittlich, daß es zum Vorbild in anderen deutschen Staaten und im Ausland wird. Den Kriminalkodex von Wiguläus Kreittmayr abzulösen hatte Montgelas schon im Ansbacher Mémoire versprochen, und am 24. Januar 1800 gab Max IV. Joseph bekannt, daß er dem Geheimen Ministerial-Justiz-Departement die Bearbeitung des Strafrechts übertragen habe.

Was der Würzburger Professor Gallus Aloisius Kleinschrod dann aber nach zwei Jahren vorlegte, hat vor allem ein Mann, der Kieler Rechtsprofessor Anselm Feuerbach, mit guten Argumenten attackiert. Er fand noch zu viel Absolutismus und Polizeistaat in der Vorlage.

Man las Feuerbachs Einwände in München sehr genau – und berief den Kritiker an die Universität Landshut, wo er allerdings bald in Streit mit einem Kollegen geriet und

Titelblatt von Anselm Feuerbachs Allgemeinem Strafgesetzbuch

die Professur aufgab. Bayern ließ den Juristen nicht ziehen, sondern holte ihn ins Justiz-Departement, wo er den Entwurf des Strafprozeßrechts ausarbeiten sollte.

In seinem Gesetzbuch teilt Feuerbach die Straftaten in Verbrechen, Vergehen und Übertretungen ein, wobei er die Übertretungen aus dem Strafrecht herausnimmt; für sie soll ein eigenes Polizeistrafgesetzbuch geschaffen werden.

Die Strafen, die Anselm Feuerbach in sein Strafrecht aufnimmt, sind humaner als in den alten Gesetzen. Von den Leibesstrafen ist nur die in wenigen Fällen (und auch dann alternativ) angedrohte Prügelstrafe geblieben, Verstümmelungsstrafen sind ganz abgeschafft. Die Zahl der todeswürdigen Verbrechen ist auf elf reduziert, die Hinrichtung wird nur noch durch Enthauptung vollzogen. Den Ermessensspielraum der Richter schränkt das Feuerbachsche Gesetz stark ein. Wer hinfort in Bayern Recht spricht, ist streng an das Gesetz gebunden, und einer der Grundsätze des Gesetzeswerkes verlangt: Keine Strafe ohne Gesetz. Auch Strafverschärfungs- und Strafmilderungsgründe sind genau festgeschrieben. Für Willkür oder Gefälligkeit soll kein Platz bleiben.

Johann Friedrich von Cotta, Verleger der »Augsburger Allgemeinen«

Cottas »Augsburger Allgemeine Zeitung«

1810. Johann Friedrich von Cotta, der Verleger Schillers und Goethes, ist offensichtlich davon überzeugt, daß man zu seiner Zeit in Bayern toleranter ist als anderswo. So zieht er mit seiner elf Jahre alten Zeitung nach Augsburg. Und hier wird die »Augsburger Allgemeine Zeitung« zur bedeutendsten, einflußreichsten Zeitung Deutschlands. Der König in München liest sie, Metternich verfolgt genau, was in ihr geschrieben wird, und der französische Gesandte Bourgoing meint später sogar, das Blatt sei »die einflußreichste europäische Zeitung«.

Das gemäßigt liberale, politisch unabhängige Blatt war 1798 in Tübingen als »Neueste Weltkunde« gegründet worden. Als es auf Befehl des Wiener Reichshofrates unterdrückt wurde, ließ Cotta sie vom 9. September 1798 an in Stuttgart als »Allgemeine Zeitung« erscheinen.

Aber auch sie mißfiel den Herrschenden, und als der Herzog von Württemberg sie 1803 verbot, zog Cotta ins bayerische Ulm. Doch Ulm fiel 1810 an Württemberg, und um nicht neuerlich verboten zu werden, verlegt Cotta den Redaktionssitz nun nach Augsburg.

Die »Augsburger Allgemeine Zeitung«, ein Blatt der gebildeten Stände, wird gleichsam zu einem Bindeglied zwischen den einzelnen deutschen Staaten. Die Zeitung hilft dabei mit, ein gesamtdeutsches Nationalbewußtsein zu schaffen.

Fraunhofer entdeckt die Spektrallinien

Um 1814. Bei seinen Experimenten mit Licht und Linsen entdeckt Joseph Fraunhofer in seiner Benediktbeuerner Glaswerkstatt im Sonnenspektrum schwarze Linien. Sie erlauben es ihm – was bisher nicht möglich war, die Brechungsindizes von Gläsern präzise zu messen und hochwertige optische Instrumente herzustellen.

Die schwarzen, sog. Fraunhoferschen Linien des Sonnenspektrums machen es u. a. möglich, den chemischen Aufbau der Sonne zu bestimmen. Fraunhofers Arbeiten verhelfen der Wellentheorie des Lichtes zum endgültigen Durchbruch. Später gelingt ihm die erste absolute Wellenlängenmessung von Spektrallinien.

Seit 1807 arbeitet Fraunhofer in Räumen des säkularisierten Klosters von Benediktbeuern. Für das neugegründete Optische Institut Utzschneider, Reichenbach und Fraunhofer soll er Linsen aus Flint- und Crownglas herstellen, die mit den englischen Produkten konkurrieren können. Der wissenschaftliche Ertrag von Fraunhofers Arbeit übertrifft freilich den wirtschaftlichen um ein Vielfaches.

Fraunhofer versucht, mit einer Vogelfeder Beugungsspektren zu erzeugen

E.T.A. Hoffmann in Bamberg engagiert

1810. Der 32jährige E.T.A. Hoffmann, den Graf von Soden für sein Bamberger Theater als Kapellmeister engagiert, hat einige Zeit als Regierungsrat in der südpreußischen Provinzhauptstadt Warschau gearbeitet. Nach der Schlacht von Jena mußte er sich einen anderen Wohnort und eine neue Arbeit suchen. In Bamberg leitet er das Orchester, malt die Kulissen, kümmert sich um die Bühnentechnik, komponiert und dichtet. Nach etwa fünf Jahren zieht das romantische Multigenie, das seinen dritten Vornamen Wilhelm gegen Mozarts zweiten Vornamen Amadeus getauscht hat, wieder nordwärts und endet schreibend und komponierend als Richter.

Ein Musikprogramm mit Meisterwerken

9. Dezember 1811. Der König gab die Genehmigung, und so können sich die Musiker des Hofopern-Orchesters im Redoutensaal der Münchner Residenz als »Musikalische Akademie« vorstellen. Das Programm beginnt mit Beethovens Zweiter, angekündigt als »Große Simphonie von Beethoven«.
Die Gründung entspricht »dem allgemeinen Wunsch des Publikums, zuweilen durch vollständige Aufführungen berühmter Meisterwerke erfreut zu werden«. Es werden 334 Familien- und 128 Einzelabonnements gezeichnet.

Kronprinz Ludwig spricht mit Klenze

26. Februar 1814. Am Kasseler Hof von Napoleons Bruder Jérôme hatte Leopold Klenze eine erste Anstellung. Nach dem Sturz des Korsen ging er nach Paris, doch seine Hoffnung war nun Wien.
Auf der Reise in die Kaiserstadt wird er in München durch Vermittlung des Grafen Rechberg dem Kronprinzen Ludwig vorgestellt.
Zwei Stunden spricht man über Architektur und Antike, über Napoleon und den Krieg. Man ist sich einig, doch noch kommt es zu keiner Anstellung. Der Kronprinz vergißt die Begegnung nicht, und Anfang Januar 1816 kommt Klenze endgültig nach München.

1815
1815–1819

8.6.1815. Auf dem Wiener Kongreß wird der Deutsche Bund gegründet, ein Zusammenschluß der souveränen deutschen Fürsten und freien Städte zu einem Staatenbund, der an die Stelle des Heiligen Römischen Reichs Deutscher Nation tritt.

20.11.1815. Im Zweiten Frieden von Paris werden Frankreich nur die Grenzen von 1790 zugestanden. Bayern erhält Landau.

Nach 1815. In Regierungskreisen ebenso wie unter Professoren wird darüber diskutiert, ob die Universität Landshut nach München verlegt werden soll. →

1816. Der Philosoph Georg Wilhelm Hegel verläßt Nürnberg. →

1816. Aron Elias Seligmann, Hofbankier des bayerischen Königs, wird geadelt und nennt sich hinfort »von Eichthal«. →

1816/17. Schwere Hungerjahre führen in Bayern zu einer großen Agrar- und Handelskrise. →

14.4.1816. Im Vertrag von München erhält Bayern von Österreich Berchtesgaden, Hammelburg, Brückenau und Bieberstein und tritt das Herzogtum Salzburg, das Inn- und Hausrückviertel sowie das Amt Vils in Tirol an Österreich ab. →

1817. Friedrich Koenig, der Erfinder der Schnellpresse, kauft das ehemalige Prämonstratenserkloster Oberzell in Würzburg und richtet hier zusammen mit Andreas Friedrich Bauer eine Druckmaschinenfabrik ein. →

1817/20. Carl Friedrich Martius und Johann Spix reisen im Auftrag der Bayerischen Akademie der Wissenschaften nach Brasilien. →

2.2.1817. Maximilian Graf von Montgelas, seit 1799 leitender Minister in Bayern, wird gestürzt. →

20.2.1817. Bayern wird in acht Kreise eingeteilt, die großenteils den heutigen Regierungsbezirken entsprechen. →

24.10.1817. König Maximilian I. Joseph von Bayern unterzeichnet das Konkordat mit der römischen Kurie.

1818. Durch das Adelsedikt wird der bayerische Adel in fünf Klassen eingeteilt: Fürsten, Grafen, Freiherrn, Ritter (durch Verdienstorden) und einfache »von«.

1818. Joseph Baader baut das Modell einer Eisenbahn. →

1818. In München wird als literarisches Blatt die Zeitschrift »Eos. Eine Zeitschrift aus Baiern zur Erheiterung und Belehrung« gegründet.

1.4.1818. Die Zirkumskriptionsbulle »Dei ac Domini nostri« von Papst Pius VII. regelt die Verhältnisse in den beiden neuen bayerischen Kirchenprovinzen München-Freising mit Augsburg, Passau und Regensburg sowie Bamberg mit Würzburg, Eichstätt und Speyer.

17.5.1818. König Maximilian I. Joseph von Bayern verkündet das Gemeindeedikt. Es stellt die Selbstverwaltung der Gemeinden wieder her.

26.5.1818. König Maximilian I. Joseph von Bayern verkündet für sein Land eine Verfassung. →

17.6.1818. König Max I. Joseph verkündet ein Religionsedikt.

12.10.1818. Das Münchner Nationaltheater, errichtet von Karl von Fischer, wird mit dem Festspiel »Die Weihe« von Albert Klebe und Ferdinand Fränzel eröffnet. →

4.2.1819. In München tritt der erste bayerische Landtag zusammen. →

23.3.1819. Der russische Staatsrat und Lustspieldichter August von Kotzebue wird von dem Studenten Karl Ludwig Sand erstochen. →

20.7.1819. Der Frankfurter Territorialrezeß beendet die territorialen Veränderungen in Deutschland. Bayern erhält dabei u.a. Miltenberg, Amorbach und Heubach von Hessen-Darmstadt.

25.8.1819. Im Atelier des Bildhauers Schwanthaler treffen sich erstmals die »Humpenauer«. →

GESTORBEN:

15.7.1815. München: Adolf Ferdinand Gehlen (* 15.9.1775, Bütow/Pommern), Chemiker.

2.11.1815. Erlangen (?): Gottlieb Christoph Harleß (* 21.6.1738, Kulmbach), Literarhistoriker und Philologe.

7.1.1817. München: Anton von Bucher (* 11.1.1746, München), Schriftsteller.

10.2.1817. Regensburg: Karl Theodor, Reichsfreiherr von Dalberg (* 8.2.1744, Herrnsheim/Worms), Erzbischof von Mainz 1802, Kurfürst von Mainz 1802–1813, Fürstprimas des Rheinbundes 1806–1813, Großherzog von Frankfurt 1810–1813.

5.7.1818. Landshut: Carl Sebastian Heller von Hellersberg (* 14.9.1772, Burghausen), Jurist.

10.3.1819. München: Friedrich Heinrich Jacobi (* 25.1.1743, Düsseldorf), Schriftsteller und Philosoph.

27.9.1819. München: Franz von Krenner (* 24.12.1762, München), Historiker und Staatsmann.

GEBOREN:

23.10.1815. Würzburg: August Lothar Graf von Reigersberg († 16.5.1888, Landshut), bayerischer Innenminister.

3.12.1818. Lichtenheim/Neuburg an der Donau: Max von Pettenkofer († 10.2.1901, München), Apotheker und Hygieniker.

26.8.1819. Schloß Rosenau bei Coburg: Albert († 14.12.1861, Windsor Castle), Prinz von Sachsen-Coburg-Gotha, Prinzgemahl der englischen Königin Viktoria.

23.12.1819. Immenstadt im Allgäu: Joseph Edmund Jörg († 18.11.1901, Landshut), konservativer Publizist und partikularistischer Politiker.

Münchner Vertrag ist unterschrieben

14. April 1816. Mit ihrer Unterschrift unter den Münchner Vertrag regeln die Herren Montgelas und Rechberg auf der einen sowie Wacquant-Geozelles auf der anderen Seite die bayerisch-österreichischen Angelegenheiten.
Bayern gibt Salzburg, das Inn- und Hausrückviertel sowie das Tiroler Amt Vils zurück und erhält dafür die linksrheinische Pfalz sowie Hammelburg, Brückenau, Teile von Biberstein, Redwitz, Alzenau, Miltenberg, Amorbach und Heubach. Außerdem sichert der Artikel 19 des Vertrages die Zugehörigkeit Berchtesgadens zu Bayern. Alles in allem kann Bayern mit den Münchner Regelungen durchaus zufrieden sein.

»Der Kornwucherer«, Karikatur aus dem Hungerjahr 1816/17

Nach Regensommer Hunger in Bayern

1816/17. Die Ernte des Jahres 1815 fiel schlecht aus, überdies waren viele Bauern und Knechte im Krieg. Als der verregnete Sommer des Jahres 1816 die Ernte verdirbt, wird aus den Versorgungsschwierigkeiten des Winters 1815/16 eine große Hungersnot, unter der selbst die Bauern zu leiden haben. Die Teuerung bei Getreide beträgt dabei bis zu 500 %. Österreich, das von dem schlechten Wetter nicht betroffen war, läßt keine Getreideausfuhren nach Bayern zu, da es befürchtet, daß die Preise im eigenen Land steigen würden.
Erst im Herbst 1817 bessern sich wetterbedingt die Verhältnisse, und die Hungersnot geht zurück.

Bayern in acht Kreise eingeteilt

20. Februar 1817. Mit der Einteilung des Landes tun sich die Reformer schwer, und mehr als einmal müssen ihre Reformen selbst wieder reformiert werden. Erst mit der neuen Kreiseinteilung – sie wird knapp drei Wochen nach Montgelas' Sturz im Regierungsblatt veröffentlicht – kommt die Entwicklung zu einem vorläufigen Abschluß. Bayern besteht hinfort aus acht Kreisen (ziemlich genau entsprechend den späteren Regierungsbezirken).

Eine wichtige Neuordnung hatte es bereits am 21. Juni 1806 gegeben. Damals war Bayern ohne viel Rücksicht auf historische Entwicklungen nach geographischen Erwägungen in 15 etwa gleichgroße Kreise eingeteilt worden. Jeder dieser Kreise war – französischem Vorbild folgend – nach einem Fluß benannt; so gab es z. B. einen Altmühl-, Iller-, Isar-, Untermain-, Naab-, Unterdonau- oder einen Regenkreis.

Bereits zwei Jahre später wurde das Konzept aber wieder korrigiert (es kam ja neues Land hinzu), das Königreich bestand nun aus neun Kreisen, und auch diese Gliederung wurde schließlich abgeändert; die Flußnamen freilich behielt man auch im Jahr 1817 noch bei.

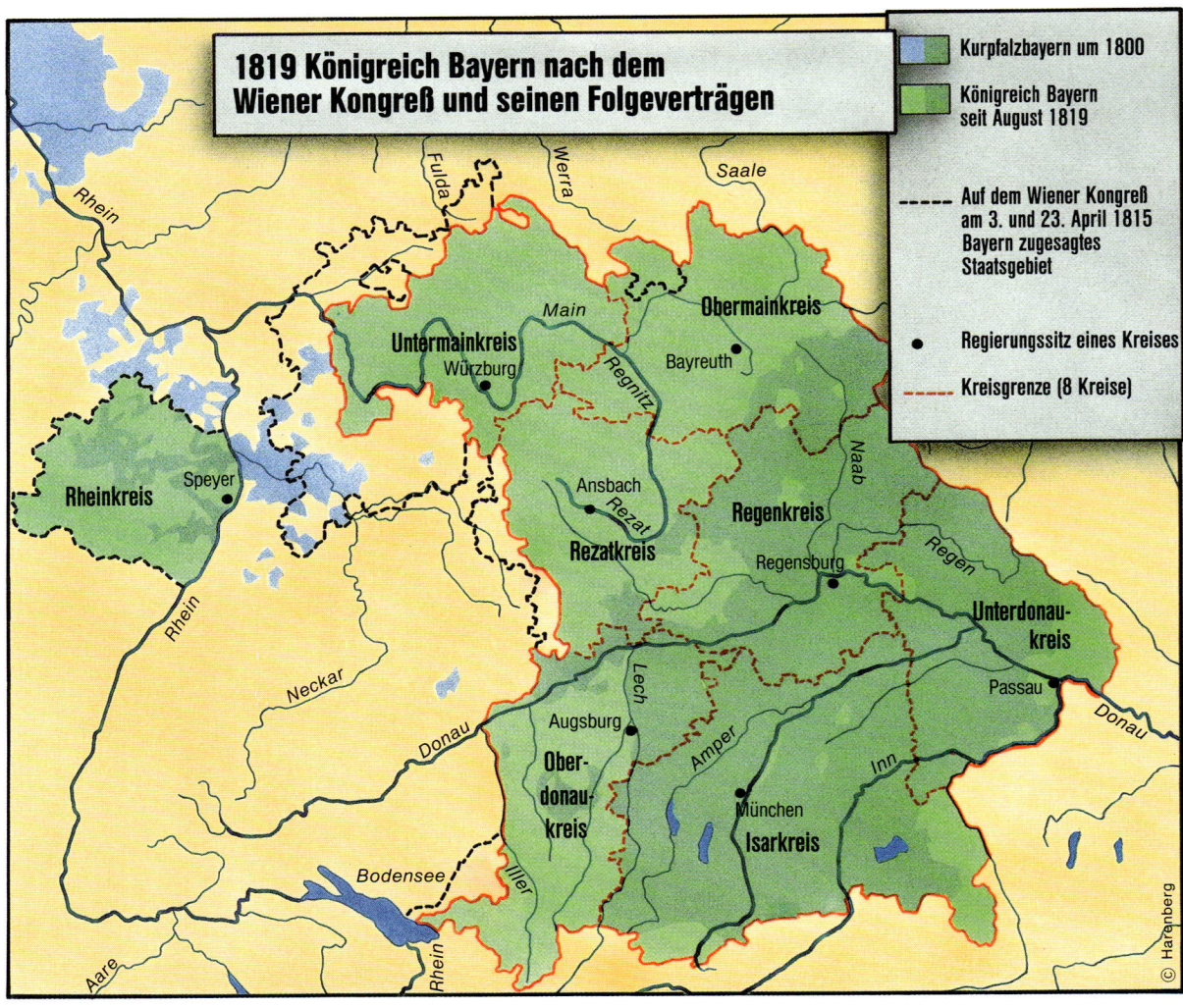

1819 Königreich Bayern nach dem Wiener Kongreß und seinen Folgeverträgen

Kurpfalzbayern um 1800

Königreich Bayern seit August 1819

Auf dem Wiener Kongreß am 3. und 23. April 1815 Bayern zugesagtes Staatsgebiet

Regierungssitz eines Kreises

Kreisgrenze (8 Kreise)

Minister Graf von Montgelas gestürzt

2. Februar 1817. Der mächtige Minister Graf von Montgelas war letzthin krank gewesen, der alte Schwung, so scheint es, ist gebrochen. Diese Stunde nutzen seine Gegner: Als König Max Joseph von einem Wienbesuch zurückkehrt, erhält er von Marschall Wrede statt eines Rapports über das, was sich in seiner Abwesenheit zugetragen hat, einen Brief

Ämter des Grafen Montgelas
Staatsminister des kgl. Hauses und Außenminister: 1799 bis 1817
Staatsminister der Finanzen: 1803 bis 1806, 1809 bis 1817
Staatsminister des Innern (auch zuständig für Kultus und Unterricht): 1806–1817

des Kronprinzen überreicht, in dem Ludwig die Entlassung Montgelas' fordert. Für 11 Uhr ist die Majestät bei Minister Montgelas angesagt, der

Wagen steht bereit. Statt des Königs fährt jedoch ein Bote, der das Entlassungsschreiben überbringt. Der Graf, so heißt es, lehnt sich nach dessen

Graf von Montgelas, bayerischer Außen-, Innen- und Finanzminister

Empfang im Stuhl zurück und schweigt eine Viertelstunde. Dann der erste Kommentar: »Warum denn nur 30 000 Gulden?« So groß ist die Pension, sein Gehalt hat 36 000 Gulden betragen. Der Abschied des Ministers ist schäbig und unwürdig.

Dabei war es Montgelas – der bedeutendste Staatsmann, den Bayern je besessen hat –, der das Land geformt hat: Er hat es auf allen Gebieten modernisiert und durch geschicktes Taktieren und Verhandeln erreicht, daß es nach vier Kriegen am Ende der napoleonischen Zeit größer war als zuvor. Noch ein Jahr vor seiner Entlassung hat er die Pfalz für Bayern zurückgewonnen.

Für den schwärmerisch deutschtümelnden Kronprinzen Ludwig ist der Minister zu undeutsch; überdies, meint er, sei er verantwortlich für die in Unordnung geratenen Finanzverhältnisse. Und der König beugt sich dem Willen seines Sohnes. Der 57jährige Montgelas muß gehen.

Hofbankier wird vom König geadelt

1816. Der König weiß, und dies im wahrsten Sinne des Wortes, was er Aron Elias Seligmann schuldig ist. Die Majestät spricht von »Anhänglichkeit und mannigfaltigen getreuen Diensten« und adelt seinen Hofbankier. Er darf sich hinfort nach einem ihm gehörenden, bei Gauting liegenden Gut »von Eichthal« nennen.

In Leimen bei Heidelberg – das spätere Rathaus ist das Familienpalais – verdiente Aron Elias Seligmann als kurpfälzischer (also wittelsbachischer) Hoffaktor und Heeresentrepreneur sein Geld. Der Hof zog nach München, Seligmann folgte ihm nach, richtete in der Theatinerstraße 14 ein Bankhaus ein und erwarb sich große Verdienste, als er 1812 einen Großteil der Soldzahlungen der bayerischen Rußlandarmee abwickelte. Zwei Jahre später übertrug er schließlich die englischen Subsidiengelder nach Bayern.

Philosoph Hegel verläßt Nürnberg

1816. Die unruhigen, kriegerischen Zeiten sind vorbei, und Georg Wilhelm Hegel, seit 1808 Rektor am Nürnberger Egidiengymnasium (und seit 1811 mit der Nürnberger Patriziertochter Marie Tucher von Simmelsdorf verheiratet), kann als Philosophieprofessor nach Heidelberg gehen.

Der Schwabe hatte seit 1805 als außerordentlicher Professor in Jena gelehrt; vor Napoleons Truppen war er 1806 mit seinen Manuskripten nach Bamberg geflohen, wo ihm die Redaktion der »Bamberger Zeitung« übertragen wurde.

Student ermordet August v. Kotzebue

23. März 1819. Mit den Worten »Hier, du Verräter des Vaterlandes!« stößt der aus Wunsiedel stammende, 23jährige Student Karl Ludwig Sand dem Lustspieldichter und russischen Staatsrat August von Kotzebue einen Dolch ins Herz.

Sand, Theologiestudent und eifernder Patriot, hatte 1815 bei den bayerischen Jägern des Rezatkreises gedient und war später Mitglied der Jenaer Burschenschaft. Noch ehe er 1820 enthauptet wird, erläßt der Deutsche Bund im September 1819 die »Karlsbader Beschlüsse« mit ihren reaktionären Bestimmungen.

Joseph Baader baut eine Eisenbahn

1818. Die Regierung gibt das Geld, und Dr. med. Joseph Baader baut im Hof der königlichen Maschinenwerkstatt in der Münchner Vorstadt St. Anna eine Eisenbahn im Maßstab 1:2. Es gibt Applaus, und der erste bayerische Landtag empfiehlt, die Baadersche Bahn zwischen Nürnberg und Fürth zu erproben.

Der Ermunterung folgt freilich kein Geld hinterher. Baader aber, der sich für Maschinen und alles Technische sehr viel mehr als für die erlernte Medizin interessiert, plant weiter. Schon 1798 hat er für Napoleon ein Unterseeboot entworfen, 1805 baute er eine vielbestaunte Springbrunnenanlage für den Nymphenburger Park. Jetzt aber kennt Joseph Baader nur noch ein Thema – die »Einführung eiserner Straßen«.

König Maximilian I. Joseph von Bayern gibt seinem Volk am 26. Mai 1818 eine konstitutionelle Verfassung

Bayern erhält konstitutionelle Verfassung

26. Mai 1818. Wieder, wie an dem Tag, als Bayern Königreich wurde, reitet der Reichsherold unter Kanonendonner und Glockengeläut durch die Haupt- und Residenzstadt. Begleitet wird er von zwölf ausgewählten Bürgern, die den Text der soeben erlassenen Verfassung unters Volk verteilen. Einen Tag später, an seinem 62. Geburtstag, schwört der König zusammen mit dem Kron-

prinzen und den Räten auf diese konstitutionelle Verfassung.

Ohne große Begeisterung gab Montgelas am 14. September 1814 dem König die Anregung, eine Revision der Verfassung von 1808 in Auftrag zu geben; drei Tage später wurde bereits eine Kommission eingesetzt. Die Herren stritten sich; eine neue Kommission sollte erfolgreicher sein, doch sie vertagte sich bald.

Verfassungsurkunde; Textgliederung: von dem Könige und der Thronfolge, von der Reichs-Verwesung, von dem Staatsgute, von allgemeinen Rechten und Pflichten, von besonderen Rechten und Vorzügen, von der Ständeversammlung, von dem Wirkungskreise der Ständeversammlung, von der Rechtspflege, von der Militärverfassung, von der Gewähr der Verfassung

Montgelas tat nichts, die Verhandlungen voranzutreiben; es gäbe ja ohnedies nur wenige Menschen, meinte er, welche politische Freiheiten genießen oder verstehen würden. Nach dem Sturz des mächtigen Ministers dauerte es dann aber doch noch ein Jahr, bis man die Diskussion über einen Verfassungstext wieder aufnahm. Offensichtlich fürchtete der König, die Fürsten könnten auf dem Wiener Kongreß ihre alten Rechte einklagen, und dem mußte vorgebeugt werden.

Da waren aber auch noch einige ungeklärte Fragen in den Beziehungen zwischen Staat und Vatikan, die sich durch eine Konstitution regeln ließen. Und es gab noch einen weiteren Grund: Bayern stand vor dem finanziellen Abgrund, eine repräsentative Volksvertretung könnte den Bankrott vielleicht verhindern.

Der König, so heißt es nun, vereinigt alle Rechte der Staatsgewalt in seiner Person, in der Ausübung seiner Rechte freilich unterliegt er Beschränkungen. Wie England und Frankreich hat auch Bayern ein Zweikammersystem; die Erste Kammer sind die Reichsräte, die Zweite Kammer setzt sich zusammen zu je 1/8 aus adeligen Gutsbesitzern und Geistlichen, 1/4 der Vertreter kommt von Städten und Märkten, die Hälfte sind Landeigentümer ohne gutsherrliche Gerichtsbarkeit.

Druckmaschinen von Koenig & Bauer

1817. Im säkularisierten, arg zerfallenen Prämonstratenserkloster Oberzell bei Würzburg gründen Friedrich Koenig und Andreas Friedrich Bauer die erste Druckmaschinenfabrik der Welt.

Die beiden Erfinder hatten längere Zeit in London gelebt und dort 1810/14 ihre Zylinderdruckmaschine patentieren lassen – mit der »Times« vom 29. November 1814 erschien erstmals eine maschinengedruckte Tageszeitung, das »Resultat der größten Verbesserung, welche die Buchdruckerkunst seit ihrer Erfindung erfahren hat«.

Da es Unstimmigkeiten mit dem englischen Finanzier gab, kehrten die Erfinder nach Deutschland zurück.

Erster bayerischer Landtag

4. Februar 1819. Bei der Eröffnung des ersten bayerischen Landtags spricht der König feierliche Worte: »Indem ich heute die erste Ständeversammlung des Reichs eröffne, sehe ich mich am Ziele eines seit langer Zeit in meinem Herzen getragenen Wunsches …« Bald schon wird er freilich nicht mehr meinen, die Abgeordneten seien »gleich wachsam für die Heiligkeit des Thrones wie für die Sicherheit der Hütte«.

Der Streit entzündet sich an dem Antrag eines Bamberger Abgeordneten, das Heer zu vereidigen, wie es die Verfassung verlangt. Dagegen wird erwidert, die Soldaten seien keine Staatsdiener, für die als einzige diese Eidespflicht gelte. Die Abgeordneten – jeder von ihnen vertritt 7000 Familien – wollen außerdem bei den Militärausgaben Einsparungen vornehmen. Bayern, sagen sie, sei in jedem Fall auf Allianzen angewiesen, und so sei ein stehendes Heer nicht notwendig, außerdem würde eine Reduzierung der Armee um 10 000 Soldaten die Sicherheit Bayerns nicht wesentlich vermindern.

Die Regierung ist über so viel Aufmüpfigkeit verstimmt, und als nach der Ermordung Kotzebues am 23. März das politische Klima ohnedies gespannt ist, wird die Auflösung des Landtags oder gar die Rücknahme der Verfassung, erlassen am → 26. Mai 1818, erwogen.

Es bleibt bei den Überlegungen. Die Session des ersten bayerischen Landtags endet am 25. Juli.

Gesellige Künstler im Biedermeier

25. August 1819. In der aufgelassenen Georgskapelle der Salvatorkirche, im Atelier des Bildhauers Schwanthaler, kommen die »Humpenauer« erstmals zusammen. Die Herren erscheinen in Rüstungen und geben sich, dazu passend, ritterliche Phantasienamen. Bei Trunk und Unterhaltung – reimend, arm-

Urkunden dokumentieren das rege Gesellschafts- und Künstlerleben

Geselligkeit im beliebten Münchner Künstlerlokal »Stubenvoll«

brustschießend und pokulierend – gebärden sie sich mittelalterlich.

Die Humpenau wird eines der bekanntesten Beispiele Münchner Geselligkeit im Biedermeier.

Im gleichen Jahr (vielleicht aber auch erst ein wenig später) versammeln sich im Englischen Kaffeehaus beim späteren Lenbachplatz etwa 20 bayerische Herren, die ebenfalls eine Gesellschaft gründen. Sie heißt »Alt-England« und feiert ihr Stiftungsfest am Tag der heiligen Eulalia, dem 12. Februar. Die Mitglieder erscheinen dabei in altenglischer Tracht.

Aschaffenburg – eine alte Stadt in neuen Händen

Die Stadt Aschaffenburg ist zwei Jahre bayerisch, als August Urlaub, Nachkomme einer bekannten unterfränkischen Malerfamilie, im Jahre 1816 den Wochenmarkt auf dem Stiftsplatz malt (Abb.). Man muß sich in der etwa 7000 Einwohner zählenden Stadt erst an die neuen Verhältnisse gewöhnen. Mehr als 900 Jahre lang, von 982 bis 1803, gehörte man zum Erzbistum Mainz, dann errichtete Napoleon für den Kurkanzler Dalberg das Fürstentum Aschaffenburg, das 1810 an

Frankfurt fiel. Vier Jahre später wurden die Österreicher Herren der Stadt, die sie noch im gleichen Jahr, zusammen mit Würzburg, an Bayern vertauschten. Im frühen Mittelalter war Aschaffenburg ein wichtiger Umschlagplatz. 1122 wurde er neu befestigt, besaß 1144 Marktrechte und erhielt zwischen 1161 und 1173 das Stadtrecht bestätigt. Während der Revolutionskriege im Jahre 1799 übersiedelte schließlich der Mainzer kurfürstliche Hof in die Stadt.

Das »Kgl. Hof- und Nationaltheater« in München, zu dem Kronprinz Ludwig 1811 den Grundstein legte, brennt bereits fünf Jahre nach der Eröffnung völlig ab, wird jedoch nach den alten Plänen rasch wieder aufgebaut

Kgl. Hof- und Nationaltheater zu München

12. Oktober 1818. Mit Albert Klebes Festspiel »Die Weihe« – einem Stück mit 160 Rollen! – wird das Kgl. Hof- und Nationaltheater zu München eröffnet.

Seit etwa 1792 hatte es Pläne gegeben, ein neues Theater zu bauen, zuerst am Salvatorplatz (wo man seit 1654 spielte), dann, nach Abbruch des Franziskanerklosters, am Südende der Residenz.

Lorenzo Quaglio zeichnete Entwürfe, Friedrich von Gärtner hat sich mit dem Projekt beschäftigt, auch Emanuel von Herigoyen, der schließlich dem 20jährigen, aus Mannheim stammenden Karl von Fischer weichen mußte.

Für den klassizistischen Bau (der sich auf Wunsch des Königs am Pariser Odéon orientieren mußte) wurde am 26. Oktober 1811 der Grundstein gelegt. Aktionäre stifteten das Geld. Es waren kriegerische Jahre, die Kostenvoranschläge wurden weit überschritten. Zuletzt mußte König Max 1816 in seine Privatkasse greifen und 1817 die Aktien (mit Zins) zurückkaufen, um die stockenden Bauarbeiten schließlich zum Ende zu führen.

Karl von Fischer, Erbauer des Kgl. Hof- und Nationaltheaters in München; der aus Mannheim stammende Fischer gilt als der bedeutendste Architekt unter König Max I.; einer Ausbildung an der Wiener Akademie folgte 1808 seine Berufung an die Münchner Akademie

Das Königliche Hof- und Nationaltheater in München wird mit Albert Klebes Festspiel »Die Weihe« (Musik von Ferdinand Fränzl) eröffnet

Zwei Bayern reisen ins Amazonasgebiet

1817/20. Die Bayerische Akademie der Wissenschaften interessiert sich für Brasilien. Zusammen mit einer österreichischen Expedition reisen der 23jährige Mediziner und Botaniker Carl Friedrich Martius, der 36jährige Zoologe und Arzt Johann Spix sowie ein Blumen- und Tiermaler, ein Gärtner und ein Mineraloge. Im Juli trifft die Gruppe in Rio de Janeiro ein, und Ende des Jahres begibt sie sich ins Landesinnere. Die erste wissenschaftliche Erforschung Brasiliens, vor allem auch des Amazonasgebietes, beginnt.

Als die beiden bayerischen Forscher wieder nach Europa zurückreisen, können sie eine reiche Ausbeute vorzeigen: 6500 Pflanzenarten, 350 Vögel und 2700 Insekten.

Zusammen schreiben die beiden Wissenschaftler ein dreibändiges Werk über die »Reisen in Brasilien«. Noch ehe es fertig ist, stirbt Spix; Martius aber ist sein Leben lang mit der Aufarbeitung der wissenschaftlichen Ergebnisse beschäftigt.

Große Gelehrte an der Landshuter Uni

Nach 1815. Vor anderthalb Jahrzehnten erst war die Universität von Ingolstadt nach Landshut gezogen, und schon beginnen Gespräche und Diskussionen, ob man sie nicht besser nach München verlegen sollte.

Zunächst lehrten die von Ingolstadt zugezogenen Professoren in dem seit 1773 leerstehenden Jesuitenkloster; am 4. Juni 1802 übernahmen sie das Dominikanerkloster.

Zu den angesehensten Landshuter Professoren gehören der Mediziner Andreas Röschlaub (1802/24), der Chirurg Philipp von Walther (1804/18), der Chemiker und Mineraloge Nepomuk von Fuchs (1805/23), der Rechtsgelehrte Friedrich Karl von Savigny (1808/10) sowie der Anatom und Zoologe Friedrich Tiedemann (1805/16), der in seiner Landshuter Zeit u. a. auch ein Werk über die »Anatomie der kopflosen Mißgeburten« vorlegt.

Der einflußreichste Lehrer aber ist der Theologe Johann Michael Sailer, zu dessen Schülern Kronprinz Ludwig gehört. Er ist einer der Schöpfer und Repräsentanten der sog. »Landshuter Romantik«, einer bayerischen Antwort auf die Aufklärung.

1820

1820–1824

Um 1820. Die Salzbergwerke im Süden Bayerns liefern jährlich rund 32 000 t Kochsalz.

1820. In der Nürnberger Vorstadt Wöhrd richtet der Tuchhändler Johann Philipp Lobenhofer eine der ersten Tuchfabriken Bayerns ein.

1820. Das 1801 gegründete »Topographische Büro« wird dem bayerischen Generalstab angegliedert.

8. 7. 1820. Die Bundesversammlung in Frankfurt am Main nimmt die Wiener Schlußakte an, das die Deutsche Bundesakte von 1815 ergänzende Grundgesetz des Deutschen Bundes. Die Wiener Schlußakte bestätigt die Souveränität aller im Deutschen Bund zusammengeschlossenen Staaten und proklamiert das monarchische Prinzip. Darüber hinaus dient die Wiener Schlußakte als Grundlage für reaktionäre Maßnahmen gegen nationale und liberale Kräfte.

15. 9. 1821. Die Tegernseer Erklärung von König Maximilian I. Joseph von Bayern setzt einen vorläufigen Schlußpunkt in der seit 1817 andauernden religionspolitischen Debatte; München wird Bischofssitz. →

2. 11. 1821. In Nürnberg wird die erste Sparkasse Bayerns eröffnet. →

1822. Für die 1806 mit dem Fürstentum Ansbach übernommene preußische Staatsbank in Fürth – 1807 wurde sie als »Königlich bayerische Banco« nach Nürnberg verlegt – zahlt Bayern Preußen eine Abfindung von insgesamt 102 653 fl (bayerische Gulden).

1822. Georg Dillis wird Leiter der Gemäldegalerie in München. →

1822. Durch königliche Entschließung erhöht Bayern eine Reihe von Einfuhrzöllen als Vergeltungsmaßnahme gegen schutzzöllnerische Staaten, vor allem Frankreich.

21. 1.–2. 6. 1822. In München tagt der zweite bayerische Landtag. Er verabschiedet das Hypothekengesetz, das auch für andere Staaten vorbildlich wird.

30. 9. 1822. Nikolaus von Maillot de la Treille löst Johann Nepomuk von Triva als Staatsminister der Armee ab. Von Triva hatte dieses Amt seit 1808 inne.

7./8. 10. 1822. Der russische Zar Alexander I. und der österreichische Kaiser Franz I. besuchen König Maximilian I. Joseph von Bayern in Tegernsee. Auch der österreichische Staatsmann Klemens Fürst Metternich besucht den König 1822 in Tegernsee. →

1823. Die Teilnahme des englischen Lords Byron am Befreiungskampf der Griechen gegen die osmanische Fremdherrschaft und der griechische Befreiungskampf rufen in Bayern eine starke Resonanz hervor. Zu den »Philhellenen« (Griechenfreunde) zählen u. a. der spätere bayerische König Ludwig I. →

1823. Der Chemiker und Mineraloge Johann Nepomuk von Fuchs, Konservator der staatlichen mineralogischen Sammlungen in München, entdeckt das Wasserglas (glasartige chemische Substanz), das u. a. als Feuerschutzmittel verwendet wird.

14. 1. 1823. Das Münchner Nationaltheater brennt nieder. – Den Wiederaufbau leitet Leo von Klenze. →

23. 11. 1823. Der Münchner Kunstverein wird gegründet. →

16. 8. 1824. Der Bundestag in Frankfurt am Main verlängert die Karlsbader Beschlüsse von 1819 auf unbestimmte Zeit.

1824. Bei der »Allgemeinen Zeitung« in Augsburg wird die erste süddeutsche Schnellpresse aufgestellt. Sie wird angetrieben durch die erste funktionierende bayerische Dampfmaschine.

1824. Ausbau und Modernisierung des bayerischen Straßennetzes seit Ende der Napoleonischen Kriege sind weitgehend abgeschlossen. →

1824. Das Hüttenwerk in Bergen, das 1808 in den Besitz des bayerischen Staats übergegangen ist, erhält den Namen Maximilianshütte.

1824. Die Außenhandelsbilanz Bayerns für die Jahre 1819/20 bis 1823/24 ergibt eine Gesamtausfuhr von 108,74 Millionen fl. und eine Gesamteinfuhr von 108,62 Millionen fl. (→ Um 1820).

1824. Der Münchner Kunstverein wird gegründet.

29. 2. 1824. Kronprinz Ludwig gibt Leo von Klenze zu dessen 40jährigen Geburtstag in der Spanischen Weinschenke zu Rom ein Fest. →

GESTORBEN:

11. 2. 1820. München: Karl von Fischer (* 17. 9. 1782, Mannheim), Architekt.

3. 1. 1822. München: Christian Mannlich (* 2. 10. 1741, Straßburg), Maler und Museumsorganisator.

14. 1. 1822. München: Franz Kobell (* 23. 11. 1749, Mannheim), Zeichner, Radierer und Maler.

16. 8. 1822. Schloß Haidenburg/ Niederbayern: Johann Adam Aretin (* 24. 8. 1769, Ingolstadt), bayerischer Staatsmann.

GEBOREN:

15. 8. 1820. Würzburg: Adolph von Pretzschner (†27. 4. 1901, München), bayerischer Staatsminister.

17. 2. 1821. Stephansried bei Ottobeuren: Sebastian Kneipp († 17. 6. 1897, Wörishofen), katholischer Geistlicher und Naturheilkundler.

12. 3. 1821. Würzburg: Luitpold († 12. 12. 1912, München), Prinzregent (1886–1912).

5. 12. 1821. Altötting: Sigmund von Pranckh (†8. 5. 1888, München), bayerischer General und bayerischer Kriegsminister.

23. 12. 1822. Dillingen an der Donau: Wilhelm Bauer (†20. 6. 1875, München), Ingenieur.

Dom von Freising, das bis 1821 Bischofssitz war; mit Unterzeichnung der »Tegernseer Erklärung« wird das Ordinariat nach München verlegt

München wird Bischofssitz

15. September 1821. Der König setzt seinen Namen unter die »Tegernseer Erklärung«, und damit wird München – an Stelle von Freising – endgültig Bischofssitz. Eigentlich war die Entscheidung zur Verlegung früher gefallen und bereits in der am 1. April 1818 in Rom ausgefertigten »Zirkumskriptionsbulle« veröffentlicht worden. Die seit der Säkularisation ausstehende Neuordnung der Beziehungen zwischen Bayern und dem Vatikan waren jedoch schwierig verlaufen und hatten etliche Irritationen gebracht.

Das Erzbischöfliche Ordinariat zieht in das Palais Holnstein, einen Rokokobau, den François Cuvilliés von 1733 an für Karl Albrechts dazumal zehnjährigen illegitimen Sohn Franz Ludwig errichtet hatte. Der junge Herr – seine Mutter war ein Fräulein von Ingenheim – wurde vom kurfürstlichen Vater zum Grafen von Holnstein ernannt.

Königstreffen am Tegernsee

7./8. Oktober 1822. Die »erhabenen Freunde«, Kaiser Franz I. von Österreich und Zar Alexander von Rußland, begeben sich zum Fürstenkongreß nach Verona und machen auf dieser Reise einen Abstecher zu König Max am Tegernsee. Die Ehre ist groß, die Begeisterung gering. Der Zar, meint Königin Caroline, zeigt im Umgang mit Damen so merkwürdige Manieren, und dann will er auch noch eine Oper sehen, wo man doch im Tegernseer Schloß weder Bühne noch Kulissen besitzt.

Und wie soll man die Leute unterbringen: 25 Personen des österreichischen Hofes, 22 des russischen, 10 des braunschweigischen und 200 des bayerischen. Die Gekrönten kommen, man führt Gespräche über politische Probleme, und dann sagt man sich Ade.

König Max I. Joseph mit seiner Familie am Tegernsee, wo er Kaiser Franz I. und Zar Alexander I. empfängt

Hof- und Nationaltheater steht in Flammen

14. Januar 1823. Noch ehe das Neue Kgl. Hof- und Nationaltheater in München ganz fertig ist – die Säulen fehlen noch immer – brennt es bis auf die Grundmauern nieder.

Die Vorstellung an diesem Dienstagabend begann um 18 Uhr und das

Erfolgloser Löschversuch

König Max I. Joseph war verärgert. Er verlor sein schönes Theater, und die Münchner standen da und bestaunten das blutigrote Spektakel statt zu löschen.

Dabei haben sie, soweit das möglich war, durchaus versucht, das Gebäude zu retten: Da das Wasser gefroren war, rannten sie in die nächstgelegene Brauerei und holten Bier, das sie – freilich ohne großen Erfolg – in die Flammen gossen.

Der Bürgermeister war über den (ungerechtfertigten) Ärger des Königs verärgert und trat zurück.

Ende sollte gegen 21 Uhr sein. Der erste Teil des Programms war die komische Oper »Die beyden Füchse« mit der Musik von Mehul. Danach sollte das pantomimische Ballett »Der Wildschütze« von Ballettmeister Horschelt folgen.

Dazu kam es nicht mehr, denn während der Opernaufführung fing die

Dekoration Feuer; da das Löschwasser an diesem eisigkalten Winterabend eingefroren war, mußten die Münchner zusehen, wie das Theater – in dem es schon ein Jahr vor der Eröffnung einen Dachstuhlbrand gegeben hatte – bis auf die Grundmauern zerstört wurde.

In dem zu seiner Zeit bedeutendsten und größten modernen Theaterbau – einem architektonischen Entwurf, der trotz seiner kritisierten Akustik viel bewundert wurde – hatte man

Vor den Augen der Münchner brennt das Kgl. Hof- und Nationaltheater – nur etwa vier Jahre nach seine Eröffnung – bis auf die Grundmauern nieder

nur gerade etwas mehr als vier Jahre lang spielen können.

Karl von Fischer, der große Architekt des Klassizismus, hat den Untergang seines Baus nicht mehr erlebt. Er starb am 11. Februar 1820, noch nicht anderhalb Jahre nach der Eröffnung des Nationaltheaters, im Alter von 37 Jahren. Kurz vor seinem Tode hatte er, der Schöpfer des Prinz Karl Palais, erlebt, wie ihn – mit Duldung von Kronprinz Ludwig – Leo von Klenze verdrängte.

Straßennetz wird weiter ausgebaut

1824. Bayern hat sein Straßennetz erweitert und modernisiert. Die Regierung Montgelas nahm sich offensichtlich an Napoleon ein Beispiel, auch wenn man in Bayern sehr viel bescheidener vorgehen mußte.

Das Land war seit alters von wichtigen Handelsstraßen durchzogen. Kelten haben sie benutzt, römische Legionäre sind auf ihnen marschiert und die Salzfuhrwerke transportierten auf den noch recht rumpeligen Wegen ihre kostbare Fracht.

Früh schon führten dabei alle bayerische Straßen nach München, auch die in alle Richtungen gehenden Postrouten. Regelmäßig verkehrten die Kutschen zwischen der Residenzstadt und Regensburg, Wels, Salzburg, Innsbruck und Augsburg. Zeitweise war München aber auch Hafenstadt. Die für Österreich und Ungarn bestimmten Holzlieferungen aus dem Oberland schwammen in Form von großen Flößen isar- und donauabwärts.

In der Nähe der Ludwigsbrücke – dem ältesten und lange Zeit einzigen Isarübergang – war die Anlegestelle; von hier ging zweimal wöchentlich ein »Ordinari-Floß« ab, das Passagieren eine Fahrgelegenheit bot.

Natürlich wurden auch die Donau und vor allem der Inn für die Schiffahrt genutzt.

Anfänge der Industrialisierung im Agrarstaat Bayern

Um 1820. Zu Beginn des Industriezeitalters ist Bayern ein Agrarstaat mit nur wenigen überregionalen Gewerbebetrieben: Einige allerdings weltbekannte optische Unternehmen in München, ein wenig Montanindustrie im Chiemgau und in der Oberpfalz; am Außenhandel sind die Bauern sehr viel mehr beteiligt als die Gewerbetreibenden (wobei der Import ohnedies größer ist als der Export). Für das Jahr 1800 z. B. ergab sich, daß die Ausfuhr von Schweinen 20 %, die von Gewerbeprodukten aber nur 6,5 % des Gesamtexports des Landes ausmachte.

Durch den Zugewinn von Franken und Schwaben – also mit Nürnberg und Augsburg – erwirbt Bayern auch viele Gewerbebetriebe. Die Zeiten aber sind ungünstig: Napo-

Industrieunternehmer J. F. Klett

leons Kontinentalsperre blockiert die Wege zu den überseeischen Märkten und kurze Zeit später leidet die noch in den Anfängen steckende Textilindustrie unter der billigeren britischen Konkurrenz.

Neben Tuch produziert man in Bayern vornehmlich Glas, Tabak, Eisenerz, Draht, Bleistifte und Lebkuchen. Die einst florierende Nürnberger Uhrmacherkunst (mit einer Tradition, die bis zu Peter Henleins »Nürnberger Ei« zurückreicht) hat den Anschluß verloren, und die Geschäfte der Augsburger und Nürnberger Goldschmiede sind stark zurückgegangen.

Die industriellen Anfänge in Bayern sind, der wirtschaftlichen Struktur des Landes entsprechend, bescheiden. In den etwa 80 bis 100 Manufakturen (den Vorläufern

der Fabriken) arbeiten nur selten mehr als 20 Personen. Daß aber mit diesen Betrieben eine neue Zeit anbricht, wird schnell erkannt. Bereits 1818 organisiert man in Augsburg und Nürnberg sowie 1821, 1822, und 1823 auch in München Industrieausstellungen.

Bekannte Beispiele für die Entwicklung frühindustrieller Betriebe liefern die Nürnberger Johann Friedrich Klett und Johann Wilhelm Spaeth. Spaeth kehrt 1817 als gelernter Müller in seine Geburtsstadt Nürnberg zurück. In einer Tuchfabrik findet er Arbeit als Mechaniker. Er repariert die Maschinen, richtet sich eine Werkstatt ein und gründet 1825 seinen eigenen Betrieb. Aus der Reparaturwerkstatt wird innerhalb kurzer Zeit die Spaethsche Maschinenfabrik.

Erste Nürnberger Sparkasse eröffnet

2. November 1821. Ausgerechnet im ehemaligen Almosengebäude »an der Augustinerstraße S Nr 70a zur ebenen Erde« beginnt die erste Nürnberger Sparkasse ihre Arbeit. Die »unter der Verwaltung des Magistrats und der Garantie der Commune stehende Anstalt« hat »den Zweck: die Ersparniße von Dienstboten und anderen unbemittelten Personen aufzunehmen«.

Die Vermögen von Unbemittelten zu sammeln macht wenig Arbeit und so ist die Sparkasse nur an einem Tag der Woche geöffnet; der Diurnist Stoehr kann die anfallenden Kassageschäfte nebenamtlich führen; an Zinsen zahlt er 3³/₄ und 4%.

Als Johannes Scharrer im Dezember 1820 die Gründung der Sparkasse vorschlug, hat er gleich die Frage beantwortet, was mit den Spargeldern geschehen soll: Man will sie dem Städtischen Leihhaus zur Schuldentilgung überlassen.

Ein Kunstverein in München gegründet

23. November 1823. Die Landschafter werden an der Münchner Kunstakademie nicht sehr hoch geachtet; vier Lehrer unterrichten Historien-, doch nur einer lehrt Landschaftsmalerei. Um diesem Genre mehr Aufmerksamkeit und Ansehen zu verschaffen, gründen Domenico Quaglio, Karl Stieler, Peter Heß und der Architekt Friedrich Gärtner den Münchner Kunstverein.

Der König, obzwar selbst ein Freund von Landschaftsbildern, ist nicht glücklich, daß hier gleichsam eine Gegen-Institution zur Akademie geschaffen wird, und so genehmigt er am 31. Dezember den Verein zunächst nur für München. Er übernimmt dann aber doch am 18. August 1824 das Protektorat; und ein knappes Jahr später wird die Ausdehnung auf ganz Bayern gewährt. Die sog. »Fachmaler« – Landschafts-, Genre-, Porträt- und Architekturmaler – sind damit akzeptiert.

Dillis wird Leiter der Gemäldegalerie

1822. Mehr als zwei Jahrzehnte betreute Christian Mannlich die zunächst kurfürstliche, dann königliche Gemäldesammlung. Er leitete die Überführung der Zweibrücker- und der Düsseldorfer Galerie nach München und inventarisierte die nun an Umfang wie Qualität bedeutende Sammlung.

Nach dem Tode Mannlichs folgt Johann Georg Dillis als Direktor der Zentralgalerie. Der Försterssohn aus der Wasserburger Gegend – ein laisierter Priester – ist selbst ein hochgeschätzter Landschaftsmaler, doch er muß sich »dem höhern Zweck der Kunstgeschichte opfern« und die Eröffnung der Alten Pinakothek vorbereiten.

Dillis zeichnet sich nicht nur durch seine museumsorganisatorischen Fähigkeiten aus, sondern zählt daneben zu den bedeutendsten Vertretern Münchner Landschaftsmalerei zu Beginn des 19. Jh.

Begeisterung für den Freiheitskampf

1823. Der Kampf der griechischen Patrioten um die Freiheit wird von Europas Intellektuellen mit großer Begeisterung unterstützt.

Keiner tritt leidenschaftlicher für die Griechen ein als der Kronprinz von Bayern, der sich selbst gerne den »alten Philhellenen« nennt.

Zusammen mit dem in München lehrenden Altphilologen Friedrich Wilhelm Thiersch – Deutschlands engagiertestem Philhellenen – setzt er sich auf vielfache Weise für die griechische Sache ein. Er spendet Geld, übernimmt das Protektorat des Münchner Griechenvereins, stellt den Griechen die Salvatorkirche zur Verfügung, sorgt dafür, daß griechische Waisenkinder in München aufgenommen werden und schickt den Oberstleutnant Heydeck mit ein paar Offizieren nach Hellas, wo sie freilich ihre Absicht, die aufständischen Soldaten zu organisieren, nicht verwirklichen.

»Topographisches Büro« beim Generalstab

1820. Da die Offiziere genaue Landkarten verlangen, wird das 1801 gegründete »Topographische Büro« dem bayerischen Generalstab angegliedert. Das Hauptwerk des Büros ist der seit 1812 erscheinende »Topographische Atlas des Königreiches Bayern«, eine Landesaufnahme im Maßstab 1 : 50 000 (Abb.: Kartenausschnitt). Von Anfang an sollten die Karten auch der Finanzverwaltung dienen und eine einheitliche, gerechte Erhebung der Grundsteuer erlauben.
Um die geographische Erfassung Bayerns macht sich vor allem Johann Georg Soldner verdient. Die Arbeiten des Wissenschaftlers, der die 1817 eröffnete Münchner Sternwarte leitet, sind international anerkannt.

Kronprinz Ludwig gibt ein Fest für Klenze

29. Februar 1824. Kronprinz Ludwig war mit dem Hofbaudirektor Leo von Klenze 1823/24 nach Sizilien gereist, und ehe eine Exkursion zu den Tempeln von Paestum angetreten wird, gibt der Wittelsbacher am 29. Februar für Klenze zu dessen 40. Geburtstag in der Spanischen Weinschenke des Don Raffaele zu Rom ein Fest. Und er bestellt Franz Ludwig Catel, damit er die Szene in einem für Ludwigs Privatsammlung bestimmten Bild festhalte. Die Teilnehmer der Geburtstagsrunde (von links nach rechts): Raffaele, der Kronprinz, Thorvaldsen, Klenze, Graf Seinsheim, Joh. Mart. Wagner, Philipp Veit, Dr. Ringseis, Julius Schnorr von Carolsfeld, Catel, Baron Gumppenberg.

1825. Joseph von Baader baut seine erste Eisenbahn-Versuchsstrecke im Schloßpark zu Nymphenburg. →

1825. König Ludwig I. von Bayern nimmt tiefgreifende Änderungen in den Rang- und Besoldungsverhältnissen der Minister vor (Gehaltskürzungen u. a.).

1825. Der liberale »Bayerische Landbote« entwickelt sich zum meistgelesenen Blatt in Bayern.

2. 1. 1825. Das Münchner Nationaltheater, 1823 abgebrannt, wird nach dem Wiederaufbau neu eröffnet. →

Oktober 1825. König Ludwig I. von Bayern beruft die sog. Ersparungskommission, die Vorschläge zur »Staatsvereinfachung« und Finanzsanierung erarbeitet.

12. 10. 1825. König Maximilian I. Joseph von Bayern stirbt. Nachfolger wird sein Sohn Ludwig I. →

19. 10. 1825. König Ludwig I. leistet den Eid. →

20. 10. 1825. König Ludwig I. ordnet an, daß der Name Bayern in Zukunft »mit einem ›y‹ statt ›i‹« zu schreiben sei.

17. 12. 1825. König Ludwig I. von Bayern schafft das Amt eines Obersten Kirchen- und Schulrats, der dem Innenministerium untersteht. Die Leitung wird Eduard von Schenk übertragen.

26. 12. 1825. König Ludwig I. von Bayern richtet beim Innenministerium eine Sektion für das Bauwesen ein, an deren Spitze er Leo von Klenze beruft.

1826. Der Erlanger Physiker Georg Simon Ohm entdeckt das nach ihm benannte Elektrizitätsgesetz, das Ohmsche Gesetz. →

1826. Friedrich Pustet gründet in Regensburg einen Verlag. →

3. 10. 1826. König Ludwig I. von Bayern dekretiert die Verlegung der Landshuter Universität nach München.

12. 11. 1826. Herzog Ernst I. von Sachsen-Coburg-Saalfeld tritt im Gothaischen Erbteilungsvertrag Saalfeld an das Herzogtum Sachsen-Meiningen ab und erhält dafür Gotha. Er nennt sich nun Herzog von Sachsen-Coburg-Gotha.

15. 11. 1826. Die von Landshut nach München verlegte Universität wird eröffnet. →

1827. In München wird eine Polytechnische Centralschule gegründet.

1827. In Nürnberg erscheint die »Freie Presse«. Sie rühmt sich, das erste bayerische Oppositionsblatt zu sein.

1827. König Ludwig I. von Bayern erwirbt die Gemäldesammlung der Kölner Brüder Sulpiz und Melchior Boisserée für die Alte Pinakothek in München. →

1827. Joseph Stieler malt als erste Dame der Schönheitengalerie die 20jährige Auguste Strobl. →

1827. Der Jurist Paul Johann Anselm von Feuerbach veröffentlicht seine brillant geschriebene »Aktenmäßige Darstellung neuer merkwürdiger Criminal-Rechtsfälle«, die zahlreiche Auflagen erlebt. Feuerbach wird mit dieser Schrift zum Begründer der modernen Kriminalpsychologie in Deutschland.

28. 8. 1827. König Ludwig I. von Bayern reist nach Weimar, um Johann Wolfgang von Goethe an seinem Geburtstag zu besuchen. Diese Dichterehrung erregt großes Aufsehen in Deutschland. →

17. 11. 1827. König Ludwig I. von Bayern eröffnet mit einer Thronrede die Ständekammer in München. Der Landtag von 1827/28 verabschiedet u. a. das Gesetz über die Landräte.

10. 3. 1828. Das Odeon – ein neuerbauter Münchner Konzertsaal – wird eröffnet. →

26. 5. 1828. In Nürnberg taucht ein Junge unbekannter Herkunft auf, der sich Kaspar Hauser nennt. →

1. 7. 1828. Der bayerisch-württembergische Zollverein tritt in Kraft. →

1829. Johann Michael Sailer wird Bischof von Regensburg. →

GESTORBEN:

13. 6. 1825. München: Johann Peter Melchior (* 12. 10. 1742, Lintorf/Ruhrgebiet), Bildhauer und Porzellanmodelleur.

12. 10. 1825. Nymphenburg: Maximilian I. Joseph (* 27. 5. 1756, Mannheim), Kurfürst von Bayern 1799–1806, erster König von Bayern 1806–1825. →

14. 11. 1825. Bayreuth: Jean Paul, eigentlich Johann Paul Friedrich Richter (* 21. 3. 1763, Wunsiedel), Dichter, Publizist und Pädagoge. →

9. 4. 1826. Josef August von Törring (* 1. 12. 1753, München), Dramatiker, Staatsminister.

7. 6. 1826. München: Joseph von Fraunhofer (* 6. 3. 1787, Straubing), Optiker und Physiker.

8. 4. 1827. Johann Nepomuk von Triva (* 20. 9. 1755, München), General, Staatsminister der Armee 1808–1822.

18. 4. 1827. München: Nikolaus Thaddäus von Gönner (* 18. 12. 1764, Bamberg), Jurist.

15. 3. 1829. München: Lorenz von Westenrieder (* 1. 8. 1748, München), Schriftsteller und Historiker.

GEBOREN:

6. 9. 1826. Fürth: Leopold Ullstein († 4. 12. 1899, Berlin), Verleger.

1. 10. 1826. München: Karl Theodor von Piloty († 21. 7. 1886, Ambach am Starnberger See), Maler.

4. 12. 1826. Münnerstadt /Unterfranken: Johann von Lutz († 3. 9. 1890, Oberpöcking am Starnberger See), Staatsminister.

20. 8. 1827. München: Charles De Coster († 7. 5. 1879, Ixelles/Belgien), Schriftsteller.

König Maximilian ist tot

12. Oktober 1825. Den Abend seines Namenstages verbringt König Max I. Joseph in der Herzogspitalgasse 18 auf einem Ball, den der russische Gesandte Woronzeff gibt. Er spielt L'Hombre und läßt sich – er sieht ein wenig blaß aus – ungefähr um 22 Uhr heimfahren nach Schloß Nymphenburg. Der Posten salutiert. »Nicht wahr«, meint König Max, »ich bin brav, daß ich so früh nach Hause komme.« Das sind seine letzten Worte. Am nächsten Morgen findet ihn sein Diener tot im Bett.

Bayern hat seinen ersten König verloren, einen Mann, der sicher nicht durch Brillanz bestach, der aber die Sympathie der Bayern durch seine Natürlichkeit gewann. Er war eine leutselige, kommode Natur, ein Herrscher ohne Pathos und ohne große Allüren. Morgens, so hieß es, ging er häufig auf den Schrannenmarkt, um sich zu überzeugen, was das Getreide kostet (und vielleicht auch, um zu erfahren, was das Volk dachte). Er wäre dabei wohl selber als Bauer durchgegangen; Carl von Nostiz jedenfalls, der ihn auf dem Wiener Kongreß kennenlernte, schrieb über ihn: »Der König von Bayern sieht aus wie ein grober, verdrießlicher bayerischer Fuhrmann, hat aber dabei einen Anstrich von Biederkeit und Rechtlichkeit. Er ist der bürgerlichste König.«

Und dieser von Natur aus eher konservative Landesvater war doch auch ein Revolutionär: Früh schon hat er in Maximilian von Montgelas jenen Mann gefunden, der eine Vision von einem neuen Bayern hatte. Und dazu das Genie und die Energie, seine Pläne auch durchzusetzen. König Max aber, durch und von Montgelas überzeugt, gab seinem obersten Minister dazu die Möglichkeit. Diese Modernisierung Bayerns war freilich vielfachen Gefährdungen ausgesetzt und es bedurfte eines großen taktiererischen Geschicks (und auch einiger Verschlagenheit), um

das Land möglichst unversehrt durch die Wirren der napoleonischen Jahre zu bringen. Dazu war es einige Male nötig, das Lager zu wechseln. Nach dem Vertrag von Ried (→ 8. 10. 1813), der Bayern in der buchstäblich letzten Minute auf die rettende österreichische Seite brachte, sagte Napoleon voller Verachtung zu Max Josephs Schwester: »Madame, ich habe Ihnen nur ein Wort zu sagen: votre frère est le plus grand coquin, Ihr Bruder ist der größte Schurke!«

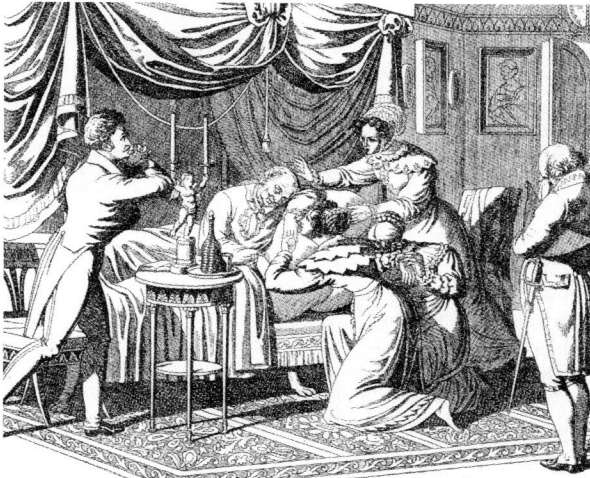

König Max I. ist in der Nacht plötzlich verstorben

Maximilian I. Joseph, erster König von Bayern (1806-1825)

Und wenn es denn tatsächlich Schurkerei war, so hat sie doch das Land gerettet – zuletzt, als die Herren zu Wien Europa neu geordnet hatten, war Bayern doppelt so groß wie in den vorausgegangenen Zeiten. Es war nicht zuletzt König Max zu danken, wenn Bayern, Franken und Schwaben in einem einzigen Staat zusammenwuchsen.

König Ludwig I. spricht die Eidesformel

19. Oktober 1825. Seit langem hat sich der nun 39jährige Kronprinz auf die Übernahme der Herrschaft in Bayern vorbereitet, häufig hat er sogar schon wie ein Gegenkönig agiert und beispielsweise die Ablösung des hochverdienten Grafen Montgelas erzwungen. Nun aber, da er die Eidesformel spricht, tritt er das schon so lange ersehnte Amt endlich an: Ludwig ist König.

Die Nachricht vom Tod des Vaters erhielt der Kronprinz am 15. Oktober in Bad Brückenau. Der Oberst

Schuldenberg und Sparprogramm

Das Königreich Bayern steht wieder einmal vor dem Bankrott. Als Ludwig I. den Thron besteigt, liegt neben Szepter und Krone die Liste der Staatsschulden in Höhe von 16 Millionen Gulden.

Die napoleonische Zeit hat ihren schweren Tribut verlangt. Zu finanzieren waren die Kriege und die stationierten Truppen, Kosten machten aber auch die Neuerwerbungen, denn mit den Ländern mußten auch deren Schulden von 50 Millionen Gulden übernommen werden.

Mit Hilfe seines strengen Finanzministers Joseph Ludwig von Armannsperg gelingt es, die Staatsfinanzen zu ordnen.

König Ludwig I. übernimmt nach dem Tod seines Vaters, Maximilian I. Joseph, im Alter von 39 Jahren als zweiter König die Herrschaft in Bayern

des Garderegiments, von München angereist, trat vor Ludwig und sagte: »Euer Majestät melde ich alleruntertänigst, daß Seine Majestät, der vormalige König, Ihr Herr Vater, dahingeschieden ist.«

Es ist ein liberaler Mann, der jetzt in Bayern zu regieren beginnt. Die Jahre, die dem Amtsantritt vorangingen, waren ein großes Versprechen, und die frühe Regierungszeit scheint es nun auch einzulösen:

Eineinhalb Monate nach der Eidesleistung hebt König Ludwig die Pressezensur auf, und im Landtag von 1827/28 läßt er nicht weniger als 25 neue Gesetze vorlegen. Allerdings werden nur einige von ihnen dann auch in Kraft gesetzt.

Der liberale Kurs hat von Anfang an seine Gegner. Ein neues Adelsgesetz sieht zwar weiterhin die fünf Stufen, Fürst, Graf, Freiherr, Ritter und »von« vor, in ihm heißt es aber auch, daß der Fürsten-, Grafen- und Freiherrntitel in Zukunft nur noch auf den erstgeborenen Sohn vererbbar

Therese v. Sachsen-Hildburghausen, seit 1810 mit Ludwig I. verheiratet

ist. Dagegen gibt es Widerstand bei den Betroffenen – das Reformgesetz kommt nicht zustande.

Vielleicht ließe sich mit Geduld und taktischem Geschick die Politik der Reformen besser vorantreiben, doch diesen Weg wählt König Ludwig nicht. Als sich seine Pläne nicht in der von ihm gewünschten Form und Zeit erreichen lassen und als schließlich 1830 in Paris eine Revolution ausbricht, dreht die Majestät das Rad zurück, der liberalen folgt nun eine konservative Epoche.

Vieles wird dieser Wittelsbacher in seiner Regierungszeit bewegen; nach Montgelas ist er der Schöpfer des modernen Bayern. Freilich, er ist allzeit ein eigenwilliger und eigensinniger Monarch. Knapp anderthalb Monate nach seinem Regierungsantritt berichtet der österreichische Sondergesandte von Clam-Martini nach Wien: »König Ludwig erscheint mir als ein … beinahe unmöglich zu berechnender Charakter. Fest und bestimmt ist bei ihm ein reiner, guter Wille und ein lebendiges Pflichtgefühl als Regent. – Er trägt alle Elemente eines Autokraten neben allen Träumen und idealen Gebilden des Liberalismus in sich. – Der König ist und wird immer unaufhörlich der Gefahr ausgesetzt bleiben, gewissenhaft zu irren.«

König Ludwig I. zu Besuch bei Goethe

28. August 1827. Der König von Bayern, selbst ein heftig reimender Poet, erweist dem größten Poeten seiner Zeit die Ehre: Von Brückenau aus fährt Ludwig I., begleitet von seinem Stallmeister von Keßling, nach Weimar, wo er in der Nacht vom 27. zum 28. August eintrifft und im »Erbprinz« absteigt. Vormittags um elf begibt er sich zusammen mit seinem Großherzog zu Goethe, der an diesem Tag seinen 78. Geburtstag feiert.

J. W. Goethe

Mit schnellem Schritt geht die bayerische Majestät auf den ihm persönlich nicht bekannten Dichter zu: »Ich bin der König von Bayern und eigens um Ihres Geburtstages willen hergekommen.« Dabei überreicht er Goethe den mit dem persönlichen Adel verbundenen Verdienstorden der bayerischen Krone. »Der König von Bayern freut sich unaussprechlich, sein eigener Ordensmarschall zu sein und dem König der Dichter diese Auszeichnung zu überreichen, um den Orden zu ehren.«

Titelblatt einer 4bändigen Ausgabe mit Gedichten Ludwig I.

Unklare Herkunft des Kaspar Hauser

26. Mai 1828. Am Nachmittag des Pfingstmontags steht ein einfach gekleideter Bursch von etwa 16 Jahren auf dem Nürnberger Unschlittmarkt und hält einen an den Rittmeister der 4. Eskadron des 6. Chevaulegerregiments von Wessenig gerichteten Brief in der Hand. Auf alle Fragen antwortet er immer nur »weiß ich nicht« und außerdem »ich will ein Reiter werden«. Der Junge wird unter seinem Namen Kaspar Hauser zu einem der ganz großen, ungelösten Rätsel des 19. Jahrhunderts.

Kaspar Hauser

F. Daumer

Über die Identität des jungen Mannes werden viele Spekulationen veröffentlicht, doch wer Kaspar Hauser, das »Kind von Europa« ist, wird nicht herausgefunden. Auch die 1833 von König Ludwig I. gestifteten 10 000 Gulden führen zu keiner Aufklärung des sehr ungewöhnlichen Falls. Sicher ist, daß Kaspar bei seinem Auftauchen in Nürnberg ein wenig Lesen und Schreiben kann und (ober-)bairische Mundart spricht. Der mitgeführte Brief ist datiert »von der bayerischen Gränz daß Ort ist unbenannt, 1828«.

Der Nürnberger Magistrat nimmt Kaspar als Findling auf und übergibt ihn Professor Daumer, in dessen Haus (nach Hausers eigener Darstellung) zwei Attentate auf den Knaben verübt werden.

Von Nürnberg kommt der Findling nach Ansbach, wo er als Schreiber beim Gericht beschäftigt wird. Am 14. Dezember 1833 wird im Hofgarten ein weiteres Attentat auf ihn verübt. Drei Tage später stirbt Hauser an dessen Folgen.

Der Findling – und dies ist die am häufigsten vertretene Theorie – sei der Sohn des Großherzogs Karl von Baden und seiner Frau Stephanie de Beauharnais gewesen. Man habe ihn ausgesetzt, um einer anderen Linie den Weg zum Thron freizumachen.

Späteres Hauptgebäude der von Landshut nach München verlegten Ludwig-Maximilians-Universität

Universität Landshut nach München verlegt

15. November 1826. In feierlichem Zug begeben sich die Professoren in ihren Roben und die Honorarprofessoren sowie die Privatdozenten »in schwarzer Kleidung mit Degen« von der Universität zur Michaelskirche. Nach dem »sollenen Gottesdienst« ziehen sie in ebenso strenger Ordnung zurück in die Aula, wo Rektor von Dresch in Gegenwart des Königs und zweier Prinzen die Ludwig-Maximilians-Universität in München eröffnet. Sie hat etwa 80 Professoren und rund 1500 Studenten.

Mit den drei bayerischen Universitäten Landshut, Erlangen, Würzburg ist man nicht zufrieden, da ihr Ansehen nicht sehr hoch ist. Dem wäre abzuhelfen, meint man in der Umgebung des Königs, wenn die Landshuter Anstalt nach München verlegt und so gleichsam zur zentralen Mutteruniversität ausgebaut werden würde.

Der seit längerem diskutierte Plan wird, nachdem eine Entscheidung gefallen ist, schnell durchgeführt. Am 29. April 1826 werden die Verantwortlichen der Stadt München informiert, am 4. Oktober wird der Umzug bekanntgegeben und für den 15. November der Semesterbeginn im ehemaligen Jesuitenkollegium festgesetzt. Der König achtet darauf, daß wenig Geld ausgegeben wird, dennoch gelingt es, hervorragende Kräfte zu gewinnen: Ignaz Döllinger, Franz von Kobell, Friedrich Thiersch, Lorenz Oken und Friedrich Wilhelm Schelling. Die neue Münchner Universität orientiert sich an der Humboldtschen Idee der Zusammenbindung von Lehre und von Forschung.

Ohmsches Gesetz entdeckt

1826. Der Erlanger Schlossersohn Georg Simon Ohm, soeben als Physiklehrer an die Kriegsschule Berlin berufen, veröffentlicht die Abhandlung: »Bestimmung des Gesetzes, nach welchem die Metalle die Kontaktelektrizität leiten«. Das sog. Ohmsche Gesetz ist entdeckt.

Was Ohm in dieser Schrift theoretisch entwickelt – daß die Stärke des galvanischen Stroms mit der elektromotorischen Kraft im geraden und mit dem Leitungswiderstand in umgekehrtem Verhältnis steht – wird später im Versuch bewiesen. In Großbritannien ehrt man Ohm (der inzwischen in München als Professor verstorben ist) durch die Bezeichnung »Ohmade« für die absolute Widerstandseigenschaft. In Paris prägt man den Begriff »Ohm«.

Georg Simon Ohm, der das nach ihm benannte Gesetz der Elektrizitätsleitung entdeckt hat

Eisenbahnversuche von J. v. Baader

1825. Dr. med. Joseph von Baader – ein Bruder des Philosophen Franz von Baader – ist ein technisches Multitalent, das sich seit 1786 vor allem in Schottland viele Kenntnisse erworben hat. Er macht in England eine Karriere, die er ab 1794 dann in München fortsetzt.

Mehr als das ihm übertragene Berg- und Hüttenwesen interessiert ihn die neueste Technik: die Eisenbahn. Von 1812 an reicht er Vorschläge ein, König Max und Kronprinz Ludwig ermuntern ihn und 1818 geben sie Geld, damit er ein Modell bauen kann. Und sieben Jahre später, 1825, erlaubt man Joseph von Baader im Schloßpark zu Nymphenburg auf einer Strecke von 250 m einen »Versuch im Großen«.

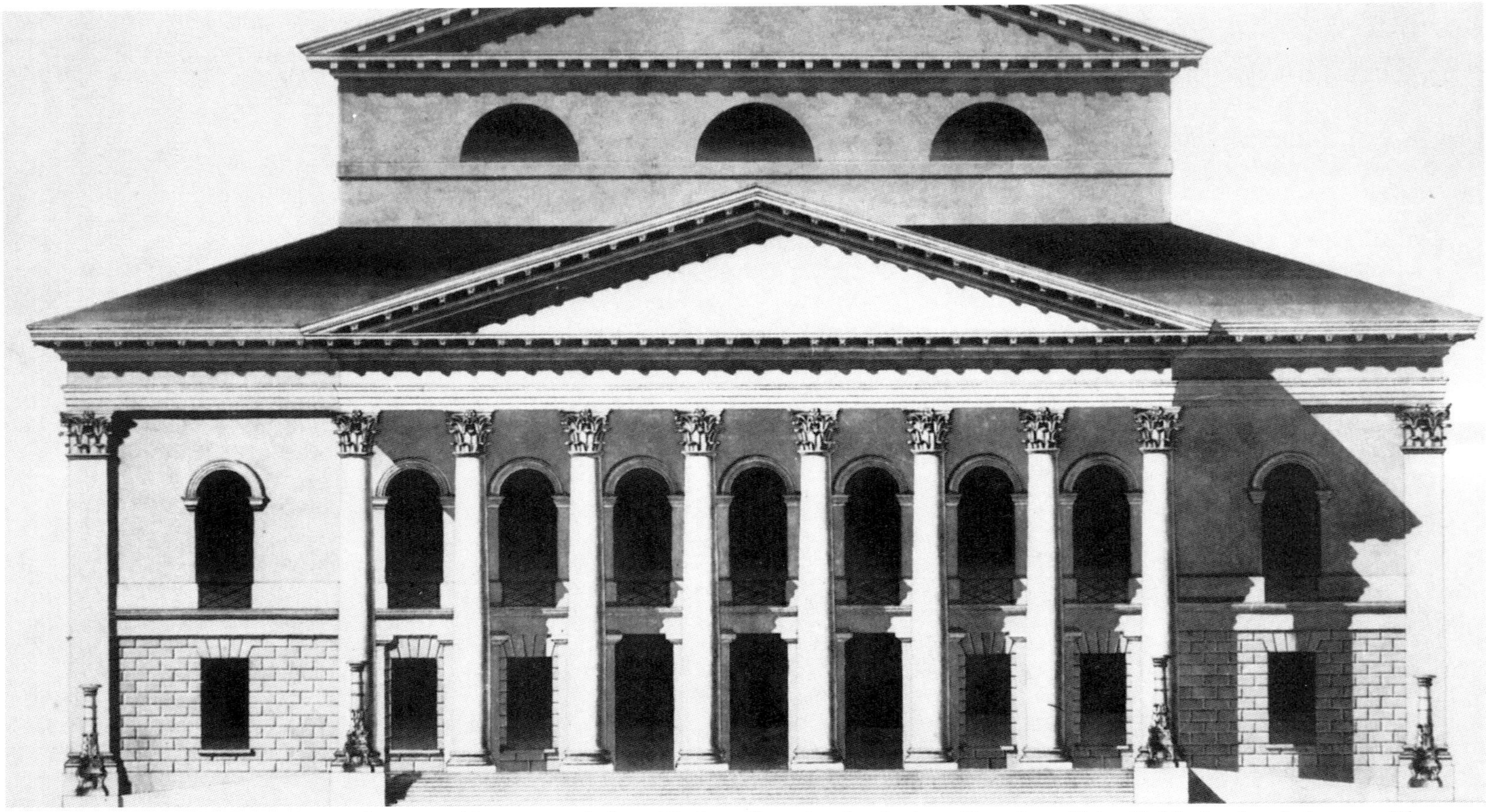

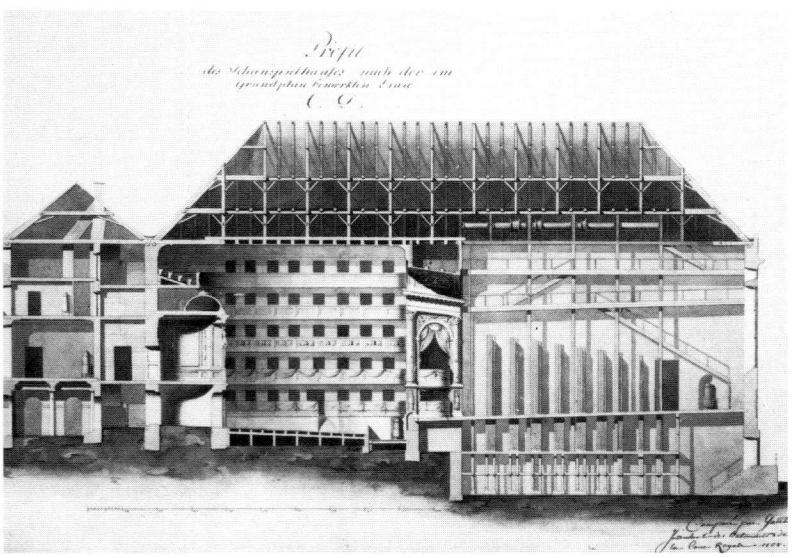

Die Fassade des Münchner Hof- und Nationaltheaters nach dem Wiederaufbau des durch einen Brand zerstörten Gebäudes durch Leo von Klenze

Hof- und Nationaltheater wieder aufgebaut

2. Januar 1825. Nur 18 Monate brauchte Leo von Klenze, dann hat er das durch einen Brand zerstörte Münchner Hof- und Nationaltheater (→ 14. 1. 1823) wieder aufgebaut. Mit einem vom kgl. sächs. Kammerherrn von Miltitz gedichteten Prolog, dem ein »baierisches Volkslied« und das Ballett »Aschenbrödel« folgen, wird das Theater eröffnet. Und wie bei der Eröffnung am 12. Oktober 1818, wird auch diesmal die Einnahme »auf Allerhöchsten Befehl für die Armen bestimmt«.

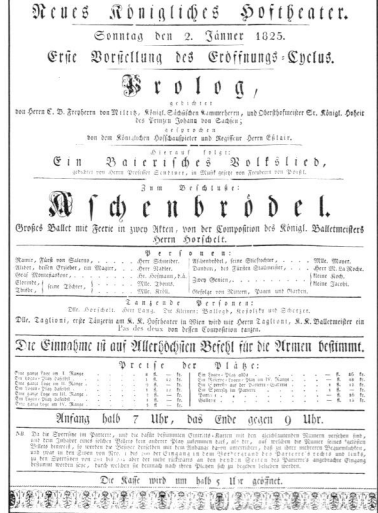

Querschnitt durch das Hof- und Nationaltheater, das L. v. Klenze nach den Plänen erbaute, die K. v. Fischer für das 1823 abgebrannte Haus entworfen hatte

Während der Brandnacht vom 14. zum 15. Januar 1823 stand Klenze vor dem Theater und gab den Löschenden Anweisungen, wie das Übergreifen des Feuers auf das (von ihm übrigens nicht geliebte) Residenztheater des François Cuvilliés zu verhindern sei.

Als er wenige Tage nach dem Brande den Auftrag zum Wiederaufbau erhielt, achtet er darauf, daß der Neubau freisteht, um ihn – wie auch die angrenzenden Gebäude – in Zukunft besser vor ähnlichen Katastrophen schützen zu können. Ansonsten waren seine Freiheiten als Architekt sehr begrenzt. Er hatte den Auftrag, sich möglichst getreu an Fischers alten Plan zu halten, der mit dem 1818 fertiggestellten Gebäude den bedeutendsten und größten Theaterbau seiner Zeit erstellt hatte. Die einzige bedeutende Änderung ist wohl der Giebel, durch den Klenze Fischers Walmdach ersetzt.

Der schnelle Wiederaufbau war möglich geworden, da die Stadt München in der kurzen Zeit von nur acht Tagen ein Drittel der gesamten Baukosten aufbrachte.

Neues Königliches Hoftheater.

Sonntag den 2. Jänner 1825.

Erste Vorstellung des Eröffnungs-Cyclus.

Prolog,

gedichtet von Herrn C. B. Freyherrn von Miltitz, Königl. Sächsischen Kammerherrn, und Obersthofmeister Sr. Königl. Hoheit des Prinzen Johann von Sachsen;

gesprochen von dem Königlichen Hofschauspieler und Regisseur Herrn Eßlair.

Hierauf folgt:

Ein Baierisches Volkslied,

gedichtet von Herrn Professor Sendtner, in Musik gesetzt von Freyherrn von Poißl.

Zum Beschluße:

Aschenbrödel.

Großes Ballet mit Feerie in zwey Akten, von der Composition des Königl. Balletmeisters Herrn Horschelt.

Personen:

Ramir, Fürst von Salerno, ... Herr Schneider.
Alider, dessen Erzieher, ein Magier, . . Herr Nadler.
Graf Montefiaskone, ... Hr. Heßmann, d. ä.
Clorinde, Thisbe, seine Töchter, ... Mlle. Thoms. Mlle. Kröll.
Aschenbrödel, seine Stieftochter, ... Mlle. Mayer.
Dandini, des Fürsten Stallmeister, . . . Herr M. La Roche.
Zwey Genien, ... kleine Koch. kleine Jacobi.
Gefolge von Rittern, Pagen und Garden.

Tanzende Personen:

Dlle. Horschelt. Herr Lang. Die Kleinen: Ballogh, Koßolzky und Scherzer.

Dlle. Taglioni, erste Tänzerin am K. K. Hoftheater in Wien wird mit Herrn Taglioni, K. K. Balletmeister ein Pas des deux von dessen Composition tanzen.

Die Einnahme ist auf Allerhöchsten Befehl für die Armen bestimmt.

Preise der Plätze:

Eine ganze Loge im I. Range	8 fl.	— kr.
Ein Logen-Platz daselbst	1 fl.	12 kr.
Eine ganze Loge im II. Range	9 fl.	— kr.
Ein Logen-Platz daselbst	1 fl.	12 kr.
Eine ganze Loge im III. Range	2 fl.	— kr.
Ein Logen-Platz daselbst	1 fl.	— kr.
Eine ganze Loge im IV. Range	5 fl.	— kr.
Ein Logen-Platz allda	— fl.	36 kr.
Ein Reserve-Logen-Platz im IV. Range	— fl.	48 kr.
Ein Sperrsitz auf der Parterre-Gallerie	1 fl.	12 kr.
Ein Sperrsitz im Parterre	1 fl.	— kr.
Parterre	— fl.	36 kr.
Gallerie	— fl.	12 kr.

Anfang halb 7 Uhr, das Ende gegen 9 Uhr.

Die Kasse wird um halb 5 Uhr geöffnet.

Theaterzettel

2. Januar 1825. *Der Theaterzettel zur Eröffnungsvorstellung (Abb.) verheißt ein eher provinzielles Ereignis. Künstlerischen Glanz erwartet man sich bei dieser Eröffnungsfeier von den Gästen: von Demoiselle Taglioni von der Wiener Hofoper, die zusammen mit ihrem Mann einen Pas des deux tanzt.*

Pustet gründet in Regensburg Verlag

1826. Der Vater, ein Buchbinder, starb, das Elternhaus in Hals bei Passau brannte im Kriege nieder und so mußte Friedrich Pustet 1809, mit elf Jahren, die Heimat verlassen, um Geld zu verdienen. In Stadtamhof lernte er das Buchbinderhandwerk, wenig später kam er nach Passau, gründete eine Leihbibliothek und Buchhandlung sowie außerdem noch eine kleine Druckerei.
Im Jahr 1826 zieht er nach Regensburg, wo er neben seiner Buchhandlung und kleinen Druckerei bald schon seinen eigenen Verlag gründet, in dem er vor allem religiöse Literatur herausbringt.

Bayern schließt ersten Zollvertrag

1. Juli 1828. Die Könige von Bayern und Württemberg geben den deutschen Kollegen ein gutes Beispiel – sie schließen einen Zollvertrag, der mit seinen detaillierten Bestimmungen im Regierungsblatt Nr. 17 abgedruckt wird und jetzt in Kraft tritt. Nur wenige Wochen später unterzeichnen Preußen und Hessen-Darmstadt einen ähnlichen Vertrag, andere Staaten folgen. Von den 22 deutschen Zollgrenzen, die es bei Regierungsantritt König Ludwig I. gibt, sind einige Jahre später nur noch drei vorhanden. Am 1. Januar 1830 tritt auch der Handelsvertrag zwischen Bayern, Württemberg, Preußen und Hessen in Kraft.

Sailer wird zum Bischof berufen

1829. Sehr lange hat Johann Michael Sailer, der Schustersohn aus Aresing bei Schrobenhausen, auf seine Ernennung zum Bischof warten müssen; 78 Jahre ist er alt, als er nun endlich zum Oberhaupt der Diözese Regensburg berufen wird.
Elf Jahre zuvor hatte ihm Preußen das Erzbistum Köln angeboten, aus Liebe zu Bayern lehnte er ab. 1819 empfahl ihn sein Schüler Kronprinz Ludwig für den Augsburger Bischofsstuhl – der Vatikan sagte nein. Die Erneuerung des Katholizismus in Bayern zur Zeit König Ludwigs I. geht vor allem auf Sailers Einfluß zurück. Außerdem verfaßte er zahlreiche pädagogische Werke.

König kauft Kunst

1827. *Niemand, sagt der König, soll erfahren, daß er den Kölner Brüdern Sulpiz und Melchior Boisserée für 216 Bilder – darunter den Dreikönigsaltar von Rogier van der Weyden und das »Schweißtuch der Veronika« (Abb.) – 240000 Gulden bezahlt habe. Er meint, man nähme ihm diese Ausgabe übel.*

Jean Paul stirbt

14. November 1825. *Mit Jean Paul (Abb.), der 62jährig in Bayreuth stirbt, verliert die deutsche Literatur eines ihrer originellsten Genies. Nach armseligen Anfängen erlangte Johann Paul Richter, der sich seit 1792 Jean Paul nannte, bald schon die Bewunderung der feinen Gesellschaft.*

Auguste Strobl

1827. *Die 20jährige Hofbuchhaltertochter Auguste Strobl (Abb.), meint der König, sei die Schönste im Reich und Joseph Stieler solle sie daher malen. Nach dieser ersten wird die Majestät noch viele Schöne in Stielers Atelier schicken. Augustes Lohn: Ihr Verlobter, ein Forstgehilfe, wird befördert.*

Wenig Musikbegeisterung im neuen Odeon

10. März 1828. Man schimpft zwar über zu wenige Toiletten und über zu wenige Räume, in denen man flanieren könne, doch alle sind sich beim Eröffnungskonzert einig: Der von Klenze erbaute Musiksaal, das Odeon, hat eine gute Akustik.

Die Demokratie hat die Münchner Musik heimatlos gemacht, da in das Redoutenhaus in der Prannerstraße, in dem bisher die meisten Konzerte und Bälle stattfanden, im Jahr 1819 die Abgeordneten des Bayerischen Landtags einzogen.

Als Platz für den Neubau eines Konzertsaals stand das Grundstück neben dem Leuchtenbergpalais zur Verfügung. Ludwig I. verlangte aber, daß sich das neue Gebäude dem Palais anpassen müsse. Damit war Klenze, der als Architekt bestellt war, eine schwere Aufgabe gestellt. Er konnte sie nur dadurch lösen, daß er den 37 m langen Saal gleichsam im Inneren des Gebäudes versteckte. Das Ergebnis war, daß der Konzertraum völlig ohne natürliches Licht auskommen mußte.
Schwierig war auch die Finanzierung – in der Staatskasse waren die 256644 Gulden nicht zu finden. Der Bankier Hirsch schoß den Betrag vor, der König übernahm die Bürgschaft und so konnte am 7. Februar 1826 der Grundstein gelegt werden. München bekam seinen Saal, doch die Münchner waren gar nicht so musikbegeistert. Die Musikalische Akademie mußte kurz nach der Eröffnung wegen mangelndem Interesse einige Abonnementskonzerte absagen. Und der schwerhörige König hatte ohnedies an der Musik kein sonderliches Vergnügen.

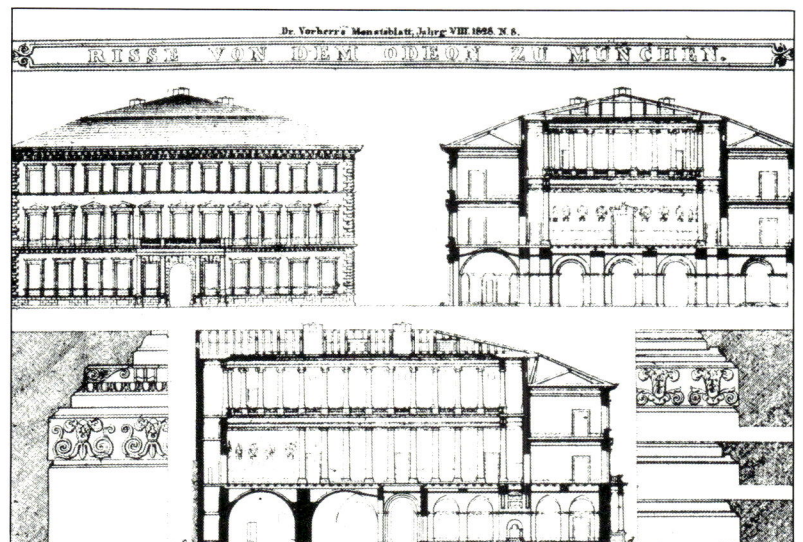

Außenansichten und Grundrisse des Odeons; der neue Konzertsaal neben dem Leuchtenbergpalais wurde nach den Plänen von L. v. Klenze errichtet

1830

1830–1834

1830. In das säkularisierte Kloster Metten kehren die Benediktiner wieder zurück. →

1830. Die bayerische Schulordnung von 1830 prägt auf Jahrzehnte das Gymnasialwesen.

1. 1. 1830. Der von Karl Heinrich von Lang initiierte Historische Verein des Rezat-Kreises konstituiert sich. Es ist der erste bayerische historische Verein. →

14. 2. 1830. König Ludwig I. von Bayern richtet die Oberste Baubehörde ein. Leiter wird Leo von Klenze, der seit 1825 auch Chef der Sektion für das Bauwesen im bayerischen Innenministerium ist. →

13. 10. 1830. Die Münchner Glyptothek wird eröffnet.

16.12.1830. Die Münchner Kaufmannsstube eröffnet eine eigene Münchner Effektenbörse. →

24.–29. 12. 1830. In München kommt es zu den Dezember-Unruhen, nächtlichen Ruhestörungen durch Studenten. Landwehr und Linientruppen werden eingesetzt.

28. 1. 1831. Eine Presseverordnung führt die Zensur für periodisch erscheinende Blätter auf dem Gebiet der Innenpolitik ein. Nach heftigen Debatten im Landtag hebt König Ludwig I. am 12. Juni die Zensur wieder auf.

21. 7. 1831. Prinz Leopold von Sachsen-Coburg-Gotha, geboren in Coburg, besteigt als Leopold I. den Thron des neu geschaffenen Königreichs Belgien.

1832. Kronprinz Maximilian entdeckt auf einer Wanderung die Burg Hohenschwangau.

Mai/Juni 1832. Der katholisch-konservative Görres- bzw. Eos-Kreis in München – Franz von Baader, Johann Nepomuk Ringseis, Ignaz Döllinger, Johann Joseph von Görres – übernimmt die Zeitschrift »Eos«. →

27. 5. 1832. Während des Hambacher Festes demonstrieren rund 30 000 radikale Liberale aus Süddeutschland mit den Farben Schwarz-Rot-Gold vor dem Hambacher Schloß. Gefordert wird die Einheit Deutschlands, eine föderative deutsche Republik und eine Allianz der demokratischen Bewegungen Europas gegen die Heilige Allianz. →

27. 5. 1832. Parallel zum Hambacher Fest wird im fränkischen Gaibach auf dem Platz der Konstitutionssäule eine Verfassungsfeier abgehalten. →

30. 1. 1833. Otto I., Sohn des bayerischen Königs Ludwig I. und König der Hellenen, kommt in Griechenland an. →

22. 3. 1833. Zwischen Bayern und Preußen wird der Zollvereinigungsvertrag geschlossen. Im Herbst ratifizieren auch Hessen-Darmstadt, Württemberg, Kurhessen, Sachsen und die thüringischen Staaten die Verträge für den Zollverein. →

2. 7. 1833. König Ludwig stellt eine

Liste der Denkmäler zusammen, die er errichten will. →

Um 1834. Die Familie Faber betreibt ihre Bleistiftfabrik in der vierten Generation. →

1834. Bei den bayerischen Gerichten laufen 142 politische Prozesse, überwiegend gegen Studenten. Es werden auch Todesurteile gefällt.

1834. Der bayerische Kanzleibeamte Franz Xaver Gabelsberger veröffentlicht seine »Anleitung zur deutschen Redezeichenkunst oder Stenographie«, die grundlegend für die deutsche Einheitskurzschrift wird. →

1. 1. 1834. Der Deutsche Zollverein tritt in Kraft.

12. 6. 1834. Auf den Wiener Ministerialkonferenzen werden Geheimbeschlüsse über verschärfte Pressezensur, Überwachung der Universitäten usw. gefaßt. Damit beginnt der Höhepunkt der Restaurationspolitik im Deutschen Bund.

12. 9. 1834. Eine Instruktion der römischen Kurie an den bayerischen Episkopat beendet den Mischehenstreit in Bayern. Auch bei fehlender Zusicherung katholischer Kindererziehung dürfen konfessionell gemischte Ehen geschlossen werden. →

GESTORBEN:

18. 11. 1830. Gotha: Adam Weishaupt (* 6. 2. 1748, Ingolstadt), Gründer des Illuminatenordens.

20. 5. 1832. Regensburg: Johann Michael Sailer (* 17. 11. 1751, Aresing bei Schrobenhausen), Pädagoge, Bischof von Regensburg.

10. 11. 1832. Ansbach: Friedrich von Thürheim (* 14. 2. 1763), Politiker, bayerischer Innenminister 1817–1826.

17. 1. 1833. Oberzell bei Würzburg: Friedrich Koenig (* 17.4.1774, Eisleben), Erfinder der Schnellpresse im Zeitungsdruck.

13. 5. 1833. München: Johann Georg Soldner (* 16. 7. 1776, Georgenhof bei Feuchtwangen/Mittelfranken), Erdvermesser und Astronom.

17. 12. 1833. Ansbach: Kaspar Hauser (* angeblich 30. 4. 1812), Findelkind unbekannter Herkunft, wird in Ansbach ermordet.

26. 2. 1834. München: Alois Senefelder (* 6. 11. 1771, Prag), österreichischer Erfinder (Hochdruck und Flachdruck).

28. 8. 1834. München: Nikolaus von Maillot de la Treille (* 25. 9. 1774, Jülich), bayerischer Staatsminister der Armee bzw. Kriegsminister 1822–1829.

27. 9. 1834. München (?): Conrad Mannert (* 17. 4. 1756, Altdorf bei Nürnberg), Historiker (»Geschichte Baierns«).

GEBOREN:

21. 10. 1830. Ansbach: Georg von Dollmann († 3. 3. 1895, München), Architekt.

Metten wieder Kloster

1830. Die Benediktiner kehren in das säkularisierte Kloster Metten zurück. Damit beginnt König Ludwig das zu verwirklichen, was im Konkordat von 1817 versprochen worden war: Daß »einige Klöster der geistlichen Orden beyderley Geschlechts« wieder eröffnet werden. Bis zum Jahr 1837 werden auf Ludwigs Veranlassung 75 klösterliche Niederlassungen neu gegründet. So macht der Sohn zum Teil wieder rückgängig, was der Vater allzu sorglos begonnen hatte.

Das Restaurierungswerk hat Ludwig 1827 begonnen, als er bestimmte, daß das Schottenkloster in Regensburg (das nicht säkularisiert war) fortbestehen solle. Dabei war es kein Zufall, daß er ein Benediktinerkloster wählte, da neben den Franziskanern, den Mitstreitern Ludwigs des Bayern, seine Sympathien vor allem diesem mit der Geschichte und der Kultur Bayerns so eng verbundenen Orden galten.

Einen Tag nach der Rettung des Schottenklosters plante Ludwig bereits die Wiedereröffnung Mettens. Scheyern, Weltenburg und andere Klöster folgten. Bei allem Stiftungseifer wollte der König einen Orden nicht wieder sehen: Die Jesuiten sollten nicht zurückkehren.

Benediktinerabtei Metten, mit Klosterkirche (erbaut um 1720), erstes von Ludwig I. nach der Säkularisation wiederhergestelltes Kloster

Historische Vereine werden gegründet

1. Januar 1830. Der vormalige Reichsarchivar und derzeitige Regierungsdirektor zu Ansbach, Karl Heinrich Ritter von Lang, handelt ganz im Sinne und nach einem Kabinettsbefehl seines Königs, als er mit dem Historischen Verein des Rezat-Kreises den ersten Historischen Verein Bayerns gründet.

»Sammeln und Bewahren« ist das Motto, unter dem die Regionalgeschichte erforscht werden soll. Dem Ansbacher Beispiel folgen am 11. Februar Nürnberg, am 13. August Passau, am 20. November Regensburg und am 22. Januar 1831 Würzburg. Der für die Historie schwärmende König spendet einerseits viel Lob andererseits aber wenig Geld.

Börse in München wird eingerichtet

16. Dezember 1830. Die erste Münchner Börsensitzung findet in einem Lokal beim Marienplatz statt. Dort mietet die für die neuerrichtete Börse verantwortliche Kaufmannsstube einen Raum.

Zu lebhaft geht es noch nicht zu, wenn das »Börsen-Coursbuch Nr 1« begonnen wird. Auf dem Kurszettel steht eine einzige Aktie, ausgegeben von der Österreichischen Nationalbank. Hinzu kommen noch vier Staatspapiere und sieben Lose.

Schon sehr bald zerstreiten sich die Mitglieder des Verwaltungsausschusses der Kaufmannsstube so heftig, daß am 10. August 1832 eine Zwangskorporation die Geschäfte übernehmen muß.

Maximilian I. Joseph, König von Bayern, gab dem Land 1818 seine konstitutionelle Verfassung

Die Pariser Julirevolution war Anlaß für einen Umschwung der liberalen Politik Ludwig I.

Studenten auf der Reise nach Gaibach anläßlich der Geburtstagsfeier der bayerischen Verfassung

Unruhen nach Gaibacher Verfassungsfeier

27. Mai 1832. Bei der Konstitutionssäule in Gaibach wird – ähnlich wie am gleichen Tag in Hambach – die bayerische Verfassung gefeiert. Es ist keine Jubel-Veranstaltung, die hier stattfindet, und statt der Vivat-Rufe erklingen vom Podium kritische Worte gegen die Regierung. Die aber antwortet – auf ausdrücklichen Befehl des Königs – mit harten Strafen. Die politischen Verhältnisse im Lande hatten sich seit der französischen Julirevolution von 1830 verschlechtert. Der einst liberal gesinnte Monarch witterte nun überall Aufbegehren und Revolution. Der Thron, so fürchtet er, ist in Gefahr. Außer der Pfalz ist Würzburg nach seiner Meinung der Sitz der »Ultraliberalität«. Und die (seit 1819 verbotenen) Burschenschaften haben sich ohnedies den Sturz der Könige und die Bildung eines einigen, republikanischen deutschen Vaterlandes zum Programm gewählt.

Nach dem Hambacher und Gaibacher Fest läßt Ludwig I. hart durchgreifen. Er schickt Marschall Wrede mit 8000 Soldaten in die Pfalz; die Ordnung wird allein durch den Aufmarsch der Truppen hergestellt.

In Gaibach, so wird dem König berichtet, habe der Würzburger Bürgermeister Michael Behr – der Vertraute seiner in Würzburg verbrachten Kronprinzenjahre – eine revolutionäre Rede gehalten. Der Landtagsabgeordnete und Universitätsprofessor wird wegen Majestätsbeleidigung und versuchtem Hochverrat zu Festungshaft von unbestimmter Dauer verurteilt; außerdem muß er vor dem Bild des Königs Abbitte

leisten. Die gleiche Strafe spricht das Gericht gegen den freiheitlich gesinnten Arzt Johann Gottfried Eisenmann aus (die Amnestie in beiden Fällen erfolgt erst 1847).

Im Zusammenhang mit den Unruhen vom Mai 1832 werden 142 politische Prozesse eingeleitet; die in sieben Fällen ausgesprochene Todes-

strafe wird in langjährige Freiheitsstrafen umgewandelt.

Als freiheitlich gesinnter, liberaler Monarch war Ludwig angetreten, doch die Julirevolution in Frankreich 1830 bewirkte einen Umschwung in seiner Politik. In der Regierungszeit Ludwig I. gibt es fast 1000 politische Prozesse.

Freiheitsparolen auf Hambacher Fest

27. Mai 1832. *Der Geburtstag der bayerischen Verfassung soll gefeiert werden. Für den 26. Mai wird auf das bei Neustadt gelegene Schloß Hambach geladen. Doch für den darauffolgenden Tag kündigt der hitzköpfige Philipp Jakob Siebenpfeiffer eine Veranstaltung für den gleichen Ort an. Und 30 000 kommen. Sie erleben ein Fest (Abb.), auf dem der »mannhafte Kampf für Abschüttelung innerer und äußerer Gewalt« proklamiert wird. Vor allem Johann Wirth fordert mit Nachdruck ein vereinigtes, republikanisches Deutschland.*

Der »Eos«-Kreis gibt sich seinen Namen

Mai/Juni 1832. Sie treffen sich nun schon seit mehr als fünf Jahren wöchentlich einmal in der Sendlingergasse zum Mittagessen, und nun erwerben sie auf Vorschlag Joseph von Baaders jene Zeitschrift »Eos«, in der sie schon bisher wichtige Aufsätze veröffentlichten und die ihrem Bund schließlich den Namen gibt – sie heißen forthin »Eos«-Kreis.

Joseph Görres

Die Herren diskutieren bei ihren Treffen über die Welt, wie sie nach ihrer Vorstellung sein soll, nämlich konservativ und katholisch. Auch Protestanten sind dabei durchaus willkommen – wenn sie nur konservativ sind.

Die Schöpfer dieses Gesinnungsvereins sind der Philosoph Franz von Baader, der Mediziner Johann Nepomuk Ringseis und der Theologe Ignaz Döllinger. Doch erst als der König im Herbst 1827 den Publizisten Joseph Görres als Professor für »allgemeine und Litterärgeschichte« an die Universität München beruft, erhält der Kreis seinen streitbaren Mittelpunkt. Der Historiker zeigt ein starkes Engagement für die katholische Richtung. Die Leute um Görres, noch immer verschreckt von der Französischen Revolution, träumen von einer feudalen, mittelalterlichen Welt. Der König hält Distanz, ihm ist das zu altmodisch.

»Einzug König Ottos von Griechenland in Nauplia im Jahre 1833«, Gemälde von Peter von Hess

Otto I. wird König von Griechenland

30. Januar 1833. Im Geleit von 33 Segelschiffen fährt die britische Fregatte »Madagaskar« in die Bucht von Nauplia ein und wirft ihren Anker. Otto, der 17jährige Sohn König Ludwig I. von Bayern, Griechenlands erster König, ist vor seiner Hauptstadt angekommen.

In England hat man einen König für das von jahrhundertelanger türkischer Herrschaft befreite Griechenland gesucht. England, Rußland und Frankreich, die den Regenten bestellen mußten, fragten Leopold von Coburg – er sagte nein (und wurde wenig später König von Belgien). An Prinz Carl, den Bruder des Bayernkönigs, wurde gedacht – er lehnte ab. Dann fiel am 13. Februar 1832 die Entscheidung auf den zweitgeborenen Sohn König Ludwigs, des großen Philhellenen. Der Vater hatte – vom Philologen Thiersch unterstützt – seinen Otto ins Gespräch gebracht, und für Otto akzeptierte er nun die Wahl zum ersten König von Griechenland.

Griechen reisten nach München, um dem König zu huldigen (und ihretwegen verschob man sogar das Oktoberfest), doch dieser König ließ sich Zeit, um in das vom Parteienzwist zerrissene Land zu reisen. Endlich, am 6. Dezember 1832, der große Abschied in der Münchner Residenz. Bis zum Hehenkirchner Forst (dem späteren Ottobrunn) reiste der Vater mit, bis Aibling begleitete ihn noch seine Mutter.

Mit König Otto reisten, dem Vertrag gemäß, 3500 bayerische Soldaten; das wehmütige Volkslied »Das Schifflein schwingt sich dani vom Land, ade!…« wird einmal an diese Reise erinnern, vor allem mit der Schlußstrophe: »Jetzt fahren wir ins Griechenland, ade!/pfüat die God, mein liebes Vaterland ade!/ Ade, ade, ade, lebe wohl!«

Die Majestät ist minderjährig, so ist ihr ein Regentschaftsrat zur Seite gestellt mit Armannsperg, Maurer, Heydeck und Abel. Trotz vieler Reformen wird die Herrschaft Otto I. in Griechenland bald abgelehnt.

König Otto von Griechenland, Sohn König Ludwig I. von Bayern; im Alter von 17 Jahren tritt Otto sein königliches Amt in dem von jahrhundertelanger türkischer Herrschaft befreiten Griechenland an; da er noch minderjährig ist, steht ihm bis 1835 ein Regentschaftsrat zur Seite; Obwohl Otto Entwicklungshilfe leistet, stößt seine Herrschaft in Griechenland bald auf Ablehnung

1832. Auf einer Fußwanderung durchs Allgäu, die er zusammen mit dem Bruder Otto, dem Kasperlgrafen Pocci sowie seinem Erzieher Oettl im April 1829 unternimmt, sieht der 17jährige Kronprinz Maximilian die baufällige Ruine von Hohenschwangau. Er ist so begeistert, daß er beschließt, die Burg zu erwerben. Im Oktober 1832 wird der Kaufvertrag unterschrieben und ein halbes Jahr später beginnen dann die Arbeiten: Der künftige König baut sich seine Sommerresidenz. Die Leitung bei der Wiederherstellung der Ruine übernimmt der Theatermaler Domenico Quaglio.

Gabelsberger stellt Stenographie vor

1834. Der 45jährige Franz Xaver Gabelsberger geht bei der Vorstellung seiner Stenographie ins Monumentale: Die von ihm verfaßte »Anleitung zur deutschen Redezeichenkunst« ist 560 Seiten stark, im Oktavformat; allein 366 Seiten sind, von Gabelsberger lithographiert, angefüllt mit Beispielen. Der Aufwand lohnt sich, sein System der Stenographie setzt sich durch.

Der kgl. bayer. Kanzlist hatte sich mit seiner Kurzschreibkunst bereits 1819, bei der Eröffnung des ersten Landtags präsentiert. Zehn Jahre später mußte die Akademie der Wissenschaften ein Gutachten abgeben. Sie rühmte das System, es sei neu, originell, einfach und sicher.

Kirche unterliegt im Mischehenstreit

12. September 1834. Durch eine Instruktion an die bayerischen Bischöfe gibt die Kurie bekannt, daß sie im Mischehenstreit ihren bisherigen strengen Standpunkt aufgibt.

Ehen zwischen Katholiken und Protestanten waren seit dem Tridentiner Konzil von 1545 verboten; ein Dispens war nur erlaubt, wenn die Ehe von einem katholischen Geistlichen geschlossen und die katholische Erziehung der Kinder zugesichert wurde. Noch im Jahr 1832 war dieser Standpunkt von der Kirche bekräftigt worden. Der König erzwang eine Änderung der strengen kirchlichen Position.

Klenze Leiter der Obersten Baubehörde

Leo von Klenze, der berühmte Baumeister zur Zeit Ludwig I.

So sollte die Glyptothek nach der Vorstellung Leo von Klenzes aussehen; dieser zweite Entwurf des Architekten stammt aus dem Jahre 1815

14. Februar 1830. Noch ein Amt für den mächtigen Herrn von Klenze: Im Regierungsblatt wird verkündet, daß die Bausektion im Innenministerium in eine Oberste Baubehörde umgewandelt und Klenze zu ihrem Leiter bestellt sei. Seit 1816 lebt der Architekt, von einigen Reisen abgesehen, in München und in der Gunst seines hohen Herrn. Die Liste seiner Bauten ist bereits lang, an ihrem Anfang steht die Glyptothek, es folgen u.a. das Leuchtenbergpalais, das Marstallgebäude, die Häuser Ludwigstraße 1–7, das Nationaltheater, das Kriegsministerium, das Odeon, der Königsbau der Residenz (entstanden 1826/35), die Pinakothek, die Allerheiligen Hofkirche …

Es wird gleichzeitig immer an einigen Klenzebauten gearbeitet, der Meister aber will mehr. Schon 1816 hatte er die Ernennung zum Oberbaurat erreicht. Königlicher Hofbauintendant war der dazumal 72jährige Andreas Gärtner. Klenze trat erfolgreich dafür ein, daß der alte Mann von seinem Posten abgelöst und durch ihn ersetzt wurde (was ihm Gärtners Sohn Friedrich nie verzieh). Es hatte eine starke Fraktion gegeben, die darauf drängte, daß auf Gärtner der Hofbaumeister Thurn folge. Klenze

Blick in die Innenräume der Glyptothek (Römer- und Heroensaal)

wußte dies zu verhindern; er schrieb an Kronprinz Ludwig: »Jene Partei ist am Werk, die sich hier stets allem Großen und Schönen entgegensetzt und welche in Herrn Thurn eine moralische und politische Garantie des Schlechten und Erbärmlichen findet …«

Keine sehr feine Art, mit Kollegen umzugehen. Nobel war auch sein Debüt in München nicht ausgefallen. Der Kronprinz hatte ihm, seinem Favoriten, den durch Karl von Fischer eingereichten Glyptothek-Plan zugespielt, und Klenze entnahm diesem Entwurf, Ludwigs Vorschlag folgend, was gut war. Und er erhielt den Zuschlag. Vor allem diese Kränkung war schuld am Tod des Baumeisters Fischer. Klenzes Ruhm aber wuchs. Er war schließlich der erste Baumeister und damit die oberste Instanz in allen Baufragen.

Eine Neuordnung des Bauwesens war notwendig, denn seit 1808 hat man die Zuständigkeiten etliche Male zwischen den Ministerien hin und her geschoben und umverteilt. Im Jahr 1829 wurde beim Innenministerium ein Baukunstausschuß errichtet und Klenze wurde zum Vorsitzenden ernannt.

Aber auch diese Institution, die Pläne für Zivilbauten des Staates, der Gemeinden und Stiftungen prüfen sollte, löste man schnell wieder durch eine andere Institution ab. An ihre Stelle trat die Oberste Baubehörde – eine technische Abteilung aller Ministerien, zuständig für Bauplanungen, für die Kontrolle des Etats und die Prüfung der Baudienstanwärter.

Auch das Militär wurde durch Klenze bedient. Mit großem Erfolg: Mit dem Ausbau der Festung Ingolstadt um 1830 lieferte er eines seiner Meisterwerke.

Außenansicht der Glyptothek in München, eines der bekanntesten Bauwerke des Architekten Leo von Klenze

Zollschranken werden abgebaut

22. März 1833. Wieder fallen deutsche Zollschranken. Mit acht Siegeln wird der Zoll-Vereinigungs-Vertrag zwischen dem Süddeutschen und dem Norddeutschen Zollverein bestätigt – 30 Millionen Deutsche haben davon den Nutzen. Bayern war vorausgegangen: 1807 hatte es als erster deutscher Staat die Binnenzollschranken zwischen seinen Provinzen aufgelöst; 1828 schloß es mit Württemberg den Süddeutschen Zollverein. Im gleichen Jahr unterzeichneten auch die Staaten Preußen, Hessen–Kassel und Hessen–Darmstadt die Urkunden für einen Zollverein.

Bleistifte von der Firma Faber

Um 1834. Die Fabers betreiben ihre Bleistiftfabrik in der vierten Generation. Und schon steht mit dem 12. Juni 1817 geborenen Lothar Faber ein tüchtiger Erbe bereit, die Firma fortzuführen.
Durch Einheirat in die Schreinerei Bußo in Stein bei Nürnberg wurde Caspar Faber zum Bleistiftmacher – und zum Begründer der Bleistiftmacherdynastie.
Im Jahr 1839 wird sein Urenkel Lothar die Firma A. W. Faber übernehmen. Er verbessert die Technik der Bleistiftherstellung, macht aus seinem Produkt einen Markenartikel und gibt ihm die bekannte sechseckige Form.

Ludwig fertigt Denkmalsliste an

2. Juli 1833. Bei seiner Freundin Marchesa Mariannina Florenzi, in ihrer toskanischen Villa Colombella, schreibt der König wieder einmal auf, welche Denkmäler er aus seiner Privatschatulle errichten will:
Ein Denkmal für Kurfürst Maximilian in München, eines für Karl Theodor in Mannheim oder Heidelberg, eines für den Marschall Wrede in Heidelberg etc., etc.
Auch Grabmäler will er stiften, etwa für seine Lehrer Sailer und Sambuga. Und obwohl Mariannina noch lebt und noch keine 31 Jahre alt ist, wird auch ihrer letzten Ruhe schon jetzt gedacht. Der Denkmalsliste wird eine Bautenliste angefügt.

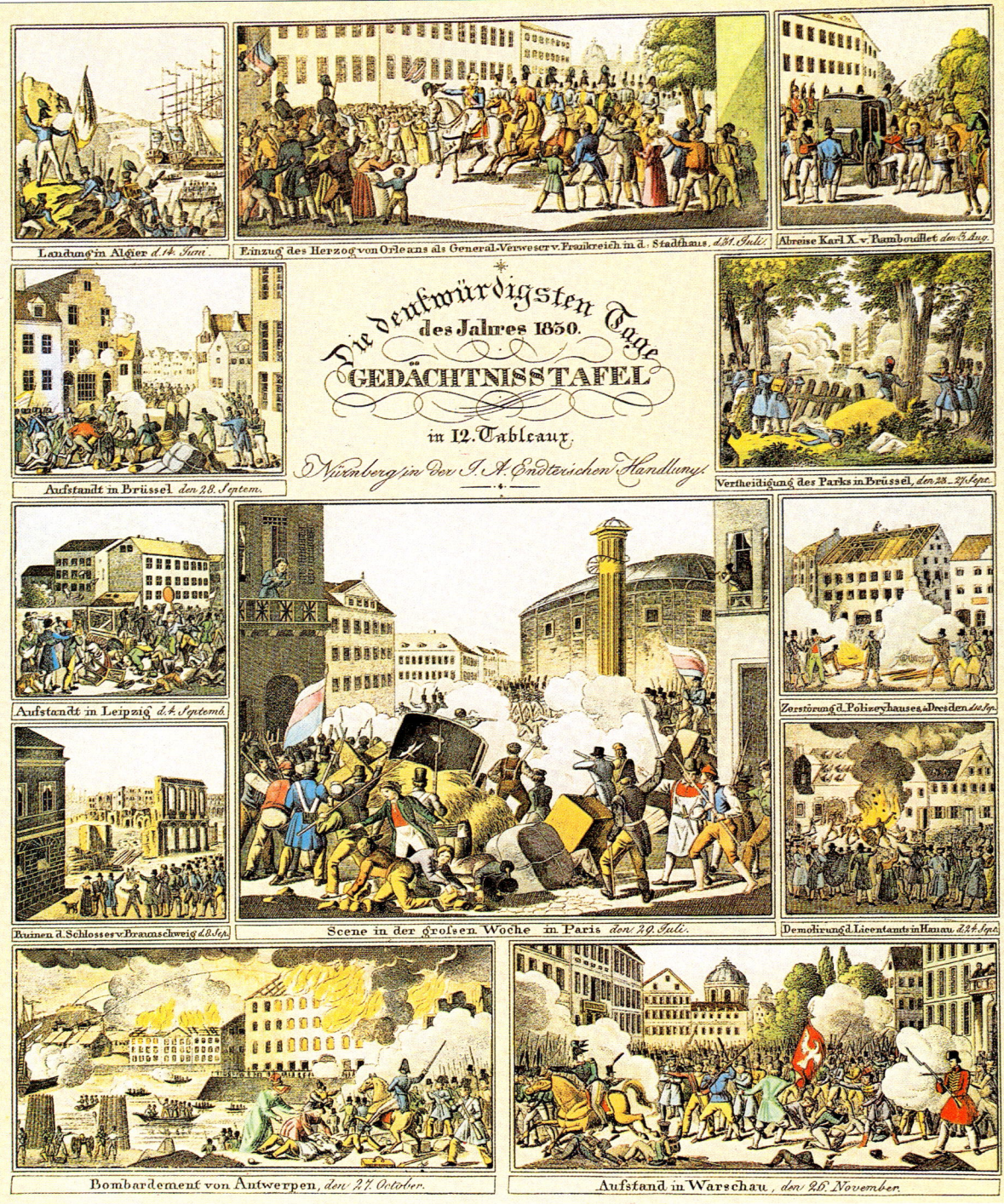

Ereignisse der französischen Revolution 1830, festgehalten auf einem Bilderbogen der J. A. Endterischen Handlung

Neue Techniken zeigen das Zeitgeschehen

Seit Alois Senefelder den Steindruck, auch Lithographie genannt, erfand (→ 1796), lassen sich Bilder schneller und billiger reproduzieren. Ein breites Publikum wird nun zum Augenzeugen der Welt- und Staatsaktionen – das Zeitalter der Bilder hat begonnen.
Die in ihrer Ausführung schlichten, kolorierten Einblattdrucke des Mittelalters konnten den Wunsch des Volkes, Personen und Ereignisse vorgestellt zu bekommen, nur unzulänglich erfüllen. Diese Drucke wurden im 17. Jh. durch die Kupferstiche endgültig abgelöst. Deren Herstellung aber erforderte Zeit, und entsprechend hoch waren auch die Herstellungskosten.
Die Verbreitung der Lithographie gibt neue Möglichkeiten, die schnell genutzt werden Aus Epinal in Frankreich kommen Bilderbögen für Kinder, die unter dem Titel »Imagerie d'Epinal« große Verbreitung finden. Ähnlich verhält es sich mit den Neuruppiner und auch den Nürnberger Bilderbögen aus der bekannten J. A. Endterischen Handlung zu Nürnberg

1835

1835. In Bayern beginnt die Ausgabe von Banknoten durch das private Bankgewerbe unter staatlicher Kontrolle.

1835. In Regensburg wird die Bayerisch-Württembergische privilegierte Donau-Dampfschiffahrtsgesellschaft gegründet.

1835. Friedrich von Gärtner vollendet den Umbau des Isartors in München. →

1835. Die großen bayerischen Dome werden restauriert. →

1. 6. 1835. Otto I., der Sohn von König Ludwig I. von Bayern, tritt die Herrschaft als König der Hellenen an. – Es kommt bald zu Aufständen der Griechen gegen den absolutistischen Regierungsstil des Bayern.

1. 7. 1835. Die vor Jahresfrist gegründete Bayerische Hypotheken- und Wechselbank blickt auf das erste Geschäftsjahr zurück. →

18. 10. 1835. Durch königliche Verordnung erhält Bayern das bis 1918 gültige Wappen. →

7. 12. 1835. Die erste Eisenbahn in Deutschland verkehrt zwischen Fürth und Nürnberg. →

10. 12. 1835. Der Bundestag in Frankfurt am Main verbietet die Schriften des Jungen Deutschland in allen Staaten des Deutschen Bundes. →

1836. Die von Leo von Klenze errichtete Alte Pinakothek in München wird der Öffentlichkeit zugänglich gemacht. →

1836. Der Münchner Physikprofessor Carl August Steinheil baut einen Telegrafenapparat, der die Telegrafiezeichen schriftlich fixiert.

1. 7. 1836. Die Arbeiten am Main-Donau-Kanal beginnen. →

Ab 1837. Die bayerische Staatsbibliothek in München kann nach und nach bezogen werden. →

1837. Der Ausbau von Schloß Hohenschwangau bei Füssen nach Plänen des Theatermalers Domenico Quaglio wird abgeschlossen.

1837. Der zweite, abschließende Band von Schmellers »Bayerischem Wörterbuch« erscheint. →

2. 2.–17. 11. 1837. Auf dem Landtag von 1837 stehen die Auseinandersetzungen über das ständische Budgetrecht, die Grundentlastung und die Frage über die Wiedereinrichtung von Klöstern im Mittelpunkt.

1838. Thorvaldsens Reiterstandbild des Kurfürsten Maximilian I. wird aufgestellt.

1838. Johann Joseph von Görres, die zentrale Gestalt des Münchner katholisch-konservativen Görresbzw. Eos-Kreises, veröffentlicht die Kampfschrift »Athanasius«, in der er für den von Preußen inhaftierten Kölner Erzbischof Clemens August Droste zu Vischering Partei ergreift und sich gegen das preußische Staatskirchentum wendet. »Athanasius« ist das erste große Dokument des politischen Katholizismus.

1838/39. Franz von Kobell und Carl August Steinheil gelingt die erste deutsche Fotografie. →

1. 1. 1838. Die nach Flußnamen benannten bayerischen Kreise werden umbenannt: Isarkreis in Oberbayern, Unterdonaukreis in Niederbayern usw. →

April 1838. Johann Joseph Görres, sein Sohn Philipp Görres, der Historiker und Jurist George Philipps und der Publizist und Jurist Karl Ernst Jarcke gründen in München die Halbmonatsschrift »Historisch-politische Blätter für das katholische Deutschland«. – Damit wird die Stadt München Zentrum einer katholischen Sammlungsbewegung.

30. 7. 1838. Die im Deutschen Zollverein zusammengeschlossenen Staaten beschließen die Allgemeine Münzkonvention, durch die das Münzwesen in Deutschland vereinfacht wird.

14. 8. 1838. Das bayerische Kriegsministerium erläßt die sog. Kniebeugungsordre. Bei Heeresgottesdiensten und Fronleichnamsprozessionen müssen alle Soldaten ohne Unterschied der Konfession vor dem Allerheiligsten knien. →

17. 9. 1838. Herzog Max in Bayern kehrt von einer Orientreise zurück. →

1839. Carl Spitzweg zeigt – ohne Erfolg – seinen »Armen Poeten« im Münchner Kunstverein. →

GESTORBEN:

7. 7. 1835. Oberdischingen: Johann Andreas Röschlaub (* 21. 10. 1768, Lichtenfels/Oberfranken), Arzt, Begründer der Erregungstheorie.

20. 10. 1835. München: Friedrich von Zentner (* 27. 8. 1752, Straßheim bei Heppenheim/Pfalz), bayerischer Justizminister 1823–1831.

5. 12. 1835. Syrakus: August von Platen, eigentlich Platen-Hallermünde (* 24. 10. 1796, Ansbach), Lyriker, Dramatiker und Nachdichter. →

12. 12. 1836. München: Georg von Weinrich (* 11. 1. 1768, Mainz), bayerischer Kriegsminister 1829–1836.

9. 4. 1837. Hohenschwangau: Domenico Quaglio (* 1. 1. 1786/87, München), Architektur- und Theatermaler, Lithograph und Radierer. →

12. 12. 1838. Ellingen/Oberfranken: Karl Philipp Wrede (* 29. 4. 1767, Heidelberg), bayerischer Feldherr.

GEBOREN:

31. 8. 1836. Bamberg: Hugo von Maffei (†21. 5. 1921, München), Industrieller.

13. 12. 1836. Schrobenhausen/Oberpfalz Franz von Lenbach (†6. 5. 1904, München), Maler.

19. 6. 1838. Schönbronn bei Rothenburg ob der Tauber: Friedrich von Hessing († 16. 3. 1918, Göggingen bei Augsburg), Orthopäde.

Der von König Ludwig I. schließlich gutgeheißene Entwurf für ein Wappen verdeutlicht die Einheit Bayerns aus seinen vier großen Regionen

Neues Wappen für Bayern

18. Oktober 1835. An die 40 verschiedene Entwürfe hat König Ludwig I. eingehend geprüft, ehe er seine Entscheidung trifft und Bayern ein neues Wappen gibt.

Der Vater, Max I., hatte gewünscht, daß im Wappen des 1806 geschaffenen Königreichs Bayern die Einheit dieses Staates ausgedrückt werde.

Erstes Königswappen Max I.

Zweites Königswappen Max I.

Für die Wappenmaler war dies eine einfache, dann freilich zu simpel gelöste Aufgabe: Sie nahmen das alte Rautenwappen und verdoppelten – um den Zugewinn anzuzeigen – die Zahl der weißblauen Felder.

König Ludwig wollte das Gegenteil erreichen. Er verlangte ein Wappen, in dem sich die verschiedenen Stämme Bayerns wiederfinden. Aber wer sollte vertreten sein? Schließlich fand er die Lösung: Im Herzschild das weißblaue Rautenwappen für Altbayern; links oben: goldener Löwe auf schwarzem Grund – die Pfalzgrafschaft bei Rhein; oben rechts: der »fränkische Rechen« – Franken; unten links: goldener Pfahl über schräg verlaufenden roten und weißen Streifen – Schwaben (Burgau); unten rechts: blauer Panther auf weißem Grund – Niederbayern. Dieses Wappen behält bis 1918 Gültigkeit. Ehe die Wittelsbacher 1242 mit der Grafschaft Bogen auch die Rauten erben, führen sie sehr viel weniger originelle Wappen:

Das älteste, aus dem Jahre 1179 stammende Wappensiegel der Wittelsbacher (dazumal noch Pfalzgrafen) zeigt einen Adler. Ein halbes Jahrhundert später, im Jahre 1220, trägt der Reiter auf einem Siegel Herzog Ludwigs I. einen Brustschild mit waagerechten Zickzackbalken. Auf einem Siegel von Ludwigs Sohn Otto II. aus dem Jahr 1233 galoppiert ein Reiter mit wehender Standarte; auf seinem Schild prangt ein Löwe. Neun Jahre später kommt das Rautenwappen an die Familie.

Eisenbahn Nürnberg–Fürth

7. Dezember 1835. Die erste, 6,05 km lange deutsche Eisenbahnstrecke wird eingeweiht. Im Mai des Jahres 1835 waren die Arbeiter gekommen, und aufgrund des sonnigen, trockenen Sommers konnten die Schienen innerhalb eines Jahres gelegt werden. Mit einer Geschwindigkeit von knapp 20 km/h fährt der englische Lokomotivführer Wilson – ein Mann, der mit seinem Jahresgehalt von umgerechnet 2571 Mark mehr verdient als der Eisenbahndirektor – die ebenfalls aus England stammende 10 PS-Lok »Adler« von Nürnberg nach Fürth.

Ludwig-Eisenbahngesellschaft« seine Zustimmung. Dabei merkte er an, daß zu einem späteren Zeitpunkt weitere Eisenbahnen genehmigt oder sogar vom Staat gebaut würden. Die Aktien waren schnell verkauft und so konnte der kgl. bayr. Bezirksingenieur Paul Denis im Juli 1834 bereits mit den notwendigen Vermessungsarbeiten beginnen.

Während in Nürnberg die Schienen verlegt wurden, setzten sich in München und in Augsburg vermögende Herren zusammen, um den Bau einer Eisenbahnlinie zwischen den beiden Städten zu planen. Und im

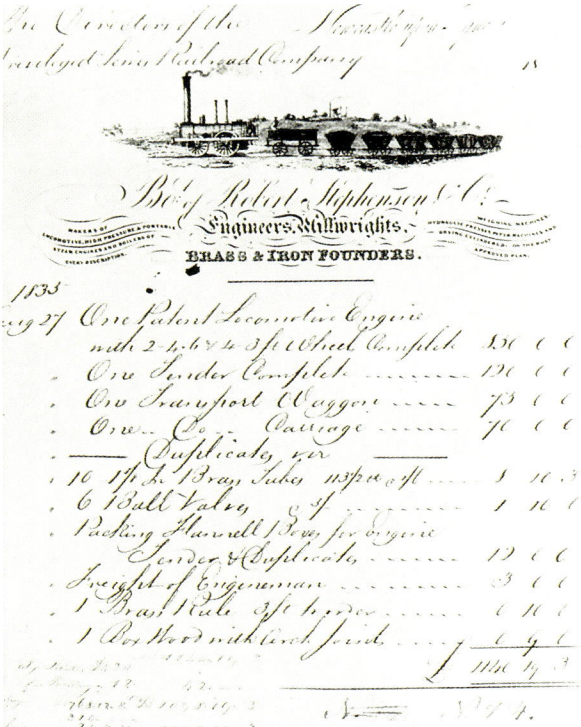

Die englische Originalrechnung für den »Adler«, die erste bayerische und deutsche Lokomotive auf der Eisenbahnlinie zwischen Nürnberg und Fürth; die vollständige Rechnung für die komplett gelieferte Lokomotive findet auf einem einzigen Zettel Platz; die in der Vignette über dem Namen der Firma abgebildete Lokomotive ist im Vergleich zum »Adler« bereits veraltet

Der aus München stammende Ingenieur Joseph Baader hatte schon 1819 angeregt, zwischen Nürnberg und Fürth eine »eiserne Comerzstraße« zu bauen. Es gab jedoch technische Mängel und vor allem Kronprinz Ludwig hatte Zweifel, ob das Projekt seinen wirtschaftlichen Nutzen habe.

Dennoch gab er am 19. Februar 1834, inzwischen König geworden, der von Nürnberger Geschäftsleuten gegründeten »Nürnberg-Fürth-

Dezember 1835, als die »Adler« von Nürnberg nach Fürth faucht, gibt König Ludwig I. seine Zustimmung zum Bau der etwa 60 km langen Strecke München–Augsburg. Wieder wird Paul Denis beauftragt, die Pläne zu entwerfen, und als es Probleme mit den Grundstückseigentümern gibt, erläßt man ein Gesetz, das Enteignungen erlaubt.

Die Arbeiten gehen zügig voran: Aus Nürnberg hört man nämlich, daß die Eisenbahn ihren Aktionären eine gute Dividende einfahre. Ein neues Zeitalter beginnt, und bald schon werden neue Strecken gebaut, von Augsburg nach Donauwörth, von Nürnberg nach Bamberg, von Donauwörth nach Nürnberg…

◁ *Eröffnung der ersten deutschen Eisenbahnlinie, die über 6,05 km Schienen Nürnberg mit Fürth verbindet; die 10 PS-Lok »Adler« erreicht knappe 20 km/h*

Bayerische Kreise werden umbenannt

1. Januar 1838. Dem französischen Beispiel folgend und sich möglicherweise französischen Wünschen beugend, hatte man Bayerns Regionen 1808 nach Flüssen benannt: Isarkreis, Unterdonaukreis, Oberdonaukreis, Regenkreis, Lechkreis usw. König Ludwig I. macht diese Taufe nun rückgängig und gibt den Bezirken neue Namen.

Dies geschieht, um die Erinnerung an die napoleonischen Tage auszulöschen, mehr aber noch – wie schon 1835 bei der Änderung des Wappens –, um »die Erinnerung an die erhebende Vergangenheit mit der Gegenwart durch fortlebende Bande enger zu verknüpfen, die alten geschichtlich geheiligten Marken der Uns untertanen Lande möglichst wieder herzustellen.«

So wird aus dem Isarkreis Oberbayern, aus dem Rheinkreis die Pfalz, der Regenkreis heißt jetzt Oberpfalz, der Rezatkreis wird in Mittelfranken umbenannt etc.

Nicht nur die Kreise erhalten neue Namen, auch der König gibt sich einen neuen Titel. Nach 1835 nennt er sich nicht mehr »König der Bayern« sondern: »von Gottes Gnaden König von Bayern, Pfalzgraf bei Rhein, Herzog von Bayern, Franken, Schwaben etc.«

Kanal verbindet Main und Donau

1. Juli 1836. Seit gut einem halben Jahr fährt die Eisenbahn, als die Arbeiten an der 172 km langen Wasserstraße beginnen, die Main und Donau verbinden soll.

Schon 1830 war der Plan gezeichnet und der Kostenvoranschlag von 8,54 Mio Gulden auf dem Tisch. Die Finanzierung durch eine Aktiengesellschaft, an der sich der Staat mit 25% beteiligen wollte, machte Schwierigkeiten (und das Projekt kostete schließlich sehr viel mehr: 17,4 Mio Gulden). Doch König Ludwig war optimistisch: »Was die Alten gekonnt, vermögen wir auch, und groß nicht nur, großartig sey der Ludwigs-Kanal.«

Der ursprünglich bestehende Plan, auch von München aus einen Kanal zur Donau zu graben, wurde bald fallengelassen – der forcierte Ausbau der Eisenbahn hatte ihn überflüssig gemacht.

Münchner Isartor glänzt in neuer Gestalt

1835. Das von Kaiser Ludwig dem Bayern erbaute, 1337 fertiggestellte Isartor zu München war baufällig geworden und sollte niedergerissen werden. König Ludwig ließ es 1823 durch Leo von Klenze zunächst sichern, ehe er 1833 Friedrich von Gärtner mit der Restaurierung beauftragte und die dafür notwendigen 25 825 Gulden stiftete. Der Baumeister Gärtner errichtete unter anderem die Zwingmauer zwischen den Türmen, und der Maler Bernhard Neher stellt 1835, dem Jahr, in dem die Arbeiten am Isartor (Abb.) abgeschlossen werden, in einem Fresko den Einzug Kaiser Ludwigs in München nach der siegreichen Schlacht gegen Friedrich den Schönen bei Ampfing dar.

Am 12. Oktober 1839 wird das Reiterstandbild des Kurfürsten Maximilian von Bayern eingeweiht. Im Sommer 1838 hatte der dänische Bildhauer Bertl Thorvaldsen von König Ludwig I. den Auftrag bekommen; die Honorarforderungen des in Rom lebenden Künstlers wurden von Klenze – unter Hinweis auf den Idealismus und die Sparsamkeit der Majestät – auf 39 000 Gulden gedrückt (München, Wittelsbacherplatz)

Kniebeugeerlaß stößt auf Protest

14. August 1838. Mit dem sog. Kniebeugeerlaß will König Ludwig von Bayern in seinem Land einen alten Brauch wieder einführen.

Bis zum Jahr 1803 war es im fast durchweg katholischen Bayern üblich, daß das Militär bei der Fronleichnamsprozession oder bei Gottesdiensten vor dem Allerheiligsten das Knie beugte. Im Königreich mit seinen vielen protestantischen Bürgern war diese Sitte schließlich abgeschafft worden.

Im Juli 1837 aber schrieb Ludwig, der in Österreichs und Frankreichs Armee noch übliche Kniefall solle auch in Bayern wieder eingeführt werden. Der im darauffolgenden Jahr veröffentlichte Erlaß wird mit heftigen Protesten beantwortet.

Dome sollen ihre alte Form erhalten

1835. König Ludwig I. wünscht, daß die großen Dome restauriert und wieder in ihrer ursprünglichen, gleichsam mittelalterlich-gotischen Form hergestellt werden.

Der Anfang wurde 1826 in Bamberg gemacht, und dort sind die Arbeiten an der »Purifizierung« noch nicht abgeschlossen, als das Regensburger Münster folgt. Auch der Kaiserdom zu Speyer wird in königlichem Auftrag restauriert.

August von Platen stirbt in Syrakus

5. Dezember 1835. Auf der Flucht vor der Cholera stirbt der seit 1826 in Italien lebende Dichter August von Platen in Syrakus. Er ist 39 Jahre alt. Als man seine Werke sammelt, füllen sie zwölf Bände.

Der aus einer verarmten Adelsfamilie stammende und im Münchner Kadettenkorps erzogene von Platen – geboren am 24. Oktober 1796 in Ansbach – hatte einige Jahre in der bayerischen Armee gedient und war dann mit einem Leutnantsgehalt freigestellt worden, damit er sich dem Universitätsstudium und seiner Dichtung widmen könne.

Das lyrische Werk von Platens wird mehr bewundert als geliebt – es zeigt Virtuosität im Umgang mit Versformen, ihm fehlt jedoch Wärme und Empfindung.

Max in Bayern von Ägyptenreise zurück

17. September 1838. Mit 30 Jahren erfüllt sich Herzog Max in Bayern einen Traum – er reist in den Orient, nach Ägypten und ins Heilige Land. Am 20. Januar 1838 verließ er München, und nun ist er wieder zurück – zusammen mit vier jungen Mohren, die er auf dem Sklavenmarkt in Kairo gekauft hat und die in Bayern getauft werden.
Einer der Reisebegleiter des Herzogs war der Zitherspieler Johann Petzmayer, seit dem 27. Oktober 1837 offiziell bestallter hzgl. bayr. Kammervirtuose. Nachts, bei Vollmond, soll er bei den Pyramiden und auf dem Nil seine Menuette gespielt haben. In Ägypten begegnete Herzog Max auch dem »Eremiten von Gauting« (→1840).

Wörterbuch von Schmeller fertig

1837. Zurück aus Spanien, wo er als Offizier in einem Schweizer Regiment gedient hatte, begann Johann Andreas Schmeller 1816 im Auftrag der Bayerischen Akademie der Wissenschaften die Sammlung für ein »Bayerisches Wörterbuch«. Bedrückt von »der Brotnoth«, arbeitete er an dem großen, bedeutenden Werk, dessen erster Band 1827 erschien und dessen Schlußband nun veröffentlicht wird.

Bayerisches
Wörterbuch.
Sammlung
von
Wörtern und Ausdrücken,
die in den lebenden Mundarten sowohl, als in der ältern und ältesten Provincial-Litteratur des Königreichs Bayern, besonders seiner ältern Lande, vorkommen, und in der heutigen allgemein-deutschen Schriftsprache entweder gar nicht, oder nicht in denselben Bedeutungen üblich sind,
mit
urkundlichen Belegen,
nach den Stammsylben etymologisch-alphabetisch geordnet
von
J. Andreas Schmeller.
Erster Theil,
enthaltend die Buchstaben
A, E, J, O, U; B; P; D; T; F; V.
Stuttgart und Tübingen,
in der J. G. Cotta'schen Buchhandlung.
1827.

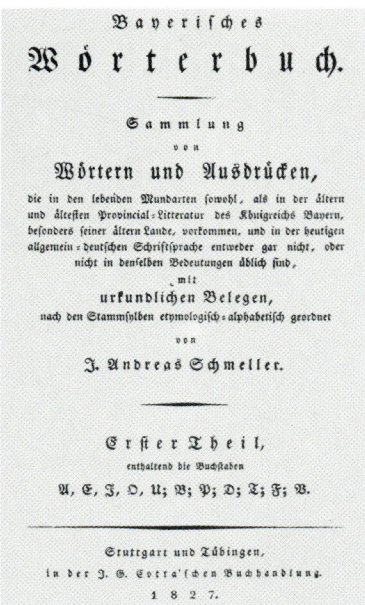

Titelblatt zum ersten Teil von J. Andreas Schmellers mehrbändigem »Bayerischen Wörterbuch«

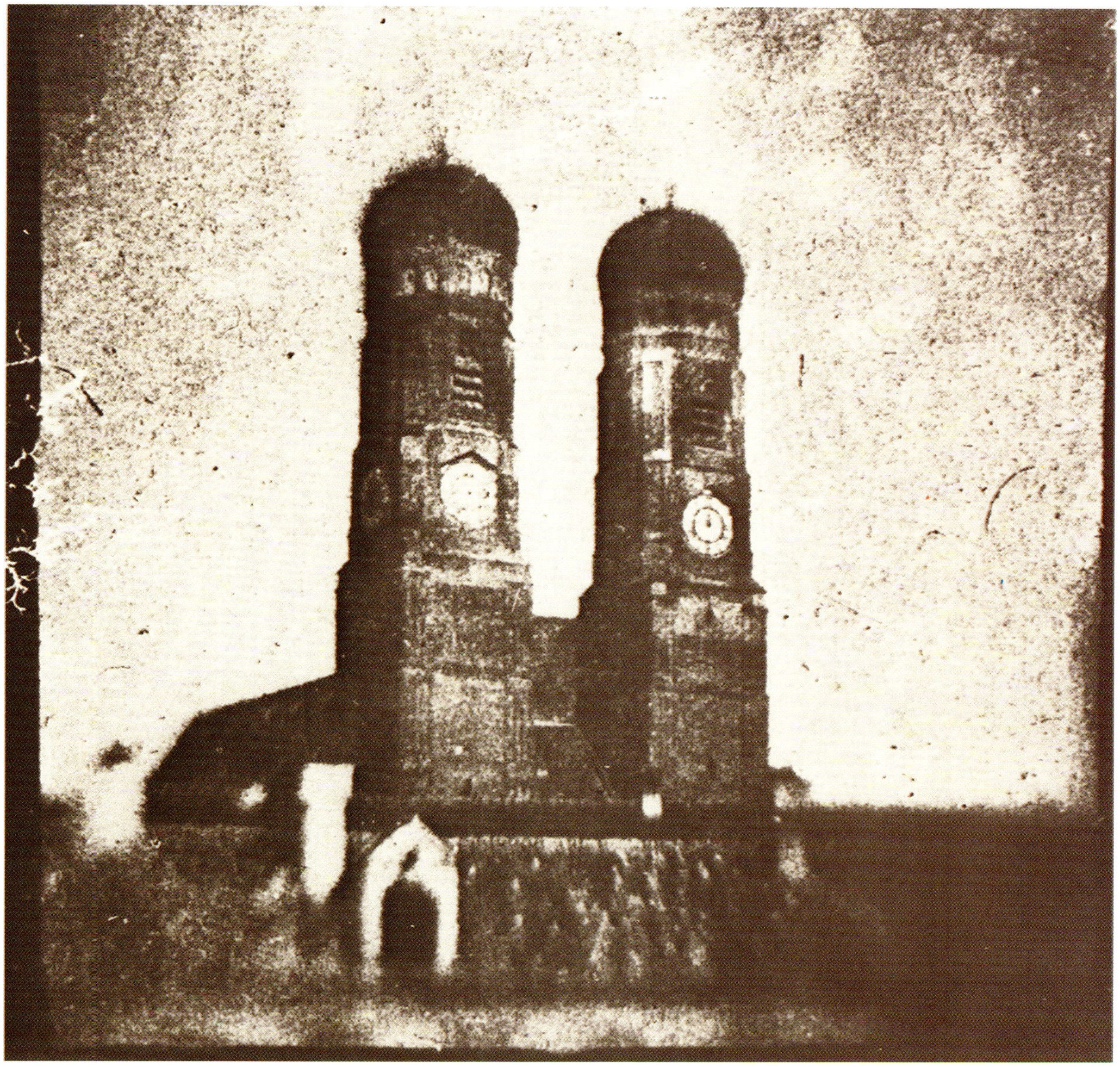

Die erste deutsche Fotografie von Steinheil und Kobell zeigt das Wahrzeichen Münchens (vergrößerte Kopie)

Erstes deutsches Foto zeigt Frauenkirche

1838/39. In einem Rückgebäude des ehemaligen Münchner Jesuitenklosters (in dem später die Bayerische Akademie der Wissenschaften untergebracht wird) stehen irgendwann zwischen dem Spätherbst 1838 und dem Frühjahr 1839 die beiden Münchner Professoren und Erfinder Franz von Kobell und Carl August Steinheil an einem Fenster des Obergeschosses und machen mit einer von ihnen erfundenen Technik fotografische Versuche.
So entsteht – wahrscheinlich noch bevor die Franzosen Jacques Daguerre und Joseph Nicéphore Niepce ihre Erfindung bekanntgeben – das erste deutsche Foto: ein Blick auf die Münchner Frauenkirche im Format von 4,2 x 4,2 cm.

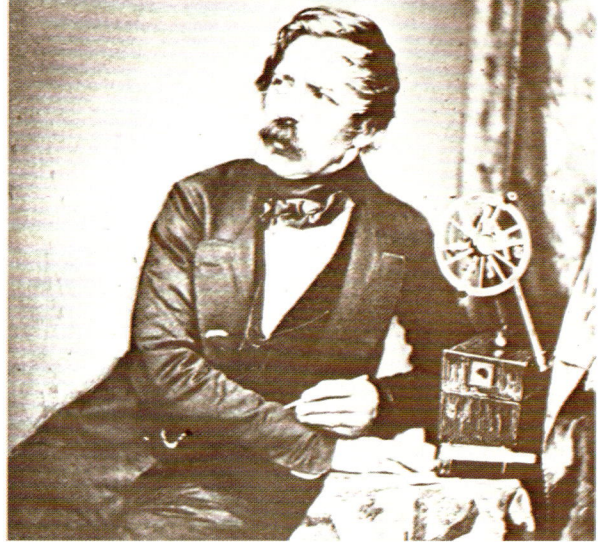

Carl August Steinheil, Professor der Mathematik und Physik an der Münchner Universität und genialer Erfinder (1837 konstruierte er den Schreibtelegrafen), gelang 1838/39 zusammen mit einem Kollegen, dem Professor Franz von Kobell, die erste deutsche Fotografie

Alte Pinakothek von Südosten: Die Architektur des Gebäudes für die im Jahr ihrer Eröffnung größte Gemäldegalerie der Welt ist ganz der Funktion des Hauses angepaßt, die großen Rundbogenfenster des Hauptgeschosses orientieren sich an Lichtbedürfnissen der Ausstellungsräume; Klenze errichtet in München nicht nur einzelne Gebäude, sondern ganze Straßenzüge und Plätze wie den Königsplatz, die Ludwigstraße und den Odeonsplatz

Blick in die Münchner Ludwigstraße mit der Ludwigskirche und – daneben – der Bayerischen Staatsbibliothek. 1827 hatte Friedrich von Gärtner den königlichen Auftrag erhalten, das von Leo von Klenze begonnene Projekt der Ludwigstraße zu vollenden; die Staatsbibliothek ist sein erstes Gebäude, Gärtner hatte dabei die Aufgabe, trotz der Vorgaben des Königs seinen eigenen, gleichzeitig aber zu Klenzes Konzeption der Ludwigstraße passenden Stil zu finden

Alte Pinakothek wird eröffnet

1836. Seit den Tagen von Herzog Albrecht V. haben die Wittelsbacher Bilder gesammelt, und als schließlich Ende des 18., Anfang des 19. Jh. auch noch ihre Düsseldorfer, Mannheimer und Zweibrücker Sammlungen nach München transferiert wurden, verfügte die Hofgartengalerie über 8500 Gemälde.

Pläne für einen Galeriebau hat man seit 1803 entworfen, doch erst im Jahr 1822 erhielt der Architekt Leo von Klenze den Auftrag, einen Neubau zu entwerfen. Als schließlich 1824 der Bauplatz an der Barerstraße gefunden worden war, wurde am 7. April 1826 der Grundstein für dieses freistehende, 152 m lange Museum gelegt. Im Herbst 1836 wird diese (Alte) Pinakothek – zu ihrer Zeit die größte Gemäldegalerie der Welt – eröffnet. Vom großen Bestand können aber auch jetzt nur 1300 Bilder gezeigt werden.

Die Sammlung umfaßt vor allem altdeutsche und flämische Malerei, aber auch bedeutende italienische, niederländische, französische und spanische Werke.

Staatsbibliothek wird eingerichtet

Ab 1837. Die Hofbibliothek bekam mit der Säkularisation von 1802/03 aus den Klöstern den schier unüberschaubaren Zuwachs von mehr als 200 000 Handschriften und Büchern. Auf dem Dachboden der Münchner Michaelskirche und an etlichen anderen Orten wurde der kostbare Bestand gestapelt, bis die nach Entwürfen Friedrich von Gärtners gebaute neue (Staats-)Bibliothek etwa von 1837 an bezogen werden kann. Die endgültige Fertigstellung wird erst 1842 erfolgen.

Im Jahr 1827 begannen die Planungen für das 155 m lange, drei Geschoß hohe Gebäude, das zunächst am Königsplatz stehen sollte. Aber schließlich wurde ein neuer Platz gefunden, und am 8. Juli 1832 konnte an der Ostseite der Ludwigstraße der Grundstein gelegt werden.

Vorbilder für diesen größten Blankziegelbau Deutschlands fand Gärtner in den Bauten der italienischen Frührenaissance. Kernstück im Inneren des Baus ist die monumentale Haupttreppe, über die man ins lichtdurchflutete Obergeschoß gelangt.

Bayern besitzt neues Geldinstitut

1. Juli 1835. Die Bayerische Hypotheken- und Wechselbank blickt auf ihr erstes Geschäftsjahr zurück. Mit dem neuen Geldinstitut soll vor allem den Bauern und den kleinen Gewerbetreibenden geholfen werden. Sie brauchen, wenn sich ihre Lage verbessern soll, Kredite zu günstigen Konditionen.

Um Abhilfe zu schaffen, fragte der König seinen Innenminister Ludwig Fürst von Oettingen-Wallerstein; der wußte keine Antwort und fragte nun seinerseits den Bankier Simon

Geschichts-Konventionstaler mit König Ludwig (oben) und Familie

von Eichthal, und der wußte eine Antwort – die Bayerische Hypotheken- und Wechselbank wurde am 1. Juli 1834 gegründet.

In seinem Gutachten vom Februar 1833 schrieb der Hofbankier Eichthal, die notwendigen Kredite könne nur eine Bank zur Verfügung stellen, die sich von anderen Banken unterscheidet: »Sie muß zugleich eine Creditanstalt werden und als solche Privilegien erhalten, daß sie mit allen nur erdenklichen Sicherheiten auf kleine und große Güter und auf Anstalten der Industrie herleihen kann«. Die Bankhäuser Rothschild und Hirsch waren bereit, dieses unter Aufsicht der Staatsregierung stehende Etablissement zu unterstützen. Das Gründungskapital der Aktiengesellschaft betrug 10 Mio Gulden, davon kamen allein 2,8 Mio von Eichthal, dem ersten Direktor.

Carl Spitzwegs Gemälde »Der arme Poet« ohne Resonanz

1839. Der »Arme Poet« (Abb.) findet keine Freunde. Als der 31jährige Münchner Apotheker a. D. Carl Spitzweg dieses frühe Bild 1839 im Kunstverein zeigt, fällt es durch. Für einige Zeit verliert der Anfänger Spitzweg daraufhin die Lust am Malen.

Spitzweg selbst hat offensichtlich von seinem Bild eine bessere Meinung als die Kritiker, denn er kopiert es – das Original wird einmal in Berlin hängen, die meisterliche Dublette aber kommt durch den Bruder Eugen Spitzweg in die Neue Pinakothek.

Für den Dichter, der von Spitzweg in den Braun- und Ockertönen der alten holländischen Meister gemalt wurde, gab es im alten München ein Vorbild, von dem gelegentlich angenommen wird, daß Carl Spitzweg daran gedacht hat: Beim »Armen Poeten« handelt es sich demnach um den im Dachgeschoß des Hauses Frauenplatz 12 wohnenden, 1782 gestorbenen Matthias Ettenhueber, der zwei Jahrzehnte lang das »Münchnerische Wochenblatt« herausgegeben hatte und dessen einziger Autor gewesen war.

1840

1840–1844

Um 1840. Der Hofbeamte Franz von Pocci ist die beherrschende Figur der Münchner Kunstszene. →

Um 1840. In Bayern gibt es etwas mehr als 60 gewerbliche Großbetriebe mit mehr als 50 Beschäftigten, davon zehn in München, sechs in Augsburg und vier in Nürnberg. →

1840. Der Bau der Eisenbahnlinie München–Augsburg wird vollendet.

1840. In der Zeit zwischen 1830 und 1840 erlebt das Hüttenwerk in Fichtelberg seine größte Blütezeit.

1840. Die erste bayerische Verordnung über Kinderarbeit in Fabriken verbietet die Beschäftigung von Kindern unter neun Jahren.

1840. Peter von Cornelius vollendet die Fresken in der Münchner Ludwigskirche.

1840. Reichsfreiherr Karl Theodor von Hallberg-Broich, der »Eremit von Gauting«, zieht nach München. →

10. 2. 1840. Der auf Schloß Rosenau geborene Prinz Albert von Sachsen-Coburg-Gotha heiratet die englische Königin Viktoria I. →

17. 2. 1840. Die Münchner Künstler veranstalten ein Dürerfest. →

15. 4. 1840. Auf dem zu Ende gehenden Landtag von 1840 stellt Innenminister Carl August von Abel klar, daß die bayerische Verfassung eine ständische und keine repräsentative ist. Nach dem Ausschließungsparagraphen wird zwölf der neugewählten Abgeordneten der Eintritt in die Kammer verweigert.

1841. Das erste Dampfschiff auf dem bayerischen Main legt in Bamberg an.

1841. Der evangelische Pfarrer und Prediger Wilhelm Löhe, Führer der lutherischen Konfessionalisten in Bayern, beginnt in Neuendettelsau mit der Ausbildung von »Nothelfern« zur Betreuung von Amerika-Auswanderern.

14. 1. 1841. Der französische Herkules Jean Dupuis wird im Münchner Hoftheater vom Hausknecht Simon Meisinger besiegt. →

1842. Die Memoiren des Karl Heinrich Ritter von Lang erscheinen. →

1842. Eine allgemeine Verordnung verfügt die Errichtung von Handelskammern in Bayern.

18. 10. 1842. Die Walhalla bei Donaustauf wird eingeweiht. →

1843. Heinrich Ambros Eckert und Dietrich Monten beenden die Arbeit an ihrer Gemäldefolge »Das Deutsche Bundesheer«. →

April 1843. Auf Anordnung von König Ludwig wird auf Mannheims linksrheinischem Brückenkopf die Stadt Ludwigshafen gegründet. →

10. 2. 1844. Den bayerischen Evangelischen wird von der Regierung der Beitritt zum protestantischen Gustav-Adolf-Verein untersagt. Dieses Verbot markiert einen neuen Höhepunkt im Kniebeugungsstreit.

7. 11. 1844. Die erste Nummer der illustrierten humoristischen Zeitschrift »Fliegende Blätter« erscheint in München. →

1844. Der bayerische Staat kauft die München-Augsburger Eisenbahn. – Im selben Jahr wird die Teilstrecke Nürnberg–Bamberg der neuen staatlichen Ludwigsbahn in Betrieb genommen.

GESTORBEN:

23. 1. 1840. München: Joseph Utzschneider (* 2. 3. 1763, Rieden), Volkswirt.

17. 3. 1840. München: Ludwig von Wirschinger (* 30. 9. 1781, Regensburg), bayerischer Finanzminister 1835–1840.

14. 5. 1840. Berlin: Karl von Altenstein (* 1. 10. 1770, Schalkhausen bei Ansbach), Politiker, preußischer Minister.

26. 4. 1841. München: Eduard von Schenk (* 10. 10. 1788, Düsseldorf), bayerischer Innenminister 1828–1831, Dichter.

23. 5. 1841. München: Franz von Baader (* 27. 3. 1765, München), katholischer Theologe und Philosoph.

28. 9. 1841. München: Johann Georg von Dillis (* 12. 12. 1759, Grüngiebing bei Schwindkirchen/Oberbayern), Maler und Radierer.

28. 7. 1842. Aschaffenburg: Clemens Brentano (* 8. 9. 1778, Ehrenbreitstein/Koblenz), Dichter.

14. 10. 1843. Heinersreuth bei Bamberg: Maximilian Emanuel von Lerchenfeld (* 16. 11. 1778, Ingolstadt), Politiker, bayerischer Finanzminister 1817–1825.

29. 1. 1844. Gotha: Ernst I. (* 2. 1. 1784, Coburg), Herzog von Sachsen-Coburg-Saalfeld 1806–1826, Herzog von Sachsen-Coburg und Gotha 1826–1844.

13. 9. 1844. München: Franz Xaver von Hertling (* 28. 6. 1780, Ladenburg/Baden), bayerischer Kriegsminister 1836–1838.

GEBOREN:

15. 3. 1841. Ansbach: Friedrich August Ernst Gustav Christoph Krafft von Crailsheim († 13. 2. 1926, München), bayerischer Ministerpräsident.

11. 6. 1842. Berndorf/Landkreis Kulmbach: Carl von Linde († 16. 11. 1934, München), Ingenieur und Industrieller.

15. 12. 1842. München: Karl Stieler († 12. 4. 1885, München), Mundartdichter.

12. 11. 1843. München: Lorenz Gedon († 27. 12. 1883, München), Baumeister und Innendekorateur.

27. 4. 1844. München: Clara Ziegler († 19. 12. 1909, München), Schauspielerin.

18. 12. 1844. Aschaffenburg: Lujo Brentano († 9. 9. 1931, München), Nationalökonom.

Coburger heiratet Queen

10. Februar 1840. An einem Oktobertag des Jahres 1839 ging ein junger Mann von 20 Jahren in Windsor Castle eine Treppe hinauf. Oben stand ein Mädchen, drei Monate älter als der Besucher und 1,50 m groß. In sein Tagebuch schrieb es: »Ich war aufgewühlt, als ich Albert erblickte. Er ist so schön.« Vier Monate später findet in der St. James Chapel zu London die Hochzeit statt: Prinz Albert von Sachsen-Coburg-Gotha heiratet seine Cousine, Queen Victoria I. von Großbritannien.

Die Verbindung hatte ein gemeinsamer Onkel, König Leopold I. von Belgien (ein Coburger auch er), eingefädelt, doch den letzten Schritt mußte die Königin tun, die Etikette verbot Albert, die Initiative zu ergreifen. Ein paar Tage nach der Begegnung auf der Treppe bat die Queen den Prinzen zur Privataudienz: »Ich sagte ihm, ich nähme an, daß er wisse, weshalb ich gewünscht hatte, daß sie (er und sein Bruder) herkommen sollten, und daß es mich überglücklich machen würde, wenn er in meinen Wunsch einwilligte.« Der Wunsch war die Ehe, und Prinz Albert willigte ein.

Damit beginnt eine der glücklichsten Ehen des 19. Jh.

Als Prince Consort, als Prinzgemahl, wird der in Schloß Rosenau bei Coburg geborene Albert zum wichtigsten und einflußreichsten Ratgeber der Queen – und wohl auch zum Ursprung viktorianischer Prüderie.

Eines der neun Kinder, die in dieser Ehe geboren werden, ist der spätere Eduard VII. von Großbritannien, die älteste Tochter heiratet Kaiser Friedrich III. und wird die Mutter von Kaiser Wilhelm II.

Das Haus Sachsen-Coburg ist im 19. Jh. mit fast allen regierenden Häusern Europas verwandt.

△ *Kronprinz Maximilian, ab 1848 als Maximilian II. König von Bayern, heiratet am 12. Oktober 1842 Prinzessin Marie von Preußen und zieht mit ihr anschließend feierlich in München ein*

◁ *Königin Viktoria heiratet in der Londoner St. James Chapel Prinz Albert von Sachsen-Coburg-Gotha*

Bayerischer Knecht bezwingt Herkules

14. Januar 1841. Eine schwarze Stunde für Jean Dupuis, den französischen Herkules, denn er, der Unbesiegte, wird im Münchner Hoftheater vom Meisinger Simmerl, dem Hausknecht beim Faberbräu, auf den Boden gezwungen. Die 1000 bayerischen Gulden, um die Dupuis gewettet hat, sind verspielt.

Der starke Mann aus Frankreich war durch Deutschland gereist und hatte im Ringkampf seine Stärke gezeigt. Auch in München schien er – wie zuvor schon in Berlin, Kassel und Dresden – die Gegner zu besiegen: Der junge Metzgerbursche Johann Ebner wehrte sich zwar tapfer, aber zuletzt kniete der starke Jean Dupuis doch über ihm.

Der Simon Meisinger hat diesen Kampf genau beobachtet und dabei herausgefunden, daß der französische Goliath nicht sehr stark auf seinen Füßen stand. Diese Schwäche nutzt er nun aus – und jetzt, da ihm einer an die Beine geht, helfen Dupuis alle seine Muskeln nichts.

Am nächsten Tag will sich Dupuis heimlich, ohne die Wettschuld zu bezahlen, aus der Stadt stehlen; doch ein Gericht bittet ihn zur Kasse.

In München aber dichtet man überheblich-patriotische Lieder. In einem klagt der Jean Dupuis: »Jetzt geht es mir auf einmal ein./Daß sie den freien deutschen Rhein/Nicht haben sollen – denn fürwahr,/Solch Hausknecht frißt mit Haut und Haar/Ein Regiment von Franzmanns Heer –/Und solche Hausknecht gibt's noch mehr.«

Ludwigshafen vom König gegründet

April 1843. König Ludwig I. besucht die Pfalz und entscheidet, daß der linksrheinische Brückenkopf Mannheims zu einer Stadt ausgebaut werden soll. Der Wille des Königs wird erfüllt, und der Ort, dem bald das Stadtrecht verliehen wird, erhält den Namen des Königs – er heißt Ludwigshafen.

Im selben Jahr wird für den Rhein eine »Bayerisch-Pfälzische Dampfschleppschiffahrtsgesellschaft« gegründet. Nicht zuletzt mit Hilfe dieses Unternehmens wird Ludwigshafen zur Industriestadt und zu einem Konkurrenten der alten Rheinhäfen von Mainz und Köln.

Ludwigskanal bei Erlangen mit dem Bahndurchstich (Stahlstich, entstanden 1845; Hochbauamt Nürnberg)

Ludwig-Donau-Main-Kanal: Altmühl-Durchstich mit der Schleuse bei Schelleneck (Stahlstich, 1845)

Industrieller Aufschwung durch Eisenbahn

Um 1840. Mit der Eisenbahn, die den Handel und den Verkehr grundlegend verändert, beginnt in Bayern das industrielle Zeitalter.

Noch arbeiten zwei Drittel der Bevölkerung in der Landwirtschaft, doch in der Stadt entstehen neue Arbeitsplätze, eine erste, in den Ausmaßen noch bescheidene Landflucht setzt ein. Die Einwohnerzahl Münchens verdoppelt sich zwischen 1805 und 1834 von 45000 auf 89000, Nürnberg wächst in der gleichen Zeit um knapp 20000 auf 45000 Einwohner; gering ist dagegen das Bevölkerungswachstum in Augsburg, wo die Einwohnerzahl in diesem Zeitraum von etwa 26000 auf rund 33000 ansteigt.

Dabei ist Augsburg mit seinen Textilfabriken eine bedeutende Industriestadt: Von den 60 bayerischen Betrieben mit mehr als 50 Arbeitern, die es im Jahr 1840 gibt, stehen zehn in München (wo 1843 eine Handelskammer, die spätere Industrie- und Handelskammer, gegründet wird), sechs in Augsburg und nur vier Betriebe sind in Nürnberg.

Eines der bedeutendsten Unternehmen im Königreich ist die Lokomotivenfabrik in der Hirschau, dem untersten, weitab von der Stadt gelegenen Teil des Englischen Gartens. Joseph Anton von Maffei, einer der Mitbegründer der Hypotheken- und Wechselbank, hat dort 1838 eine von der Isar getriebene Hammerschmiede gekauft. In diesem Betrieb beschäftigt er zunächst 160, im Jahr 1845 aber bereits 300 Arbeiter.

Auf eigene Kosten, für 200000 Gulden, baut er die erste in Bayern gefertigte Lokomotive, die König Ludwig auf den Namen »Der Münchner« tauft. Bei der Probefahrt nach Augsburg erreicht der »Münchner« im Oktober 1841 eine Geschwindigkeit von 59 km/h und ist damit schneller als George Stephensons »Adler«.

Der erste Auftrag (acht Lokomotiven des Typs »Bavaria«) deckt bei einem Stückpreis von 17000 Gulden gerade ein wenig mehr als die Investitionskosten (wobei die Herstellungskosten noch abzuziehen sind). Doch Joseph Anton von Maffei hat nun im aufstrebenden Eisenbahngeschäft seinen Platz, und da er Qualität liefert, wächst seine Firma, die später unter dem Namen Krauss-Maffei weitergeführt wird.

Etwa zur gleichen Zeit wie Maffei will auch Johann Friedrich Klett am Eisenbahnbau seinen Gewinn machen; er gründet 1837 in Nürnberg-Wöhrd eine Firma, die mit 12 Arbeitern beginnt und 1843 bereits 70 Mitarbeiter beschäftigt.

Im Spielwarenhandel hatte sich Klett zuvor versucht, 1833 gründete er eine Kammgarnspinnerei, die jedoch schon 1836 wieder einging. Nun aber hat er einen Markt mit Zukunft entdeckt. Zusammen mit drei englischen Technikern, die in seine Firma eintreten, spezialisiert er sich zunächst auf den Eisenguß sowie den Bau von Mühlen und Wasserkraftmaschinen.

Der Schwiegersohn Theodor Cramer führt die Firma nach dem frühen Tod Kletts im Jahr 1847 weiter – daraus wird einmal M·A·N., die Maschinenfabrik Augsburg-Nürnberg.

Kettenbrücke in der alten Reichsstadt Nürnberg am Ausfluß der Pegnitz (kolorierte Radierung, um 1825; Nürnberg, Stadtgeschichtliche Museen)

Militär in blauer Uniform

1843. Der Freund sah 1620, in der Schlacht am Weißen Berg gegen die aufständischen Böhmen, kaum anders aus als der Feind. Um sich dennoch zu unterscheiden, trugen die herzogl.-bayr. Soldaten als Erkennungszeichen eine weiße Armbinde.

Ludwig I. interessierte sich mehr für die Kunst als für das Militär

Erst viele Jahrzehnte später, unter Kurfürst Max Emanuel, wurde damit begonnen, die Soldaten in verschiedene Uniformen zu stecken, in denen sie sofort als bayerische Soldaten zu erkennen waren.

Schon damals – die Nachrichten sind dürftig – scheint man eine Vorliebe für jene Farbe Blau gehabt zu haben, die bis zum Ende der bayerischen Armee gleichsam den Grundton aller Uniformierung bildet. Und auch der Oberkommandierende, Kurfürst Max Emanuel, wurde von den Türken »Mavi Kral« der Blaue König, genannt, und als Blauer Kurfürst ging er in die Geschichte ein.

In den Jahren zwischen 1838 und 1843 malen Heinrich Ambros Eckert und Dietrich Monten für einen Würzburger Verlag »Das Deutsche Bundesheer« nach der Natur (wie sie eigens anmerken).

Zu diesem Heer gehört auch ein sehr starkes bayerisches Kontingent, das VII. Bundesarmeekorps mit gut 35 000 Mann und 72 Geschützen (davon 18 Haubitzen).

Viel Blau und viel Silber ist zu sehen, die weiße Hose und der Raupenhelm dominieren. Daneben gibt es noch mancherlei Variationen in Farbe und Schnitt.

An den unterschiedlichen Details der Uniformen sind die einzelnen Regimenter zu erkennen: Das Leibregiment, das 1. Regiment König, das 2. Regiment Kronprinz, das 3. Regiment Prinz Carl, das 4. Regiment Theobald usw. Und neben diesen Infanterieregimentern stehen die Jäger Bataillons, die Cavallerie Regimenter – Kürassierregiment und Chevaulegerregiment – sowie Artillerieregimenter und Technische Corps.

Die bayerischen Könige zeigen allerdings nur wenig Interesse an der militärischen Stärkung ihrer Armee. Sie bauen lieber Schlösser und fördern die Kunst.

König Ludwig I. bei der Abnahme einer Parade der Königlich bayerischen

Leutnant des Cheveaulegerregiments (leichte Reiter) der Königlich bayerischen Armee

Divisions- und Brigadeadjutant (links) und Hauptmann vom Generalquartiermeisterstab

Hof- und Palastgarde der 100 Mann starken Hartschiere der Kgl. bayr. Armee in Galauniform

...rmee; der Aufmarsch findet auf Veranlassung des Königs in der von L. von Klenze ausgebauten Ludwigstraße in München im März 1842 statt

Grenadiere der Infanterie der etwa 300 000 Mann starken Landwehr im Königreich Bayern

Feldmarschall zu Pferd der Königlich bayerischen Armee mit einer Sollstärke von 55 224 Mann

Bayerisches Linieninfanterie-Leibregiment (Nr. 1) mit Regimentstambour und Hoboisten

Dürerfest in München im Geist der alten Zeit

17. Februar 1840. Die Münchner Künstler ehren den großen Maler, Zeichner, Grafiker und Kunstschriftsteller Albrecht Dürer, der einer ganzen Epoche seinen Namen gab und dessen Denkmal in diesem Jahr fertiggestellt wird, und da sie eine gesellige Zunft sind, feiern sie den großen Meister in einem Faschingsumzug.

Die Veranstaltung – ganz im Geist der Zeit, die sehnsüchtig und voll Bewunderung ins Mittelalter zurückblickt – kommt zu hohen literarischen Ehren, da sie der Eidgenosse Gottfried Keller im dritten Teil seines Romans »Der grüne Heinrich«, in den Kapiteln 12 und 13, schildert. Dort heißt es u. a.:

Die »ganz reich geartete Künstlerschaft« tat sich zusammen, »um in einem großen Schau- und Festzug ein Bild untergegangener Herrlichkeit zu schaffen, nicht mit Leinwand, Pinsel und Meißel, sondern mit Einsetzung der lebendigen Person. Es sollte das alte Nürnberg wieder auferweckt werden, wie es in beweglichen Menschengestalten sich darstellen konnte, und wie es zu der Zeit war, als der letzte Ritter, Kaiser Maximilian I., in ihm Festtag feierte und seinen Sohn Albrecht Dürer mit Ehren und Wappen bekleidete …

Der Festzug zerfiel in drei Hauptzüge, von denen der erste die Nürnbergische Bürger-, Kunst- und Gewerbswelt, der zweite den Kaiser mit den Fürsten, Reichsrittern und Kriegsmännern und der dritte einen alten Mummenschanz umfaßte, wie er von der bedeutenden Reichsstadt dem gekrönten Gast vorgeführt wurde …«

So erzählt man sich von dem großen Fest, und so hat es auch Gottfried Keller gehört. Denn das, was er so anschaulich beschreibt, hat er nicht selbst erlebt. Er kommt erst am 18. Mai nach München, ein Vierteljahr nach dem Dürerfest. An seine Mutter schreibt er unmittelbar nach seinem Eintreffen einen begeisterten Brief: »Endlich bin ich angekommen in dem gelobten Land …«

Der historische Maskenzug, den Keller schildert, findet am 17. Februar im Saale statt. In der Zeitung steht am darauffolgenden Tag: »Leider erlaubte das Wetter nicht, daß der Zug, wie beabsichtigt war, durch die Straßen sich ins Odeon begeben konnte, sondern man zog durch die Gänge der Residenz und den Bazar in den Bankettsaal. Hier reihte sich Tafel an Tafel. Obenan auf der Erhöhung des Orchesters das Gedeck seiner ›kaiserlichen Majestät‹ mit seiner nächsten Umgebung, den Bürgermeistern und dem gefeierten Meister Dürer. Truchsesse, Mundschenken und Edelknaben bedienten. Aufsätze und Schüsseln waren von Silber, aus goldenen Humpen wurde kredenzt. Chöre tönten …«

Während auf dem Podium der Kaiser tafelt – dargestellt vom 23jährigen Genre- und Architekturmaler Wilhelm Lichtenheld – sitzt in der Loge ein echter König und sieht zu. Ihm war nach dem Einzug gehuldigt worden: »Am Schluß des Umgangs und nachdem des Kaisers Säckelmeister Denkmünzen ausgeworfen hatte, trat alles in die Mitte des Saales und man sang das Festlied … in mächtigem Chore; dann aber erschallte aus den Künstlerseelen ihrem Könige, ihrem Beschützer ein Lebehoch, wie es in den Räumen des Theaters wohl selten noch gehört ward …«

Der echten wie der vorgeblichen Majestät führen die Künstler in ihrer Alt-Nürnberger Vermummung »Schwänke und Narreteyen« vor. Zu den Belustigungen gehört beispielsweise ein Kegelspiel, »wobei, nachdem kein Gast den rechten Wurf getan, Kaiser Maximilian selbst, von seinem Lustigen Rat eingeladen, die Kugel zur Hand nahm und alle Narren, so als Kegel aufgestellt waren, und manch ›Mangel‹ und ›Gepreßt‹ der menschlichen Natur vorstellten, als makelloser Held in einem Wurfe niederschlug«.

Dem offiziellen folgt der inoffizielle Teil – Münchner Faschingstreiben: »Nachdem das Mahl beendigt war, ging das Fest in einen Ball über, denn an tanzlustigen Ritters- und Bürgersfrauen fehlte es nicht. Bis zum frühen Morgen erschallte noch Gesang und Humpenklirren. Als aber die Morgensonne durch die Fenster des Bankettsaales schien, da hieß es: ›Ihr Herren, der Tag bricht an, beschließt die Narretey und laßt den Mummenschanz zu Ende sein!‹«

Man geht nach Hause und kehrt aus dem mittelalterlichen Nürnberg zurück ins biedermeierliche München. Die Kostüme werden beiseitegelegt, aus Albrecht Dürer wird wieder der Maler Eduard Gerhardt, aus dem Bürgermeister von Augsburg der Architekt Ziebland, Kunz von Rosen ist Engelbert Seibertz, Marx Sittich von Hohenems heißt, wie vor dem 17. Februar, Carl Adolf Mende, der Stadtschreiber von Nürnberg malt wieder seine Idyllen – unter seinem bürgerlichen Namen Carl Spitzweg.

Zeitgenössisches Gedenkblatt für das Dürerfest am 17. Februar 1840

Memoiren des Ritter von Lang erscheinen

1842. Sieben Jahre nach dem Tod des Ansbacher Regierungsdirektors Karl Heinrich Ritter von Lang erscheinen dessen Memoiren. Und sie lassen jenen Satz verstehen, den König Max I. Joseph während einer Audienz im Schloß Nymphenburg zu Lang gesprochen hat: »Aber hören Sie, Sie haben einen Mund wie ein Schwert. Es wäre gut, wenn Sie sich künftig etwas mäßigten.«

Zumindest in seinen Erinnerungen hat er dies nicht getan. In ihnen erzählt er bissig und amüsant von den hochgestellten Persönlichkeiten, denen er in seinem bewegten Berufsleben begegnet ist. Einen großen Teil seiner ebenso maliziösen wie informativen Memoiren nehmen die Geschichten aus dem München des Grafen Montgelas ein, wo Lang zeitweise Leiter des Landes- und Reichsarchives war.

Neben seinen Memoiren hat der Ritter von Lang seiner Nachwelt auch einige bedeutende historische Arbeiten hinterlassen.

Reichsfreiherr als Eremit von Gauting

1840. Reichsfreiherr Karl Theodor von Hallberg-Broich, lange schon bekannt unter dem Namen »der Eremit von Gauting«, fängt mit 72 Jahren nochmals ein neues Leben an: Er verkauft sein Schloß im Isarmoos, wo er einst Kolonisten angesiedelt und Hallbergmoos gegründet hat, und zieht nach München.

Vorher hatte sich der Freiherr in einem bewegten Leben als ein Sonderling von hohen Graden in der Welt bekanntgemacht. Er wiegelte den Bey von Tunis auf, gegen Napoleon zu marschieren, trat zum Islam über und richtete sich einen Harem ein. Im Jahre 1813 sammelte er im Auftrag des Ministers vom Stein 30 000 Bauern um sich, die er, ein erbitterter Gegner Napoleons, als »General–Marschkommissär der russisch-kaiserlichen Truppen« nach Paris führte. Dort amtierte er 1815 als »Generalpolizeidirektor aller verbündeten Armeen«. Später lebte er sieben Jahre mit seiner Frau und zwei Kindern in einem Schloß bei Gauting, versuchte mit kleinem Rechtsanspruch König von Schweden zu werden und plante 1837 eine Gewehrfabrik in Ägypten.

Nationaler Ruhmestempel Walhalla auf dem Bräuberg an der Donau bei Donaustauf, nach den Worten Heinrich Heines eine »marmorne Schädelstätte«

Ruhmeshalle nach griechischem Vorbild

Die Entstehung der Walhalla

18. Oktober 1842. Auf den Tag genau zwölf Jahre nach der Grundsteinlegung, dem Jahrestag der Völkerschlacht zu Leipzig, kommt König Ludwig I. zur Einweihung der bei Donaustauf hoch über der Donau gelegenen Walhalla: »Möchte Walhalla förderlich sein der Erstarkung und Vermehrung deutschen Sinnes! Möchten alle Deutschen, welchen Stammes sie auch seien, immer fühlen, daß sie ein gemeinsames Vaterland haben …«

Auf einem monumentalen Unterbau errichtete Leo von Klenze einen Tempel, der an das Parthenon auf der Akropolis erinnern sollte (von dem er auch die Säulenzahl 8 x 17 übernahm). Nicht weniger Aufmerksamkeit als dem Bau, über den König und Architekt in vielen Briefen ihre Argumente tauschten, wurde der Innenausstattung gewidmet. Auf daß »teutscher der Teutsche aus ihr trete als er gekommen«, werden in dieser Walhalla die Porträts bedeutender Persönlichkeiten aufgestellt: 80 Fürsten und Helden, von Arminius dem Cherusker bis zu Joseph Wenzel Graf Radetzky; elf Staatsmänner, von Engelbert dem Heiligen bis zum Freiherrn Karl vom

und zum Stein; acht Glaubensmänner, vom Heiligen Emmeram bis zum Grafen von Zinzendorf; 29 Männer der Wissenschaft, von Ulfila bis Friedrich Wilhelm Joseph von Schelling; 20 Künstler, von Bernward dem Heiligen bis zu Ludwig van Beethoven; neun Dichter, vom Verfasser des Nibelungenliedes bis zu Johann Wolfgang von Goethe; neun berühmte Frauen, von Veleda bis zu Katharina der Großen.

Unter einem von Walküren getragenen Gesims sind die Gedenktafeln jener Personen angebracht, von denen kein Porträt überliefert ist.

Napoleon war Herr in Deutschland, als Kronprinz Ludwig von Bayern 1807 in Berlin den Plan faßte, den unterdrückten Deutschen eine Gedenk- und Wallfahrtsstätte zu errichten.

Aber erst im Februar 1814, nach der Niederlage des Korsen, konnte er dafür einen Architektenwettbewerb ausschreiben. Als dieser kein Ergebnis brachte, beauftragte er 1816 seinen Münchner Hofbaumeister Leo von Klenze mit dem Bau. Lange suchte man nach einem Platz; der Englische Garten wurde vorgeschlagen, die Theresienwiese, auch Bogenhausen und der Gasteig. Zeitweise dachte Ludwig an Hohenschwangau und Falkenstein. Zuletzt entschied man sich für Donaustauf und baute mehr als elf Jahre; der Marmor wurde aus Carrara geholt. Der König Ludwig I. zahlt 2,3 Mio Gulden aus seiner Privatkasse und erhält dafür ein patriotisches Gebäude »nach dem schönsten Muster altgriechischer Tempel«.

Frontansicht des Tempels der Walhalla, von Hofbaumeister Leo von Klenze dem Parthenon auf der Akropolis in Griechenland nachempfunden

Herr von Pocci – Zeremonienmeister, Künstler, Dilettant

Um 1840. Es ist unmöglich, Herrn von Pocci in München nicht zu begegnen; leibhaftig oder in seinen Werken. Der Hofbeamte dichtet, zeichnet, komponiert und ist Mitglied in mehreren Münchner geselligen Vereinen. Noch ehe er seine Juristerei erlernte, unterrichtete man Franz von Pocci im Zeichnen; einer der Lehrer war immerhin Johann Baptist Stiglmaier.

Die Ausübung der vielfältigen künstlerischen Interessen war zunächst durch den Brotberuf auf lästige Weise immer wieder gestört worden. Das soll nicht sein, sagte der König, und nahm ihm die juristische Last von der Schulter; gleichsam aus künstlerischen Gründen ernannte er den in allen Künsten dilettierenden Grafen 1830 zum zweiten Hofzeremonienmeister und gab ihm das kleine Ritterlehen Ammerland noch dazu.

Pocci lohnte so viel Gunst und belebte hinfort noch mehr als bisher die Münchner Kunstszene durch seine (All-)Gegenwart.

Das Werkverzeichnis wird zu einem unendlich langen Katalog von künstlerisch gefälligen Kleinigkeiten; Talentvolles und Respektables, das Beifall findet, ist darunter, doch insgesamt ist es kein großer Wurf.

Am bekanntesten wird er als Illustrator und Mitarbeiter der »Fliegenden Blätter«. Er liefert Zeichnungen zu Andersens Märchen und Kobells Schnadahüpfeln; mit diesem zusammen gibt er 1843 die »Alten und Neuen Jägerlieder« heraus, veröffentlicht im gleichen Jahr seine »Dichtungen«. Er schreibt eine Oper »Der Alchymist« (die mit einem Achtungserfolg aufgeführt wird) und legt »Minnelieder« vor. Unsterblich aber wird er durch etwa 40 Stücke für das Puppentheater – der Kasperl Larifari, diese bayerische Variante des Hanswurst, diese früh-valentineske Figur, ist ihr grotesker Held.

Aus Münchens Kunstszene: Landschaftsmaler H. Bürkel (1802–1860)

F. v. Seitz (1817–1883), 1848–1851 beim Satireblatt »Leuchtkugeln«

Franz von Pocci (1807–1876; Fotografie von Franz Hanfstaengl, 1857); der Graf spielt eine wichtige Rolle im Münchner Kunstleben

Münchner Künstler auf einem Maiausflug, darunter Franz von Pocci (vierter v. l.) und Moritz von Schwind (1804–1871; siebter v. r., hinten)

Konrad Knoll (1829–1899), Bildhauer aus Münchner Künstlerkreisen

F. Trautmann (1813–1887), Mitarbeiter bei den »Fliegenden Blättern«

Bestellungen werden in allen Buch- und Kunsthandlungen, so wie von allen Postämtern und Zeitungsexpeditionen angenommen.   Nro. 1.   Erscheinen monatlich zwei bis drei Mal. Subscriptionspreis für den Band von 24 Nummern 3 fl. 36 kr. R.-W. ob. 2 Rthlr. Einzelne Nummern kosten 12 kr. R.-W. ob. 3 ggr.

Das Heidelberger Faß.

Also geschah es in dem gesegneten Weinmonate des Jahres ein tausend acht hundert und zwei und vierzig, und die Hitze war gar gewaltig in allen deutschen Gauen. Da wanderten zween Handwerksbursche von Darmstadt nach Heidelberg, die Bergstraße entlang. Der Jüngere, ein Leineweber von Profession, war in Memmingen daheim, und hätte vor kaum vier Wochen durch bayerisch Schwaben und Franken seinen ersten Ausflug in die Welt begonnen. Mit den Schwalben war er flügge geworden, und wollte sein Glück versuchen in anderer Herren Ländern. Nun ist es aber nicht Jedermanns Sache, sich behaglich zu fühlen unter wildfremden Menschen, die unsere liebgewordenen Gewohnheiten belächeln und unsere Ansichten bekritteln, denen der Ton unserer Rede nicht so zu Herzen dringt, als den Leuten in der Heimath. So ging es denn auch dem ehrlichen Leineweber mit jeder Meile Weges, die er weiter schlenderte, tiefer zu Gemüthe, daß im deutschen Reiche nicht alle eines Sinnes seien mit seinen Landsleuten, und als er vom Main herüber kam gegen den Rheingau, dünkte ihm selbst die Sprache nicht mehr recht just. Da überfiel ihn das Heimweh, und wuchs in ihm mit dem zunehmenden Monde. Als nun der Mond voll war, nahm er sich ein Herz, überwand die geheime Scheu vor den allenfallsigen Spottreden,

Titelblatt der ersten Ausgabe der illustrierten humoristischen Zeitschrift »Fliegende Blätter« aus dem Münchner Verlag Braun & Schneider

Karikatur über die Sparsamkeit der Armen und die Verschwendungssucht bei den reichen Bürgern

Wollen Sie sich bei einem guten Geschäft betheiligen mit fl. 10,000? — Sie verneinen? — Vielleicht mit fl. 5,000? — Auch nicht? — Mit fl. 2000, mit fl. 1000, mit fl. 500? — Alles nicht?! — Nun, so leihen Sie mir zwei Thaler! —

Zeichnung aus den 1844–1944 erscheinenden »Fliegenden Blättern«

Der Traum des Jagdliebhabers.

»Der Traum des Jagdliebhabers« aus der Zeitschrift »Fliegende Blätter«

Karikatur aus den »Fliegenden Blättern« über eine unliebsame Nachbarschaft unter dem Titel »Ein unangenehmes Vis à Vis«

»Fliegende Blätter« aus München

7. November 1844. Von München aus sollen die »Fliegenden Blätter« hinausflattern in die Welt, Mißstände aufdecken, weise Lehren geben und das Volk fröhlich machen. Die Botschaft wird begeistert aufgenommen – die Zeitschrift macht den Verlag Braun & Schneider bekannt und erfolgreich.

Der Holzschneider Caspar Braun, ausgebildet an den Akademien zu München und in Paris, fand 1843 in dem Buchhändler und Schriftsteller Friedrich Schneider einen Kompagnon für seine »Xylographische Anstalt«, die hinfort Braun & Schneider heißt und als eines ihrer ersten Projekte eine Zeitschrift plant – die »Fliegenden Blätter«.

Im Gegensatz zur politisch engagierten französischen Witzzeitung »Charivari«, die als Vorbild gedient haben mag, geht es in dem Münchner Blatt zumeist biedermeierlich-humorig zu. Nur ganz sanft und zurückhaltend übt man Kritik an den politischen Verhältnissen. Man liebt harmlose Witzchen und erfindet sich bald schon einige Figuren, die immer wiederkehren.

Eine dieser Witz-Figuren ist der Baron Beisele, der mit seinem Hofmeister Dr. Eisele viele »Kreuz- und Querzüge durch Deutschland« unternimmt. Diese Reisen sind Touren durch die Welt des Vormärz, in der – zu Beginn der Serie – ein Münchner Bürger, der behaglich seine Zigarre schmaucht, nicht weiß, wer sein Nachbar ist: Er kümmert sich nicht um das, was neben ihm vorgeht, will aber auch selbst in Ruhe gelassen werden. Bekannter als dieses Duo wird der vom Grafen Pocci gezeichnete Staatshämorrhoidarius – ein bayerischer Beamter, wie der Künstler (von Hauptberuf Kgl. bayr. Hofzeremonienmeister) ihn tagtäglich erlebt haben mag: ein Münchner Grantler, dabei nicht uneben im Umgang mit den Freunden beim Bier; in allem aber ein für die Zeit typischer Bürokrat.

Früh schon finden die beiden Münchner Verleger (der eine ist in Aschaffenburg, der andere in Leipzig geboren) hervorragende Mitarbeiter: Moritz von Schwind, Carl Spitzweg (der seine Mitarbeit aber 1852 bereits einstellt), den eminent fleißigen Carl Sträuber und später auch Wilhelm Busch.

1845

1845–1849

1. 12. 1845–24. 5. 1846. Hauptstreitthema des Landtags von 1846 ist die konfessionelle Frage, weshalb er als »konfessioneller Landtag« in die bayerische Geschichte eingeht.

12. 12. 1845. König Ludwig I. von Bayern hebt die Kniebeugungsorde auf. Damit ist der bayerische Kniebeugungsstreit beendet.

1846. München erhält eine neue Musikschule.→

25. 8. 1846. Der nach König Ludwig I. benannte Ludwigskanal wird vollendet, ein Kanal zur Verbindung von Main und Donau.→

Oktober 1846. Die Tänzerin Lola Montez tritt in München auf.→

1. 3. 1847. König Ludwig I. von Bayern beruft das »Ministerium der Morgenröte«, das zahlreiche Reformen im Sinn des Liberalismus durchführt (→1847/48).

20. 9.–30. 11. 1847. Der Landtag von 1847 ist der kürzeste während des bayerischen Vormärz. In beiden Kammern dominieren die Liberalen.

1. 12. 1847. König Ludwig I. von Bayern beruft das sog. Lola-Ministerium mit Ludwig zu Oettingen-Wallerstein als Außenminister.

12. 12. 1847. König Ludwig I. von Bayern entläßt den langjährigen Innenminister Carl August von Abel, der eine Standeserhebung der Tänzerin Lola Montez abgelehnt hat (→1847/48).

9. 2. 1848. König Ludwig I. von Bayern läßt nach Studentenunruhen die Münchner Universität schließen (→1847/48).

11. 2. 1848. König Ludwig I. von Bayern verfügt die Entfernung seiner Geliebten Lola Montez aus München und hebt die Schließung der Universität auf (→1847/48).

März 1848. In Bayern kommt es nur vereinzelt zu größeren Märzunruhen (Franken, Bamberg u. a.).

4. 3. 1848. Die Münchner Bürger stürmen das Zeughaus (→1847/48).

6. 3. 1848. In der Münchner Märzproklamation stellt König Ludwig I. von Bayern Gesetze über Ministerverantwortlichkeit, völlige Pressefreiheit, Verbesserung der Ständewahlordnung u. a. in Aussicht.

20. 3. 1848. Ludwig I. dankt zugunsten seines Sohns Maximilian II. Joseph als König von Bayern ab (→ 19. 3. 1848).→

9. 4. 1848. In München erscheint die erste Nummer der »Neuesten Nachrichten«.→

18. 5. 1848. In der Frankfurter Paulskirche tritt die Deutsche Nationalversammlung zusammen; Bayern hat 71 Vertreter entsandt.

4. 6. 1848. Das bayerische Landtagswahlgesetz verwandelt nominell die Ständekammer in eine repräsentative Volksvertretung.

11. 10. 1848. Wegen einer Bierpreiserhöhung kommt es in München zu einem Aufstand.→

27. 12. 1848. Das von der Frankfurter Nationalversammlung beschlossene »Gesetz über die Grundrechte des deutschen Volkes« wird verkündet.

23. 4. 1849. Bayern lehnt die am 14. April 1849 von 28 deutschen Staaten angenommene Reichsverfassung ab.→

Juli 1849. Die Wahlen zum Bayerischen Landtag bringen den Liberal-Konservativen die Mehrheit.

1. 11. 1849. In Bayern erscheint der Schwarze Einser, die erste deutsche Briefmarke.→

13./14. 11. 1849. In Augsburg findet der bayerische Arbeiterkongreß statt.

GESTORBEN:

16. 1. 1847. München: Siegmund Frank (* 1. 6. 1770, Nürnberg) Porzellan- und Glasmaler.

21. 4. 1847. München: Friedrich von Gärtner (* 10. 12. 1791, Koblenz), Architekt.→

29. 1. 1848. München: Johann Joseph von Görres (* 25. 1. 1776, Koblenz), katholisch-konservativer Publizist und Gelehrter.

1. 4. 1848. München: Friedrich Immanuel Niethammer (* 6. 3. 1766, Beilstein/Landkreis Heilbronn), evangelischer Theologe und bedeutender Pädagoge.

2. 10. 1848. Bonn-Poppelsdorf: Georg August Goldfuß (* 18. 4. 1782, Thurnau/Oberfranken), Zoologe und Paläontologe.

14. 11. 1848. München: Ludwig von Schwanthaler (* 26. 8. 1802, München), Bildhauer (Bavaria in München, Walhalla bei Regensburg).

4. 1. 1849. München: Franz Xaver Gabelsberger (* 9. 2. 1789, München), Stenograph, Erfinder einer Kurzschrift, die Grundlage für die deutsche Einheitskurzschrift wird.

10. 3. 1849. Donzdorf/Württemberg: Aloys von Rechberg und Rothenlöwen (* 18. 9. 1766, München), Politiker, bayerischer Außenminister 1817–1825.

24. 3. 1849. Jena: Johann Wolfgang Döbereiner (* 13. 12. 1780, Bug bei Hof), Chemiker (Döbereinsches Platinfeuerzeug).

GEBOREN:

7. 1. 1845. München: Ludwig III. († 18. 10. 1921, Sárvár/Ungarn), König von Bayern.

25. 8. 1845. Schloß Nymphenburg: Ludwig II. († 13. 6. 1886, Berg), König von Bayern.

5. 4. 1846. Gnodstadt bei Ochsenfurt: Michael Georg Conrad († 20. 12. 1927, München), Schriftsteller und Kritiker.

19. 8. 1846. Dachau: Ludwig August von Müller († 24. 3. 1895, München), bayerischer Innenminister.

27. 4. 1848. München: Otto († 11. 10. 1916, München), König von Bayern.

Lola Montez in München

Oktober 1846. Eine Dame von 28 Jahren trifft in München ein und steigt im »Goldenen Hirschen« in der Theatinergasse ab. Sie ist Tänzerin, und am 10. Oktober (dem 36. Hochzeitstag von König Ludwig und Königin Therese) gibt sie unter dem Namen »Demoiselle Lola Montez« ein Gastspiel im Kgl. Hof- und Nationaltheater.

Sie bleibt auch nach einem weiteren Auftritt am 14. Oktober in der Stadt,

Lola Montez, die Geliebte König Ludwig I., verläßt in einer Kutsche ihr Haus in der Barerstraße (München), das ihr der König geschenkt hat (Bleistiftzeichnung von Gustav König); sie muß die Stadt verlassen, da sich ihre Affäre mit dem König zu einer Staatskrise ausgeweitet hatte; auch der Titel Gräfin von Landsfeld wird der vermeintlichen Spanierin wieder aberkannt

mietet eine Wohnung und empfängt – für zwei Kronentaler – Herren. Ein Herr aber ist von dieser Dame ganz besonders fasziniert: der König von Bayern. Beglückt parliert er mit ihr in seinem geliebten Spanisch. Und einem Freund gesteht er, dieser »schönen, Kenntnisse besitzenden, geistreichen, Herzensgüte habenden Südländerin« Leidenschaft eingeflößt zu haben, »ihre erste!«

Einen Monat und zehn Tage nach dem Auftritt wird dem Testament des 60jährigen König Ludwig ein Passus angefügt. Der Tänzerin Lola Montez sollen 100 000 Gulden ausbezahlt werden, wenn sie bei seinem Tod weder verheiratet noch Witwe wäre, außerdem habe sie bis zu einer Verehelichung Anspruch auf eine jährliche Rente von 2400 Gulden. Eine Woche später gibt es noch Immobiles, die Majestät schenkt Lola das Haus Nr. 7 an der Barerstraße.

Dort besucht Ludwig sie fast täglich, meist von fünf Uhr nachmittags bis gegen zehn Uhr. Nachts, so ermittelt die Polizei, kommen andere Herren. Die königliche Romanze wird schnell zur Affäre. Man warnt den König, erzählt ihm Geschichten aus Lolas bewegtem Leben, aus ihrer Vergangenheit und Gegenwart. Die Münchner schimpfen über die hochmütige Favoritin ihres Königs. Der aber schreibt: »Je mehr feindselig gegen sie verfahren wird, desto fester kettet's mich an sie.«

Er verlangt, daß man der vorgeblichen Spanierin (deren einziger Ausweis ein im Fürstentum Reuß ausgestelltes Reisepapier ist) die bayerische Staatsbürgerschaft verleiht. Die Regierung hält das für illegitim und widerspricht. Doch Lola wird eingebürgert und sogar erhöht, sie ist hinfort, »wegen der vielen, den Armen Bayerns erzeigten Wohltaten«, eine Gräfin von Landsfeld.

Die katholisch-reaktionäre Regierung Abel lehnt diese Personenstandsveränderung und die ganze damit zusammenhängende Affäre ab und tritt zurück (was fortschrittliche und gar die protestantischen Bayern gerne hören).

Die Situation wird immer brisanter. Professoren und hohe Beamte müssen gehen. Bayern und sein König trudeln in eine Staatskrise.

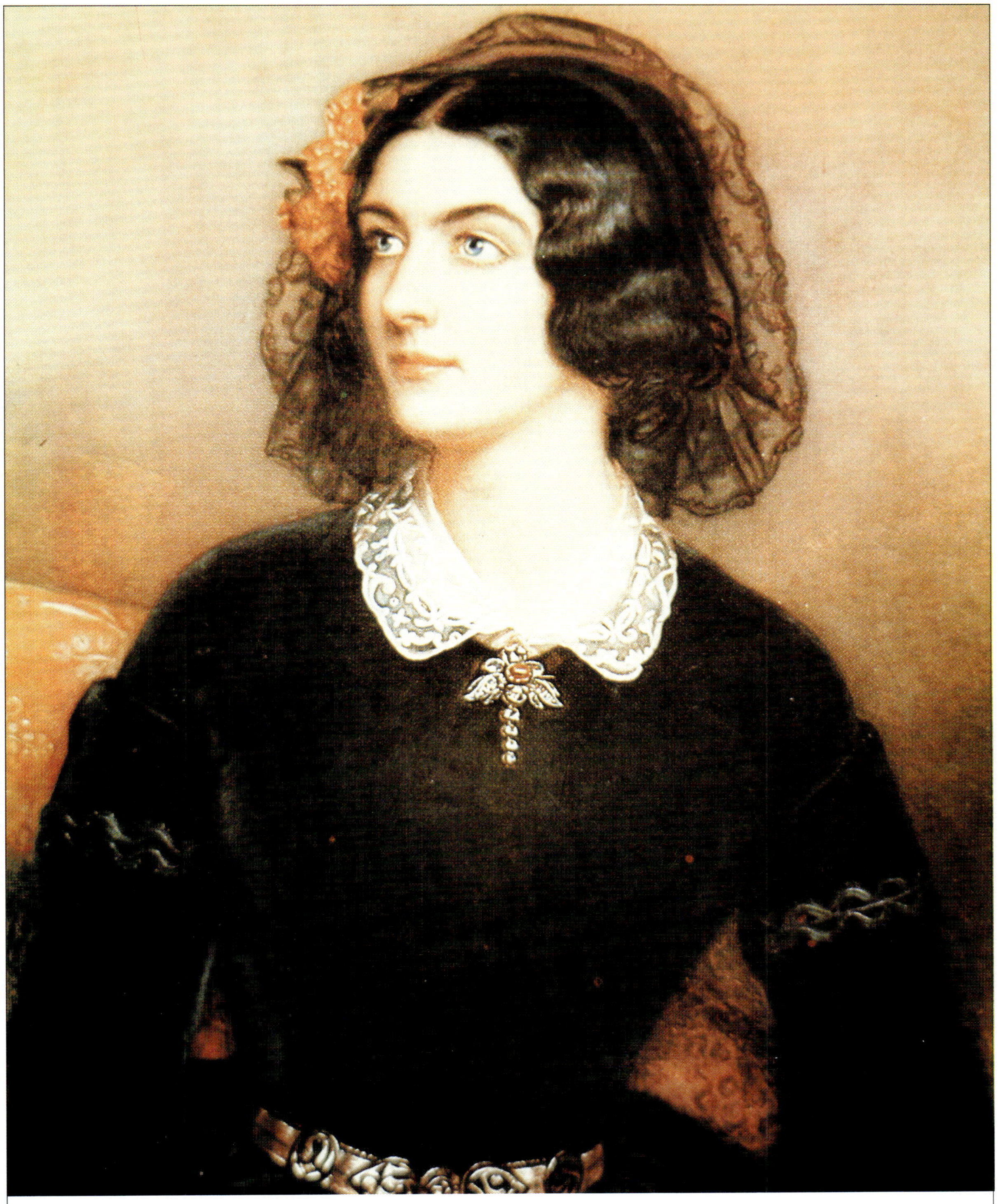

Münchner streiten gegen Lola Montez

1847/48. Der König will von Lola nicht lassen. Die Beziehung, das betont er mehrfach, ist platonisch und wäre wohl bereits im Frühjahr 1847 zu Ende gewesen – aber daß man ihn, den König, zum Verzicht zwingen wolle: nein, dem widersetzt er sich mit seiner königlichen Autorität. Dem Münchner Erzbischof, der ihm gut zuredete, soll er gesagt haben: »Bleib er bei seiner Stola, ich bleib bei meiner Lola!«

Am 1. März 1847 hatte Carl August Abel sein Amt zurückgegeben, das neue Ministerium – unter Schwierigkeiten gebildet – will Reformen durchführen, die in Abels Zeiten nicht möglich waren. Man spricht vom »Kabinett der Morgenröte«.

Doch immer noch sorgt die schöne Lola für Unruhe in der Stadt. Die Studentenvereinigung »Alemannia« tritt für die Favoritin des Königs ein, andere Studenten stehen zu den entlassenen Professoren, und sie führen im Januar 1848 den Sarg von Joseph Görres an der Residenz vorbei.

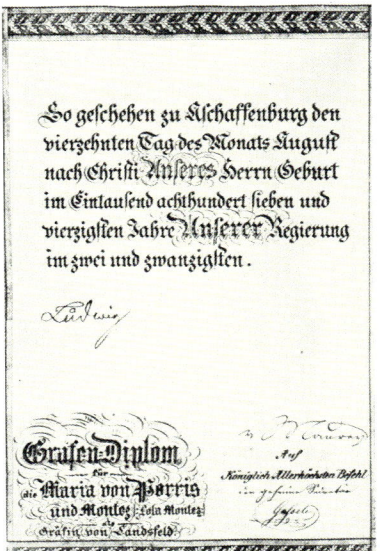

Diplom, mit dem Lola Montez zur Gräfin von Landsfeld ernannt wird

Auf die Studentenproteste antwortet der König mit der Schließung der Universität. Nun stehen auch die Münchner auf. Am 10. Februar ziehen sie vor die Residenz, am 11. Februar muß Ludwig nachgeben und die Gräfin Landsfeld (der ihr Titel wieder abererkannt wird) aus der Stadt weisen. Und während es in Bayern rumort, bricht am 22. Februar in Paris die Revolution aus.

Das abwechslungsreiche Leben der Tänzerin Lola Montez

Die Wahrheit über Lola Montez (Abbildung) lautet: Maria Dolores Porris y Montez, geboren 1823 in Sevilla, heißt in Wirklichkeit Maria Dolores Eliza Rosanna Gilbert und ist geboren 1818 im irischen Limerick als Tochter eines schottischen Leutnants.

Nach Kindheitsjahren in Indien wird sie in England erzogen und kehrt schließlich nach Indien zurück. Statt einen alten Richter zu heiraten, flieht sie mit einem jungen Leutnant James, den sie heiratet.

Die Ehe wird getrennt, Mrs. James war damals 24 Jahre alt. Sie nimmt Tanzunterricht in Spanien und debütiert am 3. Juni 1843 in London. Es folgen mehrere Gastspiele, die Verlobung mit einem Prinzen Schulkoski, Affären mit Dumas Vater, Dumas Sohn, Franz Liszt, dem 72. Fürsten zu Reuß…

Der Liaison mit König Ludwig folgt 1849 eine bald wieder aufgelöste Ehe in London. Nach einem kurzen Aufenthalt in Paris, wo sie offensichtlich ihre Memoiren verfaßt, reist Lola Montez im Herbst 1851 nach Amerika. Sie verbringt einige Zeit bei den Goldgräbern in Kalifornien, reist nach Australien und stirbt schließlich in New York am 17. Januar 1861.

Prinz Karl von Bayern, der Bruder des Königs, beruhigt am 4. März 1848 die aufgebrachte Menge in München

Bayerns König Ludwig I. tritt zurück

19. März 1848. Mittags um ein Uhr ruft der König die vier volljährigen Söhne zu sich und teilt ihnen mit, daß er sich zum Rücktritt entschlossen habe. Der 36jährige Kronprinz Maximilian kniet daraufhin vor dem König nieder und erbittet von ihm den väterlichen Segen.

Nach Herzog Sigmund (1467) und Herzog Wilhelm V. (1597) ist Ludwig der dritte Wittelsbacher, der sein Amt zurückgibt. Er fühlt sich verraten von Freunden und ist enttäuscht von den Münchnern. Sie hatten am 4. März das Zeughaus ausgeräumt und waren mit dem alten dort eingelagerten Kriegsgerät in Richtung Residenz gezogen. Erst am Promenadenplatz gelang es, die Rebellen zu überreden, die Waffen wieder brav an den Jakobsplatz zurückzutragen. Ruhe kehrte aber nicht zurück. Auch die am 6. März veröffentlichte sog. »Märzproklamation«, in der vom König viele Zugeständnisse unter dem Druck der revolutionären Ereignisse gemacht wurden, konnte sie nicht wieder herstellen.

Inzwischen hat die Nachricht von den revolutionären Vorgängen in Frankreich das Königreich Bayern erreicht und vornehmlich in Franken revolutionäre Gelüste geweckt. In München aber taucht das Ge-

rücht auf, Lola sei heimlich in die Stadt zurückgekehrt. Am 16. März droht ein neuer Sturm auf das Zeughaus. König Ludwig, der in den vergangenen Wochen und Monaten so vielfach gedemütigt wurde, mußte

ein weiteres Zugeständnis machen: Im Kronrat gibt er die Erklärung ab, daß Lola Montez nicht mehr bayerische Staatsangehörige sei. Am 17. März wird schließlich sogar ein Fahndungsaufruf erlassen.

Eigenhändiger Entwurf der »Königlichen Worte an die Bayern« mit der Unterschrift von König Ludwig I. vom 20. März 1848; er verzichtet darin offiziell auf den Thron zugunsten seines Sohnes Maximilian II.; Ludwig I. zieht damit die Konsequenzen aus den revolutionären Unruhen der letzten Monate, die sich an der Affäre um Lola Montez, die Geliebte des Königs, entzündet hatten

Maximilian II. neuer König von Bayern

20. März 1848. Bayern hat einen neuen König, Maximilian II., einen schlanken, blassen Herrn von 36 Jahren, der bei der Eidesleistung mit seiner etwas zu hellen Stimme dem vorgeschriebenen Text hinzufügt: »Ich bin stolz, mich einen konstitutionellen König zu nennen.«

Lieber, so sagt er später einmal, wäre er, der in Göttingen, Berlin und München studiert hat, ein deutscher Professor geworden; und Professoren (zumeist solche aus dem deutschen Norden) sind auch sein liebster Umgang – er will lernen, seine Aufgaben besser zu erfüllen.

Dem Philosophen Schelling schreibt er 1851: »Abgesehen von der allgemeinen Regentenaufgabe war ich

Maximilian II., Sohn Ludwigs I., wird neuer König von Bayern

lange mir nicht klar, welcher Sparte menschlicher Tätigkeit ich vorzüglich meine Privatmittel zuwenden solle. Ich glaube nun nach ofterer Überlegung, die der ausgedehnten, möglichst umfassenden Wohltätigkeit wählen zu sollen. Ich meine damit dem eigentlichen Proletarier in Ursprung und Folge entgegenzuwirken, indem zugleich der Staat von seiner Seite das ihm Zustehende nach Vermögen leistet ...«

Zu dieser Zeit – Karl Marx hat eben sein »Kommunistisches Manifest« vorgelegt – sind das ungewohnte, hoffnungsvolle Wort eines Königs. Bayerns Unterprivilegierte haben in Max II. einen hochgebildeten und nobel gesinnten Anwalt.

Bayerns Nein zur Reichsverfassung

23. April 1849. Wie Österreich und Preußen lehnt die bayerische Regierung die 179 Paragraphen der am 14. April von 28 deutschen Staaten angenommene Reichsverfassung ab. Vom Juli 1848 an war in der Frankfurter Paulskirche beraten worden, doch das Ergebnis kann den Bayern nicht gefallen, da Österreich ausgeklammert und Preußen eine Sonderrolle zugewiesen wird.

Die Entscheidung in München löst in der Pfalz eine Revolution aus. Bayerns König Max ruft Preußens Militär zu Hilfe, und am 10. Juni marschiert auch ein bayerisches Armeekorps in die Pfalz ein. Der Aufstand wird niedergeschlagen.

Unvollendete Werke im Nachlaß Gärtners

21. April 1847. Friedrich von Gärtner war Architekturprofessor an der Akademie, künstlerischer Direktor der Nymphenburger Porzellanmanufaktur, Generalinspekteur der Kunstdenkmäler Bayerns – und dann kamen die großen Bauaufträge. Nun aber, da er im Alter von 53 Jahren stirbt, hinterläßt er einige seiner bedeutenderen und imposanteren Bauwerke unvollendet.

Nicht fertiggestellt ist das Siegestor,

F. von Gärtner

ebenso wie die Befreiungshalle über Kelheim, mit deren Bau er am 19. Oktober 1842 begonnen hatte. Leo von Klenze wird diesen Bau zu Ende führen, zuvor jedoch Gärtners Pläne beiseitelegen und erst den Rundtempel völlig neu konzipieren. Etwa 20 Jahre zuvor war es umgekehrt gewesen: Der mächtige Klenze hatte vom Odeonsplatz aus nordwärts die (durch ihn geschaffene) Ludwigstraße bebaut. Nach der Errichtung des Kriegsministeriums – und somit auf halber Höhe der Straße – ließ König Ludwig das Werk durch den Karl von Fischer-Schüler Gärtner fortsetzen: Staatsbibliothek, Damenstiftsgebäude, Landesblindenanstalt, Salinenbau, Ludwigskirche, Universität, Georgianum und das Max Joseph-Stift.

Hafenszene am Ludwig-Donau-Main-Kanal; die Eisenbahn läuft der unrentablen Wasserstraße bald den Rang ab

Ludwigskanal zwischen Donau und Main

25. August 1846. Das Werk ist getan, die Gedenktafel wird enthüllt: »Donau und Main für die Schiffahrt verbunden – ein Werk von Karl dem Großen versucht/durch Ludwig I. König von Bayern neu begonnen/und vollendet 1846«.

Die große Begeisterung will sich freilich nicht einstellen. Auf den Strecken München–Augsburg–Donauwörth sowie Nürnberg–Bamberg und Nürnberg–Fürth fauchen die Eisenbahnen, die ärgsten Konkurrenten der Kanalschiffahrt, und der Mann, der für die Planung des Ludwig-Donau-Main-Kanals verantwortlich war, Heinrich Freiherr von

Pechmann, lebt in außerplanmäßigem Ruhestand – er hatte die Kosten mit 8,57 Mio Gulden vorausberechnet, und das war, wie sich bald zeigte, ein viel zu niedriger Ansatz.

Bis zu 9000 Arbeiter haben zeitweise an der 172 km langen Baustelle geschaufelt, 101 Kanalschleusen mußten gebaut werden, um die beträchtlichen Höhenunterschiede zu überwinden (der Kanal steigt von Kelheim bis Neumarkt um 80 m und fällt dann von Neumarkt bis Bamberg um 183 m ab).

Es hatte in der langen Planungszeit viele Gegner des Projekts gegeben. Doch 1836 war mit Hilfe der Roth-

schilds das Geld gezeichnet, die »Aktiengesellschaft für den bayerischen Verbindungskanal zwischen Donau und Main« konnte gegründet und mit der Arbeit an der neuen Schiffahrtsstraße begonnen werden.

Als die ersten Schiffe den mühsamen, durch Schleusenstops immer wieder unterbrochenen Weg zurücklegen, nennen die Kanalgegner mehrere Schwächen der neuen Wasserstraße: Mit einer Breite von 15,20 m (in der Sohle gar nur 9,30 m) und mit einer Tiefe von 0,95–1,46 m ist der Kanal nur für Schiffe bis zu 120 t befahrbar. Er ist damit ein recht unüberlegtes Projekt.

Die »Neuesten Nachrichten« aus München

9. April 1848. Ohne Vorrede und ohne Geleitwort legt Karl Robert Schurich, ein 35jähriger Protestant aus Sachsen, an diesem Sonntag die erste Nummer seiner »Neuesten Nachrichten aus dem Gebiete der Politik« vor. Die vier Seiten starke und nur etwa 11,5 x 18,5 cm große Zeitung wird später in »Münchner Neueste Nachrichten« umbenannt.

Ungefähr drei Wochen nach dem Rücktritt von König Ludwig I. hat München also eine neue Zeitung, die bald schon eine Auflage von 15 000 Exemplaren erreicht und ihrem Verleger, einem ehemaligen Mitarbeiter der Wolff'schen Buchdruckerei, zu Wohlstand verhilft.

Die »Neuesten Nachrichten« finden Leser im ganzen Land. Sie werden zwar von streng konservativen Zeitgenossen als Skandalblatt abgewertet, doch gelesen wird die Zeitung auch in den vornehmen Häusern. Für ein Jahresabonnement von 2 Gulden – das Einzelexemplar kostet 1 Kreuzer – werden täglich Meldungen aus Deutschland und der Welt ins Haus geliefert.

Der Verleger gilt zunächst als ein Roter der revolutionärsten Sorte, der sich allerdings bald schon mäßigt.

Firmensitz der neuen Münchner Zeitung »Neueste Nachrichten«

Die journalistische Wirklichkeit sieht allerdings sehr viel harmloser aus, da sich der »verantwortliche Redakteur R. Schurich« (so das Impressum) der eigenständigen Kommentierung enthält und lediglich Meldung an Meldung reiht.

Die erste Nachricht der «Neuesten Nachrichten«, überschrieben:

»Deutschland. Mü. den 8. April«, berichtet, daß die Sitzungen der Ständeversammlung in Zukunft öffentlich sein würden und der Bau einer neuen Tribüne gerade in Angriff genommen worden sei.

Eine weitere Meldung der ersten Seite: Die Bürger der Vorstadt Au hätten das Gesuch gestellt, der Stadt (München) einverleibt zu werden. Dem Antrag, so heißt es in den »Neuesten«, soll stattgegeben worden sein (in Wirklichkeit erfolgt die Eingemeindung dann aber erst 1854). In der Nr. 1 wird aber auch gemeldet: »Die Künstler in München haben eine Adresse an ihren alten Schutzherrn, König Ludwig, unterschrieben und übergeben.«

Das erste Inserat erscheint am Ende der Nr. 3: »In der Sendlingergasse im Hackerbräuhaus über 3 Stiegen werden bei Unterzeichneter Strohüte geputzt und modernisiert ... Josephine Kronberger.« Das zweite Inserat ist in der Nr. 6 zu lesen: »Eine gesetzte Person sucht einen Platz als Haushälterin bei einem alten Herrn oder in ein Ladengeschäft«.

Nach 14 Jahren verkauft Schurich die »Neuesten Nachrichten« für 90 000 Gulden an Julius Knorr.

Der »Schwarze Einser«, eine der ersten bayerischen Briefmarken

Erste Briefmarken werden verkauft

1. November 1849. Die Herstellung des Spezialpapiers machte Schwierigkeiten, und so kommen die ersten bayerischen Briefmarken vier Wochen später als ursprünglich vorgesehen in die Postämter.

Peter Hasenay, der im Hauptberuf Geldscheine zeichnet, mußte nur drei Werte entwerfen: 1 Kreuzer schwarz, 3 Kreuzer blau und 6 Kreuzer braunrot; erst im folgenden Jahr kommt noch eine weitere Marke 9 Kreuzer grün hinzu.

Zu dieser Zeit ist die erste Marke, der »Schwarze Einser«, schon wieder aus dem Handel gezogen. Der Schwärze wegen, denn sie machte die Stempel unleserlich. Die General-Verwaltung der königl. Posten und Eisenbahnen gibt eine neue, weniger schwarze Einser heraus. Von der ursprünglichen Marke sind rund 725 000 Stück verkauft.

München erhält eine Musikschule

1846. München hat eine Musikschule, und empfohlen durch Franz Lachner, dem Dirigenten der Hofoper (und bald schon Generalmusikdirektor), übernimmt der ehemalige Sänger Franz Hauser deren Leitung. In einem der ersten Studienjahre wird Joseph Rheinberger, ein musikalisches Wunderkind aus Lichtenstein, in der Schule eingeschrieben und mit 20 Jahren einer ihrer Lehrer. Zu den Schülern Rheinbergers wird Engelbert Humperdinck gehören, der Komponist der Märchenoper »Hänsel und Gretel«. Lange vor München, nämlich bereits 1804, hat die Stadt Würzburg eine Musikschule erhalten.

Münchner stürmen Pschorrbräuhaus

11. Oktober 1848. *Die Revolution liegt weit zurück. Aber wieder – und zwar auf den Tag genau sieben Monate nach Lolas heimlicher Abreise – gehen Münchner auf die Straße: Weil das Bier teurer geworden ist, stürmen sie das Pschorrbräuhaus und demolieren das Mobiliar (Abb.). Zum Ausbruch der Gewalttaten trug vor allem das Gerücht bei, die Bräuburschen hätten Menschen in die siedende Bräupfanne geworfen.*

Bier-Revolten hatte es auch früher schon gegeben. Johann Andreas Schmeller z. B. berichtet in seinem Tagebuch unter dem 6. Mai 1844, er habe den Lärm für einen neuen Zapfenstreich gehalten und erst am darauffolgenden Tag von den wahren Vorgängen erfahren: Das Sommerbier war auf einen Preis von 6 1/2 Kreuzer erhöht worden, gleichzeitig aber war auch dem Militär die halbe Teuerungszulage genommen worden.

Im Jahre 1833 malte Albrecht Adam als Hochzeitsgeschenk für seine Tochter sein Selbstbildnis vor der großartigen Landschaft an der Isar

»Heimkehr von der Großhesseloher Kirchweih«, 1844 entstandenes Gemälde des in München arbeitenden Malers Joseph Heinrich Ludwig Marr

Münchner Landschaftsmalerei wird berühmt

Christian Morgenstern, ein meisterhafter Landschaftsmaler

Die Landschaftsmaler, denen die offizielle Aufmerksamkeit und Förderung lange Zeit versagt geblieben war, kehren zurück – die »Münchner Landschaftsmalerei« wird berühmt. Künstler wie Karl Rottmann, vor allem aber Eduard Schleich d. Ä. und Christian Morgenstern setzen eine Tradition fort, die schon im frühen 19. Jh. mit Malern wie Georg von Dillis, Wilhelm von Kobell und Max Josef Wagenbauer begonnen hatte.

Der aus Heidelberg stammende Karl Rottmann malte die westlichen Hofgartenarkaden ab 1830 mit italienischen Landschaften aus. Der für die nördlichen Arkaden geplante Griechenland-Zyklus wird nicht ausgeführt, statt dessen entstehen bis in die späten 40er Jahre 23 dramatische und außerordentlich pathetische Landschaftsbilder für die Pinakothek: »Marathon«, »Delos«, »Epidauros«.

Für den 1812 in Niederbayern geborenen Eduard Schleich d. Ä. begann der Erfolg um 1830, als er im Kunstverein seine z.T. sehr kleinen Landschaftsbilder zeigte.

Im Jahre 1829 war der Hamburger Christian Morgenstern nach München gekommen. Beeindruckt und beeinflußt von dem acht Jahre älteren Karl Rottmann wird er zu einem der Meister der frühen realistischen Landschaftsmalerei. Seine Bilder zeigen vor allem oberbayerische Seen- und Moorlandschaften. Der Impressionismus wird von diesen Malern vorbereitet, auch wenn etwa Eduard Schleich seine kleinen Landschaften nicht in der freien Natur, sondern im Atelier und aus dem Gedächtnis malt.

E. Schleich d. Ä., Münchner Landschaftsmaler

»Terrasse bei Föhring« (W. v. Kobell), ein früher Vertreter der »Münchner Landschaftsmalerei«

1850

1850–1854

Ab etwa 1850. München wird ab der Mitte des 19. Jh. zur führenden deutschen und internationalen Kunststadt in der Malerei.

Ab etwa 1850. König Maximilian II. beruft für seine Symposien die sog. »Nordlichter«. →

Um 1850. Schon seit mehreren Jahren tagt bei Herzog Max ein geselliger Kreis, der sich selbst »Artus-Runde« nennt. →

1850. Die sog. erste Gründerzeit beginnt, ein steiler Aufstieg des bayerischen Industriewesens. Neugründungen erfolgen überwiegend in der Verbrauchsgüterindustrie, vor allem in der Textil- sowie in der Nahrungs- und Genußmittelindustrie. →

1850. Das bayerische Steuersystem wird durch eine allgemeine Vermögensteuer, eine Kapitalrenten- und durch eine spezielle Einkommensteuer erweitert.

27. 2. 1850. Bayern, Hannover, Sachsen und Württemberg schließen in München das Vierkönigs-Bündnis mit dem Ziel einer Reformation des Deutschen Bundes, der Gesamtösterreich umfassen soll.

9. 10. 1850. Mit einem Festakt auf der Theresienwiese in München wird die von Ludwig von Schwanthaler modellierte Kolossalstatue der »Bavaria« enthüllt. →

1851. Der »Verein zur Ausbildung der Gewerke« (später heißt er Bayerischer Kunstgewerbeverein«) wird gegründet.«

1851. Österreich tritt den seit Jahrhunderten zwischen Berchtesgaden und Salzburg strittigen Gebietskeil Hirschangerkopf–Hallthurmpaß–Dreisesselberg–Großmain bei Marzoll, am Hangenden Stein und bei Passau gegen eine Entschädigung an Bayern ab.

1852. In Bayern wird das Wiesen-Cultur-Gesetz erlassen. Es ist Teil der neuen Wassergesetzgebung.

1852. In Nürnberg wird das Germanische (National-)Museum gegründet, eine Sammlung zur Kunst- und Kulturgeschichte der deutschen Stämme. →

5. 2. 1852. Die Kunstsammlungen der nach den Plänen des bayerischen Architekten Leo von Klenze fertiggestellten Kaiserlichen Eremitage in Petersburg werden der Öffentlichkeit zugänglich gemacht.

25. 3. 1852. »Agnes Bernauer. Ein deutsches Trauerspiel« von Friedrich Hebbel wird im Münchner Hoftheater uraufgeführt. →

1. 10. 1852. Der 1845 während des Kniebeugungsstreits als Professor der Universität zu Erlangen amtsenthobene lutherische Theologe Adolf von Harleß wird als Präsident des bayerischen Oberkonsistoriums nach München berufen und ist damit Führer der evangelischen Kirche in Bayern.

1853. Leo von Klenze vollendet den Bau der Ruhmeshalle auf der Theresienhöhe in München.

25. 10. 1853. In München wird die Neue Pinakothek eröffnet. →

1854. König Maximilian II. beruft den Dichter Paul Heyse mit einem Jahresgehalt von 1000 Gulden nach München ohne weitere Verpflichtung als die der Teilnahme an den geselligen Abenden des Königs, den sog. Symposien.

24. 4. 1854. Die bayerische Prinzessin Elisabeth (Sisi) heiratet in Wien den österreichischen Kaiser Franz Joseph I. →

11. 5. 1854. Die Todesstrafe wird in München zum letzten Mal mit dem freien Schwert vollzogen. →

24.–27. 5. 1854. Auf der Bamberger Konferenz versuchen die acht größten Mitgliedsstaaten des Deutschen Bundes unter Führung des bayerischen Ministerpräsidenten Ludwig von der Pfordten, während des Krimkriegs eine eigenständige Position im europäischen Mächteverhältnis zu finden.

15. 7. 1854. Der Münchner Glaspalast wird mit einer Kunst- und Industrieausstellung eingeweiht. →

16. 7. 1854. König Maximilian II. von Bayern beschränkt durch Verordnung die Arbeitszeit Jugendlicher in Fabriken. →

18. 7. 1854. In München bricht die Cholera aus. →

20. 9. 1854. Von Southampton aus begeben sich die drei Münchner Brüder Schlagintweit auf eine wissenschaftliche Indienreise. →

25. 9.–13. 10. 1854. Der Historiker Leopold von Ranke hält vor König Max II. 19 Vorträge »Über die Epochen der neueren Geschichte«. →

1. 10. 1854. Durch Eingemeindung wächst die Einwohnerzahl von München auf über 100 000. →

GESTORBEN:

7. 7. 1850. München: Karl Rottmann (* 11. 1. 1797, Handschuhsheim bei Heidelberg), Maler.

2. 7. 1852. München: Johann Andreas Schmeller (* 6. 8. 1785, Tirschenreuth/Oberpfalz), Germanist (»Bayerisches Wörterbuch«).

3. 4. 1853. München: Joseph Ludwig von Armansperg (* 28. 2. 1787, Kötzting/Niederbayern), bayerischer Staatsmann.

15. 7. 1853. München: Wilhelm von Kobell (* 6. 4. 1766, Mannheim), Maler.

7. 7. 1854. München: Georg Simon Ohm (* 16. 3. 1789, Erlangen), Physiker (Ohmsches Gesetz).

3. 9. 1854. Augsburg: Christoph von Schmid (* 15. 8. 1768, Dinkelsbühl/Mittelfranken), Schriftsteller.

GEBOREN:

17. 1. 1850. Landshut: Klemens von Podewils-Dürniz († 14. 3. 1922, München), bayerischer Ministerpräsident und Außenminister.

Die Bavaria wird enthüllt

9. Oktober 1850. Das Volk applaudiert, als die Hülle fällt, und der König a. D. meint: »Ich bin 64 Jahre alt, hab' viel des Schönen gesehen, so Schönes noch nie, hab' viel Freuden erlebt, doch solche Freude noch nie.« Das Lob spendet er Bayerns größter Dame, der 18,5 m hohen und 1560 Zentner schweren Bavaria.
Der Bildhauer Ludwig von Schwanthaler sollte mit Phidias konkurrieren. So wie dieser auf der Akropolis seine Athena Parthenos, sollte er, nahezu 2300 Jahre später und doppelt so groß, die Bavaria schaffen.
Leo von Klenze lieferte ihm in den 30er Jahren des 19. Jh. einen Entwurf: Eine Dame, kniefrei, die sich mit der Rechten auf eine Hermesstele stützt und mit der Linken einem offensichtlich vor ihr Knienden den Lorbeerkranz reicht.
Schwanthaler macht aus der Griechin ein germanisches Weib mit bodenlangem Kleid, umgeworfenem Bärenfell und triumphierend erhobenem Eichenkranz.
Diese Dame zu modellieren und, vor allem, sie zu gießen, war eine der großen technischen Leistungen des Jahrhunderts – nie zuvor war Größeres gegossen worden. Ferdinand von Miller gelang das Werk. Als der Kopf aus der Grube gehoben wurde, erschien König Ludwig. Männergesang aus dem erzenen Frauenkopf begrüßte ihn, und Chorsänger entstiegen anschließend dem monumentalen Haupt:
»Gesehen! Gesehen! Und doch unglaublich!« rief die Majestät.
Aufgestellt wurde das Standbild – der Transport war Anlaß für eine der frühesten Fotoreportagen – vor der von König Ludwig erbauten Bayerischen Ruhmeshalle über der Theresienwiese. Der bayerische Ehrentempel kostete den König 614 987 Gulden, die Bavaria 286 346 Gulden und das Grundstück 13 784 Gulden.

Der fertig gegossene Kopf der Bavaria wird aus der Grube gehoben; der Guß des Standbildes durch Ferdinand v. Miller gilt als technisches Meisterwerk

Ein Triumphzug begleitet den Transport der Bavaria, die vor der von König Ludwig I. erbauten Ruhmeshalle über der Theresienwiese aufgestellt wird

Zehn Jahre Arbeit

Ludwig von Schwanthaler, Nachkomme einer aus dem Innkreis stammenden Bildhauerfamilie, war noch nicht ganz 35 Jahre alt, als er am 21. Mai 1837 von König Ludwig einen Auftrag erhielt, wie ihn kein Bildhauer zuvor je erhalten hatte – er sollte eine Kolossalstatue der Bavaria schaffen.

Mehrere Jahre lang arbeitete der junge Meister an dieser monumentalen Frauenfigur (der er angeblich die Züge einer verlorenen Geliebten gab). Immer wieder nahm er, inzwischen ein schwerkranker Mann, an seinem Werke Veränderungen vor.

Die 1824 gegründete Königliche Erzgießerei wurde durch diese in ihrem Inneren begehbare Dame vor eine schier unlösbare Aufgabe gestellt, denn nie zuvor war irgendwo auf der Welt ein auch nur annähernd so großer Auftrag ausgeführt worden: Die Einzelteile

Bußgürtel für Bavaria (aus dem »Kladderadatsch«, 24. 10. 1875)

der Bavaria waren fast doppelt so groß wie die bisher größten in Erz gegossenen Stücke; allein für den Kopf wurden 350 Zentner Erz geschmolzen (Abb.). Der Erzgießer Ferdinand Miller zerlegte das Modell der schwanthalerschen Dame in fünf Teile, ehe er am 1. September 1844 mit dem Guß des Kopfes begann. Es folgte am 10. Oktober 1845 der Guß des Brustpanzers. Erst nach sechs Jahren Gußarbeit war das Sinnbild Bayerns 1850 fertiggestellt.

München wächst durch Eingemeindungen

1. Oktober 1854. Durch Adoption verdoppelt sich die Stadt München (Abb.) innerhalb eines Tages und hat nun mehr als 100 000 Einwohner. Zu verdanken ist dieser Zuwachs der Eingemeindung von Giesing, Au und Haidhausen. Dem Stadtgebiet von 1679 ha werden dadurch 1670 ha zugeschlagen.

Jahrhundertelang ist es nur mühsam vorangegangen. Um 1400 hatte die Stadt etwa 11 000 Einwohner, 100 Jahre später zählte man erst etwas mehr als 13 000 Münchner, und wiederum 100 Jahre später, zu Beginn der Regierungszeit von Maximilian I., dürften alles in allem knapp 20 000 Personen innerhalb der Stadtmauern gelebt haben.

Bei der ersten offiziellen Volkszählung 1781 notierte man 37 840 Einwohner in 1700 Häusern mit 8 829 Herdstätten. Doch die Zähler hatten dabei zum Beispiel auch Schleißheim mitgezählt. Damals hatte Lorenz von Westenrieder aufgeschrieben, daß schätzungsweise auf einem Fünftel der Münchner Stadtfläche keine Wohnhäuser sondern Kirchen- oder Klostergebäude stehen. Aber wie genau waren diese alten Zahlen? Burgholzer behauptet in seiner 1796 erschienenen Stadtgeschichte, die Stadt habe 1647 Häuser und zwischen 46 000 und 48 000 Einwohner. Doch etwa diese Zahl – nämlich 48 745 – wurde auch für das Jahr 1801 angegeben.

Artus-Runde tagt bei Herzog Max

Um 1850. Beim Herzog Max geht es stets lustig her, und seit etlichen Jahren schon lädt er sich allwöchentlich einmal 14 Freunde in sein Palais an der Ludwigstraße ein. Diesen geselligen Kreis nennt er »Artus-Runde«, und natürlich spielt der Hausherr dabei die Rolle des König Artus. Dessen Kanzler darf sich Popo von Ammerland nennen; im bürgerlichen Leben heißt er Graf Pocci und ist berühmt als »Kasperlgraf« Pocci. Dessen Verleger Caspar Braun gehört ebenso zu den Artus-Rittern wie Friedrich Gärtner (genannt »Pfaff«) oder Franz von Kobell (»Meistersänger«). Die Sitzungen beginnen Punkt sieben Uhr, und an ihrem Anfang zeigt der Herzog Bilder von fremden Ländern, dann wird gespeist. Anschließend unterhält man sich bei Bier und Zigarren, ist mal ernst, dann lustig, man erzählt sich Geschichten oder trägt munter Gereimtes vor.

Maximilian

In den geselligen Münchner Kreisen ist der Herzog – er und Ludwig I. haben den gleichen Ur-Urgroßvater – ein oft und gern gesehener Gast. Berühmt sind sein Zitherspiel und der Zirkus, den er sich hinter seinem Palais einrichten ließ und in dem er gelegentlich auch selber auftrat.

Erste Gründerzeit beginnt

1850. Die Revolution von 1848 ist vorbei, und die Wirtschaft erlebt eine erste Gründerzeit. Im Agrarland Bayern – 1840 waren noch 65,7 % der Bevölkerung in der Land- und Forstwirtschaft tätig – geht die Umstellung nur langsam vor sich. Die größten Fortschritte macht insgesamt gesehen die Textilindustrie mit ihrer langen Tradition.

In Augsburg beispielsweise, wo Friedrich P. Chur 1848 eine mechanische Spinnerei mit 200 Arbeitern eröffnete, entsteht 1853 am Stadtrand eine Baumwollspinnerei, und im gleichen Jahr wird zur Gründung der ersten deutschen Baumwoll-Feinspinnerei aufgerufen; im Jahr 1856 nehmen dann zwei weitere Textilfabriken die Arbeit auf.

Zu dieser Zeit sind in der Augsburger Industrie 6,65 Mio Gulden investiert; einige Jahre später wird das in der bayerischen Baumwollindustrie angelegte Kapital auf insgesamt 23,5 Mio Gulden geschätzt.

Die mit dieser Entwicklung verbundenen sozialen Probleme werden vor allem von König Max II. erkannt. An der achten Stelle einer Liste der täglich zu erfüllenden Aufgaben nennt er den folgenden Punkt: »Sorge für das Proletariat, ... Abstellung der materiellen Mißstände, Wohltätigkeitsanstalten (besonders Sorge für die Arbeiter)«.

Kammgarnspinnerei Augsburg (1845/1846), vom Nürnberger Unternehmer J. A. F. Merz nach Augsburg verlegt, zur Energieversorgung des Betriebes

Die Cholera fordert zahlreiche Opfer

18. Juli 1854. Während einer »Faust«-Aufführung in München bricht ein Zuschauer, ein Schweizer, zusammen. Man bringt ihn schnell ins Spital – er hat Cholera.

Es sollte ein festlicher Sommer werden. Mit Stolz zeigt man den vielen Besuchern den Glaspalast und die Erste Allgemeine Industrie-Ausstellung, Intendant Franz von Dingelstedt aber veranstaltet seit dem 11. Juli das sog. »Gesamtgastspiel«, zu dem er die berühmtesten deutschen Schauspieler in sein erstmals mit Gaslicht illuminiertes Hoftheater engagiert hat.

Doch am fünften Abend bricht das Unheil über die Stadt herein. Die Gäste, aber auch viele Münchner flüchten aus der Stadt. Sie fürchten die oft tödliche Krankheit, die sich gerade bei sommerlichen Temperaturen schnell ausbreitet. Als am 31. August durch einen abrupten Temperatursturz von 20 °C der Sommer zu Ende geht, hört das Sterben auf. Insgesamt 6000 Personen waren erkrankt, 2974 von ihnen sind gestorben.

Letzte Hinrichtung mit freiem Schwert

11. Mai 1854. Sieben Hiebe sind notwendig, um den 19jährigen Sattlergesellen Christian Hussendorfer aus Sieburg im Landgerichtsbezirk Greding auf der Hinrichtungsstätte am Marsfeld endgültig vom Leben zum Tode zu befördern.

An ihm, der wegen der Ermordung seines Lehrherrn verurteilt war, vollzieht man zum letzten Mal in München die Hinrichtung mit dem freien Schwert. Hinfort gehen Exekutionen einfacher vor sich. Am 3. August wird das Fallschwert gesetzlich eingeführt, und in kurzem Abstand wird dieses neue Hinrichtungsgerät gleich an drei zum Tode Verurteilten erprobt.

Der Vollzug der Todesstrafe ist wieder ein wenig »moderner« geworden: 1804 hat man letztmals einen Menschen am Galgenberg an der Landsbergerstraße gehängt, und zwar den 17jährigen Dienstbuben des Pfarrers von Sendling, der angeblich 9 Gulden gestohlen hatte.

Im darauffolgenden Jahr wurde mit dem ebenfalls jugendlichen Ferdinand Bündel zum letzten Mal ein Delinquent in München gerädert.

Die bayerische Herzogin Sisi heiratet Kaiser Franz Joseph von Österreich in der Augustinerkirche in Wien

Sisi heiratet den Kaiser von Österreich

24. April 1854. Im hellen Licht von 15 000 Kerzen segnet der Wiener Kardinal Rauscher in Gegenwart von 70 Bischöfen und Prälaten in der Wiener Augustinerkirche den Bund: Der 23jährige österreichische Kaiser Franz Joseph heiratet die 16jährige Elisabeth, Herzogin in Bayern. Die Mütter von Braut und Bräutigam – die beiden Schwestern Ludovika und Sophie – hatten ursprünglich mit ihren Kindern andere Pläne. Sie waren für den 16. August 1853 in Bad Ischl verabredet und hofften, dort die Verlobung von Franz Joseph und Helene feiern zu können. Dem jungen Kaiser gefiel die junge Cousine Elisabeth aber sehr viel mehr als deren drei Jahre ältere Schwester – er verglich sie mit einer aufspringenden Mandel (was immer er sich darunter auch vorstellen mochte) und rühmte die »herrliche Haarkrone«, die ihr Gesicht umrahmt; die Augen, sagte er, seien lieb und sanft, die Lippen aber wie Erdbeeren …

Soviel Schwärmerei führte zu einer schnellen Entscheidung: Am Sonntag, den 18. August, seinem 23. Geburtstag, hielt Seine Majestät der Kaiser von Österreich um die Hand seiner Cousine an.

Für den Herzog Max in Bayern, einem nahen Verwandten des Königshauses, war dies eine ebenso ehrenvolle wie delikate Angelegenheit. Denn die Tochter Sisi (sie selbst schrieb sich mit einem einfachen »s«!) war für eine so hohe Verbindung nicht erzogen; man hatte im herzoglichen Schloß Possenhofen ein legeres, lustiges Leben geführt, auch wenn die Herzogin Ludovika eine Tochter des ersten bayerischen Königs Max Joseph (und somit auch eine Schwester von König Ludwig I.) war.

Man stimmte im herzoglichen Haus der Verlobung zu – »einem Kaiser von Österreich gibt man keinen Korb« – und einigte sich, daß Herzog Max seiner »durchlauchtigsten Frau Tochter« eine Mitgift von 50 000 Gulden, dazu Kleider und Schmuck gebe.

Am 20. April 1854 verließ die Braut die bayerische Hauptstadt. Sie reiste nach Straubing und von dort an Bord des Raddampfers »Franz Joseph« gen Wien-Nußdorf. Der Kaiser sprang, noch ehe das Schiff richtig angelegt hatte, an Bord, um seine Sisi zu begrüßen.

Die Heirat mit der schönen bayerischen Prinzessin verhalf dem Kaiser erstmals zu einem größeren Maß an Beliebtheit in seinem Reich, vor allem in Wien.

Kaiser Franz Joseph von Österreich | *Elisabeth (»Sisi«) aus Bayern*

»Agnes Bernauer« wird uraufgeführt

25. März 1852. Franz von Dingelstedt erhält im Januar 1852 einen Brief von Friedrich Hebbel: Die zwischen dem 22. September und 17. Dezember 1851 niedergeschriebene »Agnes Bernauer«, heißt es darin, sei seine, Hebbels, »unbedingt beste Arbeit«. Am 25. März 1852 wird dieses »deutsche Trauerspiel« über ein bayerisches Thema unter der Regie von Dingelstedt am Münchner Hoftheater uraufgeführt. Am Tag danach schreibt Christine Hebbel ihrem Mann, das Stück habe »entschiedensten Erfolg« gehabt.

In der nach Chroniken gearbeiteten »Bernauer« stellt sich Hebbel auf die Seite des Herzog Ernst. Das Recht des Staates steht ihm höher als das Wohl des einzelnen.

Paul Heyse zieht nach München um

1854. Kurz vor seinem 24. Geburtstag erhält Paul Heyse die Einladung, von Berlin nach München zu ziehen. König Max II., der zwei Jahre zuvor schon Emanuel Geibel in seine Residenzstadt berufen hat, will den jungen Poeten für den Umzug entlohnen – jährlich 1000 Gulden aus der Privatschatulle. Heyse, so steht in der Einladung, habe keine Verpflichtungen, außer an den königlichen Symposien teilzunehmen. Das »Nordlicht« soll der Stadt München zum Ruhme gereichen und sie mit seiner Dichtkunst erfreuen.

Leopold von Ranke besucht König Max

25. September bis 13. Oktober 1854. Der hochangesehene Geschichtsprofessor Leopold von Ranke nimmt die Einladung seines ehemaligen Schülers (Studienjahr 1831) an und besucht ihn in seiner Sommervilla zu Berchtesgaden. Der Gelehrte und sein Gastgeber, König Max von Bayern, sprechen über Gott und die Welt, über Theologie und Geschichte also, und über die Politik. Vom 25. September an hält Ranke, der im Vorjahr eine Berufung an die Universität München abgelehnt hat, auf Wunsch der Majestät aus dem Stegreif und ohne »die Spur eines Buches« 19 Vorträge »Über die Epochen der neueren Geschichte«.

Ein technisches Meisterwerk des Ingenieurs August von Pauli: Die vielbestaunte Eisenbahnbrücke von Großhesselohe über die Isar

Zwei architektonische Meisterleistungen

15. Juli 1854. Die Eröffnung der »Allgemeinen Ausstellung deutscher Industrie- und Gewerbs-Erzeugnisse zu München« findet am vorgesehenen Tage statt. Der Glaspalast am Botanischen Garten – 234 m lang, 17 m breit, 25 m hoch – ist rechtzeitig fertig geworden, obwohl der Auftrag zu seinem Bau erst sehr spät erteilt worden war.

Weil es eilte, entschied man sich im Sommer 1853, den Bau des Ausstellungsparkes in jener Glas- und Stahlbaukonstruktion auszuführen, die 1851 mit Paxtons Londoner Kristallpalast erstmals erfolgreich angewendet worden war. Sie erlaubte, daß man an mehreren Stellen gleichzeitig mit der Arbeit beginnen und somit Zeit einsparen konnte.

Der König engagierte August von Voit, den Architekten der eben eröffneten Neuen Pinakothek, dieser schloß am 29. September 1853 mit dem Fabrikanten Cramer-Klett in Nürnberg einen Vertrag, in den vorsichtshalber Konventionalstrafen für etwaige Fristüberschreitungen aufgenommen wurden.

Zur gleichen Zeit baut Cramer-Klett auch draußen vor der Stadt, an der Eisenbahnbrücke von Großhesselohe. Die durch August von Pauli entworfene 258 m lange und 31 m hohe Brücke wird zu einer großen technischen Meisterleistung.

Die »Allgemeine Ausstellung deutscher Industrie- und Gewerbs-Erzeugnisse zu München« im neuerbauten Glaspalast am Botanischen Garten

Kinderarbeit wird eingeschränkt

16. Juli 1854. Nachdem die Beschäftigung von Kindern unter neun Jahren bereits seit etwa anderthalb Jahrzehnten verboten ist, erläßt König Max eine Bestimmung, die eine Beschränkung der Arbeitszeit für Kinder in Fabriken anordnet. Kein großer Schritt nach vorne, aber der Wittelsbacher zeigt auch hier, daß er die mit der Industrialisierung verbundenen Probleme erkannt hat. (Und der von ihm geförderte Wilhelm Heinrich Riehl prägt nicht zufällig in seiner Regierungszeit das Wort »Sozialpolitik«.)

Schon vor der Übernahme des königlichen Amtes hat sich Kronprinz Max immer wieder mit sozialen Fragen beschäftigt, und im Jahr 1843 schrieb er: »Im allgemeinen ist es ferner gewiß richtig, mehr darauf zu sehen, die Quellen der Armut zu verstopfen als die hinterher entstehenden heilen zu wollen, mehr für die junge als die alte Generation zu sorgen.«

Während seiner Regierungszeit ließ König Max u.a. Arbeiterwohnungen in Nürnberg bauen und eine Weihnachtsstiftung für arme Kinder errichten.

Germanisches Nationalmuseum gegründet

1852. Die Sammlung des Freiherrn von und zu Aufseß muß König Ludwig I. sehr beeindruckt haben, denn im September 1830 schrieb er an den Adeligen: »Ich habe schon früher den Wunsch gehabt, daß ... Besitzer von merkwürdigen Gegenständen solche mit Vorbehalt ihres Eigentums in einem öffentlichen Local zur gemeinsamen Beschauung und Belehrung aufstellten ... Ihre Sammlungen, Herr Freiherr, setzen Sie in den Stand, ein solches nützliches Unternehmen zu begründen. Bamberg erscheint hierfür ein ganz geeigneter Platz.«

Der Freiherr hat sich lange bedacht, ehe er sich von seinen Kostbarkeiten trennt. Am 1. August 1852 wird eine Aktiengesellschaft zur Unterstützung des Germanischen Nationalmuseums gegründet und am 15. Juni 1853 kann zu Nürnberg, im Tiergärtnertorturm bei der Burg und im Toplerhaus, das neue Museum nun endlich eröffnet werden.

Den Entschluß zu dieser Gründung eines der deutschen Vergangenheit verpflichteten Museums faßte die Versammlung der Deutschen Geschichts- und Altertumsforscher.

Als Sitz des Museums wählt man das in seiner äußeren Erscheinung noch recht altdeutsch wirkende Nürnberg, wo Aufseß seit 1832 lebt und einen »Anzeiger für Kunde des deutschen Mittelalters« herausgab.

Fünf Jahre nach seiner Gründung erhält das Germanische National-museum zu Nürnberg am 11. September 1857 seine endgültige Heimat im ehemaligen Karthäuserkloster. Der einschiffige, gewölbte Bau aus dem 14. Jh. und 15. Jh. (Klostergründung 1381 durch Marquard Mendel) bildet einen angemessenen äußeren Rahmen für die Sammlung.

Kunst aus Nürnberg (um 1490): »Der hl. Lukas malt die Madonna«

Codex aureus, Titelbild mit thronendem Christus (um 1020–1030)

Neue Pinakothek in München eingeweiht

25. Oktober 1853. Als er an seinem 36. Hochzeitstag, am 12. Oktober 1846, vormittags um zehn Uhr, den Grundstein für die Neue Pinakothek legte, war Ludwig I. König von Bayern. Bei der Einweihung sieben Jahre später ist er Privatmann, ein König a. D. Neben alten Meistern sammelte Ludwig I. auch die Kunst seines Jahrhunderts; vor allem mit 100 zeitgenössischen Bildern, die er im Jahre 1841 aus der Sammlung

Klenze erwarb, hat er diese Kollektion wesentlich bereichert.

Drei Jahre nach diesem Erwerb wurde ein Bauplatz in der Nähe der Alten Pinakothek gefunden und August Voit mit der Ausführung des Museums beauftragt. Den König wird der Bau schließlich 545270 Gulden kosten, die aus der Privatkasse bezahlt werden. Außer dem Gebäude stiftet er auch noch die Ausstellungsstücke (schon bei der

Eröffnung sind es knapp 300 Bilder). Neben Werken des späten 18. und frühen 19. Jh. – u. a. Rottmanns Griechenland-Zyklus, der ursprünglich für die Hofgarten-Arkaden bestimmt war – erhält das Museum zur Eröffnung auch die Porzellangemäldesammlung des Monarchen: 281 Meisterwerke der Malerei auf Porzellan. Die Absicht ist, diese Bilder für später zu bewahren (wenn die Originale vielleicht zerstört sind).

T. Gainsborough: Bildnis Mrs. T. Hibbert (1786)

J. A. Koch: Heroische Landschaft mit Regenbogen

G. F. Kersting: Junge Frau beim Nähen (1828)

F. G. Waldmüller: Junge Bäuerin mit Kindern (1840)

König Max beruft die »Nordlichter«

Ab etwa 1850. Politisch will König Max mit Preußen keine allzu engen Verbindungen. In der Wissenschaft und Poesie aber schaut er bewundernd nach Norden. Und von dort sowie aus einigen anderen außerbayerischen Regionen beruft er die nach seiner Meinung erlauchten Geister nach Bayern. Hier aber nennt man die zum Teil arrogant auftretenden Herren mehr oder weniger verächtlich »Nordlichter«.

Angesehene Gelehrte sind unter den Berufenen, z. B. der Chemiker Justus von Liebig (der Erfinder der Pflanzendüngung), der Schweizer Physiker Jolly, die Historiker Sybel und Giesebrecht, der Rechtsgelehrte Bluntschli sowie der bei den Bayern äußerst unbeliebte Ratgeber des Königs Wilhelm von Dönniges. Hinzu kommen noch die Dichter Emanuel Geibel und Paul Heyse, der Theatermann Dingelstedt und der Übersetzer Friedrich von Bodenstedt.

Die »Nordlichter« und einige wenige auserwählte Bayern treffen bei den »Symposien« in der Residenz regelmäßig mit König Max zusammen. Man trinkt Bier, Wein und redet.

Münchner Brüder reisen nach Indien

20. September 1854. Mit allerhöchster Protektion brechen die drei Münchner Brüder Hermann, Adolph und Robert Schlagintweit von Southampton aus zu einer Expedition nach Indien auf.

Dieser wissenschaftlichen Fernreise war 1848 bis 1852 die Erforschung des Naheliegenden vorausgegangen – die jungen Schlagintweit-Brüder machten physikalische und geologische Untersuchungen in den Alpen. Den berühmten Naturforscher Alexander von Humboldt haben die Ergebnisse so sehr beeindruckt, daß er dafür warb, sie mit einer großen wissenschaftlichen Aufgabe zu betrauen, mit einer Forschungsreise nach Indien und zum Himalaja.

Der König von Preußen gewährte eine Audienz und gab Geld. Diese Fürsprache verschaffte Reputation. Unterstützung kam aber auch (und vor allem) von der East Indian Company und der Royal Geographic Society. Mit Aquarellkasten, Zeichenstift und Kamera ausgerüstet, brechen die drei Brüder nach Indien auf.

*»Scenen aus dem Studentenleben – ach wenn die lieben Eltern wüßten…«
(Gemälde von Friedrich Kaiser, Würzburg und München um 1830)*

*Pfeifenkopf mit Damenbildnis mit
schwarzem Schleier (1840)*

*Sessel; Kirschbaum furniert und
massiv, Seidendamastbezug*

*»Bürgerliches« Zimmer in der »Münchner Wohnkultur« (Möbel aus der
Münchner Residenz, dem Schloß in Eichstätt und der Nürnberger Burg)*

»Zirkustruppe auf der Reise« (Gemälde von Heinrich Bürkel, um 1840; München Privatbesitz): Wanderzirkus aus Italien auf dem Rückweg von Bayern über eine Alpenstraße

Das Tal in München mit Verkehr und Marktgängern (Gemälde von Heinrich Adam, München 1838)

Elegante Ballkleider, wie sie die Damen in der Epoche des Biedermeier tragen

Herren der feinen Gesellschaft in Frackrock (l.), in Offiziersuniform (m.) und im Reitkostüm

Kleider aus Lavallièrewolle (l.) und aus blauem Barège, dazu Strohhut (l.) und Musselinhaube

In München blüht das Biedermeier

Dem Kanzler Klemens Wenzel Fürst von Metternich in Wien mißfiel die ganze nationale und demokratische Richtung. Endlich, nach der Ermordung August von Koetzebues, hatte er einen Vorwand und eine Gelegenheit, die deutschen Regierungen am 16. September 1819 auf die sog. Karlsbader Beschlüsse einzuschwören. Statt weitergehender Freiheiten, die sie sich von der nachnapoleonischen Zeit erhofft hatten, erhielten sie die Pressezensur. Die Burschenschaften wurden verboten, unbequeme Universitätsprofessoren verfolgt. Die Demokratie hatte keine Chance.

In Bayern gelang es Kronprinz Ludwig, die Bestimmungen zu mildern; nach der Revolution von 1830 aber wurde auch hier das Regiment strenger, die Überwachung rigoroser. In den deutschen Staaten – und auch in Bayern – zeigte die polizeistaatliche Herrschaft ihre Wirkung: Die Bürger zogen sich zurück in die überschaubare Welt des Privaten und der Idylle.

Ein Beispiel ist Simon Spitzweg, betuchter Münchner Kaufmann an der Ecke Neuhauser Straße/Eisenmanngasse, ein geschäftiger Demokrat, eifrig engagiert in städtischen Gremien und Vereinen. Sein im Februar 1808 geborener Sohn Carl aber, ein Pharmazeut mit glänzendem Examen, gab seinen Beruf auf, um seiner Malerei zu leben. Mit den meist kleinformatigen Bildern von

Käuzen und skurrilen Einzelgängern – z.B. »Der Witwer« (1845), »Der Kaktusliebhaber« (um 1845), »Der Liebesbrief« (um 1845) – wird er zum bekanntesten und beliebtesten Vertreter der biedermeierlichen Malerei. Durch seine Reise zu den Freilichtmalern von Barbizon bei Fontainebleau finden Spitzweg und der ihn begleitende Eduard Schleich d. Ä. bereits 1851 die Verbindung zu den Vorläufern der Impressionisten. Die Folgen dieser Begegnung sind in der Münchner Landschaftsmalerei der folgenden Jahrzehnte zu finden.

Die Epoche des Biedermeier, meist definiert als die Zeit zwischen den Karlsbader Beschlüssen und der Märzrevolution von 1848, endet in der Münchner Malerei erst viel später, und einige ihrer Hauptwerke entstehen erst in den 50er und 60er Jahren des 19. Jh.

Dabei ist es ohnedies schwierig, die verschiedenen Stilrichtungen und Begriffe – Biedermeier, »Münchner Schule«, Gründerzeit, Historismus etc. – gegeneinander abzugrenzen; sie überschneiden sich, und die Zuweisungen entbehren oft nicht einer gewissen Willkür.

Zu den wichtigsten Repräsentanten des Biedermeier werden, neben Carl Spitzweg, vor allem Moritz von Schwind (»Rübezahl«, um 1854), Eugen Napoleon Neureuther (»Symphonie«, 1852), Benno Adam und Gustav Kraus gezählt.

Damenkleider (v. r. n. l.): Mädchentoilette, Stadttoilette, Haustoilette, Soireentoilette, Brauttoilette und eine weitere Stadttoilette

Kleid und Pardessous aus franz. Popeline (l.) und aus Musseline

Soireen- und Balltoiletten, Kleider aus verschiedenen edlen Stoffen

1855

1855–1859

Um 1855. Nürnberg und Kulmbach haben die größte Bierausfuhr Bayerns.→

1855. König Maximilian II. von Bayern gründet in München das Bayerische Nationalmuseum.

25. 3. 1855. König Maximilian II. von Bayern löst den Landtag vorzeitig auf, nachdem die Kritik an der reaktionären Politik des Ministeriums Ludwig von der Pfordten immer lauter geworden ist.→

13.–17. 12. 1855. Der preußische Bundestagsabgeordnete Otto von Bismarck hält sich in München auf.

1856. Die Dauer der Schulpflicht in Bayern wird von sechs auf sieben Jahre verlängert.

1856. Der aus Roth bei Nürnberg stammende Ingenieur Jakob Heberlein erhält ein bayerisches Patent für die Reibungsbremse bei Eisenbahnzügen.

1856. In Bayern gibt es 112 Fabriken mit Unterstützungskassen für 17 038 Arbeiter. Außerdem gibt es weitere 161 Fabriken mit 12 624 Arbeitern ohne Unterstützungskassen.

1856. Der Historiker Heinrich von Sybel wird durch König Max II. an die Universität München berufen.

1857. Der Grundstein für das Maximileaneum wird gelegt.

1857. In Heufeld in Oberbayern wird auf Initiative des Münchner Professors Justus von Liebig die Bayerische Aktiengesellschaft für chemische und landwirtschaftlichchemische Fabrikate gegründet.

1857. In Deutschland kommt es zu einer schweren Wirtschaftskrise, von der Bayern allerdings kaum betroffen ist.

23. 4. 1857. Durch eine Ministerentschließung wird insbesondere gegenüber der bayerischen Landbevölkerung die hygienische Notwendigkeit häufigen Badens hervorgehoben.→

15. 5. 1857. Nach einer Ministerentschließung über die Bildung der bayerischen Volksschullehrer muß der vom König zu ernennende Inspektor eines Schullehrerseminars ebenso wie der Präfekt dem geistlichen Stand angehören.

Sommer 1857. Mit reicher, 319 Kisten füllender wissenschaftlicher Ausbeute kehren Hermann und Robert Schlagintweit aus Indien nach München zurück. Ihr Bruder Adolph, der noch ein Jahr in Indien bleiben wollte, wird am 26. August 1857 in Kaschgar hingerichtet.

21. 10. 1857. Mit drei Lokomotiven samt Tendern sowie etlichen mit Torf beladenen Güterwagen besteht die neuerbaute Großhesseloher Eisenbahnbrücke ihre erste Belastungsprobe.

30. 12. 1857. Joseph Albert wird zum Hoffotografen ernannt.→

April 1858. In der Nähe des Dorfes Irsching, 6 km nordwestlich von Manching, finden zwei Taglöhner bei Drainagearbeiten 917 keltische Goldmünzen, sog. Regenbogenschüsselchen.

1858. Josef Leonhard Schmid und Franz Graf Pocci gründen in München an der Prannerstraße das erste feste Marionettentheater.

14. 6. 1858. München feiert seinen 700. Geburtstag.→

24. 6.–27. 7. 1858. König Max II. unternimmt seine berühmte Fußreise von Lindau nach Berchtesgaden.→

20. 8. 1858. Die Historische Kommission bei der Bayerischen Akademie der Wissenschaften konstituiert sich.→

1859. Die Eisenbahnlinie Nürnberg–Sulzbach–Amberg–Regensburg wird eröffnet.

1859. Der Chemiker Justus von Liebig wird durch König Max II. zum Präsidenten der Bayerischen Akademie der Wissenschaften ernannt.→

1859. Der Historiker Heinrich von Sybel gründet in München die »Historische Zeitschrift«.

12. 4. 1859. König Maximilian II. von Bayern befiehlt während des sardinisch-französisch-österreichischen Kriegs die Mobilmachung. Österreichischen Truppen wird der Durchzug durch bayerisches Gebiet von Böhmen nach Tirol gestattet.

14. 6. 1859. Ein Ministerialerlaß macht den willkürlichen Auslegungen des bayerischen Pressegesetzes von 1850 ein Ende.

GESTORBEN:

5. 4. 1855. München: Anton von Gumppenberg (* 10. 1. 1787, Breitenbrunn), bayerischer Kriegsminister 1839–1847, General.

20. 4. 1855. Augsburg: Franz Reisinger (* 3. 4. 1787, Koblenz), Chirurg und Augenheilkundler.

5. 3. 1856. München: Johann Nepomuk von Fuchs (* 15. 5. 1774, Mattenzell/Bayerischer Wald), Chemiker und Mineraloge.

6. 4. 1856. Franz Joseph Wigand von Stichaner (* 22. 10. 1769, Tirschenreuth), Staatsrat, Regierungspräsident.

9. 4. 1858. München: Joseph Stieler (* 1. 11. 1781, Mainz), Maler.

8. 8. 1858. Rom: Johann Martin von Wagner (* 24. 6. 1777, Würzburg), Maler und Bildhauer.

3. 9. 1859. München: Carl August von Abel (* 17. 9. 1788, Wetzlar), bayerischer Innenminister 1837–1847.

GEBOREN:

7. 5. 1855. München: Oskar von Miller (†9. 4. 1934, München), Ingenieur.

7. 7. 1855. Kaufbeuren: Ludwig Ganghofer (†24. 7. 1920, Tegernsee), Schriftsteller.

1. 12. 1856. Moosburg/Oberbayern: Georg Hummel (†12. 3. 1902, München), Elektrotechniker.

König löst Landtag auf

25. März 1855. Zuletzt prallen die Gegensätze im Landtag so heftig aufeinander und sind die liberalen Abgeordneten mit der Regierung so zerstritten, daß König Max II. der Konfrontation nur durch die Auflösung des Landtags ein Ende bereiten kann. Nach der Wahl im Juli 1849 hatten die Parlamentarier mancherlei Reformen gefördert: Den Volksschullehrern geht es nun ein wenig besser, die Trennung von Justiz und Verwaltung ist der Verwirklichung nähergebracht, Forst- und Wasserrechte sind modernisiert …

Als allerdings 1851 über eine Regierungsvorlage zu entscheiden war, die den Juden eine konfessionelle Gleichberechtigung gewähren wollte, gab es Einspruch. Nichts, so hieß es, gegen eine gewisse Verbesserung, die Gleichberechtigung der Nichtchristen aber wurde abgelehnt; sie widerspreche den Prinzipien eines christlichen Staates.

Im Jahr zuvor, 1850, hatte die bayerische Bischofskonferenz in einer Denkschrift u. a. die Beseitigung von Widersprüchen zwischen Konkordat und Religionsedikt gefordert. Im Parlament war dieser Wunsch nicht durchzusetzen. Man versprach der Kirche, das Edikt hinfort sehr wohlwollend auszulegen. Der Widerstand im Parlament wuchs, auch eine Regierungsumbildung vermochte nichts zu ändern. So wird der Landtag aufgelöst.

Hauptbahnhof der Landeshauptstadt München, von Westen aus gesehen (Fotografie des Hoffotografen Joseph Albert, aufgenommen 1858/59)

Albert wird Hoffotograf

30. Dezember 1857. Zwölf große Aufnahmen vom königlichen Schloß Hohenschwangau bringen ihrem Schöpfer, dem in Augsburg arbeitenden, 32jährigen Joseph Albert, reichen Lohn – er wird als erster Fotograf mit dem Titel eines Hoffotografen geehrt.

Wenig später verlegt Albert sein Atelier nach München, wo es zu dieser Zeit bereits 37 Fotografen gibt. Mit dem ehrenvollen Titel kann er in seiner Geburtsstadt gute Geschäfte machen, denn wo sich die Königsfamilie porträtieren läßt – und Albert fotografiert sie immer wieder – wollen auch die Berühmten und die Reichen ihre Bilder machen lassen.

Hoffotograf J. Albert in Fotografenpose, aufgenommen von ihm selbst

Justus von Liebig Akademiepräsident

1859. König Maximilian II. ehrt einen Mann, dessen Ansehen weltweit geachtet ist – er ernennt den Chemiker Justus von Liebig zum neuen Präsidenten der Bayerischen Akademie der Wissenschaften.

Der Gedanke, den in Gießen lehrenden Wissenschaftler an die Münchner Universität zu berufen, wurde dem König durch Max von Pettenkofer vorgetragen. Anders als Angebote aus Petersburg, Wien und auch Heidelberg nahm Liebig 1852 die Berufung nach München an. Vor

Justus v. Liebig

allem die von ihm erforschte und propagierte Mineraldüngung sowie die Erfindung des Fleischextrakts (die ihm zu einem großen Vermögen verhalf) machte den Forscher auch außerhalb der Fachwelt bekannt.

Bierausfuhr wird zur Einnahmequelle

Um 1855. In der bayerischen Handelsbilanz spielt das Bier eine wichtige Rolle, und die beiden Städte Kulmbach und Nürnberg liefern dazu die schönsten Zahlen.

Die Kulmbacher Tradition geht zurück auf das Jahr 1533, als das erste Brauhaus in Betrieb genommen wurde. Knapp 80 Jahre später sind 20 Brauereien in der Steuerliste angeführt, zu denen noch die für die Stadt typischen für den Eigenbedarf »bräuenden Bürger« kommen.

Schon früh lieferte man einen Großteil des gebrauten Bieres nach Coburg, Bamberg und Würzburg. Als sich die Verkehrsverbindungen besserten, erweiterte sich auch der Abnehmerkreis. In der zweiten Hälfte des 19. Jh. beträgt der jährliche Ausstoß etwa 600 000 Hektoliter; der größte Teil wird verschickt.

Da in der Nähe von Nürnberg der Hopfen wächst, wird die Stadt zum bedeutendsten Hopfenhandelsplatz der Welt. In den besten Zeiten verkaufen die rund 300 Hopfenhandlungshäuser jährlich 10 000 t und mehr. Das entspricht einem Umsatz von 40 bis 80 Mio Mark, je nach Ertrag und Preis.

Hygieneprogramm gegen die Cholera

23. April 1857. Ohne die Choleraepidemie von 1854, bei der in München 2974 und in Nürnberg 300 Menschen starben, wäre es wohl nicht zu der Ministerentschließung gekommen, die vor allem der Landbevölkerung häufiges Baden empfiehlt.

Die theoretischen Vorarbeiten für das zu dieser Zeit fortschrittlichste Hygieneprogramm Deutschlands kommen von Max von Pettenkofer, der 1847 als Professor für medizinische Chemie nach München berufen wurde. Er war 1854 selbst von der Krankheit befallen und hat anschließend versucht, die Ursachen der Seuche zu entdecken.

Bereits 1855 konnte er in dem Buch »Untersuchungen und Beobachtungen über das Verbreitungsgebiet der Cholera« ein erstes Ergebnis vorlegen: Die Ausbreitung der Cholera hängt direkt mit der Beschaffenheit des Bodens und des Grundwassers zusammen; notwendig ist der Ausbau eines modernen Kanalisationsnetzes in den Städten.

Fußreise Max II.

24. Juni bis 27. Juli 1858. *König Max (Abb.) möchte sein Land kennenlernen – auf einer Fußreise, die in Lindau beginnt. Ein General sowie etliche Adelige und Wissenschaftler begleiten ihn. Die mitgeführten Karossen erweisen sich als nützlich, da es auf der Reise ebenso häufig wie heftig regnet.*

Walhalla der lebenden Gelehrten

20. August 1858. Der Plan, den der Historiker Leopold von Ranke im Frühjahr König Max in Berlin vortrug, ist verwirklicht: Die Historische Kommission bei der Bayerischen Akademie der Wissenschaften wird konstituiert. Der seit 1856 in München lehrende Heinrich von Sybel hatte die Statuten entworfen; erster Präsident wird Ranke.

Der König fand den Gedanken, ein »Walhalla der lebenden Gelehrten« zu schaffen, faszinierend, und er spendete dafür viel Geld. Das Ergebnis sichert ihm in der deutschen Geschichtswissenschaft immerwährenden Ruhm. Zu den von der Historischen Kommission herausgegebenen Werken gehören u. a.:

▷ Die Reichstagsakten des alten Reiches (ab 1356)

▷ Die Deutschen Geschichtsquellen

▷ Die Allgemeine Deutsche Biographie (ADB) in 56 Bänden

▷ Die »Quellen und Erörterungen zur bayerischen und deutschen Geschichte«.

München feiert 700jähriges Bestehen

14. Juni 1858. Im Archiv liegt die Urkunde, durch die Kaiser Friedrich Barbarossa anno 1158 den Salzstreit zwischen dem Bischof von Freising und Heinrich dem Löwen geschlichtet hatte. Heinrich hatte die im Besitz Ottos von Freising befindliche Zollbrücke bei Oberföhring zerstört, um seiner eigenen Brücke bei dem Ort Munichen Einnahmen aus dem Salzhandel zu sichern.

Das Pergament, in dem München erstmals erwähnt wird, ist 700 Jahre alt. Ist dies die erste Erwähnung Münchens? Darf München Geburtstag feiern? München feiert! Im Jahr zuvor hat man sich freilich ein Gutachten geholt, denn wissenschaftlich war bisher nichts belegt. Georg Thomas von Rudhart, Direktor des Allgemeinen Bayerischen Reichsarchives, und der erst seit 1856 in München lehrende, aus Düsseldorf stammende Universitätsprofessor Heinrich von Sybel, stellten fest: »Das Jahr 1158, 14. Junius, steht als das erste sichere, urkundliche Datum und Vorkommen des Ortes München fest; wogegen sich Jahr und Tag der Gewaltthat Heinrich des Löwen (d. i. die Zerstörung der Föhringer Brücke) mit Gewißheit nicht eruieren lassen.«

Das Wort reicht aus – ein Festzug wird organisiert, Eduard Fentsch gibt eine Festschrift heraus, und allenthalben gibt es Aktivitäten. Zum Jubiläum – die Stadt hat 121 234 Einwohner, die in 6083 Häusern wohnen – zieht am 22. Juli des Jahres erstmals die Kunst in den Glaspalast ein; gezeigt wird die »Deutsche Allgemeine und Historische Kunstausstellung«. Eine Woche zuvor hatte es eine Industrieausstellung gegeben.

Maxburg in München, vom Maximiliansplatz aus gesehen (Foto, 1854)

Ausbau Münchens zum »Isar-Athen«

König Ludwig I. hatte versprochen, er wolle in seiner Residenzstadt so viel bauen, daß hinfort niemand sagen könne, er kenne Deutschland, wenn er München nicht gesehen habe. Auch nach seinem Rücktritt, im Frühjahr 1848, setzt er den Ausbau seines »Isar-Athen« fort, einen Großteil seiner Apanage erhalten daher die Maurer und Architekten, wie z. B. Leo von Klenze. Dem großen Bauherrn stiftet der »dankbare Magistrat« zum 70. Geburtstag des Königs am Odeonsplatz ein Standbild, das den Nichtreiter Ludwig hoch zu Pferde zeigt.

▷ *Das Siegestor am Nordende der Ludwigstraße entstand 1843/1852. Die bronzene Siegesgöttin, die Quadriga, über dem Tor blickt stadtauswärts, »dem bayerischen Heere entgegen«, wie die Inschrift besagt. Die Bildmotive der Reliefs stellen Kampfszenen dar, die Medaillons Sinnbilder der bayerischen Provinzen.*

▽ *Der von Leo von Klenze entworfene Thronsaal im Festsaalbau der Residenz beeindruckt mit korinthischen Säulen und der Antike nachempfundenen Statuen.*

▽▷ *Für die 1853 vollendete Neue Pinakothek stellte Ludwig 545 270 Gulden aus seinen Privatmitteln zur Verfügung. Der König plante den Museumsneubau für »Gemälde aus diesem und aus künftigen Jahrhunderten«.*

△ Die erst 1862 fertiggestellten Propyläen, eine Toranlage am Königsplatz, sind eine Mischung aus griechischer und ägyptischer Architektur. Giebelskulpturen und Reliefs beziehen sich auf die Verbindung des wittelsbachischen Hauses mit Griechenland (König Otto von Griechenland ist ein Sohn von Ludwig I.) und den Freiheitskampf der Hellenen gegen die türkische Fremdherrschaft.

◁ Am Max-Josephs-Platz errichtete Klenze von 1826-1835 den 120 m langen repräsentativen Königsbau nach dem Vorbild des Palazzo Pitti in Florenz. Bei der Ausgestaltung der Wohnräume für Ludwig I. und seine Frau wurde auf höfischen Prunk wie überladene Wandverkleidungen verzichtet. Wandmalereien mit Motiven aus der Weltliteratur von antiken Autoren über die Nibelungensage bis hin zu Goethe schmücken die Innenräume.

1860

1860–1864

23. 5. 1860. Der »Verein zur körperlichen Ausbildung«, der später TSV 1860 München heißen wird, beginnt mit seinen Aktivitäten. →

16.–19. 6. 1860. Die gesamte deutsche Turnerschaft trifft sich in Coburg zum Deutschen Turnfest. Im Juli findet in Coburg das Deutsche Sängerfest statt. →

1860. Leo von Klenze vollendet den Bau der Propyläen als westliche Begrenzung des Königsplatzes in München.

1860. Franz von Kobell veröffentlicht auf Anregung und mit Unterstützung von König Max seine Sammlung »Oberbayerischer Lieder«, das sog. »Königsbüchl«. →

Um 1860. Der Architekt Friedrich Bürklein baut an der Maximilianstraße. →

1860. In den obersten Juraschichten der Plattenkalke bei Solnhofen – später auch bei Eichstätt – werden Abdrücke des Urvogels Archaeopteryx entdeckt. →

24. 6. 1862. Durch einen Staatsvertrag zwischen Bayern und Österreich wird das Land der »Frais« in der nördlichen Oberpfalz geteilt. Bayern erhält die Gemeinden Neualbenreuth, Wernersreuth, Querenbach und Ottengrün (Landkreis Tirschenreuth).

24. 10. 1862. Nach einem Militärputsch wird der Wittelsbacher Otto I. gezwungen, die griechische Krone niederzulegen und außer Landes zu gehen. →

15. 3. 1863. In Nürnberg wird als Zweig der 1861 gegründeten Deutschen Fortschrittspartei die Deutsche Fortschrittspartei in Bayern gegründet. – Bei den bayerischen Landtagswahlen von 1863 erringt diese liberale Partei 16 Mandate.

21. 7. 1863. Wilhelm Bauer, der Erfinder des U-Bootes, hebt das im Bodensee gesunkene Postschiff »Ludwig«. →

1863. Leo von Klenze vollendet den Bau der Befreiungshalle bei Kelheim.

10. 3. 1864. König Maximilian II. von Bayern stirbt in München. Nachfolger wird sein Sohn Ludwig II. →

11. 3. 1864. Ludwig II. leistet den Eid auf die Verfassung. →

14. 3. 1864. In München finden die Trauerfeierlichkeiten für König Max II. statt.

März 1864. Eine Gruppe Augsburger Arbeiter tritt dem 1863 in Leipzig gegründeten Allgemeinen Deutschen Arbeiterverein (ADAV) bei, der ersten selbständigen deutschen Arbeiterpartei. Damit beginnt in Bayern die Geschichte der Sozialdemokratie.

4. 5. 1864. Nach einer Begegnung mit König Ludwig II. von Bayern zieht der aus Leipzig stammende Komponist Richard Wagner nach München. →

4. 12. 1864. König Ludwig II. von Bayern beruft Ludwig von der Pfordten erneut zum Ministerpräsidenten und Außenminister als Nachfolger von Karl von Schrenck von Notzing.

1864. In dem 1863 errichteten Eisenwerk Maximilianshütte bei Sulzbach-Rosenberg wird der erste Kokshochofen angeblasen.

GESTORBEN:

25. 2. 1860. München: Friedrich Wilhelm Thiersch (* 17. 6. 1784, Kirscheidungen/Sachsen), Philologe.

27. 2. 1860. Oberzell bei Würzburg: Andreas Friedrich Bauer (* 18. 8. 1783, Stuttgart), Erfinder, Druckmaschinenunternehmer.

1. 7. 1860. Laufzorn bei Grünwald: Gotthilf Heinrich von Schubert (* 26. 4. 1780, Hohenstein/Sachsen), Naturforscher und Philosoph.

10. 8. 1861. Bad Brückenau: Friedrich Julius Stahl (* 16. 1. 1802, Würzburg), Rechtsphilosoph und Politiker.

14. 12. 1861. Windsor Castle: Albert (* 26. 8. 1819, Schloß Rosenau bei Coburg), Prinz von Sachsen-Coburg-Gotha, Prinzgemahl der englischen Königin Viktoria.

19. 3. 1863. München: Heinrich von Hess (* 19. 4. 1798, Düsseldorf), Maler.

23. 1. 1864. Bamberg: Johann Lukas Schönlein (* 30. 11. 1793, Bamberg), Mediziner.

27. 1. 1864. München: Leo von Klenze (* 28. 2. 1784, Buchladen bei Schladen/Goslar), Architekt.

10. 3. 1864. München: Maximilian II. (* 28. 11. 1811, München), König von Bayern 1848–1864. →

GEBOREN:

20. 5. 1860. München: Eduard Buchner († 13. 8. 1917, Feldlazarett Foscani/Rumänien), Chemiker, Chemienobelpreisträger.

5. 7. 1860. Augsburg: Albert Döderlein († 10. 12. 1941, München), Gynäkologe.

18. 5. 1861. Wald bei Gunzenhausen: Hermann von Bezzel († 8. 6. 1917, München), evangelischer Theologe.

15. 10. 1861. München: Josef Ruederer († 20. 10. 1915, München), Dramatiker und Erzähler.

29. 11. 1862. Weißenburg in Bayern: Gustav von Kahr († 30. 6. 1934, München), Politiker, bayerischer Ministerpräsident.

10. 12. 1862. Bamberg: Theodor Boveri († 15. 10. 1915, Würzburg), Zoologe und Anatom.

23. 2. 1863. Tettenweis: Franz von Stuck († 30. 8. 1928, Tetschen), Maler, Grafiker, Bildhauer und Architekt.

11. 6. 1864. München: Richard Strauss († 8. 9. 1949, Garmisch), Komponist und Dirigent.

Maximilian II. ist tot

10. März 1864. Der Tod kommt überraschend. Nach einer heftigen Krankheit, die nur drei Tage dauert, stirbt König Max nach Empfang der Sterbesakramente gefaßt und ruhig einen sanften Tod.

Bayern verliert einen Herrscher, der seine Aufgabe immer sehr ernst genommen hat. Ein paar Monate nach der Übernahme des königlichen Amtes im unruhigen März 1848 schrieb er seinem Vater: »Die Krone hat mir bisher nur Dornen gebracht, bin, seit ich sie trage, meines Lebens nicht froh geworden.«

Daran hat sich in den 16 Regierungsjahren wohl nicht sehr viel geändert. In Bayern zu herrschen, war für ihn eine pedantisch und mit den besten Absichten erfüllte Pflicht. Bekannt ist sein Ausspruch, daß er lieber Professor geworden wäre als König. Und Gelehrte wie Dichter (zumeist aus Deutschlands Norden) sind auch sein bevorzugter Umgang (→ab etwa 1850); denn immer will dieser König hinzulernen.

Es fehlt diesem schlanken und sehr blassen Herrn zwar der genialische Schwung seines Vaters – doch was hat er nicht alles bewirkt:

Er war der erste Monarch, der zu den sozialen Fragen eine klare, engagierte Stellung bezog, er propagierte mit der Trias-Idee eine Lösung der deutschen Frage, die den deutschen Staaten ihre Eigenständigkeit belassen und einen Krieg vermieden hätte, er baute die Maximilianstraße, stiftete das Maximilianeum… und sparte, wie schon König Ludwig I., bei den Militärausgaben.

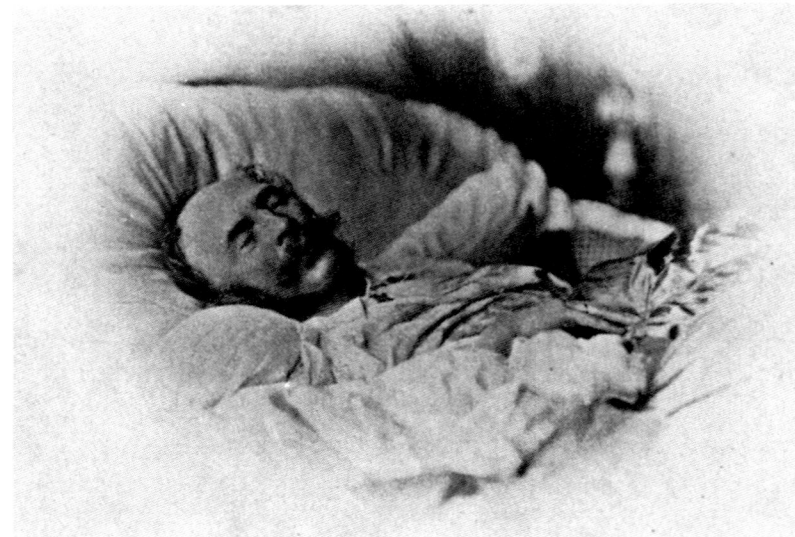

»Leichenporträt« von König Maximilian II. von Bayern (1811–1864), König seit 1848; Fotografie von J. Albert, Hoffotograf der bayerischen Könige

Griechenkönig Otto im Exil

24. Oktober 1862. Ein Militärputsch zwingt den Wittelsbacher und König von Griechenland, Otto I., die griechische Krone niederzulegen und ins Exil nach Bamberg zu gehen. 1832 war Otto, der Sohn des philhellenischen Bayernkönigs Ludwig, von den Großmächten zum König Griechenlands bestellt worden. Er wollte dem Volk, über das man ihn gesetzt hat, ein guter Herrscher sein. Vieles kam freilich zusammen, das ihm das Regieren schwer machte: Griechenland, eben von jahrhundertelanger türkischer Besetzung befreit, war zerstritten, der König aber hat es mit seinen bayerischen Ratgebern nicht verstanden, die innenpolitischen Parteiungen und Konflikte zu überwinden. Hinzu kam, daß das Land noch immer ein Ball im Spiel der Großmächte war. Während König Otto mit seiner Amalie, vom Volk gefeiert, durch den Peloponnes reiste, bricht die Revolution aus, die den König zur Abdankung und zur Flucht zwingt.

Bis zu seinem Tod am 26. Juli 1867 kehrt er nicht mehr nach Griechenland zurück. Seine letzten Worte auf dem Sterbebett sind: »Griechenland, mein liebes Griechenland.«

Ludwig wird Nachfolger seines Vaters

10. März 1864. Nachdem König Max in der Nacht zum 10. März die Sterbesakramente gereicht sind, bittet er seinen ältesten Sohn zu sich. Über das Gespräch, das der sterbende Monarch mit dem Thronfolger führt, ist nur bekannt, daß König Max wünscht, Ludwig möge einst ein so sanftes Sterben haben wie er. Mit 18 1/2 Jahren wird Ludwig der Herr eines Königreichs von mehr als vier Millionen Einwohnern. Als ihn ein Page am Totenbett des Vaters »Majestät« nennt, erblaßt der junge König. In die Regierungsarbeit findet er sich sehr schnell, und mit beinahe kindlicher Ungeduld läßt er anfangs im Kabinett immer wieder anfragen, ob es denn keine neuen Anträge zu unterschreiben gebe.

Seinen Ministern sagt er, er sei noch unerfahren und daher erbitte er sich ihren Rat. Jeden Tag wird ein anderer Minister vom Monarchen zum mündlichen Vortrag empfangen. Bei jeder Entscheidung, die ihm vorgelegt wird, wiederholt er die Frage: »Wie hat das mein Vater gemacht?«

Ludwig II. von Bayern als Hubertusritter, Gemälde von Ferdinand Piloty d. J. (München, Bayerische Staatsgemäldesammlung); Ludwig (1845–1886) zeichnet sich während seiner 22jährigen Regierungszeit besonders durch seine schwärmerische Natur und seine Bauleidenschaft aus, die der bayerischen Landschaft drei schöne Schlösser beschert; 1870 schreibt Ludwig den von Reichskanzler Otto von Bismarck entworfenen »Kaiserbrief«, in dem er den preußischen König Wilhelm I. als Kaiser des neuen deutschen Reiches vorschlägt. Der Bayernkönig erhält dafür finanzielle Zuwendungen, mit denen er seine Bauten finanziert.

Ludwig erstmals in der Öffentlichkeit

14. März 1864. Bei den Trauerfeiern für König Max II. haben die Bayern erstmals Gelegenheit, den neuen, 1,93 m großen, schlanken König Ludwig zu sehen. »Einen rührenderen und herzbrechenderen Ausdruck des tiefinnersten Schmerzes über den Verlust eines geliebten Vaters kann es nicht geben als den, welchen König Ludwig II. in Gang, Miene und Haltung« bietet. Die hohe und schlanke Gestalt, so schreibt ein Beobachter, sei wie geknickt, der Gang fast schwankend und das edle Antlitz bleich und tränenschwer. Inzwischen geht das Gerücht um, der 52jährige König Max sei an einer Hautverletzung gestorben, welche »durch das Anheften eines Ordens …stattgefunden« habe. Aus Kreisen des Hofes wird aber erklärt, es sei »ohne äußeres Hinzuthun eine kleine Furunkel (Hitzblatter)« entstanden und habe schließlich zum Tode geführt. Die Mediziner sprechen von einer rasch sich ausbreitenden Rotlauferkrankung auf der Brust.

Eidesleistung auf die Verfassung

11. März 1864. Der König ist tot! Es lebe der König! Am Nachmittag des 10. März 1864, während eines heftigen Schneesturms, reiten, begleitet von einer Militäreskorte, die Herolde durch München und geben öffentlich bekannt, daß König Max II. verstorben sei und sein Sohn als Ludwig II. nunmehr den bayerischen Thron bestiegen habe.

Der junge Monarch ist von dem jähen Tod des Vaters so tief erschüttert, daß man die Vereidigung und Amtseinführung auf den folgenden Tag verschieben muß.

Am 11. März dann, einem Freitag, vormittags um 10 Uhr, findet unter dem Vorsitz von Prinz Luitpold und in Gegenwart von Prinzen, Ministern und Staatsräten im Sitzungssaal der Staatsratszimmer die Vereidigung statt. Darauf spricht der König: »…Treu dem Eid, den ich soeben geleistet, und im Geiste unserer… Verfassung will ich regieren…«

Die Teilnehmer der Zeremonie, so heißt es, sind beim Anblick des schönen Königs zu Tränen gerührt. (Abb.: Eidesleistung des Königs)

Archaeopteryx bei Solnhofen gefunden

1860. Eine einzelne versteinerte Feder, die im Solnhofer Gemeindesteinbruch gefunden wird, reicht Hermann von Meyer – er erkennt, daß damit Überreste eines bisher unbekannten Vogels gefunden wurden; er nennt ihn Archaeopteryx, uralte Feder.

Der rebhuhngroße Vogel, von dem die Feder stammt, ist ein Bindeglied zwischen Reptil und Vogel. Sein Alter wird auf rund 170 Mio Jahre geschätzt.

Bereits 1861 kann Herr von Meyer schreiben, daß man im Ottmannschen Bruch im Langenaltheimer Haardt das »fast vollständige Skelett eines mit Federn bedeckten Thiers im lithographischen Schiefer gefunden« habe.

Herr von Meyer ist der eigentliche Entdecker, doch den Profit macht der geldgierige Pappenheimer Landarzt Karl Häberlein. Er erwirbt den steinernen Vogel, erlaubt weder Beschreibung noch Abbildung – und verlangt so viel Geld, daß zuletzt nur noch das British Museum in London mithalten kann. Für 600 Pfund fliegt der Archaeopteryx nach England. Ein weiterer Vogel, 1877 gefunden – und besser erhalten – geht für 20 000 Mark, die Werner von Siemens stiftet (und die Häberleins Sohn Ernst kassiert), nach Berlin.

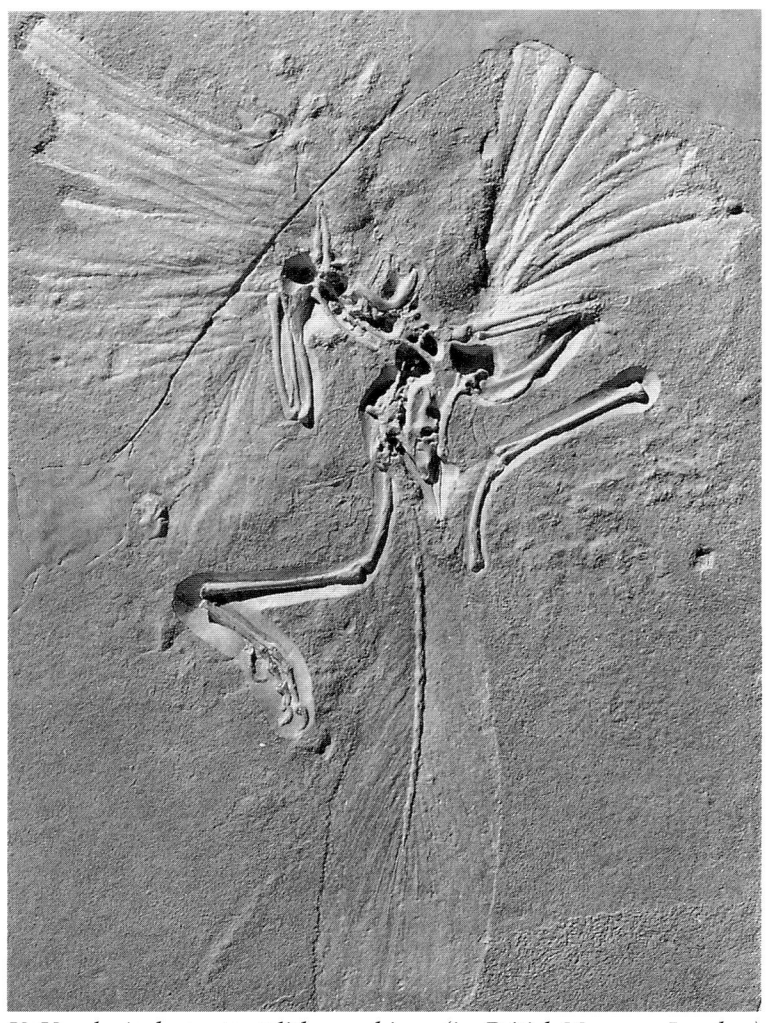

Ur-Vogel »Archaeopteryx lithographica«, (im British Museum, London); er wird 1861 im Ottmannschen Steinbruch durch H. v. Meyer entdeckt

Gesunkene »Ludwig« wird gehoben

21. Juli 1863. Der aus Dillingen stammende Wilhelm Bauer hat zwar das U-Boot erfunden und mit diesem »Seeteufel« in den 50er Jahren des 19. Jh. im Dienst des Zaren 133 Fahrten durchgeführt; Intrigen, Korruption und Neid zwangen ihn aber 1858, nach Bayern heimzukehren. Hier, wo kein Bedarf an submaritimen Fahrzeugen besteht, erhält er den Auftrag, das im März 1861 im Bodensee gesunkene Postschiff »Ludwig« zu heben. Am 21. Juli 1863 gelingt ihm dieses schwierige Unternehmen mit Hilfe einer speziellen Hebevorrichtung. Der Verkauf des Wracks reicht aber gerade aus, um die Unkosten zu decken. Wieder einmal falliert Bauer, obwohl er Erfolg hat. In späteren Jahren entwickelt der Ingenieur auch Pläne für ein Luftschiff.

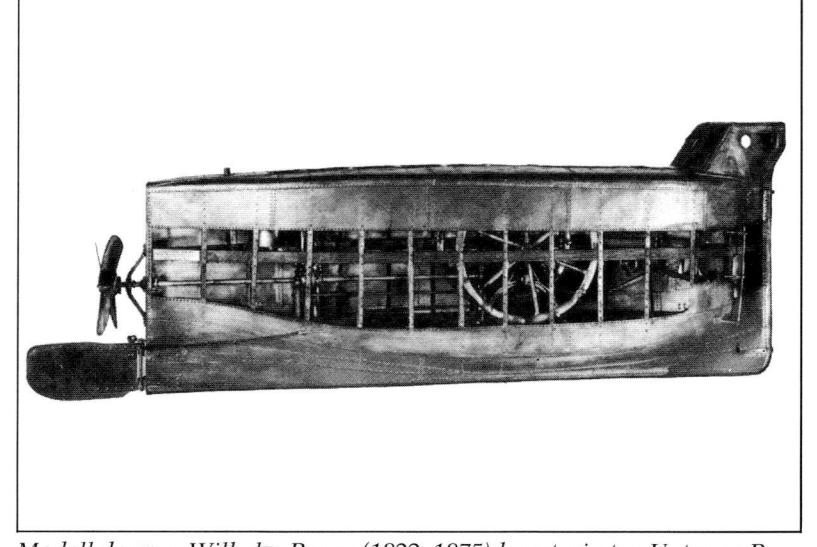

Modell des von Wilhelm Bauer (1822–1875) konstruierten Untersee-Bootes; 1856 schwamm es mit Tretkraft von Petersburg nach Kronstadt

Richard Wagner jetzt in München

4. Mai 1864. Kabinettssekretär Franz Seraph von Pfistermeister reiste am 14. April 1864 mit einem schwierigen Auftrag aus München ab. Er sollte Richard Wagner finden und zu König Ludwig II. bringen. Der hochverschuldete Komponist war freilich von Wien mit unbekanntem Ziel abgereist – auf der Flucht vor seinen Gläubigern. Erst nach mehr als zwei Wochen gelang es Pfistermeister, ihn in Stuttgart aufzuspüren.

Am 3. Mai reist man gemeinsam in die bayerische Hauptstadt und am Nachmittag des 4. Mai begegnet der knapp 51 Jahre alte Richard Wagner dem noch nicht 19jährigen König Ludwig II.

Richard Wagner

in dessen Münchner Residenz. Ludwig begrüßt den Komponisten recht unkonventionell (seine Schüchternheit überspielend): »Sie sind Protestant! Das ist recht! Immer liberal. So lieb ich's.«

Noch am gleichen Tag schreibt Wagner einer Freundin: »Sie wissen, daß mich der junge König von Bayern aufsuchen ließ. Heute wurde ich zu ihm geführt. Er ist leider so schön und geistvoll, seelenvoll und herrlich, daß ich fürchte, sein Leben müsse wie ein flüchtiger Göttertraum an dieser gemeinen Welt zerrinnen. Er liebt mich mit der Innigkeit und Glut der ersten Liebe: er kennt und weiß alles von mir ... Von dem Zauber seines Auges können Sie sich keinen Begriff machen; wenn er nur leben bleibt ...«

Am darauffolgenden Tag schreibt Ludwig an Wagner, mit dem er später große Pläne verwirklicht: »Seien Sie überzeugt, ich will Alles tun, was irgend in meinen Kräften steht, um Sie für vergangene Leiden zu entschädigen. – Die niedrigen Sorgen des Alltagslebens will ich von Ihrem Haupte auf immer verscheuchen, die ersehnte Ruhe will ich Ihnen bereiten, damit Sie im reinen Äther Ihrer wonnevollen Kunst die mächtigen Schwingen Ihres Genius ungestört entfalten können! – Unbewußt waren Sie der einzige Quell meiner Freude von meinem zarten Jünglingsalter an ...«

Turnerfest findet in Coburg statt

16.–19. Juni 1860. In Coburg regiert ein freiheitlich gesinnter Fürst, der die deutsche Einigung wünscht, und so fahren 970 Turner in diese Stadt im Herzen Deutschlands (die seit einem Jahr an die Eisenbahn angeschlossen ist) zum ersten Treffen der deutschen Turner.

An der Reithalle am Schloß wird später eine Gedenktafel angebracht: »Hier legte beim 1. Deutschen Turn- und Jugendfest, das unter dem Schutz Herzog Ernsts II. vom 16. bis 19. Juni 1860 in Coburg stattfand und die Einheit der deutschen Stämme gewaltig förderte, der 1. Deutsche Turntag den Grundstein zur Deutschen Turnerschaft.«

Nach der Ermordung Kotzebues im Jahr 1819, als das Regiment in Deutschland wieder strenger wurde, war das öffentliche Turnen verboten worden, denn die Turner, das wußte man, waren freiheitlich gesinnte Leute. Die Turnsperre wurde 1842 aufgehoben, nach der Revolution von 1848 gab es dann erneut Verbote. Ende der 50er Jahre blüht die Turnbewegung jedoch wieder auf.

Lieder des »Königsbüchl«

1860. Ein Büchlein mit 58 Liedern hat der Mineralogieprofessor und Mundartdichter Franz von Kobell zusammengestellt, und als er es 1860 veröffentlicht, ziert er es mit einem langen Titel: »Oberbayerische Lieder mit ihren Singweisen. Im Auftrag und mit Unterstützung Seiner Majestät des Königs für das bayerische Gebirgsvolk gesammelt und herausgegeben von Fr. v. Kobell. Mit Bildern von A. v. Ramberg.«

Bei 19 Liedern seiner Sammlung hat Kobell die Herkunft angegeben, beispielsweise Berchtesgaden, Fischbachau oder Schliersee; 27 Lieder und Schnadahüpfl übernahm er aus der 1846 erschienenen Volksliedersammlung des Herzog Max in Bayern, und ein paar Lieder hat der Professor auch selbst gedichtet, darunter das späterhin so berühmte: »Was waar's denn um's Leb'n ohne Jagn, koan Kreuz nit gebet i drum...« Das Büchlein mit den vielen Jäger-, Dirndl- und Almliedern, erschienen in einer Auflage von 2000 Exemplaren, läßt der König durch Kobell kostenlos bei »den Sennerinnen und singenden Diendln« verteilen. Bald

Ritter Franz von Kobell (1857)

nennt man die Sammlung »Königsbüchl«. Der Gelegenheitsdichter Kobell schreibt neben Mundartgeschichten auch Lehrbücher.

Zweite Gründung des TSV 1860

23. Mai 1860. Das Gründungsprotokoll ist unterzeichnet, der »Verein zur körperlichen Ausbildung«, der seinen Namen mehrfach ändern und schließlich TSV 1860 heißen wird, beginnt zu turnen.

Der Verein war schon einmal gegründet worden; am 1. Juli 1848 hatte ihn die Münchner Polizeidirektion unter dem Aktenzeichen 21.915 genehmigt. Doch von der Obrigkeit wurden die sportlichen Übungen am Turnplatz »Müllerstraße 42, Eingang in den drei Linden« mit Mißtrauen verfolgt – denn deutsche Turner waren in diesen Zeiten meist auch deutsche Republikaner. So wurde der Verein wenig später, am 6. Juli 1850, verboten.

Als sich die Sportler von da an heimlich trafen, war der Verdacht, daß sich hier freiheitlich gesinnte 48er zusammenfänden, noch größer. Die Polizei erfuhr davon, hob das Versteck aus und zersägte sämtliche Sportgeräte. Das war im Jahr 1851. Der Turnwart Karl Sedlmayr, Galanteriearbeiter aus Amberg, wurde sogar aus der Stadt verwiesen.

Hauptbahnhof und Maximilianstraße: Bedeutende Bauten von Friedrich Bürklein

Um 1860. Der aus Franken stammende Architekt Georg Christian Friedrich Bürklein ist Herr über eine große Baustelle: Er leitet die Arbeiten an der von ihm konzipierten Maximilianstraße in München.

Der Gärtner-Schüler hatte ab Mai 1847 den Mittelteil des Münchner Hauptbahnhofes gebaut. Fünf Jahre später beteiligte er sich am Wettbewerb für das Münchner Maximilianeum. Er gewann – in Konkurrenz gegen so bekannte Kollegen wie Leo von Klenze, August Voit und Georg Friedrich Ziebland – den 3. Preis und erhielt den Zuschlag.

Den Bau des 1849 fertiggestellten Münchner Hauptbahnhofes (Abb. l.) hatte Bürklein noch im neo-romanischen Stil verwirklicht; für die Art,

wie er dort den neuen Werkstoff Eisen einsetzte, wurde er viel bewundert. Die Maximilianstraße erscheint dagegen in einer Mischung aus englischer Gotik und Renaissance-Elementen.

Neben dem Maximilianeum, dessen Bau sich lange hinzieht, entstehen unter seiner Leitung ab 1856 das Regierungsgebäude von Oberbayern (Abb. r.) und das Bayerische Nationalmuseum (in dessen Räume später das Völkerkundemuseum einzieht).

Sein Werk kann er freilich nicht zu Ende führen. Etwa um 1869 verlangt eine Nervenkrankheit seine Einweisung in eine Heilanstalt. Das Maximilianeum wird durch Gottfried Semper weitergebaut.

Maximiliane Borzaga

Isabella Gräfin Tauffkirchen

Amalie Freiin von Kruedener

Cornelia Vetterlin

Charlotte von Hagn

Nanette Kaula

Crescentia Fürstin von Oettingen

Irene Marquise v. Arco-Steppberg

Caroline Gräfin Holnstein

Lady Jane Erskine

Lady Theresa Spence

Mathilde Freiin von Jordan

Marie Kronprinzessin von Bayern

Friederike Freiin von Gumppenberg

Carol. Gräfin Waldbott-Bassenheim

Elise List

Lady Emely Milbanke

Josepha Conti

Die Schönheitengalerie – eine Verneigung vor den Damen

Die Schönen werden vom königlichen Schwerenöter ins Atelier von Joseph Stieler geschickt, damit er sie porträtiere. Es wird viel Tratsch geben, dazu die immer wiederholte (nie ausreichend beantwortete) Frage, wie eng die Beziehung der Majestät zu den Modellen ging.

Bei einer, der italienischen Marchesa Mariannina Florenzi, die er 1821 in Rom kennenlernte und der er im Laufe einer langen Beziehung 2943 Briefe schrieb, weiß das Gerücht Details: Ein Sohn und eine Tochter der 1831 gemalten Nummer 11 sollen Kinder von König Ludwig I. sein.

Die Ehre, für die kgl. bayer. Schönheitengalerie zu posieren, ist für manche der Eingeladenen etwas riskant, und so lehnt die Mutter der Karoline Baumüller für ihre Tochter höflich ab, »um Mißdeutungen auszuweichen«. Andere akzeptieren. Vielleicht weil der Vater des Mädchens auf königliche Gunst und Förderung angewiesen ist. Könnte zum Beispiel Staatsrat Karl Vetterlein ohne ernstliche Gefährdung seiner Karriere den Gang seiner Tochter ins berühmte Stieler-Atelier verbieten?

Und welche Wahl bleibt all den adeligen Töchtern und Damen: Isabella Gräfin Tauffkirchen-Guttenberg etwa, oder der Obristentochter Amalia von Schintling, der Marquise von Pallavicini, der Freiin von Jordan, einer Erzherzogin Sophie von Österreich (einer Schwester Ludwig I.), einer Kronprinzessin Marie von Bayern (der Frau von Ludwigs Sohn Maximilian), einer Fürstin von Oettingen-Oettingen und Wallerstein (einer geborenen Bourgin)…

Aber Schönheit achtet nicht auf Stand und Rang. Und auch König Ludwig nimmt darauf keine Rücksicht. So hängt das Bild eines einfachen Mädels gleichberechtigt neben dem einer Fürstin.

Das erste Modell, Auguste Strobl, ist die Tochter eines kleinen Beamten; der Vater von Nummer 8, der 1829 gemalten Anna Hillmayer, verdient sein Einkommen als Wildprethändler (und das Mädchen wird gemalt als pausbäckiges Gretchen, das, mit dem Gebetbuch in der Hand, eben aus der Kirche kommt); die Nummer 9, Regina Daxenberger, hat einen (offensichtlich wohlhabenden) Kupferschmied zum Vater; und 1838 sitzt vor Stieler das 18jährige Frl. Sulzer, dessen Vater, ein Buchhalter, mit der Mutter des Mädchens nicht verheiratet ist.

Das berühmteste dieser schönen Mädchen aus einfachen Verhältnissen ist zweifellos die im Jahr 1831 gemalte Helene Sedlmayr, die mit ihrer Riegelhaube und dem geschnürten Mieder zum Inbegriff der »schönen Münchnerin« wird (obwohl die 18jährige Tochter eines Schuhmachermeisters aus Trostberg stammt).

Unter die 37 Schönen gemischt – die Nummer 38 ist verlorengegangen – finden sich zwei Damen mit extra-ordinärem Lebenslauf: Die 1831 gemalte Lady Jane Ellenborough, die in vierter Ehe einen Scheich Abdul heiratet, sowie die Dame des Jahres 1847: Lola Montez, Tochter einer Kreolin und eines britischen Offiziers, die als »spanische Tänzerin« in München Furore machte und die Abdankung des Königs mitverursachte.

Anna Hillmayer

Regina Daxenberger

Lady Jane Ellenborough

Mariannina Marchesa Florenzi

Amalia von Schintling

Helene Sedlmayr

Wilhelmine Sulzer

Antonia von Ott

Rosalie Julie Freiin von Bonar

Sophie Erzherzogin von Österreich

Katharina Botzaris

Caroline Lizius

Alexandra Amalia Pr. von Bayern

Auguste Ferdinande Pr. von Bayern

Lola Montez

Maria Dietsch

Anna von Greiner

Charlotta v. Breidbach-Bürresheim

Die Nummer 1: Auguste Strobl, die Tochter eines königlich bayerischen Hauptbuchhalters, ist das erste Modell, das Ludwig I. in die Werkstatt von Joseph Stieler schickte; Ludwig empfahl sie seinem Hofmaler als »die Schönste in meinem Königreich« – eine Behauptung, die der König allerdings in den folgenden Jahren 37mal mit Inbrunst wiederholte.

Ludwig I. und seine Hofmaler

Der Maler Joseph Stieler, am 1. November 1781 in Mainz geboren, der in Paris gelernt hat, lebt seit sieben Jahren in München, als ihm Ludwig I. im Jahr 1827 ein 20jähriges Mädchen ins Atelier schickt. In den folgenden 23 Jahren kommen noch 37 weitere Frauenspersonen: Liebe Mädchen, vornehme Damen und Frauen mit »Ruf«. Die Majestät, bei der Erteilung des ersten Auftrags 41 Jahre alt, nimmt an der Entstehung der Bilder interessierten Anteil, besucht den Meister (der 1824 zu den Mitbegründern des »Münchner Kunstvereins« gehört hat) immer wieder in seinem Atelier, wo 1828 auch ein Porträt Johann Wolfgang von Goethes vollendet wird.

Gelegentlich bedichtet Ludwig auch die königlich privilegierten Modelle, so etwa Helene Sedlmayr: »Bist nicht gemalt!/Du bist es selbst,/Du lebst,/Die Augen liebeschwimmend sehn' mich an …«

So entstehen Bilder von zarter, süßlicher Glätte, die im neugebauten Nordflügel der Residenz, in den beiden neben dem Ballsaal gelegenen Konversationszimmern aufgehängt und erst später nach Nymphenburg gebracht werden.

Stieler stirbt 1858. Drei Jahre später werden noch zwei Damen porträtiert, von Stielers Neffen und Schüler, dem am 28. August 1809 in Leipzig geborenen Friedrich Dürck, der zahlreiche bedeutende Persönlichkeiten und Mitglieder des bayerischen Hofes gemalt hat. Die letzte Schöne der Schönheitengalerie ist Ludwigs zärtlich verehrte, ihn aber sanft und bestimmt zurückweisende Charlotta Freiin von Breidbach-Bürresheim, für die der König innerhalb eines halben Jahres 70 Gedichte verfaßt.

1865

1865–1869

10. 6. 1865. Richard Wagners Oper »Tristan und Isolde« wird in München uraufgeführt.

10. 12. 1865. Richard Wagner muß auf Druck der Münchner Bevölkerung München verlassen. →

14. 6. 1866. Auf Antrag Österreichs ordnet der Deutsche Bund mit den Stimmen Bayerns, Sachsens, Württembergs u. a. Staaten die Mobilmachung gegen Preußen an; in Bayern begannen die Vorbereitungen zur Mobilmachung schon mehrere Wochen früher (→ 10. 5. 1866).

22. 8. 1866. Bayern und Preußen unterzeichnen am Ende des Deutschen Kriegs den Friedensvertrag und schließen gleichzeitig ein geheimes Schutz- und Trutzbündnis, durch das der König von Preußen im Kriegsfall Oberbefehlshaber der bayerischen Truppen wird.

10. 11.–10. 12. 1866. König Ludwig unternimmt eine Frankenreise. →

22. 1. 1867. König Ludwig II. verlobt sich mit seiner Cousine, der Herzogin Sophie. →

20.–29. 7. 1867. König Ludwig II. hält sich in Paris auf. →

1867. Mit dem Erscheinen des fünften Bandes der »Bavaria-Landeskunde« liegt das von König Max II. angeregte Werk abgeschlossen vor. →

1867. Karl von Perfall wird zum Münchner Hoftheaterintendanten ernannt. →

31. 1. 1868. In Bayern werden eine Wehrverfassung nach preußischem Muster sowie die Gewerbefreiheit eingeführt.

18. 2. 1868. Der Verein der bayerischen Patrioten wird gegründet. Aus ihm entsteht später die Bayerische Volkspartei.

16. 4. 1868. Das bayerische Gesetz über Heimat, Verehelichung und Aufenthalt erlaubt eine gewisse Freizügigkeit und bildet damit eine der Voraussetzungen für die Industrialisierung.

2. 5. 1868. Für Personen, die keiner anerkannten Religionsgemeinschaft angehören, wird in Bayern die bürgerliche Trauung vor einem Gericht eingeführt.

21. 6. 1868. Richard Wagners Oper »Die Meistersinger von Nürnberg« wird in München uraufgeführt.

19. 12. 1868. In München wird die Polytechnische Schule eröffnet (ab 1877: Technische Hochschule). →

1868. Ludwig von Arco-Zinneberg gründet den »Bayerisch-patriotischen Bauernverein zu Tuntenhausen«.

1868/69. Wilhelm Leibl malt in München das Bild von Frau Gedon. →

9. 5. 1869. In München wird der Deutsche Alpenverein gegründet. →

22. 5. 1869. Die bayerischen Landtagswahlen bringen keiner Partei die Mehrheit. König Ludwig II. löst den Landtag am 6. Oktober auf.

1. 7. 1869. Die Bayerische Vereinsbank nimmt ihre Arbeit auf. →

7.–9. 8. 1869. Auf dem Eisenacher Kongreß wird die Sozialdemokratische Arbeiterpartei (SAP) gegründet, die noch im selben Jahr auch in Bayern Fuß faßt.

22. 9. 1869. »Das Rheingold«, Vorabend des Bühnenfestspiels »Der Ring des Nibelungen« von Richard Wagner, wird auf Ludwigs Befehl gegen den Willen des Komponisten in München uraufgeführt.

16./25. 11. 1869. Bei den Neuwahlen zum bayerischen Landtag erhalten die Partikularisten (Ultramontane und Patrioten) die Mehrheit. (→ 1865/69).

GESTORBEN:

4. 11. 1865. München: Heinrich Aloys von Reigersberg (*30. 1. 1770, Würzburg), bayerischer Justizminister 1810–1823.

31. 1. 1866. Neuses bei Coburg: Friedrich Rückert (*16. 5. 1788, Schweinfurt), Orientalist und Schriftsteller. →

10. 10. 1866. Berchtesgaden: Gustav von Lerchenfeld (*30. 5. 1806, Ulm), bayerischer Finanz- und Innenminister 1848.

26. 7. 1867. Bamberg: Otto I. (*1. 6. 1815, Salzburg), König von Griechenland 1832–1862.

1. 8. 1867. Mühlau bei Innsbruck: Ernst von Moy de Sons (*10. 8. 1799, München), Jurist, Begründer und Herausgeber des »Archivs für katholisches Kirchenrecht«.

29. 2. 1868. Nizza: Ludwig I. (*25. 8. 1786, Straßburg), König von Bayern 1825–1848. →

23. 11. 1868. München: Friedrich Benedikt von Hermann (*5. 2. 1795, Dinkelsbühl/Mittelfranken), Nationalökonom.

13. 12. 1868. München: Karl von Martius (*17. 4. 1794, Erlangen), Naturforscher und Ethnograph.

GEBOREN:

24. 4. 1865. Aschaffenburg: Georg Heim (†17. 8. 1938, Würzburg), Politiker und Bauernführer.

1. 8. 1865. München: Eugen von Knilling (†20. 10. 1927, München), BVP-Politiker.

21. 1. 1867. Oberammergau: Ludwig Thoma (†26. 8. 1921, Rottach am Tegernsee), Schriftsteller.

25. 7. 1867. Würzburg: Max Dauthendey (†29. 8. 1918, Malang/Java), Dichter.

8. 10. 1868. Landshut: Max Slevogt (†20. 9. 1932, Neukastel), Maler und Grafiker.

5. 3. 1869. Klosterheidenfeld/Unterfranken: Michael von Faulhaber (†12. 6. 1952, München), Erzbischof und Kardinal.

18. 5. 1869. München: Rupprecht (†2. 8. 1955, Leutstetten), Kronprinz von Bayern.

Bayern unterliegt Preußen

10. Mai 1866. Schon die Mobilmachung verrät, daß die bayerische Armee für den Krieg nicht vorbereitet ist. Bis zum 22. Juni, also sechs Wochen dauert es, bis die Truppen in die vorgesehenen Standorte eingerückt sind – die Preußen aber sind zu dieser Zeit bereits in Böhmen einmarschiert; es dauert nur noch eine Woche, bis sie die Hannoveraner bei

Ludwig Freiherr von der Tann, Generalstabschef des bayerischen Heeres unter dem Prinzen Karl

Österreich oder Preußen?

Die Frage, wer in Deutschland vorherrschen soll, ob es ein großdeutsches oder kleindeutsches Reich geben werde, spitzt sich 1866 zu. Österreich hat, als schließlich die Armeen aufmarschieren, die Bayern, Hannoveraner, Kurhessen und Sachsen als Verbündete.
Am 19. Juni erhält die 2. Preußische Armee den Befehl, in Böhmen einzumarschieren. Es ist Krieg. Und schon am 3. Juli fällt bei Königgrätz die Entscheidung: Preußen siegt. Am 22. August macht Bayern seinen Frieden mit Preußen, Österreich folgt einen Tag später und scheidet aus Deutschland aus.

Langensalza schlagen und am 3. Juli bei Königgrätz den entscheidenden Sieg über die Österreicher erringen. Und dann der preußische Mainfeldzug gegen die vom 71jährigen Prinzen Karl kommandierte bayerische Armee und deren Verbündete, das VIII. Bundesarmeekorps und die kurhessischen Truppen. Die Bayern

müssen sich, tapfer streitend, immer weiter zurückziehen. Gefechte bei Roßdorf am 4., bei Hammelburg am 10., bei Kissingen am 13. Juli. Und alle Gefechte gehen verloren. Bayreuth wird am 28. Juli, Nürnberg am 1. August besetzt. Einen Tag später tritt der Waffenstillstand in Kraft.
König Ludwig, der diesen Krieg nicht wollte und sich auch wenig um ihn und seine Soldaten kümmert, muß schließlich kapitulieren: Bayern muß 30 Mio Gulden zahlen, verliert Land und verpflichtet sich in einem Geheimvertrag, in einem künftigen Kriegsfall mit seinen Truppen an Preußens Seite zu stehen.

Manöver der bayerischen Armee bei Unterföhring an der Isar am 27. 9. 1852 in Anwesenheit von König Ludwig II. (Gemälde von Ludwig Behringer)

Triumphale Reise durch Franken

10. November bis 10. Dezember 1866. Acht Eisenbahnwaggons mit Effekten sowie 93 Pferde und 17 Staatskarossen werden vorausgeschickt, und am 10. November 1866, morgens um 8.30 Uhr, folgt der König mit 119 Herren hinterher – Ludwig II. begibt sich auf eine Rundreise durch Franken, das im Krieg so schwer gelitten hat und von dem das Gerücht geht, daß an den Abfall von Bayern gedacht werde.

Von München aus fährt der Hofzug über Landshut und Regensburg nach Bayreuth, der ersten Station: Ein Dutzend fränkischer Jungfern, gekleidet in die Landesfarben weiß und blau, empfängt die Majestät mit einem Sonett, das Militär grüßt mit 101 Salutschüssen, es folgen eine Hoftafel, ein Konzert, ein Empfang für die Honoratioren…

Und wo der König auch hinkommt, nach Bamberg, Kissingen, Würzburg, Aschaffenburg oder Nürnberg, überall erwartet ihn das (fast) gleiche Programm. Ludwig aber absolviert dies alles, wie immer wieder betont wird, mit Geduld und Liebenswürdigkeit. Trotz einer ständigen Erkältung. Franken jubelt seinem König zu! Die Frankenreise des Königs wird zu einer Triumphreise durch das kriegsversehrte Land. Unterdessen werden in München die Verlustzahlen des glücklosen Feldzuges gegen Preußen veröffentlicht: Gefallen sind 47 Offiziere sowie 282 Unteroffiziere und Mannschaften, 1858 Mann wurden verwundet.

Ludwig II. verlobt sich mit Herzogin Sophie

22. Januar 1867. Die Bayern vernehmen die Nachricht mit Überraschung, doch beglückt: Der junge König Ludwig hat sich mit der Prinzessin Sophie, einer Cousine zweiten Grades (und Schwester der österreichischen Kaiserin Elisabeth) verlobt.

Das Paar kannte sich seit den Kindertagen, man schwärmte gemeinsam für die Musik Richard Wagners und traf sich bisher gelegentlich, eher zufällig, im Elternhaus der Braut, in Schloß Possenhofen am Starnberger See.

Nun aber geht alles sehr schnell: Am 21. Januar begegnen sich der König und die Prinzessin, eine Herzogin in Bayern, bei einem Hofball, morgens um 6 Uhr läßt sich Ludwig – er war nicht mehr zu Bett gegangen – bei seiner Mutter anmelden. Er erklärt ihr seine Absicht, Prinzessin Sophie zu heiraten und bittet sie, für ihn bei Onkel Max um die Hand anzuhalten.

Um 7 Uhr morgens bereits ist der Antrag angenommen, zwei Stunden später besucht der Bräutigam die Brauteltern, und um 10 Uhr wird dem überraschten Bayernvolke offiziell mitgeteilt, daß sich der 21jährige König Ludwig II. von Bayern mit der 20jährigen Herzogin Sophie verlobt habe.

Am Abend dieses Tages besucht der König eine Aufführung im Hof- und Nationaltheater. In der Pause gehen er und seine Mutter in die

König Ludwig II. und seine Verlobte, Herzogin Sophie Charlotte in Bayern, jüngere Schwester der österreichischen Kaiserin Elisabeth. Ludwig schätzt Sophies liebenswürdiges Wesen und vor allem ihre Begeisterung für Richard Wagners Musik. Schon bald muß er sich aber eingestehen, daß seine Gefühle für die Jugendfreundin nicht über Freundschaft hinausgehen. Ein Jahr, nachdem der König die Verlobung im Oktober 1867 aufgelöst hat, heiratet Sophie den französischen Prinzen Ferdinand von Orléans.

herzogliche Loge – Arm in Arm mit seiner Braut kehrt die Majestät in die Königsloge zurück: So präsentiert Ludwig II. die zukünftige Königin seinem Volke.

Inzwischen hatte der Bräutigam bereits ein Telegramm an Richard Wagner gesandt: »Dem theuren Sachs teilt Walther selig mit, daß er sein treues Evchen, daß Siegfried seine Brunhilde fand.« An Sophie aber hatte er geschrieben: »Die Knospe, die unbewußt … in meiner Seele keimte, ist aufgegangen, ist Liebe zu Dir… Was ich damals, … als Kronprinz zu Dir sprach, wiederhole ich nun…: Ich liebe Dich und schwöre Dir Treue.«

König Ludwig II. auf Besuch in Paris

20. bis 29. Juli 1867. Während sich die Residenzstadt darauf vorbereitet, die Hochzeit des Königs zu feiern, fährt dieser am 20. Juli 1867 vom Bahnhof Gauting aus zur Weltausstellung nach Paris. Sicher zum Mißfallen Preußens, das nur ungern sieht, daß der eben besiegte bayerische Monarch mit dem französischen König zusammentrifft.

König Ludwig verbringt viele Stunden in der Ausstellung, besucht häufig das Theater und läßt sich das rekonstruierte Schloß Pierrenfonds zeigen. Noch ehe er Versailles sehen kann, muß er den Aufenthalt abbrechen, da sein Onkel Otto, vormals König von Griechenland, am 26. Juli zu Bamberg gestorben ist.

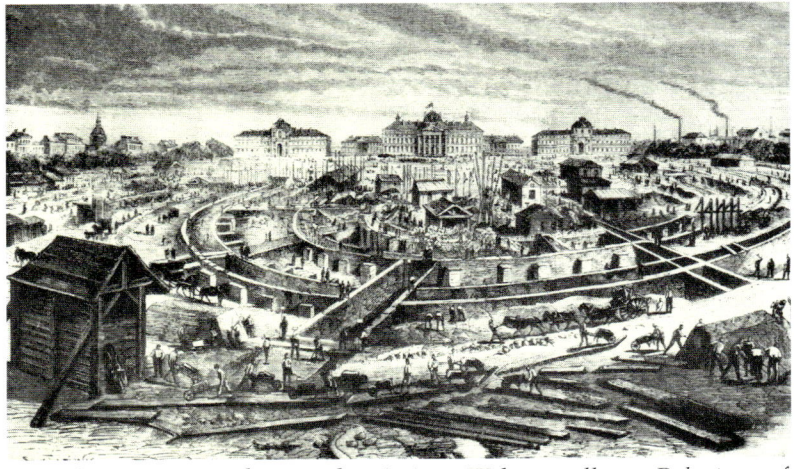

Bauarbeiten am Fundament des riesigen Weltausstellungs-Palastes auf dem Marsfeld in Paris; im Hintergrund die Ecole militaire (1867)

Polytechnische Schule eingeweiht

19. Dezember 1868. Der Architekt Gottfried von Neureuther legte Pläne und Berechnungen für das Gebäude der Polytechnischen Schule vor, und am 25. Juli 1865 erhielt er die Berufung zum »Specialkommissär« für das Projekt.

Sein Entwurf stand im Widerspruch zur maximilianischen Gotik und wurde angefochten. Am 26. April 1866 mäkelte auch der König, die Fassade zeige zu viel Zierat. Neureuther fertigt daraufhin einen neuen Entwurf an, und am 19. Dezember 1868 ist Einweihungsfeier (nachdem die Vorlesungen an der späteren Technischen Hochschule schon am 3. November begonnen hatten).

Fortschrittspartei versus Patrioten

1865/69. Die deutsche Frage – kleindeutsch unter Preußens Führung oder großdeutsch mit Österreich – scheidet die Geister. Die Anhänger der beiden Lösungen schließen sich zusammen und bilden Gruppierungen, mit denen die Geschichte der modernen politischen Parteien in Bayern beginnt.

Die im Juni 1861 in Preußen gegründete »Deutsche Fortschrittspartei« erhielt am 15. März 1863 in Nürnberg einen Ableger, die »Deutsche Fortschrittspartei in Bayern«: Noch im gleichen Jahr konnte sie, die für Kleindeutschland eintritt, bei den bayerischen Landtagswahlen 16 Mandate erringen.

Diese nationalliberale Gruppierung, die noch keine Mitgliederpartei ist, findet vor allem in den erst seit einem halben Jahrhundert zu Bayern gehörenden Landesteilen ihre Wähler. Zu den Zielen der »Fortschrittspartei« gehören u. a. eine Verbesserung des Wahlgesetzes, die konfessionelle Gleichberechtigung und die Verminderung des Einflusses der Kirchen auf die Schule. Publizistische Unterstützung findet die Partei bei Zeitungen in Franken, doch auch in Kaiserslautern, in Landshut und vor

Edmund Jörg   *Graf v. Hegnenberg-Dux*   *Franz A. Stauffenberg*

allem bei den linksliberalen »Neuesten Nachrichten« in München.

Sind die Anhänger der liberalen »Fortschrittspartei« vor allem protestantische Bildungs- und Besitzbürger, so sammelt die »Patriotische Fraktion« die großdeutsch gesinnten, konservativen Abgeordneten. In ihr geben die Katholiken den Ton an, vor allem der aus dem »Eos«-Kreis kommende Archivar und Journalist Edmund Jörg. Ihre Anhänger findet die »Patriotenpartei« bei den Kleinbürgern, den Bauern, dem Klerus und dem katholischen Adel.

Man ist gegen die Freigeisterei, gegen ein von Preußen geführtes (und beherrschtes) Deutschland, ist für sozialpolitische Verantwortung. Doch wofür noch?: »Die Patriotische Partei besitzt und vertritt keine Doktrin, sie will niemandem ein System oktroyieren … Sie weiß nur sehr genau, was sie nicht will.«

Bei den Wahlen zum Zollparlament im Jahr 1868 erhalten die Konservativen und Großdeutschen 30 der 48 bayerischen Sitze, die Fortschrittspartei schickt 13, die Mittelpartei fünf Vertreter. Auch im November 1869, als der Bayerische Landtag zu wählen ist, siegen die Verfechter einer großdeutschen Lösung: 80 Abgeordnete kommen von den Patrioten, 63 entsendet die Fortschrittspartei, sechs sind Liberale.

Gruppenbild der Mitglieder der Abgeordnetenkammer des Bayerischen Landtags in ihrem Sitzungssaal, 1868

Ludwig I. stirbt 81jährig in Nizza

29. Februar 1868. Er hat bis zuletzt gern und so lustig gelebt, am Ende aber fügt er sich in das Unvermeidliche – seine Beine sind angeschwollen, man muß sie zweimal aufschneiden, um ihn von Schmerzen zu befreien. Am 27. Februar sagt er zum Arzt: »Denken Sie ja nicht, daß ich den Tod fürchte …« Zwei Tage später vormittags, kurz nach halb neun, stirbt König Ludwig I. in einer Villa zu Nizza, die er für den Winter gemietet hatte. Er ist 81 Jahre alt.

Bis zuletzt hat die Majestät a. D. an den bayerischen Verhältnissen Anteil genommen und dem regierenden Enkel Ludwig II. noch kurz vor seinem Tode aufgetragen, für das Weiterbestehen der restaurierten Klöster zu sorgen und Bayerns Selb-

Ludwig I. (1786–1868), 1848 zurückgetretener König von Bayern

ständigkeit zu wahren, obwohl er sich selbst als »allzeit teutsch Gesinnten« bezeichnet hatte.

Auch nach seinem Thronverzicht (1848) war er darauf bedacht, sein Bau-Werk fortzuführen; schon am Tag nach seiner Abdankung gab er den Auftrag zum Bau der Propyläen. Später wird ausgerechnet, daß Ludwig I. für die Förderung der Kunst (aus seiner privaten Kasse) rund 18 Mio Goldmark ausgab.

Schon im April 1829 hatte Goethe zu seinem Eckermann über Ludwig I. gemeint: »Da sehen Sie einen Monarchen, der neben der Königlichen Majestät seine schöne angeborene Menschennatur gerettet hat. Es ist eine seltene Erscheinung und deshalb um so erfreulicher.«

Eröffnung der Bayer. Vereinsbank

1. Juli 1869. Der Bankier Robert von Froelich ist in seinem Hause Prannerstraße 5 hinfort nur noch Mieter. Hausherr ist jetzt die Bayerische Vereinsbank, die an diesem Tag ihre Arbeit aufnimmt. Herr von Froelich ist an ihr freilich mit knapp 1 Mio Gulden beteiligt.

Im Palais des Bankiers von Eichthal nahm die Geschichte der Bank ihren Anfang. Dort trafen sich am 14. Oktober 1868 etliche Bankiers und ein Großhändler, um das Geldinstitut in Form einer AG zu gründen. Weitere Herren – darunter König Ludwigs »Roßober« Max von Holnstein – kamen noch hinzu, und am 9. Dezember wurde das Konzessionsgesuch an den König aufgesetzt: »Allerdurchlauchtigster großmächtigster König, Allergnädigster König und Herr!...

Am 11. April 1869 erteilte der König die Genehmigung auf 90 Jahre (gleichzeitig übrigens erhielt auch die Bayerische Handelsbank ihre Konzession). Das Kapital wurde auf 60 000 Aktien à 350 Gulden festgesetzt. Bei der ersten Notierung einen Monat vor Geschäftsbeginn lag der Kurs bei 119, 75 Gulden.

»Bavaria« – Werk über Land und Volk

1867. Mit dem fünften Band eines alphabetischen Ortslexikons wird ein Werk abgeschlossen, das auf Wunsch des verstorbenen Königs Max II. entstand und einen programmatischen Titel trägt: »Bavaria – Landes- und Volkskunde des Königreichs Bayern, bearbeitet von einem Kreise bayerischer Gelehrter«, angeführt von Wilhelm Heinrich Riehl. Dem ersten, 1202 Seiten starken Band – er erschien 1860 – stellte Riehl ein Vorwort voran, in dem er schrieb, der König wollte »ein Werk ausgearbeitet sehen, welches die Fülle der namentlich im letzten Jahrzehnt so reich erschlossenen bayerischen Forschungen ... gedrängt und übersichtlich zusammenfaßte«.

Die 17 Mitarbeiter des ersten Bandes liefern Beiträge zur Geologie, zu Klima, Vegetation und Tierwelt. Der Einführung folgen ab der 229. Seite des ersten Bandes und in den folgenden Bänden volks- und landeskundliche Darstellungen der verschiedenen Regierungsbezirke.

Bergtouren sind auch bei der königlichen Familie beliebt, hier die Prinzen Ludwig und Otto beim Aufbruch (1858/59)

Deutscher Alpenverein in München gegründet

9. Mai 1869. Der 1862 gegründete Österreichische Alpenverein hat in München mehr Mitglieder als in manchen Kronländern: Eine Dame, nämlich die Fürstin Hohenlohe, und 24 Herren. Man ist allerdings mit dem zentralistisch geführten Wiener Verein unzufrieden, da er in den Sälen (bei Vorträgen) sehr viel aktiver ist als am Berg und die Herausgabe von Jahrbüchern für wichtiger hält als das Klettern. Um diesem Mangel abzuhelfen, gründet man in München mit dem Deutschen Alpenverein eine eigene Organisation.

Schon im April 1869 hatten sich vier Männer zusammengesetzt, um die Gründung vorzubereiten; es waren dies der österreichische Kurat Senn, bekannt als Erforscher der Ötztaler Berge, der Prager Kaufmann Stüdl sowie aus München der Student Karl Hofmann und Theodor Trautwein, seit 1867 der Mandatar des Österreichischen Vereins in Bayern.

Nachdem die Formalitäten ausgehandelt sind, lädt man alle Interessierten in die »Blaue Traube« zur konstituierenden Versammlung – und 36 Männer kommen dorthin, um als Gründungsmitglieder durch ihre Unterschrift den Deutschen Alpenverein zu gründen. Es sind allesamt feine Leute, ein Ministerialrat ist darunter, auch ein Appellgerichts-Accesist, ein Bankadministrator, ein Oberappellrat, ein Kunstmaler, ein Student der Tiermedizin, ein Zollrechnungskommissär, ein Geometer, ein Kupferstecher...

Zum ersten Vorsitzenden wählt die Versammlung den Ministerialrat von Bezold.

Da man ja am Österreichischen Alpenverein seine zentralistische Organisation gerügt hat, versucht man im Deutschen Alpenverein, an vielen Orten Sektionen zu gründen. Nach zehn Monaten zählt man so bereits 22 Sektionen (vor allem auch im norddeutschen Flachland) mit 1070 Mitgliedern. Der Österreichische Verein hat zu dieser Zeit 1228 Mitglieder, und er wird bald hinter dem Konkurrenten in München zurückbleiben – im Jahr 1876 hat der deutsche Verein 500 Sektionen, und immer weitere Gruppen kommen hinzu.

»Schweizerhaus« von Königin Marie in der Bleckenau, solche Almhütten sind beliebte Rastplätze auf den Bergtouren des Alpenvereins

Perfall Intendant des Hoftheaters

1867. Die Ernennung zum Intendanten des Münchner Hof- und Nationaltheaters ist für Karl von Perfall – seit 1864 Hofmusikintendant – ebenso ehrenvoll wie delikat. Denn der Jurist aus alter bayerischer

Frh. von Perfall

Adelsfamilie, der den Staatsdienst früh quittierte, um sich der Musik zu widmen, steht im Dienst des Wagnerfreundes Ludwig II. und schätzt den Meister selbst doch keineswegs sehr hoch. So komponiert er weiterhin seine Opern im Stil der Romantik und führt am Theater die ihm zuwidere Musik Wagners auf. Bei der gegen den Willen des Komponisten angesetzten »Rheingold«-Uraufführung am 22. September 1869 kommt es zum Zerwürfnis zwischen Perfall und Wagner.

Orientalist und Poet Rückert gestorben

31. Januar 1866. Friedrich Rückert, der Poet zweier Welten und zweier Kulturen, ist tot; gestorben auf seinem Landsitz Neuses bei Coburg. Aus dem Verfasser der »Geharnischten Sonette«, dem glühend patriotischen Dichter der Freiheitskriege, war ein renommierter

F. Rückert

Orientalist geworden, den König Ludwig I. zunächst 1826 an die Universität Erlangen berief und der dann von 1841 bis 1846 in Berlin lehrte. Neben seiner ausufernden eigenen literarischen Produktion von insgesamt etwa 10 000 Gedichten – darunter den »Kindertotenliedern« und dem »Liebesfrühling« – hat der 1788 in Schweinfurt geborene Rückert viele Dichtungen des Orients ins Deutsche übertragen.

Leibl malt Frau Gedon

1868/69. Das Wohnzimmer der jungverheirateten Gedons in der Münchner Schwanthalerstraße ist so geschmackvoll eingerichtet, daß Malerfreunde kommen, um es im Bilde festzuhalten. Unter ihnen ist auch Wilhelm Leibl; er kommt noch ein weiteres Mal mit der Bitte, die schwangere 19jährige Mina Gedon, Ehefrau des Architekten Lorenz Gedon, malen zu dürfen.

Drei Monate muß ihm Mina Gedon Modell sitzen, und die Mühsal für die werdende Mutter wird immer größer. Schließlich befindet der werdende Vater: Das Bild ist fertig.
Bei der 1. Münchner Kunstausstellung 1869 verweigert man Leibl für diese feine psychologische Studie einer Schwangeren die Goldmedaille. In Paris bekommt er sie. Kaiser Wilhelm stellt ihn vom Wehrdienst frei.

Das einfühlsame Bildnis der schwangeren Mina Gedon bildet einen frühen Höhepunkt im Schaffen von Wilhelm Leibl (1844–1900). In Düsseldorf und Paris wird er für das Gemälde ausgezeichnet und als »Malerkönig« tituliert. Leibl studierte zunächst in Köln und seit 1864 in München Malerei.

Wagner muß München verlassen

10. Dezember 1865. Der Traum war kurz. Am 4. Mai 1864 war Richard Wagner zum ersten Mal mit König Ludwig zusammengetroffen, und am 8. Dezember 1865 mußte der Monarch den Abschiedsbrief schreiben: »Mein theurer, innig geliebter Freund! Worte können den Schmerz nicht schildern, der mir das Innere zer-

König Ludwig II. (l.) neben dem verehrten Freund Richard Wagner

wühlt«. Und: »Daß es bis dahin kommen mußte! Unsere Ideale sollen treu gepflegt werden.«
Am Morgen des 10. Dezember besteigt Wagner, begleitet vom Diener Franz und von seinem Hund Pohl den Zug nach Genf. Die Zeit in München, die so hoffnungsvoll begann, ist zu Ende.
Mit Ärger hatte man in Bayern beobachtet, wie der junge König den mehr als 30 Jahre älteren Komponisten mit Geschenken überhäufte, wie er ihm ein großes Gehalt zahlte, ein Haus in bester Wohnlage mietete und für ihn gar ein eigenes Theater bauen wollte. Als der Gast sich aber in die bayerische Politik einzumischen versuchte, mußte der König ihn bitten, seine Residenzstadt und das Land zu verlassen.
Doch auch jetzt hält Ludwig dem Freund die Treue. Er gibt das Geld, damit Wagner den »Ring des Nibelungen« vollenden kann und läßt mehrere Werke des Komponisten (zum Teil gegen dessen Willen) in München uraufführen. Das Theater, das Wagner dort nicht bekam, wird in Bayreuth gebaut.

Die Meistersinger von Nürnberg (Ölbild von Eduard Ille, 1866). Ähnliche Darstellungen aus Geschichte und Mythologie läßt Ludwig in großer Zahl anfertigen. Ille wird neben Karl von Piloty und Joseph Aigner auch mit der Ausgestaltung der Wandmalereien im Schloß Neuschwanstein beauftragt. Die Maler gehen nach Ludwigs Wünschen von Motiven der Wagnerschen Opern aus, ohne ihnen im Detail zu folgen.
Das vom König gewünschte Natürliche, historisch Realistische mit der gleichzeitigen Forderung nach Erhabenheit und Idealisierung in der Darstellung in Einklang zu bringen, bereitet Ille und seinen Kollegen oft Kopfzerbrechen. Zudem ist der König ungeduldig, und die Maler müssen oft noch nachts arbeiten, um Ludwigs Wünschen entgegenzukommen.

Am Nachmittag des 10. Juni 1865 betritt der König seine Loge im Hof- und Nationaltheater, die Lichter gehen aus – mit dem berühmten F-H-Dis-Gis-Akkord des Vorspiels beginnt die Uraufführung von Richard Wagners Oper »Tristan und Isolde« (l. Entwurf zur Uraufführung von Angelo Il Quaglio). Der Komponist hat lange auf diesen Tag warten müssen. Beinahe elf Jahre sind vergangen, seit er den Plan zur Niederschrift und zur Komposition des »Tristan« gefaßt hat, und 1859 war das Werk getan. In Karlsruhe dachte man daran, die Oper herauszubringen, sah dann davon wieder ab, plante neuerlich und verzichtete schließlich endgültig. Danach sollte in Wien die Uraufführung stattfinden. Nach 70 Proben erhielt der Komponist die Partitur zurück; der »Tristan«, so sagte man ihm bedauernd, sei unaufführbar. Nun bekam München seine Chance. Am 10. Juni findet mit großem Erfolg die Premiere statt; die Hofkasse zahlt für die Aufführung 56 500 Gulden

Theaterzettel der Uraufführung von Wagners »Rheingold« (1869). Die Aufführung findet auf Befehl des Königs und gegen den Willen des Komponisten statt. Wagner bleibt demonstrativ der Premiere fern, da er den Dirigenten, Franz Wüllner, für ungeeignet hält. Wüllner leitet auch die Uraufführung der »Walküre«, die König Ludwig 1870, abermals anordnet.

Cosima Wagner (1837–1930) ist die Tochter von Franz Liszt und Marie Gräfin d'Agoult. Ab 1857 war sie mit Hans von Bülow, Dirigent am Hof- und Nationaltheater in München, verheiratet. 1870 heiratet sie Richard Wagner. Nach seinem Tod übernimmt sie die künstlerische und organisatorische Leitung der Bayreuther Festspiele, die sie bis 1906 innehat.

1864 wohnt Richard Wagner in dem von Ludwig II. zur Verfügung gestellten Haus Pellet am Starnberger See in der Nähe von Schloß Berg (o.). Bei den häufigen Zusammenkünften mit Wagner faßt Ludwig den Plan, »ein großes, steinernes Theater erbauen zu lassen, damit die Aufführung des ›Ringes des Nibelungen‹ eine vollkommene werde…«
Der Architekt Gottfried Semper wird ausersehen, die Pläne zu entwerfen, am 11. Juni 1867 wird das Modell der Oper dem König gezeigt. Aber zu dieser Zeit ist wohl schon entschieden, daß das 5 Mio Gulden teure Wagnertheater nicht entstehen wird. Die Münchner, so sagt man, opponieren so heftig, daß der König schließlich resigniert. Er wird in seiner Residenzstadt künftig überhaupt keinen kostspieligen öffentlichen Bau errichten.

1870

1870–1874

26. 6. 1870. »Die Walküre«, erster Tag des Bühnenfestspiels »Der Ring des Nibelungen« von Richard Wagner, wird in München uraufgeführt.

16. 7. 1870. König Ludwig befiehlt die Mobilmachung; der Deutsch-Französische Krieg beginnt.→

18. 7. 1870. Das erste Vatikanische Konzil nimmt das Dogma von der Unfehlbarkeit des Papstes (ex cathedra) an. Das Dogma hat zahlreiche Kirchenaustritte zur Folge und provoziert den Kulturkampf, den Kampf des Staates gegen den politischen Katholizismus.

23. 11. 1870. Bayern und die Staaten des Norddeutschen Bundes schließen den »Deutschen Bund« unter dem preußischen König Wilhelm I.

30. 11. 1870. Im »Kaiserbrief« schlägt der bayerische König Ludwig II. König Wilhelm I. von Preußen zum Deutschen Kaiser vor.→

18. 1. 1871. König Wilhelm I. von Preußen wird im Spiegelsaal von Schloß Versailles zum Kaiser ausgerufen. Kanzler des damit gegründeten Deutschen Kaiserreichs wird Otto von Bismarck.

2. 3. 1871. Die gegen die Preisgabe der Selbständigkeit Bayerns protestierenden Patrioten gründet die Katholische Volkspartei.

17. 4. 1871. Der Münchner Theologieprofessor Ignaz von Döllinger wird, da er das Dogma von der Unfehlbarkeit des Papstes nicht anerkennt, exkommuniziert.→

8. 1. 1872. Die Münchner Löwenbrauerei wird in eine Aktiengesellschaft umgewandelt.→

10. 12. 1871. Mit der auf Antrag Bayerns erfolgten Einfügung des Kanzelparagraphen in das Strafgesetzbuch beginnt im Deutschen Reich der Kulturkampf.

1872. Der aus Aschaffenburg stammende Nationalökonom Lujo Brentano ist einer der Gründer des Vereins für Socialpolitik. Von ihren konservativen Gegnern werden die Mitglieder des Vereins als »Kathedersozialisten« verspottet.

Ende 1872. Die ehemalige Schauspielerin Adele Spitzeder, die sich mit ihrer »Dachauer Bank« riesige Beträge erschwindelte, wird verhaftet.→

1873. Carl Linde baut in Augsburg die erste Kältemaschine.

10. 1. 1874. Bei den Wahlen zum zweiten Deutschen Reichstag verbuchen die Sozialdemokraten Erfolge.

7. 5. 1874. Das Reichsgesetz über die Presse gewährleistet grundsätzlich die Pressefreiheit, wird aber durch die Kulturkampfgesetze eingeschränkt.

1. 9. 1874. Die ersten Beamten ziehen in das von Georg Hauberrisser erbaute Neue Münchner Rathaus.→

GESTORBEN:

22. 6. 1870. Luzern: Ludwig zu Oettingen-Wallerstein (* 31. 1. 1791, Wallerstein/Ries), bayerischer Innenminister 1832–1837.

12. 9. 1870. München: Karl August Steinheil (* 12. 10. 1801, Rappoltsweiler/Elsaß), Physiker.

8. 2. 1871. München: Moritz von Schwind (* 21. 1. 1804, Wien), Maler und Grafiker.→

4. 4. 1871. München: Peter von Hess (* 29. 7. 1792, Düsseldorf), Maler.

2. 1. 1872. Neuendettelsau: Wilhelm Löhe (* 21. 2. 1808, Fürth) evangelischer Theologe (Neuendettelsauer Missionsgesellschaft).

9. 7. 1872. München: Georg Ludwig von Maurer (* 2. 11. 1790, Erpolzheim bei Birkheim/Pfalz), Jurist und bayerischer Staatsrat.

13. 9. 1872. Rechenberg bei Nürnberg: Ludwig Feuerbach (* 28. 7. 1804, Landshut), Philosoph.

4. 12. 1872. Werneck/Unterfranken: Friedrich Bürklein (* 30. 3. 1813, Burk/Mittelfranken), Baumeister.

18. 4. 1873. München: Justus Freiherr von Liebig (* 12. 5. 1803, Darmstadt), Chemiker.

7. 4. 1874. München: Wilhelm von Kaulbach (* 15. 10. 1805, Arolsen bei Kassel), Maler und Illustrator, Hauptvertreter der großen Historienmalerei der Düsseldorfer Schule.

GEBOREN:

2. 2. 1870. München: Annette Kolb († 3. 12. 1967, München), Schriftstellerin.

6. 5. 1871. München: Christian Morgenstern († 31. 3. 1914, Meran), Dichter.

21. 8. 1871. Köfering bei Regensburg: Hugo von und zu Lerchenfeld auf Köfering und Schönberg († 13. 4. 1944, München), bayerischer Ministerpräsident.

15. 2. 1873. Augsburg: Hans von Euler-Chelpin († 6. 11. 1964, Stockholm), Chemiker, Nobelpreisträger 1929.

10. 3. 1873. Fürth: Jakob Wassermann († 1. 1. 1934, Alt-Aussee/Steiermark), Schriftsteller.

19. 3. 1873. Brand bei Kemnath/Oberpfalz: Max Reger († 11. 5. 1916, Leipzig), Komponist.

15. 4. 1874. Schickenhof-Thannsüß bei Amberg/Oberpfalz: Johannes Stark († 21. 6. 1957, Gut Eppenstadt bei Traunstein), Physiker, Physiknobelpreisträger.

8. 6. 1874. Jetzendorf/Oberbayern: Michael Buchberger († 10. 6. 1961, Straubing), katholischer Theologe.

22. 8. 1874. München: Max Scheler († 19. 5. 1928, Frankfurt am Main), Philosoph.

14. 12. 1874. Greußenheim/Unterfranken: Adam Stegerwald († 3. 12. 1945, Würzburg), Politiker und Gewerkschafter.

22. 12. 1874. Dommelstadl bei Passau: Erhard Auer († 20. 3. 1945, Giengen/Brenz), SPD-Politiker.

Mobilmachung in Bayern

16. Juli 1870. Der König hat keine andere Wahl, er muß seine Truppen an Preußens Seite gegen Frankreich marschieren lassen. Vormittags um 9.20 Uhr schickt er von Schloß Berg aus an den Vorsitzenden des Ministerrates, den Grafen Otto von Bray-Sternberg in München, ein chiffriertes Telegramm: »J'ordonne la mobilisation; informez-en la Ministère de la guerre. Louis«, »Ich befehle die Mobilmachung; informieren Sie davon den Kriegsminister. Ludwig.«
So marschieren 55 000 Bayern unter dem Ober-Kommando des preußischen Kronprinzen und angeführt von den bayerischen Generälen von der Tann und von Hartmann westwärts. Sie ziehen gegen ein Land, das ihrem König sehr viel nähersteht und mehr bedeutet als Preußen. Dennoch telegraphiert der Wittelsbacher seinem hohenzollerschen Vetter: »Mit Begeisterung werden Meine Truppen an der Seite ihres ruhmreichen Bundesgenossen für deutsches Recht und deutsche Ehre den Kampf aufnehmen…« Durch solche Versicherungen der Loyalität hofft Ludwig, bei der nun unvermeidlich gewordenen Gründung des deutschen Reiches unter Preußens Führung möglichst viele Freiheiten für Bayern retten zu können. Zu den Orten, an denen die Bayern Schlachten schlagen, gehören Weißenburg, Wörth, Bazeilles, Balan, Sedan und Orléans.

Gemälde vom Gefecht bei Stürzelbronn, 1. August 1870, von Louis Brauns; ein bayerischer Chevauleger rettet einen preußischen Husaren

»Kaiserbrief« von Ludwig

30. November 1870. Da König Ludwig nicht nach Versailles reisen mag, um im Namen der deutschen Fürsten dem preußischen König die deutsche Kaiserwürde anzutragen, ersinnt Otto von Bismarck zusammen mit Ludwigs Oberstallmeister von Holnstein einen Ausweg: Er entwirft einen Brief, in dem der Bayernkönig seinem Kollegen aus Berlin die höchste deutsche Würde anträgt. Holnstein reist mit dem Konzept zu seinem König nach Hohenschwangau, und Ludwig, mit Zahnschmerzen im Bett liegend, empfängt den Grafen. Im Tassozimmer setzt er sich an den Schreibtisch und schreibt unter dem Datum des 30. November 1870 den sog. »Kaiserbrief«. Unabhängig davon erhält Ludwig jährliche Zuwendungen aus dem Welfenfonds. Der König von Bayern hatte gewünscht, daß die deutsche Kaiserkrone zwischen Hohenzollern und Wittelsbach (der ältesten deutschen Dynastie) alterniere, daß einem Kaiser aus dem preußischen einer aus dem bayerischen Herrscherhaus folge. Ludwig hat dieses Ziel ebensowenig erreicht wie eine Vergrößerung des Landes, auf die Bayern nach seinem Anteil am Siege von 1870 glaubte Anspruch zu haben. Statt belohnt zu werden, muß der König nun souveräne Rechte an das von Preußen geführte Reich abtreten.
Noch am 30. November reist Holnstein nach Frankreich zurück, und am 3. Dezember überreicht Prinz Luitpold den entscheidenden Brief; am 18. Januar 1871 wird das Deutsche Kaiserreich proklamiert.

Ignaz von Döllinger, (1799–1890), exkommunizierter Theologe

Adele Spitzeder verhaftet

Ende 1872. Schnell ist es mit der Adele Spitzeder, die Ende 1868 als mittellose und mittelmäßige Schauspielerin in München angekommen war, nach oben gegangen; aber genau so schnell geht es mit ihr auch wieder bergab: Ende 1872 wird sie wegen Betrugs verhaftet.

Sie hatte für Geld, das man ihr gab, weit überhöhte Zinsen bezahlt, die Leute kamen und drängten ihr die großen Guldenbeträge förmlich auf. Als aber, angestachelt von den Behörden, 40 Gläubiger auf einmal ihre Einlage zurückverlangten, ist Adeles »Dachauer Volksbank« bankrott. Die Bilanz ihres Kreditgeschäftes: 30 000 Gläubiger wurden um 8 Mio Gulden betrogen.

Adele Spitzeder wird für ihren Betrug zu vier Jahren Haft verurteilt

Löwenbrauerei wird Aktiengesellschaft

8. Januar 1872. Das Geschäft floriert, der Bierausstoß nimmt ständig zu, und so wird die Löwenbrauerei, die schon 1865 ein Viertel des Münchner Biers braute, in eine Aktiengesellschaft umgewandelt. Neun Jahre später folgt die Hackerbrauerei diesem Beispiel, auch sie wird AG.

Die Löwenbrauerei ist wahrscheinlich 1383 erstmals nachgewiesen. Der »prewmaister« hieß damals Erhart, und er trieb in der Löwengrube sein Gewerbe. Etliche seiner Nachfolger kamen, doch mit Georg Brey, der die Brauerei am 9. Oktober 1818 kaufte, begann der große Aufstieg: 6000 Hektoliter im ersten Jahr, 18 000 hl 1824, 40 000 hl 1839…

Döllinger wird exkommuniziert

17. April 1871. Die Kirche zieht ihre Konsequenz aus dem Verhalten des Theologieprofessors Ignaz von Döllinger und exkommuniziert ihn. Damit bestraft sie die in Reden, Artikeln und auch einem vielbeachteten Buche vertretene Ablehnung des Unfehlbarkeitsdogmas. Demonstrativ wählt ihn daraufhin die Universität München zum Rektor. Ihrem Lehrkörper gehört er seit 1826 an.

Döllingers Ansichten – die zu widerrufen er sich weigert – geben den Anlaß zur Gründung der Altkatholischen Kirche.

Moritz von Schwind in München gestorben

8. Februar 1871. Die deutschen Märchen- und Sagengestalten trauern, denn in München stirbt Moritz von Schwind, der sie in vielen Holzschnitten, Zeichnungen und Gemälden immer wieder dargestellt hat. Der am 21. Januar 1804 in Wien geborene Meister der Romantik, von 1847 an Professor an der Münchner Akademie, hat sein Ansehen vor allem auch durch seine Fresken gemehrt: 1832 malte er die Decke in der Bibliothek der Königin in der Münchner Residenz, 1835 Entwürfe für Hohenschwangau und für einen Puttenfries im Rudolf von Habsburg-Saal der Münchner Residenz. Weitere bekannte Wandmalereien schuf er auf der Wartburg und im Wiener Opernhaus.

Beamte können neues Münchner Rathaus beziehen

1. September 1874. *Die Beamten können endlich »die magistralischen Bureaus und Anstalten« im Neuen Rathaus (Abb.) beziehen, das damit freilich noch lange nicht fertig ist. Diesem ersten wird 1888/93 ein zweiter und 1899/1908 ein dritter Bauabschnitt folgen.*

Am 25. August 1866, dem Geburts- und Namenstag von König Ludwig I. und Ludwig II., war der Grundstein gelegt worden. Der aus Graz stammende Architekt Georg Hauberrisser (inzwischen Wahlmünchner) hatte den Wettbewerb um den Bau des neuen Rathauses gewonnen. Als einer der letzten und der wohl heftigste Vertreter des Historismus, durfte er hier seinen ausschweifenden Traum von flämischer Gotik in Stein umsetzen. Seine Variationen über Brüsseler Themen kosteten im ersten Bauabschnitt 2,15 Mio Mark. Wenn das Rathaus 1908 endgültig fertig ist, werden die Münchner dafür 9,5 Mio Mark bezahlt haben. Und dazu kommen noch 6,22 Mio Mark für den Baugrund.*

Erste Touristen in Oberbayern um 1870, Bauern begutachten die gutsituierten Sommerfrischler neugierig; zeitgenössische Zeichnung

Anfänge des Tourismus

Nach 1870. Das Oberland, lange schon von den Malern entdeckt, wird nun auch von den Bürgern aus der Stadt aufgesucht. Die Sommerfrische wird modern, der Tourismus beginnt – die Eisenbahn macht's möglich. Einer, der viel im Voralpenland und im Gebirge wandert, hat diese Anfänge beschrieben. Der Münchner Notar und Schriftsteller Ludwig Steub veröffentlichte 1846 seine »Drei Sommer in Tirol«; die Neuausgabe des Jahres 1871 erweitert er um das Kapitel »Von München nach Bayerisch-Zell«, mit dem das Buch beginnt:

»Das längst Befürchtete ist eingetroffen, der Schlag ist gefallen – das bayerische Hochland ist fashionabel geworden! In Schliers gibt es bereits Markgräfler mit Sodawasser und das Pfund Forellen um 1 fl 30 kr; in Tegernsee ringen fremde Prinzen, Wiener Equipagen und Pariser Toiletten wetteifernd um die Aufmerksamkeit eines auserlesenen Publicums. An den Tabledhôten findet sich allenthalben jene vornehme schweigsame Gesellschaft, die immer den Eindruck macht, als könne keines das andere ausstehen, als möchte jeder den Nachbar wenigstens nach Helgoland oder in die Pyrenäen verwünschen…«

Über die Feriengäste schreibt Steub, sie wirkten »sehr fein und sinnig zusammengesetzt«, und er erinnert sich der vergangenen Zeit, als noch die Fischerlisel lebte, »die brave, ehrliche Wirthin, weiland das Jagdstück aller Poeten und Maler«. Sie ist inzwischen gestorben, »und auf dem Ruhesitz ihres Alters… waltet nunmehr ein junger Sachse, der eine Tochter dieses Thals geehelicht hat«. Ähnlich wie Steub hat auch der in 18 Sprachen bestens erfahrene Heinrich Noë das Oberland zu Beginn des »Reisezeitalters« erwandert und beschrieben.

Altbayerische Trachten, die bäuerliche Bevölkerung trägt den Sonntagsstaat beim Kirchgang und bei besonderen feierlichen Anlässen

Aufschwung nach Wirtschaftskrise

Die Konjunktur für Bayerns Industrie (deren Standorte noch immer Nürnberg und Augsburg sind) war mit der Eisenbahn gekommen. Auch wenn es gelegentlich, wie etwa in den 60er Jahren, kleine Tiefs gab, blieb die Tendenz meist freundlich. Doch nun, nach dem Wiener Börsenkrach im Mai und dem Berliner Börsenkrach im Oktober 1873, gibt es eine Wirtschaftskrise.

In den Abschwung hinein fällt aber bereits wieder eine neue Belebung. So gründet beispielsweise der Mechaniker Sigmund Schuckert zwischen den beiden Börsenstürzen (und halbwegs zwischen den Schauplätzen der Finanzdebakel) in seiner Geburtsstadt Nürnberg eine mechanische Werkstatt. Das Startkapital von 1000 Dollar hatte er sich während eines Amerikaaufenthaltes erspart. Er muß zunächst noch alte Geräte reparieren, um den Lebensunterhalt zu verdienen, doch sein Ziel – er erreicht es bereits im darauffolgenden Jahr – ist der Bau einer dynamo-elektrischen Maschine, die besser ist als das von Werner Siemens in Berlin gebaute Modell.

Mit den ersten Beleuchtungsversuchen, die er 1876 in der Nürnberger Kaiserstraße unternimmt, macht Schuckert auf seine Firma aufmerksam. Trotz der Gründerkrise, die es anderswo geben mag – sein Geschäft floriert. Das gleiche gilt für das Geschäft von Theodor Cramer-Klett, der im vorausgegangenen Jahr die verschiedenen Eisenbahnunternehmen mit 3544 Güter- und 488 Personenwagen belieferte, 1873 die Süddeutsche Brückenbau AG gründet und sein Stammhaus in eine Aktien-Gesellschaft umwandelt.

In diesem Krisenjahr 1873 gelingt es der vom Ingenieur Heinrich Buz geleiteten Maschinenfabrik Augsburg, die erste Maschine zum Druck von endlosem Papier zu bauen. Sie wird die Sensation der Wiener Weltausstellung.

Bayern ist noch immer vornehmlich ein Agrarstaat, doch die Industrialisierung macht rasch beeindruckende Fortschritte: Liefen 1861 erst 491 Dampfmaschinen, so ist ihre Zahl bis 1870 schon auf mehr als 1000 angestiegen.

Professor Samuel T. von Sömmerring entwickelte einen elektrochemischen Telegraphen

Brücke über den Inn bei Königswart für die Bahnlinie Rosenheim-Mühldorf (Foto v. 27.10.1875)

Carl A. v. Steinheil, Konstrukteur elektrischer und optischer Instrumente, Professor in München

Glaspalast in München (zur Zeit der Industrieausstellung im Jahr 1854), das Gebäude wird zum Symbol für den Aufschwung von Industrie und Technik in Bayern seit Mitte des Jahrhunderts, der 1870 durch eine kurze Krise unterbrochen wurde

Saale-Viadukt bei Unterkotzau, mit 26,2 m Höhe und acht Spitzbögen mit je 13,4 m Weite der wohl größte und höchste Viadukt der vor 1850 angelegten Ludwigs-Süd-Nord-Bahn

Gebäude der Ultramarin Farbenfabrik Leykauf, Heyne und Co. in Nürnberg zwischen Spittler- und Frauentor (Zustand um 1840), die Fabrik wächst rasch

Lokomotive »Kufstein« der Bayerischen Staatsbahn von der Lokomotiv-Fabrik J. A. Maffei (München 1853/54) mit Lokführer, Heizern und anderen Bahnbediensteten; von der Eisenbahn gehen zahlreiche Impulse auf die Maschinenbauindustrie aus

Cramer-Klett'sche Maschinenfabrik in Nürnberg (um 1855), die Firma stellt Drehscheiben, Schienen und Eisenbahnteile her

Siemens-Schuckert-Werk in Nürnberg, das aus der Fusion der Elektromechanischen Werkstätte Schuckert & Co. mit Siemens & Halske hervorgeht

Maschinenfabrik von Koenig & Bauer in Oberzell bei Würzburg, 1817 in einer ehemaligen Prämonstratenserabtei eingerichtet und 1858 ausgebaut

1875

1875–1879

Juli 1875. Bei den Wahlen zum bayerischen Landtag erringen die Patrioten 79 statt bisher 80 und die Liberalen 76 statt bisher sechs Sitze. Dieser Erfolg der Liberalen kam durch Wahlkreismanipulationen zustande.

1875. Bayern erwirbt die bayerische Ostbahn mit 800 km Betriebslänge als Staatsbahn.

1875. Die Gewerkschaft Achthal verkauft Hohenaschau und die dortigen Erzwerke an den Nürnberger Großindustriellen Theodor von Cramer-Klett. Dieser legt 1879 die Werke still, so daß nur mehr eine Zahl von Nagelschmieden am Hammerbach weiterbesteht.

1. 1. 1876. Der bayerische Gulden wird durch die reichsweit gültige Mark ersetzt. →

29. 7. 1876. Durch ein Finanzgesetz werden dem bayerischen König jährlich 4 231 044 Mark zur Verfügung gestellt. Hinzu kommt die Summe von 250 000 Gulden aus dem König-Max-Fideikommiß.

13. 8. 1876. Mit der Aufführung von »Rheingold« von Richard Wagner wird das Bayreuther Festspielhaus eröffnet. →

21. 10. 1876. München erhält – als erste Tram – eine Pferdebahn. →

10. 1. 1877. Bei den Wahlen zum dritten Deutschen Reichstag verliert die bisherige Regierungspartei der Nationalliberalen 27 Mandate. Die Konservativen verbuchen Gewinne.

25. 8. 1877. Der Bau von Schloß Linderhof wird vollendet. →

15. 11. 1877. Auf dem Hohen Peißenberg wird der am 6. November hinterrücks erschossene Holzknecht Georg Jennerwein gefunden; er wird zum berühmtesten bayerischen Wildschütz. →

30. 7. 1878. Bei den vorgezogenen Wahlen zum vierten Deutschen Reichstag verlieren die Liberalen knapp 4% der Stimmen, während die Konservativen Gewinne von fast 10% verbuchen.

21. 10. 1878. Der Reichstag verabschiedet mit den Stimmen der Konservativen und Nationalliberalen das Sozialistengesetz: Versammlungs-, Organisations- und Publikationsverbot für die Sozialistische Arbeiterpartei Deutschlands.

1878. Mit der Eröffnung des zentralen Schlacht- und Viehhofs beginnt die durch Max von Pettenkofer veranlaßte Sanierung des Münchner Grundwassers. →

1878. Dem Münchner Professor Adolf von Baeyer, gelingt die erste Vollsynthese des Farbstoffs Indigo.

1879. Auf Initiative von Max Pettenkofer, dem ersten deutschen Professor für Hygiene, wird in München das erste Institut für Hygiene in Deutschland eröffnet.

Um 1879. König Ludwig II. von Bayern zieht sich fast völlig von der Politik zurück. Die Minister erreichen ihn nur noch über das Kabinettssekretariat.

1879. Franz von Lenbach wird Präsident der Münchner Künstlergesellschaft »Allotria«. →

GESTORBEN:

20. 6. 1875. München: Wilhelm Bauer (*23. 12. 1822, Dillingen an der Donau), deutscher Ingenieur, einer der ersten Unterseebootkonstrukteure.

3. 8. 1875. München: Max Kunz (*29. 4.1812, Schwandorf), Komponist der Bayernhymne.

17. 12. 1875. München: Theodor von Zwehl (*7. 2. 1800, Vallendar/Rheinland), bayerischer Innenminister 1849–1852, Staatsminister des Innern für Kirchen- und Schulangelegenheiten 1852–1864.

7. 5. 1876. München: Franz von Pocci (*7. 3. 1807, München), Dichter.

13. 7. 1877. Burghausen/Altötting: Wilhelm Emmanuel von Ketteler (*25. 12. 1811, Münster/Westfalen), katholischer Bischof von Mainz, einer der Begründer der katholischen Sozialpolitik (katholische Arbeitervereine).

7. 5. 1879. Ixelles/Belgien: Charles De Coster (*20. 8. 1827, München), belgischer Schriftsteller, Begründer der modernen französischsprachigen Literatur Belgiens, stirbt in Ixelles. Hauptwerk: »Die Legende von Ulenspiegel«.

5. 9. 1879. München: Adolf von Harleß (*21. 11. 1806, Nürnberg), lutherischer Theologe.

GEBOREN:

5. 1. 1875. Winterzhofen/Landkreis Eichstätt: Martin Grabmann (†9. 1. 1949, Eichstätt), katholischer Theologe und Philosophiehistoriker.

4. 2. 1875. Freising: Ludwig Prandtl (†15. 8. 1953, Göttingen), Physiker.

26. 2. 1875. Trautskirchen bei Neustadt an der Aisch: Hans Böckler (†16. 2. 1951, Düsseldorf), Gewerkschafter und Sozialpolitiker.

23. 1. 1876. Stuttgart: Jesuitenpater Rupert Mayer (†1. 11. 1945), Münchens Männerapostel, Widerstandskämpfer.

29. 4. 1878. Unter-Germaringen bei Kaufbeuren: Peter Dörfler (†10. 11. 1955, München), Schriftsteller.

15. 12. 1878. Bad Tölz: Hans Carossa (†12. 9. 1956, Rittsteig bei Passau), Arzt und Dichter.

4. 3. 1879. Fürth: Bernhard Kellermann (†17. 10. 1951, Klein-Glienicke bei Potsdam), Schriftsteller.

8. 3. 1879. Schloß Schönburg bei Griesbach im Rottal: Mechthilde Lichnowsky (†4. 6. 1958, London), Schriftstellerin.

19. 3. 1879. Maihingen bei Nördlingen: Joseph Haas (†30. 3. 1960, München), Komponist.

Hilfe aus »Welfenfonds«

1. Januar 1876. Das große Rechnen beginnt, denn die deutsche Währung wird vereinheitlicht und der bayerische Gulden (fl) wird gegen 1,7143 Mark eingewechselt (was auch heißt: 1 Mark = 0,62 Gulden). Zu denen, die sich bei ihren Transaktionen an das neue Geld gewöhnen müssen, gehört auch Graf Maximilian von Holnstein, Oberstallmeister von König Ludwig II., Mitbegründer der Bayerischen Vereinsbank und Transporteur des für den Wittelsbacher bestimmten Welfengeldes.
Im Dezember 1870 hatte es der Graf übernommen, in Bismarcks Auftrag König Ludwig II. um den sog. »Kaiserbrief« (→ 30. 11. 1870) zu bitten und dieses Schreiben auch selbst zu expedieren. So wie das königliche Handschreiben, transportiert der Adelige später Geld. Insgesamt um die 5 Mio Mark, die Bismarck zwischen 1873 und 1885 aus dem »Welfenfonds« an den Bayernkönig bezahlt. Holnstein, der das Geld überbringt, ist mit zehn Prozent beteiligt.

Das Geld stammt vom blinden Hannoveranerkönig Georg V., der 1866 gegen Preußen gekämpft und auf seine Rechte nicht verzichtet hatte. Preußen beschlagnahmte das Privatvermögen des in Österreich lebenden Monarchen.
Über den Zins dieser 48 Mio Mark kann Otto von Bismarck verfügen, dafür mußte keine Rechenschaft abgelegt werden. Er kann damit den Staatssicherheitsdienst finanzieren, Journalisten bestechen und dem in beklemmenden finanziellen Verhältnissen lebenden König von Bayern beistehen. Insgesamt hat der Eiserne Kanzler 102 Adressen auf seiner Empfängerliste.
Trotz dieser Zuwendung aus Berlin, die als ein »Darlehen ohne jede Hoffnung auf Deckung« gewährt wird, steigen die Schulden König Ludwigs von Jahr zu Jahr an.
Johann von Lutz, von 1880 bis 1890 Vorsitzender des bayerischen Ministerrates und einer der Hauptakteure bei der Absetzung des Königs, meint, bei dieser Geldüberweisung handele es sich um eine »großartige Schmiererei«. Es wird unterstellt, König Ludwig habe sich für diese noble Ratenzahlung den Kaiserbrief abkaufen lassen.
Erst viele Jahrzehnte später, als alle Beteiligten längst tot sind, wird nachgewiesen, daß der Brief ohne Honorar geschrieben wurde und Bismarck sich erst hinterher dazu entschloß, dem von ihm verehrten Monarchen mit Geld beizuspringen. Vielleicht um ihn vor dem Absturz zu bewahren.

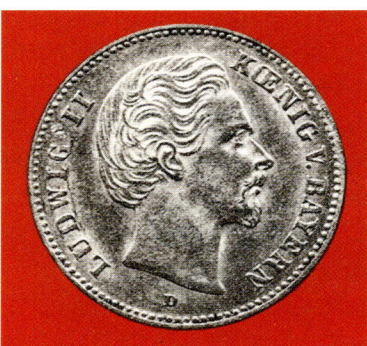

Porträt Ludwigs auf Goldmark

Fünfzig-Gulden-Schein der alten bayerischen Währung; die höheren Werte der Mark können das Bild des jeweiligen Landesherrn zeigen

König Ludwigs Märchenschloß Linderhof vollendet – ein königliches Geschenk

25. August 1877. Zu seinem 32. Geburtstag macht sich der König ein königliches Geschenk. An diesem Tag wird nämlich die Grotte zu Linderhof fertiggestellt. Damit aber sind nach etwa sieben Jahren die Bauarbeiten an dem im Stil Ludwig XV. errichteten Schloß Linderhof abgeschlossen. Sie haben die Privatkasse Ludwig II. mit mehr als 8 Mio Mark belastet.

Der Vater, König Max, hatte hier einst ein altes Jagdhaus besessen. Im September 1870, als bayerische Soldaten in Frankreich kämpften, ließ Ludwig senkrecht zum alten Haus einen Trakt mit drei Zimmern anbauen. Er wird später wieder abgerissen und durch zwei parallel zueinander stehende Flügel ersetzt, an die ein großes Schlafzimmer angebaut wird. Wenig später wird das alte Haus durch einen Neubau – die Vorderseite des Schlosses – ersetzt. Damit erhält Linderhof seine spätere Gestalt (Abb. l.). Mitten in dem bei Ettal gelegenen Gebirgstal entsteht beim Schloß eine königliche Traumlandschaft – ein französischer Garten mit Fontäne vor und einem großen englischen Garten hinter dem Schloß.

Im Parkwald des Schlosses befindet sich die Linderhof-Grotte (Abb. r.), sie ist nach dem Vorbild der »Blauen Grotte« von Capri und der Venusgrotte im »Tannhäuser« gestaltet und dient dem König als Aufführungsort für diese und andere Opern von Richard Wagner, den er sehr verehrt. Weiterhin läßt er die Hundinghütte und die Einsiedelei des Gurnemanz bauen sowie das Marokkanische Haus, ein versteckt liegendes, morgenländisch anmutendes Teehäuschen mit Zwiebeltürmen.

Pferdebahn nimmt den Betrieb auf

21. Oktober 1876. Die Pferde von Monsieur Otelet aus Belgien ziehen die erste Trambahn vom Stachus zur Burgfriedensgrenze an der Nymphenburger Straße, eine weitere Linie Odeonsplatz-Schwabing kommt hinzu – die Schienen liegen in der Mitte der noch nicht gepflasterten Ludwigstraße. Jeder Wagen dieser Pferdetrambahn hat sowohl Sitz- als auch Stehplätze.

Der Fortschritt schreitet indes schnell voran und so wird die Pferdebahn schon ein paar Jahre später wieder eingestellt. Sie wird durch etwas besseres, nämlich die Dampfbahn ersetzt. Man zahlt dem Konzessionär der Pferdebahn eine Abfindung und am 7. Juni 1883 macht das neue Fahrzeug auf der Strecke Stiglmaierplatz-Nymphenburg die erste Probefahrt; schon zwei Tage später wird die Linie eröffnet. Mit einer Stundengeschwindigkeit vom 8 km geht es voran.

Auch die Dampftrambahn ist nur wenige Jahre in Betrieb – bis die elektrischen Straßenbahnen kommen.

Wildschütz Jennerwein

15. November 1877. Auf dem Hohen Peißenberg bei Tegernsee findet man im Wald die Leiche des aus Westenhofen bei Schliersee stammenden 29jährigen Holzknechts Georg Jennerwein. Er ist hinterrücks erschossen worden.

Die Ermittlungen ergeben, daß ihn der Jagdgehilfe Pföderl, ein Kriegskamerad aus dem Feldzug 70/71, am 6. November beim Wildern ertappt und heimtückisch getötet hat. Pföderl wird wegen Überschreitung seiner Befugnisse zu acht Monaten Gefängnis verurteilt.

Der Jennerwein wird nach seinem Tod zum berühmtesten Wildschütz des Oberlandes. Ein Lied, das schnell populär wird, besingt sein Schicksal: »Es war ein Schütz in seinen schönsten Jahren, / er wurde weggeputzt von dieser Erd, / man fand ihn erst am neunten Tage / bei Tegernsee am Peißenberg. // Auf den Bergen ist die Freiheit, / auf den Bergen ist es schön, / doch auf so eine schlechte Weise / mußte Jennerwein zugrunde gehn! // Auf hartem Stein hat er sein Blut vergossen, / am Bauche liegend fand man ihn, / von hinten war er angeschossen, / zersplittert war sein Unterkinn // ... Du feiger Jäger, das ist eine Schande, / du erwirbst dir wohl kein Ehrenkreuz, / er fiel mit dir nicht im offnen Kampfe, / weils der Schuß von hint beweist.«

Georg Jennerwein, über sein Schicksal wurde ein Volkslied gedichtet

Kanalisation gegen Typhusepidemien

1878. Die Cholera war 1873 nach München zurückgekehrt, knapp 1000 Menschen erkrankten, 362 von ihnen starben. Da man überzeugt ist – und der Bakteriologe Pettenkofer hat es nachgewiesen –, daß zwischen den Cholera- und Typhusepidemien und dem Münchner Grundwasserstand ein Zusammenhang besteht, wird zunächst ein zentraler Schlacht- und Viehhof eröffnet; die bisher bestehenden, etwa 800 über die

M. v. Pettenkofer

ganze Stadt verteilten Schlachtstätten, die das Grundwasser verunreinigten, werden geschlossen.

Schon 1876 war ein großes Kanalisationssystem entwickelt worden, das bald schon eine Länge von mehr als 320 km erreicht. Innerhalb weniger Jahre sinkt die Zahl der Typhustoten in München erheblich.

Triumphale Eröffnung des Bayreuther Festspielhauses

13. August 1876. »Treulich und treu ist's nur in der Tiefe«, singen die Rheintöchter, »falsch und feig ist, was dort oben sich freut.« Der Vorhang senkt sich, mit der Aufführung von »Rheingold« ist das Bayreuther Festspielhaus eröffnet.

Hinter der Bühne aber, in seinem Zimmer, sitzt Richard Wagner und weigert sich, vor das applaudierende Publikum zu treten, denn zu viele peinliche technische Pannen sind während der Premiere passiert. Dabei sitzen im Theater der deutsche und der brasilianische Kaiser, der württembergische König sowie die bekannten Komponisten Anton Bruckner, Camille Saint-Saëns und Peter Tschaikowski.

Der König von Bayern ist nicht unter den Gästen. Er hatte in aller Heimlichkeit (doch zu seinem Leidwesen nicht unbemerkt von den Bayreuthern) zwischen dem 6. und 9. August die dritte Probe von »Der Ring des Nibelungen« besucht und war dann wieder abgereist. So erlebt er nicht den Triumph, an dem er seinen großen Anteil hat.

»Bei strömendem Regen und verfinstertem Himmel« war am 22. April 1872 der Grundstein für das Festspielhaus auf dem Grünen Hügel gelegt worden. König Ludwig hatte dem Freund in einem Telegramm zu dem großen Unternehmen Glück und Segen gewünscht. Der Meister brauchte freilich bald

sehr viel mehr als feierliche Worte – er stand mit seinem Projekt vor dem Ruin. Bismarck zeigte sich verletzend desinteressiert, vom Kaiser, sagte man Wagner, sei nichts zu erwarten. Der bayerische König aber schrieb am 25. Januar des Jahres 1874: »Nein! Nein und wieder nein! So soll es nicht enden; es muß geholfen werden…«

Und Geld geht nach Bayreuth. Diesmal 100 000 Taler. Und Wagner antwortet neun Tage nach dem Königsbrief: »Oh, mein huldvoller König! Blicken Sie nur auf alle deutschen Fürsten, so erkennen Sie, daß nur Sie es sind, auf welchen der deutsche Geist noch hoffend blickt!« Das Theater wird weiter und zu En-

de gebaut. So hat König Ludwig doch noch erreicht, was ihm 1864 mit der in München geplanten Semper-Oper nicht geglückt war: Der verehrte, vergötterte Freund hat sein eigenes Theater.

Die ersten Festspiele im neuen Haus mit seiner hervorragenden Akustik finden Beifall und Anerkennung, doch sie enden mit Schulden in Höhe von 148 000 Mark. Ludwig, der gerade sein Schloß Linderhof baut, stiftet trotzdem neues Geld (ein paar Jahre zuvor hatte er dem Meister schon 25 000 Taler gegeben, damit er seine »Villa Wahnfried« fertigbauen konnte). 1882 finden mit der Aufführung von »Parsifal« die zweiten Festspiele statt.

Karikatur aus dem »Ulk«, Berlin 1876: Aeschylus und Shakespeare machen dem »großen Wagner« im vorschriftsmäßigen Frack ihre Aufwartung

»Skizzen aus Bayreuth«, Zeichnungen von Ludwig Bechstein aus den Tagen der »Parsifal«-Aufführung 1882 (in der Allgemeinen Illustrierten)

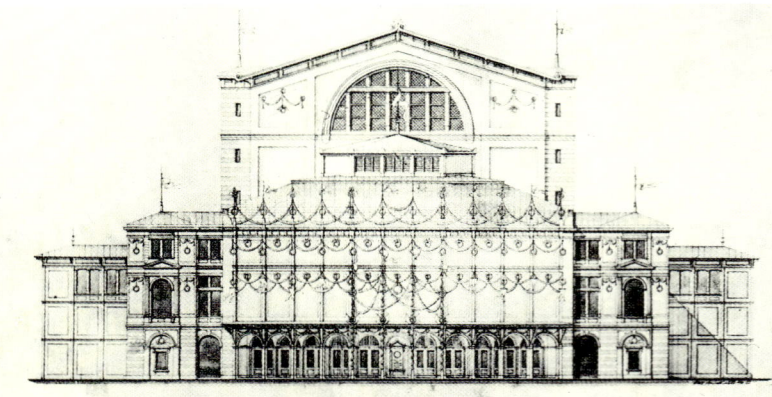

Fassadenentwurf des Festspielhauses (Otto Brückwald, 1873), Richard Wagner schrieb darauf die Bemerkung »Die Ornamente fort!«

»Damals in Bayreuth«, Auffahrt zum Festspielhaus, Gemälde von G. Láska (1890); die feine Gesellschaft fährt vor, l. die wartenden Droschken

Walküre auf einem Luftroß, einen gefallenen Helden vor sich haltend, Kulissenprojektion für die 1. Szene des 3. Aktes (Aufführung 1876)

Künstlerverein »Allotria«

1879. Im sechsten Jahr ihres Bestehens wählt die Münchner Künstlergesellschaft »Allotria« Franz von Lenbach zu ihrem Präsidenten. Über die Gestaltung der Münchner Abteilung bei der Wiener Weltausstellung waren sich die Maler der »Münchner Künstlergenossenschaft« im Frühjahr 1873 in die Haare geraten. Der Streit wurde zuletzt dadurch

lergesellschaft Deutschlands, vielleicht der Welt«, gehörten Lenbach und Lorenz Gedon, Michael Wagmüller, Rudolf Seitz, Claudius Schraudolph und Wilhelm Diez, Mitglieder wurden im Laufe der Zeit z. B. Arnold Böcklin, Franz von Defregger, Eduard von Grützner, Friedrich August und Wilhelm von Kaulbach, Max Klinger, Wilhelm Leibl,

Paul Heyse

Franz v. Defregger

Franz v. Lenbach

Henrik Ibsen

Ludwig Ganghofer

Ernst Rietschel

Wilhelm v. Kaulbach

Emanuel Geibel

Wilhelm Trübner

beendet, daß etwa 50 Mitglieder aus dem Verein austraten und ihr eigenes Unternehmen gründeten. Konrad Hoff, der Präsident des nun so stark dezimierten Vereins, hatte gemeint: »Solche Allotria treiben wir nicht!« – und damit hatte er den Abtrünnigen den Namen geliefert: Sie nannten sich »Allotria«.

Zu den Gründungsvätern dieser – wie es hieß – »glänzendsten Künst-

Hans Makart, Hans von Marées, Leo Samberger, Heinrich von Zügel, Adolf von Hildebrand und Franz von Stuck, aber auch Otto von Bismarck, Richard Wagner, Anton Bruckner, Max von Pettenkofer sowie Wilhelm Busch.

Das erste Vereinslokal der Gesellschaft war das Schlachthaus des »Abenthum«, einer der ältesten Münchner Gastwirtschaften.

1880

1880–1884

1880. Ludwig Ganghofers erstes Volksschauspiel wird uraufgeführt: »Der Hergottschnitzer von Ammergau«.

1881. Die Wahlen zum fünften Deutschen Reichstag am 27. Oktober bringen Verluste für die Konservativen und das Zentrum, die ihre Mehrheit verlieren. Mit Karl Grillenberger ist der erste bayerische Sozialdemokrat in den Reichstag gewählt worden. →

1881. Sebastian Kneipp, Sohn eines Webers, wird mit 60 Jahren zum Pfarrer von Wörishofen bestellt. →

1881. Friedrich August von Kaulbach malt die »Schützenliesl«. →

1881. Der Nürnberger Grafiker und Kupferstecher Georg Meisenbach erfindet die Autotypie, ein fotografisches Reproduktionsverfahren.

21. 3. 1881. Durch eine Novelle zum Landtagswahlgesetz von 1848 wird in Bayern das geheime Wahlverfahren eingeführt. →

Sommer 1881. Bei den Wahlen zum bayerischen Landtag erringen die Patrioten 89 statt bisher 79 und die Liberalen 70 statt bisher 76 Sitze.

1882. Der in Oberbayern lebende Maler Wilhelm Leibl vollendet sein Bild »Drei Frauen in der Kirche«.

26. 7. 1882. Das Bühnenweihfestspiel »Parsifal« von Richard Wagner wird in Bayreuth uraufgeführt.

15. 9. 1882. Im Glaspalast wird die Internationale Electricitäts-Ausstellung eröffnet; die Münchner können erstmals telefonieren. →

1883. In Bayrischzell gründet der Lehrer Joseph Vogl den ersten Trachtenverein der Welt. →

Ab 1883. König Ludwig II. von Bayern verkehrt mit dem Kabinett nur noch über Lakaien und untergeordnete Hofbedienstete.

15. 6. 1883. Der Deutsche Reichstag billigt das Gesetz zur Krankenversicherung.

26. 8. 1883. Die neue bayerische Schulsprengelverordnung macht die konfessionelle Volksschule zur Regel. Schulen mit gemischten Konfessionen dürfen nur in Ausnahmefällen gebildet werden.

Anfang 1884. Die Schulden von König Ludwig II. von Bayern belaufen sich auf 8,25 Mio Mark. →

28. 10. 1884. Bei den Wahlen zum sechsten Deutschen Reichstag erringen die konservativen Parteien einen deutlichen Sieg.

GESTORBEN:

6. 5. 1880. Würzburg: Friedrich Bayer (* 6. 6. 1825, Barmen), Industrieller, Gründer der Firma Friedrich Bayer und comp. (später Farbenfabriken Bayer AG).

22. 5. 1880. München: Johann Nepomuk Ringseis (* 16. 5. 1785, Schwarzhofen/Oberpfalz), Arzt.

22. 5. 1880. Darmstadt: Heinrich von Gagern (* 20. 8. 1799, Bayreuth), Politiker, Präsident der Frankfurter Nationalversammlung 1848, Reichsministerpräsident 1848/49.

18. 8. 1880. München: Ludwig von der Pfordten (* 11. 9. 1811, Ried im Innviertel), bayerischer Ministerpräsident 1849–1859.

4. 1. 1881. Würzburg: Martin Theodor Contzen (* 29. 11. 1807, Münster), Historiker.

26. 4. 1881. München: Ludwig Samson Arthur von und zu der Tann-Rathsamhausen (* 18. 6. 1815, Darmstadt), bayerischer General.

13. 2. 1883. Venedig: Richard Wagner (* 22. 5. 1813, Leipzig), Komponist. →

27. 12. 1883. München: Lorenz Gedon (* 12. 11. 1843, München), Baumeister und Innendekorateur.

10. 9. 1884. Wetterfeld bei Cham/Oberpfalz: Karl von Schrenck von Notzing (* 17. 8. 1806, Wetterfeld), Jurist und Politiker.

GEBOREN:

6. 2. 1880. Aeschbach bei Lindau/Bodensee: Alexander von Bernus († 6. 3. 1965, Schloß Donaumünster bei Donauwörth), Dichter.

8. 2. 1880. München: Franz Marc (gefallen 4. 3. 1916, bei Verdun), Maler.

6. 5. 1880. Aschaffenburg: Ernst Ludwig Kirchner († 15. 6. 1938, Frauenkirch bei Davos), Maler und Grafiker.

16. 2. 1881. Nürnberg: Hans Meiser († 8. 6. 1956, München), evangelischer Theologe.

19. 7. 1881. Aschaffenburg: Friedrich Dessauer († 16. 2. 1963, Frankfurt am Main), Biophysiker und Philosoph.

30. 10. 1881. Glonn/Oberbayern: Lena Christ († 30. 6. 1920, München), Schriftstellerin.

4. 6. 1882. München: Karl Valentin († 9. 2. 1948, München), Volksschauspieler und Schriftsteller.

24. 6. 1882. Würzburg: Karl Diem († 17. 12. 1962, Köln), Sportwissenschaftler.

4. 9. 1882. Leonhard Frank († 18. 8. 1961, München), Schriftsteller.

20. 12. 1882. München: Karl Alexander von Müller († 13. 12. 1964, Rottach-Egern), Historiker.

28. 6. 1883. Altötting: Weiß Ferdl, eigentlich Ferdinand Weißheitinger († 19. 6. 1949, München), Volkssänger und Humorist.

24. 9. 1883. Gunzenhausen: Wilhelm Stählin († 16. 12. 1975, Prien am Chiemsee), evangelischer Theologe.

14. 5. 1884. Kempten (Allgäu): Claudius Dornier († 5. 12. 1969, Zug/Schweiz), Flugzeugkonstrukteur.

7. 7. 1884. München: Lion Feuchtwanger († 21. 12. 1958, Los Angeles), Schriftsteller.

König Ludwig in Finanznot

Anfang 1884. Die Ausgaben geraten außer Kontrolle, der König von Bayern, Bezieher eines geregelten Einkommens, ist hoch verschuldet. Verschiedene Versuche, seine Privatkasse zu sanieren, scheitern. Seine Verbindlichkeiten betragen etwa 8,25 Mio Mark.

Die beiden Kammern des bayerischen Landtags hatten zugestimmt, daß dem König jährlich 4 231 044 Mark bezahlt werden. Dieses Grundgehalt wurde aufgebessert durch 63 000 Mark, die aus Verpachtungen und Zinserträgen einliefen,

Gedenkblatt zum 700jährigen Regierungsjubiläum der Wittelsbacher

sowie eine knappe halbe Million aus dem König-Max-Fideikommiß.

Von diesem Geld waren aber der große Hofstaat, der Repräsentationsaufwand sowie der Unterhalt der Residenzen zu bezahlen. Am Ende blieb der Majestät eine knappe Million zur freien Verfügung – und somit für den Schlösserbau.

Dafür aber wurden in den Hauptrechnungsbüchern der königlichen Kabinettskasse Jahr für Jahr Zahlen geschrieben, die sehr viel größer waren, als die Privatschatulle es eigentlich erlaubte. Im Jahre 1883 z. B. fielen an Kosten an: für Neuschwanstein 1,65 Mio Mark, für Linderhof 208 000 Mark und für Herrenchiemsee 4 Mio Mark. Im nächsten Jahr kosten Neuschwanstein 536 000 Mark, Linderhof 163 000 Mark und Herrenchiemsee 2,53 Mio Mark.

1884 beauftragt König Ludwig den Finanzminister, sich des Falles anzunehmen. Herr von Riedel sieht die privaten Schuldenbücher und schreibt dem Hofsekretär Pfister: »Die Lage der k. Kabinettskasse ist eine sehr ernste, so ernst, daß ich, seitdem ich mich näher mit derselben beschäftige, in der Tat von schweren Sorgen fast niedergedrückt bin...« Um Abhilfe zu schaffen, werden Kredite aufgenommen, doch zuletzt muß man Angst haben, daß der König von Bayern wegen seiner Schulden von Gläubigern vor Gericht verklagt wird.

Wahlen finden geheim statt

21. März 1881. Es ist ein kleiner Fortschritt, daß den Bayern erlaubt wird, zukünftig in geheimer Wahl die Stimme abzugeben. Eine Novelle zum Wahlgesetz vom 4. Juni 1848 macht dies möglich.

Der weitergehende und seit langem vorgetragene Wunsch, auch die direkte Wahl der Abgeordneten einzuführen, wird weiterhin versagt. Es bleibt bei der indirekten Wahl über Wahlmänner. Die Ergebnisse bayerischer Wahlen geben aber ohnedies nur ein ungenaues Bild der Wählermeinung, da es durch die manipulierte Einteilung der Wahlkreise, die sog. »Wahlkreisgeometrie«, zum Beispiel möglich ist, daß die Liberalen 1875 mit 1,967 Mio Stimmen 76, die Patrioten aber mit 2,8 Mio Stimmen nur 79 Mandate erhalten.

Reichstagssitz für Sozialdemokraten

1881. Mit 12 338 Stimmen und einem Vorsprung von nur 125 Stimmen wird der 33jährige Journalist Karl Grillenberger aus Nürnberg als erster bayerischer Sozialdemokrat in den Reichstag gewählt. Dieser Sieg wird trotz der seit 1878 geltenden und in Bayern gelegentlich besonders streng angewandten Sozialistengesetze errungen.

Seit 1874 war Grillenberger bei Wahlen angetreten, allerdings ohne Erfolg. Nach seiner Wahl zum Reichstagsabgeordneten bleibt er Journalist. Das Verbot seiner Zeitung »Nürnberg-Fürther Sozialdemokrat« umgeht er dadurch, daß er daraus die »Fränkische Tagespost« macht. Mitte Mai 1889 erlebt er ein »Jubiläum«: Zum 100. Mal wird die Redaktion polizeilich durchsucht.

Telefon und Licht in München

15. September 1882. München leuchtet! Bei der Internationalen Electricitäts-Ausstellung im Glaspalast gehen die Lichter an, und erstmals können die Münchner telefonieren oder im Telefon Opernübertragungen hören.

Zu danken ist diese technische Wunderschau dem Ingenieur Oskar von Miller. Er hat ein Jahr zuvor in Paris Edisons Lampe gesehen und Erfahrungen mit der elektrischen Kraftübertragung gemacht. Während der Ausstellung wird erstmals in Deutschland elektrischer Strom über eine längere Strecke geleitet, von Miesbach in den Glaspalast. Eine andere Novität: In der Arcis- und Briennerstraße wird elektrische Straßenbeleuchtung installiert.

Naturheilkundler Kneipp

1881. Der 60jährige Sebastian Kneipp, der bis zu seinem 21. Jahr beim Vater als Weber arbeitete und erst dann, mit Hilfe einiger Wohltä-

Pfarrer S. Kneipp (1821–1897), Naturheilkundler in Wörishofen

ter, studieren konnte, wird zum Pfarrer von Wörishofen bestellt. Er lebt bereits seit nahezu 30 Jahren als Beichtvater der Dominikanerinnen in diesem Ort, den er durch seine erfolgreichen Wasserkuren weithin bekanntgemacht hat.

In der Bibliothek hatte der unter Tuberkulose leidende Theologiestudent Sebastian Kneipp zufällig die Schrift »Unterricht von Krafft und Würckung des frischen Wassers in die Leiber der Menschen…« gefunden. Im Herbst 1849 macht er in Dillingen die Probe auf seine Lektüre: Da er bei seinen Hausleuten keine Badegelegenheit fand, ging er zu der eine 3/4 Stunde entfernten Donau. Diesen Gang wiederholte er wöchentlich zwei- bis dreimal – und spürte eine Besserung.

A. v. Kaulbachs »Schützenliesl« ziert die Wand einer Schützenhalle

Luxuriöse Wagen und Schlitten für Ludwig II.

Den Prunk seiner Schlösser wünscht sich Ludwig II. auch auf den Reisen, die er vornehmlich in abgelegenen Gebirgstälern um Neuschwanstein und Linderhof und häufig bei Nacht unternimmt. Berühmt ist sein Großer Galawa-

gen (von dem es fälschlich heißt, er wäre für die geplante Hochzeit gebaut worden). Der Kleine Galawagen wird als ein Mehrzweckfahrzeug genutzt, da er sich auch als Schlitten verwenden läßt. In den Puttenschlitten läßt sich der König

elektrisches Licht einbauen – die in einer geschnitzten Krone installierte Lampe wird durch Batterien gespeist, die im Schlittenkasten untergebracht sind. Ergänzt wird der Pomp durch Kutscher und Piköre in eleganter Livree und mit Perücke.

Barocker Schmuck an Ludwigs Reisewagen: Vergoldete Nymphe, die einen Leuchter in Händen hält

Pompöse Equipagen im Stil von Frankreichs Königen sind eine Passion des bayerischen Märchenkönigs

Auch Ludwigs blauer Sonderzug ist im Barockstil verziert und mit Wappen und Krone gekennzeichnet

Kaulbach malt die »Schützenliesl«

1881. Coletta, das fesche, resche Biermädl von Sterneckerbräu, steht dem Maler Friedrich August von Kaulbach Modell. Und der malt Coletta dreimal lebensgroß als einen Inbegriff der schönen, lustigen Münchner Kellnerin: Hoch auf einem Faß Bier balancierend, mit fliegenden Zöpfen. Den Namen »Schützenliesl« bekommt das Bild von der Königlich Privilegierten Schützengesellschaft, die es kauft.

Erster Verein für Trachten gegründet

1883. Der 35jährige Lehrer Joseph Vogl aus Bayrischzell gründet im Sommer 1883 zusammen mit fünf jungen Burschen den »Verein zur Erhaltung der Volkstracht«, und damit dieser erste Trachtenverein der Welt gleich von Anfang an seine Aufgabe erfülle, bekommt der Miesbacher Säcklermeister Dilger den Auftrag, sechs kurze Lederhosen zu liefern und dazu noch sechs Joppen und kleine grüne Hüte. Auf solche Weise kommt das traditionelle »Miesbacher G'wand« zu seinem großen Ansehen.

Bei der Gründung schicken die sechs Trachtler aus dem Leitzachtal die Statuten des Vereins zur Genehmigung an König Ludwig II. Die »vollste Anerkennung« kommt freilich erst drei Jahre später.

Die Wohnräume von Schloß Neuschwanstein, im dritten Stock gelegen, sind mit Holz verkleidet und kunsthandwerklich reich verziert

Der Sängersaal von Schloß Neuschwanstein, der dem Bühnenbild einer Aufführung der Wagner-Oper »Tannhäuser« nachgebaut wurde

Schloß Neuschwanstein, neuromantische Burg von Ludwig II., die 1869–86 in unvergleichlicher Lage über Alp- und Schwansee errichtet wurde

Schloß Linderhof mit der von Carl von Effner angelegten Parkanlage nach französischem Vorbild

Das mit kostbaren Möbeln und Wandverzierungen ausgeschmückte Schlafzimmer in Schloß Linderhof, das König Ludwig II. zum größten Raum seines Schlosses machte

Üppige Ausgestaltung der Innenräume von Schloß Herrenchiemsee

Die Spiegelgalerie, prunkvoller Höhepunkt von Schloß Herrenchiemsee, übertrifft mit einer beachtlichen Länge von knapp 100 m ihr französisches Vorbild in Versailles und nimmt fast die gesamte Westseite des Schlosses ein

Schloß Herrenchiemsee, nach dem Vorbild von Versailles errichtet

Prunk als »Trost und Balsam«

König Ludwig II. flieht aus seiner Zeit und seiner Welt. In der Einsamkeit der bayerischen Berge sucht er »Trost und Balsam für so manches Herbe und Schmerzliche, das die traurige Gegenwart, das mir sehr zuwidre 19. Jahrhundert mit sich bringt«. Fast auf den Tag genau vier Jahre nach seinem Regierungsantritt schreibt die Majestät am 15. März 1868 an seinen Freund Richard Wagner: »Ich habe die Absicht, die alte Burgruine Hohenschwangau bei der Pöllatschlucht neu aufbauen zu lassen im echten Styl der alten deutschen Ritterburgen.«
Angeregt wird Ludwig von der eben wieder aufgebauten Wartburg von Eisenach. Drei Jahre, so glaubt der Bauherr anfangs, werden die aus seiner Privatkasse finanzierten Bauarbeiten dauern. Als er aber 18 Jahre später in dieser der Staufergotik nachempfundenen Burg Neuschwanstein abgesetzt und gefangen wird, ist erst ein Teil fertiggestellt. Noch mehr als die deutsche Vergangenheit bedeuten dem Wittelsba-

cher die Bourbonenkönige des 18. Jh. Dem Andenken König Ludwig XIV. von Frankreich weiht er das zwischen 1870 und 1877 in einem abgelegenen Gebirgstal entstandene Rokokoschloß Linderhof mit seinen Parkanlagen. Von dem Reiterstandbild des französischen Herrschers abgesehen, erinnern die Räumlichkeiten des Schloßbaus jedoch mehr an den französischen König Ludwig XV. und seinen glanzvollen Hof.
Während an den Schlössern Neuschwanstein und Linderhof noch gebaut wird, kauft Ludwig II. die Insel Herrenchiemsee, um auf ihr dem barocken Sonnenkönig Ludwig XIV. in einer freien und doch getreuen Nachbildung des Schlosses von Versailles einen »Tempel des Ruhmes« zu erbauen.
Die drei Schlösser, in denen Ludwig II. das absolute Königtum feiert, sind auch in der Innenausstattung beeindruckend und kosten insgesamt 31 220 678 Mark, die, soweit der Vorrat reicht, aus der Privatschatulle des Monarchen bezahlt werden.

Schloß Hohenschwangau, im Kern eine Burg aus dem 13. Jh., wurde von 1833 bis 1855 für Kronprinz Maximilian von Bayern neu aufgebaut

Venedig, Palazzo Vendramin-Calergi, der kolorierte Stich zeigt den Haupttrakt und einen Seitenflügel des am Canale Grande gelegenen Palastes

Wagner stirbt in Venedig

13. Februar 1883. Es ist Mittagszeit im Palazzo Vendramin. Die Familie sitzt bei Tisch, Richard Wagner ist in seinem Arbeitszimmer geblieben. Er hat Herzkrämpfe, doch er arbeitet an seinem Aufsatz über die weibliche Emanzipation. Er schreibt: »Gleichwohl geht der Prozeß der Emanzipation des Weibes nur unter ekstatischen Zuckungen vor sich. Liebe – Tragik«. An dieser Stelle fällt ihm die Feder aus der Hand. Das Hausmädchen findet ihn, zusammengesunken, über dem Schreibtisch. Er sagt noch: »Meine Frau und den Doktor« – und versinkt in Bewußtlosigkeit. Um 15.30 Uhr stirbt Richard Wagner in Venedig, wohin er sich wegen eines chronischen Herzleidens zurückgezogen hatte.

Einer der bedeutendsten Komponisten des Jahrhunderts ist tot. In zwei Sonderwagen, die dem Zug Venedig–München angehängt werden, wird der Leichnam, von seiner Familie und seinen Freunden begleitet, nach Bayreuth überführt, wo der Sarg unter den Klängen des Trauermarsches aus »Siegfried« vom Bahnhof zu Wagners Wohnhaus, der »Villa Wahnfried« gebracht wird. Dort bestattet man Richard Wagner feierlich im Garten.
Der König von Bayern aber kann, als er die Nachricht vom Tode des großen, genialen Freundes erhält, zu Recht sagen: »Den Künstler, um welchen jetzt die ganze Welt trauert, habe ich zuerst erkannt und der Welt gerettet.«

Bühnenbild zu »Parsifal« (Gralstempel, 1. Aufzug), Ölgemälde von M. Brückner nach einem Szenenentwurf von P. v. Joukowsky zur Uraufführung der Oper am 26. Juni 1882 in Bayreuth. Die Anregung zu dieser Raumgestaltung hatte Wagner bei einem Besuch des Domes in Siena gewonnen.

1885

1885–1889

1. 1. 1885. Michael Georg Conrad gründet in München die dem Naturalismus verpflichtete Zeitschrift »Die Gesellschaft«. →

18. 1. 1885. Bei einer Aufführung des »Trompeters von Säckingen« wird das Münchner Hoftheater erstmals elektrisch beleuchtet.

1885. Georg von Dollmann vollendet im Auftrag von König Ludwig II. den Bau des Neuen Schlosses Herrenchiemsee auf der Herreninsel im Chiemsee.

8. 6. 1886. Gegen König Ludwig II. von Bayern wird das Entmündigungsverfahren eingeleitet. →

13. 6. 1886. Der geisteskranke Otto I. wird zum König von Bayern proklamiert. Die Regentschaft führt Prinzregent Luitpold. →

14./19. 6. 1886. Die Münchner Bevölkerung nimmt Abschied von Ludwig II. →

12. 8. 1886. Der Münchner Richard Strauss wird 3. Kapellmeister an der Hofoper seiner Geburtsstadt. →

26. 12. 1886. Der bayerische Lehrerinnen- und Lehrerverband wird gegründet.

1886. Friedrich August von Kaulbach wird Direktor der Akademie der bildenden Künste in München.

1886. In München fährt auf der Strecke Schwabing–Ungererbad erstmals eine elektrische Straßenbahn.

21. 2. 1887. Bei den Wahlen zum siebten Deutschen Reichstag erringen die konservativen Kartellparteien die Mehrheit.

Februar 1887. Die Obmännerversammlung der Bayerischen Patriotenpartei beschließt, den Namen Bayerische Zentrumspartei anzunehmen und sich dem Reichszentrum anzuschließen.

Sommer 1887. Bei den bayerischen Landtagswahlen erhalten das Zentrum 81 (bisher 89), die Liberalen 71 (70), die Konservativen fünf (0) und die Volkspartei einen (0) Sitz.

1. 10. 1887. In Würzburg wird das örtliche Telefonnetz in Betrieb genommen.

1887. Die Armbrustschützen gründen in Bad Tölz das »Winzerer Fähndl«.

1887. München hat sich zum Zentrum der bayerischen Presse entwickelt. Aus München kommen mehr als 20% der periodischen Literatur ganz Bayerns.

29. 6. 1888. Richard Wagners romantische Oper »Die Feen« wird in München uraufgeführt.

Juli 1888. Bayern feiert den 100. Geburtstag König Ludwig I. Das für 1886 geplante Fest war nach dem Tode von König Ludwig II. um zwei Jahre verschoben worden. Beim Festumzug ereignet sich in der Ludwigstraße die sog. »Elefanten-Tragödie«, bei der zwei Personen getötet und elf verletzt werden.

1888. Der Münchner Glaspalast wird erstmals für die von der

Münchner Künstlervereinigung veranstalteten Jahresausstellungen benutzt.

23. 9. 1889. In München findet der erste Bayerische Katholikentag statt.

11. 11. 1889. Unter der Leitung des Komponisten wird in Weimar die sinfonische Dichtung »Don Juan« von Richard Strauss uraufgeführt.

GESTORBEN:

12. 4. 1885. München: Karl Stieler (*15. 12. 1842, München), Mundartdichter. →

23. 9. 1885. München: Carl Spitzweg (*5. 2. 1808, München), Maler. →

13. 6. 1886. Starnberger See bei Schloß Berg: Ludwig II. (*25. 8. 1845, Schloß Nymphenburg), König von Bayern seit 1864, findet drei Tage nach der Regentschaftsübernahme durch Prinz Luitpold zusammen mit seinem Psychiater Bernhard von Gudden den Tod. →

21. 7. 1886. Ambach/Holzhausen am Starnberger See: Karl von Piloty (*1. 10. 1826, München), Historienmaler.

31. 7. 1886. Bayreuth: Franz von Liszt (*22. 10. 1811, Raiding/Burgenland), Pianist und Komponist.

8. 5. 1888. München: Sigmund von Pranckh (*5. 12. 1821, Altötting), bayerischer General, Kriegsminister 1866–1875.

14. 4. 1888. München: Johann Michael Söltl (*19. 4. 1797, Neunburg vorm Wald), Historiker und Schriftsteller.

16. 5. 1888. Landshut: August Lothar Graf von Reigersberg (*23. 10. 1815, Würzburg), bayerischer Innenminister 1852–1859.

8. 12. 1889. München: Wilhelm von Giesebrecht (*5. 3. 1814, Berlin), Historiker (»Geschichte der deutschen Kaiserzeit«).

GEBOREN:

10. 3. 1886. Nürnberg: Karl Bröger (†4. 5. 1944, Erlangen), Schriftsteller.

25. 9. 1887. München: Wilhelm Hoegner (†5. 3. 1980, München), SPD-Politiker.

23. 9. 1887. Traunstein: Wilhelm Niklas (†12. 4. 1957, München), CSU-Politiker.

10. 11. 1887. Bamberg: Hans Ehard (†18. 10. 1980, München), CSU-Politiker, bayerischer Ministerpräsident.

28. 11. 1887. München: Ernst Röhm (†1. 7. 1934, München-Stadelheim), Offizier und NS-Politiker.

12. 5. 1888. München: Fritz Schäffer (†29. 3. 1967, Berchtesgaden), BVP- bzw. CSU-Politiker, bayerischer Ministerpräsident.

5. 9. 1888. München: Toni Stadler (†5. 4. 1982, München), Bildhauer und Grafiker.

16. 10. 1889. Beratzhausen bei Regensburg: Gottfried Kölwel (†21. 3. 1958, München), Schriftsteller.

König Ludwig II. wird entmündigt

8. Juni 1886. Keiner der Herren hat mit dem König gesprochen, keiner hat ihn auch nur gesehen. Dr. von Gudden hatte das Aktenmaterial gesichtet, den Kollegen vorgelegt und

Prinzregent Luitpold, ein Onkel von Ludwig II. und Otto I.

nach ein paar Stunden ist das Gutachten zur Abschrift bereit. Die Ärzte attestieren König Ludwig II. Geisteskrankheit: »Wir erklären einstimmig: 1. Se. Majestät sind in sehr weit vorgeschrittenem Stadium seelengestört, und zwar leiden Allerhöchstdieselben an jener Form von Geisteskrankheit, die den Irrenärzten aus Erfahrung wohl bekannt, mit dem Namen Paranoia (Verrücktheit) bezeichnet wird. 2. Bei dieser Form der Krankheit, ihrer allmählichen und fortschreitenden Entwicklung und schon sehr langen, über eine größere Reihe von Jahren sich erstreckenden Dauer, ist Se. Majestät unheilbar zu erklären und ein noch weiterer Verfall der geistigen Kräfte mit Sicherheit in Aussicht. 3. Durch die Krankheit ist die freie Willensbestimmung Sr. Majestät vollständig ausgeschlossen, sind Allerhöchstdieselben verhindert an der Ausübung der Regierung zu betrachten und wird diese Verhinderung nicht nur länger als ein Jahr, sondern für die ganze Lebenszeit andauern. gez. Dr.

von Gudden, kgl. Obermedizinalrat. Dr. Hagen, kgl. Hofrat. Dr. Grashey, Universitäts-Professor. Dr. Hubrich, kgl. Direktor.«

Der leichtfertigen Abfassung dieses Gutachtens war ein von der Regierung organisiertes Sammeln von belastenden Unterlagen vorausgegangen. Man wollte keine Untersuchung sondern nur eine Bestätigung für das seit langem bereits feststehende Urteil.

Da also die Regierungsunfähigkeit festgestellt ist, muß der 65jährige Prinz Luitpold die Regentschaft übernehmen. Eine Abordnung, die sog. »Fangkommission«, wird nach Neuschwanstein geschickt, wo sie den König von seiner Absetzung unterrichten soll. Sie wird dazu keine Gelegenheit bekommen. Die vornehmen Herren, darunter der Minister des Äußeren und des königlichen Hauses sowie der ehemalige Vertraute des Königs, der Graf von Holnstein, werden verhaftet und dann unverrichteter Dinge nach München zurückgeschickt.

Otto I. geisteskrank

König Otto (Abb.) kann seinen Amtseid nicht ablegen. Der 38jährige Wittelsbacher, jüngerer Bruder des toten Königs Ludwig, ist seit den 70er Jahren geisteskrank und lebt, interniert, im Schloß Fürstenried, sein Onkel wird Prinzregent.

Mysteriöser Tod von Ludwig II. im Starnberger See

13. Juni 1886. Es ist etwa elf Uhr nachts, als der Schiffer Lidl, Assistenzarzt Dr. Müller und Schloßverwalter Leonhard Huber mit einem Boot losrudern, um nach dem seit etwa 18.45 Uhr verschwundenen König und seinem Arzt Dr. von Gudden zu suchen. Nach etwa 10 Minuten stößt Huber einen Schrei aus und stürzt in den See, der ihm bis zur Brust reicht. »Er umklammerte einen Körper, der frei, Gesicht nach unten, auf dem Wasser schwamm, es war der König in Hemdsärmeln«, schreibt Müller hinterher. »Ein paar Schritte hinterdrein kam ein zweiter Körper – Gudden – ebenfalls frei und Gesicht nach unten…«

Am 11. Juni, gegen Mitternacht, war eine zweite »Fangkommission« nach Neuschwanstein gekommen, um den König von seiner Entmündigung zu unterrichten: »Majestät«, sagt Ludwigs Leibarzt Dr. von Gudden, »es ist die traurigste Aufgabe meines Lebens, die ich übernommen habe. Majestät sind von vier Irrenärzten begutachtet worden und nach deren Ausspruch hat Prinz Luitpold die Regentschaft übernommen. Ich habe den Befehl, Majestät nach Schloß Berg zu begleiten, und

zwar noch diese Nacht…« Der König soll nur ein kurzes, schmerzliches »Ach« gesagt haben, und wenig später: »Wie können Sie mich für geisteskrank erklären, Sie haben mich ja vorher gar nicht gesehen und untersucht.« Und Gudden antwortete: »Majestät, das war nicht notwendig, das Aktenmaterial ist sehr

reichhaltig und geradezu erdrückend.« Ungefähr um 4 Uhr morgens wird der König aus seinem Schloß geführt. Man setzt ihn in einen Wagen, dessen Türklinken entfernt sind. Die Ärzte und die Bewacher folgen in anderen Fahrzeugen.

Am Pfingstsamstag, 12.15 Uhr mittags, erreicht man, nach dreimaligem

Pferdewechsel, Schloß Berg. Die Zimmer sind bereits vorbereitet – die Fenster vergittert, die Türklinken abgeschraubt, in die Türen Beobachtungslöcher gebohrt. Am 12. Juni kommt der König an, und nur einen Tag später fischt man ihn aus dem Starnberger See.

Zusammen mit Dr. von Gudden ist er am 13. Juni gegen 18.30 Uhr oder etwas später zu einem Spaziergang im Schloßpark aufgebrochen. Was ist dann geschehen? Vermutungen und Gerüchte:

Der König, so heißt es, wollte fliehen, Gudden versuchte ihn zurückzuhalten. Dabei sei es im Wasser zum Kampf gekommen, bei dem der Arzt und sein Patient ihr Leben verloren. Es heißt auch: Ludwig II., ein Mann von 1,91 m und ein guter Schwimmer, habe versucht Selbstmord zu begehen; als der vergleichsweise kleine Dr. Gudden ihn daran hindern wollte, habe der König ihn so lange unter Wasser gedrückt, bis er tot war, anschließend habe Ludwig II. Selbstmord begangen.

Aber es heißt auch, einer der rund 20 im Park postierten Gendarmen hätte den König aus Versehen oder bei einem Fluchtversuch erschossen.

Schloßbedienstete bergen Ludwig II. und Dr. Gudden; beide zeigten noch Lebenszeichen, Wiederbelebungsversuche blieben jedoch erfolglos

Titelseite des »Münchner Tagblatts«, die Zeitungen berichten in besonderer Ausführlichkeit von den Trauerfeierlichkeiten für den bayerischen König

Trauerzug für Ludwig II.; der Zug nimmt einen längeren Weg als geplant damit die zahlreich erschienenen Menschen Abschied nehmen können

Bewegender Abschied der Bevölkerung von Ludwig II.

14. bis 19. Juni 1886. In einem schlichten Trauerkondukt führt man den toten König heim in seine Residenz, die er zu Lebzeiten so wenig geliebt hat.

Am Pfingstmontag, dem 14. Juni, abends um acht Uhr, wird der Leichnam in Schloß Berg ausgesegnet. Über Percha und den Forstenrieder Park kommt der Wagen mit dem Sarg um ein Uhr nachts in Sendling und eine Stunde später in der Münchner Residenz an.

Dort wird die Leiche am folgenden Morgen in Gegenwart von 13 Ärzten obduziert und einbalsamiert. Die Sektion der Leiche Sr. Majestät, so heißt es in der offiziellen Mitteilung, »hat die von den Irrenärzten gestellte Diagnose in vollem Maße bestätigt, insofern sie nachwies, daß sowohl abnorme Entwicklungsvorgänge als auch Produkte chronischer Entzündungen älteren und neueren Datums am Schädel und Gehirn in mannigfaltiger Form vorhanden waren…«

Nach der Obduktion, die von 8 bis 13 Uhr dauert und der anschließenden Einbalsamierung, die um 20 Uhr beendet ist, wird der tote König, ge-

kleidet in das festliche, schwarze Gewand des Hubertusritterordens, in der Hofkapelle aufgebahrt: Über dem Katafalk schwebt die an der Decke befestigte Königskrone, von der vier schwarze, mit mattgoldenen Fransen eingesäumte Tücher baldachinartig auslaufen.

Spätes Foto von Ludwig, während seiner Schweizreise aufgenommen

Die Wände der Kirche sind in mehr als Manneshöhe mit schwarzen Tüchern verdeckt. Rechts und links vom Katafalk sind die Wappenschilde des Monarchen aufgestellt. Diesem hat man in die rechte, über das Herz gelegte Hand einen Jasminstrauß gegeben, den seine Cousine Sisi, die Kaiserin von Österreich, in Feldafing gepflückt hat.

Drei Tage lang nimmt das bayerische Volk von seinem Herrscher bewegten Abschied, ehe am Samstag, dem 19. Juni mit einem einstündigen Trauergeläut aller Glocken die feierliche Beisetzung beginnt.

Unter dem Donner der Salutkanonen wird der Sarg aus der Kapelle getragen, und als wenig später, um 12.45 Uhr, der Totenwagen die königliche Residenz verläßt bricht »die Sonne durch die dunklen Wolken durch, welche bis dahin den Himmel bedeckt hatten…«.

Es ist geplant, daß der Zug den kürzesten Weg nimmt, die Residenz- und Dienstraße entlang, sodann über Marienplatz und Kaufingerstraße zur Michaelskirche. Da sich aber so viele Menschen versammeln, um dem Toten die letzte Ehre zu er-

weisen, führt man den Trauerkondukt durch die Briennerstraße zum Karolinen-, Königs- und Karlsplatz und durch die Neuhauserstraße nach St. Michael.

Der Trauerzug wird angeführt von Platz-Major Spreither zu Pferd, es folgen zwölf berittene Gendarme, dann Diener des Adels mit brennenden Wachsfackeln, darauf dreizehn Bruderschaften mit umflorten Fahnen, Schüler und Lehrer der verschiedenen Schulen, Ordensschwestern, die kgl. Hoflivre-Dienerschaft mit Fackeln in großer Gala, die kgl. Hausoffizianten, außerdem u.a. Hoftrompeter, Hoffouriere, Hofgeistliche, Erzbischöfe und Bischöfe, 25 Männer in der Gugel und der Kammerdiener des Königs. Hinter dem Totenwagen aber führt man das schwarz geschmückte Trauerpferd. Im Unterschied zu anderen bayerischen Königen und Kurfürsten findet Ludwig II. nicht in der Theatinerkirche seine letzte Ruhe, sondern in der Krypta von St. Michael, in der Nähe des ersten Kurfürsten Maximilian I. Nach der Trauerfeier entlädt sich über München ein heftiges Sommergewitter.

Der Trauerzug passiert auch den Botanischen Garten, Menschenmassen säumen die Straßen; im Vordergrund eine berittene Ehrengarde

Der tote Bayernkönig, vor der Beisetzung aufgebahrt in der alten Kapelle der Münchner Residenz, in der Uniform des Hubertusritterordens

Sankt-Michaels-Hofkirche, in der Krypta wird der von den Bayern so verehrte Herrscher aus dem Geschlecht der Wittelsbacher prunkvoll beigesetzt

Der Märchenkönig in Samt und Hermelin, pompös wie er es liebte (Gabriel Schachinger, 1887 vollendet)

Stationen eines königlichen Lebens

25. 8. 1845: Der spätere König Ludwig II. wird um 0.30 Uhr als Sohn des Prinzen Max (später Max II.) und seiner Frau, der preußischen Prinzessin Marie, geboren.

21. 3. 1848: Ludwigs Vater wird König, er selbst Erbprinz.

2. 2. 1861: Ludwig besucht erstmals die Hofoper; »Lohengrin« wird aufgeführt.

11. 3. 1864: Ludwig leistet nach seines Vaters Tod seinen Eid als König.

4. 5. 1864: Erste Begegnung zwischen Ludwig II. und Richard Wagner.

26. 2. 1865: Gottfried Neureuther legt dem König den Plan des Polytechnikums (Technische Hochschule) vor.

10. 5. 1866: Bayern macht mobil gegen Preußen (→ 10. 5. 1866).

22. 8. 1866: Bayern schließt Friedensvertrag mit Preußen.

10. 11.–10. 12. 1866: Frankenreise König Ludwigs, einzige Visitationsreise seiner Regierungszeit.

22. 1. 1867: Ludwig II. verlobt sich mit seiner Cousine, Herzogin Sophie Charlotte in Bayern (→ 22. 1. 1867).

20.–27. 7. 1867: Ludwig reist nach Paris.

10. 10. 1867: Das Verlöbnis wird gelöst.

5. 9. 1869. Grundsteinlegung von Schloß Neuschwanstein.

16. 7. 1870: Mobilmachung gegen Frankreich (16. 7. 1870).

30. 9. 1870: Auftrag zum Bau des Königshäuschens (Baubeginn Linderhof).

30. 11. 1870: »Kaiserbrief« (→30. 11. 1870).

18. 1. 1871: Proklamation des deutschen Kaiserreiches.

22. 5. 1872: Grundsteinlegung für das Festspielhaus Bayreuth.

26. 9. 1873: Kauf der Herreninsel.

20.–28. 8. 1874: Parisreise.

27. 5. 1875: Ausbruch der Geisteskrankheit bei Bruder Otto.

6./9. und 27./31. 8. 1876: Reise nach Bayreuth (Festspiele).

21. 5. 1878: Grundsteinlegung für das Schloß Herrenchiemsee.

27. 6.–14. 7. 1881: Schweizreise mit dem Schauspieler Josef Kainz.

27. 5.–8. 6. 1884: Ludwig wohnt erstmals auf Schloß Neuschwanstein.

8. 6. 1886: Gutachten der Ärzte über Ludwigs Geisteszustand (→8. 6. 1886).

9. 6. 1886: Entmündigung des Königs.

12. 6. 1886: König Ludwig in Neuschwanstein gefangengenommen.

13. 6. 1886: Der König stirbt zusammen mit Dr. von Gudden unter ungeklärten Umständen im Starnberger See (→13. 6. 1886).

Neue Zeitschrift: »Die Gesellschaft«

1. Januar 1885. Der in München lebende 39jährige Franke Michael Georg Conrad, ein feuerköpfiger Verehrer von Émile Zola, legt die erste, schmale Nummer seiner Zeitschrift »Die Gesellschaft« vor. Die junge deutsche Literatur, unterwegs vom Realismus zum Naturalismus, erhält damit eine Stimme.

Conrad, für den nach der Lektüre von Zola die zeitgenössische deutsche Literatur verstaubt und ausgetrocknet wirkt, will seinen Beitrag zur Förderung der modernen Dichtung liefern und die Gründerzeit mit ihrem zeitfremden, idealisierenden und historisierenden Stil bekämpfen. Er sieht seine Zeitschrift als ein Organ der resolut realistischen Weltauffassung. Zu den Dichtern, die ihre modernsten Werke darin veröffentlichen, zählen u. a. Gerhart Hauptmann und Thomas Mann.

Mundartdichter Stieler tot

12. April 1885. Obwohl seine Lungenentzündung noch nicht auskuriert ist, fährt der Dichter Karl Stieler von München in sein geliebtes Haus am Tegernsee. Er erleidet einen Rückfall und stirbt, 42jährig. Stieler hatte sich einen Brotberuf gewählt und Jura studiert, aber noch ehe er sein erstes Examen (mit »sehr gut«) ablegte, erschien 1865 unter dem Titel »Bergbleamln« sein erster Band bayerischer Gedichte.

Karl Stieler

Er promovierte zum Dr. iur., wurde Beamter beim Reichsarchiv in München und legte 1876 ein zweites Bändchen vor: »Weil's mi freut«. Und nun folgten die Bücher schnell aufeinander: 1877 »Habts a Schneid«, 1878 »Um Sunnawend«, 1879 dann in hochdeutsch »Hochlandslieder«, 1881 »Neue Hochlandslieder«, 1883 »Wanderzeit« und 1884, gleichsam als Abgesang, das bekannteste, beliebteste Buch von Karl Stieler: »Winteridyll«. Franz von Kobell war dem Sohn des Malers Joseph Stieler das große, nicht ganz erreichte Vorbild, von ihm hat er das Handwerk gelernt. Lehrmeister waren ihm aber auch die Menschen aus dem Gebirge, die Bauern und die Holzknechte. Ihre Welt hat er beschrieben, dabei kamen die zumeist humorigen Verse aber doch wohl eher aus seinem Kopf als aus seinem Herzen.

»Das war mein guter Stern auf Erden, / Ich glaubte an die Menschen stets! / Und mocht' mir manches Leid auch werden, / Es bringt's der Wind, der Wind verweht's.«

Richard Strauss (1864–1949), Komponist zahlreicher Opern und Konzertdirigent, Porträtfoto um 1900

R. Strauss an der Hofoper in München

12. August 1886. Vater Franz Strauss sitzt mit seinem Horn im Orchestergraben der Münchner Hofoper und sein Sohn Richard, gerade erst 22 Jahre alt, gibt den Ton an; er ist 3. Kapellmeister.

Der junge Strauss – ein Enkel des Bierbrauers Georg Pschorr – war schon eine Sprosse höher gewesen, hatte sich, vom 1. Oktober 1885 an, 2. Kapellmeister in Meiningen nennen dürfen und war zwei Monate später bereits Hofmusikdirektor. Und wiederum zwei Monate später kam dann das Angebot aus München. Im April 1886, in den letzten Lebensmonaten von König Ludwig II., nahm Richard Strauss die Offerte an. Ehe er am 12. August 1886 sein Amt antritt, reist er nach Italien. Das Ergebnis hören die Münchner am 2. März 1887: Die Uraufführung der symphonischen Phantasien »Aus Italien«. Das Publikum zischt das op. 16 von Richard Strauss aus und die Wiener »Neue Freie Presse« schreibt: »Zweifelhaft, ob jemand nach dieser musikalischen Schilderung nach Italien reisen möchte.« An der Oper läßt man den außerhalb Münchens als Dirigent geschätzten Strauss fühlen, daß er nur die Nummer drei ist: Die erste Wahl hat Generalmusikdirektor Hermann Levi, was er übrigläßt nimmt sich der 2. Kapellmeister Franz von Fischer. Und der Rest gehört Strauss. Der aber dankt und geht am 1. Oktober 1889 nach Weimar.

Meister biedermeierlicher Idyllen

23. September 1885. Die Demütigung des Anfangs, die Ablehnung seines »Armen Poeten« im Münchner Kunstverein, liegt weit zurück, und als Carl Spitzweg mit 78 Jahren in seiner Geburtsstadt stirbt, ist er längst schon ein allseitsgeachtetes Ehrenmitglied jener Kunstakademie, die er nie besucht hat.

Denn dieser beliebteste und bekannteste Künstler des Münchner Biedermeier hat sich das Malen selber beigebracht; vor den alten Holländern in der Pinakothek, bei tschechischen Malern, die er 1849 während eines Pragbesuchs kennenlernte, bei den Malern von Barbizon und in London, wo ihn vor allem die Werke von John Constable beeindruckten. Als Meister der Idylle und der Skurrilitäten ist Spitzweg geschätzt und geliebt, dabei wird meist übersehen, daß er auch in der Galerie der Münchner Landschaftsmaler einen guten Platz verdient. Spitzweg, Sohn eines Münchner Kaufmanns, hatte 1832 ein glänzendes Apothekerexamen gemacht, durch die Bekanntschaft mit dem Maler Christian Heinrich Hansonn aber herausgefunden, daß ihn das Malen mehr interessiert als das Pillendrehen.

Der Abgefangene Liebesbrief von Carl Spitzweg (1855) erlaubt Blicke hinter die Mauern

Flötenkonzert im Waldesinnern (1855/60), Spitzweg schildert, liebevoll karikierend, die Welt des Biedermeier

König Ludwig II. und Prinzregent Luitpold

Die Könige Ludwig I. und Maximilian II. hatten nach langen Kronprinzenjahren den Thron bestiegen; sie konnten sich im Erwachsenenalter auf ihr künftiges Amt vorbereiten. Ludwig II. war dagegen erst knapp 18½ Jahre alt, als er im Jahr 1864 nach dem plötzlichen Tod seines Vaters die gesamte Verantwortung für die Dynastie und die pfalzbayerischen Lande zu übernehmen hatte. Und schon zwei Jahre später mußte er den ersten politischen Rückschlag hinnehmen: An der Seite Österreichs gehörte Bayern zu den Verlierern des sog. Deutschen Krieges und mußte sich fortan der Vorherrschaft des preußischen Staates beugen.

Die Haltung gegenüber Berlin entzweite die politisch Verantwortlichen in Bayern. Während die beiden Kammern des Landtags, zumal nach den Wahlen von 1869, von den konservativ-patriotischen Kräften beherrscht wurden, waren die Minister pro-preußisch orientiert. König Ludwig II. stützte die liberale Regierung. Königliche Vorrechte oder Volksherrschaft – dies war letztlich die Alternative, und Ludwig II. entschied sich für erstere. Seinem von Jugend an ausgeprägten Bewußtsein der außergewöhnlichen monarchischen Stellung war der Gedanke, daß der König einer von Wahlperiode zu Wahlperiode sich verändernden parlamentarischen Mehrheit und einer daraus resultierenden politischen Wandlung sich zu unterwerfen habe, völlig fremd. Sein großes Vorbild, der französische Sonnenkönig Ludwig XIV., hatte seine Entscheidungen niemals nach irgendwelchen Mehrheitsverhältnissen, noch dazu so wandelbaren, getroffen. Ein wahrer absolutistischer König entscheidet vollständig souverän, ohne sich dem Druck wirtschaftlich, gesellschaftlich, kulturell und religiös relevanter Kräfte seines Landes zu beugen. Dies war die Lehre, die Ludwig II. aus seinen zahlreichen Geschichtsstudien verschiedener Kulturkreise und Epochen zog.

Um so schmerzhafter war es für den König, daß er im Deutsch-Französischen Krieg 1870/71 den Oberbefehl über seine Truppen dem preußischen Kronprinzen Friedrich, den er so gar nicht leiden konnte, abgeben mußte. Und der Verlauf des Krieges bis hin zur Gründung des Deutschen Reiches beraubte ihn endgültig seiner Unabhängigkeit. Ludwig II. empfand die ihm zugedachte Rolle als herabwürdigend. Kaum ein Wittelsbacher vor ihm verlor so viele Souveränitätsrechte wie er, gezwungen von den Umständen. Hochsensibel, wie er war, betrachtete er dies als größte Katastrophe seines Lebens. Wie bereits 1866 dachte er wieder an Rücktritt, blieb aber im Amt, da sein Bruder Otto die Regierungsübernahme ablehnte. In der Folgezeit bemühte er sich, Bismarcks föderative Politik gegen alle unitarisch-zentralistischen Tendenzen, wie sie auch der Kronprinz von Preußen vertrat, zu unterstützen. Er stand somit in der Tradition des 1806 aufgelösten Alten Reiches, in dem die bayerischen Herzöge und Kurfürsten über Jahrhunderte hin für die Wahrung fürstlicher Libertät gegenüber zentralistischen Tendenzen von seiten des Kaiserhofes eingetreten waren. »Ich habe seit dem Abschluß jener unseligen Verträge [von 1870/71] selten frohe Stunden«, bekannte König Ludwig II., »bin traurig und verstimmt, was bei allem, was ich durch die politischen Vorkommnisse zu dulden und zu leiden habe, nicht anders sein kann. – Dazu kommt, daß ich als der deutschgesinnte König Ludwig der Deutsche – und wie jene Phrasen alle heißen – verschrien werde«.

Die Tatsache, daß kein anderer Bundesfürst so zahlreiche und bedeutende Sonderrechte wie er bewahren konnte, tröstete ihn keineswegs. Zu groß war der Souveränitätseinbruch. In Bayern »regierten« die Minister und, wenn der König ihrer Meinung entgegentrat, drohten sie mit Rücktritt und veranlaßten den Kabinettssekretär, den Monarchen in ihrem Sinn zu bearbeiten. Ludwig II. fühlte sich zum Schattenkönig degradiert.

So erschien es ihm nur natürlich, wenn er sich, was ohnehin seinem Naturell entsprach, zunehmend aus dem öffentlichen Leben zurückzog und die Repräsentationsaufgaben auf ein Mindestmaß einschränkte. Statt dessen baute er sich seine Welt, die Welt eines wahren Monarchen, im Geist der Spätromantik und des Historismus, welche sich jede Epoche der Vergangenheit und jeden vergangenen Stil zum Vorbild für neue Schöpfungen nahm. Ludwigs eigentliche Welt – sieht man von den zutiefst empfundenen Enttäuschungen der Gegenwart ab – wurde die Welt der historischen, kunst- und kulturgeschichtlichen Reflexion, des Theaters, der Oper, der Architektur. Seine Schlösser, die gebauten (Linderhof, Neuschwanstein, Herrenchiemsee) wie die geplanten (Falkenstein, der byzantinische und der chinesische Palast), stellten keineswegs bloße Kopien vorhandener Bauwerke dar, sondern die historischen Vorbilder waren Ausgangspunkt für neue Variationen. Herrschertum an sich ist stets universal und strebt nach Vollkommenheit. Das indische Zelt, der chinesische Himmelstempel, der byzantinische Palast, der Maurische Kiosk, die mittelalterliche Burg, das frühneuzeitliche Schloß (Versailles und Trianon), das Rokoko der Reichen Zimmer François Cuvilliés' der Münchener Residenz – all dies gehörte folglich von Anfang an zu Ludwigs Welt- und Wertvorstellungen. Sie waren nur Variationen ein- und desselben Grundprinzips absoluter Herrschaft. So entdeckte Ludwig II. lange vor Benedetto Croce und Werner Weisbach die Eigenständigkeit des barocken Baustils wieder, der zu seiner Zeit immer noch als eine Entartung der Renaissance und deshalb als verabscheuungswürdige Architektur galt.

Der Tradition verhaftet, war Ludwig II. gleichzeitig der Moderne zugewandt. Weder sein Großvater Ludwig I. noch sein Vater Maximilian II. hatten die Bedeutung Richard Wagners erkannt. Dies blieb dem »Märchenkönig« vorbehalten, dessen Leben und Wirken alles andere als im allgemeinen Verständnis »märchenhaft« war. »Es scheint«, so äußerte er, »daß es im Haushalt des Lebens nur Raum gibt für eine einzige Sorte von Menschen. Wer etwas sein will, muß roh, grob, phlegmatisch sein; wer von anderer Art ist, den heißen Freund und Feind excentrisch«. Für exzentrisch wurden Ludwigs Förderung Richard Wagners und Bayreuths gehalten, seine nächtlichen Aus- und Schlittenfahrten, seine »Bauwut« und seine Gefühlsäußerungen, seine Zurückhaltung gegenüber der Öffentlichkeit und seine die Gesellschaft ausschließenden privaten Opern- und Theateraufführungen.

Angreifbar aber wurde er erst, als seine persönlichen Schulden die Einschaltung des Finanzministeriums und schließlich des Gesamtministeriums erforderlich machten. Gemäß der Verfassung besaß Ludwig II. keine Möglichkeit, staatliche Gelder für private Zwecke – und dazu zählte im 19. Jh. auch der Schloßbau – abzuzweigen. Der Vorwurf, er habe den bayerischen Staat verschuldet, ist eine Legende. Über das Budget bestimmte der Landtag, nicht der König. Im gegenteiligen Fall wäre Ludwig II. gar nicht in finanzielle Verlegenheit geraten. Doch durch seinen Rückzug aus der Öffentlichkeit, aus der Welt des politischen Alltags (was die Minister im übrigen mit Wohlwollen registrierten, da sie dadurch ihre Position stärken konnten), seine Distanz zur eigenen Familie und zu den staatstragenden Kräften einschließlich des Militärs hatte Ludwig II. nach und nach an Rückhalt verloren. Er stand bereits 1884 völlig allein, und sein Sturz war nur noch eine Frage der Zeit, hätte Bismarck nicht neuerlich finanzielle Mittel zur Verfügung gestellt. So galt es in der Folgezeit, Bismarck zu neutralisieren. Denn gegen ein ärztliches Gutachten, das Ludwig II. für unheilbar geisteskrank erklärte, konnte auch Bismarck keine begründeten Einwände erheben. Der König war längst isoliert, ehe er von Neuschwanstein nach Schloß Berg am Starnberger See gebracht wurde. In der Nacht des 13. Juni 1886 wurde er gemeinsam mit dem Nervenarzt Professor Dr. Bernhard von Gudden tot aus dem See geborgen.

Die Umstände, die zum Tod des Königs führten, und die Fragen nach dem Gesundheitszustand des Königs in den vorangegangenen Jahren wurden heftig diskutiert. Unübersehbar war die Vertrauenskrise zwischen Regierung und Regierten. Der Ministerratsvorsitzende Johannes von Lutz, den Ludwig II. erst kürzlich in den Freiherrnstand erhoben hatte, wies alle Schuld dem König zu. Was immer gegen ihn sprach, wurde publik gemacht. Die öffentliche Diskreditierung des Monarchen hat dem monarchischen Prinzip letztlich schwer geschadet. Der Historiker Karl Alexander von Müller gab deshalb zu bedenken, daß der Grund für die Revolution von 1918/19 möglicherweise bereits im Jahr 1886 gelegt wurde. Die quellenmäßig unbestreitbare Tatsache, daß Ludwig II. zeit seines Lebens die anfallenden Staatsgeschäfte – mit Ausnahme der Repräsentationspflichten, die er auf ein Mindestmaß einschränkte – erfüllte, selbst wenn er sich in abgeschiedenen Berghäusern befand, wurde z. B im Landtag folgendermaßen umgedeutet: »Es ist genug, wenn der König unterschreibt; es gehört dazu nicht viel Willen und noch weniger Geist, sondern nur eine mechanische Handbewegung, die mancher Amtsvorstand während einer Konversation als Nebenbeschäftigung ausführt«.

Prinzregent Luitpold, dem als nächstem Blutsverwandten der männlichen Linie die undankbare Aufgabe zufiel, in Verbindung mit dem Gesamtministerium auf der Grundlage des ärztlichen Gutachtens die Frage nach dem Eintritt der Regentschaft zu stellen, hatte noch lange Zeit unter den dramatischen Umständen, die ihn an die Spitze des Staates riefen, zu leiden. Ludwigs jüngerer Bruder Otto war aufgrund seines Gesundheitszustandes nicht in der Lage, die Nachfolge anzutreten. Im Alter von 65 Jahren übernahm er sein schweres Amt und kam in den folgenden 26 Jahren seinen Verpflichtungen getreulich nach. Bewußt wurden im Gegensatz zu Ludwig II. die Repräsentationsaufgaben, die Luitpold bereits in den vergangenen Jahren wiederholt in Vertretung des Monarchen wahrgenommen hatte, erfüllt. Die Münchner Residenz wurde wieder zum gesellschaftlichen und politischen Mittelpunkt des Landes. Gewissenhaft veranstaltete Luitpold offizielle Empfänge, Diners und Feste und nahm die offiziellen religiösen Verpflichtungen im Ablauf des Kirchenjahres wieder wahr. Das Engagement des Prinzregenten an diesen Ereignissen bedeutete automatisch auch die Teilnahme der Minister und der Spitzen des Staates und der Gesellschaft, was vom gläubigen Volk und der Publizistik, gleich welcher Richtung, aufmerksam zur Kenntnis genommen wurde. Die Beilegung des Kulturkampfes, welche in Bayern erst Anfang der 90er Jahre erfolgte, tat ihr übriges, um die seit Jahrzehnten vorhandenen Spannungen zwischen Staat und Kirche abzubauen. Doch trotz aller überzeugenden Kirchlichkeit hielt Luitpold am System des Liberalismus fest, das Ludwig II. 1886 zu beenden gedroht hatte. Die patriotische Mehrheitsopposition erhielt keine Chance, staatspolitische Verantwortung zu übernehmen. Die liberal gesinnten Minister stützten sich allein auf das Vertrauen des Prinzregenten wie vordem auf jenes des Königs; die Mehrheitsopposition war trotz ihrer zahlenmäßigen Überlegenheit an den Entscheidungsprozessen nicht beteiligt. Auch das zeitweilige Zusammengehen der Patriotenpartei, die sich seit 1887 Zentrum nannte, mit der nunmehr auch im Landtag vertretenen Sozialdemokratie änderte daran nichts. Das System der Kabinettsregierung und des Kabinettssekretariats, das zwischen Regierung und Regent vermittelte, wurde beibehalten. Die Kontinuität der Entscheidungsfindung blieb erhalten. Hatte Luitpold 1870/71 vor den Gefahren der Reichsgründung gewarnt, so stellte er sich nach Abschluß der Verträge als Realpolitiker auf den Boden der Tatsachen und tat das Seine, um die föderative Struktur des Reiches zu stärken. Absolutistisches Denken war dem Monarchen völlig fremd; eine verfassungskonforme und reichsfreundliche Haltung erschien ihm als das Gebot der Stunde.

Im Gegensatz zu Ludwig II., bei dessen Gegenwart im Gebirge kein Schuß fallen durfte, war der Prinzregent als leidenschaftlicher Jäger bekannt und im Volk beliebt. Überhaupt erkannte das bayerische Volk nach und nach Luitpolds Redlichkeit, Bescheidenheit und Leutseligkeit. Trotz aller gesellschaftlichen Spannungen im Gefolge der zunehmenden Industrialisierung und trotz aller Verfassungsdiskussionen erreichte die »Liberalitas Bavariae« in der langen Friedensperiode zwischen der Reichsgründung von 1870/71 und dem Ausbruch des Ersten Weltkriegs ihren Höhepunkt unter der Regentschaft des Prinzen Luitpold, der hochbetagt im Dezember 1912 starb. In der liberalen Atmosphäre Münchens fanden sogar Künstler, die andernorts wegen ihrer freiheitlichen Anschauungen und Äußerungen dem Verdikt der Zensur zum Opfer fielen, die Möglichkeit zu schöpferischer Entfaltung. München erlebte während der Prinzregentenzeit eine große kulturelle Blüte. Hatte Ludwig II. das Landleben bevorzugt, so machte der Prinzregent die Haupt- und Residenzstadt wieder zum Mittelpunkt des politischen, gesellschaftlichen und kulturellen Lebens. Franz von Lenbach und Wilhelm von Kaulbach, Wilhelm Leibl und Fritz von Uhde, Heinrich von Zügel und Hugo von Habermann, Albert Weisgerber und Franz von Stuck, Max Slevogt, Wassily Kandinsky und Franz Marc, Richard Strauss und Max Reger wirkten in dieser Zeit. Ludwig Thoma, Lena Christ, Ludwig Ganghofer stellten je in ihrer Art Leben und Leiden, Wirken und Denken des bayerischen Menschen dar. Für Thomas Mann und Rainer Maria Rilke wurde München zu einer bedeutenden Station ihres Schaffens. Der zukunftsorientierte Jugendstil überwand den Geist des Historismus.

Die ungelösten politischen und sozialen Spannungen bereiteten aber gleichzeitig jene Konflikte vor, die schließlich zur Katastrophe des Ersten Weltkriegs führen und in die Revolution von 1918/19 münden sollten.

Ludwig Hüttl

1890

1890–1894

Um 1890. Im Oberpfälzer Wald gibt es mehr als 200 Glasschleifen.

20. 2. 1890. Die Wahlen zum achten Deutschen Reichstag bringen den Kartellparteien eine vernichtende Niederlage. Die Sozialdemokraten werden stimmstärkste Partei.

15. 3. 1890. Der bayerische Ministerpräsident Johann von Lutz stellt die Trennung der Altkatholiken von der katholischen Kirche fest. Die Altkatholiken verlieren dadurch die Rechte einer öffentlichen Korporation.

20. 11. 1890. Schwabing wird nach München eingemeindet. →

1891. Als Dachverband der katholischen Arbeitervereine in Bayern, Württemberg und Baden wird in München der Verband der süddeutschen katholischen Arbeitervereine gegründet.

1891. Zu seinem 70. Geburtstag schenkt der Prinzregent der Stadt München die Luitpoldbrücke.

1891. In München wird das Lenbachhaus vollendet, die Stadtvilla des bekannten »Malerfürsten« Franz von Lenbach. →

1891. Das Schlierseer Bauerntheater wird gegründet.

20. 2. 1891. Der Dichter Stefan George kommt nach München, das ihm zur geistigen Heimat wird. In Schwabing bildet sich um ihn der Kreis der »Kosmiker«.

1. 6. 1891. Die Gewerbeordnungsnovelle tritt in Kraft. Sie verbietet die Sonntags-Arbeit und regelt die Kinderarbeit. Am selben Tag tritt das Gewerbegerichtsgesetz in Kraft. Es bestimmt, daß Arbeitsstreitigkeiten vor einem Gewerbegericht ausgehandelt werden können.

1./6. 7. 1891. Der bayerische Sozialdemokrat Georg Heinrich von Vollmar hält seine sog. Eldorado-Reden. →

8. 9. 1891. Kaiser Wilhelm II. trägt sich ins Goldene Buch der Stadt München ein; er schreibt den lateinischen Spruch »Suprema lex regis voluntas« (»Das höchste Gesetz ist der Wille des Königs«). →

1892. In Regensburg findet der erste Parteitag der bayerischen Sozialdemokraten statt.

4. 4. 1892. Die Maler Franz von Stuck, Fritz von Uhde, Wilhelm Trübner u. a. gründen in München die Sezession, die dem in der Kunst vorherrschenden Stil des Historismus eine neue Kunstauffassung entgegensetzen will. Diese neue Kunstauffassung wird als »Jugendstil« bezeichnet. →

1893. Mit fünf Mandaten ziehen die Sozialdemokraten erstmals in die zweite Kammer des bayerischen Landtags ein. Der radikale Bayerische Bauernbund erhält auf Anhieb neun Sitze, während Zentrum, Liberale und Konservative Verluste hinnehmen müssen.

23. 2. 1893. Der Maschinenbauingenieur Rudolf Diesel erhält ein Patent auf einen neuen Verbrennungsmotortyp, der ohne Zündeinrichtung arbeitet. Diesel baut seinen Motor in der Maschinenfabrik Augsburg. →

15. 6. 1893. Bei den Wahlen zum neunten Deutschen Reichstag erhalten die konservativen Kartellparteien die Mehrheit.

14. 10. 1893. Die Münchner Philharmoniker werden als Konzertverein gegründet. →

1894. In Höllkriegelsreuth bei München werden die Isarwerke gegründet, die erste elektrische Überlandzentrale in Deutschland.

1894. Die Brüder Heinrich und Thomas Mann übersiedeln von Lübeck nach München.

30. 4. 1894. In Fuchsmühl in der Oberpfalz wird eine Bauernrevolte niedergeschlagen. →

26. 10. 1894. Kaiser Wilhelm II. entläßt den preußischen Ministerpräsidenten und Reichskanzler Leo von Caprivi. Sein Nachfolger wird der ehemalige bayerische Ministerpräsident Chlodwig Fürst zu Hohenlohe-Schillingsfürst.

GESTORBEN:

10. 1. 1890. München: Ignaz von Döllinger (* 28. 2. 1799, Bamberg), katholischer Theologe und Kirchenhistoriker, ultrakonservativer Publizist, exkommuniziert 1871 wegen seines Widerstandes gegen das Dogma von der Unfehlbarkeit des Papstes. →

3. 9. 1890. Oberpöcking am Starnberger See: Johann von Lutz (* 4. 12. 1826, Münnerstadt/Unterfranken), bayerischer Ministerpräsident 1880–1890, Justizminister 1867–1871, Staatsminister des Innern für Kirchen- und Schulangelegenheiten 1869–1890.

1. 5. 1891. München: Ferdinand Gregorovius (* 19. 1. 1821, Neidenburg bei Allenstein/Ostpreußen), kulturhistorischer Schriftsteller.

GEBOREN:

26. 11. 1890. Glaishammer bei Nürnberg: Eugen Ortner († 19. 3. 1947, Traunstein), Schriftsteller.

22. 5. 1891. München: Johannes R. Becher († 11. 10. 1958, Ost-Berlin), Schriftsteller und Kulturpolitiker.

31. 5. 1892. Geisenfeld/Oberbayern: Gregor Strasser († 30. 6. 1934, Berlin), NS-Politiker.

14. 6. 1892. Erlangen: Ernst Penzoldt († 27. 1. 1955, München), Schriftsteller.

12. 12. 1892. München: Liesl Karlstadt († 27. 7. 1960, Garmisch-Partenkirchen), Volksschauspielerin.

12. 1. 1893. Marienbad bei Rosenheim: Hermann Göring († 15. 10. 1946, Nürnberg), NS-Politiker.

22. 7. 1894. Berg/Starnberger See: Oskar Maria Graf († 28. 6. 1967, New York), Schriftsteller.

21. 8. 1894. Miesbach: Christian Schad († 25. 2. 1982, Stuttgart), Maler und Grafiker.

Vollmars »Eldorado«-Reden

1./6. Juli 1891. Bismarck ist im März 1890 grollend abgetreten, im September liefen die Sozialistengesetze aus – die Verhältnisse haben sich damit für die Sozialdemokraten verbessert. Eine Reaktion auf die »nicht unwesentliche Änderung der Regierungspolitik« sind die beiden »Eldorado«-Reden (so genannt nach dem Lokal), die der Münchner SPD-Abgeordnete des Reichstags Georg Heinrich von Vollmar »Über die nächsten Aufgaben der deutschen Sozialdemokratie« hält.

Georg v. Vollmar

Im September 1880 – Vollmar lebte als Emigrant in Zürich – hatte es noch geheißen: »Die heutigen politischen und wirtschaftlichen Herrscher Deutschlands wollen keine Unterhandlung, keine Verhandlung, sondern den Krieg, den Vernichtungskampf. Gut, wenn sie ihn wollen, sollen sie ihn haben, voll und ganz haben, die Verantwortung auf ihre Häupter.«

Nun aber, da sich die politischen Zustände verändert haben, spricht Vollmar von dem »aller Utopie und Spekulationsdenken fernen, im besten Sinn realpolitischen Wesen unserer Partei« und er meint, man könne »den Weg der Verhandlungen betreten und versuchen, auf der Grundlage der heutigen Staats- und Gesellschaftsordnung Verbesserungen wirtschaftlich und politischer Art herbeizuführen. Alle politischen und gesellschaftlichen Zustände sind etwas Relatives, sind Übergangsformen. Die heutige Form zu benutzen, um auf die Gestaltung der morgigen Einfluß zu üben, das muß unsere Aufgabe sein…«

Die Idee, eine gewaltsame soziale Revolution sei unvermeidlich, ist damit ebenso aufgegeben wie die Theorie von Karl Marx. Vollmars Ansichten werden vor allem außerhalb Bayerns noch nicht akzeptiert.

Kaiser Wilhelm zu Besuch in München

8. September 1891. *Die Hohenzollernmajestät Wilhelm II. (Abb.) ist in der Stadt und besucht das Rathaus. Wilhelm, gekleidet in der Uniform seines bayerischen Ulanen-Regiments, spricht ein paar belanglose Worte – daß München einen warmen Platz in seinem Herzen habe etc. –, betrachtet ein paar alte Stadturkunden und schreibt mit einer Adlerfeder (was symbolisch gedacht ist) ins Goldene Buch der Stadt: »Suprema lex regis voluntas!« und darunter: »Wilhelm, deutscher Kaiser und König von Preußen«. Dieser völlig unzeitgemäße, apodiktische Satz – Des Königs Wille ist das oberste Gesetz! – erregt bei vielen Bayern Ärger. Der Kaiser war außerdem, nachdem er darauf gedrängt hatte, vom Prinzregenten zu einem Manöver der bayerischen Armee in die Gegend bei Röhrmoos, ins Dachauer Hinterland geladen worden.*

Fuchsmühler Bauern kämpfen um Holzrecht

Patenturkunde für den Dieselmotor

30. April 1894. Telegraphisch wird die Meldung verbreitet, 300 mit Äxten und Sägen bewaffnete Leute seien in der Oberpfälzer Gemeinde Fuchsmühl in die Wälder des Freiherrn von Zoller eingedrungen und hätten »vielfache Verwüstungen angerichtet und viel Holz weggeschleppt«. Die zur Unterstützung der Gendarmerie herbeigerufenen 50 Soldaten aus Amberg seien unter Leitung von Premiereleutnant Meier mit aufgepflanzten Bajonetten gegen die Waldfrevler vorgegangen. Dabei seien auch zwei ältere Männer getötet worden.

In Wirklichkeit war dies geschehen: Die Bewohner des im Steinwald gelegenen Dorfes Fuchsmühl hatten das Recht besessen, sich in den riesigen Wäldern des Freiherrn von Zoller Holz zu holen.

Seit etwa 1860 gab es darüber Streit, 1873 erhielten die Fuchsmühler das Recht vor Gericht erneuert. Bis 1892 konnten sie wieder in den Wald gehen, bis es ihnen Herr von Zoller verbot. Er wollte ihnen die Rechte für 90 000 Mark abkaufen; eine viel zu niedrige Summe, wie die Fuchsmühler errechneten. Ein Prozeß in Weiden ging zugunsten des Waldbesit-

Im Fuchsmühler Wald stehen sich Gendamerie und Bauern feindselig gegenüber; die Bauern streiten um ihr Holzrecht (jährliches Theaterspiel)

zers aus. In dem nun einsetzenden juristischen Streit erhielten die Bauern zwei Jahre kein Holz.

Das war für die Betroffenen schmerzlich, da »das bißchen Holzrecht das einzige Einkommen war, womit sie ihre Steuern und Abgaben, so gut es ging, decken konnten«. Zoller aber verkaufte in diesen zwei Jahren Holz im Wert von 3000 Mark. Am 29. April 1894 schritten die ar-

men Fuchsmühler zur Selbsthilfe, und am darauffolgenden Tag kehrten sie in die 2200 Tagwerk großen Waldungen zurück. Als gegen 11 Uhr das Militär kam, entfernten sich die jungen Männer, der 69jährige Georg Stock und der gleichaltrige Leonhard Bauer – beide schwerhörig – wurden durch Bajonettstiche getötet, etliche andere hat man auf der Flucht schwer verletzt.

23. Februar 1893. Die Patenturkunde Nr. 67207 verrät nicht, was Rudolf Diesel, Ingenieur zu Berlin und Mitarbeiter Carl von Lindes, erfunden hat. Geschützt wird »Arbeitsverfahren und Ausführungsart für Verbrennungskraftmaschinen«. Hinter dieser Formulierung verbirgt sich der Dieselmotor.

Zwei Tage vor der Ausfertigung der Patentschrift – die rückwirkend seit

Rudolf Diesel

dem 28. Februar 1892 gilt – unterzeichnete Diesel einen Vertrag mit der Maschinenfabrik Augsburg (der späteren M·A·N.). Er wußte nämlich, wie seine Erfindung funktionieren würde und er hatte in einem

Brief auch angekündigt, daß durch seine Maschine eine »gänzliche Umwälzung im Motorenbau« eintreten würde, doch er hatte weder die Möglichkeiten noch die Mittel, seinen Motor selbst zu bauen.

Er bekam in einem abgetrennten Teil der Fabrik eine Möglichkeit zu experimentieren. Am 17. Februar 1894 lief der Dieselmotor erstmals eine Minute lang mit eigener Kraft.

146 Menschen kommen vor Strafgericht

Ein halbes Jahr nach der »Fuchsmühler Holzschlacht« findet zwischen dem 23. und 27. April 1895 im Rathaussaal zu Weiden die Verhandlung statt. In der Anklageschrift heißt es:

»Die 146 Angeklagten werden beschuldigt, in der Landgemeinde Fuchsmühl sich zu einer Menschenmenge öffentlich zusammengerottet bzw. an dieser Zusammenrottung beteiligt und mit vereinten Kräften gemeinschaftlich in einem fremden Walde stehendes grünes oder durch den Wind zur Erde niedergeworfenes Holz in der Absicht rechtswidriger Zueignung weggenommen und entwendet zu haben …, wobei die genannten Personen, von welchen die Mehrzahl mit Hacken, Sägen und dergleichen ausgerüstet war, im geschlossenen Zuge und unter Kundmachung ihres Vorhabens in die Waldabteilung „Schrammlohe“ des Lehenswaldes des kgl. Kämme-

rers und Landgerichtsrates Ludwig Freiherr von Zoller gingen, wobei sich auch beliebig viel andere Personen anschließen konnten, und in der genannten freizugänglichen Waldabteilung ohne Befugnis, Erlaubnis und Anweisung seitens des genannten Lehenswaldbesitzers fast durchgehends als Nutzholz verwendbare und als solches größtenteils auch bereits an den Holzhändler Josef Hofmann in Wiesau verkaufte Fichten-, Föhren- und Tannenstämme unterschiedslos in bewußtem und gewolltem Zusammenwirken fällten, aufarbeiteten und als Brennholz aufklafterten … Ferner am 30. Oktober 1894 in der Waldabteilung »Mühltal«, welche ebenfalls frei zugänglich ist, behufs Fortsetzung des Tags vorher begonnenen Unternehmens, größtenteils mit den nötigen Werkzeugen ausgerüstet, unter Kundgabe ihres Vorhabens aus-

marschierten, wobei sich beliebig viele andere Personen anschließen konnten, so daß in der Waldabteilung »Schrammlohe« beiläufig 55 Klafter Holz aufgeklaftert und weitere 35 Klafter Holz unaufgeklaftert und in der Waldabteilung »Mühltal« beiläufig 50 Stämme lagerten, bis endlich am 30. Oktober 1894 mittags durch das Einschreiten der bewaffneten Macht dem rechtswidrigen Treiben Einhalt getan wurde …

Das Urteil am Ende des Verfahrens lautet: Bürgermeister Josef Stock 4 ½ Monate, Alois Pappenberger und Johann Reger je 4 Monate Gefängnis. Die übrigen Angeklagten erhalten bis zu 14 Tage Gefängnis. Nur zwei der 146 Angeklagten werden freigesprochen.

Alle Strafen und die Gerichtskosten werden den Betroffenen am 17. Januar 1896 durch den bayerischen Prinzregenten Luitpold auf dem Gnadenweg erlassen.

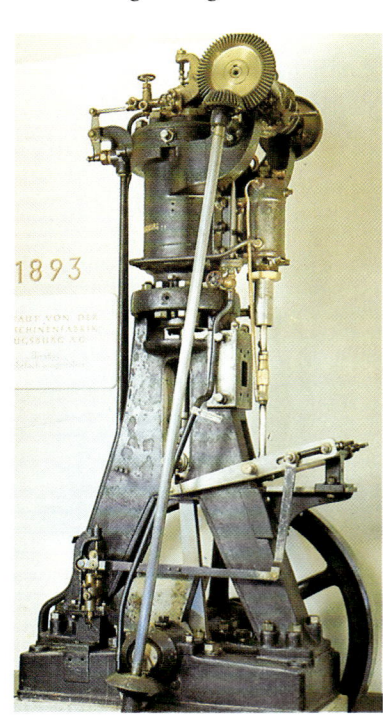

R. Diesels erster Motor – eine bahnbrechende technische Leistung

Die kostspielige Luxusvilla des »Malerfürsten« Franz von Lenbach (Architekt: Gabriel von Seidl)

Atelier und Villa für Franz von Lenbach

1891. In München regieren der Prinzregent und die Malerfürsten, unter diesen aber ist Lenbach (in Anspruch, Ansehen und Einkommen) der größte. Ausdruck seines Selbstverständnisses und Repräsentationsgefühls ist die neubezogene Villa des Künstlers.

Franz von Lenbach, ein Maurerssohn aus Schrobenhausen, wird für seine Porträts hoch bezahlt; jedes der Bilder (und er malt sehr viele) bringt ihm um die 10 000 Goldmark und mehr.

Im Spätjahr 1886 kaufte er sich in der Nähe von Propyläen und Glyptothek ein Grundstück, auf dem ihm der Architekt Gabriel von Seidl zunächst ein Atelier und dann noch eine Villa errichtete.

Am Entwurf des Baus, der sich an italienischen Vorbildern orientiert (Lenbach hatte längere Zeit im Palozzo Borghese zu Rom gelebt), nahm der Bauherr selbst regen Anteil. Er hatte ja durch seine Beteiligung am Bau des Nationalmuseums und des Künstlerhauses bereits einschlägige Erfahrungen.

Doch hier, bei seiner Villa, verrechnete er sich wohl ein wenig – die Kosten stiegen und der Meister mußte fleißig pinseln, damit die Einnahmen einigermaßen mit den Ausgaben Schritt halten konnten.

Auch der Porträt- und Genremaler Friedrich August von Kaulbach (mit seinen Töchtern) genießt hohes Ansehen in der Münchner Gesellschaft

Lenbach zu Besuch beim Papst

»Zwei Hirtenknaben« (Lenbach)

20. November 1890. Im 1108. Jahr nach seiner ersten Erwähnung wird Schwabing Münchens nördlichster Stadtteil und, wie es heißt, »Münchens schönste Tochter«.

Das ehemalige Bauerndorf, lange Zeit Fisch-, Eier-, Milch- und Geflügellieferant für die nahe Stadt, hatte sich zuletzt schnell entwickelt. Ein erster Versuch, die Ortschaft nach München einzugemeinden, war 1864 von den Einwohnern Schwabings abgelehnt worden. Doch Schwabing wuchs weiter, und 1887 erhielt es das Stadtrecht und mit ihm ein Wappen, zwölf goldene Ähren

Chronik Schwabings

782: Suapinga erstmals erwähnt
1568: Älteste Darstellung Schwabings auf Landkarte (Apian)
1670: Erstes Schwabinger Wirtshaus entsteht
1718: Suresnes-Schlößchen gebaut
1789: Englischer Garten
1811: Schwabing wird Pfarrei
1890: Schwabing wird nach München eingemeindet
1893: Franziska zu Reventlow kommt nach Schwabing
1931: Freimann kommt zum Stadtteil Schwabing
1984: Schwabing-Freimann – 22. Stadtbezirk – hat knapp 60 000 Einwohner.

zur Erinnerung an die bäuerliche Vergangenheit des Ortes.

Kurz bevor die 11 589 Schwabinger zu Münchnern werden, spielen sie der großen Hauptstadt einen Streich: Sie führen 1889 die elektrische Straßenbahnbeleuchtung ein, München kommt erst später.

Schwabing, schreibt das Lexikon einige Jahre vor der Eingemeindung, ist eine Landgemeinde links der Isar, 2 km nördlich von München. Es besitzt »ein königliches Lustschloß (Biederstein), ein Eisenwerk (Hirschau) mit Maschinenfabrik, eine Dampfwaschanstalt, eine große Bierbrauerei, zahlreiche Villen und 8744 meist kath. Einwohner«.

Die Grenzen Schwabings, dessen Zentrum einst um das Sylvesterkircherl und den Nikolaiplatz lag, sind in den Katastern genau erfaßt. Von München wird Schwabing durch das zwischen 1843 und 1850 gebaute Siegestor getrennt.

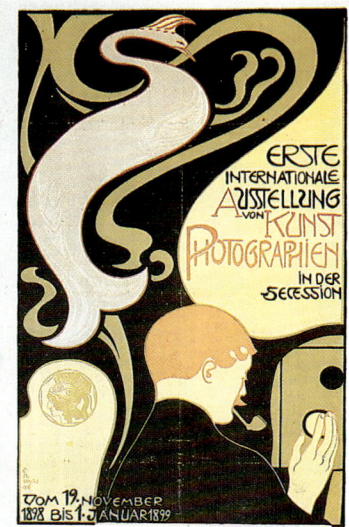

Plakat für die Photographie-Ausstellung 1898/99 in der »Sezession«

Ankündigungsplakat (Franz v. Stuck) für die VII. Internationale Kunstausstellung München, die im Verein mit der »Sezession« veranstaltet wird

»Sezession« rebelliert gegen etablierte Kunst

4. April 1892. Die Jungen haben genug von Lenbachs selbstherrlichem Regiment im Glaspalast. Sie rebellieren gegen die herrschende »Künstlergenossenschaft«, ziehen aus und zeigen ihre Bilder im Ausstellungsgebäude an der Prinzregentenstraße.

Fünf Wochen zuvor, am 29. Februar, hatten sie im Atelier des Malers Josef Block ihren »Verein bildender Künstler« begründet, der von 1893 an »Sezession« heißt: »Die heute versammelten haben sich als Club zur Verfolgung derjenigen Maßregeln constituiert, welche ihrer Überzeugung nach im Interesse der münchner Kunst unabhängig von der münchner künstlergenossenschaft erforderlich sind.« Unterschrieben haben diese Erklärung u.a. Franz von Stuck, Fritz von Unruh, Heinrich Zügel und Freiherr von Habermann. Zu den Gründungsmitgliedern gehören auch Peter Behrens, Lovis Corinth, Max Liebermann, Th. Th. Heine und Toni Stadler. Förderer ist der einflußreiche Verleger Georg Hirth.

Diese erste »Sezession« findet bald in anderen Städten Nachahmung; in München aber, wo sich Vertreter unterschiedlicher Kunstrichtungen zusammengeschlossen haben – sie sind durch die Ablehnung der gründerzeitlichen, sehr auf den Kommerz bedachten Malerei verbunden –, spalten sich bald weitere Vereine ab, so 1894 »Neu-Dachau« und 1896 die »Luitpoldgruppe«.

In der »Sezession«, die vor allem Impressionismus und Jugendstil repräsentiert, ist der niederbayerische Müllerssohn Franz von Stuck der bekannteste Maler. In der Jahresausstellung 1889 hatte der 26jährige im Glaspalast für sein Gemälde »Wächter des Paradieses« die Goldmedaille und 60 000 Goldmark erhalten.

Der Erfolg wird im »Sezessions«-Gebäude noch übertroffen: 1893 stellt Stuck sein Gemälde »Die Sünde« aus. Das Bild (des sensationellen Erfolges wegen vom Meister mehrfach wiederholt) wird zum Stadtgespräch in München.

»Die Sünde«, Gemälde von Franz von Stuck, das im Jahr 1893 mit grandiosem Erfolg in der neugegründeten »Sezession« ausgestellt wird

Die Philharmoniker Münchens gegründet

14. Oktober 1893. Die Musiker, aus denen Franz Kaim sein Orchester zusammensetzen will, sind von den sommerlichen Engagements bei Kurorchestern zurück, im Odeon kann das erste Konzert stattfinden. Es beginnt mit der Ouvertüre zur »Verkauften Braut« und bringt u.a. auch Beethovens c-moll-Klavier- und Spohrs d-moll Violinkonzert. Die Presse lobt die Solisten, vom Orchester – den späteren Münchner Philharmonikern – heißt es, »leider merkte man dem Orchester die ›Neu-Gründung‹ noch zu sehr an.« Franz Kaim hatte ursprünglich vor allem für die Instrumente der väterlichen Pianofabrik Reklame machen wollen. Er wurde darüber 1891 zum Gründer der bald hochangesehenen »Kaim Konzerte«, die vor allem der Nachwuchsförderung dienen sollten. Auf diese Weise wurde er schließlich gegen viele Widerstände der Musikalischen Akademie, der Akademie der Tonkunst sowie der Leitung des Hofopernorchesters zum Schöpfer der später berühmten Münchner Philharmoniker.

Ignaz von Döllinger stirbt in München

10. Januar 1890. Kurz vor seinem 91. Geburtstag stirbt in München der große, aufrechte Theologe Ignaz von Döllinger. Der einstmals zutiefst romgläubige, dem Görreskreis eng verbundene Priester war 1854 erstmals seinen eigenen Weg gegangen, als er die zu einem Dogma erklärte Unbefleckte Empfängnis Mariens nicht anerkennen wollte.

Der endgültige Bruch kam aber 1870/71: Auf dem Konzil (zu *I. v. Döllinger* dessen Vorbereitung man ihn, den bedeutenden Gelehrten, nicht zugezogen hat), wurde das Dogma von der Unfehlbarkeit des Papstes verkündet. Döllinger, der schon 1869 in einem Buch dagegen Stellung bezogen hatte, bekräftigte während des Konzils seine Ablehnung durch Aufsätze, die er unter einem Pseudonym erscheinen ließ.

1895

1895. Georg Kerschensteiner wird Leiter der Volks- und Berufsschulen in München und beginnt seine schulreformerische Tätigkeit.

1895. Der Schauspieler Ernst von Possart wird neuer Münchner Generalintendant. →

2. 3. 1895. Zahlreiche bayerische Bauernbünde schließen sich in Regensburg zum Bayerischen Bauernbund zusammen. Am 26. September 1897 tritt auch der oberbayerische Bauern- und Bürgerbund bei.

12. 6. 1895. Der Wittelsbacher Brunnen in München, erbaut von Adolf von Hildebrand, wird eingeweiht. →

27. 6. 1895. Zwischen Färbergraben und Isartalbahnhof fährt die erste öffentliche elektrische Straßenbahn. →

8. 11. 1895. Der aus dem Rheinland stammende Physiker Wilhelm Conrad Röntgen entdeckt in Würzburg eine »neue Art von Strahlen« (Röntgen-Strahlen).

Um 1896. Karl Lautenschläger erfindet die Drehbühne zum raschen Szenenwechsel und führt sie im Residenztheater in München ein.

1896. Albert Langen und Thomas Theodor Heine gründen in München zusammen die politisch-satirische Wochenschrift »Simplicissimus« (→ 1. 4. 1896).

1. 1. 1896. In München wird die illustrierte Wochenschrift »Jugend« gegründet. Nach ihr wird die in der Kunst einsetzende Reformbewegung »Jugendstil« genannt. →

5. 5. 1896. Bei den Krönungsfeierlichkeiten von Zar Nikolaus II. in Moskau stellt Prinz Ludwig von Bayern klar, daß die deutschen Fürsten nicht Vasallen, sondern Verbündete des deutschen Kaisers sind. →

5. 9. 1896. Der erste Münchner Fußballclub wird gegründet. →

1897. Friedrich von Thiersch vollendet den Bau des (Alten) Justizpalastes in München. →

1897. In München wird die Gesellschaft für Kunst und Handwerk gegründet. Sie stellt sich zur Aufgabe, die Entwicklung des Jugendstilmöbels voranzutreiben.

15. 11. 1897. Der Rechtsanwalt Ludwig Thoma veröffentlicht mit dem Erzählungsband »Agricola« sein erstes Buch. →

1898. Nach dem Wegfall des Vereinsgesetzes von 1850 wird erstmals eine gesamtbayerische Parteiorganisation der Sozialdemokraten geschaffen.

1898. Die Villa des Malers Franz von Stuck wird über dem Münchner Isarufer fertiggestellt. →

16. 6. 1898. Bei den Wahlen zum zehnten Deutschen Reichstag werden die Sozialdemokraten nach dem Zentrum zweitstärkste Partei.

4./5. 10. 1898. Die christlichen Bauernvereine gründen in Ingolstadt den Bayerischen Christlichen Bauernverein.

1899. Bei den bayerischen Landtagswahlen erhält das Zentrum 83 (74), die Fortschrittspartei 44 (67), die SPD elf (fünf) Mandate. – Der Schlosser Carl Schirmer wird als erster Arbeiter in die Zentrumsfraktion des bayerischen Landtags gewählt. →

1899. Der Roman »Das dritte Geschlecht« von Ernst Ludwig von Wolzogen ist der erste Schwabing-Roman.

14. 4. 1899. Daniel und Hermann Beissbarth in München erhalten die erste Autonummer der Welt. →

13. 9. 1899. In München stürzt die Bogenhauserbrücke ein, am nächsten Tag auch die Luitpoldbrücke. →

31. 12. 1899. Mit vielen festlichen Veranstaltungen feiert Bayern das neue Jahrhundert. →

GESTORBEN:

3. 3. 1895. München: Georg von Dollmann (* 21. 10. 1830, Ansbach), Architekt (Schloß Linderhof).

24. 3. 1895. München: Ludwig August von Müller (* 19. 8. 1846, Dachau), bayerischer Staatsminister des Innern für Kirchen- und Schulangelegenheiten 1890–1895.

17. 6. 1897. Bad Wörishofen: Sebastian Kneipp (* 17. 5. 1821, Stefansried bei Ottobeuren), katholischer Geistlicher und Naturheilkundler. Werke: »Meine Wasserkur«, »So sollt ihr leben!«.

16. 12. 1897. München: Wilhelm Heinrich von Riehl (* 6. 5. 1823, Biebrich/Wiesbaden), Kulturhistoriker und Schriftsteller.

10. 9. 1898. Genf: Elisabeth, gen. Sisi (* 24. 12. 1837, München), Kaiserin von Österreich und Königin von Ungarn als Gattin von Franz Joseph I., wird in der Nähe ihres Hotels in Genf von dem italienischen Anarchisten Luigi Lucheni mit einer Feile erstochen. →

9. 1. 1899. München: Otto von Bray-Steinburg (* 17. 5. 1807, Berlin), bayerischer Ministerpräsident 1870/1871.

4. 12. 1899. Berlin: Leopold Ullstein (* 6. 9. 1826, Fürth), Verleger.

GEBOREN:

24. 1. 1895. München: Eugen Roth († 28. 4. 1976, München), Redakteur und Schriftsteller.

10. 7. 1895. München: Carl Orff († 29. 3. 1982, München), Komponist (»Schulwerk«).

4. 2. 1897. Fürth: Ludwig Erhard († 5. 5. 1977, Bonn), CDU-Politiker, deutscher Bundeskanzler.

10. 2. 1898. Augsburg: Bertolt Brecht († 14. 8. 1956, Ost-Berlin), Schriftsteller, Dichter und Regisseur.

6. 3. 1898. München: Therese Giehse (eigtl. Gift) († 3. 3. 1975, München), Schauspielerin.

27. 3. 1898. Steinwiesen/Oberfranken: Josef Müller († 12. 9. 1979, München), CSU-Politiker.

Deutsche Fürsten sind keine Vasallen

5. Mai 1896. Der Deutsche Reichsverein in Moskau ist stolz, bei einem Gartenfest deutsche Prinzen begrüßen zu können. Die hohen Herren sind zu den Krönungsfeierlichkeiten von Zar Nikolaus II. in die russische Hauptstadt gereist. Der Vizepräsident des Reichsvereins, Camesasca, bringt einen Toast auf den Kaiserbruder Heinrich von Preußen aus und – so formuliert er – auf »die in dessen Gefolgschaft erschienenen deutschen Fürstlichkeiten«.

Erregt erwidert daraufhin Prinz Ludwig von Bayern, der mittlerweile 51jährige Sohn des Prinzregenten Luitpold, er verwehre sich gegen die Formulierung, denn die deutschen Fürsten seien nicht Vasallen, sondern Verbündete des deutschen Kaisers. In ganz Bayern jubelt man über Ludwigs mutige Replik.

Kräfte im Landtag verschieben sich

1899. Die Gewichte verschieben sich, und Friedrich Krafft Freiherr von Crailsheim, der Vorsitzende des Ministerrates, sieht mit Unbehagen, daß die Liberalen, auf die er seine Regierungsarbeit stützt, immer weiter Stimmen verlieren:

Bei den Wahlen von 1881 hatten sie 40,5% der Stimmen oder 4054 Wahlmänner erhalten. Ein Dutzend Jahre später, bei den Wahlen 1893, war die Partei auf 36,1% abgesunken, und nun erreicht man ganze 20,4%.

Während das Zentrum mit 48,2% seinen bisher schon großen Vorsprung nur geringfügig erweitert (und mit dem Schlosser Carl Schirmer erstmals einen Arbeiter in den Landtag schickt), gelingt der Sozialdemokratischen Partei ein großer Stimmengewinn – von 3,7% im Jahr 1893 auf beachtliche 15,3%.

Die elektrisch betriebene Straßenbahn wird eingeführt – die Installation der Oberleitungen wird vielfach als Verschandelung des Stadtbildes empfunden

Die erste elektrische Tram

27. Juni 1895. Zwischen dem Münchner Färbergraben und dem Isartalbahnhof fährt die erste elektrisch betriebene Straßenbahn. Allerdings müssen sich die vier Elektrischen die Strecke zunächst noch mit vier Wagen der Pferdebahn teilen. Dabei gibt es mit den Gäulen weniger Probleme als mit den elektrischen Wagen. Es wird nämlich noch diskutiert, ob man die Bahn über eine Oberleitung, eine Unterleitung oder durch Batterien (die schwerste wiegt 50 Zentner) betreiben soll. Im Magistrat entscheidet man sich für die Oberleitungen – und hat unter anderem den von Lenbach und Thiersch angeführten Protest der Künstler, die in den Kabeln eine Verschandelung des Stadtbildes sehen. Eine private elektrische Trambahn hatte sich August Ungerer bereits 1886 bauen lassen. Sie führte auf einer Strecke von 750 m die Kunden in sein Ungererbad. In Nürnberg, wo seit 1881 eine Straßenbahn als Privatunternehmen betrieben wurde, elektrifiziert man 1896.

Villa des Malers Franz von Stuck in München

Stuck-Villa – Zeugnis vom Erfolg des Künstlers

Bau der Stuck-Villa ist fertiggestellt

1898. Der Aufstieg des Franz von Stuck, Müllerssohn aus Tettenweis, ist atemberaubend. Das eindrucksvolle Zeugnis von Ruhm und Erfolg ist die über dem Isarhochufer gelegene, antikisch gedachte Villa Stuck. Sie ist nach Plänen entstanden, die der Bauherr selbst entworfen hat. Im Jahr 1898 – Stuck ist gerade 35 Jahre alt – wird der Bau fertiggestellt.

1882 war Stuck aus seiner niederbayerischen Heimat zum Studium an der Kunstgewerbeschule und am Polytechnikum nach München gekommen. Drei Jahre später wechselt er an die Akademie der bildenden Künste, und dort wird er schon zehn Jahre später, 1895, als Nachfolger seines Lehrers Lindenschmidt zum Professor berufen.

Die Wende hatte das Jahr 1889 und die »Münchener Jahresausstellung von Kunstwerken aller Nationen im Glaspalast« gebracht. Stuck zeigte den »Wächter des Paradieses« (2,50 x 1,67 m). Das Bild bekam die Goldmedaille. In der Ausstellung des Jahres 1890 dann ein weiterer Erfolg: »Luzifer«, angekauft vom bulgarischen König; und 1893: »Die Sünde«.

Im Jahr zuvor hatten 20 Künstler gegen den offiziellen Kunstbetrieb die »Sezession« gegründet (→ 4. 4. 1892). Und Stuck war eines ihrer wichtigen Mitglieder. Er hat nicht nur als Maler, sondern auch als Bildhauer und Architekt Erfolg.

Stuck mit seiner Frau als Römerpaar auf dem »Fest in Arkadien«

Besonderen Wert legte Stuck auf die Innenausstattung seiner Villa

Innenansicht der Stuck-Villa; mit seinem Prunkbau stellt der Maler seinen Ruhm und sein Ansehen nach außen und für alle sichtbar dar

Münchner erhält erste Autonummer

14. April 1899. Das Automobil ist dreizehn Jahre alt, als die Brüder Daniel und Hermann Beissbarth aus München an ihren 4 PS starken Wartburg-Motorwagen mit behördlicher Genehmigung ein Schild anbringen. Es handelt sich dabei um eine schwarze 1 auf gelbem Untergrund. Damit haben sie (was sie nicht wissen) das erste Nummernschild der Welt erhalten.

Dieser Zulassung vorausgegangen ist eine Prüfung ihrer Fahrkenntnisse und ihres Fahrzeugs, die sie an diesem 14. April zusammen mit 25 anderen Münchner Automobilisten an der Ecke Schleißheimer-/Schellingstraße vor einer dafür eingerichteten Kommission ablegen mussten.

Die aus Nürnberg stammenden Brüder Beissbarth waren – nach einem Amerikaaufenthalt – im Jahr zuvor nach München gekommen, wo sie in der Thierschstraße 23 eine Karosseriebaufirma gründeten.

Röntgen entdeckt neue Strahlenart

8. November 1895. »Zu später Stunde, in der sich keine dienstbaren Geister mehr im Laboratorium befinden«, experimentiert der Würzburger Physikprofessor Conrad Röntgen mit einer in schwarzes Papier gehüllten elektrischen Röhre und entdeckt »eine neue Art von Strahlen«. In den folgenden Tagen verläßt er das Laboratorium kaum noch und stellt sich in dem Raum sogar sein Bett auf. Am 28. Dezember sind die Untersuchungen abgeschlossen.

Auf einer Fakultätssitzung am 23. Januar 1896 informiert er seine Kollegen über die Entdeckung und schlägt vor, daß man sie X-Strahlen nennen solle. Einer der anwesenden Professoren widerspricht und meint, man solle hinfort von Röntgenstrahlen sprechen.

Der 50jährige Röntgen gibt einen ausführlichen Bericht, aber er sagt weder jetzt noch später, wie er diese alles durchdringenden Strahlen gefunden hat. Dem Ruhm, der ihm suspekt ist, kann er dennoch nicht ausweichen. Im Jahr 1900 wird er nach München berufen, und 1901 erhält er den erstmals verliehenen Physik-Nobelpreis. Das Adelsprädikat wird ihm angetragen, doch diese Ehre lehnt Röntgen ab.

Münchens schönster Brunnen und die Hochquelleitung werden feierlich eingeweiht

12. Juni 1895. Die Fertigstellung der Hochquelleitung feiert München durch die Errichtung eines Brunnens (Abb.). Und da auch die königliche Residenz an diese Wasserleitung angeschlossen ist, stiftet das Herrscherhaus der Wittelsbacher eine stattliche Summe und gibt dem neuen Brunnen zusätzlich noch seinen Namen.

Den Auftrag – seinen ersten großen Auftrag – erhält der in Florenz lebende Adolf von Hildebrand. Am 12. Juni 1895 wird der Wittelsbacher-Brunnen eingeweiht. Um die Kraft und den Segen des Wassers zu symbolisieren, stellt Hildebrand links und rechts eines großen Schalenbrunnens die Plastiken eines steinschleudernden Mannes und einer Frau mit Wasserschale auf. Man feiert sein Werk als den schönsten Brunnen Münchens.

Das durch Errichtung dieses Brunnens geehrte Wasser kommt aus dem Mangfalltal, aus den Mühltaler Quellen bei Weyarn. Da dieses Reservoir, für das sich der Münchner Stadtrat im Jahr 1880 entschieden hatte, im Durchschnitt etwa 100 m über dem Niveau der Stadt liegt, bereitete die Zuleitung keine größeren technischen Probleme.

Das Niederschlagswasser sickert durch eine so mächtige, mehrere Meter dicke Kiesschicht, daß es zwei bis zweieinhalb Monate dauert, bis es dann als sauberes Quellwasser wieder ans Tageslicht tritt.

Als der Wittelsbacher-Brunnen zu sprudeln beginnt, arbeitet man bereits an der Anlage einer zweiten Quellfassung, um die Versorgung der Residenzstadt mit sauberem Trinkwasser zu sichern.

Neuer Justizpalast für München fertig

1897. Die Gerechtigkeit kann ihren Lauf nehmen, der Justizpalast zu München, für den die Planungen 1887 begonnen hatten, wird jetzt, zehn Jahre später, eröffnet.

Auf dem Gelände des ehemaligen Herzoggartens (hier stand das Schlößchen der Herzogin Maria Anna, in dem 1778 die Emissionäre Friedrich des Großen empfangen wurden) entstand nach Entwürfen Friedrich von Thierschs ein eindrucksvoller Bau des Historismus.

Der Justizpalast, gebaut in den Jahren 1891 bis 1897, greift Elemente der Renaissance- und Barockarchitektur auf. Er umschließt drei Lichthöfe, wobei der Mittelbau mit dem großen Treppenhaus von der für das Stadtbild charakteristischen Kuppel überwölbt wird. Die Baukosten für das dreigeschossige Gebäude an einer der markantesten Stellen Münchens, betrugen 6 562 000 Mark; das entspricht einem Quadratmeterpreis von 30,68 (Gold-)Mark.

Uferbefestigung der Prinzregentenbrücke, die von dem reißenden Hochwasser der Isar weggerissen wurde; auch die Bogenhauser-Brücke fällt im September 1899 nach starken Regenfällen dem Strom zum Opfer

Hochwasser zerstört zwei Isarbrücken

13. September 1899. Neugierig stehen die Leute auf der Bogenhauser-Brücke und sehen zu, wie die Wasser der Isar unter den Pfeilern tosen. Das Hochwasser schreckt sie nicht, bis sie gegen 18 Uhr hören, daß es unter ihnen zu grollen beginnt. Zusammen mit dem Schutzmann Nr. 509, der ebenfalls zusieht, laufen sie ans Ende der Brücke, und schon wird der nördliche Pfeiler der Brücke, auf der sie eben noch standen, hinweggerissen. Das eindrucksvolle Naturschauspiel, das sich ihnen gerade bot, wird plötzlich zu einer lebensgefährlichen Situation.

Es dauert nur etwa zwei Stunden, und die ganze Bogenhauser-Brücke (nach ihrem Wiederaufbau bekommt sie den Namen Max-Joseph-Brücke) ist von dem Hochwasser weggespült.

Am darauffolgenden Tag stürzt auch noch die Prinzregentenbrücke ein. Acht Jahre zuvor hatte sie der Prinzregent der Stadt gestiftet.

»Jugend« – für eine neue Kunstrichtung

1. Januar 1896. Das Programm formuliert der Verleger Georg Hirth in der ersten Nummer ebenso monumental wie banal mit den Worten: »Wir wollen die neue Wochenschrift JUGEND nennen: damit ist eigentlich schon alles gesagt.«

Es bedarf keiner weitausholenden Erklärung, denn die Zeitschrift selbst wird zum Programm: Weg mit dem historisierenden Dekor, dem Stehkragen und dem Korsett! Es geht nicht nur um eine neue Literatur, eine neue Kunst, eine neue Ideologie – es geht um ein neues, frisches, freies Lebensgefühl.

Der Appell wird verstanden, und im folgenden Jahr wird erstmals das Wort »Jugendstil« verwendet.

Und das Wort meint nicht etwa nur eine Stilrichtung der Malerei (auch wenn in ihr die Liebe zum floralen, schwelgenden Ornament berühmt wird), sondern auch Möbel, Kleidung, Lampen…

Obwohl die »Jugend« bald schon 30 000 Abonnenten hat, muß der Verleger eigenes Geld zuschießen.

Mit diesem Titelbild erscheint die neue Zeitschrift »Jugend« – Vorreiterin für den nach ihr benannten »Jugendstil«

Ein neues Lebensgefühl – unter diesem Motto gibt Verleger Hirth die Zeitschrift »Jugend« heraus

»Simplicissimus« erscheint erstmals

1. April 1896. Der Verleger Albert Langen, 26 Jahre alt und optimistisch, läßt von der ersten Nummer seiner Zeitschrift »Simplicissimus« 480 000 Exemplare drucken – mehr als 479 000 davon kommen als Makulatur zurück.

Langen aber gibt nicht auf. Für das Heft 5 zeichnet Thomas Theodor Heine, ein Mitarbeiter der ersten Stunde, die rote Bulldogge. Dieser Hund wird zum Symbol und zum Markenzeichen für das in München-Schwabing geschriebene und gezeichnete satirische Blatt.

Bissig und witzig steht der »Simplicissimus« gegen die bürgerliche Verlogenheit und das hohle wilhelminische Gepräge.

Die zunächst dem französischen Witzblatt »Gil Blas« nachempfundene Zeitschrift wird zum Ärgernis für die Mächtigen und zum Erfolg für den Verleger und seine bald schon berühmten Mitarbeiter: Th. Th. Heine, Bruno Paul, Ferdinand von Reznicek, Eduard Thöny, Rudolf Wilke, Ludwig Thoma u. a.

Das Titelblatt der ersten »Simplicissimus«-Ausgabe; die neue satirische Wochenzeitschrift kostet 10 Pfennig

Der bissig-witzige »Simplicissimus« scheut keine Angriffe gegen Staat und Obrigkeit

Georg Hirth – ein Mäzen der neuen Kunst

Karikatur aus der »Jugend« – eine Wochenschrift für Kunst und Leben

Entlarvend und witzig – Karikatur aus der vierten »Jugend«-Ausgabe

Zu Schillers 100. Geburtstag schreibt der 18jährige Georg Hirth seinen eigenen Beitrag, und da er niemanden findet, der »Schiller als Mann des Volkes« herausbringen will, wird er sein eigener – und gleich sehr erfolgreicher – Verleger. Damit hat der junge Thüringer seinen Beruf gefunden – er wird Publizist und später auch Verleger. Drei Jahre nach dem Schiller-Buch (Hirth hat inzwischen das Abitur nachgeholt, ein Studium absolviert und promoviert) legt er das erste statistische Jahrbuch der deutschen Turnvereine vor; wenig später gründet er den »Parlamentsalmanach« (aus dem das Reichstagshandbuch hervorgeht). Über Augsburg, wo er an der »Allgemeinen Zeitung« als außen- und handelspolitischer Redakteur seine reichstreuen, antirömischen Ideen vertritt, kommt er nach München, wo er dann 1870 Else Knorr heiratet.

Ein Vorkämpfer für das neue, von Preußen geführte Reich kommt in das München Ludwig II. – und

kommt in eine der publizistisch bedeutsamsten Positionen des Landes, denn der Schwiegervater von Georg Hirth ist Julius Knorr, Mitbegründer der Bayerischen Fortschrittspartei und seit 1862 der Besitzer der »Münchner Neuesten Nachrichten«.

Als Knorr mit 55 Jahren stirbt, wird Georg Hirth 1881 dessen Nachfolger. Ein Mann, der den regierenden bayerischen König nicht sehr hoch schätzt, der für die Trennung von Schule und Kirche eintritt und zumindest zeitweise die Jugenderziehung im »sicheren militärischen Geist« empfiehlt, übernimmt nun die einflußreichste Zeitung Süddeutschlands.

In einer Ausstellung begegnet der Verleger im Jahr 1867 dem Maler Gustave Courbet. Hinfort hat die junge, die moderne Malerei in dem mächtigen Georg Hirth einen Mäzen; sein Haus wird zu einem Treffpunkt für Künstler. Und als 1892 eine kleine Glaspalast-Revolution stattfindet und die »Secessioni-

Er begründet mit seiner Zeitschrift einen eigenen Stil: Georg Hirth

sten« ihre eigene Schau organisieren, ist der Verleger Georg Hirth völlig auf ihrer Seite.

Die Zeitschrift »Jugend«, von Hirth am 1. Januar 1896 gegründet, vertritt die Ideen dieser Moderne und unterstützt sie, wo immer sich die Gelegenheit dazu bietet.

Albert Langen – Verleger des »Simplicissimus«

Karikatur aus dem »Simplicissimus« von Thomas Theodor Heine

Die berühmte »Bulldogge« des »Simplicissimus«-Zeichners Th. Th. Heine

Alle sind fest davon überzeugt, einen reichen Mann vor sich zu haben, den Erben einer rheinischen Zuckerdynastie, die ihren großen Wohlstand der Erfindung des Würfelzuckers verdankt. Der junge Albert Langen, geboren am 8. Juli 1869 in Antwerpen und aufgewachsen in Köln, ist in der Tat mit Geld sehr wohl versehen, als er nach Paris geht, um Maler zu werden.

In dem dänischen Maler und Kunsthändler Willy Grétor findet er den Mann, der ihm hilft, sein Vermögen (das so millionengroß nie war) an den Nullpunkt heranzuführen. Beispielsweise dadurch, daß er ihm kostbare alte Meister aufschwätzt, die später ihr Geld nicht mehr erbringen, weil es sich um meist wertlose Ware handelte. Den um das Zuckergeld gebrachten Albert Langen vermittelt Grétor die Bekanntschaft mit Knut Hamsun, der seinen Roman »Mysterien« nicht loswerden kann. Um dieses Buches willen gründet der junge Herr aus Köln am 1. Dezember 1893

in Paris einen »Buch- und Kunstverlag«, der zunächst mehr Geld kostet als er einbringt.

Der Freund vermittelt auch noch die Bekanntschaft mit dem erfolgreichen norwegischen Schriftsteller Björnstjerne Björnson, des-

Albert Langen, Verleger der neuen Zeitschrift »Simplicissimus«

sen schöne Tochter Dagne nur wenig später Frau Langen wird.

Grétor hat Langen dazu verholfen, ein Vermögen zu verlieren, nun will er versuchen, dem Freund durch gute Tips auch wieder zu Barem zu verhelfen: Er hat Langen eine schöne, nicht unbemittelte Braut zugeführt, er hat ihm zugeraten, Hamsun zu verlegen, und er schlägt nun vor, ein deutsches Gegenstück zur satirischen Zeitschrift »Gil Blas« herauszubringen. Diese Patenschaft wird später angestritten, und so behauptet unter anderen sogar auch August Strindberg, die erste Anregung zum »Simplicissimus« gegeben zu haben.

Im Jahr 1895 verlegt Langen seinen Wohnsitz und Verlag nach München, und in der Kaulbachstraße 51a sammelt er die Künstler um sich: Frank Wedekind, Th. Th. Heine, Wilhelm Schulz, Gustav Thöny und Ferdinand von Reznicek; bald kommen auch Ludwig Thoma und Olav Gulbransson hinzu. Das neue Unternehmen floriert.

Possart wird neuer Generalintendant

1895. Der für Ehren und Würden so ungemein empfängliche Ernst Ritter von Possart, Besitzer von 70 Pfund Orden, hat einen neuen Titel: Münchner Generalintendant.

Eine zu Ende gehende Theaterepoche, die das Publikum mit Tremolo und weitausholender Gestik zu rühren versuchte, erreicht mit Possart einen letzten, tiefsten Höhepunkt.

Der Pfarrerssohn aus Berlin, den der Vater in eine Buchhändlerlehre gesteckt hat, war, nach heimlichem Schauspielunterricht, über Breslau, Bern und Hamburg bereits 1872, mit 31 Jahren, nach München engagiert und schließlich zum Schauspieldirektor ernannt worden. Nach einem fünfjährigen Abstecher nach Berlin kehrt er 1892 wieder an das Münchner Hoftheater zurück.

Possart, der zum keineswegs selbstlosen Schöpfer des Prinzregententheaters wird, hat seine größten schauspielerischen Erfolge als Franz Moor, Shylock, Jago, Mephisto, Wurm und Nathan.

Erster Münchner Fußballclub gegründet

5. September 1896. Die ersten Münchner Kicker haben ihr Latein gelernt – Schüler des Theresiengymnasiums, die sich unter Toni Hübel zu einem Fußballverein zusammenschließen, nennen ihren Club »Terra Pila«, der Erdball. Ihr Spielfeld ist der Exerzierplatz vor der Leiberkaserne. Zur gleichen Zeit wie dieser erste Münchner Fußballverein entsteht auch der FC Nordstern. 1899 kommt dann der Fußballverein des Münchner Turnvereins 1860 (Abb.) hinzu, der sein erstes Spiel erst im nächsten Jahrhundert bestreitet und mit 2:4 verliert.

Ludwig Thomas »Agricola« erscheint

15. November 1897. Der Rechtsanwalt Ludwig Thoma (er hat am 1. April 1897 seine Praxis von Dachau nach München verlegt) schreibt am 23. November 1897 folgende Notiz: »Am 15. Nov. erhielt ich aus der Buchdruckerei von Oldenburg das erste Exemplar meines ›Agricola‹… Am 20ten (schickte ich) eines an den Fürsten Bismarck.«

Die 15 Bauerngeschichten, fast alle waren zuvor in der »Belletristischen Beilage« zur »Augsburger Abendzeitung« erschienen, sind das erste Buch des 30jährigen Juristen, der hier die Bauern so beschreibt und charakterisiert, wie er sie in seiner Kanzlei und am Wirtshaustisch kennengelernt hat: Unsentimental, schlau und nicht zimperlich, wenn es um eine Rauferei geht.

Der Autor Ludwig Thoma, das verrät sein im Passauer Verlag Waldbauer erschienenes Buch, ist ein Anhänger der modernen literarischen Richtung, des Naturalismus, ohne daß er ihr Parteigänger ist.

Österreichische Kaiserin Elisabeth wird in Genf ermordet

10. September 1898. Unter dem Pseudonym einer Gräfin von Hohenembs ist die 60jährige österreichische Kaiserin Elisabeth im Genfer Hotel »Beau Rivage« abgestiegen. Sie machte einen Höflichkeitsbesuch bei der Baronin Julie Roth-schild und kaufte Spielzeug für ihre Enkelkinder. Als sie am 10. September 1898 gegen 13.30 Uhr zum Schiff geht, mit dem sie zu ihrem Urlaubsort Territet zurückfahren will, tritt ein Mann auf die Kaiserin zu und stößt sie nieder.

Elisabeth erhebt sich und fragt ihre Hofdame, Gräfin Sztáray, auf ungarisch: »Was wollte dieser Mann denn eigentlich?« Diese antwortet: »Ich weiß es nicht Majestät, aber er ist gewiß ein verworfener Bösewicht.« »Vielleicht wollte er mir die Uhr wegnehmen?« mutmaßt die Kaiserin. Die beiden Damen erreichen das Schiff, und dort bricht die Monarchin zusammen – der Mann hat sie mit einer scharf geschliffenen Feile ins Herz gestoßen. Man bringt Elisabeth sofort an Land zurück, wo der Arzt jedoch nur noch den Tod der Kaiserin feststellen kann. Der Täter wird festgenommen. Es handelt sich um den 25jährigen italienischen Anarchisten Luigi Lucheni.

Der Mörder war nach Genf gekommen, um den französischen Thronanwärter Henri de Orléans zu töten. Als das vorgesehene Opfer nicht kam, las Lucheni in der Zeitung – und niemand weiß später, wer das Blatt über den geheimgehaltenen Aufenthalt informiert hat –, daß die Kaiserin von Österreich und Königin von Ungarn im »Beau Rivage« abgestiegen ist. So ändert der Anarchist seinen Plan und lauert Elisabeth auf.

Die Kaiserin, einst eine der bewunderten Schönheiten ihrer Generation, führte ein Leben abseits der höfischen Gesellschaft. Vor allem seit sich ihr einziger Sohn, Erzherzog Rudolf, 1889 in Meyerling das Leben genommen hatte, verbrachte sie die meiste Zeit fern von Wien. Den Reit- und Jagdurlauben in England (in denen sie sich als exzellente Parforcereiterin erwies) waren Reisen nach Madeira und in ihre Villa Achilleion auf Korfu gefolgt. Vor allem aber liebte Elisabeth, die als bayerische Prinzessin auf Schloß Possenhofen am Starnberger See aufgewachsen war, die Aufenthalte auf ihrem ungarischen Landgut Gödöllö.

Zwei Monate nach dem Mord wird Lucheni in Genf zu lebenslangem Zuchthaus verurteilt. 1910 erhängt er sich in seiner Zelle. Im Jahr 1986 wird sein – in Formaldehyd konservierter – Kopf dem Anatomisch-Pathologischen Institut der Universität Wien überlassen.

Das letzte gemeinsame Bild des Kaiserpaares Franz Joseph und Elisabeth bei einem Aufenthalt in Bad Kissingen im April/Mai 1898

Bayern feiert ins neue Jahrhundert

31. Dezember 1899. Es ist ein milder Tag; die Sonne scheint, und so läßt dieser letzte Tag des 19. Jh.– ein Sonntag – jenen Frühling ahnen, der im Kalender noch weit entfernt ist. Das alte Säkulum klingt also versöhnlich aus, das neue aber fängt verheißungsvoll an – mit einem »blauen Montag«.

Die Bayern feiern den Jahres- und Jahrhundertwechsel ruhig und ohne Ausgelassenheit. Die Postboten schleppen Pakete von Glückwunschkarten die vielen Treppen hoch (und in den Zeitungen wird gebeten: »Vergeßt die Postboten nicht…«), die Leute gehen einkaufen, da am Silvesterabend die Läden geöffnet sind, und in München, so heißt es, »strömen Hunderte in die erleuchteten Kirchen«. Größeren Zulauf haben da wohl die vielen Silvesterfeiern überall im Land.

Den Vorbereitungen, die für das große Ereignis in der Residenz getroffen werden, entflieht der fast 80jährige Prinzregent dadurch, daß er am Samstag zusammen mit den Prinzen Ludwig, Rupprecht, Leopold und Arnulf sowie dem Oberstallmeister von Wolfskeel und dem Flügeladjutanten von Wiedenmann zur Hasenjagd fährt.

In den Münchner Pschorrbräu-Bierhallen hat man sich für das festliche Ereignis die »vollständige Regimentsmusik des k. b. 13. Infanterieregiments ›Kaiser Franz Joseph von Oesterreich‹« engagiert. Das Feiern beginnt um 6 Uhr, der Eintritt kostet zwar 50 Pfennige, dafür aber gibt es keine Bierpreiserhöhung. Am 1. Januar 1900, beim Großen Regimentsmusik-Konzert an gleicher Stelle, kann man gratis eintreten; der Liter Bier kostet 40 Pfennige.

Die Konkurrenz, der Wirt vom Löwenbräukeller, läßt zu Silvester das kgl. bayr. Infanterieregiment »Kronprinz« aufspielen – bei freiem Eintritt. »Von 11 bis 12 [Uhr abends] kommt zum ersten Male zur Aufführung: Großes Potpourrie ›Die letzte Stunde in diesem Jahrhundert‹«.

Die Nürnberger Stadtbediensteten erhalten ihre gute Nachricht beinahe in der ersten Stunde des neuen Jahrhunderts. Am 2. Januar 1900 beschließt nämlich der Magistrat eine Gehaltserhöhung von insgesamt 50 000 Mark. Ein blauer Montag und mehr Geld – das ist ein Jahrhundertanfang nach Wunsch!

4. Jahrgang — **Luxus-Ausgabe** — Nummer 40

SIMPLICISSIMUS

Abonnement vierteljährlich 3 Mk.   Illustrierte Wochenschrift   Post-Zeitungskatalog: Nr. 6981

(Alle Rechte vorbehalten)

Der südafrikanische Riesen-Kater

(Zeichnung von Th. Th. Heine)

Grandamour Simpart & Co.

Wüst war der Rausch in der Sylvesternacht,
Die Buren brauten allzustarke Pünsche;
Britannia ist mit Schädelweh erwacht,
Mit matter Stimme stammelt sie: „Ich wünsche
Heut' keinen Whisky, gieb mir Sodawater,
Für dies Jahrhundert reicht mein Riesen-Kater."

Ein »Riesenkater« – eine Anspielung auf den Burenkrieg in Südafrika wie auf die Folgen übermäßigen Alkoholgenusses in der Silvesternacht – erscheint auf dem Titelblatt der ersten »Simplicissimus«-Ausgabe des eben angebrochenen 20. Jahrhunderts.

Die 1896 von Albert Langen und Thomas Theodor Heine (Zeichner des Titelbildes) in München gegründete Wochenzeitschrift läßt keine Gelegenheit aus, Menschen, Staat und Gesellschaft in Wort und Bild satirisch aufs Korn zu nehmen.

Scharfe, treffende Worte, eine ätzende und entlarvende Kritik sowie hervorragende Zeichenkunst machen die skandalträchtige Zeitung zu einer beliebten Lektüre, weit über die Grenze Münchens hinaus.

Ruhige Jahre an der Schwelle zum neuen Jahrhundert

Ruhige Jahre und eine friedliche Jahrhundertwende: Die bayerischen Soldaten haben seit 30 Jahren in keinen Krieg mehr ziehen müssen, und der Prinzregent, dem man 1886, nach dem rätselhaften Tod von König Ludwig II., mit Mißtrauen, Unbehagen und oft auch Haß begegnet war, hat sich längst die Zuneigung und Verehrung des Volkes erworben. Dieser leutselige, mittlerweile fast

80 Jahre alte Wittelsbacher ist ein Monarch, wie ihn die Bayern sich wünschen (wenn ihnen ein Märchenkönig schon nicht gegönnt ist): Er ist leger und komod und findet im Umgang auch mit den einfachen Leuten den rechten Ton. Daß er, der ehemalige Berufssoldat, die Jagd und die Malerei mehr liebt als das Militär – eine wittelsbachische Tradition –, ist ihnen lieb.

Zum Jahres- und Jahrhundertwechsel, als er eine nicht überschaubare Zahl von Orden und Titeln verleiht, werden die Offiziere freilich nicht schlechter bedacht, und in der Ordensliste steht dann auch der Generalleutnant und Kommandeur der 1. Division, Heinrich Ritter von Xylander, mit dem Verdienstorden des heiligen Michael erster Klasse vornean.

Reichstreue

Die Zinngießerei Thannhauser in der Münchner Kaufingerstraße 7 weiß, was das neue Jahrhundert verlangt, und so offeriert sie in einer Anzeige »Neuheit! Jahrhundertwende-Pokal 1/2 l. Fuß aus feinstem Reichszinn, darstellend den Reichsadler mit sämtlichen deutschen Bundeswappen auf seinen Flügeln sowie die Germania des Niederwalddenkmals. Pokal in Crystallglas in Goldausführung, bemalt mit der aufgehenden Sonne und der Inschrift ›Prosit 1900‹. Preis 5 Mark.«

Man ist reichstreu in Bayern, und neben dem Weißblau flattert das Schwarzweißrot. Da kann es dann schon passieren, daß der Redner eines Schützenfestes in Gmund am Tegernsee den Prinzregenten als Sproß des erhabenen Hauses Hohenzollern feiert. Dreimal sagt er's – dann steigt der Wittelsbacher in seine Kalesche und fährt verärgert ab. (Den Redner, so heißt es, haben die patriotischen Schützenbrüder daraufhin verprügelt.)

Das Reich kommt auch in den Zeitungen oft vor Bayern. Am 31. Dezember 1899 lassen die »Münchner Neuesten Nachrichten« Fritz von Ostini in die Saiten greifen und das Säkulum mit einem zehnspaltigen »Geleitspruch« begrüßen. Dann aber – unter der Überschrift »Am letzten Tag dieses Jahrhunderts!« – beginnt der Rückblick martialisch-unmusisch: »Das Jahr 1800 war den deutschen Waffen ungünstig...« Die Lage, heißt es, hätte sich aber geändert, und der Artikel schließt: »Deutschland rüstet sich..., in die Weltpolitik einzutreten. Dem Starken hilft das Glück! Deutschland hat im abgelaufenen Jahrhundert die Wahrheit dieses Spruches an sich erprobt, möge es dessen immer eingedenk sein!«

Das sind, in einer Münchner Zeitung, die hinlänglich bekannten Töne der Hohenzollernmajestät; dem bayerischen Prinzregenten ist solche verbale Politik der Stärke zuwider. Die Bayern lassen den Kaiser und seine in Süddeutschland regierenden Zeitungsschreiber mit dem Säbel rasseln.

Es gibt aber auch andere Töne in den Zeitungen. Im »Bayerischen Vaterland« etwa kann man lesen: »Vor allem möge das neue Säkulum dasjenige bringen, was das in Parteien, Fraktionen und Sekten zerklüftete Volk und die mitten im Frieden in ein kostspieliges Kriegslager umgewandelten Staaten besonders notwendig haben – dauernden inneren und äußeren Frieden...«

Skeptiker

In einer Glosse der »Münchner Neuesten Nachrichten« sieht der »Privatier Grandler« das scheidende Jahrhundert anders. Er meint: »An Todten soll ma nix Schlechts nachred'n, aber i frag oan Menschen, was hat denn das 19. Jahr-

hundert so großartigs g'leist? Vielleicht 's Kohl'nbügeleisen, von dem Jeder krank wird, dem sei Wasch damit bügelt is word'n. Oder die Elektrische, mit der's Jeden überfahr'n, der net weggeht? Oder die Velocipeder...? Oder die Automobil, die zum Brenna anfang'n, wenn's umfall'n?

Hörn's mir auf mit die G'schicht'n! I hab selber studirt und kann mir das Nöthige anfingerln. Telegraph und Telephon? Daß i net lach! Wir san früher net halb so ang'logn word'n wie's noch net von überall her telegraphir'n hab'n können, und a niederträchtigere Erfindung als das Telephon wird's überhaupt net geb'n! I will mei Ruah hab'n; i hab oamal telephoniert und da hab'n so viel mitg'redt, daß i's gern bleib'n hab lass'n! Die Chemie hat's noch net amal so weit bracht, daß man aus Tannazapf'n Regensburger machen kann. Net gnua, daß ma koan Schritt sicher is, ob ma net meuchlings photographiert werd... Red'n soll ma a nix mehr, weil ma nia net woaß ob

oan net a versteckter Phonograph denunzirt. Imponir'n Ihnen die Fortschritt' die die Eisenbahn g'macht hat? Vielleicht die Vorortzüg'? Was ist denn a Dampfschiff so lang's net überall fahr'n kann? Mit de Luftschiff is's überhaupt nix, net amal aussteig'n kann ma wann ma will. Und fliag'n können d'Leut ohne zehnpferdigen Hausknechtsmotor aa no net...«

Wertewandel

Sicher gehört der Privatier Grandler auch zu denen, die gegen jene moderne Kunst wettern, die neuerdings in den Münchner Galerien hängt und bei den Ausstellungen der Sezession zu besichtigen ist. Er kann nicht verstehen, daß man das impressionistisch-jugendstilige Gepinsel der Stuck, Habermann oder Uhde schön findet.

Was die Leute von diesen Bildern halten, hat ein Anonymus in einem Gedicht beschrieben, das er der »Augsburger Abendzeitung« zuschickt. Sie druckt es unter der Überschrift »Der sezessionistische Weihnachtsbaum« ein wenig verspätet ab. Die erste der vier Strophen reimte der Dichter so:
»O Tannenbaum, o Tannenbaum
Wie blau sind Deine Blätter!
Die Aeste rosahell erglüh'n,
Die Nüsse strahlen himmelgrün,
O Tannenbaum o Tannenbaum
Wie hast Du Dich verändert...«
Das Alte ist noch nicht vergangen, doch ein Neues hat schon angefangen. Ein paar Tage vor der Jahrhundertwende konnte man auf dem Münchner Ostfriedhof Zeuge werden, wie zwei Zeiten aufeinandertrafen, wie gleichsam das 19. dem beginnenden 20. Jh. begegnete:
Man trug einen Leutnant Schlabitz vom 4. badischen Infanterieregiment zu Grabe, der im Elsaß den Folgen eines Duells erlegen war. Eine halbe Kompanie des 1. bayerischen Infanterieregiments war auf-

Ausgelassen feiernd wird der Jahreswechsel begangen und das neue Jahrhundert begrüßt; mit der Karikatur, die unter dem Titel »Der Frahssee« (La Française) in der satirisch-politischen Wochenschrift »Simplicissimus« veröffentlicht wird, spielt ihr Zeichner F. v. Reznicek freilich auch kritisch auf die Dekadenz des aufsteigenden Bürgertums an

»Hoch das Jahr 1900« heißt es auf einer Postkarte, die anläßlich des Jahreswechsels gedruckt wird und das anbrechende 20. Jahrhundert mit diesem Grußwort auf eine gebührende Weise empfangen will

gezogen, »präsentierte das Gewehr beim Versenken des Sarges, schoß aber nicht Salut«.

Der protestantische Pfarrer übte in seiner Ansprache unüberhörbare Kritik an der barbarischen Einrichtung der Duelle. Bataillonskommandeur Major Deimling aber nahm Haltung an und dankte dem Kameraden, daß er »den Anschauungen treu geblieben ist, in denen ihn das Regiment erzogen hat«.

Neue Gesetze

Dafür, daß man Ehrenhändel mit Pistolen austrägt, hat der Maurer Kaspar Karg sicher kein Verständnis. Er steht am Freitag, dem 29. Dezember 1899 in Nürnberg vor Gericht, weil er sich aus »einer sog. Weinhandlung (einem öffentlichen Haus) durchaus nicht entfernen wollte«. Man rief die Polizei, der Karg schlug wild um sich.

Das, schreibt der Gerichtsberichterstatter, sei jetzt ja Mode, daß die Schutzleute verleumdet und beschimpft oder beim »Vornehmen ihrer Diensttätigkeit« angegriffen werden. Das Gericht verurteilt Karg

zu einer Gefängnisstrafe von vier Monaten und acht Tagen.

Apropos Justiz: In Bayern wie im gesamten Reich tritt am 1. Januar 1900 das Bürgerliche Gesetzbuch in Kraft. In diesem kurz BGB genannten Gesetzeswerk ist der größte Teil des allgemeinen Privatrechts geregelt. Die Forderung nach einer einheitlichen Privatrechtskodifikation hatte sich nach der Reichsgründung 1871 allgemein durchgesetzt. 1888 bzw. 1895 erschienen entsprechende Entwürfe; der zweite wurde – nochmals abgeändert – 1896 vom Reichstag als Gesetz angenommen

1900 oder 1901

Ein neues Gesetzbuch also zur Jahrhundertwende – doch halt: Ist der 1. Januar 1900 tatsächlich die Schwelle zu einem neuen Jahrhundert? Die runde Jahreszahl, meinen viele, gehöre nämlich noch zum alten Jahrhundert. Zum Beweis führen sie an: Wenn jemand ein Schock Eier kauft, so gibt er sich doch auch nicht mit 59 Eiern zufrieden, sondern verlangt auch noch das 60. Und warum soll es sich mit den Jahren

anders verhalten? Also: Das neue Jahrhundert beginnt am 1. Januar 1901! Eine der bayerischen Zeitungen widerspricht und stellt (ironisch) fest, es bleibe beim 1. Januar 1900, da der Kaiser ja das neue Jahrhundert begrüßt habe.

Neujahrsfest

Auch in der Münchner Residenz begeht man den Jahrhundertanfang; der Unterschied zu einem ganz normalen Jahreswechsel fällt freilich kaum auf.

Das Zeremoniell beginnt morgens, als die Familie des Prinzregenten in der Residenz erscheint und dem Oberhaupt die Glückwünsche überbringt. Es folgt die übliche Morgenspazierfahrt, dann erscheinen die Militärs, und um 11 Uhr begibt sich Se. kgl. Hoheit der Prinzregent dann in die Allerheiligen Hofkirche zum Gottesdienst. Anschließend werden Telegramme getauscht, der Kaiser und alle deutschen Fürsten werden mit Glückwünschen bedacht, und von ihnen allen laufen Glückwünsche ein. Und dann, am Abend, die Neujahrs-

Cour im Festsaalbau mit 700 Gästen, denen um 19 Uhr der Prinzregent die Ehre gibt.

Luitpolds königlicher Vorgänger, der allen Festlichkeiten auswich, hatte diese Veranstaltung ausfallen lassen, nun aber findet sie wieder statt. Die Begeisterung bei der Wiedereinführung war nicht sehr groß, da nur noch ältere Damen die obligatorische Courschleppe besaßen, während jüngere sie kaufen mußten – 3 m lang und 3 Bahnen breit. In Bayern war es üblich, sie in der Taille zu befestigen, was die Silhouette der Figur grausam verdarb.

Wie an anderen Tagen des Jahres bittet der Prinzregent auch am 1. Januar 1900 Gäste an seine Tafel: Der Theresienorden-Ehrendame Lady Blennerhassett sowie dem Universitätsprofessor und Generalarzt Obermedizinialrat Dr. Ottmar Angerer wird diese Ehre zuteil.

Zum Jahresanfang der kgl. bayr. Haupt- und Residenzstadt gehört natürlich der Neujahrsempfang für das in München akkreditierte diplomatische Corps. Im Thronsaal der Residenz empfängt der Prinzregent den Nuntius für Deutschland, Monsignore Dr. Sambucetti; den französischen Geschäftsträger Graf d'Aubigny; den britischen Militärresidenten Drummond; die außerordentlichen Gesandten von Österreich-Ungarn; Graf Zichy von Rußland; Baron von Rosen und von Italien; die Gesandten von Persien, Spanien, Belgien, den Niederlanden, der Schweiz, Portugals sowie Schweden-Norwegens. Und dazu kommen noch die außerordentlichen Gesandten der deutschen Bundesstaaten, Sachsen, Württembergs und Badens – in feierlichem Zeremoniell spielt Bayern eine Rolle, die schon verloren ist.

Zukunftsläuten

Zu denen, die im Laufe des eben beginnenden Jahres nach München zuziehen, gehört der in Simbirsk geborene 30jährige Wladimir Iljitsch Uljanow, der sich in der Kaiserstraße 52 einmietet. Wenn er die Stadt verläßt, wird er einen anderen Namen tragen: Lenin. Eine neue Zeit wirft ihren Schatten voraus.

In den Zeitungen wird Coniferen-Duft angeboten, der Liter für drei Mark, für den Fall, daß es im neuen Jahrhundert keine Bäume mehr geben sollte.

1900

Bauern ziehen in die Stadt

1. Dezember 1900. Bei einer im Deutschen Reich durchgeführten Volkszählung werden in Bayern 6 176 057 Einwohner erfaßt. Im Zuge der fortschreitenden Industrialisierung weisen die städtischen Zentren das größte Bevölkerungswachstum auf.

Seit 1871, als 4,9 Mio Bayern gezählt wurden, haben das Erlöschen von Massenseuchen wie Pocken und Typhus sowie der Rückgang der Säuglingssterblichkeit zu einer Zunahme der Bevölkerung beigetragen. Die Entwicklung von Industrie und Gewerbe in den großen Städten bewirkt seit 1880 eine Massenabwanderung aus den ländlichen Regionen. München ist mit rund 500 000 Einwohnern die größte Stadt Bayerns. Es folgt Nürnberg, das 1880 die zweite Großstadt des Königreichs wurde. 1908 überschreitet auch Augsburg die Grenze von 100 000 Einwohnern.

Im Bayerischen Wald, im Fichtelgebirge und in der Oberpfalz veröden dagegen um die Jahrhundertwende ganze Ortschaften, deren Bewohner zum Arbeiten in die Industriestädte ziehen. Gutsbesitzer kaufen die brachliegenden Felder, Weiden und Wiesen samt dazugehörigen Dörfern und lassen die Parzellen wiederaufforsten. Lebten 1870 noch 60 % der Bevölkerung von der Land- und Forstwirtschaft, so sind es 1907 nur noch 40,1 %.

1. FC Nürnberg gegründet

4. Mai 1900. Eine Gruppe von Gymnasiasten, die bereits seit ein paar Jahren Fußball spielt, gründet den 1. Fußball-Club Nürnberg. Auch in anderen Städten Bayerns und Frankens wird bereits Fußball gespielt, z. B. beim ebenfalls in diesem Jahr gegründeten FC Bayern München, der neben dem 1. Münchener FC von 1896 einer der ersten speziellen Fußballclubs der Stadt ist; auch im TV 1860 München gibt es eine Fußball-Abteilung.

Die wenig später gegründete Spielvereinigung Fürth 1903 zählt zusammen mit Bayern München und Nürnberg bald zu den erfolgreichsten der Region. Als Mitglieder des Verbandes Süddeutscher Fußball-Vereine gehören die bayrischen Clubs auch dem am 28. Januar 1900 in Leipzig gegründeten Deutschen Fußball-Bund an und nehmen, sofern sie sich in ihrer Verbandsliga qualifizieren, an den Ausscheidungskämpfen um die seit 1902/03 ausgetragene Deutsche Fußballmeisterschaft teil.

Die Spielverhältnisse sind in den ersten Jahren des Fußballsports nicht immer rosig. So müssen die Nürnberger in einem ihrer ersten Spiele auf einem regelrechten Acker antreten, den die gegnerische Mannschaft aus Bamberg als Spielfeld benutzt.

Der aus England kommende Sport begeistert besonders die Jugendlichen, meist Schüler und Lehrlinge.

Revolutionär Lenin im Münchner Exil

6. September 1900. Nach dreijähriger Verbannung in Sibirien trifft der russische Revolutionär Wladimir I. Uljanow auf der ersten Station seiner Emigration in München ein. Unter dem Decknamen Meyer quartiert er sich zusammen mit seiner Frau N. K. Krupskaja illegal bei einem sozialdemokratischen Gastwirt namens Rittmeyer in München-Schwabing ein. Kurz darauf nimmt Uljanow den Namen Lenin an. Von München aus gibt er die Exilzeitschrift »Iskra« (Funke) heraus. Ebenfalls in München entsteht Lenins berühmte Schrift »Cto delat?« (Was tun?). Zwei Jahre später reist der Revolutionär nach London weiter.

Gedenktafel an Lenins Domizil (bis 1901) in München-Schwabing

Wilhelm Leibl tot

4. Dezember 1900. *In Würzburg stirbt im Alter von 56 Jahren der Maler Wilhelm Leibl, einer der bedeutendsten Vertreter des Realismus in Deutschland. In seinen Werken strebte Leibl nach äußerster Vollendung auch der kleinsten Einzelheiten; die Ausführung nur weniger Quadratzentimeter galt ihm als ausreichendes Pensum für mehrere Monate. Leibl, Schüler der Münchner Akademie, siedelte zwischenzeitlich nach Paris über. Ab 1873 lebte er in Oberbayern, wo er sein Hauptthema, den bäuerlichen Menschen (Abb.), fand.*

13. 4. Das Münchner Kabarett »Elf Scharfrichter« feiert im umgebauten Paukboden der Gaststätte »Zum goldenen Hirschen« seine Premiere. →

Mai. Gemeinsam mit anderen Malern gründet Wassily Kandinsky in München die Künstlergruppe »Phalanx«, um das eher konservative Kunstpublikum der Stadt für moderne Kunst zu interessieren.

14. 8. Der Franke Gustav Weißkopf startet im US-Bundesstaat Connecticut zum ersten Motorflug der Welt. →

20. 8. Das Münchner Prinzregententheater wird eröffnet. →

Oktober. Der in München lebende Schriftsteller Thomas Mann veröffentlicht seinen ersten Roman »Buddenbrooks. Verfall einer Familie«. →

25. 11. Unter der Leitung des Komponisten wird in München die vierte Symphonie von Gustav Mahler uraufgeführt.

1901. Die Ludwigstraße in München erhält einen Asphaltbelag, da der Verkehr ein festes Straßenpflaster erfordert.

1901. Die von dem Architekten Theodor Fischer entworfene Erlöserkirche in München-Schwabing wird fertiggestellt.

1901. Der Komponist Max Reger zieht nach München. 1905/06 lehrt er an der Münchner Akademie der Tonkunst.

1901. Begeisterung und Entrüstung im Publikum begleiten den Auftritt der ersten Barfußtänzerin der Welt, Isadora Duncan, in München.

GESTORBEN:

10. 2. München: Max von Pettenkofer (*3. 12. 1818, Lichtenheim bei Neuburg an der Donau), Hygieniker, Begründer der experimentellen Hygiene.

27. 4. München: Adolph von Pretzschner (*15. 8. 1820, Würzburg), bayerischer Staatsminister, Minister des Handels und der öffentlichen Arbeiten 1865/66, Finanzminister 1866–1872, Ministerpräsident und Außenminister 1872–1880.

GEBOREN:

20. 1. Schweinheim: Hanns Seidel (†5. 8. 1961, München), CSU-Politiker, bayerischer Ministerpräsident.

17. 5. Auchsesheim bei Donauwörth: Werner Egk (†10. 7. 1983, Inning am Ammersee, Komponist.

22. 11. Ingolstadt: Marieluise Fleißer (†2. 2. 1974, Ingolstadt), Schriftstellerin.

5. 12. Würzburg: Werner Heisenberg (†1. 2. 1976, München), Physiker.

Gustav Weißkopf (1. v. r., mit Tochter Rose) vor Nr. 21, mit der er zum ersten Motorflug der Welt startete

Historischer Motorflug eines Franken

14. August 1901. Ein Reporter des »Sunday Herald« ist Augenzeuge, als Gustave Whitehead mit seinem Eindecker Nr. 21 in die Luft geht und in einer Höhe von 12 bis 15 m etwa eine halbe Meile weit fliegt. Nach etwa zehn Minuten landet Whitehead – der 1874 als Gustav Weißkopf in Leutershausen bei Ansbach geboren wurde – sicher wieder auf dem Boden: Der Franke mit dem anglisierten Namen hat den ersten Motorflug der Welt absolviert. Doch obwohl am 19. August auch der »New York Herald« über diesen Flug berichtet, gerät der Mann aus Leutershausen in Vergessenheit.

Schon drei Jahre zuvor hob Weißkopf in seinem Wohnort Bridgeport im US-Bundesstaat Connecticut vom Boden ab, doch ein Mietshaus beendete den Flug. Freunde stifteten Geld und so konnte der Franke seine elf Meter breite, von einem selbstkonstruierten Vierzylinder-Acetylen-Motor angetriebene Nr. 21 bauen. Und mit ihr gelingt jener Flug, der dem »Sunday Herald« immerhin eine Sonderseite wert ist.

Am 17. Januar 1902 absolviert Weißkopf mit seiner Nr. 22 einen weiteren Flug. Er führt ihn von Bridgeport über den Long Island-Sund, hin und zurück, 25,2 km insgesamt. Bei der Landung treibt der Wind den Aviatiker allerdings wieder zurück übers Wasser. Dort versinkt die von zwei

Der aus Leutershausen bei Ansbach stammende Flugpionier Gustav Weißkopf mit einem von ihm entwickelten und gebauten Hubschrauber

Fotografie des jungen Gustav Weißkopf (Gustave Whitehead), um 1900

Motoren betriebene Maschine im Wasser. Und mit dem Flugzeug versinken die Hoffnungen des Mechanikus, der sein ganzes kleines Spargeld in die Erfindung gesteckt hat. Als er 1927 stirbt, hinterläßt er acht Dollar und etliche Papiere auf einem Speicher, deren Entdeckung Jahrzehnte später auch zur Entdeckung des Flugpioniers Weißkopf und seines historischen Fluges führt.

Den Ruhm aber, die ersten Motorflieger der Welt zu sein, verdienten sich die Brüder Orville und Wilbur Wright durch einen Flug bei Kitty Hawk am 17. Dezember 1903, mehr als zwei Jahre nach Whiteheads Flug. Von dessen Flug, so heißt es, darf nicht gesprochen werden, da die Wright-Erben eifersüchtig über den vermeintlichen Erstflugtitel ihrer Vorfahren wachen.

Auffahrt von Pferdekutschen zur Eröffnung des neuerbauten Prinzregententheaters am 20. August 1901

Neues Festspielhaus in München eröffnet

20. August 1901. Das Prinzregententheater auf der Bogenhausener Höhe in München wird mit den »Meistersingern« von Richard Wagner eröffnet. Mit einem finanziellen Aufwand von rund 3 Mio Mark erbaut, verfügt die Landeshauptstadt nun über ein Theater, das vor allem der Pflege wagnerianischer Musik dienen soll.

Unter der Regentschaft des Prinzen Luitpold wurde mit diesem Richard-Wagner-Haus ein Plan realisiert, der schon die Baumeister König Ludwigs II. beschäftigte und nun von Max Littmann ausgeführt werden konnte. Dieses Bauvorhaben des Prinzregenten wurde von weiten Teilen des Bürgertums unterstützt. Sein Plan, mit diesem Theaterneubau den Ruf Münchens als bayerische Kulturmetropole zu bekräftigen, fand in der Bevölkerung weiterhin große Zustimmung.

Theaterintendant Ernst von Possart, der sich ohnedies ein weiteres Theater wünschte, schlug 1899 vor, an der Verlängerung der Prinzregentenstraße ein Wagner-Theater zu bauen. Und am 16. Dezember 1899 wurde mit einem Startkapital von 800 000 Mark die Prinzregenten-Theater GmbH gegründet.

Der Architekt Max Littman nahm sich das Bayreuther Festspielhaus zum Vorbild und ließ die Firma Heilmann und Littmann den auf 1208 Plätze ausgelegten Bau ausführen. Am 27. April 1900 begannen dann die Arbeiten an dem Theaterbau.

Eine zur Eröffnungsfeier an die zahlreichen Festgäste verteilte Broschüre, von der Schriftstellerin Alexandra Braunschild verfaßt, schildert euphorisch die architektonische Leistung des Baumeisters: »Ein Theater zu schaffen, das nicht nur ein beliebiger Prunkbau mehr war, das eine künstlerische Tat, eine Höhenmarke des architektonischen Könnens unserer Zeit bedeutet, die Idee des antiken Amphitheaters, welche große Baumeister und der größte Bühnenautor des verflossenen Jahrhunderts erfolgreich aufgegriffen hatten, weiter zu entwickeln, ... zu monumentalisieren, wie Wagner es geahnt – das war eine Aufgabe nach dem Herzen Max Littmanns ... Mit Hochgefühl sah er das reiche Feld der Erfindung, das nach Wagners Worten im Theater der Zukunft liegt, offen stehen und sich berufen, die stark pulsierende eigene Kraft darin zu messen.«

Thomas Mann

Verleger Fischer

Die Erstausgabe der »Buddenbrooks«

Oktober 1901. Im Berliner Verlag S. Fischer erscheint in zwei Bänden der 1100 Seiten lange Roman »Buddenbrooks« von Thomas Mann.

Seit 1894 lebt der Autor, ein Lübecker Senatorensohn, in München, wo er im Mai 1900, 25jährig, dieses Werk vollendete. Er beschreibt darin den Niedergang einer großbürgerlichen Kaufmannsfamilie in den Jahrzehnten zwischen 1835 und 1877. Obwohl der Name Lübeck nicht genannt wird, weiß jedermann, daß diese Stadt gemeint und daß die Familie Mann das Vorbild ist. Einem Freund, der eine Rezension schreiben will, empfiehlt der Autor: »...betone, bitte, den deutschen Charakter des Buches. Tadle ein wenig die Hoffnungslosigkeit und Melancholie des Ausgangs.«

Die »Buddenbrooks« sind einer der wenigen Romane von hohem Rang, die schnell berühmt wurden und seither zu den meistgelesenen Werken der deutschen Literatur gehören.

Umschlag für die zweibändige Leinenausgabe der »Buddenbrooks«

Der steile, amphitheatralisch gestaffelte Zuschauerraum des Prinzregententheaters mit seiner Ornamentik im Neurenaissancestil

Eine Karikatur des »Simplicissimus«-Zeichners Ernst Stern beschreibt das Treiben im »Cafe Größenwahn«, dem Treffpunkt der »Scharfrichter« (1902)

Kabarett »Elf Scharfrichter«

13. April 1901. Das politisch-literarische Kabarett »Elf Scharfrichter« feiert in der Münchner-Türkenstraße im umgestalteten Paukboden der Gaststätte »Zum goldenen Hirschen« Premiere. Dreimal pro Woche führen die »Scharfrichter« ein monatlich wechselndes Programm auf,

Mitglieder der »Scharfrichter« (1. v. l., Frank Wedekind)

das im wesentlichen aus Brettlliedern, Kunstliedern und Chansons u. a. von Otto Julius Bierbaum, Ludwig Thoma und Hanns von Gumppenberg besteht. Daneben kommen auch satirische Einakter zur Aufführung, die z.T. von Mitgliedern des Ensembles geschrieben werden.

Zu der zwölfköpfigen Kabarett-Truppe gehört als einzige Frau die Chansonniere Marya Delvard. Die elf männlichen Kabarettisten treten unter »Scharfrichternamen« auf; der Journalist Marc Henry als Balthasar Starr, der Lyriker Leo Greiner als Dionysius Tod, der Regisseur Otto Falckenberg als Peter Luft, der Komponist Richard Weinhöppel als Hannes Ruch, der Architekt Max Langheinrich als Max Knax, der Rechtsanwalt Robert Kothe als Frigidius Strang, der Maler Ernst Neu-

marn als Kaspar Beil, der Bildhauer Wilhelm Hüsgen als Till Blut, der Schriftsteller Willy Rath als Willibaldus Rost, der Maler Willi Örtel als Serapion Grab und der Grafiker Viktor Frisch als Gottfried Still.

Otto Falckenberg, Leo Greiner und Marc Henry hatten nach langen Diskussionen über die »Elf Scharfrichter« Anteilscheine an Münchner Mäzene verkauft, um die finanziellen Mittel zur Einrichtung einer eigenen Bühne zu bekommen. Am Eingang zum Zuschauerraum, der über 100 Sitzplätze verfügt, steht als Wahrzeichen der »Elf Scharfrichter« ein »Schandpfahl«, ein Totenkopf mit Perücke, in dem ein Beil steckt. Im Herbst 1904 wird das vielbeachtete und beliebte Kabarett, das ständig in finanziellen Schwierigkeiten steckt, aufgelöst.

21. 2. In Augsburg wird der Müller und Schreiner Mathias Kneißl mit dem Fallbeil hingerichtet. →

22. 2. Am Münchner Schauspielhaus wird das Drama »So ist das Leben« von Frank Wedekind uraufgeführt.

10. 8. Mit einer Spende für den Kunstetat des Prinzregenten sorgt Kaiser Wilhelm II. in Bayern für einen Eklat. →

13./14. 9. In München tagt die zweite Konferenz der sozialdemokratischen Frauen.

24. 9. Die Polizeidirektion München genehmigt dem gelernten Schriftsetzergehilfen Ferdinand Weißheitinger vom Oberanger den Auftritt als Sänger bei der Singspielgesellschaft Ernst Karl. Weißheitinger wird später als Weiß Ferdl zum populärsten Volkssänger der Stadt. →

19. 10. Die Trabrennbahn München-Zamdorf (später Daglfing) wird eröffnet. Am 21. Juni des Jahres war der Münchner Trabrenn- und Zuchtverein gegründet worden.

1902. Die seit 1900 in München lebende Schriftstellerin Ricarda Huch veröffentlicht den Roman »Aus der Triumphgasse. Lebensskizzen« mit Buchschmuck von Heinrich Vogeler.

1902. In der Wertach-Vorstadt, einem Augsburger Arbeiterviertel, gibt es eine gutgehende Hundeschlachterei und mehrere Pferdeschlachtereien.

1902. Ein Autounfall am Stiglmayerplatz in München »bei dem rasenden Tempo von 12 km pro Stunde« erregt die Bevölkerung der Stadt.

1902. Auf dem Münchner Oktoberfest wird erstmals ein Hippodrom von Carl Gabriel aufgestellt. Ein Umritt, der etwa fünf Minuten dauert, kostet 50 Pf.

1902. Zuchtstiere, die der Zuchtverband für oberbayerisches Alpenfleckvieh Miesbach nach Windhuk in Südwestafrika geschickt hat, werden vom Empfänger als »sämtlich gebaut« gelobt.

GESTORBEN:

12. 3. München: Georg Hummel (* 1. 12. 1856, Moosburg/Oberbayern), Elektrotechniker (»Hummel-Schaltung« bei Wechselstromzählern).

GEBOREN:

19. 6. Helmbrechts/Oberfranken: Ernst Heimeran († 31. 5. 1955, Starnberg), Schriftsteller und Verleger.

1. 11. Babenhausen/Unterallgäu: Eugen Jochum († 26. 3. 1987, München), Dirigent.

Der Räuber Kneißl wird hingerichtet

21. Februar 1902. Mathias Kneißl, der im Volk allgemein unter dem Namen »Räuber Kneißl« bekannt ist, wird um 7 Uhr morgens in Augsburg hingerichtet.

In Unterweikertshofen bei Dachau war Kneißl am 4. August 1875 geboren worden. Seine Familie kam immer wieder mit dem Gesetz in Konflikt, und mit 17 Jahren war der Hiasl erstmals im Gefängnis. Trotz guter Vorsätze fand er aus dem Unrecht nicht mehr heraus; im März 1901 tötete er ohne Vorsatz zwei Gendarmen.

Der Hinrichtung ging ein Brief des Königlich-Bayrischen Oberlandesgerichtsrats Rebholz voraus, der seinen Minister dringend ersuchte, das über Kneißl verhängte Todesurteil nicht vollstrecken zu lassen. Die zwölf Geschworenen hätten in dem Verfahren, dem er, Rebholz, vorgestanden, ein Fehlurteil gesprochen. Der Minister lehnte ab.

Obwohl die Guillotine Kneißls Leben an einem Freitag ein Ende bereitete, geht in Bayern die Rede um: »Die Woch' geht scho guat a', hat der Kneißl g'sagt, wies' 'n am Montag köpft ham.« Bald schon singt das Volk auch das vielstrophige Kneißl-Lied:

I bi vo Weikatshofa,
I sag's ganz unscheniert,
Mei Vata war a Müller,
Da Paschkoliniwirt.
Mei Muatta war a Zweigerl
Vom Paschkolini-Kern,
Sie liabt bis heut no allerweil
Die junga Burschn gern...

M. Kneißl, Bayerns berühmtester Räuber, kurz vor seiner Exekution

1903

Weiß Ferdl darf öffentlich singen

24. September 1902. Die Königlich Bayerische Polizeidirektion München arbeitet schnell. Der 18jährige Altöttinger Schriftsetzergehilfe Ferdinand Weißheitinger vom Oberanger 10/III bekommt die Erlaubnis, als Sänger bei der Singspielgesellschaft Ernst Karl aufzutreten, die erst am Tage zuvor von ihm beantragt worden war.

Da Weißheitinger eine schöne, an der Salzburger Domsingschule ausgebildete Stimme hat und überdies auch noch Noten lesen kann, darf er bald schon aus der neunköpfigen Singspielgesellschaft hervortreten und Solonummern vortragen.

Das bringt zunächst zwar nur sehr kleine Gagen, aber bald schon wird aus dem Weißheitinger Ferdinand, der nach seiner Militärdienstzeit zum Ensemble der »Münchner Meistersänger« wechselt, der Weiß Ferdl, Münchens legendärer Volkssänger. Zu seinem Programm gehören Lieder und humoristische Nummern, die – in Wirtshäusern wie etwa dem »Platzl« vorgetragen – vor allem ein kleinbürgerliches Publikum erfreuen.

Skandal um Spende für Prinzregenten

10. August 1902. Die bayerischen Zentrumsabgeordneten kürzen 100000 Mark aus dem Kunstetat des Prinzregenten. Kaiser Wilhelm II. erfährt von dem Vorgang und schickt von Swinemünde aus ein Telegramm an den Prinzregenten: »Ich eile, Meiner Empörung Ausdruck zu verleihen über die schnöde Undankbarkeit ... Zugleich bitte ich Dich, die Summe, die Du benötigst, Dir zur Verfügung stellen zu dürfen«.

Nach dem Motto »Tu Gutes und sprich darüber« hatte der Hohenzoller seine »Swinemünde-Depesche« gleichzeitig dem Prinzregenten in München und dem Wolffschen Telegrafen-Bureau in Berlin zukommen lassen. So wußten bald alle, welch spendabler Herr der Kaiser sei.

Nur: Die Mehrheit im bayerischen Landtag war dadurch brüskiert worden, sie sah in der zugesagten Geldüberweisung eine Beleidigung und eine Mißachtung der bayerischen Souveränität. Der 81jährige Wittelsbacher telegrafierte, er danke sehr, er habe das Geld aber inzwischen »durch den Edelsinn eines Meiner Reichsräte« erhalten.

Café Größenwahn – Treffpunkt der Bohème

Schwabing, früher ein Bauerndorf und erst 1890 nach München eingemeindet, ist um die Jahrhundertwende Zentrum eines kulturellen Aufbruchs, des Jugendstils. Aus dem ganzen Deutschen Reich ziehen angehende Genies in den Norden der bayerischen Metropole. Mittendrin, gleichsam als geistiger Mittelpunkt, liegt das »Wiener Café Stefanie«, nach einer verbreiteten Stimmung unter seinen Besuchern auch Café Größenwahn genannt. Hier, an der Ecke Amalien-/Theresienstraße, trifft sich eine bunt zusammengewürfelte Bohème, Literaten, Schauspieler, Modedandys und ihresgleichen. »Simplicissimus«-Zeichner Ernst Stern widmet dem Kaffeehaus 1902 eine Zeichnungsfolge (Abb.).

1. 3. Freiherr Clemens von Podewils-Dürnitz wird neuer bayerischer Ministerpräsident und Außenminister als Nachfolger des zurückgetretenen Friedrich Krafft von Crailsheim. →

1. 5. Kathi Kobus eröffnet in der Türkenstraße 57 in München-Schwabing die Künstlerkneipe »Neue Dichtelei«. Das Lokal wird wenig später in »Simplicissimus«, kurz »Simpl«, umgetauft. →

16. 6. Bei den Wahlen zum elften Deutschen Reichstag erringen die Sozialdemokraten 81 Mandate und bilden die zweitstärkste Fraktion. →

27. 11. Die Oper »Die neugierigen Frauen« von Ermanno Wolff-Ferrari wird in München uraufgeführt. →

1903. Auf Initiative des Ingenieurs Oskar von Miller wird in München das Deutsche Museum von Meisterwerken der Naturwissenschaft und Technik gegründet (→ 7. 5. 1925).

1903. Paul Nikolaus Cossmann, Wilhelm Weigand und Josef Hofmiller gründen die Zeitschrift »Süddeutsche Monatshefte«, die von 1904 bis 1936 erscheint. →

1903. Die Aufführung von Szenen aus Arthur Schnitzlers »Reigen« durch den Akademisch-Dramatischen Verein im Kaim-Saal in München verursacht einen Theaterskandal. Der Verein wird verboten.

1903. Unter der Leitung von Ernst Schrumpf wird das Volkstheater an der Josefspitalstraße in München mit Friedrich von Schillers »Kabale und Liebe« eröffnet.

1903. Die 1893 gegründete Elektrizitäts AG vorm. Schuckert & Co fusioniert mit dem Berliner Siemens Konzern zur Siemens-Schuckert AG mit Sitzen in Nürnberg und Berlin.

1903. Im Volkspark Nymphenburg wird zum erstenmal ein Motorradrennen ausgetragen.

1903. Zum bislang größten deutschen Turnfest kommen etwa 30 000 Teilnehmer nach Nürnberg.

1903. In Bayern werden Frauen zum Hochschulstudium aller Fachrichtungen zugelassen. →

GEBOREN:

2. 2. München: Eugen Kogon (†24. 12. 1987, Falkenstein bei Frankfurt/Main), Publizist und Politikwissenschaftler.

14. 2. München: Fritz Büchtger (†26. 12. 1978, Starnberg), Komponist.

21. 6. München: Alois Johannes Lippl (†8. 10. 1957, Gräfelfing bei München), Schriftsteller.

Ministerpräsident reicht Rücktritt ein

1. März 1903. Als Nachfolger für den zurückgetretenen Friedrich Krafft von Crailsheim ernennt Prinzregent Luitpold den bisherigen Minister für Kirchen- und Schulangelegenheiten, Freiherr Clemens von Podewils-Dürnitz, zum Vorsitzenden des bayerischen Ministerrats, neuen Ministerpräsidenten und zum neuen Außenminister.

Hintergrund für den Rücktritt Crailsheims sind Auseinandersetzungen zwischen Ministerrat und bayerischem Landtag über die Bewilligung von Finanzmitteln für den Erwerb von Kunstschätzen durch den Prinzregenten.

Friedrich Krafft von Crailsheim, seit 1890 als Nachfolger von Johann von Lutz als Vorsitzender im bayerischen Ministerrat, hatte während seiner Amtszeit eine Sammlungspolitik betrieben. Er hatte versucht, die im Zuge der gesellschaftlichen Veränderungen des ausgehenden 19. Jh. entstandenen weltanschaulichen Spannungen durch eine Zusammenarbeit mit dem Zentrum und den Liberalen abzudämpfen, um die anstehenden wirtschaftlichen und sozialen Probleme zu lösen.

Crailsheim, der schon 1880 zum Minister des Äußeren in Bayern berufen wurde, war während seiner Tätigkeit im bayerischen Staatsdienst u. a. mit der Aufgabe befaßt worden, König Ludwig II. von der Feststellung seiner Regierungsunfähigkeit zu unterrichten.

Bayerns SPD erhält vier Reichstagssitze

16. Juni 1903. Die ersten Reichstagswahlen unter der Kanzlerschaft des Grafen Bernhard von Bülow bringen der Sozialdemokratie bei einem Stimmenanteil von 31,7 % 81 Mandate, statt bisher 56.

Vier SPD-Sitze gehen an Vertreter bayerischer Wahlkreise, an den Münchner Gastwirt Georg von Vollmar, den Tapezierer Franz-Josef Erhardt aus Ludwigshafen, an Georg Birk, Gastwirt und Druckereibesitzer aus München und an Albert Südekum, Redakteur der »Fränkischen Tagespost« in Nürnberg. Stärkste Fraktion im Reichstag bleibt das Zentrum mit 100 Abgeordneten, von denen 30 aus bayerischen Wahlkreisen stammen.

Literarische Zeitschriften in München

Das rege geistige Leben, das sich um die Jahrhundertwende entfaltet, trägt in München zur Gründung einer Vielfalt von Zeitschriften für Kunst, Literatur und Politik bei. Unter den zahllosen Neugründungen entwickeln sich einige, die für den Zeitgeist des beginnenden 20. Jh. bestimmend werden.

Dazu zählt die im Oktober 1903 von Carl Muth gegründete Zeitschrift »Hochland«. Als Organ der seit Mitte des 19. Jh. und insbesondere seit dem von Kirche und Staat ausgetragenen Kulturkampf kaum repräsentierten katholischen Stimme nimmt diese Zeitschrift eine Sonderstellung ein. Der Herausgeber Muth bemüht sich mit Erfolg, die katholische Dichtung und Kritik aus dem Ghetto herauszuführen, in das die katholische Kirche seit den 70er Jahren des 19. Jahrhunderts geraten war. Politisch verbindet sich mit dieser Entwicklung der Aufschwung der bayerischen Zentrumspartei, die 1887 aus der Patriotenpartei hervorging. Ist es auch die Absicht Carl Muths, die »Wiedergeburt der Dichtung aus dem religiösen Erlebnis« zu bewirken, so bleibt doch die Literatur gegenüber der Kultur- und Kunstkritik zurück.

Eine weitere bedeutende Zeitschrift, in der besonders die Bereiche Politik und Kultur große Beachtung finden, bildet die Reihe der »Süddeutschen Monatshefte«. Ihre Gründer Paul Nikolaus Cossmann, Wilhelm Weigand und Josef Hofmiller beeinflussen mit dieser von 1903 bis 1931 herausgegebenen Publikation maßgeblich das deutsche Geistesleben und entwickeln die Zeitschrift zu einem Forum bald bekannter Autoren. Neben Artikeln aus Politik und Wirtschaft enthalten die »Süddeutschen Monatshefte« Literatur- und Kunstbeiträge, literarische Essays und erzählende Prosa. Zu den bekanntesten Herausgebern gehören im Laufe der Jahre Friedrich Naumann, Hans Pfitzner, Hans Thoma und Karl Alexander von Müller.

Bezeichnend für den Charakter der um die Jahrhundertwende publizierten Schriftenreihen ist ihr zumeist sehr ausgeprägter Zuschnitt auf festgelegte Zielgruppen. So gibt Ferdinand Avenarius im Jahr 1887 zunächst im Selbstverlag, ab 1894 dann bei dem Verleger Georg Callwey in München den »Kunstwart«, ein »Bildungsblatt für das mittlere Bürgertum«, heraus. Diese Halbmonatszeitschrift,

die bis 1923 erscheint, versteht sich als »Rundschau über alle Gebiete des Schönen«, betont ihre bürgerliche Haltung und pflegt das Erbe der deutschen Klassik. Vielen dieser Zeitschriften ist gemeinsam, daß sie eine Verbindung zur bildenden Kunst und zum Kunsthandwerk auch in ihrem Erscheinungsbild dokumentieren. Große Bedeutung hat dabei eine erlesene, inhaltsbezogene Ausstattung, in der Schrift, Satzbild, Illustrationen, Papier und Einband eine untrennbare Einheit bilden.

Als herausragende Beispiele solch kunstvoller Zeitschriften gelten die nur in Kleinstauflagen vertriebenen Reihen »Hyperion« (→ 1909), deren literarischer Teil von Franz Blei betreut wird, oder der »Zwiebelfisch« (→ 1909), eine »Zeitschrift über Bücher und andere Dinge«. Namhafte Autoren leihen all diesen Schriften ihre Stimme; so etwa Max Brod, Wilhelm Busch, Hermann Hesse, Hugo von Hofmannsthal, Erich Mühsam, Frank Wedekind, Ludwig Thoma u. a. Deshalb können diese Publikationen mit Recht für sich in Anspruch nehmen, die zeitgenössische Literatur des deutschen Sprachbereichs zu repräsentieren.

Medizinstudium auch für Frauen erlaubt

1903. In Bayern werden Frauen zum Hochschulstudium für alle Fächer zugelassen. Seit 1873 gibt es an Bayerns Universitäten bereits Studentinnen, das Studium der Medizin war ihnen jedoch bisher untersagt. Die Frage, ob Frauen gleichberechtigt zum akademischen Hochschulstudium zugelassen werden sollten, ist um die Jahrhundertwende heftig umstritten. Insbesondere die Vorstellung, angehende Medizinerinnen könnten gemeinsam mit männlichen Kommilitonen die Funktionsweise des menschlichen, auch des männlichen Körpers studieren oder gar unbekleidete Leichen sezieren, gibt Anlaß zur Besorgnis. Oft wird die sittliche und moralische Gefährdung beschworen, die in der Verbindung von Frauen und Medizin zu liegen scheint.

Der durch die Industrialisierung bewirkte soziale Wandel verändert jedoch auch die Stellung der Frau. Zahlreiche Landfrauenvereine, die in den 90er Jahren des 19. Jh. gegründet wurden, setzen sich für die Anerkennung der volkswirtschaftlichen Bedeutung der Land- und Hausfrauenarbeit ein. Zahlreiche bürgerliche Frauenvereinigungen in den Großstädten kämpfen für eine bessere Mädchenbildung und das Frauenwahlrecht.

Kathi Kobus eröffnet Künstlerlokal »Simpl«

1. Mai 1903. Die ehemalige Kellnerin der Münchner Künstlerkneipe »Dichtelei«, Kathi Kobus, eröffnet in der Türkenstraße 57 in Schwabing die »Neue Dichtelei«. Das Lokal wird wenig später nach der gleichnamigen satirischen Zeitschrift in »Simplicissimus« umgetauft; seine Freunde nennen es nur kurz »Simpl«.

Zu den Gästen zählen Max Dauthendey, Hanns von Gumppenberg und Frank Wedekind. Die Wirtin honoriert anfangs die spontan bei ihr auftretenden Künstler mit Speisen und Getränken, später geht sie zu festen Engagements über, die sie teils in Naturalien, teils mit Geld entlohnt. 1912 zieht sich Kathi Kobus mit einem Reingewinn von 800 000 Goldmark vorübergehend vom »Simpl« zurück, steigt aber nach dem Ersten Weltkrieg erneut ein.

Die liebevoll »Simpl« abgekürzte Kneipe »Simplicissimus« von Kathi Kobus war seit 1903 ein beliebter Treff für Künstler aller Richtungen.

Premierenerfolg für Wolf-Ferrari-Oper

27. November 1903. Im Münchner Residenztheater wird die Oper »Die neugierigen Frauen« von Ermanno Wolf-Ferrari unter der Leitung von Hugo Reichenberger uraufgeführt. Das leicht beschwingte Musikwerk wird zu einem Publikumserfolg, der auch von der Fachkritik begeistert aufgenommen wird.

Die Handlung der Oper basiert auf einer Komödie des venezianischen Dichters Carlo Goldoni (1707–1793). Als sich einige venezianische Bürger zusammenschließen und häufige Treffen veranstalten, erwecken sie das Mißtrauen ihrer Gattinnen. Mit allerlei Intrigen verschaffen sie sich Zutritt und beobachten zunächst unbemerkt eine Zusammenkunft. Diese stellt sich als harmloses Essen heraus. Als die Frauen entdeckt werden, endet die Oper in einem heiteren Fest.

1904

Vor dem Münchner Hauptbahnhof beherrschen noch die Pferdedroschken das Bild des Straßenverkehrs

Verkehrsministerium eingerichtet

1. Januar 1904. Clemens Graf von Podewils-Dürnitz holt, gleichsam als Nachzügler, einen weiteren Mann in sein Kabinett, dessen andere Minister er bereits 1903 berufen hatte. Der neue Minister ist der linksliberale Heinrich von Frauendorfer. Ihm, einem in Eisenbahnfragen erfahrenen Ministerialbeamten, wird das durch eine Verordnung vom 14. Dezember 1903 gegründete Staatsministerium für Verkehrsangelegenheiten übertragen.

Der Ausbau des Eisenbahnnetzes und des Postwesens im 19. Jahrhundert hat viele technische und soziale Probleme geschaffen, die das Parla-

Weichenstellerin für die Trambahn

ment immer wieder beschäftigen. Sie zu lösen, hatte es mancherlei Versuche gegeben, wobei die Kompetenzen immer wieder zwischen den Ministerien hin- und hergeschoben wurden.

Zunächst ist Frauendorfer, ein Oberpfälzer Lehrerssohn, zuständig für Eisenbahn, Post, Telegraphie und Schiffahrt; jedoch sehr bald überträgt man seinem Ministerium auch die Verantwortung für Handel und Gewerbe. Infolge der Verhärtung des politischen Klimas kritisieren die Konservativen schon bald Frauendorfers Konzilianz gegenüber der Eisenbahner-Gewerkschaft.

Leo Trotzki hält sich in München auf

August 1904. Leo Trotzki, russischer Revolutionär und späterer Gründer der Roten Armee, kommt zu einem knapp halbjährigen Aufenthalt nach München. Er trifft hier mit Alexander Israel Helphand zusammen, der sich als Mitarbeiter der Zeitschrift »Neue Zeit« einen Namen als marxistischer Theoretiker gemacht hat. Beide Männer stimmen in der Annahme überein, daß die russischen Arbeiter bei der Weltrevolution die Rolle der Avantgarde spielen müssen.

Im November/Dezember 1904 verfaßt Trotzki in München seine Schrift »Bis zum 9. Januar 1905«, eine Prophezeiung der revolutionären Ereignisse des folgenden Jahres.

Erster Lehrstuhl für Musikwissenschaften

1904. Der 1864 in Würzburg geborene Adolf Sandberger wird der erste Lehrstuhlinhaber für Musikwissenschaften an der Münchner Universität. Seit 1900 war Sandberger schon als außerordentlicher Professor in München tätig.

Adolf Sandberger, ein Schüler des Liechtensteiner Komponisten Joseph Rheinberger, der in Fachkreisen den Beinamen »Fugen-Seppl aus Vaduz« trägt, ist einer der Mitbegründer der akademischen Musikwissenschaften in Bayern. In seinen Forschungsarbeiten beschäftigt er sich u. a. mit den Komponisten Orlando di Lasso, Joseph Haydn, Wolfgang Amadeus Mozart und Ludwig van Beethoven.

BASF wird Mitglied im Chemie-Kartell

1904. Die Badische Anilin- & Soda-Fabrik (BASF) in Ludwigshafen tritt der im gleichen Jahr von dem Leverkusener Chemiker und Industriellen Carl Duisberg angeregten Interessengemeinschaft der deutschen chemischen Industrie, der IG-Farben, bei. Neben der BASF zählen die Frankfurter Hoechst Farbwerke AG und Bayer Leverkusen zu den bedeutendsten Unternehmen im IG-Farben Konzern.

Die BASF, 1865 in Mannheim von den Brüdern Clemm und F. Engelhorn gegründet, zählt neben der Maschinenfabrik Augsburg-Nürnberg (M.A.N.) zu den bedeutendsten bayerischen Unternehmen chemischer Industrie und Forschung.

Reinhard Piper gründet Verlag

19. Mai 1904. Ein neuer Verlag wird ins Handelsregister der Stadt München eingetragen; sein Gründer ist der 34jährige, in Mecklenburg geborene Reinhard Piper.

Mit 15 000 Mark Kapital hatte Georg Müller am 1. Oktober 1903 in der Münchner Königinstraße einen Verlag gegründet und Reinhard Piper, einen Kollegen aus Berliner Buchhandelstagen, als Gehilfen engagiert. Der aber hat 18 000 Mark und seine eigenen Pläne – auch er gründet in München einen Verlag.

Am 17. Februar 1904 bereits wird handschriftlich fixiert: »§ 1. Herr Georg Müller und Herr Reinhard Piper begründen eine Verlagsbuchhandlung unter der Firma R. Piper & Co…« Nur vier Monate nach dem Georg Müller Verlag ist damit in München ein weiterer Buchverlag gegründet. Zu der Zeit hat Piper bereits zwei Buchverträge. Er veröffentlicht von Arno Holz »Des berühmbten Schäffers Dafnis sälbst verfärtigte… Sämtliche Freß-, Sauff- und Venus-Lieder…« – Auflage 10 000, Ladenpreis 2 Mark gebunden, 1 Mark geheftet pro Band – sowie eine von Hermann Eßwein herausgegebene Buchreihe »Moderne Illustratoren« (mit Monographien über Thomas Theodor Heine, Henri Toulouse-Lautrec u. a.).

Von den Holz-Gedichten werden innerhalb kurzer Zeit drei Auflagen verkauft, der Start ist geglückt, in der Kasse ist Geld.

Reinhard Piper (l.) und Adolf Hammelmann (r.) beim 15jährigen Verlagsbestehen in der Römerstraße 1

Franz von Lenbach, Selbstbildnis mit Frau und Töchtern, 1903 (München, Lenbachhaus)

München trauert um Franz von Lenbach

6. Mai 1904. In München stirbt der »Malerfürst« Franz von Lenbach. Seinem Ansehen gemäß wird er mit großem Prunk zu Grabe getragen; die Stadt ist mit schwarzen Trauerfahnen beflaggt.

Lenbach, 1836 in Schrobenhausen (Oberbayern) geboren, gilt als einer der bedeutendsten Porträtisten seiner Zeit. Sein Werk, das er selbst auf 4000 Arbeiten schätzte, überliefert der Nachwelt eine einzigartige Bildnis-Chronik der zweiten Hälfte des 19. Jh. Der gelernte Baumeister verdiente bereits ab 1852 mit Gelegenheitsgemälden Geld: Er schuf Votivtafeln, Schützenscheiben und Porträts. 1857 kam er auf die Münchner Akademie und trat in das Atelier von Karl Theodor von Piloty ein.

Der Erfolg insbesondere seiner Bildnisse veranlaßte ihn 1867 zu dem Entschluß, künftig nur noch Porträts zu malen. Inzwischen hatte er auch seinen persönlichen Stil gefunden, der bald Schule machte: Lenbach pflegte alle Nebensächlichkeiten in ein dämmriges Halbdunkel zu hüllen, um so das allein von Licht umflossene Gesicht deutlicher hervorzuheben. Zu seinen bekanntesten Porträts zählen die rund 80 Bildnisse Otto von Bismarcks.

Franz von Lenbach: Der Hirtenknabe, 1859, datiert 1860 (München, Schackgalerie), entstanden unter dem Eindruck der ersten Italienreise

1905

»Lausbubengeschichten«

1905. Ludwig Thoma, Rechtsanwalt und Schriftsteller in München, veröffentlicht die Erzählungen »Lausbubengeschichten«.

Trotz des Untertitels »Aus meiner Jugendzeit« geht der Autor in den »Lausbubengeschichten« über die bloße Wiedergabe von Jugenderinnerungen hinaus. In zwölf, in der Ichform erzählten, nur lose verknüpften Episoden rechnet Thoma satirisch mit Autoritäten wie Gymnasialprofessoren und Amtsrichtern ab. Weder die spießige Verwandtschaft noch die Streber unter den Mitschülern werden von dem Lausbuben Ludwig verschont, »der gute

Der Schriftsteller L. Thoma, Verfasser der »Lausbubengeschichten«

Augen hat und mit seinen Ausdrucksmitteln schildert, wie er die Menschen sieht« (Thoma).

Eine der Geschichten beschreibt einen Religionslehrer, der seine Schüler gern »recht sanft« mit »ihr Kindlein« anspricht und deshalb »der Kindlein« genannt wird. Der Kindlein ahndet jedoch auch kleine Verfehlungen mit härtesten Strafen. Angesichts solcher Scheinheiligkeit beschließen Ludwig und seine Freund Fritz, daß sie »dem Kindlein etwas antun müssen«. Eine Gipsstatue des heiligen Aloysius, die der Kindlein mit großer Geste dem Gymnasium stiftet und die in der Stadtkirche aufgestellt wird, erscheint ihnen als Racheobjekt geeignet. Die Lausbuben werfen nachts das Kirchenfenster, unter dem die Statue steht, so geschickt ein, daß die Gipsnase des Heiligen zertrümmert wird. Der Kindlein läßt täglich für die Entdeckung der Übeltäter beten – »Es hat aber nichts geholfen, und niemand weiß etwas, bloß ich und der Fritz wissen es«, resümiert Ludwig.

Der besondere Reiz der »Lausbubengeschichten« liegt in der geschickten Verwendung der Mundart. Sprachliche Eigenheiten wie die »bayrische Verneinung« (»Ich habe doch gar kein Fenster nicht hineingeschmissen«) und die scheinbare Naivität des Tonfalls erzeugen eine mitreißende hintergründige Komik. 1907 erscheint eine Fortsetzung unter dem Titel »Tante Frieda. Neue Lausbubengeschichten«.

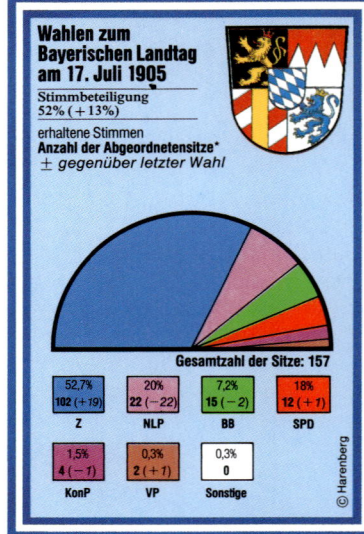

Wahlerfolg für SPD und Zentrumspartei

Juli 1905. Verlierer der Wahl zum bayerischen Landtag ist die liberale Fortschrittspartei. Sie büßt die Hälfte ihrer 44 Mandate ein und ist mit 22 Abgeordneten im neuen Landtag vertreten. Die Zentrumspartei bleibt mit 102 Mandaten, 19 mehr als im alten Landtag, stärkste Fraktion. Die Sozialdemokraten verbessern ihren Mandatsanteil gegenüber der letzten Landtagswahl um einen auf nunmehr zwölf Sitze. Die Wahl hatte ganz im Zeichen einer von Zentrum und SPD geforderten Wahlrechtsreform gestanden, die auf eine Abschaffung des indirekten Wahlrechts durch direkte Wahl der Abgeordneten zielte.

Armee-Museum

1905. *Nach fünfjähriger Bauzeit wird am Münchner Hofgarten der Neubau des Königlich Bayerischen Armee-Museums (Abb.) fertiggestellt, in dem die umfangreiche Sammlung von alten Waffen, Kriegsmaterial und Trophäen untergebracht wird, die sich bislang im Zeughaus an der Lothstraße befand. In dem monumentalen Kuppelbau finden zudem das Kriegsarchiv, die wissenschaftlichen Institute der Armee und die Armeebibliothek Platz. Die Gründung des Armee-Museums war 1879 von König Ludwig II. verfügt worden, um die in ganz Bayern verstreuten Sammlungen zusammenzufassen.*

Opernhaus für Nürnberg

1. November 1905. In Nürnberg wird nach mehrjähriger Bautätigkeit das neue Opernhaus am Ring eröffnet. Der nach Plänen des Architekten Otto Seeling aus Berlin im Stil der Gründerzeit errichtete Bau wurde auf dem brachliegenden Gelände eines ehemaligen Krankenhauses der Stadt angesiedelt.

Trotz eines Kostenaufwandes von über 4 Mio Reichsmark und seiner großzügigen Innen- und Bühnenausstattung erlangt das zunächst an eine private Gesellschaft verpachtete Haus in den ersten Jahren seines Bestehens kaum mehr als lokale Bedeutung; erst als im Jahr 1920 das Nürnberger Stadttheater die Leitung der Bühne übernimmt, können die Grundlagen für eine überregional beachtete (Musik-) theatertätigkeit gelegt werden.

Das neue Haus am Ring dient dabei gleichermaßen dem Schauspiel wie auch der Opern- und Operettenbühne. Stehen zunächst vor allem Werke von Giuseppe Verdi und Richard Wagner in der Publikumsgunst, wagen die Verantwortlichen in der Spielzeit 1924/25 mit großem Erfolg auch die Aufführung moderner und experimenteller Stücke, darunter Hans Pfitzners »Rose vom Liebesgarten«, später auch Kurt Weills »Der Zar läßt sich photographieren« und erstmals Igor Strawinskis Ballett »Petruschka«.

Mit der restaurierten Bühne des alten Stadttheaters am Lorenzplatz, das erst 1924 wieder den Spielbetrieb aufnimmt, finden schließlich auch kleinere Theaterinszenierungen einen ihnen angemessenen Aufführungsrahmen.

Das Foyer des 1061 Plätze umfassenden Nürnberger Opernhauses ist ein typisches Beispiel für die opulenten Dekors der Gründerzeit mit Anklängen an die Antike, wie sie vor allem die Statuen nebst Säulen deutlich werden lassen.

Der imposante Kuppelbau des Nürnberger Opernhauses, das 1905 fertiggestellt wird, zeigt Anleihen bei Stilelementen der Barockarchitektur

---

März. Die in Oberndorf im Bayerischen Wald geborene Schriftstellerin Emerenz Meier wandert mit ihrer Mutter in die USA aus. →

9. 4. Das neue bayerische Landtagswahlgesetz tritt in Kraft. Es sieht die direkte Wahl der Abgeordneten vor.

21. 4. Bayern, Preußen, Baden und Hessen schließen ein Abkommen über die Kanalisierung des Main.

22. 9. Hans von Weber gründet in München den Hyperion-Verlag.

1. 10. Durch eine Automobilverordnung werden die Kraftfahrzeug-Kennzeichen im Deutschen Reich vereinheitlicht. – 1906 fährt in München die erste Autodroschke. →

16. 10. Der Schriftsteller Ludwig Thoma tritt eine sechswöchige Haftstrafe in der Münchner Strafanstalt Stadelheim an, nachdem er für schuldig befunden wurde, mit dem Gedicht »An die Sittlichkeitsprediger« die Kirche beleidigt zu haben.

13. 11. Kaiser Wilhelm II. legt den Grundstein zum Bau des Deutschen Museums in München. →

Winter. Eislaufen wird in Bayern immer beliebter. →

1906. Nur noch rund 50 % der bayerischen Bevölkerung leben von der Land- und Forstwirtschaft. →

1906. Die Bayerische Braunkohleindustrie AG Schwandorf beginnt mit dem Abbau der um 1800 entdeckten Braunkohlevorkommen bei Wackersdorf in der Oberpfalz. →

1906. Die satirische Zeitschrift »Simplicissimus« feiert ihr zehnjähriges Jubiläum. →

1906. Durch die Entwicklung eines sog. Gruppenumschalters können in Bayern mehrere Telefongespräche auf drei bis vier Leitungen zur gleichen Zeit abgewickelt werden. →

1906. Der Münchner Wandervogel wird gegründet. →

1906. Stadtschulrat Georg Kerschensteiner gründet in München die Volkshochschule und den Bayerischen Volksbildungsverband.

GEBOREN:

26. 4. München: Renate Müller († 7. 10. 1937, Berlin), Theater- und Filmschauspielerin.

6. 10. Rechetsberg/Huglfing/ Oberbayern: Waldemar von Knoeringen († 2. 7. 1971, Bernried/Oberbayern), SPD-Politiker.

18. 11. München: Klaus Mann († 22. 5. 1949, Cannes), Schriftsteller.

Bayern erschließt Braunkohlelager

1906. In der Nähe der Gemeinden Wackersdorf und Steinberg in der Oberpfalz beginnt die im gleichen Jahr gegründete Bayerische Braunkohlen-Industrie AG Schwandorf mit dem Abbau der um 1800 entdeckten Braunkohlevorkommen. Zu Briketts verarbeitet, findet die im Tagebau gewonnene, billige Braunkohle überwiegend als Hausbrand sowie in kleineren und mittleren Industriebetrieben Verwendung. Zur Deckung des heimischen Bedarfs reichen die Vorkommen in der Oberpfalz jedoch nicht aus. Nach wie vor muß Bayern den größten Teil seiner Braunkohle aus Nordböhmen, dem mit 15 Miot Jahresförderung bedeutendsten europäischen Braunkohlerevier, beziehen. Werke der Schwerindustrie wie die Maximilianshütte im nur wenige Kilometer südlich von Wackersdorf gelegenen Burglengenfeld bleiben ebenfalls auf fremde Kohle angewiesen. Sie decken ihren Bedarf an Steinkohle überwiegend aus dem Ruhrgebiet.

Bauern zu Beginn des Jahrhunderts

1906. Aufgrund zunehmender Industrialisierung und Verstädterung leben im immer noch vorwiegend agrarischen Bayern nur rund 50 % der Bevölkerung noch von der Land- und Forstwirtschaft.

Der größte Teil des Ackerlandes dient dem Anbau von Weizen, Roggen, Gerste, Hafer und der vor allem im Schwäbischen beliebten Brotfrucht, dem Dinkel. Daneben ist im Verlauf des 19. Jh. der Kartoffelanbau intensiviert worden. Auch Hopfen- und Weinanbau haben an Bedeutung für die Bauern gewonnen. Da die Nachfrage nach Fleisch, Eiern, Milch und Käsereiprodukten in den wachsenden Städten ständig größer wird, sind bei Tierhaltung und Viehzucht die Kapazitäten erheblich ausgebaut worden.

Die vorwiegend mittelgroßen bäuerlichen Familienbetriebe erleben zu Beginn des 20. Jh. eine »agrarische Revolution«, da Rationalisierung und Mechanisierung in Form von Dampfdreschmaschinen, Kunstdünger und systematischer Tierzucht auch in diesen Wirtschaftsbereich vordringen.

Das Automobil hält in München Einzug

1. Oktober 1906. *Zum gleichen Zeitpunkt, als in München das erste Automobil angemeldet wird, veranlaßt der Minister für öffentliche Arbeiten und des Inneren im ganzen Deutschen Reich die Vereinheitlichung der Kraftfahrzeugkennzeichen. Damit erwirkt er die Fortlassung jeglicher Namen auf den Erkennungszeichen und führt die Buchstabenbezeichnung der Provinzen neben einer polizeilichen Kennziffer ein. In den ersten Jahren des einsetzenden Autoverkehrs (Abb., Modell von 1900) sind es vor allem Autodroschken, die in den Straßen der bayerischen Großstädte verkehren.*

Baubeginn beim Deutschen Museum

13. November 1906. *Unter dem Geläute sämtlicher Glocken der Stadt und begleitet von den Klängen eines Dankgebetes, das 600 Kinder und 700 Sänger vortragen, vollzieht Kaiser Wilhelm II. die Zeremonie der Grundsteinlegung für das Deutsche Museum in München (Abb.). Der Erste Bürgermeister von München, der Geheime Hofrat Dr. Ritter von Borscht, begrüßt Seine Majestät mit den euphorischen Worten: »Ein Freudentag, an dem alle kleinliche Sorge des Alltagslebens gegenüber einer Fülle erhebender Gedanken und Empfindungen zurücktreten muß, ist für Bayerns Hauptstadt heute erschienen.«*

Wandervogelbewegung erfaßt München

1906. Eine Gruppe von Gymnasiasten gründet den »Wandervogel München«. Der Wandervogel steht in der Tradition der von Berlin ausgehenden Jugendbewegung gleichen Namens, die Wanderfahrten und Zeltlagerromantik als eigene jugendspezifische Lebensformen der Industriegesellschaft entgegensetzt. Die Jugend im gesamten deutschsprachigen Raum wird zu Anfang des Jahrhunderts von der Wandervogelbewegung erfaßt.

Wandern, Lagerfeuer, Volkstänze und Lieder, wie sie im 1909 erschienenen, von Hans Breuer zusammengestellten Fahrtenliederbuch »Zupfgeigenhansl« zu finden sind, begeistern viele Jugendliche. Die Wandervögel sind dabei auf Abstinenz vom Alkohol sowie auf Zucht und Ordnung bedacht. Sicherlich ist dies ein Grund, weshalb die Eltern der Münchner Gymnasiasten nichts gegen den Wandervogel einzuwenden haben und einige auch als Leumund für den Verein zeichnen. Die Kirche zeigt sich nicht in gleicher Weise einverstanden, da die wanderfreudige Jugend häufig die Messe versäumt, um stattdessen in die freie Natur auszuschwärmen. Wie Hans Blüher in seinem Buch über den Wandervogel schreibt, geraten die Münchner Jugendlichen bald in den Ruf »Feinde der Kirche« zu sein.

In Berlin-Steglitz, wo der »Wandervogel, Ausschuß für Schülerfahrten« seit 1901 Ausflüge und Wanderungen unternimmt, hat die Jugendbewegung ihre organisierten Anfänge. Daraus entwickelt sich eine neoromantische Bewegung, die bäuerliche Dorfkultur und romantisch stilisierte Vorstellungen von Vagantentum, Landsknechts-, Ritter- und Scholarenleben zum Vorbild für ein neues Leben in »Einfachheit« und »Wahrhaftigkeit« an Stelle der modernen Industriegesellschaft zum Lebensideal erhebt.

Kriegsspiel der Wandervögel auf dem Döbernitzer Übungsplatz bei Berlin. Hier wie überall in Deutschland, wo die Wandervögel ausschwärmen, ist ihr Ziel das Leben in der idealisierten »freien« Natur, in deren vermeintliche Harmonie die Jugend aus der Industriegesellschaft flieht

Selbstwählen statt »Fräulein vom Amt«

1906. Dem bayerischen Postbeamten Hans Carl Steidl gelingt die Konstruktion eines sog. Gruppenumschalters, der es ermöglicht, bis zu 40 Telefongespräche auf nur drei oder vier Leitungen zur gleichen Zeit abzuwickeln. Diese Erfindung leistet einen ganz erheblichen Beitrag zur Einsparung von Kosten im Telefonleitungsbau.

Schon um die Jahrhundertwende befand sich die bayerische Post an der Spitze der Entwicklung im Fernmeldewesen. 1903 wurde in Neustadt an der Hardt das erste deutsche Zentralbatterieamt eingerichtet; mit dem die bisher bei jedem Telefonapparat nötige Ortsbatterie überflüssig wurde. Von diesem Zeitpunkt an besitzen die Telefone Wählscheiben, »das Fräulein vom Amt« wird für die Vermittlung der Gespräche nicht mehr benötigt.

Am 1. Dezember 1909 wird über das Amt Schwabing schließlich der gesamte Münchner Telefonbetrieb auf Selbstwahl umgestellt. Mit der Inbetriebnahme dieses Amtes kann das erste Großstadt-Telefonnetz in Europa automatisiert werden.

Emerenz Meier geht nach Chicago

März 1906. Emerenz Meier, die »Dichterin des Bayerwaldes«, verläßt ihre Heimat. Zusammen mit ihrer Mutter fährt sie nach Chicago, wohin zuvor schon der Vater und ein paar ihrer Schwestern ausgewandert sind. Einmal, in dem Gedicht »Unverbesserlich«, hat sie ihr schweres Schicksal als schreibende Frau in Reime gefaßt:

»Der Vater verbot mir das Dichten
Das Mütterchen stimmte mit ein:
Ich soll nach dem Stande mich richten,
Die Bücher dem Backofen weihn…«

Heimatdichterin Emerenz Meier

Die Wirtstochter aus Oberndorf im Bayerischen Wald, geboren am 3. Oktober 1874, hat ihre Dichtungen nicht im Backofen verbrannt. Mit 19 Jahren schickte sie die Erzählung »Der Juhschroa« an die Passauer »Donau-Zeitung« – und diese Geschichte von der armseligen Frau, die nach einem elenden Leben mit einem jubilierenden Schrei stirbt, wird gedruckt und beachtet. 1897 erscheint dann in Königsberg ein Band mit vier Erzählungen.
Die Emerenz wird bekannt: Peter Rosegger schreibt einen bewundernden Brief, der junge Hans Carossa verehrt sie – und verliebt sich wohl auch ein wenig in die schöne Waldlerin –, ein Prinz will sie in seinem Haushalt als »Hofdichterin« engagieren, sie erhält Heiratsanträge, Freunde verschaffen ihr in Passau ein Wirtshaus – aber letztlich mißlingt ihr alles, und so entschließt sie sich zum Auswandern.

Der »Simplicissimus« und der Staat

1906. Mit der roten Schlagzeile »Dies Blatt gehört dem Staatsanwalt!« auf der Titelseite erscheint Heft 1 des 10. Jahrgangs des »Simplicissimus«. Zum Jubiläum erhebt das Blatt – ironische – Selbstanklage: Olaf Gulbransson stellt fest: »Seit zehn Jahren vergiftet der Simplicissimus das öffentliche Leben.« Ferdinand von Reznicek zählt auf, was die Zeitschrift alles verschuldet hat, und Thomas Theodor Heine zeigt in Wort und Bild, wie das Blatt die deutsche Familie zerstört hat: »Der Vater verlor seine Königstreue und sägt heimlich Telegraphenstangen ab, die Mutter besucht in ihrem Brauthemde die Redouten, die Tochter schreibt Memoiren aus dem Nuttenkeller, der Sohn bohrt ein Guckloch in die Schlafzimmertür und zeigt seine Eltern wegen Konkubinates an. Auch der Hund dieser unglücklichen Familie verliert jeden moralischen Halt und kompromittiert sich mit einem Warzenschwein. Trotzdem konnte sich der Raubmörder Allramseder nicht entschließen, vor Dienstag geköpft zu werden, um noch die neue Nummer des Simplicissimus zu sehen.«
Wegen seiner beißenden Sozialkritik war der »Simplicissimus« 1898 erstmals mit dem Staat aneinandergeraten, weil er das großspurige Auftreten Kaiser Wilhelm II. bei einer Orientreise besonders aggressiv und spöttisch aufs Korn nahm.

Die Nummer 1 des 10. Jahrganges der Satirezeitschrift »Simplicissimus«

Eislauf besonders bei Jugend beliebt

Winter 1906. Das Eislaufen auf zugefrorenen Seen und Teichen sowie auf präparierten Eisflächen in den Städten erfreut sich in Bayern wachsender Beliebtheit.
Ein illustriertes Sportbuch beschreibt die belebende und abhärtende Wirkung dieses Sports und bemerkt weiter: »Der Eislauf ist besonders bei der heiratslustigen Jugend beliebt. Die rechte Eislauffreude ist ja auch ein Vergnügen zu zweit! Im Zauberreich des ›Flirts‹ beherrscht der Schlittschuh eine eigene Abteilung.« Junge Damen der Gesellschaft dürfen sich daher nur in Begleitung ihrer Gouvernanten zum Eisplatz begeben; die Wächterinnen von Sitte und Anstand warten dann am Rand des Eises und beobachten ihre Schützlinge.

Der Eislaufplatz am Münchner Tivoli, um 1910; ein beliebter Ort für familiäres Wintervergnügen, erste Flirts, sportliches Treiben und kleine Genüsse wie dampfenden Glühwein oder heiße Maronen gegen die klirrende Kälte

1907

Produktqualität in Material und Form

6. Oktober 1907. In München gründen Architekten, Produktgestalter und Vertreter von Handwerk und Industrie den Deutschen Werkbund mit dem Ziel, die Qualität der Gestaltung und des Materials deutscher Industrie- und Handwerksprodukte zu verbessern. Zu den Mitgliedern gehören Künstler und Architekten wie Henry van de Velde, Peter Behrens und Fritz Schumacher; der erste Vorsitzende des Werkbundes wird der 1862 in Schweinfurt geborene Architekt Theodor Fischer.

Durch das Vordringen der Industrie in der zweiten Hälfte des 19. Jh. wurde das Handwerk immer stärker in seiner Existenz bedroht. Die Folge war ein Qualitätsverfall der Produkte aus Massenherstellung.

Die Mitglieder des Werkbundes streben nun eine Stärkung des Handwerks gegenüber der industriellen Massenproduktion an sowie eine künstlerisch zeitgemäße Gestaltung von Gebrauchsgegenständen.

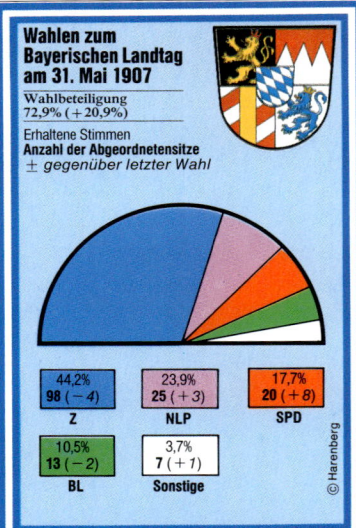

Wahlen zum Bayerischen Landtag am 31. Mai 1907
Wahlbeteiligung 72,9% (+ 20,9%)
Erhaltene Stimmen
Anzahl der Abgeordnetensitze
± gegenüber letzter Wahl

44,2% 98 (−4) Z	23,9% 25 (+3) NLP	17,7% 20 (+8) SPD
10,5% 13 (−2) BL	3,7% 7 (+1) Sonstige	

© Harenberg

SPD wird stärker

31. Mai 1907. *Ersmals werden die Landtagsabgeordneten in Bayern direkt gewählt. Dies läßt die Zahl der SPD-Mandate von 8 auf 20 wachsen, dennoch bleibt die Zentrumspartei mit 98 Mandaten die stärkste Fraktion im neuen Landtag.*

Chemie-Nobelpreis für Münchner Sohn

10. Dezember 1907. Der 1860 in München geborene Chemiker Eduard Buchner wird für seine biologisch-chemischen Untersuchungen und die Entdeckung der zellfreien Gärung mit dem Nobelpreis für Chemie ausgezeichnet.

Buchner hatte 1888 nach dem Studium der Chemie und der Botanik an der Technischen Hochschule und Universität München promoviert. Nach einer Anstellung als Assistent und einer anschließenden Privatdozentur in der bayerischen Landeshauptstadt ging er nach Kiel, wo er 1895 außerordentlicher Professor wurde. 1896 wechselte er nach Tübingen, 1898 als Ordinarius an die Landwirtschaftliche Hochschule Berlin. Von Breslau, wo er seit 1899 lehrt, kehrt er 1911 nach Bayern (Würzburg) zurück.

1897 machte Buchner die wegweisende Entdeckung, daß die alkoholische Gärung des Zuckers von einem Enzym der Hefezellen, der sog. Zymase, herrührt.

Die Gräfin und der Schwabinger Zustand

Franziska Gräfin zu Reventlow hat über das Münchner Künstlerviertel gesagt: »Schwabing ist kein Ort, sondern ein Zustand.« Zu diesem Zustand, einer faszinierenden Mischung aus Kunst und Liebe, Experimentierfreude und Lebenslust, hat die unkonventionelle und von Malern und Literaten umschwärmte Gräfin einen nicht geringen Teil beigetragen.

»Ach Leben, Leben, es ist doch göttlich«, ist ihre Devise auch noch 1907, als sie sich wegen einer langen schweren Krankheit wieder einmal einer belastenden Operation unterziehen muß.

Franziska zu Reventlow kam am 16. Mai 1871 als Tochter eines preußischen Landrats in Husum zur Welt. 1892 mündig geworden, verschaffte sie sich durch die Eheschließung mit einem Hamburger Gerichtsassessor die Bewegungsfreiheit, in München Malerei zu studieren. Nach einer Reihe von Liebesabenteuern Franziskas und vor der Geburt eines Sohnes, dessen Vater sie nicht preisgibt, wurde die Ehe 1897 geschieden.

Die Gräfin zu Reventlow bildet in München den gesellschaftlichen Mittelpunkt eines Intellektuellen- und Künstlerkreises, zu dem der Philosoph Ludwig Klages und die Schriftsteller Karl Wolfskehl und Rainer Maria Rilke gehören. Ständiger Geldmangel zwingt sie, mit Gelegenheitsarbeiten wie Übersetzungen und Zeitschriftenbeiträgen, den Lebensunterhalt für sich und ihren Sohn zu verdienen. Am 27. Juli 1918 stirbt sie nach einer Operation in Muralto bei Ascona.

Franziska (eigentl. Fanny) Gräfin zu Reventlow, Mittelpunkt eines bekannten Schwabinger Künstlerkreises

Erste Zahlen über Autos in Bayern

1. Januar 1907. Die Behörden haben der Angelegenheit bisher zwar kein allzu großes Interesse entgegengebracht, aber da die Zahl dieser neuartigen motorgetriebenen Fahrzeuge immer mehr zunimmt, will man nun die Kraftfahrzeuge in Bayern und der dazugehörigen Rheinpfalz erstmals in einer Statistik erfassen. Das Ergebnis: Es gibt insgesamt 2356 Kraftfahrzeuge und zwar 1510 Motorräder, 757 Personen- und 89 Lastkraftautos.

Die kgl. bayer. Post, ganz auf der Höhe der Zeit, richtete bereits vor zwei Jahren die erste öffentliche Omnibus-Linie auf der Strecke zwischen Bad Tölz und Lenggries ein.

Zeitschrift »März« im Verlag A. Langen

8. Januar 1907. Im Münchner Verlag Albert Langen erscheint die erste Nummer des »März«, einer »Halbmonatsschrift für deutsche Kultur.« Als Herausgeber zeichnen die Schriftsteller Ludwig Thoma und Hermann Hesse. Der März ist eine progressive Zeitschrift, die parteiliche Festlegungen vermeidet. »Ferner verspricht der ›März‹ gute Literatur. Besonders will er die deutsche Erzählkunst pflegen, soweit sie nicht rein artistische Wege geht, sondern eine Beziehung zu dem Leben des deutschen Volkes hat.« Die Zeitschrift stellt 1917 ihr Erscheinen ein.

Die Kinematographie begeistert München

1907. Der Filmpionier Peter Ostermayr eröffnet mit seinem »Original-Physiographen« ein erstes Wanderkino in München. Damit wird der Filmtheaterbetrieb um eine besondere Attraktion reicher.

Schon 1896 fanden im Panoptikum an der Kaufingerstraße die ersten regelmäßigen Filmvorführungen statt. Dort präsentierte der Oktoberfestschausteller Karl Gabriel seine »Lebenden Bilder«, die ersten handgedrehten Stummfilmproduktionen der Zeit. Nicht weit entfernt, in der Liebfrauenpassage, nahm im Frühjahr 1906 die Freiburger »Weltkinematographen-Gesellschaft« ein Münchner Filialkino mit etwa 200 Sitzplätzen in Betrieb.

Werbung für einen Fernzünder für Gaslaternen (1906)

»Germania« als Symbol für deutsche Qualitätsprodukte   *Modelleisenbahnen, das schönste Weihnachtsgeschenk*

Die Fortsetzung der »Lausbuben«

Mit der Satire blüht das Werbegeschäft

Die Firmen wissen, daß es sich lohnt, in einer so populären, so vielgelesenen und immer wieder auch umstrittenen Zeitschrift wie dem »Simplicissimus« zu inserieren.

Dabei bedient man sich bei Gegenständen der gehobenen Lebensart – wie etwa beim Champagner – jener graphischen Mittel und jenes Stils, der auch im redaktionellen Teil (z. B. in den Zeichnungen) vertreten wird; bei der Werbung für Ludwig Thomas »Tante Frieda« wird gar die Buchillustration des »Simplicissimus«-Zeichners Olaf Gulbransson übernommen.

Die Münchner Zeitschrift ist ein gefragter Werbeträger, und so wird in ihr auch für »Coleur-Artikel« und für »Studenten-Utensilien« geworben, obwohl die bändertragenden Studenten, diese jungen Herren mit dem Bierzipfel, im »Simplicissimus« verhöhnt werden. Es ist also sehr wohl zu unterscheiden zwischen dem, was die »Simpl«-Redaktion attackiert, und dem, was die Anzeigen-Akquisiteure herbeischaffen. Denn auch die schärfste Satire und der bissigste Spott bedürfen einer soliden finanziellen Grundlage.

»MM«-Sekt preist die ungenierte Lebensfreude des »Müllerns«

»Henkell trocken« läßt im Fasching 1907 so schnell kein Auge trocken

Für die vornehme Gesellschaft muß es schon Champagner sein

1908

Papst gegen Modernismus

6. Februar 1908. Der katholische Münchner Theologieprofessor Joseph Schnitzer wird von Papst Pius X. wegen liberaler und »modernistischer« Ansichten seines Lehramts enthoben und außerdem auch noch exkommuniziert.

Schnitzer gehört zu einem Kreis von Priestern und Theologen, die sich seit Ende der 90er Jahre des 19. Jh. unter dem Sammelnamen »Reformkatholizismus« für eine Öffnung der katholischen Kirche gegenüber der modernen Welt einsetzen. Ihr wichtigstes Organ ist die 1903 von dem bayerischen Publizisten Carl Muth gegründete Monatsschrift »Hochland«. Trotz ihres Widerstands gegen den Rückzug der Kirche auf mittelalterliche Positionen respektieren die Reformkatholiken die Grundstrukturen des Glaubens und der römisch-katholischen Kirche.

In seiner Enzyklika »Pascendi dominici gregis« (lat.: »zu weiden die Herde des Herrn«) vom 7. September 1907 verurteilte Papst Pius X. das Streben der Reformkatholiken um eine Erneuerung der Kirche als ketzerischen »Modernismus«.

Schnitzer beteiligte sich an einer kritischen Artikel-Serie zu dieser Enzyklika und veröffentlichte in den »Süddeutschen Monatsheften« einen Aufsatz über den märchenhaften Charakter alter Heiligenlegenden. Beides gab den unmittelbaren Anlaß zu seiner Exkommunikation. Erst 1913 wird er nach langen Auseinandersetzungen wieder als Honorarprofessor für Kirchengeschichte in München eingesetzt.

Ausstellungspavillon der Gewerbe- und Gestaltungsausstellung »München 1908«, mit der das Münchner Messegelände eingeweiht wird

Ausstellungsstadt München

16. Mai 1908. Mit der Gewerbe- und Gestaltungsausstellung »München 1908« wird das neue Ausstellungsgelände auf der Theresienwiese in München eröffnet. Der erste Schritt zur Verwirklichung der schon im 19. Jh. entstandenen Idee, München zur Ausstellungsstadt zu machen, war mit der Gründung des »Vereins Ausstellungspark« am 30. Oktober 1903 getan worden. Der Verein mit zunächst 51 Mitgliedern erfreute sich großer Zustimmung, und es gelang ihm, allein im ersten halben Jahr seines Bestehens 40 000 Mark zu sammeln. Aufgrund guter Zusammenarbeit mit der Stadt München konnte ein Jahr nach der Gründung ein Gelände hinter der Bavaria erworben werden.

Mit der Eröffnung der Ausstellung »München 1908«, auf der neben Industrie, Handel und Gewerbe auch Vereine und Künstler der Stadt vertreten sind, beginnt der kontinuierliche Ausstellungsbetrieb in München. Im abschließenden Bericht zur Ausstellung heißt es: »Münchens Entfaltung ist neu orientiert und schreitet nach allen Seiten hin mit energischem Tempo voran, neue Perspektiven haben sich der alten Wittelsbacher Residenz, der alten Kunststadt erschlossen...«

»Moral« von Thoma erstmals aufgeführt

20. November 1908. In Berlin findet die Premiere von Ludwig Thomas Komödie »Moral« statt. Einen Tag später spielt man dieses satirische Stück um eine »Private« und ihre ehrbare, heimliche Kundschaft auch in München. Der Kritiker schreibt von einem »alle kritischen Anfechtungen« wegschwemmenden »Gelächter« des Publikums.

Geschrieben hat Thoma die Komödie über verlogene, doppelbödige Moral im Gefängnis Stadelheim bei München, in das er am 16. Oktober 1906 für sechs Wochen ziehen mußte. Der Grund für seine Verurteilung war, daß sich zwei Sittlichkeitsvereinsfunktionäre von einem im »Simplicissimus« veröffentlichten Gedicht gekränkt gefühlt hatten.

Ringelnatz' Laufbahn beginnt im »Simpl«

1908. Joachim Ringelnatz beginnt in der Schwabinger Künstlerkneipe »Simpl« (→ 1. 5. 1903) seine Karriere als Schriftsteller. Ein Zeuge beschreibt einen der frühen Auftritte des skurrilen Lyrikers: »Ein hagerer, bleicher Mann mit einer Adlernase und scharfen, durchdringenden Augen bestieg das Podium ... [und] begann, Gedichte zu rezitieren. Gedichte von ihm selbst; aber von solch sprudelnder Lustigkeit, daß es mir unerklärlich war, wie ein Mensch, in dessen Zügen so viel Gram und innere Zerrissenheit lagen, überhaupt noch wissen konnte, was Heiterkeit und Lebensbejahung sei.«

SPD-Fraktion stimmt für Landeshaushalt

11. August 1908. Die SPD-Fraktion im bayerischen Landtag stimmt erstmals dem von der Landesregierung eingebrachten Haushalt zu. In der Öffentlichkeit wird das Abstimmungsverhalten der bayerischen Sozialdemokraten als Sensation empfunden, da es in krassem Gegensatz zu den Lübecker und Dresdener Parteitagsbeschlüssen von 1901 und 1903 steht. Beim diesjährigen Parteitag der SPD in Nürnberg verteidigt der reformistische Flügel die Zustimmung zum Etat, kann jedoch ein Verbot von Haushaltsbewilligungen nicht verhindern.

Wohnraum, gestaltet von Richard Riemerschmid

Früher Stoffentwurf von Riemerschmid (1902)

Bühnenraum des Münchner Schauspielhauses

Elektrische Tischlampe (1899/1900)

Die berühmte, schwungvolle Jugendstil-Fassade des Ateliers Elvira

Jugendstil-Buchumschlag (1911)

Jugendstil sucht Einheit von Kunst und Leben

Der europäische Kunststil zur Jahrhundertwende, gelenkt von der Vorstellung, Leben und Kunst in einem »Gesamtkunstwerk« zu vereinigen, kommt im Deutschen Reich unter dem Namen Jugendstil zum Durchbruch. Der in enger Anlehnung an die in München von Georg Hirth herausgegebene Zeitschrift »Jugend« geprägte Begriff, umfaßt das Schaffen Künstler unterschiedlicher Disziplinen, die allesamt das Ziel verfolgen, in der Gestaltung von Möbeln, Gebrauchsgegenständen, Gebäuden, Illustrationen der Funktion einer Sache eine sinnliche Ausstrahlung zu verleihen. Bedeutende Münchner Vertreter dieser Richtung sind Richard Riemerschmid, Wilhelm von Debschitz und Hermann Obrist.

Typisches Titelblatt der Zeitschrift »Jugend«

Titelblatt der »Jugend« Nr. 44 aus dem Jahr 1908

Wintersport im Stil der »Jugend« (1907)

Faschingsfreuden auf »Jugend«-Titelblatt

Vase (41,5 cm hoch) aus grauem Steinzeug, Kristallglasur (1910)

1909

Zeppelins Luftschiff auch über München

1909. *Ein Luftschiff des Grafen Ferdinand von Zeppelin kreuzt das Gebiet der Stadt München. Überall dort, wo die »langen, silbernen Zigarren« (Abb.) am Himmel auftauchen, versetzen sie die Bevölkerung in helles Erstaunen. Nach anfänglichen Fehlschlägen startete Graf Zeppelin, der schon 1891 mit der Konstruktion erster Luftschiffe begonnen hatte, im Jahr 1900 den ersten Probeflug. Am 9. Oktober 1906 legte sein drittes Modell (LZ 3) in zwei Stunden Flugzeit 97 km zurück.*

Kaiser eröffnet die Schackgalerie

1909. Die Galerie neben der Preußischen Gesandtschaft in München ist fertig. Die Bilder des Grafen Adolf von Schack haben ein Zuhause. Der aus Brüsewitz bei Schwerin stammende Graf Schack war 1858, eingeladen von König Max, nach München gekommen. Er dichtete und sammelte zeitgenössische Maler wie Spitzweg, Schwind, Lenbach, Böcklin und Feuerbach. Als er 1894 starb, vermachte er die Sammlung Kaiser Wilhelm II., der sie der Preußischen Gesandtschaft überläßt und die Galerie selbst eröffnet.

Kurzes Leben einer noblen Zeitschrift

1909. Die erst im Vorjahr neu auf den Markt gekommene, exklusive Münchner Zeitschrift »Hyperion« mit einer Auflage von 1000 Exemplaren stellt ihr Erscheinen wieder ein. Grund: Ihr Verleger hat sich mit dem »Zwiebelfisch« (→ 1909) ein neues Projekt vorgenommen. Hans von Weber, der Verleger von »Hyperion«, hatte die Betreuung des literarischen Teils der Zeitschrift in die Hände der beiden Schriftsteller Franz Blei und Carl Sternheim gelegt. Es wurden nur Werke anerkannter Dichter veröffentlicht.

Ausstellungsverein moderner Künstler

22. Januar 1909. Namhafte deutsche und ausländische Künstler gründen die Neue Künstlervereinigung München, um einem breiten Publikum die Werke von Künstlern der Moderne zugänglich zu machen. Zu den Mitgliedern dieser Künstlervereinigung zählen u.a. Alfred Kubin, Gabriele Münter, Adolf Erbslöh, Paul Baum, Alexej Jawlensky, Erma Bossi und Karl Hofer. Der seit 1896 in München lebende russische Maler Wassily Kandinsky, der für die Gruppe Signet und Plakat entwirft, wird der erste Präsident der Vereinigung. In der ersten Ausstellung, die ab Dezember des Jahres in den Räumen der Galerie Heinrich Thannhauser stattfindet, werden u.a. Werke von Georges Braque, Kees van Dongen, Henri Le Fauconnier und Pablo Picasso gezeigt. Das Münchner Publikum reagiert auf die modernen Kunstwerke mit offener Ablehnung, neben Beschimpfungen von Künstlern werden manche Ausstellungsstücke sogar bespuckt. Die zweite Ausstellung der Vereinigung im September 1910 wird von den »Münchner Neuesten Nachrichten« mit den Worten kommentiert: »…entweder nimmt man an, daß die Mehrzahl der Mitglieder und Gäste der Vereinigung unheilbar irrsinnig ist, oder aber, daß man es mit schamlosen Bluffern zu tun hat, denen das Sensationsbedürfnis unserer Zeit nicht unbekannt ist und die die Konjunktur zu nutzen versuchen.«

Anders als das Publikum und die Presse reagiert der Münchner Maler Franz Marc (→ 1910) auf diese Ausstellung; er ist so begeistert, daß er umgehend zu Kandinsky eilt und sich als Mitglied in die Künstlervereinigung aufnehmen läßt. Innerhalb der Vereinigung kommt es jedoch in der Folgezeit zu Spannungen, die sich an den immer abstrakter werdenden Bildern Wassily Kandinskys (→ 1910) und seinen avantgardistischen künstlerischen Auffassungen entzünden. Im Dezember 1912 legt Kandinsky daher den Vorsitz nieder und tritt gemeinsam mit Marc, Alfred Kubin, Gabriele Münter und einigen anderen Freunden aus der Vereinigung aus, um sich ganz der Herausgabe des Kunstalmanachs »Der Blaue Reiter« (→1911) zu widmen. Mit der Arbeit der Künstlervereinigung wird München ein Zentrum der Kunstavantgarde.

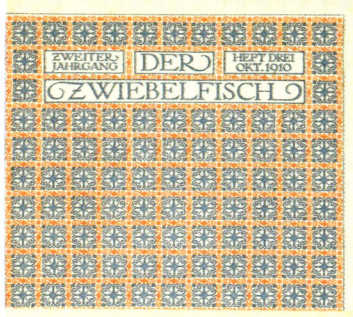

Titelblatt der Kunst-Zeitschrift »Der Zwiebelfisch«, Oktober 1910

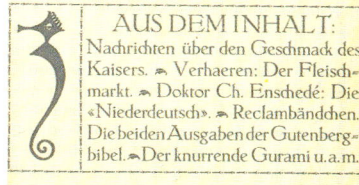

»Zwiebelfisch« in München gegründet

1909. Der Münchner Verleger Hans von Weber gründet den »Zwiebelfisch«, eine »Zeitschrift über Bücher und andere Dinge«, die sich gegen »Ungeschmack und Zeitmängel« richtet. Die Zeitschrift präsentiert vornehmlich Münchner Buchkunst nach der Jahrhundertwende und erscheint bis 1926. Aristide Maillol, Henri de Toulouse-Lautrec, Max Liebermann u. a. veröffentlichen ihre Arbeiten im »Zwiebelfisch«.

Hans von Weber spezialisierte sich in seinem 1906 gegründeten Hyperion-Verlag auf die Herausgabe exklusiver Kunstdrucke und Zeitschriften. Ab 1909 verlegt er bibliophile Bücher in einer Auflage von 100 Exemplaren, die als »Hundertdrucke« berühmt werden.

Gartenstadt auch für Nürnberg

Oktober 1909. Der Münchner Architekt Richard Riemerschmid kann der seit dem 1. September 1908 bestehenden »Gartenstadt Nürnberg GmbH« den fertigen Bebauungsplan für das 65 ha große Gelände zwischen Rhein-Main-Donau-Kanal und Südfriedhof vorlegen.

Die Anregung zu dieser Siedlung mit zumeist zweigeschossigen Reihenhäusern gab die ebenfalls von Riemerschmid gebaute Gartenstadt Hellerau bei Dresden. Ein Nachteil der Siedlung ist die allzu große Nähe mehrerer Industrieanlagen.

»Simplicissimus«-Verleger Langen gestorben

30. April 1909. In München stirbt der Verleger Albert Langen, der neben skandinavischen und französischen Autoren auch bedeutende Vertreter neuer deutscher Literatur einem großen Publikum zugänglich machte. Berühmt wurde der Langen-Verlag durch die 1896 gegründete satirische Wochenzeitung »Simplicissimus«.

1894 gründete Langen in Paris den »Albert Langen, Buch- und Kunstverlag«, für den er rasch einen internationalen Autorenstamm gewinnen konnte. Langen verlegte Knut Hamsun, August Strindberg, Marcel Prévost, Anatole France u. v. a. Er engagierte sich für Bücher, von deren hoher Qualität er überzeugt war, und beeinflußte als Verleger von Otto Julius Bierbaum, Max Dauthendey, Heinrich Mann, Frank Wedekind u. a. maßgeblich das deutsche literarische Leben.

Mit der Veröffentlichung der Schriften von Lily Braun, Amalie Skram, Yvette Guilbert und Ellen Key wurde der Verlag wegweisend im Bereich der Frauenfrage.

1896 gründete Langen den »Sim-

Albert Langen, am 8. Juli 1869 als Sohn eines rheinischen Industriellen in Anwerpen geboren, wuchs in Köln auf. Sein Interesse für die Malerei des Impressionismus führte ihn 1890 nach Paris, wo er erfolglos eigene Schreibversuche unternahm. 1894 gründete er in Paris den »Albert Langen, Buch- und Kunstverlag«.

plicissimus«, der mit bissiger Satire Dummheit und Standesdünkel, Frömmelei und Prüderie anprangert. Das künstlerische Niveau der Wochenzeitung garantieren neben Autoren wie Ludwig Thoma und Max Brod auch berühmte Zeichner, u. a. Olaf Gulbransson und Thomas Theodor Heine.

Langen war ein unermüdlicher, ideenreicher Arbeiter, der von dem Drang beseelt war, in seinem Verlag so viel als möglich mit eigener Hand zu erledigen.

Kalender, Verlag Langen

Leroux, Phantom d. Oper

Knut Hamsun, Pan

Erzählung von Kurt Hahn

Hamsun, Stimme d. Lebens

v. Schlicht, Humoresken

Drama von F. Wedekind

Roman von G. Geijerstam

Die Gesellschaft als Thema der Kunst

11. Mai 1909. Im Alter von 40 Jahren stirbt in München der Maler und Zeichner Ferdinand von Reznicek. 1868 als Sohn eines Generals der k.u.k. Armee in Wien geboren, gehörte Reznicek nach einem Kunststudium an der Münchner Akademie seit 1896 zum festen Mitarbeiterkreis des »Simplicissimus«. Mit Karl Arnold, Thomas Theodor Heine und Olaf Gulbransson zählte Reznicek zu einer Gruppe junger Künstler, die in diesen Jahren den Ruf des »Simpl« als bissigste satirische Zeitschrift im Deutschland der Wilhelminischen Ära begründen. Ohne die beißende Schärfe der Arbeiten eines Heine und Gulbransson legen die in lockerem Illustrationsstil gehaltenen Zeichnungen Rezniceks, unterstützt von kurzen Begleittexten, auf amüsant-komische Art die Schwächen der großbürgerlichen Gesellschaft des Fin de siècle bloß. »Changez les dames«, »Gemütsmenschen Bild Nr. 1« oder »Moderne Ehen« sind die Titel nur einiger seiner Arbeiten, denen die eleganten Damen der Gesellschaft, ihre ältlichen Liebhaber und gehörnten Ehegatten die Themen lieferten, wobei häufig nicht der Salon den äußeren Rahmen abgab, sondern die »Halbwelt« der Ballsäle und Schlafzimmer.

Es ist die Welt der Lenbachs und Stucks, der Malerfürsten, Hofschauspieler und Modeärzte, der Lieblinge der Münchner »High-Society«, die von Reznicek augenzwinkernd porträtiert wurde.

Ganz anders hingegen die Szenerie, in der er selber sich bewegte: Schwabing mit seiner Künstlerkneipe »Simpl«, dem Café Stefanie, besser bekannt unter dem Namen »Größenwahn«, mit seinen Literatenzirkeln und skandalumwitterten Atelierfesten, die der Boulevardpresse willkommene Schlagzeilen liefern. Der 1904 verstorbene Franz von Lenbach, aber auch Franz von Stuck in seiner von ihm selbst entworfenen klassizistischen Villa gelten der hier versammelten Künstler-Boheme längst als Vertreter einer vergangenen Epoche. Neue Namen sind es, die hier den Ton angeben: Frank Wedekind, Alfred Kubin oder etwa Franziska zu Reventlow.

Klatsch unter Schwägerinnen (Zeichnung v. Reznicek)

Gespräch bei der Morgentoilette (F. v. Reznicek)

Karikatur von Kaulbach: »Lenbach hält Hof«

Karikatur v. F. A. Kaulbach (Mitte), l. Lenbach (m. Brille)

A. Hengeler karikiert Lenbach als »Allotria-Gockel«

Der Tenor im Seebad

Der Herr Professor auf der Hochzeitsreise

Auf der Jagd

Damen im Seebad (Zeichnung v. F. Reznicek)   *Der Professor auf Hochzeitsreise (Reznicek)*

Anzügliches über Geweihe bei Mensch u. Tier (Reznicek)   *Künstlerstammtisch, Karikatur von Friedrich A. Kaulbach (l.), M.: Franz von Lenbach (Brille)*

Pech

An der Riviera

Klatsch

Kaffeehausszene des Fin de Siècle (F. v. Reznicek)   *Mondäne Gesellschaft an der Riviera (Reznicek)*   *Boshafter Klatsch unter feinen Leuten (Reznicek)*

1910

Liberale Partei gegründet

6. März 1910. Unter Führung des liberalen Reichstags- und bayerischen Landtagsabgeordneten Ernst Müller-Meiningen schließen sich die Freisinnige Volkspartei, die Freisinnige Vereinigung und die Deutsche Volkspartei in Nürnberg zur Fortschrittlichen Volkspartei zusammen. Zu den einflußreichsten Mitgliedern in der neuen linksliberalen Sammlungspartei gehören der evangelische Theologe und Sozialpolitiker Friedrich Naumann sowie Conrad Haußmann, Rechtsanwalt aus Stuttgart und außerdem württembergischer Landtags- und Reichstagsabgeordneter für die Deutsche Volkspartei (DVP).

Ernst Müller

In der Fortschrittlichen Volkspartei vereinigen sich die Interessen von Banken und Exportindustrie mit denen des Bildungsbürgertums sowie kleiner Handel- und Gewerbetreibender. Allen gemeinsam ist die Forderung nach Abbau sämtlicher Zollschranken und nach Freihandel, nach parlamentarischer Verantwortlichkeit der Reichs- und Landesregierungen, nach Einführung des allgemeinen gleichen und geheimen Wahlrechts in allen Einzelstaaten des Deutschen Reichs und nach sozialen Reformen.

Dem organisatorischen und programmatischen Zusammenschluß zur Fortschrittlichen Volkspartei ist im bayerischen Landtag eine mehrjährige Zusammenarbeit der verschiedenen linksliberalen Fraktionen in der Liberalen Vereinigung vorausgegangen. Forciert worden ist die Gründung einer neuen liberalen Partei durch die schweren Wahlniederlagen der Linksliberalen bei den Reichstagswahlen 1898 und den bayerischen Landtagswahlen 1899 sowie durch die erfolgreichen Wahlbündnisse zwischen Zentrum und Sozialdemokratie bei den Landtagswahlen in Bayern 1905 und 1907.

Bei den Reichstagswahlen 1912 erringt die Fortschrittliche Volkspartei 12,2% der abgegebenen Stimmen und zieht mit 42 Abgeordneten in den Deutschen Reichstag ein.

Schnee-Denkmal

Geschickte Fiakerhände errichten dem Prinzregenten in München ein Denkmal ganz besonderer Art – es ist aus Schnee (Abb.). Kann es einen größeren Beweis für die Zuneigung des Volkes zu Luitpold geben? Als er 1886 die Regierungsgeschäfte übernahm, gab es allerdings noch so manchen Vorbehalt gegen ihn.

Münchner Polizei genehmigt Maikundgebung der Arbeiter

1. Mai 1910. *Auf der Münchner Theresienwiese findet die erste von der Polizei genehmigte Maikundgebung statt. Tausende von sozialdemokratisch organisierten Arbeitern nehmen an der Feier teil (Abb.).*

Seit 1890 fordert die deutsche Sozialdemokratie wie ihre amerikanischen und europäischen Schwesterorganisationen, den 1. Mai zum internationalen Feiertag der Arbeit zu erklären. Unternehmer und Regierungen befürchten jedoch revolutionäre Umtriebe hinter der Forderung nach einem arbeitsfreien 1. Mai. Da der umstrittene Tag 1910 auf einen Sonntag fällt, wird der »Arbeitsfrieden« in den Betrieben durch die Demonstration nicht beeinträchtigt. Der Polizei fiel es daher leichter, die Feier auf der Theresienwiese zuzulassen. Arbeiter, die in den Jahren zuvor wegen der Teilnahme an wochentags stattfindenden Maifeiern entlassen wurden, fanden mit dem Vermerk »Entlassen am 2. Mai« in den Papieren schwer eine neue Stelle.

Das Preisringelstechen ist eine der Attraktionen auf dem Münchner Oktoberfest, dessen 100jähriger Geburtstag 1910 aufwendig gefeiert wird

Die festlich geschmückte Theresienwiese bei der Hundertjahrfeier des Ok-
toberfestes 1910 (Aquarell von Michael Zeno Diemer)

Kronprinz Ludwig I.; seine Hochzeit wurde 1810 auf der Theresienwiese gefeiert (1. Oktoberfest)

Therese von Sachsen-Hildburghausen, Braut Ludwig I.; nach ihr wurde die Theresienwiese benannt

Oktoberfest feiert 100. Geburtstag

17. 9.–2. 10. 1910. Das Oktoberfest
auf der Theresienwiese wird 100
Jahre alt, und die Stadt München
feiert das Jubiläum mit dem entsprechenden Aufwand. In der Tat
wird es eines der großartigsten Ok-
toberfeste, das die bayerische
Hauptstadt je gesehen hat.

Schon anderthalb Jahre vor der
Eröffnung der Jubelwiese setzten
sich im Münchner Rathaus 50 bedeutende und vermögende Herren
zusammen. Als Festkommission
organisierten und koordinierten
sie die Veranstaltungen, an deren
Anfang eine im Juli des Jahres
eröffnete große »Oktoberfest-Jubi-
läums-Ausstellung« stand.

Da für die Ausrichtung des Festes
sehr hohe Kosten entstanden, veranstaltete der Magistrat »behufs
Mittel-Gewinnung zur Durchführung des Festprogrammes« eine
Festlotterie, die – bei einem Los-
preis von 1 Mark – 50 000 Mark
Reingewinn brachte.

Rund um die 83 000 m² große Festwiese führte die etwa 2 000 m lange,
ovale Rennbahn, denn natürlich
wurde auch 1910 – wie schon im
Jahre 1810 – ein großes Pferderennen veranstaltet.

In diesem 100. Jahr gab es u. a.
14 Branntwein- und Likörbuden,
14 Wurstküchen, 22 Karussells,
neun Schiffsschaukeln, fünf Kine-
matographen, fünf Fotografier-
stände, sechs Zirkusse und natürlich – wie sollte es anders sein –
mehrere große Bierbuden.

Das Oktoberfest im Jahre 1865; wie jedes Jahr lockt das bunte Volksfest mit
dem traditionellen Pferderennen und vielen anderen Attraktionen Tausende von Menschen hinaus auf die große Festwiese

Sehen und gesehen werden – nach diesem Motto ist alljährlich im Herbst
(wie hier im Jahre 1850) ganz München auf den Beinen und flaniert fein
herausgeputzt über den Festplatz (Lithographie von Gustav Kraus)

411

Kandinsky begründet abstrakte Malerei

1910. Der aus Moskau stammende Künstler Wassily Kandinsky malt in München, nahe der Universität, das Bild »Komposition 5«. Dieses Bild leitet die Entwicklung der abstrakten Malerei ein, als deren Vater Kandinsky später gilt.

Der 1866 geborene Kandinsky war 1896 nach München gekommen, wo er Unterricht bei den Künstlern Anton Azbé und Franz von Stuck nahm. In seinen frühen Werken verband er Elemente des Jugendstils mit Ausdrucksformen traditioneller russischer Malerei. Während seiner Zeit in München, das er 1914 bei Ausbruch des Ersten Weltkriegs verlassen muß, sucht Kandinsky ständig nach neuen Ausdrucksmöglichkeiten in seiner Malerei. Gemeinsam mit einigen avantgardistischen Künstlern wie Wilhelm Hüsgen und Waldemar Hecker gründete er 1901

W. Kandinsky; er malt in München das erste abstrakte Aquarell

die Künstlergruppe »Phalanx«, die Ausstellungen für die aus den traditionellen Vereinigungen ausge-

grenzten Künstler der Moderne veranstaltete. 1909 wurde er Präsident der Neuen Künstlervereinigung München, die ähnliche Ziele verfolgt (→22.1.1909). Hier lernte er den Maler Franz Marc kennen, mit dem ihn in den folgenden Jahren eine tiefe Freundschaft verbindet. Gemeinsam geben die beiden Künstler den Kunstalmanach »Der blaue Reiter« heraus (→1911).

Im gleichen Jahr erscheint Kandinskys Buch »Über das Geistige in der Kunst«, worin er seine Überlegungen zur abstrakten Malerei darlegt. Kandinsky sieht seine Aufgabe als Maler nicht im »Protokollieren des materiellen Gegenstandes«, vielmehr hat er die Beobachtung gemacht, daß der Gegenstand seinen Bildern schadet. Er strebt an, das »Innerlich-Wesentliche« in seine Werke zu bringen.

Ludwig Thoma führt erstmals die Regie

12. August 1910. Bei der Uraufführung seines Stücks »Erster Klasse«, einer Posse in einem Akt, an der Egerner Bauernbühne des Michl Dengg, führt Ludwig Thoma erstmals in seinem Leben Regie.

1908 hatte Thoma seinem Freund Dengg ein Theaterstück versprochen, und zwei Jahre später hielt er Wort. Im Januar 1910 begann er in seinem Haus, der Tuften zu Rottach, mit seiner Arbeit an »Erster Klasse«.

Ludwig Thoma

Einem anderen Freund, dem Dichter Ludwig Ganghofer, schilderte Thoma etliche Wochen vor der Premiere, was er mit dem Stück will, das in seiner Handschrift 111 Seiten füllt: »Josef Filser im Coupé I. Klasse, auf der Fahrt in die Stadt. Es gab mir Gelegenheit, die bayer. Bahn, bayer. Beamtenzopf und einen Berliner Geschäftsreisenden und dazu zwei Dachauer Hammel schön zu verulken. Eine Arbeit, weißt Du, die man zu seiner eigenen Freude macht, mühelos und ausgelassen…«

Der Bauernschwank von Ludwig Thoma wird ein großer Erfolg.

Plakat einer Franz-Marc-Ausstellung in München; Marcs Bilder wie auch die von Kandinsky stoßen oft auf Unverständnis und Ablehnung

Theatermuseum in München eröffnet

24. Juni 1910. Als Stiftung der im Vorjahr gestorbenen königlich bayerischen Hofschauspielerin Klara Ziegler wird in München das spätere Deutsche Theatermuseum eröffnet.

Klara Ziegler

Dieses Museum entwickelt sich in den nächsten Jahrzehnten zu einer einzigartigen Dokumentationsstätte der Theatergeschichte und zwar aller Völker und Zeiten. Klara Ziegler, im Jahr 1844 in München geboren, daselbst 1868 bis 1874 eine gefeierte Darstellerin klassischer Heldinnen, war der große Schwarm der Gründerzeitgeneration.

Und so wos hoaßt ma heut Kunscht!

Einer Anekdote zufolge beginnt der Siegeszug des Expressionismus in München mit Menschenaufläufen vor einem Laden in der Türkenstraße, den sich Franz Marc und Wassily Kandinsky gemietet haben, um darin zu malen.

Die Bilder, die sie schaffen, rufen lautstarke Proteste hervor: »Ha, jetzt do schaut's … a blaus Roß macht der … Der muaß ja faktisch farb'nblind sein, der Aff' der saudumme!« Auch mit der weniger gegenständlichen Malerei des zweiten Malers kann das Publikum nichts anfangen. »Wos patzt denn der do hin –? Do kennt sich überhaupts koana mehr aus, solln dös Berg werdn oder ausglaufene Darm'? … Dö zwoa müassn, mir scheint, aus'm Irrenhaus davonglaufn sein –«.

Da die herbeigeeilte Polizei den Malern ihre Tätigkeit nicht verbieten kann, patrouillieren bald Schutzleute vor dem Laden, um die aufgebrachte Menge zu zerstreuen. Der Volkszorn über die »unmöglichen« Bilder entfacht sich erneut, als zwei Dienstmänner sie unverhüllt durch die Münchner Straßen zu einem renommierten Kunsthändler tragen. Schließlich gelangen sie in den Buch- und Kunstsalon Café Luitpold.

1911

26. 1. Die Oper »Der Rosenkavalier« von Richard Strauss, die der Komponist in seiner Villa in Garmisch komponiert hat, wird in Dresden uraufgeführt.

12. 3. Zu seinem 90. Geburtstag werden dem Prinzregenten Luitpold zahlreiche Ehrungen zuteil.→

August. In einem Tarifvertrag zwischen dem bayerischen Fabrikarbeiterverband mit einem Betrieb der Nürnberger Specksteinindustrie wird der Stundenlohn von Frauen auf 26 Pfennig festgesetzt.→

1. 8. Der Zoologische Garten »Tierpark Hellabrunn« wird eröffnet.→

12. 11. Der bayerische Landtag wird auf Antrag des Kabinetts unter Freiherr Clemens von Podewils-Dürniz vorzeitig aufgelöst (→9. 2. 1912).→

26. 11. Nach dem Tod des Direktors der bayerischen Staatsgemäldesammlung, Hugo von Tschudi, gründen Freunde des Verstorbenen eine »Stiftung zum dauernden Gedächtnis an Hugo von Tschudi«.→

10. 12. Die Strahlungsforschungen des seit 1900 in Würzburg lehrenden Physikers Wilhelm Wien werden mit dem Nobelpreis für Physik honoriert.

20. 12. An den Münchner Kammerspielen wird die Komödie »Oaha – Die Satire der Satire« von Frank Wedekind uraufgeführt.

1911. Rüstungsgegner versammeln sich in München zu einer Massenkundgebung, um gegen die auftrumpfende Marokkopolitik Kaiser Wilhelms II. zu protestieren.

1911. Im sog. Modernismusstreit verbietet die katholische Kirche die katholische Zeitschrift »Hochland«. Das Verbot bleibt allerdings unveröffentlicht (→6. 2. 1908).

1911. Wassily Kandinsky und Franz Marc gründen in München die Künstlergemeinschaft »Blauer Reiter«.→

1911. In Nürnberg wird das Luitpoldhaus errichtet. Es nimmt die Sammlung der Naturhistorischen Gesellschaft auf und bietet Säle für Vortragsveranstaltungen.

GEBOREN:

6. 4. München: Feodor Lynen (†6. 8. 1979, München), Biochemiker, Chemienobelpreisträger.

25. 4. München: Rosl Schmid (†20. 11. 1978, München), Pianistin.

30. 4. Pitzling (Landsberg am Lech): Luise Rinser, Schriftstellerin.

Bayern ehrt seinen greisen Prinzregenten Luitpold

12. März 1911. *Eine Ehrung besonderer Art erfährt Prinzregent Luitpold anläßlich seines 90. Geburtstages, als das staatliche Eisenhüttenwerk in Amberg den Namen »Luitpoldhütte« erhält. Die Münchner Münze prägt zu Luitpolds Geburtstag erstmals Markstücke mit seinem Bildnis, und die bayerische Post beginnt mit der Ausgabe von Briefmarken, die statt des bayerischen Staatswappens den Herrscher zeigen. Als die Münchner Stadtväter jedoch den Wunsch äußern,* *dem Prinzregenten am Hubertustempel in der Nähe des Nationalmuseums ein Denkmal zu setzen, stoßen sie bei Luitpold auf Widerstand. Man möge mit der Aufstellung der Statue warten, bis er gestorben sei, da er andernfalls an dieser Stelle nicht mehr vorübergehen könne. Daß ihm nicht mehr viel Zeit bliebe, mag Luitpold selber gespürt haben. Schon im gleichen Jahr muß er sich erstmals von seinem Enkel Rupprecht vertreten lassen. (Abb. Geburtstagsfeierlichkeiten)*

»Tschudi-Spende« gegründet

26. November 1911. Hugo von Tschudi, seit 1909 Direktor der bayerischen Staatsgemäldesammlung, ist tot. Auf Anregung von Dr. Heinz Braune, der seine Geschäfte weiterführt, wird von Verehrern und Freunden des im Alter von 61 Jahren Verstorbenen eine »Stiftung zum dauernden Gedächtnis an Hugo von Tschudi«, die sogenannte »Tschudi-Spende«, errichtet. Sie erwirbt für die Neue Pinakothek jene Meisterwerke der französischen Moderne, die Tschudi ohne sie schon bezahlen zu können, gesammelt hatte und die er für seine Galerie erwerben wollte. Die Spender geben, von Braune ermuntert, das Geld, und so bekommt München u.a. Paul Cézannes »Eisenbahndurchstich« und sein »Selbstporträt«, Vincent van Goghs »Sonnenblumen« und Paul Gauguins »Geburt Christi«.

»Selbstporträt« von Paul Cézanne, von der Stiftung »Tschudi-Spende« für die Neue Pinakothek erworben

Frauenarbeit wird schlecht entlohnt

August 1911. Eine Tarifvereinbarung des bayerischen Fabrikarbeiterverbandes mit einem Betrieb der Nürnberger Specksteinindustrie sichert Fabrikarbeiterinnen über 18 Jahren einen garantierten Stundenlohn von 26 Pfennig zu. Dieser Mindestlohn liegt jedoch noch um 2 Pfennig unter dem Verdienst einer 14–16jährigen männlichen Arbeitskraft. Auch der im Jahr 1910 vereinbarte Tarif des Holzarbeiterverbandes mit Nürnberger Bleistiftfabrikanten legte den Wochenverdienst von Arbeiterinnen mit 14 Mark um 9 unter dem der männlichen Kollegen fest. Selbst gelernte Arbeiterinnen verdienen im Durchschnitt weniger als männliche ungeübte Hilfsarbeiter. Frauenarbeit wird in allen Branchen des bayerischen Fabrikgewerbes unterbezahlt.

Das wunderschön gelegene Waldrestaurant im Tierpark Hellabrunn in München lädt zu einer Pause ein

Eröffnung des Münchner Tierparks: Bisher stehen Löwenhaus, Winterhaus, Bärenzwinger u. Polartiergehege

Tierpark Hellabrunn in München eröffnet

1. August 1911. Der zoologische Garten Münchens, der Tierpark Hellabrunn, öffnet erstmals die Tore. Seine Einrichtung geht auf die Initiative von Oberstleutnant Hermann Manz zurück, der 1905 den Verein »Zoologischer Garten München e.V.« gegründet hatte.

Der Park zeigt bereits in den ersten Jahren neben einheimischen Wildtieren wie Hirschen oder Hasen auch Tiere aus fernen Ländern; Gazellen, Zebras und Pelikane sowie ein Känguruh. Für die Elefanten errichtet der Münchner Baumeister Emanuel von Seidl ein Elefantenhaus mit Freilichtkuppel, das später unter Denkmalschutz gestellt wird. 1922 wird der Zoo ein Opfer der Inflation und muß schließen; erst 1928

erfolgt die Wiedereröffnung unter dem Zoologen Heinz Heck, der den Park, angeregt durch die Ideen Carl Hagenbecks, nach geographischen Regionen gliedert. Sein Geo-Zoo erlangt binnen kurzer Zeit Weltruf. Zu den Attraktionen des Zoos zählt das nach seinem Entdecker benannte Przewalskipferd, ein rückgezüchtetes mongolisches Urwildpferd.

Landtagsauflösung nach Parteienstreit

12. November 1911. Ministerpräsident Freiherr Clemens von Podewils-Dürniz verkündet die Auflösung des bayerischen Landtages. Vertreter der Zentrumspartei hatten einige Tage zuvor die Beratung des Verkehrsetat des bayerischen Staatsministeriums verweigert. Die Ablehnung wird vom Gesamtministerium als verfassungswidriger Affront gegen die Autorität des Staates und der Krone interpretiert. Vom Prinzregenten ermutigt, beantragt das Ministerium die Auflösung des Landtages, die sofort genehmigt wird.

Die Zentrumsfraktion begründet ihre ablehnende Haltung mit der gewerkschaftsfreundlichen Politik des Verkehrsministers Heinrich von Frauendorfer, besonders gegenüber den in den Verkehrsbetrieben tätigen Mitgliedern der linksliberalen und sozialdemokratischen Parteien. Für die staatskonservativ denkenden Kräfte im Zentrum kam seine Weigerung, den sozialdemokratisch orientierten Süddeutschen Eisenbahnverband zu verbieten, einer Anerkennung des Streikrechts für Staatsbedienstete gleich.

Uraufführung des »Rosenkavaliers« von Richard Strauss

An drei ruhigen Februarnachmittagen des Jahres 1909 denkt sich Hugo von Hofmannsthal in Weimar eine Spieloper »mit drastischer Komik in den Gestalten und Situationen« aus. Daraus wird das an 135 Tagen komponierte op. 59 von Richard Strauss, eine »Komödie für Musik«, die am 26.1.

1911 an der Kgl. Oper Dresden unter dem Titel »Der Rosenkavalier« uraufgeführt wird. Das Ergebnis ist – in idealer Übereinstimmung von Hofmannsthals gemütvoller Dichtung und Strauss'leuchtender Musik – ein Sittenbild Wiens zur Zeit Maria Theresias. Während Hofmannsthal noch an

seinem Text schrieb, komponierte Strauss in seiner eben erst (mit »Salome«-Tantiemen) erbauten Garmischer Villa die bereits vorliegenden Teile des heiteren Werkes. »Meine Arbeit«, schreibt er, »fließt wie die Loisach, ich komponiere alles mit Haut und Haar.«
Am 26. 9. 1910 ist die Oper fertig.

»Passen Sie auf«, hatte Strauss gesagt, »alle werden sagen, das ist wieder nicht die langerwartete neue komische Oper – aber uns wird die Arbeit Freude machen.«

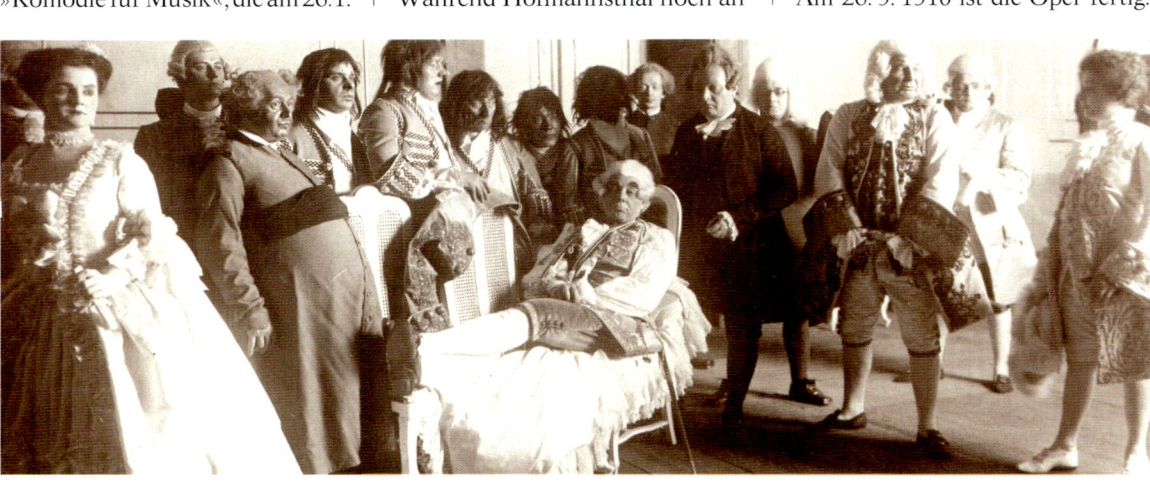

Szene aus der Uraufführung des »Rosenkavalier« von Richard Strauss in der Königlichen Oper in Dresden

Programmzettel der Premiere

Münchner Kunstavantgarde gründet den »Blauen Reiter«

1911. Die Maler Wassily Kandinsky und Franz Marc, bislang Mitglieder in der Neuen Künstlervereinigung München (→ 22. 1. 1909), treten aus dieser Gruppe aus und gründen eine Redaktion für den im folgenden Jahr erscheinenden Kunstalmanach »Der Blaue Reiter«, um die sich bald weitere fortschrittliche Künstler scharen. Kandinsky, Mitbegründer und Präsident der vor zwei Jahren formierten Neuen Künstlervereinigung, legt am 10. Januar 1911 wegen von der Gruppenmehrheit abweichenden Ansichten seinen Vorsitz nieder. Am 2. Dezember des Jahres kommt es zum endgültigen Bruch: Kandinskys Bild »Komposition 5« wird von der Jury der Neuen Künstlervereinigung abgelehnt; dieser kündigt daraufhin augenblicklich seine Mitgliedschaft. Gabriele Münter, die Lebensgefährtin Kandinskys, schließt sich sofort an, ebenso wie Alfred Kubin und der erst im Januar 1911 der Neuen Künstlervereinigung beigetretene Franz Marc. Marc verläßt die Sitzung der Gruppe mit dem Ausruf: »Jetzt machen wir unsere Ausstellung selber!«

14 Tage später, am 18. Dezember, eröffnen Kandinsky und Marc in der Galerie Heinrich Thannhauser – direkt neben den Räumen der dritten Ausstellung der Neuen Künstlervereinigung – die »Erste Ausstellung der ›Redaktion des Blauen Reiters‹«. Gezeigt werden

V. l.: G. Münter, M. Marc, B. Koehler, T. v. Hartmann, H. Campendonk und sitzend F. Marc

V. l.: C. Amiet, W. Kandinsky, H. Macke, H. Campendonk, L. Moilliet, sitzend: Frau Amiet und A. Macke

43 Werke; es beteiligen sich neben den Initiatoren auch Eugen von Kahler, Elisabeth Epstein, David und Vladimir Burljuk, Albert Block, Arnold Schönberg, August Macke, Heinrich Campendonck, Jean Bloé Niestlé, Robert Delaunay und Paul Klee. Kandinsky hat zudem zwei Bilder des im Vorjahr gestorbenen französischen Malers Henri Rousseau ausgewählt.

Die erste Ausstellung des »Blauen Reiters« geht 1912 als Wanderausstellung durch das Deutsche Reich. Am 12. Februar 1912 wird in der Münchner Galerie Hans Goltz die zweite Ausstellung eröffnet, die

grafische Arbeiten sowie einige Aquarelle der internationalen Avantgarde umfaßt.

Im Mai 1912 erscheint im Münchner Piper Verlag der Almanach »Der Blaue Reiter«. »Den Namen«, so Kandinsky »erfanden wir [K. und Marc] am Kaffeetisch …; beide liebten wir Blau, Marc – Pferde, ich – Reiter. So kam der Name von selbst.« Pferd und Reiter erscheinen auch im Werk beider Künstler (→ 4. 3. 1916). Der Almanach enthält grundsätzliche Betrachtungen der Mitglieder der Gruppe über Fragen der Kunst und zeigt zahlreiche Arbeiten dieser

Künstler, aber auch eine breite Skala an Volks- und Kinderkunst, Ethnographischem u. a.; hinzu kommen Musikbeilagen der sog. Zweiten Wiener Schule (Arnold Schönberg u. a.). Die Gegenüberstellung von Werken verschiedener Bereiche und Epochen soll die angestrebte Synthese zwischen den Künsten verdeutlichen. Kandinsky zum Ziel des Almanachs: »Wenn der Leser dieses Buch durchblättert, … so wird seine Seele viele Vibrationen erleben und in das Gebiet der Kunst eintreten … Diese Vibrationen … werden eine Seelenbereicherung sein.«

Gemälde »Indianer auf Pferden« von August Macke; entstanden 1911

Franz Marcs Gemälde »Kühe, gelb-rot-grün« aus dem Jahr 1912

12. 1. Bei den Reichstagswahlen werden die Sozialdemokraten stärkste Fraktion.

5. 2. Bei den bayerischen Landtagswahlen verteidigt das Zentrum seine absolute Mehrheit. Am selben Tag tritt das Ministerium Clemens von Podewils-Dürniz geschlossen zurück.

9. 2. Prinzregent Luitpold beruft den Zentrumspolitiker Georg von Hertling zum bayerischen Ministerpräsidenten. →

1. 4. In Oberschleißheim wird eine Fliegerkompanie stationiert. →

Sommer. Im Münchner Hyperionverlag erscheint die Thomas Mann-Novelle »Der Tod in Venedig.« →

6. 7. Die V. Olympischen Sommerspiele werden in Stockholm eröffnet. →

23. 9. Der berühmte italienische Tenor Enrico Caruso gibt zwei Gastspiele in München. →

12. 10. Das Volksstück »Magdalena« von Ludwig Thoma wird in Berlin uraufgeführt. →

1912. Der monumentale Verwaltungsbau des Verkehrsministeriums in München nach Plänen des Architekten Carl Hocheder wird fertiggestellt.

1912. In Augsburg wird eine Fachschule für Maschinenbau und Elektrotechnik eröffnet.

1912. In München erscheint die Autobiographie der bayerischen Erzählerin Lena Christ unter dem Titel »Erinnerungen einer Überflüssigen«. →

1912. Als Aktiengesellschaft der Städte Nürnberg und Fürth und der Firma Siemens-Schuckert wird das Großkraftwerk Franken gegründet.

1912. Unter dem Konkurrenzdruck der norddeutschen Salzlager wird die Saline Traunstein geschlossen. →

1912. Ludwig Thoma veröffentlicht die Satire »Briefwechsel eines bayerischen Landtagsabgeordneten«. →

1912. Der Dirigent und Komponist Clemens von Franckenstein übernimmt die Leitung der Münchner Hofoper.

1912. In München eröffnen zwölf neue Kinos, in denen u.a. die ersten Filme von Karl Valentin gezeigt werden.

GESTORBEN:

12. 12. München: Luitpold (*12. 3. 1821, Würzburg), Prinzregent 1886–1912. →

GEBOREN:

31. 3. Brennberg/Landkreis Regensburg: Hermann Höcherl († 18. 5. 1989, Regensburg), CSU-Politiker.

Bayern trauert um Prinzregent Luitpold

12. Dezember 1912. Noch zwei Tage zuvor ist er im Englischen Garten in München spazieren gefahren und hat den vorbeigehenden Bildhauer Hermann Hahn mit Handschlag begrüßt. Am darauffolgenden Tag verschlechterte sich sein Gesundheitszustand. Am Abend des 11. Dezember kam zu der hartnäckigen Bronchitis hohes Fieber hinzu. Am nächsten Morgen gegen 5 Uhr stirbt Prinzregent Luitpold von Bayern im Alter von 91 Jahren.

Zur Trauerfeier versammelt sich der gesamte europäische Adel in München. Zwölf schwarzbehangene Pferde ziehen den Wagen mit dem Leichnam des verstorbenen Regenten. 24 schwarzvermummte Kapuzenmänner mit Wappentafeln und Kerzen geben dem Sarg das Geleit, ihm folgt das Leibpferd Luitpolds. Düster und feierlich ist der Leichenzug, der sich in gemessenem Tempo zur Theatinerkirche bewegt, wo Luitpold, angetan mit der schwarzen Hoftracht der spanischen Hubertusritter, in der Familiengruft der Wittelsbacher beigesetzt wird. Lebhaft erinnert sich ein Augenzeuge an die Beisetzungsfeierlichkeiten: »Und bei seiner Beisetzung hab ich Spalier g'standen mit der bayerischen Wehrkraft, und zwar im Palais von – am Wittelsbacher Palais, ja. Und da sah ich natürlich die ganzen Persönlichkeiten, ich kann sagn, fast von ganz Europa, die wo da teilnahmen. Unter anderm der Kaiser Franz Joseph von

Briefmarke mit Porträt Luitpolds

25 Jahre Prinzregent Luitpold

Bayerische 30-Pfennig-Briefmarke

Österreich, der deutsche Kaiser und der Graf Zeppelin usw. net war, und des war hochinteressant, also die ganze Persönlichkeit, und die hab ich natürlich heut noch im Gedächtnis. Also es war ein prachtvoller Zug, gleich hinter dem Sarg vom Prinzregent Luitpold, dem sei Leib-Pferd,

aber des war mitm' gelben Sattel und da war das Gewehr droben und hintennach kommen, kamen seine beiden Söhne. Des war der Leopold und der Ludwig, net wahr.«

In seiner Grabrede bezeichnet Kaiser Wilhelm II. Luitpold als den »letzten Ritter«, für sein Volk war er, zeitlebens begeisterter Jäger, Bergsteiger und Liebhaber der schönen Künste, der Inbegriff des volkstümlichen Herrschers, wie die Bayern ihn lieben und verehren.

Mit seinem Tod geht die »gute alte Zeit«, die Prinzregentenzeit, ihrem Ende zu, von der bei der Übernahme der Regentschaft für den geisteskranken König Otto im Jahr 1886 durch den damals immerhin schon 65 Jahre alten Luitpold niemand angenommen hätte, daß sie 26 Jahre – mehr als ein Vierteljahrhundert – dauern und daß der Prinzregent derartige Sympathien bei seinem Volk erringen würde.

Prinzregent Luitpold mit seiner Ehefrau Auguste (†1864) und den gemeinsamen Kindern

Kaiser Wilhelm II. (l.), von Prinzregent Luitpold von Bayern (r.) in München empfangen, 1902

Luitpold – Jäger und Kunstfreund

Als Luitpold am 12. März 1821 als drittes Kind des Kronprinzen Ludwig, des späteren bayerischen Königs Ludwig I. in Würzburg geboren wurde, hatte er kaum Aussichten auf den bayerischen Königsthron. Alle Söhne Ludwigs blieben am Leben, König wurde 1848 der Erstgeborene Max, ihm folgte 1845 sein Sohn Ludwig als Ludwig II. nach. Erst als nach dem mysteriösen Tod des »Märchenkönigs« 1886 dessen Bruder Otto wegen geistiger Umnachtung nicht in der Lage war, die ihm übertragene Königswürde auszuüben, kam Luitpolds Stunde. Als Prinzregent übernahm er bis zu seinem Tod 1912 die Geschicke der Monarchie. »Man wird sagen, ich sei sein Mörder« war Luitpolds Reaktion auf die ihm angetragene Herrscherrolle. Im Todesjahr Ludwigs II. machte ein Volkslied in Bayern die Runde: »Und an Max hams vergift/An Ludwig datränkt/Jetzt stehts nimmer lang o/Wird der Otto aufghängt.«

Recht schnell gelang es Luitpold jedoch, die besonders in der Landbevölkerung tief verwurzelten Vorurteile gegen seine Person zu zerstreuen. Als leidenschaftlicher Jäger und Bergsteiger war der Regent häufiger Gast in den Bergen und auf den Almen, wo ihn die Sennerinnen bald vertraulich begrüßten: »Grüaß di Gott, Prinzregent Poidl.« Wenn Luitpold daraufhin lachend antwortete: »Ja, grüaß di, Resl«, machten solche Äußerungen schnell die Runde und trugen dem rüstigen Greis die Sympathien seiner Untertanen ein. München erblühte unter seiner Regentschaft zur kulturellen Metropole Süddeutschlands. Als Mäzen hatte Luitpold stets ein offenes Ohr für die Sorgen der zahlreichen Münchner Künstler und ein waches Auge für die Kunstbestrebungen seiner Zeit. Sprichwörtlich waren seine unerwarteten Atelierbesuche, über die man am nächsten Tag in der Zeitung lesen konnte und so jungen und unbekannten Künstlern zugute kamen.

»Seine Beine waren von geradezu klassischer Schönheit«

So zahlreich wie die Auftritte des Prinzregenten (Abb.) bei Feierlichkeiten, bei Truppenparaden, aber auch bei dörflichen Feuerwehrfesten oder Jagdausflügen und Bergtouren, so mannigfach sind die Anekdoten, die auch nach seinem Tod über ihn in Umlauf sind. Als der Prinzregent einmal während einer Jagd vergaß, nach dem Austreten hinter einem Gebüsch das »Hosentürl« seiner »Krachledernen« zu schließen, wagte es zunächst keiner seiner Begleiter, ihn darauf aufmerksam

zu machen. Endlich knöpfte ein älterer Jäger seinen eigenen Hosenlatz auf, trat auf Luitpold zu und sagte in gespielter Harmlosigkeit: »Wia war's, Königliche Hoheit, wenn ma jetzt miteinand unsere Hosentürl zuamachatn?« Achtung zollte seine Umgebung stets den sportlichen Fähigkeiten des Prinzregenten. Bildhauer Hermann Hahn: »Er war athletisch gebaut… Unseren Künstleraugen entging nicht, daß seine Beine von geradezu klassischer Schönheit waren…«

Hertling übernimmt Regierungsbildung

9. Februar 1912. Nach dem Rücktritt von Minister Clemens von Podewils-Dürniz überträgt Prinzregent Luitpold dem Münchner Philosophieprofessor und Vorsitzenden der Reichstagsfraktion des Zentrums, Georg Freiherrn von Hertling, das Ministerium des Kgl. Hauses und des Äußern sowie den Vorsitz im Ministerrat und beauftragt ihn, das neue Ministerium zusammenzustellen.

In den vergangenen Jahren hatten sich im Landtag die Fronten zwischen Liberalen und Sozialdemokraten auf der einen und dem Zentrum auf der anderen Seite verhärtet. Im November 1911 verweigerte die Zentrumsfraktion nach Auseinandersetzungen mit Verkehrsminister Heinrich von Frauendorfer um dessen angeblich gewerkschaftsfreundliche Haltung die Beratung des Etats des Verkehrsministeriums, was vom Gesamtministerium als Mißachtung der Autorität von Staat und Krone verstanden wurde. Mit Einverständnis des Prinzregenten

Georg Freiherr von Hertling, der neue bayerische Ministerpräsident

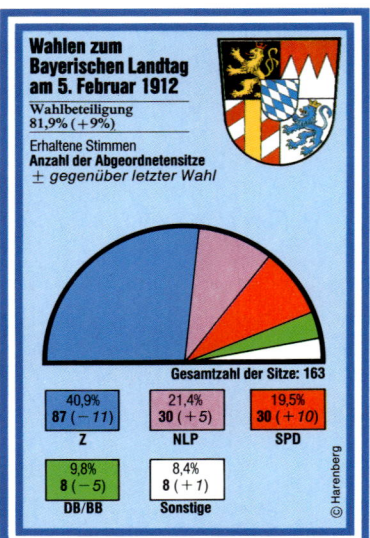

beantragte Podewils die Auflösung des Landtags, die am 12. November 1911 genehmigt wurde.

Am 5. Februar 1912, dem Tag der Neuwahlen, trat das Ministerium Podewils geschlossen zurück. Die

Wahl erbrachte Gewinne für den Block aus Sozialdemokraten, Liberalen und Bauernbund, ohne daß die absolute Mehrheit des Zentrums gebrochen wurde.

Mit Hertling beauftragt der Prinzregent einen streng konservativ-monarchischen, katholischen Politiker mit der Regierungsbildung, der allen liberalen Tendenzen abhold ist. Das Schwergewicht des politischen Wirkens Hertlings, der seit 1875 der Zentrumsfraktion des Reichstags angehört, hatte in der Reichspolitik gelegen. Seit 1890 hatte er aber auch häufig zwischen Prinzregenten bzw. Ministerium und dem bayerischen Zentrum vermittelt.

Obwohl der Gelehrte Hertling der Mehrheit der eher hemdsärmeligen bayerischen Zentrumspolitiker distanziert gegenübersteht, ist er Garant dafür, daß der katholisch-konservative Standpunkt in der Regierungspolitik deutlicher als unter Podewils zur Geltung gebracht wird.

Der Bayerische Landtag mit Abgeordneten des Oppositionsblocks aus SPD (l.), liberaler Bayerischer Volkspartei (M.) und Bauernbund (r.)

Zum fünften Mal Olympische Spiele

6. Juli 1912. Der schwedische König Gustav V. eröffnet die Olympischen Sommerspiele in Stockholm, bei denen die deutsche Mannschaft am Ende den fünften Platz in der Gesamtwertung einnimmt.

Es sind die ersten Olympischen Wettkämpfe, auf die sich die insgesamt 226 angereisten deutschen Sportler dank finanzieller Unterstützung des Reichsausschusses umfassend vorbereiten konnten.

»Tod in Venedig« von Thomas Mann

Sommer 1912. In Hans von Webers Hyperionverlag erscheint Thomas Manns Novelle »Der Tod in Venedig«. Sie sei, schreibt der Autor in einem Brief, »ernst und rein im Ton, einen Fall von Knabenliebe bei einem alternden Künstler behandelnd«. Die Geschichte, heißt es weiter, habe er im Frühsommer 1911 aus Venedig mitgebracht. Sie ist eines der vollendetsten, artifiziellsten Werke des Meisters.

»Magdalena«: Drama einer Bauerndirne

12. Oktober 1912. Den Inhalt seines Volksstücks »Magdalena«, das in Berlin uraufgeführt wird, hat Ludwig Thoma einem seiner Freunde in einem Brief selbst zusammenfassend beschrieben: Das Stück »behandelt das Schicksal einer armen Bauerndirne, die in der Stadt diente, schlecht wurde und auf dem Schub heimkommt. Hier setzt das Stück ein, zeigt die redlichen Eltern … und zum Schluß den gewaltsamen Tod«.

Fliegerkompanie in Bayern stationiert

1. April 1912. Für die »Münchner Neuesten Nachrichten« ist es nur eine 26-Zeilenmeldung im Lokalteil: In Oberschleißheim wird eine der Luftschiffer- und Kraftfahrer-Abteilung unterstellte bayerische Fliegerkompanie geschaffen.

Die etwa 60 Angehörigen dieser ersten deutschen Flugwerft (möglicherweise sogar der ersten Flugwerft der Welt) kommen aus den verschiedenen Einheiten der bayerischen Armee. Ihre Aufgabe ist zunächst die Wartung der Flugapparate, die Ausbildung von Flugzeugführern soll später erfolgen. Auf dem ersten Militärflughafen Bayerns werden 17 Otto-Doppeldecker stationiert. Stückpreis: 22000 Mark.

Saline Traunstein wird geschlossen

1912. Die Saline Traunstein, eine der ältesten Anlagen Bayerns zur Salzgewinnung, wird geschlossen. Berühmtheit erlangte sie bereits im Jahr ihrer Gründung 1619 durch eine technische Pioniertat: Als die Holzvorräte in der Umgebung von Reichenhall, wo 1611 eine neue Solquelle entdeckt worden war, zur Befeuerung der Siedeöfen, in denen aus der Sole Salz gewonnen wird, nicht mehr ausreichten, kam der Münchner Baumeister Reiffenstuel auf eine ebenso geniale wie einfache Idee: Er verband die Sole über eine Rohrleitung – der ersten Pipeline Bayerns – mit dem 31 km entfernten Traunstein, wo ausreichend Holz zur Verfügung stand.

Saline Traunstein; sie wird unter Konkurrenzdruck geschlossen

Jozef Filser schreibt Briefe

1912. Im »Simplicissimus« stellt er sich erstmals vor: »Gelibte Leser. Ich bin der Jozef Filser, kgl. Abgeordneter im Barlamend. Ich bin gebohren am 16 Sedember in Mingharding Bosd daselbst…«

Insgesamt 39 dieser in abenteuerlicher Orthographie abgefaßten Briefe zur bayerischen Landespolitik und gegen die Zentrumspartei wird der Abgeordnete alias Ludwig Thoma schreiben. In den Jahren 1908 und 1912 werden sie als »Jozef Filsers Briefwexel« in zwei Bänden vorgelegt, die man als eine – zunächst polemische – Gaudi bejubelt.

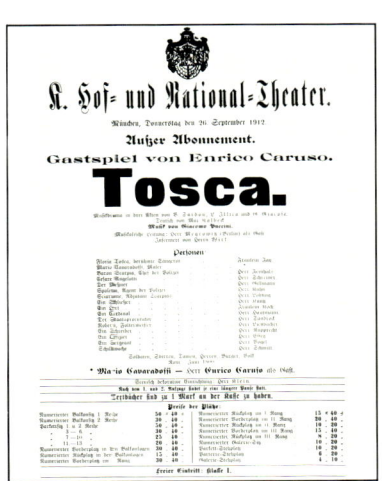

Faksimile der ersten Seite des Manuskriptes von Ludwig Thomas 18. Filser-Brief: »An den hochwierningen Gabidlforsdand Dobias Angerer in Zillhofen, Bosd Mingharting. Hochwiern her geischlinger Rad Kelobt sei Jessas Kristo in aler ewigkeit Am. Kum schbiridu du oh Am.«

Caruso gastiert in München

23. September 1912. Es ist das Ereignis der Opernsaison: Der gefeierte italienische Tenor Enrico Caruso weilt auf einer Gastspielreise in München. Im Königlichen Hof- und Nationaltheater gibt er zwei Vorstellungen. Am heutigen Abend als José in Georges Bizets »Carmen«, am Donnerstag, den 26. September als Mario Cavaradossi in »Tosca« von Giacomo Puccini. Obwohl die Preise für Balkon- und Parkettsitze mit 30 und 50 Mark weit über den normalerweise üblichen Eintrittspreisen liegen, sind die Karten in kürzester Zeit ausverkauft. Jeder möchte die Stimme des Mannes hören, bei deren Klang die Zeitgenossen in Verzückung geraten. Bereits 1897, ein Jahr bevor Caruso mit der Partie des Loris in der Uraufführung von Umberto Giordanos Oper »Fedora« am Mailänder Teatro Lirico erstmals über Italien hinaus Aufsehen erregte, war Puccini angesichts des Wunders Caruso in fassungsloses Staunen ausgebrochen: »Wer hat mir Dich geschickt? Gott?« Nachdem Caruso 1903 als Herzog in Giuseppe Verdis »Rigoletto« an der New Yorker Metropolitan Opera, deren Ensemble er bis zu seinem Tod 1921 angehört, debütiert hatte, äußerte sich die berühmte Sopranistin Frieda Hempel begeistert über seine stimmlichen Qualitäten: »Der Klang seiner Stimme ist so, als sinke man in einen tiefen, weichen, sanften Sessel aus Samt … Carusos Singen ist so perfekt, so himmlisch. Es ist ein Wunder, daß ein Mann solch eine göttliche Stimme besitzt.«

Ankündigung des Caruso-Gastspiels im Kgl. Hof- und Nationaltheater

Erinnerungen der Erzählerin Lena Christ

1912. In München erscheint die Autobiographie der am 30. Oktober 1881 in Glonn bei Rosenheim geborenen Lena Christ unter dem Titel »Erinnerungen einer Überflüssigen«. Der Schriftsteller und Lektor Peter Jerusalem, bei dem Lena Christ seit Ende 1911 als Diktatschreiberin tätig war, hatte das Erzähltalent der 30jährigen Frau entdeckt und war ihr bei der Niederschrift ihrer Erinnerungen behilflich gewesen.

Lena Christ wird als uneheliches Kind geboren und wächst bei ihren kleinbäuerlichen Großeltern auf. Als ihre Mutter sieben Jahre nach Lenas Geburt den Metzger Josef Isaak heiratet und mit ihm in einem Münchner Vorort eine Gastwirtschaft eröffnet, holt sie das Mädchen zu sich. Bis zu Lenas Heirat mit dem trunksüchtigen Prokuristen Anton Leix, zu der ihre Mutter sie gedrängt hat, arbeitet sie im elterlichen Betrieb mit Ausnahme eines Jahres, das sie im Kloster Ursberg verbringt, und einer kurzen Dienstzeit auf der »Floriansmühle«. Während ihrer Ehe mit Leix, den sie in ihrer Autobiographie Benno Hasler nennt, ist sie den aggressiven Tätlichkeiten ihres meist angetrunkenen Ehemannes ausgesetzt. Lenas Mutter beschreibt die Ehe mit dem Satz: »So lang’st dem Menschen g’hörst«, und ihr Mann beruft sich stets auf die kirchliche Formel, daß die Frau dem Mann gehorchen müsse. In acht Jahren wird Lena sechsmal schwanger, doch nur drei Kinder überleben. Sie trennt sich 1909 von ihrem Mann, der die ererbte Holz- und Kohlenhandlung heruntergewirtschaftet und sich durch Unterschlagungen strafbar gemacht hat. Die »Erinnerungen einer Überflüssigen« beschreiben die vergebliche Suche der Lena Christ nach Geborgenheit und Liebe in einer Welt, die von Besitzdenken geprägt ist und sie ständig den Makel ihrer unehelichen Geburt und die gesellschaftlich untergeordnete Stellung ihres Geschlechts spüren läßt. Der Literaturkritiker Joseph Hofmiller schreibt in den »Süddeutschen Monatsheften« über die »Erinnerungen«: »Wir kannten jenen Frauen-Naturalismus mit seinen Derbheiten aus älteren Werken … Hier ist mehr. Es ist eine Autobiographie von einer Ungeschminktheit, wie es wenige gibt, besonders wenige von Frauen.« Die Erzählerin Lena Christ heiratet im August 1912 Peter Jerusalem, der sich später Bendix nennt. In den folgenden Jahren entstehen

Die Schriftstellerin Lena Christ

Lena Christ
Erinnerungen einer Überflüssigen

Albert Langen, München

L. Christs Autobiographie

mehrere Romane und Erzählungen von ihr wie »Mathias Bichler« (1914), »Unser Bayern anno 14/15« (1914/15), »Die Rumplhanni« (1916), »Bauern« (1917/18) und »Madam Bäurin« (1919). Peter Jerusalem trennt sich 1919 von ihr. Am 30. Juni 1920 nimmt sich Lena Christ in München mit Gift das Leben.

1913

Bayern hat wieder einen König

5. November 1913. In einer von allen bayerischen Ministern unterzeichneten Bekanntmachung teilt Prinz Ludwig, Sohn des am 12. Dezember des Vorjahres im Alter von 91 Jahren verstorbenen Prinzregenten Luitpold, dem bayerischen Volk seine Thronbesteigung als König Ludwig III. und die volle Inbesitznahme aller ihm »nach Gottes Gnade zukommenden königlichen Rechte« mit. Einen Tag zuvor hat der bayerische Landtag mit den Stimmen von Abgeordnetenhaus und Reichsrat ein Gesetz zur Regentschaftsbeendigung angenommen, nachdem im bayerischen Ministerrat bereits seit Herbst 1912 über die Königsproklamation des 68jährigen Prinzen Ludwig beraten worden war. Immer wieder hinausgezögert wurde eine Beendigung der Prinzregentenzeit durch Rücksichten auf den noch lebenden König Otto. Seit 1886 geistig umnachtet, lebt der kranke Bruder Ludwigs II. immer noch auf Schloß Fürstenried im Süden Münchens. Mit dem Gesetz zur Regentschaftsbeendigung vom 4. November 1913 verliert er endgültig alle königlichen Rechte.

Nach 27 Jahren Prinzregentenzeit huldigt München am 12. November dem neuen König. Im achtspännigen vergoldeten Krönungswagen von 1813, auf dem Dach die Königskrone

König Ludwig III. beim Verlassen der Münchner Residenz, wo er vier Tage vor der Krönungszeremonie einen feierlichen Eid leisten muß

mit Zepter und Schwert, verziert von weiß-blauen Straußenfederbüschen, fährt das Königspaar zur Frauenkirche zum Gottesdienst. Dem Wagen voraus reiten zwei Marschallbeamte, ihm folgen zwei Adelspagen. Die königliche Leibgarde in Löwenhelm und hohen Stulpenstiefeln gibt das Geleit. Als weißgekleidete Mädchen dem Monarchen vor dem Portal des Münchner Rathauses auf dem Marienplatz Blumen in die Kutsche reichen, jubelt man dem greisen Herrscher zu. Es gibt freilich auch viele Bayern, die nicht einverstanden sind.

König Ludwig – ein Herrscher für das Volk

»Wenn wir eine Reichsverfassung hätten, nach der der Kaiser vom Volk gewählt würde ... ich gebe Ihnen mein Wort, Prinz Ludwig hätte die größte Aussicht, Deutscher Kaiser zu werden«, so äußert sich kurz vor seinem Tod 1913 der SPD-Vorsitzende August Bebel vor dem Deutschen Reichstag über den Prinzen Ludwig, der im November des gleichen Jahres den bayerischen Thron bestiegen hat. Als ältester Sohn des 1912 verstorbenen Prinzregenten Luitpold 1845 in München geboren, entspricht Ludwig dennoch so gar nicht den volkstümlichen Vorstellungen vom Monarchen. Von gedrungener Gestalt, leicht gebückt gehend und zur Leibesfülle neigend, mit Zwicker und Regenschirm, gibt Ludwig eher eine kleinbürgerliche Erscheinung ab. Unbedenklich bummelt er durch die Straßen Münchens, besucht regelmäßig mit bürgerlichen Freunden ein Lokal in der Türkenstraße und hat nichts dagegen einzuwenden, daß ihn die Bauern nach alter Sitte vertraulich mit »Du« anreden. Mit Humor reagiert Ludwig auf zahlreiche Karikaturen seiner ungepflegten äußeren Erscheinung.

Das bayerische Königshaus: König Ludwig III. (M.) mit Königin Maria Theresia (4. v. l.) und Kronprinz Rupprecht (5. v. r.) im Familienkreis

Neue Verordnungen im Bildungswesen

22. Dezember 1913. Die bayerischen Gemeinden erhalten per Verordnung das Recht, die Schulpflicht an den Volksschulen ihres Gebiets zu erweitern. In den größeren Städten wird aufgrund dieser Bestimmung das achte Pflichtschuljahr eingeführt. Der freiwillige Besuch des achten Schuljahres war in München bereits 1896/97 durchgesetzt worden. 1903 wurde diese Genehmigung von der Regierung auf ganz Bayern ausgeweitet.

Nicht nur die Schüler müssen ab jetzt ein Jahr länger die Schulbank drücken, das gleiche gilt für die Lehrer während ihrer Ausbildung: Mit der Seminarlehrordnung von 1912 ist die Dauer des Seminarbesuchs um ein drittes Jahr verlängert worden. Präparandenanstalt und Seminar wurden zu einem sechsstufigen Lehrgang zusammengefaßt. Fünf der sechs Klassen dienen fast ausschließlich der Allgemeinbildung. Erst in der sechsten Klasse steht die berufliche Vorbereitung im Vordergrund, mit Veranstaltungen zu pädagogischer und psychologischer Theorie, mit Hospitationen, Lehrbeispielen der Seminarlehrer, Lehrproben und längeren Phasen von Eigenunterricht.

Im höheren Schulwesen werden die Organisation und allgemeine Bestimmungen (Aufnahme- und Reifeprüfungen, u. a.) durch eine umfangreiche Schulordnung im Jahr 1914 vereinheitlicht.

Erstkläßler mit ihrer Lehrerin, für die Schüler sind nunmehr acht Schuljahre Pflichtschulzeit

Schlüsselroman über Schwabinger Treiben

1913. Franziska Gräfin zu Reventlow veröffentlicht ihren Roman »Herrn Dames Aufzeichnungen oder Begebenheiten aus einem merkwürdigen Stadtteil«. Das Werk ist ein sog. Schlüsselroman: Die Gesellschaft von Künstlern und Intellektuellen, in die Herr Dame eingeführt wird, ist – wenn auch der wahre Name verschwiegen wird – nichts anderes als das Schwabing der Jahrhundertwende. Gräfin Reventlow, selbst eine Virtuosin der dortigen Geselligkeit, zeichnet in ihrem Roman ironische Porträts der führenden Persönlichkeiten der Zeit, so der »kosmischen Runde« um den Dichter Stefan George. Zu Beginn ihres Werkes erläutert die Autorin, sie habe die Aufzeichnungen während einer Seereise von Herrn Dame selbst erhalten, der sie in der Absicht gemacht habe, »vielleicht später einen Roman oder ein Memoirenwerk daraus zu gestalten« – ein erzählerisches Mittel, das Folgende als wirklich geschehen plausibel zu machen. Das Tagebuch selbst – sein Verfasser ist später einem Zugunglück zum Opfer gefallen – erzählt von den Erlebnissen Herrn Dames, »eines jungen Mannes aus guter Familie und von sorgfältiger Erziehung«, aber wegen seines Namens zu »nachdenklicher Trübsal« verurteilt, in Wahnmoching (d. i. Schwabing), wohin dieser »gärenshalber« von seinem Stiefvater geschickt worden ist.

Herr Dame lernt weltumwälzende Ideen kennen: »Heidentum« wird gepredigt, »Hetärentum« gefordert; man erwartet eine Verdichtung »kosmischer Substanzen« zu einer neuen »Blutleuchte«, die das Leben auf eine höhere Stufe erheben soll. Der schüchterne Jüngling wird von dem ganz »unwahnmochingerisch« rationalistischen Dr. Sendt in verschiedene Mysterien eingeführt und zwischen den rivalisierenden geistigen Führern hin- und hergerissen, die sich alle untereinander befehden.

Das Urteil der Gräfin Reventlow: »Wer recht hat, wer unrecht hat … wer wollte das ergründen? Man hat ja auch … in Wahnmoching von jeher das Licht der Vernunft verschmäht und ein mystisches Dunkel vorgezogen.«

Franziska Gräfin zu Reventlow, Autorin von »Herrn Dames Aufzeichnungen«, wurde 1871 in Husum geboren. Nach ihrem Lehrerinnenexamen kam sie 1895 nach München, erfüllt von dem unstillbaren Drang zu malen. In Schwabing stürzte sie sich mit großer Intensität in das gesellige Leben. Die Liebe zu stets wechselnden Männern, materielle Not und Krankheit wurden ihre ständigen Begleiter. 1897 bekam sie ein Kind – der Name des Vaters blieb immer ihr Geheimnis –, und ihr unstetes Leben nahm nach diesem Einschnitt etwas ruhigere und bürgerliche Züge an.

Stefan George, 1868 in Büdesheim (Hessen) geboren, bereiste nach seinem Gymnasialabschluß 1888 mehrere Jahre die literarischen Zentren Europas, wo er auch Philologie, Philosophie und Kunstgeschichte studierte. Die 1892 von ihm gegründeten »Blätter für die Kunst« propagieren ein elitäres »Kunst für die Kunst«-Ideal, das sich bald ein Person und Werk Georges fast sakral verehrender Kreis von Künstlern und Gelehrten zu eigen machte. Seit 1900 lebt und arbeitet der Dichter an immer wieder wechselnden Orten, darunter auch zeitweilig in München.

Karl Wolfskehl, gebürtiger Darmstädter, kam nach seinem Germanistikstudium 1893 nach München. Seine Wohnung in der Leopoldstraße, später in der Römerstraße, ist seit 1899 eines der geistigen Zentren der Stadt. Hier finden weithin bekannte Maskenfeste statt, bei denen die Beteiligten in Rausch und Ekstase die Befreiung ihrer schöpferischen Kräfte suchen. Wolfskehl gehört zum Kreis um den Dichter Stefan George, an dessen »Blättern für die Kunst« er mitarbeitet.

Otto Julius Bierbaum aus Grünberg (Niederschlesien) stammend, studierte Jura und Philologie in Zürich, Leipzig, München und Berlin und lebte seit 1889 in München. 1891 bis 1894 gab er den »Modernen Musenalmanach« heraus, 1894 gründete er die Zeitschrift »Pan«, 1899 wurde er Mitherausgeber der »Insel«. Bierbaum legte bei eigenen wie auch bei fremden Büchern größten Wert auf eine bibliophile Ausstattung; so wurde der goldgeprägte Ledereinband seiner Gedichtsammlung »Irrgarten der Liebe« (1901) von Heinrich Vogeler gestaltet.

Walter Alfred Heymel, 1878 in Dresden geboren, ein wohlhabender Patrizier, studierte in München Philosophie und Kunstgeschichte und war 1899 einer der Gründer der Zeitschrift »Die Insel«, deren Qualität durch sein Geld und seinen exklusiven Geschmack geprägt wurde. 1900 gründete er den »Insel«-Verlag in Leipzig und lebte für längere Zeit in Bremen. Seit 1909 wohnt der 1907 geadelte Dichter wieder in München. Wichtiger als seine schriftstellerische Leistung ist seine Förderung in den Bereichen der modernen Literatur, Buchkunst und Grafik.

Bahnnetz in Bayern wird elektrifiziert

1913. Die bayerische Eisenbahn wird auf der Strecke Garmisch–Mittenwald bis zur österreichischen Landesgrenze elektrifiziert. Beteiligt an diesem Projekt sind das Land Bayern und der Staat Österreich.

Eigens für diese steigungsreiche Strecke baut die Firma Maffei fünf Triebwagen, die bei einer Leistung von bis zu 965 PS eine Spitzengeschwindigkeit von 45 km/h erreichen. Schon früh war in Bayern mit der Elektrifizierung des Bahnnetzes begonnen worden. Gegenüber den Dampflokomotiven versprachen E-Loks eine größere Unabhängigkeit von den deutschen Kohlevorkommen. Bereits 1905 wurde die Linie Murnau – Oberammergau auf Elektrobetrieb umgestellt.

Ausbau des Verkehrswesens

1913. Die Deutsche Bank in Regensburg gründet die rein deutsche Schiffahrtsgesellschaft Bayerischer Lloyd, die vier Jahre später in eine Aktiengesellschaft umgewandelt wird. Während des Ersten Weltkriegs, der im folgenden Jahr beginnt, beteiligt sich der Bayerische Lloyd an der Donauschiffahrt mit einer schnell wachsenden Zahl von Dampfern, Motorschiffen, Fracht- und Ölbooten. Nach dem Sieg der alliierten Kriegsgegner des Deutschen Reiches muß die Gesellschaft einen Großteil ihrer Schiffe abführen und verliert mehr als die Hälfte ihrer Gesamttonnage.

Die Gründung des Bayerischen Lloyd fällt in eine Zeit verstärkter Industrialisierung in Bayern (→ 1917) und einer ständigen Erweiterung des Verkehrssystems, für das sich auch der bayerische Staat zunehmend engagiert. 1908 hatte Bayern die Pfälzer Eisenbahn übernommen, die bedeutendste Privatbahn des Deutschen Reiches, um sein seit Ende des 19. Jh. im Ausbau befindliches Eisenbahnnetz zu vervollständigen. Ludwigshafen hatte sich in der gleichen Zeit vor Regensburg zum größten bayerischen Hafen entwickelt, wo pro Jahr rund 3 Mio t Güter umgeschlagen wurden.

Die aufstrebende bayerische Industrie, aber auch andere expandierende Wirtschaftszweige sind auf ein gut ausgebautes und kostengünstiges Verkehrssystem angewiesen, um ihre Produkte auf dem Weltmarkt zu wettbewerbsfähigen Preisen anbieten zu können.

Großer Baumeister Münchens stirbt

27. April 1913. In Bad Tölz stirbt der Architekt Gabriel von Seidl, einer der bedeutendsten Baumeister Münchens. Nach seinen Plänen wurden u.a. das Bayerische National-Museum, das Deutsche Museum, das Lenbachhaus, die St.-Anna-Kirche und zahlreiche Bürgervillen sowie die Isarbrücke in Grünwald bei München gebaut.

Gabriel von Seidl, der 1848 in München geboren wurde, begann 1871 mit dem Architekturstudium. 1878 gründete er gemeinsam mit Rudolf von Seitz ein Atelier. Prinzregent Ludwig schreibt an die Witwe des Verstorbenen: »Der Name Gabriel von Seidl wird mit der Entwicklung der Stadt München stets auf das engste verbunden bleiben.«

Streikverbot für Eisenbahnarbeiter

Juni 1913. Der bayerische Verkehrsminister Lorenz von Seidlein erläßt eine Anordnung, nach der alle in den Dienst der bayerischen Staatsbahn eintretenden Arbeiter und Beamtenanwärter sich verpflichten müssen, niemals einem Verband beizutreten, der das Streikrecht auch für Staatsarbeiter proklamiere. Ausdrücklich genannt wird in dem Erlaß der den freien Gewerkschaften und der SPD nahestehende Süddeutsche Eisenbahnerverband.

Während die Zentrumsfraktion im bayerischen Landtag die Anordnung begrüßt, wird sie von Sozialdemokraten und Liberalen mit Vehemenz abgelehnt.

Zu den ersten Schienenfahrzeugen, die elektrifiziert wurden, gehören die Straßenbahnen der Großstädte

Bayerischer Pferdesport hat Tradition

1913. Der Pferdesport hat eine lange Tradition in Bayern, es gibt zahlreiche Rennbahnen und -vereine für Trab- und Galopprennsport. Der Durchschnittspreis eines Rennens liegt bereits bei bemerkenswerten 2000 Mark, und auch das sportliche Niveau in Bayern kann sich durchaus mit dem messen, was in Berlin, Hamburg und Wien geboten wird. Größere Rennvereine gibt es in (München-)Riem, Nürnberg, Regensburg, Passau, Straubing und Pfarrkirchen. Der älteste unter ihnen ist der in Straubing im Jahr 1873 gegründete Trabrennverein, der bereits in den ersten Jahren mit einer eigenen Pferdezucht beginnt. Bekannt ist auch der 1902 in (München-)Daglfing gegründete Trabrenn- und Zuchtverein.

Die Anfänge des Pferdesports in Bayern liegen im Mittelalter. Schon 1392 erließ der Wittelsbacher Herzog Albrecht II. eine Verordnung, nach der dem »Laufferpferd« (Rennpferd) zollfreier Zutritt zum Jahrmarkt gewährt werden soll. Eine spätere Urkunde berichtet von einem sog. Scharlachrennen in München 1436, das dort zur festen Einrichtung wurde.

Die »Rennats«, wie sie im Volksmund heißen, waren bei der bäuerlichen Bevölkerung sehr beliebt und nahmen im 19. Jh. stark zu. Fast jeder Marktflecken veranstaltete Wettrennen, bei denen die Dorfbewohner feststellten, wer das schnellste Pferd im Stall hatte. Die Wirte freuten sich besonders über solche Rennen, da Erfolg und Mißerfolg immer ausführlich bei Bier und Wein besprochen wurden.

Erst im Verlauf der Entwicklung der Rennen zum Sport wurden um 1900 die ersten Zuchtpferde aus England importiert.

In Bayern erscheint eigene Staatszeitung

1. Januar 1913. In München erscheint die erste Ausgabe der »Bayerischen Staatszeitung«. Diese Neugründung eines staatlichen Presseorgans wurde von dem Verleger Rudolf August Oldenbourg initiiert, der schon seit 1906 eine Reihe technisch orientierter Zeitschriften herausgibt. Oldenbourgs Vorschlag, ein politisch unabhängiges Regierungsblatt zu publizieren, wurde zunächst zurückhaltend aufgenommen, bis er unter Ministerpräsident Georg Freiherr von Hertling schließlich verwirklicht wird.

Bayern zwischen Monarchie und Revolution

Ohne romantischer Verklärung anheimzufallen, waren die Jahre vor dem Ersten Weltkrieg ja auch beschauliche Jahre: Die Wirtschaft erlebte einen enormen Aufschwung (trotz Unterbrechungen durch Krisen), die Industrialisierung hatte ihren letzten Boom (bevor alles auf die Kriegsproduktion umgestellt wurde), das Netz der Eisenbahnlinien wurde in ganz Bayern immer enger geknüpft (wovon Ludwig Thomas »Lokalbahn« ein trefflich satirisches Bild abgibt), die Agrarproduktion nahm zu (und damit auch das Einkommen der Bauern), die Löhne der Arbeiter erhöhten sich etwas, und die soziale Situation der Lohnabhängigen verbesserte sich zwar langsam, aber doch merklich.

Im Jahr 1906 wurde in Bayern das allgemeine, gleiche und geheime Wahlrecht von den Sozialdemokraten unter Georg von Vollmar und dem katholischen Zentrum durchgesetzt, und so manche konservativen Landtagsabgeordneten und viele vorgestrige Bauernbündler wurden Zielscheibe des Spotts der Liberalen und von Ludwig Thomas bärbeißigen »Filserbriefen«.

Vor allem aber erlebten Kunst, Wissenschaft und Kultur eine Zeit außerordentlicher Blüte. Öffentliche und private Bauten im historisierenden Stil der »Gründerzeit-Architektur« schossen überall in Bayern aus dem Boden und versinnbildlichten eindrucksvoll die bürgerliche und staatliche Prosperität.

In München wetteiferten die Maler Franz von Lenbach und Friedrich August von Kaulbach um den Titel eines »Kunstpapstes«, während Wassily Kandinsky und Franz Marc den »Blauen Reiter« gründeten und Stefan George und Thomas Mann, Frank Wedekind und Carl Sternheim, Joachim Ringelnatz und Hermann Hesse, Ludwig Thoma und viele andere Autoren in der kgl. bayr. Haupt- und Residenzstadt ihre berühmtesten Werke verfaßten. Schwabing wurde zur Künstlerfreistatt, zu »Wahnmoching«, wo sich Literaten und Musiker, Maler und Weltverbesserer (wie Lenin, der sich in München schlicht Meyer nannte) in den »Realen Bierwirtschaften«, den Künstlerkneipen (wie in dem legendären »Simpl« der Kathi Kobus) oder in Cafés trafen und die Zeit- und Kulturläufte diskutierten. Schwabing war kein Ort mehr, sondern »ein Zustand«, wie die in jeglicher Beziehung unorthodoxe Gräfin Franziska zu Reventlow richtig konstatierte.

Der »Simplicissimus« schreckte von München aus das behäbige Bürgertum und die politische Arroganz in Berlin und im ganzen Land auf (weshalb diese Satirezeitschrift denn auch mehrmals verboten wurde und so manche Zeichner und Autoren die Redaktionsstube mit der Gefängniszelle vertauschen mußten). Der Franke Michael Georg Conrad redigierte das Periodikum »Die Gesellschaft«, und die Zeitschrift »Jugend« gab einer ganzen Kunstrichtung den Namen. Im Hof- und Nationaltheater feierten die musikdramatischen Werke von Richard Wagner, dem einstigen Lieblingskomponisten von König Ludwig II., große Triumphe, während Richard Strauss sich gerade aufmachte, mit seinen Symphonien und Opern die Musiktempel Europas zu erobern.

Und doch irrlichterten die Weltkrisen auch in die »gute alte Zeit« nach Bayern hinein. Deutsche Aufrüstung unter preußischem Oberkommando (wie 1871 von Bismarck festgelegt) und ungehemmte Flottenpolitik, Kaiser Wilhelms markige Reden und nationale Großmannssucht waren die Antworten auf die ständig forcierte imperialistische Politik der Großmächte. Die Balkan- und die Marokkokrise waren die Vorboten einer schlimmen Zeit. Das »Säbelrasseln« nahm immer bedrohlichere Formen an. Aber auch in Bayern selbst, von der Zentrale des preußischen Machtapparates erkleckliche Kilometer entfernt, kriselte es: Wegen periodisch wiederkehrender Agrar- und Wirtschaftsflauten wanderten viele Menschen, vor allem aus Niederbayern und der Oberpfalz, in die USA aus. Die Landflucht setzte ein, die Verstädterung vor allem von Nürnberg, Augsburg und München (mit all den Wohnungs- und sozialen Problemen als Folgelasten) nahm gewaltig zu. Die Situation der Arbeiter und der Dienstboten war noch lange nicht gelöst. Streiks nahmen allerorten zu. Die revolutionäre Stimmung lauerte hinter der Fassade der Ordnung, der scheinbaren Zufriedenheit und der bürgerlichen Bonhomie.

Dann fielen am 28. Juni 1914 die Schüsse von Sarajevo. Die Lunte am Pulverfaß fing zu glimmen an, bis am 1. August der Erste Weltkrieg ausbrach. In Europa gingen die Lichter aus. Die »gute alte Zeit« war damit endgültig zu Ende.

Bayerns König Ludwig III., der nach dem Tode des populären Prinzregenten Luitpold im Jahr 1912 als 67jähriger die Herrschaft antrat und sich zum König ausrufen ließ, schickte am Tag der Kriegserklärung Kaiser Wilhelm II. in Berlin ein Telegramm, das weniger für die bayerische als für die preußisch-deutsche Öffentlichkeit bestimmt war: »Nie ist das Deutsche Reich vor einer ernsteren Entscheidung gestanden als in dieser Stunde, in der seine Fürsten und Völker wie ein Mann aufstehen, um seine Ehre, seine Stellung, seine Zukunft gegen mächtige Feinde zu verteidigen. Nie aber wird die unerschütterliche Treue, in der die Deutschen zusammenstehen, sich überwältigender offenbaren, als in dem Kampfe, der uns aufgezwungen wird.« Muß es da noch verwundern, daß bei solch einer Solidarisierung über alle Vorurteile hinweg der Kaiser mit dem gezwirbelten Bart keine Parteien, Standesunterschiede oder gar landsmannschaftliche Differenzen mehr kannte, sondern, wie er den Berlinern vom Balkon des Schlosses aus zurief und wenige Tage später vor dem Reichstag wiederholte, »nur Deutsche«?

In Bayern wollte man jedoch »sei Ruah« haben, wie Lena Christ, die große Dichterin aus Glonn bei Ebersberg, in ihrem Büchlein »Unsere Bayern anno '14« sehr einfühlsam beschrieb, obwohl der Kriegsbeginn auch in manchen Orten und zahlreichen Städten mit großem Jubel gefeiert wurde. Ein Foto hält diese Begeisterung an der Münchner Feldherrnhalle fest: Männer schwenken ihre Strohhüte – und mitten in der Menge ein 25jähriger junger Mann mit Schnauzbärtchen und lächelnden Gesichtszügen: Adolf Hitler. Ernüchterung und Enttäuschung lösten schon bald die nationale

Begeisterung ab, als die Menschen die Realitäten des Krieges an der Front und zu Hause erlebten. Der Haß auf Preußen, dessen Militarismus den Krieg provoziert hatte, verstärkte sich. Die Hungerwinter wurden von Jahr zu Jahr dramatischer und katastrophaler. Brot-, Milch- und Fleischkarten wurden ausgegeben, um die Bevölkerung wenigstens noch einigermaßen vor dem Hungertod zu bewahren, während die Zahl der Toten und Verwundeten durch die Materialschlachten an der West- und der Ostfront und durch die Gasangriffe in Frankreich immer größer und ganze Ortschaften ihrer Männer und Burschen beraubt wurden.

Zusehends lauter wurden die Angriffe gegen König Ludwig III., »den man als treuen Paladin des Kriegskaisers und der allmächtigen Heeresführung anprangerte« (Karl Bosl). Der Ruf nach Abschaffung der Monarchie und die Forderung nach Schaffung eines parlamentarischen Volksstaates, einer Republik in Bayern, stieß in ständig wachsenden Bevölkerungskreisen auf breite Resonanz. Vor allem Kurt Eisner, Idealist, Pazifist, Preußengegner, Theaterkritiker, Schwabinger Bohemien und Vorsitzender der von der Mehrheits-SPD abgespaltenen Unabhängigen Sozialdemokraten, der USPD, forderte die sofortige Beendigung des Krieges und die Aufnahme von Friedensverhandlungen.

Die russische Revolution von 1917 war für Eisner das Vorbild. Und doch wollte er einen goldenen Mittelweg zwischen doktrinärem Marxismus-Leninismus und parlamentarischer Demokratie einschlagen: Er forderte den »Libertären Sozialismus«.

Nachdem die Munitionsarbeiter Ende Oktober in ganz Bayern gestreikt hatten, hielt Kurt Eisner am 7. November 1918, zwei Tage vor der Revolution in Berlin und der Abdankung des Kaisers und vier Tage vor dem offiziellen Waffenstillstand, bei einer Wahlkundgebung auf der Münchner Theresienwiese eine flammende Rede. Wo sonst die Wies'n-Gaudi keine Grenzen kennt, jubelten rund 60 000 Zuhörer Kurt Eisner zu, als er sich vehement gegen Krieg, Nationalismus und Imperialismus wandte und den sofortigen Frieden und die Absetzung der Wittelsbacher forderte.

Bei revolutionären Worten blieb es freilich nicht. Während das bayerische Parlament gerade über die Kartoffelknappheit diskutierte, bewegten sich die Massen, unter denen sich viele meuternde Matrosen aus Kiel und Triest befanden, die gerade auf der Durchreise in München Station machten, in Richtung zu den Kasernen auf dem Münchner Marsfeld. Die Offiziere wurden entwaffnet, und die Soldaten schlossen sich dem Zug in die Münchner Innenstadt an. Die Bierwirtschaften wurden besetzt und als Kommandozentralen für die nun einsetzende Revolution auserkoren.

Die von besorgten Bürgern gerufene Polizei weigerte sich, gegen die Arbeiter und Soldaten vorzugehen, und der nicht besonders beliebte König Ludwig III., der wegen seines Hobbys, der Viehzucht, etwas despektierlich »Millibauer« genannt wurde, flüchtete über Wildenwart und Anif auf seine Besitzungen in Ungarn. Kurt Eisner rief in der Nacht vom 7. auf den 8. November 1918 den republikanischen Freistaat aus. Die seit 738 Jahren in Bayern ohne Unterbrechung regierende Dynastie der Wittelsbacher war abgesetzt. Der »Freistaat Bayern« wurde proklamiert.

Doch Eisners Schwierigkeiten wurden von Tag zu Tag immer größer. Zwar konnte sich Eisner bei der Verwaltung des Landes auf die Beamten stützen, die vom abgesetzten König ihres Diensteides auf die Krone entbunden wurden, doch um seine Politik des »Libertären Sozialismus« in die Tat umsetzen zu können, mußte er mit Erhard Auer, dem Führer der Mehrheitssozialisten, und den Bauernbündlern Kompromisse in der Frage der sofortigen Sozialisierung von Grund und Boden, von Industriebetrieben und Banken und der Einführung und Ausgestaltung einer Rätedemokratie schließen, während die radikalen Kräfte immer massiver die Einlösung

aller rätedemokratischen Versprechungen forderten. Der gutmeinende Eisner suchte die Lösung der drängenden Probleme in der Unterstützung seiner Politik des Ausgleichs durch das Plebiszit, durch Wahlen. Doch das Fiasko blieb nicht aus: München war nicht Bayern. Die Bürger wollten mehrheitlich keine Revolution, nicht einmal rätedemokratische Verhältnisse. Am Wahltag, dem 12. Januar 1919, votierte die Mehrheit der bayerischen Bevölkerung für die gemäßigten Sozialdemokraten, die 86 Sitze erringen, während sich Kurt Eisners USPD mit drei Sitzen begnügen mußte. Als Kurt Eisner, Demokrat und Idealist, der er zweifellos war, seine Rücktrittserklärung und damit das Scheitern des von ihm vertretenen Mittelweges einer freiheitlichen Rätedemokratie verkünden wollte, wurde er am 21. Februar 1919 auf dem Weg vom Palais Montgelas zum Landtagsgebäude in der Münchner Prannerstraße von dem rechtsradikalen Grafen Anton von Arco-Valley erschossen. Über 100 000 Menschen schlossen sich zwar dem Trauerzug bei der Beerdigung Kurt Eisners an, doch die bis dahin unblutig verlaufene Revolution fraß nun ihre Kinder, ohne daß Kurt Eisner dafür hätte haftbar gemacht werden können.

Die Regierung unter dem Mehrheitssozialisten Johannes Hoffmann wich der Verhältnisse wegen von München nach Bamberg aus. In der bayerischen Landeshauptstadt probierten nun abwechselnd eine anarchistische und eine kommunistische Räteregierung die in Schwabinger Kneipen theoretisch durchexerzierten Politikmodelle in der Praxis aus: Dichter und selbsternannte Weltretter wie Ernst Toller und Erich Mühsam, Max Levien und Eugen Leviné, Idealisten allesamt, aber ohne großen Bezug zu den von ihnen so häufig apostrophierten »Volksmassen«, regierten Bayern nunmehr schlecht als recht.

»Kaffeehausanarchisten« war noch die harmloseste Bezeichnung, mit der sie vom Bürgertum in den Städten und vor allem von den auf Ruhe und Ordnung erpichten Bauern auf dem Lande bedacht wurden. Der Schriftsteller und konservative Lehrer Josef Hofmiller bezeichnete die Regierungsform dieser Männer in seinem »Revolutionstagebuch« altbayerisch-deftig gar als »Strizzikratie«.

Als dann die zweite, die stramm dogmatische, kommunistische Räteregierung unter Levien und Leviné damit begann, politisch Andersdenkende verhaften zu lassen und zu ermorden, rief die Hoffmann-Regierung in Bamberg nicht nur die Reichswehr und nationalistisch-reaktionäre Freikorps zu Hilfe, sondern mobilisierte auch die Bauern hauptsächlich aus Nieder- und Oberbayern, die gen München zogen, um gegen die »rote Rätediktatur« in der Landeshauptstadt mit Gewalt vorzugehen.

Am 3. Mai 1919 rückten Reichswehr und »weiße Truppen« in München ein. Der Bürgerkrieg tobte in der bayerischen Landeshauptstadt. Morde und Geiselerschießungen ließen die Situation eskalieren, bis die Reichswehr und die Freikorps die Oberhand gewannen und ein ungeheures Blutbad unter allen vermuteten »Strizzikratie«-Sympathisanten begann. Am 17. Mai 1919 war München fest in der Hand der Gegenrevolutionäre. Die Regierung Hoffmann kehrte in die bayerische Landeshauptstadt zurück. Die erste Revolution, die 1918 im Deutschen Reich stattgefunden hatte, war auch die letzte, die niedergeschlagen wurde.

Die reaktionären, nationalistischen und antisemitischen Kräfte, für die die »Dolchstoßlegende« die Wahrheit bedeutete und die »Internationale Verschwörung des Weltjudentums« gerade noch einmal aufgedeckt und zerschlagen werden konnte, bekamen nicht nur in München immer mehr Zulauf. Und ein Kriegsheimkehrer namens Adolf Hitler, der zu dieser Zeit von der Reichswehrführung als Schulungsredner für Soldaten eingesetzt war, machte in dieser Stadt bald mehr von sich reden.

Hannes S. Macher

1914

31. 5. Beim Endspiel um die Deutsche Fußballmeisterschaft in Magdeburg besiegt die Spielvereinigung Fürth den VfB Leipzig mit 4 : 3 Toren nach Verlängerung. →

Juni. In München wird der 9. Reichskongreß der deutschen Freien Gewerkschaften abgehalten.

28. 7. Mit der Kriegserklärung Österreich-Ungarns an Serbien beginnt der Erste Weltkrieg.

31. 7. König Ludwig III. verhängt über Bayern den Kriegszustand. Die vollziehende Gewalt geht von den Zivilbehörden auf die Kommandierenden Generale der drei bayerischen Armeekorps in München, Nürnberg und Würzburg über. →

August. König Ludwig III. fordert eine territoriale Vergrößerung Bayerns durch Elsaß-Lothringen bzw. Belgien. →

1. 8. Im Deutschen Reich wird die Mobilmachung angeordnet, wobei der Oberbefehl der mobilen bayerischen Truppen auf Kaiser Wilhelm II. übergeht.

1. 8. Die »Münchner Neuesten Nachrichten« berichten von der Begeisterung der Massen anläßlich des Kriegsbeginns. →

13. 8. Die Münchner Zeitschrift »Zeit im Bild« stellt den Vorabdruck von Heinrich Manns Roman »Der Untertan« ein. →

20. 8. Die Schlacht in Lothringen beginnt. Kronprinz Rupprecht von Bayern leitet das mobile bayerische Heer als 6. Armee.

8. 9. Kronprinz Rupprecht von Bayern befiehlt den Abbruch der Schlacht vor Nancy. – In der Folgezeit werden die bayerischen Verbände über sämtliche Kriegsschauplätze verteilt, von Finnland bis zum Kaukasus, von Flandern bis nach Mesopotamien.

10. 10. Ein Erlaß des bayerischen Innenministeriums verbietet die Abgabe von Weißbrot in Gaststätten. →

1914. Ludwig Ganghofer veröffentlicht mit »Der Ochsenkrieg« einen weiteren historischen Roman zur Geschichte von Berchtesgaden. →

GESTORBEN:

31. 3. Meran: Christian Morgenstern (*6. 5. 1871, München), Schriftsteller.

2. 4. München: Paul von Heyse (*15. 3. 1830, Berlin), Schriftsteller, Literaturnobelpreisträger 1910.

GEBOREN:

4. 2. München: Alfred Andersch (†21. 2. 1980, Berzona bei Locarno), Schriftsteller.

Mobilmachung im Königreich Bayern

31. Juli 1914. Der Text ist knapp: »Ludwig III., von Gottes Gnaden König von Bayern … Wir finden uns bewogen, auf Grund des Artikels I des Gesetzes über den Kriegszustand vom 5. November 1912 zu verordnen: Über das Gesamtgebiet des Königreichs wird der Kriegszustand verhängt. Gegeben zu München, den 31. Juli 1914. Ludwig.«
Am darauffolgenden Tag proklamiert die Majestät vom Balkon seines Hauses in der Briennerstraße diese Entscheidung auch vor der Münchner Öffentlichkeit.
Bei der anschließenden Versammlung vor der Feldherrnhalle macht ein Fotograf ein Bild, das mitten in der hüteschwingenden, dichtgedrängten Menschenmenge einen hohlwangigen, schnauzbärtigen Mann zeigt. Später wird man erfahren, daß dies der 25jährige arbeitslose Kunstmaler Adolf Hitler aus Österreich ist, zur Zeit wohnhaft in der Schleißheimerstraße 34.
In Salzburg hat man ihn im Februar noch für »zu schwach. Waffenunfähig« erklärt, doch die Bayern nehmen nun, da Krieg ist, den Kriegsfreiwilligen und geben ihm einen Stellungsbefehl für das 16. Reserve-Infanterieregiment »List«.

Vor der Münchner Feldherrnhalle versammelt sich nach der öffentlichen Proklamation der Kriegserklärung durch König Ludwig III. am 1. August 1914 eine begeisterte, hüteschwenkende Menschenmenge, in der sich auch der 25jährige Adolf Hitler aus Braunau am Inn befindet. Hitler hält sich seit Mai 1913 in München auf.

Die Kriegserklärung ist keine bayerische Angelegenheit, weder der König noch die Regierung haben ein Mitspracherecht. Im Bundesrat gäbe es die Gelegenheit, die Entscheidung der Reichsregierung zu kritisieren, das Königreich Bayern aber stimmt wie alle anderen deutschen Länder der Kriegserklärung ohne Diskussion zu, weil man sich in einem Klima allgemeiner Kriegsbegeisterung stark genug fühlt, vermeintlich schwächere Gegner aus dem Feld zu schlagen. Bei der letzten Landtagssitzung am 2. August stimmen die 21 anwesenden SPD-Abgeordneten gegen die Haushaltsgesetze. Dies ist die einzige Gegenreaktion.

Bayerische Truppen zu Kriegsbeginn

Die bayerische Armee ist bei Kriegsausbruch auf die planmäßige Stärke von 406 000 Unteroffizieren und Mannschaften, 9 670 Offizieren, 1 296 Ärzten, 1 496 Beamten sowie 90 000 Pferden, die von 320 Veterinären versorgt werden, angewachsen. Bayern stellt drei feldmäßige Armeekorps unter dem Befehl der Generale Oskar von Xylander, Carl von Martini und Ludwig Freiherr von Gebsattel sowie das I. Bayerische Reservekorps unter Karl von Fasbender; daneben gibt es eine Kavalleriedivision aus Schweren Reitern, Ulanen und Chevaulegers, drei Landwehrdivisionen und eine Ersatzdivision. Die vier Armeekorps bilden gemeinsam mit einer Landwehrdivision die 6. deutsche Armee an der Westfront unter dem Oberbefehl von Kronprinz Rupprecht von Bayern. Neben den kämpfenden Einheiten gibt es in der bayerischen Armee

auch Pioniere, Sanitäter, Eisenbahnkompanien, Telegrafenbataillone, ein Luftschiffer- und Kraftfahrbataillon und das Fliegerbataillon in Oberschleißheim und

Ein Infanterieregiment auf dem Weg zum Bahnhof am 2. 8. 1914

Fürth, das über 24 Flugzeuge verfügt. Zudem versehen viele bayerische Wehrpflichtige ihren Dienst in der deutschen Marine.
Die bayerischen Truppen werden im Verlauf des Ersten Weltkriegs zunächst an der Westfront, u.a. in Lothringen und Belgisch-Flandern, eingesetzt; später stehen sie an allen Fronten des Krieges.
Noch zu Beginn des Jahres sind die Truppeneinheiten bei Paraden in ihren »bunten Röcken« aufmarschiert; die hellblaue Infanterie und die Schweren Reiter, die dunkelgrünen Chevaulegers mit roten und weißen Brustaufschlägen, die fränkischen grünen Ulanen und die dunkelblaue berittene Feldartillerie. Mit Kriegsbeginn löst die neu eingeführte feldgraue Uniform die traditionellen Soldatenröcke ab, da die Tarnung der Soldaten wesentliches Element moderner Kriegsführung geworden ist.

Die Annexionspläne im Widerstreit

August 1914. König Ludwig III. fordert schon wenige Tage nach dem Ausbruch des Ersten Weltkrieges die Angliederung des Elsaß an Bayern im Falle eines deutschen Sieges. Angesichts der Anfangserfolge der deutschen Truppen sieht er die Verwirklichung eines von ihm lang gehegten Planes in greifbare Nähe gerückt: den Bau ei-

Der bayerische Kronprinz Rupprecht wurde 1869 als ältester Sohn König Ludwigs III. in München geboren. Er gilt im Gegensatz zu seinem Vater als Grandseigneur weltmännischer Prägung. Nach dem Tod Ludwigs III. 1921 lehnt er seine Ausrufung zum bayerischen König ab. 1939 geht er nach Italien; er stirbt am 2. August 1955 in Leutstetten.

nes Großschiffahrtsweges Rhein-Main-Donau, der größtenteils durch bayerisches Gebiet verlaufen würde, falls es zur Angliederung käme. In einem Brief, den der bayerische Minister und enge Berater Ludwigs III., Georg Freiherr von Hertling, an den Reichskanzler Theobald von Bethmann Hollweg schreibt, wird ein Kriegsergebnis verlangt, das die schweren Blutopfer »aufwiege«.

Neben diesen machtpolitischen Überlegungen ist Ludwig III. zudem der Überzeugung, daß für die Armee klare Kriegsziele benannt werden müssen. Ein Jahr später verkündet er in der sog. Kanalrede das Ziel, »den direkten Ausgang vom Rhein zum Meer« für das Deutsche Reich zu schaffen, der vor allem der süddeutschen Wirtschaft zugute kommen soll.

Während Ludwig III. in der ersten Kriegsphase auch Pläne zur Anne-

xion von Teilen Belgiens hegte, läßt er diese Vorstellung 1916 fallen, hält aber an der Angliederung des Elsaß an Bayern fest.

Auch in anderen Kreisen Bayerns werden Forderungen nach Annexionen deutlich zum Ausdruck gebracht. Im Juli 1915 versenden über 1000 »Intellektuelle Deutschlands« eine Denkschrift, in der sie die Ansicht äußern, daß die deutsche Monarchie bei einem Frieden ohne Siegespreis in Gefahr gerate. Unter den Unterzeichnern befinden sich 136 Bayern, so z.B. die Reichsräte Hermann von Bezzel und Franz von Buhl.

Im Verlauf des Krieges, der nicht zu dem von vielen vorausgesagten schnellen Sieg führt, sondern in einen Stellungskrieg mit Hunderttausenden von Toten und Verwundeten mündet, werden immer wieder Forderungen nach Annexionen erhoben. Große Teile der Bevölkerung bringen aber seit Mitte 1915 kaum mehr Verständnis für diese Pläne auf. Die allgemein schlechte Versorgungslage und die ständigen Preissteigerungen für Lebensmittel und Kleidung beschäftigen die Menschen mehr als die Ausdehnung von Territorien. Einen Sinneswandel bezüglich der Annexionspolitik macht als einer

der wenigen deutschen Staats- und Armeeführer der bayerische Kronprinz Rupprecht im Verlauf des Krieges durch. Zunächst spricht sich Rupprecht, der Oberbefehlshaber der 6. deutschen Armee an der Westfront, auch für die Angliederung elsässischer Gebiete aus. Ausschlaggebend für seine Forderung sind weniger wirtschaftliche Überlegungen wie bei seinem Vater; Rupprecht will vielmehr die föderative Struktur des Deutschen Reiches nach einem Krieg erhalten wissen. Der im Falle eines deutschen Sieges zu erwartende Macht- und Gebietszuwachs Preußens soll durch territoriale Zugewinne der anderen deutschen Staaten ausgeglichen werden. Eine solche Politik stärkt in Rupprechts Augen zugleich die Monarchien, die ihren Bevölkerungen Erfolge vorweisen müssen, um dauerhaft ihren Bestand zu sichern.

Angesichts der militärischen Mißerfolge der deutschen Truppen gelangt er mit Fortdauer des Krieges zu der Auffassung, daß die deutsche Heeresleitung sich um einen Verhandlungsfrieden mit ihren Kriegsgegnern bemühen sollte. Mit seiner Meinung kann sich Rupprecht gegen die starke Gruppe der Vertreter eines sog. Siegfriedens jedoch nicht durchsetzen. Stattdessen werden die militärischen Anstrengungen verstärkt, ohne daß jedoch eine Kriegswende herbeigeführt werden kann.

Kronprinz Rupprecht hat zu Beginn des Krieges als Befehlshaber der 6. Armee an der Westfront mit seinen Truppen einige Erfolge zu verzeichnen. So wirft er im August 1914 die gegnerischen Truppen während der »Schlacht in Lothringen« weit auf französisches Gebiet zurück; im Oktober 1915 erhält er aufgrund eines weiteren Erfolges seiner Truppen den Ehrentitel »Sieger von Arras und La Bassée«. Nach dem Ende des Krieges und der Ausrufung der Republik in Bayern (→ 7. 11. 1918) reist Rupprecht, der die Nachricht in Brüssel erhält, unter dem Decknamen Alfred Landsberg über Amsterdam und Kassel nach Berchtesgaden, doch den endgültigen Untergang der Wittelsbacher Dynastie kann er nicht mehr abwenden.

Lebensmittel sind knapp und teuer

10. Oktober 1914. Ein Erlaß des bayerischen Innenministeriums verbietet wegen der Nahrungsmittelknappheit die Abgabe von Weißbrot in Gaststätten. Ab Januar 1915 müssen alle Bäcker dem Brot ein Drittel Roggenmehl beifügen.

In der Hoffnung auf einen schnellen Sieg hatten die bayerischen Behörden zunächst auf staatliche Eingriffe in die Lebensmittelversorgung verzichtet. Im Winter 1914 entstehen jedoch vor allem in den kleineren Städten erste Versorgungsschwierigkeiten. Die Lebensmittelpreise steigen rasch, von August 1914 bis Mai 1915 um insgesamt 31%. Ein Arbeiter aus Ingolstadt schreibt an das bayerische Innenministerium, »arme Leute wären froh, wenn sie für ihre Kinder genug Brot hätten«. Kleine Handwerksbetriebe müssen aufgrund der zahlreichen Einberufungen und des Rohstoffmangels ihre Arbeit einstellen. Wie ein Beamter des Bezirksamts Landshut beklagt, gibt es viele Häuser, »wo bald kein männliches Mitglied mehr da ist.«

Kriegsbegeisterung erfaßt die Münchner

1. August 1914. Die Nachricht von der Verhängung des Kriegszustandes geht wie ein Lauffeuer durch die bayerischen Städte. Wie die »Münchner Neuesten Nachrichten« berichten, steigert sich der Jubel in den Straßen am Abend dieses Tages wie an kaum einem Tag zuvor – die gesamte Bevölkerung ist in einen patriotischen Kriegstaumel verfallen: »Prinz Ludwig Ferdinand, der abends um 1/2 7 Uhr durch den Färbergraben fuhr, wurde mit stürmischen Hochrufen begrüßt. Nach 8 Uhr wuchs die Menge in der Sendlinger Straße vor den Münchner Neuesten Nachrichten so, daß die Straßenbahn kaum durchkommen konnte. …

Als um 3/4 10 Uhr vom Balkon des Geschäftshauses die Rede des Kaisers verlesen wurde, brach die nach Tausenden zählende Menge in brausende Beifallsrufe aus und sang begeistert ›Die Wacht am Rhein‹ und ›Deutschland, Deutschland über alles‹. Zum Schluß wurden die Bilder des Königs, des Kronprinzen Rupprecht und des Kaisers Franz Josef in Lichtbildern gezeigt …«

1915

Ludwig Ganghofers »Der Ochsenkrieg«

1914. Ludwig Ganghofer veröffentlicht seinen Bauernroman »Der Ochsenkrieg«, der im Berchtesgadener Land des 15. Jh. spielt. Zusammen mit sechs weiteren Romanen bildet der »Ochsenkrieg« eine Chronik des Berchtesgadener Landes. Ganghofer erzählt darin die Geschichte eines Krieges zweier Territorialherren, der sich am Streit um das Weiderecht eines Bauern entzündet. Die politischen und sozialen Probleme der Zeit sind zwar in die Handlung eingebettet, werden jedoch meist romantisch verklärt.

Indirekte Zensur für »Der Untertan«

13. August 1914. Die Redaktion der Münchner Zeitschrift »Zeit im Bild« schickt Heinrich Mann die Nachricht, daß sie den seit 1. Januar laufenden Vorabdruck des Romans »Der Untertan« einstelle: »Im gegenwärtigen Augenblick kann ein großes öffentliches Organ nicht in satirischer Form an deutschen Verhältnissen Kritik üben ...« Im übrigen, meint die Redaktion, »dürften wir bei der geringsten direkten Anspielung politischer Natur, etwa auf die Person des Kaisers, die ärgsten Zensurschwierigkeiten bekommen.«

Stolz präsentiert sich zu Pfingsten 1914 die Mannschaft der Spielvereinigung Fürth im Stadion von Magdeburg als neuer deutscher Fußballmeister

Fürth neuer Fußballmeister

31. Mai 1914. Die Mannschaft der Spielvereinigung Fürth gewinnt in Magdeburg vor 6000 Zuschauern nach zwei Verlängerungen mit 3:2 die Deutsche Fußballmeisterschaft gegen den VfB Leipzig. Es ist der erste Meisterschaftssieg des 1902 gegründeten Vereins.
Die Mannschaft spielte in der Aufstellung: Hermann Polenski, Karl Burger, Georg Wellhöfer, Sebastian Seidel, Erich Riebe, »Bumbes« Hans Schmidt, Georg Wunderlich (1 Tor), Karl Franz (2 Tore), Fritz Weicz, Julius Hirsch und Hans Jakob.
Die Presse ist sich einig, daß es der herrlichste und erbittertste Kampf war, der bisher ausgefochten wurde. Nach dem regulären Spielende stand es 1:1, die erste Verlängerung endete 2:2. Erst die zweite Verlängerung

brachte nach 154 Minuten Spieldauer die Entscheidung für Fürth. Der Ehrgeiz der Fürther Fußballer war durch den dritten Gewinn der Ostkreismeisterschaften und den 1914 erstmals errungenen Titel des Süddeutschen Meisters angefacht worden. Auch in den Ausscheidungen um die Deutsche Meisterschaft hatten die Fürther bereits schwere Spiele bestreiten müssen.
Voller Hoffnungen fuhren die Spieler nach Magdeburg, obwohl der geplante Sonderzug mit 500 Anhängern sie wegen technischer Probleme nicht begleiten konnte. Die Getreuen versammelten sich statt dessen vor dem Vereinslokal und warteten auf telefonische Nachricht. Ein brausendes Hurra erschallt, als das Ergebnis am Abend bekannt wird.

6. 6. König Ludwig III. von Bayern fordert in seiner sog. Kanalrede für das Deutsche Reich einen »direkten Ausgang vom Rhein zum Meer«. →

20. 6. In der sog. Intellektuellendenkschrift verlangen zahlreiche Professoren und Intellektuelle – darunter 136 Bayern – eine Kriegszielpolitik, die dem Deutschen Reich Industriegebiete im Westen und Siedlungsland im Osten bringt.

Herbst. Die bayerischen Bauern haben eine schlechte Ernte, wodurch die unzureichende Lebensmittelversorgung der Bevölkerung noch verschärft wird.

November. Das bayerische Kriegsministerium macht die Regierung auf die Aktivitäten pazifistischer Gruppen und der Frauenbewegung aufmerksam.

Winter. Unter strenger Geheimhaltung werden Sonderverhandlungen über die Rückkehr Belgiens zur Neutralität zwischen Belgien und dem Deutschen Reich geführt; sie waren durch Vermittlung des Hauses Wittelsbach zustandegekommen, das mit dem belgischen Königshaus verwandt ist.

28. 12. In den Münchner Kammerspielen wird das Drama »Advent« von August Strindberg in der Inszenierung von Otto Falckenberg uraufgeführt.

1915. Bayerische Soldaten werden an allen Fronten des Ersten Weltkriegs eingesetzt. →

1915. In Freimann bei München entstehen die Bayerischen Geschützwerke Fried. Krupp KG als Zweigwerk des Krupp-Werks in Essen.

1915. In München und in anderen Städten finden Demonstrationen gegen die Verteuerung von Lebensmitteln statt.

1915. In Bayern wird eine Landespreisstelle eingerichtet, die Zuteilungen und Höchstpreisbegrenzungen für rüstungswichtige Rohstoffe und Lebensmittel festlegt.

GESTORBEN:

10. 5. Formelles (Belgien): Albert Weisgerber (* 21. 4. 1878, St. Ingbert b. Saarbrücken), Maler und Grafiker.

15. 10. Würzburg: Theodor Boveri (* 12. 10. 1862, Bamberg), Zoologe, Begründer der Chromosomentheorie.

20. 10. München: Josef Ruederer (* 15. 10. 1861, München), Dramatiker und Erzähler. →

GEBOREN:

6. 9. München: Franz Josef Strauß († 3. 10. 1988, Regensburg), CSU-Politiker.

Umstrittene Rede König Ludwigs III.

6. Juni 1915. Auf dem sog. Kanaltag, der Jahresversammlung des 1891 gegründeten Bayerischen Kanalvereins in München, nennt Ludwig III. als Kriegsziel u. a. einen deutschen Zugang vom Rhein zum Meer.
Schon wenige Tage nach Kriegsausbruch hatte der König zum Ausdruck gebracht, daß er als Ergebnis eines siegreichen Krieges die territoriale Vergrößerung Bayerns erwarte (→ August 1914).
Reichskanzler Theobald von Bethmann Hollweg befürchtet, die neutralen Niederlande könnten durch die »Kanalrede« Ludwigs verärgert werden. Auf Bitten der Reichsregierung veröffentlicht daher die Bayrische Staatszeitung am 8. Juni eine abgeschwächte Fassung der Rede, wonach der bayerische Monarch nur eine günstigere Wasserstraßen-Verbindung von Mittel- und Süddeutschland zum Meer gefordert habe. Der Bau einer Großschiffahrtsstraße vom Rhein zur Donau ist seit der Gründung des Kanalvereins ein Lieblingsprojekt des Königs.

Mit spitzer Feder gegen Heuchelei

20. Oktober 1915. Ein Nierenleiden beendet das Leben des 54jährigen bayerischen Dichters Josef Ruederer. Von seinem umfangreichsten Werk, dem auf vier Bände geplanten Münchner Roman ist erst ein Band abgeschlossen; er erscheint postum unter dem Titel »Das Erwachen«.
Der Sohn aus reichem Münchner Haus hatte viel Pech im Leben. In der Literatur war eigentlich nur sein satirisches Volksstück »Die Fahnenweihe«, das die doppelte Moral korrupter bayerischer Dorfhonoratioren entlarvt, ein großer Erfolg. Vieles von dem, was er schrieb, ist bei der Kritik durchgefallen oder hat nur kurze Beachtung gefunden. Privat verspekulierte er viel Geld: Andere, sagt er einmal, werfen oben Dreck in die Maschine und unten kommt Geld heraus; bei ihm dagegen sei es gerade umgekehrt.
Aus dem Reichen wird für einige Zeit ein armer Mann. Bittere Erfahrungen färben Ruederers Ansichten von der Welt und den Menschen dunkel ein. Der Dichter wird zum schonungslosen Kritiker der (bayerischen) Gesellschaft.

*Schon zwei Wochen nach Kriegsbeginn bringen die öffentlich ausgehäng-
ten Verlustlisten Ernüchterung in den überschäumenden Patriotismus*

*Einen längeren Krieg hatte die militärische Führung nicht eingeplant; wegen
der schlechten Versorgung bilden sich lange Schlangen vor den Läden*

Soldaten aus Bayern an allen Kriegsfronten eingesetzt

1915. Seit dem zweiten Jahr des Ersten Weltkriegs stehen bayerische Soldaten an allen Fronten in Europa. Bei Kriegsausbruch waren bayerische Truppen hauptsächlich in der 6. Armee des Reiches unter dem Kommando des Kronprinzen Rupprecht von Bayern an der Westfront in Französisch-Lothringen eingesetzt worden. Hier hatten sie den deutschen Kriegsplan unterstützt, Frankreich von Norden her durch eine ausgreifende Schwenkbewegung der deutschen Armee über belgisches Territorium anzu-

greifen, um die französischen Befestigungslinien zu umgehen. Nach ersten Erfolgen blieben die deutschen Angriffe noch im Verlauf des Jahres 1914 stecken. Die bayerischen Einheiten hatten bis zu diesem Zeitpunkt im Herbst 1914 schon große Verluste erlitten, z.B. im Angriffsgefecht bei Badonviller, in der »Schlacht in Lothringen« und den Kämpfen bei Nancy.

Ähnlich wie im gesamten Deutschen Reich wurden auch in Bayern in aller Eile Kriegsfreiwillige ausgebildet, die an der Westfront einge-

setzt werden wie in der Schlacht bei Ypern (Belgien), wo bayerische Reservedivisionen Hunderte von Gefallenen und Verwundeten zu beklagen haben.

Verbände aus Bayern stehen seit dem Frühjahr 1915 aber auch an der Ostfront in Polen und in den Karpaten, wo die deutsche Heeresleitung einen Sieg gegen die Russen erzwingen will. So kämpft die 11. bayerische Division im Mai des Jahres in der Schlacht von Gorlice und Tarnów, wo deutschen und österreichischen Truppen ein

Durchbruch durch die russischen Linien gelingt; im Juni erstürmen u.a. Regimenter des II. Reservekorps der bayerischen Armee die Festung Przemysl in Galizien. Bei den Kämpfen in den Karpaten kommen auch zwei bayerische Schneeschuhbataillone zum Einsatz, die als besondere Gebirgstruppen gebildet werden. Aber auch an dieser Front rennen sich die deutschen Truppen im Herbst des Jahres fest, und der entscheidende Durchbruch wird verfehlt. Um die österreichische Front in Tirol gegen Italien zu verstärken, wird aus dem bayerischen Leibregiment, einem Gebirgsjägerregiment und zwei Jägerregimentern das Deutsche Alpenkorps gebildet, das unter dem Kommando des bisherigen Stabschefs des bayerischen Kronprinzen Rupprecht, General Konrad Krafft von Dellmensingen, steht.

Im Februar des folgenden Jahres werden in Kämpfen um Verdun (Frankreich) (→ 21.2.1916), wo die deutsche Armee erneut versucht, Frankreich entscheidend zu schlagen, acht bayerische Divisionen eingesetzt, die hohe Verluste erleiden. Während des Krieges, in dem 1,8 Mio Deutsche, 1,7 Mio Russen und 1,4 Mio Franzosen sterben, wächst die bayerische Armee von 10 auf 25 Divisionen an mit einer Gesamtstärke von rund 910000 Mann. 188000 bayerische Soldaten fallen im Krieg, mehrere hunderttausend werden verwundet.

*Mit Schlachtengemälden wird der Grabenkrieg an der Westfront heroisiert. In diesem Bild von Georg Schöbel
überrennen deutsche Infanteristen auf ihrem Vormarsch eine französische Maschinengewehrstellung*

Strindberg und Falckenberg

28. Dezember 1915. In den Münchner Kammerspielen wird das Schauspiel »Advent« des schwedischen Schriftstellers und Dramatikers August Strindberg in der Inszenierung von Otto Falckenberg uraufgeführt. Das Drama in fünf Aufzügen handelt von einem alten, abgrundtief bösen Ehepaar, das von den »Anderen«, den verdammten Seelen, heimgesucht wird. Im Verlauf des alptraumhaften Geschehens wird den beiden Alten klar, daß sie der ewigen Verdammnis nur durch Reue und Buße entgehen können; die Welt aber kann nur durch die Kinder gerettet werden. Strindberg, der das Stück 1898 im schwedischen Lund schrieb, wurde durch Eindrücke in der Pariser Kirche Saint-Germain l'Auxerrois und durch die Beschäftigung mit der »Weihnachtsgeschichte« von Charles Dickens zu diesem Drama angeregt. »Advent« ist Teil eines christlich-gläubigen Schauspielzyklus, zu dem auch das Drama »Ostern« gehört, das Strindberg 1900 schrieb. Der Regisseur von »Advent«, Otto Falckenberg, war ein Jahr vor der Uraufführung Oberspielleiter und Chefdramaturg der Münchner Kammerspiele geworden. Dort gelang ihm im Mai 1915 mit der Inszenierung des Stücks »Gespenstersonate«, das ebenfalls aus der Feder von August Strindberg stammt, der Durchbruch beim Publikum. Falckenberg, am 5. Oktober 1873 in Koblenz geboren, war einer der Mitbegründer des berühmten Münchner Kabaretts »Elf Scharfrichter« (→ 13. 4. 1901), wo er als Peter Luft mit Marc Henry, Leo Greiner und Fank Wedekind auftrat. Er beschreibt das Haus der Münchner Kammerspiele in der Augustenstraße, wo er die Strindberg-Dramen inszenierte, folgendermaßen: »Das neue kleine Saaltheaterchen lag in einer sehr wenig vornehmen und völlig gesichtslosen Gegend der Stadt – etwa auf der Grenze zwischen der alten Münchner Ludwigs-Vorstadt und dem neuen Schwabing – in einem jener verrußten fünfstöckigen Kästen der achtziger Jahre, mitten zwischen hausbackenen Geschäften, Büros bescheidener Unternehmungen, Gastwirtschaften und Cafés, in denen die Bewohner jener kleinbürgerlichen Gegend zu verkehren pflegten.«

Gegen eben solche Kleinbürger und ihre Moralvorstellungen richtete sich der schwedische Dramatiker August Strindberg.

Rüstungsindustrie: Frauen übernehmen die Arbeit der Eingezogenen

»Deutsche Flieger über Belfort«, Gemälde von Josef Ruep

Figurenskizze zu August Strindbergs »Gespenstersonate« (1916)

Eine Zeichnung von Hans Treiber zeigt in romantisierendem Stil, wie bayerische Gebirgsartillerie eine Paßhöhe in Serbien überwindet

Bühnenskizze zu August Strindbergs Drama »Advent«, das am 28. Dezember 1915 in den Münchner Kammerspielen Premiere hat; die Inszenierung stammt von Otto Falckenberg, Bühnenskizzen von Leo Pasetti

Vor der Feldherrnhalle in München werden französische Feldgeschütze zur Schau gestellt, die bei den Schlachten an der Westfront erobert wurden

1916

Rationierung von Lebensmitteln ist im Ersten Weltkrieg an der Tagesordnung: Fleischkarten deutscher Städte zeigen die Notlage

Die Bevölkerung hungert

Juni 1916. In München kommt es im Zusammenhang mit einer Hungerdemonstration zu Krawallen. Aufgrund von Nahrungsmittelknappheit und der Unfähigkeit der Behörden, die Versorgung mit Lebensmitteln sinnvoll zu organisieren, hungert auch die Bevölkerung anderer Städte und der ländlichen Gebiete. Jedem Münchner Bürger stehen täglich Nahrungsmittel zu, die einem Nährwert von 1380,4 Kilokalorien entsprechen. Nach Ansicht des »Ärztlichen Beirats der Stadt München für Lebensmittelangelegenheiten« ist es »vollständig ausgeschlossen, daß ein gesunder Mensch bei diesen knappen Ernährungsmengen arbeitsfähig bleibt und … auf die Dauer eine Schädigung der Gesundheit vermieden wird«.

Oft erreichen jedoch die dringend benötigten Lebensmittel ihre Empfänger nicht. Die verwickelte bürokratische Regelung der Versorgung bringt es mit sich, daß Brot, Fett und Fleisch z.T. tagelang kreuz und quer durchs Land gefahren werden und dabei verderben. Als zum Winter 1916 einer Hungerkatastrophe durch Massenschlachtungen von Schweinen vorgebeugt werden soll, können die Metzger das Fleisch nicht verteilen, weil die starr festgesetzten Verbraucherrationen zu niedrig berechnet sind.

Bauern fühlen sich vom Staat betrogen

Frühjahr 1916. In ganz Bayern werden die staatlich festgesetzten Höchstpreise für landwirtschaftliche Produkte deutlich angehoben. Bauern, die ihre Vorräte bislang gehortet haben, sollen damit veranlaßt werden, ihre Waren auf den Markt zu bringen. Der Effekt ist jedoch eine tiefe Verstimmung all jener Landwirte, die zu den niedrigen Preisen im Herbst des Vorjahres ihre Waren abgesetzt hatten. In einer offiziellen Note des Landwirtschaftsvereins Straubing beklagen die Bauern sich darüber, »daß zielbewußt der ehrliche, rechtzeitig und uneigennützig abliefernde Landwirt zum Gespötte der Kriegswucherer gemacht wird.«

Wo die Männer an der Front sind, müssen Frauen und Kinder pflügen

Reichstag billigt Hilfsdienstgesetz

2. Dezember 1916. Mit einer Mehrheit von 235 Stimmen verabschiedet der Deutsche Reichstag das Gesetz über den Vaterländischen Hilfsdienst. Es verpflichtet alle männlichen Deutschen zwischen 17 und 60 Jahren zur Arbeit in kriegswichtigen Betrieben. Jeder Wechsel des Arbeitsplatzes ist in Zukunft von der Zustimmung sog. Schlichtungsausschüsse, die paritätisch von Arbeitgeber- und Gewerkschaftsvertretern besetzt werden, abhängig. In allen kriegswichtigen Betrieben einschließlich der Heeres- und Marineverwaltung mit mehr als 50 Beschäftigten dürfen erstmals Arbeiterausschüsse gewählt werden. Zusammen mit der Einrichtung eines zentralen Kriegsamtes zur Munitions- und Waffenbeschaffung durch die Reichsregierung am 1. November dieses Jahres ist das Hilfsdienstgesetz Teil des sog. Hindenburgprogramms. Es unterstellt den gesamten Produktionsapparat, einschließlich der Arbeitskräftebeschaffung, staatlicher Lenkung.

Spaltung der SPD wegen Kriegspolitik

24. März 1916. Im Zusammenhang mit der Abstimmung des Reichstages über einen Notetat kommt es zum offenen Bruch innerhalb der SPD über die Frage der Unterstützung der deutschen Kriegspolitik: 20 der insgesamt 110 SPD-Abgeordneten, darunter der Parteivorsitzende Hugo Haase, verweigern ihre Zustimmung zum Nothaushalt. Die Dissidenten werden aus der Fraktion ausgeschlossen und bilden als »Sozialdemokratische Arbeitsgemeinschaft« eine selbständige Fraktion. Aus ihr geht im April 1917 die »Unabhängige Sozialdemokratische Partei Deutschlands« (USPD) hervor, die bei den revolutionären Ereignissen in Bayern der Jahre 1918/19 eine entscheidende Rolle spielt (→ 7. 11. 1918).

Die innerparteilichen Auseinandersetzungen in der SPD schwelten schon seit 1914. Der Abgeordnete Karl Liebknecht brach als erster aus der Fraktionsdisziplin aus und stimmte offen gegen die zweite Kriegsdienstvorlage. Ihm schließen sich später Otto Rühle und andere Fraktionsmitglieder an.

Sinnlose Opfer vor Verdun

21. Februar 1916. Acht bayerische Divisionen sind im Verband der 5. Armee unter Führung des deutschen Kronprinzen Wilhelm und seines Generalstabschefs Konstantin Schmidt von Knobelsdorff am Angriff auf die französische Festung Verdun beteiligt.

Trotz anfänglicher Erfolge kommt der auf einer Breite von fast 20 km vorgetragene Angriff nur langsam voran und entwickelt sich zum monatelangen, zermürbenden Stellungskrieg, in dem Hunderttausende deutscher und französischer Soldaten ihr Leben verlieren oder verstümmelt werden.

Nach Plänen des Generalstabschefs des deutschen Heeres, Erich von Falkenhayn, soll die französische Heeresführung durch den massiven Angriff auf die für Frankreich wichtige Festung Verdun gezwungen werden, große Teile ihrer Armee in Verdun zu binden. Mit dieser »Ermattungsstrategie« hofft Falkenhayn, die französische Front insgesamt zu schwächen und den Krieg an der Westfront zu entscheiden.

Am 24. Februar gelingt es deutschen Truppen, das Panzerfort Douaumont – Teil des nordöstlichen Befestigungsrings – kampflos einzunehmen. Der französische Oberbefehlshaber Marschall Joseph Jacques Césaire Joffre verstärkt daraufhin innerhalb weniger Tage die Verteidigung Verduns von 150000 auf 800000 Mann und kann so die Festung halten. Wochenlang liegen sich Deutsche und Franzosen im Artilleriefeuer gegenüber.

Zunächst kämpft die bayerische Ersatzdivision vor Verdun, ab Anfang März auch die 11. Division. Das I. bayerische Korps mit der 1. und 2. Division liegt ab Mitte Mai am Thiaumontrücken bei der Festung. Ende Juni wird das Alpenkorps von der Ostfront nach Verdun abgezogen. Im August folgt die bayerische 14. Division und ab Oktober die aus älteren Männern bestehende 39. bayerische Reservedivision. Allein 12200 Unteroffiziere und Mannschaften des Alpenkorps sowie 276 seiner Offiziere werden in diesem Grabenkrieg verletzt oder getötet. Insgesamt kommen etwa 188000 bayerische Soldaten aus dem Ersten Weltkrieg nicht mehr zurück nach Hause.

Im März fällt der Münchner Maler und Mitbegründer der Künstlerge-

meinschaft »Blauer Reiter«, Franz Marc, als Artillerieleutnant vor Verdun. Auch Ernst Toller, Schriftsteller und im November 1918 führendes Mitglied der Arbeiter- und Soldatenräte in München, verbringt als Kriegsfreiwilliger qualvolle Wochen in den Schützengräben. In seiner 1933 erschienenen Autobiographie »Eine Jugend in Deutschland« beschreibt der in Posen geborene Toller das Grauen des Krieges und die Ansichten der bayerischen Soldaten, die in den »Saupreißn« die Verantwortlichen für ihre Leiden sehen:

»... Sebastian, der Bauernknecht aus Berchtesgaden, ... ist fromm, und er begreift nicht, warum dieser Krieg tobt. Wenn sie ihm von zu Hause

Das Schlachtfeld von Verdun ist übersät von Granattrichtern

Nach vorhergegangenem Beschuß durch Artillerie stürmen deutsche Infanteristen eine französische Stellung bei Verdun (Zeichnung von Max Tilke)

Schinken und Speck schicken, setzt er sich mit abgewandtem Rücken in einen Winkel und ißt und stiert und sinnt. Vielleicht sind die Preußen ja ›an der Gaudi‹ schuld, bestimmt sind sie schuld. Die können ja nie nicht das Maul halten, wegen ihnen hat König Ludwig II. daran glauben müssen, ... der Bismarck hat die Bayern beschissen, ... sein Großvater hat im Krieg 1866 ganz allein sechs Preußen gefangengenommen, ›Ergebts euch‹ hat er geschrien, ›die Bayern san da‹, und jetzt saufen sie uns das Bier weg aus der Kantine. Sebastian bleibt stehen, erblickt mich nackt und schließt vor Schreck die Augen ... ›Jetzt woaß ma ja, warum der Krieg hat kemma müssn‹, brummt er. ›Der Preiß wascht sich nackad.‹ Aus seinem Mundwinkel zischt ein Strahl Spucke.«

In einem Schützengraben erwartet französische Infanterie einen Angriff

Weder Starkbier noch Freibier

4. Februar 1916. Auf Anordnung der stellvertretenden Generalkommandos der drei bayerischen Armeekorps darf in Bayern aufgrund der zunehmenden Rohstoffknappheit Starkbier jeglicher Art nicht mehr hergestellt werden. Auch das Brauen des beliebten »Märzenbieres« ist wegen der angespannten Lage untersagt. Bei Verstößen gegen das Verbot drohen Haftstrafen bis zu einem Jahr oder ersatzweise bis zu 10000 Mark Geldstrafe.

Auch Freibier für die Fronturlauber ist, nicht nur bei den bayerischen Generalkommandos, unerwünscht. Um das unliebsame Randalieren auf Heimaturlaub zu unterbinden, appellieren die deutschen Heeresbezirke an die Verwandten und Freunde daheim, Soldaten in Gastwirtschaften nicht mehr freizuhalten. Nach Meinung der Generalkommandos sollte das Geld sinnvoller verwendet werden, etwa durch den Kauf von Liebesgaben für die Front. Ein allgemeines Alkoholverbot für Urlauber behalten sich die Militärs vor.

Luftangriffe auf bayerische Städte

21. November 1916. Ein französisches Flugzeug wirft über München sieben Bomben ab, richtet aber nur wenig Sachschaden an, weil Blindgänger unter den Bomben sind. Das Ziel, den Münchner Hauptbahnhof zu zerstören, wird bei dem Luftangriff verfehlt. Kurz zuvor ist auch Ludwigshafen Ziel eines Luftangriffs gewesen, bei dem zwölf Menschen den Tod fanden.

Vor allem die Industriestädte werden von französischen und britischen Flugzeugen angegriffen, doch halten sich die Schäden meist in Grenzen, da die Maschinen nur wenig Bombenlast tragen können. Obwohl der Luftangriff auf München der einzige im Verlauf des Krieges ist, werden Bestimmungen für den Fliegeralarm erlassen, die sich u. a. auf öffentliche Gebäude beziehen; so haben sich die Zuschauer des Residenztheaters sowie des Hof- und Nationaltheaters im Alarmfall auf genau festgelegten Wegen in die »bereitstehenden Untertreträume« zu begeben und dort zu warten, »bis Gefahr vorüber gemeldet ist«.

BMW wird in Etappen gegründet

7. März 1916. Ins Gesellschaftsregister des Münchner Amtsgerichts wird die Gründung einer neuen Firma eingetragen. »Bayerische Flugzeugwerke AG. Gegenstand des Unternehmens ist die Herstellung und der gewerbsmäßige Vertrieb von Flugzeugen und allen damit in Zusammenhang stehenden Maschinen, Geräten und sonstigen Gegenständen…« – niemand spricht zu der Zeit von BMW, als die Firma neu gegründet wird.

Das Stammkapital von 1 Million Mark übernehmen die Bankbeamten Kiendl und Burger, der M·A·N-Vertreter Endres, ein Rechtsanwalt Nadolny und ein Dipl.-Ing. Backstein, beide aus Berlin, sowie der Ingenieur Gustav Otto aus München. Otto, ein Sohn des Gasmotorerfin-

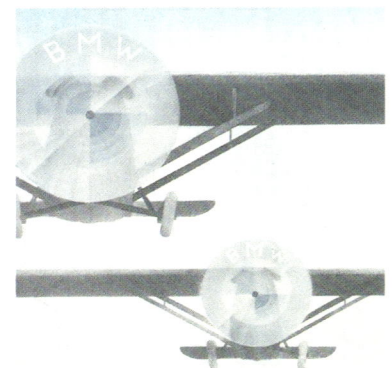

Ausschnitt aus einer BMW-Reklame

ders Nicolaus Otto, bringt in die neue Firma BFW seine eigene, unmittelbar vor dem Konkurs stehende Flugmaschinenfabrik in der Münchner Schleißheimerstraße 135

ein (wofür er knapp 433 000 Mark erhält). Er ist ein passionierter Flieger mit dem Flugpatent Nr. 34 des Deutschen Luftschiffer-Verbandes und Inhaber einer eigenen Luftpilotenschule.

Der Name BMW kommt aus einer anderen, nahe gelegenen Motorenfabrik: Die Rapp-Motorenwerke (»Erprobte Flugzeugmotoren für moderne Schlacht- und Marineflugzeuge«) werden am 20. Juli 1917 in Bayerische Motorenwerke GmbH umbenannt. Zu dieser Zeit arbeitet BMW noch in seinen Werkshallen in der Schleißheimerstraße 288. Erst fünf Jahre später gehen die beiden Firmen zusammen, als BMW in die Fabrik von BFW umzieht; damit ist die Gründung von BMW abgeschlossen.

Zuvor, am 5. Oktober 1917, erhält die Firma ihr charakteristisches Kennzeichen. Die Rapp-Motorenwerke hatten in ihrem Firmenschild die Schachfigur eines Springers und dazu in einem Kreis die Umschrift: »Rapp-Motor«. An diesem 5. Oktober aber trägt das Reichspatentamt in seine »Zeichenrolle« ein neues Warenzeichen ein: Das neue Signum ist eine rotierende weißblaue Propellerscheibe mit der Inschrift »BMW« im Kreis.

Auftrieb erhält die junge Firma alsbald durch die allgemeine Förderung der Rüstungsindustrie von seiten des Staates, die noch bis Kriegsende unvermindert anhält. Als diese Aufträge nach Kriegsende ausbleiben, gerät die Firma in eine Krise.

Wegen ihrer soliden Verarbeitung und ihrer Robustheit wurden die Motorräder von BMW schon bald über Deutschlands Grenzen hinaus bekannt

Jugendbildnis des seit etwa 1873 geisteskranken Königs Otto I.

König Otto stirbt geistig umnachtet

11. Oktober 1916. Interniert in dem vor München gelegenen Schloß Fürstenried stirbt 68jährig der ehemalige bayerische König Otto I.

27 Jahre lang, vom 13. Juni 1886 bis zum 5. November 1913, war er rechtmäßiger König von Bayern. Er hat dieses von seinem Bruder Ludwig II. ererbte Amt aber nie antreten können, denn seit den 1860er Jahren hatten sich bei ihm bereits Symptome einer unheilbaren Geisteskrankheit bemerkbar gemacht.

Als man ihn nach dem Tod seines Bruders erstmals mit dem Titel »Königliche Hoheit« ansprach, sei, so heißt es, ein stolzes, glückliches Lächeln über sein melancholisches Gesicht gehuscht. An Ottos Stelle regierte Prinzregent Luitpold.

Komponist Max Reger erliegt Herzinfarkt

11. Mai 1916. Ein Herzschlag in einem Leipziger Hotel beendet das Leben des 43jährigen Komponisten Max Reger. Der in Weiden in der Oberpfalz aufgewachsene Lehrers-

sohn – ein legendärer Esser und Biertrinker – hat in seinem Leben, auf Johannes Brahms und vor allem dem geliebten Johann Sebastian Bach aufbauend, ein reiches,

schwieriges Werk von mehr als 150 Kompositionen geschaffen. Zu den bedeutendsten Werken dieses spätromantischen Neutöners gehört vor allem seine Kammermusik.

Physiker Ernst Mach in Haar gestorben

19. Februar 1916. In Haar bei München stirbt der österreichische Physiker und Erkenntnistheoretiker Ernst Mach. Mach wurde am 18. Februar 1838 als Sohn eines Gymnasiallehrers in Turas (Mähren) geboren. Nach Studium und Lehrtätigkeit in Wien und Graz war Mach ab 1867 Professor für Experimentalphysik in Prag, wo er u.a. die nach ihm benannten Machschen Druckwellen, Verdichtungswellen innerhalb strömender Gase, untersuchte. Seine grundsätzlichen erkenntnistheoretischen Überlegungen nehmen bereits Grundbezüge der speziellen Relativitätstheorie Albert Einsteins vorweg.

M. Reger mit seiner Tochter Christa

Max Regers handschriftliche Fassung der »Miniature Gavotte«

Franz Marc fällt im Kampf vor Verdun

4. März 1916. Vor Verdun fällt der bayerische Artillerieleutnant Franz Marc. Im Park des Schlosses von Gussainville bei Braquis wird der Maler, der sich in seinen späten Bildern (z. B. »Kämpfende Formen« und »Zerbrochene Formen«, beide 1914) der Abstraktion genähert hat, unter einem schlichten Gedenkstein bestattet.

Zu Beginn des Krieges hatte Marc sich freiwillig gemeldet. Aber schon am 24. Oktober 1914 schrieb er seinem russischen Freund Wassily Kandinsky, der in der Schweiz lebte: »Ich habe das traurige Gefühl, daß dieser Krieg wie eine große Flut zwischen uns beiden strömt, die uns trennt; der eine sieht den andern kaum am fernen

Mit Franz Marc verliert die moderne Malerei einen führenden Kopf

Ufer. Alles Rufen ist vergeblich, – vielleicht auch das Schreiben. In solcher Zeit wird jeder, er mag wollen oder nicht, in seine Nation zurückgerissen. Ich kämpfe in mir sehr dagegen an; das gute Europäertum liegt meinem Herzen näher als das Deutschtum.« Angesichts des täglichen Gemetzels wich Marcs mystische Kriegseuphorie mehr und mehr der Fassungslosigkeit und Ernüchterung. Am 4. Februar, einen Monat vor Marcs Tod, war seiner Frau noch mitgeteilt worden, daß es möglich sei, ihren Mann zur künstlerischen Arbeit von der Armee freizustellen. Am Morgen vor seinem Tod hat Marc seiner Frau noch geschrieben: »Ja, dieses Jahr werde ich auch zurückkommen …«

Tiere sind das zentrale Motiv im Werk von Franz Marc. Er hat einmal bekannt, daß er den Menschen nicht mochte und häßlich fand, während die unberührte Lebendigkeit des Tieres und seine Reinheit alles Gute in ihm erklingen ließen. Schon als Junge liebte er die Tiere, und mit der Zeit wurden sie ihm bis in ihre kleinsten, scheuen Gebärden hinein vertraut.

Im Jahr 1911 schuf er eine Vielzahl seiner bekanntesten Tierbilder, darunter auch »Blaues Pferd I« (Abb.). Das Bild gliedert sich in abgerundete Flächen, die sich in den Farben des Regenbogens jeweils von der geringsten bis zur größten Dichte hin entfalten. Mittendrin, beinahe schwebend, steht das Pferd, aller individuellen Form entkleidet und mit seiner nicht der realen Wahrnehmung entsprechenden Farbe symbolisch überhöht: Blau ist die Farbe des Geistigen und romantischer Sehnsucht. Franz Marc, der sich und seine Zeit an der Schwelle zu einem neuen Zeitalter sah, glaubte an die wegweisende Kraft der Malerei: »Blaues Pferd I« steht für die Rückkehr zur Einheit mit der Natur.

1917

Reichskanzler Georg Michaelis scheitert am Druck der Militärs

Georg Freiherr von Hertling wird zum Reichskanzler ernannt

Hertling wird Reichskanzler

1. November 1917. Der bayerische Ministerpräsident Georg Freiherr von Hertling (→ 9. 2. 1912) wird von Kaiser Wilhelm II. zum Nachfolger von Reichskanzler Georg Michaelis ernannt, der das Amt nur dreieinhalb Monate innehatte.

Am 19. Juli forderten Reichstagsabgeordnete der SPD, des Zentrums und der Fortschrittspartei, die sich zum sog. Interfraktionellen Ausschuß zusammengeschlossen hatten, in einer Resolution den sofortigen Friedensschluß unter Verzicht auf jeden Gebietsgewinn, da der Krieg nicht mehr zu gewinnen sei. Obwohl diese Friedensresolution von der Mehrheit des Reichstags an-

genommen wurde, gab Reichskanzler Michaelis dem Druck der Obersten Heeresleitung nach. Wegen fehlender Mehrheiten wird Michaelis am 1. November entlassen.

Hertling verspricht bei der Amtsübernahme, die Außenpolitik im Sinne der Friedensresolution zu führen. Der 74jährige Kanzler kann sich jedoch weder gegen die Interessen des Militärs noch gegen den vom neuen bayerischen Ministerpräsidenten Otto von Dandl vorgetragenen Wunsch nach dem Anschluß Elsaß-Lothringens an Bayern durchsetzen. Die Diskussion um einen Friedensschluß vergiftet das innenpolitische Klima.

Das Waffenstillstandsangebot der Bolschewiki führt im Reichstag erneut zu heftigen Diskussionen über Zeitpunkt und Bedingungen eines Friedens

Vaterlandspartei will durchhalten

2. Oktober 1917. Als Ableger der Anfang September in Königsberg gegründeten Deutschen Vaterlandspartei formiert sich in München der Landesverein Bayern. Während auf dem Münchner Königsplatz in Anwesenheit des Prinzen Leopold etwa 10 000 Menschen an einer Feier aus Anlaß des 70. Geburtstages von Generalfeldmarschall Paul von Hindenburg teilnehmen, richtet die neue Partei ein Huldigungstelegramm an den bayerischen König, in dem sie sich als bürgerliche Sammelbewegung mit dem Ziel einer Stärkung des Durchhaltewillens bis zum Siegfrieden vorstellt.

Zu den Gründungsmitgliedern des Landesvereins Bayern gehören die Reichsräte Graf Kaspar von Preysing-Lichtenegg-Moos, Graf von Arco-Zinneberg und der Generaldirektor der Maschinenfabrik Augsburg-Nürnberg, Anton Riepel. Prominenteste Fürsprecher des Landesvereins sind Cosima Wagner, Witwe des 1883 verstorbenen Komponisten, und Ludwig Thoma.

Auer und Süßheim fordern Rechte

18. September 1917. Die bayerischen Sozialdemokraten stellen im Landtag den sog. Antrag Auer-Süßheim auf Ausweitung der Parlamentsbefugnisse und Einführung des Verhältniswahlrechts.

Der Antrag wird eingebracht vom SPD-Abgeordneten und Vizepräsidenten des Landtags, Erhard Auer, und dem Juristen und SPD-Parlamentarier Max Süßheim.

Der Antrag strebt, parallel zu sozialdemokratischen Bemühungen auf der Reichsebene, den Übergang von der konstitutionellen zur parlamentarischen Demokratie an. Die SPD fordert u.a., die Minister auf Vorschlag des Landtags zu ernennen, den Adel und seine sämtlichen Privilegien abzuschaffen sowie Kirche und Staat zu trennen.

Die Forderungen werden von der Zentrumsmehrheit und den Liberalen zunächst abgelehnt, aber weiter diskutiert. Am 2. November kommt die Regierung dem SPD-Antrag mit der Einführung des Verhältniswahlrechts (auch für Frauen) und der Beteiligung des Parlaments bei der Berufung der Minister entgegen.

Cosima wird 80

24. Dezember 1917. *Bayreuth feiert den 80. Geburtstag von Cosima Wagner (Abb.), der Witwe des Komponisten Richard Wagner. Nach dem Tod ihres Mannes 1883 hatte Cosima die Leitung der Bayreuther Festspiele übernommen und bis 1906 erfolgreich ausgeübt.*

Reiche Auswahl an Ersatz

Winter 1917. Die anhaltende Kälte der Wintermonate führt nicht nur in der Brennstoffversorgung zu Schwierigkeiten. Vor allem in den Großstädten Bayerns zwingt die seit Beginn des Weltkrieges eingeführte Zwangsbewirtschaftung von Lebensmitteln und Verbrauchsgütern zu Einschränkungen im täglichen Leben. Für alles, was nicht mehr zu beschaffen ist, werden Ersatzprodukte angeboten, die mehr schlecht als recht ihrem Zweck dienen.

Ein Besucher Münchens berichtet über seine Erfahrungen beim Einkauf in der Innenstadt: »Auffallend ist die große Zahl der Ersatzartikel: Kaffee-Ersatz, Tee-Ersatz, Seifen-Ersatz etc. etc. ... In den feinen Konfiserien ist bei den Schokoladeartikeln, soweit solche überhaupt noch vorhanden sind, oftmals der Zettel angebracht: ›Ausverkauft‹. Zucker habe ich während des ganzen Aufenthalts in München keinen gesehen. Die Milch ist knapp. Gemüse ist zu haben. Fleisch ist rationiert. Welcher frühere Münchner Besucher erinnert sich da nicht der gewaltigen

Kalbshaxen, die für 30 und 40 Pfennige zu haben waren, des ›G'selchten‹, das ungefähr denselben Betrag kostete, und des gebackenen Hirns, das man in tellergroßen Portionen für 50 Pfennige bekam.«

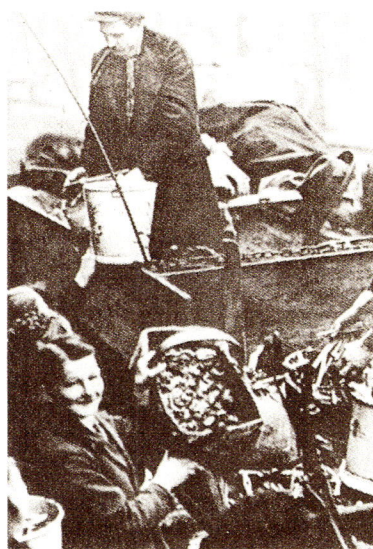

Kartoffelschalen zur Viehfütterung werden gegen Brennholz getauscht

Industrieausbau für Rüstungsproduktion

1917. Mit zahlreichen Firmenneugründungen und dem Ausbau der vorhandenen Produktionskapazitäten vor allem im Bereich der Produktion von Rüstungsgütern erlebt Bayern einen neuen Höhepunkt der Industrialisierung.

In Lindau eröffnet Claude Dornier ein neues Zeppelinwerk, während die Pfalz-Flugzeugwerke in Speyer erstmals rund 800 Jagddoppeldecker des Typs D III bauen; die Ludwigshafener Badische Anilin- & Soda-Fabrik (BASF) errichtet in Leuna bei Merseburg ein neues Stickstoffwerk; in Augsburg entsteht ein Zweigwerk der Berliner Rumpler-Flugzeugwerke, und die ehemalige Metall- und Spielwarenfabrik der Gebrüder Bing in Nürnberg stellt ihre Produktion auf Rüstungsgüter um. Bei der Maschinenfabrik Augsburg-Nürnberg AG (M.A.N), die ihre Beschäftigtenzahl seit 1914 von 5 590 auf 9 950 erhöht hat, arbeiten inzwischen auch über 2 000 Frauen und rund 450 Kriegsgefangene; M.A.N baut seit 1915 Motorlastkraftwagen für die Armee.

Die gesamte Wirtschaft wird den Bedürfnissen des Krieges untergeordnet. Rüstungsbetriebe erhalten bevorzugt Rohstoffzuteilungen und Arbeitskräfte. In der Verbrauchsgüterindustrie kommt es dagegen häufig zu Engpässen bei der Versorgung mit Rohstoffen wie Baumwolle, Leder und Wolle, da die Überseeimporte seit Kriegsausbruch stark zurückgegangen sind.

Pfitzners Oper »Palestrina« uraufgeführt

12. Juni 1917. Die Premiere der dreiaktigen Oper »Palestrina« von Hans Pfitzner – mit dem Erb als Palestrina, der Ivogün als sein Sohn, und Bender als Pius IV. – wird zu einem der großen Abende in der Münchner Musikgeschichte.

Eigentlich hatte Pfitzner nach Beendigung der Komposition im Juni 1915 bestimmt, daß sie erst nach dem siegreichen Ende des Krieges uraufgeführt werden sollte. Doch dann hat er den Glauben an ein glückliches Ende wohl verloren, denn er gab dem Münchner Generalmusikdirektor Bruno Walter die Erlaubnis, die Uraufführung während einer im Juni 1917 veranstalteten Pfitzner-Woche am Münchner »Prinzregenten-Theater« vorzunehmen. Und Pfitzner selbst, seit 1910 Straßburger Operndirektor, übernimmt die Inszenierung.

Zu den Besuchern der Uraufführung gehört Thomas Mann, der gerade an den »Betrachtungen eines Unpolitischen« arbeitet. Einige Tage vor dem 12. Juni empfing er Pfitzner bei sich zu Hause in der Poschingerstraße 1. An Bruno Walter schrieb er darüber: »Daß er sich wohl gefühlt,

bezweifle ich, wiewohl er mindestens fünf Gläser Moselwein trank, auch eine größere Anzahl hausbackener Kuchenplätzchen zu sich nahm ... Im übrigen ist er zum Sich wohl fühlen wohl nicht geboren: ein schwieriger ... Mensch, ... der bei aller Liebe zum erlösenden ›Intellekt‹,

von der bösen Willenswelt seines II. Palestrina-Aktes ohne Zweifel viel in sich trägt.«

Die Anspielung auf Schopenhauers »Welt als Wille und Vorstellung« ist bewußt gewählt, denn die Oper ist auch als Huldigung an Schopenhauers Philosophie gedacht.

Szenenfoto aus der Uraufführung der Oper »Palestrina« von Hans Pfitzner im Münchner Prinzregenten-Theater unter Generalmusikdirektor B. Walter

Rüstungsarbeiterinnen in einer staatlichen Geschoßfabrik

1918

Anzeichen des politischen Umbruchs

21. März 1918. Die letzte Großoffensive der deutschen Obersten Heeresleitung an der Westfront hat nur kurzfristig Erfolg. Die Übermacht der alliierten Streitkräfte, erhebliche Versorgungsprobleme und große Verluste sind Ursachen für den Untergang der deutschen Truppen. Nach der Schlacht von Amiens (8.–14. 8.), auch als »schwarzer Tag des deutschen Heeres« bezeichnet, erklärt die Oberste Heeresleitung die Lage für aussichtslos. Auch in Bayern werden die Anzeichen eines kommenden politischen Umbruches immer deutlicher.

Mit dem Kriegseintritt der USA am 6. April 1917 waren die Chancen der Alliierten, den Krieg zu gewinnen, stark gestiegen. In Bayern war es außerdem, wie überall im Reich, zu einem Stimmungsumschwung gekommen. Die Bevölkerung ist kriegsmüde, unzufrieden mit der Reichsleitung und empfänglich für revolutionäre Bewegungen.

Zu diesem Stimmungsumschwung trugen verschiedene Faktoren bei. Zum einen nahm die Bevölkerung kaum erkennbaren Anteil an den Erfolgen des deutschen Heeres, eher an seinen Mißerfolgen. Die Zuversicht auf ein gutes Ende schwand u. a. durch die widersprüchlichen Darstellungen der Frontereignisse in den offiziellen, beschönigten Nachrichten auf der einen und negativen Berichten von Augenzeugen auf der anderen Seite. Die Menschen sahen den Frieden in weite Ferne rücken; ein Pressereferent im bayerischen

Für die Opfer des Krieges wird öffentlich zu Spenden aufgerufen

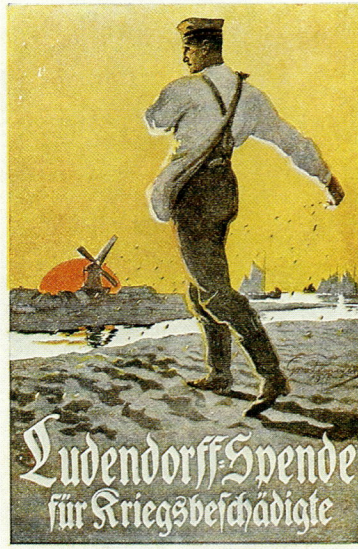

Spendenaufruf im Namen des Chefs der Obersten Heeresleitung

Kriegsministerium spricht anläßlich des Scheitern der letzten deutschen Großoffensive sogar von »wucherndem Pessimismus«.

Neben dem negativen Eindruck von den Ereignissen an der Front entwickelte sich auch eine starke Unzufriedenheit mit der wirtschaftlichen Situation zu Hause, nicht zuletzt bedingt durch die mangelhafte Versorgung der Bevölkerung.

Unterstützt werden diese Faktoren von pazifistischen Gruppen im Inland, ergänzt durch Flugblätter und andere Publikationen, die aus dem Ausland über die Front ins Land gelangen. Von Soldaten auf Front-

urlaub wurde schon 1916 berichtet, daß sie die Leute in den Wirtshäusern »verhetzten« und den Krieg als einen Kampf für die Großkapitalisten darstellten.

Im Jahr 1918 ist es fast üblich, Waffen für eine mögliche Revolution von der Front nach Hause zu schmuggeln: ›Wenn es draußen gar ist, dann geht es daheim an‹, soll ein Fronturlauber gegenüber einem Augsburger Polizisten geäußert haben. Das Bezirksamt Schwabach berichtet im Februar 1918 der Regierung von Mittelfranken über die zunehmende Sympathie der Bevölkerung für revolutionäre Ideen.

Heimkehr einer deutschen Kavallerieabteilung während der Novemberrevolution 1918

An ihrem ehemaligen Kommandeur vorbei paradieren deutsche Fronttruppen im November 1918 Richtung Heimat

Der Kaiser entläßt Kanzler Hertling

30. September 1918. Der aus Bayern stammende Reichskanzler Georg Freiherr von Hertling wird von Kaiser Wilhelm II. wegen fehlenden Rückhalts im Reichstag (→ 1. 11. 1917) entlassen. Der Kaiser entspricht damit dem Wunsch der deutschen Fürsten und dem dringenden Rat General Erich Ludendorffs, der als Verteter der Obersten Heeresleitung für den sofortigen Waffenstillstand die Bildung einer vom Parlament getragenen und vom Ausland respektierten Regierung fordert.

Am 14. August hatte die Oberste Heeresleitung erstmals die Fortführung des Krieges für aussichtslos erklärt. Auch der bayerische König Ludwig III. befürwortete einen möglichst raschen Friedensschluß und bevollmächtigte den bayerischen Ministerpräsidenten Otto von Dandl zu Verhandlungen mit den deutschen Bundesfürsten über ein gemeinsames Vorgehen bei der Reichsregierung.

Auf einer Sitzung des Auswärtigen Ausschusses im Bundesrat am 2. September drängten die deutschen Fürsten auf die Ablösung Hertlings und sofortige Waffenstillstands-Verhandlungen. Auch der bayerische Kronprinz Rupprecht sprach sich gegen Hertling aus, den er für zu alt und »so gut wie willenlos« hielt.

Am 3. Oktober wird Prinz Max von Baden zum Reichskanzler ernannt, der Staatssekretäre des Zentrums, der Liberalen und der Sozialdemokraten in seine Regierung aufnimmt.

Revolution erzwingt Verfassungsreform

2. November 1918. Unter dem Eindruck der revolutionären Unruhen im Deutschen Reich schließt die bayerische Regierung mit Delegierten der im Landtag vertretenen Parteien ein Abkommen über parlamentarische Reformen. Kern der Verfassungsänderung ist neben einer Einführung des Verhältniswahlrechts für alle erwachsenen Einwohner Bayerns die Erweiterung der bisher erblichen Reichsrätekammer um gewählte Vertreter der Gemeinden und die parlamentarische Verantwortlichkeit der Landesregierung. Darüber hinaus einigen sich Ministerrat und Parteien auf eine Regierungsneubildung.

Mit Arbeitsniederlegungen machen Arbeiter im ganzen Deutschen Reich ihrem Unmut über den Krieg Luft

Erste politische Auftritte von Eisner

28. Januar 1918. In Bayern wie im gesamten Deutschen Reich bricht ein Streik gegen den Krieg aus. In Nürnberg treten am 28. und 29. Januar etwa 42 000 Arbeiter in 120 Betrieben in den Ausstand. Zu kleineren Streiks kommt es am 29./30. Januar in Fürth und Schweinfurt und am 30./31. Januar in Ludwigshafen, Oppau und Frankenthal. Die Arbeitsniederlegungen verlaufen überall ohne Ausschreitungen; in Nürnberg endet die Bewegung mit einer Großkundgebung als »Warnung an die herrschende Klasse«.

In München tritt ein Mann hervor, der im Verlauf des Jahres maßgeblich in die bayerische Geschichte eingreift (→ 7. 11. 1918): der als freier Schriftsteller tätige USPD-Führer Kurt Eisner. Er versucht, den bei den Krupp-Geschützwerken in Freimann ausbrechenden Streik zu einem unbefristeten Generalstreik auszuweiten. Eine Versammlung in der Schwabinger Brauerei findet Zulauf von Arbeitern auch aus anderen Betrieben.

Am 1. Februar, als die Zahl der Streikenden auf schätzungsweise 8000 angewachsen ist, wird Eisner zusammen mit den anderen Initiatoren des Ausstands unter der Beschuldigung des Landesverrats verhaftet und im Untersuchungsgefängnis Stadelheim arretiert. Am 2. Februar sammeln sich jedoch wiederum Streikende auf der Theresienwiese und

Kurt Eisner, geboren 1867 in Berlin, entwikkelte sich im Verlauf des Krieges vom Befürworter der Kriegskredite zum Pazifisten. Zunächst der SPD angehörend, schließt er sich 1917 der USPD an und initiiert Anfang 1918 in München die Arbeitsniederlegungen der Rüstungsarbeiter.

verlangen die Freilassung der Streikführer sowie ein baldiges deutsches Friedensangebot. Erst am 8. Februar können die Arbeiter zur Rückkehr in ihre Betriebe bewegt werden.

Im Herbst 1918 erhält Eisner Gelegenheit, sich wiederum an die Massen zu wenden: Der SPD-Landesvorsitzende Georg von Vollmar muß aus Gesundheitsgründen seine Ämter niederlegen. Als Kandidat für die Abgeordneten-Nachwahl tritt Eisner gegen den designierten Landesparteichef Erhard Auer an. Wegen seiner Kandidatur wird Eisner am 14. Oktober aus der Untersuchungshaft entlassen; um einen angemesse-

nen Wahlkampf führen zu können, wird ihm zudem volle Redefreiheit gewährt. Auf seinen Versammlungen fordert er die Ausrufung der Republik (→ 7. 11. 1918).

Kurt Eisner, 1867 in Berlin geboren, studierte Philosophie und Germanistik und war nach einer journalistischen Ausbildung bis 1905 Redakteur beim »Vorwärts«. Als er dort wegen revisionistischer Gesinnung entlassen wurde, ging er als Schriftleiter zur »Fränkischen Tagespost« nach Nürnberg. Nach 1910 war er Mitarbeiter der »Münchner Post« und Herausgeber des Münchner »Arbeiterfeuilletons«.

Kurt Eisner (l.) bei einer Demonstration im Februar 1919 in der Münchner Sendlingerstraße

»Vorwärts« vom 9. November 1918 mit der Nachricht von der Abdankung Wilhelms II.

Angehörige der Roten Armee mit einem schweren Maschinengewehr in der Münchner Innenstadt

Kurt Eisner proklamiert den Freien Volksstaat Bayern

7. November 1918. Nach einer Massenkundgebung von SPD und USPD auf der Münchner Theresienwiese und einem anschließenden Zug von etwa 2000 Anhängern der Unabhängigen Sozialdemokraten zu den Kasernen der Stadt bildet USPD-Führer Kurt Eisner in seinem Standquartier, dem zentral gelegenen Mathäserbräu, einen provisorischen Arbeiter- und Soldatenrat und proklamiert bei dessen erster Sitzung im Landtagsgebäude am späten Abend den »Freien Volksstaat Bayern«. Damit erreicht die am 29. Oktober in Wilhelmshaven und

Kiel begonnene sog. Novemberrevolution nun auch Bayern.

Die Vorbereitung des Umsturzes hatte bereits am 3. November einen ersten Höhepunkt erreicht, als Eisner in seinem Wahlkampf um die Nachfolge des SPD-Reichs- und Landtagsabgeordneten Georg von Vollmer (→28. 1. 1918) erstmals eine Versammlung unter freiem Himmel abhielt. Wie schon bei früheren, kleineren Veranstaltungen forderte er offen die Errichtung einer Republik. Mitausgelöst durch die Nachrichten aus Kiel, wo der Arbeiter- und Soldatenrat am 4. November die Herr-

schaft übernommen hatte, konnte Eisner bei einer zweiten Großversammlung am 5. November einen weiteren, sprunghaften Zuwachs an Anhängern verzeichnen. Die revolutionsbereite Menge wurde von Eisner jedoch zurückgehalten: »Nur noch kurze Zeit. Ich setze meinen Kopf zum Pfande, ehe 48 Stunden verstreichen, steht München auf.« Zwei Tage später ist es tatsächlich soweit: Zur gemeinsamen Wahlkundgebung der beiden Kandidaten Kurt Eisner und Erhard Auer (SPD) versammeln sich auf der Theresienwiese 40–60000 Menschen. Da es eine platzweite Lautsprecherübertragung noch nicht gibt, sprechen zwölf Redner gleichzeitig an verschiedenen Punkten des Versammlungsplatzes. Als Eisner, einer der Redner, seinen Auftritt beendet hat, sondert er sich – entgegen einer Absprache mit der SPD – gemeinsam mit den anderen Führern der USPD und rund 2000 Anhängern von der Veranstaltung ab. Ausgestattet mit roten Fahnen und Tragtafeln »Brüder! Nicht schießen!« ziehen sie zu den Kasernen. Fast ohne jeden Widerstand fällt eine Truppenunterkunft nach der anderen in die Hände der Revolutionäre; die Truppen gehen zu ihnen über, die Waffen-, Munitions- und Vorratslager stehen ihnen offen. Bald erscheinen Demonstranten vor der Residenz und rufen »Nieder mit dem König! Millibauer raus! Wir brauchen keinen König mehr!« In den Straßen schreien die Soldaten »Nieder mit den Massenmördern!«. Eisner hat inzwischen zu einer Versammlung im Mathäserbräu gerufen. Hier bildet er einen provisorischen Arbeiter- und Soldatenrat, der gegen 23 Uhr im Landtagsgebäude zusammentritt. Im großen Sitzungssaal ruft Eisner den »Freien Volksstaat Bayern« aus und setzt sich selbst zum provisorischen Ministerpräsidenten ein.

Am Morgen des 8. November erklärt Eisner im Namen des Arbeiter- und Soldatenrats die Dynastie der Wittelsbacher für abgesetzt.

Die deutsche Hochseeflotte in Wilhelmshaven verschießt alle Munition zu einem Freudenfeuerwerk, als aus Berlin die Nachricht von der Ausrufung der Republik und der Flucht des Kaisers eintrifft

König Ludwig III. flieht aus München

7. November 1918. In der gleichen Nacht, in der USPD-Führer Kurt Eisner den »Freien Volksstaat Bayern« ausruft, flieht der bayerische König Ludwig III. aus seiner Münchner Residenz. Geheimrat Arthur Achleitner beschreibt in seinem Buch »Von der Umsturznacht bis zur Totenbahre« den Moment, als Ludwig III. über die Situation in München informiert wird: »Am 7. November abends um halb acht Uhr erhielt der greise, damals schon häufig von schweren Magenblutungen gequälte König Ludwig III. von seiner Regierung die offizielle Mitteilung, daß sie die Sicherheit des Lebens seiner Majestät nicht mehr verbürgen könne und deshalb bitten müsse, der König möge noch an diesem Abend mit seiner Familie München verlassen. Im ersten Augenblick war Ludwig sprachlos vor peinlichster Überraschung, daß man so jäh und formlos mit einer Meldung vor das Staatsoberhaupt trat, die doch nur die Folge eines längeren Prozesses sein konnte.«

Ludwig, der sich von seinen Beratern belogen und alleingelassen fühlt, da niemand ihm zuvor über die tatsächliche politische Lage in Bayern »klaren Wein einschenkte«, flieht mit der Königin, drei Töchtern, Prinz Albrecht und kleinem Gefolge in drei Mietwagen; eine Abreise mit der Königlich Bayerischen Eisenbahn erscheint allen zu gefährlich, und die königlichen Kraftwagen sind weder fahrbereit, noch ist der Oberchauffeur aufzufinden.

Die Flucht der Königsfamilie geht zunächst nach Schloß Wildenwart im Chiemgau und weiter bis nach Schloß Anif bei Salzburg, wo Ludwig III. am frühen Morgen des 13. November anstelle einer offiziellen Abdankung die Erklärung abgibt: »Die Sorge für das Wohl meines geliebten Bayerns war stets mein höchstes Streben. Nachdem ich … nicht mehr in der Lage bin, die Regierung weiter zu führen, stelle ich allen Beamten, Offizieren und Soldaten die Weiterarbeit unter den gegebenen Verhältnissen frei und entbinde sie des geleisteten Treueeides.«

Maschinenschriftliche Erklärung ►
König Ludwig III., mit der er zwar seine untergebenen Beamten und Soldaten vom Treueeid entbindet, aber nicht auf den Thron verzichtet

Wittelsbacher weichen der neuen Zeit

Ausgerechnet ein Arbeiter ist es, der König Ludwig III. am 7. November 1918 bei seinem gewohnten Spaziergang im Hofgarten in München hinterherläuft und ihm angesichts der revolutionären Ereignisse rät, die Straße zu meiden: »Majestät, gengan S'hoam, sonst g'schieht ihna was. Revolution is'!« Da die bayerische Regierung den Schutz des Herrschers nicht mehr garantieren kann, verläßt Ludwig noch in der Nacht auf den 8. November heimlich München (→ 7.11.1918). Nach 738 Jah-

Das Wappen der Wittelsbacher

ren ist die Herrschaft der Wittelsbacher über Bayern zu Ende. Ihre Regierungszeit als Herzöge und Kurfürsten, als Fürstbischöfe, Könige und Kaiser dauerte länger als die der Staufer, Habsburger und Hohenzollern; ihr Herrschaftsbereich erstreckte sich auf Bayern und die Pfalz, zeitweise aber auch auf das Fürstbistum Köln. Wittelsbacher saßen auf den Thronen Dänemarks, Schwedens – der berühmteste unter ihnen Karl XII. – und, von 1833 bis 1862, auch auf dem Thron Griechenlands. Angefangen hatte alles im Jahr

1180, als Kaiser Friedrich I. Barbarossa den Grafen Otto von Wittelsbach mit dem Herzogtum Bayern belehnte. 1314 bestieg erstmals mit Ludwig IV. ein Wittelsbacher den deutschen Königsthron. Angehörige der Wittelsbacher heirateten in große europäische Familien ein, 1204 z. B. in das böhmische Herrschergeschlecht der Přemysliden, 1244 in das ungarische Königshaus der Arpaden; es folgten Verbindungen mit den Habsburgern, den Viscontis, dem polnischen Königshaus sowie zahlreichen deutschen Herrscherfamilien.

Eine besonders ruhmreiche Eheschließung wurde 1385 vollzogen, als Elisabeth von Bayern-Ingolstadt Karl VI. von Frankreich heiratete. Als Königin von Frankreich spielte die bayerische Herzogstochter – die Franzosen nannten sie Isabeau – eine bedeutende Rolle, da ihr Mann bald schon geisteskrank wurde.

Das Haus Wittelsbach genoß hohes Ansehen in Europa. In den Jahren zwischen 1255 und 1506 schmälerte die Familie freilich ihre Bedeutung immer wieder selbst – Wittelsbach war der gefährlichste Widersacher der Wittelsbacher: Durch Landesteilungen schuf man Unruhen im Inneren und war geschwächt nach außen. Das Land Bayern konnte nicht die Rolle spielen, die ihm Tradition und Größe zugeordnet hätten. An politischem Weitblick mag es den Wittelsbachern in den frühen Jahrhunderten gefehlt haben, unbestritten aber ist, daß sie als Sammler und Förderer der Künste mehr geleistet und Schöneres bewirkt haben als andere Herrscherfamilien.

Otto I. (†1183)

König Max I., 1814

König Ludwig III.

BVP: »Bayern den Bayern!«

12. November 1918. Die bisherigen Zentrumsparlamentarier Georg Heim und Sebastian Schlittenbauer gründen in Regensburg die Bayerische Volkspartei (BVP). Sie tritt die Nachfolge des Bayerischen Zentrums an; nur in der Rheinpfalz konkurrieren alte und neue Partei.

Die Ursachen der Neugründung gehen auf die Politik des Deutschen Zentrums während des Ersten Weltkriegs zurück. Bayern fühlte sich in der auf Preußen konzentrierten Kriegs- und Zwangswirtschaft benachteiligt und sah sich in der Kriegsziel- und Friedensfrage durch die Reichsleitung zurückgesetzt.

Die Gründungsversammlung der BVP findet am 15. November statt; am 18. November wird das Programm, das an die christlich-soziale Tradition des Zentrums anknüpft, angenommen. Entschiedener als die Vorgängerpartei betont die BVP den Föderalismus im Deutschen Reich und lehnt die bisherige Vorherrschaft Preußens ab: »Wir haben es satt, für die Zukunft von Berlin aus bis ins kleinste regiert zu werden: Berlin darf nicht Deutschland werden. In diesem Sinne fordern wir:

Der ehemalige Zentrumsabgeordnete Georg Heim, Gründer der BVP

Bayern den Bayern!« Erster Vorsitzender der BVP wird Karl Friedrich Speck. Bei den Landtagswahlen im Januar 1919 wird die Bayerische Volkspartei mit 35% der abgegebenen Stimmen stärkste Fraktion.

Thulegesellschaft gegründet

1918. In München gründet sich eine logenartige Vereinigung, die deutsche Thulegesellschaft.

Noch im Gründungsjahr erwirbt der Bund eine eigene Zeitung, den »Münchner Beobachter«. Mit Hilfe dieses Organs unterstützt die zunächst 250 Mitglieder zählende Zusammenschluß gegenrevolutionärer Kräfte seine aktive Kampfbundarbeit auf propagandistischem Gebiet. Die Thulegesellschaft agitiert vor allem gegen die unter Führung Kurt Eisners ausgerufene bayerische Räterepublik (→ 7. 11. 1918). Völkisch-nationalsozialistische Inhalte und eine stark antisemitische Einstellung prägen das Weltbild der neuen Gruppierung.

Über die Aufstellung eigener Freikorps hinaus entfalten die Mitglieder der Thulegesellschaft auch Aktivitäten in der Unterstützung neuer rechtsradikaler Parteien. So geht die Gründung der »Deutschen Arbeiterpartei« durch den Münchner Eisenbahner Anton Drexler und den Sportjournalisten Karl Harrer im Januar 1919 maßgeblich auf die Unter-

stützung von Thulemitgliedern zurück. Bis auf 1500 wächst deren Zahl im Jahr 1919 an, darunter spätere NS-Größen wie Rudolf Heß, Alfred Rosenberg, Gottfried Feder und Dietrich Eckardt.

Gottfried Feder, führender Wirtschaftstheoretiker der NSDAP

Spenglers »Untergang des Abendlandes« erscheint

1918. Oswald Spengler, Hamburger Gymnasiallehrer und seit 1911 in München lebender Privatgelehrter, veröffentlicht den ersten Band seines Hauptwerks »Der Untergang des Abendlandes. Umrisse einer Morphologie der Weltgeschichte«, in dem er eine Theorie der Menschheitsgeschichte entwirft.

Gegen die Konzeption eines fortschrittsorientierten, historischen Entwicklungsprozesses vom Altertum über das Mittelalter zur Neuzeit setzt Spengler die Vorstellung von Geschichte als stets neuem Wachstum und Niedergang einzelner Kulturkreise. Obgleich von Menschen geschaffen, sind Kulturen für ihn überindividuelle Wesenheiten, »Organismen«, die wie Pflanzen wachsen und mit unabänderlicher Gesetzmäßigkeit die Stadien ihrer Reifung und anschließender Verkümmerung durchlaufen.

»Morphologie«, die Lehre von der Gestalt- und Formentwicklung, ist die Methode, mit der Spengler charakteristische Merkmale einzelner Kulturepochen bestimmen will, ähnlich dem Biologen, der Pflanzengattungen untersucht. Dem intuitiven »Erfühlen« und »Erleben« gibt Spengler dabei den Vorzug vor dem rationalen »Zergliedern« der Erscheinungen.

Die acht Hochkulturen der bisherigen Geschichte sind: Ägypten, Babylon, Indien, China, Antike, Arabische sowie Mexikanische Kultur und Abendland. Die Eigenart, »Seele«, einer jeden Kultur äußert sich in allen ihren Erscheinungen. Spengler sieht z. B. Beziehungen zwischen der Staatsform der griechischen Polis und der euklidischen Geometrie.

Wie die spätrömische Epoche ist die Gegenwart am Ende des Ersten Weltkriegs für ihn ein kulturelles Spätstadium. Dem sich abzeichnenden Niedergang kann die Epoche nicht entrinnen. Beim konservativen deutschen Bürgertum findet Spenglers kulturpessimistische Theorie nach dem verlorenen Weltkrieg und dem ihn begleitenden Zerfall bürgerlicher Werte und Normen begeisterten Beifall.

Spenglers Bedeutung liegt in dem Versuch, Kultur als Einheit zu begreifen und nichtwestliche Kulturen als gleichwertig anzuerkennen. Fragwürdig ist seine Ergebenheit in die Unabänderlichkeit des »Epochenschicksals« und die mit ihm verbundenen Formen von Herrschaft, Knechtschaft und Durchsetzung der stärkeren »Rasse«. Wegen dieser antidemokratischen Einstellung gilt Spengler als geistiger Wegbereiter des Nationalsozialismus, dem er jedoch nach 1933 eher distanziert kritisch gegenübersteht.

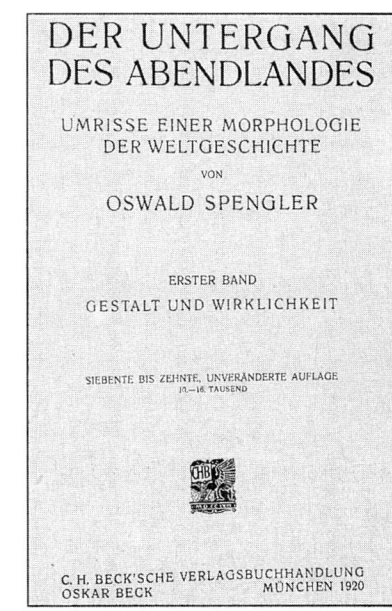

Titelblatt von Oswald Spenglers kulturpessimistischem Hauptwerk

Oswald Spengler (1880–1936), Lehrer, Kulturkritiker und Philosoph

Dichter Dauthendey auf Java gestorben

29. August 1918. Der Schriftsteller Max Dauthendey, der 1867 in Würzburg geboren wurde und mehrere Jahre in München verlebt hatte, stirbt auf der indonesischen Insel Java. Bei einer seiner ausgedehnten Reisen war er dort 1914 vom Ausbruch des Ersten Weltkriegs überrascht worden. Von Dauthendey erschien u. a. 1911 »Die acht Gesichter am Biwasee«, eine Sammlung von Liebesgeschichten, in denen seine Vorliebe für exotische Stoffe und sein Hang zum Übersinnlichen zum Ausdruck kommen.

Frank Wedekind stirbt 53jährig in München

9. März 1918. In München stirbt der Schriftsteller Frank Wedekind, der vor allem durch seine umstrittenen Dramen, in denen er die bürgerliche Sexualmoral anprangert, von sich reden machte.

Wedekind, 1864 in Hannover als Sohn eines Arztes und einer Schauspielerin geboren, verbrachte seine Jugend auf Schloß Lenzburg im Aargau. Nach dem Abitur 1884 studierte er Jura in München. 1886/87 war er Vorsteher des Reklame- und Pressebüros bei der Firma Maggi in Kemptal bei Zürich. Danach arbeitete er im wesentlichen als freier Schriftsteller, seit 1890 meist in München. 1896 wurde er Mitarbeiter der neugegründeten Zeitschrift »Simplicissimus«.

1898 wurde Wedekind wegen seines im »Simplicissimus« veröffentlichten Gedichts »Palästinafahrt« der Majestätsbeleidigung angeklagt und im August 1899 zu sieben Monaten Festungshaft verurteilt. Nach seiner Entlassung kehrte er nach München zurück und schloß sich bald dem Kabarett »Elf Scharfrichter« (→ 13. 4. 1901) an. 1906 bis 1908 stand er auf der Bühne des Deutschen Theaters in Berlin, kehrte dann aber wieder nach München zurück.

Pegasus krönt F. Wedekinds Grabmal auf dem Waldfriedhof

In seinen Bühnenstücken zeigt Wedekind sich als ironischer, manchmal zynischer, antibürgerlicher Bohemien und Moralist. Seine Vorliebe gilt dem Konflikt zwischen Geist und Fleisch: Wedekind geißelt die sexualfeindliche bürgerliche Scheinmoral und stellt ihr das Ideal eines freien Trieblebens gegenüber. Im Prolog seiner Doppeltragödie »Der Erdgeist« und »Die Büchse der Pandora« heißt es über die völlig von ihren Trieben beherrschte Lulu: »Das wahre Tier, ... das... sehn Sie nur bei mir.«

Frank Wedekind und seine Frau Tilly (Mathilde), um 1900

1919

Der bayerische Ministerpräsident Kurt Eisner (USPD) im Fond des Wagens bei einem Demonstrationszug des Arbeiterrates in München

Wahlniederlage für USPD

12. Januar 1919. Unter scharfen Sicherheitsvorkehrungen finden die Wahlen zum bayerischen Landtag statt. Sie enden mit einer schweren Niederlage für die regierende USPD unter Ministerpräsident Kurt Eisner. Während die Unabhängigen Sozialdemokraten in den zwölf Landtagswahlkreisen Münchens immerhin noch 5% der abgegebenen Stimmen erhalten, erreichen sie landesweit lediglich 2,5%. Im neuen Landtag sind die Unabhängigen mit drei Abgeordneten vertreten. Zusammen mit der SPD, die 33% der abgegebenen Stimmen und 61 Mandate erhält, sind die Linksparteien im neu gewählten bayerischen Parlament in der Minderheit. Ihnen stehen 66 Abgeordnete der Bayerischen Volks-

partei, 25 Mitglieder der Deutschen Demokratischen Partei, 16 Vertreter des Bauernbundes und neun Abgeordnete der rechtsliberalen Mittelpartei gegenüber.

Die Wochen vor der Wahl waren gekennzeichnet von blutigen Auseinandersetzungen, die zahlreiche Todesopfer forderten. Als am 7. Januar etwa 4000 arbeitslose Rüstungsarbeiter auf der Münchner Theresienwiese für höhere Arbeitslosenunterstützung demonstrierten, ging die Schutzwache unter Maschinengewehrfeuer gegen die Menge vor.

In der Nacht auf den 11. November wurden nach einer Schießerei zwischen Militär und Linksradikalen zahlreiche Führer der Linken, darunter der Berliner KPD-Funktionär Eugen Leviné und der Literat Erich Mühsam, verhaftet. Nachdem Demonstranten anderntags ihre Freilassung erzwungen hatten, kam es bei einer anschließenden Kundgebung mit Leviné und Mühsam erneut zu Schießereien, die sechs Todesopfer forderten. Die bürgerlichen Parteien nahmen die Vorfälle zum Anlaß, in ihrer Wahlpropaganda die Furcht vor dem Kommunismus zu schüren. Ein Wahlplakat der BVP zeigt unter der Parole »Bayern, der Bolschewismus geht um! Hinaus mit ihm am Wahltag!« vor einer Landkarte Deutschlands eine Person im roten Russenkittel, die sich mit der rechten Hand auf ein bereits brennendes Berlin stützt, während die linke im Begriff ist, mit einer Brandfackel München anzuzünden.

Wahlen zum Bayerischen Landtag am 12. Januar 1919

Wahlbeteiligung 86,3% (+4,4%)

Erhaltene Stimmen
Anzahl der Abgeordnetensitze
± gegenüber letzter Wahl

Gesamtzahl der Sitze: 180

35%	33%	14%
66	61 (+31)	25
BVP	**SPD**	**DVP**

9,1%	8,9%
16	12 (+4)
BB	**Sonstige**

© Harenberg

Eisner-Regierung billigt Verfassung

5. Januar 1919. Eine Woche vor den ersten bayerischen Landtagswahlen nach dem Amtsantritt der Koalitionsregierung aus SPD und USPD unter Ministerpräsident Kurt Eisner (→ 7. 11. 1918) verabschiedet das sozialistische Kabinett ein vorläufiges Staatsgrundgesetz für den Volksstaat Bayern. Der Verfassungstext beginnt mit den Worten: »Bayern ist eine Republik. Bayern ist Mitglied der Vereinigten Staaten Deutschlands (Deutsches Reich).«

Das Staatsgrundgesetz sieht die ersatzlose Streichung aller Adelsprivilegien und die Beseitigung der ehemaligen, überwiegend erblichen Reichsrätekammer vor. Einziges gesetzgebendes Organ ist in Zukunft der frei gewählte Landtag, allerdings räumt die Verfassung bei strittigen Gesetzesvorhaben die Möglichkeit von Volksabstimmungen ein. Unklar bleibt die künftige Rolle der Räteorganisationen, es ist lediglich davon die Rede, daß sich die Demokratie auch in den »freien Organisationen des Volkes« vollende. In seiner Präambel verheißt das Staatsgrundgesetz eine »soziale Neuordnung«.

Rechtsextreme DAP wird neu gegründet

5. Januar 1919. Zusammen mit 25 Arbeitern der Münchner Reichsbahnwerkstätten gründet der Schlosser Anton Drexler im Fürstenfelder Hof in München die Deutsche Arbeiter Partei (DAP). Die Neugründung steht in enger Verbindung zur rechtsextremen Thulegesellschaft (→ 1918). Zunächst eine Biertischvereinigung kleinbürgerlichen Zuschnitts ohne jegliche politische Bedeutung, tritt die DAP am 16. Oktober 1919 mit einer ersten

Adolf Hitler

öffentlichen Versammlung ins politische Rampenlicht. Als zweiter Redner des Abends ergreift Adolf Hitler, erst vor einigen Wochen in die Partei eingetreten, das Wort. 1920 wird aus der DAP die Nationalsozialistische Deutsche Arbeiterpartei (NSDAP).

Trauerzug durch die Münchner Innenstadt anläßlich der Beisetzung des ermordeten Ministerpräsidenten Kurt Eisner

Kurt Eisner fällt Attentat zum Opfer

21. Februar 1919. Auf dem nur wenige Schritte weiten Weg von seinem Münchner Amtssitz im Palais Montgelas am Promenadenplatz zur ersten Sitzung des neugewählten Landtags im Parlamentsgebäude an der Prannerstraße wird der bayerische Ministerpräsident Kurt Eisner von dem Studenten und Reserveleutnant Graf Anton von Arco-Valley erschossen.

Eisner war nach der Übernahme der Macht durch die Arbeiter-, Soldaten- und Bauernräte (→ 7. 11. 1918) von dem am 8. November 1918 erstmals zusammengetretenen Provisorischen Nationalrat zum Vorsitzenden des Ministerrats und zum Minister des Äußeren gewählt worden.

Das Kabinett Eisner sollte von vornherein nur bis zur konstituierenden Sitzung der neuen Volksvertretung im Amt bleiben. Da Eisners Partei, die USPD, bei den Landtagswahlen (→ 12. 1. 1919) in München nur 5%, in Bayern insgesamt sogar nur 2,5% der Stimmen erzielte, kommt der Mord an ihm seiner erwarteten Rücktrittserklärung nur um wenige Minuten zuvor.

Trotz des Attentats wird die Landtagssitzung eröffnet, in deren Verlauf Innenminister Erhard Auer (SPD) und zwei weitere Abgeordnete von dem Linksradikalen Alois Lindner angeschossen werden.

△ *München ist nach dem Eisner-Mord immer wieder Schauplatz von Massendemonstrationen*
◁ *Graf Anton Arco-Valley, der Mörder des Ministerpräsidenten Kurt Eisner; der nationalistisch aufgehetzte Student und Reserveleutnant wurde von den Konservativen wie ein Held gefeiert; nach der Tat verurteilte man ihn zunächst zum Tode, begnadigte ihn dann zu lebenslänglicher Haft; 1924 erfolgte eine Haftunterbrechung und bald darauf die volle Begnadigung; Arco-Valley wurde zu einem Schützling und Redner der BVP*

Hoffmann wird neuer Ministerpräsident

18. März 1919. Der in München zusammengetretene Landtag wählt den Pfälzer Volksschullehrer und Mehrheitssozialisten Johannes Hoffmann zum Ministerpräsidenten. Der erstmals nach dem Verhältniswahlrecht zustandegekommene bayerische Landtag (→ 12. 1. 1919) hatte seit der Ermordung des Ministerpräsidenten Kurt Eisner (→21.2. 1919) nicht mehr getagt. Im Zuge einer »Zweiten Revolution« hatte der Kongreß der bayerischen Arbeiter-, Soldaten- und Bauernräte die Wiedereröffnung des Landtags abgelehnt und sich selbst am 28. Februar zum provisorischen Nationalrat erklärt. In dessen Auftrag bildete ein Aktionsausschuß aus Mitgliedern von MSPD und USPD unter Beteiligung des Bauernbundes am 1. März ein neues Kabinett. Die meisten der vom Nationalrat gewählten Minister bestanden jedoch auf einer Bestätigung durch den rechtmäßig gewählten Landtag, der daraufhin zum 17. März einberufen wurde. Die Regierung wird ermächtigt, sozialpolitische Gesetze ohne parlamentarische Zustimmung zu erlassen.

Erneuter Umsturz: Jetzt Räterepublik

7. April 1919. Der nach der Ermordung von Kurt Eisner (→21.2.1919) gebildete Zentralrat und der Revolutionäre Arbeiterrat rufen die bayerische Räterepublik aus. Durch diese sog. Dritte Revolution erhalten die Räte anstelle der bisherigen reinen Kontrollbefugnis wieder die gesetzgebende und die vollziehende Gewalt. Eine Proklamation erklärt den Landtag als »Gebilde des überwundenen bürgerlich-kapitalistischen Zeitalters« für aufgelöst und kündigt die Bildung einer Roten Armee an. Die vom Landtag gewählte Regierung unter Ministerpräsident Johannes Hoffmann (→18.3.1919) weicht über Nürnberg nach Bamberg aus. Sie beansprucht weiterhin die Regierungsgewalt und wird dabei von der Reichsregierung unterstützt. Die hauptsächlich von Anhängern der USPD getragene Räterepublik erlebt bereits eine Woche später durch die Absetzung des Zentralrates und die Einsetzung eines kommunistisch geführten Vollzugsrates eine radikale innere Revolution.

Die Vierte Revolution der Roten Armee

16. April 1919. Eine gegen die »Vierte Revolution der Roten Armee in Bayern« herbeigerufene Einheit regierungstreuer »weißer« Truppenverbände und das Freikorps Epp rücken gegen das besetzte Dachau vor. Bei dem Gefecht um die Stadt erleidet die weiße Garde, die der nach Bamberg ausgewichenen republikanischen Regierung unter Johannes Hoffmann ergeben ist, schwere Verluste: Vier Offiziere des Freikorps lassen ihr Leben, 50 Mann werden von der Gegenseite gefangengenommen, vier Geschütze gehen verloren. Auf seiten der Roten Armee des Arbeiterrates aus Kommunisten und Linksradikalen fallen bei der Schlacht acht Menschen. Unter Führung des Schriftstellers Ernst Toller geht die Rote Armee aus den Kämpfen siegreich hervor. Für die Gefallenen fordert das 1. Infanterieregiment vom Vollzugsrat die Erschießung von jeweils fünf bürgerlichen Geiseln.

Zu Beginn der sog. Vierten Revolution in Bayern übernehmen die Kommunisten praktisch allein die

Der »weiße Terror« beendet die Münchner Räterepublik, Anfang Mai marschiert die »weiße Garde« ein, hier führen Freikorpssoldaten rote Truppen ab

Herrschaft. Ihre Arbeiter- und Soldatenräte in der bayerischen Landeshauptstadt entmachten den bisherigen Zentralrat (der USPD) und übertragen die gesetzgebende und vollziehende Gewalt einem Vollzugsrat aus vier kommunistischen

Mitgliedern. An seiner Spitze stehen Max Levien und Eugen Leviné.

Schon am 13. und 14. April war es in München zu schweren Straßenkämpfen gekommen, bei denen die Truppen der Regierung Hoffmann unterlagen (→ 1./2. 5. 1919).

Ernst Toller, unabhängiger Führer der linksradikalen Aufständischen berichtet über die Schlacht zwischen der sog. Roten Armee und den regierungstreuen »weißen Truppen« bei Dachau: »Als das Gefecht einsetzt, stürzen sich die Arbeiter und Arbeiterinnen der Dachauer Munitionsfabrik auf die weißen Soldaten ... Sie entwaffnen die Truppen, treiben sie vor sich her und prügeln sie aus dem Dorf hinaus. Unsere Parlamentäre, deren Erschießung schon befohlen war, retten sich im Durcheinander der Flucht. Fünf weiße Offiziere und sechsunddreißig Soldaten werden gefangen. ...

Die gefangenen Offiziere sollten sofort vor Standgerichte gestellt und erschossen werden. Ich zerreiße den Befehl, Großmut gegenüber dem besiegten Gegner ist die Tugend der Revolution, glaube ich.«

Rotarmisten erschießen Geiseln in Münchner Quartier

30. April 1919. In ihrem Quartier im Münchner Luitpold-Gymnasium erschießen Mitglieder der Roten Armee mehrere Geiseln. Der Aktionsausschuß der am Vortag ausgerufenen »Diktatur der Roten Armee« unter dem Oberbefehl von Rudolf Eglhofer will mit dem Geiselmord die anrückenden Regierungstruppen abschrecken. Der Vorschlag, die Angehörigen der Münchner Bourgeoisie auf der Theresienwiese zusammenzutreiben und beim Einmarsch der Regierungstruppen zu erschießen, war zuvor von den Mitgliedern des Aktionsausschusses mit 7:6 Stimmen abgelehnt worden.

In der bayerischen Räterepublik (→ 7.4. 1919) war es am 26. April auf einer Sitzung der Betriebs- und Soldatenräte zu einem Zerwürfnis zwischen dem radikalen kommunistischen Flügel unter der Führung von Max Levien u. a. und dem gemäßigteren, USPD-nahen Flügel um Ernst Toller gekommen. Toller nannte die Räteregierung ein Unheil für das werktätige Volk, da die führenden Männer nur zerstörten, ohne das geringste aufzubauen. Am selben Tag verhaftete ein Matrosenkommando

mehrere Mitglieder der völkischen Thulegesellschaft und andere Personen, die in einem Plakat als gemeingefährliche Bande von Verbrechern bezeichnet wurden. Es sind hauptsächlich Adlige und Künstler.

Toller befreite einen Teil der Geiseln und erreichte am 27. und 28. April eine Neuwahl des Aktionausschusses, in dem danach keine Kommunisten mehr vertreten sind. Die Kommunisten versuchen daraufhin den Alleingang und fordern die »Diktatur der Roten Armee«, die sie mit Waffengewalt durchsetzen wollen.

Der von der Erschießung der Geiseln erhoffte Erfolg, die Regierungstruppen von einem weiteren Vorrücken auf München abzuhalten, tritt nicht ein. Am 1. und 2. Mai haben die Truppen die Stadt erreicht. Erbittert durch die Berichte über Geiselmorde gehen sie grausam vor und füsilieren über tausend Menschen.

Freikorpssoldaten führen einen angeblichen Geiselmörder zu der bevorstehenden Hinrichtung

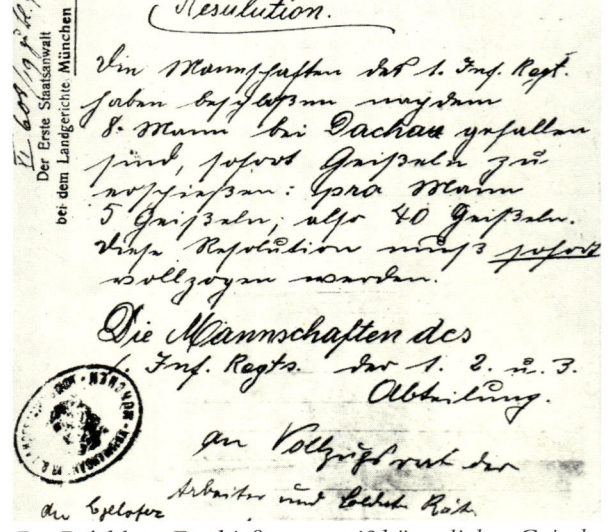

Der Befehl zur Erschießung von 40 bürgerlichen Geiseln als Sühne für acht bei Dachau gefallene Rotarmisten

Münchner Räterepublik blutig beendet

Lenin telegrafiert dem Vollzugsrat

1./2. Mai 1919. Die sog. Weiße Garde aus preußischen, bayerischen und aus württembergischen Regierungstruppen sowie verschiedenen Freikorps erobert München in blutigen Straßenkämpfen gegen Anhänger der bayerischen Räterepublik. Die Auflösung der Räterepublik durch die Weiße Garde fordert mehr als 1000 Todesopfer.

Die rechtmäßige Landesregierung unter Ministerpräsident Johannes Hoffmann (→ 18. 3. 1919) war über Nürnberg nach Bamberg geflohen, nachdem Anhänger der USPD und des Bauernbundes am 7. April die bayerische Räterepublik ausgerufen hatten. Auf den Aufbau einer Roten Armee in München reagierte die Regierung Hoffmann mit einem Hilfeersuchen an die Reichsregierung und die Nachbarstaaten Bayerns, die schwerbewaffnete Truppen nach München in Marsch setzten.

Am Morgen des 1. Mai beginnt die Weiße Garde, ausgerüstet mit Flammenwerfern und Artilleriegeschützen, den Straßenkampf in der Münchner Innenstadt. Neben mehreren hundert Verteidigern der Räterepublik werden zahlreiche unbeteiligte Münchner brutal ermordet. Soldaten der Weißen Garde erschießen am 6. Mai 21 Mitglieder eines katholischen Gesellenvereins in deren Vereinslokal, weil man sie als Spartakisten denunziert hatte.

Gustav Landauer und Eugen Leviné werden als Führer der Rätebewegung getötet. Andere Revolutionäre werden zu Haftstrafen verurteilt.

Das Freikorps »Werdenfels« marschiert in die Münchner Innenstadt ein

Die Bürgerwehr führt Spartakisten ab, darunter die roten Matrosen

30. April 1919. In einem Telegramm macht der Vorsitzende des sowjetischen Rates der Volkskommissare in Petersburg, Wladimir I. Lenin, dem Münchner Vollzugsrat der Arbeiter- und Soldatenräte praktische Vorschläge »zum Kampfe gegen die bürgerlichen Henker Scheidemann und Co.« und zur siegreichen Beendigung der Revolution in Bayern.

Als erste Schritte nennt Lenin die Schaffung von Arbeiter-, Gesinde- und Bauernräten, die Verteilung von Lebensmitteln an Landarbeiter und Kleinbauern sowie die vollständige Bewaffnung der Arbeiter. Weiterhin rät er zur Enteignung von Fabriken und kapitalistischen Landwirtschaftsbetrieben, zur Beschlagnahme von Papierfabriken und Druckereien, zur Besetzung aller Banken und zur Festsetzung von Geiseln aus den Reihen der Bourgeoisie.

Da zwischen den »weißen« und »roten« Truppen in und um München (→ 16. 4. 1919) gekämpft wird, erreicht das Telegramm seine Adressaten nicht mehr. Ebensowenig erfährt der Münchner Vollzugsrat von der Solidaritätsadresse Lenins an die Münchner Räterepublik bei den Maifeiern auf dem Moskauer Roten Platz einen Tag später. Da Lenin nur über lückenhafte Nachrichten aus dem umkämpften München verfügt, verkündet er auf dem Roten Platz in Verkennung der tatsächlichen Lage in Bayern, daß auch die Arbeiterklasse »Sowjetbayerns« diesen Tag erstmals offen feiern könne.

Revolutionstagebuch: »Es herrschen Angst und Mißtrauen«

Der (konservative) Gymnasiallehrer und Essayist Josef Hofmiller in seinem »Revolutionstagebuch«:
»Montag, den 14. April … Am Nachhauseweg überlegte ich mir, daß vermutlich auch die Revolution, wie der Krieg, am deutschen Charakter scheitern wird. Das Publikum wird der Revolution bald müde. Sogar die Revolutionäre selbst. Je mehr die Nichtdeutschen unter ihnen, Russen und Juden, meistens beides, die Massen aufpeitschen, desto rascher werden sie ermüden. Das Ende wird eine sehr schläfrige Reaktion sein und Ekel des Publikums vor aller Politik …«

»Samstag, 26. April. Es wird allmählich das reinste Geduldspiel: kommt sie, kommt sie nicht, nämlich die Weiße Garde? Wir wissen gar nichts. Am meisten beunruhigt, daß immer wieder beruhigende Flugblätter abgeworfen werden. Seit 13. April sind wir ohne Zeitungen und von der Außenwelt so abgeschnitten wie das belagerte Paris, eigentlich viel ärger, weil wir nicht einmal mehr erfahren, was in unserer eigenen Stadt vorgeht …

Auf den Straßen macht sich etwas Neues bemerkbar: ein allgemeines Mißtrauen aller gegen alle. Die Roten arbeiten mit Lockspitzeln. Es stellt sich einer irgendwo hin und fängt an auf die Räterepublik zu schimpfen. Einer tut mit und schimpft kräftig mit, gleich wird er verhaftet und abgeführt …«

◁ *Zeitungen erscheinen unregelmäßig in der revolutionären Zeit*

Schutztruppe der Arbeiter- und Soldatenräte in Nürnberg, die während der Revolution die Macht übernehmen

»Künder des Ideals« – Dichter an der Macht

Zum Kreis der Personen, die bei den revolutionären Ereignissen in München 1918/19 eine entscheidende Rolle spielen, gehören auch die Schriftsteller Erich Mühsam, Ernst Toller und Gustav Landauer. Zu weitreichender politischer Verantwortung gelangen sie in der am → 7. April 1919 ausgerufenen Räterepublik: Mühsam wird Mitglied des Zentralrates, Toller dessen Vorsitzender und damit oberster Repräsentant der Räterepublik, Landauer Volksbeauftragter für Volksaufklärung.

Sie alle vertreten in ihren politischen Auffassungen einen intellektuell geprägten Anarchismus, wie ihn Landauer in seiner Schrift »Aufruf zum Sozialismus« (1908) formuliert hatte. Dieser Position zufolge ist der Dichter »der Weise, der Prophet«, »Träger der Utopie und Künder des Ideals« vom »Gemeinschaftsleben ohne Obrigkeitszwang und Kapitalistenherrschaft«. Landauer, geprägt von den Werten der deutschen Klassik und Romantik, versteht Sozialismus nicht im marxistischen Sinne, sondern als die Wiederherstellung des »heruntergekommenen menschenverbindenden Geistes«.

Ernst Toller legt über die Motive seines Engagements während der Revolution in München und die Konfrontation seiner Ideale mit der politischen Wirklichkeit ausführlich Rechenschaft ab in seiner Autobiographie »Eine Jugend in Deutschland« (1933); dabei schwingt immer das Wissen um das spätere Scheitern mit: »Diese Räterepublik ist ein tollkühner Handstreich verzweifelter Arbeitermassen, die verlorene deutsche Revolution zu retten…Wir hätten das Volk früher über die wahren Machtverhältnisse aufklären müssen, daß wir es nicht taten, war unsere Schuld.« Durch den einmal ins Rollen gebrachten Stein sieht sich Toller dem Zwang zum Handeln ausgesetzt: »Solange der Gegner nicht weiß, wie schwach wir sind, solange wir noch einen Schein von Macht besitzen, müssen wir für die Arbeiterschaft retten, was zu retten ist…Ich mußte es tun. Die Arbeiter hatten mir Vertrauen geschenkt, hatten mir Führung und Verantwortung übertragen…Ich hätte die Möglichkeit blutiger Folgen vorher bedenken müssen und kein Amt annehmen dürfen. Wer heute auf der Ebene der Politik, im Miteinander ökonomischer und menschlicher Interessen, kämpfen will, muß klar wissen, daß Gesetz und Folgen seines Kampfes von anderen Mächten bestimmt werden als von seinen guten Absichten.«

Toller wie auch Mühsam und Landauer stehen mit ihrem Eintreten für die Räterepublik zwischen allen Fronten: Das Bürgertum sieht sie als typische Schwabinger Bohemiens, die Kommunisten dagegen werfen ihnen ein sentimentales Verhältnis zur Macht vor.

Ernst Toller

Erich Mühsam

Gustav Landauer

ADGB auf Nürnberger Kongreß gegründet

30. Juni bis 5. Juli 1919. In Nürnberg findet ein Kongreß der freien Gewerkschaften statt, der die Schaffung einer neuen Dachorganisation beschließt und über die zukünftige Gewerkschaftspolitik berät. Der Vorsitzende der bisherigen Generalkommission der Gewerkschaften, Carl Legien, wird zum Vorsitzenden der neuen Organisation, des »Allgemeinen Deutschen Gewerkschaftsbundes« (ADGB), gewählt.

Eine Ende 1918 geschaffene Arbeitsgemeinschaft industrieller und gewerblicher Arbeitgeber und Arbeitnehmer hatte Vereinbarungen über eine Zusammenarbeit beider Gruppen getroffen, denen die Mehrheit der Kongreßteilnehmer in Nürnberg zustimmt. Die dagegen zur Diskussion stehende Rätekonzeption mit radikal antikapitalistischem Charakter wird abgelehnt.

Trotz der Entscheidung für eine Zusammenarbeit mit den Arbeitgebern sieht der Kongreß weiterhin den Sozialismus als Fernziel, das durch einen Wiederaufbau der Wirtschaft »in Richtung der Gemeinwirtschaft« erreicht werden soll.

Revolution erfaßt auch Universität

13. April 1919. Mit Ausrufung der zweiten Räterepublik in Bayern gerät auch Münchens Universität in den Strudel revolutionärer Umtriebe. Ein Revolutions-Hochschulrat ersetzt den aus Amt und Würden verjagten, regulären Akademischen Senat. Im Rahmen einer Vortragsveranstaltung über das Kommunistische Manifest von Karl Marx und Friedrich Engels im Auditorium Maximum beginnt das Experiment einer proletarischen Übergangshochschule, die zwei Wochen besteht.

Von den Hochschullehrern im Senat werden jedoch diese revolutionären Neuerungen nicht mitgetragen. Sie bilden vielmehr, dem Prinzip der Unantastbarkeit freier und politisch unverpflichtbarer Lehrer folgend, einen Aktionsausschuß zur Neugestaltung der Hochschule. Der Senat der Universität verfolgt eine gemäßigte, antiradikale Reformpolitik, die eine Dreiteilung der Selbstverwaltung in wissenschaftliche, verwaltungstechnische und studentische Angelegenheiten vorsieht.

Neue bayerische Verfassung verabschiedet

14. August 1919. Gegen die Stimmen der drei USPD-Abgeordneten verabschiedet der bayerische Landtag in Bamberg die neue bayerische Verfassung. Sie bezeichnet Bayern als »Freistaat und Mitglied des Deutschen Reiches«, enthält einen eigenen Grundrechtskatalog und sieht für alle Personen, die ihren Wohnsitz mindestens ein halbes Jahr in Bayern haben, die bayerische Staatsbürgerschaft vor. Ebenso wie das acht Monate zuvor vom sozialistischen Kabinett unter Ministerpräsident Kurt Eisner verabschiedete Staatsgrundgesetz (→ 5. 1. 1919) bekräftigt die sog. Bamberger Verfassung die Abschaffung aller Adelsprivilegien, hält jedoch an den Adelstiteln als Namensbestandteilen fest. Unerwähnt bleibt das Herrscherhaus der Wittelsbacher, wenngleich sich die bayerische Landesregierung nicht dazu entschließen kann, die Königsbilder aus den Behörden und den Schulen zu entfernen.

Im Vorfeld der Verabschiedung der Verfassung war es im bayerischen Verfassungsausschuß zu Auseinandersetzungen über die Einsetzung eines eigenen bayerischen Staats-

Der bayerische Landtag unter Ministerpräsident J. Hoffmann verabschiedet in Bamberg die neue bayerische Verfassung (»Bamberger Verfassung«)

oberhauptes und die Stellung des bayerischen Landtags gekommen. In Anknüpfung an monarchische Traditionen hatten Vertreter der Bayerischen Volkspartei vorgeschlagen, das Amt eines von der Regierung unabhängigen bayerischen Staatspräsidenten als Repräsentant der Staatsgewalt einzurichten. Weiterhin hatten sie gemeinsam mit der konservativen Mittelpartei angeregt,

dem Abgeordnetenhaus des bayerischen Landtages eine dem früheren Reichsrat vergleichbare zweite Kammer als berufsständische Interessenvertretung an die Seite zu stellen. Beide Vorschläge fanden im Verfassungsausschuß keine Mehrheit. Wie schon im Staatsgrundgesetz festgelegt, bleibt das Abgeordnetenhaus einzige gesetzgebende Körperschaft in Bayern.

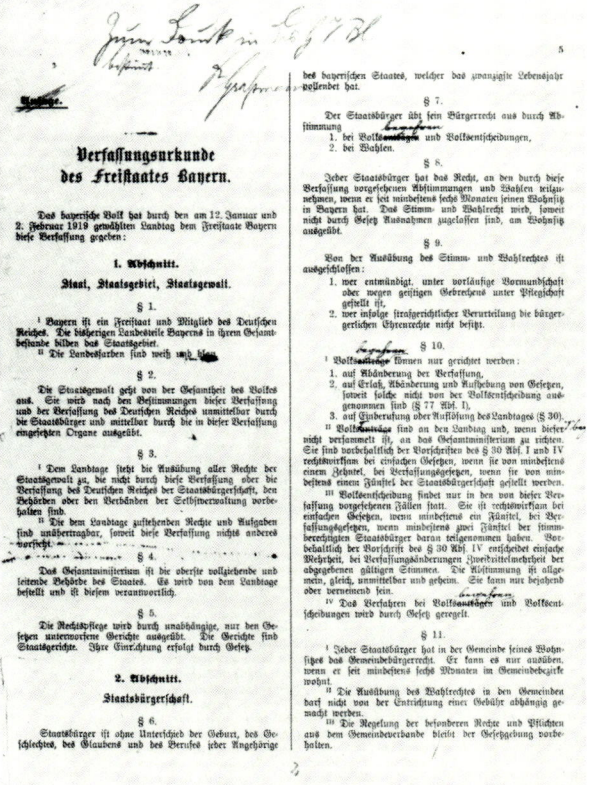

Das »Vorläufige Staatsgrundgesetz« vom 17. März 1919 ist bis zur Verabschiedung der »Bamberger Verfassung« gültig

Die »Bamberger Verfassung« bezeichnet Bayern als »Freistaat und Mitglied des Deutschen Reiches«

Geiselgasteig wird Stummfilmzentrum

1919. In Geiselgasteig bei München errichtet der Filmproduzent Peter Ostermayer das erste Filmatelier Bayerns. Zerklüftete Felsen und wildbewachsene Hänge zu beiden Seiten des Isartals bieten hier die natürliche Kulisse für zahlreiche Stummfilmproduktionen.

Nach den Publikumserfolgen »Götter, Dirnen und Weiber«, »Apachenbraut Lola« und »Spion der Pompadour« erwachsen in der Isarlandschaft nach und nach sogar die Kulissen der Pariser Altstadt, des Markusplatzes, St. Petersburgs und des Kremls. In »indischen Palästen« und »maurischen Gärten« entstehen Filme, die den Ruf Münchens als zweite Filmmetropole neben der Reichshauptstadt Berlin begründen.

Ostermayer kann als Pionier der bayerischen Filmindustrie gelten. Er eröffnete schon 1907 mit seinem »Original-Physiographen« ein Wanderkino. Drei Jahre später produzierte er seinen ersten Spielfilm. Bekannte Schauspieler wie Gustav Waldau, Walter Jensen und Joe Stoeckel wirkten an diesem Film unter dem Titel »Die Wahrheit« mit.

Volksschulwesen im Geiste der Neuzeit

14. August 1919. Das neuerlassene Volksschullehrergesetz, mit dem die bayerischen Volksschullehrer Beamte des Staates werden, ist eine von zahlreichen Maßnahmen, durch die in Bayern wie im gesamten Deutschen Reich das Schulwesen nach 1918 neu geordnet wird. Die Reformen zielen in erster Linie auf die Volksschule und betreffen vor allem die Bereiche Schulverwaltung und Schulaufsicht.

Durch eine entsprechende Verordnung vom 16. Dezember 1918 und endgültig mit dem Schulaufsichtsgesetz vom 1. August 1922 wird die geistliche Schulaufsicht bei der Volksschule beseitigt und durch die Fachaufsicht ersetzt; damit wird eine seit 1848 von der Lehrerschaft gestellte Forderung verwirklicht; per Gesetz wird aber auch die Konfessionsschule bestätigt und 1924 noch einmal ausdrücklich der Erhalt und die Bildung von Zwergschulen bekräftigt. Im gesamten Schulwesen sollen ferner Elternvertretungen eingerichtet werden.

1920

Coburg votiert für Bayern

1. Juli 1920. Coburg wird offiziell ein Teil des Freistaates Bayern. Am 30. November 1919 war eine klare und überzeugende Entscheidung gefallen: Die Coburger lehnten mit 26 102 : 3 466 Stimmen (gleich 88 %) einen Anschluß an Thüringen ab und votierten damit für eine Verbindung mit Bayern.

Beim Umsturz von 1918 war der Staat Sachsen-Coburg und Gotha zerfallen, doch der »Freistaat Coburg« hatte sich seine Freiheit im wahrsten Sinn des Wortes teuer erkauft, denn der kleine Stadtstaat brachte zuwenig Geld in seine Kasse. Das sich zu dieser Zeit neu bildende Thüringen wäre gern bereit gewesen, das ehemalige Herzogtum Coburg aufzunehmen. In der Stadt Coburg aber erinnerte man sich an schlechte Erfahrungen während des Krieges, als die Thüringer sich bei der Zuteilung von Lebensmitteln als nicht sehr spendabel erwiesen hatten. Lieber wäre man noch preußisch geworden als thüringisch. Den Vorzug gab man aber ohnedies den Nachbarn im Süden. Der Arbeiter- und Soldatenrat hatte schon im November 1918 seinen in Thüringen verhandelnden Abgesandten aus Coburg telegrafiert: »Die Bevölkerung Coburgs wird fast ausnahmslos Anschluß an Republik Bayern wünschen…keine Zusagen an Thüringer Republik.«

Ganz so »ausnahmslos« war die Zustimmung zunächst zwar nicht, aber während Thüringen bei den Verhandlungen den Coburgern wenige

Münze zum Gedenken an den Anschluß der Stadt Coburg an Bayern

Versprechungen machen wollte, war die bayerische Regierung, die zu dieser Zeit unter Ministerpräsident Hoffmann in Bamberg residierte, zu Verhandlungen und Zusagen bereit. In der »Bamberger Stipulation« vom 29. Juli 1919 wurden die Coburger Wünsche und ihre Einlösung festgeschrieben, u.a. Einbeziehung Coburgs in die bayerische Ernährungswirtschaft, Durchführung der Itzgrund- und Grabfeldbahn, Projektierung eines Itzkanals von Coburg nach Bamberg und außerdem die Übernahme des Schul- und Theaterbudgets (600 000 Mark).

Vor ihrer Auflösung erließ die Coburger Landesversammlung einen Aufruf, in dem es hieß: »Das Coburger Volk hat beschlossen, seine Staatshoheit dem Bayernvolke zu übertragen…Mit großen Hoffnungen, aber auch mit dem vollen Bewußtsein der ihm erwachsenden Pflichten tritt Coburg zu Bayern.«

Zusammenkunft bayerischer und coburgischer Volksvertreter in Coburg anläßlich des bevorstehenden Anschlusses der Stadt Coburg an Bayern, der mit großer Mehrheit von der Bevölkerung der Stadt beschlossen wurde

Die NSDAP stellt ihr Parteiprogramm vor

24. Februar 1920. Die im Vorjahr in München gegründete »Deutsche Arbeiterpartei« wird in »Nationalsozialistische Deutsche Arbeiterpartei« umbenannt. Vor etwa 2000 Besuchern gibt die Partei ihr von Anton Drexler und Adolf Hitler zusammengestelltes Programm bekannt. Die Forderungen setzen sich aus den Vorstellungen Drexlers über einen Aufstieg der Arbeiter zu bürgerlicher Reputation und den völkischantisemitischen Ideen Karl Harrers und Adolf Hitlers zusammen. Programmpunkte sind z.B. die Schaffung eines großdeutschen Reiches und die Verweigerung der Staatsbürgerrechte für Juden.

Freikorpssoldaten sind während des Kapp-Putsches im Berliner Stadtbild allgegenwärtig; der Putsch scheitert am Generalstreik der Gewerkschaften

Bayerns Rundfunk startet in München

1920. Mit Gründung der Radiogesellschaft »Deutsche Stunde in Bayern, Gesellschaft für drahtlose Belehrung und Unterhaltung mbH« wird die Grundlage eines eigenen bayerischen Rundfunks geschaffen. Knapp drei Jahre später, am 21. November 1923, gelingt es der Gesellschaft, mit der Münchner Abteilung des Reichspostministeriums einen Vertrag zu schließen, der die Hörfunkgesellschaft zu regelmäßigen Programmausstrahlungen berechtigt. Schon am 30. März 1924 kann die erste Sendung, ein öffentlicher Festakt aus der Münchner Universität anläßlich der Inbetriebnahme des Senders, übertragen werden.

Anton Drexler, Mitbegründer der Deutschen Arbeiterpartei (1919), die 1920 in NSDAP umbenannt wird

Rücktritt nach Kapp-Putsch

13. März 1920. Mit dem Einmarsch der Marinebrigade Ehrhardt und anderer Freikorpstruppen unter General Walter Freiherr von Lüttwitz in Berlin beginnt der sog. Kapp-Putsch. Die Reichswehr stellt sich dem Putsch nicht entgegen; die Reichsregierung weicht über Dresden nach Stuttgart aus. Wolfgang Kapp, ehemaliger Generallandschaftsdirektor von Ostpreußen und Kopf der Putschisten, läßt sich zum Reichskanzler ausrufen. Er erklärt die bisherige Regierung für abgesetzt und löst die Nationalversammlung auf.

Der von militanten Rechtskreisen gesteuerte, schon nach vier Tagen zusammenbrechende Putsch führt in Bayern zum Rücktritt von Ministerpräsident Johannes Hoffmann (SPD). Die Sozialdemokraten glauben, die Gefahr einer heraufziehenden Militärdiktatur nur durch die Übergabe der Regierung an die bürgerlichen Parteien abwenden zu können. Nachfolger von Hoffmann wird am 16. März der parteilose Gustav Ritter von Kahr, der sich auf eine Koalition von BVP, DDP und Bauernbund stützen kann.

Der als Reaktion auf den Putsch von den Gewerkschaften ausgerufene Generalstreik führt in Nürnberg zu blutigen Auseinandersetzungen.

Die Bergwacht soll die Natur schützen

1920. Die Münchner Bergsteiger und die örtlichen Wandervereine gründen auf Initiative von Fritz Berger nach einer Versammlung im Hofbräuhaus die Bergwacht, die gegen zunehmende Zerstörung der Natur in den bayerischen Bergen durch Touristen und Rowdies vorgehen soll. Die Mitglieder der Bergwacht richten einen Natur- und Ordnungsdienst mit regelmäßigen Kontrollgängen ein. Im Laufe der folgenden Jahre wird die Bergwacht immer häufiger bei alpinen Unfällen zur Hilfe gerufen; der Rettungsdienst wird zur Hauptaufgabe.

Erdrutschartige Verluste für deutsche Sozialdemokratie

6. Juni 1920. Bei den gleichzeitig stattfindenden Wahlen zum bayerischen Landtag und zum ersten Deutschen Reichstag muß die Sozialdemokratie erdrutschartige Verluste hinnehmen. Gewinner sowohl im Reich als auch in Bayern sind auf dem rechten Flügel reichsweit DVP und DNVP (in Bayern Mittelpartei und Bayerische Volkspartei) sowie auf dem linken Flügel die USPD. Gegenüber den letzten Landtagswahlen (→ 12. 1. 1919) büßt die SPD mit 16,5 % der abgegebenen Stimmen über die Hälfte ihrer 61 Mandate ein und ist nur noch mit 26 Abgeordneten im neuen bayerischen Landtag vertreten. Die regierende Bayerische Volkspartei büßt bei einer Verbesserung ihres Stimmenanteils aufgrund

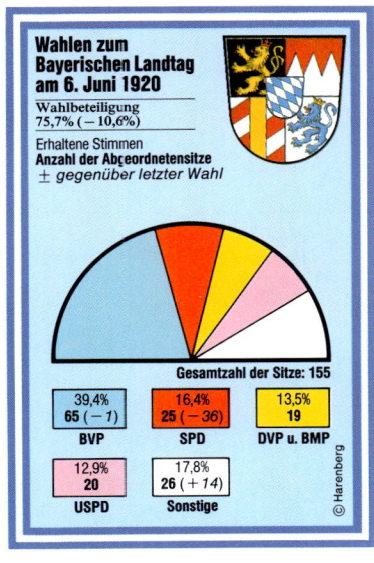

Wahlen zum Bayerischen Landtag am 6. Juni 1920
Wahlbeteiligung
75,7% (− 10,6%)
Erhaltene Stimmen
Anzahl der Abgeordnetensitze
± gegenüber letzter Wahl

Gesamtzahl der Sitze: 155

39,4%	16,4%	13,5%
65 (− 1)	25 (− 36)	19
BVP	SPD	DVP u. BMP

12,9%	17,8%
20	26 (+ 14)
USPD	Sonstige

© Harenberg

Gustav Ritter von Kahr (parteilos), bayerischer Ministerpräsident

der neuen Wahlkreiseinteilung zwar ein Mandat ein, bleibt jedoch mit 65 Abgeordneten stärkste Fraktion im Landesparlament. Neu im Landtag vertreten ist die KPD, die 1,7 % der abgegebenen Stimmen und zwei Abgeordnetenmandate erhält. Gestärkt wird der linke Flügel im bayerischen Parlament trotz der SPD-Verluste durch das gute Abschneiden der USPD, die ihren Stimmenanteil gegenüber der letzten Landtagswahl auf 12,8 % verbessert und mit 20 neuen Abgeordneten im neuen Landtag vertreten ist. Im Deutschen Reichstag verbessert sie ihren Mandatsanteil von 22 auf 84 Sitze; der Gewinn der Unabhängigen Sozialdemokraten geht fast vollständig zu Lasten der SPD.

Bayerische Post und Bahn werden dem Reich unterstellt

1. April 1920. Aufgrund eines Staatsvertrages zwischen dem Deutschen Reich und Bayern werden die bislang unter bayerischer Landeshoheit betriebenen Post- und Bahnunternehmen dem Reich angegliedert. Das Reichspostministerium richtet deshalb in München eine eigene Verwaltungsabteilung ein, die mit außerordentlichen Befugnissen den innerbayerischen Postverkehr betreffend ausgestattet ist. Diese erstrecken sich insbesondere auf die Verfügung über die für das bayerische Postwesen bestimmten Haushaltsmittel. Auch der Ausbau und die Unterhaltung des Post-, Telegrafen- und Fernsprechdienstes, ferner alle das Land betreffenden Personal- und Verwaltungsentscheidungen unterliegen der Aufsicht der bayerischen Landesbehörde. Ein Mitwirkungsrecht bei allen reichsweit bedeutsamen Beschlüssen der Reichspost ergänzt die Rechte der Münchner Abteilung, die nur mit Zustimmung der bayerischen Landesregierung aufgehoben werden darf. Für die Übertragung des Eigentums der bayerischen Post samt Verwaltung und zugehörigem Telegrafennetz verpflichtet sich das Reich zur Zahlung von 620 Mio Mark.

Durch ein »Gesetz über den Übergang der Königlich Bayerischen Staatseisenbahn auf das Reich« wird auch die bayerische Staatsbahn mit ihrem Streckennetz von 8526 km Länge in den Deutschen Reichsbahnbetrieb einbezogen. Der Abfindungsbetrag für die Abtretung der Bahnanlagen und Betriebsmittel beträgt 2,2 Mrd Goldmark. Das Reich verpflichtet sich darüber hinaus in dem Staatsvertrag, der nicht nur mit Bayern geschlossen wurde, sondern auch mit allen anderen deutschen Bundesstaaten, deren Eisenbahnnetz in Reichsbesitz übergeht, das ganze Reichsbahnnetz unter vergleichbaren Voraussetzungen zu betreiben. Insbesondere die volks- und verkehrswirtschaftlichen Interessen aller Länder sollen gleichmäßig starke Berücksichtigung finden. Die Ablösesumme ist bis heute allerdings nicht bezahlt.

Die Eingliederung der Eisenbahnen in das Reichsunternehmen kommt für die Länder nicht überraschend. So hatte der in Berlin akkreditierte Gesandte Bayerns in einem Schreiben an den bayerischen Ministerpräsidenten Otto von Dandl vom 1. Juli 1918 bereits auf den Wunsch des Reiches zur Schaffung einer reichsweiten Staatsbahn hingewiesen, der vor allem von der Obersten Heeresleitung ausging. Auf einer Sitzung des Landeseisenbahnrates vom 11. November 1919 erklärte der bayerische Verkehrsminister Heinrich von Frauendorfer jedoch dazu: »Wenn Bayern vollständig auf seine Eisenbahn verzichten muß, dann wird die Axt an seine Selbständigkeit gelegt.« Bayern befand sich aber in seiner Ablehnung allein auf verlorenem Posten, da die anderen betroffenen Staaten bereit waren, sich dem Wunsch der Reichsregierung unterzuordnen.

Ankunft der Postkutsche (nach einem Gemälde von Hugo Ungewitter); Postkutschen werden zum pittoresken Symbol der »guten alten Zeit«

Bayerische Postkutsche vor den Toren Nürnbergs (Ölgemälde von Johann Adam Klein (1792–1875), Stadtmuseum Nürnberg)

Schmuckblatt zur »Vollendung der 3000sten Locomotive« in der Locomotivfabrik Krauss und Comp. (Aquarell von Fritz Weinhöppel, 1894)

Entwicklung des Post- und Bahnwesens

...amoral von Taxis wurde 1615 zum Ge-
...eraloberstpostmeister ernannt

Als erste Eisenbahn Deutschlands nahm am 7. Dezember 1835 die sog. Ludwigs-Bahn auf der Strecke von Nürnberg nach Fürth den Verkehr auf. Nach gut einjähriger Bauzeit konnte damit die rund 6 km lange Eisenbahnlinie in Betrieb genommen werden. In der Bevölkerung rief dieser Wagenzug, der auf glatten Schienen ohne Pferdekraft wie von Geisterhand bewegt mit einem Tempo dahinfuhr, wie es bisher nur von den schnellsten Pferdegespannen erreicht wurde, Erstaunen, bisweilen auch Entsetzen hervor.

Im Jahr 1835 gründeten Augsburger und Münchner Handelshäuser einen Verein, der sich den Bau einer Eisenbahnverbindung zwischen den beiden Städten zum Ziel setzte. Schon am 4. Oktober 1840

wurde die 60 km lange Strecke als erster größerer Schienenweg eröffnet. Im gleichen Jahr traf auch der bayerische König Ludwig I. seine Entscheidung zum Bau einer staatlich finanzierten Bahn von der bayerischen Staatsgrenze bei Hof über Nürnberg mit einer möglichen Verlängerung bis nach Lindau. Nach der Inbetriebnahme des ersten Teilstücks Nürnberg-Bamberg am 25. August 1844 übernahm wenige Wochen später der Staat auch die Linie München-Augsburg.

Schon vier Jahre zuvor waren die Betreiber dieser Linie vom Staat dazu verpflichtet worden, neben dem Gütertransport auch »alle Felleisen mit Briefen und Zeitungspaketen und den Estafetten-Sendungen zum unentgeltlichen Transport zu über-

nehmen.« Der Fahrplan wurde unter Mitwirkung der königlichen Postbehörde erstellt.

Am 27. Mai 1847 faßte eine Generalverwaltung der königlichen Posten und Eisenbahnen die Organisation des Post- und Bahnbetriebs zusammen. Das seit 1595 von den Fürsten Thurn und Taxis betriebene Postwesen, welches schon am 1. März 1808 unter bayerische Verwaltung gestellt wurde, verlor endgültig seine Eigenständigkeit.

Ein Jahr später, im Frühjahr 1848, wurde die gemeinsame Verwaltung von Bahn und Post dem neugeschaffenen Staatsministerium des Handels und der öffentlichen Arbeiten unterstellt, das seit 1851 den Namen Generaldirektion der Verkehrsanstalten trug.

...ahnhof Kulmbach, errichtet 1847 im Stil einer italienischen
...enaissancevilla mit Hauptbau und Nebenpavillons

Alter Bahnhof in Hof, mit viergleisiger Bahnsteighalle, entworfen von Gottfried von Neureuther,
der als Architekt der bayerischen Eisenbahnkommission rund 40 Bahnhöfe errichtete

...Maffei's Maschinenfabrick« (ab 1837) wurde zu einem bedeutenden
...okomotiv-Bauunternehmen; 1931 Zusammenschluß zu Krauss-Maffei

Eröffnung der ersten deutschen Eisenbahnlinie von Nürnberg nach Fürth; die
6 km lange Strecke wird von der Ludwigsbahn in rund 14 Minuten zurückgelegt

Nürnberg erstmals Fußballmeister

13. Juni 1920. Der 1. FC Nürnberg gewinnt erstmals den Titel des Deutschen Fußballmeisters. Im Endspiel besiegt er in Frankfurt am Main den Lokalrivalen Spielvereinigung Fürth, der als letzter Deutscher Meister vor dem Krieg (1914) seinen Titel verteidigen durfte. Das Spiel vor 35 000 Zuschauern endet 2:0.

In der Nürnberger Mannschaft spielen Männer, die auch in späteren Jahren zahlreiche Siege für Nürnberg erkämpfen, so z. B. der Torhüter Heinrich Stuhlfauth, die Verteidiger Gustav Bark und Jean Steinlein und die Mittelfeldspieler Anton Kugler, Hans Kalb sowie Carl Riegel. Weiter gehören zur Mannschaft Wolfgang Strobel, Luitpold Popp, der eines der Meisterschaftstore schoß, Willi Böß, Heiner Träg und Peter Szabo, der zweite Torschütze.

Bereits 14 Tage nach der Meisterschaft werden Stuhlfauth, Kalb und Riegel in die Nationalelf berufen.

1. FC Nürnberg; stehend v. l.: Heiner Träg, Jean Steinlein, Carl Riegel, Heinrich Stuhlfauth, Hans Kalb, Luitpold Popp, Gustav Bark; sitzend v. l.: Peter Szabo, Willi Böß, Georg Winter, Wolfgang Strobel, Anton Kugler

Wann ich a Büch'l lies, möcht' ich mei' Freud dran haben

24. Juli 1920. Der bayerische Dramaturg, Feuilletonredakteur und Schriftsteller Ludwig Ganghofer stirbt unerwartet in seinem erst kurz zuvor erworbenen Haus »Villa Maria« am Tegernsee.

Als Sohn eines bayerischen Ministerialrates im Landwirtschaftsministerium wurde Ganghofer am 7. Juli 1855 in Kaufbeuren geboren.

Der 50jährige Ludwig Ganghofer

Er verlebte eine unbeschwerte Kindheit und nannte später oft das fröhliche, auf Ausgleich bedachte Wesen seiner Mutter Caroline als Ursache für seine eigene, lebensbejahende Einstellung.

Nach dem Schulabschluß 1873 begann Ganghofer ein Studium im Fach Germanistik, in dem er 1879 in Leipzig promovierte. In Berlin, wo er sich als Student auch aufhielt, knüpfte er erste Kontakte zu der Volksschauspieltruppe des Münchner Gärtnerplatztheaters, für die er 1880 sein erstes Bühnenstück verfaßte. Das zusammen mit Hans Neuer in neun Tagen geschriebene Stück »Der Herrgottsschnitzer vom Ammergau« wurde begeistert aufgenommen.

Ganghofer entschloß sich daraufhin, Schriftsteller zu werden. Der Erfolg seines ersten Stückes verhalf ihm 1881 zu einem Engagement als Dramaturg am Wiener Ringtheater. 1886 wechselte er zum Journalismus: Beim »Wiener Tageblatt« arbeitete er als Redakteur des Feuilletons. Hier schrieb er auch seine ersten Heimatromane, die in der Zeitschrift »Die Gartenlaube« abgedruckt wurden.

Im Jahr 1894 ging Ganghofer nach München, wo er als freier Schriftsteller zahlreiche Volksstücke und Romane schrieb. Seine Stücke wurden so häufig gespielt und die Romane so gern gelesen, daß er bald von den Tantiemen leben konnte. Zu seinen bekanntesten Werken zählen die Romane:
▷ »Der Jäger vom Fall« (1883)
▷ »Edelweißkönig« (1886)
▷ »Der Klosterjäger« (1892)
▷ »Schloß Hubertus« (1895)
▷ »Der Ochsenkrieg« (1914)

Während Schriftstellerkollegen und Literaturkritiker Ganghofers liebenswertes, optimistisches Wesen schätzten, kritisierten sie seine Romane als naiv-gemütvoll, schönfärberisch und zu romantisch. Das Publikum dagegen liebte diese Romane ganz besonders, so daß Ganghofer einer der meistgelesenen Schriftsteller seiner Zeit wurde. Er war auch der Lieblingsautor Kaiser Wilhelms II. Viele Jahre später werden seine Erfolge über 30mal verfilmt, und mancher Roman überschreitet eine Auflagenhöhe von einer Million.

Seine Meinung über das Bücherlesen legt Ganghofer dem Förster Kluibenschädl in »Das Schweigen im Walde« in den Mund: »Wann ich a Büch'l lies, möcht' ich mei' Freud dran haben.«

Vater Ganghofer

Ludwig als 25jähriger

Ganghofers Grab

1921

Paul Klee geht ans Bauhaus in Weimar

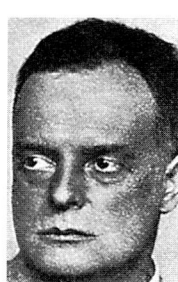

Maler Paul Klee

25. November 1920. Der 1879 in Münchenbuchsee bei Bern geborene Maler und Grafiker Paul Klee, der lange Zeit in München tätig war, wird von Walter Gropius an die Hochschule für Gestaltung in Weimar, das Bauhaus, berufen. Neben seiner Arbeit als Formmeister für Glasmalerei hält Klee dort Vorlesungen zur Form- und Gestaltungslehre.

Paul Klee, der seit → 1911 Kontakte zu den Künstlern des Blauen Reiters unterhält, sagt wenige Jahre später über seine Lehrtätigkeit: »Als ich dazu kam, zu unterrichten, mußte ich mir genau klar werden über das, was ich meist unbewußt tat.«

Soziologe Max Weber stirbt in München

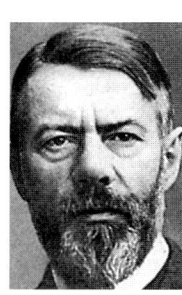

Max Weber

14. Juni 1920. Im Alter von 56 Jahren stirbt in München der Sozialökonom, Wirtschaftshistoriker und Soziologe Max Weber. Weber war erst im Vorjahr als Nachfolger von Ludwig Joseph Brentano an die Universität der Landeshauptstadt berufen worden. Der gebürtige Erfurter war vor seiner Berufung nach München Professor in Berlin, Freiburg im Breisgau, Heidelberg und Wien. Er gilt als einer der Begründer der deutschen Soziologie, die er als eine Wissenschaft definierte, »welche soziales Handeln deutend verstehen ... will«. Eine systematische Begründung seines Faches versuchte Weber in seinem posthum veröffentlichten Hauptwerk »Wirtschaft und Gesellschaft.« (1922). In »Die protestantische Ethik und der Geist des Kapitalismus« (1904/05) wies er den Zusammenhang von Puritanismus, rationaler Lebensführung und der Entstehung des modernen Kapitalismus auf.

---

5. 4. In München wird die Bayernwerk Aktiengesellschaft gegründet, um eine einheitliche Stromversorgung Bayerns sicherzustellen. →

8. 6. Durch Verordnung der bayerischen Regierung werden die Einwohnerwehren aufgelöst. →

12. 6. Vorwärts Berlin unterliegt in Düsseldorf dem 1. FC Nürnberg 0:5 beim Endspiel um die deutsche Fußballmeisterschaft.

29. 7. Auf einer außerordentlichen Mitgliederversammlung der NSDAP in München wird Adolf Hitler als Nachfolger von Anton Drexler zum Parteivorsitzenden gewählt.

3. 8. Adolf Hitler verfügt die Umformung des NSDAP-Versammlungsschutzes zu einer paramilitärischen Kampforganisation (SA = Sturmabteilung).

26. 8. Heinrich Tillessmann und Heinrich Schulz, Mitglieder der in München sitzenden geheimen Organisation Consul, erschießen im Schwarzwald den Reichstagsabgeordneten und ehemaligen Finanzminister Matthias Erzberger.

21. 9. Der bayerische Landtag wählt den bisherigen Gesandten der Reichsregierung in Darmstadt, Graf Hugo Max von Lerchenfeld-Koefering zum neuen bayerischen Ministerpräsidenten →

7. 11. Hugo von Hofmannsthals Lustspiel »Die Schwierigen« wird im Münchner Residenztheater uraufgeführt.

1921. Der Freistaat Bayern und das Deutsche Reich gründen die Rhein-Main-Donau AG München. →

1921. In München wird die Deutsche Filmschule gegründet.

1921. Aus dem ganzen Deutschen Reich strömen konservative, völkisch-antisemitische, monarchistische u. a. rechtsstehende Persönlichkeiten nach Bayern, das sich unter der Regierung des Ministerpräsidenten Gustav Ritter von Kahr den Ruf einer »Ordnungszelle« im Reich erworben hat. →

GESTORBEN:

18. 1. München: Adolf von Hildebrand (* 6. 10. 1847, Marburg/Lahn), Bildhauer.

26. 8. Rottach-Egern: Ludwig Thoma (* 21. 1. 1867, Oberammergau), Schriftsteller. →

18. 10. Sárvár/Ungarn: Ludwig III. (* 7. 1. 1845, München), König von Bayern 1913–1918. →

23. 12. München: Friedrich von Thiersch (* 18. 4. 1852, Marburg/Lahn), Architekt.

Einwohnerwehren aufgelöst

8. Juni 1921. Durch eine Verordnung der bayerischen Regierung werden die paramilitärischen Verbände der Einwohnerwehren aufgelöst.

Im Zuge der Unruhen während der Räteherrschaft (→ 7. 4. 1919) aus Angehörigen des Mittelstandes und ehemaligen Frontsoldaten als Kampfverbände gegen die radikale Linke gebildet, hatten sich die z.T. unter schweren Waffen stehenden Einwohnerwehren zu offen republikfeindlichen Organisationen entwickelt. Insbesondere die Einheiten des bayerischen Forstrats Georg Escherich (»Orgesch«-Organisation Escherich), durch den bayerischen Ministerpräsidenten Gustav Ritter von Kahr aktiv unterstützt, stellten ständig eine latente Bürgerkriegsgefahr dar.

Bislang hatte von Kahr sich geweigert, den Aufforderungen der Reichsregierung nach Auflösung der bewaffneten Verbände nachzukommen. Als die Reichsregierung

Gustav Ritter von Kahr, konserativer bayerischer Ministerpräsident

am 22. März 1921 ein Gesetz zur Entwaffnung der Wehren erließ, drohte ein Konflikt zwischen Bayern und dem Reich. Erst unter dem Druck der Siegermächte des Ersten Weltkrieges gab von Kahr nach.

Neuer Ministerpräsident

21. September 1921. Zehn Tage nach dem Rücktritt Gustav Ritter von Kahrs wählt der bayerische Landestag den parteilosen bisherigen Gesandten der Reichsregierung in Darmstadt, Hugo Max Graf von Lerchenfeld-Koefering, zum neuen bayerischen Ministerpräsidenten. Hintergrund für den Rücktritt Kahrs ist ein Konflikt zwischen der Reichsregierung und dem bayerischen Ministerpräsidenten um die Anwendung einer Notverordnung zum Schutz der Republik vom 29. August 1921. Vom Reichspräsidenten Paul von Hindenburg drei Tage nach der Ermordung des Zentrumsabgeordneten Matthias Erzberger als Handhabe gegen republikfeindliche Bestrebungen erlassen, ermächtigt die Verordnung den Reichsinnenminister zum vorläufigen Verbot von Druckschriften, Versammlungen und Vereinigungen. Am 1. September protestierte die bayerische Regierung gegen die Verordnung als unerlaubten Eingriff in Hoheitsrechte der Länder, zumal der in Bayern seit 1919 herrschende Ausnahmezustand eine ausreichende Handhabe gegen radikale Organisationen biete. Dabei verschwiegen die bayerischen Regierungsvertreter allerdings, daß der Ausnahmezu-

stand seit dem Regierungsantritt von Kahrs am 16. März 1920 ausschließlich gegen Angehörige der politischen Linken mißbraucht wurde.

Am 7. September signalisierte die BVP, die einen Bruch Bayerns mit dem Reich vermeiden wollte, in deren Reihen aber auch der Widerstand gegen die engen Kontakte von Kahrs zur NSDAP wuchs, ein Einlenken in der Notverordnungsfrage. Von Kahr, bisher von der BVP unterstützt, war isoliert.

H. M. Graf von Lerchenfeld-Koefering, bayerischer Ministerpräsident

Die »Ordnungszelle« der Republikfeinde

1921. Seit dem Regierungsantritt von Ministerpräsident Gustav Ritter von Kahr als Folge des Kapp-Putsches (→ 13. 3. 1920) hat sich Bayern den Ruf erworben, die »Ordnungszelle« des Deutschen Reiches zu sein. Insbesondere seit einer Kabinettsumbildung im Juli 1920, durch die mit Rechtsanwalt Christian Roth auch ein Vertreter der extrem rechten Bayerischen Mittelpartei (später Deutschnationale Partei) zu Ministerehren gekommen ist, steuert die bayerischen Landesregierung einen scharf antirevolutionären und antisozialistischen Kurs.

Mit dem Bestreben, die Spuren der Revolution von 1918/19 möglichst vollständig zu tilgen, hat der Freistaat die Aufmerksamkeit von Rechtskreisen aus dem gesamten Reich auf sich gezogen. Namhafte Größen aus der Kaiserzeit wie z. B. Generalquartiermeister Erich Ludendorff, Großadmiral Alfred von Tirpitz u. a., tauchen jetzt in Bayern

auf, da sie hier Vaterlandsliebe, nationales Ehrgefühl und »richtige« Politik am Werke sehen.

Die politischen Ziele der »Einwanderer« sind die Ausschaltung der Sozialdemokratie, eine Restauration der Hohenzollern-Monarchie und die Wiederherstellung der Großmachtstellung des Deutschen Reiches. Ihr Kampf gilt der Verfassung der verhaßten »Judenrepublik«.

Dabei kommt ihnen neben dem massiven Rechtskurs des Kabinetts Kahr das traditionelle Sonderbewußtsein Bayerns zugute, wie es sich auch in der Verfassung des Freistaates nie-

Gustav Ritter von Kahr (M. im dunklen Mantel) bei einem Landesschießen der Einwohnerwehren vor deren Auflösung im Juni 1921; der bayerische Ministerpräsident unterstützt aktiv republikfeindliche Organisationen und vertritt einen massiven Rechtskurs

dergeschlagen hatte (→ 14. 8. 1919). Aus der alten Abneigung gegen das preußisch-protestantische Berlin wird jetzt eine nationale Mission. Mit zusehends offener Unterstützung der Landesregierung richten die Republikfeinde Waffenlager ein, bauen Landschlösser und Klöster zu geheimen Stützpunkten aus und entwerfen immer neue Attentats-,

Umsturz- und Aufmarschpläne. Eine Massenbasis erhält die »Ordnungszelle Bayern« u. a. durch die von reaktionären Kräften geförderten Einwohnerwehren und privaten Wehrverbände, die über 300 000 Mann zählen. Ministerpräsident Kahr unterhält enge Beziehungen zu den Einheiten der Organisation Escherich des Forstrats Georg Escherich, die außer in Bayern im gesamten Reich verboten ist. Im konservativen Bayern will man in den Einwohnerwehren nur eine Selbstschutztruppe sehen, die nicht gegen das Entwaffnungsgesetz verstießen. Die Einwohnerwehren, sagt Ministerpräsident Kahr zum britischen Botschafter, seien kein militärischer Verband, sondern eine »Feuerwehrbrigade« zum Kampf gegen den Bolschewismus. Dennoch muß Bayern schließlich auf Drängen Berlins die Einwohnerwehren verbieten (→8.6. 1921). Kahr sucht nun nach Ersatz in den militanten vaterländischen Verbänden und der Hitler-Bewegung.

Das politische Klima in Bayern bleibt auch für den Aufstieg der NSDAP (→5.1.1919) nicht ohne Folgen. Im Mai 1921 trifft Parteiführer Adolf Hitler als Sprecher einer Abordnung von Arbeitern der Eisenbahnwerkstätten München erstmals mit Kahr zusammen. Wenig später spricht der Ministerpräsident vor dem Landtag lobende Worte über Hitler, und Polizeipräsident Ernst Pöhner läßt ihn mehr und mehr gewähren. Es zeichnet sich die auch für die Machtergreifung der NSDAP 1933 typische politische Rollenkonstellation ab: Hitler befindet sich im Bunde mit der etablierten konservativen Macht, die ihn als Vorhut im Kampf gegen den Marxismus sieht.

Ludwig III., der letzte König von Bayern (1913 bis 1918)

Letzter bayerischer Monarch gestorben

18. Oktober 1921. Im Alter von 76 Jahren stirbt auf Gut Sárvár in Ungarn der letzte bayerische König, Ludwig III. Mit ihm, der nur fünf Jahre lang als König regierte (→5.11.1913), nahm die Herrschaft der Wittelsbacher in Bayern ihr Ende. Als die Revolution begann, fand sich niemand, die Monarchie zu retten. Zunächst im Schweizer Exil, war Ludwig III. im April 1920 nach Bayern zurückgekehrt, hatte von seinem Wohnsitz auf Schloß Wildenwart in der Nähe des Chiemsees gelegentlich Ausflüge nach Lenggries und nach Berchtesgaden unternommen, München jedoch nie wiedergesehen.

Der Leichnam des Königs wird zunächst nach Wildenwart überführt, bevor die Särge mit den sterblichen Überresten Ludwig III. und seiner 1919 auf Wildenwart verstorbenen Frau, Maria-Theresia von Österreich-Este, in die Ludwigskirche nach München gebracht werden.

Am 5. November bewegt sich ein langer Trauerzug von der Ludwigskirche aus über den Königsplatz zur Frauenkirche, wo das tote Herrscherpaar in der Familiengruft der Wittelsbacher beigesetzt wird. Die Straßen Münchens sind weiß-blau und schwarz geflaggt.

Den Totengottesdienst stellt Erzbischof Michael von Faulhaber unter ein Wort Papst Gregor VII.: »Ich habe die Gerechtigkeit geliebt und das Unrecht gehaßt, darum sterbe ich in der Verbannung.«

Polizeipräsident Ernst Pöhner

General Erich Ludendorff

Alfred von Tirpitz, Admiral

Forstrat Georg Escherich

Neuer Wasserweg wird ausgebaut

1921. Der Freistaat Bayern und das Deutsche Reich gründen als Gemeinschaftsunternehmen die Rhein-Main-Donau Aktiengesellschaft mit Sitz in München.

Zweck der Unternehmensgründung ist der Bau einer Großschiffahrtsstraße durch den Ausbau des Mains von Aschaffenburg bis Bamberg, von dort durch einen Kanal über Nürnberg und Regensburg bis zur Donau nach Passau. Mainaufwärts erreicht der verkehrsmäßige Ausbau des Mains bereits im Gründungsjahr der Gesellschaft Aschaffenburg, den Angelpunkt der Schifffahrtsverbindung zwischen Main und Rhein. Die Stadt entwickelt sich zum wichtigsten bayerischen Hafen am Main.

Bereits seit etwa 1830 hatte es Pläne gegeben, eine Kanalverbindung zwischen dem Main und der Donau herzustellen. Auf Initiative König Ludwig I. war in den Jahren 1835/36 schließlich der Ludwig-Donau-Main-Kanal zwischen Bamberg und Kelheim erbaut worden.

Bayernwerk sichert Stromversorgung

5. April 1921. In München wird die Bayernwerk AG mit einem Kapital von 100 Mio Papiermark gegründet, um eine einheitliche Versorgung Bayerns mit Strom zu gewährleisten. Im gleichen Jahr werden die eng mit der Bayernwerk AG verbundenen Kraftwerksunternehmen Walchensee und Mittlere Isar in Aktiengesellschaften umgewandelt. Hauptanteilseigner der drei Gesellschaften ist der bayerische Staat.

Der Ingenieur Oskar von Miller hatte den Plan entwickelt, die verstreut im Land liegenden Kraftwerke, die nur einzelne Regionen mit Elektrizität versorgten, durch ein landesweites Hochspannungsnetz zu verbinden und die Versorgung Bayerns mit Strom durch den Bau von Großkraftanlagen voranzutreiben. Die neu gegründete Bayernwerk AG liefert ihren Strom an die bestehenden regionalen Energieversorgungsunternehmen wie die Lech-Elektrizitätswerke in Augsburg und die Überlandwerk Oberfranken AG in Bamberg, die wiederum die privaten Haushalte und andere Endverbraucher versorgen.

Ludwig Thoma: Satiriker und Heimatdichter

26. August 1921. Der bayerische Schriftsteller und Satiriker Ludwig Thoma stirbt in der »Tuften«, seinem Haus am Tegernsee bei Rottach-Egern, im Alter von 54 Jahren an Magenkrebs.

Ludwig Thoma wurde am 21. Januar 1867 als das fünfte von acht Kindern eines königlichen Oberförsters in Oberammergau geboren. Sein Vater starb früh, und die knappe Rente der Mutter reichte nie ganz aus, die Familie zu ernähren. In seiner Jugend immer wieder abhängig von finanzieller Unterstützung durch andere, entwickelte Thoma einen starken Drang nach Unabhängigkeit.

Nach der Matura 1886 studierte Thoma zunächst Forstwissenschaften in Aschaffenburg, wechselte dann jedoch zur Jurisprudenz nach München, von wo er später nach Erlangen ging. 1894 ließ er sich nach Abschluß des Studiums als Rechtsanwalt in Dachau nieder. Diesen Beruf gab er bereits 1899 wieder auf, um als Redakteur für das satirische Magazin »Simplicissimus« (→1896) zu arbeiten. Unter dem Pseudonym »Peter Schlemihl« trat Ludwig Thoma dort an die Stelle von Frank Wedekind. Thomas satirische und moralisti-sche Gedichte machten ihn rasch bekannt und populär. Daneben schrieb er auch Bauerngeschichten, Bauernromane und satirische Theaterstücke über die Menschen seiner Heimat.

Für kritische Satiren im »Simplicissimus«, die sich gegen politischen Klerikalismus, Wilhelminismus, Untertanengeist und Hinterwäldlertum richteten, stand er zweimal vor Gericht. 1906 wurde er zu einer sechswöchigen Haftstrafe in Stadelheim verurteilt.

Im Anschluß an seine Zeit beim »Simplicissimus« war Thoma als freier Schriftsteller tätig, was seinem Bedürfnis nach Unabhängigkeit entgegenkam. 1907 kehrte er jedoch noch einmal zur Presse zurück; er arbeitete einige Jahre zusammen mit Hermann Hesse als Mitherausgeber und Redakteur der Kulturzeitschrift »März«. Die Burlesken, Schwänke, Lustspiele und satirischen Einakter Ludwig Thomas wurden rasch ebenso populär wie seine Gedichte und Geschichten im »Simplicissimus«, sie wurden auch außerhalb von Bayern häufig aufgeführt.

Trotz seiner in jungen Jahren kritischen Haltung gegenüber dem wilhelminischen Preußentum nahm Thoma seit 1914 eine zunehmend nationalistische und antisemitische Haltung ein (vor allem in den nach dem Krieg anonym veröffentlichten Beiträgen für den »Miesbacher Anzeiger«). Im Ersten Weltkrieg diente er als Freiwilliger und schloß sich 1917 der »Deutschen Vaterlandspartei« an. Seiner Nachwelt ist Thoma als Heimatdichter und Autor der »Lausbubengeschichten« bekannt.

L. Thomas bekannteste Werke:

▷ »Agricola« (1897), Bauerngeschichten
▷ »Die Medaille« (1901), Komödie
▷ »Lokalbahn« (1902), Komödie
▷ »Tante Frieda« (1905), Erzählungen
▷ »Lausbubengeschichten« (1905), Erzählungen
▷ »Andreas Vöst« (1906), Roman
▷ »Kleinstadtgeschichten« (1908)
▷ »Der Briefwechsel eines bayerischen Landtagsabgeordneten« (1909), Erzählungen
▷ »Erster Klasse« (1910), Posse
▷ »Der Wittiber« (1911), Roman
▷ »Magdalena« (1911/12), Volksstück
▷ »Jozef Filsers Briefwexel« (1909/12), Satiren
▷ »Altaich« (1918), Roman
▷ »Erinnerungen« (1919), Autobiographie
▷ »Der Ruepp« (1922), Roman (posthum veröffentlicht)

△ Szenenfoto von der Aufführung des Einakters »Erster Klasse« in der Künstlergesellschaft »Hölle« am 11. Dezember 1910 in der Torggelstube am Platzl in München
◁ Der Satiriker und Heimatdichter Ludwig Thoma, Porträt aus dem Jahre 1909, vermutlich von Karl Klimsch

5. 4. Der bayerische Ministerpräsident Hugo Max Graf von Lerchenfeld-Koefering spricht sich gegen Einmischungen des Reichs in bayerische Angelegenheiten aus.→

Anfang Mai. Ein Streik von rund 160 000 Metallarbeitern in Süddeutschland für Arbeitszeitverkürzung und Lohnerhöhung geht nach fünfwöchiger Dauer erfolgreich zu Ende.→

Juli. Die Geldentwertung im Deutschen Reich beschleunigt sich derart, daß der US-Dollar bereits 420 Mark kostet, während er noch im Januar bei 192 Mark gelegen hat.→

6. 8. Nachdem beide Endspiele um die Deutsche Fußballmeisterschaft zwischen dem 1. FC Nürnberg und dem Hamburger SV unentschieden ausgegangen sind, spricht der DFB den Titel dem HSV zu.→

11. 8. Im sog. Berliner Protokoll einigen sich Bayern und das Deutsche Reich in der Frage der Reichsnotverordnungen. Das Republikschutzgesetz des Reichs vom 21. Juli des Jahres soll auch in Bayern gelten.

23. 9. Das Drama »Trommeln in der Nacht« von Bertolt Brecht wird in den Münchner Kammerspielen uraufgeführt.→

24. 9. In Nürnberg findet der Vereinigungsparteitag von MSPD und USPD statt.→

8. 11. Der bayerische Landtag wählt mit den Stimmen von BVP, Mittelpartei und Bauernbund den BVP-Politiker Eugen Ritter von Knilling zum Ministerpräsidenten als Nachfolger von Hugo Max Graf von Lerchenfeld.→

9. 12. Das Bühnenstück »Der Firmling« von Karl Valentin wird im Germaniabrettl in München uraufgeführt.→

1922. Die Passionsspiele in Oberammergau, die in der Regel zu jedem vollen Jahrzehnt stattfinden, werden wegen der Nachwirkungen des Ersten Weltkriegs mit zwei Jahren Verspätung aufgeführt.→

1922. Karl Valentin und Bertolt Brecht drehen gemeinsam in München den Film »Die Mysterien eines Frisiersalons«.→

GESTORBEN:

14. 3. München: Freiherr Clemens von Podewils-Dürniz (* 17. 1. 1850, Landshut), bayerischer Ministerpräsident und Außenminister 1903–1912.

30. 6. München: Georg Heinrich von Vollmar (* 5. 3. 1850, Veltheim/Ohe), SPD-Politiker.

GEBOREN:

9. 4. München. Carl Amery, Schriftsteller.

Kampf um Hoheitsrechte

5. April 1922. Der bayerische Ministerpräsident Hugo Max Graf von und zu Lerchenfeld wendet sich gegen Eingriffe der Reichsregierung in die Polizeihoheit der Länder. Im Machtkonflikt zwischen Bayern und der Reichsgewalt sieht er nur die Möglichkeit einer Unterwerfung oder Loslösung Bayerns.

Der Konflikt zwischen Bayern und dem Reich war durch eine am 29. August 1921 erlassene Notverordnung von Reichspräsident Friedrich Ebert ausgelöst worden. Die nach der Ermordung des Reichsfinanzministers Matthias Erzberger ergangene Ausnahmeverordnung berechtigt die Reichsbehörden zur Einschränkung des Presse-, Vereins- und Versammlungsrechts. Sie richtet sich vor allem gegen republikfeindliche Vereinigungen. Der Vorgänger Graf Lerchenfelds, Ministerpräsident Gustav von Kahr, der rechtsradikale Verbände begünstigt und gefördert hatte (→ 8. 6. 1921), war am 12. September 1921 zurückgetreten, weil er die Geltung dieser reichsrechtlichen Regelung nicht anerkennen wollte.

Graf Lerchenfeld, ein der Republik freundlich gesonnener, überzeugter Demokrat, befindet sich in einer schwierigen Situation: Auf einen Ausgleich mit dem Reich bedacht, muß er dennoch auf die erstarkenden nationalen und monarchistischen Kräfte in Bayern Rücksicht nehmen. Zudem tritt die Bayerische Volkspartei, der er angehört, entschieden für die bayerische Eigenstaatlichkeit und die Hoheitsrechte des Landes ein.

Zwar garantiert die Weimarer Verfassung die Polizei-, Justiz- und Kulturhoheit der Länder – alle anderen Bereiche sind Reichsangelegenheit –, enthält aber auch den Grundsatz »Reichsrecht bricht Landesrecht«. Inwieweit das Reich diesen Vorrang gegenüber den Ländern geltend macht, ist letztlich eine politische Frage.

Nach einer weiteren, aufgrund der Ermordung des deutschen Außenministers Walter Rathenau erlassenen Notverordnung des Reiches vom 26. Juni 1922 kommt es erneut zur Machtprobe zwischen Bayern und dem Reich. Graf Lerchenfeld setzt nach offiziellem Protest die Reichsverordnung in Bayern außer Kraft. Bei Verhandlungen in Berlin wird schließlich am 11. August 1922 ein Kompromiß gefunden.

Eugen von Knilling

8. November 1922. *Der bayerische Landtag wählt den BVP-Abgeordneten Eugen Ritter von Knilling (Abb.) zum Ministerpräsidenten. Der aus München stammende gelernte Jurist tritt damit die Nachfolge des sechs Tage zuvor zurückgetretenen Hugo Max Graf von und zu Lerchenfeld an. Von Knilling war von 1912 bis 1918 bayerischer Kultusminister.*

Erfolgreicher Streik der Metallarbeiter

Anfang Mai 1922. Ein Streik von rund 160 000 süddeutschen Metallarbeitern für Arbeitszeitverkürzung und Lohnerhöhungen wird nach fünfwöchiger Dauer trotz Massenaussperrungen durch die Arbeitgeber erfolgreich beendet. Die M·A·N-Werke in Nürnberg und Augsburg hatten für fast drei Monate ihren Betrieb einstellen müssen.

Die Streikenden erreichen Lohnerhöhungen und einen Kompromiß über die Arbeitszeit: Vereinbart werden 46 Arbeitsstunden pro Woche plus zwei Stunden, von denen eine als Überstunde bezahlt wird.

Obwohl am 1. Januar 1919 offiziell der Achtstundentag bei sechs Arbeitstagen in der Woche eingeführt wurde, betrug die Arbeitszeit in vielen Betrieben mehr als 48 Stunden wöchentlich. Ein weiterer Grund für den Streik war das Absinken der Reallöhne durch die seit 1921 fortschreitende Geldentwertung bei sinkenden Löhnen und stetig steigenden Preisen.

USPD und MSPD mit vereinten Kräften

24. September 1922. Auf dem Parteitag in Nürnberg schließt sich die im Ersten Weltkrieg von der SPD abgespaltene USPD (→ 24. 3. 1916) wieder mit der übrigen Sozialdemokratie, der MSPD, zusammen. Damit endet die recht kurze Geschichte dieser Partei.

Die Auflösung der USPD hatte sich schon länger abgezeichnet. Bereits im Jahr 1919 zeigten sich Gegensätze: Zwei jeweils etwa gleichstarke Flügel um Wilhelm Dittmann bzw. Georg Ledebour bekannten sich zum parlamentarischen System auf der einen und zum Rätesystem auf der anderen Seite. Im Oktober 1920 kam es zum Bruch: Die inzwischen die Mehrheit bildenden Radikalen schlossen sich mit der KPD zusammen.

W. Dittmann

Dollarkurs auf 420 Mark gestiegen

Juli 1922. Im Zuge der inflationären Entwicklung im Deutschen Reich steigt der Wert des amerikanischen Dollars auf 420 Mark, während er im Januar des Jahres noch bei 192 Mark gelegen hatte. Die Geldentwertung steigt gemessen an den Lebenshaltungskosten gegenüber dem Vorjahr um 2420%. Im Laufe des folgenden Jahres verschlechtert sich die Situation derart, daß im November 1923 in München eine Semmel 3,6 Mrd Mark kostet (→ 9. 11. 1923).

Besonders betroffen von der drastischen Geldentwertung sind Arbeiter, Angestellte und kleine Gewerbetreibende. Sie haben ihre Ersparnisse meist bei Banken angelegt, wo die Guthaben in kürzester Zeit ihren Wert verlieren. Besitzer von Sachgütern wie Grundstücken, Häusern, Schmuck und Fabrikanlagen profitieren dagegen von der Inflation, da ihr Besitz ständig an Wert gewinnt. Hintergrund für den Wertverlust des Geldes ist u. a. die hohe Verschuldung des Deutschen Reiches.

Durchbruch für Bertolt Brecht

23. September 1922. Unter der Regie von Otto Falckenberg und mit den Schauspielern Maria Koppenhöfer, Erwin Faber, Hans Leibelt und Kurt Horwitz wird an den Münchner Kammerspielen das Drama »Trommeln in der Nacht« von Bertolt Brecht uraufgeführt. Damit gelingt dem in Augsburg geborenen Schriftsteller der Durchbruch auf der Bühne.

Zu den Premierengästen gehören Karl Valentin und der aus Berlin angereiste bekannte Theaterkritiker Herbert Ihering. Er schreibt in seiner Rezension: »Der 24jährige Dichter Bert Brecht hat über Nacht das dichterische Antlitz Deutschlands verändert. Mit Bert Brecht ist ein neuer Ton, eine neue Melodie, eine neue Vision in der Zeit … Brecht ist in seinen Nerven, in seinem Blut vom Grauen der Zeit durchdrungen. Dieses Grauen ist als fahle Luft und halbes Licht um Menschen und Räume … Das Geniezeichen Brechts ist, daß mit seinen Dramen eine neue künstlerische Totalität da ist, mit eigenen

Bald nach der erfolgreichen Münchner Uraufführung von »Trommeln in der Nacht« wird das Stück am Deutschen Theater in Berlin gespielt

Gesetzen mit eigener Dramaturgie.« Am 21. November 1922 wird Brecht auf Vorschlag von Ihering mit dem bedeutenden Kleist-Preis ausgezeichnet.

»Trommeln in der Nacht« hatte Brecht 1919 in nur wenigen Tagen unter dem Eindruck der Räterepublik und der Revolutionswirren in Augsburg geschrieben. Das Stück – es trug zunächst den Titel »Spartakus« – spielt in Berlin und erzählt von der Heimkehr des Soldaten Andreas Kragler aus dem Weltkrieg in die durch den Spartakusaufstand im Januar 1919 aufgewühlte Hauptstadt des Reiches. Vor die Entscheidung gestellt, sich den Revolutionären anzuschließen oder zu seiner ihm untreu gewordenen Braut Anna Balicke zurückzukehren, wählt er den zweiten, das private Glück suchenden Weg – eine Wendung des Geschehens, von der sich der Autor aber später ausdrücklich distanziert.

Bei der Uraufführung hängen im Zuschauerraum Plakate mit Sprüchen wie »Glotzt nicht so romantisch«, durch die sich Brecht von der Wirklichkeitsidentifikation des naturalistischen Theaters abwenden und den Spielcharakter des Dargestellten betonen will. Diese Idee, den Zuschauer zur distanzierten Betrachtung des Bühnengeschehens zu bringen, baut er später zu seiner Konzeption des epischen Theaters aus.

Brechts Laufbahn als Schriftsteller begann 1914 mit der Veröffentlichung von ersten Gedichten und Kurzgeschichten in den »Augsburger Neuesten Nachrichten«. 1917 immatrikulierte er sich als Medizinstudent an der Universität in München. Er wohnte zwar weiterhin in Augsburg, verkehrte aber auch in Münchens Literaten- und Theaterkreisen, vor allem bei Lion Feuchtwanger, dessen Frau Marta den Titel des Stückes findet.

Karl Valentins »Firmling« feiert erfolgreiche Premiere

9. Dezember 1922. Im Münchner Germania-Brettl findet die Uraufführung des Stücks »Der Firmling« von Karl Valentin statt. Das Stück handelt von der feucht-fröhlich chaotischen Firmfeier eines Vaters mit seinem Sprößling in einem feinen Weinlokal. Eine Passage macht die Schwierigkeiten der Bestellung deutlich:

»Vater: Was magstn Pepperl, …/ Pepperl: An Emmentaler – …/Vater: An Emmentaler werns da herin net ham. (Er schaut in die Weinkarte) Ja, hams scho oan, aber da hoaßt er … Affenthaler./Kellner: Bitte, haben die Herrschaften schon gewählt?/Vater: Bringst an Pepperl a Stück Affenthaler …/Kellner: Sie meinen eine Flasche Affenthaler? …/Vater: Wieso a Flaschn? Habts denn ihr an Kas in der Flaschn drin?/Kellner: Affenthaler ist immer in der Flasche…/Vater: Ja, wia bringa mir denn den raus? Mir können doch net an Kas mitm Stopselzieher rausziehen…«

Karl Valentin wurde am 4. Juni 1882 im Münchner Vorort Au als Valentin Ludwig Fey geboren. Ab 1906 zog er als Musikclown Charles Fey ohne Erfolg durch das Deutsche Reich. Seit 1908 tritt er in Münchner Lokalen mit seinen Couplets und Monologen auf und arbeitet ab 1911 als vielbejubelter Komiker mit seiner Partnerin Liesl Karlstadt zusammen.

Komödiant Valentin, Dramatiker Brecht

1922. Karl Valentin und Bertolt Brecht drehen gemeinsam in München die makabre, aber nicht sonderlich erfolgreiche Filmburleske »Die Mysterien eines Frisiersalons«.

Bert Brecht hatte den Komiker Karl Valentin erstmals 1919 auf einer Münchner Bühne gesehen und sich mit ihm angefreundet. Mehrmals tritt Brecht gemeinsam mit Valentin auf, u. a. beim Münchner Oktoberfest. Der Dramatiker Brecht, der Valentin viele Anregungen verdankt, schreibt über den Komiker: »Wenn Karl Valentin in irgendeinem lärmenden Bierrestaurant todernst zwischen die zweifelhaften Geräusche der Bierdeckel, Sängerinnen, Stuhlbeine trat, hatte man sofort das scharfe Gefühl, daß dieser Mensch keine Witze machen würde. Er selbst ist ein Witz.«

In einer »Oktoberfestschau« treten der Komiker Karl Valentin (3. v. l.) und der 23jährige Dramatiker Bertolt Brecht (2. v. l.) 1921 gemeinsam auf

Kein Meister nach zwei Endspielen

6. August 1922. Das Wiederholungsspiel um die Deutsche Fußballmeisterschaft in Leipzig zwischen dem Hamburger Sport-Verein (HSV) und dem 1. FC Nürnberg muß beim Spielstand von 1:1 in der Verlängerung ebenso wie das erste Endspiel (in Berlin am 18. Juni bei 2:2 in der Verlängerung) abgebrochen werden. Diesmal ist nicht die einbrechende Dunkelheit der Grund für den Abbruch, sondern die Tatsache, daß Nürnberg nur noch sieben Spieler auf dem Feld hat, womit der Titel automatisch an Hamburg fällt. Der HSV verzichtet jedoch auf den Titel. Die Partie ist außergewöhnlich hart: Fouls sind keine Seltenheit. Die Nürnberger Willy Böß und Heiner Träg werden vom Platz gestellt, Anton Kugler und Luitpold Popp scheiden wegen Verletzungen aus.

Oberammergauer Passionsspiele mit Verspätung

1922. Die 31. Oberammergauer Passionsspiele finden zwei Jahre nach dem üblichen Termin statt; die Spielperiode mußte wegen der wirren politischen und wirtschaftlichen Verhältnisse im Deutschen Reich in der unmittelbaren Nachkriegszeit von 1920 auf 1922 verlegt werden. Wie schon in früheren Jahren kommen viele tausend Besucher zu den bereits seit dem 17. Jh. (→ 1634) in der Regel alle zehn Jahre veranstalteten Passionsspielen in das Dorf.

Insgesamt 310000 Zuschauer sehen die 68 Vorstellungen des von den Dorfbewohnern aufgeführten Laienspiels vom Leiden Christi, rund 100000 mehr als 1910. Die Einnahmen in Höhe von 21 Mio Mark fallen jedoch der Inflation zum Opfer. Eine US-amerikanische Filmgesellschaft bietet 1 Mio Dollar für die Verfilmung des Spiels, die Dorfbewohner schlagen dieses Angebot jedoch aus.

1922 spielt Anton Lang – wie schon in den Aufführungen von 1900 und 1910 – den Christus. Er wird einer der bekanntesten Darsteller dieser Rolle. Die traditionsgemäß junge Darstellerin der Muttergottes wirkt neben dem inzwischen 47jährigen Lang eher wie eine jüngere Schwester.

Die Passionsspiele werden seit 1900 in einem eigens errichteten Passionstheater aufgeführt, in dem der Zuschauerraum und ein Teil der Bühne nicht überdacht sind.

Anton Lang spielt zum dritten Mal Christus

Martha Veit als Maria wirkt zu jung

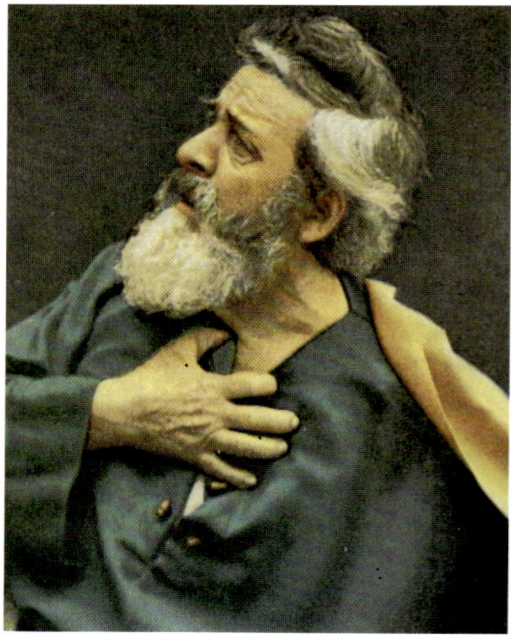

Andreas Lang, der Darsteller des Petrus

1923

27.–29. 1. In München findet der erste »Reichsparteitag« der NSDAP statt. →

9. 3. Das »Gesetz über die vermögensrechtliche Auseinandersetzung des Freistaats Bayern mit dem vormaligen Bayerischen Königshaus« regelt die Vermögensverhältnisse der Wittelsbacher. →

Frühjahr. Inflation und Arbeitslosigkeit erhöhen die Zahl der Wohlfahrtsempfänger. →

16. 5. In Weilheim wird die erste vollautomatische Netzgruppen-Fernwählvermittlung der Welt in Betrieb genommen. →

12.–18. 7. In München findet das 14. Deutsche Turnfest statt. →

26. 9. Der bayerische Ministerpräsident Eugen von Knilling (BVP) beruft den parteilosen früheren Ministerpräsidenten Gustav Ritter von Kahr zum Generalstaatskommissar.

Oktober. Der seit eineinhalb Jahren in Ettal lebende russische Komponist Sergei Prokofjew zieht nach Paris. →

8. 11. Der NSDAP-Führer Adolf Hitler erklärt im Münchner Bürgerbräukeller die bayerische Regierung und die Reichsregierung für abgesetzt. →

9. 11. Der sog. Hitler-Putsch bricht vor der Münchner Feldherrnhalle im Kugelhagel der bayerischen Landespolizei zusammen. →

9. 11. Die Inflation im Deutschen Reich erreicht ihren Höhepunkt; in München kostet ein Pfund Brot 33 Mrd Mark. →

23. 11. Alle Organisationen der KPD, der NSDAP und der Deutschvölkischen Freiheitspartei werden im ganzen Deutschen Reich verboten.

1923. Die ehemaligen reichseigenen Rüstungswerke werden zur Vereinigten Industrie-Unternehmung AG (VIAG) zusammengefaßt.

GESTORBEN:

10. 2. München: Wilhelm Conrad Röntgen (* 27. 3. 1845, Lennep/Remscheid), Physiker, Entdecker der nach ihm benannten Röntgenstrahlen, erster Physiknobelpreisträger 1901.

GEBOREN:

16. 2. Nürnberg: Karl Otto Mühl, Schriftsteller.

12. 3. München: Hanne Hiob, Schauspielerin.

1. 5. München: Günter Fruhtrunk († 12. 12. 1982, München), Maler.

27. 5. Fürth: Henry Kissinger, US-Politiker deutscher Herkunft, Friedensnobelpreisträger 1973.

SA-Verbände der NSDAP führen 1923 noch die alten Reichsfarben schwarz-weiß-rot als Fahne; das Hakenkreuz taucht erst sehr vereinzelt auf

NS-Parteitag in München

27. bis 29. Januar 1923. Begleitet von einem Massenaufmarsch der SA auf dem Marsfeld geht in den größten Münchner Sälen der erste »Reichsparteitag« der NSDAP über die Bühne. Obwohl der Führer der Partei, Adolf Hitler, versichert, keinen Putschversuch unternehmen zu wollen, fürchtet die bayerische Staatsregierung angesichts der antirepublikanisch aufgeheizten Atmosphäre in Bayern (→ 1921) einen nationalsozialistischen Staatsstreich und verhängt den Belagerungszustand über München.

Die dreitägigen Massenversammlungen der NSDAP bilden den vorläufigen Höhepunkt ihrer republikfeindlichen Hetze und festigen Hitlers Rolle als Wortführer der völkischen Rechten. Ein Augenzeuge schildert den Verlauf einer solchen Kundgebung: »Stundenlang ununterbrochen dröhnende Marschmusik, ... Plötzlich am Eingang, hinten, Bewegung. Kommandorufe. Alles springt mit Heilrufen auf. Und mitten durch die schreienden Massen kommt der Erwartete [Hitler] mit seinem Gefolge...«

Telefonvermittlung wird automatisiert

16. Mai 1923. Von den bayerischen Dienststellen der Reichspost werden in Weilheim mehrere Telefonortsnetze des oberbayerischen Raumes zusammengeschaltet und mit Zeitzonenzählern ausgestattet. Dies erlaubt erstmals, Gespräche nach Zeitdauer und Entfernung automatisch zu berechnen.

Die schon im Jahr 1906 von Hans Carl Steidle entwickelte automatische Fernwählvermittlung (→ 1906) kann damit auf ihre Leistungsfähigkeit in der Praxis erprobt werden.

Der Erste Weltkrieg hatte die bis dahin rasch fortschreitende Entwicklung der Telefontechnik im zivilen Bereich jäh unterbrochen, obwohl für die militärische Nachrichtenübermittlung andererseits neue Verstärkerröhren erprobt wurden.

40 000 Münchner in Not und Elend

Frühjahr 1923. Galoppierende Inflation (→ 9. 11. 1923) und wachsende Arbeitslosigkeit erzeugen Not und Elend unter der bayerischen Arbeiterschaft wie auch im mittelständischen Bürgertum. Sozialpolitische Notmaßnahmen der Kommunen und des Staates können nur wenig Abhilfe schaffen.

Allein in München werden 40 000 Personen von der städtischen Wohlfahrtspflege unterstützt, darunter über 12 000 Sozial- und Kleinrentner, ebenso viele Kriegsbeschädigte und Kriegshinterbliebene sowie Tausende von Erwerbslosen ohne Anspruch auf Arbeitslosenunterstützung. Im Januar gab die Stadt Brot und Milch zu verbilligten Preisen an 22 000 Bedürftige aus. Im Juli sind es bereits 35 000.

Vermögensregelung für Wittelsbacher

9. März 1923. Das »Gesetz über die vermögensrechtliche Auseinandersetzung des Bayerischen Staates mit dem vormaligen Bayerischen Königshaus« regelt die Vermögensverhältnisse des ehemaligen Herrscherhauses der Wittelsbacher und schafft die Voraussetzungen für die Errichtung der »Wittelsbacher Landesstiftung für Kunst und Wissenschaft«. Das Gesetz beendet die jahrelangen Verhandlungen um die Verstaatlichung des Wittelsbacher Besitzes, nachdem Ministerpräsident Eugen Ritter von Knilling mit der Familie der Wittelsbacher Vereinbarungen getroffen hatte, die beide Seiten zufriedenstellen.

Die beweglichen und unbeweglichen Güter des Herrscherhauses werden einem von Königshaus und Freistaat gemeinsam verwalteten »Wittelsbacher Ausgleichsfonds« überwiesen, der neben der materiellen Versorgung der Mitglieder der früheren Dynastie die Erhaltung der königlichen Kunstsammlungen sichert. Im Gegenzug verpflichtet sich das Königshaus, die »Wittelsbacher Landesstiftung für Kunst und Wissenschaft« zu errichten. Der wertvolle Gemäldebestand von rund 2800 Bildern aus den wittelsbachischen Sammlungen bleibt Eigentum der Familie, wird aber als Grundstock der Staatsgemäldesammlungen der Öffentlichkeit zugänglich.

Sergei Prokofjew verläßt Ettal

Oktober 1923. Der russische Komponist Sergei S. Prokofjew, der seit März 1922 ein Haus in Ettal gemietet hatte, verläßt den bayerischen Ort und zieht nach Paris.

In seinen 18 oberbayerischen Monaten war Prokofjew zu Konzerten ins Ausland gereist, hatte für Zeitschriften in Moskau und Petrograd geschrieben und die Arbeiten an seinem Opus 37, der fünfaktigen Oper »Der feurige Engel«, begonnen. Außerdem entstanden die sinfonischen Suiten »Der Schut«, Opus 21a, sowie Bearbeitungen der »Liebe zu den drei Orangen«. Die »ruhige Gegend war zur Arbeit geradezu ideal«, schreibt der Komponist.

Mit der Münchner Musikwelt hatte Prokofjew, wie er ausdrücklich betont, keinerlei Kontakte.

Eine der ersten SA-Abteilungen setzt sich unter der alten kaiserlichen Reichskriegsflagge in Marsch, um Hitlers Putsch zu unterstützen

Hitler putscht im Bürgerbräukeller

8. November 1923. Die Atmosphäre ist zum Zerreißen gespannt, als der bayerische Generalstaatskommissar Gustav Ritter von Kahr vor Mitgliedern des bayerischen Kabinetts, hohen Regierungsbeamten und Führern der Vaterländischen Verbände im Münchner Bürgerbräukeller zu einer Rede gegen den Marxismus anhebt. Beunruhigt sind die Anwesenden durch die seit Wochen umlaufenden Gerüchte über einen bevorstehenden Putsch monarchistischer Kräfte um Kahr und nationalsozialistischer Kampfbünde unter Führung Adolf Hitlers. Kurz vor 21 Uhr geschieht es: Während draußen ein SA-Stoßtrupp den Saal abriegelt, stürmt Hitler mit einigen seiner Anhänger die Versammlung, bahnt sich mit erhobener Pistole den Weg zum Podium und verkündet den Ausbruch der »Nationalen Revolution« (→ 9. 11. 1923).

Plakat einer NSDAP-Veranstaltung mit Widmung für Adolf Hitler

Straßensperre vor dem Generalkommando im Kriegsministerium an der Ludwigstraße; der Fahnenträger der SA-Truppe ist Heinrich Himmler

München nach der Hitler-Revolte

Obwohl Generalstaatskommissar Gustav Ritter von Kahr, Wehrkreiskommandeur General Otto von Lossow und Oberst Hans von Seisser, Kommandeur der bayerischen Landespolizei, gegen 3 Uhr morgens ihre kurz zuvor gegenüber Hitler gemachte Zusage einer Unterstützung des Putsches widerrufen, können sie das Erscheinen der Morgenzeitungen mit Berichten über die erfolgreiche »Nationale Revolution« nicht mehr verhindern. Die Stimmung in München am frühen Morgen des 9. November schildert ein Augenzeuge:

»Die Nacht war unruhig und blieb es. ... Morgens beim Frühstück Erregung rings um uns her. ›Ja wissen die Herren noch nicht, daß Sie im Königreich Bayern sind?‹ Man hielt uns die Zeitung hin: ›München, den 9. November 1923!‹ 9. November? Heute vor fünf Jahren war es, daß Deutschland zusammenbrach. Heute sollte es wieder auferstehen! In einer effektvoll stürmischen Volksversammlung im ›Bürgerbräukeller‹ diese Nacht auf die Beine gestellt ... Wer war der Held dieser nächtlichen Szene ... Adolf Hitler??? Der aus Böhmen ... Wir eilten in die Stadt ...«

Staatsstreich endet vor Feldherrnhalle

9. November 1923. Ein Demonstrationszug von etwa 2000 bewaffneten Nationalsozialisten und Mitgliedern des Kampfbundes endet in den Mittagsstunden vor der Feldherrnhalle im Münchner Regierungsviertel im Kugelhagel der bayerischen Polizei. Vierzehn Angehörige des Zuges und drei Polizisten bleiben tot auf dem Pflaster des Odeonsplatzes zurück, der Rest der Hitler-Anhänger stürzt in wilder Flucht davon – Hitler selbst wird im allgemeinen Tumult zu Boden gerissen. An der Schulter leicht verletzt, gelingt ihm in einem SA-Sanitätsauto die Flucht. Er findet Unterschlupf in der Villa eines seiner frühen Gönner, des Kunstkritikers Ernst Hanfstaengl, in Uffing am Staffelsee. Andere Gesinnungsgenossen finden Zuflucht in Österreich oder jenseits der tschechoslowakischen Grenze.

Auf dem leeren Odeonsplatz bleibt General Erich Ludendorff zurück, der sich kurz darauf vom diensthabenden Offizier der Landespolizei verhaften läßt. Im Laufe des Nachmittags kapitulieren auch die NS-Kampfverbände unter Führung des Hauptmanns Ernst Röhm, die seit Mitternacht das Wehrkreiskommando München besetzt gehalten hatten. Unter den Verhafteten befindet sich ein junger Mann mit weichen Gesichtszügen, bebrillt, Sohn eines Münchner Gymnasialdirektors: Heinrich Himmler.

Mit dem Schußwechsel vor der Feldherrnhalle findet der am Abend zuvor mit großer Geste proklamierte nationale Umsturz ein blutiges, letztlich undramatisches Ende. Noch in der Nacht hatte Hitler siegesgewiß einen Erlaß an das deutsche Volk formuliert, in welchem »die führenden Schufte des Verrats vom 9. November 1918...von heute ab als vogelfrei erklärt« wurden und Hitler forderte, sie »tot oder lebendig in die Hände der völkischen nationalen Regierung zu liefern«. Die Zuversicht schien zunächst berechtigt, nachdem sich Generalstaatskommissar Gustav Ritter von Kahr zusammen mit den Oberbefehlshabern des bayerischen Wehrkreiskommandos und der Landespolizei, Otto von Lossow und Hans von Seisser, eingeschüchtert von den Waffen der SA, im Bürgerbräukeller hinter den Putsch gestellt hatten. Unter dem Beifall der Anwesenden hatte Hitler daraufhin sich selbst zum

Chef einer nationalen Reichsregierung, den Münchner Polizeipräsidenten Ernst Pöhner zum bayerischen Ministerpräsidenten mit diktatorischen Vollmachten, Kahr zum Landesverweser sowie Lossow zum Reichswehr- und Seisser zum Polizeiminister ernannt. Die Machtergreifung im Reich sollte durch einen Marsch nationalsozialistischer Kampfverbände auf Berlin unter Führung Ludendorffs erfolgen.

Bereits wenige Stunden später widerrief das »Triumvirat« Kahr-Lossow-Seisser unter dem Druck führender Vertreter der Vaterländischen Verbände ihre Zusage an Hitler. Hintergrund für das Abrücken von Hitlers Staatsstreichplänen ist die Enttäuschung der in den Vaterländischen Verbänden zusammengeschlossenen bayerisch-monarchistischen Gruppen über das eigenmächtige Vorpreschen Hitlers, das die eigenen Pläne zur Restauration der Monarchie in Bayern vollständig zunichte machte.

In den frühen Morgenstunden des 9. November mobilisiert Hitler nun einige tausend Anhänger zum Marsch auf die Feldherrnhalle, um in einer großen Aktion zu versuchen, die Bevölkerung Münchens für die »Nationale Revolution« zu begeistern. Nach dem kläglichen Scheitern des »Operettenmarsches« wird Hitler schließlich am 11. November in der Hanfstaengl-Villa im Schlafanzug verhaftet und in die Festung Landsberg überführt (→ 1. 4. 1924).

Proklamation
an das deutsche Volk!
Die Regierung der November-verbrecher in Berlin ist heute für abgesetzt erklärt worden.
Eine
provisorische deutsche Nationalregierung
ist gebildet worden, diese besteht aus
Gen. Ludendorff
Ad. Hitler, Gen. v. Lossow
Obst. v. Seisser

Am Morgen des 9. November 1923 finden die Münchner an den Litfaßsäulen und Häuserwänden diese Bekanntmachung der Putschisten um Adolf Hitler

Hitler-Truppen ergreifen Flucht

In der Residenzstraße auf der Höhe der Feldherrnhalle trifft der Demonstrationszug der Nationalsozialisten auf eine zweite Sperrkette der bayerischen Landespolizei, nachdem es den Putschisten gelungen ist, einen ersten Sperriegel an der Isarbrücke zu durchbrechen. Polizeioberleutnant Michael Freiherr von Godin schildert den Zusammenstoß zwischen Polizei und Demonstranten:

»Die Stations-Verstärkung Mitte 2 war eben zur Linie aufmarschiert, als in der Residenzstraße ein wüstes Gebrüll und Geschrei einsetzte...Ich eilte hierauf mit meinem Zug in die Theatinerstraße zurück um die Feldherrnhalle herum und erkannte, daß der Gegenstoß der Hitler-Truppen, die mit Kriegsmaterial jeglicher Art ausgerüstet waren, durch die Postierungen in der Residenzstraße glänzend gelungen war. Ich trat hierauf mit dem Befehl: ›2. Stations-Verstärkung, marsch, marsch!‹ zum Gegenstoß gegen den gelungenen Durchbruch der Hitler-Truppen an. Beim Einbruch in den Gegner wurden wir mit gefälltem Bajonett und entsichertem Gewehr und vorgehaltenen Pistolen empfangen. Einzelne meiner Leute wurden angepackt und ihnen die entsicherte Pistole auf die Brust gesetzt. Meine Leute arbeiteten mit Kolben und Gummiknüppeln ... Plötzlich gab ein Hitler-Mann...einen Pistolenschuß auf meinen Kopf ab. Der Schuß ging an meinem Kopf vorbei und tötete einen hinter mir stehenden Wachtmeister ... Noch bevor es mir möglich gewesen war, einen Befehl zu geben, gaben meine Leute Feuer, was die Wirkung einer Salve auslöste ... Aus dem Preysingpalais und aus dem Haus der Konditorei Rottenhöfer wurden wir von den Hitler-Truppen mit starkem Feuer überschüttet. Gegen diesen Gegner nahm Zug Demmelmeyer...den Feuerkampf auf. In dem Moment der Feuerabgabe ...sprangen fünf Mann...auf die Feldherrnhalle hinauf und nahmen das Feuer auf einen ... am Kapellentor der Residenz ... feuernden Hitler-Schützen auf. In einer Zeitspanne von höchstens dreißig Sekunden ergriffen die Hitler-Truppen die regellose Flucht.«

Hinter den astronomischen Beträgen auf Geldnoten oder Gutscheinen stehen durch die Inflation keine Werte mehr

Wachsendes Elend in Bayerns Städten

9. November 1923. Im Laufe des Jahres erreicht die Inflation im Deutschen Reich ihren Höhepunkt; in München kostet eine Semmel 3,6 Mrd Mark, ein Pfund Brot 33 Mrd Mark, ein Pfund Frischfleisch zwischen 90 und 180 Mrd Mark und ein Zentner Würfelbraunkohle 200 Mrd Mark; für einen Liter dunkles Vollbier zahlt man 72,8 Mrd Mark. Ein amerikanischer Dollar, der noch im Juli den Gegenwert von 100 000 Mark hatte, ist auf 4,2 Billionen Mark gestiegen.

Unternehmer und Spekulanten legen alles Bargeld, über das sie verfügen, in Sachwerten an und erwerben große Besitztümer an Grundstücken, Häusern, Edelmetallen, Schmuck und Fabrikanlagen. Kleine Angestellte und Arbeiter, die ihre geringen Ersparnisse meist bei den bayerischen Sparkassen angelegt haben, verlieren durch die Inflation ihre gesamten Rücklagen, da die Guthaben innerhalb kürzester Zeit ihren Wert verlieren. Besonders betroffen sind kleine Geschäftsleute

und Gewerbetreibende, die wegen der anhaltend schlechten Wirtschaftslage oft vom Ersparten leben müssen und nun vor dem Nichts stehen. Not und Elend in den Städten sind so groß, daß der bayerische Ministerrat schon im Jahr 1921 ein Verbot öffentlicher Faschingsveranstaltungen erläßt.

In den ländlichen Gegenden sind die Auswirkungen der Inflation nicht ganz so katastrophal, da sich die Bauern und ihre Familien z.T. selbst versorgen können und über Grundstücke und Gehöfte verfügen, deren Wert ständig steigt.

Die Inflation, die mit der Einführung der Rentenmark am 15. November 1923 beendet wird, hatte mit der hohen Verschuldung des Deutschen Reiches während des Ersten Weltkriegs begonnen; bei Kriegsende belief sich diese auf 51 Mrd Mark. Die deutsche Regierung brachte zu Beginn der 20er Jahre große Mengen Papiergeld in Umlauf, um die Wirtschaft des Deutschen Reiches zu beleben und gleichzeitig einen Teil der Schulden abzutragen. Die von den alliierten Siegermächten erhobenen Reparationsforderungen und die Besetzung des Ruhrgebiets im Januar 1923 lassen die Verschuldung jedoch weiter ansteigen. Durch die wachsende Verschuldung und gleichzeitige Vergrößerung der Geldmenge verliert die Mark rapide an Wert.

Bei der Reichsbank in Berlin holen Bankboten waschkörbeweise die papierene Geldflut ab, die von der Zentralbank täglich ausgeliefert wird

Patriotismus beim Turnfest in München

12. bis 18. Juli 1923. In München findet das 14. Deutsche Turnfest statt. München richtet das seit dem ersten Turnfest in Coburg (→ 1860) zur ständigen Einrichtung gewordene Fest bereits zum zweiten Mal aus. Über 300 000 Sportler reisen mit Sonderzügen aus allen Teilen Deutschlands zu den Wettkämpfen und Turnvorführungen an.

Die Aktiven kommen trotz der Inflation, trotz der Nachwirkungen des Krieges und trotz der Besetzung des Ruhrgebiets durch die Franzosen. Sie sind gekommen, um ihren Überlebenswillen und deutsche Einheit zu demonstrieren. Auch Turner aus dem 1920 durch den Versailler Vertrag abgetrennten Saarland sind vertreten, die während des Festzuges Schilder mit der Aufschrift: »Treu deutsch ist und war – der Turner an der Saar« tragen.

Die Theresienwiese und die angrenzenden Ausstellungshallen sind für die Wettkämpfe der Turner und anderen Athleten hergerichtet. Disziplinen sind z.B. Weitsprung, Steinstoßen, Hochsprung, Geräteturnen, Fechten und Ringen. In München dürfen auch erstmals Frauen an den Wettkämpfen teilnehmen.

Am Hauptfesttag bewegt sich der Zug der 300 000 Sportler durch die Innenstadt zu einer Kundgebung auf den Marienplatz, später folgen Massenfreiübungen der Turner auf der Theresienwiese, eingeleitet durch eine Parade der Bannerträger, die nationale Begeisterung weckt.

Werbeplakat einer Schuhfabrik für das Münchner Turnfest 1923

1924

1. 1. Als Nachfolgeorganisationen für die verbotene NSDAP werden die Großdeutsche Volksgemeinschaft und der Völkische Block gegründet.

17. 2. In einem von der BVP initiierten Volksbegehren stimmt die bayerische Bevölkerung der vorzeitigen Auflösung des Landtags zu.

29. 3. Das Konkordat zwischen der römischen Kurie und dem Staat Bayern wird unterzeichnet. →

30. 3. Im 4. Stock des Münchner Verkehrsministeriums beginnt der Rundfunk in Bayern seine Sendungen.

1. 4. Adolf Hitler und andere Angeklagte werden wegen des Putschs im November 1923 vom Münchner Volksgericht zu mehrjährigen Haft- und Geldstrafen verurteilt. →

4. 4. Das Schauspiel »Die Raubritter vor München« von Karl Valentin wird in den Münchner Kammerspielen uraufgeführt.

6. 4. Bei den bayerischen Landtagswahlen verbucht die politische Rechte – der Völkische Block – große Gewinne. →

9. 6. Der 1. FC Nürnberg wird mit einem 2:0-Sieg über den Hamburger SV im Berliner Grunewald-Stadion Deutscher Fußballmeister.

28. 6. Der bayerische Landtag wählt den BVP-Politiker Heinrich Held zum Ministerpräsidenten.

22. 7. Die ersten Bayreuther Festspiele nach dem Krieg werden eröffnet. →

22. 9. Das bayerische Innenministerium lehnt einen Antrag der Landespolizei ab, Adolf Hitler nach Verbüßung seiner Haft als österreichischen Staatsbürger auszuweisen.

20. 12. Adolf Hitler wird vorzeitig aus der Festungshaft in Landsberg entlassen.

1924. Der Bau des Walchenseekraftwerks wird vollendet.

1924. Die Maschinenfabrik Augsburg-Nürnberg (M·A·N) beginnt mit der Produktion von Dieselkraftwagen.

1924. In einer Denkschrift »Zur Revision der Weimarer Verfassung« greift die bayerische Landesregierung alte Forderungen nach Verfassungsautonomie der Einzelstaaten und Finanzhoheit der Länder wieder auf.

1924. Die in Baierbrunn bei München lebende Schriftstellerin Gertrud von Le Fort veröffentlicht einen Band mit religiöser Lyrik, die »Hymnen an die Kirche«.

1924. Aus dem Münchner Nationaltheater wird die Guiseppe Verdi-Oper »Aida« telephonisch übertragen.

Der Pressezeichner der »Münchner Neuesten Nachrichten« zeigt Hitlers Prozeßaussage am 4. März 1924

Adolf Hitler spielt den politischen Märtyrer

1. April 1924. Im Hochverratsprozeß gegen die Putschisten vom → 8./9. November 1923 vor dem Münchner Volksgericht werden Adolf Hitler und drei seiner Mitangeklagten zur Mindeststrafe von je fünf Jahren Festungshaft sowie zur Zahlung von je 200 Goldmark verurteilt. Gleichzeiten, in denen er – ohne von den Richtern unterbrochen zu werden – Reichsregierung und Republik in gröbstem Ton beschimpft. In der Begründung seines Strafantrags lobt der Erste Staatsanwalt Ludwig Stenglein Hitlers Eintreten für die »deutsche Sache«, das er auch als zentrales Motiv für den Putschversuch ansieht.

Durch die große Aufmerksamkeit der Öffentlichkeit (Presseberichte u. ä.) wird Adolf Hitler, der sich als patriotischer Märtyrer darstellt, erstmals über die Grenzen von Bayern hinaus bekannt.

Hitler schreibt »Mein Kampf«

Während seiner Haft auf der Festung Landsberg verfaßt Adolf Hitler seine Programmschrift »Mein Kampf«. Nach nur dreieinhalb Monaten beendet er die Niederschrift des ersten Teils, »Eine Abrechnung«, der im Juli 1925 erscheint. Das Werk, eine Mischung aus Biographie, ideologischem Traktat und taktischer Aktionslehre, dient durch seine Verklärung der Jahre vor Hitlers Eintritt in die Politik auch dem Aufbau der Führerlegende.

tig wird ihnen nach sechs Monaten Haft eine Bewährungsfrist in Aussicht gestellt.

Das Strafmaß wie auch der vorangegangene Prozeßverlauf zeigen die großen Sympathien, die Hitler und die nationalsozialistische Bewegung in konservativen Kreisen genießen. Der Führer der seit dem Putsch verbotenen NSDAP darf ungehindert stundenlange Propagandareden hal-

München, 17. März 1924

SIMPLICISSIMUS

Propagandapreis monatlich 1.20 Goldmark
Alle Rechte vorbehalten

Begründet von Albert Langen und Th. Th. Heine

28. Jahrgang Nr. 51

Der Hitler-Prozeß
oder
Wie Kahr das Vaterland gerettet hat

»Schutzmann, verhaften Sie sofort den Brandstifter da oben!«

Eine Karikatur im »Simplicissimus« vom 17. März 1924 weist auf die zwielichtige Haltung des Generalstaatskommissars Gustav Ritter von Kahr hin, der zwar den Schutzmann zu Hilfe ruft, aber auf der anderen Seite den Brandstifter Hitler auf seinen Schultern trägt und ihm bei seinem Vorgehen behilflich ist. Schon einen Tag nach seiner Ernennung am 26. September 1923 hatte Kahr sich um die Unterstützung Hitlers bemüht; nach anfänglicher Zustimmung ergreift er Maßnahmen gegen Hitlers Putsch

Konkordat zwischen Katholischer Kirche und Bayern

29. März 1924. *Bayerns Ministerpräsident Eugen von Knilling und der päpstliche Nuntius in München, Eugenio Pacelli, der spätere Papst Pius XII., unterzeichnen in München das Konkordat (Abb.). Dieser Vertrag zwischen der Katholischen Kirche und dem bayerischen Staat regelt deren Beziehungen; in den 16 Artikeln des Vertragswerkes werden u.a. der christliche Charakter des bayerischen Staates und das Selbstbestimmungsrecht der Kirche festgeschrieben sowie der staatliche Schutz für die Kirche und der Reli-*

gionsunterricht im Rahmen des allgemeinen Schulunterrichts verankert. Gleichzeitig schließt die bayerische Regierung Verträge mit der Evangelischen Kirche rechts des Rheins und der Vereinigten protestantisch-evangelisch-christlichen Kirche der Pfalz, die ähnliche Regelungen wie das Konkordat enthalten.
Das bayerische Konkordat, das noch vor dem Konkordat zwischen Deutschem Reich und der Katholischen Kirche von 1933 zustandekommt, ist unter maßgeblicher Beteiligung von Eugenio Pacelli entstanden.

Rechtsparteien gewinnen die Landtagswahl

6. April 1924. Bei den Wahlen zum bayerischen Landtag verzeichnen die radikalen Parteien die höchsten Stimmengewinne. Der Völkische Block in Bayern, eine Nachfolgeorganisation der verbotenen NSDAP, erzielt auf Anhieb 17,1%

der Stimmen und 23 Sitze; die Kommunistische Partei Deutschlands (KPD) verbessert sich im Vergleich zu den letzten Wahlen vom →6. Juni 1920 auf 8% und stellt neun Abgeordnete, sieben mehr als bisher. Dennoch können die bürgerlichen

Regierungsparteien BVP und DNVP eine knappe Mehrheit behaupten. Stärkste politische Kraft bleibt trotz eines Stimmenverlusts von 6,5% die Bayerische Volkspartei (BVP). Im neuen, um 29 Sitze verkleinerten Landtag, stellt sie 46 Abgeordnete. Hauptverlierer ist die Vereinigte Sozialdemokratische Partei Deutschlands (VSPD), die mit 17,2% und 23 Mandaten nur noch genauso stark ist wie die extreme Rechte. 1920 hatten SPD und USPD, damals getrennt antretend, 16,5% bzw. 13,8% der Stimmen erhalten.
Beobachter sehen in den Auseinandersetzungen mit der Reichsregierung um die Selbständigkeit Bayerns sowie in den politischen Unruhen (→ 9. 11. 1923) grundlegende Ursachen für die deutliche Verschiebung des politischen Spektrums nach rechts. Am 28. Juni wählt der Landtag den bisherigen Vorsitzenden der BVP-Fraktion, Heinrich Held, zum Nachfolger des am 5. Mai 1924 zurückgetretenen Ministerpräsidenten Eugen von Knilling (BVP).

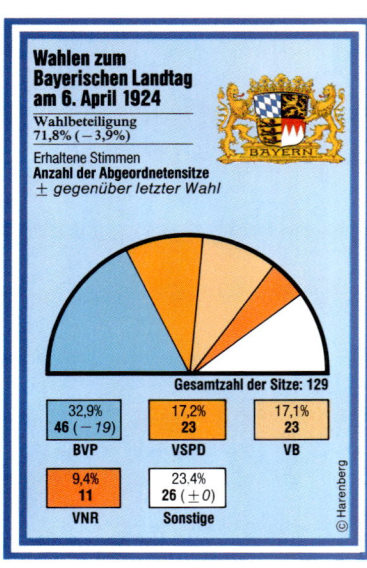

Heinrich Held, bayerischer Ministerpräsident von 1924 bis 1933

Wahlen zum Bayerischen Landtag am 6. April 1924
Wahlbeteiligung 71,8% (− 3,9%)
Erhaltene Stimmen
Anzahl der Abgeordnetensitze
± gegenüber letzter Wahl

Gesamtzahl der Sitze: 129

32,9% 46 (− 19) BVP	17,2% 23 VSPD	17,1% 23 VB
9,4% 11 VNR	23.4% 26 (±0) Sonstige	

© Harenberg

22. Juli 1924. In Bayreuth werden die ersten Richard-Wagner-Festspiele nach dem Ersten Weltkrieg eröffnet. Auf dem Programm stehen Inszenierungen der »Meistersinger von Nürnberg«, des »Rings des Nibelungen« und des »Parsifal«. Als Dirigenten wirken mit Michael Balling (»Ring«), Willibald Kaehler und Karl Muck (»Parsifal«) sowie zum ersten und einzigen Mal der bekannte Fritz Busch (»Meistersinger«). Mehr als die künstlerischen Ereignisse sorgt das politische Randgeschehen der »Meistersinger«-Premiere für Aufsehen. Festspielleiter Siegfried Wagner hatte vorab im Kreis der Künstler die Festspiele unter die wilhelminischen Reichsfarben schwarz-weiß-rot gestellt und die Devise von den »Erlösungs-« bzw. »Befestigungsspielen des deutschen Geistes« ausgegeben. Schon früher hatte er aus seinen Sympathien für die völkische Rechte keinen Hehl gemacht und das Scheitern des nationalsozialistischen Putsches (→ 9. 11. 1923) beklagt. Zur politischen Prominenz bei der »Meistersinger«-

K. A. Oestvig

Richard Mayr

Emil Schipper

Aufführung zählen neben den Führern der sog. Schwarzen Verbände u.a. General Erich Ludendorff und Heinrich Claß, der Führer der »Alldeutschen«. Die Vorstellung endet mit einer politischen Kundgebung: Der Schlußchor des dritten Aktes mündet in das vom Publikum stehend gesungene »Deutschland, Deutschland über alles«.
Dem demonstrativen Rechtsradikalismus seiner Gäste tritt Siegfried Wagner nur halbherzig entgegen.

1925

27. 2. Adolf Hitler, der Ende 1924 vorzeitig aus der Festungshaft entlassen wurde, gründet in München die nach seinem Putschversuch von 1923 verbotene NSDAP neu. →

7. 5. Das Deutsche Museum in München wird eingeweiht. →

25. 5. Paul von Hindenburg wird – u. a. mit Unterstützung der BVP – als Nachfolger von Friedrich Ebert zum Reichspräsidenten gewählt.

7. 6. Der 1. FC Nürnberg gewinnt in Frankfurt am Main die deutsche Fußballmeisterschaft mit einem 1:0-Sieg über den FSV Frankfurt. →

18. 7. Der Erste Band von Adolf Hitlers programmatischer Schrift »Mein Kampf« erscheint in München. →

10. 8. Durch das Reichsfinanzausgleichsgesetz wird Bayern in seinem Bestreben nach Rückgewinnung der Finanzhoheit zurückgeworfen.

16. 10. In Locarno wird der Locarnopakt unterzeichnet. Das Deutsche Reich, Belgien und Frankreich verzichten darin auf eine gewaltsame Revision der deutsch-belgischen und der deutsch-französischen Grenzen. – Der Versuch Bayerns, die vom Reichstag angenommene Locarno-Einigung im Reichsrat zu Fall zu bringen, scheitert.

1925. Der aus Würzburg stammende Physiker Werner Heisenberg sowie Max Born und Pascual Jordan begründen die Quantenmechanik und eröffnen damit ein neues physikalisches Weltbild. →

1925. Die von Kurt von Boeckmann geleitete »Deutsche Stunde in Bayern« erhält einen Überwachungsausschuß für den gesamten Nachrichten- und Vortragsdienst und einen kulturellen Beirat. 1925 treten Deutsche Reichspost und bayerische Regierung in die Rundfunkgesellschaft ein.

1925. Auf dem Oberwiesenfeld bei München wird eine Flugzeugstart- und -landebahn angelegt.

1925. Als zentrale Verteilerstelle landwirtschaftlicher Erzeugnisse wird die Bayerische Warenvermittlung landwirtschaftlicher Genossenschaften (Baywa) gegründet mit der Bayerischen Zentraldarlehenskasse der Raiffeisengenossenschaften als Großaktionärin.

GEBOREN:

7. 3. Oberschleißheim bei München: Josef Ertl, FDP-Politiker.

22. 3. Augsburg: Wolfgang Bächler, Schriftsteller.

18. 7. München: Friedrich Zimmermann, CSU-Politiker.

Neugründung der NSDAP durch A. Hitler (M.) im Zimmer einer Gaststätte (r. n. Hitler: G. Strasser, H. Himmler)

Marsch von NSDAP-Anhängern zur Wahl des Reichspräsidenten 1925; die NSDAP unterstützt E. Ludendorff

Neugründung der NSDAP in München

27. Februar 1925. Adolf Hitler, vorzeitig aus seiner Festungshaft in Landsberg entlassen, gründet die nach seinem Putschversuch (→9.11.1923) verbotene Nationalsozialistische Arbeiter-Partei (NSDAP) neu. Innerhalb der folgenden Jahre gelingt es ihm, die nationalistisch-völkische Bewegung von der Münchner Zentrale aus neu zu organisieren und auszuweiten.

In dem am Vortag erstmals wieder erschienenen »Völkischen Beobachter« kündigt Hitler die Neugründung im Bürgerbräukeller in München an – an der Stelle des mißglückten Putschversuches. In einem Leitartikel und den gleichzeitig veröffentlichten Richtlinien für die Organisation der Partei unterstreicht Hitler seinen absoluten Führungsanspruch.

Die Versammlung ist für 20.00 Uhr angesetzt; schon um 18.00 Uhr muß der Saal wegen Überfüllung geschlossen werden: Etwa 4000 Anhänger haben sich eingefunden. Als Hitler den Saal betritt, kommt es zu ersten Huldigungen. In einer zweistündigen, äußerst wirkungsvollen Rede beschwört Hitler die Anhänger der zerstrittenen Bewegung, ihren Zwist zu begraben, und unterstreicht noch einmal seine Absicht, die Politik der Partei allein und absolut zu bestimmen.

Im Anschluß an die Rede herrscht überschwenglicher Jubel, frühere Widersacher reichen sich die Hände. Max Amann, der den Versammlungsvorsitz führt, tritt vor und ruft aus: »Der Streit muß ein Ende haben – Alles zu Hitler!«

Die Partei wird reichsweit angelegt und in Gauen und Ortsgruppen organisiert. In zahlreichen Städten Bayerns werden Ortsgruppen der NSDAP gegründet, die besonders ab 1929 unter den Auswirkungen der allgemeinen Krise einen erheblichen Zulauf an Mitgliedern verzeichnen. In Franken wird Julius Streicher zum Gauleiter ernannt, den Gau München/Oberbayern übernimmt 1929 Adolf Wagner, ein früher Kampfgefährte Hitlers.

Mit dem durch Hitlers unermüdliche Propaganda unterstützten Wachstum der Partei geht auch ein Erstarken der SA (Sturm-Abteilung) einher. In zahlreichen Städten kommt es zu ernsthaften, oft von der SA provozierten Zusammenstößen.

Hitler veröffentlicht »Mein Kampf«

18. Juli 1925. Adolf Hitlers Programmschrift »Mein Kampf«, die er während seiner auf der Festung Landsberg verbüßten Haftstrafe schrieb, erscheint in München. Hitler war im Vorjahr wegen Hochverrats zu fünf Jahren Haft verurteilt worden (→ 1. 4. 1924).

In »Mein Kampf« schildert er die Entstehung der NS-Bewegung und seine Vorstellung von ihren politischen Zielen. Hitlers Weltanschauung, deren Kern im Glauben an die germanische Herrenrasse und die jüdische Weltgefahr besteht, schlägt sich in seinem politischen Programm nieder.

Hitler fordert einen nationalistischen Führerstaat, dessen Zweck in der Eroberung eines neuen Lebensraumes für die germanische Herrenrasse liegt. Dieses Ziel soll mit militärischen Mitteln und unter unbegrenzter Manipulation der Bevölkerung durch Propaganda verfolgt werden.

Das Buch ist über weite Passagen äußerst banal und in einem sehr monströsen Stil geschrieben. Es ist der hemmungslose Erguß eines aufgeblähten Selbstbewußtseins. Der erste Teil des Buches erreicht erst nach der Machtübernahme der Nationalsozialisten (1933) hohe Auflagen.

Titelblatt des ersten Bandes

Deutsches Museum auf der Münchner Isarinsel eröffnet

7. Mai 1925. Der neuerrichtete Bau für das »Deutsche Museum von Meisterwerken der Naturwissenschaften und Technik« (Kurzform: Deutsches Museum) auf der Isarinsel in München wird feierlich seiner Bestimmung übergeben: Das Deutsche Museum war 1903 von Baurat Oskar von Miller nach dem Vorbild des Londoner Kensington-Museums und des Pariser »Musée des Conservatoire des Arts et Métiers« gegründet worden. Drei Jahre später wurde dann der Grundstein für das Gebäude gelegt (→ 13. 11. 1906).

Für sein ehrgeiziges Projekt, in München das größte naturwissenschaftlich-technische Museum der Welt aufzubauen, fand Miller schnell die Unterstützung des Ma-

gistrats und des Gemeindekollegiums der Stadt. Noch leichter konnte er das befreundete bayerische Königshaus zur Schirmherrschaft für dieses bedeutende Unternehmen gewinnen.

Um die Anerkennung und vor allem die Finanzierung endgültig zu sichern, brauchte Miller auch die Hilfe des Deutschen Reiches. Zur Verdeutlichung seines Plans brachte er den ursprünglichen Namen »Museum von Meisterwerken der Naturwissenschaften und der Technik« auf die prägnante Formel »Deutsches Museum«. In derselben Vorstandssitzung, in der die Umbenennung beschlossen wird, erläutert Miller seine finanziellen Vorstellungen: »Ich denke mir, daß die Stadt München eine

Million, das Königreich Bayern zwei Millionen, das Deutsche Reich zwei Millionen und die industriellen Kreise die noch erforderliche Restsumme zur Verfügung stellen könnten. Ich zweifele nicht daran, daß diese Summe aufgebracht werden kann.«

Zwei Jahre später, 1907, schoß Berlin tatsächlich 2 Mio Mark zu. Als Gegenleistung durfte der marinebegeisterte Kaiser Wilhelm II. persönlich Wandzeichnungen über den Aufbau der deutschen Flotte entwerfen, die dann auch angebracht wurden. Wünsche des Monarchen, die Baupläne für das neue Museum nach seinen Vorstellungen anfertigen zu lassen, wußte die Stadt München durch Hinweise auf Bauauflagen abzuwehren: Das

Bau-Projekt verlange eine öffentliche Ausschreibung.

Getreu seinem Motto: »In diesem Hause darf jeder tun, was ich will« wußte Miller den Auftrag für den Bau des Deutschen Museums dem Architekten Gabriel von Seidl (→27.4.1913) zu vermitteln. Bis zur Fertigstellung des Gebäudes galt es, die provisorischen Ausstellungsräume mit attraktiven Objekten zu füllen, um weiteres Interesse zu wecken und die Fruchtbarkeit der Museumsidee durch möglichst hohe Besucherzahlen zu beweisen.

Bei großzügigen Förderern bedankte sich Miller alsbald mit der Einladung zu einem seiner rauschenden Empfänge – mit dem Ziel, sie zu weiterer Unterstützung zu animieren.

Oskar von Miller (1855–1934), Ingenieur und Gründer des Deutschen Museums, organisierte 1882 die erste elektrische Leitung in Deutschland von Miesbach nach München

Fahnenabordnung der studentischen Burschenschaften zur Eröffnungsfeier des Deutschen Museums in München

Maschinenbauer mit einem der Ausstellungsstücke beim Festzug anläßlich der Eröffnung des Deutschen Museums

1926

Heisenberg entwirft Quantenmechanik

W. Heisenberg

1925. Der in Würzburg geborene Physiker Werner Heisenberg entwickelt mit seinen Fachkollegen Max Born und Pascual Jordan in Göttingen ein Theoriemodell der Quantenmechanik, das die scharfe Trennung von Materie und Energie aufhebt und dadurch das physikalische Weltbild revolutioniert.

Gemäß der klassischen Physik ist Materie aus sehr kleinen, aber körperlich nachweisbaren Teilchen (Atomen) zusammengesetzt. Nach Heisenberg sind Atome jedoch nicht gegenständlich, sondern die Elementarteilchen stellen unterschiedliche Zustände und kleinste Mengen (»Quanten«) einer einheitlichen Substanz dar, die Heisenberg »Energie« nennt. Er beschreibt das Verhalten dieser Quanten.

1. FC Nürnberg zum vierten Mal Meister

7. Juni 1925. Der 1. FC Nürnberg gewinnt vor 50 000 Zuschauern in Frankfurt am Main das Endspiel um die Deutsche Meisterschaft mit 1:0 nach Verlängerung gegen den FSV Frankfurt. Es ist der vierte Meistertitel für den ›Club‹ seit 1920. Rund 1500 Anhänger sind mit Sonderzügen aus Nürnberg angereist, um ihre Mannschaft zu unterstützen. Der Sieg der Nürnberger ist nie ernsthaft in Gefahr, das Ergebnis hätte jedoch höher ausfallen können: Beim Stand von 0:0 vergibt

Karl Riegel

der sonst so sichere Torschütze Karl Riegel einen Elfmeter. Erst in der Verlängerung kann Ludwig Wieder den Siegtreffer erzielen.

Zu den herausragenden Spielern der Mannschaft zählt neben Karl Riegel, Heiner Träg, Torwart Heiner Stuhlfauth und Hans Kalb auch »Bumbes« Hans Schmidt.

---

20. 1. Die bayerische Ablehnung des Reichsfinanzausgleichsgesetzes findet ihren Höhepunkt in der »Denkschrift der Bayerischen Staatsregierung über die fortlaufende Aushöhlung der Eigenstaatlichkeit der Länder unter der Weimarer Verfassung«.

1. 2. Die 1896 von dem Münchner Verleger Georg Hirth gegründete Zeitschrift »Jugend« wird von dessen Sohn Otto an den Verlag Richard Pflaum verkauft. →

14. 2. Auf einem sog. Führertag in Bamberg setzt sich Adolf Hitler gegen die »linken« Nationalsozialisten um Joseph Goebbels und Gregor Strasser durch.

22. 2. In München werden Aufführungen des Lustspiels »Der fröhliche Weinberg« von Carl Zuckmayr verboten, um Störungen durch Rechtsradikale vorzubeugen. →

4./5. 3. Therese Neumann aus dem oberpfälzischen Konnersreuth wird stigmatisiert und erlebt an jedem Freitag ekstatische Visionen der Leiden Christi. →

13. 6. Hertha BSC unterliegt in Frankfurt am Main der Spielvereinigung Fürth im Endspiel um die Deutsche Fußballmeisterschaft mit 1:4 Toren. →

5. 7. Die Seilbahn auf den Alpengipfel der Zugspitze wird eröffnet. →

16. 7. Mit dem Verbot des sowjetischen Films »Panzerkreuzer Potemkin« durch die Film-Oberprüfstelle wird in Deutschland faktisch wieder die politische Zensur eingeführt.

26. 11. Die Ludwig-Maximilians-Universität München feiert ihr 100jähriges Jubiläum. →

1926. Die satirische Zeitschrift »Simplicissimus« begeht ihr 30jähriges Jubiläum. Mit der Weimarer Republik tut sich das Blatt im Vergleich zum Kaiserreich schwer. →

1926. In den bayerischen Großstädten ist in den Jahren nach der Inflation ein erheblicher Anstieg des Automobilverkehrs festzustellen.

GESTORBEN:

13. 2. München: Friedrich August Ernst Gustav Christoph Krafft von Crailsheim (* 15. 3. 1841, Ansbach), bayerischer Ministerpräsident 1890–1903, Außenminister 1880–1903.

GEBOREN:

26. 4. Amberg: Michael Mathias Prechtl, Maler und Grafiker.

15. 11. Augsburg: Manfred Müller, katholischer Theologe, Bischof von Regensburg.

Insgesamt 8 Loks des abgebildeten Typs fahren auf die Zugspitze

Mit der Bahn zur Zugspitze

5. Juli 1926. Im Rahmen großer Festlichkeiten wird eine erste österreichische Seilbahn auf den im Wettersteingebirge gelegenen Alpengipfel der Zugspitze eröffnet. In Anwesenheit hoher Vertreter der österreichischen und deutschen Staatsregierung, bayerischer und Tiroler Landespolitiker startet die erste Kabinenbahn zur Jungfernfahrt auf den mit 2963 m höchsten Gipfel der deutschen Alpen.

Die Bergbahn gilt als technische Meisterleistung. Von der Unterstation im österreichischen Ehrwald führt die Seilschwebebahn über eine Strecke von 3500 m zu dem auf bayerischem Gebiet gelegenen Sattel zwischen dem östlichen und westlichen Gipfel der Zugspitze. Innerhalb von nur 16 Minuten überwindet sie dabei mit lediglich sechs Stützen einen Höhenunterschied von 1574 m. Mit einer Gondel, die bis zu 19 Fahrgästen Platz bietet, wird der regelmäßige Fahrbetrieb am nächsten Tag aufgenommen.

Eine der bekanntesten, schienengebundenen Bergbahnen von deutscher Seite zur Zugspitze nimmt im Jahr 1930 zwischen Garmisch-Partenkirchen und dem Wettersteinmassiv den Verkehr auf. Die Fahrt der sog. Zugspitzbahn beginnt am Hauptbahnhof in Garmisch und führt als meterspurige Reibungs- und Zahnradbahn zum Schneefernerhaus in 2650 m Höhe. Auf einer eigenen Trasse ziehen zunächst auf der Reibungsstrecke allgemein gebräuchliche Tallokomotiven die Personenwaggons bis zum Ort Grainau. Dort angekommen, übernehmen sog. Zahnradtriebwagen auf der folgenden Steigungsstrecke den Weitertransport. Die Zahnradstrecke ist rund 11 km lang und überwindet eine Steigung von bis zu 25 Prozent; auf 4,5 km führen die Gleise durch einen Tunnel. Von der Endstation der Bahn, dem Schneefernerhaus, kann die Zugspitze mit einer Seilschwebebahn erreicht werden.

Mit den von Niklaus Riggenbach entwickelten Zahnradbahnen können erstmals auf dem Schienenweg große Bergsteigungen genommen werden. Am 12. August 1863 meldete er seine Erfindung, bei der ein Zahnradantrieb der Lokomotive in ein Zahngestänge zwischen den Gleisen greift, zum Patent an.

»Simplicissimus« – das Jubiläum verläuft nicht ohne Sorgen

1926. Der »Simplicissimus« feiert Geburtstag: Zum 30jährigen Jubiläum versammeln sich die Autoren und Zeichner der berühmt-berüchtigten Satire-Zeitschrift (Abb.; von rechts nach links): Wilhelm Schulz, Peter Scher, Hermann Sinsheimer, Eduard Thöny, Thomas Theodor Heine, Erich Schilling und Karl Arnold. Die Freude ist nicht ungetrübt: Während der Weimarer Republik muß das Blatt mit der Tatsache fertig werden, daß der demokratische Staat nicht annähernd so dankbare Angriffsziele bietet wie einst das

wilhelminische Kaiserreich. Zudem wendet sich das Publikum immer mehr dem »Illustrierten«-Markt zu, der dem »Simpl« auch seine einnahmeträchtigen Anzeigenkunden abspenstig macht. Als weiteres Handicap erweist sich die Verlagerung des geistigen und kulturellen Lebens nach Berlin; München als Verlags- und Redaktionssitz liegt jetzt zu weit ab.

Die finanzielle Dauermisere der Zeitschrift ist schwer zu beheben. Kapitalkräftige Förderung scheidet wegen des Beharrens auf Unabhängigkeit aus.

Münchner Zeitschrift »Jugend« verkauft

1. Februar 1926. Otto Hirth, Sohn des 1916 verstorbenen Münchner Verlegers Georg Hirth, verkauft die bekannte Wochenzeitschrift »Jugend« an den Verlag Richard Pflaum. Bei dem Versuch, ein Konkurrenzblatt zur »Berliner Illustrirten Zeitung« herauszubringen, hatte sich Otto Hirth finanziell derart übernommen, daß er die angefallenen Verbindlichkeiten nur durch den Verkauf decken kann.

1896 war die Münchner illustrierte Wochenschrift für Kunst und Leben

»Jugend« fast gleichzeitig mit der Zeitschrift »Simplicissimus« erstmals erschienen; in der ersten Ausgabe hieß es zum Namen des Blattes: »Jugend ist Daseinsfreude, Genußfähigkeit, Hoffnung und Liebe, Glaube an die Menschen – Jugend ist Leben, Jugend ist Farbe, ist Form und Licht... Ein besseres Bannwort hätten wir für unser Wagnis nicht finden können«.

Die Zeitschrift, in der Texte, Illustrationen, Ornamente und Typographie aufeinander abgestimmt wurden,

bot um die Jahrhundertwende vielen jungen Künstlern und Literaten ein Forum: »Wir wollen alles besprechen und illustrieren, was interessant ist, was die Geister bewegt; wir wollen alles bringen, was schön, gut, charakteristisch, flott und echt künstlerisch ist ...« Die Gestaltung des Wochenblattes, das dem »Jugendstil« seinen Namen gab, ist von ungewöhnlich hoher Qualität; dagegen ließ die inhaltliche und literarische Güte der »Jugend«-Beiträge im Laufe der Jahre zusehends nach.

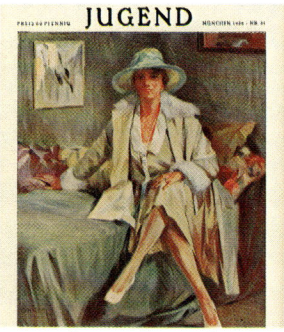

Farbige Titelblätter von Ausgaben der Münchner Wochenschrift für Kunst und Leben »Jugend« aus dem Jahr 1926

München feiert 100 Jahre Universität

26. November 1926. Im Beisein von Prominenz aus Wissenschaft und Politik, darunter auch Bayerns Ex-Kronprinz Rupprecht, des Urenkels von Bayernkönig Ludwig I., wird das 100jährige Jubiläum der Ludwig-Maximilians-Universität in München begangen. Anläßlich der Jahrhundertfeier wird u.a. der bayerische Ministerpräsident Heinrich Held (BVP) mit dem Ehrendoktor der Universität ausgezeichnet.

Die spätere Universität München war 1472 von Herzog Ludwig IX. dem Reichen von Niederbayern-Landshut in Ingolstadt gegründet worden. Im Jahre 1800 wurde sie nach dem Willen von Kurfürst Maximilian IV. Joseph nach Landshut verlegt, da dieser keine Universität in der Residenzstadt wünschte. König Ludwig I. veranlaßte 1826 die Verlegung nach München, um alle zentralen Kultureinrichtungen in der Hauptstadt zusammenzuführen. Die Ludwig-Maximilians-Universität residierte zunächst in den Gebäuden des ehemaligen Jesuitenkollegs und zog 1840 in den Universitätsneubau von Friedrich Gärtner an der Ludwigs-Prachtstraße um.

Zuckmayrs Schwank in München verboten

22. Februar 1926. In München wird das erfolgreiche Theaterstück »Der fröhliche Weinberg« von Carl Zuckmayr verboten, um Störungen durch rechtsradikale Gruppen vorzubeugen. Besonders in Berlin ist das Lustspiel, um dessen Aufführungsrechte sich gleich nach der Premiere im Herbst 1925 über 100 Bühnen beworben, sehr beliebt. Das Stück ruft häufig Beifallsstürme hervor und bringt die Zuschauer mit derben Späßen zum Lachen. Immer wieder kommt es jedoch auch zu Protesten und Wutausbrüchen deutschnationaler Gruppen.

Ursache für die Proteste sind Figuren wie der Assessor Knuzius, der im Gegensatz zu anderen Personen des Stücks nicht rheinhessischen Dialekt, sondern Hochdeutsch spricht. Seine Sprache ist vom politischen Jargon nationalistischer Gruppen durchsetzt, was seine Rolle satirisch überzeichnet. So wälzt er sich z.B. in einer Szene betrunken politisierend auf dem Misthaufen.

»Wunder« von Konnersreuth

4./5. März 1926. In der Nacht von Donnerstag auf Freitag treten bei der 28jährigen Therese Neumann (1898–1962) im oberpfälzischen Konnersreuth nach den Erzählungen ihrer Familie zum erstenmal blutende Wunden an Händen, Füßen und Oberkörper auf – es sind die Wunden, die auch Jesus von Nazareth bei seiner Kreuzigung zugefügt wurden. Neben dieser sich wöchentlich bis an ihr Lebensende wiederholenden sog. Stigmatisierung erlebt Therese Neumann in ekstatischen Visionen Szenen aus der Bibel und aus Heiligenlegenden.

Nach zahlreichen Krankheiten und mehreren schweren Unfällen im elterlichen Haushalt war Therese Neumann seit Oktober des Jahres 1918 bettlägrig – bis zu einer spontanen Heilung im Mai 1925, genau an dem Jahrestag der Heiligsprechung von Therese von Lisieux.

Von den knapp 1000 Einwohnern Konnersreuths wurde schon dieses »Wunder« als Sensation aufgenommen. Nach Bekanntwerden der Stigmatisierung zu Ostern 1926 setzen Massenwallfahrten zur »Therese von Konnersreuth« ein. Die deutsche Presse macht das »Wunder« weit über Bayern hinaus bekannt, wobei sich Berichterstatter und interessierte Ärzte nicht einig sind, ob es sich bei Therese Neumann tatsächlich um einen Fall von »schwerer Hysterie« handelt, verbunden mit bewußten oder unbewußten Täuschungsmanövern.

Die bayerischen Bischöfe fordern im Oktober 1927 die Gläubigen auf, keine weiteren Wallfahrten nach Konnersreuth zu unternehmen.

Therese Neumann, die Stigmatisierte aus dem oberpfälzischen Ort Konnersreuth

Zweiter Meistertitel für Spvgg. Fürth

13. Juni 1926. Mit einem 4:1-Sieg über Hertha BSC Berlin gewinnt die Spielvereinigung Fürth vor 40000 Zuschauern in Frankfurt am Main zum zweiten Mal seit 1914 das Endspiel um die Deutsche Fußballmeisterschaft.

In der siegreichen Mannschaft spielen: Gustav Hörgreen, Josef Müller, Hans Hagen, Urbel Krauß, Ludwig Leinberger, Konrad Kleinlein, Karl Auer (1 Tor), Andreas Franz, Loni Seiderer (1 Tor), Willi Ascherl (1 Tor) und Georg Kießling.

Nachdem die Fürther 1920 erfolglos im Endspiel um die Deutsche Meisterschaft gestanden hatten, nahmen die Männer mit dem Kleeblatt auf dem Trikot nur noch einmal (1923) an den Ausscheidungsspielen teil, wiederum ohne Erfolg.

Werbeplakat der US-Firma Buick nach einem Entwurf von Sterne Stevens aus dem Jahre 1924

Eine bemerkenswerte künstlerische Gestaltung signalisiert dem Opel-Käufer besonderen Luxus

Fiat bemüht den antiken Mythos des Zentauren zur Darstellung seiner Automobilmodelle

Automobile beherrschen das Bild des Straßenverkehrs

Auch auf den Straßen Bayerns nimmt der Verkehr mit Personenkraftwagen in den Jahren nach der Inflation kräftig zu. Vor allem auf dem Markt der Kleinwagen herrscht eine lebhafte Nachfrage. Fast wöchentlich präsentieren findige Konstrukteure teils ausgeklügelte, teils groteske Automobile.

Führend auf dem Gebiet der Kleinwagenproduktion sind im Deutschen Reich die Automobilfirmen Hanomag, Brennabor und Opel. Um ihre Serienautos möglichst preiswert anbieten zu können, folgen diese Firmen seit Mitte der 20er Jahre dem Beispiel des amerikanischen Herstellers Ford und gehen immer mehr zur neuen Fließbandproduktion über.

Die technische Ausstattung der Fahrzeugmodelle verbessert sich zusehends: Das Stahlscheibenrad ersetzt bislang übliche Holzkonstruktionen, der elektrische Anlasser und die Lichtmaschine werden zur Selbstverständlichkeit. Schon bald gehören Vierradbremsen zum Sicherheitsstandard. Für geschlossene PKW wird der Blinker obligatorisch. Im Jahr 1927 werden alle in Deutschland produzierten Modelle von der Rechts- auf die Linkslenkung umgestellt, im Reich verkehren zu diesem Zeitpunkt rund 218000 Autos auf den Straßen.

1927

Wirtschaftskrise in Bayern weniger stark

13. Mai 1927. Der sog. Schwarze Freitag im Deutschen Reich, an dem Aktien und andere Wertpapiere starke Kursverluste an den Börsen zu verzeichnen haben, gibt erste Hinweise auf die Instabilität der Konjunktur. Seit 1924 hatten sich Handel und Industrie mit Hilfe großer ausländischer, vor allem amerikanischer, Kredite scheinbar stabilisiert und erstmals seit dem Ende des Ersten Weltkriegs wieder Wachstumsraten verzeichnet.

Der totale Zusammenbruch der deutschen Wirtschaft, der sich 1927 ankündigt, erfolgt aber erst nach dem New Yorker Börsenkrach im Oktober 1929, der eine Weltwirtschaftskrise ungekannten Ausmaßes auslöst. Amerikanische Banken und private Kreditgeber ziehen nach dem Zusammenbruch des US-Aktienmarktes ihre in der ganzen Welt investierten Kapitalien zurück und reißen so auch die deutsche Wirtschaft mit in die Krise.

Bayern, dessen Wirtschaft maßgeblich durch Landwirtschaft und industrielle Klein- und Mittelbetrie-

Mittagspause in einer Hammerschmiede, die, wie viele andere Betriebe in Bayern, noch weitgehend von der landwirtschaftlichen Nachfrage abhängt

be geprägt ist, wird durch die Krise Ende der 20er Jahre nicht so stark in Mitleidenschaft gezogen wie die anderen Staaten im Deutschen Reich. Die kleinen und mittleren Unternehmen Bayerns hatten kaum ausländische Kredite erhalten und

sind daher vom Rückzug des amerikanischen Kapitals kaum betroffen. So kann das Statistische Amt der Stadt München noch 1930 berichten: »Die Münchner Wirtschaft ist in fortgesetztem … Wachstum begriffen.«

NSDAP-Reichsparteitag in Nürnberg

21. August 1927. Der dritte Reichsparteitag der NSDAP findet in Nürnberg statt. Hier zeigen sich erste Ansätze des später zum pompösen Ritual entwickelten Ablaufs der nationalsozialistischen Parteitage.

In Sonderzügen, mit Fahnen und Musikkapellen kommen SA- und Parteiformationen aus dem ganzen Reich nach Nürnberg. Eine Unifor-

mierung der Mitglieder ist fast verwirklicht; Hitler selbst trägt das sog. Braunhemd. Die Partei hat die Uniformen aus alten Schutztruppenbeständen übernommen.

Im Luitpoldhain findet zunächst eine Kundgebung statt, zu deren Abschluß zwölf Standarten feierlich geweiht werden. Anschließend nimmt Hitler auf dem Marktplatz,

im offenen Auto stehend, die Parade seiner Gefolgsleute ab. Es sind zwischen 10 000 und 15 000 uniformierte Anhänger, SA-Männer und Mitglieder der im Vorjahr gegründeten Hitlerjugend, die an Hitler – in typischer Pose mit unbewegt gerecktem Arm – vorbeiziehen. Die Größe des Parteitages wird jedoch von der NS-Presse stark übertrieben.

Auf dem Reichsparteitag in Nürnberg (August 1927) nimmt Adolf Hitler die Parade seiner Anhänger ab, in typischer Pose, mit unbewegter Miene; nach dem ersten Reichsparteitag in München 1923 und dem zweiten 1926 in Weimar kann Hitler auf diesem dritten Parteitag erstmals wieder öffentlich als Redner auftreten, denn das nach seiner Haftentlassung zwei Jahre zuvor von der bayerischen Regierung verfügte Redeverbot wurde erst im März 1927 aufgehoben.

Saline in Berchtesgaden stillgelegt

1927. Ebenso wie 15 Jahre zuvor die Saline Traunstein (→ 1912) muß die Saline in Berchtesgaden aus Rationalisierungsgründen den Betrieb einstellen. Die Verarbeitung der im Berchtesgadener Salzbergwerk gewonnenen Sole zu Speisesalz erfolgt in Zukunft im 20 km entfernten Bad Reichenhall. Die Sole wird schon seit 1817 über eine Leitung vom Berchtesgadener Salzberg durch das Ramsautal über den 869 m hoch gelegenen Paß von Schwarzbachwacht zur Reichenhaller Saline gepumpt. Um die Steigung zwischen der im Ramsautal gelegenen Ortschaft Ilsank und dem 356 m höher gelegenen Brunnhaus Söldenköpfl zu überwinden, wird die Sole mittels einer sog. Wassersäulenmaschine durch Wasserdruck gehoben. Anschließend fließt sie mit eigenem Gefälle direkt zur Saline in Bad Reichenhall.

Im Jahr der Stillegung seiner Saline kann der Berchtesgadener Salzbergbau auf eine fast 800jährige Geschichte zurückblicken. Um 1150 erstmals urkundlich erwähnt, ge-

Blick auf das Salzbergwerk in Berchtesgaden; die 1927 aus wirtschaftlichen Gründen stillgelegte Saline kann auf eine lange Geschichte zurückblicken

hörte das Bergwerk bis 1795 dem Chorherrenstift, wurde anschließend an Bayern verpfändet und kam, nachdem es von 1803 bis 1805 an Ferdinand von Toscana und anschließend an Österreich gefallen war, 1809 endgültig an Bayern.

Ein Besuch im Salzbergwerk gehört, damals wie heute, zu den touristischen Attraktionen Berchtesgadens. An den Stollenwänden glitzert das Salz und der unterirdische See bietet mit dem Widerschein der Lampen einen faszinierenden Anblick.

Gustav Schickedanz gründet »Quelle«

26. Oktober 1927. Der Fürther Kaufmann Gustav Schickedanz – er betreibt seit Dezember 1922 den Großhandel mit Kurzwaren – läßt ins Handelsregister eine neue Firma eintragen: »Versandhaus ›Quelle‹ GmbH Sitz Fürth, Königswarterstr. 10, auf Grund Gesellschaftsvertrag vom 26. Oktober 1927. Gegenstand des Unternehmens ist: Versand mit Kurz- und Wollwaren und einschlägigen Artikeln. Stammkapital 20 000 Reichsmark…«

Neben den Familienmitgliedern beschäftigte die Firma zunächst vier Lehrmädchen; im Januar 1927 war ein fünftes hinzugekommen, die 15jährige Grete Lechner (die 1942 den verwitweten Gustav Schickedanz heiraten sollte).

Der Gedanke des »Quelle«-Gründers ist es, daß den Kunden der Weg ins Geschäft abgenommen werden soll – er schickt ihnen einen Katalog und sie erhalten die bestellten Waren mit der Post. Das Motto des 1895 geborenen Schickedanz: »Kleiner Gewinn – großer Umsatz«.

Zusammenschluß von Dachauer Künstlern

September 1927. Die Dachauer Künstler, Mitglieder einer Malerkolonie mit einer bis in die 1880er Jahre zurückreichenden Tradition, haben keine Berührungsängste und so nutzen sie die zwischen dem 7. und 12. September stattfindende Kreislandwirtschaftsschau, um diese Präsentation von Rindern und Mähmaschinen durch eine Ausstellung ihrer Bilder abzurunden.

Der Erfolg ist groß und die Besucher kommen so reichlich, daß endlich einmal ein Überschuß in der Kasse der Künstler-Kolonie bleibt. Um ihn sinnvoll zu verwenden, wird die »Künstlervereinigung Dachau KVD« gegründet. 1. Vorsitzender wird der 60jährige Hermann Stockmann, 2. Vorsitzender Walter von Ruckteschell. Bei der Gründung zählt die Vereinigung – die sich bei einer Weihnachtsdult erstmals den Einwohnern von Dachau vorstellt – mehr als 30 Künstler.

Die meisten von ihnen suchen ihre Motive in der Gegend um Dachau. Die Tradition der Dachauer Landschaftsmalerei reicht bis ins frühe 19. Jh. zurück.

Größte Kirchenorgel der Welt in Passau

1927. Der Bau der größten Kirchenorgel der Welt im Passauer Dom wird abgeschlossen. Das in dreijähriger Bauzeit von der Öttinger Firma G. F. Steinmeyer & Co. errichtete Instrument besitzt 16 744 Pfeifen zwischen 6 mm und 11,3 m Länge, 215 klingende Stimmen und 1076 Züge für fünf frei einstellbare Manuale und Pedale. Es können fünf Schwellwerke und zwei Crescendowalzen gespielt werden. 900 km Elektrodraht steuern pro Sekunde bis zu 100 m³ Luft durch die Windläden. Über seine Größe hinaus ist das Riesenwerk bald auch wegen seiner Klangschönheit berühmt.

Mit der Passauer Domorgel feiert die technische Beherrschung immer größerer Pfeifenmassen einen letzten Triumph. Danach setzt sich auch in Bayern die um 1900 eingeleitete sog. Orgelbewegung durch, die sich wieder auf den Orgelbau des Barocks besinnt, der vom Werkprinzip mit einem ausgewogenen Verhältnis zwischen Grundton-, Obertonregistern und mechanischer Traktur (der sog. Schleiflade) geprägt ist.

Der in Bayern traditionell hochstehende Instrumentenbau kann seinen Ruf auch im 20. Jh. wahren. Er wird getragen von einer Fülle über das ganze Land verstreuter kleinerer Werkstätten, deren Erzeugnisse jetzt jedoch weniger von der Persönlichkeit eines Meisters als von der Gesamtqualität einer Hersteller-Firma bestimmt werden.

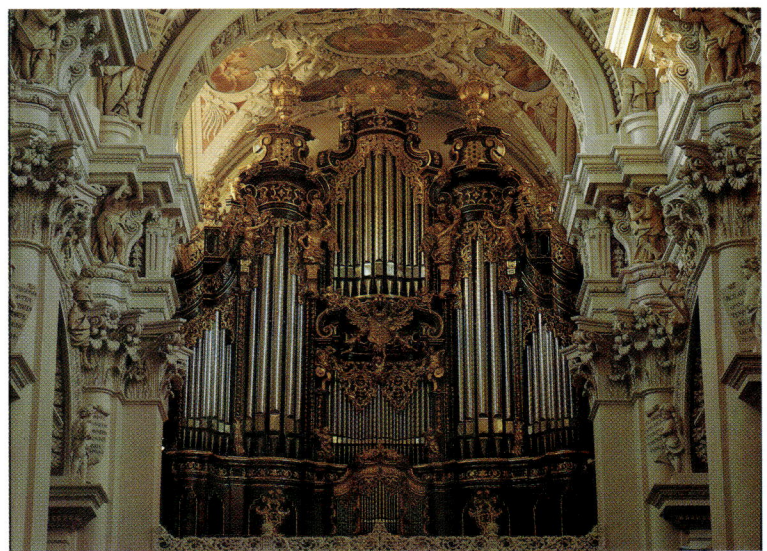

Die Hauptorgel der größten Kirchenorgel der Welt im Dom St. Stephan zu Passau mit ihren vielen tausend Pfeifen verschiedenster Tonhöhen

1928

Nazis sprengen Stresemann-Versammlung

25. April 1928. Im Reichstagswahlkampf kommt Reichsaußenminister Gustav Stresemann als Spitzenkandidat der Deutschen Volkspartei nach München. Nach anderthalb turbulenten Stunden, in denen der Politiker kaum zu Wort kommt, wird die Versammlung im Bürgerbräukeller von der Polizei geschlossen. Die Nationalsozialisten haben die Versammlung gesprengt.

Der in Hitlers Diensten stehende Journalist Hermann Esser hatte seine Parteifreunde aufgefordert, frühzeitig im Bürgerbräukeller zu erscheinen. Und sie kamen, grölten, gestikulierten mit Bierkrügen, zerschnitten die Lautsprecherleitung im Nebensaal und schwenkten vor der Rednertribüne Stanniolstreifen – das sollte Stresemanns Satz lächerlich machen, daß sich am Horizont ein Silberstreifen zeige.

Am darauffolgenden Tag melden die »Münchner Neuesten Nachrichten« den Vorgang unter der Überschrift: » Ein Sieg der Dummheit«. Der Außenminister, heißt es, sei »in jener geistlosen und ungepflegten

Im Bürgerbräukeller, wo die Nazis 1928 eine Wahlkampfrede Gustav Stresemanns sprengen, hielt Adolf Hitler 1923 seine erste große Rede

Weise« niedergeschrien worden, »die allen Vertretern einer schlechten Sache als letzter Ausweg immer willkommen war … Was eine deutsche Revolution zu machen sich vermaß [gemeint ist der 9. November 1923], endet an dem gleichen Platz mit dem geschwungenen Maßkrug des kleinsten Radaubruders.« Bei den Reichstagswahlen am 20. Mai können die Nationalsozialisten in Bayern – entgegen dem Reichsdurchschnitt – ihren Stimmenanteil jedoch vermehren.

Atlantikflug von H. Köhl

14. April 1928. Das Unternehmen, dem kaum jemand ein gutes Ende vorauszusagen wagte, glückt, und um 17.30 Uhr landet eine einmotorige, von Hermann Köhl geflogene Junkers W 33 auf Greenly Island an der kanadischen Ostküste.

In einem Flug von 36½ Stunden ist damit die Überquerung des Atlantik von Ost nach West, die seit 1924 ein

paarmal vergeblich versucht worden war, geglückt – auch wenn die Maschine beim Ausrollen in eine Eisbank einbricht. An dem Flug des in Neu-Ulm geborenen Hermann Köhl, der in München zur Schule gegangen war, nahmen Freiherr von Hünefeld, der den Flug finanzierte, und der irische Major James Fitzmaurice teil.

Hermann Köhl, der irische Leutnant James Fitzmaurice und Freiherr Günther von Hünefeld (von links), die nach ihrem erfolgreichen Transatlantikflug mit einer einmotorigen Junkers-Maschine in Berlin vom Reichspräsidenten Paul von Hindenburg persönlich empfangen wurden

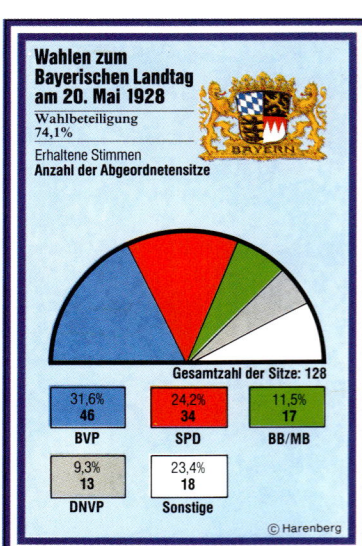

Wahlen zum Bayerischen Landtag am 20. Mai 1928

Wahlbeteiligung 74,1%

Erhaltene Stimmen
Anzahl der Abgeordnetensitze

BAYERN

Gesamtzahl der Sitze: 128

31,6% **46** BVP	24,2% **34** SPD	11,5% **17** BB/MB
9,3% **13** DNVP	23,4% **18** Sonstige	

© Harenberg

Landtagswahlen

20. Mai 1928. Knapp dreieinhalb Millionen bayerische Wähler geben je zwei Stimmen ab, denn Landtags- und Reichstagswahlen finden am gleichen Tag statt. Sieger der Landtagswahl ist die Bayerische Volkspartei, die 31,6% der Stimmen erhält (SPD: 24,2%). Der Stimmanteil der NSDAP sinkt von 17,1 auf 6,3%.

Chirurg Sauerbruch geht nach Berlin

1928. Berlin ruft und Professor Ernst Ferdinand Sauerbruch folgt. Nach zehn Jahren verläßt er, der berühmteste Chirurg seiner Zeit, die Universität München.

Der am 3. Juli 1875 in Barmen geborene Mediziner war der letzte

E. F. Sauerbruch

Ordinarius und Geheime Hofrat, den die kgl. bayer. Regierung berufen hat. Als er, in der Uniform eines im Generalsrang stehenden Arztes, König Ludwig III. seinen Antrittsbesuch machen wollte, brach die Revolution aus. Weil er einmal etlichen Revolutionären sagte, ihr Regime sei eine »Saugeierung«, wird er verhaftet. Den zum Tode verurteilten Medizinprofessor rettet ein junger russischer Revoluzzer, dem Sauerbruch in seiner Züricher Zeit geholfen hatte.

Malerfürst Stuck stirbt in München

30. August 1928. Franz von Stuck, einer der Münchner Malerfürsten, ist tot und wird in München wie ein echter Fürst zu Grabe getragen. Beeinflußt von Arnold Böcklin und den Sym-

Franz v. Stuck

bolisten begann der Müllerssohn aus dem niederbayerischen Tettenweis seine Karriere, die ihn nach vielen Anfeindungen bald zu höchstem Ansehen führte. Nach dem »Wächter des Paradieses« (1889) und der »Sünde« (1893) – wurde er bereits im Alter von 30 Jahren zum gefeierten, mit einträglichen Aufträgen bedachten Meister der Münchner Malerei, zum Professor an der Akademie (Schüler u.a. Paul Klee, Alfred Weisgerber) und zum Rivalen Franz von Lenbachs. Der schnell erworbene Wohlstand erlaubte es ihm, sich von 1897 an – nach eigenen Entwürfen – die Stuck-Villa zu bauen.

»Das bayerische Dekameron« erscheint

1928 Obwohl Oskar Maria Graf allein im vorausgegangenen Jahr 1927 vier Bücher veröffentlicht hatte – darunter das auch von Thomas Mann gerühmte große autobiographische Werk »Wir sind Gefangene« – ist die Haushaltskasse leer. Endlich aber kommt der finanzielle Erfolg: Im Wiener Verlag für Kulturforschung erscheint »Das bayerische Dekameron«.

Angefangen hatte es an einem Märzmorgen des Jahres 1926. Oskar Maria Graf war spät ins Bett gekommen, bis vier Uhr früh hatte er gearbeitet. Kurz vor neun Uhr aber stand ein Herr Amonesta an der Tür. Auf den ersten Blick glich der Besucher dem Adolf Hitler. »Er trug dasselbe Zahnbürstenbärtchen, war ebenso kellerfarben blaß im Gesicht und hatte dieselben auffallend starren Augen.«

Der morgendliche Gast, so erwies sich, ist Mitinhaber und erster Reisevertreter eines Wiener Verlages, »der in der Hauptsache wissenschaftliche Sexualliteratur und pikante Belletristik auf den Markt brachte«.

In seinem Erinnerungsbuch »Gelächter von außen« erzählt Graf, was Herr Amonesta von ihm wünschte: »Also ihre kleinen satirischen Bauernsachen im ›Simplicissimus‹, einfach Klass’; so was macht Ihnen kein andrer nach! Das ist Bravo, Bravissimo! Das auf pikant, Meister, das, stell’ ich mir vor, paßt in (unseren) Verlag –. Wissen S’, Meister, so Gschichterln grad noch hart am Polizeiverbot und an der Zensur vorbei! So ein Bücherl, könnt’ ich mir vorstellen, das möcht’ Ihnen liegen…«

Es lag ihm in der Tat, und in vierzehn Tagen schrieb Graf diese erotischen Geschichten aus dem Bauernmilieu. »Das bayerische Dekameron« ist eine Sammlung derber und witziger erotischer Schwänke. In einer Nachbemerkung schreibt Graf, daß die meisten dieser Begebenheiten »überhaupt nicht erfunden« seien – er habe sie nur der Wirklichkeit nachgeschrieben. Und er fügt hinzu: »Wer sich gern dran stoßen will, mag’s ruhig tun.«

Das Buch wird sein größter Erfolg. Doch mit dem Erfolg kommt auch das Mißverständnis. Der am 22. Juli

Der Schriftsteller Oskar Maria Graf in einem Wiener Café (1933)

1894 zu Berg am Starnberger See geborene Autor wird zum Spezialisten für Ländlich-Derbes. Und er nährt dieses Klischee vom literarischen Gaudiburschen selbst: So läßt er sich mit hinterfotzigem Stolz auf Briefbogen und Visitenkarten drucken: »Oskar Maria Graf. Provinzschriftsteller. Spezialität: Ländliche Sachen«.

Der Bäckerssohn Oskar Graf (der sich den Vornamen Maria erst während seiner Schwabinger Zeit aus Gründen des Wohlklanges zulegt) hatte als Kind das Leben von seiner härtesten Seite kennengelernt: »Wir mußten schwer arbeiten. Ich wurde abends … vom Gesellen geweckt. Die ganze Nacht ging es. Um 6 Uhr früh zählte mir Mutter das Brot in den Korb, legte Wecken obenauf … Und hinaus ging es in die frische Morgenluft bis zwölf Uhr mittags…«

Diese Herkunft aus der harten und so oft verhärteten bäuerischen Welt hat das Leben des Oskar Maria Graf bestimmt. Er, dem man – nach eigenem Zeugnis – mit zehn, zwölf Jahren den Glauben an das Menschliche gründlich herausgeprügelt hatte, stellte sich auf die Seite der Geknechteten und Entrechteten. Er schloß sich den Münchner Anarchisten an.

Von diesen frühen Zeiten erzählt Graf in dem Buch »Wir sind Gefangene«. Dort heißt es über die Unschuldigen, auf die in den Münchner Revolutionstagen geschossen wird: »Das sind alle meine Brüder, dachte ich zerknirscht, man hat sie zur Welt gebracht, großgeprügelt, hinausgeschmissen, sie sind zu einem Meister gekommen, das Prügeln ging weiter, als Gesellen hat man sie ausgenützt, und schließlich sind sie Soldaten geworden und haben für die gekämpft, die sie prügelten. – Und jetzt?

Sie sind alle Hunde gewesen wie ich, haben ihr Leben lang kuschen und sich ducken müssen, und jetzt, schlägt man sie tot.«

Titelblätter der Autobiographie »Wir sind Gefangene« und der Erzählungen »Das bayerische Dekameron“ (Werkausgabe des Süddt. Verlages)

1929

Sommerspiele in Amsterdam 1928

Münchner gewinnen Olympia-Medaillen

28. Juli 1928. In Amsterdam beginnt der Hauptteil der IX. Olympischen Sommerspiele, bei denen zwei Münchner Gewichtheber die einzigen Medaillengewinner aus Bayern sind. Im Medaillenspiegel nach Abschluß der Spiele am 12. August liegen die Sportler des Deutschen Reiches, die seit 1912 erstmals wieder teilnehmen dürfen, an zweiter Stelle hinter der Mannschaft aus den USA. Im Olympischen Dreikampf der Gewichtheber (Reißen, Stoßen und Drücken) gewinnt Josef Straßberger aus München mit 372,5 kg die Goldmedaille im Schwergewicht; Hans Wölpert erreicht in der gleichen Disziplin mit 282,5 kg die Bronzemedaille im Federgewicht.

Die Sommerspiele in Amsterdam sind unterteilt in Vor- und Hauptspiele. Im Rahmen der Vorspiele (20. 5.–10. 6.) werden das Hockey- und das Fußball-Turnier ausgetragen, die übrigen Wettbewerbe sind für die Zeit vom 28. Juli bis zum 12. August angesetzt worden .

Die deutsche Mannschaft wird zur Eröffnung des Hauptteils der Spiele mit mäßigem Applaus empfangen. Ursache der kühlen Haltung gegenüber den Deutschen ist ein Fußballspiel gegen Uruguay, das von der deutschen Presse als Kampf um Deutschlands Ehre aufgebauscht worden war. Zweifelhafte Schiedsrichterentscheidungen führten in diesem Spiel zu Unfairneß der deutschen Spieler und Ausschreitungen der deutschen Zuschauer.

Januar. Die Zahl der unterstützten Arbeitslosen überschreitet die Zwei-Millionen-Grenze. Ende Februar gibt es bereits 3,05 Mio Arbeitslose im Deutschen Reich, davon etwa 200 000 in Bayern.

6. 1. Der Münchner Heinrich Himmler wird zum Reichsführer SS ernannt. Er baut die Schutzstaffel (SS) der NSDAP zu einer parteiinternen Polizeiorganisation aus.

23. 6. Bei den Wahlen zum Coburger Stadtrat erhält die NSDAP die absolute Mehrheit. Dies ist der erste große Wahlsieg der NSDAP auf Kommunalebene. →

28. 7. Hertha BSC Berlin unterliegt in Nürnberg der Spielvereinigung Fürth im Endspiel um die Deutsche Fußballmeisterschaft mit 2 : 3 Toren. →

25. 10. Der Schwarze Freitag an der New Yorker Börse markiert den Beginn einer Weltwirtschaftskrise.

12. 11. Dem seit mehr als drei Jahrzehnten in München lebenden Schriftsteller Thomas Mann wird der Literaturnobelpreis zuerkannt. →

1929. Als erstes gesellschaftseigenes Rundfunkgebäude in Deutschland wird das Funkhaus in München eingeweiht. →

1929. In Bayern gibt es zahlreiche Wanderbühnen. Die 1921 gegründete Bayerische Landesbühne gastiert in der Saison 1928/29 an 77 Spielorten. →

1929. Der Wohnungsbau in München erreicht mit 5149 fertiggestellten Wohnungen eine Rekordmarke. →

1929. Reichspräsident Paul von Hindenburg wird Ehrenbürger der Stadt München.

1929. Der gebürtige Rheinländer Herbert Eulenburg veröffentlicht seinen Roman »Die letzten Wittelsbacher«, ein Loblied auf König Ludwig II. von Bayern.

1929/30. Die IG Farben-Werke in Oppau und Ludwigshafen zählen zusammen etwa 22 000 Mitarbeiter, das sind ein Drittel der Gesamtbeschäftigten der IG Farben.

GEBOREN:

3. 1. München: Gertrud Kückelmann († 17. 1. 1979, München), Schauspielerin.

31. 1. München: Rudolf Mößbauer, Physiker, Physiknobelpreisträger 1961.

11. 11. Kaufbeuren: Hans Magnus Enzensberger, Schriftsteller.

12. 11. Garmisch-Partenkirchen: Michael Ende, Schriftsteller.

Erste Mehrheit für NSDAP

23. Juni 1929. Die NSDAP erreicht in Coburg bei den Wahlen zum Stadtrat zum ersten Mal eine Mehrheit auf kommunaler Ebene. Auch in anderen Bereichen Bayerns und des Reiches kann die Partei ab 1929 einen Stimmenzuwachs bei Reichs-, Landtags- und Kommunalwahlen verzeichnen. Der Stimmenzuwachs wie auch die steigenden Mitgliederzahlen sind auf die Auswirkungen der Weltwirtschaftskrise und das sinkende Vertrauen der Wähler in die konservativen, liberalen und sozialistischen Parteien der Weimarer Republik zurückzuführen. Manche Wähler wenden sich aufgrund der Unfähigkeit der demokratischen Parteien, tragfähige Kompromisse zu schließen, der NSDAP als der radikalsten Gegnerin der Republik zu.

Auch Kontakte, die Hitler zu großindustriellen Kreisen knüpfen konnte, tragen zur Festigung seiner Position bei. Das Geld für die neue Erfolgskulisse kommt z. T. über solche Kontakte: Kauf und Umbau des »Braunen Hauses«, der neuen Münchner Parteizentrale in einer alten Patriziervilla an der Briennerstraße, finanziert Adolf Hitler u. a. mit Hilfe von Geldern des Großindustriellen Fritz Thyssen.

Trotz dieser Erfolge gelingt der volle Durchbruch nie; eine absolute Mehrheit kann die NSDAP bei keiner Reichstagswahl erringen.

Das Braune Haus in der Brienner Straße – hier nach dem SA-Verbot 1932 – baut Hitler Ende der 20er Jahre zur Parteizentrale aus

Rundfunkgebäude bezogen

1929. Der Rundfunk in Bayern ist gerade fünf Jahre alt, als er im März 1929 an der Münchner Hopfenstraße sein – von Richard Riemerschmied gebautes – eigenes Haus bekommt. In einer Bauzeit von 15 Monaten entstand ein Bau, an dem Fachleute rühmen, daß er durch seine zurückhaltende kubische Form die Modernität, wie's Münchner Sitte ist, nicht übertreibt.

Am 30. März 1924 hatte der Bayerische Rundfunk – dazumal noch »Deutsche Stunde in Bayern« – im 4. Stock des Verkehrsministeriums seine Sendungen unter unzulänglichen Bedingungen aufgenommen. Im darauffolgenden Jahr gab es Pläne zur Errichtung eines Musikhauses, in das auch der Rundfunk einbezogen sein sollte. Das Projekt zerschlug sich und 1927 wurde ein Wettbewerb für ein Funkhaus auf dem neuerworbenen Gelände Ecke Hopfen-/Marsstraße ausgeschrieben. Der Auftrag ging an den Jugendstil-Architekten Riemerschmied, den aus München stammenden Leiter der Kölner Werkschulen.

Die Verwaltungs- und Probenräume werden in dem Trakt an der Hopfenstraße untergebracht, senkrecht zu diesem Hauptgebäude steht der Bau mit den Senderäumen. In einem von ihnen ist die größte Funkorgel der Welt aufgestellt.

Literaturnobelpreis für den Wahlmünchner Thomas Mann

12. November 1929. *In seinem Münchner Wohnsitz erhält der Schriftsteller Thomas Mann die Nachricht, daß ihm der Nobelpreis für Literatur zuerkannt worden ist. Am 10. Dezember wird ihm von König Gustav V. von Schweden der Preis im Rahmen eines feierlichen Festaktes in Stockholm überreicht (Abb.). In der Urkunde heißt es: »Thomas Mann, Inhaber des literarischen Nobelpreis des Jahres 1929, insbesondere für seinen großen Roman »Buddenbrooks«, der im Laufe der Jahre eine immer mehr gefestigte Anerkennung*

gefunden hat als ein klassisches Werk der Gegenwart.« Bei seiner Rückkehr nach München wird Mann vom Ersten Bürgermeister Karl Scharnagl empfangen, der dem Preisträger zu Ehren ein Festessen in der Ratstrinkstube des Rathauses gibt.
Der 1875 in Lübeck geborene Thomas Mann war 1893 nach München gezogen, wo er zunächst ein Volontariat bei einer Versicherung begann. Während der Arbeitszeit hat Mann unter dem Schreibpult seine erste Novelle »Gefallen« geschrieben.

Neue Wohnsiedlungen am Rande Münchens

1929. In München werden im Rahmen großzügig angelegter Siedlungsprojekte 5149 Wohnungen fertiggestellt. Um die besonders krasse Wohnungsnot in München abzubauen – es fehlen rund 26 000 Wohnungen – beschloß die Stadt 1928 die Errichtung von Großsiedlungen für rund 30 000 Bewohner durch die Städtische Gemeinnützige Wohnungsfürsorge AG.
Im Südosten Münchens entsteht eine Siedlung aus viergeschossigen Wohnzeilen um den Walchensee-Platz. Jede der für Arbeiterfamilien entworfenen Wohnungen bietet auf einer Fläche von etwa 50 qm eine geräumige Wohnküche und zwei bis drei Schlafkammern. Die Siedlung verfügt über zentrale Brause- und Wannenbäder sowie 26 Läden und eine Gaststätte.
In den Vororten Harlaching und Friedenheim werden Siedlungen mit ländlichem Charakter und einer gemischten Bebauung aus Wohnzeilen, Einfamilienhäusern und Kleingartenanlagen errichtet. Von den in Neu-Harlaching vorgesehenen 2000 Wohnungen wird aller-

Die von dem Münchner Bauunternehmer Bernhard Borst an der Dachauer Straße errichtete »Borstei« ist eine durch Innenhöfe aufgelockerte Siedlung

dings infolge der Wirtschaftskrise (→ 13. 5. 1927) nur etwa die Hälfte fertiggestellt. Auch viele der für Neu-Harlaching geplanten Gemeinschaftseinrichtungen können nicht verwirklicht werden.
Mit Hilfe amerikanischer Kredite baut die Stadt im westlichen Vorort

Neuhausen eine moderne Siedlung für mittelständische Familien. Jede der 1900 Wohnungen besitzt ein Bad. Die von dem Unternehmer Bernhard Borst an der Dachauer Straße errichtete Eigentums-Siedlung »Borstei« gilt unter Fachleuten als eine der schönsten deutschen Wohnanlagen.

Reges Theaterleben durch Wanderbühnen

1929. Mit Gastspielen in insgesamt 77 Orten blickt die Bayerische Landesbühne auf eine erfolgreiche Theatersaison zurück. Die Wanderbühnen haben in den 20er Jahren Hochkonjunktur; sie beleben das Theaterleben besonders in den kleineren Städten und Gemeinden.
Die Bayerische Landesbühne war 1921 nach dem Vorbild des leistungsfähigen Landestheaters für Pfalz und Saargebiet – es erreicht in der Saison 1928/29 allein in der Pfalz 97 Gemeinden – gegründet worden. Mit staatlichem Zuschuß und praktischer Unterstützung durch die Staatstheater spielt sie seitdem vor allem bodenständige Stücke süddeutscher Theaterkultur.
Andere musikalische Reisetheater wie die 1919 gegründete Münchner Opernbühne und die 1926 gegründete Münchner Musikbühne bringen, ebenfalls mit staatlicher Förderung, Opern und Singspiele in die Provinz. Trotz der Aktivitäten der Wanderbühnen bemüht man sich jedoch allerorten um die Sicherung lokaler Theatertradition.

Fürth zum dritten Mal Fußballmeister

28. Juli 1929. Im Endspiel um die Deutsche Fußballmeisterschaft, das vor rund 50 000 Zuschauern im Nürnberger Stadion stattfindet, gewinnt die Mannschaft der Spielvereinigung Fürth mit 3 : 2 gegen Hertha BSC Berlin. Es ist der dritte Meistertitel nach 1914 und 1926.
Das Spiel verläuft über weite Strecken ausgeglichen mit Chancen für beide Seiten. Den ersten Treffer für Fürth erzielt Heinrich Auer mit einem Kopfball in der 14. Minute. Das Publikum ist begeistert und feuert die Fürther Spieler an; die wenigen Rufe »Ha-Ho-He – Hertha BSC« können kaum durchdringen. Zum Ende der ersten Halbzeit schießt Berlin jedoch, trotz geringerer Unterstützung durch die Zuschauer, ein Gegentor.
Die zweite Halbzeit beginnt wieder ausgeglichen, wobei Fürth sich steigert und mit Karl Rupprecht und Georg Frank zwei weitere Tore schießt, während Berlin nur noch einen Treffer landen kann. Zum Ende des Spiels lauten die Sprechchöre: »He-Ha-Ho – Hertha ist k. o.«.

12. 3. Der Reichstag billigt gegen den Widerstand Bayerns den Young-Plan. Damit verpflichtet sich das Deutsche Reich zu Reparationszahlungen bis einschließlich 1988. →

30. 3. Das öffentliche Singen in der »Überfahrt« zu Egern bringt erstmals die verstreuten Volksmusikkräfte Bayerns zusammen. →

4. 7. Nach seinem Bruch mit Adolf Hitler gründet Otto Strasser die Kampfgemeinschaft revolutionärer Nationalsozialisten (ab 1931: Schwarze Front). →

5.–9. 12. SA-Männer randalieren vor Kinos, in denen der Film »Im Westen nichts Neues« nach dem gleichnamigen Roman von Erich Maria Remarque gezeigt wird. Am 11. Dezember wird der Film nach entsprechenden Anträgen der Länder Bayern, Württemberg und Sachsen verboten.

1930. Die »Deutsche Stunde in Bayern« wird in »Bayerische Rundfunk GmbH« umbenannt.

1930. Alfred Rosenberg veröffentlicht seinen Entwurf einer nationalsozialistischen Weltanschauung unter dem Titel »Der Mythos des 20. Jahrhunderts. Eine Wertung der seelisch-geistigen Kämpfe unserer Zeit«. →

1930. Da fast alle großen Filmtheater von Stummfilm auf Tonfilm umstellen, werden überdurchschnittlich viele Berufsmusiker arbeitslos.

1930. Der bayerische Miterfinder des Tonfilms, Hans Vogt, eröffnet in Berlin ein eigenes Laboratorium. →

1930. Die Passionsspiele in Oberammergau erhalten ein neues Bühnenhaus. →

GESTORBEN:

6. 3. Ebenhausen (Schäftlarn): Alfred von Tirpitz (* 19. 3. 1849, Küstrin), Großadmiral und Politiker.

1. 4. Bayreuth: Cosima Wagner (* 24. 12. 1837, Como), Tochter des Komponisten Franz Liszt und Witwe des Komponisten Richard Wagner, Leiterin der Bayreuther Festspiele von 1883 bis 1906. →

15. 12. Berlin: Johannes Hoffmann (* 3. 7. 1867, Ilbesheim bei Landau/Pfalz), bayerischer Ministerpräsident 1919/20.

GEBOREN:

1. 1. Fürth: Werner Heider, Komponist, Pianist und Dirigent.

23. 2. Reinharts/Kempten: Ignaz Kiechle, CSU-Politiker.

1. 5. München: Norbert Kückelmann, Filmregisseur.

Im Reichstag in Berlin provoziert der sog. Young-Plan zum Teil heftige Debatten, in denen die BVP gegen Reparationen Stellung nimmt

Bayern gegen Reparationen

12. März 1930. In der Endabstimmung des Deutschen Reichstages über die Neuregelung der Reparationsforderung der Alliierten nach dem sog. Young-Plan verweigern die Abgeordneten der Bayerischen Volkspartei mehrheitlich ihre Zustimmung zu dem Vertragswerk.

Der Plan des amerikanischen Finanzfachmannes Robert Young, dem die Reichsregierung letztlich doch zustimmt, sieht vor, daß gegen Zahlung von jährlich 1,7 Mrd Goldmark bis zum Jahre 1988 die Alliierten nicht nur das besetzte Rheinland räumen, sondern auch die Hoheitsrechte über Reichsbank und Reichsbahn wieder an das Deutsche Reich rückgeführt werden.

Zur ablehnenden Haltung Bayerns tragen vor allem finanzpolitische Überlegungen bei. Die bayerischen Vertreter befürchten durch die Reparationszahlungen schwere volkswirtschaftliche Schäden, die in letzter Konsequenz das Ende der selbständigen Existenz des Landes Bayern bedeuten könnten.

Tonfilmerfinder aus bayerischem Wurlitz

1930. Im gleichen Jahr, in dem die beiden deutschen Tonfilmklassiker »Der Blaue Engel« und »Die Drei von der Tankstelle« in die Kinos kommen, gründet einer der Erfinder der Tonfilmtechnik, Hans Vogt, in Berlin ein eigenes Laboratorium. Der am 25. September 1890 in Wurlitz im Landkreis Hof geborene Elektrotechniker Hans Vogt beschäftigt sich inzwischen mit der Entwicklung elektrostatischer Lautsprecher und qualitativ besonders hochwertiger Radioapparate.

Vogt hatte von 1918 bis 1922 gemeinsam mit dem Physiker Joseph B. Engel und dem Mechaniker Joseph Masolle das sog. Tri-Ergon-Verfahren entwickelt, mit dem der Ton synchron zu den bewegten Bildern des Films aufgenommen und wiedergegeben werden kann. Im September 1922 waren erstmals Filmszenen, die mit dem neuen Verfahren gedreht wurden, öffentlich vorgeführt worden. Da Produzenten und Filmemacher in den frühen 20er Jahren den Tonfilm für zu kostspielig hielten, verkaufte die Ufa, für die Vogt, Masolle und Engel arbeiteten, die Patente an ein Schweizer Konsortium. Von hier aus gingen Lizenzen für den Bau von Tonfilmgeräten in die USA, wo 1927 die Filmgesellschaft Warner Bros. den ersten Tonfilm »The Jazz Singer« produzierte.

Otto Strasser gründet Kampfgemeinschaft

4. Juli 1930. Der in Franken geborene Otto Strasser, Leiter des Berliner Kampf-Verlages und Angehöriger des linken Flügels der NSDAP, verläßt wegen politischer Meinungsverschiedenheiten mit Adolf Hitler die Partei und gründet sechs Wochen später die von der NSDAP unabhängige Kampfgemeinschaft revolutionärer Nationalsozialisten (ab 1931: Schwarze Front).

Zusammen mit seinem älteren Bruder Gregor und dem späteren Propagandaminister Joseph Goebbels hatte sich Strasser seit 1925 in der NS-Partei für die Verstaatlichung von Industrien und Banken sowie ein Bündnis mit der Sowjetunion eingesetzt. Seine antikapitalistischen Bestrebungen waren Hitler bei dessen Werbung um die Großindustriellen hinderlich. 1933 geht Strasser ins Exil nach Wien.

Otto Strasser (Abb.) vertritt eine antikapitalistische Interpretation eines nationalen Sozialismus, was zum Bruch mit Hitler führt

Das neue Bühnenhaus der Passionsspiele in Oberammergau, das den sachlicher gewordenen Aufführungsstil in der Architektur unterstreicht

Neuer Stil in Oberammergau

1930. Für die 32. Passionsspiele erhalten die Oberammergauer ein neues, großes Bühnenhaus. Außerdem werden im Spiel selbst Modernisierungen vorgenommen.

Das neue Bühnenhaus wurde auf Wunsch der Landesregierung mit einem Aufwand von 1,5 Mio Reichsmark errichtet und hat einen monumentalen Charakter, der durch die sachlich-klassizistische Bühne noch unterstrichen wird. Auch im Spiel lösen klare, strenge Formen das farbenprächtige, aber oft sehr pomp-hafte Stilgemisch des 19. Jh. ab. Neue, farblich aufeinander abgestimmte Kostüme und eine von Spielleiter Johann Georg Lang durchgesetzte, vom Hoftheaterpathos früherer Jahre befreite Darstellungsweise sind Elemente der modernisierten Aufführung. Beobachter kritisieren den Wandel der Passionsspiele zum einnahmeträchtigen Zuschauerspektakel, das Neid, Haß und Intrigen unter den Dorfbewohnern fördere, besonders wenn es um die Wahl der Darsteller geht.

Die Gralshüterin des Wagner-Werks

1. April 1930. Richard Wagners Witwe Cosima ist 92 Jahre alt, als sie zu Bayreuth stirbt. Um nahezu ein halbes Jahrhundert hat Cosima Wagner ihren Mann überlebt. In dieser Zeit war es ihr größtes Verdienst, die Bayreuther Festspiele im Sinne ihres Gatten fortzuführen. Nachdem sie zunächst auf die Werktreue der Aufführungen geachtet hatte, inszenierte sie selbst von 1886 bis 1901 das Wagnersche Repertoire.

Erst 1908 übergab sie dann auf dringendes Anraten der Ärzte die Leitung der Festspiele an ihren Sohn Siegfried, der dann bereits vier Monate nach ihr stirbt.

Als man ihr 1910 in Berlin die Ehrendoktorwürde verlieh, nahm an der Feier auch Kaiser Wilhelm II. teil – man sah in ihr eine Gralshüterin »deutscher Kunst«.

Alfred Rosenbergs »Mythos des 20. Jh.«

1930. Der nationalsozialistische Ideologe Alfred Rosenberg veröffentlicht »Der Mythos des 20. Jahrhunderts. Eine Wertung der seelisch-geistigen Kämpfe unserer Zeit«. Er versucht nachzuweisen, daß die gesamte Kulturentwicklung des Abendlandes von germanischen Stämmen ausgegangen, dann aber durch die römische »Priesterkaste«, Jesuiten, Freimaurer und die »Verschwörer des internationalen Judentums« zugrundegerichtet worden sei. Seine Ausführungen münden in die Prophezeiung, daß sich in naher Zeit aus dem »Mythos des Blutes« ein germanisches Imperium herausbilden werde.

Rosenberg, seit Ende 1918 in München lebend, ist seit 1923 Hauptschriftleiter der Parteizeitung »Völkischer Beobachter«.

Preissingen im Gasthof »Zur Überfahrt«

Zu Beginn des Jahres 1930 erscheint ein Aufruf, der »Bauern/Holzknechte/Handwerker usw.« für den 29./30. März 1930 zum »Oberbayerischen Preissingen« nach Egern am Tegernsee einlädt. »Preise von der Deutschen Akademie, vom Bayerischen Rundfunk sowie Ehrengaben. Reise wird vergütet, Mittag- und Abendtisch frei. Anmeldungen werden ... entgegengenommen vom Kiem Pauli, Bad Kreuth bei Tegernsee. Gesangvereine sind ausgeschlossen.«

Mehr als 700 Sänger melden sich, und als der Kiem Pauli – seit Ludwig Thomas Tagen ein Sammler guter Volkslieder – am Samstag, dem 29. März, abends um sieben, im Gasthof »Zur Überfahrt« die Veranstaltung eröffnet, treten 48 Gruppen mit insgesamt 120 Teilnehmern an. Bis Mitternacht geht das Singen, und es wird am darauffolgenden Sonntagnachmittag fortgesetzt. In Gegenwart von Mitgliedern des Hauses Wittelsbach und des Historikers Prof. Karl Alexander von Müller stellen sich die Gruppen im überfüllten Wirtshaussaal vor.

An 35. Stelle tritt das Duo Vögele/Treichl aus Oberaudorf mit drei Liedern auf: »Gib ma 50 Guldn, Bua!«, »Zeisei, Zeisei« und »Wenn i von Tirol außa geh«.

Die Jury, zu der neben dem Kiem Pauli auch Prof. Kurt Huber und Rundfunkintendant Dr. Boeckmann gehören, erkennt diesen beiden Burschen am Ende des Preissingens den 1. Preis zu. Den 2. Preis ersingt sich das Quartett Bauer/Trischberger aus Gaißach, der 3. Preis geht an die beiden Rixner-Mädchen aus Kreuth, die das Lied von der »Hochen Alm« singen. Auf Platz 4 kommt das Duo Sontheim und Burda aus Wörnsmühl, das unmittelbar vor der Pause, an 24. Stelle, »Da oani« singt.

Die zwanzig besten Gruppen treten nach Abschluß des Wettbewerbs noch einmal vor dem Mikrophon auf. Am Sonntagabend sind sie im Radio zu hören.

Die Deutsche Stunde in Bayern, die Vorläuferin des Bayerischen Rundfunks, hatte am 30. Juni 1926 unter dem Titel »Altbayern im

Der Gasthof »Zur Überfahrt« in Egern/Tegernsee

Die Gaißacher Musikanten gewinnen den 2. Preis

Volkslied« zum ersten Mal eine Volksmusikveranstaltung übertragen. Jetzt, am sechsten Geburtstag des Rundfunks in Bayern, wird das Konzert mit den Siegern des Preissingens übertragen, doch angeschlossen sind auch der Deutschlandsender Königswusterhausen sowie die Sender Leipzig, Dresden und Zürich. Die Hörer sind eingeladen, ihre Preisträger zu wählen.

Insgesamt 8008 Stimmen werden abgegeben; Sieger sind, mit 1947 Stimmen, der Sontheim Sepp und der Burda Pepi. Platz 2 erringt das aus dem Allgäu stammende Jodlerquartett Fink. Nach dieser Gruppe folgt mit 1469 Stimmen der alte Pölt aus Benediktbeuern mit 716 Stimmen.

Das Preissingen in der »Überfahrt« wird zum entscheidenden Ereignis für die Pflege der bayerischen Volksmusik.

1931

5. 1. Adolf Hitler ernennt seinen Duzfreund Ernst Röhm, einen gebürtigen Münchner, zum Stabschef der SA. →

10. 2. Die bayerischen Bischöfe warnen in einer Erklärung vor politischem Radikalismus und sprechen sich gegen den Nationalsozialismus aus.

März. Im Augsburger M·A·N-Werk werden 6000 Metallarbeiter ausgesperrt, nachdem die Gewerkschaften gegen Lohnsenkungen um 15% protestiert und mit Streik gedroht hatten.

5./6. 6. In der Nacht vom 5. auf den 6. Juni fällt der Münchner Glaspalast einer Brandkatastrophe zum Opfer.

14. 6. Hertha BSC Berlin wird in Köln mit einem 3:1-Sieg über den TSV 1860 München deutscher Fußballmeister. →

Juli. Nach Auseinandersetzungen mit der Reichsregierung erhält Bayern aus dem Finanzausgleichsfonds für die Länder nur noch 375 Mio Mark statt wie bisher 450 Mio Mark.

1. 7. Das Singspiel »Im Weißen Rößl« von Ralph Benatzky hat in der Inszenierung von Erik Charell im Deutschen Theater in München Premiere.

10. 7. In Bayern werden politische Versammlungen unter freiem Himmel, Aufmärsche und Propagandafahrten verboten.

1. 8. In Augsburg kommt es während einer Anti-Kriegs-Demonstration zu Zusammenstößen zwischen kommunistischen Arbeitern und der Polizei.

10. 10. Richard Billingers Schauspiel »Rauhnacht« wird in der Inszenierung von Otto Falckenberg in den Münchner Kammerspielen uraufgeführt. Die Ausstattung der Uraufführung besorgte Alfred Kubin.

12. 11. Die bayerische Regierung protestiert mit einer »Denkschrift über die Aushöhlung der Länder« gegen die Notverordnungen des Reichs.

1931 Die Firma Krauss in München übernimmt die 1836 am selben Ort gegründete Lokomotiv- und Maschinenfabrik Maffei. →

1931. 1275 landwirtschaftliche Betriebe in Bayern werden im Zuge der Wirtschaftskrise zwangsversteigert.

1931. Der Münchner Bergsteiger Paul Bauer unternimmt eine Expedition zum Kangchendzönga im Himalaya.

GESTORBEN:

9. 9. München: Lujo Bretano (* 18. 12. 1844, Aschaffenburg), Nationalökonom.

Der Brand vernichtet eine Eisenkonstruktion, die bei der Erbauung 1854 als revolutionäre Linie galt

Glaspalast wird ein Opfer der Flammen

6. Juni 1931. Der Alarm wird um 3.30 Uhr morgens ausgelöst: Der Glaspalast am Alten Botanischen Garten zu München steht in Flammen! Am Morgen des 6. Juni sind von dem einst so stolzen, 233 m langen Bau nur noch rauchende Trümmer, geschmolzenes Glas und verbogene Stahlträger übriggeblieben. Mit dem Glaspalast verbrennen etwa 3000 Bilder und Skulpturen, darunter die 110 unersetzlichen Gemälde einer Romantiker-Ausstellung, vor allem Bilder von Caspar David Friedrich und Phillip Otto Runge.

Die Ursache des Brandes ist nicht bekannt. Es gibt das Gerücht, ein ausjurierter Maler habe das Feuer gelegt. Die Experten nehmen freilich an, daß es sich um eine Selbstentzündung von ölgetränkter Putzwolle handelt.

Die Feuerversicherung für den Glaspalast war in diesem Jahr nicht erneuert worden. Für die Bilder der Romantiker-Ausstellung war zwar eine Versicherung abgeschlossen, doch der Verlust läßt sich durch Geld nicht ersetzen und nur in Zahlen nicht ausdrücken.

Zu den verbrannten Bildern gehören: Neun Werke von Caspar David Friedrich, darunter »Winterlandschaft mit der Ruine des Klosters Eldena«, drei Gemälde von Phillip Otto Runge, darunter »Wir drei«, darüber hinaus Werke von Karl Blechen, Peter Cornelius, Carl Gustav Carus und anderen.

TSV 1860 unterliegt im Fußball-Endspiel

14. Juni 1931. Im Endspiel um die Deutsche Meisterschaft unterliegt der TSV 1860 München gegen Hertha BSC Berlin mit 2:3 im Köln-Müngersdorfer Stadion. 60000 Zuschauer sehen das Spiel.

Nachdem die Münchner in der ersten Halbzeit noch 2:1 geführt hatten, Lachner und Oeldenberger schossen die Tore, gelingen ihren Gegnern in der zweiten Halbzeit zwei weitere Tore, die das Spiel für Berlin entscheiden.

Zur Mannschaft des TSV zählen: Alf Riemke, Max Schäfer, Joseph Wendl, Ludwig Stock, Alois Pledl, Fritz Eiberle, Ludwig Stiglbauer, Ludwig Lachner, Toni Huber, Oeldenberger, Gustav Thalmayer.

Krauss und Maffei werden vereinigt

1931. Die beiden traditionsreichen Münchner Lokomotivbauunternehmen Krauss und Maffei werden auf Betreiben der Gläubigerbanken vereinigt. Im Zuge der allgemeinen Wirtschaftskrise sind die beiden Firmen, zusehends in den Einfluß von Großbanken geraten, die aus Einsparungs- und Rationalisierungsgründen Produktionsstätten schließen oder zusammenlegen.

Die Lokomotivfabrik Maffei geht zurück auf die Gründung eines Hammerwerks in Hirschau 1837 durch Joseph Anton von Maffei; fast 30 Jahre später hatte ein ehemaliger Schlosser der Maffei'schen Fabrik, Georg von Krauss, seine Lokomotivfabrik gegründet.

Hitler ernennt Röhm zum Stabschef der SA

5. Januar 1931 Adolf Hitler ernennt den Münchner Ernst Röhm zum Stabschef der SA (Sturmabteilung), nachdem es unter dem Kommando von Franz Felix Pfeffer von Salomon innerhalb der SA zu Aktionen gegen Hitler gekommen war.

Der 1887 geborene Röhm war seit 1919 mit Hitler befreundet und hatte auch am Marsch auf die Münchner Feldherrnhalle teilgenommen (→ 9. 11. 1923). Röhm, der damals den Beinamen »Maschinengewehrkönig von Bayern« trug, macht aus der SA eine schlagkräftige, paramilitärische Organisation. In seinem ersten Jahr als SA-Stabschef steigen die Mitgliederzahlen von bisher 70000 auf über 170000.

1932

Februar. Mit 554 000 Erwerbslosen erreicht die Arbeitslosigkeit in Bayern ihren Höchststand. →

24. 4. Die Landtagswahlen in Bayern, Anhalt, Preußen und Württemberg sowie die Bürgerschaftswahlen in Hamburg bringen der NSDAP hohe Stimmengewinne. →

1. 6. Der parteilose Franz von Papen wird Nachfolger des zurückgetretenen Reichskanzlers Heinrich Brüning. Der Regensburger Deutschnationale Franz Gürtner wird Justizminister.

12. 6. Der FC Bayern München wird mit einem 2:0 Sieg über Eintracht Frankfurt Deutscher Fußballmeister. →

Juli. Zum Schutz vor nationalsozialistischen Schlägertrupps gründen katholische Verbände in München die »Bayernwacht«. →

20. 7. Der sog. Preußen-Putsch, d. h. die Absetzung der preußischen SPD-Regierung durch die Reichsregierung, leitet das Ende der Weimarer Republik ein. – Bayern und Baden klagen vergeblich gegen den Preußen-Putsch beim Staatsgerichtshof für das Deutsche Reich.

31. 7. Bei den Reichstagswahlen wird die NSDAP stärkste Fraktion. Bei erneuten Reichstagswahlen am 6. November muß sie Verluste hinnehmen, bleibt aber stärkste Fraktion.

18. 8. Die Filmoper »Die verkaufte Braut« (Regie: Max Ophüls) wird uraufgeführt. →

17. 9. Besondere Attraktion auf dem Münchner Oktoberfest ist das erste Riesenrad; auch mehrere Geisterbahnen sind zum erstenmal aufgebaut.

3. 12. Reichspräsident Paul von Hindenburg ernennt den parteilosen General Kurt von Schleicher zum Reichskanzler, nachdem Franz von Papen zurückgetreten ist. Justizminister wird wieder der aus Regensburg stammende Deutschnationale Franz Gürtner.

10. 12. Für seine Erkenntnis auf dem Gebiet der Quantenphysik wird der Würzburger Werner Heisenberg mit dem Nobelpreis für Physik ausgezeichnet (→1925).

GESTORBEN:

15. 1. München: Georg Kerschensteiner (*29. 7. 1854, München), Pädagoge. →

20. 9. Hof Neukastell/Südliche Weinstraße: Max Slevogt (*8. 10. 1868, Landshut), Maler und Grafiker. →

4. 12. München: Gustav Meyrink (*19. 1. 1868, Wien), Schriftsteller. →

Höhepunkt der Massenarbeitslosigkeit

Februar 1932. Die reichsweite Massenarbeitslosigkeit (Arbeitslosenquote: 29.9%) erreicht auch in Bayern mit 554 000 Arbeitslosen ihren Höhepunkt.

München verzeichnet 73 000 Erwerbslose, Nürnberg 58 000. In den Industriezentren München, Nürnberg und Augsburg ist nahezu jeder Zehnte arbeitslos, wobei die Erwerbsquote in Bayern nur bei 7,1% liegt (→13. 5. 1927).

1931 hatte die Reichsanstalt für Arbeit die Höhe der Arbeitslosenunterstützung je nach Lohnklasse um bis zu 14,3% gekürzt und die Dauer der Leistungen verringert. Damit werden die hohen Kosten der Massenarbeitslosigkeit auf die Kommunen verlagert; immer mehr Arbeitslose werden nicht mehr von der Reichsanstalt, sondern von den Wohlfahrtsämtern der Städte unterstützt. Waren im März 1929 noch 18,4% der Erwerbslosen in Augsburg auf die Leistungen der Wohlfahrtspflege angewiesen, so sind es im März 1932 bereits 43,4%. Seit Ende 1931 nimmt die Zahl der vom Wohlfahrtsamt unterstützten mittelständischen Familien stetig zu, »obwohl sich diese Familien erst nach monatelangen Entbehrungen zur Beanspruchung der öffentlichen Hilfe entschließen.« (Bericht der Stadt Augsburg vom 18. 1. 1932)

Besonders große Not herrscht unter der Arbeiterschaft, da die Löhne in der bayerischen Metallindustrie von 1930 bis 1932 um 20 bis 21%, in der Textilindustrie z.T. sogar um 40% abgebaut wurden. Die Wochenlöhne gehen teilweise auf 10 bis 15 RM zurück, während die Preise für Brot, Mehl, Kartoffeln und Milch steigen. Ein Pfund Schweinefleisch kostet 1,55 RM, ein Pfund Butter 1,25 RM. Für eine Reichsmark bekommt man z.B. 4½ Pfund Brot.

In allen Städten des Deutschen Reiches werden Arbeitslose, die sich in Parks und öffentlichen Anlagen die Zeit vertreiben, ein vertrautes Bild

---

Starke Gewinne für NSDAP

24. April 1932. Bei den Wahlen zum bayerischen Landtag verbessert die NSDAP ihren Stimmenanteil gegenüber der letzten Landtagswahl 1928 von 6,3 auf 32,5%. Sie zieht mit 43 Abgeordneten ins bayerische Parlament ein. Verlierer der Wahl, die im Zeichen der Wirtschaftskrise steht, sind DNVP und DVP sowie der Bayerische Bauernbund und die Sozialdemokratie. Während große Teile der mittelständischen Wählerschaft zur NSDAP abgewandert sind, verlor die SPD Wähler aus der Arbeiterschaft an die Kommunisten, die ihren Stimmenanteil fast verdoppeln und mit 8 Abgeordneten im neuen Landtag vertreten sind. Die Sozialdemokraten büßen knapp 10% ihrer Wähler ein und stellen nur noch 20 statt bisher 34 Abgeordnete. Relativ gut behauptet sich die BVP, die unter der Parole »Räumt auf!« ihren Wahlkampf gegen Kommunisten und Nationalsozialisten führte und mit 45 Abgeordneten lediglich ein Mandat einbüßt.

Da Koalitionsverhandlungen der BVP mit der SPD scheitern, wird das Kabinett unter Ministerpräsident Heinrich Held (BVP) Anfang Juni mit den Stimmen von BVP und DNVP bestätigt.

Wahlen zum Bayerischen Landtag am 24. April 1932

Wahlbeteiligung 79,0% (+4,9%)

Erhaltene Stimmen
Anzahl der Abgeordnetensitze
± gegenüber letzter Wahl

Gesamtzahl der Sitze: 128

BVP	NSDAP	SPD
32,6%	32,5%	15,4%
45 (−1)	43	20 (−14)

KPD	Sonstige
6,6%	12,9%
8	12 (−6)

© Harenberg

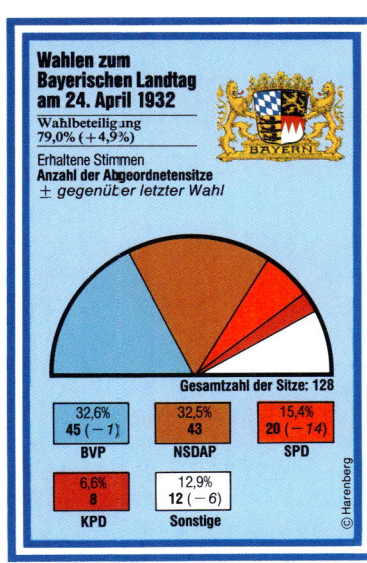

Ich suche Arbeit jeder Art!

Wirtschaftskrise

1932. *Im Deutschen Reich steigt die Zahl der Arbeitslosen auf 6 Mio. Die allgemeine Wirtschaftskrise wurde durch den Zusammenbruch der New Yorker Börse 1929, dem sog. Schwarzen Freitag, ausgelöst.*

Bayernwacht schützt katholische Gruppen

Juli 1932. Auf Anregung des bayerischen Finanzministers und Vorsitzenden der Bayerischen Volkspartei Fritz Schäffner gründen christliche Gewerkschaften, katholische Gesellenvereine und Bauernverbände die Schutz- und Kampforganisation »Bayernwacht«.

Durch eine Notverordnung vom 29. Juni hatte Reichskanzler Franz von Papen das von der bayerischen Landesregierung verhängte Uniform- und Umzugsverbot für politische Vereinigungen aufgehoben. Den nationalsozialistischen Schlägertrupps von SA und SS wurde damit freie Hand gegeben. In Ludwigshafen und München kommt es im Juli zu Straßenschlachten zwischen SA und dem mit Sozialdemokraten und freien Gewerkschaften zur »Eisernen Front« verbundenen Kampfverband »Reichsbanner Schwarz-Rot-Gold«.

Um sich zu schützen, bauen katholische Verbände daraufhin die uniformierte »Bayernwacht« auf, die mit versteckten Waffen der früheren bayerischen Einwohnerwehren (→ 8. 6. 1921) ausgerüstet wird. 1933 wird die »Bayernwacht« von Hitler verboten.

Gustav Meyrink in Starnberg gestorben

4. Dezember 1932. In Starnberg stirbt der 1868 in Wien geborene Schriftsteller Gustav Meyrink, der lange Mitarbeiter der Münchner Zeitschrift »Simplicissimus« war. 1913 erschien eine Novellensammlung des Autors mit dem Titel »Des deutschen Spießers Wunderhorn«, in der er sich satirisch-parodistisch gegen die Regeln des Bürgertums wendet.

Gustav Meyrink

Das wichtigste Werk Meyrinks, der ein enger Freund des Zeichners und Schriftstellers Alfred Kubin war, ist der 1915 erschienene Roman »Der Golem«. Es ist eine der wenigen deutschen Darstellungen einer in sich geschlossenen phantastischen Welt, in die der Erzähler im Traum eindringt und Geschehnisse durchlebt, die über dreißig Jahre zurückliegen. Meyrink hat mit seinem Gesamtwerk nachhaltigen Einfluß auf andere europäische Erzähler ausgeübt, u.a. auf Franz Kafka.

Wichtiger Vertreter des Impressionismus

20. September 1932. Auf seinem Landsitz im pfälzischen Neukastell stirbt im Alter von 63 Jahren der Maler und Graphiker Max Slevogt, einer der wichtigsten Vertreter des deutschen Impressionismus. Der in Landshut geborene Slevogt hatte 1884–90 an der Münchner Akademie bei Wilhelm von Diez studiert; hier lernte er auch Werke von Wilhelm Leibl (→ 1900) kennen, die nachhaltigen Eindruck auf ihn machten. Ab 1896 zeichnete Slevogt für die Münchner Zeitschriften »Simplicissimus« und »Jugend«. 1901 übersiedelte er nach Berlin.

Die besondere Vorliebe des Malers für Musik und Theater kommt in zahlreichen Bildern zum Ausdruck; so malte er mehrere Porträts des portugiesischen Sängers Francisco d'Andrade u.a. als Don Giovanni in der gleichnamigen Mozartoper. Slevogt, der weiterhin häufig in München arbeitete, schuf 1908–10 die »Prinzregentenbilder«, Porträts des Regenten Luitpold. Das Spätwerk Max Slevogts, der ab 1914 als Kriegsmaler tätig war, ist geprägt von religiösen Themen und einem stetig wachsenden Pessimismus.

Kerschensteiner

15. Januar 1932. *In München stirbt der Pädagoge und Schulreformer Georg Kerschensteiner (Abb.). Während seiner Zeit als Münchner Stadtschulrat von 1895 bis 1919 baute er ein fachlich gegliedertes Berufsschulwesen auf und führte den Arbeitsunterricht in den Volksschulen ein. Der Pädagoge aus Leidenschaft verfaßte daneben mehrere bedeutende Schriften zur Theorie der Bildung.*

Ophüls-Filmoper »Die verkaufte Braut«

18. August 1932. *»Die verkaufte Braut«, ein Film von Max Ophüls nach der gleichnamigen komischen Oper von Bedřich (Friedrich) Smetana, wird uraufgeführt. Die Rolle des Zirkusdirektors Brummer spielt Karl Valentin (Abb. l.; rechts Liesl Karlstadt, kniend: Max Ophüls). Diese erste und vielleicht beste Filmoper der Welt war in Geiselgasteig bei München entstanden. Ophüls engagierte richtige Jahrmarktsleute die mit den echten Opern-Profis sowie Theater- und Film-Schauspielern ein buntgemischtes, originell-komisches Ensemble bilden.*

FC Bayern München erstmals Meister

12. Juni 1932. *Die Mannschaft des FC Bayern München gewinnt erstmals die Deutsche Fußballmeisterschaft. Mit 2:0 Toren besiegen die Münchner ihren Gegner Eintracht Frankfurt vor 55 000 Zuschauern im Nürnberger Stadion. Die beiden Tore schießen die Stürmer Franz Krumm (Abb., 2. v. l.) und Oskar Rohr (Abb., Mitte), weiterhin spielen in der frischgebackenen Meister-Elf: Josef Lechler, Sigmund Haringer, Conrad Heidkamp, Robert Breindl, Ludwig Goldbrunner, Ernst Nagelschmitz, Josef Bergmaler, Hans Schmid und Hans Welker.*

1933: Bayern auf dem Weg in die Diktatur

Am 27. Februar 1933 brannte der Berliner Reichstag. Der holländische Kommunist Marinus van der Lubbe wurde als Täter verhaftet und zum Tode verurteilt, doch die Beweise verdichteten sich, daß die Nazis selbst unter dem Reichstagspräsidenten Hermann Göring die Auftraggeber dieser kriminellen Tat waren, um die Furcht vor einem Umsturz durch die Kommunisten noch weiter zu schüren. Durch den Ruf des Volkes nach dem »starken Mann« Adolf Hitler, den »Retter Deutschlands«, wollten die Nazis den Staat in die Hände bekommen. Denn wie man Emotionen schürt, das verstand niemand besser als der 1889 in Braunau am Inn geborene berufslose Gelegenheitsarbeiter und »Kunstmaler« Adolf Hitler und sein späterer Propagandaminister Joseph Goebbels.

Der Rauch der verkohlten Trümmer des Reichstagsgebäudes war noch nicht ganz verzogen, da erließ der am 30. Januar 1933 von dem greisen Reichspräsidenten Paul von Hindenburg zum Reichskanzler ernannte Adolf Hitler die voller Zynismus so genannte »Notverordnung zum Schutze von Volk und Staat«. Die in der Weimarer Reichsverfassung niedergelegten Menschenrechte waren ab sofort aufgehoben: Die Freiheit der Person und des Eigentums, die Versammlungs- und die Pressefreiheit, die Freiheit der politischen Betätigung und die anderen Grundrechte, mit einem Federstrich sind sie beseitigt. Und mit Fackelzügen marschierten die Nazis an diesem Abend auch durch viele Städte Bayerns. Die SA-Männer zogen ihre Stiefel und braunen Hemden an, gürteten die Koppeln und bestiegen ihre Lastwagen, um zu ihren Aufmärschen nicht zu spät zu kommen, bei denen dem »Führer« für die »Errettung Deutschlands aus tiefster Not« gedankt wurde. In München, der bald offiziell »Hauptstadt der Bewegung« genannten Metropole Bayerns, in der mit Hilfe bürgerlicher Kreise Hitlers Aufstieg begann, verkündete der Gauleiter Adolf Wagner auf dem Königsplatz: »Jetzt kann unser Führer Adolf Hitler endlich mit der Arbeit beginnen.« Und die Menge jubelte. Sieg-Heil-Gebrüll dröhnte über den Platz, hinüber zum »Braunen Haus«, der Schaltstelle der NSDAP.

Mit einem Propagandafeldzug ohnegleichen bereitete die NSDAP nun die Reichstagswahl vom 5. März 1933 vor. »Unsere letzte Hoffnung: Hitler« konnte man auf einem millionenfach an Häuserwänden und Litfaßsäulen angebrachten Plakat lesen. In einem gigantischen Wahlfeldzug und mit bombastisch inszenierten Aufmärschen zog Hitler durch Deutschland, von Marktplatz zu Marktplatz, von Festhalle zu Festhalle. Aggressiv wie die Reden waren auch die Texte der Wahlplakate: »Wenn Hindenburg sein Vertrauen Adolf Hitler schenken kann, dann kannst DU es! – Für Euch, deutsche Volksgenossinnen und Volksgenossen, arbeitet er! Nicht für sich. Er hat als Reichskanzler auf Gehalt und Pension verzichtet! 4 Wochen erst regiert Adolf Hitler. Und was hat er in diesen 4 Wochen alles vollbracht?... Der Kampf gegen den alles zerstörenden Bolschewismus hat begonnen... Sämtliche Bolschewistenführer in Preußen sind bereits verhaftet! Auf Anschlag auf

das Leben und die Gesundheit führender Männer der erwachenden Nation steht Zuchthaus und Todesstrafe... Wähler! Gebt ihm [Hitler] 4 Jahre Zeit! Dann wird Deutschland von Gaunern, Wucherern... und Brandstiftern gesäubert sein!«

Während die NSDAP sich in allen größeren Städten und kleineren Gemeinden auch in Bayern auf den vermeintlichen Sieg einstellte, erwogen Bayerns Ministerpräsident Heinrich Held und Fritz Schäffer, der Vorsitzende der Bayerischen Volkspartei und bayerischer Finanzminister, den Abfall Bayerns vom Reich. Und sie drohten mit einer gewaltsamen Niederwerfung des Putsches, der von Nazi-Größen für den Fall geplant war, daß die NSDAP am 5. März nicht das erhoffte Ergebnis erhalten hätte.

Held und Schäffer nahmen mit Zustimmung ihrer Parteien und der bayerischen SPD mit Kronprinz Rupprecht, dem Chef des Hauses Wittelsbach, Kontakt auf, um diesen nach Art. 64 der bayerischen Verfassung zum Generalstaatskommissar zu ernennen. Kronprinz Rupprecht, ältester Sohn des letzten bayerischen Königs Ludwig III., sollte als »bayerischer Ersatzkönig« die monarchistischen Kräfte innerhalb der NSDAP und der mit Hitler paktierenden Deutschen Nationalen Volkspartei (DNVP) ins Lager der weißblau eingefärbten Demokratie herüberholen. Und als Generalstaatskommissar sollte er die Galionsfigur des Widerstandes gegen die drohende braune Diktatur darstellen. Doch Held und Kronprinz Rupprecht verfolgten diese Chance nicht ernsthaft genug, zumal auch die Haltung der Reichswehrführung nicht eindeutig war. Zuviele Generäle und Offiziere waren schon ins Lager der NSDAP übergeschwenkt.

Dann ein kurzfristiges Aufatmen: Die Reichstagswahl vom 5. März brachte nicht die von Hitler und seinen Parteifreunden so sehr erwünschte Mehrheit, das bereits zum Greifen nahe und in allen Reden herbeigesehnte und beschworene »überwältigende Votum«, um den Staat auf »legale Weise« in die Diktatur zu führen: 43,9% der Stimmen fielen im gesamten Reichsgebiet auf die NSDAP, zu wenig, um eine Alleinherrschaft errichten zu können.

In Bayern blieb die NSDAP mit 43,1% knapp unter dem Reichsdurchschnitt. Die Bayerische Volkspartei (BVP) verlor seit der letzten Wahl im Jahr 1932 vier Prozent und erhielt 27,2%, die SPD errang mit einem Prozent Einbuße 15,5%. Doch der Bayerische Bauernbund war nach dieser Wahl von der parlamentarischen Fläche fast verschwunden, während die NSDAP (wegen der hohen Wahlbeteiligung) vor allem in den vorwiegend agrarischen Gebieten massiv Fuß fassen konnte: In Bayerisch-Schwaben kam sie von 29,7% im Jahr 1932 auf stolze 45%, in Niederbayern von 19% auf nicht minder gewaltige 44%. Dagegen blieb die NSDAP in Unterfranken und der Oberpfalz bei rund 34%, in Oberbayern auf 38,8% beschränkt. In München, der »Hauptstadt der Bewegung«, waren es gar nur 37%. Doch die Wähler in Mittel- und Oberfranken sowie in der damals noch zu Bayern gehörenden Pfalz schraubten das relativ hohe Gesamtergebnis der NSDAP in

Bayern gehörig nach oben. Großen Zulauf fanden nun die Parteibüros der NSDAP. Das Braunhemd zu tragen war für viele nicht nur ein Akt der Überzeugung, sondern vielen Bürgern galt es plötzlich auch als nützlich. Man wußte ja nicht, wozu's noch einmal gut sein könnte … In Berlin regierte nur die NSDAP in einer von Hitler als Zweckehe eingegangenen Koalition mit der DNVP, die von dem Pressezaren Alfred Hugenberg geleitet wurde. Die Landesregierungen wurden als »Störenfriede auf dem Wege zu einer nationalen Gesundung« beseitigt bzw. von NS-Ministerpräsidenten dem Befehl »unseres Führers und Reichskanzlers« unterstellt. Bayern war das einzige Land, das noch nicht »gleichgeschaltet« war. Erst am 9. März übernahm Franz Ritter von Epp, General und Reichstagsabgeordneter der NSDAP, als Reichskommissar die vollziehende Gewalt in Bayern.

Ministerpräsident Held versuchte sich zwar standhaft zu weigern, die Macht an die Nazis abzugeben. Doch der Gauleiter von Oberbayern, Adolf Wagner, der Stabschef der SA, Ernst Röhm, und der Reichsführer SS, Heinrich Himmler, die zusammen mit Ritter von Epp den bayerischen Ministerpräsidenten aufsuchten, um den Befehl der Reichsregierung zu überbringen, erklärten am Abend des 9. März Held für abgesetzt.

Die auf dem Münchner Marienplatz versammelte Menge war über diesen eindeutigen Verfassungsbruch außer sich vor Freude, das Horst-Wessel-Lied wurde angestimmt, Fahnen wurden auf dem Rathaus und vielen öffentlichen Gebäuden in der Landeshauptstadt gehißt, und im »Völkischen Beobachter«, dem Zentralorgan der NSDAP, war am nächsten Tag zu lesen: »Der Jubel der Zehntausende kannte keine Grenze mehr.« Und dem Terror der SA war auch keine Grenze mehr gesetzt, wo doch Heinrich Himmler, der nun auch Chef der bayerischen Polizei geworden war, die Order gab, dem »revolutionären Elan« der Sturmabteilungen freie Hand zu lassen: Die »nationale Revolution« nahm mit Straßenterror und willkürlichen Verhaftungen mißliebiger Personen ihren Lauf. Lina Heydrich, Ehefrau des späteren Chefs des Reichssicherheitshauptamtes, schrieb am 13. März 1933 ihren Eltern einen Brief: »Abends hatten die SA und SS ihr besonderes Vergnügen. Sie hatten die Aufgabe, alle politischen Gegner, soweit sie bekannt waren, zu verhaften und ins Braune Haus zu bringen. Das war was für die Jungs. Endlich einmal Rache nehmen zu dürfen … Über 200 sitzen jetzt, KPD, SPD, Juden und Bayerische Volkspartei … Höflich bekommt den Auftrag, mit einigen SS-Leuten den Innenminister Stützel zu verhaften. Erst weigert er sich, sein Bett zu verlassen, um mitzugehen. Als er bei der dritten Aufforderung nicht mitgeht, nehmen sie ihn so wie er ist und setzen ihn ins Auto – und auf ins Braune Haus. Die Gaudi könnt Ihr Euch vorstellen. In Socken und Nachthemd steht der Herr Innenminister in der Halle, umgeben von einer Menge SA und SS, die vor Lachen nicht wissen wohin. Dann kommen sie und treten dem weinenden Innenminister mit ihren schweren Stiefeln auf die große Zehe, daß er zwischen ihnen hopst von einem Bein aufs andere. Ihr könnt Euch das Bild vorstellen. Als nächster wird der Jude Lewy reingeführt. Mit dem machen sie kurzen Prozeß. Sie hauen ihn mit Hundepeitschen durch, ziehen ihm Schuh und Strümpfe aus, und so muß er barfuß in Begleitung von SS seiner häuslichen Behausung zuwandern. Sein Haus war unterdessen gut ausgeräuchert. Er war nämlich Leiter der Münchner Juden.«

Am 23. März 1933 versammelten sich in der Berliner Kroll-Oper, wo der deutsche Reichstag nach dem Brand des Reichstagsgebäudes tagte, die in der letzten freien Wahl am 5. März gewählten Abgeordneten, und Adolf Hitler ging aufs Ganze: Die SA kontrollierte die Eingänge und verteilte sich im Plenarsaal, eine Hakenkreuzfahne hing bereits über dem Rednerpult, und so mancher Platz blieb leer: Die Abgeordneten der KPD und zahlreiche der SPD konnten über das von Hitler eingebrachte Ermächtigungsgesetz nicht mehr abstimmen. Sie waren bereits verhaftet, von der SA vorsorglich in »Schutzhaft« genommen, damit sie vom aufgebrachten Volk nicht gelyncht würden, wie der Reichstagspräsident Hermann Göring zynisch feststellte.

Hitler forderte von den Abgeordneten aller Parteien, ihm für vier Jahre die alleinige Verantwortung für Deutschland zu übertragen. Otto Wels, der Vorsitzende der SPD, lehnte in einer mutigen Rede dieses Ansinnen für seine Partei ab. Doch die bürgerlichen Parteien votierten für diese Selbstentmachtung des Parlaments und die Aufhebung der Verfassung. »Soll er halt amal zeign, was er ko«, lautete die Meinung an vielen bayerischen Stammtischen. »Vielleicht schafft's der Führer, die innere Zerrissenheit der Republik zu beseitigen, die Arbeitslosenzahl von über fünf Millionen zu senken und Deutschland aus der Wirtschaftskrise gänzlich herauszuholen. Nur vier Jahre soll der Ausnahmezustand ja gelten. Hitler hat's so versprochen.«

Mit Lügen und Verbreiten von Halbwahrheiten, mit einer total entfesselten Propagandamaschinerie und dem ständigen Beschwören der jüdisch-bolschewistischen Gefahr, mit Einschüchterung der Gegner und Terror gegen politisch Andersdenkende war Hitler an sein Ziel gelangt – eine »legale« Machtergreifung?

Die Masse jubelte wieder, Fackelzüge zogen abermals auch durch Bayerns Städte, die blutroten Fahnen mit dem schwarzen Hakenkreuz im weißen Kreis wurden allerorten gehißt. SA und SS marschierten von neuem, durchsuchten Wohnungen, Gewerkschafts- und Redaktionsbüros, verhafteten unliebsame Zeitgenossen und verbrachten sie und viele jüdische Mitbürger in »Schutzhaft« in das am 22. März eingerichtete und am 2. April offiziell übernommene Konzentrationslager vor den Toren Dachaus. Und die Mitgliederzahlen der NSDAP stiegen wieder sprunghaft an.

Auf Hitlers Befehl mußten nach den Landtagen auch die Gemeinderäte nach dem Ergebnis der Reichstagswahl vom 5. März umgebildet werden. Doch Widerstand regte sich in vielen Orten Bayerns – freilich zu spät. Die Gauleiter, die SA und die SS sorgten schon dafür, daß alles gleichgeschaltet wurde, daß der Widerstand im Keime erstickt, daß das Schul- und das Justizwesen den Zielen der NSDAP untergeordnet wurden, daß das Verbot der Gewerkschaften und der Parteien im Mai und im Juni 1933 durchgeführt wurden und daß die totale Erfassung der Volksgenossinnen und Volksgenossen in den Unterabteilungen der NSDAP zügig voranging. Die »jüdisch-bolschewistische Zersetzungliteratur« von Thomas und Heinrich Mann, von Bert Brecht und Heinrich Heine, von Erich Kästner und vielen anderen wurde am 10. Mai 1933 in allen größeren Städten auch in Bayern auf dem Scheiterhaufen verbrannt. Die jüdischen Mitbürger wurden von täglich offener zutage tretendem NS-Terror verfolgt. »Der Stürmer«, das Hetzblatt der Nazis, herausgegeben von Julius Streicher, dem Gauleiter Frankens, hatte 1931 noch eine Auflage von 6000 Stück, im Jahr 1935 wurden bereits 486000 Exemplare gedruckt.

Am Eingangstor zum Dachauer KZ prangte der Satz, den jeder nur als unmenschlichen Hohn empfinden konnte: »Arbeit macht frei.« Rund 250000 Menschen waren unter katastrophalen Bedingungen zwischen 1933 und 1945 allein in diesem Lager inhaftiert. Über 30000 von ihnen kamen darin um. Fast dieselbe Anzahl von Frauen, Männern und Kindern starb in Flossenbürg in der Oberpfalz, dem zweiten in Bayern eingerichteten KZ – von Seuchen hinweggerafft, zu Tode schikaniert, erfroren, verhungert, erschlagen, erschossen. Auch das geschah in Bayern, von dem Hitler und der deutsche Faschismus ihren Anfang nahmen.

Hannes S. Macher

30. 1. Nach dem Rücktritt von Kurt von Schleicher ernennt Reichspräsident Paul von Hindenburg den NSDAP-Vorsitzenden Adolf Hitler zum Reichskanzler.

5. 3. Bei den Wahlen zum achten Deutschen Reichstag erhält die NSDAP 43,9% der abgegebenen Stimmen.

9. 3. Der Bayerische Landtag weigert sich, einen NS-Generalstaatskommissar zu akzeptieren. Reichsinnenminister Wilhelm Frick überträgt daraufhin dem General und NSDAP-Reichstagsabgeordneten Franz Ritter von Epp die vollziehende Gewalt in Bayern.

20. 3. Heinrich Himmler, der kommissarische Polizeipräsident von München, läßt in Dachau das erste Konzentrationslager errichten.

Frühjahr 1933. Nach der Machtübernahme der Nationalsozialisten kommt es zu einer Massenemigration namhafter Künstler, Wissenschaftler, Schriftsteller und Politiker. →

31. 3. Nach dem ersten Gesetz zur Gleichschaltung der Länder werden die Länderparlamente ohne Wahl neu gebildet. →

1. 4. Im gesamten Deutschen Reich findet auf Veranlassung von Reichspropagandaminister Joseph Goebbels ein allgemeiner Judenboykott statt. →

1. 4. Heinrich Himmler wird zum Politischen Polizeikommandeur Bayerns ernannt.

10. 4. Franz Ritter von Epp wird Reichsstatthalter von Bayern. →

12. 5. Der nach Wien emigrierte Schriftsteller Oskar Maria Graf fordert die Nationalsozialisten öffentlich auf, seine Bücher zu verbrennen. →

2. 6. Das Volksstück »Die Pfingstorgel. Eine bayerische Moritat« von Alois Johannes Lippl wird im Münchner Residenztheater uraufgeführt. →

29. 9. Das Reichserbhofgesetz legt fest, daß Bauernhöfe von 7,5–125 ha im Erbfall ungeteilt auf den ältesten Sohn übergehen und daß sie unveräußerlich und unbelastbar sind.

12. 11. Bei den Reichstagswahlen, die mit der Frage gekoppelt sind, ob das deutsche Volk den Austritt aus dem Völkerbund billige, erhält die Staatspartei NSDAP 92,1% der Stimmen; 90% der Stimmberechtigten billigen den Austritt aus dem Völkerbund.

1933. In München wird die Bavaria Film AG gegründet.

1933. Die Bayerische Motorenwerke AG bringt ihr neuestes Automodell BMW 3/20 PS auf den Markt. →

Ritter von Epp (M.), von Hitler eingesetzter Reichs-Statthalter, verläßt den Bayerischen Landtag (März 1933)

Politische Gleichschaltung in Bayern

31. März 1933. Durch ein Vorläufiges Gesetz zur Gleichschaltung der Länder mit dem Reich werden die Länderparlamente aufgelöst und entsprechend den bei den Reichstagswahlen vom 5. März 1933 in den Wahlkreisen der Länder auf die Parteien entfallenen Stimmenanteilen neu formiert. Im künftigen Bayerischen Landtag ist die NSDAP mit 49 Abgeordneten vertreten, gefolgt von der BVP mit 30 und der SPD mit 17 Mandaten. 5 Sitze entfallen auf die DNVP, 7 auf die Kommunisten und 3 auf den Bayerischen Bauernbund. Die Mandate der KPD werden mit sofortiger Wirkung für ungültig erklärt; am 17. Juli folgen auf der Grundlage einer Verordnung zur Sicherung der Staatsführung die Mandate der SPD.

Mit der Neuordnung des Landtages ist die Gleichschaltung der politischen Instanzen in Bayern abgeschlossen. Die bayerische Regierung hatte bis zuletzt im Verein mit dem bayerischen Heimat- und Königsbund, dem Christlichen Bauernverband, der BVP sowie monarchistischen Kreisen in der Staatsverwaltung versucht, die Gleichschaltung zu verhindern. Im Zentrum ihrer Bemühungen hatte der Versuch zur Wiederherstellung der Monarchie gestanden. Auch die SPD hatte sich für ein bayerisches Königtum stark gemacht, um das »größere Übel« des Nationalsozialismus von Bayern abzuwenden.

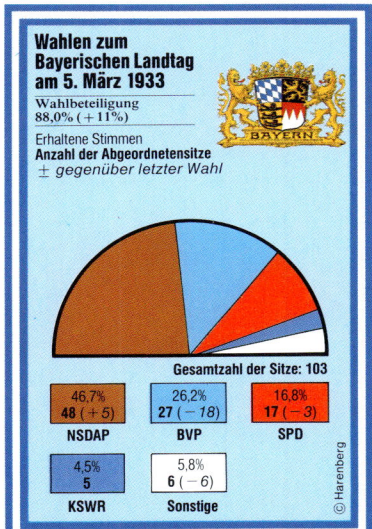

Wahlen zum Bayerischen Landtag am 5. März 1933
Wahlbeteiligung 88,0% (+11%)
Erhaltene Stimmen
Anzahl der Abgeordnetensitze
± gegenüber letzter Wahl

Gesamtzahl der Sitze: 103

46,7% 48 (+5) **NSDAP**	26,2% 27 (−18) **BVP**	16,8% 17 (−3) **SPD**
4,5% 5 **KSWR**	5,8% 6 (−6) **Sonstige**	

© Harenberg

Während man sich aber in München anschickt, Kronprinz Rupprecht als Generalstaatskommissar einzusetzen, fällt in Berlin die Entscheidung über Bayern: Am 9. März überträgt Reichsinnenminister Wilhelm Frick die vollziehende Gewalt in Bayern Franz Ritter von Epp, SA und SS werden als Hilfspolizisten vereidigt, angeblich, um einem Putsch vorzubeugen. Am 15. März ernennt Epp Heinrich Himmler zum Münchner Polizeipräsidenten, am gleichen Tag legt Ministerpräsident Heinrich Held sein Amt nieder. Am 24. März verfügte der kommissarische NS-Innenminister Bayerns, Adolf Wagner, die Auflösung aller bayerischen Wehrverbände mit Ausnahme von SA und SS.

Deutsche Reichspost
480 BLITZ BERLIN 40 + 84/82 9/3 2015
= MINISTEPRAESIDENT DR HELD
MUENCHEN =
7023
Amt München
PCD =

DA DIE INFOLGE UMGESTALTUNG POLITISCHER VERHAELTNISSE IN DEUTSCHLAND HERVORGERUFENE BEUNRUHIGUNG IN BEVOELKERUNG OEFFENTLICHE SICHERHEIT UND ORDNUNG IN BAYERN GEGENWAERTIG NICHT MEHR GEWAEHRLEISTET ERSCHEINEN LAESST , UEBERNEHME FUER REICHSREGIERUNG GEMAESS PARAGRAPH 2 VERORDNUNG ZUM SCHUTZE VON VOLK UND STAAT BEFUGNISSE OBERSTER LANDESBEHOERDEN BAYERNS SOWEIT ZUR HALTUNG OEFFENTLICHER SICHERHEIT UND ORDNUNG NOTWENDIG UND EBERTRAGE WAHRNEHMUNG DIESER BEFUGNISSE GENERAL...

Am 9. März 1933 zwingt dieses Telegramm Heinrich Held zum Rücktritt

Boykott gegen jüdische Geschäfte

Franz Xaver Ritter v. Epp, NS-Reichsstatthalter von Bayern

Reichsstatthalter General von Epp

10. April 1933. Der nationalsozialistische Reichstagsabgeordnete Franz Xaver Ritter von Epp wird vom Reichspräsidenten Paul von Hindenburg zum Reichsstatthalter Bayerns ernannt. Seine Ernennung geht auf ein erst drei Tage zuvor erlassenes Gesetz zur Gleichschaltung der Länder mit dem Reich zurück (→ 31.3.1933).

Der aus München stammende von Epp ist in der politischen Landschaft Bayerns eine weitbekannte Persönlichkeit. Mit Bildung eines eigenen Freikorps hatte der General im Jahr 1919 aktiv die bayerische Räterepublik bekämpft (→ 16.4.1919); im Untergrund war er am Kapp-Putsch beteiligt gewesen (→13.3. 1920). Nach seinem Beitritt zur NSDAP wird er im Jahr 1928 Reichstagsabgeordneter.

Vier Jahre später beginnt seine eigentliche politische Karriere: Mit seiner Ernennung zum Politischen Reichsleiter des Wehrpolitischen Amtes beim Stab der obersten SA-Führung unter Leitung von Ernst Röhm steigt er in die Führungsebene der NSDAP auf. Als die Nationalsozialisten im März 1933 die »Machtübernahme« in Bayern vollziehen, finden sie in General Ritter von Epp den geeigneten politischen Garanten. Am 9. März überträgt ihm Reichsinnenminister Frick die Exekutive in Bayern.

1. April 1933. Auf Anweisung der Parteileitung organisieren die NSDAP-Ortsgruppen einen reichsweiten Boykott gegen jüdische Geschäfte, Warenhäuser, Anwaltskanzleien und Arztpraxen. SA und SS beziehen Posten vor jüdischen Geschäften und verwehren Kunden den Eintritt. Begründet wird der Boykott mit dem Vorwurf, jüdische Greuelpropaganda über die Nationalsozialisten habe die Ehre des deutschen Volkes verletzt.

Das Ziel des Boykotts, die Isolierung der jüdischen Bevölkerung, wird nur zum Teil erreicht. Zwar gibt es in Nürnberg Geschäftsleute, die ihr Schaufenster mit dem Schild »Deutscher Kaufmann« versehen, aber der Großteil der großstädtischen Bevölkerung in Bayern kommt dem Boykottaufruf nicht nach.

Die Münchner Neuesten Nachrichten berichten über den 1. April 1933: »Die Geschäftsstraßen in der Münchner Innenstadt, aber auch die verkehrsreichen Plätze in den Außenvierteln waren dicht bevölkert, vor den jüdischen Geschäften standen zahlreiche Menschen. Im Straßenzug Marienplatz-Karlsplatz war das Menschengewoge so stark, daß die Straßenbahnwagen wiederholt anhalten mußten .... SA-Männer hielten den Verkehr in Fluß.«

Zahlreiche Münchner kaufen bewußt in jüdischen Geschäften ein, um ihre Verachtung für die Nationalsozialisten zu demonstrieren. In einem Polizeibericht heißt es: »Die Bevölkerung neigt vielfach dazu, die Juden zu bemitleiden«.

Die jüdischen Geschäftsleute reagieren verstört oder empört, halten aber zumeist den Boykott für einen einmaligen antisemitischen Übergriff, der sich nach einer Beruhigung der Verhältnisse nicht wiederholen wird.

Nazis richten KZ in Dachau ein

20. März 1933. In einer Pressebesprechung kündigt es der kommissarische Polizeipräsident von München, Heinrich Himmler, an und bereits am 21. März 1933 konnte es jedermann in der Zeitung lesen: »Am Mittwoch (22.3.) wird in der Nähe von Dachau das erste Konzentrationslager eröffnet. Es hat ein Fassungsvermögen von rund 5000 Menschen. Hier werden die gesamten kommunistischen und – soweit notwendig – Reichsbanner- und marxistischen Funktionäre, die die Sicherheit des Staates gefährden, zusammengezogen.«

Am 22. März gegen Mittag treffen die ersten Häftlinge ein. Sie werden in der ehemaligen Munitionsfabrik »Deutsche Werke« interniert.

Der Präsident des Verbandes Bayerischer Israelitischer Gemeinden, Alfred Neumeyer, protestiert am 1. April offiziell gegen die »ungeheuerlichen Anschuldigungen, die gegen uns deutsche Juden erhoben werden. Wir haben nicht das geringste zu tun mit den Machenschaften .... im Ausland gegen Deutschland ....«

Zwei Monate nach der Machtübernahme Adolf Hitlers organisiert die NSDAP den ersten reichsweiten Boykott gegen jüdische Geschäfte, von dem keine Branche verschont bleibt – auch dieses Geschäft für Damenbekleidung in München nicht. Ebenfalls betroffen sind jüdische Anwaltskanzleien und Arztpraxen, die durch Posten von SA und SS abgeriegelt werden. Die Ideologie diffamiert Juden als »Parasiten«.

O. M. Grafs Aufschrei: »Verbrennt mich!«

Der aus Berg am Starnberger See stammende Schriftsteller Oskar Maria Graf hält sich am 10. Mai 1933, als die Nazis mit den Bücherverbrennungen beginnen, in Wien auf. Als der sozialkritische Dichter erfährt, daß seine Werke, im Unterschied zu verfemter Literatur, nicht auf dem Scheiterhaufen brannten, veröffentlicht er am 12. Mai unter der Überschrift »Verbrennt mich!« in der »Wiener Arbeiterzeitung« einen Offenen Brief, der in der ganzen Welt nachgedruckt wird:

»... Laut ›Berliner Börsencourier‹ stehe ich auf der ›weißen Autorenliste‹ des neuen Deutschlands, und alle meine Bücher, mit Ausnahme meines Hauptwerkes ›Wir sind Gefangene‹, werden empfohlen: Ich bin also dazu berufen, einer der Exponenten des ›neuen‹ deutschen Geistes zu sein!

Vergebens frage ich mich: Womit habe ich diese Schmach verdient?...

Nach meinem ganzen Leben und nach meinem ganzen Schreiben habe ich das Recht, zu verlangen, daß meine Bücher der reinen Flamme des Scheiterhaufens überantwortet werden und nicht in die blutigen Hände und die verdorbenen Hirne der braunen Mordbanden gelangen.

Verbrennt die Werke des deutschen Geistes! Er selber wird unauslöschlich sein wie eure Schmach!«

Heinrich Mann *Lion Feuchtwanger* *Oskar Maria Graf*

Deutscher Geist im Exil

Frühjahr 1933. Nach der Machtergreifung der Nationalsozialisten beginnt die Massenemigration führender deutscher Politiker, Wissenschaftler und Künstler, die von den Nationalsozialisten verfolgt werden oder nicht bereit sind, sich mit dem Regime zu arrangieren.

So flüchtet Wilhelm Hoegner, von 1924 bis 1933 SPD-Abgeordneter im bayerischen Landtag, nach Tirol. Sein Fraktionskollege Franz Xaver Aenderl gelangt über die Tschechoslowakei nach London. 1942/43 wendet er sich in den deutschsprachigen Sendungen der BBC an seine bayerischen Landsleute.

Der frühere liberale Abgeordnete Ludwig Quidde, Vorsitzender der Deutschen Friedensgesellschaft und Friedensnobelpreisträger von 1927, geht nach Genf. Nach Zürich entkommt der aus Ludwigshafen stammende marxistische Philosoph Ernst Bloch. Der Physiker Albert Einstein emigriert in die USA.

Aus Bayern fliehen zahlreiche namhafte deutsche Schriftsteller ins europäische Ausland. Unter ihnen sind Heinrich und Thomas Mann sowie Oskar Maria Graf, der von Wien aus am 12. Mai 1933 öffentlich dagegen protestiert, daß seine Bücher nicht verbrannt wurden (→ 12. 5. 1933). Lion Feuchtwanger, der 1932 mit dem Literaturpreis der Stadt München ausgezeichnet wurde, emigriert nach Südfrankreich und später in die USA, ohne je in seine Heimat zurückzukehren.

Der neueste BMW

1933. *Die Bayerische Motorenwerke AG (BMW) bringt ihr neuestes Automodell heraus, den BMW 3/20 PS (Abb.).*

Lippls Volksstück »Die Pfingstorgel«

2. Juni 1933. Am Münchner Residenztheater wird das Volksstück »Die Pfingstorgel«, eine »bayerische Moritat« von Alois Johannes Lippl (1903–1957), uraufgeführt.

Es erzählt die Geschichte der Liebe zwischen Gertrud, Tochter von Nikolaus Zirngibl, dem geizigen Bürgermeister des Dorfes Maut, und dem Musikanten Ambros, Sohn von Bartholomäus Flohreiter, dem enterbten Sproß einer Mauter Bauernfamilie. Vater Zirngibl will die Liebenden nicht zueinander kommen lassen. Ambros' Vater organisiert daraufhin, um seinem Sohn den Weg zu bereiten, aber auch um den Geiz der Mauter der Lächerlichkeit preiszugeben, die lange überfällige Anschaffung einer Kirchenorgel. Als Ambros auch noch unerwartet zum Erben eines reichen Grundbesitzers eingesetzt wird, sind alle Hindernisse aus dem Weg geräumt.

30. 1. Mit dem Gesetz zum Neuaufbau des Reiches werden die Länder endgültig gleichgeschaltet. →

21. 3. Baubeginn in München-Unterhaching der ersten deutschen Autobahn, die von München nach Salzburg führt.

20. 4. Der Münchner Heinrich Himmler wird Leiter der Geheimen Staatspolizei (Gestapo).

13. 5. In Bayern wird wie im gesamten Reich der zweite Sonntag im Mai als Muttertag gefeiert. →

1. 6. Ein in München neu eingerichtetes Kulturamt legt die Richtlinien der kommunalen Kulturarbeit fest. →

24. 6. Der FC Schalke 04 wird mit einem 2 : 1-Sieg gegen den 1. FC Nürnberg im Berliner Post-Stadion Deutscher Fußballmeister.

30. 6. In Bad Wiessee am Tegernsee wird die Führungsspitze der SA verhaftet und ohne Gerichtsverfahren hingerichtet. →

11. 10. Reichsbischof Ludwig Müller entläßt Hans Meiser, den Landesbischof der Evangelisch-Lutherischen Kirche in Bayern, wegen seiner kritischen Haltung gegenüber dem NS-Regime. Später wird die Absetzung rückgängig gemacht.

Winter. Das neugegründete Winterhilfswerk ruft die Bevölkerung zu Spendenaktionen auf. →

1934. Richard Strauss komponiert in Garmisch-Partenkirchen seine Oper »Die schweigsame Frau«. →

1934. Die nach den Plänen von Paul Ludwig Troost errichteten Ehrentempel am Münchner Königsplatz werden fertiggestellt. →

1934. Nanga-Parbat-Expedition. Willy Merkel und Willo Welzenbach kommen um.

GESTORBEN:

1. 1. Alt-Aussee/Steiermark: Jakob Wassermann (* 10. 3. 1873, Fürth), Schriftsteller.

9. 4. München: Oskar von Miller (* 7. 5. 1855, München), Techniker, Erbauer des Walchenseekraftwerks, Initiator der Einrichtung des Deutschen Museums.

30. 6. München: Gustav Ritter von Kahr (* 29. 11. 1862, Weißenburg in Bayern), Politiker, bayerischer Ministerpräsident 1920/21.

30. 6. Berlin: Gregor Strasser (* 31. 5. 1892, Geisenfeld/Landkreis Pfaffenhofen am Inn), NS-Politiker.

16. 11. München: Carl von Linde (* 11. 6. 1842. Berndorf/Landkreis Kulmbach), Ingenieur und Industrieller. →

Selbständigkeit Bayerns aufgehoben

30. Januar 1934. Am ersten Jahrestag ihrer Machtergreifung, nachmittags um 15 Uhr, versammelt die NSDAP ihre 661 Reichstagsabgeordneten in der ehemaligen Krolloper zu Berlin. In seiner Rede teilt Adolf Hitler mit, daß es in Zukunft keine deutschen Länder mehr gebe. In dem einstimmig angenommenen »Gesetz über den Neuaufbau des Reiches« heißt es:

»Artikel 1: Die Volksvertretungen der Länder werden aufgelöst.
Artikel 2: 1. Die Hoheitsrechte der Länder gehen auf das Reich über.
2. Die Landesregierungen unterstehen der Reichsregierung.
Artikel 3: Die Reichsstatthalter unterstehen der Dienstaufsicht des Reichsministers des Innern…«

In den bayerischen Zeitungen wird nicht darüber geschrieben, daß damit auch Bayern zu bestehen aufhört. Das Landtagsgebäude wird zur Gauleitung Oberbayern der NSDAP umgewandelt.

Gleichschaltung von Kultur und Verbänden

1. Juni 1934. Im München wird ein städtisches Kulturamt eingerichtet, dessen Aufgabe darin besteht, Richtlinien und Konzeptionen für die kommunale Kulturarbeit zu entwickeln. Die Leitung des neuen Amtes, das auch über die Einhaltung städtischer Verfügungen wacht, übernimmt – namensgleich mit dem emigrierten Theaterleiter – Max Reinhardt. Ihm unterstehen die städtischen Kammerspiele, aber auch bei der Programmgestaltung anderer Münchner Bühnen erhält die Kulturbehörde ein Mitspracherecht.

Im gleichen Monat erfolgt auch die Zusammenlegung der Besucherorganisation »Deutsche Bühne« mit dem NS-Kampfbund für deutsche Kultur (KfdK) zur »Nationalsozialistischen Kulturgemeinde«, einer Organisation, die direkt der NSDAP-Reichsleitung unter Alfred Rosenberg untersteht.

Eine weitreichende Beschränkung ihrer Arbeit erfahren auch die kirchlichen Jugendverbände. Am 30. Mai des Jahres wird konfessionellen Jugendverbänden in ganz Bayern das Tragen von Abzeichen und Uniformen sowie jegliche Betätigung im Sportbereich verboten.

SA-Führung wird brutal ausgeschaltet

30. Juni 1934. In den frühen Morgenstunden läßt Führer und Reichskanzler Adolf Hitler SA-Stabschef Ernst Röhm und andere Führer der Sturmabteilung im Hotel »Hanslbauer« in Bad Wiessee am Tegernsee verhaften und in die Strafanstalt Stadelheim bringen. Noch am selben Tag werden sechs von ihnen ohne jedes Gerichtsverfahren erschossen; Ernst Röhm wird, nachdem er sich geweigert hat, Selbstmord zu begehen, am 1. Juli in seiner Gefängniszelle umgebracht.

Hintergrund der Geschehnisse sind die seit der Machtergreifung verstärkt zutage tretenden Spannungen innerhalb der nationalsozialisti-

Hitler und Ernst Röhm (r.), einer seiner ältesten Waffengefährten

schen Bewegung. Die SA, 1920 gegründet und seit 1931 unter der Führung von Röhm, hatte zum Aufstieg Hitlers eine beträchtliche Rolle gespielt, indem sie die »Eroberung der Straße« gegen die kommunistischen Kampfverbände für sich entscheiden konnte und die politischen Gegner einschüchterte. Ihre Mitgliederzahl stieg von 70 000 im Jahr 1930 auf rund 700 000 1933.

Zu diesem Zeitpunkt machte sich jedoch in der SA zunehmend Enttäuschung über die Ergebnisse der nationalsozialistischen Revolution breit. Röhm, Frontsoldat des Ersten Weltkrieges, war über die zunehmende Bürokratisierung der Bewegung verbittert. Er träumte von einem Soldatenstaat mit Hitler als politischem und ihm selbst als militärischem Führer an der Spitze eines aus der Verschmelzung von SA und regulärer Armee hervorgegangenen

Ein Extrablatt von verschiedenen oberbayerischen Zeitungen berichtet am 30. 6. 1934 über die Liquidierung der gesamten SA-Führung um Ernst Röhm

Milizheeres. In aller Offenheit sprach er von einer sog. »zweiten Revolution«.

Mit seiner Forderung nach dem Ausbau der SA zu einem Volksheer unter seiner Führung brachte Röhm die Reichswehrführung gegen sich

auf. Seine Pläne stießen zudem auf den neidvollen Argwohn der Parteiführung um Heinrich Himmler und Hermann Göring. Dennoch zögerte Hitler, seinen ältesten Waffengefährten zu beseitigen, bis schließlich auch er in ihm eine Gefahr sah.

In einer Reichstagsrede rechtfertigt Hitler das Vorgehen im »Röhmputsch«

Offizieller Feiertag für deutsche Mütter

13. Mai 1934. Mit zahlreichen öffentlichen Feiern und Kundgebungen wird in Bayern wie im gesamten Reich der zweite Sonntag im Mai als Muttertag begangen. Schon Wochen vorher wurde die Bevölkerung mit Plakaten und in Rundfunksendungen über die Bedeutung der Mütter für das deutsche Volk »aufgeklärt«. Mütter kinderreicher Familien gelten im NS-Staat als »Hüterinnen des Erbstroms …, der uns alle gemeinsam mit den Ahnen verbindet«. Ursprünglich ist der Muttertag jedoch eine amerikanische Erfindung, die in den 20er Jahren vom Verband Deutscher Blumengeschäftsinhaber dankbar aufgegriffen wurde. Schon 1923 hatten die Münchner Blumenhändler großen Erfolg damit, »die ideale Seite der Mutterverehrung hervorzuheben« (Verbandszeitung Deutscher Blumengeschäftsinhaber 1923) und vor allem Frauenvereine, denen an der Ehrung gelegen war, für die Parole »Schenkt Blumen zum Muttertag!« zu gewinnen.

Spenden für das Winterhilfswerk

Winter 1934. Unter dem Motto »Keiner soll hungern und frieren« wird im gesamten Deutschen Reich vom neugegründeten Winterhilfswerk (WHW), einer Einrichtung der Nationalsozialistischen Volkswohlfahrt, zu Spenden für den Sozialhaushalt aufgerufen. Hitlerjugend, Beamtenschaft, SA, SS, Wehrmacht und andere Gruppen werden so auch in Bayern zu Straßen- oder Haussammlungen herangezogen. Sind es zunächst nur freiwillige Eintopfsonntage, bei denen das am Sonntagsbraten Eingesparte abgeführt werden soll, oder die Spende an der Haustür, so entwickeln sich die Aktionen bald zu Zwangsmaßnahmen. Wer Sachleistungen oder festgesetzte Lohn- und Gehaltskürzungen verweigert, hat mit Sanktionen zu rechnen. In boshaften Scherzen wird vereinzelt der Unmut der von Spendenaufrufen geplagten Bevölkerung deutlich. So ist in der Faschingszeitung »Münchner Netteste Nachrichten« von 1937 folgendes Inserat abgedruckt: »Haben Sie offene Füße? Dann gehen Sie zum Arzt. Haben Sie offene Hände? Dann verständigen Sie das WHW!«

Richard Strauss komponiert eine neue Oper

1934. Richard Strauss komponiert in der Zurückgezogenheit seines Hauses in Garmisch-Partenkirchen seine neue Oper »Die schweigsame Frau« (Abb.: der Künstler in seinem Arbeitszimmer). Der 70jährige Komponist und Dirigent, der bereits mit seinen Opern »Salome« (1905), »Der Rosenkavalier« (1911), »Ariadne auf Naxos« (1912), »Die Frau ohne Schatten« (1919) und »Arabella« (1933) große Erfolge feierte, verhilft dem Dritten Reich zu erheblichem Ansehen.

Strauss versteht sich als unpolitisch und übernimmt 1933 die Leitung der Reichsmusikkammer. In musikalischen Fragen kompromißlos, überwirft er sich jedoch 1935 mit dem Regime, da er für »Die schweigsame Frau« den jüdischen Librettisten Stefan Zweig behalten will. Das Stück wird aus diesem Grund nach vier Aufführungen abgesetzt.

Ehrentempel am Königsplatz fertiggestellt

1934. Am Münchner Königsplatz werden die sog. Ehrentempel (Abb.) fertiggestellt, die Paul Ludwig Troost, einer von Hitlers Lieblingsarchitekten, entworfen hat. Im folgenden Jahr werden mit einem feierlichen Aufmarsch die Toten des Marsches auf die Feldherrnhalle (→9.11.1923) in die Tempel überführt. Sie werden dort in bronzenen Särgen als sog. »Ewige Wache« aufgebahrt. Nach dem Einmarsch der alliierten Truppen werden die Tempel 1947 gesprengt.

Vor der Feldherrnhalle wird ein weiteres Mahnmal zur Erinnerung an die »Märtyrer« des Hitlerputsches errichtet, vor dem jeder Passant den Hitlergruß zu entrichten hat. Die hinter der Feldherrnhalle verlaufende Viscardigasse wird danach so stark frequentiert, daß sie den Beinamen »Drückebergergasserl« bekommt.

1. FC Nürnberg verliert gegen Schalke 04

24. Juni 1934. Im Berliner Poststadion versucht der 1. FC Nürnberg zum sechsten Mal den Titel eines Deutschen Fußballmeisters zu erringen. Die Bedingungen sind ideal: Die Temperaturen bleiben angenehm und es geht ein kühler Wind. Fünfmal stand der Club bisher im Endspiel, fünfmal hieß der Meister Nürnberg Am Ende des sechsten Meisterschaftsspieles gehen die Nürnberger jedoch geschlagen vom Feld: 45 000 Zuschauer jubeln den Spielern vom FC Schalke 04 zu, die mit 2 : 1 die Meisterschaft 1934 für sich entschieden.

Obwohl die mit einem Sonderzug angereisten 600 Nürnberger »ein Konzert mit zahlreichen Lärminstrumenten veranstalten«, steht es am Ende der ersten Halbzeit 0 : 0. Kurz nach der Pause schießt der Club das 1 : 0 und er kann dieses Ergebnis auch bis zur 85. Minute halten. Dem Ausgleich folgt freilich in der Schlußminute der Siegestreffer von Schalke 04.

Beobachter des Spieles meinen, der Nürnberger Club sei noch glimpflich davon gekommen; eigentlich hätten nämlich die überlegen spielenden Westfalen ein besseres Ergebnis verdient.

In der Nürnberger Elf spielen Köhl, Popp, Munkert, Kreißel, Billmann, Oehm, Gußner, Eiberger, Friedel, Schmitt und Kund.

Schalkes Torwart Mellage hat keine Schwierigkeiten mit diesem Schuß

Mit Kältetechnik zu Weltgeltung

16. November 1934. Im Alter von 92 Jahren verstirbt in München der Ingenieur und Industrielle Carl von Linde, der auch zu den Mitbegründern des Deutschen Museums zählte.

Carl von Linde

Der Oberfranke des Jahrgangs 1842, in Zürich als Maschinenbauingenieur ausgebildet, war bereits 1867 Konstruktionschef der Münchner Lokomotivfabrik Krauß und wenig später Professor am Polytechnikum. Hier erfindet er die Kältemaschine. Der »Spatenbräu« Gabriel Sedlmayr und der Lokomotivenbauer Georg Krauß geben 1879 das Geld zur Gründung einer Fabrik. 1895 gelingt dem Erfinder Linde die Herstellung flüssiger Luft im Großverfahren.

1935

24. 1. Die Bayerische Politische Polizei weist die kommunalen Behörden an, Versammlungen katholischer Eltern, die sich für die Erhaltung der Bekenntnisschule einsetzen, nicht mehr zu genehmigen.

15. 3. In der Neuen Pinakothek in München wird die Ausstellung »Berliner Kunst« eröffnet, auf der kurzzeitig auch Werke als »entartet« verfemter Maler zu sehen sind.

16. 3. Die allgemeine Wehrpflicht wird entgegen den Bestimmungen des Versailler Vertrages wieder eingeführt. Die bayerischen Jugendlichen der Jahrgänge 1914 und 1915 werden zur Musterung aufgerufen.

24. 4. Durch die sog. Amann-Verordnungen erhält die NS-Regierung die Möglichkeit, mißliebige Zeitungen zum Verschwinden zu bringen oder in den Besitz von Privatleuten zu überführen. →

Mai. In München finden Aktionen gegen jüdische Geschäftsleute statt.

26. 6. Das Reichsarbeitsdienstgesetz verpflichtet alle 18- bis 25jährigen Deutschen beiderlei Geschlechts zu halbjähriger Arbeitsdienstpflicht.

2. 8. München wird zur »Hauptstadt der Bewegung« erklärt.

15. 9. Der Nürnberger NSDAP-Reichsparteitag beschließt u. a. das antijüdische »Gesetz zum Schutze des deutschen Blutes und der deutschen Ehre« (sog. Nürnberger Gesetze). →

September. Unter dem Motto »Stolze Stadt – Fröhliches Land« werden 125 Jahre Oktoberfest gefeiert.

Dezember. Infolge von Rohstoffknappheit und fehlenden Aufträgen kommt es zu einer Krise in der bayerischen Textilindustrie. Kurzarbeitende Augsburger Textilarbeiter erhalten vom Winterhilfswerk Sonderzuweisungen an Lebensmitteln.

1935. Adolf Hitler beschließt, Haus Wachenfeld auf dem Obersalzberg zu einem repräsentativen Wohnsitz auszubauen. →

1935. Die Bayerische Politische Polizei nimmt 1579 Personen wegen »marxistischer Betätigung« fest; vom Oberlandesgericht München werden 164 Verfahren wegen »Vorbereitung zum Hochverrat« eingeleitet.

GESTORBEN:

3. 2. Gauting: Hugo Junkers (*3. 2. 1859, Rheydt), Flugzeugkonstrukteur und Industrieller. →

In einer offenen Mercedes-Luxuslimousine stehend, trifft der »Führer« auf dem Nürnberger Zeppelinfeld ein

Nürnberger Gesetze erlassen

15. September 1935. Die auf dem Reichsparteitag der NSDAP in Nürnberg erlassenen Gesetze, das »Reichsbürgergesetz« und das »Gesetz zum Schutze des deutschen Blutes und der deutschen Ehre« erklären die deutschen Juden zu Staatsbürgern minderen Rechts und verordnen gemäß der nationalsozialistischen Rassenideologie die Abgrenzung von Juden und »Ariern«.

Die mit dem Boykott jüdischer Geschäfte (→ 1. 4. 1933) begonnenen Maßnahmen zur Ausgrenzung der jüdischen Bevölkerung aus dem gesellschaftlichen Leben werden mit den sog. Nürnberger Gesetzen verschärft und legalisiert.

Geschlechtliche Beziehungen ehelicher oder außerehelicher Art zwischen Juden und »Ariern« – das sind »Staatsangehörige deutschen oder artverwandten Blutes« – werden durch das »Blutschutzgesetz« als »Rassenschande« mit Zuchthaus belegt. Juden dürfen keine weiblichen »arischen« Angestellten unter 45 Jahren beschäftigen.

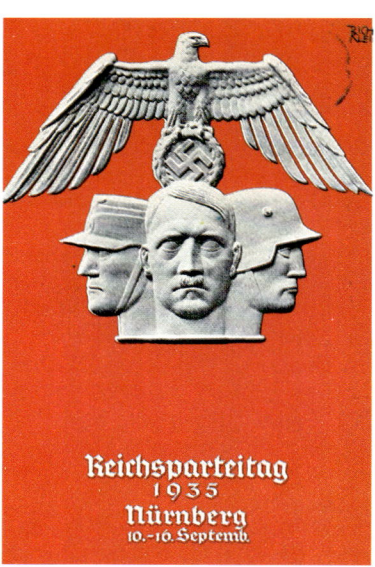

Ein künstlerisch stilisierter Militarismus prägt dieses NSDAP-Plakat

Monumentale Parteitagsinszenierung als Machtdemonstration

»Die Hauptstadt der Bewegung«

Seinen Titel »Hauptstadt der Bewegung« erhält München eher beiläufig. In den Zeitungen vom 2. August 1935 heißt es, Adolf Hitler hätte der Stadt diese Bezeichnung in einem Gespräch mit Oberbürgermeister Karl Fiehler verliehen.

Ähnliche Namen erhielten in der NS-Zeit zum Beispiel auch Stuttgart: »Stadt der Auslandsdeutschen« oder Nürnberg: »Stadt der Reichsparteitage«.

Mit der Bezeichnung »Hauptstadt der Bewegung« soll an die Anfänge der Hitlerbewegung in München erinnert werden, etwa an den Putsch vom November 1923, bei dem 16 Menschen getötet wurden, oder an die Neugründung der Partei im Jahre 1925. Auch nach der Machtübernahme im Januar 1933 blieb München Sitz der Reichsleitung der NSDAP und der ihr angeschlossenen Gliederungen. Den neuen Titel hatte Hitler bereits im Frühjahr 1934 verwendet, als er in einer Rede sagte, München könne sich keine größere Ehre erringen, als Ausgangspunkt der neuen Lehre zu sein. »Die Hauptstadt der Kunst und unserer Bewegung wird München bleiben.«

Unliebsame Presse wird ausgeschaltet

24. April 1935. Durch insgesamt drei Anordnungen des Präsidenten der Reichspressekammer, Max Amann, »zwecks Beseitigung ungesunder Wettbewerbsverhältnisse« werden zahlreiche Zeitungen aufgelöst oder in den Besitz des NSDAP-eigenen Franz-Eher-Verlages bzw. in Holdinggesellschaften unter Namen wie »Vera«, »Phönix« und »Herold« überführt und gleichgeschaltet.

Der Franz-Eher-Verlag, dessen Geschäftsführer Amann ist, bemächtigt sich sofort des Verlages Knorr & Hirth, in dem u.a. die »Münchner Neuesten Nachrichten«, das »Abendblatt«, die »Münchner Illustrierte«, die »Süddeutsche Sonntagspost« und der »Illustrierte Rundfunk« erscheinen. Das gleiche Schicksal ereilt den Verlag Langen/ Müller mit dem »Simplicissimus«.

Hugo Junkers, einer der eigenwilligsten Pioniere des Flugzeugbaus

Vater der »Tante JU« stirbt in Gauting

3. Februar 1935. In Gauting bei München stirbt der Flugzeugkonstrukteur und Industrielle Hugo Junkers an seinem 76. Geburtstag. Junkers, der von 1897 bis 1912 als Professor für Wärmetechnik an der TH Aachen tätig war, konstruierte 1912 das erste Ganzmetallflugzeug der Welt mit freitragenden Flügeln, die J 1. 1919 baute er das erste Ganzmetall-Verkehrsflugzeug, und schuf 1932 sein berühmtestes Flugzeug JU 52, die »Tante JU«. 1934 wurde sein Unternehmen von den Nationalsozialisten verstaatlicht, die sich das technische Wissen der Firma für ihr Aufrüstungsprogramm nutzbar machen wollen.

Haus Wachenfeld, Hitlers Landhaus am Obersalzberg, liegt hoch über dem Berchtesgadener Land

Die Vorderfront von Haus Wachenfeld erhält eine Veranda und ein versenkbares Panoramafenster

Hitlers Rückzug in die Einsamkeit der Berge

1935. Seit Jahren schon verbringt Hitler seine freie Zeit auf dem im Berchtesgadener Land, hoch auf dem Obersalzberg gelegenen Haus Wachenfeld, das er zu seinem repräsentativen Berghof ausbauen läßt. Er selber entwirft die Pläne, zeichnet Grundrisse, Ansichten und Schnitte des Umbaus. So wie Hitler bei seinen öffentlichen Auftritten theatralischen Pomp liebt, so muß auch auf dem Obersalzberg alles großartig und überdimensional sein. In die Vorderfront des Hauses wird ein riesiges Panoramafenster eingebaut, welches den Blick auf Berchtesgaden und den Untersalzberg freigibt. Als größtes versenkbares Fenster der Welt rühmt Hitler es später vor Gästen.

Die Selbststilisierung Hitlers zum allem Weltlichen entrückten »Führer«, der hoch in den Bergen über das Wohl seiner »Volksgemeinschaft« wacht, ist Teil des vom NS-Regime praktizierten Führerkultes. Dieser gehört ebenso zur Selbstdarstellung des faschistischen Regimes wie die Massenaufmärsche der Parteiorganisationen. Als bewußte Inszenierungen sollen sie dem NS-Regime die Loyalität der Massen sichern und sind ebenso Mittel der Herrschaftsstabilisierung wie der Terror gegen den politischen Gegner.

Nach der Fertigstellung des Umbaus zieht Hitler sich immer öfter in die Einsamkeit der oberbayerischen Berge zurück. Von Jugend

Hitler nutzt Haus Wachenfeld vorwiegend zur Zerstreuung

auf vor regelmäßiger Arbeit zurückscheuend, ermöglicht der Rückzug auf den Obersalzberg Hitler auch die Flucht aus seinen Amtsgeschäften in ein ungeregeltes Bummelleben. Spaziergänge, Autofahrten, Empfänge und ausgedehnte Kaffeetafeln unterteilen jeden Tag in eine lose Folge von Zerstreuungen.

Stets gleichbleibend eintönig sind die langen Abende, eingeleitet von der Vorführung seichter Unterhaltungsfilme. Anschließend schleppt sich das Gespräch mit den engsten Vertrauten, unterbrochen von Hitlers Monologen, häufig bis in die frühen Morgenstunden hin.

Die Planung für den Ausbau des Hauses überwacht Hitler persönlich

1936

Karl Ritter von Halt, Präsident des Organisationskomitees für die Winterspiele, bei der Eröffnungsrede

Winterolympiade in Garmisch-Partenkirchen

6. Februar 1936. Im Skistadion von Garmisch-Partenkirchen eröffnet Adolf Hitler die IV. Olympischen Winterspiele. Zu diesen bisher größten Winterwettkämpfen reisen 755 Sportler aus 28 Ländern an. Die Sportstätten sind hervorragend hergerichtet, der Ablauf der Spiele ist gut organisiert – alles ist darauf ausgerichtet, den ausländischen Gästen ein vorbildliches Deutschland zu zeigen, um die Bedenken der Ausländer wegen der rassistischen Tendenzen zu zerstreuen.

In der Umgebung von Garmisch wurden sämtliche Plakate und Schilder mit antisemitischen Parolen entfernt, auch das nationalsozialistische Hetzblatt »Der Stürmer« verschwand aus den Auslagen der Kioske. Für das Hotel- und Gaststättenpersonal gab es Schulungskurse, um perfekte Gastlichkeit zu garantieren. Die Lokale wurden außerdem angewiesen, während der Olympischen Spiele auch Juden zu bedienen, was 1936 bereits keine Selbstverständlichkeit mehr ist.

Die Absicht des NS-Staates kommt in der Rede des Präsidenten des Olympischen Organisationskomitees Karl Ritter von Halt bei der Eröffnungsfeier zum Ausdruck: »Wir Deutschen wollen der Welt ... zeigen, daß wir die Olympischen Spiele getreu dem Befehl unseres Führers und Reichskanzlers zu einem wahren Fest des Friedens und der aufrichtigen Verständigung unter den Völkern gestalten...«.

Die Winterspiele sind nur der Auftakt zur weit größeren Demonstration von Macht und Stärke des NS-Reiches anläßlich der Olympischen Sommerspiele in Berlin.

In Garmisch liegt die deutsche Mannschaft mit je drei Gold- und Silbermedaillen auf dem zweiten Platz der Gesamtwertung, hinter Norwegen und vor Schweden. Die in Freiburg wohnende Christl Cranz erringt eine Goldmedaille in der alpinen Kombination, hinter ihr plaziert sich ihre Partenkirchener Teamkameradin Käthe Grasegger. Den Herren gelingt der gleiche Doppelerfolg: Franz Pfnür (Schellenberg) erringt Gold in der Kombination vor seinem Kameraden Gustav ›Guzzi‹ Lantschner aus Partenkirchen. Die dritte Goldmedaille erringt das Berliner Eiskunstlaufpaar Maxie Herber und Ernst Baier. Im Einzelwettbewerb der Herren gewinnt Baier außerdem Silber.

Gehißt von einer Abordnung der deutschen Kriegsmarine unter Führung des deutschen Leichtathleten Hans Martens aus Kiel, steigt das olympische Banner in den Himmel von Garmisch-Partenkirchen; das NS-Regime nutzt bereits die Winterspiele, um durch perfekte Organisation und Vermeidung antisemitischer Hetze im Ausland einen Prestigegewinn zu erzielen, der wiederum positiv auf die Sommerspiele einstimmt

490

Franz Pfnür aus Schellenberg gewinnt das erste deutsche Gold

Der Berliner Ernst Baier gewinnt Silber im Eiskunstlaufen der Herren

Christl Cranz nach ihrem Sieg in der Alpinen Kombination der Damen

Die erste Kurve der gut ausgebauten Olympia-Bobbahn, im Hintergrund die Waxensteine (2278 m); der Eiskanal wird ständig gewartet und ausgebessert, in Training und Wettbewerb geschehen nur wenige Unfälle

Mit einer hervorragenden Kür erringen Maxie Herber und Ernst Baier aus Berlin Gold im Paarlauf

Das Eishockeyspiel USA – Deutschland mußte wegen starken Schneefalls mehrfach unterbrochen werden

Bayern gewinnen Olympia-Medaillen

1. August 1936. Bei den XI. Olympischen Sommerspielen in Berlin sind ebenfalls Sportler aus Bayern erfolgreich. Sie gewinnen zahlreiche Medaillen, die dazu beitragen, daß die Mannschaft des Deutschen Reiches den ersten Platz im Medaillenspiegel belegt. Die Deutschen erringen 33 Gold-, 26 Silber- und 30 Bronzemedaillen. Erfolge bayerischer Sportler in verschiedenen Disziplinen:

▷ **Turnen:** Alfred Schwarzmann aus Fürth und Matthias Volz aus Schwabach gewinnen zusammen mit der Mannschaft die Goldmedaille im Mehrkampf. In den Einzelwertungen erreicht Schwarzmann zweimal Bronze (am Reck und am Barren) sowie Gold im Mehrkampf. Volz gewinnt jeweils Bronze an den Ringen und im Pferdsprung.
Bei den Damen erringen die Turnerinnen Friedel Iby (Nürnberg) und Julie Schmitt (München) zusammen mit der deutschen Mannschaft Gold im Mehrkampf.

▷ **Ringen Griechisch-Römisch:** Die Ringer Jakob Brendel (Bantamgewicht) und Kurt Hornfischer (Schwergewicht), beide aus Nürnberg, sind jeweils mit einer Bronzemedaille erfolgreich.

▷ **Ringen Freistil:** Wolfgang Ehrl aus München gewinnt Silber im Leichtgewicht.

▷ **Gewichtheben:** Der Freisinger Josef Manger erkämpft die Goldmedaille im Schwergewicht. Seine Kameraden Eugen Deutsch aus Augsburg und Rudolf Ismayr aus Freising gewinnen je eine Silbermedaille im Halbschwer- und Mittelgewicht.

▷ **Rudern:** Im Vierer ohne Steuermann belegen vier Würzburger, Rudi Eckstein, Toni Rom, Martin Karl und Willi Menne, den ersten Platz.

▷ **Kajak:** Der Münchner Ernst Krebs erringt im Kajak-Einer über 10000 m die Goldmedaille.

Nationalsozialisten bauen Parteischule

1936. Nach fast zweijähriger Bauzeit wird im bayerischen Sonthofen eine nationalsozialistische Parteischule eröffnet. In der sog. Ordensburg soll künftig nationalsozialistischer Führungsnachwuchs herangebildet werden. Neben den Einheiten der Schutz-Staffel (SS) finden auch die Mitglieder anderer NS-Organisationen bei speziellen Schulungen in dieser Ausbildungsstätte eine Unterkunft. Gleichartige Einrichtungen wurden bereits in Crössingsee und Vogelsang gegründet.

Die Pläne zum Bau der Sonthofener Ordensburg stammen von dem Architekten Hermann Giesler, der mit der Verwirklichung dieses Monumentalbauwerkes im Stil eines wiederbelebten Klassizismus den Grundstein für eine glanzvolle Karriere im NS-Staat legen kann. Noch im gleichen Jahr beauftragt ihn Adolf Hitler persönlich mit großen Bauprojekten in Weimar und Augsburg. Am 21. Dezember 1938 wird er zum Generalbaurat für »die Hauptstadt der Bewegung« ernannt.

Hitler ernennt bayerische Minister

28. November 1936. Nach monatelangen Auseinandersetzungen zwischen der Reichsregierung und dem bayerischen Reichsstatthalter Franz Ritter von Epp um die Neubesetzung zweier bayerischer Ministerien unterliegt Epp und muß sich den Entscheidungen von Reichskanzler Adolf Hitler fügen.

Nach dem Ausscheiden des Kultusund des Wirtschaftsministers beanspruchten der Gauleiter von München-Oberbayern und bayerische Innenminister, Adolf Wagner, sowie der bayerische Ministerpräsident und Finanzminister Ludwig Siebert je eines der freigewordenen Ministerien für sich. Epp legte bei Reichsinnenminister Hermann Göring Widerspruch gegen solche Ämterhäufung ein. Als Reichsstatthalter wollte er selbst die Ministerien besetzen; anderenfalls befürchtete Epp, »zur lächerlichen Figur« zu werden. Hitler beendet die Auseinandersetzungen, indem er selbst die Ministerposten in der »Reichsprovinz« Bayern verteilt: Wagner wird Kultusminister, Siebert erhält das Wirtschaftsministerium.

Khadr el Touni (EGY) gewinnt Gold im Gewichtheben (Mittelgewicht) vor R. Ismayr (r.) und A. Wagner (l.)

Deutschlands erfolgreiche Ringer (v. l.): J. Brendel, Fritz Schäfer, Ludwig Schweickert und K. Hornfischer

Ein perfektes Deutschland für Olympia

1. August 1936. Die XI. Olympischen Sommerspiele werden von Adolf Hitler in dem mit 100 000 Besuchern besetzten Olympiastadion in Berlin eröffnet. Wie schon bei den Winterspielen in Garmisch-Partenkirchen legt der Führerstaat Wert auf eine vorbildliche Behandlung seiner Gäste. Das Ausland soll davon überzeugt werden, daß seine negative Meinung über das Deutsche Reich unter dem NS-Regime falsch ist.

Für die Zeit vom 1. August bis zum 7. September hat Propagandaminister Josef Goebbels eine Versammlungspause für die NSDAP und ihre Gliederungen verordnet. Außerdem wurden zwei Sportler jüdischer Abstammung in das Olympiateam aufgenommen, um den Bedenken gegen Rassismus im nationalsozialistischen Deutschland zu begegnen. Das Nationale Olympische Komitee der USA hatte wegen der Judendiskriminierung zuerst einen Boykott erwogen.

Der äußere Rahmen der Sommerspiele ist noch aufwendiger gestaltet als der für die Winterspiele in Garmisch. Während man in Garmisch lediglich Sportstätten ausgebaut und eine neue Zufahrtsstraße angelegt hatte, entstand in Berlin das Reichssportfeld mit seinen monumentalen Anlagen. Sie bilden den Hintergrund für perfekt inszenierte Feierlichkeiten wie die Entzündung eines ›Weihealtars‹ mit der erstmals aus Griechenland an die Stätte der Spiele getragenen olympischen Flamme.

Die Goldmedaille im Vierer ohne Steuermann holen die Würzburger Rudi Eckstein, Toni Rom, Martin Karl und Willi Menne (v. l.)

Alfred Schwarzmann aus Fürth ist im Turnen viermal erfolgreich

J. Brendel aus Nürnberg gewinnt Bronze im griech.-röm. Ringen

1937

Kirche wehrt sich gegen NS-Übergriffe

21. Juni 1936. Trotz polizeilichen Verbots und Haftandrohung verlesen die katholischen Priester Bayerns einen Hirtenbrief über den Abbau der klösterlichen Lehrkräfte an den Schulen durch die NS-Machthaber. Die Führung der NSDAP versucht seit 1935, den Einfluß der Kirchen insbesondere auf das Schulwesen zurückzudrängen und die konfessionellen Volksschulen durch die sog. Deutschen Gemeinschaftsschulen zu ersetzen.

Auch das Gemeinde- und Vereinsleben wird durch Vorschriften und Verbote der Nationalsozialisten stark beeinträchtigt. So werden für die Fronleichnamsprozessionen 1936 erstmals Auflagen erlassen; u. a. wird Schulklassen und Behördengruppen das geschlossene Mitgehen verboten. Die bayerischen Katholiken stehen trotz der Verbote und Drohungen zum allergrößten Teil hinter ihrer Kirche; so werden allein in Passau in den gutbesuchten Ostergottesdiensten über 500 000 Kommunionen ausgeteilt.

Münchner Olympiade der Schachmeister

17. August 1936. In München beginnt eine sog. Schacholympiade, zu der 210 Schachmeister aus 21 Ländern anreisen. Die deutsche Mannschaft erreicht den dritten Platz hinter Ungarn und Polen.

Der seit 1924 bestehende Wettbewerb zählt nicht zu den offiziellen Olympischen Spielen und wird in der Regel alle zwei Jahre ausgetragen. In München belagern täglich zahlreiche Schachinteressierte die Spieltische. In den Ausstellungshallen auf der Theresienwiese, wo die Partien ausgespielt werden, sind auch Wandschachbretter angebracht, an denen Experten den interessierten Besuchern reizvolle Spiele erläutern.

Die Olympiade dauert bis zum 2. September; täglich werden rund 80 Zeit-Partien gespielt, bei denen jeder Kontrahent innerhalb von 2 Stunden mindestens 40 Züge gemacht haben muß. In einem zweiten, parallel laufenden Wettbewerb werden Vorschläge für die besten Problemstellungen der Schachkunst ausgezeichnet. Die deutsche Mannschaft belegt dabei den ersten Platz.

1. 1. In Bayern werden alle Mitglieder kirchlicher Orden aus den öffentlichen Volksschulen entlassen.

30. 1. Adolf Hitler untersagt allen Deutschen die Annahme des Nobelpreises. Dafür wird die Stiftung eines Deutschen Nationalpreises für Kunst und Wissenschaft bekanntgegeben.

14. 3. In der Enzyklika »Mit brennender Sorge« – der einzigen deutschsprachigen Enzyklika – wendet sich Papst Pius XI. gegen die Behinderung der Kirche in Deutschland durch die Nationalsozialisten.

16. 5. Die nach dem Austragungsort des Spiels als Breslau-Elf bezeichnete deutsche Fußballnationalmannschaft schlägt Dänemark mit 8 : 0. →

8. 6. Unter Leitung von Bertil Wetzelsberger werden die »Carmina Burana«, von Carl Orff an der Frankfurter Oper uraufgeführt. →

18. 7. In München wird das nach Plänen von Paul Ludwig Troost erbaute Haus der Deutschen Kunst eröffnet. →

19. 7. Nahe dem Münchner Haus der Deutschen Kunst, in der Galeriestraße, wird die Wanderausstellung »Entartete Kunst« eröffnet (→ 18. 7. 1937).

9. 9. Adolf Hitler legt in Nürnberg den Grundstein für das Deutsche Stadion mit einem geplanten Fassungsvermögen von 405 000 Zuschauer.

25. 9. Adolf Hitler empfängt in München den italienischen Duce Benito Mussolini. →

16. 10. Im Münchner Ausstellungspark wird die Ausstellung »Schönheit der Arbeit und die Arbeit in der Kunst« eröffnet. →

20. 11. Das umgebaute Gärtnerplatztheater in München wird in Anwesenheit von Adolf Hitler mit einer Aufführung der »Fledermaus« von Johann Strauß eröffnet. →

1937. Auch die evangelischen Gemeinden Bayerns leiden unter den Schikanen der nationalsozialistischen Machthaber. →

1937. Nach Zerschlagung der Untergrundgruppen der SPD in Nürnberg durch die Geheime Staatspolizei reißt die Verbindung des Nürnberger sozialdemokratischen Widerstands zur Prager Exilparteileitung ab.

GESTORBEN:

20. 12. Tutzing: Erich Ludendorff (*9. 4. 1865, Gut Kruszewnia bei Posen), Heerführer im Ersten Weltkrieg.

GEBOREN:

20. 5. Würzburg: Franz Steinkühler, Gewerkschafter und SPD-Politiker.

Die NS-Ausstellung »Entartete Kunst« stellt Künstler des Expressionismus, Dadaismus, Verismus und des Abstrakten an den Pranger

Haus der Kunst eröffnet

18. Juli 1937. Das neuerbaute Haus der Deutschen Kunst in München wird mit der ersten »Großen Deutschen Kunstausstellung« eröffnet. Dieser von dem Architekten Paul Ludwig Troost entworfene, erste große Repräsentationsbau der NSDAP in der »Hauptstadt der Bewegung« ist als Nachfolgegebäude des 1931 abgebrannten Glaspalastes (→ 5./6. 6. 1931) in knapp vierjähriger Bauzeit errichtet worden. Das monumentale, aus Hausteinquadern gefügte Museum im neoklassizistischen Stil, von Führer und Reichskanzler Adolf Hitler als »germanische Tektonik« gepriesen, erhält von den Münchnern bald die Spitznamen »Bahnhof von Athen« und »Palazzo Kitschi«.

Während der »Großen Deutschen Kunstausstellung« mit knapp 900 Exponaten sind die Ausstellungssäle gefüllt mit Büsten und Porträts von NSDAP-Funktionären und Ölbildern mit deutschen Wäldern, deutschen Meereswogen, deutschen Blumen und nackten deutschen Schönheiten. Einen Tag nach der Eröffnung dieser Schau genehmer Werke wird in der Galeriestraße die Ausstellung »Entartete Kunst« der Öffentlichkeit zugänglich gemacht. Sie will »Einblick geben in das grauenhafte Schlußkapitel des Kulturzerfalls der letzten Jahrzehnte« (Katalog). Unter den Namen der Künstler, deren Werke gezeigt werden, finden sich fast alle großen deutschen Maler und Bildhauer seit 1900.

Trotz äußerst diffamierender und sachlich völlig unbegründeter Hetzparolen gegen so gut wie alle prominenten deutschen Künstler des 20. Jh. hat die Ausstellung »Entartete Kunst« in München großen Zulauf

Besuch Mussolinis

25. September 1937. *Im Rahmen eines mehrtägigen Staatsbesuches im Deutschen Reich trifft der italienische Duce Benito Mussolini in München ein, wo er von Adolf Hitler empfangen wird. (Abb.). Der Besuch dient der Bekräftigung der ein Jahr zuvor verkündeten Achse Rom–Berlin, einem Bündnis zwischen dem faschistischen Italien und dem nationalsozialistischen Deutschen Reich. Fast genau ein Jahr später hält sich der italienische Staatschef aus Anlaß der Unterzeichnung des Münchner Abkommens (→29.9.1938), das den Anschluß des Sudetengebietes an das Deutsche Reich regelt, wieder in München auf.*

Auch evangelische Gotteshäuser müssen Hakenkreuzfahnen hissen

NS-Regime bekämpft evangelische Kirche

1937. Ein Visitationsbericht zur Situation der Evangelisch-Lutherischen Gemeinden im oberfränkischen Dekanat Hof stellt fest: »Die visitierten Gemeinden sind vom Kampf gegen die Kirche von seiten der nationalsozialistischen Machthaber nicht unberührt geblieben ... In Oberkotzau ist unter Einfluß des Bürgermeisters, der ein persönlicher Gegner des Ortspfarrers ist, von politischer Seite her diesem und dem kirchlichen Leben überhaupt manche Schwierigkeit bereitet worden.«

NS-Propaganda für schönere Arbeitswelt

16. Oktober 1937. Im Münchner Ausstellungspark eröffnet das Amt »Schönheit der Arbeit«, eine Unterorganisation der Deutschen Arbeitsfront, eine Messe, auf der nationalsozialistisches Kunsthandwerk und Industrieformen vorgestellt werden. Unter dem Titel »Schönheit der Arbeit und die Arbeit in der Kunst« versuchen die nationalsozialistischen Behörden, mit dieser Ausstellung einen Anstoß zur »Ästhetisierung der Arbeit« durch allumfassende Verschönerungsaktionen in betrieblichen Arbeitsstätten zu geben.

Aufgabe des Amtes ist es, den Betrieben bei der Planung, Ausgestaltung und Modernisierung von Aufenthaltsräumen, sanitären Einrichtungen sowie der Begrünung von Werks- und Firmengeländen mit Rat und Tat zur Seite zu stehen. Mit Hilfe solcher Maßnahmen soll die Leistungsbereitschaft der Arbeiter erhöht und die Tatkraft der nationalsozialistischen Volksgemeinschaft unter Beweis gestellt werden.

Der Architekt und Künstler Albert Speer, dem die Tätigkeit dieses Amtes »manche nette Nebenbeschäftigung« einbringt, beschreibt das konkrete Vorgehen im Rahmen der vielfältigen Verschönerungsaktionen in seinen Memoiren wie folgt: »Wir beeinflußten die Fabrikbesitzer, ihre Betriebsräume neu herzurichten und Blumen in den Werkstätten aufzustellen. Fensterflächen sollten vergrößert, Kantinen eingerichtet werden; aus mancher Abfallecke entstanden Sitzplätze für die Arbeitspause, statt des Asphalts wurden Rasenflächen angelegt ...«.

Manche Maßnahme führt zu Verbesserungen, die angesichts der allgemeinen Situation in der Arbeitswelt als luxuriös bezeichnet werden können. So richten die städtischen Straßenbahnbetriebe in München für ihre Streckenarbeiter fahrbare Aufenthaltsräume und Waschanlagen ein. Vorbildlich ausgestatteten Betrieben kann das Amt mit der Auszeichnung »Nationalsozialistischer Musterbetrieb« zu besonderer Anerkennung verhelfen.

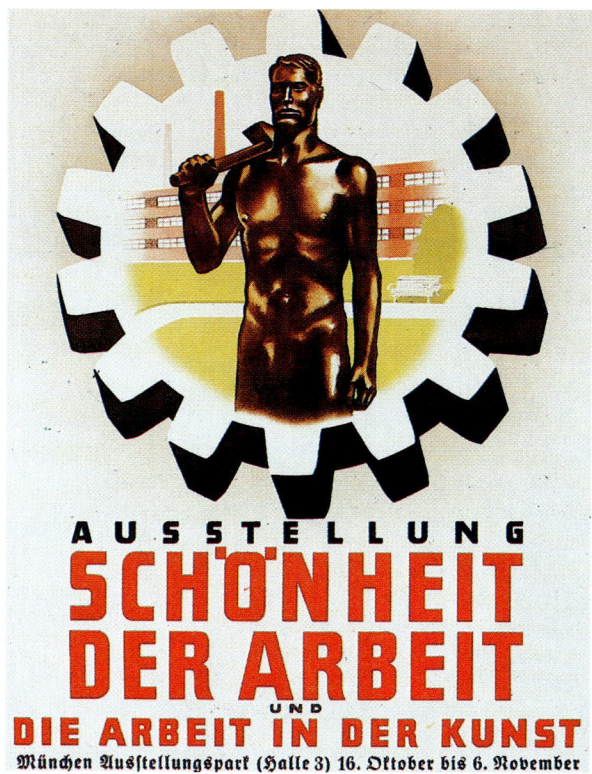

AUSSTELLUNG
SCHÖNHEIT DER ARBEIT
und
DIE ARBEIT IN DER KUNST
München Ausstellungspark (Halle 3) 16. Oktober bis 6. November

Farblithographie von Herbert Agricola zur Münchner Ausstellung »Schönheit der Arbeit und die Arbeit in der Kunst (1937); veranstaltet wird die Ausstellung vom Amt »Schönheit der Arbeit«, dessen Ziel es ist, durch eine Ästhetisierung der Industriearbeit die Arbeiter zu höherer Produktivität anzuspornen. Der Mythos des markigen, germanischen Helden wird hierzu propagandistisch eingesetzt

1938

Carl Orffs Meisterwerk

8. Juni 1937. Die szenische Kantate »Carmina Burana« von Carl Orff wird unter der Leitung von Bertil Wetzelsberger an der Frankfurter Oper uraufgeführt.

Aus einem Würzburger Antiquariat hatte der Münchner Komponist am Gründonnerstag des Jahres 1934 den Band »Carmina Burana«, eine Liedersammlung des 13. Jh., erhalten. Noch am gleichen Tag entwirft er eine Skizze des »O Fortuna«-Chores. In der folgenden Zeit vervollständigt Orff diese »Weltlichen Gesänge für Soli und Chor mit Begleitung von Instrumenten und mit Bildern«. Zu seinen Vorbildern zählt er den russischen Komponisten Modest Mussorgski.

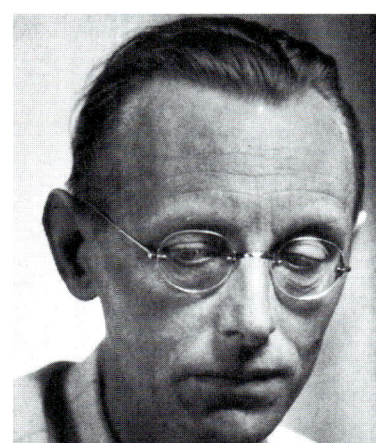

Orff findet in »Carmina Burana« zu den musikalischen Prinzipien, die sein ganzes Lebenswerk prägen

Unterhaltung zur Ablenkung

20. November 1937. Mit einer Aufführung der »Fledermaus« von Johann Strauß wird das umgebaute Gärtnerplatztheater in München als erste staatlich geleitete Operettenbühne wieder eröffnet. Unter den Gästen ist auch Adolf Hitler (dessen Lieblingsoperette allerdings die »Lustige Witwe« ist).

Im folgenden Jahr führt NSDAP-Gauleiter Adolf Wagner eine Neuorganisation der bayerischen Staatstheater durch. Das Theater am Gärtnerplatz übernimmt Fritz Fischer; als Musikdirektor wird der Komponist Peter Kreuder bestellt. Operette und leichte Unterhaltung soll die Menschen von der politischen Realität ablenken.

Theater am Gärtnerplatz, in dem die Aufführung der »Fledermaus« stattfindet (erbaut 1864/65)

Breslau-Elf schlägt Dänemark

16. Mai 1937. In einem Fußball-Länderspiel vor 80 000 Zuschauern in Breslau besiegt die deutsche Nationalmannschaft den Gegner aus Dänemark mit 8:0. Die später auch ›Breslau-Elf‹ genannte Mannschaft gewinnt in diesem Jahr elf von zwölf Länderspielen, nur einmal spielt sie unentschieden.

In der siegreichen Mannschaft spielen fünf Fußballer bekannter bayerischer Vereine: Hans Jakob (Jahn Regensburg), Andreas Kupfer (Schweinfurt 05), Ludwig Goldbrunner (Bayern München), Albin Kitzinger (Schweinfurt 05) und Schlußmann Ernst Lehner (Schwaben Augsburg).

Albin Kitzinger von Schweinfurt 05 spielt seit 1935 in der Nationalelf

Ostern. Etwa die Hälfte der klösterlichen Privatschulen in Bayern wird von den Nazis geschlossen.

13. 3. Adolf Hitler proklamiert den »Anschluß« Österreichs an das Deutsche Reich. – Nach dem Einmarsch der deutschen Wehrmacht werden die österreichischen Gemeinden Mittelberg im Kleinwalsertal und Jungholz bei Pfronten Bayern angegliedert.

April. Nach dem »Anschluß« Österreichs an das Deutsche Reich treffen die ersten politischen Gefangenen aus Österreich im KZ Dachau ein.

26. 4. Eine Verordnung zwingt die Juden im Deutschen Reich, ihr in- und ausländisches Vermögen anzumelden und zu bewerten. Dadurch wird die Ausschaltung der Juden aus der Wirtschaft vorbereitet.

9. 6. Die Münchner Synagoge wird »aus städtebaulichen Gründen« dem Erdboden gleichgemacht. →

24. 7. »Friedenstag« ist die erste Oper von Richard Strauss, die in München uraufgeführt wird. →

29. 9. Das sog. Münchner Abkommen zwischen dem Deutschen Reich, Großbritannien, Italien und Frankreich bestimmt, daß die Tschechoslowakei die überwiegend von Deutschen bewohnten Sudetengebiete abtreten muß. →

1. 10. Deutsche Truppen marschieren in das Sudetengebiet ein. – Eine Fläche von 1700 km² mit 88 000 Einwohnern wird Bayern angegliedert. →

5. 10. Die Reisepässe aller Juden werden eingezogen und mit einem eingestempelten roten »J« neu ausgestellt.

9./10. 11. Joseph Goebbels, Reichsminister für Volksaufklärung und Propaganda, organisiert »spontane« Kundgebungen gegen Juden (sog. Reichskristallnacht). →

GESTORBEN:

15. 6. Davos: Ernst Ludwig Kirchner (* 6. 5. 1880, Aschaffenburg), expressionistischer Maler und Grafiker, Mitbegründer der Künstlergemeinschaft »Die Brücke«.

4. 8. Regensburg: Heinrich Held (* 6. 6. 1868, Erbach/Taunus), BVP-Politiker, bayerischer Ministerpräsident 1924–1933.

17. 8. Würzburg: Georg Heim (* 24. 4. 1865, Aschaffenburg), Politiker und Bauernführer.

GEBOREN:

23. 11. München: Herbert Achternbusch, Schriftsteller und Filmemacher.

Gauleiter lassen Synagoge abreißen

9. Juni 1938. Auf Befehl des NSDAP-Gauleiters von München-Oberbayern, Adolf Wagner, wird die Münchner Hauptsynagoge in der Herzog-Max-Straße hinter dem Künstlerhaus abgerissen. Diesem Beispiel folgend, läßt der fränkische Gauleiter Julius Streicher am 8. Oktober die Nürnberger Synagoge dem Erdboden gleichmachen.

Im nationalsozialistischen München, der »Hauptstadt der Bewegung« (→ 2. 8. 1935), wetteifern Oberbürgermeister Karl Fiehler und Gauleiter Adolf Wagner im Ersinnen von immer neuen Maßnahmen gegen die jüdische Bevölkerung. Seit 1933 sind Münchner Juden Willkürakten und Überfällen ausgesetzt, ohne juristischen Schutz wahrnehmen zu können.

Synagoge in München, die unter einem Vorwand abgerissen wird

Angeblich wegen städtebaulicher Maßnahmen ordnet Wagner den Abriß der Münchner Hauptsynagoge an. Eine neue Bebauung ist jedoch für das Grundstück nicht vorgesehen. Für die jüdische Gemeinde Münchens, die sich der Gewalt beugen muß, erklärt Präsident Alfred Neumeyer, daß man »von der Notwendigkeit des Abbruchs der Synagoge Kenntnis nehme …«.

Gauleiter Streicher, der nicht hinter Wagner zurückstehen will, beruft sich auf das 1937 erlassene »Gesetz über die Neugestaltung deutscher Städte«, um sich vom Anblick der 1874 geweihten Nürnberger Synagoge zu befreien. Gemeinsam mit Oberbürgermeister Willy Liebel befiehlt er den Abbruch des »undeutschen, frechscheußlichen, orientalischen Bauwerks«.

29. September 1938. *Die Premierminister von Großbritannien und Frankreich, Arthur Neville Chamberlain und Édouard Daladier, Italiens Duce Benito Mussolini (vorn r.) und Reichskanzler Adolf Hitler (vorn l.) unterzeichnen im Führerbau an der Arcisstraße in München ein Abkommen über die Abtretung der sudetendeutschen Grenzgebiete der Tschechoslowakei an das Deutsche Reich. Gleichzeitig garantieren die Unterzeichnerstaaten den Bestand der Rest-Tschechoslowakei. Am 1. Oktober beginnt der Einmarsch deutscher Truppen.*

Wüste Exzesse in der »Kristallnacht«

9./10. November 1938. In einer von Reichspropagandaminister Joseph Goebbels von München aus organisierten Aktion des »spontanen Volkszorns« zünden SA-Trupps und Mitglieder der NSDAP im ganzen Reich Synagogen an, zerstören und plündern mehr als 7000 jüdische Geschäfte. Sie dringen auch in Privatwohnungen ein, wo sie 91 jüdische Bürger ermorden und zahlreiche weitere mißhandeln.

Im Verlauf dieses Novemberpogroms, das wegen der vielen zerschlagenen Fensterscheiben die Bezeichnung »Reichskristallnacht« erhält, werden etwa 11 000 bayerische Juden festgenommen und in das Konzentrationslager Dachau gebracht. Anlaß für die wüsten antisemitischen Ausschreitungen ist die Ermordung des deutschen Gesandtschaftssekretärs in Paris, Ernst Eduard von Rath, durch den 17jährigen Juden Herschel Grynszpan. Die Münchner Kreisleitung der NSDAP erklärt dazu am 10. November: »Auch bei uns in München hat das Weltjudentum die ihm gebührende Antwort erhalten… Die jüdischen Geschäfte sind geschlossen! Die frechgewordenen Juden sind verhaftet. Das nationalsozialistische München demonstriert heute um 20 Uhr in 20 Massenkundgebungen gegen das Weltjudentum und seine schwarzen und roten Bundesgenossen!«

Die »Münchner Neuesten Nachrichten« beschreiben die Folgen der vorangegangenen Nacht: »In erster Linie richtete sich des Volkes Zorn gegen die jüdischen Ladengeschäfte, denen größtenteils sämtliche Fenster eingeschlagen wurden … Teilweise wurden die Eingänge der Geschäfte demoliert, in einzelnen Fällen auch die Inneneinrichtung. Die Synagoge in der Herzog-Rudolf-Straße wurde ein Raub der Flammen … Am frühen Morgen mußten die Straßen von vielen Scherben gesäubert werden.«

Die meisten Münchner merken erst am Morgen des 10. November, was in der Nacht geschehen ist. Viele Passanten, die vor den vernagelten und bewachten Fenstern jüdischer Geschäfte stehenbleiben, zeigen sich betroffen. Der Regierungspräsident von Oberbayern meldet: »Die Protestaktion gegen die Juden wird von der Bevölkerung vielfach als organisiert betrachtet. Die Gewalt, die dabei angewendet wurde, hat Anlaß zur Kritik gegeben.«

Neben München ist Nürnberg ein Zentrum der Ausschreitungen, wo die »Reichskristallnacht« 26 Todesopfer fordert. In Franken wird das Pogrom vom zuständigen Gauleiter Julius Streicher besonders rücksichtslos und brutal durchgeführt. Fränkische Juden weisen jedoch in späteren Berichten darauf hin, daß Teile der christlichen Bevölkerung die Gewalttaten gegen jüdische Mitbürger verurteilen.

Dieses jüdische Geschäft in der Sendlingerstraße in München ist nur eines der vielen, die in der »Reichskristallnacht« zerstört wurden

Sudeten zu Bayern

1. Oktober 1938. *Von Bayern aus besetzt die Wehrmacht, mit Unterstützung von SS-Verfügungstruppen, die vorwiegend deutschbesiedelten Gebiete der Tschechoslowakei (Abb.). Das Münchner Abkommen (→29.9. 1938) sanktioniert den Reichsanschluß der sudetendeutschen Gebiete.*

Der Ostböhmerwald mit den Städten Bergreichenstein und Prachatitz und das Gebiet am Oberlauf der Moldau werden mit 88 000 Einwohnern nicht der deutschen Reichsgauverwaltung Sudetenland, sondern dem Regierungsbezirk Niederbayern-Oberpfalz unter der Bayerischen Ostmark-Gauleitung zugeschlagen.

Machtgier und Rassenwahn prägen das Jahr

Mit jenem Pathos, für das er so anfällig ist, ruft Hitler am 14. März 1938 vom Balkon der Wiener Hofburg aus über den Heldenplatz: »Als der Führer und Kanzler der deutschen Nation und des Reiches melde ich vor der Geschichte nunmehr den Eintritt meiner Heimat in das Deutsche Reich.«

Großdeutschland ist geschaffen, und »großdeutsch« wird das meistgebrauchte Wort des Jahres: »Großdeutschland« ist das Motto des Parteitages in Nürnberg, zu dem sich 1,6 Millionen Anhänger Hitlers versammeln; »Großdeutsches Volksfest« nennt man das Oktoberfest, und als die Zeitungen am 31. Dezember ihre Jahresrückblicke schreiben, heißt 1938 „das großdeutsche Jahr".

Bei dieser »Heimholung« des Nachbarlandes spielt Bayern eine wichtige Rolle. Am 12. Februar 1938 wird Österreichs Kanzler Kurt Schuschnigg zu Hitler auf den Obersalzberg bei Berchtesgaden zitiert. Als er sich weigert, dem Anschluß an das Großdeutsche Reich zuzustimmen, wird über ihn hinweg entschieden, und am 12. März fliegt die SS-Leibstandarte von München aus nach Wien-Aspern. Gleichzeitig marschieren deutsche Truppen von Bayern aus in Österreich ein, und als zweite Welle folgen die SS-Verfügungstruppe, 40 000 Polizisten und der Totenkopfverband »Oberbayern«. Und während das Land so besetzt wird und die Verfolgungen von Nazigegnern und Juden beginnen, fährt Hitler am Nachmittag des 13. März von Simbach aus über die Innbrücke in seine österreichische Geburtsstadt Braunau.

Am 2. April läßt sich »der Eroberer« in München feiern: »Größte Führerkundgebung in der Hauptstadt der Bewegung – Schwur der 500 000 unter dem Nachthimmel auf der Theresienwiese«. Und wenig später: »1 264 818 Volksgenossen des Traditionsgaues bekennen sich zum Führer.«

Der »Größte Führer aller Zeiten« bereitet sich währenddessen auf den Einmarsch in die Tschechoslowakei vor. Und wieder ist Bayern als Nachbar von den Vorbereitungen betroffen.

In München findet die Konferenz statt, deren Abkommen (→ 29. 9. 1938) nach Meinung des britischen Premiers Chamberlain »peace for our time«, den Frieden für unsere Zeit, garantiert. Am 1. Oktober (→ 1.10.1938) marschiert erneut die Armee – und wieder folgt den Soldaten die SS; von Zwiesel aus rückt die Standarte »Deutschland« vor. Am 3. Oktober fährt Hitler vom bayerischen Selb aus im geländegängigen Mercedes nach Eger.

In München, wo im Mai der Bau der U-Bahn begonnen und im Juni das Richtfest für den neuen Flughafen in Riem gefeiert wird, leisten mehr als 30 000 Personen nahezu 700 000 Arbeitsstunden, um am 11. Juli in einem langen Festzug »2000 Jahre deutscher Kultur« in Pappmaché und Gips so zeigen zu können, wie sie sich Hitler und die Partei vorstellen.

Dem Zug folgt eine »Nacht der Amazonen«, die mit ihren in der freien Natur präsentierten, textilfreien Damen Phantasie und Klatsch noch weit über den Sommer hinaus beschäftigt.

Freilich, folgt diesem heiterfrivolen Mittsommernachtstraum knapp vier Monate später jene alptraumhafte Nacht, die als »Reichskristallnacht« in die Geschichte eingeht:

In München feiert Hitler am 8./9. November, wie jedes Jahr, mit seinen Anhängern den Marsch zur Feldherrnhalle im Jahre 1923. Während der Veranstaltung trifft die Nachricht ein, daß der in der Deutschen Botschaft zu Paris von einem jungen Juden niedergeschossene Legationssekretär Ernst Eduard von Rath seinen Verletzungen erlegen ist.

In der folgenden Nacht werden jüdische Geschäfte verwüstet, Synagogen niedergebrannt und jüdische Bürger gedemütigt, geschlagen und ermordet. Unter den insgesamt 91 Todesopfern der »Reichskristallnacht« sind allein 26 jüdische Bürger Nürnbergs.

Der Rassenwahn und Rassenhaß, der so vielen Menschen Elend bringt, nimmt bizarre Formen an. In einem Leserbrief an die Parteizeitung, den in München erscheinenden »Völkischen Beobachter«, fragt ein G. M., ob ein uneheliches Kind als arisch gelte, wenn der Vater unauffindbar ist, die Mutter aber angebe, daß er arisch sei. Die beruhigende Antwort: Der Beweis gilt damit als erbracht.

Das Leben, so scheint es, geht unverändert weiter. In Regensburg – die Stadt hat knapp über 90 000 Einwohner – wird »die voraussichtliche Linienführung des Rhein-Main-Donau-Kanals« bekanntgegeben. Stadtamhof, so heißt es, wird durch ihn zur Insel werden. Auch in Nürnberg mit etwa 420 000 Einwohnern ist der Kanal ein Gesprächsthema. Bis 1945, so wird versprochen, soll er fertig sein. Die ganze Strecke von Aschaffenburg bis Wien soll dann von Schiffen befahren werden.

Zunächst muß man sich in der Stadt freilich mit einem anderen Problem beschäftigen. Da die Flugzeuge immer schneller werden, erweitert man den Flughafen um 45 ha. Außerdem gehen die Arbeiten an einem Gebäude voran, das 1939 eingeweiht werden soll und dann eine der wohl eigenartigsten Behörden beherbergen wird, das »Institut für Wirtschaftsbeobachtung der deutschen Fertigware«.

Der Oberbürgermeister von Augsburg (175 000 Einwohner) legt am Jahresende viele optimistische Zahlen vor. Die Straßenbahn sei von 10% mehr Gästen benutzt worden, die Augsburger Gaswerke hätten 800 neue Kunden gewonnen und 9% mehr Gas verkauft, bei den Elektrizitätswerken wären sogar 22% mehr Strom verkauft worden, und es seien 1203 neue Wohnungen gebaut worden. Sein besonderer Stolz gilt aber der Fremdenverkehrsstatistik. Augsburg liege damit im Reich an der Spitze: 199 473 Übernachtungen! Eine Steigerung von 12,07%! Freilich, »durch die zahlreichen Einberufungen und durch den Arbeitseinsatz an der Westfront (!)« bestehe Mangel an Arbeitskräften. Davon weiß man auch in München: In der Stadt herrscht »empfindlicher Mangel« an Schneeräumern. Und dabei wären sie so notwendig, denn gegen Jahresende fällt viel Schnee. So muß das »Fachamt Fußball im Gau Bayern« neben anderen Begegnungen auch das bedeutsame Punktspiel Jahn Regensburg gegen Club Regensburg absagen.

»Ein Friedenstag« wird uraufgeführt

24. Juli 1938. Die Richard Strauss-Uraufführungen finden anderswo statt, in Dresden, in Berlin, in Wien, sogar in Amerika (die »Sinfonia domestica«) – München, die Geburtsstadt, spielt nach. Erst jetzt gibt es auch hier eine Premiere. Zu Beginn der Festspiele wird unter der Leitung von Generalmusikdirektor Clemens Krauss und in der Regie von Rudolf Hartmann die einaktige Oper »Ein Friedenstag« mit Hans Hotter, Viorica Ursuleac und Ludwig Weber uraufgeführt.

Der Anlaß für die ursprünglich Dresden versprochene Uraufführung: Das Werk ist dem Dirigenten und Münchner Opernhausinten-

Szenenfoto der Uraufführung von »Ein Friedenstag« in München

danten Clemens Krauss und seiner Frau Viorica Ursuleac gewidmet.

Mit dem Komponisten verneigt sich auch der Librettist Joseph Gregor. Er hatte die Idee zu dieser Oper, die am Ende des 30jährigen Krieges in einer belagerten Stadt spielt, von Stefan Zweig erhalten. Nach der 1935er Premiere der »Schweigsamen Frau«, für die Zweig den Text geschrieben hatte, war eine Zusammenarbeit nicht mehr möglich, weil Stefan Zweig im Dritten Reich als Jude unerwünscht war. Da Strauss auf Zweig nicht verzichten wollte (und doch verzichten mußte), empfahl der Autor seinen – als Librettist nicht sehr inspirierten – Freund Gregor. Zur Zeit der Uraufführung der Oper »Ein Friedenstag« lebt Stefan Zweig bereits im Exil.

1939

Hitler entgeht Attentat

8. November 1939. Der Versuch des schwäbischen Kunsttischlers Georg Elser, Adolf Hitler im Münchner Bürgerbräukeller mit einer selbstgebauten Zeitbombe zu töten, schlägt fehl. Elser wird noch am gleichen Tag verhaftet und schließlich am 5. April 1945 im Konzentrationslager Dachau ermordet.

Der 36jährige Elser ist überzeugt, der Krieg könne durch die Beseitigung Hitlers rasch beendet werden. Wochenlang hatte er sich nachts im Bürgerbräukeller einschließen lassen und eine tragende Säule des Saales, in dem Hitler jedes Jahr seine traditionelle Ansprache vor den »Alten Kämpfern« der NSDAP hält, mit Sprengstoff gefüllt. Hitler entgeht dem Attentat, weil er um 21.10 Uhr, zehn Minuten früher als offiziell geplant, den Saal verläßt. Bei der Explosion werden sieben Menschen getötet und etwa 60 verletzt.

Bei dem Versuch in die Schweiz zu fliehen, wird Elser gefaßt. Obwohl die Gestapo den Anschlag dem britischen Geheimdienst zuschreiben will, ist Elser eindeutig ein Einzelgänger ohne Verbindung zu den auch in Bayern existierenden Widerstandsgruppen im Untergrund.

Eine Stunde vor der Explosion trifft Hitler im Bürgerbräukeller ein

Georg Elsers selbstgebaute Bombe bringt die halbe Saaldecke des Münchner Bürgerbräukellers mit großer Präzision zum Einsturz

Bevölkerung erfährt Krieg aus dem Radio

1. September 1939. »Seit 5 Uhr 45 wird zurückgeschossen.« Mit diesen lakonischen Worten teilt Reichskanzler Adolf Hitler dem Reichstag den Angriff der deutschen Wehrmacht auf Polen mit. Die Bevölkerung Bayerns erfährt über den Rundfunk, der die Rede Hitlers überträgt, vom Ausbruch des Zweiten Weltkrieges. Bereits zwei Tage später, nach der französischen Kriegserklärung, gehört Bayern mit der an Frankreich grenzenden Pfalz zum unmittelbaren Frontgebiet.

Polen wird das Opfer eines infamen Tricks

1. September 1939. Nachdem in der Nacht deutsche Truppen die polnische Grenze überschritten und deutsche Flugzeuge Angriffe auf Ziele in Polen geflogen haben, ohne daß eine offizielle Kriegserklärung erfolgt ist, begründet Adolf Hitler am Vormittag im Reichstag den Kriegsbeginn.

Den Vorwand für den Angriff auf Polen, den Hitler vorgibt, nicht gewollt zu haben, liefern sog. Grenzzwischenfälle, die allerdings von deutscher Seite inszeniert worden sind. Unter Leitung von Gestapo-Chef Reinhard Heydrich hatten 150 polnisch sprechende SS-Männer, mit polnischen Uniformen bekleidet, zwei schlesische Zollstationen und den Sender Gleiwitz über-

fallen. Nur wenige Stunden später stellt Hitler diesen Vorfall in seiner Rede so dar: »Polen hat nun heute nacht zum erstenmal auf unserm eigenen Territorium auch durch re-

Adolf Hitler vor dem Reichstag

guläre Soldaten geschossen. Seit 5.45 Uhr wird zurückgeschossen! Und von jetzt ab wird Bombe mit Bombe vergolten! Wer mit Gift kämpft, wird mit Giftgas bekämpft…«

Die nationalsozialistische Führung, die schon lange Pläne zur Ausdehnung des Deutschen Reiches nach Osteuropa hegte, hatte nicht nur den Vorwand für den deutschen Einmarsch in Polen sorgfältig in Szene gesetzt, sondern auch die deutsche Armee für den bevorstehenden Krieg hochgerüstet. Seit der Machtergreifung hatte Hitler zielstrebig am Aufbau der Wehrmacht gearbeitet und in dieser Zeit rund 90 Mrd RM für Rüstungszwecke investiert.

Reichsautobahn schafft gute Verkehrsverbindungen

1939. Auf der Strecke Hof–Nürnberg–München–Salzburg kann eine Reichsautobahn dem Verkehr übergeben werden. Die Anbindung des Landes an das reichsweite Schnellstraßennetz, welche durch diese und andere seit 1933 angelegte neue Autostraßen geschaffen wird, besitzt für die intensive Erschließung des bayerischen Verkehrsraumes große Bedeutung. Fünf Jahre zuvor, am 21. März 1934, war bei Unterhaching in Anwesenheit von Führer und Reichskanzler Adolf Hitler mit dem ersten Spatenstich der Bau der neuen Trasse begonnen worden.

Vor allem militär-strategische Überlegungen, nach denen ein gut ausgebautes Schnellstraßennetz im Kriegsfall die Nachschubwege bis an die Landesgrenzen verbessern soll, bewegte die Reichsregierung zu diesen Baumaßnahmen (Abb.). Bewußtes Nebenprodukt dieser als »Reichsarbeitsschlacht« bezeichneten Initiative war die Verminderung der Arbeitslosigkeit. Durch den Einsatz von Arbeitern überall da, wo »ohne maschinelle Hilfsmittel gearbeitet werden kann«, fanden schon im Frühjahr 1935 über 100 000 Arbeitslose beim Straßenbau eine Beschäftigung.

Warenwert der Abschnitte

Bezugsschein für Textilien, 1939

Kleidung nur noch gegen Bezugsschein

14. November 1939. Nach der Zwangsbewirtschaftung von Lebensmitteln, die wenige Wochen zuvor eingeführt wurde, unterliegt nun auch der Verkauf von Textilien starken Beschränkungen. Wie im gesamten Reich geben die zuständigen städtischen Wirtschaftsämter auch in Bayern nur noch bei nachgewiesenem Bedarf Bezugsscheine für Kleidungsstücke aus.

Gut zwei Monate nach Beginn des Zweiten Weltkrieges sind damit für die Bevölkerung bereits einschneidende Zwangsmaßnahmen spürbar.

Schack-Galerie geht in bayerische Hände

1. Februar 1939. Die Gemäldesammlung des Grafen Adolf Friedrich von Schack (1815–94) mit Werken der Romantik, des Klassizismus und des Realismus sowie Kopien von venezianischen Renaissance- und niederländischen wie spanischen Barockgemälden wird den Bayerischen Staatsgemäldesammlungen eingegliedert.

Schack, mecklenburgischer Baron und Gutsbesitzer, begann 1857 mit dem Aufbau seiner aus eigenen Mitteln finanzierten Sammlung. Er förderte entschlossen junge zeitgenössische Künstler, auch wenn sie in der Öffentlichkeit und in den Museen noch keine Anerkennung fanden. Darunter befanden sich u.a. auch die später so berühmten Maler Arnold Böcklin (1827–1901), Anselm Feuerbach (1829–1880) und Hans von Marées (1834–1887).

Schwierige Planung für Olympiade 1940

3. Juli 1939. Das internationale Olympische Komitee (IOK) beauftragt Garmisch-Partenkirchen mit der Ausrichtung der V. Olympischen Winterspiele 1940, nachdem der ursprünglich geplante Austragungsort, Sapporo in Japan, wegen des japanisch-chinesischen Krieges nicht mehr in Frage kommt. Garmisch muß den Auftrag jedoch nach Ausbruch des Zweiten Weltkrieges ebenfalls zurückgeben.

Japan hatte im Juli 1938 offiziell auf die Ausrichtung der Sommer- und Winterspiele verzichtet, worauf sich Helsinki für die Sommer- und Oslo für die Winterspiele als Ersatzaustragsorte meldeten. Oslo zog sein Angebot jedoch wieder zurück. Nachdem es auch mit St. Moritz Schwierigkeiten gab, sollte Garmisch auf Wunsch des IOK die Veranstaltung übernehmen.

Ehrung und Orden für kinderreiche Mütter

14. Mai 1939. In Bayern werden wie im gesamten Reich anläßlich von Muttertagsfeiern erstmals »Ehrenkreuze der deutschen Mutter« an kinderreiche Frauen verliehen. Hausfrauen und Mütter mit vielen Kindern entsprechen dem Frauenideal der Nationalsozialisten.

Der Mutterorden am blauen Band trägt die Aufschrift »Das Kind adelt die Mutter« und wird in Bronze an Frauen mit vier bis fünf Kindern verliehen. Für mehr als sechs Kinder erhalten Mütter das Ehrenkreuz in Silber; das Mutterkreuz in Gold wird für mehr als acht Kinder vergeben. Obwohl die Bevölkerung hinter vorgehaltener Hand über den »Kaninchenorden« spottet, weist die nationalsozialistische Bevölkerungspoli-

Anläßlich des Muttertages wird feierlich ein »Mutterkreuz« verliehen

tik Erfolge auf: So erhöhte sich in Nürnberg die Geburtenrate von 1933 bis 1935 um 35%. Mit Ehestandsdarlehen, Mütterehrung und massiver Propaganda werden die Frauen zurück an Herd und Wiege gedrängt. Reichspropagandaminister Joseph Goebbels greift dabei auch zu fragwürdigen Vergleichen aus der Tierwelt: »Die Frau hat die Aufgabe, schön zu sein und Kinder zur Welt zu bringen … Die Vogelfrau putzt sich für den Mann und brütet für ihn die Eier aus.«

Außerhalb des Hauses und am Arbeitsplatz gelten Frauen wenig. Sie werden schlechter bezahlt als ihre männlichen Kollegen und haben nur geringe Aufstiegschancen.

1940

Anfang 1940. Neben polnischen Kriegsgefangenen aus den Lagern Moosburg und Sulzbach-Rosenberg kommen in wachsender Zahl auch verschleppte polnische Zivilpersonen als Landarbeiter in die bayerischen Dörfer.

7. 1. Das Haus der deutschen Kunst in München veröffentlicht den »Aufruf an die bildenden Künstler Großdeutschlands«. Alle Künstler werden aufgefordert, an der großen deutschen Kunstausstellung 1940 teilzunehmen.

13. 2. In München tritt ein Parteigericht über Julius Streicher, den Herausgeber des »Stürmer« und Gauleiter von Franken, zusammen, der ein 1939 verhängtes Redeverbot mißachtet hat. Adolf Hitler beauftragt Karl Holz mit der Leitung des Gaus; Streicher bleibt Gauführer, jedoch wird ihm jede politische Tätigkeit verboten.

März. Reichsminister Hermann Göring ruft die Bevölkerung auf, in nationalsozialistischer Opferbereitschaft freiwillig Bronze, Messing, Zinn u. a. Metalle zu spenden.→

5. 6. Die britische Luftwaffe fliegt einen der ersten Angriffe auf München.→

Oktober. In München verkehren die ersten zweistöckigen Omnibusse mit Platz für 90 Personen.→

8. 11. Adolf Hitler betont bei einer Rede im Münchner Löwenbräukeller anläßlich des Jahrestages des Putsches von 1923, daß es auf der Welt keine Mächtekoalition gebe, die den Achsenmächten militärisch gewachsen sei.

15. 11. Als Vergeltung für die britischen Angriffe auf München fliegt die deutsche Luftwaffe einen schweren Angriff gegen das englische Coventry.

1940. Aus den Bayreuther Wagner-Festspielen werden die »Kriegsfestspiele des Sieges«. Als besondere »Gäste des Führers« wohnen zahlreiche Verwundete, Angehörige von Sanitätseinheiten und Rüstungsarbeiter den Festspielen bei.

1940. Der Ausbau des Main als Großschiffahrtsstraße erreicht Würzburg.

1940. Nach Gründung der Bayerischen Wasserkraftwerke AG beginnt der Ausbau des Lech.

GESTORBEN:

4. 1. München: Konrad Weiß (* 1. 5. 1880, Rauenbretzingen bei Gaildorf/Württemberg), Schriftsteller.

4. 4. München: Josef Ponten (* 3. 6. 1883, Raeren bei Eupen/ Belgien), Schriftsteller.

Bei Bombenangriffen auf München wird die Innenstadt (hier: Landshuter Hof) zu großen Teilen zerstört

Münchens Straßen sind nach der Bombardierung verwüstet; der Verkehr kommt teilweise zum Erliegen

Erste Bombenangriffe auf München

5. Juni 1940. Bei einem der ersten Luftangriffe, die von Bombern der Royal Air Force (RAF) auf die Großstadt München geflogen werden, richten nicht gezielt abgeworfene Sprengbomben vereinzelt Sachschaden an. Die meisten Sprengkörper fallen in den Englischen Garten. Eine Lagerhalle und drei Wohngebäude werden beschädigt, Verletzte gibt es nicht.

Schon elfmal wurde in den ersten Junitagen im Großraum München Luftalarm ausgelöst. Die Bevölkerung nimmt diese Warnungen bislang nicht allzu ernst und folgt nur widerstrebend der Aufforderung des Luftschutzes, die Keller oder Bunkerplätze aufzusuchen. Der Glaube daran, daß die feindlichen Flugzeuge nur mehr oder weniger zufällig die Fliegerabwehr überwunden hätten, ist größer als der Schrecken der Münchner beim Anblick der ersten Trümmer. In einer Verlautbarung der städtischen Aufsichtsbehörde

werden die Bürger deshalb eindringlich gewarnt: »Bei den Fliegerangriffen in der Nacht zum 3. und 4. und vom 4. zum 5. Juni haben zahlreiche Volksgenossen den Alarm überhört und sind erst verspätet durch Luftschutzwarte oder durch andere Hausbewohner geweckt worden. Das darf sich nicht wiederholen. Der Luftschutzwart ist auch davon zu unterrichten, wenn eine zum Haus gehörige Person die Nacht nicht im Hause verbringt.«

Rüstungsindustrie benötigt Buntmetall

März 1940. Ministerpräsident und Generalfeldmarschall Hermann Göring ruft das deutsche Volk zu einer großangelegten Metallspende auf. Zum Beweis ihrer »nationalen Opferbereitschaft« soll die Bevölkerung alle entbehrlichen Gegenstände aus Kupfer, Bronze, Messing, Zinn, Blei oder Nickel für Rüstungszwecke zur Verfügung stellen.

Wie überall im Reich sind auch in München Sammelstellen eingerichtet worden. Auf dem Marienplatz kann an langen Ständen der »Opferwille« der Münchner besichtigt werden: Kupferkessel, Messingglocken, Zinnkrüge und die beliebten Gußfiguren »Trompeter von Säckingen« werden hier in langer Reihe zur Schau gestellt, ehe alles in die Schmelzöfen wandert. Jeder Spender erhält eine auf seinen Namen ausgestellte Urkunde.

Busattraktion auf Münchner Straßen

Oktober 1940. *In München verkehren die ersten zweistöckigen Omnibusse (Abb.). Die Großraumbusse bieten Platz für 90 Personen und verleihen dem Straßenbild der bayerischen Landeshauptstadt die Note einer Weltstadt. Die sonst nur noch in Berlin verkehrenden Busse sollen vor allem den innerstädtischen Verkehr in Spitzenzeiten entlasten.*

1941

12./13. 1. In der Nacht stoßen britische Flugzeuge nach Süddeutschland und bis nach Garmisch-Partenkirchen vor.

19./20. 1. Führer und Reichskanzler Adolf Hitler und der italienische Duce Benito Mussolini treffen sich auf dem Berghof oberhalb von Berchtesgaden.

Frühjahr. Gestapokommandos beschlagnahmen in den bayerischen Regierungsbezirken und im übrigen Reich Klosterbesitz und enteignen ihn für Parteizwecke.→

April. Der bayerische Kultusminister Adolf Wagner verordnet, die Kruzifixe aus den Schulräumen zu entfernen und durch »zeitgemäßen Wandschmuck« zu ersetzen. – Die Verordnung führt zu massiven Protesten der Eltern.→

August. Berichten des Berliner Reichssicherheitshauptamtes zufolge tauchen in München und Umgebung verstärkt Flugblätter und Klebezettel mit Aufrufen zum Widerstand gegen das NS-Regime wie »Bluthund Hitler verrecke!« oder »Vernichtet den Faschismus!« auf.

1. 9. Juden müssen im gesamten Gebiet des Deutschen Reichs den sog. Judenstern (Davidstern) tragen.→

12./13. 10. Ein nächtlicher Luftangriff auf Nürnberger Rüstungsbetriebe richtet nur geringe Schäden an.

12. 12. Vor dem Münchner Jugendgericht werden fünf Mitglieder einer Jugendbande zu Freiheitsstrafen verurteilt.→

16. 12. Der sowjetische Ministerratsvorsitzende Josef Stalin erörtert mit dem britischen Außenminister Anthony Eden in Moskau die Nachkriegsgrenzen in Europa. Dabei faßt er die Bildung eines vom Deutschen Reich unabhängigen Staates Bayern ins Auge.→

GESTORBEN:

30. 1. München: Heinrich von Zügel (*22. 10. 1850, Murrhardt/Württemberg), Tiermaler.

8. 7. Berlin: Agnes Straub (*2. 4. 1890, München), Schauspielerin.

10. 12. München: Albert Döderlein (*5. 7. 1860, Augsburg), Gynäkologe.

GEBOREN:

5. 3. München: Matthias Langhoff, Regisseur.

6. 4. Augsburg: Hans W. Geissendörfer, Filmregisseur.

15. 4. Augsburg: Klaus Stiller, Schriftsteller.

29. 4. München: Hanne Darboven, Konzertkünstlerin.

Jüdische Familie mit dem sog. »Judenstern«, den die Angehörigen dieser Volksgruppe seit September 1941 im Deutschen Reich tragen mußten

Juden tragen gelben Stern

1. September 1941. Eine Polizeiverordnung zwingt die deutschen Juden, wie im Mittelalter einen sog. Davidstern zu tragen.

Seit Kriegsbeginn (→ 1. 9. 1939) unterliegt die jüdische Bevölkerung einer nächtlichen Ausgangssperre, ihre Radios und Telefone wurden beschlagnahmt. Seit 1940 erhalten Juden keine Kleiderkarten mehr und dürfen nur zu bestimmten Zeiten in ausgewählten Geschäften einkaufen. Der Kennzeichnungspflicht folgen weitere Bestimmungen, die die Bewegungsfreiheit der Juden einschränken und die jüdische Bevölkerung nahezu völlig aus dem öffentlichen Leben verdrängen. So wird im Dezember 1941 den Juden in Augsburg der Besuch des Wochenmarktes untersagt.

Im Oktober wird Juden die Auswanderung verboten; am 15. November werden die ersten Juden aus Nürnberg in die Vernichtungslager im Osten des Reiches deportiert.

NS-Kirchenkampf wird fortgesetzt

Frühjahr 1941. Mit der Beschlagnahme und Enteignung der Benediktinerabteien Schweiklberg, St. Ottilien und anderer Klöster in Bayern erreicht der Kampf der nationalsozialistischen Machthaber gegen die katholische Kirche einen weiteren Höhepunkt. Seit 1933 versucht die NSDAP den kirchlichen Einfluß im Schulwesen (→ 21. 6. 1936) zurückzudrängen und das katholische Vereins- und Gemeindeleben zu zerschlagen.

Eine der zentralen Persönlichkeiten der katholischen Opposition gegen diese Politik ist der Erzbischof und Kardinal von München-Freising, Michael von Faulhaber, der sich gegen Terror und Krieg wendet. In einer Predigt sagte er schon 1933: »Dem Vaterland ist mit aufrechten Jüngern des Evangeliums besser gedient als mit kriegslustigen Altgermanen.«

Kruzifix-Verbot

April 1941. *Nach der Anweisung von Gauleiter Adolf Wagner, Kruzifixe aus Schulen (Abb.) zu entfernen, kommt es zu massiven Elternprotesten.*

Alliierte erwägen autonomes Bayern

16. Dezember 1941. Im Rahmen erster Überlegungen der Alliierten über die zukünftige Gebietsstruktur eines besiegten Deutschen Reiches faßt der Vorsitzende des Ministerrats der Sowjetunion, Marschall Josef W. Stalin, im Gespräch mit dem britischen Außenminister Anthony Eden die Bildung eines selbständigen Staates Bayern ins Auge. Dies ist die früheste amtliche

Anthony Eden

Äußerung über die Zuordnung Bayerns in der geplanten territorialen Friedensregelung.

Die Frage einer Rückkehr zu einem autonomen Bayern diskutiert wenig später auch ein US-amerikanischer Ausschuß und verweist dabei wohlwollend auf die bayerischen Bedenken gegen den Eintritt in das Wilhelminische Kaiserreich.

Opposition gegen HJ in Jugendcliquen

12. Dezember 1941. Fünf Angehörige einer sich selber »Dreimühlenblase« nennenden Clique werden vor dem Münchner Jugendgericht wegen Diebstahl, Hehlerei und Erpressung zu Jugendarrest und Gefängnisstrafen verurteilt.

Eine im gleichen Jahr von der Reichsjugendführung herausgegebene Denkschrift charakterisiert das seit Kriegsausbruch zunehmende Bandenwesen unter Jugendlichen: »Zu diesen Banden, sogenannten ›Blasen‹, schlossen sich Jugendliche hauptsächlich im Alter von 14 bis 18 Jahren zusammen... Es werden besondere Abzeichen geführt, teilweise auch eine Art Gleichtracht..., z.B. Pullover mit dem gestickten Namenszug der ›Blase‹. Lange Haare und saloppe Kleidung sind weitere Kennzeichen...«

Allen ›Blasen‹ eigen ist die Feindschaft gegen den militärischen Drill in der Hitlerjugend, die sich in häufigen Überfällen und Schlägereien mit HJ-Mitgliedern entlädt. Als Ausdruck jugendlicher Opposition werden die ›Blasen‹ von Behörden und Gestapo erbittert verfolgt.

1942

Luftangriffe beenden Ausbau Münchens

1942. Im Rahmen der von Adolf Hitler veranlaßten und 1938 in München begonnenen Maßnahmen zum »Ausbau der Hauptstadt der Bewegung« wird das Oberfinanzpräsidium in der Sophienstraße fertiggestellt. Die immer häufigeren Bombenangriffe beenden die weiteren Bauarbeiten. Die Arbeiten an der U-Bahn ruhen schon seit 1941.

Am 1. Mai 1938 waren die gigantischen Umbaupläne für Münchens Innenstadt veröffentlicht worden. U.a. sollte der Hauptbahnhof auf ein Gelände zwischen Hirschgarten und Landsberger Straße verlegt werden. Vom alten zum neuen Bahnhof war eine Prachtstraße geplant, gesäumt von einer großen Oper, einem Operettentheater, einem Sportbad, einem Tonfilmhaus und zahlreichen Cafés und Bierpalästen.

Neben monumentalen »Führerbauten«, Aufmarschplätzen und einem 58 km langen Autobahnring um München gehörte die geplante U-Bahn zu den größten vorgesehenen Bauprojekten. Seit 1938 riß der »Dampframmi« dafür die Straßen auf und strapazierte die Nerven der Anwohner. Bis 1941 wurden 590 m Tunnel fertiggestellt.

Die Münchner reagierten mit gutmütigem Spott auf die gigantischen Pläne und ernannten München zur »Hauptstadt der Erdbewegung«.

Modell der geplanten Ost-West-Achse, Bestandteil der nationalsozialistischen Bauvorhaben in München

Modell des geplanten »Forums der SA«, des Burgundertores sowie des Autobahn-Kreisplatzes (oben links)

»Superminister« Paul Giesler

2. November 1942. Nach dem Tod des bayerischen Ministerpräsidenten Ludwig Siebert übernimmt Paul Giesler dessen Ämter in Vertretung des schwer erkrankten Gauleiters München-Oberbayern, Adolf Wagner. Giesler, der seit Juni schon die Aufgaben Wagners in der Gauleitung ausübt, hat nun zusätzlich die Regierungsämter des Ministerpräsidenten, des Finanz-, Wirtschafts-, Innen- und Kultusministers inne. Nach Wagners Tod 1944 übernimmt Giesler diese Ämter auch offiziell.

Der 1895 im westfälischen Siegen geborene Paul Giesler hatte als Günstling des Hitler-Sekretärs Martin Bormann innerhalb der NSDAP Karriere gemacht, ehe er nach München kam. Er gilt als fanatischer Anhänger des Nationalsozialismus. Beim Einmarsch der alliierten Truppen 1945 nimmt er sich das Leben. Während seiner Münchner Amtszeit erregt Giesler u. a. durch eine Rede im Deutschen Museum 1943 Aufsehen. Als er die anwesenden Studentinnen auffordert, lieber »dem Führer ein Kind zu schenken«, als sich an der Universität »herumzudrücken«, kommt es zu lautstarken Protesten unter den Zuhörern.

Paul Giesler, vielfacher bayerischer Minister und späterer Gauleiter

Alfred Delp – ein Pater im Widerstand

1942. Die neugebildete Widerstandsgruppe »Kreisauer Kreis« gewinnt Pater Alfred Delp, Kirchenvorstand und Prediger bei St. Georg in München-Bogenhausen, für den Entwurf einer künftigen christlichen Sozialordnung nach dem Sturz von Führer und Reichskanzler Adolf Hitler. Der Kreisauer Kreis, benannt nach seinem Gründungsort Gut Kreisau bei Schweidnitz/Schlesien

Alfred Delp

sieht im Bekenntnis zum Christentum die Basis einer sittlichen und politischen Erneuerung. 1944 wird die Gruppe entdeckt und Delp u. v. a. in Berlin-Plötzensee hingerichtet.

1943

Einschränkungen im täglichen Leben

Januar 1942. Wegen der beginnenden Lebensmittelknappheit bieten zahlreiche Gaststätten in Bayern zweimal wöchentlich nur das sog. Feldküchenessen an, bei dem die Vorspeise entfällt.

Eine Lehrküche im Frauenwerk Herzogpark (München), bietet Rezepte an, die Pflanzen und Kräuter aus der heimischen Natur verarbeiten: so z. B. einen Brotaufstrich aus Schafgarbe, Sauerampfer, Petersilie und Schnittlauch mit etwas Essig und Salz. Durch eine Anweisung an die Bäcker, nur noch abgelagertes Brot zu verkaufen, soll ein leichteres Auskommen mit der Brotkartenration ermöglicht werden.

Hugo Distler in Berlin gestorben

1. November 1942. Hugo Distler, Komponist und Leiter des Berliner Domchores, begeht in Berlin Selbstmord. Distler wurde am 24. Juni 1908 in Nürnberg geboren. Nach dem Studium am Landeskonservatorium in Leipzig wurde er 1931 Organist und Kantor an der Kirche St. Jakobi in Lübeck, wo er mit seinen Choralmotetten große Popularität erlangte. Ab 1940 lehrte Distler an der Musikhochschule Berlin. Durch die Verbindung von barocker Vokalmusik mit rhythmisch und tonal neuartigen Klangphantasien setzte er neue Maßstäbe für die geistliche Chormusik. Das NS-Regime verfemt seine Kompositionen als »entartete Kunst«.

»Capriccio« hat Premiere

28. Oktober 1942. Karl Böhm ist enttäuscht. Er hatte sich Hoffnungen machen dürfen, die Uraufführung der Strauss-Oper »Capriccio« für sein Dresdner Haus zu erhalten, doch die Premiere ist in München. Dirigent ist Generalmusikdirektor Clemens Krauss, der auch – mit Straussens Unterstützung – das Libretto geschrieben hat.

Die Idee war 1934 von Stefan Zweig gekommen. Er wies Strauss auf die Oper »Prima la musica e poi le parole« (Zuerst die Musik und dann die Worte) des italienischen Komponisten Antonio Salieri (1750–1825) aus dem Jahre 1786 hin. Joseph Gregor sollte – da Zweig in Deutschland als Jude unerwünscht war – eine passende Geschichte erfinden. Doch er scheiterte. Daraufhin sprang Clemens Krauss ein und schrieb diese einaktige Paraphrase über die Frage, ob zuerst die Musik oder die Worte sein sollten. »Nur Kapellmeister können diese Anti-Oper schreiben«, meinte Strauss. »Kein Stück für ein Publikum von 1800 pro Abend. Vielleicht ein Leckerbissen für kulturelle Feinschmecker …«

Die Premiere dieses »Konversationsstücks für Musik« mit Horst Taubmann, Hans Hotter, Viorica Ursuleac, Georg Hann in der Regie von Rudolf Hartmann wird in München ein vielbejubelter Erfolg.

Münchner Ensemble der Oper »Capriccio« mit dem Komponisten Richard Strauss (Mitte; 1864–1949); das Werk geht auf eine Idee von S. Zweig zurück

13. 1. Adolf Hitler gibt den Erlaß über den »Einsatz der Männer und Frauen für die Aufgaben der Reichsverteidigung« heraus. →

11. 2. Bayerische Schüler ab 15 Jahren werden als »Luftwaffenhelfer« zum Kriegsdienst herangezogen.

18. 2. Die Geschwister Hans und Sophie Scholl von der Widerstandsgruppe »Weiße Rose« werfen Flugblätter in den Lichthof der Universität München. Sie fordern »Wiederherstellung der Ehre – Kampf gegen die Partei«. →

31. 3. Aufgrund der schlechten Wirtschaftslage stellt die »Münchner Zeitung« ihr Erscheinen ein.

2./3. 10. Das Münchner Nationaltheater wird bei einem Bombenangriff zerstört. →

28. 11.–1. 12. Auf der Konferenz von Teheran vereinbaren US-Präsident Franklin D. Roosevelt, der britische Premierminister Winston Churchill und der sowjetische Regierungschef Josef Stalin nach dem Ende des Zweiten Weltkriegs. Churchill schlägt vor, aus Bayern, Österreich und Ungarn einen süddeutschen Bund zu bilden. Roosevelt schlägt die Bildung eines Staates aus Bayern, Baden und Württemberg vor.

29. 11. Der im Exil in der Schweiz lebende bayerische Politiker Wilhelm Hoegner unterbreitet dem in Bern residierenden Leiter des amerikanischen Office of Strategic Services, Alan Dulles, einen »Vorschlag für eine Neugliederung Deutschlands«. →

1943. Der im Exil in London lebende bayerische Politiker Franz Xaver Aenderl veröffentlicht »Bavaria, the Problem of German Federalism«.

1943. Der Wittelsbacher Kronschatz wird vor dem Zugriff der Nationalsozialisten in Sicherheit gebracht. →

1943. Jeder Normalverbraucher über 18 Jahre erhält in Bayern wöchentlich 250 g Fleisch, Jugendliche 300 g und Kinder bis zu sechs Jahren 100 g.

GESTORBEN:

22. 2. München: Hans Scholl (* 22. 9. 1918, Ingersheim/Crailsheim) und seine Schwester Sophie Scholl (* 9. 5. 1921, Forchtenberg), Widerstandskämpfer gegen den Nationalsozialismus, Gründer der Widerstandsgruppe »Weiße Rose«.

GEBOREN:

25. 1. Straßberg bei Augsburg: Roy Black († 9. 10. 1991, Heldenstein), Schlagersänger.

Kriegsfreiwillige an einer der zahlreichen Bahnhofssammelstellen

Mobilmachung für den totalen Krieg

13. Januar 1943. Adolf Hitler veranlaßt durch einen geheimen Führererlaß den umfassenden Einsatz von Männern und Frauen für Aufgaben der Reichsverteidigung. Damit beginnt die totale Mobilmachung für den von Propagandaminister Josef Goebbels einen Monat später geforderten »totalen Krieg«.

In den bayerischen Zeitungen stehen täglich Aufrufe, wann und wo sich Männer und Frauen für die Aufgaben der Reichsverteidigung zu melden haben. Wer keine »kriegswichtige Beschäftigung« nachweisen kann, der wird daraufhin »zum Einsatz gebracht«.

»Münchner Neueste Nachrichten«

Außerdem werden alle Geschäfte, die nicht als kriegs- und lebenswichtig gelten ebenso wie Bars, Restaurants u. ä. geschlossen. Die Kunden dürfen bei ihrem Frisör nur Kopfwaschen, Frisieren und Ondulieren verlangen; Schönheitspflege ist untersagt: »Durch das Wegfallen dieser Arbeiten wird eine überraschend hohe Zahl weiblicher Arbeitskräfte eingespart und kann sinnvolleren Arbeiten zugeführt werden.«

Widerstandskreis Weiße Rose in München

18. Februar 1943. Die Geschwister Hans und Sophie Scholl, Mitglieder der studentischen Widerstandsbewegung »Weiße Rose«, werfen in dem Lichthof der Münchner Universität Flugblätter ab, in denen sie gegen das nationalsozialistische Regime und den andauernden Krieg Stellung beziehen. Bei ihrer aufsehenerregenden Tat vom Hausdiener entdeckt, werden die jungen Studenten sofort der herbeigerufenen Gestapo übergeben. Eine sich anschließende Hausdurchsuchung in der Wohnung der Verhafteten ergibt Hinweise auf die Beteiligung eines weiteren Mitglieds der Widerstandsgruppe, Christoph Probst, der daraufhin ebenfalls festgenommen wird.

Der Widerstandskreis »Weiße Rose« hatte sich im Sommer 1942 an der Münchner Universität gebildet. Neben den Geschwistern Scholl und

Hans Scholl, seine Schwester Sophie Scholl und Christoph Probst (v. l. n. r.), Mitglieder der studentischen Widerstandsgruppe »Weiße Rose«

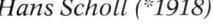

*Hans Scholl (*1918)*

*Sophie Scholl (*1921)*

*Kurt Huber (*1893)*

*Ch. Probst (*1919)*

Christoph Probst zählten seit ihrer Gründung Alexander Schmorell, Willi Graf sowie der Philosophieprofessor Kurt Huber zur Gruppe. Die Studenten der Medizin begannen schon bald mit ihren ersten Flugblattaktionen, verschickten ihre vervielfältigten Schriften, in denen sie die Schreckensherrschaft der Nationalsozialisten anprangerten, zur Weitergabe an Anhänger in Saarbrücken, Hamburg, Berlin und Köln. Sie alle und eine Anzahl ihrer Freunde werden im Laufe des Februars und März des Jahres 1943 verhaftet. Gegen Hans und Sophie Scholl sowie Christoph Probst verkündet der Vorsitzende des Volksgerichtshofes Roland Freisler schon am 22. Februar das Todesurteil, welches noch am gleichen Tage vollstreckt wird. Schmorell, Huber und Graf werden am 19. April 1943 zum Tode verurteilt, über die anderen Mitglieder des Kreises Freiheitsstrafen verhängt.

Urteil des Volksgerichtshofes gegen die Geschwister Scholl und Ch. Probst; in einem ihrer Flugblätter gegen die Terrorherrschaft des NS-Regimes heißt es: »In einem Staat rücksichtsloser Knebelung jeder freien Meinungsäußerung sind wir aufgewachsen… Es gilt den Kampf jedes einzelnen von uns um unsere Zukunft, unsere Freiheit und Ehre…«

Hoegner entwickelt Pläne für Bayern

29. November 1943. Der in der Schweiz im Exil lebende bayerische SPD-Politiker Wilhelm Hoegner unterbreitet dem in Bern residierenden Leiter des US-amerikanischen ›Office of Strategic Services‹, Allan Dulles, einen »Vorschlag für eine Neugliederung Deutschlands.« Hoegner ist einer der wenigen bayerischen Emigranten, die in ihren

Wilh. Hoegner

Gastländern politische Aktivitäten im Hinblick auf die Entwicklung Bayerns nach dem Krieg entfalten. Hoegner befürwortet die Schaffung eines deutschen Staatenbundes, dem sich Bayern aus wirtschaftlichen Gründen anschließen sollte. Für den Fall, daß ein Bundesstaat gebildet wird, spricht sich Hoegner für eine Abgrenzung der Zuständigkeit zwischen Bund und Ländern aus.

Schweizer rettet den Wittelsbacher Schatz

1943. Der Wittelsbacher Kronschatz wird heimlich von der Münchner Residenz nach Kelheim gebracht, um ihn vor dem Zugriff der Nationalsozialisten in Sicherheit zu bringen. Der leitende Architekt der Residenz, der Schweizer Tino Walz, bringt den Schatz, zu dem ein Zeremonienschwert, Kronen, Zepter und anderes Geschmeide gehören, wenig später weiter nach Schloß Neuschwanstein. Als auch dieses Versteck zu unsicher wird, lädt

Tino Walz

Walz die Kostbarkeiten erneut in sein Privatauto, einen Opel Kadett, der mit einer Schweizer Fahne versehen ist. Bis nach dem Ende des Zweiten Weltkriegs lagert er den Schatz bei einem Bauern in der Ortschaft Ostin ein, der die Wittelsbacher Hinterlassenschaft in einem Keller unter seinem Kartoffellager versteckt, ohne zu wissen, was er beherbergt.

Brennendes Münchner Nationaltheater nach einem alliierten Luftangriff

Ruine des durch Bombentreffer zerstörten Münchner Nationaltheaters

Münchner Nationaltheater in Trümmern

Lähmende Furcht vor Bombenterror

2./3. Oktober 1943. Die Stadt München wird in der Nacht von dem bisher schwersten Angriff alliierter Bomberverbände heimgesucht.

Neben großen Zerstörungen, die an Wohnhäusern angerichtet werden, erleiden dabei auch mehrere Kulturbauwerke der Stadt beträchtlichen Schaden. Nationalmuseum, Staatsbibliothek, Staatsgalerie, Deutsches Theater und Leuchtenberg-Palais werden Opfer der Bomben. Besonders betroffen ist das Nationaltheater am Max-Joseph-Platz.

Noch am Abend des 2. Oktober, einem Samstag, dirigierte Meinhard von Zallinger vor fast ausverkauftem Haus (bei Eintrittspreisen zwischen einer und elf Mark) eine Aufführung von Eugen d'Alberts »Tief-

land«; Carl Cronenberg, Odo Ruepp, Julius Pölzer, Helena Braun, Gerda Sommerschuh u. a. sangen.

Um 20.30 Uhr war die Vorstellung beendet, und wenige Stunden später beginnt das Bombardement. Vom Nationaltheater stehen am nächsten Morgen nur noch die Außenmauern und die Säulenreihe des Portals – ein bizarres Skelett, ausgebrannt bis in den Keller hinab, ein Haus ohne Dach und ohne Fenster.

Das Nationaltheater bildete eines der bedeutendsten Gebäude des Klassizismus in Deutschland, errichtet nach Plänen des Architekten Karl Fischer. Seinem Pariser Vorbild, dem Odeon, nacheifernd, verfügte das im Jahr 1818 fertiggestellte Münchner Haus über eine große

Tradition, erlebte glanzvolle Inszenierungen und weltberühmte Festspiele. Das zerstörte Bauwerk war allerdings schon nicht mehr das von Fischer erbaute Theater; fünf Jahre nach seiner Einweihung hatte ein Brand im Jahr 1823 das Gebäude schon einmal bis auf die Grundmauern zerstört. Zwei Jahre darauf war es nach Plänen von Leo Klenze wieder aufgebaut worden.

Von offizieller Seite wird der schwere Verlust des Kulturbauwerkes so kommentiert: »München hat jetzt seinen Platz in der Reihe jener Städte, die in der ersten Front des Luftkrieges stehen …«

Die »Münchner Neuesten Nachrichten« wissen zu berichten: »Im höllischen Heulen und Pfeifen der Bomben, im knatternden Zerbersten der Sprengminen, im Regen der heimtückischen Brandbomben hat die Münchner Bevölkerung in den Nachtstunden zum Sonntag echtes Soldatentum bewiesen … Die Scharen der Leidgeprüften, die in einer kurzen Stunde verloren haben, was sie in vielen Jahren mit ihrer Hände Fleiß erarbeitet und in gemeinsamer Liebe für das bergende Heim sich abgespart haben, die Mutter, die als Teuerstes in ihren Armen ein in Decken gehülltes Kind birgt, die Gattin eines Frontsoldaten, die mit zwei Händen trägt, was sie von ihrer und ihres Mannes Habe retten konnte … diese erschütternde Tragik als Ereignis eines berechneten Terrorüberfalls mußte München in der Nacht zum 3. Oktober wieder in ihrer ganzen unmenschlichen Bitterkeit erleben …«

Die Münchner Bevölkerung erlebt den Angriff der britischen Bomberverbände in Kellern und Bunkern.

Quälende Angst, lähmendes Entsetzen und das Gefühl anhaltender Ohnmacht spiegelt sich in Berichten vieler Augenzeugen. Ein Münchner Soldat, der gerade seinen Heimaturlaub angetreten hatte, als der schwere Bombenangriff auf München stattfand, schildert rückblickend seine Eindrücke der Bombennacht: »Ich habe im ganzen Rußlandfeldzug kein einziges Mal soviel Angst gehabt wie damals, als ich daheim im Urlaub im Luftschutzkeller hockte, als Soldat zwischen Frauen und Kindern und alten Leuten. Es war dieses quälende Gefühl – eigentlich müßte man doch etwas unternehmen, das kann man doch nicht einfach über sich ergehen lassen. Draußen hat man sich halt in Deckung geworfen und auf den Tiefflieger geschossen, der da über die Stellung hinwegfegte. Das war auch völlig sinnlos – aber man hat wenigstens etwas getan… Aber hier konnte man nur warten. Warten, ob die Einschläge näher kommen oder sich entfernen, ob das Haus getroffen wird oder nicht. Und warten auf die Entwarnung. Das ist einem vorgekommen wie eine Ewigkeit, auch wenn es ›nur‹ zwei Stunden waren.«

Schlagzeile der »Münchner Neueste Nachrichten« am Tag nach dem schweren Luftangriff alliierter Bomberstaffeln auf die bayerische Landeshauptstadt

1944

Ausgebombtes Wohnhaus nach einem der alliierten Luftangriffe zur Demoralisierung der Zivilbevölkerung

Trümmerlandschaft in der Münchner Innenstadt, wo alliierte Bombergeschwader große Zerstörung anrichteten

Luftangriffe auf Städte und Betriebe

17. Dezember 1944. Bei einem schweren britischen Luftangriff auf die Münchner Innenstadt kommen 562 Menschen ums Leben. Bereits am 22. September hatte ein Angriff der Royal Air Force auf die bayerische Landeshauptstadt 199 Menschenleben gefordert. Am 7. November flogen alliierte Bomberverbände schwere Angriffe auf die Verkehrsknotenpunkte Ludwigshafen, Aschaffenburg, Nürnberg, München und Rosenheim. Sieben weitere Luftangriffe auf München forderten im Laufe des Monats November noch einmal 350 Opfer. Am 21. November wurde Aschaffenburg schwer getroffen, am 29. Dezember ist Landshut Ziel der Alliierten.

Seit Juni 1944 haben Ausdehnung und Dichte der alliierten Luftangriffe auf Industrieanlagen und Wohngebiete in Bayern ständig zugenommen, nachdem amerikanische und britische Bomberverbände bereits im Spätsommer des Vorjahres Angriffe gegen Städte und Zentren der bayerischen Rüstungsindustrie geflogen waren.

Im Zuge eines Reichsumquartierungsplans wurden seit Mitte 1943 Einwohner der größeren bayerischen Städte in ländliche Gebiete evakuiert, allein aus München und Nürnberg wurden 140 000 Menschen in die Gaue Bayreuth und Schwaben gebracht. Krankenhäuser, Hospitäler und Schulen wurden aufs Land verlegt.

Letztes Kampfaufgebot wird ausgerüstet

25. September 1944. Um das Land zu verteidigen, werden, einem Erlaß des Oberbefehlshabers der Wehrmacht und Reichskanzlers Adolf Hitler folgend, »alle waffenfähigen Männer im Alter von 16 bis 60 Jahren« zum Kriegsdienst einberufen. So wird auch in Bayern zur »Verteidigung der engeren Heimat, von Haus, Hof und Arbeitsstätte« ein sog. Volkssturm der Jugendlichen und Wehruntauglichen aufgestellt, mit Windjacken und Wehrmachtsschirmkappen notdürftig uniformiert und in unzureichendem Maße an der Waffe ausgebildet. Bisher vom Wehrdienst freigestellte Arbeiter in der Rüstungsindustrie bilden den noch kampffähigsten Teil dieser Verbände, die nicht der Heeresleitung, sondern den Gauleitern und der SA unterstellt sind. Um die ausrückenden Volkssturmbataillone wenigstens mit den dringendsten Kleidungsstücken ausrüsten zu können, ergeht am 6. Januar 1945 ein Aufruf an die bayerische Bevölkerung: Vom Feldbecher bis zum Regenmantel, von Schuhwerk und Strümpfen über den Frack bis zum Trachtenhut wird alles für das »letzte Aufgebot« benötigt.

Kaum ausgebildete und oft mangelhaft ausgerüstete Kriegsfreiwillige hatten im Gegensatz zum »letzten Aufgebot« wenigstens Uniformen

Einsatz aller für den totalen Krieg

10. August 1944. Reichspropagandaminister Goebbels verkündet im Rahmen der Maßnahmen für den »totalen Krieg« ein Verbot aller öffentlichen Veranstaltungen nicht kriegswichtigen Charakters.

Weitere Maßnahmen dieser Art sind z.B. die Abkommandierung aller fremdländischen Haus- und Wirtschaftsgehilfen in die Rüstungsindustrie und die Einziehung des gesamten Nachwuchses von Film und Theater. Am 1. September schließen sämtliche Theater, in Büros und Verwaltungen wird die 60-Stunden-Arbeitszeit pro Woche eingeführt und eine Urlaubssperre verhängt. Auch die Tagespresse wird eingeschränkt.

Immer mehr Bayern hören Feindsender

Juni 1944. Nach der Landung der Alliierten in der Normandie wächst in Bayern wie im gesamten Deutschen Reich das Bedürfnis der Bevölkerung nach wahrheitsgemäßen Informationen. Immer mehr Menschen hören deswegen ausländische Radiosender und werden damit nach NS-Recht zu »Rundfunkverbrechern«. Das Feindsenderhören ist seit 1939 verboten und wird seit 1941 auch mit dem Tode bestraft.

Widerstandsgruppe blutig zerschlagen

1944. Nachdem mit der Verhaftung von Helmuth James Graf von Moltke im Januar die Widerstandsgruppe »Kreisauer Kreis« gesprengt wurde, rollt die Gestapo in München auch die »Antinazistische Deutsche Volksfront« (ADV) auf.

Die ADV um Karl Zimmet, Hans und Emma Hutzelmann sowie Georg Jahres hat ihre Wurzeln in der christlich-radikalen Bauernbewegung Vitus Hellers und druckt seit Sommer 1941 eine Reihe von Flugblättern, die allerdings nur vereinzelt verteilt werden. Ab 1943 arbeitet die ADV mit einer illegalen Organisation von Kriegsgefangenen in den Arbeitslagern um München zusammen, um Fluchthilfe zu leisten und Sabotageakte durchzuführen.

Bis September 1944 verhaftet die Gestapo 300 Menschen, von denen die meisten ermordet werden.

Münchner überleben in Schutt und Asche

Ende Juli 1944. Nach sechs schweren Luftangriffen auf München, bei denen mehr als 3 000 Menschen ums Leben kamen, sind 200 000 Münchner obdachlos. Im Trümmerfeld der Innenstadt treten Versorgungsschwierigkeiten auf. Tagelang funktionieren die Wasser-, Strom- und Gasleitungen nicht. Die Menschen stehen in langen Schlangen mit Kübeln und Eimern an den Straßenhydranten, um sich mit Trinkwasser zu versorgen. Hilfszüge der NS-Volkswohlfahrt übernehmen die Verpflegung der Stadtbevölkerung. Zwischen den Hausruinen verteilen Helfer Eintopf aus Feldküchenkesseln. Die Behörden rufen zum sparsamen Umgang mit Kaffee-Ersatz und zum Sammeln »wertvoller Rohstoffe« auf. Für 5 kg Knochen bekommt man z.B. ein Stück der begehrten und rar gewordenen Kernseife.

Auch das bayerische Bier wird knapper

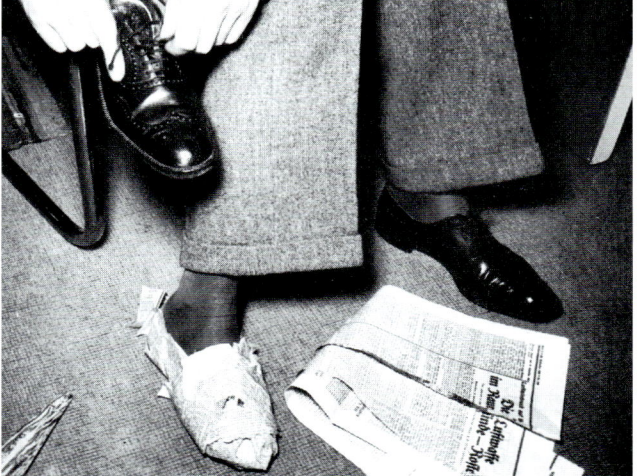
Zeitungspapier in Schuhen schützt vor kalten Füßen

Einkauf mit Marken in einem Kellerladen

Während des Zweiten Weltkriegs gibt es Brot nur auf Marken

Arbeiten in Mänteln wegen Kohlenmangel

Trockengemüse ersetzt fehlende frische Nahrungsmittel

1945

29. 4. Das Konzentrationslager Dachau wird von amerikanischen Truppen befreit. →

30. 4. Die Amerikaner rücken in München ein. →

28. 5. Fritz Schäffer, letzter Vorsitzender der Bayerischen Volkspartei 1929–1933 und Leiter des bayerischen Finanzministeriums 1931–1933, wird von der US-Militärregierung zum vorläufigen bayerischen Ministerpräsidenten ernannt. →

5. 6. Das Territorium des Deutschen Reichs wird in vier Besatzungszonen aufgeteilt.

14. 8. Im Münchner Rathaus findet auf Einladung von Karl Scharnagl eine Besprechung zur Gründung der CSU statt. →

21. 8. Adam Stegerwald, der Regierungspräsident von Unterfranken, hält in Würzburg die Rede »Wo stehen wir?«. →

16. 9. Die amerikanische Militärregierung beschließt die Bildung der »Staaten« Bayern, Württemberg-Baden und (Groß-)Hessen.

6. 10. Die erste Ausgabe der in München gegründeten »Süddeutschen Zeitung« erscheint. →

13. 11. Der neue bayerische Ministerpräsident Wilhelm Hoegner (SPD) veröffentlicht den Artikel »Föderalismus, Unitarismus oder Separatismus«. →

20. 11. Vor einem internationalen Militärgerichtshof in Nürnberg beginnt der Prozeß gegen die Hauptangeklagten des Nationalsozialismus. →

17. 12. Josef Müller wird mit der vorläufigen Führung der Geschäfte eines CSU-Landesvorsitzenden beauftragt.

GESTORBEN:

20. 3. Giengen/Brenz: Erhard Auer (* 22. 12. 1874, Dommelstadl bei Passau), SPD-Politiker, bayerischer Innenminister 1918/19 (Regierung Eisner).

23. 4. Berlin-Moabit: Albrecht Haushofer (* 7. 1. 1903, München), Schriftsteller.

23. 5. bei Lüneburg: Heinrich Himmler (* 7. 10. 1900, München), NS-Politiker.

1. 11. München: Rupert Mayer (* 23. 1. 1876, Stuttgart), katholischer Theologe. →

3. 12. Würzburg: Adam Stegerwald (* 14. 12. 1874 Greußenheim/Unterfranken), Politiker und Gewerkschafter, Mitbegründer der CSU.

GEBOREN:

31. 5. Bad Wörishofen: Rainer Werner Fassbinder († 10. 6. 1982, München), Schriftsteller, Regisseur und Filmproduzent.

11. 9. München: Franz Beckenbauer, Fußballspieler.

Amerikanische Truppenverbände rücken in Bayern vor

30. April 1945. *Nach dem Überschreiten der Donau rückt die 7. amerikanische Armee in Richtung München vor (Abb.); eine etwa 100 Mann starke Vorausabteilung trifft in den Morgenstunden in der Landeshauptstadt ein. Aus Richtung Oberföhring dringt sie über die Ismaninger Straße zum Prinzregentenplatz vor. Während sie dort in Hitlers Privatwohnung ihren Gefechtsstand einrichtet, zieht von Westen her ein anderer Amerikaner, Ernest Langendorf, mit einigen Mann, bis zum Marienplatz vor. Bereits am nächsten Tag, dem 1. Mai, beginnen amerikanische Truppen zu beiden Seiten der Isar mit der vollständigen Besetzung der Stadt. Der amerikanische Major Eugene Keller zieht ins fast dachlose Rathaus ein und übernimmt die Amtsgeschäfte. Nahezu kampflos wird die sog. Hauptstadt der Bewegung eingenommen und die örtliche Hilfspolizei entmachtet. In den folgenden Tagen erobern die amerikanischen Verbände rasch das restliche Südbayern. Ein Teil der anrückenden Truppen marschiert ostwärts in die Tschechoslowakei.*

Amerikaner setzen Fritz Schäffer ab

28. Mai 1945. Die Amerikaner fragen Kardinal Michael von Faulhaber, wen sie zum ersten Nachkriegs-Ministerpräsidenten machen könnten, und der setzt auf Platz 1 seiner Liste den 57jährigen ehemaligen BVP-Vorsitzenden und Finanzminister Dr. Fritz Schäffer.

Da sich der zwanzig Tage nach Kriegsende eingesetzte Schäffer gegen eine rigorose Entnazifizierung ausspricht – und dabei steht US-General George Patton auf seiner Seite –, wird er am 28. September abgesetzt. Die Aufforderung dazu kommt telephonisch aus dem US-Hauptquartier in Frankfurt und muß sofort vollzogen werden. Am gleichen Tag wie Schäffer wird auch der kommunistenfeindliche General George Patton von seinem Kommando als Befehlshaber Bayerns abgelöst.

Fritz Schäffer

Ministerpräsident fordert Staatenbund

13. November 1945. Wilhelm Hoegner, seit September Bayerischer Ministerpräsident, veröffentlicht seinen vielbeachteten Artikel »Föderalismus, Unitarismus oder Separatismus«. In diesem Artikel fordert er die Bildung eines Bundes freier Staaten in Deutschland, innerhalb dessen eine Eigenständigkeit Bayerns garantiert werden müsse.

In einem Staatenbund, so der SPD-Politiker, gäben die einzelnen souveränen Staaten jeweils nur in dem Maße ihre Unabhängigkeit freiwillig preis, wie ihnen Vorteile aus dem größeren Ganzen erwüchsen. »Wir wollen Deutsche sein und bleiben, jedoch kraft freiwilliger Einordnung in ein größeres Vaterland. Vor allem aber wollen wir wieder unsere eigenen Herren im ›Gasthaus zum Bayrischen Löwen‹ sein.«

Wilh. Hoegner

CSU-Gründungsrunde im Münchner Rathaus

14. August 1945. Noch während des von den Alliierten verhängten Verbots parteipolitischer Tätigkeit lädt der Münchner Oberbürgermeister Karl Scharnagl interessierte Politiker zu einem Gespräch ins Rathaus, bei dem über die Gründung einer bayerischen Partei mit christlich-sozialer Grundhaltung, der späteren Christlich-Sozialen Union (CSU), beraten wird. Scharnagl, von 1924 bis 1933 Oberbürgermeister von München, war im Mai 1945 von der amerikanischen Militärregierung wieder mit der Leitung der Stadtverwaltung beauftragt worden. Neben Scharnagl gehören Adam Stegerwald, ehemaliger Generalsekretär der Christlichen Gewerkschaften, und der Rechtsanwalt Josef Müller zu den Befürwortern einer christlich-sozialen »Brückenpartei«.

Karl Scharnagl

Amerikaner befreien Häftlinge in Dachau

29. April 1945. Nachdem die Reste der zur SS-Division »Wiking« gehörenden Wachmannschaften überwältigt worden sind, rücken amerikanische Truppen in das Konzentrationslager Dachau bei München ein. Trotz der seit Mitte April angelaufenen Evakuierungsaktionen befinden sich noch über 32 000 Häftlinge, zum größten Teil Polen und Russen, im Lager. Auf einem Gleisanschluß stoßen die Amerikaner auf Güterwaggons mit toten und sterbenden Häftlingen. Auch die Straßen zum Lager sind mit den Leichen erschossener Insassen gesäumt, die aus Erschöpfung beim Abmarsch zurückgeblieben waren. In einem Funkspruch an die Kommandanten der Konzentrationslager Dachau und Flossenbürg hatte Reichsführer SS Heinrich Himmler angeordnet, daß kein Häftling lebend in die Hände des »Feindes« fallen dürfe.

In den Baracken von Dachau bietet sich den Amerikanern ein Bild des Grauens: Auf engstem Raum zusammengepfercht, ohne jegliche sanitären Einrichtungen, erwarten ausgezehrte Gefangene inmitten sterbender Mithäftlinge ihre Befreier. Da seit November des Vorjahres eine Flecktyphusepidemie in dem überfüllten Lager wütet, verhängen die Amerikaner eine Quarantäne.

Soldaten des 70. US-Panzer-Bataillons in Nürnberg vor dem Gebäude, in dem der Prozeß gegen die Hauptangeklagten des NS-Regimes stattfindet

Kriegsverbrecher vor Gericht

20. November 1945. In Nürnberg beginnt vor einem internationalen Militärgerichtshof das Verfahren gegen die Hauptangeklagten des Nationalsozialismus. Die 22 Angeklagten, unter denen sich Hermann Göring, Rudolf Heß, Julius Streicher, Alfred Jodl und Baldur von Schirach befinden, haben sich vor dem Gericht, das sich aus je einem Vertreter Großbritanniens, Frankreichs, der UdSSR und der USA zusammensetzt, wegen Verbrechen gegen den Frieden, gegen die Menschlichkeit, Kriegsverbrechen und Verschwörung gegen den Frieden zu verantworten.

Das in vier Sprachen geführte Verfahren wird nach 403 öffentlichen Sitzungen mit der Urteilsverkündung beendet (→ 1. 10. 1946); 12 Angeklagte werden zum Tod durch den Strang verurteilt, 9 zu langjährigen Haftstrafen. Neben diesen Urteilen werden die NSDAP, SS, SD (Sicherheitsdienst) und Gestapo zu verbrecherischen Organisationen erklärt.

Rupert Mayer in München gestorben

1. November 1945. An Allerheiligen stirbt in München der Jesuitenpater Rupert Mayer, der als eine der wichtigsten Persönlichkeiten des kirchlichen Widerstandes gegen die Nationalsozialisten gilt. Unter großer Anteilnahme der Bevölkerung wird er in München beigesetzt. Mayer, am 23. Januar 1876 in Stuttgart geboren, wurde nach dem Studium in Freiburg, München und Tübingen 1899 zum Priester geweiht.

Rupert Mayer

Während des Ersten Weltkriegs war er Feldgeistlicher; 1916 wurde er in den Vogesen schwer verwundet. Schon vor der Machtübernahme durch die Nationalsozialisten hatte Rupert Mayer in Predigten und Ansprachen vor deren menschenfeindlicher Ideologie gewarnt. Als er verhaftet wurde, machte sich der Münchner Kardinal Michael von Faulhaber zu seinem Fürsprecher. Mayer, der trotzdem im KZ Oranienburg-Sachsenhausen und später in der Benediktinerabtei Ettal festgehalten wurde, erlebte im Mai 1945 die Befreiung durch US-Truppen.

Stegerwald fordert endgültiges Lernen aus der Geschichte

21. August 1945. Adam Stegerwald, Regierungspräsident von Unterfranken und 1945/46 Mitbegründer der CSU, hält wenige Wochen nach Wiederbeginn des politischen Lebens im Stadthaus zu Würzburg eine vielbeachtete Rede zu der Frage »Wo stehen wir?«.

Über weite Strecken seiner Ausführungen beschäftigt sich Stegerwald mit den Ursachen der zurückliegenden zwölfjährigen nationalsozialistischen Gewaltherrschaft und der Sonderentwicklung der deutschen Geschichte in der Neuzeit. Die früheste Weichenstellung für die Ereignisse, die in die Katastrophe des Zweiten Weltkriegs mündeten, sieht er in der Zersplitterung des Heiligen Römischen Reiches Deutscher Nation seit dem Zeitalter der Glaubenskriege: »Der

A. Stegerwald

Volk- und Nationwerdungsprozeß der Deutschen ist damit außerordentlich erschwert und aufgehalten worden. In der gleichen Zeit haben andere europäische Völker ihren Blick nach außen gerichtet und sich angeschickt, sich ihren Platz an der Sonne zu erarbeiten und sicherzustellen ... Nach der wirtschaftlichen und politischen Einigung Deutschlands im 19. Jh. glaubten eine Reihe deutscher machthungriger Politiker und Staatsmänner, in kurzer Zeit alles nachholen und ausglei-

chen zu können ... Hier liegen die tiefsten Wurzeln der nationalsozialistischen Psychologie und Demagogie.«

Als weiteren Nährboden des Nationalsozialismus sieht Stegerwald die mit der Industrialisierung einhergegangenen sozialen Probleme: »Hier setzte der deutsche Nationalsozialismus ein. Er versprach den Massen Dauerbeschäftigung, Sicherheit der Existenz des Einzelnen und seiner Familie, eine großzügige Wohnungsbeschaffung und -gestaltung für kinderreiche Familien und eine ebenso großzügige Altersversorgung. Er frischte die alte Formel auf ...: ›Gemeinnutz geht vor Eigennutz!‹ Aber seine Führer handelten nicht danach!«

Als letzte Anstöße zur Machtergreifung führt er die Verbreitung

der sog. Dolchstoßlegende und das Abdriften von Reichspräsident Paul von Hindenburg in das Lager der autoritären Rechten an.

Mit Blick auf die Zukunft des deutschen Volkes fordert Stegerwald das Bekenntnis zur freiheitlichen Demokratie, die Abkehr vom Gedanken der Staatsallmacht, wie er im preußischen Obrigkeitsstaat geschichtsmächtig geworden sei. Demokratie – das heißt für ihn: »Was du nicht willst, das man dir tu', das füg' auch keinem andern zu!«

Stegerwald führt zum Verständnis von Demokratie weiter aus: »Demokratie ist also keine bloße Angelegenheit von Staat zu Staat, keine bloße Angelegenheit des Verkehrs der Behörden mit dem Publikum, Demokratie ist kameradschaftlicher Verkehr von Mensch zu Mensch.«

Verleger erhalten Presselizenzen

6. Oktober 1945. In München erscheint die erste Ausgabe der »Süddeutschen Zeitung« (SZ). Franz-Josef Schöningh, Edmund Goldschagg und August Schwingenstein als Verleger erhielten erst wenige Tage zuvor von den amerikanischen Militärbehörden die erste Lizenz zur Herausgabe einer Tageszeitung in Bayern nach Beendigung des Krieges und dem Verbot aller bis dahin erschienenen Zeitungen.

Nur unter großen Schwierigkeiten war es gelungen, im früheren Verlagshaus Knorr & Hirth an der Sendlinger Straße die Produktion der Zeitung aufzunehmen. Das Verlagsgebäude, während der NS-Zeit Parteieigentum, mußte zunächst von Schutt und Trümmern freigeräumt werden. Während technische Hilfsmittel und eine Rotationsmaschine zur Verfügung standen, fehlte es an Betriebsmaterial; für die erste Ausgabe wurde der Bleisatz von Hitlers »Mein Kampf« eingeschmolzen. Da vor allem die Papierzuteilung durch die amerikanischen Kontrollbehörden ausgesprochen knapp bemessen ist, kann die Zeitung in der Anfangszeit nur zweimal wöchentlich mit etwa vier Seiten Umfang erscheinen. Die Auflage der SZ von 357 000 Exemplaren bezeugt eine große Nachfrage nach der ersten wieder auf dem Markt erscheinenden, lizenzierten Zeitung.

Die erste Nachrichtenkontrollvorschrift vom 14. Juli 1945 erlaubt es der zuständigen amerikanischen Pressebehörde (6870 District Information Services Controll Command), demokratisch verläßlichen Persönlichkeiten die Herausgabe einer überparteilichen, unabhängigen Zeitung zu gestatten. Parteizeitungen werden von der Kontrollbehörde nicht zugelassen, die Amerikaner wollen ein Wiederaufleben der in der Weimarer Zeit verbreiteten Gesinnungspresse vermeiden und die deutsche Presselandschaft völlig nach dem amerikanischen Vorbild gestalten.

Unter Leitung des zuständigen Presseoffiziers Ernest Langendorf werden in Bayern von 1945 bis zum 20. August 1947 insgesamt 22 Lizenzen vergeben. Darunter befinden sich unter anderem die

»Nürnberger Nachrichten«, die »Frankenpost«, die »Mittelbayerische Zeitung«, die »Schwäbische Landeszeitung« und außerdem auch der »Donau-Kurier«.

Der »Münchner Mittag« erhält als zweite Zeitung nach der SZ eine Lizenz für München und erscheint nach amerikanischem Muster am Nachmittag als sog. afternoon paper. Die Idee schlägt jedoch nicht ein, so daß das Blatt bald unter dem Namen »Münchner Merkur« als Morgenzeitung herausgegeben wird. Die Münchner »Abendzeitung« entsteht 1948 aus einer Zeitung, die während einer Presseausstellung in München für die Besucher gedruckt wird (→ Frühsommer 1948). Die Profite der »Abendzeitung« sollen ausschließlich zur Ausbildung des journalistischen Nachwuchses verwendet werden. Aus dem nach dem ersten Lizenzträger und Redakteur benannten Werner-Friedmann-Institut wird später die Deutsche Journalistenschule.

Faksimile-Abbildung:

Süddeutsche Zeitung
MÜNCHNER NACHRICHTEN AUS POLITIK · KULTUR · WIRTSCHAFT UND SPORT

Preis 20 Pfg.

1. Jahrgang / Nummer 1 — Lizenz Nr. 1 der Nachrichtenkontrolle der Militärregierung Ost — Samstag, 6. Oktober 1945

Zum Geleit

Neue Regierung Bayerns unter Dr. Högner

Dr. Högners Programm

Dr. Högner, der neue Ministerpräsident

General Patton scheidet aus Bayern

Eisenhower greift ein

Ein Brief Roosevelts

Linksruck in Frankreich

Abkehr — Einkehr
Von Edmund Goldschagg

Kein Wahlrecht für Nazis

Keine Einigung der Außenminister

Weltgewerkschaftsbund tagte

Sitz der Vereinten Nationen in Amerika

»Süddeutsche Zeitung« – die erste von der Kontrollbehörde lizenzierte bayerische Nachkriegszeitung

»Stunde Null« – Neubeginn 1945

Mit der Unterzeichnung der bedingungslosen Kapitulation durch Vertreter der deutschen Wehrmacht am 7./8. Mai 1945 in Reims bzw. in Berlin ging der Zweite Weltkrieg zu Ende. Im gesamten Deutschen Reich hatte er über 5 Mio Menschen das Leben gekostet. Im rechtsrheinischen Bayern waren mehr als 250 000 Gefallene zu beklagen, davon allein 75 000 in den vier letzten Kriegsmonaten. Die meisten starben auf den Schlachtfeldern der Ostfront, doch auch an den übrigen europäischen Kriegsschauplätzen, in Nordafrika und auf den Weltmeeren. Und auch die »Heimatfront« forderte Opfer: Annähernd 30 000 Zivilisten kamen im alliierten Bombenhagel auf die bayerischen Städte ums Leben, davon über 70 % noch im Jahr 1945.

Wer den Wahnsinn des Krieges und den Terror der nationalsozialistischen Herrschaft überlebt hatte, fand sich in einer Landschaft des Todes wieder. Weite Gebiete zwischen Spessart und Alpen, zwischen Allgäu und Bayerischem Wald waren verwüstet. Gut ein Achtel des Vorkriegsbestandes an Wohnraum war zerstört; besonders hart betroffen waren Städte wie Würzburg und Donauwörth, wo drei Viertel der Wohnungen in Trümmern lagen.

Viele Familien waren auseinandergerissen, getrennt durch Evakuierung, Flucht oder Kriegsgefangenschaft vieler Männer. Ausgebombte und Flüchtlinge mußten in Lagern oder Kasernen hausen. Viele vor dem Bombenterror aufs Land Geflohene erhielten keine Rückkehrgenehmigung. Der Eisenbahn- und Postverkehr war größtenteils eingestellt, viele Brücken und Gleisanlagen waren zerstört. In zahlreichen Städten gab es weder Wasser noch Gas oder Elektrizität. Die Versorgungslage war katastrophal. Es fehlte überall am Nötigsten. Der Strom der Flüchtlinge, die vor der Roten Armee geflohen waren oder noch vor der Unterzeichnung des Potsdamer Abkommens im August 1945 aus ihren Heimatgebieten ausgewiesen wurden, ebbte nicht ab und ergoß sich hauptsächlich über bayerisches Territorium.

Im Dezember 1945 standen den gut 6,5 Mio Einheimischen über 1,5 Mio Fremde gegenüber. Ende 1948 war die Einwohnerzahl Bayerns auf über 9 Mio angewachsen; die Flüchtlinge und Heimatvertriebenen stellten davon annähernd 2 Mio. Drei Viertel der Flüchtlinge lebten auf dem »flachen Land«, da nur dort noch Wohnraum verfügbar war; 83 % kamen in Gemeinden mit weniger als 10 000 Einwohnern unter. Das Gros der Flüchtlinge fand ein Obdach in Altbayern; allein Niederbayern hatte Ende Oktober 1946 einen Flüchtlingsanteil von 24 %.

Stellvertretend für viele andere Städte sei die Situation in der bayerischen Landeshauptstadt skizziert: Karl Sebastian Preis, Wiederaufbau- und Flüchtlingsreferent Münchens, als Wohnungsreferent und aufrechter Sozialdemokrat im Jahr 1933 von den Nazis aus dem Amt gejagt und 1945 von den Amerikanern wiedereingesetzt, legte in der zweiten Sitzung des Münchner Stadtrates am 9. August 1945 einen Bericht über die Lage des Wohnungsmarktes und die Wiederinstandsetzung der Stadt vor: »Als ich vor 12 Wochen, am 15. Mai 1945, wieder in meine Ämter berufen wurde, fand ich eine zerfahrene, in der Auflösung begriffene, vollständig desorganisierte Verwaltung vor und einen durch die Hitlerpolitik total in Unordnung geratenen, zusammengeschrumpften und daher überbeanspruchten Wohnungsmarkt. Die Raumnot, voran die Wohnungsnot in München, hat in allen Belangen unvorstellbare Grenzen erreicht… 1939 lebten in München 268 740 Familien mit 829 318 Menschen in 256 945 Wohnungen. Heute sind in München von den damaligen Wohnungen ganze 24 945 nicht beschädigt.« Bevor jedoch ans Wiederaufbauen gedacht werden konnte, mußten erst die Trümmer beseitigt werden. Die Schutträumung, das große »Ramadama«, begann.

Die Lebensmittelknappheit war in vielen Teilen Bayerns gleichermaßen katastrophal, wenngleich es den Menschen auf dem Lande, soweit sie Selbstversorger waren, etwas besser ging. Und doch: Das Essen war – wenn überhaupt vorhanden – spartanisch. Im Mai 1945 war die Versorgung der Bevölkerung mit Lebensmitteln nahezu völlig zusammengebrochen. Die bereits während des Krieges eingeführte Rationierung der Lebensmittel und deren Verteilung über Marken wurde beibehalten. Gleichwohl konnte auch jetzt nicht sichergestellt werden, daß Milch, Brot und die ohnehin nur kärglichen Rationen Fleisch in ausreichendem Maße verfügbar waren. 1945/46 standen einem erwachsenen Menschen in Bayern Nahrungsmittel mit einem Brennwert von nur rund 1330 Kalorien pro Tag zur Verfügung, das waren gerade 60 % des Mindestbedarfs von 2200 Kalorien täglich.

Um den ärgsten Mangel am Notwendigsten wenigstens etwas zu beheben, blühte der Schwarzmarkt. Die Reichsmark war freilich nichts mehr wert, es wurde Ware gegen Ware getauscht: »Den Schmuck hat man als Butter aufgegessen,/die Meißner Tassen trägt man jetzt als Schuh./So wächst dem Eigner, was er einst besessen,/von Grund auf umgewandelt wieder zu.« Mußte dagegen etwas unbedingt gekauft werden, zahlte man mit Zigaretten: Die Zigarettenwährung war geboren, und die »Schieber« machten auf den überall emporschießenden Schwarzmärkten das große Geschäft. Zu Hamsterkäufen fuhren viele mit dem Radl oder auf den Trittbrettern der wenigen und heillos überfüllten Züge aufs Land, um die kargen Lebensmittelrationen wenigstens etwas aufzubessern. Überall darbten die Menschen aber nicht nur nach Brot, sondern auch nach Informationen. Die repressive Nachrichtenpolitik der Nationalsozialisten hatte ein großes Vakuum hinterlassen. Zudem suchten viele nach Grundlagen für neue Werte, mit denen sie ihre persönliche »Stunde Null« überwinden konnten. Am 6. Oktober 1945 erschien mit der ersten Ausgabe der »Süddeutschen Zeitung« die erste Tageszeitung in Bayern seit Kriegsende.

Die öffentliche Verwaltung lag weitgehend danieder: Bereits zu Beginn des Jahres 1945 setzten sich manche Nazi-Bürgermeister ab, während SA und SS »Volksgenossen«, die am »Endsieg« zu zweifeln wagten, standrechtlich erschossen. Spätestens seit März funktionierten die Verwaltungen nicht mehr. Doch die amerikanischen Streitkräfte rückten ja schon von Nord nach Süd immer weiter nach Bayern vor: Am 20. April erreichten sie Nürnberg, am 28. Augsburg und am 30. April München. Um das Leben und Überleben der Menschen zu organisieren, setzten die Amerikaner bald – in vielen Fällen schon Tage vor der deutschen Kapitulation – Bürgermeister und Landräte ein, die politisch unbelastet und meist vor 1933 als Mitglieder demokratischer Parteien in diesen Ämtern bereits tätig gewesen waren. So wurde am 28. Mai 1945 Fritz Schäffer, der 1933 von den Nationalsozialisten als bayerischer Finanzminister abgesetzt worden war, von der amerikanischen Militärregierung zum bayerischen Ministerpräsidenten ernannt. In einer Rede über den Rundfunksender »Radio München«, das Sprachrohr der amerikanischen Besatzungsmacht, wandte er sich an die bayerischen Mitbürgerinnen und Mitbürger, die an ihren über den Krieg geretteten »Volksempfängern« lauschten: »Was die zwölf Jahre nationalsozialistischen Größenwahns und Verbrechens in unserem Lande nach einem leichtfertig beschworenen Krieg hinterlassen haben, das ist ein Ruinenfeld, wie es Europa noch nie gesehen hat. Ich habe leider den Eindruck, daß sich das deutsche Volk der Größe des Elends und des Zusammenbruchs noch gar nicht bewußt ist.«

Doch Schäffer fiel sehr rasch bei den Amerikanern wieder in Ungnade, da er – angeblich – nicht entschlossen genug gegen die »PG's«, die ehemaligen Parteigenossen der NSDAP, vorging und sie nicht rigoros aus den Amtsstuben entfernte. Wilhelm Hoegner, der in der Emigration in der Schweiz bereits Pläne zum politischen und wirtschaftlichen Wiederaufbau Bayerns ausgearbeitet hatte, wurde statt Schäffer zum Ministerpräsidenten ernannt, während die Amerikaner die Entnazifizierung verstärkt durchführten: Mit den 131 Fragen des berühmt-berüchtigten Fragebogens sollten die Bürger auf ihr nationalsozialistisches »Vorleben« hin durchleuchtet werden. »Spruchkammern« wurden eingerichtet, die in öffentlichen Sitzungen die ehemaligen Nazis und Nicht-Nazis in fünf Kategorien einteilten: Hauptschuldige, Belastete, Minderbelastete, Mitläufer und Entlastete. Als Sühnemaßnahmen waren Strafen von der Geldbuße über Berufsverbot bis zu Wahlrechtsverlust und zehnjährigem Arbeitslager vorgesehen. Doch die personell chronisch unterbesetzten »Spruchkammern« und die langwierigen Beweisaufnahmen bei Hauptschuldigen und Belasteten ließen das alte Sprichwort wieder einmal Wahrheit werden: »Die Kleinen hängt man, und die Großen läßt man laufen.« Und selbst Ferdinand Weisheitinger, besser bekannt als Humorist Weiß Ferdl vom Münchner »Platzl« (selbst Parteigenosse seit 1939 und bereits seit 1922 bei SA-Feiern als Gstanzlsänger tätig), der von einem milden Spruchkammervorsitzenden von der Kategorie II (»Aktivist«) zur Kategorie IV (»Mitläufer«) herabgestuft wurde, amüsierte sich über die »Wahrheitsfindung«: »Die ganze Sache war bestimmt eine Reklame für mich. Wichtig war für mich als Darsteller nur, daß ich in diesem meinem neuen Film die Rolle des Betroffenen betroffen genug gespielt habe. Vielleicht wird Hollywood dadurch auf mich aufmerksam?«

Die Entnazifizierung stockte, kaum daß sie begonnen hatte; die Aburteilung all der Verbrecher, die Schuld auf sich geladen hatten (und oft genug ihr Gewissen mit dem »Führerbefehl« oder »Befehlsnotstand« zu beruhigen suchten), verlief größtenteils im Sand. Und während die Dachauer Bauern (mit Gasmasken vor dem Verwesungsgeruch geschützt) auf ihren Ochsen- und Pferdefuhrwerken all die Toten aus dem von den Amerikanern befreiten Konzentrationslager zur Bestattung fuhren, machten die Amerikaner Jagd auf die Naziführer, um sie in Nürnberg vor das alliierte Tribunal zu stellen: Zwölf der Angeklagten, der engsten Mitarbeiter Hitlers, wurden wegen Verbrechens gegen die Menschlichkeit zum Tode durch den Strang verurteilt, sieben zu Freiheitsstrafen; nur drei wurden freigesprochen. Doch der Hauptschuldige, der mit seinen Wahnideen Deutschland in die Katastrophe geführt hatte, Adolf Hitler, konnte nicht mehr belangt werden. Am 30. April 1945 beging er zusammen mit seiner am selben Tage angetrauten Frau Eva Braun, der ehemaligen Sekretärin seines Haus- und Hoffotografen Heinrich Hoffmann aus der Münchner Schellingstraße, Selbstmord.

Wenige gab es, die in diesen Tagen und Monaten nach dem Ende des Zweiten Weltkriegs Zeit und Muße fanden, über die Gegenwart und die Zukunft nicht nur nachzudenken, sondern diese Reflexionen auch zu Papier zu bringen. Johannes R. Becher, Schriftsteller aus München und ab 1954 Minister für Kultur in der DDR, faßte seinen und seiner Zeit Zustand vielleicht etwas pathetisch, aber nichtsdestotrotz anrührend zusammen: »Wohin wir innerhalb unserer Grenzen blicken, wohin wir blicken, weit, weit über unsere Grenzen hinaus, Trümmer, Tod und Tränen. Unendliche Weiten des Leids, nicht ermeßbare Strecken des Sterbens, und aus unserer Mitte ist all dies unsagbare Entsetzen über die Welt hereingebrochen. Nur ein unheilbar Irrer, nur ein hoffnungslos verstockter Verbrecher kann sich da noch der Einsicht verschließen, daß es bei uns und daß es mit uns und in uns anders, gründlich anders werden muß. Zu einem solchen Anderswerden, zu solch einer Wandlung, zu solch einem Reformationswerk rufen wir auf. Laßt endlich, endlich ein freiheitliches, wahrhaft demokratisches Deutschland auferstehen.«

Für eigenständige politische Ideen der besiegten Deutschen konnte sich die amerikanische Militärregierung in ihrer Zone zunächst nicht besonders erwärmen. Trotz »Reeducation« traute man den neuen politischen Aktivitäten nicht so recht. Nicht nur die in verschiedenen Städten und Fabriken sich konstituierenden »Antifaschistischen Komitees« (bestehend meist aus Mitgliedern der ehemaligen SPD, KPD und der Gewerkschaften) wurden verboten, sondern auch bei den Neu- und Wiedergründungen von demokratischen Parteien verfuhr die amerikanische Besatzungsbehörde sehr restriktiv. Während im Sommer 1945 die SPD in Bayern um den inzwischen legendär gewordenen Wilhelm Hoegner sich wieder zusammenscharte, durfte am 8. Januar 1946 die CSU offiziell ihre Arbeit beginnen. Doch der amerikanische Geheimdienst schickte Spitzel in die Versammlungen und zu den privaten Treffen der CSU-Mitglieder, um über die Flügelkämpfe zwischen dem konservativ-katholischen Lager um Alois (»Alisi«) Hundhammer und der fränkisch-liberalen Fraktion um Josef Müller (»Ochsensepp«) stets auf dem laufenden zu sein. Bei der ersten Landtagswahl am 1. Dezember 1946 erhielt die CSU 52,3 %, und die SPD kam auf 28,6 %. Und bei diesem Kräfteverhältnis blieb es im großen und ganzen bis heute.

Während die Politiker sich in Demokratie übten und darüber noch nachdachten, ob die alte Idee einer »Donau-Konföderation« zwischen Baden-Württemberg, Bayern und Österreich sinnvoll sei, wurde an der Verfassung des zukünftigen Freistaates Bayern noch emsig gebastelt. Nach hitzigen Debatten war mit dem Volksentscheid vom 1. Dezember 1946 Bayern ein Staat mit einer demokratischen Verfassung geworden. Und der in Pfaffenhofen an der Ilm lebende und schreibende Joseph Maria Lutz machte sich daran, eine Neufassung der Bayernhymne mit schönem Pathos zu verfassen: »Gott mir dir, du Land der Bayern/Heimaterde, Vaterland!/Über deinen weiten Gauen/walte seine Segenshand!/Er behüte deine Fluren,/schirme deiner Städte Bau/und erhalte dir die Farben/deines Himmels, weiß und blau!«

Hannes S. Macher

1946

8. 1. CSU und SPD werden in Bayern als Landesparteien zugelassen.

9. 2. Die US-Militärregierung beauftragt den bayerischen Ministerpräsidenten Wilhelm Hoegner (SPD) mit der Bildung eines vorbereitenden Verfassungsausschusses.

5. 3. Das Gesetz Nr. 104 zur Befreiung von Nationalsozialismus und Militarismus in der amerikanischen Zone überträgt die Ausführung der Entnazifizierung deutschen Behörden. Es wird im Münchner Rathaus von den Ministerpräsidenten der drei Länder der US-Zone unterzeichnet.

16. 3. Die Bamberger Symphoniker geben ihr erstes Konzert.

28. 3. Mit dem Alliierten Industrieplan für die deutsche Nachkriegswirtschaft schaffen die Siegermächte des Zweiten Weltkriegs die Rechtsgrundlage für die Demontage. →

13. 5. Der bayerische Kunstgewerbeverein protestiert beim Münchner Oberbürgermeister gegen die Materialverschwendung durch Kitschprodukte. →

30. 6. Bei den Wahlen zur Verfassunggebenden Landesversammlung in Bayern erhält die CSU 58,3 %, die SPD 28,8 %, die KPD 5,3 %, die WAV (Wirtschaftliche Aufbau-Vereinigung) von Alfred Loritz 5,1 % und die FDP 2,5 % der Stimmen.

1. 10. Im Nürnberger Hauptkriegsverbrecherprozeß werden die Urteile verkündet. →

26. 10. Die Verfassunggebende Landesversammlung nimmt mit 136 gegen 13 Stimmen den von ihr ausgearbeiteten Entwurf für eine Verfassung Bayerns an.

28. 10. Ludwig Max Lallinger gründet die Bayernpartei.

1. 12. Die bayerischen Landtagswahlen sind verbunden mit einem Volksentscheid über die Annahme der neuen bayerischen Verfassung. →

8. 12. Die bayerische Verfassung tritt am Tag ihrer Verkündung im Gesetz- und Verordnungsblatt in Kraft. →

1946. Der Münchner Publizist und Politikwissenschaftler Eugen Kogon veröffentlicht »Der SS-Staat. Das System der deutschen Konzentrationslager«.

1946. In Bayern werden zahlreiche Industrieanlagen demontiert.

1946. Der Verfall des Kaufwerts der Reichsmark und die katastrophale Versorgungslage begünstigen das Entstehen eines blühenden Schwarzmarkts. →

GEBOREN:

25. 2. München: Franz Xaver Kroetz, Dramatiker.

Hoher CSU-Sieg bei erster Landtagswahl

1. Dezember 1946. 4,2 Mio Wahlberechtigte sind aufgerufen, den ersten Bayerischen Landtag nach dem Zusammenbruch des NS-Regimes zu wählen. Vom Wahlrecht ausgeschlossen sind politisch belastete Personen sowie Neubürger, die noch nicht länger als ein Jahr in Bayern wohnen.

Mit 52,3 % der abgegebenen Stimmen und 104 von 180 Mandaten erreicht die im Vorjahr von ehemaligen BVP-, DDP- und Bauernbund-Mitgliedern gegründete Christlich Soziale Union (CSU) die absolute Mehrheit der Sitze im neuen Landtag. Auf die neu formierte Sozialdemokratie entfallen 28,6 % der abgegebenen Stimmen. Sie zieht mit 54 Abgeordneten in den Bayerischen Landtag ein. 13 Sitze entfallen auf die Wirtschaftliche Aufbau-Vereinigung, eine Sammlungsbewegung des Mittelstandes, verstärkt durch Heimatvertriebene, denen die Besatzungsmacht die Gründung einer eigenen Partei verbietet. Die Freie Demokratische Partei, eine Neugründung im Geist der liberalen Parteien der Weimarer Republik und des Kai-

Hans Ehard (CSU) wird neuer bayerischer Ministerpräsident

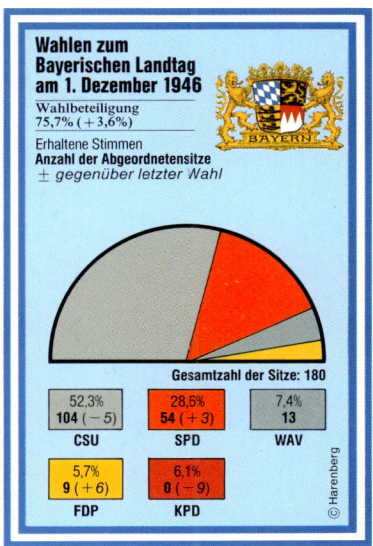

Wahlen zum Bayerischen Landtag am 1. Dezember 1946

Wahlbeteiligung 75,7 % (+3,6 %)

Erhaltene Stimmen
Anzahl der Abgeordnetensitze
± gegenüber letzter Wahl

Gesamtzahl der Sitze: 180

52,3 % 104 (−5) **CSU**	28,6 % 54 (+3) **SPD**	7,4 % 13 **WAV**
5,7 % 9 (+6) **FDP**	6,1 % 0 (−9) **KPD**	

© Harenberg

serreichs erhält 9 Mandate. Da es der KPD nicht gelingt, einer Klausel des bayerischen Wahlgesetzes entsprechend in mindestens einem Regierungsbezirk 10 % der Stimmen zu erhalten, geht sie trotz bemerkenswerter 6,1 % der Stimmen im Landesdurchschnitt bei der Vergabe der Landtagssitze dennoch leer aus.

Am 16. Dezember tritt der Bayerische Landtag in der Aula der Münchner Universität zu seiner konstituierenden Sitzung zusammen. Mit den Stimmen der Mehrheit der CSU-Fraktion und der SPD wird der aus Bamberg gebürtige 59jährige CSU-Politiker Hans Ehard zum Ministerpräsidenten gewählt.

Bayerische Verfassung tritt in Kraft

8. Dezember 1946. In der Nr. 23 des Gesetz- und Verordnungsblattes wird die am 1. Dezember in einer Volksabstimmung von 71 % der Wähler angenommene bayerische Verfassung abgedruckt und tritt damit an diesem Tag in Kraft.

Die amerikanischen Behörden wünschten, daß das in ihrem Besatzungsgebiet gelegene Land Bayern eine Verfassung erhalte. Am 8. Februar 1946 forderten sie Ministerpräsident Wilhelm Hoegner (SPD) auf, einen kleinen Ausschuß zu bil-

den, der einen Verfassungsentwurf vorlegen solle. Hoegner berief drei Vertreter der SPD, drei der CSU, einen der KPD sowie den noch im Schweizer Exil lebenden Völkerrechtler Prof. Dr. Hans Nawiasky, der schon an der bayerischen Verfassung von 1919 mitgewirkt hatte. In seiner Schweizer Exilzeit hatte Hoegner einen 140 Artikel umfassenden »Entwurf einer bayerischen Verfassung« ausgearbeitet. Dieser wurde vom vorbereitenden Verfassungsausschuß beraten und mit geringen Änderungen angenommen. Am 30. Juni wählte Bayern eine Verfassunggebende Landesversammlung, und die 109 Abgeordneten der CSU (58,3 %), die 51 (28,8 %) der SPD, die 8 der KPD (5,3 %), die 8 der Wiederaufbauvereinigung WAV (5,1 %) und die 4 der FDP (2,5 %) entwarfen endgültig die Verfassung, in der ein Senat festgeschrieben wurde; die SPD stimmte, um einen »Schulkampf« zu vermeiden, der Bekenntnisschule zu. Auf Wunsch der USA mußte die Zusage gegeben werden, daß Bayern einem künftigen deutschen Staat beitrete.

Am 11. September 1946 findet in der Aula der Universität München die 2. Vollversammlung der Verfassunggebenden Landesversammlung statt

Heimkehrer aus der sowjetischen Kriegsgefangen-schaft, erschöpft und ausgezehrt

Heimatlose, bettelnde Kinder, die ihre Eltern in den Kriegswirren verloren haben

Arbeits- und obdachlose Kriegsheimkehrer be-völkern die Straßen von München

Not in der Nachkriegszeit

1946. Auch nach Beendigung des Krieges spitzt sich in ganz Bayern die Versorgungslage der Bevölkerung weiter zu. Vor allem in den Groß-städten fehlt es an fast allen Lebensmitteln und Gebrauchsgütern. Aufgrund kaum noch vorhande-ner Transportmöglichkeiten, einer schlechten Ernte und der Tatsache, daß viele Landwirte in der Hoffnung auf Spekulationsgewinne ihre Er-zeugnisse zurückhalten, muß die schon bei Kriegsausbruch einge-führte Zwangsbewirtschaftung im-mer weiter verschärft werden.

Im Oktober des Jahres erreicht die Lebensmittelzuteilung mit 920–985 Kilokalorien pro Person und Tag die unterste Grenze. Bedingt durch den Rückstrom der im Krieg Evakuier-ten sowie großer Flüchtlingsmassen aus den ehemaligen deutschen Ost-gebieten steigt in den Städten gleich-zeitig die Zahl der Versorgungsbe-rechtigten. So ziehen im Laufe des Winters 1946/47 insgesamt 786 000 Vertriebene und etwa 176 000 Ein-zelzuwanderer über die Grenze nach Bayern. Die Stadt München hat den größten Bevölkerungszu-wachs aller zerstörten Städte der Westzonen zu verzeichnen. In lan-gen Schlangen warten die Menschen vor den Schaltern der Münchner Verteilungsstellen, nur um ein An-tragsformular für ein Paar Schuhe oder etwa einen Fahrradreifen zu er-halten. Eine eigens durchgeführ-te Notstandsaktion »Schuhe für Schulkinder« kann nur rund ein Fünftel des tatsächlichen Bedarfs decken. Auch die Verteilung von Fensterglas muß bald wieder einge-stellt werden, da die übergroße Nachfrage bei weitem nicht befrie-digt werden kann.

Der Not gehorchend, versuchen vie-le Städter ihre Lage durch Tausch- und Schwarzhandel zu verbessern. In Cafés, Gaststätten und auf öffent-lichen Plätzen wie in München am Sendlinger Tor oder etwa auf dem Viktualienmarkt übersteigen die ver-langten Handelspreise erheblich den Warenwert, doch sind bestimm-te Waren wie Kaffee und Tabak nur noch zu Wucherpreisen aufzutrei-ben. An manchen Tagen werden trotz häufiger Razzien der Militärpo-lizei an einigen Plätzen des Schwarz-handels bis zu 800 Käufer und An-bieter gezählt.

Die Militärregierung macht ihre ersten Gesetze und Erlasse wie Ausgangs-sperren und Grenzkontrollen der Bevölkerung auf Anschlagtafeln bekannt

Kardinal Michael v. Faulhaber zelebriert eine Messe im schwer beschädig-ten Münchner Dom; die Kirchen erleben in der Nachkriegszeit starken Zulauf

---

Süddeutsche Zeitung Nr. 78

Die Ernährung

Erhöhung der Lebensmittelrationen auf 1550 Kalorien

Gesundheitszustand erheblich verschlechtert

In der nächsten Zuteilungsperiode werden die Lebens-mittelrationen in der britischen und der amerikanischen Besatzungszone für Normalverbraucher auf täglich 1550 Kalorien erhöht. In dieser Ankündigung durch die stellvertretenden Militärgouverneure der bei-den Zonen heißt es weiter, daß der Gesund-heitszustand der deutschen Bevölkerung seit den

Saatkartoffeln der britischen Zone werden dem ameri-kanischen Sektor Berlins zur Verfügung gestellt. 10 000 bis 15 000 Tonnen Saatkartoffeln der Sowjetzone wer-den der US-Zone geliefert. Die Sowjetzone hat 7000 Tonnen Zucker und 5600 Tonnen Melasse angeliefert. In der Provinz Sachsen wird in diesem Jahr eine überdurchschnittlich gute Zuckerrübenernte erwartet. Sie wird auf 3 Millionen Tonnen Zuckerrüben geschätzt.

Kriegsjahren nicht ausreichend und teilweise in richtiger Zusammensetzung erfolgt. Die Ku bewirtschaftung sei schwierig. Die Saatgut befinden sich zum größten Teil in der sowjetischen Zone. Die Mangelhaftigkeit d toffelsaatgutes ist die Hauptgefahr für die der deutschen Bevölkerung.

Care-Pakete für Bayern

Die »Süddeutsche Zeitung« vom 27. 9. 1946 berichtet über eine Anhebung der Lebensmittelrationen; einen Monat später sinken die Zuteilungen wieder

Deutsch-amerikanische Paare trotz Fraternisierungsverbot

Amerikanische Soldaten bringen den Kaugummi nach Deutschland

Wann immer in München und anderen bayerischen Städten Lebensmittel oder Dinge des täglichen Bedarfs angeboten werden, bilden sich lange Schlangen

An offenen Kochstellen bereiten sich obdachlose Familien ihre kärglichen Mahlzeiten zu

Wohnungen, wo niemand sie vermutet, im Keller eines Trümmerhauses in der Münchner Zwinglistraße

In den Kellern der Häuserruinen in zahlreichen bayer. Städten finden sich auch »Büroräume«

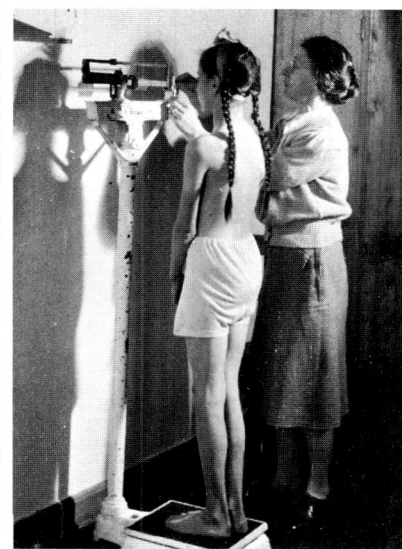

Hungernde Kinder betteln um ein Stückchen trockenes Brot

Gesundheitsvorsorge bei Kindern gehört mit zu den Aufgaben der Schulen

Wer im Nachkriegsdeutschland eine einigermaßen intakte Wohnung besitzt und in Blumenkästen Gemüse und Kräuter ziehen kann, ist reich gesegnet

Urteile im Prozeß gegen NS-Verbrecher

1. Oktober 1946. Beim Prozeß gegen die Hauptkriegsverbrecher im Nürnberger Gerichtsgebäude (→ 20. 11. 1945) spricht der internationale Gerichtshof die Urteile: Reichsmarschall Hermann Göring, Reichsaußenminister Joachim v. Ribbentrop und zehn weitere Angeklagte werden zum Tod durch den Strang verurteilt; der »Stellvertreter des Führers« Rudolf Heß und Hitlers Lieblingsarchitekt Albert Speer sowie fünf Angeklagte erhalten Gefängnisstrafen zwischen 10 Jahren und lebenslänglicher Haft; drei Angeklagte werden freigesprochen.

Die insgesamt 22 Angeklagten hatten sich wegen Verbrechen und Verschwörung gegen den Frieden, Verbrechen gegen die Menschlichkeit und Kriegsverbrechen zu verantworten. Die meisten der Beschuldigten bestreiten trotz erdrückender Beweise jede Schuld; so sagte Hermann Göring, der mitverantwortlich für die Ermordung Tausender Juden in den Konzentrationslagern war, im Verlauf des Prozesses: »Ich habe niemals, an keinem Menschen und zu keinem Zeitpunkt einen Mord befohlen ...«

Demontage reduziert Produktionskapazität

28. März 1946. Der Alliierte Kontrollrat in Berlin legt einen Industrieplan vor, der eine Reduzierung der Produktion der deutschen Nachkriegswirtschaft auf die Hälfte des Standes von 1938 beinhaltet. Darüber hinaus sieht der Plan Einschränkungen in der chemischen, der Maschinenbau- und Elektroindustrie vor. Verboten wird u.a. die Herstellung synthetischer Treibstoffe. Zusammen mit dem Potsdamer Abkommen vom 2. August 1945 bildet der Industrieplan die rechtliche Basis für die Demontage deutscher Industriebetriebe durch die Alliierten. Im zur amerikanischen Zone gehörenden Bayern sind 64 Rüstungsfabriken, darunter die 15 Betriebe der Messerschmitt-Flugzeugwerke, sieben Chemieunternehmen, zwölf Unternehmen der Maschinenbauindustrie und zwei Innkraftwerke von der Demontage betroffen. Bereits von den Russen demontiert ist das Kraftwerk der Anorgana Gendorf. Mit der ab April anlaufenden Demontage der Maschinenfabrik Augsburg-Nürnberg verliert Bayern 60% seiner Kapazitäten in der Dieselmotorenherstellung.

Kunstgewerbe gegen Kitschverkauf

13. Mai 1946. Im Rahmen von Maßnahmen des Kunstgewerbes gegen den Kitsch übersendet der »Bayerische Kunstgewerbeverein« dem Oberbürgermeister von München eine Liste von Firmen, die »sich in größerem Maße mit dem Verkauf von Arbeiten der Kitschindustrie befassen«. Die Stadtverwaltung verschickt daraufhin eine Mahnung an die Geschäfte, solche Produkte wie Hummelfigürchen und anderen Nippes aus den Auslagen zu entfernen: »Bei der heutigen Schwierigkeit der Materialbeschaffung wäre es doch angebracht, das Material besser zu notwendigen Gebrauchsgegenständen zu verwenden.« Es läge auch im Interesse des guten künstlerischen Rufs der Stadt, wenn diese leicht verkäuflichen Gegenstände aus den Auslagen verschwänden.

Beliebter Kitsch: Von Berta Hummel gezeichnete Figürchen

1947

1. 1. Die britische und die US-Zone werden aufgrund eines Abkommens vom 2. Dezember 1946 als »Bizone« zum Vereinigten Wirtschaftsgebiet zusammengeschlossen. →

16. 1. Der bayerische Ministerpräsident Hans Ehard (CSU) stellt seine Regierungserklärung unter das Motto »Frieden, Ordnung, Aufbau«. →

15. 3. US-General Lucius D. Clay löst Joseph T. McNarney als Militärgouverneur der US-Zone ab. →

9./10. 5. Auf der Landeskonferenz der bayerischen SPD in Landshut wird Waldemar von Knoeringen zum Landesvorsitzenden gewählt. →

6./7. 6. Auf Einladung des bayerischen Ministerpräsidenten Hans Ehard beraten die Ministerpräsidenten der Länder in München über eine wirtschaftliche Zusammenarbeit. →

25. 6. Der CSU-Politiker Hans Schuberth übernimmt das Ressort Post und Fernmeldewesen im Wirtschaftsrat der Bizone (→ 1. 1. 1947).

30./31. 8. Auf der CSU-Landesversammlung in Eichstätt hält der bayerische Ministerpräsident Hans Ehard (CSU) eine Rede gegen den Sozialismus.

6. 9. In München wird ein erster Bericht über das Ausmaß der Kriegszerstörungen und den Stand der Wiederaufbauarbeiten veröffentlicht. →

10. 9. Am Bannwaldsee bei Füssen wird die Schriftstellervereinigung »Gruppe 47« ins Leben gerufen. →

13. 9. Die bayerische SPD-Landtagsfraktion beschließt mit 23 gegen 20 Stimmen den Austritt aus der Koalitionsregierung Hans Ehard (CSU). →

20. 9. Der bayerische Ministerpräsident Hans Ehard (CSU) stellt sein neues Kabinett vor.

24. 10. Ministerpräsident Hans Ehard (CSU) weist vor dem bayerischen Landtag auf die Schwierigkeiten der Entnazifizierung in Bayern hin. →

1947. Die industrielle Gesamterzeugung Bayerns erreicht nicht einmal die Hälfte des Vorkriegsniveaus.

GESTORBEN:

19. 3. Traunstein: Eugen Ortner (* 26. 11. 1890, Glaishammer bei Nürnberg), Schriftsteller.

25. 12. München: Otto Falckenberg (* 5. 10. 1873, Koblenz), Regisseur und Schauspiellehrer.

GEBOREN:

29. 11. Günzburg: Petra Kelly († 1. 10. 1992, Bonn), Politikerin.

L. D. Clay übernimmt Vollmacht in Bayern

15. März 1947. Der stellvertretende US-Militärgouverneur, Generalleutnant Lucius D. Clay, wird zum Generalbevollmächtigten der amerikanischen Besatzungszone ernannt. Clay, der General Joseph T. McNarney ablöst, gilt als Vertreter einer kompromißlosen Entnazifizierungspolitik. Auf seinen Einfluß hin kam es schon am 5. März 1946 im Münchner Rathaus zur Unterzeichnung eines Gesetzes zur Befreiung vom Nationalsozialismus und Militarismus durch den deutschen Länderrat, nach dem selbst sog. Mitläufer bestraft werden. Während seiner Amtszeit fördert Clay vor allem die von den USA ausgehenden Hilfeleistungen für die Bevölkerung.

Jos. T. McNarney   *Lucius D. Clay*

Münchner Treffen der Ministerpräsidenten

6./7. Juni 1947. Auf Einladung des bayerischen Ministerpräsidenten Hans Ehard versammeln sich die Ministerpräsidenten der Länder in München, um über eine wirtschaftliche Zusammenarbeit zwischen den Besatzungszonen zu verhandeln. Dieses Treffen, an dem erstmals auch die Vertreter der sowjetisch und französisch besetzten Zonen teilnehmen wollen, bringt die Spaltung, die sich zwischen den Besatzungszonen in Ost und West abzeichnet, offen zum Ausdruck. Die Vertreter der östlichen Länder sind nur zur Vorabbesprechung anwesend: Nachdem sich die anderen Teilnehmer nicht bereitfinden, über die Einrichtung einer deutschen Zentralverwaltung zu diskutieren, reisen sie noch vor Beginn der eigentlichen Konferenz wieder ab. Die erfolgreichen Verhandlungen der westlichen Ministerpräsidenten haben zur Folge, daß die Zonengrenzen im Westen ihren trennenden Charakter verlieren.

SPD kündigt Koalition auf

13. September 1947. Die nach den ersten Landtagswahlen in Bayern im Dezember 1946 von CSU, SPD und WAV (Wirtschaftliche Aufbau Vereinigung) gebildete Regierungskoalition zerbricht mit der Aufkündigung der Koalition durch die SPD-Fraktion. Die Sozialdemokraten sehen ihr Vertrauen in die Koalitionstreue der CSU durch das Verhalten und die Äußerungen von CSU-Politikern erschüttert.

Die Koalition war trotz einer absoluten Mehrheit der CSU in den Landtagswahlen zustandegekommen, da die Partei aufgrund starker Flügelkämpfe in ihrem Innern keine tragfähige Regierung bilden konnte. Die Zusammenarbeit in der bayerischen Staatsregierung gestaltete sich je-

SPD-Vorstandswahl

9./10. Mai 1947. *Auf der Landeskonferenz der bayerischen SPD in Landshut wird Waldemar Freiherr von Knoeringen (Abb.) zum Landesvorsitzenden gewählt. In der Nachfolge von Wilhelm Hoegner leitet er die Partei bis 1963.*
Während des Krieges betreute Knoeringen beim britischen Rundfunksender BBC Sendungen in deutscher Sprache.

doch um so schwieriger, je mehr die CSU-Fraktion ihre inneren Gegensätze überwand und die SPD in stärkere Verbindung mit der außerbayerischen SPD trat.

Eine Äußerung von Ministerpräsident Hans Ehard auf dem Landesparteitag der CSU in Eichstätt Ende August wird schließlich zum Auslöser des Bruches. Ehard erklärt dort »Wer sich ... Sozialist nennt, ... müßte sich klar darüber sein, daß der aus dem Gedankengut des historischen Materialismus erwachsene Sozialismus ... zwangsläufig in autoritäre und totalitäre Staatsformen hineinführt ... Es wäre Zeit, daß Demokraten es sich abgewöhnen, ihre sozialen Gesinnungen als Sozialismus zu bezeichnen.«

Durch solche Worte herausgefordert beschließt die Landtagsfraktion der SPD am 13. September die Aufkündigung der Koalition. Zwei Tage später legen die sozialdemokratischen Minister ihr Amt nieder. Neben der Ehard-Rede wird auch die Gesamthaltung der CSU im Frankfurter Wirtschaftsrat, im Landtag sowie in vielen Stadt- und Landkreisen als Grund für das Auseinanderbrechen der Koalition angeführt.

Hans Ehard und Josef Müller (v. l.)

Ernest Bevin, britischer Außenminister, unterzeichnet Abkommen zur Bizonen-Gründung

Besatzungszonen zur Bizone vereinigt

1. Januar 1947. Die amerikanische Besatzungszone, zu der neben Bayern auch Nordwürttemberg-Nordbaden und Großhessen gehören, wird mit der britischen Besatzungszone zur sog. Bizone vereinigt. Als oberstes Organ wird am 25. Juni in Frankfurt am Main ein Wirtschaftsrat gebildet, dessen 52 Vertreter von den Landtagen der Bizone gewählt werden. Damit übertragen die Besatzungsmächte deutschen Stellen erste gesetzgeberische Aufgaben für die Bereiche Wirtschaft, Ernährung und Verkehr.

Schwierigkeiten mit der Entnazifizierung

24. Oktober 1947. In einer Erklärung vor dem bayerischen Landtag weist Ministerpräsident Hans Ehard (CSU) auf die schleppende Handhabung der Entnazifizierung hin, die von den Entnazifizierungsausschüssen zu einer unübersehbaren Fülle von Einzelfällen aufgebläht werde, deren Bearbeitung Jahre in Anspruch nehme. Auch in der Bevölkerung sind die Ausschüsse umstritten, da viele für den Wiederaufbau dringend benötigte Berufsgruppen (Ärzte, Bauern) nur nachlässig überprüft werden und zudem zahlreiche Personen durch Bestechung oder Fälschung von Unterlagen versuchen, den begehrten »Persilschein« zu erhalten.

Richter initiiert Gründung der Gruppe 47

10. September 1947. Im Haus der Schriftstellerin Ilse Schneider-Lengyel am Bannwaldsee bei Füssen treffen sich junge Literaten und Publizisten, um die Herausgabe der ersten Nummer der neuen Zeitschrift »Der Skorpion« vorzubereiten. Das Blatt soll ein Organ für ein neues, demokratisches Deutschland und für eine neue Literatur sein. Aus dem Kreis seiner

jungen Autoren formiert sich wenig später die Schriftstellervereinigung »Gruppe 47«.

Die Initiative zur Gründung der Gruppe war von Hans Werner Richter ausgegangen, der während seiner Kriegsgefangenschaft in Fort Kearney bei New York an der Zeitschrift »Der Ruf – Blätter für deutsche Kriegsgefangene« mitgearbeitet hatte. Nach seiner Ent-

lassung gab er gemeinsam mit Alfred Andersch die Zeitschrift in München neu heraus, doch wurde sie wegen ihrer radikal-demokratischen Tendenzen von der Militärregierung verboten. Die Zeitschrift »Der Skorpion« soll ihre Nachfolgerin werden, wird aber nach ihrem Erscheinen ebenfalls verboten. Dennoch wird die Gruppe 47 bald zu einer Institution.

Wolfdietrich Schnurre

Alfred Andersch

Hans Werner Richter

»Der Ruf« (15. 8. 1946)

Die Beseitigung der riesigen Trümmerberge in den bayerischen Großstädten gehört zum Nachkriegsalltag; München baut eigens eine »Trümmerbahn«

Wiederaufbau mit Altstoffen

6. September 1947. Der Münchner Stadtrat und Wiederaufbaureferent Helmut Fischer legt einen ersten »Bericht über Zerstörung und Wiederaufbau« vor. Nach seinen Angaben sind seit Kriegsende etwa 1,8 Mio m³ Schutt und Trümmer durch die Stadt mit tatkräftiger Hilfe der Bevölkerung abgefahren worden. Eigens zu diesem Zweck wurden zwei doppelgleisige Dampfeisenbahnen von je 5 km Länge vom Jakobsplatz in der Innenstadt zu den beiden Endkippen im Luitpoldpark (Norden) und eine weitere im Süden fahrbereit gemacht.

Bei den Aufräumungsarbeiten, zu denen vor allem auch Frauen und Jugendliche aufgerufen werden, gelangen brauchbare Altstoffe wie etwa Ziegelsteine, Eisen und Schrott, Installationsmaterial oder Holz zur

Wiederverwertung. Eine eigentliche Trümmerverwertung, d.h. das Vermahlen des Bauschutts zu Feinsplitt für die Herstellung neuer Bauelemente, findet aber nicht statt, da hierfür die nötigen Bindemittel, insbesondere Zement, fehlen. Die Schutträumung, deren beschleunigte Durchführung aus Gründen der Verkehrssicherheit und der Volksgesundheit (zur Abwehr von Seuchen) dringend erforderlich ist, leidet ganz außerordentlich unter dem Mangel an Arbeitskräften, Treibstoff, Autoreifen, Kraftfahrzeugen und Kohle für den Bahnbetrieb.

Auch für die Bevölkerung hat die Wiederverwertung alter und noch brauchbarer Stoffe große Bedeutung; der Handel mit Gebrauchtmöbeln, Altkleidern und anderen Gebrauchsgütern hat Konjunktur.

»Standl-Zeit« in den bayerischen Städten der Nachkriegszeit; fliegende Händler bieten an ihren Ständen Dinge für den täglichen Gebrauch an, die sie häufig in den Trümmern der zerstörten Wohnhäuser gefunden haben, wie Lederreste, Werkzeuge, Stoffe u. a.

1948

4. 1. Der CSU-Politiker Johannes Semler, im Verwaltungsrat der Bizone für das Ressort Wirtschaft verantwortlich, spricht vor dem CSU-Landesausschuß über die schwierige Wirtschafts- und Ernährungslage. →

Februar. Münchner Modehäuser präsentieren eine Frühjahrskollektion, die im europäischen Ausland Beachtung findet. →

23. 2. Auf einer Großkundgebung in München fordert der ehemalige Landeswirtschaftsminister Josef Baumgartner, daß Bayern selbständig und die gesetzliche Möglichkeit zur Säuberung Bayerns von rund 400 000 Preußen geschaffen werden müsse.

2. 3. Ludwig Erhard wird zum Direktor der Bizone ernannt. →

29. 3. Die US-Militärregierung läßt die von Ludwig Max Lallinger 1946 gegründete Bayernpartei auf Landesebene zu. →

Mai. Die monatliche Fleischration wird von 425 g auf 100 g herabgesetzt.

Frühsommer. In München findet eine erste internationale Presseausstellung nach dem Kriege statt. →

6. 6. Werner Egks dramatisches Ballett »Abraxas« nach dem Tanzpoem »Der Doctor Faust« von Heinrich Heine wird in München uraufgeführt. →

20./21. 6. In den drei Westzonen wird die Währungsreform durchgeführt. →

8. 8. Zum erstenmal seit dem Zweiten Weltkrieg wird wieder das Endspiel um die Deutsche Fußballmeisterschaft ausgetragen. Sieger des in Köln stattfindenden Spiels wird der 1. FC Nürnberg mit 2:1 Toren gegen den 1. FC Kaiserslautern. →

10.–23. 8. Im Auftrag der elf Ministerpräsidenten arbeitet ein Sachverständigenausschuß in Herrenchiemsee einen Entwurf für eine Verfassung aus. Er dient als Grundlage für die Beratungen des Parlamentarischen Rats. →

1. 10. Das Gesetz über die Errichtung des Bayerischen Rundfunks tritt in Kraft. →

12. 10. In München schließen sich mehrere Reisebüros zur Arbeitsgemeinschaft DER Gesellschaftsreisen zusammen (später Touropa). →

GESTORBEN:

9. 2. (Faschingsmontag) München: Karl Valentin (* 4. 6. 1882, München), Volksschauspieler. →

10. 10. München: Siegmund von Hausegger (* 16. 8. 1872, Graz), Komponist und Dirigent.

Semler kritisiert alliierte Politik

4. Januar 1948. Der CSU-Politiker Johannes Semler, Verwaltungsdirektor für Wirtschaft in der Bizone, kritisiert in einer Rede vor dem CSU-Landesausschuß in Erlangen die Wirtschaftspolitik der Alliierten in Deutschland und fordert die Reform der deutschen Währung.

Semler wendet sich scharf gegen die von den Besatzungsmächten in den Westzonen durchgeführten Demontagen und fordert, man müsse es »den Engländern abgewöhnen, nach drei Jahren noch die deutsche Wirtschaft auszuplündern«. Als die Alliierten die Abtrennung der Ostzone von Westdeutschland beschlossen hätten, habe »man gewußt, daß der deutsche Osten der Lieferant für die deutsche Ernährung« sei. Nun erhalte Deutschland Mais und Hühnerfutter aus den USA, für die es noch mit Arbeit und Exporten teuer genug bezahlen werde. Nach Semlers Ansicht ist es an der Zeit, »daß deutsche Politiker darauf verzichten, sich für die Ernährungszuschüsse zu bedanken«.

Bayernpartei erhält landesweite Lizenz

29. März 1948. Die im November 1946 von dem Polizeibeamten Ludwig Max Lallinger gegründete Bayernpartei erhält von der amerikanischen Militärregierung die Zulassung als politische Partei.

Bei den am 30. Mai des Jahres stattfindenden Stadtkreiswahlen erhält die Partei, obwohl sie in 14 von 41 Stadtkreisen nicht antritt, 15,6 % der abgegebenen Stimmen. In München wird sie hinter der SPD zweitstärkste politische Kraft.

Die Wurzeln der BP gehen zurück auf separatistische Bestrebungen in Bayern, wie sie sich u. a. in der Ende 1946 gegründeten Demokratischen Union, dem Vorläufer der BP, artikulierten. Charakteristisch für das Weltbild der zum Einflußbereich der Bayernpartei gehörenden Organisationen sind Forderungen nach Entfernung aller »Preußen« aus Bayern. Berüchtigt ist die Äußerung des späteren Landesvorsitzenden der BP, Jakob Fischbacher, Ehen zwischen bayerischen Bauernburschen und evakuierten »geschminkten Weibsen mit lackierten Fingernägeln« seien eine »Bluatschand'«.

Ausgabe der neuen Währung in einer Umtauschstelle

Über Nacht füllen sich Schaufenster und Auslagen

30 Mio DM für rund 750 000 Münchner

20./21. Juni 1948. In den drei Westzonen wird durch die Währungsreform die Deutsche Mark als neues Zahlungsmittel eingeführt. Die Neuordnung des Geldwesens war notwendig geworden, da der durch die nationalsozialistische Kriegswirtschaft entstandenen riesigen Menge umlaufenden Geldes nur ein geringes Warenangebot gegenüberstand. Die Währungsreform besteht im wesentlichen aus vier Gesetzen: Mit dem Gesetz zur Neuordnung des deutschen Geldwesens wird die Deutsche Mark (DM) als Währung eingeführt. Jeder Bewohner der drei Westzonen erhält im Umtausch gegen 60 RM ein sog. Kopfgeld von 40 DM sowie später weitere 20 DM. Durch das Emissionsgesetz erhält die im März 1948 gegründete Bank deutscher Länder das Recht zur Ausgabe von Geldnoten, deren Umlauf auf 10 Mrd DM begrenzt wird.

Das Umstellungsgesetz wertet alle Guthaben im Verhältnis 10 : 1 ab. Regelmäßige Leistungen wie Löhne, Gehälter, Renten, Pensionen und Mieten werden im Verhältnis 1 : 1 umgestellt. Aufgrund des Festkontengesetzes werden die Sparguthaben noch einmal abgewertet, so daß Altsparer für 100 RM nur noch 6,50 DM bekommen.
Über die Ausgabe des Kopfgeldes am 20. Juni 1948 berichtet die »Süddeutsche Zeitung«: »Die erste Bekanntschaft mit der neuen Deutschen Mark wurde für viele Münchner, über die Zukunftssorgen hinaus, zu einer Quelle besonderen Ärgers. Bis zu acht Stunden standen bei strömendem Regen Hunderttausende in Schlangen, deren Länge alles bisher Dagewesene überbot, vor den Verteilungsstellen. Da und dort kam es zu aufgeregten Szenen, zu Ohnmachtsanfällen und Schlägereien.

Es wurde viel und kräftig geschimpft, zu Recht und zu Unrecht … Annähernd 30 Millionen Deutsche Mark an rund 750 000 Münchner innerhalb neun Stunden auszubezahlen, und dafür rund 40 Millionen Reichsmark einzukassieren, das war die fast unlösbare Aufgabe von 2000 Beamten und Angestellten der Stadtverwaltung.«
Am 10. Juli 1948 meldet dasselbe Blatt in seinen Schlagzeilen die Folgen der Währungsreform: »Volle Schaufenster – leere Geldbeutel. Die Kunden kaufen nur das Notwendigste. Haushaltswaren bezugsscheinfrei.« Die Ursache des plötzlichen Überangebots: Die Ladenbesitzer hatten in Erwartung der Geldumstellung monatelang Waren gehortet und bringen sie erst jetzt teurer als zuvor in den Verkauf, da die Preisbindung in der Trizone am 20. Juni 1948 weitgehend aufgehoben wurde.

Bayern erhält Rundfunksender

1. Oktober 1948. Das Gesetz über die Errichtung des Bayerischen Rundfunks tritt in Kraft. Am 25. Januar 1949 wird der schon seit 1945 als »Radio München« unter amerikanischer Regie arbeitende Sender an Alois Johannes Lippl, Vorsitzender des Rundfunkrates, und Intendant Rudolf von Scholz übergeben.
In einer Ansprache betont der Direktor der Militärregierung in Bayern, Murray D. van Wagoner, »welch wesentliche Rolle der Rundfunk in einem demokratischen Lande spielt« und plädiert für das Gleichgewicht von spezifisch bayerischen Sendungen und solchen mit überregionalen Themen.

Erhard zum Direktor der Bizone ernannt

2. März 1948. Die britischen und amerikanischen Besatzungsbehörden bestimmen den Münchner Honorarprofessor Ludwig Erhard zum neuen Direktor der am 1. Januar des Vorjahres gegründeten sog. Bi-Zone (→ 1. 1. 1947). Als Kandidat der FDP tritt er mit Unterstützung von CDU und CSU an die Stelle des wegen seiner öffentlichen Kritik an der amerikanischen Wirtschaftshilfe abgesetzten Direktors Johannes Semler (→ 4. 1. 1948).
Ludwig Erhard wurde am 4. Februar 1897 in Fürth geboren. Nach dem Studium der Wirtschaftswissenschaften und Soziologie in Nürnberg und Frankfurt/Main wurde er 1928 wissenschaftlicher Assistent am Institut für Wirtschaftsbeobachtungen in Nürnberg. Im Oktober 1945 übernahm er für ein Jahr das bayerische Wirtschaftsministerium. Als Vorsitzender der »Sonderstelle Geld und Kredit« ist er seit 1947 maßgeblich an der Vorbereitung einer Wirtschafts- und Währungsreform beteiligt.

Verfassungskonvent auf Herrenchiemsee

10.–23. August 1948. Auf Einladung des bayerischen Ministerpräsidenten Hans Ehard tagt ein von den Ministerpräsidenten der Länder eingesetzter Sachverständigenausschuß für Verfassungsfragen auf der Insel Herrenchiemsee. Der Ausschuß erarbeitet eine Denkschrift, die als Grundlage für das vom Parlamentarischen Rat zu erarbeitende Grundgesetz (GG) dienen soll.
Die Denkschrift enthält u. a. eine Liste der aufzunehmenden Artikel und einen Entwurf des Gesetzestextes. Die Ministerpräsidenten bringen darin ihre Wünsche bezüglich eines GG zum Ausdruck und nehmen die Grundzüge des später beschlossenen Textes vorweg.
Spezielle, vom bayerischen Kabinett aufgestellte Richtlinien finden Eingang in den Verfassungskonvent auf Herrenchiemsee, wobei Bayern besonderen Wert auf eine genaue Festlegung der Bundes- und Länderkompetenzen legt. Da die von Bayern gewünschte Finanzhoheit der Länder nicht in das GG aufgenommen wird, verweigert ihm der bayerische Landtag im Mai 1949 seine Zustimmung.

Festakt zur Übergabe des Bayerischen Rundfunks mit James Clark, Murray D. van Wagoner, Alois J. Lippl (v. l.) und US-General P. Hays am Mikrofon

Ballett-Uraufführung »Abraxas« von Egk

6. Juni 1948. An der Münchner Staatsoper wird das dramatische Ballett »Abraxas« von Werner Egk nach dem Tanzpoem »Der Doctor Faust« von Heinrich Heine uraufgeführt. Während die Theater- und Musikfreunde der Stadt von der glänzenden Aufführung begeistert sind, stößt das Stück im Kultusministerium auf Ablehnung: Minister Alois Hundhammer (CSU) läßt die Aufführung absetzen.

Werner Egk   *Heinrich Heine*

Die Vorbereitungen für die Uraufführung fanden in einer Zeit bitterer Not statt. Während der letzten Proben traten die Sänger, physisch völlig ausgepumpt, in einen Streik. Material für Dekorationen und Kostüme war nur schwer zu bekommen.

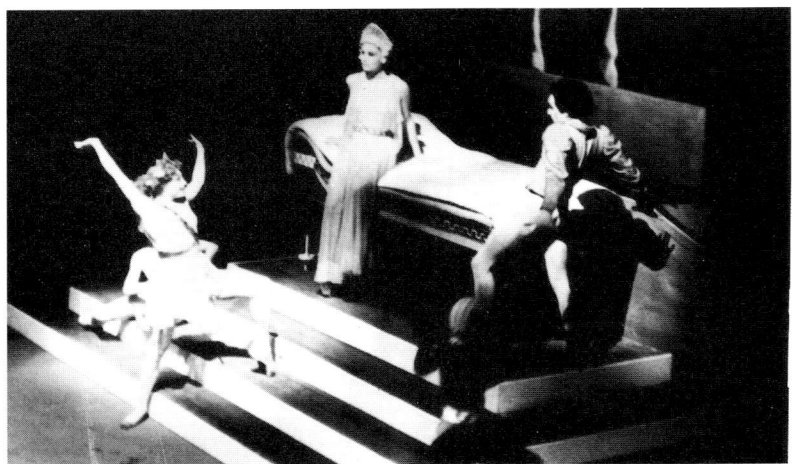

△ *Hellas-Szene aus Werner Egks Ballett »Abraxas«, das der Choreograph und Solotänzer Marcel Luipart leitet*
◁ *Pandämonium-Szene aus »Abraxas«; die Beifallsstürme nach der Uraufführung enden erst mit dem 48. Vorhang; im Gegensatz zum Publikum ist das Kultusministerium von Szenen wie Fausts Liebesnacht mit einer Hexe nicht begeistert und verbietet den Verkauf der begehrten Libretti*

Erfolg für Mode aus München

Februar 1948. Die Meisterschule für Mode München (MMM) und Münchner Modehäuser präsentieren Frühjahrskollektionen, die auch im Ausland Interesse finden.
Bereits 1947 hatte die MMM auf der Leipziger Frühjahrsmesse eine Kollektion vorgestellt, die wegen ihrer handwerklichen Qualität und der von der Ausgburger Firma Riedinger hergestellten hochwertigen Materialien gelobt worden war. Stil und Linienführung der Modelle waren aber von internationalen Experten als zu »brav« kritisiert worden.
1948 orientieren sich die Münchner Modemacher erfolgreich an dem im Vorjahr vom Pariser Haute-Couture-Haus Dior kreierten »New Look« mit enger Taille und langen, weitschwingenden Röcken.
Aus Belgien geht ein Auftrag für die Lieferung von Konfektionskleidung im Wert von 124 000 Dollar ein, weitere Aufträge aus Schweden, Dänemark und den Niederlanden folgen. Da der Export aus der US-Zone aber nur auf Basis der knappen amerikanischen Währung erfolgen darf, kommen die Exportgeschäfte noch nicht im erwarteten Ausmaß zustande.

Die Presseausstellung in München und eine neue Zeitung

Frühsommer 1948. Die US-amerikanischen Besatzungsbehörden veranstalten im Münchner Ausstellungsgelände eine internationale Presseschau, die von der Bevölkerung begeistert aufgenommen wird. Zeitungen aus den Vereinigten Staaten von Amerika, Großbritannien, Frankreich, der Schweiz und Österreich präsentieren neben deutschen Blättern ihr vielfältiges Informationsangebot.
Um die Ausstellung für ein möglichst breites Publikum attraktiv zu gestalten, verfielen die Veranstalter auf eine ausgefallene und zugleich folgenreiche Idee: Neben den zahlreich aufgehängten Zeitungsseiten erwartet den Besucher im Empfangsbereich der Ausstellung ein kompletter Zeitungsbetrieb. Unter großen Mühen ist hier alles zusammengetragen worden, was für die Herstellung einer täglich erscheinenden Zeitung notwendig ist.
Im nachgestellten Redaktionsraum verarbeiten Redakteure die auf Fernschreibern eingehenden Meldungen. Mit Hilfe von eigens für diese Zwecke beschlagnahmten Setzmaschinen werden die Zeitungsseiten erstellt. Die Mitte der Halle beherrscht eine Rotationspresse, auf der Tag für Tag eine vollständige Ausgabe der schlicht »Tageszeitung« genannten Ausstel-

Setzerei auf der Presseausstellung (Münchner Ausstellungsgelände)

lungszeitung produziert wird. So erhält jeder Besucher ein Exemplar der Zeitung, deren Entstehung er von der einlaufenden Nachricht über den Redaktionstisch zur Setzmaschine und von dort zum Druck anschaulich miterleben konnte.
Aufgrund des Erfolges dieses Experiments beschließen alle Beteiligten gegen Ende der Ausstellung die »Tageszeitung« in irgendeiner Form am Leben zu erhalten.
Werner Friedmann, Mitherausgeber der »Süddeutschen Zeitung«, erwirkt bei den amerikanischen Pressebehörden sogar die Lizenzrechte für das Projekt.
Nachdem auch noch zunächst 20 t Papier bereitgestellt sind, steht der Herausgabe des in »Abendzeitung« umbenannten Blattes nichts mehr im Wege. Als gemeinnütziges Unternehmen sollen die Profite der Zeitung ausschließlich zur Ausbildung des journalistischen Nachwuchses verwandt werden.

Presseausstellung, auf der sich internationale Zeitungen vorstellen

Nürnberg zum 7. Mal Deutscher Meister

8. August 1948. Im ersten Nachkriegsfinale um die Deutsche Fußballmeisterschaft gewinnt der 1. FC Nürnberg gegen den 1. FC Kaiserslautern mit 2 : 1. Das Endspiel findet vor 75 000 Zuschauern im Müngersdorfer Stadion in Köln statt; der 1. FC Nürnberg gewinnt den Meistertitel nun zum siebten Mal. Bereits nach 10 Spielminuten hat Konrad Winterstein das erste

K. Winterstein

Tor für Nürnberg erzielt, knapp 15 Minuten später ist Hans Pöschl erfolgreich. Diesen Vorsprung können die Nürnberger verteidigen. In der zweiten Halbzeit, in der die Lauterer ununterbrochen stürmen, fällt das dritte Tor: ein Eigentor des Nürnbergers Hans Übelein. Der Club wird dennoch Rekordmeister.

Pauschalreisen für Nachkriegsdeutsche

12. Oktober 1948. In München schließen sich das Deutsche Reisebüro (DER), das Amtliche Bayerische Reisebüro (das es bis heute gibt), die Hapag-Lloyd-Reisebüros und Dr. Carl Degener, der mit seinen Büros als Vorreiter für den Massentourismus gilt, zur Arbeitsgemeinschaft DER Gesellschaftsreisen zusammen. Im folgenden Winter fahren die ersten Züge unter der Bezeichnung »DER-Ferienexpress« u. a. nach Ruhpolding, Mittenwald und Oberstdorf. Nach Abschluß des ersten Geschäftsjahres hat die Arbeitsgemeinschaft Urlaubsreisen für rund 45 000 Menschen organisiert. Um der Bevölkerung in noch immer zerstörten Nachkriegsdeutschland Pauschalreisen schmackhaft zu machen, gibt die Arbeitsgemeinschaft allein in der ersten Wintersaison 75 000 DM für Prospekte und Plakate aus; zusätzlich werden die vorhandenen Reisezugwagen auf Kosten der Arbeitsgemeinschaft mit bequemen Polstersitzen ausgestattet, um dem schlechten Ruf der bisher wenig komfortablen Eisenbahn entgegenzuwirken.

Karl Valentin (M.) mit Liesl Karlstadt und Georg Rükkert in »Ein Sonntag in der Rosenau« (München 1930)

Der musisch begabte Komiker Karl Valentin als Zithervirtuose in einem Filmfragment aus dem Jahr 1929

Tod am Faschingsmontag: Karl Valentin

9. Februar 1948. Am Faschingsmontag stirbt in München der Komiker Karl Valentin im Alter von 63 Jahren. Seit 1908 trat Valentin, der bei einem Schreiner in die Lehre gegangen war, mit viel Erfolg auf Münchner Bühnen auf.

Erst trug er dem Publikum seine Monologe und Couplets vor, später spielte er gemeinsam mit seiner langjährigen Partnerin Liesl Karlstadt (→ 27. 7. 1960) seine komischen Stücke. Mehrere der Valentin-Possen wie »Die Orchesterprobe« und »Der Firmling« (→ 9. 12. 1922) wurden auch verfilmt. Karl Valentin, der ab 1941 von den Nationalsozialisten mit einem Filmverbot belegt war und seitdem auch nicht mehr auftrat, war kurz vor seinem Tod im Januar 1948 noch einmal gemeinsam mit Liesl Karlstadt im Münchner »Bunte Würfel« (→ 1. 5. 1903) zu sehen.

Der Münchner Merkur berichtet über die Beerdigung Valentins, die unter großer Anteilnahme der Bevölkerung an Valentins Wohnort Planegg stattfindet: »Wenn's nicht grad Aschermittwoch gewesen wär' und wenn's nicht grad so geregnet hätte, dann wären wahrscheinlich noch mehr Münchner zu der Leich' vom Valentin nach Planegg hinausgefahren. Aber wenn nicht grad so schlechtes Wetter gewesen wär' und Aschermittwoch dazu, wär' er vermutlich gar nicht gestorben, oder wenigstens an einem anderen Tag.«

Die Intellektuellen haben Valentin besser zu schätzen gewußt als das »einfache Volk«, und Kurt Tucholsky hat ihn knapp und präzise definiert, als er ihn den »Linksdenker« nannte. Dabei waren es freilich in erster Linie die »einfachen Leute«, deren Alltag in Valentins Monologen und in seinen Einaktern ad absurdum geführt wurde. Im Einakter »In der Apotheke« schilderte er z. B. wie ein Kunde für sein krankes Kind ein Medikament

Berittener »Husarenbläser« Valentin im komischen Theater

kaufen will: »Apothekerin: Was fehlt denn dem Kind?/Kunde: Dem Kind fehlt die Mutter/A: Ach, das Kind hat keine Mutter?/K: Schon, aber nicht die richtige Mutter/A: Ach so, das Kind hat eine Stiefmutter/K: Ja, leider, die Mutter ist nur stief statt richtig, und deshalb muß sich das Kind erkältet haben …/A: Vielleicht hat es Schmerzen?/K: Möglich … Das Kind sagt nicht, wo es ihm weh tut … Heut hab ich zu dem Kind gesagt, wenn du schön sagst, wo es dir weh tut, kriegst du später mal ein schönes Motorrad/A: Und?/K: Das Kind sagt nichts, es ist so verstockt/A: Wie alt ist denn das Kind?/K: Sechs Monate alt/A: Na, mit sechs Monaten kann doch ein Kind noch nicht sprechen/K: Das nicht, aber deuten könnte es doch, wo es die Schmerzen hat, wenn schon ein Kind so schreien kann, dann könnts auch deuten, damit man weiß, wo der Krankheitsherd steckt …/A: Ja, das ist eine schwierige Sache für einen Apotheker/K: D' Frau hat gesagt, wenn ich den Namen nicht mehr weiß, dann soll ich an schönen Gruß von dem Kind ausrichten, von der Frau vielmehr, und das Kind kann nicht schlafen …/A: Da nehmen sie ein Beruhigungsmittel. Am besten vielleicht Isopropilprophemilbarbitursauresphenildimethildimenthylaminophirazolon/K: Jaa! Des is! So einfach, und man kann sichs doch nicht merken!«

1949

Bayern lehnt Grundgesetz ab

20. Mai 1949. Die Abgeordneten des Bayerischen Landtags debattieren seit über 14 Stunden, bevor schließlich der amtierende Landtagspräsident, Michael Horlacher, lange nach

---

Hoegner bejaht Grundgesetz
Der SPD-Abgeordnete Dr. Wilhelm Hoegner zeigt Verständnis für die Argumente der CSU, dennoch habe er dem Gesetz zugestimmt: »Eine Verfassung sollte wie ein Staatskleid mit Stolz und Freude getragen werden können. In das Bonner Grundgesetz sind einige Nesseln gewoben, die brennen und keine reine Freude aufkommen lassen, bei keiner Partei. Aber das Schicksal hat uns Deutsche so geschlagen, daß uns nichts übrigbleibt, als unsere Blöße mit diesem Kleid zu bedecken. Mögen wir es eines Tages mit einem besseren vertauschen können!«

Mitternacht zur Abstimmung bitten kann. Bei der Auszählung in den frühen Morgenstunden finden sich in der Urne 101 rote, 64 blaue und 9 weiße Zettel – Bayern hat das Grundgesetz der Bundesrepublik Deutschland mit 101 Stimmen der CSU gegen 64 Stimmen von SPD und FDP abgelehnt.

Die Begründung der CSU für ihr »Nein«: das vorgelegte Gesetz sei zu wenig föderalistisch und behindere die Entwicklung eines staatlichen Lebens in den einzelnen Ländern des Bundes.

Ein Hintertürchen bleibt freilich offen. In einem gesonderten Beschluß erklären sich 97 (gegen 6) Abgeordnete – bei 70 Stimmenthaltungen – bereit, »daß bei Annahme des Grundgesetzes in zwei Dritteln der deutschen Länder, in denen es zunächst gelten soll, die Rechtsverbindlichkeit dieses Grundgesetzes auch für Bayern anerkannt wird«. Die Debatte mit ihren 30 zum Teil recht temperamentvollen Rednern wird im Rundfunk übertragen.

Bayern, das in der verfassungsgebenden Versammlung des Parlamentarischen Rates, der sich im September 1948 in Bonn konstituiert hatte, die größte Ländervertretung gestellt hatte, konnte schon bei den dortigen Beratungen föderalistischere Vorstellungen nicht durchsetzen.

Michael Horlacher, humorvoller bayerischer Landtagspräsident

Schwere Niederlage für Union bei Wahl

14. August 1949. Die Wahlen zum ersten Deutschen Bundestag enden in Bayern mit einem Fiasko für die CSU, die nur 29,2% der abgegebenen Stimmen erhält.

Sie ist mit 24 Abgeordneten im Bundestag vertreten. Gemeinsam mit der CDU stellt sie jedoch mit 139 Mandaten die größte Fraktion. Hintergrund für die Niederlage der CSU sind Auseinandersetzungen mit der Bayernpartei, die 20,9% erhält. Bei den Landtagswahlen am 1. 12. 1948 hatte die CSU noch 52,3% der Wählerstimmen auf sich vereint.

Bayern stellt vier Minister im Kabinett

20. September 1949. Bundeskanzler Konrad Adenauer stellt in Bonn das Kabinett der ersten Bundesregierung vor, in dem drei Mitglieder der Christlich Sozialen Union (CSU) und der FDP-Politiker Thomas Dehler aus dem oberfränkischen Lichtenfels Ministerämter bekleiden. Dehler wird Justizminister, während die CSU-Politiker Wilhelm Niklas das Landwirtschaftsministerium und Hans Schuberth das Bundespostministerium übernehmen. Fritz Schäffer, ebenfalls CSU und Finanzminister im Kabinett Adenauer, war schon 1931–33 für das Finanzressort in der bayerischen Regierung zuständig, bevor er unter den nationalsozialistischen Machthabern vorübergehend in Haft geriet.

Erster Selbstbedienungsladen eröffnet

4. Juni 1949. *In Augsburg eröffnet der Lebensmittel-Großhändler Bernhard Müller den ersten bayerischen Selbstbedienungsladen nach amerikanischem Vorbild. In dem geräumigen Ladenlokal bedienen sich die Kunden selbst aus Regalen, in denen die verschiedenen Waren, übersichtlich gestapelt und mit Preisschildern versehen, angeboten werden (Abb.). Lediglich Wurstwaren, Butter, Gebäck und Obst werden noch von einer Verkäuferin in der gewünschten Menge abgewogen und herausgegeben. Die Kunden sammeln die ausgewählten Waren in Holzkisten und tragen diese zur Kasse am Ausgang des Geschäfts.*

Zeitungsgründungen ohne Lizenzzwang

22. August 1949. In Bayern tritt die »Generallizenz Nr. 3 der Militärregierung« in Kraft, durch die der Lizenzzwang für Zeitungen aufgehoben wird. Auf dem Zeitungsmarkt herrscht wieder freier Wettbewerb. Waren in den ersten Nachkriegsjahren nur Lizenzen an politisch unbelastete Träger vergeben worden, die unabhängige und überparteiliche Zeitungen machen wollten, so können jetzt erstmals wieder Parteizeitungen erscheinen. Auch eine große Zahl von Heimatzeitungen wird neugegründet; ein Teil der früheren Heimatblätter war bereits von großen Lizenzzeitungen übernommen worden. Bis Ende 1949 entstehen 104 neue Blätter, von denen jedoch 22 rasch wieder eingehen.

Nach einer Zeit der Konsolidierung zeigt sich, daß 71,1 % der Zeitungen von Produktions- und Redaktionsgemeinschaften herausgegeben werden, nur 45 Verlage erstellen selbständige Ausgaben.

Klaus Mann in Cannes gestorben

22. Mai 1949. In Cannes (Frankreich) stirbt der Schriftsteller Klaus Mann an einer Überdosis Schlaftabletten. Der am 18. November 1906 in München geborene Sohn von Thomas Mann hatte seine künstlerische Laufbahn mit der Gründung eines Theaterensembles 1925 begonnen. Im März 1933 verließ Klaus Mann das Deutsche Reich und engagierte sich stark in antifaschistischen Exilkreisen. 1938 war er als Reporter im Spanischen Bürgerkrieg tätig und ging von da aus ins amerikanische Exil. Nach dem Ende des Zweiten Weltkrieges kam Klaus Mann als Berichterstatter der amerikanischen Army-Zeitung »The Stars and Stripes« wieder nach Deutschland.

Klaus Mann galt zeit seines Lebens als Vertreter der »verlorenen Generation«, die sich nach außen hin in einer extravaganten Lebensweise erging, innerlich aber verzweifelt nach dem Sinn des Lebens suchte. Er schrieb neben den Romanen »Symphonie Pathétique« (1935), »Mephisto« (1936) und »The Turning Point« (1942) Dramen, Essays, Erzählungen, Reportagen und auch Texte für das Kabarett »Die Pfeffermühle« seiner Schwester Erika.

Der Weiß Ferdl ist tot

Weiß Ferdl, Humorist und Komiker aus dem niederbayer. Altötting

19. Juni 1949. Neun Tage vor Vollendung seines 66. Lebensjahres stirbt in München der Weiß Ferdl, Volkssänger und Humorist. Als Ferdinand Weißheitinger am 28. Juni 1887 in Altötting geboren, absolvierte Weiß nach Episoden als Sängerknabe in Altötting und Salzburg zunächst eine Buchdruckerlehre. Ersten Auftritten als Komiker in Regensburg und München folgte 1906 ein Engagement im Münchner Varieté »Platzl«, dem er 35 Jahre treu blieb und dessen Direktion er und Seppl Eringer 1921 übernahmen.

Im »Platzl« wurde der Name des Weiß Ferdl zu einer Garantie für derbe bayerische Unterhaltung. Während der Hitler-Jahre wurden die gegen das Regime gerichteten Witze häufig dem Weiß Ferdl zugeschrieben (wobei der Komiker in den frühen Jahren der NS-Bewegung sympathisierend gegenüberstand). Einer der Weiß Ferdl-Witze: »Mein Mann ist genau informiert, der ist nämlich Portier im Propagandaministerium.« – »Aber mein Sohn erst, der ist Kraftfahrer im Führerhauptquartier.« – »Das ist noch gar nichts, meine Nachbarin ist Abortfrau im Münchner Hauptbahnhof, da findet sie ab und zu nämlich eine ausländische Zeitung.«

Musikleben blüht schnell wieder auf

1949. Die Neugründung des Symphonieorchesters des Bayerischen Rundfunks unter der Leitung von Eugen Jochum ist ein weiterer Meilenstein bei der erstaunlich raschen Reorganisation des Musiklebens in Bayern nach dem Krieg. Schon am 8. Juli 1945 hatte das erste Nachkriegskonzert der Münchner Philharmoniker stattgefunden, das bereits wieder vom Rundfunk übertragen wurde. Das Staatsorchester folgte mit seinem ersten Konzert im Herbst 1945 und konnte kurz danach auch den regelmäßigen Opernbetrieb wieder aufnehmen.

Die Besetzung von Stellen, die durch die Entlassung einer Reihe nationalsozialistisch engagierter Komponisten und Interpreten frei geworden waren, bereitete zwar Schwierigkeiten, doch konnten die wichtigsten Posten mit hervorragenden Kräften besetzt werden. Noch im Sommer 1945 übernahm Hans Rosbaud die Philharmoniker.

Richard Strauss: Der letzte Meister romantischer Klassik

8. September 1949. *In seinem Garmischer Haus stirbt im Alter von 85 Jahren am Nachmittag Richard Strauss, einer der bedeutendsten deutschen Komponisten des 20. Jahrhunderts.*

Im Oktober 1945 war der 81jährige Richard Strauss nach Baden bei Zürich gezogen. In ein Hotel, das beim Ausbleiben von Geldanweisungen den Wert der - als Sicherheit im Safe hinterlegten – Strauss-Partituren schätzen ließ. Im Mai 1949 kehrte der von mehreren Operationen genesene Meister in sein Garmischer Haus zurück. Bei der Totenfeier in München (Abb.) wird, wie er es sich gewünscht hat, das Terzett aus dem »Rosenkavalier« gesungen: »Hab' mir's gelobt, ihn lieb zu haben ...« Zum letzten Male hatte Strauss, der neben Opern auch Ballette, Konzerte, Kammer- und Klaviermusik sowie Chöre komponierte, am 13. Juli 1949 in seiner Geburtsstadt dirigiert – er leitete eine Rundfunkaufnahme der Mondscheinmusik (»Capriccio«).

1950

In Bayern leben 2 Mio Flüchtlinge

13. September 1950. Die erste in der Bundesrepublik Deutschland durchgeführte Volkszählung erfaßt in Bayern 9 126 010 Menschen (Volkszählung 1939: 8 222 982). Seit dem Ende des Zweiten Weltkriegs sind mehr als 1 924 000 Flüchtlinge und Heimatvertriebene aus dem Sudetenland, den Gebieten östlich von Oder und Neiße sowie aus anderen Teilen des ehemaligen Deutschen Reiches nach Bayern eingewandert. Nur ein kleiner Teil der Flüchtlinge konnte in den stark zerstörten Großstädten untergebracht werden. Drei Viertel der Neu-Bayern leben in ländlichen Regionen. Da 1945 14,8% des Wohnraums vernichtet oder beschädigt waren, wohnen die Flüchtlinge z.T. seit Jahren in Notlagern. Einige dieser Flüchtlingssiedlungen entwickeln sich zu neuen Gemeinden wie Traunreut, Waldkraiburg und Geretsried.

Ab 1950 setzt eine Wanderungsbewegung aus dem Oberpfälzer und dem Bayerischen Wald in die städtischen Ballungsräume ein.

SPD wird stärkste Partei in Bayern

26. November 1950. Bei den Wahlen zum Bayerischen Landtag wird die SPD erstmals in ihrer Geschichte stärkste Partei in Bayern. Sie erhält 28% der abgegebenen Stimmen. Die CSU fällt mit 27,4% der Stimmen hinter frühere Ergebnisse zurück.

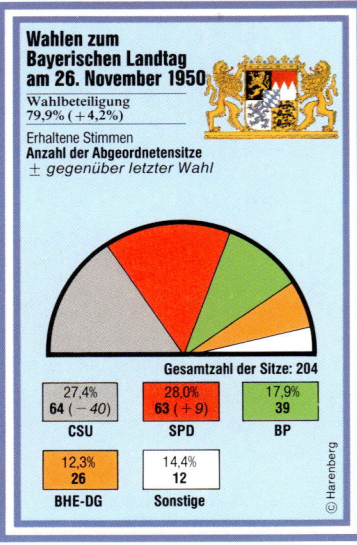

Wahlen zum Bayerischen Landtag am 26. November 1950
Wahlbeteiligung 79,9% (+4,2%)
Erhaltene Stimmen
Anzahl der Abgeordnetensitze
± gegenüber letzter Wahl

Gesamtzahl der Sitze: 204

27,4% 64 (−40) **CSU**	28,0% 63 (+9) **SPD**	17,9% 39 **BP**
12,3% 26 **BHE-DG**	14,4% 12 **Sonstige**	

© Harenberg

50 000 neue Arbeitsplätze

1. März 1950. In Bayern läuft ein Arbeitsbeschaffungsprogramm an, für das 600 Mio DM aus den Mitteln des Staatshaushalts abgezweigt werden. Nach Angaben des bayerischen Ministerpräsidenten Hans Ehard sollen u.a. durch Investitionen und Neubauvorhaben im Wohnungs- und Straßenbau 50 000 zusätzliche Arbeitsplätze geschaffen werden.

Das bayerische Arbeitsministerium stellte schon 1948 eine ungünstige Beschäftigungsstruktur fest. Besonders in ländlichen Gebieten, wo Flüchtlinge und Vertriebene ohne Rücksicht auf Erwerbsmöglichkeiten angesiedelt wurden, gibt es zahlreiche Arbeitslose, während in den Städten aufgrund des Wohnraummangels Arbeitskräfte fehlen.

Arbeitslose drängeln sich in den Fluren der Arbeitsämter und Vermittlungsstellen; in der Bundesrepublik sind über 2 Mio Menschen ohne Arbeit

Parteien fordern bayerischen Staat

23. Juli 1950. In Bayern wird die monarchistische Bayerische Heimat- und Königspartei gegründet. Dem ersten Neugründungsversuch 1946 hatte die amerikanische Militärregierung die Lizenz verweigert. Die Forderungen der Heimat- und Königspartei nach einer Restauration der Monarchie in Bayern wie auch die separatistischen Vorstellungen der seit 1948 bestehenden Bayernpartei sind Ausdruck eines nach den Erfahrungen mit der zentralistischen Organisation des Deutschen Reiches wiedererweckten bayerischen Staatsbewußtseins.

Frauenträume von Reichtum und Glück

26. November 1950. Im Alter von 83 Jahren stirbt in Rottach-Egern am Tegernsee die Unterhaltungsschriftstellerin Hedwig Courths-Mahler. In ihren über 200 Romanen, die allein in Deutschland in mehr als 25 Mio Exemplaren verkauft wurden, gelangen nach stets gleichem Klischee sozial niedriggestellte Frauen durch einen gesellschaftlichen Aufstieg zu Reichtum und Glück. Die Heldinnen zeichnen sich immer durch opferbereite Dienerschaft gegenüber dem männlichen Geschlecht aus. In dem Courths-Mahler-Roman »Es irrt der Mensch« werden die herausragenden Charaktereigenschaften der Hauptperson beim Namen genannt: »Sie hat den rechten Adel, den der Seele, und den unvergänglichen Reichtum, den des Herzens.«

Katholikentag in Passau eröffnet

1. September 1950. Unter dem Geläut aller Kirchenglocken beginnt in der mit Blumen und Fahnen geschmückten Stadt Passau der 74. Deutsche Katholikentag. Zur Eröffnung wird im Stephansdom ein feierliches Hochamt gelesen. Während des dreitägigen Kirchentages fordern katholische Sprecher mehr soziale Gerechtigkeit in der Welt, eine Erneuerung des Glaubens und ein »Aneinanderrücken aller Christen«. Der Katholikentag endet am 3. September mit einer Kundgebung, bei der eine Grußbotschaft von Papst Pius XII. verlesen wird.

1951

5. 1. Mit der Verabschiedung des Indexgesetzes beginnt eine umfassende Neuordnung der bundesdeutschen Agrarmärkte: Durch Steuerung und Subventionierung sollen die Lebensmittelpreise niedrig gehalten werden, um nicht durch steigende Verbraucherpreise den Wunsch nach Lohnerhöhungen herauszufordern.

24. 1. In München tritt erstmals das Kabarett »Die Kleine Freiheit« vor Publikum auf. →

28. 1. Das wieder aufgebaute Münchner Residenztheater wird mit Raimunds »Verschwender« eröffnet.

1. 5. In München nimmt der Sender Freies Europa, eine mit US-amerikanischen Spendenmitteln errichtete Rundfunkanstalt, den Betrieb auf. →

25. 5. Das Gesetz über die Mitbestimmung der Arbeitnehmer in den Aufsichtsräten und Vorständen des Bergbaues und der Eisen und Stahl erzeugenden Industrie schreibt die paritätische Besetzung der Aufsichtsräte in den Kapitalgesellschaften der Montanindustrie vor.

7. 6. In Landsberg am Lech werden die letzten Todesurteile an NS-Kriegsverbrechern vollstreckt. →

26. 6. Die Freie Deutsche Jugend (FDJ) in der Bundesrepublik Deutschland wird als verfassungswidrig verboten.

29. 7. Erstmals seit dem Zweiten Weltkrieg finden wieder Bayreuther Festspiele statt. →

25. 11. Im Nürnberger Lessingtheater wird das Drama »Der Graf von Ratzeburg« des 1938 verstorbenen Bildhauers und Dichters Ernst Barlach uraufgeführt.

1951. An den höheren Schulen Bayerns wird wieder die neunte Klasse (13. Schuljahr) eingeführt. →

1951. Die Städte Passau, Landshut und Straubing bilden das Südostbayerische Städtebundtheater. →

GESTORBEN:

3. 2. Münchberg/Oberfranken: August Horch (* 12. 10. 1868, Winningen), Automobilkonstrukteur und Industrieunternehmer (Audi).

16. 2. Düsseldorf: Hans Böckler (* 26. 2. 1875, Trautskirchen bei Neustadt an der Aisch), Gewerkschafter und Sozialpolitiker, erster DGB-Vorsitzender 1947/49–1951.

26. 4. München: Arnold Sommerfeld (* 5. 12. 1868, Königsberg/Preußen), Physiker.

17. 10. Klein-Glienicke: Bernhard Kellermann (* 4. 3. 1879, Fürth), Schriftsteller.

Bayerns Schulen im Wandel

1951. An den höheren Schulen Bayerns wird die neunte Klasse bzw. das 13. Schuljahr wieder eingeführt. »Aus wichtigen bevölkerungspolitischen Gründen« hatten die Nationalsozialisten mit dem Erlaß vom 30. November 1936 das dreizehnte Schuljahr seinerzeit abgebaut. Obwohl die 50er Jahre im bayerischen Schulwesen überwiegend von restaurativen Kräften geprägt werden, die nach den Eingriffen der NS-Zeit die Bekenntnisschule als Regeltyp der Volksschule, das kirchlich dominierte Privatschulwesen, die traditionelle Dreigliedrigkeit des Schulwesens und das humanistische Gymnasium wiederherstellen, gibt es im Bereich der höheren Schulen durchaus Ansätze zur Differenzierung. 1954 wird das musische Gymnasium, 1958 das vierjährige Abendgymnasium für Berufstätige eingeführt. Um 1960 entsteht der neue Typ des wirtschaftswissenschaftlichen Gymnasiums.

Das Bestreben der Schulpolitiker, die verschiedenen Gymnasialtypen einheitlicher zu gestalten, läßt die Schülerzahlen anwachsen. Während 1950 an 283 Gymnasien 117 146 Jugendliche unterrichtet werden, sind es 1962 bereits 138 517 Schüler an 304 Gymnasien.

Gruppenbild mit Lehrer: bayer. Schüler vor ihrem Schulgebäude

Für tausendfache Morde hingerichtet

7. Juni 1951. Mit der Hinrichtung von sieben ehemaligen hohen SS-Offizieren vollstreckt die US-Besatzungsmacht in Landsberg am Lech zum letzten Mal Todesurteile an deutschen Kriegsverbrechern. Unter den Gehenkten befinden sich Oswald Pohl und Otto Ohlendorf, die als Leiter der Konzentrationslager bzw. der SS-Einsatzgruppen den Tod vieler Tausend Juden verschuldeten.

Rundfunksendungen für den Ostblock

1. Mai 1951. In seinem neu errichteten Gebäude an der Münchener Oettingenstraße am Englischen Garten nimmt der Sender »Radio Free Europe« den Betrieb auf. Die teilweise vom US-amerikanischen Geheimdienst finanzierte Funkstation soll »den Völkern in den sowjetischen Satellitenstaaten objektive Nachrichten aus der freien Welt vermitteln« (Süddeutsche Zeitung).

Südostbayerisches Städtebundtheater

1951. Die Städte Landshut, Passau und Straubing gründen ein Städtebundtheater, um dem südostbayerischen Raum zu anspruchsvolleren Inszenierungen zu verhelfen. Die Mittel der Theatergemeinschaft erlauben sowohl Aufführungen von Schauspielen als auch von Opern und Operetten. Der gute künstlerische Ruf führt bald zu Einladungen anderer bayerischer Gemeinden.

Kabarett »Kleine Freiheit«

24. Januar 1951. *Im »Atelier-Theater« in der Münchner Elisabethstraße stellt das politisch-literarische Kabarett-Theater »Die Kleine Freiheit« sein erstes Programm vor. Ende des Jahres übersiedelt die Truppe in ein festes Domizil in der Maximilianstraße 8 und zeigt das Programm »Achtung, Kurve!«. Zur ersten Mannschaft der Gründerin Trude Kolman gehören u. a. Ursula Herking, Oliver Hassencamp und als Autor Erich Kästner (Abb.: Szenenfoto).*

75. Bayreuther Festspiele

29. Juli 1951. *Erstmals nach sechsjähriger Pause finden die Bayreuther Festspiele wieder statt. Zur Eröffnung dirigiert Wilhelm Furtwängler im Festspielhaus Beethovens »Neunte Sinfonie«. Mit der Aufführung des »Parsifal« am 30. Juli beginnt ein neuer Abschnitt der Wagner-Rezeption: Für »Neu-Bayreuth« charakteristisch wird die Reduzierung des Bühnenbildes auf wenige symbolische Elemente und die Verwendung des Lichtes.*

1952

Mehr Freiheit für Gemeinden

18. Januar 1952. Mit den Stimmen von CSU und SPD beschließt der Bayerische Landtag in München eine neue Gemeindeordnung. Das unter Federführung von Innenminister Wilhelm Hoegner (SPD) ausgearbeitete Gesetz soll die kommunale Selbstverwaltung stärken und die demokratische Mitwirkung der Gemeindebürger verbessern.

Nach der neuen Kommunalverfassung haben die Gemeinden das Recht, alle öffentlichen Angelegenheiten ihres Bereiches selbst zu regeln und zu ordnen. Dabei unterliegen sie der Staatsaufsicht nur in lockerer Form. »Die Aufsichtsbehörden sollen die Gemeinden bei der Erfüllung ihrer Aufgaben verständnisvoll beraten ... sowie die Entschlußkraft und die Selbstverantwortung der Gemeindeorgane stärken.« Die Bürgermeister, die sowohl dem Gemeinderat als auch der Verwaltung vorstehen, werden vom Volk direkt gewählt. Bei der Auflösung oder Neuordnung von Gemeinden haben die Einwohner ebenfalls ein Mitspracherecht.

Die seit 1950 regierende Koalition aus CSU und SPD, die sich vor allem um den inneren Verwaltungsausbau bemüht, hatte zunächst auch noch ein Bürgerbegehren und einen Bürgerentscheid vorgesehen. Beide Regelungen wurden jedoch im Laufe der parlamentarischen Beratungen seit 1950 zurückgenommen.

Michael von Faulhaber, Kardinal und Erzbischof von München

Bombe aus München für Bundeskanzler

27. März 1952. Im Keller des Münchener Polizeipräsidiums explodiert ein Sprengstoffpaket, das an Bundeskanzler Konrad Adenauer (CDU) adressiert ist. Ein Sprengmeister wird getötet, zwei Polizisten und zwei Reporter werden z.T. schwer verletzt. Für den Anschlag übernimmt eine unbekannte Organisation die Verantwortung, die damit gegen die am 21. März 1952 aufgenommenen deutsch-israelischen Wiedergutmachungsverhandlungen protestieren will.

Zwei Männer hatten das Paket am Nachmittag zwei Jungen übergeben, die es auf dem Bahnhofspostamt aufgeben sollten, jedoch schnurstracks zur Polizei brachten.

Beitrag aus Bayern: Aufregung in Bonn

17. März 1952. Eine Sendung des Bayerischen Rundfunks über die Personalpolitik des im Aufbau befindlichen Auswärtigen Amts in Bonn löst erheblichen Wirbel aus. Dem Beitrag zufolge sind 85% der leitenden Beamten des Außenministeriums ehemalige Nationalsozialisten, so auch der derzeitige Personalchef Herbert Dittmann.

Ein Untersuchungsausschuß gehe daran, den »vielleicht größten Skandal unserer Nachkriegsentwicklung aufzudecken«. Sämtliche 10 Referatsleiter und 14 von 19 leitenden Beamten der Personalabteilung seien ehemalige NSDAP-Mitglieder und Mitarbeiter des Nazi-Außenministers Joachim von Ribbentrop.

Kardinal Faulhaber stirbt in München

12. Juni 1952. Michael von Faulhaber stirbt 83jährig in München. Der Erzbischof von München und Freising, seit 1921 Kardinal, war seit der Weimarer Republik die beherrschende Gestalt der katholischen Kirche in Bayern.

Nach Priesterweihe 1892 und Ernennung zum Professor an der Universität Straßburg 1903 wurde der Bäckerssohn 1911 Bischof von Speyer und 1917 Erzbischof von München und Freising. Kardinal Faulhaber setzte sich besonders für die Bekenntnisschule und die Einheit von Staat und Kirche ein. Durch seine Verurteilung des Antisemitismus machte er sich schon 1933 die Nationalsozialisten zu Gegnern.

Wolfgang Koeppen: »Tauben im Gras«

7. März 1952. Der Roman »Tauben im Gras« von Wolfgang Koeppen (Abb.) erweist sich als so großer Verkaufserfolg, daß er schon kurz nach Erscheinen in einer zweiten Auflage vorgelegt wird.

Der Roman beschreibt die Geschehnisse eines Tages im amerikanisch besetzten München um 1948. In mosaikartigen ineinander montierten Szenen wird das Schicksal einander fremder Menschen geschildert, die durch ihre Ängste und Hoffnungen miteinander verbunden sind.

1953

Wintersportler holen Gold

1952. Bei den VI. Olympischen Winterspielen in Oslo und den XV. Olympischen Sommerspielen in Helsinki sind erstmals nach Ende des Zweiten Weltkriegs wieder deutsche Sportler zugelassen.

Während die Sommerspiele in Helsinki der gesamtdeutschen Mannschaft keine Goldmedaillen bringen, erringen die bayerischen Bobfahrer Anderl Ostler und Lorenz Nieberl in Oslo gleich zweimal Gold: Sie siegen im Zweier- und Viererbob. Ebenfalls Gold gewinnt das Eiskunstlaufpaar Ria Baran-Falk und Paul Falk.

Bei den Damen gewinnt Annamirl Buchner Bronze im Riesenslalom und in der Abfahrt; Ossi Reichert holt eine Silbermedaille im Slalom.

Ria Baran-Falk und ihr Mann Paul Falk erringen Gold im Eiskunstlauf

Der bayerische Goldmedaillen-Bob mit Anderl Ostler und Lorenz Nieberl

Lob für Dürrenmatt-Komödie

26. März 1952. In den Münchner Kammerspielen wird die Komödie »Die Ehe des Herrn Mississippi« des Schweizer Autors Friedrich Dürrenmatt uraufgeführt. Das Stück unter der Regie von Hans Schweikart findet großen Anklang bei den Zuschauern sowie Lob und Beachtung von seiten der Kritiker.

F. Dürrenmatt

In dieser Komödie, die eher im Bereich der Groteske anzusiedeln ist, stellt Dürrenmatt fünf zentrale Figuren wie auf einem ideologischen Versuchsfeld zueinander in Beziehung. Die vier männlichen Protagonisten, Vertreter gegensätzlicher Weltanschauungen, sind um die Dame »Anastasia« gruppiert, die das Leben schlechthin verkörpert. Die Idealisten unter ihnen scheitern an ihr bzw. an der Undurchdringlichkeit der Welt, die sie repräsentiert. Dürrenmatt läßt in dem »Totentanz der Ideologien« den Fanatiker der Gerechtigkeit »Florestan Mississippi«, der auf Grundlage der Bibel für eine sittliche Weltordnung eintritt, gegen den Weltrevolutionär »Saint-Claude«, der sich dem Marxismus verschrieben hat, antreten. Der Justizminister »Diego« vertritt beiden gegenüber das Prinzip des skrupellosen Opportunismus. Der ewig Besiegte jedoch ist »Bodo Graf von Übelohe-Zabernsee«, die typische Dürrenmatt-Figur des »ironischen Helden«, der an das Gute und die Macht der Liebe glaubt. Dürrenmatt experimentiert mit den Formen des Theaters, indem er die Figuren über ihre Rollen räsonieren läßt.

---

10. 3. Das Gesetz über Arbeitsvermittlung und Arbeitslosenversicherung sieht die Einrichtung einer Bundesanstalt vor. Diese erhält ihren Hauptsitz in Nürnberg.

10. 3. Bei Regensburg kommt es zu einem Luftzwischenfall. Eine US-amerikanische »F–84« wird von zwei tschechoslowakischen »MiG 15« abgeschossen; der Pilot bleibt unverletzt. →

März. Der Flüchtlingsstrom aus der DDR wächst an. Allein im März 1953 verlassen 58000 Menschen ihre Heimat. Viele fliehen nach Bayern. →

9. 5. Jean Cocteaus Ballett »Die Dame und das Einhorn« wird mit der Musik von Jacques Chailley im Münchner Gärtnerplatztheater uraufgeführt. Die Ausstattung der Uraufführung besorgte Cocteau.

8. 7. Durch Gesetz wird für die Bundestagswahlen die Erststimme (für den Direktkandidaten) und die Zweitstimme (für die jeweilige Partei) eingeführt. Bei der Mandatsverteilung sollen nur mehr Parteien berücksichtigt werden, die mindestens 5% der im Bundesgebiet abgegebenen Zweitstimmen auf sich vereinigen oder durch Erststimmen mindestens einen Wahlkreis errungen haben.

6. 9. Die Wahlen zum 2. Bundestag bringen in Bayern folgendes Ergebnis: CSU 47,8%, SPD 23,3%, FDP 6,2%, BP 9,2% und BHE 8,2%.

20. 10. Der am 9. Oktober zum zweiten Mal zum Bundeskanzler gewählte Konrad Adenauer stellt sein Kabinett vor, eine Koalition aus CDU/CSU, FDP, DP und GB/BHE.

22. 12. Friedrich Dürrenmatts Komödie »Ein Engel kommt nach Babylon« wird in den Münchner Kammerspielen uraufgeführt.

29. 12. Das Münchner Landgericht verurteilt den Kantinenwirt des bayerischen Landwirtschaftsministeriums wegen Untreue und Amtsunterschlagung zu 15 Monaten Gefängnis und 400 DM Geldstrafe. →

1953. Der neue Messerschmitt Kabinenroller soll mit dem bereits eingeführten Goggomobil und der Isetta von BMW konkurrieren. →

GESTORBEN:

15. 8. Göttingen: Ludwig Prandtl (* 4. 2. 1875, Freising), Physiker, Begründer der modernen Strömungslehre. →

29. 11. München: Karl Arnold (* 1. 4. 1883, Neustadt bei Coburg), Karikaturist. →

GEBOREN:

21. 12. München: Hans-Jürgen von Bose, Komponist.

DDR-Flucht führt viele nach Bayern

März 1953. Allein im Monat März verlassen 58605 Menschen ihre Heimat in der DDR und flüchten in die Bundesrepublik, viele davon nach Bayern. Damit erreicht die Fluchtwelle, die durch die 2. Parteikonferenz der SED im Juli 1952 ausgelöst wurde, ihren absoluten Höhepunkt. Die SED hatte am 12. Juli 1952 einen beschleunigten Aufbau des Sozialismus verkündet sowie Maßnahmen zur Verstaatlichung der Privatwirtschaft und Kollektivierung der Landwirtschaft beschlossen. Bereits ab Mai 1952 waren die Flüchtlingszahlen gestiegen, als die DDR durch Einrichtung eines Kontrollstreifens und einer Sperrzone am 26. Mai dieses Jahres eine verschärfte Abriegelung der Grenzlinie vornahm.

Von 1949 bis Ende 1953 werden rund eine Million DDR-Flüchtlinge in der Bundesrepublik registriert. Besondere Probleme entstehen für die Hauptflüchtlingsländer Bayern, Niedersachsen und Schleswig-Holstein, vor allem hinsichtlich der Arbeitsplatz- und Wohnraumbeschaffung. Um diese Bundesländer zu entlasten, hatte der Bundestag am 8. März 1951 ein Gesetz für die Umsiedlung von 300000 Heimatvertriebenen in andere Bundesländer beschlossen. Die schnelle Durchführung dieses Gesetzes erwies sich jedoch als schwierig, da die finanziellen Mittel fehlten. Bis zum 30. November 1953 kann das Bundesministerium für Vertriebene schließlich die Umsiedlung von 600000 Flüchtlingen melden, davon kommen allein 140000 aus Bayern.

In panikartiger Flucht bringen DDR-Bürger ihre Habe über die Grenze

BMW-Isetta mit aufklappbarer Front

Vielbestaunter Kabinenroller von Messerschmitt

Isetta-Nachfolgemodell, 600 ccm

Kleinstwagenerfolge des Wirtschaftswunders aus Bayern

1953. Mit Genehmigung der US-Besatzungsbehörden entstand 1947 in Regensburg der Technische Fertigungsbetrieb Fritz M. Fend, der Dreiradfahrzeuge baute. Für den »Fend Flitzer« mit 38- bzw. 98-ccm-Motor suchte die Firma Fend einen Produzenten, den sie im Jahr 1953 in Gestalt des Flugzeug- und Personenwagenkonstrukteurs Willy Messerschmitt findet.

Mit Fend zusammen nimmt er die Produktion von Kraftwagen auf. Der Messerschmitt-Kabinenroller KR 175 ist eine Weiterentwicklung des »Fend Flitzer« mit 175 ccm, 9 PS und einem Zylinder. Der Ausstieg über die seitlich aufklappbare Dachhaube erinnert noch an eine Flugzeugkanzel.

In der Hans Glas GmbH Isaria Landmaschinenfabrik in Dingol-fing hatte man bereits 1951 einen Motorroller entwickelt, dem 1955 das Goggomobil (247 ccm, 14 PS, 2 Zylinder) folgt. Mit einem Kaufpreis von 3100 DM und einer Höchstgeschwindigkeit von 80 km/h ist der »Goggo« ein ernstzunehmender Konkurrent des Kabinenrollers auf dem Kleinstwagenmarkt. Der KR 175 bringt es auf eine Spitze von 90 km/h

und ist für 2100 DM zu haben. Mit gut 4000 DM ist die BMW-Isetta deutlich teurer. Sie geht 1953 in Serie und hat einen Zylinder mit 236 ccm. Mit 9,5 PS kommt sie auf eine Höchstgeschwindigkeit von 85 km/h. Die Originalität der Isetta beruht auf der maximalen Nutzung des Raumes der kleinen Kabine: Eingestiegen wird durch die aufklappbare Vorderfront.

Zwischenfall an der tschechischen Grenze

10. März 1953. Während eines Routinefluges von zwei US-Düsenjägern vom Typ F 84 über der US-amerikanischen Besatzungszone greifen gegen elf Uhr vormittags zwei tschechoslowakische Düsenjäger vom Typ MiG 15 an und schießen eine US-Maschine ab. Der Zwischenfall ereignet sich östlich von Regensburg, 15 km von der Grenze zur ČSR entfernt in einer Höhe von 3600 m. Während die MiGs in Richtung Tschechoslowakei abdre-

James Conant

hen und ebenso plötzlich verschwinden wie sie gekommen sind, stürzt die US-Maschine aufgrund von Treffern am Höhenruder und an einer Tragfläche ab. Der Pilot kann sich mit dem Fallschirm retten. Der Hohe Kommissar der USA, James B. Conant, verurteilt »die gröbliche Verletzung der Grenzen der amerikanischen Zone«.

Kantinenskandal im Ministerium

29. Dezember 1953. Das Münchner Landgericht verurteilt den Wirt der Kantine des bayerischen Landwirtschaftsministeriums von Alois Schlögl (CSU), Kaspar Erdle, zu 15 Monaten Gefängnis und 400 DM Geldstrafe wegen fortgesetzter Untreue und Amtsunterschlagung. Erdle, seit 1945 Kantinenwirt und alsbald zum Regierungsobersekretär befördert, hatte den Beamten zum Mittagessen jahrelang nicht ganz einwandfreies Fleisch aus Not-

Alois Schlögl

schlachtungen, sog. Freibank-Fleisch, serviert und es als Rindsgulasch oder Ochsenbraten deklariert. Zwar sei das Fleisch nicht gesundheitsschädlich gewesen, stellt das Gericht fest, aber »bei Kenntnis der Zusammenhänge wäre es wohl nur mit Ekel genossen worden.« Erdles Vorgesetzte kümmerte dies nicht, obwohl sie davon wußten.

Berühmter Physiker Ludwig Prandtl tot

15. August 1953. Der am 4. Februar 1875 im oberbayerischen Freising geborene Ingenieur und Physiker Ludwig Prandtl stirbt in Göttingen. Der Wissenschaftler, Forscher und Erfinder gilt als Begründer der modernen Strömungslehre.

Ludwig Prandtl

Prandtl war von 1901 bis 1904 Professor in Hannover, anschließend bis zu seiner Emeritierung 1947 in Göttingen und dort gleichzeitig auch von 1925 bis 1946 Direktor des Kaiser Wilhelm-Instituts für Strömungsforschung. Mit dem Bau des ersten Windkanals in Deutschland 1907/08 legte er den Grundstein für die Erforschung der Aerodynamik. Seine Tragflügeltheorie von 1919 hatte starken Einfluß auf den Flugzeugbau. Prandtls Name lebt in Erfindungen und physikalischen Gesetzen und Konstanten weiter (z.B. Prandtl-Rohr; Prandtl-Zahl).

Der Karikaturist Karl Arnold stirbt

29. November 1953. Der Karikaturist Karl Arnold – der einzige Bayer unter den großen Zeichnern des »Simplicissimus« – stirbt 70jährig an den Spätfolgen eines Schlaganfalls in München.

Thematisch behandelte Arnold

Karl Arnold

neben aktuellen tagespolitischen Ereignissen vor allem soziale Probleme und das Leben in den Großstädten. Bekannt sind seine Karikaturen auf den »typischen Bayern« und vor allem auf das Berlin der »Goldenen Zwanziger«. Zu den bevorzugten Objekten gehörten die Anhänger des Adolf Hitler.

Arnold, der u.a. zusammen mit Kandinsky studiert hat, entwickelte einen knappen, umrißhaften Zeichenstil. Seine Arbeiten weisen eine ruhige, feine Linienführung auf. Außerdem zeichnen sie sich durch eine variationsreiche Farbgebung aus.

1954

7. 1. Der 1891 in München geborene Schriftsteller Johannes Robert Becher wird Kulturminister der DDR.

7. 3. Der aus Lichtenfels in Oberfranken stammende Thomas Dehler, 1949–1953 Bundesjustizminister und seit 1953 Fraktionsvorsitzender der FDP im Bundestag, wird zum neuen Vorsitzenden der FDP gewählt. Bisheriger Vorsitzender war Franz Blücher.

26. 3. Eine Grundgesetzänderung schafft die verfassungsrechtlichen Voraussetzungen für den Aufbau der Bundeswehr, der Streitkräfte der Bundesrepublik Deutschland.

27. 3. In München kommt es zu Demonstrationen gegen die Ladenöffnung am Samstagnachmittag.

17. 6. Erstmals wird in der Bundesrepublik der Tag der deutschen Einheit gefeiert. Er ist zum Gedenken an den Aufstand vom 17. Juni 1953 zum gesetzlichen Feiertag erklärt worden.

4. 7. Mit einem 3 : 2-Sieg über Ungarn wird Deutschland Fußballweltmeister. →

August. In Bayern und Hamburg streiken Metallarbeiter und Arbeitnehmer des öffentlichen Dienstes für Lohnerhöhungen. In Bayern kommt es zu Zusammenstößen zwischen Streikenden und der Polizei.

6. 11. Das Studio München-Freimann beginnt mit der regelmäßigen Ausstrahlung des Fernsehprogramms. →

28. 11. Gewinner der bayerischen Landtagswahlen ist die CSU mit 38,0 % der abgegebenen Stimmen.

14. 12. Der SPD-Politiker Wilhelm Hoegner wird anstelle von Hans Ehard (CSU) zum bayerischen Ministerpräsidenten einer Koalition aus SPD, BP, FDP und BHE gewählt (→28. 11. 1954).

19. 12. Die Edvard-Munch-Ausstellung, die am 12. November im Haus der Kunst in München eröffnet wurde, geht zu Ende. →

1954. Die Zahl der bayerischen Handwerksbetriebe erreicht mit etwa 206 000 ihren Höchststand. An der Spitze liegen die Schneiderbetriebe und das Maurerhandwerk, gefolgt von den Schreinern. →

GESTORBEN:

10. 4. Rom: Ludwig Curtius (*13. 12. 1874, Augsburg), Archäologe.

GEBOREN:

14. 12. München: Eva Mattes, Schauspielerin.

Die Kindertage des Fernsehens in Bayern

6. November 1954. Die Versuchszeit, in der ausgerechnet in der Blindenanstalt geprobt wurde, ist zu Ende – knapp zwei Jahre nach dem Beginn des Fernsehens in Köln und Hannover senden nun auch die Bayern vom Sender München-Freimann aus ihre bewegten Bilder in die Wohnstuben des Landes.

Zum Einstand erinnert man an ein erfreuliches Kapitel der Münchner Musikgeschichte und sendet Mozarts »Gärtnerin aus Liebe«, jene Oper also, die im Januar 1775 in Gegenwart des Komponisten im Münchner Cuvilliéstheater uraufgeführt wurde. Für diese erste Sendung schickt die Bayerische Staatsoper ihr Orchester, das von Ferdinand Leitner dirigiert wird. Solisten sind: Erika Köth, Hertha Töpper, Elinor Junker, Karl Schmitt-Walter, Jon Otnes, Paul Kuen und Hugo Sieberg. Regie führt der in der Frühzeit des Bayerischen Fernsehens vielbeschäftigte Wilm ten Haaf.

Der »Gärtnerin« folgt zu Mozarts 200. Geburtstag am 27. Januar 1956 die »Entführung aus dem Serail«: Kurt Wilhelm engagiert populäre Schauspieler (wie Marianne Koch und Hans Clarin), die ihre Gesangsstimme vom Tonband (und bekannten Sängern) erhalten. Der Münchner Playback-Mozart – in der gleichen Weise wird zum Beispiel auch die »Hochzeit des Figaro« produziert – ist Anlaß für leidenschaftliche Diskussionen.

Unbehelligt von den Politikern und den Parteien kann das Bayerische Fernsehen in seinen frühen Jahren unter der Leitung seines ersten Direktors Dr. Clemens Münster sein künstlerisch wie journalistisch äußerst anspruchsvolles und unterhaltsames Programm aufbauen.

»Münchner Abendschau« aus den Studios des Bayerischen Fernsehens, eine der beliebtesten kulturellen Magazin-Sendungen im Regionalprogramm

Dabei bietet München als erster Sender der ARD seinen Zuschauern auch ein eigenes Regionalprogramm. Die von Heinz Böhmler verantwortete »Münchner Abendschau« wird dabei schnell zu einer der beliebtesten Sendungen. Im ersten Beitrag dieser Magazinsendung ist – vor Münchner Silhouette, der kleinen Statuette eines Moriskentänzers und Bücherwand – unter anderem die Volksschauspielerin und ehemalige Karl Valentin-Partnerin Liesl Karlstadt zu Gast.

Die »Abendschau« widmet ihre liebevolle Aufmerksamkeit dem kulturellen Leben in Bayern. Sie wird zum Fernsehfeuilleton mit Geschmack und Niveau. Im Abendprogramm stellt sich Freimann gerne mit Werken der klassischen Literatur vor, wobei Fritz Umgelter der wohl erfolgreichste Regisseur ist.

Neben dem klassischen Programmangebot gibt es natürlich auch das bayerische Repertoire. Zu einem fast historischen Datum wird dabei der 6. Oktober 1955, an dem zum erstenmal das von Kurt Wilhelm inszenierte »Erster Klasse« gesendet wird – mit Wastl Witt als Landtagsabgeordnetem Josef Filser, Franz Fröhlich als Gsottmaier und Albert Spenger als Ministerialrat von Scheibler. Das Bühnenbild für diesen Fernsehklassiker entwirft Walter Dörfler.

Zu den ersten Damen, die das Programm präsentieren, gehörten neben Ruth Kappelsberger auch Anneliese Fleyenschmidt und Annette von Aretin, die bald schon im Rateteam einer Sendung sitzen, die alle Zeiten und Fernsehdirektoren überdauern wird: das von Robert Lembke geleitete heitere Beruferaten unter dem Titel »Was bin ich?«

Dr. Clemens Münster, erster Fernseh-Direktor

Anneliese Fleyenschmidt, Ansagerin der ersten Stunde

Annette von Aretin, beliebte Fernsehansagerin

Quizmaster Robert Lembke leitet Spielserien

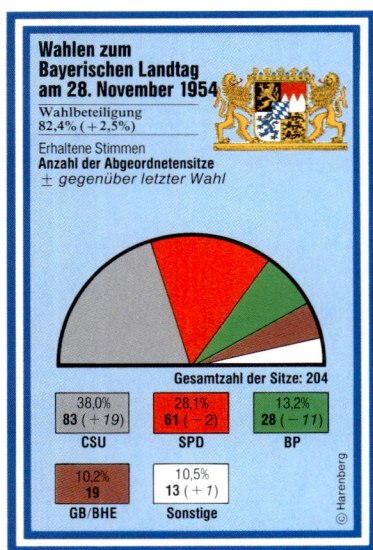

Wahlen zum Bayerischen Landtag am 28. November 1954

Wahlbeteiligung
82,4% (+ 2,5%)

Erhaltene Stimmen
Anzahl der Abgeordnetensitze
± gegenüber letzter Wahl

Gesamtzahl der Sitze: 204

38,0% 83 (+ 19) CSU	28,1% 61 (− 2) SPD	13,2% 28 (− 11) BP
10,2% 19 GB/BHE	10,5% 13 (+ 1) Sonstige	

© Harenberg

Rascher Wandel in Bayerns Handwerk

1954. Bayern ist das führende Handwerksland der Bundesrepublik, denn die Zahl der Handwerksbetriebe erreicht mit 206000 ihren bisherigen Höchststand. Die meisten Beschäftigten (rund 100000) stellt das Maurerhandwerk; die meisten Betriebe gibt es unterdessen im Schneidereigewerbe.

Der langfristige Trend zum Rückgang vor allem der Kleinbetriebe ist jedoch unaufhaltsam. Schon 1955 sinkt die Zahl der Betriebe auf 196000 und geht bis 1960 auf 173000 zurück. Dies macht den rapiden Wandel deutlich, den das Handwerk nach dem Zweiten Weltkrieg durchmacht. Der traditionelle Handwerksbetrieb als Lebens- und Erwerbsgemeinschaft einer Familie wird immer seltener. Statt dessen sind mehr und mehr Betriebe Zulieferer für die Industrie, so daß man im Handwerk eine Verlagerung der Produktion feststellen kann.

Dennoch bleibt das Handwerk auch nach 1945 ein wesentlicher Bestandteil der Wirtschaft Bayerns. 1950 erbringt das verarbeitende Gewerbe (ohne Baugewerbe) über 38% des bayerischen Sozialprodukts. Versorgungsbetriebe wie Bäckereien und Metzgereien, das mit Motorisierung und Elektrifizierung zusammenhängende Handwerk und das Baugewerbe erleben einen großen Aufschwung.

Auch die Gruppen der Heimatvertriebenen wie etwa die sudetendeutschen Musikinstrumentenbauer bereichern insbesondere das bayerische Kunsthandwerk.

Trotz CSU-Sieg SPD-Regierung

28. November 1954. Aus den dritten bayerischen Landtagswahlen nach dem Zweiten Weltkrieg geht die CSU mit 38,0% der abgegebenen Stimmen als stärkste Fraktion hervor. Sie verbessert ihr Ergebnis von 1950 um 10,6%. Die SPD kann zwar ihren Stimmenanteil um 0,1% auf 28,1% steigern, ist aber nicht mehr stärkste Partei Bayerns. 1950 war den Sozialdemokraten das zum ersten Mal in ihrer Geschichte gelungen. Die bisherige Regierungskoalition aus CSU und SPD könnte mit einer breiteren parlamentarischen Basis (→ 26.11.1950) arbeiten.

Zum neuen Ministerpräsidenten wird jedoch am 14. Dezember der 67jährige SPD-Politiker Wilhelm Hoegner gewählt, der dieses Amt schon 1945/46 innehatte. Die unter ihm gebildete Viererkoalition aus Bayernpartei, Gesamtdeutschem Block/Bund der Heimatvertriebenen und Entrechteten, FDP und SPD setzt sich vor allem eine Reform der Lehrerausbildung zum Ziel.

Als einzige der im Landtag vertretenen Parteien ist damit die CSU nicht an der Regierung beteiligt. Eine Fortsetzung der bisherigen Koalition scheiterte an der Haltung der CSU.

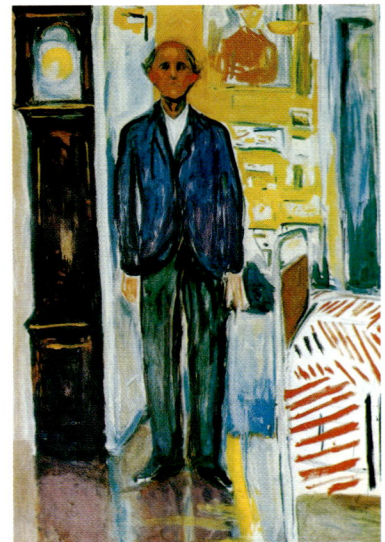

Wahlfieber bei der Landtagswahl 1954 in München; die Stadt läßt zusätzlich zu den bestehenden Plakatflächen weitere 800 Tafeln an Straßen und Plätzen aufstellen, an denen die Parteien mit ihren Plakaten die bayerischen Wähler ansprechen können

Selbstbildnis des Malers E. Munch »Zwischen Uhr und Bett« (1940)

Munch-Ausstellung in München zu Ende

19. Dezember 1954. Im Münchner Haus der Kunst geht eine Ausstellung zu Ende, die seit dem 12. November Werke des norwegischen Malers Edvard Munch zeigte. Über 190000 Kunstfreunde betrachteten die 104 Gemälde und 150 Grafiken des 1944 verstorbenen Meisters. Diese Rekordbesucherzahl stellt wieder einmal die Kunstfreudigkeit der Münchner unter Beweis.

Der Fußballweltmeister heißt Deutschland

4. Juli 1954. Im ausverkauften Wankdorfstadion in Bern findet das Endspiel um die Fußballweltmeisterschaft zwischen den hochfavorisierten Ungarn und der bundesdeutschen Mannschaft statt.

In die deutsche Elf hat Bundestrainer Sepp Herberger neben Toni Turek, Jupp Posipal, Werner Kohlmeyer, Horst Eckel, Werner Liebrich, Helmuth Rahn, Ottmar Walter, Hans Schäfer und Spielführer Fritz Walter auch die beiden bayerischen Spieler Karl Mai (SpVgg Fürth, Bayern München) und Max Morlock (1. FC Nürnberg) berufen. Hans Bauer (Bayern München) ist zwar Mitglied der WM-Auswahl, kommt aber dann nicht zum Einsatz.

Die schnelle 2:0-Führung der Ungarn läßt zunächst eine klare Entscheidung vermuten. Aber bereits in der 11. Minute erzielt Morlock den Anschlußtreffer, und in der 18. Minute kann Rahn ausgleichen. In den folgenden 60 Minuten bleibt der Sieg hart umkämpft, bis Rahn in der 84. Minute überraschend der alles entscheidende Treffer zum 3:2 Endstand gelingt.

Max Morlock vom 1. FC Nürnberg erzielt den Anschlußtreffer zum 1:2 im Weltmeisterschafts-Endspiel in Bern zwischen Deutschland und Ungarn

1955

22. 1. Hanns Seidel, 1947–1954 bayerischer Wirtschaftsminister, wird auf der außerordentlichen CSU-Landesversammlung in München zum Vorsitzenden der CSU gewählt.

17. 2. Die »Münchner Lach- und Schießgesellschaft«, ein politisches Kabarett hat ihren ersten inoffiziellen Auftritt. →

1. 3. Die Deutsche Lufthansa nimmt den planmäßigen innerdeutschen Luftverkehr auf. →

25. 3. In der Bayerischen Staatskanzlei unterzeichnen der bayerische Ministerpräsident Wilhelm Hoegner (SPD) und der österreichische Außenminister Leopold Figl die erneuerte bayerisch-österreichische Salinenkonvention.

21. 4. Der Bayerische Landtag beschließt die Zulassung von Spielbanken. →

5. 5. Mit dem Inkrafttreten der Pariser Verträge von 1954 erlangt die Bundesrepublik Deutschland (eingeschränkte) Souveränität. – In Bayern entfallen die Bestimmungen über die Sonderstellung von Lindau am Bodensee.

5. 5. Der Bundesnachrichtendienst (BND) wird gegründet. Sitz der Organisation ist in Pullach bei München. →

6. 5. Der Beitritt der Bundesrepublik Deutschland zur Westeuropäischen Union und zur NATO tritt in Kraft.

12. 10. Der bisherige Bundesminister für besondere Aufgaben, Franz Josef Strauß (CSU), wird zum Bundesminister für Atomfragen ernannt.

1955. Die Bayernwerk AG läßt bei ihrem Speicherkraftwerk Roßhaupten am Lech den künstlichen Forggensee aufstauen, den viertgrößten See Bayerns.

1955. Josef Martin Bauer veröffentlicht den Roman »So weit die Füße tragen«. →

GESTORBEN:

27. 1. München: Ernst Penzoldt (*14. 6. 1892, Erlangen), Schriftsteller.

3. 5. München: Rudolf Schlichter (*6. 12. 1890, Calw), Maler und Grafiker.

31. 5. Starnberg: Ernst Heimeran (*19. 6. 1902, Helmbrechts/Oberfranken), Schriftsteller und Verleger. →

2. 8. Leutstetten: Rupprecht (*18. 5. 1869, München), Kronprinz von Bayern.

12. 8. Kilchberg/Schweiz: Thomas Mann (*6. 6. 1875, Lübeck), Schriftsteller. →

10. 11. München: Peter Dörfler (*29. 4. 1878, Untergermaringen bei Kaufbeuren), Schriftsteller.

Erste Lufthansa-Maschine in München

1. März 1955. *Das nach dem Krieg verhängte Verbot ist aufgehoben: Die Deutsche Lufthansa darf wieder fliegen. Gleich am Eröffnungstag, um 12.10 Uhr, landet die erste Maschine auf dem Flughafen München-Riem. Die »Convair« wird von einer »kleinen Menschenmenge« begrüßt (Abb.). Pilot ist der Brite McKeowa, Copilot ein ehemaliger Lufthansaflieger, der trotz seiner 500 000 Flugkilometer noch eine Prüfung ablegen muß, ehe ihm eine Maschine anvertraut wird. Die »Convair« fliegt täglich die Route München–Frankfurt–London und zurück. Zunächst allerdings noch zur Übung; ohne zahlende Passagiere an Bord.*

Strauß wird Atom-Minister

12. Oktober 1955. Der stellvertretende Vorsitzende der CSU, Franz Josef Strauß, bisher Bundesminister für besondere Aufgaben, wird zum Bundesminister für Atomfragen ernannt. Dieses Amt konnte erst geschaffen werden, nachdem die Bundesrepublik am 5. Mai 1955 souverän geworden war. Bis dahin war es der Bundesrepublik von den Alliierten untersagt, sich mit der zivilen Nutzung der Atomenergie zu befassen und Forschung zu betreiben.

Der neue »Atom-Minister« kündigt an, daß er sofort erhebliche Mittel für die Grundlagenforschung, den Bau von Versuchsreaktoren und die Förderung des wissenschaftlich-technischen Nachwuchses bereitstellen will. Seine Forderung ist, daß bis 1970 die ersten Atomkraftwerke zur Entlastung natürlicher Energiequellen Strom produzieren sollen. Am 9. Dezember 1955 sagt Strauß im Süddeutschen Rundfunk: »Wenn wir unseren 10- bis 15jährigen Rückstand nicht sehr rasch aufholen, werden wir wahrscheinlich darauf verzichten müssen, in Zukunft zu den wirtschaftlich führenden Nationen gezählt zu werden.«

Mit der Ernennung zum Minister für Atomfragen setzt Strauß seine steile Karriere fort. 1945, mit 30 Jahren, von den Amerikanern zum Landrat in Schongau bestellt, wird er 1949 für die von ihm mitbegründete CSU in den Bundestag gewählt. 1950 wird er stellvertretender Vorsitzender der CDU/CSU-Fraktion und tritt 1953 als Minister für Sonderaufgaben in das Kabinett Adenauer ein.

Franz Josef Strauß, neuer Bundesminister für Atomfragen im Kabinett von Bundeskanzler Adenauer

Spielbanken auch in Bayern erlaubt

21. April 1955. Der Bayerische Landtag beschließt die Zulassung von Spielbankbetrieben (92 gegen 79 Stimmen bei 16 Enthaltungen). Damit erhalten die Spielbanken Bad Kissingen, Garmisch-Partenkirchen, Bad Wiessee und Bad Reichenhall die zum Spielbetrieb erforderlichen Lizenzen.

Die dem Staat zufließenden Steuereinnahmen aus dem Spielbankbetrieb sollen für den sozialen Wohnungsbau verwendet werden.

Mit dieser Entscheidung des Bayerischen Landtags wird ein Schlußstrich unter den »Spielbanken-Streit« gezogen, bei dem es in den letzten Jahren immer wieder um die Frage ging, ob Spielbanken moralisch verwerflich seien und ob sie aus diesem Grunde abgelehnt werden müßten. Die Spielbank-Gegner, die vor allem aus den Reihen der CSU kommen, führen an, daß öffentlich konzessionierte Spielbanken die »sittliche Autorität des Staates« untergraben würden. Unter lebhaftem Beifall seiner Partei äußert Alois Hundhammer (CSU) seine Kritik an der Entscheidung mit den Worten: »Man soll dem Spielteufel nicht von Amts wegen die Tür aufmachen.«

Für ein Großteil der Abgeordneten von SPD, Bayernpartei, BHE und FDP stehen etwaige moralische Bedenken hinter den erwarteten finanziellen Nutzen des Staates und der Gemeinden aus dem Glücksspielbetrieb zurück. Von seiten der Bayernpartei verlautet, daß ein staatlich kontrollierter und gelenkter Spielbetrieb dem »heimlichen Laster« vorzuziehen sei.

Roulette-Tisch im staatlich lizenzierten, neuen Spielkasino im Luitpoldpark von Bad Kissingen

Münchner Lach- und Schießgesellschaft 1956: Hildebrandt, Havenstein, Herking und Diedrich (v. l.)

Die »Schießgesellschaft« verstärkt durch Jürgen Scheller (hinten Mitte) und Ursula Noack (vorne Mitte)

Turbulente Anfänge eines Erfolgskabaretts

17. Februar 1955. Der Start des politischen Kabaretts »Münchner Lach- und Schießgesellschaft« ist eher unbeabsichtigt. Mitten im Münchner Fasching zeigen vier Studenten der Theaterwissenschaft – Dieter Hildebrandt, Gerd Potyka, Klaus Peter Schreiner und Guido Weber – während eines akademischen Faschingsfestes im Schwabinger Kellerlokal »Alte Laterne« ein improvisiertes Programm mit Sketchen und Seitenhieben zum Zeitgeschehen. Nicht nur das Publikum, sondern auch die Wirtin ist so begeistert, daß sie dem Brettl anbietet, zweimal pro Woche gegen Freibier und warmes Abendessen aufzutreten.

Eine gute Woche später, am 25. Februar, findet dann das offizielle Debüt jenes Kabaretts statt, aus dem Ende 1956 die »Münchner Lach- und Schießgesellschaft« hervorgehen sollte. Mehr aus Verlegenheit als aus programmatischer Absicht nennt sich die Truppe »Die Namenlosen« und ihr Debütprogramm schlicht »Ihr erstes Programm«. Da die einzelnen Kabarettnummern direkt, unbekümmert und alles andere als akademisch sind, werden Presse und Publikum bald aufmerksam.

Mit ihrem zweiten Programm »Es ist so schön, privat zu sein«, das die Wiederbewaffnungsdebatte aufs Korn nimmt, gastiert das Brettl im Juli 1955 auf Vermittlung von Therese Angeloff im Café Freilinger am oberen Ende der Leopoldstraße, dem Domizil des Kabaretts »Die

kleinen Fische«. Was Einfallsreichtum, Qualität und Präsentation angeht, können sich »Die Namenlosen« bereits mit gestandenen Truppen wie der »Kleinen Freiheit« (→ 25. 1. 1951) messen.

Der Erfolg dieses zweiten Programms, das nun täglich gespielt wird, veranlaßt Hildebrandt, Potyka und Guido Weber, das Studium an den Nagel zu hängen und Kabarettprofis zu werden. Bei der Suche nach einer festen Bleibe vermittelt der Sportreporter Sammy Drechsel die Truppe schließlich in das Schwabinger Lokal »Das Stachelschwein«. Dessen Inhaber, der Musiker Fred Kassen, hatte sich mit seinem Alleinunterhalter Jürgen Scheller überworfen und sucht ein neues, publikumsträchtiges Ensemble. »Das Stachelschwein« in der Ursulastraße, Ecke Haimhauser Straße, ist bis heute das Domizil der Truppe geblieben.

Für ihr drittes Programm »Die Nullen sind unter uns«, das am 3. November Premiere hat, bietet der rührige Sammy Drechsel all seine Verbindungen auf und sichert so einen durchschlagenden Erfolg. Dennoch kann er einen Krach im Spätsommer 1956 nicht verhindern: Hildebrandt bleibt im »Stachelschwein«, während sich die anderen selbständig machen – freilich ohne Erfolg.

Drechsel hingegen möchte ein effektiv arbeitendes, professionelles Kabarett aufbauen und setzt alles daran, renommierte Kabarettisten für ein neues Ensemble zu

gewinnen. Schließlich gelingt es ihm, jeweils mit der Zusage des anderen lockend, Klaus Havenstein von der »Kleinen Freiheit«, Hans Jürgen Diedrich von den »Amnestierten« und obendrein noch Ursula Herking zu verpflichten, die nach Gastspielen mit Wolfgang Neuss in Berlin 1955/56 wieder in der »Kleinen Freiheit« spielt. Der ebenfalls angesprochene

Organisator Sammy Drechsel

ne Oliver Hassencamp von der »Kleinen Freiheit« will zwar nicht einsteigen, liefert aber den Namen. Am 12. Dezember 1956 feiert die »Münchner Lach- und Schießgesellschaft« Premiere mit dem Programm »Denn sie müssen nicht, was sie tun«. Bis heute zählt die »Lach- und Schießgesellschaft« zur Spitze der bundesdeutschen Kabarettensembles.

BND mit Sitz in Pullach entsteht

5. Mai 1955. Als die Bundesrepublik an diesem Tag souverän wird, geht die Kontrolle über den Geheimdienst »Organisation Gehlen« an die Bundesregierung über. Die Organisation mit Sitz in Pullach bei München wird in »Bundesnachrichtendienst« (BND) umbenannt und dem Bundeskanzleramt unterstellt.

Aufgabe des Nachrichtendienstes ist die Beschaffung von Informationen aus dem Ausland. Was politische und finanzielle Kontrolle angeht, unterliegt der BND nur in sehr beschränktem Umfang parlamentarischer Aufsicht.

Der BND ist aus der Spionageabteilung »Fremde Heere Ost« des Zweiten Weltkrieges hervorgegangen, die seit 1. April 1942 von Reinhard Gehlen geleitet wurde. Gehlen stellte sich nach Kriegsende mit seinem Geheimdienstarchiv den US-Truppen. Die USA übernahmen den Geheimdienstler, der nun Präsident des BND wird, 1946 für ihre Ostspionage.

Die Münchner Jahre begründen Weltruhm

12. August 1955. Im Alter von 80 Jahren stirbt in Kilchberg am Zürichsee (Schweiz) der Schriftsteller Thomas Mann, einer der bedeutendsten Erzähler der Weltliteratur.

Geboren am 6. Juni 1875 in Lübeck, wuchs er dort in großbürgerlichen Verhältnissen auf und schrieb bereits als Schüler Prosaskizzen für eine Zeitschrift. Nach dem Tod des Vaters (1891) ging er 1893 aus Obersekunda vom Gymnasium ab und folgte seiner Mutter nach München, wo er bis 1933 ansässig war. In der Münchner Zeit schreibt Thomas Mann nicht nur die »Buddenbrooks« (1901), sondern auch andere Werke, die seinen Weltruhm begründen, allen voran »Der Zauberberg« (1924) und die Novelle »Der Tod in Venedig« (1913). 1905 heiratet er Katja Pringsheim, Tochter einer Münchner Großbürgerfamilie. Als er 1929 den Nobelpreis erhält, hat er sich vom Befürworter der Monarchie zum demokratischen Humanisten gewandelt. Im Februar 1933 verläßt Mann Deutschland, wird 1936 von den Nazis ausgebürgert und lebt von 1939 bis 1952 in den USA. Erst 1949 besucht er Deutschland wieder.

1956

»So weit die Füße tragen«

1955. Der Schriftsteller Josef Martin Bauer veröffentlicht den Roman »So weit die Füße tragen«, in dem er die Flucht eines deutschen Kriegsgefangenen aus einem sibirischen Arbeitslager erzählt.

Bauer, 1901 in Taufkirchen (Vils) geboren, seit 1935 als freier Schriftsteller in Dorfen (Oberbayern) ansässig, verarbeitet in diesem Roman einer gefahrvollen Odyssee nicht nur eigene Erlebnisse im Zweiten Weltkrieg, sondern auch die Erfahrungen von Millionen deutscher Flüchtlinge aus dem Osten. Als Identifikationsfigur bietet er ihnen einen positiven Helden, der Leid, Strapazen, Gefahren und Schicksalsschläge mit zähem Überlebenswillen durchsteht.

In einem Bleibergwerk im entferntesten Osten Sibiriens scheitert der erste Fluchtversuch von Oberstleutnant Clemens Forell. Nach vierjähriger Haft verhilft ihm der Lagerarzt erneut zur Flucht, auf der er unvorstellbare Strapazen erdulden muß. Als sein Versuch mißlingt, die

Josef M. Bauer, Autor des Erfolgsromans »So weit die Füße tragen«

mongolische Grenze zu passieren, schlägt er sich bis nach Persien durch. Nach drei Jahren und Tausenden von Kilometern sieht er seine bayerische Heimat wieder.

Verleger E. Heimeran stirbt

31. Mai 1955. In Starnberg stirbt der Verleger und Autor zahlreicher Plaudereien und Erzählungen Ernst Heimeran (*19. 6. 1902 in Helmbrechts/Oberfranken).

Im Alter von 20 Jahren gründete Heimeran 1922 in München den Ernst Heimeran Verlag. Ohne eine buchhändlerische Ausbildung genossen zu haben und unter schwie-

rigsten finanziellen Bedingungen machte sich der junge Verleger mit viel Idealismus an die Arbeit. Treu der selbstauferlegten Devise »Kein Roman bei Heimeran« erschienen zunächst zweisprachige Ausgaben antiker Autoren (»Tusculum-Bücherei«). Der finanzielle Erfolg blieb jedoch aus, und 1928 trat Heimeran als Redakteur in die »Münchner Neuesten Nachrichten« ein, um mit seinem Verdienst bei der Zeitung dem Verlag finanziell unter die Arme greifen zu können.

Mit einer Kochbuchreihe gelang dem Bücherliebhaber Heimeran schließlich der Durchbruch. 1942 erschien der erste Band (»Mit Tomaten und Parmesan«) in geschmackvoller, reich illustrierter Ausführung. Heimeran konzentrierte sich auf die Verlagsgebiete Humor, Haus, Kultur und Kurioses, die auch in seinem eigenen schriftstellerischen Werk die Hauptthemen waren. Bekanntgeworden sind seine Bücher »Die lieben Verwandten« »Grundstück gesucht« und »Familien-Album«. Eines der erfolgreichsten Bücher aus dem Verlag Ernst Heimerans ist das Malanleitungsbuch für Kinder »Punkt, Punkt, Komma, Strich« von Hans Witzig.

Ernst Heimeran (1902–1955), Schriftsteller und Verlagsgründer

1. 1. Die ersten Einheiten der Bundeswehr beginnen ihren Dienst (→ 21. 7. 1956).

31. 1. Der bayerische Ministerpräsident Wilhelm Hoegner (SPD) bestimmt in einer Rede vor dem Bayerischen Landtag die Stellung der Pfalz für den Fall ihrer Rückkehr nach Bayern (→22. 4. 1956).

22. 4. Bei einem Volksbegehren in der Pfalz sprechen sich 7,6% der Stimmberechtigten für die Angliederung an Bayern und 9,3% für die Angliederung an Baden-Württemberg aus.→

24. 4. Der bayerische Ministerpräsident Wilhelm Hoegner (SPD) weist den Vorwurf, der Ausgang des Volksbegehrens in der Pfalz sei von der bayerischen Viererkoalition entscheidend beeinflußt worden, zurück. (→ 22. 4. 1956).

21. 7. In der Bundesrepublik Deutschland wird die allgemeine Wehrpflicht eingeführt.→

17. 8. Das Bundesverfassungsgericht verbietet die Kommunistische Partei Deutschlands.

16. 10. Bundeskanzler Konrad Adenauer bildet sein Kabinett um. Der bisherige Minister für Atomfragen Franz Josef Strauß (CSU) wird Verteidigungsminister anstelle von Theodor Blank (CDU). Postminister Siegfried Balke (CSU) übernimmt zusätzlich das Ministerium für Atomfragen (→ 12. 10. 1955).

8. 11. Der bayerische Staatsminister für Unterricht und Kultus, August Rucker, legt einen allgemeinen Plan zur Förderung von Wissenschaft und Forschung vor.

10. 11. Der Neubau des Augsburger Stadttheaters wird eröffnet.

12. 12. Der Bayerische Landtag beschließt, die Amtszeit der Bürgermeister, Gemeinderäte und Kreisräte von vier auf sechs Jahre zu verlängern.→

1956. An den Olympischen Spielen in Melbourne, Stockholm und Cortina d'Ampezzo nimmt eine gesamtdeutsche Mannschaft aus Sportlern der Bundesrepublik Deutschland und der DDR teil.→

GESTORBEN:

8. 6. München: Hans Meiser (*16. 2. 1881, Nürnberg), evangelischer Theologe, Landesbischof der Evangelisch-Lutherischen Kirche in Bayern 1933–1955.

14. 8. Berlin (Ost): Bertolt Brecht (* 10. 2. 1898, Augsburg), Schriftsteller, Regisseur.→

12. 9. Rittsteig bei Passau: Hans Carossa (*15. 12. 1878, Bad Tölz), Erzähler und Lyriker.→

Wehrpflicht wird wieder eingeführt

21. Juli 1956. Der deutsche Bundestag verabschiedet nach erbitterten parlamentarischen und außerparlamentarischen Auseinandersetzungen das Wehrpflichtgesetz, das für alle Männer zwischen dem 18. und dem 45. Lebensjahr die allgemeine Wehrpflicht einführt. Damit sind sämtliche gesetzlichen Voraussetzungen für eine Wiederbewaffnung der Bundesrepublik Deutschland geschaffen.

Bereits am 1. Januar 1956 waren die ersten Lehrkompanien aus freiwilligen Soldaten in Andernach (Heer), Nörvenich (Luftwaffe) und Wilhelmshaven (Marine) aufgestellt

Vereidigung Wehrpflichtiger auf der Münchner Theresienwiese

worden. Am 6. März des gleichen Jahres verabschiedete der Bundestag gegen die Stimmen der SPD das Soldatengesetz, das den Namen »Bundeswehr« einführte und eine Sollstärke der Armee von 500 000 Soldaten festlegte.

Das Wehrpflichtgesetz regelt ferner den Wehrersatzdienst für Kriegsdienstverweigerer. Bei den Wehrämtern werden Prüfungsausschüsse eingesetzt, die die Gründe der Antragsteller prüfen sollen.

Wie eine Umfrage des Nachrichtenmagazins »Der Spiegel« zeigt, stößt die allgemeine Wehrpflicht in der bundesdeutschen Bevölkerung auf starke Ablehnung. Nur 38% der Befragten finden den Aufbau einer deutschen Armee gut; 36% lehnen die Wehrpflicht ab, und 26% sind in ihrer Haltung unentschieden.

Rückkehr der Pfalz zu Bayern abgelehnt

22. April 1956. In der Pfalz scheitert ein Volksbegehren zur Rückgliederung des Gebietes an Bayern. Statt der notwendigen 10% sprechen sich nur 7,6% der Wahlberechtigten dafür aus. Volksbegehren und Volksentscheid gibt es nur bei der Neugliederung des Bundesgebietes nach Artikel 29 des Grundgesetzes.

Die Pfalz war seit den Tagen Herzog Ludwig I. wittelsbachischer Besitz (→1212/14) und seit 1816 ein bayerischer Regierungsbezirk.

Nach dem Zweiten Weltkrieg bildete die Besatzungsmacht Frankreich am 30. August 1946 aus den Regierungsbezirken Pfalz, Trier, Koblenz und Montabaur des spätere Bundesland Rheinland-Pfalz. Seitdem gab es innerhalb der Pfalz und Bayerns Bestrebungen zur politischen Wiedervereinigung beider Gebiete.

Mehr Zeit für Bürgermeister

12. Dezember 1956. Mit 104 gegen 80 Stimmen bei 6 Enthaltungen beschließt der Bayerische Landtag ein Gesetz, das die Amtszeit der etwa 68 000 Bürgermeister, Gemeinderäte und Kreisräte von vier auf sechs

Aufwendige Wahlkampagnen aller Parteien bei Kommunalwahlen

Jahre verlängert. Diese Regelung tritt rückwirkend zum 1. Mai 1956 in Kraft. Für das Gesetz stimmen die CSU sowie Teile der Bayernpartei und des Bundes der Heimatvertriebenen und Entrechteten.

Den Gesetzentwurf hatte am 8. Februar, noch vor den Kommunalwahlen vom 18. März 1956, der Bürgermeister des Passionsspielortes Oberammergau, Raimund Lang von der Bayernpartei, mit der Begründung eingebracht, ein erneuter Wahlkampf im Jahr 1960 störe die Vorbereitungen zu den alle zehn Jahre stattfindenden Passionsspielen. »Wir wählen zu oft, und der Wähler nimmt unsere Wahl langsam nicht mehr ernst.« Dem pflichtete die CSU bei: »Je weniger man dem Volke die unvermeidbaren Auswüchse bei Kommunalwahlen bietet, desto besser.«

Hans Carossa, Mediziner, Schriftsteller und Lyriker aus Bad Tölz

Arzt und Dichter Carossa stirbt

12. September 1956. Im Alter von 76 Jahren stirbt in Rittsteig bei Passau der Lyriker und Schriftsteller Hans Carossa.

Carossa, Arztsohn aus Bad Tölz, studierte Medizin und praktizierte als Arzt in mehreren bayerischen Städten, bis er sich 1929 zur Schriftstellerei entschloß. In seinen Werken gestaltete er vorwiegend eigenes Erleben und reflektierte seine Dichter-Arzt-Existenz (»Der Arzt Gion«, 1931). Weil er in bewußter Distanz zur literarischen Avantgarde schrieb, stieg er unfreiwillig zu einem Repräsentanten der NS-Kulturpolitik auf.

Drei bayerische Athleten bei Olympia vorn

1956. Eine der sechs Goldmedaillen deutscher Sportler bei den Olympischen Spielen erringt die Sonthofenerin Rosa »Ossi« Reichert im Riesenslalom. Weitere Medaillenträger aus Bayern sind der Nürnberger Karl-Friedrich Haas (Silber im 400 m-Lauf) und Reinhold Pommer aus Schweinfurt (Bronze in der Mannschaftswertung beim Straßenradrennfahren). Beim Abschneiden bayerischer Athleten überrascht besonders der

Sieg von Ossi Reichert. Die 30jährige Skiläuferin hatte scheinbar nach dem zweiten Platz bei der Winterolympiade 1952 ihren Leistungszenit überschritten. Der 1931 geborene Haas belegt neben seinem zweiten Platz über 400 m mit der 4 x 400 m-Staffel noch den vierten Platz, ebenso wie der Münchner Ringer Hans Sterr im Mittelgewicht (griechisch-römischer Stil). Für die größte Enttäuschung sorgt Zenta Gastl aus

München: Die Weltrekordlerin über 80 m-Hürden scheidet im Zwischenlauf aus.

Die Olympiaden finden erstmals dreigeteilt statt: die Winterspiele vom 26. Januar bis 6. Februar in Cortina d'Ampezzo, die sog. Reiterspiele vom 10. bis 17. Juni in Stockholm und die Sommerspiele vom 22. November bis 8. Dezember in Melbourne. Die Bundesrepublik und die DDR sind mit einer gesamtdeutschen Mannschaft vertreten.

Augsburger Dichter Brecht gestorben

14. August 1956. In Berlin (Ost) stirbt Bertolt Brecht (*10. 2. 1898 in Augsburg), der zu den einflußreichsten Autoren des 20. Jahrhunderts zählt, im Alter von 58 Jahren. Sowohl die Erfahrungen des 1. Weltkrieges, die ihn zum erbitterten Kriegsgegner werden ließen, prägten sein Leben und Werk als auch die allmähliche Hinwendung zum Marxismus. Die Werke Brechts kreisen um den grundlegenden Zwiespalt zwischen der Freiheit des Einzelnen und dem Dienst am Kollektiv. Er entwickelte die Theorie von einem Lehrtheater (episches Theater), das die aktive Teilnahme des Zuschauers fordert (→10. 2. 1985).

Der Nürnberger Karl-Friedrich Haas (Bahn 5), Gewinner der Silbermedaille im 400 m-Lauf

Rosa »Ossi« Reichert aus Sonthofen, Olympiasiegerin im Riesenslalom der Damen

1957

18. 1. Das erste »deutsche« Musical »Katharina Knie« hat in München Premiere.→

22. 2. Die bayerische Landeshauptstadt feiert den 100. Geburtstag der Weißwurst.→

1. 4. In mehreren hundert Betrieben der Bundesrepublik Deutschland wird die 45-Stunden-Woche eingeführt.→

3. 6. Bei einer Übung der Bundeswehr ertrinken 15 Soldaten in der Iller bei Illertissen. →

7. 6. In München wird die wiederaufgebaute Alte Pinakothek neu eröffnet.→

1. 8. »Wunderdoktor« Bruno Gröning wird in München von der Anklage fahrlässiger Tötung freigesprochen.→

11. 8. Die Oper »Die Harmonie der Welt« von Paul Hindemith wird in München uraufgeführt.

7. 10. Die BP-Abgeordneten erklären ihren Rücktritt aus der bayerischen Viererkoalition.→

15. 10. Der Amtsgerichtsrat Hans-Jochen Vogel übergibt seine in dreijähriger Arbeit zusammengestellte »Bereinigte Sammlung des Bayerischen Landrechts« an Ministerpräsident Wilhelm Hoegner (SPD).→

16. 10. Hanns Seidel (CSU) löst Wilhelm Hoegner (SPD) als bayerischen Ministerpräsidenten ab (→ 7. 10. 1957).

28. 10. Bundeskanzler Konrad Adenauer stellt sein drittes Kabinett vor. CSU-Minister sind Fritz Schäffer (Justiz), Franz Josef Strauß (Verteidigung), Richard Stücklen (Post/Fernmeldewesen) und Siegfried Balke (Atomenergie/Wasserwirtschaft).

31. 10. In Garching bei München geht der erste Atomreaktor der Bundesrepublik in Betrieb, ein Forschungsreaktor.→

15. 12. Münchens Einwohnerzahl überschreitet die Millionengrenze.→

GESTORBEN:

3. 6. München: Wilhelm Hausenstein (* 17. 6. 1882, Hornberg/Schwarzwald), Schriftsteller und Essayist.

21. 6. Gut Eppenstadt bei Traunstein: Johannes Stark (* 15. 4. 1874. Schickenhof-Thansüß bei Amberg/Oberpfalz), Physiker, Nobelpreis für Physik 1919.

5. 8. München: Heinrich Wieland (* 4. 6. 1877, Pforzheim), Chemiker, Nobelpreis für Chemie, 1927.

GEBOREN:

18. 6. Seeg/Allgäu: Irene Epple, Skirennläuferin.

27. 8. Anhausen bei Augsburg: Bernhard Langer, Golfprofi.

München schafft den Sprung über die Millionengrenze

15. Dezember 1957. *Am Freitag, dem 13. Dezember, hatte die Stadt München 995 796 Einwohner. Leute ziehen weg, Leute ziehen zu, es wird geboren und gestorben. In all diesem Hin und Her wird am Sonntag, dem 15. Dezember, um 16.05 Uhr in einer Pasinger Privatklinik dem Kaminkehrer Hubert Seehaus und seiner Frau Brigitte ein Sohn geboren (Abb.) – und mit ihm wird aus München eine Millionenstadt.*

Das ermitteln Beamte des Einwohnermeldeamtes, die sich, um das Jubelkind ja nicht zu verfehlen, in der entscheidenden Zeit auf Rundreise durch Münchens Entbindungsanstalten begeben.
Der Bub wird – Münchens Oberbürgermeister Thomas Wimmer zu ehren – Thomas Helmut getauft. Das Münchner Kindl hat eine Mutter, die 1945 aus Schlesien kam, die Eltern des Vaters stammen aus Hessen.

Viererkoalition geplatzt

7. Oktober 1957. Nach zwei Jahren und neun Monaten trennt sich das Quartett – die Viererkoalition platzt. In diesem Bündnis hatten sich im Dezember 1954 SPD, BP, FDP und BHE gegen die größte Partei, die CSU, verbündet. Nach der für die CSU triumphalen Bundestagswahl vom 15. September 1957 haben die kleinen Partner der SPD Angst, zur Bedeutungslosigkeit abzusinken. Heimlich bereiten sie, von der CSU ermuntert, den Ausstieg aus dem Regierungsbündnis vor. Während die BP noch zögert (sie hat die jahrelangen Beschimpfungen durch die CSU nicht vergessen), tritt der BHE am 7. Oktober aus der Koalition aus. Abends um 21 Uhr erklären daraufhin auch die vier Minister der BP ihren Rücktritt.

Am darauffolgenden Tag erteilt der Ältestenrat dem CSU-Vorsitzenden Hanns Seidel den Auftrag zur Regierungsbildung. Am Montag, dem 14. Oktober, stimmt die CSU mit 68 : 5 Stimmen bei 1 Enthaltung der Bildung einer Koalitionsregierung aus CSU, BHE und FDP zu. Die BP ist nicht mehr in der bayerischen Regierung vertreten.

Hanns Seidel, neuer bayerischer Ministerpräsident, Jurist aus Schweinheim und Mitbegründer der CSU

Hans-Jochen Vogels politisches Debüt

15. Oktober 1957. Einen Tag nach Bildung der Dreierkoalition kann der 31jährige Amtsgerichtsrat Dr. Hans-Jochen Vogel dem scheidenden Ministerpräsidenten Wilhelm Hoegner in der Staatskanzlei das bereinigte bayerische Landrecht überreichen – vier Bände mit insgesamt 2700 Seiten.

Hans-J. Vogel

Bayern ist damit das erste Land der Bundesrepublik, das eine solche Bereinigung vorgenommen hat. Zu sichten und zu werten waren 110000 Seiten von Gesetzes- und Verordnungstexten. Dr. Vogel, der diese Arbeit in zweieinhalb Jahren besorgt hat, ist so wenig bekannt, daß er bei der Präsentation des Werkes in der Zeitung Erich Vogel genannt wird.

Die Iller reißt 15 Soldaten in den Tod

3. Juni 1957. »Wir gehen jetzt durch die Iller«, kommandiert der Oberstabsjäger, »im Ernstfall müssen wir das auch tun.« Von 29 Soldaten des Luftlandebataillons 19, die diesen Befehl erhalten, werden 15 von der starken Strömung hinweggetrieben und ertrinken; 10 der Toten waren Nichtschwimmer. Es ist dies das erste große Unglück seit Bestehen der zu Beginn des Jahres 1956 gegründeten Bundeswehr.

Um 7 Uhr waren die Soldaten an diesem trüben Morgen ins Gelände gezogen. Als die Übung um 10.20 Uhr zu Ende ist, sammelt sich der Zug am linken Illerufer bei der Hirschdorfer Straßenbrücke. Da man erst um 10.45 Uhr in die Kaserne einrücken soll, bleibt Zeit für die improvisierte Übung, von der der Zugführer nicht weiß, daß sie in dieser Form bereits vor einiger Zeit vom Bataillonskommandeur verboten wurde. Der Oberstabsjäger prüft weder Wasserstand – 1,30 Meter – noch Strömung des Flusses und ergreift auch keine Sicherheitsmaßnahmen.

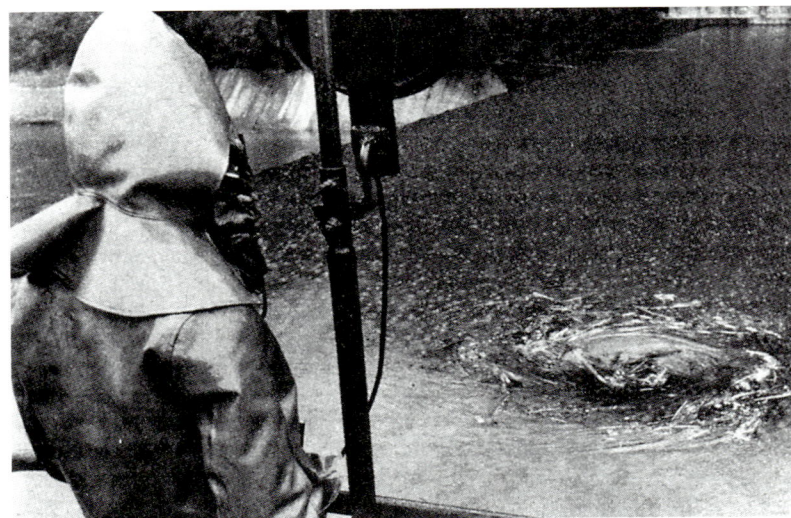

Bundeswehrsoldat beim Absuchen der Wasseroberfläche der Iller nach einem Lebenszeichen der 15 Rekruten, die von der Strömung mitgerissen wurden

Unmittelbar nach dem Unfall begibt sich Bundesverteidigungsminister Franz Josef Strauß, der am darauffolgenden Tag seine Hochzeit feiert, an die Unglücksstelle nahe bei Illertissen, um sich vor Ort zu informieren. Am 23. August wird der Oberstabsjäger vom Landgericht Kempten wegen fahrlässiger Tötung und fahrlässiger Körperverletzung zu acht Monaten Gefängnis mit Bewährung verurteilt.

Atomreaktor Garching geht in Betrieb

31. Oktober 1957. In Garching bei München wird der erste Atomreaktor der Bundesrepublik, wie die Physiker sagen, »kritisch«, d.h. er nimmt mit dem Anfahren der nuklearen Kettenreaktion seinen Betrieb auf. Die im Volksmund »Atomei« genannte Anlage ist ein Forschungsreaktor, mit dem die Technische Hochschule München kernphysikalische Versuche vornimmt und wissenschaftlichen Nachwuchs ausbildet. Da die Anlage lediglich experimentellen Zwecken dient, hat der Forschungsreaktor nur die sehr geringe Leistung von maximal 1000 kW.

Nachdem das Atomgesetz der Bundesregierung am 6. Juli 1957 im Bundestag endgültig gescheitert war, hatte der Bayerische Landtag am 9. Juli ein eigenes Atomgesetz verabschiedet, um dem Garchinger Reaktor den Betrieb zu ermöglichen. Das Gesetz regelt den Bau und Betrieb von Kernreaktoren sowie die Anwendung radioaktiver Isotope. Auch die ausschließlich friedliche Nutzung der Kernenergie schreibt das Gesetz fest.

Vor allem Bayerns Ministerpräsident Wilhelm Hoegner (SPD) wollte keine weiteren Verzögerungen der Atompläne der Bundesländer dulden. Ohne die Verabschiedung des Atomgesetzes wäre das Land Bayern Gefahr gelaufen, an die US-Herstellerfirma des »Atomeis« eine empfindliche Konventionalstrafe zahlen zu müssen.

Forschungsreaktor der Technischen Hochschule München in Garching; die US-amerikanische Anlage ist der erste deutsche Kernreaktor

Einstieg in die 45-Stunden-Woche

1. April 1957. In Bayern wie im gesamten Bundesgebiet tritt im Baugewerbe die 45-Stunden-Woche – wie bereits in anderen Industriebranchen – in Kraft. Am 19. Januar hatten sich die Gewerkschaften und Arbeitgeber auf eine Arbeitszeitverkürzung um drei Stunden bei vollem Lohnausgleich geeinigt.

Ende des ersten Halbjahres 1957 ist für etwa 8,6 Millionen der 25,3 Millionen Beschäftigten in der Bundesrepublik die 45-Stunden Woche tariflich vereinbart. Vorreiter war die Metallbranche. Ende 1957 erreicht die IG Metall eine weitere Verkürzung auf 44 Stunden.

Neueröffnung der Alten Pinakothek

7. Juni 1957. Der bayerische Ministerpräsident Wilhelm Hoegner eröffnet feierlich die wiederaufgebaute Alte Pinakothek in München. Sie wurde in den Jahren 1826 bis 1836 unter der Regentschaft von König Ludwig I. von Bayern durch den Baumeister Leo von Klenze errichtet und birgt eine bedeutende Gemäldesammlung. Beim Wiederaufbau des im Zweiten Weltkrieg stark beschädigten Gebäudes wurde die ursprüngliche Außenfassade nach altem Vorbild wiederhergestellt. Die Innenräume der Alten Pinakothek wurden unter Berücksichtigung der neuesten technischen Möglichkeiten modernisiert, wobei man auf Verzierungen und Stukkatur weitgehend verzichtete.

Hans Albers in einem »deutschen« Musical

18. Januar 1957. Im Münchener Theater am Gärtnerplatz findet die Uraufführung des Musicals »Katharina Knie« nach dem gleichnamigen Lustspiel von Carl Zuckmayer statt. Star der Premiere ist Hans Albers, der mit 65 Jahren nach achtjähriger Pause wieder auf der Bühne steht. Die Musik schrieb der Komponist Mischa Spoliansky.

Was als erstes »deutsches« Musical angekündigt ist, sollte nach Meinung der Kritiker eher als Volksstück mit Musik bezeichnet werden. Vieles erinnert an Revuen aus den »goldenen« zwanziger Jahren.

1958

Die Weißwurst feiert 100. Geburtstag

22. Februar 1957. In München wird der 100. Geburtstag der Weißwurst gefeiert, die 1857 von dem Münchner Sepp Mooser im Gasthaus »Zum ewigen Licht« erstmals serviert wurde.

Der Wirt und Metzger produzierte die ersten Weißwürste, weil ihm am Faschingssonntag die herkömmlichen Würstl ausgegangen waren. Dieser Notlage verdanken die Münchner ihre geliebten Weißwürste, von denen sie Tag für Tag etwa 100 000 Stück verzehren. Die bayerische Spezialität wird aus fein zermahlenem und zerstampftem Kalb- oder Jungtierfleisch (»Brat«) hergestellt. Zu einer zünftigen bayerischen Brotzeit gehören neben den frisch gebrühten Würsten eine halbe Maß Bier, Laugenbrezen und süßer Senf.

Eine Delikatesse: die Weißwurst. Kenner lehnen es ab, sie mit Messer und Gabel zu verzehren – sie schlürfen sie gleichsam aus ihrer Haut. Die Weißwurst darf das Mittagsläuten nicht mehr hören.

»Wunderdoktor« Bruno Gröning vor Gericht

1. August 1957. Das Schöffengericht München-Land spricht den als »Wunderdoktor« bekannten Bruno Gröning aus Mangel an Beweisen von der Anklage der fahrlässigen Tötung frei, verurteilt ihn jedoch wegen fortgesetzten Verstoßes gegen das Heilpraktikergesetz zu einer Geldstrafe von 2000 DM. Vor dem Gerichtsgebäude wird der 51jährige Gröning von seiner organisierten Anhängerschaft begeistert empfangen, deren Zahl mindestens 12 000 betragen soll.

Anlaß für das Gerichtsverfahren war der Tod der an Tuberkulose erkrankten 18jährigen Ruth Kuhfuß im Jahre 1950. Gröning hatte sie durch Handauflegen und mit Hilfe von Stanniolkugeln, von denen besondere Kräfte ausgehen sollten, zu heilen versucht und gleichzeitig jede ärztliche Behandlung verhindert. Das Gericht kommt allerdings zu der Ansicht, daß die Patientin auch bei fachgerechter medizinischer Versorgung nur eine geringe Überlebenschance gehabt hätte.

Der in Danzig geborene Gelegenheitsarbeiter trat zum ersten Mal 1948 im ostwestfälischen Herford als Wunderheiler auf, siedelte dann aber bald in den »Traberhof« nach Rosenheim über, weil ihm seine Tätigkeit an Rhein und Ruhr untersagt wurde. Auf dem Höhepunkt seiner Popularität im Herbst 1949 versammelten sich vor dem Traberhof täglich Hunderte von Kranken.

Bruno Gröning, »Wunderheiler« mit großem bayerischen Anhang

---

1. 1. Der EWG-Vertrag und der Vertrag über die Bildung der Europäischen Atomgemeinschaft treten in Kraft.

6. 2. Bei einem Flugzeugabsturz in München-Riem kommen 21 Menschen ums Lebens, darunter elf Mitglieder der englischen Fußballmannschaft Manchester United sowie acht Journalisten. →

28. 2. Der aus Würzburg stammende Physiknobelpreisträger Werner Heisenberg, seit 1946 Direktor des in Göttingen neugegründeten Max-Planck-Instituts für Physik und Astrophysik, das 1958 nach München verlegt wird, stellt die nach ihm benannte Heisenbergsche Weltformel vor.

25. 3. Nach heftigen Debatten im Bundestag beschließen die Regierungsparteien CDU/CSU und DP die atomare Bewaffnung der Bundeswehr.

9. 4. Bei einer deutschen Chirurgentagung in München wird die in den USA bei Herzoperationen schon erfolgreich eingesetzte Herz-Lungen-Maschine vorgestellt.

14. 6. Mit der bisher größten Jubiläumsfeier Europas begeht die Stadt München ihren 800. Geburtstag. →

14. 6. Das bayerische Lehrerbildungsgesetz sieht die Einrichtung Pädagogischer Hochschulen mit konfessionellem Charakter und sechssemestrigem Studiengang vor.

23. 11. Bei den bayerischen Landtagswahlen setzt sich der bundesweite Trend zum Zwei-Parteien-System fort. Die CSU erhält 45,6%, die SPD 30,8%, FDP, BP und BHE bleiben unter 10%. →

9. 12. Hanns Seidel (CSU) wird zum zweiten Mal zum bayerischen Ministerpräsidenten gewählt. Er bildet wieder eine Koalitionsregierung aus CSU, FDP und BHE (→ 23. 11. 1958).

GESTORBEN:

21. 3. München: Gottfried Kölwel (* 16. 10. 1889, Beratzhausen bei Regensburg), Schriftsteller.

4. 6. London: Mechthilde Fürstin Lichnowsky (* 8. 3. 1879, Schloß Schönburg bei Griesbach im Rottal), Schriftstellerin.

18. 9. Tegernsee: Olaf Gulbransson (* 26. 5. 1873, Christiania/Oslo), norwegischer Maler und Zeichner. →

11. 10. Berlin (Ost): Johannes Robert Becher (* 22. 5. 1891, München), Schriftsteller und DDR-Politiker.

21. 12. Los Angeles: Lion Feuchtwanger (* 7. 7. 1884, München), Schriftsteller. →

Deutlicher Wahlsieg für regierende CSU

23. November 1958. Bei den Landtagswahlen wird die CSU (45,6%) zur mit Abstand stärksten Partei in Bayern vor der SPD (30,8%). Beide erhöhen ihren Stimmenanteil im Vergleich zur letzten Wahl (→ 28. November 1954) um 7,6% bzw. 2,7%. Dies geht zu Lasten von FDP und Gesamtdeutschem Block/Block der Heimatvertriebenen und Entrechteten (GB/BHE), die seit dem 16. Oktober 1957 mit der CSU eine Koalitionsregierung unter Ministerpräsident Hanns Seidel (CSU) bilden, sowie der oppositionellen Bayernpartei (BP).

Damit geht das Kalkül nicht auf, das GB/BHE, FDP und BP zum Verlassen der Regierungskoalition unter Ministerpräsident Wilhelm Hoegner (SPD) bewogen hatte

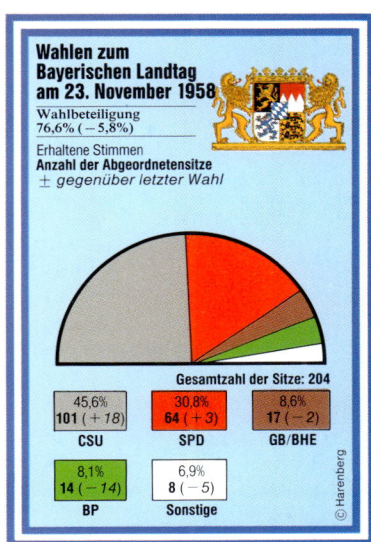

Hanns Seidel

(→ 7. Oktober 1957). Wegen der für sie enttäuschenden Ergebnisse bei der Bundestagswahl vom 15. September 1957, bei der die CSU in Bayern 57,2% der Stimmen auf sich vereinigen konnte, glaubten die kleinen Parteien, ihre politische Existenz nur durch eine Anlehnung an die CSU sichern zu können. Bei den Koalitionsverhandlungen wurde die BP allerdings ausgebootet.

Von CSU, FDP und GB/BHE wird Hanns Seidel am 9. Dezember 1958 in seinem Amt bestätigt.

Wahlen zum Bayerischen Landtag am 23. November 1958		
Wahlbeteiligung 76,6% (−5,8%)		
Erhaltene Stimmen Anzahl der Abgeordnetensitze ± gegenüber letzter Wahl		
45,6% 101 (+18) CSU	30,8% 64 (+3) SPD	8,6% 17 (−2) GB/BHE
8,1% 14 (−14) BP	6,9% 8 (−5) Sonstige	Gesamtzahl der Sitze: 204

Dichtes Schneetreiben behindert die Bergungsarbeiten am verunglückten britischen Charterflugzeug

Tragisches Flugzeugunglück in München

6. Februar 1958. Die Fußballmannschaft von »Manchester United«, die am Vortag gegen das Team von »Roter Stern Belgrad« im Rahmen des Europa-Cup-Wettbewerbes 3:3 gespielt hat, befindet sich auf dem Rückweg nach England. Nachmittags um 16.03 Uhr setzt die zweimotorige Chartermaschine der British European Airways vom veralteten Typ »Elizabethan« am Flughafen München-Riem zum Start an. Wahrscheinlich wegen Vereisung der Tragflächen gelingt es aber dem Piloten Captain James Thain nicht, vom Boden abzuheben. Das Flugzeug rast in ein Gärtnerhäuschen unweit des Rollfeldes und geht in Flammen auf. Unter den 21 Toten befinden sich 11 Spieler der Fußball-Meistermannschaft »Manchester United« sowie acht Journalisten.

Zweimal war die Maschine im dichten Schneetreiben zum Start gerollt, und zweimal brach Captain Thain vorzeitig ab, da die Motoren »nicht den richtigen Klang hatten«. Als beim dritten Versuch der Pilot glaubte, an einer der Tragflächen einen gelben Schein zu entdecken, war es bereits zu spät – mit der linken Tragfläche rammte die vollgetankte Maschine eine kleine Hütte (deren Bewohnerin wie durch ein Wunder überlebt), der Rumpf wird beim Aufprall 300 m weit geschleudert.

Während in London Freunde und Angehörige am Flughafen die Heimkehr der Mannschaft erwarten, sind in München Feuerwehr und Sanitäter unter extrem schlechten Wetterbedingungen darum bemüht, die Toten und Verletzten zu bergen. Schnee und Eis sowie unwegsames Gelände behindern An- und Abfahrt der Rettungsfahrzeuge.

Von den 44 Passagieren werden 23 – drei davon mit lebensgefährlichen Verletzungen – ins Krankenhaus rechts der Isar eingeliefert. Zu den Geretteten gehörte auch der 37jährige Captain James Thain. Während er nur leicht verletzt ist, gehört der 1. Pilot der Unglücksmaschine zu den drei Schwerverletzten.

Die Opfer von »Manchester United«

Mit einem 3:3 hatte die Mannschaft von »Manchester United« am Mittwoch, dem 5. Februar 1958, gegen »Roter Stern Belgrad« die vorletzte Runde im Europa-Cup erreicht. Für den darauffolgenden Samstag war daheim ein Meisterschaftsspiel angesetzt. An Bord der »Elizabethan«, die in München verunglückt, befinden sich u.a. 17 aktive Spieler des fünffachen englischen Landesmeisters sowie Trainer Matt Busby.

Von den Spielern kommen ums Leben: Mannschaftskapitän Roger Byrne und Nationalspieler Tommy Taylor – beide Mitglieder des Weltmeisterschaftsteams von 1954 – Eddie Colman, David Pepp, Billy Whelon, Geoff Bent und Mark Jones. Außerdem der ehemals beste Tormann der Mannschaft, Frank Swift, der als Journalist mitgereist war. 23 der 44 Passagiere werden mit Verletzungen ins Krankenhaus gebracht.

Karikaturist Olaf Gulbransson tot

18. September 1958. Einer der Großen aus der großen Zeit des »Simplicissimus« ist tot: Der Zeichner Olaf Gulbransson stirbt auf seinem Schererhof überm Tegernsee nach einem Schlaganfall.

O. Gulbransson

Albert Langen hatte den 1873 in der Nähe von Oslo (Norwegen) geborenen Gulbransson 1902 an seine satirische Zeitschrift geholt, und bis zur letzten Nummer war der urige Skandinavier mit seinem feinen, sparsam gesetzten Strich ein unverwechselbarer, origineller Mitarbeiter des »Simplicissimus«.

Lion Feuchtwanger stirbt im US-Exil

21. Dezember 1958. Er hätte seine Geburtsstadt, die ihm 1957 (verspätet) ihren Literaturpreis verlieh, gerne noch einmal besucht. Der Wunsch ging nicht mehr in Erfüllung – der Schriftsteller Lion Feuchtwanger stirbt in Los Angeles. Von seinen 74 Lebensjahren hat er 25 im Exil gelebt.

Feuchtwanger

Der Sohn eines Münchner Margarinefabrikanten, ein Nachkomme einer angesehenen Bankiersfamilie und promovierter Literaturwissenschaftler ist in seinen (sehr erfolgreichen) Büchern weit in die Geschichte zurückgegangen, zum Jüdischen Krieg, zur häßlichen Gräfin Margarete Maultasch, zum Jud Süß (1925), zu Rousseau und Goya.

Das Schicksal der von den Nationalsozialisten Verfolgten und Vertriebenen – »Familie Oppermann«, »Exil« – hat er, selbst betroffen, heraufziehen sehen. Im Jahre 1925 war er von München nach Berlin gezogen, und hier – aus der Distanz – beschrieb er den Vormarsch der »Rechten« im Lande Bayern: Er schrieb den Roman »Erfolg«.

Nächtlicher Festumzug durch das 800 Jahre alte München

Festwagen des künstlerisch gestalteten Jubiläumszuges

München feiert seinen 800. Geburtstag

14. Juni 1958. Kein Herrscher hat München eine Gründungsurkunde ausgestellt. Da es also keinen Geburtsschein gibt, berufen sich die Stadthistoriker auf ein Pergament vom 14. Juni 1158, in dem erstmals der Name Münchens genannt wird. Diese von Kaiser Barbarossa unterzeichnete Urkunde gibt die Legitimation, nun die Achthundertjahrfeier der Millionenstadt München würdevoll zu veranstalten.

Einer der Höhepunkte des Festes ist die Eröffnung des wiederhergestellten Cuvilliéstheaters mit einer Aufführung der Oper »Hochzeit des Figaro« von Wolfgang Amadeus Mozart. Die Innenausstattung des Theaters war während des Krieges entfernt und außerhalb Münchens (u. a. auf der Walhalla) sicher gelagert worden. Daß dieses Juwel des Rokoko nun in seinem alten Glanze den Münchnern wieder geschenkt ist, wird als ein Symbol dafür gewertet, daß die im Krieg so schwer zerstörte bayerische Landeshauptstadt aus den Trümmern wieder erstanden ist.

Die vielen Veranstaltungen, mit denen die Stadt sich feiert, ziehen sich über mehrere Monate hin. Sie beginnen in der Nacht vom 13. zum 14. Juni mit einem Festzug, an dem 70 Künstler mehr als ein Jahr lang gearbeitet haben.

Es folgen am nächsten Tag ein Gottesdienst vor der Mariensäule und eine Festveranstaltung, auf der Münchens Physiknobelpreisträger Werner Heisenberg spricht. Zum Programm der Achthundertjahrfeier gehören außerdem u. a. ein internationaler Kulturkritiker-Kongreß zum Thema »Die kulturellen Zustände unserer Zeit« und Dichterlesungen mit prominenten Autoren aus mehreren Ländern.

Die Residenz, von der bei Kriegsende nur noch 50 qm Dachfläche unzerstört waren, ist bis zum Sommer 1958 zum Großteil wiederaufgebaut. Gleichsam zur Einweihung zeigt der Europarat zur Jubiläumsfeier (und passend zur Wiedereröffnung des Cuvilliéstheaters) die große Ausstellung »Die Welt des Rokoko«. Zu den kostbarsten Exponaten gehören die Watteaubilder »Das Firmenschild des Kunsthändlers Gersaint« und der »Gilles«. Insgesamt werden 260 000 Besucher gezählt. Mehr als 100 000 Besucher sehen im Haus der Kunst die Ausstellung »Aufbruch zur modernen Kunst, 1869–1958«.

Geschichte der Stadt München

1158: »Munichen« erstmals in einer Urkunde erwähnt (14. Juni)
1255: München Residenzstadt
1315: Zweite Münchner Stadtmauer
1385: Bau der Neuveste
1482: Erstes in München gedrucktes Buch
1494: Frauenkirche geweiht
1705: Österreicher besetzen München: Sendlinger Mordweihnacht
1789: Englischer Garten angelegt
1791: Beginn der Entfestigung der Stadt
1801: Erster Protestant mit Bürgerrecht
1810: Erstes Oktoberfest
1826: München wird Universitätsstadt
1854: 100 000 Einwohner
1868: Polytechnische Schule (Technische Universität)
1900: 500 000 Einwohner
1918: Eisner proklamiert die Republik
1923: Hitlerputsch
1935: »Hauptstadt der Bewegung«
1940: Erster Luftangriff (4. Juni)
1957: München Millionenstadt (15. Dezember)

Marienplatz mit dem Rathaus im Herzen der bayerischen Landeshauptstadt; im Hintergrund die fast 400 Jahre alte Frauenkirche

Professor Heisenbergs Rede zum Jubiläum

In der Festveranstaltung zur 800-Jahrfeier der Stadt München hält Professor Werner Heisenberg, der Physiknobelpreisträger des Jahres 1933, die Festrede.

Heisenberg, 1901 in Würzburg geboren, verbrachte einen Teil seiner Jugend in München. Seit 1958 ist er Direktor des Max-Planck-Instituts für Physik und Astrophysik in München. In seiner Rede sagt Heisenberg unter anderem:

»Was ist nun eigentlich das Wesen dieser Stadt? Sicher ist die Grundlage dieses sehr vielschichtigen Wesens immer noch der konserva-

Nobelpreisträger Heisenberg bei seiner »Geburtstags«-Ansprache

tive katholische Geist der einheimischen Bevölkerung, trotz der vielen Deutschen aus anderen Gauen des früheren Reichs, die hier Unterkunft und Arbeit gefunden haben. Dieser derbe, gesunde Schlag der alten Bayern, der viele Jahrhunderte hindurch die Stadt allein gestaltet hat, bestimmt auch jetzt noch ihren Grundcharakter. Und wenn auch Neulinge unter ihren Besuchern gelegentlich meinen, daß der Bayer die Liebenswürdigkeit des Preußen mit der Genauigkeit und Pünktlichkeit des Österreichers in sich vereinige, so können wir doch diesen Schlag nicht anders wünschen, als er ist. Schon in ihm ist der Sinn für alles Musische lebendig.

Das beweisen das über ganz Oberbayern ausgebreitete Kunsthandwerk, die Volksmusik und die Or-

geln in den Kirchen; die Freude am schönen Schein, am äußeren Glanz, von dem so viele herrliche Barockkirchen Zeugnis ablegen. Die Freude am Schönen schließt auch die Freude am Theater, an Spiel und Fest ein, und die Farbenpracht jedes Schützenzuges in einem bayerischen Gebirgsdorf kann als Vorbereitung für die großen und reicheren Festlichkeiten in der Landeshauptstadt gelten. Ludwig II., der in Winternächten in einem prächtigen Schlittengespann mit Fackelbeleuchtung durch die … Dörfer fuhr, war der König der Bauern. Seine Schlösser waren Märchenschlösser, und eben deshalb liebte das märchenfreudige Volk seinen König. Die Derbheit andererseits sorgt dafür, daß am Alten nicht zuviel geändert werde, daß nichts Falsches sich einschleichen kann. Der Bayer besteht auf seinem alten Recht, aber wenn das gewahrt scheint, ist er zur Versöhnung schnell bereit. Meinungsverschiedenheiten, wenn sie wirklich einmal auftreten, werden lieber mit dem Maßkrug als mit dem feststehenden Messer ausgetragen … Aus dem Zusammenwirken von Altem und Neuem, von Tradition und Wagnis ist München entstanden, die Stadt, die nicht nur im Herzen Europas liegt, sondern sich auch im Herzen aller Europäer einen Platz erobert hat. Wir brauchen am 800. Geburtstag dieser Stadt nicht um ihre Zukunft besorgt zu sein. Die konservative und fromme Stadt wird weiterhin allem Neuen aufgeschlossen bleiben, sie wird die Früchte der Toleranz ernten, die immer eine ihrer Haupttugenden gewesen ist; und wenn sich das neue Bild auch immer wieder wandeln kann, … so wird doch in anderer Weise auch alles beim alten bleiben …«

Über die Verbindung Münchens zu den Wissenschaften sagt Heisenberg an anderer Stelle: » … so zeichnet sich die Wissenschaft in München vor allem durch eine menschliche Unmittelbarkeit und Lebendigkeit aus, die auf dem Nährboden einer sehr konservativen, im Katholizismus der heimischen Bevölkerung wurzelnden Geistigkeit erstaunlich gut gedeihen konnte.«

Münchner Frauenkirche aus Blumen und Büschen; bei einem Festumzug der Münchner Kleingärtner am 24. August 1958 werden auf 40 Wagen Motive aus der Gartenwelt und der Geschichte der Stadt gezeigt

Tanz der Schäffler auf dem Marienplatz; dieser alte Tanz, der seinen Ursprung im Münchner Geschehen nach einer Pest 1517 hat, wird alle sieben Jahre aufgeführt, diesmal aus Anlaß des Münchner »Geburtstages«

»Die Pest in München«, Szene aus dem großen Festumzug, der zum Auftakt der Jubiläumsfeierlichkeiten mit Bildern und Motiven aus der 800jährigen Stadtgeschichte durch die nächtlichen Straßen Münchens zieht

An den 800-Jahr-Feiern Münchens nehmen auch zahlreiche Politiker teil: Verteidigungsminister Franz Josef Strauß (2. v. l.), Berlins Regierender Bürgermeister Willy Brandt (M.) und Ministerpräsident Hanns Seidel (2. v. r.)

Feierliches Pontifikalamt auf dem Marienplatz, zelebriert von Joseph Kardinal Wendel, Erzbischof von München-Freising, am 14. Juni 1958; zuvor hatte die Münchner Jubiläumsglocke, die größte Europas, 10 Minuten geläutet

Ganz München im Festrausch

14. Juni 1958. Mit dem mächtigen Klang der Glocken von 120 Münchner Kirchen, mit Blumenregen und Fahnengrüßen aus den Fenstern beginnen am Morgen unter weißblauem Himmel die 800-Jahr-Feiern, die 78 Tage und Nächte auf Straßen und Plätzen Musik, Trubel, Gaudi und Tanz einkehren lassen.

Die Feiern zum Stadtjubiläum sind ohne Zweifel die größte Geburts-

tagsfeier Europas in diesem Jahr. Schon am Vorabend des Stadtjubiläums säumen 700 000 Menschen den Fackelzug, der die Geschichte Münchens Revue passieren läßt.

Die Brauereien schenken ein eigens gestiftetes Jubiläumsbier aus, das aus dem Bierbrunnen vor dem Brauhaus am Oskar-von-Miller-Ring, dem Festgeschenk der Brauer an die Stadt, auch als Freibier fließt.

Aus Anlaß der 800-Jahr-Feier der bayerischen Metropole wird das Cuvilliéstheater neu eröffnet, das zu den schönsten Rokoko-Theatern Europas zählt; das Mitte des 18. Jh. erbaute Logentheater war im Zweiten Weltkrieg zerstört und zum Stadtjubiläum wiedererrichtet worden

Plakat zur 800-Jahr-Feier Münchens, in deren Rahmen Festveranstaltungen, Empfänge, Umzüge, Gottesdienste, Musik- und Tanzdarbietungen stattfinden

1959

15. 1. Der bayerische Ministerpräsident Hanns Seidel (CSU) versichert in seiner Regierungserklärung, daß der Schwerpunkt der Landespolitik bei der Wirtschafts- und Finanzpolitik liegen werde.

1. 2. Marika Kilius und Hans-Jürgen Bäumler werden in Prag Europameister im Eiskunstlaufen der Paare.

4. 2. Im Münchner Stadtmuseum wird die Ausstellung »Ein Jahrhundert Münchner Marionetten« eröffnet.

6. 2. Bundesverteidigungsminister Franz Josef Strauß (CDU) gibt bekannt, daß das Bundesverteidigungsministerium bei der US-amerikanischen Firma Lockheed 96 Starfighter-Flugzeuge bestellt hat.

26. 2. Das Gemälde »Höllensturz der Verdammten« von Peter Paul Rubens in der Münchner Alten Pinakothek wird bei einem Säureattentat des Schriftstellers Walter Menzel schwer beschädigt. →

1. 7. In Berlin wählt die Bundesversammlung Landwirtschaftsminister Heinrich Lübke zum neuen Bundespräsidenten.

Juli. Erstmals in der Geschichte der Bundesrepublik Deutschland gibt es weniger Arbeitslose als offene Stellen.

8. 8. Die Zweite Strafkammer des Münchner Landgerichts verurteilt im sog. Spielbanken-Prozeß den ehemaligen stellvertretenden bayerischen Ministerpräsidenten, Landwirtschaftsminister und Vorsitzenden der Bayernpartei, Joseph Baumgartner zu zwei Jahren, und den ehemaligen bayerischen Innenminister und Schatzmeister der Bayernpartei, August Geislhöringer, wegen falscher eidlicher Aussagen zu 15 Monaten Gefängnis. →

11. 8. Der bayerische Ministerrat beschließt, keine weiteren Spielbanken in Bayern zuzulassen. Die bisher erteilten Konzessionen (→ 21. 4. 1955), die 1965 auslaufen, sollen nicht verlängert werden.

4. 10. Die deutsche Fußballnationalmannschaft gewinnt in Bern ein Länderspiel gegen die Schweiz mit 4:0.

15. 10. In der Bundesrepublik meldet sich der dreimillionste Fernsehteilnehmer an.

10. 11. Im »Haus der Kunst« in München wird eine Ausstellung mit Plastiken und Skulpturen eröffnet, die im Rahmen des vom Nationalen Olympischen Komitee (NOK) veranstalteten »Olympischen Kunstwettbewerbs 1959« entstanden sind.

1959. Einer der bekanntesten Knabenchöre Bayerns sind die Regensburger Domspatzen.

Urteilsspruch im »Spielbanken-Prozeß«

8. August 1959. Im sog. Spielbanken-Prozeß spricht die Zweite Strafkammer des Münchner Landgerichts die Urteile. Das Gericht verurteilt den ehemaligen Landwirtschaftsminister, stellvertretenden Ministerpräsidenten Bayerns (bis 16. 10. 1957) und am 5. Februar 1959 zurückgetretenen Vorsitzenden der Bayernpartei (BP), Prof. Dr. Joseph Baumgartner, zu zwei Jahren Zuchthaus. Der ehemalige Innenminister und Schatzmeister der Bayernpartei, Dr. August Geislhöringer, erhält 15 Monate Gefängnis; der ehemalige stellvertretende BP-Fraktionsvorsitzende im Landtag, Max Klotz, wird mit einer Zuchthausstrafe von zwei Jahren und neun Monaten belegt. Das Urteil gegen den ehemaligen CSU-Landtagsabgeordneten Franz

Joseph Baumgartner (l.) vor dem Spielbankenausschuß (1955)

Schlagzeile der »Süddeutschen Zeitung« vom 10. August 1959

Urteilsverkündung im Spielbanken-Prozeß; hinter ihren Anwälten die Angeklagten K. Freisehner, M. Klotz, J. Baumgartner und F. Michel (v. l.)

Michel, dessen Verfahren ursprünglich abgetrennt war, lautet auf zwei Jahre Zuchthaus.

Der Kaufmann und Spielbanken-Spekulant Karl Freisehner, der den Prozeß durch eine Selbstanzeige wegen Meineides am 26. Januar 1959 in Gang gebracht hatte, wird zu einer Gefängnisstrafe von einem Jahr und zehn Monaten verurteilt.

Das Gericht befindet die Angeklagten für schuldig, vor einem Untersuchungsausschuß des Landtages in den Jahren 1955/56 Meineide geleistet zu haben. Nachdem der Landtag die Zulassung von Spielbanken auf Betreiben der BP beschlossen hatte (→21. 4. 1955), war der Ausschuß eingerichtet worden, um die in der Öffentlichkeit diskutierte Frage zu klären, ob bei der Konzessionserteilung Fehler, Unkorrektheiten oder gar Korruption vorgekommen seien. Die Verurteilten hatten bei den Vernehmungen vor dem Ausschuß geschworen, daß sie kein Bestechungsgeld von Spielbank-Interessenten angenommen hätten.

Diese Beteuerungen der Unbescholtenheit entkräftet Karl Freisehner, der 54jährige Urheber der Kasino-Idee, mit seiner Selbstanzeige. Obwohl letztlich unklar bleibt, was Freisehner veranlaßt hat, seinen auf 1,5 Millionen DM geschätzten Gewinn aus dem Verkauf von Spielbank-Anteilen durch eine Anzeige aufs Spiel zu setzen, liefert er der Staatsanwaltschaft genügend belastendes Material.

Von Klotz legt Freisehner Quittungen über insgesamt 24 000 DM vor, deren Richtigkeit unzweifelhaft ist. An Baumgartner sind zwischen dem 11. Juli 1953 und dem 2. November 1954 2900 DM gezahlt worden; auch hatte er bestritten, Freisehner näher zu kennen, obwohl er bis 1955 mit ihm befreundet war.

August Geislhöringer hatte unter Eid ausgesagt, daß ihm über den Bewerber für die Lizenz in Bad Kissingen, Simon Gembicki, keine ungünstigen Informationen vorgelegen hätten. Dies ist nachweislich falsch, obwohl sich – Ironie des Schicksals – herausstellte, daß die Unterlagen über angebliche Vorstrafen Gembickis nichtig sind, weil der Jude Gembicki von den Nazis für seine Flucht aus Deutschland 1938 bestraft wurde.

Auch im Falle von Franz Michel ist der Meineid eindeutig. Er hatte ausgesagt, keine Briefe mit dem Konzessionsbewerber Gustavus gewechselt zu haben. Die Staatsanwälte können die Briefe jedoch vorweisen.

Die Brisanz dieses bisher größten Korruptionsprozesses der bayerischen Nachkriegsgeschichte liegt in der politischen Rivalität von CSU und BP, für die der Makel der Urteile der Anfang vom Ende ist. Die BP war Konkurrent der CSU. Bei den Landtagswahlen von 1950 hatte sie ihr ca. 18% Stimmen weggenommen.

In einem anschließenden Verfahren wird CSU-Generalsekretär Dr. Fritz Zimmermann wegen fahrlässigen Falscheides zu einer viermonatigen Freiheitsstrafe verurteilt. Er hatte im Prozeß beschworen, niemals Belastungsmaterial gegen führende »Bayernparteiler« gesammelt zu haben. Ein Zweitgericht hob das Urteil später auf: der Zeuge, so fand es, sei in der fraglichen Zeit »in Folge einer Überfunktion der Schilddrüse geistig vermindert leistungsfähig gewesen« und habe an einer »Unterzuckerung des Blutes« gelitten.

542

1960

*»Der Höllensturz der Verdammten«
gemalt von Peter Paul Rubens 1620*

Beizmittel gegen Rubens-Gemälde

26. Februar 1959. Kurz nach 11 Uhr vormittags wird in der Alten Pinakothek zu München ein Möbel-Abbeizmittel über das von Peter Paul Rubens gemalte Bild »Der Höllensturz der Verdammten« geschüttet. In einer Breite von etwa einem halben Meter fließt die ätzende Flüssigkeit an dem 2,88 x 2,25 m großen Gemälde herab und beschädigt vor allem die linke Bildhälfte schwer.

Am Nachmittag des gleichen Tages erhalten Münchner Zeitungsredaktionen Eilbriefe: »Diesen Brief schickt Ihnen der, der in einer Stunde in der Alten Pinakothek ein Kunstwerk zerstören wird. Ich bin dennoch nicht wahnsinnig, sondern ein Mensch, der für eine Sache die Aufmerksamkeit erregen will, die für die Zukunft der Menschheit

Walter Menzl

von entscheidender Bedeutung ist.« Als Absender zeichnet Walter Menzl aus Konstanz, der sich Wissenschaftler und Schriftsteller nennt. Am Vormittag des folgenden Tages stellt er sich der Polizei. Bei der Vernehmung sagt er, eigentlich hätte er Dürers »Vier Evangelisten« zerstören wollen, aber: »Ich habe religiöse Hemmungen gehabt.«

---

18. 1. Bundesinnenminister Gerhard Schröder (CDU) gibt bekannt, daß die Bundesregierung einen Gesetzentwurf zu einem Notstandsrecht verabschiedet hat.

26. 1. Hans Ehard wird anstelle seines Parteifreundes Hanns Seidel, CSU-Vorsitzender seit 1955, zum bayerischen Ministerpräsidenten gewählt.

18. 2. Die VIII. Olympischen Winterspiele in Squaw Valley (USA) werden eröffnet. Heidi Biebl aus Oberstaufen gewinnt den Abfahrtslauf der Damen. →

21. 3. Die Medizinische Fakultät der Universität München beschränkt wegen Überfüllung die Zulassung zu den Kursen und Vorlesungen. →

27. 3. Die CSU kann bei den bayerischen Kommunalwahlen nur knapp ihre Spitzenstellung vor der SPD behaupten. Der SPD-Politiker Hans-Jochen Vogel wird zum Oberbürgermeister von München gewählt. →

28. 6. Unter Leitung von Werner Heisenberg gründet die Max-Planck-Gesellschaft in Garching bei München das Institut für Plasmaphysik.

7. 8. In München endet der einwöchige 37. Eucharistische Weltkongreß mit einer feierlichen Abschlußmesse. →

25. 8. Die XVII. Olympischen Sommerspiele in Rom werden eröffnet. →

26. 9. Das Gemälde »Venus« von Lucas Cranach d. Ä. – geschätzter Wert rund 250 000 DM –, das seit einem Diebstahl 1959 verschwunden ist, wird in einem Kellerraum des Münchner Hauptbahnhofs aufgefunden. →

17. 12. Ein US-Militärflugzeug streift kurz nach dem Start in Riem den Turm der Münchner Paulskirche am Nordrand der Theresienwiese und stürzt mitten in der Innenstadt der bayerischen Metropole ab. →

GESTORBEN:

30. 3. München: Joseph Haas (* 19. 3. 1879, Maihingen bei Nördlingen), Komponist.

30. 4. Tiefenbach/Allgäu: Wilhelm Vershofen (* 25. 12. 1878, Bonn), Schriftsteller.

24. 7. Kempfenhausen/Berg bei Starnberg: Hans Albers (* 22. 9. 1891, Hamburg), Schauspieler.

27. 7. Garmisch-Partenkirchen: Liesl Karlstadt (* 12. 12. 1892, München), Volksschauspielerin. →

31. 12. München: Josef Wendel (* 27. 5. 1901, Blieskastel/Landkreis St Ingbert), katholischer Theologe und Kardinal, Erzbischof von München und Freising ab 1952.

CSU-Vorsprung hauchdünn

27. März 1960. Bei den bayerischen Kommunalwahlen kann die CSU ihr Ergebnis gegenüber 1956 zwar um 2% verbessern, behauptet aber mit 36% der abgegebenen Stimmen nur sehr knapp ihre Spitzenstellung.

In einem spannenden Kopf-an-Kopf-Rennen rückt die SPD entgegen den ersten Zwischenergebnissen schließlich doch nicht an die erste Stelle, wenngleich sie gegenüber früheren Wahlen beträchtlich aufholt. Sie erzielt einen Stimmenanteil von 35,4%, was eine Steigerung von 5,9% im Vergleich zur Kommunalwahl von 1956 bedeutet.

Die großen Wahlverlierer sind die kleineren Parteien. Als Folge der Spielbankenaffäre (→8.8.1959) muß vor allem die Bayernpartei hohe Verluste hinnehmen. Sie verliert 5,7% gegenüber 1956 und muß sich mit einem Ergebnis von 2,2% der Stimmen zufrieden geben.

Großes Aufsehen und Bestürzung bei der CSU erregt die Wahl des SPD-Politikers Hans-Jochen Vogel zum Oberbürgermeister von München. Er kann 53,4% der Stimmen auf sich vereinen und löst mit diesem Spitzenergebnis Thomas Wimmer (SPD) ab, der aus Altersgründen nicht mehr kandidierte. Auf den von der CSU aufgestellten früheren bayerischen Justizminister Josef Müller (»Ochsensepp«) entfallen nur 23,9%. Der erst 34 Jahre alte Hans-Jochen Vogel wird zum jüngsten Oberbürgermeister in der Bundesrepublik.

Alter und neuer OB Münchens, T. Wimmer (l.) und H.-J. Vogel

Münchner Katholikentreffen

7. August 1960. Zum Abschluß des 37. Eucharistischen Weltkongresses in München zelebriert der päpstliche Legat, Kardinal Gustavo Testa, auf der Theresienwiese vor über einer Million Menschen ein Hochamt. Katholiken aus aller Welt hatten sich seit dem 31. Juli in der bayerischen Hauptstadt versammelt, um unter dem Leitwort »Für das Leben der Welt« an der katholischen Großveranstaltung teilzunehmen. Neben 26 Kardinälen und über 450 Bischöfen fanden sich auch zahlreiche Regierungsdelegationen aus aller Welt in München ein. Für die Bundesrepublik nahmen unter vielen anderen auch Bundespräsident Heinrich Lübke, Bundeskanzler Konrad Adenauer sowie der bayerische Ministerpräsident Hans Ehard an dem Kongreß teil. Entgegen lang anhaltenden Gerüchten erscheint Papst Johannes XXIII. nicht persönlich. Statt dessen wird im Rahmen des Abschlußgottesdienstes eine Botschaft des Papstes über Tonband abgespielt, in der er für religiöse Einheit und Weltfrieden eintritt.

Während des Kongresses werden täglich 40 Messen gelesen; weiterhin finden rund 250 Sonderveranstaltungen katholischer Verbände neben einer Vielzahl kultureller und sakraler Angebote statt.

Feierliches Pontifikalamt beim 37. Eucharistischen Weltkongreß

Trümmerübersäte Kreuzung Bayer-/Martin-Greif-Straße nach dem Unglück, bei dem ein Flugzeug der US-ameri-kanischen Luftwaffe über der Münchner Innenstadt abstürzt; 53 Menschen kommen dabei ums Leben

Flugzeugabsturz in Münchens Innenstadt

17. Dezember 1960. Dichter Nebel liegt über dem Flughafen München-Riem. Drei Maschinen verzichten auf den Start, dann aber, um 14.05 Uhr, hebt eine zweimotorige »Convair« der US-Luftwaffe ab. An Bord 5 Studentinnen und 7 Studenten der Maryland University, die an diesem Samstag vor Weihnachten zu ihren Eltern fliegen wollen. Der Vater eines der Studenten ist Pilot der Maschine. Nach zwei Minuten meldet er sich beim Tower: »Ein Motor ausgefallen. Kehre um zum Platz ...«
Während die alarmierte Feuerwehr nach Riem rast, kommt die Meldung, daß die »Convair« in der Münchner Innenstadt abgestürzt ist.
Die Maschine hatte keine Höhe erreicht und streift bei der Rechtskurve, durch die sie den Rückflug einleiten wollte, im Nebel den Turm der nahe der Theresienwiese gelegenen St. Pauls-Kirche. Anschließend stürzt sie an der Kreuzung Bayer-/Martin-Greif-Straße ab. Trümmer der Maschine, die voll aufgetankt war, stürzen auf den Anhänger einer Straßenbahn, die an diesem verkaufsoffenen Samstag voll besetzt ist. Die Tram brennt aus. Insgesamt finden bei diesem Flugzeugunglück 53 Menschen den Tod.
Nach dem Unglück werden vielfach Stimmen laut, die eine Verlegung des Münchner Flughafens fordern.

»Alles stand lichterloh in Flammen«

Von der »Convair« bleiben nur kleine Trümmer übrig, und zwischen ihnen die Jacke eines Generalmajors.
Ein Angestellter der Tankstelle, neben der die abgestürzte Maschine explodierte, erinnert sich hinterher: »Es hat gepfiffen, wie wenn ein Düsenjäger daherkäme. Dann war es auch schon da. Es hat gekracht und sofort stand alles lichterloh in Flammen.«
Außer den Flugzeugtrümmern brennen ein Reifenlager und eine Straßenbahn der Linie 10, die stadtauswärts unterwegs war, völlig aus. In dem verkohlten Wagen findet die in unmittelbarer Nähe der Unfallstelle wohnende Frau des Schaffners Franz Gubisch die Leiche ihres Mannes.

Im nächstgelegenen Krankenhaus proben Ärzte und Schwestern gerade die Weihnachtsfeier, als die ersten der 17 Verletzten gebracht werden; acht von ihnen sind in Lebensgefahr und einige von ihnen sterben in den nächsten Tagen. Unter den Eingelieferten sind auch der Fahrer eines Ford 12M und seine Frau, die gerade an der Ampel anhielten, als in unmittelbarer Nähe das US-Flugzeug aufschlug.
Kurze Zeit nach der Katastrophe findet im Münchner Rathaus eine Pressekonferenz statt, auf der Oberbürgermeister Vogel einen Augenzeugenbericht vom Unfallort gab. Die Journalisten beklagen, daß sich ungerufen auch andere Politiker einmischen.

Zu viele Mediziner an Münchens Uni

21. März 1960. Für bestimmte Pflichtkurse und Pflichtvorlesungen des Medizinstudiums verhängt der Rektor der Universität München Zulassungsbeschränkungen.
München ist als Studienort so beliebt, daß der Andrang bereits in den letzten Semestern die Kapazitäten der Medizinerausbildung weit überstieg. Bewerber für die Pflichtveranstaltungen werden nun zu einer persönlichen Vorstellung geladen. Da die Anforderungen der Prüfungsordnung bestehen bleiben, müssen die angehenden Ärzte mit Verzögerungen im Studium rechnen.

Erfolgsschlager von Heidi Brühl

Der Schlager »Wir wollen niemals auseinandergehen«, gesungen von dem 19jährigen Film- und Schlagerstar Heidi Brühl aus München, erscheint auf dem Plattenmarkt und wird schnell zu einem Riesenerfolg.
Mit dem romantischen Schlager singt sich Heidi Brühl nach ihrem ersten Erfolgstitel »Chico, Chico, Charly« (1959) in die Spitze der deutschen Schlagerprominenz.
Ihre Karriere begann bereits 1953 mit einer Rolle in dem Spielfilm »Der letzte Sommer«. Der große Durchbruch gelang Heidi Brühl 1955 mit ihrem dritten Film »Die Mädels vom Immenhof«.

Cranachs »Venus« im Schließfach

26. September 1960. Ein anonymer Anrufer gibt den Tip, und als die Münchner Kriminalpolizei daraufhin das angegebene Schließfach im Hauptbahnhof öffnet, findet sie das seit einem Dreivierteljahr aus dem Frankfurter Städel verschwundene Lucas Cranach-Gemälde »Venus«.
Beim Bild liegt ein in schlechtem Englisch abgefaßter Brief: »Zurück aus Guatemala. Wir haben das Bild nachgemalt. Vielen Dank dem deutschen Volk.«
Bei einem früheren Zwischenfall hatte ein Mann mit dem Messer auf diese »Venus« eingestochen.

27. Juli 1960. Liesl Karlstadt, die beliebte bayerische Volksschauspielerin, stirbt im Alter von 67 Jahren in Garmisch-Partenkirchen. An der Seite des Komikers Karl Valentin wurde die in München geborene Elisabeth Wellano unter ihrem Künstlernamen als Darstellerin in zahlreichen Sketchen und Couplets voll absurder Logik und beißender Ironie weit über Bayern hinaus bekannt. Die Bäckerstochter begann 18jährig gegen den Widerstand ihres Vaters eine Ausbildung zur »Bretthupferin«. Von 1913 bis 1939 regelmäßig und nach 1945 gelegentlich trat sie zusammen mit dem →9. Februar 1948 verstorbenen Karl Valentin auf. Gemeinsam verfaßten beide zahlreiche Stücke, z.B. »Die Raubritter vor München«: »... und jetzt holst an Kaffee, da hast fuchzehn Kreuzer, Pfennig hats seinerzeit noch keine gebn, also oan Kaffee, oan für mi und oan für di – und oan für uns zwoa – im ganzen fünf Kaffee ...«

Darüber hinaus begeisterte Liesl Karlstadt ihr großes Publikum in Film und Fernsehen, vor allem aber mit den »Brummelgeschichten« im Bayerischen Rundfunk. Sie verkörperte in ihren Rollen das Urbild einer Münchnerin aus den unteren Schichten: als Frau Brandl, Markt-, Milchfrau, Ratschkathl, Hausmeisterin usw. Vielen gilt sie als eine typische Vertreterin des bayerischen Volkscharakters.

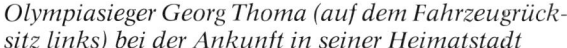

Olympiasieger Georg Thoma (auf dem Fahrzeugrücksitz links) bei der Ankunft in seiner Heimatstadt

Heidi Biebl, Skirennläuferin aus Oberstaufen im Allgäu, siegt beim Abfahrtslauf in Squaw Valley

Große Olympiasiege in Squaw Valley und Rom

18. Februar/25. August 1960. Die Olympischen Spiele 1960 bringen beachtliche Medaillenerfolge für die gesamtdeutsche Mannschaft. Bei den VIII. Winterspielen im kalifornischen Skigebiet von Squaw Valley (18. 2.–28. 2.) gewinnen die 74 deutschen Teilnehmer vier Gold-, drei Silber- und eine Bronzemedaille. Von den XVII. Sommerspielen in Rom (25. 8.–12. 9.) kehren die 294 deutschen Athleten mit 12 Gold-, 19 Silber- und 11 Bronzemedaillen zurück.

Bei den Winterspielen im »Tal der Indianerfrau« sind die bayerischen Sportler besonders erfolgreich – sie erkämpfen vier der insgesamt acht deutschen Medaillen. Heidi Biebl aus Oberstaufen gewinnt eine Goldmedaille im Abfahrtslauf. Mit großem Kampfgeist setzt sich die 19jährige gegen ihre Konkurrentinnen durch. Weitere Goldmedaillen fallen an die deutschen Sportler Georg Thoma (Nordische Kombination), Helmut Recknagel (Spezialsprunglauf) und Helga Haase (500-m-Eisschnellauf).

Silbermedaillen erkämpfen der bayerische Eiskunstläufer Hans-Jürgen Bäumler mit seiner »Traumpartnerin« Marika Kilius im Paarlauf, Hans Peter Lanig aus Hindelang im Abfahrtslauf und Helga Haase im 1000-m-Eisschnelllauf. Die Münchnerin Barbara (»Barbi«) Henneberger holt Bronze im Spezialslalom.

Herausragender deutscher Sportler bei den Sommerspielen in Rom ist der Sprinter Armin Hary, der am 21. Juni 1960 als erster die Traumzeit von 10,0 sec. über 100 m lief. In Rom gewinnt er in 10,2 sec. Gold vor dem zeitgleichen US-Amerikaner David Sime. Eine zweite Goldmedaille erhält Hary zusammen mit der 4 x 400-m-Staffel.

Für Überraschung sorgt der Sieg von Heidi Schmid aus Augsburg im Florettfechten. Ebenfalls im Florettfechten belegt die Mannschaft der Herren mit Tony Stock (Nürnberg) den dritten Rang und gewinnt Bronze.

Auch an den überragenden Leichtathletik-Leistungen der deutschen Mannschaft haben zwei bayerische Sportlerinnen maßgeblichen Anteil. Anni Biechl aus München und Brunhilde Hendrix aus Nürnberg gewinnen zusammen mit Martha Langbein und Jutta Heine Silber in der 4 x 100-m-Staffel. Die Erfolge in der Leichtathletik setzen sich fort über die Silbermedaillen von Carl Kaufmann (400-m-Lauf), Jutta Heine (200-m-Lauf), Hans Grodotzki (5000- und 10000-m-Lauf), Johanna Lüttge im Kugelstoßen und Walter Krüger im Speerwerfen bis hin zu den glänzenden Staffelerfolgen.

Heidi Schmid, Goldmedaillen-Gewinnerin im Florettfechten

Anni Biechl (r.), Silbermedaille mit der 4 x 100 m Staffel

Liesl Karlstadt, Komikerin und Verwandlungskünstlerin, auf einer Filmprogramm-Ankündigung

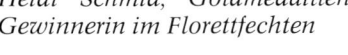

1961

Strauß wird neuer CSU-Chef

18. März 1961. In München wählt die Landesversammlung der CSU den 45jährigen Bundesverteidigungsminister Franz Josef Strauß zum neuen Vorsitzenden der Partei. Strauß hatte das Amt des stellvertretenden Parteivorsitzenden seit 1952 inne und ist der bislang jüngste Vorsitzende der CSU. Er tritt die Nachfolge des seit längerer Zeit erkrankten 59jährigen Hanns Seidel an. Durch seine Wahl zum CSU-Vorsitzenden rückt eine mögliche Kandidatur von Strauß als Bundeskanzler und Nachfolger von Konrad Adenauer näher. Mit der CSU verfügt Strauß über eine Hausmacht, die durch sein Amt als Bundesverteidigungsminister an Bedeutung ge-

winnt, denn Strauß ist der erste CSU-Vorsitzende, der zugleich ein Amt als Bundesminister bekleidet.

1953 wurde er als Kabinettsneuling zum Bundesminister für besondere Aufgaben ernannt, übernahm am → 12. Oktober 1955 das Ministerium für Atomfragen und wird schließlich am 16. Oktober 1956 Nachfolger von Theodor Blank (CDU) im Verteidigungsressort. Bereits 1957 legte er Pläne für eine atomare Bewaffnung der Bundeswehr vor, mit denen er umstritten blieb.

Bei der am 17. September stattfindenden Bundestagswahl erringt die Partei von Franz Josef Strauß 54,9% der abgegebenen Stimmen, die SPD erhält 30,1% und die FDP 8,7%.

Staatsbegräbnis für den verstorbenen ehemaligen bayerischen Ministerpräsidenten und CSU-Vorsitzenden Hanns Seidel am 9. August 1961; in der ersten Reihe seine Nachfolger als bayerischer Regierungschef Hans Ehard (2. v. l.) und als Parteivorsitzender F. J. Strauß (r.)

Rudolf Mößbauer (r.) bei der Verleihung des Nobelpreises für Physik

R. Mößbauer erhält Physik-Nobelpreis

10. Dezember 1961. Der Forscher Rudolf Mößbauer aus München erhält gemeinsam mit dem US-Amerikaner Robert Hofstadter in Stockholm den Nobelpreis für Physik.

Die Auszeichnung fällt an den 32jährigen Münchner für seine Forschungen über den Durchgang von Gammastrahlungen durch die Materie. Er entdeckte 1957 den nach ihm benannten »Mößbauer-Effekt« (rückstoßfreie Kernresonanzabsorption von Gammastrahlen), der extrem genaue Energie- und Frequenzmessungen möglich macht.

Krebsarzt Issels wird verurteilt

31. Juli 1961. Nach siebenwöchiger Verhandlungsdauer endet vor dem Münchner Landgericht II der aufsehenerregende Prozeß gegen den 54jährigen ehemaligen Chefarzt der Ringberg-Krebsklinik in Rottach-Egern, Josef Issels. Er wird zu einem Jahr Gefängnis wegen fahrlässiger Tötung dreier Patienten verurteilt. Issels hatte die drei Krebskranken nach seiner eigenen Heilmethode, der sog. »internen Tumortherapie« behandelt, deren wesentlicher Bestandteil eine Diätkost auf Naturbasis ist. Ihm wird vorgeworfen, seinen Patienten von den bewährten Methoden der Operation und Bestrahlung abgeraten zu haben, auch als er erkannt haben mußte, daß seine Therapie nicht zum Erfolg führte.

Kardinal Döpfner Oberhirte Münchens

6. Juli 1961. Julius Kardinal Döpfner, bisher Bischof von Berlin, wird von Papst Johannes XXIII. zum Erzbischof von München und Freising ernannt. Döpfner tritt die Nachfolge des am 31. Dezember 1960 verstorbenen Joseph Kardinal Wendel an. Der reformfreudige Kardinal wurde am 26. August 1913 in Hausen vor der Rhön als Sohn eines Kellermeisters geboren. Nach dem Theologiestudium in Würzburg und Rom wurde er 1939 zum Priester geweiht. Mit 35 Jahren wird er im August 1948 als jüngster Kirchenfürst Europas zum Bischof von Würzburg berufen. Im Januar 1958 wird Döpfner, seit Januar 1957 Bischof von Berlin, zum Kardinal erhoben – der jüngste Purpurträger der katholischen Kirche.

Sondermarke

Zur Eröffnung der Ausstellung »Der Brief im Wandel von fünf Jahrhunderten« im August 1961 in Nürnberg gibt die Deutsche Bundespost diese Sondermarke (Abb.) heraus; die Bildseite des Postwertzeichens zeigt einen alten Kupferstich.

Deutsche Premiere der »West Side Story«

16. Juni 1961. *Die deutsche Premiere des Musicals »West Side Story« von dem US-amerikanischen Komponisten und Dirigenten Leonard Bernstein findet im Deutschen Theater in München statt (Abb.). Das erfolgreiche Broadway-Musical ist mit 40 Akteuren eine Mischung aus Tragödie, Oper und Ballett. In der »West Side Story« wird die Geschichte der Shakespeare-Tragödie »Romeo und Julia« aufgenommen und nach Manhattan verlegt. Statt verfeindeten Familien gehören die beiden Liebenden »Tony« und »Maria« zwei rivalisierenden Jugendbanden an. Die tragische Geschichte nimmt ihren Lauf, als bei einer Schlägerei der Bruder Marias stirbt und am Ende auch Tony ums Leben kommt.*

Sachlicher Stil für die moderne Wohnung

Die Situation auf dem bayerischen Wohnungsmarkt hat sich im Zuge des Wiederaufbaus nach 1945 zunehmend entspannt und in Verbindung mit einem wachsenden Lebensstandard steigt auch das Interesse an einer geschmackvollen und modernen Wohnungseinrichtung. Gefragt sind leichte, funktionale Möbel, die ohne Verzierungen auskommen und klare Linien aufweisen, wie beim skandinavischen Stil. Schrankwände aus Teakholz oder Kiefer gehören genauso zu einer modernen Wohnungseinrichtung wie sparsam gepolsterte Sitzmöbel, deren Untergestell häufig aus Stahlrohr besteht (Abb.). Entsprechend der strengen Linie werden für Textilien klare, kräftige Farben bevorzugt.

Achter Titel für Nürnberg

24. Juni 1961. Mit einem 3 : 0-Sieg über Endspielgegner Borussia Dortmund sichert sich der 1. FC Nürnberg zum achten Mal den Titel eines Deutschen Fußballmeisters. Durch diesen Sieg bei sommerlichen Temperaturen vor 82 000 Zuschauern im Niedersachsen-Stadion von Hannover übernimmt der Club auch die Führung bei der Anzahl der gewonnenen Deutschen Meisterschaften vor dem FC Schalke 04, der bisher sieben Mal erfolgreich war.

Bereits zur Halbzeit führen die spielerisch überlegenen Nürnberger 2 : 0. Den Toren von Kurt Haseneder und Heiner Müller folgt dann in der 68. Minute das 3 : 0 durch Heinz Strehl. Vor dem Anpfiff wurden der jungen Nürnberger Mannschaft, die Trainer Herbert Widmayer um seinen erfahrensten Spieler, den bereits 36jährigen MaxMorlock, neu formiert hatte, kaum Chancen eingeräumt. Zur Club-Elf gehören darüber hinaus Roland Wabra im Tor, Paul Derbfuß, Helmut Hilpert, Josef Zenger, Ferdinand Wenauer, Stefan Reisch und Gustav Flachenecker.

Max Morlock mit der Meisterschale

Heinz Strehl (r.) schießt das Siegtor zum 3 : 0 Endstand

Kilius/Bäumler vor Göbl/Ningel Meister

26. Januar 1961. In der Bundesrepublik und Europa kämpfen zwei bayerisch-hessische Paare um die Vorherrschaft im Eiskunstlaufen: Hans-Jürgen Bäumler aus Garmisch-Partenkirchen und Marika Kilius aus Frankfurt am Main werden in Berlin Europameister vor Margret Göbl und Franz Ningel (Nürnberg/Frankfurt am Main). Bei den Deutschen Meisterschaften in Oberstdorf am 22. Januar war die Reihenfolge umgekehrt gewesen.

Seit 1958 konkurrieren Kilius/Bäumler und Göbl/Ningel um die Deutschen Meisterschaften, die beide Paare zweimal gewinnen konnten. International sind Kilius/Bäumler wegen ihrer Ausstrahlung jedoch erfolgreicher als ihre Rivalen.

Alle alpinen Titel für Heidi Biebl

19. Februar 1961. Heidi Biebl aus Oberstaufen im Allgäu ist die überragende Athletin bei den Deutschen Alpinen Ski-Meisterschaften in Garmisch-Partenkirchen (17.–19. 2.). Die 20jährige Sportlerin gewinnt sowohl den Abfahrtslauf als auch den Slalom und den Riesenslalom. Damit belegt sie auch den ersten Platz in der Kombinationswertung.

Die einzige ernstzunehmende Konkurrentin der Olympiasiegerin von 1960 (→ 18.2./25.8.1960.) ist die Partenkirchnerin Bärbel Hornsteiner, die im Abfahrtslauf und in der Kombination den zweiten Platz belegt. Bei den Herren heißen die Sieger Willy Bogner, Fritz Wagnerberger, Ferdl Fettig und Adalbert Leitner – allesamt aus Bayern.

1962

12. 5. Der 1. FC Köln wird deutscher Fußballmeister durch einen 4:0-Sieg über den 1. FC Nürnberg.

4. 6. Vera Brühne wird vom Münchner Schwurgericht in einem Indizienprozeß wegen Totschlags an ihrem Geliebten und dessen Haushälterin zu lebenslänglicher Haft verurteilt. →

18. 7. Das Gesetz über die Errichtung einer vierten Landesuniversität in Regensburg wird verkündet.

21. 6. In München kommt es zu gewalttätigen Auseinandersetzungen zwischen Jugendlichen und der Polizei (»Schwabing-Krawalle«). →

19. 11. Infolge der Spiegel-Affäre, insbesondere wegen des Verhaltens von Bundesverteidigungsminister Franz Josef Strauß, erklären die FDP-Bundesminister ihren Rücktritt. Am 27. November stellen auch die CDU/CSU-Minister ihre Ämter zur Verfügung, um die Voraussetzungen für eine Regierungsumbildung zu schaffen.

25. 11. Bei den bayerischen Landtagswahlen erhält die CSU 47,5 %, die SPD 35,3 % der Stimmen. FDP und BP liegen unter 6 %. →

11. 12. Der CSU-Politiker Alfons Goppel wird als Nachfolger seines Parteikollegen Hans Ehard, der das Justizministerium übernimmt, bayerischer Ministerpräsident. Er hat dieses Amt bis 1978 inne.

13. 12. Nachdem Verhandlungen über eine Große Koalition mit der SPD gescheitert sind, geht die CDU/CSU mit der FDP erneut eine Koalition ein. Der umstrittene Verteidigungsminister Franz Josef Strauß gehört dem neuen Kabinett nicht an. Die CSU-Minister: Hermann Höcherl (Inneres), Richard Stücklen (Post/Fernmeldewesen), Alois Niederalt (Bundesrat/Länder), Werner Dollinger (Schatz).

1962. Die Arbeitslosenzahl erreicht ihren bisherigen Tiefstand nach dem Zweiten Weltkrieg.

1962. Der Bau der modernen Soleleitung von Berchtesgaden nach Reichenhall auf der 18 km langen Strecke über den Hallthurmpaß wird fertiggestellt.

GESTORBEN:

22. 8. Bad Wiessee: Rudolf Alexander Schröder (* 26. 1. 1878, Bremen), Dichter.

17. 12. Köln: Carl Diem (* 24. 6. 1882, Würzburg), Sportwissenschaftler und Sportschriftsteller; Begründer der Deutschen Sporthochschule Köln, Organisator der Olympischen Spiele 1936.

Münchner Polizei führt einen Demonstranten ab, der bei den »Schwabinger Krawallen« im Juni 1962 verletzt wurde

Verkehrsblockade durch Jugendliche in München-Schwabing nach einem Polizeieinsatz gegen drei Straßenmusiker

Nächtelang Massenkrawalle in Schwabing

21. Juni 1962. An Fronleichnam kommt es gegen 23 Uhr in der Leopoldstraße in München-Schwabing, direkt vor dem Café »Schwabinger Nest« zu Krawallen. Rund 1000, meist junge Leute liefern sich mit der Polizei eine fast zweistündige Prügelei, bei der auf Schwabings berühmtem Boulevard der gesamte Verkehr völlig zusammenbricht.

Anlaß der Massenschlägerei, bei der die Polizei 41 Personen festnimmt, ist das Einschreiten der Polizei gegen drei Straßenmusiker, deren Gitarrendarbietungen eine ständig anwachsende Gruppe von Menschen lauscht. Als die Polizei Verstärkung ruft, weil die Menge sie mit lautem Johlen empfängt, und schließlich auch »Zeiserlwagen« vorfahren, gerät die Situation außer Kontrolle. Die Menge macht ihrem Groll Luft und wirft Steine und Flaschen auf die Polizisten, versucht, Privatwagen umzustürzen. Als die Polizei dazu übergeht, wahllos Menschen festzunehmen und auch beim Gebrauch des Gummiknüppels nicht mehr zwischen Rabauken und harmlosen Passanten unterscheidet, ist das Chaos perfekt.

Die Tumulte halten auch in den folgenden fünf Nächten an. Da die Polizei mit aller Härte vorgeht, gibt es Dutzende von Verletzten und sogar 14 Schwerverletzte.

Vera Brühne zu lebenslanger Haft verurteilt

4. Juni 1962. In einem der größten und aufsehenerregendsten Indizien-Prozesse der Nachkriegszeit werden die 52jährige Vera Brühne und der 49jährige Johann Ferbach vom Schwurgericht München wegen Mordes zu lebenslangem Zuchthaus und Aberkennung der bürgerlichen Ehrenrechte verurteilt. Einen eindeutigen Schuldbeweis gibt es jedoch nicht.

Nach Auffassung der Strafkammer haben die Münchnerin und der Montageschlosser aus Köln am 14. April 1960 aus Habgier den 46 Jahre alten Arzt Otto Praun und dessen Haushälterin, die 50jährige Elfriede Kloo, in der Villa des Münchner Mediziners am Starnberger See ermordet. Vera Brühne, die immer wieder ihre Unschuld beteuert, hat nach eigener Aussage seit dem Sommer 1957 ein Verhältnis mit Praun und soll – dem Gericht zufolge – Ferbach zum Mord

angestiftet haben, um in den Genuß des ihr versprochenen Erbes zu kommen. Der Arzt hatte seiner Geliebten ein wertvolles Grundstück an der spanischen Costa Bra-

Vera Brühne bei der Wiederaufnahme des Verfahrens 1969

va testamentarisch vermacht, es jedoch angeblich später verkaufen wollen. Besonders belastend ist die Zeugenaussage der 20jährigen Tochter Vera Brühnes, die vor Gericht erklärt, ihre Mutter habe ihr die Mordtat gestanden.

In der Urteilsbegründung betont der vorsitzende Richter, das Beweismaterial sei so umfangreich, daß er in seiner mündlichen Würdigung dem kaum gerecht werden könne. Über 100 Zeugen und zehn Sachverständige wurden während des Verfahrens gehört.

Die Begleitumstände der Tat und die Attraktivität der Hauptbeschuldigten tragen zu dem Interesse bei, das der Prozeß in der Öffentlichkeit findet. Boulevardblätter, aber auch seriöse Tageszeitungen räumen der Berichterstattung breiten Raum ein und schwanken dabei zwischen Vorverurteilung und Parteinahme für die Angeklagten.

1963

CSU-Wahlsieg trotz »Spiegel«-Affäre

25. November 1962. Trotz der massiven Angriffe gegen ihren Vorsitzenden, Bundesverteidigungsminister Franz Josef Strauß, wegen dessen Verhalten in der sog. »Spiegel«-Affäre behauptet die CSU bei den Landtagswahlen in Bayern ihre Position als stärkste Partei und erreicht die absolute Mehrheit der Mandate. Neuer Ministerpräsident wird am 11. Dezember der bisherige Innenminister Alfons Goppel (→ 23. 11. 1958). Gegenüber 1958 erhöhen sich die Stimmenanteile der SPD um 4,5 %, der CSU um 1,9 % und der FDP um 0,3 %. Die Bayernpartei verliert 3,3 %, die Gesamtdeutsche Partei (GDP) sogar 3,5 % und ist nicht mehr im Landtag vertreten, da sie in keinem Wahlkreis die erforderlichen 10 % erzielen kann.

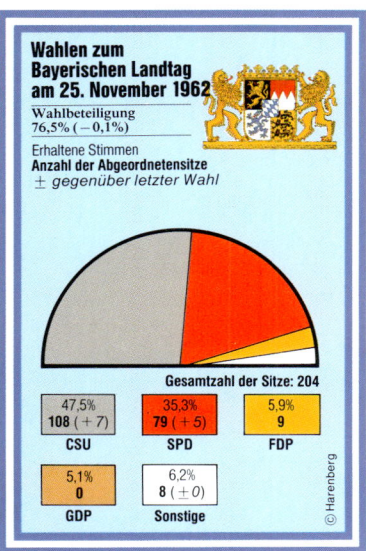

F. J. Strauß

Wegen der noch schwelenden Regierungskrise in Bonn war das Wahlergebnis mit besonderer Spannung erwartet worden. Am 19. November hatten die der FDP angehörenden Bundesminister ihren Rücktritt erklärt. Sie werfen Franz Josef Strauß vor, im Zusammenhang mit der polizeilichen Durchsuchung der Redaktion des Nachrichtenmagazins »Der Spiegel« am 26. Oktober das Parlament belogen zu haben. Der CSU-Chef tritt am 30. November 1962 zurück (→ 20. 11. 1966).

Wahlen zum Bayerischen Landtag am 25. November 1962
Wahlbeteiligung 76,5 % (−0,1 %)
Erhaltene Stimmen
Anzahl der Abgeordnetensitze
± gegenüber letzter Wahl

Gesamtzahl der Sitze: 204

CSU	SPD	FDP
47,5 % 108 (+7)	35,3 % 79 (+5)	5,9 % 9

GDP	Sonstige
5,1 % 0	6,2 % 8 (±0)

© Harenberg

---

28. 2. Hans-Jürgen Bäumler gewinnt mit seiner Frankfurter Partnerin Marika Kilius bei den Eiskunstlauf-Weltmeisterschaften im italienischen Cortina d'Ampezzo die Weltmeisterschaft im Paarlauf. →

1.–3. 7. Der XIV. Bundesparteitag der FDP findet in München statt. Der FDP-Vorsitzende Erich Mende ruft die Partei auf, sich von der Honoratiorenpartei abzukehren und zu einer Volkspartei zu werden.

15. 7. Der SPD-Politiker Egon Bahr prägt auf einer Tagung der Evangelischen Akademie Tutzing die in der Folgezeit heftig umstrittene Formel »Wandel durch Annäherung«: Realistische Ostpolitik müsse von den Gegebenheiten des Status quo in Nachkriegseuropa ausgehen.

24. 8. Am ersten Spieltag der neu eingeführten Fußball-Bundesliga kommen 282 000 Zuschauer. Die Bayerischen Vereine sind der 1. FC Nürnberg und der TSV 1860 München. →

16. 10. Der aus Fürth stammende Bundeswirtschaftsminister Ludwig Erhard wird als Nachfolger von Konrad Adenauer zum Bundeskanzler gewählt. Am 17. Oktober stellt er sein Kabinett vor, eine Koalition aus CDU/CSU und FDP. Die CSU-Minister sind Hermann Höcherl (Inneres), Richard Stücklen (Post/Fernmeldewesen), Alois Niederalt (Bundesrat/Länder), Werner Dollinger (Schatz). →

21. 11. Das im Zweiten Weltkrieg zerstörte Münchner Nationaltheater wird als Bayerische Staatsoper München wiedereröffnet. →

27. 11. Die Oper »Die Verlobung in San Domingo« von Werner Egk wird unter Leitung des Komponisten in München uraufgeführt. Egk hat die Oper nach einer Kleist-Novelle zur Wiedereröffnung der Staatsoper komponiert.

1963. Im Zuge des weiteren Ausbaus des geplanten Kanals eröffnet die Rhein-Main-Donau AG den Schweinfurter Hafen.

Ab 1963 werden große Erdölleitungen von Genua über den Bodensee, von Marseille über Karlsruhe und von Triest über den Chiemsee nach Ingolstadt und Burghausen geführt, wo bedeutende Raffinerien aufgebaut werden. →

GESTORBEN:

16. 2. Frankfurt am Main: Friedrich Dessauer (* 19. 7. 1881, Aschaffenburg), Biophysiker und Philosoph.

5. 12. München: Karl Amadeus Hartmann (* 2. 8. 1905, München), Komponist.

Der neue Bundeskanzler Ludwig Erhard aus Fürth (r.) erhält seine Ernennungsurkunde aus der Hand von Bundespräsident Heinrich Lübke (l.)

Ein Bayer wird Bundeskanzler

16. Oktober 1963. Der aus Fürth stammende Ludwig Erhard, bisher Bundeswirtschaftsminister, wird als Nachfolger von Konrad Adenauer zum Bundeskanzler gewählt.

Erhard, 1897 als Sohn eines Textilhändlers geboren, absolvierte eine kaufmännische Lehre und studierte Volks- und Betriebswirtschaft in Nürnberg und Frankfurt. Als Bundeswirtschaftsminister (seit 1949) trat Erhard für sein Konzept der »sozialen Marktwirtschaft« ein.

Er bestimmte wesentlich den wirtschaftlichen Wiederaufstieg der Bundesrepublik und wird häufig als »Vater des deutschen Wirtschaftswunders« bezeichnet.

Öl aus Südeuropa für Bayerns Raffinerien

1963. *Für die rationellere und witterungsunabhängige Versorgung der bayerischen Erdölraffinerien im Raum Ingolstadt und Burghausen werden große Pipelines gebaut, die ab 1964 jährlich 8 Millionen t Rohöl aus dem Ausland über die Alpen transportieren sollen.*

Eine Leitung von Marseille in Südfrankreich über 782 km nach Karlsruhe ist bereits fertiggestellt. Sie soll nun um 287 km nach Ingolstadt verlängert werden. Die andere Trasse läuft rund 1000 km von Genua in Italien über den Schweizer Splügenpaß (Abb.) durch Vorarlberg am Bodensee und Lindau vorbei zum Bestimmungsort Ingolstadt.

Das wiederaufgebaute Münchner Nationaltheater, 1825 von Karl von Fischer im klassizistischen Stil entworfen

Münchner Nationaltheater wiedereröffnet

21. November 1963. Nach fünfjähriger Bauzeit wird das Nationaltheater in München wiedereröffnet. Das 1825 errichtete Gebäude am Max-Joseph-Platz, das im Zweiten Weltkrieg 1943 fast völlig zerstört wurde, ist im ursprünglichen klassizistischen Stil für rund 65 Millionen DM wieder aufgebaut worden.

Zur Einweihung des neuen Opernhauses wird die Oper »Frau ohne Schatten« von Richard Strauss erstmals in der Inszenierung von Staatsintendant Rudolf Hartmann gezeigt. Bis zum 22. Dezember folgen im Rahmen des Eröffnungszyklus neun weitere Premieren.

Eröffnung mit J. Thomas, I. Bjoner, I. Borkh, J. Keilberth, D. Fischer-Dieskau (v. l.)

Staatsintendant Rudolf Hartmann (l.) im Münchner Nationaltheater bei der Eröffnungsfeier des Opernhauses

Generalmusikdirektor H. Knappertsbusch (r.) dirigiert im neuen Theater Beethovens »Weihe des Hauses«

Münchner Oper der Nachkriegszeit

Nach Kriegsende war München in einer glücklicheren Lage als die meisten anderen Städte Deutschlands. Zwar wurde das Nationaltheater in der Nacht vom 2. zum 3. Oktober 1943 in Schutt und Asche gelegt, aber das Prinzregententheater, das 1901 als Haus für Mozart- und Wagnerfestspiele eröffnet worden war, hatte den Krieg ohne Schaden überstanden. Bereits im Herbst 1945 war das Prinzregententheater in betriebsfähigem Zustand, wenn auch die Heizung noch stillgelegt war. Georg Hartmann, zuvor Intendant in Dortmund und Duisburg, war der erste Intendant der Nachkriegszeit. Er überwand mit Tatkraft und Improvisationstalent die Widrigkeiten des Neubeginns wobei ihm als musikalischer Leiter Georg Solti zur Seite stand.

1952 wurde Rudolf Hartmann, der bereits in der Ära des Intendanten Clemens Krauss (1936–1944) Oberspielleiter der Münchner Oper war, sein Nachfolger. Rudolf Hartmann entwickelte ein langfristiges Konzept für den Spielplan, der zielstrebig die Übersiedelung in ein wiederaufgebautes Nationaltheater anvisierte. 1954 wurde der sensible Ferenc Fricsay als musikalischer Leiter verpflichtet, in dessen zugleich präzisen und expressiven Aufführungsstil das Publikum sich erst einhören mußte. 1959 folgte ihm Joseph Keilberth als Generalmusikdirektor, dessen Sinn für Pathos und große Form sofort Anklang fand.

Gestaltet von dem großartigen Bühnenbildner Helmut Jürgens haben als herausragende Aufführungen der 50er Jahre vor allem die Inszenierungen der »Antigonae« von Carl Orff (1951) und »Die Harmonie der Welt« von Paul Hindemith (1957) sehr viel Aufmerksamkeit und Beifall gefunden. Mit der Eröffnung des wieder aufgebauten Nationaltheaters am Max-Joseph-Platz beginnt im Spätherbst 1963 ein neues Kapitel in der nunmehr 310jährigen Münchner Operngeschichte.

Torszene aus dem ersten Spiel der neueingerichteten Bundesliga in Bayern zwischen dem TSV 1860 München und Eintracht Braunschweig

Weltmeister in Cortina d'Ampezzo: Marika Kilius und Hans-Jürgen Bäumler, »Traumpaar« im Eiskunstlauf aus der Bundesrepublik

Bundesligastart in München

24. August 1963. Die bayerische Premiere der Fußball-Bundesliga findet in der Landeshauptstadt im Stadion an der Grünwalder Straße statt. 33 500 Zuschauer sehen das 1:1 des TSV 1860 München gegen Eintracht Braunschweig. Der 1. FC Nürnberg, der zweite bayerische Vertreter, trennt sich in Berlin (West) mit dem gleichen Ergebnis von Hertha BSC. Vor allem die Münchner »Löwen« und Trainer Max Merkel sind über ihr Abschneiden am ersten Spieltag der neugeschaffenen bundesweiten Liga enttäuscht, denn sie verlieren einen Punkt gegen eine vermeintlich schwache Mannschaft.

Deutscher Meister ist nach dem neuen Modus der Tabellenführer nach Ende der Saison. Bisher spielten die Spitzenklubs der fünf Oberligen in zwei Ausscheidungsgruppen die Teilnehmer am Endspiel um die Deutsche Meisterschaft aus.

Kilius/Bäumler Weltmeister

28. Februar 1963. Das bundesdeutsche »Traumpaar auf dem Eis«, Marika Kilius aus Frankfurt am Main und Hans-Jürgen Bäumler aus Garmisch-Partenkirchen, erringt in Cortina d'Ampezzo (Italien) seinen ersten Weltmeistertitel im Eiskunstlaufen der Paare. Die beiden 19- und 21jährigen Europameister setzen sich gegen ihre schärfsten Rivalen Ludmilla Belousowa und Oleg Protopopow aus der UdSSR durch.

Elf Jahre nach dem Weltmeistertitel von Ria Baran und Paul Falk knüpfen Kilius/Bäumler damit erfolgreich an die deutsche Paarlauftradition an. Die Lieblinge der Fernsehnation waren schon im Januar erstmals seit 1958 wieder Deutscher Meister und in Budapest bereits zum fünften Mal hintereinander Europameister geworden. 1960 wurden sie Olympia-Zweite (→ 26. 1. 1961; Januar/Oktober 1964).

Ein dicklicher Ur-Münchner grantelt in der »Abendzeitung«

Der kleine, dickliche Herr – mehr breit als hoch – ist eine Münchner Institution, die an jedem Werktag in der Münchner »Abendzeitung« die Weltlage durch ein kurzes Sprüchlein auf den Punkt bringt. Auf den Münchner Punkt, denn für den etwas übergewichtigen Herrn endet die Welt gleich hinter dem Münchner Burgfrieden, und ihr Mittelpunkt könnte ein sommerlicher Biergarten irgendwo in der Stadt sein.

Geboren wurde dieser Herr Hirnbeiß 1961 auf dem Zeichentisch von Franziska Bilek. Herr Hirnbeiß (Abb.) – ein Mann ohne Vornamen – könnte Obersekretär im Finanzamt München IV oder Bäckereibesitzer gewesen sein. Jetzt jedenfalls lebt Herr Hirnbeiß im Ruhestand und macht sich und seinem Dackel »einen Grüabigen«. Ein bißerl grantelnd aber eigentlich, trotz allem, mit sich und der Welt zufrieden.

1964

29. 1.–9. 2. Bei den IX. Olympischen Winterspielen in Innsbruck gewinnt der Münchner Architekturstudent Manfred Schnelldorfer die Goldmedaille im Eiskunstlauf der Herren (→ Januar/Oktober 1964).

15. 4. Die erste Boeing 727 der Deutschen Lufthansa wird »Augsburg« getauft.

9. 5. Nach Abschluß der ersten Fußball-Bundesliga-Saison belegt der TSV 1860 München den siebten, der 1. FC Nürnberg den neunten Platz (→ 24. 8. 1963).

22. 5. Mit Sitz in Neuherberg (Gemeinde Oberschleißheim) wird die Gesellschaft für Strahlenforschung gegründet. →

24. 6. Der bayerische Ministerpräsident Alfons Goppel (CSU) nimmt eine Kabinettsumbildung vor. Nachfolger des zurückgetretenen Finanzministers Rudolf Eberhard wird Konrad Pöhner; Nachfolger des Arbeitsministers Paul Strenkert wird Hans Schütz (alle CSU).

10. 7. Der bayerische Kultusminister Theodor Maunz (CSU) gibt seinen Rücktritt bekannt. Maunz war wegen einiger seiner Veröffentlichungen in der NS-Zeit scharf angegriffen worden. Nachfolger wird am 7. Oktober der CSU-Fraktionsvorsitzende Ludwig Huber.

10.–24. 10. Zu den XVIII. Olympischen Sommerspielen in Tokio fährt zum letzten Mal eine gesamtdeutsche Mannschaft (→ Januar/Oktober 1964).

11. 10. In München und Berlin (West) wird gleichzeitig Heinar Kipphardts Schauspiel »In der Sache J. Robert Oppenheimer« uraufgeführt. →

10. 12. Der Münchner Biochemiker Feodor Lynen erhält (gemeinsam mit dem US-Amerikaner Konrad E. Bloch) den Nobelpreis für Medizin. →

1964. Vom Bayerischen Rundfunk, dem Freistaat Bayern und der Landeshauptstadt München wird die Stiftung Prix Jeunesse International errichtet. Sie veranstaltet Fernsehwettbewerbe, um gute Kinder- und Jugendprogramme zu fördern.

1964. In den Großstädten tauchen die ersten Miniröcke auf. →

GESTORBEN:

12. 4. Bei St. Moritz: Barbara-Maria Henneberger (*4. 10. 1940, München), Skirennläuferin. →

27. 4. München: Georg Britting (* 17. 2. 1891, Regensburg), Schriftsteller.

6. 11. Stockholm: Hans von Euler-Chelpin (* 15. 2. 1873, Augsburg), Chemiker, Nobelpreis für Chemie 1929.

Die ersten Miniröcke erregen Aufsehen

1964. *In den Großstädten tauchen die ersten Miniröcke auf (Abb.). Besonders junge Frauen tragen die von der britischen Modeschöpferin Mary Quant entworfene Modeneuheit. Röcke und Kleider können nicht kurz genug sein, und ungeniert zeigt die moderne Frau »Bein«. Obwohl die Minimode nicht nur Wohlgefallen auslöst, sondern z.T. als öffentliches Ärgernis empfunden wird, setzt sie sich durch.*

Dokumentarisches Theater

11. Oktober 1964. In den Münchner Kammerspielen und in der Freien Volksbühne Berlin wird gleichzeitig das Dokumentarstück »In der Sache J. Robert Oppenheimer« des 42jährigen Dramatikers Heinar Kipphardt uraufgeführt, der seit gut drei Jahren in München lebt.

Die szenische Reportage, die das meistgespielte Stück der Theatersaison 1964/65 wird, schildert – in fast wörtlicher Anlehnung an die Originalprotokolle – das Untersuchungsverfahren, das 1954 von der US-Atomenergie-Kommission gegen Oppenheimer geführt wurde. Dem »Vater der Atombombe« wurde vorgeworfen den Bau der Wasserstoffbombe verzögert zu haben.

Im Mittelpunkt von Kipphardts Stück, das in einem einzigen Raum spielt, stehen die politische Verantwortung des Wissenschaftlers und Grundsatzfragen der Demokratie. Im zweieinhalbstündigen Bühnenverhör (Regie in München: Paul Verhoeven) werden Grundkonflikte zwischen Individuum und Gesellschaft, Wissenschaft und Staat, Ethik und Moral vorgeführt.

Nobelpreis für Feodor Lynen

10. Dezember 1964. In Stockholm wird dem Münchner Biochemiker Feodor Felix Konrad Lynen der Nobelpreis für Medizin überreicht. Der Direktor des Max-Planck-Instituts für Zellchemie (seit 1954) teilt sich die Auszeichnung mit dem Harvard-Professor Konrad Bloch. Beide werden »für ihre Entdeckungen über den Mechanismus und die Regulation des Stoffwechsels von Cholesterin und Fettsäuren« geehrt. Ihre Forschungen schaffen Voraussetzungen für die medikamentöse Behandlung der weitverbreiteten Herz-

Kreislauferkrankungen sowie der Arteriosklerose.

Der am 6. April 1911 in München geborene Feodor Lynen studierte seit 1930 an der Ludwig-Maximilians-Universität und wurde dort 1953 ordentlicher Professor für Biochemie. Mit der Isolierung der sog. aktivierten Essigsäure gelang ihm 1951 ein wissenschaftlicher Durchbruch. Aus Verbundenheit mit seiner Heimatstadt lehnte er 1953 den ihm angetragenen Lehrstuhl an der renommierten Harvard Universität in Cambridge (USA) ab.

Neues Institut für Strahlenforschung

22. Mai 1964. Mit Sitz in Neuherberg in der Gemeinde Oberschleißheim bei München wird die Gesellschaft für Strahlenforschung (GSF) gegründet. Die zentralen Aufgaben der GSF bestehen in der Erforschung der biologischen Wirkungen ionisierender Strahlung und in der Entwicklung von Techniken für die Endlagerung radioaktiver Abfälle. Die GSF geht aus der »Versuchs- und Ausbildungsstätte für Strahlenschutz« hervor, die bereits im Frühjahr 1960 in Neuherberg als Zweigstelle der Gesellschaft für Kernforschung, Karlsruhe, gegründet wurde. Die Ausweitung dieses Forschungsgebietes steht im Zusammenhang mit der zunehmenden Anwendung von künstlichen Strahlenquellen in Technik, Medizin und Forschung; wissenschaftliche Untersuchungen über Strahlenrisiko und eine Verbesserung des Strahlenschutzes werden immer notwendiger.

Blasius der Spaziergänger/Sigi Sommer

Bei seiner Geburt in einer Kolumne der Münchner »Abendzeitung« am 2. 12. 1949 bekam er den im alten bäurischen Bayern beliebten Namen Blasius. Und mit diesem altmodisch-gemütlichen Namen sowie einer Sprache voller Charme und Witz wandert er nun bereits fünfzehn Jahre lang als Spaziergän-

Kolumnist Siegfried Sommer, der Münchner »Blasius«

Olympia: Bayerische Siege nur im Winter

Januar/Oktober 1964. An den Olympiaden des Jahres 1964 nehmen die Bundesrepublik und die DDR zum letzten Mal mit gesamtdeutschen Mannschaften teil. Bei den IX. Olympischen Winterspielen

Manfred Schnelldorfer, Olympiasieger im Eiskunstlauf der Herren 1964

im österreichischen Innsbruck (29.1. bis 9.2) kann das Team seine Erfolge von 1960 nicht wiederholen; bei den XVIII. Sommerspielen (10.–24. 10., Tokio) fällt der Medaillensegen jedoch deutlich höher aus als in Rom (→ Februar/August 1960) aus. Die Teilnehmer aus Bayern zeigen ihre sportlichen Stärken vor allem in winterlichen Disziplinen.

Den ersten Platz im Eiskunstlaufen der Herren belegt der 20jährige Münchner Architekturstudent Manfred Schnelldorfer vor dem Franzosen Alain Calmat, dem der bislang einzige deutsche Olympiasieger in dieser Disziplin sich vorher stets geschlagen geben mußte. Marika Kilius und dem Garmisch-Partenkirchener Hans-Jürgen Bäumler bleibt zwar die erhoffte Goldmedaille versagt, sie belegen jedoch mit denkbar knappem Rückstand auf Ludmilla Belousowa und Oleg Protopopow (UdSSR) den zweiten Platz. Bronzemedaillen erringen der

Ramsauer Wolfgang Bartels (Ski-Abfahrt) und Hans Plenk aus Berchtesgaden (Rodeln Einsitzer). Damit entfallen von den neun deutschen Medaillen insgesamt vier auf bayerische Sportler.

Bei den Disziplinen der Sommerspiele können Olympiateilnehmer aus dem Freistaat solche Erfolge jedoch nicht aufweisen. Lediglich vier der fünfzig deutschen Medaillen gehen nach Bayern. Der Schwimmer Gerhard Hetz aus Hof gewinnt mit der 4 x 200 m-Freistilstaffel Silber und belegt über 400 m Lagen den dritten Platz bei den ersten Olympischen Spielen in Asien. Der 30jährige Schwergewichts-Boxer Hans Huber aus Regensburg erkämpft Silber; mit der Damenmannschaft im Florettfechten wird die 25jährige Heidi Schmid aus Augsburg Dritte. Die Deutschen erringen 10mal Gold, 21mal Silber und 19mal Bronze. 31 Medaillen gehen an Teilnehmer aus der Bundesrepublik.

B. Henneberger tot

12. April 1964. *Im Alter von nur 23 Jahren stirbt die beliebte Münchner Skirennläuferin Barbi Henneberger (Abb.). Bei Dreharbeiten zu einem Film im Engadin wird die Olympia-Dritte von Squaw Valley 1960 von einer Lawine erfaßt.*

---

ger durch seine Münchner Stadt. Damit der Leser wisse, mit wem er es zu tun hat, zeichnete der Architekt Ernst Hürlimann, Vater einer Galerie von Münchner Strich-Männlein und Strich-Weiblein, diesen berühmtesten deutschen Spaziergänger seit Seume (der bekanntlich in seinem 18. Jahrhundert nach Syrakus latschte).

Blasius ist eher klein, eher untersetzt; seine besonderen Kennzeichen sind die Blume im Knopfloch, das Chaplin-Stöckchen und ein Bowler-Hut. Der nach vorne gebeugte Gang und der finstere Blick verraten, daß hier ein Vorstadt-Sherlock Holmes unterwegs ist, dem nichts entgeht. In seinen kurzen »Gschichtln« protokolliert er dann allwöchentlich die Ergebnisse seiner Ermittlungen.

Er beschreibt das Leben einer kleinen Weltstadt, die ihre bäuerliche Herkunft nie ganz los wird, auch wenn sie überall buntfarbige Neonlichter installiert und in den Schaufenstern der Theatiner- und Maximilianstraße römische und Pariser Vorbilder kopiert.

Blasius kehrt bei den kleinen Leuten zu einem kleinen Ratsch ein, und er beobachtet auch die in feinste Halbseide gekleideten »beautiful people«, die auf den Barhockern sich

und ihre Langeweile zelebrieren. Am liebsten ist Blasius freilich bei den Menschen, denen die Arbeit das Leben gestohlen hat und die, wenn sie ihr Vermögen zählen, nie über 99 Pfennige hinauskommen. Ein Blasius-Report aus diesem Münchner Milieu beginnt so:

»Die verhärmten Fassaden der alten Häuser versuchen ein winziges Lächeln, so daß aus den Mauerfalten leise der graue Mörtelsand rieselt: Es ist Zahltag in der Vorstadtstraße. Da ist eine Zeitlang alles anders. Von der Trambahnseite her kommen die Arbeiter, der Akkordlohn, die Entfernungszulage, aber auch der liederliche Bruder Vorschuß. Und die Zeit, die in billigen Hausschuhen an der Ecke wartet, wird unruhig. ›Ene-bene-subtrahene, dive-dave-domino‹, so sagt das Mädchen an der Hofmauer und sticht mit kleinem Finger in die Herzgegend ihrer Gespielinnen. Da schreit der Fonsl: ›Da Babba kommt!‹ Er schnalzt mit scherbensicheren Barfußsohlen das Trottoir entlang, von seinen drei Schwesterlein hart verfolgt. Mit wuchtigem Ofenrohrgang naht der Baggerführer Pfund. Die Ausgucksposten in den Mietshausfenstern melden es zurück. Einhundertsechzig Mark soll der da verdienen. Und sein Blick

Blasius, der Münchner Spaziergänger, unterwegs durch die Stadt

antwortet: ›Ja, ja, hät's aa was g'lernt‹ Einige Minuten später baumeln rotglühende Kirschengehänge an den durchsichtigen, aber keineswegs zu geringen Ohren der Pfundkinder. Und der Fonsl hat den Schokolad, den der Pappa in der warmen Tasche trug, rasch bis in die Augenbrauen verteilt …«

In dieser Welt ist der Blasius daheim, in der Vorstadt mit den alten Mietshäusern, von denen der Putz

bröckelt, und den grauen Hinterhöfen; irgendwo in Giesing oder in der Au, in einem Revier also, das man vor dem Krieg ein »Glasscherbenviertel« genannt hat.

Er kommt aus einer Zeit, die schon lange vergangen ist, und seine Spielkameraden, so könnte man sich vorstellen, waren die liebenswerten Vorstadtstrizzi wie der Fensterputzer Kari oder das Freundespaar des alten Münchner Witzes, der Kari und der Lucki.

In der Nachbarschaft dieses Blasius ist sicher der Karl Valentin daheim – daß sie in der Art zu denken und mit der Sprache umzugehen verwandt sind, wird ihnen sicher irgendwann einmal in einer Doktorarbeit nachgewiesen werden.

In der Münchner Wirklichkeit ist Blasius 1914, drei Wochen nach Ausbruch des Krieges, als Siegfried Sommer geboren worden. Unter seinem bürgerlichen Namen veröffentlichte Sigi Sommer 1953 den Roman »… und keiner weint mir nach«, in dem er das kurze, armselige Leben und das traurige Ende der beiden Vorstadtkinder Leonhard Knie und Marilli Kosemund erzählte. Bert Brecht hat es dem Autor schriftlich gegeben, daß dies einer der besten Romane der Nachkriegszeit sei. Und recht hat er, der Brecht.

1965

München umjubelt Großbritanniens Königin Elisabeth II.

21. Mai 1965. *Die britische Königin Elisabeth II. und ihr Gemahl, Prinz Philip, verbringen den vierten Tag ihres Staatsbesuchs in der Bundesrepublik Deutschland in München.*

Um 10 Uhr trifft die Monarchin mit einem Sonderzug auf dem Hauptbahnhof ein, wo sie von Ministerpräsident Alfons Goppel begrüßt wird. Bei der anschließenden Fahrt im offenen Mercedes zur Staatskanzlei bereiten die Münchner dem Königspaar zu Zehntausenden *einen begeisterten Empfang. Nach der Eintragung ins Goldene Buch im Rathaus und einem Besuch der Alten Pinakothek sieht das Protokoll ein Frühstück im Alten Herkulessaal der Residenz vor.*

Am Nachmittag besucht die Queen das Cuvilliéstheater, die Porzellanmanufaktur in Nymphenburg und das dortige Schloß (Abb.). Den Höhepunkt des Besuchs bildet am Abend die glanzvolle Aufführung des »Rosenkavaliers« im Münchner Nationaltheater.

Erhard wieder Bundeskanzler

20. Oktober 1965. Ludwig Erhard aus Fürth wird vom Deutschen Bundestag erneut zum Bundeskanzler gewählt (→ 16. 10. 1963).

Unter seiner Führung hatte die CDU/CSU bei der Wahl zum 5. Deutschen Bundestag am 19. September einen deutlichen Wahlsieg errungen. Sie konnte 47,6% der abgegebenen Stimmen auf sich vereinen und verbesserte damit ihr Wahlergebnis um 2,3% gegenüber der letzten Bundestagswahl 1961 unter Konrad Adenauer. Die SPD erhielt 39,3% und die FDP 9,5% der abgegebenen Stimmen.

Das Wahlergebnis schaffte die Voraussetzung für eine Koalitionsregierung von CDU/CSU und FDP. Die Koalitionsverhandlungen werden erfolgreich abgeschlossen, nachdem die CDU auf zwei zentrale Forderungen der FDP eingeht. Die Freien Demokraten beanspruchen das Gesamtdeutsche Ministerium und stellen die Bedingung, daß Franz Josef Strauß kein Ministeramt erhält.

Am 26. Oktober ist die Regierungsbildung abgeschlossen, und das neue Bundeskabinett unter Ludwig Erhard wird von Bundestagspräsident Eugen Gerstenmaier vereidigt.

Bundeskanzler L. Erhard (vorne, 2. v. r.) stellt sein neues Kabinett vor

Der »Kna« ist tot

25. Oktober 1965. *In München, wo er von 1922 bis zu seiner Abberufung 1935 durch die Nazis Generalmusikdirektor der Staatsoper war, stirbt 77-jährig Hans Knappertsbusch. Sein besonderes Interesse galt der Pflege von Wagners Musik.*

1966

4. 2. An einem Bahnübergang auf der Bundesstraße 32 im Kreis Lindau am Bodensee wird ein Omnibus von einem Güterzug erfaßt und 200 Meter weit mitgeschleift. Sechs Kinder werden getötet, 25 Personen verletzt.

23. 3. Der aus Fürth stammende Bundeskanzler Ludwig Erhard wird als Nachfolger von Konrad Adenauer zum Vorsitzenden der CDU gewählt. Er hat dieses Amt bis 1967 inne (→30. 11. 1966).

28. 5. Nach Beendigung der dritten Bundesliga-Saison ist der TSV 1860 München Deutscher Fußballmeister. Bayern München belegt den dritten, der 1. FC Nürnberg den sechsten Platz.

2. 9. Der bayerische Kultusminister Ludwig Huber und der päpstliche Nuntius Corrado Bafile unterzeichnen in München die Verträge über die Ausbildung an der Katholischen Hochschule Freising sowie die Errichtung einer Katholisch-theologischen Fakultät an der Universität Regensburg.

16. 9. Der Freistaat Bayern und der Bund unterzeichnen in Duisburg den Vertrag über den Bau des Schlußabschnitts der Rhein-Main-Donau-Schiffahrtsstraße zwischen Nürnberg und Vilshofen.

20. 11. Bei den Wahlen zum bayerischen Landtag erhält die NPD 7,4% der Stimmen, die FDP ist im neuen Landtag nicht mehr vertreten.→

30. 11. Bundeskanzler Ludwig Erhard reicht sein Rücktrittsgesuch ein.→

1. 12. Kurt Georg Kiesinger, seit 1958 Ministerpräsident von Baden-Württemberg, wird zum Bundeskanzler einer Koalition aus CDU/CSU und SPD gewählt. Zum Kabinett gehören die aus Nürnberg stammende SPD-Politikerin Käte Strobel (Gesundheit) und folgende CSU-Minister: Franz Josef Strauß (Finanzen), Hermann Höcherl (Landwirtschaft/Forsten), Werner Dollinger (Post/Fernmeldewesen).

5. 12. Alfons Goppel (CSU) wird zum zweiten Mal zum bayerischen Ministerpräsidenten gewählt. Er bildet eine CSU-Alleinregierung.

1966. Das Kernkraftwerk in Gundremmingen bei Günzburg an der Donau geht ans Netz.

GESTORBEN:

30. 3. Starnberg: Erwin Piscator (* 17.12.1893 Ulm bei Wetzlar), Regisseur.

17. 10. München: Wieland Wagner (* 5. 1. 1917, Bayreuth), Theater-Regisseur und Bühnenbildner.→

Wahlerfolge für CSU und NPD

20. November 1966. Mit 7,4% der abgegebenen Stimmen und damit 15 Abgeordneten zieht die NPD erstmals in den bayerischen Landtag ein. Die am 28. November 1964 gegründete rechtsextreme Partei ist damit nach Hessen (6. November 1966) zum zweiten Mal in einem Landesparlament vertreten. Dies hat jedoch keine Auswirkung auf die Regierungsbildung, da die CSU ihre absolute Mehrheit der Sitze verteidigen kann. Die FDP scheitert ebenso wie die Bayernpartei an der 10%-Hürde. Nach bayerischem Wahlrecht erhält eine Partei nur dann Landtagssitze, wenn sie in mindestens einem der sieben Wahlkreise, die identisch mit den Regierungsbezirken sind, wenigstens 10% der Stimmen auf sich vereinigen kann. Die NPD erzielt in Mittelfranken 12,2%, während die FDP diesmal in ihrer Hochburg nur 9% erreicht. Insgesamt ist die NPD dort am stärksten, wo der Anteil von Flüchtlingen und Vertriebenen besonders hoch ist. Deren traditionelle Partei, der Gesamtdeutsche Block, sinkt dagegen zur Bedeutungslosigkeit herab. Beobachter führen den Aufstieg der NPD auf die bundesweite Wirtschaftskrise zurück, die Bayern besonders hart trifft.

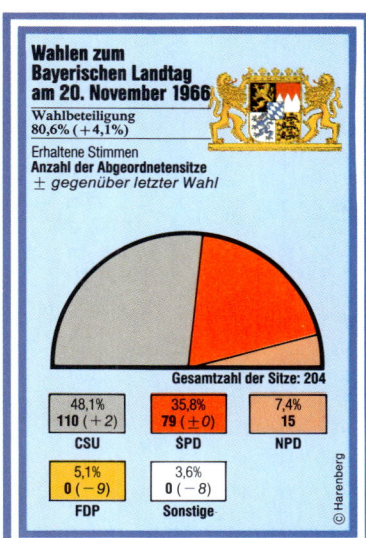

Wahlen zum Bayerischen Landtag am 20. November 1966
Wahlbeteiligung 80,6% (+4,1%)
Erhaltene Stimmen
Anzahl der Abgeordnetensitze
± gegenüber letzter Wahl
Gesamtzahl der Sitze: 204

	CSU	SPD	NPD
%	48,1%	35,8%	7,4%
Sitze	110 (+2)	79 (±0)	15

	FDP	Sonstige
%	5,1%	3,6%
Sitze	0 (−9)	0 (−8)

© Harenberg

Am 5. Dezember bestätigt der Landtag Ministerpräsident Alfons Goppel (CSU) im Amt. Der 61jährige Politiker war nach dem Tod von Hanns Seidel am 6. August 1961 und dem Verzicht von Hans Ehard aus Altersgründen, der von 1960 bis 1962 ein Übergangskabinett geführt hatte, am 19. Dezember 1962 zum Regierungschef gewählt worden. Er führt seine Politik der Eigenständigkeit Bayerns innerhalb des Bundes fort.

Krise nach Erhards Rücktritt beendet

30. November 1966. Bundeskanzler Ludwig Erhard reicht sein Rücktrittsgesuch ein und macht damit den Weg frei für die sog. »Große Koalition« (1966–1969), die von CDU/CSU und SPD gebildet wird. Die Entscheidung Erhards fällt, nachdem am 27. Oktober die Bonner Regierungskoalition aus CDU/CSU und FDP zerbrochen war und neue Koalitionsverhandlungen zu keinem Ergebnis führten. Die Regierungskrise, die im Rücktritt der vier FDP-Bundesminister

Ludwig Erhard

gipfelte, war vor allem durch die schlechte Finanzlage des Bundes ausgelöst worden. Die von CDU/CSU geplanten Steuererhöhungen zum Ausgleich des Haushaltsdefizits wurden von der FDP strikt abgelehnt. Bereits einen Tag nach dem Rücktritt Erhards wird Kurt Georg Kiesinger (CDU) zum Bundeskanzler gewählt, und die »Große Koalition« nimmt ihre Amtsgeschäfte auf.

Ein Revolutionär der Wagner-Inszenierung

17. Oktober 1966. Im Alter von nur 49 Jahren stirbt in München der Regisseur und Bühnenbildner Wieland Wagner, ein Enkel des Komponisten Richard Wagner. Zusammen mit seinem Bruder Wolfgang leitete Wieland Wagner seit 1951 die Bayreuther Festspiele.

Winifred Wagner, die Mutter der beiden Brüder, mußte wegen ihrer persönlichen Beziehungen zu Adolf Hitler auf Druck der US-Besatzungsmacht die Leitung abgeben, die sie bis 1944 innehatte. Während Wolfgang die Organisation übernahm, war Wieland für

die künstlerische Leitung zuständig. Er setzte den Akzent auf eine »Entrümpelung« der Inszenierung und schuf durch die Betonung des Symbolhaften einen neuen, abstrakten Inszenierungsstil für die Werke Wagners. Eine neue, große Bayreuther Epoche begann.

Wieland Wagner (r.) bei Proben zur Oper »Lohengrin«

Sarg und Totenmaske des Regisseurs Wieland Wagner

Erika Remberg (l.) in ihrer ersten Filmrolle

Mannequin und Schauspielerin Kay Fischer

Curd Jürgens und Eva Bartok in München

Maria Schell in Riem mit einer Auszeichnung für ihre Schauspielkunst

Maria Schell und Horst Buchholz auf einer der vielen Münchner Festivitäten

Romy Schneider und O. W. Fischer auf dem Prominentenball »bal paré«

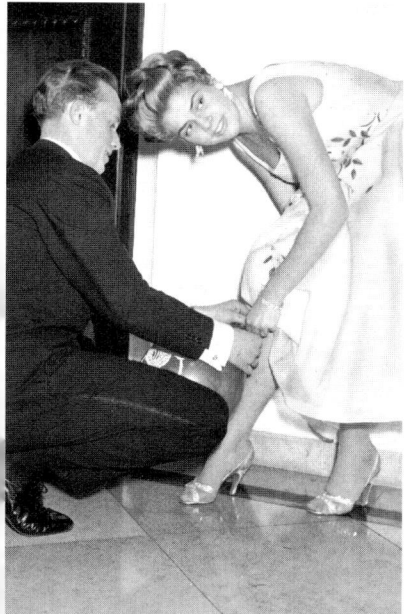

Angie Münnemann, Partiestar

Vorfahrt der US-Schauspielerin Kim Novak zu einem für sie veranstalteten Empfang auf Schloß Schleißheim

»Diamantenwally« Isabel Styler (l.) mit ihrem Mann Konsul Herbert Styler

Kolumnist H. Obermeier, genannt Hunter (r.), mit US-Star Jayne Mansfield

Chronist der Welt in Seide und Halbseide

Die Republik hat keine weltstädtische Metropole. Zum Regieren gibt es Bonn mit seinem Bahnhof, das Geld sammelt sich in Frankfurt, den neuen und neureichen Glanz aber zeigt man in München, das zumindest in der Theatiner- und Maximilianstraße Weltstadt spielen will.

Die ehemals königlich-bayerische Haupt- und Residenzstadt, von dem Kunsthistoriker Lichtwark einst als »bäurische Residenz« tituliert, hat sich in den Nachkriegsjahren etliche schmückende Titel zugelegt – »Weltstadt mit Herz«, »Europas Geliebte«, »die heimliche Hauptstadt« und »Millionendorf«. Die Stadt an der Isar möchte der zweiten Republik gerne werden, was Berlin der ersten gewesen ist.

Nur im Nachtleben wird dieser Anspruch eingelöst, und die Filmstadt Geiselgasteig wetteifert erfolgreich mit dem Neubabelsberg der UFA. Ihr kleines weltstädtisches Flair verdankt die Stadt vor allem einer kleinen, nimmermüden Schar von Playboys, ein paar Partylöwen, etlichen Filmsternchen, ein paar Stars und durchreisenden amerikanischen, italienischen oder auch französischen »Weltstars«.

Chronist dieser Welt in Seide und Halbseide ist seit etwa anderthalb Jahrzehnten der AZ-»Hunter«, ein – wie sein Kollege Sigi Sommer schreibt – »im Zugwind fremder Schlafzimmertüren ergrauter« Klatschkolumnist. Der Ruhm und die Beziehungen dieses Hunter – der 1923 als Hannes Obermaier in Mühldorf/Inn geboren wurde – reichen hinüber bis ins US-amerikanische Hollywood und nach Acapulco.

Playboy James Graser (M.) beim »Rückpolterabend« nach seiner Scheidung

1967

Mittlere Reife beim Bayerischen Rundfunk

2. Januar 1967. Der Bayerische Rundfunk bietet Fernsehzuschauern die Mittlere Reife: Er sendet erstmals eine Sendung des »Telekollegs«. An fünf Wochentagen, jeweils eine halbe Stunde lang, werden die Fächer Deutsch, Englisch, Geschichte, Physik und Mathematik gelehrt. Nach drei Jahren können die Kursteilnehmer – 6500 haben sich angemeldet – Prüfungen ablegen und so die Qualifikation zum Besuch einer Fachhochschule erwerben. Das Kultusministerium unterstützt das Projekt mit 5 Millionen DM. Das Bild zeigt Fernsehdirektor H. Oeller (3. v. l.) und Kultusminister L. Huber (4. v. l.) beim Telekolleg-Abschluß 1969.

Vierte Universität in Bayern eröffnet

11. November 1967. Die Universität Regensburg nimmt zum Wintersemester 1967/68 in den Fakultäten Jura, Wirtschaftswissenschaften, Philosophie und Theologie den Vorlesungsbetrieb auf.

Die ersten Pläne für eine Universitätsgründung in Regensburg gehen bis ins 15. Jahrhundert zurück. Das Vorhaben scheiterte jedoch immer wieder, und erst nach dem Zweiten Weltkrieg konnte das Projekt in Angriff genommen werden.

Am 18. Juli 1962 stimmte der bayerische Landtag angesichts steigender Studentenzahlen einer Hochschulgründung zu. Die neue Universität soll vor allem die übrigen Landesuniversitäten München, Erlangen-Nürnberg und Würzburg entlasten und den Ausbildungsbedarf im Umkreis der Stadt decken. Am 20. November 1964 erfolgte die Grundsteinlegung für das Universitätsgebäude. Mit seiner Fertigstellung kann der Studienbetrieb beginnen.

Münchens Verkehr rollt computergesteuert

13. April 1967. In München nimmt Bürgermeister Georg Brauchle die modernste Verkehrsleitzentrale der Bundesrepublik in Betrieb, an die 450 Ampeln in der Münchner Innenstadt angeschlossen sind.

Mit Kosten von 2,7 Millionen DM wurde die Anlage in nur zwei Jahren installiert. Durch die Verwendung eines Baukastensystems kann sie einer weiteren Zunahme des Straßenverkehrs ohne große Schwierigkeiten angepaßt werden.

Wichtigstes Element der Verkehrssteuerung ist ein Computer, der die Ampeln je nach Verkehrsaufkommen schaltet, indem er aus einer Serie von Signalschaltplänen den geeignetsten auswählt. Darüber hinaus werden auch innerhalb einzelner Straßenzüge die Grünzeiten der Ampeln dem Bedarf angepaßt. Der Computer erhält seine Informationen durch Detektoren, die direkt an den Kreuzungen angebracht sind. Aufgrund der Daten errechnet er das optimale Schaltprogramm.

Hochmoderne elektronische Verkehrsleit- und Kontrollzentrale im Münchner Polizeipräsidium an der Ettstraße

»Provinzschriftsteller« aus Überzeugung

Müller mit dem Pokal beim Empfang vor dem Münchner Rathaus

FC Bayern gewinnt den Europa-Pokal

31. Mai 1967. Erst in der Verlängerung, in der 119. Minute fällt das entscheidende Tor für Bayern München: Rainer Ohlhauser sieht Franz Roth im Strafraum der Glasgow Rangers, schießt einen hohen Steilpaß, den Roth im Fallen noch erwischt und an dem unvorsichtig weit vor seinem Tor stehenden Torwart vorbei ins Netz kickt.

Mit diesem 1:0 gewinnt Bayern vor 70 000 Zuschauern im Nürnberger Stadion den Europacup der Pokalsieger. In der 1. Halbzeit war dieses Ergebnis nicht vorhersehbar, denn nur Torwart Sepp Maier war es zu danken, daß die starken Schotten nicht in Führung gingen.

Fernsehen fahndet nach Verbrechern

20. Oktober 1967. Aus dem Studio München strahlt das Zweite Deutsche Fernsehen die erste Folge seiner neuen Serie »Aktenzeichen XY ungelöst …« aus. Der 1929 in der bayerischen Landeshauptstadt geborene Fernsehjournalist Eduard Zimmermann, bekannt aus »Vorsicht Falle! Nepper, Schlepper, Bauernfänger«, präsentiert dem Publikum ungelöste Kriminalfälle und bittet die Zuschauer um Mithilfe.

Die Fahndung nach Verbrechern mit Hilfe des Fernsehens stößt trotz ihres großen Erfolgs bei den Zuschauern wie auch bei der Aufklärung von Straftaten auf massive Kritik. Gegner befürchten eine Welle von Denunziationen.

28. Juni 1967. Im New Yorker Mount Sinai Hospital stirbt der bekannte bayerische Schriftsteller Oskar Maria Graf.

Graf, am 22. Juli 1894 in Berg am Starnberger See als neuntes Kind eines Bäckers geboren, lernt selbst das Bäckerhandwerk, flieht jedoch 1911 aus dem Elternhaus nach München, wo er sich dem anarchistischen »Tat«-Kreis anschließt. Nach seiner Einberufung zum Militär Ende 1914 landet er wegen Befehlsverweigerung im Irrenhaus. Auch seine Teilnahme an der Münchner Räterepublik 1919 bringt ihm Gefängnis ein.

In den 20er Jahren wird Graf, der als Dramaturg einer Arbeiterbühne tätig ist, Mittelpunkt der Münchner Bohème. Aber auch als Schriftsteller ist er bereits erfolgreich. In seinem Roman »Wir sind Gefangene« (1927) liefert er eine kritische Darstellung seiner Erfah-

Oskar Maria Graf (Darstellung von Michael Mathias Prechtl)

rungen als Bäckergeselle, Vagabund und Revolutionär in München. Mit zahlreichen sozialkriti-

schen, zum Teil satirischen (»Bolwieser«, 1931) oder humoristischen (»Bayerisches Dekameron«, 1927) Dorf- und Stadtgeschichten erweist er sich als scharfsinniger Beobachter des kleinbürgerlichen Milieus. Gegen die Bezeichnung »Heimatdichter« hat er sich jedoch immer gewehrt. Er kann nur ironisch an diese Tradition anknüpfen und möchte lieber »Provinzschriftsteller« sein.

1933 emigriert Graf nach Wien. Als ihn die Nazis ausbürgern, flieht er über die Tschechoslowakei und die UdSSR in die USA, wo er seit 1938 lebt. Erst 1958 wird er von den US-Behörden eingebürgert. Während er in der NS-Zeit hauptsächlich gegen den Faschismus anschreibt (»Der Abgrund«, 1935; »Anton Sittinger«, 1937), entstehen während des Krieges »Unruhe um einen Friedfertigen« und »Das Leben meiner Mutter«.

Annette Kolb – München prägte ihr Werk

3. Dezember 1967. Im Alter von 97 Jahren stirbt in München die Schriftstellerin Annette (eigtl. Anne Mathilde) Kolb. Die deutschfranzösische Erzählerin wurde vor allem durch geistreiche Essays und ihre häufig autobiographisch geprägten Romane bekannt. Ihre wichtigsten Erzählungen spielen in München und geben Einblicke in das gesellschaftliche Leben in der von Untergangsstimmung gekennzeichneten Zeit vor dem Ersten Weltkrieg.

Annette Kolb wurde am 3. Februar 1870 – sie selbst gab stets 1875 als Geburtsjahr an – in München als Tochter einer Pariser Pianistin und eines Münchner Gartenbauarchitekten geboren. Diese Herkunft prägte ihr Leben und Werk, in dem sie beharrlich für eine Aussöhnung zwischen Deutschland und Frankreich eintrat (»Briefe einer Deutsch-Französin« [1916]; »Versuch über Briand« [1929]).

Ihre Kindheit und Jugend verbrachte Annette Kolb in München. Dort veröffentlichte sie ihre ersten Aufsätze und Romane, die sogleich große Anerkennung fanden und

ihr ein großes Lob von Rainer Maria Rilke eintrugen. 1913 erhielt sie den Fontane-Preis für ihren ersten Roman »Das Exemplar«.

Den Ersten Weltkrieg verbrachte Annette Kolb in der Schweiz, kehrte dann nach München zurück und lebte ab 1920 in Baden-

Annette Kolb, Fürsprecherin für deutsch-französische Aussöhnung

weiler. Sie gehörte in den 20er Jahren zu den führenden Persönlichkeiten des Münchner Literaturlebens – in dieser Rolle wurde sie von Thomas Mann im München-Kapitel des »Doktor Faustus« porträtiert. In diese Zeit fällt auch ihr Roman »Daphne Herbst« (1928), der ein Frauenschicksal umrahmt von einer traurig-schönen Liebesgeschichte erzählt und dabei die münchnerische Zeit vor dem Ersten Weltkrieg wieder aufleben läßt. Die Autorin schildert in dem melancholisch gestimmten Roman die für immer vergangene Welt des bayerischen Landadels in der bäuerischen Residenzstadt, in der sie ihre Jugend verbrachte. Auch ihr Roman »Die Schaukel« (1934), ein Schlüsselroman über die 90er Jahre des vergangenen Jahrhunderts, hat wieder München zum Schauplatz.

Mit Beginn des Nationalsozialismus emigrierte Annette Kolb 1933 nach Paris und später nach New York. Erst 1945 kehrte sie wieder nach Europa zurück, lebte erst in Paris, später dann abwechselnd in München und Badenweiler.

1968

4. 1. Der Film »Zur Sache, Schätzchen« läuft an. Er fängt die Atmosphäre des Münchner Künstlerviertels Schwabing ein.→

21. 1. Die deutschen Eis-schnellauf-Meisterschaften in Inzell gewinnt der Schweinfurter Günter Traub mit neuem Weltrekord.→

6.–18. 2. Die X. Olympischen Winterspiele finden in Grenoble statt. Franz Keller aus Nesselwang holt die Goldmedaille in der Nordischen Kombination, der Münchner Medizinstudent Erhard Keller belegt den ersten Platz im Eisschnellauf über 500 Meter.→

27. 3. Die Westdeutsche Rektorenkonferenz beschließt die Einführung des Numerus clausus, der anzahlmäßig beschränkten Zulassung von Bewerbern zum Studium an Hochschulen.

15. 4. Bei Protestaktionen und teilweise blutigen Auseinandersetzungen mit der Polizei nach dem Berliner Attentat auf das Vorstandsmitglied des Sozialistischen Deutschen Studentenbundes Rudi Dutschke finden in München zwei Demonstranten den Tod.→

25. 5. Nach Beendigung der fünften Bundesliga-Saison ist der 1. FC Nürnberg Deutscher Fußballmeister. Bayern München belegt den fünften, der TSV 1860 München den zwölften Platz der Tabelle.

30. 5. Der Deutsche Bundestag in Bonn verabschiedet eine Änderung des Grundgesetzes, durch die der Notstand verfassungsrechtlich geregelt wird.

7. 7. Beim ersten Volksentscheid zur Änderung der bayerischen Verfassung billigen die Wahlberechtigten die Errichtung von konfessionellen Gemeinschaftsschulen.

9. 8. Beim Absturz eines britischen Verkehrsflugzeugs auf die Böschung der Autobahn München-Nürnberg finden alle 48 Insassen den Tod.→

12. 10. Die XIX. Olympischen Sommerspiele in Mexiko werden eröffnet.→

24. 10. Galt MacDermots Musical »Hair« hat in München seine deutsche Premiere.→

1968. In München wird das »anti-theater« unter maßgeblicher Beteiligung von Rainer Werner Fassbinder gegründet.

GESTORBEN:

1. 10. München: Romano Guardini (* 17. 2. 1885, Verona), deutscher katholischer Theologe und Religionsphilosoph italienischer Herkunft.

Absturzstelle der britischen Verkehrsmaschine auf der Autobahn München-Nürnberg bei Langenbruck; alle 48 Insassen kommen ums Leben

Flugzeugunglück an Autobahn

9. August 1968. Beim Absturz eines britischen Verkehrsflugzeuges an der Autobahn München-Nürnberg kommen alle 48 Insassen ums Leben. Der Pilot der viermotorigen »Vikkers Viscount« der Gesellschaft British Eagle hatte eine Notlandung auf der Autobahn versucht. Die Maschine prallt jedoch an der Böschung ab, explodiert und geht sofort in Flammen auf. Da die Absturzstelle gerade frei von Verkehr ist, wird nur ein Autofahrer von einem Trümmerteil getroffen und leicht verletzt. Die Autobahn wird erst nach zwei Tagen wieder für den Verkehr freigegeben.

Unruhen in München fordern zwei Tote

15. April 1968. Bei Auseinandersetzungen zwischen Demonstranten und Polizei während der Osterunruhen in München werden der 32jährige Fotoreporter Klaus Frings und der 24jährige Student Rüdiger Schreck so schwer verwundet, daß sie am 17. bzw. 18. April ihren Verletzungen erliegen. Seit dem Attentat auf den Studentenführer Rudi Dutschke in Berlin (West) am 11. April kommt es in zahlreichen Städten der Bundesrepublik zu Protestaktionen gegen das Verlagshaus Axel Springer, in dem die Demonstranten den geistigen Urheber des Mordanschlags sehen.

Schon am Gründonnerstag, wenige Stunden nach der Tat des in München als Bauhilfsarbeiter beschäftigten Rechtsextremisten Josef Erwin Bachmann, wurden in der bayerischen Landeshauptstadt die Redaktionsräume der »Bild«-Zeitung verwüstet. Springer-Blätter hatten demonstrierende Studenten, die vor allem gegen die geplante Notstandsverfassung und den Vietnamkrieg eintreten, immer wieder als Gefahr für die Gesellschaft dargestellt.

Mehr als ein Film: »Zur Sache, Schätzchen«

4. Januar 1968. Für das deutsche Kino beginnt das Jahr mit der Uraufführung einer sommerlich-heiteren Schwabinger Liebesgeschichte (in der freilich nicht münchnerisch gesprochen wird): »Zur Sache, Schätzchen« füllt die Kassen und macht Uschi Glas berühmt. Die junge Niederbayerin spricht in diesem Film zweimal jenes bis dahin südlich der Mainlinie ungebräuchliche norddeutsche Grußwort »Tschüs«, das einige Zeit später in den bayerischen Sprachgebrauch eingehen und sich epidemieartig ausbreiten wird.

Zunächst freilich sind die Sprüche von Werner Enke bekannter, wie etwa sein stereotypes »Das wird böse enden …« Sie tragen viel zur Popularität dieses von May Spils gedrehten Filmes bei, die seit rund 30 Jahren als erste Frau in Deutschland wieder Regie führt.

Hauptdarstellerin Uschi Glas (l.) und Rainer Basedow in einer Filmszene aus »Zur Sache, Schätzchen«

Die 26jährige »Schätzchen«-Regisseurin May Spils und der Produzent Peter Schamoni (hinter der Kamera)

Nur im Winter haben Bayern die Nase vorn

Februar/Oktober 1968. Bei den Olympischen Spielen dieses Jahres gehen erstmals zwei getrennte deutsche Mannschaften an den Start. Obwohl die beiden Mannschaften aus der Bundesrepublik und der DDR noch mit gemeinsamer Olympiafahne und gemeinsamer Hymne (Ludwig van Beethovens »An die Freude«) antreten, ist das Klima gespannt, bei den Winterspielen vor allem auch durch die Flucht des DDR-Medaillenfavoriten Ralph Pöhland am 20. Januar.

Während die DDR sich am Ende der X. Olympischen Winterspiele in Grenoble (6. 2.–18. 2. 1968) mit einer Goldmedaille begnügen muß, stellt die Bundesrepublik auf Platz 8 der Nationenwertung immerhin zwei Olympiasieger. Die erste Goldmedaille holt Franz Keller aus Nesselwang im Allgäu in der Nordischen Kombination. Mit einem soliden Punktepolster aus dem Springen zum Langlauf angetreten, kann Keller einen hauchdünnen Vorsprung vor seinem Schweizer Rivalen Alois Kälin ins Ziel retten.

Für die zweite Goldmedaille sorgt der 23jährige Münchner Zahnmedi-

Weltrekordler Günther Traub ist in Grenoble nicht erfolgreich

Erhard Keller erhält Gold

zinstudent Erhard Keller im 500 m-Eisschnellauf. Nach drei Fehlstarts läßt der Weltrekordhalter in dieser Disziplin (39,2 sec) den Norweger Magne Thomassen und Richard McDermott aus den USA hinter sich und gewinnt als erster Deutscher Gold im Eisschnellauf.

Aber auch andere bayerische Sportler sind erfolgreich. Margot Glockshuber und Wolfgang Danne aus Garmisch-Partenkirchen gewinnen Bronze im Paarlauf, Horst Floth und Peppi Bader Silber im Zweierbob. Wolfgang Winkler und Fritz Nachmann aus Rottach-Egern holen Bronze im Rodeln (Zweisitzer). Durch die Disqualifikation der führenden DDR-Rodlerinnen Ortrun Enderlein und Anna-Maria Müller wegen angewärmter Kufen ihrer Rennschlitten rückt die Berchtesgadenerin Christa Schmuck auf den Silbermedaillenrang vor.

Während der XIX. Olympischen Sommerspiele (12. 10.–27. 10. 1968) in der dünnen Höhenluft von Mexiko-Stadt (2240 m) hält diese Erfolgsserie bayerischer Athleten nicht an. Von insgesamt 25 bundesdeutschen Medaillen gehen lediglich drei voll auf das bayerische Konto. Die Dominanz des Wintersports in Bayern läßt sich nicht leugnen.

Dennoch sind die Medaillen von Heinz Mertel aus München (Silber/Scheibenpistole), Konrad Wirnhier aus Pfarrkirchen (Bronze/Tontaubenschießen) und Günther Meier aus Schongau (Bronze/Boxen, Halbmittelgewicht) ebenso erfreulich wie der Erfolg der Schwimmerin Heidemarie Reineck aus Bayreuth, die mit der 4 x 100 m-Lagen-Staffel eine bronzene Medaille erringt.

US-Musical »Hair« in München aufgeführt

24. Oktober 1968. Unter großem Andrang der Münchner Schickeria findet im »Theater an der Briennerstraße« die deutschsprachige Erstaufführung des US-Musicals »Hair« (Buch und Songtexte: Gerome Ragni/James Rado; Musik: Galt MacDermot) statt, das am 29. April 1967 im »Biltmore Theatre« in New York seine Broadway-Premiere hatte.

Das Kultstück der jugendlichen Hippie-Generation zeigt in lockerer Szenenfolge das Leben einer »Flower-Power«-Gemeinde, die mit Hilfe von Musik, Sex und Drogen die Schrecken des Vietnamkrieges vergessen will.

Premiere des Rock-Musicals »Hair« in München; das Ordnungsamt erläßt dagegen einen Bußgeldbescheid wegen »unzüchtiger Szenen«

Inzell: Weltrekord von Günter Traub

21. Januar 1968. Bei den deutschen Eisschnellauf-Meisterschaften in Inzell stellt der 28jährige Günter Traub aus Schweinfurt mit 176,717 Punkten einen neuen Weltrekord im Vierkampf auf und sichert sich damit den Titel eines Deutschen Meisters. Bisher hielt der Norweger Sven Stiansen die Weltbestmarke.

Traub, der schon 1963 für wenige Stunden Weltrekordinhaber war, gewinnt auch die Einzeltitel über 1500, 5000 und 10 000 m. Lediglich in dessen Spezialdisziplin muß er 500 m-Weltrekordler Erhard Keller aus München den Vortritt lassen. Der 23jährige Zahnmedizinstudent bleibt mit 39,8 sec zum dritten Mal in der Saison unter der 40-sec-Grenze.

Deutsche Eisschnellauf-Meisterin der Damen wird die 20jährige Evi Sappl aus Bad Tölz, die während des Vierkampfes mit 1:35,7 min über 1000 m einen deutschen Rekord aufstellt.

Zwar ist keiner der bundesdeutschen Siege so spektakulär wie der »Jahrhundertsprung« von Bob Beamon (USA) mit 8,90 m oder die elektrisch gestoppten 9,9 sec von Jim Hines (USA) über 100 m, andererseits hatte die Siege von Ingrid Becker im Fünfkampf, Roswitha Esser/Annemarie Zimmermann im Zweier-Kajak und Bernd Klingner im Kleinkaliber-Dreistellungskampf vorher niemand für möglich gehalten.

Bei den Sommerspielen erringt Heinz Mertel aus München die Silbermedaille im Scheibenschießen

1969

Wirtschaftswandel in Bayern

1969. In den zwei Jahrzehnten seit 1949 hat sich Bayern mit ungewöhnlicher Schnelligkeit vom Agrarstaat zum Industriestaat entwickelt. In diesem Zeitraum sinkt der Anteil der ländlich-bäuerlichen Bevölkerung an der Gesamtbevölkerung von rund 34% auf 13,2%. Schon 1956 nimmt Bayern – gemessen an der Zahl der Industriebeschäftigten auf je 100 Einwohner – die vierte Stelle unter den Bundesländern ein. Während für die 50er Jahre jedoch noch ein deutlicher Abstand zum Bundesdurchschnitt kennzeichnend ist, holt Bayern in den 60er Jahren bei Wirtschaftsvolumen, Produktivität und Einkommen schnell auf und verzeichnet überdurchschnittliche Wachstumsraten. Mit allen sozialen Konsequenzen: Zwischen 1960 und 1967 müssen 1,5 Millionen Menschen (31,7% der bayerischen Beschäftigten) aufgrund des wirtschaftlichen Wandels und technischen Fortschritts ihren Beruf wechseln.

Besonders augenfällig wird die Entwicklung am rasanten Aufstieg Münchens zur Industriemetropole und am ländlichen Strukturwandel. Seit Mitte der 60er Jahre gibt es in Bayern kein zusammenhängendes Gebiet mehr, dessen Wirtschaftsstruktur überwiegend agrarisch geprägt ist. Auch die Zahl der Handwerksbetriebe nimmt dramatisch ab. Hatte sie 1954 mit 206 000 Betrieben noch einen Höchststand erreicht, so geht sie bis 1968 auf 133 400 zurück.

In der Planung auf weiterhin hohe Wachstumsraten eingestellt, trifft die Rezession der Jahre 1966/67, die erste gravierendere Konjunkturkrise der Bundesrepublik, den »agrarischen Industriestaat« Bayern hart. Produktionsausfälle und steigende Arbeitslosenziffern bleiben dem Freistaat nicht erspart, dessen Wirtschaft mit der Konjunktur des übrigen Bundesgebietes eng verflochten ist. Vor allem aufgrund der regional sehr unterschiedlichen Entwicklung der wirtschaftlichen Infrastruktur hat Bayern mit einer hohen Arbeitslosigkeit zu kämpfen. Im Februar 1967 liegt die Arbeitslosenquote mit 5,3% deutlich über dem Bundesdurchschnitt von 3,1%. In einigen Landkreisen Ostbayerns erreicht sie stellenweise sogar 40%.

Erst der Konjunkturaufschwung des Jahres 1968, der das bundesdeutsche Bruttosozialprodukt real um 7,2% anhebt, läßt die bayerische Landesregierung unter Alfons Goppel (CSU) aufatmen (→1983).

Mehr Gastarbeiter

Sommer 1969. *Im Zeichen der Industrialisierung steigt die Zahl der ausländischen Arbeitnehmer in Bayern auf über 200000. Bis Ende 1971 sind es 339 700, unter ihnen 106 000 Frauen. 1970 ist im Landesarbeitsamtsbezirk Südbayern jeder 9. Erwerbstätige Ausländer in dem mit Abstand ausländerreichsten Amtsbezirk München jeder 7. Das Bild zeigt den Empfang des millionsten Gastarbeiters aus der Türkei.*

Bundesgerichtshof hält Fotogroßhändler Porst für DDR-Spion

8. Juli 1969. *Der Dritte Strafsenat des Bundesgerichtshofes in Karlsruhe verurteilt den Nürnberger Fotogroßunternehmer Hannsheinz Porst (Abb. r. und Abb. l.: r.) wegen landesverräterischer Beziehungen zur DDR zu einer Gefängnisstrafe von zwei Jahren und neun Monaten. Nach Überzeugung der Richter hat der 46jährige Millionär seit Mitte der fünfziger Jahre Landesgeheimnisse und Informationen über die FDP an das Ministerium für Staatssicherheit in Berlin (Ost) weitergegeben. Porst hatte seine Kontakte zu DDR-Stellen nie geleugnet und öffentlich erklärt, er sei seit 1955 gleichzeitig Mitglied der FDP wie auch der SED gewesen. Nach Aussage des erfolgreichen Unternehmers und überzeugten Marxisten dienten seine Gespräche in Ostberlin ausschließlich einer besseren Verständigung zwischen den beiden deutschen Staaten.*

1970

2. 2. In der Neurochirurgischen Klinik in München gelingt die erste Nerventransplantation in der Geschichte der Medizin. →

13. 2. Beim Brand eines jüdischen Altersheims in München kommen sieben Menschen ums Leben. Ursache des Feuers ist vermutlich Brandstiftung.

2. 5. In der Bundesrepublik Deutschland wird die dritte Volks-, Berufs- und Arbeitsstättenzählung durchgeführt.

3. 5. Nach Abschluß der siebten Bundesliga-Saison belegt Bayern München den zweiten Platz. Der TSV 1860 München steht auf Rang 17 und steigt ab.

24. 5. Beim zweiten Volksentscheid zur Änderung der bayerischen Verfassung spricht sich eine knappe Mehrheit für die Herabsetzung des aktiven Wahlalters auf 18 und des passiven Wahlalters auf 21 Jahre aus.

16. 10. Zum Wintersemester nimmt die neuerrichtete Universität Augsburg den Studienbetrieb auf. →

22. 11. Bei den Wahlen zum siebten Bayerischen Landtag erhält die CSU mit 56,4 % die absolute Mehrheit. Die NPD kehrt nicht ins Maximilianeum zurück, die FPD ist wieder im Landtag vertreten. →

8. 12. Der Bayerische Landtag wählt Alfons Goppel (CSU) zum dritten Mal zum bayerischen Ministerpräsidenten. Im neuen Kabinett gibt es erstmals ein Ministerium für Landesentwicklung und Umweltfragen unter der Leitung von Max Streibl.

1970. München nimmt in der Buchproduktion der Bundesrepublik Deutschland mit Abstand die erste Stelle ein. →

1970. In Bayern werden jährlich rund 200 000 t heimisches Erdöl gefördert, vor allem in Arlesried bei Memmingen und bei Darching in der Nähe von Holzkirchen. Die Förderung von heimischem Erdgas beträgt etwa 1,3 Milliarden Kubikmeter jährlich.

GESTORBEN:

15. 3. Dorfen/Landkreis Erding: Josef Martin Bauer (* 11. 3. 1901, Taufkirchen/ Vils), Schriftsteller.

17. 4. Tutzing: Wilhelm Emanuel Süskind (* 10. 6. 1901, Weilheim/Oberbayern), Schriftsteller.

3. 6. München: Hjalmar Schacht (* 22. 1. 1877, Tinglev/ Nordschleswig), Finanzpolitiker, Reichsbankpräsident 1923–1930 und 1933–1939, Reichswirtschaftsminister und Generalbevollmächtigter für die Wehrwirtschaft 1935–1937.

Fünfte bayerische Universität in Augsburg

16. Oktober 1970. *Die neuerrichtete Universität in Augsburg (Abb.) nimmt mit der Eröffnung den Studienbetrieb auf. Die fünfte bayerische Landesuniversität verfügt zunächst nur über einen wirtschafts- und sozialwissenschaftlichen Fachbereich, dem eine katholisch-theologische und eine rechtswissenschaftliche Fakultät angegliedert werden sollen. Mit dem »Gesetz über die Errichtung der Universität Augsburg«, das am 1. Januar 1970 in Kraft trat, hatte der Bayerische Landtag die rechtlichen Voraussetzungen geschaffen. Die seit 1960 anlaufenden Planungen waren durch Privatinitiative gefördert worden.*

Nerven mit Erfolg verpflanzt

2. Februar 1970. Die neurochirurgische Klinik der Universität München teilt mit, daß es erstmals in der Geschichte der Medizin gelungen ist, konservierte menschliche Nerven erfolgreich zu verpflanzen. Die Transplantation, die Anfang November 1969 bei einem 36jährigen Dreher durchgeführt wurde, hat die Nervenfunktionen voll wiederhergestellt. Das Münchner Ärzteteam hatte dem Patienten, dessen Unterarmnerv bei einem Unfall durchtrennt worden war, das durch Kältetrocknung konservierte Nervenstück eines Toten eingepflanzt.

CSU gewinnt die absolute Mehrheit

22. November 1970. Die CSU erreicht bei den Wahlen zum siebten bayerischen Landtag mit 56,4 % ihr bisher bestes Ergebnis und zieht mit der absoluten Mehrheit von 124 Abgeordneten ins Parlament ein. Die SPD liegt bei 33,3 % (70 Sitze), und die FDP kehrt mit 5,5 % der Stimmen (10 Sitzen) in den Landtag zurück. Die NPD erhält in keinem Wahlkreis 10 % der Stimmen und scheidet aus dem Parlament aus. Der am 8. Dezember vereidigte Ministerpräsident Alfons Goppel überträgt Max Streibl (CSU) das neugeschaffene Ministerium für Landesentwicklung und Umweltfragen – das erste Umweltministerium in der Bundesrepublik Deutschland.

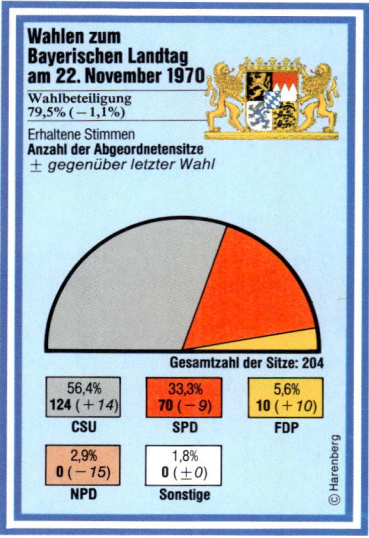

Wahlen zum Bayerischen Landtag am 22. November 1970
Wahlbeteiligung 79,5 % (−1,1 %)
Erhaltene Stimmen
Anzahl der Abgeordnetensitze ± gegenüber letzter Wahl

Gesamtzahl der Sitze: 204

	CSU	SPD	FDP	NPD	Sonstige
%	56,4 %	33,3 %	5,6 %	2,9 %	1,8 %
Sitze	124 (+14)	70 (−9)	10 (+10)	0 (−15)	0 (±0)

© Harenberg

München ist die Hauptstadt der Verlage

1970. München wird endgültig zur Verlagshauptstadt der Bundesrepublik, denn in den 248 Verlagen werden etwa 20 % aller bundesdeutschen Bücher produziert. Von den 27 293 Neuerscheinungen des Jahres 1968 kommen 4253 aus München, wobei ein Schwerpunkt auf der Belletristik liegt.

Dennoch gibt es in München nicht nur belletristische Verlage wie Hanser, Piper oder Droemer, sondern auch renommierte Verlagshäuser aus den Bereichen Fach- und Sachbuch, Kunstbuch, Kinder- und Jugendbuch, Schulbuch und Taschenbuch. Verlegerpersönlichkeiten wie Kurt Desch, Carl Hanser, Franz Ehrenwirth, Klaus Piper, die Kindlers, Willy Droemer oder Heinz Friedrich haben das geistige Leben der Bundesrepublik mitgestaltet.

Willy Droemer

Klaus Piper

Carl Hanser

3. 1. In Würzburg konstituiert sich die Gemeinsame Synode der Bistümer der Bundesrepublik Deutschland, die eine Erneuerung des kirchlichen Lebens in der katholischen Kirche einleiten soll.→

9. 2. Bei Aitrang im Allgäu entgleist der TEE »Bavaria«. Das Unglück fordert 29 Menschenleben.→

20. 3. Das Stück »Blut am Hals der Katze« von Rainer Werner Fassbinder wird an den Städtischen Bühnen Nürnberg unter der Regie des Autors uraufgeführt.

Pfingsten. Das ökumenische Pfingsttreffen in Augsburg ist ein Zeichen der Annäherung zwischen den beiden großen christlichen Konfessionen in Bayern.

15. 5. Der CSU-Parteivorstand billigt ohne Widerspruch eine Empfehlung des CSU-Vorsitzenden Franz Josef Strauß, das Amt des CSU-Generalsekretärs in der Nachfolge des zum Minister für Landesentwicklung und Umweltfragen avancierten Max Streibl dem Landtagsabgeordneten Gerold Tandler anzuvertrauen.

5. 6. Nach Abschluß der achten Bundesliga-Saison belegt Bayern München den zweiten Platz.

4. 8. Bei einem Überfall auf eine Filiale der Deutschen Bank in München wird eine Geisel und einer der beiden Bankräuber erschossen.→

4. 11. Der bayerische Ministerpräsident Alfons Goppel (CSU) und der kroatische Ministerpräsident Dragutin Haramija vereinbaren in München die Errichtung einer gemeinsamen Kommission zur Förderung der Wirtschaftsbeziehungen beider Länder. Angesprochen wird auch das Gastarbeiterproblem. Zur Zeit halten sich rund 90 000 Kroaten als Gastarbeiter in Bayern auf.

1971. Zu den fünf deutschen Bistümern mit dem höchsten Kirchenbesuch (über 41 %) gehören Regensburg, Würzburg, Eichstätt und Passau.

1971. In München laufen die Vorbereitungen für die Olympischen Sommerspiele 1972 auf vollen Touren.→

1971. Das Erzhüttenwerk in Bodenwöhr wird stillgelegt.

GESTORBEN:

2. 7. Bernried/Oberbayern: Waldemar von Knoeringen (* 6. 10. 1906, Rechetsberg/Huglfing/Oberbayern), SPD-Politiker.

1. 11. Oberstdorf: Gertrud von Le Fort (* 11. 10. 1876, Minden/Westfalen), Schriftstellerin.

München vor der Olympiade

1971. Ein Jahr vor Beginn der XX. Olympischen Sommerspiele in München (→ 26. 8. 1972) laufen die Vorbereitungen in der bayerischen Landeshauptstadt auf Hochtouren. Das Münchner Oberwiesenfeld hat sich in die größte Baustelle Europas verwandelt, aber die Olympia-Baugesellschaft (OBG) versichert, daß der Zeitplan eingehalten werde und die Bauten rechtzeitig zum Beginn der sportlichen Großveranstaltung fertiggestellt sein würden.

Die Sportstadien und -hallen sowie die olympischen Dörfer für die männlichen und weiblichen Athleten stehen bereits im Rohbau. Auch die Stahlkonstruktion, über die das größte Zeltdach der Welt (70 800 m²) gespannt wird, ist aufgestellt. Das schwebende Olympiadach des Architekten Günter Behnisch, das technisch und gestalterisch immer wieder heftig kritisiert wird, soll bis Ende des Jahres mit der vorgesehenen Kunststoffhaut aus Acryl überzogen werden. Weit fortgeschritten ist auch der Ausbau der Radrennbahn, die nur noch ihre Pistenverschalung aus Kamerun-Hartholz erhalten muß.

Zur Begrünung der Olympia-Anlage haben Münchner Gärtner bislang 4750 Bäume gepflanzt und Blumenkästen mit einer Gesamtlänge von 250 Kilometern installiert. Insgesamt sind rund 8000 Arbeiter auf dem Oberwiesenfeld beschäftigt.

Auf dem Olympiagelände am Münchner Oberwiesenfeld herrscht ein Jahr vor den Olympischen Sommerspielen hektische Betriebsamkeit. Dennoch verlaufen die Bauarbeiten ganz nach Plan und ohne große Probleme

Zwei Menschen nach Banküberfall tot

4. August 1971. Ein Überfall mit Geiselnahme auf die Filiale der Deutschen Bank an der Prinzregentenstraße in München endet mit einem schweren Feuergefecht, in dessen Verlauf die 20jährige Geisel Ingrid Reppel und einer der beiden Bankräuber, Hans Georg Rammelmayr, erschossen werden. Das Vorgehen der Polizei stößt auf heftige Kritik in der Öffentlichkeit.

Scharfschützen hatten das Feuer eröffnet, als Rammelmayr nach Verlassen des Bankgebäudes zusammen mit seiner Geisel in das bereitgestellte Fluchtauto gestiegen war. Der Bankräuber starb im Kugelhagel der Polizei; Ingrid Reppel soll durch die Geschosse Rammelmayrs tödlich getroffen worden sein. Der zweite Bankräuber konnte überwältigt werden und blieb wie die vier anderen Geiseln unverletzt.

Zugunglück fordert 29 Menschenleben

9. Februar 1971. Ein schweres Zugunglück bei Aitrang im Allgäu fordert 29 Menschenleben und etwa 40 Schwerverletzte. Auf dem Bahnhof des Ortes im Landkreis Marktoberdorf entgleist auf der Fahrt von München nach Zürich in den frühen Abendstunden der Transeuropa-Expreß TEE 56 »Bavaria«.

Gegen 18.45 Uhr springen aus ungeklärter Ursache alle Achsen aus den Schienen. Der von einem Triebwagen der Schweizer Bundesbahn gezogene Schnellzug stürzt um und kippt auf das Gegengleis. Ein in gleicher Richtung fahrender Schienenbus kann trotz seiner geringen Geschwindigkeit nicht rechtzeitig gebremst werden und prallt auf den verunglückten Fernexpreß. Viele Opfer und Verletzte können erst mit Schweißbrennern aus den Trümmern geborgen werden.

28. 1. Der sogenannte Radikalenerlaß – eine Vereinbarung zwischen den Regierungen von Bund und Ländern – regelt die Überprüfung von Bewerbern für den öffentlichen Dienst und die rechtliche Bewertung der Mitgliedschaft von Beamten in extremistischen politischen Organisationen.

18. 6. Die Bundesrepublik wird in Brüssel mit einem 3 : 0-Sieg über die Sowjetunion Fußball-Europameister. Gerd Müller von FC Bayern München schießt zwei Tore.

28. 6. Nach Abschluß der neunten Bundesliga-Saison ist Bayern München deutscher Fußballmeister. Es ist nach 1932 und 1969 der dritte Titelgewinn für den Verein.

1. 7. Die Landkreisreform reduziert die Zahl der bayerischen Gemeinden von 4456 auf 2644. Gleichzeitig verringert sich die Zahl der Landkreise von 143 auf 71.

26. 8. In München werden die XX. Olympischen Sommerspiele eröffnet.→

5. 9. Während der Olympischen Spiele überfallen Mitglieder der Terrororganisation »Schwarzer September« das Quartier der israelischen Sportler in München.→

12. 10. Unter Mitwirkung Bayerns konstituiert sich in Mösern/Tirol die »Arbeitsgemeinschaft der Alpenländer «.→

15. 12. Der am Vortag zum Bundeskanzler gewählte Willy Brandt stellt sein Kabinett vor, eine Koalition aus SPD und FDP. Einziger Bayer im Kabinett ist Landwirtschaftsminister Josef Ertl (FDP).

1972. Der Nürnberger Hafen am Rhein-Main-Donau-Kanal nimmt seinen Betrieb auf.→

1972. In der Spielzeit 1971/72 gibt es in Bayern 47 Bühnen und 22 Fest- und Freilichtbühnen. Zu den fast 10 000 Aufführungen kommen rund 4,4 Millionen Besucher.

1972. Mit 34 000 Kurgästen, 4300 Fremdenbetten und 870 000 Übernachtungen pro Jahr gehört das Thermalbad Füssing zur Spitzengruppe der bayerischen Heilbäder.→

1972. Hans Jürgen Syberbergs Film »Ludwig – Requiem für einen jungfräulichen König« kommt in die Kinos.

GESTORBEN:

11. 11. München: Paul Schmitthenner (* 15. 12. 1884, Lauterburg/Elsaß), Architekt.

8. 12. Hohenbrunn bei München: Wilhelm Dieterle (* 15. 7. 1893, Ludwigshafen am Rhein), Schauspieler und Regisseur.

Bei strahlendem Sonnenschein marschieren die Olympioniken aus 122 teilnehmenden Nationen in das weite Rund des Münchner Olympiastadions ein

Die »heiteren Spiele« von München werden eröffnet

26. August 1972. In München werden die XX. Olympischen Sommerspiele, an denen 7303 Aktive aus 122 Ländern teilnehmen, mit einer farbenfrohen Feier eröffnet. Zu den Klängen der von Kurt Edelhagen eigens komponierten Melodien, die sich an Volksweisen aus vielen Ländern anlehnen, ziehen die Nationen am Nachmittag in buntem Reigen in das Olympiastadion ein.

Kurzen Ansprachen von NOK-Präsident Willi Daume und IOC-Präsident Avery Brundage folgt der Einzug der Olympiafahne, getragen von den bundesdeutschen Ruderern. Als Erinnerung an die Olympiade in Mexiko 1968 zeigt dann das »Ballet Folklórico Mexicano« eine Kostprobe seiner Kunst. Aber auch bayerische Folklore wird geboten. 36 »Goaßlschnalzer« demonstrieren den alten Fuhrmannsbrauch des Peitschenknallens und 80 Schuhplattler platteln unter dem Salut von 60 Berchtesgadener Böllerschützen auf die Melodie »Hack der Katz den Schwanz ab«. Zum Abschluß trägt der Passauer Mittelstreckler Gün-

ther Zahn unter Paukenwirbel das Olympische Feuer ins Stadion.

Die gelungene Veranstaltung bringt der Bundesrepublik viel internationale Sympathie, denn die zweite Olympiade auf deutschem Boden hat noch immer mit den Schatten von Berlin 1936 zu kämpfen. Die Spiele von München, die Willi Daume unter das Motto der Heiterkeit gestellt hatte, vermeiden daher bewußt pompöse Rituale. Trotz des Terroranschlags auf die israelische Mannschaft sind die Spiele ein sport-

licher Erfolg. Insbesondere die bundesdeutschen Olympioniken werden von der heimischen Kulisse beflügelt. Bei der Schlußfeier am 11. September haben sie dreizehn Gold-, elf Silber- und sechzehn Bronzemedaillen errungen.

Die Mitglieder des Gold-Achters von 1968 hissen die Olympia-Fahne

Offizielles Werbeplakat für die Olympischen Sommerspiele 1972

NOK-Präsident Willi Daume bei der Eröffnungsrede im Olympiastadion

Olga Korbut (UdSSR) bei ihrer Übung am Stufenbarren, wo sie in der Einzelwertung Silber gewinnt

Am Schwebebalken erringt Publikumsliebling Olga Korbut (UdSSR) eine Goldmedaille

Mit 90,48 m gewinnt Klaus Wolfermann aus Altdorf bei Nürnberg im Speerwurf

Die Leverkusenerin Heide Rosendahl siegt im Weitsprung und gewinnt außerdem Silber im Fünfkampf

Mark Spitz (USA) auf dem Weg zum Sieg im 200 m Delphin-Finale; der Superstar gewinnt Gold auch über 100 und 200 m Kraul, 100 m Delphin und in der Lagenstaffel

Die erst sechzehnjährige Schülerin Ulrike Meyfarth aus Köln überspringt die Weltrekordhöhe von 1,92 m und wird damit Olympiasiegerin, obwohl der krassen Außenseiterin angesichts der starken Konkurrenz niemand eine reale Chance auf eine Medaille in München eingeräumt hatte

In der Zeit von 3:56:11,6 gewinnt der aus Remscheid stammende, in Fürth stationierte Berufssoldat Bernd Kannenberg den Wettbewerb im 50 km Gehen

Liselott Linsenhoff erringt bei der Dressurprüfung mit ihrem Pferd Piaff Gold

Hans Günter Winkler auf Torphy beim Preis der Nationen am Schlußtag der Sommerspiele

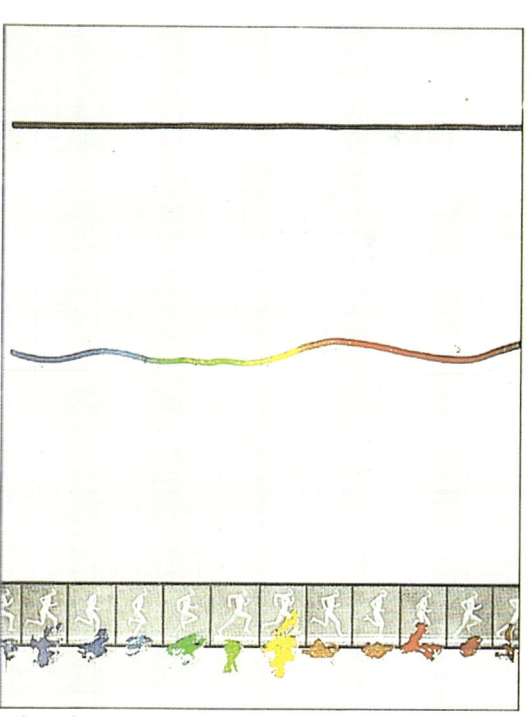

Olympische Spiele München 1972

Dieses Poster für die Olympischen Sommerspiele in München entwarf der Japaner Shusaku Arakawa

Auch am Nationaltheater in München ist Olympia mit Fahnenschmuck und Plakaten allgegenwärtig

Attentat auf israelische Olympiasportler

5. September 1972. In den frühen Morgenstunden töten acht arabische Terroristen der Gruppe »Schwarzer September« im Olympischen Dorf in München zwei israelische Sportler und nehmen neun weitere als Geiseln, um damit die Freilassung von 200 in Israel inhaftierten Freischärlern zu erpressen. Bei einer mißglückten Befreiungsaktion kommen alle Geiseln, fünf Terroristen sowie ein Polizeibeamter ums Leben.

Nach Verhandlungen mit höchsten Regierungsvertretern verlängern die Geiselnehmer ihr zunächst auf 12 Uhr angesetztes Ultimatum mehrmals. Am Abend werden sie in Hubschraubern zusammen mit den gefangengehaltenen Israelis zum Militärflughafen Fürstenfeldbruck geflogen, wo Präzisionsschützen der Polizei dann das Feuer auf sie eröffnen.

Olympiafahnen am Münchner Lenbachplatz vor dem Künstlerhaus

Bewaffnete Polizisten schirmen den Block der palästinensischen Geiselnehmer im olympischen Dorf ab

Der ausgebrannte Hubschrauber des Bundesgrenzschutzes, in dem ein Teil der Geiseln ums Leben kam

Auch vor der Ruine des Armeemuseums prägen viele bunte Fahnen das Bild der Stadt München

Alpenländer wollen zusammenarbeiten

12. Oktober 1972. Auf Initiative der Länder Tirol und Bayern wird in Mösern/Tirol die »Arbeitsgemeinschaft der Alpenländer« (Arge Alp) gegründet. Ziel des Beratungsgremiums ist eine bessere Zusammenarbeit vor allem auf den Gebieten Umweltschutz, Verkehr, Tourismus und Kultur. Gründungsmitglieder sind die österreichischen Länder Salzburg, Tirol und Vorarlberg, der Schweizer Kanton Graubünden, die italienischen Provinzen Bozen/Südtirol, Trient und Lombardei sowie der Freistaat Bayern.

Eröffnung des Nürnberger Hafens

1972. Mit dem weiteren Ausbau der Rhein-Main-Donau Schiffahrtsstraße eröffnet die Rhein-Main-Donau AG den Nürnberger Hafen. Bereits 1963 erhielt Schweinfurt einen Hafen, Bamberg 1967.

Die Rhein-Main-Donau AG mit Sitz in München wurde 1921 gemeinsam vom Land Bayern und dem Deutschen Reich gegründet, um eine Binnenwasserstraße auszubauen, die die Nordsee mit dem Schwarzen Meer verbinden soll. Das Teilstück zwischen Bamberg und der Donau wird 171 km lang sein.

Mit der Beliebtheit Bayerns als Urlaubsziel wachsen auch die Begleiterscheinungen des Massentourismus wie Staus und volle Parkplätze

Bayern bei Urlaubern beliebt

1972. Nach dem Zweiten Weltkrieg wird der Fremdenverkehr zu einer Hauptstütze der bayerischen Wirtschaft. Beispielsweise im Berchtesgadener Land leben etwa 87 % der Bevölkerung vom Tourismus. Die Zahl der Übernachtungen steigt von 11,8 Millionen im Jahr 1950 auf 57,4 Millionen 1972. Im Jahr der Olympischen Spiele von München entfallen damit mehr als ein Viertel aller Übernachtungen von Urlaubern in der Bundesrepublik auf den Freistaat Bayern. Die beliebtesten Feriengebiete sind Schwaben und Oberbayern. Die Erholungssuchenden schätzen vor allem die vielfach noch unberührte Natur und im Winter die Sportangebote.

Nach München, das neben Augsburg in besonderem Maße von der Zunahme des Fremdenverkehrs infolge der Olympischen Spiele profitiert, erleben Oberstdorf, Kissingen, Wörishofen – das älteste deutsche Kneipp-Bad –, Reichenhall und Garmisch-Partenkirchen den größten Besucherzuspruch. Alle diese Orte verzeichnen 1972 mehr als 1 Million Übernachtungen; Spitzenreiter ist die Landeshauptstadt mit fast 4,2 Millionen. In Ruhpolding, Füssen, Nürnberg, Mittenwald, Tölz und Hindelang sind es mehr als eine Dreiviertelmillion.

Wenn auch der Ausländeranteil in Bayern im Vergleich zu anderen deutschen Feriengebieten keineswegs niedrig ist – vor allem alte Städte ziehen US-Amerikaner an –, stellen doch Bundesbürger etwa 92 % der Feriengäste, die den 11 421 Beherbergungsbetrieben und etwa 188 000 privaten Vermietern im Freistaat Einnahmen von gut 1,6 Milliarden DM bescheren.

1973

22. 5. Die bayerische Staatsregierung beantragt beim Bundesverfassungsgericht den Erlaß einer einstweiligen Verfügung gegen den Grundvertrag mit der DDR (→ 31. 7. 1973).

9. 6. Nach Abschluß der zehnten Bundesliga-Saison ist der FC Bayern München zum zweiten Mal hintereinander deutscher Fußballmeister.

1. 7. In Bayern wird durch eine Volksabstimmung die öffentlich-rechtliche Struktur des Rundfunks verfassungsmäßig gesichert. Nach diesem Volksentscheid wird durch die Einfügung des Artikels 111a in die Bayerische Verfassung die Garantie der Freiheit des Rundfunks bekräftigt, der Betrieb privater Rundfunkanstalten ausgeschlossen und der Einfluß von Legislative und Exekutive in den Kontrollorganen beschränkt.

1. 7. Mit einer Mehrheit von 84,8 % der abgegebenen Stimmen billigen die bayerischen Wähler in einer Volksabstimmung die neu in die Verfassung aufgenommene 5 %-Klausel bei Landtagswahlen. →

31. 7. Die bayerische Staatsregierung scheitert vor dem Bundesverfassungsgericht mit ihrer Klage gegen den Grundvertrag mit der DDR. →

September. Die Zahl der in der Bundesrepublik beschäftigten Gastarbeiter erreicht mit 2,6 Millionen ihren bisherigen Höchststand.

1. 10. Die Sowjetunion beginnt mit der Lieferung von Erdgas in die Bundesrepublik Deutschland. Auch Bayern bezieht sowjetisches Erdgas über eine Pipeline.

19. 11. Die Bundesregierung beschließt eine auf sechs Monate befristete Verordnung zur Einsparung von Energie. Sie sieht u. a. ein Fahrverbot für Autos an vier Sonntagen vor. →

10. 12. Der Münchner Chemiker Ernst Otto Fischer erhält in Stockholm den Chemienobelpreis.

1973. Johannes Schaafs Film »Traumstadt« kommt in die Kinos.

GESTORBEN:

24. 5. Heidelberg: Karl Löwith (* 9. 1. 1897, München), Philosoph. →

7. 7. Nürnberg: Max Horkheimer (* 14. 2. 1895, Stuttgart), Philosoph und Soziologe.

30. 9. Hausham (Landkreis Miesbach): Walter Abendroth (* 29. 5. 1896, Hannover), Komponist und Musikschriftsteller.

16. 12. Regensburg: Xaver Fuhr (* 23. 9. 1898, Neckarau/Mannheim), Maler.

Regionale Parteien: Kaum noch Chancen

1. Juli 1973. In einer Volksabstimmung bestätigen die bayerischen Wähler eine vom Landtag verabschiedete Änderung der Verfassung: Künftig zieht eine Partei nur dann in das bayerische Parlament ein, wenn sie landesweit mindestens 5 % der abgegebenen Stimmen auf sich vereinigen kann. Bayern übernimmt damit eine entsprechende Regelung aus dem Grundgesetz.

Bisher sah die Verfassung eine Sperrminorität von 10 % vor, die allerdings nur in einem der sieben Wahlbezirke überschritten werden mußte. Dadurch sollte die Vertretung regional begrenzter Parteien und Interessen sichergestellt werden.

Grundvertrag ist verfassungskonform

31. Juli 1973. Der sogenannte Grundvertrag zwischen der Bundesrepublik und der DDR vom 21. Dezember 1972 steht nicht im Widerspruch zum Grundgesetz. Zu diesem Urteil kommt das Bundesverfassungsgericht in Karlsruhe und weist die Normenkontrollklage des Freistaates Bayern ab.

Damit findet eine der erbittertsten Kontroversen der Bundesrepublik ihren vorläufigen Abschluß. Bundestag und Bundesrat hatten dem Gewaltverzichts-Vertrag mit knapper Mehrheit zugestimmt. CDU und CSU sehen in dem Abkommen eine Anerkennung der deutschen Teilung. Die SPD-FDP-Koalition erhofft sich dagegen menschliche Erleichterungen für DDR-Bürger.

Die Unterzeichnung des Grundvertrages durch Egon Bahr (Mitte)

Das Sonntagsfahrverbot vom 25. November 1973 verwandelt den sonst über-füllten »Mittleren Ring« in München in eine leere Asphaltschneise

Ölschock: Autofreie Sonntage

19. November 1973. Angesichts der Erdölkrise beschließt die Bundesregierung ein allgemeines Fahrverbot für Kraftfahrzeuge an den folgenden vier Sonntagen (25. 11.–16. 12.) und eine Geschwindigkeitsbegrenzung: 100 km/h auf den Autobahnen und 80 km/h auf den Landstraßen.

Diese Maßnahmen zur Treibstoffeinsparung werden ergänzt durch das Verbot, Benzin in Kanistern auf Vorrat abzufüllen, und die Festsetzung einer Höchstabgabemenge. Die Bundesregierung reagiert mit den drastischen staatlichen Beschränkungen auf die Energiekrise infolge des Erdölboykotts, den die erdölexportierenden arabischen Länder der OPEC im Zuge des Nahostkrieges verhängt hatten.

Bereits am 17. Oktober hatte die OPEC beschlossen, ihre Rohölproduktion solange zu drosseln, bis Israel sich aus den besetzten arabischen Gebieten zurückzieht. Am 5. November folgte der Beschluß, die Ölförderung sogar um 25 % zu senken. Betroffen sind alle israelfreundlichen Länder, deren Ölkontingent die Araber z.T. kürzen, in manchen Fällen (Niederlande und USA) sogar völlig streichen. Besonders betroffen ist auch die Bundesrepublik, die 75 % ihres Rohölbedarfs durch Importe aus arabischen Ländern deckt. Die Verknappung des wichtigen Energierohstoffes führt in den westlichen Industrieländern zu einem »Ölschock«, der die Diskussion über wirtschaftlichen Fortschritt, Rohstoffreserven und Energiesparprogramme aufleben läßt.

Ein Zweifler an allen Heilslehren

24. Mai 1973. Der international bekannte Philosoph Karl Löwith, Sohn eines Malers aus München, stirbt 76jährig in Heidelberg, wo er 1952 den Lehrstuhl von Karl Jaspers übernommen hatte.

Löwiths Philosophie beruht auf der These, daß dem Menschen keine transzendentale Erkenntnis möglich ist. Daher wendet sie sich gegen Metaphysik und Geschichtsphilosophie und plädiert für eine am antiken Vorbild orientierte, vernünftige Selbständigkeit des Menschen jenseits christlicher Heilsgewißheit.

Karl Löwith, renomierter Kritiker jeglicher philosophischer Metaphysik

20. 2. Der Bundestag ratifiziert mit 355 : 90 Stimmen den am 1. Juli 1968 in Washington, London und Moskau unterzeichneten Vertrag über die Nichtverbreitung von Kernwaffen (Atomwaffensperrvertrag). Die Bundesrepublik Deutschland verzichtet – nach knapp zehn Jahren Diskussion – auf Herstellung oder Erwerb von Atomwaffen in nationaler Verfügungsgewalt. Gegen die Stimme Bayerns verzichtet der Bundesrat am 8. März auf Einspruch gegen den Vertrag.

16. 5. Der amtierende Bundesfinanzminister Helmut Schmidt wird als Nachfolger des zurückgetretenen Willy Brandt zum Bundeskanzler gewählt. Am 17. Mai stellt er sein Kabinett vor, eine Koalition aus SPD und FDP, der zwei bayerische Politiker angehören: der frühere Münchner Oberbürgermeister Hans-Jochen Vogel (SPD, Justiz) und Josef Ertl (FDP, Landwirtschaft).

17. 5. Bayern München wird Europapokalsieger der Landesmeister durch ein 4 : 0 im Wiederholungsspiel (erstes Spiel 1 : 1 nach Verlängerung) gegen Atletico Madrid. →

18. 5. Nach Abschluß der elften Bundesliga-Saison ist Bayern München zum dritten Mal hintereinander deutscher Fußballmeister.

7. 7. Mit einem 2 : 1-Sieg über die Niederlande im Münchner Olympiastadion wird die Bundesrepublik Deutschland Fußballweltmeister 1974. →

27. 10. Aus den bayerischen Landtagswahlen geht die CSU erneut mit der absoluten Mehrheit hervor. Sie erhält 62,1 % der abgegebenen Stimmen und 132 Sitze. →

GESTORBEN:

26. 1. Burg Weißenstein bei Regen: Siegfried von Vegesack (* 20. 3. 1888, Gut Blumbergshof bei Valmiera/Livland), Schriftsteller.

2. 2. Ingolstadt: Marieluise Fleißer (* 23. 11. 1901, Ingolstadt), Schriftstellerin. →

29. 7. München: Erich Kästner (* 23. 2. 1899, Dresden), Schriftsteller. →

1. 8. München: Alois Hundhammer (* 25. 2. 1900, Moos bei Forstinning/Landkreis Ebersberg), BVP- bzw. CSU-Politiker. →

2. 10. Schäftlarn bei München: Ina Seidel (* 15. 9. 1885, Halle/Saale), Schriftstellerin. →

17. 11. München: Ursula Herking (* 28. 1. 1912, Dessau), Schauspielerin und Kabarettistin. →

Erneut absolute Mehrheit für CSU

27. Oktober 1974. Mit 62,1 % der abgegebenen Stimmen und 132 Sitzen kann die regierende CSU ihre am → 22. November 1970 eroberte absolute Mehrheit der Wählerstimmen und Mandate noch deutlich ausbauen. In Niederbayern erringt die CSU sogar 72 %. Dies geschieht auf Kosten von SPD und FDP sowie der nicht im Parlament vertretenen NPD und der Bayernpartei. Der CSU-Landesvorsitzende Franz Josef Strauß sieht in dem Wählervotum eine Bestätigung seiner Ablehnung der von der SPD-FDP-Bundesregierung unter Kanzler Helmut Schmidt (SPD) betriebenen Ostpolitik und des Grundlagenvertrages mit der DDR. Auf seiner konstituierenden Sitzung am 12. November wählt der Bayerische Landtag Alfons Goppel zum vierten Mal zum Ministerpräsidenten.

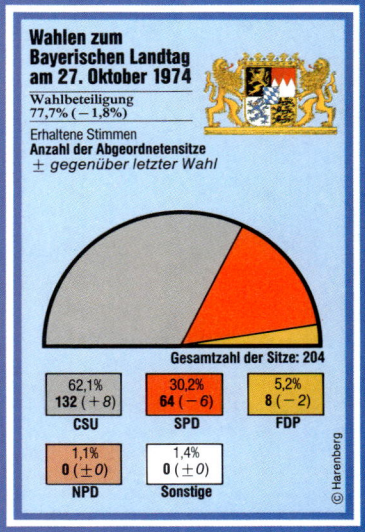

Wahlen zum Bayerischen Landtag am 27. Oktober 1974
Wahlbeteiligung 77,7% (−1,8%)
Erhaltene Stimmen
Anzahl der Abgeordnetensitze
± gegenüber letzter Wahl

Gesamtzahl der Sitze: 204

CSU	SPD	FDP
62,1% 132 (+8)	30,2% 64 (−6)	5,2% 8 (−2)

NPD	Sonstige	
1,1% 0 (±0)	1,4% 0 (±0)	

© Harenberg

Hundhammer prägte bayerische Politik

1. August 1974. Der bayerische Politiker und Mitbegründer der CSU Alois Hundhammer stirbt im Alter von 74 Jahren in München.

Hundhammer, der von 1946–1970 dem bayerischen Landtag angehörte, war 1946–50 Kultusminister und CSU-Fraktionsvorsitzender, 1951–54 Landtagspräsident, 1957–69 Landwirtschaftsminister und 1964–1969 auch stellvertretender Ministerpräsident. Besonders seine Amtsführung als bayerischer Kultusminister prägte seinen Ruf als »reaktionärer« Politiker.

Sechs Bayern in der Weltmeistermannschaft

Landesmeister-Cup für Bayern München

7. Juli 1974. Vor etwa 80 000 begeisterten Zuschauern im Münchner Olympiastadion sichert sich die bundesdeutsche Fußball-Nationalmannschaft mit einem 2:1-Sieg über die Niederlande in einem dramatischen Finale den Weltmeistertitel. Großen Anteil am zweiten Sieg einer deutschen Elf seit 1954 haben sechs Spieler des Deutschen Fußballmeisters FC Bayern München.

Zunächst beginnt das Finale für die Deutschen mit einem Schock: Kurz nach dem Anstoß kann Ulrich (»Uli«) Hoeneß Kapitän Johan Cruyff, den herausragenden Spieler der Oranje-Hemden, nur durch ein Foul bremsen. Den Strafstoß verwandelt Johan Neeskens in der 2. Spielminute zum 0:1. Ebenfalls durch Foulelfmeter stellt Paul Breitner 23 Minuten später den Ausgleich her. Kurz vor der Halbzeitpause schießt dann Gerd Müller das 2:1 (43. Min.). Trotz eines Sturmlaufs im zweiten Spielabschnitt gelingt den favorisierten Niederländern kein weiteres Tor mehr.

Nach der Zitterpartie in der zweiten Halbzeit präsentiert Nationaltorhüter Sepp Maier den 80 000 Zuschauern freudestrahlend den Pokal

Neben Breitner, Müller und Hoeneß werden als weitere Bayern-Spieler Franz Beckenbauer, Josef (»Sepp«) Maier und Georg (»Katsche«) Schwarzenbeck eingesetzt, die zusammen acht der dreizehn bundesdeutschen Tore in der Weltmeisterschafts-Endrunde schießen.

17. Mai 1974. Als erste deutsche Mannschaft gewinnt der FC Bayern München durch ein 4:0 über Atletico Madrid den Fußball-Europapokal der Landesmeister.

Während die Münchner zwei Tage zuvor nur mit viel Glück ein 1:1 nach Verlängerung erreichten und damit eine Wiederholung des Endspiels erzwangen, spielen sie diesmal im Brüsseler Heysel-Stadion wie verwandelt. Bereits der 1:0 Führungstreffer durch Uli Hoeneß in der 28. Minute macht die drückende Überlegenheit der Münchner Elf deutlich, die insgesamt eine kompakte Mannschaftsleistung bietet und die Strapazen des ersten Finales besser überwunden hat. Obwohl der spanische Meister nicht ohne Torchancen bleibt, nutzt er sie nicht. Das 2:0 (56. Minute) und 3:0 (70. Minute) durch Mittelstürmer Gerd Müller ist dann bereits die Entscheidung. Hoeneß' Treffer zum 4:0 macht dann den Triumph über die demoralisierten Spanier perfekt.

Trauer um M. Fleißer

2. Februar 1974. *Im Alter von 72 Jahren stirbt in Ingolstadt die Schriftstellerin Marieluise Fleißer (Abb.). Sie wurde durch ihre sozialkritischen Dramen und Erzählungen bekannt, die fast durchgehend in ihrer bayerischen Heimat spielen und in einer volkstümlichen Sprache realistische, oft drastische Milieuschilderungen liefern.*

Marieluise Fleißer, die mit ihren ersten Dramen (»Fegefeuer«, »Pioniere in Ingolstadt«) in den 30er Jahren erfolgreich war, erhielt im Nationalsozialismus Schreibverbot. Erst mit Beginn der 70er Jahre wurden ihre kritischen »Volksstücke« wiederentdeckt.

Autor Erich Kästner tot

29. Juli 1974. *75jährig stirbt in seiner Wahlheimat München der Schriftsteller Erich Kästner (Abb.). Der promovierte Philologe schrieb mit treffsicherem Witz gegen die spießbürgerliche Moral, wurde aber vor allem durch seine zahlreichen Kinderbücher bekannt, von denen »Emil und die Detektive« (1929) wohl sein erfolgreichstes Werk darstellt. Der zeitweilige Präsident des deutschen PEN-Clubs (1957–1962) arbeitete nach 1945 als Redakteur in München und gründete dort das literarische Kabarett »Schaubude«. Die bayerische Landeshauptstadt ehrte ihn 1955 und 1970 mit zwei Kulturpreisen.*

Ursula Herking stirbt

17. November 1974. *Im Alter von 62 Jahren stirbt in München die Kabarettistin und Schauspielerin Ursula Herking (Abb.) an den Folgen eines Herzinfarktes.*

Die Tochter der gefeierten Kammersängerin Lilly Herking trat schon in den 30er Jahren im Kabarett auf (u. a. in Werner Fincks »Katakombe«). Nach dem Krieg belebte sie die Münchner Kabarettszene neu, vor allem durch Auftritte in Rudolf Schündlers »Schaubude«. Außerdem sah man sie in vielen Filmen der 50er Jahre als schrullige Sekretärin oder Dienstbotin. 1967 erhielt sie den Schwabinger Kunstpreis.

16. 1. Während seiner China-Reise wird der CSU-Vorsitzende Franz Josef Strauß als erster deutscher Politiker von dem chinesischen Parteivorsitzenden Mao Tse-tung empfangen.

12. 2. Bei seiner Aschermittwochsrede in Passau wirft der CSU-Vorsitzende Franz Josef Strauß der Bundesregierung vor, einen »Saustall ohnegleichen« angerichtet zu haben.

28. 5. Mit einem 2 : 0-Sieg gegen Leeds United wird Bayern München zum zweiten Mal hintereinander Pokalsieger der Landesmeister.

Juni. Zum erstenmal seit der Rezession von 1966/67 macht sich in Bayern ein deutlicher Rückgang bei den sog. Gastarbeitern bemerkbar. →

1. 6. Einen alarmierenden Bericht veröffentlichen bayerische Chemiker in der »Deutschen Medizinischen Wochenschrift«. In 136 von 137 Muttermilchproben wurden zum Teil erhebliche Restmengen des Schädlingsbekämpfungsmittels DDT festgestellt.

7. 6. Auf dem kleinen Parteitag der CSU in München erklären die 300 Mitglieder des Erweiterten Landesausschusses mit vier Gegenstimmen und zwei Enthaltungen Franz Josef Strauß zur bestgeeigneten Persönlichkeit für die Gestaltung der Bundespolitik.

8. 6. Beim Zusammenstoß von zwei Personenzügen bei Bad Tölz kommen 36 Menschen ums Leben. →

14. 6. Nach Abschluß der zwölften Bundesliga-Saison belegt der FC Bayern München den zehnten Platz.

24. 6. DDR-Grenztruppen beginnen an der Grenze zu Bayern mit der Einrichtung von Selbstschußanlagen.

17. 11. Bei einem Spitzengespräch in Bonn einigen sich Helmut Kohl (CDU) und der CSU-Vorsitzende Franz Josef Strauß auf die personelle Besetzung der Unions-Führungsmannschaft für den Bundestagswahlkampf 1976. Die CSU verzichtet auf eine bundesweite Ausdehnung.

20. 11. Bei einem Unfall im Kernkraftwerk Gundremmingen im Günzkreis kommen zwei Menschen ums Leben, mehrere werden verletzt. →

GESTORBEN:

3. 3. München: Therese Giehse (* 6. 3. 1898, München), Schauspielerin. →

16. 12. Prien am Chiemsee: Wilhelm Stählin (* 24. 9. 1883, Gunzenhausen), evangelischer Theologe.

Zahl der Gastarbeiter in Bayern gesunken

Juni 1975. Erstmals seit dem Rezessionsjahr 1966/67 ist die Zahl der sog. Gastarbeiter in Bayern deutlich zurückgegangen. Sie liegt nun bei 325 000; insgesamt wohnen im Freistaat 672 145 Ausländer, was einem Anteil von 6,2 % an der Gesamtbevölkerung entspricht. Die 166 655 Türken bilden die stärkste Gruppe, obwohl sie erst ganz zuletzt gekommen sind. Erstmals werden sie 1960 in der Statistik gezählt – unter den 36 979 ausländischen Arbeitnehmern dieses Jahres sind sie mit 307 Mann die schwächste Fraktion.

Bis zum Anwerbestopp für Gastarbeiter vom 23. November 1973 ist ihre Zahl ständig gewachsen; die deutsche Wirtschaft, so schien es, hatte einen grenzenlosen Bedarf an Arbeiter. Im Jahre 1954 zählten die Behörden in Bayern 10 722 ausländische Arbeitnehmer, darunter allerdings 6 746 Österreicher, von denen viele im Pendelverkehr nur zum Arbeiten über die Grenze kamen, abends aber wieder zurück in ihre Heimat fuhren. Vier Jahre später, 1958, betrug die Gesamtzahl 16 376, doch 1961 lag sie bereits bei 62 109. Im Herbst 1973 erreichte die Zahl der ausländischen Beschäftigten mit 420 000 ihren Höhepunkt. Mehr als die Hälfte

Traditioneller Treffpunkt der zahlreichen Gastarbeiter in der bayerischen Landeshauptstadt ist der Eingang des Hauptbahnhofs

aller in Bayern beschäftigten Ausländer, nämlich 353 880, arbeitete in Oberbayern, wo der Ausländeranteil an der Gesamtbevölkerung etwas weniger als 10 % beträgt.

Natürlich liegt München mit 18 % Ausländeranteil weit vorne. Für die Kinder wurden 39 muttersprachliche Schulklassen eingerichtet.

Die geringste Zahl von Gastarbeitern wird im bäuerlichen Niederbayern registriert, wo die 18 592 Ausländer lediglich einen Anteil von 1,87 % ausmachen. Nur geringfügig höher sind die Zahlen in der Oberpfalz, während Mittelfranken mit 105 998 Gastarbeitern an zweiter Stelle in Bayern liegt.

Tödlicher Unfall im Atomkraftwerk

20. November 1975. Bei einem Unfall im ältesten Kernkraftwerk der Bundesrepublik in Gundremmingen (seit 1966 in Betrieb) kommen zwei Arbeiter durch Verbrühungen ums Leben. Obwohl nach Aussagen der Werkleitung kaum Radioaktivität frei wird, läßt dieser erste Atomunfall mit Todesfolgen in der Bundesrepublik Zweifel an den Sicherheitsbeteuerungen der Kernkraft-Befürworter aufkommen.

Der Unfall, der zunächst verschwiegen wird, ereignet sich, als die beiden Arbeiter bei abgeschaltetem Reaktor ein Ventil im sog. Primärwasser-Reinigungskreislauf öffnen, um eine Dichtung auszuwechseln. Dabei entweicht unter großem Druck 265°C heißer, radioaktiver Dampf und verursacht die tödlichen Verbrühungen. Es wird vermutet, daß bei dem Arbeitsvorgang die Betriebs- und Sicherheitsanweisungen nicht korrekt bzw. nicht vollständig beachtet wurden.

Schweres Eisenbahnunglück bei Gmund

8. Juni 1975. *Auf der eingleisigen, ungesicherten Strecke Warngau–Schaftlach nahe Gmund stoßen wegen eines Fehlers im Sommerfahrplan zwei Eilzüge bei voller Fahrt frontal zusammen (Abb.). Das bisher schwerste Zugunglück Bayerns nach dem Zweiten Weltkrieg fordert 36 Menschenleben. 85 Menschen werden zum Teil schwer verletzt. Der Sachschaden beträgt insgesamt rund 6 Millionen DM.*

Die große Brecht-Schauspielerin Therese Giehse: Auf dem Bücherregal ihrer Münchner Wohnung reihen sich die Brecht-Ausgaben

»Mutter Courage« war ihre Glanzrolle

3. März 1975. In ihrem Geburtsort München stirbt die international renommierte Charakterdarstellerin Therese Giehse drei Tage vor ihrem 77. Geburtstag.

Therese Giehse, mit bürgerlichem Namen Therese Gift, wurde am 6. März 1898 als Tochter des jüdischen Kaufmanns Salomon Gift geboren. Ihren Schauspielunterricht finanzierte sie mit Büroarbeit. Nach Engagements an kleineren Bühnen wurde sie 1925 von Otto Falckenberg an die Münchner Kammerspiele verpflichtet. Schon damals spielte sie zumeist ältere Frauen.

Im März 1933 emigrierte Therese Giehse nach Zürich und fand am Schauspielhaus ihre berühmten Rollen: die Mutter Wolffen und die Frau John in den Dramen »Der Biberpelz« und »Die Ratten« von Gerhart Hauptmann und die Frau Alving in »Gespenster« von Henrik Ibsen. Vor allem als Brecht-Interpretin wurde sie legendär. In allen drei Züricher Brecht-Uraufführungen stand sie auf der Bühne: 1941 als »Mutter Courage«, 1943 als Hausbesitzerin Mi-Tzü in »Der gute Mensch von Sezuan« und 1948 als Schmuggler-Emma in »Herr Puntila und sein Knecht Matti«. Bertolt Brecht selbst war von dieser Inszenierung so begeistert, daß er der Giehse anbot, in das neugegründete »Berliner Ensemble« einzutreten.

Therese Giehse gab dort jedoch nur Gastspiele und kehrte 1949 an

Als »Mutter Courage« bekannt geworden: Therese Giehse

die Münchner Kammerspiele zurück. Sie spielte aber auch am Schauspielhaus Zürich und an der Berliner Schaubühne am Halleschen Ufer. Ihr Repertoire erweiterte sich; man sah sie als Celestina in »Don Juan« von Max Frisch, als Lisaweta in Wedekinds »Der Liebestrank« und als Hekuba in »Die Troerinnen des Euripides« von Jean-Paul Sartre.

Vor allem mit Werken Friedrich Dürrenmatts feierte sie Erfolge, z. B. in »Die Physiker« und in »Der Besuch der alten Dame«. Weithin bekannt wurde sie als Oma Häusler in Helmut Dietls Fernsehserie »Münchner Geschichten«.

1976

30. 1. Mit einer Quote von 5,9 % erreicht die Arbeitslosigkeit in der Bundesrepublik ihren Höchststand seit 1959.

4. 2. Die XII. Olympischen Winterspiele in Innsbruck werden eröffnet. Herausragende bayerische Teilnehmerin ist Rosi Mittermaier. →

28. 4.–13. 5. Auf einen Schwerpunktstreik der IG Druck und Papier in zahlreichen Zeitungsdruckereien der Bundesrepublik reagieren die Arbeitgeber zum ersten Mal mit einer bundesweiten Aussperrung. →

12. 5. Bayern München wird Europacup-Sieger der Landesmeister mit einem 1 : 0-Sieg gegen St. Etienne. →

21. 6. Durch das 15. Strafrechtsänderungsgesetz wird statt der für verfassungswidrig erklärten Fristenlösung eine medizinisch-soziale Indikationslösung eingeführt. Damit ist die Diskussion um den § 218 vorläufig beendet.

2. 7. In Schloß Schleißheim findet eine Ausstellung über Kurfürst Max II. Emanuel statt. →

1. 8. Bei den XXI. Olympischen Sommerspielen in Montreal erreicht die Mannschaft der Bundesrepublik mit zehn Gold-, zwölf Silber- und 17 Bronzemedaillen den vierten Platz im inoffiziellen Medaillenspiegel.

19. 11. Nach der verlorenen Bundestagswahl beschließen die CSU-Bundestagsabgeordneten auf einer Tagung in Wildbad Kreuth, die Fraktionsgemeinschaft mit der CDU im Bundestag nicht fortzusetzen, um die Unionsparteien so 1980 »zur absoluten Mehrheit zu führen«. Dieser Beschluß wird am 12. Dezember wieder rückgängig gemacht. →

14. 12. Der Industriellensohn Richard Oetker wird in Freising entführt. →

GESTORBEN:

18. 1. München: Friedrich Hollaender (* 18. 10. 1896, London), Komponist.

1. 2. München: Werner Heisenberg (* 5. 12. 1901, Würzburg), Physiker, Physiknobelpreisträger 1932. →

11. 2. München: Frank Arnau (* 9. 3. 1894, Wien), Publizist und Schriftsteller.

22. 3. Bamberg: Victor Emil von Gebsattel (* 4. 2. 1883, München), Psychotherapeut.

28. 4. München: Eugen Roth, (* 24. 1. 1895, München), Schriftsteller. →

24. 7. München: Julius Kardinal Döpfner (* 26. 8. 1913, Hausen bei Bad Kissingen), Erzbischof von München und Freising.

Nach Kreuth droht Spaltung der Union

19. November 1976. Auf einer Klausurtagung im oberbayerischen Wildbad Kreuth beschließen die Bundestagsabgeordneten der CSU mit 30 gegen 18 Stimmen, die seit 27 Jahren bestehende Fraktionsgemeinschaft mit der CDU nicht fortzuführen. Dadurch soll eine effektivere Opposition gegen die bei den Bundestagswahlen vom 3. Oktober 1976 bestätigte Bundesregierung aus SPD und FDP und eine bessere Darstellung der CSU-Politik ermöglicht werden. Als Vorteile sieht die CSU, daß die CDU und ihre bayerische Schwesterpartei in getrennten Fraktionen über mehr Redezeit im Parlament verfügen würden. Die CSU ist erbittert darüber, daß der Union trotz des bisher besten Bundestagswahlergebnisses der CSU wegen Stimmenverlusten der CDU die Ablösung der SPD-FDP-Koalition nicht gelungen ist. Am 12. Dezember einigen sich beide Seiten auf eine Fortsetzung der gemeinsamen Fraktion, nachdem die CDU mit ihrer Ausweitung auf Bayern gedroht hatte.

Fürsten-Schau

2. Juli 1976. *In Schloß Schleißheim beginnt zu seinem 250. Todestag eine große Ausstellung über Kurfürst Max II. Emanuel (Abb.), der Bayern nicht sehr geliebt, ihm viel Elend, aber auch barocken Glanz gebracht hat. Bis zum 3. Oktober wird die von Professor Hubert Glaser zusammengestellte Schau ein großer Publikumserfolg.*

»Gold-Rosi« Mittermaier ist der Star der XII. Olympischen Winterspiele

Februar 1976. *Zu einem Triumph für die 25jährige Skirennläuferin Rosa Katharina Mittermaier aus Reit im Winkl (Abb. r., Empfang) werden die XII. Olympischen Winterspiele vom 4. bis 15. Februar. Mit ihren Siegen im Abfahrtslauf (Abb. M., Siegerehrung) und im Spezialslalom sichert sich die gelernte Hotelgehilfin auf der Axamer Lizum neben einer Silber- und zwei Goldmedaillen zugleich auch drei Weltmeistertitel. Die von der Presse als »Gold-Rosi« gefeierte bayerische Athletin ist damit die erfolgreichste Teilnehmerin der Olympischen Winterspiele, die nach 1964 zum zweiten Mal in Innsbruck ausgetragen werden. Die Führende in der Ski-Weltcupwertung 1975/76 zählte keineswegs in allen drei Wettbewerben zum Favoritenkreis. Der Abfahrtssieg am 8. Februar ist ihr erster internationaler Erfolg in dieser Disziplin. Im Spezialslalom gewinnt die Sportlerin von der Winklmoosalm drei Tage später zum zweiten Mal Gold. Trotz des einsetzenden Trubels um die einzige bundesdeutsche Olympiasiegerin gelingt Rosi Mittermaier ausgerechnet am Freitag, dem 13., im Riesenslalom noch der zweite Platz (Abb. l.).*

Bayerns Zeitungen erscheinen nicht

28. April–13. Mai 1976. Viele Bundesbürger, auch in Bayern, müssen gute zwei Wochen auf ihre gewohnte Tageszeitung verzichten, denn am 28. April ruft die IG Druck und Papier bundesweit zum Streik auf, weil ihre Forderung nach einer Lohnerhöhung von 9% von den Arbeitgebern zurückgewiesen wurde. Nur in Nordbayern können noch kleinere Zeitungen erscheinen.

Als in den großen Zeitungsdruckereien Bayerns (Münchner Zeitungs-Verlag, Nürnberger Nachrichten, Oldenbourg Verlag, Passauer Neue Presse, Süddeutscher Verlag) zwischen 85% und 95% der Belegschaften für den Streik stimmen, reagieren die Arbeitgeber mit Aussperrungen. Bei der ersten bundesweiten Aussperrung der Nachkriegszeit werden von 145000 gewerblichen Arbeitnehmern der Druckindustrie 105000 ausgesperrt. Erst die Einigung der Tarifparteien auf 6% mehr Lohn am 13. Mai ermöglicht wieder ein Erscheinen der Tagespresse.

21 Millionen für Oetker-Sohn

14. Dezember 1976. Der 25jährige Richard Oetker, Sohn von Rudolf-August Oetker, dem Chef des Oetker-Konzerns, wird im oberbayerischen Freising entführt. Er wird am 16. Dezember gegen ein Lösegeld von 21 Millionen DM schwerverletzt wieder freigelassen.

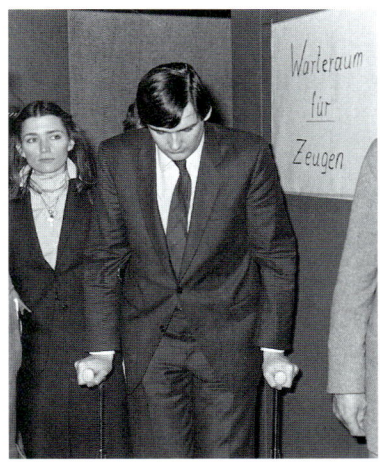
Nach der Entführung ist Richard Oetker (mit Ehefrau) ein Krüppel

Überbringer des Lösegeldes ist der Bruder des Entführten, der 30jährige August Oetker. Er übergibt den Koffer mit den Geldscheinen auf Anweisung der Entführer im Untergeschoß des Münchner »Stachus«, der größten unterirdischen Ladenstraße Europas. Obwohl die Polizei eine großangelegte Fahndung startet, gelingt es ihr nicht, die Täter zu fangen. Die Kidnapper überlisten die fast 5000 Münchner Polizisten und nutzen das verzweigte Einkaufslabyrinth, um unerkannt in der Menschenmenge zu entkommen.

Fünf Stunden nach der Geldübergabe wird die Geisel auf Hinweis der Entführer im Kreuzlinger Forst bei München gefunden. Richard Oetker ist schwerverletzt, da er die gesamten 47 Stunden seiner Gefangennahme in gekrümmter Haltung in einer nur 60 x 70 x 120 Zentimeter großen Holzkiste verbringen mußte. Er erlitt beidseitige Oberschenkelhalsfrakturen, zwei gebrochene Brustwirbel, schwere Herzrhythmusstörungen und einen Lungenkollaps.

Der Atomphysiker Heisenberg stirbt

1. Februar 1976. Werner Heisenberg, der zu den bedeutendsten Physikern des 20. Jahrhunderts zählt, stirbt im Alter von 74 Jahren in München. Mit seinen fundamentalen Erkenntnissen im Bereich der Atom- und Kernphysik hat er die Entwicklung der modernen Physik nachhaltig beeinflußt. Heisenberg hatte wesentlichen Anteil an der Entwicklung der Quantentheorie und erhielt für diese Forschungen 1932 den Nobelpreis für Physik.

W. Heisenberg

Er stellte eine Theorie über den Bau von Atomkernen auf und arbeitete seit den 50er Jahren an einer Theorie der Elementarteilchen. Der gebürtige Würzburger forschte und lehrte als Professor an den Universitäten Leipzig, Göttingen, Berlin und München.

Dichter Eugen Roth ist tot

28. April 1976. Im Alter von 81 Jahren stirbt in seiner Heimatstadt München der Schriftsteller Eugen Roth, der vor allem durch heiter-besinnliche Verse populär wurde.

Nach Abschluß seines Studiums in München (Geschichte/Germanistik) war Roth bis zu seiner fristlosen Entlassung durch die Nationalsozialisten im April 1933 als Lokalredakteur bei den »Münchner Neuesten Nachrichten« tätig. Schon als Student hatte er begonnen vorrangig ernste Lyrik zu schreiben. Es entstanden die Gedichtbände »Die Dinge, die unendlich uns umkreisen« (1918), »Erde, der Versöhnung Stern« (1920), »Der Ruf« (1922) und »Mond und Tage« (1930).

Erst nach Beendigung seiner journalistischen Laufbahn entdeckte Roth seine humoristische Ader. Er verfaßte zahlreiche ironisch-heitere Versbände, in denen er auf scharfsinnige, aber gutmütige Weise menschliche Schwächen unter die Lupe nimmt. Seinem ersten großen Erfolg »Ein Mensch« (1935) folgten u.a. die Bände »Mensch und Unmensch«

Eugen Roth an seinem 80. Geburtstag in seiner Wohnung

(1948), »Eugen Roths Tierleben« (2 Bände 1948/49) und »Der letzte Mensch« (1964). Daneben schrieb Roth auch zahlreiche Essays, Kinderbücher und Erzählungen. Der Erfolg seiner ernsten Lyrik und Prosa stand jedoch stets im Schatten seiner Humoresken.

Eugen Roth – Meister der heiteren Ironie

Man wird bescheiden
Ein Mensch erhofft sich fromm und still,/Daß er einst das kriegt, was er will./Bis er dann doch dem Wahn erliegt/Und schließlich das will, was er kriegt.

Ein Ausweg
Ein Mensch, der spürt, wenn auch verschwommen,/Er müßte sich, genau genommen,/Im Grunde seines Herzens schämen/Zieht vor, es nicht genau zu nehmen.

Ein Erlebnis
Ein Mensch erblickt ein Weib von fern/Und säh es aus der Nähe gern./Er eilt herbei zu diesem Zweck,/Doch zwischen beiden liegt ein Dreck./Der Mensch, ganz Auge, anzubeten,/Ist blindlings da hineingetreten./Nicht angenehm für seine Schuhe –/Doch gut für seine Seelenruhe.

Mitmenschen
Ein Mensch schaut in der Straßenbahn/Der Reihe nach die Leute an:/Jäh ist er zum Verzicht bereit/Auf jede Art Unsterblichkeit.

Einsicht
Seit auf die Welt ich gekommen,/Sah ich sie meist nur verschwommen./Mir fehlte der Wille/Zur schärferen Brille –/Mein Glück war's, genau genommen!

Aussichtslos
Der Mensch, dem Geschick zu entkommen,/Hat dies und das unternommen:/Bald macht' er 'nen Hupf hoch,/Bald sucht 'er ein Schlupfloch –/Doch meist harrt er beklommen.

Philosophischer Disput
Ein Mensch verteidigt mit viel List:/Die Welt scheint anders, als sie ist!/Sein Gegner aber streng verneint:/Die Welt ist anders, als sie scheint.

Schwaches Gedächtnis
Ich weiß zwar nicht mehr, was ich las –/Doch von dem Dichter las ich was.

Denker
Ein Mensch ist sonst ein Denk-Genie./Nur eins: an andre denkt er nie!

1977

März. Der 49jährige Professor der Theologie an der Universität Regensburg, Joseph Ratzinger, wird von Papst Paul VI. als Nachfolger von Julius Kardinal Döpfner zum Erzbischof von München und Freising berufen. – Im Juni wird Ratzinger zum Kardinal erhoben.

2. 2. Die Schauspielerin Ingrid van Bergen erschießt in Starnberg ihren zwölf Jahre jüngeren Freund, den Finanzmakler Klaus Knaths. →

16. 2. An der Hochschule der Bundeswehr in München ereignen sich antisemitische Vorfälle, die erst im Herbst bekannt werden und bundesweit Aufsehen erregen. →

19. 4. Der Fußballspieler Franz Beckenbauer wechselt für 1,75 Millionen DM vom FC Bayern München zu Cosmos New York. →

17. 5. Die Nationale Atomenergiekommission Argentiniens gibt die Unterzeichnung eines Abkommens mit der Bayerischen Hypotheken- und Wechselbank über einen Kredit von 47,5 Millionen DM zum Kauf von 390 nuklearen Brennstoffelementen und Anlagen zur Herstellung nuklearen Brennstoffs bekannt.

22. 5. Nach Abschluß der 14. Bundesliga-Saison belegt der FC Bayern München den siebten Platz.

13. 7. Das Gesetz zur Änderung des Wehrpflicht- und Zivildienstgesetzes sieht vor, daß bei Kriegsdienstverweigerung aus Gewissensgründen die schriftliche Erklärung genügen soll.

18. 10. Ein Sonderkommando des Bundesgrenzschutzes stürmt – nachdem der somalische Präsident Maxamed Siyaad Barre seine Einwilligung gegeben hat – die am 13. Oktober gekaperte Lufthansa-Maschine »Landshut« und befreit die Geiseln. Drei Terroristen kommen ums Leben.

12. 11. Die Terroristin Ingrid Schubert erhängt sich in der Haftanstalt Stadelheim in München. →

1977. Unterhaltungssendungen des Bayerischen Rundfunks sind in der ganzen Bundesrepublik beliebt. →

1977. Herbert Achternbuschs Film »Bierkampf« kommt in die Kinos.

GESTORBEN:

27. 3. Fürth: Gustav Schickedanz (* 1. 1. 1895, Fürth), Unternehmer. →

5. 5. Bonn: Ludwig Erhard (* 4. 2. 1897, Fürth), CDU-Politiker, Bundeskanzler 1963–1966. →

Erneut Selbstmord einer Terroristin

12. November 1977. Die 33jährige Terroristin Ingrid Schubert, die zum harten Kern der Rote-Armee-Fraktion (RAF) gehörte, erhängt sich mit einem Bettlaken am Fensterkreuz ihrer Zelle in der Haftanstalt von München-Stadelheim.

I. Schubert

Ingrid Schubert verbüßte seit 1971 eine Haftstrafe von insgesamt 13 Jahren. Ihr Selbstmord ist nach dem Freitod von Ulrike Meinhof am 9. Mai 1976, den mysteriösen Selbstmorden von Andreas Baader, Gudrun Ensslin und Jan-Carl Raspe in Stuttgart-Stammheim am 18. Oktober 1977 und dem Tod von Holger Meins im Hunger-Koma am 10. November 1974 bereits der sechste Todesfall eines RAF-Mitgliedes in der Haft. In allen Fällen gibt es Anzeichen für Haftpsychosen.

Ingrid van Bergen erschießt Freund

2. Februar 1977. Vermutlich aus Eifersucht erschießt die 45jährige Schauspielerin Ingrid van Bergen in ihrer Villa in Starnberg ihren Freund Klaus Knaths.

Als der 33jährige Finanzmakler gegen Abend in das gemeinsame Haus zurückkehrt, feuert Ingrid van Bergen drei Schüsse auf ihren Lebensgefährten ab. Klaus Knaths wird von zwei Kugeln in Brust und Bauch getroffen und stirbt kurz darauf an seinen Verletzungen.

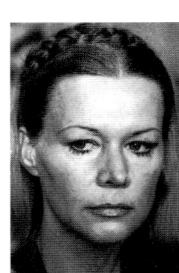

I. van Bergen

Freunde und Bekannte sagen aus, daß sich die Beziehung des Paares schon seit längerem in einer Krise befand und Klaus Knaths sich von seiner immer eifersüchtiger werdenden Partnerin trennen wollte.

Ingrid van Bergen wird kurz nach ihrer Tat verhaftet. Wegen Totschlags wird sie zu sieben Jahren Gefängnis verurteilt.

Antisemitismus an der Bundeswehr-Uni

16. Februar 1977. An der Münchner Hochschule der Bundeswehr kommt es zu antisemitischen Vorfällen. Auf einem Kameradschaftsabend singen acht junge Leutnants das Horst-Wessel-Lied und andere Kampflieder der Nationalsozialisten. Nach dem Trinkgelage spielen die Nachwuchsoffiziere »Judenverbrennung«, indem sie unter »Sieg heil«- und »Fahne hoch«-Rufen Kartons und Papier mit dem Wort »Jude« beschriften und diese »symbolisch« in ein Feuer werfen.

Zudem werden seit einiger Zeit Seminararbeiten mit Hakenkreuzen beschmiert. Auch mit hohem Alkoholkonsum ist die Angelegenheit nicht abzutun, denn noch acht Wochen nach diesem Abend kritzelt ein Offiziersstudent ein Hakenkreuz in eine Abwesenheitsliste.

Bundesverteidigungsminister Georg Leber (SPD) und die Öffentlichkeit erfahren erst über sieben Monate später, nach Veröffentlichungen in der »Frankfurter Rundschau« am 28. September, von den Vorfällen.

Beckenbauer verläßt Bayern

19. April 1977. In München gibt Franz Beckenbauer, der Kapitän der bundesdeutschen Fußballnationalmannschaft, seinen Verzicht auf weitere Einsätze in der DFB-Elf bekannt. Der bisher beim FC Bayern München unter Vertrag stehende Rekordinternationale wechselt für eine Ablösesumme von 1,75 Millionen DM zu Cosmos New York in die US-Profiliga. Seit Jahresanfang hatte es Gerüchte über einen bevorstehenden Transfer gegeben, dem der Deutsche Fußballbund (DFB) und der FC Bayern angeblich ablehnend gegenüberstanden, weil sie nicht auf einen ihrer wertvollsten Spieler verzichten wollten.

Die Öffentlichkeit reagiert mit verletztem Stolz auf den Weggang des als »Kaiser Franz« verehrten Liberos und sieht in angeblichen privaten Problemen die Gründe für den Wechsel des ungewöhnlich erfolgreichen Fußballers.

Der am 11. September 1945 in München geborene Sohn eines Postobersekretärs kam 1958 zum FC Bayern und spielte seit 1965 in dessen Profimannschaft. In 415 Bundesligaeinsätzen erzielte er 43 Tore. Mit seinem Verein wurde er je vier Mal Deutscher Meister und DFB-Pokalsieger, dreifacher Europacupsieger der Landesmeister und Weltcupgewinner. Mit der DFB-Elf, für die er 103 Mal spielte, gewann er den Welt- und Europameistertitel (→ 6. 3. 1979).

Franz Beckenbauer im Dress von Cosmos im Stadion des Vereins

Altbundeskanzler Ludwig Erhard in seinem Arbeitszimmer

Altbundeskanzler L. Erhard stirbt

5. Mai 1977. Altbundeskanzler Ludwig Erhard (CDU) stirbt im Alter von 80 Jahren in Bonn.

Erhard wurde am 4. Februar 1897 in Fürth geboren und war nach kaufmännischer Lehre und Ökonomiestudium seit 1928 in Nürnberg wissenschaftlich tätig. Unmittelbar nach dem Zweiten Weltkrieg wurde er bayerischer Minister für Handel und Gewerbe (1945/46). Zu Erhards großen Verdiensten gehört die Vorbereitung der Wirtschafts- und Währungsreform vom 20. Juni 1948, denn seit März 1948 war er Direktor der Verwaltung für Wirtschaft im Vereinigten Wirtschaftsgebiet der westlichen Besatzungszonen. In der Folgezeit setzte er das Konzept der sozialen Marktwirtschaft durch und galt deshalb als »Vater des Wirtschaftswunders«.

1949 trat er in die CDU ein und wurde für seine Partei in den Bundestag gewählt, dem er bis 1976 angehörte. Auch als Bundeswirtschaftsminister (1949–1963) und Vizekanzler (1957–1963) blieb der wirtschaftliche Wiederaufstieg der Bundesrepublik Ziel seiner Politik.

Im Oktober 1963 wurde Erhard gegen dessen Willen Nachfolger von Konrad Adenauer als Bundeskanzler. Nach der Niederlage der CDU bei den Landtagswahlen in Nordrhein-Westfalen im Juli 1966 und dem Ausscheiden der FDP-Minister aus dem Kabinett im Oktober trat Erhard im Dezember 1966 zurück.

»Quelle«-Chef Gustav Schickedanz gestorben

27. März 1977. Im Alter von 82 Jahren stirbt in seiner Geburtsstadt Fürth der Unternehmer Gustav Schickedanz, Inhaber des Versandhauses »Quelle«, des größten in Europa und drittgrößten der Welt. Bis zu seinem Tod hatte sich der gelernte Kaufmann aktiv an der Unternehmensführung beteiligt.

Den Grundstein zu seiner Handelsgruppe legte der Sohn eines Werkmeisters 1923 mit der Gründung einer Großhandlung für Kurz-, Weiß- und Wollwaren, aus dem am → 26. Oktober 1927 das Versandhaus »Quelle« hervorging. Schon 1936 zählte das Unternehmen mehr als eine Million Stammkunden bei einem Umsatz von etwa 40 Millionen Reichsmark. Nach dem Zweiten Weltkrieg mußte der angebliche »Nazi-Unternehmer« neu anfangen. Bald florierten jedoch neben dem Versandhaus die »Foto-Quelle«, seine Patrizier-Bräu AG, die Hygienepapierfirmen (»Tempo«) und Kaufhäuser.

Gustav Schickedanz 1917

»Quelle«-Katalog von 1932

»Quelle«-Versandhaus in Fürth

Am 27. November 1975 gibt es nach 35 Sendungen zum letztenmal Kinderstunde mit Erika Saucke

Das Schelmenstück »Der Holledauer Schimmel« von Alois J. Lippl, Sendung 5. Oktober 1968

Günther Schramm (r.) ist bereits der fünfte Moderator des Erfolgs-Quiz »Alles oder Nichts«

Das bewährte »Was bin ich?«-Team (stehend v. l.: G. Baumann, A. Fleyenschmidt, R. Lembke; sitzend v. l.: A. von Aretin, H. Sachs, M. Koch)

Beliebte Fernsehunterhaltung aus Bayern

1977. Zu den Rekordhaltern im Programm des Bayerischen Fernsehens gehören zwei Unterhaltungssendungen, die den Vorteil haben, daß sie preisgünstig zu produzieren sind: »Was bin ich?« und »Alles oder Nichts«. Das Schweinderl (mit wechselnder Farbe), der Zeremonienmeister Robert Lembke und die »Stammspieler« Annette von Aretin, Anneliese Fleyenschmidt/Marianne Koch, Guido Baumann und Hans Sachs fragen nun schon seit 1955: »Gehe ich recht in der Annahme…?«.

»Alles oder Nichts« vom Karl Kraus-Editor Heinrich Fischer in den frühen Fernsehtagen begonnen, steht in abgeänderter Form noch immer im Programm. Dem ersten Moderator folgt Georg Böse; diesen löst Erich Helmensdorfer ab. Nach Andreas Grasmüller und Günther Schramm übernimmt schließlich Max Schautzer dieses Spiel-Quiz, in dem Spezialwissen zu einem Gebiet abgefragt und mit einem Maximalbetrag von 10 000 DM honoriert wird.

Zur bayerischen Fernsehunterhaltung gehören aber auch die in vielen Folgen ausgestrahlten Volksstücke des »Komödienstadl« und die selbst in Norddeutschland gern gesehene Volksmusiksendung »Das bairische Bilder- und Notenbüchl«, die Wastl Fanderl kundig und mit Charme präsentiert.

Szene aus »Krach um Jolanthe«, im Rahmen der Sendereihe »Komödienstadl« ausgestrahlt

Der »Komödienstadl« zeigt bayerische Volksstücke, hier »Wenn der Hahn kräht«

Wastl Fanderl mit der Kreuther Saitenmusi in seinem »Baierischen Bilder- und Notenbüchl«

1978

14. 1. Die »Süddeutsche Zeitung« veröffentlicht einen Bericht, wonach ein Telefongespräch des CSU-Vorsitzenden Franz Josef Strauß mit der Redaktion des »Bayernkurier« am 28. September 1976 abgehört wurde. In dem Gespräch ging es um den sog. Lockheed-Skandal und seine Auswirkungen. →

5. 3. Bei den Kommunalwahlen in Bayern nimmt die CSU der SPD alle Münchner Wahlkreise ab. Neuer Oberbürgermeister wird Erich Kiesl (CSU). →

März/April. In der Metallindustrie von Nordwürttemberg-Nordbaden kommt es zu Warnstreiks, Schwerpunktstreiks und Aussperrungen. – Ein Druckerstreik erfaßt die ganze Bundesrepublik.

29. 4. Bayern München belegt nach Abschluß der 15. Bundesliga-Saison den zwölften Rang, der TSV 1860 München kommt auf Platz 16 und steigt ab.

9. 7. Aribert Reimanns Oper »Lear« wird in der Bayerischen Staatsoper München uraufgeführt. →

9. 10. Die neugegründete Universität Passau nimmt zum Wintersemester den Vorlesungsbetrieb auf. →

15. 10. Bei den Wahlen zum Bayerischen Landtag erhält die CSU 59,1% der Stimmen, die SPD 31,4%, die FDP 6,2%. →

6. 11. Der CSU-Vorsitzende Franz Josef Strauß wird als Nachfolger von Alfons Goppel zum bayerischen Ministerpräsidenten gewählt.

1978. Die Bundesrepublik und die Bundesländer erhalten Datenschutzgesetze. Erster Bundesbeauftragter für den Datenschutz wird Hans Peter Bull.

GESTORBEN:

7. 1. München: Alfred von Beckerath (* 4. 10. 1901, Hagenau), Komponist.

14. 1. München: Robert Heger (* 19. 8. 1886, Straßburg), Dirigent und Komponist.

31. 7. München: Werner Finck (* 2. 5. 1902, Görlitz), Kabarettist und Schriftsteller. →

15. 9. München: Willy Messerschmitt (* 26. 6. 1898, Bamberg), Flugzeugkonstrukteur. →

22. 9. München: Lina Carstens (* 6. 12. 1892, Wiesbaden), Schauspielerin.

14. 11. München: Ludwig Heinrich Heydenreich (* 23. 3. 1903, Leipzig), Kunsthistoriker.

20. 11. München: Rosl Schmid (* 25. 4. 1911, München), Pianistin.

26. 12. Starnberg: Fritz Büchtger (* 14. 2. 1903, München), Komponist.

Telefon von Franz Josef Strauß abgehört

14. Januar 1978. Die »Süddeutsche Zeitung« veröffentlicht einen Bericht, wonach der Vorsitzende der CSU und designierte Ministerpräsident Bayerns, Franz Josef Strauß, das Opfer einer Abhöraktion war. Dem Bonner Korrespondenten der Zeitung, Hartmut Palmer, war Anfang Januar ein als geheim gekennzeichnetes Abhörprotokoll eines Telefongesprächs zugespielt worden, das Strauß am 28. September 1976 mit dem Chefredakteur des »Bayernkurier«, Wilfried Scharnagl, geführt hatte. Bei dem Gespräch ging es – sechs Tage vor der Bundestagswahl 1976 – um die Haltung des »Bayernkurier« zu dem im Wahlkampf erneut aufgetauchten Vorwurf, Strauß habe als Bundesverteidigungsminister (1956–1962) bei der Beschaffung des Kampfflugzeugs »Starfighter« von der Herstellerfirma Lockheed rund 40 Millionen DM an Parteispenden für die CSU angenommen. Strauß als Herausgeber des »Bayernkurier« hatte Chefredakteur Scharnagl angewiesen, diesen Vorwurf als Komplott im Stile der Mafia zu brandmarken. Aus dem Abhörprotokoll geht hervor, daß Strauß ihn belastende Lockheed-Akten noch 1976 durchgesehen und beiseite geschafft haben soll. Strauß bestreitet nicht, diese Akten 1967, bei seinem Einzug ins Finanzministerium vom Verteidigungsministerium überführt zu haben, bezeichnet aber die Behauptung, er habe Akten vernichtet, als Fälschung des Gesprächsprotokolls, auch wenn dieses ansonsten inhaltlich durchaus zutreffend sei.

Karikatur zur Abhöraffäre: Strauß beschuldigt die Bundesregierung (Steckbrief: Helmut Schmidt), die Telefonaktion angeordnet zu haben

Die Tatsache, daß wirklich der Hauptteil der Akten fehle, sei dem Umstand zu verdanken, daß ein amtlicher Registrator sie aussortiert und anschließend vernichtet habe.
Strauß spart nicht mit Vorwürfen gegen die regierende sozialliberale Koalition, die er beschuldigt, einen Geheimdienst offiziell auf ihn angesetzt zu haben, um Wahlkampfmunition zu sammeln. Die Bundesregierung streitet jedoch entschieden ab, eine amtliche Abhöraktion gegen Strauß angeordnet zu haben. Das komplizierte Genehmigungsverfahren für derartige Aktionen schließe willkürliche Lauschangriffe durch bundesdeutsche Geheimdienste aus. Letztlich bleibt unklar, wer Strauß abgehört hat.

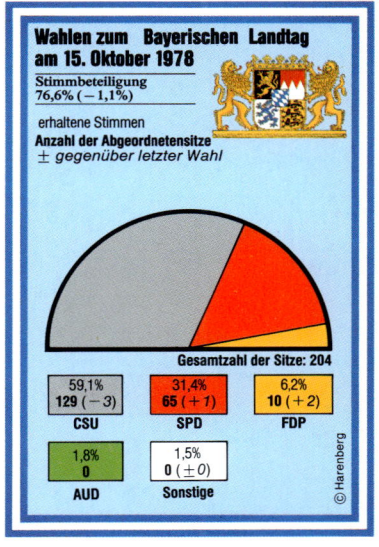

Wahlen zum Bayerischen Landtag am 15. Oktober 1978
Stimmbeteiligung 76,6% (− 1,1%)

erhaltene Stimmen
Anzahl der Abgeordnetensitze
± gegenüber letzter Wahl

Gesamtzahl der Sitze: 204

CSU	SPD	FDP
59,1%	31,4%	6,2%
129 (− 3)	65 (+ 7)	10 (+ 2)

AUD	Sonstige
1,8%	1,5%
0	0 (± 0)

© Harenberg

Hoher CSU-Sieg: Kiesl Oberbürgermeister

5. März 1978. Bei den Kommunalwahlen in Bayern baut die CSU ihre Führungsposition weiter aus. Erstmals seit 1948 stellt sie mit dem bisherigen Staatssekretär im bayerischen Innenministerium Erich Kiesl auch in München den Oberbürgermeister. Darüber hinaus verliert die SPD auch in Regensburg und Coburg ihre Mehrheit.
Landesweit erzielt die CSU 53,4% der abgegebenen Stimmen und verbessert sich damit gegenüber 1972 um 7,3%. Ihre 30,3% bedeuten dagegen für die SPD einen Verlust von 6,5%. Die CSU stellt nunmehr 30 von 49 Oberbürgermeistern sowie

Oberbürgermeister Erich Kiesl

59 von 71 Landräten. Darüber hinaus erhöht sie ihre Mandate in den Kreis- und Stadträten um 275 bzw. 98. Die SPD verliert dagegen 91 Stadträte und 190 Kreisräte. Die FDP, die mit 4,3% einen Stimmenzuwachs von 0,5% verbucht, kann den Oberbürgermeisterposten in Fürth verteidigen und stellt weiterhin den Landrat von Starnberg. Die NPD entsendet nur noch drei Mitglieder in die Kreistage.
Den größten Erfolg erzielt die CSU in München, wo sie jetzt über 42 der 80 Sitze im Stadtparlament verfügt, während die SPD von 44 auf 31 Mandate abnimmt (→ 18. 3. 1984).

Achte bayerische Universität in Passau

9. Oktober 1978. Die neugegründete Universität Passau nimmt zum Wintersemester 1978/79 den Vorlesungsbetrieb auf. Die achte bayerische Landesuniversität bezieht ihr Domizil im Kloster St. Nikola und in den Räumen der alten Philologisch-Theologischen Hochschule.
Das Hochschulwesen in der alten Bischofsstadt geht bis in das Jahr 1633 zurück, als das 1612–15 gegründete Jesuitengymnasium zu einem Lyzeum erweitert wurde. Die Lehranstalt wurde Mitte des 18. Jh. vergrößert, geriet jedoch Ende des 18. Jh. in wirtschaftliche Schwierigkeiten und mußte 1808 geschlossen werden. 1833 konnte mit Unterstützung König Ludwig I. erneut eine Hochschule in Passau etabliert werden, die dann 1923 akademische

Das ehemalige Nikolakloster wird Sitz der neuen Universität Passau

Rechte erhielt und gleichzeitig in »Philologisch-Theologische Hochschule« umbenannt wurde.
Während der Jahre 1969/70 konkretisierten sich Pläne, in Passau eine Universität zu gründen. Nachdem 1973 die notwendige gesetzliche Grundlage geschaffen war, wurden 1976/77 Präsident und Kanzler der Universität Passau ernannt.

Dietrich Fischer-Dieskau singt die Titelrolle des alten König Lear

Kabarettist Werner Finck an seinem 75. Geburtstag am 2. Mai 1977

Willy Messerschmitt kurz vor seinem Tod im Alter von 80 Jahren

Uraufführung von Reimanns »Lear«

9. Juli 1978. In der Bayerischen Staatsoper München wird die Oper »Lear« des 42jährigen Berliner Komponisten Aribert Reimann uraufgeführt, der als einer der wichtigsten Vertreter der deutschen musikalischen Avantgarde gilt.
Die Oper nach dem Drama »König Lear« von William Shakespeare, mit Dietrich Fischer-Dieskau in der Titelrolle, ist musikalisch anspruchsvoll aus verschiedenen Zwölftonreihen gebildet, die die einzelnen Charaktere voneinander abheben. Gestaltet wird der Machtkampf der drei Töchter Lears, der den alten König in den Wahn und zum Tod treibt.

Kabarettist Finck stirbt in München

31. Juli 1978. Mit 76 Jahren stirbt in München der Kabarettist, Schauspieler und Schriftsteller Werner Finck, der vor allem als satirischer Zeitkritiker bekannt wurde.
Finck leitete 1929–35 das Berliner Kabarett »Die Katakombe« und 1948–51 »Die Mausefalle« in Stuttgart. 1954 siedelte er nach München über. Dort feierte er Erfolge bei Gastspielen in den Räumen der »Lach- und Schießgesellschaft«. Finck wirkte in zahlreichen Theaterinszenierungen sowie in über 50 Filmen mit. Zu seinen bekanntesten Veröffentlichungen gehört »Alter Narr, was nun« (1972).

Deutscher Pionier der Luftfahrt tot

15. September 1978. Im Alter von 80 Jahren stirbt in München der deutsche Flugzeugkonstrukteur Willy Messerschmitt. Der Honorarprofessor und ehemalige Aufsichtsratsvorsitzende der Messerschmitt-Bölkow-Blohm GmbH (MBB) entwickelte zahlreiche richtungsweisende Luftfahrzeuge.
Messerschmitt konstruierte zunächst Segelflugzeuge, dann 1925 sein erstes Motorflugzeug, die M 17, und 1926 mit der M 18 sein erstes Ganzmetallflugzeug. Seine Me 109, seit 1934 entwickelt, wurde zum Standardjäger der deutschen Luftwaffe im Zweiten Weltkrieg.

6. 3. Der Fußballspieler Gerd Müller wechselt von Bayern München zu dem US-amerikanischen Club Fort Lauderdale Strikers.→

31. 5. Der 62jährige CSU-Politiker Richard Stücklen wird Präsident des Deutschen Bundestages.

9. 6. Nach Abschluß der 15. Bundesliga-Saison belegt der FC Bayern München den vierten Platz, der 1. FC Nürnberg kommt auf Rang 17 und steigt ab.

10. 6. In Bayern, der übrigen Bundesrepublik Deutschland, in Belgien, Frankreich, Italien und Luxemburg finden die ersten Direktwahlen zum Europäischen Parlament statt.

2. 7. Die CDU/CSU-Bundestagsfraktion nominiert den CSU-Vorsitzenden und bayerischen Ministerpräsidenten Franz Josef Strauß zum Kanzlerkandidaten für die Bundestagswahlen 1980

16. 9. Zwei Familien gelingt auf spektakuläre Weise die Flucht aus der DDR. In einem selbstgebastelten Heißluftballon, dessen Hülle aus zusammengenähten Regenmänteln und Nylonbahnen besteht, überwinden sie die Grenze und landen in Bayern. – Die außergewöhnliche Flucht wird später verfilmt.→

19. 11. Durch einen Bericht des Hamburger Nachrichtenmagazins »Spiegel« wird bekannt, daß Bayern 1978 zwei illegal eingereiste tschechische Asylbewerber wieder in die ČSSR abgeschoben hat.→

GESTORBEN:

17. 1. München: Gertrud Kückelmann (*3. 1. 1929, München), Schauspielerin.→

28. 2. München: Paul Alverdes (*6. 5. 1897, Straßburg), Schriftsteller.

18. 6. Erlangen: Sigmund Graff (*7. 1. 1898, Roth bei Nürnberg), Schriftsteller.

29. 7. Starnberg: Herbert Marcuse (*19. 7. 1898 Berlin), Sozialphilosoph.

6. 8. München: Feodor Lynen (*6. 4. 1911, München), Physiker, Medizinnobelpreisträger 1964.

10. 8. München: Walther Gerlach (*1. 8. 1889, Biebrich/Wiesbaden), Physiker.

12. 9. München: Josef Müller (*27. 3. 1898, Steinwiesen/Oberfranken), BVP- bzw. CSU-Politiker.

30. 11. Seefeld/Starnberg: Arno Assmann (*30. 7. 1908, Breslau), Schauspieler und Regisseur, Intendant des Theaters am Gärtnerplatz in München 1959–1963.

Flucht im Ballon

16. September 1979. *In einem selbstgebastelten Heißluftballon (Abb.) gelingt zwei Familien unbemerkt die Flucht aus der DDR nach Bayern. Die acht Personen – zwei Männer, zwei Frauen und vier Kinder – starten in der Nacht nahe der Grenze zu dem riskanten Flug. In fast 2500 m Höhe treiben sie in einer halben Stunde 40 km weit über die Grenze.*

Zwei ČSSR-Bürgern Asyl verweigert

19. November 1979. Durch einen Bericht des Nachrichtenmagazins »Der Spiegel« wird bekannt, daß der Freistaat Bayern im Jahre 1978 zwei illegal eingereiste tschechoslowakische Staatsbürger wieder in die ČSSR abgeschoben hat.

Vratislav Čermak und Juraj Zilka beantragen zwar die Anerkennung als politische Flüchtlinge, werden jedoch gegen ihren Willen am Übergang Furth im Wald den ČSSR-Behörden übergeben. Über ihr weiteres Schicksal wird nichts bekannt. In der ČSSR steht auf Republikflucht eine Haftstrafe von sechs Monaten bis zu fünf Jahren.

Laut Bundesverwaltungsgericht haben die bayerischen Behörden den beiden ČSSR-Bürgern das politische Asyl widerrechtlich verweigert, für das schon die drohende Strafe wegen Republikflucht ein hinreichender Grund gewesen wäre. Obwohl das Recht auf ein ordentliches Asylverfahren im Grundgesetz verankert ist, haben die beiden Tschechen es nicht wahrnehmen können.

Bayerns Innenminister Gerold Tandler (CSU) muß zugeben, daß es seit 1977 schon ähnliche Fälle gab.

Der »Ochsensepp« stirbt in München

12. September 1979. In München stirbt 81jährig der bayerische Politiker und Jurist Josef Müller, auch als »Ochsensepp« bekannt.

Bereits als Student und später als Rechtsanwalt in München war Müller in der Bayerischen Volkspartei (bis 1933) tätig. Während des Nationalsozialismus wirkte er als juristischer Berater kirchlicher Institutionen, nahm 1939 Kontakt zum deutschen militärischen Widerstand auf und führte 1939/40 erste Verhandlungen mit der britischen Regierung über Friedensbedingungen bei einem Sturz Hitlers.

Nach dem Krieg spielte er eine wichtige Rolle im politischen Leben Bayerns. Er war Mitbegründer der CSU (1945), CSU-Landesvorsitzender (1945–49), stellvertretender Ministerpräsident (1947–49) und bayerischer Justizminister (1947–49; 1950–52). Als Justizminister umstritten, trat er 1952 zurück und wurde erster Vorsitzender des CSU-Bezirksverbands München. Nach seiner Niederlage bei der Wahl zum Oberbürgermeister der Stadt München (1960) nahm er Abschied von der aktiven Politik.

Gertrud Kückelmann als »Komtesse Mizzi« von Arthur Schnitzler

Gertrud Kückelmann springt in den Tod

17. Januar 1979. Die Schauspielerin Gertrud Kückelmann wählt, 14 Tage nach ihrem 50. Geburtstag, den Freitod. Wahrscheinlich aus Verzweiflung über eine Krebserkrankung springt sie aus einem Fenster der Wohnung ihres Bruders, des Filmproduzenten und Anwalts Norbert Kückelmann.

Bekannt wurde die am 3. Januar 1929 in München geborene Tochter eines Arztes und einer Schauspielerin vor allem durch naive und sentimentale, meist jugendliche Frauenrollen auf der Bühne, in Film und Fernsehen. Nach Ballett- und Schauspielschule steht »Kücki« 1949 in »Verbotene Reise« an den Münchner Kammerspielen zum erstenmal auf der Bühne; Filmangebote folgen. Bereits für ihre zweite Filmrolle in »Rausch einer Nacht« erhält sie zusammen mit Gardy Granass die Auszeichnung als beste Nachwuchsdarstellerin 1951.

Trotz der Erfolge beim Film spielt sie weiterhin am Theater. Zwei Jahrzehnte lang ist die »Küki« ein von den Münchnern geliebtes Mitglied des Kammerspiel-Ensembles; unvergessen in Anouilhs »Lerche« und der Kortner-Inszenierung von Büchners »Leonce und Lena«. Nach der Lösung des Vertrags 1969 spielt sie im Residenztheater u.a. die Johanna in T. Bernhards »Ein Fest für Boris«. Zu den großen Frauenrollen ihrer letzten Jahre gehört die Bäurin in Kurt Wilhelms Fernsehverfilmung von Thomas »Der Ruepp«.

Der »Bomber der Nation« verläßt Bayern

6. März 1979. Nach 427 Bundesligaspielen verläßt der Fußballer Gerd Müller wegen Differenzen mit Trainer und Vereinsführung den FC Bayern München und wechselt zu den Fort Lauderdale Strikers. Der bisher erfolgreichste deutsche Torschütze unterschreibt in München einen Zweijahresvertrag bei dem in Miami/Florida beheimateten Club. Damit verliert der bundesdeutsche Fußballsport nach dem Wechsel von Franz Beckenbauer zu Cosmos New York (→19.4.1977) zum zweiten Mal eines seiner Idole an die US-Profiliga. Der am 3. November 1945 geborene Mittelstürmer war über den TSV Nördlingen, dem er von 1955 bis 1964 angehörte, zu den Lizenzspielern des FC Bayern gekommen, für den er in der Bundesliga 365 Treffer erzielte. Seine typische Art des Torschusses mit leicht herausgestrecktem Hinterteil schmähten einige Kritiker zunächst als unge-

lenk, doch hatte der »Bomber der Nation« großen Anteil an den zahlreichen Erfolgen seines Vereins. Mit seiner Mannschaft wurde Gerd Müller, liebevoll auch »Straf-

Mittelstürmer Gerd Müller, genannt der »Bomber der Nation«

raumgespenst« genannt, Weltcupsieger (1976), Gewinner des Europacups der Landesmeister (1974–76), Europacupsieger der Pokalgewinner (1967), Deutscher Meister (1969, 1972–74) und 1966, 1967, 1969 und 1971 Gewinner des vom Deutschen Fußballbund (DFB) gestifteten Vereinspokals. Die Krönung seiner Karriere waren jedoch sicherlich die Europameisterschaft (1972) und der Weltmeistertitel mit der Nationalelf am → 7. Juli 1974, für die er bei 62 Einsätzen 68 Tore erzielte. Darüber hinaus wurde der Fußballer mit den gewaltigen und sehr muskulösen Oberschenkeln siebenmal Torschützenkönig der Bundesliga. 1969 kürte ihn die Sportpresse zum deutschen Fußballer des Jahres und 1970 zum besten Spieler Europas.

Mit 14 Treffern führt er bisher die Torschützenliste bei Weltmeisterschaften vor dem Franzosen Just Fontaine und vor Pelé an.

1980

Anschlag beim Oktoberfest

26. September 1980. Einem Bombenanschlag auf das Oktoberfest in München fallen 13 Menschen zum Opfer, unter ihnen der mutmaßliche Täter, der Rechtsextremist Gundolf Köhler. Darüber hinaus werden 219 Besucher schwer verletzt. Das Oktoberfest schließt für 24 Stunden seine Pforten.

Nach den Ermittlungen der Polizei ist der Sprengkörper vorzeitig detoniert und hat dabei den Attentäter tödlich verletzt. Der 21jährige Geologiestudent gilt nach Erkenntnissen des Bundesamtes für Verfassungsschutz als Mitglied der neonazistischen »Wehrsportgruppe Hoffmann«, die am →30. Januar 1980 verboten wurde. Köhler kann jedoch von der Polizei nicht eindeutig als Täter identifiziert werden.

Besondere Empörung ruft die Tatsache hervor, daß erstmals in der Bundesrepublik ein Terroranschlag nicht gegen eine prominente Einzelperson gerichtet ist, sondern gegen zufällig anwesende Bürger. Am 2. August 1980 hatte ein Bombenattentat von Rechtsextremisten auf dem belebten Bahnhof der oberitalienischen Stadt Bologna bereits über 80 Todesopfer gefordert.

Karl-Heinz Hoffmann, Chef der nach ihm benannten »Wehrsportgruppe«

Nach dem Bombenanschlag am Eingang zum Oktoberfest kommt für 13 Menschen jede Hilfe zu spät; ihre Leichen werden mit Tüchern abgedeckt

Wehrsportgruppe Hoffmann verboten

30. Januar 1980. Die rechtsextreme Wehrsportgruppe Hoffmann wird vom Bundesinnenministerium in Bonn als »Verein mit verfassungsfeindlicher Zielsetzung« verboten. Seit 1974 hatte der 47jährige Werbegraphiker und Schildermaler Karl-Heinz Hoffmann etwa 500 vorwiegend jugendliche Neonazis für seine Organisation gewonnen und hielt zusammen mit ihnen auf dem fränkischen Schloß Ermreuth sog. »Wehrsportübungen« ab.

Bei Razzien an 23 Orten der Bundesrepublik beschlagnahmt die Polizei Waffen und Nazi-Symbole.

Strauß scheitert als Kanzlerkandidat

5. Oktober 1980. Bei den Wahlen zum neunten Deutschen Bundestag unterliegt der Kanzlerkandidat der CDU/CSU, Franz Josef Strauß, deutlich dem sozialdemokratischen Bundeskanzler Helmut Schmidt. Die CDU/CSU bleibt mit 226 Abgeordneten zwar stärkste Fraktion, erzielt mit 44,5% der Zweitstimmen jedoch ihr schlechtestes Ergebnis seit der Wahl im Jahr 1949.

Demgegenüber baut die Regierungskoalition aus SPD und FDP ihre bisher knappe Mehrheit im Bundestag um 18 Mandate auf 271 Sitze aus. Die SPD erringt 42,9% der Stimmen, die FDP 10,6%.

Die Kandidatur des bayerischen CSU-Vorsitzenden Strauß hatte den Wahlkampf vor allem zwischen CDU/CSU und SPD stark polarisiert, da Strauß wegen seiner politischen Vergangenheit und seiner nationalkonservativen Ansichten von vornherein stark umstritten war. Dennoch bringt der »Strauß-Effekt« der SPD nicht den erhofften großen Stimmenzuwachs; sie legt lediglich 0,3% zu.

Von der Union nicht vorhergesehen wird jedoch das Umschwenken eines Teils ihrer Wähler zur FDP, die 2,7% (14 Mandate) hinzugewinnt. Strauß-Gegner werfen dem CSU-Vorsitzenden ein fehlendes politisches Augenmaß vor und wollen eine liberalere Position in der Innenpolitik, der Sicherheitspolitik sowie in der Rechtspolitik der Bundesrepublik Deutschland.

Franz Josef Strauß, Kanzlerkandidat der CDU/CSU, im Wahlkampf

Papst besucht auch München und Altötting

15. November 1980. Zum erstenmal seit 198 Jahren besucht das Oberhaupt der katholischen Kirche wieder Deutschland (15. 11.–19. 11.). Insgesamt 1,5 Millionen Menschen bereiten Papst Johannes Paul II. einen begeisterten Empfang. Seine Reise führt ihn nach Köln, Bonn, Osnabrück, Mainz, Fulda, München und zum oberbayerischen Marienwallfahrtsort Altötting.

Der Papst spricht sich in seinen Reden immer wieder für ein größeres Verständnis zwischen der Evangelischen und der Katholischen Kirche aus. Auf dem Kapellplatz in Altötting fordert er eine christliche Erneuerung bei der Bewältigung der anstehenden Probleme.

Während seines Deutschlandbesuchs hält Papst Johannes Paul II. im neuen Herkulessaal in der Münchner Residenz eine Rede

Der Papst in seinem Spezialgefährt, das mit einem kugelsicheren gläsernen Aufbau versehen ist

Überraschung und zum Teil Verstimmung löst eine Rede der Sprecherin der Deutschen Katholischen Jugend, Barbara Engl, aus, die nach dem Festgottesdienst auf der Münchner Theresienwiese grundsätzliche Kritik an der Katholischen Kirche übt. Vor etwa einer halben Million Gläubigen wirft sie der Kirche vor, ängstlich an den bestehenden Verhältnissen festzuhalten. In ihrer Ansprache sagt sie weiter: »Heiliger Vater, für die Jugendlichen ist die Kirche in der Bundesrepublik Deutschland oft schwer zu verstehen. Sie haben den Eindruck, ... daß sie zu den Fragen der ... Freundschaft, Sexualität und Partnerschaft zu sehr mit Verboten reagiert.«

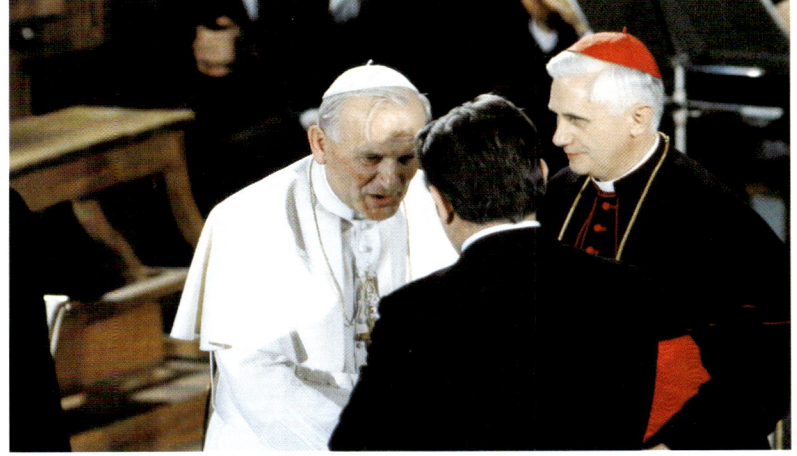

Der Erzbischof von München und Freising, Josef Kardinal Ratzinger (r.), begleitet Papst Johannes Paul II. (l.) während seines Besuchs in Bayern

Wittelsbacher mit Ausstellung geehrt

11. Juni 1980. Mit der Ausstellungs-Trilogie »Wittelsbach und Bayern« feiert der Freistaat bis zum 5. Oktober das 800-Jahres-Jubiläum des Herrscherhauses Wittelsbach. »Die Zeit der frühen Herzöge (1180–1350)« ist auf der Landshuter Burg Trausnitz zu sehen, in München in der Residenz »Um Glauben und Reich 1573–1651« und im Völkerkundemuseum »Krone und Verfassung 1799–1825«. Statt der vom Landtag genehmigten 5,6 Mio DM kosten die Ausstellungen allerdings knapp 15 Mio DM.

Bayerische Geschichte und Kunst vom 12. bis zum 19. Jahrhundert

Band 1

Die Zeit der frühen Herzöge Von Otto I. zu Ludwig dem Bayern

Die drei Teilausstellungen werden in getrennten Katalogen dokumentiert

Autor und Anreger der Literatur

21. Februar 1980. In Berzona bei Locarno (Schweiz) stirbt im Alter von 66 Jahren der Schriftsteller Alfred Andersch, einer der bedeutendsten Autoren der Nachkriegszeit. Andersch, Offizierssohn aus München, büßte seine Tätigkeit im Jugendverband der KPD 1933 mit einem halben Jahr KZ-Haft in Dachau. 1943 eingezogen, lief er am 6. Juni 1944 in Italien zu den Alliierten über. Sein Roman »Die Kirchen der Freiheit« (1952) berichtet darüber. Auch der Roman »Sansibar oder der letzte Grund« handelt von dem Individuum im totalen Staat. Andersch, früher Mitglied der »Gruppe 47« und Autor der Romane »Die Rote« (1961), »Efraim« (1967) sowie »Winterspelt« (1971) u. a. war – vor allem auch als Rundfunkredakteur – einer der großen Anreger der Nachkriegsliteratur.

1981

5. 3. Nach einer Demonstration werden im Nürnberger Jugendzentrum »Komm« 164 Personen vorläufig festgenommen; gegen 141 ergeht Haftbefehl wegen des Verdachts des schweren Landfriedensbruchs. →

21. 3. Bei einem Bombenanschlag auf das Gebäude der Sender »Radio Free Europe« und »Radio Liberty« in München werden acht Menschen zum Teil schwer verletzt.

28. 3. Die Neue Pinakothek in München wird eröffnet. Ausgestellt werden Werke der deutschen, englischen und französischen Malerei aus dem 19. Jahrhundert sowie eine Sammlung von französischen Impressionisten und Wegbereitern der Moderne. →

16. 4. Der Verwaltungsgerichtshof München verfügt den Stopp der Bauarbeiten an dem umstrittenen Flughafenprojekt München II. – Am 27. Mai erklärt er die Planungen für den Flughafen für rechtmäßig und notwendig. →

21. 5. Der Bayerische Verfassungsgerichtshof fordert den Landtag auf, das Verhältnis Schule-Politik gesetzlich zu klären. Eine Regensburger Schülerin, die wegen Tragens der Polit-Plakette »Stoppt Strauß« 1980 von der Schule verwiesen worden war, hatte eine Popularklage angestrengt. →

13. 6. Bayern München wird nach Abschluß der 18. Bundesliga-Saison zum siebten Mal deutscher Fußballmeister. Der 1. FC Nürnberg kommt auf Platz 14, der TSV 1860 München erreicht nur Platz 16 und muß absteigen.

14. 7. Der bayerische Ministerrat beschließt die Ausrüstung der Polizei mit dem umstrittenen Reizgas CS.

13. 9. Bei der Springreiter-Europameisterschaft in München erringt Paul Schockemöhle Gold in der Einzelwertung, die bundesdeutsche Mannschaft erhält Gold in der Gesamtwertung.

21. 10. Bei einer Schießerei in München werden zwei Rechtsextremisten von der Polizei getötet.

GESTORBEN:

12. 3. Seeshaupt/Landkreis Weilheim-Schongau: Anton Dörfler (* 2. 8. 1890, München), Schriftsteller.

17. 4. München: Max Hirmer (* 14. 3. 1893, Straubing), Verleger.

17. 12. Gmund am Tegernsee: Edwin Erich Dwinger (* 23. 4. 1898, Kiel), Schriftsteller.

Die Polizeiaktion gegen das Jugendzentrum »Komm« führt in Nürnberg zu einer ganzen Reihe von Protestdemonstrationen empörter Bürger

Verhaftung von Jugendlichen

5. März 1981. Nach einer Demonstration in der Nürnberger Innenstadt nimmt die Polizei in dem Jugendzentrum »Komm« 164 Personen vorläufig fest. Gegen 141 der vorwiegend Jugendlichen ergeht ein Haftbefehl wegen des Verdachts des schweren Landfriedensbruchs.

Die Jugendlichen bleiben tagelang inhaftiert. Mehrere Eltern erhalten keine amtliche Mitteilung über den Verbleib ihrer Kinder.

Die Demonstration, in deren Verlauf Autoantennen abgeknickt und Schaufensterscheiben eingeworfen wurden, fanden im Anschluß an eine Filmvorführung im »Komm« über Hausbesetzungen in Holland statt. Die Polizei wertete diese Veranstaltung als Vollversammlung der Hausbesetzer. Sie beobachtete die Demonstration durch die Nürnberger Innenstadt und nahm kurz nach Mitternacht die Verhaftungen vor.

Die umfassende Polizeiaktion, die von langer Hand vorbereitet gewesen sein soll, führt zu Protesten von Eltern und Rechtsanwälten, vor allem da die vorgeschriebene Einzelfallprüfung nicht stattfand.

Baustopp für Flughafen München-Erding

16. April 1981. Der Bayerische Verwaltungsgerichtshof in München verhängt einen Baustopp für die im November 1980 begonnenen Arbeiten an dem umstrittenen Flughafenprojekt München II. Das Gericht begründet seine Entscheidung mit dem Aufsichtsratsmandat von Bayerns Verkehrsminister Anton Jaumann (CSU) bei der Flughafen München

Nach dem Beschluß des Bayerischen Verwaltungsgerichtshofs, der den langjährigen Bürgerprotesten Rechnung trägt, muß die Großbaustelle für das Flughafenprojekt München-Erding vorerst einmal stillgelegt werden

GmbH (FMG), der Betreiberin des Bauvorhabens. Eine Ämtervermengung dieser Art ist nach dem bayerischen Verwaltungsverfahrensgesetz von 1977 unzulässig.

Nach fast 20 Jahren Planung mit häufigen Verzögerungen ist damit der Bürgerprotest gegen das Projekt erneut durchgedrungen. Bereits das Raumordnungsverfahren und das luftrechtliche Genehmigungsverfahren wurden von etwa 60 Prozessen begleitet. Gegen das Projekt im Erdinger Moos hatten dieses Mal 5700 Flughafengegner und Naturschützer geklagt, von denen 40 Musterkläger ausgewählt wurden.

Obwohl der Baustopp nicht aufgehoben wird, entscheidet das Gericht jedoch am 27. Mai, daß der Planfeststellungsbeschluß für den Standort Erding-Freising rechtmäßig sei.

»Stoppt Strauß« – an Schulen erlaubt

21. Mai 1981. Vor dem Bayerischen Verfassungsgerichtshof in München kann sich die 19jährige Christine Schanderl mit ihrer Auffassung durchsetzen, daß das generelle Verbot politischer Werbung an Lehranstalten durch die bayerische »Allgemeine Schulordnung« verfassungswidrig sei. Die Schülerin war Anfang 1980 von einem Regensburger Gymnasium verwiesen worden, weil sie eine Plakette mit der Aufschrift »Stoppt Strauß« getragen hatte.

Nach den 1973 als Ministerialverordnung vom bayerischen Kultusminister Hans Maier (CSU) erlassenen Bestimmungen kann »politische Werbung durch Wort, Schrift, Bild und Emblem« innerhalb der Schule mit einem Verweis oder sogar der Relegation bestraft werden. Zwar halten die neun höchsten bayerischen Richter dies für verfassungswidrig, heben die Schulordnung jedoch nicht mit sofortiger Wirkung auf. Der Landtag soll bis Ende 1982 ein neues Gesetz verabschieden.

»Theoretisch habe ich recht bekommen, aber praktisch nicht,« kommentiert die aufmüpfige Schülerin die Gerichtsentscheidung. Mit dem Hinweis auf die eingelegte Berufung hatte ihr der Leiter ihrer Schule, trotz eines für sie positiven Urteils des Verwaltungsgerichts Regensburg, den Zutritt zum Unterricht zuvor weiterhin verwehrt.

Außenansicht der Neuen Pinakothek, die als einer der größten und zugleich beeindruckendsten Museumsbauten der Nachkriegszeit gilt

Neue Pinakothek eröffnet

28. März 1981. In München wird die Neue Pinakothek an der Prinzregentenstraße eröffnet. Sie ist neben der Alten Pinakothek und der Staatsgalerie moderner Kunst eine der Hauptgalerien der bayerischen Staatsgemäldesammlungen.

Nach der Zerstörung des alten Gebäudes aus dem Jahre 1853 im Zweiten Weltkrieg waren die Kunstschätze der Neuen Pinakothek seit 1947 provisorisch im Haus der Kunst untergebracht. 1967 wurde der Ideenwettbewerb für einen Neubau von Alexander von Branca gewonnen. Nach seinen Plänen wurde am 16. Juli 1975 der Grundstein gelegt. Die Neue Pinakothek bietet einen ausgezeichneten Überblick über die deutsche Malerei des 19. Jahrhunderts, aber auch über die englische und französische Malerei dieser Zeit. Darüber hinaus hat die Sammlung von französischen Impressioni-

Blick in die helle Eingangshalle der Neuen Pinakothek München

sten und Wegbereitern der Moderne das internationale Ansehen der Neuen Pinakothek begründet, die auf eine Sammlung von König Ludwig I. zurückgeht.

Edgar Degas (1834–1917), Die Büglerin, um 1869; Neue Pinakothek

Vincent van Gogh, Blick auf Arles, 1889; Neue Pinakothek

22. 1. Die 50. Rallye Monte Carlo gewinnen Walter Röhrl aus Regensburg und Christian Geistdörfer aus München.→

4. 2. Norbert Schramm gewinnt die Eiskunstlauf-Europameisterschaft in Lyon.→

17. 2. Der ehemalige Fußballnationalspieler und Manager des FC Bayern München, Uli Hoeneß, überlebt einen Flugzeugabsturz bei Hannover.→

4. 3. Nach mehrwöchiger Fahndung gelingt es einer Sonderkommission der Regensburger und Münchner Kriminalpolizei endlich, den »Fall Chopper« aufzuklären.→

12. 4. In Erlangen kommt das erste deutsche Retortenbaby zur Welt.→

1. 5. Der FC Bayern München wird zum sechsten Mal deutscher Pokalsieger.→

30. 8. Die deutsche Wienerwald GmbH stellt beim Amtsgericht München Vergleichsantrag.→

4. 10. Luis Trenker, Regisseur vieler Filme über die Bergwelt der Alpen, feiert seinen 90. Geburtstag.→

10. 10. Bei den Landtagswahlen in Bayern verteidigt die CSU ihre absolute Mehrheit.→

29. 10. Der SPD-Vorstand in Bonn nominiert den ehemaligen Münchner Oberbürgermeister Hans Jochen Vogel zum Kanzlerkandidaten.→

29. 10. Der Fotokonzern Agfa Gevaert AG gibt die Schließung seines Münchners Zweigwerkes bekannt. 3200 Beschäftigte sind betroffen.→

19. 11. Die Grundig AG in Fürth gibt bekannt, daß 75% der Aktien an den französischen Elektrokonzern Thomson-Brandt S. A. verkauft werden sollen.→

1982. Michael Ende aus Garmisch-Partenkirchen ist der erfolgreichste Schriftsteller des Jahres 1982.→

GESTORBEN:

29. 3. München: Carl Orff (* 10. 7. 1895 München), Komponist und Musikpädagoge.→

10. 6. München: Rainer Werner Fassbinder (* 31. 5. 1945 Bad Wörishofen), Schriftsteller, Regisseur und Filmproduzent.→

29. 7. München: Sep Ruf (* 9. 3. 1908, München), deutscher Architekt.→

18. 11. München: Heinar Kipphardt (* 8. 3. 1922, Heidersdorf/Schlesien) Schriftsteller.

12. 12. München: Günter Fruhtrunk (* 1. 5. 1923, München), Maler.

Absolute Mehrheit für CSU im Landtag

10. Oktober 1982. Die CSU verliert bei den bayerischen Landtagswahlen zwar gegenüber 1978 etwa 0,8% der Stimmen, verteidigt jedoch mit 58,3% ihre absolute Mehrheit. Die SPD erzielt 31,9%. Die Grünen (4,6%) und die FDP (3,5%) scheitern an der Fünf-Prozent-Hürde. Damit entfallen von den 204 Landtagsmandaten 133 auf die CSU und 71 auf die SPD.

In München kann die SPD sieben der elf Direktmandate erringen. Die Grünen erzielen ihre besten Ergebnisse mit 10,3% der Stimmen in Schwabing und mit 6,0% im oberpfälzischen Schwandorf.

Hans-Jochen Vogel Kanzlerkandidat

29. Oktober 1982. In Bonn nominiert der SPD-Parteivorstand den ehemaligen Oberbürgermeister von München und Landesvorsitzenden der bayerischen SPD, Hans-Jochen Vogel, zum Kanzlerkandidaten für die auf den 6. März 1983 festgesetzte Bundestagswahl. Drei Tage zuvor hatte der durch ein konstruktives Mißtrauensvotum am 1. Oktober gestürzte ehemalige Bundeskanzler Helmut Schmidt (SPD) auf eine erneute Spitzenkandidatur verzichtet. Der 56jährige Vogel war von 1974 bis 1981 Bundesjustizminister und wurde dann Regierender Bürgermeister von Berlin (West). Seit der Wahlniederlage im Mai des Jahres 1981 ist er dort Oppositionsführer im Abgeordnetenhaus.

Bergfreund Trenker wird 90 Jahre alt

4. Oktober 1982. Der Filmschauspieler, Regisseur und »Bergfreund« Luis Trenker (*4. 10. 1892 in Sankt Ulrich/Südtirol) feiert seinen 90. Geburtstag. Luis Trenker, der einen festen Wohnsitz in Bozen und München hat, ist vor allem durch seine Bergfilme bekannt, bei denen er oftmals sowohl Hauptdarsteller, Regisseur wie auch Drehbuchautor war.

Luis Trenker

Seine Botschaft von einem urwüchsigen, naturverbundenen Leben und einer tiefverwurzelten Heimatliebe findet breiten Anklang. Neben 20 Spielfilmen und 26 Kultur- und Dokumentarfilmen kann Luis Trenker auch als Buchautor (Thema: die Bergwelt) ungewöhnliche Erfolge verbuchen. Seit den 50er Jahren tritt er außerdem recht häufig als Gast im Fernsehen auf.

Retortenbaby in Erlangen geboren

12. April 1982. In Erlangen bringt eine 30 Jahre alte Frau das erste deutsche Retortenbaby, einen Jungen, zur Welt. Das erste Retortenbaby der Welt wurde bereits am 26. Juli 1978 in London geboren.

Die Klinik in Erlangen betreut daneben noch zwei weitere Frauen, die ein außerhalb des Körpers gezeugtes Kind erwarten. 560 Frauen haben bislang ihren Wunsch nach einem Retortenbaby angemeldet. Das Krankenhaus kann jedoch nur 60 Frauen pro Jahr behandeln.

Für die Zeugung in der Retorte entnimmt ein Arzt die durch Hormongaben gereiften Eier aus dem Eierstock einer Frau und bringt sie in einer Nährlösung aus Blutserum und Spurenelementen mit männlichem Samen zusammen. Nach der Befruchtung muß das Ei kurze Zeit in einer Nährlösung reifen und wird dann in die Gebärmutter eingesetzt. Das neue Zeugungsverfahren ist nicht unumstritten, da es einen Eingriff in das Erbgut – und somit Manipulationen – ermöglicht.

Hoeneß überlebt Flugzeugabsturz

17. Februar 1982. Der ehemalige Fußballnationalspieler Uli Hoeneß stürzt mit einem Privatflugzeug in der Nähe von Hannover ab. Wie durch ein Wunder überlebt der 30jährige Manager des FC Bayern München das Unglück und befindet sich trotz zahlreicher Verletzungen außer Lebensgefahr.

Uli Hoeneß

Die zweimotorige Privatmaschine befindet sich auf dem Weg von München nach Hannover, als sie beim Landeanflug über unbewohntem Gebiet abstürzt und auf einem Feld zerschellt. Erst eine Stunde später wird das Wrack, aus dem sich Hoeneß befreien kann, von einem Förster entdeckt. Für zwei weitere Passagiere und den Piloten kommt jedoch jede Hilfe zu spät. Sie können nur noch tot geborgen werden.

Agfa schließt das Münchner Zweigwerk

29. Oktober 1982. Der Fotokonzern Agfa-Gevaert AG gibt die Schließung seines Hauptwerkes für Kameratechnik in München bekannt. Die Entscheidung, von der 3200 Beschäftigte betroffen sind, wird mit großen Verlusten im Kamerageschäft begründet, die auf den scharfen Wettbewerb mit fernöstlichen und US-amerikanischen Anbietern zurückzuführen sind.

Nach Ansicht des Betriebsrates des Münchner Zweigwerkes haben vor allem Fehler in der Geschäftsleitung die Verluste (1981: 226 Millionen DM) verursacht.

Vorerst keine Hendl mehr im Wienerwald

30. August 1982. Die bundesdeutsche Wienerwald GmbH beantragt beim Amtsgericht München die Eröffnung eines Vergleichsverfahrens. Schon am 27. August hatte die Schweizer Muttergesellschaft diesen Schritt getan. Die Schwierigkeiten der Unternehmensgruppe mit Firmenchef Friedrich Jahn an der Spitze sind durch verlustreiche Engagements auf dem US-amerikanischen Markt bedingt.

Jahns Aufstieg zum Herrscher über einen Konzern, der 1981 mit etwa 25 000 Mitarbeitern weltweit gut 2,2 Milliarden DM umsetzte, begann 1955 mit der Eröffnung einer Hähnchen-Gaststätte in München.

»Chopper«-Spuk nur ein Bauchrednertrick

4. März 1982. Nach mehrwöchiger Fahndung gelingt es einer Sonderkommission der Regensburger und Münchner Kriminalpolizei, den »Fall Chopper« aufzuklären, der bundesweit seit Wochen Schlagzeilen gemacht hatte.

Der 60jährige Zahnarzt Kurt Bachseitz aus dem oberpfälzischen Neutraubling, rund 5 km südöstlich von Regensburg, und seine 17jährige Helferin Claudia Judenmann hatten seit Mai 1981 in der Praxis einen »Geist«, der sich selber »Chopper« (engl. Hackebeil) nannte, aus Spucknapf, Waschbecken, Steckdosen und Toilette sprechen lassen. Durch die Bauchrednerkünste der Sprechstundenhilfe hatte der »Chopper« bis zu 150mal am Tage Patienten beschimpft, alberne und obszöne Bemerkungen eingestreut oder Verwicklungen am Telefon inszeniert. Mit gutem Gespür für Gags hatten der Zahnarzt und seine Helferin Polizei, Post und Medien monatelang an der Nase herumgeführt. Aufgrund einer angeblichen

Morddrohung des »Chopper« gegen die Zahnarztgattin durchkämmte die Polizei sogar die Nachbarschaft. Auch die Ermittlungen der Post nahmen zum Teil skurrile Formen an. Für etliche 10 000 DM wurden technische Fallen gelegt und die Telefonanlage des gesamten Hauses komplett ausgetauscht – alles ohne jedes Resultat.

Am größten freilich war der Wirbel in der Regenbogenpresse, die den Fall als sog. Psi-Phänomen aufgriff und die Okkultismusgläubigkeit ihrer Leser kräftig vermarktete. Als eine Münchner und eine Regensburger Zeitung »Chopper«-Mitschnitte Ende Februar über Telefon abspielten, wurde das große Rätsel endlich doch gelöst.

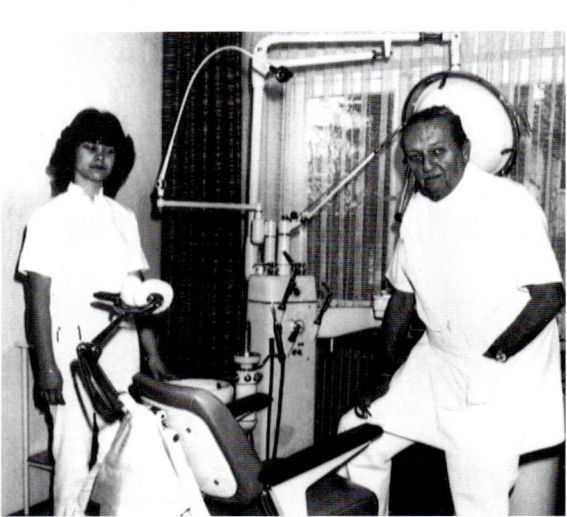

Zahnarzt Dr. Kurt Bachseitz (r.) mit seiner Helferin Claudia Judenmann in der Praxis in Neutraubling, in der die beiden jeden Tag aufs neue den »Chopper« zum Leben erweckten und damit wochenlang für Schlagzeilen sorgten

Grundig AG kündigt Aktienverkauf an

19. November 1982. Die Grundig AG mit Hauptsitz in Fürth und der staatliche französische Elektrokonzern Thomson-Brandt S.A. (Paris) geben eine Absichtserklärung über den Verkauf von 75 % der Grundig-Aktien an die Firma Thomson-Brandt bekannt.

Unternehmensgründer Max Grundig will durch den Zusammenschluß die japanische Konkurrenz bekämpfen. Seit 1980 muß der Grundig-Konzern Verluste hinnehmen. Die Zahl der Beschäftigten verringerte sich von 42 000 auf 30 000, elf Werke wurden geschlossen.

Der Plan, die Grundig-Aktien zu verkaufen, wird allerdings im März 1983 wieder aufgegeben.

Architekt Sep Ruf stirbt in München

29. Juli 1982. *In München stirbt im Alter von 74 Jahren der Architekt Sep Ruf an einem Herzinfarkt. Als Hauptwerke des emeritierten Professors gelten der Deutsche Pavillon für die Brüsseler Weltausstellung von 1958 und der Wiederaufbau der Herzog-Max-Burg (Abb.). Weitere elegant-funktionalistische Bauten des vom Bauhaus geprägten Ruf sind u. a. die US-Botschaft in Bad Godesberg (1959), der Amtssitz des Bundeskanzlers in Bonn (1963–65) sowie die Bayerische Vereinsbank in München (1970).*

Röhrl gewinnt die Rallye Monte Carlo

22. Januar 1982. Zum zweiten Mal nach ihrem Erfolg von 1980 beenden Walter Röhrl aus Regensburg und der Münchner Christian Geistdörfer die Rallye Monte Carlo als Gesamtsieger. Bei der Zielankunft im Fürstentum Monaco nach 4032 km und 34 Sonderprüfungen haben die beiden Bayern in ihrem Opel Ascona 3:49 min Vorsprung auf die Finnen Hannu

Walter Röhrl

Mikkola und Arne Hertz. Am 15. Januar waren 299 Teams in neun europäischen Städten gestartet. Vor der entscheidenden letzten Etappe, der sog. »Nacht der langen Messer«, hatten der 34jährige Röhrl und der 28jährige Geistdörfer mit ihrem auf 260 PS getunten Serienfahrzeug einen Vorsprung von 1:45 min auf ihre beiden finnischen Rivalen.

Ende ganz oben: Fantasy kommt an

1982. »Die unendliche Geschichte« und »Momo«, zwei Romane des in Bayern geborenen Autors Michael Ende, sind die erfolgreichsten Bücher des Jahres 1982. In der vom Fachmagazin »Buchreport« ermittelten Belletristik-Bestsellerliste belegen sie Platz eins und zwei.
Von der 1979 erschienenen »Unendlichen Geschichte« sind bis Jahresende mehr als 800 000 Exemplare verkauft, von »Momo«, das bereits 1973 auf den Markt kam, etwa 900 000. Beide Werke sind als Kinderbücher geschrieben, werden jedoch auch von Älteren als Fantasy-Literatur verschlungen. Vor allem die »Unendliche Geschichte« steigt zum heimlichen Kultbuch auf.

München: Fassbinder stirbt an Überdosis

10. Juni 1982. Der Schauspieler, Regisseur und Filmproduzent Rainer Werner Fassbinder (*31. 5. 1945 in Bad Wörishofen) stirbt in seiner Wohnung an einer Überdosis Kokain vermischt mit Barbituraten. Fassbinder drehte in knapp 14 Jahren 41 Spiel- und Fernsehfilme. Er erzählt von Proletariern, Kleinbürgern, Kriminellen und Außenseitern der Gesellschaft. Oft stellt er Menschen in ihrer verständnislosen und feindlichen Umwelt dar. In seinen Stücken und Filmen porträtiert Fassbinder die deutsche Nachkriegsmentalität. Zu seinen bekanntesten Werken gehören: »Die Ehe der Maria Braun« (1978) und »Berlin Alexanderplatz« (1979).

Trauer um den Komponisten Orff

29. März 1982. Im Alter von 86 Jahren stirbt in München der bekannte Komponist Carl Orff.
Der gebürtige Münchner wurde vor allem durch sein »Schulwerk«, eine elementare Musiklehre, und durch die Beschäftigung mit dem Musiktheater bekannt. In seinen Bühnenstücken wie in seinen musikpädagogischen Methoden strebte er eine Einheit von Musik, Sprache und Bewegung an. Die Bühnenstoffe entnahm Orff der Welt des Märchens, der bayerischen Komödie, dem Mysterienspiel und der griechischen sowie lateinischen Dichtung. Orffs bekannteste Werke sind »Carmina Burana« (1937), »Der Mond« (1939) und »Die Kluge« (1943).

Norbert Schramm wird Europameister

4. Februar 1982. In Lyon wird Norbert Schramm Europameister im Eiskunstlauf. Mit dem Sieg des Oberstdorfers erringt zum ersten Mal ein deutscher Eiskunstläufer den Europameister-Titel.
Der 22jährige überzeugt mit einer Kür, die sich durch Originalität und Leichtigkeit auszeichnet. Mit großem Applaus feiern rund 3800 Zuschauer in Lyon den Bundeswehrsoldaten aus Oberstdorf, der trotz eines Sturzes beim dreifachen Rittberger den Titel erkämpfen kann.

N. Schramm

Europameister im Paarlauf werden Sabine Baess und Tassilo Thierbach (DDR). Sie verdrängen die Favoriten Worobjewa/Lisowski (UdSSR). Wegen Verletzung nimmt das deutsche Spitzenpaar Christina Riegel/Andreas Nischwitz nicht teil. Den Damentitel holt die Österreicherin Claudia Kristoffics-Binder.

Michael Ende, Autor phantasievoller Bücher für jung und alt

Rainer W Fassbinder bei der Aufführung seines Films »Lili Marleen«

Carl Orff schuf mit seinen Kompositionen eine neuartige Klangwelt

Wachstumsbranchen haben die Nase vorn

1983. Bayern hat mit 7,1% nach Baden-Württemberg (5,8%) die zweitniedrigste Arbeitslosenquote der Bundesrepublik, die sich im Bundesgebiet zum Jahresende bei 8,8% einpendelt (Jahresdurchschnitt 1981: 5,5%). Bei der Pro-Kopf-Verschuldung der öffentlichen Hand liegt Bayern (2036 DM) mit dem niedrigsten Wert des Bundesgebietes sogar vor Baden-Württemberg (2788 DM). Den Negativrekord hält hier Bremen mit 13,3% Arbeitslosen und einer Verschuldung von 11 252 DM je Einwohner.

Die relativ positiven Wirtschaftsdaten für Bayern haben ihre Ursache nicht zuletzt darin, daß Süddeutschland im allgemeinen nicht durch eine veraltete Industriestruktur belastet ist. Standort der Krisenbranchen Stahl, Kohle und Schiffbau sind traditionell der Norden bzw. Westen der Bundesrepublik, während der Süden neuerdings bevorzugte Region für Investitionen der High-Tech-Industrien ist. Dies gilt insbesondere für die Region München. Andererseits darf nicht übersehen werden, daß gerade Bayern ausgeprägte strukturschwache Regionen besitzt, insbesondere an den Grenzen zur DDR und ČSSR. Diese Gebiete leben fast ausschließlich von der Landwirtschaft, die in Bayern 10,1% der Erwerbsbevölkerung (1982) stellt, fast doppelt so viel wie im Bundesdurchschnitt (1982: 5,43%). In Bayern ist ein Drittel (263 283) aller landwirtschaftlichen Betriebe der Bundesrepublik beheimatet, die jedoch nur 28,7% der landwirtschaftlich genutzten Gesamtfläche bewirtschaften. Rund 208 000 Betriebe sind Klein- und Kleinstbetriebe von maximal 20 ha Größe, die ihre Besitzer meist nicht mehr ernähren können. Seit 1950 hat die Zahl der Erwerbstätigen in der Landwirtschaft deshalb um über 60% abgenommen.

Während die Finanzdecke der Bauern immer dünner wird, expandieren die Umsätze in der elektrotechnischen und chemischen Industrie, im Maschinenbau und der Automobilbranche Bayerns. Spitzenreiter ist die Elektrotechnik, deren Umsatz sich seit 1970 auf fast 33 Milliarden DM verdreifacht hat. Im gleichen Zeitraum schnellte der Umsatz der Kfz-Branche um das Vierfache auf knapp 23 Milliarden DM hoch, etwa gleichauf mit dem Maschinenbau, dessen Wachstumsrate genauso wie bei der chemischen Industrie immerhin rund 270% betrug.

Da sich diese Wachstumsbranchen in den Industriezentren konzentrieren, sind die Diskrepanzen zwischen Ballungszentren und ländlichem Raum immer größer geworden.

Luftaufnahme der Werksanlage der Audi AG, die seit 1949 in Ingolstadt ansässig ist und 1964 Tochtergesellschaft der Volkswagen AG wurde

Blick auf das extravagante Verwaltungsgebäude von BMW in München

Auf dem Gelände der Siemens AG in München-Neuperlach sind der Geschäftsbereich Datentechnik und der Zentralbereich Technik zur Erforschung und Entwicklung von Basistechnologien untergebracht

Der 14jährige Jürgen Bergbauer ist Opfer der Tragödie in Gauting

Polizist erschießt Schüler in Gauting

21. März 1983. Während einer nächtlichen Beobachtungsaktion zur Aufklärung einer Einbruchsserie erschießt in Gauting bei München ein Polizeiobermeister den 14jährigen Jürgen Bergbauer. Die Öffentlichkeit reagiert empört.

Die »unverständliche Tragödie« (Abendzeitung) ereignet sich kurz nach Mitternacht. Der Polizist beobachtet den Schüler beim Einsteigen in das örtliche Jugendzentrum und erschießt ihn dann ohne Vorwarnung durch ein Fenster, angeblich in Notwehr. Nach Aussagen von Freunden wollte Jürgen Bergbauer aus Angst vor seiner Mutter im Jugendheim übernachten, da er zu spät von einer Party kam.

Giftanschlag auf Medizinstudenten

Februar 1983. Zwölf Studenten der medizinischen Fakultät an der Universität Würzburg erleiden zum Teil lebensgefährliche Vergiftungen. Die betroffenen Personen hatten Bier und Säfte zu sich genommen, in denen sich das Schädlingsbekämpfungsmittel Thallium befand. Einer der Patienten stirbt später an den Folgen der Vergiftung.

Die vergifteten Getränke waren in unauffälligen Flaschen an drei verschiedenen Stellen im Universitätsbereich, u.a. im Flur des Studentenwohnheims, abgestellt worden. Täter und Tatmotiv sind unbekannt.

Waldsterben geht weiter

23. Februar 1983. Das Bundeskabinett verabschiedet eine Immissionsschutzverordnung, die alle Betreiber von Kraftwerken verpflichtet, die Schadstoffabgaben – eine der Ursachen für den »Sauren Regen« – zu vermindern. Der »Saure Regen«, durch Luftverschmutzung hervorgerufen, führt seit Anfang der 70er Jahre zu krankhaften Veränderungen im Baumbestand der Bundesrepublik (»Waldsterben«). Ausgehend von Bayern und dem Schwarzwald sind die Schäden mittlerweile im gesamten Bundesgebiet vor allem an Nadelbäumen – ein Drittel aller Fichten sind krank – zu beobachten.

Aber auch Laubbäume, insbesondere Rotbuchen sind mehr und mehr betroffen.

Erschwerend ist, daß die Wissenschaft eindeutige Ursachen bisher nicht bestimmen konnte, obwohl unbestritten ist, daß mehrere belastende Faktoren zusammenwirken.

Schwer geschädigtes Waldgebiet nahe Nürnberg

Blütenmeer in München

28. April 1983. Bundespräsident Karl Carstens eröffnet in München die Internationale Gartenbauausstellung (IGA). Es ist die vierte, die in der Bundesrepublik stattfindet.

Das Gelände hat eine Größe von 72 Hektar und zeigt eine Vielzahl von Pflanzen unterschiedlichster Arten. Geschäftsführer Detlef Marx kommt es vor allem auf einen hohen Informationswert der Ausstellung an. Mit Hinweistafeln, Mustergärten und Informationsschauen wird dem interessierten Besucher Wissenswertes über die praktische Kunst des Gartenbaus nahegebracht, um Anregungen für eigenes Gestalten zu vermitteln. Die Kosten der IGA werden mit rund 225 Millionen DM angegeben.

Blick vom Gelände der Internationalen Gartenbauausstellung mit ihren vielen Pflanzen aller Farben und Formen auf die Stadt München

Musikwelt trauert um Werner Egk

10. Juli 1983. Werner Egk, einer der bekanntesten deutschen Komponisten moderner Musik, stirbt 82jährig in Inning (Oberbayern). Egk schrieb u.a. auch die Opern »Die Zaubergeige« und »Columbus«.

Der unter dem Namen Werner Mayer am 17. Mai 1901 in Auchsesheim nahe Donauwörth geborene Künstler wurde in seinem kompositorischen Schaffen geprägt von seinem Lehrer Carl Orff sowie den Komponisten Richard Strauss

Werner Egk

und Igor Strawinski. In den 30er Jahren sind auch Einflüsse der bayerischen Folklore unverkennbar.

Egk – sein Pseudonym wurde sein bürgerlicher Namen – arbeitete nach längerer Zeit in Berlin ab 1953 in München. Der bayerische Staat zeichnete ihn mehrfach aus (→ 1948/S. 520).

Weihnachtswetter ist warm und mild

Weihnachten 1983. In Bayern wie in der gesamten Bundesrepublik und in großen Teilen Europas registrieren die Meteorologen über die Weihnachtsfeiertage ungewöhnlich milde Temperaturen.

In München werden zu Beginn des Festes mit 15,1°C die höchsten Weihnachtswerte seit 1870 gemessen. Am ersten Weihnachtstag melden die bayerischen Meteorologen sogar Höchsttemperaturen von 17°C aus Kempten im Allgäu. Das bedeutet für Kempten den wärmsten 25. Dezember seit Beginn der Wetteraufzeichnungen im Jahr 1879. Die durchschnittlichen Tagestemperaturen liegen in Bayern bei 10°C und selbst in der Nacht sinken die Werte kaum.

Das milde, fast frühlingshafte Wetter rückt jeden Gedanken an eine »weiße Weihnacht« in weite Ferne und auch auf einen Winterspaziergang bei klirrender Kälte muß verzichtet werden. Selbst die Freunde des Wintersports kommen nicht auf ihre Kosten. Die traditionellen Ski- und Rodelgebiete melden sehr schlechte Wintersportmöglichkeiten.

27. 1. Walter Röhrl aus Regensburg und Christian Geistdörfer aus München werden zum vierten Mal hintereinander Gewinner der Rallye Monte Carlo (→ 22. 1. 1982).

12. 3. Karl-Heinz Rummenigge vom FC Bayern München gibt seinen Wechsel zu Inter Mailand für eine Ablösesumme von rund 13 Millionen DM zum Ende der Saison 1983/84 bekannt.

18. 3. Bei den bayerischen Kommunalwahlen unterliegt der Münchner Oberbürgermeister Erich Kiesl (CSU) dem SPD-Kandidaten Georg Kronawitter. →

1. 4. In München beginnt ein Kabelfernsehprojekt mit 16 Fernsehkanälen. →

3. 4. In München scheitern die Schlichtungsverhandlungen über einen neuen Manteltarifvertrag in der Druckindustrie. Damit beginnt der bis dahin längste Arbeitskampf in der Geschichte der Bundesrepublik.

5. 4. Als erstes Bundesland verankert Bayern den Umweltschutz in der Verfassung. →

7. 5. Die Staatsanwaltschaft Traunstein ermittelt gegen den Chirurgen Julius Hackethal, der am 18. April einer krebskranken Patientin mit Zyankali zum Selbstmord verhalf, wegen des Verdachts auf Totschlag.

26. 5. Nach Abschluß der Bundesliga-Saison belegt Bayern München den vierten Platz, der 1. FC Nürnberg landet auf Platz 18 und steigt ab.

8. 7. In München endet nach viertägiger Dauer der 88. Deutsche Katholikentag. Er stand unter dem Motto: »Dem Leben trauen, weil Gott es mit uns lebt.«

9. 7. Die EG-Kommission verklagt die Bundesrepublik Deutschland wegen des deutschen Reinheitsgebots für Bier vor dem Europäischen Gerichtshof. →

12. 7. Ein Hagelschlag-Unwetter in München und Oberbayern richtet sehr schwere Schäden an. →

13. 7. Rekordnationalspieler Franz Beckenbauer übernimmt als sog. Team-Chef die Leitung der deutschen Fußballnationalmannschaft.

12. 8. In Los Angeles werden die XXIII. Olympischen Sommerspiele feierlich beendet. →

1984. Die Großhesseloher Eisenbahnbrücke, ein bedeutendes Zeugnis der Technikgeschichte, wird abgebrochen. →

GESTORBEN:

20. 1. München: Georg Thurmair (* 7. 2. 1909, München), Lyriker.

Innerhalb von wenigen Minuten liegen die Hagelkörner zentimeterhoch auf den Straßen Münchens

Schwerer Hagelsturm über Oberbayern

12. Juli 1984. Ein Unwetter über München und Oberbayern richtet schwere Verwüstungen an. Hagelschlag und Wolkenbrüche verursachen Schäden in Höhe von über 3 Milliarden DM. Drei Menschen sterben vor Aufregung, über 400 Verletzte müssen sich in Krankenhäusern behandeln lassen.

Etwa eine Viertelstunde lang prasseln am Abend Hagelkörner in der Größe von Hühnereiern und Tennisbällen auf das Gebiet zwischen Ammersee, Starnberger See und der bayerischen Landeshauptstadt nieder. Den Eisbrocken folgen Regengüsse mit einer Niederschlagsmenge von 38 l pro m². Die in ihrem Kerngebiet etwa 25 km breite und 100 km lange Hagelfront hatte sich gegen 19 Uhr mit einer von den Meteorologen bisher noch nicht beobachteten Geschwindigkeit über dem Landkreis Ostallgäu gebildet.

Beschädigt werden durch das Unwetter 70 000 Wohngebäude und 1000 Gewerbebetriebe, 150 Flugzeuge und über 200 000 Autos. Mehr als 20 000 ha Getreideflur fallen dem Hagel zum Opfer. Für die Assekuranzunternehmen ist es das bisher größte Schadensereignis in der Geschichte der deutschen Individualversicherung: Nie zuvor verursachten Hagelschläge Versicherungsschäden in solcher Höhe.

Kiesl unterliegt gegen Kronawitter

18. März 1984. Bei den bayerischen Kommunalwahlen verliert die CSU in München ihre 1978 errungene absolute Mehrheit. Nur 44,3 % der Wähler votieren für Oberbürgermeister Erich Kiesl (CSU), während der Kandidat der SPD, Georg Kronawitter, 48,5 % der abgegebenen Stimmen auf sich vereinen kann.

Da jedoch keiner der beiden Politiker die absolute Mehrheit besitzt, wird eine Stichwahl am 1. April erforderlich, bei der sich schließlich der 56jährige Kronawitter mit 58,1 % der Stimmen gegen seinen Konkurrenten durchsetzt. Kronawitter war bereits von 1972 bis 1978 Oberbürgermeister und hatte im Wahlkampf eine mieterfreundliche Wohnungspolitik propagiert.

Auch in Bayerns Biergärten wird das Reinheitsgebot allgemein geschätzt

EG-Streit um Bier und Reinheitsgebot

9. Juli 1984. Wegen des Importverbots für Bier, das nicht dem deutschen Reinheitsgebot entspricht, verklagt die Kommission der Europäischen Gemeinschaft (EG) die Bundesrepublik vor dem Europäischen Gerichtshof in Luxemburg. Das im Jahre 1516 zu Ingolstadt erlassene Reinheitsgebot verlangt, daß Bier nur aus Malz, Hopfen, Hefe und Wasser gebraut werde. Während die Bundesregierung aus gesundheitlichen Gründen ein Verbot von chemischen Zusatzstoffen im Bier für gerechtfertigt hält, sieht die EG-Kommission in dieser Vorschrift einen unzulässigen Schutz der etwa 1300 Brauereien in der Bundesrepublik vor ausländischer Konkurrenz und dem EG-Schutzzollverbot.

Industriedenkmal wird abgebrochen

1984. Mit dem Abbruch der berühmten Großhesseloher Brücke mißachtet die Deutsche Bundesbahn die Auflagen des Denkmalschutzes wie auch ihre eigene Tradition. Das bedeutende Zeugnis der Technikgeschichte steht am Anfang des Industriezeitalters in München. An ihrer Stelle wird eine funktionelle, moderne Brücke errichtet.

Für die geplante Eisenbahnstrecke nach Salzburg baute Friedrich August von Pauli von 1851 bis 1854 in Großhesselohe eine 258 m lange Brücke über die Isar. Fachleute rühmten den kühnen, ästhetisch geformten Entwurf mit den schmiedeeisernen Fischbauch- oder Paulischen Trägern. Traurigen Ruhm gewann das weitgerühmte Bauwerk durch viele Selbstmörder, die von ihr 31 m tief in den Tod sprangen.

Umweltschutz in Bayerns Verfassung

5. April 1984. Als erstes Bundesland räumt Bayern dem Umweltschutz Verfassungsrang ein. Diese Verfassungsänderung beschließt der bayerische Landtag in München mit den Stimmen von CSU und SPD. In Verbindung mit der ersten Europawahl am 17. Juni findet darüber ein Volksentscheid statt.

Der neue Umweltschutzartikel bestimmt den Schutz der natürlichen Lebensgrundlagen sowie der kulturellen Überlieferung als Staatsziel und die Erhaltung von Tier- und Pflanzenarten, allen voran des Waldes, sowie das Energiesparen als öffentliche Aufgabe. Da jedoch der Umweltschutz nicht als Grundrecht in die Verfassung aufgenommen ist, wird kritisiert, daß der Bürger dennoch kein einklagbares Recht auf eine gesunde Umwelt besitze.

In einem harten Finale gegen Weltmeister Eto aus Japan holt der Wahl-Nürnberger Pasquale Passarelli die Goldmedaille im Bantamgewicht

Los Angeles: Olympia der Überraschungen

12. August 1984. In Los Angeles gehen die XXIII. Olympischen Sommerspiele zu Ende (28. 7.– 12.8.), an denen 7800 Sportler aus 142 Nationen teilgenommen haben. 13 Ostblockländer, allen voran die Sowjetunion, hatten ihre Teilnahme unter Hinweis auf die fehlende Sicherheit der Sportler und die angebliche Verletzung der olympischen Regeln durch das Gastgeberland USA abgesagt.

Die Vereinigten Staaten gewinnen in 83 von 221 Wettbewerben die Goldmedaille. Mit 17 Goldmedaillen belegt die Bundesrepublik nach Rumänien (20 Goldmedaillen) den dritten Platz in der Nationenwertung. Insgesamt erringt die bundesdeutsche Mannschaft 59 Medaillen – so viel wie noch bei keinen Olympischen Spielen außerhalb Deutschlands.

Obwohl sich Favoriten wie z.B. die Sprinter Carl Lewis und Evelyn Ashford (beide USA) erwartungsgemäß durchsetzen, sehen die rund sechs Millionen Zuschauer, bedingt durch das Fehlen von Spitzensportlern aus dem Ostblock, so manchen Überraschungssieg. Für die Mannschaft der Bundesrepublik etwa holen nicht nur Medaillenanwärter wie der Schwimmer Michael Groß, der Bahnradfahrer Fredy Schmidtke oder der Dressurreiter Dr. Reiner Klimke olympisches Gold, sondern auch Außenseiter wie Claudia Losch aus Fürth (Kugelstoßen), Karl-Heinz Radschinsky (Gewichtheben), Rolf Danneberg (Diskuswerfen) und Frank Wieneke (Judo). Ulrike Meyfarth gewinnt nach 1972 ihre zweite Goldmedaille im Hochsprung.

Aus Bayern kommen die Medaillengewinner Günter Neureuther (Judo/Bronze), Volker Fischer (Degenmannschaft/Gold), Ellen Becker (Rudern: Zweier ohne/ Bronze) und Michael Peter (Hockey/Silber). Gold im Ringen (Bantamgewicht) holt der Wahl-Nürnberger Pasquale Passarelli. Für eine Sensation sorgt die erst 16jährige Ulrike Holmer aus Neufahrn (Niederbayern) mit der Silbermedaille im KK-Dreistellungskampf.

Eröffnung des Kabelfernseh-Pilotprojektes in München im April 1984

Kabelfernsehen in München

1. April 1984. In München startet das zweite der insgesamt vier Kabelfernseh-Pilotprojekte der Bundesrepublik. Bereits am 1. Januar 1984 nahm die Kabelfernsehanstalt in Ludwigshafen ihren Sendebetrieb auf. Projekte in Dortmund und Berlin (West) sollen folgen.

Den Projektteilnehmern in München werden über das Breitbandnetz 16 Fernseh- und 23 Hörfunkprogramme ins Haus geliefert. Neben schweizerischen und österreichischen Programmen werden über den europäischen Satelliten ECS 1 französisch- und englischsprachige Sendungen sowie das Programm der privaten Fernsehgesellschaft PKS (Programmgesellschaft Kabel- und Satellitenrundfunk) in das Münchner Netz eingespeist.

Das Interesse an einem Kabelanschluß, der für Teilnehmer der Pilotprojekte verbilligt ist, erweist sich jedoch nach Angaben der Deutschen Bundespost als eher gering. Nur etwa 700 der 58000 Haushalte in den Versuchsgebieten im Osten Münchens sind bei Sendebeginn an das Kabelnetz angeschlossen.

Günter Neureuther aus Großhadern gewinnt Bronze im Judo

1985

RAF ermordet Topmanager

1. Februar 1985. Terroristen der Rote Armee Fraktion (RAF) ermorden in Gauting bei München den 55jährigen Rüstungsindustriellen Ernst Zimmermann. Zu der Tat bekennt sich das Kommando »Patrick O'Hara«. Die Mörder – ein Mann und eine Frau – entkommen unerkannt.

Der MTU-Manager E. Zimmermann ist das Opfer der Terroristen

Am Morgen gegen 7.20 Uhr verschaffen sich eine junge Frau und ein etwa 25jähriger Mann unter einem Vorwand Zutritt zu der Privatwohnung Zimmermanns in dem Vorort der bayerischen Landeshauptstadt. Sie drängen den Vorstandsvorsitzenden der Münchner Motoren- und Turbinen-Union (MTU) und Präsidenten des Bundesverbandes der Deutschen Luftfahrt-, Raumfahrt- und Ausrüstungsindustrie (BDLI) in sein Schlafzimmer und exekutieren ihn dort mit einem Kopfschuß. Der Top-Mangager entspricht exakt dem Feindbild der RAF bei ihrem »antiimperialistischen Kampf«. Die MTU hat sich auf Triebwerke für militärische Zwecke spezialisiert und stellt Motoren für Kriegsschiffe sowie für die Panzer Leopard, Gepard und Marder her. Die Firma ist das fünftgrößte bundesdeutsche Rüstungsunternehmen.

Mit dem fiktivem Kommandonamen will die RAF ihre Verbundenheit mit nordirischen Terroristen dokumentieren. O'Hara war 1981 nach einem Hungerstreik gestorben.

Augsburg besteht seit 2000 Jahren

1985. Mit einer Vielzahl von Veranstaltungen feiert die Stadt Augsburg ihr 2000jähriges Bestehen.

Augsburg entstand als römisches Legionslager im Jahre 15 v. Chr. und wurde unter Kaiser Tiberius (14–37 n. Chr.) als Augusta Vindelicum reguläre Stadt. Während der Völkerwanderung wurde die Hauptstadt der Provinz Raetia secunda um die Mitte des 5. Jh. n. Chr. von den Alamannen überrannt.

Das mittelalterliche Augsburg entwickelte sich im 9. Jahrhundert aus dem Bischofssitz und wird 1316 Reichsstadt. Schon früh setzte sich das handeltreibende Bürgertum gegen die Kirche durch, so daß Augsburg im ausgehenden Mittelalter zu einem der bedeutendsten Handelszentren der Welt aufstieg. Der Dreißigjährige Krieg (1618–1648) beendete diese Blütezeit.

1806 fiel Augsburg an Bayern und wurde 1817 Hauptstadt des Regierungsbezirks Schwaben. Seit 1860 wandelte sich Augsburg zur bedeutenden Industriestadt.

Bühnenerfolge für zeitkritische Werke

An Münchens Bühnen ist bayerische Hochsaison. Sie beginnt mit Herbert Achternbuschs »Gust«, der am 12. April 1985 unter der Regie des Autors für Deutschland erstaufgeführt wird. Den alten Knecht und Bienenzüchter Gust spielt Sepp Bierbichler.

Bereits 14 Tage später inszeniert George Tabori in den Kammerspielen eine Achternbusch-Uraufführung: »Mein Herbert« mit Gisela Stein und Cornelia Froboess. Am 6. Juni an gleicher Stelle: »Bauern sterben« von Franz Xaver Kroetz mit Jörg Hube und Monika Baumgartner in den Hauptrollen. Zeitkritische bayerische Theatermacher der Gegenwart wie Martin Sperr, Rainer Werner Fassbinder, Franz Xaver Kroetz und Herbert Achternbusch scheinen, spät aber immerhin, nun auch in München angekommen zu sein.

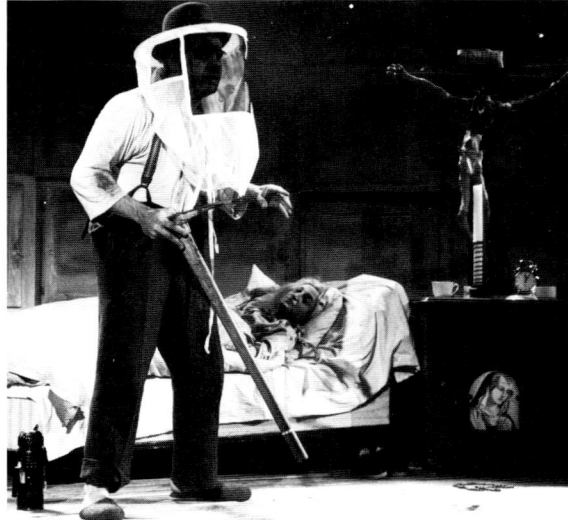

S. Bierbichler (l.) in dem Achternbusch-Stück »Gust«

J. Hube und M. Baumgartner in »Bauern sterben«

Die abwechslungsreiche Glasfassade des Kulturzentrums   *Der Innenhof der aufwendigen Anlage am Gasteig*

Schauspielerin Luise Ullrich gestorben

22. Januar 1985. Die österreichische Schauspielerin Luise Ullrich stirbt im Alter von 73 Jahren in München an Krebs. Die Theater- und Filmdarstellerin wurde zunächst in der Rolle des jungen Wiener Mädels bekannt. Nach dem Zweiten Weltkrieg gelang ihr der Wechsel zu den Frauen- und Mütterrollen des Charakterfachs. Die gebürtige Wienerin gehörte nach dem Besuch der Akade-

Luise Ullrich

mie für Darstellende Kunst in ihrer Heimatstadt 1931/32 und 1935/36 dem Ensemble des Berliner Staatstheaters an. Nach 1945 spielte sie vorwiegend an Münchner Bühnen. Ihre Filmkarriere begann 1932 mit »Der Rebell« von Luis Trenker. Es folgten u.a. »Liebelei« (1932), »Annelie« (1941), »Frau Irene Besser« (1960) und viele Fernsehfilme.

Münchens »Mammut-Glashaus« der Kultur

29. Oktober 1985. Mit der Eröffnung des Carl-Orff-Saals und der Philharmonie (am 10. November) ist der Bau des Münchner Kulturzentrums Gasteig an der Isar vollendet.

In Gasteig sind hinter einer futuristischen Glasfassade die Münchner Stadtbibliothek, das Richard-Strauss-Konservatorium, die Volkshochschule, ein Konzertsaal, eine Experimentierbühne (»Black Box«) und die Münchner Philharmonie unter einem Dach vereint.

Mit dem Bau des Kulturzentrums wurde im April 1978 begonnen. Sechs Jahre später, am 29. Mai 1984, war als erstes Teilstück die Stadtbibliothek fertiggestellt. Bis zur Eröffnung hat der Bau rund 370 Millionen DM verschlungen.

Die gegenüber dem Voranschlag um 350% gestiegenen Kosten nötigten die Stadt München zu einer komplizierten Leasing-Konstruktion, mit der das Kulturzentrum für 51 Jahre verpachtet wurde. Der damit erzielte steuerliche Vorteil von 12 Millionen DM führt allerdings schon vor der Eröffnung zu unklaren Kompetenzen und Streitigkeiten zwischen Kulturreferent Jürgen Kolbe und der privaten Betriebsgesellschaft über das kulturelle Programm.

Triumph für Golf-Profi Bernhard Langer

15. April 1985. *Als erstem Deutschen gelingt Bernhard Langer (Abb.) aus Anhausen bei Augsburg ein Sieg bei den offenen US-Golf-Meisterschaften. Der 27jährige Profi gewinnt das 49. Masters Turnier in Augusta (US-Bundesstaat Georgia) mit 282 Schlägen vor dem Spanier Severiano Ballesteros sowie Curtis Strange und Ray Floyd (beide aus den Vereinigten Staaten), die jeweils 284 Schläge benötigen.*
Der bundesdeutsche Golf-Profi Nr. 1 ist damit erst der dritte Nicht-Amerikaner, der eines der vier bedeutendsten Golf-Turniere der Welt gewinnt. Für seinen Sieg erhält der Maurersohn umgerechnet 390 000 DM, die bisher höchste Prämie seiner Golf-Laufbahn, in der er bereits 17 Internationale Meistertitel erringen konnte.

Nur knapp am Sieg im Davis-Cup vorbei

20.–22. Dezember 1985. *In der Münchner Olympiahalle wird das Finale um den Tennis Davis-Cup zwischen der Bundesrepublik Deutschland und Schweden ausgetragen. Zum Abschluß der dreitägigen Wettkämpfe verfehlt die bundesdeutsche Mannschaft nur knapp einen Sieg gegen Schweden (Abb.), das mit 3:2 durchaus Mühe hat, den im Vorjahr gegen die USA errungenen Pokal zu verteidigen.*
Insbesondere Wimbledon-Sieger Boris Becker begeistert mit seinen Siegen über Mats Wilander und Stefan Edberg die jeweils 13 000 Zuschauer in der Halle und Millionen an den Bildschirmen. Im entscheidenden Doppel gegen Mats Wilander/Joakim Nystroem bleiben Boris Becker/Andreas Maurer allerdings mit 6:4, 6:2, 6:1 ohne Chance.

1986

Atomkraftgegner und Sicherheitskräfte liefern sich am Bauzaun gewalttätige Auseinandersetzungen

Protest gegen Atomfabrik in Wackersdorf

7. Juni 1986. Eine nicht genehmigte Demonstration gegen den geplanten Bau einer Wiederaufarbeitungsanlage für Kernbrennstoffe (WAA) im oberpfälzischen Wackersdorf endet erneut mit schweren Auseinandersetzungen zwischen Kernkraftgegnern und der Polizei. Insgesamt werden etwa 400 Personen verletzt, mindestens 50 müssen ärztlich versorgt werden. Von den 30 000 Demonstranten nehmen die 3000 eingesetzten Polizisten 48 fest. Aus Österreich anreisenden WAA-Gegnern verweigert die bayerische Regierung den Grenzübertritt.

Am 6. Juni hatte der Bayerische Verwaltungsgerichtshof in München das vom Schwandorfer Landratsamt erlassene Verbot für die von Kernkraftgegnern aus Landshut angemeldete Kundgebung bestätigt. Über die dagegen eingelegte Beschwerde kann das Bundesverfassungsgericht aus Zeitgründen nicht mehr verhandeln. Die Veranstalter rufen daraufhin zu einem Waldspaziergang zum Baugelände auf.

Im Abstand von 5 km um Wackersdorf zieht die Polizei einen dichten Sperrgürtel, der nur nach einer Leibesvisitation passiert werden darf. Bei Dauerregen und Temperaturen unter 10 °C erreichen die Demonstranten den 5000 m langen, stählernen Bauzaun erst nach gut einstündigem Fußmarsch. Die Polizei will durch ihr Vorgehen ähnliche Ausschreitungen wie bei der letzten Demonstration zu Pfingsten verhindern, in deren Verlauf Hunderte von Demonstranten und Polizisten ver-

Norbert Steger

letzt wurden. Bei Aktionen am Bauzaun geht jedoch erneut Gewalt sowohl von Polizisten wie auch militanten WAA-Gegnern aus. Die Sicherheitskräfte setzen Wasserwerfer und Reizgasgranaten auch gegen friedliche Demonstrationsteilnehmer ein.

Nach dem Unfall im Kernkraftwerk Tschernobyl (→ 30. 4. 1986) lehnen nach einer »Spiegel«-Umfrage 83% der bundesdeutschen Bevölkerung den Bau weiterer Atomkraftwerke ab. Viele Oberpfälzer befürchten eine radioaktive Verseuchung ihres

Lebensraumes. Wegen der räumlichen Nähe fühlen sich auch die Österreicher bedroht. 40 000 Unterzeichner bekunden in einem Protestbrief ihre Ablehnung der gefährlichen Wiederaufarbeitungsanlage. Das Einreiseverbot für österreichische Kernkraftgegner führt zu Verstimmungen zwischen Bayern und der Alpenrepublik, die sich weiter zuspitzen, als am 29. Juni erneut Kernkraftgegner an der Einreise gehindert werden und Spekulationen aufkommen, die bayerische Staatsregierung wolle den Grenzübertritt auch dem österreichischen Vizekanzler Norbert Steger verweigern, der seine Teilnahme am sog. »Anti-WAAhnsinns-Festival« am 26. Juli zugesagt hat, mit dem zahlreiche Rockstars ihren Protest bekunden.

Luftaufnahme der Wiederaufarbeitungsanlage für Kernbrennstoffe bei Wackersdorf, gegen deren Bau die Bevölkerung im Umkreis protestiert

Radioaktive Verseuchung Bayerns durch Unfall in UdSSR

30. April 1986. Nach einem schweren Unfall im Atomkraftwerk Tschernobyl (UdSSR) steigt die radioaktive Strahlenbelastung in Bayern erheblich an. Besonders stark betroffen sind die südlichen Landesteile. Nachdem die Staatsregierung zunächst darin keine gesundheitlichen Gefahren für die Bevölkerung sieht, warnt sie vor dem Verzehr von Frischgemüse und Milch und trifft in Absprache mit der Bundesregierung weitere Vorsorgemaßnahmen. Tausende besorgter Bürger suchen Rat bei staatlichen Auskunftsstellen.

Am 26. April hatte sich im Kernkraftwerk Tschernobyl (etwa 130 km nördlich von Kiew) das bisher schwerste Unglück in der Geschichte friedlicher Nutzung der Kernenergie ereignet. Infolge von mehreren Bedienungsfehlern während eines Sicherheitsexperiments kam es zu zwei schweren Explosionen, die das Dach der Anlage zerstörten und einen Reaktorbrand auslösten. Dabei werden im weiteren Verlauf große Mengen radioaktiver Strahlung von insgesamt 50 Mio Curie freigesetzt.

Infolge der Wetterlage zog die radioaktive Wolke zunächst nach Skandinavien, erfaßte dann aber Polen und die CSSR. Als sie schließlich die Bundesrepublik erreicht, ist besonders Süddeutschland davon betroffen, vor allem Bayern. Im Freistaat steigt die radioaktive Strahlung auf mindestens das Fünf- bis Sechsfache des Normalwerts, teilweise wird eine Erhöhung auf das Hundertfache registriert.

Unter den radioaktiven Isotopen in der Luft stellt zunächst Jod 131 den größten Anteil, das sich vorwiegend in der Schilddrüse ablagert und dadurch zu schweren Schädigungen führen kann. Wegen seiner vergleichsweise geringen Halbwertszeit von acht Tagen – also der Zeitspanne, in der sich die Radioaktivität auf die Hälfte vermindert – geht im Verlauf der Jodanteil zurück, während Cäsium 137 mit der hohen Halbwertszeit vom 30 Jahren immer größere Bedeutung zukommt. Am 1. Mai wird in Passau eine Aktivitätskonzentration dieses Isotops in der Luft von 50 Becquerel (Bq) pro m³ gemessen. In den folgenden Tagen werden die meisten radioaktiven Partikel mit Niederschlägen auf Pflanzen oder in den Boden befördert, wo die Strahlenbelastung entsprechend ansteigt. Oberbayern, Schwaben und Niederbayern verzeichnen mit 270, 240 und 216 Bq pro kg Boden die höchsten Mittelwerte. Es werden auch bis zu 1350 Bq gemessen.

In ersten Stellungnahmen bestreitet die Staatsregierung, daß die ausgetretene Radioaktivität eine Gefährdung für die Bevölkerung darstelle. Am 1. Mai werden jedoch Einfuhrbeschränkungen für landwirtschaftliche Produkte aus dem Ostblock erlassen, und einen Tag später darf Milch mit Werten über 500 Bq pro l nicht mehr verkauft werden. Darüber hinaus sollen Landwirte ihr Vieh nicht mehr auf die Weide treiben und nur Futter aus unbelasteten Altbeständen einsetzen.

Die Angst der Bevölkerung vor der radioaktiven Gefahr, die man weder sehen, riechen noch schmecken kann, macht sich in tausenden Anrufen bei Informationsstellen, aber auch in zahlreichen Demonstrationen Luft. Vor allem Mütter kleiner Kinder und Schwangere erregen mit ihren Aktionen Aufmerksamkeit. Anfang Mai sprechen sich 83% der Bevölkerung gegen einen weiteren Ausbau der Kernenergie aus. Vielfach wird auch ein schneller Ausstieg aus der Kernenergie gefordert. Während sich Gegner von Atomkraftwerken in ihren Befürchtungen bestätigt sehen, weisen Landeswie Bundesregierung in der einsetzenden politischen Kontroverse immer wieder auf die angeblich sehr viel höhere Sicherheit bundesdeutscher Atommeiler hin.

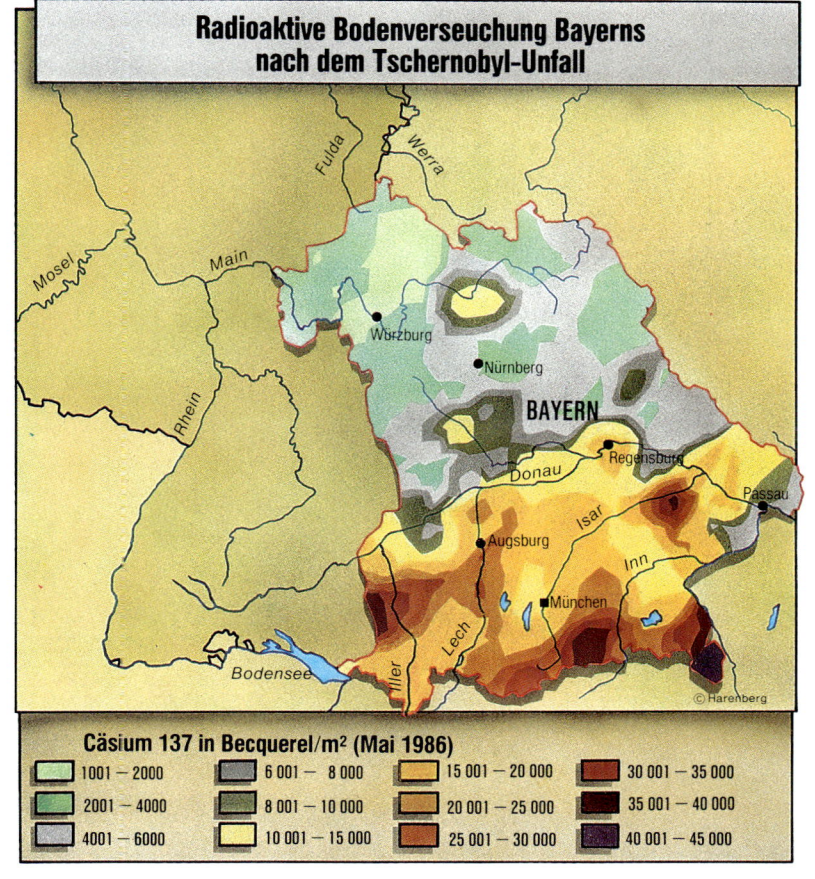

Radioaktive Bodenverseuchung Bayerns nach dem Tschernobyl-Unfall

Cäsium 137 in Becquerel/m² (Mai 1986)

1001 – 2000	6 001 – 8 000
2001 – 4000	8 001 – 10 000
4001 – 6000	10 001 – 15 000
15 001 – 20 000	30 001 – 35 000
20 001 – 25 000	35 001 – 40 000
25 001 – 30 000	40 001 – 45 000

Über 200 000 Demonstranten fordern auf dem Münchner Odeonsplatz die sofortige Stillegung aller atomaren Anlagen in der Bundesrepublik

Empörte Verbraucher und Bauern laden bei einer Demonstration am 10. Mai radioaktiv verseuchte landwirtschaftliche Produkte vor der Staatskanzlei ab

Wahlen zum Bayerischen Landtag am 12. Oktober 1986

Wahlbeteiligung 70,3 % (– 7,7 %)

Erhaltene Stimmen
Anzahl der Abgeordnetensitze
± gegenüber letzter Wahl

Gesamtzahl der Sitze: 204

55,8 % 128 (–5) CSU	27,5 % 61 (–10) SPD	7,5 % 15 (+15) Grüne

3,8 % 0 (±0) FDP	5,4 % 0 (±0) Sonstige

© Harenberg

Strauß bestätigt

12. Oktober 1986. Bei den Wahlen zum bayerischen Landtag behält die CSU trotz eines Stimmenrückganges ihre absolute Mehrheit. Die SPD bleibt weit unter ihrem Wahlziel und die Grünen ziehen erstmals in den Landtag ein. Die FDP scheitert an der Fünf-Prozent-Hürde.

Mord an Siemens-Manager

9. Juli 1986. Bei einem Bombenanschlag in Straßlach bei München kommen der Atomphysiker und Siemens-Manager Karl Eckhard Beckurts und sein Fahrer Eckhard Groppler ums Leben. Das Attentat ereignet sich nur 800 m vom Wohnhaus Beckurts entfernt. Ein Sprengsatz von 50 kg wird mit Hilfe einer elektrischen Zündvorrichtung von einer nahen Waldschonung aus zur Ex-

plosion gebracht, als das Auto von Beckurts den Tatort passiert.

In einem am Ort des Anschlags zurückgelassenen Schreiben bekennt sich die Rote Armee Fraktion (RAF) zu dem Attentat: Der Anschlag sei eine Aktion gegen die »aktuellen strategischen Projekte der politischen, ökonomischen und militärischen Formierung des imperialistischen Systems«. Professor Beckurts wurde 1980 Vorstandsmitglied bei Siemens und übernahm 1981 den Bereich Forschung und Technik des Großkonzerns, der nach eigenen Angaben 2,5 % seines Umsatzes mit Rüstungsprodukten erzielt. Der Siemens-Manager war 1985 in einer Veröffentlichung als Teilnehmer einer geheimen Runde über die deutsche Beteiligung am US-Weltraumforschungsprogramm genannt worden.

Aufnahme vom Ort des Anschlages, Beckurts Auto wurde von der Explosion weit fortgeschleudert

Maier verläßt die Staatsregierung

30. Oktober 1986. Der bei den Landtagswahlen am 12. Oktober in seinem Amt bestätigte bayerische Ministerpräsident Franz Josef Strauß stellt sein neues Kabinett vor. Auf der Ministerliste fehlt der Name eines Mannes, der der Staatsregierung 16 Jahren angehört hatte: Hans Maier. Der dienstälteste Kultusminister der Bundesrepublik hatte das Angebot, als Wissenschaftsminister auch im neuen Kabinett mitzuarbeiten, abgelehnt, da sein Ressort fortan geteilt wird und er nur noch einem »Ministeriums-Torso« (Maier) hätte vorstehen können.

Die Teilung des Kultusministeriums durch Abtrennung des neuen Ministeriums für Unterricht und Kultus hatte Strauß mit der Notwendigkeit begründet, aktiver gegen eine »negative Stimmung« an den Schulen gegenüber der Landesregierung vorgehen zu müssen. Die sozialdemokratische Opposition bescheinigt Maier, sein Weggang sei ein Verlust. Strauß habe nun »ein komplettes Kabinett der Ja-Sager«.

25. 1. Bei den Wahlen zum elften Deutschen Bundestag büßt die CSU gegenüber dem Ergebnis von 1983 4,4 % der Stimmen ein. Die SPD verliert 1,9 %; die FDP verbessert sich um 1,9 %. Die Grünen steigern ihren Stimmenanteil um 3 %.

Februar. Die Affäre um hoch radioaktiv belastetes Molkepulver aus Bayern läßt in der ganzen Bundesrepublik die Diskussion um die Entsorgung radioaktiven Mülls aufleben. →

16. 4. Völlig überraschend stellt die Eisenwerk-Gesellschaft Maximilianshütte in Sulzbach-Rosenberg Konkursantrag. →

2. 5. Ein kunsthistorisches Gutachten unterstreicht den Wert der Renaissance-Arkaden im Münchner Hofgarten, die dem geplanten Neubau der Staatskanzlei weitgehend zum Opfer fallen würden. →

3. 5. Papst Johannes Paul II. besucht während seiner zweiten Deutschlandreise München und Augsburg.

19. 5. Der bayerische Ministerpräsident beschließt einen umstrittenen Maßnahmenkatalog zur Bekämpfung der Immunschwäche Aids. →

20. 5. Die Münchner Ruhmeshalle erhält Neuzugänge. →

25. 5. Die bundesweit stattfindende Volkszählung stößt auch in Bayern auf Proteste. →

5. 6. In München wird das früheste Tafelbild Süddeutschlands der Öffentlichkeit vorgestellt. →

6. 6. Zwei Spieltage vor Ende der 24. Bundesligasaison sichert sich der FC Bayern München den zehnten Meisterschaftstitel im Fußball und wird damit Rekordmeister. →

14. 6. Hans-Jochen Vogel wird mit großer Mehrheit zum SPD-Vorsitzenden gewählt. →

18. 8. In Windischeschenbach beginnen die (Vor-)Bohrungen für das Kontinentale Tiefbohrprogramm. →

12. 9. Der DDR-Staatsratsvorsitzende Erich Honecker hält sich im Rahmen seines Staatsbesuchs in der Bundesrepublik in München auf. →

4. 11. Prinz Charles und Prinzessin Diana besuchen München. →

1987. Bayern stellt als erstes deutsches Bundesland eine vollständige Liste seiner Denkmäler zusammen. →

GESTORBEN:

29. 1. München: Maria del Pilar (*13. 3. 1891, München), Prinzessin von Bayern. →

26. 3. München: Eugen Jochum (*1. 11. 1902, Babenhausen/Unterallgäu), Dirigent.

Tafelgemälde von Weltrang entdeckt

5. Juni 1987. Einen kunsthistorischen Fund von Weltrang präsentiert das Landesamt für Denkmalschutz in München: eines der frühesten Tafelbilder Süddeutschlands. Es wurde wahrscheinlich um 1230 gemalt und ist das einzige bekannte Ölgemälde aus dieser Zeit, das sich – wenn auch sehr beschädigt – im Originalzustand erhalten hat. Das Werk, im Vorjahr beim Umbau des »Himmelthaler Raums« im Aschaffenburger Stiftsmuseum gefunden, zeigt im Mittelpunkt den thronenden Christus als Weltherrscher (Pantokrator), der von je zwei Heiligen flankiert wird.

Neue Unsterbliche in Bayerns Olymp

20. Mai 1987. Zum drittenmal seit ihrer Wiedereröffnung 1972 ist die Ruhmeshalle auf der Münchner Theresienhöhe Schauplatz einer Neuaufnahme verdienter Häupter aus Bayerns Vergangenheit. Sieben Marmorbüsten von Männern werden enthüllt, die der Ministerrat auf Vorschlag von Mitgliedern der Akademie der Wissenschaft und der Akademie der Schönen Künste ausgewählt hat. Für würdig erachtet wurden Graf Franz Erwein von Schönborn, Wilhelm Josef Behr, Hans von Aufseß, Carl Spitzweg, Adolf von Hildebrand, Richard Willstätter und Arnold Sommerfeld.

Bayern-Prinzessin Pilar gestorben

29. Januar 1987. Im 96. Lebensjahr stirbt in ihrem Nymphenburger Heim Prinzessin Maria del Pilar von Bayern, Urenkelin von König Ludwig I. und eine Tochter des populären Arztes Prinz Ludwig Ferdinand von Bayern und der spanischen Infantin Maria de la Paz.

Als Malerin, deren Ölbilder, Aquarelle und Zeichnungen unter Kennern als kleine Kostbarkeit gelten, erwarb sie sich ebenso Ansehen wie als unermüdlich sozial engagierter Mensch. Maria del Pilar pflegte in beiden Weltkriegen Verwundete. Später sammelte sie für das Weltkinderhilfswerk UNICEF und übernahm die Schirmherrschaft über Wohlfahrtsorganisationen.

Modell des geplanten Komplexes mit Staatskanzlei (l. Flügel) und Haus der Geschichte (r. Flügel)

Diskussionen um Neubau der Staatskanzlei

2. Mai 1987. Die Gegner des seit Herbst 1984 andauernden Streites um den Neubau der Staatskanzlei im Münchner Hofgarten erhalten Unterstützung von berufener Seite. Der Bonner Kunsthistoriker Professor Gunter Schweikhart legt ein Gutachten über die Renaissance-Arkaden am Nordrand des Hofgartens vor, die dem umstrittenen Neubau weitgehend weichen müßten. Aufgrund seiner Untersuchungen kommt Schweikhardt zu dem Ergebnis, daß es sich bei der freigelegten Anlage »hinsichtlich seiner historischen und architektonischen Bedeutung um ein besonders wertvolles Baudenkmal« handelt.

Der reich ausgestattete Arkadengang war 1560 von Herzog Albrecht V. angelegt worden, als dieser den Lustgarten von der Ost- auf die Nordseite der Residenz verlegte. Kurfürst Maximilian I. nahm 1613 das Maß dieser Arkaden auf; er erweiterte den Garten auf seine heutigen Ausmaße und zog den leichten Arkadengang, den er auf die Loggia seines Großvaters gesetzt hatte, im oberen Garten um die neugeschaffenen geometrischen Wasserparterres herum. Damit erweist sich der jetzt wieder freigelegte Gang als eigentliche architektonische Urzelle des Münchner Hofgartens.

In seinem Gutachten betont Schweikhart, daß die für die großen Residenzen des 16. Jh. typische Münchner Gartenanlage ein in Deutschland einmaliges Denkmal ist und »allein wegen dieser singulären Bedeutung… vollständig erhalten werden« müßte. An der Sanierungsfähigkeit der Arkaden bestehe »kein Zweifel«.

Gegenüber den kritischen Stimmen zum geplanten Neubau der Staatskanzlei im Hofgarten – Gutachten, international besetzte Symposien, Appelle aus Wissenschaft und Kunst, konkrete Angebote des Münchner Stadtrats, für alternative Standorte, eine Bürgerinitiative »Rettet den Hofgarten« – verteidigt das Bayerische Landesamt für Denkmalspflege das Vorhaben der Staatsregierung: »Daß sich eine Landeshauptstadt bemüht, den Sitz des Ministerpräsidenten möglichst zu verstecken…, erscheint mir in einem Land mit einer so langen staatlichen Tradition wie Bayern reichlich abwegig: Gerade an dieser repräsentativen Stelle in der Nähe der Münchner Residenz, von der aus Bayern schon jahrhundertelang regiert wurde, ist auch aus historischen Gründen die Bayerische Staatskanzlei samt dem Haus der Bayerischen Geschichte am richtigen Platz.« (Generalkonservator Michael Petzet)

Bei Ausschachtungsarbeiten zum geplanten Neubau kamen Befestigungsmauern zum Vorschein, die im Spätmittelalter angelegt wurden

Maßnahmen gegen Aids umstritten

19. Mai 1987. Als erstes Bundesland setzt Bayern weitreichende Maßnahmen zur Bekämpfung der Immunschwäche Aids (Acquired Immune Deficiency Syndrome) in Kraft. Laut Beschluß des Ministerrates sollen sich in Zukunft »Anstekkungsverdächtige« – das sind nach den Bestimmungen des Maßnahmenkatalogs männliche und weibliche Prostituierte und intravenös Drogensüchtige (Fixer) – Zwangsuntersuchungen unterziehen. Auch bei negativem Testergebnis müssen sich solche Personen vierteljährlich neu untersuchen lassen. Prostitution ist in Bayern künftig nur noch mit Kondombenutzung zulässig.

Ab sofort müssen sich auch Beamtenanwärter im Rahmen ihrer Ein-

Peter Gauweiler, sein »Aids-Katalog« wird scharf kritisiert

stellungsuntersuchung einem Aids-Test unterziehen; bei positivem Ergebnis kommt in der Regel eine Einstellung nicht in Frage. Die Zwangsuntersuchung müssen darüber hinaus auch Staatsbürger nicht-westeuropäischer Länder absolvieren, die eine Aufenthaltsgenehmigung in der Bundesrepublik beantragen.

Der Maßnahmenkatalog, der die Handschrift von Staatssekretär Peter Gauweiler trägt, stößt außerhalb Bayerns auf einhellige Kritik. Selbst die anderen unionsregierten Länder wollen dem Münchner Vorbild nicht folgen. Bundesgesundheitsministerin Rita Süssmuth (CDU) warnt erneut vor einer sozialen Ausgrenzung Aids-Kranker.

Johannes Paul II. besucht Bayern

3. Mai 1987. Im Rahmen seines zweiten Besuchs in der Bundesrepublik (30. 4.–4. 5.) trifft Papst Johannes Paul II. in München ein.

Während eines Festgottesdienstes im Olympiastadion vor 82 000 Gläubigen spricht der Papst den Münchner Jesuitenpater Rupert Mayer (1876 – 1945) selig, der dem Nationalsozialismus von Anbeginn in Predigten und Versammlungen mutig entgegengetreten war. Mayer erhielt von den Nazis Redeverbot, wurde zweimal verhaftet, ins KZ Sachsenhausen eingewiesen und schließlich im Kloster Ettal unter Arrest gestellt. Zwei Tage zuvor, in Köln, hatte der Papst bereits die Karmelitin Edith Stein, eine konvertierte Jüdin, seliggesprochen, die 1942 in Auschwitz ermordet wurde.

In seiner Ansprache erinnert Johannes Paul II. an die NS-Verbrechen in Dachau und Auschwitz und warnt vor Verletzungen der Menschenrechte, die zwangsläufig mit mangelnder Achtung vor Gottes Gesetz einhergingen. Ausdrücklich ruft er die Christen zu politischem Engagement auf: »Setzt euch wie Rupert Mayer für Gottes Rechte und Gottes Ehre auch in der Öffentlichkeit ein. Laßt nicht zu, daß die Entchristlichung weiter um sich greift.«

Schon am 1./2. Mai, auf den Stationen seiner Reise in Nordrhein-Westfalen, hatte das Oberhaupt der katholischen Kirche überraschend deutlich zu sozialen und politischen Problemen der Bundesrepublik

Papst Johannes Paul II. während seiner Deutschlandreise bei einem ökumenischen Gottesdienst in der Basilika St. Ulrich und Afra in Augsburg

Pater Rupert Mayer, er wurde von den Nationalsozialisten verfolgt

Stellung genommen. Im Ruhrgebiet rief der Papst nicht nur zur Beseitigung der Massenarbeitslosigkeit auf, sondern darüber hinaus zur Wachsamkeit gegenüber den Folgen ungezügelter Technik. Im Marienwallfahrtsort Kevelaer sprach sich Johannes Paul auch für die schrittweise Abschaffung der Massenvernichtungswaffen aus.

Von München aus reist der Papst nach Augsburg weiter, wo er zusammen mit dem Ratsvorsitzenden der Evangelischen Kirche in Deutschland, Bischof Martin Kruse, in der Basilika von St. Ulrich und Afra einen ökumenischen Gottesdienst feiert, um die Gemeinsamkeit der beiden Konfessionen zu demonstrieren. Über Speyer fliegt der Papst am 4. Mai nach Rom zurück.

FC Bayern München Rekordmeister

6. Juni 1987. *Ein 2:2 gegen Bayer Uerdingen im drittletzten Spiel der 24. Bundesligasaison genügt dem FC Bayern München bereits, um Deutscher Fußballmeister 1987 zu werden. Dieter Hoeneß macht das entscheidende Tor (Abb.).*

Dieser Titelgewinn beschert dem erfolgreichen Verein gleich zwei Superlative. Mit dem zehnten Meisterschaftsgewinn ist der FC Bayern nicht nur deutscher Rekordmeister und hat den 1. FC Nürnberg (9 Titel) überflügelt, sondern er hat auch, zum zweitenmal nach 1972 bis 1974, drei Titel in Serie gewonnen.

Molkepulver-Affäre bewegt die Gemüter

Februar 1987. Radioaktiv verseuchtes Molkepulver aus Bayern erhitzt die Gemüter in der Bundesrepublik. Das mit Werten zwischen 2000 und 8000 Becquerel pro kg belastete Molkepulver ist eine Folge der Reaktorkatastrophe von Tschernobyl (→ 30. 4. 1986). Als sich die hohe Belastung Bayerns durch Cäsium 134 und 137 herausstellt, rät das bayerische Landwirtschaftsministerium den Molkereien zur Herstellung von Käse, weil das strahlende Cäsium mit der Molke ausgeschieden wird. Nachdem die Firma Meggle Milchindustrie GmbH in Wasserburg am Inn 150 Millionen l Milch zu 5046 t Molkepulver konzentriert hat, will für das verseuchte Produkt niemand mehr zuständig sein.

Zwar wird die Herstellerfirma vom Bund entschädigt, aber die Entsorgung bleibt ungelöst. In 242 Bundesbahnwaggons wird das Molkekonzentrat schließlich auf Bundeswehrgelände in Feldkirchen (Landkreis Straubing-Bogen) und in Meppen (Emsland) abgestellt.

Maxhütte beantragt Konkursverfahren

16. April 1987. Am Gründonnerstag um 16.15 Uhr stellt die traditionsreiche Eisenwerk-Gesellschaft Maximilianshütte mbH (Maxhütte) im oberpfälzischen Sulzbach-Rosenberg wegen drohender Zahlungsunfähigkeit beim Amtsgericht Amberg Konkursantrag.

Das zu 49% dem Duisburger Klöckner-Konzern gehörende Unternehmen, das rund 3500 Arbeitnehmer beschäftigt, soll jedoch weiterarbeiten. Obwohl auch der bayerische Ministerpräsident Franz Josef Strauß (CSU) von dem Konkursantrag völlig überrascht wird, gibt er umgehend die Planung einer Auffanggesellschaft in Auftrag, die dem strukturschwachen Raum die meisten Arbeitsplätze erhalten soll. Hatte der Freistaat Bayern eine direkte Beteiligung an dem mit 700 Mio DM verschuldeten Unternehmen bislang abgelehnt, so ist die Staatsregierung nun bereit, sich mit einem Anteil von bis zu 49% an der Auffanggesellschaft zu beteiligen. Die Entschuldungsverhandlungen sind jedoch schwierig, und Massenentlassungen scheinen unvermeidlich.

Strauß pflegt gute Kontakte zum Osten

Zahl der Bayern wächst beständig

12. September 1987. Die Visite ist kurz: Um 9.45 Uhr kommt der DDR-Staatsratsvorsitzende Erich Honecker mit einer Maschine der Interflug in München-Riem an. Sechs Stunden und 15 Minuten später, um 16 Uhr, fliegt er wieder ab. Während des kurzen Aufenthaltes spricht er mit Ministerpräsident Franz Josef Strauß, speist festlich-feierlich, schüttelt viele bedeutende bayerische Hände und besucht – ohne Strauß-Begleitung – das ehemalige Konzentrationslager Dachau. Auf seiner mehrtägigen Deutschland-Tour ist München für Honecker nur ein Abstecher.

Noch am Beginn des Jahrzehnts war diese Reise des kommunistischen DDR-Statthalters in die Höhle des bayerischen Löwen unvorstellbar gewesen. Seit der Einfädelung des Milliardenkredits für den ostdeutschen Staat durch Franz Josef Strauß – der Vertrag wurde am 1. Juli 1983 geschlossen – hatten sich jedoch die Beziehungen verändert (wobei freilich die Kontakte zwischen dem CSU-Ministerpräsidenten und dem Devisenorganisator Alexander Schalck-Golodkowski noch unbekannt waren).

Wichtiger als der kurze Honecker-Besuch in der bayerischen Landeshauptstadt wird für Franz Josef Strauß eine Visite, die er selbst am letzten Tag des Jahres 1987 unternimmt. Gemeinsam mit Parteifreun-

Im Antiquarium der Münchner Residenz empfängt Franz Josef Strauß (2. v. l.) DDR-Staatschef Erich Honecker (3. v. r.) mit einem Glas Sekt

den fliegt er mit einer Cessna Citation II 151 bei schlechten Witterungsverhältnissen zu einem nicht angekündigten Besuch nach Moskau, wo er zu einem zweieinhalbstündigen Gespräch mit Michail Gorbatschow zusammentrifft. Nach München zurückgekehrt erklärt Strauß, er sei überzeugt, daß der Kreml keinen Krieg wolle: »Herr Gorbatschow hat so viele Probleme in der Sowjetunion selber und bei den sowjetischen Verbündeten, daß auf eine heute nicht absehbare Zeit an irgendeine militärische Konfron-

tation meines Erachtens nicht gedacht werden kann.« Und er fügt hinzu: »Man sollte ihnen (d. i. den sowjetischen Führern) durchaus sagen, daß wir ihnen ihren Abrüstungswillen glauben.«

Der 72jährige Franz Josef Strauß, ein begeisterter Pilot, steuert die Cessna persönlich nach Moskau und erntet hinterher das Lob des ihn begleitenden CSU-Landesgruppenchefs Theo Waigel, er habe mit der Maschine eine »ganz pfundige Landung« geschafft, obwohl die Sicht sehr schlecht war.

25. Mai 1987. In Bayern findet erstmals seit 17 Jahren eine Volkszählung statt. Bei der bundesweiten Aktion sind in den Wochen vor und nach dem Stichtag Zähler im Einsatz, die Fragebogen an die Haushalte verteilen. Maximal 33 Fragen zur Person, zur Berufs- und Arbeitssituation sind zu beantworten. Bayerische Bürgerinitiativen ebenso wie die Grünen haben zum Boykott der Erhebung aufgerufen: Sie sehen in der Speicherung der Daten die Gefahr einer lückenlosen Überwachung der Bürger durch den Staat. Befürworter der Volkszählung führen dagegen an, die Erhebung sei notwendig, um Daten für die Straßen-, Wohnungs- und Bildungsplanung sowie für Prognosen bei der Sozialversicherung zu gewinnen.

Volkszählung.

10 Minuten, die allen helfen.

Dem Aufruf zur Volkszählung folgen nicht alle Bürger; Boykottinitiativen fordern dazu auf, die Fragebogen unausgefüllt abzugeben

Die Auswertung der Volkszählung für Bayern ergibt, daß am Stichtag 10 902 643 Menschen im Freistaat wohnen. Das sind rund 100 000 weniger, als nach der amtlichen Bevölkerungsfortschreibung erwartet wurden. Gegenüber der letzten Volkszählung 1970 hat die bayerische Bevölkerung um 4 % zugenommen. Im Bundesdurchschnitt betrug der Zuwachs nur 0,7 %.

Trotz dieser überdurchschnittlichen Bevölkerungszunahme liegt die Bevölkerungsdichte im Freistaat Bayern mit 155 Einwohnern je Quadratkilometer noch deutlich unter dem Bundeswert von 246 Einwohnern je Quadratkilometer.

Hans-Jochen Vogel übernimmt SPD-Vorsitz

14. Juni 1987. Nach dem Rücktritt von Willy Brandt wählen die Sozialdemokraten einen neuen Parteivorsitzenden: Sie entscheiden sich mit 404 von 423 Stimmen für Hans-Jochen Vogel. Er ist nach Kurt Schumacher (1946–1952), Erich Ollenhauer (1952–1963) und Willy Brandt (1963–1987) der vierte SPD-Vorsitzende der Nachkriegszeit.

Hans-Jochen Vogel wurde 1926 in Göttingen als Sohn eines Münchner Hochschullehrers geboren. Er bekannte sich stets zu seiner bayerischen Heimat: »Ein Pferd, das in einem Kuhstall zur Welt kommt, ist doch deswegen keine Kuh«. Mit dem promovierten Juristen nimmt die SPD einen Mann in die Pflicht, der vielfältige politische Erfahrungen in sein Amt einbringt: Am Beginn seiner Karriere hatte er im Auf-

Vogel, ein Bayer an der SPD-Spitze

trag von Ministerpräsident Wilhelm Hoegner die z. T. veralteten bayerischen Gesetze durchforstet, die dann übersichtlich publiziert werden konnten. 34jährig wurde er mit 64,3 % der Stimmen zum Oberbürgermeister von München gewählt. Sechs Jahre später stimmten sogar 78 % der Münchner für Vogel, in dessen Amtszeit die bayerische Landeshauptstadt schneller als jede andere deutsche Stadt wuchs und den Titel einer »heimlichen Hauptstadt« bekam. Kurz vor der Eröffnung der Olympischen Sommerspiele 1972 verzichtete Vogel auf eine erneute Kandidatur; als Grund nannte er die Ideologisierung der Münchner SPD. Im gleichen Jahr wurde er zum Vorsitzenden der bayerischen SPD gewählt und als Bundesminister für Raumordnung und Städtebau ins Bonner Kabinett berufen, in dem er von 1974 bis 1981 das Amt des Justizministers bekleidete.

Prinz Charles und Prinzessin Diana (dahinter) tragen sich in das Goldene Buch der bayerischen Landeshauptstadt ein

Charles und Diana zu Besuch in München

4. November 1987. Im Rahmen eines sechstägigen Staatsbesuchs in der Bundesrepublik Deutschland trifft das britische Kronprinzenpaar, Prinz Charles und Prinzessin Diana, in München ein.

Nach dem offiziellen Empfang in der Münchner Residenz durch Gastgeber Franz Josef Strauß laden die Wittelsbacher zu einem Buffet. Für den Abend ist der Besuch der Oper »Figaros Hochzeit« im Nationaltheater geplant. Sowohl die britische als auch die deutsche Boulevard-Presse nehmen den Staatsbesuch zum Anlaß, zahllose Gerüchte und Mutmaßungen über die persönliche Beziehung zwischen Charles und Diana zu verbreiten.

Begonnen hatte das Thronfolgerpaar seine Reise am 1. November in Berlin (West). Von hier aus war es nach Bonn geflogen, wo es bei Bundeskanzler Helmut Kohl und Bundespräsident Richard von Weizsäcker zu Gast war. Der Staatsbesuch dient u. a. auch Werbezwecken, wie eine Modenschau im Kölner Museum Ludwig zeigte: Hier führte die britische Bekleidungsindustrie in Anwesenheit des Kronprinzenpaars ihre Produkte vor.

Nach München steht für Prinz Charles und Prinzessin Diana noch der Besuch weiterer bundesdeutscher Großstädte auf dem Programm.

Tiefstes Bohrloch der Erde in Bayern

18. August 1987. Nahe dem Oberpfälzer Städtchen Windischeschenbach, an der Stelle, wo vor gut dreihundert Millionen Jahren zwei Kontinente gegeneinander stießen, beginnen Geowissenschaftler mit den Vorbohrungen für ein zehn Kilometer tiefes Loch ins Erdinnere. Von der sog. Kontinentalen Tiefenbohrung erwarten die Experten neue Erkenntnisse über Erdwärme, Erdbeben und die Erdkruste.

Das Projekt, an dem rund vierhundert Wissenschaftler beteiligt sind, wird aus Bonn mit 480 Mio DM finanziert. Im Laufe der folgenden Jahre soll die Bohrung in Tiefen vorstoßen, in denen eine Temperatur von mehr als 300 °C und ein Druck von rund 2000 bar herrschen. Die Wissenschaftler erwarten, daß das Gestein unter diesen Bedingungen seinen Zustand verändert und formbar wird. Diese Zone soll im Herbst des Jahres 1994 erreicht werden. Noch bevor der Bohrer in diese Bereiche vordringt – Ende 1993 wird eine Tiefe von 8130 m und eine Temperatur von 190 °C erreicht –, werden von der größten Langbohranlage der Welt neue geologische Erkenntnisse, Erfolge und Rekorde gemeldet. So sind die an die Oberfläche geholten Bohrkerne mit einem Durchmesser von 24 cm doppelt so groß wie die Kerne anderer Bohrungen. Außerdem gelingt es in Windischeschenbach erstmals, ein Tiefbohrloch herzustellen, das in einem Winkel von annähernd 90° in die Erde vorstößt. Zahlreiche technische Neuerungen in der Bohrtechnik und am Bohrgerät sind so sensationell, daß interessierte Wissenschaftler aus aller Welt nach Bayern reisen.

Der 83 m hohe Bohrturm in Windischeschenbach

110 000 Denkmäler füllen acht Bände

1987. Als erstes deutsches Bundesland hat Bayern seine zahlreichen Denkmäler vollständig in einer Liste erfaßt. Sie wird als achtbändiges Werk veröffentlicht, das reich mit Luftaufnahmen und detaillierten Plänen illustriert ist.

Mit diesem Verzeichnis erfüllt das Landesdenkmalamt einen Auftrag, den ihm das Bayerische Denkmalgesetz 1973 gestellt hatte. Erfaßt sind insgesamt 110 000 Einzeldenkmäler und rund 800 Ensembles, außerdem noch etwa 10 000 archäologische Geländedenkmäler.

Allein für die Stadt München werden annähernd 8000 Denkmäler, das sind sieben Prozent aller Gebäude, und 68 Ensembles aufgeführt.

Nürnberger Denkmal: Das berühmte Glockenspiel der Frauenkirche

Die Liste – ein Band für jeden der sieben bayerischen Regierungsbezirke und ein weiterer für die Stadt München – wird ständig ergänzt. Neben den Abgängen werden, dem neuen Forschungsstand entsprechend, vor allem Baudenkmäler der vergangenen Jahrzehnte neu aufgenommen.

Die Anfänge der offiziellen Denkmalpflege in Bayern gehen auf das Jahr 1835 zurück, als König Ludwig I. (1786–1868) jene »Generalinspektion der plastischen Denkmäler des Reiches« begründete, aus der 1917 das »Landesamt für Denkmalspflege« hervorging. Eine erste große Bestandsaufnahme wurde von 1895 an mit den zahlreichen Bänden der »Kunstdenkmäler von Bayern« gemacht.

1988

9.1. Das Münchner Prinzregententheater, das mit einem Kostenaufwand von 43,5 Mio DM renoviert wurde, wird mit einem Festakt wiedereröffnet. →

Januar. An der Universität Bayreuth gelingt Wissenschaftlern ein Tiefsttemperatur-Rekord. Sie kommen bis auf zwölf millionstel Grad an den absoluten Nullpunkt von –273,15 °C heran. →

30.3. Der Absturz eines französischen Kampfflugzeugs in unmittelbarer Nähe der Kernkraftwerke Isar I und II löst in der Öffentlichkeit eine Diskussion über die Gefahren militärischer Flugübungen aus. →

27.5. In München beginnt die erste Biennale für neue Musik. Die Veranstaltung geht auf eine Initiative des Komponisten Hans Werner Henze zurück. →

Mai. Der Münchner Königsplatz, der seit der NS-Zeit gepflastert war, wird mit einer Begrünung in seinen Ursprungszustand zurückversetzt. →

26.7. Bis zum 29. August finden in Bayreuth die 77. Richard-Wagner-Festspiele statt. →

Sommer. In Kalkplatten aus den Steinbrüchen von Solnhofen wird der sechste Archaeopteryx gefunden. Der Urvogel lebte vor etwa 170 Mio Jahren und stellt ein Bindeglied zwischen Reptilien und Vögeln dar. →

8.9. Vor der Großen Strafkammer des Landgerichts Memmingen beginnt der Abtreibungsprozeß gegen den Gynäkologen Horst Theissen. →

September. Bayerische Sportler schneiden mit Erfolg bei den Olympischen Sommerspielen in Seoul ab. →

19.10. Der Bayerische Landtag wählt Max Streibl zum Nachfolger des verstorbenen bayerischen Ministerpräsidenten Franz Josef Strauß. →

19.11. Nach dem Tod von Franz Josef Strauß wird Theo Waigel auf dem CSU-Parteitag in München zum CSU-Vorsitzenden gewählt (→ 19.10. 1988). →

10.12. Den bayerischen Forschern Johann Deisenhofer, Robert Huber und Hartmut Michel wird der Nobelpreis für Chemie verliehen. →

GESTORBEN:

31.3. Waging: Oliver Hassencamp (*10.5.1921, Rastatt), Schriftsteller.

5.9. München: Gert Fröbe (*25.2.1913, Planitz bei Zwickau), Schauspieler.

3.10. Regensburg: Franz Josef Strauß (*6.9.1915, München), bayerischer Ministerpräsident und CSU-Vorsitzender. →

Memminger Abtreibungsurteil umstritten

Vor der Großen Strafkammer des Landgerichts Memmingen wird der Abtreibungsprozeß gegen den Gynäkologen Horst Theissen verhandelt

8. September 1988. In Memmingen im Allgäu beginnt ein umstrittener Prozeß gegen den Gynäkologen Horst Theissen. Der 49jährige wird beschuldigt, »in mindestens 156 Fällen« Abtreibungen durchgeführt zu haben, ohne zuvor die Notlage der Frauen festzustellen.

Bereits im Vorfeld gab es in der Öffentlichkeit massive Proteste gegen den Memminger Prozeß, vielfach wird er als »Hexenjagd« auf liberale Ärzte kritisiert, die im katholisch geprägten Bayern in ihrer Berufsausübung behindert werden sollen.

Begonnen hatte das Verfahren im Jahr 1986: Im Zuge einer Steuerfahndung, bei der die Privat- und Praxisräume Theissens durchsucht worden waren, beschlagnahmten die Fahnder auch die Patientinnenkartei, und übergaben sie der Staatsanwaltschaft. Gegen 279 Frauen und 78 Männer wurde daraufhin ermittelt, per Strafbefehl wurden sie aufgrund der fehlenden Notlagenindikation zu Geldstrafen zwischen 900 und 3200 DM verurteilt.

Im Memminger Gerichtssaal müssen nun 156 der Frauen als Zeuginnen aussagen. Zuvor waren sie bereits aufgefordert worden, ihre finanziellen Verhältnisse offenzulegen, wurden Erkundigungen über sie beim Arbeitgeber eingeholt oder mußte das Einkommen der Eltern angegeben werden. Ihre Namen und der Termin ihres Schwangerschaftsabbruchs werden beim Prozeß öffentlich verlesen. Die Frauen sind z. T. höchst peinlichen Befragungen durch die Richter ausgesetzt.

Theissen wird am 5. Mai 1989 zu einer Gefängnisstrafe von zweieinhalb Jahren und einem dreijährigen Berufsverbot verurteilt. In 36 Fällen habe keine Notlage bestanden und in 39 Fällen sei die Schwangerschaft ohne ausreichende Feststellung der Indikation abgebrochen worden, befindet das Gericht. Theissen wird in der Urteilsbegründung als »Überzeugungs- und Gesinnungstäter« bezeichnet.

Die empörte Öffentlichkeit reagiert mit zahlreichen Protestdemonstrationen und einer erneuten Diskussion um den Abtreibungsparagraphen 218. Frauenverbände kritisieren den Memminger Richterspruch als einen Rückfall ins Mittelalter, während ihn kirchliche Organisationen befürworten. Im Dezember 1991 hebt der Bundesgerichtshof das Strafmaß auf, da zum Zeitpunkt der Anklage bereits 20 der verhandelten Fälle verjährt waren.

Der Prozeß wird wieder aufgenommen: Im Revisionsverfahren verhängt das Augsburger Landgericht am 12. Januar 1994 eine 18monatige Bewährungsstrafe gegen Theissen und verzichtet auf ein Berufsverbot.

Tiefflüge über Kernkraftwerken

30. März 1988. *In nur 1,5 km Entfernung von den Kernkraftwerken Isar I und II in der Nähe von Landshut stürzt bei Tiefflugübungen ein französisches Kampfflugzeug vom Typ »Mirage F 1« ab. Der Pilot kommt ums Leben. (Die Abbildung zeigt Aufräumarbeiten an der Absturzstelle, von der aus man die Dampfwolke des Kernkraftwerks sehen kann.)*
Einen Tag darauf verunglückt eine amerikanische F-16-Kampfmaschine in der Nähe des Kernkraftwerks Philippsburg (Baden-Württemberg). Beide Vorfälle lösen in der Öffentlichkeit eine heftige Diskussion um die Gefahren der militärischen Flugübungen aus.

Bayerische Bevölkerung trauert um Franz Josef Strauß

3. Oktober 1988. Bayerns Ministerpräsident Franz Josef Strauß ist tot. Einen Monat nach seinem 73. Geburtstag erliegt er um 11.45 Uhr im Regensburger Krankenhaus der Barmherzigen Brüder einem »Herz-Kreislauf-Versagen als Folge eines Multiorganversagens«.
Am Samstag, dem 1. Oktober, war der Politiker mit einem Hubschrauber von München aus zu einer vom Fürsten Johannes von Thurn und Taxis veranstalteten Hirschjagd beim Aschenbrennermarter bei Regensburg geflogen. Unmittelbar nach seiner Ankunft war er gegen 16 Uhr zusammengebrochen und aus der Ohnmacht nicht mehr erwacht.
Die Nachricht von Strauß' Tod wird vom Stellvertretenden bayerischen Ministerpräsidenten Max Streibl verkündet, der auch die Staatstrauer anordnet. Das politische Leben in Bayern ruht in der gesamten Woche. Bereits am Tag nach dem Tod ziehen zum Auftakt viertägiger Trauerfeierlichkeiten mehrere tausend Menschen z. T. mit unverhüllter Anteilnahme am Sarg mit Strauß' Leichnam vorbei, der in der St.-Pius-Kapelle des Regensburger Krankenhauses aufgebahrt ist. Am 5. Oktober wird der Sarg nach München überführt, wo Politiker und der Bevölkerung zwei Tage Gelegenheit geboten wird, Abschied von dem Toten zu nehmen. Am selben Tag finden eine Trauersitzung des bayerischen Kabinetts und eine Trauerfeier im Bayerischen Landtag statt. Die Beisetzung von Franz Josef Strauß erfolgt im engsten Familienkreis am 8. Oktober in der Familiengruft auf dem Friedhof von Rott am Inn.
Seit den frühesten Nachkriegszeiten hat Franz Josef Strauß – und darin vergleichbar nur mit Konrad Adenauer und Herbert Wehner – die Politik der Bundesrepublik Deutschland mitgeprägt. Seine scharfe, schnelle Intelligenz und sein großes politisches Temperament schienen ihn für die höchsten Ämter im Staat zu prädestinieren. Doch seine Vorzüge wurden ihm immer wieder auch zum Verhängnis, und so wurde Strauß niemand gefährlicher als Strauß selbst. Obwohl ihm häufig eine Schuld nicht nachzuweisen war, bleiben einige der großen bundesdeutschen Skandale der Nachkriegszeit mit seinem Namen verknüpft: Onkel Aloys, Schützenpanzer HS 30 und »Spiegelaffäre«.

△ Sechs Pferde ziehen die Lafette mit dem Sarg des verstorbenen bayerischen Ministerpräsidenten Franz Josef Strauß am 7. Oktober von der Residenz durch die Münchner Straßen; von seinen Anhängern wie ein König verehrt, wird Strauß in einer effektvoll inszenierten pompe funèbre wie ein bayerischer König zur letzten Ruhe geleitet

◁ Trauerakt des bayerischen Kabinetts im Münchner Maximilianeum; Höhepunkt der Gedenkveranstaltungen ist ein Pontifikalrequiem für Strauß im Münchner Liebfrauendom, dem in Anwesenheit zahlreicher prominenter Politiker aus dem In- und Ausland ein Staatsakt in der Münchner Residenz folgt; in den Ansprachen wird der Verstorbene als streitbarer Staatsmann gewürdigt

Und manches, wie seine Beziehungen zum DDR-Devisenbeschaffer Alexander Schalck-Golodkowski, beschäftigt die Untersuchungsausschüsse noch viele Jahre nach dem Tod des Ministerpräsidenten.
Strauß, ein wortgewaltiger bayerischer Rhetor, liebte es, in großen politischen und weltgeschichtlichen Zusammenhängen zu denken, doch die Umstände brachten es mit sich, daß er – obwohl von Politikern in aller Welt als Gesprächspartner und wohl auch als Ratgeber geschätzt – zuletzt doch nur ein Bundesland regieren durfte. Dieses aber wollte er zu einem technisch fortschrittlichen Industriestandort machen. Was sein Vorgänger Alfons Goppel und die Wirtschaftsminister Otto Schedl und Anton Jaumann begonnen hatten, setzte er mit Elan und unter Einsatz aller seiner Möglichkeiten durch. Daß Bayern zum bedeuten-den Standort der deutschen Luft- und Raumfahrt wurde, war das Verdienst des begeisterten Hobbyfliegers Franz Josef Strauß.
Kein anderer deutscher Politiker der Nachkriegszeit hatte so entschiedene Gegner, doch keiner auch so bedingungslose, fanatische Anhänger wie Strauß. Außerhalb des von ihm regierten weißblauen Freistaates erschien er vielen als der Inbegriff des barocken Bajuwaren.

Wie hier im Wahlkampf 1965, lief das Rednertalent Strauß im Bierzelt zu rhetorischen Höchstleistungen auf und begeisterte seine Zuhörer

Strauß bei einem Messerundgang in München 1987; mit seinen guten ausländischen Kontakten förderte er erfolgreich die bayerische Wirtschaft

Die Pflege alten bayerischen Brauchtums war für den volksnahen Landesvater des weißblauen Freistaates eine Herzensangelegenheit

Vollblutpolitiker prägte deutsche Nachkriegsgeschichte

6. 9. 1915: Franz Josef Strauß wird als zweites Kind des Metzgermeisters Franz Strauß in München, Schellingstraße, geboren
1935: Abitur am renommierten Maxgymnasium; als einer der besten Absolventen seines Jahrgangs in Bayern erhält er das Maximilianeum-Stipendium; Studium der Geschichte, Germanistik, Latein, Griechisch, Archäologie und Volkswirtschaft in München
September 1939–1945: Wehrdienst als Artillerist in Frankreich und Rußland; ab 1942 Lehroffizier der Flakschule bei Schongau
1945: Mitbegründer der CSU
1946: Landrat von Schongau
1948–1952: CSU-Generalsekretär
1949–1975: Mitglied des Deutschen Bundestages
1953: Bundesminister für Sonderaufgaben
Oktober 1955: Bundesminister für Atomfragen
Oktober 1956: Bundesminister für Verteidigung
1957: Heirat mit der Diplom-Volkswirtin Marianne Zwicknagel, die im Juni 1984 bei einem Autounfall tödlich verunglückt
1961: Wahl zum CSU-Vorsitzenden, als Nachfolger von Ex-Ministerpräsident Hanns Seidel
1962: »Spiegelaffäre«; am 30. November Rücktritt als Bundesminister für Verteidigung
1963–1966: Vorsitzender der CSU-Landesgruppe im Bundestag

1966–1969: Bundesminister der Finanzen in der Großen Koalition
19. 11. 1976: Beschluß der CSU-Landesgruppe in Wildbad Kreuth, die seit 1949 bestehende Fraktionsgemeinschaft mit der CDU im Bundestag zu lösen; am 12. Dezember Rücknahme des »Kreuther Beschlusses«

Strauß mit seiner Gattin auf dem Bonner Bundespresseball 1983; ein Jahr später starb Marianne Strauß bei einem tragischen Autounfall

6. 11. 1978: Als Nachfolger von Alfons Goppel neuer bayerischer Ministerpräsident
5. 10. 1980: Kanzlerkandidat der CDU/CSU bei der Bundestagswahl; die CDU/CSU erringt mit 44,5 % ihr schlechtestes Ergebnis seit 1949
Juli 1981: Wiederwahl als CSU-Vorsitzender mit 96,7 % der Delegiertenstimmen
Sommer 1983: Vermittler eines Milliardenkredits an die DDR; ostdeutscher Verhandlungspartner ist Alexander Schalck-Golodkowski
6. 9. 1985: Anläßlich des 70. Geburtstags großes Volks- und Staatsfest in Bayern
25. 1. 1987: Bei den Bundestagswahlen verliert die CSU 4,4 % ihrer Stimmen, bleibt aber mit Abstand die stärkste Partei; Bundeskanzler Helmut Kohl bietet Strauß mehrere Ressorts zur Auswahl an, dazu das Amt des Vizekanzlers; Strauß bleibt in München
Oktober 1987: Zweite Chinareise (nach 1975)
November 1987: Wiederwahl zum CSU-Vorsitzenden mit 90,07 %; im Jahr 1985 noch 98,8 % der Delegierten-Stimmen
Dezember 1987: Überraschender Kurzbesuch in Moskau; bei dieser ersten Visite in Moskau trifft Strauß mit Michail Gorbatschow zusammen und bekräftigt nach seiner Rückkehr, daß er an den Friedenswillen der Russen glaube
Mitte 1988: Die Befürwortung von Steuerfreiheit für Flugbenzin erregt die Parteibasis; Strauß kann seine Position in der Partei nicht durchsetzen
3. 10. 1988: Franz Josef Strauß stirbt nach einem Herzanfall, den er bei einem Jagdausflug in der Nähe von Regensburg erleidet

Beim Politischen Aschermittwoch der CSU im Februar 1989 rechnet Max Streibl erstmals als bayerischer Ministerpräsident mit der Opposition ab

Auch der CSU-Vorsitzende Theo Waigel nutzt die alljährliche Kundgebung in Passau, um seine Parteifreunde auf die CSU-Linie einzuschwören

Streibl und Waigel übernehmen das Erbe von Strauß

19. Oktober 1988. 16 Tage nach dem Tod von Franz Josef Strauß wählt der Bayerische Landtag Max Streibl zum neuen Ministerpräsidenten. Der bisherige Finanzminister und Stellvertretende Ministerpräsident erhält 124 von 193 Stimmen.

Streibl, überzeugter Katholik und seit 1957 Mitglied der CSU, hatte sich insbesondere als Finanzminister (1977–88) einen Namen gemacht. Während seiner Amtszeit war Bayern zum Bundesland mit der niedrigsten Verschuldung und der höchsten Investitionsrate avanciert. Anerkennung fand auch Streibls »Modell 90«, das umfangreiche Steuererleichterungen vorsah und sich auch auf die Bundesgesetzgebung auswirkte.

Als Ministerpräsident gelingt es ihm bald, zur Leitfigur des Landes und der Partei aufzusteigen. Im Umgang mit der Opposition pflegt er einen neuen, sachlich-konsultativen Stil, der ihm auch in den SPD-Reihen Respekt einbringt.

Zweiter Mann in der Strauß-Nachfolge ist Theo Waigel, der am 19. November zum neuen CSU-Vorsitzenden gewählt wird. Waigel, seit 1982 Chef der CSU-Landesgruppe in Bonn, erhält auf dem Parteitag in München 1003 der 1020 Delegiertenstimmen (98,3%).

Die erwarteten Führungskämpfe in der CSU waren ausgeblieben, so daß die Nachfolge Strauß' zügig und reibungslos geregelt werden konnte. Hierbei wirkte sich besonders der Verzicht Gerold Tandlers auf eine Kandidatur positiv aus. Der bayerische Innenminister hatte die Stimmung innerhalb der Partei zugunsten Waigels richtig eingeschätzt.

Als Chef der CSU-Landesgruppe in Bonn hatte Waigel die schwierige Aufgabe, zwischen den Kontrahenten Kohl und Strauß zu vermitteln, die er mit großem Geschick bewältigte. Diese Leistung brachte ihm bei seinen Parteifreunden viel Lob ein. In seiner Grundsatzrede vor dem Parteitag greift Waigel insbesondere die Schwesterpartei CDU und deren »Öffnung nach links« an. Waigel kritisiert CDU-Generalsekretär Heiner Geißler, den er für den angeblichen Kurswechsel verantwortlich macht.

In ersten programmatischen Reden plädiert Waigel für ein »vernünftiges, geläutertes Nationalbewußtsein«. Rechts der Union dürfe es keine demokratischen Parteien geben. Mit einer Neufassung des Grundsatzprogramms der CSU beauftragt der gebürtige Schwabe den neuen aufstrebenden Innenminister Edmund Stoiber. Die Chance, den Einfluß der CSU in Bonn zu stärken, erhält Waigel nach zwei Wahlschlappen der CDU im Jahr 1989. Die Stimmeneinbußen der großen Schwesterpartei bei den Wahlen zum Berliner Abgeordnetenhaus und bei den hessischen Kommunalwahlen zwingen Bundeskanzler Kohl zu einer Kabinettsumbildung: Gerhard Stoltenberg (CDU) muß vom Finanz- in das Verteidigungsministerium wechseln, Theo Waigel wird neuer Finanzminister, während der bisherige Verteidigungsminister Scholz nach nur wenigen Monaten in Bonn aus dem Kabinett ausscheidet.

Als eine seiner ersten Amtshandlungen schafft Waigel die umstrittene Quellensteuer auf Zinserträge (später als Zinsabschlagszahlung wieder eingeführt) ab. Viel Kritik von seiten der Opposition im Bundestag erntet er aufgrund seiner Doppelfunktion als CSU-Vorsitzender und Bundesfinanzminister. Mit der Erhöhung der Neuverschuldung des Bundes für den Haushalt im Wahljahr 1990 sorgt er ebenfalls für Negativschlagzeilen. Heftig umstritten sind auch Waigels Äußerungen zur deutschen Frage, die er auf einem Schlesiertreffen 1989 in Hannover als »rechtlich, politisch und geschichtlich offen« bezeichnet, und damit auf den rechtlichen Fortbestand der Grenzen von 1937 verweist.

Auf dem CSU-Parteitag im November wird Theo Waigel (M.) zum Parteivorsitzenden gewählt

Grün statt Grau auf dem Königsplatz

Mai 1988. Der Königsplatz im Herzen Münchens hat wieder jenes Aussehen zurückerhalten, das ihm der Baumeister Leo von Klenze im frühen 19. Jahrhundert gegeben hatte. Mit einem Kostenaufwand von 6 Mio DM wurden auf der Fläche zwischen Propyläen, Glyptothek und Antikensammlung in einjähriger Arbeit die ursprünglich vorhandenen acht Grasflächen und die dazugehörigen Wege erneut angelegt. Zuvor mußten jene 20 000 Steinplatten entfernt werden, mit denen die Nationalsozialisten den Platz 1935 gepflastert und zu einem großen Aufmarschgelände für die Partei umfunktioniert hatten.

In der Zeit des Dritten Reiches wurden dem Gebäude-Ensemble des Königsplatzes, der damals Königlicher Platz genannt wurde, im Osten zwei sog. Ehrentempel hinzugefügt (→ 1934); in ihnen waren die Bronzesärge der Toten des → 9. November 1923 zur »ewigen Verehrung« aufgestellt. Diese NS-Kultstätten wurden im Jahr 1947 gesprengt.

Mit dem sog. Plattensee verlieren die Münchner zwar einen vielbesuchten Großparkplatz, gewinnen je-

Der Königsplatz mit der Antikensammlung (l.) und der Propyläen (r.) ist in seinen Ursprungszustand zurückversetzt

doch eine schöne Grünfläche, auf der gelegentlich große Open-air-Veranstaltungen stattfinden.

Zum ersten Spektakel, einer im Juli 1989 von Walter Haupt zum Gedenken an den Beginn der Französischen Revolution inszenierten Klangwolke »Msrat«, kommen ne-

ben den 42 000 zahlenden auch noch mehr als 50 000 nicht eingeplante »Gratis«-Gäste. Weitere 100 000, so schätzt die Polizei, drängeln sich in den umliegenden Straßen. Das Gedränge ist schließlich so groß und gefährlich, daß nur ein Fünftel der mit großem technischen

Aufwand geplanten Show mit ihren Laser- und pyrotechnischen Effekten gezeigt wird.

Im Sommer 1993 dirigiert Lorin Maazel das Rundfunk-Symphonieorchester erstmals auf dem Königsplatz in einem erfolgreichen Open-air-Konzert.

Prinzregententheater in neuem Glanz

9. Januar 1988. Das renovierte Münchner Prinzregententheater wird nach 25 Jahren wiedereröffnet. Als erstes Stück feiert Gotthold Ephraim Lessings Drama »Nathan der Weise« in dem wiederhergestellten Gebäude Premiere.

Das 1901 erbaute Theater, das Elemente des Historismus und des Jugendstils vereinigt, war 1964 wegen Baufälligkeit geschlossen worden. Die insbesondere vom Münchner Generalintendanten August Everding betriebene Restaurierung kostete 43,5 Mio DM. Den Großteil des Geldes brachte der Freistaat Bayern auf, den Rest deckten private Spenden ab. Da nicht alle Gebäudeteile renoviert werden konnten, entschieden sich die Bauherren für die sog. kleine Lösung, bei der nur der Zuschauerraum, die beiden Foyers und der historische Gartensaal erneuert wurden.

Zu Beginn des Jahrhunderts fanden in dem Gebäude jeweils im Sommer die Richard-Wagner-Festspiele statt. Nach dem Ersten Weltkrieg diente

das Prinzregententheater als »Volksbühne«, auf der täglich Aufführungen stattfanden. Bis 1932 wurden hier auch Werke bekannter Drama-

Klassizistische Fassade des Prinzregententheaters

tiker wie Franz Werfel und Hugo von Hofmannsthal uraufgeführt. Die NS-Organisation »Kraft durch Freude« übernahm 1934 das Gebäude und führte hier Propagandastücke auf. Die Inneneinrichtung wurde verändert und die jetzt wieder freigelegten Jugendstilmalereien wurden übertüncht. Nach dem Krieg nahm das Theater die Staatsoper auf, solange das Nationaltheater von Bomben zerstört war. Bis 1990 gastiert das Bayerische Staatsschauspiel im Prinzregententheater. Wegen des fehlenden Orchestergrabens und der schmalen Bühne ist das Theater in der jetzigen Form für Opernaufführungen ungeeignet.

Biennale: Forum für Neue Musik

27. Mai 1988. In München beginnt die erste Biennale für Neue Musik, die von dem deutschen Komponisten Hans Werner Henze ins Leben gerufen wurde. Bis zum 23. Juni stehen sieben Konzerte und 40 szenische Abende auf dem Programm.

Zu den Höhepunkten des Festivals gehören fünf Einakter von Karl Amadeus Hartmann, die von Hans Werner Henze, Günter Bialas und Wilfried Hiller im Stil der 20er Jahre modifiziert wurden. Weitere Glanzpunkte bilden die Vertonung des Liebesmärchens »Leyla und Medjnun« durch den Komponisten Detlev Glanert, sowie Gerd Kührs Opernfassung des Stücks »Stallerhof« von Franz Xaver Kroetz.

Henze, neben Karlheinz Stockhausen einer der bekanntesten jüngeren deutschen Komponisten, verbindet einen gesellschaftspolitischen Anspruch mit seinem Schaffen. Die von nun an alle zwei Jahre geplante Biennale soll das Musiktheater in Einklang bringen mit der Zeit.

Neue Erkenntnisse über den Urvogel

Sommer 1988. *In einem Stapel Kalkplatten, der bereits seit dreißig Jahren auf seine Bearbeitung wartete, entdeckt der ehemalige Solnhofener Bürgermeister Friedrich Müller die Skelettreste eines haushuhngroßen, rund 150 Mio Jahre alten Urvogels, des Archaeopteryx. Seit der Entdeckung des ersten Archaeopteryx im Jahre → 1860 hat man damit im Solnhofener Jurakalk – und nur dort – sechs dieser Urtiere gefunden.*

Im August 1992 kommt ein siebtes Exemplar hinzu, das den Wissenschaftlern neue Erkenntnisse liefert: Der Archaeopteryx war – entgegen früherer Meinung – offensichtlich voll flugfähig. Die Forschung nimmt an, daß die Nr. 7 eine bisher nicht bekannte, zweite Art des Urvogels darstellt. Sie ist kleiner als die früher entdeckten Exemplare und hat längere Hinterbeine. Ein besonderes Kennzeichen: Scharfe Krallen.

Kupfers »Ring«-Inszenierung umstritten

26. Juli 1988. In Bayreuth beginnen die 77. Richard-Wagner-Festspiele (bis 29. 8.). Höhepunkt der diesjährigen Aufführungen ist eine umstrittene Neuinszenierung des Opernzyklus »Der Ring des Nibelungen« durch den ostdeutschen Regisseur Harry Kupfer.

Gemeinsam mit seinem Bühnenbildner Hans Schavernoch bringt Kupfer modernes Regietheater in das Festspielhaus auf dem Grünen Hügel: Bereits vor dem ersten Akkord des »Rheingold« ist die ganze Bühne mit Leben erfüllt: Die Übriggebliebenen der letzten Weltkatastrophe treten ihren Gang in die nächste Phase der Geschichte an. Kritisiert wird die von Kupfer bereits gewohnte, diesmal aber auf die Spitze getriebene Bewegungsregie. Sie zwingt alle Sänger zu ständigem Stellungswechsel.

Für seine »Ring«-Inszenierung setzt der als Leiter der Komischen Oper in Berlin (Ost) und Regisseur des Bayreuther »Holländer« (1978) bekannt gewordene Regisseur virtuos Licht- und Flammeneffekte ein, die durch moderne Lasertechnik erzeugt werden. Als einheitlichen Rahmen für die vier Abende des »Rings« zeigt Schavernochs Bühnenbild eine breite Straße, die ins Nichts führt. Die Ruhmeshalle Walhall wird zu einem verglasten Wolkenkratzer und Mime haust in einem aufgeplatzten Dampfkessel. In der »Götterdämmerung« verfolgen elegant gekleidete Menschen den Weltuntergang vom Fernsehen aus.

Die musikalische Leitung hat der israelische Dirigent Daniel Barenboim. Die Kritik an der diesjährigen Aufführung des »Rings« richtet sich nicht zuletzt gegen seine meist überaus langsame Interpretation der Partitur. Anerkennung findet die sängerische Leistung von Siegfried Jerusalem als »Siegfried«.

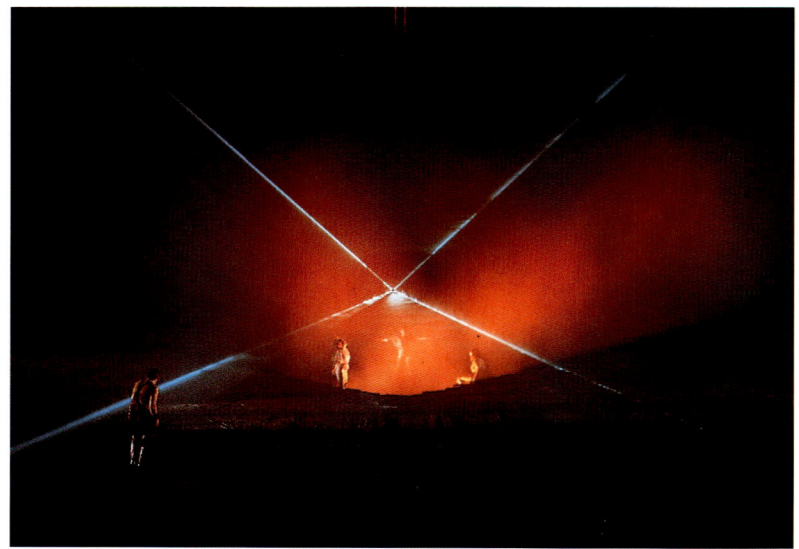

Erstes Bild der »Rheingold«-Inszenierung von Harry Kupfer; die Bühnenbilder für den gesamten »Ring«-Zyklus stammen von Hans Schavernoch

Münchner Forscher erhalten Nobelpreis

10. Dezember 1988. Die deutschen Chemiker Johann Deisenhofer, Robert Huber und Hartmut Michel werden in Stockholm mit dem Chemie-Nobelpreis ausgezeichnet.

Die Forscher, die den mit 698 000 DM dotierten Preis erhalten, arbeiten am Max-Planck-Institut für Biochemie in Martinsried bei München. Die Chemiker werden geehrt »für ihre Bestimmung der dreidimensionalen Struktur eines photosynthetischen Reaktionszentrums«. Damit gelang es erstmals, das Bild eines in der Zellmembran gelagerten Eiweißmoleküls bis in den atomaren Bereich hinein zu gewinnen.

Tiefsttemperatur in Bayreuther Keller

Januar 1988. Nirgends auf der Erde hat man bislang eine tiefere Temperatur gemessen als in einem Keller der Universität Bayreuth. Durch ein magnetisches Kühlverfahren gelang es Physikern, sich dem absoluten Nullpunkt von – 273,15 °C auf zwölf millionstel Grad zu nähern. Der Abkühlungsprozeß, bei dem Flüssiggase verwendet werden, hatte mehrere Wochen gedauert.

Den bisherigen Kälterekord hatten britische und japanische Wissenschaftler mit – 273,14 °C gehalten. Der Physiker Frank Pobell erhält für den Bayreuther Rekord 1992 den Lise-Meitner/Alexander-von-Humboldt-Forschungspreis.

Bayerns Sportler in Seoul erfolgreich

September 1988. Bei den Olympischen Spielen in Seoul feiern Sportler aus Bayern Erfolge: Silvia Sperling (Penzig) gewinnt Gold im KK-Dreistellungskampf und Silber im Luftgewehr-Schießen. Gold gibt es auch für Military-Reiter Matthias Baumann (Reichersheim) in der Mannschaftswertung. Silber holen Schwergewichts-Ringer Gerhard Himmel (Goldbach), Gewichtheber Manfred Nerlinger (München) im Superschwergewicht, und die Münchner Thomas Reck (Hockey) und Volker Fischer (Degen-Mannschaft). Einen Bronze-Platz belegt Robert Lechner aus Bruckmühl im 1000-m-Zeitfahren.

19. 1. Der Film »Herbstmilch« über die Lebenserinnerungen der niederbayerischen Bäuerin Anna Wimschneider läuft in den deutschen Kinos an. →

12. 5. Vier der fünf Insassen eines Privatflugzeugs vom Typ Beechcraft kommen beim Absturz auf ein unbewohntes Haus in München-Kirchtrudering ums Leben.

31. 5. Nach jahrelangen Auseinandersetzungen um die atomare Wiederaufbereitungsanlage in Wackersdorf beschließt die bayerische Landesregierung den endgültigen Baustopp für das Großprojekt. →

17. 6. Mit fünf Punkten Vorsprung wird der FC Bayern München Deutscher Fußball-Meister vor dem 1. FC Köln und Werder Bremen.

18. 6. Die CSU muß bei den Wahlen zum Europaparlament starke Stimmenverluste hinnehmen. Dagegen erzielen die Republikaner mit 14,6 % ein Spitzenergebnis. →

30. 6. Der Englische Garten in München besteht 200 Jahre. Kurfürst Carl Theodor hatte 1789 die Anlage eines Parks für die Bürger seiner Residenzstadt angeordnet. →

24. 8. Der Unternehmensverbund des Münchner Filmgroßhändlers Leo Kirch übernimmt den Deutschen Bücherbund vom Stuttgarter Holtzbrinck-Verlag.

8. 9. Der Fusion zwischen der Daimler-Benz AG und dem Münchner Luft- und Raumfahrtkonzern Messerschmitt-Bölkow-Blohm steht nichts mehr im Wege. →

1. 10. Das 156. Oktoberfest geht in München zu Ende. →

24. 11. In Anwesenheit des Bundespräsidenten wird in Prien der Chiemsee-Ringkanal eröffnet. →

15. 12. Die Stadt München stellt die Zahlungen von Begrüßungsgeld für DDR-Bürger ein. Seit Öffnung der deutsch-deutschen Grenzen im November hatte ein Besucheransturm auf München eingesetzt. →

1989. Die auffallende Häufung ungewohnter meteorologischer Erscheinungen läßt die Diskussion über eine drohende Klimaveränderung – hervorgerufen durch die Umweltverschmutzung – stark aufleben. →

GESTORBEN:

14. 1. München: Robert Lembke (*17. 9. 1913, München), Journalist. →

8. 12. Baden-Baden: Max Grundig (*7. 5. 1908, Nürnberg), Unternehmer. →

WAA in Wackersdorf wird Milliarden-Ruine

31. Mai 1989. Die bayerische Landesregierung verhängt einen Baustopp über die Wiederaufbereitungsanlage für radioaktiven Abfall im oberpfälzischen Wackersdorf. Die Entscheidung bringt das Aus für die seit 1985 im Bau befindliche Anlage. Ausschlaggebend für diesen Schritt war die im April beschlossene Kooperation zwischen dem deutschen Energiekonzern VEBA mit der französischen Atomfirma COGEMA. Das französische Unternehmen will die Aufbereitung atomaren Mülls aus Deutschland in ihrer Anlage La Hague (Normandie) übernehmen. Die WAA in Wackersdorf wurde hierdurch überflüssig.
Für die VEBA, zu 23,5 % an der Wackersdorf Betreiberfirma (der Deutschen Gesellschaft für Wiederaufbereitung) beteiligt, waren wirtschaftliche Überlegungen ausschlaggebend: Während der Konzern in La Hague ab Ende der 90er Jahre jährlich 400 t radioaktiv verseuchtes Material zum Preis von nur 2,5 Mrd DM aufarbeiten lassen kann, sollte die Aufarbeitung von jährlich nur 350 t in der WAA Wackersdorf das Vierfache kosten.
Neben den wirtschaftlichen spielen auch politische Motive eine Rolle: Seit dem Baubeginn stießen die

Die Bauruine der atomaren Wiederaufbereitungsanlage in Wackersdorf kostete den deutschen Steuerzahler insgesamt 2,6 Mrd DM

Kernkraftbetreiber auf hartnäckigen Widerstand der Bevölkerung. Bürgerinitiativen und Umweltschutzverbände organisierten immer wieder Protestveranstaltungen. Bei Demonstrationen kam es auch zu gewalttätigen Ausschreitungen. 200 Hektar Wald mußten für das Baugelände gerodet werden, das mit aufwendigen Sicherheitsmaßnahmen – u. a. einem 30 Mio DM teuren Sicherheitszaun – abgesperrt wurde. Die Wiederaufbereitungsanlage verschlang Steuergelder in Höhe von insgesamt 2,6 Mrd DM.
Schon kurze Zeit nach Verhängung des Baustopps ruft die Ruine neue Investoren auf den Plan: Neben kleineren Firmen wollen sich hier auch Großunternehmen ansiedeln. Siemens und das Bayernwerk kündigen z. B. den Bau einer technischen Großanlage zur Produktion von Solarzellen an, BMW plant die Errichtung eines Zulieferwerks auf dem gut erschlossenen Gelände.

Wirtschaftsgigant Daimler »schluckt« MBB

8. September 1989. Bundeswirtschaftsminister Helmut Haussmann (FDP) macht den Weg frei für die größte Unternehmensfusion in der deutschen Geschichte: Durch einen sog. Ministererlaß erteilt er die Genehmigung für den Zusammenschluß der Daimler-Benz AG mit dem Münchner Luft- und Raumfahrtkonzern Messerschmitt-Bölkow-Blohm (MBB).
Daimler, ohnehin schon das größte deutsche Unternehmen (73,5 Mrd DM Umsatz 1988), schließt sich mit dem Branchenersten der Rüstungsindustrie (7,1 Mrd DM Umsatz 1988) zusammen. Neben der AEG, MTU und Dornier ist MBB das vierte Rüstungsunternehmen unter dem Dach der Daimler-Benz AG. MBB produziert die Kampfflugzeuge »Tornado«, später auch den kostspieligen »Jäger 90«, Daimler fertigt Jeeps und Lastkraftwagen.
Der Ministerentscheid war notwendig geworden, nachdem sich das

Bundeskartellamt im April wegen der drohenden marktbeherrschenden Stellung des Wirtschaftsgiganten in den Bereichen Rüstung, Luft- und Raumfahrt sowie LKW-Bau gegen die Fusion ausgesprochen hatte. Grüne, SPD, aber auch die Arbeitsgemeinschaft selbständiger Unternehmer kritisieren den Zusammenschluß. Sie befürchten Wettbewerbsnachteile für kleinere Unternehmen, aber auch die Möglichkeit, daß das Mammutunternehmen politischen Druck ausüben könnte.
Haussmann begründet den Schritt mit der Notwendigkeit, den Bund durch die schrittweise Privatisierung seines Anteils (37,9 %) am verlustreichen Airbusprojekt finanziell zu entlasten. Muttergesellschaft der Deutschen Airbus GmbH ist MBB, sich bislang zu 52 % in Bundesbesitz befand. Daimler übernimmt nun 51 % des Unternehmens, der Anteil des Bundes geht auf 36 % zurück.

Das Kampfflugzeug »Jäger 90« gehört zu den kostspieligen Prestigeobjekten von MBB

Besucherandrang nach Öffnung der Grenze

Republikaner im Europa-Parlament

15. Dezember 1989. Die Mauer ist seit dem 9. November durchlässig, und jetzt, da es nach Jahrzehnten wieder ohne Schwierigkeiten möglich ist, von Deutschland nach Deutschland zu reisen, kommen die eingesperrten DDR-Bürger, um endlich den Westen kennenzulernen. Sie wollen die Bundesrepublik sehen – und natürlich auch das von den Kommunen im Westen gewährte Begrüßungsgeld abholen. Als letzte Gemeinde stoppt München am 15. Dezember die Auszahlung.

In der DDR hatte sich offensichtlich herumgesprochen, daß die bayerische Landeshauptstadt noch immer 50 DM städtisches Zweitbegrüßungsgeld zahlt, und so war München Ziel für viele Ostdeutsche. Als am 15. Dezember 60 000 DDR-Bürger an der Zahlstelle Ruppertstraße anstehen und ihr Geld abholen wollen, trifft Oberbürgermeister Georg Kronawitter um 15 Uhr die Entscheidung, daß auch München die Zahlungen einstellt. Bei Schließung der Kassen um 18.30 Uhr sind noch zwei Züge aus Berlin und Görlitz unterwegs. Der Präsident der Bundesbahndirektion Nürnberg hatte Kronawitter in einem Fernschreiben mitgeteilt, daß der Andrang auf Züge nach München die Kapazität der Bundesbahn übersteige. Von Freitagnachmittag an wird auf Bahnsteigen der DDR in Lautsprecherdurchsagen das Ende der Münchner Sonderzahlungen bekanntgegeben.

△ *An der deutsch-deutschen Grenze, wie hier bei Rudolphstein, werden die DDR-Bürger mit ihren Trabis von Westdeutschen begeistert begrüßt*

◁ *Die Zahlstellen für das Begrüßungsgeld erleben einen Ansturm von DDR-Bürgern; die finanziell überforderten Gemeinden, die hohe Millionenbeträge aufwenden müssen, stellen die Zahlungen schließlich ein*

18. Juni 1989. Bei den dritten Direktwahlen zum Europäischen Parlament muß die CSU starke Stimmenverluste hinnehmen. Von diesen Verlusten profitieren vor allem die Republikaner, die in Bayern mit 14,6 % ihr Spitzenergebnis in Deutschland erzielen.

Die CSU, die zum ersten Mal seit 1970 ihre absolute Mehrheit bei den Wahlen in Bayern verliert, muß sich mit 45,4 % der Stimmen begnügen. Gegenüber der letzten Europawahl von 1984 büßt die Partei damit 11,8 Prozentpunkte ein. Den Republikanern gelingt es, in nahezu alle CSU-Domänen einzubrechen: Mit Ergebnissen um 20 % plaziert sich die Partei Franz Schönhubers vor allem im bayerischen Oberland.

Der Wahlerfolg der Republikaner ist jedoch nicht auf Bayern beschränkt. Im Bundesdurchschnitt erzielen sie 7,1 %, während der Stimmenanteil der CDU/CSU um 6,6 % auf 37,7 % abrutscht. Für den Wahlausgang machen Unionsabgeordnete die Unzufriedenheit mit dem Führungsstil des Bundeskanzlers Helmut Kohl verantwortlich. In Bayern wird das katastrophale Abschneiden der CSU mit dem Fehlen einer »Führungskraft« nach dem Tod von Franz Josef Strauß 1988 erklärt. Bei der bayerischen Landtagswahl 1990 können die Republikaner ihren Wahlerfolg allerdings nicht wiederholen (→ 14. 10. 1990).

Mit Heinzelmann zum Erfolg

8. Dezember 1989. Fünf Jahre nachdem er die Grundig AG an den Philips-Konzern verkauft und sich zurückgezogen hat, stirbt der Fürther Rundfunkfabrikant Max Grundig 76jährig in Baden-Baden auf der Bühler Höhe, seinem Alterssitz. Damit endet eine der großen Wirtschaftswunder-Karrieren der Nachkriegszeit. Mit seinen »Heinzelmann«-Radiobaukästen hatte Max Grundigs Aufstieg 1946 begonnen. Radios, Tonbandgeräte, Diktiergeräte und Fernseher mit dem Fürther Firmensignet gingen in die ganze Welt und wurden in mehreren Ländern produziert. Als das Unternehmen sein eigenes Videosystem gegen die japanischen Marktführer durchsetzen wollte, begann 1980 ein Abstieg, der zum Verkauf führte.

Grundig widmete sich seit 1984 der Errichtung einer Hotelkette

Trauer um Robert Lembke

14. Januar 1989. Robert Lembke, ein Fernsehmann der ersten Stunde, stirbt 75jährig in München. Eigentlich waren es nur ein paar Sätze, mit denen er 337 Sendungen lang ein großes Publikum für sich einzunehmen verstand: »Welches Schweinderl hätten S' denn gern?« und »Machen S' eine typische Handbewegung«. Und während sein Hund »Jackie« das Schweinderl bewachte, begann das Ritual: Guido, Annette, Hans und Anneliese (oder Marianne) versuchten sich beim »Heiteren Beruferaten«. Die Moderation dieser Sendung war gleichsam ein Nebenjob des Robert Lembke, hauptberuflich war er u. a. Chefredakteur des Bayerischen Rundfunks und ab 1961 Sport-Koordinator der ARD.

Robert Lembke wurde durch das Quiz »Was bin ich?« berühmt

Englischer Garten besteht 200 Jahre

30. Juni 1989. Der 200. Geburtstag des Englischen Gartens in München ist Anlaß für ein 17 Tage während Garten-Fest, das zweieinhalb Millionen Besucher anzieht.

Während man sich andernorts des Beginns der Französischen Revolution am 14. Juli 1789 erinnert, feiert München mit rund 200 Veranstaltungen ein Ereignis, das fast gleichzeitig stattfand. Am 13. August 1789 erließ der bayerische Kurfürst Carl Theodor ein Dekret zur Anlage eines Parks für die Bürger seiner Residenzstadt. Eine Woche früher bereits hatte der Gartenarchitekt Friedrich Ludwig von Sckell (1750–1823) den ersten Weg durch die nordöstlich des Hofgartens gelegene Auenlandschaft der Isar gezogen und damit den späteren Englischen Garten begründet.

Die Anregung, in München einen Volkspark im englischen Stil anzulegen, stammte von dem in bayerischen Diensten stehenden Amerikaner Benjamin Thompson, dem späteren Grafen Rumford.

Musikkapelle am Chinesischen Turm: Das exotische Wahrzeichen des Englischen Gartens ist weit über die Grenzen des Freistaats bekannt

Ein Höhepunkt der Feiern, die am 30. Juni mit dem Glockenläuten der am Garten liegenden Kirchen beginnen und am 16. Juli mit einem Festkonzert sowie einem großen Feuerwerk enden, ist ein historischer Festzug, in den sich auch Bundespräsident Richard von Weizsäcker ein-

reiht. Zum Ausklang des Jubiläums tanzen am frühen Morgen des 17. Juli dann noch 4 000 lustig kostümierte Münchner auf dem erstmals seit seinem Verbot im Jahre 1904 wieder stattfindenden »Kocherlball« (wörtlich: Ball der Köchinnen) am Chinesischen Turm.

Ringkanal rettet bedrohten Chiemsee

24. November 1989. Nach vierjähriger Bauzeit wird der Chiemsee-Ringkanal seiner Bestimmung übergeben. Das Bauwerk nimmt künftig die Abwässer auf, die bislang ungeklärt in den größten bayerischen See geflossen sind. Damit soll ein drohendes biologisches Umkippen des Chiemsees verhindert werden.

Das Projekt, das mit einem Kostenaufwand von 280 Mio DM fertiggestellt wurde, umfaßt neben der Ringkanalisation eine zentrale Großkläranlage. Der Ringkanal besteht aus einer 68 km langen Rohrleitung, die in zwei gabelförmigen Ästen um den See verläuft. In Prien treffen sich die Äste; von hier aus wird das Abwasser durch einen 4,5 km langen Stollen zur mechanisch-biologischen Kläranlage in der Stiederinger Au geleitet. Nach der Reinigung fließt das Wasser durch eine 9 km lange Druckleitung zum Inn.

Vor dem Bau des Ringkanals flossen jährlich rund 115 t Phosphat in den See, die unweigerlich zum Umkippen des Gewässers geführt hätten.

Erinnerungen einer Bäuerin

19. Januar 1989. In den bundesdeutschen Kinos läuft der Film »Herbstmilch« an. Literarische Vorlage sind die Lebenserinnerungen der niederbayerischen Bäuerin Anna Wimschneider, die 1984 unter dem gleichnamigen Buchtitel erschienen. Anna Wimschneider hatte ihre Erinnerungen zunächst nur für ihre Kinder und Enkel niedergeschrieben. Ihr Schwiegersohn legte die Aufzeichnungen einem Münchner Verlag vor, der das Manuskript etwas »eingedeutscht« veröffentlichte. Mit 2,1 Mio verkauften Exemplaren (bis Ende 1992) wurde das Buch zu einem Bestseller. Die Verfilmung unter der Regie des ebenfalls in Niederbayern geborenen Joseph Vilsmaier trägt zum Ruhm des Buches bei.

Anna Wimschneider, die 1919 im niederbayerischen Rottal geboren wurde, schildert in eindringlicher Weise das bäuerliche Leben. Ihr Buch beginnt mit dem frühen Tod der Mutter, die eine neunköpfige Familie hinterläßt und deren Pflichten die achtjährige Anna übernehmen muß. 1939 heiratet sie ihren Mann Albert, der nur elf Tage nach der Hochzeit in den Krieg ziehen muß.

Erst als ihr Mann schwerverwundet aus dem Krieg zurückkehrt, beginnt für beide ein neues Leben, in dem sie sich einen bescheidenen Wohlstand aufbauen.

Im Alter von 73 Jahren stirbt Anna Wimschneider am Neujahrstag 1993 in Pfarrkichen an den Folgen eines Schlaganfalls.

Das Buch »Herbstmilch« erschien 1984 im Münchner Piper-Verlag

Wies'n Wirte zapfen bayerische Milch

1. Oktober 1989. Nach zweiwöchigem Rummel schließt das 156. Oktoberfest in München seine Pforten. Mit 6,2 Mio Gästen konnte das größte bayerische Volksfest trotz schlechten Wetters einen neuen Besucherrekord verzeichnen.

Wachsender Beliebtheit erfreute sich in diesem Jahr ein Getränk, das die Besucher der Wies'n bislang nur selten bestellt hatten: Insgesamt 20 000 l frisch gezapfte Milch liefen durch durstige Kehlen. »Zünftiges« bayerisches Bier blieb aber auch diesmal das beliebteste Getränk; rund 5,1 Mio Maß gingen über die Theken der Wies'n Wirte.

Voll im Trend lag alkoholfreies Bier. Mit 1800 Hektolitern, die auf der Wies'n eingeschenkt wurden, stieg der Anteil des »bleifreien« Biers von 1 % auf 5 % aller verkauften Getränke. Weiter verzeichnet die Getränkebilanz des diesjährigen Oktoberfests: 28 113 Flaschen Sekt, 18 544 l Schnaps und 316 000 Flaschen Erfrischungsgetränke. Als deftige Grundlage für ihren Durst verspeisten die schier unersättlichen Besucher 77 Ochsen und 16 Hirsche.

Wetterkapriolen bereiten Sorgen

1989. Während die Medien über die globalen Gefahren von Treibhauseffekt, Luftverschmutzung, Ozonloch und drohender Klimakatastrophe berichten, verfolgen aufmerksame, besorgte Zeitgenossen mancherlei klimatische Besonderheiten in ihrer Umgebung.

So wird in Bayern der mildeste Januar seit hundert Jahren registriert. Nie, so heißt es, habe es in diesem Monat mehr Sonnenschein gegeben. Am 25. Februar erreicht das Barometer mit 967 Hectopascal einen Tiefstpunkt, wie er seit Beginn der Wettermessungen nicht festgestellt wurde. Ende Oktober zeigt das Thermometer mit 25,3 °C eine Temperatur, die ebenfalls zu dieser Jahreszeit noch nicht gemessen wurde. Am 21. Dezember registrieren die Chronisten sogar: Wärmster Winteranfang seit hundert Jahren. Auch in folgenden Jahren werden ungewohnte meteorologische Erscheinungen aufgezeichnet, von denen jedes einzelne wenig bedeuten mag, die zusammen jedoch nachdenklich stimmen. Auffallendstes Phänomen sind die schneearmen Winter.

1990

Mit Geschwindigkeiten von 150 km/h entwurzeln die Orkane zahllose Bäume, wie hier auf einem Bauernhof bei Hof

Orkane toben in ganz Süddeutschland

27./28. Februar 1990. Zwei Damen mit den in Süddeutschland ungewohnten Namen Viviane und Wiebke lehren die Bayern das Fürchten und bringen der Feuerwehr und den Forstleuten viel Arbeit.

Gerade als die Münchner sich fertigmachen, um den Faschingskehraus auf dem Viktualienmarkt und dem Marienplatz zu feiern, etwa von 10 Uhr vormittags an, fegt der vom Atlantik kommende Orkan Viviane mit Windstärke 12 durch die Stadt. Während die Narren trotz Windgeschwindigkeiten von 150 km/h ihren Tanz versuchen, gehen bei der Feuerwehr 400 Notrufe ein. Vier Tote und große Schäden in den Wäldern sind die Bilanz in Bayern.

Noch während die Trümmer beseitigt werden, nähert sich in der Nacht zum Donnerstag der Orkan Wiebke mit großer Geschwindigkeit. Die Zahl der Feuerwehreinsätze in München steigt dabei auf über 2000. Mehr als 900 Bäume werden geknickt und entwurzelt, Fenster gehen zu Bruch, Dächer werden abgedeckt. In den Wäldern des Forstamtes München, das in Bayern am schwersten betroffen wird, fallen 350 000 Festmeter Schadholz an, nur geringfügig weniger registriert man im Forstamt Sauerlach.

Aus ganz Bayern kommen die Katastrophenmeldungen: Auf der Autobahn Augsburg–München wird ein Lastwagen umgekippt, in Aschaffenburg zertrümmert ein Baum einen Einsatzwagen der Polizei, im Frankenwald verwüstet der Sturm einen 16 Hektar großen Wald, bei Regensburg wirbelt die Zwiebelkuppel einer Wallfahrtskirche durch die Luft und zerstört das Kirchendach. Klimaforscher ebenso wie viele Bürger sind der Ansicht, die ungewöhnlich heftigen Winde könnten Zeichen eines Klimawechsels sein.

Die Orkane machen vor nichts halt: Der Nürnberger Peterfriedhof muß wegen erheblicher Sturmschäden vorübergehend geschlossen werden

Neue Heimat verkauft 33 000 Wohnungen

1. Juni 1990. Der weitgehend unbekannte Münchner Bau-Unternehmer Alfons Doblinger erwirbt für 958 Mio DM 33 000 Wohnungen und 900 000 m² Land von der Neuen Heimat Bayern. Der gewerkschaftseigene Wohnungsbaukonzern verkauft damit seine letzte große Regionalgesellschaft.

Die Neue Heimat Bayern ist mit insgesamt 2 Mrd DM verschuldet. In den Jahren 1988 und 1989 konnte sie allerdings Gewinne zwischen 30 und 40 Mio DM erwirtschaften. Sie zählt zu den letzten attraktiven Unternehmensteilen der Neuen Heimat. Ex-Bundesfinanzminister Hans Matthöfer, der die Verkaufsverhandlungen auf Gewerkschaftsseite führt, hatte sich seit Jahren bemüht, einen angemessenen Preis für das Unternehmen zu erzielen.

Beim Verkauf des Wohnungsbaukonzerns war es Doblinger gelungen, in- und ausländische Mitbewerber aus dem Feld zu schlagen. Zu den Verlierern gehört auch das Land Bayern, das bereits im September 1987 320 Mio DM für die Neue Heimat geboten hatte. Doblinger will

Alfons Doblinger finanziert den Kauf der Neuen Heimat durch Kredite

das hochverschuldete Unternehmen weiterführen und plant weitere Neubauten auf dem freien Gelände. Durch die Verrechnung der Gewinne seiner anderen Firmen mit den Verlusten der Neuen Heimat Bayern kann Doblinger langfristig Steuerersparnisse erzielen. Der Umsatz der rund 30 Doblinger-Firmen wird auf 500 Mio DM jährlich geschätzt.

Die Sorgen der Wohnungsbesitzer um Mieterhöhungen oder die Umwandlung des Wohnraums in Eigentum weist Doblinger als unbegründet zurück. Die Mieten sollten in den nächsten Jahren nur bescheiden erhöht werden. Darüber hinaus versichern Vertreter der Gewerkschaft, daß auch die Sozialbindung durch den Verkauf nicht angetastet würde.

Möbelwerkstätten müssen schließen

September 1990. 92 Jahre nach ihrer Gründung in München wird das Aus für die »Vereinigten Werkstätten für Kunst im Handwerk AG« beschlossen. Das Unternehmen der traditionsreichen Möbelbauer soll in den ersten Monaten des kommenden Jahres endgültig schließen.

Der Hauptaktionär, das im September an die Londoner Barclays Bank verkaufte Münchner Bankhaus Merck, Finck & Co zog damit die Konsequenz aus dem schlechten Geschäftsgang, der für 1989 bei einem Umsatz von 45,3 Mio DM ein Defizit von 2 Mio DM auswies. Die letzte Dividende des wegen seiner handwerklichen Perfektion weltweit berühmten Unternehmens war 1981 gezahlt worden.

Der angesehene Name der u. a. von Richard Riemerschmid, Hermann Obrist und Bruno Paul gegründeten »Vereinigten Werkstätten (VW)«, die auf die Entstehung des Jugendstils großen Einfluß hatten, wird verkauft. Seine Erwerber wollen die alte künstlerische Tradition der Gründerväter wieder aufleben lassen.

Siemens wird Nr. 1 der Computerhersteller

10. Januar 1990. Die Siemens AG aus München, der größte deutsche Elektrokonzern, gibt die Übernahme von 51 % der Stammaktien an der Nixdorf Computer AG aus Paderborn bekannt.

Am 1. Oktober soll die neue Siemens-Nixdorf Informationssysteme AG ihre Arbeit aufnehmen. Die seit zwei Jahren mit großen Verlusten arbeitende Nixdorf AG kündigt am 22. Januar den Abbau von 4800 der weltweit etwa 28 000 Arbeitsplätze an. In Paderborn sollen 1300 der 9000 Mitarbeiter entlassen werden. Beim Tod des Firmengründers Heinz Nixdorf (1986) wies das Unternehmen noch einen Gewinn von rd. 220 Mio DM aus bei einem Umsatz von 4,5 Mrd DM. Seit Mitte der 80er Jahre veränderte sich jedoch der internationale Computermarkt. Die von Nixdorf produzierten mittleren Rechner fanden bei den Kunden weniger Anklang, als die kleineren und preiswerten Personalcomputer. Auf den nun einsetzenden Preiskampf war das Unternehmen nicht vorbereitet. Die Bilanz der Nixdorf AG für 1989 wies einen Ver-

Bei Personalcomputern ist nicht mehr nur die Leistung gefragt: Modernes High-Tech-Design verbindet Funktionalität mit Ästhetik

lust von 1 Mrd DM bei einem Umsatz von 5,26 Mrd DM auf.

Mit der Übernahme von Nixdorf ergänzt Siemens sein Rechner-Programm, das bislang vor allem auf Großcomputer konzentriert war. Die Siemens-Nixdorf Informationssysteme AG wird mit einem Gesamtumsatz von 8,7 Mrd DM zum größ-

ten deutschen Computerhersteller. Sie verweist den alten Marktführer IBM Deutschland auf Platz zwei. Die weltweite Rezession führt auch bei den Computer-Produzenten zu drastischen Umsatzeinbußen. In ihrem ersten Geschäftsjahr 1991 erzielt die Siemens-Nixdorf AG einen Verlust von 380 Mio DM.

Raumfahrtzentrum Oberpfaffenhofen

20. September 1990. Auf dem Gelände der Deutschen Forschungsanstalt für Luft- und Raumfahrt (DLR) in Oberpfaffenhofen bei München wird das »Betriebszentrum für bemannte Raumfahrt« eröffnet, das künftigen Astronauten als irdische Leitzentrale dienen soll.

Wenn bei der geplanten D-2-Mission zwei deutsche und fünf US-Astronauten mit der Raumfähre »Columbus« zu einem neuntägigen Flug ins All starten und im mitgeführten »Spacelab« nahezu hundert biologische, medizinische und technische Experimente durchführen, werden in Oberpfaffenhofen ihre erdgebundenen Ansprechpartner und Berater sitzen.

Zu Beginn des Jahres 1994 nehmen die Wissenschaftler von dieser hochtechnisierten irdischen Telefonzelle auch Gespräche mit der russischen Weltraumfähre »Mir« auf; erster Gesprächspartner ist Walerij Poljakow. Gleichzeitig mit dem »Betriebszentrum« wird auf dem Gelände auch ein »Zentrum für Automatisierungstechnologie« eröffnet.

Historisches Ministerpräsidenten-Treffen

20. Dezember 1990. Wie 43 Jahre zuvor lädt Bayerns Ministerpräsident seine Amtskollegen nach München ein. Anders als am → 6./7. Juni 1947, als die fünf Staatschefs aus der sowjetischen Besatzungszone noch vor Gesprächsbeginn abreisten, bleiben sie diesmal beisammen – Deutschland ist seit dreieinhalb Monaten wiedervereinigt!

Zur Einstimmung auf ihre Gespräche versammeln sich die Gäste zu einem vorweihnachtlichen Abend im Cuvilliéstheater, bei dem neben bayerischen Volksmusikanten und dem Tölzer Knabenchor auch der mit großem Beifall begrüßte Heinz Rühmann auftritt. Anschließend sitzen die 16 Delegationen bei Lachsforelle, Festtagssuppe, Rehrücken im Kräutermantel, Eis mit Preiselbeeren und frischen Feigen an einer festlichen Tafel im historischen Antiquarium der Residenz.

Bei den Gesprächen und Verhandlungen des darauffolgenden zweiten Konferenztages wird von den 16 Bundesländern zwar eine »Münchner Erklärung« verabschiedet, doch vor allem geht es den versammelten Politikern um die Finanzierung der Wiedervereinigung. Die ostdeutschen Ministerpräsidenten beklagen die unzureichende Finanzausstattung der fünf neuen Länder und Berlins: Für die Einheit seien dreistellige Milliardenbeträge erforderlich. Gleichzeitig wird die Bundesregierung in Bonn aufgefordert, eine dringend notwendige finanzielle Bestandsaufnahme vorzunehmen.

Als die Delegationen ihre im Hotel Vier Jahreszeiten-Kempinski reservierten 150 Zimmer räumen und von München abreisen, haben sie sich verabredet, bereits am 9. Januar in Bonn erneut zusammenzutreffen, um Bundeskanzler Helmut Kohl die finanziellen Nöte vorzutragen.

Als Erinnerung an das Münchner Treffen erhält jeder Ministerpräsident vom bayerischen Kollegen Max Streibl eine handgeschnitzte Oberammergauer Krippe.

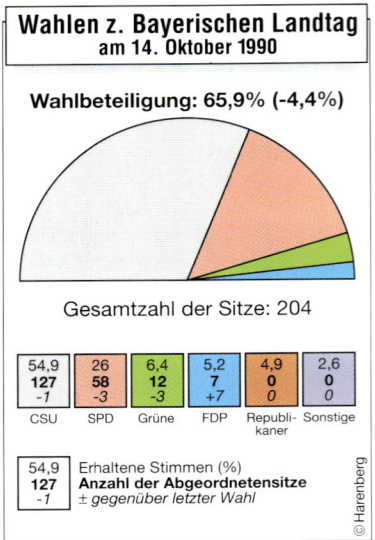

Wahlen z. Bayerischen Landtag
am 14. Oktober 1990

Wahlbeteiligung: 65,9% (-4,4%)

Gesamtzahl der Sitze: 204

CSU	SPD	Grüne	FDP	Republi-kaner	Sonstige
54,9	26	6,4	5,2	4,9	2,6
127	58	12	7	0	0
-1	-3	-3	+7	0	0

54,9	Erhaltene Stimmen (%)
127	**Anzahl der Abgeordnetensitze**
-1	± gegenüber letzter Wahl

Mehrheit für CSU

14. Oktober 1990. *Bei den bayerischen Landtagswahlen verteidigt die CSU ihre absolute Mehrheit mit 54,9 %. Damit erreicht sie nur 0,9 Prozentpunkte weniger als 1986 bei der letzten Wahl unter dem 1988 verstorbenen Franz Josef Strauß. Die SPD erzielt mit 26 % das schlechteste Ergebnis nach 1945. Die Grünen und die FDP schaffen den Einzug in den Landtag. Die Republikaner scheitern an der Fünf-Prozent-Hürde.*

Zum Gedenken an die erste gemeinsame Konferenz der Regierungschefs der Länder enthüllt Max Streibel (l.) im Wirtschaftsministerium eine Tafel

Skandal bei den Oberammergauer Passionsspielen

20. Mai 1990. In Oberammergau wird die festliche Eröffnung der Passionsspiele von einem Skandal um den Vorverkauf nicht vorhandener Eintrittskarten überschattet.

Die Nachfrage nach Karten für die Passionsspiele, die nur alle zehn Jahre aufgeführt werden, ist traditionell größer als das Angebot. Ein ortsansässiger Hotelier wird verdächtigt, in diesem Jahr 20 000 Karten für mehr als 2 Mio DM an britische Reisegesellschaften verkauft zu haben, obwohl alle Veranstaltungen bereits ausgebucht waren. Ein Oberammergauer Reiseveranstalter wiederum hatte mit 10 000 Billetts spekuliert, die er sich durch die erwartete Stornierung vorbestellter Karten beschaffen wollte. Das Geschäft droht zu platzen, da dieses Jahr relativ wenig Karten zurückgegeben werden. Die britischen Reiseagenturen fordern daraufhin, die Zahl der bis Ende September geplanten 95 Vorstellungen aufzustocken. Die Oberammergauer Festspielleitung lehnt es jedoch ab, den traditionell spielfreien Donnerstag aufzugeben.

Die Empörung über die »überbuchten« Veranstaltungen drängt eine geradezu revolutionäre Neuerung der 356 Jahre alten Passionsspiele an den Rand: Die Oberammergauerinnen setzten mit einer gerichtlichen Klage durch, daß die Auflagen für Schauspielerinnen gelockert werden. Seit 1990 dürfen erstmals auch verheiratete Frauen und Frauen über 35 Jahre als Darstellerinnen mitwirken. Unter der Regie des 28-jährigen Christian Stückel spielt die verheiratete Elisabeth Petres die Figur der Maria.

Das Bühnenhaus der Festspiele in Oberammergau, das 1930 errichtet wurde, bietet 5200 Zuschauern Platz

Szene aus dem Passionsspiel, in der Jesus (Martin Norz) von Maria (Elisabeth Petres) Abschied nimmt

Schauspieler Sedlmayr brutal ermordet

15. Juli 1990. Am Abend dieses Sonntags findet der Sekretär des 64-jährigen Schauspielers Walter Sedlmayr seinen Arbeitgeber in dessen Schwabinger Siebenzimmerwohnung tot auf. Er liegt mit eingeschlagenem Schädel und zahlreichen Stichwunden in seinem Bett.

Nach dem Mord berichten Zeitungen und Zeitschriften ausführlich über die Männerkontakte, die Sedlmayr pflegte. Die schwierigen Ermittlungen der Mordkommission richten sich deshalb u. a. auf das Münchner Homosexuellen-Milieu. Nach der Auswertung von 600 Hinweisen, 2000 verschiedenen Spuren und der Anhörung von etwa ebensovielen Zeugen bleiben dann aber doch zwei Männer im Netz der Polizei, die im Sommer 1991 festgenommen werden und denen Ende 1992 der Prozeß gemacht wird: Es sind der »Ziehsohn« Sedlmayrs, Geschäftsführer von dessen Gastwirtschaft »Beim Sedlmayr«, und der Halbbruder des »Ziehsohns«, der sich der Verhaftung zunächst entziehen kann.

Nach sieben Monaten endet der Prozeß im Mai 1993. In der Urteilsverkündung heißt es, die Beschuldigten hätten den Schauspieler kaltblütig und aus Habgier mit einem Hammer erschlagen und beraubt. Das Urteil lautet auf zweimal lebenslänglich. Die Verteidiger kündigen an, daß sie Revision gegen den Schuldspruch in diesem Indizienprozeß einlegen werden. Zu den Indizien gehörten Textilfasern, ein Handabdruck an Sedlmayrs Waschbecken und ein Hinweis, daß der Mordhammer einem der Beschuldigten gehört habe.

Als bieder-bürgerlicher Kommissar Schöninger im Fernseh-»Polizeirevier 1«, als hintersinnig-grantelnder, genau beobachtender Autor von Reisefilmen, als Festredner beim »Politikerderblekken« (hochdeutsch: Politikerfrozzeln) und beim jährlichen Starkbieranstich auf dem Münchner Nockherberg war Sedlmayr zum Inbegriff des gemütlichen g'standenen Bayern geworden. Während seines Engagements an den Münchner Kammerspielen (1955–1974) überzeugte Sedlmayr auch in anspruchsvolleren Rollen. 1972 erhielt er für seine Leistung in Hans-Jürgen Syberbergs Film »Theodor Hirneis oder: Wie man ehem. Hofkoch wird« den Bundesfilmpreis.

Der Gastwirt Walter Sedlmayr vor seinem bekannten Münchner Wirtshaus »Beim Sedlmayr«

Trauer um Fürst von Thurn und Taxis

14. Dezember 1990. Einer der reichsten Männer Europas, Herr über ein Imperium von 50 Firmen und ein Vermögen von geschätzt 4 Mrd DM ist tot: Johannes Fürst von Thurn und Taxis stirbt in Alter von 64 Jahren an den Folgen der zweiten und in Erwartung einer dritten Herzverpflanzung in einem Münchner Krankenhaus.

Der exzentrische Adlige mit der Nelke im Knopfloch gab den Klatschkolumnisten immer wieder Anlaß zu derben und pikanten Geschichten. Eine der letzten Nachrichten aus dem fürstlichen Schloß St. Emmeram zu Regensburg interessierte dann aber vornehmlich Wirtschaftsjournalisten – der Fürst entließ vier seiner fünf Top-Manager. Dies wurde als Zeichen dafür gewertet, daß der bereits schwer herzkranke Johannes von Thurn und Taxis sein zwar sehr großes, aber nicht sehr einträgliches Wirtschaftsimperium völlig neu ordnen wollte.

Das begonnene Werk konnte er jedoch nicht mehr zu Ende führen. Da sein Sohn beim Tod des Fürsten erst sieben Jahre alt ist, wird dessen Mutter Fürstin Gloria das riesige Vermögen bis zu seiner Volljährigkeit verwalten. In die Schlagzeilen kommt die Fürstin, als sie im Herbst 1993 durch das Auktionshaus Sotheby's zahlreiche Kunstschätze teuer versteigern läßt, um die Erbschaftssteuer bezahlen zu können.

Am offenen Sarg des Fürsten Thurn und Taxis in der Gruftkapelle des Schlosses halten je zwei Lakaien, Kammerdiener und Leibjäger die Totenwache

Georg Hackl erneut Rodel-Weltmeister

23. Februar 1990. Der Berchtesgadener Georg Hackl verteidigt im kanadischen Wintersportort Calgary seinen Titel als Rodel-Weltmeister. Der 23jährige setzt damit international eine beeindruckende Serie fort, die mit dem Gewinn der Silbermedaille bei der Olympiade 1988 – ebenfalls in Calgary – begonnen hatte.

Georg Hackl

Der »Hackl-Schorsch«, wie er in der deutschen Mannschaft genannt wird, fährt seit 1987 in allen großen Rennen immer auf dem gleichen Schlitten, den der Tüftler und Bastler allerdings von Jahr zu Jahr modifiziert und verbessert.

Diese Kontinuität zahlt sich aus: 1992 erhält der »Silberpfeil im Eiskanal« im französischen Albertville die Goldmedaille im Einsitzer. Und als erstem Rodelsportler überhaupt gelingt ihm die Wiederholung eines Olympiasiegs: 1994 beträgt in Lillehammer/Norwegen sein Vorsprung im Ziel gerade 13 Tausendstelsekunden – das reicht für Gold.

Brem verkörperte bayerisches Urviech

5. September 1990. Im Alter von 84 Jahren stirbt der Volksschauspieler Beppo Brem in München.

Der Sohn eines Brauers absolvierte zunächst eine Schreinerlehre. Die Liebe zum Theater brachte ihm 1927 sein erstes Engagement als Schauspieler an der Reichenhaller Bauernbühne. Seit seinem Filmdebüt 1932 wirkte Beppo Brem in über 200 Filmen mit, u. a. an der

Beppo Brem

Seite von Heinz Rühmann in »Quax der Bruchpilot« (1941). Dem Fernsehzuschauer bleibt er als Inspektor in der Serie »Die seltsamen Methoden des Franz Josef Wanninger« in Erinnerung. Wie in vielen seiner Rollen verkörperte er dort den Typ des kauzig-komischen Bayern.

1991

Kläranlage sorgt für Korruptionsskandal

Juni 1991. Zwei Jahre nach Einweihung der Kläranlage München II in Dietersheim besteht juristischer Klärungsbedarf. Als ein am Bau der Anlage beteiligter Elektrohändler die an einen Stadtangestellten gezahlten 400 000 DM Bestechungsgelder von seiner Steuer absetzen will, kommt die Staatsanwaltschaft auf die Spur einer Betrugsaffäre, die der Münchner Stadtkasse einen Schaden von mehreren Millionen DM zugefügt hat. Mit der vollständigen Aufklärung der verwickelten Affäre ist die Justiz über Jahre beschäftigt.

Das illegale Geschäft wurde von einem Pensionisten eingefädelt, der in seiner aktiven Zeit als Siemens-Angestellter Firmenaufträge akquirierte. In Verbindung mit jenem Mann, der als Bauleiter und Sachbearbeiter die Interessen der Stadt München beim Klärwerksbau in Dietersheim zu vertreten hatte, konnte der Ruheständler seine zahlreichen Firmenkontakte gewinnbringend nutzen. Für viel bares Geld gaben sie vertrauliche Informationen über Ausschreibungen und die eingegangenen Angebote an die Kokurrenz weiter. Diese konnte dann das optimale Gegenangebot formulieren, um den Auftrag sicher zu erhalten. In Dietersheim ging es um Aufträge in Höhe von insgesamt 85 Mio DM.

Von diesen einträglichen Geschäften profitierte u. a. ein bekannter Elektrohändler und CSU-Senator. Auf die Anklagebank kommen aber auch der ungetreue Stadtbedienstete (der zu 6 Jahren und 9 Monaten verurteilt wird) sowie neun Siemens-Manager, die für Informationen und Aufträge weit über 1 Mio DM an Bestechungsgeldern zahlten. Im Frühjahr 1992 werden acht von ihnen zu Haftstrafen verurteilt, nur einer kann die Schuld mit Geld sühnen.

Die mit den Münchner Schmiergeldaffären befaßte Staatsanwaltschaft bilanziert schließlich am Jahresende 1993: In 364 Ermittlungsverfahren mit etwa 400 Beschuldigten wurden gegen 52 Personen Urteile gesprochen, und zwar mit einer Gesamtstrafe von 79 Jahren 11 Monaten sowie Geldstrafen in Höhe von 1,4 Mio DM und Bewährungsstrafen in Höhe von 2,625 Mio DM. Die Ermittlungen der Staatsanwaltschaft dauern noch immer an.

Die Kläranlage in Dietersheim hat viel Schmutz aufgewirbelt; bei den Säuberungsarbeiten deckt die Staatsanwaltschaft eine Bestechungsaffäre auf

Neugliederung der Landeshauptstadt

1. September 1991. Mehr als zwanzig Jahre wurden Pläne gemacht und wieder verworfen, bevor sich die Münchner Stadtväter zu einer Neugliederung der bayerischen Landeshauptstadt durchgerungen haben und die Zahl der Stadtbezirke von 36 auf 24 reduzieren.

Die Neueinteilung war überfällig, da sich die einzelnen Bezirke in ihrer Größe und in der Zahl der Einwohner im Laufe der Zeit sehr stark unterschieden. So wohnten beispielsweise im Bezirk 40 Lochhausen-Langwied 5800 Einwohner auf 1340 ha (das entsprach vier Einwohnern pro ha), während im Bezirk 7 Maxvorstadt-Josephsplatz 18 000 Einwohner 226 ha bewohnten (was 269 Einwohner pro ha entsprach).

Erstmals gegliedert wurde München im Jahre 1270, als der Freisinger Bischof die Stadt in die Peters- und Marienpfarrei teilte.

Wählervotum für Müllverbrennung

17. Februar 1991. In einem Volksentscheid über die zukünftige Müllpolitik in Bayern stimmt die Bevölkerung des Landes mit 51 % für den Gesetzentwurf der CSU-Landesregierung. Er sieht die Verbrennung nicht verwertbarer Reststoffe vor. Verbindlich vorgeschrieben wird lediglich die getrennte Sammlung von Glas, Papier und Metall.

Die Bürgeraktion »Das bessere Müllkonzept«, die 43,5 % der Stimmen erhält, wandte sich gegen die Festschreibung der Verbrennung als »Regelentsorgung« für den Restmüll. Darüber hinaus wollte sie die Zuständigkeit für die Müllentsorgung auf die Gemeinden übertragen und die getrennte Sammlung des Mülls festschreiben.

Die Wahlbeteiligung bei diesem siebten Volksentscheid in der bayerischen Nachkriegsgeschichte lag mit 43,8 % überraschend hoch.

Ozon-Grenzwerte weit überschritten

Sommer 1991. Messungen über die gesundheitsgefährdende Ozonbelastung im Stadtgebiet von München ergeben, daß der »Melde-Grenzwert« von 120 Mikrogramm Ozon pro Kubikmeter Luft an 82 Tagen überschritten wird. Folge der hohen Ozonkonzentrationen können u. a. Atembeschwerden sein.

Im Juni wird an der Meßstelle »Am Moosfeld« im Münchner Osten mit 237 Mikrogramm der »Spitzenwert« gemessen. Ursache für die dramatische Zunahme der Ozonkonzentration ist die Umweltverschmutzung: Ozon bildet sich unter Einwirkung von Sonnenstrahlen aus Stickstoffoxiden und Kohlenwasserstoffen, die vor allem durch Auspuffabgase in die Luft gelangen. Das Münchner »Aktionsforum Stadtverkehr« fordert deshalb die Politiker zu einem konsequenten Eindämmen des Autoverkehrs auf.

»Forum der Technik« zieht in Kongreßsaal

Juni 1991. Der Kongreßsaal des Deutschen Museums in München, der seit 56 Jahren als vielseitiger Veranstaltungsort gedient hat, wird geschlossen. In der Nachkriegszeit wurde der Kongreßsaal u. a. als Konzerthalle, Festsaal, Kino und Tagungsstätte genutzt.

In die Räume des Kongreßsaales zieht das »Forum der Technik« ein, das am 5. November 1992 eröffnet wird. Diese neue Einrichtung des Deutschen Museums soll zum »Begegnungszentrum für Mensch, Natur und Technik« werden. Das »Forum« umfaßt u. a. ein Spezial-Kino, das den Besucher in das Geschehen auf der Leinwand einbezieht.

Das Großkino im »Forum der Technik« hat eine Leinwand von 16 x 22 m

Residenztheater wird wiedereröffnet

17. Oktober 1991. Nach dreijähriger Renovierung wird das Münchner Residenztheater wiedereröffnet. Zur Einweihung steht Ferdinand Raimunds Stück »Der Verschwender« auf dem Spielplan.

Die Kosten für den Umbau des Residenztheaters belaufen sich auf 80 Mio DM. Die Asbest-Entseuchung des Gebäudes hatte die Fertigstellung zehn Monate verzögert und die Baukosten unerwartet in die Höhe getrieben. Nach Plänen des Architekten Alexander von Branca wurden Zuschauerraum und Foyer umgestaltet und die Bühnentechnik komplett erneuert. Das Theater umfaßt nun 1000 Sitzplätze.

Die Farben Anthrazitgrau und Rot beherrschen den Zuschauerraum des renovierten Residenztheaters; das neue Deckengemälde von Fred Thieler erinnert an einen stürmisch-bewegten Himmel. Vor der Renovierung dominierte im Residenztheater die Farbe Grau, die Sitze waren rosa, mattgoldene stilisierte Löwen schmückten die Brüstung des Balkons

Traumergebnis für den Fremdenverkehr

1991. Der bayerische Fremdenverkehr verzeichnet in diesem Jahr ein Rekordergebnis. In den vier Fremdenverkehrsregionen Allgäu/Bayerisch Schwaben, Franken, München-Oberbayern und Ostbayern werden insgesamt 77 156 800 Übernachtungen registriert; das sind rund 3,4 Mio mehr als im Vorjahr.

Die Zahl der Gäste liegt mit 20,1 Mio nur geringfügig höher als 1990, das ebenfalls als touristisches Rekordjahr galt. Für die außergewöhnlichen Zuwachsraten sind die Gäste aus den neuen Bundesländern verantwortlich. 1991 verstärkt der Krieg in Jugoslawien die Nachfrage nach Inlandsurlaub und lenkt Reiseströme nach Bayern.

Wirklich sportliche Ferien interessieren 20 bis 25 % der Feriengäste

Arm und Reich in Bayern vereint

Frühjahr 1991. Nach Untersuchungen des Infas-Instituts ist der Landkreis Starnberg ein besonders bevorzugter Wohnort der deutschen Spitzenverdiener. Die Indexzahl für den Landkreis Starnberg wird mit 152,9 angegeben, wobei das Durchschnittseinkommen der Deutschen in den 16 Bundesländern die Indexzahl 100 erhält. Nur der Hochtaunuskreis mit Frankfurt und Wiesbaden liegt in seinem Geld-Wert noch ein wenig höher. München folgt mit der Indexzahl 151,7 auf Platz drei. In der Liste der reichsten Gemeinden ist Münchens südlicher Nachbar Grünwald mit 363,7 Punkten bundesdeutsche Spitze. Infas errechnet, daß ein Grünwalder damit über ein Jahreseinkommen verfügt, das etwa fünfmal so groß ist wie das der Leute von Cham und Freyung-Grafenau. Diese Oberpfälzer Landkreise sind mit 81,1 und 83,5 Punkten deutsche Schlußlichter. In keinem Bundesland, so zeigt die Studie, gibt es so große Verdienstunterschiede wie in Bayern.

Zum Geld in bayerischen Händen liefert auch das Statistische Landesamt seine Zahlen: 1989 gibt es in Bayern 20 748 Personen mit einem versteuerten Vermögen, das eine Million DM übersteigt.

Trauriger Rekord bei Drogentoten

Dezember 1991. Die Zahl der Drogentoten in Bayern steigt in diesem Jahr auf 220 und liegt damit um 78 % über der Vorjahreszahl. Besonders stark ist der Anstieg in Nürnberg, wo die Zahl der Toten innerhalb dieses Jahres von zehn auf 38 zunimmt. An dem ständig wachsenden Rauschgiftangebot in der Bundesrepublik können auch spektakuläre Fahndungserfolge nichts ändern.

So war es im Sommer 1989 gelungen, in München-Schwabing 650 kg kolumbianisches Heroin zu beschlagnahmen – die größte Menge, die der deutschen Kriminalpolizei je in die Hände fiel. Einige Monate später wurden an der Autobahnhaltestelle Holledau 65 kg Heroin gefunden. Seit dem Zusammenbruch des kommunistischen Osteuropa kommt das Rauschgift vor allem über die Grenzübergänge zur Tschechischen Republik nach Bayern.

Trainerkarussell beim FC Bayern München

9. Oktober 1991. Vier Tage nach der 1:4-Niederlage gegen Stuttgarter Kickers trennt sich Fußball-Bundesligist FC Bayern München von Trainer Jupp Heynckes. Das Präsidium reagiert damit auf die 12:12-Punkte-Serie, die den Rekord-Meister ins Mittelfeld abrutschen läßt. Nach dem Ausscheiden im DFB- und im UEFA-Pokal müssen die Bayern auf das lukrative internationale Geschäft verzichten.

Das Training übernimmt der frühere dänische Nationalspieler und Bayern-Profi Sören Lerby. Im November treten die Ex-Bayern Franz Beckenbauer und Karl-Heinz Rummenigge ins Präsidium ein: Die Stimmung bleibt aber angespannt, denn auch Lerby bleibt glücklos. Im März 1992 wird er von Erich Ribbeck abgelöst, unter seiner Leitung beendet der FC Bayern die Saison auf Rang 10. Mit der neuen Spielzeit scheint es zwar sportlich wieder aufwärts zu gehen, doch interne Querelen – u. a. zwischen Italien-Heimkehrer Lothar Matthäus und Manager Uli Hoeneß – bringen den FC immer wieder in die Schlagzeilen. Am Ende sind die Bayern hinter Werder Bremen »nur« Tabellenzweite.

Erich Ribbecks Zeit im Olympia-Stadion ist noch vor der Winterpause der Saison 93/94 beendet – an den Spielfeldrand kehrt die Bayern-Legende Franz Beckenbauer zurück.

△ *In der Saison 1990/91 war die Welt für Trainer Jupp Heynckes (l., neben Bayern-Manager Uli Hoeneß) noch in Ordnung: Zwar verloren die Münchner am 32. Spieltag in Wattenscheid 3:2, doch am Ende der Spielzeit war der FC Bayern Tabellenzweiter hinter dem Deutschen Meister 1. FC Kaiserslautern*

◁ *Stefan Effenberg (l., beim Training mit Coach Sören Lerby) sorgt mit seinen Führungsansprüchen oftmals für Unruhe innerhalb der Bayern-Elf. Die vereinsinternen Machtkämpfe schlagen sich auch im fehlenden Zusammenhalt der Mannschaft auf dem Spielfeld nieder*

Wastl Fanderl lebte für die Volksmusik

25. April 1991. Am Ostersonntag, dem 1. April, ist Wastl Fanderl Gast einer Volksmusiksendung. Er verabschiedet sich mit den Worten: »Laßt's der wahren Volksmusik ihren Platz in unserem Land. Halt's ihr die Treue.« Dieser Satz wird zum Vermächtnis – wenige Wochen später stirbt Wastl Fanderl überraschend im Alter von 75 Jahren.

Seit er als kleiner Bub von Kiem Pauli, dem legendären Volksliedsammler, die Schönheit und den Wert der alten Volksmusik erfahren hat, galt Fanderls Liebe der guten, der echten bayerischen Musik. Er sammelte selbst Lieder und gab sie in Noten und sog. Singwochen weiter. Seit 1930 hat er in ungezählten Hörfunk- und später auch Fernsehsendungen die Zuhörer mit der alpenländischen Musik bekanntgemacht.

Landesvater Goppel tot

24. Dezember 1991. Am Nachmittag des Heiligen Abends, kurz nachdem er mit Enkelkindern den Christ-

Alfons Goppel, von der Bevölkerung wurde er aufrichtig verehrt

baum geschmückt hat, stirbt der ehemalige Ministerpräsident Alfons Goppel 88jährig in Johannisburg. Ein leiser, diskreter Abschied, wie er diesem bei den Bayern beliebten Politiker entsprach. Zwölf Jahre lang, vom Dezember 1962 bis zum November 1978, hatte Goppel, früher Landrat von Aschaffenburg, als Ministerpräsident regiert. Ursprünglich als Kompromißkandidat aufgestellt, ist es ihm gelungen, die Hochachtung aller Parteien zu gewinnen. Vor allem in seiner Regierungszeit hat Bayern die entscheidenden Schritte vom Agrar- zum High-Tech-Staat gemacht. Den verstorbenen Ministerpräsidenten, der sich gerne in der Rolle des Landesvaters sah – und den die Bayern als solchen hoch schätzten – nannte selbst die Opposition einen »untadeligen Konservativen von nobler Gesinnung«.

München erhält moderne Bahnhöfe

September 1991. Mit Beginn des Winterfahrplans nimmt die Deutsche Bundesbahn ihren neuen Rangierbahnhof München Nord in Betrieb. Die Anlage, in der täglich bis zu 4000 Waggons abgefertigt werden können, soll Engpässe im Güterverkehrsnetz der Bahn beseitigen.

Die Kosten für das 5 km lange und bis zu 420 m breite Gleissystem des Rangierbahnhofs, der zwischen den Münchner Stadtteilen Allach und Milbertshofen liegt, betrugen rund 500 Mio DM. Dafür wurden 120 km Gleis und über 350 Weichen verlegt. Seine Stellung als Güterverkehrsknotenpunkt, dem Tor zu Südeuropa, festigt München ein Jahr später mit der Eröffnung einer weiteren hochmodernen Eisenbahnanlage. Am 27. September 1992 wird in München-Riem Deutschlands modernster Umschlagbahnhof für den kombinierten Ladungsverkehr in Betrieb genommen. Pro Tag können hier fast 1000 Ladeeinheiten Container, Lkw-Aufbauten, Sattelauflieger und komplette Lastzüge von der Straße auf die Schiene und umgekehrt umgeschlagen werden. Der Umschlagbahnhof soll die Schiene im Wettbewerb um den Güterverkehr wieder konkurrenzfähig machen. Darüber hinaus trägt die Anlage zur Entlastung der überfüllten Autobahnen bei.

Schlagersänger Roy Black stirbt

9. Oktober 1991. Der deutsche Schlagersänger und Schauspieler Roy Black stirbt in seiner Fischerhütte im oberbayerischen Heldenstein an Herzversagen.

Der Showstar wurde am 25. Januar 1943 als Gerhard Höllerich in Straßberg bei Augsburg geboren. In den 60er und 70er Jahren eroberte er mit zahlreichen Schlagern wie »Ganz in Weiß« die Hitparaden sowie die Herzen seines Publikums. Später folgten weniger erfolgreiche Zeiten: Die Ehe mit dem Fotomodell Silke Vogts scheiterte, hinzu kamen Alkoholprobleme und 1986 eine schwere Herzoperation. Als Hauptdarsteller in der RTL-plus-Serie »Ein Schloß am Wörthersee« gelang Roy Black 1990 ein Comeback. Erst wenige Wochen vor seinem Tod war er zum zweiten Mal Vater geworden.

14.2. Der amerikanische Soldatensender AFN Munich strahlt seine letzte Hörfunk-Sendung aus. →

11.3. Fußballbundesligist FC Bayern München trennt sich von seinem Trainer Sören Lerby (→ 9.10.1991).

11.5. Der nach Franz Josef Strauß benannte neue Münchner Großflughafen im Erdinger Moos wird eröffnet. →

6.7. Beim 18. Weltwirtschaftsgipfel treffen in München die Staats- und Regierungschefs der sieben wichtigsten Industrieländer zusammen. Mehrere hundert Demonstranten, die gegen das Treffen demonstrieren, werden von der Polizei eingekesselt. →

1.8. Bei einem schweren Busunglück auf der Autobahn Nürnberg–Würzburg kommen sieben Menschen ums Leben.

27.8. Der Bauer-Verlag stellt mit der in München erscheinenden Illustrierten »Quick« seine traditionsreiche Nachkriegsgründung aus dem Jahr 1948 ein. →

27.9. Das letzte 171 km lange Teilstück des Rhein-Main-Donau-Kanals zwischen Bamberg und Kelheim wird feierlich eingeweiht. →

27.9. In München-Riem wird Deutschlands modernster Umschlagbahnhof für den Kombinierten Ladungsverkehr in Betrieb genommen (→ September 1991).

5.11. Das »Forum der Technik«, eine Einrichtung des Deutschen Museums, wird in den Räumen des ehemaligen Kongreßsaals eröffnet (→ Juni 1991).

7.11. Auf ihrem Parteitag in Nürnberg spricht sich die CSU mit deutlicher Mehrheit für den Vertrag von Maastricht aus.

November. Die Einwohnerzahl Nürnbergs übersteigt die 500 000-Grenze. Durch Eingemeindungen hatte die Stadt bereits 1972 einmal über eine halbe Million Bewohner.

November. Nach 238jährigem Bestehen wird das Münchner Leihhaus geschlossen.

6.12. Mit einer 80 km langen Lichterkette aus Fackeln, Lampions und Kerzen demonstrieren in München 400 000 Menschen gegen Rassismus und Ausländerhaß. →

GESTORBEN:

14.6. München: Thomas Nipperdey (* 27.10.1927, Köln), Historiker.

31.8. München: Hans Wimmer (* 19.3.1907, Pfarrkirchen/Niederbayern), Bildhauer.

Auf dem neuen Großflughafen »Franz Josef Strauß« sollen jährlich 12–14 Mio Passagiere abgefertigt werden

Großflughafen im Erdinger Moos eröffnet

11. Mai 1992. Während in dem großen Flugzeughangar 2000 Festgäste – unter ihnen Schwedens Königin Silvia – den Reden zuhören, rollt draußen im Regen der Airbus A 340 »Franz Josef Strauß« in Position – mit dem Startsignal um 13.33 Uhr ist der neue Münchner Flughafen, dem man den Namen »Franz Josef Strauß« gibt, eröffnet. Eine drei Jahrzehnte lange Planungs- und Bauarbeit, in der die angerufenen Gerichte für Verzögerungen sorgten, ist damit abgeschlossen. Der am 1. September 1939, dem ersten Kriegstag, eingeweihte Flughafen München-Riem hat ausgedient und soll zum Messegelände umgestaltet werden.

Seit dem Absturz einer »Convair« nahe der Münchner Theresienwiese am 17. Dezember 1960 stand fest, daß München einen neuen Flughafen brauche; der alte Airport lag zu dicht am Stadtzentrum. Die 1961 gegründete »Kommission Standort Großflughafen München« prüfte 20 Standorte und lange schien es, als sollte der Hofoldinger Forst gewählt werden. Im August 1969 entschied man sich dann aber doch für ein Gelände etwa 30 km nordöstlich von München, im Erdinger Moos.

Die Anwohner versuchten den Bau mit mehr als 5000 Klagen zu verhindern, doch der Baustopp, den Gerichte 1981, fünf Monate nach Beginn der Bauarbeiten verhängten, wurde im März 1985 wieder aufgehoben. So konnten auf dem 1500 ha großen Gelände zwei parallele, 4000 m lange und 60 m breite Start-

Horizontale Laufbänder verkürzen die Entfernungen in den weitläufigen Flughafengebäuden und machen das Koffertragen leicht; für neuartige optische Reize in den weißgehaltenen Räumen sorgt farbenfrohe Neonkunst

und Landebahnen sowie die wenig mehr als 1 km langen Abfertigungsgebäude gebaut werden.

Beim Wettbewerb für MUC II, zu dem 12 Architekturbüros eingeladen waren, fiel die Entscheidung Mitte der siebziger Jahre zugunsten des Büros von Prof. von Busse + Partner. Er errichtete einen funktionellen, flachen Bau im Modulsystem, den »weißen Flughafen«. Für das Projekt wurden nicht weniger als 125 000 Pläne gezeichnet. Das 8,5 Mrd DM teure Ergebnis ist ein moderner Airport, der für etwa 14 Mio Fluggäste ausgelegt ist und der München, neben Frankfurt, zum großen deutschen Flugkreuz machen soll.

Der Eröffnung folgt knapp eine Woche später, in der Nacht zum 17. Mai, innerhalb weniger Stunden der Umzug von MUC I nach MUC II: Am Samstagabend um 23 Uhr startet mit einer Boeing 737 die letzte Maschine in Riem, um 23.46 Uhr wird die Anflugbefeuerung am Kontrollturm gelöscht, der Umzug ins Erdinger Moos beginnt. Nach einem bis ins kleinste Detail festgelegten Plan bringen 1000 Lastwagen alles bewegliche Hab und Gut nach MUC II. Am Sonntagmorgen um 4.55 Uhr landet mit einer aus Izmir kommenden Maschine des Aero Lloyd das erste Flugzeug auf dem Flughafen »Franz Josef Strauß«.

Umstrittener Rhein-Main-Donau-Kanal fertiggestellt

27. September 1992. In Berching weiht Bundespräsident Richard von Weizsäcker das letzte 171 km lange Teilstück des Rhein-Main-Donau-Kanals zwischen Bamberg und Kehlheim ein. Damit ist die 3500 km lange Strecke von der Nordsee zum Schwarzen Meer erstmals durchgängig schiffbar. Viele Naturschützer und Verkehrsexperten bezweifeln, daß der Nutzen des Bauwerks die Umweltzerstörung im Altmühltal und die Kosten von rd. 6 Mrd DM aufwiegt. Unumstritten ist die technische Meisterleistung der Erbauer in der rund 30jährigen Bauzeit: 16 Schleusen hieven Frachtschiffe über die 406 m hohe Mittelgebirgserhebung zwischen dem Main und der Donau.

Zu den Schattenseiten des Projekts gehören die Begradigung und Schiffbarmachung der idyllischen Altmühl. Die Feuchtgebiete in ihrem Flußtal, die zahlreichen bedrohten Tier- und Pflanzenarten Lebensraum boten, wurden zerstört oder gefährdet. In einigen Talregionen ist der Grundwasserspiegel um mehrere Meter abgesunken. Als Reaktion auf Bürgerproteste legten die Planer »ökologische Ausgleichsflächen« an, für die insgesamt 10 % der Bausumme ausgegeben wurden. Eine künstlich-verzweigte Wasserlandschaft soll heimischen Tier- und Pflanzenarten Überlebensmöglichkeiten sichern. Der Kanal folgt außerdem der natürlichen Talkrümmung und die Ufer sind mit Naturstein statt mit Teer gesichert.

Umstritten ist auch der wirtschaftliche Nutzen des Kanals: 20 Mio t Fracht müßten jährlich auf der Wasserstraße transportiert werden, damit die Investitionen und Unterhaltskosten von 25 Mio DM pro Jahr ausgeglichen werden. Kritiker halten allenfalls 3 Mio t für möglich, da die Binnenschiffahrt gegenüber anderen Verkehrsträgern nicht konkurrenzfähig sei: Während die Rhein-Main-Donau-Passage von Rotterdam nach Odessa ca. vier Wochen dauert, benötigt ein Frachter für die 6500 km lange Seeroute von Rotterdam über Gibraltar nach Odessa nur sechs bis zehn Tage. Handelsunternehmen setzen auf den Transport durch LKW, den sie für schneller und zuverlässiger halten. Für die Binnenschiffahrt sprechen Umweltfreundlichkeit und erheblich geringere Preise.

Bergsteigen mit dem Frachter: Fast 25 m Höhenunterschied überwinden Schiffe in der Schleuse Hilpoltstein

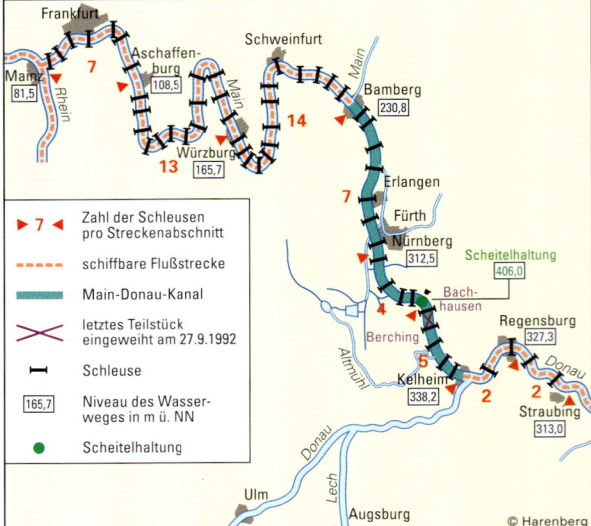

Europäische Schiffahrtsstraße erfüllt den Traum Karls des Großen

Kaiser Karl der Große hatte im Jahr → 793 als erster den Plan, durch eine Verbindung von Rhein und Donau eine europäische Wasserstraße zwischen der Nordsee und dem Schwarzen Meer zu schaffen. Damals scheiterte das Vorhaben an technischen Schwierigkeiten. Nur ein paar verwitterte Erdwälle am schwäbischen Fluß Rezat, der mit der Altmühl verbunden werden sollte, erinnern noch an den Plan. Erst im 19. Jahrhundert wurde ein neuer Anlauf unternommen. 1845 weihte König Ludwig I. von Bayern den neuen Kanal zwischen Main und Donau ein. Die nur 1,50 m tiefe Wasserrinne war aller-

dings nach wenigen Jahren für größere Lastschiffe untauglich; 100 Jahre später wurde sie schließlich ganz stillgelegt. Heute sind nur noch einzelne Teile des parallel zur jetzigen Streckenführung verlaufenden Kanals erhalten.

1921 gründeten das Deutsche Reich und der Freistaat Bayern zur Finanzierung des Kanalbauprojekts die Rhein-Main-Donau AG. Bis heute gehört die Gesellschaft zu 64 % dem Bund, zu 33 % Bayern und zu 3 % Nürnberg. Faktisch müssen die Anteilseigner die Kredite aufbringen. 1959 wurde das Projekt, für das sich der CSU-Politiker Franz Josef Strauß besonders

stark machte, endgültig in Angriff genommen. Nach einem kurzzeitigen Baustopp 1981 gab die CDU/CSU/FDP-Bundesregierung dem Prestigeobjekt im Jahr 1982 neuen Schwung.

Die längsten Wasserwege

Kanal	Land	Eröffnung	Länge
Kaiserkanal	China	15. Jh.	1515 km
Mittellandkanal	Deutschland	1938	321 km
Sankt-Lorenz-Seeweg[1]	Kanada	1959	304 km
Rhein-Rhône-Kanal	Frankreich	1833	230 km
Weißmeer-Ostsee-Kanal	GUS	1933	227 km
Rhein-Main-Donau-Kanal	Deutschland	1992	171 km
Sueskanal	Ägypten	1869	161 km
Moskaukanal	GUS	1937	128 km

[1]) Länge inkl. Wellandkanal u. Große Seen: 3775 km

Lichterkette gegen den Ausländerhaß

6. Dezember 1992. Mit der Aktion »München – eine Stadt sagt Nein« gibt die Landeshauptstadt eine eindrucksvolle Antwort auf die Morde von Solingen und Mölln. Die Münchner folgen dem Aufruf von vier Privatpersonen: »Die Brandanschläge und Überfälle auf Asylbewerberheime, die Schändung von jüdischen Friedhöfen und von KZ-Gedenkstätten, die Angriffe gegen Ausländer können wir nicht mehr hinnehmen … Wir Münchner Bürgerinnen und Bürger wollen ein Signal setzen. Wir rufen hunderttausend Münchner dazu auf, die längste Lichterkette zu bilden, die es je in Deutschland gab. Am 2. Adventssonntag, dem 6. Dezember 1992, um 17 Uhr, wollen wir die ganze Stadt sternförmig verbinden. Dazu sollen sie mit einer brennenden Kerze auf die Straße gehen.«

Hunderttausend Teilnehmer hatte man erhofft, als dann um 17 Uhr das Läuten aller Kirchenglocken den Beginn der Lichterkette ankündigt, säumen rund 400 000 Münchnerinnen und Münchner die Straße in stummem, friedlichen Protest. An diesem Nikolausabend gilt für eine halbe Stunde, was Thomas Mann 90 Jahre zuvor in ganz anderem Zu-

Mit Fackeln, Lampions und Kerzen demonstrieren 400 000 Menschen in Münchens Altstadt gegen Ausländerhaß

sammenhang geschrieben hatte: »München leuchtete.«

Die von ursprünglich 40 auf 80 km erweiterte Lichterkette gegen Ausländerhaß wird zur größten Münchner Kundgebung nach dem Krieg. Ursprünglich hatten die Veranstalter gebeten, die Teilnehmer möchten sich aus Sicherheitsgründen auf den Gehwegen aufstellen. Bald schon zeigt sich aber, daß die Trottoirs nicht ausreichen und zuletzt sind die Straßen so überfüllt, daß keine Autos mehr fahren können. Mittel-

punkt des Lichterkranzes ist der Altstadtring, von dem Lichtketten sternförmig ausgehen. Die Münchner Bürgerinitiative findet Nachahmer in vielen deutschen Städten, doch die Teilnehmerzahl bleibt in allen Fällen hinter München zurück.

Polizeikessel bei Wirtschaftsgipfel

6. Juli 1992. In München beginnt der 18. Weltwirtschaftsgipfel. Bis zum 8. Juli beraten die Staats- und Regierungschefs der sieben wichtigsten Industrieländer (USA, Kanada, Großbritannien, Frankreich, Italien, Japan und Deutschland) über globale wirtschaftliche Probleme.

Scharfe Sicherheitsvorkehrungen sollen den ungestörten Verlauf des Gipfeltreffens gewährleisten. Als es bei dem feierlichen Empfang der Staatsgäste auf dem Max-Joseph-Platz zu einem Pfeifkonzert der Gipfelgegner kommt, schreiten die Ordnungshüter hart ein. Fast 500 Demonstranten werden eingekesselt und wegen des Verdachts der versuchten Nötigung festgenommen. In der Öffentlichkeit löst der Polizeieinsatz kontroverse Diskussionen aus. Auf Kritik stößt die Bemerkung des bayerischen Ministerpräsidenten Max Streibl, es sei »bayerische Art«, »etwas härter hinzulangen«.

Quick stellt Erscheinen ein

27. August 1992. Die in München erscheinende Illustrierte »Quick« wird nach 44 Jahren eingestellt.

Das Model auf dem letzten Titelblatt der »Quick« trägt Schwarz – allerdings als Reizwäsche

Nach Angaben des Bauer-Verlags sank die Auflage der »Quick« von 1,8 Mio in den 60er und 70er Jahren auf zuletzt 700 000 verkaufte Exemplare. Alle Versuche der 80er Jahre, die »Quick« durch Änderung des Konzepts zu retten, schlugen fehl. Branchenkenner geben als Grund für die Einstellung an: Zuviel Sex and Crime, zuwenig gehaltvolle Information, zu starke Orientierung an dem, was zuvor schon im Fernsehen zu sehen war.

Der Münchner Burda-Verlag präsentiert im Oktober ein neues Konzept, das dem veränderten Informationsbedürfnis und Leseverhalten der Konsumenten entsprechen soll. Ab Januar 1993 will er mit »Focus« ein neues, zeitgemäßes Nachrichtenmagazin etablieren. »Focus« soll gegen den 45 Jahre alten »Spiegel« antreten. Mit zahlreichen Grafiken und Tabellen wollen die Blattdesigner die komprimierte Information ergänzen.

US-Armee zieht aus Bayern ab

14. Februar 1992. Der amerikanische Soldatensender AFN Munich wird geschlossen. Mit einer Radioshow verabschiedet sich eine Institution, die in den ersten Nachkriegsjahrzehnten ein wichtiger Mittler zwischen Amerikanern und Deutschen war. Vor allem junge Hörer hatten hier guten Jazz kennengelernt und gleichzeitig ihre Englischkenntnisse verbessert.

Einige Monate später, am 29. April – und somit genau 47 Jahre nach ihrer Ankunft auf dem Münchner Marienplatz –, nimmt die US-Armee ihren Abschied von der bayerischen Landeshauptstadt, in der noch in den 60er Jahren 40 000 GIs stationiert waren. In Nordbayern unterhalten die US-Truppen noch einige Garnisonen mit mehreren tausend Soldaten und ihren Familien und so werden dort die Studios von AFN Nürnberg und AFN Würzburg zunächst weiterbestehen.

Max Streibl stürzt über »Amigo«-Affäre

27. Mai 1993. Nach anhaltender Kritik an seiner Person im Zusammenhang mit der sog. »Amigo«-Affäre tritt der bayerische Ministerpräsident Max Streibl (CSU) von seinem Amt zurück.

Streibl war im Januar ins Kreuzfeuer der Kritik geraten nachdem bekannt geworden war, daß er in den 80er Jahren in seiner Eigenschaft als bayerischer Finanzminister (1977–88) Zuwendungen aus der Industrie entgegengenommen hatte. Streibl mußte vor dem Landtag einräumen, daß er u. a. auf Kosten des Mindelheimer Flugzeugbauers Burkhart Grob zweimal Urlaub in Brasilien gemacht hatte. Grobs Unternehmen erhielt damals aus der bayerischen Staatskasse Darlehen in Millionenhöhe. Darüber hinaus hatte sich Streibl besonders für das von Grobs Firma gebaute luftgestützte abstandsfähige Primär-Aufklärungssystem (Lapas) eingesetzt, das jedoch beim Bundesverteidigungsminister keinen Anklang fand.

Nach Bekanntwerden der »Amigo«-Affäre nahm der Druck auf Streibl zu. In der SPD-Opposition wie auch in den Reihen der eigenen Partei wurden Rücktrittsforderungen laut. Die SPD verlangte die Einsetzung eines Untersuchungsausschusses, dem die CSU jedoch nach

Max Streibl (oben r.) verfolgt im Landtag die Rede einer SPD-Abgeordneten; die Opposition verweigert die Mitarbeit im CSU-Untersuchungsausschuß

einem Streit um den Untersuchungsauftrag am 23. April ihre Zustimmung verweigerte. Nach einer Verfassungsklage der SPD setzte die CSU im Mai einen Untersuchungsausschuß mit entschärftem Fragekatalog ein, für den SPD, FDP und Grüne aus Protest keine Mitglieder benannten.

Streibl selbst wies alle Vorwürfe als »Schmutz- und Hetzkampagne« zurück und behauptete, es habe sich bei seinen Kontakten zu dem Flug-

zeugbauer Grob um eine rein private Verbindung gehandelt.

Zu Beginn des Jahres 1994 gerät der ehemalige Ministerpräsident erneut ins Kreuzfeuer der Kritik. Die Illustrierte »stern« berichtet, daß Streibl ebenso wie sein Vorgänger Strauß als Testamentsvollstrecker der Friedrich-Baur-Stiftung jährlich bis zu 300 000 DM kassierten. Der neue Ministerpräsident Edmund Stoiber verzichtet zu Beginn seiner Amtszeit auf diese Nebeneinkünfte.

Stoiber soll Bayern aus der Krise führen

28. Mai 1993. Einen Tag nach dem Rücktritt seines Parteifreundes Max Streibl (→ 27. 5. 1993) wird Edmund Stoiber (CSU) im Amt des neuen bayerischen Ministerpräsidenten vereidigt. Bei der Abstimmung im Landtag erhält Stoiber 122 der 123 abgegebenen CSU-Stimmen, 58 Vertreter der Opposition votieren gegen ihn.

Stoiber konnte sich innerhalb der Partei gegen den CSU-Vorsitzenden Theo Waigel behaupten, der ebenfalls seinen Anspruch auf das Amt des Landesfürsten angemeldet hatte. Waigel verzichtete jedoch nach einem Vier-Augen-Gespräch mit Stoiber auf eine Kampfabstimmung und vermied es so, selbst öffentlich eine Niederlage hinnehmen zu müssen. Darüber hinaus wollte er seiner nach der »Amigo«-Affäre schwer angeschlagenen Partei einen weiteren Prestige-Verlust ersparen.

Der promovierte Jurist Edmund

Stoiber war 1971 von Max Streibl als persönlicher Referent ins Staatsministerium für Landesentwicklung und Umweltfragen berufen worden. 1974 zog er in den Bayerischen Landtag ein, war 1978–83 CSU-Generalsekretär und von 1989–93 stellvertretender Parteivorsitzender. Der politische Ziehsohn von Franz Josef Strauß war seit 1988 Innenminister des Freistaates.

Bei seinem Amtsantritt als Ministerpräsident kündigt Stoiber einschneidende Ausgabenkürzungen der öffentlichen Hand an. Der Bürger müsse »die Bereitschaft zum Verzicht« aufbringen, die Deutschen dürften nicht länger auf Kosten der nachfolgenden Generation leben. Stoiber fordert mehr Eigenverantwortung und private Initiative. Die Eigenständigkeit Bayerns und den Föderalismus bezeichnet der 52jährige als seine wesentlichen politischen Leitlinien. Bei der Opposition im Bayerischen Landtag wird die Wahl Stoibers als ein deutlicher Schwenk nach rechts gewertet.

Der promovierte Jurist Edmund Stoiber wird zum neuen bayerischen Ministerpräsidenten gewählt

Erneut SPD-Oberbürgermeister in München

12. September 1993. München wählt, ganz außer Plan, einen neuen Oberbürgermeister. Die Wahl wurde notwendig, nachdem SPD-Oberbürgermeister Georg Kronawitter drei Jahre und drei Monate nach seiner erfolgreichen Wiederwahl (mit 61,7 % der Stimmen) am 14. Juni 1993 erklärt hatte, daß er zum 31. Juni zurücktreten werde.

Bei den Neuwahlen folgt ihm sein bisheriger Zweiter Bürgermeister, der SPD-Kandidat Christian Ude mit 50,7 % der Stimmen nach. Er wird bis zur nächsten Stadtratswahl mit der knappen rot-grünen Mehrheit von 41:40 Stimmen regieren.

Udes Gegenkandidat, der bayerische Umweltminister und Münchner CSU-Vorsitzende Peter Gauweiler erringt bei der Wahl 43,4 %. Im Verlauf des von ihm sehr polemisch geführten Wahlkampfes war er vor allem mit dem Vorwurf konfrontiert worden, er habe nach dem Eintritt ins bayerische Kabinett seine politische Arbeit mit Interessen aus seiner Tätigkeit in einer Anwaltskanzlei verknüpft. Die Vorwürfe führen im Februar 1994 dazu, daß Gauweiler auf Drängen von Bayerns Ministerpräsident Edmund Stoiber seinen Rücktritt als Minister einreicht. Er bleibt aber weiterhin Münchner CSU-Vorsitzender.

△ *Der neue SPD-Oberbürgermeister Christian Ude mit seiner Ehefrau Edith von Welser-Ude auf dem Münchner Marienplatz. Ude kündigt nach seinem Wahlsieg »äußerst unpopuläre Sparbeschlüsse« an, damit die Stadt einen genehmigungsfähigen Haushalt aufstellen könne*

◁ *Peter Gauweiler, CSU-Kandidat für das Amt des Oberbürgermeisters, kann sich nicht durchsetzen*

Verfassungsrechtler Maunz im Zwielicht

10. September 1993. Als der emeritierte Rechtsprofessor, angesehene Grundgesetz-Kommentator und ehemalige bayerische Kultusminister Theodor Maunz in München stirbt, wird in den Nachrufen auf den 92jährigen daran erinnert, daß er »nicht frei von NS-Verstrickungen« gewesen sei. Veröffentlichungen aus der Zeit des Dritten Reiches hatten 1964 seinen Rücktritt aus dem Ministeramt erzwungen. Zwei Wochen nach seinem Tod wird der Rechtsprofessor neuerlich belastet: Gerhard Frey, Herausgeber der rechtsradikalen National-Zeitung und DVU-Vorsitzender, schreibt, daß er mit Maunz einen Ratgeber, den Autor von Hunderten von Beiträgen und »einen wunderbaren Wegbegleiter« verloren habe. Um seine Behauptung zu stützen, veröffentlicht Frey Faksimiles von Briefen, die Maunz an ihn gerichtet hatte.

Gegen Ende des Jahres kann Frey eine weiteren prominenten Mitarbeiter seiner rechten Gazette bekanntgeben: Auch der im November 1993 gestorbene ehemalige CSU-Innenminister Alfred Seidl war seit Ende der 50er Jahre Berater Freys. Als Beweis druckt die National-Zeitung einen auf Landtagspapier geschriebenen Brief Seidls ab.

Neubau der Staatskanzlei bleibt umstritten

6. Juni 1993. Am neunten Tag als bayerischer Ministerpräsident eröffnet Edmund Stoiber seinen neuen Amtssitz: Die von kaum jemand geliebte, von vielen aber als größte Münchner Bausünde geschmähte Staatskanzlei am Hofgarten.

Der bayerische Regierungschef residierte seit Kriegsende in der einstmals preußischen Gesandtschaft an der Prinzregentenstraße. Da der Personalstand der Staatskanzlei wuchs und ein repräsentatives Haus gewünscht wurde, beschloß der Landtag einen Neubau.

Standort für das neue Gebäude der Staatskanzlei sollte zunächst die Von-der-Tann-Straße sein; für die Pläne waren bereits mehrere Millionen DM ausgegeben worden, als die Entscheidung fiel, an anderer Stelle einen anderen Bau zu errichten. Das im Krieg zerstörte Armeemuseum mit seiner wilhelminischen Kuppel sollte als stolzer Staatsbau neu erste-

hen. Trotz heftiger Proteste gegen den Bau (→ 2. 5. 1987) beharrte Ministerpräsident Franz Josef Strauß jedoch auf dem Standort, der mit 8800 m² größer ist als das Bundeskanzleramt in Bonn.

Das ehemalige Armeemuseum steht im Zentrum der modernen Staatskanzlei

Massenentlassung in Schweinfurt

1993. In Schweinfurt kommt es zu dramatischen Massenentlassungen bei drei metallverarbeitenden Großunternehmen, die als Zulieferer für die krisengeschüttelte Automobilindustrie arbeiten. Innerhalb weniger Monate werden 5000 Arbeitsplätze abgebaut, die Arbeitslosenquote steigt bis Dezember auf 15,9 %.

Bis zum Beginn der 90er Jahre war Schweinfurt ein blühender Industriestandort, der allerdings vollständig von einem Wirtschaftszweig abhängig war. Alle drei in Schweinfurt ansässigen Großunternehmen, die FAG Kugelfischer, die Schwedischen Kugellagerfabriken (SKF) und die Firma Fichtel & Sachs gehören zur Fahrzeugzuliefer- und Wälzlagerindustrie. Von der Krise der Automobilindustrie sind diese Unternehmen voll betroffen. Kugelfischer will sich von der Hälfte seiner Beschäftigten trennen.

120 000 Teilnehmer am Kirchentag

9. Juni 1993. *In München beginnt der 25. Deutsche Evangelische Kirchentag (bis 13. 6.), der in diesem Jahr unter der Losung »Nehmet einander an« steht.* Über 120 000 zumeist jugendliche Teilnehmer besuchen die zahlreichen Veranstaltungen, die vor allem auf dem Messegelände und im Olympiapark stattfinden. Für die Begegnungsabende, Bibelarbeiten und Feierabendmahle werden aber auch Großräume und zahlreiche Kirchen der Stadt genutzt. Zu einer vielbeachteten Geste der Verbundenheit der Konfessionen kommt es am katholischen Fronleichnamsfest (10. 6.): Evangelische Kirchentagsbesucher und katholische Münchner Gemeinden legen gemeinsam eine ökumenische Wegstrecke zurück, die mit einer ökumenischen Andacht auf dem Marienplatz endet.

Im Januar 1994 wird dem Münchner Kirchentag nachträglich eine besondere Ehre zuteil. Er wird mit dem Theodor-Heuss-Preis unter dem Jahresthema »Wege aus der Politikverdrossenheit« ausgezeichnet. In der Begründung heißt es, daß der Preis dem Kirchentag zuerkannt wird »für sein überzeugendes Beispiel, wie wechselseitiger Entfremdung zwischen Bürgern und ihren Repräsentanten – nicht mit Verwerfungen – sondern durch faire Auseinandersetzungen … begegnet werden kann«.

Jugendtreffen der Taizé-Gemeinschaft

28. Dezember 1993. *Zum Jugendtreffen der Brüdergemeinschaft von Taizé, das alljährlich in einer anderen Großstadt stattfindet, wird in diesem Jahr nach München eingeladen.* Zwischen Weihnachten und Neujahr kommen insgesamt 80 000 Jugendliche aus aller Welt, um in Gespräch, Meditation und Gebet eine »Demonstration gegen Haß und Krieg im Zeichen der Völkerverständigung« zu geben. Die Organisatoren des Treffens sind besonders stolz darauf, daß zahlreiche junge Menschen aus den ehemals kommunistischen Ländern nach München kommen.

Unter den Teilnehmern, die in diesen Tagen das Münchner Stadtbild mit ihren Rucksäcken prägen, ist auch der über siebzigjährige Roger Schütz, der die Brüdergemeinschaft während des Krieges in dem kleinen, nahe dem ehemaligen Reformkloster von Cluny gelegenen, südburgundischen Taizé gegründet hat. Mittlerweile ist das Dorf vor allem in den Sommermonaten ein Treffpunkt von Jugendlichen aus aller Welt. Wie in den Zeiten des heiligen Bernhard von Clairvaux (1090–1153), der einst in dieser hügeligen Landschaft von Burgund zur Erneuerung des Glaubens aufrief, wollen auch die in weiße Mönchsgewänder gekleideten Brüder von Taizé zum wahren, tiefen Glauben führen.

Nerlinger siegt im Superschwergewicht

25. April 1993. Bei den Europameisterschaften der Gewichtheber in der bulgarischen Hauptstadt Sofia holt Manfred Nerlinger erstmals den Titel. Der Münchner siegt mit 427,5 kg im Superschwergewicht, der Gewichtsklasse über 108 kg. In seiner Heimat machte er bereits 1982 auf sich aufmerksam, als

M. Nerlinger

er zum erstenmal die Deutsche Meisterschaft gewann – Auftakt zu einer Serie von nationalen Titeln. International hatten bisher osteuropäische Sportler die Nase vorn – woraufhin sich im Westen die Forderungen nach Doping-Kontrollen mehrten.

Langer: Nummer 3 der Profi-Golfer

11. April 1993. Zum zweitenmal – nach → 1985 – entscheidet der Anhauser Golf-Profi Bernhard Langer das Masters-Turnier in Augusta (US-Bundesstaat Georgia) für sich, das als das bedeutendste internationale Turnier dieser Sportart gilt. Er siegt vor dem US-Amerikaner Chip Beck und streicht eine Ge-

B. Langer

winnprämie von 490 000 DM ein. Der 35jährige Langer rückt auf Platz drei der Weltrangliste vor und führt den neuerlichen Erfolg u. a. auf seine neue Technik beim Einlochen des Balls mit einem speziell entwickelten Schläger zurück.

»Brandner Kaspar« Fritz Straßner tot

7. Februar 1993. Im Theaterstück vom »Brandner Kaspar« hat Fritz Straßner am Bayerischen Staatsschauspiel rund 700mal die Rolle der gewitzten Titelfigur gespielt, die den Tod mit Kartenspiel und Kirschgeist überlistet und so sein Sterben hinauszögert, ehe er dann sieht, wie schön es im Jenseits ist. Dem

F. Straßner

Fritz Straßner hat der Tod eine solche Frist nicht gegönnt. In der Nacht zum 7. Februar hat er ihn geholt. Der Schauspieler – seit 1948 als Sprecher im Bayerischen Rundfunk eine allen Bayern lieb-vertraute Stimme – stirbt 73jährig in München.

Trauer um beliebten Gustl Bayrhammer

24. April 1993. Seit Gustl Bayrhammer im »Brandner Kaspar« am Bayerischen Staatsschauspiel den Himmelspförtner Petrus spielte, wußte man, daß dieser Heilige eine runde, gemütliche bayerische Figur ist. In dem Stück empfing er den Kaspar im Paradies. Nun wird es wohl umgekehrt gekommen sein: Gustl

G. Bayrhammer

Bayrhammer stirbt nur wenig mehr als zwei Monate nach dem Tod des »Brandner Kaspar« Fritz Straßner in Krailingen; er wurde 71 Jahre alt. Zahlreiche Fernsehrollen machten Gustl Bayrhammer zu einem der populärsten bayerischen Schauspieler.

Anhang

Geographische Lage und Landesnatur

Geographische Lage

Bayern erstreckt sich rund 330 km zwischen der unteren Mainebene und dem Kamm der Nördlichen Kalkalpen. Die Donau (zwischen Ulm und Passau) trennt dieses Gebiet in einen nördlichen und einen südlichen Landschaftsraum.

Der von Mittelgebirgen geprägte Nordteil Bayerns umfaßt im Nordwesten den stark bewaldeten Spessart (Geiersberg 586 m) und hat im äußersten Norden Anteil an der Rhön (Kreuzberg 928 m). Nach Süden und Südosten schließt sich das Schwäbisch-Fränkische Schichtstufenland an mit Haßbergen, Steigerwald und Frankenhöhe (um 500 m ü. d. M.). Dieses Gebiet wird im Süden und Osten gürtelartig von der 200–300 m hohen Fränkischen Alb umfaßt. Im Nordosten davon liegen Frankenwald (bis 795 m hoch) und Fichtelgebirge (Schneeberg 1053 m, Ochsenkopf 1023 m), dem sich nach Süden und Südosten der Oberpfälzer Wald, der Bayerische Wald und der Böhmerwald (Großer Arber 1456 m) anschließen.

Südlich der Donau beginnt das Alpenvorland (zwischen Iller und Salzach/Inn). Im Norden dieses Gebietes findet man ein meist lößbedecktes tertiäres Hügelland, im Mittelbereich mächtige Schotterplatten der eiszeitlichen Gletscher und im Süden End- und Grundmoränen sowie Seen (Ammersee, Starnberger See, Chiemsee). Über Molaserükken und weichgeformte Flyschzüge steigen von den Allgäuer bis zu den Berchtesgadener Alpen die schroffen Grate und Hochplateaus der Nördlichen Kalkalpen auf.

Bayern hat ein überwiegend rauhes, kontinentales Klima. Bedingt durch die Höhenlagen bestehen Unterschiede zwischen dem warmen Klima in den geschützten Senken, Becken und Talfurchen einerseits und den rauhen klimatischen Bedingungen der Kammlagen und Hochflächen andererseits. Besonders hohe Temperaturen werden in den Unterfränkischen Gäuen, im Gebiet des Bodensees, im Donautal und in Niederbayern registriert.

Große und bekannte bayerische Seen

See (Landschaft)	Fläche (km²)	Größte Tiefe (m)	Seespiegelhöhe über NN (m)
Walchensee (Alpen)	16,4	192	802
Tegernsee (Alpen)	8,9	72	725
Königssee (Alpen)	5,2	189	603
Schliersee (Alpen)	2,2	39	777
Eibsee (Alpen)	1,8	32	973
Alpsee/Füssen (Alpen)	0,9	59	814
Chiemsee (Alpenvorland)	82,0	74	518
Starnberger See (Alpenvorland)	57,2	127	584
Ammersee (Alpenvorland)	47,5	83	533
Waginger und Tachinger See (Alpenvorland)	9,0	27	442
Staffelsee (Alpenvorland)	7,7	15	649
Kochelsee (Alpenvorland)	5,9	67	599
Alpsee/Immenstadt (Alpenvorland)	2,5	23	724

Auswahl der höchsten bayerischen Berge (über 1000 m)

Berg	Höhe über NN (m)	Gebirge bzw. Landschaft
Zugspitze	2962	Wettersteingebirge
Watzmann	2713	Berchtesgadener Alpen
Hochfrottspitze	2649	Allgäuer Hochalpen
Mädelegabel	2645	Allgäuer Hochalpen
Alpspitze	2628	Wettersteingebirge
Hochkalter	2607	Berchtesgadener Alpen
Hochvogel	2593	Allgäuer Hochalpen
Östliche Karwendelspitze	2537	Karwendelgebirge
Hoher Göll	2522	Berchtesgadener Alpen
Stadelhorn	2285	Berchtesgadener Alpen
Soiernspitze	2259	Karwendelgebirge
Nebelhorn	2224	Allgäuer Hochalpen
Kreuzspitze	2185	Ammergebirge
Säuling	2047	Ammergebirge
Rotwand	1885	Mangfallgebirge
Wendelstein	1838	Mangfallgebirge
Hochstaufen	1771	Chiemgauer Alpen
Großer Arber	1456	Hinterer Bayerischer Wald
Rachel	1453	Hinterer Bayerischer Wald
Lusen	1371	Hinterer Bayerischer Wald
Dreisesselberg	1332	Hinterer Bayerischer Wald
Einödriegel	1121	Vorderer Bayerischer Wald
Breitenauriegel	1114	Vorderer Bayerischer Wald
Schneeberg	1051	Hohes Fichtelgebirge

Bekannte Heilbäder und heilklimatische Kurorte in Bayern

Name (Landschaft)	Höhe über NN (m)	Kennzeichnung
Bad Bocklet (Südrhön)	230	Heilbad
Bad Neustadt a. d. Saale (Südrhön)	242	Heilbad
Bad Steben (Frankenwald)	578	Heilbad
Bad Abbach (Donau-Isar-Hügelland)	371	Heilbad
Bad Aibling (Mangfalltal)	500	Heilbad
Bad Feilnbach (Schlierseer Berge)	512	Heilbad
Bad Füssing (Inntal/Pockinger Heide)	324	Heilbad
Bad Heilbrunn (Loisach-Alpenvorland)	682	Heilbad
Bad Kissingen (Südrhön)	201	Heilbad
Bad Tölz (Isar-Alpenvorland)	657	Heilbad, Heilklimatischer Kurort
Bad Wiessee (Tegernseer Berge)	730	Heilbad
Bad Wörishofen (Schwäbisches Alpenvorland)	631	Kneippheilbad

Naturparks und Nationalparks

Altmühltal	2908 km²
Augsburg-Westliche Wälder	1175 km²
Bayerische Rhön	1240 km²
Bayerischer Spessart	1710 km²
Bayerischer Wald	2068 km²
Bergstraße-Odenwald (z. T. Hessen)	1629 km²
Fichtelgebirge	1028 km²
Fränkische Schweiz (Veldensteiner Forst)	2346 km²
Frankenhöhe	1105 km²
Frankenwald	972 km²
Haßberge	804 km²
Hessenreuther und Manteler Wald mit Parkstein	270 km²
Nördlicher Oberpfälzer Wald	644 km²
Oberer Bayerischer Wald	1738 km²
Oberpfälzer Wald	724 km²
Steigerwald	1280 km²
Steinwald	233 km²
Nationalpark Bayerischer Wald	130 km²
Nationalpark Berchtesgaden	210 km²

Die schönsten Ferienstraßen

Bayerische Ostmarkerstraße
von Bayreuth durch das Fichtelgebirge, den Oberpfälzer Wald und den Bayerischen Wald nach Passau

Bier- und Burgenstraße
von Kulmbach durch Oberfranken nach Lauenstein

Bocksbeutelstraße
auf einem Rundkurs durch Weinbaugebiete in Franken

Burgenstraße
von Mannheim durch das Neckarland und Hohenlohe nach Nürnberg

Deutsche Alpenstraße
von Berchtesgaden durch Oberbayern, Oberschwaben und das Allgäu nach Lindau am Bodensee

Fichtelgebirgsstraße
von Bad Berneck durch das Fichtelgebirge nach Marktredwitz

Frankenwald-Hochstraße
von Rothenkirchen durch den Frankenwald nach Lichtenberg

Glasstraße
von Bayreuth durch das Fichtelgebirge nach Fichtelberg

Hochrhönstraße
von Bischofsheim durch die Hochrhön nach Fladungen

Olympiastraße
von Garmisch-Partenkirchen durch Oberbayern bis München

Porzellanstraße
von Marktredwitz durch den »Naturpark Fichtelgebirge« nach Selb

Romantische Straße
von Füssen durch Alpenvorland, Mittelfranken und Tauberland bis Würzburg

Steigerwald-Höhenstraße
von Ebelsbach durch den Steigerwald nach Neustadt an der Aisch

Klima

Mittlere Lufttemperatur in °C (langjähriger Durchschnitt)

Beobachtungsstation (Höhe in m über NN)	Würz-burg (268)	Nürn-berg (310)	Weiden (438)	Metten (313)	Mün-chen (515)	Oberst-dorf (810)
Januar	−0,7	−1,4	−2,5	−3,1	−2,1	−3,4
Februar	0,4	−0,4	−1,3	−1,8	−0,9	−2,3
März	4,6	3,7	2,8	3,0	3,3	1,4
April	9,2	8,2	7,3	8,0	8,0	5,6
Mai	13,6	13,0	12,1	12,9	12,5	10,2
Juni	16,8	16,6	15,4	15,9	15,8	13,6
Juli	18,4	18,2	16,9	17,3	17,5	15,3
August	17,7	17,4	16,0	16,6	16,6	14,5
September	14,4	13,8	12,6	13,2	13,4	11,7
Oktober	9,1	8,4	7,5	7,8	7,9	6,6
November	4,4	3,8	2,7	2,9	3,0	1,8
Dezember	0,7	0,1	−0,9	−1,1	−0,7	−2,2
Frosttage[2]) (Dez.–März)	65	−[1])	−[1])	92	91	105
Eistage[3]) (Dez.–März)	18	−[1])	−[1])	26	36	25

Niederschlagsmenge in mm (langjähriger Durchschnitt)

Beobachtungsstation (Höhe in m über NN)	Würz-burg (268)	Nürn-berg (310)	Weiden (438)	Metten (313)	Mün-chen (515)	Oberst-dorf (810)
Januar	54	43	51	82	55	147
Februar	47	39	47	70	50	141
März	35	35	38	49	46	115
April	45	40	41	56	59	114
Mai	56	55	58	68	103	148
Juni	72	71	76	99	121	206
Juli	72	90	93	121	137	218
August	68	75	67	88	96	193
September	53	46	56	68	84	161
Oktober	49	46	50	70	62	115
November	47	41	47	59	53	115
Dezember	48	42	48	69	44	103

Sonnenscheindauer in Stunden (langjähriger Durchschnitt)

Beobachtungsstation (Höhe in m über NN)	Würz-burg (268)	Nürn-berg (310)	Weiden (438)	Metten (313)	Mün-chen (515)	Oberst-dorf (810)
Januar	50	55	56	−[1])	56	72
Februar	74	81	74	−[1])	72	90
März	149	153	154	161	142	146
April	195	189	182	187	173	152
Mai	237	231	228	233	217	180
Juni	222	221	216	217	201	155
Juli	235	229	222	233	226	182
August	206	214	206	219	211	176
September	168	175	170	174	176	155
Oktober	115	125	120	125	130	132
November	48	54	49	−[1])	54	83
Dezember	31	39	36	−[1])	41	70

[1]) Es liegen keine Angaben vor
[2]) Frosttag: Tiefsttemperaturen weniger als 0 °C
[3]) Eistag: Höchsttemperatur weniger als 0 °C

Bevölkerung

Entwicklung der bayerischen Bevölkerung[1])

Jahr	weiblich	insgesamt	Einwohner/ km²	Fläche in km²
1818	–	3 707 966	–	–
1840	–	4 370 977	–	–
1861	–	4 689 837	–	–
1875	2 570 778	5 022 390	66	75 863
1910	3 546 465	6 962 106	91	76 420
1925	3 874 737	7 477 594	98	76 420
1939	3 617 459	7 084 086	100	70 549
1950	4 923 899	9 184 466	130	70 549
1960	5 067 707	9 494 939	135	70 549
1970	5 508 808	10 479 386	149	70 549
1980	5 699 182	10 928 151	155	70 551
1986	5 736 068	11 026 490	156	70 553
1993	6 049 216	11 817 549	168	70 547[2])

[1]) Die Angaben beziehen sich auf den jeweiligen Gebietsstand. Für die Zeit vor 1818 liegen keine genauen Bevölkerungsangaben vor.
[2]) Am 31. 12. 1992 betrug die Fläche Bayerns 70 546,95 km². Die Flächenveränderungen seit 1950 ergeben sich durch Neuvermessungen.

Verwaltungsgliederung

Landkreise

Landkreis	Fläche km²	Regierungsbezirk	Kreissitz	KFZ-Kenn-zeichen
Aichach-Friedberg	764	Schwaben	Aichach	AIC
Altötting	569	Oberbayern	Altötting	AÖ
Amberg-Sulzbach	1256	Oberpfalz	Amberg	AM
Ansbach	1973	Mittelfranken	Ansbach	AN
Aschaffenburg	699	Unterfranken	Aschaffenburg	AB
Augsburg	1088	Schwaben	Augsburg	A
Bad Kissingen	1137	Unterfranken	Bad Kissingen	KG
Bad Tölz-Wolfrats-hausen	1112	Oberbayern	Bad Tölz	TÖL
Bamberg	1169	Oberfranken	Bamberg	BA
Bayreuth	1273	Oberfranken	Bayreuth	BT
Berchtesgadener Land	840	Oberbayern	Bad Reichenhall	BGL
Cham	1510	Oberpfalz	Cham	CHA
Coburg	592	Oberfranken	Coburg	CO
Dachau	579	Oberbayern	Dachau	DAH
Deggendorf	861	Niederbayern	Deggendorf	DEG
Dillingen an der Donau	792	Schwaben	Dillingen an der Donau	DLG
Dingolfing-Landau	878	Niederbayern	Dingolfing	DGF
Donau-Ries	1275	Schwaben	Donauwörth	DON
Ebersberg	550	Oberbayern	Ebersberg	EBE
Eichstätt	1214	Oberbayern	Eichstätt	EI
Erding	871	Oberbayern	Erding	ED
Erlangen-Höchstadt	565	Mittelfranken	Erlangen	ERH
Forchheim	643	Oberfranken	Forchheim	FO
Freising	800	Oberbayern	Freising	FS
Freyung-Grafenau	984	Niederbayern	Freyung	FRG
Fürstenfeldbruck	435	Oberbayern	Fürstenfeldbruck	FFB
Fürth	308	Mittelfranken	Fürth	FÜ
Garmisch-Partenkirchen	1012	Oberbayern	Garmisch-Partenkirchen	GAP
Günzburg	762	Schwaben	Günzburg	GZ
Haßberge	957	Unterfranken	Haßfurt	HAS
Hof	892	Oberfranken	Hof	HO
Kelheim	1067	Niederbayern	Kelheim	KEH
Kitzingen	684	Unterfranken	Kitzingen	KT
Kronach	652	Oberfranken	Kronach	KC
Kulmbach	656	Oberfranken	Kulmbach	KU
Landsberg a. Lech	804	Oberbayern	Landsberg a. Lech	LL
Landshut	1348	Niederbayern	Landshut	LA
Lichtenfels	522	Oberfranken	Lichtenfels	LIF
Lindau (Bodensee)	323	Schwaben	Lindau (Bodensee)	LI
Main-Spessart	1322	Unterfranken	Karlstadt	MSP
Miesbach	864	Oberbayern	Miesbach	MB
Miltenberg	716	Unterfranken	Miltenberg	MIL

Landkreis	Fläche km²	Regierungsbezirk	Kreissitz	KFZ-Kennzeichen	Landkreis	Fläche km²	Regierungsbezirk	Kreissitz	KFZ-Kennzeichen
Mühldorf	805	Oberbayern	Mühldorf a. Inn	MÜ	Regensburg	1395	Oberpfalz	Regensburg	R
München	668	Oberbayern	München	M	Rhön-Grabfeld	1022	Unterfranken	Bad Neustadt a. d. Saale	NES
Neuburg-Schrobenhausen	740	Oberbayern	Neuburg a. d. Donau	ND	Rosenheim	1439	Oberbayern	Rosenheim	RO
Neumarkt	1344	Oberpfalz	Neumarkt i. d. Oberpfalz	NM	Roth	895	Mittelfranken	Roth	RH
Neustadt a. d. Aisch – Bad Windsheim	1268	Mittelfranken	Neustadt a. d. Aisch	NEA	Rottal-Inn	1281	Niederbayern	Pfarrkirchen	PAN
Neustadt a. d. Waldnaab	1430	Oberpfalz	Neustadt a. d. Waldnaab	NEW	Schwandorf	1473	Oberpfalz	Schwandorf	SAD
Neu-Ulm	515	Schwaben	Neu-Ulm	NU	Schweinfurt	841	Unterfranken	Schweinfurt	SW
Nürnberger Land	801	Mittelfranken	Lauf a. d. Pegnitz	N	Starnberg	488	Oberbayern	Starnberg	STA
Oberallgäu	1527	Schwaben	Sonthofen	SF	Straubing-Bogen	1202	Niederbayern	Straubing	SR
Ostallgäu	1395	Schwaben	Marktoberdorf	MOD	Tirschenreuth	1085	Oberpfalz	Tirschenreuth	TIR
Passau	1530	Niederbayern	Passau	PA	Traunstein	1534	Oberbayern	Traunstein	TS
Pfaffenhofen	759	Oberbayern	Pfaffenhofen a. d. Ilm	PAF	Unterallgäu	1230	Schwaben	Mindelheim	MN
					Weilheim-Schongau	966	Oberbayern	Weilheim	WM
Regen	975	Niederbayern	Regen	REG	Weißenburg-Gunzenhausen	971	Mittelfranken	Weißenburg	WUG
					Würzburg	969	Unterfranken	Würzburg	WÜ
					Wunsiedel	607	Oberfranken	Wunsiedel	WUN

Kreisfreie Städte (Einwohnerzahl, Fläche, Stadtgeschichte, Oberbürgermeister)

Amberg

Einwohnerzahl
(30. 6. 1993): 43 846
Stadtfläche:
50,07 km²

Stadtgeschichte:
1034. Kaiser Konrad II. schenkt dem Hochstift Bamberg Bann-, Markt-, Zoll- und Schiffahrtsrechte in Ammenberg.
1163. Die Amberger Kaufleute erhalten die gleichen Rechte und Freiheiten, wie sie die Nürnberger im Reich besitzen.
1166. Der Bischof von Passau gewährt den Amberger Kaufleuten die bereits den Regensburgern gegebenen Rechte und Freiheiten.
Um 1285. In einem Urbar des oberbayerischen Viztumsamtes nördlich der Donau findet sich der erste schriftliche Hinweis auf den Amberger Erzbergbau.
1387. Bildung der »Großen Hammereinung« zwischen Amberg und Sulzbach (Kartell der Eisenindustrie).
1417. Bau des neuen Schlosses an der südlichen Stadtmauer neben der Vils.
1499. Amberg wird zur Hauptstadt der wiedervereinigten oberpfälzischen Lande.
1803. In Amberg wird ein Stadttheater eröffnet (1953 geschlossen).
1881/83. Gründung der Luitpoldhütte.
1964. Der Erzabbau wird eingestellt.
Oberbürgermeister (seit 1900):
1892–1910 Josef Heldmann
1910–1913 Georg Schön
1913–1933 Eduard Klug
1933 Otto Saugel
1933–1945 Josef Filbig
1945–1946 Christian Endemann
1946 Eduard Klug
1946–1952 Michael Lotter
1952–1958 Josef Filbig
1958–1970 Wolfgang Steininger
1970–1990 Franz Prechtl
seit 1990 Wolfgang Dandorfer

Ansbach

Einwohnerzahl
(30. 6. 1993): 39 084
Stadtfläche:
99,94 km²
Stadtgeschichte:
748. Der fränkische Edelfreie Gumbert gründet am Zusammenfluß von Rezat und Onoldsbach ein Kloster, das im 11. Jh. in ein Stift umgewandelt wird.
1221. Erste Erwähnung Ansbachs als Stadt.
1280. Neubau der Stiftskirche St. Gumbertus.
1331. Der Nürnberger Burggraf Friedrich IV. erwirbt Ansbach. Die Stadt erhebt sich schon bald darauf zur Residenzstadt der fränkischen Hohenzollern.
1435. Friedrich I. legt für Ansbach das allgemeine Stadtrecht fest.
1631/34. Im Dreißigjährigen Krieg wird Ansbach wiederholt geplündert.
1700. Die Tuchmacherei und das Handwerk erleben ihre höchste Blüte.
1705–41. Die Residenz wird ausgebaut. Der Grundriß geht auf das Renaissanceschloß aus dem 16. Jh. zurück. Baumeister sind Gabriel de Gabrieli, Karl Friedrich von Zocha und Leopoldo Retti.
1806. Ansbach fällt an Bayern.
Eingemeindungen:
1950: Teil von Meinhardswinden
Oberbürgermeister (seit 1900):
1877–1905 Ludwig Keller
1905–1919 Ernst Rohmeder
1919–1934 Wilhelm Borkholder
1934–1945 Richard Hänel
1945 Hans Schregle
1945–1950 Ernst Körner
1950–1952 Friedrich Böhner
1952–1958 Karl Burkhardt
1957–1959 Ludwig Schönecker (kommissarisch)
1959–1971 Ludwig Schönecker
1971–1990 Ernst-Günther Zumach
seit 1990 Ralf Felber

Aschaffenburg

Einwohnerzahl
(30. 6. 1993): 65 037
Stadtfläche:
62,56 km²
Stadtgeschichte:
6. Jh. Entstehung einer fränkischen Burg, die für die Jagd benutzt wird.
8. Jh. An ein Kloster schließt sich die erste Siedlung an.
947. Herzog Liudolf von Schweden begründet das Kollegiatstift St. Peter, das später in enger Beziehung zum Mainzer Erzbischof steht.
982. Der Mainzer Erzbischof wird Ortsherr von Aschaffenburg.
1122. Die Mainbrücke, ein wichtiger Umschlagplatz des Stifthandels, wird neu befestigt.
1173. Erzbischof Konrad I. von Wittelsbach verleiht Aschaffenburg die Stadtrechte.
1521. Der Einfluß der Zünfte erreicht ihren Höhepunkt.
1525. Die Stadt wird von aufständischen Bauern besetzt.
1526. Erzbischof Albrecht untersagt alle kirchlichen Neuerungen.
1605–14. Georg Ridinger errichtet das neue Schloß, eines der bedeutendsten Bauwerke der Renaissance.
1631/34. Die Schweden besetzen Aschaffenburg. Von den Folgen erholt sich die Stadt erst wieder im 19. Jh.
1794. Nach der endgültigen Übersiedlung des Hofes aus Mainz ist Aschaffenburg Hauptresidenz.
1810. Beginn der industriellen Herstellung von Buntpapier.
1814. Aschaffenburg kommt als Folge des Pariser Vertrags an Bayern.
1872. Philipp Dessauer begründet die Zellstoffherstellung in Aschaffenburg.
1944/45. Das Stadtgebiet ist nach dem Zweiten Weltkrieg stark zerstört.
Eingemeindungen:
1901: Damm und Leider
1904: Eckertsmühle
1939: Schweinheim
Oberbürgermeister (seit 1900):
1877–1904 Friedrich Ritter von Medicus
1904–1933 Wilhelm Matt
1933–1945 Wilhelm Wohlgemuth
1945 Jean Stock
1946–1970 Vinzenz Schwind
seit 1970 Willi Reiland

Augsburg

Einwohnerzahl
(30. 6. 1993): 265 011
Stadtfläche:
147,16 km²
Stadtgeschichte:
14–16. Die Römer bauen aus kriegsstrategischen Überlegungen ein Lager am Ufer der Wertach. Die Verlegung dieses Truppenlagers unter Kaiser Tiberius führt zur Gründung der Zivilstadt Augusta Vindelicum.
738/39. Der bischöfliche Burgort wächst mit der Klostersiedlung von St. Ulrich zusammen.
1156. Die Stadtrechtsurkunde von Kaiser Barbarossa grenzt die Rechte von Bischof und Bürgern gegeneinander ab.
1316. König Ludwig IV. sichert Augsburgs Stellung als Reichsstadt.
1473. Augsburg steht an zweiter Stelle als Druckort für deutsche Bibeln.
1480. Die Augsburger Familien Fugger und Welser spielen eine bedeutende wirtschaftliche Rolle.
14.–16. Jh. Die durch Wasserkraft begünstigten Industrien sowie der Fernhandel erlangen Weltgeltung.
1534. Der Stadtrat führt die Reformation ein.
1555. Der Religionsfriede wird feierlich im Rathaussaal verkündet.
1806. Augsburg fällt an Bayern.
1840. Gründung der Maschinenfabrik Augsburg-Nürnberg (M·A·N), die Weltgeltung erringt.
1944. Nach mehreren Luftangriffen wird Augsburg beschädigt.
Eingemeindungen:
1910: Dorf Meringerau
1911: Markt Oberhausen, Dorf Pferse
1913: Stadt Lechhausen, Dorf Hochzoll
1916: Dorf Kriegshaber
Oberbürgermeister (seit 1900):
1900–1919 Georg Ritter von Wolfram
1919–1929 Kaspar Deutschenbauer
1930–1933 Otto Bohl
1933–1934 Edmund Stöckle
1934–1945 Josef Mayr
1945 Wilhelm Ott
1945–1946 Ludwig Dreifuß
1946–1947 Heinz Hohner
1947–1964 Klaus Müller
1964–1972 Wolfgang Pepper
1972–1990 Hans Breuer
seit 1990 Peter Menacher

Bamberg

Einwohnerzahl
(30. 6. 1993): 70 943
Stadtfläche:
54,73 km²

Stadtgeschichte:
902. Erwähnung Bambergs als Castrum Babenbergh.

973. Kaiser Otto II. bekommt die Burg durch Schenkung.

1007. Sein Sohn, Kaiser Heinrich II., erhebt Bamberg zum Bistum und läßt einen Dom erbauen.

1435. Aufstand der Bürger gegen den Fürstbischof, bei dem sich aber die fürstbischöfliche Herrschaft durchsetzt.

15. Jh. Bamberg ist Zentrum des Humanismus.

1648. Bischof Otto von Salzburg gründet die Akademie.

1769. Aus der Academia Ottonia geht die Universität hervor.

1802/3. Bamberg wird dem Kurfürsten von Bayern übergeben.

1962. Eröffnung des Staatshafen Bamberg am Rhein-Main-Donau-Kanal.

Eingemeindungen:
Gaustadt, Bug, Wildensorg, Kramersfeld, Bruckertshof

Oberbürgermeister (seit 1900):
1877–1905	August Ritter von Brandt
1905–1913	Franz Michael Lutz
1913–1924	Adolf Wächter
1924–1934	Luitpold Weegmann
1934–1945	Lorenz Zahneisen
1945–1958	Luitpold Weegmann
1958–1982	Theodor Mathieu
seit 1982	Paul Röhner

Bayreuth

Einwohnerzahl
(30. 6. 1993): 73 225
Stadtfläche: 66,9 km²
Stadtgeschichte:

1170. Die Stadt wird vermutlich durch Berthold IV. von Andechs-Meranien anstelle einer zerstörten Burg angelegt.

1248. Der letzte Meranier-Herzog Otto III. stirbt und vererbt Bayreuth an Friedrich III. (Dynastie Hohenzollern).

1430. Zerstörung der Stadt durch die Hussiten.

1525. Die Bauern erheben sich unter Georg dem Frommen.

1527. Die Reformation wird endgültig eingeführt.

1603. Bayreuth wird Residenz der Markgrafen von Brandenburg-Kulmbach.

1769. Die Stadt fällt mit dem Fürstentum an Ansbach.

1810. Bayreuth kommt durch den Staatsvertrag von Paris an Bayern.

1872. Richard Wagner begründet die Bayreuther Festspiele.

1945. Die Stadt wird durch zwei Bombenangriffe schwer getroffen; große Gebiete werden dabei zerstört.

1949. Bayreuth wird wieder Regierungssitz, diesmal Sitz der Regierung für Oberfranken.

Eingemeindungen:
1811: St. Georgen
1933: Siedlung Laineck
1939: Colmdorf, Eremitage, Eremitenhof, Geigenreuth, Hermannshof, Hussengut, Hölzleinsmühle, Lohe, Kreuzstein, Leinbach, Meyernberg, Morethsgut, Opelsgut, Pfaffenfleck, Schnupfenschlag, St. Johannis, Wundersgut

Oberbürgermeister (seit 1900):
1900–1908	Leopold von Casselmann (1. Bürgermeister)
1908–1919	Leopold von Casselmann
1919–1933	Albert Preu
1933–1937	Karl Schlumprecht
1937–1938	Otto Schmidt
1938–1945	Fritz Kempfler

1945	Joseph Kauper (kommissarisch)
1945–1948	Oskar Meyer
1948–1958	Hans Rollwagen
1958–1988	Hans Walter Wild
seit 1988	Dieter Mronz

Coburg

Einwohnerzahl
(30. 6. 1993): 44 400
Stadtfläche: 47,14 km²
Stadtgeschichte:

1056. Die Veste Coburg wird das erste Mal erwähnt.

1182. Erste Erwähnung einer Siedlung.

1331. Coburg erhält Stadtrechte.

1353. Die Stadt fällt an die Wettinger.

1530. Martin Luther lebt unter dem Schutz des reformierten Landesherrn auf der Veste.

1572. In den folgenden Jahren wird Coburg mehrfach Residenzstadt.

1586–1633. Herzog Johann Casimir stattet Coburg mit mehreren prachtvollen Bauten aus.

1826–1918. Coburg ist zweite Hauptstadt der Herzogtümer Sachen-Coburg-Gotha.

1920: Die Stadt Coburg schließt sich nach einem Volksentscheid Bayern an.

Eingemeindungen:
1934: Cortendorf, Ketschendorf, Neuses und Wüstenahorn

Oberbürgermeister (seit 1900):
1897–1924	Gustav Hirschfeld
1925–1931	Erich Unverführ
1931–1934	Franz Schwede
1934–1938	Otto Schmidt
1938–1945	August Greim
1945	Alfred Sauerteig
1945	Eugen Bornhauser
1945–1948	Ludwig Meyer
1948–1970	Walter Langer
1970–1978	Wolfgang Stammberger
1978–1990	Karl-Heinz Höhn
seit 1990	Norbert Kastner

Erlangen

Einwohnerzahl
(30. 6. 1993): 102 669
Stadtfläche: 76,97 km²
Stadtgeschichte:

1002. Das Dorf Erlangen wird erstmalig als Besitz des Bistums Würzburg erwähnt.

1361. Kaiser Karl IV. erwirbt die Siedlung, der er kurze Zeit später das Markt- und das Münzrecht gibt.

1398. Erlangen wird Stadt.

1402. Die Burggrafen von Nürnberg erwerben die Stadt.

1686. Markgraf Christian Ernst von Bayreuth läßt Hugenotten ansiedeln und beginnt mit dem Bau der rechtwinkligen Neustadt. Die Hugenotten bewirken einen wirtschaftlichen Aufschwung für Erlangen.

1706. Nach einem Brand werden Alt- und Neustadt vereinigt.

1743. Die Friedrich-Alexander-Universität wird von Nürnberg nach Erlangen verlegt. Die Erlanger Theologie wird weltberühmt.

1810. Erlangen fällt an Bayern.

1948. Die Stadt wird Verwaltungssitz der Siemens AG.

1970. Am 30. Oktober wird der Erlanger Hafen am Rhein-Main-Donau-Kanal eröffnet.

Eingemeindungen:
1919: Ortschaft Sieglitzhof
1920: Ortschaft Alt-Erlangen
1923: Pfarrdorf Büchenbach und Weiler Neumühle
1924: Markt Bruck
1967: Landgemeinde Kosbach

Oberbürgermeister (seit 1900):
1892–1929	Theodor Klippel
1929–1934	Hans Flierl
1934–1944	Alfred Groß
1944–1945	Herbert Ohly
1945–1946	Anton Hammerbacher
1946–1959	Michael Poeschke
1959–1972	Heinrich Lades
seit 1972	Dietmar Hahlweg

Fürth

Einwohnerzahl
(30. 6. 1993): 107 772
Stadtfläche: 63,34 km²
Stadtgeschichte:

1007. König Heinrich II. schenkt dem Domkapitel von Bamberg den Königshof Fürth.

1050. Fürth entwickelt sich zum Markt mit Münz- und Zollrechten.

1100. Die St. Michaeliskirche wird gebaut.

1528. Durch die Reichsstadt Bamberg wird die Reformation eingeführt.

1650. Die Hugenotten bringen neue Gewerbe nach Fürth.

1792. Fürth kommt an Bayern.

1808/18. Fürth erhebt sich zur Stadt und entwickelt sich langsam zu einer Industriestadt.

1835. Die erste deutsche Eisenbahn befährt die Strecke Nürnberg-Fürth.

1922. Die Vereinigung mit Nürnberg wird abgelehnt.

1972. Die Stadt wird an den Rhein-Main-Donau-Kanal angeschlossen.

Eingemeindungen:
1899: Weikershof
1901: Poppenreuth, Dambach, Ober- und Unterfürberg
1918: Unterfarnbach und Atzenhof
1923: Burgfarnbach
1927: Rondorf und Kronach

Oberbürgermeister (seit 1900):
1873–1901	Friedrich Langhans
1901–1913	Theodor Kutzer
1914–1933	Robert Wild
1933–1940	Franz Jakob
1940–1944	Stelle nicht besetzt
1944–1945	Karl Häupler (kommissarisch)
1945	Adolf Schwiening (kommissarisch)
1945–1946	Hans Schmidt (kommissarisch)
1946–1964	Hans Bornkessel
1964–1984	Kurt Scherzer
seit 1984	Uwe Lichtenberg

Hof

Einwohnerzahl
(30. 6. 1993): 52 897
Stadtfläche: 57,89 km²
Stadtgeschichte:

1160. Erste Erwähnung als Sitz eines Ministerialen.

ca. 1200. Die Herzöge von Andechs-Meranien gründen neben der älteren Siedlung eine Marktsiedlung mit der Meranischen Eigenkirche St. Niklas.

1373. Hof wird an die Burggrafen von Nürnberg verkauft.

1792. Mit Ansbach-Bayreuth zusammen geht Hof an Preußen.

1810. Die Stadt kommt an Bayern.

1823. Bei einem Brand wird der historische Baubestand weitgehend zerstört.

1848. Der Bau der Eisenbahn nach Leipzig fördert Industrieentwicklung.

1861/71. In der Textilindustrie gibt es zahlreiche Konkurse durch die amerikanische Baumwollkrise.

1945. Durch die Teilung Deutschlands nach dem Zweiten Weltkrieg liegt Hof im Zonenrandgebiet.

Eingemeindungen:
1906: Hofeck, Moschendorf mit Krötenbruck und Alsenberg

Oberbürgermeister (seit 1900):
1883–1903	Carl von Mann
1904–1916	Paul Bräuninger
1916–1919	Heinrich Neupert
1919–1933	Karl Buhl
1933–1941	Richard Wendler
1941–1945	Fritz Rammensee (Bürgermeister)
1945–1946	Oskar Weinauer
1946–1948	Hans Bechert
1948–1949	Kurt Schröder
1949–1970	Hans Högn
1970–1988	Hans Heun
seit 1988	Dieter Döhla

Ingolstadt

Einwohnerzahl
(30. 6. 1993): 109 184
Stadtfläche: 133,37 km²
Stadtgeschichte:

806. Erstmalige Erwähnung eines fränkischen Königshofes.

841. Der Königshof kommt an das Kloster Niederaltaich.

1228. Ingolstadt geht in den Besitz der Wittelsbacher über.

1250. Der Stadt werden die Stadtrechte verliehen. Zur gleichen Zeit läßt Herzog Ludwig der Strenge eine Burg, den sog. Herzogkasten, errichten.

1392–1447. Ingolstadt ist Residenz des Teilherzogtums Bayern.

1472. Herzog Ludwig der Reiche gründet die erste bayerische Landesuniversität, die ein Zentrum des deutschen Humanismus wird.

1802. Verlegung der Universität nach Landshut.

1956–60. Bau der Autofabrik »Audi NSU Auto Union AG«.

1963. Die erste Erdölraffinerie wird gebaut. Weitere Raffinerien und der Anschluß an verschiedene internationale Erdölpipelines folgen.

1973. Audi NSU ist der größte Arbeitgeber in Ingolstadt mit etwa 19 000 Beschäftigten.

Eingemeindungen:
1962: Usernherrn, Rothenturm, Kothau, Hundszell, Haunwöhr

Oberbürgermeister (seit 1900):
1896–1920	Jakob Kroher
1920–1930	Friedrich Gruber
1930–1945	Josef Listl
1946–1952	Georg Weber
1952–1956	Josef Strobl
1956–1966	Josef Listl
1966–1972	Otto Stinglwagner
seit 1972	Peter Schnell

Kaufbeuren

Einwohnerzahl
(30. 6. 1993): 42 015
Stadtfläche:
40,05 km²
Stadtgeschichte:
800. Vermutlich Gründung eines Königshofes.
1167. Kaufbeuren ist für kurze Zeit im Besitz der Welfen.
1240. Kaufbeuren wird von den Staufern zur Stadt erhoben und ausgebaut.
1286. Die Stadt wird freie Reichsstadt.
1803. Kaufbeuren kommt an Bayern.
1946. Heimatvertriebene aus Gablonz bauen ihre Glas- und Schmuckwarenindustrie in Neu-Gablonz auf.
Oberbürgermeister (seit 1900):
1900–1917 Karl Stumpf (1. Bürgermeister)
1917–1933 Georg Volkhardt (1. Bürgermeister)
1933–1943 Hans Wildung (1. Bürgermeister)
1944–1945 Karl Deinhardt (1. Bürgermeister)
1945–1948 Georg Volkhardt (1. Bürgermeister)
1948–1970 Karl Wiebel
1970–1992 Rudolf Krause
seit 1992 Andreas Knie

Kempten

Einwohnerzahl
(30. 6. 1993): 61 762
Stadtfläche:
63,28 km²
Stadtgeschichte:
300. Alemannen zerstören eine römische Siedlung namens Cambodunum.
752. Das Kloster Sankt Gallen gründet ein Benediktinerkloster, um das sich ein neuer Stadtkern bildet.
1289. Kempten wird Reichsstadt.
1360. Kaiser Karl IV. erhebt das Kloster zum Fürststift.
1525. Die Reichsstadt Kempten kauft sich von dem Stift frei.
1712. Die Stiftsstadt erhält ihr Stadtrecht.
1803. Kempten und die Stiftsstadt fallen an Bayern.
1811/18. Die Städte werden vereinigt.
Eingemeindungen:
1934/35: Teile der Gemeinde St. Lorenz
1938: Teil der Gemeinde Mang
Oberbürgermeister (seit 1900):
1881–1919 Adolf Horchler
1919–1942 Otto Merct
1942–1945 Anton Brändle
1946–1948 Anton Götz
1948–1952 Georg Volkhardt
1952–1970 August Fischer
1970–1990 Josef Höß
seit 1990 Wolfgang Roßmann

Landshut

Einwohnerzahl
(30. 6. 1993): 59 963
Stadtfläche:
65,65 km²
Stadtgeschichte:
1150. Erste Erwähnung einer Ansiedlung in Verbindung mit einer Bergwarte.
1204. Herzog Ludwig I. von Bayern läßt zum Schutz des Isarübergangs Burg und Stadt erbauen.
1232. Seine Witwe gründet das erste bayerische Zisterzienserkloster namens Seligenthal.
1255–1340. Landshut ist Hauptstadt von Niederbayern.
1392–1503. Die Stadt ist Residenz der Herzöge von Bayern.
1475. Herzog Georg der Reiche von Bayern-Landshut heiratet Hedwig von Polen. Zur Erinnerung wird noch heute die Landshuter Fürstenhochzeit gefeiert.
1800/02. Die Universität wird kurzfristig von Ingolstadt nach Landshut verlegt.
Eingemeindungen:
1928: Gemeinde Achdorf und Berg
Oberbürgermeister (seit 1900):
1892–1918 Otto Marschall
1918–1933 Josef Herterich
1933–1945 Karl Vielweib
1945 Hugo Wittmann
1945 Felix Meindl
1945–1946 Hans Hubert Dietsch
1946–1948 Josef Gallmeier
1948–1969 Albin Lang
seit 1970 Josef Deimer

Memmingen

Einwohnerzahl
(30. 6. 1993): 40 203
Stadtfläche:
70,16 km²
Stadtgeschichte:
1128. Erstmalige Erwähnung von Memmingen.
1142/82. Herzog Welf VI. von Bayern gründet die Stadt an der Kreuzung wichtiger Fernstraßen.
1191. Memmingen geht nach Welfs Tod an die Staufer über.
1268. König Rudolf von Habsburg bestätigt die Stadtrechte.
1286. Die Stadt wird Reichsstadt.
15./16. Jh. Memmingen bekommt durch den Fernhandel (Salz, Barchent) große wirtschaftliche Bedeutung.
1551. Kaiser Karl V. bricht die Vormachtstellung der Handwerkszünfte.
1803. Memmingen fällt an Bayern.
Oberbürgermeister (seit 1900):
1884–1910 Karl Scherer
1910–1931 Friedrich Braun
1932–1945 Heinrich Berndl
1945–1948 Georg Fey
1948–1952 Lorenz Riedmiller
1952–1966 Heinrich Berndl
1966–1968 Rudolf Machnig
1968–1980 Johannes Bauer
seit 1980 Ivo Holzinger

München

Einwohnerzahl
(30. 6. 1993): 1 256 321
Stadtfläche:
310,47 km²
Stadtgeschichte:
1158. Heinrich der Löwe zerstört die Oberföhringer Isarbrücke und verlegt Flußübergang und Markt unter gleichzeitiger Gründung einer Münzstätte an die Stelle der Siedlung Ze den Munichen.
1214. Erstmalige Bezeichnung Münchens als Stadt.
1240. München wird fester Sitz der Wittelsbacher.
1332. Kaiser Ludwig IV. gibt der Stadt Privilegien auf den Salzhandel, den Tuch- und den Weinhandel.
1505. München wird alleinige Hauptstadt Bayerns.
1508–50. Herzog Wilhelm IV. begründet Münchens Ruf als ein Zentrum der Kunst und Wissenschaft.
1563. Die Stadt ist Zentrum der einsetzenden Gegenreformation.
1632. Übergabe der Stadt an König Gustav Adolf von Schweden.
1705. Der Aufstand der Münchner gegen die österreichische Besatzung wird niedergeschlagen.
1806. München wird Königliche Haupt- und Residenzstadt.
1810. Erstes Oktoberfest aus Anlaß der Vermählung von Kronprinz Ludwig mit Prinzessin Therese von Sachsen – Heldberghausen.
1826. Die Universität wird endgültig nach München verlegt.
1919. In München wird die Deutsche Arbeiterpartei gegründet, aus der die NSDAP hervorgeht.
1935. München wird zur »Hauptstadt der Nationalsozialistischen Bewegung«.
1938. Hitler, Chamberlain, Daladier und Mussolini beschließen das »Münchner Abkommen«.
1944. Die Stadt wird weitgehend durch Luftangriffe zerstört.
1957. München wird Millionenstadt.
1972. Die Stadt ist Austragungsort der XX. Olympischen Sommerspiele.
Eingemeindungen:
1854: Stadelheim
1877: Gemeinde Untersendling
1890: Stadt Schwabing
1899: Gemeinde Nymphenburg
1900: Gemeinde Thalkirchen
1912: Gemeinde Forstenried
1913: Stadt Milbertshofen
 Gemeinde Berg am Laim
 Gemeinde Moosach
1930: Gemeinde Perlach
 Gemeinde Daglfing
1931: Gemeinde Freimann
1932: Gemeinde Trudering
1938: Stadt Pasing
 Gemeinde Feldmoching
 Gemeinde Großhadern
 Gemeinde Allach
 Gemeinde Obermenzing
 Gemeinde Untermenzing
 Gemeinde Solln
1942: Gemeinde Aubing
 Gemeinde Langwied u. a.
Oberbürgermeister (seit 1900):
1893–1919 Wilhelm Georg von Borscht
1919–1924 Eduard Schmidt
1925–1933 Karl Scharnagl
1933–1945 Karl Fiehler
1945–1948 Karl Scharnagl
1948–1960 Thomas Wimmer
1960–1972 Hans Jochen Vogel
1972–1978 Georg Kronawitter
1978–1984 Erich Kiesl
1984–1993 Georg Kronawitter
seit 1993 Christian Ude

Nürnberg

Einwohnerzahl
(30. 6. 1993): 499 834
Stadtfläche:
185,78 km²
Stadtgeschichte:
1050. Erste Erwähnung von Nürnberg. Der Ort wird unterhalb der Burg durch Kaiser Heinrich III. als Mittelpunkt eines Reichsgutbezirks gegründet.
1219. Kaiser Friedrich II. privilegiert Nürnberg durch den großen Freiheitsbrief.
1356. Kaiser Karl IV. belohnt die Stadt, indem er jeden neugewählten römischen König verpflichtet, in Nürnberg den ersten Reichstag abzuhalten.
1427. Die Stadt erwirbt von den Hohenzollern viele Rechte.
1500. Nürnberg erreicht seine höchste wirtschaftliche und kulturelle Blüte.
1528. Der Maler Albrecht Dürer stirbt.
1532. Zwischen Kaiser Karl IV. und den protestantischen Reichsständen wird der Nürnberger Religionsfriede geschlossen.
1632. Die Truppen von König Gustaf II. Adolf von Schweden besetzen die Stadt.
1806. Bayern erwirbt Nürnberg.
1835. Die erste deutsche Eisenbahnstrecke von Nürnberg nach Fürth wird eröffnet.
1843–45. Durch den Bau des Donau-Main-Kanals erlebt Nürnberg weiteren Aufschwung.
1933. Adolf Hitler erklärt Nürnberg zur »Stadt der Reichsparteitage«.
1935. Der Reichstag verabschiedet anläßlich des Nürnberger Parteitages der NSDAP, das »Reichsbürgergesetz« und das »Blutschutzgesetz«.
1945. Nürnberg wird durch Luftangriffe zu über 50% zerstört.
1945–49. Gegen die Hauptkriegsverbrecher finden die »Nürnberger Prozesse« statt.
Eingemeindungen:
1899: Großreuth, Höfen, Schniegling, Wetzendorf, Thon, Kleinreuth, Schoppershof, Erlenstegen, Mogeldorf, Gleishammer, Schweinau
1922: Lohermoos, Buchenbühl, Röthenbach, Eibach, Reichelsdorf, Mühlhof
1923: Lohe, Schnepfenreuth
1924: Buch u. a.
Oberbürgermeister (seit 1900):
1892–1913 Georg Ritter von Schuh
1914–1919 Otto Geßler
1920–1933 Hermann Luppe
1933–1945 Willi Liebel
1945 Martin Treu
1945–1948 Hans Ziegler
1948–1951 Otto Ziebill
1952–1957 Otto Bärnreuther
1957–1987 Andreas Urschlechter
seit 1987 Peter Schönlein

Passau

Einwohnerzahl
(30. 6. 1993): 51 046
Stadtfläche:
69,71 km²
Stadtgeschichte:
81–96. Der römische Kaiser Domitian errichtet ein Kastell, neben dem eine Zivilsiedlung entsteht.
150. Auch neben dem Lager der Bataver – Kohorten auf dem Domhügel entwickelt sich eine Siedlung.
300. Ein Kastell Boioto wird gegründet, neben dem später ein Kloster entsteht.
739. Passau wird Bischofssitz.
996–1002. Die Stadt kommt unter Kaiser Otto III. unter die Herrschaft des Bischofs.

1255. Fürstbischof Gebhard von Plain erläßt das »Passauer Stadtrecht«.
1278. Der Bau der Donaubrücke und die günstige Lage bringen wirtschaftlichen Aufschwung im Fernhandel.
1298 und 1367. Aufstände gegen die Bischofsherrschaft haben keinen Erfolg.
1803. Passau fällt an Bayern.
1978. Eröffnung einer Universität.
Eingemeindungen:
1870: Hofmark St. Nikola
1900: Haidenhof mit Auerbach
1923: Beiderwies
1972: Grübweg, Hacklberg, Hals, Heining, Schalding
Oberbürgermeister (seit 1900):

1894–1919	Joseph Muggenthaler
1919–1933	Karl Sittler
1933–1945	Max Moosbauer
1945	Karl Sittler
1945–1946	Rudolf von Scholtz
1946	Alfred Lobinger
1946–1948	Heinz Wagner
1948	Hans Riedl
1948–1964	Stefan Billinger
1964–1984	Emil Brichta
1984–1990	Hans Hösl
seit 1990	Willi Schmöller

Regensburg
Einwohnerzahl
(30. 6. 1993): 124 990
Stadtfläche:
80,82 km²
Stadtgeschichte:
179. Neben der keltischen Siedlung Radasbona wird das römische Legionslager Castra Regina vollendet.
535. Die Bajuwaren wandern ein und errichten in Regensburg eine Pfalz.
739. Bonifatius gründet ein Bistum.
788. Nach der Absetzung Herzog Tassilos III. erhebt König Karl der Große Regensburg zur Königspfalz.
1180. Regensburg ist eine bedeutende Handelsstadt und die einwohnerreichste Stadt Deutschlands.
1245. Unter Kaiser Friedrich II. wird Regensburg Reichsstadt.
1250. Neubau des Doms, der dem heiligen Petrus geweiht ist.
1542. Die Stadt schließt sich der Reformation an.
1810. Regensburg kommt an Bayern.
1967. Die Universität wird eröffnet.
1985. Der Rhein-Main-Donau-Kanal ist bis Regensburg ausgebaut.
Eingemeindungen:
1818: Kumpfmühl
1904: Prüll
1924: Reinhausen, Sallern, Stadtamhof, Steinweg, Schwabelweis, Weichs, Winzer
1938: Dechbetten, Großprüfening, Ziegetsdorf
Oberbürgermeister (seit 1900):

1868–1903	Oskar von Stobäus
1903–1910	Hermann Geib
1910	Alfons Auer
1910–1914	Otto Geßler
1914–1920	Josef Bleyer
1920–1933	Otto Hipp
1933–1945	Otto Schottenheim
1945–1946	Gerhard Tietze
1946–1948	Alfons Heiß
1948–1952	Georg Zitzler
1952–1959	Hans Herrmann
1959–1978	Rudolf Schlichtinger
1978–1990	Friedrich Viehbacher
seit 1990	Christa Meier

Rosenheim
Einwohnerzahl
(30. 6. 1993): 58 200
Stadtfläche:
37,09 km²
Stadtgeschichte:
1234. Erstmalige Erwähnung einer Burg Rosenheim, die an der römischen Militärstation am Inn-Übergang Pons Oeni erbaut wurde.
1247. Nach den Grafen von Wasserburg gelangt die Burg in den Besitz der bayerischen Herzöge.
1328. Die Siedlung am gegenüberliegenden Ufer erhält das Marktrecht.
15. Jh. Durch die Verleihung des Salzprivilegs ist der Aufstieg des Ortes gesichert.
1809–10. Durch den Bau der Soleleitung überwindet Rosenheim die wirtschaftlichen Rückschläge des Dreißigjährigen Krieges.
1864. Rosenheim wird zur Stadt erhoben.
1970. Nahe Rosenheim werden umfangreiche Erdgasvorkommen entdeckt.
Eingemeindungen:
1920: Krumbach
1963: Teil von Gisseltshausen
Oberbürgermeister (seit 1900):

1889–1919	Josef Wüst
1920–1929	Bruno Kreuter
1930–1933	Hans Knorr
1933–1938	Georg Zahler
1938–1945	Hans Gmelch
1945	Max Drexl (kommissarisch)
1945–1948	Hubert Weinberger
1948–1958	Hermann Überreiter
1958–1960	Sepp Sebald
1960–1961	Herbert Springl
1961–1965	Sepp Heindl
1965–1977	Albert Steinbeißer
seit 1977	Michael Stöcker

Schwabach
Einwohnerzahl
(30. 6. 1993): 37 178
Stadtfläche:
40,71 km²
Stadtgeschichte:
800. Schwabach ist vermutlich ein karolingischer Königshof.
1322. Der Ort wird ein Marktort.
1364. Die Burggrafen von Nürnberg kaufen Schwabach und erheben den Ort zur Stadt.
1806. Schwabach kommt an Bayern.
Eingemeindungen:
1926: Forsthof-Uigenau
1956: Limbach und Nasbach
1960: Unterreichenbach
Oberbürgermeister (seit 1900):

1898–1920	Wilhelm Dümmler
1920–1934	Georg Betz
1934–1945	Wilhelm Engelhardt
1945–1970	Hans Hocheder
seit 1970	Hartwig Reimann

Schweinfurt
Einwohnerzahl
(30. 6. 1993): 55 193
Stadtfläche:
35,88 km²
Stadtgeschichte:
791. Nennung einer Siedlung Suinvurde an der Mainfurt.

1057. Das Grafengeschlecht der Markgrafen von Schweinfurt, die eine Burg errichten ließen, sterben aus.
1254. Schweinfurt wird Reichsstadt.
1554. Zerstörung der Stadt, die sich trotzdem infolge der Lage am Main zum wichtigen Handelsplatz entwickelt.
1788. Friedrich Rückert, der spätromantische Dichter und Orientalist, wird in Schweinfurt geboren.
1802/14. Schweinfurt fällt an Bayern.
1963. Die Stadt wird an den Rhein-Main-Donau-Kanal angeschlossen.
Eingemeindungen:
1919: Oberndorf
Oberbürgermeister (seit 1900):

1897–1919	Wilhelm Söldner
1920–1933	Benno Merkle
1933–1945	Ludwig Pösl
1945–1946	Otto Stoffers
1946–1956	Ignaz Schön
1956–1974	Georg Wichtermann
1974–1992	Kurt Petzold
seit 1992	Gudrun Grieser

Straubing
Einwohnerzahl
(30. 6. 1993): 43 355
Stadtfläche:
67,64 km²
Stadtgeschichte:
76. Auf keltischer Grundlage wird das römische Kastell »Sorviodurum« errichtet, daneben entsteht eine Siedlung.
233. Die Alemannen zerstören die römische Anlage, aber römische Gegenstände bleiben über Jahrhunderte erhalten.
600. Die bayerischen Herzöge nehmen die Güter in Besitz.
1004/29. Nachdem die Karolinger Straubing in Besitz hatten, fällt der Ort an das Bistum Augsburg.
1218. Herzog Ludwig I. gründet die Neustadt und erhebt den Ort zur Stadt.
1353. Straubing wird Residenzstadt des Teilherzogtums Straubing – Holland.
1429. Die Stadt fällt an Bayern.
Oberbürgermeister (seit 1900):

1888–1916	Franz Xaver von Leistner
1916–1929	Josef Maily
1929–1933	Otto Höchtl
1933–1935	Karl Weiler
1936–1942	Josef Reiter
1942–1945	Otto Höchtl
1945	Andreas Tremmel
1945	Karl Bickleder
1945–1947	Josef Gerhaher
1947	Josef Laumer
1947–1948	Hans Ebner
1948–1959	Otto Höchtl
1960–1972	Hermann Stiefvater
1972–1990	Ludwig Scherl
seit 1990	Fritz Geisperger

Weiden i. d. OPf.
Einwohnerzahl
(30. 6. 1993): 43 014
Stadtfläche:
68,13 km²
Stadtgeschichte:
1241. Weiden wird erstmals urkundlich erwähnt; der Ort wird vor 1283 Stadt.
1421–1703. Weiden bleibt nach vielen Verpfändungen im Besitz von Pfalz-Sulzbach.
16. Jh. Stadtbrände und Truppen zerstören die Stadt im Dreißigjährigen Krieg.

1777. Weiden gehört nun zum Kurfürstentum Bayern.
1919. Weiden wird kreisfreie Stadt.
Eingemeindungen:
1914: Moosbürg, Ermersricht
1915: Tröglersricht
1928: Frauenricht-Ost
1972: Frauenricht, Neunkirchen, Muglhof
1978: Rothenstadt
Oberbürgermeister (seit 1900):

1891–1900	August Prechtl (ehrenamtl. Bürgermeister)
1901–1911	August Prechtl (1. Bürgermeister)
1911–1919	Georg Knorr (1. Bürgermeister)
1919–1929	Martin Stadler (1. Bürgermeister)
1929–1933	Melchior Probst (1. Bürgermeister)
1933–1945	Hans Harbauer
1945	Josef Schnurrer (kommissarisch)
1945–1948	Franz Pfleger
1948–1951	Karl Heilmann
1951–1952	Philipp Karl
1952–1970	Hans Schelter
1970–1976	Hans Bauer
seit 1976	Hans Schröpf

Würzburg
Einwohnerzahl
(30. 6. 1993): 129 242
Stadtfläche:
87,66 km²
Stadtgeschichte:
704. Würzburg ist Amtssitz fränkischer Herzöge, die eine Burg mit einer Marienbasilika auf dem Marienberg und einen Sitz am Main haben.
741/42. Bonifatius errichtet einen Bischofssitz, der die Entwicklung zur Stadt sehr fördert.
800. Die Stadt wird Königspfalz.
1156. Kaiser Barbarossa feiert seine Hochzeit mit Beatrix von Burgund.
1525. Die Bauern versuchen vergeblich den Fürstensitz zu stürmen.
1582. Fürstbischof Julius Echter von Mespelbrunn gründet die Universität.
1631. Eroberung der Stadt durch die Schweden.
1720. Grundsteinlegung der Residenz durch Johann Philipp Franz von Schönborn. Der Bau, ein Werk Balthasar Neumanns, ist 1744 fertig.
1814. Würzburg fällt nach vorhergehender Herrschaft von Großherzog Ferdinand III. von Toskana an Bayern.
1922. Das erste Mozartfest findet in der Residenz statt.
1945. Am 16. März wird die Stadt Würzburg stark zerstört.
Eingemeindungen:
1930: Stadt Heidingfeld
Oberbürgermeister (seit 1900):

1900–1913	Philipp Ritter von Michel
1913–1917	Max Ringelmann
1918–1920	Andreas Grieser
1921–1933	Hans Löffler
1933–1945	Theo Memmel
1945–1946	Gustav Pinkenburg
1946	Michael Meisner
1946–1948	Hans Löffler
1948–1949	Karl Grünewald
1949–1956	Franz Stadelmayer
1956–1968	Helmuth Zimmerer
1968–1990	Klaus Zeitler
seit 1990	Jürgen Weber

Regierungen

Der Bayerische Landtag

(Sitzverteilung seit 1946)

1. Wahlperiode (1946–1950)
180 Sitze
CSU 104, SPD 54, FDP 9, WAV 13

2. Wahlperiode (1950–1954)
204 Sitze (101 Direktmandate, 103 Listenmandate)
CSU 64 (46 direkt), SPD 63 (38 direkt),
BP 39 (16 direkt), FDP 12 (1 direkt), WAV 26

3. Wahlperiode (1954–1958)
204 Sitze (99 Direktmandate, 105 Listenmandate)
CSU 83 (68 direkt), SPD 61 (29 direkt),
BP 28 (2 direkt), FDP 13, BHE 19

4. Wahlperiode (1958–1962)
204 Sitze (101 Direktmandate, 103 Listenmandate)
CSU 101 (77 direkt), SPD 64 (23 direkt),
BP 14 (1 direkt), FDP 8, BHE 17

5. Wahlperiode (1962–1966)
204 Sitze (101 Direktmandate, 103 Listenmandate)
CSU 108 (72 direkt), SPD 79 (28 direkt),
BP 8 (1 direkt), FDP 9

6. Wahlperiode (1966–1970)
204 Sitze (102 Direktmandate, 102 Listenmandate)
CSU 110 (70 direkt), SPD 79 (32 direkt), NPD 15

7. Wahlperiode (1970–1974)
204 Sitze (102 Direktmandate, 102 Listenmandate)
CSU 124 (81 direkt), SPD 70 (21 direkt), FDP 10

8. Wahlperiode (1974–1978)
204 Sitze (104 Direktmandate, 100 Listenmandate)
CSU 132 (100 direkt), SPD 64 (4 direkt), FDP 8

9. Wahlperiode (1978–1982)
204 Sitze (105 Direktmandate, 99 Listenmandate)
CSU 129 (98 direkt), SPD 65 (7 direkt), FDP 10

10. Wahlperiode (1982–1986)
204 Sitze (105 Direktmandate, 99 Listenmandate)
CSU 133 (93 direkt), SPD 71 (12 direkt)

11. Wahlperiode (1986–1990)
204 Sitze (105 Direktmandate, 99 Listenmandate)
CSU 128 (103 direkt), SPD 61 (2 direkt), Grüne 15

12. Wahlperiode (1990–1994)
204 Sitze (104 Direktmandate, 100 Listenmandate)
CSU 127 (102 direkt), SPD 58 (2 direkt), Grüne 12,
FDP 7

Mitglieder der bayerischen Regierung

Regierung Podewils-Dürniz
(1. 3. 1903–9. 2. 1912)

Vorsitzender im Ministerrat	Klemens Graf von Podewils-Dürniz
Minister für	
Inneres	Max Freiherr von Freilitzsch (bis 4. 4. 1907)
	Friedrich von Brettreich
Äußeres	Klemens Graf von Podewils-Dürniz
Justiz	Ferdinand von Miltner
Unterricht und Kultus	Anton von Wehner
Finanzen	Hermann von Pfaff
Verkehr	Heinrich von Frauendorfer
Armee	Adolph Freiherr von Asch zu Asch auf Oberndorff (bis 4. 4. 1905)
	Carl Graf von Horn

Regierung Hertling
(9. 2. 1912–10. 11. 1917)

Vorsitzender im Ministerrat	Georg Graf von Hertling
Minister für	
Inneres	Maximilian Graf von Soden-Fraunhofen (bis 11. 12. 1916)
	Friedrich von Brettreich
Äußeres	Georg Graf von Hertling
Justiz	Heinrich von Thelemann
Unterricht und Kultus	Eugen Ritter von Knilling
Finanzen	Georg von Breunig
Verkehr	Lorenz von Seidlein
Armee	Otto Freiherr von Kreß von Kreßenstein (bis 7. 12. 1916)
	Philipp von Hellingrath

Regierung Dandl
(11. 11. 1917–8. 11. 1918)

Vorsitzender im Ministerrat	Otto von Dandl
Minister für	
Inneres	Friedrich von Brettreich
Äußeres	Otto von Dandl
Justiz	Heinrich von Thelemann
Unterricht und Kultus	Eugen Ritter von Knilling
Finanzen	Georg von Breunig
Verkehr	Lorenz von Seidlein
Armee	Philipp von Hellingrath

Regierung Eisner
(8. 11. 1918–21. 2. 1919)

Ministerpräsident	Kurt Eisner (USPD)
Minister für	
Inneres	Erhard Auer (MSPD)
Äußeres	Kurt Eisner (USPD)
Justiz	Johannes Timm (MSPD)
Unterricht und Kultus	Johannes Hoffmann (MSPD)
Finanzen	Edgar Jaffé (USPD)
Verkehr	Heinrich von Frauendorfer (USPD)
soziale Fürsorge	Hans Unterleitner (USPD)
Armee	Albert Roßhaupter (MSPD)

Regierung Hoffmann
(18. 3. 1919–14. 3. 1920)

Ministerpräsident	Johannes Hoffmann (MSPD)
Minister für	
Inneres	Martin Segitz (bis 31. 5. 1919; MSPD)
	Fritz Endres (MSPD)
Äußeres	Johannes Hoffmann (MSPD)
Justiz	Fritz Endres (bis 31. 5. 1919; MSPD)
	Ernst Müller-Meiningen (DDP)
Unterricht und Kultus	Johannes Hoffmann (MSPD)
Finanzen	Paul von Merkel (bis 24. 3. 1919)
	Karl Neumaier (25. 3. 1919–12. 4. 1919; USPD)
	Sigmund von Haller (12. 4. 1919–31. 5. 1919; USPD)
	Karl Friedrich Speck (31. 5. 1919–17. 1. 1920; BVP)
	Karl Gustav Kofler (ab 28. 1. 1920)
Handel, Industrie und Gewerbe	Josef Simon (bis 7. 4. 1919)
	Martin Segitz (12. 4. 1919–31. 5. 1919; MSPD)
	Eduard Hamm (ab 31. 5. 1919; DDP)
Landwirtschaft	Martin Steiner (1. 4. 1919–31. 5. 1919)
	Karl Freiherr von Freyberg (BVP)
Verkehr	Heinrich von Frauendorfer (parteilos)
soziale Fürsorge	Hans Unterleitner (bis 7. 4. 1919, USPD)
	Hans Gasteiger (12. 4. 1919–31. 5. 1919; MSPD)
	Martin Segitz (ab 31. 5. 1919; MSPD)
Armee	Ernst Schneppenhorst (bis 22. 8. 1919)

Regierung Kahr
(16. 3. 1920–11. 9. 1921)

Ministerpräsident	Gustav von Kahr (parteilos)
Minister für	
Inneres	Gustav von Kahr (parteilos)
Äußeres	Gustav von Kahr (parteilos)
Justiz	Christian Roth (Völk. Block)
Unterricht und Kultus	Franz Matt (BVP)
Finanzen	Karl Gustav Kofler (bis 15. 7. 1920; BVP)
	Wilhelm Krausneck (BVP)
Handel, Industrie und Gewerbe	Eduard Hamm (DDP)
Landwirtschaft	Johannes Wutzlhofer (Bayer. Bauernbund)
soziale Fürsorge	Heinrich Oswald (BVP)

Regierung Lerchenfeld auf Köfering und Schönburg
(21. 9. 1921–2. 11. 1922)

Ministerpräsident	Hugo Graf von und zu Lerchenfeld auf Köfering und Schönburg (BVP)
Minister für	
Inneres	Franz Schweyer (BVP)
Äußeres	Hugo Graf von und zu Lerchenfeld auf Köfering und Schönburg (BVP)
Justiz	Hugo Graf von und zu Lerchenfeld auf Köfering und Schönburg (BVP)
Unterricht und Kultus	Franz Matt (BVP)
Finanzen	Wilhelm Krausneck (BVP)
Handel, Industrie und Gewerbe	Eduard Hamm (DDP)
Landwirtschaft	Johannes Wutzlhofer (Bayer. Bauernbund)
soziale Fürsorge	Heinrich Oswald (BVP)

Regierung Knilling
(8. 11. 1922–5. 5. 1924)

Ministerpräsident	Eugen Ritter von Knilling (parteilos)
Minister für	
Inneres	Franz Schweyer (BVP)
Äußeres	Eugen Ritter von Knilling (parteilos)
Justiz	Franz Gürtner (Dtschnat.)
Unterricht und Kultus	Franz Matt (BVP)
Finanzen	Wilhelm Krausneck (BVP)
Handel, Industrie und Gewerbe	Wilhelm von Meinel
Landwirtschaft	Johannes Wutzlhofer (bis 27. 12. 1923; Bayer. Bauernbund)
	Karl Lang
soziale Fürsorge	Heinrich Oswald (BVP)

Regierung Held
(28. 6. 1924–9. 3. 1933)

Ministerpräsident	Heinrich Held (BVP)

Minister für
Inneres	Karl Stützel (BVP)
Äußeres	Heinrich Held (BVP)
Justiz	Franz Gürtner (bis 6. 6. 1932; Dtschnat.)
	Heinrich Spangenberger
Unterricht und Kultus	Franz Matt (bis 9. 11. 1926; BVP)
	Franz Xaver Goldenberger (BVP)
Finanzen	Wilhelm Krausneck (bis 12. 6. 1927; BVP)
	Hans Schmelzle (28. 6. 1927–20. 8. 1930; BVP)
	Karl Ritter von Deybeck (20. 8. 1930–12. 9. 1931)
	Fritz Schäffer (ab 12. 9. 1931; BVP)
Handel, Industrie und Gewerbe	Wilhelm von Meinel (bis 8. 2. 1927)
	Heinrich Held
Landwirtschaft	Anton Fehr (bis 24. 7. 1930; Dtsch. Bauernp.)
	Heinrich Held (24. 7.1930–1. 4. 1932; BVP)
soziale Fürsorge	Heinrich Oswald (bis 30. 7. 1928; BVP)

Regierung Epp
(10. 3. 1933–12. 4. 1933)

Ministerpräsident	Franz Ritter von Epp (NSDAP)
Minister für	
Inneres	Adolf Wagner (NSDAP)
Äußeres	Franz Ritter von Epp (NSDAP)
Justiz	Hans Frank (NSDAP)
Unterricht und Kultus	Hans Schemm (NSDAP)
Finanzen	Ludwig Siebert (NSDAP)
besondere Verwendung	Ernst Röhm (NSDAP)
	Georg Luber (NSDAP)
	Hermann Esser (NSDAP)

Regierung Siebert
(12. 4. 1933–1. 11. 1942)

Ministerpräsident	Ludwig Siebert (NSDAP)
Minister für	
Inneres	Adolf Wagner (NSDAP)
Justiz	Hans Frank (bis 4. 12. 1934; NSDAP)
Unterricht und Kultus	Hans Schemm (bis 5. 3. 1935; NSDAP)
	Ernst Boepple (5. 3. 1935–18. 11. 1936)
	Adolf Wagner (ab 28. 11. 1936; NSDAP)
Finanzen	Ludwig Siebert (NSDAP)
Handel, Industrie und Gewerbe	Eugen Graf von Quadt zu Wykradt und Isny (bis 27. 6. 1933; BVP)
	Ludwig Siebert (28. 6. 1933–28. 2. 1934; NSDAP)
	Hermann Esser (1. 3. 1934–23. 3. 1935; NSDAP)
	Hans Dauer (21. 3. 1935–28. 11. 1936; NSDAP)
	Ludwig Siebert (ab 28. 11. 1936; NSDAP)
besondere Verwendung	Ernst Röhm (bis 30. 6. 1934; NSDAP)
	Hermann Esser (bis 14. 3. 1935, NSDAP)
	Georg Lüber (bis 6. 12. 1933, NSDAP)

Regierung Giesler
(2. 11.1942–28. 4.1945)

Ministerpräsident	Paul Giesler (NSDAP)

Minister für
Inneres	Adolf Wagner (bis 21. 4. 1944; NSDAP)
	Paul Giesler (NSDAP)
Unterricht und Kultus	Adolf Wagner (bis 21. 4. 1944; NSDAP)
	Paul Giesler (NSDAP)
Finanzen	Paul Giesler (NSDAP)
Handel, Industrie und Gewerbe	Paul Giesler (NSDAP)

Regierung Schäffer
(28. 5. 1945–28. 9. 1945)

Ministerpräsident	Fritz Schäffer (BVP)
Minister für	
Inneres	Karl August Fischer
Justiz	Hans Ehard
Unterricht und Kultus	Otto Hipp (BVP)
Finanzen	Fritz Schäffer (BVP)
Wirtschaft	Karl Arthur Lange
Ernährung, Landwirtschaft und Forsten	Ernst Rattenhuber
Arbeit und Sozialordnung	Albert Roßhaupter (SPD)
Post	Hugo Geiger
Bahn	Karl Rosenhaupt

Regierung Hoegner
(28. 9. 1945–16. 12. 1946)

Ministerpräsident	Wilhelm Hoegner (SPD)
Minister für	
Inneres	Josef Seifried (SPD)
Justiz	Wilhelm Hoegner (SPD)
Unterricht und Kultus	Franz Fendt (SPD)
Finanzen	Fritz Terhalle (parteilos)
Wirtschaft	Ludwig Erhard (parteilos)
Ernährung, Landwirtschaft und Forsten	Joseph Baumgartner (CSU)
Arbeit und Sozialordnung	Albert Roßhaupter (SPD)
Verkehr	Michael Helmerich (ab 9. 2. 1946; CSU)
Sonder- angelegenheiten	Heinrich Schmitt (bis 1. 7. 1946; KPD)
	Anton Pfeiffer (CSU)

Regierung Ehard I
(21. 12. 1946–20. 9. 1947)

Ministerpräsident	Hans Ehard (CSU)
Minister für	
Inneres	Josef Seifried (SPD)
Justiz	Wilhelm Hoegner (SPD)
Unterricht und Kultus	Alois Hundhammer (CSU)
Finanzen	Johann Georg Kraus (CSU)
Wirtschaft	Rudolf Zorn (SPD)
Ernährung, Landwirtschaft und Forsten	Joseph Baumgartner (CSU)
Arbeit und Sozialordnung	Albert Roßhaupter (SPD)
Verkehr	Otto Frommknecht (CSU)
Sonder- angelegenheiten	Alfred Loritz (bis 24. 6. 1947; WAV)
	Ludwig Hagenauer (ab 15. 7. 1947; CSU)

Regierung Ehard II
(21. 9. 1947–18. 12. 1950)

Ministerpräsident	Hans Ehard (CSU)

Minister für
Inneres	Willi Ankermüller (CSU)
Justiz	Josef Müller (CSU)
Unterricht und Kultus	Alois Hundhammer (CSU)
Finanzen	Johann Georg Kraus (bis 8. 2. 1950; CSU)
	Hans Ehard (CSU)
Wirtschaft	Hanns Seidel (CSU)
Ernährung, Landwirtschaft und Forsten	Joseph Baumgartner (bis 15. 1. 1948; CSU)
	Hans Ehard (15. 1. 1948–26. 2. 1948; CSU)
	Alois Schlögl (ab 26. 2. 1948; CSU)
Arbeit und Sozialordnung	Heinrich Krehle (CSU)
Verkehr	Otto Frommknecht (CSU)
Sonder- angelegenheiten	Ludwig Hagenauer (†20. 7. 1949; CSU)

Regierung Ehard III
(18. 12. 1950–14. 12. 1954)

Ministerpräsident	Hans Ehard (CSU)
Minister für	
Inneres	Wilhelm Hoegner (SPD)
Justiz	Josef Müller (bis 5. 6. 1952; CSU)
	Otto Weinkamm (CSU)
Unterricht und Kultus	Josef Schwalber (CSU)
Finanzen	Rudolf Zorn (bis 19. 6. 1951; SPD)
	Friedrich Zietsch (SPD)
Wirtschaft	Hanns Seidel (CSU)
Ernährung, Landwirtschaft und Forsten	Alois Schlögl (CSU)
Arbeit und Sozialordnung	Richard Oechsle (SPD)
Verkehr	Hans Ehard (bis 1. 10. 1952; CSU)

Regierung Hoegner
(14. 12. 1954–16. 10. 1957)

Ministerpräsident	Wilhelm Hoegner (SPD)
Minister für	
Inneres	August Geislhöringer (BP)
Justiz	Fritz Koch (SPD)
Unterricht und Kultus	August Rucker (parteilos)
Finanzen	Friedrich Zietsch (SPD)
Wirtschaft und Verkehr	Otto Bezold (FDP)
Ernährung, Landwirtschaft und Forsten	Joseph Baumgartner (BP)
Arbeit und Sozialordnung	Walter Stain (BHE)

Regierung Seidel I
(16. 10. 1957–9. 12. 1958)

Ministerpräsident	Hanns Seidel (CSU)
Minister für	
Inneres	Otto Bezold (FDP)
Justiz	Willi Ankermüller (CSU)
Unterricht und Kultus	Theodor Maunz (parteilos)
Finanzen	Rudolf Eberhard (CSU)
Wirtschaft und Verkehr	Otto Schedl (CSU)
Ernährung, Landwirtschaft und Forsten	Alois Hundhammer (CSU)
Arbeit und Sozialordnung	Walter Stain (BHE)

Regierung Seidel II
(9. 12. 1958–26. 1. 1960)

Ministerpräsident	Hanns Seidel (CSU)
Minister für	
Inneres	Alfons Goppel (CSU)
Justiz	Albrecht Haas (FDP)
Unterricht und Kultus	Theodor Maunz (parteilos)
Finanzen	Rudolf Eberhard (CSU)
Wirtschaft und Verkehr	Otto Schedl (CSU)
Ernährung, Landwirtschaft und Forsten	Alois Hundhammer (CSU)
Arbeit und Sozialordnung	Walter Stain (BHE)

Regierung Ehard IV
(26. 1. 1960–11. 12. 1962)

Ministerpräsident	Hans Ehard (CSU)
Minister für	
Inneres	Alfons Goppel (CSU)
Justiz	Albrecht Haas (FDP)
Unterricht und Kultus	Theodor Maunz (parteilos)
Finanzen	Rudolf Eberhard (CSU)
Wirtschaft und Verkehr	Otto Schedl (CSU)
Ernährung, Landwirtschaft und Forsten	Alois Hundhammer (CSU)
Arbeit und Sozialordnung	Walter Stain (BHE)

Regierung Goppel I
(11. 12. 1962–5. 12. 1966)

Ministerpräsident	Alfons Goppel (CSU)
Minister für	
Inneres	Heinrich Junker (CSU)
Justiz	Hans Ehard (CSU)
Unterricht und Kultus	Theodor Maunz (bis 7. 10. 1964; CSU) Ludwig Huber (CSU)
Finanzen	Rudolf Eberhard (bis 24. 6. 1964; CSU) Konrad Pöhner (CSU)
Wirtschaft und Verkehr	Otto Schedl (CSU)
Ernährung, Landwirtschaft und Forsten	Alois Hundhammer (CSU)
Arbeit und Sozialordnung	Paul Strenkert (bis 24. 6. 1964; CSU) Hans Schütz (CSU)
Bundes-angelegenheiten	Franz Heubl (CSU)

Regierung Goppel II
(5. 12. 1966–8. 12. 1970)

Ministerpräsident	Alfons Goppel (CSU)
Minister für	
Inneres	Bruno Merk (CSU)
Justiz	Philipp Held (CSU)
Unterricht und Kultus	Ludwig Huber (CSU)
Finanzen	Konrad Pöhner (CSU)
Wirtschaft und Verkehr	Otto Schedl (CSU)
Ernährung, Landwirtschaft und Forsten	Alois Hundhammer (bis 11. 3. 1969; CSU) Hans Eisenmann (CSU)
Arbeit und Sozialordnung	Fritz Pirkl (CSU)
Bundes-angelegenheiten	Franz Heubl (CSU)

Regierung Goppel III
(8. 12. 1970–12. 11. 1974)

Ministerpräsident	Alfons Goppel (CSU)
Minister für	
Inneres	Bruno Merk (CSU)
Justiz	Philipp Held (CSU)
Unterricht und Kultus	Hans Maier (parteilos)
Finanzen	Otto Schedl (bis 22. 2. 1972; CSU) Ludwig Huber (CSU)
Wirtschaft und Verkehr	Anton Jaumann (CSU)
Ernährung, Landwirtschaft und Forsten	Hans Eisenmann (CSU)
Arbeit und Sozialordnung	Fritz Pirkl (CSU)
Landes-entwicklung und Umweltfragen	Max Streibl (CSU)
Bundes-angelegenheiten	Franz Heubl (CSU)

Regierung Goppel IV
(12. 11. 1974–7. 11. 1978)

Ministerpräsident	Alfons Goppel (CSU)
Minister für	
Inneres	Bruno Merk (bis 26. 5. 1977; CSU) Alfred Seidl (CSU)
Justiz	Karl Hillermeier (CSU)
Unterricht und Kultus	Hans Maier (parteilos)
Finanzen	Ludwig Huber (bis 26. 5. 1977; CSU) Max Streibl (CSU)
Wirtschaft und Verkehr	Anton Jaumann (CSU)
Ernährung, Landwirtschaft und Forsten	Hans Eisenmann (CSU)
Arbeit und Sozialordnung	Fritz Pirkl (CSU)
Landes-entwicklung und Umweltfragen	Max Streibl (bis 26. 5. 1977; CSU) Alfred Dick (CSU)
Bundes-angelegenheiten	Franz Heubl (CSU)

Regierung Strauß I
(7. 11. 1978–27. 10. 1982)

Ministerpräsident	Franz Josef Strauß (CSU)
Minister für	
Inneres	Gerold Tandler (CSU)
Justiz	Karl Hillermeier (CSU)
Unterricht und Kultus	Hans Maier (CSU)
Finanzen	Max Streibl (CSU)
Wirtschaft und Verkehr	Anton Jaumann (CSU)
Ernährung, Landwirtschaft und Forsten	Hans Eisenmann (CSU)
Arbeit und Sozialordnung	Fritz Pirkl (CSU)
Landes-entwicklung und Umweltfragen	Alfred Dick (CSU)
Bundes-angelegenheiten	Peter Schmidhuber (CSU)

Regierung Strauß II
(27. 10. 1982–8. 12. 1984)

Ministerpräsident	Franz Josef Strauß (CSU)
Minister für	
Inneres	Karl Hillermeier (CSU)
Justiz	August Lang (CSU)
Unterricht und Kultus	Hans Maier (CSU)
Finanzen	Max Streibl (CSU)
Wirtschaft und Verkehr	Anton Jaumann (CSU)
Ernährung, Landwirtschaft und Forsten	Hans Eisenmann (CSU)
Arbeit und Sozialordnung	Fritz Pirkl (bis 17. 7. 1984; CSU) Franz Neubauer (CSU)
Landes-entwicklung und Umweltfragen	Alfred Dick (CSU)
Bundes-angelegenheiten	Peter Schmidhuber (CSU)

Regierung Strauß III
(8. 12. 1984–3. 10. 1988)

Ministerpräsident	Franz Josef Strauß (CSU)
Leiter der Staats-kanzlei im Ministerrang	Edmund Stoiber (CSU)
Minister für	
Inneres	August Lang (CSU)
Justiz	Mathilde Berghofer-Weichner (CSU)
Unterricht und Kultus	Hans Zehetmair (CSU)
Wissenschaft und Kunst	Wolfgang Wild (parteilos)
Finanzen	Max Streibl (CSU; seit 12. 7. 1988 Stellvertretender Minister-präsident)
Wirtschaft und Verkehr	Anton Jaumann (CSU)
Ernährung, Landwirtschaft und Forsten	Hans Eisenmann (CSU) Simon Nüssel (CSU; seit 30. 9. 1987)
Arbeit und Sozialordnung	Karl Hillermeier (CSU)
Landes-entwicklung und Umweltfragen	Alfred Dick (CSU)
Bundes-angelegenheiten	Peter Schmidhuber (CSU) Georg von Waldenfels (CSU; seit 30. 9. 1987)

Regierung Streibl I
(Stand: 1. 7. 1989)

Ministerpräsident	Max Streibl (CSU)
Minister für	Edmund Stoiber (CSU)
Inneres	
Justiz	Mathilde Berghofer-Weichner (CSU)
Unterricht und Kultus	Hans Zehetmair (CSU)
Wissenschaft und Kunst	Wolfgang Wild (parteilos; bis 20. 6. 1989)
Finanzen	Gerold Tandler (CSU)
Wirtschaft und Verkehr	August Lang (CSU)
Ernährung, Landwirtschaft und Forsten	Simon Nüssel (CSU)
Arbeit und Sozialordnung	Gebhard Glück (CSU)
Landesentwicklung und Umweltfragen	Alfred Dick (CSU)
Bundes- und Europaangelegen-heiten	Georg von Waldenfels (CSU)

Regierung Streibl II
(30. 10. 1990–17. 6. 1993)

Ministerpräsident	Max Streibl (CSU)
Minister für Inneres	Edmund Stoiber (CSU)
Justiz	Mathilde Berghofer-Weichner (CSU)
Unterricht, Kultus, Wissenschaft und Kunst	Hans Zehetmair (CSU)
Finanzen	Georg von Waldenfels (CSU)
Wirtschaft und Verkehr	August Lang (CSU)
Ernährung, Landwirtschaft und Forsten	Hans Maurer (CSU)
Arbeit, Familie und Sozialordnung	Gebhard Glück (CSU)
Landesentwicklung und Umweltfragen	Peter Gauweiler (CSU)
Bundes- und Europa-angelegenheiten	Thomas Goppel (CSU)

Regierung Stoiber
(seit 17. 6. 1993)

Ministerpräsident	Edmund Stoiber (CSU)
Minister für Inneres	Günther Beckstein (CSU)
Justiz	Hermann Leeb (CSU)
Unterricht, Kultus, Wissenschaft und Kunst	Hans Zehetmair (CSU)
Finanzen	Georg von Waldenfels (CSU)
Wirtschaft und Verkehr	Otto Wiesheu (CSU)
Ernährung, Landwirtschaft und Forsten	Reinhold Bocklet (CSU)
Arbeit und Sozialordnung, Frauen, Familie und Gesundheit	Gebhard Glück (CSU)
Landesentwicklung und Umweltfragen	Peter Gauweiler (CSU) Thomas Goppel (CSU; seit 24. 2. 1994)
Bundes- und Europa-angelegenheiten	Thomas Goppel (CSU) Edmund Stoiber (CSU; seit 24. 2. 1994)

Regierungsdaten bayerischer Herrscher

554–594	Garibald I.
592–610	Tassilo I.
610–640	Garibald II.
um 700	Theodo (Mitregenten: Theodebalt, Theodebert, Grimoald, Tassilo II.)
bis 718	
718–724	Theodebert und Grimoald
725–737	Hugibert
737–748	Odilo
748–788	Tassilo III.
788–814	Karl der Große (Landesverwaltung durch Präfekte)
814–815	Ludwig der Fromme
817–876	Ludwig der Deutsche (seit 826 in Regensburg als König der Bayern)
880–882	Ludwig der Jüngere
882–887	Karl der Dicke
887–899	Arnulf von Kärnten
899–911	Ludwig das Kind
895–907	Markgraf Luitpold
907–937	Herzog, zeitweise König Arnulf
937–938	Herzog Eberhard
938–947	Herzog Berthold
947–955	Herzog Heinrich I.
955–976	Heinrich II. der Zänker
976–982	Otto, Herzog von Schwaben
983–985	Heinrich III.
985–995	Heinrich II. (zum 2. Mal)
995–1004	Heinrich IV. (seit 1002 deutscher König, seit 1014 Kaiser Heinrich II.)
1004–1009	Heinrich V. von Luxemburg
1009–1018	Heinrich IV. (zum 2. Mal)
1018–1026	Heinrich V. von Luxemburg (zum 2. Mal)
1027–1042	Heinrich VI. (seit 1039 deutscher König, seit 1046 Kaiser Heinrich III.)
1042–1047	Heinrich VII. von Luxemburg
1047–1049	Kaiser Heinrich III.
1049–1053	Konrad von Zütphen
1053–1054	Heinrich VIII. (seit 1054 deutscher König, seit 1084 Kaiser Heinrich IV.)
1054–1055	Konrad, Salier
1055–1061	Kaiserin Agnes
1061–1070	Otto von Northeim
1070–1077	Herzog Welf I.
1077–1095	Heinrich VIII. (zum 2. Mal)
1096–1101	Welf I. (zum 2. Mal)
1101–1120	Welf II.
1120–1126	Heinrich IX. der Schwarze
1126–1138	Heinrich X. der Stolze
1139–1141	Leopold von Österreich
1141–1143	König Konrad III.
1143–1156	Heinrich XI. Jasomirgott
1156–1180	Heinrich XII. der Löwe
1180–1183	Otto I. von Wittelsbach
1183–1231	Ludwig I. der Kelheimer
1231–1253	Otto II. der Erlauchte

1253–1294	Ludwig II. der Strenge (regiert seit 1255 nur in Oberbayern und der Pfalz)
1294–1317	Rudolf I. und Ludwig IV. (in Oberbayern und in der Pfalz)
1317–1347	Ludwig IV. allein (in Oberbayern, bis 1329 auch in der Pfalz, seit 1340 wieder in Ober- und Niederbayern, seit 1314 deutscher König, seit 1328 Kaiser Ludwig der Bayer)
1255–1290	Heinrich XIII. (in Niederbayern)
1290–1312	Otto III., Ludwig III., Stephan I. (in Niederbayern)
1310–1339	Heinrich XIV., Heinrich XV., Otto IV. (in Niederbayern)
1339–1340	Johann I. das Kind (in Niederbayern)
1347–1349	Ludwig V. der Brandenburger, Stephan II. mit der Hafte, Ludwig VI. der Römer, Wilhelm I., Albrecht I., Otto V. der Faule

Herzöge in Oberbayern

1349–1351	Ludwig IV., Ludwig VI., Otto V.
1351–1361	Ludwig V. (allein)
1361–1363	Meinhard
1363–1375	Stephan II.
1375–1392	Stephan III. der Kneißl, Friedrich, Johann II.
1392–1397	Johann II. (seit 1395 gemeinsam mit Stephan III.)
1397–1402	Stephan III., Ernst, Wilhelm III.
1402–1435	Ernst und Wilhelm III.
1435–1438	Ernst (allein)
1438–1460	Albrecht III.
1460–1463	Johann IV. und Sigmund
1463–1465	Sigmund (allein)
1465–1467	Sigmund und Albrecht IV. der Weise
1467–1508	Albrecht IV.

Herzöge in Bayern-Landshut

1349–1353	Stephan II., Wilhelm I., Albrecht I.
1353–1375	Stephan II. (allein)
1375–1392	Stephan III., Friedrich, Johann II.
1392–1393	Friedrich (allein)
1394–1450	Heinrich XVI. der Reiche
1450–1479	Ludwig IX. der Reiche
1479–1503	Georg der Reiche (1504 Bayern-Landshut mit Oberbayern wieder vereinigt.)

Herzöge von Bayern-Straubing/ Holland

1353–1358	Wilhelm I. und Albrecht I.

1358–1404	Albrecht I. (bis 1388 als Stellvertreter Wilhelm I.)
1389–1397	Albrecht II. (Statthalter Albrechts I. in Straubing)
1404–1417	Wilhelm II.
1417–1425	Johann III. der Erbarmungslose (Jean sans pitié) (Nach 1425 Bayern-Straubing unter die Linien München, Landshut, Ingolstadt aufgeteilt)

Herzöge in Bayern-Ingolstadt

1392–1395	Stephan III.
1395–1397	Stephan III. und Johann II.
1397–1402	Stephan III., Ernst, Wilhelm III.
1402–1413	Stephan III. (allein)
1413–1443	Ludwig VII. der Gebartete
1443–1445	Ludwig VIII. der Bucklige (1447, nach dem Tod Ludwigs des Gebarteten, Bayern-Ingolstadt an Bayern-Landshut)

Herzöge im wiedervereinigten Bayern

1504–1508	Albrecht IV.
1508–1550	Wilhelm IV. (1516–1545 gemeinsam mit Ludwig X.)
1550–1579	Albrecht V.
1579–1597	Wilhelm V. (seit 1594 gemeinsam mit Maximilian I.)
1597–1623	Maximilian I.

Kurfürsten in Bayern

1623–1651	Maximilian I.
1651–1679	Ferdinand Maria
1679–1726	Max II. Emanuel
1726–1745	Karl Albrecht (seit 1742 Kaiser Karl VII.)
1745–1777	Max III. Joseph
1777–1799	Karl Theodor
1799–1806	Max IV. Joseph (danach König Max I.)

Könige von Bayern

1806–1825	Max I.
1825–1848	Ludwig I.
1848–1864	Max II.
1864–1886	Ludwig II.
1886–1913	Otto I.
	Für ihn regieren als Prinzregenten:
	1886–1912 Luitpold
	1912–1913 Ludwig
1913–1918	Ludwig III.

Stammtafel der Wittelsbacher

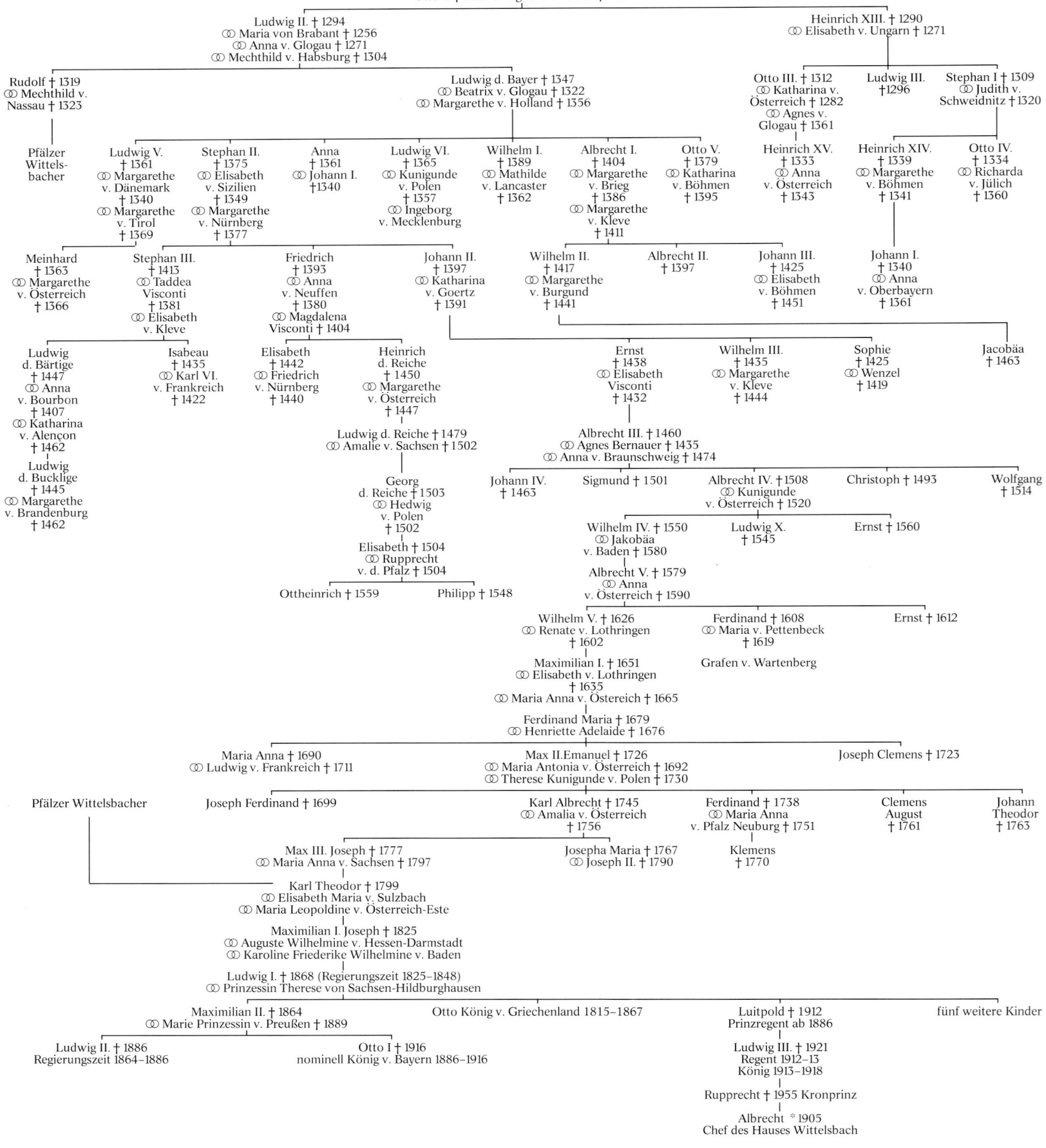

Genealogische Übersicht Niederbayern I

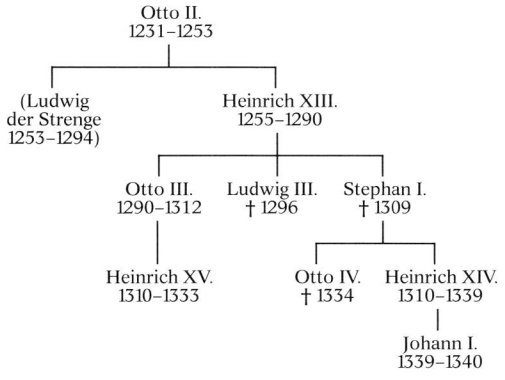

Otto II.
1231–1253

(Ludwig der Strenge 1253–1294)

Heinrich XIII. 1255–1290

Otto III. 1290–1312 — Ludwig III. † 1296 — Stephan I. † 1309

Heinrich XV. 1310–1333

Otto IV. † 1334 — Heinrich XIV. 1310–1339

Johann I. 1339–1340

Genealogische Übersicht Niederbayern II
(Die reichen Niederbayern)

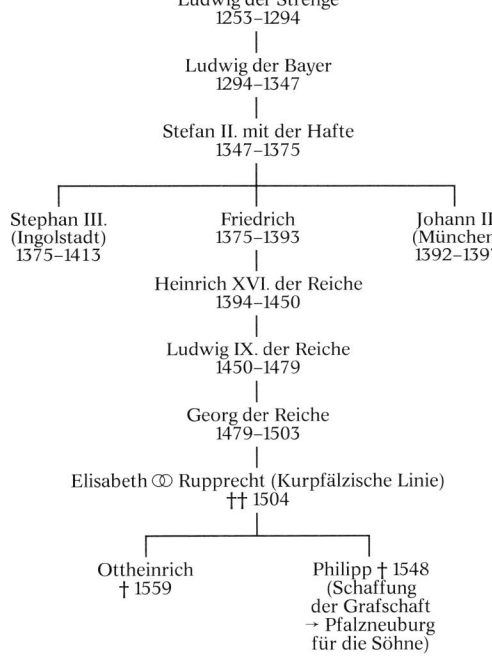

Ludwig der Strenge
1253–1294

Ludwig der Bayer
1294–1347

Stefan II. mit der Hafte
1347–1375

Stephan III. (Ingolstadt) 1375–1413 — Friedrich 1375–1393 — Johann II. (München) 1392–1397

Heinrich XVI. der Reiche
1394–1450

Ludwig IX. der Reiche
1450–1479

Georg der Reiche
1479–1503

Elisabeth ∞ Rupprecht (Kurpfälzische Linie)
†† 1504

Ottheinrich † 1559 — Philipp † 1548 (Schaffung der Grafschaft → Pfalzneuburg für die Söhne)

Genealogische Übersicht Oberbayern

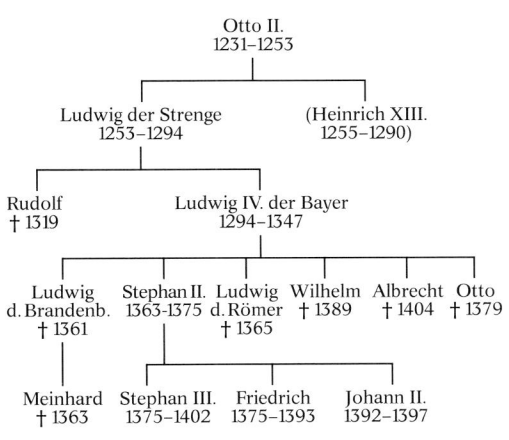

Otto II.
1231–1253

Ludwig der Strenge 1253–1294 — (Heinrich XIII. 1255–1290)

Rudolf † 1319 — Ludwig IV. der Bayer 1294–1347

Ludwig d. Brandenb. † 1361 — Stephan II. 1363-1375 — Ludwig d. Römer † 1365 — Wilhelm † 1389 — Albrecht † 1404 — Otto † 1379

Meinhard † 1363 — Stephan III. 1375–1402 — Friedrich 1375–1393 — Johann II. 1392–1397

Genealogische Übersicht München-Oberbayern

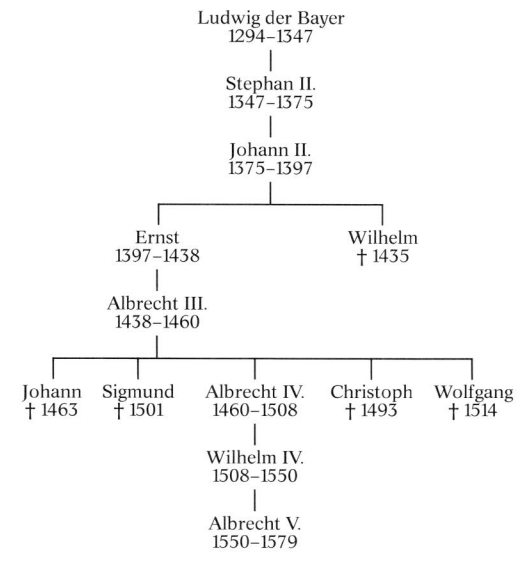

Ludwig der Bayer
1294–1347

Stephan II.
1347–1375

Johann II.
1375–1397

Ernst 1397–1438 — Wilhelm † 1435

Albrecht III.
1438–1460

Johann † 1463 — Sigmund † 1501 — Albrecht IV. 1460–1508 — Christoph † 1493 — Wolfgang † 1514

Wilhelm IV.
1508–1550

Albrecht V.
1550–1579

Genealogische Übersicht der Wittelsbacher in Holland

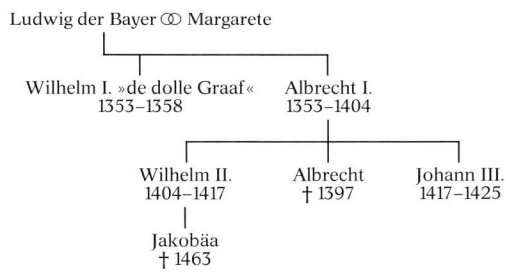

Ludwig der Bayer ∞ Margarete

Wilhelm I. »de dolle Graaf« 1353–1358 — Albrecht I. 1353–1404

Wilhelm II. 1404–1417 — Albrecht † 1397 — Johann III. 1417–1425

Jakobäa † 1463

Genealogische Übersicht:
Die Anfänge der Pfälzer Linien

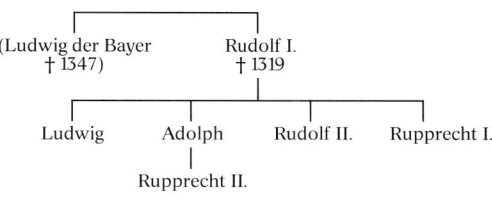

(Ludwig der Bayer † 1347) — Rudolf I. † 1319

Ludwig — Adolph — Rudolf II. — Rupprecht I.

Rupprecht II.

Genealogische Übersicht Pfalzneuburg

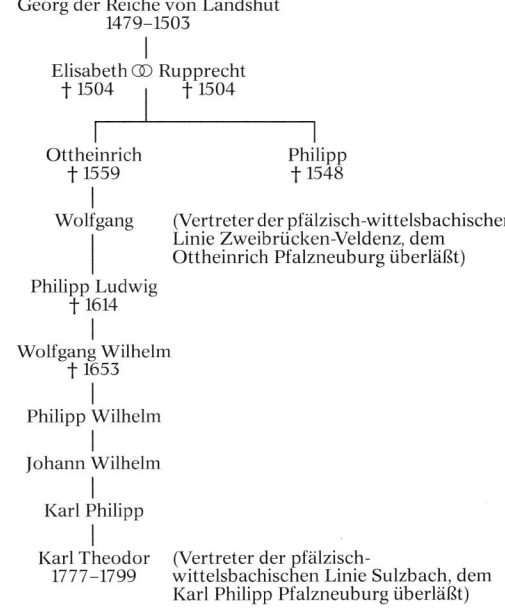

Georg der Reiche von Landshut
1479–1503

Elisabeth † 1504 ∞ Rupprecht † 1504

Ottheinrich † 1559 — Philipp † 1548

Wolfgang (Vertreter der pfälzisch-wittelsbachischen Linie Zweibrücken-Veldenz, dem Ottheinrich Pfalzneuburg überläßt)

Philipp Ludwig † 1614

Wolfgang Wilhelm † 1653

Philipp Wilhelm

Johann Wilhelm

Karl Philipp

Karl Theodor 1777–1799 (Vertreter der pfälzisch-wittelsbachischen Linie Sulzbach, dem Karl Philipp Pfalzneuburg überläßt)

Genealogische Übersicht der Herzöge in Bayern

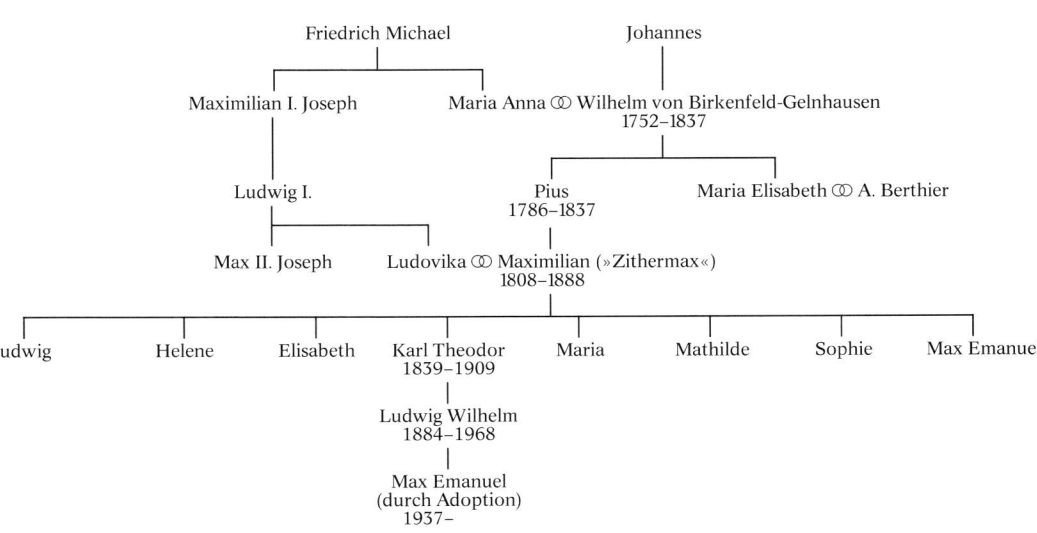

Friedrich Michael — Johannes

Maximilian I. Joseph — Maria Anna ∞ Wilhelm von Birkenfeld-Gelnhausen 1752–1837

Ludwig I. — Pius 1786–1837 — Maria Elisabeth ∞ A. Berthier

Max II. Joseph — Ludovika ∞ Maximilian (»Zithermax«) 1808–1888

Ludwig — Helene — Elisabeth — Karl Theodor 1839–1909 — Maria — Mathilde — Sophie — Max Emanuel

Ludwig Wilhelm 1884–1968

Max Emanuel (durch Adoption) 1937–

Bischöfe in Bayern

Bischöfe von Augsburg

St. Dionysius	304 (?)
Zosimus	(?)
Perwelf	(?)
Dagobert	(?)
Manno	(?)
Wicho	(?)
Piricho	(?)
Zeizo	(?)
Marchmann	(?)
Wikterp (Wigo)	ca. 738 (?)
Tozzo	(?)
St. Sintbert	778–809
Hanto	809–815
Nidker	815–830
Udalmann	830–840
Lanto	840–858
Witgar	858–887
Adalbero	887–909
Hiltin	909–923
St. Ulrich I. (Graf von Dillingen)	923–973
Heinrich I. (Graf von Geisenhausen)	973–982
Eticho der Welf	982–988
Leuthold (Graf von Hohenlohe)	989–996
Gebhard	996–1001
Sigfried I.	1001–1006
Bruno von Bayern	1006–1029
Eberhard I. (Eppo)	1029–1047
Heinrich II.	1047–1063
Emicho, Embrich, Graf von Leiningen	1064–1077
Sigfried II.	1077–1096
Wighold (Gegen-Bischof)	1088–1096
Werinhar, (Werner) (Gegen-Bischof)	1088
Eghard (Gegen-Bischof)	1088
Eberhard (Gegen-Bischof)	1093–1094
Hermann Graf v. Vohburg	1096–1133
Walther I. Pfalzgraf von Dillingen	1133–1152
Konrad von Hirscheck	1152–1167
Hartwig I. von Lierheim	1167–1184
Udalschalck Graf von Eschenlohe	1184–1202
Hartwig II. von Hirnheim	1202–1208
Sigfried III. von Rechberg	1208–1227
Siboto von Seefeld	1227–1247
Hartmann Graf von Dillingen	1248–1286
Sigfried IV. von Ulgishausen	1286–1288
Wolfhard von Roth-Wackernitz	1288–1302
Degenhard von Hellenstein	1302–1307
Friedrich I. Späth von Faimingen	1309–1331
Ulrich II. von Schöneck	1331–1337
Heinrich III. von Schöneck	1337–1348
Markwart I. von Randeck	1348–1365
Walther II. von Hochschlitz	1366–1369
Johann I. Schadland	1371–1373
Burghard von Erbach	1373–1404
Eberhard II. Graf von Kirchberg	1404–1413
Anshelm von Renningen	1413–1422
Friedrich II von Grafeneck (Gegenbischof)	1414–1423
Peter von Schaumburg (Kardinal)	1424–1469
Johann II. Graf von Werdenberg	1469–1486
Friedrich III. Graf von Hohenzollern	1486–1505
Heinrich IV. von Lichtenau	1505–1517
Christoph von Stadion	1517–1543
Otto Truchseß von Waldburg (Kardinal)	1543–1573
Johann III. Egholf von Knörringen	1573–1575
Markwart II. von Berg	1575–1591
Johann Otto von Gemmingen	1591–1598
Heinrich V. von Knörringen	1598–1646
Sigmund Franz Erzherzog von Österreich	1646–1665
Johann Christoph von Freiberg	1665–1690
Alexander Sigmund Pfalzgraf von Neuburg	1690–1737
Johann Franz Schenk von Stauffenberg, zugleich Bischof von Konstanz	1737–1740
Joseph, Landgraf von Hessen-Darmstadt	1740–1768
Klemens Wenzeslaus, Prinz von Sachsen und Polen, zugleich Kurfürst und Erzbischof von Trier	1768–1812
Franz Karl, Fürst von Hohenlohe Waldenburg-Schillingsfürst, prakonisiert 1818, starb vor Besitznahme des Bistums am 9. Oktober 1819.	
Joseph Maria, Frhr. von Fraunberg	1821–1824
Ignaz Albert von Riegg	1824–1836
Peter II. von Richarz	1837–1855
Michael von Deinlein	1856–1858
Pankratius von Dinkel	1858–1894
Petrus III. von Hötzl	1895–1902
Maximilian von Lingg	1902–1930
Joseph Kumpfmüller	1930–1949
Joseph Freundorfer	1949–1963
Josef Stimpfle	1963–1993
Viktor Dammertz	seit 1993

Bischöfe von Bamberg

Eberhard I.	1007–1040
Suidgar von Moorsleben (Papst Clemens II.)	1040–1046
Hartwig (Graf von Bogen?)	1047–1054
Adalbert von Kärnten	1053–1057
Günther	1057–1066
Hermann I. (Graf von Formbach?)	1065–1076
Rudbrecht	1075–1102
St. Otto I. von Mistelbach	1102–1139
Egilbert	1139–1146
Eberhard II. von Reifenberg	1146–1172
Hermann II. von Aurach	1172–1177
Otto II. Graf von Andechs	1177–1196
Thiemo	1196–1202
Konrad I. Herzog von Schlesien	1202–1203
Egbert Graf von Andechs, Herzog von Meranien	1203–1237
Sigried Graf von Öttingen	1237–1238
Poppo Graf von Andechs	1238–1242
Heinrich I. von Schmiedefeld	1242–1258
Berchtold Graf von Leiningen	1258–1285
Mangold von Reuenburg	1285
Arnold Graf von Solms	1286–1296
Leopold I. von Grundlach	1296–1303
Wulfing von Stubenberg	1304–1319
Konrad II. von Giech	1319–1322
Ulrich von Schlüsselfeld	1319–1322
Johann von Güttingen (Brixen, Freising)	1322–1324
Heinrich II. von Sternberg	1324–1328
Werntho Schenk von Reicheneck	1328–1335
Leopold II. von Egloffstein	1335–1343
Friedrich I. Graf von Hohenlohe	1344–1352
Leopold III. von Bebenburg	1353–1363
Friedrich II. Graf von Truhendingen	1363–1366
Ludwig Markgraf von Meißen	1366–1373
Lambert von Brunn (Straßb., Brixen, Speier)	1374–1398
Albrecht Graf von Wertheim	1398–1421
Friedrich III. von Aufseeß	1421–1431
Anton von Rotenhan	1431–1459
Georg I. von Schaumberg	1459–1475
Philipp Graf von Henneberg	1475–1487
Heinrich III. Groß von Trockau	1487–1501
Veit I. Truchseß von Pommersfelden	1501–1503
Georg II. Marschall von Ebnet	1503–1505
Georg III. Schenk von Limpurg	1505–1522
Wigand von Redwitz	1522–1556
Georg IV. Fuchs von Rügheim	1556–1561
Veit II. von Würzburg	1561–1577
Johann Georg I. Zobel von Giebelstadt	1577–1580
Martin I. von Eyb	1580–1583
Ernst von Mengersdorf	1583–1591
Reidhard von Thüngen	1591–1598
Johann Philipp von Gebsattel	1599–1609
Johann Godfried von Aschhausen (Würzburg)	1609–1622
Johann Georg II. Fuchs von Dornheim	1623–1633
Franz von Haßfeld (Würzburg)	1633–1642
Melchior Otto Voit von Salzburg	1642–1653
Philipp Valentin Voit von Rieneck	1653–1672
Peter Philipp von Dernbach (Würzburg)	1672–1683
Markwart Sebastian Schenk von Stauffenberg	1683–1693
Lothar Franz Graf von Schönborn (Mainz)	1693–1729
Friedrich Karl Graf von Schönborn (Würzburg)	1729–1746
Johann Philipp Anton von Frankenstein	1746–1753
Franz Konrad Graf von Stadion	1753–1757
Adam Friedrich Graf von Seinsheim (Würzburg)	1757–1779
Franz Ludwig von Erthal (Würzburg)	1779–1795
Christoph Franz von Buseck	1795–1802
Georg Karl Freiherr von Fechenbach	1805–1808
Sedisvakanz	bis 1817
Bamberg seit 1. April 1818 Erzdiözese	

Erzbischöfe von Bamberg:

Joseph Graf von Stubenberg	1818–1824
Joseph Maria Freiherr von Fraunberg	1824–1842
Bonifaz Kaspar von Urban	1842–1858
Michael von Deinlein	1858–1875
Friedrich von Schreiber	1875–1890
Joseph von Schork	1890–1905
Friedrich Philipp von Abert	1905–1912
Jacobus von Hauck	1912–1943
Joseph Otto Kolb	1943–1955
Josef Schneider	1955–1976
Elmar Maria Kredel	seit 1977

Bischöfe von Eichstätt

Hl. Willibald	741–787(?)
Gerhoh	787(?)–806(?)
Agan	806(?)–822(?)
Adalung	822(?)–837(?)
Altwin	837(?)–847(?)
Otgar	847(?)–880(?)
Gottschalk	880(?)–882(?)
Erchanbald	882(?)–912
Uodalfrid	912–933
Starchand	933–966
Reginold	966–991
Megingaud	991–1015(?)
Gundekar I.	1015(?)–1019
Walther	1020–1021
Heribert	1022–1042
Gezmann	1042
Gebhard I. (1055–1057 Papst Viktor II.)	1042–1057
Hl. Gundekar II.	1057–1075
Udalrich I.	1075–1099
Eberhard I. Graf von Hildrizhausen	1099(?)–1112
Udalrich II. Graf von Bogen	1112–1125
Gebhard II. Graf von Grögling	1125–1149
Burchard	1149–1153
Konrad I. von Morsbach	1153–1171
Egelolf	1171–1182, † ?
Otto	1182–1196
Hartwig Graf von Grögling	1196–1223
Friedrich I. von Haunstadt	1223–1225, † ?
Heinrich I. von Zipplingen	1225–1228
Heinrich II. von Dischingen	1228–1231
Heinrich III. von Rabensburg	1232–1237
Friedrich II. von Parsberg	1237–1246
Heinrich IV. Graf von Württemberg	1247–1259
Engelhard von Dolling	1259–1261
Hildebrand von Möhren	1261–1279
Reinboto von Meilenhart	1279–1297
Konrad II. von Pfeffenhausen	1297–1305
Johann I. (1306–1328 Bischof von Straßburg)	1305–1306
Philipp von Rathsamhausen	1306–1322
Marquard I. von Hagel	1322–1324
Gebhard III. Graf von Graisbach	1324–1327
Friedrich III. Landgraf von Leuchtenberg	1328–1329
Heinrich V. Schenk von Reicheneck	1329–1344
Albrecht I. von Hohenfels	1344–1351
Berthold Burggraf von Nürnberg	1351–1365
Raban Truchseß von Wildburgstetten	1365–1383
Friedrich IV. Graf von Oettingen	1383–1415
Johann II. von Heideck	1415–1429
Albrecht II. von Hohenrechberg	1429–1445
Johann III. von Eych	1445–1464
Wilhelm von Reichenau	1464–1496
Gabriel von Eyb	1496–1535
Christoph Marschall von Pappenheim	1535–1539

Moritz von Hutten 1539–1552
Eberhard II. von Hirn-
heim 1552–1560
Martin von Schaumberg 1560–1590
Kaspar von Seckendorff 1590–1595
Johann Konrad von
Gemmingen 1595–1612
Johann Christoph von
Westerstetten 1612–1636
Marquard II. Schenk von
Castell 1636–1685
Johann Euchar Schenk
von Castell 1685–1697
Johann Martin von Eyb 1697–1704
Johann Anton I. Knebel
von Katzenellenbogen 1705–1725
Franz Ludwig Freiherr
Schenk von Castell 1725–1736
Johann Anton II. Freiherr
von Freyberg 1736–1757
Raymund Anton Graf von
Strasoldo 1757–1781
Johann Anton III. Frei-
herr von Zehmen 1781–1790
Joseph Graf von
Stubenberg 1790–1824
Petrus Pustett 1824–1825
Johann Friedrich
Oesterreicher 1825–1835
Johann Martin Manl 1835
Karl August Graf von
Reisach 1836–1846
Georg von Oettl 1846–1866
Franz Leopold Freiherr
von Leonrod 1867–1905
Johannes Leo von Mergel 1905–1932
Konrad Graf von Preysing 1932–1935
Michael Rackl 1935–1948
Joseph Schröffer 1948–1967
Alois Brems 1968–1984
Karl Braun seit 1984

Bischöfe von Freising
Hl. Korbinian c. 724–730
Erimbert 739–748
Josef 748–764
Arbeo 764–783
Atto 783–811
Hitto 811–835
Erchanbert 836–854
Anno 854–875
Arnold 875–883
Waldo 883–906
Utto 906–907
Dracholf 907–926
Wolfram 926–937
Hl. Lantpert 937–957
Abraham Graf von Görz 957–993
Gottschalk von Hagenau 994–1005
Egilbert Graf von
Moosburg 1005–1039
Nitker 1039–1052
Ellenhard Graf von Tirol 1052–1078
Meginward 1078–1098
Heinrich I. Graf von
Tengling 1098–1137
Sel. Otto I. Markgraf von
Österreich 1138–1158
Albert I. Graf von
Hartshausen 1158–1183
Otto II. Graf von Berg 1184–1220
Gerold von Waldeck 1220–1230
Konrad I. von Tölz und
Hohenburg 1230–1258
Konrad II. Wildgraf 1258–1278
Friedrich von Montalban 1279–1282
Emicho Wildgraf 1283–1311
Gottfried von Hexenacker 1311–1314
Konrad III. Sendlinger 1314–1322
Johannes I. Wulfing 1323–1324
Konrad IV. von Klingen-
berg 1324–1340
Johannes II. Hacke aus
Göttingen 1341–1349

Albert II. Graf von
Hohenberg 1349–1359
Paul von Jägerndorf 1359–1377
Leopold von Sturmberg 1378–1381
Berthold von Wächingen 1381–1410
Konrad V. von Hebenstreit 1411–1412
Hermann Graf von Cilly 1412–1421
Nikodem della Scala 1421–1443
Heinrich II. Graf von
Schlick 1443–1448
Johannes III. Grünwalder
(Kardinal) 1448–1452
Johannes IV. Tulbeck 1453–1473
Sixtus von Tannberg 1473–1495
Rupert Pfalzgraf bei Rhein 1495–1498
Philipp Pfalzgraf bei Rhein 1499–1541
Heinrich III. Pfalzgraf bei
Rhein 1541–1552
Leo Lösch von Hilkerts-
hausen 1552–1559
Moriz von Sandizell 1559–1566
Ernst Herzog von Bayern 1566–1612
Stephan von Seyboldsdorf 1612–1618
Veit Adam von Gebeck 1618–1651
Albert Sigmund Herzog
von Bayern 1652–1685
Josef Klemens Herzog
von Bayern 1685–1694
Johannes Franz Ecker
von Kapfing und
Lichteneck 1695–1727
Johannes Theodor
Herzog von Bayern
(Kardinal) 1727–1763
Klemens Wenceslaus
Herzog von Sachsen,
Prinz von Polen 1763–1768
Ludwig Josef Frhr. von
Welden 1769–1788
Maximilian Prokop Graf
von Törring 1788–1789
Josef Konrad von Schrof-
fenberg 1790–1803
Sedisvakanz 1803–1821

Erzbischöfe von München und Freising
Lothar Anselm Frhr. von
Gebsattel 1821–1846
Karl August Graf von
Reisach 1846–1855
Gregor von Scherr 1856–1877
Antonius von Steichele 1878–1889
Antonius von Thoma 1889–1897
Franz Josef von Stein 1898–1909
Franziskus von Bettinger
(Kardinal) 1909–1917
Michael von Faulhaber
(Kardinal) 1917–1952
Joseph Wendel (Kardinal) 1952–1960
Julius Döpfner (Kardinal) 1961–1976
Joseph Ratzinger
(Kardinal) 1977–1981
Friedrich Wetter (Kardinal) seit 1981

Bischöfe von Passau
Waldrich 774–804
Urholf 805–806
Hatto 806–817
Reginhar 818–838
Hartwig 840–866
Hermanrich 866–874
Engelmar 874–897
Wiging 898–899
Richhar 899–903
Burghard 903–915
Gundbold 915–931
Gerhard 931–946
Adalbert I. 946–970
Pilgrim 971–991
Christian 991–1013
Berngar 1013–1045
Engelbert 1045–1065
Altmann (Graf von Wels
und Lambach?) 1065–1091

Hermann Herzog von
Kärnten (Gegen-
Bischof) 1078–1087
Ulrich I. 1092–1121
Reginhar, Reginmar 1121–1138
Reginbert von Hagenau 1138–1148
Konrad I. Markgraf von
Österreich 1149–1164
Rudbrecht 1164–1166
Albero, Albo 1166–1168
Heinrich Graf von Berg
(in Schwaben) 1169–1172
Dietpold Graf von Berg 1172–1190
Wolfgar von Leubrechts-
kirchen 1191–1204
Poppo 1204–1205
Mangold Graf von Berg 1206–1215
Ulrich II. (Graf von Berg?) 1215–1221
Gebhard Graf von Plain
und Hardeck 1222–1232
Rudgar von Radeck 1233–1250
Berthold Graf von Sig-
maringen 1250–1254
Otto von Lonsdorf 1254–1265
Peter Wratislaw 1265–1280
Wighard von Pollheim
(von Bertholdsdorf?) 1280–1282
Godfried I. 1283–1285
Bernhard von Brambach 1285–1313
Albrecht II. Herzog von
Sachsen 1320–1342
Godfried II. von Wei-
ßenegg 1342–1362
Albrecht III. von Winkhel 1362–1380
Johann von Scherffenberg 1381–1387
Georg I. Graf von
Hohenlohe 1387–1423
Leonhard von Laiming 1423–1451
Ulrich III. von Nußdorf 1451–1479
Georg II. Haßler 1479–1482
Friedrich I. Mauerkircher 1479–1485
Friedrich II. Graf von
Ottingen 1485–1490
Christoph Schachner 1490–1500
Wigileus Fröschl 1500–1517
Ernst Herzog von Bayern
(Administrator) 1517–1540
Wolfgang I. Graf von Salm 1540–1555
Wolfgang II. von Klosen 1555–1561
Urban von Trennbach 1561–1598
Leopold Erzherzog von
Österreich 1605–1625
Leopold Wilhelm Erzher-
zog von Österreich 1625–1662
Karl Joseph Erzherzog
von Österreich 1662–1664
Wenzslaw Graf von Thun 1664–1673
Sebastian von Pötting 1673–1689
Johann Philipp Graf von
Lamberg (Kardinal
1700) 1689–1712
Raimund Ferdinand Graf
von Rabatta 1713–1722
Joseph Dominicus Graf
von Lamberg (Kardinal
1737) 1723–1761
Joseph Maria Graf von
Thun 1761–1763
Leopold Ernst von Fir-
mian (Kardinal 1772) 1763–1783
Joseph Fürst von Auers-
berg (Kardinal 1789) 1783–1795
Thomas Graf von Thun 1795–1796
Leopold Graf von Thun 1796–1826
Karl Joseph Freiherr von
Riccabona 1826–1839
Heinrich von Hofstätter 1839–1875
Josef Franz von Weckert 1875–1889
Antonius von Thoma 1889
Michael von Rampf 1889–1901
Antonius von Henle 1901–1906
Sigismund Felix Freiherr
von Ow-Felldorf 1906–1936

Simon Konrad
Landersdorfer 1936–1968
Antonius Hofmann 1968–1984
Franz Xaver Eder seit 1984

Bischöfe von Regensburg
Gaubald 739–761
Sigrich 762–768
Sindbert 768–791
Adelwin 791–817
Badrich (Baturicus) 817–847
Erchenfried 847–864
Ambricho 864–891
Asbert 891–893
Tuto 893–930
Isengrim 930–941
Günther 942
Michael 942–972
St. Wolfgang I. von
Pfullingen 972–994
Gebhard I. von Schwaben 994–1023
Gebhard II. Graf von
Hohenwart 1023–1036
Gebhard III. Herzog von
Franken 1036–1060
Otto Graf von Rietenburg 1060–1089
Gebhard IV. Graf von
Hohenlohe 1089–1106
Hartwig I. (Herzog) von
Kärnten 1106–1126
Kuno, Konrad I. 1126–1132
Heinrich I. Graf von
Wolfrathshausen 1132–1155
Hartwig II. (Herzog) von
Kärnten 1155–1164
Eberhard der Schwabe 1164–1167
Konrad II. von
Reitenbuch 1167–1185
Godfried (Würzburg?) 1185–1186
Konrad III. von Laichling 1186–1204
Konrad IV. Graf von
Taispach und Fronten-
hausen 1204–1227
Sigfried (Rheingraf?) 1227–1246
Albert I. Graf von Pitengau 1246–1260
Albert II. von Bollstädt 1260–1262
Leo Thundorfer 1262–1277
Heinrich II. Graf von
Roteneck 1277–1296
Konrad V. von Luppurg 1296–1313
Nikolaus von Ybbs 1313–1340
Heinrich III. von Stein 1340–1345
Friedrich I. Burggraf von
Nürnberg 1345–1368
Konrad VI. von Haimberg 1368–1381
Theoderich von Abensberg 1381–1383
Johann I. (von Bayern)
von Moosburg 1384–1409
Albrecht III. von Stauf 1409–1421
Johann III. von Streitberg 1421–1428
Konrad VII. von Soest 1428–1437
Friedrich II. von Parsberg 1437–1450
Friedrich III. von
Plankenfels 1450–1457
Rudbrecht I. Pfalzgraf von
Mosbach 1457–1465
Heinrich IV. von Absberg 1465–1492
Rudbrecht II. Pfalzgraf
von Simmern 1492–1507
Johann III. Pfalzgraf 1507–1538
Pancraz von Sinzenhofen 1538–1548
Georg von Pappenheim 1548–1563
Veit von Frauenberg 1563–1567
David Kölderer 1567–1579
Philipp Herzog von Bayern 1579–1598
Sigmund Graf Fugger 1598–1600
Wolfgang II. von Hausen 1600–1613
Albrecht IV. von Törring 1613–1649
Franz Wilhelm Graf von
Wartenberg (Kardinal) 1649–1661
Johann Georg Graf von
Herberstein 1661–1663
Adam Lorenz Graf v.
Törring 1663–1666

Guidobald Graf von Thun (Kardinal)	1666–1668	Theodo	908–931	Hermann I. von Lobdeburg	1225–1254	Joh. Hartmann von Rosenbach	1673–1675

Guidobald Graf von Thun (Kardinal) 1666–1668
Albert Sigmund Herzog von Bayern 1668–1685
Joseph Clemens Herzog von Bayern 1685–1716
August Clemens Herzog von Bayern 1716–1719
Johann Theodor Herzog von Bayern (Kardinal) 1719–1763
Clemens Wenzslaw Herzog von Sachsen 1763–1769
Anton Ignatius Graf Fugger 1769–1787
Maximilian Procopius Graf von Törring 1787–1789
Joseph Konrad Freiherr von Schroffenberg 1790–1803
Karl Theodor Freiherr von Dalberg 1803–1817
Johann Nep. Freiherr von Wolf 1821–1829
Johann Michael von Sailer 1829–1832
Georg Michael Wittmann 1832–1833
Franz Xaver von Schwäbl 1833–1841
Valentin von Riedel 1842–1857
Ignatius von Senestréy 1858–1906
Antonius von Henle 1906–1927
Michael Buchberger 1927–1961
Rudolf Graber 1962–1982
Manfred Müller seit 1982

Bischöfe von Würzburg
St. Burghard I. 742–753
Megingod 753–769
Bernwulf 769–800
Ludrich 801–804
Egilwart 804–810
Wolfgar 810–832
Humbert 832–842
Godwalt 842–855
Arno 855–892
Rudolf I. Graf in Franken 892–908

Theodo 908–931
Burghard II. 931–941
Poppo I. 941–961
Poppo II. 961–984
Hugo 984–990
Bernward Graf von Rotenburg 990–995
Heinrich I. Graf von Rotenburg 995–1018
Meginhard I. Graf von Rotenburg 1018–1034
St. Bruno Herzog von Kärnten 1034–1045
Adalbero Graf von Lambach 1045–1085
Meinhard II. Graf von Rotenburg 1085–1088
Emehard Graf von Rotenburg 1088–1104
Rudbrecht 1104–1106
Erlong 1106–1121
Rudgar 1122–1125
Gebhard 1122–1125
Emicho Graf von Leiningen 1125–1146
Sigfried von Truhendingen 1147–1150
Gebhard Graf von Henneberg 1150–1159
Heinrich II. Graf von Leiningen 1159–1165
Herhold von Hochheim (Herzog von Franken) 1165–1171
Reginhard Graf von Abensberg 1171–1184
Godfried I. Graf von Spitzenberg 1184–1190
Heinrich III. Graf von Berg (von Biebelried) 1190–1197
Godfried I. Graf von Hohenlohe 1197
Konrad von Querfurt 1197–1202
Heinrich IV. von Käß 1202–1207
Otto I. von Lobdeburg 1207–1223
Dietrich von Homburg 1223–1225

Hermann I. von Lobdeburg 1225–1254
Ihering von Rheinstein 1254–1265
Konrad II. von Trimberg 1266–1267
Berthold Graf von Henneberg (Gegenbischof) 1266–1274
Berthold Graf von Sternberg 1274–1287
Mangold von Neuenburg 1287–1303
Andreas von Gundelfingen 1303–1314
Godfried III. Graf von Hohenlohe 1314–1322
Wolfram von Grumbach 1322–1333
Hermann II. von Lichtenberg 1333–1335
Otto II. von Wolfskehl 1333–1345
Albrecht I. Graf von Hohenberg 1345–1349
Albrecht II. Graf von Hohenlohe 1345–1372
Gerhard Graf von Schwarzburg 1372–1400
Johann I. von Egloffstein 1400–1411
Johann II. von Brunn 1411–1440
Sigmund Herzog von Sachsen 1440–1443
Godfried IV. von Limpurg 1443–1455
Johann III. von Grumpach 1455–1466
Rudolf II. von Scherenberg 1466–1495
Lorenz von Bibra 1495–1519
Konrad II. von Thüngen 1519–1540
Konrad III. von Bibra 1540–1544
Melchior Zobel von Giebelstadt 1544–1558
Friedrich von Wirsberg 1558–1573
Julius Echter von Mespelbrunn 1573–1617
Johann Godfried I. von Aschhausen (Bamberg) 1617–1622
Philipp Adolf von Ehrenberg 1623–1631
Franz von Haßfeld (Bamberg) 1631–1642
Joh. Philipp von Schönborn 1642–1673

Joh. Hartmann von Rosenbach 1673–1675
Peter Philipp von Dernbach 1675–1683
Konrad Wilhelm von Wernau 1683–1684
Joh. Godfried II. von Guttenberg 1684–1698
Johann Philipp II. Greiffenklau von Vollraths 1699–1719
Johann Philipp Franz Graf von Schönborn 1719–1724
Christoph Franz von Hutten 1724–1729
Friedrich Karl Graf von Schönborn (Bamberg) 1729–1746
Anselm Franz Graf von Ingelheim 1746–1749
Karl Philipp Greiffenklau von Bollraths 1749–1754
Adam Friedrich Graf von Seinsheim (Bamberg) 1755–1779
Franz Ludwig von Erthal (Bamberg) 1779–1795
Georg Karl von Fechenbach 1795–1808
Johann Franz Schenk von Stauffenberg (Kapitelvikar) 1808–1813
Joseph Fichtl (Generalvikar) 1814–1821
Adam Friedrich von Groß zu Trockau 1821–1840
Georg Anton von Stahl 1840–1870
Johann Valentin von Reißmann 1871–1875
Franz Xaver Himmelstein (Kapitelvikar) 1875–1879
Franz Joseph von Stein 1879–1897
Ferdinand von Schlör 1898–1924
Matthias Ehrenfried 1924–1948
Julius Döpfner 1948–1957
Josef Stangl 1957–1979
Paul-Werner Scheele seit 1979

Ausgewählte Schlösser und Burgen

Ansbach, Residenz
Seit dem Mittelalter Residenz der Markgrafen von Ansbach, im 18. Jahrhundert umgestaltet von den Architekten Gabriel de Gabrieli, Karl Friedrich von Zocha und Leopold Retti. Die Innenarchitektur ist vollendeter Rokoko-Stil.

Aschaffenburg, Schloß St. Johannisburg
Zweite Residenz der Kurfürsten von Mainz; älteste deutsche Schloßanlage der Renaissance (erbaut 1605–1614)

Aschaffenburg, Schoß Schönbusch
Sommerschloß der Kurfürsten von Mainz (erbaut 1778–1782). Das zweigeschossige Schloß, errichtet nach den Plänen des Hofarchitekten Emanuel Joseph von Herigoyen, ist durch eine 3,1 km lange Blickschneise mit dem Stadtschloß St. Johannisburg verbunden (→ Schloß- und Hofgärten).

Bad Bocklet (Unterfranken), Schloß Aschach
Ehemaliges gräflich Hennebergisches, dann fürstbischöflich würzburgisches Schloß des 16. Jahrhunderts

Bamberg, Neue Residenz
Barockschloß der Fürstbischöfe von Bamberg. Lothar Franz von Schönborn, Kurfürst von Mainz und Fürstbischof von Bamberg ließ die Residenz ab 1697 durch Johann Dientzenhofer erbauen.

Bayreuth, Neues Schloß
Ehemalige Residenz der Markgrafen von Bayreuth, erbaut 1753–1764 auf Veranlassung von Markgraf Friedrich von Brandenburg-Bayreuth.

Bayreuth, Altes Schloß Eremitage
Ehemalige Sommerresidenz der Markgrafen von Bayreuth (erbaut 1715–1718). Wilhelmine von Preußen baute die »höfische Einsiedelei« bis 1753 weiter aus (→ Schloß- und Hofgärten).

Bayreuth, Burg Zwernitz
Romanische Burganlage der Nürnberger Burggrafen (1156 erstmals erwähnt). Die um 1200 ausgebaute Burg war Stammsitz des oberfränkischen Geschlechts der Walpoten. 1290 wurde die Burg von den Burggrafen von Nürnberg erworben (→ Schloß- und Hofgärten, Felsengarten Sanspareil).

Berchtesgaden, Schloßmuseum
Ehemalige Residenz des Fürstpropstes von Berchtesgaden (seit 1809 im Besitz des Hauses Wittelsbach)

Burghausen, Burg
Ehemaliger zweiter Regierungssitz der Herzöge von Niederbayern; gewaltige Burganlage (1100 m Länge), erbaut zwischen dem Ende des 13. und dem Beginn des 16. Jahrhunderts. Im 15. Jahrhundert war die Burg die stärkste Festung des südöstlichen Deutschland.

Coburg, Veste Coburg
Die Burg aus dem 10. Jahrhundert ging im Jahre 1248 in den Besitz der Grafen von Henneberg über und fiel 1353 an das Haus Wettin. Die strategisch wichtige Veste wurde bis zum Jahre 1500 zu einem der größten Burgkomplexe Deutschlands ausgebaut. Nach der Verlegung der Hofhaltung in die Stadt Coburg im 16. Jahrhundert diente die Burg als Landesfestung.

Coburg, Schloß Rosenau
Das malerisch über der Itz gelegene Schloß ließ Herzog Ernst I. von Sachsen-Coburg-Saalfeld 1806 durch den Umbau einer mittelalterlichen Burg entstehen (→ Schloß- und Hofgärten).

Coburg, Schloß Ehrenburg
Ehemalige Stadtresidenz der Herzöge von Sachsen-Coburg-Gotha (erbaut ab 1543). Die bescheidene Dreiflügelanlage wurde 1623 durch Herzog Johann Kasimir in ein geschlossenes Geviert verwandelt. 1690 nach einem Brand unter Herzog Albrecht weiter ausgebaut, erfuhr die Ehrenburg erst im frühen 19. Jahrhundert unter Herzog Ernst I. ihre endgültige Ausgestaltung.

Dachau, Schloß Dachau
1715, unter Kurfürst Max Emanuel, umgebautes Renaissanceschloß der Wittelsbacher Herzöge, dessen Ursprünge vor das 12. Jahrhundert zurückreichen.

Eichstätt, Willibaldsburg
Bis 1725 Residenz der Bischöfe von Eichstätt (erbaut Mitte des 14. bis Anfang des 17. Jahrhunderts). Bischof Berthold von Zollern gründete die Burg 1335. Das heutige Erscheinungsbild bestimmt der Bau, den Elias Holl für Fürstbischof Konrad von Gemmingen zwischen 1595 und 1612 errichtete.

Ellingen (Mittelfranken), Residenz
Deutschordensmuseum; heutiger Bau errichtet 1708–1720 unter Karl Heinrich von Hornstein, dem Landkomtur der Ballei Franken des Deutschen Ordens. Der geistliche Ritterorden residierte bis 1809 in Ellingen.

Ettal, Schloß Linderhof
1874–1878 für König Ludwig II. im Rokokostil nach Plänen von Georg Dollmann erbaut

Falkenberg (Oberpfalz), Burg Falkenberg
Erbaut im 11. Jahrhundert von den Rittern von Falkenberg

Fürth, Cadolzburg
Die auf einer steilen Felsnase, nur wenige Kilometer westlich von Fürth errichtete Burg wurde 1157 erstmals erwähnt. Mitte des 13. Jahrhunderts gelangte die Burg der Abenberger Rangaugrafen in den Besitz der Nürnberger Burggrafen, gegen die sie schließlich von den Zollern im 15. Jahrhundert als Trutzfeste ausgebaut wurde.

Füssen, Hohes Schloß
Ehemaliges Schloß der Bischöfe von Augsburg, ausgebaut um 1600

Garmisch-Partenkirchen, Jagdschloß Schachen
Erbaut 1870–1872 für König Ludwig II. unterhalb der Dreitorspitze in 1876 m Höhe; die Märchenwelt des Orients, die auf den König eine große Faszination ausübte, war Vorbild für die Innenarchitektur.

Grünwald (Oberbayern), Burgmuseum Grünwald
Ehemaliges Jagdschloß der Herzöge von Wittelsbach aus dem 15. Jahrhundert

Herrenchiemsee, Neues Schloß
Nach dem Vorbild von Versailles errichtetes Prunkschloß für König Ludwig II. (erbaut 1878–1886 nach Entwürfen von Georg Dollmann)

Höchstadt a. d. Donau, Schloß
Schloß der Pfalz-Neuburger aus dem 16. Jahrhundert; in der entscheidenden Schlacht des Spanischen Erbfolgekrieges erlitt Kurfürst Max Emanuel von Bayern hier, im Jahre 1704, eine schwere Niederlage.

Ingolstadt, Neues Schloß
Herzogsschloß aus dem 15. Jahrhundert, jetzt Bayerisches Armeemuseum. Von Herzog Ludwig dem Bärtigen gegründet, wurde das Neue Schloß von Herzog Georg dem Reichen ab 1484 im spätgotischen Stil zu einer fürstlichen Residenz ausgebaut.

Kirchheim (Unterallgäu), Schloß
Erstmals erwähnt 1067; neuerbaut 1578–1585 von Hans Fugger

Kronburg (Unterallgäu), Schloßmuseum
Erbaut 1490–1536; große vierflügelige Anlage

Krummenaab (Oberpfalz), Schloßmuseum Thumsenreuth
Ursprünglich Wasserburg, 1255 erstmals erwähnt; seit 1661 im Besitz der Freiherren von Lindenfels

Kulmbach, Plassenburg
Ehemalige Residenz der Markgrafen von Kulmbach-Bayreuth aus dem 16. Jahrhundert; schönster Arkadenhof der deutschen Renaissance. Die 1135 erstmals erwähnte, in strategischer Lage über dem Main gelegene Plassenburg wurde 1554 weitgehend zerstört. Markgraf Georg Friedrich begann 1559 mit dem Neubau einer Schloßburg, die zugleich als Festung wie als auch Residenz diente.

Landshut, Stadtresidenz
Erstes deutsches Renaissance-Schloß; erbaut 1536–1543 unter Herzog Ludwig X. von Bayern

Landshut, Burg Trausnitz
Ehemalige Residenz der Herzöge von Bayern-Landshut, gegründet 1204 von Herzog Ludwig I. dem Kelheimer. Seit 1568, unter dem späteren Herzog Wilhelm V. zu einem prächtigen Renaissanceschloß ausgebaut.

Ludwigstadt (Oberfranken), Burg Lauenstein
915 von Konrad I. gegründet; 1551–1554 zum Schloß ausgestaltet. Die auf einem 550 m hohen Bergkegel gelegene Burg ist ein gutes Beispiel für den Typus der Höhenburg. Das Schloß ist von der Renaissance-Architektur Mitteldeutschlands geprägt.

Mespelbrunn (Unterfranken), Schloß Mespelbrunn
Wasserschloß (erbaut 1400–1566)

München, Residenz
Ehemalige Residenz der Wittelsbacher, entstanden ab 1385 aus einer kleinen Wasserburg. Nachdem die Wittelsbacher Anfang des 16. Jahrhunderts ihre Residenz hierher verlegt hatten, wurde das Schloß ständig weiter ausgebaut. Ihr heutiges Gepräge erhielt die Residenz ab 1826 durch König Ludwig I.

München, Schloß Nymphenburg
Ehemalige Sommerresidenz der Wittelsbacher, erbaut ab 1664 von Kurfürst Ferdinand Maria als Geschenk für seine Gemahlin, Henriette Adelaide von Savoyen. Neugestaltet wurde die Anlage von 1715 bis 1726 unter Kurfürst Max Emanuel durch den Architekten Joseph Effner, der die heterogenen Bauteile zu einem eindrucksvollen Barockschloß zusammenfügte.

München, Amalienburg im Nymphenburger Schloßpark
Bedeutendes Kunstwerk des höfischen Rokoko mit berühmtem Spiegelsaal; erbaut 1734–1739 in einem Fasanengehege des Nymphenburger Gartens von Kurfürst Carl Albrecht nach den Entwürfen von François Cuvilliés dem Älteren.

Neuburg a. d. Donau, Schloß
Erbaut im frühen 16. Jahrhundert durch den Pfalzgrafen Ottheinrich. Pfalzgraf Philipp Wilhelm gestaltete das Schloß ab 1660 im Barockstil um, verließ Neuburg jedoch schon 1685 wieder, um in Heidelberg zu residieren. Seither wurde das Schloß wenig genutzt.

Nürnberg, Kaiserburg
Stauferbau aus dem 11. Jahrhundert; zeitweilig Sitz der deutschen Kaiser und Könige. Die Kaiserpfalz stand im Mittelalter stets im Brennpunkt der Reichsgeschichte. Friedrich Barbarossa baute sie im 12. Jahrhundert zu einer der glanzvollsten Burgen des Reiches aus.

Obernzell (Niederbayern), Schloß
Schloß der Passauer Fürstbischöfe aus dem frühen 15. Jahrhundert (heute Keramikmuseum). Gegründet von Fürstbischof Georg von Hohenlohe, wurde die mit Mauern, Türmen und Graben befestigte Anlage 1581 bis 1583 von Fürstbischof Urban von Trennbach zum heutigen Renaissanceschloß umgebaut.

Ortenburg (Niederbayern), Schloßmuseum
Renaissanceschloß der Grafen von Kraiburg-Ortenburg

Pappenheim (Mittelfranken), Burgmuseum
Bauteile aus mehreren Epochen; Neues Schloß erbaut 1820

Passau, Festung Oberhaus
Errichtet von den Passauer Fürstbischöfen zwischen dem 13. und dem 17. Jahrhundert

Piding (Berchtesgaden), Burg Staufeneck
Imposante Burg aus dem 12. Jahrhundert (umgebaut 1513)

Pommersfelden (Oberfranken), Schloß Weißenstein
Bedeutendes Barockschloß; erbaut 1711–1718 unter Kurfürst Lothar Franz von Schönborn

Pottenstein (Oberfranken), Burg
Erbaut im 14./15. Jahrhundert

Rennertshofen (Oberbayern), Schloßmuseum
Hufeisenförmige Anlage; erbaut in den Jahren 1718–1730

Riedenburg, Burg Rosenburg
Die Burg aus dem frühen 13. Jahrhundert war ursprünglich im Besitz der Burggrafen von Riedenburg. Nach dem Erlöschen des Geschlechts gelangte die »Rietenburch« in den Besitz der Herzöge von Bayern. Nach der Zerstörung in den Bauernkriegen wurden 1556 bis 1558 die Wohngebäude errichtet.

Riedenburg (Niederbayern), Burg Prunn
Reizvoll gelegene Burg über dem Altmühltal; erste Erwähnung im Jahre 1037. Die Burg wechselte vielfach den Besitzer, bis sie 1672 an die Ingolstädter Jesuiten gelangte. Seit 1822 im Besitz der bayerischen Krone, wurde ihre Erhaltung 1827 von König Ludwig I. verfügt.

Rothenburg o. d. Tauber, Toppler-Schlößchen
Wohnung des Bürgermeisters Toppler (um 1400)

Schillingsfürst (Mittelfranken), Schloß Hohenlohe-Schillingsfürst
Eine der bedeutendsten Barockanlagen Süddeutschlands (erbaut 1723–1750)

Schleißheim bei München, Neues Schloß
Die Anlage umfaßt das Alte Schloß (erbaut 1598–1623 von Herzog Wilhelm V.), das Schlößchen Lustheim (errichtet 1684–1690 unter Kurfürst Max Emanuel) und das Neue Schloß (erbaut 1701–1726 von dem Architekten Joseph Effner, ebenfalls auf Veranlassung von Max Emanuel).

Schnaittach bei Lauf, Festung Rothenburg
Die seit dem 13. Jahrhundert bestehende Burg kam 1401 an König Rupprecht von der Pfalz und fiel 1628 an Kurbayern. Im Jahre 1703 zerstört, wurde sie als moderne Festung nach französischem Vorbild wiederaufgebaut und hielt 1742 der Belagerung durch die Österreicher stand.

Schwangau (Ostallgäu), Schloß Hohenschwangau
Im 12./13. Jahrhundert Sitz der Herren von Schwangau; neuerrichtet ab 1832 als Sommersitz des Kronprinzen Maximilian (seit 1848 König Maximilian II.)

Schwangau (Ostallgäu), Schloß Neuschwanstein
Erbaut 1869–1886 für König Ludwig II. im spätromanischen Stil nach Plänen von Eduard Riedel. Der weltentrückte König wollte mit dieser Burg der Traumwelt seines Idols Richard Wagner Gestalt verleihen.

Staffelstein (Oberfranken), Schloß Banz
Ehemaliges Benediktinerstift (erbaut 1695–1771)

Starnberg, Schloß Berg
König Maximilian II. ließ das Schloß aus dem 17. Jahrhundert 1850 im neugotischen Stil umgestalten; König Ludwig II. kam 1886 hier ums Leben.

Tambach (Oberfranken), Schloß
Ehemaliger Sommersitz der Äbte von Langheim (erbaut um 1700, erweitert 1790)

Veitshöchheim (Unterfranken), Schloß
Erbaut 1680–1682 als Jagdschloß von Fürstbischof Peter Philipp von Dernbach; 1749–1753 ausgebaut als Sommersitz der Würzburger Fürstbischöfe von dem Architekten Balthasar Neumann. Fürstbischof Adam Friedrich von Seinsheim (1755–1779) veranlaßte die Anlage des Rokokogartens (→ Schloß- und Hofgärten).

Winklarn (Oberpfalz), Schloßmuseum
Schloßanlage des späten 16. Jahrhunderts; nach einem Brand 1822 wiederaufgebaut

Wolfsegg (Oberpfalz), Burg
Kleine, kompakte Anlage aus dem 14. Jahrhundert

Würzburg, Festung Marienberg
Die Bergveste der Würzburger Fürstbischöfe wurde erstmals im Jahre 704 als »castellum Virteburc« urkundlich erwähnt. Um 1200 mehr und mehr ausgebaut, diente sie seit dem Dreißigjährigen Krieg vornehmlich militärischen Zwecken. Im Zweiten Weltkrieg völlig ausgebrannt, ist die Festung noch heute nicht völlig wiederhergestellt.

Würzburg, Residenz
Residenz der Fürstbischöfe von Würzburg (erbaut ab 1720); bedeutendster Schloßbau des 18. Jahrhunderts in Deutschland. Insgesamt 60 Jahre unter sechs Fürstbischöfen (→ Bischöfe) vergingen, bis die Residenz im Jahre 1780 fertiggestellt war. Allein der Rohbau nahm 24 Jahre in Anspruch (→ Schloß- und Hofgärten).

Gärten Bayerns

Hofgarten Ansbach
Bauherr: Markgräfin Christiana Charlotte von Brandenburg-Ansbach (1723–29), Markgraf Carl Wilhelm Friedrich von Brandenburg-Ansbach (1729–57)
Gartenarchitekt: unbekannt
Größe: etwa 18 ha
Der Hofgarten Ansbach wurde von Markgräfin Christiana Charlotte und Markgraf Carl Wilhelm Friedrich von Brandenburg-Ansbach in der Zeit von 1723 bis 1750 zu einem Barockgarten ausgebaut, der in keiner direkten Beziehung zum Schloß stand. Der zentrale Bau des Gartens ist die Orangerie.

Park Schönbusch Aschaffenburg
Bauherr: Friedrich von Erthal, Kurfürst von Mainz
Gartenarchitekt: Wilhelm Reichsgraf von Sickingen, Minister am Hof (bis 1782), Friedrich Ludwig von Sckell (ab 1785)
Größe: etwa 168 ha
Der ehemalige, durch Grundstückskäufe erweiterte Wildpark im Nilkheimer Wäldchen wurde von Kurfürst Friedrich von Erthal und den Gartenarchitekten Wilhelm Reichsgraf von Sickingen sowie Friedrich Ludwig von Sckell ab 1775 (bis 1789) zum ersten Landschaftsgarten Deutschlands ausgebaut.

Schloßanlagen Aschaffenburg
Bauherr: König Ludwig I. von Bayern (1786–1848)
Gartenarchitekt: vermutlich Ludwig Carl Seitz, Hofgärtenintendant (1792–1852)
Größe: etwa 6 ha
Auf dem Gelände des ehemaligen Stadtgrabens und der Wälle des Schlosses St. Johannisburg entstand ab 1843 (bis 1848) nach den Wünschen von König Ludwig I. ein Pompejanum, das von einer südländischen Ideallandschaft und einem Weinberg umgeben war.

Rosengarten der Neuen Residenz Bamberg
Bauherr: Friedrich Carl von Schönborn, Fürstbischof
Gartenarchitekt: Balthasar Neumann
Größe: etwa 0,4 ha
Auf dem Gelände des ehemaligen Renaissancegartens ließ Fürstbischof Friedrich Carl von Schönborn 1733 von Balthasar Neumann einen symmetrischen Garten anlegen. 4500 Rosen in 49 verschiedenen Sorten wachsen auf den Blumenbeeten.

Hofgarten Bayreuth
Bauherr: Markgraf Friedrich von Brandenburg-Bayreuth (1711–63)
Gartenarchitekt: unbekannt, Mitwirkung von Markgräfin Wilhelmine von Brandenburg-Bayreuth 1710–58
Größe: etwa 13 ha
Der ehemalige Nutz- und Lustgarten wurde mit dem Bau des Neuen Schlosses ab 1753 (bis 1763) von Markgraf Friedrich von Brandenburg-Bayreuth und vor allem von seiner Frau, Markgräfin Wilhelmine, neu konzipiert. Die Anlage wird bestimmt vom rechtwinkelig abgeknickten zentralen Kanal, der ursprünglich vier Inseln umschloß, von denen zwei mit der Umgestaltung des Gartens im natürlichen Stil verschwanden.

Hofgarten Eremitage Bayreuth
Bauherr: Markgraf Georg Wilhelm von Brandenburg-Bayreuth (1711–1726), Markgräfin Wilhelmine von Brandenburg-Bayreuth (1735–58)
Gartenarchitekt: Gabriel Lück, Markgräfin Wilhelmine (ab 1735)
Größe: etwa 46 ha
Im ehemaligen Tiergarten erbaute Markgraf Georg Wilhelm von Brandenburg-Bayreuth ab 1715 ein Sommerschloß, dessen Gartenanlagen erst von Gabriel Lück und später (etwa ab 1735) von der Markgräfin Wilhelmine ohne einen festen Plan mit barocken Elementen ausgestattet wurden. Im Waldgebiet wurde mit dem Gürtelweg ein typisches Element des Landschaftsgartens vorweggenommen, zu dem der Hofgarten ab 1800 umgestaltet wird.

Park Fantaisie (Donndorf)
Bauherr: Herzogin Elisabeth Friederike Sophie von Württemberg (1732–80)
Gartenarchitekt: unbekannt, Mitwirkung von Markgräfin Wilhelmine von Brandenburg-Bayreuth 1710–58
Größe: etwa 17 ha
Der von Markgräfin Wilhelmine von Brandenburg-Bayreuth konzipierte und von ihrer Tochter, Herzogin Elisabeth Friederike Sophie von Württemberg, fertiggestellte Park weist rokokohafte Elemente auf (z. B. die große Kaskadenanlage), die in der zweiten Bauphase ab 1797 in einem romantisch-sentimentalen Landschaftsgarten integriert werden.

Parkanlage Feldafing
Bauherr: König Max II. von Bayern (1848–64)
Gartenarchitekt: Peter Joseph Lenné, preußischer Gartendirektor, Carl von Effner, bayerischer Hofgärtendirektor (1831–84)
Größe: etwa 90 ha
Der Park am Starnberger See wurde unter König Max II. von Bayern durch Peter Joseph Lenné als Umgebung einer großen Schloßanlage geplant, die jedoch nicht gebaut wurde. 1855–63 wurde der Park dann durch Carl von Effner als Landschaftsgarten angelegt.

Schloßpark Herrenchiemsee
Bauherr: König Ludwig II. von Bayern (1864–86)
Gartenarchitekt: Carl von Effner (1831–84)
Größe: etwa 42 ha
Der Schloßpark auf der Herreninsel, der von König Ludwig II. von Bayern initiiert und durch Carl von Effner in Anlehnung an den Garten des französischen Schlosses Versailles angelegt wurde (1878–84), wurde mit der Mittelachse in Ost-West-Richtung (Lindenallee, Brunnen, Freitreppe, Brunnen, Apollobassin, Kanal) nur teilweise fertiggestellt. Nach dem Tod des Königs (1886) wurde der ursprüngliche Plan, die gesamte Herreninsel im Chiemsee als Garten auszugestalten, aufgegeben.

Schloßpark Linderhof
Bauherr: König Ludwig II. von Bayern (1864–86)
Gartenarchitekt: Carl von Effner (1831–84)
Größe: etwa 58 ha
Die von Carl von Effner für König Ludwig II. von Bayern entworfene Gartenanlage (1872–80) einer königlichen Villa vereint barocke Elemente im Parterre (Bassins und Wasserspiele), Motive der italienischen Renaissance bei den südlichen und nördlichen Terrassen (z. B. Venustempel) sowie in der weiteren Umgebung einen Landschaftsgarten.

Englischer Garten München
Bauherr: Kurfürst Carl Theodor von Bayern 1777–99, König Max I. von Bayern 1806–25 (ab 1799 als Kurfürst Maximilian IV. Joseph)
Gartenarchitekt: Friedrich Ludwig von Sckell (1750–1823)
Größe: etwa 372 ha
Kurfürst Carl Theodor von Bayern ließ ab 1789 auf dem Gelände des sog. Hirschangers an der Isar einen Volksgarten anlegen, der als Höhepunkt des klassischen Landschaftsgartens in Deutschland gilt. Hofgartenintendant Friedrich L. von Sckell schuf ab 1804 eine idealisierte Landschaft.

Hofgarten Residenz München
Bauherr: Herzog Maximilian I. von Bayern (1573–1651)
Gartenarchitekt: unbekannt
Größe: etwa 4 ha
Der gleichzeitig mit dem Bau der neuen Residenz (1611–18) entstandene Münchener Hofgarten war bestimmt vom zentralen achteckigen Pavillon. Im Norden und Westen wurde der Garten von Arkaden begrenzt; im oberen Gartenteil finden sich Laubengänge aus Maulbeerbäumen und an den Wegkreuzungen offene Rundtempel. Der Renaissancegarten wurde mehrmals umgestaltet, u. a. 1679–1726 im barocken Stil.

Finanzgarten München
Bauherr: König Max I. von Bayern (1806–25)
Gartenarchitekt: Friedrich Ludwig von Sckell (1750–1823)
Größe: etwa 2 ha
Gartenarchitekt Friedrich L. von Sckell wollte auf dem Gelände der ehemaligen Stadtbefestigung und der Klostergärten mit diesem kleinen Landschaftsgarten eine Verbindung zwischen Englischem Garten und Hofgarten schaffen. Dies wurde jedoch durch den Bau des später Prinz Carl Palais genannten Gebäudes verhindert.

Maximiliansanlagen München
Bauherr: König Max II. von Bayern (1848–64)
Gartenarchitekt: Carl von Effner (1831–84)
Größe: etwa 30 ha
König Max II. von Bayern ließ ab 1856 durch Carl von Effner einen öffentlich zugänglichen Landschaftsgarten auf einer ehemaligen Schafweide anlegen, der das Isarhochufer gegen Erosion schützen sollte. Um 1890 wurden ein kleiner See und die Luitpoldterrasse angelegt.

Schloßpark Nymphenburg, München
Bauherr: Kurfürst Max Emanuel von Bayern (1679–1726), König Max I. von Bayern (1806–25, ab 1799 als Kurfürst Maximilian IV. Joseph)
Gartenarchitekt: Charles Carbonet (bis 1705), Dominique Girard (1715–38), Friedrich Ludwig von Sckell (1801–23)
Größe: etwa 229 ha
Der 1671 entstandene kleine Renaissancegarten wurde ab 1701 unter Kurfürst Max Emanuel von Charles Carbonet (1701–05) und Dominique Girard (1715–38) nach französischem Vorbild zu einem Barockgarten mit symmetrischer Gliederung, Kanälen und Wasserspielen ausgestaltet. Ab 1801 (bis 1823) baute Friedrich L. von Sckell den Schloßpark in einen klassischen Landschaftsgarten um.

Schloßpark Rosenau
Bauherr: Herzog Ernst I. von Coburg-Saalfeld (1784–1844)
Gartenarchitekt: unbekannt
Größe: etwa 33 ha
Herzog Ernst I. von Coburg-Saalfeld ließ ab 1806 (bis 1826) den Schloßpark an der Itz anlegen, der Merkmale des klassischen Landschaftsgartens (großzügige Gliederung unterschiedlicher Gartenräume) und typisch englische Elemente wie das Parterre vereint.

Felsengarten Sanspareil
Bauherr: Markgraf Friedrich von Brandenburg-Bayreuth (1711–63)
Gartenarchitekt: unbekannt, Mitwirkung von Markgräfin Wilhelmine von Brandenburg-Bayreuth (1710–58)
Größe: etwa 13 ha
Auf dem Gelände eines Buchenhains ließ Markgraf Friedrich von Brandenburg-Bayreuth ab 1744 (bis 1748) ein Jagdrevier mit Fasanenhütten und Wildraufen anlegen, das die Markgräfin Wilhelmine mit unterschiedlichen Gartenbereichen ausgestaltete.

Hofgarten Schleißheim
Bauherr: Kurfürst Max Emanuel von Bayern (1679–1726)
Gartenarchitekt: Enrico Zuccalli, Dominique Girard
Größe: etwa 78 ha
Der nahezu vollständig erhaltene Barockgarten wurde mit dem Bau des Neuen Schlosses (ab 1701) und des Schlößchens Lustheim von Enrico Zuccalli geplant und von Dominique Girard, einem Le-Notre-Schüler, ab 1717 (bis 1726) ausgeführt.

Hofgarten Veitshöchheim
Bauherr: Fürstbischöfe von Würzburg, besonders 1763–78 Adam Friedrich von Seinsheim (1755–1778)
Gartenarchitekt: Antonio Petrini, (1702–1721), Adam Friedrich von Seinsheim
Größe: etwa 12 ha
Anfang des 18. Jahrhunderts entstand um das 1680–82 von Antonio Petrini erbaute Schloß der Hofgarten mit einem quadratischen Parterre, dem nach Süden ausgerichteten Heckengarten und einem See (1721). Als Rokokogarten kennzeichnen die Anlage ihre rasterförmige Aufteilung, Heckenwände mit Nischen, kleine und gemütliche Gartenräume sowie etwa 200 Plastiken.

Hofgarten Würzburg
Bauherr: Adam Friedrich von Seinsheim, Fürstbischof von Würzburg (1755–78)
Gartenarchitekt: Johann Prokop Mayer
Größe: etwa 9 ha
Auf dem ehemals bebauten Gelände der Stadtresidenz gestaltete Johann Prokop Mayer im Auftrag des Fürstbischofs von Würzburg, Adam Friedrich von Seinsheim, ab 1770 (bis 1793) auf dem begrenzten Raum einen für den Barock untypischen, kleinen Garten, dessen Ostgarten mit zwei Laubengängen sich der Hanglage durch Terrassen anpaßt.

Ausgewählte Klöster in Bayern

Abensberg
1389 von Johann von Abensberg als Karmelitenkloster gegründet

Aldersbach
1139 von Bischof Otto von Bamberg als Augustiner-Chorherrenstift gegründet

Altötting
Die Kapelle wird erstmals 877 erwähnt, dürfte jedoch schon Anfang des 7. Jh. als Heidentempel entstanden sein. Ende des 15. Jh. wurde der Zentralbau der alten Kapelle zum Wallfahrtsheiligtum.

Altomünster
Birgittinnen-Klosterkirche, um 750 von dem Einsiedler Alto als Benediktiner-Doppelkloster (für Mönche und Nonnen) gegründet; seit 1485 im Besitz des Birgittinnenordens

Amberg
1452 vom heiligen Johannes Capistran als Franziskanerkloster gegründet

Benediktbeuern
740 durch den heiligen Bonifatius als Benediktinerkloster geweiht

Berchtesgaden
Um 1102 von Graf Berengar von Sulzbach als Augustinerkloster gegründet

Biburg
Um 1140 durch die Brüder Konrad und Arebo Megenhard als Benediktinerkloster gegründet

Dießen
Das heutige Kloster wurde 1732–1739 erbaut. Es geht zurück auf die Gründung des Frauenklosters St. Stephan (um 1100) und des Augustiner-Chorherrenstifts (um 1122–32).

Ebersberg
Vermutlich 934 von Graf Eberhard I. und seinem Bruder Adalbero zu Ehren Gottes, Mariens, der Heiligen Märtyrer, Sebastians, Cyriacus, Vitus und des heiligen Papstes Martin I. gegründet

Ensdorf
Gründung um 1100 als Benediktinerkloster durch Pfalzgraf Otto von Wittelsbach und seinem Schwiegervater Graf Friedrich von Burglengenfeld-Hopfenohe-Pettendorf

Ettal
Der Legende nach 1330 von Kaiser Ludwig dem Bayern als Ritterstift gegründet, dem ein Benediktinerkloster angeschlossen wurde

Frauenchiemsee
Das Gründungsjahr ist umstritten, vermutlich im 8. oder 9. Jh.

Fürstenfeld
Die ehemalige Zisterzienserabtei Fürstenfeld wurde als Sühnestiftung von Herzog Ludwig II., dem Strengen, nach 1256 gegründet.

Gars am Inn
764 gegründet, wurde um 1122 auf Veranlassung des Erzbischofs Konrad ein Augustiner-Chorherrenstift

Gnadenberg
Von Pfalzgraf Johann von Neumarkt 1426 zunächst als Männerkloster gegründet, wurde 1451 das erste Birgitten-Doppelkloster in Bayern

Herrenchiemsee
Gründung geht vermutlich bis ins 8. Jh. zurück; wahrscheinlich 1130 durch Erzbischof Konrad I. von Salzburg zum Augustiner-Chorherrenstift bestimmt

Indersdorf
Um 1111 von Pfalzgraf Otto als Sühnestift gegründet

Ingoldstadt/ehem. Augustinerkloster
1598 ließen sich in Ingolstadt Augustiner-Eremiten nieder; 1634 wurde das Seminar zu einem Konventkloster.

Ingolstadt/Franziskanerkloster
1275 ließen sich die Franziskaner in Ingolstadt nieder.

Kastl
1102 auf Veranlassung von Bischof Gebhard als Benediktinerkloster gegründet

Landsberg/Ursulinenkloster
1719 von Johann Jakob Heilberger, Bürgermeister von Landsberg, gegründet

Landshut/Kloster Seligenthal
1232 wurde das Zisterzienserinnenkloster Seligenthal gegründet.

Landshut/Ursulinenkloster
1668 zogen die Ursulinen in Landshut ein. 1671 wurde mit dem Bau von Kirche und Kloster begonnen.

Mallersdorf
Etwa 1107 von Graf Heinrich von Kirchberg und seinem Sohn Ernst gegründet

Michelfeld
Von Bischof Otto von Bamberg 1119 als Benediktinerkloster gegründet

München/Augustiner-Eremiten-Kloster
Die ersten Augustinermönche waren 1294 aus Regensburg nach München gekommen. Sie errichteten bis 1315 ihre erste Kirche.

München/Benediktinerabtei Sankt Bonifaz
Die Weihe der Benediktinerabtei fand am 24. November 1850 statt.

München/Kapuzinerkloster
Die Kapuziner kamen 1600 nach München und legten den Grundstein für ein Kloster. 1602 wurde die Kirche von dem heiligen Franz von Assisi geweiht.

München/Klarissenkloster Sankt Jakob am Anger
1284 zogen vier Klarissen in den Klosterbau, den die Franziskaner hinterlassen hatten.

München/Kloster der Englischen Fräulein
Kurfürst Maximilian I. holte die Englische Gesellschaft 1627 nach München und übergab ihr ein Haus.

München/Klöster der Karmeliten und Karmelitinnen
1629 wurden die Karmeliten/Karmelitinnen von Kurfürst Maximilian I. nach München geholt. 1657 wurde das Kloster und 1660 eine Kirche erbaut.

München/Kloster der Salesianerinnen
1667 rief Kurfürstin Henriette Adelaide die Salesianerinnen nach München.

München/Theatinerkloster
Kurfürstin Henriette Adelaide und Kurfürst Ferdinand Maria errichteten das Kloster, als 1662 der gemeinsame Sohn, Kurprinz Max Emanuel, geboren wurde.

Neustift in Freising
Bischof Otto von Freising gründete im 12. Jh. das Prämonstratenserstift.

Niederaltaich
741 von dem Bayernherzog Odilo gegründet

Oberaltaich
Vermutlich 731 von Herzog Odilo gegründet

Passau/Kloster Niedernburg
Die Gründung liegt vermutlich im 8. Jh.

Passau/Sankt Nikola
Zwischen 1067 und 1073 von dem Bischof von Passau gegründet

Plankstetten
1138 als Benediktinerkloster von Bischof Gebhard gegründet

Polling
Vermutlich 750 von Herzog Tassilo III. gegründet

Prüfening
1109 von Bischof Otto I., dem Großen, von Bamberg gegründet

Raitenhaslach
Konrad I. von Salzburg rief 1146 die Zisterzienser nach Raitenhaslach. Es gibt Vermutungen, daß schon vorher eine klösterliche Niederlassung bestanden hat.

Regensburg/Dominikanerinnenkloster Heilig Kreuz
1233 als erstes Dominikanerinnenkloster Deutschlands gegründet

Regensburg/Dominikanerkloster
Die Dominikaner sind in Regensburg erstmals 1229 erwähnt, als ihnen der Bischof von Regensburg die Kirche Sankt Blasius überließ.

Regensburg/Minoritenkloster
Das Kloster wurde 1226 gegründet.

Regensburg/Obermünster
Das Stift Obermünster ist wahrscheinlich von Sankt Emmeram im 9. Jh. gegründet worden.

Regensburg/Schottenkloster
1072 richtete sich ein Mönch namens Muiredach in Regensburg ein, wo ihm die Äbtissin Willa von Obermünster die Kirche Weih-Sankt-Peter überließ.

Reichenbach
1118 von Markgraf Diepold II. als Benediktinerkloster gegründet

Reutberg
1619 als Franziskanerinnenkloster gegründet

Rinchnach
Zu Beginn des 11. Jh. als Benediktinerpropstei gegründet. Kirche und Klostergebäude wurden 1727–1729 von dem Baumeister Johann Michael Fischer erneuert.

Rott am Inn
Von Pfalzgraf Kuno von Rott 1086 als Benediktinerabtei gegründet

Rottenbuch
Erste Hinweise auf eine Kirche gehen bis ins 10. Jh. zurück; später Augustiner-Chorherrenstift.

Sankt Zeno in Reichenhall
1136 von dem Erzbischof von Salzburg gegründet

Scheyern
1077 von Gräfin Haziga, Ehefrau von Otto von Scheyern, gegründet

Seeon
Wahrscheinlich 994 von Pfalzgraf Aribo als Doppelkloster gegründet

Seligenporten
1242 von Ritter Gottfried von Sulzbürg gestiftet

Speinshart
1145 von Adelvolk von Reifenberg und seiner Gemahlin Richenza gegründet

Steingaden
Das Prämonstratenserstift wurde 1147 von Welf IV. gegründet.

Straubing/Karmelitenkloster
1368 von Graf Johann von Leuchtenberg als Karmelitenkloster gegründet

Tegernsee
Von den Brüdern Adalbert und Oatker, wahrscheinlich aus dem bayerischen Uradel der Huosi, im 8. Jh. gegründet

Vornbach
1094 von dem Grafen von Vornbach gegründet

Walderbach
Kloster von Burggraf Otto I. im 12. Jh. gegründet.

Waldsassen
1130 von Markgraf Diepold III. als Zisterzienserkloster gegründet

Weltenburg
Gehört zu den frühesten Klostergründungen in Bayern (im 7. oder 8. Jh. durch Tassilo I. oder Tassilo III.)

Wessobrunn
Im 8. Jh. durch Tassilo III. gegründet

Weyarn
1133 durch den Grafen Siboto II. von Neuburg als Augustiner-Chorherrenstift gegründet

Windberg
Vermutlich im 3. Jahrzehnt des 12. Jh. von Graf Albert I. von Bogen gegründet

Ein Teil dieser Klöster erlosch mit der Säkularisation.

Ausgewählte Museen und Sammlungen

Altötting, Schatzkammer
Schatzkammer in der ehemaligen Sakristei der spätgotischen Wallfahrtskirche; bedeutende Sammlung von Votivgaben

Ansbach, Staatsgalerie in der Residenz
Europäische Barockmalerei; alter markgräflicher Kunstbesitz

Aschaffenburg, Staatsgalerie im Schloß St. Johannisburg
Altdeutsche Malerei, insbesondere Lukas Cranach und Umkreis

Augsburg, Staatsgalerie am Schaezler-Palais
Altdeutsche Malerei, insbesondere Augsburger und schwäbischer Meister

Augsburg, Maximilian-Museum
Plastik und Kunstgewerbe der Reichsstadt Augsburg

Augsburg, Kunsthalle am Wittelsbacher Park
Deutsche Malerei des 20. und des 19. Jahrhunderts (eröffnet 1985)

Augsburg, Werkmuseum der Maschinenfabrik Augsburg-Nürnberg AG (M·A·N)
Unternehmens- und Technikgeschichte

Babenhausen, Fuggermuseum
Familiengeschichte und Kunstgewerbe

Bamberg, Diözesanmuseum
Domschatz; fränkische Plastik der Spätgotik und des Barock

Bamberg, Staatsgalerie in der Neuen Residenz
Kölnische und fränkische Malerei der Spätgotik, europäische Barockmalerei

Bayreuth, Eremitage
Bedeutende Innenausstattung im Stile des »Bayreuther Rokoko«

Bayreuth, Staatsgalerie im Neuen Schloß
Deutsche Malerei des 16. bis 19. Jahrhunderts; holländische und flämische Barockmalerei

Bayreuth, Richard-Wagner-Museum
Bild-, Noten- und Textdokumente zu Leben und Werk Richard Wagners

Berchtesgaden, Salzbergwerk mit Salzmuseum
Geschichte des Berchtesgadener Salzbergbaus

Berchtesgaden, Schloßmuseum
Kunstbesitz des Hauses Wittelsbach

Burghausen (Landkreis Altötting), Staatsgalerie in der Hauptburg der Burg
Deutsche Malerei des 15. bis 18. Jahrhunderts, insbesondere aus Südostbayern und angrenzenden Gebieten

Coburg, Kunstsammlungen der Veste Coburg
Umfangreiche Graphiksammlung 14. bis 19. Jahrhundert

Dachau, KZ-Museum
Dokumentation zur Geschichte des KZ Dachau und der anderen KZ von 1933 bis 1945

Donaustauf, Walhalla
Büsten und Gedenktafeln berühmter Deutscher (eröffnet 1842)

Eichstätt, Jura-Museum (Willibaldsburg)
Erdgeschichte Nordbayerns; Paläontologie; Fossilien der Solnhofener Kalkplatte, darunter ein Exemplar des Urvogels Archaeopteryx

Erlangen, Stadtmuseum
Stadtgeschichte; Kunsthandwerk

Fichtelberg, Silbereisenbergwerk Gleißinger Fels
Eisenglimmerbergwerk; Grubenbau; Bergbaugeschichte (eröffnet 1979)

Frauenau (Lkr. Regen), Glasmuseum
Gläser aus vier Jahrtausenden; Glastechnologie

Freising, Diözesanmuseum
Religiöse Plastik und Malerei des Mittelalters und der Neuzeit, besonders aus Altbayern

Fürth, Stadtmuseum
Orts- und Kulturgeschichte der Stadt

Füssen, Staatsgalerie im Hohen Schloß
Schwäbische und Allgäuer Plastik und Malerei des 15./16. Jahrhunderts

Haßfurt, Brauerei-Museum
Handwerkliche Braugerätschaften aus dem fränkischen Raum

Hersbruck, Deutsches Hirtenmuseum
Hirtenkultur Deutschlands und des Auslands

Hof, Städtisches Museum
Stadtgeschichte; einheimische Naturkunde; Kunsthandwerk

Ichenhausen, Bayerisches Schulmuseum
Geschichte des Lehrens und Lernens

Ingolstadt, Bayerisches Armeemuseum
Militär- und kriegsgeschichtliche Zeugnisse vom Mittelalter bis zur Gegenwart

Ingoldstadt, Deutsches Medizinhistorisches Museum
Geschichte der Medizin von den Anfängen bei den alten Kulturen bis zur Gegenwart; Ethnomedizin

Kitzingen, Deutsches Fastnachtmuseum
Dokumentation fastnachtlicher Bräuche im deutschsprachigen Raum

Kochel, Franz-Marc-Museum

Kronach, Fränkische Galerie (Veste Rosenberg)
Gemälde und Skulpturen des Mittelalters und der Renaissance, u. a. von Lucas Cranach d. Ä.

Kulmbach, Deutsches Zinnfigurenmuseum
Rund 300 000 Zinnfiguren

Kulmbach, Plassenburg
Jagdwaffenmuseum; Jagd- und Schlachtengemälde des 17./18. Jahrhunderts

Landshut, Staatsgalerie in der Stadtresidenz
Wittelsbacher Ahnenbilder des 16. Jahrhunderts; europäische Malerei des 17. bis 19. Jahrhunderts

Michelau, Deutsches Korbmuseum
Dokumentation der Materialien, Werkzeuge, Maschinen und Techniken der Korbflechtkunst

Mittenwald, Geigenbaumuseum
Musikinstrumente des 12. bis 20. Jahrhunderts; Kunsthandwerk

München, Alte Pinakothek
Europäische Malerei des 14. bis 18. Jahrhunderts

München, Bayerisches Nationalmuseum
Kunst und Kunsthandwerk aus Europa vom frühen Mittelalter bis etwa 1900, insbesondere bayerische Hofkunst; süddeutsche Plastik

München, Deutsches Brauerei-Museum
Darstellung des Brauerhandwerks

München, Deutsches Museum
Bedeutendstes deutsches Museum für Technik und Technikgeschichte

München, Glyptothek
Griechische und römische Skulpturen

Münchner Stadtmuseum
Stadt- und Kulturgeschichte Münchens

München, Neue Pinakothek
Europäische Gemälde und Skulpturen des 18. bis 20. Jahrhunderts

München, Prähistorische Staatssammlung – Museum für Vor- und Frühgeschichte
Altsteinzeit bis frühes Mittelalter in Bayern

München, Staatsgalerie moderner Kunst
Internationale Plastik und Malerei des 20. Jahrhunderts

München, Städtische Galerie im Lenbachhaus
Münchner Malerei des 15. bis 20. Jahrhunderts, besonders Kandinsky, Marc, Macke, Münter.

München, Valentin-Musäum
Ständige Ausstellung: Karl Valentin, Liesl Karlstadt; Münchner Volkssänger

Neuenmarkt, Deutsches Dampflokomotiv-Museum
Deutsche Dampflokomotiven des 20. Jahrhunderts

Nürnberg, Albrecht-Dürer-Haus

Nürnberg, Centrum Industriekultur
Maschinen und Fabrikeinrichtungen des 19./20. Jahrhunderts; Alltagskultur

Nürnberg, Germanisches Nationalmuseum
Deutsche Kunst und Kultur von den Anfängen bis zur Gegenwart

Nürnberg, Spielzeugmuseum
Spielzeug vom Mittelalter bis zur Gegenwart

Nürnberg, Verkehrsmuseum – Eisenbahn- und Postabteilung
Geschichte der deutschen Eisenbahnen und der bayerischen Post

Obernzell, Keramikmuseum Schloß Obernzell
Keramik von der Jungsteinzeit bis ins 20. Jahrhundert

Oberschleißheim, Meißener Porzellansammlung Stiftung E. Schneider
Bedeutende Sammlung von Meißener Porzellan (über 2000 Ausstellungsstücke) in Schloß Lustheim

Oberschleißheim, Staatsgalerie im Neuen Schloß
Europäische Malerei des 16. bis 18. Jahrhunderts, insbesondere des Barock

Regensburg, Fürst Thurn und Taxis Schloßmuseum und Marstallmuseum
Prunkräume; Prunk- und Gebrauchswagen, Sänften u. ä. des 18. bis 20. Jahrhunderts

Regensburg, Ostdeutsche Galerie
Gemälde, Graphiken und Plastiken ost- und mitteldeutscher Künstler aus dem 19./20. Jahrhundert (rund 20 000 Werke)

Regensburg, Staatsgalerie
Deutsche Malerei des 19. Jahrhunderts

Rosenheim, Städtische Galerie
Kunst des Voralpenlandes (Plastik, Gemälde, Graphik), insbesondere seit 1850

Rothenburg ob der Tauber, Reichsstadtmuseum
Landes- und Ortsgeschichte; Volkskunst; Wohnkultur; Handwerk

Ruhpolding, Museum für bäuerliche und sakrale Kunst
Paramente des 14. bis 19. Jahrhunderts; religiöse Volkskunst, Votivbilder

Tegernsee, Ludwig-Thoma-Haus

Tegernsee, Olaf-Gulbransson-Museum im Kurpark
209 Exponate des berühmten Simplicissimus-Karikaturisten

Tittling, Museumsdorf Bayerischer Wald
Sammlung bäuerlicher Architektur (ca. 30 Gebäude aufgestellt)

Weißenburg, Römermuseum
1400 vor- und frühgeschichtliche Objekte, Weißenburger Schatzfund

Würzburg, Mainfränkisches Museum
Kunst- und kulturgeschichtliche Sammlung für das mittlere Maingebiet

Würzburg, Staatsgalerie im Nordflügel der Residenz
Venezianische Malerei des 17. und 18. Jahrhunderts (u. a. Giovanni Battista Tiepolo)

Zwiesel, Glasmuseum Theresienthal
Gläser aus der früheren Produktion Theresienthals ab etwa 1750

Theater und Opernhäuser in Bayern

Stadttheater Augsburg
Februar 1944 zerstört; 1954/56 wieder-
aufgebaut
Fassungsraum: 994 Plätze

E. T. A. Hoffmann-Theater Bamberg
1958 wiederaufgebaut
Erbauer: Wilhelm Zimmer
Fassungsram: 400 Plätze

**Richard-Wagner-Festspielhaus
Bayreuth**
Erbaut 1872–1876
Erbauer: Gottfried Semper
Fassungsraum: 1925 Plätze

Landestheater Coburg
Erbaut 1837–1849
Fassungsraum: 557 Plätze

**Fränkisch-Schwäbisches
Städtetheater Dinkelsbühl**
Eröffnet am 26. Oktober 1956
Fassungsraum: 250 Plätze

Theater an der Rott Eggenfelden
Erbaut 1961–1963
Erbauer: Otto Hofmeister
Fassungsraum: 501 Plätze

Markgrafentheater Erlangen
Erbaut 1742
Erbauer: Paolo Gaspari
Fassungsraum: 659 Plätze

Stadttheater Fürth
Erbaut 1902
Erbauer: Architekten Fellner und
           Hellmer/Wien
Fassungsraum: 707 Plätze

**Kleines Kurtheater im Kongreß-
zentrum – Garmisch-Partenkirchen**
Erbaut 1965
Erbauer: Hanns Ostler
Fassungsraum: 90 Plätze

Kleines Theater, Haar
Erbaut 1911
Fassungsraum: 420 Plätze

Kurtheater Hindelang
Gegründet 1979
Fassungsraum: 642 Plätze (im Kurhaus
Hindelang)

Stadttheater Hof
Erbaut 1929
Erbauer: Stadtbaurat Wörner
Fassungsraum: 501 Plätze

Stadttheater Ingolstadt
Erbaut 1963–1966
Erbauer: Hardt-Waltherr Hämer
Fassungsraum: 671 Plätze

**Südostbayerisches Städtetheater
Landshut**
Wanderbühne der Städte Landshut,
Passau, Straubing und des Bezirks Nie-
derbayern

Theater in der Scheune, Lauf
Eröffnet am 1. Januar 1976
Fassungsraum: 200 Plätze

Stadttheater Lindau
Erbaut 1951
Erbauer: Robert Braun
Fassungsraum: 808 Plätze

Landestheater Schwaben Memmingen
Umgebaut und renoviert von 1979 bis
1985 (Eröffnung Silvester 1985)
Fassungsraum: 400 Plätze

Werkhaus Moosach
Erbaut 1975
Erbauer: Axel Tangerding
Fassungsraum: 80 Plätze

**Bayerische Staatsoper –
Nationaltheater München**
Erbaut 1811 von Karl von Fischer
Nach Brand 1823–1825 wiederaufge-
baut von Leo von Klenze; 1943 zerstört;
1959–1963 wiederaufgebaut von Ger-
hard Graubner und Karl Fischer
Fassungsraum: 2100 Plätze

**Altes Residenztheater
(Cuvilliéstheater) München**
Erbaut 1751–53, François Cuvilliés;
1943 zerstört; bis 1958 wiederaufgebaut
und restauriert
Fassungsraum: ca. 500 Plätze

Prinzregententheater München
Erbaut 1900
Erbauer: Heilmann und Littmann
Fassungsraum: 1208 Plätze

Residenztheater München
Erbaut 1948–1951
Fassungsraum: 1039 Plätze

**Staatstheater am Gärtnerplatz
München**
Erbaut 1865
Erbauer: Reiffenstuel sen.
Fassungsraum: 932 Plätze

Münchner Kammerspiele
Erbaut 1900
Erbauer: Richard Riemerschmid
Fassungsraum: 720 Plätze

**Theater der Jugend am Elisabethplatz
(Schauburg) München**
Gegründet 1953 von Sigfrit Jobst
Seit 1. Januar 1977 in der Schauburg
Fassungsraum: 520 Plätze

Münchner Volkstheater
Erbaut 1955 als »Theater in der Brien-
ner Straße«
1983 umgebaut; seitdem Volkstheater
München
Fassungsraum: 692 Plätze

Deutsches Theater München
Erbaut 1894–1896
Erbauer: A. Bluhm
Fassungsraum: 1660 Plätze

**Kleine Komödie am Max-II.-Denkmal
München**
Erbaut 1946; neuerbaut 1970 von den
Architekten Wagner & Schwalb
Fassungsraum: 556 Plätze

**Kleine Komödie im Bayerischen Hof
München**
Erbaut 1961
Erbauer: Erwin Schleich
Fassungsraum: 574 Plätze

Münchner Theater für Kinder
Erbaut 1916 als Kino; 1975 von Hubert
Caspari zum Theater umgebaut
Fassungsraum: 400 Plätze

Theater »Die kleine Freiheit« München
Erbaut 1951
Fassungsraum: 180 Plätze

Kulturzentrum Gasteig München
Erbaut 1978–1985
Fassungsraum:
– Philharmonie   2388 Plätze
– Carl-Orff-Saal   600 Plätze
– Black Box   225 Plätze

Stadttheater Neuburg a. d. Donau
Erbaut 1869; renoviert 1968/69
Fassungsraum: 300 Plätze

Opernhaus Nürnberg
Erbaut 1904/05
Fassungsraum: 1061 Plätze

Schauspielhaus Nürnberg
Eröffnet 1959; 1975/76 umgebaut
Fassungsraum: 539 Plätze

Neue Kammerspiele Nürnberg
Eröffnet 1962 im Schauspielhaus
Fassungsraum: 197 Plätze

Gostner Hoftheater Nürnberg
Eröffnet am 26. September 1979
Fassungsraum: 99 Plätze

Fürstbischöfliches Opernhaus Passau
Erbaut 1783; eröffnet 1786
Erbauer: Georg Hegenauer
Fassungsraum: 350 Plätze

**Stadttheater am Bismarckplatz
Regensburg**
Erbaut 1852
Fassungsraum: 538 Plätze

Theater am Haidplatz Regensburg
Eröffnet am 28. September 1980
Fassungsraum: 138 Plätze

**Freilichttheater im Hof des
Thon-Dittmer-Palais, Regensburg**
Eröffnet am 20. Juni 1981
Fassungsraum: 382 Plätze

Theater der Stadt Schweinfurt
Erbaut 1966
Erbauer: Erich Schelling
Fassungsraum: 785 Plätze

Torturmtheater Sommerhausen/Main
Erbaut im 15. Jahrhundert
Fassungsraum: 50 Plätze

**Kleinkunstbühne Bockshorn
in Sommerhausen**
Erbaut 1984
Erbauer: Ludwig Bechinie von Lazan
Fassungsraum: 99 Plätze

Theater am Hagen Straubing
Umgebaut 1980
Fassungsraum: 374 Plätze

Tegernseer Volkstheater
Eröffnet am 12. Juli 1960
Fassungsraum: 250 Plätze

**Bayerische Kammeroper
Veitshöchheim**
Spielorte: Gartenschloß Veitshöchheim,
Fassungsraum: 120 Plätze;
Mainfrankensäle Veitshöchheim,
Fassungsraum: 500 Plätze

Stadttheater Würzburg
Erbaut 1966
Erbauer: Hans Joachim Budeit
Fassungsraum: 756 Plätze

Universitäten

Universität Augsburg
Eröffnet am 16. Oktober 1970
Studenten: rund 15 000

Universität Bamberg
1979 aus der Gesamthochschule Bamberg hervorgegangen
Studenten: rund 8000

Universität Bayreuth
Eröffnet am 27. November 1975
Studenten: rund 8500

Katholische Universität Eichstätt
Gegründet 1564 als tridentinisches Se-
minar; einzige kirchliche Universität
Deutschlands (seit 1980)
Studenten: rund 3500

**Friedrich-Alexander-Universität
Erlangen-Nürnberg**
Eröffnet am 4. November 1743
Studenten: rund 27 500

**Ludwig-Maximilians-Universität
München**
Gegründet 1472 in Ingolstadt; eröffnet
am 15. November 1826 in München
Studenten: rund 63 500

Technische Universität München
Gegründet 1868 als Polytechnische
Schule, seit 1877 Technische Hoch-
schule; am 1. August 1970 in Techni-
sche Universität umbenannt
Studenten: rund 22 000

**Hochschule für Philosophie/
Philosophische Fakultät S. J., München**
Bei der Übersiedlung des 1925 in Pullach gegründeten Berchmannkollegs
nach München im Sommer 1971 erhielt
die Jesuitenhochschule ihre heutige Bezeichnung.
Studenten: rund 300

Hochschule der Bundeswehr München
Gegründet durch Kabinettsbeschluß
der Bundesregierung vom 29. Juni 1972;
nimmt am 1. Oktober 1973 – parallel zur
Bundeswehrhochschule in Hamburg –
den Vorlesungsbetrieb auf
Studenten: rund 3000

**Augustana-Hochschule –
Theologische Hochschule der Evange-
lisch-Lutherischen Kirche in Bayern/
Neuendettelsau**
Gegründet am 7. Mai 1947
Studenten: rund 170

Universität Passau
Eröffnet am 9. Oktober 1978
Studenten: rund 8800

Universität Regensburg
Gegründet mit Beschluß des bayeri-
schen Landtags vom 18. Juli 1962;
nimmt im Wintersemester 1967/68 den
Vorlesungsbetrieb auf
Studenten: rund 16 000

**Bayerische Julius-Maximilians-
Universität zu Würzburg**
Eröffnet am 2. Januar 1582
Studenten: rund 21 000

Bayerische Nobelpreisträger

Adolf **von Baeyer** (* 31. 10. 1835, Berlin, † 20. 8. 1917, Starnberg), Nobelpreis für Chemie 1905 »als Anerkennung des Verdienstes, das er sich um die Entwicklung der organischen Chemie und der chemischen Industrie durch seine Arbeiten über die organischen Farbstoffe und die hydroaromatischen Verbindungen erworben hat«.
Dem seit 1875 in München lehrenden Professor für Chemie gelang 1878 die erste Vollsynthese des Farbstoffs Indigo. Seine Forschungen bildeten wichtige Grundlagen für die chemische Farbenindustrie.

Eduard **Buchner** (* 20. 5. 1860, München, † 13. 8. 1917, Feldlazarett Focşani/Rumänien), Nobelpreis für Chemie 1907 »für seine biochemischen Untersuchungen und die Entdeckung der zellfreien Gärung«.
Nach einem Studium der Chemie und Botanik in seiner Heimatstadt entdeckte der begeisterte Jäger, seit 1891 Privatdozent in München und ab 1895 Professor in Kiel, Tübingen, Berlin, Breslau und Würzburg, im Jahre 1897, daß die alkoholische Gärung nicht an das Vorhandensein lebender Hefezellen gebunden ist sondern nur an deren Enzym Zymase.

Johann **Deisenhofer** (* 30. 9. 1943, Zusamaltheim/Krs. Dillingen), Robert **Huber** (* 20. 2. 1937, München) und Hartmut **Michel** (* 18. 7. 1948, Ludwigsburg), gemeinsam Nobelpreis für Chemie 1988 »für die Bestimmung der dreidimensionalen Struktur eines photosynthetischen Reaktionszentrums«.
Den drei Forschern gelang es in der von Prof. Robert Huber geleiteten Arbeitsgruppe am Max-Planck-Institut für Biochemie in München-Martinsried, die Grundlagen der Photosynthese zu entschlüsseln. Ebenso bahnbrechend wie die Ergebnisse der Photosynthese-Forschung war die Anwendung der Röntgenstruktur-Analyse, mit deren Hilfe es gelang, die Struktur eines Moleküls bis in den atomaren Bereich hinein aufzuklären.

Hans **von Euler-Chelpin** (* 15. 2. 1873, Augsburg, † 6. 11. 1964 Stockholm), Nobelpreis für Chemie 1929 für seine »Forschung über die Zuckervergärung und den Anteil der Enzyme an diesem Vorgang«.
Der in Augsburg geborene Sproß eines seit dem 15. Jahrhundert am Bodensee nachweisbaren Geschlechts lebte seit 1897 in Stockholm und untersuchte vor allem die Struktur und Wirkungsweise von Enzymen und Koenzymen bei der Energiefreisetzung im Organismus durch die Gärung von Zucker.

Ernst Otto **Fischer** (* 10. 11. 1918, Solln bei München), Nobelpreis für Chemie 1973 für seine »bahnbrechenden … Arbeiten über die Chemie der metallorganischen sogenannten Sandwich-Verbindungen«.
Nach Studium in München wurde der Chemiker dort 1957 Professor und entschlüsselte die Struktur der Verbindungen von Metallatomen mit organischen Molekülen, die als Katalysatoren große Bedeutung haben. Als »überzeugter Bayer« lehnte Fischer mehrmals Berufungen an andere Universitäten ab.

Hans **Fischer** (* 27. 7. 1881, Höchst bei Frankfurt am Main, † 31. 3. 1945, München), Nobelpreis für Chemie 1930 »für seine Arbeiten über den strukturellen Aufbau der Blut- und Pflanzenfarbstoffe und für die Synthese des Hämins«.
Der u. a. in der bayerischen Landeshauptstadt ausgebildete Chemiker und Arzt war seit 1921 Ordinarius für organische Chemie an der Technischen Hochschule München. Seine bedeutendsten wissenschaftlichen Leistungen sind die Synthese des Pflanzenfarbstoffs Chlorophyll und einer Teilgruppe des Hämoglobins, das im Blut den Sauerstofftransport besorgt.

Werner **Heisenberg** (* 5. 12. 1901, Würzburg, † 1. 2. 1976, München), Nobelpreis für Physik 1932 »für die Begründung der Quantenmechanik, deren Anwendung zur Entdeckung der allotropen Formen des Wasserstoffs geführt haben«.
Der seit 1958 als Direktor des Max-Planck-Instituts für Physik und Astrophysik in München lehrende Wissenschaftler legte seit 1925 mit seinen Arbeiten zum physikalischen Verhalten von Atomen, Molekülen und Elementarteilchen wichtige Grundlagen für die moderne Kernphysik.

Paul **von Heyse** (* 15. 3. 1830, Berlin, † 2. 4. 1914, München), Nobelpreis für Literatur 1910 »als Huldigungsbeweis für das vollendete und von idealer Auffassung geprägte Künstlertum, das er während einer langen und bedeutenden Wirksamkeit als Lyriker, Dramatiker, Romanschriftsteller und Dichter von weltberühmten Novellen an den Tag gelegt hat«.
Die dem Zeitgeist verhaftete Sprache und formale Glätte in seinen 150 Novellen, 60 Dramen, 8 Romanen, zahlreichen Gedichten und Übersetzungen ließen Heyse nach seinem Tod bald in Vergessenheit geraten.

Georges Jean Franz **Köhler** (* 17. 4. 1946, München), Nobelpreis für Medizin 1984 »für die Entdeckung des Prinzips der Produktion von monoklonalen Antikörpern«.
Dem Molekularbiologen und Immunologen, Sohn eines deutschen Vaters und einer französischen Mutter, gelang es 1974/75 zusammen mit dem Argentinier César Milstein, erstmals überlebensfähige Antikörper im Reagenzglas zu produzieren. Diese Immunglobuline haben Bedeutung für die Therapie bestimmter Leukämieformen.

Feodor **Lynen** (* 6. 4. 1911, München, † 6. 8. 1979, München), Nobelpreis für Medizin 1964 für seine »Entdeckungen über den Mechanismus und der Regulation des Stoffwechsels von Cholesterin und Fettsäuren«.
Der Biochemiker, seit 1947 Professor in seiner Heimatstadt und dort seit 1954 auch Direktor des Max-Planck-Instituts für Zellchemie, schaffte mit seinen Forschungsergebnissen Voraussetzungen für die Behandlung von Herz-Kreislauferkrankungen und Arteriosklerose mit Hilfe von Medikamenten.

Thomas **Mann** (* 6. 6. 1875, Lübeck, † 12. 8. 1955, Zürich), Nobelpreis für Literatur 1929 »vornehmlich für seinen großen Roman ›Die Buddenbrooks‹, der im Laufe der Jahre eine immer mehr sich festigende Anerkennung als ein klassisches Werk der zeitgenössischen Literatur gewonnen hat«.
Der Sohn eines wohlhabenden Kaufmanns, der von 1893 bis zu seiner Emigration 1933 in München lebte und dort zeitweilig Mitarbeiter und Redakteur der satirischen Zeitschrift »Simplicissimus« war, zählt zu den bedeutendsten deutschsprachigen Erzählern des 20. Jahrhunderts.

Rudolf **Mößbauer** (* 31. 1. 1929, München), Nobelpreis für Physik 1961 »für seine Forschungen über die Resonanzabsorption der Gamma-Strahlung und seine damit verbundene Entdeckung, die den Namen ›Mößbauer-Effekt‹ trägt«.
In seiner Dissertation von 1958 (Technische Hochschule München) gelang dem Physiker die Entdeckung des nach ihm benannten Effekts, der Energie- und Frequenzmessungen von extremer Genauigkeit sowie die Bestimmung der Eigenschaften von Atomkernen ermöglicht und die Überprüfung wichtiger Annahmen der Relativitätstheorie (Albert Einstein) gestattet.

Erwin **Neher** (* 20. 3. 1944, Landsberg am Lech), gemeinsam mit dem Mediziner Bert Sakmann Nobelpreis für Medizin/Physiologie 1991 »für den Nachweis, daß in der Zellhülle winzige Kanäle existieren, die den Durchfluß von geladenen Teilchen (Ionen) vom Zellinneren in die Umgebung ermöglichen«.
Der Biophysiker promovierte am Münchner Max-Planck-Institut für Psychiatrie und wechselte dann an das Max-Planck-Institut für biophysikalische Chemie in Göttingen. Hier gelang ihm gemeinsam mit Bert Sakmann der Nachweis für die Existenz der Ionenkanäle. Ihre Forschungsergebnisse ermöglichen es, Krankheiten wie Epilepsie zu behandeln, die auf einer defekten Regulierung des Ionenflusses beruhen.

Wilhelm Conrad **Röntgen** (* 27. 3. 1845, Lennep/Remscheid, † 10. 2. 1923, München). Nobelpreis für Physik »als Anerkennung der außerordentlichen Verdienstes, das er sich durch die Entdeckung der nach ihm benannten Strahlen erworben hat«.
Der erste Nobelpreisträger für Physik, von 1888 bis 1900 Professor in Würzburg, danach in München, entdeckte 1895 die Röntgenstrahlen, von ihm selbst als X-Strahlen bezeichnet. Diese extrem kurzwelligen energiereichen elektromagnetischen Strahlen finden neben zahlreichen anderen Verwendungsmöglichkeiten vor allem Einsatz in der medizinischen Diagnostik und in der Therapie.

Johannes **Stark** (* 15. 4. 1874, Schickenhof-Thansüß/Landkreis Amberg, † 21. 6. 1957, Traunstein), Nobelpreis für Physik 1919 »für seine Entdeckung des Doppler-Effekts bei Kanalstrahlen und der Zerlegung der Spektrallinien im elektrischen Feld«.
Der Physikprofessor, Lehrstuhlinhaber u. a. in Würzburg (1920–1922), fand bereits 1905 heraus, daß auch für die Strahlen von geladenen Atomen (Kanalstrahlen) der sogenannte Doppler-Effekt gilt, wonach bei Wellen eine Änderung der Frequenz eintritt, sobald sich die Entfernung zwischen Wellenerreger und Beobachter verändert. 1913 konnte er den nach ihm benannten Stark-Effekt nachweisen, der eine wichtige experimentelle Stütze der Quantentheorie bedeutete. Unverständlicherweise distanzierte sich Stark später von der Quantentheorie.

Heinrich Otto **Wieland** (* 4. 6.1877, Pforzheim, † 5. 8. 1957, München), Nobelpreis für Chemie 1927 »für seine Forschungen über die Zusammensetzung der Gallensäure und verwandter Substanzen«.
Wieland, seit 1909 mit Unterbrechung von 1917 bis 1925 Professor in München, legte mit seiner Gallensäureforschung Grundlagen für die Herstellung von Sexualhormonen und des Rheumamittels Cortison.

Wilhelm **Wien** (* 13. 1. 1864, Gaffken/Landkreis Samland, † 30. 8. 1928, München), Nobelpreis für Physik 1911 »für seine Entdeckungen betreffend die Gesetze der Wärmestrahlung«.
Der Physiker war von 1900 bis 1920 Professor in Würzburg und danach in München. Sein nach ihm benanntes Verschiebungsgesetz beschäftigt sich mit der Temperaturstrahlung schwarzer Körper.

Sport

Bayerische Olympiamedaillengewinner – Winterspiele

1928	Bronze	Hanns Kilian (Riessersee)	Fünferbob
	Bronze	Valentin Krempel (Riessersee)	Fünferbob
	Bronze	Hans Heß (Riessersee)	Fünferbob
	Bronze	Sebastian Huber (Riessersee)	Fünferbob
	Bronze	Hans Nägele (Riessersee)	Fünferbob
1932	Bronze	Hanns Kilian (Riessersee)	Viererbob
	Bronze	Sebastian Huber (Riessersee)	Viererbob
	Bronze	Walter Leinweber (Füssen)	Eishockey
	Bronze	Martin Schröttle (Riessersee)	Eishockey
	Bronze	Marquard Slevogt (Riessersee)	Eishockey
	Bronze	Georg Strobl (Riessersee)	Eishockey
1936	Gold	Franz Pfnür (Schellenberg)	Alp. Kombination
	Silber	Gustav Lantschner (Partenkirchen)	Alp. Kombination
	Silber	Käthe Grasegger (Partenkirchen)	Alp. Kombination
1952	Gold	Anderl Ostler (Riessersee)	Zweierbob
	Gold	Lorenz Niederl (Riessersee)	Zweierbob
	Gold	Anderl Ostler (Riessersee)	Viererbob
	Gold	Lorenz Nieberl (Riessersee)	Viererbob
	Gold	Fritz Kuhn (München)	Viererbob
	Gold	Franz Kemser (Riessersee)	Viererbob
	Silber	Annemarie Buchner-Fischer (Garmisch)	Abfahrt
	Silber	Ossi Reichert (Sonthofen)	Slalom
	Bronze	Annemarie Buchner-Fischer (Garmisch)	Riesenslalom
	Bronze	Annemarie Buchner-Fischer (Garmisch)	Slalom
1956	Gold	Ossi Reichert (Sonthofen)	Riesenslalom
1960	Gold	Heidi Biebl (Oberstaufen)	Abfahrt
	Silber	Hans-Peter Lanig (Hindelang)	Abfahrt
	Silber	Hans-Jürgen Bäumler (Garmisch)	Eiskunstlauf/Paare
	Bronze	Barbi Henneberger (München)	Slalom
1964	Gold	Manfred Schnelldorfer (München)	Eiskunstlauf Herren
	Bronze	Wolfgang Bartels (Ramsau)	Abfahrt
	Bronze	Hans Plenk (Berchtesgaden)	Rodeln
1968	Gold	Franz Keller (Nesselwang)	Nord. Kombination
	Gold	Erhard Keller (Inzell)	Eisschnellauf/500 m
	Silber	Christa Schmuck (Berchtesgaden)	Rodeln
	Silber	Horst Floth (Riessersee)	Zweierbob
	Silber	Pepi Bader (Riessersee)	Zweierbob
	Bronze	Margot Glockshuber (Garmisch)	Eiskunstlauf/Paare
	Bronze	Wolfgang Danne (Garmisch)	Eiskunstlauf/Paare
	Bronze	Fritz Nachmann (Rottach-Egern)	Rennrodeln Doppel
	Bronze	Wolfgang Winkler (Rottach-Egern)	Rennrodeln Doppel
1972	Gold	Erhard Keller (Inzell)	Eisschnellauf/500 m
	Gold	Monika Pflug (Inzell)	Eisschnellauf/1000 m
	Gold	Wolfgang Zimmerer (Ohlstadt)	Zweierbob
	Gold	Peter Utzschneider (Ohlstadt)	Zweierbob
	Silber	Horst Floth (Riessersee)	Zweierbob
	Silber	Pepi Bader (Riessersee)	Zweierbob
	Bronze	Wolfgang Zimmerer (Ohlstadt)	Viererbob
	Bronze	Peter Utzschneider (Ohlstadt)	Viererbob
	Bronze	Stefan Gaisreiter (Ohlstadt)	Viererbob
	Bronze	Walter Steinbauer (Ohlstadt)	Viererbob
1976	Gold	Rosi Mittermaier (Reit im Winkel)	Abfahrt
	Gold	Rosi Mittermaier (Reit im Winkel)	Slalom
	Silber	Rosi Mittermaier (Reit im Winkel)	Riesenslalom
	Silber	Josef Fendt (Berchtesgaden)	Rennrodeln
	Silber	Hans Brandner (Berchtesgaden)	Rennrodeln/Doppel
	Silber	Balthasar Schwarm (Rosenheim)	Rennrodeln/Doppel
	Silber	Wolfgang Zimmerer (Ohlstadt)	Zweierbob
	Silber	Manfred Schumann (Ohlstadt)	Zweierbob
	Bronze	Wolfgang Zimmerer (Ohlstadt)	Viererbob
	Bronze	Manfred Schumann (Ohlstadt)	Viererbob
	Bronze	Peter Utzschneider (Ohlstadt)	Viererbob
	Bronze	Ignaz Berndaner (Riessersee)	Eishockey
	Bronze	Anton Kehle (Füssen)	Eishockey
	Bronze	Udo Kießling (Rosenheim)	Eishockey
	Bronze	Erich Kühnhackl (Landshut)	Eishockey
	Bronze	Alois Schloder (Landshut)	Eishockey
	Bronze	Rudolf Thammer (Füssen)	Eishockey
	Bronze	Josef Völk (Füssen)	Eishockey
	Bronze	Elisabeth Demleitner (Schlehdorf)	Rennrodeln

1980	Silber	Irene Epple (Seeg)	Riesenslalom
	Silber	Christa Kinshofer (Miesbach)	Spezialslalom
	Bronze	Anton Winkler (Berchtesgaden)	Rennrodeln
	Bronze	Peter Angerer (Hammer)	Biathlonstaffel
	Bronze	Franz Bernreiter (Rabenstein)	Biathlonstaffel
	Bronze	Hans Estner (Wall)	Biathlonstaffel
1984	Gold	Hans Stanggassinger (Berchtesgaden)	Rodeln/Doppel
	Gold	Franz Wembacher (Berchtesgaden)	Rodeln/Doppel
	Gold	Peter Angerer (Hammer)	Biathlon 20 km
	Silber	Peter Angerer (Hammer)	Biathlon 10 km
	Bronze	Peter Angerer (Hammer)	Biathlonstaffel
	Bronze	Walter Pichler (Ruhpolding)	Biathlonstaffel
	Bronze	Ernst Reiter (Ruhpolding)	Biathlonstaffel
	Bronze	Walter Pichler (Ruhpolding)	Biathlonstaffel
	Bronze	Fritz Fischer (Ruhpolding)	Biathlonstaffel
1988	Gold	Marina Kiehl (München)	Abfahrt
	Gold	Thomas Müller (Oberstdorf)	Nord. Kombination
	Gold	Hubert Schwarz (Oberaudorf)	Nord. Kombination
	Silber	Christa Kinshofer-Güthlein (Miesbach)	Riesenslalom
	Silber	Frank Wörndl (Sonthofen)	Slalom
	Silber	Georg Hackl (Berchtesgaden)	Rodeln
	Silber	Peter Angerer (Hammer)	Biathlonstaffel
	Silber	Fritz Fischer (Ruhpolding)	Biathlonstaffel
	Silber	Stefan Höck (Benediktbeuern)	Biathlonstaffel
	Silber	Ernst Reiter (Ruhpolding)	Biathlonstaffel
	Bronze	Christa Kinshofer-Güthlein (Miesbach)	Slalom
	Bronze	Thomas Schwab (Berchtesgaden)	Rodeln/Doppel
	Bronze	Wolfgang Staudinger (Berchtesgaden)	Rodeln/Doppel
1992	Gold	Georg Hackl (Berchtesgaden)	Rodeln
	Gold	Fritz Fischer (Ruhpolding)	Biathlonstaffel
	Gold	Ricco Groß (Ruhpolding)	Biathlonstaffel
	Gold	Jens Steinigen (Ruhpolding)	Biathlonstaffel
	Silber	Uschi Disl (Moosham)	Biathlonstaffel
	Silber	Ricco Groß (Ruhpolding)	Biathlon 10 km
	Silber	Rudi Lochner (Königssee)	Zweierbob
	Silber	Markus Zimmermann (Königssee)	Zweierbob
	Bronze	Katja Seizinger (Halblech)	Super-G
	Bronze	Christoph Langen (Unterhaching)	Zweierbob
	Bronze	Günther Eger (Unterhaching)	Zweierbob
1994	Gold	Markus Wasmeier (Schliersee)	Super-G
	Gold	Markus Wasmeier (Schliersee)	Riesenslalom
	Gold	Katja Seizinger (Halblech)	Abfahrt
	Gold	Georg Hackl (Berchtesgaden)	Rennrodeln
	Gold	Ricco Groß (Ruhpolding)	Biathlonstaffel
	Silber	Ricco Groß (Ruhpolding)	Biathlon 10 km
	Silber	Uschi Disl (Moosham)	Biathlonstaffel
	Silber	Susi Erdmann (Unterhaching)	Rennrodeln
	Silber	Martina Ertl (Lenggries)	Riesenslalom
	Bronze	Uschi Disl (Moosham)	Biathlon 15 km

Bayerische Olympiamedaillengewinner – Sommerspiele

1908	Silber	Hanns Braun (München)	Olympische Staffel
	Bronze	Hanns Braun (München)	800 m
1912	Silber	Hanns Braun (München)	400 m
	Silber	Georg Gerstacker (Nürnberg)	Ringen/Federgew.
1928	Gold	Josef Straßberger (München)	Gewichtheben/Schwergew.
	Gold	Curt Leucht (Nürnberg)	Ringen/Bantamgew.
	Gold	Johann Blank (Nürnberg)	Wasserball
	Bronze	Hans Wölpert (München)	Gewichtheben/Federgew.
	Bronze	Rosa Kellner (München)	4 x 100 m
1932	Gold	Rudolf Ismayr (Freising)	Gewichtheben/Mittelgew.
	Gold	Jakob Brendel (Nürnberg)	Ringen/Bantamgew.
	Silber	Wolfgang Ehrl (München)	Ringen/Federgew. Greco
	Silber	Hans Ziglarski (München)	Boxen/Bantamgew.
	Silber	Josef Schleinkofer (München)	Boxen/Federgew.
	Silber	Hans Wölpert (München)	Gewichtheben/Federgew.
	Bronze	Josef Straßberger (München)	Gewichtheben/Schwergew.
1936	Gold	Gisela Mauermayer (Nymphenburg)	Diskuswerfen
	Gold	Josef Manger (Freising)	Gewichtheben/Schwergew.
	Gold	Alfred Schwarzmann (Fürth)	Turnen/Zwölfkampf
	Gold	Alfred Schwarzmann (Fürth)	Turnen/Mannschaft
	Gold	Alfred Schwarzmann (Fürth)	Turnen/Pferdsprung
	Bronze	Alfred Schwarzmann (Fürth)	Barren
	Bronze	Alfred Schwarzmann (Fürth)	Reck

1936	Gold	Matthias Volz (Schwabach)	Turnen/Mannschaft
	Bronze	Matthias Volz (Schwabach)	Pferdsprung
	Bronze	Matthias Volz (Schwabach)	Ringe
	Gold	Innocenz Stangl (München)	Turnen/Mannsch. (Ersatz)
	Gold	Friedl Iby (Nürnberg)	Frauenturnen/Mannschaft
	Gold	Julie Schmitt (München)	Frauenturnen/Mannschaft
	Gold	Rudi Eckstein (Würzburg)	Rudern/Vierer ohne
	Gold	Toni Rom (Würzburg)	Rudern/Vierer ohne
	Gold	Martin Karl (Würzburg)	Rudern/Vierer ohne
	Gold	Willy Menne (Würzburg)	Rudern/Vierer ohne
	Gold	Ernst Krebs (München)	Einerkajak/10.000 m
	Silber	Rudolf Ismayr (Freising)	Gewichtheben/Mittelgew.
	Silber	Eugen Deutsch (Augsburg)	Gewichth./Halbschwergew.
	Silber	Wolfgang Ehrl (München)	Ringen/Leichtgew., Freistil
	Silber	Josef Hauser (München)	Wasserball
	Silber	Gustav Schürger (Nürnberg)	Wasserball
	Silber	Willi Keidel (Schweinfurt)	Rudern/Doppelzweier
	Silber	Ludwig Beisiegel (München)	Hockey
	Silber	Alfred Gerdes (München)	Hockey
	Bronze	Jakob Brendel (Nürnberg)	Ringen/Bantamgew.
	Bronze	Kurt Hornfischer (Nürnberg)	Ringen/Schwergew. Greco
1952	Bronze	Karl-Friedrich Haas (Nürnberg)	4 x 400 m
	Bronze	Herbert Klein (München)	Schwimmen 200 m/Brust
	Bronze	Eddy Ziegler (Schweinfurt)	Radsport/Straßenfahren
1956	Silber	Karl-Friedrich Haas (Nürnberg)	400 m
	Bronze	Eberhard Ferstl (München)	Hockey
	Bronze	Werner Rosenbaum (München)	Hockey
	Bronze	Reinhold Pommer (Schweinfurt)	Radsport/Straße Mannsch.
1960	Gold	Heidi Schmid (Augsburg)	Fechten
	Silber	Anni Biechl (München)	4 x 100 m
	Silber	Brunhilde Hendrix (Nürnberg)	4 x 100 m
	Bronze	Toni Stock (Nürnberg)	Florettfechten/Mannschaft
1964	Silber	Hans Huber (Regensburg)	Boxen/Schwergew.
	Silber	Gerhard Hetz (Hof)	4 x 200 m Kraul
1964	Bronze	Gerhard Hetz (Hof)	400 m Lagen
	Bronze	Willy Fuggerer (Nürnbg.-Herpersdorf)	Radsport/Tandem
1968	Silber	Heinz Mertel (München)	Schießen/Freie Pistole
	Bronze	Konrad Wirnhier (Pfarrkirchen)	Skeet-Schießen
	Bronze	Günter Meier (Schongau)	Boxen/Halbmittelgew.
	Bronze	Heidemarie Reineck (Bayreuth)	Schwimmen/4x100 m Lagen
1972	Gold	Bernd Kannenberg (Fürth)	50 km Gehen
	Gold	Klaus Wolfermann (Gendorf)	Speerwerfen
	Gold	Konrad Wirnhier (Pfarrkirchen)	Skeet-Schießen
	Silber	Rudolf Mang (Bellenberg)	Gewichth./Superschwergew.
	Silber	Gisela Grothaus (Augsburg)	Kanu Einerkajak
	Bronze	Paul Barth (Großhadern)	Judo Halbschwergew.
	Bronze	Heidemarie Reineck (Bayreuth)	Schwimmen/4x100 m Kraul
	Bronze	Heidemarie Reineck (Bayreuth)	Schwimmen/4x100 m Lagen
	Bronze	Vreni Eberle (München)	Schwimmen/4x100 m Lagen
	Bronze	Magdalena Wunderlich (München)	Kajakslalom
1976	Silber	Günther Neureuther (Großhadern)	Judo
	Bronze	Jörg Spengler (Nürnberg)	Segeln/Tornado
	Bronze	Werner Seibold (Bad Wiessee)	Schießen/Dreistell.-KK
	Bronze	Thea Einöder (München)	Rudern/Zweier ohne
	Bronze	Edith Eckbauer (Passau)	Rudern/Zweier ohne
1984	Gold	Claudia Losch (Fürth)	Kugelstoßen
	Gold	Pasquale Passarelli (Nürnberg)	Ringen/Bantamgew.
	Silber	Ulrike Holmer (Neufahrn)	Schießen KK-Dreistell.
	Silber	Birgit Hahn (München)	Hockey
	Silber	Thomas Werner Reck (München)	Hockey
	Silber	Ulrich Roth (Schwabing)	Handball
	Silber	Erhard Wunderlich (Milbertshofen)	Handball
	Bronze	Manfred Nerlinger (Neuaubing)	Gewichth./Superschwergew.
	Bronze	Günther Neureuther (Großhadern)	Judo/Halbschwergew.
1988	Gold	Silvia Sperber (Penzing)	Schießen/KK-Dreistell.
	Gold	Matthias Baumann (Reichertsheim)	Military/Mannschaft
	Silber	Silvia Sperber (Penzing)	Schießen/Luftgewehr
	Silber	Gerhard Himmel (Goldbach)	Ringen/Schwergew.
	Silber	Manfred Nerlinger (München)	Gewichth./Superschwergew.
	Silber	Thomas Reck (München)	Hockey
	Silber	Volker Fischer (München)	Degen/Mannschaft
	Bronze	Robert Lechner (Bruckmühl)	Radsport/1000-m-Zeitfahren
	Bronze	Hans Riederer (Unterföhring)	Schießen/Luftgewehr

1992	Gold	Elisabeth Micheler (Augsburg)	Kanuslalom
	Gold	Ludger Beerbaum (Buchloe)	Springreiten
	Gold	Maik Bullmann (Goldbach)	Ringen/Halbschwergewicht
	Gold	Stefan Tewes (München)	Hockey
	Gold	Michael Stich (München)	Tennis-Doppel
	Silber	Rifat Yildiz (Goldbach)	Ringen/Bantamgewicht
	Bronze	Matthias Baumann (Reichertsheim)	Military/Mannschaft
	Bronze	Manfred Nerlinger (München)	Gewichth./Superschwergew.
	Bronze	Udo Quellmalz (Ingolstadt)	Judo/Halbleichtgewicht
	Bronze	Richard Trautmann (München)	Judo/Superleichtgewicht
	Bronze	Hans Riederer (Unterföhring)	Schießen/Luftgewehr
	Bronze	Christian Tröger (München)	Schwimmen/4x100 m Freistil

Fußball

Oberliga Süd 1946–1963

(Die bayerischen Vereine sind hervorgehoben)

In den Oberligen Nord, West, Süd, Südwest und Berlin wurden die Regionalmeister ermittelt, die dann für die Teilnahme an der deutschen Meisterschaft qualifiziert waren. Mit Einführung der Bundesliga 1963 wird statt der Oberliga eine Regionalliga eingeführt. Ab 1974 gibt es die Zweite Bundesliga.

Platzverteilung Oberliga Süd **32 Vereine**

Jahr	46	47	48	49	50	51	52	53	54	55	56	57	58	59	60	61	62	63
1. FC Nürnberg	2	1	1	11	8	1	2	8	4	9	7	1	2	3	6	1	1	2
VfB Stuttgart	1	6	5	6	2	4	1	2	1	13	2	4	9	5	7	7	5	6
Kickers Stuttgart	3	7	3	8	16	–	12	14	14	12	14	14	16	–	16	–	–	–
Schwaben Augsburg	5	8	11	7	11	13	15	–	–	8	12	15	–	–	–	–	13	15
SV Waldhof Mann.	4	2	6	5	6	14	10	9	15	–	–	–	–	16	–	13	16	–
Bayern München	6	11	4	3	13	9	8	7	9	16	–	10	7	4	5	8	3	3
FC Schweinfurt 05	7	9	13	10	12	7	14	5	8	3	8	12	8	10	12	14	14	11
BC Augsburg	8	17	–	15	10	16	–	10	12	7	11	13	12	15	–	–	11	16
1860 München	9	4	2	4	9	6	13	15	–	–	16	–	6	6	4	6	7	1
FSV Frankfurt	10	14	7	12	5	5	7	11	7	6	9	11	13	11	9	12	15	–
Eintracht Frankfurt	11	3	10	13	14	8	4	1	2	4	6	5	3	1	3	2	2	4
Offenbacher Kickers	12	5	9	1	3	10	3	6	3	1	4	2	5	2	2	4	4	7
SpVgg Fürth	13	10	15	–	1	2	6	3	11	11	13	6	4	7	11	11	12	9
VfR Mannheim	14	12	8	2	4	12	5	13	10	10	3	7	10	8	10	9	10	12
Phönix Karlsruhe	15	20	–	–	–	–	–	–	–	–	–	–	–	–	–	–	–	–
Karlsruher FV	16	19	–	–	–	–	–	–	–	–	–	–	–	–	–	–	–	–
TSG Ulm 46	–	13	12	14	–	–	–	16	–	–	–	–	–	13	14	15	–	8
Vikt. Aschaffenburg	–	15	17	–	–	–	11	12	16	–	5	8	11	14	15	–	–	–
VfL Neckarau	–	16	16	–	–	11	16	–	–	–	–	–	–	–	–	–	–	–
FC Bamberg	–	18	–	–	–	–	–	–	–	–	–	–	–	–	–	–	–	–
Karlsruher SC	–	–	14	9	7	3	9	4	5	5	1	3	1	9	1	3	9	5
Rotweiß Frankfurt	–	–	–	18	–	–	–	–	–	–	–	–	–	–	–	–	–	–
Wacker München	–	–	19	–	–	–	–	–	–	–	–	–	–	–	–	–	–	–
Sportfr. Stuttgart	–	–	20	–	–	–	–	–	–	–	–	–	–	–	–	–	–	–
FC Rödelheim	–	–	–	16	–	–	–	–	–	–	–	–	–	–	–	–	–	–
Jahn Regensburg	–	–	–	–	15	–	–	–	6	14	10	9	15	–	–	16	–	–
SV Darmstadt 98	–	–	–	–	–	15	–	–	–	–	–	–	–	–	–	–	–	–
FC Singen 04	–	–	–	–	–	17	–	–	–	–	–	–	–	–	–	–	–	–
SSV Reutlingen	–	–	–	–	–	18	–	–	–	2	15	–	14	12	8	5	8	14
Hessen Kassel	–	–	–	–	–	–	–	13	15	–	–	–	–	–	–	–	–	10
Freiburger FC	–	–	–	–	–	–	–	–	–	–	–	16	–	–	–	–	–	–
Bayern Hof	–	–	–	–	–	–	–	–	–	–	–	–	–	–	13	10	6	13

Fußball-Bundesliga seit 1963

(Zahl der Spiele, Torverhältnis, Punkteverhältnis; bayerische Mannschaften sind hervorgehoben)

1963/64

1.	1. FC Köln	30	78:40	45–15
2.	Meidericher SV	30	60:36	39–21
3.	Eintracht Frankfurt	30	60:41	39–21
4.	Borussia Dortmund	30	73:57	33–27
5.	VfB Stuttgart	30	48:40	33–27
6.	Hamburger Sport-Verein	30	69:60	32–28
7.	**TSV 1860 München**	**30**	**66:50**	**31–29**
8.	FC Schalke 04	30	51:53	29–31
9.	**1. FC Nürnberg**	**30**	**45:56**	**29–31**
10.	Werder Bremen	30	53:62	28–32
11.	Eintracht Braunschweig	30	36:49	28–32
12.	1. FC Kaiserslautern	30	48:69	26–34
13.	Karlsruher SC	30	42:55	24–36
14.	Hertha BSC Berlin	30	45:65	24–36
15.	Preußen Münster	30	34:52	23–37
16.	1. FC Saarbrücken	30	44:72	17–43

1964/65

1.	Werder Bremen	30	54:29	41–19
2.	1. FC Köln	30	66:45	38–22
3.	Borussia Dortmund	30	67:48	36–24
4.	**TSV 1860 München**	**30**	**70:50**	**35–25**
5.	Hannover 96	30	48:42	33–27
6.	**1. FC Nürnberg**	**30**	**44:38**	**32–28**
7.	Meidericher SV	30	46:48	32–28
8.	Eintracht Frankfurt	30	50:58	29–31
9.	Eintracht Braunschweig	30	42:47	28–32
10.	Borussia Neunkirchen	30	44:48	27–33
11.	Hamburger Sport-Verein	30	46:56	27–33
12.	VfB Stuttgart	30	46:50	26–34
13.	1. FC Kaiserslautern	30	41:53	25–35
14.	Hertha BSC Berlin	30	40:62	25–35
15.	Karlsruher SC	30	47:62	24–36
16.	FC Schalke 04	30	45:60	22–38

1965/66

1.	**TSV 1860 München**	**34**	**80:40**	**50–18**
2.	Borussia Dortmund	34	70:36	47–21
3.	**Bayern München**	**34**	**71:38**	**47–21**
4.	Werder Bremen	34	76:40	45–23
5.	1. FC Köln	34	74:41	44–24
6.	**1. FC Nürnberg**	**34**	**54:43**	**39–29**
7.	Eintracht Frankfurt	34	64:46	38–30
8.	Meidericher SV	34	70:48	36–32
9.	Hamburger Sport-Verein	34	64:52	34–34
10.	Eintracht Braunschweig	34	49:49	34–34
11.	VfB Stuttgart	34	42:48	32–36
12.	Hannover 96	34	59:57	30–38
13.	Bor. Mönchengladbach	34	57:68	29–39
14.	FC Schalke 04	34	33:55	27–41
15.	1. FC Kaiserslautern	34	42:65	26–42
16.	Karlsruher SC	34	35:71	24–44
17.	Borussia Neunkirchen	34	32:82	22–46
18.	Tasmania Berlin	34	15:108	8–60

1966/67

1.	Eintracht Braunschweig	34	49:27	43–25
2.	**TSV 1860 München**	**34**	**60:47**	**41–27**
3.	Borussia Dortmund	34	70:41	39–29
4.	Eintracht Frankfurt	34	66:49	39–29
5.	1. FC Kaiserslautern	34	43:42	38–30
6.	**Bayern München**	**34**	**62:47**	**37–31**
7.	1. FC Köln	34	48:48	37–31
8.	Bor. Mönchengladbach	34	70:49	34–34
9.	Hannover 96	34	40:46	34–34
10.	**1. FC Nürnberg**	**34**	**43:50**	**34–34**
11.	MSV Duisburg	34	40:42	33–35
12.	VfB Stuttgart	34	48:54	33–35
13.	Karlsruher SC	34	54:62	31–37
14.	Hamburger Sport-Verein	34	37:53	30–38
15.	FC Schalke 04	34	37:63	30–38
16.	Werder Bremen	34	49:56	29–39
17.	Fortuna Düsseldorf	34	44:66	25–43
18.	Rot-Weiß Essen	34	35:53	25–43

1967/68

1.	**1. FC Nürnberg**	**34**	**71:37**	**47–21**
2.	Werder Bremen	34	68:51	44–24
3.	Bor. Mönchengladbach	34	77:45	42–26
4.	1. FC Köln	34	68:52	38–30
5.	**Bayern München**	**34**	**68:58**	**38–30**
6.	Eintracht Frankfurt	34	58:51	38–30
7.	MSV Duisburg	34	69:58	36–32
8.	VfB Stuttgart	34	65:54	35–33
9.	Eintracht Braunschweig	34	37:39	35–33
10.	Hannover 96	34	48:52	34–34
11.	Alemannia Aachen	34	52:66	34–34
12.	**TSV 1860 München**	**34**	**55:39**	**33–35**
13.	Hamburger Sport-Verein	34	51:54	33–35
14.	Borussia Dortmund	34	60:59	31–37
15.	FC Schalke 04	34	42:48	30–38
16.	1. FC Kaiserslautern	34	39:67	28–40
17.	Borussia Neunkirchen	34	33:93	19–49
18.	Karlsruher SC	34	32:70	17–51

1968/69

1.	**Bayern München**	**34**	**61:31**	**46–22**
2.	Alemannia Aachen	34	57:51	38–30
3.	Bor. Mönchengladbach	34	61:46	37–31
4.	Eintracht Braunschweig	34	46:43	37–31
5.	VfB Stuttgart	34	60:54	36–32
6.	Hamburger Sport-Verein	34	55:55	36–32
7.	FC Schalke 04	34	45:40	35–33
8.	Eintracht Frankfurt	34	46:43	34–34
9.	Werder Bremen	34	59:59	34–34
10.	**TSV 1860 München**	**34**	**44:59**	**34–34**
11.	Hannover 96	34	47:45	32–36
12.	MSV Duisburg	34	33:37	32–36
13.	1. FC Köln	34	47:56	32–36
14.	Hertha BSC Berlin	34	31:39	32–36
15.	1. FC Kaiserslautern	34	45:47	30–38
16.	Borussia Dortmund	34	49:54	30–38
17.	**1. FC Nürnberg**	**34**	**45:55**	**29–39**
18.	Kickers Offenbach	34	42:59	28–40

1969/70

1.	Bor. Mönchengladbach	34	71:29	51–17
2.	**Bayern München**	**34**	**88:37**	**47–21**
3.	Hertha BSC Berlin	34	67:41	45–23
4.	1. FC Köln	34	83:38	43–25
5.	Borussia Dortmund	34	60:67	36–32
6.	Hamburger Sport-Verein	34	57:54	35–33
7.	VfB Stuttgart	34	59:62	35–33
8.	Eintracht Frankfurt	34	54:54	34–34
9.	FC Schalke 04	34	43:54	34–34
10.	1. FC Kaiserslautern	34	44:55	32–36
11.	Werder Bremen	34	38:47	31–37
12.	Rot-Weiß Essen	34	41:54	31–37
13.	Hannover 96	34	49:61	30–38
14.	Rot-Weiß Oberhausen	34	50:62	29–39
15.	MSV Duisburg	34	35:48	29–39
16.	Eintracht Braunschweig	34	40:49	28–40
17.	**TSV 1860 München**	**34**	**41:56**	**25–43**
18.	Alemannia Aachen	34	31:83	17–51

1970/71

1.	Bor. Mönchengladbach	34	77:35	50–18
2.	**Bayern München**	**34**	**74:36**	**48–20**
3.	Hertha BSC Berlin	34	61:43	41–27
4.	Eintracht Braunschweig	34	52:40	39–29
5.	Hamburger Sport-Verein	34	54:63	37–31
6.	FC Schalke 04	34	44:40	36–32
7.	MSC Duisburg	34	43:47	35–33
8.	1. FC Kaiserslautern	34	54:57	34–34
9.	Hannover 96	34	53:49	33–35
10.	Werder Bremen	34	41:40	33–35
11.	1. FC Köln	34	46:56	33–35
12.	VfB Stuttgart	34	49:49	30–38
13.	Borussia Dortmund	34	54:60	29–39
14.	Arminia Bielefeld	34	34:53	29–39
15.	Eintracht Frankfurt	34	39:56	28–40
16.	Rot-Weiß Oberhausen	34	54:69	27–41
17.	Kickers Offenbach	34	49:65	27–41
18.	Rot-Weiß Essen	34	48:68	23–45

1971/72

1.	**Bayern München**	**34**	**101:38**	**55–13**
2.	FC Schalke 04	34	76:35	52–16
3.	Bor. Mönchengladbach	34	82:40	43–25
4.	1. FC Köln	34	64:44	43–25
5.	Eintracht Frankfurt	34	71:61	39–29
6.	Hertha BSC Berlin	34	46:55	37–31
7.	1. FC Kaiserslautern	34	59:53	35–33
8.	VfB Stuttgart	34	52:56	35–33
9.	VfL Bochum	34	59:69	34–34
10.	Hamburger Sport-Verein	34	52:52	33–35
11.	Werder Bremen	34	63:58	31–37
12.	Eintracht Braunschweig	34	43:48	31–37
13.	Fortuna Düsseldorf	34	40:53	30–38
14.	MSV Duisburg	34	36:51	27–41
15.	Rot-Weiß Oberhausen	34	33:66	25–43
16.	Hannover 96	34	54:69	25–43
17.	Borussia Dortmund	34	34:83	20–48
18.	Arminia Bielefeld	34	0:0	0–0
		34	41:75	19–49

Arminia Bielefeld wurde die Lizenz entzogen. Alle Spiele für den Verein nicht gewertet.

1972/73

1.	**Bayern München**	**34**	**93:29**	**54–14**
2.	1. FC Köln	34	66:51	43–25
3.	Fortuna Düsseldorf	34	62:45	42–26
4.	Wuppertaler SV	34	62:49	40–28
5.	Bor. Mönchengladbach	34	82:61	39–29
6.	VfB Stuttgart	34	71:65	37–31
7.	Kickers Offenbach	34	61:60	35–33
8.	Eintracht Frankfurt	34	58:54	34–34
9.	1. FC Kaiserslautern	34	58:68	34–34
10.	MSV Duisburg	34	53:54	33–35
11.	Werder Bremen	34	50:52	31–37
12.	VfL Bochum	34	50:68	31–37
13.	Hertha BSC Berlin	34	53:64	30–38
14.	Hamburger Sport-Verein	34	53:59	28–40
15.	FC Schalke 04	34	46:61	28–40
16.	Hannover 96	34	49:65	26–42
17.	Eintracht Braunschweig	34	33:56	25–43
18.	Rot-Weiß Oberhausen	34	45:84	22–46

1973/74

1.	**Bayern München**	**34**	**95:53**	**49–19**
2.	Bor. Mönchengladbach	34	93:52	48–20
3.	Fortuna Düsseldorf	34	61:47	41–27
4.	Eintracht Frankfurt	34	63:50	41–27
5.	1. FC Köln	34	69:56	39–29
6.	1. FC Kaiserslautern	34	80:69	38–30
7.	FC Schalke 04	34	72:68	37–31
8.	Hertha BSC Berlin	34	56:60	33–35
9.	VfB Stuttgart	34	58:57	31–37
10.	Kickers Offenbach	34	56:62	31–37
11.	Werder Bremen	34	48:56	31–37
12.	Hamburger Sport-Verein	34	53:62	31–37
13.	Rot-Weiß Essen	34	56:70	31–37
14.	VfL Bochum	34	45:57	30–38
15.	MSV Duisburg	34	42:56	29–39
16.	Wuppertaler SV	34	42:65	25–43
17.	Fortuna Köln	34	46:79	25–43
18.	Hannover 96	34	50:66	22–46

1974/75

1.	Bor. Mönchengladbach	34	86:40	50–18
2.	Hertha BSC Berlin	34	61:43	44–24
3.	Eintracht Frankfurt	34	89:49	43–25
4.	Hamburger SV	34	55:38	43–25
5.	1. FC Köln	34	77:51	41–27
6.	Fortuna Düsseldorf	34	66:55	41–27
7.	FC Schalke 04	34	52:37	39–29
8.	Kickers Offenbach	34	72:62	38–30
9.	Eintracht Braunschweig	34	52:42	36–32
10.	**Bayern München**	**34**	**57:63**	**34–34**
11.	VfL Bochum	34	53:53	33–35
12.	Rot-Weiß Essen	34	56:68	32–36
13.	1. FC Kaiserslautern	34	56:55	31–37
14.	MSV Duisburg	34	59:77	30–38
15.	Werder Bremen	34	45:69	25–43
16.	VfB Stuttgart	34	50:79	24–44
17.	Tennis Borussia Berlin	34	38:89	16–52
18.	Wuppertaler SV	34	32:86	12–56

Seit dieser Saison drei Absteiger.

1975/76

1.	Bor. Mönchengladbach	34	66:37	45–23
2.	Hamburger Sport-Verein	34	59:32	41–27
3.	**Bayern München**	**34**	**72:50**	**40–28**
4.	1. FC Köln	34	62:45	39–29
5.	Eintracht Braunschweig	34	52:48	39–29
6.	FC Schalke 04	34	76:55	37–31
7.	1. FC Kaiserslautern	34	66:60	37–31
8.	Rot-Weiß Essen	34	61:67	37–31
9.	Eintracht Frankfurt	34	79:58	36–32
10.	MSV Duisburg	34	55:62	33–35
11.	Hertha BSC Berlin	34	59:61	32–36
12.	Fortuna Düsseldorf	34	47:57	30–38
13.	Werder Bremen	34	44:55	30–38
14.	VfL Bochum	34	49:62	30–38
15.	Karlsruher SC	34	46:59	30–38
16.	Hannover 96	34	48:60	27–41
17.	Kickers Offenbach	34	40:72	27–41
18.	Bayer Uerdingen	34	28:69	22–46

1976/77

1.	Bor. Mönchengladbach	34	58:34	44–24
2.	FC Schalke 04	34	77:52	43–25
3.	Eintracht Braunschweig	34	56:38	43–25
4.	Eintracht Frankfurt	34	86:57	42–26
5.	1. FC Köln	34	83:61	40–28
6.	Hamburger Sport-Verein	34	67:56	38–30
7.	**Bayern München**	**34**	**74:65**	**37–31**
8.	Borussia Dortmund	34	73:64	34–34
9.	MSV Duisburg	34	60:51	34–34
10.	Hertha BSC Berlin	34	55:54	34–34
11.	Werder Bremen	34	51:59	33–35
12.	Fortuna Düsseldorf	34	52:54	31–37
13.	1. FC Kaiserslautern	34	53:59	29–39
14.	1. FC Saarbrücken	34	43:55	29–39
15.	VfL Bochum	34	47:62	29–39
16.	Karlsruher SC	34	53:75	28–40
17.	Tennis Borussia Berlin	34	47:85	22–46
18.	Rot-Weiß Essen	34	49:103	22–46

1977/78

1.	1. FC Köln	34	86:41	48–20
2.	Bor. Mönchengladbach	34	86:44	48–20
3.	Hertha BSC Berlin	34	59:48	40–28
4.	VfB Stuttgart	34	58:40	39–29
5.	Fortuna Düsseldorf	34	49:36	39–29
6.	MSV Duisburg	34	62:59	37–31
7.	Eintracht Frankfurt	34	59:52	36–32
8.	1. FC Kaiserslautern	34	64:63	36–32
9.	FC Schalke 04	34	47:52	34–34
10.	Hamburger Sport-Verein	34	61:67	34–34
11.	Borussia Dortmund	34	57:71	33–35
12.	**Bayern München**	**34**	**62:64**	**32–36**
13.	Eintracht Braunschweig	34	43:53	32–36
14.	VfL Bochum	34	49:51	31–37
15.	Werder Bremen	34	48:57	31–37
16.	**TSV 1860 München**	**34**	**41:60**	**22–46**
17.	1. FC Saarbrücken	34	39:70	22–46
18.	FC St. Pauli	34	44:86	18–50

1978/79

1.	Hamburger Sport-Verein	34	78:32	49–19
2.	VfB Stuttgart	34	73:34	48–20
3.	1. FC Kaiserslautern	34	62:47	43–25
4.	**Bayern München**	**34**	**69:46**	**40–28**
5.	Eintracht Frankfurt	34	50:49	39–29
6.	1. FC Köln	34	55:47	38–30
7.	Fortuna Düsseldorf	34	70:59	37–31
8.	VfL Bochum	34	47:46	33–35
9.	Eintracht Braunschweig	34	50:55	33–35
10.	Bor. Mönchengladbach	34	50:53	32–36
11.	Werder Bremen	34	48:60	31–37
12.	Borussia Dortmund	34	54:70	31–37
13.	MSV Duisburg	34	43:56	30–38
14.	Hertha BSC Berlin	34	40:50	29–39
15.	FC Schalke 04	34	55:61	28–40
16.	Arminia Bielefeld	34	43:56	26–42
17.	**1. FC Nürnberg**	**34**	**36:67**	**24–44**
18.	Darmstadt 98	34	40:75	21–47

1979/80

1.	**Bayern München**	**34**	**84:33**	**50–18**
2.	Hamburger Sport-Verein	34	86:35	48–20
3.	VfB Stuttgart	34	75:53	41–27
4.	1. FC Kaiserslautern	34	75:53	41–27
5.	1. FC Köln	34	72:55	37–31
6.	Borussia Dortmund	34	64:56	36–32
7.	Bor. Mönchengladbach	34	61:60	36–32
8.	FC Schalke 04	34	40:51	33–35
9.	Eintracht Frankfurt	34	65:61	32–36
10.	VfL Bochum	34	41:44	32–36
11.	Fortuna Düsseldorf	34	62:72	32–36
12.	Bayer Leverkusen	34	45:61	32–36
13.	**TSV 1860 München**	**34**	**42:53**	**30–38**
14.	MSV Duisburg	34	43:57	29–39
15.	Bayer Uerdingen	34	43:61	29–39
16.	Hertha BSC Berlin	34	41:61	29–39
17.	Werder Bremen	34	52:93	25–43
18.	Eintracht Branschweig	34	32:64	20–48

1980/81

1.	**Bayern München**	**34**	**89:41**	**53–15**
2.	Hamburger Sport-Verein	34	73:43	49–19
3.	VfB Stuttgart	34	70:44	46–22
4.	1. FC Kaiserslautern	34	60:37	44–24
5.	Eintracht Frankfurt	34	61:57	38–30
6.	Bor. Mönchengladbach	34	68:64	37–31
7.	Borussia Dortmund	34	69:59	35–33
8.	1. FC Köln	34	54:55	34–34
9.	VfL Bochum	34	53:45	33–35
10.	Karlsruher SC	34	56:63	32–36
11.	Bayer Leverkusen	34	52:53	30–38
12.	MSV Duisburg	34	45:58	29–39
13.	Fortuna Düsseldorf	34	57:64	28–40
14.	**1. FC Nürnberg**	**34**	**47:57**	**28–40**
15.	Arminia Bielefeld	34	46:65	26–42
16.	**TSV 1860 München**	**34**	**49:67**	**25–43**
17.	FC Schalke 04	34	43:88	23–45
18.	Bayer Uerdingen	34	47:79	22–46

1981/82

1.	Hamburger Sport-Verein	34	95:45	48–20
2.	1. FC Köln	34	72:38	45–23
3.	**Bayern München**	**34**	**77:56**	**43–25**
4.	1. FC Kaiserlautern	34	70:61	42–26
5.	Werder Bremen	34	61:52	42–26
6.	Borussia Dortmund	34	59:40	41–27
7.	Bor. Mönchengladbach	34	61:51	40–28
8.	Eintracht Frankfurt	34	83:72	37–31
9.	VfB Stuttgart	34	62:55	35–33
10.	VfL Bochum	34	52:51	32–36
11.	Eintracht Braunschweig	34	61:66	32–36
12.	Arminia Bielefeld	34	46:50	30–38
13.	**1. FC Nürnberg**	**34**	**53:72**	**28–40**
14.	Karlsruher SC	34	50:68	27–41
15.	Fortuna Düsseldorf	34	48:73	25–43
16.	Bayer Leverkusen	34	45:72	25–43
17.	SV Darmstadt 98	34	46:82	21–47
18.	MSV Duisburg	34	40:77	19–49

1982/83

1.	Hamburger Sport-Verein	34	79:33	52–16
2.	Werder Bremen	34	76:38	52–16
3.	VfB Stuttgart	34	80:47	48–20
4.	**Bayern München**	**34**	**74:33**	**44–24**
5.	1. FC Köln	34	69:42	43–25
6.	1. FC Kaiserslautern	34	57:44	41–27
7.	Borussia Dortmund	34	78:62	39–29
8.	Arminia Bielefeld	34	46:71	31–37
9.	Fortuna Düsseldorf	34	63:75	30–38
10.	Eintracht Frankfurt	34	48:57	29–39
11.	Bayer Leverkusen	34	43:66	29–39
12.	Bor. Mönchengladbach	34	64:63	28–40
13.	VfL Bochum	34	43:49	28–40
14.	**1. FC Nürnberg**	**34**	**44:70**	**28–40**
15.	Eintracht Braunschweig	34	42:65	27–41
16.	FC Schalke 04	34	48:68	22–46
17.	Karlsruher SC	34	39:86	21–47
18.	Hertha BSC Berlin	34	43:67	20–48

1983/84

1.	VfB Stuttgart	34	79:33	48–20
2.	Hamburger Sport-Verein	34	75:36	48–20
3.	Bor. Mönchengladbach	34	81:48	48–20
4.	**Bayern München**	**34**	**84:41**	**47–21**
5.	Werder Bremen	34	79:46	45–23
6.	1. FC Köln	34	70:57	38–30
7.	Bayer Leverkusen	34	50:50	34–34
8.	Arminia Bielefeld	34	40:49	33–35
9.	Eintracht Braunschweig	34	54:69	32–36
10.	Bayer Uerdingen	34	66:79	31–37
11.	SV Waldhof Mannheim	34	45:58	31–37
12.	1. FC Kaiserslautern	34	68:69	30–38
13.	Borussia Dortmund	34	54:65	30–38
14.	Fortuna Düsseldorf	34	63:75	29–39
15.	VfL Bochum	34	58:70	28–40
16.	Eintracht Frankfurt	34	45:61	27–41
17.	Kickers Offenbach	34	48:106	19–49
18.	**1. FC Nürnberg**	**34**	**38:85**	**14–54**

1984/85

1.	**Bayern München**	**34**	**79:38**	**50–18**
2.	Werder Bremen	34	87:51	46–22
3.	1. FC Köln	34	69:66	40–28
4.	Bor. Mönchengladbach	34	77:53	39–29
5.	Hamburger Sport-Verein	34	58:49	37–31
6.	SV Waldhof Mannheim	34	47:50	37–31
7.	Bayer Uerdingen	34	57:52	36–32
8.	FC Schalke 04	34	63:62	34–34
9.	VfL Bochum	34	52:54	34–34
10.	VfB Stuttgart	34	79:59	33–35
11.	1. FC Kaiserslautern	34	56:60	33–35
12.	Eintracht Frankfurt	34	62:67	32–36
13.	Bayer Leverkusen	34	52:54	31–37
14.	Borussia Dortmund	34	51:65	30–38
15.	Fortuna Düsseldorf	34	53:66	29–39
16.	Arminia Bielefeld	34	46:61	29–39
17.	Karlsruher SC	34	47:88	22–46
18.	Eintracht Braunschweig	34	39:79	20–48

1985/86

1.	**Bayern München**	**34**	**82:31**	**49–19**
2.	Werder Bremen	34	83:41	49–19
3.	Bayer Uerdingen	34	63:60	45–23
4.	Bor. Mönchengladbach	34	65:51	42–26
5.	VfB Stuttgart	34	69:45	41–27
6.	Bayer Leverkusen	34	63:51	40–28
7.	Hamburger Sport-Verein	34	52:35	39–29
8.	SV Waldhof Mannheim	34	41:44	33–35
9.	VfL Bochum	34	55:57	32–36
10.	FC Schalke 04	34	53:58	30–38
11.	1. FC Kaiserslautern	34	49:54	30–38
12.	**1. FC Nürnberg**	**34**	**51:54**	**29–39**
13.	1. FC Köln	34	46:59	29–39
14.	Fortuna Düsseldorf	34	54:78	29–39
15.	Eintracht Frankfurt	34	35:49	28–40
16.	Borussia Dortmund	34	49:65	28–40
17.	1. FC Saarbrücken	34	39:68	21–47
18.	Hannover 96	34	43:92	18–50

1986/87

1.	**Bayern München**	**34**	**67:31**	**53–15**
2.	Hamburger Sport-Verein	34	69:37	47–21
3.	Bor. Mönchengladbach	34	74:44	43–25
4.	Borussia Dortmund	34	70:50	40–28
5.	Werder Bremen	34	65:54	40–28
6.	Bayer Leverkusen	34	56:38	39–29
7.	1. FC Kaiserslautern	34	64:51	37–31
8.	Bayer Uerdingen	34	51:49	35–33
9.	**1. FC. Nürnberg**	**34**	**62:62**	**35–33**
10.	1. FC Köln	34	50:53	35–33
11.	VfL Bochum	34	52:44	32–36
12.	VfB Stuttgart	34	55:49	32–36
13.	FC Schalke 04	34	50:58	32–36
14.	SV Waldhof Mannheim	34	52:71	28–40
15.	Eintracht Frankfurt	34	42:53	25–43
16.	FC Homburg	34	33:79	21–47
17.	Fortuna Düsseldorf	34	42:91	20–48
18.	BW 90 Berlin	34	36:76	18–50

1987/88

1.	Werder Bremen	34	61:22	52–16
2.	**Bayern München**	**34**	**83:45**	**48–20**
3.	1. FC Köln	34	57:28	48–20
4.	VfB Stuttgart	34	69:49	40–28
5.	**1. FC Nürnberg**	**34**	**44:40**	**37–31**
6.	Hamburger Sport-Verein	34	63:68	37–31
7.	Bor. Mönchengladbach	34	55:53	33–35
8.	Bayer Leverkusen	34	53:60	32–36
9.	Eintracht Frankfurt	34	51:50	31–37
10.	Hannover 96	34	59:60	31–37
11.	Bayer Uerdingen	34	59:61	31–37
12.	VfL Bochum	34	47:51	30–38
13.	Borussia Dortmund	34	51:54	29–39
14.	1. FC Kaiserslautern	34	53:62	29–39
15.	Karlsruher SC	34	37:55	29–39
16.	SV Waldhof Mannheim	34	35:50	28–40
17.	FC Homburg/Saar	34	37:70	24–44
18.	FC Schalke 04	34	48:84	23–45

1988/89

1.	**Bayern München**	**34**	**67:26**	**50–18**
2.	1. FC Köln	34	58:30	45–23
3.	Werder Bremen	34	55:32	44–24
4.	Hamburger Sport-Verein	34	60:36	43–25
5.	VfB Stuttgart	34	58:49	39–29
6.	Bor. Mönchengladbach	34	44:43	38–30
7.	Borussia Dortmund	34	56:40	37–31
8.	Bayer Leverkusen	34	45:44	34–34
9.	1. FC Kaiserslautern	34	47:44	33–35
10.	FC St. Pauli Hamburg	34	41:42	32–36
11.	Karlsruher SC	34	48:51	32–36
12.	SV Waldhof Mannheim	34	43:52	31–37
13.	Bayer Uerdingen	34	50:60	31–37
14.	**1. FC Nürnberg**	**34**	**36:54**	**26–42**
15.	VfL Bochum	34	37:57	26–42
16.	Eintracht Frankfurt	34	30:53	26–42
17.	Stuttgarter Kickers	34	41:68	26–42
18.	Hannover 96	34	36:71	19–49

1989/90

1.	**Bayern München**	**34**	**64:28**	**49–19**
2.	1. FC Köln	34	54:44	43–25
3.	Eintracht Frankfurt	34	61:40	41–27
4.	Borussia Dortmund	34	51:35	41–27
5.	Bayer Leverkusen	34	40:32	39–29
6.	VfB Stuttgart	34	53:47	36–32
7.	Werder Bremen	34	49:41	34–34
8.	**1. FC Nürnberg**	**34**	**42:46**	**33–35**
9.	Fortuna Düsseldorf	34	41:41	32–36
10.	Karlsruher SC	34	32:39	32–36
11.	Hamburger Sport-Verein	34	39:46	31–37
12.	1. FC Kaiserslautern	34	42:55	31–37
13.	FC St. Pauli Hamburg	34	31:46	31–37
14.	Bayer Uerdingen	34	41:48	30–38
15.	Bor. Mönchengladbach	34	37:45	30–38
16.	VfL Bochum	34	44:53	29–39
17.	SV Waldhof Mannheim	34	36:53	26–42
18.	FC Homburg/Saar	34	33:51	24–44

1990/91

1.	1. FC Kaiserslautern	34	72:45	48–20
2.	**Bayern München**	**34**	**74:41**	**45–23**
3.	Werder Bremen	34	46:29	42–26
4.	Eintracht Frankfurt	34	63:40	40–28
5.	Hamburger Sport-Verein	34	60:38	40–28
6.	VfB Stuttgart	34	57:44	38–30
7.	1. FC Köln	34	50:43	37–31
8.	Bayer Leverkusen	34	47:46	35–33
9.	Bor. Mönchengladbach	34	49:54	35–33
10.	Borussia Dortmund	34	46:57	34–34
11.	Wattenscheid 09	34	42:51	33–35
12.	Fortuna Düsseldorf	34	40:49	32–36
13.	Karlsruher SC	34	46:52	31–37
14.	VfL Bochum	34	50:52	29–39
15.	**1. FC Nürnberg**	**34**	**40:54**	**29–39**
16.	FC St. Pauli Hamburg	34	33:53	27–41
17.	Bayer Uerdingen	34	34:54	23–45
18.	Hertha BSC Berlin	34	37:84	14–54

1991/92

1.	VfB Stuttgart	38	62:32	52–24
2.	Borussia Dortmund	38	66:47	52–24
3.	Eintracht Frankfurt	38	76:41	50–26
4.	1. FC Köln	38	58:41	44–32
5.	1. FC Kaiserslautern	38	58:42	44–32
6.	Bayer Leverkusen	38	53:39	43–33
7.	**1. FC Nürnberg**	**38**	**54:51**	**43–33**
8.	Karlsruher SC	38	48:50	41–35
9.	Werder Bremen	38	44:45	38–38
10.	**Bayern München**	**38**	**59:61**	**36–40**
11.	FC Schalke 04	38	45:45	34–42
12.	Hamburger Sport-Verein	38	32:43	34–42
13.	Bor. Mönchengladbach	38	37:49	34–42
14.	Dynamo Dresden	38	34:50	34–42
15.	VfL Bochum	38	38:55	33–43
16.	Wattenscheid 09	38	50:60	32–44
17.	Stuttgarter Kickers	38	53:64	31–45
18.	Hansa Rostock	38	43:55	31–45
19.	MSV Duisburg	38	43:55	30–46
20.	Fortuna Düsseldorf	38	41:69	24–52

1992/93

1.	Werder Bremen	34	63:30	48–20
2.	**Bayern München**	**34**	**74:45**	**47–21**
3.	Eintracht Frankfurt	34	56:39	42–26
4.	Borussia Dortmund	34	61:43	41–27
5.	Bayer Leverkusen	34	64:45	40–28
6.	Karlsruher SC	34	60:54	39–29
7.	VfB Stuttgart	34	56:50	36–32
8.	1. FC Kaiserslautern	34	50:40	35–33
9.	Bor. Mönchengladbach	34	59:59	35–33
10.	FC Schalke 04	34	42:43	34–34
11.	Hamburger Sport-Verein	34	42:44	31–37
12.	1. FC Köln	34	41:51	28–40
13.	**1. FC Nürnberg**	**34**	**30:47**	**28–40**
14.	Wattenscheid 09	34	46:67	28–40
15.	Dynamo Dresden	34	32:49	27–41
16.	VfL Bochum	34	45:52	26–42
17.	Bayer Uerdingen	34	35:64	24–44
18.	1. FC Saarbrücken	34	37:71	23–45

Deutsche Fußballmeister

(Bayerische Mannschaften sind hervorgehoben)

1903 VfB Leipzig
1905 Union 92 Berlin
1906 VfB Leipzig
1907 Freiburger FC
1908 Viktoria Berlin
1909 Phönix Karlsruhe
1910 Karlsruher FV
1911 Viktoria Berlin
1912 Holstein Kiel
1913 VfB Leipzig
1914 SpVgg Fürth
1920 1. FC Nürnberg
1921 1. FC Nürnberg
1922 kein Meister
1923 Hamburger SV
1924 1. FC Nürnberg
1925 1. FC Nürnberg
1926 SpVgg Fürth
1927 1. FC Nürnberg
1928 Hamburger SV
1929 SpVgg Fürth
1930 Hertha BSC Berlin
1931 Hertha BSC Berlin
1932 Bayern München
1933 Fortuna Düsseldorf
1934 FC Schalke 04
1935 FC Schalke 04
1936 1. FC Nürnberg
1937 FC Schalke 04
1938 Hannover 96
1939 FC Schalke 04
1940 FC Schalke 04
1941 Rapid Wien
1942 FC Schalke 04
1943 Dresdner SC
1944 Dresdner SC
1948 1. FC Nürnberg
1949 VfR Mannheim
1950 VfB Stuttgart
1951 1. FC Kaiserslautern
1952 VfB Stuttgart
1953 1. FC Kaiserslautern
1954 Hannover 96
1955 Rot-Weiß Essen
1956 Borussia Dortmund
1957 Borussia Dortmund
1958 FC Schalke 04
1959 Eintracht Frankfurt
1960 Hamburger SV
1961 1. FC Nürnberg
1962 1. FC Köln
1963 Borussia Dortmund
1964 1. FC Köln
1965 Werder Bremen
1966 TSV 1860 München
1967 Eintracht Braunschweig
1968 1. FC Nürnberg
1969 Bayern München
1970 Borussia Mönchengladbach
1971 Borussia Mönchengladbach
1972 Bayern München
1973 Bayern München
1974 Bayern München
1975 Borussia Mönchengladbach
1976 Borussia Mönchengladbach
1977 Borussia Mönchengladbach
1978 1. FC Köln
1979 Hamburger SV
1980 Bayern München
1981 Bayern München
1982 Hamburger SV
1983 Hamburger SV
1984 VfB Stuttgart
1985 Bayern München
1986 Bayern München
1987 Bayern München
1988 Werder Bremen
1989 Bayern München
1990 Bayern München
1991 1. FC Kaiserslautern
1992 VfB Stuttgart
1993 Werder Bremen

DFB-Vereins-Pokal

1935 1. FC Nürnberg
1936 VfB Leipzig
1937 FC Schalke 04
1938 Rapid Wien
1939 1. FC Nürnberg
1940 Dresdner Sport-Club
1941 Dresdner Sport-Club
1942 TSV 1860 München
1943 Vienna Wien
1953 Rot-Weiß-Essen
1954 VfB Stuttgart
1955 Karlsruher Sport-Club
1956 Karlsruher Sport-Club
1957 Bayern München
1958 VfB Stuttgart
1959 Schwarz-Weiß Essen
1960 Bor. Mönchengladbach
1961 SV Werder Bremen
1962 1. FC Nürnberg
1963 Hamburger SV
1964 TSV 1860 München
1965 Borussia Dortmund
1966 Bayern München
1967 Bayern München
1968 1. FC Köln
1969 Bayern München
1970 Kickers Offenbach
1971 Bayern München
1972 FC Schalke 04
1973 Bor. Mönchengladbach
1974 Eintracht Frankfurt
1975 Eintracht Frankfurt
1976 Hamburger SV
1977 1. FC Köln
1978 1. FC Köln
1979 Fortuna Düsseldorf
1980 Fortuna Düsseldorf
1981 Eintracht Frankfurt
1982 Bayern München
1983 1. FC Köln
1984 Bayern München
1985 Bayer 05 Uerdingen
1986 Bayern München
1987 Hamburger SV
1988 Eintracht Frankfurt
1989 Borussia Dortmund
1990 1. FC Kaiserslautern
1991 Werder Bremen
1992 Hannover 96
1993 Bayer Leverkusen

Europa-Pokal der Landesmeister

1956 Real Madrid
1957 Real Madrid
1958 Real Madrid
1959 Real Madrid
1960 Real Madrid
1961 Benfica Lissabon
1962 Benfica Lissabon
1963 AC Mailand
1964 Inter Mailand
1965 Inter Mailand
1966 Real Madrid
1967 Celtic Glasgow
1968 Manchester United
1969 AC Mailand
1970 Feyen. Rotterdam
1971 Ajax Amsterdam
1972 Ajax Amsterdam
1973 Ajax Amsterdam
1974 Bayern München
1975 Bayern München
1976 Bayern München

1977 FC Liverpool
1978 FC Liverpool
1979 Nottingham Forest
1980 Nottingham Forest
1981 FC Liverpool
1982 Aston Villa
1983 Hamburger SV
1984 FC Liverpool
1985 Juventus Turin
1986 Steaua Bukarest
1987 FC Porto
1988 PSV Eindhoven
1989 AC Mailand
1990 AC Mailand
1991 Roter Stern Belgrad
1992 FC Barcelona
1993 Olympique Marseille

Europa-Pokal der Pokalsieger

1961 AC Florenz
1962 Atletico Madrid
1963 Tottenham Hotspur
1964 Sporting Lissabon
1965 West Ham London
1966 Borussia Dortmund
1967 Bayern München
1968 AC Mailand
1969 Slovan Bratislava
1970 Manchester City
1971 Chelsea London
1972 Glasgow Rangers
1973 AC Mailand
1974 1. FC Magdeburg
1975 Dynamo Kiew
1976 RSC Anderlecht
1977 Hamburger SV
1978 RSC Anderlecht
1979 FC Barcelona
1980 FC Valencia
1981 Dynamo Tiflis
1982 FC Barcelona
1983 FC Aberdeen
1984 Juventus Turin
1985 FC Everton Liverpool
1986 Dynamo Kiew
1987 Ajax Amsterdam
1988 KV Mechelen
1989 FC Barcelona
1990 Sampdoria Genua
1991 Manchester United
1992 Werder Bremen
1993 AC Parma

Fußball-Europameisterschaften

Europameister seit 1960

1960 Sowjetunion
1964 Spanien
1968 Italien
1972 Deutschland
1976 Tschechoslowakei
1980 Deutschland
1984 Frankreich
1988 Niederlande
1992 Dänemark

EM 1972
Die deutsche Nationalmannschaft gewinnt im Endspiel am 16. Juni 1972 in Brüssel gegen die Sowjetunion mit 3:0.

Eingesetzte Spieler aus Bayern
Franz Beckenbauer (Bayern München)
Paul Breitner (Bayern München)
Ulrich Hoeneß (Bayern München)
Josef Maier ›Sepp‹ (Bayern München)
Gerd Müller (Bayern München)
Georg Schwarzenbeck (Bayern München)

EM 1980
Die deutsche Nationalmannschaft gewinnt am 22. Juni 1980 in Rom die Europameisterschaft im Endspiel gegen Belgien mit 2:1.

Eingesetzter Spieler aus Bayern
Karl-Heinz Rummenigge (Bayern München)

Fußball-Weltmeisterschaften

Weltmeister seit 1930

1930 Uruguay
1934 Italien
1938 Italien
1950 Uruguay
1954 Deutschland
1958 Brasilien
1962 Brasilien
1966 England
1970 Brasilien
1974 Deutschland
1978 Argentinien
1982 Italien
1986 Argentinien
1990 Deutschland

WM 1954 in der Schweiz
Deutschland gewinnt am 4. Juli in Bern das Endspiel gegen Ungarn 3:2 und wird Weltmeister

Eingesetzte Spieler aus Bayern:
Hans Bauer (Bayern München)
Karl Mai (Spielvereinigung Fürth)
Max Morlock (1. FC Nürnberg)

WM 1974 in Deutschland
Deutschland wird durch ein 2:1 über Holland am 7. Juli im Münchner Olympiastadion zum zweiten Mal Weltmeister

Eingesetzte Spieler aus Bayern:
Franz Beckenbauer (Bayern München)
Paul Breitner (Bayern München)
Ulrich Hoeneß (Bayern München)
Josef Maier ›Sepp‹ (Bayern München)
Gerd Müller (Bayern München)
Georg Schwarzenbeck (Bayern München)

WM 1990 in Italien
Deutschland besiegt Argentinien am 8. Juli in Rom 1:0 und wird damit zum dritten Mal Weltmeister.

Eingesetzte Spieler aus Bayern:
Klaus Augenthaler (Bayern München)
Hans Pflügler (Bayern München)
Olaf Thon (Bayern München)

Register

Register

Register

Abkürzungsverzeichnis

ADAV	Allgemeiner deutscher Arbeiterverein
ADGB	Allgemeiner Deutscher Gewerkschaftsbund
ADV	Antinazistische Deutsche Volksfront
AIDS	Acquired Immune Deficiency Syndrome (Erworbenes Immunschwäche-Syndrom)
AUD	Aktionsgemeinschaft Unabhängiger Deutscher
AZ	Abendzeitung
BASF	Badische Anilin- & Soda-Fabrik
BB	Bayerischer Bauernbund
BB/MB	Bayerischer Bauern- und Mittelstandsbund
BDLI	Bundesverband der Deutschen Luftfahrt-, Raumfahrt- und Ausrüstungsindustrie
BFW	Bayerische Flugzeugwerke AG
BGB	Bürgerliches Gesetzbuch
BHE-DG	Deutscher Gemeinschaftsblock der Heimatvertriebenen und Entrechteten
BL	Bund der Landwirte
BMP	Bayerische Mittelpartei
BMW	Bayerische Motoren Werke AG
BND	Bundesnachrichtendienst
BP	Bayernpartei
Bq	Becquerel
BVP	Bayerische Volkspartei
Comp.	Company (Handelsgesellschaft)
DAP	Deutsche Arbeiter Partei
DB/BB	Deutscher und Bayerischer Bauernbund
DDP	Deutsche Demokratische Partei
DER	Deutsches Reisebüro GmbH
DG	Deutsche Gemeinschaft
DNVP	Deutschnationale Volkspartei
DVP	Deutsche Volkspartei
DWK	Deutsche Gesellschaft für Wiederaufarbeitung von Kernbrennstoffen
EWG	Europäische Wirtschaftsgemeinschaft
FDJ	Freie Deutsche Jugend
fl	Bayerischer Gulden
FVP	Freie Volkspartei
GB/BHE	Gesamtdeutscher Block-BHE
GDP	Gesamtdeutsche Partei
Gestapo	Geheime Staatspolizei
GG	Grundgesetz
GSF	Gesellschaft für Strahlenforschung
GVP	Gesamtdeutsche Volkspartei
HJ	Hitlerjugend
IGA	Internationale Gartenbauausstellung
IOK	Internationales Olympisches Komitee
KfdK	Kampfbund für deutsche Kultur
KonP	Konservative Partei
KR	Kabinenroller
KSWR	Kampffront Schwarz-Weiß-Rot
KVD	Künstlervereinigung Dachau
M·A·N	Maschinenfabrik Augsburg-Nürnberg
MBB	Messerschmitt-Bölkow-Blohm GmbH
MdB	Mitglied des Bundestages
MP	Mittelpartei
MSPD	Mehrheitssozialdemokratische Partei Deutschlands
MTU	Motoren- und Turbinen-Union
NATO	North Atlantic Treaty Organisation (Organisation des Nordatlantik-Vertrages)
NLP	Nationalliberale Partei
NOK	Nationales Olympisches Komitee
NPD	Nationaldemokratische Partei Deutschlands
NS	Nationalsozialismus
NSDAP	Nationalsozialistische Deutsche Arbeiterpartei
OPEC	Organization of the Petroleum Exporting Countries (Organisation erdölexportierender Länder)
RAF	Rote Armee Fraktion
SAP	Sozialdemokratische Arbeiterpartei
SDI	Strategic Defense Initiative (Strategische Verteidigungsinitiative)
SS	Schutzstaffel
SZ	Süddeutsche Zeitung
UFA	Universum Film Aktiengesellschaft
UNICEF	United Nations International Children's Emergency Fund (Internationales Kinderhilfswerk der Vereinten Nationen)
USPD	Unabhängige Sozialdemokratische Partei Deutschlands
VB	Völkischer Block
VIAG	Vereinigte Industrie-Unternehmung Aktiengesellschaft
VNR	Vereinigte Nationale Rechte
VP	Volkspartei
VSPD	Vereinigte Sozialdemokratische Partei Deutschlands
WAV	Wirtschaftliche Aufbau-Vereinigung
WHW	Winterhilfswerk
Z	Deutsche Zentrumspartei

Bildquellenverzeichnis

Abendzeitung, München (4)
AP, Frankfurt (5)
Architektursammlung TUM, München (2)
Archiv Dr. Karkosch, Gilching b. München (2)
Archiv Dr. L. Lenk, Neufahrn (4)
Archiv 1. FC Bayern München (1)
Archiv 1. FC Nürnberg (3)
Archiv für deutsche Postgeschichte, Nürnberg (1)
Archiv Gerstenberg, Wietze (2)
Archiv Hans Halmbacher, Rottach-Egern (2)
Archiv Tierpark Hellabrunn, München (2)
Arthothek, Palnegg (6)
Audi-Archiv, Ingolstadt (1)
Bavaria-Verlag/Bildagentur, München (37)
Bayerisches Armeemuseum, Ingolstadt (2)
Bayerische Julius Maximilians-Universität, Würzburg (1)
Bayerisches Hauptstaatsarchiv, München (19)
Bayerisches Landesamt für Denkmalpflege, München (5)
Bayerisches Landesvermessungsamt, München (5)
Bayerisches Nationalmuseum, München (8)
Bayerischer Rundfunk / Sessner, München (15)
Bayerische Staatsbibliothek, München (38)
Bayerische Staatsgemäldesammlung, München (6)
Bayerische Staatskanzlei, München (3)
Bayerische Vereinsbank, München (1)
Bayerische Verwaltung der staatlichen Schlösser, Gärten und Seen, München (60)
Bildarchiv der Bayreuther Festspiele, Bayreuth (2)
Bildarchiv Foto Marburg, Marburg (1)
BMW-Archiv, München (5)
F. Bruckmann Verlag / Bildarchiv, München (23)
Deutsche Aerospace, München (1)
Deutsches Medizinhistorisches Museum, Ingolstadt (1)

Deutsches Museum, München (5)
Deutsches Theatermuseum, München (8)
Diözesanmuseum, Bamberg (2)
Dombibliothek Freising (2)
dpa, Frankfurt (60)
Droemersche Verlagsanstalt, München (2)
Foto Firsching, München (1)
Das Foto-Archiv / Jörn Sackermann, Essen (1)
Fremdenverkehrsamt, Rothenburg (2)
Fremdenverkehrsverein Bayreuth (1)
Markt Fuchsmühl (1)
Fürstlich Oettingen – Wallersteinische Sammlungen, Marburg / Praun-Kunstverlag, München (2)
Fuggermuseum, Babenhausen (1)
Heinz Gebhardt, München (1)
Gäubodenmuseum, Straubing (1)
Germanisches Nationalmuseum, Nürnberg (10)
Großversandhaus Quelle, Fürth (3)
Gustav Weißkopf-Museum, Leutershausen (3)
Hacker-Pschorr Bräu, München (1)
Harenberg Kommunikation, Dortmund (465)
Harenberg Kommunikation / Norbert Fischer, Dortmund (55)
Heeresgeschichtliches Museum, Wien (1)
Heimatmuseum Ravensburg (1)
Gudrun Herbrich, Regensburg (3)
Herzog August Bibliothek Wolfenbüttel (2)
Historia-Photo, Hamburg (11)
Historisches Museum Frankfurt (1)
Historisches Museum Wien (6)
Anni Hochstater, Ingolstadt (2)
Hofbibliothek Donaueschingen (1)
Horst Müller, Düsseldorf (19)
Franz Hubmann, Wien (4)
IFA-Bilderteam, München (14)
Institut für Zeitgeschichte, München (1)
Keystone, Hamburg (62)
Krauss-Maffei, Pressestelle, München (4)
Lütz Künzel, Gauting (2)
Kulturgeschichtliches Bildarchiv Hansmann, Stochdorf (6)
Kunsthistorisches Museum, Wien (3)

Kunstsammlung der Veste Coburg, Coburg (3)
Landesfremdenverkehrsverband Bayern, München (1)
Wolfgang Lauter, München (43)
Ingeborg Limmer, Bamberg (2)
Mittelrheinisches Landesmuseum, Mainz (2)
Mozartmuseum der Internationalen Stiftung Mozarteum, Salzburg (2)
Sportpressephoto Horst Müller, Düsseldorf (5)
Museum der Stadt Regensburg (3)
Österreichische Nationalbibliothek, Wien (4)
Photo Löbl-Schreyer, Bad Tölz / Ellbach (53)
Photo Strauss, Altötting (2)
Piper Verlag, München (1)
Postministerium für Post- und Fernmeldewesen, Bonn (4)
Prähistorische Staatssammlung, München (10)
Pressestelle der Universität Augsburg (1)
Rabanus Press Fotos, München (2)
Richard Wagner-Museum mit Nationalarchiv der Richard-Wagner-Stiftung, Bayreuth (3)
Römisch-Germanische Kommission, Frankfurt (13)
Römisch-Germanisches Zentralmuseum, Mainz (2)
Wilhelm Rogge, Lünen (8)
Franz Roth, Nürnberg (6)
Salzbergwerk Berchtesgaden (1)
Schiller Nationalmuseum / Deutsches Literaturarchiv, Marbach (2)
Presseagentur Schirner, Meerbusch (3)
Verlag Schnell und Steiner, München (24)
Bert Schön, Passau (2)
Siemens-Archiv, München (4)
Gemeinde Solnhofen (1)
Wilkin Spitta, Zeitlarn (1)
Staatliche graphische Sammlung, München (4)
Staatliche Landesbildstelle Südbayern, München (7)
Staatliche Münzsammlung, München (5)
Staatsarchiv Coburg (3)
Staatsbibliothek Bamberg (1)
Stadt Amberg (1)

Stadt Nürnberg (8)
Stadt Rothenburg (1)
Stadt- und Kreismuseum Landshut (1)
Stadtarchiv Ansbach (2)
Stadtarchiv Bad Kissingen (1)
Stadtarchiv Bamberg (1)
Stadtarchiv Ingolstadt (1)
Stadtarchiv München (23)
Stadtarchiv Nürnberg (1)
Stadtarchiv Regensburg (2)
Stadtarchiv Würzburg (2)
Städtische Kunstsammlungen Augsburg (3)
Stadtmuseum München (52)
Stadtmuseum Nürnberg (3)
Stadtmuseum Worms (1)
Stadtwerke München (1)
Stiftsbibliothek St. Gallen (1)
Süddeutscher Verlag / Bilderdienst, München (284)
Tourist Information, Würzburg (4)
Universitätsbibliothek Heidelberg (1)
Verkehrsamt der Stadt Kulmbach (1)
Verkehrsmuseum Nürnberg (5)
Dietmar Vetter, München (7)
Wehrgeschichtliches Museum, Rastatt (1)
Wittelsbacher Ausgleichsfond, München (3)
Wuppertaler Uhrenmuseum, Wuppertal (1)
Walter Zuber, Gröbenzell (1)
Luftbilder freigegeben unter:
Bayerisches Staatsministerium für Wirtschaft und Verkehr, München:
G 7/3499
Regierung von Oberbayern:
GS 300/8624